First Part

French – English

Contents

Table des matières

Langenscheidt Standard French Dictionary

French – English
English – French

by
Kenneth Urwin

Docteur de l'Université de Paris
Docteur de l'Université de Caen

Langenscheidt

New York · Berlin · Munich · Vienna · Zurich

The inclusion of any word in this dictionary is not an expression of the publisher's opinion on whether or not such word is a registered trademark or subject to proprietary rights. It should be understood that no definition in this dictionary or the fact of the inclusion of any word herein is to be regarded as affecting the validity of any trademark.

Comme dans toutes les encyclopédies, la nomenclature des produits commerciaux figure dans le présent ouvrage sans indication des brevets, marques, modèles ou noms déposés. L'absence d'une précision de ce genre ne doit pas incliner à penser que tel produit commercial, ou le nom qui le désigne, soit dans le domaine public.

Printed in Germany

Preface

Language has two faces: one looking back, one looking forward. This edition of the "Standard French Dictionary" has tried to take both of these aspects into account: In retaining some of yesterday's speech, it will help the user to grapple with the great 19th century authors, whether for school or for pleasure. At the same time, he will find a wide range of contemporary and specialist terms.

Needless to say, a great deal of the material old and new is made up of phrases and phraselike expressions covering all registers of speech from everyday language down to slang.

A series of appendices to the dictionary proper gives a list of some common proper names, of common abbreviations, tables of numerals and weights and measures, and a list of model verbs to which the user is referred by the reference number with each verb in the vocabulary. Irregular forms of verbs have been given as separate entries.

The instructions on how to use this dictionary (pages 7–13) should be read carefully: they are intended to increase its practical value.

The phonetic transcription has been given in square brackets after each entry word, using the system of the International Phonetic Association.

It is hoped that this dictionary will be an instrument for better understanding between peoples.

Langenscheidt Publishers

Préface

La langue a deux visages: l'un est tourné vers le passé, l'autre vers le futur. Cette édition du «Standard French Dictionary» s'efforce de tenir compte de ces deux aspects: En gardant une certaine partie du vocabulaire d'hier, il aidera l'utilisateur dans la lecture des auteurs classiques, que ce soit à l'école ou pour son plaisir personnel; mais d'autre part, l'utilisateur trouvera également le vocabulaire contemporain et spécialisé dont il pourra avoir besoin.

Il va sans dire qu'une bonne partie de ce dictionnaire consiste en phrases et expressions idiomatiques appartenant à tous les niveaux de langue.

En complément du dictionnaire proprement dit nous donnons une liste de noms propres, une autre des abréviations les plus courantes, ainsi que des tables d'adjectifs numéraux et de poids et de mesures et une table synoptique des conjugaisons à laquelle renvoie le numéro après chaque verbe. Les formes irrégulières des verbes se trouveront dans le vocabulaire sous forme de mots-souches indépendants.

Nous recommandons aux utilisateurs de lire attentivement les indications pour l'emploi de ce dictionnaire (pages 7–13), ce qui en relevera la valeur pratique.

La prononciation figurée, placée entre crochets à la suite du mot-souche, est indiquée selon la méthode de l'Association Phonétique Internationale.

Puisse ce dictionnaire contribuer à une meilleure compréhension entre les peuples.

Éditions Langenscheidt

Directions for the use of this dictionary

Indications pour l'emploi de ce dictionnaire

1. **Arrangement.** The alphabetic order of the entry word has been observed throughout. Hence you will find, in their proper alphabetic order:

a) the irregular forms of nouns, adjectives, comparatives, adverbs, and those forms of irregular verbs from which the various tenses can be derived. Reflexive or pronominal verbs, however, will be found under the simple infinitive;

b) the various forms of the pronouns;

c) compound words.

2. **Homonyms** of different etymologies have been subdivided by exponents;

e.g. *mousse*¹ ship's boy
*mousse*² moss ...
*mousse*³ blunt ...

3. **Differences in meaning.** The different senses of French words can be distinguished by:

a) explanatory additions given in italics after a translation;

e.g. *tombant* drooping (*moustache, shoulders*); sagging (*branch*); flowing (*hair*);

b) symbols and abbreviations before the particular meaning (see list on pages 10–11). If, however, the symbol or abbreviation applies to all translations alike, it is placed between the entry word and its phonetic transcription.

A semicolon is used to separate one meaning from another which is essentially different.

1. **Classement.** L'ordre alphabétique des mots-souches a été rigoureusement observé. Ainsi on trouvera dans leur ordre alphabétique:

a) les formes irrégulières des noms, des adjectifs, des comparatifs, des adverbes et, des verbes irréguliers, les formes dont on peut dériver les divers temps; toutefois les verbes réfléchis ou pronominaux se trouveront après l'infinitif simple;

b) les formes diverses des pronoms;

c) les mots composés.

2. Les **Homonymes** d'etymologie différente font l'objet d'articles différents distingués par un chiffre placé en haut derrière le mot en question;

p.ex. *mousse*¹ ship's boy
*mousse*² moss ...
*mousse*³ blunt ...

3. **Distinction de sens.** Les différents sens des mots français se reconnaissent grâce à:

a) des additions explicatives, en italique, placées à la suite des versions proposées;

p.ex. *tombant* drooping (*moustache, shoulders*); sagging (*branch*); flowing (*hair*);

b) des symboles ou des définitions en abrégé qui les précèdent (voir liste, pages 10–11). Si, cependant, les symboles ou les abréviations se rapportent à l'ensemble des traductions, ils sont intercalés entre le mot-souche et la transcription phonétique.

Le point-virgule sépare une acception donnée d'une autre essentiellement différente.

4. **The gender** of French nouns is always given. In the case of adjectives the gender is not given unless there is a danger of misunderstanding.

5. **Letters in brackets** within an entry word indicate that the word may be spelt with or without the letter bracketed;
e.g. *immu(t)abilité* immutability.

6. **Conjugations of verbs.** The number given in round brackets after each French infinitive refers to the table of conjugations at the end of this volume (pages 570–598).

4. **Le genre grammatical** des noms français est toujours indiqué. Pour les adjectifs le genre est indiqué exceptionnellement pour éviter des malentendus.

5. **Les lettres entre parenthèses** dans les mots-souches indiquent qu'il est permis d'écrire le même mot de deux manières différentes;
p.ex. *immu(t)abilité* immutability.

6. **Conjugaisons des verbes.** Les chiffres donnés entre parenthèses à la suite de chaque verbe français renvoient à la table synoptique des conjugaisons à la fin de ce dictionnaire (pages 570–598).

Key to the symbols and abbreviations

Explication des symboles et des abréviations

1. Symbols

The tilde (**~**, ~) serves as a mark of repetition. To save space, compound entry words are often given with a tilde replacing one part.

The tilde in bold type (**~**) replaces the entry word at the beginning of the entry;

e.g. **wagon** ...; **~-poste** = wagon-poste.

The simple tilde (~) replaces:

a) The entry word immediately preceding (which may itself contain a tilde in bold type), or in an illustrative example containing a feminine adjective, that part of the feminine adjective suppressed in the catchword;

e.g. **abattre** ...; **s'~** = s'abattre; **aéro...**; **~statique** ...; *ballon m ~* = ballon aérostatique; **aphteux, -euse** *adj.*: *fièvre f ~euse* = fièvre aphteuse;

b) within the phonetic transcription, the whole of the pronunciation of the preceding entry word, or of some part of it which remains unchanged;

e.g. **vénérable** [veneˈrabl] ...; **vénération** [~raˈsjɔ̃] = [veneraˈsjɔ̃] ...; **vénérer** [~ˈre] = [veneˈre].

The tilde with circle (**§**, §). When the first letter changes from capital to small or vice-versa, the usual tilde is replaced by a tilde with circle (**§**, §);

e.g. **saint, sainte** ...; **§-Esprit** = Saint-Esprit; **croix** ...; *§-Rouge* = Croix-Rouge.

The other symbols used in this dictionary are:

1. Symboles

Le tilde (**~**, ~) est le signe de la répétition. Afin de gagner de la placé, souvent le mot-souche ou un de ses éléments a été remplacé par le tilde.

Le tilde en caractère gras (**~**) remplace le mot-souche qui se trouve au début de l'article;

p.ex. **wagon** ...; **~-poste** = wagon-poste.

Le tilde simple (~) remplace:

a) le mot-souche qui précède (qui d'ailleurs peut également être formé à l'aide du tilde en caractère gras), ou dans une expression avec adjectif féminin l'élément de l'adjectif féminin supprimé dans le mot-souche;

p.ex. **abattre** ...; **s'~** = s'abattre; **aéro...**; **~statique** ...; *ballon m ~* = ballon aérostatique; **aphteux, -euse** *adj.*: *fièvre f ~euse* = fièvre aphteuse;

b) dans la transcription phonétique, la prononciation entière du mot-souche qui précède ou la partie qui demeure inchangée;

p.ex. **vénérable** [veneˈrabl] ...; **vénération** [~raˈsjɔ̃] = [veneraˈsjɔ̃] ...; **vénérer** [~ˈre] = [veneˈre].

Le tilde avec cercle (**§**, §). Quand la première lettre se transforme de majuscule en minuscule, ou vice versa, le tilde normal est remplacé par le tilde avec cercle (**§**, §);

p.ex. **saint, sainte** ...; **§-Esprit** = Saint-Esprit; **croix** ...; *§-Rouge* = Croix-Rouge.

Les autres symboles employés dans ce dictionnaire sont:

F	*colloquial,* familier.
V	*vulgar,* vulgaire.
†	*obsolete,* vieilli.
❦	*botany,* botanique.
⊕	*technology,* technologie; *mechanics,* mécanique.
⚒	*mining,* mines.
⚔	*military,* militaire.
⚓	*nautical,* nautique; *navy,* marine.
☤	*commercial,* commerce; *finance,* finances.
🚂	*railway, Am. railroad,* chemin de fer.
✈	*aviation,* aviation.
♪	*music,* musique.
△	*architecture,* architecture.
⚡	*electricity,* électricité.
⚖	*law,* droit.
∡	*mathematics,* mathématique.
⚘	*agriculture,* agriculture.
⚗	*chemistry,* chimie.
⚕	*medicine,* médecine.
⛉	*heraldry,* blason.

2. Abbreviations – Abréviations

a.	*also,* aussi.
abbr.	*abbreviation,* abréviation.
adj.	*adjective,* adjectif.
admin.	*administration,* administration.
adv.	*adverb,* adverbe; *adverbial phrase,* locution adverbiale.
Am.	*Americanism,* américanisme.
anat.	*anatomy,* anatomie.
approx.	*approximately,* approximativement.
archeol.	*archeology,* archéologie.
art.	*article,* article.
astr.	*astronomy,* astronomie.
attr.	*attributively,* attribut.
bibl.	*biblical,* biblique.
biol.	*biology,* biologie.
box.	*boxing,* boxe.
Br.	*British,* britannique.
ch.sp.	*childish speech,* langage enfantin.
cin.	*cinema,* cinéma.
cj.	*conjunction,* conjonction.
co.	*comical,* comique.
coll.	*collective,* collectif.
comp.	*comparative,* comparatif.
cond.	*conditional,* conditionnel.
cost.	*costume,* costume.
cuis.	*cuisine,* culinary art.
def.	*definite,* défini.
dem.	*demonstrative,* démonstratif.
dial.	*dialectal,* dialectal.
dimin.	*diminutive,* diminutif.
eccl.	*ecclesiastical,* ecclésiastique.
e.g.	*exempli gratia, for example,* par exemple.
esp.	*especially,* surtout.
etc.	*and so on,* et cætera.
f	*feminine,* féminin.
fig.	*figuratively,* sens figuré.
foot.	*football,* football.
Fr.	*French,* français.
fut.	*future,* futur.
geog.	*geography,* géographie.
geol.	*geology,* géologie.
ger.	*gerund,* gérondif.
gramm.	*grammar,* grammaire.
hist.	*history,* histoire.
hunt.	*hunting,* chasse.
icht.	*ichthyology,* ichtyologie.
imper.	*imperative,* impératif.
impers.	*impersonal,* impersonnel.
impf.	*imparfait,* imperfect.
ind.	*indicative,* indicatif.
indef.	*indefinite,* indéfini.
inf.	*infinitive,* infinitif.
int.	*interjection,* interjection.
interr.	*interrogative,* interrogatif.
inv.	*invariable,* invariable.
Ir.	*Irish,* irlandais.
iro.	*ironically,* ironiquement.
irr.	*irregular,* irrégulier.
journ.	*journalism,* journalisme.
ling.	*linguistics,* linguistique.
m	*masculine,* masculin.
metall.	*metallurgy,* métallurgie.
meteor.	*meteorology,* météorologie.
min.	*mineralogy,* minéralogie.
mot.	*motoring,* automobilisme.
mount.	*mountaineering,* alpinisme.
myth.	*mythology,* mythologie.
n	*neuter,* neutre.
neg.	*negative,* négatif.
npr.	*nom propre,* proper name.
num.	*numeral,* numéral.
oft.	*often,* souvent.
opt.	*optics,* optique.
orn.	*ornithology,* ornithologie.
o.s., *o.s.*	*oneself,* soi-même.
p.	*person,* personne.
paint.	*painting,* peinture.
parl.	*parliament,* parlement.
pej.	*pejoratively,* sens péjoratif.
pers.	*personal,* personnel.

phls.	*philosophy,* philosophie.
phot.	*photography,* photographie.
phys.	*physics,* physique.
physiol.	*physiology,* physiologie.
pl.	*plural,* pluriel.
poet.	*poetic,* poétique.
pol.	*politics,* politique.
poss.	*possessive,* possessif.
p.p.	*participe passé,* past participle.
p.pr.	*participe présent,* present participle.
pred.	*predicative,* prédicatif.
pref.	*prefix,* préfixe.
pres.	*present,* présent.
pron.	*pronoun,* pronom.
prp.	*preposition,* préposition; *prepositional phrase,* locution prépositive.
p.s.	*passé simple,* past tense.
psych.	*psychology,* psychologie.
q.	*quelqu'un,* someone.
qch.	*quelque chose,* something.
qqf.	*quelquefois,* sometimes.
recip.	*reciprocal,* réciproque.
rel.	*relative,* relatif.
rfl.	*reflexive,* réfléchi.
sbj.	*subjunctive,* subjonctif.
sc.	*scilicet, namely,* c'est-à-dire.
Sc.	*Scottish,* écossais.
sg.	*singular,* singulier.
sl.	*slang,* argot.
s.o., *s.o.*	*someone,* quelqu'un.
sp.	*sports,* sport.
s.th., *s.th.*	*something,* quelque chose.
su.	(= *f* + *m*) *substantif,* noun.
su./f	*substantif féminin,* feminine noun.
su./m	*substantif masculin,* masculine noun.
sup.	*superlative,* superlatif.
surv.	*surveying,* arpentage.
tel.	*telegraphy,* télégraphie.
teleph.	*telephony,* téléphonie.
telev.	*television,* télévision.
tex.	*textiles,* industries textiles.
thea.	*theatre,* théâtre.
(*TM*)	*trademark,* marque déposée.
typ.	*typography,* typographie.
univ.	*university,* université.
USA	*United States of America,* États-Unis.
usu.	*usually,* d'ordinaire.
v/aux.	*verbe auxiliaire,* auxiliary verb.
vet.	*veterinary,* vétérinaire.
v/i.	*verbe intransitif,* intransitive verb.
v/impers.	*verbe impersonnel,* impersonal verb.
v/t.	*verbe transitif,* transitive verb.
vt/i.	*verbe transitif et intransitif,* transitive and intransitive verb.
zo.	*zoology,* zoologie.

The phonetic symbols of the International Phonetic Association

Signes phonétiques de l'Association Phonétique Internationale

A. Vowels

Note: In French the vowels are "pure", i.e. there is no slackening off or diphthongization at the end of the sound. Thus, the [e] of *né* [ne] has no tail as in English *nay* [nei].

[ɑ] back vowel, mouth well open, tongue lowered, as in English *father*: long in *pâte* [pɑːt], short in *cas* [kɑ].

[ɑ̃] [ɑ]-sound, but with some of the breath passing through the nose: long in *prendre* [prɑ̃ːdr], short in *banc* [bɑ̃].

[a] clear front vowel, tongue further forward than for [ɑ] and corners of the mouth drawn further back: long in *page* [paːʒ], short in *rat* [ra].

[e] closed vowel, tongue raised and well forward, corners of the mouth drawn back, though not as far as for [i]; purer than the vowel in English *nay, clay,* etc.: *été* [eˈte].

[ɛ] open vowel, tongue less raised and further back than for [e], corners of the mouth drawn back but slightly less than for [e]; purer than the sound in English *bed*: long in *mère* [mɛːr], short in *après* [aˈprɛ].

[ɛ̃] [ɛ]-sound, but with some of the breath passing through the nose: long in *plaindre* [plɛ̃ːdr], short in *fin* [fɛ̃].

[ə] rounded sound, something like the **a** in English *about*: *je* [ʒə], *lever* [ləˈve].

[i] closed vowel, tongue very high, corners of the mouth well back, rather more closed than [i] in English *sea*: long in *dire* [diːr], short in *vie* [vi].

[o] closed vowel, tongue drawn back, lips rounded: no tailing off into [u] or [w] as in English *below*: long in *fosse* [foːs], short in *peau* [po].

[ɔ] open **o** but closer than in English *cot,* with tongue lower, lips more rounded, mouth more open: long in *fort* [fɔːr], short in *cotte* [kɔt].

[ɔ̃] [ɔ]-sound, but with some of the breath passing through the nose: long in *nombre* [nɔ̃ːbr], short in *mon* [mɔ̃].

[ø] a rounded [e], pronounced rather like the **ir** of English *birth* but closer and with lips well rounded and forward: long in *chanteuse* [ʃɑ̃ˈtøːz], short in *peu* [pø].

[œ] a rounded open **e** [ɛ], a little like the **ur** of English *turn* but with the tongue higher and the lips well rounded: long in *fleur* [flœːr], short in *œuf* [œf].

[œ̃] the same sound as [œ] but with some of the breath passing through the nose: long in *humble* [œ̃:bl], short in *parfum* [parˈfœ̃].

[u] closed vowel with back of the tongue raised close to the soft palate and the front drawn back and down, and lips far forward and rounded; rather like the **oo** of English *root* but tighter and without the tailing off into the [w] sound: long in *tour* [tu:r], short in *route* [rut].

[y] an [i] pronounced with the lips well forward and rounded: long in *mur* [my:r], short in *vue* [vy].

B. Consonants

Note: the consonant sounds not listed below are similar to those of English, except that they are much more dry: thus the [p] is not a breathed sound and [t] and [d] are best pronounced with the tip of the tongue against the back of the top teeth, with no breath accompanying the sound.

[j] a rapidly pronounced sound like the **y** in English *yes*: *diable* [djɑ:bl], *dieu* [djø], *fille* [fi:j].

[l] usually more voiced than in English and does not have its 'hollow sound': *aller* [aˈle].

[ɲ] the "n mouillé", an [n] followed by a rapid [j]: *cogner* [kɔˈɲe].

[ŋ] not a true French sound; occurs in a few borrowed foreign words: *meeting* [miˈtiŋ].

[r] in some parts of France the [r] may be sounded like a slightly rolled English [r], but the uvular sound is more generally accepted. It has been described as sounding like a short and light gargle: *ronger* [rɔ̃:ˈʒe].

[ʃ] rather like the **sh** of English *shall*, never like the **ch** of English *cheat*: *chanter* [ʃɑˈte].

[ɥ] like a rapid [y], never a separate syllable: *muet* [mɥɛ].

[w] not as fully a consonant as the English [w]. It is half-way between the consonant [w] and the vowel [u]: *oui* [wi].

[ʒ] a voiced [ʃ]; it is like the second part of the sound of **di** in the English *soldier*, i.e. it does not have the [d] element: j'ai [ʒe]; rouge [ru:ʒ].

C. Use of the sign ˈ to mark stress

The stressed syllable is indicated by the use of ˈ before it. This is to some extent theoretical. Such stress as there is is not very marked and the presence of the ˈ may be considered a reminder that the word should not normally be stressed in any other syllable, especially if the word resembles an English one which *is* stressed elsewhere. Though a stress-mark is shown for each word, all the words in one breath group will not in fact carry the stress indicated: thus, though *mauvais* may be transcribed [mɔˈvɛ], in *mauvais ami* there is only one main stress, on the *-mi*.

In words of one syllable only, the stress mark is not given.

D. Use of the sign : to mark length

When the sign [:] appears after a vowel it indicates that the duration of the vowel sound is rather longer than for a vowel which appears without it. Thus the [œ] of *feuille* [fœ:j] is longer than the [œ] of *feuillet* [fœˈjɛ]. In unstressed syllables one frequently finds a semi-long vowel but this fine shade of duration has not been marked in the transcription.

A

A, a [a] *m* A, a.

a [a] *3rd p. sg. pres. of avoir 1.*

à [~] *prp. place*: at (*table, Hastings*), in (*Edinburgh*), on (*the wall*); *direction*: to, into; *distance*: at a distance of (*10 miles*); *origin*: from, of; *time*: at (*7 o'clock, this moment, his words*); in (*spring*); *sequence*: by (*twos*); for; *agent, instrument, etc.*: on (*horseback*); with; by (means of); *manner*: in; on (*condition, the occasion*); *price*: for (*two dollars*); at, by; *dative, possession*: *donner qch. à q.* give s.th. to s.o., give s.o. s.th.; *grâce à Dieu!* thank God!; *c'est à moi* this is mine; *c'est à moi de* (*inf.*) it is for me to (*inf.*); *un ami à moi* a friend of mine; *à terre* on *or* to the ground; *de la tête aux pieds* from head to foot; *prêt à* ready *or* willing to; *au secours!* help!; *à vingt pas d'ici* twenty steps *or* paces from here; *emprunter* (*arracher*) *à* borrow (tear) from; *c'est bien aimable à vous* that's very kind of you; *à l'aube* at dawn; *à la longue* at length; *au moment de* (*inf.*) on (*ger.*); *à le voir* seeing him; *à tout moment* constantly; *à demain* till tomorrow; *int.* see you tomorrow!; *à jamais* for ever; *à partir de ...* from ... (on); *mot à mot* word for word, literal(ly *adv.*); *quatre à quatre* four at a time; *peu à peu* little by little; *bateau m à vapeur* steamer, steamboat; *maison f à deux étages* two-storied house; ♪ *à quatre mains* for four hands; *verre m à vin* wineglass; *fait à la main* handmade; *à voix basse* in a low voice; *à la nage* swimming; *peinture f à l'huile* painting in oil; *aux yeux bleus* blue-eyed; *à dessein* on purpose; *à regret* reluctantly; *à merveille* excellently; *à prix bas* at a low price; *à mes frais* at my expenses; *à louer* to let; *à vendre* for sale; *à la bonne heure* well done!; fine!

abaissement [abɛs'mɑ̃] *m* lowering, sinking; *prices, temperature, etc.*: fall; falling; dropping; *water etc.*: abatement; *ground*: dip; *fig.* humbling, abasement; **abaisser** [abɛ'se] (1b) *v/t.* lower; *fig. a.* reduce; humble, bring low; Ⱥ bring down (*a figure*), drop (*a perpendicular*), depress (*an equation*); *s'*~ fall, drop, go down; *fig.* humble o.s., lower o.s.; *fig. s'* ~ *à* descend *or* stoop to.

abajoue [aba'ʒu] *f zo.* cheek-pouch; F flabby cheek.

abandon [abɑ̃'dɔ̃] *m* abandonment, forsaking; desertion; neglect; destitution; *rights*: surrender; lack of restraint, absence of reserve; *sp.* withdrawal; *à l'*~ completely neglected; at random; *laisser tout à l'*~ leave everything in confusion; **abandonner** [~dɔ'ne] (1a) *v/t.* forsake, abandon; leave; ⚖ surrender; renounce (*a claim, a right*); *s'*~ lose heart; neglect o.s.; give way *or* vent (to, *à*); give o.s. up (to, *à*), indulge (in, *à*).

abasourdir [abazur'di:r] (2a) *v/t.* stun; *fig.* dumbfound.

abat [a'ba] *m*: *pluie f d'*~ downpour; ~*s pl.* offal *sg.*

abâtardir [abɑtar'di:r] (2a) *v/t.* impair; debase; *s'*~ deteriorate, degenerate; **abâtardissement** [~dis'mɑ̃] *m* deterioration, degeneration.

abat-jour [aba'ʒu:r] *m/inv.* lampshade; sun-blind; ⚓ skylight.

abattage [aba'ta:ʒ] *m* knocking down, throwing down; *tree*: felling; clearing; *animals*: slaughter; *fig.* F dressing-down; ~ *urgent* forced slaughter; **abattant** [~'tɑ̃] *m counter, table*: flap; trapdoor; ~ *de W.-C.* lavatory seat; **abattement** [abat'mɑ̃] *m* prostration; dejection; ~ *à la base* personal allowance; *Am.* exemption; **abattis** [~'ti] ⚔ abatis; *cuis.* giblets *pl.*; *sl.* ~ *pl.* limbs; *sl. numéroter ses* ~ take stock of o.s.; **abattoir** [~'twa:r] *m* slaughterhouse; **abattre** [a'batr] (4a) *v/t.* knock down; fell; slaughter, destroy;

✈ bring *or* shoot down; *fig.* dishearten, depress, demoralize, wear out; ~ *de la besogne* get through a lot of work; *ne te laisse pas* ~ don't let things get you down; s'~ crash; fall; *s'~ sur* beat down on (*rain etc.*); swoop down on, pounce on; *fig.* hail down on; **abattu,e** *fig.* [aba'ty] depressed.

abat-vent [aba'vɑ̃] *m/inv.* chimney-cowl; ✓ wind-break, cloche.

abbatial, e, *m/pl.* **-aux** [aba'sjal, ~'sjo] abbatial; **abbaye** [abe'ji] *f* abbey; *monks:* monastery; *nuns:* convent; **abbé** [a'be] *m* abbot; priest; *hist.* abbé; **abbesse** [a'bɛs] *f* abbess.

A B C [abe'se] *m* primer; spelling-book; *fig.* rudiments *pl.*

abcès ⚕ [ap'sɛ] *m* abscess.

abdication [abdika'sjɔ̃] *f* abdication; renunciation.

abdiquer [abdi'ke] (1m) *v/i.* abdicate; *v/t.* renounce (*s.th.*).

abdomen [abdɔ'mɛn] *m* abdomen.

abécédaire [abese'dɛ:r] *m* spelling-book; primer; *fig.* elements *pl.*

abeille [a'bɛ:j] *f* bee; ~ *mâle* drone; ~ *mère, reine f des* ~*s* queen (bee); ~ *ouvrière* worker (bee).

aberration [abɛra'sjɔ̃] *f* aberration.

abêtir [abɛ'ti:r] (2a) *v/t.* make stupid, stupefy; s'~ grow stupid.

abhorrer [abɔ're] (1a) *v/t.* loathe, detest.

abîme [a'bi:m] *m* abyss, chasm; **abîmer** [abi'me] (1a) *v/t.* spoil, damage, ruin; *sl.* beat up, smash; s'~ get spoilt *or* damaged *or* ruined; be plunged (in, *dans*).

abject, e [ab'ʒɛkt] contemptible, mean; abject; **abjection** [~ʒɛk'sjɔ̃] *f* baseness, abjection, meanness.

abjurer [abʒy're] (1a) *v/t.* abjure; retract, recant.

ablation ⚕ [abla'sjɔ̃] *f* removal, excision.

able *icht.* [abl] *m,* **ablette** *icht.* [a'blɛt] *f* bleak.

ablution [ably'sjɔ̃] *f* ablution (*a. eccl.*).

abnégation [abnega'sjɔ̃] *f* abnegation, self-denial, self-sacrifice.

abois [a'bwa] *m/pl.*: *aux* ~ at bay (*a. fig.*), hard pressed; **aboiement** [abwa'mɑ̃] *m* bark(ing), bay(ing).

abolir [abɔ'li:r] (2a) *v/t.* abolish, suppress; annul; repeal; **abolition** [~li'sjɔ̃] *f* abolition, suppression; ⚓ *debt*: cancelling; annulment.

abominable [abɔmi'nabl] abominable; heinous (*crime*); **abomination** [~na'sjɔ̃] *f* abomination; **abominer** [~'ne] (1a) *v/t.* abominate, loathe.

abondamment [abɔ̃da'mɑ̃] *adv. of abondant*; **abondance** [~'dɑ̃:s] *f* abundance; *en* ~ plentiful(ly *adv.*); *parler d'*~ extemporize; **abondant, e** [~'dɑ̃, ~'dɑ̃:t] plentiful, copious; abundant; abounding (in, *en*); **abonder** [~'de] (1a) *v/i.* be plentiful; abound (in, *en*).

abonné *m,* **e** *f* [abɔ'ne] *magazine, paper, telephone*: subscriber; *electricity, gas*: consumer; 🚃 *etc.* season-ticket holder, *Am.* commuter; **abonnement** [abɔn'mɑ̃] *m* subscription; *carte f d'*~ season-ticket, *Am.* commutation ticket; **abonner** [abɔ'ne] (1a) *v/t.*: ~ *q. à qch.* take out a subscription to s.th. for s.o.; *s'*~ *à* subscribe to; take (out) a season-ticket for.

abord [a'bɔ:r] *m* approach, access (to, *de*); manner, address; ~*s pl.* approaches, outskirts; *d'*~ (at) first; *de prime* ~ at first sight; *dès l'*~ from the outset; *d'un* ~ *facile* easy to approach; *tout d'*~ first of all; **abordable** [abɔr'dabl] accessible; ⚓ reasonable (*price*); **abordage** ⚓ [~'da:ʒ] *m* boarding, grappling; coming alongside; collision; **aborder** [~'de] (1a) *v/i.* ⚓ land, berth; *v/t.* ⚓ grapple; run down (*a ship*); *fig.* approach, tackle (*a problem*); *fig.* accost (*s.o.*); s'~ meet.

aborigène [abɔri'ʒɛn] **1.** *adj.* aboriginal; native; **2.** *su./m* aboriginal; ~*s pl.* aborigines.

abortif, -ve [abɔr'tif, ~'ti:v] **1.** *adj.* abortive; ⚕ abortifacient; **2.** *su./m* ⚕ abortifacient.

abouchement [abuʃ'mɑ̃] *m* † interview; ⊕ butt-joining; **aboucher** [abu'ʃe] (1a) *v/t.* join together; ⊕, *a.* ⚕ connect; ⊕ join end to end; s'~ confer.

aboulie *psych.* [abu'li] *f* aboulia, loss of will-power; **aboulique** *psych.* [~'lik] irresolute.

about ⊕ [a'bu] *m wood*: butt-end; **abouter** ⊕ [abu'te] (1a) *v/t.* join end to end; **aboutir** [~'tir] (2a) *v/i.* lead ([in]to, *à*), end (in, *à*); abut (on, *à*); ⚕ come to a head, burst (*abscess*); *fig.* succeed; **aboutissant, e** [~ti'sã, ~'sã:t] bordering, abutting; **aboutissement** [~tis'mã] *m* issue, outcome; *plan*: materialization; ⚕ *abscess*: bursting, coming to a head.

aboyer [abwa'je] (1h) *v/i.* bark, bay; **aboyeur** [~'jœ:r] *m* yelping dog; *fig.* carping critic; tout; dun.

abrasif, -ve ⊕ [abra'zif, ~'zi:v] *adj.*, *a. su./m* abrasive; **abrasion** ⚕ [~'zjõ] *f* abrasion, scraping.

abrégé [abre'ʒe] *m* summary, précis; **abréger** [~] (1g) *v/t.* shorten, abbreviate.

abreuver [abrœ've] (1a) *v/t.* water; soak; s'~ drink (*animal*); quench one's thirst (*person*); **abreuvoir** [~'vwa:r] *m* horse-pond, trough, watering place (*in a river*).

abréviation [abrevja'sjõ] *f* abbreviation; *a.* ⚖ *sentence*: shortening.

abri [a'bri] *m* shelter, cover; ⚔ dugout; air-raid shelter; ⚔ ~ *atomique* atomic shelter; ⚔ ~ *bétonné* blockhouse, *sl.* pill-box; 🚂 ~ *de mécanicien* cab; *à l'~ de* sheltered from; screened from; *mettre à l'~* shelter, screen (from, *de*).

abricot [abri'ko] *m* apricot; **abricotier** [~kɔ'tje] *m* apricot-tree.

abriter [abri'te] (1a) *v/t.* shelter, screen, protect, shield (from *de*, *contre*); s'~ take shelter *or* refuge.

abrivent [abri'vã] *m* ⚔ sentry-box, shelter; ✐ screen, matting.

abroger [abrɔ'ʒe] (1e) *v/t.* abrogate, repeal, rescind.

abrupt, e [a'brypt] abrupt; steep, sheer; *fig.* rugged (*style*); blunt (*words*).

abruti *m*, **e** *f sl.* [abry'ti] fool, idiot; **abrutir** [~'ti:r] (2a) *v/t.* stupefy, brutalize; s'~ become sottish; **abrutissement** [~tis'mã] *m* brutishness; degradation.

abscisse ⩘ [ap'sis] *f* abscissa.

absence [ap'sã:s] *f* absence; lack; ~ *d'esprit* absent-mindedness; **absent, e** [~'sã, ~'sã:t] absent; *fig.* absent-minded; **absentéisme** [~sãte'ism] *m* absenteeism; **absenter** [~sã'te] (1a) *v/t.*: **s'~** absent o.s., stay away; go away from home.

abside ⛪ [ap'sid] *f* apse.

absinthe [ap'sɛ̃:t] *f* absinth; ⚘ wormwood.

absolu, e [apsɔ'ly] absolute; peremptory (*voice*); ⚗ pure (*alcohol*); *phys. zéro m* ~ absolute zero (—*459.4° F.*); **absolument** [apsɔly'mã] *adv.* absolutely, completely; **absolution** [~'sjõ] *f* absolution (from, *de*); **absolutisme** [~'tism] *m* absolutism; **absolutoire** [~'twa:r] absolving.

absorber [apsɔr'be] (1a) *v/t.* absorb, soak up; imbibe; consume; *fig.* engross; *s'~* be absorbed (in, *dans*); **absorption** [~sɔrp'sjõ] *f* absorption (*a. fig.*).

absoudre [ap'sudr] (4bb) *v/t. eccl.*, *a. fig.* absolve; exonerate; **absous, -te** [~'su, ~'sut] *p.p. of absoudre.*

abstenir [apstə'ni:r] (2h) *v/t.*: s'~ refrain *or* abstain (from, *de*); *parl.* s'~ (*de voter*) abstain (from voting); **abstention** [~tã'sjõ] *f* abstention (from, *de*); renunciation.

abstinence [apsti'nã:s] *f* abstinence; abstention (from, *de*); *faire ~ de* abstain from (*s.th.*); **abstinent, e** [~'nã, ~'nã:t] **1.** *adj.* abstemious, sober; **2.** *su.* total abstainer, teetotaller.

abstraction [apstrak'sjõ] *f* abstraction; ~*s pl.* vagueness *sg.*; ~ *faite de cela* leaving that aside; apart from that; *faire ~ de qch.* leave s.th. out of account, disregard s.th.; *se perdre dans des ~s* be lost in thought.

abstraire [aps'trɛ:r] (4ff) *v/t.* abstract, isolate; *s'~* become engrossed (in *dans*, *en*); **abstrait, e** [~'trɛ, ~'trɛt] abstracted; abstract (*idea*); abstruse (*problem, subject*).

abstrus, e [aps'try, ~'try:z] abstruse; obscure; recondite.

absurde [ap'syrd] **1.** *adj.* absurd; **2.** *su./m*: *tomber dans l'~* become ridiculous; **absurdité** [~syrdi'te] *f* absurdity, nonsense.

abus [a'by] *m* abuse, misuse (of, *de*), error; ~ *de confiance* breach of trust; *faire ~ de* abuse; overindulge in; **abuser** [aby'ze] (1a) *v/t.* mislead; deceive; s'~ be mistaken; *v/i.*: ~ *de* misuse; take unfair advantage of; impose upon; delude; **abusif, -ve** [~'zif, ~'zi:v] excessive; *gramm.* contrary to usage, improper.

abyssal, e, *m/pl.* **-aux** [abi'sal, ~'so] deep-sea...; **abysse** [a'bis] *m* deep sea.

acabit F [aka'bi] *m* quality, nature;

du même ~ tarred with the same brush.
acacia ⚘ [aka'sja] *m* acacia.
académicien [akademi'sjɛ̃] *m* academician; **académie** [~'mi] *f* academy; learned society; school (*of art etc.*); *paint.* nude; *in France*: educational district; **académique** [~'mik] academic; pretentious (*style*).
acagnarder [akaɲar'de] (1a) *v/t.*: *s'*~ idle, laze.
acajou [aka'ʒu] *m* mahogany.
acanthe ⚘ [a'kɑ̃:t] *f* acanthus (*a.* △), brank-ursine.
acariâtre [aka'rjɑ:tr] quarrelsome; peevish; shrewish; nagging.
accablant, e [aka'blɑ̃, ~'blɑ̃:t] overwhelming (*proof, emotions*); crushing, oppressive (*heat*); **accablement** [~blə'mɑ̃] *m* dejection; ⚕ prostration; ⚜ pressure; **accabler** [~'ble] (1a) *v/t.* overwhelm (with, *de*); overpower, crush.
accalmie [akal'mi] *f* ⚔, ⚓, *a. fig.* lull; ⚜ slack period.
accaparement [akapar'mɑ̃] *m* hoarding; *fig.* F monopolizing; **accaparer** [~'re] (1a) *v/t.* corner, hoard; *fig.* F monopolize (*the conversation*); *fig.* seize; *fig.* take up (*time, energy, etc.*); *fig.* take up the time (and energy) of (*s.o.*); **accapareur** *m*, **-euse** *f* [~'rœ:r, ~'rø:z] *supplies*: buyer-up; monopolizer; *fig.* F hoarder; grabber.
accéder [akse'de] (1f) *v/i.*: ~ *à* have access to; accede to (*a request*).
accélérateur, -trice [akselera'tœ:r, ~'tris] **1.** *adj.* accelerating; **2.** *su./m* accelerator; ~ *de particules* particle accelerator; **accélération** [~ra'sjɔ̃] *f* acceleration; *work-rhythm*: speeding up; *mot. pédale f d'*~ accelerator; **accélérer** [~'re] (1f) *v/i.* accelerate (*a. mot.*); *mot. sl.* step on the gas; *v/t. fig.* expedite, quicken; *s'*~ become faster.
accent [ak'sɑ̃] *m* accent; stress; emphasis; pronunciation; **accentuation** [aksɑ̃tɥa'sjɔ̃] *f* stress(ing); accentuation; **accentuer** [~'tɥe] (1n) *v/t.* stress; accentuate; emphasize; *fig.* strengthen.
acceptable [aksɛp'tabl] acceptable; satisfactory; **acceptation** [~ta'sjɔ̃] *f* acceptance (*a.* ⚜); **accepter** [~'te] (1a) *v/t.* accept; agree to; **accepteur** ⚜ [~'tœ:r] *m* drawee, acceptor; **acception** [~'sjɔ̃] *f* meaning, sense; *sans* ~ *de personne* without respect of persons; *dans toute l'*~ *du mot* in the full meaning *or* in every sense of the word.
accès [ak'sɛ] *m* access, approach; *anger, fever*: attack; fit; *par* ~ by fits and starts; **accessible** [aksɛ'sibl] accessible; approachable (*person*); **accession** [~'sjɔ̃] *f* accession; adherence; ~ *à la propriété* home ownership; ~ *du travail* rehabilitation; **accessoire** [~'swa:r] **1.** *adj.* accessory; *occupation f* ~ subsidiary occupation, side-line; **2.** *su./m* accessory; subsidiary topic *or* matter; *thea.* ~*s pl.* properties, *sl.* props.
accident [aksi'dɑ̃] *m* accident (*a. phls.*); ♪ accidental; ~ *de (la) circulation* road accident; ~ *de personne* casualty; ~ *de terrain* unevenness, undulation; *par* ~ accidentally; **accidenté, e** [aksidɑ̃'te] **1.** *adj.* uneven, irregular (*ground*); chequered (*life*); **2.** *su.* injured person, casualty; **accidentel, -elle** [~'tɛl] accidental, unintentional, casual; **accidenter** [~'te] (1a) *v/t.* vary (*one's style*); make picturesque, give variety to (*a landscape*); injure, damage; s'~ have an accident; **accidenteur** [~'tœ:r] *m* party who causes an *or* the accident.
acclamation [aklama'sjɔ̃] *f* acclamation, applause; **acclamer** [~'me] (1a) *v/t.* acclaim, applaud, cheer.
acclimatation [aklimata'sjɔ̃] *f* acclimatization; *jardin m d'*~ Zoo; Botanical Gardens *sg.*; **acclimater** [~'te] (1a) *v/t.* acclimatize (to, *à*); s'~ become acclimatized.
accointance [akwɛ̃'tɑ̃:s] *f oft. pej.* intimacy, intercourse; *avoir des* ~*s avec* have dealings with; **accointer** [~'te] (1a) *v/t.*: *s'*~ *de* (*or avec*) *q.* enter into relations with s.o.
accolade [akɔ'lad] *f* embrace; accolade; F hug; *typ. a.* bracket, brace (⏞); **accolage** ✓ [~'la:ʒ] *m* fastening to an espalier; **accoler** [~'le] (1a) *v/t.* couple; brace, bracket; tie up (*a plant*).
accommodage [akɔmɔ'da:ʒ] *m food*: preparation, dressing; **accommodant, e** [~'dɑ̃, ~'dɑ̃:t] accommodating, easy to deal with, good-natured; **accommodation**

[~da'sjɔ̃] *f* adaptation; **accommodement** [akɔmɔd'mɑ̃] *m* compromise, arrangement; ⚕ agreement; **accommoder** [~mɔ'de] (1a) *v/t.* fit, adapt (to, *à*); prepare, dress (*food*); s'~ *à* adapt o.s. to; s' ~ *de* put up with, make the best of.

accompagnateur *m*, **-trice** *f* [akɔ̃paɲa'tœːr, ~'tris] ♪ accompanist; escort (of a tour); **accompagnement** [~paɲ'mɑ̃] *m* attendance; accompaniment (*a.* ♪); **accompagner** [~pa'ɲe] (1a) *v/t.* accompany; escort.

accomplir [akɔ̃'pliːr] (2a) *v/t.* accomplish, achieve; complete; **accomplissement** [~plis'mɑ̃] *m* accomplishment, achievement; completion.

accord [a'kɔːr] *m* agreement; harmony; ♪ chord; pitch; *gramm.* concordance, agreement (*a. pol.*); *pol.* treaty; ~ *commercial* trade agreement; *d'*~ agreed!; *d'un commun* ~ by common consent, by mutual agreement; *tomber d'*~ agree, reach an agreement; **accordable** [akɔr'dabl] reconcilable; grantable; ♪ tunable; **accordage** ♪ [~'daːʒ] *m* tuning; **accordailles** [~'dɑːj] *f/pl.* † betrothal *sg.*; **accordéon** ♪ [~de'ɔ̃] *m* accordion; concertina; *fig. en* ~ crumpled (up); **accordéoniste** [~deɔ'nist] *m* accordion player; **accorder** [~'de] (1a) *v/t.* grant; match; ♪, *a. radio*: tune; s'~ agree (*a. gramm.*); harmonize (with, *avec*); **accordeur** *m*, **-euse** *f* ♪ [~'dœːr, ~'døːz] tuner.

accorte [a'kɔrt] *adj./f* pleasing, winsome.

accostable [akɔs'tabl] approachable; **accostage** ⚓ [~'taːʒ] *m* boarding; drawing alongside (of, *de*); **accoster** [~'te] (1a) *v/t.* ⚓ berth; board; ~ *q.* accost s.o., F go up to s.o.; greet s.o.

accotement [akɔt'mɑ̃] *m mot.*, 🚂 shoulder; verge (*of road*); ~ *stabilisé* hard shoulder; ~ *non stabilisé* no hard shoulder, *Br. a.* soft verges; **accoter** [akɔ'te] (1a) *v/t.* lean, rest (against *contre*, *à*; on, *sur*); s'~ lean (against, *contre*); **accotoir** [~'twaːr] *m* armrest.

accouchée [aku'ʃe] *f* woman in childbed; **accouchement** [akuʃ'mɑ̃] *m* confinement; ~ *laborieux* difficult confinement; ~ *sans douleur* painless delivery; **accoucher** [aku'ʃe] (1a) *v/i.* be delivered (of, *de*), give birth (to, *de*); *fig.* ~ *de qch.* bring s.th. forth; *v/t.* deliver (*a woman*); **accoucheur** [~'ʃœːr] *m* obstetrician; **accoucheuse** [~'ʃøːz] *f* midwife.

accouder [aku'de] (1a) *v/t.*: s'~ lean (on one's elbows); **accoudoir** [~'dwaːr] *m* arm-rest, elbow-rest; balustrade, rail.

accouple [a'kupl] *f* leash; **accouplement** [akuplə'mɑ̃] *m* coupling (*a. radio*); pairing; ⚡ connecting; ⚘ copulation; ⊕ ~ *articulé* joint coupling; ⚡ ~ *en série* series connection; **accoupler** [~'ple] (1a) *v/t.* couple (up) (*a.* 🚂); ⚡ connect, group; *fig.* join; s'~ mate.

accourcir [akur'siːr] (2a) *v/t.* curtail; shorten; **accourcissement** [~sis'mɑ̃] *m* shortening.

accourir [aku'riːr] (2i) *v/i.* hasten (up), run up.

accoutrement [akutrə'mɑ̃] *m* dress; F get-up; **accoutrer** [~'tre] (1a) *v/t.* equip; rig (*s.o.*) out (in, *de*).

accoutumance [akuty'mɑ̃ːs] *f* habit, use, usage; **accoutumé, e** [~'me] **1.** *adj.* accustomed (to, *à*); *à l'*~*e* usually; **2.** *su.* regular visitor; **accoutumer** [~'me] (1a) *v/t.* accustom (*s.o.*) (to, *à*).

accouvage [aku'vaːʒ] *m* artificial incubation.

accréditer [akredi'te] (1a) *v/t.* accredit (*an ambassador*); confirm (*a story*); credit; authorize; s'~ gain credence; **accréditeur** [~'tœːr] *m* guarantor; surety; **accréditif** [~'tif] *m* ⚕ (letter of) credit; credential.

accroc [a'kro] *m clothes*: rent, tear; *fig.* hitch; *fig.* impediment; *sans* ~*s* smooth(ly *adv.*).

accrochage [akrɔ'ʃaːʒ] *m* hooking; *picture*: hanging; accumulation; *box.* clinch; *radio*: picking-up; ⚔ engagement; clash (*with the police*); F squabble; **accroche-cœur** [akrɔʃ'kœːr] *m* kiss-curl; **accrochement** [~'mɑ̃] *m* hooking; *fig.* difficulty; 🚂 coupling; **accrocher** [akrɔ'ʃe] (1a) *v/t.* hang (up) (on, from *à*); collide with (*a vehicle*); hook; catch; ⚓ grapple; ⚔ engage; *radio*: pick up; *sl.* pawn (*a watch*); F buttonhole (*s.o.*); s'~ cling (to, *à*); get caught (on, *à*); *box.* clinch; ⚓ follow closely; F have a set-to; **accrocheur, -euse** [-ˈʃœːr, -ˈʃøːz] tenacious, persistent; eye-catching, catchy; *c'est un* ~ he's a sticker.

accroire [aˈkrwaːr] (4n) *v/t.*: (*en*) *faire* ~ *qch. à q.* delude s.o. into believing s.th.; *s'en faire* ~ over-estimate o.s.

accroissement [akrwasˈmɑ̃] *m* growth; increase; ⩓ *function*: increment.

accroître [aˈkrwaːtr] (4o) *v/t.* increase; *v/i. a. s'*~ grow.

accroupir [akruˈpiːr] (2a) *v/t.*: *s'*~ crouch (down); squat (down).

accru, e [aˈkry] **1.** *p.p. of accroître*; **2.** *su./f* accretion, extension.

accu F [aˈky] *m* ⚡ accumulator; battery; *(re)charger (or régénérer) l'*~ charge the accumulator.

accueil [aˈkœːj] *m* reception, greeting; ✝ *faire (bon)* ~ *à une traite* hono(u)r a bill; *faire bon* ~ *à* welcome (*s.o.*); **accueillant, e** [akœˈjɑ̃, ~ˈjɑ̃ːt] affable; **accueillir** [~ˈjiːr] (2c) *v/t.* welcome, greet, receive; ✝ hono(u)r (*a bill*).

acculer [akyˈle] (1a) *v/t.* drive into a corner *or* to the wall; *s'*~ set one's back (against *à, contre*).

accumulateur, -trice [akymylaˈtœːr, ~ˈtris] *su.* hoarder; *fig.* miser; *su./m* ⚡ accumulator; **accumuler** [~ˈle] (1a) *v/t.* accumulate.

accusateur, -trice [akyzaˈtœːr, ~ˈtris] **1.** *adj.* incriminating; accusing; **2.** *su.* accuser; *su./m* ⚖ *hist.* ~ *public* Public Prosecutor; **accusation** [~zaˈsjɔ̃] *f* accusation; charge; **accusé, e** [~ˈze] **1.** *adj.* accused; prominent (*feature*); **2.** *su.* accused; *su./m*: ✝ ~ *de réception* acknowledgement (of receipt); **accuser** [~ˈze] (1a) *v/t.* accuse; *fig.* emphasize, bring out; show; ✝ ~ *réception* acknowledge receipt (of, *de*); *s'*~ stand out; accuse o.s.

acéphale *zo.* [aseˈfal] acephalous, headless.

acerbe [aˈsɛrb] tart; *fig.* sharp; **acerbité** [asɛrbiˈte] *f* acerbity; tartness; sharpness.

acéré, e [aseˈre] sharp, keen; *fig.* mordant (*criticism*); **acérer** [~] (1f) *v/t.* steel; *fig.* sharpen, give edge to.

acétate ⚗ [aseˈtat] *m* acetate; ~ *d'alumine* acetate of alumina; ~ *de cuivre* verdigris; **acéteux, -euse** [~ˈtø, ~ˈtøːz] acetous; **acétique** [~ˈtik] acetic; **acétone** [~ˈtɔn] *f* acetone; **acétylène** [~tiˈlɛn] *m* acetylene.

achalandage [aʃalɑ̃ˈdaːʒ] *m* custom(ers *pl.*); **achalandé, e** [~ˈde]: *bien* ~ well-stocked; † with a large custom (*shop*); **achalander** [~ˈde] (1a) *v/t.* provide with custom.

acharné, e [aʃarˈne] keen; fierce, bitter; strenuous; relentless; **acharnement** [~nəˈmɑ̃] *m* tenacity; relentlessness; fury; stubbornness; **acharner** [~ˈne] (1a) *v/t.*: *s'*~ *à* be intent on; slave at; *s'*~ *sur (or contre)* be implacable towards.

achat [aˈʃa] *m* purchase; purchasing; ✝ *pouvoir m d'*~ purchasing power.

acheminement [aʃminˈmɑ̃] *m* progress, course (towards, *vers*); ✝ *etc.* routing; **acheminer** [~miˈne] (1a) *v/t.* put on the way; train (*a horse*); ✝ *etc.* route, forward (to *sur, vers*); *s'*~ make one's way (towards *vers, sur*).

acheter [aʃˈte] (1d) *v/t.* buy, purchase; *fig.* bribe; ~ *qch. à q.* buy s.th. from s.o.; buy s.th. for s.o., buy s.o. s.th.; ~ *cher (bon marché)* buy at a high price (cheap); **acheteur** *m*, **-euse** *f* [~ˈtœːr, ~ˈtøːz] purchaser, buyer.

achèvement [aʃɛvˈmɑ̃] *m* completion, conclusion; **achever** [aʃˈve] (1d) *v/t.* finish, complete; F do for; *s'*~ draw to a close; *v/i.*: ~ *de (inf.)* finish (*ger.*).

achillée ⚘ [akiˈle] *f* milfoil, yarrow.

achoppement [aʃɔpˈmɑ̃] *m* stumble; knock; *pierre f d'*~ stumbling-block; **achopper** [aʃɔˈpe] (1a) *v/i. a. s'*~ stumble (over *sur*; against, *à*); *fig.* come to grief.

achromatique *opt.* [akrɔmaˈtik] achromatic.

acide ⚗ [aˈsid] **1.** *adj.* sharp, tart, acid; **2.** *su./m* acid; ~ *chlorhydrique* hydrochloric acid; ~ *sulfurique* sulphuric acid; **acidification** [asidifikaˈsjɔ̃] *f* acidification; **acidimètre** [~ˈmɛtr] *m* acidimeter; **acidité** [~ˈte] *f* acidity, sourness; **acidulé, e** [asidyˈle] acidulated; *bonbons m/pl.* ~*s* acid drops; **aciduler** [~] (1a) *v/t.* turn sour; acidulate.

acier [aˈsje] *m* steel; ~ *à précontrainte* pre-stressed steel; ~ *au tungstène* tungsten steel; ~ *coulé* (*or fondu*) cast steel; ~ *doux* mild steel; ~ *laminé* rolled steel; ~ *spécial* high-grade steel; ~ *trempé* hardened *or* tempered steel; d'~ steel(y), of steel; **aciérage** ⊕ [asje'ra:ʒ] *m* steeling; *bain m d'~* steel bath; **aciérer** [~'re] (1f) *v/t.* steel, acierate; **aciérie** ⊕ [~'ri] *f* steelworks *usu. sg.*

acné ⚕ [ak'ne] *f* acne.

acolyte [akɔ'lit] *m eccl.* acolyte; *fig.* associate, confederate.

acompte [a'kɔ:t] *m* down payment, deposit, payment on account; instalment; F *fig.* foretaste; *par ~s* by instalments.

aconit ⚘ [akɔ'nit] *m* aconite, monk's-hood.

acoquiner [akɔki'ne] (1a) *v/t. oft. pej.* s'~ *avec q.* take up with s.o.

à-côté [akɔ'te] *m remark*: aside; side-issue; ~s *pl.* purlieus.

à-coup [a'ku] *m* jolt, jerk, sudden stop; *par ~s* by fits and starts; *sans ~s* smooth(ly *adv.*).

acoustique [akus'tik] **1.** *adj.* acoustic; *appareil m ~* hearing-aid; **2.** *su./f* acoustics *pl.*

acquéreur [ake'rœ:r] *m* purchaser, buyer; acquirer; **acquérir** [~'ri:r] (2l) *v/t.* acquire, obtain; win (*esteem, friends*); *fig. ~ droit de cité* become naturalized; *v/i.* improve; **acquerrai** [akɛr're] *1st p. sg. fut. of acquérir.*

acquêt ⚖ [a'kɛ] *m* acquisition; ~s *pl.* common property *sg.* (*in marriage*).

acquièrent [a'kjɛ:r] *3rd p. pl. pres. of acquérir*; **acquiers** [~] *1st p. sg. pres. of acquérir.*

acquiescement [akjɛs'mɑ̃] *m* acquiescence (in, *à*); consent; **acquiescer** [akjɛ'se] (1k) *v/i.* acquiesce (in, *à*), agree (to, *à*).

acquis[1] [a'ki] *1st p. sg. p.s. of acquérir.*

acquis[2], **e** [a'ki, ~'ki:z] **1.** *p.p. of acquérir*; **2.** *adj.* acquired, gained; established (*fact*); **3.** *su./m* attainments *pl.*, experience; **acquisition** [akizi'sjɔ̃] *f* acquisition, acquiring; purchase; *fig.* ~s *pl.* attainments.

acquit [a'ki] *m* discharge, release; ⚚ receipt (for, de); ~ *de transit Customs*: transire; *par ~ de conscience* for conscience sake; for form's sake; F *par manière d'~* as a matter of form; ⚚ *pour ~* paid, received with thanks; **~-à-caution,** *pl.* **~s-à-caution** [akiakɔ'sjɔ̃] *m Customs*: permit; **acquittement** [akit'mɑ̃] *m debt*: discharge; ⚖ acquittal; **acquitter** [aki'te] (1a) *v/t.* unburden (*one's conscience*); ⚖ acquit; ⚚ discharge (*a debt*); ⚚ receipt (*a bill, a note*); fulfil (*an obligation*); ~ *q. de qch.* release s.o. from s.th.; s'~ de discharge (*a debt*); perform, fulfil (*a duty*).

acre ⚒ [akr] *m* acre.

âcre [ɑ:kr] tart, sharp; *fig.* caustic (*remark*); **âcreté** [ɑkrə'te] *f* bitterness, acidity.

acrimonie [akrimɔ'ni] *f* acrimony; bitterness; **acrimonieux, -euse** [~'njø, ~'njø:z] acrimonious, bitter.

acrobate [akrɔ'bat] *su.* acrobat, tumbler; **acrobatie** [~ba'si] *f* acrobatics *pl.*; ~ (*aérienne*) aerobatics *pl.*

acte [akt] *m* act (*a. thea.*); deed (*a.* ⚖); ⚖ title; bill (*of sale*); ⚖ writ; ~s *pl. learned society*: transactions; records; *bibl.* ♀s *pl. des Apôtres* Acts of the Apostles; ⚖ ~ *civil* civil marriage; ~ *de décès* death-certificate; ~ *notarié* notarial deed; *faire ~ de présence* put in an appearance; *prendre ~ de* take note of; **acteur** [ak'tœ:r] *m* actor.

actif, -ve [ak'tif, ~'ti:v] **1.** *adj.* active; busy; alert; **2.** *su./m* ⚚ assets *pl.*, credit (side); *gramm.* active voice.

actinothérapie ⚕ [aktinɔtera'pi] *f* actinotherapy.

action [ak'sjɔ̃] *f* action, act; exploit; *water*: effect; *machine*: working; *thea.* gesture; ⚖ action, lawsuit; ⚔ engagement; ⚚ share(-certificate), *Am.* stock; *eccl.* ~ *de grâces* thanksgiving; ⚚ ~ *de mine* mining-share; *champ m d'~* sphere of action; **actionnaire** [aksjɔ'nɛ:r] *su.* shareholder, *Am.* stockholder; **actionnariat** [~nar'ja] *m* (~ *ouvrier*, ~ *des salariés* employee) shareholding; **actionner** [~'ne] (1a) *v/t.* ⚖ sue; ⊕ set in motion; operate (*a machine*); urge on; s'~ bestir o.s.

activer [akti've] (1a) *v/t.* stir up, push on; expedite; s'~ busy o.s. (with, *à*); **activité** [~vi'te] *f* activity; briskness.

actrice [ak'tris] *f* actress.

actualité [aktɥali'te] *f* actuality,

reality; topical question; ~s *pl. cin.* news-reel *sg.*, F news *sg.*; *radio*: current events; *d'*~ topical.
actuel, -elle [ak'tɥɛl] current, present.
acuité [akɥi'te] *f* acuteness (*a.* ⚕); sharpness, keenness.
acupuncteur, acuponcteur [akypɔ̃k'tœ:r] *m* acupuncturist; **acupuncture, acuponcture** [~'ty:r] *f* acupuncture.
acutangle ⩓ [aky'tɑ̃:gl] acute-angled.
adage [a'da:ʒ] *m* adage, saying, saw.
adamantin, e [adamɑ̃'tɛ̃, ~'tin] adamantine.
adaptabilité [adaptabili'te] *f* adaptability, adaptableness; **adaptable** [adap'tabl] adaptable; **adaptateur** *phot.*, *telev.* [~ta'tœ:r] *m* adapter; **adaptation** [~ta'sjɔ̃] *f* adaptation; adjustment; **adapter** [~'te] (1a) *v/t.* adapt, adjust (s.th. to s.th., *qch. à qch.*); *s'~ à qch.* adapt o.s. to s.th.; fit s.th.
additif [adi'tif] *m* additive; **addition** [adi'sjɔ̃] *f* addition; accretion; *restaurant*: bill, *Am. or* F check; **additionnel, -elle** [adisjɔ'nɛl] additional; *impôt m* ~ surtax; **additionner** [~'ne] (1a) *v/t.* add up, tot up; add (to, *à*); ~ *un liquide de qch.* add s.th. to a liquid, mix *or* dilute a liquid with s.th.; *additionné de sucre* with sugar added.
adénite ⚕ [ade'nit] *f* adenitis.
adéno... [adenɔ] glandular, adeno...
adent ⊕ [a'dɑ̃] *m* dovetail, tenon.
adepte [a'dɛpt] *su.* adept; initiate.
adéquat, e [ade'kwa, ~'kwat] adequate.
adhérence [ade'rɑ̃:s] *f* adherence; adhesion (*a.* ⚕, *phys.*); **adhérent, e** [~'rɑ̃, ~'rɑ̃:t] **1.** *adj.* adhesive; adherent (to, *à*); **2.** *su.* adherent, supporter; **adhérer** [~'re] (1f) *v/i.*: ~ *à* adhere *or* cling to; hold (*an opinion*); join, support (*a party*); *mot.* grip (*the road*).
adhésif, -ve [ade'zif, ~'zi:v] adhesive, sticky; *emplâtre m* ~ adhesive plaster; **adhésion** [~'zjɔ̃] *f* adhesion (*a. fig.*).
adieu [a'djø] **1.** *int.* farewell!; goodbye!; *dire ~ à* say goodbye *or* farewell to; *fig.* give up *or* renounce (*s.th.*); **2.** *su./m*: ~*x pl.* farewell *sg.*, leave-taking *sg.*; *faire ses ~x (à)* say good-bye (to); take one's leave (of).
adipeux, -euse [adi'pø, ~'pø:z] adipose, fatty; **adipose** [~'po:z] *f* adiposis; **adiposité** [~pozi'te] *f* adiposity, fatness.
adirer ⚖ [adi're] (1a) *v/t.* lose, mislay (*documents*).
adjacent, e [adʒa'sɑ̃, ~'sɑ̃:t] adjacent, contiguous (to, *à*); *être ~ à* border on, adjoin; *rue f ~e* side-street.
adjectif [adʒɛk'tif] *m* adjective.
adjoindre [ad'ʒwɛ̃:dr] (4m) *v/t.* unite, associate; appoint as assistant; enrol(l); *s'~ à* join with (*s.o.*); **adjoint, e** [~'ʒwɛ̃, ~'ʒwɛ̃:t] **1.** *adj.* assistant-...; **2.** *su./m* assistant; ~ *au* (*or du*) *maire* deputy-mayor.
adjonction [adʒɔ̃k'sjɔ̃] *f* adjunction; ⩓ annexe; *gramm.* zeugma.
adjudant [adʒy'dɑ̃] *m* ⚔ company sergeant-major; ⚓ warrant-officer; ⚔ ~*-chef* regimental sergeant-major; ⚓ ~ *de pavillon* flag-lieutenant.
adjudicataire [adʒydika'tɛ:r] *m* highest-bidder; *auction*: purchaser; contractor; **adjudication** [~'sjɔ̃] *f* adjudication, award; *contract*: allocation; *auction*: knocking-down; *mettre en ~* invite tenders for; put up for auction.
adjuger [adʒy'ʒe] (1l) *v/t.* award; *auction*: knock down.
adjuration [adʒyra'sjɔ̃] *f* adjuration; imprecation; **adjurer** [~'re] (1a) *v/t.* adjure, beseech; exorcise (*a spirit*).
adjuvant [adʒy'vɑ̃] *m* ⚕ adjuvant, additive; stimulus.
admettre [ad'mɛtr] (4v) *v/t.* admit; let in; permit.
administrateur [administra'tœ:r] *m* administrator, manager; *bank*: director; **administratif, -ve** [~'tif, ~'ti:v] administrative; **administration** [~'sjɔ̃] *f* administration (*a. eccl.*); management; governing body; civil service; **administratrice** [~'tris] *f* administratrix; **administré** *m*, **e** *f* [adminis'tre] person under one's administration *or* jurisdiction; **administrer** [~] (1a) *v/t.* administer (*a. eccl.*), conduct, manage, govern; ⚖ ~ *des preuves* furnish proof.
admirable [admi'rabl] admirable, wonderful; **admirateur, -trice** [admira'tœ:r, ~'tris] **1.** *adj.* admiring; **2.** *su.* admirer; **admiratif, -ve**

[~'tif, ~'ti:v] admiring; **admiration** [~'sjɔ̃] *f* admiration, wonder; **admirer** [admi're] (1a) *v/t.* admire.

admis, e [ad'mi, ~'mi:z] **1.** *p.p. of admettre*; **2.** *adj.* admitted; accepted; conventional; **admissible** [admi'sibl] admissible; eligible (to, *à*); **admission** [~'sjɔ̃] *f* admission; ⊕ inlet; ⊕ *période f d'~* induction stroke.

admonestation [admɔnɛsta'sjɔ̃] *f*, **admonition** [~ni'sjɔ̃] *f* admonition, reprimand; **admonester** [~nɛs'te] (1a) *v/t.* admonish, reprimand, censure.

ado F [a'do] *m* youth, young man.

adolescence [adɔlɛ'sɑ̃:s] adolescence, youth; **adolescent, e** [~'sɑ̃, ~'sɑ̃:t] **1.** *adj.* adolescent; **2.** *su.* adolescent; F teen-ager; *su./m* youth.

adonner [adɔ'ne] (1a) *v/t.*: *s'~ à* devote o.s. to; take to (*drink etc.*), become addicted to.

adopter [adɔp'te] (1a) *v/t.* adopt (*a child, a name, an opinion*); assume (*a name*); *parl.* pass (*a bill*); **adoptif, -ve** [~'tif, ~'ti:v] adopted; adoptive (*parent*); **adoption** [~'sjɔ̃] *f* adoption; *bill*: passage; carrying; *fils m par ~* adopted son; *pays m d'~* adopted country.

adorable [adɔ'rabl] adorable; charming; **adorateur, -trice** [~ra'tœ:r, ~'tris] **1.** *su.* adorer, worshipper; F great admirer; **2.** *adj.* adoring; **adoration** [~ra'sjɔ̃] *f* adoration, worship; **adorer** [~'re] (1a) *v/t.* adore (*a. fig.*); worship (*God*); F dote on.

adossement [ados'mɑ̃] *m* leaning (against *à, contre*); position back to back; **adosser** [ado'se] (1a) *v/t.* lean; place back to back; *s'~ à* (*or contre*) lean one's back against.

adouber [adu'be] (1a) *v/t.* *chess*: adjust (*a piece*); *hist.* dub (*s.o.*) ([a] knight).

adoucir [adu'si:r] (1a) *v/t.* sweeten; tone down (*a colour*); mitigate; allay (*a pain*); pacify; ⊕ polish (*metal*), rough-polish (*glass*); *s'~* soften; grow softer (*voice*); grow milder (*weather*); grow less (*pain, grief*); **adoucissement** [~sis'mɑ̃] *m* softening; alleviation; relief; sweetening.

adresse [a'drɛs] *f* address; skill, dexterity; shrewdness; **adresser** [adrɛ'se] (1a) *v/t.* address; send; direct; refer (to, *à*); *~ la parole à q.* adress s.o.; *s'~ à* speak to; go and see; inquire at; be intended for; appeal to.

adroit, e [a'drwa, ~'drwat] dexterous; shrewd.

adulateur, -trice [adyla'tœ:r, ~'tris] **1.** *adj.* flattering, fawning; **2.** *su.* sycophant; **adulation** [~la'sjɔ̃] *f* adulation, sycophancy; **aduler** [~'le] (1a) *v/t.* fawn upon, flatter (*s.o.*).

adulte [a'dylt] *adj., a. su.* adult, grown-up.

adultération [adyltera'sjɔ̃] *f* adulteration; **adultère** [adyl'tɛ:r] **1.** *adj.* adulterous; **2.** *su./m* adulterer; adultery; *su./f* adulteress; **adultérer** [~te're] (1f) *v/t.* adulterate; **adultérin, e** [~te'rɛ̃, ~'rin] adulterine; ⚘ hybrid.

advenir [advə'ni:r] (2h) *v/i., a. impers.* happen, occur, turn out; *advienne que pourra* come what may.

adventice [advɑ̃'tis] adventitious, casual (*a.* ⚘); **adventif, -ve** [~'tif, ~'ti:v] ⚘ growing wild, chance...; accrued (*property*).

adverbe [ad'vɛrb] *m* adverb.

adversaire [advɛr'sɛ:r] *m* adversary, opponent; **adverse** [~'vɛrs] adverse, unfavo(u)rable; ⚖ opposing, other (*party*); *fortune f ~* adversity; **adversité** [~vɛrsi'te] *f* adversity, bad luck.

aérage [ae'ra:ʒ] *m* aeration, airing; ventilation (*a.* ⚒); *puits m d'~* air-shaft; **aération** [~ra'sjɔ̃] airing, ventilation; **aéré, e** [~'re] airy; **aérer** [~'re] (1f) *v/t.* air, give (*s.th.*) an airing; aerate; ventilate; *s'~* get some fresh air; **aérien, -enne** [~'rjɛ̃, ~'rjɛn] aerial; air-...; *chemin m de fer ~* elevated railway; *défense f ~enne* aerial defence; *voyage m ~* journey by air; **aérifère** [aeri'fɛ:r] air-...

aéro... [aerɔ] flying-..., air-...; **~bus** [~'bys] *m* airbus; **~drome** [~dro:m] *m* aerodrome, *Am.* airdrome; **~dynamique** [~dina'mik] **1.** *adj.* aerodynamic; streamlined; **2.** *su./f* aerodynamics *sg.*; **~gare** [~'ga:r] *f* air terminal; **~gramme** [~'gram] *m* air letter; **~modélisme** [~mɔde'lism] model aircraft making; **~modéliste** [~mɔde'list] *m* model aircraft maker; **~moteur** [~mɔ'tœ:r] *m* aero-engine;

wind-engine; **~naute** [~ˈnoːt] *m* aeronaut, balloonist; **~nautique** [~noˈtik] **1.** *adj.* aeronautical; **2.** *su./f* aeronautics *sg.*; **~plane** [~ˈplan] *m* aeroplane, aircraft; **~port** [~ˈpɔːr] *m* airport; **~porté, e** [~pɔrˈte]: *troupes f/pl.* ~*es* airborne troops; **~postal, e,** *m/pl.* **-aux** [~pɔsˈtal, ~ˈto] airmail...; **~sol** [~ˈsɔl] aerosol; spray; **~spatial, e** *m/pl.*, **-aux** [~spɑˈsjal, -ˈsjo] aerospace ...; **~stat** [~sˈta] *m* airship, balloon; **~station** [~staˈsjɔ̃] *f* aeronautics *sg.*; **~statique** [~staˈtik] **1.** *adj.*: *ballon m* ~ balloon; **2.** *su./f* aerostatics *sg.*; **~train** (*TM*) [~ˈtrɛ̃] *m* hovertrain.

affabilité [afabiliˈte] *f* affability, graciousness (to *avec, envers*);

affable [aˈfabl] affable, gracious.

affadir [afaˈdiːr] (2a) *v/t.* render tasteless *or* uninteresting; *fig.* disgust; **affadissement** [~disˈmɑ̃] *m* loss of flavo(u)r; growing insipid.

affaiblir [afɛˈbliːr] (2a) *v/t.* weaken; *phot.* reduce (the contrasts of); *s'*~ grow weaker; **affaiblissement** [~blisˈmɑ̃] *m* diminution; weakening; reducing; **affaiblisseur** *phot.* [~bliˈsœːr] *m* reducing agent *or* bath.

affaire [aˈfɛːr] *f* business, affair; question, matter; ⚖ case; transaction; ~*s pl. a.* belongings; ~*s pl. étrangères* foreign affairs; *avoir* ~ *à* have to deal with; be faced with (*a problem etc.*); *cela fait l'*~ that will do (nicely); *ce n'est pas petite* ~ it is no trifling matter; *parler (d')*~*s* talk business; *son* ~ *est faite* he is done for; *voilà l'*~ that's it!; **affairé, e** [afɛˈre] busy; **affairement** [afɛrˈmɑ̃] *m* hurry, bustle; **affairer** [afɛˈre] (1a) *v/t.*: *s'*~ busy oneself, be busy; **affairisme** [afɛˈrism] *m* racketeering; **affairiste** [afɛˈrist] *m* racketeer.

affaissement [afɛsˈmɑ̃] *m* sinking; *ground*: subsidence; *strength*: breaking up; ⚕ prostration; *fig.* depression; **affaisser** [afɛˈse] (1b) *v/t.* cause to sink; weigh down; *s'*~ sink, subside; give way; cave in; collapse (*a.* ⚕).

affaler [afaˈle] (1a) *v/t.* ⚓ haul down; lower; *s'*~ ⚓ be driven ashore; F drop.

affamé, e [afaˈme] hungry, ravenous (for, *de*); **affamer** [~] (1a) *v/t.* starve.

affectation [afɛktaˈsjɔ̃] *f* affectation; pretence; ✝ appropriation; † predilection; ⚔ *etc.* posting, *Am.* assignment; assignment (*to a post*); **affecté** [~ˈte] affected, F put-on; **affecter** [~ˈte] (1a) *v/t.* assign; set apart; pretend; assume (*a shape*); move (*s.o.*); affect; have a predilection for; ⚖ burden (*the land*); ⚕ affect, attack; ⚔ *etc.* post, *Am.* assign; **affectif, -ve** [~ˈtif, ~ˈtiːv] affective;

affection [~ˈsjɔ̃] *f* affection (*a.* ⚕); fondness, liking; ⚕ disease, complaint; **affectionner** [~sjɔˈne] (1a) *v/t.* be fond of, have a liking for; † *s'*~ *à q.* become fond of s.o.; *s'*~ *q.* gain s.o.'s affections; **affectueux, -euse** [~ˈtɥø, ~ˈtɥøːz] affectionate, fond, loving.

afférent, e [afeˈrɑ̃, ~ˈrɑ̃ːt] relating, relative (to, *à*); accruing.

affermer [afɛrˈme] (1a) *v/t.* let; rent (*land*).

affermir [afɛrˈmiːr] (2a) *v/t.* consolidate, make firm; *fig.* strengthen.

affété, e [afeˈte] affected, mincing;

afféterie [~ˈtri] *f* affectation, mincing.

affichage [afiˈʃaːʒ] *m* bill-posting; *fig.* F show; *panneau m d'*~ noticeboard; **affiche** [aˈfiʃ] *f* poster; **afficher** [afiˈʃe] (1a) *v/t.* post up, placard; *fig.* parade, flaunt; *s'*~ *pour* set up for; **afficheur** [~ˈʃœːr] *m* bill-sticker.

affidé, e [afiˈde] **1.** *adj.* † trusty; **2.** *su. pej.* accomplice; secret agent.

affilage ⊕ [afiˈlaːʒ] *m* whetting, sharpening.

affilée [afiˈle]: *d'*~ at a stretch, on end.

affiler [afiˈle] (1a) *v/t.* sharpen, whet; ⊕ set (*a saw*); draw (*gold*).

affiliation [afiljaˈsjɔ̃] *f* affiliation;

affilié *m*, **e** *f* [afiˈlje] *su.* (affiliated) member, associate; **affilier** [afiˈlje] (1o) *v/t.* affiliate (with, to *à*); *s'* ~ *à* join (*a society etc.*).

affiloir [afiˈlwaːr] *m* hone; *razor*: strop; *knife*: steel; whetstone.

affinage ⊕ [afiˈnaːʒ] *m* refining; *fig.* improvement; *cloth*: cropping; *hemp*: hackling; *plank*: fining down; ~ *de surface* surface refinement; **affiner** [~ˈne] (1a) *v/t.* refine; improve; point (*needles*); fine (*metals*); fine down (*a plank*); hackle (*hemp*); crop, shear (*cloth*); mature (*wine, cheese*).

affinité [afini'te] *f* affinity (*a.* ♏), relationship; *fig.* resemblance.
affirmatif, -ve [afirma'tif, ~'ti:v] **1.** *adj.* affirmative; **2.** *su./f* affirmative; *dans l'~ve* in the affirmative; if so; *répondre par l'~ve* answer yes *or* in the affirmative; **affirmation** [~ma'sjɔ̃] *f* assertion; **affirmer** [~'me] (1a) *v/t.* assert.
affleurer [aflœ're] (1a) *v/t.* level; make flush; be level *or* flush with; *v/i.* be level *or* flush.
afflictif, -ve ⚖ [aflik'tif, ~'ti:v] corporal, bodily; *peine f ~ve* corporal punishment; penal servitude; **affliction** [~'sjɔ̃] *f* affliction, sorrow, distress; **affliger** [afli'ʒe] (1l) *v/t.* afflict (with, *de*); distress, grieve; s'~ grieve, be distressed (at, *de*).
affluence [afly'ɑ̃:s] *f* flow(ing); flood; ⚕ afflux; abundance; crowd; *heures f/pl. d'~* peak hours, rush hours; **affluent, e** [~'ɑ̃, ~'ɑ̃:t] **1.** *adj.* † affluent; **2.** *su./m* tributary; **affluer** [~'e] (1n) *v/i.* flow (*a.* ⚕); abound; *fig.* crowd, flock; **afflux** [a'fly] *m* afflux, rush.
affolement [afɔl'mɑ̃] *m* panic; *engine*: racing; **affoler** [afɔ'le] (1a) *v/t.* frighten, terrify, throw into a panic; madden; s'~ (get in a) panic, F get in a flap; go crazy; ⊕ *etc.* (begin to) race (*engine etc.*).
affouragement [afuraʒ'mɑ̃] *m* fodder(ing); **affourager** [~ra'ʒe] (1l) *v/t.* fodder (*cattle*).
affranchi, e [afrɑ̃'ʃi] **1.** *adj.* freed; free (from, *de*); **2.** *su./m* freedman; *su./f* freedwoman; **affranchir** [~'ʃi:r] (2a) *v/t.* free, emancipate; exempt; *post*: frank, prepay, stamp; *s'~ de* get rid of; **affranchissement** [~ʃis'mɑ̃] *m* emancipation; release, exemption; *post*: franking, prepayment; postage.
affres [afr] *f/pl.* pangs, terrors, throes.
affrètement ⚓ [afrɛt'mɑ̃] *m* freighting; charter(ing); **affréter** ⚓ [afre'te] (1f) *v/t.* freight; charter.
affreux, -euse [a'frø, ~'frø:z] frightful, dreadful; ghastly; hideous.
affriander [afriɑ̃'de] (1a) *v/t.* entice, allure; make attractive.
affront [a'frɔ̃] *m* affront, insult; *faire un ~ à* insult; **affronter** [afrɔ̃'te] (1a) *v/t.* confront, face; *fig.* brave; ⊕ join face to face.
affublement *pej.* [afyblə'mɑ̃] *m* get-up, rig-out; **affubler** *pej.* [~'ble] (1a) *v/t.* rig out (in, *de*).
affût [a'fy] *m* hiding-place; gun-carriage; *chasser à l'~* stalk; *être à l'~* lie in wait; be on the look-out (for, *de*); **affûter** ⊕ [afy'te] (1a) *v/t.* sharpen (*a.* F *fig.*); set (*a saw*); stock with tools; **affûteuse** ⊕ [~'tø:z] *f* grinding-machine.
afin [a'fɛ̃] **1.** *prp.*: ~ *de* (*inf.*) (in order) to (*inf.*); **2.** *cj.*: ~ *que* (*sbj.*) in order that, so that.
africain, e [afri'kɛ̃, ~'kɛn] *adj., a. su.* ♀ African.
Afrikander [afrikɑ̃'dɛ:r] *m* Afrikander.
agaçant, e [aga'sɑ̃, ~'sɑ̃:t] irritating; provocative; **agacer** [~'se] (1k) *v/t.* irritate, annoy; s'~ get annoyed; **agacerie** F [agas'ri] *f* provocation, teasing, coquetry.
agapes F [a'gap] *f/pl.* feast.
agate [a'gat] *f* agate.
âge [ɑ:ʒ] *m* age; period; generation; *d'~ à, en ~ de* of an age to; *enfant mf d'~ scolaire* child of school age; *entre deux ~s* middle-aged; *quel ~ avez-vous?, quel est votre ~?* how old are you?; *à ton ~* when I was your age; *retour m d'~* change of life; **âgé, e** [ɑ'ʒe] old, aged; elderly; *~ de deux ans* 2 years old, aged 2.
agence [a'ʒɑ̃:s] *f* agency; *~ de publicité* advertising agency; *~ de voyages* travel agency; *~ générale* general agency; *~ matrimoniale* marriage bureau; **agencement** [aʒɑ̃s'mɑ̃] *m* arrangement, order; *~s pl.* fixtures; **agencer** [aʒɑ̃'se] (1k) *v/t.* arrange; order; fit up.
agenda [aʒɛ̃'da] *m* note-book, memorandum-book; appointment book; diary.
agenouiller [aʒnu'je] (1a) *v/t.*: s'~ kneel (down).
agent [a'ʒɑ̃] *m* agent; middleman; medium, agency; (*a. ~ de police*) policeman, (police) constable; *~ de brevet* patent agent; *~ de change* stockbroker, exchange broker; *~ de liaison* liaison officer; *~ de location* house agent; *~ de maîtrise* supervisor; foreman; *~ fiduciaire* trustee; *~ provocateur* agent provocateur.
agglomération [aglɔmera'sjɔ̃] *f* agglomeration; mass; built-up area; *~s pl. urbaines* centres of popu-

lation, urban districts *or* centres; **aggloméré** [~'re] *m* patent fuel, briquette; *geol.* conglomerate; **agglomérer** [~'re] (1f) *v/t.* agglomerate; bring together; s'~ cohere; cake.

agglutinant, e [aglyti'nɑ̃, ~'nɑ̃:t] **1.** *adj.* adhesive; agglutinative; binding; **2.** *su./m* bond; **agglutinatif, -ve** [~na'tif, ~'ti:v] **1.** *adj. see agglutinant 1*; **2.** *su./m* agglutinant; **agglutiner** [~'ne] (1a) *v/t.* agglutinate; bind; s'~ cake, agglutinate.

aggravant, e [agra'vɑ̃, ~'vɑ̃:t] aggravating; **aggravation** [~va'sjɔ̃] *f* worsening; *penalty*: increase; ⚖, ⚕ aggravation; **aggraver** [~'ve] (1a) *v/t.* aggravate; worsen; increase; s'~ worsen.

agile [a'ʒil] agile, nimble; active; **agilité** [aʒili'te] *f* agility, nimbleness.

agio [a'ʒjo] *m* ⚚ agio; F jobbery; **agiotage** ⚚ [aʒjɔ'ta:ʒ] *m* (stock-) jobbing; **agioter** ⚚ [~'te] (1a) *v/i.* gamble, speculate; **agioteur** [~'tœ:r] *m* gambler, speculator.

agir [a'ʒi:r] (2a) *v/i.* act; do; operate, work; behave; ~ *bien* (*mal*) *envers* (*or avec*) behave well (badly) towards; ⚖ ~ *contre* prosecute; sue; *il s'agit de savoir si* the question is whether; *s'~ de* be a question of (*s.th.*); **agissant, e** [aʒi'sɑ̃, ~'sɑ̃:t] active; bustling; **agissements** [aʒis'mɑ̃] *m/pl.* doings; machinations; goings-on.

agitateur, -trice [aʒita'tœ:r, ~'tris] *su.* agitator, ⊕ mixer; *su./m* ⚗ stirring-rod; **agitation** [~ta'sjɔ̃] *f* agitation (*a. fig.*); stir(ring); shaking, tossing; disturbance; restlessness; excitement; **agité, e** [~'te] restless; excited; perturbed; choppy, rough (*sea*); **agiter** [~'te] (1a) *v/t.* agitate; wave; shake, toss; stir; disturb; debate (*a question*); s'~ move (about); stir; fidget.

agneau [a'ɲo] *m* lamb; **agneler** [aɲə'le] (1d) *v/i.* lamb; **agnelet** † [~'lɛ] *m* lambkin; **agnelin** [~'lɛ̃] *m fur*: lambskin.

agonie [agɔ'ni] *f* death agony; *être à l'~* be at the point of death; **agonir** [~'ni:r] (2a) *v/t.*: ~ *q. d'injures* heap abuse on s.o.; **agoniser** [~ni'ze] (1a) *v/i.* be at the point of death, be dying.

agrafe [a'graf] *f* hook; clasp; clamp; clip; ⊕ dowel; ⊕ joint; **agrafer** [agra'fe] (1a) *v/t.* hook; clasp; fasten; clip (*papers*); ⊕ dowel; *sl.* nab (= *capture*); **agrafeuse** [~'fø:z] *f* stapler.

agraire [a'grɛ:r] agrarian; *réforme f* ~ agrarian reform.

agrandir [agrɑ̃'di:r] (2a) *v/t.* increase; enlarge; exalt; exaggerate; s'~ grow larger; **agrandissement** [~dis'mɑ̃] *m* enlargement; increase; rise (in power *etc.*); *phot.* blow-up; **agrandisseur** *phot.* [~di'sœ:r] *m* enlarger.

agrarien, -enne [agra'rjɛ̃, ~'rjɛn] *adj., a. su./m* agrarian.

agréable [agre'abl] agreeable, pleasant; pleasing.

agréé [agre'e] *m commercial court*: counsel, attorney.

agréer [~] (1a) *v/t.* accept; approve; allow; *veuillez ~ l'expression de mes sentiments distingués* Yours sincerely; *s'~ à* enjoy; *v/i.* be agreeable (to, *à*).

agrégat ⊕ [agre'ga] *m* aggregate; **agrégation** [~ga'sjɔ̃] *f* ⊕ binding; ⊕ aggregate; admission (*to a society*); *in France*: competitive State examination for appointment as teacher in a *lycée*; **agrégé, e** [~'ʒe] **1.** *adj.* aggregate; *geol.* clastic (*rock*); **2.** *su./m* one who has passed the *agrégation*; **agréger** [~'ʒe] (1g) *v/t.* † admit, incorporate; admit to the title of *agrégé*.

agrément [agre'mɑ̃] *m* consent; approval; pleasure, amusement; charm; ~*s pl.* ornaments; trimmings; *voyage m d'~* pleasure-trip; **agrémenter** [~mɑ̃'te] (1a) *v/t.* adorn.

agrès [a'grɛ] *m/pl.* ⚓ tackle *sg.*, gear *sg.*; *sp.* apparatus *sg.*, fittings.

agresseur [agrɛ'sœ:r] *m* aggressor; assailant; **agressif, -ve** [~'sif, ~'si:v] aggressive; **agression** [~'sjɔ̃] *f* aggression; attack; assault; ~*s pl.* stresses *pl.*, strains *pl.*; **agressivité** [agresivi'te] *f* aggressiveness.

agreste [a'grɛst] rural; rustic; uncouth.

agricole [agri'kɔl] agricultural (*labourer, products*); **agriculteur** [~kyl'tœ:r] *m* agriculturist; husbandman; farmer; **agriculture** [~kyl'ty:r] *f* agriculture; husbandry.

agriffer [agri'fe] (1a) *v/t.* F claw; *s'~ à* claw at; clutch at.
agripper [agri'pe] (1a) *v/t.* F clutch (at); grab.
agronomie [agrɔnɔ'mi] *f* husbandry, agronomy.
agrumes [a'grym] *m/pl.* citrus fruit.
aguerrir [agɛ'ri:r] (2a) *v/t.* harden, season; s'~ grow seasoned; s'~ *à* (*or contre*) become hardened to.
aguets [a'gɛ] *m/pl.*: *aux* ~ on the watch *or* look-out.
aguicher *sl.* [agɪ'ʃe] (1a) *v/t.* excite; tantalize; *sl.* turn (*s.o.*) on.
ah! [ɑ] *int.* oh!; ah!
ahaner [aa'ne] (1a) *v/i.* pant; work hard, toil; hum and haw.
ahurir F [ay'ri:r] (2a) *v/t.* bewilder.
ai [e] *1st p. sg. pres. of avoir 1.*
aï *zo.* [ai] *m* ai.
aide [ɛ:d] *su.* assistant; help; *su./f* help, assistance; *pol.* ~ *économique* economic aid; *à l'~ de* to *or* with the help of; *venir en ~ à q., venir à l'~ de q.* help s.o.; *su./f*: ~ *ménagère* home help; **~-comptable,** *pl.* **~s-comptables** [ɛdkɔ̃'tabl] *su.* assistant-accountant; **~-maçon,** *pl.* **~s-maçons** [~ma'sɔ̃] *m* hodman; **~-mémoire** [~me'mwa:r] *m/inv.* pocket-book; manual; *pol.* aide-mémoire; memorandum; **aider** [ɛ'de] (1b) *v/t.* help, assist, aid; *s'~ de* make use of; *v/i.*: *~ à qch.* help (towards) s.th., contribute to s.th.
aie [ɛ] *1st p. sg. pres. sbj. of avoir 1.*
aïeul [a'jœl] *m* grandfather; **aïeule** [~] *f* grandmother; **aïeuls** [~] *m/pl.* grandparents; grandfathers; **aïeux** [a'jø] *m/pl.* ancestors, forefathers.
aigle [ɛgl] *su./m* eagle; *fig.* genius; elephant paper; lectern; *su./f* ⛉ eagle; ⚔ standard.
aiglefin *icht.* [ɛglə'fɛ̃] *m* haddock.
aiglon [ɛ'glɔ̃] *m* eaglet.
aigre [ɛ:gr] **1.** *adj.* sour, tart; bitter (*wind, tone*); shrill, sharp (*voice, sound*); crude (*colour*); **2.** *su./m* sharpness; **aigre-doux, -douce** [ɛgrə'du, ~'dus] bitter-sweet; *fig.* subacid; **aigrefin** [~'fɛ̃] *m icht.* haddock; *fig.* sharper, swindler; **aigrelet, -ette** [~'lɛ, ~'lɛt] sourish, tart; **aigrette** [ɛ'grɛt] *f orn.* aigrette (*a. cost.*, ⚡), egret (*a.* ⚘); tuft; ⚡ *a.* brush; **aigreur** [ɛ'grœ:r] *f* sourness (*a. fig.*); *fig.* ranco(u)r; ⊕ *iron*: brittleness; ⚕ ~s *pl.* acidity *sg.* (of the stomach); heartburn *sg.*; **aigrir** [ɛ'gri:r] (2a) *vt/i.* turn sour; *v/t. fig.* embitter.
aigu, -guë [e'gy] sharp, pointed; ⚕, ♃, *gramm.* acute; *fig.* intense; bitter; piercing (*sound*); ♪ high(-pitched).
aigue-marine, *pl.* **aigues-marines** [ɛgma'rin] *su./f, a. adj./inv.* aquamarine.
aiguière [e'gjɛ:r] *f* ewer.
aiguillage 🚂 [egɥi'ja:ʒ] *m* shunting, *Am.* switching; points *pl.*, *Am.* switches *pl.*; **aiguille** [e'gɥi:j] *f* needle (*a. pine, compass*); *clock*: hand; ⚠ king-post; *mountain*: point; *churchtower*: spire; 🚂 points *pl.*, *Am.* switch; **aiguillée** [egɥi'je] *f* needleful; **aiguiller** [~'je] (1a) *v/t.* 🚂 shunt, *Am.* switch; *fig.* direct, steer, orient(ate); **aiguillette** [~'jɛt] *f* aiguillette, aglet; ⚔, ⚓ shoulder-knot; **aiguilleur** 🚂 [~'jœ:r] *m* pointsman, *Am.* switchman; ✈ ~ *du ciel* air traffic controller; **aiguillier** [~'je] *m* needle-maker; needle-book; **aiguillon** [~'jɔ̃] *m* goad; *wasp*: sting; *fig.* spur, stimulus; **aiguillonner** [~jɔ'ne] (1a) *v/t.* goad; *fig.* spur on; rouse.
aiguiser [eg(ɥ)i'ze] (1a) *v/t.* whet (*a. fig.*), sharpen; set (*a razor, a saw*); *fig.* excite, quicken.
ail, *pl.* ⚘ **ails,** *cuis.* **aulx** [a:j, o] *m* ⚘ allium; *cuis.* garlic.
aile [ɛl] *f* wing (*a.* ⚔, *sp.*); *windmill*: sail; blade; *eccl.* aisle; F fin, arm; *mot.* wing, *Am.* fender; ✈ ~ *en delta* delta wing; ✈ ~ *en flèche* swept-back wing; **ailé, e** [ɛ'le] winged; **aileron** [ɛl'rɔ̃] *m* pinion; small wing; *shark*: fin; ✈ aileron; *water-wheel*: float(-board); ⚠ scroll; **ailette** [ɛ'lɛt] *f* ⚠ small wing; ⊕ lug; *radiator*: gill, fin; *ventilator*: vane; *turbine*: blade; **ailier** *sp.* [ɛ'lje] *m* wing(er).
aillade *cuis.* [a'jad] *f* garlic sauce.
aille [aj] *1st p. sg. pres. sbj. of aller 1.*
ailleurs [a'jœ:r] *adv.* elsewhere; *d'~* from somewhere else; moreover, besides; *nulle part* ~ nowhere else.
aimable [ɛ'mabl] agreeable, pleasant; amiable, kind; nice.
aimant¹, **e** [ɛ̃'mɑ̃, ~'mɑ̃:t] loving, affectionate.
aimant² [ɛ'mɑ̃] *m* magnet (*a. fig.*); ~ *long* bar magnet; ~ *naturel* magnetic iron ore; **aimantation** [ɛmɑ̃-

ta'sjɔ̃] *f* magnetization; **aimanter** [~'te] (1a) *v/t.* magnetize; *aiguille f aimantée* magnetic needle.

aimer [ɛ'me] (1b) *v/t.* love; like; be fond of; be in love with; *v/i.* love; ~ *à* (*inf.*) like (*ger.*) *or* to (*inf.*); *j'aimerais* I would like; *j'aimerais mieux* I would prefer *or* rather *or* sooner.

aine *anat.* [ɛn] *f* groin.

aîné, e [ɛ'ne] *adj., a. su.* elder; eldest; first-born; senior; *il est mon ~ de trois mois* he is 3 months older than I; he is my senior by 3 months; **aînesse** [ɛ'nɛs] *f* primogeniture; seniority; *droit m d'~* law of primogeniture; birthright.

ainsi [ɛ̃'si] **1.** *adv.* thus; so; in this way; ~ *soit-il!* so be it!; *eccl., a. co.* amen; *pour ~ dire* so to speak; **2.** *cj.* so; ~ *que* as well as; like.

air¹ [ɛ:r] *m* air; wind; atmosphere (*a. fig.*); *metall.* ~ *chaud* hot blast; ⊕ ~ *comprimé* compressed air; ~ *conditionné* air-conditioned; ~ *frais* fresh air; *courant m d'~* draught, *Am.* draft; *en l'~* (up) into the air; *en plein ~* in the open air; *il y a qch. dans l'~* there is s.th. in the wind; *menaces f/pl. en l'~* empty threats; *mettre à l'~* place in the open; *fig. être en l'~* be in disorder *or* confusion, be in a mess; *fig.* flanquer (*or* F ficher) *en l'~* throw away; F chuck up *or* out; knock over; *fig. mettre en l'~* throw into confusion; *fig. paroles f/pl. en l'~* idle talk; *fig. projets m/pl. en l'~* castles in the air; *fig. vivre de l'~ du temps* live on air.

air² [~] *m* air, look, appearance; way, manner; ~ *de famille* family likeness; *avoir l'~ de* look like; *avoir l'~ de* (*inf.*) seem to (*inf.*), look as if (*ind.*); *prendre* (*or se donner*) *des ~s* give o.s. airs.

air³ ♪ [~] *m* air, tune, melody; aria; ~ *à boire* drinking song.

aire [~] *f* area; site; (threshing-)floor; ⚠, ⚗ area; *eagle*: eyrie; ✈ ~ *d'atterrissage* landing strip *or* patch; *meteor.* ~ *de haute* (*basse*) *pression* high (low) pressure (area); ~ *du vent* wind direction; point of the compass.

airelle ⚘ [ɛ'rɛl] *f* bilberry, whortleberry, *Am.* huckleberry, blueberry.

airer [ɛ're] (1a) *v/i.* build an eyrie *or* a nest.

aisance [ɛ'zɑ̃:s] *f* ease; comfort; competency; *cabinet m d'~s* public convenience, water-closet; **aise** [ɛ:z] **1.** *adj.*: *être bien ~* be very glad; **2.** *su./f* ease, comfort; † pleasure; *à l'~*, *à son ~* comfortable; well-off; *adv.* comfortably; *en prendre à son ~* take it easy; *mal à l'~* ill at ease; **aisé, e** [ɛ'ze] easy; well-to-do, well-off (for money).

aisselle [ɛ'sɛl] *f anat.* armpit; ⚠ haunch; ⚘ axilla.

ajointer [aʒwɛ̃'te] (1a) *v/t.* join (together); fit end to end.

ajonc ⚘ [a'ʒɔ̃] *m* gorse, furze.

ajour [a'ʒu:r] *m* ⚠ opening; ⊕ perforation; **ajouré, e** [aʒu're] perforated; open-work.

ajournement [aʒurnə'mɑ̃] *m* postponement; adjournment; ⚔ deferment; **ajourner** [~'ne] (1a) *v/t.* postpone; adjourn; defer; *pol.* table (*a bill*).

ajouter [aʒu'te] (1a) *v/t.* add; ~ *foi à* believe (*s.th.*).

ajustage ⊕ [aʒys'ta:ʒ] *m* fitting, assembly; fit; ~ *lâche* (*serré*) loose (tight) fit; **ajustement** [~tə'mɑ̃] *m* adjusting, adjustment; **ajuster** [~'te] (1a) *v/t.* adjust, fit; adapt; settle, arrange; true up; aim (*a shot, a gun*); ~ *une montre* put a watch right; *s'~* fit; agree; adapt o.s.; suit o.s.; **ajusteur** [~'tœ:r] *m* fitter.

ajutage [aʒy'ta:ʒ] *m* nozzle; jet; *water-works*: a(d)jutage.

alacrité [alakri'te] *f* alacrity; eagerness.

alaire [a'lɛ:r] alar, of the wings.

alambic [alɑ̃'bik] *m* still; **alambiqué, e** *fig.* [~bi'ke] oversubtle, strained.

alanguir [alɑ̃'gi:r] (2a) *v/t.* make languid; *s'~* languish; flag; grow languid; **alanguissement** [~gis'mɑ̃] *m* languor; weakness.

alarme [a'larm] *f* alarm; *donner l'~* sound the alarm; **alarmer** [alar'me] (1a) *v/t.* alarm, startle; disquiet; worry; *s'~* be(come) alarmed; worry; **alarmiste** [~'mist] *su., a. adj.* alarmist.

albanais, e [alba'nɛ, ~'nɛ:z] **1.** *adj.* albanian; **2.** *su./m ling.* Albanian; *su.* ♀ Albanian.

albâtre [al'bɑ:tr] *m* alabaster.

albatros *orn.*, ✈ [alba'trɔs] *m* albatross.

albinos [albi'no:s] *su., a. adj./inv.* [albino.]

Albion [al'bjɔ̃] *f* Britain; *poet.* Albion.
album [al'bɔm] *m* album; *paint.* sketch-book; picture-book.
albumine ⚕ [alby'min] *f* albumin.
alcali [alka'li] *m* alkali; ~ *minéral* soda-ash; ~ *végétal* potash; ~ *volatil* ammonia; **alcalin, e** [~'lɛ̃, ~'lin] alkaline.
alchimie [alʃi'mi] *f* alchemy.
alcool [al'kɔl] *m* alcohol; F spirit(s *pl.*); ~ *dénaturé* methylated spirits *pl.*; ~ *méthylique* methyl alcohol; **alcoolique** [alkɔ'lik] **1.** *adj.* alcoholic; **2.** *su.* alcoholic; drunkard; **alcooliser** [~li'ze] (1a) *v/t.* alcoholize; fortify (*wine*); **alcoolisme** [~'lism] *m* alcoholism; **alcoomètre** [~'mɛtr] *m* alcoholometer; **alcootest** [~'test] *m* breathalyser; breath test.
alcôve [al'ko:v] *f* alcove; (bed-) recess.
alcyon *orn.* [al'sjɔ̃] *m* kingfisher, halcyon.
aléa [ale'a] *m* risk, hazard; **aléatoire** [~a'twa:r] aleatory; risky; problematic(al).
alêne ⊕ [a'lɛn] awl.
alentour [alɑ̃'tu:r] **1.** *adv.* around; **2.** *su./m*: ~*s pl.* neighbourhood *sg.*, surroundings.
alerte [a'lɛrt] **1.** *adj.* alert, quick; watchful; **2.** *int.* look out!; **3.** *su./f* alarm, alert; warning; ~ *au feu* fire alarm; *fausse* ~ false alarm; **alerter** [alɛr'te] (1a) *v/t.* alert; warn.
alésage ⊕ [ale'zɑ:ʒ] *m* boring, reaming; bore; **aléser** ⊕ [~'ze] (1f) *v/t.* bore; ream.
alevin [al'vɛ̃] *m* fry; **alevinier** [~vi'nje] *m* breeding-pond.
alexandrin, e [alɛksɑ̃'drɛ̃, ~'drin] **1.** *adj.* Alexandrian; Alexandrine; **2.** *su./m prosody*: alexandrine; *su.* ♀ Alexandrian.
alezan [al'zɑ̃] *su./m, a. adj.* chestnut.
alfa ⚘ [al'fa] *m* alfa(-grass), esparto (-grass).
algarade [alga'rad] *f* storm of insults *or* abuse; dressing-down; escapade; sally; ⚔ † raid.
algèbre [al'ʒɛ:br] *f* algebra; **algébrique** [~ʒe'brik] algebraic.
algérien, -enne [alʒe'rjɛ̃, ~'rjɛn] *adj., a. su.* ♀ Algerian.
algue ⚘ [alg] *f* alga; sea-weed.
alibi [ali'bi] *m* alibi; ~ *de fer* cast-iron alibi.

aliénable ⚖ [alje'nabl] alienable; **aliénation** [~na'sjɔ̃] *f* alienation (*a.* ⚖); ⚕ mental derangement; insanity; **aliéné, e** [~'ne] *su., a. adj.* lunatic; **aliéner** [~'ne] (1f) *v/t.* ⚖ alienate; unhinge (*s.o.'s mind*).
alignement [aliɲ'mɑ̃] *m* alignment; building-line; ⚔ dressing (*of line*); **aligner** [ali'ɲe] (1a) *v/t.* △ align; lay out in a line; mark out; ⚔ dress, draw up in a line; *s'*~ fall into line; ⚔ dress; *non aligné* nonaligned.
aliment [ali'mɑ̃] *m* food, nutriment; ⚖ ~*s pl.* alimony *sg.*; ~*s pl. naturels* health food (*sg.*); **alimentaire** [alimɑ̃'tɛ:r] alimentary; for food; nutritional; dietary; **alimentation** [~ta'sjɔ̃] *f* feeding, alimentation; food, diet; nutrition; supplying, supply; ⊕ feed; ~ *défectueuse* malnutrition; ~ *en essence* fuelling; *magasin m d'*~ food shop (*Am.* store); *rayon m d'*~ food department; **alimenter** [~'te] (1a) *v/t.* feed (*a.* ⊕); nourish (*a. fig.*); supply with food; *fig.* keep alive (*hatred, a quarrel, etc.*); ~ *en qch.* supply with s.th.
alinéa [aline'a] *m* paragraph; *typ. en* ~ indented.
alité, e [ali'te] confined to bed; **alitement** [alit'mɑ̃] *m* confinement to bed; **aliter** [ali'te] (1a) *v/t.* confine to bed; *s'*~ take to one's bed.
alizé [ali'ze] *m* trade wind.
allaiter [alɛ'te] (1b) *v/t.* suckle.
allant [a'lɑ̃] *m* initiative; energy; F dash; *avoir de l'*~ have plenty of go.
allécher [ale'ʃe] (1f) *v/t.* entice, tempt, allure.
allé, e [a'le] **1.** *p.p. of aller 1*; **2.** *su./f* going; avenue; (tree-lined) walk; path; passage; drive(way); ~*es pl. et venues f/pl.* coming *sg.* and going *sg.*, to-and-fro *sg.*
allégation [alega'sjɔ̃] *f* allegation.
allège [al'lɛ:ʒ] *f* ⚓ lighter; ⚓ barge; △ breast-wall; △ balustrade.
allégement [allɛʒ'mɑ̃] *m* alleviation (of, *de*), relief (from, *de*); lightening; ~ *fiscal* tax relief; **alléger** (~le'ʒe] (1g) *v/t.* make lighter; lighten; *fig.* alleviate, relieve.
allégorie [allegɔ'ri] *f* allegory.
allègre [al'lɛ:gr] lively, brisk; cheerful; **allégrement** [~lɛgrə'mɑ̃] *adv. of allègre*; **allégresse** [~le'grɛs] *f* joy, cheerfulness; liveliness.

alléguer [alleˈge] (1s) *v/t.* allege; state; urge; adduce (*evidence etc.*); quote; cite; ~ *l'ignorance* plead ignorance.
alléluia [aleluiˈja] *m* hallelujah, alleluia(h).
allemand, e [alˈmɑ̃, ~ˈmɑ̃:d] **1.** *adj.* German; **2.** *su./m ling.* German; *su.* ♀ German.
aller [aˈle] **1.** (1q) *v/i.* go; depart; ~ (*inf.*) be going to (*inf.*), go and ...; *a.* = *fut. tense*; ~ *à bicyclette* go by bicycle; ~ *à cheval* ride (a horse); ~ *bien* (*mal*) be *or* be going well (badly); ~ *chercher* (go and) look for; fetch; ~ *diminuant* grow steadily less; ~ *en chemin de fer* go by train *or* rail; ~ *en voiture* drive, ride (in a car), go by car; ~ *se coucher* go to bed; ~ *sur la cinquantaine* be going *or* getting on for fifty; ~ *voir q.* call on s.o.; go and see s.o.; *allons!* let's go!; come!; nonsense!; come along!; *ce chapeau lui va bien* (*mal*) that hat suits (does not suit) him; *cela me va* that suits me; *comment allez-vous?* how are you?; *il va sans dire* it goes without saying, it is obvious; *il y va de* ... it is a matter of ...; ... is at stake; *la clef va à la serrure* the key fits the lock; *n'allez pas croire* ...! don't believe ...!; don't think ...!; F *on y va!* coming!; *s'en* ~ go away, leave, depart; *va!* agreed!; believe me ...!; **2.** *su./m* ⚓ outward journey; 🚂 single ticket; ~ *et retour* journey there and back; *ticket*: return; *à l'*~ on the outward journey; *au pis* ~ if the worst comes to the worst; *le pis* ~ the last resort.
allergie [allɛrˈʒi] *f* ⚕, *a.* F *fig.* allergy; **allergique** [~ˈʒik] allergic (to, *à*).
alliable [aˈljabl] miscible; *fig.* compatible; **alliage** [aˈlja:ʒ] *m* alloy; ⅍ alligation; **alliance** [aˈljɑ̃:s] *f* alliance; marriage; union; wedding ring; **allié, e** [aˈlje] **1.** *adj.* allied; **2.** *su.* ally; relation by marriage; **allier** [~] (1o) *v/t.* ally; unite; ⊕ alloy (*metals*); blend (*colours*); *s'*~ marry, be married.
allitération [alitɛraˈsjɔ̃] *f* alliteration.
allô! [aˈlo] *int.* hullo!, hello!
allocation [allɔkaˈsjɔ̃] *f* allocation; allowance; grant; ~*s pl. familiales* family allowances; ~ *d'assistance* subsidy; ~ *de chômage* unemployment benefit; ~ *de maternité* maternity benefit; ~ *vieillesse* old age relief.
allocution [allɔkyˈsjɔ̃] *f* address, speech.
allogène [alɔˈʒɛn] non-native; alien.
allonge [aˈlɔ̃:ʒ] *f* extension; eking-piece; *table*: leaf; meat-hook; *box.* reach; ⚚ rider; **allongement** [alɔ̃ʒˈmɑ̃] *m* lengthening; ⊕ elongation; **allonger** [alɔ̃ˈʒe] (1l) *v/t.* lengthen; delay; prolong; *sl.* aim (*a blow*) (at, *à*); *sl.* fork out (*money*); *s'*~ stretch (out), grow longer.
allopathie ⚕ [allɔpaˈti] *f* allopathy.
allouable [aˈlwa:bl] grantable; **allouer** [aˈlwe] (1p) *v/t.* grant; allocate.
allumage [alyˈma:ʒ] *m* lighting; ⊕ ignition; *mot.* ~ *prématuré* backfire; pinking; ~ *raté* misfire; *couper l'*~ switch off the ignition; *retarder l'*~ retard the spark; **allumé, e** *sl.* [~ˈme] worked-up; **allume-feu** [alymˈfø] *m/inv.* fire-lighter; **allume-gaz** [~ˈgɑ:z] *m/inv.* gas-lighter; **allumer** [alyˈme] (1a) *v/t.* light, kindle; inflame; *v/i.* switch on (the light); *s'*~ catch fire; light up; **allumette** [~ˈmɛt] *f* match; ~ *de sûreté* safety match.
allure [aˈly:r] *f* walk, gait; bearing, manner; demeanour; speed; pace; appearance; ⚓ mode of sailing, sailing-trim; ⚚ *business*: trend; *à toute* ~ at full speed; *filer* (*marcher*) *à une* ~ *normale* travel (walk, go) at a normal speed; *forcer l'*~ increase speed; *fig. prendre une bonne* ~ take a promising turn; *régler l'*~ set the pace.
alluvial, e, *m/pl.* **-aux** *geol.* [allyˈvjal; ~ˈvjo] alluvial; **alluvion** [~ˈvjɔ̃] *f* alluvium; alluvial (deposit).
almanach [almaˈna] *m* almanac; calendar; ~ *du commerce* commercial directory; *faiseur m d'*~*s* weather-prophet.
aloi [aˈlwa] *m* standard, quality (*a. fig.*); *fig. de bon* ~ genuine; sterling; *fig. de mauvais* ~ base, worthless; *monnaie f d'*~ sterling money.
alors [aˈlɔ:r] *adv.* then; at *or* by that time; in that case; well (then); ~ *même que* even when *or* though; ~ *que* at a time when; whereas; *d'*~ of that

time; *jusqu'*~ until then; F *et* ~*?* and what then?; so what?
alouette *orn.* [a'lwɛt] *f* lark.
alourdir [alur'di:r] (2a) *v/t.* make heavy *or* dull; weigh down; s'~ become heavy; **alourdissement** [~dis'mɑ̃] *m* heaviness.
aloyau [alwa'jo] *m* sirloin (of beef).
alpaga *zo.* [alpa'ga] *m* alpaca.
alpage [al'pa:ʒ] *m* pasture on the upper slopes; **alpe** [alp] *f* Alp, height; *geogr. les* ♀*s pl.* the Alps; **alpestre** [al'pɛstr] alpine.
alphabet [alfa'bɛ] *m* alphabet; spelling-book; primer; **alphabétique** [~be'tik] alphabetical.
alpin, e [al'pɛ̃, ~'pin] alpine; ⚔ *chasseur m* ~ mountain infantryman; **alpinisme** [alpi'nism] *m* mountaineering; **alpiniste** [~'nist] *su.* mountaineer, F climber.
alsacien, -enne [alza'sjɛ̃, ~'sjɛn] **1.** *adj.* Alsatian, of Alsace; **2.** *su.* ♀ Alsatian, man (woman) of Alsace.
altérable [alte'rabl] liable to deterioration; ~ *à l'air* which deteriorates on exposure to the air; **altérant, e** [~'rɑ̃, ~'rɑ̃:t] thirst-making; **altération** [~ra'sjɔ̃] *f* deterioration; weakening; *coinage*: debasing; *colour*: fading; *voice*: faltering; *fig.* misrepresentation.
altercation [altɛrka'sjɔ̃] *f* altercation; dispute.
altéré[1]**, e** [alte're] thirsty (*fig.* for, *de*).
altéré[2]**, e** [~] haggard (*face*); faded (*colour*); broken, faltering (*voice*).
altérer[1] [~] (1f) *v/t.* change for the worse; corrupt; debase (*the currency*); taint; spoil; adulterate, tamper with; inflect (*a note*); s'~ change for the worse; deteriorate; break (*voice*); weather (*rock*).
altérer[2] [~] (1f) *v/t.* make thirsty.
alternance [altɛr'nɑ̃:s] *f* alternation (*a.* ⚡); ↗ ~ *des cultures* crop rotation; **alternateur** ⚡ [~na'tœ:r] *m* alternator; **alternatif, -ve** [~na'tif, ~'ti:v] alternate; alternative; ⊕ reciprocating; ⚡ *courant m* ~ alternating current; **alternative** [~na'ti:v] *f* alternation; alternative; ~*s pl. saisonnières* seasonal alternation *sg.*; **alterne** [al'tɛrn] alternate (*angle*); **alterner** [~tɛr'ne] (1a) *v/i.* alternate, take turns; *v/t.* rotate (*the crops*); ⊕ break (*a joint*).

Altesse [al'tɛs] *f title*: Highness.
altier, -ère [al'tje, ~'tjɛ:r] haughty, proud, lofty; **altimètre** [alti'mɛtr] *m* altimeter; **altitude** [~'tyd] *f* altitude; ✈ ~ *d'utilisation* cruising altitude; ✈ *prendre de l'*~ climb.
alto ♪ [al'to] *m voice*: alto; viola; alto saxophone.
altruisme [altry'ism] *m* altruism; **altruiste** [~'ist] **1.** *adj.* altruistic; selfless; **2.** *su.* altruist.
alumine [aly'min] *f* alumina; **aluminium** [~mi'njɔm] *m* aluminium, *Am.* aluminum.
alun [a'lœ̃] *m* alum; **aluner** [aly'ne] (1a) *v/t.* alum; *phot.* harden (*the negative*).
alunir [aly'ni:r] (2a) *v/i.* land on the moon; **alunissage** [~ni'sa:ʒ] *m* landing on the moon, lunar landing.
alvéole [alve'ɔl] *m* alveolus; *a.* ⊕ cell; *tooth*: socket; cavity.
amabilité [amabili'te] *f* amiability; kindness; ~*s pl.* civilities.
amadou [ama'du] *m* tinder, touchwood, *Am.* punk; **amadouer** [~'dwe] (1p) *v/t.* coax, wheedle; draw, attract (*customers*).
amaigrir [amɛ'gri:r] (2a) *v/t.* make thin; reduce; s'~ lose weight, grow thin; **amaigrissement** [~gris'mɑ̃] *m* growing thin; slimming; emaciation; *soil*: impoverishment.
amalgamation [amalgama'sjɔ̃] *f* amalgamation; ✝ merger; **amalgame** [~'gam] *m* amalgam; F mixture; **amalgamer** [~ga'me] (1a) *v/t.* amalgamate.
amande [a'mɑ̃:d] *f* almond; kernel; **amandier** [~'dje] *m* almond-tree.
amant, e [a'mɑ̃, ~'mɑ̃:t] *su.* lover; *su./f* mistress.
amarante ⚘ [ama'rɑ̃:t] *su./f*, *a. adj./inv.* amaranth.
amarrage [ama'ra:ʒ] *m* mooring; docking; **amarre** ⚓ [a'ma:r] *f* mooring rope; hawser; ~*s pl.* moorings; **amarrer** [ama're] (1a) *v/t.* moor; make fast; secure; dock; lash (*a hawser*); s'~ moor, make fast; dock.
amas [a'mɑ] *m* heap; store; crowd; ~ *de neige* snow-drift; **amasser** [amɑ'se] (1a) *v/t.* heap up; amass; accumulate.
amateur [ama'tœ:r] *m* lover (*of music, sports, etc.*); admirer; amateur; **amateurisme** [~tœ'rism]

m sp. etc. amateurism; *pej.* amateurishness.
amatir [ama'tiːr] (2a) *v/t.* mat; dull; deaden.
amazone [ama'zoːn] *f* amazon; horsewoman; (lady's) riding-habit.
ambages [ãm'baːʒ] *f/pl.* circumlocution; *sans* ~ forthrightly.
ambassade [ãmba'sad] *f* embassy; ambassador's staff; *fig.* errand; **ambassadeur** [~sa'dœːr] *m* ambassador; *fig.* messenger; **ambassadrice** [~sa'dris] *f* ambassadress, *a.* ambassador's wife.
ambiance [ã'bjãːs] *f* surroundings *pl.*, environment; atmosphere; **ambiant, e** [ã'bjã, ~'bjãːt] surrounding; *conditions f/pl.* ~*es* circumstances; environment *sg.*
ambidextre [ãbi'dɛkstr] **1.** *adj.* ambidextrous; **2.** *su.* ambidexter.
ambigu, -guë [ãmbi'gy] **1.** *adj.* ambiguous; equivocal; **2.** *su./m* mixture, medley; cold collation; **ambiguïté** [~gɥi'te] *f* ambiguity.
ambitieux, -euse [ãbi'sjø, ~'sjøːz] **1.** *adj.* ambitious; *style m* ~ affected style; **2.** *su.* ambitious person; **ambition** [~'sjɔ̃] *f* ambition; **ambitionner** [~sjɔ'ne] (1a) *v/t.* covet; be eager for; *pol.* ~ *le pouvoir* aspire to power; strive for power.
amble [ãːbl] *m* amble, pace; *Am.* single-foot.
ambre [ãːbr] *m* amber; ~ *gris* ambergris; **ambrer** [ã'bre] (1a) *v/t.* scent with amber.
ambroisie [ãbrwa'zi] *f* ambrosia; [⚘ wormseed.]
ambulance [ãby'lãs] *f* ambulance (*a. mot.*); ⚔ field hospital; **ambulancier** [~lã'sje] *m* ambulance man *or* driver; **ambulancière** [~lã'sjɛːr] *f* ambulance woman; **ambulant, e** [~'lã, ~'lãːt] **1.** *adj.* itinerant, travelling; ambulant; strolling (*player*); **2.** *su./m post*: travelling sorter; **ambulatoire** [~la'twaːr] ambulatory.
âme [ɑːm] *f* soul (*a. fig.*); *fig.* feeling; ⊕ *cable etc.*: core; *girder*: web; ⚔ *gun*: bore; *fig.* ~*s pl.* souls, inhabitants; *fig.* ~ *damnée* tool, F stooge; ~ *en peine* soul in Purgatory; *rendre l'*~ breathe one's last.
amélioration [amelɔra'sjɔ̃] *f* improvement; **améliorer** [~'re] (1a) *v/t.* improve, ameliorate.
amen [a'mɛn] *int.*, *a. su./m/inv.* amen.
aménagement [amenaʒ'mã] *m* arranging; arrangement; adjustment; ⚒ parcelling out; development; ~ *du territoire* town and country planning; ~ *intérieur* interior decoration; **aménager** [~na'ʒe] (1l) *v/t.* arrange; ⚒ parcel out; plan (*a town*); develop (*an area etc.*).
amendable [amã'dabl] improvable;
amende [a'mãːd] *f* fine; ~ *honorable* amende honorable; *sous peine d'*~ on pain of a fine; *mettre q. à l'*~ fine s.o.;
amendement [amãd'mã] *m* improvement (*a.* ⚒); ⚒ manure; *parl.* amendment; **amender** [amã'de] (1a) *v/t.* amend; improve; *s'*~ *a.* mend one's ways.
amenée [am'ne] *f* bringing; ⊕ ~ *d'air* air-intake, air-inlet; **amener** [~] (1d) *v/t.* lead (to, *à*); pull; bring (in, up, down, out); produce; cause; throw (*a number*); ~ *pavillon* strike one's flag; ~ *une crise* force an issue; *sl. amène-toi!* come along!; ⚖ *mandat m d'*~ order to appear.
aménité [ameni'te] *f* amenity; charm; *usu. iro.* ~*s pl.* compliments.
amenuisement [amnɥiz'mã] *m* decrease, dwindling, lessening, diminishing; **amenuiser** [amnɥi'ze] (1a) *v/t.* thin down; pare down; *s'*~ decrease, dwindle, lessen, diminish.
amer, -ère [a'mɛːr] bitter (*a. fig.*).
américain, e [ameri'kɛ̃, ~'kɛn] **1.** *adj.* American; **2.** *su.* ♀ American; **américaniser** [~kani'ze] (1a) *v/t.* Americanize; *s'*~ become Americanized; **américaniste** [~ka'nist] *su.* Americanist.
amerrir ✈ [amɛ'riːr] (2a) *v/i.* land, alight (*on sea*); splash down; **amerrissage** [~ri'saːʒ] *m* alighting, landing (*on sea*); splashdown.
amertume [amɛr'tym] *f* bitterness (*a. fig.*).
améthyste [ame'tist] *f* amethyst.
ameublement [amœblə'mã] *m* furnishing; (suite of) furniture; *tissu m d'*~ furnishing fabric; **ameublir** [~'bliːr] (2a) *v/t.* ⚖ convert into personalty; bring (*realty*) into the communal estate; ⚒ break up (*the soil*); **ameublissement** [~blis'mã] *m* conversion into personalty; *realty*: inclusion in the communal estate; ⚒ *soil*: breaking-up.
ameuter [amø'te] (1a) *v/t.* form (*hounds*) into a pack; assemble; stir

up, incite (*the mob*) (against, *contre*); s'~ collect (into a mob); riot.
ami, e [a'mi] **1.** *su.* friend; *société f des ~s* Quakers *pl.*; **2.** *adj.* friendly; *fig.* kindly; **amiable** [a'mjabl] amicable; friendly; *à l'~* amicably; *adj.* private; *vendre à l'~* sell privately.
amiante *min.* [a'mjɑ̃:t] *m* asbestos.
amical, e, *m/pl.* **-aux** [ami'kal, ~'ko] friendly; amicable.
amidon [ami'dɔ̃] *m* starch; **amidonner** [~dɔ'ne] (1a) *v/t.* starch.
amincir [amɛ̃'si:r] (2a) *v/t.* make thinner; make (*s.o.*) look slender; *Am.* slenderize; *s'~* grow thinner; **amincissant, e** [~si'sɑ̃, ~'sɑ̃:t] slimming, *Am.* slenderizing.
amiral [ami'ral] *m* admiral; *vaisseau m ~* flagship; **amirauté** [~ro'te] *f* admiralship; admiralty; *l'*℞ the Admiralty.
amitié [ami'tje] *f* friendship; affection; friendliness; *~s pl.* compliments (= *greetings*); *faites-lui mes ~s* give him my compliments *or* regards; remember me to him; *faites-moi l'~ de* (*inf.*) do me the favo(u)r of (*ger.*).
ammoniac, -que [amɔ'njak] *adj.*: *gaz m ~* ammonia; *sel m ~* sal ammoniac; **ammonisation** *biol.* [~niza'sjɔ̃] *f* ammonification.
amnésie [amne'zi] *f* amnesia, loss of memory.
amnistie [amnis'ti] *f* amnesty; **amnistier** [~'tje] (1o) *v/t.* pardon, grant an amnesty to.
amocher *sl.* [amɔ'ʃe] (1a) *v/t.* make a mess of; bash up.
amoindrir [amwɛ̃'dri:r] (2a) *v/t.* lessen, reduce, decrease; *s'~* diminish, grow less; **amoindrissement** [~dris'mɑ̃] *m* lessening, reduction, decrease.
amok [a'mɔk] *m* amok; person running amok.
amollir [amɔ'li:r] (2a) *v/t.* soften; *fig.* weaken; s'~ go soft; weaken; **amollissement** [~lis'mɑ̃] *m* softening (*a. fig.*); *fig.* weakening.
amonceler [amɔ̃s'le] (1c) *v/t.* pile up; accumulate; **amoncellement** [~sɛl'mɑ̃] *m* heap(ing); piling; accumulation; pile.
amont [a'mɔ̃] *m*: *en ~* up-stream; *fig.* beforehand, in advance; *en ~ de* above; *fig.* previous to, before; *voyage m en ~* up journey.

amorçage [amɔr'sa:ʒ] *m pump*: priming; *shell*: capping; starting; *fish*: baiting; **amorce** [a'mɔrs] *f* bait; priming; *pump, gun*: primer; *shell*: percussion cap; ⚡ fuse; *fig.* beginning; **amorcer** [amɔr'se] (1k) *v/t.* bait; prime (*a pump*); cap (*a shell*); *fig.* begin; ⊕, *a. fig.* s'~ start; ⚡ build up (*magnetic field*); **amorçoir** ⊕ [~'swa:r] *m* auger, boring-bit; centre punch.
amorphe [a'mɔrf] amorphous; *fig.* spineless.
amortir [amɔr'ti:r] (2a) *v/t.* deaden (*a noise, a pain*); cushion, absorb (*a shock*); tone down (*a colour*); ✝ pay off, amortize; ✝ write off (*equipment*); ⚠ slake (*lime*); *phys.* damp down; **amortissable** ✝ [~ti'sabl] redeemable; **amortissement** [~tis'mɑ̃] *m* deadening; ✝ depreciation; ✝ redemption; paying-off; *shock*: absorption; **amortisseur** ⊕ [~ti'sœ:r] *m* damping device; damper; (*a. ~ de choc*) shock absorber.
amour [a'mu:r] *m* love; passion; affection; ℞ Cupid, Love; *~s f/pl.* love *sg.*, delight *sg.*; amours; *l'~ du prochain* love of one's neighbour; *iro. pour l'~ de Dieu* for heaven's sake; **amouracher** [amura'ʃe] (1a) *v/t.* enamour; *s'~ de* fall in love with, become enamoured of; **amourette** [~'rɛt] *f* love affair; F crush; ⚘ quaking-grass; ⚘ London pride; **amoureux, -euse** [~'rø, ~'rø:z] **1.** *adj.* loving; amorous (*look etc.*); *~ de* in love with; enamoured of; **2.** *su.* sweetheart; **amour-propre,** *pl.* **amours-propres** [amur'prɔpr] *m* self-respect; *pej.* conceit.
amovible [amɔ'vibl] removable; detachable.
ampérage ⚡ [ɑ̃pe'ra:ʒ] *m* amperage;
ampère ⚡ [ɑ̃'pɛ:r] *m* ampere.
amphibie [ɑ̃fi'bi] **1.** *adj.* amphibious; ⚔ *etc.* combined (*operation*); **2.** *su./m* amphibian; **amphibiens** [ɑ̃fi'bjɛ̃] *m/pl.* amphipia *pl.*, amphibians *pl.*
amphigouri [ɑ̃figu'ri] *m* amphigory; rigmarole.
amphithéâtre [ɑ̃fite'ɑ:tr] *m* amphitheatre, *Am.* amphitheater; *univ.* lecture hall.
amphityron [ɑ̃fiti'jɔ̃] *npr./m* Amphitryon; *fig.* host, entertainer.

ample [ɑ̃pl] ample; spacious, roomy; full, complete; **ampleur** [ɑ̃ˈplœːr] *f* fullness; *meal*: copiousness; *style*: breadth; *appeal*: generality; ~ *du son* volume of sound; **ampliation** [ɑ̃pliaˈsjɔ̃] *f* certified copy; **amplificateur** [~fikaˈtœːr] *m sound*: intensifier; *radio*: amplifier, booster; *phot.* enlarger; **amplification** [~fikaˈsjɔ̃] *f* amplification (*a. radio*); development; *phot.* enlargement; *opt.* magnification; *fig.* exaggeration; **amplifier** [~ˈfje] (1o) *v/t.* amplify (*a.* ⚡), develop; *opt.* magnify; *fig.* exaggerate; **amplitude** [~ˈtyd] *f* amplitude (*a. phys., astr.*); vastness.

ampoule [ɑ̃ˈpul] *f* ⚗ flask; ⚡ bulb (*a. thermometer*); *vacuum flask*: container; ⚕ blister; ⚕ ampoule; *phot.* ~ (*de*) *flash* flash; **ampoulé, e** [ɑ̃puˈle] blistered; *fig.* bombastic.

amputation [ɑ̃pytaˈsjɔ̃] *f limb*: amputation, cutting off; *book*: curtailment; **amputé** *m*, **e** *f* [~ˈte] person who has lost a limb; **amputer** [~ˈte] (1a) *v/t.* ⚕ amputate; *fig.* cut down.

amulette [amyˈlɛt] *f* amulet, charm.

amusant, e [amyˈzɑ̃, ~ˈzɑ̃ːt] amusing, entertaining; funny; **amuse-gueule** F [amyzˈgœl] *m/inv.* appetizer (*a. fig.*); cocktail snack; **amusement** [amyzˈmɑ̃] *m* entertainment; amusement; pastime; **amuser** [amyˈze] (1a) *v/t.* amuse, entertain; put off, fool (*creditors*); *s'~ a.* have fun; *amusez-vous bien!* enjoy yourself; have a good time!; *s'~ de* make fun of, laugh at; **amusette** [~ˈzɛt] *f* plaything; diversion.

amygdale *anat.* [amigˈdal] *f* tonsil; **amygdalite** [~daˈlit] *f* tonsillitis.

an [ɑ̃] *m* year; *avoir dix ~s* be ten (years old); *bon ~, mal ~* taking one year with another; *jour m de l'~* New Year's day; *par ~* a year, per annum; *tous les trois ~s* every three years.

anabaptiste [anabaˈtist] *m* anabaptist.

anachorète [anakɔˈrɛt] *m* anchorite, recluse.

anachronisme [anakrɔˈnism] *m* anachronism.

anal, e, *m/pl.* **-aux** *anat.* [aˈnal, ~ˈno] anal.

analgésique [analʒeˈzik] *adj., a. su./m* analgesic.

analogie [analɔˈʒi] *f* analogy; *par ~* by analogy (with, *avec*); **analogue** [~ˈlɔg] **1.** *adj.* analogous (to, with *à*), similar (to, *à*); **2.** *su./m* analogue; parallel.

analphabète [analfaˈbɛt] *adj., a. su.* illiterate; **analphabétisme** [~beˈtism] *m* illiteracy.

analyse [anaˈliːz] *f* analysis (*a.* ⚗, ⚗, *etc.*); précis, abstract; ✝ ~ *du marché* market analysis; ⚕ ~ *du sang* bloodtest; ~ *du travail* time and motion study; **analyser** [~liˈze] (1a) *v/t.* analyse (*a.* ⚗, ⚗, *fig.*); make a précis of; **analytique** [~liˈtik] analytic(al).

ananas [anaˈna] *m* pineapple, ananas.

anarchie [anarˈʃi] *f* anarchy; *fig.* state of confusion; **anarchique** [~ˈʃik] anarchic(al), anarchist(ic); **anarchisme** [~ˈʃism] *m* anarchism; **anarchiste** [~ˈʃist] *adj., a. su.* anarchist.

anathème [anaˈtɛm] *m* anathema; curse.

anatomie [anatɔˈmi] *f* anatomy; F *fig. une belle ~* a nice figure (*woman*); **anatomique** [~ˈmik] anatomical; **anatomiste** [~ˈmist] *m* anatomist; **anatomiser** [~miˈze] (1a) *v/t.* anatomize.

ancêtre [ɑ̃ˈsɛtr] *m* ancestor, forefather.

anche ♪ [ɑ̃ːʃ] *f* reed.

anchois [ɑ̃ˈʃwa] *m* anchovy.

ancien, -enne [ɑ̃ˈsjɛ̃, ~ˈsjɛn] **1.** *adj.* ancient, old; bygone, past; former, late; senior; *~(ne) élève mf* old boy (girl); *univ. Am.* alumnus (alumna); *~ combattant* ex-serviceman, *Am.* veteran; **2.** *su./m eccl.* elder; *les* ♀*s pl.* the Ancients (*Greeks and Romans*); **anciennement** [ɑ̃sjɛnˈmɑ̃] *adv.* in days of old, formerly; **ancienneté** [~ˈte] *f* oldness, antiquity; length of service; *avancer à l'~* be promoted by seniority.

ancrage [ɑ̃ˈkraːʒ] *m* anchoring, anchorage; *droit m d'~* anchorage due; **ancre** [ɑ̃ːkr] *f* ⚓ anchor; ⚠ brace; *être à l'~* ride at anchor; **ancrer** [ɑ̃ˈkre] (1a) *v/t.* anchor; *fig.* fix firmly.

andalou, -ouse [ɑ̃daˈlu, ~ˈluːz] *adj., a. su.* ♀ Andalusian.

andouille [ɑ̃ˈduːj] *f* chitterlings *pl.*; *sl.* duffer, mug; **andouiller** *hunt.*

[ɑ̃du'je] *m* tine; **andouillette** [~'jɛt] *f* small chitterling sausage.
androgyne [ɑ̃drɔ'ʒin] androgynous; **androphobe** [~'fɔb] **1.** *adj.* man-hating; **2.** *su.* man-hater.
âne [ɑːn] *m* ass; donkey (*a. fig.*); ⊕ bench-vice; *pont m aux ~s* child's play.
anéantir [aneɑ̃'tiːr] (2a) *v/t.* annihilate; destroy; reduce to nothing; *fig.* overwhelm; **anéantissement** [~tis'mɑ̃] *m* annihilation, destruction; prostration; dejection.
anecdote [anɛk'dɔt] *f* anecdote; **anecdotique** [~dɔ'tik] anecdotal.
anémie ⚕ [ane'mi] *f* an(a)emia; **anémier** [~'mje] (1a) *v/t.* render an(a)emic; F weaken; *s'~* become an(a)emic; **anémique** [~'mik] an(a)emic.
anémomètre [anemɔ'mɛtr] *m* anemometer, wind-ga(u)ge.
anémone ⚘ [ane'mɔn] *f* anemone.
ânerie [ɑn'ri] *f* gross blunder; stupidity; F ignorance.
anéroïde [anerɔ'id] aneroid (*barometer*).
ânesse [ɑ'nɛs] *f* she-ass.
anesthésie ⚕ [anɛste'zi] *f* an(a)esthesia; an(a)esthetic; **anesthésier** [~'zje] (1a) *v/t.* an(a)esthetize; **anethésique** [~'zik] *adj., a. su./m* an(a)esthetic.
anfractuosité [ɑ̃fraktɥozi'te] *f* irregularity; *~s pl.* winding(s *pl.*) *sg.*
ange [ɑ̃ːʒ] *m* angel; *~ gardien* guardian angel; *fig. être aux ~s* be in the seventh heaven, be overjoyed; *faiseuse f d'~s* baby-farmer; **angélique** [ɑ̃ʒe'lik] **1.** *adj.* angelic; **2.** *su./f* ⚘, *cuis.* angelica; ⚘ *~ sauvage* cow-parsnip; **angélus** [~'lys] *m* angelus (*a. bell*).
angine ⚕ [ɑ̃'ʒin] *f* angina; tonsillitis; *~ de poitrine* angina pectoris; **angineux, -euse** [ɑ̃ʒi'nø, ~'nøːz] anginal, anginous.
anglais, e [ɑ̃'glɛ, ~'glɛːz] **1.** *adj.* English; **2.** *su./m ling.* English; ♀ Englishman; *les* ♀ *m/pl.* the English; *su./f* ♀ Englishwoman.
angle [ɑ̃ːgl] *m* angle; ⊕ edge; ⩓ *~ aigu* (*droit, obtus*) acute (right, obtuse) angle; *~ visuel* angle of vision.
anglican, e [ɑ̃gli'kɑ̃, ~'kan] **1.** *adj.* Anglican; *l'Église f ~e* the Church of England; **2.** *su.* Anglican.
angliciser [ɑ̃glisi'ze] (1a) *v/t.* anglicize; *s'~* become English; imitate the English; **anglicisme** [~'sism] *m* Anglicism; English idiom; **angliciste** [~'sist] *su.*, **anglicisant** *m*, **e** *f* [~si'zɑ̃, ~'zɑ̃ːt] student of *or* authority on English language and literature.
anglo... [ɑ̃glɔ] Anglo...; **~manie** [~ma'ni] *f* anglomania; **~-normand, e** [~nɔr'mɑ̃, ~'mɑ̃ːd] *adj., a. su.* ♀ Anglo-Norman; **~phile** [~'fil] *adj., a. su.* Anglophil(e); **~phobe** [~'fɔb] **1.** *su.* Anglophobe; **2.** *adj.* Anglophobic; **~phone** [~'fɔn] **1.** *adj.* English-speaking; **2.** *su.* English-speaking person; **~-saxon, -onne** [~sak'sɔ̃, ~'sɔn] *adj., a. su.* ♀ Anglo-Saxon.
angoisse [ɑ̃'gwas] *f* anguish, agony; ⚕ *a.* spasm; *poire f d'~* choke-pear; **angoisser** [ɑ̃gwa'se] (1a) *v/t.* cause anguish to, distress.
angora [ɑ̃gɔ'ra] *adj. a. su.* angora.
anguille *icht.* [ɑ̃'giːj] *f* eel; *~ de mer* conger-eel; *il y a ~ sous roche* there's more in it than meets the eye; **anguillière** [ɑ̃gi'jɛːr] *f* eel-pond; eel-pot; **anguillule** *zo.* [~'jyl] *f* eel-worm.
angulaire [ɑ̃gy'lɛːr] angular; angle-...; *pierre f ~* corner-stone; **anguleux, -euse** [~'lø, ~'løːz] angular; rugged.
anhélation [anela'sjɔ̃] *f* shortness of breath; **anhéler** [~'le] (1f) *v/i.* gasp, pant.
anhydre ⚗ [a'nidr] anhydrous.
anicroche [ani'krɔʃ] *f* hitch, difficulty; F snag.
ânier *m*, **-ère** *f* [ɑ'nje, ~'njɛːr] donkey-driver, ass-driver.
aniline ⚗ [ani'lin] *f* aniline; *colorant m d'~* aniline dye.
animadversion [animadvɛr'sjɔ̃] *f* animadversion, reproof.
animal, e, *m/pl.* **-aux** [ani'mal, 'mo] **1.** *su./m* animal; *fig.* dolt; **2.** *adj.* animal, brutish; *règne m ~* animal kingdom; **animalcule** [~mal'kyl] *m* animalcule; **animalier** [~ma'lje] *m* painter *etc.* of animals; **animaliser** [animali'ze] (1a) *v/t.* animalize; *s'~* become animalized; **animalité** [~'te] *f* animality; animal kingdom.
animateur, -trice [anima'tœːr, ~'tris] **1.** *adj.* animating; **2.** *su.* emcee, *Br. a.* compère; organizer; *fig.* driv-

ing force (*person*); **animation** [~'sjɔ̃] *f* animation; coming *or* bringing to life; **animé, e** [ani'me] spirited, lively; ✝ brisk (*market*); *cin. dessins m/pl.* ~*s* animated cartoons; **animer** [~] (1a) *v/t.* animate; liven up; impel, prompt, actuate; light up (*the features*).

animosité [animozi'te] *f* animosity, ranco(u)r, spite.

anis ⚘ [a'ni] anise; aniseed; **aniser** [ani'ze] (1a) *v/t.* flavo(u)r with aniseed.

ankylose ⚕ [ɑ̃ki'lo:z] *f* anchylosis.

annal, e [an'nal] **1.** *adj.* yearly, lasting for one year; **2.** *su./f*: ~*es pl.* annals, records.

anneau [a'no] *m* ring (*a.* ⊕, *sp.*); ⊕ *chain*: link; *hair*: ringlet; ~ *brisé* split ring.

année [a'ne] *f* year; ~ *bissextile* leap year; ~ *civile* natural year; ~ *scolaire* school year, academic year, session; **~-lumière,** *pl.* **~s-lumière** [~ly'mjɛ:r] *f* light year.

anneler [an'le] (1c) *v/t.* curl (*the hair*); ring (*a pig*).

annexe [an'nɛks] **1.** *su./f* annex(e), outbuilding; *document*: schedule, supplement; appendix; *letter*: enclosure; *state*: dependency; **2.** *adj.* annexed; *école f* ~ demonstration school; *lettre f* ~ covering letter; **annexer** [annɛk'se] (1a) *v/t.* annex; **annexion** [~'sjɔ̃] *f* annexation.

annihiler [annii'le] (1a) *v/t.* annihilate, destroy; ⚖ annul.

anniversaire [anivɛr'sɛ:r] **1.** *adj.* anniversary; **2.** *su./m* birthday; anniversary; ~ *de mariage* wedding anniversary; *gâteau m d'*~ birthday cake.

annonce [a'nɔ̃:s] *f* announcement, notice; advertisement; *cards*: call; *fig.* presage, sign; ~*s pl. encartées* inset (advertisements) *sg.*; *journ. petites* ~*s pl.* classified adds; **annoncer** [anɔ̃'se] (1k) *v/t.* announce; foretell; *fig.* indicate; *s'*~ promise (*well, ill, etc.*); **annonceur** [~'sœ:r] *m* advertizer; **Annonciation** [~sja'sjɔ̃] *f*: *l'*~ the Annunciation; *fête f de l'*~ Lady Day.

annotateur *m*, **-trice** *f* [anɔta'tœ:r, ~'tris] annotator, commentator; **annotation** [~ta'sjɔ̃] *f* annotating; note, annotation; ✝ inventory of goods attached; **annoter** [~'te] (1a) *v/t.* annotate.

annuaire [a'nɥɛ:r] *m* year-book, annual; almanac; *teleph.* directory; ♀ *militaire* Army List; **annuel, -elle** [a'nɥɛl] annual, yearly; ⚘ *plante f* ~*elle* annual; **annuité** [anɥi'te] *f* annual instalment; (terminable) annuity.

annulable [any'labl] that can be cancelled *or* annulled; ⚖ voidable; defeasible.

annulaire [any'lɛ:r] **1.** *adj.* ring-like, annular; **2.** *su./m* (*a. doigt m* ~) ring-finger.

annulation [anyla'sjɔ̃] *f* annulment; ⚖ *judgment*: setting aside; *sentence*: quashing; **annuler** [~'le] (1a) *v/t.* annul; cancel (*a cheque, a contract*); set aside (*a judgment, a will*); quash (*a sentence*).

anoblir [anɔ'bli:r] (2a) *v/t.* ennoble; raise to the peerage.

anode ⚡ [a'nɔd] *f* anode.

anodin, e [anɔ'dɛ̃, ~'din] **1.** *adj.* anodyne; *fig.* harmless, mild; **2.** *su./m* analgesic, anodyne.

anomalie [anɔma'li] *f* anomaly.

ânon *zo.* [ɑ'nɔ̃] *m* young ass, ass's foal; F ass; **ânonner** [ɑnɔ'ne] (1a) *v/t.* stumble through; mumble through; drone through.

anonymat [anɔni'ma] *m* anonymity; **anonyme** [~'nim] **1.** *adj.* anonymous; unnamed; *société f* ~ limited (-liability) company, *abbr.* Ltd., *Am.* Inc. Ltd.; **2.** *su./m* anonymous writer; anonymity.

anorak [anɔ'rak] *m* anorak.

anorexie ⚕ [anɔrɛk'si] *f* anorexia, loss of appetite; **anorexigène** [anɔrɛksi'ʒɛn] appetite suppressant.

anormal, e, *m/pl.* **-aux** [anɔr'mal, ~'mo] abnormal, irregular.

anse [ɑ̃:s] *f cup etc.*: handle; ear; *rope*: loop; *geog.* cove, small bay.

antagonisme [ɑ̃tagɔ'nism] *m* antagonism; **antagoniste** [~'nist] **1.** *su./m* antagonist, opponent; **2.** *adj.* antagonistic, opposed.

antalgique [ɑ̃tal'ʒik] *adj., a. su./m* antalgic; anodyne.

antan [ɑ̃'tɑ̃] *adv.*: *d'*~ of yester year.

antarctique [ɑ̃tark'tik] **1.** *adj.* antarctic; **2.** *su./m l'*♀ the Antarctic.

anté... [ɑ̃te] pre..., ante...

antébois ⚠ [ɑ̃te'bwa] *m* chair-rail.

antécédent, e [ɑ̃tese'dɑ̃, ~'dɑ̃:t] **1.** *adj.* antecedent, preceding; **2.** *su./m* ⚕, ♪, *gramm.* antecedent;

~s *pl.* (past) records, antecedents; *sans ~s judiciaires* with a clean record, not known to the police.
antéchrist [ɑ̃te'krist] *m* Antichrist.
antédiluvien, -enne [ɑ̃tedily'vjɛ̃, ~'vjɛn] antediluvian (*a. fig.*).
antenne [ɑ̃'tɛn] *f zo.* antenna, F feeler; ⚓ lateen yard; *radio*: aerial; ~ *à cadre* frame aerial; ~ *dirigée* directional aerial; ~ *extérieure* outdoor aerial.
antérieur, e [ɑ̃te'rjœːr] anterior, prior, previous (to, *à*).
anthère ⚘ [ɑ̃'tɛːr] *f* anther.
anthologie [ɑ̃tɔlɔ'ʒi] *f* anthology.
anthracite [ɑ̃tra'sit] *m* anthracite.
anthrax ⚕ [ɑ̃'traks] *m* anthrax.
anthropo... [ɑ̃trɔpɔ] anthropo...; **~ïde** [~'id] *adj., a. su./m* anthropoid; **~logie** [~lɔ'ʒi] *f* anthropology; **~logue** [~'lɔg] *m* anthropologist; **~morphe** [~'mɔrf] **1.** *adj.* anthropomorphous; **2.** *su./m zo.* anthropoid (ape); **~phage** [~'faːʒ] **1.** *su./m* cannibal; **2.** *adj.* cannibalistic.
anti... [ɑ̃ti] anti...; ante...; **~aérien, -enne** [~ae'rjɛ̃, ~'rjɛn] anti-aircraft (*defence etc.*); **~biotique** ⚕ [~bjɔ'tik] *m* antibiotic; **~brouillard** *mot.* [~bru'jaːr] *adj., a. su./m/inv.* demister; **~chambre** [~'ʃɑ̃ːbr] *f* anteroom, waiting-room; *faire ~ chez* wait on, dance attendance on; **~char** [~'ʃaːr] *adj.* anti-tank (*missile*); **~choc** [~'ʃɔk] *adj./inv.* shockproof; **~chrétien, -enne** [~kre'tjɛ̃, ~'tjɛn] anti-christian.
anticipation [ɑ̃tisipa'sjɔ̃] *f* anticipation; encroachment (*on rights*); *par ~* in advance; *~ de paiement* advance payment; *littérature d'~* science fiction; *roman d'~* science fiction novel; **anticiper** [~'pe] (1a) *v/t.* anticipate; foresee; *v/i.*: *~ sur* anticipate.
anti...: **~clérical, e,** *m/pl.* **-aux** [ɑ̃tikleri'kal, ~'ko] *adj.* anticlerical; **~conceptionnel, -elle** [~kɔ̃sɛpsjɔ'nɛl] contraceptive; **~corps** [~'kɔːr] *m* anti-body; **~dater** [~da'te] (1a) *v/t.* antedate; **~dépresseur** [~deprɛ'sœːr] antidepressant; **~dérapant, e** *mot.* [~dera'pɑ̃, ~'pɑːt] **1.** *adj.* non-skid; **2.** *su./m* non-skid tyre; **~détonant, e** *mot.* [~detɔ'nɑ̃, ~'nɑ̃ːt] antiknock; **~dote** ⚕ [~'dɔt] *m* antidote (to, for, against *à*, *de*); **~éblouissant, e** [~eblui'sɑ̃, ~'sɑ̃t] anti-dazzle.
antienne [ɑ̃'tjɛn] *f* antiphon; anthem; *fig. chanter toujours la même ~* be always harping on the same string.
anti...: **~fading** [ɑ̃tifa'diŋ] *m radio*: (*a. dispositif m ~*) automatic volume control; **~gel** ⊕ [~'ʒɛl] *m* antifreeze; **~halo** *phot.* [~a'lo] **1.** *adj./inv.* non-halation..., backing; **2.** *su./m* backing.
antilope *zo.* [ɑ̃ti'lɔp] *f* antelope.
anti...: **~parasite** [~para'zit] *m radio*: suppressor; **~pathie** [~pa'ti] *f* antipathy (against, to *contre*), aversion (to, *contre*); **~pathique** [~pa'tik] disagreeable; **~pode** [~'pɔd] *m* antipode; *fig. the* very opposite; **~polluant, e** [~pɔlɥ'ɑ̃, ~'ɑ̃t] non-polluting; **~pollution** [~pɔly'sjɔ̃] *f* antipollution; **~pyrine** ⚕ [~pi'rin] *f* antipyrin.
antiquaille [ɑ̃ti'kɑːj] *f* lumber; fog(e)y; F old stuff, chunk; **antiquaire** [~'kɛːr] *m* antiquary, antique dealer; second-hand bookseller; **antique** [ɑ̃'tik] ancient; antique; antiquated; **antiquité** [ɑ̃tiki'te] *f* antiquity; ~s *pl.* antiques.
anti...: **~rides** [ɑ̃ti'rid] **1.** *adj.* anti-wrinkle; **2.** *su./m* anti-wrinkle cream *or* lotion; **~rouille** ⊕ [~'ruːj] *m* antirust (composition); **~sémite** [~se'mit] **1.** *adj.* anti-Semitic; **2.** *su.* anti-Semite; **~septique** ⚕ [~sɛp'tik] *adj., a. su./m* antiseptic; **~social, e,** *m/pl.* **-aux** [~sɔ'sjal, ~'sjo] antisocial; **~solaire** [~sɔ'lɛːr]: *crème f ~* sun cream; **~spasmodique** ⚕ [~spasmɔ'dik] antispasmodic; **~tétanique** ⚕ [~teta'nik] antitetanic; **~thèse** [~'tɛːz] *f* antithesis; direct contrary; **~tuberculeux, -euse** ⚕ [~tybɛrky'lø, ~'løːz] antitubercular; **~vol** [~'vɔl] *adj.* (*a. su./m*) anti-theft (device).
antonyme [ɑ̃tɔ'nim] **1.** *adj.* antonymous; **2.** *su./m* antonym.
antre [ɑːtr] *m* cave; den, lair.
anurie ⚕ [any'ri] *f* anuresis.
anus *anat.* [a'nys] *m* anus.
anxiété [ɑ̃ksje'te] *f* anxiety, concern; **anxieux, -euse** [~'sjø, ~'sjøːz] anxious, uneasy; eager (to, *de*).
aorte *anat.* [a'ɔrt] *f* aorta.
août [u] *m* August; **aoûté, e** [u'te] ripe.
apache [a'paʃ] *m* (*usu. in Paris*) hooligan, tough, hoodlum.

apaisement [apɛzˈmɑ̃] *m* appeasement; quieting, calming; **apaiser** [apɛˈze] (1b) *v/t.* appease (*a. one's hunger*), calm, pacify, soothe; quench (*one's thirst*); lull (*a storm*); s'~ calm down (*person*); die down.
apanage [apaˈnaːʒ] *m* ap(p)anage; prerogative, privilege; exclusive right (to, *de*); **apanager** [~naˈʒe] (1l) *v/t.* endow with an ap(p)anage; **apanagiste** [~naˈʒist] **1.** *adj.* having an ap(p)anage; **2.** *su.* ap(p)anagist.
aparté [aparˈte] *m thea.* aside; F private conversation; *en* ~ aside, in a stage-whisper.
apathie [apaˈti] *f* apathy, listlessness; **apathique** [~ˈtik] apathetic, listless.
apatride [apaˈtrid] **1.** *su.* stateless person; **2.** *adj.* stateless.
apepsie ⚕ [apɛpˈsi] *f* dyspepsia, indigestion.
apercevable [apɛrsəˈvabl] perceivable, perceptible; **apercevoir** [~səˈvwaːr] (3a) *v/t.* see; s'~ *de* notice; realize; become aware of; **aperçu** [~ˈsy] *m* glimpse; general idea; rough estimate.
apéritif, -ve [aperiˈtif, ~ˈtiːv] **1.** *adj.* appetizing; **2.** *su./m* appetizer; aperitif; *l'heure f de l'*~ cocktail time.
apéro F [apeˈro] *m* aperitif.
apesanteur [apəzɑ̃ˈtœːr] *f* weightlessness; *en état d'*~ weightless.
à-peu-près [apøˈprɛ] *m* approximation.
apeuré, e [apœˈre] frightened.
aphasie ⚕ [afaˈzi] *f* aphasia; **aphasique** ⚕ [~ˈzik] aphasic, speechless.
aphone ⚕ [aˈfɔn] voiceless.
aphorisme [afɔˈrism] *m* aphorism.
aphte ⚕ [aft] *m* aphtha; **aphteux, -euse** *vet.*, ⚕ [afˈtø, ~ˈtøːz] *adj.*: *fièvre f ~euse* foot-and-mouth disease.
apical, e, *m/pl.* **-aux** ⚘, ⚘, *gramm.* [apiˈkal, ~ˈko] apical.
apicole [apiˈkɔl] apiarian; **apiculteur** [apikylˈtœːr] *m* beekeeper, apiarist; **apiculture** [~ˈtyːr] *f* beekeeping.
apitoiement [apitwaˈmɑ̃] *m* pity, compassion; ~ *sur soi-même* self-pity; **apitoyer** [~ˈje] (1h) *v/t.* move (to pity); s'~ *sur* feel pity for (*s.o.*); bewail, lament (*s.th.*).
aplanir [aplaˈniːr] (2a) *v/t.* level; smooth; plane; *fig.* remove, smooth (away).
aplatir [aplaˈtiːr] (2a) *v/t.* make flat, flatten; ⊕ clench (*a rivet*); *fig.* crush; s'~ flatten o.s.; *fig.* gravel (before, *devant*).
aplomb [aˈplɔ̃] *m* perpendicularity; *fig.* balance, equilibrium; steadiness; coolness; self-possession; *pej.* cheek; *d'*~ vertical(ly *adv.*), upright, plumb; steady (steadily *adv.*); F well, in good shape; ⚠ *prendre l'*~ take the plumb.
apo... [apɔ] apo...; **~calypse** [~kaˈlips] *f* apocalypse; *l'*♀ the Book of Revelation; **~calyptique** [~kalipˈtik] apocalyptic; *fig.* obscure (*style*); **~cryphe** [~ˈkrif] **1.** *adj.* apocryphal; **2.** *su./m*: ~*s pl. the* Apocrypha.
apode *zo.* [aˈpɔd] **1.** *adj.* apodal, footless; **2.** *su./m* apod.
apo...: **~dictique** [apɔdikˈtik] apodictic, indisputable; **~gée** [~ˈʒe] *m astr.* apogee; *fig.* height, zenith, culminating point; **~logie** [~lɔˈʒi] *f* apologia; vindication; **~logiste** [~lɔˈʒist] *m* apologist; **~plexie** ⚕ [~plɛkˈsi] *f* apoplexy; **~stasie** [~staˈzi] *f* apostasy; *pol.* F ratting; **~stasier** [~staˈzje] (1o) *v/t.* apostatize from; *v/i.* apostatize; renounce one's faith *or* principles *or* party; **~stat, e** [~sˈta, ~sˈtat] *adj., a. su.* apostate, F turncoat.
apostille [apɔsˈtij] *f* marginal recommendation; ⚓ entry (*in log*); † apostil, foot-note, side-note.
apostolat [apɔstɔˈla] *m* apostolate, apostleship; **apostolique** [~ˈlik] apostolic.
apostrophe [apɔsˈtrɔf] *f rhetoric, a. gramm.* apostrophe; rude remark; **apostropher** [~trɔˈfe] (1a) *v/t.* address (*s.o.*) sharply.
apothéose [apɔteˈoːz] *f* apotheosis; *fig. a.* pinnacle; *thea.* grand finale.
apothicaire [apɔtiˈkɛːr] *m*: *compte m d'*~ exorbitant bill.
apôtre [aˈpoːtr] *m* apostle (*a. fig.*); *faire le bon* ~ play the saint.
apparaître [apaˈrɛːtr] (4k) *v/i.* appear; come into sight; become evident.
apparat [apaˈra] *m* pomp, show.
appareil [apaˈrɛːj] *m* apparatus (*a. fig.*, ⚕, ⚒); ⚕ *wound*: dressing; ⚠ bond; ⚠ *stones*: height; *phot.* camera; ⊕ machinery; ⊕ device; *teleph. etc.* instrument; *radio*: set; pomp, display; *anat.* ~ *digestif*

digestive system; *phot.* ~ *de petit format* miniature camera; ~ *de projection* projector; *teleph. qui est à l'~?* who is speaking?; **appareillage** [~rɛ'ja:ʒ] *m* ⚓ getting under way; installation; ⚠ bonding; ⚠ *stones*: drafting; ⚡ *etc.* equipment; ⊕ fixture; ⊕ plant.

appareillement [aparɛj'mɑ] *m* matching (up); pairing.

appareiller[1] [aparɛ'je] (1a) *v/t.* match (up); pair.

appareiller[2] [aparɛ'je] (1a) *v/t.* install; ⚠ bond; ⚠ draft; ⚓ trim (*a sail*); *v/i.* ⚓ get under way; **appareilleur** [~'jœ:r] *m* fitter, trimmer; ⚠ house carpenter; ⚠ foreman mason.

apparemment [apara'mɑ̃] *adv. of apparent*; **apparence** [~'rɑ̃:s] *f* appearance, semblance; *en* ~ outwardly; *sauver les* ~*s* save one's face; **apparent, e** [~'rɑ̃, ~'rɑ̃:t] apparent; conspicuous.

apparenter [aparɑ̃'te] (1a) *v/t.*: *s'*~ *à* marry into (*the nobility etc.*).

apparier [apa'rje] (1o) *v/t.* pair (off); mate.

appariteur [apari'tœ:r] *m* ⚖ apparitor, usher; *univ.* laboratory assistant.

apparition [apari'sjɔ̃] *f* appearance; apparition; spectre; vision.

apparoir ⚖ [apa'rwa:r] (3b) *v/impers.* appear (from, *de*; that, *que*).

appartement [apart'mɑ̃] *m* flat, *Am.* apartment.

appartenance [apartə'nɑ̃:s] *f*: ~ *à* belonging to; membership of; **appartenant, e** [~'nɑ̃, ~'nɑ̃:t] belonging (to, *à*); **appartenir** [~'ni:r] (2h) *v/i.* belong (to, *à*); *il appartient à q. de faire qch.* it is s.o.'s business *or* it rests with s.o. to do s.th.; *v/t.*: *s'*~ be one's own master.

appas [a'pɑ] *m/pl.* charms.

appât [a'pɑ] *m* bait; lure; *poultry*: soft food; *mordre à l'*~ take the bait; **appâter** [apɑ'te] (1a) *v/t.* lure, entice; cram (*poultry*).

appauvrir [apo'vri:r] (2a) *v/t.* impoverish; *s'*~ become impoverished; grow poor(er); **appauvrissement** [~vris'mɑ̃] *m* impoverishment; deterioration; ~ *du sang* impoverished blood.

appeau [a'po] *m* decoy(-bird); bird-call.

appel [a'pɛl] *m* call; appeal (*a.* ⚖); ⚔ roll-call, call-over, muster; ⊕ ~ *d'air* indraught, intake of air; *teleph.* ~ *local* (*interurbain*) local call (trunk call); ~ *téléphonique* (tele)phone call; ⚖ *cour f d'*~ Court of Appeal; *faire* ~ *à* have recourse to; ⚔ *ordre m d'*~ induction order; **appeler** [ap'le] (1c) *v/t.* call; call to; call up; send for; ~ *l'attention de q. sur qch.* call s.o.'s attention to s.th.; *s'*~ be called; *v/i.*: ~ *d'un jugement* appeal against a sentence; *en* ~ *à* appeal to; **appellation** [apɛla'sjɔ̃] *f* appellation; ✝ ~ *d'origine* indication of origin.

appendice [apɛ̃'dis] *m* appendix (*a.* ⚘, *anat.*); ⚠ annex(e); ✈ tail; **appendicite** ⚕ [~di'sit] *f* appendicitis.

appentis [apɑ̃'ti] *m* lean-to (roof); penthouse; outhouse.

appert [a'pɛ:r] *3rd p. sg. pres. of apparoir.*

appesantir [apəzɑ̃'ti:r] (2a) *v/t.* make heavy; weigh down; dull; *s'*~ become heavy; *s'*~ *sur* dwell upon; **appesantissement** [~tis'mɑ̃] *m* increase in heaviness *or* dullness.

appétence [ape'tɑ̃:s] *f* appetency, craving (for, of, after *pour*).

appétissant, e [apeti'sɑ̃, ~'sɑ̃:t] appetizing, tempting (*a. fig.*); **appétit** [~'ti] *m* appetite; desire; craving; *ouvrir l'*~ give an edge to the appetite.

applaudir [aplo'di:r] (2a) *v/i.* approve (s.th., *à qch.*); *v/t.* applaud; clap; *s'*~ *de* congratulate o.s. on; **applaudissements** [~dis'mɑ̃] *m/pl.* applause *sg.*; commendation *sg.*

applicable [apli'kabl] applicable (to, *à*); that can be applied; **application** [~ka'sjɔ̃] *f* application; *fig.* diligence; *broderie f* ~ appliqué work; **applique** [a'plik] *f* inlaid work, inlaying; application; applied ornament; (wall-)bracket; **appliqué, e** [apli'ke] diligent; ⚗ *etc.* applied; **appliquer** [~] (1m) *v/t.* apply; F ~ *une gifle à q.* fetch s.o. one; *fig. s'*~ *à* work hard at; be bent on.

appoint [a'pwɛ̃] *m* contribution; added portion; help, support; (*a. monnaie f d'*~) odd money, (right) change; *d'*~ secondary; extra; *faire l'*~ give the right change; **appointements** [apwɛ̃t'mɑ̃] *m/pl.* emoluments, salary *sg.*

appointer[1] [apwɛ̃'te] (1a) *v/t.* put on a salary (basis).
appointer[2] ⊕ [~] (1a) *v/t.* sharpen.
appontement ⚓ [apɔ̃t'mɑ̃] *m* gang-plank; wharf; landing-stage; **apponter** [apɔ̃'te] (1a) *v/i.* land on an aircraft carrier.
apport [a'pɔːr] *m* ⚖ contributed property; ✝ contribution; ✝ initial share; ⚔ bringing up; ✝ *capital m d'~* initial capital; **apporter** [apɔr'te] (1a) *v/t.* bring; exercise (*care*); supply, provide; produce; *~ du retard à* be slow in; *~ du zèle à* show zeal in.
apposer [apo'ze] (1a) *v/t.* affix (to, *à*); put; set (*a seal*); **apposition** [~zi'sjɔ̃] *f* affixing; *gramm.* apposition.
appréciable [apre'sjabl] appreciable; **appréciation** [~sja'sjɔ̃] *f* valuation; estimate; appreciation; **apprécier** [~'sje] (1a) *v/t.* value; estimate; appreciate.
appréhender [apreɑ̃'de] (1a) *v/t.* apprehend; dread; seize; **appréhension** [~'sjɔ̃] *f* apprehension; ⚖ arrest.
apprenant *m*, **e** *f* [aprə'nɑ̃, ~'nɑ̃t] learner, student.
apprendre [a'prɑ̃ːdr] (4aa) *v/t.* learn; teach (s.o. s.th., *qch. à q.*); *~ à q. à faire qch.* teach s.o. (how) to do s.th.; *~ par cœur* learn by heart.
apprenti *m*, **e** *f* aprɑ̃'ti] apprentice; learner; ⚖ *etc.* articled clerk; **apprentissage** [~ti'saːʒ] *m* apprenticeship; ⚖ *etc.* articles *pl.*
apprêt [a'prɛ] *m* preparation; ⊕ finishing; *cuis.* dressing, seasoning; *paint.* priming, size; *fig.* affectation; **apprêtage** [aprɛ'taːʒ] *m* finishing; sizing; **apprêté, e** [~'te] affected; **apprêter** [~'te] (1a) *v/t.* prepare; ⊕ finish; size, prime; starch; *s'~* get ready; be imminent; dress; **apprêteur** *m*, **-euse** *f* [~'tœːr, ~'tøːz] finisher, dresser.
apprivoiser [aprivwa'ze] (1a) *v/t.* tame (*a. fig.*); *fig.* make sociable.
approbateur, -trice [aprɔba'tœːr, ~'tris] **1.** *adj.* approving; **2.** *su.* approver; **approbatif, -tive** [~'tif, ~'tiːv] approving; **approbation** [~'sjɔ̃] *f* approbation, approval; ✝ certifying.
approchant, e † [aprɔ'ʃɑ̃, ~'ʃɑ̃ːt] **1.** *adj.*: *~ de* approximating to; **2.** *approchant adv.*, *a. prp.* nearly; **approche** [a'prɔʃ] *f* approach; *les ~s de* the immediate surroundings of (*a town etc.*); **approcher** [aprɔ'ʃe] (1a) *v/t.* bring (*s.th.*) near; *s'~ de* draw *or* come near (to); *v/i.* approach; draw *or* come near.
approfondir [aprɔfɔ̃'diːr] (2a) *v/t.* deepen; *fig.* go deeper into; investigate thoroughly; **approfondissement** [~dis'mɑ̃] *m* deepening; *fig.* thorough investigation.
appropriation [aprɔpria'sjɔ̃] *f* appropriation; adaptation (to, *à*); embezzlement; allocation; **approprier** [~pri'e] (1o) *v/t.* appropriate; adapt (to, *à*); *s'~ à* adapt o.s. to; fall in with.
approuver [apru've] (1a) *v/t.* approve (of); consent to; agree to; confirm (*an appointment*); authorize.
approvisionnement [aprɔvizjɔn'mɑ̃] *m* provisioning, supply(ing); stock(ing); **approvisionner** [~zjɔ'ne] (1a) *v/t.* supply (with, *en*); provision, victual; *s'~* lay in stores.
approximatif, -ve [aprɔksima'tif, ~'tiːv] approximate; **approximation** [~'sjɔ̃] *f* approximation.
appui [a'pɥi] *m* support (*a. fig.*); rest, prop, stay; *à l'~* in support of this; *à l'~ de* in support of; **~(e)-livres**, *pl.* **~s-livres**, **~e-livres** [apɥi'liːvr] *m* book-rest; **~(e)-tête**, *pl.* **~s-tête** [~'tɛːt] *m* headrest; *mot.* head-restraint; **appuyer** [apɥi'je] (1h) *v/t.* support; press; lean, rest (against, *contre*); *v/i.*: *~ sur* rest on; press, push (*a button etc.*), press down; *fig.* emphasize, stress; *~ sur la* (*or ~ à*) *droite* bear to the right; *s'~ sur* lean, rest on *or* against; *fig.* rely on.
âpre [ɑːpr] rough, harsh; biting; keen; *~ à* eager for; ruthless at; *~ au gain* grasping, greedy.
après [a'prɛ] **1.** *prp. space, time*: after; behind; *idea of attack*: at, on to; *~ vous, Madame* after you, Madam; *~ quoi* after which; thereupon; *~ tout* after all; *~ Jésus-Christ* after Christ; *être toujours ~ q.* be always nagging at s.o.; *~ avoir lu ce livre* after reading this book; *d'~* according to; *~ que* after, when; **2.** *adv.* after(wards), later; next; *la semaine d'~* the following week; *une semaine ~* one week later; **~-demain** [aprɛdə'mɛ̃] *adv.*

the day after tomorrow; ~**-guerre** [~'gɛːr] *m or f* post-war period; ~**-midi** [~mi'di] *m/inv.* afternoon; ~**-rasage** [~ra'zaːʒ] *adj., a. su./m/inv.* after-shave; ~**-vente** [~'vɑ̃ːt]: *service m* ~ after-sales service.
âpreté [ɑprə'te] *f* roughness; harshness; sharpness; bitterness; keenness.
à-propos [aprɔ'po] *m* aptness, suitability; opportuneness.
apte [apt] fit(ted) (to, for *à*); apt; **aptitude** [apti'tyd] *f* aptitude; fitness; ⚖ capacity, qualification; ⚔ ~*s pl. physiques* physique *sg.*; *mot.* ~ *à conduire* fitness to drive.
apurement ⚜ [apyr'mɑ̃] *m* audit (-ing); **apurer** [apy're] (1a) *v/t.* audit, pass; discharge (*a liability*).
aquafortiste [akwafɔr'tist] *su.* etcher; **aquaplane** [~'plan] *m* surfboard; **aquaplaning** *mot.* [~pla'niŋ] *m* aquaplaning; **aquarelle** [~'rɛl] *f* aquarelle, water-colo(u)r; **aquarelliste** [~rɛ'list] *su.* aquarellist, water-colo(u)rist; **aquarium** [~'rjɔm] *m* aquarium; **aquatique** [~'tik] aquatic; marshy (*land*).
aqueduc [ak'dyk] *m* aqueduct (*a. anat.*); culvert; **aqueux, -euse** [a'kø, ~'køːz] watery.
aquilin, e [aki'lɛ̃, ~'lin] aquiline; *nez m* ~ Roman nose.
aquilon [aki'lɔ̃] *m* north wind.
arabe [a'rab] **1.** *adj.* Arabian; Arab; Arabic; *chiffre m* ~ Arabic numeral; **2.** *su.* ♀ Arab; *su./m ling.* Arabic; *horse*: Arab; *fig.* Shylock, usurer.
arabesque [ara'bɛsk] *adj., a. su./f* arabesque.
arabique [ara'bik] Arabic; Arabian; *gomme f* ~ gum arabic; *geog. le golfe* ♀ the Arabian gulf.
arable [a'rabl] arable (*land*).
arachide ⚘ [ara'ʃid] *f* peanut, ground-nut.
araignée [arɛ'ɲe] *f zo.* spider; ⊕ grapnel; ⚓ clew; *vehicle*: buggy; *sl. avoir une* ~ *au plafond* have bats in the belfry; *fig. pattes f/pl. d'*~ long thin fingers; scrawl *sg.*; ⊕ grease-channels; *toile f d'*~ cobweb; spider's web.
aratoire [ara'twaːr] farming, agricultural.
arbalète [arba'lɛt] *f* cross-bow; **arbalétrier** [~letri'e] *m* cross-bowman; ⩓ principal rafter.
arbitrage [arbi'traːʒ] *m* arbitration; ⚜ arbitrage; *conseil m d'*~ conciliation board; **arbitraire** [~'trɛːr] arbitrary; **arbitre** [ar'bitr] *m* ⚜ arbitrator; referee (*a. sp.*); *phls. libre* ~ free will; **arbitrer** [~bi'tre] (1a) *v/t.* arbitrate; *sp.* referee.
arborer [arbɔ're] (1a) *v/t.* hoist (*a flag*); *fig.* wear, display; sport (*a garment*); **arborescence** ⚘ [~rɛ'sɑ̃ːs] *f* arborescence; **arborescent, e** ⚘ [~rɛ'sɑ̃, ~'sɑ̃ːt] arborescent; **arboriculteur** ⚒ [~rikyl'tœːr] *m* arboriculturist, nurseryman; **arboriculture** ⚒ [~rikyl'tyːr] *f* arboriculture.
arbre [arbr] *m* tree; ⊕ spindle, shaft, axle; ⚓ mast; arbor; ⊕ ~ *à cames* cam-shaft; ⊕ ~ *de transmission* propeller shaft; ~ *généalogique* genealogical tree; ~ *manivelle* crankshaft; ⊕ ~ *primaire* driving shaft; **arbrisseau** [~bri'so] *m* sapling; shrub.
arbuste ⚘ [ar'byst] *m* bush, shrub.
arc [ark] *m* bow; ⩓ arch; ⚕, ⊕ arc; ~ *en ogive* ogival arch; ~ *plein cintre* semi-circular arch; ⚓ *avoir de l'*~ sag; ⚡ *lampe f à* ~ arc-lamp.
arcade [ar'kad] *f* archway; ⊕ arch; *spectacles*: bridge; ~*s pl.* arcade *sg.*
arcanes [ar'kan] *m/pl.* arcana, mysteries.
arc-boutant, *pl.* **arcs-boutant** [arkbu'tɑ̃] *m* ⩓ flying buttress; ⩓, ⊕ stay (*a. fig.*), strut; **arc-bouter** [~'te] (1a) *v/t.* buttress; shore up.
arceau [ar'so] *m* hoop; arch.
arc-en-ciel, *pl.* **arcs-en-ciel** [arkɑ̃'sjɛl] *m* rainbow.
archaïque [arka'ik] archaic; **archaïsme** [~'ism] *m* archaism.
archange [ar'kɑ̃ːʒ] *m* archangel.
arche[1] [arʃ] *f* arch; hoop.
arche[2] *bibl.* [~] *f* Ark; ~ *d'alliance* Ark of the Covenant.
archéologie [arkeɔlɔ'ʒi] *f* arch(a)eology; **archéologue** [~'lɔg] *m* arch(a)eologist.
archer [ar'ʃe] *m* archer; **archet** ♪, ⊕ [~'ʃɛ] *m* bow.
archétype [arke'tip] **1.** *adj.* archetypal; **2.** *su./m* archetype, prototype.
archevêché [arʃəvɛ'ʃe] *m* archbishopric, archdiocese; archbishop's palace; **archevêque** [~'vɛk] *m* archbishop.
archi... [arʃi] arch...; extremely; to the hilt; ~**bondé, e** [~bɔ̃'de],

~comble [~ˈkɔ̃:bl] packed (full); **~duc** [~ˈdyk] *m* archduke.

archipel *geog.* [arʃiˈpɛl] *m* archipelago.

architecte [arʃiˈtɛkt] *m* architect; ~ *paysagiste* landscape gardener; **architecture** [~tɛkˈty:r] *f* architecture; ~ *de paysage* landscape gardening *or* design.

archives [arˈʃi:v] *f/pl.* archives, records; **archiviste** [~ʃiˈvist] *su.* archivist; ✝ filing clerk.

arçon [arˈsɔ̃] *m* saddle-bow; *vider les ~s* be unhorsed; *fig.* become embarrassed.

arctique [arkˈtik] Arctic.

ardemment [ardaˈmã] *adv. of ardent*; **ardent, e** [~ˈdã, ~ˈdã:t] hot, burning (*a.* ⚕), scorching; *fig.* ardent, fervent, eager; *fig. être sur des charbons ~s* be on tenterhooks; **ardeur** [~ˈdœ:r] *f* heat; *fig.* ardo(u)r; eagerness; *horse*: mettle; ⚕ ~ *d'estomac* heartburn.

ardillon [ardiˈjɔ̃] *m buckle*: tongue, catch; *typ.* pin.

ardoise [arˈdwa:z] *f* slate; **ardoisé, e** [ardwaˈze] slate-colo(u)red; **ardoisière** [~ˈzjɛ:r] *f* slate-quarry.

ardu, e [arˈdy] steep, abrupt; arduous; difficult.

are [a:r] *m* are.

arène [aˈrɛn] *f* arena; *poet.* sand.

aréole [areˈɔl] *f* ♀, ⚕, *anat.* areola; *meteor.* nimbus, halo.

arête [aˈrɛt] *f icht.* (fish-)bone; ⊕, *mount., etc.* edge; *mount.* crest, ridge; ▲, ⊕, *etc.* chamfer; beading; ♀ awn, beard; *à ~s vives* sharp-edged.

argent [arˈʒã] *m* silver; money; ▧ argent; ~ *comptant* cash; ~ *de poche* pocket-money; ~ *en caisse* cash in hand; ~ *liquide* ready money; *en avoir pour son ~* have one's money's worth; *être à court d'~* be short of money; **argentan** [arʒãˈtã] *m* nickel *or* German silver; **argenté, e** [~ˈte] silver(ed); silvery; silver-plated; **argenter** [~ˈte] (1a) *v/t.* silver; **argenterie** [~ˈtri] *f* (silver-)plate.

argentin[1], **e** [arʒãˈtɛ̃, ~ˈtin] silvery.

argentin[2], **e** [~] *adj., a. su.* ♀ Argentine.

argenture [arʒãˈty:r] *f mirror*: silvering; silver-plating.

argile [arˈʒil] *f* clay; ~ *réfractaire* fire-clay; **argileux, -euse** [arʒiˈlø, ~ˈlø:z] clayey; argillaceous.

argon ⚗ [arˈgɔ̃] *m* argon.

argot [arˈgo] *m* slang; **argotique** [~gɔˈtik] slangy.

arguer [arˈgɥe] (1e) *v/t.* infer, deduce (from, *de*); assert; ~ *de qch.* put s.th. forward (as a reason); ⚖ ~ *un acte de faux* assert that a document is spurious; *v/i.* argue; **argument** [argyˈmã] *m* argument (*a.* ⩓, *a. of a book*); plot, summary; ⩓ variable; **argumentation** [~mãtaˈsjɔ̃] *f* argumentation; **argumenter** [~mãˈte] (1a) *v/i.* argue (about, *à propos de*; against, *contre*; **argutie** [~ˈsi] *f* quibble.

aride [aˈrid] arid, dry; sterile; barren; **aridité** [aridiˈte] *f* aridity, dryness; barrenness.

arien, -enne [aˈrjɛ̃, ~ˈrjɛn] *adj., a. su.* Arian.

ariette ♪ [aˈriɛt] *f* arietta.

aristo *sl.* [arisˈto] *m* swell; **aristocrate** [~tɔˈkrat] *su.* aristocrat; **aristocratie** [~tɔkraˈsi] *f* aristocracy; **aristocratique** [~tɔkraˈtik] aristocratic, upper-class.

arithméticien *m*, **-enne** *f* [aritmetiˈsjɛ̃, ~ˈsjɛn] arithmetician; **arithmétique** [~ˈtik] **1.** *adj.* arithmetical; **2.** *su./f* arithmetic.

arlequin [arləˈkɛ̃] *m* Harlequin; *food*: scraps *pl.*; *fig.* weathercock.

armateur ⚓ [armaˈtœ:r] *m* shipowner; **armature** [~ˈty:r] *f* frame; brace; *brassière*: boning; ⚡ armature; ♪ key-signature; *fig.* structure.

arme [arm] *f* arm; weapon; ⚔ branch of the service; ⚔ *~s pl. blanches* side-arms; ~ *à tir rapide* automatic weapon; ~ *automatique* light machine-gun; ~ *de choc* striking weapon; *~s pl. spatiales* space weapons; *sp. faire des ~s* fence; **armé, e** [arˈme] *adj.*: *béton m ~* reinforced concrete, ferro-concrete; *poutre f ~e* trussed beam; *verre m ~* wired glass; **armée** [arˈme] *f* army; forces *pl.*; ~ *de l'air* Air Force; ~ *de mer* Navy; ~ *de métier* regular army; ~ *de terre* land forces *pl.*; ♀ *du Salut* Salvation Army; **armement** [arməˈmã] *m* armament, arming; equipment; ⚓ commissioning; ⚓ manning.

arménien, -enne [armeˈnjɛ̃, ~ˈnjɛn] *adj., a. su.* ♀ Armenian.

armer [ar'me] (1a) *v/t.* arm (with, *de*); equip; ⚓ commission; ⚓ man; cock (*a pistol*); ⊕ mount (*a machine*); ⚡ wind (*a dynamo*); ⚡ sheath (*a cable*); set (*an apparatus*); † ~ *q. chevalier* dub s.o. knight; *s'~ de* arm o.s. with, *fig.* call upon (*one's courage, patience, etc.*).

armistice [armis'tis] *m* armistice.

armoire [ar'mwa:r] *f* cupboard; wardrobe; locker; ~ *à pharmacie* medicine-chest; ~ *au* (*or à*) *linge* linen-closet.

armoiries ▨ [armwa'ri] *f/pl.* (coat *sg.* of) arms; armorial bearings.

armorial, e, *m/pl.* **-aux** ▨ [armɔ'rjal, ~'rjo] **1.** *adj.* armorial; **2.** *su./m* armorial, book of heraldry; **armorier** ▨ [~'rje] (1o) *v/t.* emblazon.

armure [ar'my:r] *f* armo(u)r; ⊕ weave; *phys. magnet*: armature; ⚡ *dynamo*: pole-piece; **armurerie** [armyr'ri] *f* manufacture of arms; arms factory; gunsmith's shop; ⚔ armo(u)ry; **armurier** ⚔, ⚓ [~'rje] *m* armo(u)rer; gunsmith.

arnica ⚘ [arni'ka] *f* arnica.

aromate [arɔ'mat] *m* spice, aromatic; **aromatique** [arɔma'tik] aromatic; **aromatiser** [~ti'ze] (1a) *v/t.* give aroma *or* flavo(u)r to; *cuis.* flavo(u)r; **arome** [a'ro:m] *m* aroma; *cuis.* flavo(u)ring.

aronde ⊕ [a'rɔ̃:d] *f*: *queue f d'~* dovetail.

arpège ♪ [ar'pɛ:ʒ] *m* arpeggio.

arpent [ar'pɑ̃] *m* (*approx.*) acre; **arpentage** [arpɑ̃'ta:ʒ] *m* (land-)surveying; survey; **arpenter** [~'te] (1a) *v/t.* survey, measure (*the land*); *fig.* pace (up and down), stride along; **arpenteur** [~'tœ:r] *m* (land-)surveyor; *orn.* great plover.

arquebuse [arkə'by:z] *f* (h)arquebus.

arqué, e [ar'ke] arched, curved; *jambes ~es* bow legs, bandy legs; **arquer** [~] (1m) *v/t.* bend; arch; camber.

arraché [ara'ʃe] *m sp.* snatch; *fig. à l'~* narrow (*victory etc.*); *fig. obtenir qch. à l'~* (just manage to) snatch s.th.; **arrache-clou** ⊕ [araʃ'klu] *m* nail claw, nail wrench; **arrache-pied** [~'pje] *adv.*: *d'~* relentlessly; fiercely; *travailler d'~* F work flat out; **arracher** [ara'ʃe] (1a) *v/t.* tear out *or* away (from, *à*); pull out; extract; draw (*a tooth*); extort (*a confession, money*); **arracheur, -euse** [~'ʃœ:r, ~'ʃø:z] *su.* puller; *su./f* ⚒ potato-lifter.

arraisonnement ⚓ [arɛzɔn'mɑ̃] *m* boarding; examination (of a bill of health); **arraisonner** ⚓ [~zɔ'ne] (1a) *v/t.* hail; board; stop and examine.

arrangement [arɑ̃ʒ'mɑ̃] *m* arrangement (*a.* ♪); settlement, agreement; ⚖ composition (*with creditors*); **arranger** [arɑ̃'ʒe] (1l) *v/t.* arrange (*a.* ♪); put in order; tidy, straighten; sort (*cards*); organize; settle (*a dispute, a quarrel*); suit (*s.o.*); *cela m'arrange* that suits me; F *cela s'arrangera* it'll turn out all right; *s'~* manage (with, *de*), make do (with, *de*); come to an agreement, ⚖ compound (with, *avec*); dress; *s'~ pour faire qch.* see to it that one can do s.th.; **arrangeur** *m*, **-euse** *f* ♪ [~'ʒœ:r, ~'ʒø:z] arranger.

arrérager ⚖ [arera'ʒe] (1l) *v/i.* get in arrears; **arrérages** ⚖ [~'ra:ʒ] *m/pl.* arrears; back-interest *sg.*

arrestation [arɛsta'sjɔ̃] *f* arrest; apprehension; ⚖ *~ préventive* protective custody.

arrêt [a'rɛ] *m* stop (*a.* ⊕); ⊕ stoppage; stopping; halt; interruption; ⚖ judgment; ⚖ award; *admin.* decree; ⚖ seizure; ⚓ detention; ⚖ arrest; *foot.* tackle; ⊕ *lock*: tumbler; *bus, tram, train*: stop(ping-place); ⚔ *~s pl.* arrest *sg.*; ⚖ *~ de mort* death sentence; *chien m d'~* pointer; *cran m d'~* safety-catch; *dispositif m d'~* arresting device; ⚖ *rendre un ~* deliver judgment; ⊕ *robinet m d'~* stop-cock; *temps m d'~* pause, halt; **arrêté** [arɛ'te] *m* order; decree; ordinance; by(e)-law; ⚖ *~ de compte(s)* settlement; **arrêter** [~] (1a) *v/t.* stop; arrest; check; fix, fasten; draw up; decide; ⚖ make up, close (*an account*); fasten off (*a stitch*); *~ les mailles knitting*: cast off; *s'~* stop; halt, pause; cease (*noise*); *sans s'~ a.* without (a) letup; *v/i.* stop; *hunt.* point (*dog*); *~ de faire qch.* stop doing s.th.

arrhes [a:r] *f/pl.* deposit *sg.*; earnest (money) *sg.*

arrière [a'rjɛ:r] **1.** *adv.*: *en ~* behind; back, backward(s); in arrears; *être en*

~ be behind; *regarder en* ~ look back; *rester en* ~ lag behind; *faire un pas en* ~ step back(wards); *revenir en* ~ go back; **2.** *su.*/*m* back (part), rear; ⚓ stern; *sp.* back; **3.** *adj.*/*inv.* back; *mot.* *feu m* (*or lanterne f*) ~ rear-light; *roue f* ~ back-wheel, rear-wheel; *vent m* ~ leading wind; **arriéré, e** [arje're] **1.** *adj.* late; in arrears; backward (*child, country*); **2.** *su.*/*m* arrears *pl.*; ✝ *faire rentrer des* ~*s* recover debts.

arrière...: **~-ban** *hist.* [arjɛr'bɑ̃] *m* (whole body of) vassals *pl.*; **~-bouche** [~'buʃ] *f* back of the mouth; **~-boutique** [~bu'tik] *f* back-shop; **~-cour** [~'ku:r] *f* back-yard; **~-garde** ⚔ [~'gard] *f* rear-guard; **~-goût** [~'gu] *m* after-taste; **~-grand'père** [~grɑ̃'pɛ:r] *m* great-grandfather; **~-main** [~'mɛ̃] *f* back of the hand; *horse*: hindquarters *pl.*; back-hand stroke; **~-neveu** [~nə'vø] *m* grand-nephew; **~-pensée** [~pɑ̃'se] *f* ulterior motive; mental reservation; **~-petit-fils,** *pl.* **~-petits-fils** [~pəti'fis] *m* great-grandson; **~-plan** [~'plɑ̃] *m* back-ground; **~-point** [~'pwɛ̃] *m* back-stitch.

arriérer [arje're] (1f) *v*/*t.* postpone; s'~ fall behind (*person*); get into arrears.

arrière...: **~-saison** [arjɛrsɛ'zɔ̃] *f* late season *or* autumn, *Am.* late fall; **~-train** [~'trɛ̃] *m* waggon-body; trailer; *animal*: hindquarter.

arrimer ⚓ [ari'me] (1a) *v*/*t.* stow; trim (*a ship*); pack (*for transit*).

arrivant *m*, **e** *f* [ari'vɑ̃, ~'vɑ̃:t] arrival, comer; **arrivée** [~'ve] *f* arrival, coming; ⊕ inlet, intake; *sp.* finish; **arriver** [~'ve] (1a) *v*/*t.* arrive (at, *à*), come; happen; succeed, be successful; ⚓ bear away; ~ *à* (*inf.*) succeed in (*ger.*), manage to (*inf.*); **arriviste** [~'vist] *su.* thruster, (social) climber; careerist.

arrogance [arɔ'gɑ̃:s] *f* arrogance; haughtiness; **arrogant, e** [~'gɑ̃, ~'gɑ̃:t] arrogant; haughty.

arroger [arɔ'ʒe] (1l) *v*/*t.*: s'~ arrogate (*s.th.*) to o.s.

arrondir [arɔ̃'di:r] (2a) *v*/*t.* (make) round; round off (*a. fig. a sum*); round, double; s'~ fill out; become round; **arrondissement** [~dis'mɑ̃] *m* rounding off; roundness; *admin.* district; *admin. town*: ward.

arrosage [aro'za:ʒ] *m* watering, wetting; sprinkling; *cuis.* basting; *wine*: dilution; *rain*: soaking; **arroser** [~'ze] (1a) *v*/*t.* water; wet (*a. fig.*); sprinkle; moisten; *cuis.* baste; dilute (*wine*); F wash down (*the food*); F *ça s'arrose* that calls for a drink; **arroseur** [~'zœ:r] *m* watercart attendant; **arroseuse** [~'zø:z] *f* water-cart; ~*-balayeuse* combined street-watering and sweeping lorry *or* truck; **arrosoir** [~'zwa:r] watering-can; sprinkler.

arsenal [arsə'nal] *m* arsenal (*a. fig.*); armo(u)ry; ⚓ dockyard.

arsenic ⚗ [arsə'nik] *m* arsenic.

art [a:r] *m* art; skill; ~*s pl. et métiers m*/*pl.* arts and crafts; ~*s pl. ménagers* domestic science.

artère [ar'tɛ:r] *f* artery (*a. fig.*); thoroughfare; ⚡ feeder; **artériel, -elle** [arte'rjɛl] arterial; **artériosclérose** ⚕ [~rjɔskle'ro:z] *f* arteriosclerosis.

artésien, -enne [arte'zjɛ̃, ~'zjɛn] artesian; of Artois; *puits m* ~ artesian well.

arthrite ⚕ [ar'trit] *f* arthritis; gout.

artichaut [arti'ʃo] *m cuis.* artichoke; ⚔ spiked barrier.

article [ar'tikl] *m* article (*a.* ⚘, ✝, *eccl.*, *gramm.*); thing; *treaty*: clause; item; subject, topic; ✝ ~*s pl.* goods; ~*s pl. de Paris* fancy goods; *journ.* ~ *de fond* leader, leading article; ~ *de luxe* luxury article; ~ *documentaire* documentary report; *à l'*~ *de la mort* at the point of death; *faire l'*~ puff one's goods; **articlier** *journ.* [~ti'klje] *m* copy-writer, columnist.

articulaire ⚕ [artiky'lɛ:r] articular, of the joints; **articulation** [~la'sjɔ̃] *f anat., speech*: articulation; joint; ⊕ connection; ⚘ node; utterance; **articuler** [~'le] (1a) *v*/*t.* articulate; link; pronounce distinctly; state clearly.

artifice [arti'fis] *m* artifice; guile; stratagem; expedient; ⚔ ~*s pl.* flares; *feu m d'*~ fireworks *pl.*; *fig.* flash of wit; **artificiel, -elle** [artifi'sjɛl] artificial; **artificier** [~'sje] *m* pyrotechnist; ⚔ artificer; **artificieux, -euse** [~'sjø, ~'sjø:z] artful, crafty, cunning.

artillerie ⚔ [artij'ri] *f* artillery, ordnance; gunnery; ~ *antiaérienne* (*or contre avions*) anti-aircraft artillery; ~ *d'assaut* assault artillery; ~ *lourde* (*or à pied*) heavy artillery; *pièce f d'*~ piece of ordnance; **artilleur** [~ti'jœ:r] *m* artilleryman, gunner.

artimon ⚓ [arti'mɔ̃] *m* mizzen; mizzenmast.

artisan [arti'zɑ̃] *m* artisan; craftsman; working-man; *fig.* creator, agent; **artisanat** [~za'na] *m* handicraft; craftsmen *pl.*

artiste [ar'tist] *su.* artist; ♪, *thea.* performer; **artistique** [~tis'tik] artistic.

aryen, -enne [a'rjɛ̃, ~'rjɛn] *adj., a. su.* ♀ Aryan, Indo-European.

as[1] [a] *2nd p. sg. pres. of avoir 1.*

as[2] [ɑ:s] *m* ace (*a. fig.*); *sp.* crack (player *etc.*); *sl. être plein aux* ~ have stacks of money.

asbeste [as'bɛst] *m* asbestos.

ascendance [asɑ̃'dɑ̃:s] *f* ancestry; *astr.* ascent; **ascendant, e** [~'dɑ̃, ~'dɑ̃:t] **1.** *adj.* upward (*motion etc.*); **2.** *su./m* ascendant; ascendency; *fig.* influence; ~*s pl.* ancestry *sg.*

ascenseur [asɑ̃'sœ:r] *m* lift, *Am.* elevator; F *fig. renvoyer l'*~ do a favour in return, return the favour, reciprocate; **ascension** [~'sjɔ̃] *f* ascent; climb; rising; ⊕ *piston*: upstroke; *eccl. l'*♀ Ascension-day; **ascensionniste** [~sjɔ'nist] *su.* climber; mountaineer; balloonist.

ascète [a'sɛ:t] *su.* ascetic; **ascétique** [ase'tik] ascetic; **ascétisme** [~'tism] *m* ascetism.

asepsie ⚕ [asɛp'si] *f* asepsis; **aseptique** ⚕ [~'tik] aseptic; **aseptiser** ⚕ [~ti'ze] (1a) *v/t.* asepticize.

asexué, e [asɛksɥ'e] *biol.* asexual; sexless.

asiatique [azja'tik] *adj., a. su.* ♀ Asiatic; Asian.

asile [a'zil] *m* asylum; retreat; shelter; | sanctuary; ~ *d'aliénés* mental hospital; ~ *pour animaux* animal home, *Am.* animal shelter.

asocial, e *m/pl.* **-aux** [asɔ'sjal, ~'sjo] antisocial.

aspect [as'pɛ] *m* aspect (*a. gramm.*); sight; appearance; look; *fig.* viewpoint.

asperge ⚘ [as'pɛrʒ] *f* asparagus.

asperger [aspɛr'ʒe] (1l) *v/t.* sprinkle; spray (with, *de*).

aspérité [asperi'te] *f* asperity, roughness, harshness; unevenness.

asperseur [aspɛr'sœ:r] *m* sprinkler; **aspersion** [~'sjɔ̃] *f* aspersion, sprinkling; spraying; **aspersoir** [~'swa:r] *m* ✓ *watering-can*: rose; *eccl.* aspergillum.

asphaltage [asfal'ta:ʒ] *m* asphalting; **asphalte** [~'falt] *m* asphalt.

asphyxie [asfik'si] *f* asphyxia(tion), suffocation; **asphyxier** [~'sje] (1o) *v/t.* (*a. s'*~) asphyxiate, suffocate.

aspic [as'pik] *m zo.* asp; *cuis.* aspic; ⚘ aspic, French lavender; *fig. langue f d'*~ venomous tongue.

aspirant, e [aspi'rɑ̃, ~'rɑ̃:t] **1.** *adj.* sucking; ⊕ suction-...; **2.** *su.* aspirant, candidate; *su./m* ⚔ officer candidate; ⚓ midshipman; ✈ acting pilot-officer; **aspirateur, -trice** [~ra'tœ:r, ~'tris] **1.** *adj.* suction-...; **2.** *su./m* ⊕ suction-conveyor; ⊕ exhaust-fan; aspirator; vacuum cleaner; **aspiration** [~ra'sjɔ̃] *f* aspiration (*a. gramm.*); *fig.* longing (after, *à*); ⊕ suction; ⊕ inspiration, inhaling; ⊕ intake; **aspirer** [~'re] (1a) *v/t.* breathe in; suck in *or* up; *gramm.* aspirate; ⚕ inhale; *v/i.*: ~ *à* (*inf.*) aspire to (*inf.*); ~ *à qch.* aspire to s.th.; long for s.th.

aspirine ⚕ [aspi'rin] *f* aspirin; *prendre un comprimé d'*~ take an aspirin.

assagir [asa'ʒi:r] (2a) *v/t.* make wiser; steady, sober (down).

assaillant [asa'jɑ̃] *m* assailant; **assaillir** [~'ji:r] (2s) *v/t.* assail, attack; *fig.* beset (with, *de*).

assainir [asɛ'ni:r] (2a) *v/t.* make healthier; cleanse, purify; clean (up); clear (*slums, the atmosphere, etc.*); drain (*marshes*); stabilize (*the economy etc.*); reorganize (*the finances etc.*); **assainissement** [~nis'mɑ̃] *m* cleansing, purifying; cleaning (up); clearing; *marshes*: draining; *economy*: stabilization; *finances*: reorganization.

assaisonnement [asɛzɔn'mɑ̃] *m* seasoning; flavo(u)ring; *salad*: dressing; **assaisonner** [~zɔ'ne] (1a) *v/t.* season (with, *de*); flavo(u)r (with, *de*); dress (*salads*).

assassin, e [asa'sɛ̃, ~'sin] **1.** *su./m* assassin; murderer; *à l'*~! murder!; *su./f* murderess; **2.** *adj.* murderous; *fig.* provocative; *fig.* deadly; **assassinat** [~si'na] *m* murder; assassination; **assassiner** [~si'ne] (1a) *v/t.*

murder (*a. fig.*); assassinate; F pester.
assaut [a'so] *m* assault, attack; *sp.* bout, match; *faire* ~ *de* bandy (*words, wit*).
assèchement [asɛʃ'mɑ̃] *m* drying, draining, drainage; **assécher** [ase'ʃe] (1f) *v/t.* dry; drain.
assemblage [asɑ̃'bla:ʒ] *m* gathering, collection; ⊕ assembly; ⊕ joint; ⚡ connection, coupling; **assemblée** [~'ble] *f* assembly, meeting; congregation; gathering; ~ *générale* general meeting; ~ *plénière* plenary assembly; **assembler** [~'ble] (1a) *v/t.* assemble (*a.* ⊕); gather, call together; convene (*a committee*); ⚔ muster; ⚡ couple, connect; join(t); s'~ assemble, meet.
assener [asə'ne] (1d) *v/t.* strike, land (*a blow*).
assentiment [asɑ̃ti'mɑ̃] *m* agreement, assent, consent; *signe m d'*~ nod.
asseoir [a'swa:r] (3c) *v/t.* seat, place; pitch (*a tent*); lay (*a stone*); establish (*a tax*); base (*an opinion*); *on le fit* ~ he was asked to take a seat; s'~ sit down; settle; ✈ pancake.
assermenté, e [asɛrmɑ̃'te] sworn; on oath.
assertion [asɛr'sjɔ̃] *f* assertion.
asservir [asɛr'vi:r] (2a) *v/t.* enslave (to, *à*) (*a. fig.*); subdue; subject; ⊕ synchronize; **asservissement** [~vis'mɑ̃] *m* slavery, subjection; bondage; ⊕ control.
assesseur ⚖ [asɛ'sœ:r] *m* assessor; assistant judge.
asseyons [asɛ'jɔ̃] *1st p. pl. pres. of asseoir.*
assez [a'se] *adv.* enough; rather; sufficiently; fairly; ~! that's enough!; that will do!; (*en*) *avoir* ~ *de* be sick (and tired) of; *j'en ai* ~! *a.* I've had enough of it, F I'm fed up with it.
assidu, e [asi'dy] diligent; assiduous; regular; constant; attentive (to, *auprès de*); **assiduité** [~dɥi'te] *f* diligence, assiduity; ~*s pl.* constant attentions *or* care *sg.*; **assidûment** [~dy'mɑ̃] *adv. of assidu.*
assieds [a'sje] *1st p. sg. pres. of asseoir.*
assiègeant, e [asje'ʒɑ̃, ~'ʒɑ̃:t] **1.** *adj.* besieging; **2.** *su./m* besieger; **assiéger** [~'ʒe] (1g) *v/t.* besiege (*a. fig.*); surround; beset; *fig.* mob; *fig.* dun.
assiérai [asje're] *1st p. sg. fut. of asseoir.*
assiette [a'sjɛt] *f* plate; ⚓ trim; *horse*: seat; ⊕ *etc.* basis; *machine*: support; *tax*: establishment; F *il n'est pas dans son* ~ he's out of sorts, he's not up to the mark; **assiettée** [asjɛ'te] *f* plate(ful).
assignation [asiɲa'sjɔ̃] *f* assignation; ⚖ summons, subpoena; **assigner** [~'ɲe] (1a) *v/t.* assign; allot; appoint, fix (*a time*); allocate; ✝ earmark (*a sum*); ⚖ summon, subpoena.
assimilable [asimi'labl] ⚕ assimilable; comparable (to, *à*); **assimilation** [~la'sjɔ̃] *f* assimilation; ⚔, ⚓ correlation, equivalence; **assimiler** [~'le] (1a) *v/t.* assimilate; compare; give equal status to.
assis[1] [a'si] *1st p. sg. p.s. of asseoir.*
assis[2]**, e** [a'si, ~'si:z] **1.** *p.p. of asseoir*; **2.** *adj.* seated, sitting; *être* ~ be seated *or* sitting; 🚌 *etc. place f* ~*e* seat; **3.** *su./f* ⚠ foundation; ⚠ *bricks*: course; *cement*: layer; *rider*: seat; ~*es pl.* meetings, sessions; ⚖ assizes; ⚖ *cour f d'*~*es* Assize Court.
assistance [asis'tɑ̃:s] *f* assistance, help; audience, spectators *pl.*; *eccl.* congregation; ⚖, *eccl.* attendance, presence; ~ *judiciaire* (free) legal aid; ~ *maritime* salvage; ~ *publique* public assistance, public relief; ~ *sociale* (social) welfare work; **assistant, e** [~'tɑ̃, ~'tɑ̃:t] *su.* assistant; *usu.* ~*s pl.* spectators, onlookers; audience *sg.*; *su./f*: ~*e sociale* social worker; **assister** [~'te] (1a) *v/i.*: ~ *à* attend, be present at; *v/t.* assist, help, aid (*s.o.*).
association [asɔsja'sjɔ̃] *f* association; ✝ partnership; society; union; ⚡ coupling, connection; ~ *de bienfaisance* charitable organization; ✝ ~ *en nom collectif* (ordinary) partnership; **associé** *m*, **e** *f* [asɔ'sje] partner; *learned society*: associate; ✝ ~ *commanditaire* sleeping partner; **associer** [~] (1o) *v/t.* associate, unite; join up; ⚡ connect, couple; s'~ (*à or avec*) associate o.s. (with); join (in *s.th.*); keep company with; ✝ enter into partnership with.
assoiffé, e [aswa'fe] thirsty; *fig.* eager (for, *de*).

assoirai F [aswa're] *1st p. sg. fut. of asseoir*; **assois** F [a'swa] *1st p. sg. pres. of asseoir*.
assolement ✓ [asɔl'mã] *m* (crop-)rotation; **assoler** ✓ [asɔ'le] (1a) *v/t.* rotate the crops on.
assombrir [asɔ̃'bri:r] (2a) *v/t.* darken; make gloomy (*a. fig.*); cloud (*a. fig.*); s'~ darken; become cloudy (*sky*); *fig.* become gloomy.
assommant, e [asɔ'mã, ~'mã:t] F boring; tiresome; **assommer** [~'me] (1a) *v/t.* fell; stun; knock on the head; knock out; *fig.* bore; *fig.* overcome; **assommoir** [~'mwa:r] *m* † bludgeon; *fig.* *coup m d'~* staggering blow.
assomption [asɔ̃p'sjɔ̃] *f* assumption; *eccl.* *l'*♀ the Assumption.
assonance [asɔ'nɑ:s] *f* assonance; **assonant, e** [~'nã, ~'nã:t] assonant.
assorti, e [asɔr'ti] assorted; (*well-*, *badly-*)matched; ✝ (*well-*, *badly-*) stocked; ~ *à* matching; **assortiment** [asɔrti'mã] *m* assortment (*a.* ✝), range, variety; ⊕ set; *typ.* sorts *pl.*; **assortir** [~'ti:r] (2a) *v/t.* match; *s'~* match (s.th., *à qch.*), go well together.
assoupir [asu'pi:r] (2a) *v/t.* make sleepy *or* drowsy; soothe, deaden, lull (*a pain etc.*); s'~ doze off; wear off (*pain*); **assoupissement** [~pis'mã] *m* drowsiness; nap, doze; *fig.* sloth; ⚕ torpor.
assouplir [asu'pli:r] (2a) *v/t.* make supple; break in (*a horse*); *fig.* **s'~** become more tractable.
assourdir [asur'di:r] (2a) *v/t.* deafen (*a. fig.*); *fig.* deaden, damp, muffle (*a sound*); tone down (*a light etc.*); *gramm.* unvoice (*a consonant*).
assouvir [asu'vi:r] (2a) *v/t.* satiate, appease (*one's hunger*); quench (*one's thirst*); ✝ glut (*the market*); s'~ gorge; become sated (with, *de*).
assoyons F [aswa'jɔ̃] *1st p. pl. pres. of asseoir*.
assujetti, e [asyʒɛ'ti] subject, liable (to, *à*); ~ *à l'assurance* subject to compulsory insurance; ~ *aux droits de douane* liable to duty, dutiable; **assujettir** [~'ti:r] (2a) *v/t.* subjugate, subdue; fix, fasten; secure; make liable (to, *à*); compel (to *inf.*, *à inf.*); **assujettissement** [~tis'mã] *m* subjugation; securing.
assumer [asy'me] (1a) *v/t.* assume, take (*a responsibility*) upon o.s.; take up (*duties*).
assurance [asy'rã:s] *f* assurance (*a.* ✝), self-confidence; certainty; security, pledge; safety; ✝ insurance; ~*s pl. sociales* social security *sg.*; ~-*automobile* car insurance; ~-*incendie* fire-insurance; ~ *maladie* health-insurance; ~ *maritime* marine insurance; ~ *au tiers* third-party insurance; ~ *tous risques* comprehensive insurance; ~-*vie*, ~ *sur la vie* life assurance *or* insurance; ~-*vieillesse* old-age insurance; *passer un contrat d'~* take out an insurance policy; **assuré, e** [~'re] **1.** *adj.* sure; confident; **2.** *su.* ✝ *the* insured; policyholder; **assurément** [~re'mã] *adv.* assuredly; **assurer** [~'re] (1a) *v/t.* assure; secure, fasten; make secure; make steady; affirm; ensure (*a result*); ✝ insure; provide, maintain (*a service etc.*); carry out, undertake, handle (*work etc.*); *s'~ a.* make sure (of, *de*; that, *que*); *s'~ de a.* ensure; **assureur** ✝ [~'rœ:r] *m* insurers *pl.*, insurance agent; ~ *maritime* underwriter.
aster ♀, *biol.* [as'tɛ:r] *m* aster; **astérisque** *typ.* [~te'risk] *m* asterisk (*).
asthénie ⚕ [aste'ni] *f* debility.
asthmatique ⚕ [asma'tik] *adj.*, *a. su.* asthmatic; **asthme** ⚕ [asm] *m* asthma.
asticot [asti'ko] *m* maggot; F *un drôle d'~* a queer cove *or* chap; **asticoter** F [~kɔ'te] (1a) *v/t.* plague, worry.
astigmate ⚕ [astig'mat] astigmatic.
astiquer [asti'ke] (1m) *v/t.* polish; smarten.
astragale [astra'gal] *m* ⚠ astragal; ♀, *anat.* astragalus.
astral, e, *m/pl.* **-aux** [as'tral, ~'tro] astral; **astre** [astr] *m* star (*a. fig.*).
astreindre [as'trɛ̃:dr] (4m) subject; force, compel (to, *à*); bind; *s'~ à* force o.s. to, keep to.
astringent, e ⚕ [astrɛ̃'ʒã, ~'ʒã:t] *adj.*, *a. su./m* astringent.
astro... [astrɔ] astro...; **~logie** [~lɔ'ʒi] *f* astrology; **~logue** [~'lɔg] *m* astrologer; **~naute** [~'no:t] *m* astronaut, space traveller; **~nautique** [~no'tik] *f* astronautics *sg.*, space travel; **~nef** [~'nɛf] *m* space-ship; **~nome** [~'nɔm] *m* astronomer; **~nomie** [~nɔ'mi] *f* astronomy; **~nomique** [~nɔ'mik] astronomical

(*year, a.* F *price*); **~physique** [~fi'zik] **1.** *adj.* astrophysical; **2.** *su./f* astrophysics *sg.*
astuce [as'tys] *f* guile, craftiness; wile, trick; **astucieux, -euse** [~ty'sjø, ~'sjø:z] crafty, astute, artful.
asymétrique [asime'trik] asymmetrical, unsymmetrical.
asymptote ⩘ [asɛ̃p'tɔt] **1.** *adj.* asymptotic; **2.** *su./f* asymptote.
atavique [ata'vik] atavistic; *biol. retour m* ~ throw-back; **atavisme** [~'vism] *m* atavism.
ataxie ⚕ [atak'si] *f* ataxy, ataxia.
atelier [atə'lje] *m* workshop; studio; (shop *or* workroom) staff; ⚔ working party; *pol.* work-group; ⊕ ~ *de constructions mécaniques* engine works; ~ *de réparations* repair-shop.
atermoiement [atɛrmwa'mɑ̃] *m* † deferment of payment; procrastination; F ~*s pl.* shilly-shallying *sg.*; **atermoyer** [~'je] (1h) *v/t.* † put off, defer (*payment*); *v/i.* temporize, procrastinate; *s'*~ arrange for an extension of time (*with creditors*).
athée [a'te] **1.** *adj.* atheistic; **2.** *su.* atheist; **athéisme** [ate'ism] *m* atheism.
athlète [at'lɛt] *m* (*Am.* track and field) athlete; **athlétique** [atle'tik] athletic; **athlétisme** [~'tism] *m* (*Am.* track and field) athletics *pl.*
atlantique [atlɑ̃:tik] **1.** *adj.* Atlantic; **2.** *su./m* ♀ Atlantic (Ocean).
atlas [at'lɑ:s] *m* atlas; *geog., myth.* ♀ Atlas.
atmosphère [atmɔs'fɛ:r] *f* atmosphere (*a. fig.*); **atmosphérique** [~fe'rik] atmospheric.
atoll *geog.* [a'tɔl] *m* atoll, coral island.
atome [a'to:m] *m* atom (*a. fig.*); *fig.* speck; F *fig. avoir des ~s crochus* (*avec q.*) have things in common (with s.o.), be on the same wavelength (with s.o.); **atomique** [atɔ'mik] atomic; *bombe f* ~ atom(ic) bomb; *énergie f* ~ atomic energy; *ère f* ~ atomic age; *pile f* ~ atomic pile; *poids m* ~ atomic weight; **atomiser** [~mi'ze] (1a) *v/t.* atomize; pulverize; **atomiseur** [~mi'zœ:r] *m* spray, atomizer.
atone [a'tɔn] *gramm.* atonic, unstressed; *fig.* dull; vacant; **atonie** ⚕ [atɔ'ni] *f* atony, sluggishness.
atours [a'tu:r] *m/pl.* †, *a. co.* finery *sg.*
atout [a'tu] *m* trump; *fig.* asset, advantage; *jouer* ~ play trumps.
atoxique [atɔ'ksik] non-poisonous.
âtre [ɑ:tr] *m* hearth.
atroce [a'trɔs] atrocious, dreadful; grim; **atrocité** [atrɔsi'te] *f* atrocity; atrociousness.
atrophie ⚕ [atrɔ'fi] *f* atrophy; emaciation; **atrophier** [~'fje] (1o) *v/i., a. s'*~ atrophy.
attabler [ata'ble] (1a) *v/t.*: *s'*~ sit down to table; *fig.* F own up, *usu. Am.* come clean.
attache [a'taʃ] *f* bond, tie, link; cord, strap; ⊕ brace, joint; paper clip; *chien m d'*~ house-dog; ⚓ *pat m d'*~ home pat; **attaché** [ata'ʃe] *m pol.* attaché; **attachement** [ataʃ'mɑ̃] *m* attachment (*a. fig.*); **attacher** [ata'ʃe] (1a) *v/t.* attach; fasten (*a. fig.*); tie; *fig.* attract; *s'*~ *à* attach o.s. to; cling to; apply *or* devote o.s. to; ⚔ *s'*~ *au sol* hold on to the ground; *s'*~ *aux pas de q.* dog s.o.'s footsteps.
attaque [a'tak] *f* attack (*a.* ⚕, ⚔); assault; ⊕, *mot.* drive; *être d'*~ feel fit; **attaquer** [ata'ke] (1m) *v/t.* attack; assail; assault; ⚖ contest (*a will*), sue (*s.o.*); ⊕ operate; F begin; *s'*~ *à* fall upon, attack; *fig.* tackle; *v/i.* attack.
attardé, e [atar'de] **1.** *adj.* belated; backward; old-fashioned; **2.** *su.* late-comer; **attarder** [~] (1a) *v/t.* make late; *s'*~ delay, linger (over, *sur*); *s'*~ *à* (*inf.*) stay (up) late (*ger.*).
atteindre [a'tɛ̃dr] (4m) *v/t.* reach, attain; overtake; hit (*a target*); strike (*a. fig.*); *fig.* affect; *v/i.*: ~ *à* attain (to), achieve; **atteint, e** [a'tɛ̃, ~'tɛ̃:t] **1.** *p.p. of atteindre*; **2.** *su./f* reach; attack (*a.* ⚕), blow, stroke; touch; harm, injury; *hors d'*~*e* out of reach.
attelage [at'la:ʒ] *m* harnessing; yoke, team; ⊕ attachment; 🚃 coupling; **atteler** [~'le] (1c) *v/t.* harness; yoke; connect; 🚃 couple; *s'*~ *à* settle *or* F get down to (*a task*);
attelle [a'tɛl] *f* ⚕ splint; ~*s pl.* hames.
attenant, e [at'nɑ̃, ~'nɑ̃:t] neighbo(u)ring, adjacent (to, *à*).
attendant [atɑ̃'dɑ̃]: *en* ~ *adv.* meanwhile; *prp.* pending; *en* ~ *que* (*sbj.*) until, till (*ind.*); **attendre** [a'tɑ̃dr] (4a) *v/t.* wait for, await; look for-

ward to; expect; *attendez voir!* wait and see!; *faire ~ q.* keep s.o. waiting; s'~ *à* expect (*s.th.*).
attendrir [atɑ̃'driːr] (2a) *v/t.* soften, make tender; tenderize (*meat*); *fig.* touch, move; *s'~ sur* gush over; *se laisser ~* be moved *or* affected; **attendrissement** [~dris'mɑ̃] *m* emotion; (feeling of) pity.
attendu, e [atɑ̃'dy] **1.** *p.p. of attendre*; **2.** *attendu prp.* considering; on account of; *~ que* seeing that ...; ⚖ whereas; **3.** *su./m*: *~s pl.* ⚖ reasons adduced.
attentat [atɑ̃ːta] *m* assassination attempt; attack; outrage; ⚖ *~ à la pudeur* indecent assault; ⚖ *~ aux mœurs* indecent behavio(u)r, *Am.* offense against public morals.
attente [a'tɑ̃ːt] *f* wait(ing); expectation; *contre toute ~* contrary to expectations; 🚂 *salle f d'~* waiting room.
attenter [atɑ̃'te] (1a) *v/i.* make an attempt (on, *à*).
attentif, -ve [atɑ̃'tif, ~'tiːv] (*à*) attentive (to); heedful (of); careful; mindful; **attention** [~'sjɔ̃] *f* attention, care; *~!* look out; *faire ~* pay attention (to, *à*); take care (of, *à*); **attentisme** [~'tism] *m* wait-and-see attitude *or* policy; waiting game; **attentiste** [~'tist] **1.** *su.* partisan of a wait-and-see policy; **2.** *adj.* wait-and-see.
atténuant, e [ate'nɥɑ̃, ~'nɥɑːt] ⚖ mitigating *or* extenuating (*circumstances*); ⚕, ⚗ attenuant; **atténuer** [~'nɥe] (1n) *v/t.* mitigate; lessen, soften; *s'~ a.* die down.
atterrer [atɛ're] (1a) *v/t.* overwhelm, astound, stun.
atterrir [atɛ'riːr] (2a) *v/i.* ⚓ make a landfall; ✈ land; **atterrissage** [~ri'saːʒ] *m* ⚓ landfall; ✈ landing; ✈ *~ forcé* forced landing; ✈ *~ sans visibilité* instrument landing; ✈ *train m d'~* undercarriage.
atterrissement [atɛris'mɑ̃] *m* alluvium.
atterrisseur ✈ [atɛri'sœːr] *m* undercarriage; *~ escamotable* retractable undercarriage.
attestation [atɛsta'sjɔ̃] *f* attestation; testimonial; certificate; ⚖ *~ sous serment* affidavit; **attester** [~'te] (1a) *v/t.* testify, certify.
attiédir [atje'diːr] (2a) *v/t.* cool (*a. fig.*); take the chill off; s'~ (grow) cool (*a. fig.*).

attifer [ati'fe] (1a) *v/t. usu. pej.* dress (*s.o.*) up; s'~ get o.s. up, rig o.s. out.
attiger F [ati'ʒe] (1l) *v/i.* exaggerate, F lay it on.
attique [a'tik] **1.** *adj.* Attic; **2.** *su./m* ⚠ attic; *su./f*: *l'*♀ Attica.
attirail [ati'raːj] *m* outfit; gear; F pomp; *pej.* paraphernalia *pl.*
attirance [ati'rɑ̃ːs] *f* attraction; **attirant, e** [~'rɑ̃, ~'rɑ̃ːt] attractive; engaging; **attirer** [~'re] (1a) *v/t.* attract; draw; (al)lure; s'~ win (*s.th.*).
attiser [ati'ze] (1a) *v/t.* stir up (*a. fig.*); ⊕ stoke; *fig.* fan, feed; **attisoir** [~'zwaːr] *m* poker; ⊕ pricker, fire-rake.
attitré, e [ati'tre] appointed, regular; customary.
attitude [ati'tyd] *f* attitude (towards, *envers*).
attouchement [atuʃ'mɑ̃] *m* contact (*a.* ⚔), touch(ing).
attractif, -ve [atrak'tif, ~'tiːv] attractive; gravitational (*force*); **attraction** [~'sjɔ̃] *f* attraction (*a. fig.*), pull; *~s pl.* variety show *sg.*; cabaret *sg.*, *Am.* floor show *sg.*; *phys. ~ universelle* gravitation.
attrait [a'trɛ] *m* attractiveness, charm; inclination (for, *pour*).
attrapade F [atra'pad] *f*, **attrapage** F [~'paːʒ] *m* tiff, quarrel; blowing-up, reprimand.
attrape [a'trap] *f* hoax, trick; *object*: joke (article); **attrape-mouches** [atrap'muʃ] *m/inv.* flypaper; ♀ catchfly; *orn.* flycatcher; **attrape-nigaud** [~ni'go] *m* booby trap; **attraper** [atra'pe] (1a) *v/t.* catch (*a.* ⚕); trap; *fig.* trick; F scold; *se faire ~* be taken in; get hauled over the coals (for *ger.*, *pour inf.*).
attrayant, e [atrɛ'jɑ̃, ~'jɑ̃ːt] attractive; engaging.
attribuer [atri'bɥe] (1n) *v/t.* attribute (to, *à*); assign; allot; s'~ appropriate; **attribut** [~'by] *m* attribute; *gramm.* predicate; emblem; ⚔ badge; **attribution** [~by'sjɔ̃] *f* attribution; allocation; conferment; *~s pl.* competence *sg.*, powers, duties.
attrister [atris'te] (1a) *v/t.* sadden; s'~ become sad; cloud over (*sky*).
attrition [atri'sjɔ̃] *f* abrasion; *eccl.* attrition (*a.* ⚔).
attroupement [atrup'mɑ̃] *m* ⚖

unlawful assembly; *fig.* mob; **attrouper** [atru'pe] (1a) *v/t.* gather together; s'~ flock together; assemble, crowd.

atypique [ati'pik] atypical.

aubade [o'bad] *f* ♪ aubade; F catcalling.

aubaine [o'bɛn] *f* ⚖ right of escheat; *fig.* godsend, windfall.

aube[1] [o:b] *f* dawn; *eccl.* alb.

aube[2] [~] *f* paddle, float; blade.

aubépine ⚘ [obe'pin] *f* hawthorn; whitethorn.

auberge [o'bɛrʒ] *f* inn, tavern; ~ *de la jeunesse* youth hostel.

aubergine ⚘ [obɛr'ʒin] *f* egg-plant.

aubergiste [obɛr'ʒist] *su.* innkeeper; *su./m* landlord; *su./f* landlady.

aucun, e [o'kœ̃, ~'kyn] **1.** *adj.* any; **2.** *pron.* any(one); *with ne or on its own*: none; *d'~s* some (people); **aucunement** [okyn'mɑ̃] *adv.* not at all, by no means.

audace [o'das] *f* audacity (*a. fig.*); daring; boldness; F *payer d'~* face the music; **audacieux, -euse** [oda'sjø, ~'sjø:z] audacious, bold, daring; impertinent.

au-deçà † [odə'sa] *adv.* on this side; **au-dedans** [~'dɑ̃] *adv.* inside, within; ~ *de* within; **au-dehors** [~'ɔ:r] *adv.* (on the) outside; ~ *de* outside, beyond; **au-delà** [~'la] **1.** *adv.* beyond; ~ *de* beyond, on the other side of; **2.** *su./m* beyond; *l'~* the next world; **au-dessous** [~'su] *adv.* below; ~ *de* below, under; beneath; **au-dessus** [~'sy] *adv.* above; ~ *de* above; *fig.* beyond; **au-devant** [~'vɑ̃] *adv.* forward, ahead; *aller ~ de* go to meet; anticipate; forestall; *aller ~ d'un danger* court danger.

audible [o'di:bl] audible; **audience** [o'djɑ̃:s] *f* attention, interest; ⚖ hearing; audience; *radio etc.*: public; **audiencier** [odjɑ̃'sje] *m* ⚖ usher; F haunter of law-courts; **audiovisuel, -elle** [odjɔvi'zɥɛl] audiovisual; **auditeur, -trice** [odi'tœ:r, ~'tris] *su.* hearer, listener; *univ.* student who attends lectures only; *su./m* ⚔, ⚖ public prosecutor; *admin.* commissioner of audits; ~*s m/pl.* audience; **auditif, -ve** [~'tif, ~'ti:v] *anat.* auditory; *appareil m ~* hearing aid; **audition** [~'sjɔ̃] *f* hearing; recital; audition; ~*s pl. du jour radio*: today's program(me) *sg.*; **auditionner** [~sjɔ'ne] (1a) *v/t.* audition (*s.o.*); *v/i.* audition, give an audition; **auditoire** [~'twa:r] *m* audience.

auge [o:ʒ] *f* trough (*a.* ⊕); manger; ⊕ *water-wheel*: bucket; *geol.* ~ *glaciaire* glacial valley; **auget** [o'ʒɛ] *m* small trough; ⊕ *water-wheel*: bucket.

augmentation [ogmɑ̃ta'sjɔ̃] *f* increase (*a.* ⚕, ♈); *prices, wages*: rise; augmentation (*a.* ⚕, ♪); *faire une ~ knitting*: make a stitch; **augmenter** [~'te] (1a) *v/t.* increase, augment; raise (*a price, the wages*); s'~ increase; *v/i.* increase, rise; grow.

augure [o'gy:r] *m* augury, omen; augur; **augurer** [ogy're] (1a) *v/t.* augur; forecast.

auguste [o'gyst] **1.** *adj.* august, majestic; **2.** *su./m circus*: the funny man.

aujourd'hui [oʒur'dɥi] today; (*d'*)~ *en huit* (*quinze*) today week (fortnight).

aumône [o'mo:n] *f* alms; charity; **aumônier** [omo'nje] *m* almoner; chaplain (*a.* ⚔).

aunaie [o'nɛ] *f* plantation of alders.

aune[1] ⚘ [o:n] *m* alder.

aune[2] [~] *f* † ell; F *une figure longue d'une ~* a face as long as a fiddle; **auner** [o'ne] (1a) *v/t.* measure by the ell.

auparavant [opara'vɑ̃] *adv.* before(hand); *d'~* preceding.

auprès [o'prɛ] *adv.* near; close by; ~ *de* near, beside; compared with; in the opinion *or* view of, with (*s.o.*).

aurai [ɔ're] *1st p. sg. fut. of avoir 1.*

auréole [ɔre'ɔl] aureole, halo; *phot.* halation.

auriculaire [ɔriky'lɛ:r] **1.** *adj.* auricular; ear-...; *doigt m ~* = **2.** *su./m* little finger.

aurifère [ɔri'fɛ:r] auriferous, gold-bearing; **aurification** [~fika'sjɔ̃] *f tooth*: filling *or Am.* stopping with gold; **aurifier** [~'fje] (1o) *v/t.* fill *or* stop with gold.

aurore [ɔ'rɔ:r] **1.** *su./f* dawn (*a. fig.*), daybreak; *myth.* ♀ Aurora; ~ *boréale* northern lights *pl.*; **2.** *adj.* golden yellow.

auscultation ⚕ [ɔskylta'sjɔ̃] *f* auscultation, sounding (of chest); **aus-**

culter ⚕ [~ˈte] (1a) *v/t.* auscultate, sound.
auspice [ɔsˈpis] *m* auspice, omen; ~*s pl.* protection *sg.*; auspices.
aussi [oˈsi] **1.** *adv.* also; too; as well; so; ~ … *que* as … as; *moi* ~ so am (do, can) I, F me too; **2.** *cj.* therefore; and so; ~ *bien* besides, moreover; **aussitôt** [osiˈto] **1.** *adv.* immediately, at once; ~ *que* as soon as; **2.** *prp.* immediately on.
austère [ɔsˈtɛːr] austere, stern; severe; **austérité** [~teriˈte] *f* austerity, sternness; severity.
austral, e, *m/pl.* **-als** *or* **-aux** [ɔsˈtral, ~ˈtro] southern; **australien, -enne** [~traˈljɛ̃, ~ˈljɛn] *adj., a. su.* ♀ Australian.
austro… [ɔstrɔ] Austro-…
autan [oˈtɑ̃] *m* strong south wind.
autant [~] *adv.* as much, as many; so much, so many; ~ *dire* practically, to all intents and purposes; (*pour*) ~ *que* as far as; d'~ (*plus*) *que* especially as, all the more as; *en faire* ~ do the same.
autarcie [otarˈsi] *f* autarky; **autarcique** [~ˈsik] autarkical.
autel [oˈtɛl] *m* altar.
auteur [oˈtœːr] *m* author (*a. fig.*); *crime*: perpetrator; writer; ♪ composer; ⚖ principal; *droit m d'*~ copyright; *droits m/pl. d'*~ royalties; *femme f* ~ authoress.
authenticité [otɑ̃tisiˈte] *f* authenticity, genuineness; **authentique** [~ˈtik] authentic, genuine.
auto F [oˈto] *f* (motor-)car.
auto… [otɔ] auto-…, self-…; motor-…; **~bus** [~ˈbys] *m* (motor) bus; **~car** [~ˈkaːr] *m* motor coach; **~chenille** [~ʃəˈniːj] *f* crawler tractor; half-track vehicle.
autochtone [otɔkˈtɔn] **1.** *adj.* autochthonous; aboriginal; **2.** *su.* autochthon.
auto…: **~clave** [otɔˈklaːv] *m* sterilizer; *cuis.* pressure-cooker; **~collant, e** [~kɔˈlɑ̃, ~ˈlɑ̃t] **1.** *adj.* self-adhesive; **2.** *su./m* sticker; **~crate** [~ˈkrat] *m* autocrat; **~cratie** [~kraˈsi] *f* autocracy; **~cratique** [~kraˈtik] autocratic; **~détermination** [~determinaˈsjɔ̃] *f* self-determination; **~didacte** [~diˈdakt] **1.** *adj.* self-taught; **2.** *su.* self-taught person; **~drome** [~ˈdroːm] *m* motor-racing track; **~-école** [~eˈkɔl] *f* school of motoring; driving school; **~gène** [~ˈʒɛn] autogenous; ⊕ *soudure f* ~ autogenous *or* oxy-acetylene welding; **~gire** ✈ [~ˈʒiːr] *m* autogiro; **~graphe** [~ˈgraf] *adj., a. su./m* autograph; **~mate** [~ˈmat] *m* automaton; **~mation** [~maˈsjɔ̃] *f* automation; **~matique** [~maˈtik] automatic, self-acting; **~matisation** ⊕ [~matisaˈsjɔ̃] *f* automation; **~matiser** [~matiˈze] (1a) *v/t.* automate.
automnal, e, *m/pl.* **-aux** [otɔmˈnal, ~ˈno] autumnal; **automne** [oˈtɔn] *m* autumn, *Am.* fall.
auto…: **~mobile** [otɔmɔˈbil] **1.** *su./f* (motor-)car, *Am.* automobile; **2.** *adj.* self-propelling; *canot m* ~ motor boat; **~mobilisme** [~mɔbiˈlism] *m* motoring; **~mobiliste** [~mɔbiˈlist] *su.* motorist; **~motrice** 🚂 [~mɔˈtris] *f* rail-motor, *Am.* rail-car; **~neige** [~ˈnɛːʒ] *m* snowmobile, snowcat; **~nome** [~ˈnɔm] autonomous; independent; self-governing; **~nomie** [~nɔˈmi] *f* autonomy; independence; **~portrait** [~pɔrˈtrɛ] *m* self-portrait; **~propulsé, e** [~prɔpylˈse] self-propelled.
autopsie [otɔpˈsi] *f* autopsy.
autorail 🚂 [otɔˈrɑːj] *m* rail-motor, *Am.* rail-car.
autorisation [otɔrizaˈsjɔ̃] *f* authorization; permission; leave; licence; ~ *exceptionnelle* special permission *or* permit; **autorisé, e** [~ˈze] authorized; authoritative (*source*); **autoriser** [~ˈze] (1a) *v/t.* authorize; empower; permit; *s'*~ *de* use, rely on; refer to; **autoritaire** [~ˈtɛːr] **1.** *adj.* authoritative; dictatorial; **2.** *su./m* authoritarian; **autoritarisme** [~taˈrism] *m* authoritarianism; **autorité** [~ˈte] *f* authority; (legal) power; control; *faire* ~ be an authority (on, *en matière de*).
auto…: **~route** [otɔˈrut] *f* motorway, *Am.* superhighway; **~stop** [~ˈstɔp] *m* hitch-hiking; *faire de l'*~ hitch-hike, thumb a lift; **~stoppeur** *m*, **-euse** *f* [~stɔˈpœːr, ~ˈpøːz] hitch-hiker.
autour[1] *orn.* [oˈtuːr] goshawk.
autour[2] [~] *adv.* round, about; ~ *de* round, about (*s.th.*).
autre [oːtr] **1.** *adj.* other; different; further; ~ *chose* something else; *d'*~ *part* on the other hand; *l'*~

jour the other day; *nous* ~*s Français* we Frenchmen; *tout* ~ chose quite a different matter; *un* ~ *moi-même* my other self; **2.** *pron./indef.* (an-) other; ~*s pl.* others; *à d'*~*s!* nonsense!, tell that to the marines!; *de temps à* ~ now and then; *l'un l'*~ one another, each other; *ni l'un ni l'*~ neither; *tout* ~ anybody else; *un(e)* ~ another; another (one), one more; **autrefois** [otrə'fwa] *adv.* formerly; **autrement** [~'mã] *adv.* otherwise; (or) else.

autrichien, -enne [otri'ʃjɛ̃, ~'ʃjɛn] *adj.*, *a. su.* ♀ Austrian.

autruche *orn.* [o'tryʃ] *f* ostrich; *pratiquer la politique de l'*~ stick one's head in the sand.

autrui [o'trɥi] *pron.*, *no pl.*, *usu. after prp.* others, other people.

auvent [o'vã] *m* penthouse; porch-roof; ⚠ weather-board; ⊕, ⚗ hood; *mot.* dash; *mot.* ~*s pl.* louvres.

auxiliaire [oksi'ljɛːr] **1.** *adj.* auxiliary; *bureau m* ~ sub-office; **2.** *su./m* auxiliary (*a. gramm.*).

avachi, e [ava'ʃi] limp, flabby; **avachir** [ava'ʃiːr] (2a) *v/t.* make limp *or* flabby *or* sloppy; *s'*~ go out of shape; become limp *or* flabby *or* sloppy.

aval[1], *pl.* **-s** ✝ [a'val] *m* endorsement.

aval[2] [~] *m* lower course of stream; *en* ~ downstream; afterwards; *en* ~ *de* below; after; **avalage** [ava'laːʒ] *m* going downstream; *wine*: cellaring.

avalanche [ava'lɑ̃ːʃ] *f* avalanche; *fig.* shower.

avaler [ava'le] (1a) *v/t.* swallow; gulp down; inhale (*the cigarette smoke*); *fig.* swallow, pocket; **avaleur** *m*, **-euse** *f* [~'lœːr, ~'løːz] swallower; F guzzler.

avaliser ✝ [avali'ze] (1a) *v/t.* endorse, back (*a bill*); **avaliste** ✝ [~'list] *m* endorser.

à-valoir [ava'lwaːr] *m/inv.* advance (payment); down payment, deposit.

avance [a'vɑ̃ːs] *f* advance; progress; lead; ⊕ *tool*: feed movement, travel; ✝ loan, advance; *mot.* ~ *à l'allumage* advance of the spark; *à l'*~, *d'*~ in advance, beforehand; *être en* ~ be early; be ahead (of schedule); *faire des* ~*s à* make up to (*s.o.*); **avancée** [avɑ̃'se] *f* projection; **avancement** [avɑ̃s'mɑ̃] *m* advancement; progress; putting forward; promotion;

avancer [avɑ̃'se] (1k) *v/t.* advance (*a.* ✝); hasten (*s.th.*); put on (*a watch*); promote; *fig.* be of help to; *s'*~ advance; move forward; *fig.* commit o.s., F stick one's neck out; *v/i.* advance; be fast (*watch*); be ahead; ⚠ project; ~ *en âge* be getting on (in years).

avanie [ava'ni] *f* affront, snub.

avant [a'vɑ̃] **1.** *prp.* before (*Easter, the end, his arrival*); in front of (*the church*); within, in less than (*three days*); ~ *peu* before long; ~ *Jésus-Christ* before Christ, *abbr.* B.C.; ~ *tout* above all; first of all; ~ *de* (*inf.*) before (*ger.*); ~ *que* (*sbj.*) before; **2.** *adv.* beforehand; previously; forward; far; *d'*~ before, previous; *peu de temps* ~ shortly before; *plus* ~ further, more deeply; *bien* ~ *dans* (*la nuit, la forêt*) far into (the night, the wood); **3.** *cj.*: ~ *que* (*sbj.*) before (*ind.*); ~ *de* (*inf.*) before (*ger.*); **4.** *adj./inv.* front ...; *roue f* ~ front wheel; **5.** *int.*: *en* ~*!* forward!; advance!; *mettre en* ~ advance (*an argument etc.*); **6.** *su./m* front; ⚓ bow; *sp.* forward.

avant-... [avɑ̃] fore...

avantage [avɑ̃'taːʒ] *m* advantage; privilege; profit, gain; benefit; *tennis*: vantage; *à l'*~ *de* to the benefit of; **avantager** [~ta'ʒe] (1l) *v/t.* favo(u)r; *fig.* flatter (*dress etc.*); **avantageux, -euse** [~ta'ʒø, ~'ʒøːz] *adj.* attractive (*price etc.*); profitable; favo(u)rable; conceited.

avant...: **~-bec** [avɑ̃'bɛk] *m* ⚠ *bridge*: pier-head; ⚓ forepeak; **~-bras** [~'bra] *m/inv.* forearm; **~-centre** *sp.* [~'sɑ̃ːtr] *m* centre forward; **~-corps** ⚠ [~'kɔːr] *m* projecting part, projection; **~-coureur** [~ku'rœːr] **1.** *su./m* forerunner; **2.** *adj.* precursory; *signe m* ~ premonitory sign; **~-dernier, -ère** [~dɛr'nje, ~'njɛːr] *adj. a. su.* last but one; **~-garde** [~'gard] *f* ⚔ advance(d) guard; vanguard (*a. fig.*); **~guerre** [~'gɛːr] *m or f* pre-war period; *d'*~ pre-war; **~-hier** [~'tjɛːr] the day before yesterday; **~-port** [~'pɔːr] *m* outer harbo(u)r; **~-poste** ⚔ [~'pɔst] *m* outpost; **~-projet** [~prɔ'ʒɛ] *m* pilot study; **~-propos** [~prɔ'po] *m/inv.* preface, foreword; **~-scène** *thea.* [~'sɛn] *f* proscenium; stage-box; **~-train** [~'trɛ̃] *m* forecarriage;

⚔ limber; **~-veille** [~ˈvɛːj] *f* two days before.
avare [aˈvaːr] **1.** *adj.* miserly; stingy; **2.** *su.* miserly person; **avarice** [avaˈris] *f* avarice; stinginess; **avaricieux, -euse** [~riˈsjø, ~ˈsjøːz] avaricious; stingy.
avarie [avaˈri] *f* ⚓ average; damage; ⊕ breakdown; deterioration; F syphilis; **avarié, e** [~ˈrje] damaged; injured; spoiled; rotting, bad; **avarier** [~ˈrje] (1o) *v/t.* spoil; damage; s'~ go bad, rot.
avatar [avaˈtaːr] *m* avatar; ~*s pl.* ups and downs; vicissitudes.
avec [aˈvɛk] **1.** *prp.* with; for, in spite of (*all his riches*); ~ *patience* (*véhémence etc.*) patiently (vehemently *etc.*); ~ *l'âge* with age; ~ *ça* into the bargain; et ~ *ça, Madame?* anything else, Madam?; ~ *ce temps-là* in this weather; *divorcer d'*~ *sa femme* divorce one's wife; *distinguer l'ami d'*~ *le flatteur* distinguish a friend from a flatterer; **2.** *adv.* F with it *or* them, F him, her, them.
avenant[1], **e** [avˈnɑ̃, ~ˈnɑ̃ːt] comely; *à l'*~ in keeping; ... to match; appropriate.
avenant[2] ⚖ [avˈnɑ̃] *m* codicil, rider.
avènement [avɛnˈmɑ̃] *m* arrival, coming; *king*: accession; **avenir** [avˈnir] *m* future; *à l'*~ in (the) future; **avent** *eccl.* [aˈvɑ̃] *m* Advent.
aventure [avɑ̃ˈtyːr] *f* adventure; chance, luck; love affair; *à l'*~ at random; *dire la bonne* ~ tell fortunes; *parc m d'*~ adventure playground; **aventurer** [avɑ̃tyˈre] (1a) *v/t.* venture, risk; s'~ venture, take a risk; **aventureux, -euse** [~ˈrø, ~ˈrøːz] adventurous; hazardous; bold (*theory*); **aventurier, -ère** [~ˈrje, ~ˈrjɛːr] **1.** *adj.* adventurous; **2.** *su./m* adventurer; *su./f* adventuress.
avenue [avˈny] *f* avenue; drive.
averé [aveˈre] established (*fact etc.*); known, recognized; **avérer** [~] (1f) *v/t.*: s'~ be confirmed; s'~ ... turn out to be ..., prove (to be) ..., show oneself to be ...
avers [aˈvɛːr] *m coin*: obverse.
averse [aˈvɛrs] *f* shower, downpour.
aversion [avɛrˈsjɔ̃] *f* aversion (to, *pour*), dislike (of, for *pour*).
avertir [avɛrˈtiːr] (2a) *v/t.* warn (of, *de*); notify; **avertissement** [~tisˈmɑ̃] *m* warning; notification; foreword; ✝ demand note; **avertisseur** [~tiˈsœːr] *m* warner; warning signal; *thea.* call-boy; 🚂 signal; *mot.* horn; ~ *d'incendie* fire-alarm.
aveu [aˈvø] *m* confession; consent; *homme m sans* ~ disreputable character.
aveugle [aˈvœgl] **1.** *adj.* blind; ~ *d'un œil* blind in one eye; **2.** *su.* blind person; *en* ~ blindfold; *les* ~*s pl.* the blind; **aveuglément** [avœgleˈmɑ̃] *adv.* blindly; **aveuglement** [~gləˈmɑ̃] *m* blindness; **aveugle-né, e** [~gləˈne] **1.** *adj.* blind from birth; **2.** *su.* person blind from birth; **aveugler** [~ˈgle] (1a) *v/t.* blind; dazzle; ⚓ stop (*a leak*); **aveuglette** [~ˈglɛt] *adv.*: *à l'*~ blindly; ✈ *voler à l'*~ fly blind.
aveulir [avœˈliːr] (2a) *v/t.* enfeeble.
avez [aˈve] *2nd p. pl. pres. of avoir 1.*
aviateur *m*, **-trice** *f* [avjaˈtœːr, ~ˈtris] aviator; **aviation** [~ˈsjɔ̃] *f* aviation; flying; air force; aircraft; ~ *civile* civil aviation; ~ *de ligne* air traffic.
aviculteur [avikylˈtœːr] *m* bird-fancier; poultry farmer.
avide [aˈvid] greedy, eager (for, *de*); **avidité** [avidiˈte] *f* greediness; eagerness.
avilir [aviˈliːr] (2a) *v/t.* degrade, debase; lower; s'~ lower o.s., demean o.s.; lose value, fall (*in price etc.*); **avilissement** [~lisˈmɑ̃] *m* debasement, degradation, depreciation, fall (*in price etc.*).
aviné, e [aviˈne] intoxicated, drunk, F tipsy; **aviner** [~] (1a) *v/t.* season (*a cask*); s'~ get drunk.
avion [aˈvjɔ̃] *m* aeroplane, *Am.* airplane; F plane; ~ *à décollage vertical* vertical takeoff aircraft; ~ *à réaction* jet (plane); ~ *bimoteur* (*polymoteur*) two- (multi-)engined aircraft; ~ *de bombardement* bomber; ~ *de chasse* fighter; ~ *de combat* battle plane; ~ *d'entraînement* training plane; ~ *de ligne* airliner; ~ *de reconnaissance* scouting *or* reconnaissance plane; ~ *de transport* transport plane; ~*-fusée* rocket-plane; ~*-taxi* charter plane; ~ *transbordeur* air ferry; *par* ~ by airmail; **avionette** [avjɔˈnɛt] *f* light aeroplane (*Am.* airplane).
aviron [aviˈrɔ̃] *m* oar; rowing.
avis [aˈvi] *m* opinion; notice, notifi-

cation; advice; warning; ~ *d'expert* expert opinion; *être d'~ que* feel *or* think *or* be of the opinion that; *être de l'~ de q., être du même ~ que q.* be of *or* share s.o.'s opinion; *à mon ~* in my opinion; *jusqu'à nouvel ~* until further notice; *note f d'~* advice note; *sans ~ préalable* without notice; ✝ *suivant ~* as per advice; *un ~* a piece of advice; **avisé, e** [avi'se] shrewd; prudent; *bien ~* well-advised; **aviser** [~] (1a) *v/t.* catch sight of; notify, inform; *s'~* realize, notice; *s'~ de* think about (*s.th.*); take it into one's head to (*inf.*); *v/i.* decide, take steps; *~ à* see about (*s.th.*).

aviso ⚓ [avi'zo] *m* dispatch-boat; sloop.

avitaminose ⚕ [avitami'no:z] *f* avitaminosis, vitamin deficiency.

aviver [avi've] (1a) *v/t.* revive, brighten; touch up (*a colour*); ⊕ put a keen edge on, sharpen; ⊕ burnish (*metal*); ⚕ ~ *les bords de* refresh (*a wound*).

avocat[1] ⚖ [avɔ'ka] *m* barrister, counsel; *Am.* counsellor; *Sc.* advocate (*a. fig.*); ~ *général* (*approx.*) King's *or* Queen's Counsel.

avocat[2] ⚘ [~] *m* avocado (pear).

avoine [a'vwan] *f* oat(s *pl.*).

avoir [a'vwa:r] (1) **1.** *v/t.* have; obtain; hold; ~ *en horreur* abhor, detest; ~ *faim* (*soif*) be hungry (thirsty); ~ *froid* (*chaud*) be cold (hot); ~ *honte* be ashamed; ~ *lieu* happen, take place; *en ~ assez* be fed up; *en ~ contre* have a grudge against; *j'ai vingt ans* I am 20 (years old); *qu'avez vous?* what's the matter with you?; *v/impers.*: *il y a* there is, there are; *il y a un an* a year ago; **2.** *su./m* property; possession; ✝ credit; ~ *à l'étranger* deposits *pl.* abroad; ~ *en banque* credit balance; *doit et ~* debit and credit.

avoisiner [avwazi'ne] (1a) *v/t.* border on; be near to.

avons [a'vɔ̃] *1st p. pl. pres. of avoir 1.*

avortement [avɔrtə'mɑ̃] *m* ⚕ miscarriage (*a. fig.*); abortion; ⚘ non-formation; **avorter** [~'te] (1a) *v/i.* miscarry (*a. fig.*); abort; ⚘ develop imperfectly; *faire ~* procure an abortion; **avorton** [~'tɔ̃] *m* abortion; F shrimp, *sl.* little squirt.

avouable [a'vwabl] avowable;

avoué [a'vwe] *m* solicitor; attorney;

avouer [~] (1p) *v/t.* admit, acknowledge, confess; *s'~ coupable* plead guilty.

avril [a'vril] *m* April; *poisson m d'~* April fool.

axe [aks] *m* axis (*a. pol.*); ⊕ axle; ✈ ~ *balisé* (localizer) beam; ⊕ ~ *de pompe* pump spindle; *opt.* ~ *optique* axis of vision.

axiome ⅄, *phls.*, *fig.* [ak'sjo:m] *m* axiom.

axonge [ak'sɔ̃:ʒ] *f* lard; grease.

ayant [ɛ'jɑ̃] *p.pr. of avoir 1*; ~ **cause**, *pl.* **~s cause** ⚖ *su./m* assign; executor; trustee; ~ **droit**, *pl.* **~s droit** ⚖ *su./m* rightful claimant; beneficiary; **ayons** [ɛ'jɔ̃] *1st p.pl. pres. sbj. of avoir 1.*

azalée ⚘ [aza'le] *f* azalea.

azimut [azi'myt] *m* azimuth; *fig. tous ~s* omnidirectional.

azotate ⚗ [azɔ'tat] *m* nitrate; **azote** ⚗ [a'zɔt] *m* nitrogen; **azoté, e** [azɔ'te] nitrogenous; *engrais m/pl. ~s* nitrate fertilizers; **azotite** ⚗ [~'tit] *m* nitrite.

aztèque [az'tɛk] **1.** *adj.* Aztec; **2.** *su.* ♂♀ Aztec; *su./m sl.* little shrimp of a fellow.

azur [a'zy:r] *m* azure, blue; *pierre f d'~* lapis lazuli; blue-spar; **azuré, e** [azy're] azure, (sky-)blue.

azyme [a'zim] **1.** *adj.* unleavened; **2.** *su./m* unleavened bread.

B

B, b [be] *m* B, b.
baba[1] [ba'ba] *m* baba (*sponge-cake soaked in rum syrup*).
baba[2] F [~] *adj./inv.* flabbergasted.
babeurre [ba'bœːr] *m* buttermilk.
babil [ba'bil] *m child*: prattle; *birds*: twittering; *brook*: babble; **babillage** [babi'jaːʒ] *m child, brook*: babbling; *birds*: twittering; **babillard, e** [~'jaːr, ~'jard] **1.** *adj.* talkative, garrulous; **2.** *su.* chatterer; *su./f sl.* better; **babiller** [~'je] (1a) *v/i.* prattle; babble.
babine [ba'bin] *f zo.* pendulous lip; chop; F ~*s pl.* lips, chops.
babiole [ba'bjɔl] *f* knick-knack, curio; toy, bauble.
bâbord ⚓ [ba'bɔːr] *m* port (side).
babouche [ba'buʃ] *f* Turkish slipper.
babouin [ba'bwɛ̃] *m zo.* baboon; F imp (= *naughty child*).
bac[1] [bak] *m* ferry(-boat); ⊕ tank, vat; ⚡ *accumulator*: container; *passer q. en* ~ ferry s.o. over.
bac[2] F [bak] *m see baccalauréat*; **baccalauréat** [bakalɔre'a] *m* school-leaving certificate.
bacchanale F [baka'nal] *f* orgy; drinking song; **bacchante** [~'kɑ̃ːt] *f* bacchante; *fig.* lewd woman.
bâche [bɑːʃ] *f* ⊕ tank, cistern; ⊕ casing; ⚘ forcing frame; sheet, cover; ~ *goudronnée* tarpaulin.
bachelier *m*, **-ère** *f* [baʃə'lje, ~'ljɛːr] holder of the school-leaving certificate.
bâcher [bɑ'ʃe] (1a) *v/t.* cover (*with a sheet*); ⊕ case (*a turbine*).
bachique [ba'ʃik] Bacchic; bacchanalian (*scene*); drinking (*song*).
bachot[1] [ba'ʃo] *m* ⚓ wherry, dinghy; ⊕ sieve.
bachot[2] F [ba'ʃo] *m see baccalauréat*; *boîte f à* ~ cramming-shop, crammer's; **bachotage** F [~ʃɔ'taːʒ] *m* cramming (*for an exam*); *faire du* ~ = **bachoter** F [~ʃɔ'te] (1a) *v/i.* cram (*for an exam*).
bacille [ba'sil] *m* bacillus; *porteur m de* ~*s* germ-carrier.
bâcle [bɑːkl] *f* bar; **bâcler** [bɑ'kle] (1a) *v/t.* bar (*a door*); ⚓ block (*a port*); F hurry over (*one's toilet*); F scamp (*a piece of work*).
bactérie [bakte'ri] *f biol.* bacterium; *zo.* bacteria.
badaud *m*, **e** *f* [ba'do, ~'doːd] stroller; gaper; *Am.* F rubber-neck.
baderne ⚓ [ba'dɛrn] *f* fender; F *vieille* ~ old fog(e)y; ⚔ old dug-out.
badigeon [badi'ʒɔ̃] *m* whitewash; distemper; **badigeonnage** [~ʒɔ'naːʒ] *m* whitewashing; distempering; ⚕ painting (*with iodine*); **badigeonner** [~ʒɔ'ne] (1a) *v/t.* whitewash; distemper; daub; ⚕ paint.
badin[1], **e** [ba'dɛ̃, ~'din] **1.** *adj.* playful; **2.** *su.* joker, banterer.
badin[2] ✈ [ba'dɛ̃] *m* air-speed indicator.
badinage [badi'naːʒ] *m* banter.
badine [ba'din] *f* cane, switch.
badiner [badi'ne] (1a) *v/i.* jest; toy (with, *avec*).
baffe F [baf] *f* slap (in the face).
bafouer [ba'fwe] (1p) *v/t.* ridicule, scoff at; **bafouillage** [bafu'jaːʒ] *m* stammering; **bafouiller** [~'je] (1a) *v/i.* stammer; *sl.* talk nonsense; *mot.* splutter.
bâfrer *sl.* [bɑ'fre] (1a) *vt/i.* guzzle.
bagage [ba'gaːʒ] *m* luggage, *Am.* baggage; ⚔ kit; *fig.* stock of knowledge; ~*s pl. non accompagnés* luggage *sg.* in advance; *plier* ~ pack up and leave; *sl.* decamp; *sl.* die.
bagarre [ba'gaːr] *f* fight(ing); scuffle; brawl; riot; **bagarrer** F [~ga're] (1a) *v/t.*: *se* ~ quarrel; fight.
bagatelle [baga'tɛl] *f* trifle, bagatelle; ~! nonsense!; F *pour une* ~ for a song.
bagne ⚖ [baɲ] *m* convict prison; penal servitude.
bagnole F [ba'ɲɔl] *f* motor car; *vieille* ~ jalopy.
bagou(t) F [ba'gu] *m* glibness; *avoir du* ~ have the gift of the gab.

bague [bag] *f* ring; *cigar*: band; ⊕ strap; ⊕ ~ *d'arrêt* set collar; **baguenauder** F [~no'de] (1a) *v/i. a.* se ~ go for stroll; stroll about; **baguette** [ba'gɛt] *f* stick, rod; stick of bread; ♪ baton; ⚠ beading; *writing paper*: black border; *stockings*: clock; ~ *magique*, ~ *de fée* magic wand; ⚘ ~ *d'or* wall-flower; *passer par les* ~*s* run the gauntlet; **baguier** [ba'gje] *m* ring-case; ring size ga(u)ge.

bahut [ba'y] *m* † trunk, chest; low sideboard; *sl.* school.

bai, e [bɛ] *adj., a. su./m* bay.

baie[1] ⚘ [~] *f* berry.

baie[2] *geog.* [~] *f* bay, bight.

baie[3] ⚠ [~] *f* bay, opening.

baignade [bɛ'ɲad] *f* bathe, dip; **baigner** [~'ɲe] (1b) *v/t.* bathe; bath; se ~ bathe; take a bath; *v/i.* steep; *fig. baigné de larmes* suffused with tears (*eyes*); **baigneur, -euse** [~'ɲœ:r, ~'ɲø:z] *su.* bather; bathing attendant; *su./f* bathing-wrap, *Am.* bathrobe; **baignoire** [~'ɲwa:r] *f* bath(-tub); *thea.* ground-floor box.

bail, *pl.* **baux** [ba:j, bo] *m* lease; ~ *à ferme* farming lease; *prendre à* ~ take a lease of, lease.

bâillement [bɑj'mɑ̃] *m* yawn(ing); gaping; **bâiller** [bɑ'je] (1a) *v/i.* yawn; gape; stand ajar (*door*).

bailleur *m*, **-eresse** *f* [ba'jœ:r, baj'rɛs] ⚖ lessor; ✝ ~ *de fonds* backer; sleeping *or* silent partner.

bâillon [bɑ̃'jɔ̃] *m* gag; *horse*: muzzle; **bâillonner** [~jɔ'ne] (1a) *v/t.* gag (*a. fig.*).

bain [bɛ̃] *m* bath; bathing; F *fig. dans le* ~ in the picture, informed; implicated, involved; *prendre un* ~ *de foule* go on a walkabout; *sortie f de* ~ bath-wrap, *Am.* bath-robe; **~-douche,** *pl.* **~s-douches** [~'duʃ] *m* shower(-bath); **~-marie,** *pl.* **~s-marie** [~ma'ri] *m* ⚗ waterbath; *cuis.* double saucepan, *Am.* double boiler.

baïonnette ⚔ [bajɔ'nɛt] *f* bayonet.

baisemain [bɛz'mɛ̃] *m* hand-kissing; **baiser** [bɛ'ze] **1.** *su./m* kiss; **2.** (1b) *v/t.*: ~ *q. à la joue* kiss s.o.'s cheek; *sl.* (*a. v/i.*) ~ (*q.*) make love (to *s.o.*); **baisoter** F [~zɔ'te] (1c) *v/t.* peck at.

baisse [bɛs] *f* fall (*a. prices*), going down; subsidence; *sight, prices*: decline; *tide*: ebb; *en* ~ falling (*stocks*);

baisser [bɛ'se] (1b) *v/t. usu.* lower; turn down (*the light*); drop (*a curtain*); se ~ bend down; *v/i.* decline; fall; abate (*flood*); ebb (*tide*); burn low (*lamp*).

bajoue [ba'ʒu] *f*: ~*s pl.* cheeks, chaps, chops.

bakélite [bake'lit] *f* bakelite.

bal, *pl.* **bals** [bal] *m* ball; dance; **balade** F [ba'lad] *f* stroll; ramble; **balader** F [bala'de] (1a) *v/t.* take for a walk; carry about; se ~ (take a) stroll; **baladeur, -euse** [~'dœ:r, ~'dø:z] **1.** *adj.* F wandering; **2.** *su.* wanderer, saunterer; *su./f* trailer (*of car, of tram*); street-barrow; hand-cart; ⚡ inspection lamp.

baladin *m*, **e** *f* [bala'dɛ̃, ~'din] mountebank; F clown.

balafre [ba'lafr] *f* gash, slash; scar; **balafrer** [~la'fre] (1a) *v/t.* gash, slash; scar.

balai [ba'lɛ] *m* broom; brush; *mot. windscreem-wiper*: blade; ~ *mécanique* carpet sweeper; *coup m de* ~ sweep; *fig.* clean sweep.

balance [ba'lɑ̃:s] *f* balance (*a.* ✝); scales *pl.*, weighing machine; ✝ balance; † hesitation; ✝ ~ *de(s) paiements* balance of payments; ~ *romaine* steelyard; ✝ *faire la* ~ strike the (*fig.* a) balance; *faire pencher la* ~ turn the scales; *astr. la* ♎ Libra, the Balance; *fig. mettre en* ~ weigh up; **balancement** [balɑ̃s'mɑ̃] *m* sway(ing), swing(ing); *fig.* balance; **balancer** [balɑ̃'se] (1k) *v/t.* swing; throw, fling, chuck; F chuck out; balance; *fig.* weigh up; se ~ rock, sway; swing; seesaw; *sl.* se ~ de not to care a damn about; *sl. je m'en balance a.* I couldn't care less (about it); **balancier** [~'sje] *m* balancing pole; *mot. crank-shaft*: balancer; *watch*: balance-wheel; *clock*: pendulum; *pump*: handle; ⊕ *beam-engine*: beam; ⊕ fly(-press); **balançoire** [~'swa:r] *f* seesaw; swing.

balayer [balɛ'je] (1i) *v/t.* sweep out *or* up *or* away (*a. fig.*); *fig.* clear out; scour (*the sea*); *telev.* scan; **balayette** [~'jɛt] *f* whisk; small brush; **balayeur, -euse** [~'jœ:r, ~'jø:z] *su. person*: sweeper; *su./f machine*: sweeper; **balayures** [~'jy:r] *f/pl.* sweepings.

balbutiement [balbysi'mɑ̃] *m* stuttering, stammering; **balbutier**

[~'sje] (1o) *v/i.* mumble; stammer; *v/t.* stutter out, stammer out.
balcon [bal'kɔ̃] *m* ⚠ balcony; *thea.* dress circle.
baldaquin [balda'kɛ̃] *m* canopy, baldachin.
baleine [ba'lɛn] *f* whale(bone); **baleinier** [balɛ'nje] *m* whaler (*ship, a. man*); whaling; **baleinière** [~'njɛ:r] *f* whale-boat; ~ *de sauvetage* lifeboat.
balise[1] ⚘ [ba'li:z] *f* canna seed.
balise[2] [ba'li:z] *f* ⚓ beacon; ✈ runway light; *mot.* road sign; marker; ~ *flottante* buoy; **baliser** [~li'ze] (1a) *v/t.* ⚓ beacon; ⚓ buoy; provide with runway lights *or* road signs; mark out.
balistique [balis'tik] **1.** *adj.* ballistic; **2.** *su./f* ballistics *sg.*
baliverne F [bali'vɛrn] *f mostly* ~*s pl.* nonsense *sg.*
ballade [ba'lad] *f* ballad.
ballant, e [ba'lɑ̃, ~'lɑ̃:t] **1.** *adj.* dangling; swinging; slack (*rope*); **2.** *su./m* swing.
ballast [ba'last] *m* ⊕ ballast; ⚓ ballast-tank; **ballastière** [~las'tjɛ:r] *f* gravel-pit.
balle[1] [bal] *f* ball; bullet, shot; ✝ *cotton*: bale; *pedlar*: pack; *sl.* head; *sl.* franc; ~ *de service tennis*: service-ball.
balle[2] [~] *f* husk, chaff; ⚘ glume.
ballerine [bal'rin] *f* ballet-dancer, ballerina; **ballet** [ba'lɛ] *m* ballet.
ballon [ba'lɔ̃] *m* balloon (*a.* ⚗); (foot)ball; ⚗ flask; ⊕ carboy; ⚓ ball-signal; ~ *de plage* beach ball; *fig.* ~ *d'essai* feeler; ~*-sonde* test *or* sounding balloon; **ballonnement** [~lɔn'mɑ̃] *m* swelling; ⚕ distension; ⚕ flatulence; **ballonner** [~lɔ'ne] (1a) *vt/i.* swell; bulge; distend (*a.* ⚕).
ballot [ba'lo] *m* pack, bundle; F idiot, chump; **ballottage** *pol.* [balɔ'ta:ʒ] *m* second ballot; **ballotter** [~'te] (1a) *v/t.* toss (about), shake about; *fig.* *être ballotté entre* be tossed *or* torn between; *v/i.* shake; toss; rattle (*door*).
bal(l)uchon F [baly'ʃɔ̃] *m* bundle.
balnéaire [balne'ɛ:r] bath...; watering-...; *station f* ~ watering-place; seaside resort.
balnéothérapie [balneɔtera'pi] *f* balneotherapy.
balourd, e [ba'lu:r, ~'lurd] **1.** *adj.* awkward; **2.** *su.* awkward person; yokel; *su./m* ⊕ unbalance; unbalanced weight; **balourdise** [~lur'di:z] *f* awkwardness; F bloomer, stupid mistake.
baltique [bal'tik] **1.** *adj.* Baltic; **2.** *su./f*: *la (mer)* ♀ the Baltic (Sea).
balustrade [balys'trad] *f* balustrade; banister; (hand-)rail; **balustre** [~'lystr] *m* baluster; banister.
bambin *m*, **e** *f* F [bɑ̃'bɛ̃, ~'bin] little child; kid; youngster.
bamboche [bɑ̃'bɔʃ] *f* puppet; F spree; *faire* ~ go on the spree; *il est* ~ he's a bit merry; **bambocher** F [bɑ̃bɔ'ʃe] (1a) *v/i.* go on the spree; **bambocheur** *m*, **-euse** *f* F [~'ʃœ:r, ~'ʃø:z] reveller.
bambou [bɑ̃'bu] *m* bamboo(-cane).
ban [bɑ̃] *m* † proclamation; drum roll; F applause; *mettre au* ~ banish; F send to Coventry; outlaw (from, *de*); *publier les* ~*s* put up *or* publish the bans; *fig.* *le* ~ *et l'arrière-*~ *de ses amis etc.* all his friends *etc.*
banal, e, *m/pl.* **-als** *fig.* [ba'nal] commonplace, banal; vulgar; **banaliser** [~nali'ze] (1a) *v/t.* popularize; vulgarize.
banane [ba'nan] *f* ⚘ banana; *sl.* decoration, medal; *sl.* chopper, whirlybird (= *helicopter*); **bananier** [~na'nje] *m* banana-tree.
banc [bɑ̃] *m* bench (*a.* ⊕); form, seat; *eccl.* pew; *lathe, oysters, stone*: bed; *sand, mud*: bank; *sand, coral*: shoal; (witness-)box; *fish*: school, shoal; ⊕ ~ *d'épreuve* testing stand, bench.
bancal, e, *m/pl.* **-als** [bɑ̃'kal] **1.** *adj.* bandy(-legged); unsteady, rickety; **2.** *su.* bandy-legged person.
bandage [bɑ̃'da:ʒ] *m* ⚕ bandaging; bandage; *mot.* tyre, *Am.* tire; ⊕ *spring*: winding up; ⚕ ~ *herniaire* truss.
bande[1] [bɑ̃:d] *f* band, strip; stripe; stretch (*of land*); ⚕ bandage; strap; ⊕ *spring*: compression; *cin.* reel; *post*: wrapper; ⚓ list; ~ *dessinée* comic strip; strip cartoon; ~ *magnétique* recording tape; ~ *molletière* puttee; ⊕ ~ *transporteuse* conveyor belt; *enregistrer sur* ~ tape-record; *enregistrer sur* ~ *vidéo* videotape; *sous* ~ *post*: by post.
bande[2] [~] *f* band, gang; party; flock; pack.

bandeau [bɑ̃'do] *m* headband; diadem; bandage; **bandelette** [bɑ̃d'lɛt] *f* strip; **bander** [bɑ̃'de] (1a) *v/t.* bandage, bind up; wind up, tighten; ⚠ key in; *fig.* ~ *les yeux de* blindfold (*s.o.*); *v/i.* be tight; **banderole** [~'drɔl] *f* streamer; pennant; ⚔ *rifle*: sling; *cartoon*: balloon.
bandit [bɑ̃'di] *m* bandit; gangster; crook.
bandoulière [bɑ̃du'ljɛːr] *f* shoulder-strap; *en* ~ slung over the shoulder.
banjo ♪ [bɑ̃'ʒo] *m* banjo.
banlieue [bɑ̃'ljø] *f* suburbs *pl.*, outskirts *pl.*; *de* ~ suburban; ~*-dortoir* dormitory suburb; **banlieusard** *m*, **e** *f* F [~ljø'zaːr, ~'zard] suburbanite.
banne [ban] *f* hamper; coal cart; awning; tarpaulin; ⚒ tub, skip; ⚓ *dredger*: bucket; **bannette** [ba'nɛt] *f* small hamper.
banni, e [ba'ni] **1.** *adj.* banished; **2.** *su.* outcast; outlaw; exile.
bannière [ba'njɛːr] *f* banner; F *être en* ~ be in shirt-tails.
bannir [ba'niːr] (2a) *v/t.* outlaw; exile (from, *de*).
banque [bɑ̃ːk] *f* bank; banking; ~ *du sang* blood bank; ~ *par actions* joint-stock bank; *faire sauter la* ~ break the bank; **banqueroute** ⚖ [bɑ̃'krut] *f* bankruptcy; failure; *faire* ~ go bankrupt.
banquet [bɑ̃'kɛ] *m* banquet, feast.
banquette [bɑ̃'kɛt] *f* bench, seat; *earth*: bank; *golf*: bunker.
banquier *m*, **-ère** *f* [bɑ̃'kje, ~'kjɛːr] banker.
banquise [bɑ̃'kiːz] *f* ice-floe; pack-ice.
baptême [ba'tɛːm] *m* baptism, christening; *nom m de* ~ Christian name, *Am.* given name; **baptiser** [bati'ze] (1a) *v/t.* baptize, christen; F *fig.* water (down) (*the wine*); **baptismal, e,** *m/pl.* **-aux** [batis'mal, ~'mo], **baptistaire** [~'tɛːr] baptismal; *extrait m baptistaire* certificate of baptism.
baquet [ba'kɛ] *m* tub, bucket.
bar[1] [baːr] *m* (public) bar; *au* ~ in the pub.
bar[2] *icht.* [~] *m* bass; perch.
bar[3] *phys.* [~] *m* bar.
baragouin F [bara'gwɛ̃] *m* gibberish; lingo; **baragouiner** F [~gwi'ne] (1a) *vt/i.* jabber, gibber.
baraque [ba'rak] *f* hut, shed; F dump, joint, hole; **baraquement** [~rak'mɑ̃] *m*: ⚔ ~*s pl.* hutments; **baraquer** ⚔ [~ra'ke] (1m) *vt/i.* hut.
baratin F [bara'tɛ̃] *m* sweet talk; patter, *Am.* malarky; **baratiner** [~ti'ne] (1a) *vt/i.* sweet-talk; *v/t.* chat (*s.o.*) up.
barattage [bara'taːʒ] *m* churning; **baratte** [~'rat] *f* churn; **baratter** [~ra'te] (1a) *v/t.* churn.
barbacane [barba'kan] *f* ⊕ draining channel; weep-hole; ⚠ barbican; ⚠ loop-hole.
barbare [bar'bar] **1.** *adj.* barbaric; barbarous; uncivilized; **2.** *su./m* barbarian.
barbaresque [barba'rɛsk] *adj.*, *a. su./m* Berber.
barbarie [barba'ri] *f* barbarism; barbarity, cruelty; **barbarisme** *gramm.* [~'rism] *m* barbarism.
barbe[1] [barb] *f* beard (*a.* ♀); whiskers *pl.*; mould, mildew; ⊕ burr; F bore, nuisance; ~ *à papa* candyfloss, *Am.* cotton candy; *se faire faire la* ~ get o.s. shaved; (*se*) *faire la* ~ shave.
barbe[2] [~] *m* barb, Barbary horse.
barbeau [bar'bo] *m icht.* barbel; ♀ cornflower; *icht.* ~ *de mer* red mullet; *bleu* ~ cornflower blue;
barbelé, e [~bə'le] **1.** *adj.* barbed; *fil m de fer* ~ barbed wire; **2.** *su./m*: ~*s pl.* barbed wire entanglement *sg.*
barber *sl.* [bar'be] (1a) *v/t.* bore.
barbet, -ette [bar'bɛ, ~'bɛt] *su.* water-spaniel; *su./m icht.* barbel.
barbiche [bar'biʃ] *f* goatee; short beard.
barbier [bar'bje] *m* barber; **barbifier** F [~bi'fje] (1o) *v/t.* shave; bore; *se* ~ be bored.
barbiturique [barbity'rik] **1.** *adj.* barbituric; **2.** *su./m* barbiturate.
barbotage [barbɔ'taːʒ] *m* paddling, splashing; ⊕ splash; *gas*: bubbling; mess, mud; bran mash; *sl.* filching; *sl.* mumbling; **barboter** [~'te] (1a) *v/i.* paddle, splash (about); bubble (*gas*); *v/t.* mumble; *sl.* filch; *sl.* scrounge; **barboteur, -euse** [~'tœːr, ~'tøːz] *su.* paddler; *sl.* scrounger; *su./m* ⊕ bubbler; ⊕ stirrer; *su./f* rompers *pl.*; washing machine.
barbouillage [barbu'jaːʒ] *m* daubing; scrawl(ing), scribble; **barbouiller** [~'je] (1a) *v/t.* daub; smear (with, *de*); sully; scribble, scrawl;

fig. botch; se ~ dirty one's face; **barbouilleur** *m*, **-euse** *f* F [~'jœ:r, ~'jø:z] dauber; hack.
barbouze F [bar'bu:z] *m* secret (police) agent.
barbu, e [bar'by] bearded (*a.* ⚘); mouldy.
barbue *icht.* [~] *f* brill.
barcasse ⚓ [bar'kas] *f* launch; F old tub.
barda *sl.* [bar'da] *m* ⚔ pack, kit; stuff, things *pl.*
bardane ⚘ [bar'dan] *f* burdock.
barde[1] [bard] *m* bard.
barde[2] [~] *f* pack-saddle; *cuis.* slice of bacon, bard.
bardeau[1] [bar'do] *m* ⚠ shingle (-board), *Am.* clapboard; lath; small raft.
bardeau[2] [~] *m* hinny.
barder[1] *sl.* [bar'de] (1a): *ça barde* sparks are flying.
barder[2] [~] (1a) *v/t.* ⚔ † arm with bards; *cuis.* bard (*with bacon*), lard (*a. fig.*).
bardot [bar'do] *m* hinny; packmule.
barème [ba'rɛm] *m* table, (price) list; scale; schedule; graph.
barguigner F [bargi'ɲe] (1a) *v/i.*: *sans* ~ without shilly-shallying.
baril [ba'ri] *m* cask(ful); **barillet** [~ri'jɛ] *m* keg; *revolver*: cylinder; ⊕ barrel; *anat.* middle-ear.
bariolage [barjɔ'la:ʒ] *m* motley; gaudy colo(u)r scheme; **barioler** [~'le] (1a) *v/t.* variegate; paint in gaudy colo(u)rs.
barman, *pl. a.* **-men** [bar'man, ~'mɛn] *m* barman.
baromètre [barɔ'mɛtr] *m* barometer; F (weather-)glass.
baron [ba'rɔ̃] *m* baron; **baronne** [~'rɔn] *f* baroness.
baroque [ba'rɔk] **1.** *adj.* quaint; odd; baroque; **2.** *su./m* ⚠ *etc.* baroque.
baroud F [ba'rud] *m* fight(ing); ~ *d'honneur* gallant last stand; **barouder** F [baru'de] *v/i.* fight.
barouf F [ba'ruf] *m* noise, racket.
barque ⚓ [bark] *f* barge, boat.
barrage [ba'ra:ʒ] *m* barring, closing; dam(ming); *fig.* obstruction; ⊕ barrage (*a.* ⚔), weir; ⚓ *harbour*: boom; † *cheque*: crossing; ⚔ *tir m de* ~ curtain-fire.
barre [ba:r] *f* bar (*a.* ⚖); ⊕ rod; *gold*: ingot; ⚓ helm; stroke (*of the pen*); *tex.* stripe; ♪ bar(-line); (tidal) bore; *sp.* ~*s pl. parallèles* parallel bars; *sp.* ~ *fixe* horizontal bar; *mot.* ~ *de connexion* tie-rod; ⚖ ~ *des témoins* witness-box; ⚡ ~ *omnibus (collectrice)* omnibus-bar;
barreau [ba'ro] *m* bar (*a.* ⚖); rail; *ladder*: rung; fire-bar; *être reçu au* ~ be called to the bar, *Am.* pass the bar.
barrer [ba're] (1a) *v/t.* bar; secure with a bar; block (up); dam (*a stream*); close (*a road*); cross out (*a word*); ⚓ steer; † cross (*a cheque*); *route f barrée* no thoroughfare; *sl.* se ~ skedaddle, make off.
barrette[1] *eccl.* [ba'rɛt] *f* biretta; cardinal's cap.
barrette[2] [~] *f* hair slide; *medal*: bar.
barreur ⚓ [ba'rœ:r] *m* helmsman, cox.
barricader [barika'de] (1a) *v/t.* barricade; **barrière** [~'rjɛ:r] *f* barrier (*a.* 🚂, *a. fig.*); obstacle; *castle*, 🚂 *level-crossing*, *town*: gate; turnpike; *sp.* starting-post.
barrique [ba'rik] *f* hogshead, cask, butt.
barrir [ba'ri:r] (2a) *v/i.* trumpet (*elephant*).
bartavelle *orn.* [barta'vɛl] *f* rock partridge.
bas, basse [bɑ, bɑ:s] **1.** *adj. usu.* low (*a. fig.*); mean; lower; *basse fréquence radio*: low frequency; *au* ~ *mot* at the lowest estimate; *à voix basse* in a low voice; under one's breath; *chapeau* ~ hat in hand, *chapeaux* ~! hats off!; *en* ~ *âge* of tender years; *les classes f/pl.* ~*ses* the lower classes; *prix m* ~ low price(s *pl.*); **2.** *su./m* lower part; bottom; stocking; *fig.* low state; **3.** *bas adv.* low (down); *ici-*~ here below; *là-*~ down there; over there; *à* ~ ...! down with ...!; *en* ~ (down) below.
basalte *geol.* [ba'zalt] *m* basalt.
basane [ba'zan] *f* sheepskin, basil; **basaner** F [~za'ne] (1a) *v/t. a.* se ~ tan.
basculant, e [basky'lɑ̃, ~'lɑ̃:t] rocking, tilting; *pont m* ~ drawbridge; *siège m* ~ tip-up seat; **bascule** [~'kyl] *f* weighing machine; seesaw; *cheval m à* ~ rocking-horse; weigh-bridge; *wagon m à* ~ tipwaggon, *Am.* dump-cart; **basculer** [~ky'le] (1a) *vt/i.* rock; seesaw, *Am.* teeter; tip (up); topple over; *fig.*

fluctuate; *fig.* ~ *dans* get into; **basculeur** [~ky'lœ:r] *m* rocker; ⊕ rocking-lever.
base [bɑ:z] *f* base (*a.* ⚗, ✈); *surv.* base(-line); bottom; ⊕ bedplate; *fig.* basis, foundation; ~ *aérienne* air-base; ~ *de lancement* rocket launching site; ~ *d'entente* working basis; *sans* ~ unfounded; **baser** [bɑ'ze] (1a) *v/t.* base, found (on, *sur*); se ~ *sur* be grounded on.
bas-fond [bɑ'fõ] *m* low ground; *fig.* underworld; ⚓ shallows *pl.*
basilic [bazi'lik] *m* ⚘ basil; *myth.*, *a. zo.* basilisk.
basique ⚗ [ba'zik] basic.
basket(-ball) *sp.* [baskɛt('bɔ:l)] *m* basket-ball.
basque[1] [bask] *f* skirt (*of a garment*).
Basque[2] [~] *su.*: *tambour m de* ~ tambourine.
basse [bɑ:s] *f* ♪ *part, singer, voice*: bass; ⚓ sandbank, shoal; ⚓ reef; **~-contre**, *pl.* **~s-contre** ♪ [bɑs'kõ:tr] *f* deep bass; **~-cour**, *pl.* **~s-cours** [~'ku:r] *f* farm-yard; **~-courier, -ère** [~ku'rje, ~'rjɛ:r] *su.* farm-hand; *su./m* poultry-boy; *su./f* poultry-maid; **~-fosse**, *pl.* **~s-fosses** [~'fo:s] *f* dungeon; **bassement** [~'mɑ̃] *adv.* basely, meanly; **bassesse** [bɑ'sɛs] *f* baseness; lowness; low deed, mean action.
basset *zo.* [ba'sɛ] *m* basset hound.
basse-taille, *pl.* **basses-tailles** [bɑs'tɑ:j] *f voice*: bass-baritone.
bassin [ba'sɛ̃] *m* basin (*a. geog.*); artificial lake; ⊕ tank; ⚓ dock; *anat.* pelvis; *sl.* bore; ⚓ ~ *de carénage* careening basin; ~ *de radoub* dry dock; ~ *de retenue* reservoir; ⚓ *faire entrer au* ~ dock; **bassinant, e** *sl.* [basi'nɑ̃, -'nɑ̃t] boring; **bassine** [ba'sin] *f* pan; ~ *à confiture* preserving pan; **bassiner** [basi'ne] (1a) *v/t.* bathe (*a wound*); 🖋 spray; warm (*a bed*); *sl.* bore; *sl.* annoy; **bassinoire** [~'nwa:r] *f* warming pan; *sl.* bore; *sl.* large watch.
basson ♪ [ba'sõ] *m* bassoon; *person*: bassoonist.
baste! † [bast] *int.* enough of that!
bastille ⚔ [bas'ti:j] *f* small fortress.
bastingage ⚓ [bastɛ̃'ga:ʒ] *m* bulwarks *pl.*; rails *pl.*
bastion ⚔, *fig.* [bas'tjõ] *m* bastion; stronghold, bulwark.
bastonnade [bastɔ'nad] *f* bastinado; † flogging.
bastringue *sl.* [bas'trɛ̃:g] *m* low dancing-hall; shindy; paraphernalia.
bas-ventre [bɑ'vɑ̃:tr] *m* lower part of the abdomen.
bât [bɑ] *m* pack-saddle; *cheval m de* ~ pack-horse.
bataille [ba'tɑ:j] *f* battle (*a. fig.*); *ordre m de* ~ battle formation *or* order; **batailler** [batɑ'je] (1a) *v/i.* (*contre*) struggle (with), fight (against); **batailleur, -euse** [~'jœ:r, ~'jø:z] **1.** *adj.* quarrelsome; **2.** *su.* fighter; **bataillon** ⚔, *a. fig.* [bata'jõ] *m* battalion; *chef m de* ~ major.
bâtard, e [bɑ'ta:r, ~'tard] **1.** *adj.* bastard; *fig.* degenerate; **2.** *su.* bastard; *animal*: mongrel.
bateau ⚓ [ba'to] *m* boat, ship; *sl.* **~x** *pl.* beetle-crushers; ~ *à vapeur* steamer; ~ *de sauvetage* lifeboat; F *monter un* ~ *à q.* pull s.o.'s leg; **~-citerne**, *pl.* **~x-citernes** ⚓ [batosi'tɛrn] *m* tanker; **~-feu**, *pl.* **~x-feux** ⚓ [~'fø] *m* lightship; **~-mouche**, *pl.* **~x-mouches** ⚓ [~'muʃ] *m* small passenger steamer; **~-phare**, *pl.* **~x-phares** ⚓ [~'fa:r] *m* lightship; **~-pilote**, *pl.* **~x-pilotes** ⚓ [~pi'lɔt] *m* pilot boat; **~-pompe**, *pl.* **~x-pompes** ⚓ [~'põ:p] *m* fireboat.
bateleur *m*, **-euse** *f* [ba'tlœ:r, ~'tlø:z] knock-about comedian; juggler.
batelier [batə'lje] *m* boatman; ferryman; ~ *de chaland* bargee; **batellerie** [batɛl'ri] *f* lighterage; inland water transport; ~ *fluviale* river fleet.
bâter [bɑ'te] (1a) *v/t.* saddle (*a packhorse etc.*); F *c'est un âne bâté* he is a complete fool.
bath *sl.* [bat] *adj./inv.* super, posh, fab.
bâti [bɑ'ti] *m* frame(work); ⊕ bed, support.
batifoler F [batifɔ'le] (1a) *v/i.* frolic; cuddle (s.o., *avec q.*).
bâtiment [bɑti'mɑ̃] *m* building, edifice; ⚓ vessel.
bâtir[1] [bɑ'ti:r] (2a) *v/t.* build, erect; ~ *un terrain* build on a site; *terrain m à* ~ building site.
bâtir[2] [~] (2a) *v/t.* baste, tack.
bâtisse [bɑ'tis] *f* masonry; F house, building.
batiste *tex.* [ba'tist] *f* cambric.
bâton [bɑ'tõ] *m* stick; staff; truncheon; wand of office; ~ *d'encens* joss stick; ~ *de rouge à lèvres* lipstick; ⚘ ~

d'or wallflower; ~ *ferré* alpenstock; *à* ~*s rompus* by fits and starts; **bâtonner** [bɑtɔ'ne] (1a) *v/t.* beat; **bâtonnet** [~'nɛ] *m* short stick; *cuis.* ~*s pl. de poisson* fish fingers, *Am.* fish sticks.

bats [ba] *1st p. sg. pres. of battre*; **battage** [ba'ta:ʒ] *m* beating; *butter*: churning; *corn*: threshing; ⚔ field of fire; ⊕ ramming; F plugging, boosting; **battant**, **e** [~'tɑ̃, ~'tɑ̃:t] **1.** *adj.* banging; pelting (*rain*); *porte f* ~*e* swing-door; folding-door; *fig. tambour* ~ briskly; F *tout* ~ *neuf* brand-new; **2.** *su./m door*: leaf; *bell*: clapper; *fig.* fighter; F *fig.* go-getter; **batte** [bat] *f* beater; beating; beetle, rammer; *cricket*: bat; **battement** [~'mɑ̃] *m* beating; clapping; palpitation; pulsation, up and down movement; **batterie** [ba'tri] *f* ⚡, ⚔ battery; *drum*: beat, roll; ♪ drums *pl.*, percussion; † scuffle; ⊕ ~ *de chaudières* battery of boilers; ~ *de cuisine* kitchen utensils *pl.*; **batteur** [~'tœ:r] *m* beater (*a. cuis.*); *sp. cricket*: batsman; ♪ drummer; **batteuse** ⚒, ⊕ [~'tø:z] *f* thresher; **battoir** [~'twa:r] *m* (linen) beetle; bat (*a. sp.*); F *fig.* (large) hand, paw.

battre [batr] (4a) *v/t.* beat, strike; thrash; thresh; mint (*money*); defeat; scour (*the countryside*); shuffle (*cards*); ~ *q. en brèche* disparage s. o., run s.o. down; *se* ~ fight; *v/i.* throb; clap; bang; **battu**, **e** [ba'ty] **1.** *p.p. of battre*; **2.** *su./f* beat; *admin.* round-up; ⚓ ~ *en mer* scouting cruise.

baudet [bo'dɛ] *m* donkey; ass (*a. fig.*).

bauge [bo:ʒ] *f* wallow; lair (*of wild boar*); *fig.* pigsty.

baume [bo:m] *m* balsam; balm (*a. fig.*).

bauxite ⛏ [bok'sit] *f* bauxite.

bavard, **e** [ba'va:r, ~'vard] **1.** *adj.* garrulous, talkative; **2.** *su.* chatterbox; gossip; F bore; **bavardage** [bavar'da:ʒ] *m* gossip; chatter; **bavarder** [~'de] (1a) *v/i.* gossip; chatter; tell tales.

bave [ba:v] *f* dribble; slobber; froth, foam; *fig.* venom; **baver** [ba've] (1a) *v/i.* dribble, slobber; run (*pen*); ⚘ ooze; F talk drivel; ~ *sur* cast a slur on; F *fig.* ~ *d'admiration* be agape with admiration; F *fig. en* ~ have a hard time (of it); F *fig. en faire* ~ *à q.* give s.o. a hard time (of it); *v/t.* F *fig. en* ~ *des ronds de chapeau* gape in astonishment.

bavette [ba'vɛt] *f* bib; F *tailler une* ~ chew the fat; **baveux, -euse** [~'vø, ~'vø:z] slobbery (*mouth*); runny, wet; *typ.* blurred.

bavure [ba'vy:r] *f* ⊕ burr; ⊕ seam; *writing*: smudge.

bazar [ba'za:r] *m* bazaar; bargain stores; *sl. tout le* ~ the lot, the whole caboodle; **bazarder** *sl.* [~zar'de] (1a) *v/t.* sell off; get rid of.

béant, **e** [be'ɑ̃, ~ɑ̃:t] gaping, yawning, wide open.

béat, **e** [be'a, ~'at] **1.** *adj.* smug, complacent; **2.** *su.* smug *or* complacent person; **béatifier** *eccl.* [beati'fje] (1o) *v/t.* beatify; **béatitude** [~'tyd] *f* bliss, beatitude; complacency.

beau (*adj. before vowel or h mute* **bel**) *m*, **belle** *f*, *m/pl.* **beaux** [bo, bɛl, bo] **1.** *adj.* beautiful; fine; handsome; *au* ~ *milieu de* right in the middle of; *avoir* ~ (*inf.*) (*inf.*) in vain; *il fait* ~ (*temps*) it is fine; *le* ~ *sexe* the fair sex; **2.** *su./m hist.* beau; *le* ~ the beautiful; *être au* ~ be set fair (*weather*); *faire le* ~ sit up and beg (*dog*); *su./f* beauty; *sp.* deciding game; *la Belle au bois dormant* (the) Sleeping Beauty.

beaucoup [bo'ku] *adv.* much, a great deal; many; F *à* ~ *près* by a long chalk; *de* ~ by far.

beau-fils, *pl.* **beaux-fils** [bo'fis] *m* stepson; son-in-law; **beau-frère,** *pl.* **beaux-frères** [~'frɛ:r] *m* brother-in-law; **beau-père,** *pl.* **beaux-pères** [~'pɛ:r] *m* father-in-law; stepfather.

beaupré ⚓ [bo'pre] *m* bowsprit.

beauté [bo'te] *f* beauty; *fig.* belle, beauty.

beaux-arts [bo'za:r] *m/pl.* fine arts; **beaux-parents** [~pa'rɑ̃] *m/pl.* parents-in-law.

bébé [be'be] *m* baby; doll.

bec [bɛk] *m bird*: beak, bill; ⊕ *tool*: nose; ⊕ nozzle; spout; ♪ mouthpiece; *pen*: nib; F mouth, nose; ⊕ ~ *d'âne* mortise-chisel; ~ *de gaz* gas burner, F lamp-post; F *fig. tomber sur un* ~ (*de gaz*) get *or* be stymied.

bécane F [be'kan] *f* bike, bicycle.

bécarre ♪ [be'ka:r] *m* natural (sign).

bécasse *orn.* [be'kas] *f* woodcock.

bec-de-cane, *pl.* **becs-de-cane**

[bɛkdə'kan] *m* spring lock; slide-bolt; lever handle; ⊕ flat-nosed pliers *pl.*; **bec-de-lièvre,** *pl.* **becs-de-lièvre** [~'ljɛ:vr] *m* harelip.
bêchage [bɛ'ʃa:ʒ] *m* digging; F disparagement.
béchamel *cuis.* [beʃa'mɛl] *f* bechamel.
bêche [bɛʃ] *f* spade.
bêche-de-mer, *pl.* **bêches-de-mer** [bɛʃdə'mɛ:r] *m* bêche-de-mer; *gramm.* beach-la-mar.
bêcher [bɛ'ʃe] (1a) *v/t.* dig; F disparage, run (*s.o.*) down, pull (*s.o., s.th.*) to pieces; **bêcheur, -euse** F [bɛ'ʃœ:r, -ø:z] stuck-up.
bécot [be'ko] *m orn.* small snipe; F peck (= *little kiss*); **bécoter** F [bekɔ'te] (1a) *v/t.* give (*s.o.*) a peck.
becqueter [bɛk'te] (1c) *v/t.* peck at; pick up; *sl.* eat; F kiss.
bedaine F [bə'dɛn] *f* belly; paunch.
bedeau *eccl.* [bə'do] *m* verger, beadle.
bedon F [bə'dɔ̃] *m* paunch; **bedonner** F [~dɔ'ne] (1a) *v/i.* grow paunchy, acquire a corporation.
bée [be] *adj./f*: *bouche f* ~ gaping, open-mouthed.
beffroi [bɛ'frwa] *m* belfry; ⊕ *dredge*: gantry.
bégayer [begɛ'je] (1i) *v/i.* stammer; *v/t.* stammer out.
bègue [bɛg] **1.** *adj.* stuttering, stammering; *être* ~ stammer; **2.** *su.* stutterer, stammerer.
bégueter [beg'te] (1d) *v/i.* bleat (*goat*).
béguin [be'gɛ̃] *m* hood; baby's bonnet; F infatuation; *person*: love; **béguine** [~'gin] *f eccl.* beguine; F very devout woman.
beige [bɛ:ʒ] **1.** *adj.* beige; **2.** *su./f* unbleached serge.
beigne *sl.* [bɛɲ] *f* blow; bruise.
beignet *cuis.* [bɛ'ɲɛ] *m* fritter; doughnut.
bel [bɛl] *see beau*; ~ *esprit m person*: wit; ~ *et bien* well and truly, genuinely; *le* ~ *âge* youth; *un* ~ *âge* a ripe old age.
bêlement [bɛl'mɑ̃] *m* bleating; **bêler** [bɛ'le] (1a) *v/i.* bleat (*sheep*).
belette *zo.* [bə'lɛt] weasel.
belge [bɛlʒ] *adj., a. su.* ♀ Belgian; **Belgique** [bɛl'ʒik] *f*: *sl. filer en* ~ bolt (*financier*).
bélier [be'lje] *m zo.* ram (*a.* ⊕), *Am.* buck; ⚔ *hist.* battering ram; *astr. le* ♀ Aries, the Ram.
belinogramme [bəlinɔ'gram] *m* telephotograph.
bélître † [be'litr] *m* cad, knave.
bellâtre [bɛ'lɑ:tr] **1.** *adj.* foppish; **2.** *su./m* fop.
belle [bɛl] *see beau 1*; *à la* ~ *étoile* in the open; *de plus* ~ more than ever; *iro. en faire de* ~*s* be up to s. th. pretty; *l'échapper* ~ have a narrow escape; ~**-dame,** *pl.* ~**s-dames** [~'dam] *f* ⚘ deadly nightshade; *zo.* painted lady; ~**-fille,** *pl.* ~**s-filles** [~'fi:j] *f* stepdaughter; daughter-in-law; ~**-mère,** *pl.* ~**s-mères** [~'mɛ:r] stepmother; mother-in-law; ~**s-lettres** [~'lɛtr] *f/pl.* belles-lettres, humanities; ~**-sœur,** *pl.* ~**s-sœurs** [~'sœ:r] *f* sister-in-law.
bellicisme [bɛlli'sism] *m* warmongering; **belligérant, e** [~ʒe'rɑ̃, ~'rɑ̃:t] *adj., a. su./m* belligerent; **belliqueux, -euse** [~'kø, ~'kø:z] bellicose, warlike.
bellot, -otte F [bɛ'lo, ~'lɔt] dandified; pretty(-pretty).
belote [bə'lɔt] *f cards: sort of* [pinocle.]
belvédère [bɛlve'dɛ:r] *m* belvedere; summer-house; vantage-point.
bémol ♪ [be'mɔl] *m* flat.
bénédicité [benedisi'te] *m* grace (before a meal); **bénédiction** [~dik'sjɔ̃] *f* blessing.
bénéfice [bene'fis] *m* ✝ profit, gain; benefit; *eccl.* living; **bénéficiaire** [~fi'sjɛ:r] *m* ✝ payee; ⚖, *eccl., etc.* beneficiary; **bénéficier** [~fi'sje] (1o) *v/i.* profit, benefit (by, *de*); make a profit (on, *sur*).
benêt [bə'nɛ] **1.** *adj./m* stupid, silly; **2.** *su./m* simpleton.
bénévole [bene'vɔl] benevolent; gratuitous, unpaid; voluntary.
bénignité [beniɲi'te] *f* kindness; mildness (*a.* ⚕); **bénin, -igne** [be'nɛ̃, ~'niɲ] kind, benign; mild (*a.* ⚕).
bénir [be'ni:r] (2a) *v/t.* bless; *eccl. a.* consecrate; **bénit, e** [~'ni, ~'nit] blessed; consecrated; *eccl. eau f* ~*e* holy water; **bénitier** *eccl.* [~ni'tje] *m* holy-water basin.
benne [bɛn] *f* hamper; *dredger*: bucket; ⚒ tub, skip; ⚒ cage; *telpherway*: bucket seat; ⊕ ~ *preneuse* (mechanical) grab; clam-shell bucket; ⊕ (*camion m à*) ~ *basculante* tipping waggon.

benoît, e [bən'wa, ~'wat] sanctimonious; bland.
benzine [bɛ̃'zin] *f* benzine; **benzol** ⚗ [~'zɔl] *m* benzol.
béquille [be'ki:j] *f* crutch; *bicycle*: stand; ⚓ shore, prop; *marcher avec des ~s* walk on crutches; **béquiller** [~ki'je] (1a) *v/i.* walk on crutches; *v/t.* ⚓ shore up.
bercail [bɛr'ka:j] *m/sg.* sheepfold; *eccl.* fold.
berceau [bɛr'so] *m* cradle (*a. fig., a.* △); ⊕ bed; ✓ bower, arbo(u)r; **bercer** [~'se] (1k) *v/t.* rock; lull; soothe; delude (with promises, *de promesses*); **berceuse** [~'sø:z] *f* cradle; rocking-chair; ♪ lullaby.
béret [be'rɛ] *m* (*a. ~ de Basque*) beret; *~ écossais* tam-o'-shanter.
berge [bɛrʒ] *f river, ditch*: bank; *mountain*: flank; ⚔ rampart.
berger [bɛr'ʒe] *m* shepherd (*a. fig.*); **bergère** [~'ʒɛ:r] *f* shepherdess; easy chair; *orn.* wagtail; **bergerie** [~ʒə'ri] *f* sheep-pen; *paint., prosody*: pastoral; **bergeronnette** *orn.* [~ʒərɔ'nɛt] *f* wagtail.
berline [bɛr'lin] *f* saloon (car), *Am.* sedan; † *coach*: Berlin; ⚒ truck, tram.
berlue [bɛr'ly] *f* ⚕ false vision; *fig. avoir la ~* get things all wrong.
berne ⚓ [bɛrn] *f*: *en ~* at half-mast.
berner [bɛr'ne] (1a) *v/t.* laugh at, chaff; hoax.
bernique[1]! *sl.* [bɛr'nik] *int.* nothing doing!
bernique[2] *orn.* [~] *f* limpet.
besace [bə'zas] *f* † double sack; *fig. être réduit à la ~* be reduced to beggary.
bésef *sl.* [be'zɛf] *see bezef.*
besicles *iro.* [bə'zikl] *f/pl.* glasses, spectacles.
besogne [bə'zɔɲ] *f* work; job; **besogneux, -euse** [~zɔ'ɲø, ~'ɲø:z] needy, hard-up.
besoin [bə'zwɛ̃] *m* need, want; poverty; *au ~* in case of need; when required; *avoir ~ de* need; *il est ~ (de inf.)* it is necessary (to *inf.*).
bestial, e, *m/pl.* **-aux** [bɛs'tjal, ~'tjo] bestial, brutish; **bestialité** [~tjali'te] *f* brutishness; bestiality; **bestiaux** [~'tjo] *m/pl.* livestock *sg.*, cattle *sg.*
best-seller [bɛstsɛ'lœ:r] *m* best seller.
bêta, -asse [bɛ'ta, ~'tas] **1.** *adj.* stupid; **2.** *su.* blockhead, ass.
bétail [be'ta:j] *m/sg.* livestock, cattle.
bête [bɛ:t] **1.** *su./f* animal; beast; fool; *~s pl. féroces* wild beasts; *~ à cornes* horned beast; *~ de somme* beast of burden; *~ de trait* draught-animal; *~ fauve* deer; *~ noire* wild boar; *fig. chercher la petite ~* split hairs; *fig. ma ~ noire* my pet aversion; **2.** *adj.* stupid, silly; **bêtifier** [bɛti'fje] (1o) *v/i.* play the fool; talk stupidly; **bêtise** [~'ti:z] *f* stupidity; blunder; nonsense; mere trifle.
béton △ [be'tɔ̃] *m* concrete; *fig. du ~* absolutely safe *or* reliable; **bétonnière** [~tɔ'njɛ:r] *f* cement mixer.
bette ⚘ [bɛt] *f* beet; **betterave** ⚘ [bɛ'tra:v] *f* beet(root); (*a. ~ sucrière*) sugar-beet; *~ fourragère* mangelwurzel.
beuglant *sl.* [bø'glɑ̃] *m* cheap café-concert; **beuglement** [~glə'mɑ̃] *m* lowing, mooing; **beugler** [~'gle] (1a) *v/i.* low; moo.
beurre [bœ:r] *m* butter; *au ~ noir* with browned butter sauce; *sl. c'est du ~* it is child's play; *faire son ~* feather one's nest; F *un œil au ~ noir* a black eye; **beurré** [bœ're] *m* butter-pear; **beurrée** [~'re] *f* slice of bread and butter; **beurrer** [~'re] (1a) *v/t.* butter; **beurrier, -ère** [~'rje, ~'rjɛ:r] **1.** *su./m* butter-dish; **2.** *adj.* butter-producing.
beuverie [bø'vri] *f* drinking bout.
bévue [be'vy] *f* blunder, slip; *commettre une ~* drop a brick.
bezef *sl.* [be'zɛf] *adv.*: *pas ~* not much.
bi... [bi] bi..., di...
biais, e [bjɛ, bjɛ:z] **1.** *adj.* skew, oblique; **2.** *su./m* △ *etc.* skew; slant; slanting; *fig.* expedient; *de* (*or en*) *~* on the cross, on the slant; *regarder de ~* look askance at; **biaiser** [bjɛ'ze] (1b) *v/i.* (be on the) slant; skew; *fig.* use evasions.
bibelot [bi'blo] *m* knick-knack, trinket.
biberon [bi'brɔ̃] *m baby*: feeding (*Am.* nursing) bottle; *invalid*: feeding-cup; F tippler; **biberonner** F [~brɔ'ne] (1a) *v/i.* tipple.
bibi *sl.* [bi'bi] *m* I, me, myself; F (woman's) hat.
Bible [bibl] *f* Bible.

biblio... [bibliɔ] biblio...; **~graphie** [~graˈfi] *f* bibliography; **~manie** [~maˈni] *f* bibliomania; book collecting; **~phile** [~ˈfil] *m* bibliophile, book-lover; **~thécaire** [~teˈkɛːr] *m* librarian; **~thèque** [~ˈtɛk] *f* library; bookcase; ~ *de prêt* lending library; *fig.* ~ *vivante* walking encyclop(a)edia.

biblique [biˈblik] Biblical.

bicarbonate ⚗ [bikarbɔˈnat] *m* bicarbonate; ~ *de soude* bicarbonate of soda, baking soda.

bicentenaire [bisɑ̃tˈnɛːr] *m* bicentenary, *Am.* bicentennial.

biceps *anat.* [biˈsɛps] *m*, *a. adj.* biceps.

biche *zo.* [biʃ] *f* hind, doe; *ma* ~ my darling.

bicher *sl.* [biˈʃe] (1a) *v/i.*: *ça biche?* how goes it?; things alright with you?

bichette *zo.* [biˈʃɛt] *f* young hind.

bichon *m*, **-onne** *f* [biˈʃɔ̃, ~ˈʃɔn] lapdog; **bichonner** [~ʃɔˈne] (1a) *v/t.* spruce (*s.o.*) up; titivate.

bichromie [bikrɔˈmi] *f* two-colo(u)r printing.

bicolore [bikɔˈlɔːr] two-colo(u)r; of two colo(u)rs.

bicoque [biˈkɔk] *f* shanty; F dump.

bicorne [biˈkɔrn] **1.** *adj.* two-pointed; **2.** *su./m* cocked hat.

bicyclette [bisiˈklɛt] *f* (bi)cycle.

bidasse *sl.* [biˈdas] *m* (simple) soldier.

bide *sl.* [biːd] *m* belly; flop, washout; lies *pl.*, rubbish, nonsense.

bidet [biˈdɛ] *m* nag; ⊕ trestle; *hygiene*: bidet.

bidoche *sl.* [biˈdɔʃ] *f* meat.

bidon [biˈdɔ̃] **1.** *m* tin, can, drum; ⚔ canteen, water-bottle; *sl.* belly; *sl.* rubbish, pack of lies; *c'est pas du* ~ that's the honest truth; **2.** *adj. sl.* fake, mock, sham, phoney.

bidonner *sl.* [bidɔˈne] (1a) *vt/i.* swig; *v/t.*: se ~ split one's sides.

bidonville [bidɔ̃ˈvil] *m* shanty-town.

bidule F [biˈdyl] *m* thing(umabob).

bief [bjɛf] *m* canal reach; mill-race.

bielle ⊕ [bjɛl] *f* connecting rod.

bien [bjɛ̃] **1.** *adv. usu.* well; right(ly), porper(ly); quite, rather; really, indeed; *adjectivally*: good, nice, fine, all right; ~ *de la peine* much trouble; ~ *des gens* many people; ~ *que* (*sbj.*) (al)though; *aller* ~ be well; *eh* ~! well!; *être* ~ *a.* be on good terms (with s.o., *avec q.*); *se porter* ~ be in good health; *tant* ~ *que mal* so so; *c'est* ~ *de lui!* that's just like him!; **2.** *su./m* good; welfare; possession, property, wealth, estate; goods *pl.*; ~ *public* public *or* common weal; ✝ ~*s pl. de consommation* consumer goods; **~-aimé, e** [~nɛˈme] beloved; **~-dire** [~ˈdiːr] *m* fine words *pl.*, eloquence; **~-être** [~ˈnɛːtr] *m* wellbeing, comfort; **~faisance** [~fəˈzɑ̃ːs] *f* beneficence, charity; *œuvre f ou société f ou association f de* ~ charitable organization, charity; **~faisant, e** [~fəˈzɑ̃, ~ˈzɑ̃ːt] beneficent, charitable; salutary, beneficial; **~fait** [~ˈfɛ] *m* benefit; service; *fig.* blessing; **~faiteur, -trice** [~fɛˈtœːr, ~ˈtris] **1.** *su./m* benefactor; *su./f* benefactress; **2.** *adj.* beneficent; **~-fondé** [~fɔ̃ˈde] *m* merits *pl.* (*of claim etc.*); **~-fonds**, *pl.* **~s-fonds** [~ˈfɔ̃] *m* real estate; landed property; **~heureux, -euse** [~nœˈrø, ~ˈrøːz] blissful, happy; blessed; **~-jugé** ⚖ [~ʒyˈʒe] *m* proper decision.

biennal, e, *m/pl.* **-aux** [biɛˈnal, ~ˈno] biennial.

bien-pensant, e [bjɛ̃pɑ̃ˈsɑ̃, ~ˈsɑ̃ːt] *adj.*, *a. su.* right-thinking (person).

bienséance [bjɛ̃seˈɑ̃ːs] *f* propriety, decorum; **bienséant, e** [~ˈɑ̃, ~ˈɑ̃ːt] seemly, decent.

bientôt [bjɛ̃ˈto] *adv.* soon, before long; *à* ~! so long!

bienveillance [bjɛ̃vɛˈjɑ̃ːs] *f* kindness; goodwill; benevolence; **bienveillant, e** [~ˈjɑ̃, ~ˈjɑ̃ːt] kind(ly), benevolent.

bienvenu, e [bjɛ̃vəˈny] **1.** *adj.* welcome (to, *à*); **2.** *su.* welcome person; *soyez le* ~! welcome!; *su./f* welcome; *souhaiter la* ~*e à q.* welcome s.o.

bière[1] [bjɛːr] *f* beer; ~ *blonde* pale *or* light ale; ~ *brune* brown ale.

bière[2] [~] *f* coffin.

biffer [biˈfe] (1a) *v/t.* cross out (*a word*); ⚖ strike out; ~ *les indications inutiles* strike out what does not apply.

bifteck [bifˈtɛk] *m* beefsteak; ~ *de porc* pork steak.

bifurcation [bifyrkaˈsjɔ̃] *f road etc.*: fork; 🚂 junction; **bifurquer** [~ˈke] (1m) *v/i. a.* se ~ fork, divide; 🚂 branch off; ⚡ shunt (*current*).

bigame [biˈgam] **1.** *adj.* bigamous; **2.**

su. bigamist; **bigamie** [~ga'mi] *f* bigamy.
bigarré, e [biga're] variegated; **bigarrer** [~'re] (1a) *v/t.* variegate, mottle; **bigarrure** [~'ry:r] *f* motley, variegation.
bigle [bigl] **1.** *adj.* squint-eyed; **2.** *su.* squint-eyed person.
bigleux, -euse F [bi'glø, ~'glø:z] shortsighted.
bigophone F [bigɔ'fɔn] *m* phone.
bigorne [bi'gɔrn] *f* two-beaked anvil; *anvil*: beak; **bigorner** *sl.* [~gɔr'ne] (1a) *v/t.* smash up; *se* ~ fight.
bigot[1] ⚒ [bi'go] *m* mattock.
bigot[2], **e** [bi'go, ~'gɔt] *adj.* (*a. su.*) sanctimonious (person); **bigoterie** [~gɔ'tri] *f* sanctimoniousness, (religious) bigotry.
bigoudi [bigu'di] *m* (hair) curler.
bigre! *sl.* [bigr] *int.* by Jove!, bosh!; **bigrement** *sl.* [~ə'mɑ̃] *adv.* jolly (well), darn (well).
bijou, *pl.* **-x** [bi'ʒu] *m* jewel, gem; **bijouterie** [biʒu'tri] *f* jewellery, *Am.* jewelry; jeweller's shop; **bijoutier** *m*, **-ère** *f* [~'tje, ~'tjɛ:r] jeweller.
bikini [biki'ni] *m* bikini.
bilan [bi'lɑ̃] *m* ✝ balance sheet; *fig.* outcome; *fig.* consequences *pl.*; *fig.* toll; ✝ *déposer son* ~ file a petition in bankruptcy; *fig. faire le* ~ (*de*) take stock (of).
bilatéral, e, *m/pl.* **-aux** [bilate'ral, ~'ro] bilateral, two-sided.
bilboquet [bilbɔ'kɛ] *m toy*: cup-and-ball; *toy*: tumbler; *typ.* jobwork.
bile [bil] bile, gall; **biler** *sl.* [bi'le] (1a) *v/t.*: *ne te bile pas!* don't worry!; take it easy!; *se* ~ get worked up; **bilieux, -euse** [~'ljø, ~'ljø:z] bilious; *fig.* testy; morose.
bilingue [bi'lɛ̃:g] bilingual.
billard [bi'ja:r] *m* (game of) billiards *pl.*; billiard table; billiard room; F operating table; **bille** [bi:j] *f* (*billiard etc.*) ball; marble; billet, block; *sl.* mug (= *face*); *sl.* nut (= *head*); *stylo m à* ~ ball-point pen.
billet [bi'jɛ] *m* note, letter; notice; circular; ticket (*a.* 🚂, *thea.*); ✝ bill; ~ *à ordre* ✝ promissory note; ⚓ single bill; ~ *blanc lottery*: blank; ~ *circulaire* tourist ticket; ✝ circular note; ~ *de banque* bank-note, *Am. a.* bill; ~ *de faire part* intimation, notice (*of death, wedding, etc.*); ~ *de faveur* complimentary ticket; ~ *doux* love-letter.
billevesée [bilvə'ze] *f* crazy notion.
billion [bi'ljɔ̃] *m* one million millions, billion; *Am.* one thousand billions, trillion.
billon [bi'jɔ̃] *m* alloy; copper *or* nickel coinage; base coinage; ⚒ ridge of earth; **billot** ⚒ [bi'jo] *m* block; *tethering*: clog; wheel drag.
bimbeloterie [bɛ̃blɔ'tri] *f* toys *pl.*, knick-knacks *pl.*; (cheap) toy trade.
bimensuel, -elle [bimɑ̃'sɥɛl] fortnightly.
bimoteur [bimɔ'tœ:r] *adj./m* twin-engined.
binaire [bi'nɛ:r] binary.
binard [bi'na:r] *m* (stone-)lorry, dray.
biner [bi'ne] (1a) *v/t.* ⚒ hoe; dig *etc.* for a second time; *v/i. eccl.* celebrate two masses in one day; **binette** ⚒ [~'nɛt] *f* hoe; *sl.* face, dial, mug.
biniou [bi'nju] *m* Breton pipes *pl.*; *sl.* horn, wind instrument.
binocle [bi'nɔkl] *m* eye-glasses *pl.*; pince-nez; lorgnette.
binôme A [bi'no:m] *adj.*, *a. su./m* binomial.
biochimie ⚗ [biɔʃi'mi] *f* biochemistry.
biographe [biɔ'graf] *m* biographer; **biographie** [~gra'fi] *f* biography.
biophysique [biɔfi'zik] *f* biophysics *sg.*
biosphère [biɔ'sfɛ:r] *f* biosphere.
biotope [biɔ'tɔp] *m* biotope.
bipartisme *pol.* [bipar'tism] *m* coalition government.
biplace [bi'plas] *adj.*, *a. su.* two-} [scater.]
biplan ✈ [bi'plɑ̃] *m* biplane.
bipolaire ⚡ [bipɔ'lɛ:r] bipolar.
bique [bik] *f* F nanny-goat; *sl.* old hag; *sl.* nag; **biquet** *m*, **-ette** *f* F [bi'kɛ, ~'kɛt] kid.
biréacteur ✈ [bireak'tœ:r] **1.** *adj./m* twin-jet; **2.** *su./m* twin-jet plane.
bis[1], **bise** [bi, bi:z] greyish-brown; *à* ~ *ou à blanc* anyhow; *pain m* ~ brown bread.
bis[2] [bis] **1.** *adv.* twice; again; encore!; *no.* 9 ~ 9A (*house etc.*); **2.** *su./m* encore.
bisaïeul [biza'jœl] *m* great-grandfather; **bisaïeule** [~] *f* great-grandmother.
bisannuel, -elle [biza'nɥɛl] biennial.

bisbille F [bis'bi:j] *f* bickering; *en* ~ at loggerheads (with, *avec*).
biscornu, e F [biskɔr'ny] mis-shapen; distorted; illogical; queer (*idea*).
biscotin [biskɔ'tɛ̃] *m* crisp biscuit; ship's biscuit; **biscotte** [~'kɔt] *f* rusk; **biscuit** [~'kɥi] *m* biscuit, *Am.* *a.* zwieback; plain cake; ✝ *ceramics*: biscuit, bisque; ~ *à la cuiller* sponge-finger, *Am.* lady-finger; ~ *de mer* ship's biscuit.
bise[1] [bi:z] *f* north wind; *poet.* winter.
bise[2] F [~] *f* (little) kiss; *faire une* ~ *à q.* give s.o. a (little) kiss.
biseau ⊕ [bi'zo] *m* chamfer, bevel; *en* ~ chamfered, bevelled; **biseauter** [~zo'te] (1a) *v/t.* ⊕ chamfer, bevel; bezel (*gems*); *fig.* mark (*cards*).
biser[1] [bi'ze] (1a) *v/t.* re-dye.
biser[2] [~] (1a) *v/i.* darken.
biser[3] F [~] (1a) *v/t.* kiss.
bismuth [bis'myt] *m* bismuth.
bison *zo.* [bi'zɔ̃] *m* bison.
bisque [bisk] *f cuis.* shellfish soup; **bisquer** F [bis'ke] (1m) *v/i.*: *faire* ~ *q.* rile s.o.
bissac [bi'sak] *m* double wallet.
bissecteur, -trice [bisɛk'tœ:r, ~'tris] bisecting; **bissection** [~'sjɔ̃] *f* bisection.
bisser [bi'se] (1a) *v/t.* encore (*a singer, a song*); repeat; **bissextile** [bisɛks'til] *adj./f*: *année f* ~ leap year; **bissexuel, -elle** [~sɛk'sɥɛl] bisexual.
bistourner [bistur'ne] (1a) *v/t.* wrench.
bistre [bistr] **1.** *su./m* bistre; **2.** *adj./inv.* blackish-brown, swarthy.
bistrot [bis'tro] *m* pub, café; pub- *or* café-owner.
bitume [bi'tym] *m* bitumen; **bitumer** [~ty'me] (1a) *v/t.* tar; asphalt.
biture *sl.* [bi'ty:r] *f*: *prendre une* ~ get drunk.
bivouac ⚔ [bi'vwak] *m* bivouac.
bizarre [bi'za:r] odd, curious, strange, peculiar; **bizarrerie** [~zar'ri] *f* oddness, peculiarity; whimsicality.
bizut(h) *sl.* [bi'zy] *m* first-year student; beginner.
bla-bla F [bla'bla] *m/inv.* bunkum, *Am.* blah.
blackbouler [blakbu'le] (1a) *v/t.* blackball, turn down.
blafard, e [bla'fa:r, ~'fard] wan, pale.
blague [blag] *f* F joke; trick, practical joke; F stupid mistake, blunder; F stupid thing, nonsense; (~ *à tabac*) tobacco pouch; ~ *à part* joking apart; F *sans* ~? you don't say!; really?; **blaguer** F [bla'ge] (1m) *v/i.* joke; *tu blagues!* impossible!; *v/t.* make fun of, F kid.
blair *sl.* [blɛ:r] *m* nose.
blaireau [blɛ'ro] *m zo.* badger; shaving-brush; *paint.* brush.
blairer *sl.* [blɛ're] (1a) *v/t.*: *je ne peux pas le* ~ I can't stand him.
blâmable [blɑ'mabl] blameworthy; **blâme** [blɑ:m] *m* blame; *admin.* reprimand; **blâmer** [blɑ'me] (1a) *v/t.* blame; censure; reprimand.
blanc, blanche [blɑ̃, blɑ̃:ʃ] **1.** *adj.* white; clean, pure; blank (*paper, cartridge*); pale (*ale*); *armes f/pl. blanches* side-arms; F *carte f blanche* free hand; *nuit f blanche* sleepless night; *se battre à l'arme blanche* fight with cold steel; **2.** *su.* white; white person; *su./m* blank; white wine; (egg) white; white meat; *chauffer à* ~ make white-hot; *fig.* work (*s.o.*) up, excite (*s.o.*); *saigner à* ~ bleed white; *tirer à* ~ fire blanks; (*signer un*) *chèque en* ~ (sign a) blank cheque; **~-bec**, *pl.* **~s-becs** F [blɑ̃'bɛk] *m* callow youth, *Am.* sucker, greenhorn; **blanchâtre** [blɑ̃'ʃɑ:tr] whitish; **blanche** ♪ [blɑ̃:ʃ] *f* minim, *Am.* half note; **blancheur** [blɑ̃'ʃœ:r] *f* whiteness; paleness; purity; **blanchir** [~'ʃi:r] (2a) *v/t.* whiten; bleach; clean; wash, launder; *v/i.* turn white; blanch; fade; **blanchissage** [~ʃi'sa:ʒ] *m* washing; laundering; **blanchisserie** [~ʃis'ri] *f* laundering; laundry; **blanchisseur** [~ʃi'sœ:r] *m* laundryman; ⊕ bleacher; **blanchisseuse** [~ʃi'sø:z] *f* laundress; washerwoman; **blancseing**, *pl.* **blancs-seings** [blɑ̃'sɛ̃] *m* blank signature; *fig.* full power(s *pl.*).
blaser [blɑ'ze] (1a) *v/t.* blunt (*the palate*); surfeit; *se* ~ become indifferent (to *de, sur*).
blason [blɑ'zɔ̃] *m* coat-of-arms, blazon; heraldry; **blasonner** [~zɔ'ne] (1a) *v/t.* blazon.
blasphémateur, -trice [blasfema'tœ:r, ~'tris] **1.** *su.* blasphemer; **2.** *adj.* blasphemous; **blasphème** [~'fɛm] *m* blasphemy; **blasphémer** [~fe'me] (1f) *vt/i.* blaspheme.

blatte [blat] *f* cockroach, blackbeetle.
blé [ble] *m* corn; wheat; ~ *de Turquie* maize, *Am.* (Indian) corn; ~ *noir* buckwheat.
blême [blɛ:m] wan, pale; ghastly, livid; **blêmir** [blɛ'mi:r] (2a) *v/i.* blanch; grow pale.
blennorragie ⚕ blɛnɔra'ʒi] *f* gonorrh(o)ea.
blèse [blɛ:z] lisping; *être* ~ = **bléser** [ble'ze] (1f) *v/i.* lisp.
blessant, e [blɛ'sɑ̃, ~'sɑ̃:t] offensive (*remark*); **blesser** [~'se] (1a) *v/t.* wound; hurt; offend; *se* ~ *a.* take offence; **blessure** [~'sy:r] *f* wound, injury.
blet, blette [blɛ, blɛt] over-ripe.
bleu, bleue, *m/pl.* **bleus** [blø] **1.** *adj.* blue; *cuis.* underdone; *une colère f bleue* a towering rage; *une peur f bleue* a blue funk; *zone f bleue* zone of parking restrictions in the centre of a town; **2.** *su./m* blue; ⊕ blue print; ⚕ bruise; F greenhorn; ⚔ F recruit; ~s *pl.* overalls; ~ *de Prusse* Prussian blue; ~ *d'outremer* ultramarine; **bleuâtre** [~'ɑ:tr] bluish; **bleuir** [~'i:r] (2a) *v/t.* blue; make blue; *v/i.* become blue.
blindage [blɛ̃'da:ʒ] *m* ⚔, ⚓ armo(u)r plating; ⚒ timbering; ⚡ screening; **blindé, e** [~'de] **1.** *adj.* armo(u)red; bullet-proof; F *fig.* hardened, immune (to, *contre*), thick-skinned; *sl.* drunk; **2.** *su./m* armo(u)red car; **blinder** [~'de] (1a) *v/t.* ⚔, ⚓ armo(u)r-plate; ⊕ shore up, timber; F *fig.* harden, make immune *or* indifferent (to, *contre*).
bloc [blɔk] *m* block; (memo) pad; mass; *pol.* bloc; ⊕ unit; *sl.* prison, clink; *à* ~ tight, hard, right home; *en* ~ in one piece; in the lump; wholesale; **blocage** [blɔ'ka:ʒ] *m* blocking (*a.* ⚡); ⚠ rubble; ⚠ cement-block foundation; ⊕ jamming, stopping; ~ *des prix* freezing of prices; ~ *des salaires* pay freeze; **bloc-cylindres,** *pl.* **blocs-cylindres** *mot.* [blɔksi'lɛ̃:dr] *m* cylinder-block.
blockhaus [blɔ'ko:s] *m/inv.* ⚔ blockhouse; ⚓ conning-tower.
bloc-notes, *pl.* **blocs-notes** [blɔk'nɔt] *m* (memo) pad, writing pad.
blocus [blɔ'kys] *m* blockade; *hist.* ~ *continental* continental system; *faire le* ~ *de* blockade; *forcer le* ~ run the blockade.
blond, blonde [blɔ̃, blɔ̃:d] **1.** *adj.* blond, fair; pale (*ale*); **2.** *su./m* blond; *su./f* blonde.
blondin, e [blɔ̃'dɛ̃, ~'din] **1.** *adj.* fair-haired; **2.** *su.* fair-haired person.
bloquer [blɔ'ke] (1m) *v/t.* block (up); besiege; blockade; ☤ stop (*a cheque*); ⊕ lock; ⊕ jam on (*the brake*); 🚂 close (*a section*); ☤ freeze (*wages, prices*); F lock up; *se* ~ get jammed.
blottir [blɔ'ti:r] (2a) *v/t.*: *se* ~ crouch, squat; nestle.
blouse [blu:z] *f* blouse; smock; overall; *billiards*: pocket; **blouser** [blu'ze] (1a) *v/t.* pocket (*the ball at billiards*); F deceive; **blouson** [~'zɔ̃] *m* lumber-jacket; *Am.* windbreaker.
bluet ⚘ [bly'ɛ] *m* cornflower.
bluette [bly'ɛt] *f* trivial story.
bluff F [blœf] *m* bluff; **bluffer** F [blœ'fe] (1a) *v/t.* bluff (*s.o.*); *v/i.* pull a fast one, try it on.
blutage [bly'ta:ʒ] *m* bolting, sifting; **bluter** [~'te] (1a) *v/t.* bolt, sift (*flour etc.*); **blutoir** [~'twa:r] *m* bolting-machine; sieve.
boa *zo., cost.* [bo'a] *m* boa.
bobard *sl.* [bɔ'ba:r] *m* tall story; lie, fib.
bobèche [bɔ'bɛʃ] *f candlestick*: sconce; *sl.* nut, head.
bobinage ⚡, ⊕ [bɔbi'na:ʒ] *m* winding; **bobine** [~'bin] *f* bobbin, reel, spool; roll; ⚡ coil; ⊕ drum; *sl.* dial, face; **bobiner** [bɔbi'ne] (1a) *v/t.* wind, spool; **bobineuse** [~'nø:z] *f* winding-machine.
bobo F [bo'bo] *m* hurt; sore; *ch.sp.* bump.
bocage [bɔ'ka:ʒ] *m* grove, copse.
bocal [bɔ'kal] *m* jar, bottle (*with wide mouth and short neck*); globe, fish-bowl; *chemist*: show-bottle.
bocard *metall.* [bɔ'ka:r] *m* ore-crusher; **bocarder** [~kar'de] (1a) *v/t.* crush (*ore*).
bock [bɔk] *m* glass of beer.
bœuf [bœf, *pl.* bø] **1.** *su./m* ox; beef; boiled beef; ~ *à la mode* stewed beef; ~ *conservé* corned beef; **2.** *adj.* *sl.* colossal, fine, *Am.* bully.
boggie 🚂 [bɔ'ʒi] *m* bogie, *Am.* truck.
bohème [bɔ'ɛm] *adj., a. su.* Bohemian; **bohémien, -enne** *geog.* [~e'mjɛ̃, ~'mjɛn] *adj., a. su.* ♀ Bohemian; gypsy.

boire [bwa:r] (4b) **1.** *v/t.* drink; soak up, imbibe; *fig.* pocket (*an insult*); *fig.* drink in (*s.o.'s words*); ~ *un coup* have a drink; ~ *une goutte* take a sip; have a nip; *v/i.* drink; be a drunkard; ~ *comme un trou* drink like a fish; **2.** *su./m* drink(ing).
bois [bwɑ] *m* wood; timber; forest; *rifle*: stock; ~ *pl. stag*: horns, antlers; ~ *contre-plaqué* plywood; ~ *de construction* (*or d'œuvre*) timber; ~ *de lit* bedstead; ♪ *les* ~ *pl.* the woodwind *sg.*; *touchez du* ~ touch wood!; **boisage** ⚠ *etc.* [bwa'za:ʒ] *m* timbering; frame(work); saplings *pl.*; **boisé, e** [~'ze] (well-)wooded; wainscoted (*room*); **boisement** [bwaz'mɑ̃] *m* afforestation; **boiser** [bwa'ze] (1a) *v/t.* panel; afforest; ⚒ timber, prop; **boiserie** [bwaz'ri] *f* ⚠ panelling; wainscoting; woodwork.
boisseau [bwa'so] *m measure*: 13 litres (*approx. 1 peck*); ⊕ faucet-pipe; ⚠ drain-tile; **boisselier** [~sə'lje] *m* bushel-maker; cooper.
boisson [bwa'sɔ̃] *m* drink; *pris de* ~ drunk, intoxicated.
boîte [bwat] *f* box (*a.* ⊕); tin, *Am.* can; ⊕ case; F place, room; F joint, dump; F company, firm; F école; *sl.* prison; *mot.* ~ *à gants* glove compartment; ~ *à ordures* litterbin, *Am.* litterbag; ~ *à outils* tool-box; ~ *aux lettres* letter-box, *Am.* mail-box; ~ *de conserves* tin, *Am.* can; F ~ *de nuit* night-club; *mot.* ~ *de vitesses* gearbox, *Am.* transmission; ~ *postale* post-office box; *en* ~ tinned, *Am.* canned; F *fig. mettre q. en* ~ pull s.o.'s leg.
boiter [bwa'te] (1a) *v/i.* limp; **boiteux, -euse** [~'tø, ~'tø:z] lame; rickety (*table etc.*).
boîtier [bwa'tje] *m* box-maker; watch-case maker; *torch, watch, etc.*: case.
boivent [bwa:v] *3rd p. pl. pres. of boire 1.*
bol[1] [bɔl] *m* ⚒ bole; ⚕ bolus.
bol[2] [~] *m* bowl; *sl.* (good) luck; *sl. avoir du* ~ be lucky; F *prendre un* ~ *d'air* get some fresh air; *sl. en avoir ras le* ~ be fed up with it.
bolchevisme [bɔlʃə'vism] *m* Bolshevism; **bolcheviste** [~'vist] *adj., a. su.* Bolshevist.
bolide [bɔ'lid] *m* bolide; *mot.* racing-car.
bombance F [bɔ̃'bɑ̃:s] *f* feast(ing); junket(ing); carouse.
bombardement [bɔ̃bardə'mɑ̃] *m* shelling; bombing; bombardment (*a. phys.*); **bombarder** [~'de] (1a) *v/t.* shell; bombard; pelt (with, *de*) (*stones, a. fig. questions*); F *on l'a bombardé ministre* he has been pitchforked into a Ministry; **bombardier** [~'dje] *m* bomber.
bombe [bɔ̃:b] *f* ⚔ bomb; (aerosol) spray; F feast; ~ *à hydrogène* H-bomb; ~ *à retardement* time-bomb; ~ *nucléaire* nuclear bomb; *en* ~ like a rocket; *faire la* ~ go on a spree;
bomber [bɔ̃'be] (1a) *v/t.* cause to bulge; curve, arch; camber (*a road*); ~ *la poitrine* stick out one's chest; ~ *le torse* throw out one's chest, *fig. a.* swagger; *v/i. a. se* ~ bulge; swell out.
bon, bonne [bɔ̃, bɔn] **1.** *adj. usu.* good; nice, kind; proper, right; fit (for, *à*), apt; benevolent, charitable; dutiful (*son*); ✝ sound (*firm*); witty; *typ.* stet; ~ *à manger* eatable; ~ *marché* cheap(ly); ~ *mot* witticism; *à quoi* ~? what's the use?; *à son* ~ *plaisir* at his own convenience; at his discretion; *de bonne famille* of good family; *de bonne foi* truthful, honest; *de bonne heure* early; *prendre qch. en bonne part* take s.th. in good part; *pour de* ~, *tout de* ~ in earnest; really; for good; **2.** *bon adv.* nice; good; *il fait* ~ it's nice and warm (*weather*); *il fait* ~ (*faire qch.*) it's nice (*to do s.th.*); *il ne fait pas* ~ (*faire qch.*) it's not advisable (*to do s.th.*); *tenir* ~ stand fast *or* firm, hold out; **3.** *su./m* voucher, ticket, coupon; ✝ bond, draft; I.O.U., note of hand; ~ *de caisse* cash voucher; ~ *de poste post*: postal order; ~ *du Trésor* Treasury bond.
bonace [bɔ'nas] *f* lull (*before storm*).
bon(-)à(-)rien, *pl.* **bons(-)à(-)rien** [bɔ̃a'rjɛ̃] *m* good-for-nothing.
bonasse [~] good-hearted; simple-minded.
bonbon [bɔ̃'bɔ̃] *m* sweet, *Am.* candy.
bonbonne [bɔ̃'bɔn] *f* carboy.
bonbonnière [bɔ̃bɔ'njɛ:r] *f* sweet(-meat)box; *fig.* snug little dwelling.
bond [bɔ̃] *m* jump; bound; leap; *fig.* ~ *en avant* breakthrough; *fig. faire faux* ~ *à* leave in the lurch, let down.
bonde [bɔ̃:d] *f* ⊕ plug; *barrel*: bung; bung-hole; sluice-gate; **bondé**

[bɔ̃ˈde] packed, crammed, chock-full.
bondir [bɔ̃ˈdiːr] (2a) *v/i.* bound, jump; bounce; caper; **bondissement** [~disˈmɑ̃] *m* bounding, leaping; frisking.
bondon ⊕ [bɔ̃ˈdɔ̃] *m* bung, plug.
bonheur [bɔˈnœːr] *m* happiness; bliss; good luck; success; *par* ~ luckily; *porter* ~ bring good luck.
bonhomie [bɔnɔˈmi] *f* simple good-heartedness; simplicity; *avec* ~ good-naturedly; **bonhomme**, *pl.* **bonhommes** [bɔˈnɔm, bɔ̃ˈzɔm] **1.** *su./m* fellow, chap; ~ *de neige* snowman; **2.** *adj. inv.* good-humo(u)red.
boni ✝ [bɔˈni] *m* surplus; profit; **bonification** [bɔnifikaˈsjɔ̃] *f* improvement, amelioration; ✝ allowance, bonus; *insurance*: ~ *pour non sinistre* no claims bonus; **bonifier** [bɔniˈfje] (1o) *v/t.* improve; ✝ make good; ✝ allow a discount to; ✝ credit (*s.th.*); **boniment** [~ˈmɑ̃] *m advertizing*: puff; *pej.* claptrap, humbug.
bonjour [bɔ̃ˈʒuːr] *m* good morning; good afternoon.
bonne [bɔn] *f* maid; servant; waitress; ~ *à tout faire* maid of all work, F general; ~ *d'enfants* nursery-maid; **~-maman**, *pl.* **~s-mamans** *ch.sp.* [bɔnmaˈmɑ̃] *f* grandma, granny.
bonnement [bɔnˈmɑ̃] *adv.*: *tout* ~ simply, plainly.
bonnet [bɔˈnɛ] *m* cap; *brassière*: cup; F *avoir la tête près du* ~ be quick-tempered *or* hot-headed; F *gros* ~ bigwig, *Am.* big shot; **bonneterie** [bɔnˈtri] *f* hosiery; **bonnetier** *m*, **-ère** *f* [~ˈtje, ~ˈtjɛːr] hosier; **bonnette** [bɔˈnɛt] *f* child's bonnet; *phot.* supplementary lens.
bon-papa, *pl.* **bons-papas** *ch.sp.* [bɔ̃paˈpa] *m* gran(d)dad, grandpa.
bonsoir [bɔ̃ˈswaːr] *m* good evening; good night.
bonté [bɔ̃ˈte] *f* goodness, kindness; *ayez la* ~ *de* (*inf.*) be so kind as to (*inf.*).
bonze [bɔ̃ːz] *m* bonze (*Buddhist priest*); F bigwig, big shot; *sl. vieux* ~ old dodderer.
borax ⚗ [bɔˈraks] *m* borax.
bord [bɔːr] *m* edge, border; side; seaside, shore; *river*: bank; tack; *hat*: brim; ✈ ~ *d'attaque* leading edge; ✈ ~ *de fuite* trailing edge; ⚓ *à* ~ on board; **bordage** [bɔrˈdaːʒ] *m* hem(ming), border(ing); ⊕ flanging; ⚓ planking, sheathing; **bordé** [~ˈde] *m* edging, border; ⚓ planking; ⚓ plating; **bordée** ⚓ [~ˈde] *f* broadside; tack; watch; *fig. une* ~ *d'injures* a volley of abuse; *courir une* ~ ⚓ make a tack, *fig.* go on the spree.
bordel [bɔrˈdɛl] *m* brothel.
bordelais, e [bɔrdəˈlɛ, ~ˈlɛːz] of Bordeaux.
border [bɔrˈde] (1a) *v/t.* hem, border (*a dress*); ⊕ flange; ⚓ plank; ⚓ ~ *la côte* keep close to the shore, hug the shore; ~ *un lit* tuck in the bedclothes.
bordereau ✝ [bɔrdəˈro] *m* memorandum; statement; invoice; dispatch note; note, slip; list.
bordure [bɔrˈdyːr] *f* border(ing); frame; edge; rim; kerb, *Am.* curb.
bore ⚗ [bɔːr] *m* boron.
boréal, e, *m/pl.* **-als** *or* **-aux** [bɔreˈal, ~ˈo] north(ern).
borgne [bɔrɲ] **1.** *adj.* one-eyed, blind in one eye; *fig.* disreputable, shady; **2.** *su.* one-eyed person.
borique ⚗ [bɔˈrik] boric.
borne [bɔrn] *f* boundary, limit; boundary-stone; landmark; ⚓ bollard; ⚡ terminal; ~ *kilométrique* (*approx.*) milestone; **borné, e** [bɔrˈne] limited; narrow, restricted; **borner** [~ˈne] (1a) *v/t.* set limits to; limit; mark the boundary of; *se* ~ *à* content o.s. with, restrict o.s. to; **bornoyer** [~nwaˈje] (1h) *v/t.* squint along (*an edge*); *surv.* stake off.
boscot, -otte † [bɔsˈko, ~ˈkɔt] **1.** *adj.* hunchbacked; **2.** *su.* hunchback.
bosquet [bɔsˈkɛ] *m* grove, thicket.
bosse [bɔs] *f* hump; bump; knob; dent; *fig. avoir la* ~ *de* have a gift for; *en* ~ in relief; **bosseler** [~ˈle] (1c) *v/t.* ⊕ emboss; *fig.* batter; **bosser** *sl.* [bɔˈse] (1a) *v/i.* work hard, *sl.* peg away; **bossoir** ⚓ [~ˈswaːr] *m* bow; davit; **bossu, e** [~ˈsy] **1.** *adj.* hunchbacked; **2.** *su.* hunchback; **bossuer** [~ˈsɥe] (1n) *v/t.* dent, batter.
bot, bote [bo, bɔt] *adj.*: *pied m* ~ clubfoot.
botanique [bɔtaˈnik] **1.** *adj.* botanical; **2.** *su./f* botany.
botte[1] [bɔt] *f* high boot; *fig.* heel; ~*s pl. à l'écuyère* riding boots; ~*s pl. imperméables* waders; *fig. à propos de* ~*s* without rhyme or reason.
botte[2] [bɔt] *f* bunch; bundle, bale;

wire: coil; **bottelage** [bɔ'tlaːʒ] *m* trussing; **botteler** [~'tle] (1c) *v/t*. bundle; bunch; tie up.
botter [bɔ'te] (1a) *v/t*. put boots on, supply (*s.o.*) with boots *or* shoes; *sp*., a. F kick; *le Chat botté* Puss-in-Boots; *sl. ça me botte* I like that; o.k.!
bottine [bɔ'tin] *f* (half-)boot; Wellington boot.
botulisme [bɔty'lism] *m* botulism.
bouc [buk] *m* he-goat; *beard*: goatee; ~ *émissaire* scapegoat, *Am*. fall guy.
boucan F [bu'kɑ̃] *m* shindy, hullabaloo.
boucaner [buka'ne] (1a) *v/t*. cure (*by smoke*); F sun-burn; *v/i*. hunt wild animals; be cured *or* smoke-dried; *sl*. kick up a row; **boucanier** F [~'nje] *m* buccaneer.
bouche [buʃ] *f* mouth; opening; ⊕ nozzle; ⚔ *canon*: muzzle; ⚔ ~ *à feu* piece of artillery; ~ *d'eau* hydrant; 🚂 water-crane; ~ *de chaleur* hot-air vent; ~ *d'incendie* fire-hydrant, *Am*. fire-plug; ~ *de métro* underground (*Am*. subway) entrance; *sl. ta* ~! shut up!; **bouche-à-bouche** [buʃa'buʃ] *m/inv*. mouth-to-mouth artificial respiration, kiss of life.
bouché, e [bu'ʃe] blocked; choked; F stupid, dense; F ~ *à l'éméri* absolutely blockheaded.
bouchée [~] *f* mouthful; *cuis*. patty.
boucher[1] [bu'ʃe] (1a) *v/t*. stop (up); shut up; cork (*a bottle*).
boucher[2] [bu'ʃe] *m* butcher; **bouchère** [~'ʃɛːr] *f* butcher's wife; **boucherie** [buʃ'ri] *f* butcher's shop; butcher's trade; slaughter (*a. fig*.).
bouche-trou [buʃ'tru] *m* stop-gap, substitute; **bouchon** [bu'ʃɔ̃] *m* cork, stopper, plug (*a.* ⚡); *cask*: bung; *fishing*: float; F † pub; *mot*. (*a*. ~ *de circulation*) traffic jam; ~ *de paille* wisp of straw; **bouchonner** [buʃɔ'ne] (1a) *v/t*. rub down (*a horse*); † bundle up; F *fig*. coddle, cosset.
boucle [bukl] *f* buckle; ring; loop; circuit; ear-ring; *hair*: curl, lock; **boucler** [bu'kle] (1a) *v/t*. buckle; loop; curl (*one's hair*); F lock up; *v/i*. curl (*hair*).
bouclier [bu'klje] *m* shield (*a. fig*.).
bouder [bu'de] (1a) *v/i*. sulk; shirk; pass (*at dominoes*); *v/t*. be sulky with; be cool towards; **bouderie** [~'dri] *f* sulkiness; **boudeur, -euse** [~'dœːr, ~'døːz] **1.** *adj*. sulky; **2.** *su*. sulky person.
boudin [bu'dɛ̃] *m* black pudding, *Am*. blood-sausage; *tobacco*: twist; ⊕ *wheel*: flange; ~ *blanc* white pudding; ⊕ *ressort m à* ~ spiral spring; **boudiner** [budi'ne] (1a) *v/t*. ⊕ coil; F be too tight for (*s.o.*) (*garment*); F *se* ~ *dans* squeeze o.s. into (*a garment*).
boudoir [bu'dwaːr] *m* boudoir, lady's private room.
boue [bu] *f* mud; dirt; slush; sediment.
bouée ⚓ [bu'e] *f* buoy.
boueur [bu'œːr] *m* scavenger; dustman, *Am*. garbage-collector; street cleaner; **boueux, -euse** [bu'ø, ~'øːz] muddy; dirty.
bouffant, e [bu'fɑ̃, ~'fɑ̃ːt] **1.** *adj*. puffed (*sleeve*); full (*skirt*); ample; **2.** *su./m* puff; **bouffarde** F [~'fard] *f* pipe.
bouffe[1] [buf] comic.
bouffe[2] *sl*. [~] *f* food, F grub.
bouffée [bu'fe] *f* puff, whiff; ⚕ attack; ⚕ ~ *de chaleur* hot flush;
bouffer [~] (1a) *vt/i*. puff out; *v/t*. F eat (greedily); blue (*money*).
bouffi, e [bu'fi] puffed (with, *de*), puffy, swollen; turgid (*style*); **bouffir** [~'fiːr] (2a) *vt/i*. swell; **bouffissure** [~fi'syːr] *f* swelling; *fig*. bombast.
bouffon, -onne [bu'fɔ̃, ~'fɔn] **1.** *adj*. farcical; comical; ridiculous; **2.** *su./m* buffoon, clown, fool; **bouffonnerie** [~fɔn'ri] *f* buffoonery.
bouge [buːʒ] *m* hovel, dump; low dive; ⊕ *cask*: bilge; *wall*: bulge; ⚓ camber.
bougeoir [bu'ʒwaːr] *m* candlestick.
bouger [bu'ʒe] (1l) *v/i*. move, stir; *v/t*. F move.
bougie [bu'ʒi] *f* candle; taper; *phys*. candle-power; *mot*. (*a*. ~ *d'allumage*) sparking-plug, Am. spark plug.
bougon, -onne F [bu'gɔ̃, ~'gɔn] **1.** *adj*. grumpy; **2.** *su*. grumbler.
bougran *tex*. [bu'grɑ̃] *m* buckram.
bougre *sl*. [bugr] **1.** *su./m* fellow, chap; ~ *d'idiot!* you blooming idiot!; **2.** *int*. gosh!; **bougrement** *sl*. [bugrə'mɑ̃] *adv*. devilishly; very;
bougresse *sl*. [~'grɛs] *f* jade.
boui-boui, *pl*. **bouis-bouis** F [bwi'bwi] *m* low theatre *or* music-hall; low haunt, *Am*. dive.
bouillabaisse [buja'bɛs] *f* (*Provençal*) fish-soup.

bouillant, e [bu'jɑ̃, ~'jɑ̃:t] boiling (*a. fig.* with, *de*); hot; *fig.* hotheaded.

bouille *sl.* [bu:j] *f* face; head.

bouilli, e [bu'ji] **1.** *p.p. of bouillir*; **2.** *su./m* boiled beef; *su./f* gruel; pulp; **bouillir** [~'ji:r] (2e) *v/i.* boil; *faire ~ l'eau* boil the water; **bouilloire** [buj'wa:r] *f* kettle, *Am.* teakettle; **bouillon** [bu'jɔ̃] *m* bubble; broth (*a. biol.*); soup; restaurant; ✝ unsold copies *pl.*; *~ d'onze heures* poison(ed drink); *fig. boire un ~* suffer a loss; **bouillonner** [~jɔ'ne] (1a) *v/i.* bubble; seethe (*a. fig.* with, *de*); *v/t.*: *~ une robe* gauge a dress; **bouillotte** [~'jɔt] *f* footwarmer; hot-water bottle; *cards*: bouillotte; *sl.* head; kettle, *Am.* teakettle; **bouillotter** [~jɔ'te] (1a) *v/i.* simmer.

boulange F bu'lɑ̃:ʒ] bakery trade; **boulanger** [bulɑ̃'ʒe] **1.** *su./m* baker; **2.** (1l) *v/t.* make (*bread*), bake (*bread*); **boulangerie** [bulɑ̃ʒ'ri] *f* bakery; baker's shop; baking.

boule [bul] *f* ball; bowl; *sl.* head; *~ de neige* snowball; *~s pl. Quiès (TM)* earplugs.

bouleau ⚘ [bu'lo] *m* birch; birch-wood.

bouledogue [bul'dɔg] *m* bulldog.

bouler F [bu'le] (1a) *v/t.* send rolling; *v/i.* roll; *envoyer ~* send (*s.o.*) packing; **boulet** [~'lɛ] *m* bullet; shot; (*~ de canon*) cannon-ball; ✝ *coal*: ovoids *pl.*; *horse*: pastern-joint; **boulette** [~'lɛt] *f* small ball; *cuis.* (*~ de viande*) meat ball; *sl.* blunder.

boulevard [bul'va:r] *m* boulevard.

bouleversement [bulvɛrsə'mɑ̃] *m* overthrow; confusion; **bouleverser** [~'se] (1a) *v/t.* upset (*a. fig.*); throw into confusion; bowl over.

boulier [bu'lje] *m billiards*: scoring board; (*a. ~ compteur*) abacus.

boulimie ⚕ [buli'mi] *f* abnormal hunger.

boulin [bu'lɛ̃] *m* pigeon-hole; ⚠ putlog(-hole).

bouline ⚓ [bu'lin] *f* bowline; **bouliner** ⚓ [~li'ne] (1a) *v/i.* sail close to the wind; *v/t.* haul (*a sail*) to windward.

boulingrin [bulɛ̃'grɛ̃] *m* lawn, grass-plot.

boulon ⊕ [bu'lɔ̃] *m* bolt, pin; **boulonner** [~lɔ'ne] (1a) *v/t.* bolt (down); *v/i. sl.* swot.

boulot, -otte [bu'lo, ~'lɔt] **1.** *adj.* dumpy; **2.** *su./m sl.* work; job; **boulotter** F [~lɔ'te] (1a) *v/t.* eat; get through (*money*); *v/i.* jog along; *ça boulotte!* things are fine!

boumer *sl.* [bu'me] *v/i.*: *ça boume?* how's things?; *ça boume!* it's going fine!

bouquet [bu'kɛ] *m* bunch of flowers, nosegay; aroma; *wine*: bouquet; *c'est le ~!* that takes the cake!; **bouquetière** [buk'tjɛ:r] *f* flower-girl.

bouquetin *zo.* [buk'tɛ̃] *m* ibex.

bouquin[1] [bu'kɛ̃] *m* old he-goat.

bouquin[2] bu'kɛ̃] *m* old book; F book; **bouquiner** [buki'ne] (1a) *v/i.* collect old books; pore over old books; F read; **bouquineur** [~'nœ:r] *m* lover *or* collector of old books; **bouquiniste** [~'nist] *m* second-hand bookseller.

bourbe [burb] *f* mud; mire; slime; **bourbeux, -euse** [bur'bø, ~'bø:z] muddy; *zo.* mud-...; **bourbier** [~'bje] *m* mire; *fig.* mess.

bourdaine ⚘ [bur'dɛn] *f* black alder.

bourde F [burd] *f* fib; blunder.

bourdon[1] [bur'dɔ̃] *m* pilgrim's staff.

bourdon[2] ♪ [bur'dɔ̃] *m* drone (*bass*); tenor *or* great bell; *zo.* bumblebee; *typ.* out; *zo. faux ~* drone; **bourdonner** [~dɔ'ne] (1a) *v/i.* hum, buzz; *fig.* murmur; *v/t.* hum (*a tune*); **bourdonneur, -euse** [~dɔ'nœ:r, ~'nø:z] **1.** *adj.* humming; **2.** *su./m* F hummingbird.

bourg [bu:r] *m* small market-town; borough; **bourgade** [bur'gad] *f* large village; **bourgeois, e** [~'ʒwa, ~'ʒwa:z] **1.** *adj.* middle-class; homely; *pej.* narrow-minded; bourgeois; **2.** *su.* citizen; middle-class person; F Philistine; *les petits ~* the petty bourgeoisie *sg.*; *en ~* in plain clothes; *su./f* F *la or ma ~e* my wife, F the missus; **bourgeosie** [~ʒwa'zi] *f* citizens *pl.*; freemen *pl.*; middle-class; *petite ~* lower middle-class, small shopkeepers *pl.*, tradespeople *pl.*

bourgeon [bur'ʒɔ̃] *m* ⚘ bud; ⚕ pimple; **bourgeonner** [~ʒɔ'ne] (1a) *v/i.* ⚘ bud, shoot; ⚕ break out into pimples.

bourgeron [burʒə'rɔ̃] *m* overall; ⚔ fatigue jacket; ⚓ jumper.

bourgmestre [burg'mɛstr] *m* burgomaster.

bourgogne [bur'gɔɲ] *m wine*: bur-

gundy; **bourguignon, -onne** [~gi'ɲɔ̃, ~'ɲɔn] *adj., a. su.* ♀ Burgundian.
bourlinguer [burlɛ̃'ge] (1m) *v/i.* ⚓ strain, make heavy weather; *fig.* knock about (*the world*).
bourrache ⚘ [bu'raʃ] *f* borage.
bourrade [bu'rad] *f* blow; thrust; unkind word; *gun*: kick; **bourrage** ⊕ [~'ra:ʒ] *m* packing; charging; F ~ *de crâne* bluff, eyewash; *media*: brainwashing.
bourrasque [bu'rask] *f* squall; gust of wind; *fig.* gust, attack.
bourre[1] [bu:r] *f* fluff; waste; padding; stuffing; *fire-arms*: plug; ⊕ ~ *de soie* floss-silk.
bourre[2] *sl.* [~] *m* cop (= *policeman*).
bourré, e [bu're] packed, crammed, stuffed (with, *de*); chock-full; *sl.* plastered (= *drunk*).
bourreau [bu'ro] *m* executioner; *fig.* tormenter.
bourrée [bu're] *f* bundle of firewood.
bourreler [bur'le] (1c) *v/t.* torture (*a. fig.*); ⊕ fit draught-excluders to (*a door*); **bourrelet** [~'lɛ] *m* pad; wad; draught-excluder; bulge; fold *or* roll (*of flesh*); **bourrelier** [~ə'lje] *m* saddler; **bourrer** [bu're] (1a) *v/t.* stuff; cram; pad; ram in; *fig.* trounce.
bourriche [bu'riʃ] *f* hamper(ful).
bourricot [buri'ko] *m* (small) donkey; **bourrin** *sl.* [~'rɛ̃] *m* horse, nag; **bourrique** [~'rik] *f* she-ass; *fig.* blockhead; **bourriquet** [~ri'kɛ] *m* ass' colt; ⊕ winch.
bourru, e [bu'ry] **1.** *adj.* surly, churlish; **2.** *su./m* curmudgeon; ~ *bienfaisant* rough diamond.
bourse [burs] *f* purse (*a. fig.*); bag; *zo.* pouch; *univ. etc.* scholarship; ⚚ ♀ Stock Exchange; ♀ *du Travail* Labo(u)r Exchange; **boursicot** F [bursi'ko] *m* savings *pl.*, F nest-egg; † purse; **boursier, -ère** [~'sje, ~'sjɛ:r] *su. univ. etc.* scholarship-holder; exhibitioner; *su./m* ⚚ speculator; paymaster, purse-holder.
boursoufler [bursu'fle] (1a) *v/t.* puff up; bloat; **boursouflure** [~'fly:r] *f* swelling; *paint*: blister; *fig. style*: turgidity.
bous [bu] *1st p. sg. pres. of bouillir.*
bousculade [busky'lad] *f* hustle; scrimmage; **bousculer** [~'le] (1a) *v/t.* knock (*s.th.*) over; jostle (*s.o.*).
bouse [bu:z] *f* cow-dung; **bousiller** F [buzi'je] (1a) *v/t.* botch, bungle (*a piece of work*); ruin, wreck, F bust up, goof up.
boussole [bu'sɔl] *f* compass; ⚡ galvanometer; F *perdre la* ~ lose one's head; be all at sea.
boustifaille F [busti'fɑ:j] *f* food, grub.
bout [bu] *m usu.* end (*a. fig.*); extremity; *cigarette*: tip, butt; *pen*: nib; bit, piece; *ground*: patch; *à* ~ worn out, F all in; *être à* ~ *de qch.* have run out of s.th.; *à* ~ *de course* at the end of one's resources; *à* ~ *de forces* at the end of one's tether; *à* ~ *portant* point-blank; *au* ~ *de* after *or* in (*a year*); *au* ~ *du compte* after all, in the end; *de* ~ *en* ~ from beginning to end; ⚓ from stem to stern; *fig. joindre les deux* ~*s* make both ends meet; *pousser à* ~ try to breaking point; *venir à* ~ *de* manage; (be able to) cope with.
boutade [bu'tad] *f* whim; sally; outburst.
boute-en-train [butɑ̃'trɛ̃] *m/inv.* exhilarating fellow, good company; life and soul (*of a party*).
bouteille [bu'tɛ:j] *f* bottle; ⊕ ~ *à gaz* gas cylinder; ~ *isolante* (*or thermos*) Thermos flask; *prendre de la* ~ age (wine); *fig.* grow old.
bouter † [bu'te] (1a) *v/t.* push.
bouteroue ⚠ [bu'tru] *f* guard-stone; *bridge*: guard-rail.
boutique [bu'tik] *f* shop; booth; ⊕ set of tools; *parler* ~ talk shop; **boutiquier** *m*, **-ère** *f* [~ti'kje, ~'kjɛ:r] shopkeeper.
boutoir *zo.* [bu'twa:r] *m* snout (*of boar*); *fig. coup m de* ~ thrust; cutting remark.
bouton [bu'tɔ̃] *m* button; ⚘ bud; ⚕ pimple; *cost.* stud, link; *door, radio*: knob; ~ *de puissance radio*: volume control; *appuyer sur le* ~ press the bell; *tourner le* ~ switch on *or* off; ~**-d'or**, *pl.* ~**s-d'or** ⚘ [~tɔ̃'dɔ:r] *m* butter-cup; **boutonner** [~tɔ'ne] (1a) *v/t.* button (up); *v/i.* ⚘ bud; ⚕ come out in pimples; **boutonnerie** [~tɔn'ri] *f* button trade *or* factory; **boutonnière** [~tɔ'njɛ:r] *f* buttonhole; ⚕ incision; **bouton-poussoir**, *pl.* **boutons-poussoirs** [~tɔ̃pu'swa:r] *m* push-button; **bou-**

ton-pression, *pl.* **boutons-pression** [~tɔ̃prɛ'sjɔ̃] *m* press-stud.
bouture ✓ [bu'ty:r] *f* cutting.
bouverie [bu'vri] *f* cowshed.
bouvet ⊕ [bu'vɛ] *m* grooving-plane; tonguing-plane.
bouvier, **-ère** [bu'vje, ~'vjɛ:r] *su.* cowherd; drover; F boor; *su./f* cowgirl.
bouvreuil *orn.* [bu'vrœ:j] *m* bullfinch.
bovin, e [bɔ'vɛ̃, ~'vin] bovine; *bêtes f/pl.* ~es horned cattle.
box, *pl.* **boxes** [bɔks] *m* horse-box; *mot.* lock-up (garage); *dormitory*: cubicle; ⚖ ~ *des accusés* dock.
boxe *sp.* [~] *f* boxing.
boxer[1] [bɔk'se] (1a) *vt/i.* box.
boxer[2] [bɔk'sœ:r] *m dog*: boxer.
boxeur [bɔk'sœ:r] *m* boxer, prize-fighter.
boyau [bwa'jo] *m* hose-pipe; bowel, gut; ⚔ communication trench; *fig.* narrow passage.
boycottage [bɔjkɔ'ta:ʒ] *m* boycotting; **boycotter** [~'te] (1a) *v/t.* boycott.
bracelet [bras'lɛ] *m* bracelet; bangle; armlet; ⚘ node; ~ *de montre* watch-strap; **~-montre**, *pl.* **~s-montres** [~lɛ'mɔ̃:tr] *m* wrist-watch.
brachial, e, *m/pl.* **-aux** *anat.* [bra'kjal, ~'kjo] brachial.
braconnage [brakɔ'na:ʒ] *m* poaching; **braconner** [~'ne] (1a) *v/i.* poach; **braconnier** [~'nje] *m* poacher.
bractée ⚘ [brak'te] *f* bract.
brader [bra'de] (1a) *v/t.* sell off cheap(ly), undersell.
braguette [bra'gɛt] *f trousers*: fly, flies *pl.*
brai [brɛ] *m* tar, pitch.
braillard, e [bra'ja:r, ~'jard] **1.** *adj.* brawling; shouting, obstreperous; **2.** *su.* bawler; brawler; **brailler** [~'je] (1a) *vt/i.* bawl; **brailleur, -euse** [~'jœ:r, ~'jø:z] **1.** *adj.* brawling; shouting; **2.** *su.* bawler; brawler.
braire [brɛ:r] (4c) *v/i.* bray (*ass*); F cry; *sl.* squeal.
braise [brɛ:z] *f* glowing embers *pl.*; live charcoal; cinders *pl.*; *sl.* cash; **braiser** [brɛ'ze] (1b) *v/t. cuis.* braise; *v/i. sl.* pay; **braisière** *cuis.* [~'zjɛ:r] *f* braising-pan.
brait [brɛ] *p.p. of braire.*
bramer [bra'me] (1o) *v/i.* bell [(*stag*).]
brancard [brɑ̃'ka:r] *m* stretcher; hand-barrow; ⊕ *carriage*: shaft; **brancardier** [~kar'dje] *m* stretcher-bearer.
branchage [brɑ̃'ʃa:ʒ] *m coll.* branches *pl.*; **branche** [brɑ̃:ʃ] *f* branch (*a. fig.*, ✈, ⚕); bough; *spectacles*: side; *propeller*: blade; *compass*: leg; *sl. vieille* ~ old pal;
branchement [brɑ̃ʃ'mɑ̃] *m* branching; ⚡ lead, branch-circuit; ⚡ tapping (*of main*); 🚂~ (*de voie*) junction;
brancher [brɑ̃'ʃe] (1a) *v/t.* ⚡ plug in(to *sur*); ⊕, *a. fig.* connect *or* link (up) (with *sur*); *fig. être branché en direct sur qch.* be in immediate touch *or* in close contact with s.th.; F *fig. être branché* be in the know; be well up on things.
branchies *zo.* [brɑ̃'ʃi] *f/pl.* gills.
branchu, e [brɑ̃'ʃy] branchy.
brande ⚘ [brɑ̃:d] *f* heather; heath.
brandebourg *cost.* [brɑ̃d'bu:r] *m* frogs *pl.* and loops *pl.*
brandiller [brɑ̃di'je] (1a) *vt/i.* dangle. [dish, wave.]
brandir [brɑ̃'di:r] (2a) *v/t.* bran-
brandon [brɑ̃'dɔ̃] *m* (fire-)brand; *fig.* ~ *de discorde* troublemaker.
branlant, e [brɑ̃'lɑ̃, ~'lɑ̃:t] tottering; shaky; loose (*tooth*); **branle** [brɑ̃:l] *m* swing; shaking; impulse, start; *en* ~ in action, going; **branle-bas** [brɑ̃l'bɑ] *m/inv.* ⚓ clearing the decks, pipe to quarters; *fig.* commotion; **branler** [brɑ̃'le] (1a) *vt/i.* shake, move; swing; *v/i. a.* rock, be unsteady; be loose (*tooth, tool, etc.*).
braquage [bra'ka:ʒ] *m car etc.*: steering; *gun*: aiming, pointing; *car*: *rayon de* ~ turning circle.
braque [brak] **1.** *su./m* pointer; F mad-cap; **2.** *adj.* F silly, *sl.* daft.
braquer [bra'ke] (1m) *v/t.* aim, point (*a gun etc.*); *mot. etc.* change the direction of; *v/i. mot.* turn the wheel.
bras [bra] *m* arm; ⊕ handle; ⊕ leg; ⊕ *crane*: jib; ⊕~ *pl.* workmen; hands; ~ (*de pick-up*) *gramophone*: tone-arm; ~ *dessus*, ~ *dessous* arm-in-arm; *à tendus* at arm's length; *à tour de* ~ with might and main; *avoir le* ~ *long* be very influential; *couper* ~ *et jambes à q.* dishearten s.o.; *en* ~ *de chemise* in shirt-sleeves.

braser ⊕ [bra'ze] *v/t.* hardsolder.
brasero [braze'ro] *m* brazier; glowing fire; *fig.* blaze; **brasier** [~'zje] *m* brazier; glowing fire; *fig.* blaze; **brasiller** [~zi'je] (1a) *v/i.* sparkle (*sea*); splutter (*meat etc. in pan*); *v/t.* grill.
brassage [bra'sa:ʒ] *m* brewing; *fig.* (inter)mixing.
brassard [bra'sa:r] *m* arm-band; armlet.
brasse [bras] *f* ⚓ fathom; *swimming*: stroke; ~ *sur le dos* (*ventre*) back-(breast-)stroke; **brassée** [bra'se] *f* armful; *swimming*: stroke.
brasser[1] [bra'se] (1a) *v/t.* ⚓ brace; ✈ swing (*the propeller*).
brasser[2] [bra'se] (1a) *v/t.* brew (*a. fig.*); stir up; *metall.* puddle; (inter-) mix; F handle (*an affair*); **brasserie** [bras'ri] *f* brewery; beer-saloon; brewing; restaurant.
brassière [bra'sjɛ:r] *f* shoulder-strap; (child's) bodice; ~ *de sauvetage* life-jacket.
brassin [bra'sɛ̃] *m* brew; mash-tub.
brasure [bra'zy:r] *f* brazed seam; hard solder(ing).
bravache [bra'vaʃ] **1.** *su./m* bully; swaggerer; **2.** *adj.* blustering, swaggering; **bravade** [~'vad] *f* bravado, bluster; **brave** [bra:v] brave; good, honest; F smart; *un ~ homme* a worthy man; *un homme ~* a brave man; F *faux ~ see bravache 1*; **braver** [bra've] (1a) *v/t.* defy; brave; **bravo** [~'vo] **1.** *su./m* cheers *pl.*; **2.** *int.* ~! bravo!; well done!; hear, hear!; **bravoure** [~'vu:r] *f* bravery.
brayer [brɛ'je] **1.** *su./m* ⚕ truss; **2.** (1i) *v/t.* ⚓ tar; ⚠ sling.
break *mot.* [brɛk] *m* estate (car), *Am.* station wagon.
brebis brə'bi] *f* ewe; sheep; *fig.* ~ *galeuse* black sheep.
brèche [brɛʃ] *f* breach; gap; ⚓ hole; *blade*: notch; *fig. battre en* ~ disparage; **~-dent** [~'dɑ̃] **1.** *adj.* gap-toothed; **2.** *su.* gap-toothed person.
bredouille [brə'du:j] unsuccessful; empty-handed; *se coucher* ~ go supperless to bed; **bredouiller** [~du'je] (1a) *vt/i.* mumble.
bref, brève [bref, brɛ:v] **1.** *adj.* brief, short; **2.** *su./m eccl.* (papal) brief; **3.** *bref adv.* in short, briefly.
bréhaigne † *zo.* [bre'ɛɲ] barren (*mare etc.*).
brelan [brə'lɑ̃] *m cards*: brelan; *cards*: pair royal; gambling den.
breloque [brə'lɔk] *f* (watch-)charm; ⚔ dismiss; F *battre la* ~ go erratically.
brème [brɛm] *f icht.* bream; *sl.* playing card.
brésilien, -enne [brezi'ljɛ̃, ~'ljɛn] *adj., a. su.* ♀ Brazilian.
bretailler F [brətɑ'je] (1a) *v/i.* fight on the slightest provocation; fence.
bretelle [brə'tɛl] *f* (shoulder-)strap; *mot.* link road; *mot.* ~ *de contournement* bypass; ~*s pl.* braces, *Am.* suspenders.
breton, -onne [brə'tɔ̃, ~'tɔn] **1.** *adj.* Breton; **2.** *su./m ling.* Breton; *su.* ♀ Breton.
bretteur † [brɛ'tœ:r] *m* swashbuckler; duellist.
breuvage [brœ'va:ʒ] *m* beverage, drink; ⚕ draught.
brève [brɛ:v] *f gramm.* short syllable; ♪ breve; *tel.* dot; *orn.* short tail.
brevet [brə'vɛ] *m* patent; † warrant; certificate, diploma; ⚔ commission; ~ *de capacité school*: lower certificate; ⚓ ~ *de capitaine* master's certificate; ✈ ~ *de pilote* pilot's licence; *prendre un* ~ take out a patent; **breveté, e** [brəv'te] certificated (*teacher etc.*), commissioned (*officer*); **breveter** [~] (1c) *v/t.* patent; grant a patent to; *fig.* license.
bréviaire *eccl.* [bre'vjɛ:r] *m* breviary.
bréviligne [brevi'liɲ] thick-set, squat.
bribes [brib] *f/pl.* scraps; fragments.
bric-à-brac [brika'brak] *m/inv.* odds *pl.* and ends *pl.*; curios *pl.*; curiosity shop.
brick ⚓ [brik] *m* brig.
bricole [bri'kɔl] *f* strap; breast-harness; rebound; F ~*s pl.* odds and ends, odd jobs; **bricoler** F [~kɔ'le] (1a) *v/i.* do odd jobs; *v/t.* arrange; **bricoleur** [~kɔ'lœ:r] *m* handy man, *Am.* putterer; potterer.
bride [brid] *f* bridle; rein (*a. fig.*); ⊕ tie, strap; ⊕ flange; ⊕ ~ *de serrage* clamp(ing) piece; *à ~ abattue, à toute* ~ at full speed; *lâcher la ~ à l'émotion* give free rein to one's feelings; *fig. laisser à q. la ~ sur le cou* give s.o. his head; *fig. tenir la ~ haute à* keep a tight rein on; be high-handed with; **brider**

[bri'de] (1a) *v/t.* bridle; curb; tie (up); ⊕ flange; *cuis.* truss (*fowl*); *cost.* bind (*a buttonhole*).

bridger [brid'ʒe] (1l) *v/i.* play bridge.

bridon [bri'dɔ̃] *m* snaffle.

brie [bri] *m* Brie (cheese).

brièvement [briɛv'mɑ̃] *adv.* briefly, succinctly; **brièveté** [~'te] *f* brevity; concision.

brigade [bri'gad] *f* ⚔ brigade; *workers*: gang; *workers*: shift; *police*: squad; **brigadier** [~ga'dje] *m* ⚔ corporal; ⊕ foreman; *police*: sergeant.

brigand [bri'gɑ̃] *m* brigand; robber; F ruffian; **brigandage** [~gɑ̃'da:ʒ] *m* highway robbery; plunder.

brigue [brig] *f* intrigue; cabal; **briguer** [bri'ge] (1m) *v/t.* seek, aspire to *or* after; court (*favour*); canvass for (*votes*).

brillant, e [bri'jɑ̃, ~'jɑ̃:t] **1.** *adj.* shining, brilliant, bright; **2.** *su./m* brilliance, brightness; gloss; shine; *diamond*: brilliant; **briller** [~'je] (1a) *v/i.* shine, glisten, sparkle; F ~ *par son absence* be conspicuous for one's absence.

brimade [bri'mad] *f* rag(ging), *Am.* hazing.

brimbaler [brɛ̃ba'le] (1a) *v/i.* dangle; wobble; *v/t.* F carry about.

brimborion [brɛ̃bɔ'rjɔ̃] *m* bauble.

brimer [bri'me] (1a) *v/t.* rag, *Am.* haze; bully.

brin [brɛ̃] *m grass*: blade; *tree*: shoot; ⚡, *rope*: strand; *fig.* bit; touch; **brindille** [~'di:j] *f* twig.

bringue[1] F [brɛ̃:g] *f* spree, F binge, bust; *faire la* ~ be *or* go on a spree.

bringue[2] F [~] *f*: *grande* ~ tall (and ugly) woman, F beanpole.

brioche [bri'ɔʃ] *f* brioche; bun; F blunder.

brique [brik] *f* ⚠ brick; ⚘ *soap*: bar; ~ *de parement* facing brick; ~ *hollandaise* clinker; ~ *tubulaire* hollow brick; *sl. bouffer des* ~*s* not to have a bite; **briquet** [bri'kɛ] *m* cigarette-lighter; tinder-box; *battre le* ~ strike a light; **briqueter** [brik'te] (1c) *v/t.* brick; face with bricks *or* with imitation brickwork; **briqueterie** [~'tri] *f* brick-yard; **briquetier** [~'tje] *m* brick-maker; **briquette** [bri'kɛt] *f* briquette.

bris [bri] *m* breaking (*a.* ⚖); ⚓ wreckage; **brisant, e** [bri'zɑ̃, ~'zɑ̃:t] **1.** *adj.* high-explosive; **2.** *su./m* reef; breaker (*wave*).

brise ⚓ [bri:z] *f* breeze.

brise-bise [briz'bi:z] *m/inv.* draught-excluder.

brisées [bri'ze] *f/pl.* tracks; *hunt.* broken boughs; *fig. aller sur les* ~ *de q.* trespass s.o.'s preserves.

brise...: ~**-glace** [briz'glas] *m/inv.* ice-breaker; ice-fender; ~**-jet** ⊕ [~'ʒɛ] *m/inv.* anti-splash nozzle; ~**-lames** ⚓ [~'lam] *m/inv.* breakwater; groyne.

briser [bri'ze] (1a) *v/t.* break; shatter; *fig. a.* crush; *v/i.* break (with, *avec*); *brisons là!* let's leave it at that!; **brise-tout** F [briz'tu] *su./inv. esp.* destructive child; **briseur** *m*, **-euse** *f* [bri'zœ:r, ~'zø:z] breaker; ~ *de grève* strikebreaker.

brisure [bri'zy:r] *f* break; *shutter*: folding-joint; ▨ brisure.

britannique [brita'nik] **1.** *adj.* British; Britannic (*majesty*); **2.** *su.*: *les* ≗*s m/pl.* the British.

broc [bro] *m* jug, pitcher.

brocanter [brɔkɑ̃'te] (1a) *v/i.* deal in second-hand goods; *v/t.* sell (to a second-hand dealer); barter; **brocanteur** *m*, **-euse** *f* [~'tœ:r, ~'tø:z] second-hand dealer; broker.

brocard[1] † [brɔ'ka:r] *m* lampoon.

brocard[2] *hunt.* [~] *m* yearling roedeer.

brocart ⚘ [~] *m* brocade.

broche [brɔʃ] *f* spit; skewer; ⊕ spindle; ⊕ pin; tent-peg; brooch; F knitting-needle; *zo. boar*: tusk; **brocher** [brɔ'ʃe] (1a) *v/t.* stitch; brocade; emboss; *livre broché* paper-bound book.

brochet *icht.* [brɔ'ʃɛ] *m* pike.

brochette [brɔ'ʃɛt] *f* skewer; ⊕ pin.

brocheur, -euse [brɔ'ʃœ:r, ~'ʃø:z] *su.* stitcher, sewer (*of books*); *su./f* stitching-machine; stapling-machine; **brochure** [~'ʃy:r] *f* booklet, brochure; pamphlet; stitching (*of books*); *tex.* inwoven pattern.

brodequin [brɔd'kɛ̃] *m* half-boot; ⚔ ammunition-boot; F *thea. chausser le* ~ take to comedy.

broder [brɔ'de] (1a) *v/t.* embroider (*a. fig.*); **broderie** [~'dri] *f* embroidery (*a. fig.*); *fig.* embellishment; **brodeur** *m*, **-euse** *f* [\~'dœ:r, \~'dø:z] embroiderer.

broie [brwa] *f tex.* brake; ⚘ brake-harrow; **broiement** [\~'mɑ̃] *m* crushing, pulverizing; *tex.* braking.

brome ⚗ [bro:m] *m* bromine; **bromique** ⚗ [brɔ'mik] bromic; **bromure** ⚗ [\~'my:r] *m* bromide.

bronche *anat.* [brɔ̃:ʃ] *f* wind-pipe; bronchus; \~*s pl.* bronchi(a).

broncher [brɔ̃'ʃe] (1a) *v/i.* stumble; trip; move; *fig.* falter, flinch; *sans* \~ without flinching.

bronchite ⚕ [brɔ̃'ʃit] *f* bronchitis.

bronze [brɔ̃:z] *m* bronze; *fig.* *cœur m de* \~ heart of steel; **bronzer** [brɔ̃'ze] (1a) *v/t.* bronze; tan; *fig.* harden.

brosse [brɔs] *f* brush; paint-brush; \~*s pl.* brushwood *sg.*; *cheveux m/pl. en* \~ crew-cut *sg.*; *fig. passer la* \~ *sur* efface; **brosser** [brɔ'se] (1a) *v/t.* brush; scrub; F thrash; F *se* \~ (*le ventre*) go without; *sl.* have an empty belly; **brosserie** [brɔs'ri] *f* brush-ware; brush-trade; brush-factory; **brossier** [brɔ'sje] *m* brush-maker; dealer in brushes.

brou [bru] *m* husk; \~ *de noix* walnut stain; walnut liqueur.

brouet [bru'ɛ] *m* (thin) gruel, F skilly; \~ *noir* black broth.

brouette [bru'ɛt] *f* wheelbarrow; **brouetter** [\~ɛ'te] (1a) *v/t.* convey in a (wheel)barrow.

brouhaha [brua'a] *m* hubbub; hullabaloo; uproar.

brouillage [bru'ja:ʒ] *m radio*: jamming; interference.

brouillamini F [brujami'ni] *m* muddle.

brouillard [bru'ja:r] **1.** *su./m* fog; smog; † waste-book; **2.** *adj./m*: *papier m* \~ blotting-paper; **brouillasser** [\~ja'se] (1a) *v/impers.* drizzle.

brouille F [bru:j] *f* disagreement; quarrel; *être en* \~ *avec* be at loggerheads with; **brouiller** [bru'je] (1a) *v/t.* mix up; confuse; *radio*: jam; *radio*: interfere with (*a broadcast*); shuffle (*cards*); scramble (*eggs*); *fig.* create dissension between; set at variance; \~ *du papier* scribble over paper; **brouillerie** [bruj'ri] *f* disagreement; **brouilleur** [\~'jœ:r] *m radio*: jammer.

brouillon[1], **-onne** [bru'jɔ̃, \~'jɔn] **1.** *adj.* unmethodical; muddle-headed (*person*); *avoir l'esprit* \~ be muddle-headed; **2.** *su.* muddler; muddle-head.

brouillon[2] [bru'jɔ̃] *m* draft, rough copy; scribbling paper; **brouillonner** [\~jɔ'ne] (1a) *v/t.* botch (*an essay etc.*); draft, make a rough copy of.

broussailles [bru'sɑ:j] *f/pl.* brushwood *sg.*, scrub *sg.*, bush *sg.*; *en* \~ shaggy, unkempt (*hair*); **brousse** [brus] *f the* bush (*in Australia etc.*).

brout [bru] *m* tender shoots *pl.*; browse(-wood); **brouter** [bru'te] (1a) *v/t.* browse (on), graze; *v/i.* ⊕ jump (*tool*); **broutille** [\~'ti:j] *f* twig; F trifle.

broyage [brwa'ja:ʒ] *m* pounding, crushing; grinding; *tex.* braking; **broyer** [\~'je] (1h) *v/t.* pound, crush; grind; *tex.* brake; **broyeur** *m*, **-euse** *f* [\~'jœ:r, \~'jø:z] pounder; grinder; *tex.* hemp-braker.

brrr! [brrr] *int.* ugh!

bru [bry] *f* daughter-in-law.

bruine [brɥin] *f* drizzle, Scotch mist; **bruinement** [\~'mɑ̃] *m* drizzling; **bruiner** [brɥi'ne] (1a) *v/impers.* drizzle; **bruineux, -euse** [\~'nø, \~'nø:z] drizzly.

bruire [brɥi:r] (4d) *v/i.* rustle; hum (*machine*); murmur (*brook etc.*); **bruissement** [brɥis'mɑ̃] *m* rumbling; rustling; humming; murmuring; **bruit** [brɥi] *m* noise; clatter, din; rumble; *metal*: clang; *gun*: report; ⚕ murmur; *fig.* rumo(u)r, report; \~*s pl. parasites radio*: interference *sg.*; \~ *de fond radio etc.*: background noise; \~ *sourd* thud; *le* \~ *court que* ... rumo(u)r has it that ..., it is rumo(u)red that ...; **bruitage** *thea.*, *cin.* [brɥi'ta:ʒ] *m* sound effects *pl.*; **bruiteur** *m*, **-euse** *f* [\~'tœ:r, \~'tø:z] sound-effects engineer.

brûlé [bry'le] *m* smell of burning; **brûle-gueule** F [bryl'gœl] *m/inv.* nosewarmer; **brûle-pourpoint** [\~pur'pwɛ̃] *adv.*: *à* \~ point-blank; **brûler** [bry'le] (1a) *v/t.* burn (*a. fig.*); scorch; ⚕ cauterize; overrun (*a signal*); ⚘ nip; 🚂 not to stop at; *sl.* unmask, detect; *fig.* \~ *ses vaisseaux* burn one's boats; *se* \~ *la cervelle* blow one's brains out; *v/i.* burn (*a. fig.*), be on fire; catch (*milk*); *fig.* be consumed; F be hot,

be roasting; ~ *de* (*inf.*) be eager to (*inf.*); **brûleur, -euse** [~'lœ:r, ~'lø:z] *su. person*: burner; *coffee*: roaster; brandy distiller; *su./m gas etc.*: burner; **brûloir** [~'lwa:r] *m machine*: coffee roaster; blowlamp; **brûlot** [~'lo] *m* ⚔ flare; F *pol.* firebrand; **brûlure** [~'ly:r] *f* burn; scald; ✐ frost-nip; ⚕ ~*s pl. d'estomac* heartburn *sg.*
brume [brym] *f* thick fog; (sea-)mist; **brumeux, -euse** [bry'mø, ~'mø:z] foggy; *fig.* hazy.
brun, brune [brœ̃, bryn] **1.** *adj.* brown; dark (*complexion*); dark-haired; **2.** *su./m* brown; *su./f* brunette; nightfall; **brunâtre** [bry'nɑ:tr] brownish; **brunir** [~'ni:r] (2a) *vt/i.* brown; tan; *v/t.* ⊕ burnish, polish; **brunissage** [~ni'sa:ʒ] *m* burnishing; polishing; (sun)tan.
brusque [brysk] blunt, brusque, abrupt; sudden; rough; sharp; **brusquer** [brys'ke] (1m) *v/t.* be blunt with (*s.o.*); hurry; hustle; precipitate (*s.th.*); **brusquerie** [~kə'ri] *f* abruptness, brusqueness.
brut, brute [bryt] raw; crude (*oil*); unrefined (*sugar*); uncut (*diamond*); undressed (*stone*); ⚚ *poids m* ~ gross weight; **brutal, e,** *m/pl.* **-aux** [bry'tal, ~'to] brutal; savage, fierce; harsh (*colour*); brute (*force*); unfeeling; plain, unvarnished (*truth*); **brutaliser** [~tali'ze] (1a) *v/t.* ill-treat; bully; **brutalité** [~tali'te] *f* brutality; *sp.* rough play; *fig.* suddenness (*of an event etc.*); **brute** [bryt] *f* brute (*a. fig.*); lout.
bruyant, e [brɥi'jɑ̃, ~'jɑ̃:t] noisy, loud; boisterous; *fig.* resounding (*success*).
bruyère [brɥi'jɛ:r] *f* heather; heath; briar; *orn. coq m de* ~ grouse.
bu, e [by] *p.p. of boire 1.*
buanderie [bɥɑ̃'dri] *f* wash-house.
bubonique ⚕ [bybɔ'nik] bubonic; *peste f* ~ bubonic plague.
buccal, e, *m/pl.* **-aux** [byk'kal, ~'ko] buccal, of the mouth.
bûche [by:ʃ] *f* log; block; *cuis.* Swiss roll; F blockhead; *ramasser une* ~ have a fall, come a cropper.
bûcher[1] [by'ʃe] *m* wood-shed; pile of firewood, wood-stack; pyre.
bûcher[2] [~] (1a) *v/t.* ⊕ rough-hew; *sl.* thrash; F swot at, work hard at *or* for, *Am.* grind; *v/i.* F work hard; swot, *Am.* grind.
bûcheron [byʃ'rɔ̃] *m* woodcutter, *Am.* lumberjack; **bûcheronne** [~'rɔn] *f* woodcutter's wife.
bûchette [by'ʃɛt] *f* stick.
bûcheur *m,* **-euse** *f* F [by'ʃœ:r, ~'ʃø:z] plodder; swotter, *Am.* grind.
budget [byd'ʒɛ] *m* budget; *admin.* estimates *pl.*; F *boucler son* ~ make ends meet; **budgétaire** [~ʒe'tɛ:r] budgetary; financial (*year etc.*); **budgétisation** [~ʒetiza'sjɔ̃] *f* budgeting.
buée [bɥe] *f* steam, vapo(u)r.
buffet [by'fɛ] *m* sideboard; dresser; cupboard; buffet; 🚂 refreshment room; F *danser devant le* ~ have a bare cupboard; **buffetier** [byf'tje] *m* refreshment-room manager; **buffetière** [~'tjɛ:r] *f* refreshment-room manageress.
buffle [byfl] *m zo.* buffalo; buffalo-hide; ⊕ buff-stick; **buffleterie** [~ə'tri] *f* leather equipment.
bugle[1] ♪ [bygl] *m* saxhorn.
bugle[2] ⚘ [~] *f* bugle.
buis ⚘ [bɥi] *m* box-tree; box-wood;
buisson [bɥi'sɔ̃] *m* bush; spinney, thicket; **buissoneux, -euse** [bɥisɔ'nø, ~'nø:z] bushy; **buissonnier, ère** [~'nje, ~'njɛ:r] *adj.*: *faire l'école* ~*ère* play truant, *Am.* play hooky.
bulbe ⚘ [bylb] *m* bulb; **bulbeux, -euse** [byl'bø, ~'bø:z] bulbous; ⚘ bulbed.
bulldozer [buldɔ'zœ:r] *m* bulldozer.
bulle [byl] *f* bubble; blister; *cartoon*: balloon; *eccl.* papal bull; *faire des* ~*s* blow bubbles.
bulletin [byl'tɛ̃] *m* bulletin; form; voting-paper; report; 🚂 ~ *de bagages* luggage-ticket, *Am.* baggage-check; ⚚ ~ *de commande* order-form; ~ *d'expédition* way-bill; ~ *de santé* health report.
bulleux, -euse [by'lø, ~'lø:z] bubbly; ⚘ bullate; ⚕, *geol.* vesicular.
bungalow [bœ̃ga'lo] *m* bungalow.
buraliste [byra'list] *su.* tax collector; tobacconist; clerk.
bure[1] *tex.* [by:r] *f* rough homespun.
bure[2] ⚒ [~] shaft (*of a mine*).
bureau [by'ro] *m* writing-table, desk; bureau; office; *admin.* department; board of directors, governing body; *thea.* ~*x pl. fermés*

sold out; 🚂 ~ *ambulant* travelling post office; ~ *central* head post office, G.P.O.; *teleph.* exchange; ~ *de bienfaisance* relief committee; ~ *de douane* custom-house; *thea.* ~ *de location* box-office; ~ *de placement* labo(u)r exchange; (private) employment bureau; ~ *de poste* post office; ~ *de renseignements* information bureau; ~ *de tabac* tobacconist's (shop); ~ *ministre* kneehole desk; ⚔ *deuxième* ~ Intelligence (Department); ⚓ Naval Intelligence Division; **bureaucrate** [byro'krat] *m* bureaucrat; F black-coated worker; **bureaucratie** [~kra'si] *f* bureaucracy, F red tape; **bureaucratiser** [~krati'ze] (1a) *v/t.* bureaucratize.

burette [by'rɛt] *f* cruet (*a. eccl.*); ⊕ oil-can, oiler; ⚗ burette.

burin ⊕ [by'rɛ̃] *m* burin, etching-needle, graver; cold chisel; engraving; **buriner** [~ri'ne] (1a) *v/t.* engrave; chisel; *v/i.* F swot.

burlesque [byr'lɛsk] burlesque; comical, ridiculous.

bus [by] *1st p. sg. p.s. of boire 1.*

buse¹ [by:z] *f orn.* buzzard; F blockhead, fool.

buse² [~] *f* ⊕ pipe; nozzle; ⚒ air-shaft; *mot.* choke(-tube).

busqué, e [bys'ke] arched, curved; *nez m* ~ hook nose.

buste [byst] *m* bust; *en* ~ half-length.

but [by(t)] *m* target; aim; goal (*a. sp.*); purpose; *avoir pour* ~ aim at, intend; *de* ~ *en blanc* bluntly; *droit au* ~ (straight) to the point; *marquer un* ~ score a goal.

buté, e [by'te] obstinate, mulisk; **buter** [~] (1a) *v/i.*: ~ *contre* stumble over (*a. fig.*); bump *or* bang against *or* into, hit; *fig.* ~ *contre or sur* meet with, come up against (*a difficulty etc.*); *v/t.* prop (up); *fig.* make (*s.o.*) obstinate; *se* ~ be(come) obstinate; **buteur** [by'tœ:r] *m foot.* striker; *sl.* killer.

butin [by'tɛ̃] *m* booty, spoils *pl.*; **butiner** [~ti'ne] (1a) *vt/i.* † plunder; *v/i.* gather honey (*bee*); *v/t.* gather honey from (*a flower*).

butoir [by'twa:r] *m* ⊕ stop; catch; 🚂 terminal buffer.

butor [by'tɔ:r] *m orn.* bittern; F lout, clod.

butte [byt] *f* mound, hillock; bank; ⚔ butts *pl.*; *fig. en* ~ *à* exposed to; **butter** ⚘ [by'te] (1a) *v/t.* earth up; **buttoir** ⚘ [~'twa:r] *m* ridging-plough, *Am.* ridging-plow.

buvable [by'vabl] drinkable; *sl.* acceptable; **buvard** [~'va:r] *m* blotting-paper; **buvette** [~'vɛt] *f* refreshment bar; *spa*: pump-room; **buveur** *m*, **-euse** *f* [~'vœ:r, ~'vø:z] drinker; toper; ~ *d'eau* teetotaller; **buvons** [~'võ] *1st p. pl. pres. of boire 1*; **buvoter** F [~vɔ'te] (1a) *v/t.* sip (*wine*); *v/i.* tipple.

byzantin, e [bizɑ̃'tɛ̃, ~'tin] Byzantine.

C

C, c [se] *m* C, c.
ça [sa] F *abbr. of cela; c'est ~!* that's right!; *et avec ~?* anything else?
çà [~] **1.** *adv.* here; hither; *~ et là* here and there; **2.** *int.* *(ah) ~!* now then!
cabale [ka'bal] *f* cabal; intrigue; clique, faction; **cabaler** [kaba'le] (1a) *v/i.* intrigue; **cabaleur, -euse** [~'lœːr, ~'løːz] **1.** *adj.* intriguing; **2.** *su.* intriguer.
caban [ka'bɑ̃] *m* oilskins *pl.*; duffle-coat.
cabane [ka'ban] *f* hut, shed; cabin; *rabbit*: hutch; *dog*: kennel; **cabanon** [~ba'nɔ̃] *m* small hut; *prison*: cell; *lunatic*: padded cell.
cabaret [kaba'rɛ] *m* night club; † pub(lic house), tavern; **cabaretier** *m*, **-ère** *f* † [~barə'tje, ~'tjɛːr] innkeeper; publican.
cabas [ka'bɑ] *m* basket.
cabestan ⊕, ⚓ [kabɛs'tɑ̃] *m* capstan, winch.
cabillau(d) *icht.* [kabi'jo] *m* fresh cod.
cabine [ka'bin] *f* cabin; (*~ téléphonique*) telephone-box, telephone-booth; 🚂 (*a. ~ d'aiguillage*) signal-box; *cin. ~ de projection* projection room; **cabinet** [~bi'nɛ] *m* small room; office; consulting room; practice; ⚖ chambers *pl.*; ministry; *~(s pl.) (d'aisances)* water-closet, lavatory; *~ de groupe* joint practice; *~ de toilette* dressing-room; *~ (de travail)* study; *phot. ~ noir* dark room.
câble [kɑːbl] *m* cable (*a.* F = *cablegram*); ⚓ *~ de remorque* hawser; *~ métallique* wire rope; stranded wire; **câbler** [kɑ'ble] (1a) *v/t.* cable (*a message*); ⚡ wire up; **câblogramme** [~blɔ'gram] *m* cablegram.
caboche [ka'bɔʃ] *f* (hob)nail; ⊕ clout-nail; F head, pate.
cabosse F [ka'bɔs] *f* ⚘ cacao-pod; ⚕ bump, bruise; **cabosser** F [~bɔ'se] (1a) *v/t.* ⚕ bump, bruise; dent.
cabotage ⚓ [kabɔ'taːʒ] *m* coastal navigation; **caboter** [~'te] (1a) *v/i.* coast.
cabotin, e [kabɔ'tɛ̃, ~'tin] **1.** *adj.* theatrical, histrionic, affected; **2.** *su. thea.* ham (actor, *f* actress); *fig.* show-off, play-actor (*f* -actress); **cabotinage** [~ti'naːʒ] *m thea.* hamming; *fig.* showing-off, play-acting; **cabotiner** [~ti'ne] (1a) *v/i. thea.* ham; *fig.* show off, playact.
cabrer [kɑ'bre] (1a) *v/t.* ✈ elevate; *se ~* rear (*horse*); ✈ rear, buck; *fig. se ~ contre* jib at, rebel against.
cabri *zo.* [ka'bri] *m* kid; **cabriole** [kabri'ɔl] *f* caper, leap; **cabrioler** [~ɔ'le] (1a) *v/i.* caper; **cabriolet** [~'lɛ] *m mot.* cab(riolet).
cabus [ka'by] *adj./m*: *chou m ~* headed cabbage.
cacahouète ⚘ [kaka'wɛt] *f*, **cacahuète** ⚘ [~'ɥɛt] *f* peanut.
cacao [kaka'o] *m* ⚘ cacao, † cocoa; **cacaotier** [~ɔ'tje] *m*, **cacaoyer** [~ɔ'je] *m* cacao-tree.
cacarder [kakar'de] (1a) *v/i.* cackle (*goose*).
cacatoès *orn.* [kakatɔ'ɛs] *m* cockatoo; **cacatois** ⚓ [~'twa] *m* royal (-sail).
cachalot *zo.* [kaʃa'lo] *m* sperm-whale, cachalot.
cache [kaʃ] *su./f* hiding-place; *su./m phot.* mask; ⊕ panel, plate; **~-cache** [~'kaʃ] *m* hide-and-seek (*a. fig.*); **~-col** [~'kɔl] *m/inv.* scarf; **~-nez** [~'ne] *m/inv.* muffler; **~-poussière** [~pu'sjɛːr] *m/inv.* dust-coat.
cacher [ka'ʃe] (1a) *v/t.* hide, conceal; *~ sa vie* live in retirement; *esprit m caché* reserved person; sly person; *se ~* hide; **cache-sexe** [kaʃ'seks] *m/inv.* G-string; **cachet** [ka'ʃɛ] *m* seal; stamp; † trade-mark; mark; F fee; ⚕ cachet; *courir le ~* give private lessons; **cacheter** [kaʃ'te] (1c) *v/t.* seal; **cachette** [ka'ʃɛt] *f* hiding place, hideout; *en ~* secretly; by stealth; under the counter (*sale*); **cachot** [~'ʃo] *m* dungeon; ⚓ cell; prison; **cachotterie** [~'tri] *f* mysterious ways *pl.*; *faire des ~s* be secretive; act secretevely; **cachottier,**

-**ère** F [~'tje, ~'tjɛ:r] **1.** *adj.* secretive; **2.** *su.* sly person.
cacique F [ka'sik] *m* candidate who has obtained first place; *fig.* (big) boss, big chief.
caco... [kakɔ] caco...; **~phonique** [~fɔ'nik] cacophonous, discordant.
cactus ⚘ [kak'tys] *m*, **cactier** ⚘ [~'tje] *m* cactus.
cadastre [ka'dastr] *m* cadastral survey; (public) register of lands; survey.
cadavéreux, -euse [kadave'rø, ~'rø:z] cadaverous, deathlike; deathly pale; **cadavérique** *anat.* [~'rik] cadaveric; *rigidité f* ~ rigor mortis; **cadavre** [ka'dɑ:vr] *m* corpse, *Am. a.* cadaver; *animal*: carcase; *sl.* dead man (= *empty winebottle*).
cadeau [ka'do] *m* present, gift.
cadenas [kad'nɑ] *m* padlock; clasp; ~ *à chiffres* combination-lock.
cadence [ka'dɑ̃:s] *f* cadence (*a.* ♪), rhythm; step; *march*: time; *à la ~ de* at the rate of, *fig.* to the tune of.
cadet, -ette [ka'dɛ, ~'dɛt] **1.** *adj.* younger; **2.** *su.* (the) younger, junior; *il est mon ~* he is my junior (by 3 years, *de 3 ans*), he is younger than I; *su./m* ⚔ cadet; *golf*: caddie.
cadran [ka'drɑ̃] *m* dial; *clock*: face; ~ *solaire* sun-dial; **cadre** [kɑ:dr] *m usu.* frame; *fig. a.* framework, context; *fig.* setting, surroundings *pl.*; *fig.* scope, limits *pl.*; *personnel*: executive, manager; ⚔ officer; *les ~s a.* the managerial staff; ~ *(de réception) radio*: frame aerial; ~ *orienté radio*: directional aerial; **cadrer** [kɑ'dre] (1a) *v/i.* tally, agree; fit in.
caduc, -que [ka'dyk] decrepit, decaying; feeble (*voice*); ⚖ null, lapsed; ⚖ time-barred; ⚘ deciduous; **caducité** [~dysi'te] *f* dilapidated state; decrepitude; ⚖ nullity; ⚖ lapsing; ⚘ caducity.
cafard[1] [ka'fa:r] *m zo.* cockroach; F *avoir le ~* be down in the dumps.
cafard[2], **e** [ka'fa:r, ~'fard] **1.** *adj.* sanctimonious; **2.** *su. school*: sneak; *su./m* ⚔ *sl.* spy; **cafarder** [~far'de] (1a) *v/i. school*: sneak.
café [ka'fe] **1.** *su./m* coffee; café; ~ *complet* continental breakfast; ~ *crème* white coffee; ~ *nature* (*or noir*) black coffee; **2.** *adj./inv.* coffee-colo(u)red; **~-concert**, *pl.* **~s-concerts** [~fekɔ̃'sɛ:r] *m*, F **caf'conc'** [kaf'kɔ̃:s] *m* café with a cabaret show.
cafetier, -ère [kaf'tje, ~'tjɛ:r] *su.* café-owner; *su./f* coffee-pot; *sl.* head.
cafouillage F [kafu'ja:ʒ] *m* muddle; **cafouiller** F [~'je] (1a) *v/i.* not to work properly, F be on the blink (*machinery etc.*); *fig.* muddle things up, get into a muddle, flounder (*person*); *fig.* get *or* turn into a shambles; **cafouillis** F [~'ji] *m* muddle.
cage [ka:ʒ] *f bird*: cage; hen-coop; ⚠ frame; cover, casing; F prison; ~ *d'ascenseur* lift (*Am.* elevator) shaft; ~ *d'escalier* stair-well; *anat.* ~ *thoracique* chest.
cagne *sl.* [kaɲ] *f school*: class preparing to compete for entrance to the *École normale supérieure.*
cagneux, -euse [ka'ɲø, ~'ɲø:z] knock-kneed; **cagnotte** [~'ɲɔt] *f* pool, kitty.
cagot, e [ka'go, ~'gɔt] **1.** *adj.* sanctimonious; **2.** *su.* bigot; hypocrite; **cagoterie** [kagɔ'tri] *f* cant; **cagotisme** [~'tism] *m* false piety.
cahier [ka'je] *m* paper-book; exercise-book; ⚓ defaulters' book; ⚒ ~ *des charges* specifications *pl.*
cahin-caha F [kaɛ̃ka'a] *adv.* so-so; middling.
cahot [ka'o] *m vehicle*: jolt, jog; **cahoter** [kaɔ'te] (1a) *vt/i.* jolt along; toss; *vie f cahotée* life of ups and downs; **cahoteux, -euse** [~'tø, ~'tø:z] bumpy (*road*).
cahute [ka'yt] *f* hut; cabin; hovel.
caïd F [ka'id] *m* (big) boss, big chief; gangster boss.
caille *orn* [kɑ:j] *f* quail.
caillé [kɑ'je] *m* curds *pl.*, curdled milk.
caillebotis [kɑjbɔ'ti] *m* duck-board(s *pl.*); ⚓ grating.
caillebotte [kɑj'bɔt] *f* curds *pl.*;
cailler [kɑ'je] *vt/i.* curdle, clot; congeal (*blood*); *sl.* be cold; *ça caille* it's freezing.
caillette[1] [kɑ'jɛt] *f zo. ruminants*: fourth stomach; *cuis.* rennet.
caillette[2] F [~] *f* flirt; tart.
caillot [ka'jo] *m* clot.
caillou, *pl.* **-x** [ka'ju] *m* pebble; cobble; **cailloutage** [kaju'ta:ʒ] *m* ⚠ rough-cast, pebble-dash; 🛤 gravel; road-metal; pebble paving;
caillouter [~'te] (1a) *v/t.* ballast,

metal (*a road, a railway-track*); pave with pebbles; **cailloutcux, -euse** [~'tø, ~'tø:z] stony; pebbly, shingly (*beach*); **cailloutis** [~'ti] *m* gravel; road-metal; pebbled surface; cobbled pavement; rubble.

caisse [kɛs] *f* case, box; ⚕ cash-box; ⚕ till; (pay-)desk; *thea.* pay-box; ⚕ fund; ♪, *anat.* drum; ⊕ body; ⚔ *sl.* prison, cells *pl.*; ~ *à eau* water-tank; ⚕ ~ *d'amortissement* sinking-fund; depreciation; ~ *d'épargne* savings-bank; ~ *de prêts* loan bank; ~ *enregistreuse* cash-register; ⚡ ~ *nationale de l'énergie* national grid; *argent m en* ~ cash in hand; *fig. battre la grosse* ~ advertize; boost a product; *faire la* ~ balance the cash; *grosse* ~ *instrument*: bass *or* big drum; *person*: bass drummer; *tenir la* ~ be in charge of the cash; **caissier** *m*, **-ère** *f* [kɛ'sje, ~'sjɛ:r] cashier; treasurer; **caisson** [~'sɔ̃] *m* box; ⊕ caisson; ⚔ ammunition-waggon; locker; *mot.* boot; ⚒ bunker.

cajoler [kaʒɔ'le] (1a) *v/t.* coax, wheedle; **cajolerie** [~ʒɔl'ri] *f* coaxing, wheedling; **cajoleur, -euse** [~ʒɔ'lœ:r, ~'lø:z] **1.** *adj.* wheedling; **2.** *su.* wheedler.

cal, *pl.* **cals** [kal] *m* callosity; ⚘, ⚕ callus.

calamité [kalami'te] *f* calamity, disaster; **calamiteux, -euse** [~'tø, ~'tø:z] calamitous.

calandre [ka'lɑ̃:dr] *f* mangle; *tex.* calender, roller (*a. for paper*); *mot.* shell; *mot.* radiator grill; **calandrer** [~lɑ̃'dre] (1a) *v/t.* mangle; *tex. etc.* calender; surface.

calcaire [kal'kɛ:r] **1.** *adj.* calcareous; chalky (*soil*); hard (*water*); **2.** *su./m* limestone; **calcification** ⚕ [~sifika'sjɔ̃] *f* calcification; **calcination** [~sina'sjɔ̃] *f* calcination; *metall.* oxidation; *ores*: roasting.

calciner [kalsi'ne] (1a) *v/t.* char; burn (to cinders *or* ashes); ⊕ *etc.* roast; ⚗ calcine.

calcul [kal'kyl] *m* reckoning, calculation; estimate; ⩘ calculus; ⩘ arithmetic; ⚕ calculus, stone; ~ *biliaire* gall-stone; ~ *mental* mental arithmetic; **calculateur, -trice** [kalkyla'tœ:r, ~'tris] **1.** *adj.* scheming; **2.** *su. person*: calculator, reckoner; *su./f machine*: calculator; **calculer** [~'le] (1a) *v/t.* reckon, calculate; ~ *de tête* work (*s.th.*) out in one's head; **calculette** [~'lɛt] *f* pocket *or* desk calculator; **calculeux, -euse** ⚕ [~'lø, ~'lø:z] **1.** *adj.* calculous; **2.** *su.* sufferer from stone.

cale[1] ⚓ [kal] *f* hold; *quay*: slope, slip; ~ *sèche* drydock.

cale[2] [kal] *f* ⊕ wedge; ⊕, 🚂 chock; ⊕ prop, strut; ⊕ tightening-key; **calé, e** F [ka'le] clever, bright; difficult, tough, tricky.

calebasse [kal'bɑ:s] *f* ⚘ calabash, gourd; *metall.* small ladle; *sl.* head.

calèche [ka'lɛʃ] *f* barouche, calash.

caleçon [kal'sɔ̃] *m* (pair of) underpants *pl.*; ~ *long* long johns *pl.*; ~ *de bain* bathing-trunks *pl.*

calembour [kalɑ̃'bu:r] *m* pun.

calembredaine F [kalɑ̃brə'dɛn] *f* nonsense; quibble.

calendrier [kalɑ̃'drje] *m* calendar; almanac; ~ *à éffeuiller* tear-off calendar.

cale-pied *cycl.* [kal'pje] *m* toe-clip.

calepin [kal'pɛ̃] *m* notebook.

caler[1] [ka'le] (1a) *v/t.* ⚓ strike (*the sail*); ⚓ house (*a mast*); *v/i.* ⚓ draw water; F climb down.

caler[2] [~] (1a) *v/t.* prop up (*a. fig.*); wedge (up), chock (up); ⊕ jam; *mot.* stall (*an engine*); ⊕, ⚡ adjust; F *se* ~ *les joues, se les* ~ have a good feed; *v/i. mot.* stall; F idle.

calfat ⚓ [kal'fa] *m* caulker; **calfater** [~fa'te] (1a) *v/t.* caulk.

calfeutrer [kalfø'tre] (1a) *v/t.* stop up the chinks of (*a window etc.*); F *se* ~ shut o.s. up.

calibrage [kali'bra:ʒ] *m tube*: calibrating; ⊕ ga(u)ging; *phot.* trimming; **calibre** [~'libr] *m* ⚔ calibre (*a. fig.*); bore; size; ⊕ *tool*: ga(u)ge; template; ⊕ ~ *pour filetages* thread ga(u)ge; *compas m de* ~ callipers *pl.*; **calibrer** [~li'bre] (1a) *v/t.* ⊕ ga(u)ge; calibrate; *phot.* trim; *typ.* cast off.

calice [ka'lis] *m eccl.* chalice; *fig.* [cup; ⚘ calyx; *anat.* calix.

calicot [kali'ko] *m tex.* calico; *sl.* counter-jumper, sales assistant, *Am.* sales-clerk.

califourchon [kalifur'ʃɔ̃] *adv.*: *à* ~ astride.

câlin, e [kɑ'lɛ̃, ~'lin] **1.** *adj.* cajoling; coaxing; caressing, winning (*ways*); **2.** *su.* wheedler; **câliner** [~li'ne] (1a) *v/t.* wheedle; caress; pet.

calleux, -euse [ka'lø, ~'lø:z] horny, callous.
calligraphie [kaligra'fi] *f* calligraphy, penmanship.
callosité [kalozi'te] *f* callosity.
calmant, e [kal'mɑ̃, ~'mɑ̃:t] **1.** *adj.* calming; soothing (*a.* ⚕); **2.** *su.*/*m* ⚕ sedative.
calme[1] [kalm] *m* calm(ness); stillness; *fig.* composure.
calme[2] [kalm] calm, still, quiet; **calmer** [kal'me] (1a) *v/t.* calm, still, quiet; *fig.* soothe; se ~ calm down.
calomniateur, -trice [kalɔmnja'tœ:r, ~'tris] **1.** *adj.* slanderous, libellous; **2.** *su.* slanderer, calumniator; **calomnie** [~'ni] *f* calumny, slander, libel; **calomnier** [~'nje] (1o) *v/t.* slander, libel.
calorie *phys.* [kalɔ'ri] *f* calorie; **calorifère** [kalɔri'fɛ:r] **1.** *adj.* heat-conveying; **2.** *su.*/*m* central heating installation; **calorifique** *phys.* [~'fik] calorific, heating; **calorifuge** [~'fy:ʒ] **1.** *adj.* heat-insulating; **2.** *su.*/*m* heat-insulator; ⊕ non-conduction; **calorifugeage** ⊕ [~fy'ʒa:ʒ] *m* heat-insulation; **calorifuger** ⊕ [~fy'ʒe] (1l) *v/t.* insulate.
calot [ka'lo] *m* ⚔ forage-cap; ⊕ small wedge; ⊕ *quarry*: block of stone; *sl.* eye; *ribouler des ~s* be flabbergasted; **calotin** *sl.* [~lɔ'tɛ̃] *m* ardent church-goer; sky-pilot (= *priest*); **calotte** [~'lɔt] *f* skull-cap (*a. eccl.*); ⚔ undress cap; watch-case; F box on the ears; *sl.* clergy; **calotter** [~lɔ'te] (1a) *v/t.* F cuff (*s.o.*); *golf*: top (*the ball*).
calque [kalk] *m* tracing; F copy; **calquer** [kal'ke] (1m) *v/t.* trace (from, *sur*); *needlework*: transfer (*a pattern*); copy; *papier m à ~* tracing-paper; se ~ *sur q.* copy s.o., model o.s. on s.o.
calumet [kaly'mɛ] *m* ⚘ reed; pipe (*of a Red Indian*); *le ~ de la paix* the pipe of peace, the calumet.
calvaire [kal'vɛ:r] *m eccl.* stations *pl.* of the Cross; *eccl.* calvary; *fig.* martyrdom; *le* ♀ (Mount) Calvary.
calvinisme *eccl.* [kalvi'nism] *m* Calvinism.
calvitie [kalvi'si] *f* baldness.
camail *cost.* [ka'ma:j] *m* cape (*a. eccl., a. orn.*), cloak.
camarade [kama'rad] *su.* comrade, fellow, mate, F chum; *~ de classe* classmate; **camaraderie** [~ra'dri] *f* comradeship, friendship; clique.
camard, e [ka'ma:r, ~'mard] **1.** *adj.* snub-nosed; **2.** *su.*/*f*: *la ~e* Death.
cambouis [kɑ̃'bwi] *m* dirty oil; cart-grease.
cambré, e [kɑ̃'bre] bent; cambered, arched; bow-legged; **cambrement** [~brə'mɑ̃] *m* bending, cambering; **cambrer** [~'bre] (1a) *v/t.* bend; camber; arch; se ~ throw out one's chest; warp (*wood*).
cambriolage [kɑ̃briɔ'la:ʒ] *m* housebreaking; burglary; **cambrioler** [~'le] (1a) *v/t.* break into (*a house*), burgle; **cambrioleur** [~'lœ:r] *m* housebreaker; burglar.
cambrure [kɑ̃'bry:r] *f* curve, camber; *foot*: arch.
cambuse [kɑ̃'by:z] *f* ⚓ store-room; canteen; *sl.* hovel; low pub(lic house); glory-hole; **cambusier** ⚓ [~by'zje] *m* store-keeper; steward's mate.
came[1] ⊕ [kam] *f* cam; *arbre m à ~s* cam-shaft.
came[2] *sl.* [~] *f* drug; *sl.* junk; **camé, e** *sl.* [ka'me] *adj., a. su.* drug-addicted (person); *su. sl. a.* junkie.
caméléon *zo.* [kamele'ɔ̃] *m* chameleon.
camélia ⚘ [kame'lja] *m* camelia.
camelot [kam'lo] *m* street hawker; newsvendor; *~ du roi* young royalist; **camelote** [~'lɔt] *f* cheap goods *pl.*; junk, trash; *de ~* gimcrack.
caméra [kame'ra] *f* cine-camera.
camérier *eccl.* [kame'rje] *m* chamberlain.
camériste [kame'rist] *f* lady's maid; chamber-maid.
camion [ka'mjɔ̃] *m* waggon; lorry, *Am.* truck; (*a. ~ automobile*) motor lorry; **~-citerne**, *pl.* **~s-citernes** [~mjɔ̃si'tɛrn] *m lorry*: tanker; **~-grue**, *pl.* **~s-grues** [~mjɔ̃'gry] *m* breakdown lorry, *Am.* wrecker; **camionnage** [kamjɔ'na:ʒ] *m* cartage; carting, *Am.* trucking; **camionner** ✝ [~'ne] (1a) *v/t.* cart, carry; truck; **camionette** [~'nɛt] *f* small lorry, *Am.* light truck; **camionneur** [~'nœ:r] *m* lorry-driver, *Am.* truck driver.
camisole [kami'sɔl] *f* sleeved vest; *woman*: dressing jacket; *~ de force* strait jacket.
camomille ⚘ [kamɔ'mi:j] *f* camomile.

camouflage [kamu'fla:ʒ] *m* disguising; ⚔, ⚓ camouflage; **camoufler** [~'fle] (1a) *v/t.* disguise; ⚔, ⚓ camouflage; **camouflet** F [~'flɛ] *m* insult; snub.

camp [kɑ̃] *m* camp (*a. fig.*); party; *fig.* side; ~ *de réfugiés* refugee camp; ~ *de vacances* holiday camp; ~ *volant* temporary shelter; F *ficher* (*or sl. fouter*) *le* ~ clear out; **campagnard, e** [kɑ̃pa'ɲa:r, ~'ɲard] **1.** *adj.* country; rustic; **2.** *su.* rustic; *su./m* countryman; *su./f* countrywoman; **campagne** [~'paɲ] *f* open country; countryside; ⚔, ⚓, *pol.*, ✝ *etc.* campaign; *à la* ~ in the country; *en pleine* ~ in the open; **campagnol** *zo.* [~pa'ɲɔl] *m* vole.

campanile ⚠ [kɑ̃pa'nil] *m* bell-tower; **campanule** ⚘ [~'nyl] *f* campanula.

campé, e [kɑ̃'pe] (*bien* ~) (well) established; well-constructed; well-built; firmly fixed; **campement** ⚔ [kɑ̃p'mɑ̃] *m* camping; encampment, camp; camp party; **camper** [kɑ̃'pe] (1a) *vt/i.* encamp; *v/t.* F place; *fig.* arrange; *se* ~ *devant etc.* plant o.s. in front of *etc.*; *v/i.* camp; **campeur** *m*, **-euse** *f* [~'pœ:r, -'pø:z] camper; **camping** [~'piŋ] *m* camping; (*terrain de*) ~ camping site; *faire du* ~ go camping.

campos F [kɑ̃'po] *m* holiday.

camus, e [ka'my, ~'my:z] snub-nosed; pug-nosed.

canadien, -enne [kana'djɛ̃, ~'djɛn] **1.** *adj.* Canadian; **2.** *su.* ♀ Canadian; *su./f* sheepskin jacket.

canaille F [ka'nɑ:j] **1.** *adj.* low, base; cheap; **2.** *su./f* bastard; rascal; † rabble.

canal [ka'nal] *m* canal (*a.* ⚘, *a. anat.*); channel; ⚓ passage; ⊕ pipe, conduit; ⊕ culvert; ⚠ fluting; *anat.* duct; ⊕~*-tunnel* underground canal; **canalisation** [~naliza'sjɔ̃] *f river:* canalization; ⊕ pipeline; ⊕ mains *pl.*

canapé [kana'pe] *m* couch, sofa; *cuis.* canapé, fried slice of bread; **~-lit**, *pl.* **~s-lits** [~pe'li] *m* bed-settee.

canard [ka'na:r] *m* duck; drake; F hoax; F false news; sensationalist newspaper, rag; F brandy- *or* coffee-soaked lump of sugar; ♪ wrong note; **canardeau** [kanar'do] *m* duckling; **canarder** [~'de] (1a) *v/i.* ⚓ pitch; ♪ play *or* sing a wrong note; *v/t.* F snipe at; **canardière** [~'djɛ:r] *f* duck-pond; *duck-shooting:* screen; duck-gun; ⚔ loop-hole.

canari *orn.* [kana'ri] *m* canary.

canasson *sl. pej.* [kana'sɔ̃] *m* horse; nag.

cancan[1] [kɑ̃'kɑ̃] *m dance:* cancan.

cancan[2] [kɑ̃'kɑ̃] *m* piece of gossip; ~*s pl.* tittle-tattle *sg.*; **cancaner** [kɑ̃ka'ne] (1a) *v/i.* gossip; talk scandal; **cancanier, -ère** [~'nje, ~'njɛ:r] **1.** *adj.* tale-bearing; **2.** *su. person:* gossip.

cancer [kɑ̃'sɛ:r] *m* ⚕ cancer; malignant growth; *astr. le* ♀ Cancer (*a. geog.*), the Crab; **cancéreux, -euse** ⚕ [kɑ̃se'rø, ~'rø:z] **1.** *adj.* cancerous; **2.** *su.* cancer patient; **cancérigène** ⚕ [~ri'ʒɛn] carcinogenic, carcinogenous; **cancérologie** ⚕ [~rɔlɔ'ʒi] *f* cancer research;

cancre [kɑ̃:kr] *m* crab; F dunce, dud.

candeur [kɑ̃'dœ:r] *f* artlessness.

candi [kɑ̃'di] **1.** *adj./m* candied; **2.** *su./m:* ~*s pl.* crystallized fruit.

candidat *m*, **e** *f* [kɑ̃di'da, ~'dat] candidate; **candidature** [~da'ty:r] *f* candidature; *poser sa* ~ *à* apply for (*a position*).

candide [kɑ̃'did] artless, ingenuous.

cane [kan] *f* (female) duck; **caner** *sl.* [ka'ne] (1a) *v/i.* funk it, chicken out;

caneton [kan'tɔ̃] *m* duckling.

canette[1] [ka'nɛt] *f orn.* duckling; teal.

canette[2] [~] *f* ⊕ faucet; can; bottle; *tex.* spool.

canevas [kan'vɑ] *m* canvas; outline.

caniche *zo.* [ka'niʃ] *m* poodle.

caniculaire [kaniky'lɛ:r] sultry; *jours m/pl.* ~*s* dog-days; **canicule** [~'kyl] *f* dog-days *pl.*; *astr.* dog-star.

canif [ka'nif] *m* penknife, pocket-knife.

canin, e [ka'nɛ̃, ~'nin] **1.** *adj.* canine; *exposition f* ~*e* dog-show; *avoir une faim* ~*e* be as hungry as a wolf; *dent f* ~*e* = **2.** *su./f* canine (tooth).

caniveau [kani'vo] ⊕ gutter; ⚡ *cables:* conduit; ⚡ main.

canne [kan] *f* ⚘ cane, reed; walking-stick; ~ *à pêche* fishing rod; ~ *à sucre* sugar-cane; *sucre m de* ~ cane-sugar;

canneler [~'le] (1c) *v/t.* groove; ⚠ flute; corrugate.

cannelle[1] [ka'nɛl] *f* ⚘ cinnamon; *fig.* small pieces *pl.*

cannelle[2] [~] *f* faucet.
cannelure [kanˈlyːr] *f* groove, channel; ⚠ fluting; corrugation; **canner** [kaˈne] (1a) *v/t.* cane-bottom; **cannette** [~ˈnɛt] *f see cannelle*[1]; *canette*[2].
cannibale [kaniˈbal] *m* cannibal, man-eater.
canon[1] [kaˈnɔ̃] *m* ⚔, ⚓ gun, cannon; *coll.* artillery; *key, rifle, watch, etc.*: barrel; measuring-glass; *sl.* glass of wine; ~ *à électrons* electron gun.
canon[2] [kaˈnɔ̃] *m* ♪, *eccl.* canon; **canonial, e,** *m/pl.* **-aux** [kanɔˈnjal, ~ˈnjo] canonical; of a canon; **canonique** [~ˈnik] canonical (*book, age*); F respectable, proper; **canoniser** *eccl.* [~niˈze] (1a) *v/t.* canonize.
canonnade ⚔ [kanɔˈnad] *f* gun-fire; cannonade; **canonner** [~ˈne] (1a) *v/t.* cannonade; batter (*a fortress*); **canonnier** ⚔ [~ˈnje] *m* gunner; **canonnière** [~ˈnjɛːr] *f* ⚓ gunboat; ⚠ drain-hole; *toy*: pop-gun.
canot [kaˈno] *m* boat; dinghy; ~ *automobile* motorboat; ~ *de sauvetage* lifeboat; ~ *glisseur* speedboat; ~ *pliable* folding boat; ~ *pneumatique* rubber dinghy; **canotage** [kanɔˈtaːʒ] *m* rowing, boating, canoeing; *faire du* ~ row; **canoter** [~ˈte] (1a) *v/i.* row; go (in for) boating; **canotier** [~ˈtje] *m* boatman; oarsman; *cost.* straw-hat, boater.
cantatrice [kɑ̃taˈtris] *f* (professional) singer, vocalist.
cantharide *zo.* [kɑ̃taˈrid] *f* Spanish fly; *poudre f de* ~*s* cantharides *pl.*
cantine [kɑ̃ˈtin] *f* ⚔ *restaurant*: canteen; soup-kitchen; equipment-case; **cantinier, -ère** [~tiˈnje, ~ˈnjɛːr] *su.* canteen-attendant; *su./m* canteen-manager; *su./f* canteen-manageress.
cantique *eccl.* [kɑ̃ˈtik] *m* canticle; hymn; sacred song; *bibl. le* ♀ *des* ♀*s* the Song of Songs.
canton [kɑ̃ˈtɔ̃] *m admin.* canton, district; 🚂, *road*: section.
cantonade *thea.* [kɑ̃tɔˈnad] *f* wings *pl.*; *thea. parler à la* ~ speak to s.o. behind the scenes, speak off; *crier à la* ~ shout for everybody to hear.
cantonnement [kɑ̃tɔnˈmɑ̃] *m* ⚔ quarters *pl.*; ⚔ billeting; **cantonner** [kɑ̃tɔˈne] (1a) *v/t.* ⚔ billet, quarter; *v/i.* ⚔ be billeted; **cantonnier** [~ˈnje] *m* district road-surveyor; roadman; 🚂 permanent-way man.
canule [kaˈnyl] *f* ⚕ nozzle; cannula; *sl.* bore.
caoutchouc [kauˈtʃu] *m* india-rubber; mackintosh, raincoat; *mot. etc.* tyre; ~*s pl.* galoshes, *Am.* rubber overshoes; ~ *durci* vulcanite; ~ *mousse* foam rubber; *gant m de* ~ rubber-glove.
cap [kap] *m geog.* cape, headland; ⚓, ✈ head; *de pied en* ~ from head to foot; *mettre le* ~ *sur* head for; ⚓, ✈ *suivre le* ~ *fixé* be on one's course.
capable [kaˈpabl] capable, able; **capacité** [~pasiˈte] *f* capacity (*a.* ⚖); ability; ⚖ legal competence.
cape [kap] *f* cape, cloak; hood; *cigar*: outer leaf; ⚓ *être à la* ~ be hove to; *rire sous* ~ laugh up one's sleeve.
capeline [kapˈlin] *f* sun-bonnet; wide-brimmed hat.
capillaire [kapilˈlɛːr] **1.** *adj.* capillary; *artiste m* ~ tonsorial artist; **2.** *su./m* ♀ maidenhair fern; **capillarité** *phys.* [~lariˈte] *f* capillary attraction, capillarity.
capilotade *cuis.* [kapilɔˈtad] *f* hash; *fig. en* ~ bruised; F *mettre q. en* ~ beat s.o. to a pulp.
capitaine [kapiˈtɛn] *m* captain (*a. fig.*); ⚓ *a.* master; ⚔, *gang, team*: leader; *sp.* ~ *d'equipe* team captain.
capital, e, *m/pl.* **-aux** [kapiˈtal, ~ˈto] **1.** *adj.* capital; fundamental, essential; deadly (*sin*); *peine f* ~*e* capital punishment, death penalty; **2.** *su./m* ✝ capital, assets *pl.*; ~ *d'apport* initial capital; ~ *d'exploitation* working capital; ✝ ~ *et intérêt* principal and interest; *su./f geog.* capital; *typ.* capital (letter); **capitaliser** [~taliˈze] (1a) *v/t.* ✝ capitalize; *v/i.* save; **capitalisme** [~taˈlism] *m* capitalism.
capitation [kapitaˈsjɔ̃] *f* poll-tax.
capiteux, -euse [kapiˈtø, ~ˈtøːz] heady (*wine*); sensuous, F sexy.
capiton ✝ [kapiˈtɔ̃] *m* silk waste; **capitonner** [~tɔˈne] (1a) *v/t.* upholster; *cost.* quilt.
capitulaire [kapityˈlɛːr] capitular(y); **capitulation** [~laˈsjɔ̃] *f* capitulation, surrender; **capituler** [~ˈle] (1a) *v/i.* ⚔ surrender; capitulate; *fig.* yield; *fig.* compromise (with, *avec*) (*one's conscience*).
capoc ✝ [kaˈpɔk] *m* kapok.
capon, -onne [kaˈpɔ̃, ~ˈpɔn] **1.** *adj.*

cowardly, afraid; **2.** *su.* coward; *school*: sneak.
caporal [kapɔˈral] *m* ⚔ corporal; F *tobacco*: shag; ⚔ ~ *chef* lance-sergeant; **caporalisme** [~raˈlism] *m* narrow militarism.
capot [kaˈpo] **1.** *su./m mot.* bonnet, *Am.* hood; ✈ cowling; *cards*: capot; ⚓ companion(-hatch); **2.** *adj./inv. fig.* nonplussed; **capotage** [~pɔˈtaːʒ] *m mot.* hooding; ✈, *mot.* overturning; ✈ noseover; **capote** [~ˈpɔt] *f* greatcoat; bonnet; *mot.* hood, *Am.* convertible top; *chimney*: cowl; *sl.* ~ *anglaise* French letter (= *contraceptive*); **capoter** [~pɔˈte] (1a) *v/i.* capsize, overturn; *fig.* fail, founder.
câpre ⚘ [kɑːpr] *f* caper.
capricant, e ⚕ [kapriˈkɑ̃, ~ˈkɑ̃ːt] bounding; caprisant (*pulse*).
caprice [kaˈpris] *m* caprice, whim; impulse; *geol.* offshoot; ♪ caprice, capriccio; **capricieux, -euse** [~priˈsjø, ~ˈsjøːz] capricious; whimsical; wayward (*child*).
capricorne [kapriˈkɔrn] *m* capricorn beetle; *astr. le* ♑ Capricorn, the Goat.
capsule [kapˈsyl] *f* capsule; *bottle*: cap, crown-cork; ⚔ percussion-cap; ⚡ *à* ~ dished (*electrode*); **capsuler** [~syˈle] (1a) *v/t.* seal, cap (*a bottle*).
captage [kapˈtaːʒ] *m* water-catchment; collecting (*of waters*); ⚡ picking up; ⊕ recovery (*of by-products*); **captateur** *m*, **-trice** *f* ⚖ [~taˈtœːr, ~ˈtris] inveigler; **captation** [~taˈsjɔ̃] *f* ⚖ inveiglement; ⚡ collecting; collection; *tel.*, *teleph.* tapping; **capter** [~ˈte] (1a) *v/t.* ⚡ collect; catch (*waters*); ⊕ recover (*waste*); *radio*: pick up (*a station*); *tel.*, *teleph.* tap, intercept; captivate (*s.o.*); win by insidious means; **capteur** [~ˈtœːr] *m* ⚓ captor; ⊕ collector; ~ *solaire* solar energy collector; **captieux, -euse** [~ˈsjø, ~ˈsjøːz] fallacious, specious.
captif, -ve [kapˈtif, ~ˈtiːv] **1.** *adj.* captive; **2.** *su.* prisoner; **captiver** [~tiˈve] (1a) *v/t.* captivate, charm; master (*one's feelings*); **captivité** [~tiviˈte] *f* captivity.
capture [kapˈtyːr] *f* capture; seizure; ⚓ *a.* prize; **capturer** [~tyˈre] (1a) *v/t.* capture; ⚓ seize; arrest.
capuchon [kapyˈʃɔ̃] *m cost.* hood; *eccl.* cowl; *lamp, pen, etc.*: cap.
capucin [kapyˈsɛ̃] *m* Capuchin friar; **capucinade** F [~siˈnad] *f* dull sermon *or* address; **capucine** [~ˈsin] *f* Capuchin nun; ⚘ nasturtium; ⚠ drip-stone; *vehicle*: hood; *rifle*: band.
caque [kak] *f* keg; herring-barrel; **caquer** [kaˈke] (1m) *v/t.* cure and barrel (*herrings*).
caquet [kaˈkɛ] *m*, **caquetage** [kakˈtaːʒ] *m hens*: cackling; F gossip, chatter; *rabattre le caquet de q.* show s.o. up; make s.o. sing small; **caqueter** [~ˈte] (1c) *v/i.* cackle (*hen*); F gossip, chatter; gabble; **caqueteur** *m*, **-euse** *f* [~ˈtœːr, ~ˈtøːz] *person*: gossip.
car[1] [kaːr] *m* 🚌, *tram*: car; *police*: van; motor-coach.
car[2] [~] *cj.* for, because.
carabe *zo.* [kaˈrab] *m* carabid (beetle).
carabin *sl.* [karaˈbɛ̃] *m* medic.
carabine ⚔ [karaˈbin] *f* rifle; carbine; **carabiné, e** [~biˈne] sharp, violent; ⚓ strong; **carabinier** [~biˈnje] *m* † carabineer; *Italy*: soldier of the police militia, constable; *Spain*: customs officer.
caracole [karaˈkɔl] *f horsemanship*: caracole, half-turn; *fig.* caper; **caracoler** [~kɔˈle] (1a) *v/i. horsemanship*: caracole; *fig.* caper, gambol.
caractère [karakˈtɛːr] *m* character; nature; temperament; feature, characteristic; letter; *typ.* type; *mauvais* ~ bad temper; **caractériel, -elle** [~teˈrjɛl] **1.** *adj.* (of) character; (emotionally) disturbed; **2.** *su.* problem child, (emotionally) disturbed child; **caractériser** [~teriˈze] (1a) *v/t.* characterize; *se* ~ *par* be distinguished by; **caractéristique** [~terisˈtik] **1.** *adj.* characteristic (of, *de*), distinctive; typical (of, *de*); **2.** *su./f* characteristic.
carafe [kaˈraf] *f* decanter; water-bottle; carafe; ✈ *avoir la* ~ make a forced landing; *rester en* ~ be left in the lurch; **carafon** [~raˈfɔ̃] *m* small decanter *or* carafe; *wine*: icepail.
carambolage [karɑ̃bɔˈlaːʒ] *m billiards*: cannon, *Am.* carom; *mot.* crash, pileup; **caramboler** [~bɔˈle] (1a) *v/i.* cannon, *Am.* carom; *v/t* hit, crash into; *se* ~ crash (into each

other), collide; **carambouilleur** [~bu'jœ:r] *m* swindler (*who buys things on credit and sells or pawns them at once*).
caramel [kara'mɛl] *m* caramel, burnt sugar; gravy-browning; **caraméliser** [~meli'ze] (1a) *v/t.* caramel(ize) (*sugar*); mix caramel with.
carapater *sl.* [karapa'te] (1a) *v/t.*: se ~ decamp, scram.
carat [ka'ra] *m* carat.
caravane [kara'van] *f* caravan; *mot.* caravan, *Am.* trailer; **caravanier** [~va'nje] *m* caravaneer; **caravansérail** [~vɑ̃se'ra:j] *m* caravanserai.
carbonate ⚗ [karbɔ'nat] *m* carbonate; *sl.* washing soda; **carbonater** ⚗ [~bɔna'te] (1a) *v/t.* carbonate; **carbone** [~'bɔn] *m* ⚗ carbon; *papier m* ~ carbon paper; **carbonique** ⚗ [~bɔ'nik] carbonic; **carboniser** [~bɔni'ze] (1a) *v/t.* carbonize, char; *fig.* burn to death.
carburant [karby'rɑ̃] *m* motor fuel; **carburateur** *mot.* [~byra'tœ:r] *m* carburettor; **carbure** ⚗ [~'by:r] *m* carbide; **carburé, e** [~by're] carburetted; vaporized (*fuel*).
carcan [kar'kɑ̃] *m hist.* iron collar; *fig.* yoke, restraint.
carcasse [kar'kas] *f* carcass; frame(-work); △ shell, skeleton.
carcinome ⚕ [karsi'nɔm] *m* carcinoma.
cardage *tex.* [kar'da:ʒ] *m wool*: carding; *cloth*: teaseling, raising.
cardamine ⚘ [karda'min] *f* cardamine; ~ *des prés* mayflower.
cardan ⊕ [kar'dɑ̃] *m* universal joint; *arbre m à* ~ Cardan shaft.
carde [kard] *f* ⚘ bur, teasel; ⚘ chard; *tex.* carding-brush; ⊕ ~ *métallique* wire-brush; **carder** *tex.* [kar'de] (1a) *v/t.* card, comb (*wool*); teasel (*cloth*); **cardeuse** *tex.* [~'dø:z] *f* carding-machine.
cardiaque ⚕ [kar'djak] **1.** *adj.* cardiac; *crise f* ~ heart attack; *être* ~ have a heart condition; **2.** *su.* sufferer from heart trouble, F heart-case.
cardinal, **e**, *m/pl.* **-aux** [kardi'nal, ~'no] *adj.*, *a. su./m* cardinal.
carême [ka'rɛm] *m* Lent; fast; *comme mars en* ~ without fail; **~-prenant**, *pl.* **~s-prenants** [~rɛmprə'nɑ̃] *m* Shrovetide; *person*: Shrovetide reveller.
carénage [kare'na:ʒ] *m* ⚓ careening; careening-place; docking; ✈, *mot.* stream-lining.
carence [ka'rɑ̃:s] *f* ⚖, ✝ insolvency; defaulting; ⚕, *a. fig.* deficiency (of, in *de*); incompetence, inadequacy; *maladie f par* ~ deficiency disease.
carène [ka'rɛn] *f* ⚓ hull; ✈, *mot.* stream-lined body; *pompe f de* ~ bilge-pump; **caréner** [~re'ne] (1f) *v/t.* ⚓ careen; ✈, *mot.* stream-line.
caresse [ka'rɛs] *f* caress; endearment; **caresser** [~rɛ'se] (1a) *v/t.* caress, fondle; *fig.* cherish (*hopes*).
cargaison ⚓ [kargɛ'zɔ̃] *f* cargo; shipping (*of cargo*); **cargo** ⚓ [~'go] *m* cargo-boat, tramp; **carguer** ⚓ [~'ge] (1m) *v/t.* take in (*sail*).
caricature [karika'ty:r] *f* caricature; cartoon; *fig.* travesty.
carie [ka'ri] *f* ⚕ caries; *trees*: blight; ↗ *corn*: stinking smut; **carier** [~'rje] (1o) *v/i. a.* se ~ rot, decay.
carillon [kari'jɔ̃] *m* carillon, chime(s *pl.*); peal; ♪ tubular bells *pl.*; F row; **carillonner** [~jɔ'ne] (1a) *vt/i.* chime; sound; *fête f carillonnée* High Festival; **carillonneur** [~jɔ'nœ:r] *m* carillon player; bell-ringer; change-ringer.
carlin, e [kar'lɛ̃, ~'lin] *adj.*, *a. su.* pug.
carlingue [kar'lɛ̃:g] *f* ⚓ keelson; ✈ fuselage; F cockpit.
carme [karm] *m* Carmelite, White Friar; ~ *déchaussé* discalced Carmelite; **carmélite** [karme'lit] *f nun*: Carmelite.
carmin [kar'mɛ̃] *su./m*, *a. adj./inv.* carmine.
carminatif, **-ve** ⚕ [karmina'tif, ~'ti:v] *adj.*, *a. su./m* carminative.
carnage [kar'na:ʒ] *m* slaughter; **carnassier**, **-ère** [karna'sje, ~'sjɛ:r] **1.** *adj.* carnivorous; **2.** *su./f* game bag; *su./m* carnivore; **carnation** [~'sjɔ̃] *f* flesh tint(s *pl.*).
carnaval, *pl.* **-als** [karna'val] *m* carnival; King Carnival.
carne *sl.* [karn] *f* tough meat; old horse; bad-tempered person; wastrel; slut.
carnet [kar'nɛ] *m* notebook; (*cheque-, ticket-, etc.*) book; ~ *de bal* card; ✝ ~ *de commandes* order book.
carnier [kar'nje] *m* game-bag.
carnivore [karni'vɔ:r] **1.** *adj.* carnivorous; **2.** *su./m*: ~*s pl.* carnivora.
carotte [ka'rɔt] **1.** *su./f* ⚘, ↗ carrot;

tobacco: plug; *sl.* trick, swindle; **2.** *adj./inv.* carroty, ginger; **carotter** F [~rɔ'te] (1a) *v/t.* steal, F pinch; cheat, F do.
caroube ⚘ [ka'rub] *f* carob; **caroubier** ⚘ [~ru'bje] *m* carob-tree.
carpe[1] *anat.* [karp] *m* carpus, wrist.
carpe[2] *icht.* [karp] *f* carp; **carpeau** *icht.* [kar'po] *m* young carp.
carpette[1] [kar'pɛt] *f* rug.
carpette[2] *icht.* [~] *f* young carp.
carquois [kar'kwa] *m* quiver.
carre [kɑ:r] *f plank*: thickness; *hat*: crown; *boot*: square toe; **carré, e** [kɑ're] **1.** *adj.* square; squared (*stone*); *fig.* plain, blunt; **2.** *su./m* square; ✐ patch; *staircase*: landing; *anat.* quadrate muscle; *cuis.* loin; ⚓ ~ *des officiers* ward-room; mess-room; *su./f sl.* room, digs *pl.*; **carreau** [~'ro] *m* small square; *flooring*: tile, flag; floor; (window-) pane; *cards*: diamonds *sg.*; ⚒ *mine*: head; (tailor's) goose; † bolt; *à* ~*x* checked (*material*); F *se garder* (*or tenir*) *à* ~ take every precaution; **carrefour** [kar'fur] *m* crossroads *pl.*; intersection; square (*in town*).
carrelage [kɑr'la:ʒ] *m* tiling; **carreler** [~'le] (1c) *v/t.* tile, pave with tiles; square (*paper*); checker; **carrelet** [~'lɛ] *m* square dipping-net; ⊕ large needle; sewing-needle (*of boatmen*); **carreleur** [~'lœ:r] *m* tile-layer.
carrément [kɑre'mɑ̃] *adv.* square(-ly); *fig.* bluntly; straight (out); **carrer** [kɑ're] (1a) *v/t.* square; *se* ~ swagger; loll (*in a chair*).
carrier [kɑ'rje] *m* quarryman.
carrière[1] [kɑ'rjɛ:r] *f* quarry.
carrière[2] [~] *f* course; career; *donner* ~ *à* give free rein to.
carriériste [karje'rist] *su.* careerist.
carriole [kɑ'rjɔl] *f* light cart.
carrossable [kɑrɔ'sabl] carriageable, passable (*for vehicles*); **carrosse** [~'rɔs] *m* † coach; *fig. rouler* ~ live in style; **carrosserie** *mot.* [~rɔs'ri] body, coachwork.
carrousel [karu'sɛl] *m* merry-go-round; ⚔ tattoo.
carrure [kɑ'ry:r] *f* breadth of shoulders.
cartable [kar'tabl] *m* satchel; writing-pad; cardboard portfolio.
carte [kart] *f* card; *restaurant*: menu; map, ⚓ chart; ticket; *fig.* ~ *blanche* full powers *pl.*; a free hand, a blank cheque; ✈ ~ *d'accès au bord* boarding pass; ~ *d'alimentation* ration book; ~ *de lecteur* reader's ticket; ~ *d'identité* identity card; *mot.* ~ *grise* car licence; ~ *postale* postcard; *mot.* ~ *verte* insurance document, *Br.* green card; *battre les* ~*s* shuffle (the cards); *faire les* ~*s* deal (the cards); *jouer* ~*s sur table* be above-board.
cartel [kar'tɛl] *m* † ring, cartel, combine; *pol.* coalition.
carte-lettre, *pl.* **cartes-lettres** [kartə'lɛtr] *f* letter-card.
cartellisation ⊕ [kartɛliza'sjɔ̃] *f* cartelization.
carter [kar'tɛ:r] *m mot.* crank-case; *bicycle*: gear-case.
cartilage [karti'la:ʒ] *m anat.* cartilage, F gristle; **cartilagineux, -euse** [~laʒi'nø, ~'nø:z] *anat.* cartilaginous, F gristly; ⚘ hard.
cartographe [kartɔ'graf] *m* map-maker, chart-maker; cartographer; **cartographie** [~gra'fi] *f* cartography; mapping; map collection; **cartomancie** [~mɑ̃'si] *f* cartomancy, fortune-telling (by cards).
carton [kar'tɔ̃] *m* cardboard; pasteboard; cardboard box; cardboard portfolio; *art*: cartoon; *phot.* mount; *typ.* cancel; *geog.* inset map; ...*en* ~ *a.* paper...; ~ *bitumé* roofing felt; ~ *ondulé* corrugated cardboard; *fig. homme m de* ~ man of straw; **cartonner** [~tɔ'ne] (1a) *v/t.* bind in boards, case; *cartonné* hardback (*book*); **cartonnerie** [~tɔn'ri] *f* cardboard manufactory; cardboard trade; **cartonnier** [~tɔ'nje] *m* (cardboard) file; **carton-pâte**, *pl.* **cartons-pâtes** [~tɔ̃'pɑ:t] *m* papier mâché.
cartothèque † [kartɔ'tɛk] *f* card index.
cartouche[1] [kar'tuʃ] *m* ⚠, *art*: cartouche.
cartouche[2] [kar'tuʃ] *f* ⚔ cartridge; refill (*of ball-pen*); **cartouchière** [~tu'ʃjɛ:r] *f* ⚔ cartridge-pouch; ~ *d'infirmier* first-aid case.
carvi ⚘ [kar'vi] *m* caraway.
cas [kɑ] *m* case (*a.* ⚕ = *disease, patient*; *a. gramm.*); instance, circumstance; affair; ~ *limite* borderline case; *au* (*or dans le*) ~ *où* (*cond.*) in case *or* in the event of (*ger.*); *au* ~ *où* (*cond.*), *en* ~ *que* (*sbj.*) in case ... should (*inf.*); *dans tous les* ~, *en*

tout ~ in any case; *en aucun* ~ in no circumstances; *en ce* ~ if so; *faire grand* ~ *de* think highly of (*s.th.*); *faire peu de* ~ *de* set little value on; *le* ~ *échéant* if needed; *selon le* ~ as the case may be.
casanier, -ère [kaza'nje, ~'njɛ:r] *adj.*, *a. su.* stay-at-home.
casaque [ka'zak] *f* coat, jacket; jumper (*of woman*); F *tourner* ~ turn one's coat; **casaquin** [~za'kɛ̃] *m* dressing-jacket; jumper.
cascade [kas'kad] *f* waterfall, falls *pl.*, cascade; F gay time; F piece of reckless folly; **cascader** [~ka'de] (1a) *v/i.* cascade; **cascadeur** [~ka'dœ:r] *m* stuntman; acrobat.
case [kɑ:z] *f* hut, small house; compartment; pigeon-hole; *chessboard*: square; ~ *postale* Post Office box, P.O. box.
caséeux, -euse [kaze'ø, ~'ø:z] cheesy, caseous.
casemate ⚔ [kaz'mat] *f* casemate.
caser [kɑ'ze] (1a) *v/t.* F put; † file (*papers*); marry off; find a job for; put (*s.o.*) up; *se* ~ settle down; find a home (with, *chez*).
caserne ⚔ [ka'zɛrn] *f* barracks *pl.*; **caserner** ⚔ [~zɛr'ne] (1a) *v/t.* quarter, billet; *v/i.* live in barracks.
casier [kɑ'zje] *m* compartment; locker; pigeon-hole; filing cabinet; rack, bin; ⚖ ~ *judiciaire* police record; *avoir un* ~ *judiciaire vierge* have a clean record.
casino [kazi'no] *m* casino.
casque [kask] *m* helmet; ~*s pl. d'écoute* ear-phones; ~ *blindé* crash helmet; **casqué, e** [kas'ke] helmeted; **casquer** F [~'ke] (1m) *v/i.* foot the bill; *v/t.* fork out (*a sum*); **casquette** [~'kɛt] *f* (peaked) cap.
cassable [kɑ'sabl] breakable; **cassant, e** [~'sɑ̃, ~'sɑ̃:t] brittle (*china etc.*); crisp (*biscuit*); curt, short (*manner, voice*); F knife-edge (*crease*); *metall.* short; *sl. ce n'est pas* ~, *ça n'a rien de* ~ it's not exactly tiring work; F it's not so hot, it's nothing to write home about; **cassation** [~sa'sjɔ̃] *f* ⚖ reversing, quashing, setting aside; ⚔ reduction to the ranks; ⚖ *cour f de* ~ Supreme Court of Appeal.
casse[1] [kɑ:s] *f* breakage, damage; *fig.* break; F row.
casse[2] [~] *f typ.* case; ⊕ ladle; *metall.* crucible; *typ. haut* (*bas*) *de* ~ upper (lower) case.
casse[3] [~] *f* ⚘ cassia; senna.
casse...: ~**-cou** [kɑs'ku] *m/inv.* dangerous spot; ~**-croûte** [~'krut] *m/inv.* snack; snack-bar; ~**-noisettes** [~nwa'zɛt] *m/inv.*, ~**-noix** [~'nwa] *m/inv.* nutcrackers *pl.*; ~**-pieds** F [~'pje] **1.** *su/inv.* bore, F pain in the neck; **2.** *adj./inv.* boring; ~**-pipe(s)** F [~'pip] *m/inv.* war; front.
casser [kɑ'se] (1a) *v/t.* break, smash; crack; F punch (s.o.'s nose, *le nez à q.*); ⚔ reduce to the ranks; ⚖ set aside, quash, reverse; F ~ *sa pipe* kick the bucket (= *die*); *v/i. a. se* ~ break, give way; wear out (*person*).
casserole [kas'rɔl] *f* saucepan, stewpan.
casse-tête [kɑs'tɛt] *m/inv.* life-preserver (= *loaded stick*); club, truncheon; *fig.* puzzle, head-ache; *fig.* din, uproar.
cassette [ka'sɛt] *f* (jewel-)casket; case; money-box; cassette.
casseur, -euse [kɑ'sœ:r, ~'sø:z] **1.** *adj.* destructive, aggressive (*look etc.*); **2.** *su.* breaker; *cars*: scrap dealer; F ~ *d'assiettes* truculent person.
cassis[1] [ka'sis] *m* ⚘ black currant; *sl.* head.
cassis[2] ⊕ [ka'si] *m* cross-drain.
cassonade [kasɔ'nad] *f* brown sugar.
cassure [kɑ'sy:r] *f* break; fragment.
caste [kast] *f* caste; *esprit m de* ~ class consciousness.
castel † [kas'tɛl] *m* (small) castle.
castillan, e [kasti'jɑ̃, ~'jan] *adj.*, *a. su.* ♀ Castilian.
castor *zo.*, ✝ [kas'tɔ:r] *m* beaver.
casuel, -elle [ka'zɥɛl] **1.** *adj.* accidental, fortuitous, casual; *gramm.* case-...; ⚖ contingent; **2.** *su./m* perquisites *pl.*
casuistique [kazɥis'tik] *f* casuistry (*a. fig.*).
cataclysme [kata'klism] *m* cataclysm, disaster; **catalepsie** ⚕ [~lɛp'si] *f* catalepsy; **catalogue** [~'lɔg] *m* catalogue, list; *faire le* ~ *de* run over the list of; **cataloguer** [~lɔ'ge] (1m) *v/t.* catalogue, list; **catalyser** [~li'ze] (1a) *v/t.* catalyse; **catalyseur** ⚗ [~li'zœ:r] *m* catalyst; **cataphote** *mot.* [~'fɔt] *m road*: cat's eye, *Am.* reflector; **cataplasme** ⚕ [~'plasm] *m* poultice; **catapulter**

[~pyl'te] catapult; **cataracte** [~'rakt] *m* cataract (*a.* ⚕).
catarrhe ⚕ [ka'ta:r] *m* catarrh; F ~ *nasal* cold in the head; **catarrheux, -euse** [~ta'rø, ~'rø:z] catarrhous.
catastrophe [katas'trɔf] *f* catastrophe; disaster; **catastrophique** [~trɔ'fik] catastrophic.
catch *sp.* [katʃ] *m* catch-as-catch-can.
catéchiser [kateʃi'ze] (1a) *v/t. eccl.* catechize; *fig.* coach; lecture; reason with (*s.o.*).
catégorie [kategɔ'ri] *f* category, class; **catégoriser** [~ri'ze] (1a) *v/t.* classify.
caténaire ⚡ [kate'nɛ:r] **1.** *adj.* catenary; **2.** *su./f* trolley-wire.
cathédrale [kate'dral] *f* cathedral.
cathode ⚡ [ka'tɔd] *f* cathode; **cathodique** ⚡ [~tɔ'dik] cathodic; *tube m à rayons ~s* cathode-ray tube.
catholique [katɔ'lik] **1.** *adj.* (Roman) Catholic; F *pas (très or bien) ~* (a bit) fishy *or* shady, not (quite) straight; **2.** *su.* (Roman) Catholic.
catimini F [katimi'ni] *adv.*: *en ~* stealthily; on the sly.
catin F [ka'tɛ̃] *f* prostitute.
catir *tex.* [ka'ti:r] (2a) *v/t.* press, gloss.
cauchemar [koʃ'ma:r] *m* nightmare; *fig.* pet aversion.
causal, e [ko'zal] causal, causative.
cause [ko:z] *f* cause, motive; reason; ⚖ case, trial; *à ~ de* on account of; *fig. en ~* at stake; involved; *mettre en ~* question (*s.th.*); *pour ~* for a good reason; ⚖ *sans ~* briefless (*barrister*).
causer[1] [ko'ze] (1a) *v/t.* cause.
causer[2] [ko'ze] (1a) *v/i.* talk (*a. fig.* = *blab*), chat; **causerie** [koz'ri] *f* talk, chat; **causette** F [ko'zɛt] *f* little chat; **causeur, -euse** [~'zœ:r, ~'zø:z] **1.** *adj.* talkative, chatty; **2.** *su.* talker; *su./f* settee for two.
causticité [kostisi'te] *f* ⚗ causticity; *fig.* caustic humo(u)r; biting quality (*of a remark etc.*); **caustique** [~'tik] **1.** *adj.* ⚗, *a. fig.* caustic; **2.** *su./m* ⚗ caustic; *su./f opt.* caustic.
cautèle [ko'tɛl] *f* cunning, craftiness; **cauteleux, -euse** [kot'lø, ~'lø:z] cunning, crafty; wary.
cautère ⚕ [ko'tɛ:r] *m* cautery; **cautériser** ⚕ [~teri'ze] (1a) *v/t.* cauterize.
caution [ko'sjɔ̃] *f* security, guarantee; ⚖ bail; ✝ deposit; *être (or se porter) ~* go bail; ✝ stand surety; *fournir ~* produce bail; *sujet à ~* unreliable, unconfirmed; **cautionnement** [~sjɔn'mɑ̃] *m* surety; **cautionner** [~sjɔ'ne] (1a) *v/t.* stand surety for (*s.o.*); ⚖ go bail for; *fig.* support, back.
cavalcade [kaval'kad] *f* cavalcade; procession; **cavale** *poet.* [~'val] *f* mare; **cavaler** *sl.* [~va'le] (1a) *v/i.* run; *v/t.* pester (*s.o.*); *se ~* do a bunk (= *run away*); **cavalerie** [~val'ri] *f* cavalry; **cavalier, -ère** [~va'lje, ~'ljɛ:r] **1.** *su.* rider; *su./m* horseman; *dancing*: partner; *chess*: knight; ⚔ trooper; *su./f* horsewoman; **2.** *adj.* haughty; off-hand; jaunty; ⚒ *perspective f ~ère* isometric projection.
cave [ka:v] **1.** *su./f* cellar (*a. fig.*); vault; ⊕ *coke-oven*: wharf; *cards*: stake(s *pl.*); **2.** *adj.* hollow; *anat. veine f ~* vena cava; **caveau** [ka'vo] *m* cellar, vault; burial vault; **caver** [~'ve] (1a) *v/t.* hollow (out), undermine; put up (*money at cards*); *v/i.* put up a sum of money; **caverne** [~'vɛrn] *f* cave, cavern; (thieves') den; ⚕ cavity; **caverneux, -euse** [~vɛr'nø, ~'nø:z] cavernous; *fig.* hollow, sepulchral (*voice*); **caviste** [~'vist] *m* cellarman; **cavité** [~vi'te] *f* cavity, hollow.
ce[1] [s(ə)] *dem./pron./n* it; this, that; these, those; *ce qui (or que)* what, which; *c'est pourquoi* therefore; *c'est que* the truth is that; *c'est moi* it is I, F it's me.
ce[2] (*before vowel or h mute* **cet**) *m*, **cette** *f*, **ces** *pl.* [sə, sɛt, se] *dem./adj.* this, that, *pl.* these, those; *ce ...-ci* this; *ce ...-là* that.
céans [se'ɑ̃] *adv.* F here(in); *maître m de ~* master of the house.
ceci [sə'si] *dem./pron./n* this; *~ étant* this being the case *or* so.
cécité [sesi'te] *f* blindness.
cédant, e ✝, ⚖ [se'dɑ̃, ~'dɑ̃:t] **1.** *su.* assignor, grantor, transferor; **2.** *adj.* assigning, granting, transferring; **céder** [~'de] (1f) *vt/i.* give up, yield; surrender; *v/t.* ⚗ give off; transfer; sell (*a lease*); *~ le pas à* give way to; *~ le passage* give way; *le ~ à q.* be inferior *or* second to s.o. (in, *en*).
cédille *gramm.* [se'di:j] *f* cedilla.

cèdre [sɛ:dr] *m tree or wood*: cedar.
cédule [se'dyl] *f* script, note; *admin. taxes*: schedule; summons *sg.*
cégétiste [seʒe'tist] *m* trade-unionist (= *member of the C.G.T.*).
ceindre [sɛ̃:dr] (4m) *v/t.* (**de**, with) gird; bind; surround; wreathe.
ceinture [sɛ̃'ty:r] *f* belt (*a. fig. of fortifications, hills, etc.*); girdle; waist; waistband; enclosure, circle; ~ (*de sécurité*) seat *or* safety belt; ~ *de sauvetage* lifebelt; ~ *verte* green belt; 🚂 *ligne f de* ~ circle line; **ceinturer** [sɛ̃ty're] (1a) *v/t.* seize (*s.o.*) round the waist; *fig.* surround; *foot.* collar (*s.o.*) low; **ceinturier** [~'rje] *m* belt-maker; **ceinturon** [~'rɔ̃] *m* waist-belt, sword-belt.
cela [s(ə)la] **1.** *dem./pron./n* that; *à* ~ *près* with that exception; ~ *fait* thereupon; **c'est** ~ that's right, that's it; *comment* ~? how?; **et** ... *avec tout* ~? and what about ...?; **2.** *su./m psych.* id.
céladon [sela'dɔ̃] *su./m, a. adj./inv.* celadon, parrot-green.
célébration [selebra'sjɔ̃] *f* celebration; **célèbre** [~'lɛbr] famous, celebrated; **célébrer** [sele'bre] (1f) *v/t.* celebrate; extol; **célébrité** [~bri'te] *f* celebrity.
celer [sə'le] (1d) *v/t.* conceal.
céleri ⚘ [sel'ri] *m* celery; *pied m de* ~ head of celery.
célérité [seleri'te] *f* speed, rapidity, swiftness.
céleste [se'lɛst] heavenly, celestial; *bleu* ~ sky-blue; ♪ *voix f* ~ *organ*: vox angelica.
célibat [seli'ba] *m* celibacy; **célibataire** [~ba'tɛ:r] **1.** *adj.* single; celibate; **2.** *su./m* bachelor; *su./f* unmarried woman; single girl; spinster.
celle [sɛl] *f see celui.*
cellier [sɛ'lje] *m* store-room, store-cupboard.
cellulaire [sɛly'lɛ:r] cellular; *régime m* ~ solitary confinement; *voiture f* ~ police-van, F Black Maria; **cellule** [~'lyl] *f* cell; F den; ⚡ ~ *au sélénium* selenium cell; ✈ ~ *d'avion* air-frame; *telev.* ~ *photo-électrique* electric eye; **celluleux, -euse** [sɛly'lø, ~'lø:z] cell(at)ed; **celluloïd(e)** ⊕ [~lɔ'id] *m* celluloid; **cellulose** ⚗, ⚕ [~'lo:z] *f* cellulose.
celte [sɛlt] **1.** *adj.* Celtic; **2.** *su.* ♀ Celt; **celtique** [sɛl'tik] **1.** *adj.* Celtic; **2.** *su./m ling.* Celtic.
celui *m*, **celle** *f*, **ceux** *m/pl.*, **celles** *f/pl.* [sə'lɥi, sɛl, sø, sɛl] *dem./pron.* he (*acc.* him); she (*acc.* her); the one, that; *pl.* they (*acc.* them); those; **~-ci** *etc.* [səlɥi'si *etc.*] the latter; this one; **~-là** *etc.* [səlɥi'la *etc.*] the former; that one.
cément *metall.* [se'mɑ̃] *m* cement (*a.* ⚕), powdered carbon; **cémenter** [~mɑ̃'te] (1a) *v/t. metall.* case-harden (*steel*); cement (*an armour-plate*).
cendre [sɑ̃:dr] *f* cinders *pl.*, ash; *mercredi m des* ♀*s* Ash Wednesday; **cendré, e** [sɑ̃'dre] **1.** *adj.* ash-grey, ashy; **2.** *su./f sp.* cinders *pl.*; ⚗ lead ashes *pl.*; **cendreux, -euse** [~'drø, ~'drø:z] ash-grey, ashy; gritty; *metall.* brittle (*steel*); **cendrier** [~dri'e] *m* ash-pan; 🚂 ash-box; ash-tray.
Cendrillon [sɑ̃dri'jɔ̃] *f* Cinderella (*a. fig.*); *fig.* stay-at-home; F drudge.
Cène [sɛn] *f the* Last Supper; *protestant service*: *the* Lord's Supper; *the* Holy Communion.
censé, e [sɑ̃'se]: *être* ~ *faire qch.* be supposed to do s.th.; *nul n'est* ~ *ignorer la loi* ignorance of the law is no excuse; **censément** [~se'mɑ̃] *adv.* supposedly; ostensibly; to all intents and purposes; **censeur** [~'sœ:r] *m* censor; *lycée*: vice-principal; *univ.* proctor; **censurable** † [~sy'rabl] open to censure; **censure** [~'sy:r] *f* censure; *cin., journ., etc.* censorship; **censurer** [~sy're] (1a) *v/t.* censure; censor.
cent [sɑ̃] **1.** *adj./num.* (a *or* one) hundred; **2.** *su./m* (*inv. when followed by another number*) hundred; *cinq pour* ~ five per cent; *je vous le donne en* ~ I give you a hundred guesses; *trois* ~ *dix* three hundred and ten; *trois* ~*s ans* three hundred years; **centaine** [sɑ̃'tɛn] *f* (about) a hundred.
centaure *myth.* [sɑ̃'tɔ:r] *m* centaur.
centenaire [sɑ̃t'nɛ:r] **1.** *adj.* a hundred years old; *fig.* ancient, venerable; **2.** *su./m* centenary; *su. person*: centenarian; **centésimal, e,** *m/pl.* **-aux** [sɑ̃tezi'mal, ~'mo] centesimal; *thermomètre m* ~ centigrade thermometer.
centi... [sɑ̃ti] centi...; **centiare** [sɑ̃'tja:r] *m measure*: one square metre (*approx.* $1^1/_5$ *square yards*); **cen-**

tième [⁓'tjɛm] **1.** *adj./num., a. su., a. su./m fraction*: hundredth; **2.** *su./f thea.* hundredth performance; **centigrade** [⁓ti'grad] centigrade; **centime** [⁓'tim] *m* $^1/_{100}$ *of a franc*; **centimètre** [⁓ti'mɛtr] *m measure*: (*approx.*) $^2/_5$ inch; tape-measure.

central, e *m/pl.* **-aux** [sɑ̃tral, ⁓'tro] **1.** *adj.* central; **2.** *su./m* telephone-exchange; call-station; *su./f* ⚡ (⁓ *électrique*) powerhouse; power station (*Am.* plant); ⚡ ⁓*e hydro-électrique* hydro-electric generating station; ⁓*e nucléaire* (*or atomique*) nuclear power station (*Am.* plant); **centraliser** [⁓trali'ze] (1a) *v/t. a.* se ⁓ centralize; **centre** [sɑ̃:tr] *m* centre, *Am.* center; middle; *foot.* ⁓*s pl.* insides; *meteor.* ⁓ *de dépression* storm centre; *phys.* ⁓ *de gravitation* (*or d'attraction*) centre of attraction; **centrer** [sɑ̃'tre] (1a) *v/t.* centre, *Am.* center; adjust; **centrifuge** [sɑ̃tri'fy:ʒ] centrifugal; *essoreuse f* ⁓ rotary dryer; **centripète** [⁓'pɛt] centripetal; **centriste** *pol.* [sɑ̃'trist] *adj., a. su.* centrist.

centuple [sɑ̃'typl] *su./m, a. adj.* hundredfold; **centupler** [⁓ty'ple] (1a) *vt/i.* increase a hundredfold.

cep ⚘ [sɛp] *m* vine-stock; vine-plant.

cèpe ⚘ [⁓] *m* flap mushroom.

cependant [səpɑ̃'dɑ̃] **1.** *adv.* meanwhile; **2.** *cj.* however, nevertheless, yet.

céramique [sera'mik] **1.** *adj.* ceramic; **2.** *su./f* ceramics *pl.*, pottery; **céramiste** [⁓'mist] *su.* potter.

cérat ⚕ [se'ra] *m* cerate, ointment.

Cerbère [sɛr'bɛ:r] *m myth., a. fig.* Cerberus.

cerceau [sɛr'so] *m* hoop; ⚕ cradle (*over bed*); **cercle** [sɛrkl] *m* circle (*a. fig.*), ring (*a.* ⊕); *barrel*: hoop; dial; *fig.* company, group; *fig.* sphere, range; *geog.* ⁓ *polaire* polar circle; *en* ⁓*s* in the wood (*wine*); ⚓ *quart m de* ⁓ quadrant; **cercler** [sɛr'kle] (1a) *v/t.* encircle, ring; hoop; put a tyre on (*a wheel*).

cercueil [sɛr'kœ:j] *m* coffin; ⁓ *en plomb* (leaden) shell.

céréale ⚘ [sere'al] *su./f, a. adj.* cereal.

cérébral, e, *m/pl.* **-aux** [sere'bral, ⁓'bro] cerebral, brain...; *fatigue f* ⁓*e* brain-fag.

cérémonial, *pl.* **-als** [seremɔ'njal] *m* ceremonial; **cérémonie** [⁓'ni] *f* ceremony (*a. fig.*), pomp; formality; *sans* ⁓ informal(ly *adv.*); **cérémonieux, -euse** [⁓'njø, ⁓'njø:z] ceremonious, formal.

cerf [sɛ:r] *zo.* stag, hart; *cuis.* venison.

cerfeuil ⚘ [sɛr'fœ:j] *m* chervil.

cerf-volant, *pl.* **cerfs-volants** [sɛrvɔ'lɑ̃] *m zo.* stag-beetle; (paper) kite.

cerise [sə'ri:z] **1.** *su./f* ⚘ cherry; *sl.* bad luck; **2.** *adj./inv.* cherry-red; **cerisette** [səri'zɛt] *f* dried cherry; ⚘ winter-cherry; **cerisier** [⁓'zje] *m* cherry-tree; cherry-wood.

cerne [sɛrn] *m tree*: (age-)ring; ring, circle (*round eyes, wound, etc.*); **cerneau** [sɛr'no] *m* green walnut; **cerner** [⁓'ne] (1a) *v/t.* encircle, surround; hem in; ring (*a tree etc.*); *fig.* delimit, define (*a problem etc.*); shell (*nuts*); *avoir les yeux cernés* have rings under one's eyes.

certain, e [sɛr'tɛ̃, ⁓'tɛn] **1.** *adj.* certain, sure; positive, definite; (*before noun*) one; some; **2.** *pron.* some, certain; **certes** [sɛrt] *adv.* indeed; **certificat** [sɛrtifi'ka] *m* certificate (*a.* ⚕); testimonial; ⁓ *de bonne vie et mœurs* certificate of good character; ⁓ *d'origine dog etc.*: pedigree; **certification** [⁓fika'sjɔ̃] *f* certification; *signature*: witnessing; **certifier** [⁓'fje] (1o) *v/t.* certify, attest, assure; witness (*a signature*); **certitude** [⁓'tyd] *f* certainty.

cérumen [sery'mɛn] *m* ear-wax.

céruse ⚗ [se'ry:z] *f* white lead; **cérusite** ⚗ [⁓ry'zit] *f* cerusite.

cerveau [sɛr'vo] *m* brain; *fig.* mind; *fig.* mastermind; ⁓ *brûlé* hothead; *rhume m de* ⁓ cold in the head.

cervelas *cuis.* [sɛrvə'la] *m* saveloy.

cervelet *anat.* [sɛrvə'lɛ] *m* cerebellum; **cervelle** *anat., cuis.* [⁓'vɛl] *f* brains *pl.*; *brûler la* ⁓ *à q.* blow s.o.'s brains out; *se creuser la* ⁓ rack one's brains; *fig. une* ⁓ *de lièvre* a memory like a sieve.

ces [se] *pl. of* ce[3].

césarienne ⚕ [sesa'rjɛn] *adj./f*: (*opération f* ⁓) Caesarean (operation).

cessation [sɛsa'sjɔ̃] *f* cessation, stoppage, suspension; breach (*of relations*); **cesse** [sɛs] *f*: *n'avoir pas de* ⁓ *que* not to rest until; *sans* ⁓ continually; continuously, constantly; **cesser** [sɛ'se] (1a) *vt/i.* cease; leave off; *v/i.*: *faire* ~ put a stop to; **cessez-le-feu** [~selə'fø] *m/inv.* ceasefire; **cessible** ⚖ [~'sibl] transferable; assignable; **cession** [~'sjɔ̃] *f* ⚖ transfer, assignment; ✝ *shares*: delivery; **cessionnaire** ✝ [~sjɔ'nɛ:r] *m* transferee, assignee; *bill*: holder.

c'est-à-dire [sɛta'di:r] *cj.* that is to say, i.e.; in other words; F ~ *que* well, actually.

césure [se'zy:r] *f* caesura.

cet *m*, **cette** *f* [sɛt] *see ce*[2].

cétacé, e *zo.* [seta'se] **1.** *adj.* cetaceous; cetacean; **2.** *su./m* cetacean.

ceux [sø] *m/pl. see celui.*

chabler [ʃa'ble] (1a) *v/t.* ⊕ hoist (*a load*); ⚓ tow (*a boat*); ✓ beat (*a walnut-tree*).

chablis [ʃa'bli] *m* Chablis (= *white* [*Burgundy*).

chabot *icht.* [ʃa'bo] *m* bullhead, miller's thumb; chub.

chacal, *pl.* **-als** *zo.* [ʃa'kal] *m* jackal.

chacun, e [ʃa'kœ̃, ~'kyn] *pron./indef.* each (one); everybody.

chafouin, e [ʃa'fwɛ̃, ~'fwin] sly, toxy; sly-looking.

chagrin[1], **e** [ʃa'grɛ̃, ~'grin] **1.** *su./m* grief, sorrow; trouble; annoyance; **2.** *adj.* sorry; sad; troubled (at, *de*); distressed (at, *de*); peevish.

chagrin[2] [ʃa'grɛ̃] *m* (*a. peau f de* ~) *leather*: shagreen.

chagriner[1] [ʃagri'ne] (1a) *v/t.* grieve, distress; annoy; *se* ~ fret.

chagriner[2] [~] (1a) *v/t.* grain (*leather*).

chahut F [ʃa'y] *m* uproar, row; rag; **chahuter** F [~y'te] (1a) *v/i.* kick up a row; *sl.* boo; *v/t.* rag (*s.o.*); give (*s.o.*) the bird; boo (*s.o.*).

chai [ʃɛ] *m* wine and spirit store.

chaîne [ʃɛn] *f* chain; link(s *pl.*); fetter; necklace; *fig.* sequence, train (*of ideas*); *tex.* warp; ⚓ chain-boom; *geog. mountains*: range; *mot.* ~*s pl. antidérapantes* anti-skid chains; ⊕ *travail m à la* ~ assembly line work, work on the conveyor belt; **chaîner** [ʃɛ'ne] (1b) *v/t.* △, *surv.* chain; △ tie; **chaînette** [~'nɛt] *f* small chain; ♣ catenary; *point m de* ~ chain-stitch; **chaînon** [~'nɔ̃] *m chain*: link; *geog. mountains*: secondary range.

chair [ʃɛ:r] *f* flesh; meat; *fruit*: pulp; *fig.* ~ *de poule* goose-flesh.

chaire [~] *f eccl.*, *a. univ.* chair; *eccl.* throne; *eccl.* pulpit; rostrum; tribune.

chaise [ʃɛ:z] *f* chair, seat; *hist.* (*a.* ~ *à porteurs*) sedan-chair; ~ *de poste* post-chaise; ~ *longue* couch, chaise longue.

chaland[1] [ʃa'lɑ̃] *m* lighter, barge.

chaland[2] *m*, **e** *f* † [ʃa'lɑ̃, ~'lɑ̃:d] customer (*a. fig.*), purchaser.

chalcographie [kalkɔgra'fi] *f* engraving on metal; engraving studio.

châle [ʃɑ:l] *m* shawl.

chalet [ʃa'lɛ] *m* chalet; country cottage; ~ *de nécessité* public convenience.

chaleur [ʃa'lœ:r] *f* heat (*a. of animals*), warmth; ardo(u)r, zeal; ⊕ ~ *blanche* white heat; **chaleureux, -euse** [~lœ'rø, ~'rø:z] warm; *fig.* ardent; cordial, hearty (*welcome etc.*); glowing (*colour, terms*).

châlit [ʃɑ'li] *m* bedstead.

challenge *sp.* [ʃa'lɑ̃:ʒ] *m* challenge.

chaloupe ⚓ [ʃa'lup] *f* launch, long-boat.

chalumeau [ʃaly'mo] *m* drinking-straw; ♪, ⊕ pipe; ⊕ blow-lamp.

chalut [ʃa'ly] *m* trawl; drag-net; **chalutier** ⚓ [~ly'tje] *m person, boat*: trawler.

chamailler F [ʃamɑ'je] (1a) *v/t.* squabble with; *se* ~ squabble (with, *avec*); be at loggerheads, bicker (with, *avec*); **chamaillerie** [~mɑj'ri] *f* squabble, brawl, scuffle; **chamailleur, -euse** [~mɑ'jœ:r, -'jøz] **1.** *adj.* quarrelsome; **2.** *su.* squabbler.

chamarrer [ʃama're] (1a) *v/t.* bedeck; *fig.* embroider; **chamarrure** [~'ry:r] *f* (*tawdry*) decoration.

chambard F [ʃɑ̃'bar] *m*, **chambardement** F [~bardə'mɑ̃] *m* upheaval, upset; **chambarder** F [~bar'de] (1a) *v/t.* rifle (*a room*); smash up, upset (*a. fig.*).

chambellan [ʃɑ̃bɛl'lɑ̃] *m* chamberlain.

chambranle △ [ʃɑ̃'brɑ̃:l] *m* frame; ~ *de cheminée* mantelpiece.

chambre [ʃɑ̃:br] *f* (bed)room; chamber (*a. pol.*, ✝, ⊕); ⚖ division; ⚓ cabin; *mot.* ~ *à air* inner tube; ~ *à un lit* (*deux lits*) single (double) room; ~ *d'amis* guest *or* spare room; ✝ ~ *de commerce* chamber of commerce; *pol.* ♀ *des députés* House of Commons, *Am.* House of Representatives, *France*: Chamber of Deputies; ⚓ ~ *des machines* engineroom; *phot.* ~ *noire* dark room; ~ *sur la cour* (*rue*) back (front) room; *garder la* ~ be confined to one's room; ♪ *musique f de* ~ chamber music; ⊕ *ouvrier m en* ~ homeworker; garret-craftsman; *fig. stratégiste m en* ~ armchair strategist; **chambrée** [ʃɑ̃'bre] *f* roomful; ⚔ barrack-room; *thea.* house; *thea.* takings *pl.*; **chambrer** [~'bre] (1a) *v/t.* lock up in a room; bring (*wine*) to room temperature; **chambrière** [~'brjɛ:r] *f* † chambermaid; long whip; *truck etc.*: drag.

chameau [ʃa'mo] *m zo.* camel; 🚂 shunting engine; *sl.* dirty dog *m*, bitch *f*; **chamelier** [~mə'lje] *m* camel-driver; **chamelle** *zo.* [~'mɛl] *f* she-camel.

chamois *zo.* [ʃa'mwa] *m* chamois; chamois *or* shammy leather; *gants m/pl. de* ~ wash-leather gloves; **chamoiser** [~mwa'ze] (1a) *v/t.* chamois, dress (*leather*).

champ [ʃɑ̃] *m* field (*a. fig.*); open country; ground; space; *fig.* range; ⊕ side, edge; ~ *d'activité* scope *or* field of activity; *sp.* ~ *de courses* racecourse, race-track; ~ *de repos* churchyard; ~ *visuel* field of vision; *à tout bout de* ~ the whole time, at every end and turn; *à travers* ~*s* across country; ⊕ *de* ~ on edge, edgewise.

champagne [ʃɑ̃'paɲ] *su./m* champagne; *su./f*: *fine* ~ liqueur brandy.

champenois, e [ʃɑ̃pə'nwa, ~'nwa:z] of Champagne.

champêtre [ʃɑ̃'pɛ:tr] rural, rustic.

champignon [ʃɑ̃pi'ɲɔ̃] *m* ⚘ mushroom; 🚂 *rail*: head; F *mot.* accelerator pedal; F *mot. appuyer sur le* ~ step on the gas; **champignonnière** [~ɲɔ'njɛ:r] *f* mushroom-bed.

champion *m*, **-onne** *f* [ʃɑ̃'pjɔ̃, ~'pjɔn] *sp.*, *fig.* champion; *fig.* supporter; ~ *du monde* world champion; **championnat** [~pjɔ'na] *m* championship.

chançard, e [ʃɑ̃'sa:r, ~'sard] **1.** *adj.* lucky; **2.** *su.* lucky person; **chance** [ʃɑ̃:s] *f* luck, fortune; chance; ~*s pl. égales* equal opportunities *or* chances; *bonne* ~*!* good luck; *par* ~ by good fortune; *les* ~*s sont contre lui* the odds are against him.

chanceler [ʃɑ̃s'le] (1c) *v/i.* reel, stagger, totter; falter.

chancelier [ʃɑ̃sə'lje] *m* chancellor; *pol. embassy*: secretary; **chancelière** [~sə'ljɛ:r] *f* chancellor's wife; foot-muff; **chancellerie** [~sɛl'ri] *f* chancellery.

chanceux, -euse [ʃɑ̃'sø, ~'sø:z] risky; lucky.

chancir [ʃɑ̃'si:r] (2a) *v/i. a. se* ~ go mo(u)ldy; **chancissure** [~si'sy:r] *f* mo(u)ld, mildew.

chancre [ʃɑ̃:kr] *m* ⚕ ulcer; ⚕ F, *a.* ⚘ canker; **chancreux, -euse** [ʃɑ̃'krø, ~'krø:z] ⚕ ulcerous; cankerous (*growth*); cankered (*organ*).

chandail [ʃɑ̃'da:j] *m* sweater.

Chandeleur *eccl.* [ʃɑ̃d'lœ:r] *f*: *la* ~ Candlemas; **chandelier** [ʃɑ̃də'lje] *m* candlestick; *person*: chandler; ⊕ *boiler*: pedestal; **chandelle** [~'dɛl] *f* candle; *cricket*, *tennis*: skyer, lob; ⚠ stay, prop; *à la* ~ by candlelight; *fig. en voir trente-six* ~*s* see stars; *fig. le jeu n'en vaut pas la* ~ the game is not worth the candle; **chandellerie** [~dɛl'ri] *f* candleworks *usu. sg.*

chanfrein[1] [ʃɑ̃'frɛ̃] *m* blaze (*on a horse's forehead*); *horse etc.*: forehead.

chanfrein[2] [ʃɑ̃'frɛ̃] *m* bevelled edge; **chanfreiner** ⊕ [~frɛ'ne] (1a) *v/t.* bevel, chamfer.

change [ʃɑ̃:ʒ] *m* ✝ exchange; *hunt.* wrong scent; F false scent; *fig. donner le* ~ *à q.* put s.o. off, sidetrack s.o.; **changeable** [ʃɑ̃'ʒabl] changeable; exchangeable; **changeant, e** [~'ʒɑ̃, ~'ʒɑ̃:t] changing; changeable, variable; unsettled (*weather*); **changement** [ʃɑ̃ʒ'mɑ̃] *m* change, alteration; *mot.* ~ *de vitesse* gear-change, *Am.* gearshift; 🚂 ~ *de voie* points *pl.*; **changer** [ʃɑ̃'ʒe] (1l) *v/t.* change; exchange (for, *contre*); alter; *se* ~ change (one's clothes); *se* ~ *en* change or turn into; *v/i.* change, alter (s.th., *de qch.*); ~ *de train* change (trains); **changeur** [~'ʒœ:r] *m* money-changer.

chanoine *eccl.* [ʃa'nwan] *m* canon; **chanoinesse** *eccl.* [~nwa'nɛs] *f* canoness.

chanson [ʃɑ̃'sɔ̃] *f* song; † ~*s pl.* nonsense; **chansonner** [ʃɑ̃sɔ'ne] (1a) *v/t.* write satirical songs about (*s.o.*); **chansonnette** [~'nɛt] *f* comic song; **chansonnier, -ère** [~'nje, ~'njɛ:r] *su.* singer; *su./m* songbook.

chant[1] [ʃɑ̃] *m* ♪ singing; song; *eccl.* chant; canto; melody; *au ~ du coq* at cock-crow; *~ de Noël* Christmas carol.
chant[2] ⊕ [~] *m* edge, side; *de ~, sur ~* on edge, edgewise.
chantage [ʃɑ̃'ta:ʒ] *m* blackmail.
chantepleure [ʃɑ̃tə'plœ:r] *f* wine funnel; colander; watering-can with a long spout; *cask*: tap; △ *gutter*: spout; **chanter** [ʃɑ̃'te] (1a) *v/t.* sing; celebrate; *~ victoire sur* crow over; *iro. que me chantez-vous là?* that's a fine story!; *v/i.* sing; creak (*door*); sizzle (*butter*); crow (*cock*); *faire ~ q.* blackmail s.o.; F *si ça vous chante* if it suits you.
chanterelle[1] [ʃɑ̃'trɛl] *f* ♪ *violin*: E-string; decoy-bird; bird-call.
chanterelle[2] ⚘ [~] *f* *mushroom*: cantharellus.
chanteur *m*, **-euse** *f* [ʃɑ̃'tœ:r, ~'tø:z] singer; *maître m ~ hist.* mastersinger; F blackmailer.
chantier [ʃɑ̃'tje] *m* building site; (timber- *etc.*) yard; workyard, site; F mess; *traffic sign*: roadworks; *sur le ~* in hand.
chantonner [ʃɑ̃tɔ'ne] (1a) *vt/i.* hum.
chantourner ⊕ [ʃɑ̃tur'ne] (1a) *v/t.* jig-saw; ⊕ *scie f à ~* bow saw, jig-saw.
chantre [ʃɑ̃:tr] *m eccl.* cantor; *poet.* singer, poet.
chanvre [ʃɑ̃:vr] *m* hemp; cannabis; **chanvrier, -ère** [ʃɑ̃vri'e, ~'ɛ:r] **1.** *su.* hemp-grower; **2.** *adj.* hemp-...
chaos [ka'o] *m* chaos, confusion; **chaotique** [~o'tik] chaotic.
chaparder F [ʃapar'de] (1a) *v/t.* scrounge, filch, lift.
chape [ʃap] *f eccl.* cope; covering, layer; *cuis.* dish cover; ⊕ D-joint; *mot. tyre*: tread; *mot.* patch (*on tyre*); △ *bridge*: coping; ⊕ *roller*: flange; *pulley-block*: strap; *pulley*: shell; **chapeau** [ʃa'po] *m* hat; △ *chimney*: cowl; ⊕, *a. pen*: cap; *~!* well done!, hats off!; ♪ *~ chinois* Chinese bells *pl.*; *~ haut de forme* top hat; *~ melon* bowler; F *travailler du ~* talk through one's hat.
chapelain [ʃa'plɛ̃] *m* chaplain.
chapelet [ʃa'plɛ] *m* rosary; ✝ *beads*, *onions*: string; *fig.* string, series; ⚔ *bombs*: stick; **chapelier, -ère** [~pə'lje, ~'ljɛ:r] **1.** *adj.* hat-...; **2.** *su.* hatter, *Am.* milliner; *su./f* Saratoga trunk.
chapelle [ʃa'pɛl] *f* chapel; *~ ardente* chapel of rest.
chapellerie [ʃapɛl'ri] *f* hat-trade; hat-shop; **chapelure** *cuis.* [~'ply:r] *f* bread crumbs *pl.*
chaperon [ʃa'prɔ] *m* hood; △ *wall*: coping; *roof*: cap-stone; chaperon; *le petit* ♀ *rouge* Little Red Riding Hood; **chaperonner** [~prɔ'ne] (1a) *v/t.* hood (*a falcon*); chaperon (*s.o.*); △ put a coping on (*a wall*).
chapiteau [ʃapi'to] *m* ✝ capital; *windmill etc.*: cap; *circus*: big top.
chapitre [ʃa'pitr] *m* chapter (*a. eccl.*); heading, subject; **chapitrer** F [~pi'tre] (1a) *v/t.* read (*s.o.*) a lecture, reprimand.
chapon [ʃa'pɔ̃] *m* capon; **chaponner** [~pɔ'ne] (1a) *v/t.* caponize.
chaque [ʃak] *adj.* each, every.
char [ʃar] *m* waggon; *~ à bancs* char-a-banc(s *pl.*); ⚔ *~ blindé* armo(u)red car; ⚔ *~ d'assaut* tank; ⚔ *~ de combat* light-armo(u)red car; ♀ *de l'État* Ship of State; *~ de triomphe* triumphal car; *~ funèbre* hearse.
charabia [ʃara'bja] *m* gibberish.
charade [ʃa'rad] *f* charade.
charançon *zo.* [ʃarɑ̃'sɔ̃] *m* weevil.
charbon [ʃar'bɔ̃] *m* coal; (*a. ~ de bois*) charcoal; ⚗ carbon; ✎ blight; anthrax; ⚕ carbuncle; *fig.* *être sur des ~s ardents* be on tenterhooks; **charbonnage** ⚒ [~bɔ'na:ʒ] *m* coal mining; colliery; bunkering; **charbonner** [~bɔ'ne] (1a) *v/t.* char, carbonize; *cuis.* burn; sketch *or* blacken with charcoal; *v/i.* ⚓ coal (*ship*); **charbonnerie** [~bɔn'ri] *f* coal depot; **charbonnier, -ère** [~bɔ'nje, ~'njɛ:r] **1.** *adj.* coal-...; charcoal-...; **2.** *su./m* coal-man; coal-merchant; coal-hole; ⚓ collier; *~ est maître chez lui* a(n English)man's home is his castle; *su./f* coal-scuttle; charcoal kiln; *orn.* great tit; ⚓ coal lighter.
charcuter [ʃarky'te] (1a) *v/t.* cut (*meat*) into small pieces; F mangle; ⚕ F carve, operate clumsily upon (*a patient*); **charcuterie** [~'tri] *f* pork-butcher's shop *or* trade *or* meat; delicatessen; **charcutier** *m*, **-ère** *f* [~'tje, ~'tjɛ:r] pork-butcher; F sawbones *sg.* (= *surgeon*).
chardon [ʃar'dɔ̃] *m* thistle; **chardonneret** *orn.* [~dɔn'rɛ] *m* goldfinch.
charge [ʃarʒ] *f* load, burden; ⚓

loading; ⊕, ⚖, ⚡, ⚔ *arms*: charge; cost; post, office; responsibility; exaggeration, caricature, *thea.* overacting; ✈ ~ *payante* pay load; ⊕ ~ *utile* useful load; *à* ~ *de* |*revanche* on condition of reciprocity; *être à la* ~ *de* be dependent on *or* depending upon; *femme f de* ~ housekeeper; *pas m de* ~ *marching*: double time; **chargé, e** [ʃar'ʒe] **1.** *adj.* loaded, laden (with, *de*); full (of, *de*); heavy (with, *de*); full, busy (*day, schedule*); ⚕ coated, furry (*tongue*); troubled, guilty (*conscience*); overloaded, overladen (*a. fig.*); overelaborate (*style etc.*); ~ *de a.* in charge of; **2.** *su./m*: *pol.* ~ *d'affaires* chargé d'affaires, ambassador's deputy; *univ.* ~ *de cours* reader, senior lecturer; **chargement** [~ʒə'mɑ̃] *m* load; ⚓ lading; ⚓ cargo; ⚡ charging; **charger** [~'ʒe] (1l) *v/t.* (de, with) load, burden (*a. fig*); charge (*a.* ⚔, ⚖, ⚡); entrust; *post*: register; *thea.* overact; ✝ inflate (*an account*); ~ *q. de coups* drub s.o., belabo(u)r s.o.; *se* ~ become overcast (*sky*); become coated (*tongue*); *se* ~ *de* take care *or* charge of, see to; *se* ~ *de* (*inf.*) undertake to (*inf.*), take it upon o.s. to (*inf.*); **chargeur** [~'ʒœ:r] *m* loader, ⚓ shipper; stoker; ⚡ charger.

chariot [ʃa'rjo] *m* waggon; cart, trolley; ⚓ cradle; ⊕ *crane*: crab; *typewriter*: carriage; *camera*: baseboard; *astr. le grand* ≈ Charles's Wain.

charitable [ʃari'tabl] charitable (to, towards *envers*); **charité** [~'te] *f* charity, love; alms(-giving) *sg.*

charivari [ʃariva'ri] *m* din, noise, hullabaloo.

charlatan *m*, **e** *f* [ʃarla'tɑ̃, ~'tan] charlatan, quack; **charlatanisme** [~ta'nism] charlatanism.

charlotte *cuis.* [ʃar'lɔt] *f* apple charlotte; trifle.

charmant, e [ʃar'mɑ̃, ~'mɑ̃:t] charming, delightful.

charme[1] ⚘ [ʃarm] *m* hornbeam.

charme[2] [ʃarm] *m* charm (*a. fig.*); spell; **charmer** [ʃar'me] (1a) *v/t.* charm (*a. fig.*); delight; **charmeur, -euse** [~'mœ:r, ~'mø:z] **1.** *adj.* charming; **2.** *su.* charmer.

charmille [ʃar'mi:j] *f* hedge; arbo(u)r.

charnel, -elle [ʃar'nɛl] carnal; sensual; **charnier** [~'nje] *m* charnel-house (*a. fig.*).

charnière [ʃar'njɛ:r] *f* hinge; ⊕ ~ *universelle* univeral joint.

charnu, e [ʃar'ny] fleshy.

charogne [ʃa'rɔɲ] *f* carrion; *sl. woman*: slut; *man*: scoundrel.

charpente [ʃar'pɑ̃:t] *f* framework (*a. fig.*); timber-work, steel-work; *house, ship, etc.*: skeleton; **charpenter** [ʃarpɑ̃'te] (1a) *v/t.* frame (*a. fig.*); **charpenterie** [~'tri] *f* carpentry; carpenter's (shop); timber-yard; **charpentier** [~'tje] *m* carpenter; ~ *de navires* shipwright.

charpie ⚕ [ʃar'pi] *f* lint.

charretée [ʃar'te] *f* cartload; F *fig. une* ~ *de* loads of, piles of; **charretier** [~'tje] *m* carter; **charette** [ʃa'rɛt] *f* cart; ~ *à bras* handcart, pushcart, barrow; **charriage** [~'rja:ʒ] *m* carriage; *sl.* swindling; exaggeration; chaffing; **charrier** [~'rje] (1o) *v/t.* cart, carry; *sl.* swindle; make fun of; *v/i.* exaggerate; *sans* ~ joking apart; **charroi** [~'rwa] *m* carriage, cartage; ⚔ † ~*s pl.* transport *sg.*; **charron** [~'rɔ̃] *m* wheelwright; cartwright; **charroyeur** [~rwa'jœ:r] *m* carter, carrier.

charrue [ʃa'ry] *f* plough, *Am.* plow; *fig. mettre la* ~ *devant les bœufs* put the cart before the horse.

charte [ʃart] *f* charter; deed; *hist. la Grande* ≈ Magna C(h)arta; *École f des* ~*s* School of Pal(a)eography; ~-**partie**, *pl.* ~**s-parties** [ʃartəpar'ti] *f* charterparty.

chartreux, -euse [ʃar'trø, ~'trø:z] **1.** *adj.* Carthusian; **2.** *su.* Carthusian; *su./f* Carthusian monastery; *liqueur*: Chartreuse.

chas [ʃa] *m needle*: eye.

chasse [ʃas] *f* hunt(ing); (*a.* ~ *au tir*) shooting; game, bag; shooting-season; hunting-ground; ⊕ *wheels*: play; ⊕ flush; ~ *à courre* (stag-) hunting; ~ *d'eau W.C.*: flush, lavatory chain.

châsse [ʃɑ:s] *f eccl.* reliquary, shrine; *spectacles*: frame; *sl.* ~*s pl.* eyes.

chasse...: ~-**marée** [ʃasma're] *m/inv.* fish-cart; coasting lugger; ~-**mouches** [~'muʃ] *m/inv.* fly-swatter; *horse*: fly-net; ~-**neige** [~'nɛ:ʒ] *m/inv.* snow-plough, *Am.* snow-plow; *sp. ski*: stem; *virage m en* ~

stem-turn; **~-pierres** 🚂 [~'pjɛːr] *m/inv.* cow-catcher.
chasser [ʃa'se] (1a) *v/t.* hunt, pursue; drive away *or* out; expel; drive (*a nail*); *v/i.* (*usu.* ~ *à courre*) hunt, go hunting (s.th., *à qch.*); drive; *mot.* skid; ⚓ drag; **chasseresse** *poet.* [ʃas'rɛs] *f* huntress; **chasseur** [ʃa'sœːr] *m* hunter; *hotel*: page-boy, *Am.* bell-hop; ⚔ rifleman; ⚓ chaser; ✈ fighter; ✈ ~ *à réaction* jet fighter; **chasseuse** [~'søːz] *f* huntress.
chassieux, -euse [ʃa'sjø, ~'sjøːz] bleary-eyed.
châssis [ʃɑ'si] *m* frame (*a. mot.*, 🚂); *mot.* chassis; window-sash; *paint.* stretcher; *trunk*: tray; ⚔ slide; ✈ under-carriage; 🌱 forcing frame; *typ.* chase; *thea. scenery*: flat; *phot.* plate-holder; ✈ ~ *d'atterrissage* landing gear; **~-presse** *phot.* [~si'prɛs] *m* printing-frame.
chaste [ʃast] chaste, pure; **chasteté** [~ə'te] *f* chastity, purity.
chasuble *eccl.* [ʃa'zybl] *f* chasuble.
chat *zo.* [ʃa] *m* (tom-)cat; *le* ♀ *botté* Puss in Boots.
châtaigne [ʃɑ'tɛɲ] *f* ♀ chestnut (*a. horse*); **châtaigneraie** [ʃɑtɛɲə'rɛ] *f* chestnut grove; **châtaignier** [~'ɲje] *m* chestnut(-tree, -wood); **châtain, e** [ʃɑ'tɛ̃, ~'tɛn] *adj., a. su./m* chestnut, brown.
château [ʃɑ'to] *m* castle; manor, hall; palace; *fig.* ~ *de cartes* house of cards; ~ *d'eau* water-tower, 🚂 tank; **~x** *pl. en Espagne* castles in the air.
chateaubriand, châteaubriant *cuis.* [ʃɑtobri'ɑ̃] *m* grilled steak, *Am.* porter-house steak.
châtelain [ʃɑt'lɛ̃] *m* castellan; lord (*of the manor*); **châtelaine** [~'lɛn] *f* chatelaine (*a. cost.*); lady (*of the manor*).
chat-huant, *pl.* **chats-huants** *orn.* [ʃa'ɥɑ̃] *m* tawny *or* brown owl.
châtier [ʃɑ'tje] (1o) *v/t.* punish, chastise; *fig.* refine (*one's style*); ~ *l'insolence de q.* punish s.o. for his impudence.
chatière [ʃa'tjɛːr] *f* cat-hole (*in a door*); cat-trap; ventilation hole; *fig.* secret entrance.
châtiment [ʃɑti'mɑ̃] *m* punishment.
chatoiement [ʃatwa'mɑ̃] *m* sheen; sparkle; glistening.
chaton[1] [ʃa'tɔ̃] *m jewel*: setting; jewel (*in setting*).
chaton[2] [~] *m zo.* kitten; ♀ catkin.
chatouillement [ʃatuj'mɑ̃] *m* tickle, tickling; **chatouiller** [ʃatu'je] (1a) *v/t.* tickle (*a. fig.*); F thrash; **chatouilleux, -euse** [~'jø, ~'jøːz] ticklish; sensitive, touchy, sore (*point*); delicate (*question*).
chatoyer [ʃatwa'je] (1h) *v/i.* shimmer; glisten; *soie f chatoyée* shot silk.
châtrer [ʃɑ'tre] (1a) *v/t.* castrate, geld; 🌱 prune.
chatte [ʃat] *f* (she-)cat; tabby; **chattemite** F [~'mit] *f* toady, sycophant; **chatterie** [ʃa'tri] *f* wheedling; **~s** *pl.* dainties, goodies.
chatterton ⚡ [ʃatɛr'tɔn] *m* insulating *or* adhesive tape.
chaud, e [ʃo, ʃoːd] **1.** *adj.* warm; hot; *fig.* ardent, keen; bitter (*tears*); *avoir* ~ be *or* feel warm; be *or* feel hot; *il fait* ~ it is warm *or* hot; *la donner* **~e** *à* fill (*s.o.*) with dismay; *servir* ~ serve up (*a dish*) hot; *tenir* ~ keep warm; **2.** *chaud adv.* warm *etc.*; **3.** *su./m* heat, warmth; **chaudeau** *cuis.* [ʃo'do] *m* caudle, eggnog; **chaud-froid**, *pl.* **chauds-froids** *cuis.* [ʃo'frwa] *m* chaud-froid; ~ *de* ... cold jellied ...; **chaudière** ⊕ [ʃo'djɛːr] *f* boiler; ~ *auxiliaire* donkey boiler; ~ *à vide* vacuum pan; **chaudron** [~'drɔ̃] *m* ca(u)ldron; F old and tinny piano; **chaudronnier** [~drɔ'nje] *m* brazier; coppersmith; ironmonger.
chauffage [ʃo'faːʒ] *m* heating; warming; ~ *à distance* long-distance heating; ~ *au pétrole* oil heating; ~ *central* central heating; *bois m de* ~ firewood; **chauffard** F [~'faːr] *m* road hog; **chauffe** ⊕ [ʃoːf] *f* heating; stoking, firing; *metall.* firechamber; ⊕ *activer la* ~ fire up.
chauffe...: **~-bain** [ʃof'bɛ̃] *m* geyser; **~-eau** [ʃo'fo] *m/inv.* water-heater; **~-pieds** [ʃof'pje] *m/inv.* foot-warmer; **~-plats** [~'pla] *m/inv.* dish-warmer, chafing-dish.
chauffer [ʃo'fe] (1a) *v/t.* warm, heat; ⊕ stoke up (*a furnace*); *fig.* boost; *fig.* cram (*s.o. for an examination*); *sl.* pinch, steal; *v/i.* get warm *or* hot; ⊕ overheat (*bearings etc.*); ⊕ get up steam (*engine*); ~ *au pétrole* burn oil; *sl. se faire* ~ get pinched (= *arrested*); **chaufferette** [~'frɛt] *f* foot-warmer; dish-warmer; *mot.* heater; **chaufferie** [~'fri] *f metall.* reheating furnace;

forge; ⚓ stokehold; **chauffeur, -euse** [~ˈfœːr, ~ˈføːz] *su. mot.* driver; *su./m mot.* chauffeur; ⚓ stoker; *sl.* crammer, coach (*for examination*); *su./f mot.* chauffeuse; fireside chair; **chauffoir** [~ˈfwaːr] *m* warm-room.

chaufour [ʃoˈfuːr] *m* lime-kiln.

chauler ✓ [ʃoˈle] (1a) *v/t.* lime (*the soil*); lime-wash.

chaume [ʃoːm] *m* haulm; *roof*: thatch; stubble; **chaumière** [~ˈmjɛːr] *f* thatched cottage; **chaumine** *poet.* [~ˈmin] *f* cot.

chausse [ʃoːs] *f* wine strainer; † *~s pl.* breeches; **chaussée** [ʃoˈse] *f* roadway; road; causeway; *geog.* reef; **chausse-pied** [ʃosˈpje] *m* shoehorn; **chausser** [ʃoˈse] (1a) *v/t.* put on (*shoes etc.*); put shoes on (*s.o.*); fit (*shoe*); *~ bien* (*large*) be well-(large-) fitting; *~ du 40* take size 40 (in shoes); se ~ put on (one's) shoes; **chausse-trape** [ʃosˈtrap] *f hunt.* trap (*a. fig.*); *fig.* trick; ⚘ starthistle; **chaussette** [ʃoˈsɛt] *f* sock; **chausson** [~ˈsɔ̃] *m* slipper; ballet shoe; boxing shoe; fencing shoe; gym shoe; **chaussure** [~ˈsyːr] *f* shoe, boot.

chauve [ʃoːv] **1.** *adj.* bald; **2.** *su.* bald person; **~-souris**, *pl.* **~s-souris** *zo.* [ʃovsuˈri] *f* bat.

chauvin, e [ʃoˈvɛ̃, ~ˈvin] **1.** *adj.* jingoistic, chauvinist(ic); **2.** *su.* chauvinist warmonger; **chauvinisme** [~viˈnism] *m* jingoism, chauvinism, F flag-waving.

chaux [ʃo] *f* lime; *~ éteinte* slaked lime; *~ vive* quicklime; *blanchir à la ~* whitewash, limewash.

chavirer ⚓ [ʃaviˈre] (1a) *vt/i.* capsize; upset.

chef [ʃɛf] *m* head, principal, chief, chieftain; master; leader; *cuis.* (*a. ~ de cuisine*) chef (= *male head cook*); ♪ conductor; *fig.* heading; ⚖ count; *fig.* authority; ⊕ *~ d'atelier* shop foreman; *~ de bande* ringleader; ⚔ *~ de bataillon* major; *~ de bureau* (*comptabilité*) chief *or* head clerk (accountant); *sp. ~ d'équipe* team leader, captain; *~ d'État* chief of State; 🚂 *~ de gare* station master; ✝ *~ de rayon*, *~ de service* departmental manager *or* head, floor manager; 🚂 *~ de train* guard, *Am.* conductor; *au premier ~* in the highest degree; in the first place; *de mon ~* for myself; on my own authority; ... *en ~* ... in chief; **~-d'œuvre**, *pl.* **~s-d'œuvre** [ʃɛˈdœːvr] *m* masterpiece; **~-lieu**, *pl.* **~s-lieux** [ʃɛfˈljø] *m* chief town; county town, *Am.* county seat.

cheftaine [ʃɛfˈtɛn] *f* scout-mistress.

chemin [ʃəˈmɛ̃] *m* way; road; path; *eccl. ~ de croix* Way of the Cross; *~ de fer* railway, *Am.* railroad; *~ de table* (table)runner; *~ faisant* on the way; *faire son ~* make one's way; *fig.* get on well; **chemineau** [ʃəmiˈno] *m* tramp, *Am.* hobo; **cheminée** [~ˈne] *f* chimney; ⚓ funnel; smoke-stack; ⊕ stack; fireplace; mantelpiece; **cheminer** [~ˈne] (1a) *v/i.* tramp, plod on; **cheminot** 🚂 [~ˈno] *m* railwayman; platelayer.

chemise [ʃəˈmiːz] *f* shirt (*of men*); chemise (*of women*); *book*: wrapper; folder (*for papers*); ⊕ *boiler etc.*: jacket; ⊕ *~ d'eau* water jacket; **chemiserie** [~mizˈri] *f* shirt-making; shirt shop; shirt factory; haberdashery; **chemisette** *cost.* [ʃəmiˈzɛt] *f* jumper; chemisette (*of women*); **chemisier, -ère** [~ˈzje, ~ˈzjɛːr] *su.* shirt-maker; shirt-seller; haberdasher; *su./m* shirt-blouse; jumper.

chênaie [ʃɛˈnɛ] *f* oak-grove.

chenal [ʃəˈnal] *m* channel, fairway; ⊕ mill-race.

chenapan [ʃənaˈpɑ̃] *m* scoundrel.

chêne ⚘ [ʃɛːn] *m* oak.

chéneau [ʃeˈno] *m* ⚠ *eaves*: gutter; *mot.* drip-mo(u)lding.

chêne-liège, *pl.* **chênes-lièges** [ʃɛnˈljɛːʒ] *m* cork-tree, cork-oak.

chènevière [ʃɛnˈvjɛːr] *f* hemp-field; **chènevis** [~ˈvi] *m* hemp-seed.

chenil [ʃəˈni] *m* dog-kennel (*a. fig.*).

chenille [ʃəˈniːj] *f* caterpillar; *caterpillar tractor*: track; *tex.* chenille.

chenu, e [ʃəˈny] hoary (*hair*); snowy (*mountain*).

cheptel [ʃɛpˈtɛl] *m* (live-)stock; *~ mort* implements *pl.* and buildings *pl.*

chèque ✝ [ʃɛk] *m* cheque, *Am.* check; *~ barré* crossed cheque; *~ de voyage* traveller's cheque; *~ sans provision* cheque without cover; *formulaire m de ~* blank cheque; **chéquier** [ʃeˈkje] *m* cheque book, *Am.* checkbook.

cher, chère [ʃɛːr] **1.** *adj.* dear, beloved; expensive; *la vie f chère* high prices *pl.*; *moins* ~ cheaper; *peu* ~ cheap; **2.** *su.*/*m*: *mon* ~ my dear friend; *su.*/*f*: *ma chère* my dear; **3.** *cher adv.* dear(ly); *acheter* ~ buy at a high price; *coûter* ~ be expensive; *payer* ~ pay a high price for (*s.th.*); *fig.* smart *or* pay for; *vendre* ~ sell dear.

chercher [ʃɛrˈʃe] (1a) *v/t.* look for, seek; search; try; *aller* ~ fetch, get; *envoyer* ~ send for; *venir* ~ call for, fetch; F *ça va* ~ *dans les* ... that'll add up to about ...; **chercheur, -euse** [~ˈʃœːr, ~ˈʃøːz] **1.** *adj.* enquiring; **2.** *su.* seeker; investigator; researcher; *su.*/*m* finder; detector; *radio*: cat's-whisker.

chère [ʃɛːr] *f*: (*la*) *bonne* ~ good food.

chéri, e [ʃeˈri] **1.** *adj.* dear, cherished; **2.** *su.* darling, dear(est); **chérir** [~ˈriːr] (2a) *v/t.* cherish, love dearly; **chérot** *sl.* [ʃeˈro] (too) expensive, *Brit.* F pricey; **cherté** [ʃɛrˈte] *f* dearness; high price; high prices *pl.*; *la* ~ *de la vie* the high cost of living.

chérubin [ʃeryˈbɛ̃] *m* cherub.

chétif, -ve [ʃeˈtif, ~ˈtiːv] puny, weak; paltry (*reason*); wretched, pitiful, miserable.

cheval [ʃəˈval] *m* horse; *mot.* horsepower; *sp.* ~ *de bois* vaulting horse; ~ *de course* race-horse; ⚔ ~ *de frise* cheval de frise; ~ *entier* stallion; *chevaux pl. de bois* merry-go-round *sg.*; *aller à* ~ ride, go on horseback; *être à* ~ *sur* straddle (*s.th.*); F be well up in; F be a stickler for (*etiquette*); **chevalement** [~valˈmɑ̃] *m* ⚒ pit-head frame; ⚠ *walls*: shoring; **chevaler** [~vaˈle] (1a) *v/t.* ⚠ shore up; ⊕ put (*s.th.*) on a trestle; **chevaleresque** [ʃəvalˈrɛsk] chivalrous; knightly; **chevalerie** [~ˈri] *f* chivalry; knighthood; chivalrousness; **chevalet** [ʃəvaˈlɛ] *m* trestle; ♪ *violin etc.*: bridge; ⊕, *a. billiards*: rest; *paint.* easel; ⊕ saw-horse; **chevalier** [~ˈlje] *m* knight; *fig.* ~ *d'industrie* sharper, swindler; *faire q.* ~ knight s.o.; **chevalière** [~ˈljɛːr] *f* signet-ring; **chevalin, e** [~ˈlɛ̃, ~ˈlin] equine; **cheval-vapeur,** *pl.* **chevaux-vapeur** ⊕ [ʃəvalvaˈpœːr, ~vovaˈpœːr] *m* horse-power; **chevaucher** [~voˈʃe] (1a) *v/i.* ride on horseback; sit astride; overlap; *v/t.* ride on; sit astride; *bridge*: span (*a river*).

chevelu, e [ʃəˈvly] long-haired; *cuir m* ~ scalp; **chevelure** [~ˈvlyːr] *f* (head of) hair; *comet*: tail.

chevet [ʃəˈvɛ] *m* bed-head; bolster; ⚠ *church*: chevet, apse; *fig.* bedside (*of a sick person*); *lampe f de* ~ bedside lamp; *livre m de* ~ bedside book, *fig.* favo(u)rite reading.

chevêtre [ʃəˈvɛːtr] *m* ⚕ (jaw-)bandage; ⚠ trimmer beam.

cheveu [ʃəˈvø] *m* (single) hair; ~*x pl.* hair *sg.*; ~*x pl. à la Jeanne d'Arc* bobbed hair (with fringe); ~*x pl. en brosse* crewcut; *sl. avoir mal aux* ~*x* have a hang-over; *fig. couper les* ~*x en quatre* split hairs; *de l'épaisseur d'un* ~ by a hair's breadth; F *se prendre aux* ~*x* have a real set-to; *tiré par les* ~*x* farfetched; *voilà le* ~! that's the snag!

cheville [ʃəˈviːj] *f* peg (*a. violin*), pin (*a.* ⊕); ⊕ bolt; *fig.* padding; *anat.* ankle; ~ *ouvrière* king-pin, *fig.* mainspring; **cheviller** [~viˈje] (1a) *v/t.* pin, peg, bolt; plug; *fig.* pad.

cheviotte *tex.* [ʃəˈvjɔt] *f wool, cloth*: cheviot.

chèvre [ʃɛːvr] *f zo.* (she-)goat; ⊕, ⚠ derrick; ⊕ trestle; **chevreau** *zo.* [ʃəˈvro] *m* kid; *de* (*or en*) ~ kid-...; **chèvrefeuille** ⚘ [ʃɛvrəˈfœːj] *m* honeysuckle; **chevrette** [ʃəˈvrɛt] *f zo.* kid; roe-doe; ⊕ trivet; F shrimp, prawn; **chevreuil** [~ˈvrœːj] *m* roebuck; roe-deer; *cuis.* venison; **chevrier** [~ˈvrje] *m* goatherd; **chevrière** [~ˈvrjɛːr] *f* goat-girl; **chevron** [~ˈvrɔ̃] *m* ⚠ rafter; ⚔ chevron, stripe; **chevronné, e** [~ˈne] experienced, practised, seasoned; veteran ...; **chevrotement** [ʃəvrɔtˈmɑ̃] *m* quavering; **chevroter** [ʃəvrɔˈte] (1a) *v/i.* quaver, quiver, tremble (*voice*); bleat (*goat*); **chevrotine** [~ˈtin] *f* buckshot.

chez [ʃe] *prp. direction*: to; *place*: at (*s.o.'s house or shop*); with (*my aunt*); in (*a. fig.*); *post*: care of, *abbr. c/c*; *fig.* among (*the English*); ~ *nous* in our country; ~ *Zola* in (the works of) Zola; *être* (*aller*) ~ *soi* be at (go) home; *être* (*aller*) ~ *le docteur* be at (go to) the doctor's; *faire comme* ~ *soi* make o.s. at home; *de* ~ *q.* from s.o.'s (house); *de* ~ *soi* from home; **~-moi** (*etc.*) [~ˈmwa] *m/inv.*: *mon* ~ my home.

chialer *sl.* [ʃjaˈle] (1a) *v/i.* snivel.
chiasse [ʃjas] *f fly etc.*: dirt; *sl.* drag; *sl. avoir la* ~ have the runs; be in a blue funk.
chic [ʃik] **1.** *su./m* chic, smartness, style; *fig.* knack; **2.** *adj.* smart, stylish; F first-rate, F posh, classy; F decent (*fellow*); *des robes f/pl. chics* smart robes.
chicane [ʃiˈkan] *f* quibbling; chicanery; ⊕ baffle(-plate); ⚔ zigzag trench; **chicaner** [ʃikaˈne] (1a) *v/i.* quibble, cavil; *v/t.* wrangle with (*s.o.*); haggle over (*s.th.*); **chicaneur, -euse** [~ˈnœːr, ~ˈnøːz] **1.** *adj.* argumentative; quibbling; **2.** *su.* quibbler, haggler; litigious person; **chicanier, -ère** [~ˈnje, ~ˈnjɛːr] **1.** *adj.* litigious; quibbling; haggling; **2.** *su.* litigious person; ⚖ barrator.
chiche [ʃiʃ] **1.** *adj.* scanty; niggardly, mean (*person*); **2.** *su./m* ⚘ (*a. pois m* ~) chick-pea.
chichis F [ʃiˈʃi] *m/pl.* frills (*a. fig.*); *fig.* affected manners; *faire des* ~ put on airs; make a fuss; create difficulties.
chicorée ⚘ [ʃikɔˈre] *f* chicory; endive (*a. salad etc.*).
chicot [ʃiˈko] *m tooth, tree*: stump.
chicotin [ʃikɔˈtɛ̃] *m* aloes *pl.*; *amer comme* ~ as bitter as gall.
chien [ʃjɛ̃] *m* dog; *gun*: hammer, cock; ~ *d'aveugle* guide dog; ~ *de chasse* hound; *entre* ~ *et loup* in the twilight; ~ *méchant!* beware of the dog!; **chiendent** ⚘ [~ˈdɑ̃] *m* couch-grass; **chienloup,** *pl.* **chiens-loups** *zo.* [~ˈlu] *m* Alsatian, wolf-hound; **chienne** [ʃjɛn] *f* (female) dog; bitch.
chier V [ʃje] (1o) *v/i.* shit.
chiffe [ʃif] *f* rag; *fig.* weakling; **chiffon** [ʃiˈfɔ̃] *m* rag; frippery; scrap; *tex.* chiffon; F *parler* ~*s* talk dress; **chiffonner** [ʃifɔˈne] (1a) *v/t.* ruffle, crumple; *fig.* sully; *fig.* irritate, provoke; *v/i.* pick rags; rake through *or* comb dustbins; do some dressmaking; **chiffonnier, -ère** [~ˈnje, ~ˈnjɛːr] *su.* rag-picker; dustbin-raker; *su./m* bureau, chest of drawers.
chiffre [ʃifr] *m* figure, number, numeral; cipher, code; amount, total; mark; monogram; ~ *d'affaires* turnover; ~ *repère* reference number; **chiffrer** [ʃiˈfre] (1a) *v/i.* calculate; *v/t.* number; work out, express in figures; ♪ figure; write in cipher *or* code, encipher, encode; **chiffreur** [~ˈfrœːr] *m* reckoner; cipherer.
chignole [ʃiˈɲɔl] *f* ⊕ hand-drill; F jalopy.
chignon [ʃiˈɲɔ̃] *m* bun, chignon; coil of hair.
chilien, -enne [ʃiˈljɛ̃, ~ˈljɛn] *adj., a. su.* 2 Chilean.
chimère [ʃiˈmɛːr] *f* chimera; **chimérique** [~meˈrik] visionary.
chimie [ʃiˈmi] *f* chemistry; **chimique** [~ˈmik] chemical; **chimiste** [~ˈmist] *su.* chemist (*not pharmacist*).
chimpanzé *zo.* [ʃɛ̃pɑ̃ˈze] *m* chimpanzee.
chiner[1] *tex.* [ʃiˈne] (1a) *v/t.* shadow (*a fabric*).
chiner[2] F [~] (1a) *v/t.* make fun of, kid, rag.
chinois, e [ʃiˈnwa, ~ˈnwaːz] **1.** *adj.* Chinese; **2.** *su./m ling.* Chinese; 2 Chinaman; *les* 2 *m/pl.* the Chinese; *su./f* 2e Chinese woman; **chinoiserie** [~nwazˈri] *f* Chinese curio; F trick; ~*s pl. administratives* red tape *sg.*
chiper *sl.* [ʃiˈpe] (1a) *v/t.* pinch; swipe; *tennis*: poach (*a ball*).
chipie F [ʃiˈpi] *f* sour woman; shrew.
chipoter F [ʃipɔˈte] (1a) *v/i.* nibble at one's food; haggle, quibble; waste time.
chique [ʃik] *f zo.* chigger, jigger; *tobacco*: quid.
chiqué *sl.* [ʃiˈke] *m* fake, pretence.
chiquenaude [ʃikˈnoːd] *f* flick (of the finger).
chiquer [ʃiˈke] (1m) *v/t.* chew (*tobacco*); *v/i.* chew (tobacco).
chiragre ⚕ [kiˈragr] *f* gout in the hand; **chiromancie** [kirɔmɑ̃ˈsi] *f* palmistry; **chiromancien** *m,* **-enne** *f* [~ˈsjɛ̃, ~ˈsjɛn] palmist.
chirurgical, e, *m/pl.* **-aux** [ʃiryrʒiˈkal, ~ˈko] surgical; **chirurgie** [~ˈʒi] *f* surgery; **chirurgien** [~ˈʒjɛ̃] *m* surgeon.
chlorate ⚗ [klɔˈrat] *m* chlorate; **chlore** [klɔːr] *m* ⚗ chlorine; *sl.* calcium chloride; **chlorhydrique** [klɔriˈdrik] ⚗ *adj.*: *acide m* ~ hydrochloric acid, F spirits *pl.* of salt; **chloroforme** ⚗, ⚕ [~rɔˈfɔrm] *m* chloroform; **chlorose** [~ˈroːz] *f* ⚕, ⚘ chlorosis; ⚘ *a.* etiolation; **chlorotique** ⚕ [~rɔˈtik] chlorotic;

chlorure ⚗ [~'ryːr] *m* chloride; ~ *d'ammonium* sal-ammoniac; ~ *de chaux* bleaching powder.

choc [ʃɔk] *m* shock; collision, crash; impact; *de* ~ shock-…

chocolat [ʃɔkɔ'la] **1.** *su./m* chocolate; ~ *à croquer* plain chocolate; **2.** *adj./inv.* chocolate; **chocolatier, -ère** [~la'tje, ~'tjɛːr] **1.** *adj.* chocolate; **2.** *su.* chocolate-maker, chocolate-seller; *su./f* chocolate-pot.

chœur [kœːr] *m* ⚓, *eccl.* choir, ⚓ *a.* chancel; ♪, *thea., etc.* chorus.

choir [ʃwaːr] (3d) *v/i.* fall.

choisi, e [ʃwa'zi] choice, select(ed); chosen, appointed (*party leader etc.*); **choisir** [~'ziːr] (2a) *v/t.* choose, pick (from *entre, parmi*); *sp.* toss for (*sides*); **choix** [ʃwa] *m* choice, option; selection; *au* ~ as you wish; ✝ all one price; *de* ~ choice, *fig.* picked (*man*); ✝ *de premier* ~ best quality…, prime (*meat*).

chômage [ʃo'maːʒ] *m* unemployment; stoppage; ⊕ shut-down; ⚡ (power) cut; F dole; *en* ~ out of work; *en* ~ *partiel* on part-time, on short work; **chômer** [~'me] (1a) *v/i.* take a day off; be idle; be unemployed; *jour m chômé* day off; **chômeur** *m*, **-euse** *f* [~'mœːr, ~'møːz] unemployed worker; *les* ~*s m/pl.* the unemployed.

chope [ʃɔp] *f* tankard.

choper [ʃɔ'pe] (1a) *v/t.* pinch (= *steal, a.* = *arrest*); *tennis*: chop.

chopine [ʃɔ'pin] *f* half-litre mug; ⊕ *pump*: plunger; **chopiner** F [~pi'ne] (1a) *v/i.* booze.

chopper [ʃɔ'pe] (1a) *v/i.* trip, stumble.

choquant, e [ʃɔ'kɑ̃, ~'kɑ̃ːt] shocking, offensive; gross; **choquer** [~'ke] (1m) *v/t.* shock; offend; bump against; clink (*glasses*); *se* ~ come into collision (with, *contre*); be shocked; take offence (at, *de*).

choral, e, *m/pl.* **-als, -aux** [kɔ'ral, ~'ro] **1.** *adj.* choral; **2.** *su./m* chorale; *su./f* choral society.

chorégraphie [kɔregra'fi] *f* choreography.

choriste [kɔ'rist] *m eccl.* chorister; *opera*: chorus-singer; **chorus** [~'rys] *m* chorus; *faire* ~ chorus one's agreement; echo; repeat in chorus.

chose [ʃoːz] **1.** *su./f* thing; matter, affair; property; ~ *en question* case in point; ⚖ ~ *jugée* res judicata; ~ *publique* State; *autre* ~ something else; *grand-*~ much; *peu de* ~ not much, very little; *quelque* ~ something; *quelque* ~ *de bon* (*nouveau*) something good (new); *su./m* what's-its (his, her)-name, thingumajig; *monsieur* ♀ Mr. What's-his-name; **2.** *adj./inv.* F: *tout* ~ queer, out-of-sorts.

chou, -x [ʃu] *m* cabbage; *fig.* cab-bage-bow; rosette; ~*x pl. de Bruxelles* Brussels sprouts; ~ *à la crème* cream puff; ~ *frisé* kale; *être bête comme* ~ be idiotic; be simplicity itself; *pej. feuille f de* ~ rag, gutter paper (= *newspaper of no standing*); *mon* ~*!* (my) dear!; darling!

choucas *orn.* [ʃu'kɑ] *m* jackdaw.

chouchou *m*, **-oute** *f* F [ʃu'ʃu, ~'ʃut] darling, pet; **chouchouter** [~ʃu'te] (1a) *v/t.* pamper, pet.

choucroute *cuis.* [ʃu'krut] *f* sauerkraut.

chouette [ʃwɛt] **1.** *su./f orn.* owl; **2.** F *adj., a. int.* fine, splendid.

chou…: **~-fleur,** *pl.* **~x-fleurs** [ʃu'flœːr] *m* cauliflower; **~-navet,** *pl.* **~x-navets** [~na'vɛ] *m* swede; **~-palmiste,** *pl.* **~x-palmistes** [~pal'mist] *m* palm-cabbage; **~-rave,** *pl.* **~x-raves** [~'raːv] *m* kohlrabi.

choyer [ʃwa'je] (1h) *v/t.* fondle, pet; *fig.* cherish.

chrétien, -enne [kre'tjɛ̃, ~'tjɛn] **1.** *adj.* Christian; **2.** *su.* Christian; *su./m fig.* good citizen; **chrétienté** [~tjɛ̃'te] *f* Christendom.

Christ [krist] *m* (Jesus) Christ; ♀ crucifix; **christianiser** [kristjani'ze] (1a) *v/t.* christianize; **christianisme** [~'nism] *m* Christianity.

chrome [kroːm] *m* ⚗ chromium; ✝ chrome; **chromo** F [krɔ'mo] *m* colo(u)r-print.

chromo… [krɔmo] chromo…, colo(u)r-…

chronique [krɔ'nik] **1.** *adj.* ⚕ chronic; **2.** *su./f* chronicle; *journ.* report, news *sg.*; **chroniqueur** *m*, **-euse** *f* [~ni'kœːr, ~'køːz] chronicler; *journ.* reporter; par-writer, paragrapher.

chrono… [krɔnɔ] chrono…; **~graphe** [~'graf] *m* stop-watch; *phys.* chronograph; **~logie** [~lɔ'ʒi] *f* chronology; **~logique** [~lɔ'ʒik] chronological; **~mètre** [~'mɛtr] *m* chronometer; *sp.* ~ *à déclic* stop-watch; **~métrer** *sp.* [~me'tre] (1f) *v/t.* time; **~métreur** [~me'trœ:r] *m sp., a.* ⊕ time-keeper; **~métrie** [~me'tri] *f* chronometry, time-measurement.

chrysalide *zo.* [kriza'lid] *f* chrysalis, pupa; **chrysanthème** ⚘ [~zɑ̃'tɛ:m] *m* chrysanthemum.

chuchoter [ʃyʃɔ'te] (1a) *vt/i.* whisper; **chuchoterie** [~'tri] *f* whispering.

chut! [ʃyt] *int.* ssh!; hush!

chute [~] *f* fall; spill; *fig.* downfall, overthrow, ruin; ⊕, ⚒ shoot; *geog.* falls *pl.*; ~ *d'eau* waterfall; ✝ ~ *des prix* drop in prices; *anat.* ~ *des reins* small of the back; ~ *du jour* nightfall; *faire une* ~ (have a) fall.

chuter[1] [ʃy'te] (1a) *v/t.* hush; *thea.* hiss; *v/i.* say hush.

chuter[2] [~] (1a) *v/i.* fall; decrease, diminish; *thea.* (be a) flop; ~ *de deux levées cards*: be two tricks down.

ci [si] **1.** *adv.* here; *cet homme-*~ this man; **2.** *dem./pron. see ceci*; *comme* ~ *comme ça* so so; **~-après** [~a'prɛ] *adv.* below.

cibiche *sl.* [si'biʃ] *f* cig, *Br.* fag (= *cigarette*).

cible [sibl] *f* target (*a. fig.*); ✝ *etc.* target group.

ciboire *eccl.* [si'bwa:r] *m* ciborium.

ciboule ⚘ [si'bul] *f* Welsh onion; **ciboulette** ⚘ [sibu'lɛt] *f* chive; **ciboulot** *sl.* [~'lo] *m* nut (= *head*).

cicatrice [sika'tris] *f* scar; **cicatriser** [~tri'ze] (1a) *v/t.* heal; *se* ~ heal (up), scar over.

ci...: **~-contre** [si'kɔ̃:tr] *adv.* opposite; **~-dessous** [~'dsu] *adv.* below, hereunder; ⚖ hereinafter; **~-dessus** [~'dsy] *adv.* above(-mentioned); hereinbefore; **~-devant** [~'dvɑ̃] **1.** *adv.* formerly, previously; **2.** *su./inv.* aristocrat; F old fogey.

cidre [sidr] *m* cider.

ciel [sjɛl] **1.** *su./m* (*pl.* **cieux**) [sjø]) sky, heaven; (*pl.* **ciels** [sjɛl]) (bed-)tester; ⊕, ⚒ roof; (*pl.* **ciels** *or* **cieux**) climate, sky; **2.** *int.* good heavens!

cierge *eccl.* [sjɛrʒ] *m* (wax) candle, taper.

cigale *zo.* [si'gal] *f* cicada.

cigare [si'ga:r] *m* cigar; **cigarette** [~ga'rɛt] *f* cigarette; **cigarière** [~ga'rjɛ:r] *f* cigar-maker.

cigogne [si'gɔɲ] *f orn.* stork; ⊕ crank(-lever).

ciguë ⚘, ⚕ [si'gy] *f* hemlock.

ci-inclus, e [siɛ̃'kly, ~'kly:z], **ci-joint, e** [~'ʒwɛ̃, ~'ʒwɛ̃:t] **1.** *adj.* enclosed, sub-joined (*letter, copy*); **2.** *ci-inclus, ci-joint adv.* herewith; ~ *la lettre* herewith the letter.

cil [sil] *m* (eye)lash.

cilice [si'lis] *m* hair-shirt.

cilié, e ⚘ [si'lje] ciliate; **ciller** [~'je] (1a) *v/t.* blink (one's eyes, *les yeux*).

cime [sim] *f* top, summit; *mountain*: peak.

ciment [si'mɑ̃] *m* cement; ~ *armé* reinforced concrete; **cimenter** [simɑ̃'te] (1a) *v/t.* cement (*a. fig.*); **cimenterie** [~'tri] *f* cement works *usu. sg.*; **cimentier** [~'tje] *m* cement-maker; cement-worker.

cimeterre [sim'tɛ:r] *m* scimitar.

cimetière [sim'tjɛ:r] *m* cemetery, graveyard; *mot.* ~ *de voitures* scrap-yard.

cimier [si'mje] *m helmet, a.* ⛉: crest; *venison*: haunch.

cinabre [si'nɑ:br] *m* cinnabar; *paint.* vermilion.

ciné F [si'ne] *m* cinema, F films *pl.*, *Am.* movies *pl.*; **cinéaste** [~'ast] *m* cinematographer; film-producer; scenario-writer; **ciné-caméra** [~kame'ra] *f* cine-camera; **ciné-club** [~'klœb] *m* filmclub; **ciné-journal** [~ʒur'nal] *m* news-reel; **cinéma** [~'ma] *m* cinema; F films *pl.*, pictures *pl.*, *Am.* movies *pl.*; F *fig.* playacting, act, show; F *fig.* fuss; ~ *parlant* F talkie; **cinémathèque** [sinema'tɛk] *f* film-library; **cinématique** *phys.* [~'tik] **1.** *adj.* kinematic; **2.** *su./f* kinematics *pl.*; **cinématographe** [~tɔ'graf] cinematograph, F cinema; **cinématographier** [~tɔgra'fje] (1o) *v/t.* film; **cinématographique** [~tɔgra'fik] cinematographic; film-...; **cinéphile** [~fil] *su.* film enthusiast.

cinéraire [sine'rɛ:r] **1.** *adj.* cinerary; **2.** *su./f* ⚘ cineraria.

ciné-roman [sinerɔ'mɑ̃] *m* film story.

cinétique *phys.* [sine'tik] **1.** *adj.* kinetic; **2.** *su./f* kinetics *pl.*

cingalais, e [sɛ̃ga'lɛ, ~'lɛ:z] *adj., a. su.* ♀ Cingalese.

cinglant, e [sɛ̃'glɑ̃, ~'glɑ̃:t] lashing (*rain*); bitter, biting (*cold, wind, etc.*);

fig. scathing; **cinglé, e** F [~'gle] **1.** *adj.* nutty, nuts (= *mad*); **2.** *su.* crackpot; **cingler** [~'gle] (1a) *v/t.* lash; ⚓ *v/i.* sail; scud along; steer a course.

cinq [sɛ̃:k; *before consonant* sɛ̃] *adj./num., a. su./m/inv.* five; *date, title*: fifth; **cinquantaine** [sɛ̃kɑ̃'tɛn] *f* (about) fifty; *la* ~ the age of fifty, the fifties *pl.*; **cinquante** [~'kɑ̃:t] *adj./num., a. su./m/inv.* fifty; **cinquantième** [~kɑ'tjɛm] *adj./num., a. su.* fiftieth; **cinquième** [~'kjɛm] **1.** *adj./num.* fifth; **2.** *su.* fifth; *su./m fraction*: fifth; fifth, *Am.* sixth floor; *su./f secondary school*: (*approx.*) second form.

cintre [sɛ̃:tr] *m* ⚠ arch, curve, bend; coat *or* clothes hanger; *thea.* ~*s pl.* flies; **cintré, e** [sɛ̃'tre] arched, curved; *cost.* waisted; F nutty, nuts (= *mad*); **cintrer** ⊕ [~] (1a) *v/t.* bend, curve; arch.

cirage [si'ra:ʒ] *m* waxing, polishing; *boot, shoe, floor, etc.*: polish.

circon... [sirkɔ̃] circum...; **~cire** [~'si:r] (4e) *v/t.* circumcise; ring (*a tree*); **~cis, e** [~'si, ~'si:z] *p.p. of circoncire*; **~cision** [~si'zjɔ̃] *f* circumcision; *tree*: ringing; **~férence** [~fe'rɑ̃:s] *f* circumference; perimeter; *tree*: girth; **~flexe** *gramm.* [~'flɛks] circumflex; *accent m* ~ circumflex (accent); **~locution** [~lɔky'sjɔ̃] *f* circumlocution; **~scription** [~skrip'sjɔ̃] *f* ⩓ circumscribing; *admin.* division, district; ~ *électorale* electoral district *or* ward; constituency; **~scrire** [~s'kri:r] (4e) *v/t.* ⩓ circumscribe (*a. fig.*); *fig.* limit; ⚡ locate (*a fault*); **~spect, e** [~s'pɛ, ~s'pɛkt] guarded, circumspect; **~spection** [~spɛk'sjɔ̃] *f* caution, circumspection; **~stance** [~s'tɑ̃:s] *f* circumstance; event; ~*s pl. atténuantes* attenuating circumstances; ⚖ ~*s pl. et dépendances f/pl.* appurtenances; *de* ~ occasional; temporary; special; **~stancié, e** [~stɑ̃'sje] detailed; **~stanciel, -elle** [~stɑ̃'sjɛl] due to circumstances; *gramm.* adverbial (*complement*); **~venir** [~v'ni:r] (2h) *v/t.* circumvent; outwit (*s.o.*); † impose on (*s.o.*); **~vention** † [~vɑ̃'sjɔ̃] *f* imposture, fraud; **~volution** ⚠, *anat.* [~vɔly'sjɔ̃] *f* convolution.

circuit [sir'kɥi] *m* circuit; circuitous route, roundabout way; circumference; ⚡ *mettre en* ~ connect up; ⚡ *mettre en court* ~ short-circuit; *ouvrir* (*fermer*) *le* ~ switch on (off); ~ *imprimé* printed circuit; ⚡ ~ *intégré* integrated circuit.

circulaire [sirky'lɛ:r] *adj., a. su./f* circular; **circulation** [~la'sjɔ̃] *f air, bank-notes, blood, information, etc.*: circulation; ✝, *bank-notes etc.*: currency; traffic; 🚂 running; ~ *interdite* no thoroughfare; **circulatoire** *physiol.* [~la'twa:r] circulatory; *appareil m* ~ circulatory system; **circuler** [~'le] (1a) *v/i.* circulate, flow; ✝ turn over; 🚂 run (*train*); *circulez!* move along!; pass along!

circumnavigation [sirkɔmnaviga'sjɔ̃] *f* circumnavigation.

cire [si:r] *f* wax; *eccl.* taper; ~ *à cacheter*, ~ *d'Espagne* sealing-wax; ~ *à parquet* floor-polish; ~ *d'abeilles* beeswax; **ciré, e** [si're] **1.** *adj.* waxed, polished; *toile f* ~*e* oilcloth, American cloth; **2.** *su./m* oilskin *pl.*; **cirer** [~'re] (1a) *v/t.* wax; polish; **cireur, -euse** [~'rœ:r, ~'rø:z] *su.* polisher; (~ *de chaussures*) shoeblack, *Am.* shoeshine boy; *su./f machine*: waxer, polisher; **cirier, -ère** [~'rje, ~'rjɛ:r] **1.** *adj.* wax...; **2.** *su./m* wax-chandler; ⚘ candleberry-tree, *Am.* bayberry.

ciron *zo.* [si'rɔ̃] *m* mite.

cirque [sirk] *m* circus; amphitheatre; cirque (*of mountains*).

cirrhose ⚕ [si'ro:z] cirrhosis.

cirrus *meteor.* [sir'rys] *m* cirrus.

cisaille [si'zɑ:j] *f metal*: clippings *pl.*; ⊕ shearing machine; ⊕ guillotine; ~*s pl.* shears; wire-cutter *sg.*; ~*s pl. à haies* hedge-shears, hedge-clippers; **cisailler** [~zɑ'je] (1a) *v/t.* clip; cut; shear (*metal*); *fig.* discredit; cripple (*s.o.'s career*); **ciseau** [~'zo] *m* chisel; ~*x pl.* scissors; ⚒ shears; **ciseler** [siz'le] (1d) *v/t.* chisel; cut; chase (*silver*); tool (*leather*); *fig.* polish (*one's style*); **ciselet** ⊕ [~'lɛ] *m* small chisel; chasing tool; **ciseleur** [~'lœ:r] *m* chiseler; engraver; chaser; tooler; **ciselure** [~'ly:r] *f* chiseling; chasing; tooling; **cisoires** [si'zwa:r] *f/pl.* bench-shears.

citadelle ⚔ [sita'dɛl] *f* citadel, stronghold; **citadin, e** [~'dɛ̃, ~'din] *su.* citizen; *su./m* townsman; *su./f* townswoman.

citation [sita'sjɔ̃] *f* quotation; ⚔

mention in dispatches; ⚖ summons *sg.*; ⚖ subpoena (*of a witness*).
cité [si'te] *f* city; (large) town; housing estate; *la* ♀ *London*: the City; *Paris*: the Cité; ~ *du Vatican* Vatican City; ~ *lacustre* lakedwelling; ~ *universitaire* students' residential blocks *pl.*; *droit m de* ~ freedom of the city; *fig. avoir droit de* ~ be accepted; be established; **~-dortoir,** *pl.* **~s-dortoirs** [~dɔrt'wa:r] *f* dormitory town; **~-jardin,** *pl.* **~s-jardins** [~teʒar'dɛ̃] *f* gardencity.
citer [si'te] (1a) *v/t.* quote, cite; ⚔ mention in dispatches; ⚖ summon; ⚖ subpoena (*a witness*).
citerne [si'tɛrn] *f* cistern, tank; 🚂 tank-car.
cithare ♪ [si'ta:r] *f* zither; **cithariste** ♪ [~ta'rist] *su.* zither-player.
citoyen *m*, **-enne** *f* [sitwa'jɛ̃, ~'jɛn] citizen.
citrin, e [si'trɛ̃, ~'trin] lemon-yellow; **citrique** ⚗ [~'trik] citric; **citron** [~'trɔ̃] **1.** *su./m* ♀ lemon, citron, lime; F nut (= *head*); ~ *pressé* lemon squash; **2.** *adj./inv.* lemon(-colo[u]red); **citronnade** [sitrɔ'nad] *f* lemonade; **citronnier** [~'nje] *m* ♀ lemon-tree; *wood*: lemon-wood.
citrouille ♀ [si'tru:j] *f* pumpkin.
civet *cuis.* [si'vɛ] *m* stew; ~ *de lièvre* jugged hare.
civette[1] *zo.* [si'vɛt] *f* civet-cat; ✝ *perfume*: civet.
civette[2] ♀ [~] *f* chive.
civière [si'vjɛ:r] *f* hand-barrow; stretcher; *coffin*: bier.
civil, e [si'vil] **1.** *su./m* ⚔ civilian; *eccl.* layman; civil status *or* dress; *dans le* ~ in civil life; *en* ~ in mufti, in plain clothes; **2.** *adj.* civil; ⚔ civilian; *eccl.* lay; civic; polite (to, towards *à, envers*); *année f* ~*e* calendar year; ⚖ *droit m* ~ common law; *état m* ~ civil status; register office; *mariage m* ~ civil marriage; *mort f* ~*e* civil death; **civilisateur, -trice** [siviliza'tœ:r, ~'tris] **1.** *adj.* civilizing; **2.** *su.* civilizer; **civilisation** [~za'sjɔ̃] *f* civilization; **civiliser** [~'ze] (1a) *v/t.* civilize; se ~ become civilized; **civilité** [~'te] *f* civility, courtesy; *fig.* ~*s pl.* compliments, kind regards; *faire des* ~*s à* be civil to.
civique [si'vik] civic; civil (*rights*); patriotic (*song*); *droits m/pl.* ~*s* civic rights, *Am.* citizen rights; *instruction f* ~ civics *sg.*; **civisme** [~'vism] *m* good citizenship.
clabaud [kla'bo] *m hunt.* (long-eared) hound; F scandal-monger; **clabaudage** [~bo'da:ʒ] *m hunt.* babbling; F spiteful gossip; **clabauder** [~bo'de] (1a) *v/i. hunt.* babble; F talk scandal (about, *sur*).
claie [klɛ] *f* ⚒ hurdle; fence; ⊕ screen; ⊕ grid.
clair, e [klɛ:r] **1.** *adj.* clear; bright; obvious; thin (*silk, soup, wood*); **2.** *clair adv.* clearly, plainly; thinly; **3.** *su./m* light; *garment*: thin place; *tirer au* ~ decant (*wine*); *fig.* clarify, bring to light; **clairet, -ette** [klɛ'rɛ, ~'rɛt] **1.** *adj.* pale, light; thin (*voice*); **2.** *su./m* local light red wine; **claire-voie,** *pl.* **claires-voies** [klɛr'vwa] *f* openwork; ⚠ skylight; ⚓ decklight; *eccl.* clerestory; ⚒ *à* ~ thinly; **clairière** [klɛ'rjɛ:r] *f* clearing; glade; *linen*: thin place; **clair-obscur,** *pl.* **clairs-obscurs** *paint.* [klɛrɔps'ky:r] *m* chiaroscuro.
clairon ♪ [klɛ'rɔ̃] *m* bugle; *clarinet*: upper register; *person*: bugler; **claironner** [~rɔ'ne] (1a) *v/i.* sound the bugle; trumpet; *v/t. fig.* trumpet; *fig.* trumpet abroad.
clairsemé, e [klɛrsə'me] thinly-sown; scattered, sparse; thin (*hair, beard*).
clairvoyance [klɛrvwa'jɑ̃:s] *f* perceptiveness; clear-sightedness; **clairvoyant, e** [~'jɑ̃, ~'jɑ̃:t] perceptive; clear-sighted; clairvoyant.
clamer [kla'me] (1a) *v/t.* protest (*one's innocence etc.*); F cry (*s.th.*) out; **clameur** [~'mœ:r] *f* clamo(u)r, outcry; *sea, tempest*: roar(ing).
clan [klɑ̃] *m* clan; *fig.* clique.
clandestin, e [klɑ̃dɛs'tɛ̃, ~'tin] clandestine, secret; ⚔ underground (*forces*); illicit; *fig.* underhand; stealthy; ⚓ *passager m* ~ stowaway; **clandestinité** [~tini'te] *f* secrecy; clandestineness; stealth.
clapet [kla'pɛ] *m* ⊕ valve; ⚡ rectifier.
clapier [kla'pje] *m* rabbit hutch *or* warren; F *fig.* dump, hole.
clapotement [klapɔt'mɑ̃] *m*, **clapotis** [klapɔ'ti] *m waves*: lapping, plashing; **clapoter** [~'te] (1a) *v/i.* lap, plash; **clapoteux, -euse** [~'tø,

~'tø:z] choppy (*sea*); plashing (*noise*). [*one's tongue*).
clapper [kla'pe] [1a] *v/i.* click (*with*
claque [klak] *su./f* smack, slap; *thea.* claque, hired applause; *sl.* death; golosh, *Am.* overshoe; *fig.* *prendre ses cliques et ses ~s* depart quickly, F clear off; *su./m* opera-hat, crush-hat; cocked hat; *sl.* disorderly house; **claquedent** F [~'dɑ̃] *m* starveling; **claquement** [~'mɑ̃] *m* *bullet, whip*: smack; *door*: slam; *hands*: clapping; *teeth*: chattering; *machine*: rattle.
claquemurer [klakmy're] (1a) *v/t.* immure; se ~ shut o.s. up.
claquer [kla'ke] (1m) *v/i.* clap; crack (*whip*); bang, slam (*door*); burn out (*lamp*); F kick the bucket (= *die*); break; snap (*string etc.*); F go bust; F go phut; F come to nothing; ~ *des doigts* snap one's fingers; ~ *des mains* clap; *il claquait des dents* his teeth were chattering; **2.** *v/t.* slap, smack; slam, bang; *fig.* burst; wear out, tire out; *thea.* applaud; F blue, blow (*money*); F se ~ tire o.s. out; **claquet** [~'kɛ] *m* (mill-)clapper; **claqueter** [klak'te] (1c) *v/i.* cluck, cackle (*hen*); clapper (*stork*); **claquette** [kla'kɛt] *f* *eccl.* clapper; F chatterbox; (*danse f à*) ~s *pl.* tap-cance *sg.*; **claqueur** *thea.* [~'kœ:r] *m* hired clapper.
clarifier [klari'fje] (1o) *v/t.* clarify.
clarine [kla'rin] *f* cattle-bell; **clarinette** ♪ [~ri'nɛt] *f* clarinet; *person*: clarinettist.
clarté [klar'te] *f* light, clearness; brightness; *sun*: gleam; *glass*: transparency; *fig.* lucidity.
classe [klɑ:s] *f* class (*a. sociology*; *a.* 🚂 *etc.*); category; rank; kind; ⚔ annual contingent; *primary school*: standard; *secondary school*: form, *Am.* grade; class-room; lessons *pl.*; ~ *moyenne* (*ouvrière*) middle (working) class(es *pl.*); *aller en* ~ go to school; *de première* ~ 🚂 *etc.* first-class (*ticket, compartment*); *fig.* first-rate; *faire la* ~ teach; **classé, e** [kla'se] classified; listed (*building*); **classement** [klɑs'mɑ̃] *m* classification; ✝ *etc.* filing; grading; **classer** [klɑ'se] (1a) *v/t.* classify; ✝ *etc.* file; catalogue, *Am.* catalog; grade; **classeur** [~'sœ:r] *m* ✝ file; filing cabinet, *Am.* file case; ⊕ sorter; sizer; ~ *à anneaux* ring binder.
classicisme [klasi'sism] *m* classicism.
classification [klasifika'sjɔ̃] *f* classification; **classifier** [~'fje] (1o) *v/t.* classify.
classique [kla'sik] **1.** *adj.* classical (*author, music, period*); classic; standard; *fig.* orthodox; **2.** *su./m* classic; classicist (*as opposed to romantic*); *les ~s pl.* the (*ancient, French*) classics.
clause ⚖ [klo:z] *f* clause; ~ *additionnelle* rider; additional clause.
claustral, e, *m/pl.* **-aux** [klos'tral, ~'tro] monastic; **claustrophobie** [klostrɔfɔ'bi] *f* claustrophobia.
claveau [kla'vo] *m* ⚠ arch-stone; *vet.* sheep-pox.
clavecin ♪ [klav'sɛ̃] *m* harpsichord.
clavette ⊕ [kla'vɛt] *f* pin, key, peg, cotter.
clavicule *anat.* [klavi'kyl] *f* clavicle, collar-bone.
clavier ♪ *etc.* [kla'vje] *m piano, typewriter*: keyboard; *organ*: manual; *wind-instrument*: range; † key-ring, key-chain.
clayon [klɛ'jɔ̃] *m* wicker-tray (*for cheese*); wattle enclosure; **clayonnage** [~jɔ'na:ʒ] *m* wicker-work; wattle fencing; ⊕ mat; **clayonner** [~jɔ'ne] (1a) *v/t.* protect with wattle fencing; mat.
clé, clef [kle] *f* key (*a. fig.*); ⚠ keystone; ⚠ *beam*: reinforcing piece; ⊕ spanner, wrench; ⚡ switch-key; ♪ clef; ♪ key-signature; ♪ key (*woodwind instrument*); *sp. wrestling*: lock; ~ *à douilles* box-spanner; ~ *à molette* adjustable spanner; ~ *anglaise* monkey-wrench; ~ *crocodile* crocodile spanner; *mot.* ~ *pour roues* wheelbrace; ⚠, *a. fig.* ~ *de voûte* keystone; ~*s en main* ready for immediate occupation (*house etc.*); *fausse* ~ skeleton key; *mettre sous* ~ lock up; *sous* ~ under lock and key.
clématite ⚘ [klema'tit] *f* clematis.
clémence [kle'mɑ̃:s] *f* clemency (*a. of weather*), leniency; mercy; **clément, e** [~'mɑ̃, ~'mɑ̃:t] clement, lenient; merciful; mild (*disease etc.*); *ciel m* ~ mild climate.
clenche [klɑ̃:ʃ] *f* (door-)latch.
clerc [klɛ:r] *m eccl.* cleric, clergyman; ⚖ clerk; F *être* (*grand*) ~ *en* be an expert on; *faire un pas de* ~ blunder;
clergé [klɛr'ʒe] *m* clergy *pl.*; **clérical, e,** *m/pl.* **-aux** *eccl., a. pol.*

[kleri'kal, ~'ko] *adj.*, *a. su./m* clerical.
clic! [klik] *int.* click!
clichage [kli'ʃa:ʒ] *m typ.* stereotyping; electro-typing; ⚒ caging; **cliché** [~'ʃe] *m typ. type*: plate; *illustration*: block; *phot.* negative; *fig.* cliché, stock phrase; **clicher** [~'ʃe] (1a) *v/t. typ.* stereotype; take electrotypes of; ⚒ cage; **clicherie** *typ., journ.* [kliʃ'ri] stereotype room; stereotyping shop.
client *m*, **e** *f* [kli'ɑ̃, ~'ɑ̃:t] client; ⚕ customer; ⚕ patient; *hotel*: guest; **clientèle** [~ɑ̃'tɛl] *f* ⚕ custom, customers *pl.*; ⚕ goodwill; ⚕ connection; ⚕, ⚖ practice; ~ *d'habitués* regular clients *pl.* or customers *pl.*; *donner sa ~ à* patronize.
cligner [kli'ɲe] *vt/i.* wink; blink; *v/t.* screw up (*one's eyes*); **clignotant** *mot.* [kliɲɔ'tɑ̃] *m* indicator, trafficator; blinker; *fig.* warning light; **clignoter** [~'te] (1a) *v/i.* blink; flicker (*eyelids, light*); twinkle (*star*).
climat [kli'ma] *m* climate; region; *fig.* atmosphere; **climatérique** [klimate'rik] **1.** *su./f* climacteric; **2.** *adj.* climacteric; *a.* = **climatique** [~'tik] climatic (*conditions*); *station f ~* health-resort; **climatisation** [~tiza'sjɔ̃] *f* air conditioning; **climatiser** [~ti'ze] (1a) *v/t.* air-condition; **climatiseur** [~ti'zœ:r] *m* air conditioner; **climatologie** [~tɔlɔ'ʒi] *f* climatology; **climatologique** [~tɔlɔ'ʒik] climatological.
clin [klɛ̃] *m*: ~ *d'œil* wink; *en un ~ d'œil* in the twinkling of an eye.
clinicien ⚕ [klini'sjɛ̃] *su./m*, *a. adj./m* clinician; **clinique** ⚕ [~'nik] **1.** *adj.* clinical; **2.** *su./f* clinic; nursing home; F surgery (*of a doctor*); teaching hospital.
clinquant, e [klɛ̃'kɑ̃, ~'kɑ̃:t] **1.** *adj.* showy, gaudy, flashy; **2.** *su./m* tinsel; ⊕ foil; *fig.* showiness.
clip [klip] *m pen etc.*: clip.
clipper ⚓, ✈ [kli'pœ:r] *m* clipper.
clique F [klik] *f* set, clique; gang; ⚔ drum and bugle band; **cliquet** ⊕ *etc.* [kli'kɛ] *m* catch; ratchet; **cliqueter** [klik'te] (1c) *v/i.* rattle; clink (*glass*); jingle (*keys etc.*); *mot.* pink; **cliquetis** [~'ti] *m metall.* clang, rattle; clatter; *glasses*: clinking; *keys etc.*: jingling; *mot.* pinking.
clisse [klis] *f bottle*: wicker covering; *cheese*: drainer; ⚕ splint; **clisser** [kli'se] (1a) *v/t.* wicker (*a bottle*); ⚕ put in splints; *bouteille f clissée* demijohn.
clivage [kli'va:ʒ] *m* cleavage; gap, split; **cliver** [kli've] (1a) *v/t. a.* se ~ split, cleave.
cloaque [klɔ'ak] *m* cesspool (*a. fig.*); *fig.* sink (*of iniquity*).
clochard F [klɔ'ʃa:r] *m* down-and-out; tramp, *Am.* hobo; **clochardiser** [~ʃardi'ze] (1a) *v/t.*: se ~ go to the dogs.
cloche [klɔʃ] *f* bell; ⚗ bell-jar; ⚘ cloche; ⚕ cup (*for blistering*); dish-cover; cloche(-hat); *sl.* idiot; F *la ~* (the) down-and-outs (in general); **~-pied** [~'pje] *adv.*: *sauter à ~* hop.
clocher¹ [klɔ'ʃe] *m* church tower; steeple; *fig. de ~* parochial; *esprit m de ~* parochialism.
clocher² [~] (1a) *v/i.* F go *or* be wrong; limp, hobble.
clocheton [klɔʃ'tɔ̃] *m* bell-turret;
clochette [klɔ'ʃɛt] *f* handbell; ⚘ bell-flower; ~ *d'hiver* snowdrop.
cloison [klwa'zɔ̃] *f* ⚠ partition (wall); ⚓ bulkhead; *mot.* baffle-plate; *fig.* ~ (*étanche* impenetrable) barrier; *fig. séparé(e)s par des ~s étanches* in watertight compartments; **cloisonnage** [~zɔ'na:ʒ] *m* partition (-ing); **cloisonner** [~zɔ'ne] (1a) *v/t.* partition; divide up; compartmentalize.
cloître *eccl.* [klwɑ:tr] *m* cloister(s *pl.*); monastery; convent; **cloîtrer** [klwa'tre] (1a) *v/t.* cloister; *nonne f cloîtrée* enclosed nun.
clope *sl.* [klɔp] *f* cig, *Br.* fag (= *cigarette*).
clopin-clopant F [klɔpɛ̃klɔ'pɑ̃] *adv.* hobbling (along); **clopiner** [~pi'ne] (1a) *v/i.* hobble, limp.
cloporte *zo.* [klɔ'pɔrt] *m* wood-louse, *Am.* sow-bug.
cloque [klɔk] *f* ⚕ lump, swelling; ⚘ *corn*: rust; *tree*: blight.
clore [klɔ:r] (4f) *vt/i.* close; *v/t.* enclose (*land*); **clos, close** [klo, klo:z] **1.** *p.p.* of *clore*; **2.** *adj.* closed; shut in; finished; **3.** *su./m* enclosure, close; vineyard; **closerie** [kloz'ri] *f* small estate; small holding; croft; pleasure garden; **clôt** [klo] *3rd p. sg. pres.* of *clore*; **clôture** [~'ty:r] *f* fence, enclosure; closure, closing; end; ⚕ *account*: winding up; ⚕ *books*:

balancing; **clôturer** [~ty're] (1a) *v/t.* enclose (*land*); ⚒ close down (*a factory*); *pol.* apply the closure to (*a debate*); ⚒ wind up, close.

clou [klu] *m* nail; *fig.* star turn, hit, highlight; ⚕ boil, carbuncle; *pedestrian crossing*: stud; *sl.* pawnshop, *Am.* hock shop; *sl.* clink, jail; *sl.* old jalopy; *cuis.* ~ *de girofle* clove; **clouer** [klu'e] (1a) *v/t.* nail; pin down; rivet; *fig.* tie; *tapis m cloué* fitted carpet; **clouter** [~'te] (1a) *v/t.* stud; **clouterie** [~'tri] *f* nail-making; nail-works *usu. sg.*; **cloutier** [~'tje] *m* nail-dealer; nailsmith.

clown [klun] *m* clown; buffoon; **clownerie** [~'ri] *f* clownish trick; clownishness; **clownesque** [klu'nɛsk] clownish; farcical.

cloyère [klwa'jɛːr] *f* oyster-basket.

club [klœb] *m* club.

cluse *geol.* [klyːz] *f* transverse valley.

coadjuteur *eccl.* [koadʒy'tœːr] *m* coadjutor; **coadjutrice** *eccl.* [~'tris] *f* coadjutrix.

coagulation [koagyla'sjɔ̃] *f* coagulation, congealing; **coaguler** [~'le] (1a) *v/t. a.* se ~ coagulate, clot; curdle.

coaliser *pol.* [koali'ze] (1a) *v/t. a.* se ~ unite; **coalition** [~'sjɔ̃] *f* coalition; *fig.* combine; *ministère m de* ~ coalition ministry.

coasser [koa'se] (1a) *v/i.* croak.

coassocié *m*, **e** *f* [koasɔ'sje] copartner.

cobaye *zo.*, *fig.* [kɔ'baːj] *m* guinea-pig.

cocagne [kɔ'kaɲ] *f*: *mât m de* ~ greasy pole; *pays m de* ~ land of plenty.

cocaïne [kɔka'in] *f* cocaine.

cocasse F [kɔ'kas] comical, droll.

coccinelle *zo.* [kɔksi'nɛl] *f* ladybird.

coccyx *anat.* [kɔk'sis] *m* coccyx.

coche[1] [kɔʃ] *m* † stage-coach; *faire la mouche du* ~ buzz around; be a busy-body; F *manquer le* ~ miss the boat (= *lose an opportunity*).

coche[2] [~] *f* nick, notch.

coche[3] *zo.* [~] *f* sow.

cocher[1] [kɔ'ʃe] (1a) *v/t.* nick, notch; check off, tick off.

cocher[2] [kɔ'ʃe] *m* coachman, F cabby; **cochère** [~'ʃɛːr] *adj./f*: *porte f* ~ carriage-entrance; main gate.

cochon, **-onne** [kɔ'ʃɔ̃, ~'ʃɔn] **1.** *su./m* pig, hog, porker; *fig.* filthy swine; ~ *de lait* sucking-pig; ~ *d'Inde* guinea-pig; **2.** *adj. sl.* indecent; filthy; **cochonner** [~ʃɔ'ne] (1a) *v/i.* farrow; *v/t.* F botch (*a piece of work*); **cochonnerie** [~ʃɔn'ri] *f* filth; rubbish; foul trick; hogwash (= *bad food*); **cochonnet** [~ʃɔ'nɛ] *m* young pig; *bowls*: jack; *tex.* cylinder.

cockpit ✈[kɔk'pit] *m* cockpit.

cocktail [kɔk'tɛl] *m* cocktail; cocktail party; ~ *Molotov* Molotov cocktail.

coco [kɔ'ko] *su./m* (*a. noix f de* ~) coco(a)nut; F liquorice water; *sl.* head; F guy; F darling; F stomach; ✈ *sl.* petrol; *ch.sp.* hen, egg; *su./f* F snow (= *cocaine*).

cocon [kɔ'kɔ̃] *m* cocoon.

cocorico [kɔkɔri'ko] *m* cock-a-doodle-doo.

cocotier ⚘ [kɔkɔ'tje] *m* coconut palm.

cocotte[1] [kɔ'kɔt] *f* chuck-chuck (= *hen*); F darling, ducky; *pej.* loose woman, tart.

cocotte[2] *cuis.* [~] *f* stew-pan.

coction [kɔk'sjɔ̃] *f* ⚗ boiling, coction; ⚕ digestion.

cocu F [kɔ'ky] *m* cuckold, deceived husband; **cocufier** F [~ky'fje] (1o) *v/t.* cuckold.

codage [kɔ'daːʒ] *m* (en)coding; **code** [kɔd] *m* code (*a.* ⚖, *a. tel.*); ⚖ ~ *civil* (*pénal*, *de la route*) civil (penal, highway) code; ~ *postal* postcode, *Am.* zip code; *mot. se mettre en* ~ dip (*Am.* dim) the headlights; **coder** [kɔ'de] (1a) *v/t.* code.

codétenu *m*, **e** *f* ⚖ [kodet'ny] fellow-prisoner.

codifier [kɔdi'fje] (1o) *v/t.* ⚖ codify; *tel. etc.* code.

coéducation [koedyka'sjɔ̃] *f* coeducation.

coefficient [koefi'sjɑ̃] *m* coefficient; factor.

coéquation *admin.* [koekwa'sjɔ̃] *f* proportional assessment.

coercitif, **-ve** ⚖, *phys.* [koɛrsi'tif, ~'tiːv] coercive.

cœur [kœːr] *m* heart (*a. fig.*); courage; feelings *pl.*; centre; *cards*: heart(s *pl.*); ⚕ ~*-poumon m artificiel* heart-lung machine; ⚕ *arrêt m du* ~ heart failure; *à* ~ *joie* to one's heart's content; *avoir mal au* ~, *avoir le* ~ *sur les lèvres* feel sick; *par* ~ by heart; *cela vous (sou)lève le* ~ that makes you (feel) sick.

coexistence [koɛgzis'tɑ̃:s] *f* coexistence (*a. pol.*); **coexister** [~'te] (1a) *v/i.* coexist.

coffrage [kɔ'fra:ʒ] *m* ⚒ coffering, lining; shuttering (*for concrete work*); **coffre** [kɔfr] *m* chest, box; coffer; ⚓ moorings *pl.*; ⚓ (mooring-)buoy; case; 🚂 ballast-bed; *mot.* boot; ⚠ form, box (*for concrete work*); ⚓ *navire m à* ~ well-decker; **coffre-fort**, *pl.* **coffres-forts** [~ə'fɔ:r] *m* safe; strong-box; **coffrer** [kɔ'fre] (1a) *v/t.* F imprison; ⚒ coffer, line; **coffret** [~'frɛ] *m* casket; (*tool-*, *work-*, *etc.*)box.

cogérance [koʒe'rɑ̃:s] *f* co-administration; joint management; **cogérer** [~'re] (1f) *v/i.* manage jointly; **cogestion** [~'stjɔ̃] *f* joint management; co-management.

cogiter [kɔʒi'te] (1a) *vt/i.* cogitate; think (up).

cognac [kɔ'ɲak] *m* cognac, F brandy.

cognassier ♀ [kɔɲa'sje] *m* quince-tree.

cognée [kɔ'ɲe] *f* axe, hatchet; **cogner** [~] (1a) *v/t.* hammer in; drive in (*a nail*); knock, hit; bump against; *v/i.* knock (*a. mot.*); bump.

cohabiter [koabi'te] (1a) *v/i.* live together, cohabit.

cohérence [kɔe'rɑ̃:s] *f* coherence; *avec* ~ coherently; **cohérent, e** [~'rɑ̃, ~'rɑ̃:t] coherent; **cohésion** [~'zjɔ̃] *f* cohesion; *phys. force f de* ~ cohesive force.

cohue [kɔ'y] *f* crowd, throng, crush; mob.

coi, coite [kwa, kwat] quiet; *se tenir* ~ keep quiet; F lie doggo.

coiffe [kwaf] *f* head-dress; cap; *hat*: lining; ⚓ cap-cover; **coiffé, e** [kwa'fe] *adj.*: *être* ~ be wearing a hat; have done one's hair; *fig.* be infatuated (with, *de*); *être bien* ~ have one's hair well dressed; *né* ~ born lucky; **coiffer** [~'fe] (1a) *v/t.* cover (*one's head*); *hat*: suit; put on (*a hat*); do (*one's hair*); *fig.* cover (up for) (*s.o.*); *fig.* control (*an organization etc.*); *sp.*, *a. fig.* beat (*an opponent*); *de combien coiffez-vous?* what size in hats do you take?; ~ *sainte Catherine* reach the age of 25 without being married (*woman*); *sp.*, *a. fig.* ~ *q. au poteau* beat s.o. at the post; **coiffeur, -euse** [~'fœ:r, ~'fø:z] *su.* hairdresser; *su./f* dressing-table;

coiffure [~'fy:r] *f* head-dress; hair-style; hairdressing; ~ *à la Jeanne d'Arc* bobbed hair (with fringe).

coin [kwɛ̃] *m* corner; nook, spot; *ground*: patch; *coins*: die; ⊕ wedge, chock; *fig.* hallmark, stamp; ~ *du feu* fireside; *dans tous les* ~*s et recoins* in every corner, everywhere; **coincement** ⊕ [kwɛ̃s'mɑ̃] *m* jamming; **coincer** ⊕ [kwɛ̃'se] (1k) *v/t.* wedge; *fig. sl.* corner; arrest; *v/i. a. se* ~ jam, stick.

coincidence [kɔɛ̃si'dɑ̃:s] *f* coincidence; ⚡ ~ *d'oscillations* surging; **coincider** [~'de] (1a) *v/i.* coincide.

coing ♀ [kwɛ̃] *m* quince.

coït kɔ'it] *m* coitus.

coke [kɔk] *m* coke; *petit* ~ breeze; **cokerie** [kɔ'kri] *f* coking plant.

col [kɔl] *m* neck (*a. fig.*); *cost.* collar; *geog.* pass, col; *fig.* ~ *blanc* (*bleu*) white- (blue-)collar worker; ~ *cassé* (*droit*, *rabattu*) wing (stand-up, turn-down) collar; ~ *roulé* polo neck, *Am.* turtleneck; *à* ~ *Danton* open-necked (*shirt*); *faux* ~ detachable *or* separate collar.

colchique ♀ [kɔl'ʃik] *m* colchicum.

coléoptère *zo.* [kɔleɔp'tɛ:r] *m* beetle; ~*s pl.* coleoptera.

colère [kɔ'lɛ:r] **1.** *su./f* anger; *en* ~ angry; *se mettre en* ~ become angry; **2.** *adj.* angry; irascible (*person*); **coléreux, -euse** [kɔle'rø, ~'rø:z] hot-tempered, irascible; **colérique** [~'rik] choleric.

colifichet [kɔlifi'ʃɛ] *m* trinket; ~*s pl.* rubbish *sg.*; ✝ *rayon m des* ~*s* fancy goods department.

colimaçon *zo.* [kɔlima'sɔ̃] *m* snail; *en* ~ spiral (*staircase*).

colin *icht.* [kɔ'lɛ̃] *m* hake.

colin-maillard [kɔlɛ̃ma'ja:r] *m game*: blind-man's buff.

colique ⚕ [kɔ'lik] *f* colic; F stomach-ache; *sl. avoir la* ~ have the wind up.

colis [kɔ'li] *m* packet, parcel; luggage; *par* ~ *postal* by parcel post.

collaborateur *m*, **-trice** *f* [kɔllabɔra'tœ:r, ~'tris] collaborator (*a. pol.*); associate; *review*: contributor; **collaboration** [~ra'sjɔ̃] *f* collaboration (*a. pol.*); co-operation; *book*: joint authorship; **collaborer** [~'re] (1a) *v/i.* collaborate, co-operate; contribute (*to a journal etc.*).

collage [kɔ'la:ʒ] *m* pasting; gluing;

paper: sizing; F (*unmarried*) cohabitation; *paint*. collage; **collant, e** [~ˈlɑ̃, ~ˈlɑ̃ːt] **1.** *adj*. sticky, adhesive; *cost*. tight, close-fitting, skintight; *pej*. clinging; **2.** *su.*/*m*: ~s *pl*. tights.
collatéral, e, *m*/*pl*. **-aux** [kɔllateˈral, ~ˈro] **1.** *adj*. collateral; *eccl*. side-(*aisle*); **2.** *su*. relative, collateral; *su.*/*m eccl*. side-aisle.
collateur *eccl*. † [kɔllaˈtœːr] *m* patron (*of a living*); **collation** [~ˈsjɔ̃] *f* ⚖ *etc*. granting, conferment; *eccl*. advowson; *typ*. checking, proofreading; *documents*: collation; light meal; **collationner** [~sjɔˈne] (1a) *v*/*t*. collate, compare; check; *v*/*i*. have a light meal.
colle [kɔl] *f* paste, glue; gum; *paper etc*.: size; *fig*. poser, difficult question; *school*: detention; ~ *forte* glue.
collecte [kɔlˈlɛkt] *f eccl*. *etc*. collection; collecting; *eccl*. *prayer*: collect; *faire une* ~ make a collection; **collecteur** [kɔllɛkˈtœːr] *m* ⚡ collector; ⚡ commutator; ⊕ sewer; *mot*. ~ *d'admission* (*d'échappement*) intake (exhaust) manifold; **collectif, -ve** [~ˈtif, ~ˈtiːv] collective; **collection** [~ˈsjɔ̃] *f* collection; gathering; **collectionner** [~sjɔˈne] (1a) *v*/*t*. collect; **collectiviser** [~tiviˈze] (1a) *v*/*t*. collectivize; communize; **collectivité** [~tiviˈte] *f* community; group; common ownership.
collège [kɔˈlɛːʒ] *m* college; school; secondary grammar school; ~ *électoral* constituency; electoral body, *Am*. electoral college; *sacré* ~ College of Cardinals.
collégial, e, *m*/*pl*. **-aux** [kɔleˈʒjal, ~ˈʒjo] **1.** *adj*. collegiate; collegial; **2.** *su.*/*f* collegiate church; **collégialité** *pol*., ✝ *etc*. [~ʒjaliˈte] *f* collegial administration; **collégien, -enne** [~ˈʒjɛ̃, ~ˈʒjɛn] *su*. college-student; *su.*/*m* schoolboy; *su.*/*f* schoolgirl.
collègue [kɔlˈlɛg] *su*. colleague.
coller [kɔˈle] (1a) *v*/*t*. stick; paste; glue; size (*paper*); clarify (*wine*); F put, stick (*s.th. in a place*); F plough (*a candidate*); se ~ stick; *sl*. cohabit, live (with, *avec*); *v*/*i*. stick; cling; *sl*. *ça colle!* all right!; *sl*. *cela ne colle pas* it is not going properly.
collerette [kɔlˈrɛt] *f cost*. collarette; ⊕ *joint, pipe*: flange.
collet [kɔˈlɛ] *m* ⚘, ⊕, *cost*. collar; *cost*. cape; *cuis*. neck, scrag; *tooth, violin,* ⊕ *screw, chisel*: neck; ⊕ *pipe, etc*.: flange; snare (*for rabbits etc*.); *fig*. ~ *monté* strait-laced person; strait-laced; **colleter** [kɔlˈte] (1c) *v*/*t*. (seize by the) collar; grapple with; *fig*. hug; se ~ come to grips; *v*/*i*. set snares (*for rabbits etc*.).
colleur *m*, **-euse** *f* [kɔˈlœːr, ~ˈløːz] paster; (*bill*-)sticker; *paper*: sizer; *sl*. *school*: stiff examiner; *sl*. liar.
collier [kɔˈlje] *m* necklace; collar (*a*. ⊕, ⚓, *zo*., *order*); ~ *de chien* dog collar; *coup m de* ~ *fig*. big effort; ⚡ sudden overload; *fig*. *reprendre le* ~ be back in harness.
collimateur [kɔlimaˈtœːr] *m* collimator; *fig*. *avoir or prendre dans le* ~ train one's sights on.
colline [kɔˈlin] *f* hill.
collision [kɔlliˈzjɔ̃] *f* collision.
collocation [kɔllɔkaˈsjɔ̃] *f* ⚖ order of priority of creditors (*in bankruptcy*); *gramm*. collocation.
collodion ⚗ [kɔllɔˈdjɔ̃] *m* collodion.
colloque [kɔlˈlɔk] *m* conference; conversation; parley.
collusion ⚗ [kɔllyˈzjɔ̃] *f* collusion; **collusoire** ⚗ [~ˈzwaːr] collusive.
collutoire [kɔllyˈtwaːr] *m* mouthwash.
collyre [kɔlˈliːr] *m* eyewash.
colmater [kɔlmaˈte] (1a) *v*/*t*. seal (up *or* off); plug (up); fill in (*holes etc*.); ⚒ warp (*the soil*); ⚔ consolidate.
colocataire [kɔlɔkaˈtɛːr] *su*. joint tenant; co-tenant.
colombe *orn*. [kɔˈlɔ̃ːb] *f* pigeon; dove (*a*. *pol*.); **colombier** [kɔlɔ̃ˈbje] *m* dovecot(e); pigeon-house; **colombin, e** [~ˈbɛ̃, ~ˈbin] **1.** *adj*. dovelike; dove-colo(u)red; **2.** *su.*/*m orn*. stock-dove; ⚒ lead ore; *su.*/*f* ⚒ pigeon-dung.
colon [kɔˈlɔ̃] *m* small holder; settler, colonist.
côlon *anat*. [koˈlɔ̃] *m* colon.
colonel ⚔ [kɔlɔˈnɛl] *m* colonel; **colonelle** [~] *f* colonel's wife.
colonial, e, *m*/*pl*. **-aux** [kɔlɔˈnjal, ~ˈnjo] **1.** *adj*. colonial; *denrées f*/*pl*. ~*es* colonial produce *sg*.; **2.** *su.*/*m* colonial; *su.*/*f* ⚔ colonial troops *pl*.; **colonialisme** *pol*. [~njaˈlism] *m* colonialism; **colonie** [~ˈni] *f* colony, settlement; ~ *de vacances* holiday camp; **colonisateur, -trice** [kɔlɔnizaˈtœːr, ~ˈtris] **1.** *adj*. colonizing; **2.** *su*. colonizer; **colonisation** [~zaˈsjɔ̃]

f colonization, settling; **coloniser** [~'ze] (1a) *v/t.* colonize, settle.
colonne [kɔ'lɔn] *f* ⚠, ⚔, *anat.* column; ⚠ pillar; ⚓ *en* ~ line ahead; ~ *Morris* advertizing column *or* pillar.
colophane [kɔlɔ'fan] *f* rosin.
colorant, e [kɔlɔ'rɑ̃, ~'rɑ̃:t] **1.** *adj.* colo(u)ring; **2.** *su./m* dye; colo(u)ring (matter); **colorer** [~'re] (1a) *v/t.* colo(u)r, stain; dye; **colorier** [~'rje] (1o) *v/t.* colo(u)r; coloris [~'ri] *m* colo(u)r(ing); *fig.* hue.
colossal, e, *m/pl.* **-aux** [kɔlɔ'sal, ~'so] colossal, gigantic; **colosse** [~'lɔs] *m* colossus; F giant.
colportage [kɔlpɔr'ta:ʒ] *m* hawking, peddling; **colporter** [~'te] (1a) *v/t.* hawk, peddle; *fig.* spread (*news*); **colporteur** *m*, **-euse** *f* [~'tœ:r, ~'tø:z] hawker; pedlar, *Am.* peddler; *fig.* newsmonger.
coltiner [kɔlti'ne] (1a) *v/t.* carry (*loads*) (on one's back); F *fig.* se ~ saddle o.s. with (*s.th., s.o.*); **coltineur** [~'nœ:r] *m* heavy porter; ~ *de charbon* coal-heaver.
colza ⚘ [kɔl'za] *m* rape, colza; rapeseed.
coma ⚕ [kɔ'ma] *m* coma; **comateux, -euse** ⚕ [~ma'tø, ~'tø:z] comatose.
combat [kɔ̃'ba] *m* ⚔ combat, battle, engagement; struggle (*a. fig.*); *fig.* contest; *hors de* ~ disabled; out of action; **combatif, -ve** [kɔ̃ba'tif, ~'ti:v] pugnacious; **combattant** [~'tɑ̃] *m* combatant, fighting man; fighter; *zo.* game-cock; *ancien* ~ ex-service man, veteran; **combattre** [kɔ̃'batr] (4a) *vt/i.* fight.
combe [kɔ̃:b] *f* coomb, dale, dell.
combien [kɔ̃'bjɛ̃] *adv.* how (many *or* much); ~ *de temps* how long; ~ *de* ... *qui* (*or que*) (*sbj.*) however much ... (*inf.*); F *le* ~ *sommes-nous?* what day of the month is it?
combinaison [kɔ̃binɛ'zɔ̃] *f* combination, arrangement, plan; *cost.* overalls *pl.*, boiler-suit; *cost.* combinations *pl.*; ✈ flying suit; *woman*: slip; **combinateur** ⚡ [~na'tœ:r] *m*: ~ *de couplage* controller; **combine** F [kɔ̃'bin] *f* plan, scheme; **combiner** [~bi'ne] (1a) *v/t.* combine; devise, concoct; se ~ combine.
comble [kɔ̃:bl] **1.** *su./m fig.* summit, height; ⚠ roof(ing), *au* ~ *de la joie* overjoyed; *de fond en* ~ from top to bottom; *mettre le* ~ *à* crown; *pour* ~ to cap it all; *c'est le or un* ~! that beats all!; **2.** *adj.* heaped up; packed (*house, room*); **comblé, e** [kɔ̃'ble] overjoyed; **comblement** [kɔ̃blə'mɑ̃] *m* filling in; **combler** [~'ble] (1a) *v/t.* fill (in); ⚔, ✝ make good (*a deficit, casualties*); *fig.* fulfill; *fig.* gratify; *fig.* ~ *q. de qch.* shower s.th. on s.o.
combustibilité [kɔ̃bystibili'te] *f* inflammability; **combustible** [~'tibl] **1.** *adj.* inflammable; combustible; **2.** *su./m* fuel; **combustion** [~'tjɔ̃] *f* combustion, burning; ~ *continue* slow combustion.
comédie [kɔme'di] *f* comedy; *fig.* playacting; *fig. jouer la* ~ playact; **comédien, -enne** [~'djɛ̃, ~'djɛn] **1.** *su.* comedian; *su./m* actor; *su./f* actress; **2.** *adj.* theatrical.
comestible [kɔmɛs'tibl] **1.** *adj.* edible, eatable; **2.** *su./m* article of food; ~*s pl.* provisions, victuals.
comète *astr.* [kɔ'mɛt] *f* comet.
comice [kɔ'mis] *m* show; gathering; *hist.* ~*s pl.* electoral meeting *sg.*; ~ *agricole* agricultural show, cattle-show.
comique [kɔ'mik] **1.** *adj.* comic (*actor, author*); comical, funny; **2.** *su./m* comedian, humorist; comic actor; comedy-writer; comedy.
comité [kɔmi'te] *m* committee, board; ~ *d'arbitrage* arbitration board; ~ *de surveillance* vigilance committee; *petit* ~ little *or* informal meeting.
commandant [kɔmɑ̃'dɑ̃] *m* ⚔, ⚓ commanding officer, commander; ✈ squadron-leader; ⚔ ~ *de bataillon*, ~ *d'escadron* major; ~ *en chef* commander-in-chief; **commande** [~'mɑ̃:d] *f* ✝ order; ⊕, ✈ control; ⊕ lever; *mot.* drive; ✝ *bulletin m de* ~ order-form; *de* ~ feigned; *eccl.* of obligation; F essential; *sur* ~ to order; **commandement** [~mɑ̃d'mɑ̃] *m* ⚔, *a. fig.* command; instruction; ⚖ summons *sg.*; *eccl.* commandment; **commander** [~mɑ̃'de] (1a) *v/t.* command (*a. fig.*), order (s.th. from s.o., *qch. à q.*); control; dominate; ~ *à* control; se ~ control o.s.; lead into each other *or* one another (*rooms*); *cela ne se commande pas* it does not depend upon our will; *v/i.* give

orders; **commandeur** [~'dœ:r] *m order of knighthood*: commander.
commanditaire ⚕ [kɔmɑ̃di'tɛ:r] *m* sleeping *or Am.* silent partner; **commandite** [~'dit] *f* (*a. société f en ~*) limited partnership; **commanditer** ⚕ [~'te] (1a) *v/t.* finance (*an enterprise*); become a sleeping partner in.
comme [kɔm] **1.** *adv.* as, like; how; in the way of; *~ ça* like that; just (so); F *~ ci ~ ça* so so; F *c'est tout ~* it comes to the same thing; *~ il faut* proper(ly *adv.*); **2.** *cj.* as, seeing that; *temporal*: just as.
commémoratif, **-ve** [kɔmemɔra'tif, ~'ti:v] commemorative (of, *de*); memorial (*service*); *fête f ~ve* festival of remembrance; **commémoration** [~ra'sjɔ̃] *f* commemoration; **commémorer** [~'re] (1a) *v/t.* commemorate.
commençant, **e** [kɔmɑ̃'sɑ̃, ~'sɑ̃:t] **1.** *adj.* beginning, early; **2.** *su.* beginner; **commencement** [~mɑ̃s'mɑ̃] *m* beginning, start, outset; **commencer** [~mɑ̃'se] (1k) *vt/i.* begin; start.
commendataire *eccl.* [kɔmɑ̃da'tɛ:r] *m* commendator.
commensal *m*, **e** *f* [kɔmɑ̃'sal] companion at table, table-companion; regular guest.
commensurable ⩕ [kɔmɑ̃sy'rabl] commensurable (with, to *avec*).
comment [kɔ'mɑ̃] **1.** *adv.* how; what: **2.** *int.* what!; why!; F *et ~!* and how; **3.** *su./m/inv.* why; *les ~ et les pourquoi* the whys and the wherefores.
commentaire [kɔmɑ̃'tɛ:r] *m* commentary; *fig.* comment; **commentateur** *m*, **-trice** *f* [~ta'tœ:r, ~'tris] commentator; **commenter** [~'te] (1a) *v/t.* comment upon (*a. fig.* = *criticise*).
commérage [kɔme'ra:ʒ] *m* gossip.
commerçant, **e** [kɔmɛr'sɑ̃, ~'sɑ̃:t] **1.** *adj.* commercial; business...; mercantile; *très ~* very busy (*street*); **2.** *su./m* tradesman, merchant; *les ~s pl.* tradespeople; **commerce** [~'mɛrs] *m* trade, commerce; commercial world; † dealings *pl.*; *~ de détail* retail trade; *~ d'outre-mer* overseas trade; *registre m du ~* Commercial Register; **commercer** [kɔmɛr'se] (1k) *v/i.* (with, *avec*) trade, deal; *fig.* have dealings; **commercial**, **e**, *m/pl.* **-aux** [~'sjal, ~'sjo] commercial, trading, business.
commère [kɔ'mɛ:r] *f* † *eccl.* godmother; gossip; crony.
commettant [kɔmɛ'tɑ̃] *m* ⚖, ⚕ principal; *pol.* *~s pl.* constituents; **commettre** [~'mɛtr] (4v) *v/t.* commit.
comminatoire [kɔmina'twa:r] comminatory; *fig.* threatening.
commis, **e** [kɔ'mi, ~'mi:z] **1.** *p.p. of commettre*; **2.** *su./m* clerk; agent; (shop-)assistant; *~ voyageur* commercial traveller, *Am.* travelling salesman.
commisération [kɔmizera'sjɔ̃] *f* pity; commiseration.
commissaire [kɔmi'sɛ:r] *m* commissioner; *police*: superintendent; ⚓ purser; *sp.* steward; ⚕ *~ aux comptes* auditor; **~-priseur**, *pl.* **~s-priseurs** [~sɛrpri'zœ:r] *m* auctioneer; official valuer; **commissariat** [~sa'rja] *m* commissioner's office; central police station.
commission [kɔmi'sjɔ̃] *f* commission; *admin. a.* committee, board; message; errand; *faire la ~ à q.* give s.o. the message; **commissionnaire** [~sjɔ'nɛ:r] delivery boy *or* man; messenger; ⚕ commission agent; *~ de transport* forwarding agent; *~ en gros* factor; **commissionner** [~sjɔ'ne] (1a) *v/t.* commission.
commissure [kɔmi'sy:r] *f* commissure; *~ des lèvres* corner of the mouth.
commode [kɔ'mɔd] **1.** *adj.* convenient; comfortable; handy; easy-going (*person*); good-natured; **2.** *su./f* chest of drawers, *Am. a.* highboy; **commodément** [kɔmɔde'mɑ̃] *adv.* of *commode 1*; **commodité** [~di'te] *f* convenience; comfort; *~s pl.* public convenience *sg.*
commotion [kɔmɔ'sjɔ̃] *f* commotion, disturbance; ⚡, ⚕ shock; ⚕ concussion.
commuer ⚖ [kɔ'mɥe] (1p) *v/t.* commute (to, *en*).
commun, **e** [kɔ'mœ̃, ~'myn] **1.** *adj.* common; usual; joint; vulgar; ⚕ average, mean (*tare*); *chose f ~e* common cause; *faire bourse ~e* pool resources; *sens m ~* common sense; **2.** *su./m* generality, common run;

common funds *pl.*; † servants *pl.*; ~s *pl.* outbuildings; conveniences; *en* ~ in common; *su.*/*f admin.* commune, (*approx.*) parish; *hist.* ♀e Commune (*1789, a. 1871*); *parl. Chambre f des* ~*es* House of Commons *pl.*; **communal, e,** *m*/*pl.* **-aux** [kɔmyˈnal, ~ˈno] common; communal; parish ...; **communard** *hist.* [~ˈnaːr] *m* communard (*supporter of the 1871 Paris Commune*); **communauté** [~noˈte] *f eccl., admin., a. fig.* community; ⚖ joint estate; *pol.* ♀ French Community; ♀ *Économique Européenne* European Economic Community; ~ *de travail school*: group activity; **communément** [~neˈmɑ̃] *adv. of commun 1.*

communiant *m*, **e** *f eccl.* [kɔmyˈnjɑ̃, ~ˈnjɑ̃ːt] communicant; **communicable** [kɔmyniˈkabl] communicable; **communicatif, -ve** [~kaˈtif, ~ˈtiːv] communicative; infectious (*laughter*); **communication** [~kaˈsjɔ̃] *f* communication; message; (telephone) call; *teleph.* ~ *locale* (*interurbaine*) local (long-distance) call; *teleph. donner la* ~ put a call through; *teleph. mauvaise* ~ wrong number; **communier** *eccl.* [kɔmyˈnje] (1o) *v*/*i.* communicate; *v*/*t.* administer Holy Communion to (*s.o.*); **communion** [~ˈnjɔ̃] *f* communion (*a. eccl.*); **communiqué** [kɔmyniˈke] *m* official statement, communiqué; *radio*: news *sg.*; bulletin; ~ *de presse* press release; **communiquer** [~] (1m) *vt*/*i.* communicate; *v*/*i.* be in communication *or* connection; ~ *avec* lead into; (*faire*) ~ connect; *v*/*t.*: *se* ~ spread (to, *à*); be communicative (*person*).

communisant, e [kɔmyniˈzɑ̃, ~ˈzɑ̃ːt] **1.** *adj.* communistic; **2.** *su. pol.* fellow-traveller, communist sympathizer; **communisme** [~ˈnism] *m* communism; **communiste** [~ˈnist] *su., a. adj.* communist.

commutateur ⚡ [kɔmytaˈtœːr] *m* commutator; *light*: switch; **commutation** [~ˈsjɔ̃] *f* commutation (*a.* ⚖); ⚡ changing over; *de* ~ switch-...; **commutatrice** ⚡ [~ˈtris] *f* rotary transformer; **commuter** ⚡ [kɔmyˈte] (1a) *v*/*t.* change over.

compacité [kɔ̃pasiˈte] *f* compactness; *metal*: density; **compact, e** [~ˈpakt] compact; dense.

compagne [kɔ̃ˈpaɲ] *f* companion; wife; mate; **compagnie** [kɔ̃paˈɲi] *f* company (*a.* ✝, ⚔, *a. person*); ⚓ division; society; *de ou en* ~ together; *tenir* ~ *à q.* keep s.o. company; **compagnon** [~ˈɲɔ̃] *m* companion, comrade; mate (*a.* ⊕), partner; ⊕ journeyman; ~ *de route* fellow traveller; **compagnonnage** † [~ɲɔˈnaːʒ] *m* trade-guild; time of service as journeyman.

comparable [kɔ̃paˈrabl] comparable; **comparaison** [~rɛˈzɔ̃] *f* comparison; simile.

comparaître ⚖ [kɔ̃paˈrɛːtr] (4k) *v*/*i.* appear; *faire* ~ *devant* bring before.

comparatif, -ve [kɔ̃paraˈtif, ~ˈtiːv] *adj., a. gramm. su.*/*m* comparative; **comparé, e** [~ˈre] comparative (*grammar, history, etc.*); **comparer** [~ˈre] (1a) *v*/*t.* compare (to, with *à, avec*).

comparse [kɔ̃ˈpars] *m thea.* supernumerary; F super; *fig.* confederate.

compartiment [kɔ̃partiˈmɑ̃] *m* 🚂, *ship, ceiling, etc.*: compartment; partition; division; *draughts, chess, etc.*: square; ~ *de congélation* freezing compartment, freezer.

comparution ⚖ [kɔ̃paryˈsjɔ̃] *f* appearance.

compas [kɔ̃ˈpɑ] *m* compasses *pl.*; ⚓ *etc.* compass; *mot. hood*: arms *pl.*; standard, scale; ⚒ ~ *à pointes sèches* dividers *pl.*; *surv.* ~ *de relèvement* azimuth compass; ⚓ ~ *gyroscopique* gyro-compass; **compassé, e** [kɔ̃pɑˈse] formal, stiff; regular; **compasser** [~] (1a) *v*/*t.* measure with compasses; *fig.* consider, weigh, study; ⚓ ~ *la carte* prick the chart.

compassion [kɔ̃paˈsjɔ̃] *f* compassion, pity.

compatible [kɔ̃paˈtibl] compatible.

compatir [kɔ̃paˈtiːr] (2a) *v*/*i.*: ~ *à* sympathize with; bear with; **compatissant, e** [~tiˈsɑ̃, ~ˈsɑ̃ːt] (*pour*, to[wards]) compassionate, tender; sympathetic; indulgent.

compatriote [kɔ̃patriˈɔt] *su.* compatriot; *su.*/*m* fellow-countryman; *su.*/*f* fellow-countrywoman.

compensateur, -trice [kɔ̃pɑ̃saˈtœːr, ~ˈtris] **1.** *adj.* compensating; ⚡ equalizing (*current*); *phot.* compensating (*filter, screen*); *phys. pen-*

dule m ~ compensation pendulum; **2.** *su./m* compensator; ✈ trimmer; **compensation** [~sa'sjɔ̃] *f* compensation; ⊕, ⚡ balancing; *sp.* handicapping; ☤ *accord m de* ~ barter agreement; ☤ *caisse f de* ~ equalization fund; ☤ *chambre f de* ~ clearing-house; **compenser** [~'se] (1a) *v/t.* compensate, make up for; ⊕ balance; ⚓ adjust (*a compass*); *sp.* handicap.

compère [kɔ̃'pɛːr] *m eccl.* godfather; *thea.* compère; *fig.* accomplice; F comrade, pal; *bon* ~ good fellow; **~-loriot,** *pl.* **~s-loriots** ⚕ [~pɛrlɔ'rjo] *m* sty.

compétence [kɔ̃pe'tɑ̃ːs] *f* competence (*a.* ⚖); skill, ability; **compétent, e** [~'tɑ̃, ~'tɑ̃ːt] competent (*a.* ⚖); **compéter** [~'te] (1f) *v/i.* ⚖ be within the jurisdiction (of, *à*); belong by right (to, *à*).

compétiteur *m*, **-trice** *f* [kɔ̃peti'tœːr, ~'tris] competitor, candidate, rival (for, *à*); **compétitif, -ve** [~'tif, ~'tiːv] competitive (*prices*); rival; **compétition** [~'sjɔ̃] *f* competition, rivalry.

compiler [kɔ̃pi'le] (1a) *v/t.* compile.

complainte [kɔ̃'plɛ̃ːt] *f* lament; ⚖ complaint; plaintive ballad *or* song.

complaire [kɔ̃'plɛːr] (4z) *v/i.* be pleasing; ~ *à* please, humo(u)r (*s.o.*); *v/t.*: *se* ~ take pleasure (in *ger.*, *à inf.*; in s.th., *dans or en qch.*); **complaisance** [kɔ̃plɛ'zɑ̃ːs] *f* obligingness, kindness; self-satisfaction, complacency; ☤ *effet m de* ~ accomodation bill; **complaisant, e** [~'zɑ̃, ~'zɑ̃ːt] obliging; self-satisfied, complacent.

complément [kɔ̃ple'mɑ̃] *m* complement (*a.* ⚔, *a. gramm.*); *gramm.* object; **complémentaire** [~mɑ̃'tɛːr] complementary (*a.* A); supplementary; further (*information*).

complet, -ète [kɔ̃'plɛ, ~'plɛt] **1.** *adj.* complete; full (*theatre etc.*); *~!* full up; *hotel*: no vacancies; *thea.* full house; *café m* ~ continental breakfast; **2.** *su./m* (*a.* ~*-veston*) suit; *au* (*grand*) ~ whole, entire; **complètement** [~plɛt'mɑ̃] **1.** *su./m* completion; ⚔ bringing up to strength; **2.** *adv.* completely, thoroughly, utterly; **compléter** [~ple'te] (1f) *v/t.* complete, fill up; ⚔ bring up to strength; replenish (*stores*).

complexe [kɔ̃'plɛks] **1.** *adj.* complex; complicated; *gramm.*, *a.* A compound; **2.** *su./m* complex; **complexé, e** [~plɛk'se] **1.** *adj.* suffering from a complex; **2.** *su.* person suffering from a complex.

complexion [kɔ̃plɛk'sjɔ̃] *f* constitution; temperament.

complexité [kɔ̃plɛksi'te] *f* complexity.

complication [kɔ̃plika'sjɔ̃] *f* complication (*a.* ⚕); complexity.

complice [kɔ̃'plis] *adj.*, *a. su.* accessory (to, *de*); accomplice (of, *de*); **complicité** [~plisi'te] *f* complicity; ⚖ aiding and abetting, abetment.

compliment [kɔ̃pli'mɑ̃] *m* compliment; congratulation; flattery; *~s pl.* kind regards; **complimenter** [~mɑ̃'te] (1a) *v/t.* compliment, congratulate (on *de*, *sur*).

compliqué, e [kɔ̃pli'ke] complicated, elaborate, intricate; ⚕ compound (*fracture*); **compliquer** [~] (1m) *v/t.* complicate; ⚕ *la maladie s'est compliquée* complications set in.

complot [kɔ̃'plo] *m* plot, conspiracy; *former un* ~ hatch a plot; **comploter** [~plɔ'te] (1a) *v/t.* plot, scheme (to *inf.*, *de inf.*); *v/i.* conspire.

componction [kɔ̃pɔ̃k'sjɔ̃] *f* compunction; F *avec* ~ solemnly.

comportement [kɔ̃pɔrtə'mɑ̃] *m* behavio(u)r; *psych. etc. de* ~ *behavio(u)ral*; **comporter** [kɔ̃pɔr'te] (1a) *v/t.* consist of, be composed of; comprise, include; *fig.* involve; require; *se* ~ behave, act.

composant, e [kɔ̃po'zɑ̃, ~'zɑ̃ːt] *adj.*, *a. su.* component; **composé, e** [~'ze] **1.** *adj.* compound (*a.* ⚗, *a. gramm.*); ⚘ composite; *fig.* composed; impassive; *être* ~ *de* be made up of, consist of; **2.** *su./m* compound; **composer** [~'ze] (1a) *v/t.* make up; set up; form; compose; arrange; *typ.* set; A find the resultant of; ~ *son visage* compose one's countenance; *se* ~ *de* be made up of, consist of; *v/i.* compose music *etc.*; write a composition; come to terms (with, *avec*); **compositeur, -trice** [~zi'tœːr, ~'tris] *su.* ♪ composer; *typ.* compositor, type-setter; *su./m typ.* type-setting machine; **composition** [~zi'sjɔ̃] *f* making-up; setting-up; formation; composition; composing (*a. typ.*); *typ.* typesetting; *school*: essay; examination

(paper); *amener q. à ~* get s.o. to come to terms; *venir à ~* come to terms.
compost ⚘ [kɔ̃ˈpɔst] *m* compost; **composter** [kɔ̃pɔsˈte] (1a) *v/t.* ⚘ treat with compost; date *or* punch (*a ticket*); **composteur** [~ˈtœːr] *m typ.* composing-stick; dating stamp; dating and numbering machine.
compote [kɔ̃ˈpɔt] *f* stewed fruit; *en ~* stewed; *fig.* to *or* in a pulp; **compotier** [~pɔˈtje] *m* compote-dish; fruit-dish.
compréhensible [kɔ̃preɑ̃ˈsibl] comprehensible, understandable; **compréhension** [~ˈsjɔ̃] *f* understanding; **comprendre** [kɔ̃ˈprɑ̃ːdr] (4aa) *v/t.* understand; include; F *je comprends!* I see!
compresse ⚕ [kɔ̃ˈprɛs] *f* compress; **compresser** F [kɔ̃prɛˈse] (1a) *v/t.* pack; **compresseur** [~ˈsœːr] *m* compressor; *mot.* supercharger; road-roller; **compressible** [~ˈsibl] compressible; **compression** [~ˈsjɔ̃] *f* compression; ⊕ crushing; repression; ✝ cutback, restriction.
comprimé ⚕ [kɔ̃priˈme] *m* tablet; **comprimer** [~] (1a) *v/t.* compress; *fig.* repress; hold back (*emotions etc.*); ✝ cut back (*expenses etc.*).
compris, e [kɔ̃ˈpri, ~ˈpriːz] **1.** *p.p. of comprendre*; **2.** *adj.* (*inv. before su.*): *non ~* exclusive of; *service m ~* service included; *tout ~* all in; *y ~* including.
compromettre [kɔ̃prɔˈmɛtr] (4v) *v/t.* compromise; endanger, jeopardize; *fig.* implicate; **compromis** [~ˈmi] *m* compromise (*a.* ⚖), arrangement (*a.* ✝); **compromission** [~miˈsjɔ̃] *f* compromising; compromise.
comptabilité ✝ [kɔ̃tabiliˈte] *f* book-keeping, accountancy; counting-house; accountancy department; *~ en partie double* (*simple*) double (single) entry book-keeping; **comptable** [~ˈtabl] **1.** *adj.* accountable, responsible; **2.** *su.* book-keeper, accountant; **comptant** [~ˈtɑ̃] **1.** *adj./m* ready (*cash*); **2.** *su./m* cash, ready money; *au ~* (for) cash; **3.** *adv.* in cash, F on the nail; **compte** [kɔ̃ːt] *m* account; count; reckoning; number; *fig.* profit, advantage; *~ à rebours rocket*: countdown; *~ bloqué* (*courant, ouvert*) blocked (current, open) account; *~ de chèques postaux* postal cheque account; *~ d'épargne* savings account; *~ de virement* clearing-account; *~ rendu* account, report; *book etc.*: review; *à ~* on account; *fig. à bon ~* cheap; *à ce ~* in that case; *en fin de ~* after all; *mettre qch. sur le ~ de* ascribe s.th. to; *régler un ~* settle an account; *se rendre ~ de* realize; *tenir ~ de qch.* take s.th. into account; **compte-gouttes** [kɔ̃tˈgut] *m/inv.* dropper; ⊕ drip-feed lubricator; **compter** [kɔ̃ˈte] (1a) *v/t.* reckon, count (up); value; ✝ charge; expect; *v/i.* count, rely (on, *sur*); reckon; **compteur** [~ˈtœːr] *m* meter; register; *person*: counter; *~ à gaz* gas-meter; ⚡ *~ de courant* electricity meter; *~ de Geiger* Geiger counter; *mot. ~ de stationnement* parking meter; *mot. ~ de vitesse* speedometer; **comptoir** [~ˈtwaːr] *m* ✝ counter; *public house*: bar; ✝ bank; ✝ *~ d'escompte* discount bank.
compulser [kɔ̃pylˈse] (1a) *v/t.* examine, check (*documents*).
compulsif, -ive [kɔ̃pylsif, -iːv] compulsive.
computer [kɔ̃pyˈte] (1a) *v/t.* compute.
comte [kɔ̃ːt] *m* earl; (non-English) count; **comté** [kɔ̃ˈte] *m* county; shire; **comtesse** [~ˈtɛs] *f* countess.
con, conne *sl.* [kɔ̃, kɔn] **1.** *adj.* stupid; *il est ~ comme la lune* he is an absolute idiot; **2.** *su.* idiot; *à la ~* stupid, foolish; lousy.
concasser ⊕ [kɔ̃kɑˈse] (1a) *v/t.* crush, grind, break up; **concasseur** [~ˈsœːr] *m* breaker, crushing-mill.
concave [kɔ̃ˈkaːv] concave.
concéder [kɔ̃seˈde] (1f) *v/t.* concede, grant.
concentration [kɔ̃sɑ̃traˈsjɔ̃] *f* concentration; condensation; *camp m de ~* concentration camp; **concentré, e** [~ˈtre] **1.** *adj. fig.* reserved; abstracted (*look*); **2.** *su./m* extract; concentrate; **concentrer** [~ˈtre] (1a) *v/t.* concentrate (*a.* ⚗); intensify; focus (*light*); *fig.* restrain (*one's feelings*); *se ~ sur* be centred upon; **concentrique** ⚹ *etc.* [~ˈtrik] concentric.
concept [kɔ̃ˈsɛpt] *m* concept; **conceptible** [kɔ̃sɛpˈtibl] conceivable; **conceptif, -ve** [~ˈtif, ~ˈtiːv] conceptive; **conception** [~ˈsjɔ̃] *f* conception (*a. fig.*); idea; *~ du monde* philosophy of life.

concernant [kɔ̃sɛr'nɑ̃] *prp.* concerning, regarding; **concerner** [~'ne] (1a) *v/t.* concern, regard; *en ce qui concerne* ... with regard to ..., as far as ... is concerned; in matters of ...
concert [kɔ̃'sɛːr] *m* concert; *fig.* agreement; *fig. de* ~ (*avec*) together (with); in unison (with); *agir de* ~ take concerted action; **concertation** [kɔ̃sɛrtɑ'sjɔ̃] *f* consultation(s *pl.*), dialog(ue); **concerter** [kɔ̃sɛr'te] (1a) *v/t.* (pre)arrange; plan; se ~ concert *or* work together; **concerto** ♪ [~'to] *m* concerto.
concession [kɔ̃sɛ'sjɔ̃] *f* concession, grant; ~ *à perpétuité grave*: grant in perpetuity; **concessionnaire** [~sjɔ'nɛːr] **1.** *adj.* concessionary; **2.** *su./m* grantee (*of land*); ⚕ licence-holder, concession-holder.
concevable [kɔ̃s'vabl] conceivable; **concevoir** [~'vwaːr] (3a) *v/t.* conceive (*a. physiol., a. fig.*); understand; imagine; word (*a message*).
conchoïde ⩕ [kɔ̃kɔ'id] *f* conchoid.
concierge [kɔ̃'sjɛrʒ] *su.* door-keeper; caretaker; *su./m* porter; *su./f* portress; **conciergerie** [~sjɛrʒə'ri] *f* caretaker's lodge; post of caretaker; *a. hist.* ♀ *a prison in Paris.*
conciliable [kɔ̃si'ljabl] reconcilable; **conciliabule** [~lja'byl] *m* secret meeting; *eccl.* conventicle; F confabulation; **conciliant, e** [~'ljɑ̃, ~'ljɑ̃ːt] conciliatory; **conciliateur** *m*, **-trice** *f* [~lja'tœːr, ~'tris] peacemaker; **conciliation** [~lja'sjɔ̃] *f* conciliation; **concilier** [~'lje] (1o) *v/t.* reconcile, conciliate; *se* ~ gain, win (*s.o.'s esteem etc.*); *fig.* win (*s.o.*) (over); *se* ~ *avec* agree with.
concis, e [kɔ̃'si, ~'siːz] concise, terse; **concision** [~si'sjɔ̃] *f* concision, terseness, brevity.
concitoyen *m*, **-enne** *f* [kɔ̃sitwa'jɛ̃, ~'jɛn] fellow-citizen.
concluant, e [kɔ̃kly'ɑ̃, ~'ɑ̃ːt] conclusive; **conclure** [~'klyːr] (4g) *v/t.* conclude (*a. a treaty, a. fig.*), finish; *fig.* infer (from, *de*); ~ *à* conclude in favo(u)r of; **conclusion** [~kly'zjɔ̃] *f* conclusion; end; inference; ⚖ finding; ⚖ ~*s pl.* pleas; case *sg.*; ⚖ *déposer des* ~*s* deliver a statement.
concocter F [kɔ̃kɔk'te] (1a) *v/t.* concoct; work out, devise.
concombre ⚘ [kɔ̃'kɔ̃ːbr] *m* cucumber.
concomitant, e [kɔ̃kɔmi'tɑ̃, ~'tɑːt] concomitant.
concordance [kɔ̃kɔr'dɑ̃ːs] *f* concordance (*a. bibl.*); *gramm.* agreement; **concordant, e** [~'dɑ̃, ~'dɑ̃ːt] harmonious; **concordat** [~'da] *m eccl.* concordat; ⚕ bankrupt's certificate.
concorde [kɔ̃'kɔrd] *f* harmony, concord; **concorder** [~kɔr'de] (1a) *v/i.* concur, agree; ⚕ compound with one's creditors.
concourant, e [kɔ̃ku'rɑ̃, ~'rɑ̃t] ⩕ *etc.* convergent; concerted (*efforts etc.*); **concourir** [~'riːr] (2i) compete; ~ *à* contribute to, work towards; **concours** [~'kuːr] *m* assistance; help, aid; gathering; competition; competitive examination; show (*of agricultural products, cattle, horses, etc.*); ⩕ convergence; ~ *hippique* horse show; *hors* ~ not competing (for prize); *fig.* unequalled, outstanding.
concret, -ète [kɔ̃'krɛ, ~'krɛt] concrete; **concréter** [kɔ̃kre'te] (1f) *v/t. a. se* ~ solidify, congeal; **concrétion** [~'sjɔ̃] *f* coagulation; concretion (*a.* ⚕).
concubinage [kɔ̃kybi'naːʒ] *m* concubinage.
concupiscence [kɔ̃kypi'sɑ̃ːs] *f* concupiscence, lust; **concupiscent, e** [~'sɑ̃, ~'sɑ̃ːt] concupiscent.
concurrement [kɔ̃kyra'mɑ̃] *adv.* jointly; ⚕ in competition; ⚖ *venir* ~ rank equally; **concurrence** [~'rɑ̃ːs] *f* coincidence; competition, rivalry; ~ *déloyale* unfair competition; ⚕ *faire* ~ *à* compete with; ⚕ *jusqu'à* ~ *de* to the amount of; *sans* ~ unrivalled; **concurrent, e** [~'rɑ̃, ~'rɑ̃ːt] **1.** *adj.* co(-)operating; rival, competing; **2.** *su.* competitor; candidate (*for a post*).
concussion [kɔ̃ky'sjɔ̃] *f* misappropriation of funds; extortion; **concussionnaire** [~sjɔ'nɛːr] **1.** *adj.* guilty of misappropriation *or* extortion; **2.** *su.* official guilty of misappropriation *or* extortion.
condamnable [kɔ̃dɑ'nabl] blameworthy; criminal; guilty; **condamnation** [~na'sjɔ̃] *f* condemnation; ⚖ sentence; ⚖ conviction; ⚖ ~ *à vie* life sentence; **condamner** [~'ne] (1a) *v/t.* condemn; ⚖ sentence; ⚖ convict; *fig.* blame, censure; ⚠ block up; board up (*a window*).

condensateur ⚡ *etc.* [kɔ̃dɑ̃sa'tœːr] *m* condenser; ~ *à plaques* plate condenser; **condensé** [~'se] *m journ.* digest; précis; sum-up; **condenser** [~'se] (1a) *v/t.* condense; **condenseur** ⊕ [~'sœːr] *m* condenser.
condescendance [kɔ̃dɛsɑ̃'dɑ̃ːs] *f* condescension; *avec* ~ condescending(ly *adv.*); **condescendre** [~'sɑ̃ːdr] (4a) *v/i.* condescend (to *inf.*, *à inf.*); comply (with, *à*).
condiment [kɔ̃di'mɑ̃] *m* condiment; seasoning.
condisciple [kɔ̃di'sipl] *m* schoolfellow; fellow-student.
condition [kɔ̃di'sjɔ̃] *f* condition (*a. sp.*); circumstances *pl.*; rank; ~*s pl.* terms; ~*s pl. de travail* working conditions; ~ *préalable* condition precedent; *à* ~ on condition, ✝ on approval; *à* ~ *que* provided *or* providing (that); *mettre en* ~ *sp. etc.* make fit; *fig.* condition; **conditionné, e** [kɔ̃disjɔ'ne] in ... condition; ⚕, *phls.* conditioned; **conditionnel, -elle** [~'nɛl] *adj.*, *a. gramm. su./m* conditional; **conditionner** [~'ne] (1a) *v/t.* condition (*the air, wool, etc.*, *a. fig.*); ✝ package.
condoléance [kɔ̃dɔle'ɑːs] *f* condolence; *sincères* ~*s pl.* deepest sympathy *sg.*
conductance ⚡ [kɔ̃dyk'tɑ̃ːs] *f* conductivity; **conducteur, -trice** [~'tœːr, ~'tris] **1.** *adj.* ⚡ conducting; ⊕ driving; **2.** *su.* leader; *mot. etc.* driver; 🚂 guard, *Am.* conductor; *su./m* ⚡, *phys.* conductor; ⚡ main; **conductibilité** ⚡, *phys.* [~tibili'te] *f* conductivity; **conductible** [~'tibl] conductive; **conduction** [~'sjɔ̃] *f* conduction; **conduire** [kɔ̃'dɥiːr] (4h) *v/t.* conduct (*a.* ♪, ⊕); lead (to *à*); *mot.* steer (*a.* ⚓), drive; ✝ manage, run; *mot. permis m de* ~ driving licence, *Am.* driver's license; *se* ~ behave; **conduisis** [~dɥi'zi] *1st p. sg. p.s. of conduire*; **conduisons** [~dɥi'zɔ̃] *1st p. pl. pres. of conduire*; **conduit, e** [~'dɥi, ~'dɥit] **1.** *p.p. of conduire*; **2.** *su./m* conduit, pipe, passage; *anat.* duct; ~ *principal* main; ~ *souterrain* culvert; drain; *su./f* guidance; *vehicle*: driving; command, management; ⊕ pipe; *fig.* behavio(u)r; *mot.* ~ *à gauche* (*à droite*) left-hand (right-hand) drive; ~ *d'eau* water-main; channel; ~ *de gaz* gas-piping; ~ *d'huile* oilduct; *mot.* ~ *en état d'ivresse* drunken driving.
cône [koːn] *m* cone; ⊕ *a.* bell; ⚓ ~ *de charge torpedo*: war-head; *en* ~ tapering.
confection [kɔ̃fɛk'sjɔ̃] *f* making; manufacture; ✝ ready-made clothes *pl.*; ⚕ confection; *cost. de* ~ ready-made; **confectionner** [~sjɔ'ne] (1a) *v/t.* make (up) (*a.* ✝ *a balance-sheet*); manufacture; **confectionneur** *m*, **-euse** *f* [~sjɔ'nœːr, ~'nøːz] manufacturer; ✝ ready-made clothier.
confédération [kɔ̃federa'sjɔ̃] *f* (con-) federation; **confédéré, e** [~'re] **1.** *adj.* confederate; **2.** *su.* confederate; *su./m*: *hist. Am. les* ♀*s pl.* the Confederates; **confédérer** [~'re] (1f) *v/t. a. se* ~ confederate, unite.
conférence [kɔ̃fe'rɑ̃ːs] *f* conference; *univ.* lecture; ~ *avec projections* lantern lecture; ~ *de presse* press conference; *univ.* ~*s pl. pratiques* seminar *sg.*; *univ. maître m de* ~*s* lecturer; **conférencier** *m*, **-ère** *f* [~rɑ̃'sje, ~'sjɛːr] member of a conference; lecturer, speaker; **conférer** [~'re] (1f) *v/t.* compare (*texts*); confer (*a degree*); *typ.* check (*proofs*); *v/i.* confer (with, *avec*); ~ *de* talk about (*s.th.*); talk (*s.th.*) over.
confesse *eccl.* [kɔ̃'fɛs] *f* confession; **confesser** [kɔ̃fɛ'se] (1a) *v/t.* confess (*a. eccl.*); admit; *c'est le diable à* ~ this is the dickens of a job; *eccl. se* ~ confess, go to confession; **confesseur** *eccl.*, *a. hist.* [~'sœːr] *m* confessor; **confession** [~'sjɔ̃] *f* confession (*a. eccl.*); admission; **confessionnal** *eccl.* [~sjɔ'nal] *m* confessional(-box); **confessionnel, -elle** [~sjɔ'nɛl] confessional, denominational.
confiance [kɔ̃'fjɑ̃ːs] *f* confidence, trust, reliance; ~ *en soi* self-confidence; *avoir* ~ *en*, *faire* ~ *à* have confidence in, trust; *homme m de* ~ reliable man; confidential agent; **confiant, e** [~'fjɑ̃, ~'fjɑ̃ːt] confident, trusting; **confidence** [~'dɑ̃ːs] *f* confidence, secret; **confident** [~'dɑ̃] *m* confidant; **confidente** [~'dɑ̃ːt] *f* confidante; **confidentiel, -elle** [~dɑ̃'sjɛl] confidential; **confier** [kɔ̃'fje] (1o) *v/t.* entrust; *fig.* confide; *se* ~ *à* put faith in; rely on; *se* ~ *en q.* put one's trust in s.o.; confide in s.o.

configuration [kɔ̃figyra'sjɔ̃] *f* configuration (*a. astr.*); lie (*of the land*).
confiner [kɔ̃fi'ne] (1a) *v/i.* border (on, *à*); *v/t.* shut (*s.o.*) up (in, *dans*) (*a. fig.*); se ~ seclude o.s.; **confins** [~'fɛ̃] *m/pl.* confines (*a. fig.*), limits.
confire [kɔ̃'fiːr] (4i) *v/t.* preserve (*fruit*); candy (*peels*); pickle (*in salt or vinegar*); steep (*skins*).
confirmatif, -ve [kɔ̃firma'tif, ~'tiːv] corroborative; confirmative; **confirmation** [~ma'sjɔ̃] *f* confirmation (*a.* ⚖, *eccl.*, *etc.*); **confirmer** [~'me] (1a) *v/t.* confirm (*a. eccl.*); bear out, corroborate.
confis [kɔ̃'fi] *1st p. sg. pres. and p.s. of confire.*
confiscable [kɔ̃fis'kabl] liable to seizure *or* confiscation; **confiscation** [~ka'sjɔ̃] *f* confiscation; seizure, forfeiture.
confiserie [kɔ̃fiz'ri] *f* confectionery; confectioner's (shop); **confiseur** *m*, **-euse** *f* [~fi'zœːr, ~'zøːz] confectioner; **confisons** [~fi'zɔ̃] *1st p. pl. pres. of confire.*
confisquer [kɔ̃fis'ke] (1m) *v/t.* confiscate, seize.
confit, e [kɔ̃'fi, ~'fit] **1.** *p.p. of confire*; **2.** *adj. cuis.* preserved; candied; *fig.* ~ *dans* (*or en*) steeped in, full of; **confiture** [~fi'tyːr] *f* jam, preserve; F soft soap.
conflagration [kɔ̃flagra'sjɔ̃] *f* conflagration, blaze.
conflit [kɔ̃'fli] *m* conflict; clash; ✝ ~ *salarial* wages dispute; ✝ ~ *social* industrial dispute.
confluent, e [kɔ̃fly'ɑ̃, ~'ɑ̃ːt] **1.** *adj.* ⚕, ♀ confluent; **2.** *su./m* confluence, meeting.
confondre [kɔ̃'fɔ̃ːdr] (4a) *v/t.* confound (*a. fig.*); (inter)mingle; *fig.* confuse; *fig.* disconcert; se ~ blend; be lost; be confused.
conformation [kɔ̃fɔrma'sjɔ̃] *f* conformation, structure; **conforme** [~'fɔrm] conformable; true; consonant (with, *à*); identical (with, *à*); ⚖ *pour copie* ~ certified true copy; **conformément** [kɔ̃fɔrme'mɑ̃] *adv.* in accordance (with, *à*); **conformer** [~'me] (1a) *v/t.* shape, form; *fig.* conform (to, *à*); ✝ ~ *les écritures* agree the books; se ~ *à* conform to, comply with; **conformité** [~mi'te] *f* conformity (with, *avec*; to, *à*); agreement, accordance (with, *avec*).
confort [kɔ̃'fɔːr] *m* comfort; *mot. pneu m* ~ balloon tyre; **confortable** [~fɔr'tabl] comfortable; considerable; **conforter** [~fɔr'te] (1a) *v/t.* strengthen, reinforce; confirm.
confraternité [kɔ̃fratɛrni'te] *f* confraternity; (good) fellowship; **confrère** [~'frɛːr] *m* colleague; fellow (-teacher, -doctor, *etc.*); **confrérie** *eccl.* [~fre'ri] *f* confraternity.
confrontation [kɔ̃frɔ̃ta'sjɔ̃] *f* ⚖ confrontation; ⚖ identification; *texts*: comparison; **confronter** [~'te] (1a) *v/t.* confront (with *à*, *avec*); compare (*texts*).
confus, e [kɔ̃'fy, ~'fyːz] confused (*a. fig.*); indistinct (*noise*, *sight*); obscure (*style*); *fig.* ashamed; **confusément** [kɔ̃fyze'mɑ̃] *adv.* confusedly; indistinctly; F in a jumble; **confusion** [~'zjɔ̃] *f* confusion, disorder; *fig.* embarrassment; *dates, names, etc.*: mistake; ⚕ (*mental*) aberration.
congé [kɔ̃'ʒe] *m* leave (*a.* ⚔); holiday; dismissal, notice (to quit, of dismissal, *etc.*); ⚔, ⚓ discharge; *admin.* permit; ⚠ congé; ~ *de maladie* sick leave; ~ *de maternité* maternity leave; ~*s scolaires pl.* school holidays (*Am.* vacation); ~ *payé* paid holidays *pl.* (*Am.* vacation); *deux jours m/pl. de* ~ two days off, two days' holiday; *donner* (*son*) ~ *à q.* give s.o. notice; *prendre* ~ *de* take leave of; **congédiable** [kɔ̃ʒe'djabl] due for *or* liable to dismissal; **congédier** [~'dje] (1o) *v/t.* dismiss; ⚔, ⚓ discharge; ⚓ pay off; ⚔ disband (*troops*).
congelable [kɔ̃ʒ'labl] freezable; **congélateur** [kɔ̃ʒela'tœːr] *m* freezer; **congélation** [kɔ̃ʒela'sjɔ̃] *f* freezing; setting; ⚕, ♀ frost-bite; **congelé, e** [kɔ̃ʒ'le] frozen; chilled (*meat*); **congeler** [~] (1d) *v/t. a.* se ~ freeze (*a.* ✝ *credits*); congeal; F solidify.
congénère [kɔ̃ʒe'nɛːr] **1.** *adj. biol.* congeneric; *anat.* congenerous; **2.** *su./m biol.* congener; *fig. lui et ses* ~*s* he and his like.
congénital, e, *m/pl.* **-aux** [kɔ̃ʒeni'tal, ~'to] congenital.
congestion ⚕ [kɔ̃ʒɛs'tjɔ̃] *f* congestion; ~ *pulmonaire* pneumonia; **con-**

gestionner [~tjɔ'ne] (1a) *v/t.* ⚕ congest; *fig.* flush (*s.o.'s face*).
conglomérat [kɔ̃glɔme'ra] *m geol.* pudding-stone; ⚠ cemented gravel; **conglomération** [~ra'sjɔ̃] *f* conglomeration; **conglomérer** [~'re] (1f) *v/t. a.* se ~ conglomerate.
conglutiner ⚕ [kɔ̃glyti'ne] (1a) *v/t. a.* se ~ conglutinate.
congratuler [kɔ̃graty'le] (1a) *v/t.* congratulate.
congréganiste *eccl. hist.* [kɔ̃grega'nist] *su.* member of the Congregation; **congrégation** *eccl.* [~'sjɔ̃] *f* community; *protestantism*: congregation; brotherhood; *College of Cardinals*: committee; *hist. the* Congregation.
congrès [kɔ̃'grɛ] *m* congress; **congressiste** [~grɛ'sist] *su.* member of a congress; *su./m Am.* Congressman.
congru, e [kɔ̃'gry] adequate; suitable; *eccl.* congruous; *fig. portion f* ~e short allowance; bare living; **congruent, e** [~gry'ɑ̃, ~'ɑ̃:t] congruent (with, *à*).
conicité [kɔnisi'te] *f* conical shape; *bullet*: taper; **conifère** ⚘ [~'fɛ:r] **1.** *adj.* coniferous; **2.** *su./m*: ~*s pl.* conifers; **conique** [kɔ'nik] **1.** *adj.* conical; conic; ⊕ coned, tapering; ⊕ bevel (*gearing, pinion*); **2.** *su./f* ⩕ (*a. section f* ~) conic section.
conjecture [kɔ̃ʒɛk'ty:r] *f* surmise, guess; **conjecturer** [~ty're] (1a) *v/t.* surmise, guess.
conjoint, e [kɔ̃'ʒwɛ̃, ~'ʒwɛ̃:t] **1.** *adj.* united, joint; ⚖ married; ⩕ *règle f* ~e chain-rule; **2.** *su./m* spouse; ~*s pl.* husband and wife.
conjonctif, -ve [kɔ̃ʒɔ̃k'tif, ~'ti:v] conjunctive (*a. gramm.*); *anat.* connective; **conjonction** [~'sjɔ̃] *f* conjunction (*a. gramm., astr.*); union; **conjonctive** *anat.* [~'ti:v] *f* conjunctiva; **conjonctivite** ⚕ [~ti'vit] *f* conjunctivitis; **conjoncture** [~'ty:r] *f* (set *or* combination of) circumstances *pl.*; ~ (*économique*) economic situation; ✝ *haute* ~ boom; **conjoncturel, -le** [~ty'rɛl] cyclical; of the economic situation.
conjugaison [kɔ̃ʒygɛ'zɔ̃] *f gramm., biol., etc.* conjugation; pairing (*of guns etc.*).
conjugal, e, *m/pl.* **-aux** [kɔ̃ʒy'gal, ~'go] conjugal.
conjuguer [kɔ̃ʒy'ge] (1m) *v/t. gramm.* conjugate; pair (*guns etc.*).
conjungo F [kɔ̃ʒɔ̃'go] *m* marriage (formula).
conjurateur [kɔ̃ʒyra'tœ:r] *m* magician; **conjuration** [~'sjɔ̃] *f* conspiracy, plot; exorcism; F ~*s pl.* entreaties; **conjuré** *m,* **e** *f* [kɔ̃ʒy're] conspirator; **conjurer** [~] (1a) *v/t.* conspire, plot; exorcise (*spirits*); entreat (s.o. to *inf., q. de inf.*); se ~ conspire (together).
connais [kɔ'nɛ] *1st p. sg. pres. of connaître*; **connaissable** [kɔnɛ'sabl] recognizable (by, *à*); *phls.* cognizable; **connaissance** [~'sɑ̃:s] *f* knowledge, learning; acquaintance (*a. person*); ⚖ cognizance; ⚕ consciousness; *en* ~ *de cause* on good grounds, advisedly; **connaissement** ⚓ [kɔnɛs'mɑ̃] *m* bill of lading; ~ *direct* through bill of lading; **connaisseur, -euse** [~nɛ'sœ:r, ~'sø:z] **1.** *adj.* (of an) expert; **2.** *su.* connoisseur; expert; **connaissons** [~nɛ'sɔ̃] *1st p. pl. pres. of connaître*; **connaître** [~'nɛ:tr] (4k) *v/t.* know (*a. bibl.*); be aware of; understand; experience; *s'y or se* ~ *en qch.* know all about s.th., be an expert in s.th.; *v/i.*: ⚖ ~ *de* take cognizance of; deal with; *faire* ~ *q. à* introduce s.o. to.
connard *m,* **e** *f sl.* [kɔ'na:r, ~'nard], **connasse** [~'nas] *f* idiot, goddamn fool.
connecter [kɔnɛk'te] (1a) *v/t.* connect (to, with *avec*); **connectif, -ve** [~'tif, ~'ti:v] **1.** *adj. anat.* connective; **2.** *su./m* ⚘ connective.
connexe [kɔ'nɛks] connected; **connexion** [kɔnɛk'sjɔ̃] *f* connection (*a.* ⚡); ⚡ lead; ⩕ connex; ⊕ ~ *directe* positive drive; **connexité** [~si'te] *f* connexity, relationship.
connivence [kɔni'vɑ̃:s] *f* complicity, connivance.
conoïde ⩕ [kɔnɔ'id] *adj., a. su./m* conoid.
connu, e [kɔ'ny] *p.p. of connaître*; **connus** [~] *1st p. sg. p.s. of connaître.*
conque [kɔ̃:k] *f* conch; *anat.* external ear; ⚠ apse; ⊕ delivery space.
conquérant, e [kɔ̃ke'rɑ̃, ~'rɑ̃:t] **1.** *adj.* conquering; *fig.* swaggering; **2.** *su.* conqueror, victor; **conquérir** [~'ri:r] (2l) *v/t.* conquer; *fig.* win;

conquête [kɔ̃'kɛ:t] *f* conquest; **conquis, e** [~'ki, ~'ki:z] *p.p. of conquérir.*
consacrer [kɔ̃sa'kre] (1a) *v/t.* consecrate (*a. fig.*); devote (*energies*); hallow (*the memory etc.*); *expression f consacrée* stock phrase, cliché.
consanguin, e [kɔ̃sɑ̃'gɛ̃, ~'gin] consanguineous; half-(*brother etc.*); inbred (*horse etc.*); **consanguinité** [~gini'te] *f* ⚖ consanguinity; inbreeding.
conscience [kɔ̃'sjɑ̃:s] *f* consciousness; conscience; ~ *de soi* self-awareness; *perdre* (*reprendre*) ~ lose (regain) consciousness; *avoir bonne* (*mauvaise*) ~ have a clear (bad) conscience; *avoir ~ de* be aware of; **consciencieux, -euse** [~sjɑ̃'sjø, ~'sjø:z] conscientious; **conscient, e** [~'sjɑ̃, ~'sjɑ̃:t] conscious, aware (of, *de*).
conscription ⚔ [kɔ̃skrip'sjɔ̃] *f* conscription, *Am.* draft; **conscrit** [~'kri] *m* ⚔ conscript, *Am.* draftee; *fig.* novice.
consécration [kɔ̃sekra'sjɔ̃] *f* consecration.
consécutif, -ve [kɔ̃seky'tif, ~'ti:v] consecutive; ~ *à* following upon.
conseil [kɔ̃'sɛ:j] *m* advice; committee, board; ⚖ counsel; ✝ ~ *d'administration* board of directors; ⚔, ⚓ ~ *de guerre* council of war; court-martial; ~ *d'employés* works committee; ~ *d'entreprise* works council; *pol.* ~ *de sécurité* Security Council; *pol.* ~ *des ministres* Cabinet; ✝ ~ *de surveillance* board of trustees; *admin.* ~ *général* county council; ⚖ ~ *judiciaire* guardian; *ingénieur-~ m* consulting engineer; *président m du* ≈ Premier, Prime Minister; **conseiller** [~sɛ'je] **1.** (1a) *v/t.* advise; recommend; **2.** *su./m* adviser; *admin.* councillor; ~ *d'orientation professionnelle* careers adviser, vocational guidance counsellor; ~ *économique* economic adviser; ~ *général* county councillor; ~ *municipal* town *or* city councillor.
consensus [kɔ̃sɛ̃'sys] *m* consensus.
consentement [kɔ̃sɑ̃t'mɑ̃] *m* consent, assent; *du ~ de tous* by universal consent; *par ~ mutuel* by mutual consent; **consentir** [~sɑ̃'ti:r] (2b) *v/i.* consent (to, *à*), agree (with, *à*); ⊕ yield (*beam*); *v/t.* authorize; grant; accept (*an opinion*).
conséquence [kɔ̃se'kɑ̃:s] *f* consequence, result; importance; *de ~* of importance, important; *en ~* consequently; *en ~ de* in consequence of; **conséquent, e** [~'kɑ̃, ~'kɑ̃:t] **1.** *adj.* consistent; following; **2.** *su./m* ♪, *gramm.*, *phls.* consequent; *par ~* consequently.
conservable [kɔ̃sɛr'vabl] that will keep (*food*); **conservateur, -trice** [~va'tœ:r, ~'tris] **1.** *adj.* preservative; *pol.* Conservative; **2.** *su.* keeper, curator, guardian; *pol.* Conservative; **conservation** [~va'sjɔ̃] *f* preservation; **conservatisme** [~va'tism] *m* conservatism; **conservatoire** [~va'twa:r] **1.** *adj.* preservative, of conservation; **2.** *su./m* school, academy (*of music etc.*); conservatoire, *Am.* conservatory.
conserve[1] ⚓ [kɔ̃'sɛrv] *f* convoy; *naviguer de ~* sail in company.
conserve[2] [kɔ̃'sɛrv] *f* preserve; tinned food; **conserver** [~sɛr've] (1a) *v/t.* preserve, keep; *fig.* maintain; *se ~* keep (*food*); *bien conservé* well-preserved.
considérable [kɔ̃side'rabl] considerable; extensive; *fig.* important; **considération** [~ra'sjɔ̃] *f* consideration; attention; motive; esteem; **considérer** [~'re] (1f) *v/t.* consider; contemplate; regard; *hautement considéré* highly respected; *bien considéré* well-thought-of.
consignataire [kɔ̃siɲa'tɛ:r] *m* ✝ consignee; ⚖ trustee; depositary; **consignateur** *m*, **-trice** *f* ✝ [~'tœ:r, ~'tris] consignor; shipper; **consignation** [~'sjɔ̃] *f* ✝ consignment; deposit; ⚖ *Caisse f des dépôts et ~s* Deposit and Consignment Office; *stock m en ~* goods *pl.* on consignment; **consigne** [kɔ̃'siɲ] *f* order, instructions *pl.*; ⚔, ⚓ order-board; ⚔ password; ⚔, ⚓ confinement; *school*: detention; ⚔ guardroom; 🚂 left-luggage office, *Am.* baggage room, checkroom; ✝ deposit (on *a bottle etc. sur*); **consigner** [~si'ɲe] (1a) *v/t.* deposit; ✝ consign; ✝ put a deposit on (*a bottle etc.*); ⚔ confine to barracks; *school*: detain (*a pupil*); close, put out of bounds; 🚂 put in the left-luggage office, *Am.* check (*baggage*); ~ (*par écrit*) set down, record, register; ~ *sa porte à q.* not to be at home to s.o.

consistance [kõsis'tã:s] *f* consistency; firmness; *fig.* standing, credit; **consister** [~'te] (1a) *v/i.* consist (of *en, dans*).
consolant, e [kõsɔ'lã, ~'lã:t] *see consolateur 1*; **consolateur, -trice** [~la'tœ:r, ~'tris] **1.** *adj.* consoling, comforting; **2.** *su.* consoler, comforter; **consolation** [~la'sjõ] *f* consolation, comfort.
console [kõ'sɔl] *f* ♪, ⚠, *a. table*: console.
consoler [kõsɔ'le] (1a) *v/t.* console, comfort.
consolider [kõsɔli'de] (1a) *v/t.* consolidate (*a.* ⚕); ⚠ brace (*a wall*); fund (*a debt*); ⚕ unite, heal (*a fracture etc.*); se ~ grow firm; ⚕ unite, heal.
consommateur *m*, **-trice** *f* [kõsɔma'tœ:r, ~'tris] consumer; *café etc.*: customer; **consommation** [~ma'sjõ] *f* consumption; ⚔, ⚓ expenditure; consummation (*a. of marriage*); *café*: drink; ⚕ *biens m/pl. de* ~ consumer goods; *mot. concours m de* ~ economy run; *impôt m sur la* ~, *taxe f de* ~ purchase tax; ⚕ *société f coopérative de* ~ co(-)operative stores *pl.*; **consommé, e** [~'me] **1.** *adj.* consummate (*skill*); **2.** *su./m cuis.* stock; clear soup, broth; **consommer** [~'me] (1a) *v/t.* consummate (*a. marriage*); accomplish; consume, use up.
consomption [kõsõp'sjõ] *f* consumption; destruction (*by fire*); ⚕ decline.
consonance ♪, *gramm.* [kõsɔ'nã:s] *f* consonance; **consonant, e** ♪, *gramm.* [~'nã, ~'nã:t] consonant; **consonne** *gramm.* [kõ'sɔn] *f* consonant.
consort [kõ'sɔ:r] *m* consort; ~s *pl.* associates, confederates; *prince m* ~ prince consort; **consortium** [~sɔr'sjɔm] *m* consortium.
conspirateur, -trice [kõspira'tœ:r, ~'tris] **1.** *adj.* conspiring; **2.** *su.* conspirator; **conspiration** [~ra'sjõ] *f* conspiracy, plot; **conspirer** [~'re] (1a) *v/i.* conspire (*a. fig.*), plot; *fig.* tend.
conspuer [kõs'pɥe] (1a) *v/t.* decry; *thea. etc.* boo; *sp.* barrack.
constamment [kõsta'mã] *adv.* steadfastly; continually, constantly; **constance** [~'tã:s] *f* constancy; steadiness; perseverance; **constant, e** [~'tã, ~'tã:t] **1.** *adj.* constant; invariable (*a.* ⚗); steadfast; patent (*fact*); **2.** *su./f* ♪, *phys.* constant.
constat [kõs'ta] *m* certified *or* official report; established fact; ⚖ ~ *d'huissier* affidavit made by process-server; **constatation** [kõstata'sjõ] *f* establishment, finding (*of facts*); certified statement; proof (*of identity*); **constater** [~'te] (1a) *v/t.* establish, ascertain; record, state; certify (*s.o.'s death*); note.
constellation [kõstɛlla'sjõ] *f* constellation; **constellé, e** [~'le] spangled; studded; **consteller** [~'le] (1a) *v/t.* constellate; stud (*with jewels*).
consternation [kõstɛrna'sjõ] *f* consternation, dismay; **consterner** [~'ne] (1a) *v/t.* (fill with) dismay.
constipation ⚕ [kõstipa'sjõ] *f* constipation; **constiper** ⚕ [~'pe] (1a) *v/t.* constipate.
constituant, e [kõsti'tɥã, ~'tɥã:t] **1.** *adj.* constituent (*a. pol.*); component; **2.** *su.* ⚖ constituent; ⚖ *dowry, annuity*: grantor; *pol.* elector; *su./m* constituent part; *pol.* member of the Constituent Assembly (*1789*); *su./f* ⁓e *the* Constituent Assembly (*1789*); **constituer** [~'tɥe] (1n) *v/t.* constitute; establish; appoint; settle; ⚖ empanel (*the jury*); set up, institute (*a committee*); **constitutif, -ve** [~ty'tif, ~'ti:v] constituent; ⚖ constitutive; **constitution** [~ty'sjõ] *f* ⚕, *pol.* constitution; establishing; formation; composition (*a.* ⚗); ⚖ briefing (*of a lawyer*); **constitutionnel, -le** [~tysjɔ'nɛl] constitutional.
constricteur *physiol.*, *a. zo.* [kõstrik'tœ:r] *adj.*, *a. su./m* constrictor; **constrictif, -ve** [~'tif, ~'ti:v] constrictive.
constringent, e ⚕ [kõstrɛ̃'ʒã, ~'ʒã:t] constringent.
constructeur [kõstryk'tœ:r] *m* builder, constructor; engineer; ~ *de maisons* (master-)builder; ~ *mécanicien* manufacturing engineer; **construction** [~'sjõ] *f* construction (*a.* ⚠, ⚗, *gramm.*); building; structure; *de* ~ *française* French-built; *en* ~ on the stocks (*boat*); *société f de* ~ building society; **construire** [kõs'trɥi:r] (4h) *v/t.* construct (*a.* ⚠, ⚗, *gramm.*, *a. fig.*);

build; **construisis** [\~trɥi'zi] *1st p. sg. p.s. of construire*; **construisons** [\~trɥi'zɔ̃] *1st p. pl. pres. of construire*; **construit, e** [\~'trɥi, \~'trɥit] *p.p. of construire*.

consul [kɔ̃'syl] *m* consul; **consulaire** [kɔ̃sy'lɛːr] consular; **consulat** [\~'la] *m* consulate.

consultant, e [kɔ̃syl'tɑ̃, \~'tɑ̃ːt] **1.** *adj.* consulting, consultant; *avocat m \~* chamber counsel; **2.** *su.* consulter; ⚕ consultant; **consultatif, -ve** [\~ta'tif, \~'tiːv] advisory, consulting; **consultation** [\~ta'sjɔ̃] *f* consultation, conference; ⚖ opinion; **consulter** [\~'te] (1a) *v/t.* consult; *se \~* consider; *v/i.*: ⚕ \~ *avec* hold a consultation with.

consumer [kɔ̃sy'me] (1a) *v/t.* consume; devour; burn; *fig. se \~* waste away; **consumérisme** [\~me'rism] *m* consumerism.

contact [kɔ̃'takt] *m* contact (*a.* ⚡ *etc.*); ⚡ \~ *à fiche* plug; ⚡ F \~ *de terre* earth; *mot. clef f de \~* ignition key; *entrer en \~ avec* get in touch with; **contacter** [\~tak'te] (1a) *v/t.* contact; **contacteur** ⚡ [\~tak'tœːr] *m* circuit-maker; contact-maker.

contage ⚕ [kɔ̃'taːʒ] *m* contagium; **contagieux, -euse** [kɔ̃ta'ʒjø, \~'ʒjøːz] ⚕ contagious; infectious; catching; **contagion** ⚕ [\~'ʒjɔ̃] *f* contagion; infection.

contaminer [kɔ̃tami'ne] (1a) *v/t.* ⚕ infect; contaminate.

conte [kɔ̃ːt] *m* story, tale.

contemplatif, -ve [kɔ̃tɑ̃pla'tif, \~'tiːv] **1.** *adj.* contemplative; **2.** *su.* dreamer; **contempler** [\~'ple] (1a) *v/t.* contemplate; *fig.* meditate upon; *v/i.* meditate.

contemporain, e [kɔ̃tɑ̃pɔ'rɛ̃, \~'rɛn] *adj., a. su.* contemporary.

contenance [kɔ̃t'nɑ̃ːs] *f* capacity; content(s *pl.*); *fig.* bearing, countenance; **conteneur** ✝ [\~'nœːr] *m* container; **contenir** [\~'niːr] (2h) *v/t.* contain, hold (*a.* ⚔); *fig.* control, restrain; *se \~* control o.s., keep one's temper.

content, e [kɔ̃'tɑ̃, \~'tɑ̃ːt] **1.** *adj.* content(ed); pleased, happy; **2.** *su./m* F sufficiency; *tout son \~* to one's heart's content; **contentement** [\~tɑ̃t'mɑ̃] *m* contentment, satisfaction; **contenter** [\~tɑ̃'te] (1a) *v/t.* content, satisfy; *se \~* make do, be content (with, *de*).

contentieux, -euse [kɔ̃tɑ̃'sjø, \~'sjøːz] **1.** *adj.* contentious; **2.** *su./m* ⚖ matters *pl.* in dispute; ✝, *admin.* legal department; **contention** [\~'sjɔ̃] *f* application; ⚕ holding; † dispute.

contenu [kɔ̃t'ny] *m* content(s *pl.*).

conter [kɔ̃'te] (1a) *v/t.* tell, relate; *en \~ à q.* pull s.o.'s leg; *en \~ de belles* tell tall stories (about, *sur*).

contestable [kɔ̃tɛs'tabl] debatable, questionable; **contestataire** *pol.* [\~ta'tɛːr] **1.** *adj.* anti-establishment; **2.** *su.* protester; **contestation** [\~ta'sjɔ̃] *f* dispute; *pol.* anti-establishment movement; **contester** [\~'te] (1a) *vt/i.* dispute; *pol.* protest.

conteur *m*, **-euse** *f* [kɔ̃'tœːr, \~'tøːz] narrator; story-teller; *fig.* romancer, F bit of a liar.

contexte [kɔ̃'tɛkst] *m* context; ⚖ text (*of a deed etc.*); **contextuel, -le** [\~tɛksty'ɛl] contextual.

contigu, -guë [kɔ̃ti'gy] adjoining; adjacent (*a.* ⅄); **contiguïté** [\~gɥi'te] *f* contiguity, adjacency.

continence [kɔ̃ti'nɑ̃ːs] *f* continence, continency; **continent, e** [\~'nɑ̃, \~'nɑ̃ːt] **1.** *adj.* continent, chaste; ⚕ unintermitting (*fever*); **2.** *su./m geog.* continent; mainland; **continental, e, *m/pl.* -aux** [\~nɑ̃'tal, \~'to] continental.

contingence [kɔ̃tɛ̃'ʒɑ̃s] *f phls.* contingency; *les \~s* incidents; chance happenings.

contingent, e [kɔ̃tɛ̃'ʒɑ̃, \~'ʒɑ̃ːt] **1.** *adj.* contingent; **2.** *su./m* quota; ration, allowance; **contingentement** [\~ʒɑ̃t'mɑ̃] *m* quota system; **contingenter** [\~ʒɑ̃'te] (1a) *v/t.* fix quotas for.

continu, e [kɔ̃ti'ny] **1.** *adj.* continuous (*a.* ⅄ *function*), continual; uninterrupted, unbroken; ⚡ direct (*current*); ⅄ continued (*fraction*); **2.** *su./m phys.* continuum; **continuation** [\~nɥa'sjɔ̃] *f* continuation; *weather*: long spell; *war etc.*: carrying on; **continuel, -elle** [\~'nɥɛl] continual, unceasing; **continuer** [\~'nɥe] (1n) *vt/i.* continue; carry on; extend; *v/i.*: \~ *à* (*inf.*) continue (*ger.*), continue to (*inf.*); *v/t.* prolong; **continuité** [\~nɥi'te] *f* continuity; uninterrupted connection; **conti-**

nûment [~ny'mɑ̃] *adv.* continuously, without a break.
contorsion [kɔ̃tɔr'sjɔ̃] *f* contortion; ⚡ distortion; *faire des ~s* pull a wry face.
contour [kɔ̃'tu:r] *m* contour, outline; *town*: circuit; **contourner** [~tur'ne] (1a) *v/t.* outline; go round; by-pass (*a town*); distort (*one's face*); F get round (*the law*).
contraceptif, -ive [kɔ̃trasep'tif, ~'ti:v] *adj., a. su./m* contraceptive; **contraception** [~'sjɔ̃] *f* contraception.
contractant, e [kɔ̃trak'tɑ̃, ~'tɑ̃:t] **1.** *adj.* contracting; **2.** *su.* contracting party; **contracter** [~'te] (1a) *v/t.* contract (*debt, habit, illness, marriage, etc.*); incur (*debts*); catch (*cold*); **contractile** *physiol.* [~'til] contractile; **contraction** [~'sjɔ̃] *f* contraction; *road*: narrowing.
contractuel, -elle [kɔ̃trak'tɥɛl] **1.** *adj.* contractual; **2.** *su.* employee on contract; traffic warden, *f a.* F meter maid.
contradicteur [kɔ̃tradik'tœ:r] *m* contradictor; opponent; **contradiction** [~'sjɔ̃] *f* contradiction; opposition; **contradictoire** [~'twa:r] contradictory; inconsistent; conflicting (with, *à*); *jugement m ~* judgment given after a full hearing.
contraindre [kɔ̃'trɛ̃:dr] (4m) *v/t.* compel, force; coerce; *fig.* restrain (*one's feelings etc.*); *se ~* restrain o.s.; **contraint, e** [~'trɛ̃, ~'trɛ̃:t] **1.** *adj.* cramped (*position, style*); forced (*smile*); stiff (*manner*); **2.** *su./f* compulsion, constraint; embarrassment; *par ~e* under duress; *sans ~e* freely.
contraire [kɔ̃'trɛ:r] **1.** *adj.* contrary, opposite (to, *à*); averse; *en sens ~* in the opposite direction; **2.** *su./m* contrary, opposite; *au ~* on the contrary.
contralto ♪ [kɔ̃tral'to] *m* contralto.
contrariant, e [kɔ̃tra'rjɑ̃, ~'rjɑ̃:t] provoking; tiresome; vexatious; **contrarier** [~'rje] (1o) *v/t.* thwart, oppose; annoy, vex; contrast; **contrariété** [~rie'te] *f* difficulty; annoyance, vexation; clash (*of colours, interests, etc.*).
contraste [kɔ̃'trast] *m* contrast; **contraster** [~tras'te] (1a) *vt/i.* contrast.
contrat [kɔ̃'tra] *m* contract; *marriage*: settlement; *passer un ~* enter into an agreement.
contravention [kɔ̃travɑ̃'sjɔ̃] *f* ⚖ infringement; *mot.* parking ticket *or* fine.
contre [kɔ̃:tr] **1.** *prp.* against; contrary to; (in exchange) for; ⚖, *sp.* versus; *~ son gré* against his will; *dix ~ un* ten to one; **2.** *adv.* against; near; *tout ~* close by; **3.** *su./m box.* counter; *cards*: double; *le pour et le ~* the pros *pl.* and the cons *pl.*; *règlement m par ~* settlement per contra.
contre... [kɔ̃tr(ə)] counter...; anti...; contra...; back...; **~-accusation** ⚖ [kɔ̃trakyza'sjɔ̃] *f* counter-charge; **~-allée** [~a'le] *f* side-walk, side-lane; **~-amiral** ⚓ [~ami'ral] *m* rear-admiral; **~-assurance** [~asy'rɑ̃:s] *f* reinsurance; **~-attaque** ⚔ [~a'tak] *f* counter-attack; **~balancer** [kɔ̃trəbalɑ̃'se] (1k) *v/t.* counterbalance; **~bande** [~'bɑ̃:d] *f* contraband, smuggling; smuggled goods *pl.*; *faire la ~* smuggle; **~bandier** [~bɑ̃'dje] *m* smuggler; **~bas** [~'bɑ] *adv.*: *en ~* lower down (than, *de*); downwards; **~basse** ♪ [~'bɑ:s] *f* doublebass; **~-bouter** [~bu'te], **~-buter** [~by'te] (1a) *v/t.* buttress; **~carrer** [~kɑ're] (1a) *v/t.* thwart; counteract; **~cœur** [~'kœ:r] *adv.*: *à ~* reluctantly; **~coup** [~'ku] *m* rebound; recoil; repercussion; *fig.* side-effects *pl.*; *par ~* as a result (*indirect*); **~dire** [~'di:r] (4p) *v/t.* contradict; *se ~* contradict o.s. *or* each other; **~dit** [~'di] *adv.*: *sans ~* unquestionably.
contrée [kɔ̃'tre] *f* region.
contre...: **~-écrou** ⊕ [kɔ̃tre'kru] *m* counter-nut; **~-épreuve** [~e'prœ:v] *f* countercheck, crosscheck; *typ.* counterproof; **~-espionnage** [~ɛspjɔ'na:ʒ] *m* counter-espionage; **~-expertise** [~ɛkspɛr'ti:z] *f* counter-valuation; **~façon** [kɔ̃trəfa'sɔ̃] *f* forgery, counterfeit; counterfeiting; infringement of copyright; **~facteur** [~fak'tœ:r] *m* forger, counterfeiter; **~faction** [~fak'sjɔ̃] *f* forgery; counterfeiting; **~faire** [~'fɛ:r] (4r) *v/t.* imitate, mimic; forge; counterfeit (*money*); disguise (*one's voice etc.*); *fig.* deform; **~-fiche** ⚠, ⊕ [~'fiʃ] *f* brace, strut; **~ficher** *sl.* [~fi'ʃe] *v/t.*:

se ~ *de* care a damn about; **~-fil** ⊕ [~ˈfil] *m*: *à* ~ against the grain; **~fort** [~ˈfɔːr] *m* ⚠ buttress; *geog.* spur; *boot*: stiffening; ~*s pl.* foot-hills; **~-haut** [~ˈo] *adv.*: *en* ~ higher up; on a higher level; **~-jour** [~ˈʒuːr] *m* backlightning; *à* ~ against the light; **~-lettre** ⚖ [~ˈlɛtr] *f* counter-deed; defeasance; **~maître** [~ˈmɛːtr] *m* foreman; ⚓ petty officer; first mate; **~-mesure** [~məˈzyːr] *f* counter-measure; **~partie** [~parˈti] *f* opposite view; *fig.* compensation; *en* ~ in compensation; in return; **~-pied** *fig.* [~ˈpje] *m* opposite view; **~-plaqué** [~plaˈke] *m* plywood; **~poids** [~ˈpwa] *m* counterweight; *clock*: balanceweight; counterpoise; **~-poil** [~ˈpwal] *adv.*: *à* ~ the wrong way; **~point** ♪ [~ˈpwɛ̃] *m* counterpoint; **~-pointe** ⊕ [~ˈpwɛ̃ːt] *f* tailstock; **~poison** [~pwaˈzɔ̃] *m* antidote (to, *de*); **~-porte** [~ˈpɔrt] *f* ⚠ inner door, *Am.* storm-door; ⊕ *furnace*: shield.

contrer [kɔ̃ˈtre] (1a) *v/t. box.* counter; *cards*: double; *fig.* cross, thwart.

contre...: **~-rail** 🚂 [kɔ̃trəˈrɑːj] *m* safety-rail; **~-sceller** [~sɛˈle] (1a) *v/t.* counter-seal; **~seing** [~ˈsɛ̃] *m* counter-signature; **~sens** [~ˈsɑ̃ːs] *m* misinterpretation; nonsense; *à* ~ in the wrong way; **~signataire** [~siɲaˈtɛːr] *m* one who countersigns; **~temps** [~ˈtɑ̃] *m* mishap; inconvenience; disappointment; ♪ syncopation; *à* ~ at the wrong moment; ♪ out of time; ♪ contra tempo; **~-terroriste** [~tɛrɔˈrist] *adj., a. su.* anti-terrorist; **~-torpilleur** ⚓ [~tɔrpiˈjœːr] *m* destroyer; light cruiser; **~-valeur** ✝ [~vaˈlœːr] *f* exchange value; **~-vapeur** ⊕ [~vaˈpœːr] *f/inv.* reversed steam; **~venant** *m*, **e** *f* ⚖ [~vəˈnɑ̃, ~ˈnɑ̃ːt] contravener; offender; **~venir** [~vəˈniːr] (2h) *v/i.*: ~ *à* contravene; **~vent** [~ˈvɑ̃] *m* outside shutter; ⊕ wind-brace; ⊕ back-draught; **~ventement** ⊕ [~vɑ̃tˈmɑ̃] *m* wind-bracing; **~vérité** [~veriˈte] *f* ironical statement; untruth; **~-visite** ⚕ [~viˈzit] *f* check inspection; **~-voie** 🚂 [~ˈvwa] *f* wrong side of the train.

contribuable [kɔ̃triˈbɥabl] **1.** *su.* taxpayer; ratepayer; **2.** *adj.* taxpaying; ratepaying; **contribuer** [~ˈbɥe] (1n) *v/i.* contribute; **contribution** [~byˈsjɔ̃] *f* contribution; *admin.* tax; rate; *mettre à* ~ make use of, have recourse to, use.

contrit, e [kɔ̃ˈtri, ~ˈtrit] penitent, contrite; **contrition** [~triˈsjɔ̃] *f* penitence, contrition.

contrôle [kɔ̃ˈtroːl] *m* check(ing), inspection; supervision; verification; control; *thea.* box-office; ✝ auditing; *gold, silver*: hallmark(ing); *gold, silver*: assaying; assay office; ~ *des changes* exchange control; ⚕ ~ *des naissances* birth-control; *coupon m de* ~ *ticket*: stub; **contrôler** [kɔ̃troˈle] (1a) *v/t.* check; verify; examine (*a passport etc.*); stamp (*gold, silver*); control (*s.o.*); **contrôleur** *m*, **-euse** *f* [~ˈlœːr, ~ˈløːz] inspector; supervisor; ticket-collector; controller; *métro etc.*: driver; ✈ ~ (*aérien or de la navigation aérienne*) air traffic controller.

contrordre [kɔ̃ˈtrɔrdr] *m* countermand; *sauf* ~ unless countermanded.

controuvé, e [kɔ̃truˈve] forged, spurious.

controverse [kɔ̃trɔˈvɛrs] *f* controversy; **controverser** [~vɛrˈse] (1a) *v/t.* debate (*a topic*); controvert (*an opinion*); *v/i.* hold a discussion.

contumace ⚖ [kɔ̃tyˈmas] *f*: *par* ~ in absentia.

contus, e ⚕ [kɔ̃ˈty, ~ˈtyːz] contused, bruised; **contusion** [kɔ̃tyˈzjɔ̃] *f* contusion, bruise; **contusionner** [~zjɔˈne] (1a) *v/t.* contuse, bruise.

conurbation [kɔnyrbaˈsjɔ̃] *f* conurbation; megalopolis.

convaincant, e [kɔ̃vɛ̃ˈkɑ̃, ~ˈkɑ̃ːt] convincing; **convaincre** [~ˈvɛ̃ːkr] (4gg) *v/t.* convince; *fig.* prove (*s.o.*) guilty (of, *de*).

convalescence [kɔ̃valɛˈsɑ̃ːs] *f* convalescence; *être en* ~ convalesce; **convalescent, e** [~ˈsɑ̃, ~ˈsɑ̃ːt] *adj., a. su.* convalescent.

convenable [kɔ̃vˈnabl] suitable; decent, seemly; **convenance** [~ˈnɑ̃ːs] *f* fitness; propriety; decency; convenience; expediency; *à la* ~ *de q.* to s.o.'s liking; to suit s.o.'s convenience; *mariage m de* ~ marriage of convenience; *par* ~ for the sake of decency; **convenir** [~ˈniːr] (2h) *v/i.*: ~ *à* suit, fit; ~ *de* agree upon; reach agreement about; admit, acknowledge (*s.th.*); *c'est convenu!*

agreed!; *il convient de (inf.)* it is advisable *or* fitting to *(inf.)*.
convention [kõvɑ̃'sjɔ̃] *f* convention; agreement; *pol.* assembly; *~s pl.* clauses; *~ collective* collective bargaining; **conventionné** [~sjɔ'ne]: *médecin ~* panel doctor; **conventionnel, -elle** [~sjɔ'nɛl] **1.** *adj.* conventional; **2.** *su./m hist.* member of the National Convention.
conventuel, -elle [kõvɑ̃'tɥɛl] conventual.
convergence [kõvɛr'ʒɑ̃:s] *f* convergence; ⚔, *a. fig.* concentration; **convergent, e** [~'ʒɑ̃, ~'ʒɑ̃:t] converging; ⚔ concentrated; **converger** [~'ʒe] (1l) *v/i.* converge.
convers, e [kõ'vɛ:r, ~'vɛrs] lay ...
conversation [kõvɛrsa'sjɔ̃] *f* conversation, talk; *teleph.* call; **converser** [~'se] (1a) *v/i.* converse, talk.
conversion [kõvɛr'sjɔ̃] *f* conversion (*a.* ✝); ⚔ wheel(ing), change of front; **converti** *m*, **e** *f* [~'ti] convert; **convertible** [~'tibl] convertible (into, *en*); **convertir** [~'ti:r] (2a) *v/t.* ✝, *eccl., phls., fig.* convert; **convertisseur** [~ti'sø:r] *m* ⊕ converter; ⚡ transformer.
convexe [kõ'vɛks] convex.
conviction [kõvik'sjɔ̃] *f* conviction.
convier [kõ'vje] (1o) *v/t.* invite; urge.
convive [kõ'vi:v] *su.* guest; table companion.
convocation [kõvɔka'sjɔ̃] *f* convocation, summons *sg.*; notice of a meeting *or* an appointment; ⚔ calling-up papers *pl.*
convoi [kõ'vwa] *m* convoy; 🚂 train; (*a. ~ funèbre*) funeral procession; *~ automobile* motor transport column.
convoiter [kõvwa'te] (1a) *v/t.* covet, desire; **convoitise** [~'ti:z] *f* covetousness; lust.
convoler *iro.* [kõvɔ'le] (1a) *v/i.* (re)marry.
convoquer [kõvɔ'ke] (1m) *v/t.* summon; ⚔ call up; *admin.* summon to an interview.
convoyer ⚔, ⚓ [kõvwa'je] (1h) *v/t.* convoy; **convoyeur** [~'jœ:r] *m* ⚓ convoy(-ship); ⚓ convoying officer; ⚔ officer in charge of a convoy; ⊕ conveyor, endless belt.
convulser [kõvyl'se] (1a) *v/t. physiol.* convulse; F frighten into fits; **convulsif, -ve** [~'sif, ~'si:v] convulsive; **convulsion** [~'sjɔ̃] *f* convulsion; spasm.
coopérateur *m*, **-trice** *f* [kɔɔpera'tœ:r, ~'tris] co(-)operator; **coopératif, -ve** [~'tif, ~'ti:v] **1.** *adj.* co(-)operative; **2.** *su./f* co(-)operative stores *pl.*; *~ve immobilière* building society; **coopération** [~'sjɔ̃] *f* co(-)operation; **coopératisme** [~'tism] *m* co(-)operative system; **coopérer** [kɔɔpe're] (1f) *v/i.* co(-)operate.
cooptation [kɔɔpta'sjɔ̃] *f* co-optation; **coopter** [~'te] (1a) *v/t.* co-opt.
coordinateur *m*, **-trice** *f* [kɔɔrdina'tœ:r, -'tris] coordinator; **coordination** [~'sjɔ̃] *f* coordination.
coordonnées ⚘ [kɔɔrdɔ'ne] *f/pl.* co-ordinates; **coordonner** [~] (1a) *v/t.* coordinate (with, *à*); arrange.
copain F [kɔ̃'pɛ̃] *m* pal, chum, *Am.* buddy.
copeau [kɔ'po] *m* wood shaving; ⊕ *~x pl.* turnings.
copiage [kɔ'pja:ʒ] *m school:* copying; **copie** [~'pi] *f* (carbon) copy, transcript; *fig.* imitation; *phot.* print; *school:* exercise, paper; *~ au net* fair copy; **copier** [~'pje] (1o) *v/t.* copy; *fig.* imitate; *school:* crib (from, *sur*).
copieux, -euse [kɔ'pjø, ~'pjø:z] copious, abundant.
copilote ✈ [kopi'lɔt] *m* second pilot, *Am.* co-pilot.
copinage F [kɔpi'na:ʒ] *m* cronyism; **copine** F [kɔ'pin] *f girl:* pal, chum; **copiner** F [kɔpi'ne] (1a) *v/i.* be pally; be pals; **copinerie** F [kɔpin'ri] *f* pallyness; *coll. the* pals *pl.*
copiste [kɔ'pist] *su.* copier, copyist; *fig.* imitator.
copra(h) [kɔ'pra] *m* copra.
copreneur ⚖ [koprə'nœ:r] *m* cotenant, co-lessee.
coproduction [koprɔdyk'sjɔ̃] *n* joint production, coproduction.
copropriétaire [koprɔprije'tɛ:r] *su.* joint owner, co-owner; **copropriété** [~'te] *f* joint ownership, co-ownership.
copule *gramm.* [kɔ'pyl] *f* copula.
coq¹ ⚓ [kɔk] *m* ship's cook.
coq² *orn.* [kɔk] *m* cock, *Am.* rooster; *box.* (*a. poids m ~*) bantam weight; *~ de bruyère* (great) grouse; *~ d'Inde see*

dindon; *être comme un ~ en pâte* live like a fighting cock, be in clover; *être le ~ du village* be cock of the walk; **~-à-l'âne** [kɔka'lɑːn] *m/inv.* abrupt jump from one subject to another.
coque [kɔk] *f egg*: shell; ⚓ hull, bottom; ⊕ *boiler*: body; *œuf m à la ~* boiled egg.
coquelicot ⚘ [kɔkli'ko] *m* red poppy.
coqueluche [kɔ'klyʃ] *f* ⚕ whooping-cough; *fig.* darling, favo(u)rite.
coqueriquer [kɔkri'ke] (1m) *v/i.* crow.
coquet, -ette [kɔ'kɛ, ~'kɛt] **1.** *adj.* coquettish; smart, stylish (*hat etc.*); trim (*garden*); F tidy (*sum*); **2.** *su./f* flirt; **coqueter** [kɔk'te] (1c) *v/i.* coquette; flirt (with, *avec*); *fig.* toy (with, *avec*).
coquetier [kɔk'tje] *m* egg-cup; egg-merchant.
coquetterie [kɔkɛ'tri] *f* coquetry; affectation; smartness, daintiness.
coquillage [kɔki'jaːʒ] *m* shell-fish; shell; **coquille** [~'kiːj] *f egg, nut, oyster, snail, a. fig.*: shell; *typ.* misprint, printer's error; *metall.* chill-mould; bank paper; *size*: small post; *fig. sortir de sa ~* come out of one's shell.
coquin, e [kɔ'kɛ̃, ~'kin] **1.** *adj.* roguish; **2.** *su.* rogue; rascal (*a. co.*); *su./f* hussy; **coquinerie** [~kin'ri] *f* roguery; rascality.
cor[1] [kɔːr] *m hunt.* tine; ♪, *a. hunt.* horn; ♪ horn-player; ♪ *~ d'harmonie* French horn; *fig. à ~ et à cri* insistently; *sonner* (*or donner*) *du ~* sound the horn.
cor[2] ⚕ [~] *m* corn.
corail, *pl.* **-aux** [kɔ'raːj, ~'ro] *m* coral; **corailleur** [kɔra'jœːr] *m* coral fisher; coral worker; coral-fishing boat; **corallin, e** [~'lɛ̃, ~'lin] coral-red.
corbeau [kɔr'bo] *m orn.* crow; raven; ⩓ corbel; F person of ill omen.
corbeille [kɔr'bɛːj] *f* basket; *thea.* dress-circle; ⊕ *valve*: cage; ⚘ (round) flower-bed; **corbeillée** [~bɛ'je] *f* basketful.
corbillard [kɔrbi'jaːr] *m* hearse.
cordage [kɔr'daːʒ] *m* rope; *racket*: stringing; cord of wood; ⚓ *~s pl.* gear *sg.*; **corde** [kɔrd] *f* rope, cord, line; ♪ string; ⩘ chord; ⚡ lift wire; hangman's rope, *fig.* gallows *sg.*; *anat. ~s pl. vocales* vocal c(h)ords.
cordé, e ⚘ *etc.* [kɔr'de] cordate, heart-shaped.
cordeau [kɔr'do] *m* chalk-line, string; (measuring) tape; (⚓ tow-) rope; *tex.* selvedge; ⚒, ⚔ fuse;
cordée [~'de] *f mount.* rope (*of climbers*); ⚘ cord (*of wood*); *racket*: stringing; **cordeler** [kɔrdə'le] (1c) *v/t.* twist (*hemp etc.*) into rope; **cordelette** [~'lɛt] *f* small cord *or* string; *en ~s* in small plaits; **cordelier** [~'lje] *m* Franciscan friar; **cordelière** [~'ljɛːr] *f* † Franciscan nun; girdle; *typ.* ornamental border; **corder** [kɔr'de] (1a) *v/t.* twist (*hemp etc.*) into rope; ⚘ measure (*wood*) by the cord; string (*a racket*); twist (*tobacco*); cord (*a trunk etc.*); **corderie** [~'dri] *f* rope-making; rope-trade.
cordial, e, *m/pl.* **-aux** [kɔr'djal, ~'djo] **1.** *adj.* cordial; ⚕ stimulating; **2.** *su./m* cordial; **cordialité** [~djali'te] *f* cordiality.
cordier [kɔr'dje] *m* rope-maker; dealer in ropes; ♪ *violin*: tail-piece;
cordon [~'dɔ̃] *m* cord, string, tape; (shoe-)lace; door-pull, bell-pull; line (*of trees etc.*); *admin.* cordon, edge; *anat. ~ ombilical* navel string, umbilical cord; **cordon-bleu,** *pl.* **cordons-bleus** F *fig.* [~dɔ̃'blø] *m* first-rate cook; **cordonner** [~dɔ'ne] (1a) *v/t.* twist, cord (*hemp etc.*); edge-roll (*coins*).
cordonnerie [kɔrdɔn'ri] *f* shoe-making; shoemaker's shop.
cordonnet [kɔrdɔ'nɛ] *m* braid, cord.
cordonnier [kɔrdɔ'nje] *m* shoe-maker, F cobbler.
coréen, -enne [kɔre'ɛ̃, ~'ɛn] *adj., a. su.* ♀ Korean.
coriace [kɔ'rjas] tough (*a. fig.*).
coricide ⚕ [kɔri'sid] *m* corn cure.
corindon *min.* [kɔrɛ̃'dɔ̃] *m* corundum.
corinthien, -enne [kɔrɛ̃'tjɛ̃, ~'tjɛn] **1.** *adj.* Corinthian; **2.** *su.* ♀ Corinthian; *su./m* ⩓ Corinthian.
cormier ⚘ [kɔr'mje] *m* service (-tree, -wood).
cormoran *orn.* [kɔrmɔ'rɑ̃] *m* cormorant.
cornac [kɔr'nak] *m* mahout, elephant driver; F *fig.* guide, companion, chaperon; **cornaquer** F [~na'ke]

(1a) *v/t.* guide, show (*s.o.*) around, accompany, chaperon.
corne [kɔrn] *f* horn (*a. fig.*); dog's-ear (*in a book*); ~ *à chaussures* shoe-horn, shoe-lift; *de* ~ horn...; *bêtes f/pl. à* ~*s* horned cattle; **corné, e** [kɔrˈne] **1.** *adj.* horny; horn...; **2.** *su./f anat.* cornea; **cornéen, -enne** [~neˈɛ̃, ~ˈɛn] *adj.*: *opt. lentilles f/pl.* ~*ennes* contact lenses.
corneille *orn.* [kɔrˈnɛːj] *f* crow, rook.
cornemuse ♪ [kɔrnəˈmyːz] *f* bag-pipe(s *pl.*); **cornemuseur** [~my-ˈzœːr] *m* piper.
corner[1] *foot.* [kɔrˈnɛːr] *m* corner.
corner[2] [kɔrˈne] (1a) *v/i.* hoot; *v/t. fig.* trumpet (*news etc.*); turn down the corner of (*a page etc.*); **cornet** [~ˈnɛ] *m pastry*: horn; *icecream*: cone; paper bag, screw of paper; ♪ (*à pistons*) cornet; F *se mettre qch. dans le* ~ have s.th. to eat; **cornette** [~ˈnɛt] *su./f nun*: coif; mob-cap.
corniche [kɔrˈniʃ] *f rock*: ledge; coast road; △ cornice.
cornichon [kɔrniˈʃɔ̃] *m* gherkin; F nitwit.
cornière [kɔrˈnjɛːr] *f* ⊕ angle(-iron, -bar).
cornouille ⚘ [kɔrˈnuːj] *f* cornel-berry; **cornouiller** [~nuˈje] *m* cornel(-tree); ⚘ dogwood.
cornu, e [kɔrˈny] horned; spurred (*wheat*); *fig.* absurd.
cornue [~] *f* ⚗ *etc.* retort; *metall.* steel converter.
corollaire [kɔrɔlˈlɛːr] *m* ⩟ corollary; ⚘ corollary tendril; **corolle** ⚘ [~ˈrɔl] *f* corolla.
coron [kɔˈrɔ̃] *m* miners' quarters *pl.*
coronaire ⚕, *anat.* [kɔrɔˈnɛːr] coronary; **coronal, e,** *m/pl.* **-aux** [~ˈnal, ~ˈno] coronal.
corporatif, -ve [kɔrpɔraˈtif, ~ˈtiːv] corporat(iv)e; **corporation** [~ˈsjɔ̃] *f* corporation; ✝ *hist.* (trade-)guild.
corporel, -elle [kɔrpɔˈrɛl] corporeal; corporal (*punishment*); bodily.
corps [kɔːr] *m* body (*a.* ⚗); flesh; matter; ⚔ (army) corps; ⚓ (battle) fleet; F person, figure; *fig.* profession; ⚖ corpus (*of law*); ~ *à* ~ hand to hand; ~ *de bâtiment* main building; ~ *de logis* housing unit; ~ *de métier* g(u)ild; trade association; ⚓ ~ *mort* (fixed) moorings *pl.*; *à* ~ *perdu* desperately; *en* ~ in a body; *faire* ~ *avec* be an integral part of; *levée f du* ~ start of the funeral; ⚓ *perdu* ~ *et biens* lost with all hands.
corpulence [kɔrpyˈlɑ̃ːs] *f* stoutness, corpulence; **corpulent, e** [~ˈlɑ̃, ~ˈlɑ̃ːt] stout, corpulent; portly.
corpus [kɔrˈpys] *m* corpus; **corpuscule** [kɔrpysˈkyl] *m* corpuscle; particle.
correct, e [kɔˈrɛkt] correct, proper; accurate; **correcteur** *m*, **-trice** *f* [kɔrɛkˈtœːr, ~ˈtris] corrector, proof-reader; **correctif, -ve** [~ˈtif, ~ˈtiːv] *adj.*, *a. su./m* corrective; **correction** [~ˈsjɔ̃] *f* punishment; correction; *maison f de* ~ reformatory; *sauf* ~ subject to correction; **correctionnel, -elle** ⚖ [~sjɔˈnɛl] **1.** *adj.* correctional; *délit m* ~ minor offence; *tribunal m* ~ = **2.** *su./f* court of petty sessions, *Am.* police court.
corrélation [kɔrrelaˈsjɔ̃] *f* correlation.
correspondance [kɔrɛspɔ̃ˈdɑ̃ːs] *f* correspondence; 🚂 *etc.* connection; 🚂 railway omnibus, transfer coach; *cours m par* ~ correspondence course; *par* ~ by letter, by post; *vote f par* ~ postal vote; *voter par* ~ vote by post; **correspondancier** *m*, **-ère** *f* ✝ [~dɑ̃ˈsje, ~ˈsjɛːr] correspondence clerk; **correspondant, e** [~ˈdɑ̃, ~ˈdɑ̃ːt] **1.** *adj.* corresponding; 🚂 connecting; **2.** *su.* ✝, *journ.* correspondent; pen friend, *Am.* pen pal; *school*: parents' representative; **correspondre** [kɔrɛsˈpɔ̃ːdr] (4a) *v/i.*: ~ *à* correspond to *or* with, suit; tally with; communicate with (*another room etc.*); ~ *avec q.* be in correspondence with s.o.
corridor [kɔriˈdɔːr] *m* corridor, passage.
corrigé [kɔriˈʒe] *m* fair copy; key, crib; **corriger** [~ˈʒe] (1l) *v/t.* correct; read (*proofs*); punish; rectify; cure; **corrigible** [~ˈʒibl] corrigible.
corroborer [kɔrrɔbɔˈre] (1a) *v/t.* corroborate, confirm.
corroder [kɔrrɔˈde] (1a) *v/t.* corrode, eat away.
corroi [kɔˈrwa] *m leather*: currying; **corroierie** [~rwaˈri] *f* currying; curriery.
corrompre [kɔˈrɔ̃ːpr] (4a) *v/t.* corrupt; spoil (*the taste*); taint (*meat*); ⚖ suborn; *se* ~ become corrupt(ed) *or* tainted.

corrosif, -ve [kɔrrɔ'zif, ~'ziːv] *adj., a. su./m* corrosive; **corrosion** [~'zjɔ̃] *f* corrosion; *soil*: erosion; ⊕ pitting.
corroyer [kɔrwa'je] (1h) *v/t.* curry (*leather*); rough-plane (*wood*); weld (*iron, steel*); puddle (*clay*); **corroyeur** [~'jœːr] *m* currier; *metall.* blacksmith.
corrupteur, -trice [kɔryp'tœːr, ~'tris] **1.** *adj.* corrupting; **2.** *su.* corrupter; briber; ⚖ suborner; **corruptible** [~'tibl] corruptible; open to bribery; **corruption** [~'sjɔ̃] *f* corruption; bribery; *Am.* graft; ⚖ subornation; *food*: tainting; *air, water*: pollution.
corsage *cost.* [kɔr'saːʒ] *m* bodice; † blouse.
corsaire [kɔr'sɛːr] *m* corsair, privateer.
corse [kɔrs] *adj., a. su.* ♀ Corsican.
corsé, e [kɔr'se] strong; full-bodied (*wine*); spicy (*story*); F substantial.
corselet *zo., a. hist.* [kɔrsə'lɛ] *m* cors(e)let.
corser [kɔr'se] (1a) *v/t.* give body *or* flavo(u)r to; strengthen; se ~ take a turn for the worse.
corset [kɔr'sɛ] *m* corset; **corsetière** [~sə'tjɛːr] *f* corsetmaker.
cortège [kɔr'tɛːʒ] *m* procession; retinue, train; ~ *funèbre* funeral procession.
cortisone ⚕ [kɔrti'zɔn] *f* cortisone.
corvéable ⚔ [kɔrve'abl] liable to fatigue duty; **corvée** [~'ve] *f* ⚔ fatigue; ⚓ duty; ⚔ fatigue party; *fig.* drudgery, hard work, chore, drag; thankless job.
corvette ⚓ *hist.* [kɔr'vɛt] *f* corvette.
coryphée [kɔri'fe] *m* leader of the ballet, principal dancer; *fig.* party leader, chief.
coryza ⚕ [kɔri'za] *m* cold in the head.
cosmétique [kɔsme'tik] *adj., a. su./m* cosmetic.
cosmique [kɔs'mik] cosmic.
cosmo... [kɔsmɔ] cosmo...; **~drome** [~'droːm] *m* cosmodrome; **~graphie** [~gra'fi] *f* cosmography; **~naute** [~'noːt] *su.* cosmonaut; **~polite** [~pɔ'lit] *adj., a. su.* cosmopolitan.
cosse [kɔs] *f* pod, husk; shell; ⚡ eye *or* spade terminal; *sl.* laziness; **cossu, e** F [kɔ'sy] rich (*a. fig.*); well-to-do.
costal, e, *m/pl.* **-aux** *anat.* [kɔs'tal, ~'to] costal; **costaud, e** *sl.* [~'to, ~'toːd] strong, sturdy; hefty.
costume [kɔs'tym] *m* costume, dress; suit; ~ *de bain* bathing-costume; ~ *de golf* plus-fours *pl.*; ~ *tailleur* tailor-made suit (*for women*); coat and skirt; **costumer** [~ty'me] (1a) *v/t.* dress up; *bal m costumé* fancy-dress ball; **costumier** [~ty'mje] *m* costumier; ⚖, *univ.* outfitter; *thea.* wardrobe-keeper.
cotation ✝ [kɔta'sjɔ̃] *f* quotation, quoting; **cote** [kɔt] *f* quota; *admin.* assessment; ⚖, ✝, *etc. document*: identification *or* classification mark; *sp.* odds *pl.*; ⚓ classification; ✝ *prices etc.*: quotation; *school*: mark (*for an essay etc.*); *fig.* rating, standing; popularity; ~ *d'alerte* danger mark; F *avoir la* ~ be (very) popular.
côte [koːt] *f* ⚠, *anat., cuis.* rib; ⚘ midrib; slope; hill; coast, shore; ~ *à* ~ side by side.
côté [ko'te] *m* side; direction; *à* ~ *de* beside; *de* ~ sideways; *de mon* ~ for my part; *du* ~ *de* in the direction of; *d'un* ~ on one side; *d'un* ~ ..., *de l'autre* ~ on the one hand ..., on the other hand; *la maison d'à* ~ next door.
coteau [kɔ'to] *m* slope, hillside; hillock.
côtelé, e *tex.* [kot'le] ribbed; **côtelette** [~'lɛt] *veal*: cutlet; *pork, mutton*: chop; F ~*s pl. whiskers*: mutton-chops.
coter [kɔ'te] (1a) *v/t.* classify, number, letter (*a document*); ⚓ class (*a ship*); quote (*prices*); *admin.* assess.
coterie [kɔ'tri] *f* set, circle, clique.
côtier, -ère [ko'tje, ~'tjɛːr] coast(-ing); coastal; inshore (*fishing*).
cotillon [kɔti'jɔ̃] *m* † petticoat; *courir le* ~ flirt with the girls.
cotisation [kɔtiza'sjɔ̃] *f* subscription; contribution; fee; *admin.* assessment; quota; **cotiser** [~'ze] (1a) *v/t. admin.* assess; se ~ subscribe; get up a subscription.
coton [kɔ'tɔ̃] *m* cotton; *a.* ~ *hydrophile* cotton wool, *Am.* absorbent cotton; *élever dans du* ~ coddle (*a baby*); **cotonnade** [kɔtɔ'nad] *f* cotton fabric; ~*s pl.* cotton goods; **cotonner** [~'ne] (1a) *v/t.*: se ~ become covered with down; become woolly (*fruit*); become fluffy (*cloth*); **cotonnerie** [kɔtɔn'ri] *f* cotton growing; cotton-plantation; cotton-mill; **cotonneux, -euse** [~tɔ'nø, ~'nøːz] cottony; woolly (*fruit, style*); sleepy

(*pear*); fleecy (*cloud*); **cotonnier, -ère** [~tɔ'nje, ~'njɛ:r] **1.** *adj.* cotton-...; **2.** *su./m* ⚘ cotton-plant; **coton-poudre**, *pl.* **cotons-poudre** [~tɔ̃'pu:dr] *m* guncotton.
côtoyer [kotwa'je] (1h) *v/t.* hug (*the shore*); keep close to; skirt (*the forest*); border on (*a. fig.*); *fig.* rub shoulders with (*s.o.*); se ~ rub shoulders.
cotte [kɔt] *f* workman's overalls *pl.*; petticoat; ~ *de mailles* coat of mail.
cou [ku] *m* neck.
couac ♪ [kwak] *m* squawk.
couard, e [kwa:r, kward] **1.** *adj.* coward(ly); **2.** *su.* coward; **couardise** [kwar'di:z] *f* cowardice.
couchage [ku'ʃa:ʒ] *m* night's lodging; *clothes*: bedding; *sac m de* ~ sleeping-bag; **couchant, e** [~'ʃɑ̃, ~'ʃɑ̃:t] **1.** *su./m* sunset, setting of the sun; west; **2.** *adj.*: *chien m* ~ setter; *fig.* crawler, fawner; *soleil m* ~ setting sun; **couche** [kuʃ] *f* layer; *paint etc.*: coat; *geol.* (*a. social etc.*) stratum; napkin, nappy, *Am.* diaper (*for baby*); ⚒ seam; ✓ hotbed; *tree*: ring; † bed; ~*s pl.* childbirth *sg.*; ~ *d'arrêt* barrier layer; ⊕ ~ *de roulement* running surface; *fausse* ~ miscarriage; F *il en a une* ~! what a fathead!; F *se donner une belle* ~ drink o.s. blind; **coucher** [ku'ʃe] **1.** (1a) *v/t.* put to bed; lay down; beat down; put *or* write (*s.th.*) down (on, *sur*); mention (*s.o.*) (in one's will, *sur son testament*); ~ *qch. en joue* aim s.th.; se ~ go to bed; lie down; set (*sun*); *v/i.* sleep; **2.** *su./m* going to bed; *sun*: setting; **coucherie** *sl.* [kuʃ'ri] *f oft. pl.* love-making; **couchette** [~'ʃɛt] *f* cot; ⚓ bunk; 🚂, ⚓ berth; **coucheur** [~'ʃœ:r] *m*: *mauvais* ~ awkward customer, nasty fellow.
couci-couça [kusiku'sa], **couci-couci** [~'si] *adv.* so-so.
coucou [ku'ku] *m* cuckoo(-clock); ⚘ F cowslip.
coude [kud] *m* elbow (*a. river, road*); ⊕ *shaft*: crank; *coup m de* ~ nudge; *jouer des* ~*s* elbow one's way; **coudée** [ku'de] *f* cubit; F *avoir ses* ~*s franches* have elbow-room; *fig.* have a free hand.
cou-de-pied, *pl.* **cous-de-pied** [kud'pje] *m* instep.
couder ⊕ [ku'de] (1a) *v/t.* crank (*a shaft*); bend (*a pipe*) into an elbow; **coudoyer** [~dwa'je] (1h) *v/t.* elbow, jostle; rub shoulders with.
coudre[1] [kudr] (4l) *v/t.* sew; stitch; *machine f à* ~ sewing-machine; *rester bouche cousue* remain silent.
coudre[2] ⚘ [kudr] *m*, **coudrier** ⚘ [ku'drje] *m* hazel-tree.
couenne [kwan] *f* bacon-rind; *roast pork*: crackling; ⚕ mole; **couenneux, -euse** ⚕ [kwa'nø, ~'nø:z] buffy (*blood*); *angine f* ~*euse* diphtheria.
couffe [kuf] *f*, **couffin** [ku'fɛ̃] *m* basket.
couillon *sl.* [ku'jɔ̃] *m* fool; ~! bloody fool!
coulage [ku'la:ʒ] *m* pouring (*a. metall.*); *metall.* casting; *liquid*: leaking; ⚓ scuttling; *fig.* leakage; **coulant, e** [~'lɑ̃, ~'lɑ̃:t] **1.** *adj.* running; flowing (*a. style*); *fig.* easy; F easy-going; F accommodating; **2.** *su./m* sliding ring (*a.* ⊕); ⚘ runner; ⚒ case-slide.
coule [kul] *adv.*: *être à la* ~ be wise, know the ropes, know all the tricks of the trade, be with it.
coulé [ku'le] *m dancing*: slide; ♪ slur; *billiards*: follow-through; ⊕ cast (-ing); **coulée** [~] *f writing*: running-hand; *lava, liquid*: flow; ⊕ casting; ⊕ tapping; *fig.* streak; **couler** [~] (1a) *v/t.* pour; ⚓ sink (*a ship*); ♪ slur; *fig.* slip; F ruin; se ~ slide, slip; F *fig.* *se la* ~ *douce* have an easy time; *v/i.* flow, run; ⚓ founder, sink; ⊕ run; slip; leak (*pen, vat, etc.*); *fig.* slip by (*time*); *fig.* pass over (*facts*).
couleur [ku'lœ:r] *f* colo(u)r (*a. fig.*); complexion; *cards*: suit; *cin.* *en* ~(*s pl.*) technicolor-...; ⚕ *pâles* ~*s pl.* chlorosis *sg.*, green-sickness *sg.*; *sous* ~ *de* under the pretence of.
couleuvre [ku'lœ:vr] *f* grass snake; F *avaler des* ~*s* pocket an insult.
coulis [ku'li] **1.** *adj./m*: *vent m* ~ insidious draught; **2.** *su./m* ⊕ (liquid) filling; *cuis.* purée.
coulisse [ku'lis] *f* ⊕ groove, slot; ⊕ slide; ⚠ wooden shoot; *thea.* wing; backstage; *fig.* background; † outside market; *dans les* ~*s* backstage (*a. fig.*); *porte f à* ~ sliding door; *fig.* *regard m en* ~ sideglance; **coulisser** [kuli'se] (1a) *v/t.* fit with slides; *v/i.* slide; **coulissier** † [~'sje] *m* outside broker.

couloir [ku'lwa:r] *m* corridor (*a.* 🚂, *geog.*), passage; *parl.* lobby; ⊕ shoot; *cin. film*: track; *water, mountain*: gully; *tennis*: tram-lines *pl.*; ✈ ~ *aérien* air corridor.
coup [ku] *m* blow, knock; hit; thrust; *knife*: stab; wound; ⊕, *sp.* stroke; sound; beat; *gun etc.*: shot; *wind*: gust; turn; (evil) deed; *sl.* drink, glass (*of wine*); *fig.* influence; ⚕ ~ *de chaleur* heat-stroke; F ~ *de fil* (telephone) call, ring; ~ *de filet* haul; ~ *de grâce* finishing stroke, quietus; ⚒ ~ *de grisou* firedamp explosion; ~ *de Jarnac* treacherous attack; F low trick; ⚔ ~ *de main* surprise attack, raid; ~ *de maître* master stroke; *foot.* ~ *d'envoi* kick-off; place-kick; ~ *de pied* kick; ~ *de poing* blow (with the fist); ⚕ ~ *de sang* apoplectic fit, F stroke; ⚕ ~ *de soleil* sunburn; ~ *d'essai* trial shot; ~ *d'État* coup d'état; ~ *de téléphone* (telephone) call; ~ *de tête* butt; *fig.* impulsive act; *fig.* ~ *de théâtre* dramatic turn; ~ *d'œil* glance; view; ~ *franc foot.* free kick; *hockey*: free hit; *à* ~ *sûr* certainly; *après* ~ after the event; as an afterthought; *sp. donner le* ~ *d'envoi* kick off; *donner un* ~ *de brosse* give a brush (down); *donner un* ~ *de main à* help; give a helping hand to; *d'un* (*seul*) ~ at one go; *du premier* ~ at the first attempt; *entrer en* ~ *de vent* burst in, rush in; *être aux cent* ~*s* be desperate; F *être dans le* ~ be with it; F *monter le* ~ *à q.* deceive s.o.; *pour le* ~ this time; for the moment; *saluer d'un* ~ *de chapeau* raise one's hat to; *tenir le* ~ take it; keep a stiff upper lip; *tout à* ~ suddenly, all of a sudden; *tout d'un* ~ (all) at once; *traduire qch. à* ~*s de dictionnaire* translate s.th., looking up each word in the dictionary.
coupable [ku'pabl] **1.** *adj.* guilty; **2.** *su.* culprit; ⚖ delinquent.
coupage [ku'pa:ʒ] *m* cutting; *wine*: blending; diluting (*of wine with water*); **coupant** [~'pɑ̃] *m* (cutting) edge.
coup-de-poing, *pl.* **coups-de-poing** [kud'pwɛ̃] *m* (~ *américain*) knuckleduster.
coupe[1] [kup] *f* cutting; *trees*: felling; ⊕ *wood etc.*, *a. fig.* cut; section; ~ *des cheveux* haircut; *fig. sous la* ~ *de q.* under s.o.'s control *or* thumb.
coupe[2] [~] *f* (drinking) cup; *sp.* cup; *sl.* dial, mug.
coupé [ku'pe] *m* brougham; 🚂 coupé (*a. mot.*), half-compartment; **coupée** ⚓ [~] *f* gangway.
coupe...: **~-cigares** [kupsi'ga:r] *m/inv.* cigar-cutter; **~-circuit** ⚡ [~sir'kɥi] *m/inv.* circuit-breaker; **~-faim** [~'fɛ̃] *m/inv.* appetite suppressant; **~-gorge** [~'gɔrʒ] *m/inv.* death-trap; **~-jarret** [~ʒa'rɛ] *m* cut-throat; assassin; **~-légumes** [~le'gym] *m/inv.* vegetable-cutter; **~-papier** [~pa'pje] *m/inv.* paperknife; letter-opener.
couper [ku'pe] (1a) *v/t.* cut (*a. tennis*); cut off (*a.* ⚔); cut down (*trees*), chop (*wood*); intercept; intersect; interrupt; water down (*wine*); ⚡ switch off; *cards*: trump; *teleph.* ~ *la communication* ring off; *mot.* ~ *l'allumage* switch off the ignition; *se* ~ intersect; F *fig.* give o.s. away; *v/i.*: *sl.* ~ *à* dodge (*s.th.*); F ~ *dans le vif* resort to extreme measures; *teleph. ne coupez pas!* hold the line!
couperet [ku'prɛ] *m* chopper; *guillotine*: blade.
couperose [ku'pro:z] *f* ⚕ blotchiness; ⚘ ~ *verte* (*bleue*) green (blue) vitriol; **couperosé**, **e** [~pro'ze] blotchy (*skin*).
coupeur, **-euse** [ku'pœ:r, ~'pø:z] *su. person*: cutter; *su./f* cutting machine; ⚒ header.
couplage [ku'pla:ʒ] *m* ⚡ *etc.* coupling, connection; **couple** [kupl] *m* pair, couple; ⊕ torque, turning moment; **coupler** [ku'ple] (1a) *v/t.* couple; ⚡ connect; **couplet** [~'plɛ] *m* verse; ⊕ hinge.
coupoir [ku'pwa:r] *m instrument*: cutter.
coupole [ku'pɔl] *f* cupola, dome; ⚔ revolving gun-turret.
coupon [ku'pɔ̃] *m bread, dividend, etc.*: coupon; 🚂, *thea.* ticket; *material*: remnant; ⊕ test-bar; **~-réponse** *postal post*: international reply coupon; **coupure** [~'py:r] *f* cut, gash; (newspaper-)cutting, clipping; ⚡, *thea.* cut; paper money; *geol.* fault.
cour [ku:r] *f* court (*a.* ⚖); (court-)yard; ⚔ square; *Northern France*: lavatory; *thea.* côté ~ O.P.; ♀ *inter-*

nationale de justice International Court of Justice (*at the Hague*); *faire la ~ à* court, woo.

courage [ku'ra:ʒ] *m* courage, F pluck; valo(u)r; **courageux, -euse** [~ra'ʒø, ~'ʒø:z] brave, courageous, F plucky; zealous.

couramment [kura'mɑ̃] *adv.* fluently; in general use, usually; **courant, e** [~'rɑ̃, ~'rɑ̃:t] **1.** *adj.* running; current; ⚕ floating (*debt*); ⚕ standard (*make*); *chien m ~* hound; **2.** *su./m* ⚡, *water*: current; stream; *metall.* blast; present month, ⚕ instant, *abbr.* inst.; *fig.* course; ⚡ *~ alternatif* (*continu*) alternating (direct) current; *~ d'air* draught, *Am.* draft; ⚡ *~ triphasé* three-phase current; *au ~* (de) conversant (with), acquainted (with), well informed (of *or* about); *être au ~ de a.* know all about; *mettre q. au ~* (de) inform s.o. (about *or* of); *se tenir au ~* keep up to date; *dans le ~ de* in the course of; *fin ~* at the end of this month; ⚡ ... *pour tous ~s* A.C./D.C. ...

courbatu, e [kurba'ty] stiff, aching; **courbature** [~'ty:r] *f* stiffness, muscle soreness; *~s pl.* aches and pains.

courbe [kurb] **1.** *adj.* curved; **2.** *su./f* curve; sweep; graph; **courber** [kur'be] (1a) *vt/i.* bend, curve; *v/t.*: *se ~* bend, stoop; **courbette** [~'bɛt] *f*: *fig. faire des ~s à* knowtow to; **courbure** [~'by:r] *f* curve; *road*: camber; *earth*, *space*: curvature; ⊕ *beam*: sagging; ⊕ *double ~ pipe*: S-bend.

coureur, -euse [ku'rœ:r, ~'rø:z] *su.* runner (*a. sp.*); *fig.* frequenter (*of cafés etc.*); *fig.* hunter (*of prizes etc.*); *su./m*: *sp. ~ de fond* stayer; *~ de jupons* skirt-chaser; *su./f* streetwalker.

courge ⚘ [kurʒ] *f* gourd; pumpkin; *Am.* squash.

courir [ku'ri:r] (2i) *v/i.* run; race; flow (*blood, river, etc.*); *fig.* be current; ⚓ sail; *v/t.* run after; pursue; hunt; overrun; *sp.* run (*a race*); frequent, haunt; F *~ le cachet* give private lessons; *~ le monde* travel widely; *être fort couru* be much sought after.

courlis *orn.* [kur'li] *m* curlew.

couronne [ku'rɔn] *f* crown; coronet; *flowers, laurel*: wreath; ⊕ *wheel*: rim; **couronnement** [~rɔn'mɑ̃] *m* crowning; coronation; **couronner** [~rɔ'ne] (1a) *v/t.* crown (*a. fig.*; *a.* ⚕ *a tooth*); *fig.* award a prize to.

courrai [ku're] *1st p. sg. fut. of courir.*

courre [ku:r] *v/t.*: *chasse f à ~* hunt(ing); **courrier** [ku'rje] *m* courier; post, mail; letters *pl.*; *journ.* (news, theatrical, *etc.*) column; *faire son ~* deal with one's mail; **courriériste** *journ.* [~rje'rist] *su.* columnist.

courroie [ku'rwa] *f* strap; ⊕ belt; *mot. ~ de ventilateur* fan belt.

courroucer [kuru'se] (1k) *v/t.* anger; *se ~* get angry; **courroux** *poet.* [~'ru] *m* anger.

cours [ku:r] *m* course; △ *bricks*: course, layer; *money*: circulation; ⚕ quotation; *univ.* course (of lectures); *school*: class(es *pl.*), lesson; *~ d'eau* stream, river; ⚕ *~ des changes* rate of exchange; ⚕ *~ du marché mondial* price on the world market; *au ~ de* during, in the course of; *en ~* in progress.

course [kurs] *f* run(ning); race; excursion, trip; ⚓ cruise; ⊕ stroke; errand; *~ à pied* (foot-)race; *pol. ~ aux armements* armaments race; *~ de chevaux* horse-race; *~ de côte* hill climb; ⊕ *~ d'essay* test run; F *fig. être dans la ~* be with it; *faire des ~s* go shopping; rund errands; *garçon de ~s* errand boy.

coursier [kur'sje] *m* mill-race; *poet.* charger; steed.

court¹ [ku:r] *m* (tennis-)court.

court², courte [ku:r, kurt] **1.** *adj.* short, brief; *à ~* (de) short (of); *sl. avoir la peau ~e* be lazy; **2.** *court adv.* short; *couper ~* cut short; *tout ~* simply, only.

courtage ⚕ [kur'ta:ʒ] *m* brokerage.

courtaud, e [kur'to, ~'to:d] **1.** *adj.* squat, dumpy; **2.** *su.* stocky person; **courtauder** [~to'de] (1a) *v/t.* dock the tail of; crop the ears of.

court...: **~-bouillon**, *pl.* **~s-bouillons** *cuis.* [kurbu'jɔ̃] *m wine-sauce in which fish or meat is cooked*; **~-circuit**, *pl.* **~s-circuits** ⚡ [~sir'kɥi] *m* short-circuit; **~-circuiter** ⚡, *a. fig.* [~sirkɥi'te] (1a) *v/t.* short-circuit; *fig. a.* bypass.

courtepointe [kurtə'pwɛ̃:t] *f* counterpane.

courtier, -ère ⚕ [kur'tje, ~'tjɛ:r] *su.* broker; (electoral) agent; *su./m*: *~ marron* ⚕ outside broker; F bucket shop swindler.

courtine [kur'tin] *f* † curtain; ⚔ line of trenches; ⚠ façade.
courtisan [kurti'zɑ̃] *m* courtier; **courtisane** [~'zan] *f* courtesan; **courtiser** [~'ze] (1a) *v/t.* pay court to; woo; *fig.* toady to, F suck up to.
courtois, e [kur'twa, ~'twa:z] courteous, polite (to[wards], *envers*); **courtoisie** [~twa'zi] *f* courtesy.
couru, e [ku'ry] **1.** *p.p. of courir*; **2.** *adj.* sought after; popular; ✝ accrued (*interest*); **courus** [~] *1st p. sg. p.s. of courir.*
couseuse [ku'zø:z] *f* seamstress; stitcher (*of books*); stitching machine; **cousis** [~'zi] *1st p. sg. p.s. of coudre*[1]; **cousons** [~'zɔ̃] *1st p. pl. pres. of coudre*[1].
cousin[1] [ku'zɛ̃] *m* midge, gnat.
cousin[2] *m*, **e** *f* [ku'zɛ̃, ~'zin] cousin; **cousinage** F [~zi'na:ʒ] *m* cousinship; cousinry; (poor) relations *pl.*
coussin [ku'sɛ̃] *m* cushion; pad; bolster; pillow (*of lacemaker*); **coussinet** [~si'nɛ] *m* small cushion; ⊕ bearing; ♀ F bilberry, huckleberry; ⊕ ~ *à billes* ball-bearings *pl.*; 🚂 ~ *de rail* (rail-)chair.
cousu, e [ku'zy] **1.** *p.p. of coudre*[1]; **2.** *adj.* sewn; *fig.* ~ *d'or* rolling in money; ~ (*à la*) *main* hand-sewn; F ~ *main* solid; excellent, first-rate; F *rester bouche ~e* keep one's mouth shut.
coût [ku] *m* cost; ~*s pl.* expenses; ~ *de la vie* cost of living; **coûtant, e** [ku'tɑ̃, ~'tɑ̃:t] *adj.*: *prix m* ~ cost price.
couteau [ku'to] *m* knife; ⚡ blade; *être à ~x tirés* be at daggers drawn; **coutelas** [kut'lɑ] *m* ⚓ cutlass; *cuis.* broad-bladed knife; *icht.* F swordfish; **coutelier** [kutə'lje] *m* cutler; **coutellerie** [~tɛl'ri] *f* cutlery; cutlery works *usu. sg.*; cutler's shop.
coûter [ku'te] (1a) *vt/i.* cost; *v/i.*: ~ *cher* (*peu*) be (in)expensive; *coûte que coûte* at all costs; **coûteux, -euse** [~'tø, ~'tø:z] expensive, costly.
coutil *tex.* [ku'ti] *m* twill.
coutre [kutr] *m* ⚒ plough-share; (wood-)chopper.
coutume [ku'tym] *f* custom, habit; *avoir ~ de* be accustomed to; *comme de ~* as usual; **coutumier, -ère** [~ty'mje, ~'mjɛ:r] customary; ⚖ unwritten (*law*).
couture [ku'ty:r] *f* sewing; dressmaking; seam (*a.* ⊕); F *fig.* angle, aspect; *battre q. à plate ~* beat s.o. hollow; *haute ~* high-class dressmaking; *maison f de haute ~* fashion house; **couturier, -ère** [~ty'rje, ~'rjɛ:r] *su.* dressmaker; *su./f*: *thea. répétition f des ~ères* dress rehearsal.
couvain [ku'vɛ̃] *m* nest of insect eggs; brood-comb (*for bees*); **couvaison** [~vɛ'zɔ̃] *f* brooding time; incubation; **couvée** [~'ve] *f eggs*: clutch; *chicks*: brood.
couvent [ku'vɑ̃] *m nuns*: convent; *monks*: monastery.
couver [ku've] (1a) *v/t.* sit on (*eggs*); hatch (out) (*eggs*); ⚕ be sickening for; *fig.* hatch (*a plot*); *fig.* (molly-)coddle (*a child*); *fig.* ~ *des yeux* not to take one's eyes off (*s.o.*, *s.th.*); gloat over (*one's victim*); *v/i.* smoulder (*fire*, *a. fig.*); *fig.* be brewing; *fig.*, *a.* ⚕ develop, be developing.
couvercle [ku'vɛrkl] *m* lid, cover; ⊕ *a.* cap.
couvert, e [ku'vɛ:r, ~'vɛrt] **1.** *p.p. of couvrir*; **2.** *adj.* covered; hidden; obscure; wooded (*country*); overcast (*sky*); *rester ~* keep one's hat on; **3.** *su./m* table things *pl.*; *restaurant*: cover-charge; shelter, cover(ing); *être à ~* be sheltered, *a. fig.* be safe (from *de*); *le vivre et le ~* board and lodging; *mettre* (*ôter*) *le ~* lay (clear) the table; *sous le ~ de* under the cover *or* pretext of; *su./f pottery*: glaze; **couverture** [~vɛr'ty:r] *f* covering; cover; coverage (*a. journ.*); ⚠ roofing; rug, blanket; ✝ security; *fig. sous ~ de* under cover *or* cloak of.
couveuse [ku'vø:z] *f* sitting hen; incubator.
couvi [ku'vi] *adj./m* addled (*egg*).
couvre [ku:vr] *1st p. sg. pres. of couvrir*; **~-chef** F [kuvrə'ʃɛf] *m* headgear, hat; **~-feu** [~'fø] *m* curfew; **~-joint** ⊕ [~'ʒwɛ̃] *m wood*: covering bead; *metall.* flat coverplate; *buttjoint*: welt; **~-lit** [~'li] *m* bedspread; **~-pied**(**s**), *pl.* **~-pieds** [~'pje] *m* coverlet; bedspread.
couvreur [ku'vrœ:r] *m* ⚠ roofer; *freemason*: tiler; **couvrir** [~'vri:r] (2f) *v/t.* cover (*a. journ.*, ✝); ⚠ roof; *post*: refund; *se ~* cover o.s. (*a. with honour etc.*); put one's hat on; clothe o.s.; become overcast (*sky etc.*).

crabe [krɑːb] *m* crab.
crac! [krak] *int.* crack!
crachat [kra'ʃa] *m* spit; ⚕ sputum; F star (*of an Order*); **craché, e** F [~'ʃe] *adj.*: *ce garçon est son père tout* ~ this boy is the dead spit of his father; **cracher** [~'ʃe] (1a) *vt/i.* spit; *v/t.* F cough up, fork out (*money*); *v/i.* splutter (*pen*); **cracheur** *m*, **-euse** *f* [~'ʃœːr, ~'ʃøːz] spitter; **crachoir** [~'ʃwaːr] *m* spittoon; F *tenir le* ~ do all the talking, hold the floor; **crachoter** [~ʃɔ'te] (1a) *v/i.* sputter.
crack *sp.* [krak] *m* crack (horse); champion; ace.
craie [krɛ] *f* chalk; (*a. bâton m de* ~) stick of chalk.
craindre [krɛ̃ːdr] (4m) *v/t.* fear, be afraid of; ~ *de* (*inf.*) be afraid of (*ger.*); ✝ *craint l'humidité inscription*: keep dry *or* in a dry place; *je crains qu'il (ne) vienne* I am afraid he is coming *or* will come; *je crains qu'il ne vienne pas* I am afraid he will not come; **craignis** [krɛ'ɲi] *1st p. sg. p.s. of craindre*; **craignons** [~'ɲɔ̃] *1st p. pl. pres. of craindre*; **crains** [krɛ̃] *1st p. sg. pres. of craindre*; **craint, e** [krɛ̃, krɛ̃ːt] **1.** *p.p. of craindre*; **2.** *su./f* fear, dread; *de* ~ *que* ... (*ne*) (*sbj.*) lest; **craintif, -ve** [krɛ̃'tif, ~'tiːv] timid, fearful.
cramoisi, e [kramwa'zi] *adj., a. su./m* crimson.
crampe ⚕ [krɑ̃ːp] *f* cramp; **crampon** [krɑ̃'pɔ̃] *m* ⚠ cramp(-iron), staple; *boot sole*: stud; *horseshoe*: calk; ⚘ crampon; ⚘ tendril; F (clinging) bore; **cramponner** [~pɔ'ne] (1a) *v/t.* ⚠ clamp; calk (*a horseshoe*); F pester; buttonhole (*s.o.*); *se* ~ *à* cling to.
cran ⊕ [krɑ̃] *m* notch; *ratchet, rifle, etc.*: catch; *wheel*: cog; *geol., metall.* fault; F pluck, guts *pl.*; *hair*: wave; ~ *d'arrêt* stop; F *être à* ~ be on edge; be edgy.
crâne[1] [krɑːn] *m* cranium, skull.
crâne[2] F [krɑːn] plucky; jaunty; **crânement** F [kran'mɑ̃] *adv.* pluckily; jauntily; F jolly; **crânerie** [~'ri] *f* pluck; jauntiness, swagger; **crâneur, -euse** F [kra'nœːr, -øːz] **1.** *adj. être* ~ be a show-off; **2.** *su.* show-off.
crapaud [kra'po] *m* toad (*a. fig. pej.*); *zo.* grease; tub easy-chair; *piano*: baby-grand; F *fig.* brat, urchin; **crapaudière** [~po'djɛːr] *f* toadhole; swampy place; **crapaudine** [~po'din] *f* toadstone; ⚘ ironwort; ⊕ grating; *bath*: waste hole; *cuis. à la* ~ boned and broiled, spatchcocked.
crapule [kra'pyl] *f* debauchery; dissolute person; blackguard; *coll.* dissolute crowd; **crapuleux, -euse** [~py'lø, ~'løːz] dissolute; filthy, lewd, foul.
craque F [krak] *f* tall story; (whopping) lie.
craquelé, e [kra'kle] crackled (*china, glass*).
craquelin [kra'klɛ̃] *m biscuit*: cracknel; *stocking*: wrinkle; *fig.* shrimp of a man.
craquelure [kra'klyːr] *f* crack; fine cracks *pl.*
craquement [krak'mɑ̃] *m* crackling; creaking; *fingers*: crack; *snow*: crunching; **craquer** [kra'ke] (1m) *v/i.* crack; crackle; crunch (*snow*); squeak (*shoes etc.*); come apart at the seams (*clothes, a. fig.*); *fig.* give way; F *fig.* break down (*person, thing*); *v/t.* strike (*a match*); **craqueter** [krak'te] (1c) *v/i.* crackle; chirp (*cricket*); clatter (*stork*); **craqueur** *m*, **-euse** *f* F [kra'kœːr, ~'køːz] teller of tall stories, fibber.
crash ✈ [kraʃ] *m* crash-landing.
crasse [kras] **1.** *adj./f* crass (*ignorance*); **2.** *su./f* filth, dirt; *metall.* dross; meanness; F dirty trick; **crasseux, -euse** [kra'sø, ~'søːz] dirty, filthy; F mean; **crassier** [~'sje] *m* slag-heap, tip.
cratère [kra'tɛːr] *m* crater; ⚔ shell-hole.
cravache [kra'vaʃ] *f* hunting-crop, riding-whip.
cravate [kra'vat] *f* (neck)tie; ⚓ sling; ⊕ collar; *orn.* ruff; **cravater** [~va'te] (1a) *v/t.* put a tie on; ⊕ wind round; *se* ~ put one's tie on; *sp. etc.* collar (*s.o.*); *sl.* take *s.o.* for a ride.
crawl *sp.* [kroːl] *m* crawl(-stroke).
crayeux, -euse [krɛ'jø, ~'jøːz] chalky; *geol.* cretaceous; **crayon** [~'jɔ̃] *m* pencil; pencil sketch; ⚡ carbon-pencil; ~ *à bille* ball-point pen; ~ *à cils* eyebrow pencil; ~ *d'ardoise* slate pencil; ~ *de couleur* colo(u)ring pencil; ~ *feutre* felt(-tip) pen; ~ (*de rouge*) *à lèvres* lipstick; ~-*lèvres* lip-pencil; ~ *noir* lead pencil; ~

pour les yeux eyeliner (pencil); **crayonnage** [~jɔˈnaːʒ] *m* pencil sketch; **crayonner** [~jɔˈne] (1a) *v/t.* sketch; make a pencil note of, jot down.

créance [kreˈɑ̃ːs] *f* belief, credence; confidence; ✝ credit; *pol. lettres f/pl. de* ~ credentials; **créancier** *m*, **-ère** *f* [~ɑ̃ˈsje, ~ˈsjɛːr] creditor.

créateur, -trice [kreaˈtœːr, ~ˈtris] **1.** *adj.* creative; **2.** *su.* creator; inventor; ✝ issuer; **créatif, -ive** [~ˈtif, ~ˈtiːv] creative; **création** [~ˈsjɔ̃] *f* creation (*a. bibl., cost., thea., a. fig.*); establishment; **créativité** [~tiviˈte] *f* creativeness, creativity; **créature** [~ˈtyːr] *f* creature; *fig.* tool; F person.

crécelle [kreˈsɛl] *f* rattle; *fig.* chatterbox.

crèche [krɛʃ] *f* manger; crib (*a. eccl.*); crèche, day-nursery; *sl.* pad (= *home, house room*); **crécher** *sl.* [kreˈʃe] (1f) *v/i.* live, *sl.* hang out; stay.

crédence [kreˈdɑ̃ːs] *f* sideboard; *eccl.* credence-table.

crédibilité [kredibiliˈte] *f* credibility.

crédit [kreˈdi] *m* credit (*a.* ✝, *a. fig.*); *parl.* sum (voted); prestige; *admin.* ~ *municipal* pawn-office; *à* ~ on credit; on trust; gratuitously; *faire* ~ *à* give credit to; **créditer** [~diˈte] (1a) *v/t.*: ~ *q. de* credit s.o.'s account with (*a sum*); give s.o. credit for; **créditeur, -trice** [~diˈtœːr, ~ˈtris] **1.** *su.* creditor; **2.** *adj.* credit-...

credo [kreˈdo] *m/inv.* creed (*a. fig.*).

crédule [kreˈdyl] credulous; **crédulité** [~dyliˈte] *f* credulity.

créer [kreˈe] (1a) *v/t.* create (*a. fig.*); ✝ make out (*a cheque*), issue (*a bill*); *admin. etc.* appoint, make (*s.o. magistrate etc.*).

crémaillère [kremaˈjɛːr] *f* pot-hook; ⊕ rack; 🚂 cog-rail; 🚂 (*a. chemin m de fer à* ~) rack-railway; *pendaison f de* ~ housewarming (party); *pendre la* ~ give a house-warming (party).

crémation [kremaˈsjɔ̃] *f* cremation; **crématoire** [~ˈtwaːr] crematory; *four m* ~ crematorium.

crème [krɛm] *f* cream (*a. fig.*); *cuis. a.* custard; *fig. the* best; ~ *fouettée* whipped cream; ~ *glacée* ice-cream; **crémer** [kreˈme] (1f) *v/i.* cream; **crémerie** [krɛmˈri] *f* creamery, dairy; small restaurant; **crémeux, -euse** [kreˈmø, ~ˈmøːz] creamy; **crémier, -ère** [~ˈmje, ~ˈmjɛːr] *su.* keeper of a small restaurant; *su./m* dairyman; *su./f* dairymaid; cream-jug.

crémone ⚠ [kreˈmɔn] *f* casement bolt.

créneau [kreˈno] *m* ⚠ crenel; loophole; look-out slit; *fig., a.* ✝ *etc.* gap; slot; *mot.* parking space; *mot. faire un* ~ get into the *or* a parking space; **créneler** [krɛnˈle] (1c) *v/t.* ⚠ crenel(l)ate (*a wall*); cut loop-holes in (*a wall*); ⊕ tooth, notch; mill (*a coin*); **crénelure** [~ˈlyːr] *f* indentation; notches *pl.*; ⚘ crenel(l)ing.

crêpage [krɛˈpaːʒ] *m* crimping; F ~ *de chignon* fight, set-to (between women).

crêpe[1] [krɛp] *m tex.* crape; crêpe (-rubber).

crêpe[2] *cuis.* [~] *f* pancake.

crêper [krɛˈpe] (1a) *v/t.* frizz, crimp; F *se* ~ *le chignon* tear each other's hair, fight (*women*).

crépi ⚠ [kreˈpi] *m* rough-cast.

crépine [kreˈpin] *f* fringe; ⊕ *pump*: rose, strainer; **crépins** [~ˈpɛ̃] *m/pl. shoemaker*: grindery *sg.*; **crépir** [~ˈpiːr] (2a) *v/t.* crimp; ⚠ rough-cast; pebble (*leather*); **crépissure** ⚠ [~piˈsyːr] *f* rough-cast.

crépitation [krepitaˈsjɔ̃] *f* crackle; ⚕ crepitation; **crépiter** [~ˈte] (1a) *v/i.* crackle; sputter (*butter, etc.*); ⚕ crepitate.

crépon [kreˈpɔ̃] *m tex.* crépon; hair-pad; **crépu, e** [~ˈpy] fuzzy (*hair*); crinkled; **crêpure** [krɛˈpyːr] *f hair*: frizzing, crimping.

crépuscule [krepysˈkyl] *m* twilight, dusk.

cresson [krɛˈsɔ̃] *m* (water)cress; *sl. ne pas avoir de* ~ *sur la fontaine* have lost one's thatch (= *hair*).

crétacé, e *geol.* [kretaˈse] chalky, cretaceous.

crête [krɛːt] *f* ⚠, *geog., zo,. anat., helmet, wave*: crest; *mountain*: ridge, summit; *cock*: comb; *fig.* head; **crêté, e** *zo.* [krɛˈte] tufted, crested.

crétin *m*, **e** *f* [kreˈtɛ̃, ~ˈtin] ⚕ cretin; F fool; **crétinisme** ⚕ [~tiˈnism] *m* cretinism.

cretonne *tex.* [kreˈtɔn] *f* cretonne.

creuser [krøˈze] (1a) *v/t.* hollow out; excavate; dig; sink (*a well*); plough, *Am.* plow (*a furrow*); *fig.* wrinkle;

fig. hollow; se ~ *la tête* (*or la cervelle*) rack one's brains.
creuset ⊕ [krø'zɛ] *m* crucible; *a. fig.* test, trial.
creux, creuse [krø, krø:z] **1.** *adj.* hollow, empty; sunken (*cheeks*); ⊕, 🚂 slack (*period*); *fig.* futile; *assiette f creuse* soup-plate; *heures f/pl. creuses* off-peak hours; **2.** *su./m* hollow; *stomach*: pit; *wave, graph*: trough; F bass voice; ~ *de la main* hollow of the hand.
crevaison [krəvɛ'zɔ̃] *f* bursting (*a.* ⊕, *mot.*); *mot.* puncture; *sl.* death.
crevant, e F [krə'vɑ̃, ~'vɑ̃:t] boring; killing (*work*); very funny (*story*).
crevasse [krə'vas] *f* crack; *wall*: crevice; *glacier*: crevace; *skin*: chap; *metal etc.*: flaw; **crevasser** [~va'se] (1a) *v/t.* crack; chap (*the skin*); se ~ crack; chap (*skin*).
crève F [krɛ:v] *f* death; **~-cœur** [krɛv'kœ:r] *m/inv.* heart-ache, grief.
crever [krə've] (1d) *vt/i.* burst, split; *v/i.* F die (*animal*); F ~ *de faim* starve; F ~ *de rire* split one's sides with laughter; *v/t.* work *or* ride (*a horse*) to death; ~ *le cœur à q.* break s.o.'s heart; F ~ *les yeux à q.* be staring s.o. in the face, be obvious; se ~ *de travail* work o.s. to death.
crevette *zo.* [krə'vɛt] *f* shrimp; prawn.
cri [kri] *m* cry; shriek (*of horror, pain, etc.*); F fashion, style; *hinge, spring*: creak; *bird*: chirp; *mouse*: squeak; ~ *de guerre* war-cry; F *pol. etc.* slogan; *à* ~ *public* by public proclamation; ... *dernier* ~ the latest thing in ...; *pousser un* ~ (*or des* ~*s*) scream; **criailler** [~ɑ'je] (1a) *v/i.* bawl; whine, F grouse; ~ *contre* scold, rail at; **criaillerie** [~ɑj'ri] *f* bawling; whining; scolding; **criant, e** [~'ɑ̃, ~'ɑ̃:t] glaring, crying; **criard, e** [~'a:r, ~'ard] **1.** *adj.* crying; shrill (*voice*); pressing (*debt*); loud (*colour*); **2.** *su.* bawler; *su./f* shrew.
crible [kribl] *m* sieve; ⊕, ⚒ screen; **cribler** [kri'ble] (1a) *v/t.* riddle; *fig.* overwhelm, cover (with, *de*); *être criblé de dettes* be over head and ears in debt; **cribleur** *m*, **-euse** *f* [~'blœ:r, ~'blø:z] riddler; ⊕, ⚒ screener; ⊕ screening machine; **criblure** [~'bly:r] *f* ⚒ screenings *pl.*; siftings *pl.*
cric ⊕ [krik] *m* jack.
cricri F [kri'kri] *m* cricket; chirping.
criée [kri'e] *f* auction; *vente f à la* ~ sale by auction; **crier** [~'e] (1a) *v/i.* cry, call out; scream; squeak (*door, hinge, mouse, shoes*); *v/t.* cry, proclaim; hawk (*wares*); shout (*abuses, orders*); **crieur, -euse** [~'œ:r, ~'ø:z] *su.* shouter; hawker; *su./m thea.* call-boy.
crime [krim] *m* crime; ⚖ felony; ~ *d'État* treason; ~ *d'incendie* arson; **criminaliser** [kriminali'ze] (1a) *v/t.* refer (*a case*) to a criminal court; **criminaliste** [~'list] *su.* criminologist; **criminalité** [~li'te] *f* criminal nature (*of an act*); ⚖ ~ *juvénile* juvenile delinquency; **criminel, -elle** [krimi'nɛl] **1.** *adj.* criminal (*law, action*); guilty (*person*); **2.** *su.* criminal, felon; *su./m* criminal action.
crin [krɛ̃] *m* horsehair; coarse hair; ~ *végétal* vegetable horsehair; *fig.* ... *à tout* ~ (*or tous* ~*s*) out and out ...; F *être comme un* ~ be very touchy.
crincrin F [krɛ̃'krɛ̃] *m* fiddle; fiddler.
crinière [kri'njɛ:r] *f* mane; *helmet*: (horse-)tail; F crop of hair.
crinoline [krinɔ'lin] *f* crinoline.
crique [krik] *f* creek, cove, small bay; ⊕ *metal*: flaw.
criquet [kri'kɛ] *m zo.* locust; *zo.* F cricket; F small pony; *sl. person*: shrimp.
crise ⚕, *pol.*, *fig.* [kri:z] *f* crisis; ⚕ attack; shortage; ⚕ *cardiaque* heart attack; ~ *du logement* housing shortage; ~ *économique* (*mondiale*) (worldwide) slump; *une* ~ *se prépare* things are coming to a head.
crispation [krispa'sjɔ̃] *f* contraction; contortion; tensing (up); twitch(ing); puckering; **crispé, e** [~'pe] tense, strained; uptight; **crisper** [~'pe] (1a) *v/t.* contract; clench (*one's fists*); contort (*one's face*); tense (up); F irritate (s.o.); se ~ *a.* tighten; *a.* pucker up (*face*).
crisser [kri'se] (1a) *v/i.* grate, rasp; squeak (*brakes*); ~ *des dents* grind one's teeth.
cristal [kris'tal] *m* crystal; crystal-glass; **cristallin, e** [~ta'lɛ̃, ~'lin] **1.** *adj.* crystalline; clear as crystal; **2.**

su./m anat. crystalline lens; **cristalliser** [~tali'ze] (1a) *vt/i.* crystallize.
critère [kri'tɛːr] *m* criterion, test; **critérium** *sp.* [~te'rjɔm] *m* selection match *or* race.
critique [kri'tik] **1.** *adj.* critical; **2.** *su./m* critic; *su./f* criticism; **critiquer** [~ti'ke] (1m) *v/t.* criticize, find fault with; review (*a book*); censure; **critiqueur** *m*, **-euse** *f* [~ti'kœːr, ~'køːz] fault-finder.
croasser [krɔa'se] (1a) *v/i.* croak (*raven, a. fig.*); caw (*crow, rook*).
croc [kro] *m* hook; ⊕ pawl; *zo.* fang.
croc-en-jambe, *pl.* **crocs-en-jambe** [krɔkɑ̃'ʒɑ̃ːb] *m* trip (up); *donner* (*or faire*) *un* ~ *à q.* trip s.o. up.
croche [krɔʃ] *f* ♪ quaver; ⊕ ~*s pl.* crook-bit tongs.
crochet [krɔ'ʃɛ] *m* hook; crochet-hook; skeleton key; *typ.* square bracket; *zo.* fang; *faire un* ~ swerve; make a detour; *fig. vivre aux* ~*s de q.* live off s.o.; **crocheter** [krɔʃ'te] (1d) *v/t.* pick (*a lock*); hook *s.th.* out *or* up; **crocheteur** [~'tœːr] *m thief*: picklock; **crochu**, **e** [krɔ'ʃy] hooked; crooked (*ideas*); *fig. avoir les doigts* ~*es* be light-fingered (*thief*); be close-fisted.
crocodile [krɔkɔ'dil] *m zo.* crocodile; 🚂 audible warning system.
croire [krwaːr] (4n) *v/i.* believe (in, *à*; in God, *en Dieu*); *v/t.* believe; think; ~ *q. intelligent* believe s.o. to be intelligent; *à l'en* ~ according to him (her); *faire* ~ *qch. à q.* lead s.o. to believe s.th.; *s'en* ~ be conceited.
crois [krwa] *1st p. sg. pres. of croire.*
croîs [~] *1st p. sg. pres. of croître.*
croisade [krwa'zad] *f* crusade; **croisé**, **e** [~'ze] **1.** *adj.* crossed; folded (*arms*); double-breasted (*coat*); *tex.* twilled; *mots m/pl.* ~*s* crossword puzzle; **2.** *su./m* crusader; *tex.* twill; *su./f* crossing; casement window; ⚠ *church*: transept; **croisement** [krwaz'mɑ̃] *m* crossing; intersection; *animals*: interbreeding; cross(-breed); **croiser** [krwa'ze] (1a) *v/t.* cross (*a.* ⚘, *biol.*); fold (*one's arms*); *tex.* twill; *v/i.* ⚓ cruise; **croiseur** ⚓ [~'zœːr] *m* cruiser; **croisière** [~'zjɛːr] *f* cruise; *vitesse f de* ~ cruising speed; *fig.* pace; **croisillon** [~zi'jɔ̃] *m* cross-piece; ⊕ star-handle.
croissance [krwa'sɑ̃ːs] *f* growth; ✝ ~ *zéro* zero growth; **croissant, e** [~'sɑ̃, ~'sɑ̃ːt] **1.** *adj.* waxing (*moon*); **2.** *su./m moon*: crescent; *cuis.* croissant; ⚔ lune; **croissons** [~'sɔ̃] *1st p. pl. pres. of croître.*
croisure [krwa'zyːr] *f tex.* twill weave; *cost.* cross-over.
croître [krwaːtr] (4o) *v/i.* grow; increase; wax (*moon*); lengthen (*days, shadows*).
croix [krwa] *f* cross (*a. decoration*; *fig. = trial, affliction*); *typ.* dagger, obelisk; ~ *de Lorraine* cross of Lorraine; ⚕ ♀*-Rouge* Red Cross; *en* ~ crosswise; *fig. avec la* ~ *et la bannière* with great ceremony; F *fig. il faut or c'est la* ~ *et la bannière pour* ... it's the devil's job to ...
croquant[1], **e** [krɔ'kɑ̃, ~'kɑ̃ːt] **1.** *adj.* crisp; **2.** *su./m cuis.* gristle.
croquant[2] [krɔ'kɑ̃] *m* F clodhopper; unimportant person.
croque au sel [krɔko'sɛl] *adv.*: *manger à la* ~ eat (*s.th.*) with salt only.
croque...: ~**-madame** *cuis.* [krɔkma'dam] *m/inv.* toasted ham and cheese sandwich with fried egg; ~**-mitaine** F [~mi'tɛn] *m* bog(e)y man; ~**-monsieur** *cuis.* [~mə'sjø] *m/inv.* toasted ham and cheese sandwich; ~**-mort** F [~'mɔːr] *m* undertaker's mute; ~**-note** F *pej.* [~'nɔt] *m* third-rate musician.
croquer [krɔ'ke] (1m) *vt/i.* crunch; *v/t.* munch; sketch; *fig.* gobble up; ♪ leave out (*notes*); ⚓ hook; F ~ *le marmot* cool one's heels; F *joli à* ~ pretty enough to eat.
croquet[1] *sp.* [krɔ'kɛ] *m* croquet.
croquet[2] [krɔ'kɛ] *m* crisp almond-covered biscuit; F snappy person; **croquette** *cuis.* [~'kɛt] *f* croquette; rissole.
croquis [krɔ'ki] *m* sketch.
cross-country *sp.* [krɔskœn'tri] *m* cross-country running.
crosse [krɔs] *f* crook (*a. eccl.*); *eccl.* crozier; *gun*: butt; ⊕ *piston*: cross-head; *sp. golf*: club; *hockey*: stick.
crotale [krɔ'tal] *m antiquity*: crotalum; *zo.* rattlesnake, *Am. a.* rattler.
crotte [krɔt] *f* droppings *pl.*; *cuis. une* ~ *de chocolat* a chocolate; **crotté, e** [krɔ'te] dirty; **crottin** [~'tɛ̃] *m* horse dung.
croulant, e [kru'lɑ̃, ~'lɑ̃ːt] **1.** *adj.* tumble-down; ramshackle; **2.** *su./m*: *vieux* ~ old fossil; ~*s pl.* old people;

crouler [~'le] (1a) *v/i.* totter, crumble; collapse.

croup ⚕ [krup] *m* croup.

croupade [kru'pad] *f horsemanship*: croupade; **croupe** [krup] *f animal*: croup, rump; F *person*: rump, bottom, behind; *hill*: crest, brow; ▲ hip; *en* ~ behind (the rider *or* driver); on the pillion; *monter en* ~ *a.* ride pillion; **croupetons** [~'tõ] *adv.*: *à* ~ crouching, squatting; **croupi, e** [kru'pi] stagnant (*water*); *fig.* sunk (in, *dans*); **croupier** † [~'pje] *m* broker's backer; *casino*: croupier; **croupière** [~'pjɛ:r] *f* crupper; *fig.* † *tailler des* ~*s à* make things difficult for; **croupion** [~'pjõ] *m bird*: rump; F *chicken etc.*: parson's nose; **croupir** [~'pi:r] (2a) *v/i.* stagnate; *fig.* ~ *dans* wallow in.

croustade *cuis.* [krus'tad] *f* pie, pasty; **croustillant, e** [krusti'jɑ̃, ~'jɑ̃:t] crisp; short (*pastry*); crusty (*bread etc.*); *fig.* spicy (*story*); attractive (*woman*); **croustiller** [~'je] (1a) *v/i.* nibble crusts (*with wine*); crunch (*food*); **croûte** [krut] *f* crust (*a.* ⚕); *cheese*: rind; ⚕ scab; F daub (= *poor picture*); *fig. pej.* old fossil; *pej.* dunce; F *casser la* ~ have a snack; **croûter** F [kru'te] (1a) *v/i.* eat, feed; **croûteux, -euse** ⚕ [~'tø, ~'tø:z] covered with scabs; **croûton** [~'tõ] *m* piece of crust; *sl.* dauber (= *poor painter*); *fig. pej.* old fossil.

croyable [krwa'jabl] believable; trustworthy (*person*); **croyance** [~'jɑ̃:s] *f* belief; faith; **croyant, e** [~'jɑ̃, ~'jɑ̃:t] **1.** *adj.* believing; **2.** *su.* believer; *les* ~*s m/pl.* the faithful; **croyons** [~'jõ] *1st p. pl. pres. of croire.*

cru[1], **crue** [kry] raw; uncooked; *fig.* broad; ~ *à l'estomac* indigestible.

cru[2] [~] *m* wine region; ⚒ vineyard; wine, vintage; *fig.* soil; F locality; *de mon* ~ of my own (invention); *du* ~ local (*wine*, F *a. person etc.*); (*vin de*) *grand* ~ great wine.

cru[3], **crue** [~] *p.p. of croire.*

crû, crue, *m/pl.* **crus** [~] *p.p. of croître.*

cruauté [kryo'te] *f* cruelty (to, *envers*).

cruche [kryʃ] *f* jug, pitcher; *sl.* dolt, duffer; **cruchon** [kry'ʃõ] *m* small jug; *beer*: mug; *sl.* dolt, duffer.

crucial, e, *m/pl.* **-aux** [kry'sjal, ~'sjo] crucial (*a. fig.*), cross-shaped; **crucifiement** [krysifi'mɑ̃] *m* crucifixion; **crucifier** [~'fje] (1o) *v/t.* crucify; **crucifix** [~'fi] *m* crucifix; **crucifixion** [~fik'sjõ] *f* crucifixion; **cruciforme** [~'fɔrm] cruciform, cross-shaped.

crudité [krydi'te] *f* crudity; coarseness (*of an expression*); indigestibility (*of food*); ~*s pl.* offensive *or* gross passages *or* words; *cuis.* raw vegetables.

crue [kry] *f water*: swelling, rise; flood; *en* ~ in spate, in flood (*river*).

cruel, -elle [kry'ɛl] cruel (to, *envers*).

crûment [kry'mɑ̃] *adv. of cru*[1].

crus [kry] *1st p. sg. p.s. of croire.*

crûs [~] *1st p. sg. p.s. of croître.*

crusse[1] [krys] *1st p. sg. impf. sbj. of croire.*

crusse[2] [~] *1st p. sg. impf. sbj. of croître.*

crustacé *zo.* [krysta'se] *m* crustacean, F shellfish.

crypte ▲, ⚘, *anat.* [kript] *f* crypt.

crypto... [kriptɔ] crypto...

cubage [ky'ba:ʒ] *m* cubic content.

cubain, e [ky'bɛ̃, ~'bɛn] *adj., a. su.* ♀ Cuban.

cube [kyb] **1.** *su./m* cube; cubic space; ~*s pl. toy*: building blocks, bricks; **2.** *adj.* cubic; **cuber** [ky'be] (1a) *v/t.* cube; find the cubic contents of; have a cubic content of.

cubilot *metall.* [kybi'lo] *m* smelting cupola.

cubique [ky'bik] **1.** *adj.* cubic; ⅍ *racine f* ~ cube root; **2.** *su./f* ⅍ cubic (curve); **cubisme** *paint.* [~'bism] *m* cubism; **cubiste** *paint.* [~'bist] *su., a. adj.* cubist.

cubitus *anat.* [kybi'tys] *m* cubitus, ulna.

cueillaison [kœjɛ'zõ] *f* picking, gathering; **cueille** [kœ:j] *1st p. sg. pres. of cueillir*; **cueillerai** [kœj're] *1st p. sg. fut. of cueillir*; **cueillette** [kœ'jɛt] *f* picking, gathering; **cueillir** [~'ji:r] (2c) *v/t.* gather, pick; *fig.* win; *fig.* snatch, steal (*a kiss*); F pick (*s.o.*) up; F catch, nab; ~ *q. à froid* catch s.o. off (his *or* her) guard, take s.o. unawares; **cueilloir** [kœj'wa:r] *m* fruit-basket; *tool*: fruit-picker.

cuiller, cuillère [kɥi'jɛ:r] *f* spoon; ⊕ *tool*: spoon-drill; ⊕ scoop; *sl.* fin (=

hand); ~ *à bouche* table-spoon; ~ *à café* coffee-spoon; ~ *à dos d'âne* heaped spoon; ~ *à pot* ladle; **cuillerée** [kɥij're] *f* spoonful.
cuir [kɥi:r] *m* leather; *razor*: strop; *animal*: hide; F faulty liaison (*in speech*); ~ *chevelu* scalp; ~ *de Russie* Russia (leather); F *faire un* ~ drop a brick (= *make an incorrect liaison*); **cuirasse** [kɥi'ras] *f* breast-plate, cuirass; ⚓, *zo.* armo(u)r; **cuirassé, e** [kɥira'se] **1.** *adj.* armo(u)red, armo(u)r-plated; *fig.* hardened (against, *contre*); **2.** *su./m* battleship; **cuirasser** [~'se] (1a) *v/t.* put a cuirass on (*s.o.*); ⚓ armo(u)r; ⊕ protect; *fig.* harden (against, *contre*); **cuirassier** ⚔ [~'sje] *m* cuirassier.
cuire [kɥi:r] (4h) *v/t.* cook; bake (*bread*); fire (*bricks, pottery*); boil (*sugar*); ~ *à l'eau* boil; ~ *au four* bake, roast; *v/i.* cook; be boiling (*a. fig.*); smart (*eyes etc.*); *il lui en cuira* he'll be sorry for it; *faire* ~ cook (*s.th.*); **cuisant, e** [kɥi'zɑ̃, ~'zɑ̃:t] burning, stinging, smarting; *fig.* bitter (*cold, disappointment*); burning (*desire*); **cuiseur** ⊕ [~'zœ:r] *m* burner.
cuisine [kɥi'zin] *f* kitchen; ⚔ cook-house; ⚓ galley; cookery; cooking; ⚔ ~ *roulante* field-kitchen; *faire la* ~ do the cooking; **cuisiner** [~zi'ne] (1a) *vt/i.* cook; *v/t. fig.* F grill (*s.o.*); F cook (*accounts etc.*); **cuisinier, -ère** [~zi'nje, ~'njɛ:r] *su.* cook; *su./f* (~ *à gas, électrique* gas, electric) cooker, *Am.* range.
cuisis [kɥi'zi] *1st p. sg. p.s. of cuire*; **cuisons** [~'zɔ̃] *1st p. pl. pres. of cuire.*
cuissard [kɥi'sa:r] *m armour*: cuisse; ⊕ (water-)leg; **cuisse** [kɥis] *f* thigh; *cuis. chicken*: leg; **cuisseau** *cuis.* [kɥi'so] *m veal*: fillet of leg.
cuisson [kɥi'sɔ̃] *f* cooking; baking; *sugar*: boiling; *bricks etc., a. fig.*: burning.
cuissot [kɥi'so] *m venison*: haunch.
cuistre [kɥistr] *m* (priggish) pedant; F cad.
cuit, e [kɥi, kɥit] **1.** *p.p. of cuire*; **2.** *su./f* ⊕ *bricks etc.*: baking, firing; *sugar*: boiling; batch (*of baked things*); F *prendre une* ~ get tight (= *drunk*); **cuiter** *sl.* [kɥi'te] (1a) *v/t.*: se ~ get drunk.
cuivre [kɥi:vr] *m* copper; ~ *jaune* brass; ♪ ~*s pl.* brass *sg.*; **cuivré, e** [kɥi'vre] coppery, copper-colo(u)red; bronzed (*complexion*); *fig.* metallic (*voice*); brassy, blaring; **cuivrer** [~'vre] (1a) *v/t.* copper; **cuivreux, -euse** [~'vrø, ~'vrø:z] coppery; ⊕ cupreous (*ore*); ⚗ cuprous; *fig.* blaring.
cul V [kyl] *m* backside, V arse, *Am.* ass; *animal*: haunches *pl.*; F bottom (*of an object*); *cart*: tail; **culasse** [ky'las] *f* ⚔ breech; ⚡ yoke, heel-piece; *mot.* detachable cylinderhead.
culbute [kyl'byt] *f* somersault; tumble, F purler; *sl.* failure; F *faire la* ~ ✝ fail; *pol.* fall; F make a scoop; **culbuter** [~by'te] (1a) *v/i.* turn a somersault; topple over; tumble; F ✝ fail; F *pol.* fall; *v/t.* throw over; overthrow (*a. pol.*); upset; knock head over heels; tip; **culbuteur** [~by'tœ:r] *m* tipping device; *mot.* rocker-arm, valve-rocker; ⚡ tumbler.
cul...: ~**-de-jatte,** *pl.* ~**s-de-jatte** [kyd'ʒat] *m* legless cripple; ~**-de-lampe,** *pl.* ~**s-de-lampe** [~'lɑ̃:p] *m* ⩓ pendant; ⩓ bracket, corbel; *typ.* tail-piece; ~**-de-sac,** *pl.* ~**s-de-sac** [~'sak] *m* blind alley (*a fig.*).
culée [ky'le] *f* ⩓ abutment; ⚓ stern-way; **culer** [~'le] (1a) *v/i.* go backwards, back; ⚓ veer astern (*wind*); ⚓ make stern-way; **culière** [~'ljɛ:r] *f* crupper.
culinaire [kyli'nɛ:r] culinary.
culminant, e [kylmi'nɑ̃, ~'nɑ̃:t] *astr.* culminant; *point m* ~ highest point; *glory, power*: height; *power*: zenith; **culmination** *astr.* [~na'sjɔ̃] *f* culmination; **culminer** [~'ne] (1a) *v/i.* culminate, reach the highest point (*a. fig.*).
culot [ky'lo] *m* ⊕ bottom, base; *fig.* F baby of the family; F cheek, nerve, impudence; *tobacco pipe*: dottle; F *avoir du* ~ have a lot of cheek; **culotte** [~'lɔt] *f* breeches *pl.*; pants *pl.*; knickers *pl.*, panties *pl.* (*for women*); *beef*: rump; ⊕ breeches pipe, Y pipe; F *porter la* ~ wear the trousers; F *prendre une* ~ *cards etc.*: lose heavily; **culotté, e** [kylɔ'te] seasoned (*pipe*); F cheeky; **culotter** [kylɔ'te] (1a) *v/t.* put trousers on; season (*a pipe*).
culpabiliser [kylpabili'ze] (1a) *v/t.* make (*s.o.*) feel guilty; **culpabilité** [~'te] *f* guilt.
culte [kylt] *m* worship; creed, cult; religion; *protestant church*: (church)

service; **cultivable** [kylti'vabl] arable; **cultivateur, -trice** [~va'tœ:r, ~'tris] **1.** *su.* cultivator; farmer; *su./m* cultivator, light plough; **2.** *adj.* farming; **cultivé, e** [~'ve] ⸗ cultivated; *fig.* cultured; **cultiver** ⸗ [~'ve] (1a) *v/t.* cultivate (*a. fig.*); farm, till.

culture [kyl'ty:r] *f* ⸗ cultivation (*a. fig.*), farming, growing; *fish etc.*: breeding; *fig.* culture (*a. of bacteria*); ⸗ ~s *pl.* crops, cultivated land *sg.*; ~ *physique* physical culture; **culturel, -elle** [~ty'rɛl] cultural; **culturisme** [~ty'rism] *m* bodybuilding; **culturiste** [~ty'rist] *su.* bodybuilder.

cumin ⚘ [ky'mɛ̃] *m* cum(m)in.

cumul [ky'myl] *m* plurality (*of offices*); ⚖ consecutiveness (*of sentences*); **cumulard** *pej.* [kymy'la:r] *m* pluralist; **cumuler** [~'le] (1a) *v/t.* hold a plurality of (*offices*); draw (*salaries*) simultaneously.

cupide [ky'pid] greedy, covetous; **cupidité** [~pidi'te] *f* greed, cupidity.

cuprifère [kypri'fɛ:r] copper-bearing.

curable [ky'rabl] curable; **curage** [~'ra:ʒ] *m teeth*: picking; *drain etc.*: clearing (out); ~s *pl.* dirt *sg.*; **curatelle** ⚖ [kyra'tɛl] *f* trusteeship, guardianship; **curateur, -trice** [~'tœ:r, ~'tris] *su.* ⚖ trustee; guardian (*of a minor*); committee (*of a lunatic*); *su./m* administrator; *su./f* administratrix; **curatif, -ve** [~'tif, ~'ti:v] *adj., a. su./m* curative; **cure** [ky:r] *f* care; ⚕, *eccl.* cure; *eccl.* living; ~ *de rajeunissement* rejuvenation; ~ *de repos* rest cure.

curé [ky're] *m* parish priest; (Anglican) vicar, rector.

cure-dent [kyr'dɑ̃] *m* toothpick.

curée [ky're] *f hunt.* deer's entrails *pl.* given to the hounds; *fig.* ~ *des places* scramble for office.

cure...: **~-ongles** [ky'rɔ̃:gl] *m/inv.* nail-cleaner; **~-oreille** [kyrɔ'rɛ:j] *m* ear-pick; **~-pipe** [kyr'pip] *m* pipe-cleaner.

curer [ky're] (1a) *v/t.* clean (out); pick (*one's teeth etc.*); dredge (*a river*); **curetage** [kyr'ta:ʒ] *m* scraping; ⚕ curetting; **cureur** [ky'rœ:r] *m* cleaner.

curial, e, *m/pl.* **-aux** *eccl.* [ky'rjal, ~'rjo] of the parish priest, curé's ...; **curie** *eccl.* [~'ri] *f* curia.

curieux, -euse [ky'rjø, ~'rjø:z] **1.** *adj.* curious; interested (in, *de*); inquisitive; odd; strange; *curieusement a.* oddly enough; **2.** *su.* curious *or* interested person; *su./m the* odd thing (about, *de*); **curiosité** [~rjɔzi'te] *f* curiosity; ~s *pl.* sights (*of a town*).

curiste [ky'rist] *su.* patient taking a cure.

curseur ⊕ [kyr'sœ:r] *m* slide; slider; runner (*a.* ⚡).

cursif, -ve [kyr'sif, ~'si:v] **1.** *adj.* cursive; cursory; **2.** *su./f writing*: cursive, running hand; *typ.* script.

cuscute ⚘ [kys'kyt] *f* dodder.

cuspide ⚘ [kys'pid] *f* cusp; **cuspidé, e** ⚘ [~pi'de] cuspidate.

custode [kys'tɔd] *f eccl.* altar-curtain; pyx-cloth; custodial (*for host*); *mot.* ~ *arrière* rear-window.

cutané, e [kyta'ne] cutaneous; (*disease*) of the skin.

cuvage [ky'va:ʒ] *m*, **cuvaison** [~vɛ'zɔ̃] *f* fermenting in vats; vat room; **cuve** [ky:v] *f* vat; ⊕ tank; cistern; *mot.* float-chamber; **cuveau** [ky'vo] *m* small vat; small tank; **cuvée** [~'ve] *f* vatful; *wine*: growth.

cuveler [ky'vle] (1c) *v/t.* line (*a shaft etc.*).

cuver [ky've] (1a) *vt/i.* ferment, work; **cuvette** [~'vɛt] *f* wash-basin; bowl; *geol., geog.* basin; *phot.* dish; *W.C.*: pan, bowl; *barometer*: cup; *thermometer*: bulb; *watch*: cap; ⊕ *ball-bearing*: race; ball-socket; **cuvier** [~'vje] *m* wash-tub.

cyanose [sja'no:z] *f* ⚕ cyanosis; *min.* cyanose; **cyanuration** [~nyra'sjɔ̃] *f* cyanidization; **cyanure** ⚗ [~'ny:r] *m* cyanide.

cybernéticien [sibɛrneti'sjɛ̃] *m* cyberneticist; **cybernétique** [~'tik] **1.** *su./f* cybernetics *sg.*; **2.** *adj.* cybernetic; **cybernétiser** [~ti'ze] (1a) *v/t.* control cybernetically.

cyclable [si'klabl] for cyclists; *piste f* ~ cycle path.

cyclamen ⚘ [sikla'mɛn] *m* cyclamen.

cycle [sikl] *m* cycle (*a. fig.*); **cyclique** [si'klik] cyclic(al); **cyclisme** *sp.* [~'klism] *m* cycling; **cycliste** [~'klist] **1.** *su.* cyclist; **2.** *adj.* cycling.

cyclo... [siklɔ] cyclo...; **cycloïde** ⩘ [~'id] *f* cycloid; **cyclomoteur** [~mɔ'tœ:r] *m* moped, auto-cycle; **cyclomotoriste** [~mɔtɔ'rist] *su.* moped-rider.

cyclone *meteor.* [si'klɔn] *m* cyclone.
cyclotourisme [siklɔtu'rism] *m* cycle-touring, touring on (bi)cycles.
cyclotron *phys.* [siklɔ'trɔ̃] *m* cyclotron.
cygne *orn.* [siɲ] *m* swan.
cylindrage [silɛ̃'dra:ʒ] *m* rolling (*a.* ⊕); *tex.* calendering; **cylindre** ⊕ [~'lɛ̃:dr] *m* cylinder; roller.
cylindrée *mot.* [silɛ̃'dre] *f* (cubic) capacity; **cylindrer** [~'dre] (1a) *v/t.* ⊕ roll; *tex.* calender; **cylindrique** [~'drik] cylindrical.

cymbale ♪ [sɛ̃'bal] *f* cymbal; **cymbalier** [~ba'lje] *m* cymbalist.
cynique [si'nik] **1.** *adj.* cynical; *phls.* cynic; *fig.* shameless; **2.** *su./m phls.* cynic; *fig.* shameless person; **cynisme** [~'nism] *m phls.* cynicism; *fig.* effrontery.
cynocéphale *zo.* [sinɔse'fal] *m* cynocephalus, dog-faced baboon.
cyprès ⚘ [si'prɛ] *m* cypress; **cyprière** [~pri'ɛ:r] *f* cypress-grove.
cyprin *icht.* [si'prɛ̃] *m* carp.
cystite ⚕ [sis'tit] *f* cystitis.

D

D, d [de] *m* D, d.

da [da]: *oui-da!* yes indeed!

d'ac *sl.* [dak] okay, Ok.

dactylo F [dakti'lo] *su. person*: typist; *su./f* typing; F typing pool; **~graphe** [daktilɔ'graf] *su.* typist; **~graphie** [~gra'fi] *f* typing, typewriting; **~graphier** [~gra'fje] (1o) *v/t.* type.

dada F [da'da] *m ch.sp.* gee-gee; *fig.* hobby(-horse), fad.

dadais F [da'dɛ] *m* simpleton.

dague [dag] *f* dagger; ⚓ dirk; ⊕ scraping-knife; *zo. deer*: first antler; *wild boar*: tusk.

daguet *hunt.* [da'gɛ] *m* brocket.

daigner [dɛ'ɲe] (1b) *v/t.* deign (to *inf.*), condescend (to *inf.*).

daim [dɛ̃] *m zo.* deer; buck; ✝ buckskin; *en* ~ suède (*gloves*);

daine *zo.* [dɛn] *f* doe.

dais [dɛ] *m* canopy.

dallage [da'la:ʒ] *m* paving; flagging; tiled floor; **dalle** [dal] *f* paving-stone; flagstone; floor tile; *sl.* throat; **daller** [da'le] (1a) *v/t.* pave; tile (*the floor*).

daltonien, -enne ⚕ [daltɔ'njɛ̃, ~'njɛn] **1.** *adj.* colo(u)r-blind; **2.** *su.* colo(u)r-blind person; **daltonisme** ⚕ [~'nism] *m* colo(u)r-blindness.

dam [dɑ̃] *m* † hurt, prejudice; *au (grand)* ~ *de* (much) to the detriment *or* displeasure of.

damas [da'mɑ] *m* Damascus blade; *tex.* damask; ⚘ damson; **damasquiner** [~maski'ne] (1a) *v/t.* damascene; **damasser** [~mɑ'se] (1a) *v/t.* damask; *acier m damassé* Damascus steel.

dame [dam] **1.** *su./f* lady (*a. chess*); *cards, chess*: queen; *draughts*: king; ⊕ (paving) beetle; rammer; ~ *de charité* lady visitor; ♀s *pl.* Ladies (= *toilet*); ~ *d'honneur* matron of hono(u)r; ~ *du vestiaire* cloakroom (*Am.* checkroom) attendant, *Am. a.* hatcheck girl; *jeu m de* ~*s* draughts, *Am.* checkers; **2.** *int.* indeed!; of course!; **~-jeanne,** *pl.* **~s-jeannes** [~'ʒan] *f* demijohn; **damer** [da'me] (1a) *v/t.* crown (*a piece at draughts*); ⊕ ram (*the earth etc.*); *fig.* ~ *le pion à* outdo *or* outwit (*s.o.*).

damier [da'mje] *m* draught-board, *Am.* checker-board; *tex. à* ~ chequered, checked.

damnable [dɑ'nabl] *fig.* detestable, damnable; *eccl.* deserving damnation; **damnation** [~na'sjɔ̃] *f* damnation; **damner** [~'ne] (1a) *v/t.* damn; F *faire* ~ *q.* drive s.o. crazy.

damoiseau [damwa'zo] *m* † squire; F fop; **damoiselle** † [~'zɛl] *f* damsel.

dancing [dɑ̃'siŋ] *m* public dance-hall; supper-club.

dandin F [dɑ̃'dɛ̃] *m* simpleton; **dandiner** [~di'ne] (1a) *v/t.* dandle; *se* ~ waddle; strut.

danger [dɑ̃'ʒe] *m* danger; ~ *de mort!* danger of death!; *en* ~ *de mort* in danger of one's life; **dangereux, -euse** [dɑ̃ʒ'rø, ~'rø:z] dangerous (to, *pour*).

danois, e [da'nwa, ~'nwa:z] **1.** *adj.* Danish; **2.** *su./m ling.* Danish; *zo.* great Dane; *su.* ♀ Dane; *les* ♀ *m/pl.* the Danes.

dans [dɑ̃] *prp. usu.* in (*the street, the house, a moment, a month, the morning, the past*); *place*: within (*the limits*); among (*the crowd*); *direction*: into; *time*: within (*an hour*), during; *condition*: in; with; under (*these circumstances, the necessity*); *source, origin*: out of, from; ~ *la ville* (with)in the town; *entrer* ~ *une pièce* enter a room; ~ *Racine* in Racine; *mettre qch.* ~ *un tiroir* put s.th. in(to) a drawer; ~ *le temps* formerly; *périr* ~ *un accident* be killed in an accident; ~ *le commerce* in trade; ~ *l'embarras* embarrassed; ~ *l'intention de* (*inf.*) with the intention of (*ger.*); *faire qch.* ~ *la perfection* do s.th. to perfection; *avoir foi* ~ have confidence in; *consister* ~ consist of; *puiser* (*boire, manger*) ~ draw (drink, eat) from; *prendre* ~ take from *or* out of.

dansant, e [dɑ̃'sɑ̃, ~'sɑ̃:t] dancing; springy (*step*); lively (*tune*); *thé m* ~ tea-dance, thé dansant; **danse** [dɑ̃:s] *f* dance; dancing; *fig.* F battle; *sl.* thrashing; ⚕ ~ *de Saint-Guy* St. Vitus' dance; ~ *macabre* Dance of Death; *salle f de* ~ ball-room; **danser** [dɑ̃'se] (1a) *v/t.* dance; dandle (*a baby*); *v/i.* dance; prance (*horse*); *faire* ~ *q.* dance with s.o.; *fig.* F lead s.o. a dance; **danseur, -euse** [~'sœ:r, ~'sø:z] *su.* dancer; (dance-)partner; ballet-dancer; ~ *de corde* tight-rope dancer; *su./f* ballerina; **dansotter** F [~sɔ'te] (1a) *v/i.* hop, skip.

danubien, -enne *geog.* [dany'bjɛ̃, ~'bjɛn] Danubian.

dard [da:r] *m* † javelin, dart; *zo. bee etc.*: sting (*a. fig.*); *sun*: piercing ray; *flame*: tongue; ⚘ pistil; *icht.* dace; **darder** [dar'de] (1a) *v/t.* hurl; shoot forth; *icht.* spear; *fig.* shoot (*a glance*) (at, *sur*).

dare-dare F [dar'da:r] *adv.* post-haste, at top speed.

darne *cuis.* [darn] *f fish*: slice, steak.

dartre [dartr] *f* ⚕ dartre; scurf; *metall.* scab; **dartreux, -euse** [dar'trø, ~'trø:z] ⚕, *metall.* scabby; ⚕ herpetic.

date [dat] *f* date; ~ *limite* deadline; target date; *de longue* ~ of long standing; *en* ~ *de* ... dated ...; *être le premier en* ~ come first; *faire* ~ mark an epoch; *jusqu'à une* ~ *récente* until recently; **dater** [da'te] (1a) *v/i.* date (from, *de*); *à* ~ *de ce jour* from today; from that day; *cela date de loin* it goes a long way back; *v/t.* date (*a letter*); **dateur** [~'tœ:r] *m*, **datographe** [~to'graf] *m watch*: date indicator.

datte ⚘, ✝ [dat] *f* date; *sl. des* ~*s!* not on your life!, *Am.* no dice!; **dattier** ⚘ [da'tje] *m* date-palm.

daube *cuis.* [do:b] *f* stew; *en* ~ stewed, braised.

dauber¹ † [do'be] (1a) *v/t.* (*or v/i.* ~ *sur*) *q.* pull s.o. to pieces behind his back; jeer at s.o.

dauber² *cuis.* [do'be] (1a) *v/t.* stew, braise; **daubière** *cuis.* [~'bjɛ:r] *f* stew-pan, braising-pan.

dauphin [do'fɛ̃] *m zo.* dolphin; *hist.* Dauphin (= *eldest son of French king*); *fig.* successor; **dauphine** *hist.* [~'fin] *f* Dauphiness, wife of the Dauphin; **dauphinelle** ⚘ [~fi'nɛl] *f* delphinium.

davantage [davɑ̃'ta:ʒ] *adv.* more (and more); longer (*space, time*).

davier [da'vje] *m* ⚕ (extraction) forceps; ⊕ cramp; ⚓ davit.

de [də] *prp. usu.* of; *material*: (made) of (*wood*), in (*velvet*); *cause*: of (*hunger*), from (*exhaustion*); with, for (*pain, joy*); *origin*: from (*France, the house*), out of; *distance*: of, from; *direction*: to (*the station*); *place*: at, in; *time*: by (*day, night*); in; for (*ten month*); *agent, instrument*: with (*a stick*); by (*name*); in (*a low voice*); on; *manner*: in (*this way*); *measure, comparison*: by; *price*: for; *partitive article*: *du pain* (some) bread; ~ *la viande* (some) meat; *des légumes* vegetables; *un litre* ~ *vin* a litre of wine; *une douzaine* ~ *bouteilles* a dozen bottles; *la ville* ~ *Paris* (the city of) Paris; *le mois* ~ *janvier* January; *assez* ~ enough; *beaucoup* ~ much (*money*), many (*things*); *moins* ~ less; *pas* ~ no; *peu* ~ few; *plus* ~ more; *tant* ~ so much, so many; *trop* ~ too much, too many; *qch.* ~ *rouge* s.th. red; *genitive, possession*: ~ *mon père* of my father, my father's; ~ *la table* of the table; *le journal d'hier* yesterday's paper; *les œuvres* ~ *Molière* Molière's works; *matériaux* ~ *construction* building materials; *membre du Parlement* Member of Parliament; *habitant des villes* city-dweller; *le meilleur élève* ~ *la classe* the best pupil in the class; *souvenirs d'enfance* childhood memories; *amour* (*crainte*) ~ love (fear) of; *chapeau* ~ *paille* straw hat; *une robe* ~ *soie rouge* a dress in red silk; *mourir* ~ *cancer* (*fatigue*) die of cancer (from fatigue); ~ *haut en bas* from top to bottom; *tirer qch.* ~ *sa poche* take s.th. out of *or* from one's pocket; *saigner du nez* bleed from the nose; *à trois milles* ~ *distance* at a distance of three miles; ~ ... *à* ... from ... to ...; between ... and ...; *prendre la route* (*le train*) ~ *Bordeaux* take the Bordeaux road (train); *près* ~ near, close to; *d'un côté* on one side; ~ *ce côté* on this side; ~ *nos jours* in our times; ~ *ma vie* in my lifetime; *du temps* ~ *Henri IV* in the days of Henry IV; *à 2 heures* ~ *l'après-*

midi at 2 p.m.; *avancer* (*retarder*) ~ *5 minutes* be 5 minutes fast (slow) (*watch*); *vêtir* (*couvrir*, *orner*) ~ clothe (cover, decorate) with; *se nourrir* (*vivre*) ~ feed (live) on; *frapper* (*toucher*) ~ strike (touch) with; *montrer du doigt* point at; *fig.* scorn; *précédé* ~ preceded by; *trois mètres* ~ *long* (*haut*) three metres long (high); *âgé* ~ *5 ans* 5 years old *or* of age; *plus âgé* ~ 2 *ans* older by 2 years; *plus* ~ *6* more than 6; *d'un œil curieux* with an inquiring look *or* eye; *un chèque* (*des marchandises*) ~ *20 F.* a cheque (goods) for 20 F.; ~ *beaucoup* by far; *content* ~ content *or* pleased with; *digne* ~ ...-worthy, worthy of; *fier* ~ proud of; *paralysé d'un bras* paralyzed in one arm; *un jour* ~ *libre* a free day; *un drôle* ~ *bonhomme* an odd chap.

dé[1] [de] *m gaming*: die; *domino*: piece; *golf*: tee; ~*s pl.* dice; *le* ~ *en est jeté* the die is cast.

dé[2] [~] *m* (*a.* ~ *à coudre*) thimble.

déambuler F [deɑ̃by'le] (1a) *v/i.* stroll about, saunter.

débâcle [de'bɑ:kl] *f ice*: breaking up; *fig.* disaster; downfall, collapse; F *pol.* landslide; ✝ crash; **débâcler** [~bɑ'kle] (1a) *v/t.* † unfasten (*a door etc.*); clear (*a harbour*); *v/i.* break up (*ice*).

déballage [deba'la:ʒ] *m* unpacking; display (*a. fig.*); F *fig.* effusion, outpouring; **déballer** [~'le] (1a) *v/t.* unpack; F *fig.* let out (*emotions, complaints, etc.*), air, display (*knowledge etc.*).

débandade [debɑ̃'dad] *f* stampede, flight; rout; *à la* ~ in disorder; **débander** [~'de] (1a) *v/t.* unbend; remove the bandage from (*a wound, the eyes*); ⚔ disband; *se* ~ slacken, relax; scatter, disperse (*crowd*); ⚔ break into a rout.

débaptiser [debati'ze] (1a) *v/t.* rename.

débarbouiller [debarbu'je] (1a) *v/t.* wash (*s.o.'s*) face; *se* ~ wash one's face; *fig.* get out of difficulties as best one can.

débarcadère [debarka'dɛ:r] *m* ⚓ landing-stage, wharf; 🚂 arrival platform.

débardage ⚓ [debar'da:ʒ] *m* unloading; **debarder** [~'de] (1a) *v/t.* remove (*timber*) from the woods *or* (*stone*) from the quarry; ⚓ unload, discharge; **débardeur** [~'dœ:r] *m* ⚓ stevedore, docker; *garment*: slipover, *Brit.* tank top.

débarquement [debarkə'mɑ̃] *m* ⚓ unloading, discharge; *passengers*: landing; 🚂 F detraining, arrival; **débarquer** [~'ke] (1m) *v/t.* ⚓ unship, unload; land, disembark (*passengers*); *bus etc.*: set down; F dismiss (*s.o.*); *v/i.* ⚓ land, disembark; 🚂 alight, ⚔ detrain.

débarras [deba'rɑ] *m* lumber room, junk room; *bon* ~! good riddance!; **débarrasser** [~ra'se] (1a) *v/t.* clear; relieve (of, *de*); *se* ~ *de* get rid of (*s.o., s.th.*); get clear of (*s.th.*); extricate o.s. from.

débat [de'ba] *m* discussion; debate (*a. pol.*); dispute; ⚖ ~*s pl.* proceedings; court hearing *sg.*

debâter [deba'te] (1a) *v/t.* unsaddle.

débâtir [debɑ'ti:r] (2a) *v/t.* demolish; take the tacking threads out of (*a dress*).

débattre [de'batr] (4a) *v/t.* debate, discuss; *fig.* *se* ~ struggle; flounder about (in the water, *dans l'eau*).

débauchage [debo'ʃa:ʒ] *m* laying off, dismissal; **débauche** [de'bo:ʃ] *f* debauch(ery); *fig.* profusion; **débauché, e** [debo'ʃe] **1.** *adj.* debauched; **2.** *su.* debauchee; **débaucher** [~] (1a) *v/t.* † lead (*s.o.*) astray; entice away (*a workman*); F tempt away; lay off (*workmen*).

débile [de'bil] feeble, weak; F foolish, ridiculous; **débilitant, e** [debili'tɑ̃, ~'tɑ̃:t] debilitating, weakening; **débilité** [~'te] *f* weakness, debility; **débiliter** [~'te] (1a) *v/t.* weaken; debilitate; ⚕ undermine (*the health*).

débinage *sl.* [debi'na:ʒ] *m* disparagement, running down; **débine** *sl.* [~'bin] *f* poverty; **débiner** *sl.* [~bi'ne] (1a) *v/t.* disparage, run (*s.o.*) down; *se* ~ come down in the world; slip quietly away, make o.s. scarce.

débit [de'bi] *m* retailshop; ✝ turnover; sales *pl.*; ⊕ output; ⊕, *a. speaker*: delivery; ✝ debit; *river*: flow; ~ *de boissons* (*de tabac*) pub (tobacconist's [shop]); *avoir un* ~ *facile* be glib, F have the gift of the gab; *portez ... au* ~ *de mon compte* debit me with ...; **débitant** *m*, **e** *f* [debi'tɑ̃, ~'tɑ̃:t] dealer; **débiter** [~'te] (1a) *v/t.* sell, retail (*a. fig. lies*); cut up (*logs* *etc.*); ⊕ yield; reel off (*a poem*); *usu. pej.* utter (*threats*); *usu. pej.* deliver (*a speech*); ✝ debit (s.o. with s.th. *qch. à q., q. de qch.*).

débiteur[1], **-trice** [debi'tœːr, ~'tris] **1.** *su.* debtor; **2.** *adj.* debit...

débiteur[2] *m*, **-euse** *f* [debi'tœːr, ~'tøːz] retailer; *usu. pej.* utterer, ...monger; ~ *de calomnies* scandal-monger.

déblai [de'blɛ] *m* cutting, excavation; excavated material; **déblaiement** [~blɛ'mɑ̃] *m* excavating, excavation, digging out; removal (*of excavated material*).

déblatérer [deblate're] (1f) *v/t.* talk, utter; *v/i.* rail (against, *contre*).

déblayer [deblɛ'je] (1h) *v/t.* clear away, remove; clear (*a. fig.*).

déblocage [deblɔ'kaːʒ] *m* clearing; ✝, ⊕ releasing; **débloquer** [~'ke] (1m) *v/t.* clear; unblock; ✝, ⊕ release; ⚔ relieve (*a place*); unclamp (*an instrument*).

débobiner [debɔbi'ne] (1a) *v/t.* unwind, unreel.

déboire [de'bwaːr] *m* nasty after-taste; disappointment.

déboiser [debwɑ'ze] (1a) *v/t.* clear of trees; ⚒ untimber (*a mine*).

déboîter [debwa'te] (1a) *v/t.* ⚕ dislocate; ⊕ disconnect; *v/i. mot.* filter; haul out of the line.

débonder [debɔ̃'de] (1a) *v/t.* unbung (*a cask*); open the sluice-gates of (*a reservoir*); *fig.* ~ *son cœur, se* ~ pour out one's heart; *v/i. a. se* ~ burst (out).

débonnaire [debɔ'nɛːr] good-natured, easy-going; **débonnaireté** [~nɛr'te] *f* good nature; good humo(u)r.

débordé, e [debɔr'de] overflowing; *fig.* overwhelmed (with work, *de travail*); dissipated (*life, man*); **débordement** [~də'mɑ̃] *m* overflowing, flood; *fig.* outburst (*of temper etc.*); ⚓, ⚔ outflanking; ~*s pl.* dissipation *sg.*, excess(es *pl.*) *sg.*; **déborder** [~'de] (1a) *vt/i.* overflow, run over; *v/t.* project beyond, stick out beyond; ⚔ outflank; ⚓ sheer off; ⊕ trim.

débotter [debɔ'te] (1a) *v/t.* take off (*s.o.'s*) boots; *v/i. a. se* ~ take off one's boots; *fig. au débotté* immediately on arrival.

débouché [debu'ʃe] *m* outlet; opening (*a. fig., a.* ✝); ✝ *a.* market; ✝ *créer de nouveaux* ~*s* open up new markets; **déboucher** [~] (1a) *v/t.* clear; open, uncork (*a bottle*); *v/i.* emerge; open (on[to], *sur*); ~ *sur or dans a.* lead to; end up in.

déboucler [debu'kle] (1a) *v/t.* unbuckle (*one's belt*); uncurl (*one's hair*); F release.

débouler [debu'le] (1a) *vt/i.* roll down; tumble down; *hunt.* bolt.

déboulonner [debulɔ'ne] (1a) *v/t.* unrivet, unbolt; F debunk.

débourber [debur'be] (1a) *v/t.* clean (out); haul (*a carriage*) out of the mire; F get (*s.o.*) out of a mess.

débourrer [debu're] (1a) *v/t.* remove the stuffing from; break in (*a horse*); remove the wad from (*a gun*); clean out (*a pipe*); *fig.* smarten (*s.o.*) up.

débours [de'buːr] *m* (*usu. pl.*) disbursement; outlay; expenses *pl.*; *rentrer dans ses* ~ recover *or* recoup one's expenses; **débourser** [~bur'se] (1a) *v/t.* lay out, spend, disburse; *v/i.* F shell out, fork out.

déboussoler F *fig.* [debusɔ'le] (1a) *v/t.* disorient(ate); disconcert.

debout [də'bu] *adv.* upright; standing (up); on its hind legs (*animal*); ~! get up!; *être* ~ be up, be out of bed; *fig. ne pas tenir* ~ not to hold water, be fantastic (*theory*); *4 places* ~ 4 standing; *se tenir* ~ stand.

débouter ⚖ [debu'te] (1a) *v/t.* non-suit; dismiss.

déboutonner [debutɔ'ne] (1a) *v/t.* unbutton; *manger* (*rire*) *à ventre déboutonné* eat (laugh) immoderately; *fig. se* ~ unburden o.s.; F get s.th. off one's chest.

débraillé, e [debrɑ'je] untidy; slovenly (*appearance, voice*); free, rather indecent (*conversation*); loose (*morals, life*).

débranchement [debrɑ̃ʃ'mɑ̃] *m* disconnecting; **débrancher** ⚡ [~brɑ̃'ʃe] (1a) *v/t.* disconnect.

débrayage [debrɛ'jaːʒ] *m mot.* declutching; F strike, *Am.* walkout; **débrayer** [~'je] (1i) *v/t.* ⊕ disconnect; *v/i. mot.* declutch; F knock off work.

débrider [debri'de] (1a) *v/t.* unbridle; halt; ⚕ incise; F open (*s.o.'s eyes*); *sans* ~ at a stretch, on end.

débris [de'bri] *m/pl.* debris *sg.*; remains; wreckage *sg.*; fragments; rubble *sg.*; rubbish *sg.*; ⊕ *metal*: scraps.
débrouillard, e F [debru'ja:r, ~'jard] **1.** *adj.* resourceful; **2.** *su.* resourceful *or* smart person; **débrouiller** [~'je] (1a) *v/t.* disentangle; *fig.* clear up; se ~ find a way out of difficulties; manage; cope.
débroussailler [debrusa'je] (1a) *v/t.* clear of undergrowth; *fig.* clear (up *or* out), unravel.
débucher *hunt.* [deby'ʃe] (1a) *v/t.* drive (*a stag*) from cover; *v/i.* break cover.
débusquer [debys'ke] (1m) drive (*an animal*) out (from cover); drive *or* chase (*s.o.*) out.
début [de'by] *m* beginning, start; first move *etc.*; *thea.* debut, first appearance; *salaire de* ~ starting salary; *faire ses* ~*s* make a first appearance; **débutant, e** [deby'tã, ~'tã:t] *su.* beginner; novice; *su./m thea.* debutant; *su./f* debutante, F deb; **débuter** [~'te] (1a) *v/i.* begin, start; play first (*in a game*).
déc(a)... [dek(a)] dec(a)...
deçà [də'sa] *adv.* on this side; ~ *delà* here and there, on all sides; *en* ~ *de* on this side of.
décacheter [dekaʃ'te] (1c) *v/t.* unseal, open (*a letter*).
décade [de'kad] *f* decade; period of ten days *or* years.
décadence [deka'dɑ̃:s] *f* decadence, decline, decay; **décadent, e** [~'dɑ̃, ~'dɑ̃:t] *adj.*, *a. su.* decadent.
décaèdre ⩓ [deka'ɛ:dr] **1.** *adj.* decahedral; **2.** *su./m* decahedron.
décaféiné, e [dekafei'ne] caffeine-free, decaffeinated.
décagone ⩓ [deka'gɔn] *m* decagon.
décaisser [dekɛ'se] (1b) *v/t.* unpack, unbox; ✝ pay out; ✓ plant out.
décalage [deka'la:ʒ] *m* shifting; *fig.* gap, discrepancy; lag; **décaler** [~'le] (1a) *v/t.* shift (forward *or* back); move forward; put back.
décalogue [deka'lɔg] *m the* Decalogue, *the* Ten Commandments *pl.*
décalquage [dekal'ka:ʒ] *m*, **décalque** [~'kalk] *m* transfer(ring); tracing (off); **décalquer** [~kal'ke] (1m) *v/t.* transfer; trace off.
décamper [dekɑ̃'pe] (1a) *v/i.* *fig.* decamp; F clear out, *sl.* vamoose.
décanat [deka'na] *m* deanship.
décanter [dekɑ̃'te] (1a) *v/t.* decant, pour off.
décapage [deka'pa:ʒ] *m*, **décapement** [~kap'mɑ̃] *m* scouring; *metal*: pickling; ~ *au jet de sable* sandblasting; **décapant** [~'pɑ̃] *m* scouring agent *or* solution; paint *or* varnish remover; **décaper** [~ka'pe] (1a) *v/t.* scour; cleanse.
décapiter [dekapi'te] (1a) *v/t.* behead, decapitate; cut the head off (*a.* ✓).
décapotable *mot.* [dekapɔ'tabl] convertible; drop-head (*coupé*).
décapsulateur [dekapsyla'tœ:r] *m* (crown-cork) opener.
décarburer *metall.* [dekarby're] (1a) *v/t.* decarbonize.
décartellisation ✝ [dekartɛliza'sjɔ̃] *f* decartel(l)ization.
décatir [deka'ti:r] (2a) *v/t.* *tex.* sponge, take the gloss off; F se ~ lose one's beauty, age.
décavé, e F [deka've] **1.** *adj.* ruined, F broke (*person*); worn out; haggard (*face*); **2.** *su.* ruined person; **décaver** [~] (1a) *v/t.* win all (*s.o.'s*) money (*at cards etc.*), F clean (*s.o.*) out.
décéder *admin.*, *eccl.* [dese'de] (1f) *v/i.* die, decease.
déceler [desə'le] (1d) *v/t.* reveal, disclose.
décélération [deselera'sjɔ̃] *f* deceleration.
décembre [de'sɑ̃:br] *m* December.
décemment [desa'mɑ̃] *adv.* of *décent*; **décence** [~'sɑ̃:s] *f* decency, decorum.
décennal, e, *m/pl.* **-aux** [desɛ'nal, ~'no] decennial.
décent, e [de'sɑ̃, ~'sɑ̃:t] decent; modest; seemly; *peu* ~ unseemly.
décentraliser *admin.* [desɑ̃trali'ze] (1a) *v/t.* decentralize.
décentré, e [desɑ̃'tre] off-centre; **décentrer** [~] (1a) *v/t.* throw off centre; se ~ move off centre.
déception [desɛp'sjɔ̃] *f* disappointment.
décercler [desɛr'kle] (1a) *v/t.* unhoop.
décerner [desɛr'ne] (1a) *v/t.* award (*a price*) (to, *à*), confer (*an honour*) (on, *à*); ⚖ issue (*a writ etc.*).
décès [de'sɛ] *m admin. etc.* decease, death; ⚖ demise.
décevant, e [desə'vɑ̃, ~'vɑ̃:t] de-

ceptive; disappointing; **décevoir** [~ˈvwaːr] (3a) *v/t.* deceive; disappoint.

déchaînement [deʃɛnˈmɑ̃] *m* unbridling; *fig.* outburst; **déchaîner** [~ʃɛˈne] (1b) *v/t.* let loose (*a. fig.*); se ~ break loose; break (*storm*); se ~ *contre* storm at.

déchanter F [deʃɑ̃ˈte] (1a) *v/i.* F change one's tune; F sing small, come down a peg.

décharge [deˈʃarʒ] *f* ⚡, ⚔, ⚖, ⊕ discharge; ⚡ output; ⚔ volley; ⚖ acquittal; ☤ receipt (*for delivery*); ☤ credit; *fig.* relief, easing; lumber-room, F gloryhole; reservoir; ~ (*publique or municipale*) rubbish (*Am.* garbage) dump; ⚖ *témoin m à* ~ witness for the defence; ⊕ *tuyau m de* ~ outlet; *à sa* ~ in his defence; **déchargeoir** ⊕ [deʃarˈʒwaːr] *m* outlet; waste pipe; **décharger** [~ˈʒe] (1l) *v/t.* unload (*a cart, a gun*); ⚓ unlade; discharge (*a.* ⚡, ⚓, ⚖, *a gun*) (at *sur*, *contre*); empty (*a boiler, a reservoir*); *admin.* exempt (from, *de*); ⚖ acquit; *fig.* relieve, ease; *fig.* vent; se ~ go off (*gun*); ⚡ run down; *fig.* vent itself (*anger*); se ~ *de* pass off (*a responsibility etc.*) (onto, *sur*).

décharné, e [deʃarˈne] lean, emaciated, fleshless; gaunt.

déchaumer ⚘ [deʃoˈme] (1a) *v/t.* plough (*Am.* plow) up the stubble of (*a field*); break (*the ground*).

déchausser [deʃoˈse] (1a) *v/t.* take off (*s.o.'s*) shoes and stockings; lay bare (*a tooth, tree roots, etc.*).

dèche *sl.* [dɛʃ] *f* poverty, distress; F *dans la* ~ hard up, broke.

déchéance [deʃeˈɑ̃ːs] *f* downfall; (moral) decay; *insurance*: expiration; ⚖ forfeiture; lapse (*of a right*).

déchet [deˈʃɛ] *m* loss, decrease; ~s *pl.* waste *sg.* (*a. phys.*), refuse *sg.*, scrap *sg.*; waste products; ~s *pl. radioactifs* radio-active waste *sg.*; ☤ ~ *de route* loss in transit.

déchiffrer [deʃiˈfre] (1a) *v/t.* decipher; decode (*a message*); ♪ read at sight; **déchiffreur, -euse** [~ˈfrœːr, ~ˈfrøːz] *su.* decipherer; decoder; ♪ sight-reader; *su./m*: ~ *de radar* radar scanner.

déchiqueter [deʃikˈte] (1c) *v/t.* hack, slash, tear to shreds (*a. fig.*), tear up.

déchirant, e [deʃiˈrɑ̃, ~ˈrɑ̃ːt] heart-rending; agonizing (*cry, pain, scene*); racking (*cough*); **déchirement** [~ʃirˈmɑ̃] *m* tearing (*a.* ⚕); laceration; pang, wrench; ~ *de cœur* heartbreak; **déchirer** [deʃiˈre] (1a) *v/t.* tear (*a. fig.*); tear up; *fig.* rend; **déchirure** [~ˈryːr] *f* tear, rent; ⚕ laceration.

déchoir [deˈʃwaːr] (3d) *v/i.* decay, decline, fall off.

déchristianiser [dekristjaniˈze] (1a) *v/t.* dechristianize.

déchu, e [deˈʃy] **1.** *p.p. of déchoir*; **2.** *adj.* fallen; expired (*insurance policy*); disqualified.

déci... [desi] deci...

décidé, e [desiˈde] decided, determined; resolute, confident (*manner, person*); **décidément** [~deˈmɑ̃] *adv.* certainly, positively, really; **décider** [~ˈde] (1a) *v/t.* decide, settle; decide on; ~ *q. à* (*inf.*) persuade s.o. to (*inf.*); *v/i.*: ~ *de* (*inf.*) decide to (*inf.*), make up one's mind to (*inf.*).

décimal, e, *m/pl.* **-aux** [desiˈmal, ~ˈmo] *adj., a. su./f* decimal; **décimer** [~ˈme] (1a) *v/t.* decimate (*a. fig.*); *fig.* deplete; **décimo** [~ˈmo] *adv.* tenthly.

décisif, -ve [desiˈsif, ~ˈsiːv] decisive (*battle etc.*); conclusive (*proof*); positive (*tones*); F cock-sure (*person*); **décision** [~ˈsjɔ̃] *f* decision (*a.* ⚖); *fig.* resolution.

déclamateur, -trice [deklamaˈtœːr, ~ˈtris] **1.** *su./m* declaimer; stump orator, F tub-thumper; bombastic writer; **2.** *adj. see déclamatoire*; **déclamation** [~maˈsjɔ̃] *f* declamation; ranting; **déclamatoire** [~maˈtwaːr] declamatory; ranting (*speech*); turgid (*style*); **déclamer** [~ˈme] (1a) *v/t.* declaim; recite (*a poem*); *v/i.* rant; rail (against, *contre*).

déclaration [deklaraˈsjɔ̃] *f* declaration; statement; *admin.* registration, notification; ~ *de revenu* income-tax return; **déclarer** [~ˈre] (1a) *v/t.* declare (*a.* ☤); ⚖ ~ *coupable* find guilty; *avez-vous qch. à* ~? have you anything to declare?; se ~ declare (for, *pour*; against, *contre*); speak one's mind; declare one's love; break out (*fire, war, epidemic, etc.*).

déclasser [deklaˈse] (1a) *v/t.* bring (*s.o.*) down in the world; ⚔ *etc.* declare obsolete (*a weapon etc.*); ⚓

disrate (*a sailor*); 🚂 transfer from one class to another; *sp.* penalize (*a runner*).

déclencher [deklɑ̃'ʃe] (1a) *v/t.* launch (*an attack*); unlatch (*a door*); ⊕ release (*a. phot.*), disengage, disconnect (*a.* ⚡); F start; **déclencheur** [~'ʃœːr] *m* release (*a. phot.*); *phot.* ~ *automatique* self-timer.

déclic ⊕ [de'klik] *m* catch, pawl, trip-dog, trip pin; nippers *pl.*; *montre f à* ~ stop-watch.

déclin [de'klɛ̃] *m* decline, decay; *moon, talent*: waning; *year*: fall; *au* ~ *du jour* at the close of day; *au* ~ *de sa vie* in his declining years, towards the end of his days; **déclinaison** [deklinɛ'zɔ̃] *f astr.* declination; ⚡ variation; *gramm.* declension; **décliner** [~'ne] (1a) *v/i.* deviate; decline; *fig.* fade, fail, wane; *v/t.* decline (*a. gramm.*); refuse; state (*one's name*).

décliqueter ⊕ [deklik'te] (1c) *v/t.* [release.]

déclive [de'kliːv] **1.** *adj.* sloping; **2.** *su./f* slope; **déclivité** [~klivi'te] *f* slope, gradient, incline.

décloisonner [deklwazɔ'ne] (1a) *v/t.* decompartmentalize.

déclouer [deklu'e] (1a) *v/t.* unnail; take down (*a picture*); *sl.* take out of pawn.

décocher [dekɔ'ʃe] (1a) *v/t.* shoot, let fly; let off (*an epigram*); discharge.

décoction [dekɔk'sjɔ̃] *f* decoction.

décoder [dekɔ'de] (1a) *v/t.* decode; decipher.

décoiffer [dekwa'fe] (1a) *v/t.* remove (*s.o.'s*) hat; take (*s.o.'s*) hair down; ruffle (*s.o.'s*) hair.

décollage [dekɔ'laːʒ] *m* unsticking; ✈ takeoff; **décoller** [~'le] (1a) *v/t.* unstick; disengage; loosen; se ~ come loose; *v/i.* ✈ take off; F budge, depart.

décolleté, e [dekɔl'te] **1.** *adj.* low-necked (*dress*); wearing a low-necked dress (*woman*); **2.** *su./m* low neckline; bare neck and shoulders *pl.*; **décolleter** [~] (1c) *v/t.* cut out the neck of (*a dress*); ⊕ cut (*a screw*); se ~ wear a low-necked dress.

décolonisation [dekɔlɔnizɑ'sjɔ̃] *f* decolonization; **décoloniser** [~'ze] (1a) *v/t.* decolonize.

décolorer [dekɔlɔ're] (1a) *v/t.* discolo(u)r; fade; bleach; se ~ fade; grow pale (*person*).

décombres [de'kɔ̃br] *m/pl.* rubbish *sg.*; debris *sg.*, *buildings*: rubble *sg.*

décommander [dekɔmɑ̃'de] (1a) *v/t.* cancel (*an invitation etc.*); ⚕ countermand; se ~ excuse o.s. from an invitation; cancel an appointment.

décomposer [dekɔ̃po'ze] (1a) *v/t.* ⚗, ⚕, *phys.* decompose; ⚗ analyse; ⚖ split up; distort (*the features*); se ~ decay; become convulsed (*features*); **décomposition** [~zi'sjɔ̃] *f* decomposition; rotting, decay; *features*: distortion; *gramm.* construing.

décompte [de'kɔ̃ːt] *m* ⚕ deduction; balance due; detailed account; *fig.* *éprouver du* ~ be disappointed (in, *à*); **décompter** [~kɔ̃'te] (1a) *v/t.* deduct; calculate (*the interest*); reckon off.

déconcerter [dekɔ̃sɛr'te] (1a) *v/t.* disconcert; upset (*plans*); † ♪ put out of tune; se ~ lose one's assurance.

déconfit, e [dekɔ̃'fi, ~'fit] crestfallen, discomfited; **déconfiture** [~fi'tyːr] *f* ruin, failure; insolvency; collapse; defeat.

décongeler [dekɔ̃'ʒle] (1d) *v/t.* defreeze, thaw (out).

décongestionner [dekɔ̃ʒɛstjɔ'ne] (1a) *v/t.* relieve congestion in; clear.

déconnecter [dekɔnɛk'te] (1a) *v/t.* disconnect; *fig.* separate.

déconner *sl.* [dekɔ'ne] (1a) *v/i.* talk a load of bullshit; blunder; *sl.* boob.

déconseiller [dekɔ̃sɛ'je] (1a) *v/t.* advise (s.o. against s.th., *qch. à q.*; s.o. against *ger.*, *q. de inf.*).

déconsidérer [dekɔ̃side're] (1f) *v/t.* discredit.

décontenancer [dekɔ̃tnɑ̃'se] (1k) *v/t.* put out of countenance, abash; se ~ lose one's self-assurance.

décontracter [dekɔ̃trak'te] (1a) *v/t.* relax; **décontraction** [~'sjɔ̃] *f* relax, cool(ness).

déconvenue [dekɔ̃v'ny] *f* disappointment; discomfiture; *fig.* blow; set-back.

décor [de'kɔːr] *m house*: decoration; *thea.* set(ting), scene; *thea.* ~*s pl.* scenery *sg.*; *mot. sl. rentrer dans le* ~ run into a wall *etc.*; **décorateur** *m*, **-trice** *f* [dekɔra'tœːr, ~'tris] decorator; *thea.* stage-designer; **décoration** [~ra'sjɔ̃] *f* decoration

(*a.* = *medal, insignia, ribbon of an order*); **décorer** [~'re] (1a) *v/t.* decorate; confer a decoration on.
décortiquer [dekɔrti'ke] (1m) *v/t.* husk (*rice*); shell (*nuts*); peel (*fruit*).
décorum [dekɔ'rɔm] *m* decorum, propriety.
découcher [deku'ʃe] (1a) *v/i.* sleep out; stay out all night.
découdre [de'kudr] (4l) *v/t.* unpick (*a garment*); rip open.
découler [deku'le] (1a) *v/i.*: ~ de follow *or* result from.
decoupage [deku'pa:ʒ] *m* cutting up *or* out; carving; cut-out (figure); **découper** [~'pe] (1a) *v/t.* carve (*a chicken*); cut up; cut out (*a newspaper article, a pattern*); ⊕ stamp out, punch; *fig.* se ~ stand out (against, *sur*).
découplé, e [deku'ple] well-built, strapping; **découpler** [~] (1a) *v/t.* uncouple (*a.* ♪), unleash; *radio*: decouple.
découpoir ⊕ [deku'pwa:r] *m* cutter; **découpure** [~'py:r] *f* cutting-out; pinking; *newspaper*: cutting; *geog.* indentation.
découragement [dekuraʒ'mɑ̃] *m* discouragement, despondency; **décourager** [~ra'ʒe] (1l) *v/t.* discourage; dissuade (from, de); se ~ lose heart.
décousu, e [deku'zy] **1.** *p.p. of* découdre; **2.** *adj.* unstitched, unsewn; *fig.* disconnected; disjointed; rambling; **2.** *su./m* disconnectedness; **décousure** [~'zy:r] *f* seam that has come unsewn; gash, rip (*from animal's horns etc.*).
découvert, e [deku'vɛ:r, ~'vɛrt] **1.** *p.p. of* découvrir; **2.** *adj.* uncovered; ⚔ exposed; ✝ overdrawn (*account*); **3.** *su./m* ✝ overdraft; ⚔ open ground; *admin.* deficit; à ~ openly; in the open; ✝ unsecure (*credit*), short (*sale*); *su./f* uncovering; discovery (*a. fig.*); aller à la ~e explore, ⚔ reconnoitre; **découvreur** [~'vrœ:r] *m* discoverer; **découvrir** [~'vri:r] (2f) *v/t.* uncover; lay bare, expose; discover; find out, detect; se ~ take off one's hat; come into sight; come to light (*secret, truth*); clear up (*sky*).
décrasser [dekra'se] (1a) *v/t.* clean, scrape; ⊕ scale (*a boiler*); draw (*a furnace*); decarbonize (*an engine*); *fig.* rub the rough edges off (*s.o.*), polish (*s.o.*) up.
décrépir ⚠ [dekre'pi:r] (2a) *v/t.* strip the plaster *or* rough-cast off;
décrépit, e [~'pi, ~'pit] decrepit, senile; **décrépiter** ⚗ [~pi'te] (1a) *v/i.* decrepitate; **décrépitude** [~pi'tyd] *f* decrepitude; (senile) decay.
décret [de'krɛ] *m* decree; **décréter** [~kre'te] (1f) *v/t.* order; declare; decree; **décret-loi,** *pl.* **décrets-lois** [~krɛ'lwa] *m* order in council, *Am.* executive order.
décrire [de'kri:r] (4q) *v/t.* describe (*a.* ⩓).
décrocher [dekrɔ'ʃe] (1a) *v/t.* unhook; *teleph.* lift (*the receiver*); uncouple; F get, land (o.s.) (*s.th.*); *v/i.* *teleph.* lift the receiver; *fig.* switch off; *fig.* hang up one's boots;
décrochez-moi-ça *sl.* [~ʃemwa'sa] *m/inv.* reach-me-down; second-hand clothes' shop.
décroissance [dekrwa'sɑ̃:s] *f*, **décroissement** [~krwas'mɑ̃] *m* decrease; decline; *moon*: wane; **décroître** [de'krwa:tr] (4o) *v/i.* decrease, diminish; wane (*moon*).
décrotter [dekrɔ'te] (1a) *v/t.* remove the mud from; clean; scrape; F *fig.* rub the rough edges off (*s.o.*); **décrotteur** [~'tœ:r] *m* shoe-black; *hotel*: boots; **décrottoir** [~'twa:r] *m* door-scraper; wire-mat.
décru, e [de'kry] **1.** *p.p. of* décroître; **2.** *su./f* *water*: fall, subsidence; decrease.
déçu, e [de'sy] *p.p. of* décevoir.
déculotter [dekylɔ'te] (1a) *v/t.* take off (*s.o.'s*) trousers; se ~ take off one's trousers; *sl.* chicken out.
déculpabiliser [dekylpabili'ze] (1a) *v/t.* excuse; free from a sense of guilt.
décuple [de'kypl] **1.** *adj.* tenfold; **2.** *su./m* tenfold; le ~ de ten times as much as; **décupler** [~ky'ple] (1a) *vt/i.* increase tenfold.
décuver [deky've] (1a) *v/t.* rack off (*wine*).
dédaigner [dedɛ'ɲe] (1b) *v/t.* scorn, disdain; **dédaigneux, -euse** [~'ɲø, ~'ɲø:z] scornful, disdainful; **dédain** [de'dɛ̃] *m* disdain, scorn (of, de); disregard (of, de; for, pour); contempt (for, de).
dédale [de'dal] *m* labyrinth (*a. fig.*).
dedans [də'dɑ̃] **1.** *adv.* in, inside, within; en ~ inside; en ~ de within;

F *mettre q.* ~ take s.o. in; **2.** *su./m* inside, interior.
dédicace [dedi'kas] *f* dedication (*a. fig.*); *church*: consecration; **dédier** [~'dje] (1o) *v/t.* dedicate (*a. fig.*); *fig.* inscribe (*a book*).
dédire [de'di:r] (4p) *v/t.*: se ~ de go back upon, retract, take back; break (*an engagement, a promise*); **dédit** [~'di] *m* renunciation; withdrawal; *promise etc.*: breaking; ⚖ forfeit, penalty.
dédommagement [dedɔmaʒ'mɑ̃] *m* indemnity; compensation, damages *pl.*; **dédommager** [~ma'ʒe] (1l) *v/t.* compensate (for, de).
dédouanement [dedwanmɑ̃] *m* customs clearance; **dédouaner** [~'ne] (1a) *v/t.* clear (*goods etc.*) through the customs; *fig.* clear the name of, rehabilitate.
dédoubler [dedu'ble] (1a) *v/t.* divide into two; undouble (*a cloth*); remove the lining of (*a coat etc.*); 🚂 run (*a train*) in two parts.
déductible [dedyk'tibl]: ~ (*de l'impôt* tax-)deductible; **déduction** [~'sjɔ̃] *f* ✝, *phls.* deduction; ✝ allowance.
déduire [de'dɥi:r] (4h) *v/t. phls.* deduce, infer; ✝ deduct, allow.
déesse [de'ɛs] *f* goddess.
défaillance [defa'jɑ̃:s] *f* failure, failing; ⚕ faint, swoon; ⚖ *witness*: default; **défaillant, e** [~'jɑ̃, ~'jɑ̃:t] **1.** *adj.* failing; sinking (*heart*); faltering (*steps*); waning (*light*); ⊕, *fig.* at fault; faint (*person*); defaulting; **2.** *su.* ⚖, ✝ defaulter; **défaillir** [~'ji:r] (2t) *v/i.* fail, lose strength; falter (*courage*); *fig.* sink (*heart*); faint, swoon (*person*); ⚖ fail to appear.
défaire [de'fɛ:r] (4r) *v/t.* undo; ⚔ defeat; annul (*a treaty*); unpack; unwrap; *fig.* distort (*the face*); *fig.* upset (*s.o.'s plans*); rid (s.o. of s.th., *q. de qch.*); se ~ come undone; undo one's coat; get rid (of, de); **défaite** [~'fɛt] *f* defeat; *fig.* lame excuse, evasion; *fig.* failure; **défaitisme** [defɛ'tism] *m* defeatism, pessimism; **défaitiste** [~'tist] *adj., a. su.* defeatist, pessimist.
défalquer [defal'ke] (1m) *v/t.* deduct; write off (*a debt*).
défausser [defo'se] (1a) *v/t.* straighten; *cards*: se ~ discard.
défaut [de'fo] *m* defect; want, lack; fault, shortcoming; ⊕ flaw; ⚖ default; ✝ ~ *de provision* no funds; *à* ~ *de* for want of, in place of; *hunt.* *être en* ~ be at fault (*a. fig.*); *faire* ~ be lacking; be missing; be in short supply; *il nous a fait* ~ we have missed him; *sans* ~ faultless, flawless.
défaveur [defa'vœ:r] *m* disfavo(u)r (with, *auprès de*), discredit; **défavorable** [~vɔ'rabl] unfavo(u)rable.
défécation [defeka'sjɔ̃] *f* ⚗, *physiol.* defecation; clarification.
défectif, -ve [defɛk'tif, ~'ti:v] *gramm.* defective; ⚕ deficient; **défection** [~'sjɔ̃] *f* defection (from, de); *faire* ~ fall away; **défectueux, -euse** [~'tɥø, ~'tɥø:z] faulty, defective; **défectuosité** [~tɥozi'te] *f* defect, flaw; faultiness.
défendable [defɑ̃'dabl] defensible; tenable; **défendeur** *m*, **-eresse** *f* ⚖ [~'dœ:r, ~'drɛs] defendant; respondent; **défendre** [de'fɑ̃:dr] (4a) *v/t.* defend (*a.* ⚖, *a.* ⚔); protect; support; forbid; *à son corps défendant* reluctantly; *fig.* se ~ de (*inf.*) refrain from (*ger.*), help (*ger.*); F *fig.* se ~ hold one's own; get along *or* by, manage, cope; F *fig.* se ~ *bien en qch.* be good at s.th.
défense [de'fɑ̃:s] *f* defence, *Am.* defense; protection; prohibition; *elephant*: tusk; ⚖ defence, plea; ⚓ fender; ~ *de fumer* no smoking; ⚖ *légitime* ~ self-defence; *psych.* ~*s pl.* defence mechanism *sg.*; **défenseur** [defɑ̃'sœ:r] *m* defender; *fig.* supporter; ⚖ counsel for the defence; **défensif, -ve** [~'sif, ~'si:v] *adj., a. su./f* defensive.
déférence [defe'rɑ̃:s] *f* deference, regard, respect; *par* ~ *pour* in deference to, out of regard for; **déférer** [~'re] (1f) *v/t.* ⚖ submit; remove (*to the Court of Appeal*); inform against (*a criminal*); administer (*an oath*); bestow, confer (*an honour*); *v/i.* defer (to, *à*); comply (with, *à*) (*an order*).
déferler [defɛr'le] (1a) *v/t.* unfurl (*a flag*); set (*sails*); *v/i.* break (*waves*); ⚔ F break up (*attack*).
déferrer [defɛ're] (1a) *v/t.* remove the iron from; unshoe (*a horse*); *fig.* disconcert; ⚓ ~ *un navire* slip anchor.
défeuiller [defœ'je] (1a) *v/t.* strip

(*a tree*) of its leaves, defoliate; se ~ shed its leaves (*tree*).
défi [de'fi] *m* challenge; *lancer un ~ à* challenge; *mettre q. au ~* dare *or* defy s.o. (to *inf.*, *de inf.*).
défiance [de'fjɑ̃:s] *f* suspicion, distrust; *~ de soi-même* lack of self-confidence; *pol. vote m de ~* vote of no confidence; **défiant, e** [~'fjɑ̃, ~'fjɑ̃:t] distrustful, suspicious; cautious.
déficeler [defis'le] (1c) *v/t.* untie (*a parcel etc.*).
déficient, e [defi'sjɑ̃, ~'sjɑ̃:t] *adj.*, *a. su.* deficient.
déficit [defi'si] *m* deficit, shortage; deficiency; **déficitaire** [~si'tɛ:r] ✝ showing a deficit; ✓ short (*harvest*).
défier [de'fje] (1o) *v/t.* challenge; dare; *fig.* brave, defy; se ~ *de* distrust, be on one's guard against; se ~ *de soi-même* lack self-confidence.
défigurer [defigy're] (1a) *v/t.* disfigure; *fig.* distort (*the sense, the truth*).
défilade F [defi'lad] *f* procession; **défilé** [~'le] *m geog.* pass, gorge; march past; parade; **défiler** [~'le] (1a) *v/t.* unthread; ⚔ defilade (*a fortress*); ⚔ conceal (*guns, troops*); *~ son chapelet* speak one's mind; se ~ come unstrung; ⚔ take cover; *sl.* clear off, get out; *v/i.* ⚔ file off; march past.
défini, e [defi'ni] definite (*a. gramm.*); defined; *bien ~ a.* clean-cut; **définir** [~'ni:r] (2a) *v/t.* define; *fig.* describe; se ~ become clear; **définissable** [defini'sabl] definable; **définitif, -ve** [~'tif, ~'ti:v] **1.** *adj.* definitive, final; *à titre ~* permanently; **2.** *su./f*: *en ~ve* in short; **définition** [~'sjɔ̃] *f* definition; *crosswords*: clue; *telev. picture*: resolution.
déflagration [deflagra'sjɔ̃] *f* combustion, deflagration.
déflation [defla'sjɔ̃] *f* deflation.
défleuraison ⚘ [deflœrɛ'zɔ̃] *f* fall(ing) of blossom; **défleurir** [~'ri:r] (2a) *v/t.* strip (*a plant*) of its bloom; take the bloom off (*a fruit*); *v/i. a.* se ~ lose its blossom.
déflorer [deflɔ're] (1a) *v/t.* ✓ strip (*a plant*) of its bloom; deflower (*a virgin*); *fig.* F take the freshness off.
défoncer [defɔ̃'se] (1k) *v/t.* stave in; break up (*the ground, a road*); smash in (*a door etc.*); *fig.* destroy, F knock the bottom out of (*an argument*); se ~ break up; collapse (*roof*); *sl.* get high (*on drugs*); *sl. défoncé* high, stoned.
déformation [defɔrma'sjɔ̃] *f* deformation (*a.* ⊕); ⊕ *wood*: warping; ⅍, *phot.* distortion; **déformer** [~'me] (1a) *v/t.* deform; ⊕, ⅍, *phot.*, *phys.*, *a. fig.* distort; ⊕ buckle, warp; se ~ warp (*wood*); get out of shape.
défouler F [defu'le] (1a) *v/t.*: se ~ release one's pent-up feelings, F let off steam.
défourner [defur'ne] (1a) *v/t.* draw from the oven *or* kiln.
défraîchi, e [defrɛ'ʃi] (shop)soiled, *Am.* shopworn; faded; **défraîchir** [~'ʃi:r] (2a) *v/t.* take away the freshness of; se ~ lose its freshness; fade.
défrayer [defrɛ'je] (1i) *v/t.* defray (*s.o.'s*) expenses; *fig. ~ la conversation* be the (main) topic *or* subject of conversation; be the life of the conversation.
défricher [defri'ʃe] (1a) *v/t.* ✓ clear, reclaim (*land*); F *fig.* break new ground in (*a subject*).
défriser [defri'ze] (1a) *v/t.* uncurl; *fig.* disappoint.
defroisser [defrwa'se] (1a) *v/t.* smooth out.
défroncer [defrɔ̃'se] (1k) *v/t.* take out the gathers in (*a cloth*); *~ les sourcils* cease to frown.
défroque *fig.* [de'frɔk] *f usu. ~s pl.* cast-off clothing *sg.*; **défroquer** [~frɔ'ke] (1m) *v/t.* unfrock (*a priest*).
défunt, e [de'fœ̃, ~'fœ̃:t] **1.** *adj.* deceased; late; **2.** *su.* deceased, *Am.* decedent.
dégagé, e [dega'ʒe] clear (*sky, road*); free, unconstrained; off-hand (*manner, tone*); **dégagement** [~gaʒ'mɑ̃] *m* clearing; freeing; extrication; relief; emission; passage; *escalier m de ~* emergency stairs; ⊕ *tuyau m de ~* waste pipe; **dégager** [~ga'ʒe] (1l) *v/t.* clear; free; extricate; relieve; release (from a promise, *d'une promesse*); give off, emit (*a smell etc.*); *fig.* bring out (*an idea etc.*); ⅍ *~ l'inconnue* isolate the unknown quantity; se ~ free o.s.; clear; emanate, be given off; emerge, come out; *v/i.*: *dégagez!* clear the way!; *bus*: gangway!

dégaine F [de'gɛ:n] *f* (awkward) way of carrying o.s.; gawkiness; **dégainer** [~gɛ'ne] (1b) *v/t.* unsheathe, draw (*one's sword*); *v/i.* draw.

déganter [degɑ̃'te] (1a) *v/t.* unglove (*one's hand*); se ~ take off one's gloves.

dégarnir [degar'ni:r] (2a) *v/t.* strip; dismantle; unsaddle (*a horse*); ⚓ unrig; ⚔ withdraw the troops from; ✓ thin out (*a tree*); se ~ be stripped; empty (*room*); become bald (*head*); lose its leaves (*tree*).

dégât [de'gɑ] *m food etc.*: waste; ~s *pl.* damage *sg.*; havoc *sg.*

dégauchir ⊕ [degɔ'ʃi:r] (2a) *v/t.* rough-plane (*wood*); dress (*a stone*); straighten, true up (*the machinery*); *fig.* knock the corners off (*s.o.*).

dégel [de'ʒɛl] *m* thaw; **dégelée** F [deʒə'le] *f* shower of blows; **dégeler** [~] (1d) *vt/i.* thaw; unfreeze, defrost; *v/t.*: F se ~ thaw (*person*).

dégénérer [deʒene're] (1f) *v/i.* degenerate (from, *de*; into, *en*); **dégénérescence** ⚕ [~rɛ'sɑ̃:s] *f* degeneration.

dégingandé, e [deʒɛ̃gɑ̃'de] awkward, lanky, ungainly.

dégivrer [deʒi'vre] (1a) *v/t.* de-ice, defrost; **dégivreur** [~'vrœ:r] *m* de-icer, defroster.

déglacer [degla'se] (1k) *v/t.* thaw; defrost (*the refrigerator*); unglaze (*paper*).

déglinguer F [deglɛ̃'ge] (1m) *v/t.* knock to pieces, F bust up.

dégluer [degly'e] (1a) *v/t.* remove the sticky substance from; remove the bird-lime from (*a bird*).

déglutition *physiol.* [deglyti'sjɔ̃] *f* swallowing.

dégobiller *sl.* [degɔbi'je] (1a) *v/t.* bring up (*food*); *v/i.* vomit, F spew, puke.

dégoiser F [degwa'ze] (1a) *v/t.* reel off, spout (*a speech etc.*).

dégommer [degɔ'me] (1a) *v/t.* ungum; ⊕ clean off old oil from; F dismiss (*s.o.*); F beat (*s.o.*) (*at a game*); F se *faire* ~ get the sack.

dégonflé *sl.* [degɔ̃'fle] *m* funk; **dégonfler** [~] (1a) *v/t.* deflate; reduce (⚕ *a swelling*, ✝ *prices*, *fig. s.o.'s importance etc.*); *fig.* debunk (*s.o.*); se ~ *mot.* go flat (*tyre*); F back out, F chicken out.

dégorgeoir [degɔr'ʒwa:r] *m* outlet, outflow; *pump*: spout; **dégorger** [~'ʒe] (1l) *v/t.* cleanse; clear, unstop (*a pipe etc.*); disgorge (*a. fig.*); *v/i. a.* se ~ flow out; overflow; ⚕ discharge (*abscess*); become free (*pipe etc*).

dégot(t)er *sl.* [degɔ'te] (1a) *v/t.* find, F unearth; *v/i.* ~ (*bien*) look great; ~ *mal* look awful.

dégouliner F [deguli'ne] (1a) *v/i.* roll (down); trickle.

dégourdi, e [degur'di] **1.** *adj.* lively, sharp, smart; **2.** *su.* brisk person, F live wire; **dégourdir** [~'di:r] (2a) *v/t.* warm (up), take the stiffness from (*one's legs etc.*); take the chill off (*a liquid*); *fig.* smarten (*s.o.*) up, F lick (*s.o.*) into shape; se ~ *les jambes* stretch one's legs; se ~ *a.* feel warmer; become more alert; F learn the ropes.

dégoût [de'gu] *m* disgust, loathing (for, *pour*); dislike, repugnance (for, *pour*); **dégoûtant, e** [degu'tɑ̃, ~'tɑ̃:t] disgusting, loathsome, repulsive; **dégoûter** [~'te] (1a) *v/t.* disgust, repel; se ~ *de* take a dislike to, grow sick of.

dégoutter [degu'te] (1a) *v/i.* drip, trickle (from, with *de*).

dégradation [degrada'sjɔ̃] *f* degradation (*a. phys.*); *rock*: weathering; *phys. energy*: dissipation; *colours etc.*: shading off; ⚖ ~ *civique* loss of civil rights; **dégrader** [~'de] (1a) *v/t.* degrade; ⚔ demote, reduce to the ranks; shade off (*colours*); damage, deface (*a building*); se ~ deteriorate.

dégrafer [degra'fe] (1a) *v/t.* unhook, unfasten.

dégraissage [degrɛ'sa:ʒ] *m cuis.* skimming; (dry-)cleaning; **dégraisser** [~'se] (1a) *v/t.* remove the fat from; *cuis.* skim; take the grease marks out of; **dégraisseur** [~'sœ:r] *m person*: drycleaner.

degré [də'gre] *m* degree (*a.* ⩓ *etc., a. of parentage*); stage; step; rank; ~ *centésimal* degree centigrade; ~ *de congélation* freezing point; *par* ~s by degrees, progressively.

dégréer ⚓ [degre'e] (1a) *v/t.* unrig (*a mast, a ship*); dismantle (*a crane*).

dégrèvement [degrɛv'mɑ̃] *m* abatement of tax; derating; **dégrever** [~grə've] (1d) *v/t.* reduce (*a duty, a tax*); derate; reduce the assessment on; disencumber (*an estate*).

dégringolade F [degrɛ̃gɔ'lad] *f*

tumble, fall; *currency*: collapse; **dégringoler** F [~'le] (1a) *vt/i.* tumble down.
dégriser [degri'ze] (1a) *v/t.* sober (*s.o.*); *fig.* bring (*s.o.*) to his senses; se ~ sober up; *fig.* come to one's senses.
dégrosser ⊕ [degro'se] (1a) *v/t.* [draw down (*a wire*).]
dégrossir [degro'siːr] (2a) *v/t.* rough-hew (*a stone*); rough-plane (*wood*); rough out (*a plan*); F lick (*s.o.*) into shape.
dégrouiller *sl.* [degru'je] (1a) *v/t.*: se ~ hurry up, F get a move on.
déguenillé, e [degəni'je] **1.** *adj.* ragged, tattered; **2.** *su.* ragamuffin.
déguerpir [degɛr'piːr] (2a) *v/t.* ⚖ abandon (*one's property etc.*); *v/i.* move out; clear out, *Am.* beat it; *faire* ~ send (*s.o.*) packing.
déguisement [degiz'mɑ̃] disguise; *fig.* concealment; fancy dress; *sans* ~ openly; **déguiser** [~gi'ze] (1a) *v/t.* disguise; conceal; se ~ *a.* put on fancy dress.
dégustateur *m*, **-trice** *f* [degysta'tœːr, ~'tris] taster; **dégustation** [~ta'sjɔ̃] *f* tasting; **déguster** [~'te] (1a) *v/t.* taste; F sip; relish, enjoy.
déhanché, e [deɑ̃'ʃe] *horse*: hip-shot; *fig.* ungainly, slovenly; moving with a loose gait; **déhancher** [~] (1a) *v/t.*: se ~ dislocate its hip (*horse*); *fig.* move with a loose gait; sway one's hips.
déharnacher [dearna'ʃe] (1a) *v/t.* unharness.
dehors [də'ɔːr] **1.** *adv.* outside, out; *dîner* ~ dine out; *en* ~ outside; outwards; *en* ~ *de* outside; in addition to; *en* ~ *de moi* without my knowledge *or* participation; *mettre q.* ~ turn s.o. out; F sack s.o., *Am.* lay s.o. off; ⚓ *toutes voiles* ~ with every sail set; **2.** *su./m* outside, exterior; ~ *pl.* appearances.
déifier [dei'fje] (1o) *v/t.* deify; *fig.* make a god of; **déité** [~'te] *f* deity.
déjà [de'ʒa] *adv.* already, before.
déjection [deʒɛk'sjɔ̃] *f* ⚕ evacuation; ~*s pl. a.* ejecta (*of a volcano*).
déjeter ⊕ [deʒə'te] (1c) *v/t. a.* se ~ warp (*wood*); buckle (*metal*).
déjeuner [deʒœ'ne] **1.** (1a) *v/i.* have breakfast; (have) lunch; **2.** *su./m* lunch; *petit* ~ breakfast; ~**-débat**, *pl.* ~**s-débats** [~nede'ba] *m* working lunch.
déjouer [de'ʒwe] (1p) *v/t.* thwart; foil; outwit; elude; baffle.
déjucher [deʒy'ʃe] (1a) *v/t.* unroost (*hens*); F *fig.* make (*s.o.*) come off his perch; *v/i.* come off the roost.
déjuger [deʒy'ʒe] (1l) *v/t.*: se ~ reverse one's opinion.
delà [də'la] *adv., a. prp.* beyond.
délabré, e [dela'bre] dilapidated; ramshackle, tumble-down; impaired (*health*); **délabrer** [~] (1a) *v/t.* dilapidate, wreck; ruin (*a. one's health*); se ~ fall into decay (*house*); become impaired (*health*).
délacer [dela'se] (1k) *v/t.* unlace; undo (*one's shoes*).
délai [de'lɛ] *m* delay; respite; reprieve; *à bref* ~ at short notice; *dans un* ~ *de 2 mois* at a two-months' notice; ~**-congé**, *pl.* ~**s-congés** [~lɛkɔ̃'ʒe] *m* term of notice.
délaisser [delɛ'se] (1b) *v/t.* forsake, desert; abandon (*a.* ⚖ *prosecution*); ⚖ relinquish.
délaiter [delɛ'te] (1b) *v/t.* work [(*butter*).]
délarder [delar'de] (1a) *v/t.* remove the fat from; ⊕ thin down (*wood*); bevel, chamfer (*an edge*).
délassement [delɑs'mɑ̃] *m* rest, relaxation; recreation; **délasser** [~lɑ'se] (1a) *v/t.* rest, refresh; se ~ relax.
délateur, -trice [dela'tœːr, ~'tris] *su.* informer, spy; *su./m* ⊕ detector (*of a lock*); **délation** [~'sjɔ̃] *f* informing, denunciation, squealing.
délavé, e [dela've] washed out; wishy-washy; weak.
délayer [delɛ'je] (1i) *v/t.* dilute; *fig.* spin out (*a speech*).
délectable [delɛk'tabl] delectable; delightful; **délecter** [~'te] (1a) *v/t.*: se ~ *à* take delight in.
délégataire ⚖ [delega'tɛːr] *su.* delegatee; **délégateur** *m*, **-trice** *f* ⚖ [~'tœːr, ~'tris] delegator; **délégation** [~'sjɔ̃] *f* delegation (*a. coll.*); ⚖ assignment; **délégué, e** [dele'ge] **1.** *adj.* deputy..., delegated; **2.** *su.* delegate; deputy; *su./m*: ⊕ ~ *syndical* shop steward; ⊕ ~ *du personnel* union steward; **déléguer** [~] (1s) *v/t.* delegate; ⚖ *a.* assign.
délester [delɛs'te] (1a) *v/t.* ⚓ *etc.* unballast; unload; *fig.* relieve (of, *de*); ⚡ shed the load.
délétère [dele'tɛːr] deleterious; noxious; poison(ous) (*gas, a. fig.*);

fig. pernicious (*doctrine*); offensive (*smell*).

délibératif, -ve [delibera'tif, ~'ti:v] deliberative; *avoir voix ~ve* be entitled to speak and vote; **délibération** [~ra'sjɔ̃] *f* deliberation, debate, discussion (on, *sur*); reflection; resolution, vote; **délibéré, e** [~'re] **1.** *adj.* deliberate; determined; *de propos ~* deliberately; **2.** *su./m* ⚖ private sitting, consultation; **délibérer** [~'re] (1f) *v/i.* deliberate; consult together; ponder, reflect (on *de, sur*).

délicat, e [deli'ka, ~'kat] delicate; fragile; dainty; nice, difficult, tricky (*situation, question*); fastidious (*eater*); sensitive (*skin*); scrupulous; *peu ~* unscrupulous, dishonest; *su./m*: *faire le ~* be squeamish; **délicatesse** [~ka'tɛs] *f* delicacy; fragility; fastidiousness; tact; difficulty; *avec ~* tactfully.

délice [de'lis] *su./m* delight; *su./f*: *~s pl.* delight *sg.*, pleasure *sg.*; *faire les ~s de* be the delight of; *faire ses ~s de* revel in; **délicieux, -euse** [~li'sjø, ~'sjø:z] delicious; delightful.

délictueux, -euse ⚖ [delik'tɥø, ~'tɥø:z] punishable, unlawful; felonious; *acte m ~* misdemeano(u)r.

délié, e [de'lje] slim, thin, slender; glib (*tongue*); nimble (*fingers, wit*); **délier** [~] (1o) *v/t.* untie, undo; release; *eccl.* absolve; *sans bourse ~* without spending a (half)penny.

délimiter [delimi'te] (1a) *v/t.* delimit; fix the boundaries of; demarcate; define (*powers*).

délinquance ⚖ [delɛ̃'kɑ̃:s] *f* delinquency; *~ juvénile* juvenile delinquency; **délinquant** *m*, **e** *f* ⚖ [~'kɑ̃, ~'kɑ̃:t] delinquent, offender; trespasser.

délirant, e [deli'rɑ̃, ~'rɑ̃:t] frantic, frenzied; rapturous; ⚕ delirious, raving; **délire** [~'li:r] *m* ⚕ delirium; *fig.* frenzy; **délirer** [~li're] (1a) *v/i.* be delirious; rave (*a. fig.*); **délirium tremens** ⚕ [~li'rjɔm tre'mɛ̃:s] *m* delirium tremems, F d.t.'s.

délit ⚖ [de'li] *m* misdemeano(u)r, offence; *en flagrant ~* in the act, redhanded.

délivrance [deli'vrɑ̃:s] *f* deliverance; release; rescue; ⚕ confinement; delivery; *certificate, ticket, etc.*: issue; **délivrer** [~'vre] (1a) *v/t.* (set) free; deliver (*a.* ⚕, *a. a certificate*); release; issue (*a certificate, a ticket*); *se ~ de* free o.s. from.

déloger [delɔ'ʒe] (1l) *v/i.* remove, move house; go away; ⚔ march off; *v/t.* oust, drive out; ⚔ dislodge.

déloyal, e, *m/pl.* **-aux** [delwa'jal, ~'jo] disloyal, false; ☤ unfair (*competition*); *sp.* foul; **déloyauté** [~jo'te] *f* disloyalty, treachery.

déluge [de'ly:ʒ] *m* deluge, flood (*a. fig.*); F *rain*: downpour.

déluré, e [dely're] smart, sharp, knowing; forward, cheeky.

délustrer [delys'tre] (1a) *v/t. tex.* take the gloss off (*a cloth*); *fig.* take the shine off; *se ~* lose its gloss; grow shabby; *fig.* fade.

démagogue [dema'gɔg] *m* demagogue.

démailler [demɑ'je] (1a) *v/t.* unshackle (*a chain*); unpick (*a knitted object*); *se ~* run, ladder (*stocking*); **démailloter** [~jɔ'te] (1a) *v/t.* unswaddle (*a baby*).

demain [də'mɛ̃] *adv., a. su./m* tomorrow; *à ~!* good-bye till to-morrow!, F see you to-morrow!; *~ en huit* to-morrow week.

démancher [demɑ̃'ʃe] (1a) *v/t.* unhaft, remove the handle of (*a tool*); ⚕ F dislocate; *fig.* upset; *v/i.* ♪ shift.

demande [də'mɑ̃:d] *f* question; enquiry; request (for, *de*); ☤ demand; ⚖ claim, action; *~ d'emploi* application for a job; ⚖ *~ en dommages-intérêts* claim for damages; *~ en mariage* proposal (of marriage); *à la ~* as required; *à la ~ générale* by general request; *sur ~* on application *or* request; **demander** [~mɑ̃'de] (1a) *v/t.* ask (for); beg, request; wish, want; order; apply for; *~ q.* ask for s.o.; *~ qch. à q.* ask s.o. for s.th.; *se ~* wonder.

demandeur[1] *m*, **-euse** [dəmɑ̃'dœ:r, ~'dø:z] petitioner; applicant (for, *de*); demander; *cards*: declarer; *teleph.* caller.

demandeur[2] *m*, **-eresse** *f* ⚖ [dəmɑ̃'dœ:r, ~'drɛs] plaintiff.

démangeaison [demɑ̃ʒɛ'zɔ̃] *f* itching; *fig.* F itch, longing; **démanger** [~'ʒe] (1l) *v/i.*: *~ à q.* itch (*arm, leg, etc.*); *fig. ça me démange de* (*inf.*) I'm dying to (*inf.*).

démantèlement [demɑ̃tɛl'mɑ̃] *m*

dismantling; **démanteler** [~mɑ̃tˈle] (1d) *v/t.* dismantle; demolish, raze; break up (*a gang*).
démantibuler [demɑ̃tibyˈle] (1a) *v/t.* ruin, break up, smash up.
démaquillage [demakiˈjaːʒ] *m*: *crème m de* ~cleansing cream; **démaquillant** [~ˈjɑ̃] *m* make-up remover, cleanser; **démaquiller** [~ˈje] (1a) *v/t.*: se ~ take off one's make-up.
démarcation [demarkaˈsjɔ̃] *f* demarcation, boundary.
démarche [deˈmarʃ] *f* step (*a. fig.*), walk, gait; *fig. a.* procedure(s *pl.*); *faire des ~s pour* take steps to.
démarquer [demarˈke] (1m) *v/t.* remove the marks from; ✝ mark down (*prices*); *fig.* plagiarize.
démarrage [demaˈraːʒ] *m mot.*, 🚂, ✈ start; ⚓ unmooring; **démarrer** [~ˈre] (1a) *vt/i.* ⚓ cast off; *mot.*, 🚂, ✈ start; *v/i. fig.* get moving, get off the ground; *faire ~ mot.* start; ⊕ set in motion; **démarreur** ⊕, *mot.* [~ˈrœːr] *m* starter.
démasquer [demasˈke] (1m) *v/t.* unmask (*a.* ⚔); ⚓ show (*a light*); *fig.* ~ *ses batteries* show one's hand.
démêlé [demɛˈle] *m* dispute; contest; **démêler** [~ˈle] (1a) *v/t.* unravel; comb out (*one's hair*); *fig.* make out; clear up; *avoir qch. à ~ avec q.* have a bone to pick with s.o.; **démêloir** [~ˈlwaːr] *m* large-toothed comb.
démembrer [demɑ̃ˈbre] (1a) *v/t.* dismember; break up.
déménagement [demenaʒˈmɑ̃] *m* removal, moving (house); *voiture f de ~* furniture van; **déménager** [~naˈʒe] (1l) *v/t.* (re)move; move the furniture out of (*a house*); *v/i.* move house; *fig.* go out of one's mind; F *sa tête déménage* he has taken leave of his senses; **déménageur** [~naˈʒœːr] *m* furniture remover.
démence [deˈmɑ̃ːs] *f* insanity, madness; ⚕ dementia; ⚖ lunacy.
démener [deməˈne] (1d) *v/t.*: se ~ struggle; fling o.s. about; *fig.* strive hard.
dément, e [deˈmɑ̃, ~ˈmɑ̃ːt] **1.** *adj.* mad; ⚖ lunatic; **2.** *su.* mad person, lunatic.
démenti [demɑ̃ˈti] *m* denial, contradiction; *fig.* failure; **démentir** [~ˈtiːr] (2b) *v/t.* contradict; deny (*a fact*); belie; se ~ contradict o.s.; fail (to keep one's word).
démérite [demeˈrit] *m* demerit; **démériter** [~ˈrite] (1a) *v/i.* act in a blameworthy manner; ~ *auprès de q.* forfeit s.o.'s esteem; ~ *de* break faith with (*s.o.*); become unworthy of (*s.th.*).
démesuré, e [deməzyˈre] inordinate, beyond measure; excessive; out of all proportion.
démettre [deˈmɛtr] (4v) *v/t.* dislocate; † deprive; ⚖ ~ *q. de son appel* dismiss s.o.'s appeal; se ~ *l'épaule* dislocate one's shoulder, put one's shoulder out (of joint); *se ~ de qch.* give s.th. up, abandon s.th.; *se ~* (*de ses fonctions*) resign.
démeubler [demœˈble] (1a) *v/t.* remove the furniture from.
demeurant [dəmœˈrɑ̃]: *au ~* after all; **demeure** [~ˈmœːr] *f* dwelling, residence; † delay; *à ~* permanent(ly); *dernière ~* last resting place; ✝ *en ~* in arrears; *mettre q. en ~ de* (*inf.*) call upon s.o. to (*inf.*); *mise f en ~* summons; **demeuré, e** [~mœˈre] mentally retarded; half-witted; **demeurer** [~mœˈre] (1a) *v/i.* live, reside; stay, stop; *en ~ là* stop, leave off.
demi, e [dəˈmi] **1.** *adj.* (*inv. before su.*) half, demi-..., semi...; *une demi-heure* half an hour, a half-hour; *une heure et demie* an hour and a half; *dix heures et demie* half past ten; **2.** *su./m* half; *sp.* half-back; **~-cercle** [dəmiˈsɛrkl] *m* semicircle; *surv.* demi-circle; **~-fond** *sp.* [~ˈfɔ̃] *m* medium distance; **~-frère** [~ˈfrɛːr] *m* half-brother, step-brother; **~-gros** ✝ [~ˈgro] *m* wholesale dealing in small quantities; **~-jour** [~ˈʒuːr] *m/inv.* half-light; **~-journée** [~ʒurˈne] *f* part-time work; half-day.
démilitariser [demilitariˈze] (1a) *v/t.* demilitarize.
demi...: **~-monde** [dəmiˈmɔ̃ːd] *m* demi-monde; **~-mot** [~ˈmo] *adv.*: *à ~* without many words; **~-pension** [~pɑ̃ˈsjɔ̃] *f* part board; **~-reliure** [rəˈljyːr] *f* quarter-binding; **~-saison** [~sɛˈzɔ̃] *f* between-season, mid-season; **~-sec** [~ˈsɛk] *adj./m* medium dry (*wine*); **~-sœur** [~ˈsœːr] *f* half-sister, step-sister; **~-solde** ⚔ [~ˈsɔld] *f* half pay; **~-sommeil** [~sɔˈmɛːj] *m* somnolence; **~-soupir** ♪ [~suˈpiːr] *m* quaver rest.

démission [demi'sjɔ̃] *f* resignation; abdication; *donner sa* ~ hand in one's resignation; **démissionnaire** [~sjɔ'nɛːr] **1.** *adj.* resigning; **2.** *su.* resigner; **démissionner** [~sjɔ'ne] (1a) *v/i.* resign, step down; *fig.* give up.

demi...: ~**-tarif** [dəmita'rif] *m*: (*à* ~ at) half-price *or* half-fare; ~**-teinte** *paint.*, *phot.* [~'tɛ̃ːt] *f* half-tone, half-tint; ~**-ton** ♪ [~'tɔ̃] *m* semitone; ~**-tour** [~'tuːr] *m* half-turn; ⚔ about turn; *mot.* U-turn; *faire* ~ turn back; turn about; ⚔ about-turn; ⚓ turn a half-circle.

démobiliser ⚔ [demɔbili'ze] (1a) *v/t.* demobilize.

démocrate [demɔ'krat] **1.** *adj.* democratic; **2.** *su.* democrat; **démocratie** [~kra'si] *f* democracy; **démocratiser** [~krati'ze] (1a) *v/t.* democratize; *fig.* put in the reach of the average man.

démodé, e [demɔ'de] old-fashioned, out of date, dated, outmoded; **démoder** [~] (1a) *v/t.*: se ~ go out of fashion.

démographe [demɔ'graf] *m* demographer; **démographie** [~gra'fi] *f* demography.

demoiselle [dəmwa'zɛl] *f* young lady; spinster; ⊕ paving-beetle; *zo.* dragon-fly; ⚓ rowlock; ~ (*de magasin*) shop-girl; ~ *d'honneur* bridesmaid; maid of hono(u)r.

démolir [demɔ'liːr] (2a) *v/t.* demolish (*a. fig. an argument*), pull down; *fig.* overthrow; *fig.* ruin; F give a good thrashing to (*s.o.*); **démolisseur** [~li'sœːr] *m* demolition worker *or* contractor, wrecker; *fig.* demolisher; **démolition** [~li'sjɔ̃] *f* demolition; ~*s pl.* rubbish *sg.*; rubble *sg.* (*from demolished building*).

démon [de'mɔ̃] *m* demon, devil, fiend; *fig.* imp; *le* ~ *de midi* love in middle age.

démonétiser [demɔneti'ze] (1a) *v/t.* demonetize (*metal*); *fig.* discredit (*s.o.*).

démoniaque [demɔ'njak] *adj.*, *a. su.* demoniac.

démonstrateur *m*, **-trice** *f* [demɔ̃stra'tœːr, ~'tris] ✝ demonstrator; **démonstratif, -ve** [~'tif, ~'tiːv] **1.** *adj.* demonstrative (*a. gramm.*); *peu* ~ undemonstrative, dour; **2.** *su./m gramm.* demonstrative; **démonstration** [~'sjɔ̃] *f* demonstration; ⚔ show of force.

démontable ⊕ [demɔ̃'tabl] that can be taken to pieces; collapsible (*boat*); **démontage** [~'taːʒ] *m* dismantling; *tyre*: removal; **démonté, e** [~'te] stormy, wild (*sea*); flustered; **démonter** [~'te] (1a) *v/t.* unseat (*a rider*); ⊕ dismantle, take down; *fig.* upset, take aback, fluster; se ~ lose countenance; get flustered.

démontrer [demɔ̃'tre] (1a) *v/t.* demonstrate, show.

démoraliser [demɔrali'ze] (1a) *v/t.* demoralize; *fig.* dishearten; ⚔ destroy *or* undermine the morale of (*troops etc.*).

démordre [de'mɔrdr] (4a) *v/i.* let go; *fig.* give in; *fig. ne pas* ~ *de* stick to.

démouler [demu'le] (1a) *v/t.* withdraw from the mould; turn out (*a cake*).

démunir [demy'niːr] (2a) *v/t.* deprive (of, *de*); *se* ~ *de* part with; ✝ run short of.

démuseler [demyz'le] (1c) *v/t.* unmuzzle (*a dog*).

démystification [demistifika'sjɔ̃] *f* debunking; demystification; **démystifier** [~'fje] (1a) *v/t.* debunk; demystify.

démythifier [demiti'fje] (1a) demythologize; debunk; demystify.

dénatalité [denatali'te] *f* fall in the birth-rate.

dénationaliser [denasjɔnali'ze] (1a) *v/t.* denationalize; se ~ lose one's nationality.

dénaturaliser [denatyrali'ze] (1a) *v/t.* denaturalize.

dénaturé, e [denaty're] unnatural; ⚗ *alcool m* ~ methylated spirit; **dénaturer** [~] (1a) *v/t.* adulterate; *fig.* misrepresent, distort; pervert.

dénégation [denega'sjɔ̃] *f* denial; ⚖ traverse.

déni ⚖ [de'ni] denial, refusal.

déniaiser F [denjɛ'ze] (1a) *v/t.* educate (*s.o.*) in the ways of the world; smarten (*s.o.'s*) wits; *fig.* initiate (*s.o.*) sexually.

dénicher [deni'ʃe] (1a) *v/t.* take from the nest; ⚔ dislodge; *fig.* unearth, rout out; discover; *v/i.* fly away; F *fig.* clear out, depart.

denier [də'nje] *m* small coin; penny; cent; money; *stockings*: denier; *les* ~*s pl. publics* public funds; *le* ~ *de Saint-Pierre* Peter's pence.

dénier [de'nje] (1o) *v/t.* deny; disclaim; refuse.
dénigrer [deni'gre] (1a) *v/t.* disparage, run (*s.o.*) down.
déniveler [deni'vle] (1c) *v/t.* make uneven (*the surface*); *surv.* determine differences in level.
dénombrement [denɔ̃brə'mɑ̃] *m* counting; *population*: census; **dénombrer** [~'bre] (1a) *v/t.* count; take a census of (*the population*).
dénominateur ₳ [denɔmina'tœːr] *m* denominator; **dénominatif, -ve** [~'tif, ~'tiːv] denominative; **dénomination** [~'sjɔ̃] *f* name, denomination; **dénommer** [denɔ'me] (1a) *v/t.* denominate, call, designate.
dénoncer [denɔ̃'se] (1k) *v/t.* denounce (*a. a treaty*); betray, indicate; expose; ~ *q.* (*à la police*) inform against s.o.; **dénonciateur, -trice** [~sja'tœːr, ~'tris] **1.** *su.* informer; F stoolpigeon; **2.** *adj.* telltale, revealing; laying information (*letter*); **dénonciation** [~sja'sjɔ̃] *f* denunciation; information (against, *de*); notice of termination (*of treaty etc.*).
dénoter [denɔ'te] (1a) *v/t.* denote, show, mark.
dénouement [denu'mɑ̃] *m* untying; result, outcome; *difficulty*: solution; *thea. etc.* dénouement; **dénouer** [~'nwe] (1p) *v/t.* untie, unravel, undo; *fig.* clear up; loosen (*limbs, the tongue*); se ~ come undone; end (*story*); loosen (*tongue*).
denrée [dɑ̃'re] *f usu.* ~*s pl.* commodity *sg.*; produce *sg.*; ~*s pl. alimentaires* food-stuffs; ~*s pl. coloniales* colonial produce *sg.*
dense [dɑ̃ːs] dense (*a. phys.*); thick; *peu* ~ thin; sparse; **densimètre** *phys.* [dɑ̃si'metr] *m* densimeter, hydrometer; **densité** [~'te] *f* density (*a. phys., a. of population*); *phys.* specific weight.
dent [dɑ̃] *f* tooth (*a.* ⊕); *elephant*: tusk; *geog.* jagged peak; ⊕ cog; *fork*: prong; ~ *de lait* (*de sagesse*) milk tooth (wisdom tooth); ~*s pl. artificielles* denture *sg.*; *sl. avoir la* ~ be hungry; *avoir une* ~ *contre* have a grudge against; *être sur les* ~*s* be worn out; *mal m aux* ~*s* toothache; *sans* ~*s* toothless; **dentaire** *anat.* [dɑ̃'tɛːr] dental (*art, pulp*); **dental, e,** *m/pl.* **-aux** [~'tal, ~'to] **1.** *adj.* dental (*nerve, consonant*); **2.** *su./f gramm.* dental (consonant); **dent-de-lion,** *pl.* **dents-de-lion** ⚘ [dɑ̃d'ljɔ̃] *f* dandelion; **denté, e** [dɑ̃'te] toothed; ⊕ *roue f* ~*e* cogwheel; **dentelé, e** [dɑ̃t'le] jagged, notched; serrated (*a. leaf*); **denteler** [~] (1c) *v/t.* notch; indent (*a. fig.*); **dentelle** [dɑ̃'tɛl] *f* lace; wrought ironwork; **dentelure** [dɑ̃t'lyːr] *f* indentation; *post*: perforation (*of stamps*); **denter** [dɑ̃'te] (1a) *v/t.* ⊕ tooth, cog (*a wheel*); **denticulé, e** [~tiky'le] ⚘ denticulate; ⚠ denticular; **dentier** [~'tje] *m* denture, F plate; set of false teeth; **dentifrice** [~ti'fris] **1.** *su./m* dentifrice, tooth-paste; **2.** *adj.*: *eau f* ~ mouth-wash; **dentine** *anat.* [~'tin] *f* dentine; **dentiste** [~'tist] *m* dentist; **dentition** [~ti'sjɔ̃] *f* dentition; *baby*: teething; **denture** [~'tyːr] *f* set of (*natural*) teeth; ⊕ teeth *pl.*, cogs *pl.*, gear teeth *pl.*
dénucléarisé, e [denykleari'ze] atom-free (*zone*).
dénuder [deny'de] (1a) *v/t.* lay bare; strip; **dénuement** [~ny'mɑ̃] *m* destitution; poverty (*a. fig.*); *room*: bareness; **dénuer** [~'nɥe] (1n) *v/t.* strip (of, *de*); *dénué de* devoid of, lacking, ...less.
dépannage [depa'naːʒ] *m* repairing, fixing; repairs *pl.*; *fig.* helping (out); help, relief, F troubleshooting; *mot.* (*a. service m de* ~) breakdown service; **dépanner** [~'ne] (1a) *v/t.* repair, fix; *fig.* help (out), tide over, relief; **dépanneur** *mot.* [~'nœːr] *m* breakdown mechanic; **dépanneuse** *mot.* [~'nøːz] *f* breakdown lorry, *Am.* wrecker.
dépaqueter [depak'te] (1c) *v/t.* unpack.
dépareillé, e [deparɛ'je] odd (= *unpaired*); ✝ *articles m/pl.* ~*s* job lot *sg.*, oddments.
déparer [depa're] (1a) *v/t.* strip (*of ornaments*); divest (*of medals etc.*); *fig.* spoil, mar.
déparier [depa'rje] (1o) *v/t.* remove one of a pair of; separate (*a pair*); *gant m déparié* odd glove.
départ[1] [de'paːr] *m* departure (*a.* ✈), start; ⚓ sailing; *fig.* start, beginning; *sp. bloc m de* ~ starting block; *sp.* ~ *lancé* flying start; *point m de* ~ starting point (*a. fig.*); *fig. au* ~ in the beginning; at the outset.

départ[2] [~] *m* division, separation.
départager [departa'ʒe] (1l) *v/t.* decide between; ~ *les voix* give the casting vote.
département [depart'mɑ̃] *m* department (*a. pol. Am.*); *pol.* Ministry; *admin.* department; *fig.* province.
departir [depar'ti:r] (2b) *v/t.* distribute, deal out; se ~ *de* abandon, give up.
dépassement [depɑs'mɑ̃] *m* overstepping, going beyond; *credit etc.*: exceeding; **dépasser** [~pɑ'se] (1a) *v/t.* pass, go beyond; exceed (*a. a speed*); overtake (*a car, a person, etc.*); project beyond; *fig.* outshine; *fig.* be beyond (*s.o.'s means etc.*); F *cela me dépasse* it is beyond my comprehension, F it's beyond me; *sp.* ~ *à la course* outrun.
dépassionner [depasjɔ'ne] (1a) *v/t.* take the heat out of (*a discussion etc.*).
dépaver [depa've] (1a) *v/t.* take up the pavement of (*a street*).
dépayser [depei'ze] (1a) *v/t.* take (*s.o.*) out of his element; mislead; *fig.* bewilder.
dépecer [depə'se] (1d *a.* 1k) *v/t.* cut up; dismember; break up (*an estate, a ship*).
dépêche [de'pɛ:ʃ] *f* dispatch; telegram, F wire; **dépêcher** [depɛ'ʃe] (1a) *v/t.* hasten; expedite; dispatch; se ~ hurry up, make haste (to *inf.*, *de inf.*).
dépeigner [depɛ'ɲe] (1a) *v/t.* ruffle.
dépeindre [de'pɛ̃:dr] (4m) *v/t.* depict; describe.
dépenaillé, e [depənɑ'je] tattered, ragged.
dépendance [depɑ̃'dɑ̃:s] *f* dependence; dependency (*of a country*); *fig.* subjection, domination; ~*s pl.* outbuildings, annexes.
dépendre[1] [de'pɑ̃:dr] (4a) *v/i.* depend (on, *de*); *cela dépend* that depends; *il dépend de vous de* (*inf.*) it lies with you to (*inf.*).
dépendre[2] [~] (4a) *v/t.* take down, unhang.
dépens [de'pɑ̃] *m/pl.* cost *sg.*, expense *sg.*, ⚖ costs; *aux* ~ *de q.* at s.o.'s expense.
dépense [de'pɑ̃:s] *f* expenditure, spending, outlay, expense; *gas, steam, etc.*: consumption; **dépenser** [depɑ̃'se] (1a) *v/t.* spend; consume (*coal etc.*), use (up); *fig.* se ~ exert o.s.; **dépensier**, **-ère** [~'sje, ~'sjɛ:r] **1.** *su.* storekeeper; *hospital*: dispenser; spendthrift; **2.** *adj.* extravagant, spendthrift.
déperdition [depɛrdi'sjɔ̃] *f* waste; loss; *gas*: escape.
dépérir [depe'ri:r] (2a) *v/i.* decline, pine (away), dwindle; **déperissement** [~ris'mɑ̃] *m* declining, pining, dwindling; decay(ing); deterioration.
dépersonnaliser [depɛrsɔnali'ze] (1o) *v/t.* depersonalize; se ~ loose one's personality; become impersonal.
dépêtrer [depɛ'tre] (1a) *v/t.* extricate, free; se ~ *de* get o.s. out of (*s.th.*); F se ~ *de q.* shake s.o. off.
dépeupler [depœ'ple] (1a) *v/t.* depopulate; thin (*a forest*).
déphasage [defa'za:ʒ] *m phys.* phase difference; *fig.* discrepancy, gap; *fig.* lag; **déphasé, e** [~'ze] *phys.* out of phase; *fig.* disoriented; *fig.* lagging behind; F *fig.* no longer with it.
dépiauter F [depjo'te] (1a) *v/t.* skin; *fig.* dissect (*a book*).
dépilation [depila'sjɔ̃] *f* depilation; removal of hair; **dépilatoire** [~la'twa:r] **1.** *adj.* depilatory; *pâte f* ~ hair-removing cream; **2.** *su./m* depilatory, hair-remover; **dépiler** [~'le] (1a) *v/t.* remove the hair from.
dépister [depis'te] (1a) *v/t. hunt.* run to earth (*a.* F *fig. s.o.*); *fig.* detect, discover; put off the scent; *fig.* baffle.
dépit [de'pi] vexation, frustration; *en* ~ *de* in spite of; **dépiter** [~pi'te] (1a) *v/t.* annoy; spite; se ~ be annoyed *or* vexed (at, *de*).
déplacé, e [depla'se] out of place; displaced; *fig.* misplaced; improper; **déplacement** [~plas'mɑ̃] *m* moving, shifting; movement; displacement, relocation, transfer, removal; travel(ling); ⚓ displacement; ~ *disciplinaire* disciplinary transfer; *frais m/pl. de* ~ travelling expenses; **déplacer** [~pla'se] (1k) *v/t.* displace, shift, move; dislodge; ⚓ have a displacement of; *fig.* transfer (*s.o.*); se ~ move; move *or* get around *or* about; travel.
déplaire [de'plɛ:r] (4z) *v/i.*: ~ *à* displease; *v/t.*: se ~ *à* dislike;
déplaisant, e [deplɛ'zɑ̃, ~'zɑ̃:t]

unpleasant, disagreeable; **déplaisir** [~ˈziːr] *m* displeasure; annoyance.
déplanter ✓ [deplɑ̃ˈte] (1a) *v/t.* displant; take up (*a plant*); transplant.
dépliant [depliˈɑ̃] *m* folding album; folder; **déplier** [~ˈe] (1a) *v/t.* unfold.
déplisser [depliˈse] (1a) *v/t.* unpleat, take the pleats out of; se ~ come out of pleats.
déploiement [deplwaˈmɑ̃] *m* unfolding; *goods, courage, etc.*: display; ⚔, ⚓, *troops, etc.*: deployment.
déplomber [deplɔ̃ˈbe] (1a) *v/t.* unseal; ⚕ unstop, *Am.* remove the filling from (*a tooth*).
déplorable [deplɔˈrabl] deplorable, lamentable; wretched; **déplorer** [~ˈre] (1a) *v/t.* deplore; lament, mourn.
déployer [deplwaˈje] (1h) *v/t.* unfold; display (*a flag, goods, patience, etc.*); ⚔ deploy (*troops*); ⚓ unfurl (*the sail*).
déplumer [deplyˈme] (1a) *v/t.* pluck; se ~ moult; F grow bald.
dépolir ⊕ [depɔˈliːr] (2a) *v/t.* remove the polish from; grind, frost (*glass*); se ~ grow dull; *verre m dépoli* ground *or* frosted glass.
dépolluer [depɔlˈlɥe] (1n) *v/t.* depollute; **dépollution** [depɔlyˈsjɔ̃] *f* depolluting.
dépopulation [depɔpylaˈsjɔ̃] *f* depopulation; falling population.
déport ✝ [deˈpɔːr] *m* backwardation.
déportation [depɔrtaˈsjɔ̃] *f* ⚖ transportation; *pol.* deportation; **déportements** [depɔrtəˈmɑ̃] *m/pl.* misconduct *sg.*; dissolute life *sg.*; **déporter** [~ˈte] (1a) *v/t.* deport (*s.o.*); carry away; ⊕ off-set (*a part*); *v/i.* ✈ drift.
déposant *m*, **e** *f* [depoˈzɑ̃, ~ˈzɑ̃ːt] ✝ depositor; ⚖ bailor; ⚖ deponent, witness; **déposer** [~ˈze] (1a) *v/t.* deposit (*s.th., money, required documents,* ⚗ *a sediment, etc.*); lay down; leave; depose (*a king etc.*); *parl.* introduce, table (*a bill*); ⚖ file (*a petition*), prefer (*a charge*), lodge (*a complaint*); ✝ register (*a trade-mark*); *v/i.* settle (*wine*); ⚖ give evidence (against, *contre*); depose (that, *que*); **dépositaire** [~ziˈtɛːr] *su.* trustee; ⚖ bailee; ✝ agent (for, *de*); **déposition** [~ziˈsjɔ̃] *f* ⚖, *a. king*: deposition; ⚖ evidence; ⚖ ~ *sous serment* affidavit.
déposséder [depɔseˈde] (1f) *v/t.* (*de*) dispossess (from), deprive (of); **dépossession** [~sɛˈsjɔ̃] *f* dispossession.
dépôt [deˈpo] *m* deposit; ⚖ bailment; *telegram*: handing in; ✝ store; depot (*a.* ⚔); ✝ warehouse; *Customs*: bond; sediment (*in liquid*); ⚗ depositing; 🚂 *engine*: shed; police station; ⚕ accumulation of matter; ✝ *trade-mark*: registration; ~ *de marchandises* goods depot; freight yard; ~ *de mendicité* workhouse; ~ *mortuaire* mortuary; *caisse f de ~s et consignations* Deposit and Consignment Office; *en* ~ on sale; in stock; on trust.
dépoter [depɔˈte] (1a) *v/t.* ✓ plant out (*seedlings*); unpot (*a plant*); decant (*wine etc.*).
dépotoir [depɔˈtwaːr] *m* rubbish (*Am.* garbage) dump; junk room *or* yard.
dépouille [deˈpuːj] *f animal*: skin; *serpent*: slough; ⊕ rake, clearance; *metall.* draw; ~*s pl.* spoils, booty *sg.*; effects; ~ *mortelle* mortal remains *pl.*; **dépouillement** [~pujˈmɑ̃] *m* despoiling; scrutiny, examination; *votes*: count; **dépouiller** [~puˈje] (1a) *v/t.* skin; strip; plunder; rob; examine; open (*letters*); count (votes); *fig.* cast off *or* aside (*one's pride etc.*); se ~ shed its leaves (*tree*); cast its skin (*serpent*); divest o.s., get rid (of, *de*).
dépourvoir [depurˈvwaːr] (3m) *v/t.* deprive (of s.th., *de qch.*); **dépourvu, e** [~ˈvy] **1.** *adj.*: ~ *de* lacking, short of, devoid of; **2.** *dépourvu adv.*: *au* ~ unawares.
dépoussiérage [depusjeˈraːʒ] *m* dusting; ⊕ dust extraction; *air*: filtering; **dépoussiérer** [~ˈre] (1a) *v/t.* remove (the) dust from; dust down; *fig.* dust off.
dépravation [depravaˈsjɔ̃] *f taste etc.*: depravation; *morals*: depravity; **dépraver** [~ˈve] (1a) *v/t.* deprave, corrupt.
dépréciation [depresjaˈsjɔ̃] *f* depreciation; wear and tear; **déprécier** [~ˈsje] (1o) *v/t.* depreciate (*a.* ✝), undervalue; belittle, F run

down; devalue (*coinage*); se ~ ⚕ depreciate; *fig.* belittle o.s.
déprédateur, -trice [depreda'tœ:r, ~'tris] **1.** *su.* depredator; embezzler; **2.** *adj.* depredatory; **déprédation** [~'sjɔ̃] *f* depredation, pillaging; peculation.
déprendre [de'prɑ̃:dr] (4q) *v/t.*: se ~ *de* break away from; free *or* rid o.s. of; cast off.
dépressif, -ve [deprɛ'sif, ~'si:v] bearing down; *fig.* depressing; **dépression** [~'sjɔ̃] *f* depression (*a.* ⚕, *a. meteor., a. fig.*); fall (*in value*); *barometer*: fall in pressure; ⚕ (~ *nerveuse* nervous) breakdown; **déprime** F [de'prim] *f* depression; **déprimer** [depri'me] (1a) *v/t.* depress; *fig.* lower; se ~ become depressed.
depuis [də'pɥi] **1.** *prp.* since, for; from; ~ *quand?* since when?; *je suis ici ~ cinq jours* I have been here for five days; ~ ... *jusqu'à* from ... (down) to; **2.** *adv.* since (then); afterwards; **3.** *cj.*: ~ *que* since.
dépuratif, -ve [depyra'tif, ~'ti:v] *adj., a. su./m* depurative; **dépurer** [~'re] (1a) *v/t.* depurate, cleanse (*the blood*); purify (*water, metal*).
députation [depyta'sjɔ̃] *f* deputation; membership of Parliament; *se présenter à la* ~ stand for Parliament, *Am.* run for Congress; **député** [~'te] *m* deputy, M.P., *Am.* Congressman; **députer** [~'te] (1a) *v/t.* depute; delegate (to *à, vers*).
déraciner [derasi'ne] (1a) *v/t.* uproot; *fig.* eradicate.
déraidir [derɛ'di:r] (2a) *v/t.* take the stiffness out of; *fig.* relax.
dérailler [dera'je] (1a) *v/i.* 🚂 *etc.* go off the rails; be derailed, leave the track; F talk wildly; F behave weirdly; F be on the blink (*machinery*); **dérailleur** [~'jœ:r] *m* 🚂 shifting track; *bicycle*: gearshift.
déraison [derɛ'zɔ̃] *f* unreasonableness; unwisdom; **déraisonnable** [~zɔ'nabl] unreasonable, irrational; unwise; foolish; **déraisonner** [~zɔ'ne] (1a) *v/i.* talk nonsense; rave (*sick man*).
dérangement [derɑ̃ʒ'mɑ̃] *m* derangement; disturbance, disorder; trouble; upset; ⚡, ⊕ fault; **déranger** [~rɑ̃'ʒe] (1l) *v/t.* derange; bother; disturb; upset (*a. fig.*); ⊕ put out of order; se ~ move; take trouble (to *inf.*, *pour inf.*); lead a wild life; ⊕ get out of order; get upset.
dérapage [dera'pa:ʒ] *m mot.* skid (-ding); ⚓ dragging; **déraper** [~'pe] (1a) *v/t.* ⚓ trip, weigh (*the anchor*); *v/i.* ⚓ drag; drag its anchor (*ship*); *mot.* skid.
dératé, e F [dera'te] **1.** *adj.* scatter-brained, harum-scarum; **2.** *su./m*: *courir comme un* ~ run like a hare.
derby *sp.* [dɛr'bi] *m* derby, horse-race; contest.
derechef [dərə'ʃɛf] *adv.* again, once more.
déréglé [dere'gle] ⊕ out of order; *fig.* immoderate; dissolute (*life*); **dérèglement** [~rɛglə'mɑ̃] *m* disorder; *pulse*: irregularity; profligacy; dissolute life; **dérégler** [~re'gle] (1f) *v/t.* upset, disarrange; unsettle; ⊕ put out of order; se ~ get out of order; *fig.* get into evil ways.
dérider [deri'de] (1a) *v/t.* smooth; unwrinkle; *fig.* cheer (*s.o.*) up.
dérision [deri'zjɔ̃] *f* derision, ridicule; *tourner en* ~ hold up to ridicule; **dérisoire** [~'zwa:r] ridiculous, laughable; *prix m* ~ ridiculously low price.
dérivatif, -ve [deriva'tif, ~'ti:v] *adj., a. su./m* derivative; **dérivation** [~'sjɔ̃] *f* ⚕, *gramm.* derivation; *watercourse*: diversion; 🚂 loop(-line); ⚡ shunt(ing); *teleph.* branch-circuit; 𝔄 differentiation; ⚓ drift; **dérive** [de'ri:v] *f* ⚓ leeway; *aller à la* ~ drift; **dérivé** ⚗, *gramm.* [deri've] *m* derivative; **dérivée** 𝔄 [~] *f* differential coefficient.
dériver[1] [deri've] (1a) *v/i.* drift.
dériver[2] [~] (1a) *v/t.* divert; ⚡, 🚂 shunt; ⚕ free from the board; ⚕, 𝔄, *gramm.* derive; *v/i.* derive *or* be derived (from, *de*); spring (from, *de*).
dériver[3] ⊕ [~] (1a) *v/t.* unrivet; unhead (*a rivet*).
dermatologiste [dɛrmatɔlɔ'ʒist], **dermatologue** [~'lɔg] *su.* dermatologist.
dernier, -ère [dɛr'nje, ~'njɛ:r] **1.** *adj.* last, latest; highest, utmost (*importance etc.*); ⚕ closing (*price*); least (*trouble, worry*); vilest (*of men*); *le jugement* ~ judgment-day, the last judgment; *mettre la ~ère main à* give the finishing touch to; **2.** *su.* last, latest; **dernièrement**

[~njɛrˈmɑ̃] *adv.* lately, not long ago, recently.

dérobade [derɔˈbad] *f* escape; *horse*: balking; **dérobé, e** [~ˈbe] hidden, concealed; **dérobée** [~ˈbe] *adv.*: *à la* ~ secretly, on the sly; **dérober** [~ˈbe] (1a) *v/t.* steal; hide; *cuis.* skin (*beans*), blanch (*almonds*); se ~ steal away; hide; escape (from, *à*).

dérogation [derɔgaˈsjɔ̃] *f* derogation (of, *à*); *faire* ~ *à* deviate from; **déroger** [~ˈʒe] (1l) *v/i.* derogate (from, *à*); deviate (from, *à*); *fig.* lower o.s., stoop (to *inf.*, *jusqu'à inf.*).

dérouiller [deruˈje] (1a) *v/t.* remove the rust from; *fig.* polish up.

dérouler [deruˈle] (1a) *v/t.* unroll; unreel (*a cable, a wire*); *fig.* unfold (*one's plan*); se ~ unroll; come unwound; *fig.* unfold (*scene*); *fig.* occur, develop.

déroute [deˈrut] *f* rout; *fig.* ruin; *mettre en* ~ rout; **dérouter** [~ruˈte] (1a) *v/t.* re-route (*an aircraft etc.*); *fig.* confuse, disconcert (*s.o.*), baffle (*s.o., s.th.*).

derrick [dɛˈrik] *m oil-well*: derrick.

derrière [dɛˈrjɛːr] **1.** *adv.* behind, at the back, in the rear; ⚓ astern; ⚓ aft; *par* ~ from the rear; **2.** *prp.* behind, at the back of, in the rear of, *Am.* back of; ⚓ astern of; ⚓ abaft; *être* ~ *q.* back s.o. up; **3.** *su./m* back, rear; F backside, behind, bottom, rump; ⚔ ~*s pl.* rear *sg.*; *de* ~ rear..., hind...

derviche [dɛrˈviʃ] *m*, **dervis** [~ˈvi] *m* dervish.

dès [dɛ] *prp.* from, since; upon (*arrival, entry*); as early as; ~ *demain* from tomorrow; ~ *lors* from then on; ~ *que* as soon as.

désabonner [dezabɔˈne] (1a) *v/t.*: se ~ cancel one's subscription (to, *à*).

désabuser [dezabyˈze] (1a) *v/t.* disabuse, disillusion; se ~ have one's eyes opened.

désaccord [dezaˈkɔːr] *m* discord; disharmony; disagreement; discrepancy; *fig.* en ~ at variance; **désaccorder** [~kɔrˈde] (1a) *v/t.* ♪ put out of tune; *radio*: detune; *fig.* set at variance; ♪ se ~ get out of tune.

désaccoupler [dezakuˈple] (1a) *v/t.* unpair; unleash (*hounds*).

désaccoutumer [dezakutyˈme] (1a) *v/t.*: ~ *q. de* (*inf.*) break s.o. of the habit of (*ger.*).

désaffecté, e [dezafɛkˈte] disused; abandoned.

désaffection [dezafɛkˈsjɔ̃] *f* loss of affection; disaffection.

désagréable [dezagreˈabl] disagreeable, unpleasant, nasty.

désagréger [dezagreˈʒe] (1a) *v/t.* disaggregate, disintegrate; *geol.* weather (*rock*).

désagrément [dezagreˈmɑ̃] *m* unpleasantness; nuisance, inconvenience; discomfort.

désajuster [dezaʒysˈte] (1a) *v/t.* disarrange; ⊕ throw out of adjustment.

désaltérant, e [dezalteˈrɑ̃, ~ˈrɑ̃ːt] thirst-quenching; **désaltérer** [~ˈre] (1f) *v/t.* quench (*s.o.'s*) thirst; refresh, water (*a plant*).

désamarrer ⚓ [dezamaˈre] (1a) *v/t.* unmoor.

désamorcer [dezamɔrˈse] (1k) *v/t.* unprime; defuse (*a. fig.*); se ~ run dry (*pump etc.*).

désappointement [dezapwɛ̃tˈmɑ̃] *m* disappointment; **désappointer** [~pwɛ̃ˈte] (1a) *v/t.* disappoint.

désapprendre [dezaˈprɑ̃ːdr] (4aa) *v/t.* unlearn; forget (*a subject, a skill*).

désapprobateur, -trice [dezaprɔbaˈtœːr, ~ˈtris] **1.** *su.* disapprover; **2.** *adj.* disapproving; **désapprouver** [~pruˈve] (1a) *v/t.* disapprove (of), object to.

désarçonner [dezarsɔˈne] (1a) *v/t.* unseat (*a rider*); *fig.* dumbfound.

désarmement [dezarməˈmɑ̃] *m* disarmament; **désarmer** [~ˈme] (1a) *v/t.* disarm (*a. fig.*); ⚓ lay up (*a ship*); unship (*oars*); ⚔ unload (*a gun*); uncock (*a rifle*); *v/i.* disarm; ⚓ be laid up (*ship*).

désarrimer ⚓ [dezariˈme] (1a) *v/t.* unstow (*the cargo*); put (*a ship*) out of trim; se ~ shift.

désarroi [dezaˈrwa] *m* confusion, disorder.

désarticuler [dezartikyˈle] (1a) *v/t.* dislocate; ⚕ disarticulate.

désassembler [dezasɑ̃ˈble] (1a) *v/t.* take (*s.th.*) to pieces; disassemble; disconnect (*joints, couplings*).

désastre [deˈzastr] *m* disaster; **désastreux, -euse** [~zasˈtrø, ~ˈtrøːz] disastrous, calamitous.

désavantage [dezavɑ̃'taːʒ] *m* disadvantage; drawback; **désavantager** [~ta'ʒe] (1l) *v/t.* (put at a) disadvantage; handicap; **désavantageux, -euse** [~ta'ʒø, ~'ʒøːz] unfavo(u)rable.

désaveu [deza'vø] *m* disavowal, denial; repudiation; disclaimer; **désavouer** [~'vwe] (1p) *v/t.* disown; disavow; repudiate; disclaim.

désaxé, e [dezak'se] ⊕ out of true (*wheel*); off-centre; offset (*cylinder*); eccentric (*cam, a. fig.*); *fig.* F unbalanced.

desceller [desɛ'le] (1a) *v/t.* unseal, break the seal of; ⊕ loosen; force (*a safe*).

descendance [dɛsɑ̃'dɑ̃ːs] *f* descent; *coll.* descendants *pl.*; **descendant, e** [~'dɑ̃, ~'dɑ̃ːt] **1.** *adj.* descending, downward; ⅍ decreasing (*series*); 🚃 up-... (*platform, train*); **2.** *su.* descendant; **descendre** [dɛ'sɑ̃ːdr] (4a) *v/i.* descend (*a. fig.*), go *or* come down(stairs); fall (*temperature*); alight; get off (*a bus etc.*); dismount (*from a horse*); put up, stay (*at a hotel*); be descended (*from a family etc.*); ~ *chez q.* stay with s.o.; ⚖ ~ *dans* (*or chez*) raid; ✈ ~ *en piqué* nose-dive; ⚖ ~ *sur les lieux* visit the scene (*of the accident, crime, etc.*); *v/t.* go *or* come down; bring (*s.th.*) down; take (*s.th.*) down (*from a shelf etc.*); lower (*by rope etc., a.* ♪); bring *or* shoot down; set (*s.o.*) down, F drop (*s.o.*) (*at an address*); **descente** [~'sɑ̃ːt] *f* descent; slope; *police*: raid; 🚃 alighting from (*a train*); ⚓ landing; ⚕ prolapse; lowering (*by rope etc.*); taking down (*from the wall etc.*); ⊕ *piston*: downstroke; ⌂ downpipe; *radio*: down-lead; ✝ run (on a bank); ~ *à pic ski*: straight (downhill) run; *paint. etc.* ~ *de croix* descent from the cross; ~ *de lit* (bed-side) rug; ✈ ~ *piquée* nose-dive.

descriptif, -ve [dɛskrip'tif, ~'tiːv] descriptive; **description** [~'sjɔ̃] *f* description.

déséchouer ⚓ [deze'ʃwe] (1p) *v/t.* refloat.

déségrégation *pol.* [desegrega'sjɔ̃] *f* desegregation.

désempar|é, e [dezɑ̃pa're] helpless, all at sea; crippled (*vehicle etc.*); **~er** [~] (1a) *v/i.*: *sans* ~ without stop(ping), on end; *v/t.* ⚓ disable; undo.

désemplir [dezɑ̃'pliːr] (2a) *v/t.* half-empty; *v/i.*: *ne pas* ~ be always full.

désenchaîner [dezɑ̃ʃɛ'ne] (1b) *v/t.* unchain, unfetter.

désenchanter [dezɑ̃ʃɑ̃'te] (1a) *v/t.* disenchant; *fig.* disillusion.

désencombrer [dezɑ̃kɔ̃'bre] (1a) *v/t.* clear; disencumber.

désenfler [dezɑ̃'fle] (1a) *v/t.* reduce the swelling of (*the ankle*); deflate (*a tyre etc.*); *v/i. a. se* ~ go down, become less swollen.

désengager [dezɑ̃ga'ʒe] (1l) *v/t.* free from an engagement *or* an obligation.

désengorger ⊕ [dezɑ̃gɔr'ʒe] (1l) *v/t.* unstop (*a pipe*).

désenivrer [dezɑ̃ni'vre] (1a) *v/t.* sober (*s.o.*) (up).

désennuyer [dezɑ̃nɥi'je] (1h) *v/t.* amuse (*s.o.*); divert (*s.o.*); *se* ~ seek diversion (in *ger.*, *à inf.*; from, *de*).

désenrayer ⊕ [dezɑ̃rɛ'je] (1i) *v/t.* release (*a brake etc.*).

désensibiliser [desɑ̃sibili'ze] (1a) *v/t.* desensitize.

désenvenimer ⚕ [dezɑ̃vəni'me] (1a) *v/t.* cleanse (*a wound*).

déséquilibre [dezeki'libr] *m* lack of balance; unbalance; **déséquilibré, e** [dezekili'bre] unbalanced (*a. mind*); out of balance; **déséquilibrer** [~] (1a) *v/t.* throw (*s.th.*) off balance; unbalance.

désert, e [de'zɛːr, ~'zɛrt] **1.** *adj.* deserted; desert (*island, country*); wild (*country*); lonely (*spot*); **2.** *su./m* desert, wilderness; **déserter** [dezɛr'te] (1a) *v/t.* desert (*a.* ⚔), forsake, abandon; *v/i.* ⚔ desert; **déserteur** [~'tœːr] *m* deserter; **désertion** [~'sjɔ̃] *f* desertion.

désescalade [dezɛskalad] *f* de-escalation.

désespérant, e [dezɛspe'rɑ̃, ~'rɑ̃ːt] heart-breaking; disheartening; **désespéré, e** [~'re] desperate; hopeless; *être dans un état* ~ be past recovery; **désespérément** [~re'mɑ̃] *adv.* desperately; **désespérer** [~'re] (1f) *v/i.* despair (of, *de*); lose hope; lose heart; *v/t.* drive (*s.o.*) to despair; **désespoir** [dezɛs'pwaːr] *m* despair; desperation; *en ~ de cause* as a last resource.

désétatiser [dezetati'ze] (1a) *v/t.* denationalize; ✝ *etc.* decontrol.

déshabillé [dezabiˈje] *m* undress; *en* ~ in dishabille; in undress; **déshabiller** [~] (1a) *v/t.* undress, disrobe; strip (*a.* ⚓).
déshabituer [dezabiˈtɥe] (1n) *v/t.*: ~ *q. de* (*inf.*) break s.o. of the habit of (*ger.*); *se* ~ grow unused (to, *de*); break o.s. of the habit (of *ger.*, *de inf.*).
déshériter [dezeriˈte] (1a) *v/t.* disinherit; deprive; *les désherités* the underprivileged.
déshonnête [dezɔˈnɛt] improper, immodest; **déshonneur** [~ˈnœːr] *m* dishono(u)r, disgrace; **déshonorant, e** [~nɔˈrɑ̃, ~ˈrɑ̃ːt] dishono(u)ring, dishono(u)rable; degrading; disgraceful; **déshonorer** [~nɔˈre] (1a) *v/t.* dishono(u)r, disgrace; disfigure (*a picture etc.*).
déshumaniser [dezymaniˈze] (1a) *v/t.* dehumanize.
déshydrater ⚗ [dezidraˈte] (1a) *v/t.* dehydrate.
désignation [deziɲaˈsjɔ̃] *f* designation; appointment (as, *au poste de*); **désigner** [~ˈɲe] (1a) *v/t.* designate, indicate; appoint.
désillusionner [dezillyzjɔˈne] (1a) *v/t.* disillusion, undeceive.
désinence *gramm.* [deziˈnɑ̃ːs] *f* ending.
désinfecter [dezɛ̃fɛkˈte] (1a) *v/t.* disinfect; decontaminate.
désintégration [dezɛ̃tegraˈsjɔ̃] *f* disintegration; *atom*: splitting; *rock*: weathering.
désintéressé, e [dezɛ̃terɛˈse] unselfish; disinterested, unbiased; **désintéressement** [~rɛsˈmɑ̃] *m* impartiality; unselfishness; ⚕ *partner*: buying out; ⚕ *creditor*: paying off; **désintéresser** [~rɛˈse] (1a) *v/t.* ⚕ buy out (*a partner*); ⚕ pay off (*a creditor*); reimburse (*s.o.*); *se* ~ *de* lose interest in; take no part in; take no further interest in; **désintérêt** [~ˈrɛ] *m* disinterest, indifference.
désintoxiquer [dezɛ̃tɔksiˈke] (1a) *v/t.* ⚕ detoxicate; treat for alcoholism *or* drug addiction.
désinvolte [dezɛ̃ˈvɔlt] free, easy (*bearing*, *gait*); off-hand, airy (*manner*); rakish; F cheeky (*reply*); **désinvolture** [~vɔlˈtyːr] *f* ease, freedom (*of bearing*); off-handedness; F cheek.
désir [deˈziːr] *m* desire, wish; **désirable** [deziˈrabl] desirable; *peu* ~ undesirable; **désirer** [~ˈre] (1a) *v/t.* desire, wish, want; *laisser à* ~ leave much to be desired; **désireux, -euse** [~ˈrø, ~ˈrøːz] (*de*) desirous (of); eager (to).
désister [dezisˈte] (1a) *v/t.*: *se* ~ *de* withdraw; desist from; renounce.
désobéir [dezɔbeˈiːr] (2a) *v/i.*: ~ *à* disobey; **désobéissance** [~iˈsɑ̃ːs] *f* disobedience (to, *à*); **désobéissant, e** [~iˈsɑ̃, ~ˈsɑ̃ːt] disobedient.
désobligeant, e [dezɔbliˈʒɑ̃, ~ˈʒɑ̃ːt] disobliging, unfriendly; **désobliger** [~ˈʒe] (1l) *v/t.* disoblige (*s.o.*); offend (*s.o.*).
désobstruer [dezɔpstryˈe] (1a) *v/t.* free (*s.th.*) of obstructions; ⊕ clear (*a pipe*).
désodorisant [dezɔdɔriˈzɑ̃] *m* deodorant.
désœuvré, e [dezœˈvre] **1.** *adj.* idle, unoccupied; at a loose end; **2.** *su.* idler; **désœuvrement** [~vrəˈmɑ̃] *m* idleness; leisure.
désolant, e [dezɔˈlɑ̃, ~ˈlɑ̃ːt] sad, distressing; troublesome; **désolation** [~laˈsjɔ̃] *f* desolation; grief; **désolé, e** [~ˈle] desolate; very sorry; **désoler** [~ˈle] (1a) *v/t.* desolate; lay waste; distress, grieve (*s.o.*).
désolidariser [desɔlidariˈze] (1a) *v/t.*: *se* ~ (*de*) dissociate o.s. (from).
désopilant, e F [dezɔpiˈlɑ̃, ~ˈlɑ̃ːt] side-splitting, screaming; **désopiler** *fig.* [~ˈle] (1a) *v/t.*: *se* ~ shake with laughter.
désordonné, e [dezɔrdɔˈne] disorderly; untidy; excessive (*pride*, *appetite*); immoderate (*appetite*); dissolute (*life*, *man*, *etc.*); **désordre** [~ˈzɔrdr] *m* disorder (*a.* ⚕), confusion; *fig.* dissoluteness; ~*s pl.* disturbances, riots; *vivre dans le* ~ lead a wild life.
désorganisation [dezɔrganizaˈsjɔ̃] *f* disorganization.
désorienter [dezɔrjɑ̃ˈte] (1a) *v/t.* mislead; *fig.* bewilder, confuse, disconcert; puzzle; *fig. tout désorienté a.* at a loss, all at sea.
désormais [dezɔrˈmɛ] *adv.* from now on, henceforth.
désossé, e [dezɔˈse] boned (*fish etc.*); F boneless, flabby (*person*); **désosser** [~] (1a) *v/t. cuis.* bone (*a fish etc.*); *fig.* take to pieces, dissect (*a book etc.*).

despote [dɛsˈpɔt] *m* despot; **despotique** [~pɔˈtik] despotic; **despotisme** [~pɔˈtism] *m* despotism.
dessaisir [desɛˈziːr] (2a) *v/t.* ⚖ dispossess; se ~ *de* part with, give up.
dessalé, e *fig.* [desaˈle] knowing, sharp (*person*); **dessaler** [~] (1a) *v/t.* desalinate; *cuis.* soak (*fish*); *fig.* put (*s.o.*) up to a thing or two; *fig.* se ~ learn a thing or two.
dessécher [deseˈʃe] (1f) *v/t.* dry (up); wither (*a plant, a limb*); drain (*a swamp*); parch (*one's mouth*); sear (*the heart*); se ~ dry up; wither.
dessein [dɛˈsɛ̃] *m* design; scheme, plan; intention; *à* ~ intentionally, on purpose.
desseller [deseˈle] (1a) *v/t.* unsaddle.
desserrer [desɛˈre] (1a) *v/t.* loosen (*the belt, a screw*); unclamp; unscrew (*a nut*); release (*the brake*); unclench (*one's fist, one's teeth*).
dessert [deˈsɛːr] *m* dessert; **desserte** [~ˈsɛrt] *f* sideboard; *public transport*: service, servicing.
desservir[1] [desɛrˈviːr] (2b) *v/t.* clear (*the table*); clear (*s.th.*) away; (*a.* ~ *la table*) clear the table.
desservir[2] [~] (2b) *v/t. public transport*: serve; call at (*a port*, 🚂 *a station*); *eccl.* minister to (*a parish*); lead (in)to (*road etc.*).
desservir[3] [~] (2b) *v/t.* put (*s.o.*) at a disadvantage; harm (*s.o.'s*) interests.
dessiccatif, -ve [desikaˈtif, ~ˈtiːv] drying.
dessiller [desiˈje] *v/t.*: F ~ *les yeux à* (*or de*) *q.* open s.o.'s eyes (*to the truth*).
dessin [deˈsɛ̃] *m* drawing, sketch; ⚠ *etc.* plan; ⊕ draughtsmanship; pattern, design; ~ *à main levée* free-hand drawing; *cin.* ~ *animé* (animated) cartoon; **dessinateur, -trice** [desinaˈtœːr, ~ˈtris] *su.* drawer, sketcher; designer; cartoonist; *su./m* ⊕ draughtsman; *su./f* ⊕ draughtswoman; **dessiner** [~ˈne] (1a) *v/t.* draw, sketch; design (*material etc.*); lay out (*a garden*); outline; se ~ stand out, be outlined; appear; *fig.* take shape.
dessouder ⊕ [desuˈde] (1a) *v/t.* unsolder; reopen (*a welded seam etc.*).
dessouler [desuˈle] (1a) *v/t.* sober (up); *v/i. a.* se ~ sober up.
dessous [dəˈsu] **1.** *adv.* under(neath), beneath, below; *de* ~ underneath; *en* ~ underneath; *fig.* in an underhand way; **2.** *prp.*: *de* ~ from under; **3.** *su./m* underside, lower part; ~ *pl.* (*women's*) underclothing *sg.*, F undies; *fig.* seamy *or* shady side *sg.*; F *avoir le* ~ be defeated, get the worst of it; **~-de-bras** *cost.* [dəsudəˈbra] *m/inv.* dress-shield.
dessus [dəˈsy] **1.** *adv.* above, over; on (it, them, *etc.*); *en* ~ at the top, above; *sens* ~ *dessous* in confusion, topsy-turvy; ⚓ *avoir le vent* ~ be aback; *fig. mettre le doigt* ~ hit the nail on the head; **2.** *prp.* † on, upon; *de* ~ from, (from) off; **3.** *su./m* top, upper side; ♪ treble; *thea.* ~ *pl.* flies; *avoir* (*prendre*) *le* ~ have (get) the upper hand, have (get) the best of it; ~ *de cheminée* mantelpiece; *fig. le* ~ *du panier* the pick of the basket; **~-de-lit** [dəsydˈli] *m/inv.* bedspread, coverlet.
déstabiliser [destabiliˈze] (1a) *v/t.* destabilize, make unstable.
destin [dɛsˈtɛ̃] *m* fate, destiny; **destinataire** [dɛstinaˈtɛːr] *su.* addressee; ⚕ *money order*: payee; *goods*: consignee; **destination** [~naˈsjɔ̃] *f* destination; *à* ~ *de* 🚂 for, to; ⚓ bound for; *post*: addressed to; **destinée** [~ˈne] *f* destiny; **destiner** [~ˈne] (1a) *v/t.* destine; intend (for, *à*); se ~ *à* intend to take up, enter (*a profession*).
destituer [dɛstiˈtɥe] (1n) *v/t.* dismiss, discharge; **destitution** [~tyˈsjɔ̃] *f* dismissal; removal.
destrier *poet.* [dɛstriˈe] *m* charger, steed.
destroyer ⚓ [dɛstrwaˈjœːr] *m* destroyer.
destructeur, -trice [dɛstrykˈtœːr, ~ˈtris] **1.** *adj.* destructive; destroying; **2.** *su.* destroyer; **destructif, -ve** [~ˈtif, ~ˈtiːv] destructive (of, *de*); **destruction** [~ˈsjɔ̃] *f* destruction; demolition.
désuet, -ète [deˈsɥɛ, ~ˈsɥɛt] obsolete (*a. gramm.*), out-of-date; **désuétude** [~sɥeˈtyd] *f* disuse; *tomber en* ~ fall into disuse; ⚖ fall into abeyance (*law*), lapse (*right*).
désunion [dezyˈnjɔ̃] *f* disunion; *parts*: separation; *fig.* dissension; **désunir** [~ˈniːr] (2a) *v/t.* disunite, divide; take apart; *fig.* set at variance.

détachant [deta'ʃɑ̃] *m* stain remover. **détachement** [detaʃ'mɑ̃] *m* loosening; detachment (*a.* ⚔); *fig.* indifference (to, *de*), unconcern.
détacher[1] [deta'ʃe] (1a) *v/t.* detach (*a.* ♪); undo, unfasten; separate; ⚔ detail (*a company*); 🚂 uncouple; *fig.* estrange; se ~ come loose; part; stand out (against, *sur*).
détacher[2] [~] (1a) *v/t.* clean, remove stains from.
détail [de'ta:j] *m* detail; particular; *fig.* trifle; ⚚ retail; *marchand m en* ~ retailer; *vendre au* ~ retail; **détaillant** *m*, **e** *f* [deta'jɑ̃, ~'jɑ̃:t] retailer; **détailler** [~'je] (1a) *v/t.* enumerate; itemize (*an account*); relate in detail; cut up; ⚚ (sell) retail.
détaler F [deta'le] (1a) *v/i.* decamp, clear out.
détaxation [detaksa'sjɔ̃] *f* tax reduction *or* removal; **détaxe** [de'taks] *f* tax reduction *or* removal *or* refund; **détaxer** [detak'se] (1a) *v/t.* reduce *or* remove the tax on (*s.th.*).
détecteur ⚡ [detɛk'tœ:r] *m radio*: detector; ⚡ ~ *de fuites* fault-finder.
détective [detɛk'ti:v] *m* detective; *phot.* box-camera.
déteindre [de'tɛ̃:dr] (4m) *v/t.* remove the colo(u)r from; *v/i. a.* se ~ fade, lose colo(u)r; run, bleed (*colour*).
dételer [det'le] (1c) *v/t.* unharness; 🚂 uncouple; *v/i.* F stop (working); F knock off; *sans* ~ without a break.
détendre [de'tɑ̃:dr] (4a) *v/t.* loosen, slacken; *fig.* relax (*the mind*); steady (*one's nerves*); calm, reduce (*one's anger*); ⊕ expand (*steam*); se ~ slacken; relax.
détenir [det'ni:r] (2h) *v/t.* hold; detain (*goods, s.o., a.* ⚖).
détente [de'tɑ̃:t] *f* relaxation; slackening; *gun*: trigger; *pol.* détente; *fig.* improvement (*of relations*); ⊕ *steam*: expansion; *mot.* power stroke; *fig. dur à la* ~ close-fisted; *appuyer sur la* ~ press the trigger.
détenteur *m*, **-trice** *f* [detɑ̃'tœ:r, ~'tris] holder (*a. sp.*); detainer (*of goods, property*); **détention** [~'sjɔ̃] *f* detention, imprisonment; ⚚ holding; possession; withholding; ⚖ ~ *préventive* holding *or* remand in custody; ⚖ *maison f de* ~ remand home; house of detention; **détenu, e** [det'ny] **1.** *p.p. of détenir*; **2.** *su.* prisoner.
détergent, e [detɛr'ʒɑ̃, ~'ʒɑ̃t] **1.** *adj.* detergent; **2.** *su./m* detergent; cleanser; **déterger** [~'ʒe] (1l) *v/t.* cleanse.
détériorer [deterjɔ're] (1a) *v/t.* make worse; spoil; impair, damage; se ~ deteriorate; spoil.
déterminant [detɛrmi'nɑ̃] *m* ⅍ determinant; *gramm.* determiner; **détermination** [~na'sjɔ̃] *f* determination; *fig. a.* resolution; **déterminé, e** [~'ne] determined; definite, specific; *fig.* resolute; **déterminer** [~'ne] (1a) *v/t.* determine, settle; ascertain; induce; bring about; ~ *q. à* lead *or* induce s.o. to; ~ *de* (*inf.*) resolve to (*inf.*); se ~ make up one's mind (to *inf.*, *à inf.*); resolve (upon s.th., *à qch.*).
déterrer [detɛ're] (1a) *v/t.* unearth (*a. fig.*); dig up; exhume (*a corpse*).
détersif, -ve [detɛr'sif, ~'si:v] *m* detergent; cleansing product.
détestable [detɛs'tabl] detestable, hateful; **détester** [~'te] (1a) *v/t.* hate; detest.
détonateur [detɔna'tœ:r] *m* detonator; *fig.* trigger; **détonation** [~na'sjɔ̃] *f* detonation; *gun*: report; **détoner** [~'ne] (1a) *v/i.* detonate, explode; *faire* ~ detonate; *mélange m détonant* detonating mixture.
détonner [detɔ'ne] (1a) *v/i.* ♪ sing *or* play out of tune; *fig.* clash (*colours*).
détordre [de'tɔrdr] (4a) *v/t.* untwist, unravel; unlay (*a rope*); **détors, e** [~'tɔ:r, ~'tɔrs] untwisted; unlaid (*rope*); **détortiller** [~tɔrti'je] (1a) *v/t.* untwist; disentangle.
détour [de'tu:r] *m* detour, roundabout way; ~*s pl.* curves, turns; *sans* ~ straightforward(ly *adv.*); *tours et* ~*s* ins and outs (*a. fig.*), nooks and corners.
détourné, e [detur'ne] roundabout (*way*), *fig. a.* indirect; *sentier m* ~ bypath; **détournement** [~nə'mɑ̃] *m* diversion; *money*: embezzlement; *funds*: misappropriation; ⚖ abduction (*of a minor*); ~ *d'avion* highjacking; **détourner** [~'ne] (1a) *v/t.* turn away; divert (*a river, the traffic, etc., fig. s.o.*); avert (*s.o.'s anger, a blow, one's eyes, etc.*); embezzle (*money*); misappropriate (*funds*); entice (*a wife from her husband, s.o. from his*

duty); abduct (*a minor*); highjack (*an airplane*); se ~ de turn aside from.

détracteur *m*, **-trice** *f* [detrak'tœ:r, ~'tris] detractor, maligner; slanderer.

détraqué, e [detra'ke] out of order; deranged (*mind*); shattered (*health*); F *il est* ~ he is out of his mind; **détraquer** [~] (1m) *v/t.* put out of order; throw (*a machine*) out of gear; *fig.* upset; se ~ break down; F go all to pieces (*person*).

détrempe [de'trɑ̃:p] *f* distemper; *metall.* annealing; **détremper** [~trɑ̃'pe] (1a) *v/t.* soak; dilute; *metall.* anneal.

détresse [de'trɛs] *f* distress.

détriment [detri'mɑ̃] *m* detriment, injury; *au* ~ *de* to the prejudice of.

détritus [detri'tys] *m* detritus, debris; refuse, rubbish.

détroit *geog.* [de'trwa] *m* strait(s *pl.*).

détromper [detrɔ̃'pe] (1a) *v/t.* undeceive, enlighten; F *détrompez-vous!* don't you believe it!; se ~ recognize one's error.

détrôner [detro'ne] (1a) *v/t.* dethrone; *fig.* replace, supersede.

détrousser [detru'se] (1a) *v/t.* rob (*s.o.*); **détrousseur** [~'sœ:r] *m* highwayman, footpad.

détruire [de'trɥi:r] (4h) *v/t.* destroy (*a. fig.*); demolish (*buildings, a. arguments*).

dette [dɛt] *f* debt (*a. fig.*); ♀ *publique* National Debt; ~*s pl. actives* assets; ~*s pl. passives* liabilities.

deuil [dœ:j] *m* mourning (*a. clothes, a. time*); bereavement; *fig. faire son* ~ *de qch.* give s.th. up as lost, F say goodbye to s.th.; *porter le* ~ *de q.* mourn for s.o.

deux [dø] *adj./num., a. su./m/inv.* two; *date, title*: second; ~ *fois* twice; ~ *p* double p (*in spelling*); *à nous* ~ between us; *de* ~ *jours l'un, tous les* ~ *jours* every other day, on alternate days; *diviser en* ~ halve; *en* ~ in two (*pieces*); *Georges* ♀ George the Second; *le* ~ *mai* the second of May; *nous* ~ the two of us; *tous* (*les*) ~ both; **deuxième** [dø'zjɛm] **1.** *adj./num.* second; **2.** *su.* second; *su./m* second, *Am.* third floor; *su./f secondary school*: (*approx.*) fifth form.

deux...: ~**-pièces** [dø'pjɛs] *m* (woman's) two-piece suit; ~**-points** [~'pwɛ̃] *m/inv.* colon; ~**-roues** [~'ru] *m/inv.* two-wheeled vehicle.

dévaler [deva'le] (1a) *vt/i.* run *or* rush down.

dévaliser [devali'ze] (1a) *v/t.* rob; rifle, burgle (*a house*).

dévalorisation ✝ [devalɔriza'sjɔ̃] *f currency*: devaluation; depreciation, fall in value; **dévaloriser** ✝ [~'ze] (1a) *v/t.* devaluate (*the currency*).

dévaluation ✝ [devalɥa'sjɔ̃] *f* devaluation; **dévaluer** ✝ [~'lɥe] (1n) *v/t.* devaluate.

devancer [dəvɑ̃'se] (1k) *v/t.* precede; outstrip, leave (*s.o.*) behind; *fig.* forestall; **devancier** *m*, **-ère** *f* [~'sje, ~'sjɛ:r] precursor; predecessor; **devant** [də'vɑ̃] **1.** *adv.* in front, ahead, before; **2.** *prp.* in front of, before; ahead of; in the presence of (*s.o.*); *fig.* in the eyes of (*the law*); **3.** *su./m* front, forepart; *gagner les* ~*s* take the lead; *zo. patte f de* ~ foreleg; *prendre les* ~*s* make the first move, forestall the others *etc.*; **devanture** [~vɑ̃'ty:r] *f* front; shop window.

dévastateur, -trice [devastɑ'tœ:r, -'tris] devastating; destructive; **dévaster** [~'te] (1a) *v/t.* devastate, lay waste, ravage, wreck.

déveinard F [devɛ'na:r] *m* a man whose luck is out; **déveine** F [~'vɛn] *f* (run of) ill-luck, bad *or* hard luck.

développement [devlɔp'mɑ̃] *m* development (*a. phot., a.* ♪); ⅍ *algebra*: expansion; *pays m en voie de* ~ developing country; **développer** [~lɔ'pe] (1a) *v/t.* develop; expand (*a.* ⅍); spread out; *fig.* amplify, unfold (*a plan*); se ~ develop, expand; spread out.

devenir [dəv'ni:r] (2h) *v/i.* become; grow (*tall, sad, etc.*).

dévergondé, e [devɛrgɔ̃'de] **1.** *adj.* profligate; shameless; F extravagant (*style etc.*); **2.** *su.* profligate.

déverrouiller [devɛru'je] (1a) *v/t.* unbolt.

dévers [de'vɛ:r] *m* slope, cant; *road*: banking; 🚂 cant, vertical slant.

déversement [devɛrsə'mɑ̃] *m water etc.*: discharge; *cart*: tilting; *refuse*: dumping.

déverser [devɛr'se] (1a) *v/t.* pour (out) (*water etc.*); dump (*refuse etc.*); tip (out); unload; *fig.* discharge, empty; se ~ pour, empty; **déversoir**

[~'swa:r] *m* overflow; overfall, waste-weir; *fig.* outlet.
dévêtir [devɛ'ti:r] (2g) *v/t.* undress; take off (*one's coat etc.*); *metall.* open up (*a mould*); se ~ de qch. divest o.s. of s.th.
déviation [devja'sjɔ̃] *f road*: deviation, diversion; *compass*: variation; ⊕ *tool*: deflection; *fig.* deviation; **deviationniste** [~sjɔ'nist] *adj., a. su.* deviationist.
dévider [devi'de] (1a) *v/t. tex.* unwind; reel; *fig.* reel off; **dévideur** *m*, **-euse** *f tex.* [~'dœ:r, ~'dø:z] reeler; **dévidoir** [~'dwa:r] *m tex.* winder; ⚡ (cable-)drum.
dévier [de'vje] (1o) *v/i.* deviate, swerve; faire ~ deflect (*s.th.*); *fig.* divert (*the conversation*); *v/t.* deflect; turn aside (*a blow*); se ~ become crooked; warp (*wood*).
devin [də'vɛ̃] *m* soothsayer; **deviner** [~vi'ne] (1a) *v/t.* guess; foretell, foresee (*the future*); see through (*s.o.*); **devineresse** [~vin'rɛs] *f* fortune teller; **devinette** [dəvi'nɛt] *f* riddle, conundrum; **devineur** *m*, **-euse** *f* [~'nœ:r, ~'nø:z] guesser.
devis [də'vis] *m* estimate; tender.
dévisager [deviza'ʒe] (1l) *v/t.* stare at (*s.o.*).
devise [də'vi:z] *f* motto; ▨ device; ⚕ currency; ⚕ ~s *pl.* étrangères foreign currency *sg.*; **deviser** [~vi'ze] (1a) *v/i.* chat.
dévisser ⊕ [devi'se] (1a) *v/t.* unscrew; *sl.* ~ son billard die, *sl.* peg out.
dévoiler [devwa'le] (1a) *v/t.* unveil; reveal (*a. fig.*).
devoir [də'vwa:r] **1.** (3a) *v/t.* owe; *v/aux.* have to, must; should, ought to, be to; j'aurais dû le faire I should have done it; je devrais le faire I ought to do it; **2.** *su./m* duty; *school*: home-work; exercise; ⚕ debit; ~s *pl.* respects; faire ses ~s do one's homework; rendre ses ~s à pay one's respects to (*s.o.*).
dévolu, e [devɔ'ly] **1.** *adj.* (*à*) devolved (upon); *eccl.* lapsing (to); **2.** *su./m*: jeter son ~ sur have designs on; lay claim to; choose (*s.th.*).
dévorant, e [devɔ'rɑ̃, ~'rɑ̃:t] ravenous (*animal, a. fig. hunger*); consuming (*fire, a. fig. passion*); **dévorer** [~'re] (1a) *v/t.* devour; consume; squander (*a fortune*); F *mot.* ~ l'espace eat up the miles.
dévot, e [de'vo, ~'vɔt] **1.** *adj.* devout, pious; *pej.* sanctimonious; **2.** *su.* devout person; *pej.* sanctimonious person; faux ~ hypocrite; **dévotion** [~vo'sjɔ̃] *f* devotion; piety; **dévoué, e** [~'vwe] devoted; votre tout ~ yours faithfully *or* sincerely; **dévouement** [~vu'mɑ̃] *m* devotion (to, *à*), self-abnegation; **dévouer** [~'vwe] (1p) *v/t.* devote; dedicate.
devoyé, e [devwa'je] *adj., a. su.* delinquent; **dévoyer** [~] (1h) *v/t.* lead (*s.o.*) astray; se ~ go astray.
devrai [də'vre] *1st p. sg. fut. of* devoir 1.
dextérité [dɛksteri'te] *f* dexterity, ability, skill.
dextrose [dɛks'tro:z] *m* dextrose.
diabète ⚕ [dja'bɛt] *m* diabetes; **diabétique** ⚕ [~be'tik] *adj., a. su.* diabetic.
diable [djɑ:bl] *m* devil; ⊕ (stone-) lorry; trolley; porter's barrow, *Am.* porter's dolly; comment (où, pourquoi) ~ how (where, why) the devil; au ~ vauvert at the back of beyond; bon ~ not a bad fellow; tirer le ~ par la queue be hard up; **diablement** F [djɑblə'mɑ̃] *adv.* devilish; **diablerie** [~blə'ri] *f* devilry; F fun; mischievousness; **diablesse** F [~'blɛs] *f* she-devil; virago, shrew; **diablotin** [~blɔ'tɛ̃] *m* imp (*a.* F = *mischievous child*); cracker; **diabolique** [~bɔ'lik] fiendish, diabolic(al), devilish.
diacre *eccl.* [djakr] *m* deacon.
diadème [dja'dɛm] *m* diadem.
diagnose [djag'no:z] *f* ♀ diagnosis; ⚕ diagnostics *sg.*; **diagnostic** ⚕ [djagnɔs'tik] *m* diagnosis (*of disease*); faire le ~ de diagnose; **diagnostique** ⚕ [~'tik] diagnostic; **diagnostiquer** [~ti'ke] (1m) *v/t.* diagnose.
diagonal, e, *m/pl.* **-aux** [djagɔ'nal, ~'no] *adj., a.* ⩚ *su./f* diagonal.
diagramme [dja'gram] *m* diagram.
dialecte [dja'lɛkt] *m* dialect.
dialectique [djalɛk'tik] *f* dialectics *pl.*
dialogue [dja'lɔg] *m* dialog(ue); **dialoguer** [~lɔ'ge] (1m) *v/i.* converse, talk; *v/t.* write (*s.th.*) in dialog(ue) form.
diamant [dja'mɑ̃] *m* diamond; **diamanter** [~mɑ̃'te] (1a) *v/t.* set with diamonds; ⊕ diamondize; **dia-**

mantin, e [~mɑ̃'tɛ̃, ~'tin] diamond-like.
diamètre ⩕ [dja'mɛtr] *m* diameter.
diane [djan] *f* ⚔ reveille; ⚓ morning watch.
diantre! † [djɑ̃:tr] *int.* deuce!; *sl.* hell!
diapason ♪ [djapa'zɔ̃] *m* diapason, pitch; tuning-fork; *voice*: range; *fig.* *au* ~ (*de*) in harmony *or* tune (with).
diaphane [dja'fan] diaphanous; transparent.
diaphragme [dja'fragm] *m* ⊕, *anat.* diaphragm; *phot.* diaphragm stop; *gramophone*: sound-box; **diaphragmer** [~frag'me] (1a) *v/t.* provide with a diaphragm; *phot.* stop down (*the lens*).
diapositive *phot.* [djapɔzi'ti:v] *f* transparency.
diapré, e [dja'pre] variegated, mottled.
diarrhée ⚕ [dja're] *f* diarrhoea.
diatomique ⚗ [diatɔ'mik] diatomic.
diatribe [dja'trib] *f* diatribe; harangue.
dictaphone [dikta'fɔn] *m* dictaphone.
dictateur [diktɑ'tœ:r] *m* dictator; *de* ~ dictatorial (*tone, attitude, etc.*); **dictature** [~'ty:r] *f* dictatorship; **dictée** [~'te] *f* dictation; **dicter** [~'te] (1a) *v/t.* dictate (*a. fig.*); **diction** [~'sjɔ̃] *f* diction; delivery; style; **dictionnaire** [~sjɔ'nɛ:r] *m* dictionary; lexicon; ~ *ambulant* walking dictionary; **dicton** [~'tɔ̃] *m* saying; proverb.
dièse ♪ [djɛ:z] *m* sharp.
diesel ⊕ [di'zɛl] *m* diesel engine; *équiper de moteurs* ~*s* dieselize.
diéser ♪ [dje'ze] (1f) *v/t.* sharp(en) (*a note*).
diète ⚕ [djɛt] *f* diet (*a. pol.*), regimen; ~ *absolue* starvation diet; **diététique** [djete'tik] dietary.
dieu [djø] *m* god; ⁓ God; ⁓ *merci* thank God; F thank heaven; *à* ⁓ *ne plaise* God forbid; *grâce à* ⁓ thanks be to God; by God's grace; *mon* ⁓! good heavens!; dear me!; *pour l'amour de* ⁓ for Christ's sake.
diffamant, e ⚖ [difa'mɑ̃, ~'mɑ̃:t] defamatory; libellous; slanderous; **diffamateur** *m*, **-trice** *f* ⚖ [difama'tœ:r, ~'tris] defamer; libeller; slanderer; **diffamation** ⚖ [~'sjɔ̃] *f* defamation; ~ *écrite* libel; ~ *orale* slander; **diffamatoire** [~'twa:r] defamatory; libellous; slanderous; **diffamer** [difa'me] (1a) *v/t.* defame; slander; libel.
différemment [difera'mɑ̃] *adv. of* *différent*; **différence** [~'rɑ̃:s] *f* difference; *à la* ~ *de* unlike; **différencier** [~rɑ̃'sje] (1o) *v/t.* differentiate (*a.* ⩕) (from *de, d'avec*); distinguish (between, *entre*); **différend** [~'rɑ̃] *m* dispute; quarrel; difference; **différent, e** [~'rɑ̃, ~'rɑ̃:t] different; distinct (from, *de*); **différentiel, -elle** [~rɑ̃'sjɛl] *adj., a. mot. su./m, a.* ⩕ *su./f* differential; **différer** [~'re] (1f) *v/t.* postpone, put off, defer; delay; *v/i.* differ (from, *de*).
difficile [difi'sil] **1.** *adj.* difficult (*a. fig.*); *fig.* hard to please; **2.** *su./m*: *faire le* ~ be hard to please; be squeamish; **difficulté** [~kyl'te] *f* difficulty; *faire des* ~*s* create obstacles, make difficulties, raise objections; **difficultueux, -euse** [~kyl'tɥø, ~'tɥø:z] over-particular, fussy; squeamish; *fig.* thorny (*business, enterprise*).
difforme [di'fɔrm] deformed; misshapen; **difformité** [~fɔrmi'te] *f* deformity, malformation.
diffracter *opt.* [difrak'te] (1a) *v/t.* diffract.
diffus, e [di'fy, ~'fy:z] diffused (*light*); *fig.* diffuse (*style etc.*); *éclairs m/pl.* ~ sheet lightning *sg.*; **diffuser** [dify'ze] (1a) *v/t.* diffuse (*heat, light*); *radio, rumour*: broadcast; **diffuseur** [~'zœ:r] *m* ⊕ spray nozzle; *radio*: broadcaster (*person*); *radio*: cone loud-speaker; **diffusion** [~'zjɔ̃] *f* *heat, light, news, germs*: diffusion; *news*: spreading; *radio*: broadcasting; *disease, germs*: spread; *fig. style*: prolixity, diffuseness.
digérer [diʒe're] (1f) *v/t.* digest (*food, news*); *fig.* swallow (*an insult*); **digestif, -ve** [diʒɛs'tif, ~'ti:v] *adj., a. su./m* digestive; **digestion** [~'tjɔ̃] *f* digestion.
digital, e, *m/pl.* **-aux** [diʒi'tal, ~'to] **1.** *adj.* digital; *empreinte f* ~*e* fingerprint; **2.** *su./f* ⚘ digitalis, foxglove.
digne [diɲ] worthy, deserving; dignified (*air*); ~ *d'éloges* praiseworthy; **dignitaire** [diɲi'tɛ:r] *m* dignitary; **dignité** [~'te] *f* dignity.

digression [digrɛˈsjɔ̃] *f* digression (*a. astr.*).
digue [dig] *f* dike, dam, embankment; jetty; sea-wall; breakwater; *fig.* barrier.
dilapider [dilapiˈde] (1a) *v/t.* squander (*a fortune, money*); misappropriate (*trust funds*).
dilatation [dilataˈsjɔ̃] *f eye*: dilation; expansion (*a.* ⚠, ⚗, ⊕ *truck*); *stomach*: distension; **dilater** [~ˈte] (1a) *v/t.* dilate, expand; distend (*the stomach*); *fig.* ~ *le cœur* gladden the heart; se ~ dilate, expand; become distended; **dilatoire** ⚖, *a. fig.* [~ˈtwa:r] dilatory.
dilection [dilɛkˈsjɔ̃] *f* dilection; loving-kindness.
dilemme [diˈlɛm] *m* dilemma.
dilettante [dilɛtˈtɑ̃:t] *su.* dilettante, amateur; **dilettantisme** [dilɛtɑ̃ˈtism] *m* dilettantism, amateurism; amateurishness.
diligence † [diliˈʒɑ̃:s] *f* diligence, industry; speed, haste; stage-coach; **diligent, e** [~ˈʒɑ̃, ~ˈʒɑ̃:t] diligent, industrious; speedy; prompt.
diluer [diˈlɥe] (1n) *v/t.* dilute (with, *de*); water down; **dilution** [~lyˈsjɔ̃] *f* dilution.
diluvien, -enne [dilyˈvjɛ̃, ~ˈvjɛn] diluvial (*clay, deposit*); diluvian (*fossil*); *fig.* torrential (*rain*).
dimanche [diˈmɑ̃:ʃ] *m* Sunday.
dîme [dim] *f* tithe.
dimension [dimɑ̃ˈsjɔ̃] *f* dimension (*a. fig.*); size; *fig. a.* importance, weight; *prendre les ~s de* measure out; *fig.* understand, seize; *fig.* become, grow *or* develop into.
dîmer [diˈme] (1a) *v/i.* levy tithes.
diminuer [dimiˈnɥe] (1n) *vt/i.* lessen, diminish; reduce; *v/i.* ☤ go down; abate (*fever, flood*); ⚓ ~ *de toile* shorten sail; **diminution** [~nyˈsjɔ̃] *f* diminution; reduction (*a. price*); ☤ rebate (*on account*); *dress*: shortening; abatement.
dinanderie [dinɑ̃ˈdri] *f* brass-ware, copper-ware.
dinde [dɛ̃:d] *f* turkey-hen; *cuis.* turkey; *fig.* stupid woman; **dindon** [dɛ̃ˈdɔ̃] *m* turkey-cock; *fig.* fool; **dindonneau** [dɛ̃dɔˈno] *m* young turkey; **dindonnier** *m*, **-ère** *f* [~ˈnje, ~ˈnjɛ:r] turkey-keeper.
dîner [diˈne] **1.** (1a) *v/i.* dine, have dinner; **2.** *su./m* dinner(-party); ~**-débat**, *pl.* ~**s-débats** [~nedeˈba] *m* working dinner; **dînette** [~ˈnɛt] *f* snack (meal); **dîneur, -euse** [~ˈnœ:r, ~ˈnø:z] *su.* diner; *su./m*: F *un beau* ~ a good trencherman.
dingo [dɛ̃:go] **1.** *su./m zo.* dingo; **2.** *adj. sl.* crazy, nuts.
dingue *sl.* [dɛ̃:g] **1.** *adj.* crazy, nuts; **2.** *su.* crackpot, loony.
dinguer *sl.* [dɛ̃ˈge] (1m) *v/i.*: *aller* ~ drop; crash down (*things*), go sprawling (*person*); *envoyer* ~ send (*s.o.*) packing; send (*s.th.*) flying.
diocèse *eccl.* [djɔˈsɛ:z] *m* diocese.
dioptrie *phys., opt.* [diɔpˈtri] *f* diopter.
diphtérie ⚕ [difteˈri] *f* diphtheria.
diphtongue *gramm.* [difˈtɔ̃:g] *f* diphthong.
diplomate [diplɔˈmat] *m* diplomat (*a. fig.*); **diplomatie** [~maˈsi] *f* diplomacy (*a. fig.*); diplomatic service; **diplomatique** [~maˈtik] **1.** *adj.* diplomatic; **2.** *su./f* diplomatics *pl.*; pal(a)eography.
diplôme [diˈplo:m] *m* diploma; certificate; **diplômé, e** [~plɔˈme] **1.** *adj.* certificated; *ingénieur m* ~ qualified engineer; **2.** *su.* (*approx.*) graduate.
dire [di:r] **1.** *v/t.* (4p) say; tell; recite (*a poem*); show, reveal; ~ *à q. de* (*inf.*) tell s.o. to (*inf.*); ~ *du mal de* speak ill of; ~ *que oui* (*non*) say yes (no); F *à qui le dites-vous?* don't I know it!; *sl.* you're telling me!; *à vrai* ~ to tell the truth; *cela ne me dit rien* that conveys nothing to me; it doesn't appeal to me; *cela va sans* ~ it goes without saying; *c'est-à-*~ that is to say, i.e.; in other words; *c'est tout* ~ I need say no more; *dites donc!* I say!; *on dirait que* one (you) would think that; *on le dit riche* he is said to be rich; *on dit* people say; it is said; *pour tout* ~ in a word; *qu'en dites-vous?* what is your opinion?; *sans mot* ~ without a word; *se* ~ claim to be; be used (*word*); *vouloir* ~ mean; *vous l'avez dit* exactly; *Am.* F you said it; **2.** *su./m* statement; ⚖ allegation; *au* ~ *de* according to.
direct, e [diˈrɛkt] **1.** *adj.* direct; straight; 🚂 through (*train, ticket*); **2.** *su./m* 🚂 through *or* express train; *radio, telev.*: live broadcast; *en* ~ live (*broadcast, a. fig.*); *box.* ~ *du droit*

straight right; **directement** [dirɛktəmɑ̃] directly; straight (away).
directeur, -trice [dirɛk'tœ:r, ~'tris] **1.** *su./m* director, manager; *school*: headmaster; principal; *prison*: warden; *journ.* editor; *eccl.* ~ *de conscience* confessor; ⚕ ~ *gérant* managing director; *su./f* directress; manageress; *school*: headmistress; **2.** *adj.* directing, controlling; guiding (*principle*); ⊕ driving; *mot.* steering (*wheel*); **direction** [~'sjɔ̃] *f* direction; *enterprise, war*: conduct; ⚕ management; ⚕ manager's office; ⚕ board of directors; *school*: headship; ⊕ driving; ⊕ steering; course, route; *en* ~ *de* bound *or* heading for, ...bound; *train m en* ~ *de* train for; **directive** [~'ti:v] *f* directive; ~*s pl. a.* guidelines; **directoire** [~'twa:r] *m eccl.* directory; *hist.* ♀ Directory; **directrice** [~'tris] *f see directeur*.
dirigeable [diri'ʒabl] **1.** *adj.* dirigible; *antenne f* ~ directional aerial; **2.** *su./m* airship; **dirigeant** [~'ʒɑ̃] *m* ruler, leader; **diriger** [~'ʒe] (1l) *v/t.* direct; ⚕ *etc.* manage, F run; *mot.* drive; ⚓, *mot.* steer; ⚓ sail; ♪ conduct; aim (*a gun, a. fig. remarks*); *journ.* edit; *se* ~ *vers* make one's way towards, make for; **dirigisme** *pol.* [~'ʒism] *m* planning, planned economy.
dis [di] *1st p. sg. pres. and p.s. of dire 1.*
discernement [disɛrnə'mɑ̃] *m* discernment; discrimination (between ... and, *de* ... *et de*); **discerner** [~'ne] (1a) *v/t.* discern, make out; distinguish, discriminate (between s.th. and s.th., *qch. de qch.*).
disciple [di'sipl] *m* disciple, follower; **discipline** [disi'plin] *f* discipline; *eccl.* scourge; ⚔ *compagnie f de* ~ disciplinary company; **discipliner** [~pli'ne] (1a) *v/t.* discipline; school; bring under control.
discobole *sp.* [diskɔ'bɔl] *m* discobolus.
discontinu, e [diskɔ̃ti'ny] discontinuous; **discontinuer** [~'nɥe] (1n) *vt/i.* discontinue, stop; *sans* ~ without stopping; at a stretch.
disconvenance [diskɔ̃v'nɑ̃:s] *f* unsuitability; disparity; **disconvenir** [~'ni:r] (2h) *v/i.*: ~ *de* deny; ~ *que* (*sbj.*) deny that (*ind.*).
discophile [diskɔ'fil] *su.* (gramophone) record fan.

discordance [diskɔr'dɑ̃:s] *f sounds*: discordance; *opinions etc.*: disagreement, conflict; **discordant, e** [~'dɑ̃, ~'dɑ̃:t] discordant (*sounds*); conflicting (*opinions etc.*); ♪ out of tune (*instrument*); *geol.* unconformable; **discorde** [dis'kɔrd] *f* discord, dissension; **discorder** [~kɔr'de] (1a) *v/i.* ♪ be discordant; clash (*colours*); disagree (*persons*).
discothèque [diskɔ'tɛk] *f* record library; record collection; disco(thèque).
discoureur *m*, **-euse** *f* [disku'rœ:r, ~'rø:z] speechifier; talkative person; **discourir** [~'ri:r] (2i) *v/i.* discourse; **discours** [dis'ku:r] *m* speech (*a. gramm.*); discourse; talk; language; ~ *improvisé* extempore speech; ~ *inaugural* inaugural address, *Am.* inaugural; *faire un* ~ make a speech; *gramm. partie f du* ~ part of speech.
discourtois, e [diskur'twa, ~'twa:z] discourteous, rude, unmannerly.
discrédit [diskre'di] *m* discredit, disrepute; **discréditer** [~di'te] (1a) *v/t.* bring into discredit; disparage.
discret, -ète [dis'krɛ, ~'krɛt] discreet; ⚗, ⅍ discrete; cautious; tactful; quiet (*dress, taste, village, etc.*); modest (*request*); *sous pli* ~ under plain cover; **discrétion** [diskre'sjɔ̃] *f* discretion; prudence; tact; *à* ~ at will; unlimited; ⚔ unconditional (*surrender*); *être à la* ~ *de* be at the disposal of; be at the mercy of; **discrétionnaire** ⚖ [~sjɔ'nɛ:r] discretionary.
discrimination [diskrimina'sjɔ̃] *f* discrimination, differentiation; ~ *raciale* racial discrimination.
disculper [diskyl'pe] (1a) *v/t.* clear (s.o. of s.th., *q. de qch.*).
discussion [disky'sjɔ̃] *f* discussion, debate; argument; **discuter** [~'te] (1a) *v/t.* discuss, debate; question; ⚖ sell up (*a debtor*).
disert, e [di'zɛ:r, ~'zɛrt] eloquent.
disette [di'zɛt] *f* scarcity, dearth; shortage (of, *de*).
diseur, -euse [di'zœ:r, ~'zø:z] *su.* speaker, reciter; talker; *su./f thea.* diseuse; ~*euse de bonne aventure* fortune-teller.
disgrâce [dis'grɑ:s] *f* disgrace, disfavo(u)r; misfortune; **disgracié, e** [disgrɑ'sje] out of favo(u)r; **disgra-**

cier [~'sje] (1o) *v/t.* dismiss from favo(u)r; disgrace; **disgracieux, -euse** [~'sjø, ~'sjø:z] uncouth, awkward; ungracious (*reply*).

disjoindre [dis'ʒwɛ̃:dr] (4m) *v/t.* sever, separate; se ~ come apart; break up; **disjoncteur** ⚡ [disʒɔ̃k'tœ:r] *m* circuit-breaker; switch (-board); **disjonctif, -ve** *gramm.* [~'tif, ~'ti:v] disjunctive; **disjonction** [~'sjɔ̃] *f* sundering, separation; ⚖ severance.

dislocation [dislɔka'sjɔ̃] *f* ⊕ taking down; ⚔ breaking up (*of troops*); ⚕ dislocation; *fig.* dismemberment; *geol.* fault; **disloquer** [~'ke] (1m) *v/t.* ⚔ break up; ⚕ dislocate; *fig.* dismember; disperse; *geol.* fault.

disons [di'zɔ̃] *1st p. pl. pres. of* dire 1.

disparaître [dispa'rɛ:tr] (4k) *v/i.* disappear; vanish.

disparate [dispa'rat] **1.** *adj.* ill-assorted, ill-matched; dissimilar; **2.** *su./f* disparity; *colours*: clash; incongruity; **disparité** [~ri'te] *f* disparity.

disparition [dispari'sjɔ̃] *f* disappearance.

dispendieux, -euse [dispɑ̃'djø, ~'djø:z] expensive.

dispensaire ⚕ [dispɑ̃'sɛ:r] *m* community clinic; *hospital*: surgery; outpatients' department; **dispensateur** *m*, **-trice** *f* [~pɑ̃sa'tœ:r, ~'tris] distributor; **dispense** [~'pɑ̃:s] *f* exemption; certificate of exemption; *eccl.* dispensation; **dispenser** [~pɑ̃'se] (1a) *v/t.* dispense; exempt, excuse (from, *de*); se ~ de avoid, get out of.

disperser [dispɛr'se] (1a) *v/t.* disperse, scatter; **dispersion** [~'sjɔ̃] *f* dispersion; breaking up; ⚡ dissipation; ⚔ rout; *phys. light*: scattering.

disponibilité [dispɔnibili'te] *f* availability; disposal; release; ~s *pl.* available funds *or* means *or* time *sg.*; en ~ unattached; **disponible** [~'nibl] ⚖ disposable; available; spare (*time*); ⚔ unattached.

dispos, e [dis'po, ~'po:z] fit, in good form; all right; alert (*mind*).

disposer [dispo'ze] (1a) *v/t.* dispose, arrange, lay out; se ~ (à) prepare (for *s.th.*; to *inf.*); *v/i.*: ~ de dispose of; have at one's disposal; ~ pour apply to; vous pouvez ~ you may go; **dispositif** [~zi'tif] *m* ⊕ device, appliance; system; plan; **disposition** [~zi'sjɔ̃] *f* disposition; arrangement; disposal; state (*of mind*), frame of mind; tendency (to, à); ~s *pl.* talent *sg.*; à la ~ de q. at s.o.'s disposal; à votre entière ~ *a.* entirely at your service.

disproportion [disprɔpɔr'sjɔ̃] *f* disproportion; **disproportionné, e** [~sjɔ'ne] disproportionate.

dispute [dis'pyt] *f* dispute, quarrel; chercher ~ à pick a quarrel with; **disputer** [~py'te] (1a) *vt/i.* dispute; contend; *v/i.* argue, quarrel; *v/t. sp.* play (*a match*); fight for (*victory*); F tell (*s.o.*) off; ~ qch. à q. contend with s.o. for s.th.; F se ~ argue, quarrel, have an argument; **disputeur, -euse** [~py'tœ:r, ~'tø:z] **1.** *adj.* contentious, quarrelsome; **2.** *su.* arguer, wrangler.

disquaire [dis'kɛ:r] *m* record dealer *or* seller.

disqualifier *sp.* [diskali'fje] (1o) *v/t.* disqualify.

disque [disk] *m* disk; *sp.* discus; 🚂 signal; ⊕ plate; (gramophone) record, album, disc, *Am.* disk; ~s *pl.* des auditeurs *radio*: listener's requests; *teleph.* ~ d'appel dial; ~ de longue durée, ~ microsillon long-playing record, F long-player; *mot.* ~ de stationnement parking disc; changeur *m* de ~s record changer.

dissection [disɛk'sjɔ̃] *f* dissection.

dissemblable [disɑ̃'blabl] *adj.*: ~ à (*or* de) dissimilar to (*s.th.*), unlike (*s.th.*); **dissemblance** [~'blɑ̃:s] *f* dissimilarity.

disséminer [disemi'ne] (1a) *v/t.* spread; scatter; disseminate.

dissension [disɑ̃'sjɔ̃] *f* discord, dissension; **dissentiment** [~ti'mɑ̃] *m* disagreement, dissent.

disséquer [dise'ke] (1s) *v/t.* dissect.

dissertation [disɛrta'sjɔ̃] *f* dissertation; essay; **disserter** [~'te] (1a) *v/i.* discourse (on, *sur*), F hold forth.

dissidence *eccl. etc.* [disi'dɑ̃:s] *f* dissidence, dissent; **dissident, e** *eccl.*, *pol.* [~'dɑ̃, ~'dɑ̃:t] **1.** *adj.* dissident; dissenting; **2.** *su.* dissentient; *eccl.* nonconformist, dissenter.

dissimilitude [disimili'tyd] *f* dissimilarity.

dissimulation [disimyla'sjɔ̃] *f* dissembling, dissimulation; concealment, cover-up; **dissimulé, e** [~'le] *fig.* hidden; secretive, double-dealing, dissembling; **dissimuler** [~'le] (1a) *v/t.* conceal, hide; cover up; se ~ hide; *vt/i.* dissemble.

dissipateur, -trice [disipa'tœ:r, ~'tris] **1.** *su.* spendthrift; **2.** *adj.* wasteful; **dissipation** [~pa'sjɔ̃] *f* dissipation (*a. fig.*); waste; inattention; *school*: fooling; **dissiper** [~'pe] (1a) *v/t.* dissipate; waste (*money, time*); disperse, dispel (*clouds, fear, a suspicion*); clear up (*a misunderstanding*); divert; se ~ disappear; amuse o.s.; *fig.* become dissipated; be inattentive (*pupil*).

dissocier [disɔ'sje] (1o) *v/t.* dissociate.

dissolu, e [disɔ'ly] dissolute; **dissoluble** [~'lybl] ⚗ soluble; ⚖ dissolvable; **dissolution** [~ly'sjɔ̃] *f* ⚗ dissolving; ⚗ solution; ⚖, *a. parl.* dissolution; disintegration; dissoluteness; **dissolvant, e** [disɔl'vɑ̃, ~'vɑ̃:t] **1.** *adj.* solvent; **2.** *su./m* solvent; ~ *de vernis à ongles* nail-varnish remover.

dissonance [disɔ'nɑ̃:s] *f* ♪, *a. fig.* dissonance; *fig. a.* clash, discord; **dissonant, e** [~'nɑ̃, ~'nɑ̃:t] dissonant; discordant, clashing, jarring.

dissoudre [di'sudr] (4bb) *v/t.* dissolve; ⚖ annul (*a marriage*); **dissous, -te** [~'su, ~'sut] *p.p. of dissoudre*.

dissuader [disɥa'de] (1a) *v/t.* dissuade (from [doing] s.th., de [*faire*] *qch.*); **dissuasion** [~'zjɔ̃] *f* dissuasion; ⚔ *arme f de* ~ deterrent weapon.

distance [dis'tɑ̃:s] *f* distance; *time*: interval; *mot.* ~ *d'arrêt* braking distance; ⚔ ~ *de tir* range; *opt.* ~ *focale* focal length; ⊕ *commande f à* ~ remote control; *tenir à* ~ keep (*s.o.*) at arm's length; **distancer** [~tɑ̃'se] (1k) *v/t.* outrun, outstrip; *fig.* se *laisser* ~ lag behind; **distant, e** [~'tɑ̃, ~'tɑ̃:t] distant; *fig. a.* aloof.

distendre ⚕ [dis'tɑ̃:dr] (4a) *v/t.* distend; pull, strain (*a muscle*); **distension** ⚕ [~tɑ̃'sjɔ̃] *f* distension; *muscle*: straining.

distiller [disti'le] (1a) *v/t.* ⚗, ⊕ distil; ⊕ condense (*water*); *fig.* exude; **distillerie** [~til'ri] *f* distillery; *trade*: distilling.

distinct, e [dis'tɛ̃(:kt), ~'tɛ̃:kt] distinct; separate; clear; **distinctif, -ve** [~tɛ̃k'tif, ~'ti:v] distinctive, characteristic; **distinction** [~tɛ̃k'sjɔ̃] *f* distinction; difference; discrimination; refinement; polished manner.

distingué, e [distɛ̃'ge] distinguished; eminent; refined; smart (*appearance, dress*); *sentiments m/pl.* ~*s* yours truly; **distinguer** [~] (1m) *v/t.* distinguish; make out; single out; hono(u)r; se ~ distinguish o.s.; *fig.* stand out; **distinguo** [~'go] *m* distinction.

distique [dis'tik] *m Greek or Latin*: distich; *French verse*: couplet.

distordre [dis'tɔrdr] (4a) *v/t.* distort; twist (*the ankle etc.*); **distors, e** [~'tɔ:r, ~'tɔrs] distorted (*limb*); **distorsion** [~tɔr'sjɔ̃] *f* distortion.

distraction [distrak'sjɔ̃] *f* absent-mindedness; inattention, distraction; amusement, recreation; † appropriation; ⚖ misappropriation (*of funds*).

distraire [dis'trɛ:r] (4ff) *v/t.* separate; † set aside, appropriate; ⚖ misappropriate (*funds etc.*); amuse, entertain; distract (*s.o.'s attention*); **distrait, e** [~'trɛ, ~'trɛt] inattentive; absent-minded; *piéton m* ~ jay-walker.

distribuer [distri'bɥe] (1n) *v/t.* distribute; give out; hand out; deal out; *post*: deliver (*letters*); deal (*cards*); **distributeur, -trice** [~by'tœ:r, ~'tris] *su.* distributor; *su./m* ⊕ distributor; booking-clerk, *Am.* ticket agent, ticket clerk; ~ (*automatique*) (slot *or* vending) machine; **distribution** [~by'sjɔ̃] *f* distribution; giving *etc.* out; *post*: delivery; *thea.* cast(ing).

district [dis'trik(t)] *m* district, region; *fig.* province.

dit, dite [di, dit] **1.** *p.p. of dire 1*; **2.** *adj.* so-called; *autrement* ~ in other words; **dites** [dit] *2nd p. pl. pres. of dire 1*.

diurétique ⚕ [diyre'tik] *adj., a. su./m* diuretic.

diurne [diyrn] diurnal; day-(*bird*).

divagation [divaga'sjɔ̃] *f* wandering; *fig.* digression; **divaguer** [~'ge] (1m) *v/i.* wander; *fig.* digress; F ramble, rave.

divan [di'vɑ̃] *m* divan; (studio) couch.

divergence [divɛr'ʒɑ̃:s] *f* divergence (*a.* ∡, ⚘); *fig.* difference; **diverger** [~'ʒe] (1l) *v/i.* diverge, branch off; *fig.* differ.

divers, e [di'vɛ:r, ~'vɛrs] diverse, miscellaneous; various; sundry; **diversifier** [divɛrsi'fje] (1o) *v/t.* diversify, vary; **diversion** [~'sjɔ̃] *f* diversion (*a.* ⚔); change; **diversité** [~si'te] *f* diversity; variety.

divertir [divɛr'ti:r] (2a) *v/t.* divert; amuse; entertain; ⚚ misappropriate (*funds*); **divertissement** [~tis'mɑ̃] *m* entertainment, amusement; pastime; ⚚ *funds*: misappropriation; *thea.* divertissement.

divette [di'vɛt] *f light opera, music hall*: singer.

dividende ⚚, ∡ [divi'dɑ̃:d] *m* dividend.

divin, e [di'vɛ̃, ~'vin] divine (*a. fig.*); holy; godlike; **divinateur, -trice** [divina'tœ:r, ~'tris] **1.** *su.* soothsayer; diviner; **2.** *adj.* prophetic; **divination** [~'sjɔ̃] *f* divination (*a. fig.*), soothsaying; **divinatoire** [~'twa:r] divining-...; *baguette f* ~ dowsing-rod; **diviniser** [divini'ze] (1a) *v/t.* deify; *fig.* glorify; **divinité** [~'te] *f* divinity; deity.

diviser [divi'ze] (1a) *v/t.* divide (*a.* ∡); separate (from, *d'avec*); **diviseur** [~'zœ:r] *m* ⚡ *etc.* divider; ∡ divisor; ∡ *commun* ~ common factor; **divisible** [~'zibl] divisible; **division** [~'zjɔ̃] *f* division (*a.* ∡, ⚔, ⚓, *school*); section; *admin.* department; *fig.* dissension, discord; ♪ double bar; *typ.* hyphen; *biol.* ~ *binaire* (*or cellulaire*) binary fission; ~ *du travail* division of labo(u)r.

divorce [di'vɔrs] *m* divorce (*a. fig.*); *fig.* disagreement; ⚖ *former une demande en* ~ seek a divorce; **divorcer** ⚖ [~vɔr'se] (1k) *v/i.* divorce (s.o., [*d'*]*avec q.*); *fig.* break (with, [*d'*]*avec*).

divulgation [divylga'sjɔ̃] *f* divulgence, disclosure; **divulguer** [~'ge] (1m) *v/t.* divulge, disclose, reveal.

dix [dis; *before consonant* di; *before vowel and h mute* diz] *adj./num., a. su./m/inv.* ten; *date, title*: tenth; **~-huit** [di'zɥit; *before consonant* ~'zɥi] *adj./num., a. su./m/inv.* eighteen; *date, title*: eighteenth; **dix-huitième** [~zɥi'tjɛm] *adj./num., a. su.* eighteenth; **dixième** [~'zjɛm] **1.** *adj./num., a. su., a. su./m fraction*: tenth; **dix-neuf** [diz'nœf; *before vowel and h mute* ~'nœv] *adj./num., a. su./m/inv.* nineteen; *date, title*: nineteenth; **dix-neuvième** [~nœ'vjɛm] *adj./num., a. su.* nineteenth; **dix-sept** [dis'sɛt] *adj./num., a. su./m/inv.* seventeen; *date, title*: seventeenth; **dix-septième** [~sɛ'tjɛm] *adj./num., a. su.* seventeenth.

dizain [di'zɛ̃] *m* ten-line stanza; *rosary*: decade; **dizaine** [~'zɛn] *f* (about) ten, half a score; *dans la* ~ within ten days.

do ♪ [do] *m/inv.* do, *note*: C.

docile [dɔ'sil] docile; amenable; submissive; **docilité** [~sili'te] *f* docility; obedience; meekness.

dock [dɔk] *m* ⚓ dock(yard); ⚚ warehouse; **docker** [dɔ'kɛ:r] *m* docker.

docte [dɔkt] learned (*a. iro.*).

docteur [dɔk'tœ:r] *m* doctor; physician; **doctoral, e,** *m/pl.* **-aux** [dɔktɔ'ral, ~'ro] doctoral; *fig.* pedantic; **doctorat** [~'ra] *m* doctorate, Doctor's degree; **doctoresse** [~'rɛs] *f* (lady) doctor.

doctrine [dɔk'trin] *f* doctrine, tenet.

document [dɔky'mɑ̃] *m* document; **documentaire** [~mɑ̃'tɛ:r] *adj., a. su./m* documentary; **documenter** [~mɑ̃'te] (1a) *v/t.* document.

dodeliner [dɔdli'ne] (1a) *v/i.* ~ *de la tête* wag one's head.

dodo *ch.sp.* [do'do] *m* bye-byes, sleep; bed; *faire* ~ (go to) sleep.

dodu, e [dɔ'dy] plump, chubby.

dogme [dɔgm] *m* dogma, tenet.

dogue *zo.* [dɔg] *m*: ~ *anglais* mastiff; **doguin** [dɔ'gɛ̃] *m zo.* pug; ⊕ (lathe-)dog.

doigt [dwa] *m* finger; *zo., anat.* digit; ~ *de pied* toe; *à deux* ~*s de* on the verge of, within an ace of; *fig. mettre le* ~ *sur* put one's finger on, pinpoint (*a problem etc.*); *montrer du* ~ point at; **doigté** [dwa'te] *m* ♪ fingering; *fig.* skill; *fig.* tact; **doigter** ♪ [~'te] (1a) *v/t.* finger (*a piece of music*); **doigtier** [~'tje] *m* finger-stall.

dois [dwa] *1st p. sg. pres. of devoir 1*; **doit** ⚚ [~] *m* debit, liability; **doivent** [dwa:v] *3rd p. pl. pres. of devoir 1.*

dol ⚖ [dɔl] *m* fraud.

doléances [dɔle'ɑ̃:s] *f/pl.* complaints; grievances; **dolent, e** [~'lɑ̃,

~ˈlɑ̃:t] painful (*limb*); plaintive, doleful (*person, voice, etc.*).
doler [dɔˈle] (1a) *v/t.* pare (*wood, skins*); shave (*wood*).
dollar [dɔˈla:r] *m coinage*: dollar.
dolomie [dɔlɔˈmi] *f*, **dolomite** [~ˈmit] *f* dolomite.
domaine [dɔˈmɛn] *m* domain; realm; estate, property; *fig.* sphere, field; ~ *public* public property.
dôme [do:m] *m* dome; *fig.* canopy; vault (*of heaven*).
domesticité [dɔmɛstisiˈte] *f* menial condition; domestic service; *animal*: domesticity; *coll.* staff (of servants); **domestique** [~ˈtik] **1.** *adj.* domestic; menial; **2.** *su.* servant; domestic; ~s *pl.* staff *sg.* (of servants), household *sg.*; **domestiquer** [~tiˈke] (1m) *v/t.* domesticate; tame; *se* ~ become domesticated.
domicile [dɔmiˈsil] *m* residence; ⚖ domicile; *travail m à* ~ home-work; **domiciliaire** [dɔmisiˈljɛ:r] domiciliary; **domicilié, e** [~ˈlje] domiciled, resident; **domicilier** [~ˈlje] (1o) *v/t.* domicile; *se* ~ *à* take up residence at.
dominant, e [dɔmiˈnɑ̃, ~ˈnɑ̃:t] **1.** *adj.* dominant, ruling; prevailing, predominating; **2.** *su./f* ♪ dominant; *fig.* dominant feature; **dominateur, -trice** [~naˈtœ:r, ~ˈtris] **1.** *adj.* dominant, ruling; domineering (*attitude, person*); **2.** *su.* ruler; **domination** [~naˈsjɔ̃] *f* domination, rule; **dominer** [~ˈne] (1a) *v/t.* dominate; master, rule; overlook; *v/i.* rule; predominate; prevail (*opinion*); ~ *sur* rule over; domineer.
dominical, e, *m/pl.* **-aux** [dɔminiˈkal, ~ˈko] dominical; Sunday-...; *oraison f* ~ Lord's Prayer.
domino [dɔmiˈno] *m cost., game*: domino.
dommage [dɔˈma:ʒ] *m* damage, injury; ~s *pl.* damage *sg.* (*to property*); ~s *pl. de guerre* war damage (compensation) *sg.*; ⚖ ~s *pl. et intérêts m/pl.* damages; *c'est* ~!, *quel* ~! what a pity!; *c'est* ~ *que* it's a pity (that); **dommageable** [dɔmaˈʒabl] harmful, prejudicial; ⚖ *acte m* ~ tort.
domptable [dɔ̃ˈtabl] tamable; **dompter** [~ˈte] (1a) *v/t.* tame; break in (*a horse*); *fig.* subdue (*feelings*); *fig.* reduce (*s.o.*) to obedience; **dompteur** *m*, **-euse** *f* [~ˈtœ:r, ~ˈtø:z] tamer (*of animals*); subduer, vanquisher.
don [dɔ̃] *m* gift (*a. fig.*) (for, *de*), present; ⚖ donation; *fig.* talent (for, *de*); *faire* ~ *à q. de qch.* make a present of s.th. to s.o.; **donataire** ⚖ [dɔnaˈtɛ:r] *su.* donee, *Sc.* donatary; **donateur, -trice** [~ˈtœ:r, ~ˈtris] *su.* giver; *su./m* ⚖ donor; *su./f* ⚖ donatrix; **donation** [~ˈsjɔ̃] *f* donation, gift.
donc [dɔ̃k; dɔ̃] **1.** *adv.* then; just ...; *allons* ~! come along!; come, come!, nonsense!; *pourquoi* ~? (but) why?; *viens* ~! come along!; **2.** *cj.* therefore, so, consequently, then; hence.
donjon [dɔ̃ˈʒɔ̃] *m castle*: keep.
donnant, e [dɔˈnɑ̃, ~ˈnɑ̃:t] generous; ~ ~ tit for tat; **donne** [dɔn] *f cards*: deal; *à qui la* ~? whose deal is it?; *fausse* ~ misdeal; **donnée** [dɔˈne] *f* datum; theme; fundamental idea; ~s *pl.* admitted facts; **donner** [~ˈne] (1a) *v/t.* give (*a. advice, orders, an example*), present, bestow; yield (*a. a profit, a harvest, fig. a result*); deal (*cards, a blow*); set (*a problem, a price*); ⚕ donate (*blood*); *sl.* give away (*an accomplice*); ~ *à* assign to; confer (*a title*) upon; ☤ ~ *avis* (*quittance*) give notice (a receipt); ~ *de la peine* give trouble; ~ *en mariage* give in marriage; *teleph.* ~ *à q. la communication avec* put s.o. through to; ~ *le bonjour à* wish (*s.o.*) good day; ~ *lieu à* give rise to, cause; ~ *q. pour perdu* give s.o. up for lost; *elle lui donna un enfant* she bore him a child; *se* ~ *à* abandon o.s. to; *se* ~ *de la peine* take pains; *se* ~ *pour* give o.s. out as; *v/i.* give, sag; ⊕, ⚔ engage; *cards*: deal; ~ *à entendre* give to understand; ~ *contre* run against; ~ *dans* run into; *sun*: shine into (*a room*); *fig.* have a taste for; ~ *sur* overlook, look out on; lead to; **donneur** *m*, **-euse** *f* [~ˈnœ:r, ~ˈnø:z] giver, donor; *cards*: dealer; ☤ seller; ~ *de sang* blood donor; ☤ ~ *d'ordre* principal.
dont [dɔ̃] *pron.* whose, of whom (which); by *or* from *or* among *or* about whom (which).
donzelle F [dɔ̃ˈzɛl] *f* wench, hussy.
dopage [dɔˈpa:ʒ] *m* doping; **dopant**

[dɔ'pɑ̃] *m* dope; **doper** *sp.* [dɔ'pe] (1a) *v/t.* dope; **doping** *sp.* [dɔ'piŋ] *m action*: doping; *drug*: dope.

doré, e [dɔ're] gilt, gilded; golden (*hair etc.*); browned (*meat*); glazed (*cake*).

dorénavant [dɔrena'vɑ̃] *adv.* henceforth.

dorer [dɔ're] (1a) *v/t.* gild; brown (*meat*); glaze (*a cake*); F ~ *la pilule* gild the pill; **doreur** *m*, **-euse** *f* [dɔ'rœ:r, ~'rø:z] gilder.

dorloter [dɔrlɔ'te] (1a) *v/t.* fondle; pamper; make a fuss of.

dormant, e [dɔr'mɑ̃, ~'mɑ̃:t] **1.** *adj.* sleeping; ✝, ⚘, *geol.* dormant; stagnant, still (*water*); **2.** *su./m* sleeper; ⊕ casing, frame; **dormeur, -euse** [~'mœ:r, ~'mø:z] *su.* sleeper; *fig.* sluggard; *su./f* stud earring; **dormir** [~'mi:r] (2b) *v/i.* sleep, be asleep; ⚘ close (*flower*); ✝ lie idle; *fig.* be still *or* latent; ~ *comme une souche* (*or une marmotte or un loir*) sleep like a log; ~ *sur les deux oreilles* be absolutely confident; ~ *trop longtemps* oversleep; *histoire f à* ~ *debout* incredible story; **dormitif, -ve** ⚕ [~mi'tif, ~'ti:v] **1.** *adj.* soporific; **2.** *su./m* sleeping-draught.

dorsal, e, *m/pl.* **-aux** [dɔr'sal, ~'so] dorsal.

dortoir [dɔr'twa:r] *m* dormitory; sleeping-quarters *usu. pl.*

dorure [dɔ'ry:r] *f* gilding; gold-braid; *meat*: browning; *cake*: glazing.

doryphore *zo.* [dɔri'fɔ:r] *m* Colorado beetle.

dos [do] *m* back (*a. of chair, page, etc.*); *nose*: bridge; *geog.* ridge; *en* ~ *d'âne* ridged, high-crowned (*road*); ▵ ogee; hump-back (*bridge*); *en avoir plein le* ~ be fed up with it; *faire le gros* ~ arch its back (*cat*); *voir au* ~ turn over!; see overleaf.

dosage [do'za:ʒ] *m* ⚕ dosage; ⚗ titration, quantity determination; **dose** [do:z] *f* ⚕ dose; ⚗ amount, proportion; *fig.* share; ~ *excessive*, ~ *trop forte* overdosis; **doser** [do'ze] (1a) *v/t.* ⚕ determine the dose of; ⚗ titrate; *fig.* measure out.

dossier [do'sje] *m chair etc.*: back; file, papers *pl.*, documents *pl.*; ⚖ record; ⚕ case history.

dot [dɔt] *f* dowry; **dotal, e,** *m/pl.* **-aux** [dɔ'tal, ~'to] dotal; ⚖ *régime m* ~ marriage settlement; **dotation** [~ta'sjɔ̃] *f* endowment; ⊕ *etc.* equipment; **doter** [~'te] (1a) *v/t.* give a dowry to (*a bride*); endow (*a hospital etc., a. fig.*) (with, de).

douaire [dwɛ:r] *m* (*widow's*) dower; (*wife's*) jointure; **douairière** [dwɛ'rjɛ:r] *su./f, a. adj.* dowager.

douane *admin.* [dwan] *f* customs *pl.*; **douanier, -ère** [dwa'nje, ~'njɛ:r] **1.** *adj.* customs-…; **2.** *su./m* customs officer.

doublage [du'bla:ʒ] *m cost.* lining; ⊕ plating; *cin.* dubbing; **double** [dubl] **1.** *adj.* double, twofold; *à* ~ *face* two-faced (*person*); *à* ~ *sens* ambiguous; ✝ *en partie* ~ by double-entry; *sp. partie f* ~ *golf*: foursome; **2.** *su./m* double; duplicate; ✝ *en* ~ in duplicate; *plier en* ~ fold in half *or* in two; ~*s pl. messieurs tennis*: men's doubles; **doublé** [du'ble] *m billiards*: stroke off the cushion; rolled gold; plated ware; **doubler** [~'ble] (1a) *v/t.* double (*a.* ⚓ *a cape*); fold in half *or* in two; *cost.* line; ⊕ *metal*: plate; *cin.* dub; pass, overtake; *thea.* understudy (*a role*); *mot. défense de* ~ no overtaking!; *mot.* ~ *à gauche* overtake *or* pass on the left; ~ *une classe* repeat a class; *v/i.* double; **doublet** [~'blɛ] *m* doublet; **doublon** [~'blɔ̃] *m* double; doublet; **doublure** [~'bly:r] *f cost.* lining; *thea.* understudy; *mot.* overtaking.

douce-amère, *pl.* **douces-amères** ⚘ [dusa'mɛ:r] *f* bitter-sweet, woody nightshade; **douceâtre** [~'sɑ:tr] sweetish; sickly; **doucement** [dus'mɑ̃] gently; softly; carefully; smoothly; **doucereux, -euse** [dus'rø, ~'rø:z] sweetish, sickly, cloying; *fig.* smooth-tongued; sugary; **doucet, -ette** [du'sɛ, ~'sɛt] **1.** *adj.* meek; mild; **2.** *su./f* ⚘ lamb's lettuce, corn-salad; **douceur** [~'sœ:r] *f* sweetness; softness; gentleness; *weather*: mildness; ~*s pl.* sweets, *Am.* candies; *fig. en* ~ soft (*landing, transition, etc.*); gently, smoothly; carefully.

douche [duʃ] *f* shower(-bath); ⚕ douche; **doucher** [du'ʃe] (1a) *v/t.* give (*s.o.*) a shower-bath; F dowse (*s.o.*); ⚕ douche.

doucir [du'si:r] (2a) *v/t.* grind down (*glass or metal*).
douer [dwe] (1p) *v/t.* endow (with, *de*) (*a. fig.*); *être doué pour* have a natural gift for.
douille [du:j] *f* ⊕, ⚡ socket; ⚡ (bulb-)holder; cartridge case; ⊕ *wheel*: sleeve.
douillet, -ette [du'jɛ, ~'jɛt] soft (*cushion etc., a. person*); *pej.* effeminate, over-delicate.
douleur [du'lœ:r] *f* pain; suffering; grief; **douloureux, -euse** [~lu'rø, ~'rø:z] **1.** *adj.* painful; aching; *fig.* sad; *fig.* sorrowful (*look*); *fig.* grievous (*cry, event, loss*); **2.** *su./f* F bill, *Am.* check.
doute [dut] *m* doubt, misgiving; suspicion; *mettre* (*or révoquer*) *en* ~ (call in) question (whether, *que*); *sans* ~ no doubt; probably; *sans aucun* ~ without (a) doubt, assuredly; **douter** [du'te] (1a) *v/i.* (*a.* ~ *de*) doubt, question; mistrust; *v/t.*: *se* ~ *de* suspect, think; **douteur, -euse** [~'tœ:r, ~'tø:z] **1.** *su.* doubter; **2.** *adj.* doubting; **douteux, -euse** [~'tø, ~'tø:z] doubtful, dubious; questionable; uncertain.
douve [du:v] *f* ⚠ moat; ✔ trench; *sp.* water-jump; *tub*: stave.
doux, douce [du, dus] **1.** *adj.* soft (*a. fig.*; *a. iron.*; *a. drug etc.*); sweet; mild (*a. steel*); gentle; smooth; pleasant (*memories, news*); *billet m* ~ love-letter; *eau f douce* fresh *or* soft water; *vin m* ~ must; **2.** *adv.*: F *filer doux* sing small; submit; *tout doux!* take it easy!; *sl. en douce* on the quiet.
douzaine [du'zɛn] *f* dozen; *à la* ~ by the dozen; *une* ~ *de fleurs* a dozen flowers; **douze** [du:z] *adj./num., a. su./m/inv.* twelve; *date, title*: twelfth; **douzième** [du'zjɛm] *adj./num., a. su.* twelfth.
doyen *m*, **-enne** *f* [dwa'jɛ̃, ~'jɛn] *eccl., univ.* dean; *diplomat*: doyen; *fig.* (*a.* ~ *d'âge*) senior; **doyenné** [~jɛ'ne] *m* deanery; ✔ *pear*: doyenne.
draconien, -enne [drakɔ'njɛ̃, ~'njɛn] draconian; harsh.
dragage ⊕ [dra'ga:ʒ] *m* dredging; dragging (*for body*); (*mine-*)sweeping.
dragée [dra'ʒe] *f* sugared almond; sweet; ⚕ dragee; ⚔ *sl.* bullet; *fig.* pill; *hunt.* small shot; *tenir la* ~ *haute à* make (*s.o.*) pay dearly; **drageoir** [~'ʒwa:r] *m* *watch-glass*: bezel; comfit-box, comfit-dish.
drageon ✔ [dra'ʒɔ̃] *m* sucker.
dragon [dra'gɔ̃] *m myth.* dragon (*a. fig.*); *zo.* flying lizard; ⚔, *orn.* dragoon; **dragonne** [~'gɔn] *f* sword-knot; *umbrella*: tassel.
drague [drag] *f* ⊕ dredger; grappling-hook; *fishing*: drag-net, dredge; **draguer** [dra'ge] (1m) *v/t.* ⊕ dredge; drag (*a pond*); dredge for (*oysters*); ⚓ sweep for (*mines*); *sl.* (try and) pick up (*a girl etc.*); **dragueur** [~'gœ:r] *m* ⊕ dredgerman; *fishing*: dragman; (*a. bateau m* ~) dredger; ⚓ ~ *de mines* mine sweeper.
drain [drɛ̃] *m* drain(ing); drain-pipe; ⚕ drainage tube; ⚒ watercourse; **drainage** ✔, ⚕ [drɛ'na:ʒ] *m* drainage, draining; ✝ drain; **drainer** ✔, ⚕ [~'ne] (1a) *v/t.* drain.
dramatique [drama'tik] **1.** *adj.* dramatic (*a. fig.*); *auteur m* ~ playwright; **2.** *su./m* drama (*a. fig.*); **dramatiser** [~ti'ze] (1a) *v/t.* dramatize (*a. fig.*); adapt (*a novel*) for the stage; **dramaturge** [~'tyrʒ] *m* playwright; **drame** [dram] *m* drama (*a. fig.*); play.
drap [dra] *m* cloth; ~ (*de lit*) sheet; ~ *mortuaire* pall; F *être dans de beaux* ~*s* be in a pretty mess; **drapeau** [dra'po] *m* flag; *telev.* irregular synchronism; ⚔ colo(u)rs *pl.*; *sous les* ~*x* ⚔ in the services; F *fig.* on the side (of, *de*); **draper** [~'pe] (1a) *v/t.* drape; cover with cloth (*buttons etc.*); *se* ~ drape o.s. (in, *dans*) (*a. fig.*); **draperie** [~'pri] *f* drapery; curtains *pl.*; ⚔ bunting; **drapier** [~'pje] *m* draper; cloth merchant *or* manufacturer.
drastique ⚕ [dras'tik] *adj., a. su./m* drastic.
drawback ✝ [dro'bak] *m* drawback.
drêche [drɛʃ] *f* draff.
dressage [drɛ'sa:ʒ] *m* preparation; *monument*: erection; ⊕ *stone, wood*: dressing; ⊕ facing; training (*a.* ⚔); *horse*: breaking in; **dressement** [drɛs'mɑ̃] *m* preparation, drawing up; **dresser** [drɛ'se] (1a) *v/t.* erect (*a monument etc.*); fix up (*a bed*); raise (*one's head*); prick up (*one's ears*); lay, set (*an ambush, the table, a trap*); draw up (*a contract, an*

inventory, a list, a report); pitch (*a tent*); ⚔ lay out (*a camp*); ⚔ establish (*a battery*); ⚖ lodge (*a complaint*); ⚕ make out (*a cheque*); dish up (*food*); train (*an animal, a person*); break in (*a horse*); ⚔ drill (*recruits*); ⊕ line up (*an engine, a machine*); trim (*a hedge*); dress (*wood, a stone*); ⊕ straighten out (*a wire*); ~ *un procès-verbal contre* (*or à*) *q.* take down the particulars of a minor offence, F take s.o.'s name and address; se ~ rise, get to one's feet; stand on end (*hair*); stand (*monument etc.*); rise on its hind legs (*horse*); **dresseur** *m*, **-euse** *f* [~ˈsœːr, ~ˈsøːz] trainer (*of animals*); adjuster; **dressoir** [~ˈswaːr] *m* dresser, sideboard.

dribbler *sp.* [driˈble] (1a) *vt/i.* dribble.

drille[1] [driːj] *m*: F *bon* ~ grand chap; F *pauvre* ~ poor devil.

drille[2] ⊕ [~] *f* hand-drill, drill-brace.

drisse ⚓ [dris] *f* halyard, yard-rope.

drogue [drɔg] *f* drug; *coll.* drugs *pl.*; *pej.* patent medicine; **drogué, e** [drɔˈge] **1.** *adj.* high (on drugs), *sl.* stoned; **2.** *su.* drug addict; dope fiend; **droguer** [drɔˈge] (1m) *v/t.* drug (up); dose up; *se* ~ take drugs, be on drugs; **droguerie** [~ˈgri] *f* chemist's, *Am.* drugstore.

droit, droite [drwa, drwat] **1.** *adj.* straight (*a. line*); right (*angle, hand, side*); upright (*a. fig.*); vertical; stand-up (*collar*); *fig.* honest; *au* ~ *de* at right angles with; ⚒ *section f* ~*e* cross-section; **2.** *droit adv.* straight; *tout* ~ straight ahead *or* on; **3.** *su./m* right; privilege; law; fee, charge; ~*s pl. d'auteur* royalties; ~*s pl. civiques* civil rights; ⚕ ~*s pl. de magasinage* storage *sg.* (charges); warehouse dues; ~ *de douane* (customs) duty; ~ *des gens* law of nations; ~ *du plus fort* right of the strongest; *à qui de* ~ to the proper person *or* quarter; *avoir* ~ *à* be entitled to; be eligible for; *de* (*bon*) ~ by right; *être en* ~ *de* (*inf.*) have a right to (*inf.*), be entitled to (*inf.*); *faire son* ~ study law; *su./f* right hand; straight line; *à* ~*e* on the right; *direction*: to the right; *tenir la* ~*e* keep to the right; *pol. la* 2*e* the Right, the Conservatives *pl.*; **droitier, -ère** [drwaˈtje, ~ˈtjɛːr] **1.** *adj.* right-handed; *pol.* right-wing; **2.** *su.* right-handed person; *pol.* Rightist, Conservative; **droitiste** *pol.* [~ˈtist] *adj., a. su.* Rightist; **droiture** [~ˈtyːr] *f* uprightness; integrity; honesty.

drolatique [drɔlaˈtik] comic, humorous; spicy; **drôle** [droːl] **1.** *adj.* funny; odd, queer; F *la* ~ *de guerre* the phoney war; *un*(e) ~ *de* a funny, an odd; **2.** *su./m* rascal, knave; **drôlerie** [drolˈri] *f* jesting, fun; joke, jest, *Am.* gag; **drôlesse** † [droˈlɛs] *f* hussy.

dromadaire *zo.* [drɔmaˈdɛːr] *m* dromedary.

drosser ⚓, ✈ [drɔˈse] (1a) *v/t.* drive, carry, drift (*wind etc.*).

dru, drue [dry] **1.** *adj.* thick, strong; dense; vigorous; **2.** *dru adv.* thickly; ~ *et menu* in a steady drizzle (*rain*); (*walk*) with quick, short steps; *tomber* ~ fall thick and fast.

druide [drɥid] *m* druid.

drupe ⚘ [dryp] *f* drupe, stone-fruit.

dû, due, *m/pl.* **dus** [dy] **1.** *p.p. of devoir 1*; **2.** *adj.* due; owing; **3.** *su./m* due.

dubitatif, -ve [dybitaˈtif, ~ˈtiːv] dubitative.

duc [dyk] *m* duke; *orn.* horned owl; **ducal, e,** *m/pl.* **-aux** [dyˈkal, ~ˈko] ducal; ... of a *or* the duke.

ducat † [dyˈka] *m* ducat.

duché [dyˈʃe] *m* duchy, dukedom; **duchesse** [~ˈʃɛs] *f* duchess; *tex.* duchesse lace *or* satin; ⚘ duchess pear.

ductile [dykˈtil] ductile, malleable (*a. fig.*); *fig.* pliable; **ductilité** [~tiliˈte] *f* malleability; *fig.* docility.

duel[1] *gramm.* [dɥɛl] *m* dual.

duel[2] [dɥɛl] *m* duel; **duelliste** [dɥɛˈlist] *m* duellist.

dum-dum [dumˈdum] *f* dum-dum (bullet).

dûment [dyˈmɑ̃] *adv.* duly, in due form, properly.

dumping ⚕ [dœmˈpiŋ] *m* dumping; *faire du* ~ dump.

dune [dyn] *f* dune; ~*s pl.* downs.

dunette ⚓ [dyˈnɛt] *f* poop-deck.

duo ♪ [dɥo] *m* duet.

duodénum *anat.* [dɥɔdeˈnɔm] *m* duodenum.

dupe [dyp] *f* dupe; F gull; *être* ~ *de* be taken in by; *prendre q. pour* ~ make a cat's-paw of s.o.; **duper**

[dy'pe] (1a) *v/t.* dupe, fool; take (*s.o.*) in; **duperie** [~'pri] *f* deception, trickery; take-in; **dupeur** [~'pœ:r] *m* cheat, swindler, *Am.* sharper; hoaxer.

duplex ⊕ [dy'plɛks] *adj., a. su./m* duplex; **duplicata** [dyplika'ta] *m/inv. copy*: duplicate; **duplicateur** [~ka'tœ:r] *m* duplicator; ⚡ doubler; **duplicatif, -ve** [~ka'tif, ~'ti:v] duplicative; **duplicité** [~si'te] *f* duplicity, double-dealing.

dur, dure [dy:r] **1.** *adj.* hard (*a. fig.*); stiff; tough (*meat, wood*); *fig.* harsh; unfeeling; hardened; *avoir le sommeil* ~ be a heavy sleeper; *être* ~ *avec* (*or pour*) *q.* be hard on s.o., be rough with s.o.; *avoir l'oreille* ~*e*, *être* ~ *d'oreille* be hard of hearing; **2.** *dur adv.* hard; **3.** *su./m* F tough guy; hard-liner; F *un* ~ *à cuire* a tough nut to crack; ⚠ *en* ~ permanent (*structure etc.*); *su./f*: *coucher sur la dure* sleep on the bare ground *or* on bare boards.

durabilité [dyrabili'te] *f* durability; **durable** [~'rabl] durable, lasting; solid.

durant [dy'rɑ̃] *prp.* during; ~ *des années* for many years; *sa vie* ~ his whole life long; *des heures* ~ for hours (and hours).

durcir [dyr'si:r] (2a) *v/t.* harden; hard-boil (*an egg*); *metall.* chill; *v/i. a.* *se* ~ harden; set (*concrete*); **durcissement** [~sis'mɑ̃] *m* hardening, toughening; stiffening; *metall.* chilling.

durée [dy're] *f* duration; *machine, building, etc.*: wear, life; *de courte* ~ short-lived; **durer** [~] (1a) *v/i.* last, endure; wear (well) (*goods*); hold out, bear, F stick (it) (*person*); *le temps me dure* time hangs heavily on my hands, I find life dull.

duret, -ette F [dy'rɛ, ~'rɛt] rather hard; rather tough (*meat*); **dureté** [dyr'te] *f* hardness (*a. fig.*); *meat*: toughness; *fig.* harshness; austerity; ~ *d'oreille* hardness of hearing; **durillon** [dyri'jɔ̃] *m foot*: corn; *hand*: callosity.

durit *mot.* (*TM*) [dy'rit] *f* radiator hose.

dus [dy] *1st p. sg. p.s. of devoir 1.*

duvet [dy'vɛ] *m* down; *tex.* fluff, nap; F down quilt; **duveté, e** [dyv'te], *a.* **duveteux, -euse** [~'tø, ~'tø:z] downy, fluffy.

dynamique [dina'mik] **1.** *adj.* dynamic; **2.** *su./f* dynamics *sg.*; **dynamiser** [~mi'ze] (1a) *v/t.* make (more) dynamic; **dynamite** [~'mit] *f* dynamite; **dynamiter** [~mi'te] (1a) *v/t.* dynamite; blow up; *fig. a.* F bust (up); **dynamo** ⚡, ⊕ [~'mo] *f* dynamo; ~ *lumière* (*or d'éclairage*) lighting generator; **dynamomètre** ⊕ [~mɔ'mɛtr] *m* dynamometer.

dynastie [dinas'ti] *f* dynasty.

dysenterie ⚕ [disɑ̃'tri] *f* dysentery.

dysfonctionnement ⚕ [disfɔ̃ksjɔn'mɑ̃] *f* dysfunction.

dyspepsie ⚕ [dispɛp'si] *f* dyspepsia, indigestion; **dyspepsique** [~pɛp'sik] *adj., a. su.* dyspeptic.

dytique *zo.* [di'tik] *m* water-beetle, dytiscus.

E

E, e [ə] *m* E, e.

eau [o] *f* water; rain; *fruit*: juice; perspiration; *eccl.* ~ *bénite* holy water; ~ *de toilette* lotion; ~ *du robinet* tap water; ⚗ ~ *lourde* heavy water; ⚕ ~ *oxygénée* hydrogen peroxide; ~ *potable* drinking water; ~ *vive* spring water, running water; *aller aux* ~*x* go to a watering-place; ⚓ *faire* ~ (spring a) leak; *faire de l'*~ ⚓, 🚂 (take in) water; ⚕ make water; *grandes* ~*x pl.*, *jeux m/pl. d'*~*x* ornamental fountains; *river*: high water *sg.*; *nager entre deux* ~*x* swim under water; *prendre les* ~*x* take the waters (*at a spa*); *ville f d'*~ watering-place, spa; **~-de-vie,** *pl.* **~x-de-vie** [od'vi] *f* brandy; spirits *pl.*; **~-forte,** *pl.* **~x-fortes** ⚗ [o'fɔrt] *f* nitric acid; etching; **~x-vannes** [o'van] *f/pl.* liquid manure *sg.*, sewage *sg.*

ébahir [eba'iːr] (2a) *v/t.* amaze, astound; take (*s.o.'s*) breath away; *s'*~ be astounded, wonder (at, *de*); **ébahissement** [~is'mɑ̃] *m* amazement, wonder.

ébarber [ebar'be] (1a) *v/t.* trim (*a.* ⚒); ⚒ clip; ⊕ dress.

ébats [e'ba] *m/pl.* frolics, gambols; *prendre ses* ~ frolic, gambol; **ébattre** [e'batr] (4a): *v/t.*: *s'*~ frolic, gambol, frisk about.

ébaubi, e [ebo'bi] amazed, astounded.

ébauchage [ebo'ʃaːʒ] *m* roughing out (*of s.th.*); **ébauche** [e'boːʃ] *f* outline (*a. fig.*); sketch (*a. fig.*); rough draft; *fig.* ghost (*of a smile*); **ébaucher** [ebo'ʃe] (1a) *v/t.* rough out, sketch (out); roughhew (*a stone etc.*); *fig.* give a ghost *or* a hint of (*a smile etc.*); *s'*~ take shape, form, develop.

ébène [e'bɛn] *f* ebony; *fig. d'*~ jet-black; **ébénier** ⚘ [ebe'nje] *m* ebony-tree; **ébéniste** [~'nist] *m* cabinet-maker; **ébénisterie** [~nis'tri] *f* cabinet-work; cabinet-making.

éberlué, e [ebɛrlɥ'e] flabbergasted.

éblouir [eblu'iːr] (2a) *v/t.* dazzle (*a. fig.*); **éblouissement** [~is'mɑ̃] *m* dazzle; glare; dizziness.

ébonite [ebɔ'nit] *f* ebonite, vulcanite.

éborgner [ebɔr'ɲe] (1a) *v/t.* blind in one eye, put (*s.o.'s*) eye out; ⚒ disbud.

ébouillanter [ebujɑ̃'te] (1a) *v/t.* scald.

éboulement [ebul'mɑ̃] *m* caving in, collapsing; fall of stone; landslide; **ébouler** [ebu'le] (1a) *v/t.* bring down; *s'*~ cave in, collapse; slip (*cliff, land*); **éboulis** [~'li] *m* ⛰ debris; fallen earth; scree.

ébouriffant, e F [eburi'fɑ̃, ~'fɑːt] amazing, startling; fantastic (*story*); **ébouriffer** [~'fe] (1a) *v/t.* ruffle (*a. fig.*), dishevel (*s.o.'s hair*); *fig.* amaze.

ébrancher ⚒ [ebrɑ̃'ʃe] (1a) *v/t.* lop off the branches of (*a tree*); prune, trim; **ébranchoir** ⚒ [~'ʃwaːr] *m* (long-hafted) billhook.

ébranlement [ebrɑ̃l'mɑ̃] *m* shaking, shock; *fig.* agitation, commotion; *fig.* disturbance (*a. of the mind*); **ébranler** [ebrɑ̃'le] (1a) *v/t.* shake (*a. fig.*); loosen (*a tooth*); set in motion; disturb; *s'*~ shake; ring (*bells*); start, set off; ⚔ move off.

ébrécher [ebre'ʃe] (1f) *v/t.* notch; chip (*a plate etc.*); jag (*a knife*); *fig.* make a hole in (*one's fortune*); *fig.* damage (*s.o.'s. reputation*).

ébriété [ebrie'te] *f* drunkenness, intoxication.

ébrouement [ebru'mɑ̃] *m* snort (-ing); **ébrouer** [~'e] (1a) *v/t.*: *s'*~ snort; take a (*dust-*)bath (*bird*).

ébruiter [ebrɥi'te] (1a) *v/t.* noise abroad, make known; divulge (*a secret*); *s'*~ become known.

ébullition [ebyli'sjɔ̃] *f* boiling; effervescence; *fig.* turmoil; *point m d'*~ boiling point.

éburné, e [ebyr'ne] eburnean, like ivory; *anat. substance f* ~*e* dentine.

écaille [e'kɑːj] *f* ⚕, ⚘, *metall.*, *fig.*,

fish: scale; *paint*: flake; *wood*: splinter; *tortoise etc.*: shell; ✝ tortoise-shell.
écailler[1] [ekɑ'je] (1a) *v/t.* scale (*fish, a. metall.*); open (*oysters*); **s'~** scale *or* flake off, peel off.
écailler[2], **-ère** [ekɑ'je, ~'jɛːr] *su.* oyster-seller; *su./f* oyster-knife.
écailleux, -euse [ekɑ'jø, ~'jøːz] scaly; flaky (*paint*).
écale [e'kal] *f pea*: pod; *nut*: husk; **écaler** [eka'le] (1a) *v/t.* shell (*peas*); hull (*walnuts*); shuck (*chestnuts*).
écarlate [ekar'lat] *adj., a. su./f* scarlet.
écarquiller [ekarki'je] (1a) *v/t.* open [wide (*one's eyes*).]
écart [e'kaːr] *m* gap; divergence; difference; separation; *cards*: discard (-ing); ⚔ *range*: error (*a. fig.*); ✝ margin (*of prices*); ⊕ deviation; ⊕ variation; swerve; *fig.* digression; *fig. fancy*: flight; ~ (*de conduite*) misdemeano(u)r; *à l'~* on one side, apart; aloof; out of the way; *faire un ~* swerve; shy (*horse*); *gymn. grand ~* splits *pl.*; *se tenir à l'~* stand aside *or* aloof; **écarté, e** [ekar'te] remote; isolated; out-of-the-way; lonely.
écarteler [ekartə'le] (1d) *v/t.* ⚖ *hist.* quarter; *fig.* tear apart; *écartelé entre* torn between.
écartement [ekartə'mɑ̃] gap, space (between, *de*); 🚂 *track*: gauge; *mot.* wheelbase; ⊕ deflection; **écarter** [~'te] (1a) *v/t.* separate; spread; remove; avert; push aside (*a. proposals*); divert (*suspicion etc.*); **s'~** move aside; diverge; stray, deviate (from, *de*).
Ecclésiaste [ɛkle'zjast] *m*: *livre m de l'~* Ecclesiastes; **ecclésiastique** [~zjas'tik] **1.** *adj.* ecclesiastical; clerical (*hat etc.*); **2.** *su./m* clergyman, ecclesiastic; *l'*♀ Ecclesiasticus.
écervelé, e [esɛrvə'le] **1.** *adj.* scatter-brained, wild, flighty; **2.** *su.* scatter-brain, harum-scarum, madcap.
échafaud [eʃa'fo] *m* scaffolding; *sp. etc.* stand; ⚖ scaffold, gallows *pl.*; **échafaudage** [~fo'daːʒ] *m* △ scaffolding; *fig.* structure; *fig. fortune*: piling up; **échafauder** [~fo'de] (1a) *v/i.* erect a scaffolding; *v/t.* pile up; *fig.* build up; construct.
échalas [eʃa'la] *m* ⚒ vine-prop; hop-pole; *fig.* spindle-shanks (= *lanky person*); **échalasser** [~la'se] (1a) *v/t.* prop (*the vine etc.*).
échalier [eʃa'lje] *m* stile; gate.
échalote ♀ [eʃa'lɔt] *f* shallot.
échancrer [eʃɑ̃'kre] (1a) *v/t.* indent, notch; scallop (*a handkerchief*); cut out (the neck of) (*a dress*); **échancrure** [~'kryːr] *f* indentation; cut; *dress*: neckline; notch.
échange [e'ʃɑ̃ːʒ] *m* exchange (*a.* ✝); ✝ barter; *libre ~* free trade; *en ~ de* in exchange *or* return for; **échanger** [eʃɑ̃'ʒe] (1l) *v/t.* exchange (for *pour, contre*) (*a.* ✝); ✝ barter; **échangeur** [~'ʒœːr] *m mot.* interchange; ⊕ exchanger.
échanson [eʃɑ̃'sɔ̃] *m* † cup-bearer; butler.
échantillon [eʃɑ̃ti'jɔ̃] *m* sample (*a. fig.*); specimen; pattern; ⊕ template; *~ représentatif* adequate sample; **échantillonnage** [~jɔ'naːʒ] *m* sampling; (collection of) samples *pl.*; **échantillonner** [~jɔ'ne] (1a) *v/t.* sample.
échappatoire [eʃapa'twaːr] *f* evasion, way out, loop-hole; **échappé, e** [~'pe] **1.** *adj.* fugitive, runaway; **2.** *su.* fugitive, runaway; *su./f* escape; (free) space; *sp.* spurt; *~ (de vue)* vista; *~ de lumière* burst of light; *par ~s* by fits and starts; **échappement** [eʃap'mɑ̃] *m gas etc.*: escape; ⊕, *mot.* exhaust; ⊕ outlet; *clock*: escapement; *mot. tuyau m* (*pot m*) *d'~* exhaust-pipe (silencer); **échapper** [eʃa'pe] (1a) *v/i.* escape; avoid, dodge; defy; *laisser ~* let slip; set free; *le mot m'a échappé* the word has slipped my memory; *v/t*: *fig. l'~ belle* have a narrow escape *or* F a close shave; **s'~** escape (from, *de*); slip out; disappear.
écharde [e'ʃard] *f* splinter.
écharner ⊕ [eʃar'ne] (1a) *v/t.* flesh (*hides*); **écharnoir** [~'nwaːr] *m* fleshing knife.
écharpe [e'ʃarp] *f* (shoulder) sash; *cost.* stole, scarf; ⚕ *arm*: sling; *en ~* diagonally, slantwise; **écharper** [eʃar'pe] (1a) *v/t.* slash; cut to pieces (*a.* ⚔); *tex.* card (*wool*).
échasse [e'ʃɑːs] *f* stilt; *scaffold*: pole; *fig. monté sur des ~s* on one's high horse; **échassier** [eʃɑ'sje] *m orn.* wader; *fig.* spindle-shanks.
échaudé *cuis.* [eʃo'de] *m* canary-bread; **échauder** [~'de] (1a) *v/t.* scald; *tex.* scour; F fleece (*s.o.*);

fig. se *faire* ~ burn one's fingers; **échaudoir** [~'dwa:r] *m* scalding-room; scalding-tub; *tex.* scouring-vat; **échaudure** [~'dy:r] *f* scald.

échauffant, e [eʃo'fɑ̃, ~'fɑ̃:t] ⚕ heating; ⚕ constipating; *fig.* exciting; **échauffement** [eʃof'mɑ̃] *m* ⊕ heating; ⚕ overheating; ⚕ constipation; *fig.* over-excitement; **échauffer** [eʃo'fe] (1a) *v/t.* overheat (⚕, *a. a room*); ⚕ constipate; ⊕ heat; *fig.* warm; *fig.* inflame; s'~ become overheated; warm up; ⊕ get *or* run hot.

échauffourée [eʃofu're] *f* brawl; scuffle; clash; ⚔ skirmish, affray.

échéance ✝ [eʃe'ɑ̃:s] *f bill*: falling due, term; maturity; date; *tenancy*: expiration; *à longue* ~ long-dated; long-term; **échéant, e** [~'ɑ̃, ~'ɑ̃:t] ✝ falling due; *le cas* ~ if necessary; should the occasion arise.

échec [e'ʃɛk] *m chess*: check (*a. fig.*); ⊕, *a. fig.* failure; ~*s pl.* chess *sg.*; chessmen; chessboard *sg.*; *voué à l'*~ doomed to failure.

échelette [eʃ'lɛt] *f cart etc.*: rack; **échelle** [e'ʃɛl] *f* ladder (*a. fig.*); *colours, drawing, map, prices, wages, etc.*: scale; *stocking*: ladder, run; ~ *double* pair of steps; ~ *mobile* (*des salaires*) sliding scale (of wages); ~ *sociale* social scale; *faire la courte* ~ *à q.* give s.o. a helping hand; *sur une grande* ~ on a large scale; **échelon** [eʃ'lɔ̃] *m ladder*: rung; *admin.* grade; *fig.* step; ⚔ echelon; ♪ degree; *pol. etc. à l'*~ *le plus élevé* at the highest level; ⊕ *en* ~ stepped (*gearing*); **échelonnement** [eʃlɔn'mɑ̃] *m* ⚔ echeloning; ⊕ placing at intervals; ✝ spreading (*over a period*); ⚡ *brushes, a. fig. holidays*: staggering; **échelonner** [eʃlɔ'ne] (1a) *v/t.* ⚔ (draw up in) echelon; space out; place at intervals; ⊕ step (*gears*); ✝ spread (*payments over a period*); stagger (*a. fig. holidays*); grade.

écheniller [eʃni'je] (1a) *v/t.* ✓ clear of caterpillars; *fig.* clean up, free from undesirable elements; **échenilloir** ✓ [~nij'wa:r] *m* tree-pruner; branch-lopper.

écheveau [eʃ'vo] *m* skein, hank; *fig.* maze, jumble; **échevelé, e** [eʃə'vle] dishevelled; tousled; *fig.* wild; **écheveler** [~] (1c) *v/t.* dishevel, rumple (*s.o.'s hair*).

échine *anat.* [e'ʃin] *f* backbone, spine; **échiner** [eʃi'ne] (1a) *v/t.* break (*s.o.'s*) back; *fig.* tire (*s.o.*) out; *fig.* thrash (*s.o.*) within an inch of his live; *sl.* ruin; *fig.* s'~ tire o.s. out.

échiquier [eʃi'kje] *m* chess-board; checker pattern; *pol. Br.* ♀ Exchequer; *en* ~ chequerwise.

écho [e'ko] *m* echo; *faire* ~ echo.

échoir [e'ʃwa:r] (3d) *v/i.* ✝ fall due; expire (*tenancy*); fall (*to s.o.'s lot*); *fig.* befall.

échoppe[1] [e'ʃɔp] *f* (*covered*) stall, booth.

échoppe[2] ⊕ [~] *f* burin; graver.

échotier *journ.* [ekɔ'tje] *m* gossip-writer, paragraphist; columnist.

échouer [e'ʃwe] (1p) *v/i.* ⚓ run aground; *fig.* fail, come to naught; fall through; *fig.* land, end up (in, *dans*); *faire* ~ foil; ruin; thwart; *v/t.* ⚓ run (*a ship*) aground; beach.

échu, e [e'ʃy] ✝ due; expired.

écimer ✓ [esi'me] (1a) *v/t.* pollard, top.

éclabousser [eklabu'se] (1a) *v/t.* splash, bespatter (with, *de*); **éclaboussure** [~'sy:r] *f* splash.

éclair [e'klɛ:r] *m* flash of lightning; flash (*a. fig.*); *cuis.* éclair; ~*s pl. de chaleur* heat lightning *sg.*; ⚔ *guerre f* ~ blitzkrieg; *visite f* ~ lightning visit; **éclairage** [eklɛ'ra:ʒ] *m* light(ing); ⚔, ⚓ scouting; ~ *par projecteurs* flood-lighting; ⚡ *circuit m d'*~ light(ing) circuit; **éclairagiste** [~ra'ʒist] *m* lighting engineer; **éclaircie** [eklɛr'si] *f* fair period; break (*of clouds*); clearing (*in a forest*); *fig.* bright period (*in life*); **éclaircir** [~'si:r] (2a) *v/t.* clear (up); brighten; thin (*a forest*); clarify (*a liquid*); thin out (*a sauce*); *fig.* solve, explain, elucidate; **éclairer** [eklɛ're] (1b) *v/t.* light, illuminate; *fig.* enlighten; ⚔ reconnoitre; s'~ light up; become clear(er); **éclaireur** [~'rœ:r] *m* ⚔, ⚓, *etc.* scout.

éclat [e'kla] *m* splinter, chip; burst (*of laughter, of thunder*); explosion; flash (*of gun, light*); brightness, radiance, brilliance (*a. fig.*); *fig.* splendo(u)r; *fig.* glamo(u)r; ~ *de rire* burst of laughter; *faire* ~ create a stir; *faux* ~ tawdriness; *rire aux* ~*s* roar with laughter; **éclatant, e** [ekla'tɑ̃, ~'tɑ̃:t] brilliant; sparkling, glittering; magnificent; loud (*noise*); *fig.* obvious; **éclater** [~'te] (1a) *v/i.* burst, explode; shatter; break up, split (up); flash (*a. fig.*); shine out *or* forth; clap (*thunder*); break out (*fire, laughter, war*); ~ *de rire* burst out laughing; **éclateur** ⚡ [~'tœ:r] *m* spark-gap; spark-arrester; ~ *à boule* discharger.

éclipse [e'klips] *f* eclipse; *fig.* disappearance; **éclipser** [eklip'se] (1a) *v/t.* eclipse (*a. fig.*); obscure (*a beam*); s'~ vanish.

éclisse [e'klis] *f* wedge; ⚕ splint; ⊕ butt-strap; 🚂 fish-plate; **éclisser** [ekli'se] (1a) *v/t.* ⚕ splint; 🚂 fish.

éclopé, e [eklɔ'pe] **1.** *adj.* lame, footsore; **2.** *su.* cripple; lame person.

éclore [e'klɔ:r] (4f) *v/i.* hatch (*bird*); ⚘ open; ⚘ bloom; *fig.* develop, come to light; **éclosion** [eklɔ'zjɔ̃] *f eggs*: hatching; ⚘ opening; ⚘ blooming; *fig.* birth, dawning.

écluse [e'kly:z] *f* lock; sluice; floodgate; **éclusée** [ekly'ze] *f* lockful; sluicing-water; **écluser** [~'ze] (1a) *v/t.* provide (*a canal*) with locks; pass (*a barge*) through a lock; **éclusier, -ère** [~'zje, ~'zjɛ:r] **1.** *su.* lock-keeper; **2.** *adj.* lock-...

écœurer [ekœ're] (1a) *v/t.* disgust, sicken, nauseate; *fig.* dishearten.

école [e'kɔl] *f* school (*a. fig.*); ⚔, ⚓ drill; ~ *confessionnelle* denominational school; ~ *de commerce* commercial school; ~ *des arts et métiers* industrial school; engineering college; technical school *or* institute; ~ *des hautes études commerciales* commercial college (*of university standing*); ~ *laïque* undenominational school; ~ *libre* private school; ~ *maternelle* infant school; kindergarten; ~ *mixte* mixed school, *Am.* co-educational school; ~ *moyenne* intermediate school; ~ *primaire supérieure* central school; ~ *professionnelle* training school; ~ *secondaire* secondary school; ~ *supérieure* college, academy; *faire* ~ get a following (*person*); become the accepted thing; attract followers; *faire l'*~ (*à*) teach; *faire l'*~ *buissonnière* play truant; **écolier, -ère** [ekɔ'lje, ~'ljɛ:r] *su.* pupil; *su./m* schoolboy; *su./f* schoolgirl.

écologie [ekɔlɔ'ʒi] *f* ecology; **écologique** [~'ʒik] ecological; **écologisme** [~'ʒism] *m* ecology movement; **écologiste** [~'ʒist] *su.* ecologist.

éconduire [ekɔ̃'dɥi:r] (4h) *v/t.* show out; get rid of; reject (*a suitor*); *être éconduit* meet with a polite refusal.

économat [ekɔnɔ'ma] *m* † stewardship; *school, univ.*: bursarship; *society*: treasurership; steward's (*etc.*) office; **économe** [~'nɔm] **1.** *adj.* economical, thrifty; sparing; **2.** *su.* † steward, housekeeper; treasurer; bursar; **économie** [ekɔnɔ'mi] *f* economy, saving; thrift; management; ~*s pl.* savings; ~ *dirigée* controlled economy; ~ *domestique* domestic economy; housekeeping; ~ *politique* political economy; economics *sg.*; *faire des* ~*s* save (up); **économique** [~'mik] **1.** *adj.* economic (*doctrine, problem, system*); inexpensive, economical, cheap; **2.** *su./f* economics *sg.*; **économiser** [~mi'ze] (1a) *v/t.* economize, save (on, *sur*); **économiste** [~'mist] *m* (political) economist.

écope [e'kɔp] *f* ladle (*a. cuis.*); ⚓ scoop; **écoper** [ekɔ'pe] (1a) *v/t.* bail out; *v/i. sl.* be hit; cop it; get the blame.

écorce [e'kɔrs] *f tree*: bark; *fruit*: rind, peel; *fig.* outside, crust; **écorcer** [ekɔr'se] (1k) *v/t.* bark; peel (*a fruit*).

écorcher [ekɔr'ʃe] (1a) *v/t.* skin, flay; graze, chafe (*the skin*); scrape, scratch; *fig.* murder (*a language*); *fig.* grate on (*the ear*); *fig.* burn (*one's throat*); *fig.* fleece (*a client*); **écorcheur** [~'ʃœ:r] *m* flayer; *fig.* fleecer; **écorchure** ⚕ [~'ʃy:r] *f* abrasion, F graze, scratch.

écorner [ekɔr'ne] (1a) *v/t.* break *or* chip the corner(s) off (*s.th.*); dog-ear (*a book*); *fig.* make a hole in (*one's fortune*); **écornifler** F [~ni'fle] (1a) *v/t.* scrounge; sponge; **écornifleur** *m*, **-euse** *f* F [~ni'flœ:r, ~'flø:z] cadger, scrounger; sponger; **écornure** [~'ny:r] *f* chip (*off wood, stone, etc.*).

écossais, e [ekɔ'sɛ, ~'sɛ:z] **1.** *adj.* Scottish; *étoffe f* ~*e* tartan, plaid; **2.** *su./m ling.* Scots; ♀ Scot, Scotsman; *les* ♀ *m/pl.* the Scots; *su./f* ♀ Scot, Scotswoman.

écosser [ekɔ'se] (1a) *v/t.* shell, hull.

écosystème [ekɔsi'stɛm] *m* ecosystem.

écot [eˈko] *m* share (of the bill); *payer chacun son* ~ go Dutch treat, *Am.* go Dutch.
écoulement [ekulˈmɑ̃] *m* outflow, flow (*a.* ⚡); (*nasal*) discharge; *bath etc.*: waste-pipe; *crowd*: dispersal; ✝ sale, disposal; ✝ ~ *facile* ready sale; **écouler** [ekuˈle] (1a) *v/t.* ✝ sell off, dispose of; *s'*~ flow out; pass, elapse (*time*); ✝ sell.
écourter [ekurˈte] (1a) *v/t.* shorten, F cut short; dock (*a horse*); crop (*dog's ears*); *fig.* clip (*words*).
écoute[1] [eˈkut] *f* listening(-in); *être aux* ~*s* listen (in); *fig.* keep one's ears open (for, *de*); *heures f/pl. de grande* ~ *radio, telev.*: peak listening (viewing) hours; *mettre q. sur* ~(*s*) tap s.o.'s telephone; *station f d'*~ monitoring station.
écoute[2] ⚓ [~] *f sail*: sheet.
écouter [ekuˈte] (1a) *v/t.* listen to; pay attention to; *v/i.* listen (in); **écouteur, -euse** [~ˈtœːr, ~ˈtøːz] *su. person, a. radio*: listener; *su./m teleph.* receiver; *radio*: head-phone, ear-phone.
écoutille ⚓ [ekuˈtiːj] *f* hatchway.
écran [eˈkrɑ̃] *m* screen; *phot.* filter; *faire* ~ *à* screen; *fig.* be *or* get in the way of; *le petit* ~ television; *porter à l'*~ film (*a novel, a play*).
écraser [ekrɑˈze] (1a) *v/t.* crush; *mot.* run over; ✝ F glut (*the market*); *fig.* overwhelm; *fig.* ruin; *mot.* ~ *l'accélérateur* (*or* F *le champignon*) put one's foot hard down (on the accelerator); *mot.* ~ *le frein* slam on the brakes; *s'*~ collapse; break; ✈, *mot.* crash (into, *contre*); *sl.* (*a. v/i.*) keep one's mouth shut, shut up.
écrémer [ekreˈme] (1f) *v/t.* cream (*milk, a. fig.*); skim (*milk, molten glass*); *fig.* take the cream of (*s.th.*); *lait m non écrémé* whole milk; **écrémeuse** [~ˈmøːz] *f* separator; creamer; *metall., a. glass-making*: skimmer; **écrémoir** [~ˈmwaːr] *m* skimmer.
écrêter [ekreˈte] (1a) *v/t.* level off *or* down; *fig.* take the edge off.
écrevisse *zo.* [ekrəˈvis] *f* crayfish, *Am.* crawfish.
écrier [ekriˈe] (1a) *v/t.*: *s'*~ cry (out), shout (out); exclaim.
écrin [eˈkrɛ̃] *m* (jewel-)case.
écrire [eˈkriːr] (4q) *v/t.* write (down); spell (*a word*); **écrivis** [ekriˈvi] *1st p. sg. p.s. of écrire*; **écrivons** [~ˈvɔ̃] *1st p. pl. pres. of écrire*; **écrit, e** [eˈkri, ~ˈkrit] **1.** *p.p. of écrire*; **2.** *su./m* writing; document; *univ. etc.* written examination; *par* ~ in writing; **écriteau** [ekriˈto] *m* bill, poster, placard; notice; notice-board; **écritoire** [~ˈtwaːr] *m* inkstand; *eccl.* scriptorium; **écriture** [~ˈtyːr] *f* (hand)writing; script; ✝ entry, item; ✝ ~ *en partie double* double entry; ♀ *sainte* Holy Scripture; ⚖, ✝ ~*s pl.* paper *sg.*, documents; books; **écrivailler** F [~vaˈje] (1a) *v/i.* scribble; be a hack-writer of the poorest kind; **écrivain** [~ˈvɛ̃] *m* writer, author; *femme f* ~ authoress; woman writer; **écrivassier** F [~vaˈsje] *m* hack-writer, penny-a-liner.
écrou[1] [eˈkru] *m* ⊕ nut, female screw.
écrou[2] ⚖ [~] *m* entry (*on calendar*) of receipt of prisoner into custody; committal to jail; *levée f d'*~ release from prison.
écrouelles ⚕ [ekruˈɛl] *f/pl.* scrofula *sg.*
écrouer ⚖ [ekruˈe] (1a) *v/t.* imprison; send to prison.
écrouir *metall.* [ekruˈiːr] (2a) *v/t.* cold-hammer; cold-draw; cold-harden; cold-roll.
écroulement [ekrulˈmɑ̃] *m* collapse, falling-in; crumbling; fall (*a. fig.*), *fig.* ruin; **écrouler** [ekruˈle] (1a) *v/t.*: *s'*~ collapse (*a. fig.*); fall (down); crumble; break up; give way; come to nothing.
écroûter [ekruˈte] (1a) *v/t.* cut the crust off; ⚒ scarify (*land*).
écru, e [eˈkry] unbleached, ecru; *soie f* ~*e* raw silk; *toile f* ~*e* holland.
écu [eˈky] *m* shield; ⛨ coat of arms; ~*s pl.* plenty *sg.* of money.
écueil [eˈkœːj] *m* reef; rock (*a. fig.*); shelf; *fig.* danger.
écuelle [eˈkɥɛl] *f* bowl, basin; ⚒ pan; **écuellée** [ekɥɛˈle] *f* bowlful.
éculer [ekyˈle] (1a) *v/t.* wear (*one's shoes*) down at the heel.
écume [eˈkym] *f* froth; *waves*: foam; *jam, metal, a. fig.*: lather; scum; ~ *de mer* meerschaum; **écumer** [ekyˈme] (1a) *v/t.* skim; *fig.* scour (the sea[s], *les mers*); *v/i.* foam, froth (*a. metal, a. fig.*); **écumeur** [~ˈmœːr] *m*: F ~ *de marmites*

sponger, parasite; ~ *de mer* pirate; **écumeux, -euse** [~'mø, ~'mø:z] foamy, frothy; scummy; **écumoire** [~'mwa:r] *f* skimmer.
écurage [eky'ra:ʒ] *m* cleansing; cleaning (out); **écurer** [~'re] (1a) *v/t.* cleanse, scour; clean (out); pick (*one's teeth*).
écureuil *zo.* [eky'rœ:j] *m* squirrel.
écureur *m*, **-euse** *f* [eky'rœ:r, ~'rø:z] cleanser, cleaner, scourer.
écurie [eky'ri] *f* stable; *fig.* team.
écusson [eky'sɔ̃] *m* ▨ shield, escutcheon; ⊕ key-plate; ⚔ badge; ⚘ shield-bud.
écuyer, -ère [ekɥi'je, ~'jɛ:r] *su.* rider; *su./m* horseman; riding-master; ⚠ *staircase*: hand-rail; ⚘ *tree*: prop; *hist.* (e)squire; † equerry; *su./f* horsewoman; *bottes f/pl. à l'~ère* riding-boots.
eczéma ⚕ [ɛgze'ma] *m* eczema.
édénien, -enne [ede'njɛ̃, ~'njɛn] paradisaic.
édenté, e [edɑ̃'te] toothless; *zo.* edentate; **édenter** [~] (1a) *v/t.* break the teeth of; s'~ lose one's teeth.
édicter ⚖ *etc.* [edik'te] (1a) *v/t.* decree; enact (*a law*).
édifiant, e [edi'fjɑ̃, ~'fjɑ̃:t] edifying; **édificateur** [edifika'tœ:r] *m* builder; **édification** [~'sjɔ̃] *f* erection, building; (moral) edification; *fig.* F information; **édifice** [edi'fis] *m* building, edifice; structure (*a. fig.*); **édifier** [~'fje] (1o) *v/t.* build, erect; edify (morally); *fig.* F enlighten.
édit [e'di] *m* edict.
éditer [edi'te] (1a) *v/t.* edit; publish (*a book etc.*); **éditeur** [~'tœ:r] *m text*: editor; *book etc.*: publisher; **édition** [~'sjɔ̃] *f* edition; publishing (trade); **éditorial, e,** *m/pl.* **-aux** [~tɔ'rjal, ~'rjo] **1.** *adj.* editorial; leading (*article*); **2.** *su./m* leader; editorial.
édredon [edrə'dɔ̃] *m* eiderdown.
éducable [edy'kabl] educable; trainable (*animal*); **éducatif, -ve** [~ka'tif, ~'ti:v] educational; educative; **éducation** [~ka'sjɔ̃] *f* education, schooling; rearing; training (*a. animals*); ~ *physique* physical training.
édulcorant [edylkɔ'rɑ̃] *m* sweetener; **édulcorer** [~'re] (1a) *v/t.* sweeten; ⚗ edulcorate.
éduquer [edy'ke] (1m) *v/t.* educate; bring up (*a child*); train (*an animal, a faculty*); *mal éduqué* ill-bred.
éfaufiler [efofi'le] (1a) *v/t.* unravel.
effacé, e [efa'se] faded; unobtrusive, inconspicuous; retiring (*manners, person, etc.*), retired (*life*); receding (*chin etc.*); **effacer** [~] (1k) *v/t.* efface, blot out, erase; *fig.* outshine, throw into the shade; s'~ wear away; fade away; stand aside; keep in the background, F take a back seat.
effarement [efar'mɑ̃] *m* alarm; dismay; **effarer** [efa're] (1a) *v/t.* frighten, scare; startle; dismay; s'~ be scared (at, by *de*); take fright (at, *de*).
effaroucher [efaru'ʃe] (1a) *v/t.* startle; scare away; alarm; *fig.* shock (*the modesty*).
effectif, -ve [efɛk'tif, ~'ti:v] **1.** *adj.* effective; † active, real; **2.** *su./m* manpower; ⚔ total strength; ⚓ complement; ⊕ stock; **effectuer** [~'tɥe] (1n) *v/t.* effect, carry (out), execute; accomplish; go into (*training*).
efféminer [efemi'ne] (1a) *v/t.* render effeminate; mollycoddle (*a child*).
effervescence [efɛrvɛ'sɑ̃:s] *f* effervescence; *fig.* agitation, excitement; restiveness; **effervescent, e** [~'sɑ̃, ~'sɑ̃:t] effervescent (*liquid*); *fig.* in a turmoil.
effet [e'fɛ] *m* effect, result; operation, action; impression; † bill; † commencement (*of policy*); ~ *secondaire* side effect; ~*s pl.* things, clothes; † stocks; † bonds; † ~*s pl. à payer* (*à recevoir*) bills payable (receivable); † ~*s pl. publics* government stock *sg. or* securities; † ~ *à court terme* short-dated bill; *à cet* ~ with this end in view, for this purpose; *en* ~ indeed; *mettre à l'*~ put (*s.th.*) into operation; *prendre* ~ become operative; *produire son* ~ operate, act; *sans* ~ ineffective.
effeuiller [efœ'je] (1a) *v/t.* pluck the petals off (*a flower*); thin out the leaves of (*a fruit-tree*); *fig.* destroy bit by bit; s'~ lose its petals (*flower*) *or* leaves (*tree*); **effeuilleuse** F [~'jø:z] stripper.
efficace [efi'kas] effective; efficient (*a.* ⊕); **efficacité** [~kasi'te] *f* efficacy; efficiency (*a.* ⊕).
efficience [efi'sjɑ̃:s] *f* efficiency; **efficient, e** [~'sjɑ̃, ~'sjɑ̃:t] efficient.
effigie [efi'ʒi] *f* effigy.

effilé, e [efiˈle] tapering; slender; *tex.* frayed, fringed; *mot.* streamlined; **effiler** [~ˈle] (1a) *v/t. tex.* fray, unravel; taper; *cuis.* string (*beans*); **effilocher** *tex.* [~lɔˈʃe] (1a) *v/t.* ravel out; fray; break (*cotton waste etc.*).
efflanqué, e [eflɑ̃ˈke] lean, F skinny, lanky; *fig.* inadequate (*style*).
effleurer [eflœˈre] (1a) *v/t.* graze, touch lightly; brush; skim (*the water*); ⚘ plough lightly; *fig.* touch lightly upon (*a subject*).
efflorescence [eflɔrɛˈsɑ̃:s] *f* ⚘ flowering; ⚗ efflorescence; ⚕ rash, eruption.
effluent, e [eflyˈɑ̃, ~ˈɑ̃:t] *adj., a. su./m* effluent; **effluve** [eˈfly:v] *m* effluvium; exhalation; *fig.* breath; ⚡ ~ *électrique* glow discharge.
effondrement [efɔ̃drəˈmɑ̃] *m* collapse (*a.* ✝, *a. fig.*); caving in; ✝ *prices*: slump; ⚘ trenching; **effondrer** [~ˈdre] (1a) *v/t.*: *s'~* collapse; cave in; break down.
efforcer [efɔrˈse] (1k) *v/t.*: *s'~ de or à* (*inf.*) do one's best to (*inf.*); strive to (*inf.*).
effort [eˈfɔ:r] *m* effort, exertion; pressure; ⊕ stress; ⊕, ⚕ strain; *sp. ball*: spin.
effraction ⚖ [efrakˈsjɔ̃] *f* breaking open; *vol m avec ~* house-breaking (*by day*), burglary (*by night*).
effrayant, e [efrɛˈjɑ̃, ~ˈjɑ̃:t] terrifying, dreadful, appalling; *fig.* awful; **effrayer** [~ˈje] (1i) *v/t.* frighten, scare, terrify; *s'~* take fright, be frightened (at, *de*).
effréné, e [efreˈne] unbridled, unrestrained.
effriter [efriˈte] (1a) *v/t.* crumble; cause to crumble; *s'~* crumble.
effroi [eˈfrwa] *m* terror, fear, fright; dread.
effronté, e [efrɔ̃ˈte] brazen-faced, impudent; saucy (*child*); **effronterie** [~ˈtri] *f* effrontery, impudence, impertinence.
effroyable [efrwaˈjabl] frightful (*a. fig.*).
effusion [efyˈzjɔ̃] *f* effusion (*a. fig.*); outpouring; *~ de sang* bloodshed; ⚕ haemorrhage; *avec ~* effusively.
égailler [egɑˈje] (1a) *v/t. a. s'~* scatter (*birds*).
égal, e, *m/pl.* **-aux** [eˈgal, ~ˈgo] **1.** *adj.* equal; level, smooth; even (*a. fig.*), regular; steady (*pace*); *cela m'est ~* it is all the same to me, I don't mind; F *c'est ~* all the same; **2.** *su.* equal, peer; *su./m*: *à l'~ de* as much as; **égaler** [egaˈle] (1a) *v/t.* regard as equal; be equal to, equal; *fig.* compare with, F touch; **égaliser** [egaliˈze] (1a) *v/t.* equalize (*a. sp.*); level; make even; ⅌ equate; **égalitaire** [~ˈtɛ:r] *adj., a. su.* egalitarian; **égalité** [~ˈte] *f* equality; evenness (*a. fig., a.* ♪); *sp. à ~* equal on points.
égard [eˈga:r] *m* regard, consideration, respect; *~s pl.* respect *sg.*; attentions (to, *pour*); *à cet ~* in this respect; *à l'~ de* with respect to; as regards; *à mon ~* concerning me; *à tous ~s* in every respect; *eu ~ à* considering; *manque m d'~* lack of consideration; slight; *par ~ pour* out of respect for; *sans ~ pour* without regard for.
égarement [egarˈmɑ̃] *m* mislaying; error; *fig.* (*mental*) aberration; *feelings*: frenzy; *conduct, expression*: wildness; bewilderment; **égarer** [egaˈre] (1a) *v/t.* mislay; lead astray; mislead; let (*one's eyes*) wander; bewilder; *fig. avoir l'air égaré* look distraught; *s'~* lose one's way; go astray; become unhinged (*mind*).
égayer [egɛˈje] (1i) *v/t.* cheer up; enliven; *s'~* amuse o.s.; cheer up; make merry (about, *de*).
églantier ⚘ [eglɑ̃ˈtje] *m* wild rose (-bush); *~ odorant* sweet briar; **églantine** ⚘ [~ˈtin] *f flower*: wild rose; *~ odorante flower*: sweet briar.
église [eˈgli:z] *f* church.
églogue [eˈglɔg] *f* eclogue.
égocentrique [egɔsɑ̃ˈtrik] egocentric.
égoïne ⊕ [egɔˈin] *f* compass saw.
égoïsme [egɔˈism] *m* egoism; selfishness; **égoïste** [~ˈist] **1.** *su.* egoist; **2.** *adj.* egoistic; selfish.
égorger [egɔrˈʒe] (1l) *v/t.* cut the throat of; F stick (*a pig*); slaughter, massacre (*people*); *fig.* fleece; **égorgeur** *m*, **-euse** *f* [~ˈʒœ:r, ~ˈʒø:z] cutthroat; (*pig-*)sticker.
égosiller [egoziˈje] (1a) *v/t.*: *s'~* bawl; shout; make o.s. hoarse.
égout [eˈgu] *m* sewer; **égoutter** [eguˈte] (1a) *v/t.* drain (*a.* ⚘); strain (*vegetables*); *s'~* drain, drip; **égouttoir** [~ˈtwa:r] *m* drainer; *cuis.* platerack.

égrapper [egraˈpe] (1a) *v/t.* pick off (*grapes etc.*); ⚒ clean (*ore*).
égratigner [egratiˈɲe] (1a) *v/t.* scratch (*a.* ⚘); *fig.* gibe at, F have a dig at; **égratignure** [~ˈɲy:r] *f* scratch; *fig.* gibe, F dig.
égrener [egrəˈne] (1d) *v/t.* pick off (*grapes*); shell (*peas, corn*); gin (*cotton*); ripple (*flax*); *tree*: shed (*the leaves*) one by one; *fig.* deal with one by one; s'~ drop (away), scatter.
égrillard, e [egriˈja:r, ~ˈjard] ribald, lewd, F dirty.
eh! [e] *int.* hey!; hi!; ~ *bien!* well!; now then!
éhonté, e [eɔ̃ˈte] shameless.
éjaculer [eʒakyˈle] (1a) *v/t.* ejaculate.
éjection [eʒekˈsjɔ̃] *f* ejection.
élaborer [elabɔˈre] (1a) *v/t.* elaborate, work out (*a. fig.*).
élaguer [elaˈge] (1m) *v/t.* ⚘ prune (*a. fig.*); *fig. a.* cut out *or* down.
élan[1] [eˈlɑ̃] *m* spring, dash, bound; impetus; *fig.* impulse; *fig.* outburst (*of temper etc.*).
élan[2] *zo.* [~] *m* elk, moose.
élancé, e [elɑ̃ˈse] (tall and) slim, slender; **élancement** [elɑ̃sˈmɑ̃] *m* spring; *fig.* yearning (towards, *vers*); ⚕ twinge, shooting pain; **élancer** [elɑ̃ˈse] (1k) *v/i.* twinge, throb; *v/t.*: s'~ shoot; rush; ⚘ shoot up.
élargir [elarˈʒi:r] (2a) *v/t.* enlarge; widen; broaden (*a. fig.*); *fig., a.* ⚖ release; **élargissement** [~ʒisˈmɑ̃] *m* enlarging; widening, broadening; *fig., a.* ⚖ release.
élasticité [elastisiˈte] *f* elasticity; *fig.* springiness; **élastique** [~ˈtik] **1.** *adj.* elastic; *fig.* flexible; *gomme f* ~ (india-)rubber; **2.** *su./m* (india-)rubber; *cost.* elastic; rubber band.
électeur [elɛkˈtœ:r] *m pol.* voter; elector (*a. hist.*); ~ *par correspondance* absent voter; **électif, -ve** [~ˈtif, ~ˈti:v] elective; **élection** [~ˈsjɔ̃] *f* election (*a. fig.*); *fig.* choice; ~*s pl. partielles* by-election *sg.*; **électoral, e,** *m/pl.* **-aux** [~tɔˈral, ~ˈro] electoral, election ...; **électoralisme** *pej.* [~tɔraˈlism] *m* electioneering; **électorat** [~tɔˈra] *m coll., a. hist.* electorate; franchise; **électrice** [~ˈtris] *f pol.* electress (*a. hist.*), voter.
électricien [elɛktriˈsjɛ̃] *m* electrician; **électricité** [~siˈte] *f* electricity; **électrifier** [~ˈfje] (1o) *v/t.* electrify; **électrique** [elɛkˈtrik] electric; electrical (*unit*); **électriser** [~triˈze] (1a) *v/t.* electrify (*a. fig.*); *fig.* thrill; *fil m électrisé* live wire.
électro... [elɛktrɔ] electro...; **~-aimant** [~ɛˈmɑ̃] *m* electro-magnet; **~cardiogramme** ⚕ [~kardjɔˈgram] *m* electrocardiogram; **~choc** ⚕ [~ˈʃɔk] *m treatment*: electric shock.
électrode [elɛkˈtrɔd] *f* electrode.
électro...: **~magnétique** [elɛktrɔmaɲeˈtik] electromagnetic; **~ménager** [~menaˈʒe] *adj./m*: *appareils m/pl.* ~*s* domestic electrical equipment *sg.*
électron *phys.* [elɛkˈtrɔ̃] *m* electron; **électronicien** [~trɔniˈsjɛ̃] *m* electronics engineer; **électronique** [~trɔˈnik] **1.** *adj.* electronic; **2.** *su./f* electronics *sg.*
électrophone [elɛktrɔˈfɔn] *m* record player.
électuaire [elɛkˈtɥɛ:r] *m* electuary.
élégamment [elegaˈmɑ̃] *adv.* elegantly; **élégance** [~ˈgɑ̃:s] *f* elegance; **élégant, e** [~ˈgɑ̃, ~ˈgɑ̃:t] **1.** *adj.* elegant, stylish; smart; **2.** *su./m* man of fashion; *su./f* woman of fashion.
élément [eleˈmɑ̃] *m* element; ingredient; ⚡ cell; ~*s pl.* rudiments, first principles, basics; **élémentaire** [~mɑ̃ˈtɛ:r] elementary; rudimentary; fundamental, basic.
éléphant *zo.* [eleˈfɑ̃] *m* elephant; ~ *femelle* cow-elephant.
élevage [elˈva:ʒ] *m* breeding, rearing; ranch; **élévateur, -trice** [elevaˈtœ:r, ~ˈtris] **1.** *adj.* lifting; *anat.* elevator (*muscle*); **2.** *su./m* elevator (*a. anat.*); lift; **élévation** [~ˈsjɔ̃] *f* elevation (*a.* ⅍, △); lifting, raising; rise, increase; height; altitude (*a. astr.*); **élévatoire** [~ˈtwa:r] hoisting.
élève [eˈlɛ:v] *su.* pupil; *univ.* student; apprentice; *su./f* young rearing animal; *cattle etc.*: breeding; ⚘ seedling.
élevé, e [elˈve] high; *fig.* lofty; bred, brought-up; *mal* ~ ill-bred; **élever** [~ˈve] (1d) *v/t.* raise (*a.* ⅍), lift; △ erect, set up; breed (*cattle etc.*); keep (*bees, hens*); bring up (*a child*); ⅍ ~ *au carré* (*au cube*) square (cube); s'~ rise; get up; amount (to, *à*); protest, take a stand (against, *contre*); **éleveur** [~ˈvœ:r] *m* breeder (*of horses, cattle*); ~ *de*

chiens dog-fancier; **élevure** ⚘ [~'vy:r] *f* pimple, pustule.
élider *gramm.* [eli'de] (1a) *v/t.* elide.
éligible [eli'ʒibl] eligible.
élimer [eli'me] (1a) *v/t.* *a.* s'~ wear threadbare.
éliminer [elimi'ne] (1a) *v/t.* eliminate (*a.* ⅍); get rid of; ⅍ s'~ cancel out.
élire [e'li:r] (4t) *v/t.* elect, choose; *parl.* return (*a member*).
élision *gramm.* [eli'zjɔ̃] *f* elision.
élitaire [eli'tɛ:r] elitist; **élite** [e'lit] *f* elite, pick, choice, best; *d'~* picked, crack (*team etc.*).
élixir [elik'si:r] *m* elixir.
elle [ɛl] *pron./pers./f subject*: she, it; ~s *pl.* they; *object*: her, it; (to) her, (to) it; ~s *pl.* them; (to) them; *à ~* to her, to it; hers, its; *à ~s pl.* to them; theirs; *c'est ~* it is she, F it's her; *ce sont ~s pl.*, F *c'est ~s pl.* it is they, F it's them.
ellébore ⚘ [elle'bɔ:r] *m* hellebore; ~ *noir* Christmas rose.
elle-même [ɛl'mɛ:m] *pron./rfl.* herself; *elles-mêmes pl.* themselves.
ellipse [e'lips] *f gramm.* ellipsis; ⅍ ellipse; **elliptique** [elip'tik] elliptic(al).
élocution [elɔky'sjɔ̃] *f* elocution.
éloge [e'lɔ:ʒ] *m* praise; eulogy, panegyric.
éloigné, e [elwa'ɲe] remote; distant (*a. relative*); far-off, faraway; far (off *or* away); **éloignement** [elwaɲ'mɑ̃] *m* distance; remoteness; removal; *fig.* estrangement; **éloigner** [elwa'ɲe] (1a) *v/t.* remove; move (*s.th.*) away; dismiss (*a thought*); avert (*a suspicion, a danger*); postpone; estrange (*s.o.*); s'~ move away, go away; digress; *s'~ du sujet* wander from the subject, divagate.
éloquence [elɔ'kɑ̃:s] *f* eloquence; **éloquent, e** [~'kɑ̃, ~'kɑ̃:t] eloquent.
élucider [elysi'de] (1a) *v/t.* elucidate, clear up.
élucubrations [elykybra'sjɔ̃] *f/pl.* *pej.* wild imaginings.
éluder [ely'de] (1a) *v/t.* *fig.* evade; shirk (*work*).
Élysée [eli'ze] **1.** *su./m myth.* Elysium; *pol.* Élysée (= *Paris residence of the President of the French Republic*); **2.** *adj. myth.* Elysian (*Fields*).
émacier [ema'sje] (1o) *v/t.* s'~ waste away, become emaciated.
émail, *pl.* **-aux** [e'ma:j, ~'mo] *m* enamel (*a. of teeth*); enamelling material; *phot.* glaze; **émailler** [ema'je] (1a) *v/t.* enamel; glaze (*porcelain, a. phot.*); *fig.* sprinkle, spangle (with, *de*).
émanation [emana'sjɔ̃] *f* emanation, efflux.
émancipation [emɑ̃sipa'sjɔ̃] *f* emancipation; **émancipé, e** *fig.* [~'pe] free, forward; **émanciper** [~'pe] (1a) *v/t.* emancipate.
émaner [ema'ne] (1a) *v/i.* emanate, issue, originate.
émarger [emar'ʒe] (1l) *v/t.* make marginal notes in, write in the margin of; *v/i.* † draw one's salary.
émasculation [emaskyla'sjɔ̃] *f* emasculation (*a. fig.*).
embâcle [ɑ̃'bɑ:kl] *m* obstruction; ice-jam (*in water-way*).
emballage [ɑ̃ba'la:ʒ] *m* packing; package; packaging; *sp.* burst of speed; F blowing-up; † ~ *perdu* (*consigné*) non-returnable (returnable) packing (*or* can, bottle, *etc.*);
emballer [~'le] (1a) *v/t.* pack (up); wrap up; *mot.* race (*the engine*); F thrill, excite; F blow (*s.o.*) up; *sl.* arrest; *sl.* get (*s.o.*) round; *s'~* bolt (*horse*); race (*engine*); F get excited; F fly into a temper; *v/i. sp.* spurt;
emballeur *m*, **-euse** *f* [~'lœ:r, ~'lø:z] packer; *sl.* cajoler.
embarbouiller F [ɑ̃barbu'je] (1a) *v/t.* dirty; *fig.* muddle (*s.o.*); *s'~* get muddled.
embarcadère [ɑ̃barka'dɛ:r] *m* ⚓ landing-stage; wharf, quay; 🚂 (departure) platform; **embarcation** [~'sjɔ̃] *f* craft; ship's boat.
embardée [ɑ̃bar'de] *f* swerve.
embargo ⚓, *pol.* [ɑ̃bar'go] *m* embargo.
embarquement [ɑ̃barkə'mɑ̃] *m* ⚓ embarkation; *goods*: shipment;
embarquer [~'ke] (1m) *v/t.* ⚓ embark; ship (*goods*, F *a. water*); take on board; *v/i. a. s'~* embark (*a. fig.* upon, *dans*), go aboard.
embarras [ɑ̃ba'rɑ] *m* obstruction; impediment (*of speech*); difficulty, trouble; embarrassment; ~ *pl. d'argent* money difficulties; ~ *de voitures* traffic jam; F *faire des ~* make a fuss;
embarrasser [~ra'se] (1a) *v/t.* clutter (up); hinder; bother; put in an awkward position; *fig.* perplex,

puzzle; ⚕ clog (*the digestion*); s'~ de burden o.s. with.
embasement ⚠ [ɑ̃bɑzˈmɑ̃] *m* base; ground-table.
embauchage [ɑ̃boˈʃa:ʒ] *m*, **embauche** [ɑ̃ˈbo:ʃ] *f* taking on (*of workmen*); hiring; *labour*: *pas d'embauche* no vacancies; **embaucher** [ɑ̃boˈʃe] (1a) *v/t.* take on, hire; **embauchoir** [~ˈʃwa:r] *m* boot tree.
embaumé, e [ɑ̃boˈme] balmy (*air*); **embaumer** [~] (1a) *v/t.* embalm (*a corpse, a. the garden*); scent, perfume; smell of; *v/i.* smell sweet.
embecquer [ɑ̃bɛˈke] (1m) *v/t.* feed (*a bird*); bait (*the hook*).
embéguiner [ɑ̃begiˈne] (1a) *v/t.* wrap up (*s.o.'s*) head (in, *de*); *fig.* infatuate; s'~ de become infatuated with (*s.o.*).
embellie [ɑ̃bɛˈli] *f* ⚓ lull; fair period; **embellir** [~ˈli:r] (2a) *v/t.* make (look) more attractive; embellish (*a. fig.*); beautify; *fig.* glamorize; *v/i.* become better-looking; **embellissement** [~lisˈmɑ̃] *m* embellishment; improvement in looks.
emberlificoter *sl.* [ɑ̃bɛrlifikɔˈte] (1a) *v/t.* entangle; get round, cajole; s'~ get tangled; get in a muddle.
embêtant, e F [ɑ̃bɛˈtɑ̃, ~ˈtɑ̃:t] annoying, irritating, tiresome; **embêtement** F [ɑ̃bɛtˈmɑ̃] *m* nuisance; worry; annoyance; F bother; **embêter** F [ɑ̃bɛˈte] (1a) *v/t.* annoy; bore; get on (*s.o.'s*) nerves.
emblave ✓ [ɑ̃ˈbla:v] *f* land sown with corn; *corn*: sown seed; **emblaver** ✓ [ɑ̃blaˈve] (1a) *v/t.* sow with corn.
emblée [ɑ̃ˈble] *adv.*: *d'~* right away, then and there, at the first attempt.
emblème [ɑ̃ˈblɛ:m] *m* emblem; symbol; badge.
embob(el)iner F [ɑ̃bɔb(l)iˈne] (1a) *v/t.* get round, coax.
emboîter [ɑ̃bwaˈte] (1a) *v/t.* encase; nest (*boats, boxes, tubes*); pack in boxes; ⊕ joint; F hiss, hoot; ~ *le pas à q.* dog s.o.'s footsteps; ⚔ fall into step with s.o.; *fig.* model o.s. on s.o.; **emboîture** [~ˈty:r] *f* fit; ⊕ socket; ⊕ joint; ⚕ juncture.
embolie ⚕ [ɑ̃bɔˈli] *f* embolism.
embonpoint [ɑ̃bɔ̃ˈpwɛ̃] *m* stoutness; plumpness.
emboucher [ɑ̃buˈʃe] (1a) *v/t.* ♪ put to one's mouth; *fig. mal embouché* foul-mouthed; **embouchure** [~ˈʃy:r] *f river*: mouth; ♪ mouthpiece; opening.
embourber [ɑ̃burˈbe] (1a) *v/t.* bog; *fig.* implicate; s'~ get stuck in the mud (*etc.*); *fig.* get tied up.
embourgeoiser [ɑ̃burʒwaˈze] (1a) *v/t.*: s'~ become conventional.
embout [ɑ̃ˈbu] *m stick, umbrella*: ferrule.
embouteillage [ɑ̃butɛˈja:ʒ] *m* bottling; ⚓ bottling up; *fig.* traffic jam; ✈ bottleneck; **embouteiller** [~ˈje] (1a) *v/t.* bottle; ⚓ bottle up, block up; *fig.* hold up (*the traffic*); block (*the road*).
embouter [ɑ̃buˈte] (1a) *v/t.* tip, put a ferrule on.
emboutir [ɑ̃buˈti:r] (2a) *v/t.* ⊕ stamp, press (*metal*); emboss; tip, put a ferrule on; *mot.* hit, run *or* crash into.
embranchement [ɑ̃brɑ̃ʃˈmɑ̃] *m* junction; branching (off); ⊕, *a. fig.* branch; 🚂 branch-line; 🚂 siding; fork (*of a road*); branch-road; *geog.* spur; **embrancher** [ɑ̃brɑ̃ˈʃe] (1a) *v/t.* join up; s'~ form a junction (*roads*); branch off (from, *sur*).
embrasement [ɑ̃brɑzˈmɑ̃] *m* conflagration; *fig.* fire; *fig.* burning passion; *pol., fig.* conflagration; **embraser** [ɑ̃brɑˈze] (1a) *v/t.* set on fire; *fig.* fire; *fig.* set aglow.
embrassade [ɑ̃braˈsad] *f* embrace, hug; kissing; **embrasser** [~ˈse] (1a) *v/t.* embrace (*a. fig.*); hug; *fig.* take up (*a career, a cause*); *fig.* encircle; kiss; include, take in.
embrasure [ɑ̃brɑˈzy:r] *f* embrasure; window-recess; ⚓ gun-port.
embrayage [ɑ̃brɛˈja:ʒ] *m* ⊕ connecting, coupling; *mot. clutch*: engaging; putting (*the engine*) into gear; *mot.* clutch; *mot.* ~ *à cône* cone clutch; *mot.* ~ *à disques* multi-disc clutch; **embrayer** [~ˈje] (1i) *v/t.* ⊕ connect, couple; throw into gear; F *fig.* start, set (*s.th.*) rolling; *v/i. mot.* let in the clutch; F *fig.* start, begin.
embrigader [ɑ̃brigaˈde] (1a) *v/t.* ⚔ recruit; *fig.* enrol; F organize.
embrocher [ɑ̃brɔˈʃe] (1a) *v/t. cuis.* (put on the) spit; ⚡ wire on to a circuit; F run (*s.o.*) through.
embrouillage [ɑ̃bruˈja:ʒ] *m*, **embrouillement** [ɑ̃brujˈmɑ̃] *m* confusion; tangle; **embrouillamini** F

[ãbrujami'ni] *m* tangle, mess(-up); **embrouiller** [ãbru'je] (1a) *v/t.* tangle (up); muddle (up); *fig.* confuse (*an issue*); s'~ get into a tangle; *fig.* get into a muddle.

embroussaillé, e [ãbrusa'je] covered with bushes; *fig.* tousled; F complicated.

embruiné, e [ãbrɥi'ne] ✓ blighted with cold drizzle; lost in a haze of rain.

embrumer [ãbry'me] (1a) *v/t.* shroud with mist *or* haze *or* fog; *fig.* cloud.

embruns [ã'brœ̃] *m/pl.* sea spray *sg.*, spindrift *sg.*

embrunir [ãbry'ni:r] (2a) *v/t.* darken.

embryon [ãbri'jɔ̃] *m* embryo (*a. fig.*); F insignificant little man.

embûche [ã'by:ʃ] *f* trap, pitfall; † ambush.

embuer [ã'bɥe] (1n) *v/t.* steam up; dim (*a. fig.*).

embuscade [ãbys'kad] *f* ambush; **embusqué** [~'ke] *m* man in ambush; man under cover; F ⚔ shirker, dodger; **embusquer** ⚔ *etc.* [~'ke] (1m) *v/t.* place in ambush *or* in wait; s'~ lie in wait; take cover; F ⚔ shirk.

éméché, e F [eme'ʃe] slightly the worse for drink *or* F for wear.

émeraude [em'ro:d] *su./f, a. adj./inv.* emerald.

émerger [emɛr'ʒe] (1l) *v/i.* emerge; come into view, appear.

émeri [em'ri] *m* emery(-powder).

émérite [eme'rit] emeritus (*professor*); experienced, practised.

émersion [emɛr'sjɔ̃] *f* emergence (*a. opt.*); *astr.* emersion.

émerveiller [emɛrvɛ'je] (1a) *v/t.* amaze, fill with wonder; s'~ marvel, be amazed (at, *de*).

émétique ⚕ [eme'tik] *adj., a. su./m* emetic.

émetteur, -trice [emɛ'tœ:r, ~'tris] **1.** *adj.* issuing; *radio*: transmitting, broadcasting; **2.** *su./m* ⚜ issuer; *radio*: transmitter; ~ *à modulation de fréquence* V.H.F. transmitter; ~ *à ondes courtes* short wave transmitter; ~ *de télévision* television transmitter; ~*-récepteur radio*: transmitter-receiver, F walkie-talkie; **émettre** [e'mɛtr] (4v) *v/t.* emit, send out; ⚜ issue; utter (*a sound, a. counterfeit coins*); express (*an opinion*); *radio*: transmit, broadcast; put forward (*a claim*).

émeute [e'mø:t] *f* riot, disturbance; **émeutier** [emø'tje] *m* rioter.

émietter [emjɛ'te] (1a) *v/t.* crumble; *fig.* waste.

émigration [emigra'sjɔ̃] *f* emigration; **émigré, e** [~'gre] *su.* expatriate; **émigrer** [~'gre] (1a) *v/i.* emigrate (*people*); *pol.* fly the country.

émincé *cuis.* [emɛ̃'se] *m* sliced meat; **émincer** [~] (1k) *v/t.* mince, slice (up) (*meat*).

éminemment [emina'mã] *adv.* to a high degree; **éminence** [~'nã:s] *f* eminence (*a. fig., a. title*); **éminent, e** [~'nã, ~'nã:t] eminent; high, elevated; *fig.* distinguished.

émissaire [emi'sɛ:r] **1.** *su./m* emissary (*a.* ⊕), messenger; ⊕ outlet; *anat.* emissary vein; **2.** *adj.*: *bouc m* ~ scapegoat; **émission** [~'sjɔ̃] *f* emission; ⚜ issue, issuing; uttering (*of sound, a. of counterfeit coins*); *heat*: radiation; *radio*: transmission, broadcast(ing); ~ *de télévision* television transmission.

emmagasiner [ãmagazi'ne] (1a) *v/t.* ⚜ store, warehouse; ⚡, *phys., a. fig.* store up.

emmailloter [ãmajɔ'te] (1a) *v/t.* swaddle (*a baby*); swathe (*one's leg etc.*).

emmancher [ãmã'ʃe] (1a) *v/t.* fix a handle to, haft; ⊕ joint (*pipes*); *fig.* start (*an affair*).

emmanchure [ãmã'ʃy:r] *f* armhole.

emmêler [ãmɛ'le] (1a) *v/t.* tangle; *fig.* mix up, get in a tangle *or* muddle.

emménager [ãmena'ʒe] (1l) *v/i.* move in; *v/t.* move (*s.o., s.th.*) in, install.

emmener [ãm'ne] (1d) *v/t.* take (*s.o.*) away, lead (*s.o.*) away *or* out.

emmerdant, e V [ãmɛr'dã, ~'dã:t] boring; annoying; **emmerder** V [~'de] (1a) *v/t.* bore (*s.o.*) (stiff); get on (*s.o.'s*) nerves; bug, give (*s.o.*) a pain in the neck; s'~ be bored (stiff).

emmieller [ãmjɛ'le] (1a) *v/t.* sweeten with honey; *fig.* sugar (*one's words*); V irritate.

emmitoufler [ãmitu'fle] (1a) *v/t.* muffle up (in *dans, de*).

émoi [e'mwa] *m* emotion, agitation; excitement; commotion; anxiety.
émollient, e ⚕ [emɔ'ljɑ̃, ~'ljɑ̃:t] *adj., a. su./m* emollient, counter-irritant.
émoluments [emɔly'mɑ̃] *m/pl.* emoluments, pay *sg.*, salary *sg.*
émonder [emɔ̃'de] (1a) *v/t.* ⚘ prune (*a. fig. a book*), trim; *fig.* clean.
émotion [emo'sjɔ̃] *f* emotion; *fig.* agitation, disturbance; ⚕ quickening (*of pulse*); **émotionnable** [~sjɔ'nabl] emotional; excitable; **émotionner** F [~sjɔ'ne] (1a) *v/t.* affect; thrill.
émotivité [emɔtivi'te] *f* emotivity.
émoucher [emu'ʃe] (1a) *v/t.* drive the flies from *or* off; **émouchette** [~'ʃɛt] *f* fly-net (*for horses*); **émouchoir** [~'ʃwa:r] *m* fly-whisk; fly-net (*for horses*).
émoudre ⊕ [e'mudr] (4w) *v/t.* grind, sharpen, whet; **émoulu, e** [emu'ly] sharp(ened); *fig. frais ~ de* fresh from (*school etc.*).
émousser [emu'se] (1a) *v/t.* ⊕ blunt, take the edge off (*a. fig.*); ⚘ remove the moss from; ⊕ *s'~* become blunt(ed) (*a. fig.*); lose its edge *or* point.
émoustiller F [emusti'je] (1a) *v/t.* exhilarate, F ginger up; put on one's mettle; *s'~* get jolly; cheer up.
émouvant, e [emu'vɑ̃, ~'vɑ̃:t] moving, touching; **émouvoir** [~'vwa:r] (3f) *v/t.* move; affect, touch; stir up, rouse (*the audience, a crowd*).
empailler [ɑ̃pɑ'je] (1a) *v/t.* pack (*s.th.*) in straw; stuff (*a dead animal*); ⚘ cover up with straw.
empaler [ɑ̃pa'le] (1a) *v/t.* impale.
empan [ɑ̃'pɑ̃] *m* span.
empaqueter [ɑ̃pak'te] (1c) *v/t.* pack up; wrap up; do up (*a parcel*).
emparer [ɑ̃pa're] (1a) *v/t.*: *s'~ de* seize, lay hands on; take possession of.
empâté, e [ɑ̃pɑ'te] coated (*tongue*); *fig.* thick (*voice*); bloated (*face*); **empâter** [~] (1a) *v/t.* make thick; *s'~* put on flesh.
empattement [ɑ̃pat'mɑ̃] *m mot.* wheel base; ⚠ foundation; ⚠ *wall*: footing.
empaumer F [ɑ̃po'me] (1a) *v/t.* trick (*s.o.*), take (*s.o.*) in.
empêchement [ɑ̃pɛʃ'mɑ̃] *m* obstacle, hindrance; prevention; impediment (*of speech*); *sans ~* without let or hindrance; **empêcher** [ɑ̃pɛ'ʃe] (1a) *v/t.* prevent (from *ger.*, *de inf.*); stop; hinder; *s'~ de* refrain from, stop o.s. (from) (*doing s.th.*); *on ne peut s'~ de a.* one cannot help (*doing s.th.*).
empeigne [ɑ̃'pɛɲ] *f shoe*: vamp.
empennage ✈ [ɑ̃pɛ'na:ʒ] *m* tail unit; stabilizer(s *pl.*); *bomb*: fin assembly.
empereur [ɑ̃'prœ:r] *m* emperor.
empesé, e F [ɑ̃pə'ze] stiff, starchy (*manner etc.*); **empeser** [~] (1d) *v/t.* starch (*linen etc.*); stiffen.
empester [ɑ̃pɛs'te] (1a) *v/t.* stink out (*a room*); stink (of).
empêtrer [ɛ̃pɛ'tre] (1a) *v/t.* hobble (*an animal*); entangle; *fig.* involve (in, *dans*); *fig.* embarrass (*s.o.*).
emphase [ɑ̃'fɑ:z] *f* bombast, pomposity; *gramm.* emphasis; **emphatique** [ɑ̃fa'tik] bombastic, pompous; grandiloquent; *gramm.* emphatic.
empierrer [ɑ̃pjɛ're] (1a) *v/t.* metal (*a road*); pave; 🚂 ballast (*a track*).
empiéter [ɑ̃pje'te] (1f) *v/i.* trespass, encroach (upon, *sur*) (*a. fig.*); *v/t.* appropriate (from, *sur*).
empiffrer F [ɑ̃pi'fre] (1a) *v/t.*: *s'~ de* stuff o.s. with.
empiler [ɑ̃pi'le] (1a) *v/t.* pile (up); F rob, cheat (out of, *de*); *fig.* F *s'~ dans* pile into.
empire [ɑ̃'pi:r] *m* empire; dominion; sway; control; influence; *~ sur soi-même* self-control.
empirer [ɑ̃pi're] (1a) *v/t.* make (*s.th.*) worse; *v/i.* become *or* grow worse.
empirique [ɑ̃pi'rik] **1.** *adj.* empirical, rule-of-thumb; **2.** *su./m* empiricist; **empirisme** [~'rism] *m* empiricism; *fig.* guess-work.
emplacement [ɑ̃plas'mɑ̃] *m buildings etc.*: site; place, spot; ⚓ berth (*of a ship*); ⚔ *gun*: emplacement; ⚔ (dis)position (*of troops for battle*), station (*of peace-time troops*).
emplâtre [ɑ̃'plɑ:tr] *m* ⚕ plaster; *mot. etc.* patch.
emplette [ɑ̃'plɛt] *f* purchase, shopping.
emplir [ɑ̃'pli:r] (2a) *v/t. a. s'~* fill (up).
emploi [ɑ̃'plwa] *m* employment; use; post, job, situation; *~ du temps*

schedule, timetable; *mode m d'~* directions *pl.* for use; *plein ~* full employment; *sans ~* unemployed, jobless; **employé** *m*, **e** *f* [ɑ̃plwa'je] employee; clerk; *shop*: assistant; **employer** [~'je] (1h) *v/t.* employ; use; spend (*time*); *s'~* be used; *s'~ à* apply *or* devote o.s. to ([*doing*] *s.th.*); **employeur** *m*, **-euse** *f* [~'jœːr, ~'jøːz] employer.

empocher [ɑ̃pɔ'ʃe] (1a) *v/t.* pocket (*a. fig.*); *fig.* receive, F get.

empoigner [ɑ̃pwa'ɲe] (1a) *v/t.* grip (*a. fig.*); grasp, seize; catch, arrest.

empois [ɑ̃'pwɑ] *m* starch; *tex.* dressing.

empoisonnant, e F [ɑ̃pwazɔ'nɑ̃, ~'nɑ̃ːt] irritating, annoying; *fig.* poisonous; **empoisonner** [~'ne] (1a) *v/t.* poison; *fig.* corrupt; *fig.* bore (*s.o.*) to death; reek of; **empoisonneur, -euse** [~'nœːr, ~'nøːz] **1.** *su.* poisoner; **2.** *adj.* poisonous.

empoissonner [ɑ̃pwasɔ'ne] (1a) *v/t.* stock (*a lake etc.*) with fish.

emporté, e [ɑ̃pɔr'te] **1.** *adj.* hot-headed, hasty; quick-tempered; **2.** *su.* hot-headed *or* quick-tempered person; **emportement** [~tə'mɑ̃] *m* (fit of) anger; *avec ~* angrily; **emporte-pièce** [~tə'pjɛs] *m/inv.* punch; *fig. à l'~* cutting, sarcastic; **emporter** [~'te] (1a) *v/t.* carry away, take away; remove; ⚔ *etc.* capture; *plats m/pl. à ~* take-away meals, *Am.* meals to go; *l'~* win, get the upper hand (of, *sur*); prevail (over, *sur*); *l'~ sur a.* get the better of; *fig.* surpass, triumph over; *s'~* lose one's temper, flare up; bolt (*horse*).

empoté, e [ɑ̃pɔ'te] **1.** *adj.* awkward, clumsy; **2.** *su.* awkward *or* clumsy person; **empoter** [~] (1a) *v/t.* pot (*jam etc., a.* ✓).

empourprer [ɑ̃pur'pre] (1a) *v/t.* tinge with crimson *or* with purple (*grapes*); *s'~* flush (*person*); turn red.

empreindre [ɑ̃'prɛ̃ːdr] (4m) *v/t.* imprint, stamp, impress; **empreinte** [ɑ̃'prɛ̃ːt] *f* impress, (im-) print, stamp, impression; *~ digitale* finger-print.

empressé, e [ɑ̃prɛ'se] eager; earnest, fervent; willing; fussy; **empressement** [ɑ̃prɛs'mɑ̃] *m* eagerness, promptness, readiness; hurry; *avec ~* readily; *peu d'~* reluctance; **empresser** [ɑ̃prɛ'se] (1a) *v/t.*: *s'~ à* (*inf.*) be eager to (*inf.*), show zeal in (*ger.*); *s'~ de* (*inf.*) hasten to (*inf.*).

emprise [ɑ̃'priːz] *f* hold (on, *sur*); mastery.

emprisonner [ɑ̃prizɔ'ne] (1a) *v/t.* imprison; confine (*s.o. to his room*).

emprunt [ɑ̃'prœ̃] *m* loan; borrowing; *gramm.* loanword; *nom m d'~* assumed name; ⚕ *souscrire à un ~* subscribe to a loan; **emprunté, e** [ɑ̃prœ̃'te] assumed; sham; borrowed; derived; stiff, awkward (*manner etc.*); **emprunter** [~'te] (1a) *v/t.* borrow (from, of *à*); assume (*a name*); take (*a road, a track*); **emprunteur** *m*, **-euse** *f* [~'tœːr, ~'tøːz] borrower; ⚖ bailee.

empuantir [ɑ̃pɥɑ̃'tiːr] (2a) *v/t.* make (*s.th.*) stink; infect (*the air*); *s'~* become foul.

ému, e [e'my] *p.p. of* émouvoir.

émulateur, -trice [emyla'tœːr, ~'tris] emulative, rival; **émulation** [~'sjɔ̃] *f* emulation, rivalry, competition; **émule** [e'myl] *su.* emulator, rival, competitor.

émulsion [emyl'sjɔ̃] *f* emulsion; **émulsionner** [~sjɔ'ne] (1a) *v/t.* emulsify.

en[1] [ɑ̃] *prp. place*: in (*France*); at; *direction*: into (*town*); to (*France, town*); *time*: in (*summer*); (with)in (*an hour, two days*); *state*: in (*good health, mourning, prayer, English*); on (*leave, strike, sale*); at (*war, peace*); as, like (*some character*); *change*: into (*decay, oblivion, English*); to (*dust, ashes, pieces*); *material*: of; *ger.*: *~ dansant* (while) dancing; *~ attendant* in the meantime; *partir ~ courant* run away; *~ ne pas* (*ger.*) by not (*ger.*); *~ ville* in town, *Am.* downtown; *~ tête* at the head (of, *de*); *aller ~ ville* go to town; *~ voiture* in a *or* by car; 🚃 *~ voiture!* all aboard!; *~ avion* by air; *~ arrière* (*de*) behind; *direction*: *~ arrière* backward; *~ avant* in front; *direction*: forward, on; *de … ~ …* from … to …; *~ (l'an) 1789* in 1789; *~ colère* in anger, angry; *~ défaut* at fault; *~ fait* in fact; *~ hâte* in a hurry; *~ honnête homme* (*ami*) as *or* like an honest man (a friend); *mettre ~ vente* put up for sale; *~ vérité* really, actually; *~ vie* alive, living; *changer* *des livres* ~ *francs* change pounds into francs; *briser* ~ *morceaux* break to pieces *or* into bits; ... ~ *bois* (*or*) wooden (gold) ...; *escalier m* ~ *spirale* spiral staircase; *fertile* (*riche*) ~ fertile (rich) in; ~ *l'honneur de* in hono(u)r of; ~ *punition de* as a punishment for; *docteur m* ~ *droit* Doctor of Laws; *admirer qch.* ~ *q.* admire s.th. about s.o.; *de mal* ~ *pis* from bad to worse; *de plus* ~ *plus* more and more.

en² [~] **1.** *adv.* from there; on that account, for it; ~ *être plus riche* be the richer for it; *j'*~ *viens* I have just come from here; **2.** *pron. genitive*: of *or* about *or* by *or* from *or* with him (her, it, them); *quantity or inanimate possessor*: of it *or* them; *partitive use*: some, any, *negative*: not any, none; *sometimes untranslated*: *qu'*~ *pensez-vous?* what do you think (about it)?, what is your opinion?; *qu'*~ *dira-t-on?* what will people say (about it)?; *il* ~ *mourut* he died of it; *il s'*~ *soucie* he worries about it; *j'*~ *ai cinq* I have five (of them); *je vous* ~ *offre la moitié* I offer you a half *or* half of it; *j'*~ *connais qui* ... I know some people who ...; *je connais cet auteur et j'*~ *ai lu tous les livres* I know this author and have read all his books; *j'*~ *ai besoin* I need it *or* some; *je n'*~ *ai pas* I have none, I haven't any; *prenez-*~ take some; *c'*~ *est fait* the worst has happened; *c'*~ *est fait de moi* I am done for; *je vous* ~ *félicite!* congratulations!; *s'*~ *aller* go away.

enamourer [ɑ̃namu're] (1a) *v/t.*: *s'*~ fall in love (with, *de*).

encablure ⚓ [ɑ̃ka'bly:r] *f* cable('s-length).

encadrement [ɑ̃kadrə'mɑ̃] *m* framing; frame(work); setting; **encadrer** [~'dre] (1a) *v/t.* frame; enclose, surround; ⚔ officer (*a battalion*); ⚔ enrol (*recruits*); ⚔ straddle (*an objective*).

encager [ɑ̃ka'ʒe] (1l) *v/t.* put in a cage; ⚒ cage.

encaisse [ɑ̃'kɛs] *f* ⚕ cash (in hand); *box.* punishment; **encaissé, e** [ɑ̃kɛ'se] encased; deep (*valley*); sunken (*road*); **encaisser** [~] (1b) *v/t.* ⚕ box, encase; ✐ plant in tubs; ⚕ collect, (en)cash (*a bill, money*); ⊕ embank (*a river*); ballast (*a road*); *fig.* swallow (*an insult*); *fig.* stand, bear; F ~ *une gifle* get one's ears boxed.

encan [ɑ̃kɑ̃] *m* (public) auction; *mettre à l'*~ put (*s.th.*) up for auction.

encanailler [ɑ̃kanɑ'je] (1a) *v/t.* degrade; fill (*the house*) with low company; *s'*~ lower o.s.; keep low company; *fig.* have one's fling.

encapuchonner [ɑ̃kapyʃɔ'ne] (1a) *v/t.* put a cowl on; ⊕ cover, hood; *s'*~ put a cowl *or* hood on; *fig.* become a monk.

encaquer [ɑ̃ka'ke] (1m) *v/t.* ⚕ barrel; *fig.* pack (*people*) like sardines.

encartage [ɑ̃kar'ta:ʒ] *m* insetting; inset; ⚕ card(ing) (*of pins*); **encarter** [~'te] (1a) *v/t.* inset; insert (*a loose leaflet*); card (*pins*).

en-cas [ɑ̃'kɑ] *m/inv. cuis.* snack, light meal; stand-by, thing kept for emergencies; dumpy umbrella.

encastrement ⊕ [ɑ̃kastrə'mɑ̃] *m* fixing; embedding; bed, recess; casing, frame; rigid fixing; **encastrer** ⊕ [~'tre] (1a) *v/t.*: ~ *dans* fit *or* sink *or* embed into; *s'*~ *dans* fit into.

encaustique [ɑ̃kos'tik] *f* encaustic; *floor, furniture*: wax polish; **encaustiquer** [~ti'ke] (1m) *v/t.* wax, polish.

encaver [ɑ̃ka've] (1a) *v/t.* cellar.

enceindre [ɑ̃'sɛ̃:dr] (4m) *v/t.* surround, gird, enclose.

enceinte¹ [ɑ̃'sɛ̃:t] *f* enclosure; precincts *pl.*; *box.* ring; surrounding wall(s *pl.*).

enceinte² [~] *adj./f* pregnant.

encens [ɑ̃'sɑ̃] *m* incense; *fig.* flattery; **encenser** [ɑ̃sɑ̃'se] (1a) *v/t. eccl.* cense; burn incense to; *fig.* flatter; **encenseur** [~'sœ:r] *m eccl.* thurifer; *fig.* flatterer; **encensoir** [~'swa:r] *m* thurible, censer; *fig.* flattery, fulsome praise.

encéphale ⚕ [ɑ̃se'fal] *m* encephalon, brain; **encéphalite** ⚕ [~fa'lit] *f* encephalitis.

encerclement [ɑ̃sɛrklə'mɑ̃] *m* encircling; **encercler** [~'kle] (1a) *v/t.* encircle, shut in.

enchaînement [ɑ̃ʃɛn'mɑ̃] chain, series, linking; *dog etc.*: chaining (up); *fig.* sequence; **enchaîner** [ɑ̃ʃɛ'ne] (1b) *v/t.* chain (*a dog, a*

prisoner); connect, link up (*a. fig. ideas*); *fig.* captivate; *fig.* curb, enchain.
enchanté, e [ãʃã'te] enchanted; delightful (*place*); *fig.* delighted (at, with *de*; to *inf.*, *de inf.*); ~ *de vous voir* pleased to meet you; **enchantement** [ãʃãt'mã] *m* magic; spell; *fig.* charm; *fig.* delight; **enchanter** [ãʃã'te] (1a) *v/t.* bewitch; delight; **enchanteur, -eresse** [~'tœ:r, ~'trɛs] **1.** *su. fig.* charmer; *su./m* enchanter; *su./f* enchantress; **2.** *adj.* entrancing; enchanting; delightful, charming.
enchâsser [ãʃɑ'se] (1a) *v/t.* mount, set (*jewels, a.* ⊕); ⊕, *a. fig.* frame, house; *eccl.* enshrine; **enchâssure** [~'sy:r] *f jewel etc.*: setting; ⊕ *axle*: housing.
enchère [ã'ʃɛ:r] *f* bidding, bid; *dernière* (*folle*) ~ highest (irresponsible) bid; *mettre* (*or vendre*) *aux* ~*s* put up for auction; *vente f aux* ~*s* auction sale.
enchérir [ãʃe'ri:r] (2a) *v/t.* ⚕ raise the price of; *v/i.* ⚕ grow dearer, go up (*in price*); make a higher bid, go higher; ~ *sur* outbid (*s.o.*); *fig.* outdo (*s.o.*); *fig.* improve on (*s.th.*); **enchérissement** ⚕ [~ris'mã] *m* rise (in price); **enchérisseur** [~ri'sœ:r] *m* bidder; *dernier* ~ highest bidder.
enchevêtrer [ãʃvɛ'tre] (1a) *v/t.* halter (*a horse*); *fig.* entangle, confuse; ⚠ join (*joists*).
enclave *pol.* [ã'kla:v] *f* enclave; **enclaver** [ãkla've] (1a) *v/t. pol.* enclave (*a territory*); *fig.* hem in, enclose.
enclenche ⊕ [ã'klã:ʃ] *f* gab; **enclencher** [ãklã'ʃe] (1a) *v/t.* ⊕ engage; throw into gear; ⚡ switch on; *fig.* set going.
enclin, e [ã'klɛ̃, ~'klin] inclined, prone (to, *à*).
enclore [ã'klɔ:r] (4f) *v/t.* enclose; wall in, fence in; **enclos** [ã'klo] *m* enclosure; paddock; sheep-fold; (enclosing) wall.
enclume [ã'klym] *f* anvil (*a. anat.*).
encoche [ã'kɔʃ] *f* notch, nick; slot; ⊕ gab; *avec* ~*s* thumb-indexed; **encocher** [ãkɔ'ʃe] (1a) *v/t.* notch, nick; slot; drive home (*a pin etc.*).
encoffrer [ãkɔ'fre] (1a) *v/t.* lock up (*a. fig.*); *fig.* hoard (*money*).
encoignure [ãkɔ'ɲy:r] *f* corner; corner-cupboard.
encoller [ãkɔ'le] (1a) *v/t.* glue; paste, gum (*paper*); size (*cloth*).
encolure [ãkɔ'ly:r] *f* neck (*a. of horse*); size in collars; neck-line.
encombrant, e [ãkɔ̃'brã, ~'brã:t] cumbersome; bulky (*goods, luggage*); **encombre** [ã'kɔ̃:br] *m*: *sans* ~ without difficulty; **encombrement** [ãkɔ̃brə'mã] *m* obstruction; litter; *traffic*: congestion; ⚕ glut; *people*: overcrowding; *article*: bulk (-iness); **encombrer** [~'bre] (1a) *v/t.* encumber; obstruct, block up; clutter up; ⚕ glut (*the market*); *fig.* saddle with.
encontre [ã'kɔ̃:tr] *prp.*: *à l'*~ *de* against; *aller à l'*~ *de* run counter to.
encorbellement [ãkɔrbɛl'mã] *m* ⚠, ⊕ cantilever; ⚠ corbel-table.
encorder *mount.* [ãkɔr'de] (1a) *v/t.* rope (*climbers*) up; *s'*~ rope up.
encore [ã'kɔ:r] **1.** *adv.* still; yet; too, besides; more; once again; ~ *un* another one; ~ *une fois* once again *or* more; *en voulez-vous* ~? do you want some more?; *non seulement ... mais* ~ not only ... but also; *pas* ~ not yet; *quoi* ~? what else?; **2.** *cj.*: ~ *que* (*sbj. or cond.*) although (*ind.*).
encorner [ãkɔr'ne] (1a) *v/t.* gore.
encourager [ãkura'ʒe] (1l) *v/t.* encourage; cheer up.
encourir [ãku'ri:r] (2i) *v/t.* incur; take (*a risk*).
encrasser [ãkra'se] (1a) *v/t.* dirty, soil, grease; ⊕ clog, choke (*a machine*); *mot.* soot up (*a plug*); foul (*a gun*).
encre [ã:kr] *f* ink; ~ *de Chine* Indian ink; ~ *d'imprimerie* printer's ink; ~ *sympathique* invisible ink; **encrer** *typ.* [ã'kre] (1a) *v/t.* ink; **encrier** [ãkri'e] *m* ink-pot, ink-well; *typ.* ink-trough.
encroûter [ãkru'te] (1a) *v/t.* crust, encrust; cake with mud *etc.*; ⚠ rough-cast; *fig.* *s'*~ get into a rut.
encuver [ãky've] (1a) *v/t.* vat.
encyclopédie [ãsiklɔpe'di] *f* encyclop(a)edia.
endauber *cuis.* [ãdo'be] (1a) *v/t.* stew; tin, can.
endémique ⚕ [ãde'mik] endemic.
endenter [ãdã'te] (1a) *v/t.* tooth, cog (*a wheel*); mesh (*wheels*); indent (*timber*).
endetter [ãdɛ'te] (1a) *v/t. a. s'*~ get into debt.

endeuiller [ãdœ'je] (1a) *v/t.* plunge into mourning; *fig.* shroud in gloom.
endiablé, e [ãdja'ble] possessed; *fig.* wild; reckless; *fig.* mischievous.
endiguer [ãdi'ge] (1m) *v/t.* dam up (*a river*); dike (*land*); *fig.* stem.
endimanché, e [ãdimã'ʃe] in one's Sunday best.
endive ⚘ [ã'di:v] *f* endive.
endoctriner [ãdɔktri'ne] (1a) *v/t.* indoctrinate, instruct; F win over (*to one's cause*).
endolori, e [ãdɔlɔ'ri] sore; tender.
endommager [ãdɔma'ʒe] (1l) *v/t.* damage; injure.
endormeur *m*, **-euse** *f* [ãdɔr'mœ:r, ~'mø:z] *fig.* humbug, cajoler; swindler; bore; **endormi, e** [~'mi] **1.** *adj.* asleep; sleepy, drowsy; numb (*leg etc.*); dormant (*passion*); **2.** *su.* sleeper; *fig.* sleepyhead; **endormir** [~'mi:r] (2b) *v/t.* send to sleep; make (*s.o.*) sleep; numb (*the leg etc.*); deaden (*a pain*); *fig.* bore; *fig.* lull (*a suspicion*); *fig.* hoodwink, beguile (*s.o.*); s'~ go to sleep (*a. fig.*); fall asleep; **endormissement** [~mis'mã] *m* going to sleep; ⚕ passing into inconsciousness; sleepiness, somnolence.
endos ⚜ [ã'do] *m*, **endossement** ⚜ [ãdos'mã] *m* endorsement; **endossataire** ⚜ [ãdosa'tɛ:r] *su.* endorsee; **endosser** [~'se] (1a) *v/t.* ⚜ endorse; ⚜ back; put on (*clothes*); *fig.* assume; ~ *qch. à q.* saddle s.o. with s.th.; **endosseur** ⚜ [~'sœ:r] *m* endorser.
endroit [ã'drwa] *m* place, spot; site; side; *tex.* right side; *à l'~ de* as regards; *par ~s* in places.
enduire [ã'dɥi:r] (4h) *v/t.* ⚠ coat, plaster (with, *de*) (*a. fig.*); smear (with, *de*); **enduit** [ã'dɥi] *m paint, tar, etc.*: coat, coating; ⚠ coat of plaster, plastering; *tex.* proofing.
endurance [ãdy'rã:s] *f* endurance; *fig.* patience; **endurant, e** [~'rã, ~'rã:t] patient, long-suffering.
endurcir [ãdyr'si:r] (2a) *v/t.* harden (*a. fig. the heart*); *fig.* inure (to, *à*); s'~ harden (*a. fig.*); become fit *or* tough.
endurer [ãdy're] (1a) *v/t.* endure, bear, tolerate.
énergétique [enɛrʒe'tik] ⚕ energizing; ⊕ of energy; **énergie** [~'ʒi] *f* energy; ⊕ fuel and power; ~ *atomique* (*or nucléaire*) atomic *or* nuclear energy; ⊕ ~ *consommée* power consumption; **énergique** [~'ʒik] energetic; drastic (*measures, steps, remedy*); emphatic.
énergumène [enɛrgy'mɛn] *su.* person in a frenzied state of mind.
énervement [enɛrvə'mã] *m* exasperation; F state of nerves; **énerver** [~'ve] (1a) *v/t.* enervate (*the body, the will*); irritate, annoy; F get on (*s.o.'s*) nerves.
enfance [ã'fã:s] *f* childhood; *fig.* infancy; childishness; dotage; **enfant** [ã'fã] *su.* child; ~ *de chœur eccl.* altar boy; F *fig.* choir boy (= *naïve person*); ~ *gâté* spoilt child; *fig.* pet; *fig.* ~ *terrible* enfant terrible; ~ *trouvé* foundling; *d'~* childlike; childish; *mes ~s!* boys (and girls)!; ⚔ men!; lads!; *su./m* boy; *su./f* girl; **enfanter** [ãfã'te] (1a) *v/t.* give birth to, bear; *fig.* beget; father (*an idea*); **enfantillage** [~ti'ja:ʒ] *m* childishness; *fig.* ~*s pl.* baby tricks; **enfantin, e** [~'tɛ̃, ~'tin] childish; infantile.
enfariner [ãfari'ne] (1a) *v/t. cuis.* flour, cover with flour; *fig. être enfariné de* have a smattering of.
enfer [ã'fɛ:r] *m* hell; ~*s pl. the* underworld *sg.*; *aller un train d'~* go at top speed.
enfermer [ãfɛr'me] (1a) *v/t.* shut up; lock up; shut in, enclose.
enferrer [ãfɛ're] (1a) *v/t.* pierce; *fig.* F s'~ be hoist with one's own petard.
enfiévrer [ãfje'vre] (1f) *v/t.* make (*s.o.*) feverish; *fig.* excite, stir up; s'~ grow feverish; *fig.* get excited.
enfilade [ãfi'lad] *f* series; *rooms*: suite; *houses*: row; *fig.* string; **enfiler** [~'le] (1a) *v/t.* thread (*a needle*); string (*pearls etc.*); enter, take (*a road etc.*); slip on (*clothes*); F (*a.* s'~) eat, F get through; drink, F knock back.
enfin [ã'fɛ̃] **1.** *adv.* at last, finally; in short, that is to say; **2.** *int.* at last!; still!
enflammer [ãfla'me] (1a) *v/t.* inflame; set on fire; strike (*a match*); *fig.* stir up; s'~ catch fire; *fig.* flare up; ⚕ inflame.
enfler [ã'fle] (1a) *v/t.* swell (*a. fig.*); bloat; puff out (*one's cheeks*); *fig.* inflate (*one's style*); *fig.* puff (*s.o.*) up; *v/i. a.* s'~ swell; **enflure** [ã'fly:r] *f* ⚕ swelling; *fig. style*: turgidity.

enfoncement [ɑ̃fɔ̃s'mɑ̃] *m door*: breaking open; *nail*: driving in; sinking (*a.* ⊕ *of a pile*); *ground*: hollow; ⚠ recess; ⚓ bay; **enfoncer** [ɑ̃fɔ̃'se] (1k) *v/t.* break in *or* open; drive in; thrust; ⚔ *etc.* break through; F get the better of; F down (*s.o.*); s'~ plunge; sink, go down; subside; go in; *v/i.* sink; **enfonçure** [~'sy:r] *f ground*: hollow; *rock*: cavity; *cask*: bottom.

enfouir [ɑ̃'fwi:r] (2a) *v/t.* bury; hide.

enfourchement [ɑ̃furʃə'mɑ̃] *m* ⊕ fork link; *wood*: open mortise-joint, slit-and-tongue joint; **enfourcher** [~'ʃe] (1a) *v/t.* get astride, mount (*a bicycle, a horse*); ~ *son dada* get on to one's pet subject.

enfourner [ɑ̃fur'ne] (1a) *v/t.* put in the oven; put in a kiln (*bricks, pottery*); *sl.* gobble (*one's food*).

enfreindre [ɑ̃'frɛ̃:dr] (4m) *v/t.* infringe, break, transgress (*the law*); violate (*a treaty*).

enfuir [ɑ̃'fɥi:r] (2d) *v/t.*: s'~ flee, run away; escape (from, *de*); leak (*liquid*).

enfumer [ɑ̃fy'me] (1a) *v/t.* fill with smoke; blacken with smoke; smoke out (*bees, animals*).

enfutailler [ɑ̃fytɑ'je] (1a) *v/t.* cask (*wine*).

engagé [ɑ̃ga'ʒe] **1.** *adj.* ⚔ enlisted; *fig.* committed (*literature*); **2.** *su./m* ⚔ volunteer; *sp.* entry; **engagement** [ɑ̃gaʒ'mɑ̃] *m* engagement; promise; bond; pawning; appointment; ⚔ enlistment; ⚔ skirmish; *sp.* entry; ~s *pl.* liabilities; ⚕ *sans* ~ without obligation; **engager** [ɑ̃ga'ʒe] (1l) *v/t.* engage (*a.* ⊕ *machinery*); employ; ⚔ enlist; ⊕ take on (*hands*); pawn (*a watch etc.*); pledge (*one's word*); ⚖ institute (*proceedings*); ⊕ put in gear; *fig.* begin, open, ⚔ join (*battle*); ⚓ foul (*the anchor etc.*); jam (*a machine*); s'~ undertake, promise (to *inf.*, *à inf.*); commit o.s. (to *inf.*, *à inf.*); take service (with, *chez*); ⚓ foul; jam (*machine*); ⚓ get out of control; *fig.* enter; *fig.* begin (*battle, discussion*); ⚔ enlist; *v/i.* ⊕ (come into) gear.

engainer [ɑ̃gɛ'ne] (1b) *v/t.* sheathe; ⚘ ensheathe.

engeance *pej.* [ɑ̃'ʒɑ̃:s] *f* brood, bunch, lot.

engelure ⚕ [ɑ̃ʒ'ly:r] *f* chilblain.

engendrer [ɑ̃ʒɑ̃'dre] (1a) *v/t.* beget; *fig.* engender; produce; generate (*heat*); *fig.* breed (*a disease, contempt*).

engin [ɑ̃'ʒɛ̃] *m* machine; tool; device; F gadget, contraption; ⚔ ballistic missile; ~s *pl. fishing*: tackle *sg.*

englober [ɑ̃glɔ'be] (1a) *v/t.* include, take in; unite, merge.

engloutir [ɑ̃glu'ti:r] (2a) *v/t.* swallow; gulp; *fig.* swallow up; *fig.* sink (*money in s.th.*).

engluer [ɑ̃gly'e] (1a) *v/t.* lime (*a bird, twigs*); *fig.* trap, ensnare (*s.o.*).

engorger [ɑ̃gɔr'ʒe] (1l) *v/t.* block, choke up; ⊕ obstruct; ⚕ congest.

engouement [ɑ̃gu'mɑ̃] *m* ⚕ obstruction; *fig.* infatuation (with, *pour*); **engouer** [~'e] (1a) *v/t.* ⚕ obstruct; s'~ ⚕ become obstructed; *fig.* become infatuated (with, *de*).

engouffrer [ɑ̃gu'fre] (1a) *v/t.* engulf; F devour (*food*); *fig.* swallow up; s'~ be swallowed up, rush (*wind*); F dive (into, *dans*).

engoulevent *orn.* [ɑ̃gul'vɑ̃] *m* nightjar, goatsucker.

engourdir [ɑ̃gur'di:r] (2a) *v/t.* (be)numb; *fig.* dull (*the mind*); s'~ grow numb, F go to sleep; *fig.* become sluggish; **engourdissement** [~dis'mɑ̃] *m* numbness; *fig.* dullness; ⚕ *market*: slackness.

engrais ⚒ [ɑ̃'grɛ] *m* manure; fattening pasture *or* food; ~ *pl. azotés* nitrate fertilizers, F nitrates; ~ *vert* manure crop; **engraisser** [ɑ̃grɛ'se] (1a) *v/t.* fatten (*animals*), cram (*poultry*); make (*s.o.*) fat; ⚒ manure, fertilize; *v/i.* grow fat; thrive (*cattle*); **engraisseur** [~'sœ:r] *m* fattener; *poultry*: crammer.

engranger ⚒ [ɑ̃grɑ̃'ʒe] (1l) *v/t.* garner, get in (*the corn*).

engraver [ɑ̃gra've] (1a) *v/t.* ⚓ strand (*a ship*); cover (*ground*) with sand *or* gravel; ⚓ s'~ ground; run on to the sand; silt up (*harbour*).

engrenage [ɑ̃grə'na:ʒ] *m* ⊕ gearing; (toothed) gear; throwing *or* coming into gear; *fig.* network, mesh; **engrener** [~'ne] (1d) *v/t.* feed corn into (*a threshing-machine*); feed (*animals*) on corn; ⊕ (put into) gear, engage (*wheels*); *fig.* start (*s.th.*) off, set (*s.th.*) going; s'~ engage, cog, mesh with one another; *v/i.* be in

mesh; **engrenure** ⊕ [~ˈnyːr] *f* gear ratio; engaging.
engrosser *sl.* [ɑ̃grɔˈse] (1a) *v/t.* get (*s.o.*) pregnant, *sl.* knock (*s.o.*) up.
engrumeler [ɑ̃grymˈle] (1c) *v/t.*: s'~ clot, curdle.
engueulade *sl.* [ɑ̃gœˈlad] *f* telling-off, F dressing-down, blow-up; **engueuler** *sl.* [~ˈle] (1a) *v/t.* tell (*s.o.*) off, blow (*s.o.*) up, go for (*s.o.*).
enguirlander [ɑ̃girlɑ̃ˈde] (1a) *v/t.* garland; wreathe (with, *de*); F tell (*s.o.*) off, go for (*s.o.*).
enhardir [ɑ̃arˈdiːr] (2a) *v/t.* embolden; *fig.* encourage (to *inf.*, *à inf.*); *s'~* grow bold, take courage; make bold (to, *à*).
énigmatique [enigmaˈtik] enigmatic; **énigme** [eˈnigm] *f* enigma; *parler par ~s* speak in riddles.
enivrement [ɑ̃nivrəˈmɑ̃] *m* intoxication; *fig.* elation; **enivrer** [~ˈvre] (1a) *v/t.* intoxicate; make (*s.o.*) drunk; *fig.* elate, go to (*s.o.'s*) head; s'~ get drunk.
enjambée [ɑ̃ʒɑ̃ˈbe] *f* stride; **enjambement** [ɑ̃ʒɑ̃bˈmɑ̃] *m prosody*: run-on line; enjambment; **enjamber** [ɑ̃ʒɑ̃ˈbe] (1a) *v/t.* bestride (*a horse, a. fig.*); stride over (*an object*); *fig.* span, straddle; *v/i.* stride; *prosody*: run on (*line*).
enjeu [ɑ̃ˈʒø] *m gambling, a. fig.*: stake.
enjoindre [ɑ̃ˈʒwɛ̃ːdr] (4m) *v/t.* enjoin, order, direct; call upon.
enjôler [ɑ̃ʒoˈle] (1a) *v/t.* wheedle, coax; cajole; **enjôleur, -euse** [~ˈlœːr, ~ˈløːz] **1.** *su.* coaxer, wheedler; cajoler; **2.** *adj.* wheedling, coaxing; cajoling, ⚘ smooth-tongued.
enjoliver [ɑ̃ʒɔliˈve] (1a) *v/t.* beautify, embellish; *fig.* embroider (*a story*); **enjoliveur** *mot.* [~ˈvœːr] *m* hub cap.
enjoué, e [ɑ̃ˈʒwe] jaunty, sprightly; playful, lively; **enjouement** [ɑ̃ʒuˈmɑ̃] *m* sprightliness; playfulness.
enlacer [ɑ̃laˈse] (1k) *v/t.* entwine; interlace; embrace, clasp; ⊕ dowel.
enlaidir [ɑ̃lɛˈdiːr] (2a) *v/t.* disfigure; make (*s.o.*) ugly; *v/i.* grow ugly.
enlevé, e [ɑ̃lˈve] *paint.* dashed off; ♪ (*played*) con brio; **enlèvement** [ɑ̃lɛvˈmɑ̃] *m* removal; carrying off; kidnapping; abduction; ⚔ storming; ✝ snapping up (*of goods*); **enlever** [ɑ̃lˈve] (1d) *v/t.* remove; take away *or* off; lift up; carry off (*a. fig. a prize*); kidnap; abduct; deprive (s.o. of s.th., *qch. à q.*); *fig.* urge on; ⚔ storm; *fig.* do (*s.th.*) brilliantly; *~ en arrachant* (*grattant*) snatch (rub) away; s'~ take off (*balloon etc.*); peel off (*bark, paint, skin, etc.*); boil over (*milk*); *fig.* flare up (*person*); *se faire ~ par* elope with.
enliser [ɑ̃liˈze] (1a) *v/t.* get (*a car etc.*) stuck in the sand *etc.*; s'~ sink (*in a quicksand*); get bogged, get stuck; *fig.* get bogged down.
enluminer [ɑ̃lymiˈne] (1a) *v/t.* illuminate; colo(u)r (*a map etc.*); *fig.* flush, redden; **enluminure** [~ˈnyːr] *f* illumination; *maps etc.*: colo(u)ring; *fig.* redness, high colo(u)r.
enneigé, e [ɑ̃nɛˈʒe] snow-covered, snow-clad; **enneigement** [ɑ̃nɛʒˈmɑ̃] *m* condition of the snow; *bulletin m d'~* snow report.
ennemi, e [ɛnˈmi] **1.** *adj.* enemy ...; holstile (to, *de*); opposing; **2.** *su.* enemy; adversary.
ennoblir [ɑ̃nɔˈbliːr] (2a) *v/t.* ennoble (*a. fig.*).
ennui [ɑ̃ˈnɥi] *m* nuisance, annoyance; boredom, tediousness; *fig.* bore; trouble; *~s pl.* worries; **ennuyer** [ɑ̃nɥiˈje] (1h) *v/t.* bore, weary; worry, annoy; s'~ be bored (with, *de*); long (for, *de*); *fig. s'~ mortellement* be bored to death, *sl.* be bored stiff; **ennuyeux, -euse** [~ˈjø, ~ˈjøːz] boring, tedious, annoying, vexing.
énoncé [enɔ̃ˈse] *m* statement; wording; **énoncer** [~ˈse] (1k) *v/t.* state, set forth; express; **énonciation** [~sjaˈsjɔ̃] *f* stating, declaring; expressing.
enorgueillir [ɑ̃nɔrgœˈjiːr] (2a) *v/t.* make (*s.o.*) proud; s'~ *de* glory in; pride o.s. on.
énorme [eˈnɔrm] enormous, tremendous, huge; *pej.* outrageous, shocking; **énormément** [enɔrmeˈmɑ̃] *adv.* enormously; *fig.* extremely, very; *~ de* a great many; **énormité** [~miˈte] *f* vastness, hugeness; *fig.* enormity; gross blunder; *fig.* shocking thing.
enquérir [ɑ̃keˈriːr] (2l) *v/t.*: s'~ *de* inquire *or* ask about; **enquête** [ɑ̃ˈkɛːt] *f* inquiry; investigation; *~ par sondage* sample survey; **enquêter** [ɑ̃kɛˈte] (1a) *v/i.* make an investiga-

tion; hold an inquiry; **enquêteur** *m*, **-euse** *f* [~'tœ:r, ~'tø:z] investigator; pollster.

enquiquiner F [ɑ̃kiki'ne] (1a) *v/t.* get on (*s.o.'s*) nerves.

enracinement [ɑ̃rasin'mɑ̃] *m* taking root; *fig.* deep-rootedness; **enraciner** [~si'ne] (1a) *v/t.* ✓ root; ✓, ⚠ dig in; *fig.* implant; s'~ take root; *fig.* become rooted.

enragé, e [ɑ̃ra'ʒe] **1.** *adj.* mad; rabid (*dog*, *a. fig. opinions*); *fig.* keen, enthusiastic; wild (*life*); **2.** *su.* enthusiast; **enrager** [~] (1l) *v/i.* be mad (*a. fig.*); fume; *faire* ~ *q.* tease s.o.; drive s.o. wild.

enrayer [ɑ̃rɛ'je] (1i) *v/t.* fit (*a wheel*) with spokes; *fig.* check, stem; ⊕ s'~ jam.

enrégimenter [ɑ̃reʒimɑ̃'te] (1a) *v/t.* enlist; enrol.

enregistrement [ɑ̃rəʒistrə'mɑ̃] *m* registration; record(ing); entry; registry (*a. admin.*); *cin., radio, gramophone*: recording; *admin.* register office; **enregistrer** [~'tre] (1a) *v/t.* register (*a.* 🚂); record (*a. cin., radio, music*); *sp.* score (*a goal*); **enregistreur, -euse** [~'trœ:r, ~'trø:z] **1.** *adj.* recording; registering; **2.** *su./m* (*tape- etc.*)recorder; ✈ ~ *de vol* flight recorder.

enrhumer [ɑ̃ry'me] (1a) *v/t.* give (*s.o.*) a cold; s'~ catch (a) cold.

enrichi, e [ɑ̃ri'ʃi] ⊕ *etc.* enriched (*uranium etc.*), improved; *a. su.* new-rich, parvenu, upstart; **enrichir** [~'ʃi:r] (2a) *v/t.* enrich (*a. fig.*); make (*s.o.*) wealthy; s'~ grow rich.

enrober [ɑ̃rɔ'be] (1a) *v/t.* coat (with, *de*); imbed (in, *de*).

enrôler [ɑ̃ro'le] (1a) *v/t.* enrol(l), recruit; ⚔ enlist; s'~ enrol(l) (in, *dans*); ⚔ enlist.

enroué, e [ɑ̃'rwe] hoarse, husky; **enrouement** [ɑ̃ru'mɑ̃] *m* hoarseness, huskiness; **enrouer** [ɑ̃'rwe] (1p) *v/t.* make hoarse *or* husky; s'~ become hoarse.

enrouiller [ɑ̃ru'je] (1a) *v/t.* cover with rust.

enroulement [ɑ̃rul'mɑ̃] *m* rolling up; ⊕, ⚡, ⚒, *etc.* winding; wrapping up (in, *dans*); **enrouler** [ɑ̃ru'le] (1a) *v/t.* roll up; ⊕, ⚡, ⚒, *etc.* wind; wrap up (in, *dans*).

enroutiné, e [ɑ̃ruti'ne] routine-minded; stick-in-the-mud.

enrubanner [ɑ̃ryba'ne] (1a) *v/t.* decorate with ribbons.

ensabler [ɑ̃sɑ'ble] (1a) *v/t.* ⚓ run (*a ship*) aground; strand; cover (*the soil*) with sand; silt up (*a harbour*); s'~ ⚓ settle in the sand; silt up.

ensacher [ɑ̃sa'ʃe] (1a) *v/t.* put into sacks; bag.

ensanglanter [ɑ̃sɑ̃glɑ̃'te] (1a) *v/t.* stain *or* cover with blood.

enseigne [ɑ̃'sɛɲ] *su./f* (shop) sign; signboard; *à telle(s)* ~*(s) que* so much so that; *fig. être logé à la même* ~ be in the same boat; *su./m* ⚔ † standard-bearer; ⚓ sublieutenent, *Am.* ensign.

enseignement [ɑ̃sɛɲ'mɑ̃] *m* teaching; tuition; education, instruction; *fig.* lesson; ~ *par correspondance* postal tuition; ~ *primaire* (*secondaire, supérieur*) primary (secondary, higher) education; **enseigner** [ɑ̃sɛ'ɲe] (1a) *v/t.* teach; *fig.* point out; ~ *qch. à q.* teach s.o. s.th.

ensemble [ɑ̃'sɑ̃:bl] **1.** *adv.* together; at the same time; **2.** *su./m* whole; unity; *cost.* ensemble, suit, outfit; ⊕ set (*of tools*); ⊕ assembly unit; ⚠ block (*of buildings*); ⚠ *grand* ~ housing scheme *or* development; *dans l'*~ on the whole; *d'*~ comprehensive; combined; ⅍ *théorie f des* ~*s* set theory; *vue f d'*~ general view; **ensemblier** [ɑ̃sɑ̃bli'e] *m* (interior) decorator.

ensemencer ✓ [ɑ̃smɑ̃'se] (1k) *v/t.* sow (with, *en*).

enserrer [ɑ̃sɛ're] (1a) *v/t.* squeeze; be too tight for; hem in.

ensevelir [ɑ̃sə'vli:r] (2a) *v/t.* bury (*a. fig.*); shroud (*a corpse*).

ensiler ✓ [ɑ̃si'le] (1a) *v/t.* silo, silage.

ensoleillé, e [ɑ̃sɔlɛ'je] sunny, sunlit.

ensommeillé, e [ɑ̃sɔmɛ'je] sleepy, drowsy.

ensorceler [ɑ̃sɔrsə'le] (1c) *v/t.* put a spell on; bewitch (*a. fig.*); **ensorceleur, -euse** [~sə'lœ:r, ~'lø:z] **1.** *su. fig.* charmer; *su./m* sorcerer; *su./f* sorceress; **2.** *adj.* bewitching (*a. fig.*); **ensorcellement** [~sɛl'mɑ̃] *m* sorcery, witchcraft; spell.

ensuite [ɑ̃'sɥit] *adv.* then, after (-wards), next; *et* ~*?* what then?

ensuivre [ɑ̃'sɥi:vr] (4ee) *v/t.*: s'~ follow, ensue, result (from, *de*).

entablement ⚠ [ɑ̃tablə'mɑ̃] *m* coping; entablature (*a.* ⊕).

entacher [ɑ̃taˈʃe] (1a) *v/t.* sully; taint (with, *de*); ⚖ vitiate; *entaché de nullité* void for want of form.

entaille [ɑ̃tɑːj] *f wood etc.*: notch, nick; groove; *chin etc.*: gash, cut; **entailler** [~tɑˈje] (1a) *v/t.* notch, nick (*wood*); groove; gash, cut (*s.o.'s chin etc.*).

entame [ɑ̃ˈtam] *f loaf, meat*: outside slice; **entamer** [ɑ̃taˈme] (1a) *v/t.* cut into (*a loaf*); open (*a bottle, a jar of jam, etc., a. fig.*); *fig.* smear (*s.o.'s reputation*); begin, start (*a discussion, a quarrel, etc.*); broach (*a cask, a. fig. a subject*); ⚖ institute (*proceedings*); ⚔ commence (*operations*).

entasser [ɑ̃tɑˈse] (1a) *v/t. a. s'~* pile up; accumulate; crowd together (*people, animals*).

ente [ɑ̃ːt] *f* ⚘ graft, scion; ⊕ *paintbrush*: handle.

entendement [ɑ̃tɑ̃dˈmɑ̃] *m* understanding; **entendre** [ɑ̃ˈtɑ̃ːdr] (4a) *v/t.* hear (*a.* ⚖); understand; intend, mean; attend (*a lecture*); *~ dire que* hear that; *~ parler de* hear of; *~ raison* listen to reason; *laisser ~* hint; *s'~* agree; get on (with, *avec*); get on (together); be heard; *s'~ à* be good at, be an expert at; know all about; **entendu, e** [ɑ̃tɑ̃ˈdy] **1.** *adj.* agreed; knowing (*smile, etc.*); **2.** *int.* all right; F O.K.; *bien ~!* of course!; **entente** [ɑ̃ˈtɑ̃ːt] *f* understanding; agreement; meaning; ✝ *~ industrielle* combine.

enter [ɑ̃ˈte] (1a) *v/t.* ⚘ graft (*a.* ⊕); ⊕ scarf (*timbers*).

entériner ⚖ [ɑ̃teriˈne] (1a) *v/t.* ratify, confirm.

entérique *anat.* [ɑ̃teˈrik] enteric; **entérite** ⚕ [~ˈrit] *f* enteritis.

enterrement [ɑ̃tɛrˈmɑ̃] *m* burial, interment; funeral; **enterrer** [ɑ̃tɛˈre] (1a) *v/t.* bury, inter; *fig.* outlive; *fig.* shelve (*a question*).

en-tête [ɑ̃ˈtɛːt] *m* letterhead; heading; *typ.* headline, *Am.* caption; **entêté, e** [ɑ̃tɛˈte] obstinate, stubborn, F pig-headed; **entêtement** [ɑ̃tɛtˈmɑ̃] *m fig.* obstinacy, stubbornness, F pig-headedness; **entêter** [ɑ̃tɛˈte] (1a) *v/t. odour*: make (*s.o.*) giddy; go to (*s.o.'s*) head; *s'~* be obstinate; *s'~ à* (*inf.*) persist in (*ger.*).

enthousiasme [ɑ̃tuˈzjasm] *m* enthusiasm; *avec* (*sans*) *~* (un)enthusiastically; **enthousiasmer** [~zjasˈme] (1a) *v/t.* fill with enthusiasm; *fig.* carry (*s.o.*) away; *s'~* enthuse (over, *pour*); **enthousiaste** [~ˈzjast] **1.** *adj.* enthusiastic; **2.** *su.* enthusiast (for, *de*).

entichement [ɑ̃tiʃˈmɑ̃] *m* infatuation (for *de, pour*); keenness (on, *pour*); **enticher** [ɑ̃tiˈʃe] (1a) *v/t.*: *s'~ de* become infatuated with.

entier, -ère [ɑ̃ˈtje, ~ˈtjɛːr] **1.** *adj.* whole (*a. number*); entire, complete; total; full (*authority, control, fare, etc.*); *fig.* headstrong; *cheval m ~* stallion; **2.** *su./m* entirety; *en ~* in full; completely.

entité *phls.* [ɑ̃tiˈte] *f* entity.

entôler *sl.* [ɑ̃toˈle] (1a) *v/t.* rob; fleece, *sl.* con.

entomologie [ɑ̃tɔmɔlɔˈʒi] *f* entomology.

entonner[1] [ɑ̃tɔˈne] (1a) *v/t.* barrel (*wine*).

entonner[2] ♪ [~] (1a) *v/t.* begin to sing (*a song*); strike up (*a tune*); *eccl.* intone; *fig.* sing (*s.o.'s praises*).

entonnoir [ɑ̃tɔˈnwaːr] *m* funnel; ⚔ crater; *geog.* hollow; *geol.* sink-hole.

entorse ⚕ [ɑ̃ˈtɔrs] *f* sprain, wrench; *se donner une ~* sprain one's ankle.

entortiller [ɑ̃tɔrtiˈje] (1a) *v/t.* twist, wind; wrap up; entangle; *fig.* wheedle, get (*s.o.*) round; F express (*views etc.*) in an obscure fashion; *s'~* twine; *fig.* get entangled.

entourage [ɑ̃tuˈraːʒ] *m* surroundings *pl.*; setting, frame(work); circle (*of associates, friends, etc.*); attendants *pl.*; ⊕ *machinery*: casing; **entourer** [~ˈre] (1a) *v/t.* surround (with, *de*); encircle (*a.* ⚔).

entournure *cost.* [ɑ̃turˈnyːr] *f* armhole.

entracte [ɑ̃ˈtrakt] *m thea., cin.* interval, *Am.* intermission; ♪ interlude.

entraide [ɑ̃ˈtrɛːd] *f* mutual aid; **entraider** [ɑ̃trɛˈde] (1b) *v/t.*: *s'~* help one another.

entrailles [ɑ̃ˈtrɑːj] *f/pl.* intestines, entrails, bowels; *fig.* pity *sg.*; compassion *sg.*; *~ de la terre* bowels of the earth.

entrain [ɑ̃ˈtrɛ̃] *m* liveliness; spirit, go, mettle.

entraînement [ɑ̃trɛnˈmɑ̃] *m* impetus, force, impulse; *fig.* heat (*of* *discussion*); ⊕ *machine*: drive; *sp. etc.* training; **entraîner** [ɑ̃trɛˈne] (1a) *v/t.* carry away; pull; drag along; *fig.* lead (*s.o.*), incite (*s.o.*); ⊕ drive; *fig.* involve; *fig.* give rise to, bring about; *sp.* train; *sp.* coach (*a team*); **entraîneur** [~ˈnœːr] *m sp.* trainer; *team*: coach; pace-maker; ⊕ driving device; **entraîneuse** [~ˈnøːz] dance hostess.

entrave [ɑ̃ˈtraːv] *f* fetter; shackle; *fig.* hindrance, obstacle; **entraver** [ɑ̃traˈve] (1a) *v/t.* fetter, shackle; *fig.* impede, hinder.

entre [ɑ̃ːtr] *prp.* between (*two points in space or time*); in (*s.o.'s hands etc.*); among (*others, other things, my brothers*); out of (*a number*); ~ *eux* one another, each other; between themselves; *soit dit ~ nous* between ourselves, between you and me and the lamp-post; ~ *amis* among friends; ~ *quatre yeux* in private; ~ *deux âges* middle-aged (*woman*); ~ *la vie et la mort* between life and death; *moi ~ autres* I for one; *d'~* (out) of, (from) among; *l'un* (*ceux*) *d'~ eux* one (these) of them; *see nager*.

entre...: **~bâiller** [ɑ̃trəbɑˈje] (1a) *v/t.* half-open; **~chats** *fig.* [~ˈʃa] *m/pl.* capers; **~choquer** [~ʃɔˈke] (1m) *v/t.* clink (*glasses*); *s'~* collide; clash (*a. fig.*); knock against one another (*bottles etc.*); **~côte** *cuis.* [~ˈkoːt] *f* entrecôte, rib of beef; **~couper** [~kuˈpe] (1a) *v/t.* intersect; *fig.* interrupt; *s'~ la gorge* cut one another's throats; **~croiser** [~krwaˈze] (1a) *v/t. a. s'~* intersect, cross; interlock; **~-deux** [~ˈdø] *m/inv.* space between, interspace; ⩓ partition; *basket-ball*: center jump; *cost.* insertion; **~-deux-guerres** [~døˈgɛːr] *f or m/inv. the* inter-war years *pl.* (*between World War I and II*).

entrée [ɑ̃ˈtre] *f* entry; entrance; admission (*a.* ⊕), access; price of entry; import (duty); *cuis.* entrée; ⊕ inlet, intake; *fig.* start, beginning; ✝ receipt; ⚓ arrival (*of ship*); *cave, harbour*: mouth; ~ *en vacances school*: breaking up; ~ *gratuite* free admission; ~ *latérale* side entrance; *d'~* (*de jeu*) from the outset, right from the beginning, from the very first.

entre...: **~faites** [ɑ̃trəˈfɛt] *f/pl.*: *sur ces ~* meanwhile, meantime; **~fer** ⚡ [~ˈfɛr] *m* air-gap; **~filet** [~fiˈlɛ] *m newspaper*: paragraph; **~gent** [~ˈʒɑ̃] *m* tact; worldly wisdom; **~lacer** [~laˈse] (1k) *v/t.* interlace; intertwine; **~lacs** [~ˈlɑ] *m* ⩓ knotwork; ⩓ tracery; *fig.* tangle; **~lardé, e** [~larˈde] streaky; **~larder** [~larˈde] (1a) *v/t. cuis.* lard; *fig.* interlard (*a speech*) (with, *de*); **~-ligne** [~ˈliɲ] *m* space between lines; interlineation; **~mêler** [~mɛˈle] (1a) *v/t.* intermingle; intersperse; mix; blend; *fig.* intersperse (*a speech*) (with, *de*); *s'~* mingle; *fig. s'~ dans* meddle with; **~mets** *cuis.* [~ˈmɛ] *m* sweet; **~metteur, -euse** [~mɛˈtœːr, ~ˈtøːz] *su.* go-between; *su./m* ✝ middleman; procurer; *su./f* procuress; **~mettre** [~ˈmɛtr] (4v) *v/t.*: *s'~* intervene; act as go-between; **~mise** [~ˈmiːz] *f* intervention; mediation; **~pont** ⚓ [~ˈpɔ̃] *m* between-decks; *d'~* steerage (*passenger*); **~poser** ✝ [~poˈze] (1a) *v/t.* warehouse, store; put in bond (*at the customs*); **~poseur** ✝ [~poˈzœːr] *m* warehouseman; *customs*: officer in charge of a bonded store; **~positaire** ✝ [~poziˈtɛːr] *m* warehouseman; *customs*: bonder; **~pôt** [~ˈpo] *m* ✝ warehouse, store, repository; *customs*: bonded warehouse; ⚔ *ammunition*: depot; ~ *frigorifique* cold store; *en ~* in bond; **~prenant, e** [~prəˈnɑ̃, ~ˈnɑ̃ːt] enterprising; **~prendre** [~ˈprɑ̃ːdr] (4aa) *v/t.* undertake, embark (up)on; contract for (*work*); *fig.* worry; F *fig.* besiege (*s.o.*); **~preneur** [~prəˈnœːr] *m* contractor; ~ *de pompes funèbres* undertaker, *Am.* mortician; **~prise** [~ˈpriːz] *f* undertaking; concern; ✝ contract; attempt; ~ *de transport* carriers *pl.*

entrer [ɑ̃ˈtre] (1a) *v/i.* enter, go *or* come in; take part, be concerned; be included; ~ *dans* enter; ~ *dans une famille* marry into a family; ~ *en* enter upon (*s.th.*) *or* into (*competition*); *fig.* ~ *en jeu* come into play; ~ *pour beaucoup dans* play an important role *or* part in; *faire ~* show (*s.o.*) in(to the room); drive (*s.th. into s.th.*); *v/t.* bring in, introduce.

entre...: **~-rail** 🚂 [ɑ̃trəˈrɑːj] *m* ga(u)ge; **~sol** ⩓ [~ˈsɔl] *m floor*: mezzanine; ~-**temps** [~ˈtɑ̃] **1.** *m/inv.* interval; *dans l'*~ meanwhile; **2.** *adv.* meanwhile; ~**teneur** [~təˈnœ:r] *m* maintainer; ~**tenir** [~təˈni:r] (2h) *v/t.* maintain; keep up; support; talk to (*s.o.*) (about, *de*); entertain (*suspicions, doubts*); *s'*~ support o.s.; converse, talk (with, *avec*); *sp.* keep o.s. fit; ~**tien** [~ˈtjɛ̃] *m* maintenance; upkeep; conversation; ~**toise** ⚠ [~ˈtwa:z] *f* strut, (cross-)brace, cross-piece, tie; ~**toisement** ⚠ [~twazˈmɑ̃] *m* (counter)bracing; strutting, staying; ~**voir** [~ˈvwa:r] (3m) *v/t.* catch a glimpse of; *fig.* foresee, have an inkling of; *laisser* ~ disclose, give to understand; ~**vue** [~ˈvy] *f* interview.

entrouvrir [ɑ̃truˈvri:r] (2f) *v/t.* half-open; open (*curtains*) a little; *fig.* s'~ yawn (*chasm*).

énumération [enymeraˈsjɔ̃] *f* enumeration; *votes*: counting; *facts*: recital; **énumérer** [~ˈre] (1f) *v/t.* enumerate; count (*votes*); recite (*facts*).

envahir [ɑ̃vaˈi:r] (2a) *v/t.* overrun; invade; encroach upon; *fig. feeling*: steal *or* come over (*s.o.*); **envahisseur** [~iˈsœ:r] *m* invader.

envaser [ɑ̃vaˈze] (1a) *v/t.* silt up; choke with mud; ⚓ run on the mud; s'~ silt up; ⚓ stick in the mud.

enveloppe [ɑ̃ˈvlɔp] *f post, a.* ⚕: envelope; *parcel*: wrapping; ⊕ casing, jacket, lagging; *mot. tyre*: outer cover, casing; *fig.* exterior; ⚡ *cable*: sheathing; ~ *à fenêtre* window envelope; **enveloppement** [ɑ̃vlɔpˈmɑ̃] *m* wrapping; ⚕ ~ *humide* wet pack; **envelopper** [ɑ̃vlɔˈpe] (1a) *v/t.* envelop; wrap (up); cover; ⚔ encircle (*the enemy*); ⊕ lag; *fig.* involve; *fig.* wrap, shroud (in, *de*).

envenimer [ɑ̃vəniˈme] (1a) *v/t.* ⚕ poison; aggravate (*a. fig.*); *fig.* embitter (*s.o.*); s'~ ⚕ fester; *fig.* grow bitter.

enverguer ⚓ [ɑ̃vɛrˈge] (1m) *v/t.* bend (*the sail*); **envergure** [~ˈgy:r] *f* ⚓ spread of sail; ✈, *orn.*, *etc.* (wing-)span; spread, breadth; *fig.* calibre; *fig.* scope, scale; *de grande* ~ *a.* large-scale.

enverrai [ɑ̃vɛˈre] *1st p. sg. fut. of* [envoyer.]

envers¹ [ɑ̃ˈvɛ:r] *prp.* to(wards).

envers² [~] *m tex.* reverse (*a. fig., a. of medal*), wrong side, back; *fig.* seamy side; *à l'*~ inside out; *fig.* topsy-turvy.

envi [ɑ̃ˈvi] *adv.*: *à l'*~ vying with each other; in emulation.

enviable [ɑ̃ˈvjabl] enviable; **envie** [ɑ̃ˈvi] *f* envy; longing, desire, fancy; ⚕ agnail, F hangnail; ⚕ birthmark; *avoir* ~ *de* be in the mood for, have a mind to; *faire* ~ *à q.* make s.o. envious; *porter* ~ *à q.* envy s.o.; **envier** [ɑ̃ˈvje] (1o) *v/t.* envy; long for; covet; begrudge (s.o. s.th., *qch. à q.*); **envieux, -euse** [ɑ̃ˈvjø, ~ˈvjø:z] envious.

environ [ɑ̃viˈrɔ̃] *adv.* about, approximately; **environs** [~ˈrɔ̃] *m/pl.* vicinity *sg.*; neighbo(u)rhood *sg.*, surroundings; *aux* ~ *de* about (*fifty*), towards (*Christmas*); **environnement** [~rɔnˈmɑ̃] *m* surroundings *pl.*; environment; **environner** [~rɔˈne] (1a) *v/t.* surround; encompass (*a. fig.*).

envisager [ɑ̃vizaˈʒe] (1l) *v/t.* envisage; consider, view, contemplate; ~ *de* (*inf.*) think of (*ger.*), consider (*ger.*), contemplate (*ger.*).

envoi [ɑ̃ˈvwa] *m* sending, dispatch (*a.* ⚔); consignment, parcel; *post*: delivery; ~ *par bateau* shipment; *coup m d'*~ *foot.* kickoff; *fig.* (starting) signal; ⚜ *lettre f d'*~ letter of advice.

envol [ɑ̃ˈvɔl] *m orn.* (taking) flight; ✈ taking off, takeoff; **envoler** [ɑ̃vɔˈle] (1a) *v/t.*: s'~ fly away; ✈ take off; *fig.* fly (*time*); ⚜ zoom (up) (*prices etc.*).

envoûter [ɑ̃vuˈte] (1a) *v/t. fig.* put under a spell, bewitch.

envoyé, e [ɑ̃vwaˈje] **1.** *p.p. of envoyer*; **2.** *su.* envoy, messenger; *su./m*: *journ.* ~ *spécial* special correspondent; **envoyer** [~] (1r) *v/t.* send; forward; fling, hurl; shoot, fire; ~ *chercher* send for; ~ *coucher* (*or promener*) send (*s.o.*) packing, send (*s.o.*) about his business; *sl.* s'~ get saddled with (*work*); gulp down (*wine*), get outside (*a meal*).

enzyme [ɑ̃ˈzim] *m* enzyme.

éolien, -enne [eɔˈljɛ̃, ~ˈljɛn] **1.** *adj.* Aeolien (*harp etc.*); **2.** *su./f* windmill (*for pumping*); air-motor.

épagneul *m*, **e** *f* [epaˈɲœl] spaniel.

épais, e [eˈpɛ, ~ˈpɛ:s] thick; dense (*a. fig. mind*); *fig.* dull (*person*); stout (*glass*); **épaisseur** [epɛˈsœːr] *f* thickness; depth; density; *fig.* denseness; **épaissir** [~ˈsiːr] (2a) *v/t.* thicken; *v/i. a.* s'~ thicken, become thick; *cuis.* jell; grow stout (*person*).

épanchement [epɑ̃ʃˈmɑ̃] *blood*: effusion (*a. fig.*); *fig.* outpouring; **épancher** [epɑ̃ˈʃe] (1a) *v/t.* pour out; s'~ pour (out); *fig.* open one's heart.

épandage ✓ [epɑ̃ˈdaːʒ] *m* manuring; *champs m/pl.* d'~ sewage farm *sg.*; **épandre** [eˈpɑ̃dr] (4a) *v/t.* spread; shed (*light*); pour out (*a liquid*); s'~ spread.

épanoui, e [epaˈnwi] ⚘ in full bloom; *fig.* beaming; cheerful; **épanouir** [~ˈnwiːr] (2a) *v/t.* ⚘ open (out); s'~ bloom (*flower, a. fig.*); open up; *fig.* light up (*face*).

épargne [eˈparɲ] *f* economy, thrift; saving; ⚕ *caisse f* d'~ savings bank; *la petite* ~ small investors *pl.*; **épargner** [eparˈɲe] (1a) *v/t.* save (up), economize (on); be sparing with; *fig.* spare (*s.o.*).

éparpiller [eparpiˈje] (1a) *v/t. a.* s'~ scatter, disperse.

épars, e [eˈpaːr, ~ˈpars] scattered; sparse (*population*); dishevelled (*hair*).

épatant, e F [epaˈtɑ̃, ~ˈtɑ̃ːt] stunning, wonderful, marvellous, first-rate, *Am.* swell, great; **épater** [~ˈte] (1a) *v/t.* break off the foot of (*a wineglass*); F amaze, flabbergast; *nez m épaté* flat *or* squat nose; F ~ *le bourgeois* shock conventional people; **épateur** *m*, **-euse** *f* F [~ˈtœːr, ~ˈtøːz] swanker; bluffer.

épaule [eˈpoːl] *f anat., a. cuis.* shoulder; ⚓ *bows*: luff; *un coup d'*~ a shove; *fig.* a leg-up; *par-dessus l'*~ disdainfully; **épaulement** [epolˈmɑ̃] *m geog., a.* ⊕ shoulder; ⚠ revetment wall; **épauler** [epoˈle] (1a) *v/t.* support (*a.* ⚠); help (*s.o.*), back (*s.o.*) up; bring (*a gun*) to the shoulder; *v/i.* take aim; **épaulette** [~ˈlɛt] *f* ⚔ epaulette (*a.* = *commission*); *cost.* shoulder strap.

épave [eˈpaːv] *f* ⚖ unclaimed object; waif, stray; ⚓ wreck (*a. fig.*), flotsam.

épée [eˈpe] *f* sword (*a. tex.*); rapier; swordsman; *coup m d'*~ *dans l'eau* wasted effort.

épeler [eˈple] (1c) *v/t.* spell (*a word*); spell out (*a message*); **épellation** [epɛllaˈsjɔ̃] *f* spelling.

éperdu, e [epɛrˈdy] distrought; frantic; beside o.s., wild; desperate; *éperdument amoureux* head over heels in love; *je m'en moque éperdument* I couldn't care less.

éperlan *icht.* [epɛrˈlɑ̃] *m* smelt.

éperon [eˈprɔ̃] *m* spur (*on rider's heel, a. zo.*, ⚘, *geog.*); ⚓ *warship*: ram; *bridge*: cutwater; ⚠ *wall*: buttress; *fig. eyes*: crow's-foot; **éperonné, e** [eprɔˈne] spurred; ⚘ calcarate; crow-footed (*eyes*); **éperonner** [~] (1a) *v/t.* spur (*a. fig.*); ⚓ ram.

épervier [epɛrˈvje] *m orn.* sparrow-hawk; *fishing*: cast-net; *pol.* hawk.

éphémère [efeˈmɛːr] **1.** *adj.* ephemeral; *fig.* transitory, fleeting; **2.** *su./m zo.* day-fly.

éphéméride [efemeˈrid] *f* tear-off calendar, block-calendar.

épi [eˈpi] *m corn, grain*: ear; ⚘ spike; *fig.* cluster; ⊕ wharf; 🚂 marshalling tracks *pl.*

épice [eˈpis] *f* spice; *pain m d'*~ gingerbread; *quatre* ~*s pl.* allspice *sg.*; **épicé, e** [epiˈse] highly spiced; hot; *fig.* spicy (*story*); **épicer** [~] (1k) *v/t.* spice (*a. fig. a story*); **épicerie** ⚕ [episˈri] *f* groceries *pl.*; grocer's (shop), *Am.* grocery; **épicier** *m*, **-ère** *f* [epiˈsje, ~ˈsjɛːr] grocer; *fig.* philistine.

épidémie ⚕ [epideˈmi] *f* epidemic (*a. fig.*).

épiderme [epiˈdɛrm] *m* epidermis.

épier [eˈpje] (1o) *v/t.* watch (*s.o.*); spy on (*s.o.*); watch *or* look out for.

épierrer ✓ [epjɛˈre] (1a) *v/t.* clear of stones.

épieu [eˈpjø] *m* boar-spear; pike.

épigastre *anat.* [epiˈgastr] *m* pit of the stomach, epigastrium.

épigone [epiˈgɔn] *m* epigone, follower.

épigraphe [epiˈgraf] *f* epigraph; motto.

épilation [epilaˈsjɔ̃] *f* depilation; removal of superfluous hairs; *eyebrows*: plucking; **épilatoire** [~ˈtwaːr] *adj., a. su./m* depilatory.

épilepsie ⚕ [epilɛpˈsi] *f* epilepsy.

épiler [epiˈle] (1a) *v/t.* depilate; remove hairs; pluck (*one's eyebrows*).

épilogue [epiˈlɔg] *m* epilogue; **épi-**

loguer [~lɔ'ge] (1m) (*sur*) carp (at), find fault (with).
épiloir [epi'lwa:r] *m eyebrow etc.*: tweezers *pl.*
épinaie [epi'nɛ] *f* thicket.
épinard ⚘ [epi'na:r] *m* (*a. cuis.* ~*s pl.*) spinach.
épine [e'pin] *f* ⚘ thorn (*a. fig.*), prickle; ⚘ thorn-bush; *anat.* ~ *dorsale* backbone, spine.
épinette [epi'nɛt] *f* ♪ spinet; ⚒ (hen-)coop; ⚘ spruce.
épineux, -euse [epi'nø, ~'nø:z] thorny (*a. fig.*); prickly (*a. fig. person*); *fig.* knotty (*problem*).
épingle [e'pɛ̃:gl] *f* pin; † ~*s pl.* pin-money *sg.*; ~ *à chapeau* hatpin; ~ *à cheveux* hairpin; ~ *à linge* clothes-peg; ~ *de cravate* tie-pin, *Am.* stick-pin; ~ *de nourrice* safety-pin; *fig.* *coup m d'*~ pin-prick; *tiré à quatre* ~*s* dapper, spruce, spick and span; *mot.* *virage m en* ~ *à cheveux* hairpin bend; **épinglé** [epɛ̃'gle] *m* (*a. velours m* ~) uncut velvet; **épingler** [~'gle] (1a) *v/t.* pin; pin up; *metall.* pierce (*a mould etc.*); F pin (*s.o.*) down; **épinglerie** ⊕ [~glə'ri] *f* pin-factory; **épinglette** [~'glɛt] *f* ⚔ priming-needle; ⚒ boring-tool; **épinglier** [~gli'e] *m* pin-tray.
épinière [epi'njɛ:r] *adj./f*: *moelle f* ~ spinal cord.
épinoche *icht.* [epi'nɔʃ] *f* stickleback.
épique [e'pik] epic.
épiscopal, e, *m/pl.* **-aux** [episkɔ'pal, ~'po] episcopal; cathedral (*city*); **épiscopat** [~'pa] *m* episcopate; *coll. the* bishops *pl.*
épisode [epi'zɔd] *m* episode; *cin.* *film m à* ~*s* serial film.
épistolaire [epistɔ'lɛ:r] epistolary; *être en relations* ~*s avec q.* correspond with s.o.
épitaphe [epi'taf] *f* epitaph.
épithète [epi'tɛt] *f* epithet; *gramm.* attributive adjective.
épître [e'pi:tr] *f* epistle; *fig.* (long) letter.
éploré, e [eplɔ're] tearful, in tears.
éployée ⛉ [eplwa'je] *adj./f* spread (*eagle*).
éplucher [eply'ʃe] (1a) *v/t.* pick (*a. tex. wool, a. salad*); pare, peel (*a fruit*); prune (*a fruit-tree*); clean (*a. plumage, salad*); preen (*feathers*); ⚒ weed (*a field*); *fig.* pick holes in; **éplucheur** *m*, **-euse** *f* [~'ʃœ:r, ~'ʃø:z] cleaner; (*wool-*)picker; (*potato-*)peeler; ⚒ weeder; F *fig.* faultfinder; **éplucheir** [~'ʃwa:r] *m* paring-knife; *cuis.* potato-knife; **épluchures** [~'ʃy:r] *f/pl.* *potatoes etc.*: peelings; *fig.* refuse *sg.*; waste *sg.*
épointé, e [epwɛ̃'te] blunt (*pencil etc.*); hipshot (*horse*); **épointer** [~] (1a) *v/t.* break the point of; blunt (*s.th.*); *s'*~ lose its point (*pencil etc.*).
éponge [e'pɔ̃:ʒ] *f* sponge; F *fig.* *jeter l'*~ throw in the towel *or* sponge; *fig.* *passer l'*~ *sur* say no more about (*s.th.*); **éponger** [epɔ̃'ʒe] (1l) *v/t.* sponge; mop (*the surface, one's brow*); mop up (*a liquid*); sponge down (*a horse*); dab (*one's eyes*); *a. fig.* absorb; *fig.* compensate.
épopée [epɔ'pe] *f* epic (poem).
époque [e'pɔk] *f* epoch, age, era; period; time; *à l'*~ at the time (of, *de*); at that time, then; *la Belle* ♀ *that up to 1914*; *faire* ~ mark an epoch; *qui fait* ~ epoch-making.
épouiller [epu'je] (1a) *v/t.* delouse.
époumoner [epumɔ'ne] (1a) *v/t.* put (*s.o.*) out of breath; *s'*~ shout o.s. out of breath.
épousailles [epu'zɑ:j] *f/pl.* nuptials, wedding *sg.*; **épouse** [e'pu:z] *f* wife, spouse; **épousée** [epu'ze] *f* bride; **épouser** [~'ze] (1a) *v/t.* marry, wed; *fig.* take up, espouse (*a cause*); *fig.* embrace (*an idea*); *fig.* fit (*dress etc.*); *fig.* accept, make (*s.th.*) one's own; ~ *son temps* move with the times; **épouseur** † [~'zœ:r] *m* suitor, eligible man.
épousseter [epus'te] (1c) *v/t.* dust; beat (*a carpet etc.*); rub down (*a horse*); **époussette** [epu'sɛt] *f* feather-duster; rag (*for rubbing down a horse*).
époustouflant, e F [epustu'flɑ̃, ~'flɑ̃:t] extraordinary, amazing.
épouvantable [epuvɑ̃'tabl] horrible, dreadful, terrible; appalling; **épouvantail** [~vɑ̃'ta:j] *m* scarecrow; *fig.* bogy, bugbear; *fig. person*: fright; **épouvante** [~'vɑ̃:t] *f* terror, fright; **épouvanter** [~vɑ̃'te] (1a) *v/t.* scare; appal.
époux [e'pu] *m* husband; ⚖ *a.* spouse; *les* ~ *pl.* ... the ... couple *sg.*
éprendre [e'prɑ̃:dr] (4aa) *v/t.*: *s'*~

de become enamo(u)red of; fall in love with (*s.o.*); take a fancy to (*s.th.*).

épreuve [eˈprœːv] *f* test (*a.* ⊕, *a. school examination*); proof (*a. typ.*); *phot.* print; *fig.* ordeal, trial; *sp.* event; *à l'*~ *de* proof against (*s.th.*); *à toute* ~ never-failing; ⊕ fool-proof; *mettre à l'*~ put to the test.

épris, e [eˈpri, ~ˈpriːz] **1.** *p.p. of éprendre*; **2.** *adj.* in love (with, *de*).

éprouver [epruˈve] (1a) *v/t.* try (*a. fig.*); test; put (*s.o.*) to the test; *fig.* feel (*sympathy etc.*), experience (*pain etc., a. fig. a difficulty*); **éprouvette** [~ˈvɛt] *f* ⚗ test-tube; probe; *metall.* test-piece.

épucer [epyˈse] (1k) *v/t.* clean (*a dog etc.*) of fleas.

épuisé, e [epɥiˈze] exhausted; run down; spent (*energy etc.*); ✝ sold out; *typ.* out of print; **épuisement** [epɥizˈmɑ̃] *m* exhaustion (⊕, ⚠, *a. fig.*); *cistern, a. fig. finances*: draining; *resources*: depletion; **épuiser** [epɥiˈze] (1a) *v/t.* exhaust; use up; *fig.* wear (*s.o.*) out; *s'*~ run out (*provisions etc.*); run dry, dry up (*source*); wear o.s. out; **épuisette** [~ˈzɛt] *f* ⚓ scoop, bailer; *fisherman*: landing-net.

épuration [epyraˈsjɔ̃] *f* purifying; *oil, metal*: refining; *gas*: filtering; *pol.* purge; *morals*: purging; **épuratoire** ⊕ [~ˈtwaːr] purifying.

épure [eˈpyːr] *f* working drawing; diagram (*a.* ⚠).

épurer [epyˈre] (1a) *v/t.* purify; refine; filter; *pol.* purge; *fig.* expurgate (*a novel*).

équarrir [ekaˈriːr] (2a) *v/t.* ⊕ square; cut up *or* quarter the carcass of (*a horse*); ⚠ *bois m équarri* squared timber; **équarrisseur** [~riˈsœːr] *m* knacker.

équateur [ekwaˈtœːr] *m* equator.

équation ⚠, ⚗, *astr., fig.* [ekwaˈsjɔ̃] *f* equation.

équerre [eˈkɛːr] *f* square; ⚠ right angle; ⊕ angle-iron; ~ *à coulisses* sliding callipers *pl.*; ~ *à dessin*, ~ *de dessinateur* set square; ~ *en T* T-square; *d'*~ square; *en* ~ square.

équestre [eˈkɛstr] equestrian.

équilibrage [ekiliˈbraːʒ] *m* balancing (*a. mot.*); **équilibre** [ekiˈlibr] *m* balance (*a. fig.*); equilibrium; *fig.* poise; *pol.* ~ *politique* balance of power; **équilibrer** [ekiliˈbre] (1a) *v/t.* balance; counterbalance; **équilibreur** [~ˈbrœːr] *m see stabilisateur*; **équilibriste** [~ˈbrist] *su.* equilibrist.

équinoxe [ekiˈnɔks] *m* equinox.

équipage [ekiˈpaːʒ] *m* retinue, suite; ⚓, ✈ crew; ⚔ train, equipment; *cost.* attire, F get-up; *fig.* state, plight; ⊕ gear, outfit; ⊕ *factory*: plant; *hunt.* pack of hounds; carriage and horses; **équipe** [eˈkip] *f* ⊕ *workmen*: gang; ⊕ shift; ⚔ working party; *sp.* team; ⚓ crew; ~ *de nuit* night shift; *esprit m d'*~ team spirit; 🚂 *homme m d'*~ yardman.

équipée [ekiˈpe] *f* escapade; sally.

équipement [ekipˈmɑ̃] *m* ⚔, ⚓, *sp., etc.* equipment; gear; outfit (*a.* ⊕);

équiper [ekiˈpe] (1a) *v/t.* equip (*a.* ⚔); fit out; ⚓ man (*a vessel*).

équitable [ekiˈtabl] equitable, fair, just.

équitation [ekitaˈsjɔ̃] *f* horsemanship; *école f d'*~ riding-school.

équité [ekiˈte] *f* equity (*a.* ⚖), fairness, fair dealing.

équivalent, e [ekivaˈlɑ̃, ~ˈlɑ̃ːt] *adj., a. su./m* equivalent; **équivaloir** [~ˈlwaːr] (3l) *v/i.* be equivalent *or* tantamount (to, *à*).

équivoque [ekiˈvɔk] **1.** *adj.* equivocal; *fig.* dubious; **2.** *su./f* ambiguity; quibble; **équivoquer** [~vɔˈke] (1m) *v/i.* quibble, equivocate.

érable ⚘ [eˈrabl] *m tree, a. wood*: maple.

érafler [erɑˈfle] (1a) *v/t.* graze, scratch; **éraflure** [~ˈflyːr] *f* graze, abrasion, scratch.

érailler [erɑˈje] (1a) *v/t. tex.* unravel, fray; fret (*a rope*); roughen (*the voice*); graze, chafe (*the skin*); *s'*~ become unravelled; fray (*cloth*).

ère [ɛːr] *f* era, epoch.

érection [erɛkˈsjɔ̃] *f statue etc.*: erection (*a. biol.*); *position*: establishment.

éreintement F [erɛ̃tˈmɑ̃] *m* exhaustion; slating (= *harsh criticism*);

éreinter [erɛ̃ˈte] (1a) *v/t.* break the back of (*a horse*); F exhaust; *fig.* slash, cut to pieces; F *être éreinté a.* be all in, be worn out.

erg *phys.* [ɛrg] *m* erg.

ergot [ɛrˈgo] *m cock*: spur; ✂ stub; ⚘, ⚕ ergot; ⊕ catch, lug; *electric bulb*: pin; **ergotage** F [ɛrgɔˈtaːʒ] *m* quibbling; **ergoté, e** [~'te] spurred (*cock, rye*); ergoted (*corn*); **ergoter** F [~'te] (1a) *v/i.* quibble (about, *sur*); split hairs; **ergoteur, -euse** [~'tœ:r, ~'tø:z] **1.** *adj.* quibbling, pettifogging; **2.** *su.* quibbler, pettifogger.

ergothérapie [ɛrgɔtera'pi] *f* occupational therapy; work therapy.

ériger [eri'ʒe] (1l) *v/t.* erect (*a statue etc.*); establish, found (*an office, a position*); *fig.* exalt, raise (to, *en*); ~ *qch. en principe* lay s.th. down as a principle; *s'~ en* set o.s. up as, pose as.

ermitage [ɛrmi'ta:ʒ] *m* hermitage; **ermite** [~'mit] *m* hermit; recluse.

éroder [erɔ'de] (1a) *v/t.* erode; wear away; **érosif, -ve** [~'zif, ~'zi:v] erosive; **érosion** [~'zjɔ̃] *f* erosion; eating away (*of metal, rock*).

érogène [erɔ'ʒɛn] erogenous.

érotique [erɔ'tik] erotic; **érotisme** [~'tism] *m* eroticism; ⚕ erotism.

errant, e [ɛ'rɑ̃, ~'rɑ̃:t] rambling, roving, wandering; *chevalier m* ~ knight-errant.

errate *typ.* [ɛra'ta] *m/inv.* errata slip; **erratum,** *pl.* **-ta** [ɛra'tɔm, ~'ta] *m* erratum.

errements [ɛr'mɑ̃] *m/pl.* ways, methods; *pej.* bad habits; *anciens* ~ bad old ways; **errer** [ɛ're] (1b) *v/i.* ramble, roam, wander; stroll (about); *fig.* err, make a mistake; **erreur** [ɛ'rœ:r] *f* error; mistake, slip; ~ *de traduction* mistranslation; *faire* ~ be mistaken, be wrong; *revenir de ses* ~*s* turn over a new leaf.

erroné, e [ɛrɔ'ne] erroneous, mistaken, wrong.

ersatz [ɛr'sats] *m* ersatz, substitute.

éructation [erykta'sjɔ̃] *f* eructation, F belch(ing).

érudit, e [ery'di, ~'dit] **1.** *adj.* erudite, scholarly, learned; **2.** *su.* scholar; **érudition** [~di'sjɔ̃] *f* erudition, learning, scholarship.

éruptif, -ve ⚕, *geol.* [eryp'tif, ~'ti:v] eruptive; **éruption** [~'sjɔ̃] *f* eruption, ⚕ *a.* rash; cutting (*of teeth*).

érysipèle ⚕ [erizi'pɛl] *m* erysipelas.

es [ɛ] *2nd p. sg. pres. of* être 1.

ès [ɛs] *prp.*: *docteur m* ~ *sciences* doctor of science.

esbroufe [ɛs'bruf] *f*: F *faire de l'*~ swank, show off; ⚖ *à l'*~ snatch-and-grab (*theft*); **esbroufeur** *m*, **-euse** *f* [~bru'fœ:r, ~'fø:z] swanker; hustler; ⚖ snatch-and-grab thief.

escabeau [ɛska'bo] *m* stool; pair of steps, step-ladder; **escabelle** [~'bɛl] *f* stool.

escadre [ɛs'kadr] *f* ⚓ squadron; ✈ wing; **escadrille** [ɛska'dri:j] *f* ⚓ flotilla; ✈ squadron; **escadron** ⚔ [~'drɔ̃] *m* squadron; *chef m d'*~ major.

escalade [ɛska'lad] *f cliff, wall*: climbing, scaling; climb; *pol., fig.* escalation; **escalader** [~la'de] (1a) *v/t.* scale, climb.

escalator [ɛskala'tɔ:r] *m* escalator.

escale [ɛs'kal] *f* ⚓ port of call; ✈ stop; call; *faire* ~ *à* call at; ✈ *sans* ~ non-stop (*flight*).

escalier [ɛska'lje] *m* staircase; stairs *pl.*; ~ *roulant* escalator; ~ *tournant* (*or en colimaçon or à vis*) spiral staircase.

escalope *cuis.* [ɛska'lɔp] *f meat*: scallop; *fish*: steak; escalope.

escamotable [ɛskamɔ'tabl] disappearing, F pull-down (*arm-rest*); ✈ retractable (*undercarriage*); **escamoter** [~'te] (1a) *v/t.* conjure away; ✈ retract (*the undercarriage*); *fig.* dodge, evade, get round; filch, pinch; **escamoteur** [~'tœ:r] *m* conjuror.

escampette F [ɛskɑ̃'pɛt] *f*: *prendre la poudre d'*~ skedaddle, vamoose, *Am. sl.* take a powder.

escapade [ɛska'pad] *f* escapade; prank.

escarbille [ɛskar'bi:j] *f* cinder; ~*s pl.* clinkers.

escarbot *zo.* [ɛskar'bo] *m* beetle.

escarboucle [ɛskar'bukl] *f* carbuncle.

escargot [ɛskar'go] *m* snail.

escarmouche ⚔ [ɛskar'muʃ] *f* skirmish, brush.

escarole ♀ [ɛska'rɔl] *f* endive.

escarpe [es'karp] *m* cut-throat.

escarpé, e [ɛskar'pe] sheer (*rock*), steep; **escarpement** [~pə'mɑ̃] *m* steepness; ⚔, *geol.* escarpment; abrupt descent; *mountain*: slope.

escarpin [ɛskar'pɛ̃] *m* light shoe.

escarpolette [ɛskarpɔ'lɛt] *f* swing.

escarre ⚕ [ɛs'ka:r] *f* scab; bed-sore.

escient [ɛ'sjɑ̃] *m*: *à bon* ~ advisedly.

esclaffer [ɛskla'fe] (1a) *v/t.*: *s'*~ burst out laughing, guffaw.

esclandre [ɛs'klɑ̃:dr] *m* scandal; scene.

esclavage [ɛskla'va:ʒ] *m* slavery; *fig.*

drudgery; **esclave** [~ˈklaːv] *su.* slave; *fig.* drudge; *être ~ de sa parole* stick to one's promise.

escoffier *sl.* [ɛskɔˈfje] (1o) *v/t.* kill.

escogriffe F [ɛskɔˈgrif] *m* lanky fellow, F beanpole.

escompte ✝ [ɛsˈkɔ̃ːt] *m* discount, rebate; *à ~* at a discount; **escompter** [~kɔ̃ˈte] (1a) *v/t.* ✝ discount; *fig.* anticipate; *fig.* reckon on, bank on.

escorte [ɛsˈkɔrt] *f* ⚔ *etc.* escort; ⚓ convoy; **escorter** [~kɔrˈte] (1a) *v/t.* escort; ⚓ *a.* convoy.

escouade ⚔ [ɛsˈkwad] *f* gang, squad.

escrime [ɛsˈkrim] *f* fencing; *faire de l'~* fence; **escrimer** F [ɛskriˈme] (1a) *v/t.*: *s'~* fight (with, *contre*); *s'~ à* work hard at; try hard to (*inf.*); **escrimeur** [~ˈmœːr] *m* fencer, swordsman.

escroc [ɛsˈkro] *m* crook; swindler; **escroquer** [~krɔˈke] (1m) *v/t.* swindle (*s.o.*); *~ qch. à q.* cheat s.o. out of s.th.; **escroquerie** [~krɔˈkri] *f* fraud; swindling; false pretences *pl.*

ésotérique [ezɔteˈrik] esoteric.

espace [ɛsˈpɑːs] *su./m* space; *space, a. time*: interval; room; ⊕ clearance; *~ vert* green space *or* area; *~ vital* living space; *dans* (*or en*) *l'~ de* within (*a certain time*); *su./f typ.* space; **espacement** [~pasˈmɑ̃] *m objects, typ.*: spacing; **espacer** [~paˈse] (1k) *v/t.* space; leave a space between; *typ., a. fig.* space out; *s'~* become less frequent (*space, a. time*).

espadon [ɛspaˈdɔ̃] *m* † two-handled sword; *icht.* sword-fish.

espadrille [ɛspaˈdriːj] *f* rope-soled canvas shoe.

espagnol, e [ɛspaˈɲɔl] **1.** *adj.* Spanish; **2.** *su./m ling.* Spanish; *su.* ♀ Spaniard; **espagnolette** [~ɲɔˈlɛt] *f* espagnolette.

espalier ↗ [ɛspaˈlje] *m* espalier.

espèce [ɛsˈpɛs] *f* kind, sort; ⚖ case (in question); ♀, *zo., eccl.* species; *~s pl.* cash *sg.*, specie *sg.*; *~ de ...!* silly ...!; *~ humaine* mankind; *en ~s* in hard cash; *en l'~* in the present case (*a.* ⚖).

espérance [ɛspeˈrɑ̃ːs] *f* hope; expectation; *fig.* promise; ⚖ *~s pl.* expectations; *~ de vie* life expectancy; **espérer** [~ˈre] (1f) *v/t.* hope for; *~ que* hope that; *je l'espère, j'espère* I hope so; *~ quand même* hope against hope; *v/i.* hope, trust (in, *en*).

espiègle [ɛsˈpjɛgl] **1.** *adj.* mischievous, roguish; **2.** *su.* imp; **espièglerie** [~pjɛgləˈri] *f* mischief; prank; *par ~* out of mischief.

espion, -onne [ɛsˈpjɔ̃, ~ˈpjɔn] *su.* spy; secret agent; *su./m* concealed microphone; window-mirror; **espionnage** [ɛspjɔˈnaːʒ] *m* espionage, spying; ✝ *~ industriel* industrial espionage; **espionner** [~ˈne] (1a) *v/t.* spy (upon).

esplanade [ɛsplaˈnad] *f* esplanade, promenade.

espoir [ɛsˈpwaːr] *m* hope; expectation.

esprit [ɛsˈpri] *m* spirit; mind, intellect; sense; wit; disposition; talent; meaning; soul; *~-de-vin* spirit(s *pl.*) of wine; *~ fort* free-thinker; *le Saint-*♀ the Holy Ghost *or* Spirit; *plein d'~* witty; *présence f d'~* presence of mind; *rendre l'~* give up the ghost; *venir à* (*sortir de*) *l'~ de q.* cross (slip) s.o.'s mind.

esquif ⚓ *poet.* [ɛsˈkif] *m* small boat, skiff.

esquille ⚕ [ɛsˈkiːj] *f bone*: splinter.

esquimau [ɛskiˈmo] **1.** *adj.* Esquimo; **2.** *su.* ♀ Esquimo; *su./m cuis.* choc-ice; *cost.* child's rompers *pl.*

esquinter F [ɛskɛ̃ˈte] (1a) *v/t.* exhaust; tire (*s.o.*) out; *fig.* ruin; run (*s.o.*) down.

esquisse [ɛsˈkis] *f* sketch; outline, draft; **esquisser** [~kiˈse] (1a) *v/t.* sketch, outline.

esquiver [ɛskiˈve] (1a) *v/t.* avoid, evade; dodge; *fig.* *s'~* slip *or* steal away, F make o.s. scarce.

essai [eˈsɛ] *m* ⊕, ⚗ trial, essay; test; *sp.* try; attempt (to, *pour*); *~ nucléaire* atomic test; *mot. ~ sur route* trial run; *à l'~* on trial; *coup m d'~* first attempt; *faire l'~ de* try (*s.th.*); ✈ *pilote m d'~* test pilot.

essaim [eˈsɛ̃] *m* swarm (*a. fig.*); **essaimage** [esɛˈmaːʒ] *m* hiving off (*a. fig.*); *fig.* excessive growth; **essaimer** [esɛˈme] (1a) *v/i.* swarm.

essarter ↗ [esarˈte] (1a) *v/t.* clear (*the ground*); grub up (*roots etc.*).

essayage [esɛˈjaːʒ] *m* testing; *cost.* trying on, fitting; **essayer** [~ˈje] (1i) *v/i.* try (to *inf.*, *de inf.*), attempt; ⚗ test; *metall.* assay; *cost.* try on; taste; *s'~ à* try one's hand at; **essayeur** *m*, **-euse** *f* [~ˈjœːr, ~ˈjøːz] ⊕ tester; analyst; *metall.* assayer; *cost.* fitter; **essayiste** [~ˈjist] *su.* essayist.

esse [ɛs] *f* ⊕ S-hook; S-shaped link *or* hook *etc.*; ♪ *violin*: sound-hole.
essence [e'sɑ̃:s] *f* essence; *trees*: species; 🜲, ⚘, *etc.* oil; petrol, *Am.* gasoline; extract (*of beef etc.*); *fig.* pith; *poste m d'*~ filling-station, *Am.* service station; **essentiel, -elle** [esɑ̃'sjɛl] **1.** *adj.* essential; **2.** *su./m* main thing.
essieu [e'sjø] *m* axle.
essor [e'sɔ:r] *m* flight, soaring; *fig.* scope; *fig.* progress; **essorrer** [esɔ're] (1a) *v/t.* dry; wring (*linen*); ~ *à la machine* spin-dry (*linen*); **essoreuse** [~'rø:z] *f* ⊕ drainer; *laundry*: wringer, mangle.
essouflé, e [esu'fle] out of breath; breathless; **essoufler** [~] (1a) *v/t.* wind, make (*s.o.*) breathless; *s'*~ get out of breath; *fig.* exhaust o.s.
essuie...: ~**-glace** *mot.* [esɥi'glas] *m* windscreen wiper, *Am.* windshield wiper; ~**-mains** [~'mɛ̃] *m/inv.* (hand-)towel; ~**-pieds** [~'pje] *m/inv.* door-mat; ~**-verres** [~'vɛr] *m/inv.* glass cloth.
essuyer [esɥi'je] (1h) *v/t.* wipe; dry; mop up; dust; *fig.* suffer (*defeat etc.*); *fig.* meet with (*a refusal*); F ~ *les plâtres* be the first occupant of a new house; *fig.* be first to do the disagreeable job.
est[1] [ɛst] **1.** *su./m* east; *de l'*~ east(-ern); *d'*~ easterly (*wind*); *l'*♀ the east (*of a country*); *vers l'*~ eastward(s), to the east; **2.** *adj./inv.* east(ern); easterly (*wind*).
est[2] [ɛ] *3rd p. sg. pres. of* être *1.*
estacade [ɛsta'kad] *f* ⚔ stockade; ⚓ breakwater; pier; ⛟ coalpit.
estafette [ɛsta'fɛt] *f* courier; ⚔ dispatch-rider.
estafilade [ɛstafi'lad] *f* gash; slash.
estagnon [ɛsta'ɲɔ̃] *m* oil-can; (oil-) drum.
estaminet † [ɛstami'nɛ] *m* tavern; pub; bar.
estampe [ɛs'tɑ̃:p] *f* print, engraving; ⊕ stamp, punch, die; **estamper** [ɛstɑ̃'pe] (1a) *v/t.* stamp, emboss; ⊕ punch; *fig.* fleece (*s.o.*), swindle (*s.o.*); **estampille** [~'pi:j] *f* stamp; brand; ✝ trade-mark; **estampiller** [~pi'je] (1a) *v/t.* stamp; brand; ✝ mark (*goods*).
esthète [ɛs'tɛt] *su.* (a)esthete; **esthéticien** *m*, **-enne** *f* [ɛsteti'sjɛ̃, ~'sjɛn] (a)esthetician; beautician; **esthétique** [~'tik] **1.** *adj.* (a)esthetic; **2.** *su./f* (a)esthetics *pl.*
estimable [ɛsti'mabl] estimable; quite good; assessable; **estimateur** [ɛstima'tœ:r] *m* estimator; ✝ valuer, appraiser; **estimatif, -ve** [~'tif, ~'ti:v] estimated (*cost etc.*); estimative (*faculty*); *devis m* ~ estimate; **estimation** [~'sjɔ̃] *f* estimation; valuation; assessment, appraisal; **estime** [ɛs'tim] *f* esteem, respect; *à l'*~ by guesswork; *tenir q. en haute* (*petite*) ~ hold s.o. in high (low) esteem; **estimer** [~ti'me] (1a) *v/t.* estimate; value, appraise, assess; *fig.* (hold in) esteem; consider, think.
estival, e, *m/pl.* **-aux** [ɛsti'val, ~'vo] summer...; ⚘ *etc.* estival; **estivant** *m*, **e** *f* [~'vɑ̃, ~'vɑ̃:t] summer visitor; **estivation** ⚘, *zo.* [~va'sjɔ̃] *f* estivation.
estoc [ɛs'tɔk] *m coup m d'*~ *fencing*: thrust; *frapper d'*~ *et de taille* cut and thrust; **estocade** [ɛstɔ'kad] *f* † *fencing*: thrust; *fig.* sudden onset; *a. fig.* death-blow, finishing blow.
estomac [ɛstɔ'ma] *m* stomach; ~ *dérangé* upset stomach; *avoir l'*~ *dans les talons* be faint with hunger; *mal m d'*~ stomach-ache; **estomaquer** F [~ma'ke] (1m) *v/t.* take (*s.o.'s*) breath away, stagger (*s.o.*).
estompe [ɛs'tɔ̃:p] *f* stump; stump drawing; **estomper** [~tɔ̃'pe] (1a) *v/t.* stump, shade off; *fig.* blur; *fig.* tone down (*crudities*); *fig.* *s'*~ grow blurred; loom up.
estrade [ɛs'trad] *f* platform, stage.
estragon ⚘, *cuis.* [ɛstra'gɔ̃] *m* tarragon.
estrapade ⚖ † [ɛstra'pad] *f* strappado.
estropié, e [ɛstrɔ'pje] **1.** *adj.* crippled; ⚔ disabled; lame; **2.** *su.* cripple; **estropier** [~] (1o) *v/t.* cripple, lame, maim; ⚔ disable; *fig.* mangle (*a quotation, a word*), murder (*music, a language*).
estuaire [ɛs'tɥɛ:r] *m* estuary, *Sc.* firth.
estudiantin, e [ɛstydjɑ̃'tɛ̃, ~'tin] student...
esturgeon *icht.* [ɛstyr'ʒɔ̃] *m* sturgeon.
et [e] and; et ... et both ... and.
étable [e'tabl] *f* cattle-shed, cowshed; pigsty (*a. fig.*); **établer** [eta'ble] (1a) *v/t.* stall (*cattle*); stable (*horses*).

établi[1] [eta'bli] *m* work-bench.
établi[2], **e** [eta'bli] established (*fact*); determined (*limit*); **établir** [~'bli:r] (2a) *v/t*. establish (*a*. ⚖); set up (*a business, a statue, sp. a record*); construct, erect; ascertain (*facts*); prove (*a charge*); draw up (*an account, a budget, a plan*); institute (*a rule, a tax, a post*); ⚡ ~ *le contact* make contact; s'~ become established; establish (o.s.); settle (*in a place*); **établissement** [~blis'mã] *m* establishment; institution; settlement; ⚚ concern, business, firm; ⊕ factory, plant; ⚚ *accounts*: drawing up; ⚚ *balance*: striking.
étage [e'ta:ʒ] *m* stor(e)y, floor; *fig*. degree, rank; ⊕, *geol*. stage (*a. of rocket*); *geol*. stratum, layer; ⚒ level; *fig*. *de bas* ~ of the lower classes (*people*); low; *deuxième* ~ second floor, *Am*. third floor; **étager** [eta'ʒe] (1l) *v/t*. range in tiers; terrace (*the ground*); perform (*an operation*) in stages; **étagère** [~'ʒɛ:r] *f* whatnot; shelves *pl*.; shelf.
étai [e'tɛ] *m* ⚠ stay (*a*. ⚓), prop (*a. fig*.), strut; ⚒ pit-prop; **étaiement** ⚠, ⊕ [etɛ'mã] *m see étayage*.
étain [e'tɛ̃] *m* tin; pewter; *papier m d'*~ tinfoil; ~ *de soudure* plumber's solder.
étal, *pl*. *a*. **étals** [e'tal] *m market*: stall; **étalage** [eta'la:ʒ] *m* ⚚ display, show (*a. fig*.); shop window; *fig. a*. parade; **étalagiste** ⚚ [~la'ʒist] window dresser; **étalement** [etal'mã] *m* displaying; spreading(-out); *holidays etc*.: staggering; **étaler** [eta'le] (1a) *v/t*. ⚚ display (*a. fig*.), expose for sale; *fig*. show, disclose; stagger (*holidays*); spread (out); s'~ sprawl; spread *or* stretch out.
étalon[1] [eta'lɔ̃] *m* stallion.
étalon[2] [eta'lɔ̃] *m* standard; ~-*or* gold standard; *poids-*~ troy weight; **étalonnage** [~lɔ'na:ʒ] *m* standardization; *tubes etc*.: calibration; ga(u)ging; *radio*: logging; *phot*. grading; **étalonner** [~lɔ'ne] (1a) *v/t*. standardize; calibrate; ga(u)ge; *radio*: log (*stations*); *phot*. grade; stamp (*weights*).
étamer ⊕ [eta'me] (1a) *v/t*. tin; galvanize; silver (*a mirror*); **étameur** [~'mœ:r] *m* tinsmith; *mirrors*: silverer.
étamine[1] [eta'min] *f* butter-muslin; bolting-cloth; *passer qch. par l'*~ sift s.th. (*a. fig*.).
étamine[2] ⚘ [~] *f* stamen.
étampe ⊕ [e'tã:p] *f* stamp, die; punch; swage.
étanche [e'tã:ʃ] (*water-, air*)tight; impervious; ⚡ insulated; ~ *à l'eau* watertight; **étanchéité** [etãʃei'te] *f* watertightness; airtightness; ⚡ *d'*~ insulating; **étancher** [~'ʃe] (1a) *v/t*. sta(u)nch (*blood*); stem (*a liquid*); quench (*one's thirst*); stop (*a leak*); make watertight *or* airtight.
étang [e'tã] *m* pond, pool; ~ *à poissons* fish pond.
étant [e'tã] *p. pr. of être 1*.
étape [e'tap] *f* ⚔, *a. fig*. stage; halting-place; *fig*. step (towards, *vers*); *par petites* ~*s* by easy stages; *faire* ~ stop off, stop over.
état [e'ta] *m* state (*a. pol., a. fig*.), condition; *fig*. position; ⚖ status; profession, trade; *hist*. ~*s pl. the* estates; ~ *civil* civil status; *bureau m de l'*~ *civil* register office; ⚖ *en* ~ *de légitime défense* able to plead self-defence; ~ *d'esprit* frame of mind; *en tout* ~ *de cause* in any case; ~ *transitoire* transition stage; *réduit à l'*~ *de* reduced to; *coup m d'*Ꝏ coup d'état; F *dans tous ses* ~*s* all of a dither; *en* ~ *de vol* in flying condition (*airplane*); *être en* ~ *de* (*inf*.) be in a position to (*inf*.); *faire* ~ *de* put forward; *homme m d'*Ꝏ statesman; *hors d'*~ useless; *remettre en* ~ put in order; **étatique** *pol*. [eta'tik] state ...; (of) state control; **étatisation** [etatiza'sjɔ̃] *f* nationalisation (*of industries*); **étatisme** [~'tism] *m* state control; **état-major**, *pl*. **états-majors** [~ma'ʒɔ:r] *m* ⚔ (general) staff; headquarters *pl*.; *fig*. management.
étau ⊕ [e'to] *m* vice, *Am*. vise; ~ *à main* hand-vice; ~-*limeur* shaping-machine.
étayage ⚠, ⊕ [etɛ'ja:ʒ] *m* shoring, staying, propping (up); buttressing; **étayer** [~'je] (1i) *v/t*. prop (up), shore, stay; support (*a. fig*.).
été[1] [e'te] *p.p. of être 1*.
été[2] [~] *m* summer; F ~ *de la Saint-Martin* Indian summer.
éteignoir [etɛ'ɲwa:r] *m candle*: extinguisher; **éteindre** [e'tɛ̃:dr] (4m) *v/t*. extinguish (*the light, a race, etc*.); put out; ⚡ switch off (*the light*); quench (*one's thirst, a*. ⊕ *red-hot*

iron); pay off (*a debt*); abolish (*a right*); *fig.* put an end to (*s.o.'s ambition, hope*); *fig.* soften, dim (*the colour, the light*); deaden (*a sound*); allay (*passions*); slake (*lime*); s'~ die out; go out (*light etc.*); fade, grow dim; die down (*passions*); die, pass away (*person*).

étendage [etɑ̃'da:ʒ] *m* clothes lines *pl.*; drying-yard; **étendard** [~'da:r] *m* standard, flag; **étendoir** [~'dwa:r] *m* clothes line; **étendre** [e'tɑ̃:dr] (4a) *v/t.* extend; stretch; spread (out); lay (*a tablecloth*); expand (*the wings*); dilute (with, *de*); lay (*s.o.*) down; hang (*linen*) out; *cuis.* roll out (*pastry*); *fig.* widen, enlarge; s'~ spread; stretch (out), extend; stretch out, lie down; **étendu, e** [etɑ̃'dy] **1.** *adj.* extensive; outspread (*wings*); outstretched (*hands*); widespread (*influence*); **2.** *su./f* extent; expanse; *voice, knowledge*: range; capacity; *speech etc.*: length.

éternel, -elle [etɛr'nɛl] eternal; everlasting, unending; **éterniser** [etɛrni'ze] (1a) *v/t.* perpetuate; eternalize; s'~ last for ever; **éternité** [~'te] *f* eternity; *fig.* ages *pl.*

éternuer [etɛr'nɥe] (1n) *v/i.* sneeze.

êtes [ɛt] *2nd p. pl. pres. of* être *1*.

éteule ⚘ [e'tœl] *f* stubble.

éther [e'tɛ:r] *m* ether; **éthéré, e** [ete're] etherial (*a.* ⚗); **éthériser** ⚕ [~ri'ze] (1a) *v/t.* etherize.

éthique [e'tik] **1.** *adj.* ethical; **2.** *su./f* ethics *pl.*; moral philosophy.

ethnique [ɛt'nik] ethnic(al).

ethno... [ɛtnɔ] ethno...

éthylène ⚗ [eti'lɛ:n] *m* ethylene.

étiage [e'tja:ʒ] *m* low water mark; *fig.* level.

étinceler [etɛ̃s'le] (1c) *v/i.* sparkle (*a. fig. conversation*); gleam (*anger*); twinkle (*star*); **étincelle** [etɛ̃'sɛl] *f* spark; *mot.* ~ *d'allumage* ignition spark; **étincellement** [~sɛl'mɑ̃] *m* sparkling; twinkling (*of the stars*).

étioler [etjɔ'le] (1a) *v/t.*: s'~ droop, wilt (*plant*); waste away.

étique [e'tik] emaciated.

étiqueter [etik'te] (1c) *v/t.* label; **étiquette** [eti'kɛt] *f* label, ticket, tag; etiquette, ceremony.

étirer [eti're] (1a) *v/t.* stretch; pull out, draw out; ⊕ draw (*metals*).

étoffe [e'tɔf] *f* material, cloth; *fig.* stuff; *avoir l'~ de* have the makings of; **étoffé, e** [etɔ'fe] plump (*person*); meaty (*style etc.*); rich (*voice*); **étoffer** [~] (1a) *v/t.* stuff; *fig.* fill out; *cost.* give fulness to; *fig.* s'~ fill out (*person*).

étoile [e'twal] *f* star (*a. film*); *typ.* asterisk; blaze (*on horse*); ~ *du berger* evening star; *zo.* ~ *de mer* starfish; ~ *filante* shooting *or* falling star; *à la belle* ~ out of doors, in the open; **étoiler** [etwa'le] (1a) *v/t.* stud with stars; star (*glass etc.*); s'~ star (*glass etc.*); glow with stars (*sky*).

étole *cost., eccl.* [e'tɔl] *f* stole.

étonnant, e [etɔ'nɑ̃, ~'nɑ̃:t] astonishing, surprising; **étonnement** [etɔn'mɑ̃] *m* astonishment, surprise, amazement; **étonner** [etɔ'ne] (1a) *v/t.* astonish, amaze; s'~ be surprised (at s.th., *de qch*; at *ger.*, *de inf.*).

étouffant, e *fig.* [etu'fɑ̃, ~'fɑ̃:t] stifling; **étouffée** *cuis.* [~'fe] *f*: *cuire à l'~* braise; **étouffement** [etuf'mɑ̃] *m* stifling; suffocation; *scandal*: hushing up; choking sensation; **étouffer** [etu'fe] (1a) *vt/i. a.* s'~ suffocate, choke; stifle; *v/t. a.* damp (*a sound*); ⚡ quench (*a spark*); hush up (*an affair*); **étouffoir** [~'fwa:r] *m* charcoal extinguisher; ♪ damper; *fig.* stuffy room.

étoupe [e'tup] *f* tow; oakum; ⊕ packing; **étouper** [etu'pe] (1a) *v/t.* stop; ⊕ pack; ⚓ caulk; **étoupille** [~'pi:j] *f* ⚔ friction-tube; ⚒ fuse.

étourderie [eturdə'ri] *f* inadvertence; blunder, careless mistake; oversight; **étourdi, e** [~'di] **1.** *adj.* thoughtless, scatter-brained; foolish (*reply etc.*); **2.** *su.* scatter-brain; **étourdir** [~'di:r] (2a) *v/t.* stun, daze; make dizzy; soothe (*a pain etc.*); appease (*one's hunger*); **étourdissement** [~dis'mɑ̃] *m* dizziness, giddiness; dizzy spell; *mind*: dazing; *pain etc.*: deadening; *fig.* shock, bewilderment.

étourneau [etur'no] *m orn.* starling; F feather-brain.

étrange [e'trɑ̃:ʒ] strange, odd, peculiar; **étranger, -ère** [etrɑ̃'ʒe, ~'ʒɛ:r] **1.** *adj. pol.* foreign (*a. fig.*); *pej.* alien; strange, unknown; irrelevant (to, *à*); ~ *à* unacquainted with (*an affair*); a stranger in (*a place*); **2.** *su.* foreigner; stranger; *su./m* foreign parts *pl.*; *à l'~* abroad;

étrangeté [etrɑ̃ʒ'te] *f* strangeness, oddness.

étranglement [etrɑ̃glə'mɑ̃] *m* strangulation; *pipe, tube*: neck; *fig.* narrow passage; *fig. goulet m* (*or goulot m*) *d'*~ bottleneck; **étrangler** [~'gle] (1a) *v/t.* strangle, choke, throttle (*a.* ⊕), stifle; ⚕ strangulate; *fig.* constrict; ⊕ throttle down (*the engine*); *v/i.*: ~ *de colère* choke with rage; ~ *de soif* be parched.

étrave ⚓ [e'tra:v] *f* stem(-post).

être [ɛ:tr] **1.** (1) *v/i.* be, exist; belong (to, *à*); lie, stand; F go; *passive voice*: be (*seen*); ~ *malade* be *or* feel sick; *si cela est* if so; *ça y est* it is done; *c'est ça* that's it; *c'est moi* it is me; *c'en est assez!* enough (of it)!; *lequel sommes-nous?* what is the date today?; *à qui est cela?* whose is it?; *c'est à lui de* (*inf.*) it is his turn to (*inf.*); it rests with him to (*inf.*); ~ *de* come *or* be from (*a town*); ~ *assis* sit; ~ *debout* stand; *j'ai été voir ce film* I have seen this film; *elle s'est blessée* she has hurt herself; *elle s'est blessé le doigt* she has hurt her finger; *en* ~ *à* (*inf.*) be reduced to (*ger.*); *en êtes-vous?* will you join us?; *où en sommes-nous?* how far have we got?; *quoi qu'il en soit* however that may be; *en* ~ *pour* have spent (*s.th.*) to no purpose; *vous y êtes?* do you follow *or* F get it?; *il est* it is (*2 o'clock*); *il était une fois* once upon a time there was; *est-ce qu'il travaille?* does he work?, is he working?; *elle est venue, n'est-ce pas?* she has come, hasn't she?; *n'était* but for; **2.** *su./m* being, creature; existence.

étreindre [e'trɛ̃:dr] (4m) *v/t.* clasp; grasp; embrace, hug; *fig.* grip; **étreinte** [e'trɛ̃:t] *f* embrace; grasp; grip.

étrenne [e'trɛn] *f*: ~*s pl.* New Year's gift *sg.*; Christmas box *sg.*; *avoir l'*~ *de* = **étrenner** [etrɛ'ne] (1a) *v/t.* wear (*a garment*) *or* use (*s.th.*) for the first time.

êtres [ɛ:tr] *m/pl.*: *les* ~ *d'une maison* the ins and outs of a house.

étrier [etri'e] *m* stirrup (*a. anat.*); *fig. mettre le pied à l'*~ *à q.* help s.o.

étrille [e'tri:j] *f* curry-comb; **étriller** [etri'je] (1a) *v/t.* curry (*a horse*); F † thrash, trounce.

étriper [etri'pe] (1a) *v/t.* disembowel (*a horse*); draw (*a chicken*); gut (*a fish*).

étriquer [etri'ke] (1m) *v/t.* make too narrow *or* tight; *fig.* curtail (*a speech*); *habit m étriqué* skimped coat.

étroit, e [e'trwa, ~'trwat] narrow (*a. fig. mind*); tight; confined; limited; *fig.* strict (*sense of a word*); *à l'*~ cramped for room; (*live*) economically; **étroitesse** [etrwa'tɛs] *f* narrowness; tightness; ~ *d'esprit* narrow-mindedness.

étron [e'trɔ̃] *m* turd.

étude [e'tyd] *f* study (*a.* ♪); office; (*barrister's*) chambers *pl.*; prep-room; research; preparation; (*lawyer's*) practice; ✝ ~ *du marché* (*de motivation*) marketing (motivation) research; *à l'*~ under consideration; *thea.* under rehearsal; *faire ses* ~*s* study; **étudiant** *m*, **e** *f* [ety'djɑ̃, ~'djɑ̃:t] student; undergraduate; **étudier** [~'dje] (1o) *v/t.* study; prepare (*a lesson*); examine, go into, investigate; design; † *s'*~ *à* (*inf.*) make a point of (*ger.*); be very careful to (*inf.*).

étui [e'tɥi] *m* case, cover; *book, hat*: box; ⚔ ~ *de cartouche* cartridge case.

étuve [e'ty:v] *f* ⚗, ⊕, *baths*: sweating-room; sterilizer; drying cupboard; F oven; **étuvée** *cuis.* [ety've] *f*: *cuire à l'*~ steam; **étuver** [~] (1a) *v/t. cuis.* stew (*meat*); steam (*vegetables*); ⊕ dry; sterilize.

étymologie [etimɔlɔ'ʒi] *f* etymology.

eu, e [y] *p.p. of avoir 1.*

eucalyptus ⚘, *a.* ⚕ [økalip'tys] *m* eucalyptus.

eucharistie *eccl.* [økaris'ti] *f* Eucharist; Lord's Supper.

eunuque [ø'nyk] *m* eunuch.

euphémique [øfe'mik] euphemistic; **euphémisme** [~'mism] *m* euphemism.

euphonie [øfɔ'ni] *f* euphony.

euphorie [øfɔ'ri] *f* euphoria; **euphorique** [~'rik] euphoric; **euphorisant, e** [~ri'zɑ̃, ~'zɑ̃:t] *adj., a. su.* euphoriant; **euphoriser** [~ri'ze] (1a) *v/t.* put into a euphoric mood.

européen, -enne [ørɔpe'ɛ̃, ~'ɛn] *adj., a. su.* ♀ European.

eus [y] *1st p. sg. p.s. of avoir 1.*

euthanasie [øtana'zi] *f* euthanasia, F mercy-killing.

eux [ø] *pron./pers. m/pl. subject*: they; *object*: them; *à* ~ to them; theirs; ce *sont* ~, F c'est ~ it is they, F it's them; **~-mêmes** [~'mɛːm] *pron./rfl.* themselves.
évacuation [evakɥa'sjɔ̃] *f* evacuation (*a.* ⚕, ⚔); *water*: drainage; **évacué** *m*, **e** *f* [eva'kɥe] evacuee; **évacuer** [~] (1n) *v/t.* ⚔, ⚕ evacuate; ⊕ exhaust (*steam*); drain (*water*).
évadé, e [eva'de] *adj.*, *a. su.* fugitive; **évader** [~] (1a) *v/t.*: s'~ escape, run away.
évaluation [evalɥa'sjɔ̃] *f* valuation; estimate; assessment; **évaluer** [~'lɥe] (1n) *v/t.* value; estimate; assess.
évangélique [evɑ̃ʒe'lik] evangelical; **Évangile** [~'ʒil] *m* Gospel.
évanouir [eva'nwiːr] (2a) *v/t.*: *s'*~ ⚕ faint, swoon; *fig.* vanish, fade away; *radio*: fade; **évanouissement** [~nwis'mɑ̃] *m* ⚕ faint, swoon; *fig.* disappearance; *radio*: fading; ⚕ *revenir de son* ~ come to.
évaporation [evapɔra'sjɔ̃] *f* evaporation; **évaporé, e** [~'re] **1.** *adj.* scatterbrained; flighty; irresponsible; **2.** *su.* flighty person; **évaporer** [~'re] (1a) *v/t.*: s'~ evaporate.
évasé, e [eva'ze] bell-mouthed; flared (*skirt*); ⚠ splayed; **évaser** [~'ze] (1a) *v/t.* widen the opening of; open out; flare (*a skirt*); ⚠ splay; s'~ widen at the mouth; flare (*skirt*); **évasif, -ve** [~'zif, ~'ziːv] evasive; **évasion** [~'zjɔ̃] *f* escape, flight; evasion, quibble; *literature*: escapism; ~ *de prison* jailbreak; *d'*~ escapist (*novel etc.*); ✝ ~ *des capitaux* exodus of capital.
évêché [evɛ'ʃe] *m* bishopric, see; diocese; bishop's palace.
éveil [e'vɛːj] *m* awakening; alertness; *fig.* dawn; *en* ~ on the alert; **éveillé, e** [evɛ'je] awake; wide-awake; alert, bright; **éveiller** [~] (1a) *v/t.* awaken; *fig.* arouse; **s'**~ wake up; *fig.* awaken.
événement [evɛn'mɑ̃] *m* event; occurrence; incident; emergency.
évent [e'vɑ̃] *m* open air; ⊕ vent (-hole); *zo. whale*: blowhole; *beverage*: flatness; *sentir l'*~ smell musty; F *tête f à l'*~ feather-brain.
éventail [evɑ̃'taːj] *m* fan; *fig. salaries*: range; *en* ~ fan-wise.
éventaire [evɑ̃'tɛːr] *m* (hawker's) tray; street stall.
éventé, e [evɑ̃'te] stale, musty; flat (*beer etc.*); *fig.* hare-brained; divulged (*secret*); **éventer** [~] (1a) *v/t.* air; fan; *hunt.* scent, *fig.* get wind of; *fig.* divulge; let (*beer etc.*) grow flat; F *fig.* ~ *la mèche* uncover a plot; s'~ go flat *or* stale; spoil.
éventrer [evɑ̃'tre] (1a) *v/t.* disembowel; *fig.* break *or* rip open; gut (*a fish*); *mot.* rip (*a tyre*).
éventualité [evɑ̃tɥali'te] *f* possibility, contingency; **éventuel, -elle** [~'tɥɛl] possible, contingent; eventual.
évêque [e'vɛːk] *m* bishop.
évertuer [evɛr'tɥe] (1n) *v/t.*: **s'**~ strive, do one's utmost (to *inf.*, *à inf.*).
évidemment [evida'mɑ̃] *adv.* of course, certainly; obviously; **évidence** [~'dɑ̃ːs] *f* obviousness, evidence; obvious fact; *à l'*~, *de toute* ~ (quite) obviously; *en* ~ in a prominent *or* conspicuous position; *se mettre en* ~ push o.s. forward; **évident, e** [~'dɑ̃, ~'dɑ̃ːt] evident, obvious.
évider [evi'de] (1a) *v/t.* hollow out; groove; pink (*cloth*, *leather*); cut away.
évier [e'vje] *m scullery*: sink.
évincer [evɛ̃'se] (1k) *v/t.* ⚖ evict, eject, dispossess; *fig.* oust (*s.o.*), supplant (*s.o.*).
évitable [evi'tabl] avoidable; **évitement** [evit'mɑ̃] *m* avoidance, shunning; *route f d'*~ bypass (road); *voie f d'*~ siding; **éviter** [evi'te] (1a) *v/t.* avoid; *fig.* spare (*trouble*); *v/i.*: ~ *de* (*inf.*) avoid (*ger.*).
évocateur, -trice [evɔka'tœːr, ~'tris] evocative (of, *de*); **évocation** [~'sjɔ̃] *f* evocation (⚖, *a. spirits*, *a. past*); *past*, *spirits*: conjuring up.
évoluer [evɔ'lɥe] (1n) *v/i.* develop, evolve; ⚔, ⚓ manœuvre; move; **évolution** [~ly'sjɔ̃] *f* ⚔, ⚓ manœuvre; *biol. etc.* evolution; *fig.* development.
évoquer [evɔ'ke] (1m) *v/t.* evoke (*a.* ⚖), bring to mind; conjure up (*a. spirits*).
ex... [ɛks] former; ex-...; late; ~-*ministre* former minister.
exact, e [ɛg'zakt] exact (*a. science*);

correct, right; true; punctual (*time*).
exacteur [ɛgzak'tœ:r] *m* exactor; extortioner; **exaction** [~'sjɔ̃] *f* extortion; *tax*: exaction.
exactitude [ɛgzakti'tyd] *f* exactitude, exactness; accuracy; *time*: punctuality.
exagération [ɛgzaʒera'sjɔ̃] *f* exaggeration; overstatement; **exagérer** [~ʒe're] (1f) *v/t.* exaggerate; overstate; overestimate; *v/i. fig.* go too far.
exaltation [ɛgzalta'sjɔ̃] *f eccl., a. emotion*: exaltation; excitement; over-excitement; **exalté, e** [~'te] **1.** *adj.* heated; excited; overstrung (*person*); **2.** *su.* hot-head; fanatic; **exalter** [~'te] (1a) *v/t.* exalt, praise; excite, rouse (*emotions*); s'~ grow excited; enthuse.
examen [ɛgza'mɛ̃] *m* examination; ⊕ test; ⊕ *machine*: overhaul; survey; investigation; ⚕ *accounts*: inspection; *à l'~* under consideration (*question*); *~ d'entrée* entrance examination; *~ de passage* end-of-year examination; *mot. ~ pour le permis de conduire* driving test; **examinateur** *m*, **-trice** *f* [~mina'tœ:r, ~'tris] examiner; ⊕ inspector; **examiner** [~mi'ne] (1a) *v/t.* examine (*a.* ⚕); scrutinize; look into, investigate; ⊕ overhaul (*a machine*); *fig.* scan; ⚕ inspect (*accounts*).
exaspération [ɛgzaspera'sjɔ̃] *f disease, pain, a.* F *fig.*: aggravation; *fig.* exasperation, irritation; **exaspérer** [~'re] (1f) *v/t.* exasperate, irritate, aggravate.
exaucer [ɛgzo'se] (1k) *v/t.* grant, fulfill (*a wish*); hear (*a prayer*).
excavateur *m*, **-trice** *f* ⊕ [ɛkskava'tœ:r, ~'tris] excavator, grub; **excavation** [~'sjɔ̃] *f* excavation; hole.
excédant, e [ɛkse'dɑ̃, ~'dɑ̃:t] surplus; excess (*luggage*); F tiresome (*person*); **excédent** [~'dɑ̃] *m* excess, surplus; *~ de poids* excess weight; **excéder** [~'de] (1f) *v/t.* exceed; *fig.* tire, weary (*s.o.*); irritate.
excellence [ɛksɛ'lɑ̃:s] *f* excellence; ♀ *title*: Excellency; *par ~* particularly; pre-eminently; **excellent, e** [~'lɑ̃, ~'lɑ̃:t] excellent, F first-rate, capital; delicious (*meal etc.*); **exceller** [~'le] (1a) *v/i.* excel (in, *en*; in *ger.*, *à inf.*).
excentrer ⊕ [ɛksɑ̃'tre] (2a) *v/t.* throw off centre; **excentrique** [~'trik] **1.** *adj.* ⊕ eccentric (*a. person*); *fig.* odd (*person*); remote (*quarter of a town*); **2.** *su./m* ⊕ eccentric; cam; *lathe*: eccentric chuck; *su.* eccentric, crank.
excepté [ɛksɛp'te] *prp.* except(ing), save; **excepter** [~'te] (1a) *v/t.* except, exclude (from, *de*); **exception** [~'sjɔ̃] *f* exception (*a.* ⚖); *~ faite de, à l'~ de* with the exception of; *pol. état m d'~* state of emergency; *sauf ~* with certain exceptions; **exceptionnel, -elle** [~sjɔ'nɛl] exceptional, uncommon; ⚕ *prix m ~* bargain.
excès [ɛk'sɛ] *m* excess; *powers, mot. speed limit*: exceeding; *à l'~, avec ~* excessively, to excess; **excessif, -ve** [~sɛ'sif, ~'si:v] excessive, extreme; unreasonable; exorbitant (*price*).
exciser ⚕ [ɛksi'ze] (1a) *v/t.* excise.
excitable [ɛksi'tabl] excitable; **excitant** [~'tɑ̃] **1.** *su./m* stimulant; **2.** *adj.* exciting; **exciter** [~'te] (1a) *v/t.* excite (*a. fig.*); arouse (*emotions*); incite (*s.o., a rebellion, etc.*); cause; s'~ get excited; get worked up.
exclamation [ɛksklama'sjɔ̃] *f* exclamation; *point m d'~* exclamation mark; **exclamer** [~'me] (1a) *v/t.*: s'~ exclaim; protest; make an outcry.
exclure [ɛks'kly:r] (4g) *v/t.* exclude (from, *de*); *fig.* preclude, prevent; s'~ *mutuellement* be mutually exclusive; **exclusif, -ve** [ɛkskly'zif, ~'zi:v] exclusive; sole (*agent, right*); **exclusion** [~'zjɔ̃] *f* exclusion; *pupil*: expulsion; *à l'~ de* excluding; **exclusivité** [~zivi'te] *f* exclusiveness; sole right (in, *de*); ... *en ~* exclusive ...
excommunier *eccl.* [ɛkskɔmy'nje] (1o) *v/t.* excommunicate.
excorier [ɛkskɔ'rje] (1o) *v/t. a.* s'~ excoriate; peel off.
excrément [ɛkskre'mɑ̃] *m physiol.* excrement; *fig.* scum; **excréter** *physiol.* [~'te] (1f) *v/t.* excrete.
excroissance [ɛkskrwa'sɑ̃:s] *f* excrescence.
excursion [ɛkskyr'sjɔ̃] *f* excursion, tour, trip; hike; **excursionniste** [~sjɔ'nist] *su.* tourist, tripper; hiker.
excuse [ɛks'ky:z] *f* excuse; *~s pl.* apology *sg.*, apologies; **excuser** [~ky'ze] (1a) *v/t.* excuse; s'~ apol-

ogize (for, *de*); excuse o.s.; † decline an invitation.
exécrable [ɛgze'krabl] abominable; horrible; disgraceful; **exécration** [~kra'sjɔ̃] *f* detestation, execration; *fig.* disgrace; **exécrer** [~'kre] (1f) *v/t.* loathe, detest.
exécutant *m*, **e** *f* ♪ [ɛgzeky'tɑ̃, ~'tɑ̃:t] performer; executant; **exécuter** [~'te] (1a) *v/t.* execute (*a.* ✝, *a.* ⚖ *a murderer, etc.*), perform (*a.* ♪), carry out (*a. a plan, an order, etc.*); ⚖ distrain on (*a debtor*); ✝ hammer (*a defaulter*); *fig.* slash (*s.o.*); s'~ comply; yield; *fig.* pay up; **exécuteur -trice** [~'tœ:r, ~'tris] *su. promise etc.*: performer; ⚖ ~ *testamentaire* executor; *su./m* † executioner; **exécutif, -ve** [~'tif, ~'ti:v] *adj.*, *a. su./m* executive; **exécution** [~'sjɔ̃] *f* execution (*a.* ✝, *a.* ⚖ *of a murderer*), performance (*a.* ♪); *promise*: fulfilment; ~ *forcée* ⚖ *debtor*: distraint; ✝ *defaulter*: hammering; ⚖ *law*: enforcement; *mettre à* ~ carry out.
exemplaire [ɛgzɑ̃'plɛ:r] **1.** *adj.* exemplary; **2.** *su./m* sample, specimen; model, pattern; *book*: copy; *en double* ~ in duplicate; **exemple** [~'zɑ̃:pl] *m* example; *par* ~ for instance; *par* ~! well I never!; *ah ça par* ~! well really!; *ah non, par* ~! no indeed!
exempt, e [ɛg'zɑ̃, ~'zɑ̃:t] *adj.* exempt (from, *de*); free; immune; ✝ ~ *de défauts* perfect; ~ *d'impôts* taxfree.
exempter [ɛgzɑ̃'te] (1a) *v/t.* exempt; exonerate; **exemption** [~'sjɔ̃] *f* exemption; *fig.* freedom.
exercer [ɛgzɛr'se] (1k) *v/t.* exercise; ⚔ *etc.* train, drill; use, exert (*one's influence, one's power*); practise (*a profession, a trade*); s'~ practise (s.th., *à qch.*); drill; be exerted; *fig.* operate; **exercice** [~'sis] *m* exercise; ⚔ drill, training; *influence, power*: use; practice; ✝ ~ *fiscal* financial year; (*month's, year's*) trading; *sp.* ~*s pl. aux agrès* apparatus work; *sp.* ~*s pl. libres* light gymnastics *sg.*
exhalaison [ɛgzalɛ'zɔ̃] *f* exhalation; ~*s pl.* fumes; **exhalation** [~la'sjɔ̃] *f* exhaling, exhalation; **exhaler** [~'le] (1a) *v/t.* exhale, give out, emit; *fig.* express, utter; *fig.* give vent to (*one's anger*); *fig.* breathe (*a sigh*).
exhausser [ɛgzo'se] (1a) *v/t.* raise (by, *de*), heighten.
exhausteur *mot.* [ɛgzos'tœ:r] *m* suction-pipe; vacuum-feed tank.
exhérédation ⚖ [ɛgzereda'sjɔ̃] *f* disinheritance; **exhéréder** ⚖ [~'de] (1f) *v/t.* disinherit.
exhiber [ɛgzi'be] (1a) *v/t.* ⚖ produce; show (*animals, the ticket, etc.*); *pej.* flaunt, show off; *pej.* s'~ make an exhibition of o.s.; **exhibition** [~bi'sjɔ̃] *f* ⚖ production; showing, display, exhibition; (*cattle-etc.*) show.
exhorter [ɛgzɔr'te] (1a) *v/t.* exhort, urge, encourage.
exhumer [ɛgzy'me] (1a) *v/t.* exhume, disinter; *fig.* unearth, bring to light.
exigeant, e [ɛgzi'ʒɑ̃, ~'ʒɑ̃:t] exacting, hard to please; **exigence** [~'ʒɑ̃:s] *f* demand; requirement; *fig.* exactingness; ✝ ~*s pl.* conditions; **exiger** [~'ʒe] (1l) *v/t.* demand; require; **exigible** [~'ʒibl] due (*payment*).
exigu, -guë [ɛgzi'gy] exiguous; scanty; slender (*income, means*); **exiguïté** [~gɥi'te] *f* tininess, smallness; slenderness.
exil [ɛg'zil] *m* exile, banishment; **exilé** *m*, **e** *f* [ɛgzi'le] exile; **exiler** [~] (1a) *v/t.* exile, banish.
existence [ɛgzis'tɑ̃:s] *f* existence; life; ✝ ~*s pl* stock *sg.*; *moyens m/pl. d'*~ means of subsistence; **existentialisme** *phls.* [~tɑ̃sja'lism] *m* existentialism; **existentialiste** *phls.* [~tɑ̃sja'list] *adj.*, *a. su.* existentialist; **exister** [~'te] (1a) *v/i.* exist, be; be extant.
exode [ɛg'zɔd] *m* exodus (*a. fig.*); *bibl.* ♀ Exodus; ~ *rural sociology*: drift to the towns, urban drift.
exonérer [ɛgzɔne're] (1f) *v/t.* exempt; free; exonerate; remit (*s.o.'s*) fees.
exorbitant, e [ɛgzɔrbi'tɑ̃, ~'tɑ̃:t] exorbitant, excessive.
exorciser *eccl.* [ɛgzɔrsi'ze] (1a) *v/t.* exorcize; lay (*a ghost*).
exotique [ɛgzɔ'tik] exotic; *fig.* foreign.
expansibilité [ɛkspɑ̃sibili'te] *f phys.* expansibility; *fig.* expansiveness; **expansible** *phys.* [~'sibl] expan-

sible; **expansif, -ve** [~'sif, ~'siːv] *phys.*, *a. fig.* expansive; *fig.* effusive; **expansion** [~'sjɔ̃] *f phys.*, *a.* ⊕ expansion; *fig.* expansiveness; *culture*: spread; **expansionnisme** [~sjɔ'nism] *m* expansionism.

expatrié, e [ɛkspatri'e] exile, expatriate; **expatrier** [~] (1a) *v/t.* expatriate; exile, banish; s'~ leave one's own country.

expectant, e [ɛkspɛk'tɑ̃, ~'tɑ̃ːt] expectant; **expectative** [~ta'tiːv] *f* expectancy; *dans l'~ de* waiting for.

expectoration ⚕ *etc.* [ɛkspɛktɔra'sjɔ̃] *f* expectoration; sputum; **expectorer** [~'re] (1a) *v/t.* expectorate.

expédient, e [ɛkspe'djɑ̃, ~'djɑ̃ːt] **1.** *adj.* expedient, advisable, proper (to, *de*); **2.** *su./m* expedient, shift; *vivre d'~s* live by one's wits.

expédier [ɛkspe'dje] (1o) *v/t.* dispatch; get rid of; dispose of (*s.th.*) quickly, hurry through; send (off), forward (*mail etc.*), clear (*the customs*); ⚖ draw up (*a contract*); ~ *qch. par bateau* ship s.th.; **expéditeur** *m*, **-trice** *f* [ɛkspedi'tœːr, ~'tris] sender; † consigner, shipper; forwarding agent; **expéditif, -ve** [~'tif, ~'tiːv] expeditious, prompt; **expédition** [~'sjɔ̃] *f* expedition (*a. geog.*), dispatch (*a.* †); † sending; † consignment; † shipping; copy; **expéditionnaire** [~sjɔ'nɛːr] *m* † sender; † forwarding agent; shipper, consigner.

expérience [ɛkspe'rjɑ̃ːs] *f* experience; ⚗ *etc.* experiment, test; *par ~* from experience.

expérimenté, e [ɛksperimɑ̃'te] experienced; skilled (*workman*); **expérimenter** [~] (1a) *v/t.* test, try; *v/i.* experiment (on, *sur*).

expert, e [ɛks'pɛːr, ~'pɛrt] **1.** *adj.* expert, skilled (in *en, dans*); able; **2.** *su./m* expert (in, at *en*) (*a.* ⚖); † valuer; *fig.* connoisseur; † ~ *comptable* chartered accountant; **expertise** [ɛkspɛr'tiːz] *f* † expert appraisal *or* valuation; ⚓ survey; expert evidence; expert opinion; **expertiser** [~ti'ze] (1a) *v/t.* † value, appraise; ⚓ survey.

expiable [ɛks'pjabl] expiable; **expiation** [~pja'sjɔ̃] *f* expiation; *eccl.* atonement (for, *de*); **expiatoire** [~pja'twaːr] expiatory; **expier** [~'pje] (1o) *v/t.* expiate, atone for, F pay for.

expiration [ɛkspira'sjɔ̃] *f* expiration, breathing out; termination, expiry; ⊕ *steam*: discharge; **expirer** [~'re] (1a) *v/t.* breathe out; *v/i.* expire (*a.* ⚖), die.

explétif, -ve [ɛksple'tif, ~'tiːv] *adj.*, *a. su./m* expletive.

explicable [ɛkspli'kabl] explicable, explainable; **explicatif, -ve** [~ka'tif, ~'tiːv] explanatory; **explication** [~ka'sjɔ̃] *f* explanation; ~ *de texte* textual commentary.

explicite [ɛkspli'sit] explicit, plain.

expliquer [ɛkspli'ke] (1m) *v/t.* explain; comment upon (*a text*); account for; s'~ explain o.s.; be explained; *s'~ avec* have it out with; *je m'explique* what I mean is this.

exploit [ɛks'plwa] *m* exploit, deed, feat; ⚖ writ, summons *sg.*; ⚖ *signifier un ~ à* serve a writ on; **exploitable** [ɛksplwa'tabl] workable (*quarry*); ⚒ gettable (*coal*); exploitable (*person*); ⚖ distrainable; **exploitation** [~ta'sjɔ̃] *f* exploitation (*a. fig.*); † management; ⚒, 🚜, *quarry*: working; farming; *trees*: felling; *fig.* swindling; mine, workings *pl.*; **exploiter** [~'te] (1a) *v/t.* exploit (*a. fig.*); ⚒ work; 🌱 cultivate; † manage; *fig.* take advantage of; *fig.* swindle; *v/i.* ⚖ serve a writ.

explorateur, -trice [ɛksplɔra'tœːr, ~'tris] **1.** *adj.* exploratory; **2.** *su.* explorer; **exploration** [~ra'sjɔ̃] *f* exploration; ⚔ reconnaissance; *telev.* scanning; **explorer** [~'re] (1a) *v/t.* explore; ⚕ probe; ⚔ reconnoitre; *telev., cin.* scan.

exploser [ɛksplo'ze] (1a) *v/i.* ⊕, ⚔, *a. fig.* explode; *faire ~* blow up; **explosible** [~'zibl] explosive; detonable; **explosif, -ve** [~'zif, ~'ziːv] *adj., a. su./m* explosive; **explosion** [~'zjɔ̃] *f* explosion; ⊕ bursting; ~ *démographique* population explosion; *moteur m à ~* internal combustion engine.

exportation † [ɛkspɔrta'sjɔ̃] *f* exportation; export trade; ~*s pl.* exports.

exposant, e [ɛkspo'zɑ̃, ~'zɑ̃ːt] *su.* ⚖ petitioner; *paint. etc.* exhibitor; *su./m* ⅍ exponent; index; **exposé** [~'ze] *m* report; outline; account;

statement; **exposer** [~'ze] (1a) *v/t.* expose; disclose (*plans*); set forth; state; *paint.* exhibit; jeopardize; s'~ take risks; **exposition** [~zi'sjɔ̃] *f* exhibition; *eccl.* exposition; exposure (*to cold, to danger; of a baby; of a house*); *facts etc.*: statement, exposition.

exprès, expresse [ɛks'prɛ, ~'prɛs] **1.** *adj.* explicit, express, definite; **2.** *exprès adv.* deliberately, on purpose; **3.** *su./m* express messenger; *lettre f exprès* express letter.

express 🚂 [ɛks'prɛs] *m* express.

expressément [ɛksprɛse'mɑ̃] expressly.

expressif, -ve [ɛksprɛ'sif, ~'si:v] expressive; **expression** [~'sjɔ̃] *f* expression; ⚕, *fig. réduire à la plus simple* ~ reduce to the simplest terms.

exprimer [ɛkspri'me] (1a) *v/t.* express; put into words, voice; show (*an emotion*); squeeze out (*juice*); *si l'on peut s'~ ainsi* if one may put it that way.

expropriation ⚖ [ɛksprɔpria'sjɔ̃] *f* expropriation; compulsory purchase; **exproprier** ⚖ [~'e] (1a) *v/t.* expropriate.

expulser [ɛkspyl'se] (1a) *v/t.* expel (*a. an electron, a. a pupil*); eject (*s.o.*); ⚖ evict (*a tenant*); *univ.* send (*a student*) down; ⊕ discharge.

expurger [ɛkspyr'ʒe] (1l) *v/t.* expurgate, bowdlerize (*a book*).

exquis, e [ɛks'ki, ~'ki:z] exquisite; **exquisément** [~kize'mɑ̃] *adv. of exquis.*

exsangue [ɛk'sɑ̃:g] an(a)emic, bloodless.

exsuder [ɛksy'de] (1a) *vt/i.* exude.

extase [ɛks'tɑ:z] *f* ecstasy; *fig.* rapture; ⚕ trance; **extasié, e** [~tɑ'zje] enraptured; **extasier** [~tɑ'zje] (1o) *v/t.*: *s'~* go into ecstasies (over *devant, sur*).

extenseur [ɛkstɑ̃'sœ:r] **1.** *adj./m anat.* extensor; **2.** *su./m anat. muscle*: extensor; *sp.* chest-expander; *trousers*: stretcher; ✈ shock-absorber; **extensible** [~'sibl] extensible; *metall.* tensile; **extension** [~'sjɔ̃] *f* extent; extension (*a.* ☎); spreading; stretching; ⊕ *etc.* tension; *gramm. par* ~ in a wider sense.

exténuer [ɛkste'nɥe] (1n) *v/t.* exhaust, tire out; † extenuate.

extérieur, e [ɛkste'rjœ:r] **1.** *adj.* exterior, external, outer; *pol.* foreign; *affaires f/pl.* ~*es* foreign affairs; **2.** *su./m* exterior (*a. cin.*); outside; *fig.* appearance; *pol.* foreign countries *pl.*

exterminateur, -trice [ɛkstɛrmina'tœ:r, ~'tris] **1.** *adj.* exterminating, destroying; **2.** *su.* exterminator, destroyer; **exterminer** [~'ne] (1a) *v/t.* exterminate, destroy, wipe out.

externat [ɛkstɛr'na] *m* day-school; ⚕ non-resident studentship; **externe** [~'tɛrn] **1.** *adj.* external, outer, ⚕ out-(*patient*); ⚕ *usage m* ~ external application; **2.** *su.* day-pupil; ⚕ non-resident medical student.

extincteur, -trice [ɛkstɛ̃k'tœ:r, ~'tris] **1.** *adj.* extinguishing; **2.** *su./m* fire-extinguisher; ~ *à mousse* foam extinguisher; **extinction** [~'sjɔ̃] *f* extinction; *fire, light*: extinguishing; suppression; termination; *race etc.*: dying out; *voice*: loss; ⚔ ~ *des feux* lights out, *Am.* taps.

extirper [ɛkstir'pe] (1a) *v/t.* eradicate (*a. fig.*).

extorquer [ɛkstɔr'ke] (1m) *v/t.* extort (from, out of *à*); **extorsion** [~tɔr'sjɔ̃] *f* extortion; blackmail.

extra [ɛks'tra] **1.** *su./m/inv.* extra; hired waiter; temporary job; **2.** *adj./inv.* extra-special; **3.** *adv.* extra-...

extraction [ɛkstrak'sjɔ̃] *f* extraction (*a.* ⚕, ⚕, *a. fig.*); *stone*: quarrying; *gold*: winning; *fig.* origin, descent.

extradition ⚖ [ɛkstradi'sjɔ̃] *f* extradition.

extraire [ɛks'trɛ:r] (4ff) *v/t.* extract (*a.* ⚖); pull (*a tooth*); quarry (*stone*); win (*gold*); copy out (*a passage*); *fig.* rescue; **extrait** [~'trɛ] *m* extract; *admin.* (*birth- etc.*) certificate; abstract; † ~ *de compte* statement of account.

extraordinaire [ɛkstraɔrdi'nɛ:r] **1.** *adj.* extraordinary; uncommon; special; wonderful; queer; **2.** *su./m* extraordinary thing; *the* unusual.

extrapoler [ɛkstrapɔ'le] (1a) *v/t.* extrapolate.

extravagance [ɛkstrava'gɑ̃:s] *f* extravagance; absurdity; *fig.* ~*s pl.* nonsense *sg.*; **extravagant, e** [~'gɑ̃, ~'gɑ̃:t] extravagant; absurd; exorbitant, prohibitive (*price*); **ex-**

travaguer [~ˈge] (1m) *v/i.* ⚘ rave; *fig.* talk nonsense; act wildly.

extrême [ɛksˈtrɛːm] **1.** *adj.* extreme; utmost, furthest; drastic (*measures*); intense (*cold, emotions, etc.*); **2.** *su./m* extreme; *à l'*~ in the extreme; **~-onction** *eccl.* [ɛkstrɛmɔ̃kˈsjɔ̃] *f* extreme unction; **♀-Orient** *geog.* [~mɔˈrjɑ̃] *m the* Far East; **extrémiste** *pol. etc.* [ɛkstreˈmist] *adj., a. su.* extremist; **extrémité** [~miˈte] *f* extremity; very end, tip; extreme; plight, straits *pl.*; last moment; point of death; ~*s pl.* extremities; extreme measures.

extrinsèque [ɛkstrɛ̃ˈsɛk] extrinsic.

exubérance [ɛgzybeˈrɑ̃ːs] *f* exuberance, luxuriance, superabundance; **exubérant, e** [~ˈrɑ̃, ~ˈrɑ̃ːt] exuberant, luxuriant, superabundant; immoderate (*laughter*).

exultation [ɛgzyltaˈsjɔ̃] *f* exultation, rejoicing; *avec* ~ exultantly; **exulter** [~ˈte] (1a) *v/i.* exult, rejoice.

ex-voto [ɛksvɔˈto] *m/inv.* votive offering; ex-voto.

F

F, f [ɛf] *m* F, f.
fa ♪ [fa] *m/inv.* fa, *note*: F; ~ *dièse* F sharp; *clef f de* ~ F-clef.
fable [fɑ:bl] *f* fable; story; *fig.* falsehood; *fig.* talk, laughing-stock (*of the town*); **fabliau** [fɑbli'o] *m Old French literature*: fabliau; **fablier** [~'e] *m* book of fables.
fabricant [fabri'kɑ̃] *m* manufacturer; mill-owner; maker; **fabrication** [~ka'sjɔ̃] *f* manufacture; production; *document*: forging; *fig.* fabrication; ~ *en série* mass production; **fabrique** [fa'brik] *f* manufacture; factory, works *usu. sg.*; *paper, cloth*: mill; make; *eccl.* fabric (*of a church*); *eccl.* church council; **fabriquer** [~bri'ke] (1m) *v/t.* ⊕ manufacture; *fig.* make, do; *fig.* fabricate (*a charge, lies, a document*); coin (*a word*); *sl.* cheat, pinch.
fabulation [fabyla'sjɔ̃] *f* fantasizing; fabrication; **fabuler** (1a) *v/i.* fantasize; make up stories (*a. fig.*); **fabuleux, -euse** [faby'lø, ~'lø:z] fabulous (*a. fig.*).
façade [fa'sad] *f* façade; frontage; front; F window-dressing.
face [fas] *f* face; countenance; aspect; front; 𝔸, *a.* ♪ *record*: side; surface; *de* ~ full-face (*photo*); *d'en* ~ opposite; *en* ~ *de* in front of; in the presence of; opposite; *faire* ~ *à* face; *fig.* meet; cope with; *pile ou* ~ heads or tails; ~ **à face** *telev.* [~a'fas] *m/inv.* encounter; ~**-à-main,** *pl.* ~**s-à-main** [~a'mɛ̃] *m* lorgnette.
facétie [fase'si] *f* facetious remark; joke; **facétieux, -euse** [~'sjø, ~'sjø:z] facetious, waggish.
facette [fa'sɛt] *f* facet (*a. zo.*).
fâché, e [fɑ'ʃe] sorry; angry, cross (about, *de*; with s.o., *avec q.*); annoyed; offended; **fâcher** [~] (1a) *v/t.* anger, make angry; offend; grieve, pain; *se* ~ get angry; get angry *or* annoyed (with, *contre*; over, *pour*); fall out (with, *avec*); F *se* ~ *tout rouge* blow one's top, *Br. a.* go spare; **fâcherie** [fɑʃ'ri] *f* tiff, quarrel; bad feeling; **fâcheux, -euse** [fɑ'ʃø, ~'ʃø:z] annoying; deplorable, regrettable; awkward (*situation*).
facial, e, *m/pl.* **-aux** [fa'sjal, ~'sjo] facial, face-...
facile [fa'sil] easy; simple; facile; *fig.* pliable; fluent (*tongue*); **facilité** [fasili'te] *f* easiness; ease; readiness; facility (*a.* ✝), aptitude; complaisance; ✝ ~*s pl. de paiement* easy terms; **faciliter** [~] (1a) *v/t.* facilitate, make easy *or* easier (for s.o., *à q.*).
façon [fa'sɔ̃] *f* make; fashioning; way, manner; ~*s pl.* manners, behavio(u)r *sg.*; ceremony *sg.*, fuss *sg.*; affectation *sg.*; *de* ~ *à* so as to; *de* ~ *que* so that; *de la bonne* ~ properly; in fine style; *de ma* ~ of my own composition; *de toute* ~ in any case; *faire des* ~*s* stand on ceremony; *cost. on travaille à* ~ customers' own materials made up; *sans* ~(*s*) simple; offhanded(ly *adv.*); unceremonious(ly *adv.*); without further ado.
faconde [fa'kɔ̃:d] *f* loquaciousness.
façonner [fasɔ'ne] (1a) *v/t.* shape; form, fashion; make (*a dress etc.*); train; ✔ dress (*the soil*); *fig.* mould (*s.o.*); **façonnier, -ère** [~'nje, ~'njɛ:r] **1.** *adj.* fussy; bespoke (*worker*); **2.** *su.* home-worker.
fac-similé [faksimi'le] *m* facsimile, exact copy.
facteur [fak'tœ:r] *m* postman, *Am.* mailman; maker; ♪ instrument maker; 𝔸, *a. fig.* factor.
factice [fak'tis] artificial, factitious.
factieux, -euse [fak'sjø, ~'sjø:z] **1.** *adj.* factious, seditious; **2.** *su.* sedition-monger; **faction** [~'sjɔ̃] *f* ⚔ sentry-duty, guard, watch; *fig.* faction; *être de* ~ be on sentry-go *or* on guard; **factionnaire** [~sjɔ'nɛ:r] *m* sentry; sentinel.
factotum [faktɔ'tɔm] *m* factotum; man-of-all-work.
factuel, -elle [fakty'ɛl] factual, objective.
facture [fak'ty:r] *f* ✝ workmanship,

make (*of an article*); ⚚ bill, invoice; ♪ *instruments*: manufacturing; ♪ *organ pipes*: scale; **facturer** ⚚ [~ty're] (1a) *v/t.* invoice; **facturier** ⚚ [~ty'rje] *m* invoice clerk; salesbook.

facultatif, -ve [fakylta'tif, ~'ti:v] optional; ⚖ permissive; *arrêt m* ~ request stop; **faculté** [~'te] *f* faculty (*a. univ, a. fig.*); option; power, ability; ~*s pl.* means, resources.

fada F [fa'da] *m* fool; **fadaise** [fa'dɛ:z] *f* nonsense, *Am. sl.* baloney.

fadasse [fa'das] sickly (*taste*); pale (*colour*).

fade [fad] insipid, tasteless; washed-out (*colour*); **fadeur** [fa'dœ:r] *f* insipidity; *smell*: sickliness; *fig.* pointlessness; *fig.* ~*s pl.* insipid talk *sg. or* compliments.

fading [fe'diŋ] *m radio*: fading.

fafiot † *sl.* [fa'fjo] *m* bank-note.

fagot [fa'go] *m* bundle of firewood; *fig. sentir le* ~ smack of heresy; **fagoter** [~'te] (1a) *v/t.* † bundle (*firewood*); F dress (*s.o.*) badly.

faible [fɛbl] **1.** *adj.* weak; feeble (*a. fig.*); faint (*smell, sound, voice*); slight (*difference, hope, pain*); gentle (*slope*); slender (*means*); poor (*performance*); lame (*excuse*); **2.** *su./m* weakness, foible; *person*: weakling; *les économiquement* ~*s pl.* the lower income groups; **faiblesse** [fɛ'blɛs] *f* weakness, feebleness; frailty; ⚕ fainting fit; *fig.* weak point; *amount, number*: smallness; **faiblir** [~'bli:r] (2a) *v/i.* weaken; ⊕ lose power.

faïence [fa'jɑ̃:s] *f* earthenware, crockery; **faïencerie** [~jɑ̃s'ri] *f trade, a. works*: pottery; crockery shop; earthenware, crockery; **faïencier** *m*, **-ère** *f* [~jɑ̃'sje, ~'sjɛ:r] crockery- *or* earthenware-maker *or* dealer.

faille[1] [faj] *3rd p. sg. pres. sbj. of* [*falloir.*]

faille[2] [fa:j] *f* ⚒, *geol.* fault; *fig.* flaw, weakness.

failli *m*, **e** *f* ⚖ [fa'ji] bankrupt, **faillible** [~'jibl] fallible; **faillir** [~'ji:r] (2n) *v/i.*: ~ *faire qch.* almost *or* nearly do s.th., all but do s.th.; *j'ai failli tomber* I nearly fell; ~ *à un devoir* fail in a duty; **faillite** [~'jit] *f* bankruptcy; *fig.* failure; *faire* ~ go bankrupt; *mettre q. en* ~ declare s.o. bankrupt.

faim [fɛ̃] *f* hunger; *fig.* thirst (for glory, *de gloire*); *avoir (très)* ~ be (very) hungry; *avoir une* ~ *canine* (*or de loup*) be ravenous; *mourir de* ~ die of starvation; F be famished.

faine ⚘ [fɛ:n] *f* beechnut.

fainéant, e [fɛne'ɑ̃, ~'ɑ̃:t] **1.** *adj.* idle, lazy; slothful; **2.** *su.* idler; sluggard; **fainéanter** [~ɑ̃'te] (1a) *v/i.* idle, loaf; **fainéantise** [~ɑ̃'ti:z] *f* idleness, laziness.

faire [fɛ:r] (4r) **1.** *v/t.* make (*bread, a voyage, a declaration, one's bed, a profit*), do; create; form; beget (*a child*); make out (*a list*, ⚚ *a cheque*); pay (*attention, a visit*); clean (*one's shoes*), do (*a room*); pack (*a trunk*); cover (*a distance*), travel; carry out, perform (*a.* ⚕ *an operation*); work (*miracles*); play (*a.* ♪), feign; see to it (that *ind.*, *que sbj.*); deal (*cards*); matter; ⚕ run (*a temperature*); ⚚ place (*an order*); *thea.* act (*a part*); F look; *followed by an inf.*: make, cause, have; ~ *attention* take care; ~ *de la peine à* hurt (*s.o.'s*) feelings; ~ *de la peinture* paint; ~ *de q. son héritier* make s.o. one's heir; ~ *du bien à* do (*s.o.*) good; *mot.* ~ *du 150 kilomètres à l'heure* do 150 kilometres per hour; ~ *du ski* ski; ~ *du sport* go in for sports; *thea.* ~ *du théâtre* be on the stage (*professional*); ~ *école* set a fashion; ~ *entrer* show (*s.o.*) in; ~ *faire* have (*s.th.*) done *or* made (by s.o., *à q.*); ~ *fortune* make a fortune; ~ *la cuisine* do the cooking; ~ *la vaisselle* wash up the dishes; ⚚ ~ *le commerce de* deal in; *mot.* ~ *le plein* fill up (with, *de*); ~ *mention de* mention; ~ *partie de* form part of; ~ *pendre* get (*s.o.*) hanged; ~ *sa philosophie* read philosophy; ~ *savoir* inform (s.o. of s.th., *qch. à q.*); ~ *un sourire à* give (*s.o.*) a smile; ~ *venir* send for; *ça ne fait rien* it does not matter; *en* ~ *trop* overdo; *faites-lui mes amitiés* give him my kindest regards; *ne* ~ *que* (*inf.*) do nothing but (*inf.*); *qu'est-ce que ça peut nous* ~? what is that to us!; *trois et six font neuf* three and six are *or* make nine; *se* ~ be done; become; happen; get used to; *cela ne se fait pas* that is not done; *comment se fait-il que?* how does it happen that?, how is it that?; *il peut se ~ que* it may happen that; *ne vous en faites pas!* don't worry!; don't bother!; *se ~ entendre* make o.s. heard; be heard; **2.** *v/i.* do, act; manage; make (with, *de*); look; last; *cards*: deal; fit; say, remark; *~ bien de* (*inf.*) do well *or* right to (*inf.*); *~ bien sur dress*: look well on (*s.o.*); *~ de son mieux* do one's best (to *inf.*, *pour inf.*); *elle fait très jeune* she looks quite young; *fit-il* he said, said he; *je ne peux ~ autrement que de* (*inf.*) I cannot but (*inf.*); *laisser ~ q.* let s.o. alone; *qu'y ~?* what can be done about it?; **3.** *v/impers.* be; *il fait chaud* (*beau, nuit*) it is hot (fine, dark); *il fait bon* (*inf.*) it is nice to (*inf.*); **~-part** [fɛr'paːr] *m/inv.* notice, announcement; **~-valoir** *thea., fig.* [~va'lwaːr] *m/inv.* foil.

faisable [fə'zabl] feasible, practicable.

faisan [fə'zɑ̃] *m* pheasant; **faisan(d)e** [~'zan, ~'zɑ̃ːd] *f* (*a. poule f ~*) hen-pheasant; **faisandé, e** [fəzɑ̃'de] high; gamy; *fig.* spicy (*story*); **faisandeau** [~'do] *m* young pheasant; **faisander** *cuis.* [~'de] (1a) *v/t.* hang (*game etc.*); *se ~* get high; **faisanderie** [~'dri] *f* pheasantry; **faisandier** [~'dje] *m* pheasant breeder.

faisceau [fɛ'so] *m* bundle; cluster; *rays*: pencil; beam; 🚂 *sidings*: group; *~x pl.* fasces; ⚔ *~ d'armes* pile *or* stack of arms; *former* (*rompre*) *les ~x* (un)pile arms.

faiseur *m*, **-euse** *f* [fə'zœːr, ~'zøːz] maker, doer; *fig.* bluffer; *faiseuse d'anges* back-street abortionist; *~ de mariages* matchmaker; *~ d'intrigues* schemer; *~ de vers* versifier; **faisons** [fə'zɔ̃] *1st p. pl. pres. of faire*; **fait, e** [fɛ, fɛt] **1.** *p.p. of faire*; *c'en est ~ de* it's all up with; **2.** *su./m* fact; deed; act; feat, achievement; happening; development; case; matter, point; *au ~* after all; *de* (*or en*) *~* as a matter of fact; actually; *~s pl. divers* news items; news in brief; *du ~ de* on account of; *en ~ de* as regards; *en venir au ~* come to the point, get down to business; *être au ~ de qch.* be informed of s.th., know how s.th. stands; *il est de ~ que* it is a fact that; *mettre q. au ~ de qch.* acquaint s.o. with s.th.; give s.o. full information about s.th.

faîtage ⚠ [fɛ'taːʒ] *m* ridge-piece; roof-tree; ridge tiling; roof timbers *pl.*; **faîte** [fɛːt] *m* top, summit; ⚠ ridge; *geog.* crest.

faites [fɛt] *2nd p. pl. pres. of faire.*

faix [fɛ] *m* burden, load.

fakir [fa'kiːr] *m* fakir.

falaise [fa'lɛːz] *f* cliff.

fallacieux, -euse [fala'sjø, ~'sjøːz] fallacious, misleading.

falloir [fa'lwaːr] (3e) *v/impers.* be necessary, be lacking; *il faut que je* (*sbj.*) I must (*inf.*); *il me faut* (*inf.*) I must (*inf.*); *il me faut qch.* I want s.th.; I need s.th.; *comme il faut* proper(ly *adv.*); *il s'en faut de beaucoup* far from it; *peu s'en faut* very nearly; *tant s'en faut* not by a long way; **fallu** [~'ly] *p.p. of falloir*; **fallut** [~'ly] *3rd p. sg. p.s. of falloir.*

falot¹ [fa'lo] *m* (hand) lantern; (stable) lamp.

falot², e [fa'lo, ~'lɔt] wan (*light*); *fig.* dull, dreary (*person*); † odd, quaint.

falsificateur *m*, **-trice** *f* [falsifika'tœːr, ~'tris] forger (*of papers*); adulterator (*of food, milk, etc.*); **falsification** [~'sjɔ̃] *f* forgery, forging; adulteration; **falsifier** [falsi'fje] (1o) *v/t.* falsify; forge; adulterate (*food etc.*).

famé, e [fa'me] *adj.*: *bien* (*mal*) *~* of good (evil) repute.

famélique [fame'lik] **1.** *adj.* starving, famished; **2.** *su.* starveling.

fameux, -euse [fa'mø, ~'møːz] famous, renowned, celebrated; F first-class, magnificient, capital, *Am.* swell.

familial, e, *m/pl.* **-aux** [fami'ljal, ~'ljo] family...; domestic; **familiariser** [familjari'ze] (1a) *v/t.* familiarize; *se ~ avec* make o.s. familiar with; **familiarité** [~'te] *f* familiarity; *fig.* *~s pl.* liberties; **familier, -ère** [fami'lje, ~'ljɛːr] **1.** *adj.* family..., domestic; familiar, well-known; intimate; colloquial; *expression f ~ère* colloquialism; **2.** *su.* intimate; regular visitor; **famille** [~'miːj] *f* family; household.

famine [fa'min] *f* famine, starvation.

fana F [fa'na] **1.** *adj.* enthusiastic, fanatic; **2.** *su.* enthusiast, fan(atic).

fanal [fa'nal] *m* lantern; beacon; ⚓ navigation light; 🚂 headlight.

fanatique [fana'tik] **1.** *adj.* fanatical; enthusiastic; **2.** *su.* fanatic; enthusiast; **fanatisme** [~'tism] *m* fanaticism.

fane [fan] *f potatoes*: haulm; *carrots*: top; dead leaves *pl.*; **faner** [fa'ne] (1a) *v/t.* ted, toss (*the hay*); *fig.* cause (*colour etc.*) to fade; se ~ fade (*colour*); wither, droop (*flower*); *v/i.* make hay; **faneur, -euse** [~'nœ:r, ~'nø:z] *su.* haymaker; *su./f* tedder, tedding machine.

fanfare [fɑ̃'fa:r] *f trumpets*: flourish; *hunt. etc.* fanfare; brass band; ⚔ bugle band; **fanfaron, -onne** [fɑ̃fa'rɔ̃, ~'rɔn] **1.** *adj.* boastful, bragging, swaggering; **2.** *su.* swaggerer, braggart, boaster; *su./m*: *faire le* ~ bluster; brag; **fanfaronnade** [~rɔ'nad] *f* swagger, boasting; bluster.

fanfreluche [fɑ̃frə'lyʃ] *f* bauble; *cost.* ~*s pl.* fal-lals.

fange [fɑ̃:ʒ] *f* mud; filth, F muck; **fangeux, -euse** [fɑ̃'ʒø, ~'ʒø:z] muddy; dirty, filthy.

fanion ⚔ [fa'njɔ̃] *m* flag; pennon.

fanon [fa'nɔ̃] *m eccl.* maniple; *ox*: dewlap; *horse*: fetlock; whalebone.

fantaisie [fɑ̃tɛ'zi] *f* imagination; fancy (*a. fig.*); *fig.* whim; ♪ fantasia; *à ma* ~ as the fancy takes (took) me; ✝ *articles m/pl. de* ~ fancy goods; *de* ~ imaginary; ✝ fancy-...; **fantaisiste** [~'zist] **1.** *adj.* fantastic, freakish; **2.** *su.* fanciful person.

fantasmagorie [fɑ̃tasmagɔ'ri] *f* phantasmagoria; *fig.* weird spectacle.

fantasque [fɑ̃'task] odd; whimsical, queer (*person*).

fantassin [fɑ̃ta'sɛ̃] *m* infantryman, foot-soldier.

fantastique [fɑ̃tas'tik] fantastic; weird; *fig.* incredible.

fantoche [fɑ̃'tɔʃ] *m* puppet (*a. fig.*), marionette; *gouvernement* ~ puppet government.

fantôme [fɑ̃'to:m] *m* phantom, ghost, spectre; illusion; *le vaisseau* ~ the Flying Dutchman.

faon [fɑ̃] *m* fawn; roe calf.

faquin [fa'kɛ̃] *m* cad, scoundrel; low fellow.

faraud, e [fa'ro, ~'ro:d] **1.** *adj.* full of o.s.; affected; **2.** *su.* swanker.

farce [fars] **1.** *su./f* practical joke, trick; *thea.*, *a. fig.* farce; *cuis.* stuffing, forcemeat; **2.** *adj. sl.* funny, comical; **farceur** *m*, **-euse** *f* [far'sœ:r, ~'sø:z] practical joker; wag, humorist.

farcir *cuis.*, *a.* fig. [far'si:r] (2a) *v/t.* stuff.

fard [fa:r] *m* make-up; rouge; *fig.* artifice, camouflage; *parler sans* ~ speak plainly *or* candidly; *sl. piquer un* ~ blush.

fardeu [far'do] *m* burden (*a.* ⚖), load.

farder [far'de] (1a) *v/t.* make (*s.o.*) up; paint; *fig.* disguise, camouflage; se ~ make up.

fardier [far'dje] *m* trolley; truck, lorry.

farfadet [farfa'dɛ] *m* goblin; elf.

farfelu, e F [farfə'ly] **1.** *adj.* eccentric, crazy, F cranky, F far-out; **2.** *su.* eccentric, F nutcase, F srewball.

farfouiller [farfu'je] (1a) *v/i.* rummage (in, among *dans*); *v/t.* explore.

faribole [fari'bɔl] *f* (stuff and) nonsense.

farinacé, e [farina'se] farinaceous; **farine** [fa'rin] *f* flour, meal; *fig.* type, sort; ~ *de riz* ground rice; **fariner** *cuis.* [fari'ne] (1a) *v/t.* dust with flour; **farineux, -euse** [~'nø, ~'nø:z] **1.** *adj.* farinaceous; floury; flour-covered; **2.** *su./m* farinaceous food.

farouche [fa'ruʃ] wild, fierce; cruel; timid, shy; unsociable, unapproachable.

fart [fa:r] *m* ski wax; **farter** [far'te] (1a) *v/t.* wax (*one's skis*).

fascicule [fasi'kyl] *m encyclopaedia etc.*: part, section; ⚘, *zo.* bunch; ⚘, *zo.* fascic(u)le.

fascinateur, -trice [fasina'tœ:r, ~'tris] fascinating; **fascination** [~'sjɔ̃] *f* fascination, charm.

fasciner [fasi'ne] (1a) *v/t.* fascinate; *fig.* entrance.

fascisme *pol.* [fa'ʃism] *m* fascism; **fasciste** *pol.* [~'ʃist] *su.*, *a. adj.* fascist.

fasse [fas] *1st p. sg. pres. sbj. of* **faire**.

faste [fast] *m* pomp, display.

fastes [~] *m/pl. hist.* fasti; F records.

fastidieux, -euse [fasti'djø, ~'djø:z] tedious, dull; irksome, tiresome.

fastueux, -euse [fas'tɥø, ~'tɥø:z] ostentatious, showy; sumptuous.

fat [fat] **1.** *adj./m* foppish; conceited; **2.** *su./m* fop; conceited idiot.

fatal, e, *m/pl.* **-als** [fa'tal] fatal; *fig.* inevitable; *femme f* ~e vamp; **fatalisme** [fata'lism] *m* fatalism; **fataliste** [~'list] **1.** *adj.* fatalistic; **2.** *su.* fatalist; **fatalité** [~li'te] *f* fatality.
fatidique [fati'dik] prophetic (*utterance*); fateful.
fatigant, e [fati'gɑ̃, ~'gɑ̃:t] tiring; tiresome, tedious; **fatigue** [fa'tig] *f* fatigue (*a.* ⊕, *metall.*); tiredness, weariness; hard work; *fig.* wear (and tear); *brisé* (*or mort*) *de* ~ dog-tired; *de* ~ strong (*shoes*); working (*clothes*); F *tomber de* ~ be worn out; **fatigué, e** [fati'ge] tired, weary; **fatiguer** [~] (1m) *v/t.* tire, make (*s.o.*) tired; overwork; over-strain; *fig.* bore (*s.o.*); *v/i.* ⊕ labo(u)r, strain (*engine etc.*); se ~ get tired; tire o.s.
fatras [fa'trɑ] *m* hotchpotch, jumble; lumber.
fatuité [fatɥi'te] *f* conceit, self-satisfaction.
faubourg [fo'bu:r] *m* suburb; outskirts *pl.*; *fig.* ~s *pl.* working classes; **faubourien, -enne** [~bu'rjɛ̃, ~'rjɛn] **1.** *adj.* suburban; *fig.* common (*accent*); **2.** *su.* suburbanite; *fig.* common person.
fauchage [fo'ʃa:ʒ] *m*, **fauchaison** [~ʃɛ'zɔ̃] *f*, **fauche** [fo:ʃ] *f* mowing, cutting; reaping (time); **fauché, e** [fo'ʃe] **1.** *adj.* F broke; **2.** *su./f* (one) day's mowing *or* cutting; swath; **faucher** [~'ʃe] (1a) *v/t.* mow, cut; reap (*corn*); ⚔ mow down (*troops*); ⚔ sweep by fire; *sl.* pinch, steal; **fauchet** ⚒ [~'ʃɛ] *m* hay-rake; bill-hook; **fauchette** ⚒ [~'ʃɛt] *f* bill-hook; **faucheur, -euse** [~'ʃœ:r, ~'ʃø:z] *su. person*: reaper; *su./m zo.* harvest-spider, *Am.* daddy-longlegs; *su./f machine*: reaper; **faucheux** *zo.* [~'ʃø] *m* harvest-spider, *Am.* daddy-long-legs.
faucille ⚒ [fo'si:j] *f* sickle.
faucon *orn.* [fo'kɔ̃] *m* falcon, hawk (*a. pol.*).
faudra [fɔ'dra] *3rd p. sg. fut. of* [*falloir.*]
faufil [fo'fil] *m* tacking *or* basting thread; **faufiler** [fofi'le] (1a) *v/t.* tack, baste; † slip (*s.th., s.o.*) in; se ~ creep in, slip in; thread *or* worm one's way (into, *dans*); **faufilure** [~'ly:r] *f* tacked seam; tacking, basting.
faune [fo:n] *su./m myth.* faun; *su./f zo.* fauna.
faussaire [fo'sɛ:r] forger; *fig.* falsifier; **fausser** [~'se] (1a) *v/t.* falsify; distort (*facts, ideas, words*); ⊕ force (*a lock etc.*); ⊕ warp, strain; ⊕ put (*s.th.*) out of true; ♪ put (*s.th.*) out of tune; F ~ *compagnie à q.* give s.o. the slip; ~ *parole à q.* break one's promise to s.o.
fausset[1] ♪ [fo'sɛ] *m* falsetto.
fausset[2] ⊕ [~] *m* spigot, vent-plug.
fausseté [fos'te] *f* falseness, falsity; falsehood; *fig.* treachery, duplicity.
faut [fo] *3rd p. sg. pres. of falloir.*
faute [fo:t] *f* fault (*a. tennis*); error, mistake; *foot. etc.* foul; ~ *de* for want of, lacking; ~ *de mieux* for want of anything better; *faire* ~ be lacking; *sans* ~ without fail; **fauter** F † [fo'te] (1a) *v/i.* go wrong.
fauteuil [fo'tœ:j] *m* arm-chair, easy chair; *meeting*: chair; *thea.* stall; *Académie française*: seat; ~ *à bascule see rocking-chair*; ~ *club* club chair; ⚖ ~ *électrique* electric chair; ~ *roulant* wheel chair; Bath chair.
fauteur *m*, **-trice** *f* [fo'tœ:r, ~'tris] instigator; ⚖ abettor.
fautif, -ve [fo'tif, ~'ti:v] faulty, wrong, incorrect; offending.
fauve [fo:v] **1.** *adj.* tawny; musky (*smell*); lurid (*sky*); **2.** *su./m* fawn; *coll.* deer *pl.*; ~s *pl.* wild beasts; deer *pl.*; **fauvette** *orn.* [fo'vɛt] *f* warbler.
faux[1] ⚒ [fo] *f* scythe.
faux[2], **fausse** [fo, fo:s] **1.** *adj.* false; untrue, wrong; imitation...; fraudulent; forged (*document*); ♪ out of tune; ~ *col m* detachable *or* loose collar; ~ *frais m/pl.* incidental expenses; *teleph.* ~ *numéro m* wrong number; *fig.* ~ *pas m* blunder; *fausse clef f* skeleton key; ⚕ *fausse couche f* miscarriage; *fausse monnaie f* counterfeit coin(s *pl.*); *faire fausse route* take the wrong road; **2.** *faux adv.* falsely; ♪ out of tune; **3.** *su./m* falsehood; *the* untrue; ⚖ forgery; ⚖ *s'inscrire en* ~ *contre* deny (*s.th.*); **~-bourdon** ♪ [fobur'dɔ̃] *m* faux-bourdon; **~-fuyant** *fig.* [~fɥi'jɑ̃] *m* subterfuge, evasion; **~-monnayeur** [~mɔnɛ'jœ:r] *m* counterfeiter.
faveur [fa'vœ:r] *f* favo(u)r; *à la* ~ *de* by the help of; under cover of

(*darkness etc.*); de ~ complimentary (*ticket*); preferential, special (*treatment, price*); en ~ in favo(u)r (of, de); *mois m de ~* month's grace; **favorable** [favɔ'rabl] favo(u)rable; advantageous (*price etc.*); propitious; **favori, -te** [~'ri, ~'rit] **1.** *adj.* favo(u)rite; **2.** *su.* favo(u)rite; *su./m*: *~s pl.* (side-)whiskers; **favoriser** [~ri'ze] (1a) *v/t.* favo(u)r; promote; **favoritisme** [~ri'tism] *m* favo(u)ritism.

fayot *sl.* [fa'jo] *m* ⚘ kidney-bean; *person*: eager beaver, *pej.* bootlicker.

fébrifuge ⚕ [febri'fy:ʒ] *adj.*, *a. su./m* febrifuge; **fébrile** [~'bril] feverish (*a. fig.*).

fécal, e, *m/pl.* **-aux** ⚗ *physiol.* [fe'kal, ~'ko] f(a)ecal; *matières f/pl. ~es* = **fèces** [fɛs] *f/pl. physiol.*, *a.* ⚗ f(a)eces; ⚗ precipitate *sg.*; ⚕ stool *sg.*

fécond, e [fe'kɔ̃, ~'kɔ̃:d] fruitful, fertile; productive (of, *en*); prolific; **fécondation** [fekɔ̃da'sjɔ̃] *f* fertilisation; impregnation; *~ artificielle* artificial insemination; *~ croisée*, *a. fig. ~ mutuelle* cross-fertilization; **féconder** [fekɔ̃'de] (1a) *v/t.* fecundate; fertilize; **fécondité** [~di'te] *f* fertility; fecundity; fruitfulness.

fécule [fe'kyl] *f* starch, fecula; **féculent, e** [~ky'lɑ̃, ~'lɑ̃:t] **1.** *adj.* starchy; ⚗ thick; **2.** *su./m* starchy food.

fédéral, e, *m/pl.* **-aux** [fede'ral, ~'ro] *adj.*, *a. su./m* federal; **fédéraliser** [~rali'ze] (1a) *v/t.* federalize; **fédératif, -ve** [~ra'tif, ~'ti:v] federative; **fédération** [~ra'sjɔ̃] *f* federation; *~ syndicale ouvrière* trade union; **fédéré, e** [~'re] *adj.*, *a. su./m* federate; **fédérer** [~'re] (1f) *v/t. a.* se ~ federate.

fée [fe] *f* fairy; *conte m de ~s* fairy-tale; *pays m des ~s* fairyland; F *vieille ~* old hag; **féerie** [~'ri] *f* fairyland; fairy scene; *fig.* enchantment; *thea.* pantomime; fairy-play; **féerique** [~'rik] fairy, magic; *fig.* enchanting.

feindre [fɛ̃:dr] (4m) *v/t.* feign, sham, pretend (to *inf.*, de *inf.*); *v/i.* limp slightly (*horse*); **feinte** [fɛ̃:t] *f* pretence, sham; make-believe; bluff; *box. etc.* feint; *horse*: slight limp.

fêlé, e [fɛ'le] cracked (*a. sl. fig.*);

fêler [~] (1a) *v/t.* crack (*a glass etc.*); se ~ crack (*glass*).

félicitation [felisita'sjɔ̃] *f* congratulation; *faire des ~s à q.* congratulate s.o.; **félicité** [~'te] *f* bliss, joy; **féliciter** [~'te] (1a) *v/t.*: ~ *q. de* congratulate s.o. on; se ~ *de* be pleased with; be thankful for.

félin, e [fe'lɛ̃, ~'lin] **1.** *adj. zo.* feline, cat-...; *fig.* cat-like; **2.** *su./m zo.* feline, cat.

félon, -onne *hist.* [fe'lɔ̃, ~'lɔn] **1.** *adj.* disloyal, felon; **2.** *su./m* felon, caitiff; **félonie** *hist.* [~lɔ'ni] *f* disloyalty; *feudality*: felony.

fêlure [fɛ'ly:r] *f* crack; split; ⚕ *skull*: fracture; F *avoir une ~* be a bit cracked (= *crazy*).

femelle *zo.* [fə'mɛl] *adj.*, *a. su./f* female.

féminin, e [femi'nɛ̃, ~'nin] **1.** *adj.* feminine; female (*sex*); woman's ...; womanly; **2.** *su./m gramm.* feminine (gender); **féminiser** [~ni'ze] (1a) *v/t.* make feminine (*a. gramm.*); give a feminine appearance to; **féminisme** [~'nism] *m* feminism; **féministe** [~'nist] *su.*, *a. adj.* feminist.

femme [fam] **1.** *su./f* woman; wife; woman ...; *~ de chambre* housemaid; *~ de charge* housekeeper; *~ de ménage* charwoman, cleaner; housekeeper; **2.** *adj.* female, woman ...; lady ...; **femmelette** F [~'lɛt] *f* little *or* weak woman; *man*: weakling.

fémur *anat.* [fe'my:r] *m* femur, thigh-bone.

fenaison ⚒ [fənɛ'zɔ̃] *f* haymaking.

fenderie ⊕ [fɑ̃'dri] *f metal, wood*: splitting into rods; splitting-mill; splitting-machine; cutting shop; **fendeur** [~'dœ:r] *m* splitter; cleaver; F woodcutter; **fendiller** [~di'je] (1a) *v/t. a.* se ~ crack (*wood, a. paint.*); crackle (*china, glaze*); craze (*china, concrete, glaze*); **fendre** [fɑ̃:dr] (4a) *v/t.* split, cleave; slit; crack; rend (*the air*); break through (*a crowd*); se ~ split, crack; F *se ~ la gueule* (*or la pomme*) split one's sides; F *se ~ de* fork out (*a sum*); buy, stand (*a round etc.*); F *il ne s'est pas fendu* he didn't overspend himself.

fenêtrage [fənɛ'tra:ʒ] *m* windows *pl.*; **fenêtre** [~'nɛ:tr] *f* window; *~ à bascule* balance *or* pivoted window; *~ à coulisse* (*or guillotine*) sash-

window; *jeter l'argent par la* ~ throw money down the drain; **fenêtrer** ⚠ [~nɛ'tre] (1a) *v/t.* put windows in.
fenil [fə'ni] *m* hayloft.
fenouil ⚘ [fə'nu:j] *m* fennel.
fente [fɑ̃:t] *f* crack, fissure, split; slit; chink; gap; crevice; opening; ⊕ slot.
féodal, e, *m/pl.* **-aux** [feɔ'dal, ~'do] feudal; **féodalité** [~dali'te] *f* feudality; feudal system.
fer [fɛ:r] *m* iron; *fig.* sword; (horse-)shoe; ~*s pl.* fetters, chains; ~ *à repasser* (flat-)iron; ⊕ ~ *à souder* soldering-iron; ~ *à T* T-iron; *fig.* ~ *de lance* spearhead; most important factor; ~ *électrique* electric iron; ~ *en barres* bar *or* strip iron; ⚠ *construction f en* ~ ironwork; *de* ~ iron; *donner un coup de* ~ *à* press, iron; *fil m de* ~ wire.
ferai [fə're] *1st p. sg. fut. of faire.*
fer-blanc, *pl.* **fers-blancs** [fɛr'blɑ̃] *m* tin(-plate); **ferblanterie** [fɛrblɑ̃'tri] *f* tin-plate; tin goods *pl.*, tinware; ⊕ tin-shop; **ferblantier** [~'tje] *m* tinsmith.
férié [fe'rje] *adj./m*: *jour m* ~ public holiday; *eccl.* holy day.
férir † [fe'ri:r] (2u) *v/t.* strike; *sans coup* ~ without striking a blow.
fermage ✓ [fɛr'ma:ʒ] *m* (farm-)rent; tenant farming.
ferme[1] [fɛrm] **1.** *adj.* firm, steady (*a.* ✝); rigid; fixed, fast; resolute; *vente f* ~ definite sale; **2.** *adv.* firmly; ~! steady!; *frapper* ~ hit hard; *tenir* ~ stand firm. [*à* ~ on lease.}
ferme[2] [~] *f* farm; farming lease;}
ferme[3] ⚠ [~] *f* truss(ed girder).
fermé [fɛr'me] **1.** *p.p. of fermer*; **2.** *adj.* shut; locked; closed (*road, shop, etc.*); closed-in (*area, site, etc.*); ⊕ *etc.* off (*faucet, tap, radio, switch, etc.*); *fig.* impenetrable, inscrutable (*face, expression, etc.*); *fig.* exclusive (*circle, club, society, etc.*); *être* ~ *à qch.* be impervious to s.th., have no appreciation of s.th.; *être* ~ *à q.* be closed to s.o. (*career, circle, etc.*).
ferment [fɛr'mɑ̃] *m* ferment (*a. fig.*); *bread*: leaven; **fermentation** [~mɑ̃ta'sjɔ̃] *f* fermentation; *dough*: rising; *fig.* unrest, ferment; **fermenter** [~'te] (1a) *v/i.* ferment; rise (*dough*); *fig.* be in a ferment.
fermer [fɛr'me] (1a) *vt/i.* close, shut; *v/t.* fasten; turn off (*the electricity, the gas, the light*); clench (*one's fist*); block (*a game, a.* 🏈); ~ *à clef* lock; ~ *au verrou* bolt; ~ *à vis* screw (*s.th.*) down; *sl. ferme ça!, la ferme!* shut up!; *v/i.* close (down) (*firm etc.*); wrap round (*clothes*).
fermeté [fɛrmə'te] *f* firmness; steadiness (*a. of purpose*); constancy; *fig.* strength (*of mind*).
fermette [fɛr'mɛt] *f* (*small*) farmhouse; (*small*) rural residence.
fermeture [fɛrmə'ty:r] *f* shutting, closing; fastening; ~ *éclair* (*or à glissière*) zip fastener, F zip, *Am.* zipper.
fermier, -ère [~'mje, ~'mjɛ:r] *su.* farmer; tenant farmer; *su./f a.* farmer's wife.
fermoir [fɛr'mwa:r] *m* snap; clasp, fastener, catch; ⊕ firmer (= *sort of chisel*).
féroce [fe'rɔs] ferocious (*a. fig.*), fierce, savage, wild; **férocité** [~rɔsi'te] *f* fierceness; ferocity.
ferraille [fɛ'rɑ:j] *f* old iron, scrap iron; scrap-heap; *mettre à la* ~ scrap; **ferrailleur** [~rɑ'jœ:r] *m* scrap-iron dealer; junkdealer; † F swashbuckler; **ferrant** [~'rɑ̃] *adj./m*: *maréchal-*~ *m* farrier; **ferré, e** [~'re] fitted with iron; iron-tipped; studded (*boots, tyres*); F well up (in, *en*); **ferrer** [~'re] *v/t.* (1a) shoe (*a horse*); **ferret** [~'rɛ] *m* tag, tab; *min. stone*: core; **ferronnerie** [~rɔn'ri] *f* ironworks; ironmongery; **ferronnier** [~rɔ'nje] *m* ironworker; ironmonger; **ferronnière** [~rɔ'njɛ:r] *f* frontlet.
ferroutage [fɛru'ta:ʒ] *m transport*: piggyback (system).
ferroviaire [fɛrɔ'vjɛ:r] railway-...
ferrugineux, -euse ⚕ [fɛryʒi'nø, ~'nø:z] ferruginous, iron-...
ferrure [fɛ'ry:r] *f* iron-fitting; ironwork.
ferry-boat [fɛri'bo:t] *m* train ferry.
fertile [fɛr'til] fertile, fruitful, rich (in, *en*); **fertiliser** [fɛrtili'ze] (1a) *v/t.* fertilize; *se* ~ become fertile; **fertilité** [~'te] *f* fertility; richness; abundance.
féru, e [fe'ry] **1.** *p.p. of férir*; **2.** *adj.*: ~ *de* smitten with; set on (*an idea*).
férule [fe'ryl] *f* ⚘ giant fennel; *school*: cane; *fig. être sous la* ~ *de q.* be under s.o.'s (iron) rule.
fervent, e [fɛr'vɑ̃, ~'vɑ̃:t] **1.** *adj.*

fervent, earnest, ardent; **2.** *su.* enthusiast; devotee, ... fan; **ferveur** [~ˈvœːr] *f* fervo(u)r, earnestness.

fesse [fɛs] *f* buttock; *~s pl.* buttocks, bottom *sg.*; **fessée** [fɛˈse] *f* spanking; **fesse-mathieu** [fɛsmaˈtjø] *m* skinflint; **fesser** [fɛˈse] (1a) *v/t.* spank.

festin [fɛsˈtɛ̃] *m* feast, banquet; **festiner** [~tiˈne] (1a) *v/i.* feast.

festival, *pl.* **-als** [fɛstiˈval] *m* festival; **festivité** [~viˈte] *f* festivity.

feston [fɛsˈtɔ̃] *m* festoon; *needlework*: scallop; *point m de ~* buttonhole stitch; **festonner** [~tɔˈne] (1a) *v/t.* festoon; scallop (*a hem*); *v/i. sl.* stagger about.

festoyer [fɛstwaˈje] (1h) *vt/i.* feast.

fêtard *m*, **e** *f* F [fɛˈtaːr, ~ˈtard] reveller, roisterer; **fête** [fɛːt] *f* feast, festival; holiday; name *or* Saint's day; festivity; fête; party; *~ foraine* fun fair; *~ des Mères* Mother's Day; *~ du travail* Labo(u)r Day; *faire ~ à* welcome; *sl. faire sa ~ à q.* beat s.o. up; make things hot for s.o.; **fête-Dieu,** *pl.* **fêtes-Dieu** *eccl.* [fɛtˈdjø] *f* Corpus Christi; **fêter** [fɛˈte] (1a) *v/t.* keep (*a feast, a holiday*); feast, entertain (*s.o.*); celebrate (*a birthday, an event*).

fétiche [feˈtiʃ] *m* fetish; *mot.* mascot.

fétide [feˈtid] fetid, stinking, rank; **fétidité** [~tidiˈte] *f* fetidness, foulness.

fétu [feˈty] *m* straw; F *fig.* rap.

feu[1] [fø] *m* fire (*a. of a gun or rifle*); flame; fireplace; *fig.* ardo(u)r; heat; *stove*: burner; *mot. etc.* light; *mot. ~ arrière* rearlight; *~ d'artifice* firework(s *pl.*); *~ de joie* bonfire; *mot. ~x pl. de signalisation* (*routière*), F *~ rouge* traffic lights *pl.*; *~ follet* will-o'-the-wisp; *mot. ~ vert* (*rouge*) green (red) light (*a. fig.*); ⚔ *aller au ~* go into action; *à petit ~* on *or* over a slow fire; *fig.* by inches; *arme f à ~* fire-arm; *coup m de ~* shot; *donner du ~ à q.* give s.o. a light; *fig. donner le ~ vert* (*à q.*) give (s.o.) the green light; *fig. entrer dans le ~ pour q.* go through fire and water for s.o.; *faire ~* fire (at, *sur*); *fig. faire long ~* fail; *fig. ne pas faire long ~* be short-lived; *mettre le ~ à qch.* set fire to s.th., set s.th. on fire; *par le fer et le ~* by fire and sword; *prendre ~* catch fire; *fig.* flare up, fly into a temper.

feu[2]**, feue** [fø] *adj.* (*inv. before article and poss. adj.*) late, deceased; *la feue reine, feu la reine* the late queen.

feuillage [fœˈjaːʒ] *m* leaves *pl.*, foliage; **feuillaison** ⚘ [~jɛˈzɔ̃] *f* foliation; springtime; **feuillard** [~ˈjaːr] *m* hoop-wood; hoop-iron; ⊕ metallic ribbon; **feuille** [fœːj] *f* ⚘ leaf; *paper*: sheet; *admin.* form; ⚕ chart; ⚖ list; F *journ. ~ de chou* rag; *~ de paie* wage-sheet; *~ de présence* attendance list; ⊕ time-sheet; *~ de route* ✝ way-bill; ⚔ marching orders *pl.*; ⚔ travel warrant; *~ volante* fly-sheet; **feuillée** [fœˈje] *f* arbo(u)r; foliage; ⚔ *~s pl.* latrines; **feuille-morte** [fœjˈmɔrt] *adj./inv.* dead-leaf (*colour*); oak-leaf brown; russet; **feuillet** [fœˈjɛ] *m book*: leaf; *admin.* form; sheet; ⊕ thin sheet, plate; **feuilletage** *cuis.* [fœjˈtaːʒ] *m*, **feuilleté** *cuis.* [~ˈte] *m* puff paste; **feuilleter** [~ˈte] (1c) *v/t.* skim through, thumb through, turn over the pages of (*a book*); *cuis.* roll and fold; ⊕ divide into sheets; **feuilleton** [~ˈtɔ̃] *m journ.* feuilleton; serial (story).

feuillette [fœˈjɛt] *f* (*approx.*) half-hogshead.

feuillu, e [fœˈjy] leafy; deciduous (*forest*).

feutre [føːtr] *m* felt; felt hat; *saddle*: stuffing; **feutrer** [føˈtre] (1a) *v/t.* felt; stuff, pad (*a saddle etc.*); *à pas feutrés* noiselessly; **feutrier** [~triˈe] *m* felt-maker.

fève ⚘ [fɛːv] *f* bean; **fèverole** ⚘ [fɛˈvrɔl] *f* field-bean.

février [fevriˈe] *m* February.

fi! [fi] *int.* fie!; for shame!; *~ de ...!* a fig for ...!; *faire ~ de* scorn, turn up one's nose at.

fiabilité [fjabiliˈte] *f* reliability; **fiable** [fjabl] reliable.

fiacre [fjakr] *m* cab, hackney carriage.

fiançailles [fjɑ̃ˈsɑːj] *f/pl.* engagement *sg.*, betrothal *sg.* (to, *avec*); **fiancé** [~ˈse] *m* fiancé; **fiancée** [~ˈse] *f* fiancée; **fiancer** [~ˈse] (1k) *v/t.* betroth; *se ~* become engaged (to, *à*).

fiasco [fjasˈko] *m* fiasco; *faire ~* turn out *or* be a fiasco.

fibranne *tex.* [fiˈbran] *f* staple fibre.

fibre [fibr] *f* fibre; *wood*: grain; *fig.* feeling; *~ de bois packing*: woodwool, *Am.* excelsior; *~ de verre* glass-wool; *(la) ~ de la poésie* (a) soul for poetry; *avoir la ~ sensible* be impressionable; **fibreux, -euse** [fiˈbrø, ~ˈbrøːz] fibrous, stringy; **fibrille** *physiol.* [~ˈbriːj] *f* fibril.

ficeler [fisˈle] (1c) *v/t.* tie up, do up; *sl.* dress (*s.o.*) badly; **ficelle** [fiˈsɛl] **1.** *su./f* string (*a. fig.*); twine; *sl.* tricks *pl.*; *sl. connaître toutes les ~s* know the ropes; **2.** *adj.* wily, cunning.

fiche [fiʃ] *f iron, wood*: peg, pin; *paper*: form, voucher; sheet, slip (*of paper*); label; index card; *games*: counter; ⚡ plug; *fig.* scrap; *~ de paye* wages slip; ⚡ *~ femelle* jack; *mettre qch. sur ~s* card(-index) s.th.; **ficher** [fiˈʃe] (1a) *v/t.* stick in, drive in; ⚠ point (*a wall*); *sl.* do; *sl.* put; *sl.* give; *sl. ~ q. à la porte* throw s.o. out; *sl. fichez-moi la paix!* leave me alone!; *sl. fichez(-moi) le camp!* clear off!; clear out!; *sl. se ~ de* make fun of; not to care (a hang) about; **fichier** ✝ [~ˈʃje] *m* card index; file (case); *~ de données* data file.

fichoir [fiˈʃwaːr] *m* clothes-peg.

fichtre! *sl.* [fiʃtr] *int.* my word!; indeed!; hang it!

fichu[1] [fiˈʃy] *m* neck scarf; small shawl.

fichu[2], **e** *sl.* [~] **1.** *p.p. of ficher*; **2.** *adj.* lost, done for, *sl.* bust; rotten, *sl.* lousy; *mal ~* wretched; out of sorts.

fictif, -ve [fikˈtif, ~ˈtiːv] fictitious; sham; ✝ *facture f fictive* pro forma invoice; **fiction** [~ˈsjø] *f* fiction, invention, fabrication.

fidèle [fiˈdɛl] **1.** *adj.* faithful, true, staunch; exact (*copy*); **2.** *su. eccl. les ~s pl.* the congregation *sg.*; the faithful; **fidélité** [~deliˈte] *f* fidelity; integrity; *de haute ~* high fidelity, F hi-fi (*record etc.*).

fiduciaire [fidyˈsjɛːr] fiduciary; trust ...; *monnaie f ~* paper money.

fief [fjɛf] *m hist.* fief; *fig.* preserve, (private) kingdom; **fieffé, e** [fjɛˈfe] *hist.* enfeoffed; given in fee (*land*); F *pej.* out and out, arrant, thorough-paced; **fieffer** *hist.* [~] (1a) *v/t.* enfeoff (*s.o.*); give (*land*) in feoff.

fiel [fjɛl] *m animal*: gall; *person*: bile; *fig.* spleen; *fig.* bitterness; *sans ~* without malice.

fiente [fjɑ̃ːt] *f* dung; *birds*: droppings *pl.*; **fienter** [fjɑ̃ˈte] (1a) *v/i.* dung; mute (*birds*).

fier[1] [fje] (1o) *v/t.*: *se ~ à* trust (*s.o.*), rely on; *fiez-vous à moi!* leave it to me!; *ne vous y fiez pas!* don't count on it!

fier[2], **fière** [fjɛːr] proud; haughty; *fig.* magnificent.

fier-à-bras, *pl.* **fier**(s)**-à-bras** [fjɛraˈbra] *m* swaggerer, bully.

fierté [fjɛrˈte] *f* pride; haughtiness; vanity.

fièvre ⚕ [fjɛːvr] *f* fever; **fiévreux, -euse** [fjeˈvrø, ~ˈvrøːz] **1.** *adj.* feverish; fever-ridden; *fig.* excited; **2.** *su.* fever patient.

fifre ♪ [fifr] *m* fife (*a. player*).

figer [fiˈʒe] (1l) *v/t. a. se ~* congeal, coagulate; *se ~ a.* set (*face*); *fig.* freeze (*smile*).

fignoler F [fiɲɔˈle] (1a) *v/i.* finick, be finicky; *v/t.* fiddle over (*s.th.*) with extreme care; *se ~* titivate o.s.

figue ⚘ [fig] *f* fig; F *mi-~, mi-raisin* wavering; so-so; middling; **figuier** ⚘ [fiˈgje] *m* fig-tree.

figurant *m*, **e** *f* [figyˈrɑ̃, ~ˈrɑ̃ːt] *thea.* supernumerary, F super; extra; walker-on; **figuratif, -ve** [~raˈtif, ~ˈtiːv] figurative; **figuration** [~raˈsjɔ̃] *f* figuration, representation; *thea.* extras *pl.*; **figure** [fiˈgyːr] *f* ⚗, *person*: figure; shape, form; face; appearance; court-card; **figuré, e** [figyˈre] **1.** *adj.* figured (*cloth etc.*); *fig.* figurative; **2.** *su./m*: *au ~* figuratively; **figurer** [~ˈre] (1a) *v/t.* represent; *thea.* act, play the part of; *se ~* imagine, fancy; *v/i.* figure, appear; *thea. ~ sur la scène* walk on; **figurine** [~ˈrin] *f* statuette; ✝ (wax-)model.

fil [fil] *m* thread (*a. fig.*); wire; ⚡ filament; *blade*: edge; *meat, wood*: grain; *wool*: ply; ⚠ *~ à plomb* plumb-line; *~ d'archal* brass wire, binding wire; *~ de fer barbelé* barbed wire; *~ de la Vierge* gossamer; *au bout du ~* on the phone; *coup m de ~* ring, call; *donner du ~ à retordre à* give a lot of trouble to; ⚡ *sans ~* wireless; **filage** [fiˈlaːʒ] *m* spinning; yarn; *metall.* drawing; **filament** [~laˈmɑ̃] *m* ⚘, ⚡ filament; *silk*: thread; **filamenteux, -euse** [~lamɑ̃ˈtø, ~ˈtøːz] fibrous; *fig.* stringy; **filandière** † [~lɑ̃ˈdjɛːr] *f* spinner; *les sœurs ~s pl.* the Fates; **filandre**

[~ˈlɑ̃:dr] *f* fibre; *~s pl. meat etc.*: stringy parts; gossamer *sg.*; **filandreux, -euse** [~lɑ̃ˈdrø, ~ˈdrø:z] stringy, tough (*meat*); streaked (*marble etc.*); *fig.* involved, complicated; **filant, e** [~ˈlɑ̃, ~ˈlɑ̃:t] flowing; shooting (*star*); ropy (*wine*); **filasse** [~ˈlas] *f* tow; oakum; *sl.* stringy meat; **filateur** *m*, **-trice** *f* [~laˈtœ:r, ~ˈtris] *tex.* spinner; (spinning-)mill owner; informer, shadower; **filature** [~laˈty:r] *f* spinning-mill, cotton-mill; spinning; shadowing.

file [fil] *f* line, file; (~ *d'attente*) queue, *Am.* line; *à la* ~ in file; *fig.* on end, without a break; *chef m de* ~ leader; *en* ~ *indienne* in single file; ⚓ *en ligne de* ~ (single) line ahead; **filer** [fiˈle] (1a) *v/t. tex.* spin; draw (*metal*); play out (*cards*); ⚓ run out (*a cable*); ⚓ slip (*the moorings*); shadow (*s.o.*); *v/i.* flow smoothly; run (*oil*); rope (*wine*); smoke (*lamp*); *fig.* slip by, go by; go, travel; F clear out; ~ *doux* sing small; *filez!* clear out!; go away!; **filerie** [filˈri] *f* spinning mill; *metall.* wire drawing.

filet [fiˈlɛ] *m* net; ⊕ *screw*: thread; *cuis.* fillet; *water*: trickle; dash (*of lemon*); 🚂 *etc.* luggage rack; ~ *à provisions* string bag; ~ *de voix* thin voice; *coup m de* ~ *fish*: catch, haul; **filetage** [filˈta:ʒ] *m* ⊕ *metal, wire*: drawing; screw-cutting; *screw*: thread(ing); **fileter** [~ˈte] (1d) *v/t.* ⊕ draw (*metal, a. wire*); thread, screw (*a bolt*); poach (*fish with nets*); **fileur** *m*, **-euse** *f tex.* [fiˈlœ:r, ~ˈlø:z] spinner.

filial, e, *m/pl.* **-aux** [fiˈljal, ~ˈljo] **1.** *adj.* filial; **2.** *su./f* ✝ subsidiary company; ✝, *a. association*: branch; **filiation** [~ljaˈsjɔ̃] *f* filiation; descendants *pl.*; *fig.* relationship; *en* ~ *directe* in direct line.

filière [fiˈljɛ:r] *f* ⊕ die; ⊕ draw-plate; ⚓ man-rope; *fig.* usual channels *pl.*; *fig. passer par la* ~ work one's way up from the bottom; **filiforme** [filiˈfɔrm] thread-like.

filigrane [filiˈgran] *m* filigree (work); *paper, banknotes*: water-mark.

fille [fi:j] *f* daughter; girl; maid; spinster; ~ *publique* prostitute; ~ *à papa* rich man's daughter; ~ *de salle hotel etc.*: waitress; *jeune* ~ girl, young woman; *vieille* ~ old maid; **~-mère,** *pl.* **~s-mères** [fijˈmɛ:r] *f* unmarried mother; **fillette** [fiˈjɛt] *f* little girl; F lass; **filleul, e** [~ˈjœl] *su.* godchild; *su./m* godson; *su./f* goddaughter.

film [film] *m* film (*a. cin.*); *cin.* F picture; *Am.* movie; ~ *documentaire* documentary (film); ~ *en couleurs* colo(u)r film; ~ *muet* silent film; ~ *parlant* talking picture, F talkie; ~ *policier* detective film; ~ *sonore* sound-film; ~ *truqué* trick film; *tourner un* ~ make a film; F act in a film (*person*); **filmer** [filˈme] (1a) *v/t.* film; **filmothèque** [~mɔˈtɛk] *f* film library *or* collection.

filon [fiˈlɔ̃] *m* ⚒ vein, seam, lode; *sl.* good fortune; *sl.* cushy job.

filou [fiˈlu] *m* pickpocket, thief; (*card-*)sharper; F swindler; **filouter** [filuˈte] (1a) *v/t.* swindle (s.o. out of s.th., *q. de qch.*); rob (s.o. of s.th., *qch. à q.*); **filouterie** [~ˈtri] *f* swindle, fraud; picking pockets, stealing; cheating.

fils [fis] *m* son; F lad, boy; ~ *à papa* rich man's son; *fig.* ~ *de ses œuvres* self-made man.

filtrage [filˈtra:ʒ] *m liquid*: filtering; ~ *à interférences radio*: interference elimination; **filtre** [filtr] *m* filter; *coffee*: percolator; *radio*: by-pass, filter; *bout m* ~ *cigarette*: filter-tip; **filtrer** [filˈtre] (1a) *v/i. a. se* ~ filter; *v/t.* filter; by-pass (*a radio-station*).

fin[1] [fɛ̃] *f* end, termination, close, conclusion; aim, object; ~ *d'alerte* all clear; ✝ ~ *de mois* monthly statement; *à la* ~ in the long run; at last; *à toutes* ~*s* for all purposes; *en* ~ *de compte*, F *à la* ~ *des* ~*s* when all is said and done; *mettre* ~ *à* put an end to; *prendre* ~ come to an end; *tirer à sa* ~ be drawing to a close.

fin[2]**, fine** [fɛ̃, fin] fine; pure; choice; slender (*waist etc.*); artful, sly; small; subtle; keen (*ear*).

final, e, *m/pl.* **-als** [fiˈnal] **1.** *adj.* final (*a. gramm.*); last; eventual; **2.** *su./f gramm.* end syllable; ♪ key-note; ♪ *plainsong*: final; *sp.* finals *pl.*

final(e) ♪ [~] *m* finale.

finance [fiˈnɑ̃:s] *f* finance; financial world; ready money; ~*s pl.* resources; *ministère m des* ♀*s* Exchequer, Treasury (*a. Am.*); **financer** [finɑ̃'se] (1k) *v/t.* finance; **financier, -ère** [~'sje, ~'sjɛːr] **1.** *adj.* financial; stock (*market*); **2.** *su./m* financier.

finasser F [fina'se] (1a) *v/i.* finesse; use subterfuges; **finasserie** [~nas'ri] *f* trickery; (piece of) cunning; ~*s pl.* wiles; **finasseur, -euse** [~fina'sœːr, ~'søːz], **finassier, -ère** [~'sje, ~'sjɛːr] **1.** *adj.* cunning, wily; **2.** *su.* wily person.

finaud, e [fi'no, ~'noːd] **1.** *adj.* cunning, wily; **2.** *su.* wily person.

fine [fin] *f* liqueur brandy.

finesse [fi'nɛs] *f* fineness; *waist*: slenderness; cunning; shrewdness; *opt., radio, telev.*: sharpness; **finette** *tex.* [~'nɛt] *f* flannelette.

fini, e [fi'ni] **1.** *adj.* finished (*a. fig.*), ended, over; ⚔, *gramm., etc.* finite; *fig. pej.* absolute, complete; **2.** *su./m* finish; *phls. etc.* finite; **finir** [~'niːr] (2a) *vt/i.* finish; end; end up; ~ *de faire qch.* stop doing s.th.; ~ *par faire qch.* finally or eventually do s.th.; *en* ~ *avec* get over (and done) with; put an end to; *à n'en plus* ~ endless(ly); **finition** ⊕ [~ni'sjɔ̃] *f* finishing.

finlandais, e [fɛ̃lɑ̃'dɛ, ~'dɛːz] **1.** *adj.* Finnish; **2.** *su.* ♀ Finn, Finlander; **finnois, e** [fi'nwa, ~'nwaːz] **1.** *adj.* Finnish; **2.** *su./m ling.* Finnish; *su.* ♀ Finn.

fiole [fjɔl] *f* small bottle; flask; *sl.* head.

fioritures [fjɔri'tyːr] *f/pl. handwriting, style*: flourishes; ♪ grace-notes.

firmament [firma'mɑ̃] *m* firmament, sky, heavens *pl.*

firme ✝ [firm] *f* firm; *book*: imprint.

fis [fi] *1st p. sg. p.s. of faire.*

fisc [fisk] *m* Exchequer, Treasury; Inland (*Am.* Internal) Revenue, taxes *pl.*; **fiscal, e,** *m/pl.* **-aux** [fis'kal, ~'ko] fiscal, tax ...

fissile [fi'sil] fissile; **fission** [~'sjɔ̃] *f* (*esp. phys.* nuclear) fission; **fissure** [~'syːr] *f* fissure (*a.* ⚕), crack, split, crevice; **fissurer** [~sy're] (1a) *v/t. a. se* ~ crack, fissure.

fiston *sl.* [fis'tɔ̃] *m* son, youngster.

fistule ⚕ [fis'tyl] *f* fistula.

fixage [fik'saːʒ] *m* fixing; **fixateur** [~sa'tœːr] *m* fixer; **fixation** [~sa'sjɔ̃] *f* fixing; *admin.* assessment; ⚗ fixation; attachment; **fixe** [fiks] **1.** *adj.* fixed; steady; firm, fast; stationary; regular (*price*); *arrêt m* ~ regular stop; *traffic sign*: all buses *etc.* stop here; *étoile f* ~ fixed star; **2.** *su./m* fixed salary; **fixe-chaussettes** [~ʃo'sɛt] *m* suspender, *Am.* sock-suspender, garter; **fixer** [fik'se] (1a) *v/t.* fix (*a. phot.*, ⚗, ✝, *value, time*), fasten; settle, appoint; hold (*s.o.'s attention*); decide, determine; keep one's eye on (*s.th.*), stare at; ⚔ fix, hold; ⚖ assess (*damages*); ~ *les yeux sur* stare at, look hard at; *se* ~ settle (down); **fixité** [~si'te] *f* fixity.

flac! [flak] *int.* slap!; crack!; plop! (*into water*); *faire* ~ plop.

flacon [fla'kɔ̃] *m* bottle; flask; ~ *plat* hip flask.

flageller [flaʒɛl'le] (1a) *v/t.* scourge, lash.

flageoler [flaʒɔ'le] (1o) *v/i.* tremble, shake.

flageolet[1] ♪ [flaʒɔ'lɛ] *m* flageolet.

flageolet[2] *cuis.* [~] *m* (small) kidney bean, flageolet.

flagorner [flagɔr'ne] (1a) *v/t.* flatter; toady to; fawn upon; **flagornerie** [~nə'ri] *f* flattery, F soft soap; toadying.

flagrant, e [fla'grɑ̃, ~'grɑ̃ːt] flagrant; striking; *en* ~ *délit* red-handed, in the very act.

flair [flɛːr] *m dog*: scent; *fig.* nose; *fig. person*: flair; *avoir du* ~ *pour* have a flair for; **flairer** [flɛ're] (1b) *v/t.* scent (*a. fig.*); smell; *fig.* suspect; *sl.* smell of.

flamand, e [fla'mɑ̃, ~'mɑ̃ːd] **1.** *adj.* Flemish; **2.** *su./m ling.* Flemish; *su.* ♀ Fleming.

flamant *orn.* [fla'mɑ̃] *m* flamingo.

flambant, e [flɑ̃'bɑ̃, ~'bɑ̃ːt] **1.** *adj.* blazing; *fig.* brilliant; **2.** *flambant adv.*: *tout* ~ *neuf* brandnew; **flambeau** [~'bo] *m* torch; candlestick; candelabra; **flambée** [~'be] *f* blaze, blazing fire; *fig.* surge, outburst; ✝ *prices etc.*: zooming *or* shooting up; **flamber** [~'be] (1a) *v/i.* flame, blaze; burn; ⊕ buckle (*metal rod*); *v/t.* singe; ⚕ sterilize (*a needle in a flame*); *fig. sl. être flambé* be done for; **flamboyer** [~bwa'je] (1h) *v/i.* blaze (*fire, a. fig.*).

flamme [flɑ:m] *f* flame; *fig.* love, passion; ⚔, ⚓ pennon, pennant; *être en ~s* be on fire.
flammèche [fla'mɛʃ] *f* spark.
flan [flɑ̃] *m cuis.* baked-custard tart; ⊕ *etc.* blank; *sl. c'est du ~!* that's a load of hooey!
flanc [flɑ̃] *m* flank, side; *~ de coteau* hillside; F *sur le ~* laid up; exhausted; *sl. tirer au ~* malinger, F swing the lead.
flancher F [flɑ̃ʃe] (1a) *v/i.* flinch; give in; F quit, chicken out; ⊕ break down.
flandrin † F [flɑ̃'drɛ̃] *m* lanky fellow.
flanelle *tex.* [fla'nɛl] *f* flannel.
flâner [flɑne] (1a) *v/i.* stroll; lounge about; loaf; saunter; **flâneur** *m*, **-euse** *f* [~'nœ:r, ~'nø:z] stroller; lounger, loafer.
flanquer[1] F [flɑ̃'ke] (1m) *v/t.* throw, chuck; deal, land (*a blow*); *~ q. à la porte* chuck s.o. out; give s.o. the sack.
flanquer[2] [flɑ̃'ke] (1m) *v/t.* ⚔, △, *etc.* flank; **flanqueur** ⚔ [~'kœ:r] *m* flanker.
flapi, e F [fla'pi] tired out, fagged out.
flaque [flak] *f* puddle, pool.
flash, *pl.* **flashes** [flaʃ] *m phot.* flash-light; *radio, telev.*: newsflash.
flasque[1] [flask] flabby, limp.
flasque[2] [~] *f* ⚕ flask; † powder-horn.
flasque[3] [~] *m* ⊕ *lathe etc.*: cheek; support (*of dynamo*); *mot.* wheel-disk.
flatter [fla'te] (1a) *v/t.* flatter (s.o. on s.th., *q. sur qch.*; s.o. by *or* in *ger.*, *q. de inf.*); humo(u)r (*s.o.*); caress, stroke; **flatterie** [~'tri] *f* flattery; **flatteur, -euse** [~'tœ:r, ~'tø:z] **1.** *adj.* flattering; pleasing; **2.** *su.* flatterer; sycophant.
flatulence ⚕ [flaty'lɑ̃:s] *f* flatulence, F wind; **flatulent, e** [~ty'lɑ̃, ~'lɑ̃:t] flatulent, caused by flatulence; **flatuosité** ⚕ [~tɥozi'te] *f* flatus, F wind.
fléau [fle'o] *m* flail; *balance*: beam; *fig.* scourge; pest, curse.
flèche[1] [flɛ:ʃ] *f* arrow; *balance etc.*: pointer; *church*: spire; ⚓ pole; ⊕ *crane*: jib; *en ~* swept-back (*wings*); very rapidly, like an arrow; *fig. faire ~ de tout bois* use all means; *fig. monter en ~* rocket *or* zoom up.
flèche[2] [~] *f bacon*: flitch.
flécher [fle'ʃe] (1f) *v/t.* mark with arrows, arrow (*a course etc.*).
fléchir [fle'ʃi:r] (2a) *v/t.* bend; *fig.* move, touch (*s.o.*); *anat.* flex; *v/i.* bend; give way (*a.* ⚔); sag (*cable, wire, a.* ⚕); weaken; *fig.* flag, fall off; ⚕ go down (*prices*); **fléchissement** [~ʃis'mɑ̃] *m* bending *etc.*; *see fléchir*; **fléchisseur** *anat.* [~ʃi'sœ:r] *adj./m, a. su./m* flexor.
flegmatique [flɛgma'tik] phlegmatic; **flegme** [flɛgm] *m* phlegm; imperturbability, coolness.
flemmard, e *sl.* [flɛ'ma:r, ~'mard] **1.** *adj.* lazy; **2.** *su.* slacker; **flemme** *sl.* [flɛm] *f* laziness; *avoir la ~* not to feel like work, feel lazy; *tirer sa ~* idle one's time away.
flet *icht.* [flɛ] *m* flounder.
flétrir[1] [fle'tri:r] (2a) *v/t.* fade; wilt; wither; *fig.* blight (*s.o.'s hopes*); *se ~* fade; wilt, wither (*flowers*).
flétrir[2] [~] (2a) *v/t.* condemn; stain, blemish; *hist.* brand.
flétrissure[1] [fletri'sy:r] *f* fading; withering.
flétrissure[2] [~] *f* stain, blemish; *hist.* brand.
fleur [flœ:r] *f* flower (*a. fig.*); blossom; bloom (*a. on fruit*); *fig.* prime; *~ de farine* pure wheaten flour; *à ~ de* level with; *à ~ de peau* skin-deep; *en ~* in bloom; F *faire une ~ à q.* do s.o. a good turn; **fleuraison** [flœrɛ'zɔ̃] *f* flowering, blooming.
fleurer [flœ're] (1a) *v/t.* smell of; *v/i.* smell.
fleuret [flœ'rɛ] *m fencing*: foil; *tex.* floss silk; ⚒ drill, borer; *tex. ~ de ...* first-quality ...; **fleurette** [~'rɛt] *f* small flower; *conter ~ à* say sweet nothings to; **fleurir** [~'ri:r] (2o) *v/i.* flower, bloom; *fig.* flourish, thrive; *v/t.* decorate with flowers; *fig.* make florid; **fleuriste** [~'rist] *adj., a. su.* florist; (*boutique de*) *~* flower shop; **fleuron** [~'rɔ̃] *m* ⚘ floret; rosette; △ finial; *typ.* fleuron; *fig. un ~ à sa couronne* a feather in one's cap.
fleuve [flœ:v] *m* river.
flexible [flɛk'sibl] **1.** *adj.* flexible; **2.** *su./m* ⚡ flex; **flexion** [~'sjɔ̃] *f* ⊕, *a. sp.* bending; ⊕ flexion, sagging; *gramm.* inflexion; **flexueux, -euse** [~'sɥø, ~'sɥø:z] winding; ⚘ flexuose.
flibuster [flibys'te] (1a) *v/i.* buccaneer; *v/t. sl.* steal, pinch.
flic *sl.* [flik] *m* policeman, copper,

Am. cop; detective; **flicaille** *sl.* [fli'kaj] *f*: *la* ~ the police, *sl.* the fuzz.
flic flac [flik'flak] *int.* crack.
flingot *sl.* [flɛ̃'go] *m* rifle, gun; **flinguer** F [~'ge] (1m) *v/t.* shoot (s.o.), F gun (*s.o.*) down.
flipper[1] [fli'pœ:r] *m* pin-ball machine.
flipper[2] F [fli'pe] (1a) *v/i.* flip.
flirt [flœrt] *m* flirt(ation); **flirter** [flœr'te] (1a) *v/i.* flirt.
floche [flɔʃ] soft, flabby; floss (*silk*).
flocon [flɔ'kɔ̃] *m snow*: flake; *wool*: flock; **floconneux, -euse** [~kɔ'nø, ~'nø:z] fleecy; ⚗ flocculent.
flonflons [flɔ̃'flɔ̃] *m/pl.* blare *sg.*
floraison [flɔrɛ'zɔ̃] *f* flowering, blooming; **floral, e,** *m/pl.* **-aux** [~'ral, ~'ro] floral.
flore [flɔ:r] *f* ⚘ flora; *myth.* ♀ Flora.
florès [flɔ'rɛ:s] *m*: *faire* ~ be in vogue; be a success.
floriculture [flɔrikyl'ty:r] *f* flower growing; **florilège** [~'lɛ:ʒ] *m* (verse) anthology.
florissant, e *fig.* [flɔri'sɑ̃, ~'sɑ̃:t] flourishing.
flot [flo] *m* wave; stream; crowd; *fig.* flood; *à* ~ afloat; ⚓ *mettre qch. à* ~ (re)float s.th.; launch s.th.; **flottaison** ⚓ [flɔtɛ'zɔ̃] *f* floating; *ligne f de* ~ *ship*: water-line; **flottant, e** [~'tɑ̃, ~'tɑ̃:t] (*a.* ✝); flowing (*hair*); loose (*garment*); *fig.* irresolute; *fig.* elusive (*personality*); *pol. électeur* ~ floating voter.
flotte[1] [flɔt] *f* ⚓ fleet; F *the* navy; F water, rain.
flotte[2] [~] *f fishing*: float.
flotter [flɔ'te] (1a) *v/i.* float; flow (*hair*); *fig.* waver (*a.* ⚔), be irresolute; **flotteur** [~'tœ:r] *m* raftsman; ⊕, *a. fishing*: float; ⚓ anchor buoy.
flottille ⚓ [flɔ'ti:j] *f* flotilla; ~ *de pêche* fishing fleet.
flou, floue [flu] **1.** *adj.* blurred; soft (*hair*); loose-fitting (*garment*); **2.** *su./m* haziness; *phot.* blurring.
flouer *sl.* [flu'e] (1a) *v/t.* swindle; do (*s.o.*).
fluctuation [flyktɥa'sjɔ̃] *f* fluctuation (*a.* ✝); ⊕ ~ *de charge* variation of load; **fluctuer** [~'tɥe] (1n) *v/i.* fluctuate.
fluet, -ette [fly'ɛ, ~'ɛt] thin (*a. voice*), slender.
fluide [flɥid] **1.** *adj.* fluid; *fig. a.* (smoothly) flowing; **2.** *su./m* fluid; **fluidifier** [flɥidi'fje] (1o) *v/t.* fluidify; **fluidité** [~'te] *f* fluidity.
flûte [fly:t] *f* ♪ flute; tall champagne (*etc.*) glass; long thin roll (*of bread*); *tex.* shuttle; F ~*s pl.* (long, thin) legs; *sl.* ~! dash it!; bother!; *sl. jouer des* ~*s* take to one's heels; **flûter** [fly'te] (1a) *v/i.* ♪ play the flute; *sl.* drink; F *envoyer* ~ *q.* tell s.o. to go to blazes; *voix f flûtée* melodious voice; piping voice; **flûtiste** ♪ [~'tist] *m* fl(a)utist.
fluvial, e, *m/pl.* **-aux** [fly'vjal, ~'vjo] river...; water...
flux [fly] *m* flow; *cards, face*: flush; ⚕, ⚡, ⚗, *metall.* flux; *le* ~ *et le reflux* the ebb and flow; **fluxion** ⚕, *a.* † ⚖ [flyk'sjɔ̃] *f* fluxion, ⚕ *a.* inflammation, swelling; ~ *à la joue* gumboil; ~ *de poitrine* pneumonia.
foc ⚓ [fɔk] *m* jib; *grand* (*petit*) ~ outer (inner) jib.
focal, e, *m/pl.* **-aux** *phot., opt.,* ⚖ [fɔ'kal, ~'ko] focal; **focalisation** [~kaliza'sjɔ̃] *f* focussing; **focaliser** [~kali'ze] (1a) *v/t.* focus.
foëne [fwɛn] *f* pronged harpoon.
foi [fwa] *f* faith; belief; trust, confidence; *ajouter* ~ *à* believe (in); *de bonne* (*mauvaise*) ~ *adv.* in good (bad) faith; *adj.* honest (dishonest); *digne de* ~ reliable; *faire* ~ be a proof; be authentic (of, *de*); attest (that, *que*); *ma* ~! upon my word!; *mauvaise* ~ insincerity; unfairness; *sous la* ~ *du serment* on oath.
foie [~] *m* liver; *sl. avoir les* ~*s* be in a funk.
foin[1] [fwɛ̃] **1.** *su./m* hay; *sl.* row; F *avoir du* ~ *dans ses bottes* have feathered one's nest; *faire du* ~ kick up a row.
foin[2]! [~] *int.* bah!
foire[1] [fwa:r] *f* fair; F *fig.* madhouse; F *fig.* ~ *d'empoigne* free-for-all; rat race; *sl. faire la* ~ whoop it up.
foire[2] *sl.* † [~] *f* diarrhoea.
fois [fwa] *f* time, occasion; *une* ~ once; *deux* ~ twice; *trois* ~ three times; *à la* ~ at once; at the same time; *encore une* ~ once more; *une* ~ *que* when.
foison [fwa'zɔ̃] *f* abundance, plenty; *à* ~ in abundance; galore; **foisonner** [~zɔ'ne] (1a) *v/i.* abound (in, with *de*), teem (with, *de*); swell (*earth, lime*); ⊕ buckle (*metal*).
fol [fɔl] *see fou.*
folâtre [fɔ'lɑ:tr] playful, frisky; **folâtrer** [~lɑ'tre] (1a) *v/i.* frolic,

frisk; gambol; F act the fool; **folâtrerie** [~latrə'ri] *f* playfulness; sportiveness; frolic; **folichon, -onne** F [~li'ʃɔ̃, ~'ʃɔn] playful, frolicsome; wanton; **folie** [~'li] *f* madness; folly; mania; *~ des grandeurs* megalomania; *aimer q. à la ~* love s.o. to distraction.

folié, e ⚘ [fɔ'lje] foliate(d); **folio** *typ. etc.* [~'ljo] *m* folio; **folioter** [~ljɔ'te] (1a) *v/t.* folio, paginate.

folklore [fɔl'klɔ:r] *m* folklore.

folle [fɔl] *see fou*; *~ farine* flour dust; **follet, -ette** [fɔ'lɛ, ~'lɛt] (slightly) mad; scatterbrained; *esprit m ~* goblin; *poil m ~* down; *see feu.*

folliculaire F [fɔliky'lɛ:r] *m* hack writer; **follicule** ⚘, *anat.* [~'kyl] *m* follic(u)le.

fomentateur *m*, **-trice** *f* [fɔmɑ̃ta'tœ:r, ~'tris] fomenter; **fomentation** ⚕, *a. fig.* [~ta'sjɔ̃] *f* fomentation; **fomenter** [~'te] (1a) *v/t.* ⚕ foment (*a. fig.*); *fig.* stir up.

foncé, e [fɔ̃'se] dark, deep (*colour*); *bleu ~* dark blue; **foncer** [~'se] (1k) *v/t.* make darker, darken, deepen (*a colour*); bottom (*a cask*); *v/i.* darken, grow darker; F rush, dash (at, *sur*).

foncier, -ère [fɔ̃'sje, ~'sjɛ:r] landed, real (*property*); ground (*landlord, rent*); *fig.* thorough, fundamental.

fonction [fɔ̃k'sjɔ̃] *f* function (*a.* ⚗, *a.* ⚕); *fig. en ~ de* in step with, hand in hand with; *faire ~ de* act as; **fonctionnaire** [fɔ̃ksjɔ'nɛ:r] *m* official; civil servant; office bearer; **fonctionnel, -elle** [~'nɛl] functional; **fonctionner** [~'ne] (1a) *v/i.* function (*a.* ⚕); ⊕ work (*brake, machine, etc.*).

fond [fɔ̃] *m* bottom; *sea*: bed; ⚠, *a. fig.* foundation, *fig.* basis; *paint.* background; back, far end; *fig.* gist, essence; *à ~* thoroughly; *à ~ de train* at top speed; *article m de ~* leading article, leader; *au ~* after all; at bottom; *de ~ en comble* from top to bottom; **fondamental, e,** *m/pl.* **-aux** [fɔ̃damɑ̃'tal, ~'to] fundamental; radical; essential.

fondant, e [fɔ̃'dɑ̃, ~'dɑ̃:t] **1.** *adj.* melting; juicy (*fruit*); **2.** *su./m* fondant; *metall.* flux.

fondateur *m*, **-trice** *f* [fɔ̃da'tœ:r, ~'tris] founder; **fondation** [~'sjɔ̃] *f* founding; foundation (*a.* ⚠); institution; **fondé, e** [fɔ̃'de] **1.** *adj.* founded, justified; authorized; ⚚ funded (*debt*); *être ~ à* (*inf.*) be entitled to (*inf.*), have reason to (*inf.*); **2.** *su./m*: *~ de pouvoir* ⚖ proxy, holder of a power of attorney; ⚚ managing director; ⚚ chief clerk;

fondement [fɔ̃d'mɑ̃] *m* base, foundation; F behind, bottom; *sans ~* groundless, unfounded; **fonder** [fɔ̃'de] (1a) *v/t.* found (*a.* ⚚, *a. fig.*); ⚚ start (*a firm, a paper*); ⚚ fund (*a debt*); *fig.* base, justify.

fonderie ⊕, *metall.* [fɔ̃'dri] *f* foundry; smelting works *usu. sg.*; founding; **fondeur** [~'dœ:r] *m* founder; smelter; *typ. ~ en caractères* type-founder; **fondre** [fɔ̃:dr] (4a) *v/t. metall.* smelt; *metall.* cast (*a bell, a statue*); melt; dissolve; thaw (*snow*); blend (*colours*); ⚚ amalgamate; *v/i.* melt (*a. fig.*); *fig.* grow thinner; dissolve (*fig.* in, *en*); ⚡ blow (*fuse*); *~ sur* swoop upon, pounce upon; *fig.* bear down upon (*s.o.*).

fondrière [fɔ̃dri'ɛ:r] *f* bog, quagmire; hollow (*in the ground*).

fonds [fɔ̃] *m* land, estate; ⚚ stock-in-trade; fund; *~ pl.* cash *sg.*, capital *sg.*, means; ⚚ public funds; ⚚ *~ de commerce* business, goodwill; ⚚ *~ pl. de roulement* working capital *sg.*, cash reserve *sg.*; *~ perdu* life annuity; F *à ~ perdu* without security.

fondue *cuis.* [fɔ̃'dy] *f* fondue, melted cheese.

font [fɔ̃] *3rd p. pl. pres. of faire.*

fontaine [fɔ̃'tɛn] *f* fountain; spring; *eau f de ~* spring water; F *ouvrir la ~* turn on the waterworks (= *start to cry*); **fontainier** [~tɛ'nje] *m* fountain-maker; filter-maker; wellsinker; *admin.* turncock.

fonte [fɔ̃:t] *f* melting; *ore*: smelting; *metal*: casting; *snow*: thawing; *typ.* fount; cast iron.

fonts *eccl.* [fɔ̃] *m/pl.* (*a. ~ baptismaux*) font *sg.*; *tenir* (*or porter*) *sur les ~ baptismaux* stand sponsor to (*a child*); *fig.* (help to) launch (*s.th.*).

foot F [fut] *m*, **football** *sp.* [fut'bɔl] *m* (Association) football, F soccer; **footballeur** [~bɔ'lœ:r] *m* footballer.

for [fɔ:r] *m*: *~ intérieur* conscience; *dans* (*or en*) *mon ~ intérieur* in my heart of hearts.

forage ⊕, ⚒ [fɔ'ra:ʒ] *m* boring, drilling; bore-hole.

forain, e [fɔ'rɛ̃, ~'rɛn] **1.** *adj.* † alien, foreign; itinerant; *fête f* ~*e* fun fair; **2.** *su.* strolling player; hawker.
forban [fɔr'bɑ̃] *m hist.* buccaneer, pirate; crook, shark.
forçat [fɔr'sa] *m* convict; † galley-slave.
force [fɔrs] **1.** *su./f* strength; might; force (*a.* ⚔, *a.* ⊕); power (*a.* ⊕); authority; ~ *aérienne* (*tactique*) (tactical) air force; ~ *de frappe* ⚔ strike force; *fig.* force(fulness); ⚖ ~ *majeure* overpowering circumstances *pl.*; ~ *motrice* ⊕ horsepower; *fig.* motive power; *phys.* ~ *vive* kinetic energy; momentum; *à* ~ *de* by dint of, by means of; *à toute* ~ despite opposition, at all costs; *de première* ~ first-class ...; *de vive* ~ by sheer force; *un cas de* ~ *majeure* an act of God; **2.** *adv.* † many, plenty of; **forcément** [fɔrse'mɑ̃] *adv.* necessarily, inevitably.
forcené, e [fɔrsə'ne] **1.** *adj.* mad, frantic, frenzied; **2.** *su./m* madman; *su./f* madwoman.
forcer [fɔr'se] (1k) *v/t.* force; compel, oblige; ⚔ take by storm; run (*a blockade*); break open; pick (*a lock*); ⚕, ⊕ strain; ⊕ buckle (*a plate*); increase (*one's pace, speed*); *être forcé de* (*inf.*) be obliged to (*inf.*); **forcerie** ✓ [~sə'ri] *f* forcing house; forcing bed.
forer ⊕ [fɔ're] (1a) *v/t.* bore, drill.
forestier, -ère [fɔrɛs'tje, ~'tjɛ:r] **1.** *adj.* forest-...; forest-clad; forester's ...; **2.** *su./m* forester.
foret ⊕ [fɔ'rɛ] *m* drill; bit; gimlet.
forêt [~] *f* forest (*a. fig.*); *fig. hair*: shock; ~ *vierge* virgin forest.
foreur ⊕ [fɔ'rœ:r] *m* borer, driller; **foreuse** [~'rø:z] *f* ⊕ *machine*: drill; ⚒ rock-drill.
forfaire [fɔr'fɛ:r] (4r) *v/i.* be false (to, *à*); ~ *à* fail in (*one's duty*).
forfait[1] [fɔr'fɛ] *m* heinous crime.
forfait[2] *sp.* [~] *m* forfeit, fine; withdrawal; *déclarer* ~ *sp.* scratch (a horse); withdraw from the competition (*a. fig.*); *fig.* give up.
forfait[3] [fɔr'fɛ] *m* contract; *à* ~ for a fixed sum; by contract; job-(*work*); (*buy, sell*) as a job lot; *travail m à* ~ contract work; **forfaitaire** [~fɛ'tɛ:r] lump (*sum*); **forfaiture** [~fɛ'ty:r] *f* abuse (*of authority*); breach (*of duty, honour, etc.*).
forfanterie [fɔrfɑ̃'tri] *f* bragging, boasting.
forge [fɔrʒ] *f* forge, smithy; ~*s pl.* ironworks *usu. sg.*; **forgeable** [fɔr'ʒabl] forgeable; **forger** [~'ʒe] (1l) *v/t.* forge; *fig.* invent; **forgeron** [~ʒə'rɔ̃] *m* (black)smith; ironsmith; **forgeur** [~'ʒœ:r] *m* forger.
formaliser [fɔrmali'ze] (1a) *v/t.*: *se* ~ take offence (at, *de*); **formaliste** [~'list] **1.** *adj.* formal, stiff; **2.** *su.* formalist (*a. phls.*); stickler for formalities; **formalité** [~li'te] *f* form(ality); ceremony; *une simple* ~ a pure formality; **format** [fɔr'ma] *m* size (*a. phot.*); *book*: format; **formateur, -trice** [~ma'tœ:r, ~'tris] **1.** *adj.* formative; **2.** *su.* former, maker; **formation** [~ma'sjɔ̃] *f* formation (*a.* ⚔, ✈); education; ~ (*professionnelle* vocational) training; **forme** [fɔrm] *f* form (*a.* ⚖, *sp., fig., typ., a.* = *hare's lair*); shape; pattern; mo(u)ld; formality; ⚓ dock; ~*s pl.* manners; *en* ~ fit, up to the mark *or* to scratch; *par* ~ *d'avertissement* by way of warning; *pour la* ~ for the sake of appearances; *sous* (*la*) ~ *de* in the form of; *prendre* ~ take shape; *prendre la* ~ *de* take the form *or* shape of; **formel, -elle** [fɔr'mɛl] formal; strict; categorical; **former** [~'me] (1a) *v/t.* form; fashion, shape; *fig.* constitute; mo(u)ld; *fig.* train (*s.o.*).
formidable [fɔrmi'dabl] formidable, dreadful; F terrific, *sl.* smashing, *Am.* swell.
formique ⚗ [fɔr'mik] formic (*acid etc.*).
formulaire [fɔrmy'lɛ:r] *m* formulary; pharmacopoeia; *admin.* form; **formule** [~'myl] *f* ⅌, ⚗, *a. fig.* formula; ⚕ recipe; *admin.*, ☎, *post*: form; **formuler** [~my'le] (1a) *v/t.* formulate, draw up; lodge (*a complaint*); state precisely; *fig.* put into words; ⚕ ~ *une ordonnance* write out a prescription.
fornication [fɔrnika'sjɔ̃] *f* fornication.
fors † [fɔ:r] *prp.* except.
fort, forte [fɔ:r, fɔrt] **1.** *adj.* strong; robust; clever (at, *en*); good (at, *en*); large (*sum*); *fig.* big; ample (*resources*); thick; stout (*person*); heavy (*beard, rain, sea, soil*); steep (*slope*); high (*fever, wind*); *fig.* difficult; *fig.* severe; *à plus* ~*e rai-*

son all the more; *esprit m* ~ free-thinker; *se faire* ~ *de* undertake to; **2.** *fort adv.* very; strongly; loud(ly); **3.** *su./m* strong part; strong man; *fig.* strong point; *fig.* height (*of debate, fever, season*); ⚔ fort, stronghold; ~ *de la Halle* market porter.

forteresse ⚔ [fɔrtəˈrɛs] *f* fortress; stronghold (*a. fig.*).

fortifiant, e [fɔrtiˈfjɑ̃, ~ˈfjɑ̃:t] **1.** *adj.* strengthening; invigorating; **2.** *su./m* tonic; **fortification** [~fikaˈsjɔ̃] *f* fortification; **fortifier** [~ˈfje] (1o) *v/t.* ⚔, *fig.* fortify; strengthen (*a. fig.*); invigorate; *se* ~ grow stronger.

fortin ⚔ [fɔrˈtɛ̃] *m* small fort.

fortuit, e [fɔrˈtɥi, ~ˈtɥit] chance..., accidental.

fortune [fɔrˈtyn] *f* fortune, luck; chance; wealth; *bonne* (*mauvaise*) ~ good (bad) luck; *dîner à la* ~ *du pot* take pot-luck; ⚓ *mât m de* ~ jury-mast; *sans* ~ poor; *tenter* ~ try one's luck; **fortuné, e** [fɔrtyˈne] fortunate; well-off, rich.

forure ⊕ [fɔˈry:r] *f* bore(-hole).

fosse [fo:s] *f* pit, hole; trench; grave; *lions*: den; *mot.* inspection pit; **fossé** [foˈse] *m* ditch, trench; *castle*: moat; **fossette** [~ˈsɛt] *f* dimple.

fossile [fɔˈsil] **1.** *adj.* fossilized (*a. fig.*); **2.** *su./m* fossil (*a. fig.*).

fossoyer ⚒ [foswaˈje] (1h) *v/t.* trench, drain; **fossoyeur** [~ˈjœ:r] *m* grave-digger.

fou (*adj. before vowel or h mute* **fol**) *m*, **folle** *f*, *m/pl.* **fous** [fu, fɔl, fu] **1.** *adj.* mad, insane, crazy; *fig.* enormous, tremendous; silly, foolish; *devenir* (*rendre q.*) ~ go (drive s.o.) mad; **2.** *su.* lunatic; *su./m* fool; madman; *chess*: bishop; ~*s pl. du volant* reckless drivers; *su./f* madwoman.

fouailler † [fwɑˈje] (1a) *v/t.* flog; beat.

foudre[1] [fudr] *m* tun.

foudre[2] [fudr] *f* thunderbolt; lightning; *coup m de* ~ thunderbolt (*a. fig.*); *fig.* love at first sight; *fig.* bolt from the blue; *la* ~ *est tombée* lightning struck (at, *à*); **foudroyer** [fudrwaˈje] (1h) *v/t.* strike (by lightning); *fig.* strike down; *fig.* dumbfound, crush; ~ *du regard* look daggers at.

fouëne [fwɛn] *f see foëne.*

fouet [fwɛ] *m* whip; ~ (*à œufs*) (egg) whisk; **fouetter** [fwɛˈte] (1a) *v/t.* whip; birch; flog (*a child*); whisk (*eggs*); *rain*: lash against (*a window*); *v/i.* lash (*rain*).

fougère ⚘ [fuˈʒɛ:r] *f* fern.

fougue [fug] *f* fire, spirit, dash; (*youthful*) enthusiasm; **fougueux, -euse** [fuˈgø, ~ˈgø:z] fiery, mettlesome, spirited (*horse*); impetuous.

fouille [fu:j] *f* excavation; *fig.* search; **fouillé, e** [fuˈje] detailed; elaborate; **fouiller** [~] (1a) *v/t.* dig, excavate; search (*s.o.*); *v/i.* rummage; **fouillis** [~ˈji] *m* jumble, mess.

fouinard, e F [fwiˈna:r, ~ˈnard] inquisitive; sneaking; **fouine** *zo.* [fwin] *f* stone marten; **fouiner** F [fwiˈne] (1a) *v/i.* nose *or* ferret about.

fouir [fwi:r] (2a) *v/t.* dig; **fouisseur, -euse** [fwiˈsœ:r, ~ˈsø:z] **1.** *adj.* burrowing (*animal*); **2.** *su./m* burrower, burrowing animal.

foulage [fuˈla:ʒ] *m* pressing; ⊕ *cloth, leather*: fulling; *metall.* ramming; *typ.* impression.

foulard [fuˈla:r] *m* silk neckerchief *or* handkerchief; *tex.* foulard.

foule [ful] *f* crowd, multitude, throng; mob; heaps *pl.*; *tex., cloth, leather*: fulling; **fouler** [fuˈle] (1a) *v/t.* tread; trample down; press, crush; ⚕ strain, wrench; *tex.* full; *metall.* ram; *fig.* ~ *aux pieds* ride rough-shod over; **foulerie** [fulˈri] *f* fulling-mill; **fouleur** *tex.* [fuˈlœ:r] *m* fuller; **fouloir** [~ˈlwa:r] *m tex.* fulling-stock; fulling-mill; *metall.* rammer; **foulon** *tex.* [~ˈlɔ̃] *m person*: fuller; *terre f à* ~ fuller's earth; **foulure** ⚕ [~ˈly:r] *f* sprain, wrench.

four [fu:r] *m* oven; cooker; ⊕ furnace, kiln; *thea., a.* F failure, F flop; ~ *à chaux* lime-kiln; *faire* ~ be a failure *or* F a flop; *petits* ~*s pl.* small fancy cakes.

fourbe [furb] **1.** *adj.* rascally; double-dealing; **2.** *su.* cheat; **fourberie** [furbəˈri] *f* swindle; deceit, trickery; *Am.* skulduggery.

fourbi F [furˈbi] *m* equipment, ⚔ kit; thingumajig; **fourbir** [~ˈbi:r] (2a) *v/t.* furbish, polish up.

fourbu, e [furˈby] tired out, exhausted.

fourche [furʃ] *f* fork; *en* ~ forked; **fourcher** [furˈʃe] (1a) *v/i.* fork, branch; *fig. la langue m'a fourché* I made a slip of the tongue; **fourchet** [~ˈʃɛ] *m* fork; *vet.* foot-rot; **fourchette** [~ˈʃɛt] *f* (table)fork; wishbone; *statistics etc.*: bracket; *prices etc.*: range; *avoir un bon coup de* ~ be a hearty eater; **fourchon** [~ˈʃɔ̃] *m fork*: prong; *bough*: fork; **fourchu, e** [~ˈʃy] forked; cloven (*hoof*).

fourgon¹ [furˈgɔ̃] *m* van, waggon; 🚃 luggage van, *Am.* baggage *or* freight car.

fourgon² [furˈgɔ̃] *m* poker, fire-rake; **fourgonner** [~gɔˈne] (1a) *v/t.* poke (*the fire*); *v/i.* poke (the fire); *fig.* poke about (in, *dans*).

fourgonnette *mot.* [furgɔˈnɛt] *f* light van.

fourmi *zo.* [furˈmi] *f* ant; ~ *blanche* termite; *fig. avoir des* ~*s* have pins and needles; **fourmilier** *zo.* [furmiˈlje] *m* ant-eater; **fourmilière** [~ˈljɛːr] *f* ant-hill, ants' nest; *fig.* swarm, nest; **fourmi(-)lion,** *pl.* **fourmis(-)lions** *zo.* [~ˈljɔ̃] *m* ant-lion; **fourmiller** [~ˈje] (1a) *v/i.* swarm, teem (with, *de*); *fig.* tingle.

fournaise *poet., a. fig.* [furˈnɛːz] *f* furnace; **fourneau** [~ˈno] *m* ⊕ furnace; cooker, stove; ⚒, ⚔ *mine*: chamber; *pipe*: bowl; *sl.* fool, idiot; *metall. haut* ~ blast-furnace; **fournée** [~ˈne] *f* ovenful; ⊕, *metall.* charge; ⊕ *bricks*: baking; *loaves, a. fig.*: batch.

fourni, e [furˈni] supplied; thick, abundant; bushy (*beard*).

fournier [furˈnje] *m* baker; oven-man; **fournil** [~ˈni] *m* bakehouse.

fourniment ⚔ [furniˈmɑ̃] *m* kit, equipment; **fournir** [~ˈniːr] (2a) *v/t.* furnish, supply, equip (with, *de*); provide; † stock (*a shop*); **fournisseur** † [~niˈsœːr] *m* supplier, caterer; tradesman; **fourniture** [~ˈtyːr] *f* supplying; ~*s pl.* supplies; equipment *sg.*

fourrage [fuˈraːʒ] *m* forage, fodder; ⚔ foraging; **fourrager** [furaˈʒe] (1l) *v/i.* forage; *fig.* rummage, search; *v/t. fig.* ravage; **fourragère** ⚔ [~ˈʒɛːr] **1.** *su./f* forage waggon; lanyard; shoulder-braid; **2.** *adj./f*: *plante f* ~ fodder plant.

fourré, e [fuˈre] fur-lined; furry; lined; filled (with, *de*); *fig. coup m* ~ backhanded blow; *paix f* ~*e* sham peace.

fourreau [fuˈro] *m* ⚔ sheath (*a. cost., a. fig.*); case; ⊕ sleeve; ⊕ *cylinder*: liner.

fourrer [fuˈre] (1a) *v/t.* line with fur; stuff, thrust; cram; F stick, poke; ⊕ pack (*a joint*); *se* ~ wrap o.s. up; hide o.s.; thrust o.s.; **fourreur** [~ˈrœːr] *m* furrier.

fourrier [fuˈrje] *m* ⚔ quartermaster-sergeant; *fig.* forerunner; **fourrière** [~ˈrjɛːr] *f* pound; *emmener une voiture à la* ~, *mettre une voiture en* ~ tow a car away.

fourrure [fuˈryːr] *f* fur; skin; lining (*a. mot. brake*); ⊕ *joint*: packing; △ filler-block.

fourvoyer [furvwaˈje] (1h) *v/t.* lead astray, mislead; *se* ~ go astray; be mistaken.

foutaise F [fuˈtɛːz] *f* rubbish, rot.

foutre V [futr] **1.** (4a) *v/t.* throw; give; do; ~ *la paix à q.* leave s.o. alone; shut up; ~ *le camp* clear out, go; ~ *q. dedans* do *or* cheat s.o.; *je m'en fous* I don't care, I don't give a damn; *se* ~ *de* not to care a hang *or sl.* a damn about; **2.** *int.* gosh!; damn it!; **foutu, e** F [fuˈty] damned, *Br. sl.* bloody; done for, finished, *sl.* bust(ed).

fox *zo.* [fɔks] *m* (*a. fox-terrier*) fox terrier; ~**-trot** [~ˈtrɔt] *m/inv.* foxtrot.

foyer [fwaˈje] *m* hearth, fire(-place); *fig.* home; ⊕ fire-box, combustion chamber; *boiler*: furnace; Å, ⚕, *phot., phys.* focus; *hotel*: lounge; *fig.* seat, centre; *thea.* ~ *des artistes* green-room; ~ *des étudiants* (university) hall of residence; *building*: Students' Union.

frac [frak] *m* dress-coat.

fracas [fraˈka] *m* crash; din, shindy; **fracassant, e** [~kaˈsɑ̃, ~ˈsɑ̃ːt] deafening (*noise*); *fig.* sensational, F shattering, F thundering; **fracasser** [~kaˈse] (1a) *v/t.* shatter; smash to pieces.

fraction [frakˈsjɔ̃] *f* fraction (*a.* Å), portion; *pol.* group; Å ~ *continue* continued fraction; **fractionnaire** [fraksjɔˈnɛːr] fractional; *nombre m* ~ mixed number; improper fraction; **fractionner** [~ˈne] (1a) *v/t.* split up; ⊕, ⚗ fractionate; crack (*mineral oils*); Å fractionize.

fracture [frakˈtyːr] *f* breaking open; *lock*: forcing; ⚕, *geol.* fracture; **fracturer** [~tyˈre] (1a) *v/t.* break open; force (*a lock*); ⚕ fracture, break; ⚕ *se* ~ *un bras* fracture *or* break one's arm.

fragile [fraˈʒil] fragile; brittle; *fig.* weak; ✝ *inscription*: with care; **fragilité** [~ʒiliˈte] *f* fragility; brittleness; *fig.* weakness, frailty.

fragment [fragˈmɑ̃] *m* fragment, bit; snatch (*of a song*); **fragmentaire** [~mɑ̃ˈtɛːr] fragmentary; in fragments.

frai [frɛ] *m* spawning (season); spawn; fry.

fraîcheur [frɛˈʃœːr] *f* freshness (*a. fig.*); coolness; *fig.* bloom (*a. of flowers*); **fraîchir** [~ˈʃiːr] (2a) *v/i.* grow colder; freshen (*wind*).

frais[1], **fraîche** [frɛ, frɛʃ] **1.** *adj.* fresh; cool; recent; new (*bread*); wet (*paint*); new-laid (*egg*); **2.** *adv.*: *frais arrivé* just arrived; *fleur f fraîche cueillie* freshly gathered *or* picked flower; **3.** *su./m* cool; coolness; *au* ~ in a cool place; *de* ~ freshly.

frais[2] [frɛ] *m/pl.* cost *sg.*, expenses; outlay *sg.*; fees; ⚖ costs; charges; ~ *de livraison* delivery charges; ~ *d'entretien* maintenance costs, upkeep *sg.*; ✝ ~ *de port en plus* carriage *sg.* extra; ~ *de transport* freight charges; carriage *sg.*; *aux* ~ *de* at the expense of; *faire les* ~ *de* bear the cost of; *fig.* provide the topic(s) of (*a conversation*); *peu de* ~ small cost *sg.*; ... *pour* ~ *d'envoi* postage and packing ...

fraise[1] [frɛːz] *f* ⚘ strawberry; ⚕ strawberry mark, n(a)evus.

fraise[2] [~] *f cuis. calf, lamb*: crow; *turkey*: wattle; *collar*: ruff.

fraise[3] ⊕ [frɛːz] *f* countersink (bit); mill; ⊕ ~ *champignon* (*or conique*) rose bit.

fraiser ⊕ [frɛˈze] (1a) *v/t.* mill; countersink.

fraiseuse ⊕ [frɛˈzøːz] *f* milling machine.

fraisier ⚘ [frɛˈzje] *m* strawberry plant.

framboise [frɑ̃ˈbwaːz] *f* raspberry; **framboiser** [frɑ̃bwaˈze] (1a) *v/t.* flavo(u)r with raspberry; **framboisier** ⚘ [~ˈzje] *m* raspberry-bush.

franc[1], **franche** [frɑ̃, frɑ̃ːʃ] **1.** *adj.* frank; free; open, candid; straightforward; fair (*play*); *fig.* real, pure; ~ *de port* carriage paid; post-free; *foot. coup m* ~ free kick; **2.** *franc adv.* frankly; candidly; *pour parler* ~ to be frank.

franc[2] [frɑ̃] *m coin*: franc; *pour un* ~ *de* a franc's worth of.

franc[3], **franque** [frɑ̃, frɑ̃ːk] **1.** *adj.* Frankish; **2.** *su.* ♀ Frank; *in Levant*: European.

français, e [frɑ̃ˈsɛ, ~ˈsɛːz] **1.** *adj.* French; **2.** *su./m ling.* French; ♀ Frenchman; *les* ♀ *m/pl.* the French; *su./f* ♀ Frenchwoman.

franchement [frɑ̃ʃˈmɑ̃] *adv.* frankly; openly; straight (out); F really.

franchir [frɑ̃ˈʃiːr] (2a) *v/t.* jump over, clear; cross; pass through; ⚓ weather (*a headland*); *fig.* overcome; **franchise** [~ˈʃiːz] *f* frankness; openness; *city*: freedom; *admin.* exemption; ~ *de bagages* baggage (*Am.* luggage) allowance; *en* ~ duty-free; **franchissable** [~ʃiˈsabl] passable (*river*); negotiable (*hill*).

franciser [frɑ̃siˈze] (1a) *v/t.* gallicize; **franciste** [~ˈsist] *su.* French scholar *or* specialist.

franc-maçon, *pl.* **francs-maçons** [frɑ̃maˈsɔ̃] *m* freemason; **franc-maçonnerie** [~sɔnˈri] *f* freemasonry.

franco ✝ [frɑ̃ˈko] *adv.* free (of charge).

francophone [frɑ̃kɔˈfɔn] **1.** *adj.* French-speaking; **2.** *su.* French-speaking person.

franc-tireur, *pl.* **francs-tireurs** [frɑ̃tiˈrœːr] *m* ⚔ sniper; *fig.* free lance.

frange [frɑ̃ːʒ] *f* fringe; fringe group; **franger** [frɑ̃ˈʒe] (1l) *v/t.* fringe.

frangin *sl.* [frɑ̃ˈʒɛ̃] *m* brother; **frangine** *sl.* [~ˈʒin] *f* sister.

franquette F [frɑ̃ˈkɛt] *adv.*: *à la bonne* ~ without ceremony.

frappage ⊕ [fraˈpaːʒ] *m* stamping; striking; *coins*: minting; **frappe** [frap] *f* minting; striking; stamp; **frappé, e** [fraˈpe] iced; **frapper** [~ˈpe] (1a) *v/t.* strike (*a. fig.*), hit; mint (*money*); ice (*a drink*); type (*a letter*); punch (out) (*a design*); F *se* ~ get alarmed; *v/i.* strike; knock (at the door, *à la porte*); ~ *du pied* stamp one's foot; ~ *juste* strike home; **frappeur** [~ˈpœːr] **1.** *su./m* ⊕ *etc.* striker; *tel.* tapper; ⊕ stamper; puncher; **2.** *adj./m*: *esprit m* ~ rapping spirit.

frasque [frask] *f* escapade.

fraternel, -elle [fratɛrˈnɛl] fraternal, brotherly; **fraterniser** [~niˈze]

(1a) *v/i.* fraternize (with, *avec*); **fraternité** [\~ni'te] *f* fraternity, brotherhood.

fratricide [fratri'sid] **1.** *su. person*: fratricide; *su./m crime*: fratricide; **2.** *adj.* fratricidal.

fraude [fro:d] *f* fraud, deception; \~ *fiscale* tax evasion; *faire entrer en* \~ smuggle in; **frauder** [fro'de] (1a) *v/i.* cheat; *v/t.* defraud, cheat, swindle; **fraudeur, -euse** [\~'dœ:r, \~'dø:z] **1.** *adj.* fraudulent; **2.** *su.* defrauder; cheat; \~ *fiscal*(e) tax evader.

frayer [frɛ'je] (1i) *v/t.* rub; clear (*a path, a way*); *se* \~ *un chemin* make a way for o.s.; *v/i.* spawn (*fish*); \~ *avec* associate with.

frayeur [frɛ'jœ:r] fright, terror.

fredaine [frə'dɛn] *f* escapade; *faire des* \~*s* sow one's wild oats.

fredonner [frədɔ'ne] (1a) *v/t.* hum (*a tune*).

frégate [fre'gat] *f* ⚓ frigate; *orn.* frigate-bird.

frein [frɛ̃] *m mot. etc., a. fig.* brake; *fig. a.* curb, restraint; *horse*: bit; \~ *à air comprimé* air-brake; \~ *à rétropédalage* back-pedalling brake; 🚂 \~ *de secours* emergency-brake; \~*s pl. à disque* disc brakes; \~ *sur jante* rim-brake; *mettre un* \~ *à* curb, bridle; *ronger son* \~ champ the bit; **freinage** [frɛ'na:ʒ] *m* braking; *puissance de* \~ braking power; *mot. traces f/pl. de* \~ skid marks; **freiner** [frɛ'ne] (1a) *vt/i. mot.* brake; *v/i. mot.* apply the brakes; *v/t. mot.* apply the brakes to; *fig.* restrain, curb; *fig.* put a brake on, check.

frelater [frəla'te] (1a) *v/t.* adulterate (*food, wine*).

frêle [frɛl] frail, weak.

frelon *zo.* [frə'lɔ̃] *m* hornet.

freluquet F [frəly'kɛ] *m* whipper-snapper.

frémir [fre'mi:r] (2a) *v/i.* tremble, shudder; rustle (*leaves*); quiver (*a. fig.* with, *de*); **frémissement** [\~mis'mɑ̃] *m* quiver(ing); shudder(ing); *leaves*: rustle; *wind*: sighing.

frêne ⚘ [frɛ:n] *m* ash(-tree).

frénésie [frene'zi] *f* frenzy, madness; **frénétique** [\~'tik] frantic; frenzied (*a. fig.*).

fréquemment [freka'mɑ̃] *adv. of fréquent*; **fréquence** [fre'kɑ̃:s] *f* ⚕, ⚡, *etc.* frequency; **fréquent, e** [\~'kɑ̃, \~'kɑ̃:t] frequent; ⚕ rapid (*pulse*); **fréquentation** [\~kɑ̃ta'sjɔ̃] *f* frequenting; association (with, *de*); regular attendance (at, *de*); (*a.* \~*s pl.*) company (*sg.*); **frequenté, e** [\~kɑ̃'te]: (*très* \~ very) busy (*place*); *bien* (*mal*) \~ of good (ill) repute; **fréquenter** [\~kɑ̃'te] (1a) *v/t.* frequent; visit; see (*s.o.*) frequently); attend (*s.th.*) frequently.

frère [frɛ:r] *m* brother; *eccl.* monk; friar; *faux* \~ traitor, double-crosser.

frérot F [fre'ro] *m* little brother.

fresque [frɛsk] *f* fresco.

fret ⚓ [frɛ] *m* freight; cargo; *prendre à* \~ charter; **frètement** ⚓ [frɛt'mɑ̃] *m* chartering; **fréter** [fre'te] (1f) *v/t.* freight; charter; fit out (*a ship*); F hire (*a car etc.*); **fréteur** [\~'tœ:r] *m* shipowner; charterer.

frétiller [freti'je] (1a) *v/i.* wriggle; wag (*tail*); *fig.* fidget.

fretin [frə'tɛ̃] *m*: (*le menu* \~ the small) fry.

freudien, -enne [frø'djɛ̃, \~'djɛn] Freudian.

friable [fri'abl] crumbly.

friand, e [fri'ɑ̃, \~'ɑ̃:d] dainty; \~ *de* partial to; **friandise** [\~ɑ̃'di:z] *f* titbit, delicacy; epicurism.

fric *sl.* [frik] *m* dough (= *money*).

fricandeau *cuis.* [frikɑ̃'do] *m* stewed larded veal; **fricassée** *cuis.* [frika'se] *f* fricassee, hash; **fricasser** [\~'se] (1a) *v/t. cuis.* fricassee; *fig.* squander; **fricasseur** *m*, **-euse** *f* F [\~'sœ:r, \~'sø:z] poor cook; *fig.* squanderer; *journ.* \~ *d'articles* pot-boiler.

fric-frac *sl.* [frik'frak] *m/inv.* burglary.

friche 🌾 [friʃ] *f* fallow land; waste land; *en* \~ fallow; *fig.* undeveloped.

fricoter F [frikɔ'te] (1a) *vt/i.* stew; cook (up) (*a. fig.*); F *fig. a.* be up to (*s.th.*); **fricoteur** *m*, **-euse** *f* F [\~'tœ:r, \~'tø:z] schemer; wangler; trafficker.

friction [frik'sjɔ̃] *f* ⊕ friction; *scalp*: massage; ⚕ rubbing; *sp.* rub-down; **frictionner** [\~sjɔ'ne] (1a) *v/t.* rub; give (*s.o.*) a rub-down; massage (*s.o.'s scalp*); give (*s.o.*) a dry shampoo.

frigidaire (*TM*) [friʒi'dɛ:r] *m* refrigerator; F *fig. mettre qch. au* \~ put s.th. on ice *or* into cold storage.

frigidité ⚕ [friʒidi'te] *f* frigidity.

frigo F [fri'go] *m* refrigerator, *Br.* F

fridge; **frigorifier** [frigɔri'fje] (1o) *v/t.* refrigerate; *viande f frigorifiée* frozen meat; **frigorifique** [~'fik] refrigerating, chilling.
frileux, -euse [fri'lø, ~'lø:z] chilly.
frimas [fri'mɑ] *m* hoar-frost.
frime F [frim] *f* sham; *pour la* ~ for the sake of appearances.
frimousse F [fri'mus] *f* little face.
fringale F [frɛ̃'gal] *f* keen appetite.
fringant, e [frɛ̃'gɑ̃, ~'gɑ̃:t] frisky, lively; *fig.* dashing (*person*).
fringues F [frɛ̃:g] *f/pl.* togs.
friper [fri'pe] (1a) *v/t.* crease; crumple; *se* ~ get crumpled; **friperie** [~'pri] *f* old clothes *pl.*; second-hand goods *pl. or* business; old-clothes shop *or* business; *fig.* rubbish; **fripier** *m*, **-ère** *f* [~'pje, ~'pjɛ:r] dealer in old clothes; second-hand dealer.
fripon, -onne [fri'pɔ̃, ~'pɔn] **1.** *adj.* roguish; **2.** *su.* rascal; **friponnerie** [~pɔn'ri] *f* (piece of) mischief, prank(s *pl.*).
fripouille F [fri'pu:j] *f* bad lot, cad.
frire [fri:r] (4s) *vt/i.* (*a. faire* ~) fry.
frise[1] [fri:z] *f* ⚠ frieze; *thea.* ~*s pl.* borders.
frise[2] *tex.* [~] *f* frieze; *see cheval.*
friselis [friz'li] *m* rustle.
friser [fri'ze] (1a) *v/t.* curl; wave; crimp (*cloth*); skim, graze; *fig.* verge on, border on; *v/i.* curl (*hair*); **frisoir** [~'zwa:r] *m* (hair-)curler; curling-tongs *pl.*
frison[1] [fri'zɔ̃] *m* curl, ringlet.
frison[2], **-onne** [fri'zɔ̃, ~'zɔn] *adj.*, *a. su.* ♀ Frisian.
frisquet, -ette F [fris'kɛ, ~'kɛt] chilly, *sl.* parky.
frisson [fri'sɔ̃] *m* shiver, shudder; *pleasure*: thrill; **frissonner** [~sɔ'ne] (1a) *v/i.* (with, *de*) shiver, shudder; quiver; be thrilled.
frit, e [fri, frit] *p.p. of frire*; **friterie** [fri'tri] *f* fried-fish shop *or* stall; **frites** F [frit] *f/pl.* chipped potatoes, F chips, *Am.* French fries, French fried potatoes; **friteuse** [fri'tø:z] *f* deep-frying pan; **frittage** ⊕ [fri'ta:ʒ] *m* sintering; roasting; **fritter** ⊕ [~'te] (1a) *v/t.* roast; sinter; **friture** [~'ty:r] *f* frying; frying fat; fried fish; *radio, teleph.*: crackling.
frivole [fri'vɔl] frivolous; *fig.* trifling; **frivolité** [~vɔli'te] *f* frivolity; *fig.* trifle; *lace*: tatting.
froc *eccl.* [frɔk] *m* cowl; frock; **frocard** *sl.* [frɔ'ka:r] *m* monk.
froid, froide [frwa, frwad] **1.** *adj.* cold (*a. fig. smile, reception*); chilly (*a. fig. manner*); frigid (*style*); *à* ~ in the cold state; when cold (*a. cuis.*); *avoir* ~ be cold (*person*); *battre* ~ *à* cold-shoulder (*s.o.*); *en* ~ *avec* on chilly terms with, cool towards; *faire* ~ be cold (*weather*); *prendre* ~ catch a chill; **2.** *su./m* cold; *fig.* coldness; ⚕ *industrie f du* ~ refrigeration industry; **froideur** [frwa'dœ:r] *f* coldness; chilliness; indifference; *fig.* chill; ⚕ frigidity.
froissement [frwas'mɑ̃] *m* crumpling; rustle; bruising; *fig.* conflict; giving *or* taking offence; **froisser** [frwa'se] (1a) *v/t.* crumple, crease; *fig.* offend, hurt, ruffle (*s.o.*); *se* ~ take offence (at, *de*); **froissure** [~'sy:r] *f cloth, paper*: crumple.
frôlement [frol'mɑ̃] *m* light brushing; light touch; **frôler** [fro'le] (1a) *v/t.* graze; brush against *or* past; *fig.* come near to.
fromage [frɔ'ma:ʒ] *m* cheese; *fig.* F cushy job; ~ *de tête* pork brawn; **fromager, -ère** [~ma'ʒe, ~'ʒɛ:r] **1.** *adj.* cheese...; **2.** *su.* cheesemonger; cheesemaker; **fromagerie** [~maʒ'ri] *f* cheesemonger's (shop); cheese dairy.
froment ⚘ [frɔ'mɑ̃] *m* wheat.
fronce [frɔ̃:s] *f* crease; *dress etc.*: gather; **froncement** [frɔ̃s'mɑ̃] *m* puckering; ~ *des sourcils* frown; **froncer** [frɔ̃'se] (1k) *v/t.* pucker, wrinkle; gather (*one's skirt etc.*); ~ *les sourcils* frown; scowl; **froncis** [~'si] *m skirt, dress*: gathering.
frondaison [frɔ̃dɛ'zɔ̃] *f* foliage, leaves *pl.*; foliation.
fronde [frɔ̃:d] *f* sling; (toy) catapult; *hist. la* ♀ the Fronde (*1648 - 1653*); **fronder** [frɔ̃'de] (1a) *v/t.* sling, catapult (*a stone*); hit with a sling; (*a.* ~ *contre*) scoff at; **frondeur** *m*, **-euse** *f* [~'dœ:r, ~'dø:z] **1.** *su.* slinger; *hist.* member of the Fronde; *fig.* scoffer; F grouser; **2.** *adj.* bantering; irreverent.
front [frɔ̃] *m* front (*a.* ⚔); forehead, brow; face; *fig.* impudence, cheek; *pol.* ♀ *populaire* Popular Front; *de* ~ abreast; front-...; head-on (*collision*); at once; *faire* ~ *à* face (*s.th.*);
frontal, e, *m/pl.* **-aux** [frɔ̃'tal, ~'to]

1. *adj.* frontal, front-...; *mot. collision* ~*e* head-on collision; 2. *su./m horse*: headband; *anat.* frontal (bone); **fronteau** [~'to] *m horse*: headband; ⚠ frontal; *eccl.* frontlet; **frontière** [~'tjɛːr] 1. *su./f* frontier; border; boundary; 2. *adj./f*: *ville f* ~ frontier town; **frontispice** [~tis'pis] *m* frontispiece (*a.* ⚠); titlepage.

fronton [frɔ̃'tɔ̃] *m* ⚠ fronton, pediment; *pelota*: front wall.

frottage [frɔ'taːʒ] *m* polishing; rubbing; *flesh*: chafing; *metal*: scouring; **frottée** F [~'te] *f* thrashing; **frottement** [frɔt'mɑ̃] *m* rubbing; chafing; ⊕ friction; **frotter** [frɔ'te] (1a) *v/t.* rub; chafe (*one's leg*); polish; scour (*metal*); strike (*a match*); F thrash; *paint.* scumble; *fig. se* ~ *à q.* associate with s.o.; come up against s.o.; *v/i.* rub; **frottoir** [~'twaːr] *m* polishing cloth, polisher; ⊕ friction-plate; ⚡ brush.

frou(-)frou [fru'fru] *m gown*: rustle, swish; **froufrouter** [~fru'te] (1a) *v/i.* rustle, swish.

froussard, e *sl.* [fru'saːr, ~'sard] 1. *adj.* cowardly, *sl.* chicken; 2. *su.* coward; **frousse** *sl.* [frus] *f* fear, F funk; *avoir la* ~ be scared.

fructifier [frykti'fje] (1o) *v/i.* bear fruit; **fructueux, -euse** [~'tɥø, ~'tɥøːz] fruitful, profitable.

frugal, e, *m/pl.* **-aux** [fry'gal, ~'go] frugal; **frugalité** [~gali'te] *f* frugality.

fruit [frɥi] *m* fruit; *fig.* advantage, profit; *fig.* result; ⚖ profit, revenue; *zo.* ~*s pl. de mer* fish and shellfish, *Am.* sea-food *sg.*; ~ *sec* dried fruit; *fig. person*: failure; **fruité, e** [frɥi'te] fruity (*wine, olives*); **fruiterie** [~'tri] *f* store-room for fruit; fruiterer's (shop); greengrocery; **fruitier, -ère** [~'tje, ~'tjɛːr] 1. *adj.* fruit-bearing; fruit(*-tree*); 2. *su.* fruiterer, greengrocer; *su./m* store-room for fruit.

frusques *sl.* [frysk] *f/pl.* togs (= *clothes*).

fruste [fryst] rough (*a. fig.*).

frustration [frystra'sjɔ̃] *f* frustration; **frustrer** [frys'tre] (1a) *v/t.* frustrate; ~ *q. de qch.* deprive s.o. of s.th.; cheat s.o. out of s.th.

fuel(**-oil**) [fjul, fju'lɔjl] *m* fuel-oil.

fugace [fy'gɑs] fleeting, passing, transient.

fugitif, -ve [fyʒi'tif, ~'tiːv] 1. *adj.* fugitive; *fig.* fleeting, passing, transient; 2. *su.* fugitive.

fugue [fyg] *f* ♪ fugue; running away; *faire une* ~ run away.

fuir [fɥiːr] (2d) *v/i.* flee, run away; leak (*barrel*); recede (*forehead, landscape*); *v/t.* avoid, shun; **fuis** [fɥi] *1st p. sg. pres. and p.s. of fuir*; **fuite** [fɥit] *f* flight; escape; *gas, liquid, a. fig. secrets*: leak, leakage; shunning; *mettre en* ~ put to flight; *prendre la* ~ take to flight, F take to one's heels.

fulgurant, e [fylgy'rɑ̃, ~'rɑ̃ːt] flashing; fulgurating (*pain*); **fulguration** [~ra'sjɔ̃] *f* flashing; ⚕ fulguration; **fulgurer** [~'re] (1a) *v/i.* flash, fulgurate.

fuligineux, -euse [fyliʒi'nø, ~'nøːz] smoky, sooty; murky.

fulmicoton [fylmikɔ'tɔ̃] *m see cotonpoudre*; **fulmination** *eccl.*, ⚗ [~na'sjɔ̃] *f* fulmination; **fulminer** [~'ne] (1a) *vt/i.* fulminate; *v/i.*: *fig.* ~ *contre* fulminate against.

fumage[1] ⚘ [fy'maːʒ] *m* dunging, dressing; manure.

fumage[2] [~] *fish, meat*: smoking.

fume-cigare(**tte**) [fymsi'gaːr, ~ga'rɛt] *m/inv.* cigar(ette)-holder.

fumée [fy'me] *f* smoke; *soup*: steam; fumes *pl.*; *fig.* vanity.

fumer[1] [~] (1a) *v/t.* smoke (*cigars, fish, meat*); *v/i.* smoke; steam; *fig.* ~ *de colère* fume.

fumer[2] ⚘ [~] (1a) *v/t.* manure, dung (*the soil*).

fumerie [fym'ri] *f* † *tobacco etc.*: smoking; *opium*: den; **fumeron** [~'rɔ̃] *m* smoky charcoal; **fumet** [fy'mɛ] *m cooking*: aroma; *wine*: bouquet; *cuis.* concentrate; *hunt.* scent; **fumeur** *m*, **-euse** *f* [~'mœːr, ~'møːz] smoker; *su./m* 🚃 F smoker, smoking compartment; **fumeux, -euse** [~'mø, ~'møːz] smoky; heady (*wine*); *fig.* hazy.

fumier [fy'mje] *m* manure, dung; dunghill; *fig. mourir sur le* ~ die in squalor.

fumiste [fy'mist] *m* stove-setter; F humbug; F practical joker; **fumisterie** [~mis'tri] *f* stove-setting; F practical joke; *sl.* monkey business; **fumivore** ⊕ [~mi'vɔːr] *m* smoke-consumer; **fumoir** [~'mwaːr] *m* smoking-room; smokehouse (*for curing of fish, meat*).

funèbre [fy'nɛbr] funeral; gloomy, funereal; **funérailles** [fyne'rɑ:j] *f/pl.* funeral *sg.*; obsequies; **funéraire** [~'rɛ:r] funeral; tomb(*stone*).
funeste [fy'nɛst] fatal, deadly.
funiculaire [fyniky'lɛ:r] **1.** *adj.* funicular; **2.** *su./m* funicular railway.
fur [fy:r] *m*: *au* ~ *et à mesure* progressively, gradually; *au* ~ *et à mesure que* (as soon) as; (in proportion) as; *au* ~ *et à mesure de* according to.
furet [fy'rɛ] *m zo.* ferret; *fig.* Nosey Parker, Paul Pry; **fureter** [fyr'te] (1d) *v/i.* ferret (*a. fig.*); *fig.* rummage, nose about; **fureteur, -euse** [~'tœ:r, ~'tø:z] **1.** *adj.* prying; **2.** *su.* ferreter; *fig.* rummager; Nosey Parker.
fureur [fy'rœ:r] *f* fury, rage; passion; *aimer avec* (*or à la*) ~ be passionately fond of; *fig. faire* ~ be all the rage; **furibond, e** [~ri'bɔ̃, ~'bɔ̃:d] **1.** *adj.* furious; **2.** *su.* furious person; **furie** [~'ri] *f* fury, rage; *fig. avec* ~ frantically, wildly; *entrer en* ~ become furious; **furieux, -euse** [~'rjø, ~'rjø:z] furious, mad, raging.
furole [fy'rɔl] *f* will-o'-the-wisp.
furoncle ⚕ [fy'rɔ̃:kl] *m* furuncle; F boil.
furtif, -ve [fyr'tif, ~'ti:v] furtive, stealthy.
fus [fy] *1st p. sg. p.s. of* être *1*.
fusain [fy'zɛ̃] *m* ⚘ spindle-tree; (drawing-)charcoal; charcoal sketch; **fuseau** [~'zo] *m tex.* spindle; ⩘ spherical lune; ⊕ *roller-chain*: link-pin; ⊕ *trundle*: stave; *biol.* nucleus spindle; *cost. pantalon m* ~ tapering *or* peg-top trousers *pl.*; ~ *horaire* time zone; *en* ~ tapering (at both ends); F *fig. jambes f/pl. en* ~ spindle-shanks.
fusée[1] [fy'ze] *f tex.* spindleful; ⊕ spindle.
fusée[2] [~] *f* ⚔ *bomb etc.*: fuse; ⚔, *phys.* rocket; ~ *éclairante* flare; ~ *engin* booster, carrier vehicle; *avion m* ~ rocket-propelled aircraft; *lancer une* ~ send up a flare.
fuselage ✈ [fyz'la:ʒ] *m* fuselage; **fuselé, e** [~'le] spindle-shaped; tapering; *mot.* stream-lined; **fuseler** [~'le] (1c) *v/t.* taper; *mot.* streamline.
fuser [fy'ze] (1a) *v/i.* run, spread (*colours*); fuse, melt; *fig.* burst out (*laughter*); ⚗ crackle, F fizz; slake (*lime*); burn slowly (*fuse*); **fusible** [~'zibl] **1.** *adj.* fusible; **2.** *su./m* ⚡ fuse(-wire).
fusil [fy'zi] *m* rifle, gun; ~ *de chasse* shotgun; *à portée de* ~ within gunshot; *coup m de* ~ shot; **fusilier** ⚔ [fyzi'lje] *m* fusilier; **fusillade** [~'jad] *f* rifle-fire, fusillade; (execution by) shooting; **fusiller** [~'je] (1a) *v/t.* shoot; *sl.* smash (up), mess up.
fusion [fy'zjɔ̃] *f* fusion (*a. fig.*), melting; ⚚ merger; **fusionner** [~zjɔ'ne] (1a) *vt/i. a.* se ~ amalgamate, merge.
fustiger [fysti'ʒe] (1l) *v/t.* censure, denounce; *fig.* flay; † thrash.
fût [fy] *m gun*: stock; *tools etc.*: handle; ⚠ *chimney, column, etc.*: shaft; barrel, cask; *box, drum*: body; *beer*: wood; ⚘ *tree*: bole.
futaie [fy'tɛ] *f* forest; *arbre m de haute* ~ full-grown tree, timber tree; **futaille** [~'tɑ:j] *f* cask, tun.
futaine *tex.* [fy'tɛn] *f* fustian.
futé, e F [fy'te] sharp, cunning.
futile [fy'til] futile; trifling; **futilité** [~tili'te] *f* futility; ~*s pl.* trifles.
futur, e [fy'ty:r] **1.** *adj.* future; **2.** *su./m* intended (husband); *gramm.* future; *su./f* intended (wife); **futurisme** *paint.* [~ty'rism] *m* futurism; **futuriste** [~ty'rist] **1.** *su.* futurist; **2.** *adj.* futuristic; **futurologie** [~tyrɔlɔ'ʒi] *f* futurology; **futurologue** [~tyrɔ'lɔg] *su.* futurologist.
fuyant, e [fɥi'jɑ̃, ~'jɑ̃:t] fleeing; fleeting (*moment*); shifty (*eyes*); *fig.* receding (*forehead, a. paint. etc. line*); **fuyard, e** [~'ja:r, ~'jard] **1.** *su.* fugitive; **2.** *adj.* timid; **fuyons** [~'jɔ̃] *1st p. pl. pres. of fuir*.

G

G, g [ʒe] *m* G, g.
gabare ⚓ [ga'ba:r] *f* lighter; transport-vessel; drag-net; **gabarier** [~ba'rje] *m barge*: skipper; bargee, lighterman.
gabarit [gaba'ri] *m* size; *fig.* calibre; *ships*: model; ⊕ template; ⊕ clearance; 🚂, ⊕ ga(u)ge; *fig.* sort, kind; *fig. du même* ~ of the same sort.
gabelle † [ga'bɛl] *f* salt-tax; **gabelou** *pej.* [~'blu] *m* customs officer.
gabier ⚓ [ga'bje] *m* topman.
gâche¹ ⊕ [gɑ:ʃ] *f* staple; wall-hook; catch; *pawl*: notch.
gâche² [gɑ:ʃ] *f* ⊕ trowel; *cuis.* spatula; **gâcher** [gɑ'ʃe] (1a) *v/t.* mix (*mortar*); slack, slake (*lime*); *fig.* waste; spoil; bungle (*work*).
gâchette [gɑ'ʃɛt] *f lock*: spring-catch; ⊕ pawl; *gun-lock*: tumbler; F *gun*: trigger.
gâcheur, -euse [gɑ'ʃœ:r, ~'ʃø:z] *su.* bungler; *su./m* ⚠ builder's labo(u)rer; **gâchis** [~'ʃi] *m* ⚠ wet mortar; mud; F *fig.* mess.
gadget [ga'dʒɛ(t)] *m* gadget; **gadgetiser** [~dʒɛti'ze] (1a) *v/t.* make a gadget out of; fit up with gadgets; customize (*a car etc.*).
gaélique [gae'lik] *adj., a. su./m ling.* [Gaelic.]
gaffe [gaf] *f* boat-hook; *fishing*: gaff; F *fig.* blunder, bloomer; F *faire une* ~ put one's foot in it, drop a brick; *sl. faire* ~ be careful; **gaffer** [ga'fe] (1a) *v/t.* hook; gaff (*a fish*); *v/i.* F blunder, drop a brick; **gaffeur** *m*, **-euse** *f* F [~'fœ:r, ~'fø:z] *m* blunderer.
gaga *sl.* [ga'ga] **1.** *su./m* dodderer; **2.** *adj.* doddering, senile.
gage [ga:ʒ] *m* ⚖ pledge, pawn; *gambling*: stake; *fig.* token; forfeit; ~*s pl.* wages, pay *sg.*; *mettre en* ~ pawn; **gager** [ga'ʒe] (1l) *v/t.* ⚖ guarantee; F bet; **gageur** *m*, **-euse** *f* [~'ʒœ:r, ~'ʒø:z] better, wagerer; **gageure** [~'ʒy:r] *f* hopeless *or* (almost) impossible undertaking; † wager, bet.
gagne-pain [gaɲ'pɛ̃] *m/inv.* livelihood; bread-winner; **gagne-petit** [~pə'ti] *m/inv.* (itinerant) knife-grinder; cheap-jack; **gagner** [ga'ɲe] (1a) *v/t.* win (*a. fig.*); gain; earn (*a salary etc.*); reach, arrive at; overtake; *v/i.* gain profit (by, *à*); spread (*disease, fire*); **gagneur** *m*, **-euse** *f* [~'ɲœ:r, ~'ɲø:z] earner; gainer; winner.
gai, gaie [ge] gay, merry, jolly, cheerful; lively, bright; ⊕ easy (*bolt, tenon*); F *un peu* ~ a bit merry (= *tipsy*); **gaieté** [~'te] *f* cheerfulness; mirth; ~*s pl.* frolics; escapades; broad jokes; *de* ~ *de cœur* out of sheer wantonness.
gaillard, e [ga'ja:r, ~'jard] **1.** *adj.* jolly, merry; strong, well (*health etc.*); broad, spicy, risky (*song, story*); **2.** *su./m* fellow, chap; *su./f* wench; bold young woman; **gaillardise** [~jar'di:z] *f* jollity; ~*s pl.* broad jokes, risky stories.
gain [gɛ̃] *m* gain, profit; earning; *cards etc.*: winnings *pl.*
gaine [gɛ:n] *f* ⚘, *anat., a. knife*: sheath; case, casing; corset, girdle; ⚠, ⚒ shaft; *geol.* matrix; **gainer** [gɛ'ne] (1b) *v/t.* sheathe.
gala [ga'la] *m* gala, fête; *en grand* ~ in state; *habits m/pl. de* ~ full dress *sg.*; *fig.* one's Sunday best.
galamment [gala'mɑ̃] *adv. of galant 1*; **galant, e** [~'lɑ̃, ~'lɑ̃:t] **1.** *adj.* courteous, gallant; † gay, elegant; *aventure f* ~*e* (love) affair; *pej. femme* ~*e* woman of easy virtue; *en* ~*e compagnie* with a lady friend (*man*); with a gentleman friend (*woman*); **2.** *su./m* ladies' man; lover; **galanterie** [~lɑ̃'tri] *f* politeness, attentiveness; love-affair; pretty speech; ~*s pl.* compliments (*to a woman*); **galantin** [~lɑ̃'tɛ̃] *m* dandy.
galaxie *astr.* [galak'si] *f* galaxy; *the* Milky Way.
galbe [galb] *m* curve; contour; line(s *pl.*) (*of a car*); shapeliness; **galber** ⊕ [gal'be] (1a) *v/t.* shape.
gale [gal] *f* ⚕ scabies, *the* itch; *hunt.* mange; *fig.* defect (*in material*); *fig. sl. woman*: shrew.

galène *min.* [ga'lɛn] *f* galena; ~ *de fer* wolfram.
galère [ga'lɛ:r] *f* galley; ⊕ barrow; *qu'allait-il faire dans cette ~?* what was he doing there?; F *vogue la ~!* let's risk it!
galerie [gal'ri] *f* ⚒, ⚔, *thea.*, *museum*: gallery; ⚒ drift, level; arcade; *mot.* roof rack; ⚒ ~ *de roulage* drawing-road.
galérien [gale'rjɛ̃] *m* † galley-slave; † convict; *fig.* drudge.
galet [ga'lɛ] *m* pebble; ⊕ roller; ⊕ pulley; ~*s pl.* shingle *sg.*
galetas [gal'tɑ] *m* garret; hovel.
galette [ga'lɛt] *f* flat cake; *sl.* money.
galeux, -euse [ga'lø, ~'lø:z] mangy (*dog*); ⚘ scurfy (*tree*); with the itch (*person*); F *fig.* *brebis f ~euse* black sheep.
galimatias [galima'tjɑ] *m* farrago; gibberish.
galle ⚘ [gal] *f* gall(-nut); *noix f de ~* nut-gall.
gallicanisme *eccl.* [galika'nism] *m* Gallicanism.
gallicisme [gali'sism] *m* gallicism, French turn of phrase.
gallois, e [ga'lwa, ~'lwa:z] **1.** *adj.* Welsh; **2.** *su./m ling.* Welsh; ♀ Welshman; *les* ♀ *m/pl.* the Welsh; *su./f* ♀ Welshwoman.
galoche [ga'lɔʃ] *f* clog; galosh; *Am.* rubber.
galon [ga'lɔ̃] *m* braid; ⚔, ⚓ stripe; **galonner** [~lɔ'ne] (1a) *v/t.* trim with braid *or* lace; braid.
galop [ga'lo] *m* gallop; *fig.* ~ *d'essay* trial run; *fig.* *au ~* (very) quickly; *au grand ~* at full gallop; *au petit ~* at a canter; **galoper** [galɔ'pe] (1a) *v/i.* gallop; **galopin** [~'pɛ̃] *m* errand-boy; urchin; ⊕ loose pulley.
galure, galurin *sl.* [ga'ly:r, galy'rɛ̃] *m* hat.
galvaniser [galvani'ze] (1a) *v/t.* ⊕ galvanize; (electro)plate; *fig.* stimulate; **galvanoplastie** ⊕ [~nɔplas'ti] *f* electroplating.
galvauder [galvo'de] (1a) *v/t.* tarnish, sully; *se ~* sully one's reputation; lower o.s.
gambade [gɑ̃'bad] *f* gambol, caper; **gambader** [~ba'de] (1a) *v/i.* gambol, caper; frisk.
gamberge *sl.* [gɑ̃'bɛrʒ] *f* thinking, *co.* cerebration; **gamberger** *sl.* [~bɛr'ʒe] (1l) *v/i.* think.
gambiller † F [gɑ̃bi'je] (1a) *v/i.* dance; fidget.
gamelle [ga'mɛl] *f* ⚔ mess tin; billy (can).
gamin, e [ga'mɛ̃, ~'min] *su.* urchin; street-arab; *su./m* little boy; *su./f* little girl; **gaminerie** [~min'ri] *f* child's trick.
gamma *phys.* [ga'ma] *m*: *rayons m/pl. ~* gamma rays.
gamme [gam] *f* ♪ scale (*a. paint.*); gamut; range; *fig.* *changer de ~* change one's tune; ✝ *haut (bas) de ~* high-(low-)grade; (un)expensive.
gammé, e [ga'me] *adj.*: *croix f ~e* swastika.
gang [gɑ̃:g] *m* gang.
ganglion *anat.* [gɑ̃gli'ɔ̃] *m* ganglion.
gangrène [gɑ̃'grɛn] *f* ⚕ gangrene; ⚘, *a. fig.* canker; *fig.* corruption; **gangrener** [gɑ̃grə'ne] (1d) *v/t.* ⚕ gangrene, cause mortification in; *fig.* corrupt; **gangreneux, -euse** [~'nø, ~'nø:z] ⚕ gangrenous; ⚘ cankerous.
gangster [gɑ̃gs'tɛ:r] *m* gangster, hooligan.
ganse [gɑ̃:s] *f* braid; piping; loop.
gant [gɑ̃] *m* glove; ~ *de boxe* boxing-glove; ~ *de toilette* washing-glove; *jeter (relever) le ~* throw down (take up) the gauntlet; **gantelet** [gɑ̃t'lɛ] *m* gauntlet; **ganter** [gɑ̃'te] (1a) *v/t.* glove; *fig.* suit (*s.o.*); *se ~* put one's gloves on; buy gloves; **ganterie** [~'tri] *f* glove-making, glove-trade; glove-shop, glove-counter; glove-factory; ✝ *coll.* gloves *pl.*; **gantier** *m*, **-ère** *f* [~'tje, ~'tjɛ:r] glover.
garage [ga'ra:ʒ] *m* *mot.* garage; hangar; shed; 🚂 shunting; ⚓ dock(ing); 🚂 *voie f de ~* siding; *fig.* *mettre q. sur une voie de ~* put s.o. out in the cold; push s.o. aside; **garagiste** *mot.* [~ra'ʒist] *m* garage owner; garage mechanic.
garance [ga'rɑ̃:s] *f* **1.** *su./f* ⚘ madder(-wort); *dye*: madder; (madder-)red; **2.** *adj./inv.* (madder-)red.
garant, e [ga'rɑ̃, ~'rɑ̃:t] *su.* surety, bail; security; *se porter ~* vouch (for, *de*); *su./m* guarantee, authority; **garantie** [garɑ̃'ti] *f* safeguard; guarantee (*a.* ✝); ✝ warranty; pledge; **garantir** [~'ti:r] (2a) *v/t.* guarantee (*a.* ✝); ✝ underwrite; vouch for; *fig.* protect.
garce *sl.* [gars] *f* bitch, strumpet.

garçon [gar'sɔ̃] *m* boy, lad; young man; (*a. vieux* ~) bachelor; *café etc.*: waiter; ~ *de bureau* office-messenger; ~ *d'honneur* best man; F *brave* ~ nice fellow; **garçonne** [~'sɔn] *f* bachelor girl; *cheveux m/pl.* (*or coiffure f*) *à la* ~ Eton crop *sg.*; **garçonnet** [~sɔ'nɛ] *m* little boy; **garçonnière** [~sɔ'njɛːr] *f* bachelor apartment *or* rooms *pl.*

garde [gard] *su./f* watch, guard; care, protection; custody, keeping; nurse; *book*: fly-leaf; *book*: end-paper; ~ *à vous!* look out!; ⚔ attention!, 'shun!; ⚔ *de* ~ on guard, on duty; *faire la* ~ keep watch; ⚔ *monter la* ~ mount guard; *prendre* ~ beware, be careful; *être sur ses* ~*s* be on one's guard; *su./m* guardian, watchman; keeper; warden; ~ *champêtre* rural constable; ♀ *des Sceaux* (French) Minister of Justice; ~**-barrière,** *pl.* ~**s-barrière(s)** 🚂 [gardəba'rjɛːr] gate-keeper; ~**-boue** *mot.* [~'bu] *m/inv.* mud-guard, *Am.* fender; ~**-chasse,** *pl.* ~**s-chasse(s)** [~'ʃas] *m* gamekeeper; ~**-corps** [~'kɔːr] *m/inv.* life-line; ~**-côte** [~'koːt] *m* coastguard vessel; ~**-feu** [~'fø] *m/inv.* fender; ~**-fou** [~'fu] *m* parapet; railing, handrail; ~**-frein,** *pl.* ~**s-frein(s)** 🚂 [~'frɛ̃] *m* brakesman; ~**-malade,** *pl.* ~**s-malades** [~ma'lad] *su./m* male nurse; *su./f* nurse; ~**-manger** [~mɑ̃'ʒe] *m/inv.* larder, pantry; meat-safe; ~**-nappe,** *pl.* ~**s-nappe(s)** [~'nap] *m* table-mat.

garder [gar'de] (1a) *v/t.* keep; preserve; retain; look after; mind; guard; se ~ protect o.s.; refrain (from *ger.*, de *inf.*); take care (not to *inf.*, de *inf.*); baware (of, de); **garderie** [~'dri] *f* day nursery; **garde-robe** [~də'rɔb] *f furniture, clothes*: wardrobe; toilet, watercloset; **gardeur** *m*, **-euse** *f* [~'dœːr, ~'døːz] keeper, minder; preserver; **garde-voie,** *pl.* ~**s-voie(s)** 🚂 [~də'vwa] *m* track-watchman; **garde-vue** [~də'vy] *m/inv.* eye-shade; lampshade; **gardien, -enne** [~'djɛ̃, ~'djɛn] **1.** *su.* guardian; keeper; attendant; *prison*: warder, guard; *foot.* ~ *de but* goal-keeper; ~ *de la paix* policeman; **2.** *adj.*: *ange m* ~ guardian angel.

gare[1] [gaːr] siding (⚔, *a. canal, river, a.* 🚂); 🚂 (railway) station; ✈ ~ *aérienne* airport; 🚂 ~ *de triage* marshalling yard; ⚓ ~ *maritime* harbo(u)r-station; ~ *routière* bus station; 🚂 *chef m de* ~ stationmaster.

gare[2]**!** [~] *int.* look out!; ~ *à* ... beware of ...; ~ *à toi!* just watch it!; *sans crier* ~ without warning.

garenne [ga'rɛn] *su./f* (rabbit-)warren; fishing preserve; *su./m* wild rabbit.

garer [ga're] (1a) *v/t. mot.* park; dock (*a vessel*); se ~ *mot. etc.* pull to one side; move out of the way; F *mot.* park (one's car); take cover (from, de).

gargariser [gargari'ze] (1a) *v/t.*: se ~ gargle; F revel (in, de); **gargarisme** [~'rism] *m* gargle; gargling.

gargote [gar'gɔt] *f* (third-rate) eating house; cook-shop; **gargotier** *m*, **-ère** *f* [~gɔ'tje, ~'tjɛːr] cook-shop owner.

gargouille ⚠ [gar'guːj] *f* gargoyle; water-spout; culvert; **gargouiller** [~gu'je] (1a) *v/i.* gurgle; rumble (*bowels*); F paddle (in the gutter); **gargouillis** [~gu'ji] *m* gurgling.

garnement F [garnə'mɑ̃] *m* good-for-nothing, rogue.

garni [gar'ni] *m* furnished room(s *pl.*), F digs *pl.*; **garnir** [~'niːr] (2a) *v/t.* furnish, provide, fit up (with, de); ⚔ occupy, garrison, line (with, de); trim; ⊕ lag (*pipes*); ⚕ stock (*a shop*); **garnison** ⚔ [~ni'zɔ̃] *f* garrison; **garniture** [~ni'tyːr] *f* fittings *pl.*; *cost., cuis.* trimming(s *pl.*); ⊕ lagging; ⊕ packing; *mot. brakes, clutch*: lining; *buttons,* ⊕ *pulleys, toilet, etc.*: set.

garrot [ga'ro] *m* ⊕ tongue (*of saw*); ⚕ tourniquet; **garrotter** [~rɔ'te] (1a) *v/t.* pinion; bind down; † gar(r)otte.

gars F [gɑ] *m* lad, young fellow, boy.

gascon *m*, **-onne** *f* [gas'kɔ̃, ~'kɔn] **1.** *adj.* Gascon; **2.** *su./m ling.* Gascon; F *faire le* ~ brag, boast; *su.* ♀ Gascon; **gasconnade** [~kɔ'nad] *f* boast(ing), bragging; tall story; **gasconner** [~kɔ'ne] (1a) *v/i.* speak with a Gascon accent; F brag, boast.

gas(-)oil [ga'zɔjl] *m* fuel *or* diesel oil.

gaspiller [gaspi'je] (1a) *v/t.* waste, squander; dissipate; se ~ be wasted.

gastrite ⚕ [gas'trit] *f* gastritis.

gastro... [gastrɔ] gastro...; **gas-**

tronome [~'nɔm] *m* gastronome(r).
gâteau [gɑ'to] *m* cake; (open) tart; pudding (*usu. cold*); *fig.* profit; ~ *des Rois* Twelfth-night cake; *fig. partager le* ~ go shares, split the profit.
gâter [gɑ'te] (1a) *v/t.* spoil (*a. fig.*); *fig.* pamper (*a child*); damage; taint (*the meat*); se ~ deteriorate; **gâterie** [~'tri] *f* spoiling (*of a child*); over-indulgence; ~*s pl.* goodies; **gâteux, -euse** [~'tø, ~'tø:z] **1.** *su.* old dotard; **2.** *adj.* senile, doddering; **gâtisme** ⚕ [~'tism] *m* senile decay.
gauche [go:ʃ] **1.** *adj.* left; crooked; awkward, clumsy; *à* ~ on *or* to the left; *tourner à* ~ turn left; **2.** *su./f* left hand; left-hand side; *tenir sa* ~ keep to the left; **gaucher, -ère** [go'ʃe, ~'ʃɛ:r] **1.** *adj.* left-handed; **2.** *su.* left-hander; **gaucherie** [goʃ'ri] *f* awkwardness, clumsiness; **gauchir** [go'ʃi:r] (2a) *v/i. a.* se ~ warp (*wood*); buckle (*metal*); *v/t.* warp; buckle; *fig.* distort; **gauchisme** *pol.* [~'ʃism] leftism; **gauchissement** [~ʃis'mɑ̃] *m* warping; buckling; *fig.* distortion; **gauchiste** *pol.* [~'ʃist] *adj., a. su.* leftist.
gaudriole F [godri'ɔl] *f* broad joke(s *pl.*).
gaufre *cuis* [go:fr] *f* waffle; ~ *de miel* honeycomb; **gaufrer** [go'fre] (1a) *v/t.* ⊕ emboss (*leather etc.*); crimp (*linen*); corrugate (*iron, paper*); *tex.* diaper; **gaufrette** *cuis.* [~'frɛt] *f* wafer biscuit; **gaufrier** *cuis.* [~fri'e] *m* waffle-iron.
gaule [go:l] *f* long pole; (one-piece) fishing rod; **gauler** [go'le] (1a) *v/t.* knock down (*fruit etc. from a tree*); beat (*with a pole*).
gaulois, e [go'lwa, ~'lwa:z] **1.** *adj.* of Gaul; Gallic; *fig.* spicy, broad; **2.** *su./m ling.* Gaulish; *su.* ♀ Gaul; **gauloiserie** [~lwaz'ri] *f* broad joke *or* story.
gausser [go'se] (1a) *v/t.*: se ~ *de* make fun of.
gave [ga:v] *m* mountain-torrent (*in the Pyrenees*).
gaver [ga've] (1a) *v/t.* cram (*a. fig. a pupil*); ⚕ feed forcibly; se ~ stuff o.s. (with, de); gorge.
gavroche [ga'vrɔʃ] *su. Paris*: street arab, ragamuffin.
gaz [gɑ:z] *m* gas; gas works *usu. sg.*; ⚕ wind; ~ *d'échappement* exhaust gas; ~ *d'éclairage* (*or de ville*) illuminating gas; ⚗ ~ *hilarant* laughing-gas; ⚗ ~ *pl. rares* rare gases; *mot. couper les* ~ throttle back; *mot. ouvrir les* ~ open the throttle; F *mot. mettre les* ~ step on the gas; *mot. pédale f de* ~ accelerator.
gaze [~] *f* gauze.
gazéifier [gɑzei'fje] (1o) *v/t.* gasify; aerate (*mineral waters etc.*); **gezéiforme** ⚗ [~'fɔrm] gasiform.
gazer[1] [gɑ'ze] (1a) *v/t.* ⚔, *tex.* gas; *v/i.* F *mot.* move at top speed, tear *or* speed along; *fig.* go smoothly; F *ça gaze?* things O.K.?
gazer[2] [~] (1a) *v/t.* cover with gauze; *fig.* draw a veil (of reticence) over.
gazetier † [gazə'tje] *m* journalist; *fig.* newsmonger; **gazette** [~'zɛt] *f* gazette; *person*: gossip(er).
gazeux, -euse [gɑ'zø, ~'zø:z] gaseous; ✝ aerated, fizzy; **gazier** [~'zje] *m* gas-worker; gas-fitter; **gazoduc** [~zɔ'dyk] *m* gas pipeline; **gazogène** [~zɔ'ʒɛn] *m* gas-producer, generator; gasogene; **gazomètre** [~zɔ'mɛtr] *m* gasometer, gas-holder.
gazon [ga'zɔ̃] *m* grass; turf; lawn; **gazonner** [~zɔ'ne] (1a) *v/t.* turf; *v/i.* sward.
gazouillement [gazuj mɑ̃] *m* warbling, chirping, *birds*: twittering, *brook etc.*: babbling; *fig.* prattle; **gazouiller** [gazu'je] (1a) *v/i.* warble, chirp, twitter (*birds*); babble (*brook*); *fig.* prattle; *sl.* stink; **gazouillis** [~'ji] *m see gazouillement.*
geai *orn.* [ʒɛ] *m* jay.
géant, e [ʒe'ɑ̃, ~'ɑ̃:t] **1.** *su./m* giant; *su./f* giantess; **2.** *adj.* gigantic.
géhenne [ʒe'ɛn] *f* gehenna, hell (*a. fig.*).
geignard, e F [ʒɛ'ɲa:r, ~'ɲard] whining; moaning; **geindre** [ʒɛ̃:dr] (4m) *v/i.* whine; moan; whimper; complain.
gel [ʒɛl] *m* frost; freezing (*a.* ✝, *a. fig.*); ⚗ gel.
gélatine [ʒela'tin] *f* gelatine; **gélatineux, -euse** [~ti'nø, ~'nø:z] gelatinous.
gelée [ʒə'le] *f* frost; *cuis.* jelly; ~ *blanche* hoar-frost; ground frost; ~ *nocturne* night frost; **geler** [~] (1d) *v/t.* freeze (*a.* ✝ *credits*); ⚒, ⚕ frostbite; *v/i.* freeze, become frozen;

avoir gelé be frozen (*river*); *il gèle blanc* there is a white frost; *on gèle ici* it is freezing (in) here.
gelinotte *orn.* [ʒəliˈnɔt] *f* hazel-grouse; fat(tened) pullet.
gélivure [ʒeliˈvyːr] *f* frost-crack.
Gémeaux *astr.* [ʒeˈmo] *m/pl.*: *les* ~ Gemini; the Twins; **géminé, e** [~miˈne] ⚠, *biol.* twin; *biol.* geminate; mixed, co-educational (*school*).
gémir [ʒeˈmiːr] (2a) *v/i.* groan, moan; lament, bewail; **gémissement** [~misˈmɑ̃] *m* groan(ing), moan(ing).
gemme [ʒɛm] *f min.* gem; precious stone; ⚘ (leaf-)bud; resin; *biol.* gemma; *sel m* ~ rock-salt.
gênant, e [ʒɛˈnɑ̃, ~ˈnɑ̃ːt] inconvenient, in the way; *fig.* awkward (*silence etc.*).
gencive *anat.* [ʒɑ̃ˈsiːv] *f* gum.
gendarme [ʒɑ̃ˈdarm] *m police militia*: gendarme, constable; F virago; *sl.* red herring; **gendarmer** [ʒɑ̃darˈme] (1a) *v/t.*: *se* ~ flare up, be up in arms; **gendarmerie** [~məˈri] *f* constabulary; barracks *pl.* or headquarters *pl.* of the gendarmes.
gendre [ʒɑ̃ːdr] *m* son-in-law.
gène *biol.* [ʒɛːn] *m* gene.
gêne [ʒɛːn] *f* embarrassment, uneasiness; difficulty; trouble, bother; discomfort; want, financial straits *pl.*; *sans* ~ free and easy; familiar; **gêner** [ʒɛˈne] (1a) *v/t.* cramp *s.o.*'s style; *fig.* embarrass; inconvenience; hamper, hinder; trouble; *cela vous gêne-t-il?* is that in your way?; is that troubling you?; *la robe me gêne* the dress is too tight for me; *fig.* *se* ~ put o.s. out (to, *pour*); be embarrassed, be shy; squeeze up; *sourire m gêné* embarrassed smile.
général, e, *m/pl.* **-aux** [ʒeneˈral, ~ˈro] **1.** *adj.* general; *d'une façon* ~*e* broadly speaking; *en* ~ generally; **2.** *su./m* ⚔ general (*a. eccl. of an order*); ~ *de brigade* ⚔ brigadier, *Am.* brigadier general (*a.* ✈); ✈ *Br.* Air Commodore; *su./f* ⚔ general's wife; ⚔ alarm; *eccl.* general (*of order of nuns*); *thea.* dress-rehearsal; **généraliser** [~raliˈze] (1a) *v/t.* generalize; **généraliste** ⚕ [~raˈlist] *m* (*a. médecin* ~) general practitioner, G.P.; **généralité** [~raliˈte] *f* generality.
générateur, -trice [ʒeneraˈtœːr, ~ˈtris] **1.** *adj.* generating; productive; **2.** *su./f* generator; dynamo; *su./m* ⊕ boiler; ~ *à gaz* gas-producer; **génération** [~ˈsjɔ̃] *f* generation.
généreux, -euse [ʒeneˈrø, ~ˈrøːz] generous (*person, fig. heart, help, wine*); liberal; abundant; ✓ fertile (*soil*); **générosité** [~roziˈte] *f* generosity; liberality; *wine*: body.
genèse [ʒəˈnɛːz] *f* genesis; *bibl. la* ♀ Genesis.
genêt ⚘ [ʒəˈnɛ] *m* broom; ~ *épineux* gorse, furze.
génétique [ʒeneˈtik] **1.** *adj.* genetic; **2.** *su./f* genetics *pl.*
gêneur *m*, **-euse** *f* [ʒɛˈnœːr, ~ˈnøːz] intruder; nuisance; spoil-sport.
genevois, e [ʒənˈvwa, ~ˈvwaːz] *adj.*, *a. su.* ♀ Genevese.
genévrier ⚘ [ʒənevriˈe] *m* juniper (-tree).
génial, e, *m/pl.* **-aux** [ʒeˈnjal, ~ˈnjo] inspired, of genius; **génie** [~ˈni] *m spirit, a. person*: genius; spirit, characteristic; ⚔ engineers *pl.*; ~ *civil* civil engineering; *coll.* civil engineers *pl.*; *mauvais* (*bon*) ~ bad (good) genius.
genièvre [ʒəˈnjɛːvr] *m* ⚘ juniper-berry; juniper(-tree); gin.
génisse [ʒeˈnis] *f* heifer.
génital, e, *m/pl.* **-aux** [ʒeniˈtal, ~ˈto] genital; *anat. organes m/pl.* ~*aux* genitals.
génocide [ʒenɔˈsid] *m* genocide.
génois, e [ʒeˈnwa, ~ˈnwaːz] *adj.*, *a. su.* ♀ Genoese.
genou, *pl.* **-x** [ʒəˈnu] *m* knee; ⊕ *pipe*: elbow-joint; ⊕ (*a. joint m à* ~) ball-and-socket joint; *se mettre à* ~*x* kneel down; **genouillère** [~nuˈjɛːr] *f* knee-pad; *armour, a. horse*: knee-cap; ⊕ *articulation f à* ~ ball-and-socket joint.
genre [ʒɑ̃ːr] *m* kind, type, sort; *gramm.* gender; *art*: genre; *zo. etc.* genus; *se donner du* ~ put on airs; *le* ~ *humain* mankind.
gens [ʒɑ̃] *m/pl.* (*an adj. or participle immediately preceding it is made feminine; if, however, both masculine and feminine forms end in a mute e, the adj. is made masculine*) people, folk *sg.*; servants; nations; *les jeunes* ~ the young folks; *tous les* ~ *intéressés* all people interested; *petites* ~ small fry; *vieilles* ~ old folks; ~ *d'église* clergy *pl.*; church people; ~ *de lettres* men of

letters; ~ *de mer* sailors; ~ *de robe* lawyers; ⚖ *droit m des* ~ law of nations.
gent †, *a. co.* [~] *f* race, tribe.
gentiane [ʒɑ̃ˈsjan] *f* ⚘ gentian; gentian-bitters *pl.*
gentil[1] *hist.* [ʒɑ̃ˈti] *m* Gentile.
gentil[2], **-ille** [ʒɑ̃ˈti, ~ˈtiːj] nice; kind; pretty, pleasing; *sois* ~! be good!; **gentilhomme,** *pl.* **gentilshommes** [ʒɑ̃tiˈjɔm, ~tiˈzɔm] *m* nobleman; gentleman (= *man of gentle birth*); **gentillesse** [~ˈjɛs] *f* graciousness; politeness; *avoir la* ~ *de* (*inf.*) be so kind as to (*inf.*); **gentiment** [~ˈmɑ̃] *adv. of gentil*[2].
génuflexion *eccl.* [ʒenyflɛkˈsjɔ̃] *f* genuflexion; *faire une* ~ genuflect.
géodésie [ʒeɔdeˈzi] *f* surveying, geodesy; **géodésique** [~ˈzik] geodetic, geodesic; *surv. point m* ~ triangulation point.
géographe [ʒeɔˈgraf] *m* geographer; **géographie** [~graˈfi] *f* geography; **géographique** [~graˈfik] geographic(al).
geôle [ʒoːl] *f* gaoler's lodge; † gaol, prison; **geôlier** [ʒoˈlje] *m* jailer.
géologie [ʒeɔlɔˈʒi] geology. [etry.]
géométrie ⚒ [ʒeɔmeˈtri] *f* geom-
géopolitique [ʒeɔpɔliˈtik] **1.** *adj.* geopolitical; **2.** *su./f* geopolitics *sg.*
gérance [ʒeˈrɑ̃ːs] *f* direction, management; managership; board of directors *or* governors; **gérant, e** [~ˈrɑ̃, ~ˈrɑ̃ːt] *su./m* director; *company*: managing director; manager; *journ. rédacteur-*~ managing editor; *su./f* manageress.
gerbage [ʒɛrˈbaːʒ] *m sheaves*: binding; *bales etc.*: stacking; **gerbe** [ʒɛrb] *f corn*: sheaf; *flowers, water*: spray; *sparks*: shower, flurry; *fig.* bundle, collection; ⚔ cone of fire; **gerber** [ʒɛrˈbe] (1a) *v/t.* bind (*corn-sheaves*); stack, pile; ⚔ bombard; **gerbier** [~ˈbje] *m corn*: stack; barn; **gerbière** [~ˈbjɛːr] *f* harvest wain.
gercer [ʒɛrˈse] (1k) *vt/i. a. se* ~ crack (*wood, skin, soil*); chap (*hands*); **gerçure** [~ˈsyːr] *f* crack, fissure; *hands*: chap; ⊕ flaw (*in wood*), hair-crack (*in metal*).
gérer [ʒeˈre] (1f) *v/t.* manage, administer; *mal* ~ mismanage.
gériatrie ⚕ [ʒerjaˈtri] *f* geriatrics *sg.*
germain[1], **e** [ʒɛrˈmɛ̃, ~ˈmɛn] full, own (*brother, sister*); first (*cousin*).
germain[2], **e** *hist.* [ʒɛrˈmɛ̃, ~ˈmɛn] **1.** *adj.* Germanic, Teutonic; **2.** *su.* ♀ German, Teuton; **germanique** [~maˈnik] *adj., a. su./m ling.* Germanic; **germanisme** [~maˈnism] *m* Germanism; German turn of phrase.
germe [ʒɛrm] *m biol.* germ (*a. fig.*); *potato*: eye; *fig.* seed, origin; **germer** [ʒɛrˈme] (1a) *v/i.* germinate; sprout, shoot; *fig.* develop; **germination** *biol.* [~minaˈsjɔ̃] *f* germination; **germoir** [~ˈmwaːr] *m* ⚒ seed-bed, hot-bed; *brewing*: malt-house.
gérondif *gramm.* [ʒerɔ̃ˈdif] *m* gerund.
gerzeau ⚘ [ʒɛrˈzo] *m* corn-cockle.
gésier *zo.* [ʒeˈzje] *m* gizzard.
gésir [ʒeˈziːr] (2q) *v/i.* lie; *ci-gît* here lies.
gestation *physiol.* [ʒɛstaˈsjɔ̃] *f* (period of) gestation, pregnancy.
geste[1] [ʒɛst] *f* (*a. chanson f de* ~) medieval verse chronicle; *faits m/pl. et* ~*s pl.* doings.
geste[2] [ʒɛst] *m* gesture, motion, sign; **gesticulation** [ʒɛstikylaˈsjɔ̃] *f* gesticulation.
gestion [ʒɛsˈtjɔ̃] *f* administration, management.
gestique [ʒɛsˈtik] *f* gestures *pl.*
ghetto [gɛˈto] *m* ghetto (*a. fig.*).
gibbeux, -euse [ʒiˈbø, ~ˈbøːz] gibbous; humped; **gibbosité** [~boziˈte] *f* gibbosity; hump.
gibecière [ʒibˈsjɛːr] *f* game-bag; *school*: satchel.
gibelotte *cuis.* [ʒiˈblɔt] *f* fricassee of rabbit *or* hare in white wine.
giberne [ʒiˈbɛrn] *f* cartridge-pouch.
gibet [ʒiˈbɛ] *m* gibbet, gallows *usu.*
gibier [ʒiˈbje] *m* game. [*sg.*]
giboulée [ʒibuˈle] *f* sudden shower; F *fig.* shower of blows.
giboyer [ʒibwaˈje] (1h) *v/i.* go shooting; **giboyeux, -euse** [~ˈjø, ~ˈjøːz] abounding in game; *pays m* ~ good game country.
gicler [ʒiˈkle] (1a) *v/i.* squirt, spurt; splash; **gicleur** *mot.* [~ˈklœːr] *m* jet; (spray) nozzle.
gifle [ʒifl] *f* slap in the face; box on the ear; **gifler** [ʒiˈfle] (1a) *v/t.*: ~ *q.* slap s.o.'s face; box s.o.'s ears.
gigantesque [ʒigɑ̃ˈtɛsk] gigantic; **gigantisme** [~ˈtism] *m* ⚕ gigantism; *fig.* gigantic proportions *pl.*; *fig.* overexpansion.

gigogne [ʒiˈgɔɲ] **1.** *su./f*: *la mère* ♀ (*approx.*) the Old Woman who lived in a shoe; **2.** *adj.*: *fusée f* ~ multi-stage rocket; *lit m* ~ stowaway bed; *poupée f* ~ nest of dolls; *table f* ~ nest of tables; ⚓ *vaisseau m* ~ mother ship.
gigot [ʒiˈgo] *m cuis.* leg of mutton; *cost. manches f/pl. à* ~ leg-of-mutton sleeves; **gigoter** F [~gɔˈte] (1a) *v/i.* kick; jig.
gigue[1] [ʒig] *f* haunch of venison; gawky girl; F ~*s pl.* legs.
gigue[2] ♪ [~] *f* jig.
gilet [ʒiˈlɛ] *m* waistcoat, vest; *knitwear*: cardigan; ~ *de sauvetage* life-jacket.
gin [dʒin] *m* gin.
gingembre ⚘ [ʒɛ̃ˈʒɑ̃:br] *m* ginger.
gingivite ⚕ [ʒɛ̃ʒiˈvit] *f* gingivitis.
girafe *zo.* [ʒiˈraf] *f* giraffe.
girandole [ʒirɑ̃ˈdɔl] *f chandelier, jewels*: girandole; *flowers*: cluster.
giratoire [ʒiraˈtwa:r] gyratory (*traffic*); *sens m* ~ roundabout.
girofle ⚘ [ʒiˈrɔfl] *m* clove; *cuis. clou m de* ~ clove; **giroflée** [ʒirɔˈfle] *f* stock; wallflower; **giroflier** ⚘ [~fliˈe] *m* clove-tree.
girolle ⚘ [ʒiˈrɔl] *f* mushroom, *usu.* chanterelle.
giron [ʒiˈrɔ̃] *m* lap; ⊕ loose handle; △ tread; *fig.* bosom (*of the Church*).
girouette [ʒiˈrwɛt] *f* weathercock (*a. fig.*), vane.
gisant [ʒiˈzɑ̃] *m arts*: recumbent effigy; **gisement** [ʒizˈmɑ̃] *m geol.* bed, layer, stratum; ⚓ bearing; ⚒ lode, vein; ~*s pl. houillers* coal measures; **gisons** [ʒiˈzɔ̃] *1st p. pl. pres. of* **gésir**; **gît** [ʒi] *3rd p. sg. pres. of* **gésir**.
gitan *m*, **e** *f* [ʒiˈtɑ̃, ~ˈtan] gipsy.
gîte [ʒit] *su./m* resting-place, lodging; *hare*: form; *animal*: lair; *geol.* bed, stratum; ⚒ vein; △ joist; *su./f* ⚓ list; **gîter** [ʒiˈte] (1a) *v/i.* lodge; lie; sleep; ⚓ list; ⚓ run aground.
givrage ✈ [ʒiˈvra:ʒ] *m* icing; **givre** [ʒi:vr] *m* hoar-frost; **givré, e** [ʒiˈvre] rimy; frosted; ✈ iced-up; **givrer** [~] (1a) *v/t.* cover with hoarfrost, frost (*s.th.*) over; frost (*a cake*); ✈ ice up.
glabre [glɑ:br] smooth, hairless; *fig.* clean-shaven (*face*).
glaçage [glaˈsa:ʒ] *m* glazing; *cuis.* icing, frosting; **glace** [glas] *f* ice; ice-cream; *cuis.* icing; *fig.* chill; mirror; (plate-)glass; *mot. etc.* window; ⊕ flaw; ⚓ *pris dans les* ~*s* ice-bound; **glacé, e** [glaˈse] **1.** *adj.* icy (*a. fig. stare, politeness*), freezing; iced (*drink*); chilled (*wine*); frozen; glazed (*paper etc.*); glacé, kid ...; **2.** *su./m* glaze; **glacer** [~] (1k) *v/t.* freeze; glaze; *fig.* chill (*the wine*); surface (*paper etc.*); *cuis.* frost, ice (*a cake*); ✝ polish (*the rice*); *se* ~ freeze; *fig.* run cold;
glacerie [glasˈri] *f* ice-cream trade; glass-works *usu sg.*; **glaceur** ⊕ [glaˈsœ:r] *m paper, material*: glazer; rolling-machine; glazing-pad; **glaciaire** *geol.* [~ˈsjɛ:r] glacial; ice-(age) ...; **glacial, e,** *m/pl.* **-als** [~ˈsjal] icy (*temperature, a. fig.*); frosty (*air*); ice-...; frigid (*style, manner, politeness, zone*); **glacier** [~ˈsje] *m geol.* glacier; ice-cream man; maker of mirrors *or* plate-glass; **glacière** [~ˈsjɛ:r] *f* ice-house; ice-box; refrigerator; 🚂 refrigerator van; **glacis** [~ˈsi] *m* slope; △ ramp; ⚔ *hist.* glacis; *paint.* glaze, scumble; **glaçon** [~ˈsɔ̃] *m* icicle (*a. fig. person*); ice cube; block of ice; **glaçure** [~ˈsy:r] *f pottery etc.*: glaze, glazing.
glaïeul ⚘ [glaˈjœl] *m* gladiolus.
glaire [glɛ:r] *f* white of egg; mucus, phlegm; flaw (*in precious stone*); **glaireux, -euse** [glɛˈrø, ~ˈrø:z] glaireous; full of phlegm (*throat*).
glaise [glɛ:z] *f* clay, loam; **glaiser** [glɛˈze] (1b) *v/t.* line with clay; ⚒ coffer; ⚘ dress (*the soil*) with clay; ⊕ puddle (*a reservoir*); **glaisière** [~ˈzjɛ:r] *f* clay-pit.
glaive [glɛ:v] *m* sword.
glanage ⚘ [glaˈna:ʒ] *m* gleaning.
gland [glɑ̃] *m* ⚘ acorn; *curtain*: tassel; **glandage** [glɑ̃ˈda:ʒ] *m* pannage.
glande ⚘, *anat.* [glɑ̃:d] *f* gland.
glander *sl.* [glɑ̃ˈde], **glandouiller** *sl.* [~duˈje] (1a) *v/i.* hang around; footle around.
glane [glan] *f* gleaning; *pears*: cluster; *onions*: rope; F ~*s pl.* pickings; **glaner** [glaˈne] (1a) *v/t.* glean (*a. fig.*); **glaneur** *m*, **-euse** [~ˈnœ:r, ~ˈnø:z] gleaner; **glanure** [~ˈny:r] *f* gleanings *pl.* (*a. fig.*).
glapir [glaˈpi:r] (2a) *v/i.* yelp; bark (*fox*); **glapissement** [~pisˈmɑ̃] *m* yelping, yapping; *fox*: barking.

glas [glɑ] *m* knell; ⚔ *etc.* salvo of guns (*at funeral*).
glauque [glo:k] sea-green; bluish green.
glèbe [glɛb] *f earth*: sod; † land; *hist.* feudal land; *attaché à la* ~ bound to the soil.
glissade [gli'sad] *f* slip; sliding; slide (*on snow etc.*); *dancing*: glide; *geol.* ~ *de terre* landslide; ✈ ~ *sur l'aile* side-slip; ✈ ~ *sur la queue* tail-dive; *mount. faire une descente en* ~ glissade; **glissant, e** [~'sɑ̃, ~'sɑ̃:t] sliding (*a.* ⊕ *joint*); slippery (*a. fig.*); **glissement** [glis'mɑ̃] *m* sliding, slipping; gliding; *geol.* landslide; ⊕ *belt*: creeping; **glisser** [gli'se] (1a) *v/i.* slip; slide (*on ice etc.*); glide; *mot.* skid (*wheel*); ⊕ creep (*belt*); ~ *sur* glance off (*s.th.*, *s.o.*); *fig.* not to dwell upon, let pass; *v/t.* slip (*s.th. into s.th.*, *a stitch*, *etc.*); *se* ~ slip; creep (*a. fig.*); **glissière** [~'sjɛ:r] *f* slide; (*coal-*)shoot; ⊕ slide-bar; *mot.* ~ *de sécurité* crash barrier; **glissoir** [gli'swa:r] *m* ⊕ slide; chute; **glissoire** [~] *f* slide (*on ice etc.*).
global, e, *m/pl.* **-aux** [glɔ'bal, ~'bo] total; overall; global; **globe** [glɔb] *m* globe (*a.* ⚡), sphere; *sun*: orb; *anat.* (eye)ball; ~ *terrestre* terrestrial globe; **globulaire** [glɔby'lɛ:r] **1.** *adj.* globular; **2.** *su./f* ⚘ globularia; **globule** [~'byl] *m* globule (*a.* ⚕); *water*: drop; ⊕ *metals*: airhole; ⚕ small pill; *blood*: corpuscle; **globuleux, -euse** [~by'lø, ~'lø:z] globular.
gloire [glwa:r] *f* glory; fame; pride; halo; *se faire* ~ *de* glory in; **gloria** [glɔ'rja] *m eccl.* gloria; F coffee with brandy; **gloriette** [~'rjɛt] *f* summer-house, arbo(u)r; **glorieux, -euse** [~'rjø, ~'rjø:z] **1.** *adj.* glorious; vain, conceited (about, *de*); *eccl.* glorified; **2.** *su./m* braggart; **glorification** [~rifika'sjɔ̃] *f* glorification; **glorifier** [~ri'fje] (1o) *v/t.* glorify; praise; *se* ~ boast (of, *de*); glory (in *ger.*, *de inf.*); **gloriole** [~'rjɔl] *f* vainglory, vanity.
glose [glo:z] *f* gloss, commentary; *fig.* criticism; **gloser** [glo'ze] (1a) *v/t.* gloss; *v/i.*: ~ *sur* find fault with; criticize; gossip about.
glossaire [glɔ'sɛ:r] *m* glossary; vocabulary.
glotte *anat.* [glɔt] *f* glottis.
glouglou [glu'glu] *m* gurgle; *turkey*: gobble; **glouglouter** [~glu'te] (1a) *v/i.* cluck (*hen*); gobble (*turkey*); chuckle (*person*).
glouteron ⚘ [glu'trɔ̃] *m* burdock.
glouton, -onne [glu'tɔ̃, ~'tɔn] **1.** *adj.* greedy; **2.** *su.* glutton; *su./m zo.* wolverine; **gloutonnerie** [~tɔn'ri] *f* gluttony.
glu [gly] *f* bird-lime; glue; **gluant, e** [~'ɑ̃, ~'ɑ̃:t] sticky, gluey; *sl. il est* ~ he's a sticker; **gluau** [~'o] *m* lime-twig; snare.
glucose ⚗ [gly'ko:z] *m* glucose.
gluer [gly'e] (1a) *v/t.* lime (*twigs*); *fig.* make sticky.
glume [glym] *f* chaff; ⚘ glume.
glutineux, -euse [glyti'nø, ~'nø:z] glutinous.
glycérine [glise'rin] *f* glycerine.
glycine [gli'sin] *f* ⚘ wistaria, wisteria; *phot.* glycin(e).
gnangnan [ɲɑ̃'ɲɑ̃] **1.** *adj./inv.* peevish; **2.** *su.* peevish person.
gn(i)ole, gnôle, *a.* **gnaule** *sl.* [ɲol] *f* brandy.
gnome [gno:m] *m* gnome.
go F [go] *adv.*: *tout de* ~ immediately, straight away.
goal *sp.* [gol] *m* goal; goalkeeper.
gobelet [gɔ'blɛ] *m* goblet; cup; mug; **gobeleterie** [gɔblɛ'tri] *f* hollow-glass factory *or* trade *or* ware; **gobeletier** [~'tje] *m* manufacturer of *or* dealer in glass-ware.
gobe-mouches [gɔb'muʃ] *m/inv. orn.* fly-catcher; ⚘ fly-trap; F simpleton.
gober [gɔ'be] (1a) *v/t.* swallow (*a.* F *fig.* = *believe blindly*); F *fig.* like (*s.o.*) very much; *sl.* catch; F *se* ~ be conceited, think no end of o.s.
goberger [gɔbɛr'ʒe] (1l) *v/t.*: *se* ~ feed well, F have a good tuck-in.
gobeur *m*, **-euse** *f* [gɔ'bœ:r, ~'bø:z] F simpleton, credulous person.
godaille *sl.* [gɔ'dɑ:j] *f* feast, guzzle; **godailler** F [~dɑ'je] (1a) *v/i.* feast, guzzle; pub-crawl.
godasses *sl.* [gɔ'das] *f/pl.* boots.
godelureau [gɔdly'ro] *m* (*young*) dandy.
goder [gɔ'de] (1a) *v/i.* crease, pucker; bag (*trousers*); **godet** [~'dɛ] *m* mug; cup (*a.* ⚘); bowl (*a. of pipe*); ⊕ *dredger*: bucket; *cost.* flare; pucker (*in cloth*).
godiche F [gɔ'diʃ], **godichon, -onne** [~di'ʃɔ̃, ~'ʃɔn] **1.** *adj.* awkward, stupid; **2.** *su.* simpleton; gawk; lout.

godille ⚓ [gɔˈdiːj] *f* stern-oar.
godillot *sl.* [gɔdiˈjo] *m* (military) boot.
goéland *orn.* [gɔeˈlɑ̃] *m* (sea-)gull; **goélette** [~ˈlɛt] *f* ⚓ schooner; ⚓ trysail; *orn.* sea-swallow.
goémon [gɔeˈmɔ̃] *m* seaweed; wrack.
gogo F [goˈgo] *m* dupe, *sl.* mug; *fig. à ~* in abundance; galore; (*money*) to burn.
goguenard, e [gɔgˈnaːr, ~ˈnard] **1.** *adj.* bantering; **2.** *su.* mocker, chaffer; **goguette** F [gɔˈgɛt] *f*: *en ~* on the spree.
goinfre [gwɛ̃ːfr] *m* glutton, guzzler; **goinfrer** [gwɛ̃ˈfre] (1a) *v/t.*: *se ~* guzzle (s.th., *de qch.*); **goinfrerie** [~frəˈri] *f* gluttony.
goitre ⚕ [gwaːtr] *m* goitre; **goitreux, -euse** [gwaˈtrø, ~ˈtrøːz] **1.** *adj.* goitrous; **2.** *su.* goitrous person.
golf *sp.* [gɔlf] *m* golf; F golf-links; *joueur m de ~* golfer.
golfe *geog.* [~] *m* gulf, bay; *anat.* sinus.
gomme [gɔm] *f* gum; india-rubber; **gommer** [gɔˈme] (1a) *v/t.* gum; mix with gum; rub (*s.th.*) out, erase; *fig.* suppress; *fig.* blur; *v/i.* ⊕ jam, stick; **gommeux, -euse** [~ˈmø, ~ˈmøːz] **1.** *adj.* gummy, sticky; **2.** *su./m* F toff, swell, *Am.* dude.
gond [gɔ̃] *m* (*door-*)hinge; F *sortir de ses ~s* fly into a rage *or* off the handle; F *hors de ses ~s* beside oneself.
gondole [gɔ̃ˈdɔl] *f* gondola; ✈ *dirigible balloon*: nacelle; ⚕ eyebath; **gondoler** [~dɔˈle] (1a) *v/i. a. se ~* warp (*wood*); buckle (*metal*); blister (*paint*); *v/t.*: *sl. se ~* split one's sides with laughter.
gonflage [gɔ̃ˈflaːʒ] *m* inflation; *mot.* blowing-up; **gonflé, e** [~ˈfle] swollen; puffy; bloated; ⚕ distended; *pej.* puffed-up; F *il est vraiment ~* he's got some nerve *or* cheek; F *~ à bloc* keyed-up; completely sure of oneself, *pej.* cocksure; **gonflement** [~fləˈmɑ̃] *m* inflation, inflating; swelling; bulging; ⚕ distension; **gonfler** [~ˈfle] (1a) *v/t.* swell; inflate; blow up; puff out; fill (*the tyres*); ⚕ distend (*the stomach*); F *mot.*, *a. fig.* soup up; *v/i. a. se ~* swell (up); become inflated *or* ⚕ distended; *pej. se ~* puff o.s. up; **gonfleur** *mot.* [~ˈflœːr] *m* air-pump.
gonio ⚓, ✈ [gɔˈnjo] *m* direction-finder; **~mètre** [~njɔˈmɛtr] *m* goniometer.
gordien [gɔrˈdjɛ̃] *adj./m*: *nœud m ~* Gordian knot.
goret [gɔˈrɛ] *m* little pig, piglet; F *fig.* dirty pig.
gorge [gɔrʒ] *f* throat, neck; *woman*: breast, bosom; *geog.*, *a. hunt.* gorge; *geog.* pass, defile; ⊕ *etc.* groove; *axle*: neck; *lock*: tumbler; *à pleine ~* at the top of one's voice; *mal m à la ~* sore throat; F *fig. rendre ~* make restitution; **gorgée** [gɔrˈʒe] *f* draught; gulp; *petite ~* sip; **gorger** [~ˈʒe] (1l) *v/t.* gorge; cram (*fowls*, *a. fig.*); **gorgerette** [~ʒəˈrɛt] *f orn.* blackcap; *cost.* gorget; **gorget** ⊕ [~ˈʒɛ] *m* mo(u)lding plane.
gorille [gɔˈriːj] *m zo.* gorilla; F *fig.* bodyguard.
gosier [goˈzje] *m* throat; gullet; *à plein ~* loudly; *avoir le ~ pavé* have a cast-iron throat.
gosse F [gɔs] *su.* kid, youngster.
gothique [gɔˈtik] **1.** *adj.* Gothic; **2.** *su./m* ⚠, *ling.*, *art*: Gothic; *su./f typ.* Old English.
gouache *paint.* [gwaʃ] *f* gouache.
gouailler [gwɑˈje] (1a) *vt/i.* chaff; **gouaillerie** [gwɑjˈri] *f* banter, chaff; **gouailleur, -euse** [gwɑˈjœːr, ~ˈjøːz] **1.** *adj.* mocking (*tone*); waggish (*humour*); **2.** *su.* banterer.
gouape F [gwap] *f* blackguard, hooligan.
goudron [guˈdrɔ̃] *m* tar; ⚓ *a.* pitch; **goudronnage** [~drɔˈnaːʒ] *m* tarring; **goudronner** [~drɔˈne] (1a) *v/t.* tar; **goudronnerie** [~drɔnˈri] *f* tar-works *usu. sg.*; tar-shed; **goudronneux, -euse** [~drɔˈnø, ~ˈnøːz] tarry; gummy (*oil*).
gouffre [gufr] *m* gulf, pit, abyss.
gouge [guːʒ] *f* ⊕ gouge, hollow chisel; ⊕ barrel plane.
gouine *sl.* [gwin] *f* dike, dyke (= *lesbian*).
goujat [guˈʒa] *m* ⚠ hodman; farm-hand; *fig.* boor, cad.
goujon[1] *icht.* [guˈʒɔ̃] *m* gudgeon.
goujon[2] [guˈʒɔ̃] *m* ⚠ gudgeon (*a.* ⊕ *of a shaft*); ⚠ stud; ⊕ tenon; bolt; ⊕ coak; ⊕ *hinge*: pin(tle); **goujonner** [~ʒɔˈne] (1a) *v/t.* ⊕ coak, dowel; ⊕ pin, bolt; ⚠ joggle.
goulée [guˈle] *f metall.* channel; F mouthful; **goulet** [~ˈlɛ] *m* neck; ⚓ narrows *pl.*; ⚠ neck-gutter; **goulot**

[~'lo] *m bottle*: neck; spout; *sl.* mouth; **goulotte** [~'lɔt], **goulette** [~'lɛt] *f* shoot; water-channel; **goulu, e** [~'ly] greedy, gluttonous.
goupille ⊕ [gu'pi:j] *f* pin; (*stop*-) bolt; gudgeon; cotter; **goupiller** [~pi'je] (1a) *v/t.* ⊕ pin, key; *sl.* wangle, arrange.
goupillon [gupi'jɔ̃] *m eccl.* aspergillum; *bottle, gun, lamp*: brush.
gourbi [gur'bi] *m* (Arab) hut; shack; F funk-hole.
gourd, gourde [gu:r, gurd] benumbed; stiff.
gourde [gurd] **1.** *su./f* ⚘ gourd, calabash; (*brandy*-)flask; *sl.* blockhead; **2.** *adj. sl.* blockheaded, thick.
gourdin [gur'dɛ̃] *m* cudgel, club, bludgeon.
gourgandine † F [gurgɑ̃'din] *f* hussy.
gourmand, e [gur'mɑ̃, ~'mɑ̃:d] **1.** *adj.* greedy, gluttonous; F *fig.* sweet-toothed; **2.** *su.* gourmand, glutton; epicure; **gourmander** [~mɑ̃'de] (1a) *v/t.* scold, rebuke; *fig.* treat roughly; **gourmandise** [~mɑ̃'di:z] *f* greediness, gluttony; ~s *pl.* sweetmeats.
gourme [gurm] *f hunt.* strangles *pl.*; ⚕ impetigo; ⚕ teething rash; *jeter sa* ~ run at the nose (*horse*); F *fig.* blow off steam; F sow one's wild oats; **gourmé, e** [gur'me] stiff, formal (*manners*); aloof (*person*).
gourmet [gur'mɛ] *m* gourmet, epicure.
gourmette [gur'mɛt] *f horse*: curb; curb-bracelet; curb watch-chain; ⊕ polishing-chain.
gousse [gus] *f* pod, shell; *garlic*: clove; **gousset** [gu'sɛ] *m cost., a.* ⊕ gusset; *cost.* fob, waistcoat pocket; ⊕ bracket; ⊕ stayplate.
goût [gu] *m* taste (*a. fig.*); flavo(u)r; smell; liking, fancy; style, manner; *avoir bon* (*mauvais*) ~ taste nice (nasty); *mauvais* ~ bad taste; **goûter** [gu'te] **1.** (1a) *v/t.* taste; *fig.* enjoy, appreciate; *v/i.* take a snack; picnic; ~ *à* try, sample (*s.th.*); ~ *de* taste (*s.th.*) (for the first time); **2.** *su./m* snack; *Am.* lunch; *meal*: tea.
goutte[1] ⚕ [gut] *f* gout.
goutte[2] [gut] *f* drop; speck, *colour*: spot; F sip, drop; *sl.* spot of brandy *etc.*; ~ *à* ~ drop by drop; *ne* ... ~ not ... in the least, not ... at all; **goutte-à-goutte** ⚕ [~a'gut] *m/inv.* drip; *alimenter au* ~ drip-feed; **gouttelette** [~'lɛt] *f* droplet; **goutter** [gu'te] (1a) *v/i.* drip.
goutteux, -euse ⚕ [gu'tø, ~'tø:z] **1.** *adj.* gouty; **2.** *su.* sufferer from gout.
gouttière [gu'tjɛ:r] *f* ⚠ gutter(ing); drainpipe; spout; shoot; ⚕ cradle; ⚠ ~s *pl.* eaves.
gouvernail [guvɛr'na:j] *m* ⚓ rudder (*a.* ✈), helm; ✈ ~ *de direction* vertical rudder; ✈ ~ *de profondeur* elevator; **gouvernant, e** [~'nɑ̃, ~'nɑ̃:t] **1.** *adj.* governing, ruling; **2.** *su./f* housekeeper; governess; regent; **gouverne** [gu'vɛrn] *f* guidance; ⊕ control; ⚓ steering; ✈ ~s *pl.* control surfaces; rudders and ailerons; *fig. pour ta* ~ for your guidance; **gouvernement** [guvɛrnə'mɑ̃] *m* government; management; governorship; ⚓ steering; **gouvernemental, e,** *m/pl.* **-aux** [~nəmɑ̃'tal, ~'to] governmental; Government-...; **gouverner** [~'ne] (1a) *v/t.* govern (*a.* ⊕, *a. gramm.*), rule, control; ⚓ steer; **gouverneur** [~'nœ:r] *m* governor.
grabat [gra'ba] *m* pallet; wretched bed; *fig. sur un* ~ in abject poverty.
grabuge F [gra'by:ʒ] *m* row, ructions *pl.*
grâce [grɑ:s] *f* grace (*a. eccl., a.* ✝), gracefulness, charm; favo(u)r; mercy; ⚖ pardon; ~! for pity's sake; ~s *pl.* thanks; ~ *à* thanks to; *action f de* ~s thanksgiving; *coup m de* ~ finishing stroke, quietus; *de mauvaise* ~ unwillingly, ungraciously; *dire ses* ~s say grace after a meal; *faire* ~ *de qch. à q.* spare s.o. s.th.; *rendre* ~(*s*) give thanks (to s.o. for s.th., *à q. de qch.*); **gracier** [grɑ'sje] (1o) *v/t.* pardon, reprieve.
gracieuseté [grɑsjøz'te] *f* graciousness; kindness; affability; **gracieux, -euse** [~'sjø, ~'sjø:z] **graceful, pleasing; gracious; courteous;** *à titre* ~ **free (of charge), complimentary.**
gracile **[gra'sil] slender, slim; thin** (*voice*).
gradation [grada'sjɔ̃] *f* gradual process; *gramm.* ~ *inverse* anti-climax; *par* ~ gradually; **grade** [grad] *m* rank (*a.* ⚔), grade (*a.* ⚗); *univ.*

degree; ⚓ rating; **gradé** [gra'de] *m* ⚔ non-commissioned officer, N.C.O.; ⚓ rated man; **gradin** [~'dɛ̃] *m* step; *en ~s* in tiers, tier upon tier; **graduation** *phys.* [~dɥa-'sjɔ̃] *f* graduating; scale; **graduel, -elle** [~'dɥɛl] *adj.*, *a. su./m eccl.* gradual; **graduer** [~'dɥe] (1n) *v/t.* graduate; increase gradually; *univ.* confer a degree on.

grailler [grɑ'je] (1a) *v/i.* speak in a husky voice.

graillon [grɑ'jɔ̃] *m* smell of burnt fat; F clot of phlegm; **graillonner** [~jɔ'ne] (1a) *v/i. cuis.* catch; taste of burnt fat; F bring up phlegm, hawk.

grain [grɛ̃] *m* grain (*a. of sand, powder, salt*); seed; *coffee*: bean; berry; *rosary etc.*: bead; texture, grain; particle, speck (*a. fig.*); ⚓ squall; ⊕ lining; ⊕ cam-roller; F bee in the bonnet, quirk; *~ de beauté* beauty spot; mole; *~ de raisin* grape; *à gros ~s* coarse-grained; F *avoir son ~* be a bit fuddled (= *drunk*).

graine [grɛn] *f* seed; *silkworm*: eggs *pl.*; *monter en ~* run to seed; *fig.* grow into an old maid; F *de la mauvaise ~* a bad lot; **graineterie** [~'tri] *f* seed-trade; seed-shop; **grainetier** [~'tje] *m* corn-chandler.

graissage [grɛ'sa:ʒ] *m* greasing, lubrication; oiling; **graisse** [grɛs] *f* grease (*a.* ⊕); fat; *wine*: ropiness; *sl.* money; **graisser** [grɛ'se] (1a) *v/t.* grease, lubricate, oil; get grease on (*clothes*); F *~ la patte à q.* grease s.o.'s palm (= *bribe s.o.*); *v/i.* become ropy (*wine*); **graisseur** [~'sœ:r] *m person*: greaser; ⊕ lubricator, grease-cup; **graisseux, -euse** [~'sø, ~'sø:z] greasy, oily; fatty; ropy (*wine*).

grammaire [gram'mɛ:r] *f* grammar; **grammairien** *m*, **-enne** *f* [~mɛ'rjɛ̃, ~'rjɛn] grammarian; **grammatical, e,** *m/pl.* **-aux** [~ma-ti'kal, ~'ko] grammatical.

gramme [gram] *m measure*: gram (-me).

gramophone [gramɔ'fɔn] *m* gramophone.

grand, grande [grɑ̃, grɑ̃:d] **1.** *adj.* great, big; large; tall; high (*building, explosives, wind*); wide, extensive; grown-up; noble; high-class (*wines*); chief; main (*road*); *~ public m* general public; *au ~ jour* in broad daylight; *de ~ cœur* with a will, heartily, willingly; *de ~ matin* early in the morning; *en ~* on a large scale; *un ~ homme* a great man; *un homme ~* a tall man; **2.** *su./m* (Spanish) grandee; great man; adult, grown-up; *school*: senior pupil.

grand...: **~-chose** [grɑ̃'ʃo:z] *su./inv.*: *ne ... pas ~* not much; **grandeur** [~'dœ:r] *f* size; height; greatness; magnitude; splendo(u)r; **grandir** [~'di:r] (2a) *v/i.* grow tall; grow up (*child*); increase, grow; *v/t.* make look taller *or* bigger; magnify (*a. fig.*); enlarge.

grand...: **~-livre,** *pl.* **~s-livres** [grɑ̃'li:vr] *m* ledger; **~-mère,** *pl.* **~(s)-mères** [~'mɛ:r] *f* grandmother; **~-messe** *eccl.* [~'mɛs] *f* high mass; **~-oncle,** *pl.* **~s-oncles** [~'tɔ̃:kl] *m* great-uncle; **~-peine** [~'pɛn] *adv.*: *à ~* with great difficulty *or* much trouble; **~-père,** *pl.* **~s-pères** [~-'pɛ:r] *m* grandfather; **~-route** [~'rut] *f* highway, high road; **~-rue** [~'ry] *f* high *or* main street; **~s-parents** [~pa'rɑ̃] *m/pl.* grandparents.

grange [grɑ̃:ʒ] *f* barn; *mettre en ~* garner.

granit [gra'ni] *m* granite; **graniteux, -euse** [~ni'tø, ~'tø:z] granitic.

granivore [grani'vɔ:r] granivorous

granulaire [grany'lɛ:r] granular; **granulation** [~la'sjɔ̃] *f* granulation (*a.* ⚕); *gunpowder*: corning; **granule** [gra'nyl] *m*, **granulé** [grany'le] *m* granule; **granuler** [~'le] (1a) *v/t.* granulate; corn (*gunpowder*); stipple (*an engraving*); **granuleux, -euse** [~'lø, ~'lø:z] granular.

graphique [gra'fik] **1.** *adj.* graphic; **2.** *su./m* graph; (*a. dessin m ~*) diagram.

grappe [grap] *f fruit*: bunch; cluster; ⚘ *onions*: string; *vet.* *~s pl.* grapes; **grappiller** [grapi'je] (1a) *v/t.* glean (*vineyards*); F pilfer, scrounge; *v/i.* F make petty profits; **grappilleur** *m*, **-euse** *f* [~'jœ:r, ~'jø:z] gleaner; F pilferer, scrounger; **grappillon** [~'jɔ̃] *m* small bunch *or* cluster.

grappin [gra'pɛ̃] *m* ⚓ grapnel, grappling-iron; ⊕ grab; ⚠ anchor-iron; *~s pl.* climbing-irons; F *mettre le ~ sur* lay hands on, get hold of.

gras, grasse [gra, gra:s] **1.** *adj.* fat(ted) (*animal*); fatty (*acid, tissue*); greasy, oily (*rag, voice*); stout; thick (*beam, mud, speech, weather*); heavy (*soil*); rich (*food, coal*); soft (*outline, stone*); ⚗ aliphatic; *typ.* heavy, bold(-faced); *fig.* broad, smutty; *fromage m* ~ cream cheese; *eccl. jour m* ~ meat day; **2.** *su./m* fat; ⊕ *beam*: thickness; thick (*of thumb*); ~ *de la jambe* calf (of the leg); *faire* ~ eat meat; **gras-double** *cuis.* [gra'dubl] *m* tripe.

grasseyer [grasɛ'je] (1a) *v/i.* speak with a strong guttural r.

grassouillet, -ette F [grasu'jɛ, ~'jɛt] plump, chubby; buxom (*woman*).

gratifiant, e [grati'fjɑ̃, ~'fjɑ̃:t] gratifying; satisfying; **gratification** [~fika'sjɔ̃] *f* tip, gratuity; bonus; **gratifier** [~'fje] (1o) *v/t.* ~ *q. de qch.* bestow s.th. upon s.o.; present *or* favo(u)r *or* hono(u)r s.o. with s.th.; *fig.* attribute s.th. to s.o.

gratin [gra'tɛ̃] *m cuis.* cheese topping; cheese-topped dish; F *fig. the* upper crust; *cuis. au* ~ with cheese topping; **gratiné, e** *cuis.* with cheese topping; F hellish, *a* hell of a ...

gratis [gra'tis] *adv.* free (of charge), gratis.

gratitude [grati'tyd] *f* gratitude; thankfulness.

gratte [grat] *f* ⊕ scraper; pickings *pl.*, F perks *pl.*, graft; ✝ fringe benefits *pl.*; **~-ciel** [~'sjɛl] *m/inv.* skyscraper; **~-cul** [~'ky] *m/inv. dog-rose*: hip; **~-papier** F [~pa'pje] *m/inv.* penpusher; **~-pieds** [~'pje] *m/inv.* shoe-scraper; **gratter** [gra'te] (1a) *v/t.* scrape; scratch; scrape off; *sp.* overtake (*a rival*); *sl.* make (*s.th.*) on the side; se ~ scratch (o.s.); *v/i.*: ~ *du pied* paw the ground (*horse*); **grattoir** [~'twa:r] *m* scraper; **grattures** [~'ty:r] *f/pl. metal*: scrapings.

gratuit, e [gra'tɥi, ~'tɥit] free; gratuitous; unmotivated; unfounded; unprovoked (*abuse, insult*); *à titre* ~ free of charge, gratis; **gratuité** [~tɥi'te] *f* gratuitousness.

gravatier [grava'tje] *m* rubbish-carter; **gravats** [~'va] *m/pl.* (plaster) screenings; *buildings*: rubbish *sg.*

grave [gra:v] **1.** *adj.* grave; solemn; serious, bad; important; ♪ deep, low; **2.** *su./m* ♪ low register.

graveler [grav'le] (1c) *v/t.* gravel; **graveleux, -euse** [~'lø, ~'lø:z] gravelly (*soil*); gritty; ⚕ suffering from gravel; ⚕ showing traces of gravel (*urine*); *fig.* smutty (*song etc.*); **gravelle** ⚕ [gra'vɛl] *f* gravel; **gravelure** [grav'ly:r] *f* smutty story.

graver [gra've] (1a) *v/t.* engrave, carve; *fig.* ~ *qch. dans sa mémoire* engrave s.th. on one's memory; **graveur** [~'vœ:r] *m* engraver; *stone*: carver; ~ *sur bois* wood-engraver.

gravier [gra'vje] *m* gravel, grit; ⚕ ~*s pl.* gravel *sg.*

gravir [gra'vi:r] (2a) *v/t.* climb, ascend; mount.

gravitation [gravita'sjɔ̃] *f* gravitation(al pull); **gravité** [~'te] *f phys., a. fig.* gravity; *fig.* seriousness; ♪ deepness; **graviter** [~'te] (1a) *v/i.* revolve (round, *autour de*); move; gravitate (to, towards *à, vers*).

gravure [gra'vy:r] *f* engraving; etching; print; ~ *en taille-douce*, ~ *sur cuivre* copper-plate engraving; ~ *sur acier* steel engraving.

gré [gre] *m* will, wish, pleasure; liking, taste; consent; *à mon* ~ as I please, to suit myself; *au* ~ *de* at the mercy of (*the winds etc.*); *bon* ~, *mal* ~ willy-nilly; *contre mon* ~ against my will, unwillingly; *de bon* ~ willingly; *de mon plein* ~ of my own accord; *savoir* ~ *à q. de qch.* be grateful to s.o. for s.th.

grec, grecque [grɛk] **1.** *adj.* Greek; **2.** *su./m ling.* Greek; *su.* ♀ Greek; **gréco-latin, e** [grekɔla'tɛ̃, ~'tin] Gr(a)eco-Latin.

gredin *m*, **e** *f* † [grə'dɛ̃, ~'din] scoundrel, rogue.

gréement ⚓, ✈ [gre'mɑ̃] *m* rigging; gear; **gréer** ⚓, ✈ [~'e] (1a) *v/t.* rig.

greffage ⚘ [grɛ'fa:ʒ] *m* grafting; **greffe** [grɛf] *su./m* ⚖ office of the clerk of the court; ⚖ registry (*a.* ✝), record-office; *su./f* ⚘, ⚕ graft, grafting; ⚕ ~ *de cœur* heart transplant; **greffer** ⚘, ⚕ [grɛ'fe] (1a) *v/t.* graft; **greffier** [~'fje] *m* ⚖ clerk of the court; ⚖, ✝, *admin.* registrar; **greffoir** ⚘ [~'fwa:r] *m* grafting-knife; **greffon** ⚘ [~'fɔ̃] *m* graft, slip, scion.

grégaire [gre'gɛ:r] gregarious; **grégarisme** [~ga'rism] *m* gregariousness.

grège [grɛ:ʒ] *adj./f* raw (*silk*).
grégeois [greˈʒwa] *adj./m*: *feu m* ~ Greek fire.
grêle[1] [grɛ:l] slender; thin (*a. fig. voice*); *anat.* small (*intestine*).
grêle[2] [grɛ:l] *f* hail; *fig.* hail, shower; **grêlé, e** ⚕ [grɛˈle] pock-marked; **grêler** [~ˈle] (1a) *v/impers.* hail; *v/t.* damage by hail; ⚕ pock-mark; **grêlon** [~ˈlɔ̃] *m* hail-stone.
grelot [grəˈlo] *m* small bell; sleigh-bell; F *attacher le* ~ bell the cat; **grelotter** [~lɔˈte] (1a) *v/i.* shiver, tremble, shake (with, *de*); tinkle.
grenade [grəˈnad] *f* ⚘ pomegranate; ⚔ grenade; **grenadier** [grənaˈdje] *m* ⚘ pomegranate(-tree); ⚔ grenadier; ⚔ bomber; F *woman*: amazon; **grenadille** [~ˈdi:j] *f* ⚘ granadilla; ✝ red ebony; **grenadin, e** [~ˈdɛ̃, ~ˈdin] **1.** *adj.* of Granada; of Grenada; **2.** *su./m cuis.* fricassee of chicken; ⚘ grenadin; *orn.* African finch; *su./f tex.* grenadine.
grenaille [grəˈnɑ:j] *f* small grain; (small) shot; *en* ~ granulated.
grenat [grəˈna] **1.** *su./m* garnet; **2.** *adj./inv.* garnet(-red).
greneler [grənˈle] (1c) *v/t.* grain (*leather etc.*).
grener [grəˈne] (1d) *v/i.* corn, seed (*cereals etc.*); *v/t.* corn (*gunpowder*); grain (*salt, a. leather, paper*); stipple (*an engraving*).
grènetis [grɛnˈti] *m* milled edge (*of a coin*).
grenier [grəˈnje] *m* granary; (*hay-, corn-*) loft; ⚠ attic, garret.
grenouillage [grənuˈja:ʒ] *m* (shady) dealings *pl.*, wangling; **grenouille** [grəˈnu:j] *f* frog; F kitty, club-money, funds *pl.*, ⚔ mess-funds *pl.*; F *manger la* ~ run off with the funds; **grenouillère** [~nuˈjɛ:r] *f* marsh; froggery; **grenouillette** [~nuˈjɛt] *f* ⚘ water-crowfoot; ⚕ ranula.
grès [grɛ] *m* sandstone; (*a.* ~ *cérame*) stoneware; earthenware; **gréseux, -euse** [greˈzø, ~ˈzø:z] sandy, gritty; *geol.* sandstone (*rocks*); **grésière** [~ˈzjɛ:r] *f* sandstone quarry; **grésil** [greˈzi(l)] *m* (fine) hail.
grésiller[1] [greziˈje] (1a) *v/impers.* patter (*hail*).
grésiller[2] [~] (1a) *v/i.* crackle (*fire*); sizzle; sputter (*candle*).
grève [grɛ:v] *f* seashore; (*sandy*) beach; ⊕ strike, walkout; ~ *bouchon* disruptive action, selective action; ~ *de la faim* hunger-strike; ~ *perlée* go-slow strike, *Am.* slow-down strike; ~ *sauvage* wildcat strike; ~ *sur le tas* sit-down strike; *faire* ~ be on strike; *faire la* ~ *du zèle* work to rule; *faire une* ~ *de sympathie* come out in sympathy; *se mettre en* ~ walk out.
grever [grəˈve] (1d) *v/t.* burden (*an estate*) (with, *de*); ⚖ entail (*an estate*); ⚖ mortgage (*land*); *admin.* rate (*a building*).
gréviste [greˈvist] *su.* striker.
gribouiller [gribuˈje] (1a) *vt/i.* daub; scribble; **gribouillis** [~ˈji] *m* scrawl, scribble.
grief [griˈɛf] *m* grievance, ground for complaint; *faire* ~ *à q. de qch.* hold s.th. against s.o.
grièvement [griɛvˈmɑ̃]: ~ *blessé(e)* seriously injured.
griffade [griˈfad] *f* scratch (*of claw*); **griffe** [grif] *f* claw (*a.* ⊕); *fig. a.* clutches *pl.*; maker's label; signature (stamp); *a. fig.* stamp; **griffé, e** ✝ [~ˈfe] with a famous label; **griffer** [~ˈfe] (1a) *v/t.* scratch, claw; fasten with a clamp; stamp (a signature on).
griffon [griˈfɔ̃] *m myth.* griffin; *orn.* tawny vulture; *dog*: griffon.
griffonnage [grifɔˈna:ʒ] *m* scrawl, scribble; **griffonner** [~ˈne] (1a) *v/t.* scrawl, scribble; do a rough sketch of; **griffonneur** *m*, **-euse** *f* [~ˈnœ:r, ~ˈnø:z] scribbler.
grignoter [griɲɔˈte] (1a) *v/t.* nibble (at), pick at (*one's food*); gnaw (away) (at); *fig.* eat away (at); *fig.* wear down *or* out; *fig.* win, get; *v/i.* nibble (at one's food).
grigou F [griˈgu] *m* miser, skinflint.
gril [gril] *m cuis.* grill, gridiron (*a.* 🚂, *a.* ⚓); ⊕ *sluice-gate*: grating; *fig. être sur le* ~ be on tenterhooks.
grillade *cuis.* [griˈjad] *f* grill, grilled steak; grilling.
grillage[1] [griˈja:ʒ] *m cuis.* grilling; roasting (*a. metall.*); ⚡ F *bulb*: burning-out.
grillage[2] [griˈja:ʒ] *m* lattice; (wire) netting *or* fencing; **grillager** [~jaˈʒe] (1l) *v/t.* surround with wire fencing *or* netting; **grille** [gri:j] *f* grate (*a.* ⊕); grating; iron gate, railing; ⚡, *radio, fig.* grid; *mot.* grille; *fig.* schedule.
griller[1] [griˈje] (1a) *v/t. cuis.* grill; toast (*bread*); roast (*beans, a.* ⊕ *ore*);

singe (*cloth*); ⚗ calcine; scorch, burn; ⚡ burn out, blow (*a bulb, etc.*); *mot.* F race past; F jump (*the traffic lights*), jump, cut out (*a stop etc.*); F smoke (*a cigarette*); F *sp.* outrun (*an opponent*); *v/i.* F *fig.* be roasting (*in the heat*); *fig.* be burning (with s.th., *de qch.*; to *inf.*, *de inf.*).

griller[2] [~] (1a) *v/t.* rail in; bar (*a window*).

grillon *zo.* [gri'jɔ̃] *m* cricket.

grill-room [gril'rum] *m* grill-room.

grimace [gri'mas] *f* grimace, wry face; **grimacer** [~ma'se] (1k) *v/i.* make faces, screw one's face up, grimace; simper; *v/t.*: ~ *un sourire* force a smile; **grimacier, -ère** [~ma'sje, ~'sjɛːr] **1.** *adj.* grimacing; grinning; affected; **2.** *su.* affected person; hypocrite.

grimer *thea.* [gri'me] (1a) *v/t. a.* se ~ make up.

grimoire [gri'mwaːr] *m* book of spells, gibberish; scribble, scrawl.

grimpant, e [grɛ̃'pɑ̃, ~'pɑ̃ːt] climbing; ⚘ *a.* creeping, trailing; **grimper** [~'pe] (1a) *vt/i.* climb; *v/i.* climb up; ⚘ climb, creep, trail; **grimpereau** *orn.* [~'pro] *m* tree-creeper; **grimpette** [~'pɛt] *f* steep slope *or* climb; **grimpeur, -euse** [~'pœːr, ~'pøːz] **1.** *adj.* climbing; **2.** *su./m orn.* climber; *cyclism*: good hill-climber.

grincement [grɛ̃s'mɑ̃] *m door, teeth, wheel*: grinding, grating; *door, gate*: creaking; *pen*: scratch; **grincer** [grɛ̃'se] (1a) *v/i.* grate, grind; gnash (*teeth*); creak (*door*); scratch (*pen*).

grincheux, -euse [grɛ̃'ʃø, ~'ʃøːz] **1.** *adj.* grumpy; testy; touchy; crabbed; **2.** *su.* grumbler, F grouser.

gringalet F [grɛ̃ga'lɛ] *m* shrimp (= *seedy boy*); whipper-snapper.

griot [gri'o] *m* ⚒ *flour etc.*: seconds *pl.*

griotte [gri'ɔt] *f* ⚘ morello cherry; *min.* griotte (= *sort of marble flecked with red and brown*).

grippage ⊕ [gri'paːʒ] *m* rubbing, friction; jamming; abrasion.

grippe [grip] *f* dislike; ⚕ influenza, F 'flu; *prendre q. en* ~ take a dislike to s.o.; **grippé, e** ⚕ [gri'pe] *adj.*: *être* ~ have influenza, F have the 'flu; **gripper** [~] (1a) *v/i. a.* se ~ ⊕ seize up, jam; run hot; become abraded; *tex.* pucker; *v/t.* seize, snatch; **grippe-sou,** *pl.* **grippe-sou(s)** F [grip'su] *m* skinflint, miser.

gris, grise [gri, griːz] grey; dull (*weather, a. fig.*); F tipsy, fuddled; *faire grise mine à* give a cold welcome to; **grisaille** [gri'zɑːj] *f paint.* grisaille; greyness; *fig.* dullness; **grisailler** [~zɑ'je] (1a) *v/t.* paint grey; paint (*s.th.*) in grisaille; *v/i.* turn grey (*hair*); **grisâtre** [~'zɑːtr] greyish.

grisbi *sl.* [gris'bi] *m* dough (= *money*).

griser [gri'ze] (1a) *v/t.* intoxicate, make drunk; se ~ get drunk; **grisette** [~'zɛt] *f* grisette (*a. tex.*).

grisoller [grizɔ'le] (1a) *v/i.* sing (*lark*).

grison[1], **-onne** [gri'zɔ̃, ~'zɔn] **1.** *adj.* of the canton of Grisons; **2.** *su.* inhabitant of the canton of Grisons.

grison[2], **-onne** † [gri'zɔ̃, ~'zɔn] **1.** *adj.* grey(-haired), grizzled; **2.** *su./m* grey-beard; donkey; **grisonner** [~zɔ'ne] (1a) *v/i.* turn grey (*hair*).

grisou ⚒ [gri'zu] *m* fire-damp; gas; *coup m de* ~ fire-damp explosion.

grive *orn.* [griːv] *f* thrush; **grivelé, e** [griv'le] speckled; **griveler** [~] (1d) *v/t.* obtain (*a meal etc.*) without being able to pay; **grivèlerie** [grivɛl'ri] *f* sponging; graft; pilfering.

grivois, e [gri'vwa, ~'vwaːz] broad, spicy (*joke, story, etc.*); **grivoiserie** [~vwaz'ri] *f* broad *or* smutty joke *or* story *etc.*; licentious gesture.

grog [grɔg] *m* grog, toddy.

grognard *hist.* [grɔ'ɲaːr] *m* soldier of Napoleon's Old Guard; **grognement** [grɔɲ'mɑ̃] *m* grunt; growl; snarl; grumbling; **grogner** [grɔ'ɲe] (1a) *v/i.* grunt; growl; grumble; *v/t.* growl out (*s.th.*); **grogneur, -euse** [~'ɲœːr, ~'ɲøːz] **1.** *adj.* grumbling; **2.** *su./m* grumbler, F grouser; **grognon, -onne** [~'ɲɔ̃, ~'ɲɔn] **1.** *adj.* grumbling; peevish; **2.** *su./m* grumbler; cross-patch; **grognonner** F [~ɲɔ'ne] (1a) *v/i.* grunt; grumble, grouse; be peevish.

groin [grwɛ̃] *m pig*: snout.

grol(l)e *sl.* [grɔl] *f* shoe.

grommeler [grɔm'le] (1c) *vt/i.* mutter; growl; grumble.

grondement [grɔ̃d'mɑ̃] *m thunder*: rumble, rumbling; *storm*: roar(ing); *sea*: boom; *dog*: growl; **gronder** [grɔ̃'de] (1a) *v/i.* growl (*dog*);

grumble (at, *contre*); rumble (*thunder*); roar (*sea, storm*); *v/t.* scold; **gronderie** [~'dri] *f* scolding; **grondeur, -euse** [~'dœ:r, ~'dø:z] **1.** *adj.* grumbling, scolding; **2.** *su.* grumbler; *su./f* shrew.
groom [grum] *m* page-boy, *Am.* bell-hop.
gros, grosse [gro, gro:s] **1.** *adj.* big, large; stout, fat; thick; broad (*humour etc.*); foul (*weather, word*); heavy (*rain, sea*); swollen (*river*); † ⚕ pregnant; *fig.* teeming (with, *de*); *fig.* fraught (with, *de*); ~ *bétail m* cattle; ~ *doigt m du pied* big toe; F *grosse légume f* big shot; ⚠ ~ *œuvre m* foundations *pl.*; main walls *pl.*; *avoir le cœur* ~ be heavy-hearted; **2.** *gros adv.* a great deal, a lot; *gagner* ~ earn a lot, make big money; *écrire* ~ write in large letters; **3.** *su./m* bulk, main part; ⚔ main body (*of an army*); thickest part; essential (part); *winter etc.*: heart; ⚕ *de* ~ wholesale (*price, firm, business, etc.*); *en* ~ rough, broad (*estimate etc.*); (*describe etc.*) roughly, broadly; all told, altogether; (*write*) in large letters; ⚕ wholesale (*a. fig.*); ⚕ *marchand m en* ~ wholesaler; ⚕ *faire le* ~ deal in wholesale; *su./f* gross, twelve dozen.
groseille ⚘ [gro'zɛ:j] *f* (red *etc.*) currant; ~ *à maquereau* gooseberry; **groseillier** ⚘ [~zɛ'je] *m* currant bush.
gros-grain *tex.* [gro'grɛ̃] *m* grogram.
grossesse ⚕ [gro'sɛs] *f* pregnancy; **grosseur** [~'sœ:r] *f* size, bulk; *lips*: thickness; ⚕ swelling; **grossier, -ère** [~'sje, ~'sjɛ:r] coarse; gross, crude; rude, unmannerly; rough; boorish; crass (*ignorance, stupidity, etc.*); **grossièreté** [~sjɛr'te] *f* coarseness, roughness; rudeness; grossness; coarse language; *dire des* ~*s* be offensive; **grossir** [~'si:r] (2a) *v/t.* enlarge, magnify (*a. opt., a. fig.*); swell; *v/i.* grow bigger, increase; put on weight (*person*); **grossissement** [~sis'mɑ̃] *m* magnification; enlargement; increase, swelling; **grossiste** ⚕ [~'sist] *m* wholesaler; **grossoyer** [~swa'je] (1h) *v/t.* engross (*a document*).
grotesque [grɔ'tɛsk] **1.** *adj.* grotesque; **2.** *su./m* grotesque person; freak.
grotte [grɔt] *f* grotto; cave.
grouiller [gru'je] (1a) *v/i.* swarm, crawl, teem, be alive (with, *de*); rumble (*belly*); † stir; *v/t.*: *sl.* se ~ hurry up, F get a move on.
groupe [grup] *m persons, objects, a.* ♪: group; *stars*: cluster; *trees*: clump; *biol.* division; ~ *de pression* pressure group; ⚕ ~ *sanguin* blood-group; **groupement** [~'mɑ̃] *m* grouping; group; **grouper** [gru'pe] (1a) *v/t.* group; se ~ form a group *or* groups; gather, cluster (round, *autour de*).
gruau [gry'o] *m* flour of wheat; ~ *d'avoine* groats *pl.*; *cuis.* gruel.
grue [gry] *f orn., a.* ⊕ crane; F street-walker, prostitute; ⊕ ~ *à bras* (*or à flèche*) jib-crane; 🚂 ~ *d'alimentation* water-pillar; F *faire le pied de* ~ cool one's heels, hang about (*ger., à inf.*).
gruger [gry'ʒe] (1l) *v/t.* crunch; F eat; *fig.* sponge on (*s.o.*), fleece (*s.o.*).
grume [grym] *f* log; *bois m de* (*or en*) ~ undressed timber.
grumeau [gry'mo] *m* clot; *salt*: speck; **grumeler** [grym'le] (1c) *v/t.*: se ~ clot, curdle; **grumeleux, -euse** [~'lø, ~'lø:z] curdled; gritty (*pear*).
grutier ⊕ [gry'tje] *m* crane-driver.
gruyère [gry'jɛ:r] *m* gruyère.
gué [ge] *m* ford; **guéable** [~'abl] fordable; **guéer** [~'e] (1a) *v/t.* ford (*a river, a stream*); water (*a horse*).
guenille [gə'ni:j] *f* rag; F trollop; *en* ~*s* in rags.
guenon [gə'nõ] *f zo.* long-tailed monkey; F ugly woman.
guêpe *zo.* [gɛ:p] *f* wasp; **guêpier** [gɛ'pje] *m* wasps' nest; *orn.* bee-eater.
guère [gɛ:r] *adv.*: *ne* ... ~ hardly, little, scarcely, not much *or* many.
guéret [ge'rɛ] *m* ploughed land; fallow land.
guéridon [geri'dɔ̃] *m* pedestal table.
guérilla ⚔ [geri'ja] *f* guerilla (warfare); **guérillero** ⚔ [~je'ro] *m person*: guerilla.
guérir [ge'ri:r] (2a) *v/t.* cure; heal (*a wound etc.*); *v/i.* get better, be cured; heal (*wound*); **guérison** [geri'zɔ̃] *f* cure; *wound*: healing; recovery; **guérissable** [~'sabl] curable; healable; **guérisseur, -euse** [~'sœ:r, ~'sø:z] *su.* healer; quack-doctor.
guérite [ge'rit] *f* ⚔ sentry box; workman's hut; (*watchman's*) shelter.

guerre [gɛːr] *f* war(fare); *fig.* quarrel; *Grande* ♀ Great War, World War I; *faire la* ~ make war (on, *à*); *faire la* ~ *à qch. a.* fight s.th.; *fig. de bonne* ~ fair; **guerrier, -ère** [gɛˈrje, ~ˈrjɛːr] **1.** *adj.* warlike; **2.** *su./m* warrior; **guerroyer** [~rwaˈje] (1h) *v/i.* wage war.

guet [gɛ] *m* watch; look-out; patrol; *faire le* ~ be on the look-out; **~-apens,** *pl.* **~s-apens** [gɛtaˈpɑ̃] *m* ambush, trap.

guêtre [gɛːtr] *f* gaiter; *mot.* patch, sleeve.

guetter [gɛˈte] (1a) *v/t.* lie in wait for, watch for; *fig.* wait (*one's opportunity*); **guetteur** ⚔, ⚓ [~ˈtœːr] *m person*: look-out.

gueulard, e F [gœˈlaːr, ~ˈlard] **1.** *adj.* loud-mouthed (*person*); noisy; **2.** *su.* loudmouth, bigmouth; **gueule** [gœl] *f animal, a. sl. person*: mouth; *sl.* face; F look, appearance; *gun*: muzzle; opening; *sl. casser la* ~ *à q.* break s.o.'s jaw, F sock s.o.; *sl. ta* ~! shut up!; F *avoir une drôle de* ~ look funny; F *avoir de la* ~ look *or* be great; **gueule-de-loup,** *pl.* **gueules-de-loup** ⚘ [~dəˈlu] snapdragon, antirrhinum; **gueuler** *sl.* [gœˈle] (1a) *vt/i.* bawl; **gueuleton** F [gœlˈtɔ̃] *m* blow-out, spread; **gueuletonner** F [~tɔˈne] (1a) *v/i.* have a blow-out.

gueusaille F [gøˈzɑːj] *f* rabble; **gueusard** [~ˈzaːr] *m* beggar; rascal, rogue.

gueuse *metall.* [gøːz] *f* pig-mo(u)ld; **gueuserie** [gøzˈri] *f* beggary; begging; *fig.* poor show, poor affair.

gueux, gueuse [gø, gøːz] **1.** *adj.* poverty-stricken, poor; **2.** *su.* beggar; tramp, vagabond; *su./f* wench; *courir la* ~ lead a wild life.

gui[1] ⚘ [gi] *m* mistletoe.

gui[2] ⚓ [~] *m* boom; guy(-rope).

guibolle *sl.* [giˈbɔl] *f* leg.

guichet [giˈʃɛ] *m post office, bank etc.*: counter, window; wicket, hatch; 🚂 booking office (window); *thea.* box office; *sp. cricket*: wicket; **guichetier** [giʃˈtje] *m prison*: turnkey.

guide[1] [gid] *m* guide (*a.* ⚔, *a.* ⊕); guide-book.

guide[2] [~] *f* rein; girl guide.

guide-âne [giˈdɑːn] *m* (handbook of) elementary instructions *pl.*; *writing pad*: black lines *pl.*, ruled guide; **guider** [~ˈde] (1a) *v/t.* guide; direct, steer; lead; ⊕ control; *se* ~ *sur* use as a guide; ⊕ *guidé par ordinateur* computer-controlled.

guidon [giˈdɔ̃] *m* ⚓ pennant; *cycle*: handle-bar; ⚔ *gun*: foresight.

guigne [giɲ] *f* heart-cherry; F *fig.* bad luck; F *avoir la* ~ be out of luck.

guigner F [giˈɲe] (1a) *v/t.* steal a glance at; have an eye to; ogle (*s.o.*).

guignier ⚘ [giˈɲje] *m* heart-cherry (tree).

guignol [giˈɲɔl] *m* Punch and Judy show; puppet (show).

guignolet [giɲɔˈlɛ] *m* cherry-brandy.

guignon [giˈɲɔ̃] *m* bad luck; *avoir du* ~ have a run of bad luck.

guillaume ⊕ [giˈjoːm] *m plane*: rabbet.

guillemets [gijˈmɛ] *m/pl.* inverted commas, quotation marks.

guilleret, -ette [gijˈrɛ, ~ˈrɛt] gay; broad (*joke*).

guillocher ⊕ [gijɔˈʃe] (1a) *v/t.* chequer.

guillotine [gijɔˈtin] *f* guillotine (*a. for cutting paper*); *fenêtre f à* ~ sash-window.

guimauve ⚘ [giˈmoːv] *f* marshmallow.

guimbarde [gɛ̃ˈbard] *f* ♪ Jew's-harp; ⊕ grooving-plane; *sl.* rattletrap, *Am.* jalopy.

guimpe [gɛ̃ːp] *f* (*nun's*) wimple; chemisette.

guindage [gɛ̃ˈdaːʒ] *m* ⊕ hoisting; ⊕ *tackle*: hoist; **guindé, e** [~ˈde] stiff, starchy; strained; stilted (*style*); **guinder** [~ˈde] (1a) *v/t.* hoist; *fig.* strain; *fig.* make look stiff; *fig.* se ~ become stilted *or* strained (*story, etc.*); adopt a stiff manner (*person*).

guinguette [gɛ̃ˈgɛt] *f* suburban tavern; out-of-town inn.

guiper [giˈpe] (1a) *v/t.* wind; wrap; lap (*a.* ⚡); **guipure** [~ˈpyːr] *f* pillow-lace; ⚡ lapping.

guirlande [girˈlɑ̃ːd] *f* garland, wreath, festoon; *pearls*: rope.

guise [giːz] *f* manner, way; *à votre* ~! as you like!; please yourself!; *en* ~ *de* by way of, as.

guitare ♪ [giˈtaːr] *f* guitar.

gustatif, -ve [gystaˈtif, ~ˈtiːv] gustative; gustatory (*nerve*); **gustation** [~taˈsjɔ̃] *f* tasting.

gutta-percha [gytapɛrˈka] *f* gutta-percha.

guttural, e, *m/pl.* **-aux** [gytyˈral, ~ˈro] **1.** *adj.* guttural; throaty

(*voice*); **2.** *su./f gramm.* guttural.
gymnase [ʒim'nɑːz] *m* gymnasium, F gym; **gymnaste** [~'nast] *su.* gymnast; **gymnastique** [~nas'tik] **1.** *adj.* gymnastic; **2.** *su./f* gymnastics *sg.*, F gym; ~ *rythmique* eurhythmics *sg.*; *faire de la* ~ do gymnastics.
gymnote *icht.* [ʒim'nɔt] *m* electric eel.
gynécologiste ⚕ [ʒinekɔlɔ'ʒist], **gynécologue** ⚕ [~'lɔg] *su.* gyn(a)ecologist.
gypaète *orn.* [ʒipa'ɛt] *m* lammergeyer.
gypse [ʒips] *m min.* gypsum; ⚒ plaster of Paris.
gyrophare [ʒirɔ'faːr] *m* flashing light; **gyroscope** [~'skɔp] *m* gyroscope; **gyroscopique** [~skɔ'pik] gyroscopic; ✈ *appareil m* ~ *de pilotage* gyro-pilot; ⚓ *compas m* ~ gyro-compass.

H

(Before the so-called aspirate *h*, marked ★*h*, there is neither elision nor liaison.)

H, h [aʃ] *m* H, h.

habile [aˈbil] clever; skilful; ⚖ competent (to, *à*); **habileté** [abilˈte] *f* skill, ability; cleverness; (clever) trick; **habilité** ⚖ [~ˈte] *f* competency; **habiliter** ⚖ [~ˈte] (1a) *v/t.* entitle (s.o. to *inf.*, *q. à inf.*).

habillage [abiˈjaːʒ] *m* dressing; ⊕ assembling; ✝ get-up; **habillement** [abijˈmɑ̃] *m* clothing; clothes *pl.*; dress; **habiller** [abiˈje] (1a) *v/t.* dress; clothe; ✝ get up; cover; *dress*: suit (*s.o.*); s'~ dress (o.s.), get dressed; dress up (as, *en*); **habilleur** *m*, **-euse** *f* [~ˈjœːr, ~ˈjøːz] *thea. etc.* dresser.

habit [aˈbi] *m* (*a.* ~ *de soirée*) dress coat; dress; coat; *eccl.* habit; *eccl.* frock; ~ *vert* green coat (*of the Members of the Académie française*).

habitable [abiˈtabl] habitable; **habitacle** [~ˈtakl] *m* ⚓ binnacle; ✈ cockpit; *poet.* dwelling; **habitant** *m*, **e** *f* [~ˈtɑ̃, ~ˈtɑ̃ːt] inhabitant; occupier (*of a house*); resident; **habitat** ⚘, *zo.*, *etc.* [~ˈta] *m* habitat; **habitation** [~taˈsjɔ̃] *f* habitation; dwelling, residence; **habiter** [~ˈte] (1a) *v/t.* inhabit, live in; *v/i.* dwell, live, reside.

habitude [abiˈtyd] *f* habit, custom, practice, use; *avoir l'* ~ *de* be used to (*s.th.*, *doing s.th.*); *avoir l'*~ *de* (*inf.*) *a.* be in the habit of (*ger.*); *j'ai l'*~, *j'en ai l'*~ I am used to it; *d'*~ usually; *par* ~ from sheer force of habit; **habitué** *m*, **e** *f* [~ˈtɥe] frequenter, regular attendant *or* customer; **habituel, -elle** [~ˈtɥɛl] usual; customary; **habituer** [~ˈtɥe] (1n) *v/t.*: ~ *q. à* accustom s.o. to *or* get s.o. used to (*s.th.*, *doing s.th.*); s'~ *à* get used to.

★**hâblerie** [ɑbləˈri] *f* boasting; ★**hâbleur** *m*, **-euse** *f* [ɑˈblœːr, ~ˈbløːz] boaster.

★**hache** [aʃ] *f* axe; **~-légumes** [~leˈgym] *m/inv.* vegetable-cutter; **~-paille** [~ˈpɑːj] *m/inv.* chaff-cutter.

★**hacher** [aˈʃe] (1a) *v/t.* chop (up); hash (*meat*); hack up; *fig.* score (*s.o.'s face*); hatch (*a drawing etc.*); ★**hachereau** [aʃˈro] *m* small axe, hatchet; ★**hachette** [aˈʃɛt] *f* hatchet; ★**hachis** *cuis.* [aˈʃi] *m* hash (*a. fig.*), mince.

★**hachisch** [aˈʃiʃ] *m* hashish.

★**hachoir** [aˈʃwaːr] *m* chopper; chopping-knife; chopping-board; ★**hachure** [aˈʃyːr] *f* hachure, hatching; *en ~s* hachured.

★**hagard, e** [aˈgaːr, ~ˈgard] wild, wild-looking; distraught.

★**haï, e** [aˈi] *p.p. of haïr.*

★**haie** [ɛ] *f* hedge(row); *people*: line; *sp.* hurdle; ~ *d'honneur* guard of hono(u)r; *sp. course f de ~s* hurdle-race; *faire la* ~ be lined up.

★**haillon** [aˈjɔ̃] *m* rag, tatter.

★**haine** [ɛːn] *f* hate, hatred; ★**haineux, -euse** [ɛˈnø, ~ˈnøːz] full of hatred.

★**haïr** [aˈiːr] (2m) *v/t.* hate, detest, loathe.

★**haire** [ɛːr] *f* hair-shirt; *tex.* hair-cloth.

★**hais** [ɛ] *1st p. sg. pres. of haïr*; ★**haïs** [aˈi] *1st p. sg. p.s. of haïr*; ★**haïssable** [aiˈsabl] hateful, odious; ★**haïssent** [aˈis] *3rd p. pl. pres. of haïr.*

★**halage** [aˈlaːʒ] *m* ⚓ *ship*: hauling; towing; *chemin m de* ~ tow(ing)-path.

★**hâle** [ɑːl] *m* tan(ning); sunburn; ★**hâlé, e** [ɑˈle] (sun)tanned, sunburnt.

haleine [aˈlɛn] *f* breath; *fig.* wind; *à perte d'*~ until out of breath; *avoir l'*~ *courte* be short-winded; *de longue* ~ long and exacting, of long duration; long-term (*plans*); *hors d'*~ out of breath; *tenir en* ~ keep (*s.o.*) breathless.

★**haler** [aˈle] (1a) *v/t.* ⚓ haul (in); tow.

★**halètement** [alɛtˈmɑ̃] *m* panting, gasping; ★**haleter** [alˈte] (1d) *v/i.* pant; gasp (for breath); puff.

★**haleur** ⚓ [aˈlœːr] *m* hauler; tower.

★**hall** [ɔl] *m* entrance hall; *hotel*:

lounge; *mot.* open garage; ⊕ shop, room; ***hallage** ⚘ [a'la:ʒ] *m* market dues *pl.*; ***halle** [al] *f* (covered) market.

***hallebarde** *hist.* [al'bard] *f* halberd.

***hallier** [a'lje] *m* thicket, copse; ~*s pl.* brushwood *sg.*

hallucinant, e [alysi'nɑ̃, ~'nɑ̃t] hallucinating; *fig.* incredible, staggering; **hallucination** [~na'sjɔ̃] *f* hallucination; **hallucinogène** [~nɔ'ʒɛn] **1.** *adj.* hallucinogenic; **2.** *su.*/*m* hallucinogen.

***halo** [a'lo] *m meteor.* halo; *phot.* halation; *opt.* blurring.

halogène ⚗ [alɔ'ʒɛn] **1.** *adj.* halogenous; **2.** *su.*/*m* halogen.

***halte** [alt] *f* halt (*a.* 🚂), stop; stopping-place; *faire* ~ stop, ⚔ halt; ~(*-là*)! stop!, ⚔ halt!

haltère [al'tɛ:r] *m* dumbbell.

***hamac** ⚓ *etc.* [a'mak] *m* hammock.

***hameau** [a'mo] *m* hamlet.

hameçon [am'sɔ̃] *m* (fish) hook; *fig.* bait; *fig. mordre à l'*~ take the bait.

***hampe**[1] [ɑ̃:p] *f flag*: pole; *spear*: shaft; handle; ⚘ stem.

***hampe**[2] *cuis.* [~] *f* (thin) flank of beef.

***hamster** [ams'tɛ:r] *m zo.* hamster; F hoarder (*of food*).

***hanap** † [a'nap] *m* hanap, goblet.

***hanche** [ɑ̃:ʃ] *f* hip; *horse*: haunch; ⚓ *ship*: quarter.

***handicap** [ɑ̃di'kap] *m sp.* handicap (*a. fig.*); *fig.* disadvantage; ***handicaper** *sp.* [~ka'pe] (1a) *v/t.* handicap (*a. fig.*); *les handicapés* (*mentaux or physiques*) the (mentally *or* physically) handicapped.

***hangar** [ɑ̃'ga:r] *m* shed; lean-to; ✈ hangar.

***hanneton** [an'tɔ̃] *m zo.* cockchafer; F *fig.* harum-scarum, scatterbrain.

***hanter** [ɑ̃'te] (1a) *v/t.* haunt; *maison f hantée* haunted house; ***hantise** [ɑ̃'ti:z] *f* obsession; haunting memory.

***happement** [ap'mɑ̃] *m* snatching up, seizing; ***happer** [a'pe] (1a) *v/t.* catch, snatch; *v/i.* cling, stick.

***haquenée** [ak'ne] *f* hack; ambling mare; *aller à la* ~ amble along.

***haquet** [a'kɛ] *m* dray, waggon (*a.* ⚔); ***haquetier** [ak'tje] *m* drayman.

***hara-kiri** [araki'ri] *m* harakiri, happy dispatch.

***harangue** [a'rɑ̃:g] *f* harangue; ***haranguer** [arɑ̃'ge] (1m) *v/t.* harangue; F *fig.* lecture (*s.o.*); F hold forth to; ***harangueur** [~'gœ:r] *m* orator; F tub-thumper.

***haras** [a'rɑ] *m* stud-farm; stud.

***harasser** [ara'se] (1a) *v/t.* wear out, exhaust.

***harcèlement** [arsɛl'mɑ̃] *m* harassing, harrying (*a.* ⚔); ***harceler** [~sə'le] (1d) *v/t.* harass, harry (*a.* ⚔); badger; nag at, be on at.

***harde**[1] [ard] *f* herd; *orn.* flock.

***harde**[2] *hunt.* [ard] *f* leash; ***harder** *hunt.* [ar'de] (1a) *v/t.* leash (*the hounds in couples*).

***hardes** [ard] *f/pl.* old clothes.

***hardi, e** [ar'di] bold; daring; rash; impudent; ***hardiesse** [~'djɛs] *f* boldness; temerity, daring; rashness; effrontery.

***hareng** [a'rɑ̃] *m* herring; ~ *fumé* kipper; ~ *saur* red herring; ***harengaison** [arɑ̃gɛ'zɔ̃] *f* herring-season; herring-fishing; '**harengère** [~'ʒɛ:r] *f* fishwife.

***hargne** [arɲ] *f* ill-temper; aggressiveness; ***hargneux, -euse** [ar'ɲø, ~'ɲø:z] surly; peevish; bad-tempered; aggressive; nagging (*wife*).

***haricot**[1] ⚘ [ari'ko] *m* bean; ~ *blanc* haricot bean; ~ *rouge* kidney bean; ~ *vert* French bean; *sl. courir sur le* ~ *à q.* get on s.o.'s nerves.

***haricot**[2] [~] *m* stew, haricot; ~ *de mouton* haricot mutton, *Am.* lamb stew.

***haridelle** F [ari'dɛl] *f* jade, nag.

harmonica ♪ [armɔni'ka] *m* harmonica; mouth-organ.

harmonie [armɔ'ni] *f* ♪ harmony (*a. fig.*); *fig.* agreement; ♪ brass and reed band; **harmonieux, -euse** [~'njø, ~'njø:z] harmonious; **harmonique** [~'nik] harmonic; **harmoniser** [~ni'ze] (1a) *v/t. a.* s'~ harmonize; match (*colours*); **harmonium** ♪ [~'njɔm] *m* harmonium.

***harnacher** [arna'ʃe] (1a) *v/t.* harness; rig (*s.o.*) out; ***harnacheur** [~'ʃœ:r] *m* harness-maker; saddler; groom.

***harnais** [ar'nɛ] *m*, † ***harnois** [~'nwa] *m horse, a. tex.*: harness.

***haro** [a'ro] *m* hue and cry; *crier* ~ *sur* denounce.

harpagon [arpa'gɔ̃] *m* skinflint.

***harpe**[1] ♪ [arp] *f* harp.

***harpe**[2] ⚠ [~] *f* toothing-stone.
***harpie** [ar'pi] *f myth., a. fig.* harpy; *fig.* hell-cat.
***harpin** ⚓ [ar'pɛ̃] *m* boat-hook.
***harpiste** ♪ [ar'pist] *su.* harpist.
***harpon** [ar'pɔ̃] *m* harpoon; ⚠ wall-staple; ***harponner** [~pɔ'ne] (1a) *v/t.* harpoon; *fig.* buttonhole (*s.o.*).
***hasard** [a'za:r] *m* chance, luck; risk; hazard (*a. golf*); *à tout ~* at all hazards *or* events; *au ~* at random; ... *de ~* chance ...; *par ~* by chance; ***hasardé, e** [azar'de] risky, foolhardy; bold; hazardous; ***hasarder** [~'de] (1a) *v/t.* risk, venture; ***hasardeux, -euse** [~'dø, ~'dø:z] perilous, risky; daring, foolhardy.
***hase** *zo.* [ɑ:z] *f* doe-hare; doe-rabbit.
***hâte** [ɑ:t] *f* haste, hurry; *à la ~* in a hurry; hurriedly; *avoir ~ de* (*inf.*) be in a hurry to (*inf.*); long to (*inf.*); *en* (*toute*) *~* with all possible speed; ***hâter** [ɑ'te] (1a) *v/t. a. se ~* hasten, hurry; ***hâtif, -ve** [ɑ'tif, ~'ti:v] hasty; premature; early (*fruit etc.*); ***hâtiveau** 🖌 [ɑti'vo] *m* early fruit (*esp. pear*); early vegetable.
***hauban** [o'bɑ̃] *m* ⚓ shroud; ⚠, ⊕ stay; ✈ (*bracing-*)wire; ***haubaner** [oba'ne] (1a) *v/t.* stay, guy.
***haubert** *hist.* [o'bɛ:r] *m* hauberk, coat of mail.
***hausse** [o:s] *f* rise (*a.* ✝), *Am.* raise; *rifle*: back-sight, rear-sight; ⊕ block, prop; *à la ~* on the rise; ***haussement** [os'mɑ̃] *m* raising; *~ d'épaules* shrug; ***hausser** [o'se] (1a) *v/t.* raise (*a.* ♪; *a. a house, the price, one's voice*); lift; increase; shrug (*one's shoulders*); *v/i.* rise, go up; ⚓ heave in sight; ***haussier** ✝ [o'sje] *m* bull.
***haussière** ⚓ [o'sjɛ:r] *f* hawser.
***haut, haute** [o, o:t] **1.** *adj.* high; elevated; eminent, important; loud (*voice*); erect (*head*); upper (*floor etc.*); *la haute mer* the open sea; *la mer haute* high tide; **2.** *haut adv.* high (up); aloud; haughtily; further back (*in time*); *fig. ~ la main* easily; *~ les mains!* hands up!; *d'en ~ adj.* upstairs; upper; *en ~ adv.* above; upstairs; **3.** *su./m* height; top; summit; *tomber de son ~* fall flat; *fig.* fall; *fig.* be dumbfounded; *vingt pieds de ~* 20 feet *or* foot high; *su./f*: *la haute* the smart set, the upper crust.
***hautain, e** [o'tɛ̃, ~'tɛn] proud; haughty.
***haut...**: ***~bois** ♪ [o'bwa] *m* oboe; (*a.* ***~boïste** [obɔ'ist] *m*) oboist; ***~-de-chausses,** *pl.* ***~s-de-chausses** [od'ʃo:s] *m* breeches *pl.*; ***~-de-forme,** *pl.* ***~s-de-forme** [~'fɔrm] *m* top hat.
***haute-contre,** *pl.* ***hautes-contre** ♪ [ot'kɔ̃:tr] *f voice*: alto.
***hautement** [ot'mɑ̃] *adv.* highly; loudly; loftily; frankly.
***Hautesse** [o'tɛs] *f title of sultan*: Highness.
***hauteur** [o'tœ:r] *f* height; eminence, high place; hill(-top); level; depth; ⩘, *astr.* altitude; ♪ pitch; *fig.* arrogance; *fig. principles etc.*: loftiness; *être à la ~ de* be equal to; be a match for; *fig.* be abreast of (*developments, news*); ⚓ be off (*Calais*); ✈ *prendre de la ~* gain height; *tomber de sa ~* fall flat; F *fig.* be dumbfounded; *sp. saut en ~* high jump.
***haut...**: ***~-fond,** *pl.* ***~s-fonds** [o'fɔ̃] *m sea*: shoal, shallows *pl.*; ***~le-cœur** [ol'kœ:r] *m/inv.* heave; nausea; *avoir des ~* retch; ***~-le-corps** [~'kɔ:r] *m/inv.* sudden start; ***~-lieu,** *pl.* ***~s-lieux** [o'ljø] centre, Mecca (*of art etc.*); ***~-parleur** [opar'lœ:r] *m radio etc.*: loudspeaker; amplifier; ***~-relief,** *pl.* ***~s-reliefs** [orə'ljɛf] *m arts*: alto-relievo.
***havanais, e** [ava'nɛ, ~'nɛ:z] *adj., a. su.* ♀ Havanese; ***havane** [a'van] **1.** *su./m* Havana (cigar); **2.** *adj./inv.* tobacco-colo(u)red; brown.
***hâve** [ɑ:v] haggard, gaunt; wan.
***havre** ⚓ [ɑ:vr] *m* harbo(u)r, haven.
***havresac** [ɑvrə'sak] *m* ⚔ knapsack; tool-bag; *camping*: haversack.
***hayon** *mot.* [ɛ'jɔ̃] *m* rear door, tailgate; *a. voiture à ~ arrière* hatchback.
hé [e] *int.* hi!; I say!; what!
***heaume** *hist.* [o:m] *m* helm(et).
hebdomadaire [ɛbdɔma'dɛ:r] **1.** *adj.* weekly; **2.** *su./m* weekly (paper *or* publication).
héberger [ebɛr'ʒe] (1l) *v/t.* accommodate, put up, take in, lodge.
hébéter [ebe'te] (1f) *v/t.* stupefy; daze; *fig.* stun; **hébétude** [~'tyd] *f fig.* daze, dazed condition; ⚕ hebetude.

hébraïque [ebra'ik] Hebrew, Hebraic; **hébraïsant** *m*, **e** *f* [~i'zɑ̃, ~'zɑ̃:t] Hebraist; **hébreu** [e'brø] *adj./m, a. su./m ling.* Hebrew.
hécatombe [eka'tɔ̃:b] *f* hecatomb; F *fig. persons:* (great) slaughter.
hectare [ɛk'ta:r] *m* hectare (2.47 *acres*).
hectique ⚕ [ɛk'tik] hectic.
hecto... [ɛktɔ] hecto...; **~gramme** [~'gram] *m* hectogram(me); **~litre** [~'litr] *m* hectolitre (2.75 *bushels*); **~mètre** [~'mɛtr] *m* hectometre.
***hein!** F [ɛ̃] *int.* what?; isn't it?; did I not?, *etc.*
hélas! [e'lɑ:s] *int.* alas!
***héler** [e'le] (1f) *v/t.* hail (*a ship, a taxi*).
hélianthe ⚘ [e'ljɑ̃:t] *m* sunflower, helianthus.
hélice [e'lis] *f* ⚒, *anat.* helix (*a.* = *snail*); ⚓ screw; ⚓, ✈ propeller; Archimedean screw; *escalier m en* ~ spiral staircase; *en* ~ helical (ly *adv.*); ⚓ *vaisseau m à* ~ screw-steamer.
hélicoptère ✈ [elikɔp'tɛ:r] *m* helicopter.
hélio... [eljɔ] helio...; **~graphe** *astr.* [~'graf] *m* heliograph; **~gravure** [~gra'vy:r] *f* photogravure; heliogravure; **~scope** *astr.* [~s'kɔp] *m* solar prism; **~thérapie** ⚕ [~tera'pi] *f* sunlight *or* sun ray treatment; **~trope** ⚘ [~'trɔp] *m* heliotrope.
héliport ✈ [eli'pɔ:r] *m* heliport.
hélium ⚗ [e'ljɔm] *m* helium.
helvétien, -enne [ɛlve'sjɛ̃, ~'sjɛn] *adj., a. su.* ♀ Swiss; **helvétique** [~'tik] Helvetic (*confederation*), Swiss.
***hem!** [ɛm] *int.* ahem!; hm!
héma... [ema], **hémat(o)...** [emat(o)] h(a)ema..., h(a)emat(o)...; blood...; **hématite** *min.* [ema'tit] *f* h(a)ematite; ~ *rouge* red iron.
hémi... [emi] hemi...; **~cycle** ⚠ [~'sikl] *m* hemicycle; **~sphère** [emis'fɛ:r] *m* hemisphere.
hémo... [emɔ] h(a)em(o)... **~globine** *physiol.* [~glɔ'bin] *f* h(a)emoglobin; **~philie** ⚕ [~fi'li] *f* h(a)emophilia; **~rragie** ⚕ [~ra'ʒi] *f* h(a)emorrhage; **~rroïdes** ⚕ [~rɔ'id] *f/pl.* h(a)emorrhoids, piles.
***henné** ⚘ [ɛn'ne] *m* henna (*a. for hair*); *teindre au* ~ henna.
***hennir** [ɛ'ni:r] (2a) *v/i.* whinny, neigh; ***hennissement** [ɛnis'mɑ̃] *m* whinny(ing), neigh(ing).

hépatique [epa'tik] **1.** *adj.* hepatic; **2.** *su.* ⚕ hepatic; *su./f* ⚘ hepatica, liverwort; **hépatite** [~'tit] *f* ⚕ hepatitis; *min.* hepatite.
hepta... [ɛpta] hepta...
héraldique [eral'dik] heraldic, armorial.
***héraut** [e'ro] *m* herald (*a. fig.*).
herbacé, e ⚘ [ɛrba'se] herbaceous; **herbage** [~'ba:ʒ] *m* grass-land; pasture; grass; *cuis.* green stuff; **herbager** [~ba'ʒe] *m* grazier; **herbe** [ɛrb] *f* grass; herb; weed; *~s pl. potagères* pot herbs; *en* ~ unripe; *fig.* budding; *fines ~s pl.* herbs for seasoning; *mauvaise* ~ weed; *fig.* bad lot; *couper l'~ sous le pied de q.* cut the ground from under s.o.'s feet; *déjeuner sur l'~* (have a) picknick; *manger son blé en ~* spend one's money before getting it; **herbeux, -euse** [~'bø, ~'bø:z] grassy; **herbicide** [~bi'sid] *m* weed-killer; **herbivore** *zo.* [~bi'vɔ:r] **1.** *adj.* herbivorous; **2.** *su./m* herbivore; **herboriser** [~bɔri'ze] (1a) *v/i.* go botanizing; gather plants *or* herbs; **herboriste** [~bɔ'rist] *su.* herbalist; **herbu, e** [~'by] **1.** *adj.* grassy; **2.** *su./f* light grazing-land.
***hère** [ɛ:r] *m*: *pauvre* ~ poor devil.
héréditaire [eredi'tɛ:r] hereditary; **hérédité** [~'te] *f* heredity; ⚖ (right of) inheritance.
hérésie [ere'zi] *f* heresy; **hérétique** [~'tik] **1.** *adj.* heretical; **2.** *su.* heretic.
***hérissé, e** [eri'se] bristling (with, *de*); spiked (with, *de*); prickly; bristly (*moustache*); ***hérisser** [~'se] (1a) *v/t.* bristle up; cover with spikes; ruffle (*its feathers*); *se* ~ stand on end (*hair*); bristle (up) (*a. fig.*); ***hérisson** [~'sɔ̃] *m zo.* hedgehog; ⊕ brush.
héritage [eri'ta:ʒ] *m* inheritance, heritage; **hériter** [~'te] (1a) *vt/i.* inherit; ~ (*de*) *qch.* inherit s.th. (from s.o., *de q.*); **héritier, -ère** [~'tje, ~'tjɛ:r] *su.* heir; *su./f* heiress.
hermétique [ɛrme'tik] hermetic; (air-, water)tight; light-proof; impenetrable.
hermine *zo.* [ɛr'min] *f* ermine (*a.* ⚜ *fur*), stoat.
***herniaire** ⚕ [ɛr'njɛ:r] hernial; *bandage m* ~ truss; ***hernie** ⚕ [~'ni] *f* hernia, rupture.
héroïne [erɔ'in] *f* heroine; ⚗ hero-

in; **héroïque** [~'ik] heroic (*a.* ⚕); **héroïsme** [~'ism] *m* heroism.
***héron** *orn.* [e'rõ] *m* heron.
***héros** [e'ro] *m* hero.
herpès ⚕ [ɛr'pɛs] *m* herpes.
***herse** [ɛrs] *f* ⚒ harrow; ⚠ portcullis; *thea.* *~s pl.* battens; ***herser** ⚒ [ɛr'se] (1a) *v/t.* harrow.
hésitation [ezita'sjõ] *f* hesitation; hesitancy; faltering; misgiving; **hésiter** [~'te] (1a) *v/i.* hesitate, waver; falter (*in speaking*).
hétéro... [eterɔ] hetero...; **~clite** [~'klit] heteroclite, irregular; *fig.* odd, strange; **~doxe** [~'dɔks] heterodox, unorthodox; **~gène** [~'ʒɛn] heterogeneous; *fig.* incongruous; mixed (*society*).
***hêtre** ⚘ [ɛ:tr] *m* beech.
heure [œ:r] *f* hour; time; moment; period; ... o'clock; *six ~s pl.* 6 o'clock; *~ d'été* summer time; ⚔ *~ H* zero hour; *~ légale* standard time; *~s pl. supplémentaires* overtime *sg.*; *à l'~* on time, punctual(ly *adv.*); *à l'~ (de)* ... in the ... age; in the ... fashion; *à la bonne ~!* well done!; fine!; *tout à l'~* a few minutes ago; in a few minutes; presently; *à tout à l'~!* so long!; see you later!; F *c'est l'~* time's up!; *de bonne ~* early; *quelle ~ est-il?* what time is it?; *livre m d'~s* book of hours; prayer-book.
heureux, -euse [œ'rø, ~'rø:z] happy, glad, pleased, delighted; lucky; successful; fortunate (*accident, position, etc.*); apt (*expression, phrase, word*).
***heurt** [œ:r] *m* blow, knock, shock; *fig. sans ~* smoothly; ***heurté, e** [œr'te] clashing (*colours*); ***heurter** [~'te] (1a) *vt/i.* knock, hit, strike; jostle; *v/t.* run into; collide with; *fig.* offend (*s.o.'s feelings*); ⚓ ram, strike; *v/i.* *a. se ~* collide; clash (*colours*); ***heurtoir** [~'twa:r] *m* knocker; ⊕ stop; ⊕ tappet; 🚂 buffer.
hexagonal, e, *m/pl.* **-aux** ⚠ [ɛgzagɔ'nal, ~'no] hexagonal; **hexagone** [~'gɔn] *m* ⚠ hexagon; *fig. l'~* France.
hiatus [ja'tys] *m ling.* hiatus; *fig.* gap; *fig.* break.
hibernal, e, *m/pl.* **-aux** [ibɛr'nal, ~'no] winter-...; hibernal; wintry; **hibernant, e** [~'nã, ~'nã:t] hibernating; **hiberner** [~'ne] (1a) *v/i.* hibernate.
***hibou** *orn.* [i'bu] *m* owl; *jeune~* owlet.
***hic** [ik] *m*: *voilà le ~!* there's the snag!
***hideux, -euse** [i'dø, i'dø:z] hideous.
hiémal, e, *m/pl.* **-aux** [je'mal, ~'mo] winter-...
hier [jɛ:r] *adv.* yesterday; *~ soir* yesterday evening, last night; *d'~* very recent; F *fig. né d'~* green.
***hiérarchie** [jerar'ʃi] *f* hierarchy; ***hiérarchique** [~'ʃik] hierarchical; *voie f ~* official channels *pl.*
hiéroglyphe [jerɔ'glif] *m* hieroglyph; *fig.* scrawl.
hilarant, e [ila'rã, ~'rã:t] mirth-provoking; **hilarité** [~ri'te] *f* hilarity, laughter, mirth.
hippique [ip'pik] equine, horse-...; *concours m ~* horse-show; race-meeting, *Am.* race-meet; **hippisme** [~'pism] *m* horse-racing.
hippo... [ipɔ] hippo...; horse...; **~campe** *zo.* [~'kã:p] *m* sea-horse, hippocampus; **~drome** [~'dro:m] *m* hippodrome, circus; race-course, race-track; **~mobile** [~mɔ'bil] horse-drawn; **~potame** *zo.* [~pɔ'tam] *m* hippopotamus.
hirondelle [irõ'dɛl] *f orn.* swallow.
hirsute [ir'syt] hirsute, hairy; *fig.* boorish, rough.
hispanique [ispa'nik] Hispanic, Spanish.
hispide ⚘ [is'pid] hispid; hairy.
***hisser** [i'se] (1a) *v/t.* hoist (*a.* ⚓); *se ~ a.* pull o.s. up.
histoire [is'twa:r] *f* history; story; F fib, invention; *faire des ~s* make a to-do; F *~ de (faire qch.)* just to (*do s.th.*);
historien [~tɔ'rjɛ̃] *m* historian; chronicler; narrator; **historier** [~'rje] (1o) *v/t.* illustrate; embellish (*a. fig.*); **historiette** [~'rjɛt] *f* anecdote; short story; **historique** [~'rik] **1.** *adj.* historic(al); **2.** *su./m* historical record *or* account.
histrion [istri'õ] ham (actor).
hiver [i'vɛ:r] *m* winter; **hivernage** [ivɛr'na:ʒ] *m* ⚓ laying up for the winter; winter season; winter quarters *pl.*, ⚓ winter harbo(u)r; *tropics*: rainy season, wintering (*of cattle*); **hivernal, e,** *m/pl.* **-aux** [~'nal, ~'no] winter-...; wintry (*weather*); **hivernant** *m*, **e** *f* [~'nã, ~'nã:t] winter visitor; **hiverner** [~'ne] (1a) *v/i.*

winter; hibernate (*animal*); *v/t.* ⟋ plough before winter.
***hobereau** [ɔ'bro] *m orn.* hobby; F small country squire, squireen.
***hochement** [ɔʃ'mɑ̃] *m* shake *or* nod (*of the head*); ***hochequeue** *orn.* [~'kø] *m* wagtail; ***hocher** [ɔ'ʃe] (1a) *v/t.*: ~ *la tête* shake *or* nod one's head; ***hochet** [ɔ'ʃɛ] *m* rattle (*for babies*); toy, bauble.
***hockey** *sp.* [ɔ'kɛ] *m* hockey; ~ *sur glace* ice-hockey; ***hockeyeur** *sp.* [ɔkɛ'jœːr] *m* hockey-player.
hoir ⚖ [waːr] *m* heir; **hoirie** ⚖ [wa'ri] *f* inheritance, succession.
***holà** [ɔ'la] **1.** *int.* hallo!; stop!; **2.** *m/inv.*: *mettre le* ~ *à qch.* put a stop to s.th.
***holding** ⚕ [ɔl'diŋ] *m* holding company.
***hold-up** [ɔl'dœp] *m/inv.* hold-up.
***hollandais, e** [ɔlɑ̃'dɛ, ~'dɛːz] **1.** *adj.* Dutch; **2.** *su./m ling.* Dutch; ♀ Dutchman; *les* ♀ *m/pl.* the Dutch; *su./f* ♀ Dutchwoman.
***Hollande** [ɔ'lɑ̃ːd] *su./m* Dutch cheese; *su./f tex.* Holland.
holocauste [ɔlɔ'koːst] *m* holocaust; *fig.* sacrifice.
***homard** *zo.* [ɔ'maːr] *m* lobster.
homélie [ɔme'li] *f eccl.* homily; F *fig.*sermon, lecture.
homicide [ɔmi'sid] **1.** *su. person*: homicide; *su./m crime*: homicide; ~ *par imprudence* (*or involontaire*) manslaughter; ~ *volontaire* (*or prémédité*) murder; **2.** *adj.* homicidal.
hommage [ɔ'maːʒ] *m* homage; token of esteem; ~*s pl.* compliments; ~ *de l'auteur* with the author's compliments; *rendre* ~ do homage, pay tribute (to, *à*); **hommasse** F [ɔ'mas] mannish, masculine (*woman*); **homme** [ɔm] *m* man; mankind; ~ *d'affaires* businessman; ~ *d'État* statesman; ⊕ ~ *de métier* craftsman; **~-grenouille,** *pl.* **~s-grenouilles** [~grə'nuːj] *m* frogman; **~-sandwich,** *pl.* **~s-sandwichs** [~sɑ̃'dwitʃ] *m* sandwich-man.
homo... [ɔmɔ] homo...; **~gène** [~'ʒɛn] homogeneous; **~généiser** [~ʒenei'ze] (1a) *v/t.* homogenize; **~logue** [~'lɔg] **1.** *adj.* homologous; **2.** *su./m* homologue; *person*: counterpart, opposite number; **~loguer** ⚖ [~lɔ'ge] (1m) *v/t.* confirm, endorse; ratify (*a decision*); prove (*a will*); **~nyme** *gramm.* [~'nim] **1.** *adj.* homonymous; **2.** *su./m* homonym; **~sexuel, -elle** [~sɛk'sɥɛl] *adj. a. su.* homosexual.
***hongre** [ɔ̃ːgr] **1.** *adj./m* gelded; **2.** *su./m* gelding; ***hongrois, e** [ɔ̃'grwa, ~'grwaːz] **1.** *adj.* Hungarian; **2.** *su./m ling.* Hungarian; *su.* ♀ Hungarian.
honnête [ɔ'nɛːt] honest; upright, decent; respectable; courteous, well-bred; seemly (*behaviour*); reasonable (*price*); virtuous (*woman*); ~*s gens m/pl.* decent people; **honnêteté** [ɔnɛt'te] *f* honesty; integrity; politeness; respectability (*of behaviour*); ⚕ fairness; *price etc.*: reasonableness; (*feminine*) modesty.
honneur [ɔ'nœːr] *m* hono(u)r; ~*s pl.* hono(u)rs, preferments; regalia; *avoir l'*~ have the hono(u)r (of *ger.*, de *inf.*); ⚕ beg (to *inf.*, de *inf.*); ⚕ *faire* ~ *à* hono(u)r, meet (*a bill, an obligation*); ⚔ *rendre les* ~*s* present arms (to, *à*).
***honnir** † [ɔ'niːr] (2a) *v/t.* disgrace; spurn; revile; *honni soit qui mal y pense* evil be to him who evil thinks.
honorabilité [ɔnɔrabili'te] *f* respectability; **honorable** [~'rabl] hono(u)rable; respectable, creditable, ⚕ reputable; **honoraire** [~'rɛːr] **1.** *adj.* honorary; **2.** *su./m*: ~*s pl.* fee(s *pl.*) *sg.*, honorarium *sg.*; ⚖ retainer *sg.*; **honorer** [~'re] (1a) *v/t.* hono(u)r (*a.* ⚕); respect; do hono(u)r to; ⚕ meet; *s'*~ *de* pride o.s. on; **honorifique** [~ri'fik] honorary (*title*).
***honte** [ɔ̃ːt] *f* (sense of) shame; dishono(u)r, disgrace; *fig.* reproach; *avoir* ~ be ashamed (of, *de*); *faire* ~ *à* put to shame; **honteux, -euse** [ɔ̃'tø, ~'tøːz] ashamed; disgraceful, shameful, scandalous; bashful.
hôpital [ɔpi'tal] *m* ⚕ hospital; poorhouse, (*orphan's*) home; ⚔ ~ *militaire* (*de campagne*) station (field) hospital.
***hoquet** [ɔ'kɛ] *m* hiccough, hiccup; *emotion*: gasp (*of surprise etc.*); ***hoqueter** [ɔk'te] (1c) *v/i.* hiccup; have the hiccups.
horaire [ɔ'rɛːr] **1.** *adj.* time...; hour-...; ⊕ per hour, hourly; **2.** *su./m* time-table; ~ *souple* flexible working hours *pl.*
***horde** [ɔrd] *f* horde.

horizon [ɔri'zɔ̃] *m* horizon (*a. fig.*); panorama, view; *fig. à l'~ 2000 etc.* in *or* for the year 2000 *etc.*; **horizontal, e,** *m/pl.* **-aux** [~zɔ̃'tal, ~'to] horizontal.

horloge [ɔr'lɔ:ʒ] *f* clock; ⊕ ~ *centrale* master clock; ~ *normande* grandfather('s) clock; *teleph.* ~ *parlante* speaking clock, Tim; **horloger** [~lɔ'ʒe] *m* watch-maker, clock-maker; **horlogerie** [~lɔʒ'ri] *f* watch-making, clock-making; watch-maker's (shop).

hormis [ɔr'mi] *prp.* except.

hormone *physiol.* [ɔr'mɔn] *f* hormone.

horoscope [ɔrɔs'kɔp] *m* horoscope; *faire* (*or tirer*) *un* ~ cast a horoscope.

horreur [ɔ'rœ:r] *f* horror; *avoir* ~ *de* loathe; abhor; hate; *avoir en* ~ detest, hold in abhorrence; *faire* ~ *à* disgust; horrify; **horrible** [ɔ'ribl] horrible, dreadful; appalling; **horripiler** [ɔripi'le] (1a) *v/t.* give (*s.o.*) gooseflesh; F make (*s.o.'s*) flesh creep; F *fig.* exasperate.

*__hors__ [ɔ:r] *prp.* out of; outside (*the town*); beyond, but, save (*two, this*); ⚡ ~ *circuit* cut off; ~ *concours* hors concours; *sp.* ~ *jeu* offside; ~ *ligne* (*or classe*) outstanding; ✝ ~ *vente* no longer on sale; *mettre* ~ *la loi* outlaw (*s.o.*); ~ (*de*) *pair* peerless; ~ *de* outside; out of (*breath, danger, fashion, hearing, reach, sight, use*); beyond (*dispute, doubt*); ~ *d'affaire* out of the wood; ~ *de combat* disabled; out of action; ~ *de propos* ill-timed; irrelevant (*remark*); ~ *de saison* unseasonable; ~ *de sens* out of one's senses; ~ *de soi* beside o.s. (with rage); ~ *d'ici!* get out!; *qch. est* ~ *de prix* the price of s.th. is prohibitive.

*__hors...__: *__~-bord__ [ɔr'bɔ:r] *m/inv.* outboard motor boat, F speed-boat; *__~-d'œuvre__ [~'dœ:vr] *m/inv. art etc.*: irrelevant matter; *cuis.* hors-d'œuvre, side dish; *__~-jeu__ *sp.* [~'ʒø] *m/inv.* off side; *__~-la-loi__ [~la'lwa] *m/inv.* outlaw; *__~-saison__ [~sɛ'zɔ̃] *adj./inv.* off-season (*tariff etc.*); *__~-texte__ [~'tɛkst] *m/inv.* (full page) plate (*in a book*).

hortensia ⚘ [ɔrtɑ̃'sja] *m* hydrangea.

horticole [ɔrti'kɔl] horticultural; **horticulture** [~kyl'ty:r] *f* horticulture, gardening.

hosanna [ɔzan'na] *int., a. su./m* hosanna.

hospice [ɔs'pis] *m* hospice; alms-house; (*orphan's*) home; **hospitalier, -ère** [ɔspita'lje, ~'ljɛ:r] **1.** *adj.* hospitable; hospital-...; **2.** *su./m eccl.* hospitaller; *su./f eccl.* Sister of Mercy; **hospitaliser** [~li'ze] (1a) *v/t.* send *or* admit to a hospital *or* home, hospitalize; **hospitalité** [~li'te] *f* hospitality; *donner l'~ à q.* give s.o. hospitality, F put s.o. up.

hostie [ɔs'ti] *f bibl.* (sacrificial) victim; *eccl.* host.

hostile [ɔs'til] hostile; **hostilité** [~tili'te] *f* hostility (against, *contre*); enmity; ⚔ ~*s pl.* hostilities.

hôte, hôtesse [o:t, o'tɛs] *su.* guest, visitor, lodger; *su./m* host; landlord; *su./f* hostess; landlady; ✈ *hôtesse de l'air* air hostess.

hôtel [o'tɛl] *m* hotel; ~ (*particulier*) (private) mansion; ~ *de ville* town hall, city hall; ~ *garni* residential hotel; *pej.* lodgings *pl.*, lodging-house; *maître m d'~* head waiter; *private house*: butler; **~-Dieu,** *pl.* **~s-Dieu** [otɛl'djø] *m* principal hospital; **hôtelier, -ère** [otə'lje, ~'ljɛ:r] *su.* innkeeper; hotel-keeper; *su./m* landlord; *su./f* landlady; **hôtellerie** [otɛl'ri] *f* hostelry, inn; hotel trade.

*__hotte__ [ɔt] *f* basket; pannier; (*bricklayer's*) hod; ⊕ hopper; ⚠ hood.

*__houblon__ ⚘ *etc.* [u'blɔ̃] *m* hop(s *pl.*); *__houblonner__ [ublɔ'ne] (1a) *v/t.* hop (*beer*); *__houblonnier, -ère__ [~'nje, ~'njɛ:r] **1.** *adj.* hop-(growing); **2.** *su./f* hop-field.

*__houe__ ⚒ [u] *f* hoe; *__houer__ [u'e] (1a) *v/t.* hoe.

*__houille__ ⚒ [u:j] *f* coal; *fig.* ~ *blanche* water-power; *__houiller, -ère__ ⚒ [u'je, ~'jɛ:r] **1.** *adj.* coal-...; carboniferous; *production f* ~*ère* output of coal; **2.** *su./f* coal-mine, pit, colliery; *__houilleux, -euse__ [u'jø, ~'jø:z] carboniferous, coal-bearing.

*__houle__ [ul] *f* swell, surge, billows *pl.*

*__houlette__ [u'lɛt] *f* (shepherd's *etc.*) crook; ⚒ trowel; *metall.* hand-ladle.

*__houleux, -euse__ [u'lø, ~'lø:z] swelling, surging (*a. fig.*), billowing; ⚓ rather rough (*sea*); *fig.* stormy (*meeting*).

*__houp!__ [up] *int.* up!; off you go!

*__houppe__ [up] *f orn., a. feathers,*

hair, wool: tuft; tassel, bob; pompom; *orn., a. hair, tree*: crest; (powder-)puff; *hair:* topknot; ***houpper** [u'pe] (1a) *v/t.* tuft; trim with tufts *or* pompoms; *tex.* comb (*wool*); ***houppette** [u'pɛt] *f* small tuft; powder-puff.

***hourra** [u'ra] **1.** *int.* hurrah!; **2.** *su./m*: *pousser des ~s* cheer.

***houspiller** [uspi'je] (1a) *v/t.* scold, tell (*s.o.*) off; rag (*s.o.*) (*audience etc.*); handle (*s.o.*) roughly.

***houssaie** [u'sɛ] *f* holly-grove.

***housse** [us] *f* furniture cover, *Am.* slip-cover; dust-sheet; horse-cloth; *cost.* (protective) bag; ***housser** [u'se] (1a) *v/t.* dust (*furniture*).

***houssine** [u'sin] *f furniture, riding*: switch; ***houssiner** [usi'ne] (1a) *v/t.* switch.

***houssoir** [u'swa:r] *m* feather-duster; whisk.

***houx** ⚘ [u] *m* holly.

***hoyau** ⚒ [wa'jo] *m* grubbing-hoe, mattock.

***hublot** ⚓ [y'blo] *m* port-hole, scuttle; air-port; *faux ~* dead-light.

***huche** [yʃ] *f* kneading-trough; bin; ⊕ hopper.

***hue!** [y] *int.* gee up!; *a. to a horse*: to the right!; *fig. tirer à ~ et à dia* pull in opposite directions.

***huée** [y'e] *f hunt. etc.* hallooing; *fig.* boo, hoot; *~s pl.* booing *sg.*, jeers; ***huer** [y'e] (1a) *v/t.* boo *or* jeer (*s.o.*); *v/i.* hoot (*owl*).

***huguenot, e** [yg'no, ~'nɔt] **1.** *adj. eccl.* Huguenot; **2.** *su. eccl.* Huguenot; *su./f cuis.* pipkin.

huilage [ɥi'la:ʒ] *m* oiling, lubrication; *metall.* oil-tempering; **huile** [ɥil] *f* oil; 🎨, ⚕ *~ de foie de morue* cod-liver oil; *~ de graissage* (*de machine*) lubricating (engine) oil; *~ minérale* mineral oil, petroleum; *~ végétale* vegetable oil; F *les ~s pl.* the big pots (= *important people*); *eccl. les saintes ~s pl. extreme unction*: the holy oil *sg.*; **huiler** [ɥi'le] (1a) *v/t.* oil, lubricate; *fig. huilé* working *or* running smoothly; **huilerie** [ɥil'ri] *f* oil-works *usu. sg.*; oil-store; **huileux, -euse** [ɥi'lø, ~'lø:z] oily, greasy; **huilier** [~'lje] *m* ⊕ oil-can; oil-merchant; *cuis.* oil-cruet; cruet-stand.

huis [ɥi] *m* † door; ⚖ *à *~ clos* in camera; F *à ~ clos* in private; ⚖ *ordonner le *~ clos* clear the court; **huisserie** ⚠ [ɥis'ri] *f* door-frame; **huissier** [ɥi'sje] *m* usher; ⚖ bailiff, process-server.

***huit** [ɥit; *before consonant* ɥi] *adj./num., a. su./m/inv.* eight; *date, title*: eighth; *d'aujourd'hui en ~* today week; *tous les ~ jours* once a week; every week; ***huitain** [ɥi'tɛ̃] *m* octet; ***huitaine** [~'tɛn] *f* (about) eight; week; ***huitième** [~'tjɛm] **1.** *adj./num.* eighth; **2.** *su.* eighth; *su./m fraction*: eighth; *su./f secondary school*: (*approx.*) second form.

huître [ɥi:tr] *f* oyster; F *fig.* ninny; **huîtrier, -ère** [ɥitri'e, ~'ɛ:r] **1.** *adj.* oyster-...; **2.** *su./f* oyster-bed.

***hulotte** *orn.* [y'lɔt] *f* brown owl, common wood-owl.

humain, e [y'mɛ̃, ~'mɛn] **1.** *adj.* human; humane; **2.** *su./m: les ~s pl.* mankind *sg.*; human beings; **humaniser** [ymani'ze] (1a) *v/t.* humanize; s'~ become (more) human; *fig.* become more sociable; **humanitaire** [~'tɛ:r] *adj., a. su.* humanitarian; **humanité** [~'te] *f* humanity; kindness; mankind; *~s pl.* classical studies, *the* humanities.

humble [œ̃:bl] humble; lowly; meek; *~ serviteur* humble servant.

humecter [ymɛk'te] (1a) *v/t.* moisten, damp, wet; *s'~* become moist.

***humer** [y'me] (1a) *v/t.* breathe in (*the air, a perfume*); sip (*tea, coffee*); swallow (*a raw egg*).

humeur [y'mœ:r] *f* mood; disposition, temperament; temper; bad temper; ill humo(ur); ⚕ † *~s pl.* body fluids; *avec ~* crossly; peevishly; *de bonne* (*mauvaise*) *~* in a good (bad) mood; *être or se sentir d'~ à faire qch.* be in the mood to do *or* for doing s.th.; feel like doing s.th.

humide [y'mid] damp; humid; **humidité** [ymidi'te] *f* dampness; moisture; humidity.

humilier [ymi'lje] (1o) *v/t.* humiliate, humble; **humilité** [~li'te] *f* humility.

humoriste [ymɔ'rist] **1.** *adj.* humorous (*writer*); **2.** *su.* humorist; **humoristique** [~ris'tik] humorous.

humour [y'mu:r] *m* (sense of) humo(u)r.

humus ⚒ [y'mys] *m* humus, leaf mo(u)ld.

***hune** ⚓ [yn] *f* top; ***hunier** ⚓ [y'nje] *m* topsail.

***huppe** [yp] *f orn.* hoopoe; *bird*: crest, tuft; ***huppé, e** [y'pe] *orn.* tufted, crested; F *fig.* smart; F *les gens m/pl.* ~s the swells.
***hure** [y:r] *f* head (*usu. of boar*); *salmon*: jowl; *cuis.* brawn, *Am.* headcheese; *sl.* (ugly) head.
***hurlement** [yrlə'mɑ̃] *m animal*: howl(ing); roar; bellow; ***hurler** [~'le] (1a) *v/i.* howl; roar; *v/t.* bawl out; ***hurleur, -euse** [~'lœ:r, ~'lø:z] **1.** *adj.* howling; **2.** *su.* howler; *su./m zo. monkey*: howler.
hurluberlu [yrlybɛr'ly] *m* scatterbrain; harum-scarum.
***hussard** ⚔ [y'sa:r] *m* hussar; ***hussarde** [y'sard] *f dance*: hussarde; *à la* ~ cavalierly.
***hutte** [yt] *f* hut, cabin, shanty.
hybride [i'brid] *adj., a. su./m* hybrid; **hybridité** [ibridi'te] *f* hybrid character, hybridity.
hydratation ⚗ [idrata'sjɔ̃] *f* hydration; **hydrater** [~'te] (1a) *v/t.* hydrate, moisturize.
hydraulique [idro'lik] **1.** *adj.* hydraulic; water-...; **2.** *su./f* hydraulics *sg.*
hydravion [idra'vjɔ̃] *m* seaplane; ~ *à coque* flying boat.
hydro... [idrɔ] hydro...; water-...; **~carbure** ⚗ [~kar'by:r] *m* hydrocarbon; **~céphalie** ⚕ [~sefa'li] *f* hydrocephaly, F water on the brain; **~fuge** [~'fy:ʒ] waterproof; **~gène** ⚗ [~'ʒɛn] *m* hydrogen; **~glisseur** [~gli'sœ:r] *m* hovercraft; **~mel** [~'mɛl] *m* hydromel; **~phile** [~'fil] absorbent (*cotton*); **~phobie** ⚕ [~fɔ'bi] *f* rabies; **~pisie** ⚕ [~pi'zi] *f* dropsy; **~thérapie** ⚕ [~tera'pi] *f* hydrotherapy; water-cure.
hyène *zo.* [jɛn] *f* hyena.
hygiène [i'ʒjɛn] *f* hygiene; *admin.* health; **hygiénique** [iʒje'nik] hygienic, sanitary; healthy; *papier m* ~ toilet paper; **hygiéniste** [~'nist] *su.* hygienist, authority on public health.
hygromètre *phys.* [igrɔ'mɛtr] *m* hygrometer; **hygrométricité** *phys.* [~metrisi'te] *f* humidity; humdity-absorption index.
hymen [i'mɛn] *m anat.* hymen; *poet.* = **hyménée** *poet.* [ime'ne] *m* marriage.
hymne [imn] *su./m* patriotic song; national anthem; *su./f eccl.* hymn.
hyper... [ipɛr] hyper...; **~bole** [~'bɔl] *f* ⨺ hyperbola; *gramm.* hyperbole; **~critique** [~kri'tik] hypercritical; **~métrope** ⚕ [~me'trɔp] hypermetropic; long-sighted; **~tension** ⚕ [~tɑ̃'sjɔ̃] *f* hypertension; *a.* ~ *artérielle* high blood pressure; **~trophie** ⚕ [~trɔ'fi] *f* hypertrophy.
hypnose [ip'no:z] *f* hypnosis; trance; **hypnotiser** [ipnɔti'ze] (1a) *v/t.* hypnotize; **hypnotiseur** [~ti'zœ:r] *m* hypnotist; **hypnotisme** [~'tism] *m* hypnotism.
hypo... [ipɔ] hypo...; **~crisie** [~kri'zi] *f* hypocrisy; cant; **~crite** [~'krit] **1.** *adj.* hypocritical; **2.** *su.* hypocrite; **~thécaire** [~te'kɛ:r] ... on mortgage; mortgage-...; *créancier m* ~ mortgagee; **~thèque** [~'tɛk] *f* mortgage; *prendre* (*purger*) *une* ~ raise (pay off *or* redeem) a mortgage; **~théquer** [~te'ke] (1f) *v/t.* mortgage; secure (*a debt*) by mortgage; **~thèse** [~'tɛ:z] *f* hypothesis; F theory.
hystérie ⚕ [iste'ri] *f* hysteria; **hystérique** ⚕ [~'rik] hysteric(al).

I

I, i [i] *m* I, i; *i grec* y.
ïambe [jɑ̃ːb] *m* iambus; iambic; ~*s pl.* satirical poem *sg.*; **ïambique** [jɑ̃ˈbik] iambic.
ibérique *geog.* [ibeˈrik] Iberian, Spanish.
iceberg [isˈbɛrg] *m* iceberg.
ichtyo... [iktjɔ] ichthyo..., fish-...; **~colle** [~ˈkɔl] *f* fish-glue, isinglass; **~phage** [~ˈfaːʒ] **1.** *adj.* fish-eating; **2.** *su.* ichthyophagist; **~saure** [~ˈsɔːr] *m* ichthyosaurus.
ici [iˈsi] *adv.* here; now, at this point; *teleph.* ~ *Jean* John speaking; ~ *Londres radio*: London calling; this is London; *d'*~ (*à*) *lundi* by Monday; *d'*~ (*à*) *trois jours* within the next three days; *d'*~ *demain* by tomorrow; *d'*~ *là* by that time, by then; in the meantime; *d'*~ *peu* before long; *jusqu'* ~ *place*: as far as here; *time*: up to now; *par* ~ here(abouts); this way; *près d'*~ nearby; **~-bas** [isiˈbɑ] *adv.* on earth, here below.
iconoclaste [ikɔnɔˈklast] **1.** *adj.* iconoclastic; **2.** *su.* iconoclast; **iconolâtrie** [~lɑˈtri] *f* image-worship.
icosaèdre ⩓ [ikɔzaˈɛːdr] *m* icosahedron.
ictère ⚕ [ikˈtɛːr] *m* jaundice; **ictérique** [~teˈrik] **1.** *adj.* jaundiced (*eyes, person*); icteric (*disorder*); **2.** *su.* sufferer from jaundice.
idéal, e, *m/pl.* **-als, -aux** [ideˈal, ~ˈo] **1.** *adj.* ideal; **2.** *su./m* ideal.
idée [iˈde] *f* idea; notion; intention, purpose; mind, head; suggestion, hint; ~ *fixe* fixed idea, obsession.
idem [iˈdɛm] *adv.* idem; ditto.
identifier [idɑ̃tiˈfje] (1o) *v/t.* identify; *s'*~ *à* identify o.s. with; **identique** [~ˈtik] identical (with, *à*); **identité** [~tiˈte] *f* identity; *carte f d'*~ identity card.
idéologie [ideɔlɔˈʒi] *f* ideology (*a. pol.*).
idiomatique [idjɔmaˈtik] idiomatic; **idiome** [iˈdjoːm] *m* idiom; language.
idiot, e [iˈdjo, ~ˈdjɔt] **1.** *adj.* ⚕ idiot; *fig.* idiotic, absurd; **2.** *su.* ⚕ idiot (*a. fig.*), imbecile; *fig.* fool; **idiotie** [idjɔˈsi] *f* ⚕ idiocy; *fig.* piece of nonsense; **idiotisme** [~ˈtism] *m* idiom(atic expression).
idoine [iˈdwan] appropriate.
idolâtre [idɔˈlɑːtr] **1.** *adj.* idolatrous; *fig. être* ~ *de* be passionately fond of, worship; **2.** *su./m* idolater; *su./f* idolatress; **idolâtrer** [~lɑˈtre] (1a) *v/i.* worship idols; *v/t. fig.* be passionately fond of, worship; **idolâtrie** [~lɑˈtri] *f* idolatry; **idole** [iˈdɔl] *f* idol, image.
if ⚘ [if] *m* yew (tree).
ignare [iˈɲaːr] **1.** *adj.* illiterate, ignorant; **2.** *su.* ignoramus.
igné, e [igˈne] igneous; **ignicole** [igniˈkɔl] **1.** *adj.* fire-worshipping; **2.** *su.* fire-worshipper; **ignifuge** [~ˈfyːʒ] **1.** *adj.* fireproof; non-inflammable; **2.** *su./m* fireproof(ing) material; **ignifuger** [~fyˈʒe] (1l) *v/t.* fireproof; **ignition** [~ˈsjɔ̃] *f* ignition.
ignoble [iˈɲɔbl] ignoble, base; vile; wretched.
ignominie [iɲɔmiˈni] *f* ignominy, shame, disgrace; **ignominieux, -euse** [~ˈnjø, ~ˈnjøːz] ignominious, shameful, disgraceful.
ignorance [iɲɔˈrɑ̃ːs] *f* ignorance; **ignorant, e** [~ˈrɑ̃, ~ˈrɑ̃ːt] **1.** *adj.* ignorant (of, *de*), uneducated; **2.** *su.* ignoramus; **ignorer** [~ˈre] (1a) *v/t.* be unaware of, not to know (about); *ne pas* ~ *que* not to be unaware that (*ind.*), know quite well that (*ind.*).
il [il] **1.** *pron./pers./m* he, it, she (*ship etc.*); ~*s pl.* they; **2.** *pron./impers.* it; there; *il est dix heures* it is 10 o'clock; *il vint deux hommes* two men came.
île [iːl] *f* island; isle.
illégal, e, *m/pl.* **-aux** [illeˈgal, ~ˈgo] illegal, unlawful.
illégitime [illeʒiˈtim] illegitimate (*child*); unlawful (*marriage*); *fig.* spurious; *fig.* unwarranted; **illégitimité** [~timiˈte] *f* illegitimacy.

illettré, e [illɛ'tre] illiterate, uneducated.
illicite [illi'sit] illicit; *sp.* foul.
illico F [ili'ko] *adv.* at once, straightaway.
illimité, e [illimi'te] unlimited.
illisible [illi'zibl] illegible; unreadable (*book*).
illogique [illɔ'ʒik] illogical.
illuminant, e [illymi'nɑ̃, ~'nɑ̃:t] illuminating; **illuminer** [~'ne] (1a) *v/t.* illuminate, flood-light (*buildings*); light up (*a. fig.*); *fig.* enlighten (*s.o.*).
illusion [illy'zjɔ̃] *f* illusion; delusion; **illusionner** [~zjɔ'ne] (1a) *v/t.* delude; deceive; s'~ delude o.s.; labo(u)r under a delusion; **illusoire** [~'zwa:r] illusory.
illustration [illystra'sjɔ̃] *f* illustration; illustrating; † renown, illustriousness; **illustre** [~'lystr] illustrious, renowned, famous; **illustré** [illys'tre] *m* pictorial (paper), F magazine; **illustrer** [~] (1a) *v/t.* illustrate; † elucidate; s'~ win fame.
îlot [i'lo] *m* islet, small island; *houses*: block.
ilote *hist.* [i'lɔt] *m* helot.
image [i'ma:ʒ] *f* image; picture; **imagé, e** [ima'ʒe] colo(u)rful (*style*); **imagerie** [imaʒ'ri] *f* imagery; **imaginable** [imaʒi'nabl] imaginable; **imaginaire** [~'nɛ:r] imaginary (*a.* ⩘); fictitious; **imaginatif, -ve** [~na'tif, ~'ti:v] imaginative; **imagination** [~na'sjɔ̃] *f* imagination; fancy; **imaginer** [~'ne] (1a) *v/t.* imagine, picture; think up; s'~ imagine; imagine *or* picture o.s.
imbécile [ɛ̃be'sil] **1.** *adj.* imbecile, half-witted; *fig.* idiotic; **2.** *su.* imbecile; *fig.* idiot, F fat-head, *Am. sl.* nut; **imbécilité** [~sili'te] *f* imbecility; *fig.* stupidity; ~*s pl.* nonsense *sg.*
imberbe [ɛ̃'bɛrb] beardless; F callow.
imbiber [ɛ̃bi'be] (1a) *v/t.* impregnate (with, *de*); s'~ *de* soak up; become saturated with; F drink.
imbu, e [ɛ̃'by]: ~ *de* full of; steeped in.
imbuvable [ɛ̃by'vabl] undrinkable.
imitable [imi'tabl] imitable; worthy of imitation; **imitateur, -trice** [imita'tœ:r, ~'tris] **1.** *adj.* imitative; **2.** *su.* imitator; **imitatif, -ve** [~'tif, ~'ti:v] imitative; **imitation** [~'sjɔ̃] *f* imitation; *money*: counterfeiting; *signature*: forgery; *à l'~ de* in imitation of; **imiter** [imi'te] (1a) *v/t.* imitate; copy.
immaculé, e [immaky'le] immaculate; unstained.
immanent, e *phls.* [imma'nɑ̃, ~'nɑ̃:t] immanent.
immangeable [ɛ̃mɑ̃'ʒabl] uneatable.
immanquable [ɛ̃mɑ̃'kabl] infallible, inevitable; which cannot be missed (*target etc.*).
immatériel, -elle [immate'rjɛl] immaterial; ✝ intangible.
immatriculation [immatrikyla'sjɔ̃] *f* registration; *univ. etc.* enrolment, matriculation; *mot. numéro m d'~* registration (*Am.* license) number.
immaturité [immatyri'te] *f* immaturity.
immédiat, e [imme'dja, ~'djat] immediate; *dans l'~* for the moment.
immémorial, e, *m/pl.* **-aux** [immemɔ'rjal, ~'rjo] immemorial.
immense [im'mɑ̃:s] immense, huge, vast; *sl.* terrific (= *wonderful*); **immensité** [~mɑ̃si'te] *f* immensity; vastness.
immerger [immɛr'ʒe] (1l) *v/t.* immerse.
immérité, e [immeri'te] unmerited, undeserved.
immersion [immɛr'sjɔ̃] *f* immersion; ⚓ *submarine*: submergence; *astr.* occultation.
immeuble [im'mœbl] **1.** *adj.* ⚖ real; **2.** *su./m* ⚖ real estate, realty; ✝ building, house; ~ *tour* tower block.
immigrant, e [immi'grɑ̃, ~'grɑ̃:t] *adj., a. su.* immigrant; **immigration** [~gra'sjɔ̃] *f* immigration; **immigré** *m*, **e** *f* [~'gre] immigrant; **immigrer** [~'gre] (1a) *v/i.* immigrate.
imminence [immi'nɑ̃:s] *f* imminence; **imminent, e** [~'nɑ̃, ~'nɑ̃:t] imminent, impending.
immiscer [immi'se] (1k) *v/t.*: s'~ *dans* interfere with; **immixtion** [immik'sjɔ̃] *f* interference.
immobile [immɔ'bil] motionless, unmoving; *fig.* steadfast, unshaken; **immobilier, -ère** ⚖ [immɔbi'lje, ~'ljɛ:r] (real) estate (*agency, agent*); **immobiliser** [~li'ze] (1a) *v/t.* immobilize; fix in position; ✝ tie up

(*capital*); s'~ stop; come to a standstill; **immobilisme** [~'lism] *m* ultra-conservatism; **immobilité** [~li'te] *f* immobility.
immodéré, e [immɔde're] immoderate, excessive.
immodeste [immɔ'dɛst] immodest; shameless.
immoler [immɔ'le] (1a) *v/t.* sacrifice, immolate.
immonde [im'mɔ̃:d] filthy, foul; unclean (*animal, eccl. spirit*); **immondices** [~mɔ̃'dis] *f/pl.* rubbish *sg.*, refuse *sg.*, dirt *sg.*
immoral, e, *m/pl.* **-aux** [immɔ'ral, ~'ro] immoral; **immoralité** [~rali'te] *f* immorality; immoral act.
immortaliser [immɔrtali'ze] (1a) *v/t.* immortalize; **immortalité** [~tali'te] *f* immortality; **immortel, -elle** [~'tɛl] **1.** *adj.* immortal; everlasting, imperishable; **2.** *su./f* ⚘ everlasting flower; *su./m*: ≗s *pl.* immortals, F members of the *Académie française*.
immotivé, e [immɔti've] unmotivated.
immuable [im'mɥabl] unalterable; unchanging.
immuniser ⚕ [immyni'ze] (1a) *v/t.* immunize; **immunité** [~'te] *f* immunity (from, *contre*); *admin.* exemption from tax.
immuno-dépresseur ⚕ [immynɔdeprɛ'sœ:r] *m* immuno-suppressive drug.
immu(t)abilité [immɥabili'te, ~mytabili'te] *f* immutability, fixity.
impact [ɛ̃'pakt] *m* impact; effect.
impair, e [ɛ̃'pɛ:r] **1.** *adj.* ⅍ odd; *anat.* unpaired (*organ*), single (*bone*); 🚂 down (*line*); **2.** *su./m* F bloomer, blunder.
impalpable [ɛ̃pal'pabl] impalpable, intangible.
impardonnable [ɛ̃pardɔ'nabl] unpardonable; unforgivable.
imparfait, e [ɛ̃par'fɛ, ~'fɛt] **1.** *adj.* imperfect; unfinished; **2.** *su./m gramm.* imperfect (tense).
imparité [ɛ̃pari'te] *f* inequality; ⅍ oddness.
impartial, e, *m/pl.* **-aux** [ɛ̃par'sjal, ~'sjo] impartial, unprejudiced, unbiassed.
impasse [ɛ̃'pɑ:s] *f* dead end, blind alley; 'no through road'; *fig.* impasse, deadlock; ✝ (*a.* ~ *budgetaire*) budget deficit; *faire une* ~ *cards*: finesse; *fig. faire l'*~ *sur qch.* neglect s.th. consciously.
impassibilité [ɛ̃pasibili'te] *f* impassiveness, impassibility; **impassible** [~'sibl] impassive, unmoved; unimpressionable.
impatience [ɛ̃pa'sjɑ̃:s] *f* impatience; **impatient, e** [~'sjɑ̃, ~'sjɑ̃:t] impatient; *eager* (to *inf.*, *de inf.*); **impatienter** [~sjɑ̃'te] (1a) *v/t.* irritate, annoy; s'~ lose patience; grow impatient.
impayable [ɛ̃pɛ'jabl] † invaluable; F *fig.* screamingly funny; **impayé, e** ✝ [~'je] unpaid (*debt*); dishono(u)red (*bill*).
impeccable [ɛ̃pɛ'kabl] impeccable; infallible.
impénétrable [ɛ̃pene'trabl] impenetrable (by, *à*); impervious (to, *à*); *fig.* inscrutable; close (*secret*).
impénitence [ɛ̃peni'tɑ̃:s] *f* impenitence; **impénitent, e** [~'tɑ̃, ~'tɑ̃:t] impenitent, unrepentant.
imper F [ɛ̃'pɛr] *m* (*abbr. of imperméable*) raincoat.
impératif, -ve [ɛ̃pera'tif, ~'ti:v] *adj.*, *a. su./m* imperative.
impératrice [ɛ̃pera'tris] *f* empress.
imperceptible [ɛ̃pɛrsɛp'tibl] imperceptible, undiscernible.
imperfection [ɛ̃pɛrfɛk'sjɔ̃] *f* imperfection; incompleteness; defect, flaw, fault; faultiness.
impérial, e, *m/pl.* **-aux** [ɛ̃pe'rjal, ~'rjo] **1.** *adj.* imperial; **2.** *su./f* top; *bus, tram*: top-deck, outside; *beard*: imperial; **impérialisme** [~rja'lism] *m* imperialism; **impérieux, -euse** [~'rjø, ~'rjø:z] imperious; domineering; peremptory; urgent, pressing.
impérissable [ɛ̃peri'sabl] imperishable, undying.
imperméable [ɛ̃pɛrme'abl] **1.** *adj.* impermeable; watertight, waterproof; impervious (to, *à*); **2.** *su./m* rain-coat; waterproof.
impersonnel, -elle [ɛ̃pɛrsɔ'nɛl] impersonal.
impertinence [ɛ̃pɛrti'nɑ̃:s] *f* impertinence; rudeness, cheek; ⚖ irrelevance; **impertinent, e** [~'nɑ̃, ~'nɑ̃:t] **1.** *adj.* impertinent; cheeky, pert; ⚖ irrelevant; **2.** *su./m* impertinent fellow; *su./f* saucy girl.
imperturbable [ɛ̃pɛrtyr'babl] unruffled; imperturbable, phlegmatic.
impétrant, e ⚖ [ɛ̃pe'trɑ̃, ~'trɑ̃:t] *su.* grantee.

impétueux, -euse [ɛ̃pe'tɥø, ~'tɥø:z] impetuous; hot-headed, precipitate, impulsive; **impétuosité** [~tɥozi'te] *f* impetuosity; impulsiveness.
impitoyable [ɛ̃pitwa'jabl] pitiless (to[wards] *à*, *envers*); merciless; relentless.
implacable [ɛ̃pla'kabl] implacable, unrelenting (towards *à*, *à l'égard de*, *pour*).
implanter [ɛ̃plɑ̃'te] (1a) *v/t.* plant; *fig.* implant; ⚘ graft; *s'*~ take root.
implication [ɛ̃plika'sjɔ̃] *f* implication; *phls.* contradiction; ~*s pl.* consequences; **implicite** [~'sit] implicit; implied, tacit; **impliquer** [~'ke] (1m) *v/t.* involve; imply; implicate.
implorer [ɛ̃plɔ're] (1a) *v/t.* implore, beseech.
imploser [ɛ̃plɔ'ze] (1a) *v/i.* implode; **implosion** [~'zjɔ̃] *f* implosion.
impoli, e [ɛ̃pɔ'li] impolite, discourteous; rude (to *envers*, *avec*); **impolitesse** [~li'tɛs] *f* impoliteness, discourtesy; rudeness.
impolitique [ɛ̃pɔli'tik] impolitic; ill-advised.
impondérable [ɛ̃pɔ̃de'rabl] *adj.*, *a. su./m* imponderable.
impopulaire [ɛ̃pɔpy'lɛ:r] unpopular; **impopularité** [~lari'te] *f* unpopularity.
importance [ɛ̃pɔr'tɑ̃:s] *f* importance; size, extent; **important, e** [~'tɑ̃, ~'tɑ̃:t] **1.** *adj.* important; considerable; weighty; *fig. pej.* self-important, F bumptious; **2.** *su.*: F *faire l'*~ give o.s. airs; *su./m* main thing, essential point.
importateur, -trice ✝ [ɛ̃pɔrta'tœ:r, ~'tris] **1.** *su.* importer; **2.** *adj.* importing; **importation** ✝ [~'sjɔ̃] *f* importation; ~*s pl. goods*: imports.
importer[1] [ɛ̃pɔr'te] (1a) *v/t.* ✝ import; *fig.* introduce.
importer[2] [~] (1a) *v/i.* matter; be important; *n'importe!* it doesn't matter!; never mind!; *n'importe quoi* no matter what, anything; *qu'importe?* what does it matter?
importun, e [ɛ̃pɔr'tœ̃, ~'tyn] **1.** *adj.* importunate; tiresome; unwelcome; untimely (*request*); **2.** *su. person*: nuisance; bore; **importunément** [ɛ̃pɔrtyne'mɑ̃] *adv. of importun 1*; **importuner** [~'ne] (1a) *v/t.* importune; bother, pester (with, *de*); inconvenience; **importunité** [~ni'te] *f* importunity.
imposable [ɛ̃po'zabl] taxable; **imposant, e** [~'zɑ̃, ~'zɑ̃:t] imposing; commanding; **imposer** [~'ze] (1a) *v/t.* prescribe, impose; force (*an opinion*, *one's viewpoint*) (upon, *à*); *admin.* tax, rate; *eccl.* lay on (*hands*); ~ *du respect à q.* fill s.o. with respect; ~ *silence à q.* enjoin silence on s.o.; *s'*~ assert o.s.; be essential; *v/i.*: *en* ~ *à q.* impress s.o.; *en* ~ be imposing; **imposition** [~zi'sjɔ̃] *f* taxation; rating.
impossibilité [ɛ̃pɔsibili'te] *f* impossibility (*a. = impossible thing*); **impossible** [~'sibl] impossible; F fantastic.
imposteur [ɛ̃pɔs'tœ:r] *m* impostor; F sham; **imposture** [~'ty:r] *f* imposture; deception.
impôt [ɛ̃'po] *m* tax, duty; taxation.
impotence [ɛ̃pɔ'tɑ̃:s] *f* impotence; helplessness; **impotent, e** [~'tɑ̃, ~'tɑ̃:t] **1.** *adj.* impotent; crippled, helpless; **2.** *su.* cripple, invalid.
impraticable [ɛ̃prati'kabl] impracticable; impassable (*road*); *sp.* unplayable (*tennis court etc.*).
imprécation [ɛ̃preka'sjɔ̃] *f* curse.
imprécis, e [ɛ̃pre'si, ~'si:z] vague; unprecise.
imprégner [ɛ̃pre'ɲe] (1f) *v/t.* impregnate (*a. fig.*) (with, *de*).
imprenable ⚔ [ɛ̃prə'nabl] impregnable.
imprésario [ɛ̃presar'jo] *su.* impresario.
imprescriptible ⚖ [ɛ̃prɛskrip'tibl] indefeasible.
impression [ɛ̃prɛ'sjɔ̃] *f fig.*, *a. book*, *seal*: impression; *tex.*, *typ. book*: printing; *wind*: pressure; *footsteps*: imprint; *coins*: stamping; (*colour-*) print; *paint.* priming; *envoyer à l'*~ send to press; **impressionnable** [ɛ̃prɛsjɔ'nabl] impressionable; **impressionnant, e** [~'nɑ̃, ~'nɑ̃:t] impressive; moving (*sight*, *voice*); stirring (*news*); **impressionner** [~'ne] (1a) *v/t.* impress, affect, move; make an impression on; **impressionnisme** [~'nism] *m* impressionism; **impressionniste** [~'nist] *su.* impressionist.
imprévisible [ɛ̃previ'zibl] unforeseeable, unpredictable; **imprévision** [~'zjɔ̃] *f* lack of foresight.
imprévoyance [ɛ̃prevwa'jɑ̃:s] *f*

lack of foresight; improvidence;
imprévu, e [~'vy] unforeseen, unexpected.
imprimé [ɛ̃pri'me] *m* printed paper *or* book; ~*s pl. post*: printed matter *sg.*; **imprimer** [~'me] (1a) *v/t. typ.*, *tex.* print; impress (*a seal*); communicate, impart (*a movement*); *paint.* prime; **imprimerie** [ɛ̃prim'ri] *f* printing; printing-house; printing-press; **imprimeur** [ɛ̃pri'mœ:r] *m* printer; **imprimeuse** [~'mø:z] *f* (small) printing-machine.
improbable [ɛ̃prɔ'babl] improbable, unlikely; **improbateur, -trice** [~ba'tœ:r, ~'tris] disapproving; **improbation** [~ba'sjɔ̃] *f* strong disapproval.
improbité [ɛ̃prɔbi'te] *f* dishonesty.
improductif, -ve [ɛ̃prɔdyk'tif, ~'ti:v] unproductive; ✝ idle (*assets, money*).
impromptu [ɛ̃prɔ̃p'ty] **1.** *adj./inv.* extempore (*speech*); impromptu, scratch (*meal*); **2.** *adv.* without preparation, off the cuff; out of the blue; **3.** *su./m* ♪ impromptu.
impropre [ɛ̃'prɔpr] wrong; unfit, unsuitable (for, *à*); **impropriéte** [ɛ̃prɔprie'te] *f* impropriety; incorrectness.
improuvable [ɛ̃pru'vabl] unprovable.
improviser [ɛ̃prɔvi'ze] (1a) *vt/i.* improvise; *v/i.* speak extempore; F adlib; **improviste** [~'vist] *adv.*: *à l'*~ unexpectedly, by surprise; without warning.
imprudence [ɛ̃pry'dɑ̃:s] *f* imprudence; rashness; imprudent act; **imprudent, e** [~'dɑ̃, ~'dɑ̃:t] imprudent, rash; unwise.
impudence [ɛ̃py'dɑ̃:s] *f* impudence; effrontery; impudent act; **impudent, e** [~'dɑ̃, ~'dɑ̃:t] **1.** *adj.* impudent; **2.** *su.* impudent person; **impudeur** [~'dœ:r] *f* shamelessness; lewdness; effrontery; **impudicité** [~disi'te] *f* indecency; **impudique** [~'dik] indecent; shameless.
impuissance [ɛ̃pɥi'sɑ̃:s] *f* powerlessness, helplessness; impotence (*a.* ⚕); *dans l'*~ *de* (*inf.*) powerless to (*inf.*); **impuissant, e** [~'sɑ̃, ~'sɑ̃:t] powerless, helpless; vain (*effort*); ⚕ impotent.
impulsif, -ve [ɛ̃pyl'sif, ~'si:v] impulsive; **impulsion** [~'sjɔ̃] *f* ⚡, ⊕, *a. fig.* impulse; F stimulus; *fig.* prompting; *force f d'*~ impulsive force.
impunément [ɛ̃pyne'mɑ̃] *adv.* with impunity; *fig.* harmlessly; **impuni, e** [~'ni] unpunished; **impunité** [~ni'te] *f* impunity.
impur, e [ɛ̃'py:r] impure, tainted; unclean; **impureté** [ɛ̃pyr'te] *f* impurity, unchastity.
imputable [ɛ̃py'tabl] imputable, ascribable (to, *à*); ✝ chargeable (to, *sur*); **imputer** [~'te] (1a) *v/t.* impute, ascribe (to, *à*); ✝ ~ *une somme à* (*or sur*) *un compte* charge a sum to an account.
imputrescible [ɛ̃pytrɛ'sibl] incorruptible; rot-proof.
inabordable [inabɔr'dabl] unapproachable, inaccessible; prohibitive (*price*).
inacceptable [inaksɛp'tabl] unacceptable.
inaccessible [inaksɛ'sibl] inaccessible; impervious (to, *à*) (*flattery, light, rain*).
inaccompli, e [inakɔ̃'pli] unaccomplished, unfulfilled.
inaccordable [inakɔr'dabl] ungrantable (*favour*).
inaccoutumé, e [inakuty'me] unaccustomed (to, *à*); unusual.
inachevé, e [inaʃ've] incomplete, unfinished.
inactif, -ve [inak'tif, ~'ti:v] inactive; idle (*a.* ✝ *capital*); ✝ dull (*market*); ⚗ inert; **inaction** [~'sjɔ̃] *f* inaction, idleness; ✝ dullness; **inactivité** [~tivi'te] *f* inactivity; ✝ dullness; ⚗ inertness.
inadapté, e [inadap'te] **1.** *adj.* not adapted (to, *à*); maladjusted; **2.** *su.* maladjusted person; misfit.
inadmissible [inadmi'sibl] inadmissible.
inadvertance [inadvɛr'tɑ̃:s] *f* inadvertence, oversight; *par* ~ inadvertently.
inaliénable [inaljc'nabl] inalienable.
inaltérable [inalte'rabl] unchanging, unvarying; which does not deteriorate.
inamovible [inamɔ'vibl] irremovable; for life (*post*); built in (*furniture etc.*); *agencements m/pl.* ~*s* fixtures.
inanimé, e [inani'me] inanimate, lifeless; unconscious.

inanité [inaniˈte] *f* futility; inane remark.
inanition [inaniˈsjɔ̃] *f* starvation.
inaperçu, e [inapɛrˈsy] unnoticed.
inappréciable [inapreˈsjabl] inappreciable (*quantity*); *fig.* invaluable.
inapte [iˈnapt] unfit (for, *à*); unsuited (to, *à*); incapable (of *ger.*, *à inf.*); **inaptitude** [inaptiˈtyd] *f* inaptitude; unfitness (for, *à*).
inassouvi, e [inasuˈvi] unappeased (*hunger*); unslaked, unquenched (*thirst*); *fig.* unsatisfied.
inattaquable [inataˈkabl] unattackable; unassailable; irrefutable; irreproachable.
inattendu, e [inatɑ̃ˈdy] unexpected.
inattentif, -ve [inatɑ̃ˈtif, ~ˈtiːv] inattentive (to, *à*); heedless (of, *à*).
inaugurer [inogyˈre] (1a) *v/t.* inaugurate, open; unveil (*a monument*); *fig.* usher in (*an epoch*).
inavoué, e [inaˈvwe] unacknowledged.
incalculable [ɛ̃kalkyˈlabl] countless, incalculable.
incandescence [ɛ̃kɑ̃dɛˈsɑ̃ːs] *f* incandescence, glow; ⚡ *lampe f à ~* glow-lamp.
incapable [ɛ̃kaˈpabl] incapable (of *ger.*, *de inf.*); unfit (to *inf.*, *de inf.*); **incapacité** [~pasiˈte] *f* incapacity (*a.* ⚖); unfitness; incompetency.
incarcération [ɛ̃karseraˈsjɔ̃] *f* incarceration, imprisonment; **incarcérer** [~ˈre] (1f) *v/t.* incarcerate, imprison.
incarnadin, e [ɛ̃karnaˈdɛ̃, ~ˈdin] incarnadine, flesh-pink; **incarnat, e** [~ˈna, ~ˈnat] fleshcolo(u)red, rosy; **incarnation** [~naˈsjɔ̃] *f* incarnation; *fig.* personification; ⚕ *nail*: ingrowing; **incarné, e** [~ˈne] incarnate; *fig.* personified; ⚕ ingrowing (*nail*); **incarner** [~ˈne] (1a) *v/t.* incarnate; *fig.* personify; ⚕ s'~ grow in (*nail*).
incartade [ɛ̃karˈtad] *f* prank; freak; (*verbal*) outburst.
incassable [ɛ̃kɑˈsabl] unbreakable.
incendiaire [ɛ̃sɑ̃ˈdjɛːr] **1.** *adj.* incendiary (*bomb*); *fig.* inflammatory; **2.** *su.* incendiary; fire-brand; **incendie** [~ˈdi] *m* fire; ⚖ *~ volontaire* arson; **incendié** *m*, **e** *f* [~ˈdje] person rendered homeless by fire; **incendier** [~ˈdje] (1o) *v/t.* set (*s.th.*) on fire, burn (*s.th.*) down.
incertain, e [ɛ̃sɛrˈtɛ̃, ~ˈtɛn] uncertain, doubtful; unreliable; undecided (about, *de*) (*person*); unsettled (*weather*); **incertitude** [~tiˈtyd] *f* uncertainty, doubt; *result*: inaccuracy; *fig.* indecision; unsettled state (*of the weather*).
incessamment [ɛ̃sɛsaˈmɑ̃] *adv.* incessantly; at any moment; without delay, at once; **incessant, e** [~ˈsɑ̃, ~ˈsɑ̃ːt] ceaseless, unceasing, incessant.
inceste [ɛ̃ˈsɛst] **1.** *adj.* incestuous; **2.** *su./m* incest; *su. see incestueux 2*; **incestueux, -euse** [ɛ̃sɛsˈtɥø, ~ˈtɥøːz] **1.** *adj.* incestuous; **2.** *su.* incestuous person.
inchiffrable [ɛ̃ʃifˈrabl] immeasurable (*wealth etc.*); *fig.* invaluable.
incidemment [ɛ̃sidaˈmɑ̃] *adv. of incident 1*; **incidence** [~ˈdɑ̃ːs] *f* incidence; consequence, effect; **incident, e** [~ˈdɑ̃, ~ˈdɑ̃ːt] **1.** *adj.* incidental; *opt.* incident; **2.** *su./m* incident; occurrence; ⚖ point of law; *fig.* difficulty, hitch; *~ de parcours* mishap, (minor) setback; *~ technique* technical hitch.
incinération [ɛ̃sineraˈsjɔ̃] *f* incineration; cremation; **incinérer** [~ˈre] (1f) *v/t.* incinerate; cremate.
inciser [ɛ̃siˈze] (1a) *v/t.* make an incision in; ⚕ lance (*an abscess*); **incisif, -ve** [~ˈzif, ~ˈziːv] **1.** *adj.* incisive, cutting; *dent f ~ve* = **2.** *su./f tooth*: incisor; **incision** [~ˈzjɔ̃] *f* incision; ⚕ *abscess*: lancing.
inciter [ɛ̃siˈte] (1a) *v/t.* incite; instigate, urge (on).
incivil, e [ɛ̃siˈvil] uncivil, rude; **incivilité** [~viliˈte] *f* incivility, rudeness; rude remark.
inclinaison [ɛ̃klinɛˈzɔ̃] *f* incline, slope; ⚓ *ship*: list; *~ magnétique* magnetic dip; **inclination** [~naˈsjɔ̃] *f* inclination (*a. fig.*); *body*: bending; *head*: nod; *fig.* bent; **incliner** [~ˈne] (1a) *v/t.* incline (*a. fig.*), slope; bend; nod (*one's head*); s'~ slant; bow; *fig.* yield (to, *devant*); ⚓ heel; ✈ bank; *v/i.* incline (*a. fig.*); lean; ⚓ list.
inclure [ɛ̃ˈklyːr] (4g) *v/t.* include; *letter*: enclose; **inclus, e** [ɛ̃ˈkly, ~ˈklyːz] **1.** *adj.* enclosed; *la lettre ci-~e* enclosed letter; **inclusif, -ve** [ɛ̃klyˈzif, ~ˈziːv] inclusive.
incognito [ɛ̃kɔɲiˈto] *adv.*, *a. su./m* incognito.

incohérent, e [ɛkɔe'rɑ̃, ~'rɑ̃:t] incoherent (*a. phys.*), rambling.
incolore [ɛ̃kɔ'lɔ:r] colo(u)rless (*a. fig.*); *fig.* insipid.
incomber [ɛ̃kɔ̃'be] (1a) *v/i.*: ~ *à* be incumbent upon; devolve upon.
incombustible [ɛ̃kɔ̃bys'tibl] incombustible, fireproof.
incommensurable [ɛ̃kɔmɑ̃sy'rabl] ⩓ incommensurable; irrational (*root*); incommensurate; *fig.* enormous, huge.
incommode [ɛ̃kɔ'mɔd] inconvenient; uncomfortable; troublesome; unwieldy (*object*); **incommodément** [ɛ̃kɔmɔde'mɑ̃] *adv.* inconveniently, uncomfortably; **incommoder** [~'de] (1a) *v/t.* inconvenience, hinder; disturb, trouble; *food etc.*: disagree with (*s.o.*); **incommodité** [~di'te] *f* inconvenience; discomfort; awkwardness.
incomparable [ɛ̃kɔ̃pa'rabl] incomparable, unrivalled.
incompatible [ɛ̃kɔ̃pa'tibl] incompatible.
incomplet, -ète [ɛ̃kɔ̃'plɛ, ~'plɛt] incomplete, unfinished.
incompréhensible [ɛ̃kɔ̃preɑ̃'sibl] incomprehensible; **incompréhensif, -ve** [~'sif, ~'si:v] uncomprehending; unwilling *or* unable to understand; **incompréhension** [~'sjɔ̃] *f* incomprehension; unwillingness *or* inability to understand.
incompris, e [ɛ̃kɔ̃'pri, ~'pri:z] misunderstood; unappreciated.
inconcevable [ɛ̃kɔ̃sə'vabl] unimaginable, unthinkable.
inconciliable [ɛ̃kɔ̃si'ljabl] irreconcilable.
inconditionnel, -le [ɛ̃kɔ̃disjɔ'nɛl] unconditional, unreserved; unquestioning.
inconduite [ɛ̃kɔ̃'dɥit] *f* misbehavio(u)r; loose living; ⚖ misconduct.
incongelable [ɛ̃kɔ̃ʒ'labl] unfreezable; non-freezing.
incongru, e [ɛ̃kɔ̃'gry] incongruous; improper, unseemly; **incongruité** [~grɥi'te] *f* incongruity; unseemliness; **incongrûment** [~gry'mɑ̃] *adv. of incongru.*
inconnu, e [ɛ̃kɔ'ny] **1.** *adj.* unknown (to *à*, *de*); **2.** *su.* unknown, stranger; *su./f* ⩓ unknown (quantity).
inconscience [ɛ̃kɔ̃'sjɑ̃:s] *f* unconsciousness; ignorance (of, *de*); **inconscient, e** [~'sjɑ̃, ~'sjɑ̃:t] **1.** *adj.* unconscious; **2.** *su.* unconscious person; *su./m psych. the* unconscious.
inconséquence [ɛ̃kɔ̃se'kɑ̃:s] *f* inconsequence, inconsistency; thoughtlessness.
inconsidéré, e [ɛ̃kɔ̃side're] inconsiderate (*person*); rash, ill-considered.
inconsistant, e [ɛ̃kɔ̃sis'tɑ̃, ~'tɑ̃:t] unsubstantial; loose (*ground*); soft (*mud*); *fig.* inconsistent.
inconsolable [ɛ̃kɔ̃sɔ'labl] unconsolable; disconsolate (*person*).
inconstance [ɛ̃kɔ̃s'tɑ̃:s] *f* inconstancy, fickleness; changeableness (*of weather*); *biol.* variability; **inconstant, e** [~'tɑ̃, ~'tɑ̃:t] inconstant, fickle; changeable (*weather*); *biol.* variable.
inconstitutionnel, -elle [ɛ̃kɔ̃stitysjɔ'nɛl] unconstitutional.
incontestable [ɛ̃kɔ̃tɛs'tabl] indisputable, unquestionable, beyond (all) question; **incontesté, e** [~'te] undisputed.
incontinence [ɛ̃kɔ̃ti'nɑ̃:s] *f* incontinence (*a.* ⚕); **incontinent, e** [~'nɑ̃, ~'nɑ̃:t] **1.** *adj.* incontinent; unchaste; **2.** *incontinent adv.* † forthwith.
inconvenance [ɛ̃kɔ̃v'nɑ̃:s] *f* unsuitableness; impropriety; indecency.
inconvénient [ɛ̃kɔ̃ve'njɑ̃] *m* disadvantage, drawback; inconvenience; *fig.* objection; *si vous n'y voyez pas d'~* if you dont mind, if you have no objections.
inconvertible [ɛ̃kɔ̃vɛr'tibl] inconvertible (*a.* ✝); **inconvertissable** [~ti'sabl] *fig.* incorrigible; past praying for; ✝ inconvertible.
incorporation [ɛ̃kɔrpɔra'sjɔ̃] *f* incorporation; ⚔ enrolment; **incorporel, -elle** [~'rɛl] incorporeal; ⚖ intangible (*property*); **incorporer** [~'re] (1a) *v/t.* incorporate; mix (with *à*, *avec*, *dans*); ⚔ draft (*men*).
incorrect, e [ɛ̃kɔ'rɛkt] incorrect; wrong; inaccurate; indecorous; **incorrection** [~rɛk'sjɔ̃] *f* incorrectness; error; wrong act; indecorousness.
incorrigible [ɛ̃kɔri'ʒibl] incorrigible; *fig.* F hopeless.
incorruptible [ɛkɔryp'tibl] incorruptible.

incrédibilité [ɛ̃kredibili'te] *f* incredibility; **incrédule** [~'dyl] **1.** *adj.* incredulous; sceptical (about, of *à l'égard de*); *eccl.* unbelieving; **2.** *su. eccl.* unbeliever; **incrédulité** [~dyli'te] *f* incredulity; *eccl.* unbelief.
incrimination [ɛ̃krimina'sjɔ̃] *f* (in-)crimination; indictment; charge; **incriminer** [~'ne] (1a) *v/t.* accuse, charge; *fig.* impeach (*s.o.'s conduct*).
incrochetable [ɛ̃krɔʃ'tabl] burglar-proof.
incroyable [ɛ̃krwa'jabl] **1.** *adj.* incredible; **2.** *su./m hist.* beau; **incroyance** [~'jɑ̃:s] *f* unbelief; **incroyant, e** [~'jɑ̃, ~'jɑ̃:t] **1.** *adj.* unbelieving; **2.** *su.* unbeliever.
incrustation [ɛ̃krysta'sjɔ̃] *f* incrustation; ⊕ inlaid work; ⊕ *boiler*: fur(ring); **incruster** [~'te] (1a) *v/t.* incrust; ⊕ inlay (with, *de*); △ line; form a crust on; *fig.* s'~ become ingrained (*in the mind*); outstay one's welcome.
incubateur [ɛ̃kyba'tœ:r] *m* incubator; **incubation** [~'sjɔ̃] *f eggs, a.* ⚕: incubation; *hens*: sitting.
incube [ɛ̃'kyb] *m* incubus, nightmare.
inculper [ɛ̃kyl'pe] (1a) *v/t.* charge, indict.
inculquer [ɛ̃kyl'ke] (1m) *v/t.* inculcate, instil (into, *à*).
inculte [ɛ̃'kylt] uncultivated, wild; waste (*land*); *fig.* rough; *fig.* unkempt (*hair*).
incunable [ɛ̃ky'nabl] *m* early printed book; ~*s pl.* incunabula.
incurable [ɛ̃ky'rabl] *adj., a. su.* incurable; **incurie** [~'ri] *f* carelessness, negligence.
incursion [ɛ̃kyr'sjɔ̃] *f* inroad, foray, raid; *fig.* excursion (into, *dans*).
indébrouillable [ɛ̃debru'jabl] impossible to disentangle; *fig.* inextricable.
indécence [ɛ̃de'sɑ̃:s] *f* indecency; **indécent, e** [~'sɑ̃, ~'sɑ̃:t] indecent; improper.
indéchiffrable [ɛ̃deʃi'frabl] undecipherable; *fig.* illegible; *fig.* unintelligible.
indécis, e [ɛ̃de'si, ~'si:z] undecided; irresolute; blurred, vague (*outline etc.*); indecisive (*battle, victory*); **indécision** [~si'zjɔ̃] *f* indecision; uncertainty.
indéfini, e [ɛ̃defi'ni] indefinite; undefined; **indéfinissable** [~ni'sabl] indefinable; nondescript.
indéfrisable [ɛ̃defri'zabl] *f* permanent wave.
indélébile [ɛ̃dele'bil] indelible; kiss-proof (*lipstick*).
indélibéré, e [ɛ̃delibe're] unconsidered.
indélicat, e [ɛ̃deli'ka, ~'kat] indelicate, coarse; tactless (*act*); dishonest.
indémaillable [ɛ̃dema'jabl] ladder-proof, non-run (*stocking*).
indemne [ɛ̃'dɛmn] undamaged; uninjured; without loss; free (from, *de*); **indemnisation** [ɛ̃demniza'sjɔ̃] *f* indemnification; **indemniser** [~'ze] (1a) *v/t.* indemnify, compensate (for, *de*); **indemnité** [~'te] *f* indemnity; compensation; allowance; ~ *de déplacement* travel allowance; ~ *de maladie* sick pay; ~ *journalière* daily allowance.
indéniable [ɛ̃de'njabl] undeniable.
indépendamment [ɛ̃depɑ̃da'mɑ̃] *adv. of indépendant*; **indépendance** [~'dɑ̃:s] *f* independence (of *de, à l'égard de*); **indépendant, e** [~'dɑ̃, ~'dɑ̃:t] independent (of, *de*); free (from, *de*); self-contained (*flat etc.*).
indéracinable *fig.* [ɛ̃derasi'nabl] ineradicable.
indéréglable [ɛ̃dere'glabl] fool-proof (*machine etc.*).
indescriptible [ɛ̃dɛskrip'tibl] indescribable (F *a. fig.*).
indestructible [ɛ̃dɛstryk'tibl] indestructible.
indéterminé, e [ɛ̃detɛrmi'ne] undetermined; indeterminate (⩑, *a. fig.*).
index [ɛ̃'dɛks] *m* forefinger, index (finger); *book*: index; pointer; *eccl. the* Index; *fig.* black list; *mettre à l'*~ blacklist.
indicateur, -trice [ɛ̃dika'tœ:r, ~'tris] **1.** *adj.* indicatory; ~ *de* indicating (*s.th.*); **2.** *su./m* ⊕ indicator, ga(u)ge, pointer; 🚂 guide, time-table; directory (*of streets etc.*); informer, police spy; ~ *de pression* pressure-ga(u)ge; *mot.* ~ *de vitesse* speedometer; **indicatif, -ve** [~'tif, ~'ti:v] **1.** *adj.* indicative; **2.** *su./m radio etc.*: station-signal; signature-tune; ✆ call sign; *gramm.* indicative; **indication** [~'sjɔ̃] *f* indication; information; sign, token; mark; ⚖

declaration; ~*s pl.* ⚕ *etc.* instructions; ⊕ particulars; *thea.* ~*s pl. scéniques* stage-directions.
indice [ɛ̃ˈdis] *m* indication, sign; *opt.*, ♈ index; *fig.* clue; rating, grading; ~ *de popularité* popularity rating.
indicible [ɛ̃diˈsibl] unspeakable; unutterable; *fig.* indescribable.
indien, -enne [ɛ̃ˈdjɛ̃, ~ˈdjɛn] **1.** *adj.* Indian; **2.** *su.* ♀ Indian; *su./f tex.* printed calico; *tex.* chintz.
indifférence [ɛ̃difeˈrɑ̃:s] *f* indifference, apathy (towards, *pour*); **indifférent, e** [~ˈrɑ̃, ~ˈrɑ̃:t] indifferent (*a.* ⚗) (to, *à*); unaffected (by, *à*); unconcerned; ⚗ neutral (*salt etc.*); unimportant.
indigence [ɛ̃diˈʒɑ̃:s] *f* poverty (*a. fig.*).
indigène [ɛ̃diˈʒɛn] **1.** *adj.* indigenous (to, *à*); native; ⚘ home-grown; **2.** *su.* native.
indigent, e [ɛ̃diˈʒɑ̃, ~ˈʒɑ̃:t] **1.** *adj.* poor, needy; **2.** *su.* pauper; *su./m: les* ~*s pl.* the poor.
indigeste [ɛ̃diˈʒɛst] indigestible; stodgy (*a. fig.*); **indigestion** ⚕ [~ʒɛsˈtjɔ̃] *f* indigestion; F *fig. avoir une* ~ *de* be fed up with.
indignation [ɛ̃diɲaˈsjɔ̃] *f* indignation.
indigne [ɛ̃ˈdiɲ] unworthy (of, *de*; to *inf.*, *de inf.*).
indigner [ɛ̃diˈɲe] (1a) *v/t.* make (*s.o.*) indignant; *s'*~ be indignant (with, at *contre*, *de*).
indignité [ɛ̃diɲiˈte] *f* unworthiness; vileness; indignity.
indigo [ɛ̃diˈgo] *m* indigo.
indiquer [ɛ̃diˈke] (1m) *v/t.* indicate; point out; recommend; *fig.* show; fix.
indirect, e [ɛ̃diˈrɛkt] indirect; *pej.* underhand; ⚖ circumstantial; ⚡ *éclairage m* ~ concealed lighting.
indiscipliné, e [ɛ̃disipliˈne] undisciplined; unmanageable; unruly; out of hand.
indiscret, -ète [ɛ̃disˈkrɛ, ~ˈkrɛt] indiscreet; tactless; *fig.* prying (*look*).
indiscutable [ɛ̃diskyˈtabl] indisputable, unquestionable.
indispensable [ɛ̃dispɑ̃ˈsabl] **1.** *adj.* indispensable (to, for *à*); essential; unavoidable; **2.** *su./m the* necessary.
indisponible [ɛ̃dispɔˈnibl] unavailable; ⚖ inalienable.
indisposé, e [ɛ̃dispoˈze] unwell, indisposed; **indisposer** [~ˈze] (1a) *v/t.* make (*s.o.*) unwell; *fig.* antagonize, irritate, annoy; *fig.* ~ *q. contre* make s.o. hostile to; **indisposition** [~ziˈsjɔ̃] *f* indisposition; upset.
indisputable [ɛ̃dispyˈtabl] unquestionable.
indissociable [ɛ̃disɔˈsjabl] inseparable.
indissoluble [ɛ̃disɔˈlybl] ⚗ insoluble; *fig.* indissoluble.
indistinct, e [ɛ̃disˈtɛ̃(:kt), ~ˈtɛ̃:kt] indistinct; faint; dim, hazy.
individu [ɛ̃diviˈdy] *m* individual (*a. pej.*); **individualiser** [~dɥaliˈze] (1a) *v/t.* particularize; individualize; **individualiste** [~dɥaˈlist] **1.** *adj.* individualistic; **2.** *su.* individualist; **invididualité** [~dɥaliˈte] *f* individuality; **individuel, -elle** [~ˈdɥɛl] individual, personal; private; separate.
indivis, e ⚖ [ɛ̃diˈvi, ~ˈvi:z] joint; *par* ~ jointly; **indivisible** [~viˈzibl] indivisible; ⚖ joint.
indocile [ɛ̃dɔˈsil] unmanageable, intractable; **indocilité** [~siliˈte] *f* intractability.
indolence [ɛ̃dɔˈlɑ̃:s] *f* ⚕, *a. fig.* indolence; sloth; **indolent, e** [~ˈlɑ̃, ~ˈlɑ̃:t] **1.** ⚕, *a. fig.* indolent; *fig.* apathetic; *fig.* sluggish; **2.** *su.* idler.
indolore ⚕ [ɛ̃dɔˈlɔ:r] painless.
indomptable [ɛ̃dɔ̃ˈtabl] unconquerable; *fig.* indomitable; uncontrollable.
indu, e [ɛ̃ˈdy] undue (*haste*); unseasonable (*remark*); *à une heure* ~*e* at some ungodly hour.
indubitable [ɛ̃dybiˈtabl] unquestionable, undeniable.
inductance ⚡ [ɛ̃dykˈtɑ̃:s] *f* inductance; **inducteur, -trice** ⚡ [~ˈtœ:r, ~ˈtris] **1.** *adj.* inducing (*current*); inductive (*capacity*); **2.** *su./m* inductor; field-magnet; **induction** ⚡, *phls.* [~ˈsjɔ̃] *f* induction.
induire [ɛ̃ˈdɥi:r] (4h) *v/t.* infer, induce; *fig.* lead (into, *à*); ~ *q. en erreur* mislead s.o.; **induit** [ɛ̃ˈdɥi] **1.** *adj./m* induced; **2.** *su./m* ⚡ induced circuit; armature.
indulgence [ɛ̃dylˈʒɑ̃:s] *f* indulgence (*a. eccl.*); forbearance; **indulgent, e** [~ˈʒɑ̃, ~ˈʒɑ̃:t] *adj.*: ~ *pour* indulgent to, lenient with.
indûment [ɛ̃dyˈmɑ̃] *adv.* unduly; improperly.
industrialiser [ɛ̃dystrialiˈze] (1a)

v/t. industrialize; **industrie** [~'tri] *f* industry; trade, manufacture; *fig.* activity; † *fig.* skill, ingenuity; *~-clef* key-industry; *~ minière* mining industry; *co. exercer sa coupable ~* practise one's disreputable trade; **industriel, -elle** [~tri'ɛl] **1.** *adj.* industrial; **2.** *su./m* manufacturer; industrialist; **industrieux, -euse** [~tri'ø, ~'ø:z] industrious, busy; skil(l)ful.

inébranlable [inebrɑ̃'labl] unshakable.

inédit, e [inɛ'di, ~'dit] unpublished; novel, new; original.

ineffable [inɛ'fabl] ineffable, beyond expression.

inefficace [inɛfi'kas] ineffective; unavailing; **inefficacité** [~kasi'te] *f* inefficacy; ineffectiveness.

inégal, e, *m/pl.* **-aux** [ine'gal, ~'go] unequal; irregular (*pulse etc.*); uneven (*ground, temper*); changeable (*moods, wind*); **inégalité** [~gali'te] *f* inequality (*a.* ⅋); irregularity; unevenness.

inéligible [ineli'ʒibl] ineligible.

inéluctable [inelyk'tabl] inescapable.

inemployé, e [inɑ̃plwa'je] unemployed; not made use of.

inepte [i'nɛpt] inept, fatuous, stupid; **ineptie** [inɛp'si] *f* ineptitude; stupidity, ineptness.

inépuisable [inepɥi'zabl] inexhaustible.

inerte [i'nɛrt] inert (*mass, a.* ⚗); inactive (⚗, *a. mind*); *fig.* sluggish; *fig.* passive (*resistance*); **inertie** [inɛr'si] *f phys. etc., a. fig.* inertia; *fig.* listlessness; *fig.* passive resistance; *force f d'~* inertia, vis inertiae.

inespéré, e [inɛspe're] unhoped-for, unexpected.

inestimable [inɛsti'mabl] invaluable; without price.

inévitable [inevi'tabl] inevitable; unavoidable.

inexact, e [inɛg'zakt] inexact; inaccurate; unpunctual; **inexactitude** [~zakti'tyd] *f* inexactitude; inaccuracy; unpunctuality.

inexcusable [inɛksky'zabl] inexcusable.

inexistant, e [inɛgzis'tɑ̃, ~'tɑ̃:t] non-existent.

inexorable [inɛgzɔ'rabl] inexorable, unrelenting.

inexpérience [inɛkspe'rjɑ̃:s] *f* lack of experience; **inexpérimenté, e** [~rimɑ̃'te] unskilled (*worker*); untested, untried; inexperienced (*person*).

inexplicable [inɛkspli'kabl] inexplicable.

inexploré, e [inɛksplɔ're] unexplored.

inexprimable [inɛkspri'mabl] inexpressible; unspeakable (*pleasure etc.*).

inexpugnable [inɛkspyg'nabl] impregnable.

inextinguible [inɛkstɛ̃'gɥibl] inextinguishable (*fire*); unquenchable; *fig.* uncontrollable.

inextirpable [inɛkstir'pabl] ineradicable.

inextricable [inɛkstri'kabl] inextricable.

infaillible [ɛ̃fa'jibl] infallible.

infaisable [ɛ̃fə'zabl] unfeasible; impracticable.

infamant, e [ɛ̃fa'mɑ̃, ~'mɑ̃:t] defamatory; ignominious; **infâme** [ɛ̃'fɑ:m] infamous; vile (*deed, quarter, slum*); foul (*behaviour, deed*); **infamie** [ɛ̃fa'mi] *f* infamy, dishono(u)r; vile deed *or* thing; *~s pl.* abuse *sg.*, infamous accusations.

infant [ɛ̃'fɑ̃] *m* infante; **infante** [ɛ̃'fɑ̃:t] *f* infanta; **infanterie** ⚔ [ɛ̃fɑ̃'tri] *f* infantry; **infanticide** [~ti'sid] **1.** *adj.* infanticidal; **2.** *su. person*: infanticide; *su./m crime*: infanticide; **infantile** [~'til] infantile (*disease, mortality*); *fig.* childish; **infantiliser** *psych.* [~tili'ze] (1a) *v/t.* make infantile.

infarctus ⚕ [ɛ̃fark'tys] *m* infarct(ion); *~ du myocarde* coronary (thrombosis).

infatigable [ɛ̃fati'gabl] indefatigable, untiring.

infatuer [ɛ̃fa'tɥe] (1n) *v/t.* infatuate; *s'~ de* become infatuated with.

infécond, e [ɛ̃fe'kɔ̃, ~'kɔ̃:d] barren; *fig.* unfruitful.

infect, e [ɛ̃'fɛkt] stinking; noisome (*smell*); filthy (*book, a. fig. lie, weather*); **infecter** [ɛ̃fɛk'te] (1a) *v/t.* infect; pollute; stink of; **infection** [~'sjɔ̃] *f* infection; stench.

inférer [ɛ̃fe're] (1f) *v/t.* infer (from, *de*).

inférieur, e [ɛ̃fe'rjœ:r] **1.** *adj.* inferior; lower; *~ à* below; **2.** *su.* in-

ferior; subordinate; **inférioriser** [~rjɔri'ze] (1a) *v/t.* regard as inferior; **infériorité** [~rjɔri'te] *f* inferiority; *complexe m d'*~ inferiority complex.
infernal, e, *m/pl.* **-aux** [ɛ̃fɛr'nal, ~'no] infernal (*a. fig.*); *fig.* devilish; ⚕ *pierre f* ~*e* lunar caustic.
infertile [ɛ̃fɛr'til] infertile, barren.
infestation [ɛ̃fɛsta'sjɔ̃] *f* infestation; **infester** [~'te] (1a) *v/t.* infest (with, *de*) (*a. fig.*).
infidèle [ɛ̃fi'dɛl] **1.** *adj.* unfaithful; inaccurate; infidel; unbelieving; **2.** *su.* unbeliever; infidel; **infidélité** [~deli'te] *f* infidelity (to, *envers*); unfaithfulness; inaccuracy; unbelief.
infiltration [ɛ̃filtra'sjɔ̃] *f* infiltration (*a.* ⚕); **infiltrer** [~'tre] (1a) *v/t.*: *s'*~ infiltrate (*a.* ⚔, *a.* ⚕); filter in, seep in (*a. fig.*).
infime [ɛ̃'fim] lowly; lowest, least; minute, tiny.
infini, e [ɛ̃fi'ni] **1.** *adj.* infinite; endless; **2.** *su./m* infinity; *the* infinite; *à l'*~ endless(ly); **infiniment** [~ni'mɑ̃] *adv.* infinitely; F extremely; **infinité** [~ni'te] *f* Ꜭ *etc.* infinity; *fig.* host.
infirme [ɛ̃'firm] **1.** *adj.* infirm; disabled, crippled; *fig.* weak; **2.** *su.* invalid; cripple; **infirmer** [ɛ̃fir'me] (1a) *v/t. fig.* weaken; disprove; ⚖ quash; **infirmerie** [~mə'ri] *f* infirmary; sick-room; ⚓ sick-bay; **infirmier** [~'mje] *m* (hospital-)attendant; male nurse; ⚔ medical orderly; ambulance man; **infirmière** [~'mjɛ:r] *f* nurse; **infirmité** [~mi'te] *f* infirmity; disability; *fig.* weakness.
inflammable [ɛ̃fla'mabl] inflammable, *Am. a.* flammable; easily set on fire (*a. fig.*); **inflammation** [~ma'sjɔ̃] *f* inflammation (*a.* ⚕); ignition; **inflammatoire** [~ma'twa:r] inflammatory.
inflation ✝ *etc.* [ɛ̃fla'sjɔ̃] inflation.
infléchir [ɛ̃fle'ʃi:r] (2a) *v/t.* bend, inflect; **infléchissement** [~ʃis'mɑ̃] *m* modification.
inflexible [ɛ̃flɛk'sibl] inflexible; **inflexion** [~'sjɔ̃] *f* inflection, inflexion (*a.* Ꜭ, *opt.*, *gramm.*); *voice*: modulation; *body*: bow.
infliger [ɛ̃fli'ʒe] (1l) *v/t.* inflict.
inflorescence ⚘ [ɛ̃flɔrɛ'sɑ̃:s] *f* inflorescence.
influence [ɛ̃fly'ɑ̃:s] *f* influence; **influencer** [~ɑ̃'se] (1k) *v/t.* influence; **influent, e** [~'ɑ̃, ~'ɑ̃:t] influential; **influer** [~'e] (1a) *v/i.*: ~ *sur* influence.
in-folio *typ.* [ɛ̃fɔ'ljo] *m/inv.*, *a. adj./*[*inv.* folio.]
informaticien [ɛ̃fɔrmati'sjɛ̃] *m* computer scientist.
information [ɛ̃fɔrma'sjɔ̃] *f* information; inquiry; ~*s pl. radio*: news (-bulletin) *sg.*; newscast *sg.*
informatique [ɛ̃fɔrma'tik] *f* computer science; data processing; **informatisation** [~tiza'sjɔ̃] *f* computerization; **informatiser** [~ti'ze] (1a) *v/t.* computerize.
informe [ɛ̃'fɔrm] unformed; shapeless, unshapely; ⚖ irregular, informal.
informel, -le [ɛ̃fɔr'mɛl] informal; casual.
informer [ɛ̃fɔr'me] (1a) *v/t.* inform, notify; *s'*~ inquire (about, *de*; of, from *auprès de*); *v/i.*: ⚖ ~ *contre* inform against; ~ *de*, ~ *sur* investigate, inquire into.
infortune [ɛ̃fɔr'tyn] *f* misfortune; adversity; **infortuné, e** [~ty'ne] unfortunate, unlucky.
infraction [ɛ̃frak'sjɔ̃] *f* infraction; *right, treaty, etc.*: infringement; ⚖ offence; *duty, peace*: breach (of, *à*).
infranchissable [ɛ̃frɑ̃ʃi'sabl] impassable; *fig.* insuperable (*difficulty*).
infrarouge [ɛ̃fra'ru:ʒ] infra-red.
infrastructure [ɛ̃frastryk'ty:r] *f* infrastructure; ✈ ground organization; ⊕ *etc.* substructure.
infroissabilité *tex.* [ɛ̃frwasabili'te] *f* crease-resistance; **infroissable** *tex.* [~'sabl] uncreasable.
infructueux, -euse [ɛ̃fryk'tɥø, ~'tɥø:z] unfruitful, barren; *fig.* unavailing, fruitless.
infus, e [ɛ̃'fy, ~'fy:z] *fig.* innate, intuitive; *avoir la science* ~*e* know things by intuition; **infuser** [ɛ̃fy'ze] (1a) *v/t.* infuse (*a. fig. life*), brew (*tea*); *v/i.* infuse; draw (*tea*); **infusible** [~'zibl] non-fusible; **infusion** [~'zjɔ̃] *f* infusion; herb tea; **infusoires** [~'zwa:r] *m/pl.* infusoria.
ingambe [ɛ̃'gɑ̃:b] active, nimble.
ingénier [ɛ̃ʒe'nje] (1o) *v/t.*: *s'*~ *à* tax one's ingenuity to, F go all out to; **ingénieur** [~'njœ:r] *m* engineer; ~ *de l'État* Government civil engi-

neer; ~ *du son radio*: sound engineer, *Am.* sound man; ~ *mécanicien* mechanical engineer; **ingénieux, -euse** [~ˈnjø, ~ˈnjøːz] ingenious; clever; **ingéniosité** [~njoziˈte] *f* ingenuity; cleverness.

ingénu, e [ɛ̃ʒeˈny] **1.** *adj.* ingenuous, artless, unsophisticated; **2.** *su.* artless person; *su./f thea.* ingénue; **ingénuité** [~nɥiˈte] *f* artlessness, ingenuousness.

ingérence [ɛ̃ʒeˈrɑ̃ːs] *f* interference; **ingérer** [~ˈre] (1f) *v/t.* ingest; F consume (*a meal*); *s'~ dans* interfere in, meddle in.

ingrat, e [ɛ̃ˈgra, ~ˈgrat] ungrateful (to[wards], *envers*; for, *à*); thankless (*task*); unpleasant (*work*); unpromising; ⚒, *fig.* unproductive; *âge m* ~ awkward age; **ingratitude** [ɛ̃gratiˈtyd] *f* ingratitude; thanklessness; ⚒, *fig.* unproductiveness.

ingrédient [ɛ̃greˈdjɑ̃] *m* ingredient.

inguérissable [ɛ̃geriˈsabl] incurable.

ingurgiter [ɛ̃gyrʒiˈte] (1a) *v/t.* ⚕ ingurgitate; F swallow.

inhabile [inaˈbil] unskilful, inexpert; ⚖ incompetent; **inhabileté** [~bilˈte] *f* lack of skill (in, *à*); clumsiness; **inhabilité** ⚖ [~biliˈte] *f* incapacity, disability; incompetency.

inhabitable [inabiˈtabl] uninhabitable; **inhabité, e** [~ˈte] uninhabited; untenanted (*house*).

inhalateur ⚕ [inalaˈtœːr] *m* inhaler; (*oxygen-*)breathing apparatus; **inhaler** ⚕ [~ˈle] (1a) *v/t.* inhale.

inhérence [ineˈrɑ̃ːs] *f* inherence (in, *à*); **inhérent, e** [~ˈrɑ̃, ~ˈrɑ̃ːt] inherent (in, *à*); intrinsic.

inhiber [iniˈbe] (1a) *v/t. physiol., psych.* inhibit; ⚖ prohibit; **inhibition** [~biˈsjɔ̃] *f* ⚖ prohibition; *physiol., psych.* inhibition.

inhospitalier, -ère [inɔspitaˈlje, ~ˈljɛːr] inhospitable.

inhumain, e [inyˈmɛ̃, ~ˈmɛn] inhuman; cruel.

inhumer [inyˈme] (1a) *v/t.* bury, inter.

inimaginable [inimaʒiˈnabl] unimaginable.

inimitable [inimiˈtabl] inimitable.

inimitié [inimiˈtje] *f* hostility (*a. fig.*); enmity.

ininflammable [inɛ̃flaˈmabl] non-inflammable, uninflammable.

inintelligence [inɛ̃tɛliˈʒɑ̃ːs] *f* lack of intelligence; **inintelligent, e** [~ˈʒɑ̃, ~ˈʒɑ̃ːt] unintelligent; obtuse; **inintelligible** [~ˈʒibl] unintelligible.

inique [iˈnik] iniquitous; **iniquité** [inikiˈte] *f* iniquity (*a. eccl., a. fig.*).

initial, e, *m/pl.* **-aux** [iniˈsjal, ~ˈsjo] *adj., a. su./f* initial; *adj. a.* starting...; first; **initiateur, -trice** [~sjaˈtœːr, ~ˈtris] **1.** *adj.* initiatory; initiation...; **2.** *su.* initiator; originator; **initiatique** [~sjaˈtik] initiatory (*rite etc.*); **initiative** [~sjaˈtiːv] *f* initiative; **initier** [~ˈsje] (1o) *v/t.* initiate (*a. fig.*).

injecter [ɛ̃ʒɛkˈte] (1a) *v/t.* inject (with *de, avec*); impregnate (*wood*); *injecté de sang* bloodshot (*eye*); *s'~* become bloodshot (*eye*); **injection** [~ˈsjɔ̃] *f* ⚕, ⊕ injection; *wood*: impregnation.

injonction ⚖ [ɛ̃ʒɔ̃kˈsjɔ̃] *f* injunction; order.

injure [ɛ̃ˈʒyːr] *f* insult; ravages *pl.* (*of time*); † wrong, injury, ⚖ tort; ~*s pl.* abuse *sg.*; **injurier** [ɛ̃ʒyˈrje] (1o) *v/t.* insult, abuse; call (*s.o.*) names; **injurieux, -euse** [~ˈrjø, ~ˈrjøːz] insulting, abusive (towards, *pour*); † ⚖ tortious.

injuste [ɛ̃ˈʒyst] **1.** *adj.* unjust, unfair (to, *envers*); unrighteous (*person*); **2.** *su./m* wrong; **injustice** [ɛ̃ʒysˈtis] *f* injustice, unfairness; **injustifiable** [~tiˈfjabl] unwarrantable, unjustifiable.

inlassable [ɛ̃laˈsabl] tireless; *fig.* untiring.

inné, e [inˈne] innate.

innocemment [inɔsaˈmɑ̃] *adv. of innocent 1*; **innocence** [~ˈsɑ̃ːs] *f* innocence; **innocent, e** [~ˈsɑ̃, ~ˈsɑ̃ːt] **1.** *adj.* innocent; simple, artless; **2.** *su.* simple *or* artless person; **innocenter** [~sɑ̃ˈte] (1a) *v/t.* clear (*s.o.*) (of, *de*), prove (*s.o.*) innocent; justify.

innocuité [innɔkɥiˈte] *f* harmlessness.

innombrable [innɔ̃ˈbrabl] innumerable, countless.

innovation [innɔvaˈsjɔ̃] *f* innovation; **innover** [~ˈve] (1a) *vt/i.* innovate; *v/i.* introduce innovations (in, *en*); break new ground.

inoccupé, e [inɔkyˈpe] unoccupied; vacant; unemployed; idle (*person*).

in-octavo *typ.* [inɔktaˈvo] *m/inv., a. adj./inv.* octavo.

inoculer [inɔky'le] (1a) *v/t.* ⚕, *a. fig.* inoculate, infect (s.o. with s.th., *qch. à q.*).
inodore [inɔ'dɔ:r] odo(u)rless; ⚘ scentless.
inoffensif, -ve [inɔfɑ̃'sif, ~'si:v] inoffensive; harmless.
inondation [inɔ̃da'sjɔ̃] *f* inundation; flood; *fig.* deluge; **inonder** [~'de] (1a) *v/t.* inundate; flood (*a.* ✝); *fig.* deluge (with, *de*); F soak.
inopérant, e ⚖ [inɔpe'rɑ̃, ~'rɑ̃:t] inoperative.
inopiné, e [inɔpi'ne] unforeseen, sudden.
inopportun, e [inɔpɔr'tœ̃, ~'tyn] inopportune; untimely; **inopportunément** [~tyne'mɑ̃] *adv. of inopportun.*
inorganisation [inɔrganiza'sjɔ̃] *f* disorganization, lack of organization.
inoubliable [inubli'abl] unforgettable.
inouï, e [i'nwi] unheard of; extraordinary.
inoxydable [inɔksi'dabl] rust-proof; rustless; stainless (*steel*).
inqualifiable [ɛ̃kali'fjabl] beyond words; *fig.* indescribable; *fig.* scandalous.
in-quarto *typ.* [ɛ̃kwar'to] *m/inv., a. adj./inv.* quarto.
inquiet, -ète [ɛ̃'kjɛ, ~'kjɛt] restless; uneasy; anxious; **inquiétant, e** [ɛ̃kje'tɑ̃, ~'tɑ̃:t] alarming, disturbing; *fig.* disquieting; **inquiéter** [~'te] (1f) *v/t.* alarm, disturb; make (*s.o.*) uneasy; *s'*~ worry (about, *de*); **inquiétude** [~'tyd] *f* disquiet; uneasiness, anxiety; restlessness.
insaisissable [ɛ̃sɛzi'sabl] unseizable; elusive; imperceptible (*difference, sound, etc.*); ⚖ not attachable.
insalissable [ɛ̃sali'sabl] dirt-proof.
insalubre [ɛ̃sa'lybr] unhealthy; insanitary; **insalubrité** [~lybri'te] *f* unhealthiness; insanitary condition.
insanité [ɛ̃sani'te] *f* insanity; *fig.* nonsense.
insatiable [ɛ̃sa'sjabl] insatiable.
insciemment [ɛ̃sja'mɑ̃] *adv.* unconsciously.
inscription [ɛ̃skrip'sjɔ̃] *f* inscription; registration, enrolment; *univ.* matriculation; ✝ scrip; ⚓ ~ *maritime* seaboard conscription; **inscrire** [~'kri:r] (4q) *v/t.* inscribe, write down; register; enroll; *s'*~ register.
inscrutable [ɛ̃skry'tabl] inscrutable.
insecte [ɛ̃'sɛkt] *m* insect, *Am.* F bug; **insecticide** [ɛ̃sɛkti'sid] **1.** *adj.* insecticidal; *poudre f* ~ insect-powder; **2.** *su./m* insecticide; pesticide; **insectivore** *zo.* [~'vɔ:r] **1.** *su./m* insectivore; **2.** *adj.* insectivorous.
insécuriser [ɛ̃sekyri'ze] (1a) *v/t.* make (*s.o.*) feel unsure *or* uncertain, give (*s.o.*) a feeling of insecurity.
insensé, e [ɛ̃sɑ̃'se] **1.** *adj.* mad (*a. fig.*); *fig.* senseless; *fig.* crazy (*idea, plan*); **2.** *su./m* madman; *su./f* madwoman.
insensibilisation ⚕ [ɛ̃sɑ̃sibiliza'sjɔ̃] *f* an(a)esthetization; **insensibiliser** ⚕ [~'ze] (1a) *v/t.* an(a)esthetize; **insensibilité** [~'te] *f* insensibility (*a. fig.*); insensitiveness; callousness, indifference; **insensible** [ɛ̃sɑ̃'sibl] insensible; insensitive; indifferent; imperceptible (*difference*).
inséparable [ɛ̃sepa'rabl] **1.** *adj.* inseparable; **2.** *su.* inseparable companion; *su./m: orn.* ~*s pl.* love-birds.
insérer [ɛ̃se're] (1f) *v/t.* insert; **insertion** [ɛ̃sɛr'sjɔ̃] *f* insertion.
insidieux, -euse [ɛ̃si'djø, ~'djø:z] insidious (*a.* ⚕ *disease*); crafty (*person*).
insigne[1] [ɛ̃'siɲ] distinguished (by, for *par*); signal (*favour*); *pej.* notorious; glaring.
insigne[2] [~] *m* ⚔, *sp., etc.* badge; ~*s pl.* insignia; ~*s pl. de la royauté* royal insignia.
insignifiant, e [ɛ̃siɲi'fjɑ̃, ~'fjɑ̃:t] insignificant; trifling; trivial.
insinuer [ɛ̃si'nɥe] (1n) *v/t.* insinuate (*a. fig.*); ⚕ insert (*a probe etc.*); *s'*~ insinuate o.s.; worm one's way (into, *dans*).
insipide [ɛ̃si'pid] insipid; tasteless (*food*); *fig.* dull, uninteresting; **insipidité** [~pidi'te] *f food*: tastelessness, lack of taste; *fig.* insipidity, dullness; tameness.
insistance [ɛ̃sis'tɑ̃:s] *f* insistence (on *ger., à inf.*); *avec* ~ insistently; **insister** [~'te] (1a) *v/i.* insist (on *ger. à, pour inf.*); ~ *sur* stress; persist in.
insociable [ɛ̃sɔ'sjabl] unsociable.
insolation [ɛ̃sɔla'sjɔ̃] *f* ⚕ sunstroke; sun-bathing; *phot.* daylight printing.
insolence [ɛ̃sɔ'lɑ̃:s] *f* insolence; im-

pertinence; impudence; **insolent, e** [~'lã, ~'lã:t] insolent, impertinent; overbearing.
insoler [ɛ̃sɔ'le] (1a) *v/t.* expose (*s.th.*) to the sun; *phot.* print by daylight.
insolite [ɛ̃sɔ'lit] unusual; strange.
insoluble [ɛ̃sɔ'lybl] insoluble (*a. fig.*).
insolvable ✝ [ɛ̃sɔl'vabl] insolvent.
insomnie [ɛ̃sɔm'ni] *f* insomnia, sleeplessness.
insondable [ɛ̃sɔ̃'dabl] unsoundable (*sea*); *fig.* unfathomable.
insonorisé, e [ɛ̃sɔnɔri'ze] soundproof(ed); **insonoriser** [~] (1a) *v/t.* soundproof.
insouciance [ɛ̃su'sjɑ̃:s] *f* unconcern; jauntiness; carelessness; **insouciant, e** [~'sjɑ̃, ~'sjɑ̃:t] unconcerned, carefree, jaunty; thoughtless; **insoucieux, -euse** [~'sjø, ~'sjø:z] carefree; unconcerned (about, *de*).
insoumis, e [ɛ̃su'mi, ~'mi:z] **1.** *adj.* unsubdued; unruly, refractory; insubordinate; ⚔ absent; **2.** *su./m* ⚔ absentee.
insoutenable [ɛ̃sut'nabl] untenable, indefensible; unbearable (*pain*).
inspecter [ɛ̃spɛk'te] (1a) *v/t.* ⚔ *etc.* inspect; ✝ examine (*accounts*); **inspecteur** [~'tœ:r] *m factory, mines, police, school, sanitary, taxes*: inspector; *works*: overseer; ✝ examiner; shop-walker, *Am.* floor-walker; **inspection** [~'sjɔ̃] *f* inspection; examination; inspectorate; ⚔ muster parade.
inspiration [ɛ̃spira'sjɔ̃] *f* inspiration (*a. fig.*); **inspirer** [~'re] (1a) *v/t.* inspire (s.o. with s.th., *qch. à q.*) (*a. fig.*); *fig.* prompt (to *inf.*, *de inf.*).
instabilité [ɛ̃stabili'te] *f* instability (*a. fig.*); **instable** [~'tabl] unstable; *fig.* unreliable.
installation [ɛ̃stala'sjɔ̃] *f* installation; setting (in); moving in, setting up house *or* shop; putting in; ⊕ equipment; ⊕ plant; ⊕ ~ *d'aérage* ventilation plant; **installer** [~'le] (1a) *v/t.* install; put in *or* up; ⊕ *etc.* fit up; fit out; furnish (*a house*); *fig.* establish, settle; *s'~* settle down; settle in; set up house *or* shop.
instamment [ɛ̃sta'mɑ̃] *adv.* earnestly; urgently.
instance [ɛ̃s'tɑ̃:s] *f admin.*, ⚖ authority; ⚖ (legal) proceedings *pl.*; ~s *pl.* entreaties; *en ~ de* on the point of;
instant, e [~'tɑ̃, ~'tɑ̃:t] **1.** *adj.* pressing; imminent; **2.** *su./m* moment, instant; *à l'~* just now; immediately;
instantané, e [~tɑ̃ta'ne] **1.** *adj.* instantaneous; instant (*coffee etc.*); **2.** *su./m phot.* snapshot; **instantanéité** [~tɑ̃tanei'te] *f* instantaneousness.
instar [ɛ̃s'ta:r] *m*: *à l'~ de* after the manner of, like.
instauration [ɛ̃stɔra'sjɔ̃] *f* founding; establishment; **instaurer** [~'re] (1a) *v/t.* found; establish.
instigateur *m*, **-trice** *f* [ɛ̃stiga'tœ:r, ~'tris] instigator (of, *de*); inciter (to, *de*); **instigation** [~'sjɔ̃] *f* instigation.
instiller ⚕ [ɛ̃sti'le] (1a) *v/t.* instil (*a. fig.*), drop (*liquid in the eye*).
instinct [ɛ̃s'tɛ̃] *m* instinct; *d'~*, *par ~* instinctively; **instinctif, -ve** [~tɛ̃k'tif, ~'ti:v] instinctive.
instituer [ɛ̃sti'tɥe] (1n) *v/t.* institute; establish; *admin.*, *a.* ⚖ appoint (*an heir etc.*); **institut** [~'ty] *m* institute; *eccl.* order; *eccl.* rule; **instituteur, -trice** [~ty'tœ:r, ~'tris] *su.* schoolteacher; **institution** [~ty'sjɔ̃] *f* institution; **institutionnaliser** [~tysjɔnali'ze] (1a) *v/t.* institutionalize.
instructeur [ɛ̃stryk'tœ:r] **1.** *su./m* instructor (*a.* ⚔), teacher; **2.** *adj./m*: ⚖ *juge m ~* examining magistrate;
instructif, -ve [~'tif, ~'ti:v] instructive; **instruction** [~'sjɔ̃] *f* instruction; education; ⚔ training (*of troops*); ⚖ preliminary investigation, judicial inquiry; ~s *pl.* instructions, directions; *~ civique* civics *sg.*; *~ publique* state education; *avoir de l'~* be well educated; **instruire** [ɛ̃s'trɥi:r] (4h) *v/t.* inform; educate, teach; ⚔ train (*troops etc.*); ⚔ drill (*troops*); ⚖ investigate; **instruit, e** [ɛ̃s'trɥi, ~'trɥit] educated, learned.
instrument [ɛ̃stry'mɑ̃] *m* instrument (*a.* ♪, *a.* ⚖), tool (*a. fig.*); ⚖ deed; **instrumenter** [~mɑ̃'te] (1a) *v/t.* ♪ score; *v/i.* ⚖ draw up a document; *~ contre* order proceedings to be taken against.
insu [ɛ̃'sy] *m*: *à l'~ de* without the knowledge of, unknown to.
insubmersible [ɛ̃sybmɛr'sibl] unsinkable.
insubordination [ɛ̃sybɔrdina'sjɔ̃] *f* insubordination; **insubordonné, e** [~dɔ'ne] insubordinate.

insuccès [ɛ̃syk'sɛ] *m* failure.
insuffisance [ɛ̃syfi'zɑ̃:s] *f* insufficiency; *fig.* unsatisfactoriness; **insuffisant, e** [~'zɑ̃, ~'zɑ̃:t] insufficient; inadequate; *fig.* incompetent.
insuffler [ɛ̃sy'fle] (1a) *v/t.* inflate (*a balloon etc.*); ⚕ spray (*one's throat*); *fig.* inspire (s.o. with s.th., *qch. à q.*).
insulaire [ɛ̃sy'lɛ:r] **1.** *adj.* insular; **2.** *su.* islander.
insuline ⚕ [ɛ̃sy'lin] *f* insulin.
insulte [ɛ̃'sylt] *f* insult; **insulter** [ɛ̃syl'te] (1a) *v/t.* insult; *v/i.*: † ~ *à* abuse, revile; be an insult to.
insupportable [ɛ̃sypɔr'tabl] unbearable; insufferable (*person*); intolerable; F aggravating.
insurgé, e [ɛ̃syr'ʒe] *adj., a. su.* insurgent, rebel; **insurger** [~] (1l) *v/t.*: s'~ revolt, rebel (against, *contre*).
insurmontable [ɛ̃syrmɔ̃'tabl] insurmountable, insuperable.
insurrection [ɛ̃syrɛk'sjɔ̃] *f* insurrection, rebellion, rising.
intact, e [ɛ̃'takt] intact; undamaged; untouched; *fig.* unblemished (*reputation*).
intarissable [ɛ̃tari'sabl] inexhaustible; never-failing; long-winded (*talker*).
intégral, e, *m/pl.* **-aux** [ɛ̃te'gral, ~'gro] **1.** *adj.* integral (*a.* ⅌), full, complete; **2.** *su./f* ⅌ integral; *music etc.*: complete works *pl. or* series; **3.** *su./m* crash helmet; **intégralement** [~gral'mɑ̃] fully, in full; **intégrant, e** [~'grɑ̃, ~'grɑ̃:t] integral (*part etc.*); **intégration** [~gra'sjɔ̃] *f* integration; **intègre** [ɛ̃'tɛgr] upright, honest; incorruptible; **intégrer** [ɛ̃te'gre] (1f) *v/t.* integrate; **intégrité** [ɛ̃tegri'te] *f* integrity.
intellect [ɛ̃tɛl'lɛkt] *m* intellect; **intellectuel, -elle** [~lɛk'tɥɛl] *adj., a. su.* intellectual.
intelligence [ɛ̃tɛli'ʒɑ̃:s] *f* intelligence; understanding; *d'~ avec* in agreement *or* collusion with; *en bonne* (*mauvaise*) ~ on good (bad) terms; **intelligent, e** [~'ʒɑ̃, ~'ʒɑ̃:t] intelligent; clever; **intelligible** [~'ʒibl] intelligible; *fig.* distinct.
intempérance [ɛ̃tɑ̃pe'rɑ̃:s] *f* intemperance; **intempérant, e** [~'rɑ̃, ~'rɑ̃:t] intemperate; **intempérie** [~'ri] *f weather*: inclemency; ~*s pl.* bad weather *sg.*

intempestif, -ve [ɛ̃tɑ̃pɛs'tif, ~'ti:v] untimely, unseasonable.
intendance [ɛ̃tɑ̃'dɑ̃:s] *f* intendance; stewardship; ⚔ Commissariat; *pol.* (*approx.*) domestic affairs *pl.*; **intendant** [~'dɑ̃] *m* intendant; steward; ⚔ Commissariat officer; ⚓ paymaster; *school*: bursar.
intense [ɛ̃'tɑ̃:s] intense; severe (*cold, pain*); powerful; deep (*colour*); ⚡ strong (*current*); heavy (*flow*); high (*fever*); bitter (*cold*); **intensif, -ive** [ɛ̃ta'sif, ~'i:v] intensive; **intensifier** [ɛ̃tɑ̃si'fje] (1a) *v/t.* (*a. s'~*) intensify; **intensité** [ɛ̃tɑ̃si'te] *f* intensity; severity; strength; *light*: brilliance; *colour*: depth, richness; *cold*: bitterness; *wind*: force.
intenter ⚖ [ɛ̃tɑ̃'te] (1a) *v/t.* bring (*an action*); institute (*proceedings*).
intention [ɛ̃tɑ̃'sjɔ̃] *f* intention; aim, purpose; *à ton ~* for you; **intentionné, e** [~sjɔ'ne] ...-disposed, ...-intentioned; *bien ~* well-intentioned, well-meaning; **intentionnel, -elle** [~sjɔ'nɛl] intentional, wilful.
inter... [ɛ̃tɛr] inter...; **~agir** [~a'ʒi:r] (2a) *v/i.* interact; **~allié, e** *pol.* [~a'lje] interallied; **~calaire** [~ka'lɛ:r] intercalated; intercalary (*day etc.*); **~caler** [~ka'le] (1a) *v/t.* intercalate; insert; ⚡ cut in; **~céder** [~se'de] (1f) *v/t.* intercede (on s.o.'s behalf, *pour q.*; with s.o., *auprès de q.*); **~cepter** [~sɛp'te] (1a) *v/t.* intercept; ⊕ shut off (*steam*); **~ception** [~sɛp'sjɔ̃] *f* interception; ⊕ *steam*: shutting off; **~cesseur** [~sɛ'sœ:r] *m* intercessor; **~cession** [~sɛ'sjɔ̃] *f* intercession; **~changeable** [~ʃɑ̃'ʒabl] interchangeable; **~continental, e** *m/pl.* **-aux** [~kɔ̃tinɑ̃'tal, ~'to] intercontinental (*a.* ⚔ *missile*); **~dépendance** [~depɑ̃'dɑ̃:s] *f* interdependence; **~diction** [~dik'sjɔ̃] *f* interdiction; **~dire** [~'di:r] (4p) *v/t.* prohibit, forbid; *fig.* bewilder, dumbfound; *eccl.* (lay under an) interdict; *admin.* suspend; **~disciplinaire** [~disipli'nɛ:r] interdisciplinary; **~dit, e** [~'di, ~'dit] **1.** *adj.* forbidden; bewildered, perplexed, taken aback; **2.** *su./m eccl.* interdict.
intéressé, e [ɛ̃terɛ'se] **1.** *adj.* interested; selfish; **2.** *su.* interested party; **interessement** ✝ [~rɛs'mɑ̃] *m* (*workers'*) profit-sharing (scheme); **intéresser** [~rɛ'se] (1b) *v/t.* inter-

est; concern; s'~ take an interest (in, *à*); **intérêt** [~'rɛ] *m* interest (*a.* ⚕); advantage; *par* ~ out of selfishness; ⚕ *à* ~ *fixe* fixed-interest; *sans* ~ uninteresting; ⚕ interest-free.
interférence *phys.*, *fig.* [ɛ̃tɛrfe'rɑ̃:s] *f* interference (*a. radio*).
interfolier [ɛ̃tɛrfɔ'lje] (1o) *v/t.* interleave (*a book*).
intérieur, e [ɛ̃te'rjœ:r] **1.** *adj.* interior, inner; inward; *geog.*, *a.* ⚓ inland...; *admin.*, *pol.* domestic, home...; **2.** *su./m* interior, inside; home; *sp.* inside; *d'*~ domestic; domesticated (*person*).
intérim [ɛ̃te'rim] *m/inv.* interim; *par* ~ *adj.* interim; *adv.* temporarily; **intérimaire** [~ri'mɛ:r] **1.** *adj.* temporary, acting; **2.** *su.* locum tenens; deputy; F temp.
inter...: **~jection** [ɛ̃tɛrʒɛk'sjɔ̃] *f* interjection; ⚖ ~ *d'appel* lodging of an appeal; **~jeter** [~ʒə'te] (1c) *v/t.* interject; ⚖ ~ *appel* appeal; **~ligne** [~'liɲ] *su./m* space (between two lines); *su./f typ.* lead; **~ligner** [~li'ɲe] (1a) *v/t.* interline; *typ.* lead out; **~linéaire** [~line'ɛ:r] interlinear; **~locuteur** *m*, **-trice** *f* [~lɔky'tœ:r, ~'tris] interlocutor; *conversation*: speaker; questioner; ~ *valable pol. etc.* valid representative; *fig.* worthy opponent; **~lope** [~'lɔp] **1.** *adj.* ⚕ illegal, dishonest; *fig.* shady, dubious; **2.** *su./m* smuggler; blockade-runner; **~loquer** *fig.* [~lɔ'ke] (1m) *v/t.* disconcert, nonplus; **~mède** [~'mɛd] *m* medium; *thea.* interlude; **~médiaire** [~me'djɛ:r] **1.** *adj.* intermediate; ⚕ middleman's ...; ⊕ *arbre m* ~ countershaft; **2.** *su./m* intermediary, go-between; medium; ⚕ middleman; agent; *par l'*~ *de* through (the medium of).
interminable [ɛ̃tɛrmi'nabl] never-ending, interminable.
intermittence [ɛ̃tɛrmi'tɑ̃:s] *f* intermittence; *par* ~ intermittently; **intermittent, e** [~'tɑ̃, ~'tɑ̃:t] intermittent (*a.* ⚕ *fever*); ⚕ irregular (*pulse*); ⚡ make-and-break (*current*).
internat [ɛ̃tɛr'na] *m* living-in; boarding-school; ⚕ post of assistant house-physician *or* house-surgeon, *Am.* internship; *coll.* boarders *pl.*
international, e, *m/pl.* **-aux** [ɛ̃tɛrnasjɔ'nal, ~'no] **1.** *adj.* international; **2.** *su. sp.* international; *su./f* International (Working Men's Association); *song*: Internationale.
interne [ɛ̃'tɛrn] **1.** *adj.* internal; inner; municipal (*law*); ⩘ interior (*angle*); resident; **2.** *su. school*: boarder; ⚕ resident medical student in a hospital; **internement** [ɛ̃tɛrnə'mɑ̃] *m admin.* internment; *lunatic*: confinement; **interner** [~'ne] (1a) *v/t. admin.* intern; shut up, confine (*a lunatic*).
inter...: **~pellateur** *m*, **-trice** *f* [ɛ̃tɛrpɛla'tœ:r, ~'tris] interpellator; **~pellation** [~pɛla'sjɔ̃] *f* peremptory question(ing); interruption; ⚔ challenge; *parl.* interpellation; **~peller** [~pɛ'le] (1a) *v/t.* interpellate; ⚔ *etc.* challenge; ⚖ *etc.* call upon (*s.o.*) to answer; **~phone** [~'fɔn] *m* intercom; **~planétaire** [~plane'tɛ:r] interplanetary; **~polateur** *m*, **-trice** *f* [~pɔla'tœ:r, ~'tris] interpolator; **~polation** [~pɔla'sjɔ̃] *f* interpolation; **~poler** [~pɔ'le] (1a) *v/t.* interpolate; **~poser** [~po'ze] (1a) *v/t.* interpose; ⚖ *personne f interposée* intermediary; third party fraudulently hold out as a principal; *par ... interposé* through ..., by ..., with the help of ...; *s'*~ interpose *or* place o.s. (between, *entre*); **~position** [~pozi'sjɔ̃] *f* interposition; *fig.* intervention; ⚖ ~ *de personnes* fraudulent holding out of a third party as principal; **~prétation** [~preta'sjɔ̃] *f* interpreting; interpretation (*a. thea.*, ♪, *etc.*); explanation; **~prète** [~'prɛt] *su.* interpreter; *fig.* exponent; **~préter** [~pre'te] (1f) *v/t.* interpret; expound; read (*a signal*); *mal* ~ misconstrue; **~professionnel, -elle** [~prɔfɛsjɔ'nɛl] (*salaries*) in comparable professions; **~rogateur, -trice** [ɛ̃tɛrɔga'tœ:r, ~'tris] **1.** *adj.* interrogative; questioning; **2.** *su.* questioner; interrogator; *school*: examiner; **~rogatif, -ive** *gramm.* [~rɔga'tif, ~'ti:v] *adj.*, *a. su./m* interrogative; **~rogation** [~rɔga'sjɔ̃] *f* interrogation; question; questioning; *point m d'*~ question-mark; **~rogatoire** [~rɔga'twa:r] *m* ⚖ interrogatory, examination (*of an accused*); ⚔ questioning; **~roger** [~rɔ'ʒe] (1l) *v/t.* interrogate, question; examine; *fig.* consult; **~rompre** [~'rɔ̃:pr] (4a) *v/t.* interrupt; break (*a. journey*, *a.* ⚡); suspend, stop, cut short; ⊕ shut off (*steam*); **~rupteur, -trice** [~ryp-

ˈtœːr, ~ˈtris] **1.** *adj.* interrupting; **2.** *su.* interruptor; *su./m* ⚡ switch, circuit breaker; **~ruption** [~rypˈsjɔ̃] *f* interruption; stopping; *communications*: severing; *work*: stopping; ⚡ *current*: breaking; ⊕ *steam*: shutting off; *sans* ~ without a break; **~section** [~sɛkˈsjɔ̃] *f* ⚒ *etc.* intersection; *track, road*: crossing; **~stellaire** [~steˈlɛːr] interstellar; **~stice** [ɛ̃tɛrsˈtis] *m* interstice; chink; **~urbain, e** [ɛ̃tɛryrˈbɛ̃, ~ˈbɛn] interurban; *teleph.* trunk(*-call*, *-line*, *etc.*); **~valle** [~ˈval] *m* interval (*a.* ♪); space, gap; *time*: period; ⚡ clearance; *dans l'*~ in the meantime; *par* ~*s* off and on, at intervals; **~venir** [~vəˈniːr] (2h) *v/i.* intervene, interfere; *fig.* occur, happen; **~vention** [~vɑ̃ˈsjɔ̃] *f* intervention (*a.* ⚖); interference; ⚕ operation; ⚕ ~ *chirurgicale* surgical intervention; **~vertir** [~vɛrˈtiːr] (2a) *v/t.* invert (*an order*, *a.* ⚗); **~view** [~ˈvju] *f* interview(ing); **~viewer 1.** (1a) *v/t.* [~vjuˈve] interview; *interviewé*(e) interviewee; **2.** *su./m* [~vjuˈvœːr] interviewer.

intestin, e [ɛ̃tɛsˈtɛ̃, ~ˈtin] **1.** *adj.* internal; civil (*war*); **2.** *su./m anat.* intestine, bowel, gut; ~ *grêle* small intestine; *gros* ~ large intestine; **intestinal, e,** *m/pl.* **-aux** [~tiˈnal, ~ˈno] intestinal.

intimation [ɛ̃timaˈsjɔ̃] *f* intimation; *admin.* notice; ⚖ notice of appeal; **intime** [ɛ̃ˈtim] intimate, close; inner; private; **intimer** [ɛ̃tiˈme] (1a) *v/t.* intimate; notify; ⚖ summons (*s.o.*) to appear before the Court of Appeal.

intimider [ɛ̃timiˈde] (1a) *v/t.* intimidate; frighten; threaten; F bully.

intimité [ɛ̃timiˈte] *f* intimacy; privacy; *fig.* depths *pl.*; *dans l'*~ privately, in private life; in privacy.

intitulé [ɛ̃tityˈle] *m book etc.*: title; *chapter*: heading; *deed*: premises *pl.*; **intituler** [~] (1a) *v/t.* entitle, call.

intolérable [ɛ̃tɔleˈrabl] intolerable, unbearable; **intolérance** [~ˈrɑ̃ːs] *f* intolerance; **intolérant, e** [~ˈrɑ̃, ~ˈrɑ̃ːt] intolerant.

intonation [ɛ̃tɔnaˈsjɔ̃] *f speech*: intonation; *voice*: modulation, pitch.

intoxication ⚕ [ɛ̃tɔksikaˈsjɔ̃] *f* poisoning; ~ *alimentaire* food poisoning; **intoxiquer** ⚕ [~ˈke] (1m) *v/t.* poison.

intraitable [ɛ̃trɛˈtabl] unmanageable; obstinate, inflexible; ⚕ beyond treatment.

intramusculaire [ɛ̃tramyskyˈlɛːr] **1.** *adj.* intramuscular; **2.** *su./f* intramuscular injection.

intransigeant, e [ɛ̃trɑ̃ziˈʒɑ̃, ~ˈʒɑ̃ːt] **1.** *adj.* uncompromising; peremptory (*tone*); *pol.* intransigent; **2.** *su. pol.* die-hard.

intransitif, -ve *gramm.* [ɛ̃trɑ̃ziˈtif, ~ˈtiːv] intransitive.

intraveineux, -euse ⚕ [ɛ̃travɛˈnø, ~ˈnøːz] **1.** *adj.* intravenous; **2.** *su./f* intravenous injection.

intrépide [ɛ̃treˈpid] intrepid, fearless; *pej.* brazen; **intrépidité** [~pidiˈte] *f* intrepidity, fearlessness.

intrigant, e [ɛ̃triˈgɑ̃, ~ˈgɑ̃ːt] **1.** *adj.* scheming; **2.** *su.* intriguer, schemer; **intrigue** [ɛ̃ˈtrig] *f* intrigue; machination; plot (*a. thea.*, *novel*, *etc.*); love-affair; **intriguer** [ɛ̃triˈge] (1m) *v/i.* plot, intrigue; *v/t.* puzzle, intrigue (*s.o.*).

intrinsèque [ɛ̃trɛ̃ˈsɛk] intrinsic; specific (*value*).

introducteur *m*, **-trice** *f* [ɛ̃trɔdykˈtœːr, ~ˈtris] introducer; **introduction** [~dykˈsjɔ̃] *f* introduction; ushering in; ⊕ *steam*: admission; *book*: preface; **introduire** [~ˈdɥiːr] (4h) *v/t.* introduce; usher in, show in; ⊕ admit (*steam*); *s'*~ get in, enter.

introniser [ɛ̃trɔniˈze] (1a) *v/t.* enthrone; *fig.* establish (*a fashion*); *s'*~ establish o.s.; become established (*fashion*).

introuvable [ɛ̃truˈvabl] undiscoverable.

intrus, e [ɛ̃ˈtry, ~ˈtryːz] **1.** *adj.* intruding; **2.** *su.* intruder; ⚖ trespasser; F *reception etc.*: gate-crasher; **intrusion** [ɛ̃tryˈzjɔ̃] *f* intrusion.

intuitif, -ve [ɛ̃tɥiˈtif, ~ˈtiːv] intuitive; **intuition** [~ˈsjɔ̃] *f* intuition, insight.

inusable [inyˈzabl] everlasting; proof against wear.

inusité, e [inyziˈte] unusual; not in use (*word*).

inutile [inyˈtil] useless; pointless; needless; unnecessary; superfluous; **inutilisable** [inytiliˈzabl] unserviceable, unemployable (*person*);

worthless; **inutilisé, e** [~ˈze] unused; **inutilité** [~ˈte] *f* uselessness; futility; useless thing.

invaincu, e [ɛ̃vɛ̃ˈky] unbeaten; unvanquished; unconquered.

invalide [ɛ̃vaˈlid] **1.** *adj.* invalid (*a.* ⚖), infirm; ⚔ disabled; rickety (*chair etc.*); **2.** *su.* invalid; *su./m* disabled soldier, pensioner; **invalider** [ɛ̃valiˈde] (1a) *v/t.* ⚖ invalidate; quash (*elections*); *pol.* unseat (*a member of Parliament etc.*); **invalidité** [~diˈte] *f* infirmity; disablement; ⚕ invalidism; ⚖ invalidity.

invariable [ɛ̃vaˈrjabl] invariable, unchanging.

invariance ⚨ [ɛ̃vaˈrjɑ̃ːs] *f* invariance.

invasion [ɛ̃vaˈzjɔ̃] *f* invasion.

invective [ɛ̃vɛkˈtiːv] *f* invective; ~*s pl.* abuse *sg.*; **invectiver** [~tiˈve] (1a) *v/t.* rail at, abuse (*s.o.*); *v/i.*: ~ *contre* rail at, revile, inveigh against.

invendable ⚚ [ɛ̃vɑ̃ˈdabl] unsaleable, unmerchantable.

inventaire [ɛ̃vɑ̃ˈtɛːr] *m* inventory; ⚚ stock-list; *faire son* ~ take stock; **inventer** [~ˈte] (1a) *v/t.* invent; **inventeur, -trice** [~ˈtœːr, ~ˈtris] **1.** *adj.* inventive; **2.** *su.* inventor; discoverer; ⚖ finder; **inventif, -ve** [~ˈtif, ~ˈtiːv] inventive; **invention** [~ˈsjɔ̃] *f* invention; imaginative capacity; **inventorier** ⚚ [~tɔˈrje] (1o) *v/t.* inventory, list; value (*bills etc.*); take stock of.

inverse [ɛ̃ˈvɛrs] *adj.*, *su./m* opposite; inverse; reverse; **inverser** [ɛ̃vɛrˈse] (1a) *vt/i.* reverse (*a.* ⚡); **inverseur** [~ˈsœːr] *m* ⚡ reverser; ⊕ reversing device *or* handle; **inversible** [~ˈsibl] reversible; **inversion** [~ˈsjɔ̃] *f* ⚨, *gramm.* inversion; ⚡ *current*: reversal; **invertir** [~ˈtiːr] (2a) *v/t.* reverse (*a.* ⚡ *the current*); invert.

investigateur, -trice [ɛ̃vɛstigaˈtœːr, ~ˈtris] **1.** *adj.* investigating; searching (*a. glance*); **2.** *su.* investigator, inquirer; **investigation** [~ˈsjɔ̃] *f* investigation, inquiry.

investir [ɛ̃vɛsˈtiːr] (2a) *v/t.* invest; ⚔ *a.* blockade; **investissement** [~tisˈmɑ̃] *m* investment; **investisseur** [~tiˈsœːr] investor.

invétérer [ɛ̃veteˈre] (1f) *v/t.*: *s'*~ become inveterate, become deep-rooted.

invincible [ɛ̃vɛ̃ˈsibl] invincible; *fig.* insuperable (*difficulty*).

inviolable [ɛ̃vjɔˈlabl] inviolable; burglar-proof (*lock*); immune (*diplomat, etc.*).

invisible [ɛ̃viˈzibl] invisible.

invitation [ɛ̃vitaˈsjɔ̃] *f* invitation; *sans* ~ uninvited(ly *adv.*); *sur l'*~ *de* at the invitation of; **invite** [ɛ̃ˈvit] *f* invitation, inducement; *cards*: lead; **invité** *m*, **e** *f* [ɛ̃viˈte] guest; **inviter** [~] (1a) *v/t.* invite (to *inf.*, *à inf.*); ask, request; *fig.* tempt; *cards*: call for.

invivable F [ɛ̃viˈvabl] unlivable-with, unbearable (*person*); impossible to live in (*building etc.*).

invocation [ɛ̃vɔkaˈsjɔ̃] *f* invocation.

involontaire [ɛ̃vɔlɔ̃ˈtɛːr] involuntary.

invoquer [ɛ̃vɔˈke] (1m) *v/t.* invoke; call upon; put forward (*an excuse, a reason, etc.*).

invraisemblable [ɛ̃vrɛsɑ̃ˈblabl] unlikely, improbable; **invraisemblance** [~ˈblɑ̃ːs] *f* unlikelihood, improbability.

invulnérable [ɛ̃vylneˈrabl] invulnerable.

iode ⚗, ⚕ [jɔd] *m* iodine; **ioder** [jɔˈde] iodize; **iodique** [~ˈdik] iodic.

ion ⚗, ⚡, *phys.* [jɔ̃] *m* ion.

ionique[1] △ [jɔˈnik] Ionic.

ionique[2] [jɔˈnik] *phys.* ionic; *radio*: thermionic (*tube, valve*); **ionisation** ⚗, *phys.* [~nizaˈsjɔ̃] *f* ionization.

iouler ♪ [juˈle] (1a) *v/i.* yodel.

irai [iˈre] *1st p. sg. fut. of aller* **1.**

irascible [iraˈsibl] irritable, testy; quick-tempered.

iris [iˈris] *m* ⚘, *anat.*, *phot.* iris; *poet.* rainbow; ⚘ *a.* flag; **irisation** [irizaˈsjɔ̃] *f* iridescence; **irisé, e** [~ˈze] iridescent; **iriser** [~ˈze] (1a) *v/t.* make iridescent.

irlandais, e [irlɑ̃ˈdɛ, ~ˈdɛːz] **1.** *adj.* Irish; **2.** *su./m ling.* Irish; ♀ Irishman; *les* ♀ *pl.* the Irish; *su./f* ♀ Irishwoman.

ironie [irɔˈni] *f* irony; **ironique** [~ˈnik] ironic(al); **ironiser** [~niˈze] (1a) *v/i.* speak ironically.

irradiation [irradjaˈsjɔ̃] *f* ⚕, *phys.* irradiation; *phot.* halation; **irradier** [~ˈdje] (1o) *v/i.* radiate, spread (*pain, etc.*); *v/t.* irradiate.

irraisonnable [irrɛzɔˈnabl] irrational.

irréalisable [irrealiˈzabl] unrealiz-

able (*a.* ✝); impracticable; **irréalité** [~'te] *f* unreality.
irrécusable [irreky'zabl] unimpeachable; unchallengeable.
irréductible [irredyk'tibl] ⚠, ⚕ irreducible; *fig.* unshakable.
irréel, -elle [irre'ɛl] unreal.
irréfléchi, e [irrefle'ʃi] thoughtless; unthinking, rash (*person*).
irrégularité [irregylari'te] *f* irregularity; unevenness; **irrégulier, -ère** [~'lje, ~'ljɛ:r] irregular; uneven; erratic.
irrémédiable [irreme'djabl] incurable; *fig.* irreparable; irremediable, past remedy.
irréparable [irrepa'rabl] irreparable; *fig.* irretrievable.
irrépréhensible [irrepreɑ̃'sibl] blameless.
irrépressible [irrepre'sibl] uncontrollable, irrepressible.
irréprochable [irreprɔ'ʃabl] irreproachable; ⚖ unimpeachable.
irrésistible [irrezis'tibl] irresistible.
irrésolu, e [irrezɔ'ly] irresolute; unsolved (*problem*); **irrésolution** [~ly'sjɔ̃] *f* indecision, irresolution.
irrespectueux, -euse [irrɛspɛk'tɥø, ~'tɥø:z] disrespectful (to [-wards] *pour, envers*).
irresponsabilité [irrɛspɔ̃sabili'te] *f* irresponsibility; **irresponsable** [~'sabl] irresponsible.
irrétrécissable *tex.* [irretresi'sabl] unshrinkable; *rendre ~* sanforize.
irréversible [irevɛr'sibl] irreversible.
irrévocable [irrevɔ'kabl] irrevocable; absolute (*decree*).
irrigateur [irriga'tœ:r] *m* ⚒ hose (-pipe); water-cart; ⚕ *wounds*: irrigator; ⚕ douche, enema; **irrigation** [~ga'sjɔ̃] *f* ⚒, ⚕ irrigation; ⚒ flooding; ⚕ douching; **irriguer** [~'ge] (1m) *v/t.* ⚒, ⚕ irrigate; ⚒ water; ⚕ douche.
irritable [irri'tabl] irritable; touchy (*person*); sensitive (*skin*); **irritant, e** [~'tɑ̃, ~'tɑ̃:t] irritating; ⚕ irritant; **irriter** [~'te] (1a) *v/t.* irritate; ⚕ inflame; **s'~** become angry (at, with s.o. *contre q.*; at s.th., *de qch.*); ⚕ become inflamed.
irruption [irryp'sjɔ̃] *f* irruption; invasion; inrush; *river*: overflow, flood; *faire ~* burst *or* barge in (on s.o., *chez q.*).

isard *zo.* [i'za:r] *m* izard, (Pyrenean) wild goat.
islamique [isla'mik] Islamic; **islamisme** [~'mism] *m* Islam(ism).
islandais, e [islɑ̃dɛ, ~'dɛ:z] **1.** *adj.* Icelandic; **2.** *su./m ling.* Icelandic; *su.* ♀ Icelander.
isobare *meteor.* [izɔ'ba:r] *f* isobar; **isocèle** ⚠ [~'sɛl] isosceles; **isochrone** ⊕ [~'krɔn], **isochronique** ⊕ [~krɔ'nik] isochronous.
isolant, e [izɔ'lɑ̃, ~'lɑ̃:t] **1.** *adj.* isolating; ⚡ insulating; *bouteille f ~e* vacuum *or* thermos flask; **2.** *su./m* insulator; insulating material; **isolateur** ⚡ [~la'tœ:r] *m* insulator; **isolé, e** [~'le] isolated; lonely; lone; remote, out-of-the way; **isolement** [izɔl'mɑ̃] *m* ⚕, ⊕, *a. fig.* isolation; ⚡ insulation; **isolément** [izɔle'mɑ] *adv.* separately; **isoler** [~'le] (1a) *v/t.* isolate (*a.* ⚗) (from *d'avec, de*); ⚡ insulate; **isoloir** [~'lwa:r] *m* polling booth.
isomère [izɔ'mɛ:r] **1.** *adj.* ⚗, ⚘ isomerous, isomeric; **2.** *su./m* ⚗ isomer.
isotope ⚗, *phys.* [izɔ'tɔp] *m* isotope.
israélien, -enne [israe'ljɛ̃, ~'ljɛn] *adj., a. su.* ♀ Israeli; **israélite** [~'lit] **1.** *adj.* Jewish, of the Israelites; **2.** *su.* ♀ Israelite, Jew.
issu, e [i'sy] **1.** *adj.*: *~ de* descended from; born of; **2.** *su./f* issue, end; upshot, result; outlet; ⊕ *~es pl.* by-products; *à l'~e de* at the end of; after; *sans ~e* blind (*alley*).
isthme *geog., anat.* [ism] *m* isthmus.
italien, -enne [ita'ljɛ̃, ~'ljɛn] **1.** *adj.* Italian; **2.** *su./m ling.* Italian; *su.* ♀ Italian; **italique** *typ.* [~'lik] *adj., a. su./m* italic.
item [i'tɛm] *adv.* item, also.
itératif, ve [itera'tif, ~'ti:v] *gramm.* iterative; ⚖ repeated.
itinéraire [itine'rɛ:r] **1.** *adj.* road-..., direction-...; **2.** *su./m* itinerary; route; guide-book; **itinérant, e** [~'rɑ̃, ~'rɑ̃:t] itinerant; ⚔ mobile.
ivoire [i'vwa:r] *m* ivory; **ivoirerie** [ivwarə'ri] *f* ivory work *or* trade.
ivraie ⚘ [i'vrɛ] *f* cockle, darnel; *bibl.* tares *pl.*
ivre [i:vr] drunk (with, *de*); intoxicated; *fig.* mad (with, *de*); **ivresse** [i'vrɛs] *f* drunkenness, in-

toxication; *fig.* ecstasy; **ivrogne, -esse** [i'vrɔɲ, ivrɔ'ɲɛs] **1.** *adj.* addicted to drink; drunken; **2.** *su.* drunkard, toper, *sl.* boozer; **ivrognerie** [ivrɔɲ'ri] *f* (habitual) drunkenness.

J

J, j [ʒi] *m* J, j.
jabot [ʒaˈbo] *m bird*: crop; *cost. blouse, shirt*: frill; ruffle, jabot; **jaboter** F † [~bɔˈte] (1a) *v/i.* jabber, chatter.
jacasse [ʒaˈkas] *f zo.* magpie; F † chatterbox; **jacasser** [~kaˈse] (1a) *v/i.* chatter, gossip; **jacasserie** [~kasˈri] *f* gossip.
jachère ⚒ [ʒaˈʃɛːr] *f* fallow; **jachérer** ⚒ [~ʃeˈre] (1f) *v/t.* plough up (*fallow land*); fallow (*land*).
jacinthe [ʒaˈsɛ̃ːt] *f* ⚘ hyacinth; *min.* jacinth; ⚘ ~ *des bois* bluebell.
jack ⚡ [ʒak] *m* jack.
jacobin, e [ʒakɔˈbɛ̃, ~ˈbin] *su. hist.* Jacobin; *fig.* sympathizer with radical democracy.
Jacques [ʒɑːk] *npr./m* James; *sl. faire le* ~ play the fool.
ja(c)quot *orn.* [ʒaˈko] *m parrot*: Poll(y).
jactance [ʒakˈtɑ̃ːs] *f* boast(ing); **jacter** *sl.* [~ˈte] (1a) *v/i.* boast; brag.
jade *min.* [ʒad] *m* jade.
jadis [ʒaˈdis] *adv.* formerly, long ago; *de* ~ *a.* of old.
jaillir [ʒaˈjiːr] (2a) *v/i.* gush, spurt out; shoot *or* burst forth; fly (*sparks*); flash (*light*); **jaillissement** [~jisˈmɑ̃] *m* gushing *etc.*
jais *min.* [ʒɛ] *m* jet; *noir comme du* ~ jet-black.
jalon [ʒaˈlɔ̃] *m* surveying staff; (range-)pole; ⚔ aiming-post; *fig. planter* (*or poser*) *des* ~*s* (*or les premiers* ~*s*) pave the way *or* prepare the ground (for *de, pour*); **jalonner** [~lɔˈne] (1a) *v/t.* stake out; *fig.* mark; *fig.* be a landmark in (*a period*).
jalouser [ʒaluˈze] (1a) *v/t.* be jealous of (*s.o.*); **jalousie** [~ˈzi] *f* jealousy; Venetian blind; screen; ⚘ sweet-william; ~ *du métier* professional jealousy; **jaloux, -ouse** [ʒaˈlu, ~ˈluːz] jealous; envious; *fig.* eager (for, *de*).
jamais [ʒaˈmɛ] *adv.* ever; never; ~ *de la vie!* out of the question!; ~ *plus* never again; *à* (*or pour*) ~ for ever; *ne* … ~ never.
jambage [ʒɑ̃ˈbaːʒ] *m* ⚠ *door*: jamb; *door, window*: post; *fireplace*: cheek, jamb; foundation-wall; *writing*: down-stroke; **jambe** [ʒɑ̃ːb] *f* leg; *glass*: stem; ⚠ *brickwork*: stone pier; ⚠ ~ *de force* strut, prop; *mot.* stay-rod; *à toutes* ~*s* at top speed; *cela me fait une belle* ~! a fat lot of good that does me; *sp. jeu m de* ~*s* foot-work; *prendre ses* ~*s à son cou* take to one's heels; **jambé, e** [ʒɑ̃ˈbe] *adj.*: *bien* ~ with shapely legs; **jambette** [~ˈbɛt] *f* small leg; ⚠ stanchion; **jambier, -ère** [~ˈbje, ~ˈbjɛːr] **1.** *adj. anat.* tibial; **2.** *su./f* elastic stocking; legging; *sp.* shinguard; **jambon** [~ˈbɔ̃] *m* ham; *œufs m/pl. au* ~ ham and eggs; **jambonneau** [~bɔˈno] *m* knuckle of ham; small ham.
jamboree [ʒɑ̃bɔˈre] *m* jamboree.
jansénisme *eccl.* [ʒɑ̃seˈnism] *m* Jansenism.
jante [ʒɑ̃ːt] *f wheel*: felloe; rim.
janvier [ʒɑ̃ˈvje] *m* January.
japon [ʒaˈpɔ̃] *m* Japan porcelain; **japonais, e** [~pɔˈnɛ, ~ˈnɛːz] **1.** *adj.* Japanese; **2.** *su./m ling.* Japanese; *su.* ~ Japanese; *les* ~ *m/pl.* the Japanese.
japper [ʒaˈpe] (1a) *v/i.* yelp.
jaquette [ʒaˈkɛt] *f* morning coat; (*lady's*) jacket; *book etc.*: (dust) cover.
jardin [ʒarˈdɛ̃] *m* garden; ~ *alpin* rock-garden; ~ *anglais* landscape garden; ~ *d'enfants* kindergarten; *thea. côté m* ~ prompt-side; **jardinage** [ʒardiˈnaːʒ] *m* gardening; *diamond*: flaw; ~ *paysagiste* landscape gardening; **jardiner** [~ˈne] (1a) *v/i.* garden; **jardinet** [~ˈnɛ] *m* small garden; **jardinier, -ère** [~ˈnje, ~ˈnjɛːr] **1.** *adj.* garden...; **2.** *su.* gardener; ~ *paysagiste* landscape gardener; *su./f* flower stand; window-box; spring cart; *orn.* ortolan; ~*ère d'enfants* kindergarten teacher; *cuis. à la* ~*ère* garnished with vegetables.

J K L

jargon [ʒarˈgɔ̃] *m* jargon; slang; *fig.* gibberish; **jargonner** [~gɔˈne] (1a) *v/i.* talk jargon.

jarre [ʒaːr] *f* (earthenware) jar; ⚡ ~ *électrique* Leyden jar.

jarret [ʒaˈrɛ] *m anat. man*: back of the knee; *horse*: hock; *cuis. beef*: shin; *veal*: knuckle; ⊕ *pipe*: elbow; ⚠ bulge; **jarretelle** [ʒarˈtɛl] *f* suspender, *Am. a.* garter; **jarretière** [~ˈtjɛːr] *f* garter.

jars *orn.* [ʒaːr] *m* gander.

jaser [ʒɑˈze] (1a) *v/i.* chatter, talk; gossip; **jaseur, -euse** [~ˈzœːr, ~ˈzøːz] **1.** *adj.* talkative; **2.** *su.* chatterbox; gossip; tale-bearer.

jasmin ⚘ [ʒazˈmɛ̃] *m* jasmine.

jaspe *min.* [ʒasp] *m* jasper; ~ *sanguin* bloodstone; **jaspé, e** [ʒasˈpe] marbled, veined.

jatte [ʒat] *f* bowl; *milk*: pan, basin; **jattée** [ʒaˈte] *f* bowlful; *milk*: panful.

jauge [ʒoːʒ] *f* ga(u)ge (*a.* ⊕); ga(u)ging-rod; *mot.* (~ *d'huile*) dipstick; (~ *d'essence*) petrol ga(u)ge, *Am.* gasoline ga(u)ge; ⚓ tonnage; **jauger** [ʒoˈʒe] (1l) *v/t.* ga(u)ge (*a.* ⊕); measure; *fig.* size up.

jaunâtre [ʒoˈnɑːtr] yellowish; sallow (*face*); **jaune** [ʒoːn] **1.** *adj.* yellow; **2.** *adv.*: *rire* ~ give a sickly smile; **3.** *su./m* yellow; *egg.*: yolk; F blackleg, scab, *Am.* strike-braker; **jaunet, -ette** [ʒoˈnɛ, ~ˈnɛt] yellowish; **jaunir** [~ˈniːr] (2a) *vt/i.* yellow; **jaunisse** ⚕ [~ˈnis] *f* jaundice.

Javel [ʒaˈvɛl] *m*: *eau f de* ~ liquid bleach (and disinfectant).

javeler [ʒavˈle] (1c) *v/t.* ⚒ lay (*corn*) in swaths; *v/i.* turn yellow; **javelle** ⚒ [ʒaˈvɛl] *f corn*: swath; bundle.

javelot [ʒavˈlo] *m* javelin.

jazz [dʒaːz] *m* jazz.

je [ʒə] *pron./pers.* I.

jeannette F [ʒaˈnɛt] *f* sleeve-board.

je-m'en-fichisme F [ʒəmɑ̃fiˈʃism], **je-m'en-foutisme** F [~fuˈtism] *m/inv.* couldn't-care-less attitude.

je(-)ne(-)sais(-)quoi [ʒənseˈkwa] *m/inv.* indefinable something.

jerrycan *mot.* [dʒɛriˈkan] *m* petrol-can.

jet [ʒɛ] *m* throw, cast(ing); jet (*a. gas, nozzle, etc.*); *liquid*: gush, spurt; *light*: flash; ⚓, ⚖ jetsam; ⚘ shoot, sprout; *metall.* casting; ✈ jet (aeroplane); ~ *de sable* sandblast; ⚔ *armes f/pl. de* ~ projectile *or* missile weapons; *du premier* ~ at the first try; **jetable** [ʒəˈtɑbl] disposable, throw-away; **jetée** [ʒəˈte] *f* jetty; breakwater; **jeter** [~ˈte] (1c) *v/t.* throw, fling, hurl; throw away; ⚓ drop (*anchor*), jettison (*goods*); ⚠ lay (*the foundations*); ⚕ discharge; utter (*a cry, a threat*); give off (*sparks*); *se* ~ *river*: flow (into, *dans*); *se* ~ *sur* pounce on; *se* ~ *vers* rush towards;

jeton [~ˈtɔ̃] *m* counter; token; *teleph.* ~ *de téléphone* telephone token.

jeu [ʒø] *m* game; play (*a.* ⊕); gambling; fun; *thea.* acting; *tools etc.*: set; *machine etc., a. fig.* working; ⊕ clearance; *fig.* action; *fig.* interaction; ♪ *organ*: stop; *cards*: pack, *Am.* deck; *thea.* ~*x pl. de scène* stage business *sg.*; ~ *de mots* pun, play on words; ~ *d'esprit* witticism; *cacher son* ~ hide one's cards; *être en* ~ be at stake; *entrer en* ~ come into play; *mettre en* ~ stake; *il a beau* ~ *de* (*or pour*) (*inf.*) it's easy for him to (*inf.*).

jeudi [ʒøˈdi] *m* Thursday; ~ *saint* Maundy Thursday.

jeun [ʒœ̃] *adv.*: *à* ~ on an empty stomach, fasting.

jeune [ʒœn] **1.** *adj.* young; youthful; younger, junior; *fig.* new; recent; unripe, early (*fruit*); ~ *fille* girl; ~ *homme* youth, lad; **2.** *su.* young person *or* animal; *su./m*: *les* ~*s pl.* the young *pl.*; youth (*coll.*) *sg.*

jeûne [ʒøːn] *m* fast(ing), abstinence; **jeûner** [ʒøˈne] (1a) *v/i.* fast (from, *de*).

jeunesse [ʒœˈnɛs] *f* youth; boyhood, girlhood; *fig.* youthfulness, freshness; F girl; ~ *scolaire* schoolchildren *pl.*; **jeunet, -ette** F [~ˈnɛ, ~ˈnɛt] very young.

jiu-jitsu [dʒydʒitˈsy] *m* ju-jutsu.

joaillerie [ʒɔɑjˈri] *f* jewellery; jeweller's business; **joaillier** *m*, **-ère** *f* [ʒɔɑˈje, ~ˈjɛːr] jeweller.

job F [ʒɔb] *m* job, employment.

jobard F [ʒɔˈbaːr] *m* dupe, F mug; **jobarder** [ʒɔbarˈde] (1a) *v/t.* fool, dupe; **jobarderie** F [~ˈdri] *f* gullibility.

jociste [ʒɔˈsist] *su. member of the Jeunesse ouvrière chrétienne.*

jocrisse [ʒɔˈkris] *m* fool; clown; F mug.

joie [ʒwa] *f* joy; delight; pleasure; ~

de vivre joy in life; *fille de* ~ prostitute.

joignis [ʒwaˈɲi] *1st p. sg. p.s. of joindre*; **joignons** [~ˈɲɔ̃] *1st p. pl. pres. of joindre*; **joindre** [ʒwɛ̃:dr] (4m) *v/t.* join (*a.* ⊕); unite, combine; bring together; clasp (*one's hands*); ⚚ attach (*to a letter*); adjoin (*a house etc.*); ⚚ *etc. pièces f/pl. jointes* enclosures; *se* ~ *à* join (in); *v/i.* meet; **joins** [ʒwɛ̃] *1st p. sg. pres. of joindre*; **joint, e** [ʒwɛ̃, ʒwɛ̃:t] **1.** *p.p. of joindre*; **2.** *su./m* Δ, ⊕, ⚡, *anat.*, *geol.* joint; join; *metall.* seam; ⊕ *piston*: packing; ⊕ ~ *à rotule* ball-and-socket joint; *mot.* ~ *de culasse* gasket; *sans* ~ seamless; F *trouver le* ~ find a way (to, *inf.*, *pour inf.*; of *ger.*, *de inf.*); **jointé, e** [ʒwɛ̃ˈte] jointed; pasterned (*horse*); **jointif, -ve** Δ [~ˈtif, ~ˈti:v] placed edge to edge; joined; **jointoyer** Δ [~twaˈje] (1h) *v/t.* point; grout; **jointure** [~ˈty:r] *f* ⊕, *anat.* joint; *fingers*: knuckle.

joli, e [ʒɔˈli] pretty; nice; **joliet, -ette** [~ˈljɛ, ~ˈljɛt] rather pretty; **joliment** [~liˈmɑ̃] *adv.* prettily; *fig.* well; F awfully; F pretty.

jonc ⚘ [ʒɔ̃] *m* rush; Malacca cane; *droit comme un* ~ straight as a die; **jonchaie** ⚘ [ʒɔ̃ˈʃɛ] *f* rush bed; cane-plantation; **joncher** [~ˈʃe] (1a) *v/t.* strew (with, *de*); *fig.* litter; **jonchère** [~ˈʃɛ:r] *f see jonchaie*.

jonction [ʒɔ̃kˈsjɔ̃] *f* junction (*a.* ⊕, *a.* 🚂); ⚡ connector; joining, meeting; ⚖ joinder.

jongler [ʒɔ̃ˈgle] (1a) *v/i.* juggle (*a. fig.*); **jonglerie** [~gləˈri] *f* juggling; *fig.* trick(ery); **jongleur** [~ˈglœ:r] *m* juggler; cheat, charlatan; † jongleur.

jonque ⚓ [ʒɔ̃:k] *f* junk.

jouable ♪, *thea.*, *etc.* [ʒwabl] playable; **jouiller** F [ʒwɑˈje] (1a) *v/i. cards*: play for love; ♪ *piano*: strum, *violin*: scrape.

joue [ʒu] *f* cheek; ~ *contre* ~ cheek by jowl; *mettre en* ~ take aim at.

jouer [ʒwe] (1p) *v/t.* play (*a.* ♪, *thea.*, *a game*, *cards*); back (*a horse*); stake, bet (*money*); pretend to be; imitate (*s.o.*); look like (*wool*); F fool (*s.o.*); *se* ~ *de* take (*s.th.*) in one's stride; make light of; *v/i.* play; gamble (on the Stock Exchange), speculate; ⊕ work, run well (*machine*); ⊕ have too much play; ~ *à* play (*a play*, *cards*, *football*, *at soldiers*, *etc.*); ~ *de* ♪ play (*an instrument*); *fig.* use, make use of; *à qui de* ~? *cards*: whose turn is it?; *faire* ~ set in motion, release; **jouet** [ʒwɛ] *m* toy; plaything (*a. fig.*); **joueur, -euse** [ʒwœ:r, ʒwø:z] **1.** *su.* player; gambler; ⚚ speculator, operator; ⚚ ~ *à la hausse* (*à la baisse*) bull (bear); **2.** *adj.* fond of playing *or* gambling.

joufflu, e [ʒuˈfly] chubby.

joug [ʒu] *m* yoke (*a.* ⊕); *balance*: beam.

jouir [ʒwi:r] (2a) *v/i.* enjoy o.s.; ~ *de* enjoy (*s.th.*); **jouissance** [ʒwiˈsɑ̃:s] *f* enjoyment; ⚚ fruition, right to interest *etc.*

joujou, *pl.* **-x** F [ʒuˈʒu] *m* toy, plaything; *faire* ~ *avec* play with.

jour [ʒu:r] *m* day(light); daytime; light (*a. fig.*); dawn, daybreak; opening, gap; *sewing*: open-work; *fig.* aspect; ~ *de fête* holiday; ~ *de l'an* New Year's Day; ~ *ouvrable* working-day; *à* ~ *sewing*: openwork ...; ⚚ posted, up to date; *au grand* ~ in broad daylight; *fig.* publicly; *au* ~ *le* ~ from day to day; *au point* (*or lever*) *du* ~ at daybreak; *de* ~ by day; *de nos* ~*s* nowadays; *donner le* ~ *à* give birth to; *du* ~ *au lendemain* overnight; at a moment's notice; ⚔ *être de* ~ be on duty for the day; *l'autre* ~ the other day; *fig. mettre au* ~ reveal, disclose; *par* ~ per *or* a *or* each day; *cuis. plat m du* ~ today's special dish; *petit* ~ morning twilight; *sous un nouveau* ~ in a new light; *tous les* (*deux*) ~*s* every (other) day; *un* ~ one day (*in the past*), some day (*in the future*); *un* ~ *ou l'autre* sooner or later; *vivre au* ~ *le* ~ live from hand to mouth; *see voir*.

journal [ʒurˈnal] *m* record, diary; journal (*a.* ⚚); ⚚ day-book; ⚓, ⊕ log-book; newspaper; ~ *financier* (*officiel*) financial (official) gazette; ~ *parlé radio*: news(-bulletin), *Am.* newscast; *le* ~ *du jour* today's paper; **journalier, -ère** [ʒurnaˈlje, ~ˈljɛ:r] **1.** *adj.* daily; variable (*character*); **2.** *su./m* day-labo(u)rer, journeyman; **journalisme** [~ˈlism] *m* journalism; **journaliste** [~ˈlist] *su.* journalist; reporter; ⚚ journalizer.

journée [ʒurˈne] *f* day; daytime; day's work *or* journey; *à la* ~ by

the day; *femme f de* ~ charwoman, F daily; **journellement** [~nɛl'mɑ̃] *adv.* daily, every day.
joute [ʒut] *f* contest; † joust, tilt; **jouter** [ʒu'te] (1a) *v/i.* fight; † joust, tilt.
jovial, e, *m/pl.* **-als, -aux** [ʒɔ'vjal, ~'vjo] jolly, jovial; good-natured; **jovialité** [~vjali'te] *f* joviality, jollity.
joyau [ʒwa'jo] *m* jewel (*a. fig.*).
joyeux, -euse [ʒwa'jø, ~'jø:z] merry, joyful, cheerful.
jubé ⚠, *eccl.* [ʒy'be] *m* rood-screen, rood-loft.
jubilaire [ʒybi'lɛ:r] jubilee-...; **jubilation** F [~la'sjɔ̃] *f* jubilation; **jubilé** [~'le] *m* jubilee; fiftieth anniversary; golden wedding; **jubiler** F [~'le] (1a) *v/i.* be delighted, rejoice; F gloat.
jucher [ʒy'ʃe] (1a) *vt/i.* perch (*bird, a. fig. person*); roost; **juchoir** [~'ʃwa:r] *m* perch, hen-roost.
judaïque [ʒyda'ik] Judaic (*law*); Jewish (*history*); **judaïser** [~i'ze] (1a) *v/i.* Judaize; **judaïsme** [~'ism] *m* Judaism.
Judas [ʒy'dɑ] *m* Judas (*a. fig.*); F traitor; ♀ spy-hole, Judas(-hole) (*in a door*).
judicature [ʒydika'ty:r] *f* judicature; judgeship; **judiciaire** [~'sjɛ:r] judicial, legal; *poursuites f/pl.* ~*s* legal proceedings; **judicieux, -euse** [~'sjø, ~'sjø:z] judicious, sensible; discerning; *peu* ~ injudicious; ill-advised.
judo *sp.* [ʒy'do] *m* judo.
juge [ʒy:ʒ] *m* judge (*a. fig.*); *sp.* umpire; ~ *d'instruction* examining magistrate; **jugement** [ʒyʒ'mɑ̃] *m* judgment; ⚖ *case*: trial; sentence (*on criminal*), *civil case*: award; *fig.* opinion; *fig.* discrimination, good sense; *eccl.* ~ *dernier* Last Judgment, doomsday (*a. fig.*); ⚖ ~ *par défaut* judgment by default; ⚖ *passer en* ~ stand trial; **jugeote** F [ʒy'ʒɔt] *f* common sense; **juger** [~'ʒe] (1l) *v/t.* judge; ⚖ *a.* pass sentence on; ⚖ try (for, *pour*); *fig.* think; ~ *à propos de* think it proper to; *mal* ~ misjudge (*s.o.*).
jugulaire [ʒygy'lɛ:r] **1.** *adj.* jugular; **2.** *su./f anat.* jugular (vein); *helmet etc.*: chin strap; **juguler** [~'le] (1a) *v/t.* † strangle; *fig.* nip (*s.th.*) in the bud; *fig.* check, stop; *fig.* stifle, put down; ⚕ jugulate.
juif, juive [ʒɥif, ʒɥi:v] **1.** *adj.* Jewish; **2.** *su./m eccl.* (*practising*) Jew; ♀ Jew; *petit* ~ funny bone; *su./f* ♀ Jewess.
juillet [ʒɥi'jɛ] *m* July.
juin [ʒɥɛ̃] *m* June.
juiverie [ʒɥi'vri] *f* Jewry; *coll. the* Jews *pl.*
Jules [ʒyl] *m sl.* man, guy; F boyfriend.
julienne [ʒy'ljɛn] *f cuis.* vegetable soup; ♀ rocket.
jumeau, -elle, *m/pl.* **-aux** [ʒy'mo, ~'mɛl, ~'mo] **1.** *adj.* twin; **2.** *su.* twin; *su./f*: ~*elles pl. opt.* binoculars; opera-glasses; ⊕ cheeks; *lathe-bed*: slide-bars; **jumelage** [ʒym'la:ʒ] *m* twinning (of towns); **jumelé, e** [~'le] twin; coupled.
jument [ʒy'mɑ̃] *f* mare.
jumping *sp.* [dʒœm'piŋ] *m* jumping.
jungle [ʒɔ̃:gl] *f* jungle.
jupe [ʒyp] *f* skirt; **jupe-culotte,** *pl.* **jupes-culottes** [~ky'lɔt] *f* culotte, divided skirt; **jupon** [ʒy'pɔ̃] *m* petticoat; slip, *Am.* half-slip; *Sc.* kilt; *fig.* women *pl.*; *courir le* ~ be a skirt-chaser, run after women.
juré, e [ʒy're] **1.** *adj.* sworn; **2.** *su./m* juror, juryman; ~*s pl.* jury; **jurement** [ʒyr'mɑ̃] *m* swearing, oath; **jurer** [ʒy're] (1a) *v/t.* swear; vow; *v/i.* curse; *fig.* clash (*colours*); **jureur** [~'rœ:r] *m* swearer.
juridiction [ʒyridik'sjɔ̃] *f* ⚖ jurisdiction; venue; *fig.* province; **juridique** ⚖ [~'dik] judicial; legal.
jurisconsulte ⚖ [ʒyriskɔ̃'sylt] *m* jurist; legal expert; **jurisprudence** ⚖ [~pry'dɑ̃:s] *f* jurisprudence; statute law; case-law; (*legal*) precedents *pl.*
juriste ⚖ [ʒy'rist] *m* jurist; legal writer.
juron [ʒy'rɔ̃] *m* oath, swear-word.
jury [ʒy'ri] *m* ⚖ jury; *univ. etc.* board of examiners; selection committee.
jus [ʒy] *m* juice; *cuis.* gravy; *sl.* coffee; ⚡ *sl.* juice (= *current*); *sl.* petrol, *Am.* gas; *sl.* elegance; *cuis. arroser de* ~ baste (*meat*); *mot. sl. donner du* ~ step on the gas.
jusant ⚓ [ʒy'zɑ̃] *m* ebb(-tide).
jusqu'au-boutisme *pol. etc.* [ʒysko-bu'tism] *m* extremism; **jusqu'au-boutiste** *pol. etc.* [~'tist] *su.* whole-

hogger; die-hard; **jusque** [ʒysk(ə)] *prp.* (*usu. jusqu'à*) until, till; as far as (to), up *or* down to; *jusqu'à ce que* (*sbj.*) until; *jusqu'au bout* to the (bitter) end; *jusqu'ici* thus *or* so far.

juste [ʒyst] **1.** *adj.* just, legitimate, fair; proper, fit; accurate; exact (*word*); tight (*fit*); right (*time, watch, word*); *~-milieu m* happy *or* golden mean; *au ~* exactly; **2.** *adv.* rightly; just; precisely; ♪ true; scarcely; *à 10 heures ~* at ten (o'clock) sharp; **justement** [ʒystəˈmɑ̃] rightly; just, precisely; **justesse** [~ˈtɛs] *f* exactness; accuracy; *de ~* just, barely, by a hair's breadth; **justice** [~ˈtis] *f* justice; equity; legal proceedings *pl.*; *aller en ~* go to law; *poursuivre en ~* take legal action against; *se faire ~* revenge o.s.; commit suicide; **justiciable** [~tiˈsjabl] *adj.*: *~ de* amenable to (*a. fig.*); open to (*criticism*); **justicier, -ère** [~tiˈsje, ~ˈsjɛːr] *adj.*, *a. su.* justiciary.

justificatif, -ve [ʒystifikaˈtif, ~ˈtiːv] **1.** *adj.* justificatory; *pièce f ~ve* = **2.** *su./m* supporting document; ⚜ voucher; **justification** [~fikaˈsjɔ̃] *f* justification; **justifier** [~ˈfje] (1o) *v/t.* justify, vindicate; *se ~* clear o.s.; *v/i.*: *~ de* give proof of.

jute *tex.* [ʒyt] *m* jute.

juteux, -euse [ʒyˈtø, ~ˈtøːz] **1.** *adj.* juicy; F *fig.* lucrative; **2.** *su./m* ⚔ *sl.* company sergeant-major.

juvénile [ʒyveˈnil] juvenile; youthful; **juvénilité** [~niliˈte] *f* youthfulness.

juxtaposer [ʒykstapoˈze] (1a) *v/t.* juxtapose, place side by side.

K

K, k [ka] *m* K, k.
kakatoès *orn.* [kakatɔ'ɛs] *m* cockatoo.
kaki *tex.* [ka'ki] *su./m, a. adj/inv.* khaki.
kangourou *zo.* [kɑ̃gu'ru] *m* kangaroo.
kaolin [kaɔ'lɛ̃] *m* china clay, kaolin.
karaté [kara'te] *m* karate.
képi [ke'pi] *m* peaked cap, kepi.
kermesse [~] *f* village fair; church bazaar.
kérosène [kerɔ'zɛn] *m* paraffin(-oil), *Am.* kerosene.
khâgne [kaɲ] *f see cagne.*
kibboutz [ki'buts] *m* kibbutz.
kidnapper [kidna'pe] (1a) *v/t.* kidnap; **kidnappeur** *m*, **-euse** *f* [~'pœ:r, ~'pø:z] kidnapper.
kif kif *sl.* [kif'kif] *adj./inv.* same; the same thing, much of a muchness.
kiki *sl.* [ki'ki] *m* throat, neck.
kilo... [kilɔ] kilo...; **~cycle** ⚡ [~'sikl] *m* kilocycle; **~(gramme)** [~('gram)] *m measure*: kilogram(me); **~métrage** [~me'tra:ʒ] *m* measuring *or* length in kilometres, mileage; **~mètre** [~'mɛtr] *m measure*: kilometre, *Am.* kilometer; **~métrer** [~me'tre] (1f) *v/t.* measure in kilometres; mark (*a road*) with kilometre stones; **~watt** ⚡ [~'wat] *m* kilowatt; *~-heure* kilowatt-hour.
kimono *cost.* [kimɔ'no] *m* kimono; *manche f* ~ Magyar sleeve.
kinésithérapeute [kinezitera'pø:t] *su.* physiotherapist; **kinésithérapie** [~'pi] *f* physiotherapy.
kiosque [kjɔsk] *m* kiosk; *band*: stand; *flower*, *newspaper*: stall; ⚓ house; ⚓ *submarine*: conning tower.
kirsch [kirʃ] *m* kirsch(wasser).
kitchenette [kitʃə'nɛt] *f* kitchenette.
klaxon *mot. etc.* [klak'sɔ̃] *m* horn, hooter, klaxon; **klaxonner** [~sɔ'ne] (1a) *v/i.* hoot, sound the horn; *v/t.* hoot at.
kleptomane [klɛptɔ'man] *adj., a. su.* kleptomaniac; **kleptomanie** [~ma'ni] *f* kleptomania.
knock-out *box.* [nɔ'kaut] **1.** *su./m/inv.* knock-out; **2.** *adj./inv.*: *mettre q.* ~ knock s.o. out.
krach ✝ [krak] *m* crash.
kyrielle F [ki'rjɛl] *f* rigmarole; long list (of, *de*).
kyste ⚕ [kist] *m* cyst.

L

L, l [ɛl] *m* L, l.
la¹ [la] *see le.*
la² ♪ [~] *m/inv.* la, *note*: A; *donner le* ~ give the pitch.
là [la] *adv. place*: there; *time*: then; ~ *où* where; *ce livre-*~ that book; *c'est* ~ *que* that is where; *de* ~ hence; **~-bas** [~ˈbɑ] *adv.* over there.
labeur [laˈbœːr] *m* labo(u)r, toil; *typ.* bookwork.
labial, e, *m/pl.* **-aux** [laˈbjal, ~ˈbjo] *adj., a. su./f* labial (*a. gramm.*).
labile [laˈbil] ⚘, ⚗ labile; *fig.* unstable; *fig.* untrustworthy (*memory*).
laborantine [laborɑ̃ˈtin] *f* female laboratory assistant; **laboratoire** [~raˈtwaːr] *m* ⚗ laboratory; *metall. furnace*: hearth; ~ *de langues* language laboratory; ~ *spatial* space lab;
laborieux, -euse [~ˈrjø, ~ˈrjøːz] laborious, hardworking; working (*classes*).
labour [laˈbuːr] *m* ploughing, tillage; ~*s pl.* ploughed land *sg.*; *cheval m de* ~ plough-horse; **labourable** [labuˈrabl] arable; plough-...; **labourage** [~ˈraːʒ] *m* ploughing, tilling; **labourer** [~ˈre] (1a) *v/t.* plough, till; *fig.* furrow, gash, slash (into), dig into; *fig.* lacerate; **laboureur** [~ˈrœːr] *m* ploughman; farm-hand.
labyrinthe [labiˈrɛ̃ːt] *m* labyrinth (*a. anat.*); maze.
lac [lak] *m* lake; F *dans le* ~ in a fix, in the soup.
laçage [laˈsaːʒ] *m* lacing (up); **lacer** [~ˈse] (1k) *v/t.* lace (up); ⚓ belay (*a rope*).
lacérer [laseˈre] (1f) lacerate; tear; slash.
lacet [laˈsɛ] *m* (*shoe- etc.*) lace; *hunt.* noose, snare (*a. fig.*); *road*: hairpin bend; *en* ~*s* winding (*road*).
lâchage [lɑˈʃaːʒ] *m* release; F *friends*: dropping; **lâche** [lɑːʃ] **1.** *adj.* loose, slack; lax (*discipline, style*); cowardly; **2.** *su./m* coward; **lâcher** [lɑˈʃe] (1a) *v/t.* release (*a. mot.*), loosen, slacken; let go of; *fig.* give up, *a. friend*: drop; let out (*a curse, an oath, a secret*); ⊕ blow off (*steam*); *fig.* ~ *pied* give way; *v/i.* become loose; give way; snap (*rope etc.*); *sp.* F give up; **lâcheté** [lɑʃˈte] *f* cowardice; **lâcheur** *m*, **-euse** *f* F [lɑˈʃœːr, ~ˈʃøːz] fickle person; quitter.
lacis ⚔, *anat., etc.* [laˈsi] *m* network.
laconique [lakoˈnik] laconic.
lacrymal, e, *m/pl.* **-aux** [lakriˈmal, ~ˈmo] tear-...; **lacrymogène** [~moˈʒɛn] tear-exciting; *gaz m* ~ tear-gas.
lacs [lɑ] *m* noose, snare; *fig.* trap.
lacté, e [lakˈte] milky; milk-(*diet, fever*); *anat.* lacteal; *voie f* ~*e* Milky Way, Galaxy; **lactose** ⚗ [~ˈtoːz] *f* lactose, milk-sugar.
lacune [laˈkyn] *f* gap, blank.
lacustre [laˈkystr] lacustrine (*a. zo.*); *cité f* ~ lake-dwelling.
lad *sp.* [lad] *m* stable-boy.
là-dessous [latˈsu] *adv.* underneath, under there; **là-dessus** [~ˈsy] *adv.* thereupon (*place, a. time*); on that.
ladite [laˈdit] *see ledit.*
ladre [lɑːdr] **1.** *adj.* stingy, mean; **2.** *su./m* skinflint, miser; **ladrerie** [lɑdrəˈri] *f* stinginess, meanness.
lai, e [lɛ] **1.** *adj. eccl.* lay-...; **2.** *su./m eccl.* layman; lay; **laïc, -ïque** [laˈik] *adj., a. su. see laïque*; **laïcisation** [laisizaˈsjɔ̃] *f* secularisation; **laïciser** [~ˈze] (1a) *v/t.* secularize; **laïcité** [~ˈte] *f* secularity, undenominationalism.
laid, e [lɛ, lɛːd] ugly; plain (*face*); *Am.* homely; mean (*deed*); **laideron** F [lɛˈdrɔ̃] *mf* plain woman *or* girl; **laideur** [~ˈdœːr] *f* ugliness; *face*: plainness, *Am.* homeliness.
laie¹ [lɛ] *f* wild sow.
laie² [~] *f* ride; forest-path.
lainage [lɛˈnaːʒ] *m* fleece; woollen article; *tex.* teaseling; ✝ ~*s pl.* woollens, woollen goods; **laine** [lɛn] *f* wool; *carpet*: pile; ~ *artificielle* artificial wool; ~ *peignée* worsted; **lainer** *tex.* [lɛˈne] (1b) *v/t.* teasle, nap; **laineux, -euse** [~ˈnø, ~ˈnøːz] fleecy; woolly (*hair, sheep, a.* ⚘); **lainier, -ère** [~ˈnje, ~ˈnjɛːr]

1. *adj.* wool(len); **2.** *su.* manufacturer of woollens.
laïque [la'ik] **1.** *adj.* secular; undenominational (*school*); **2.** *su./m* layman; ~*s pl.* laity; *su./f* laywoman.
laisse [lɛs] *f* leash, lead; *fig. tenir q. en ~* keep s.o. in leading-strings.
laissé(e)-pour-compte, *pl.* **laissé(e)s-pour-compte** **1.** *adj.* ☩ returned; unsold; *a. fig.* rejected; **2.** *su.* ☩ returned *or* unsold article; *a. fig.* reject.
laisser [lɛ'se] (1b) *v/t.* leave; let, allow, permit; abandon, quit; ~ *là q.* leave s.o. in the lurch; ~ *là qch.* give s.th. up; *v/i.*: ~ *à désirer* leave much to be desired; ~ *à penser* give food for thought; **~-aller** [lɛsea'le] *m/inv.* unconstraint; carelessness; **~-faire** *pol. etc.* [~'fɛ:r] *m* inaction, non-interference; **laissez-passer** [~pɑ'se] *m/inv.* pass, permit.
lait [lɛ] *m* milk; ~ *de chaux* whitewash; ~ *en poudre* powdered milk; *cochon m de ~* sucking-pig; **laitage** [lɛ'ta:ʒ] *m* dairy products *pl.*; **laitance** [~'tɑ̃:s] *f*, **laite** [lɛt] *f* milt; soft roe; **laité, e** [lɛ'te] soft-roed; **laiterie** [~'tri] *f* dairy; dairy-farming; **laiteux, -euse** [~'tø, ~'tø:z] milky; ⚕ lacteal, milk-...; **laitier, -ère** [~'tje, ~'tjɛ:r] **1.** *adj.* milk-...; dairy-...; **2.** *su./m* milk-man; ⊕ slag; *su./f* milk-woman; milkmaid; dairymaid; milk-cart.
laiton [lɛ'tɔ̃] *m* (yellow) brass.
laitue ⚘ [lɛ'ty] *f* lettuce; ~ *pommée* cabbage-lettuce.
laïus F [la'jys] *m* speech.
lama[1] [la'ma] *m Buddhism*: lama.
lama[2] *zo.* [~] *m* llama.
lambeau [lɑ̃'bo] *m* shred, bit, scrap; rag.
lambin, e F [lɑ̃'bɛ̃, ~'bin] **1.** *adj.* dawdling, slow; **2.** *su.* dawdler; **lambiner** F [~bi'ne] (1a) *v/i.* dawdle.
lambrequin [lɑ̃brə'kɛ̃] *m* valance, pelmet.
lambris △ [lɑ̃'bri] *m wood*: wainscoting, panelling; *marble, stone*: wall-lining; **lambrissage** △ [lɑ̃bri'sa:ʒ] *m* wainscoting, panelling; *room*: lining; **lambrisser** △ [~'se] (1a) *v/t.* wainscot, panel; line (*a room*); plaster (*attic walls*).
lame [lam] *f metal*: thin plate, strip; *sword, razor,* ⚘ *leaf, etc.*: blade; ⚡ *accumulator etc.*: plate; ⚓ wave; *feather*: vane; *blind*: slat; (*metallic*) foil; **lamelle** [la'mɛl] *f* lamella; scale, flake; *metal*: thin sheet; *blind*: slat; ~*s pl. à parquet* steel shavings; **lamelleux, -euse** [~mɛ'lø, ~'lø:z] fissile, F flaky; lamellate(d) (*fungus etc.*).
lamentable [lamɑ̃'tabl] deplorable, lamentable; grievous (*error*); pitiful; full of woe (*voice*); **lamentation** [~ta'sjɔ̃] *f* lamentation; **lamenter** [~'te] (1a) *v/t.*: *se* ~ lament, deplore (s.th., *de qch.*).
lamette [la'mɛt] *f metal*: small plate; small blade.
laminer [lami'ne] (1a) *v/t.* ⊕ laminate, roll (*metal*); calender (*paper*); throttle (*steam*); *fig.* reduce, cut down, curtail; **laminoir** ⊕ [~'nwa:r] *m* rolling mill; *fig. passer au ~* put (*s.o.*) *or* go through the mill.
lampadaire [lɑ̃pa'dɛ:r] *m street*: street lamp *or* light; *room*: standard lamp, *Am.* floor lamp; lamp post.
lampe [lɑ̃:p] *f* lamp; *radio*: valve; *telev.* tube; ~ *à arc* arc-light; ~ *amplificatrice radio*: amplifying valve; ⊕ ~ *à souder* blowlamp, blowtorch; ~ *de chevet* bedside lamp; ⚒ ~ *de mineur* safety-lamp; ~ *de poche* flash-lamp, electric torch; ~ *témoin* pilot-lamp; ~ *triode* three-electrode lamp.
lampée [lɑ̃'pe] *f water etc.*: draught, *Am.* draft; *d'une seule ~* at one gulp; **lamper** [~] (1a) *v/t.* gulp down, F swig (*a drink*).
lampion [lɑ̃'pjɔ̃] *m decorations*: fairy-light; Chinese lantern; **lampiste** [~'pist] *m* lamp-maker; lamp-lighter; F underling.
lamproie *icht.* [lɑ̃'prwa] *f* lamprey.
lampyre *zo.* [lɑ̃'pi:r] *m* fire-fly, glow-worm.
lance [lɑ̃:s] *f* spear; lance; *waterhose*: nozzle; *railing*: spike; ~ *d'incendie* fire hose; ⊕ ~ *hydraulique* monitor; *fig. rompre une ~* (*or des ~s*) *avec* cross swords with (*s.o.*); **lancée** [lɑ̃'se] *f* momentum; *continuer sur sa ~* keep up the momentum (*a. fig.*); keep up, be (still) going strong.
lance...: **~-eau** [lɑ̃'so] *m/inv.* water cannon; **~-flammes** ⚔ [lɑ̃s'flɑ:m] *m/inv.* flame-thrower; **~-grenades** ⚔ [~grə'nad] *m/inv.* grenade-thrower; **lancement** [~'mɑ̃] *m* throwing; *Am. baseball*: pitch; ⚓ launching (*a. rocket, a. fig.*); *bomb*:

releasing; *propeller*: swinging; ✝ floating; **lancer** [lɑ̃'se] **1.** (1k) *v/t.* throw, fling, hurl; *Am. baseball*: pitch (*a ball*); launch (⚓, ✝ *an article, a rocket, fig. an attack, a. fig. a person*); ⚓ fire (*a torpedo*); utter (*an oath*); emit (*smoke, steam*); set (*a dog on s.o.*); ⚡ switch on; *mot.* start; ✈ swing (*the propeller*); ✝ float (*a company*); *fig.* crack (*a joke*); se ~ rush, dash, dart; *fig.* se ~ *dans* go *or* launch (out) into; **2.** *su./m sp.* throw; **lance-torpilles** ⚓ [lɑ̃stɔr'piːj] *m/inv.* torpedo tube.
lancette ⚕, ⚠ [lɑ̃'sɛt] *f* lancet.
lanceur *m*, **-euse** *f* [lɑ̃'sœːr, ~'søːz] thrower; *cricket*: bowler; *Am. sp. baseball*: pitcher; ✝ promoter, floater; *fig.* initiator; **lancier** ⚔ [~'sje] *m* lancer.
lancinant, e [lɑ̃si'nɑ̃, ~'nɑ̃ːt] shooting, throbbing (*pain*).
landau, *pl.* **-s** [lɑ̃'do] *m* pram, *Am.* baby carriage; landau.
lande [lɑ̃ːd] *f* heath, moor.
langage [lɑ̃'gaːʒ] *m* language; speech; ~ *chiffré* coded text.
lange [lɑ̃ːʒ] *m* baby's napkin; ~*s pl.* swaddling-clothes (*a. fig.*).
langoureux, -euse [lɑ̃gu'rø, ~'røːz] languid, languishing.
langouste *zo.* [lɑ̃'gust] *f* lobster; F crayfish.
langue [lɑ̃ːg] *f* tongue; language; ~ *d'arrivée* target language; ~ *de départ* source language; ~ *maternelle* native language, mother tongue; ~ *verte* slang; *avoir la* ~ *bien pendue* have a glib tongue; *de* ~ *anglaise* English-speaking (*country*); *donner sa* ~ *aux chats* give up (*a riddle etc.*); *ne pas avoir sa* ~ *dans sa poche* have a quick *or* ready tongue; **languette** [lɑ̃'gɛt] *f metal, wood*: small tongue; strip; *shoe*, ⊕ *joint*, *a.* ♪: tongue; ⊕ feather; *balance*: pointer.
langueur [lɑ̃'gœːr] *f* languor; listlessness.
languir [lɑ̃'giːr] (2a) *v/i.* languish, pine; *thea.* drag; *fig.*, ✝ be dull; **languissant, e** [~gi'sɑ̃, ~'sɑ̃ːt] languid, listless; languishing (*look etc.*); ✝ dull.
lanière [la'njɛːr] *f* thong, lash.
lansquenet [lɑ̃skə'nɛ] *m* lansquenet (*a. card game*).
lanterne [lɑ̃'tɛrn] *f* lantern; *opt.* ~ *à projections* slide projector; ~ *rouge* rear light; *fig.* tail-ender; ~ *vénitienne* Chinese lantern; **lanterneau** [lɑ̃tɛr'no] *m* ⚠ *staircase*: skylight; 🚃 *Am.* monitor roof; **lanterner** F [~'ne] (1a) *v/i.* dawdle; *v/t.* put (*s.o.*) off; pester (*s.o.*); **lanternier** [~'nje] *m* lantern-maker; lamp-lighter.
lanugineux, -euse ⚘ [lanyʒi'nø, ~'nøːz] downy.
lapalissade [lapali'sad] *f* truism, glimpse of the obvious.
laper [la'pe] (1a) *v/t.* lap.
lapereau [la'pro] *m* young rabbit.
lapidaire [lapi'dɛːr] *adj., a. su./m* lapidary; **lapidation** [~da'sjɔ̃] *f* stoning; **lapider** [~'de] (1a) *v/t.* stone to death; F throw stones at; *fig.* hurl (*abuse etc.*); **lapidifier** [~di'fje] (1o) *v/t.* petrify.
lapin, e [la'pɛ̃, ~'pin] *su./m* rabbit; F chap; ~ *de choux* (*or domestique*) tame rabbit; ~ *de garenne* wild rabbit; ~ *mâle* buck rabbit; ✝ *peau f de* ~ cony; F *poser un* ~ *à q.* fail to turn up; *su./f* doe; **lapinière** [~pi'njɛːr] *f* rabbit-hutch; rabbit-warren.
lapis(-lazuli) [la'pis, ~pislazy'li] *m min.* lapis lazuli; *colour*: bright blue.
lapon, -onne [la'pɔ̃, ~'pɔn] **1.** *adj.* Lapp(ish); **2.** *su./m ling.* Lapp(ish); *su.* ♀ Laplander, Lapp.
laps [laps] *m*: ~ *de temps* lapse *or* space of time; **lapsus** [la'psys] *m pen, tongue*: slip; *memory*: lapse.
laque [lak] *su./f* lac; *paint.* lake; hair spray; *su./m* lacquer; **laquer** [la'ke] (1m) *v/t.* lacquer, japan.
laquelle [la'kɛl] *see lequel.*
larbin F [lar'bɛ̃] *m* flunkey.
larcin ⚖ [lar'sɛ̃] *m* larceny; pilfering.
lard [laːr] *m* bacon; back-fat; F *faire du* ~ grow stout; **larder** [lar'de] (1a) *v/t. cuis.* (inter)lard (*a. fig.*); *fig.* assail (with, *de*); **lardoire** [~'dwaːr] *f cuis.* larding-pin; ⚠ *pile*: shoe; **lardon** [~'dɔ̃] *m cuis.* piece of larding bacon; *fig.* cutting remark, jibe; F kid, baby; **lardonner** [~dɔ'ne] (1a) *v/t. cuis.* cut (*bacon*) into strips; *fig.* taunt.
large [larʒ] **1.** *adj.* broad; wide; big, ample; loose-fitting (*suit etc.*); **2.** *adv.* broadly; **3.** *su./m* breadth, width; room, space; ⚓ open sea; offing; *au* ~! keep away!; **largesse** [lar'ʒɛs] *f* liberality; bounty, lar-

gesse; **largeur** [~'ʒœːr] *f* breadth, width; ⚠ *arch*: span; ~ *d'esprit* broadness of mind.
largue ⚓ [larg] slack (*rope*); free, large (*wind*); **larguer** [lar'ge] (1m) *v/t.* ⚓ let go *or* cast off (*a rope*); unfurl (*a sail*); ✈ release (*bombs*); drop (*a. fig.*); F *fig.* chuck up (*one's job etc.*), chuck (out) (*principles etc.*).
larme [larm] *f* tear; teardrop; *fig.* drop; *fig.* ~*s pl. de crocodile* crocodile tears; **larmier** [lar'mje] *m* ⚠ dripstone; *anat. eye*: corner; **larmoyant, e** [larmwa'jɑ̃, ~'jɑ̃ːt] weeping; tearful; *pej.* maudlin; **larmoyer** [~'je] (1h) *v/i. fig. pej.* weep.
larron [la'rɔ̃] *m* † thief; *s'entendre comme* ~*s en foire* be as thick as thieves.
larve *biol.* [larv] *f* larva, grub.
laryngite ⚕ [larɛ̃'ʒit] *f* laryngitis; **laryngoscope** ⚕ [~gɔs'kɔp] *m* laryngoscope; **laryngotomie** ⚕ [~gɔtɔ'mi] *f* laryngotomy; **larynx** *anat.* [la'rɛ̃ːks] *m* larynx.
las, lasse [lɑ, lɑːs] tired, weary.
lascar [las'kaːr] *m* lascar; F (smart) fellow.
lascif, -ve [la'sif, ~'siːv] lascivious, lewd; **lasciveté** [~siv'te] *f* lasciviousness, lewdness.
lasser [lɑ'se] (1a) *v/t.* tire; *fig.* exhaust; *se* ~ grow weary (of, *de*); **lassitude** [~si'tyd] *f* weariness, lassitude.
latent, e [la'tɑ̃, ~'tɑ̃ːt] ⚕, *phys.*, *phot.*, *etc.* latent; *fig.* concealed.
latéral, e, *m/pl.* **-aux** [late'ral, ~'ro] lateral; side-...
latin, e [la'tɛ̃, ~'tin] **1.** *adj.* Latin; ⚓ lateen (*sail*); *les nations f/pl.* ~*es* the Latin peoples; **2.** *su./m ling.* Latin.
latitude [lati'tyd] *f geog.*, *fig.* latitude; *fig.* freedom; *geog. par 10° de* ~ *Sud* in latitude 10° South.
latrines [la'trin] *f/pl.* latrines.
latte [lat] *f* lath; *floor*: board; **latter** [la'te] (1a) *v/t.* lath; ⊕ lag; **lattis** [~'ti] *m* lathwork.
laudanum [loda'nɔm] *m* laudanum.
laudatif, -ve [loda'tif, ~'tiːv] laudatory.
lauréat, e [lɔre'a, ~'at] **1.** *adj.* laureate; **2.** *su.* laureate, prize-winner.
laurier ⚘, *a. fig.* [lɔ'rje] *m* laurel; ~**-rose** *pl.* ~**s-roses** ⚘ [~rje'roːz] *m* common oleander.
lavable [la'vabl] washable; ~ *en machine* machine-washable; **lavabo** [~va'bo] *m* wash-stand; lavatory; ⚒ baths *pl.*; **lavage** [~'vaːʒ] *m* washing; *pol.* ~ *de cerveau* brain-washing; *terre f de* ~ alluvium; *faire* (*subir*) *un* ~ *de cerveau à q.* brainwash s.o.
lavande ⚘ [la'vɑ̃ːd] *f* lavender.
lavandière [lavɑ̃'djɛːr] *f* washerwoman; laundress; **lavasse** F [~'vas] *f* watery soup; slops *pl.*, dishwater, hog-wash.
lave *geol.* [laːv] *f* lava.
lave-glace, *pl.* **lave-glaces** [lav'glas] *m* windscreen (*Am.* windshield) washer; **lave-mains** [~'mɛ̃] *m/inv.* hand-basin; **lavement** [~'mɑ̃] *m eccl.* washing; ⚕ enema; **laver** [la've] (1a) *v/t.* wash; scrub (*a.* 🜍, ⊕); bathe (*a wound*); *fig.* clear; F ~ *la tête à* tell (*s.o.*) off, *Am.* call (*s.o.*) down; **laverie** [lav'ri] *f* launderette; **lavette** [~'vɛt] *f* dish-mop; dishcloth; **laveur, -euse** [~'vœːr, ~'vøːz] *su. person*: washer, ⊕, 🜍 *gas*: scrubber; *su./m* ⊕ scrubber; *su./f* washing-machine; **lave-vaisselle** [lavvɛ'sel] *m/inv.* dish washer; **lavis** *paint.* [la'vi] *m* washing; wash-tint; wash-drawing; **lavoir** [~'vwaːr] *m* wash-house, ⚒ washing-plant; ~ *de cuisine* scullery; **lavure** [~'vyːr] *f* (*a.* ~ *de vaisselle*) dishwater.
laxatif, -ve ⚕ [laksa'tif, ~'tiːv] *adj.*, *a. su./m* laxative, aperient; **laxisme** [la'ksism] *m* laxity, laxness; **laxité** [laksi'te] *f* laxity.
layette [lɛ'jɛt] *f* packing-case; (*baby's*) layette, baby-linen.
lazaret ⚓ [laza'rɛ] *m* lazaret(to) (*a.* = *quarantine station*).
lazulite *min.* [lazy'lit] *f see lapis* (*-lazuli*).
le *m*, **la** *f*, **les** *pl.* [lə, la, le] **1.** *art./def.* the; **2.** *pron./pers.* him, her, it; *pl.* them.
lé [le] *m tex.* width, breadth; ⚓ tow-path.
leader *pol.*, *journ.*, *sp.* [li'dœːr] *m* leader.
lèche [lɛʃ] *f* F *bread etc.*: thin slice; *sl. faire de la* ~ *à* suck up to; ~**-cul** V [~'ky] *m/inv.* arse-crawler; ~**frite** [~'frit] *f* dripping-pan.
lécher [le'ʃe] (1f) *v/t.* lick; *fig.* over-polish, elaborate (*one's style*); **lécheur** *m*, **-euse** *f* [~'ʃœːr, ~'ʃøːz] † gourmand; *pej.* toady; **lèche-vitrines** F [lɛʃvi'trin] *m/inv.* window-

shopping; *faire du* ~ go window-shopping, window-shop.
leçon [lə'sɔ̃] *f* reading; *school, a. fig.*: lesson; *univ.* lecture; ~ *particulière* private lesson.
lecteur *m*, **-trice** [lɛk'tœ:r, ~'tris] reader; *univ.* foreign assistant; *typ.* proof-reader; **lecture** [~'ty:r] *f* reading (*a. parl., a.* ⊕); reading matter; *avoir de la* ~ be well read; *faire la* ~ *à q.* read to s.o.
ledit *m*, **ladite** *f*, **lesdits** *m/pl.*, **lesdites** *f/pl.* [lə'di, la'dit, le'di, le'dit] *adj.* the aforesaid, the above-mentioned, the said ...
légal, e *m/pl.* **-aux** [le'gal, ~'go] legal; forensic (*medicine*); *monnaie f* ~*e* legal tender; **légaliser** [legali'ze] (1a) *v/t.* legalize; attest, certify (*a declaration, a signature*); **légalité** [~'te] *f* legality, lawfulness.
légat *hist., a. eccl.* [le'ga] *m* legate; **légataire** ⚖ [lega'tɛ:r] *su.* legatee; heir; ~ *universel* residuary legatee; **légation** *eccl., pol.* [~'sjɔ̃] *f* legation.
légendaire [leʒɑ̃'dɛ:r] **1.** *adj.* legendary; F epic (*struggle, fight*); **2.** *su./m* legendary; **légende** [~'ʒɑ̃:d] *f* legend (*a. coins, illustrations, etc.*); *typ.* caption; *diagram, map, etc.*: key.
léger, -ère [le'ʒe, ~'ʒɛ:r] light (*a. wine*); slight (*error, pain*); weak (*tea, coffee*); mild (*beer, tobacco*); *fig.* flighty (*conduct, woman*); *fig.* frivolous; free (*talk*); *à la légère* lightly; unthinkingly, too hastily; *prendre à la légère a.* make light of; **légèreté** [leʒɛr'te] *f* lightness *etc., see léger.*
légion [le'ʒjɔ̃] *f* ⚔ *etc.* legion; *fig.* host; ~ *d'Honneur* Legion of Hono(u)r; ⚔ ~ *étrangère* Foreign Legion; **légionnaire** [~ʒjɔ'nɛ:r] *m hist.* legionary; ⚔ soldier of the Foreign Legion; member of the Legion of Hono(u)r.
législateur *m*, **-trice** *f* [leʒisla'tœ:r, ~'tris] legislator; **législatif, -ve** [~'tif, ~'ti:v] legislative; **législation** [~'sjɔ̃] *f* legislation; law; **législature** [~'ty:r] *f* legislature; period of office of a legislative body; **légiste** [le'ʒist] **1.** *su./m* legist, jurist; **2.** *adj.*: *médecin m* ~ medical expert.
légitimation [leʒitima'sjɔ̃] *f child*: legitimation; official recognition; **légitime** [~'tim] **1.** *adj.* legitimate, lawful; *fig.* justifiable; sound (*inference*); ~ *défense f* self-defence; **2.** *su./f* ⚖ child's portion; *sl.* wife; **légitimer** [~ti'me] (1a) *v/t.* legitimate; *fig.* justify; *admin. etc.* recognize; **légitimité** [~timi'te] *f* legitimacy; lawfulness.
legs [lɛ] *m* legacy; bequest; **léguer** [le'ge] (1s) *v/t.* bequeath (*a. fig.*), leave.
légume [le'gym] *m* vegetable; ⚘ pod; **légumier, -ère** [legy'mje, ~'mjɛ:r] **1.** *adj.* vegetable...; **2.** *su./m* vegetable dish; **légumineux, -euse** ⚘ [~mi'nø, ~'nø:z] **1.** *adj.* leguminous; **2.** *su./f* leguminous plant.
lendemain [lɑ̃d'mɛ̃] *m* next day, day after; *fig.* morrow; *fig.* future; *fig.* consequences; *le* ~ *matin* the next morning; *fig. sans* ~ short-lived.
lénifier ⚕ [leni'fje] (1o) *v/t.* soothe, assuage, alleviate; **lénitif, -ve** ⚕ [~'tif, ~'ti:v] **1.** *adj.* lenitive; soothing; **2.** *su./m* lenitive.
lent, lente [lɑ̃, lɑ̃:t] slow; slow-burning (*powder*).
lente [lɑ̃:t] *f louse*: nit.
lenteur [lɑ̃'tœ:r] *f* slowness; ~*s pl.* slowness *sg.*; dilatoriness *sg.*
lentille [lɑ̃'ti:j] *f* ⚘ lentil; *opt.* lens; ⊕, *clock pendulum*: bob, ball; ~*s pl. face*: freckles, spots; *opt.* ~*s pl. cornéennes* contact lenses.
léonin, e [leɔ'nɛ̃, ~'nin] leonine; *fig. part f* ~*e* lion's share; **léopard** *zo.* [~'pa:r] *m* leopard.
lépidoptères [lepidɔp'tɛ:r] *m/pl.* lepidoptera.
lèpre ⚕ [lɛpr] *f* leprosy (*a. fig.*); **lépreux, -euse** ⚕ [le'prø, ~'prø:z] **1.** *adj.* leprous; **2.** *su.* leper; **léproserie** ⚕ [~prɔz'ri] *f* leper-hospital.
lequel *m*, **laquelle** *f*, **lesquels** *m/pl.*, **lesquelles** *f/pl.* [lə'kɛl, la'kɛl, le'kɛl] **1.** *pron./rel.* who, whom, which; **2.** *pron./interr.* which (one)?; **3.** *adj.* which.
lérot *zo.* [le'ro] *m* garden dormouse, leriot.
les [le] *see le.*
lès [le] *prp.* near ... (*only in place names*).
lesbienne [lɛs'bjɛn] *f* lesbian.
lèse-majesté ⚖ [lɛzmaʒɛs'te] *f* high treason, lese-majesty; **léser** [le'ze] (1f) *v/t.* wrong (*s.o.*); injure (*a. fig. s.o.'s pride*); *fig.* damage.

lésine [le'zin] *f* stinginess; **lésiner** [~zi'ne] (1a) *v/i.* be stingy; ~ *sur* haggle over; **lésinerie** [~zin'ri] *f* stinginess.
lésion [le'zjɔ̃] *f* injury (*a.* ⚖); ⚕ lesion.
lessivage [lɛsi'va:ʒ] *m* washing; ⊕ *boiler*: cleaning; ⊕, ⚒ leaching; **lessive** [~'si:v] *f* wash(ing); ✝ washing powder; *faire la* ~ do the laundry; *jour m de* ~ washing-day; **lessivé, e** F [lesi've] washed out, all in; **lessiver** [~] (1a) *v/t.* wash, scrub (*the floor*); ⊕ clean (*a boiler*); ⊕, ⚒ leach; *sl.* clean (*s.o.*) out.
lest ⚓ [lɛst] *m* ballast.
leste [~] light, nimble, agile; *fig.* unscrupulous; *fig.* broad (*humour*).
lester [lɛs'te] (1a) *v/t.* ballast; weight (*a net*).
léthargie [letar'ʒi] *f* lethargy; **léthargique** [~'ʒik] lethargic.
letton, -onne [lɛ'tɔ̃, ~'tɔn] **1.** *adj.* Lettonian; *geog.* Latvian; **2.** *su./m ling.* Lettish; *su.* ♀ Lett.
lettre [lɛtr] *f* letter; ~*s pl.* literature *sg.*, letters; ⚖ ~*s pl. de procuration* letters of procuratory; ~*s pl. patentes* letters patent; ~ *chargée* (*or recommandée*) *post*: registered letter; *hist.* ~ *de cachet* order under the king's private seal; ✝ ~ *de change* bill of exchange; ~ *de commerce* business letter; *pol.* ~ *de créance* credentials *pl.*; ~ *de crédit* letter of credit; ~ *de faire-part* notice (*of wedding etc.*); ~ *de voiture* way-bill, consignment note; *à la* ~, *au pied de la* ~ literally; *en toutes* ~*s* in full; *homme m* (*femme m*) *de* ~*s* man (woman) of letters; *lever les* ~*s post*: collect the post; F *passer comme une* ~ *à la poste* go off smoothly; go through easily; **lettré, e** [lɛ'tre] well-read, literate.
leu [lø] *m*: *à la queue* ~ in single file.
leur [lœ:r] **1.** *adj./poss.* their; **2.** *pron./pers.* them; (to) them; **3.** *pron./poss.*: *le* (*la*) ~, *les* ~*s pl.* theirs, their own; **4.** *su./m* theirs, their own; *les* ~*s pl.* their (own) people.
leurre [lœ:r] *m fish, a. fig.*: bait; *fig.* illusion, deception; **leurrer** [lœ're] (1a) *v/t.* bait (*a fish*); decoy; allure; *fig.* deceive, delude, take in; *se* ~ delude o.s.
levage [lə'va:ʒ] *m* hoisting, raising; *dough*: rising; *appareil m de* ~ hoist.
levain [lə'vɛ̃] *m* yeast; leaven (*a.fig.*).
levant [lə'vɑ̃] *m* east; **levantin, e** [~vɑ̃'tɛ̃, ~'tin] *adj., a. su.* ♀ Levantine.
levé [lə've] *m* ♪ up beat; *surv.* survey; **levée** [~'ve] *f thing*, ⚔ *siege*: raising; *thing, ban, embargo*: lifting; *meeting*: closing; ⚖ *court*: rising; ⚔ levy(ing); embankment, causeway; *post*: collection; ⚔ *camp*: striking; ⚓ *anchor*: weighing, *sea*: swell; removal; ⊕ *piston*: travel, *cam, valve*: lift, cam, cog; *cards*: trick; **lever** [~'ve] **1.** (1d) *v/t.* lift; raise (*a.* ⚔); adjourn, close (*a meeting*); levy (⚔, *a. taxes*); shrug (*one's shoulders*); *post*: collect; *post*: clear (*a letter-box*); ⚔ *etc.* strike (*a. camp*); ⚓ weigh (*anchor*); remove (*a bandage, a difficulty, a doubt*); *cards*: pick up (*a trick*); *se* ~ rise, stand up; clear (*weather*); *v/i.* ⚘ shoot; rise (*dough*); **2.** *su./m person, thing, sum*: rising; *thea. curtain*: rise; (*royal*) levee; *surv.* surveying; **lève-tard** [lɛv'ta:r] *su./inv.* late riser; **lève-tôt** [lɛv'to] *su./inv.* early riser.
levier [lə'vje] *m* lever; *mot.* ~ *du changement de vitesse* gear lever.
levraut [lə'vro] *m* leveret, young hare.
lèvre [lɛ:vr] *f* lip (*a.* ⚘); *crater*: rim; *geol. fault*: wall; ~*s pl. wound*: lips; *se mordre les* ~*s d'avoir parlé* regret having spoken.
levrette [lə'vrɛt] *f* greyhound bitch; **lévrier** [le'vrje] *m* greyhound.
levure [lə'vy:r] *f* yeast; ~ *artificielle* baking-powder.
lexicographe [lɛksikɔ'graf] *m* lexicographer; **lexicographie** [~gra'fi] *f* lexicography.
lez [le] *see* lès.
lézard [le'za:r] *m zo.* lizard; *fig.* idler, lounger; *faire le* ~ bask in the sun; **lézarde** [~'zard] *f* chink, crevice, crack; **lézarder** [~zar'de] (1a) *v/t.* crack, split; *v/i.* F bask in the sun; F lounge.
liage [lja:ʒ] *m* binding, tying, fastening; **liaison** [ljɛ'zɔ̃] *f* † joining; connection (*a.* ✝); relationship; contact; dealings *pl.*; *fig.* link; ⚠ mortar, cement; ⚔, *gramm.* liaison (*a.* = *intimacy*); ♪ slur; **liant, liante** [ljɑ̃, ljɑ̃:t] **1.** *adj.* elastic; good-natured, sociable; **2.** *su./m* sociability; flexibility, springiness; ⚠ binding agent.

liarder † [ljar'de] (1a) *v/i.* pinch and scrape; count every halfpenny.
liasse [ljas] *f* bundle, packet; wad.
libation [liba'sjõ] *f* libation; F *faire d'amples ~s* drink deeply.
libelle [li'bɛl] *m* lampoon; ⚖ libel; **libeller** [libɛl'le] (1a) *v/t.* draw up (*a cheque, a document*); make out (*a cheque*); **libelliste** [~'list] *m* lampoonist.
libellule *zo.* [libɛl'lyl] *f* dragon-fly, (devil's) darning-needle.
liber ⚘ [li'bɛ:r] *m* bast, inner bark.
libéral, e, *m/pl.* **-aux** [libe'ral, ~'ro] **1.** *adj.* liberal; broad; generous; **2.** *su./m* liberal; **libéralisme** *pol.* [libera'lism] *m* liberalism; **libéralité** [~li'te] *f* liberality; *fig.* generosity; **libérateur, -trice** [~'tœ:r, ~'tris] **1.** *adj.* liberating; **2.** *su.* liberator, deliverer; rescuer; **libération** [~'sjõ] *f* liberation; ⚖ discharge (*a.* ⚔), release; ✝ payment in full; **libérer** [libe're] (1f) *v/t.* liberate; set free; ⚖, ⚔ discharge; ⚔ exempt from military service; ✝ free (*s.o. of a debt*); **se ~ de** free o.s. from; ✝ liquidate (*a debt*); **libertaire** [libɛr'tɛ:r] *su. a. adj.* libertarian; **liberté** [~'te] *f* liberty, freedom; ⊕ *piston*: clearance; *~ de la presse* freedom of the press; *~ religieuse* freedom of worship; *prendre des ~s avec* take liberties with; *prendre la ~ de* (*inf.*) take the liberty of (*ger.*); **libertin, e** [~'tɛ̃, ~'tin] **1.** *adj.* dissolute; licentious; **2.** *su.* libertine; **libertinage** [~ti'na:ʒ] *m* dissolute behavio(u)r *or* ways *pl.*; licentiousness.
libidineux, -euse [libidi'nø, ~'nø:z] lewd, lustful; **libido** *psych.* [~'do] *f* libido.
libraire [li'brɛ:r] *su.* bookseller; **~-éditeur,** *pl.* **~s-éditeurs** [~brɛredi'tœ:r] *m* publisher; **librairie** [~brɛ'ri] *f* bookshop; book-trade; publishing house.
libre [libr] free; clear (*passage etc.*); independent (*school*); *temps m ~* spare time; *~ à vous de* (*inf.*) you are welcome *or* at liberty to (*inf.*); *teleph. pas ~* line engaged, *Am.* line busy; **~-échange** [libre'ʃɑ̃:ʒ] *m* free(-)trade; **~-échangiste** [~ʃɑ̃'ʒist] *m* free-trader; **~-service,** *pl.* **~s-services** [librəsɛr'vis] *m* self-service; self-service store *or* restaurant, *etc.*
librettiste *thea.* [librɛ'tist] *m* librettist; **libretto** *thea.* [~'to] *m* libretto.
lice [lis] *f* † lists *pl.*; *fig. entrer en ~ contre* enter the lists against, have a tilt at.
licence [li'sɑ̃:s] *f fig., a. admin.* licence; *univ.* degree of licentiate; *fig.* licentiousness; *~ poétique* poetic licence; *prendre des ~s avec* take liberties with; **licencié** *m*, **e** *f* [lisɑ̃'sje] licentiate; *univ.* bachelor (*of arts etc.*); ✝ licensee; **licenciement** ⚔ *etc.* [~si'mɑ̃] *m* disbanding; **licencier** [~'sje] (1o) *v/t.* disband; ⊕ lay off (*workmen*); **licencieux, -euse** [~'sjø, ~'sjø:z] licentious.
lichen ⚘ [li'kɛn] *m* lichen.
licher *sl.* [li'ʃe] (1a) *v/t.* lick; drink [(up).
licite [li'sit] licit, lawful.
licol [li'kɔl] *m* halter.
licorne [li'kɔrn] *f* ▨, *myth.* unicorn; *icht. ~ de mer* narwhal.
licou [li'ku] *m see licol.*
lie [li] *f* lees *pl.*; dregs *pl.* (*a. fig.*).
liège [ljɛ:ʒ] *m* ⚘ cork oak; cork; float; **liégeux, -euse** [lje'ʒø, ~'ʒø:z] cork-like.
lien [ljɛ̃] *m* tie (*a.* ⊕), bond, link; ⊕ *metal*: strap, band; *~s pl.* chains;
lier [lje] (1o) *v/t.* bind (*a.* ⚖), fasten, tie; connect, link (*ideas, questions, topics*); *cuis.* thicken (*a sauce*); *~ connaisance avec* strike up an acquaintance with; *se ~ avec* make friends with.
lierre ⚘ [ljɛ:r] *m* ivy.
liesse [ljɛs] *f* rejoicing, jollity.
lieu [ljø] *m* place; locality, spot; *fig.* grounds *pl.*, reason, cause; Å locus; site; *~x pl.* premises; *~x pl.* (*d'aisance*) privy *sg.*, toilet *sg.*; *gramm. ~x pl. communs* commonplaces; *au ~ de* instead of; *au ~ que* whereas; *avoir ~* take place, occur; *donner ~ à* give rise to; *en haut ~* in high places; *en premier ~* in the first place, first of all; *il y a (tout) ~ de* (*inf.*) there is (every) reason for (*ger.*); *sur les ~x* on the premises; F on the spot.
lieue [ljø] *f measure*: league.
lieur, -euse [ljœ:r, ljø:z] *su. person*: binder; *su./f* (*mechanical*) binder.
lieutenance [ljøt'nɑ̃:s] *f* lieutenancy; **lieutenant** [~'nɑ̃] *m* ⚔ lieutenant; ⚓ *~ de vaisseau* lieutenant; *~-colonel* ⚔ lieutenant-colonel; ✈ wing-commander.

lièvre *zo.* [ljɛːvr] *m* hare.
liftier [lif'tje] *m* lift boy, *Am.* elevator operator.
ligament *anat.* [liga'mɑ̃] *m* ligament; **ligamenteux, -euse** [~mɑ̃'tø, ~'tøːz] ligamentous; **ligature** [~'tyːr] *f* binding, tying; ⚕, *typ.* ligature; ⚓, ⚡ splice; ♪ tie; **ligaturer** [~ty're] (1a) *v/t.* bind; ⚕ ligature; ♪ tie.
lignage [li'ɲaːʒ] *m* lineage; **lignard** ⚔ F [~'ɲaːr] *m* soldier of the line, infantryman; **ligne** [liɲ] *f* line, row; ✈ flight; *geog. the* equator; (~ *de pêche*) fishing (*Am.* fish) line; ~ *aérienne* ⚡ overhead line; airline; *à la* ~! new paragraph!, indent!; F *elle a de la* ~ she has a good figure; *sp. dernière* ~ *droite* home straight *or* stretch; 🚂 *grande* ~ main line; *hors* ~ incomparable; *lire entre les* ~*s* read between the lines; *pêcher à la* ~ angle; **lignée** [li'ɲe] *f* line(age); stock; descendants *pl.*
ligneux, -euse [li'ɲø, ~'ɲøːz] ligneous, woody; **lignifier** [~ɲi'fje] (1o) *v/t. a.* se ~ turn into wood; **lignite** *min.* [~'ɲit] *m* lignite, brown coal.
ligoter [ligɔ'te] (1a) *v/t.* tie up.
ligue [lig] *f* league; **liguer** [li'ge] (1m) *v/t.* league; **ligueur** *hist.* [~'gœːr] *m* leaguer.
lilas ⚘ [li'lɑ] *su./m, a. adj./inv.* lilac.
limace [li'mas] *f zo.* slug; ⊕ Archimedean screw; **limaçon** [~ma'sɔ̃] *m zo.* snail; *anat.* cochlea; ~ *de mer* periwinkle; *escalier m en* ~ spiral staircase.
limaille ⊕ [li'mɑːj] *f* filings *pl.*
limande [li'mɑ̃ːd] *f icht.* dab; ⊕ graving piece.
limbe [lɛːb] *m astr.* rim; ⚘, ⚘ limb; ⚘ *leaf*: lamina; *eccl.* ~*s pl.* limbo *sg.*; *fig. dans les* ~*s* rather vague, in the air.
lime ⊕ [lim] *f* file; ~ *à ongles* nailfile; ~ *d'éméri* emery board; *enlever à la* ~ file (*s.th.*) off; **limer** [li'me] (1a) *v/t.* file; *fig.* polish; **limeuse** ⊕ [~'møːz] *f* filing-machine.
limier [li'mje] *m zo.* bloodhound; F sleuth.
limitatif, -ve [limita'tif, ~'tiːv] limiting, restrictive; **limitation** [~'sjɔ̃] *f* limitation, restriction; ~ *des naissances* birth-control; **limite** [li'mit] **1.** *su./f* limit; boundary (*a. sp.*); ~ *d'élasticité* elastic limit, tensile strength; *sans* ~ *de durée a.* open-end(ed); **2.** *adj.*: *cas m* ~ border-line case; *vitesse f* ~ maximum speed, speed limit; **limiter** [limi'te] (1a) *v/t.* limit; restrict; **limitrophe** [~'trɔf] (*de*) adjacent (to); bordering (on); *pays m* ~ borderland.
limoger [limɔ'ʒe] (1l) *v/t.* supersede (*a general etc.*); dismiss.
limon[1] [li'mɔ̃] *m* mud, slime, alluvium.
limon[2] [~] *m cart etc.*: shaft; ⚠ string-board.
limon[3] ⚘ [li'mɔ̃] *m* sour lime; **limonade** [limɔ'nad] *f* lemonade; **limonadier** *m*, **-ère** [~na'dje, ~'djɛːr] bar-keeper; dealer in soft drinks, *Am.* soda-fountain keeper.
limoneux, -euse [limɔ'nø, ~'nøːz] muddy (*water*); *geol.* alluvial; ⚘ growing in mud; bog-...
limousine [limu'zin] *f* rough woollen coat *or* cloak; *mot.* † limousine; **limousiner** ⚠ [~zi'ne] (1a) *v/t.* build in rubble work.
limpide [lɛ̃'pid] clear, transparent, limpid; **limpidité** [~pidi'te] *f* limpidity; clarity.
lin [lɛ̃] *m* ⚘ flax; *tex.* linen; **linaire** ⚘ [li'nɛːr] *f* linaria, F toad-flax; **linceul** [lɛ̃'sœl] *m* shroud.
linéaire [line'ɛːr] linear; ⊕ *dessin m* ~ geometrical drawing; *mesure f* ~ measure of length; **linéament** [~a'mɑ̃] *m* feature (*a. fig.*).
linette ⚘ [li'nɛt] *f* linseed.
linge [lɛ̃ːʒ] *m* linen, calico; ~ *de corps* underwear; ~ *de table* table linen; ~ *sale* dirty linen (*a. fig.*); **linger** *m*, **-ère** [lɛ̃'ʒe, ~'ʒɛːr] *su.* linen-draper; *su./f* wardrobe keeper; seamstress; **lingerie** [lɛ̃ʒ'ri] *f* underwear; ✝ linen-drapery; ✝ linen-trade; linen-room.
lingot *metall.* [lɛ̃'go] *m* ingot; **lingotière** *metall.* [~gɔ'tjɛːr] *f* ingot-mo(u)ld.
lingual, e, *m/pl.* **-aux** [lɛ̃'gwal, ~'gwo] lingual; **linguiste** [~'gɥist] *su.* linguist; **linguistique** [~gɥis'tik] **1.** *adj.* linguistic; **2.** *su./f* linguistics *sg.*
linier, -ère [li'nje, ~'njɛːr] **1.** *adj.* linen...; flax...; **2.** *su./f* flax-field.
liniment ⚕ [lini'mɑ̃] *m* liniment.
linoléum [linɔle'ɔm] *m* linoleum; oilcloth.
linon *tex.* [li'nɔ̃] *m* lawn; buckram.

linotte *orn.* [li'nɔt] *f* linnet; red poll; F *tête f de* ~ feather-brain.
linteau ⚠ [lɛ̃'to] *m* lintel.
lion [ljɔ̃] *m* lion (*a.* F); F celebrity; *astr. le* ♌ Leo, the Lion; *fig. part f du* ~ lion's share; **lionceau** [ljɔ̃'so] *m* lion cub; **lionne** [ljɔn] *f* lioness.
lippe [lip] *f* thick lower lip; F *faire la* ~ pout; **lippée** † [li'pe] *f* feast; **lippu, e** [~'py] thick-lipped.
liquéfaction ⚗ *etc.* [likefak'sjɔ̃] *f* liquefaction; **liquéfier** ⚗ *etc.* [~'fje] (1o) *v/t.* liquefy; reduce to the liquid state; se ~ liquefy.
liquette F [li'kɛt] *f* shirt.
liqueur [li'kœ:r] *f* liquor, drink; liqueur; ⚗ solution, liquid.
liquidateur ⚖ [likida'tœ:r] *m* liquidator; **liquidation** [~'sjɔ̃] *f* liquidation; ⚕ *Stock Exchange*: settlement; ⚕ clearance sale; ⚖ † ~ *judiciaire* winding up.
liquide [li'kid] **1.** *adj.* liquid (*a. gramm., a.* ⚕ *debt*); ready (*money*); *actif m* ~ liquid assets *pl.*; **2.** *su./m* liquid; drink; *su./f gramm.* liquid consonant; **liquider** [~ki'de] (1a) *v/t.* liquidate (*a. fig.*); ⚕ settle (*an account, a. fig. a question*); ⚕ sell off (*goods*); *fig.* get rid of; se ~ *avec* clear off one's debt to.
liquoreux, -euse [likɔ'rø, ~'rø:z] liqueur-like; sweet (*wine*); **liquoriste** [~'rist] *m* wine and spirit merchant.
lire[1] [li:r] (4t) *v/i.* read (about, *sur*); *v/t.* read; *cela se lit sur votre visage* it shows in your face; *je vous lis difficilement* I have difficulty with your handwriting.
lire[2] [~] *f Italian currency*: lira.
lis ⚘ [lis] *m* lily; ⛉ *fleur f de* ~ fleur-de-lis.
liséré [lize're] *m* border, edging; piping, binding; **lisérer** [~] (1d) *v/t.* border, edge; pipe.
liseron ⚘ [liz'rɔ̃] *m* bindweed, convolvulus.
liseur, -euse [li'zœ:r, ~'zø:z] *su.* great reader; *su./f* reading stand; *book*: dust jacket; reading-lamp; *cost.* bed jacket; **lisibilité** [~zibili'te] *f* legibility; **lisible** [~'zibl] legible; *fig.* readable (*book*).
lisière [li'zjɛ:r] *f tex.* selvedge, list; *field, forest*: edge; *country, field*: border; *fig.* leading-strings *pl.*
lisons [li'zɔ̃] *1st p. pl. pres. of lire*[1].
lissage [li'sa:ʒ] *m* ⊕ polishing; *metal*: burnishing.
lisse[1] [lis] smooth, polished; glossy.
lisse[2] ⚓ [~] *f* rail; *hull*: ribband.
lisser [li'se] (1a) *v/t.* smooth, polish; burnish (*metal*); glaze (*paper*); *bird*: preen (*its feathers*); se ~ become smooth; **lissoir** ⊕ [~'swa:r] *m* smoother; polishing-iron.
liste [list] *f* list; roll; register; ⚔ roster; ⚖ *jury*: panel; ~ *civile* civil list; ~ *électorale* register of voters; ~ *noire* blacklist; *mettre sur la* ~ *noire a.* blacklist.
listeau [lis'to] *m*, **listel** [~'tɛl] *m* ⚠ listel, fillet; *coin*: rim; ⚓ sheer rail.
lit [li] bed (*a.* ⚠, ⊕, *river, etc.*); *river*: bottom; *geol.* layer, stratum; ~ *de camp* camp-bed; *hist.* ~ *de justice king's throne in old French parliament*; ~ *de mort* death-bed; ~ *d'enfant* cot; ~ *de plume* feather bed; *fig.* comfortable job; ⚓ ~ *du vent* wind's eye; ~ *escamotable* folding-bed; *chambre f à deux* ~*s* twin-bedded room; *enfant mf du second* ~ child of the second marriage; *faire* ~ *à part* sleep apart; *garder le* ~ be confined to one's bed.
litanie [lita'ni] *f* F litany; *eccl.* ~*s pl.* litany *sg.*; F *la même* ~ the old, old story; the same refrain.
liteau [li'to] *m* ⚠ batten, rail; *tex.* stripe.
literie [li'tri] *f* bedding.
litho... [litɔ] litho...; **~graphe** [~'graf] *m* lithographer; **~graphie** [~gra'fi] *f* lithography; lithograph.
litière [li'tjɛ:r] *f* litter; *fig. faire* ~ *de* trample underfoot.
litigant, e ⚖ [liti'gɑ̃, ~'gɑ̃:t] litigant; **litige** [~'ti:ʒ] *m* dispute; ⚖ (law-) suit; *en* ~ under dispute, at issue; **litigieux, -euse** [~ti'ʒjø, ~'ʒjø:z] litigious.
litre [litr] *m measure*: litre, *Am.* liter.
littéraire [lite'rɛ:r] literary; **littéral, e,** *m/pl.* **-aux** [~'ral, ~'ro] literal (*a.* ⅍); ⚖ documentary (*evidence*); **littérateur** [~ra'tœ:r] *m* man of letters; **littérature** [~ra'ty:r] *f* literature; ~ *professionnelle* technical literature.
littoral, e *m/pl.* **-aux** [litɔ'ral, ~'ro] **1.** *adj.* coastal, littoral; **2.** *su./m* coast-line; shore.

liturgie *eccl.* [lityrˈʒi] *f* liturgy; **liturgique** *eccl.* [~ˈʒik] liturgical.
liure [ljyːr] *f cart-load etc.*: lashing.
livide [liˈvid] livid; ghastly; **lividité** [~vidiˈte] *f* lividness; ghastliness.
livrable ⚕ [liˈvrabl] deliverable; ready for delivery; **livraison** [~vrɛˈzɔ̃] *f* ⚕ delivery; *book*: instalment; ⚕ *~ à domicile* home delivery.
livre[1] [liːvr] *m* book; ⚓ *~ de bord* log-book; *~ de cuisine* cookery book, *Am.* cookbook; *~ de raison* register; record; *pol. ~ jaune* (*approx.*) blue book; *à ~ ouvert* at sight; *tenir les ~s* keep the accounts; ⚕ *tenue f des ~s* book-keeping; *see grand-livre*.
livre[2] [~] *f money, weight*: pound.
livrée [liˈvre] *f* livery; *coll.* servants *pl.*
livrer [~] (1a) *v/t.* deliver; give away (*a secret etc.*); *~ à* give *or* hand over to, deliver up to; *se ~ à* give o.s. up to; confide in; indulge in; engage in; carry out; ⚔ *~ bataille* give battle.
livret [liˈvrɛ] *m* booklet; ♪ libretto; (*bank-*)book; *school*: record-book; (*student's*) handbook.
livreur ⚕ [liˈvrœːr] *m* delivery-man, delivery-boy; **livreuse** [liˈvrøːz] *f* delivery-girl; delivery-van.
lobe [lɔb] *m* ⚘, *anat.* lobe; *~ de l'oreille* earlobe; **lobé, e** ⚘ [lɔˈbe] lobed, lobate; **lobule** ⚘, *anat.* [~ˈbyl] *m* lobule.
local, e, *m/pl.* **-aux** [lɔˈkal, ~ˈko] **1.** *adj.* local; **2.** *su./m* premises *pl.*; site; room; **localiser** [lɔkaliˈze] (1a) *v/t.* locate; localize; **localité** [~liˈte] *f* locality, place; **locataire** [~ˈtɛːr] *su.* tenant, occupier; ⚖ lessee; lodger; hirer; **locatif, -ve** [~ˈtif, ~ˈtiːv] rental; tenant's ...; *réparations f/pl. ~ves* repairs for which the tenant is liable; **location** [~ˈsjɔ̃] *f* hiring; letting, renting; tenancy; *thea. etc.* booking; *~ de livres* lending-library; *bureau m de ~* box-office; booking-office (*a.* 🚂); **location-vente,** *pl.* **locations-ventes** [~sjɔ̃ˈvɑ̃ːt] *f* hire-purchase system.
loch ⚓ [lɔk] *m* log.
lock-out ⊕ [lɔˈkaut] *m/inv.* lock-out.
locomobile [lɔkɔmɔˈbil] **1.** *adj.* travelling; locomotive; **2.** *su./f* transportable steam-engine, locomobile; **locomotif, -ve** [~ˈtif, ~ˈtiːv] **1.** *adj.* ⊕, *a. physiol.* locomotive; transportable; **2.** *su./f* locomotive, engine; *fig.* pacemaker; *fig.* dynamic element; **locomotion** [~ˈsjɔ̃] *f* locomotion.
locuste *zo.* [lɔˈkyst] *f* locust.
locution [lɔkyˈsjɔ̃] *f* expression, phrase.
lof ⚓ [lɔf] *m* windward side; *sail*: luff; **lofer** ⚓ [lɔˈfe] (1a) *v/i.* luff.
loge [lɔːʒ] *f* hut; cabin; *freemason, gardener, porter*: lodge; *dog*: kennel; *thea.* box; *thea.* (*artist's*) dressing-room; ⚘ cell, loculus; **logeable** [lɔˈʒabl] fit for occupation (*house*); *mot.* comfortable; **logement** [lɔʒˈmɑ̃] *m* lodging, housing; accommodation; ⚔ billeting; ⚔ quarters *pl.*; ⊕ bed, seating; ⚕ container; **loger** [lɔˈʒe] (1l) *v/t.* lodge, house; ⚔ billet, quarter; put; ⊕ fix, fit, set; *v/i.* lodge, live; ⚔ be quartered; *~ en garni* live in lodgings; **logette** [~ˈʒɛt] *f* small lodge; *thea.* small box; **logeur** [~ˈʒœːr] *m* landlord, lodging-house keeper; ⚔ householder (*on whom a soldier is billeted*); **logeuse** [~ˈʒøːz] *f* landlady.
logiciel [lɔʒiˈsjɛl] *m computer*: software.
logicien *m,* **-enne** *f* [lɔʒiˈsjɛ̃, ~ˈsjɛn] logician; **logique** [~ˈʒik] **1.** *adj.* logical; **2.** *su./f* logic.
logis [lɔˈʒi] *m* abode, home, dwelling; hostelry; *fig. la folle du ~* imagination.
logistique(s) [lɔʒisˈtik] *f/(pl.)* logistics *sg.*
loi [lwa] *f* law; rule; *mettre hors la ~* outlaw; *parl. projet m de ~* bill; *se faire une ~ de* (*inf.*) make a point of (*ger.*); **~-cadre,** *pl.* **~s-cadres** [~ˈkɑːdr] *f* skeleton law.
loin [lwɛ̃] *adv.* far, distant (from, de); *~ de* (*inf.*) far from (*ger.*); *aller trop ~* overdo it, go too far; *au ~* far away; *bien ~* very far; far back (*in the past*); further on (*in the book etc.*); *de ~* at a distance; from afar; *de ~ en ~* at long intervals, now and then; **lointain, e** [~ˈtɛ̃, ~ˈtɛn] **1.** *adj.* far (off), distant, remote; **2.** *su./m* distance; *dans le ~* in the distance.
loir *zo.* [lwaːr] *m* dormouse.
loisible [lwaˈzibl] permissible; *il lui est ~ de* (*inf.*) he is at liberty to (*inf.*);
loisir [~ˈziːr] *m* leisure; spare time; *~s pl.* leisure activities; *à ~* at leisure, leisurely.

lombaire *anat.* [lɔ̃ˈbɛːr] lumbar; **lombes** *anat.* [lɔ̃ːb] *m/pl.* lumbar region *sg.*; loins.
londonien, -enne [lɔ̃dɔˈnjɛ̃, ~ˈnjɛn] **1.** *adj.* London ...; **2.** *su.* ♀ Londoner.
long, longue [lɔ̃, lɔ̃ːg] **1.** *adj.* long; thin (*sauce*); ~ *à croître* slow-growing; ✝ *à* ~ *terme* long-dated (*bill*); *de longue main* well in advance; *être* ~ *à* (*inf.*) be long in (*ger.*); **2.** *long adv.*: *fig. en dire* ~ speak volumes; *en savoir* ~ know a lot (about, *sur*); **3.** *su./m* length; *de* ~ *en large* to and fro; *deux pieds de* ~ two feet long; *le* (*or au*) ~ *de* (all) along; *tomber de tout son* ~ fall full length; *su./f gramm.* long syllable; *cards*: long suit; *à la longue* in the long run; at length.
longanimité [lɔ̃ganimiˈte] *f* forbearance; long-suffering.
long-courrier ✈ [lɔ̃kuˈrje] *m* long-distance plane.
longe [lɔ̃ːʒ] *f* tether; *whip*: thong; longe; *cuis. veal, venison*: loin.
longer [lɔ̃ˈʒe] (1l) *v/t.* pass *or* go along; skirt (*the coast, a wall*); **longeron** [lɔ̃ʒˈrɔ̃] *m* ⚠ stringer; longitudinal girder; ✈ *fuselage*: longeron, *wing*: spar.
longévité [lɔ̃ʒeviˈte] *f* longevity, long life.
longitude *geog.* [lɔ̃ʒiˈtyd] *f* longitude; **longitudinal, e,** *m/pl.* **-aux** [~tydiˈnal, ~ˈno] longitudinal, lengthwise; ⚓ fore-and-aft.
longtemps [lɔ̃ˈtɑ̃] *adv.* long, a long time; *il y a* ~ long ago.
longueur [lɔ̃ˈgœːr] *f* length (*a. sp.*); *fig. film, novel, etc.*: tedious passage; *à* ~ *de* all (*day, year, etc.*) long, throughout the (*day, year, etc.*); for (*days, years, etc.*); *phys.* ~ *d'onde radio*: wavelength; *a. fig. être sur la même* ~ *d'onde*(*s*) be on the same wavelength.
longue-vue, *pl.* **longues-vues** [lɔ̃gˈvy] *f* telescope, field-glass.
looping ✈ [luˈpiŋ] *m* loop(ing); *faire un* ~ loop (the loop).
lopin [lɔˈpɛ̃] *m ground*: patch, plot.
loquace [lɔˈkwas] talkative; garrulous; **loquacité** [~kwasiˈte] *f* loquacity, talkativeness.
loque [lɔk] *f* rag.
loquet [lɔˈkɛ] *m* latch; *knife*: clasp; **loqueteau** [lɔkˈto] *m* catch, small latch.
loqueteux, -euse [lɔkˈtø, ~ˈtøːz] **1.** *adj.* ragged, in tatters; **2.** *su.* tatterdemalion.
lorgner [lɔrˈɲe] (1a) *v/t.* ogle, leer at; *fig.* have one's eye on; stare at; **lorgnette** [~ˈɲɛt] *f* opera-glasses *pl.*; **lorgnon** [~ˈɲɔ̃] *m* eye-glasses *pl.*; pince-nez.
loriot *orn.* [lɔˈrjo] *m* oriole.
lorrain, e [lɔˈrɛ̃, ~ˈrɛn] **1.** *adj.* of *or* from Lorraine; **2.** *su.* ♀ Lorrainer.
lors [lɔːr] *adv.*: ~ *de* at the time of; ~ *même que* even when; *dès* ~ since that time; consequently; *pour* ~ so ...; **lorsque** [lɔrsk(ə)] *cj.* when.
losange ⚠ [lɔˈzɑ̃ːʒ] *m* rhomb(us); *en* ~ diamond-shaped.
lot [lɔ] *m* portion, share, lot (*a. fig.*); prize; *gros* ~ first prize, jackpot; **loterie** [lɔˈtri] *f* lottery (*a. fig.*); draw, raffle.
lotier ⚘ [lɔˈtje] *m* lotus.
lotion [lɔˈsjɔ̃] *f* ⚕, ⊕ washing; ⚕ lotion; ~ *capillaire* hairwash; **lotionner** [~sjɔˈne] (1a) *v/t.* wash, bathe; sponge.
lotir [lɔˈtiːr] (2a) *v/t.* parcel out (✝, *a. an estate*); divide up (into lots *or* plots); ~ *q. de qch.* allot s.th. to s.o.; **lotissement** [~tisˈmɑ̃] *m* lot, plot; (housing) development; ✝ parcelling out; dividing into lots; *estate*: apportionment.
loto [lɔˈto] *m* lotto; lotto set.
louable [lwabl] laudable, praiseworthy (for, *de*).
louage [lwaːʒ] *m* hiring out; hire; ✈ chartering; *de* ~ hired; ✈ charter...
louange [lwɑ̃ːʒ] *f* praise; **louanger** [lwɑ̃ˈʒe] (1l) *v/t.* praise, extol; **louangeur, -euse** [~ˈʒœːr, ~ˈʒøːz] **1.** *adj.* adulatory; **2.** *su.* adulator, lauder.
loubar(d) [luˈbaːr] *m* young hooligan.
louche[1] [luʃ] † squinting; cross-eyed; *fig.* dubious, shady, F fishy, funny.
louche[2] [~] *f* (soup-)ladle; ⊕ reamer.
loucher [luˈʃe] (1a) *v/i.* squint; **loucherie** [luʃˈri] *f* squint.
louchet [luˈʃɛ] *m* draining-spade.
louer[1] [lwe] (1p) *v/t.* rent, hire; book, reserve (*a place, seats*).
louer[2] [~] (1p) *v/t.* praise; commend (s.o. for s.th., *q. de qch.*); *se* ~ *de* be very pleased with (*s.o., s.th.*); congratulate o.s. on (*ger., de inf.*).
loueur[1] *m*, **-euse** *f* [lwœːr, lwøːz] hirer out.

loueur², **-euse** [~] **1.** *adj.* flattering; **2.** *su.* flatterer.
loufoque F [luˈfɔk] loony, daft, F dippy.
loulou *zo.* [luˈlu] *m* Pomeranian.
loup [lu] *m zo.* wolf; *fig.* (black velvet) mask; ⚔ *gas-mask*: face-piece; ~ *de mer icht.* sea-perch; F old salt; *à pas de* ~ stealthily; *entre chien et* ~ in the twilight; *hurler avec les* ~*s* do in Rome as the Romans do; *jeune* ~ ambitious young manager; **~-cervier,** *pl.* **~s-cerviers** [~sɛrˈvje] *m zo.* lynx; *fig.* profiteer.
loupe [lup] *f* ⚕ wen; ⚘ excrescence; *opt.* lens, magnifying-glass.
loupé ⊕ [luˈpe] defective (*piece*); **louper** F [~ˈpe] (1a) *v/t.* mess up; bungle, botch; miss (*one's train, an occasion, etc.*).
loup-garou, *pl.* **loups-garous** [lugaˈru] *m myth.* werewolf; F *fig.* bear; F bogy.
lourd, lourde [lu:r, lurd] heavy; clumsy; *fig.* dull (*mind etc.*); sultry, close (*weather*); **lourdaud, e** [lurˈdo, ~ˈdo:d] **1.** *adj.* clumsy, awkward; dull-witted; **2.** *su.* lout; clod; blockhead; **lourdeur** [~ˈdœ:r] *f* heaviness; clumsiness.
loustic F [lusˈtik] *m* wag.
loutre [lutr] *f zo.* otter; ✝ sealskin.
louve *zo.* [lu:v] *f* she-wolf; **louveteau** [luvˈto] *m* wolf-cub (*a. Boy Scouts*).
louvoyer [luvwaˈje] (1h) *v/i.* ⚓ tack; *fig.* manœuvre; *fig.* hedge.
loyal, e, *m/pl.* **-aux** [lwaˈjal, ~ˈjo] fair, straightforward, sincere; faithful; ⚖ true; **loyauté** [~joˈte] *f* fairness; honesty; loyalty (to, *envers*).
loyer [lwaˈje] *m* rent; ✝ *money*: price.
lu, e [ly] *p.p. of lire*¹.
lubie [lyˈbi] *f* whim, fad.
lubricité [lybrisiˈte] *f* lubricity, lust; **lubrifiant, e** ⊕ [~ˈfjɑ̃, ~ˈfjɑ̃:t] **1.** *adj.* lubricating; **2.** *su./m* lubricant; **lubrification** [~fikaˈsjɔ̃] *f* lubrication; greasing; **lubrifier** [~ˈfje] (1o) *v/t.* lubricate; grease, oil; **lubrique** [lyˈbrik] lustful, lewd; wanton.
lucane [lyˈkan] *m* lucanus, stag beetle.
lucarne [lyˈkarn] *f* dormer *or* attic window; gable-window.
lucide [lyˈsid] lucid (*a.* ⚕), clear; **lucidité** [~sidiˈte] *f* lucidity (*a.* ⚕); ⚕ sanity; clearness.
luciole *zo.* [lyˈsjɔl] *f* firefly, glow-worm.
lucratif, -ve [lykraˈtif, ~ˈti:v] lucrative; **lucre** [lykr] *m* lucre, profit.
ludique [lyˈdik] play ...
luette *anat.* [lɥɛt] *f* uvula.
lueur [lɥœ:r] *f* gleam, glimmer (*a. fig.*); flash.
luge [ly:ʒ] *f* toboggan, sledge, *Am.* sled; **luger** [lyˈʒe] (1l) *v/i.* toboggan, sledge, *Am.* sled; **lugeur** *m*, **-euse** *f* [~ˈʒœ:r, ~ˈʒø:z] tobogganer.
lugubre [lyˈgybr] dismal, gloomy; ominous.
lui¹ [lɥi] *p.p. of luire.*
lui² [~] *pron./pers. subject*: he; *object*: him, her, it; (to) him, (to) her, (to) it; *à* ~ to him, to her, to it; his, hers, its; *c'est* ~ it is he, F it's him; **~-même** [~ˈmɛ:m] *pron./rfl./m* himself, itself.
luire [lɥi:r] (4u) *v/i.* shine, gleam; *fig.* dawn (*hope*); **luisant, e** [lɥiˈzɑ̃, ~ˈzɑ̃:t] **1.** *adj.* shining; gleaming; glossy (*surface*); **2.** *su./m* gloss, shine; **luisis** [~ˈzi] *1st p. sg. p.s. of luire*; **luisons** [~ˈzɔ̃] *1st p. pl. pres. of luire.*
lumière [lyˈmjɛ:r] *f* light; ⊕ port; *fig.* (*a.* ~*s*) knowledge; *à la* ~ *de* by (*fig.* in) the light of; **lumignon** [lymiˈɲɔ̃] *m* candle-end; poor light; **luminaire** [~ˈnɛ:r] *m coll.* lighting; **luminescence** [~nɛˈsɑ̃:s] *f* luminescence; *éclairage m par* ~ fluorescent lighting; **luminescent, e** [~nɛˈsɑ̃, ~ˈsɑ̃:t] luminescent; **lumineux, -euse** [~ˈnø, ~ˈnø:z] luminous; *phys.* light (*-wave*); bright, brilliant (*a. fig. idea*); illuminated (*advertisement*); **luminosité** [~noziˈte] *f* luminosity; brightness; radiance.
lunaire [lyˈnɛ:r] **1.** *adj.* lunar; **2.** *su./f* ⚘ lunaria; **lunaison** *astr.* [~nɛˈzɔ̃] *f* lunation; **lunatique** [~naˈtik] † moonstruck; *fig.* capricious, whimsical.
lunch [lœ̃:ʃ] *m* lunch(eon); snack; **luncher** [lœ̃ˈʃe] (1a) *v/i.* lunch; have a snack.
lundi [lœ̃ˈdi] *m* Monday; F *faire le* ~ take Monday off.
lune [lyn] *f* moon; *poet.* month; ~ *de miel* honeymoon; *clair m de* ~ moonlight; *être dans la* ~ be in the clouds; *promettre la* ~ promise the moon and stars; **luné, e** [lyˈne]: *bien* (*mal*) ~

well- (ill-)disposed; in a good (bad) mood.
lunetier [lyn'tje] *m* spectacle-maker; optician; **lunette** [ly'nɛt] *f* telescope; ~*s pl.* spectacles, glasses; *mot. etc.* goggles; 🚂 cab-window; ⊕ die; ⊕ *lathe*: back-rest; ~*s pl. de soleil* sunglasses; **lunetterie** [lynɛ'tri] *f* spectacle-making; making of optical instruments.
lunule [ly'nyl] *f anat., a.* ⚓ lunule, lunula; *finger-nail*: half-moon.
lupanar [lypa'naːr] *m* brothel.
lupin ⚘ [ly'pɛ̃] *m* lupin.
lurette F [ly'rɛt] *f*: *il y a belle* ~ a long time ago.
luron [ly'rɔ̃] *m* (jolly) fellow; **luronne** [~'rɔn] *f* (lively) lass.
lus [ly] *1st p. sg. p.s. of* lire[1].
lustre[1] *poet.* [lystr] *m* lustre, period of five years.
lustre[2] [lystr] *m* lustre (*a. fig.*), gloss; chandelier; **lustrer** [lys'tre] (1a) *v/t.* glaze, gloss; F make shiny (*with wear*); **lustrine** *tex.* [~'trin] *f* (silk) lustrine; cotton lustre; *manches f/pl. de* ~ oversleeves.
lut ⊕ [lyt] *m* luting; **luter** ⊕ [ly'te] (1a) *v/t.* lute, seal with luting.
luth ♪ [lyt] *m* lute; **lutherie** [ly'tri] *f* stringed-instrument trade *or* industry.
luthérien, -enne *eccl.* [lyte'rjɛ̃, ~'rjɛn] *adj., a. su.* Lutheran.
luthier [ly'tje] *m* lute-maker; stringed-instrument maker *or* seller.
lutin, e [ly'tɛ̃, ~'tin] **1.** *adj.* mischievous, impish; **2.** *su./m* imp (*a. fig. child*), elf, goblin; **lutiner** [~ti'ne] (1a) *v/t.* tease; pester.
lutrin *eccl.* [ly'trɛ̃] *m* lectern; *coll.* succentors *pl.*
lutte [lyt] *f* fight; struggle; conflict; *sp.* wrestling; *sp.* ~ *à la corde* tug-of-war; *pol.* ~ *des classes* class war *or* struggle; **lutter** [ly'te] (1a) *v/i.* fight, struggle; *sp., a. fig.* wrestle; **lutteur** *m*, **-euse** *f* [~'tœːr, ~'tøːz] wrestler; *fig.* fighter.
luxation ⚕ [lyksa'sjɔ̃] *f* luxation, dislocation.
luxe [lyks] *m* luxury; wealth; *fig.* profusion; *de* ~ luxury, de luxe.
luxer ⚕ [lyk'se] (1a) *v/t.* luxate, dislocate.
luxueux, -euse [lyk'sɥø, ~'sɥøːz] luxurious; sumptuous (*feast*).
luxure [lyk'syːr] *f* lewdness, lechery; **luxuriant, e** [~sy'rjɑ̃, ~'rjɑ̃ːt] luxuriant; **luxurieux, -euse** [~sy'rjø, ~'rjøːz] lecherous, lewd.
luzerne ⚘ [ly'zɛrn] *f* lucern(e), *Am.* alfalfa; **luzernière** ↗ [~zɛr'njɛːr] *f* lucern(e)-field.
lycée [li'se] *m* (state) grammar-school; **lycéen, -enne** [~se'ɛ̃, ~se'ɛn] *su.* pupil at a *lycée*; *su./m* grammar-schoolboy; *su./f* grammar-schoolgirl.
lymphe ⚕ [lɛ̃ːf] *f* lymph.
lynchage [lɛ̃'ʃaːʒ] *m* lynching; **lyncher** [~'ʃe] (1a) *v/t.* lynch.
lynx *zo.* [lɛ̃ːks] *m* lynx; *aux yeux de* ~ lynx-eyed.
lyre [liːr] *f* ♪ lyre; ⊕ quadrant; ⚓ *rowloch*: stirrup; *orn. oiseau-*~ lyre-bird; **lyrique** [li'rik] **1.** *adj.* lyric (-al); **2.** *su./m* lyric poet; **lyrisme** [~'rism] *m* lyricism.
lys ⚘ [lis] *m* lily.

M

M, m [ɛm] *m* M, m.
ma [ma] *see mon.*
maboul, e F [ma'bul] **1.** *adj.* cracked, dippy; **2.** *su.* loony.
macabre [ma'kɑ:br] gruesome; ghastly; *danse f* ~ dance of Death.
macadamiser [makadami'ze] (1a) *v/t.* macadamize (*a road*).
macaque *zo.* [ma'kak] *m* macaque.
macaron *cuis.* [maka'rɔ̃] *m* macaroon; **macaroni** [~rɔ'ni] *m/inv.* *cuis.* macaroni; F dago (= *Italian*).
macédoine [mase'dwan] *f* (~ *de fruits*) fruit salad; *fig.* miscellany, *pej.* hotchpotch; ~ *de légumes* mixed (diced) vegetables *pl.*
macérer [mase're] (1f) *v/t.* soak, steep; *fig.* mortify (*the flesh*).
Mach *phys.* [mak] *npr.*: *nombre m de* ~ mach (number).
mâche [mɑ:ʃ] *f horses*: mash; ⚘ corn-salad.
mâchefer ⊕ [mɑʃ'fɛ:r] *m* clinker, slag; *lead*: dross.
mâcher [mɑ'ʃe] (1a) *v/t.* chew; munch; ~ *à q. la besogne* half-do s.o.'s work for him; *ne pas* ~ *ses mots* not to mince matters.
machin F [ma'ʃɛ̃] *m* thing, gadget; what's-his-name.
machinal, e, *m/pl.* **-aux** [maʃi'nal, ~'no] mechanical, unconscious; **machinateur** [~na'tœ:r] *m* plotter, schemer; **machination** [~na'sjɔ̃] *f* machination, plot; **machine** [ma'ʃin] *f* machine; engine (*a.* 🚂); ⚡ dynamo; F thing, gadget; ~*s pl.* machinery *sg.*; ~ *à calculer* calculating machine, calculator; ~ *à écrire* typewriter; ~ *à photocopier* photocopier; ~ *à sous* slot-machine; **machine-outil,** *pl.* **machines-outils** [~ʃinu'ti] *f* machine-tool; **machiner** [~ʃi'ne] (1a) *v/t.* scheme, plot; hatch; *machiné à l'avance* put-up (*affair*); **machinery** [~ʃin'ri] *f* machinery; ⚓ engine-room; **machiniste** [~ʃi'nist] *m* bus driver; *thea.* scene shifter.
mâchoire [mɑ'ʃwa:r] *f* jaw (*a.* ⊕); ⊕ vice; ⊕ flange; *mot.* ~*s pl.* (brake-) shoes; **mâchonner** [~ʃɔ'ne] (1a) *v/t.* mumble; mutter; chew; *animal*; champ (*fodder*); **mâchure** [~'ʃy:r] *f tex.* flaw; *fruit, flesh*: bruise; **mâchurer** [~ʃy're] (1a) *v/t.* soil, stain; *typ.* smudge; chew, munch.
macis ⚘, *cuis.* [ma'si] *m* mace.
maçon [ma'sɔ̃] *m* △ mason; F freemason.
mâcon [mɑ'kɔ̃] *m* Mâcon (= *wine of Burgundy*).
maçonner [masɔ'ne] (1a) *v/t.* △ build; face (*with stone*); wall up (*a door, a window*); **maçonnerie** [~sɔn'ri] *f* △ masonry; △ stonework; F freemasonry; **maçonnique** [~sɔ'nik] masonic.
macro... [makrɔ] macro...; **~biotique** [~bjɔ'tik] macrobiotic; **~biotisme** [~bjɔ'tism] *m* macrobiotics *sg.*; **~céphale** *zo.*, ⚘ [~se'fal] macrocephalic, large-headed; **~cosme** [~'kɔsm] *m* macrocosm.
macule [ma'kyl] *f* spot, blemish, stain; *astr.* sun-spot; **maculer** [~ky'le] (1a) *v/t.* maculate; stain; *typ.* mackle; *v/i. a.* se ~ mackle, blur.
madame, *pl.* **mesdames** [ma'dam, me'dam] *f* Mrs.; madam; F lady.
madeleine [mad'lɛn] *f* ⚘ (*sort of*) pear; *cuis.* sponge-cake.
mademoiselle, *pl.* **mesdemoiselles** [madmwa'zɛl, medmwa'zɛl] *f* Miss; young lady.
madère [ma'dɛ:r] *m* Madeira (wine).
Madone [ma'dɔn] *f* Madonna.
madras ✝, *tex.* [ma'drɑ:s] *m* Madras (handkerchief).
madré, e [mɑ'dre] **1.** *adj.* mottled; spotted; *fig.* sly, wily; **2.** *su. fig.* sly fox.
madrier △ [madri'e] *m* timber; plank.
madrilène [madri'lɛn] **1.** Madrilenian; of Madrid; **2.** *su.* ♀ inhabitant of Madrid.
maestria [maestri'ja] *f* skill.
mafflu, e F [ma'fly] heavy-jowled.
magasin [magɑ'zɛ̃] *m* shop, *Am.*

store; warehouse, store; *camera, rifle*: magazine; ⚔ armo(u)ry; ~ *à succursales multiples* chain stores *pl.*; ✝ *grand* ~ department store; ✝ *en* ~ in stock; **magasinage** [~zi'na:ʒ] *m* warehousing, storing; storage (charges *pl.*); **magasinier** [~zi'nje] *m* warehouseman, store-keeper.

magazine [maga'zin] *m* (illustrated) magazine.

mage [ma:ʒ] **1.** *su./m* magus; seer; **2.** *adj.*: *bibl. les Rois m/pl.* ♀s the Three Wise Men, the (Three) Magi; **magicien** *m*, **-enne** *f* [maʒi'sjɛ̃, ~'sjɛn] magician; wizard; **magie** [~'ʒi] *f* magic (*a. fig.*); **magique** [~'ʒik] magic(al) (*a. fig.*).

magistral, e, *m/pl.* **-aux** [maʒis'tral, ~'tro] magisterial; *fig.* pompous; *fig.* masterly (*work*); F first-rate; ⚕ magistral; **magistrat** [~'tra] *m* magistrate, judge; **magistrature** [~tra'ty:r] *f* magistrature; magistracy; ~ *assise* Bench, judges *pl.*; ~ *debout* public prosecutors *pl.*

magma [mag'ma] *m geol.* magma; *fig.* muddle.

magnanime [maɲa'nim] magnanimous; **magnanimité** [~nimi'te] *f* magnanimity.

magnat [mag'na] *m* magnate.

magnésie ⚗ [maɲe'zi] *f* magnesia, magnesium oxide; *sulfate m de* ~ Epson salts *pl.*

magnésite [maɲe'zit] *f* magnesite, meerschaum.

magnésium [maɲe'zjɔm] *m* ⚗ magnesium; *phot.* flash-light.

magnétique [maɲe'tik] magnetic; **magnétisme** [~'tism] *m* magnetism; **magnétite** *min.* [~'tit] *f* lodestone, magnetite; **magnéto** [~'to] *f* magneto; **magnétophone** [~tɔ'fɔn] *m* tape recorder; ~ *à cassettes* cassette recorder; **magnétoscope** [~tɔ'skɔp] *m* video(-tape) recorder; **magnétoscoper** (1a) *v/t.* video-tape.

magnificence [maɲifi'sɑ̃:s] *f* magnificence, splendo(u)r; ~*s pl.* lavishness *sg.*; **magnifier** [~'fje] (1a) *v/t.* magnify, glorify, glamorize; **magnifique** [~'fik] magnificent, splendid; *fig.* marvellous.

magnolia ⚘ [maɲɔ'lja] *m*, **magnolier** ⚘ [~'lje] *m* magnolia(-tree).

magot[1] [ma'go] *m zo.* barbary ape; macaque; *fig.* ugly man.

magot[2] F [~] *m* savings *pl.*, hoard.

magouille *sl.* [ma'guj] *f* dealings *pl.*, tricks *pl.*; wangle; graft.

mahométan, e [maɔme'tɑ̃, ~'tan] *adj., a. su.* Mohammedan, Moslem; **mahométisme** [~'tism] *m* Mohammedanism.

mai [mɛ] *m* May; may-pole.

maie [~] *f* kneading-trough.

maigre [mɛ:gr] **1.** *adj.* thin, lean; meagre, scanty (*meal, a. fig.*); **2.** *su./m meat*: lean; *icht.* meagre; *faire* ~ fast, abstain from meat; **maigrelet, -ette** [mɛgrə'lɛ, ~'lɛt] rather thin, slight; **maigreur** [~'grœ:r] *f* thinness; emaciation; *fig.* meagreness, poorness; **maigrir** [~'gri:r] (2a) *v/i.* grow thin; lose weight; *v/t.* make thinner; ⊕ thin (*wood*).

mail [ma:j] *m* ⊕ sledge-hammer; avenue; † *club, game*: mall.

maille[1] [mɑ:j] *f* stitch; *chain*: link; (chain-)mail; *net*: mesh; *feather*: speckle; *vine etc.*: bud; ⊕ two-handed mallet; *à larges (petites)* ~*s* wide-(close-)meshed.

maille[2] [~] *f*: *avoir* ~ *à partir avec q.* have a bone to pick with s.o.

maillechort [mɑj'ʃɔ:r] *m* nickel *or* German silver.

mailler [mɑ'je] (1a) *v/t.* net; ⚓ lace; ⊕ shackle (*chains*); ⊕ make (*s.th.*) in lattice-work; *v/i.* ⚘ bud; *a. se* ~ become speckled (*partridge etc.*).

maillet [mɑ'jɛ] *m* mallet, maul; *sp.* polo-stick; croquet mallet.

maillon [mɑ'jɔ̃] *m chain*: link; *tex.* mail; ⚓ shackle; **maillot** [ma'jo] *m* swaddling-clothes *pl.*; *sp. football*: jersey; *rowing, running*: vest; ~ *de bain woman*: swimsuit; *man*: bathing trunks *pl.*

main [mɛ̃] *f* hand (*a cards*; *a.* = *handwriting*); ✝ *paper*: quire; *cards*: deal; ~ *courante* handrail; *à la* ~ in the *or* one's hand; (*do s.th.*) by hand; *à* ~ *levée* freehanded; *à pleines* ~*s* lavishly; *avoir la* ~ *cards*: have the lead *or* deal; *bas (haut) les* ~*s!* hands off (up)!; *battre des* ~*s* clap (one's hands); *fig. de bonnes* ~*s* on good authority; *en* ~ under control; in hand; *en un tour de* ~ straight off, F in a jiffy; *en venir aux* ~*s* come to blows *or* grips; *fait à la* ~ handmade; *la* ~ *dans la* ~ hand in hand; *payer de la* ~ *à*

M N O

la ~ pay direct without formalities; *mettre la* ~ *sur* lay hands on; *prêter la* ~ lend a hand; *savoir de longue* ~ have known for a long time; *serrer la* ~ *à q.* shake hands with s.o.; *sous la* ~ to hand, at hand, handy; *sous* ~ underhanded(ly *adv.*); ~**-d'œuvre**, *pl.* ~**s-d'œuvres** ⊕ [~'dœ:vr] *f* labo(u)r; manpower; ~**forte** [~'fɔrt] *f*: *prêter* ~ give assistance (*to the police etc.*); ~**levée** ⚖ [~lə've] *f* withdrawal; ~**mise** [~'mi:z] *f* seizure (of, *sur*); ⚖ distraint; ~**morte** ⚖ [~'mɔrt] *f* mortmain.

maint, mainte *poet.* [mɛ̃, mɛ̃:t] many a; *maintes fois* many a time.

maintenance [mɛ̃t'nɑ̃s] *f* maintenance.

maintenant [mɛ̃t'nɑ̃] *adv.* now; *dès* ~ from now on, henceforth.

maintenir [mɛ̃t'ni:r] (2h) *v/t.* maintain (*a. fig.*); keep; support; uphold; se ~ continue; remain; hold one's own; **maintien** [mɛ̃'tjɛ̃] *m* maintenance; bearing, carriage; *perdre son* ~ lose countenance.

maire [mɛ:r] *m* mayor; **mairie** [mɛ'ri] *f* town hall; mayoralty.

mais [mɛ] **1.** *cj.* but; ~ *non!* no indeed!; not at all!; ~ *oui!* sure!, of course!; **2.** *adv.*: *je n'en puis* ~ I am completely exhausted; I don't know what to say.

maïs ⚘ [ma'is] *m* maize, Indian corn, *Am.* corn.

maison [mɛ'zɔ̃] *f* house; home; household; family; ⚚ (*a.* ~ *de commerce*) firm; ~ *close* brothel; ~ *d'arrêt* gaol, lock-up; ~ *de commission* commission agency; ~ *de rapport* apartment house; ~ *de santé* nursing home; mental hospital; ~ *du Roi* Royal Household; ~ *jumelle* semi-detached house; ⚚ ~ *mère* head office; *de bonne* ~ of a good family; *la* ~ *des Bonaparte* the House of Bonaparte; *tenir* ~ *ouverte* keep open house; **maisonnée** [mɛzɔ'ne] *f* household, family; **maisonnette** [~'nɛt] *f* cottage, small house.

maître, -esse [mɛ:tr, mɛ'trɛs] **1.** *su./m* master (*a. fig.*); *fig.* ruler; owner; *school*: teacher; ⚓ petty officer; ⚖ *title given to lawyers*: maître; ~ *d'armes* fencing-master; *univ.* ~ *de conférences* lecturer; ~ *d'hôtel* head-waiter; ⚓ chief steward; ~ *d'œuvre* foreman; *être* ~ *de* be in control of; have at one's disposal; *être passé* ~ *en* be a past master of *or* in; *su./f* mistress; **2.** *adj.* ⚠, ⊕, *etc.*, *a. fig.* principal, main; ~**-autel**, *pl.* ~**s-autels** *eccl.* [mɛtro'tɛl] *m* high altar; **maîtrisable** [~tri'zabl] controllable; **maîtrise** [~'tri:z] *f* mastership; *fig. feeling, profession, etc.*: mastery; command, control; **maîtriser** [~tri'ze] (1a) *v/t.* master, overcome; se ~ control o.s.

majesté [maʒɛs'te] *f* majesty; **majestueux, -euse** [~'tɥø, ~'tɥø:z] majestic, stately.

majeur, e [ma'ʒœ:r] **1.** *adj.* major (*a.* ⚖, ♪, *phls.*), greater; *fig.* main, chief; *devenir* ~ reach one's majority; **2.** *su./m* ⚖ major; middle finger; **major** ⚔ [ma'ʒɔ:r] *m* regimental adjutant; ~ *de place* town major; ~ *général* chief of staff; **majoration** [~ʒɔra'sjɔ̃] *f* over-estimation; increase; *admin.* advancement; **majordome** [~ʒɔr'dɔm] *m* major-domo, steward; **majorer** [maʒɔ're] (1a) *v/t.* over-estimate; ⚚ add to (*a bill*); increase; **majorité** [~ri'te] *f* majority (*a.* ⚖); ⚖ coming of age; ⚔ adjutancy.

majuscule [maʒys'kyl] **1.** *adj.* capital (*letter*); **2.** *su./f* capital letter.

mal [mal] **1.** *su./m* evil; hurt, harm; pain; ⚕ disease; wrong; ~ *à l'estomach* stomachache; ~ *aux reins* backache; ~ *de cœur* nausea, sickness; ~ *de l'air* air sickness; ~ *de mer* seasickness; ~ *de tête* headache; ~ *du pays* homesickness; *avoir* ~ *au ventre* have a stomachache; *avoir du* ~ *à faire qch.* have difficulty (in) doing s.th.; *donner du* ~ *à q.* give s.o. some trouble; *faire* ~ (*à q.*) hurt (s.o.); *faire du* ~ *à q.* harm s.o.; ⚕ *haut* ~ epilepsy; *prendre* ~ be taken ill; *se donner du* ~ take pains *or* trouble; **2.** *adv.* badly; ill; uncomfortable; ~ *à l'aise* ill at ease; ~ *à propos* inopportunely, at the wrong time; ~ *fait* badly made; botched (*work*); *être* ~ be uncomfortable; be wrong; *pas* ~ good-looking, presentable (*person*); quite good; F *pas* ~ *de* a good many; a lot of; *prendre* ~ *qch.* take offence at s.th.; *se sentir* ~ feel ill; *se trouver* ~ faint.

malade [ma'lad] **1.** *adj.* ill, sick; diseased; **2.** *su.* patient; sick person; **maladie** [mala'di] *f* disease; illness, sickness; ailment; ~ *de carence* deficiency disease, vitamin deficiency; ~ *infantile* childhood disease; *fig.* teething troubles *pl.*; **maladif, -ve** [~'dif, ~'di:v] sickly, ailing.

maladresse [mala'drɛs] *f* clumsiness; blunder; **maladroit, e** [~'drwa, ~'drwat] **1.** *adj.* clumsy, awkward; **2.** *su.* duffer; blunderer; awkward person.

malais, e [ma'lɛ, ~'lɛ:z] **1.** *adj.* Malay(an); **2.** *su./m ling.* Malay(an); *su.* ♀ Malay(an).

malaise [ma'lɛ:z] *f* uneasiness; discomfort; *fig.* unrest; **malaisé, e** [~lɛ'ze] difficult.

malappris, e [mala'pri, ~'pri:z] **1.** *adj.* ill-mannered; **2.** *su.* ill-mannered person.

malavisé, e [malavi'ze] **1.** *adj.* ill-advised; injudicious (*person*); **2.** *su.* blunderer.

malaxage [malak'sa:ʒ] *m* mixing; *dough*: kneading; **malaxer** [~'se] (1a) *v/t.* mix; knead (*dough*); **malaxeur** ⊕ [~'sœ:r] *m* (cement) mixer; mixing machine.

malbâti, e [malbɑ'ti] misshapen; uncouth.

malchance [mal'ʃɑ̃:s] *f* bad luck; mishap; **malchanceux, -euse** [~ʃɑ̃sø, ~'sø:z] **1.** *adj.* unlucky, luckless; **2.** *su.* unlucky person.

maldonne [mal'dɔn] *f cards*: misdeal; error, mistake; misunderstanding.

mâle [mɑ:l] **1.** *adj.* male (♀, ⊕ *screw, person*); *zo.* buck (*rabbit*), dog (*fox, wolf*), bull (*elephant*); *orn.* cock; *fig.* virile; manly; **2.** *su./m* male.

malédiction [maledik'sjɔ̃] *f* curse.

maléfice [male'fis] *m* evil spell; **maléfique** [~'fik] evil; maleficent.

malencontre † [malɑ̃'kɔ̃:tr] *f* mishap; **malencontreux, -euse** [malɑ̃kɔ̃'trø, ~'trø:z] unfortunate, awkward.

malentendu [malɑ̃tɑ̃'dy] *m* misunderstanding.

mal-être [mal'ɛ:tr] *m* (feeling of) discomfort; uneasiness.

malfaçon [malfa'sɔ̃] *f* bad workmanship; defect; **malfaire** [mal'fɛ:r] (4r) *v/i.* do evil; **malfaisant, e** [~fə'zɑ̃, ~'zɑ̃:t] harmful; mischievous; evil-minded (*person*); **malfaiteur** *m*, **-trice** *f* [~fɛ'tœ:r, ~'tris] malefactor; offender.

malfamé, e [malfa'me] ill-famed; notorious.

malformation [malfɔrma'sjɔ̃] *f* malformation (*a.* ⚕).

malgré [mal'gre] *prp.* despite, in spite of; ~ *moi* against my will; ~ *tout* still.

malhabile [mala'bil] clumsy; inexperienced (in *ger.*, *à inf.*).

malheur [ma'lœ:r] *m* bad luck; misfortune; unhappiness; ~ *à lui!* woe betide him!; *quel* ~*!* what a pity!; **malheureux, -euse** [~lœ'rø, ~'rø:z] **1.** *adj.* unlucky, unhappy; unfortunate; *fig.* poor; *fig.* paltry; **2.** *su.* unfortunate person; *pauvre* ~*!* poor soul!

malhonnête [malɔ'nɛt] dishonest; *fig.* impolite; indecent (*gesture*); **malhonnêteté** [~nɛt'te] *f* dishonesty; *fig.* rudeness; *gesture*: indecency.

malice [ma'lis] *f* malice; *fig.* trick; *ne pas voir* ~ *à* not to see any harm in; **malicieux, -euse** [~li'sjø, ~'sjø:z] mischievous; waggish, sly (*remark etc.*).

malignité [maliɲi'te] *f* malignity (*a.* ⚕); piece of spite; **malin, -igne** [~'lɛ̃, ~'liɲ] **1.** *adj.* malignant (*a.* ⚕); wicked; *fig.* cunning, sharp, sly; *fig.* clever, smart; *fig.* difficult; **2.** *su. fig.* shrewd person; *su./m*: *le* ♀ the Devil.

malingre [ma'lɛ̃:gr] sickly, weakly.

malintentionné, e [malɛ̃tɑ̃sjɔ'ne] **1.** *adj.* evil-minded, ill-intentioned; **2.** *su.* evil-minded person.

malique ⚗ [ma'lik] malic (*acid*).

mal-jugé ⚖ [malʒy'ʒe] *m* miscarriage of justice.

malle [mal] *f* trunk; ⚓ mail-boat; (*dé*)*faire sa* ~ (un)pack.

malléable [malle'abl] malleable (*a. fig.*); *fig.* pliant.

malle-poste, *pl.* **malles-poste** [mal'pɔst] *f* mail-coach; **malletier** [mal'tje] *m* trunk-maker; **mallette** [ma'lɛt] *f* suitcase; attaché case; small case.

malmener [malmə'ne] (1d) *v/t.* ill-treat, maltreat, handle roughly.

malotru, e [malɔ'try] **1.** *adj.* uncouth; vulgar; **2.** *su.* boor, churl.

malpeigné, e [malpɛ'ɲe] unkempt, untidy (*person*).

malpropre [mal'prɔpr] dirty (*a. fig.*); slovenly (*appearance*); **malpropreté** [~prɔprə'te] *f* dirtiness (*a. fig.*); dirt; slovenliness; ~*s pl.* dirty stories, F smut *sg.*

malsain, e [mal'sɛ̃, ~'sɛn] unhealthy; unwholesome (*a. fig.*); dangerous (*coast*); *fig.* unsound.

malséant, e [malse'ɑ̃, ~'ɑ̃:t] unbecoming, unseemly.

malsonnant, e [malsɔ'nɑ̃, ~'nɑ̃:t] offensive.

malt [malt] *m* malt; **malter** [mal'te] (1a) *v/t.* malt; **malterie** [~'tri] *f* malting; malt-house; **malteur** [~'tœ:r] *m* maltster; **maltose** ⚗, ⊕ [~'to:z] *m* maltose.

maltraiter [maltrɛ'te] (1a) *v/t.* ill-treat, maltreat; handle roughly; batter.

malveillance [malvɛ'jɑ̃:s] *f* malevolence, ill will, spite (to[wards] *pour, envers*); **malveillant, e** [~'jɑ̃, ~'jɑ̃:t] ill-willed; malicious; spiteful.

malversation ⚖ [malvɛrsa'sjɔ̃] *f* embezzlement; breach of trust.

malvoisie [malvwa'zi] *mf wine*: malmsey.

maman [ma'mɑ̃] *f* mam(m)a, mummy, *Am. a.* mom.

mamelle [ma'mɛl] *f* breast; *cow etc.*: udder; teat; **mamelon** [mam'lɔ̃] *m* nipple (*a.* ⊕ *for oiling*); *person, a. animal*: teat; ⊕ boss; *geog.* rounded hillock; **mamelonné, e** [~lɔ'ne] mamillate; hilly.

mamel(o)uk [mam'luk] *m* mameluke.

m'amie †, **ma mie** [ma'mi] *f* my dear.

mamillaire [mamil'lɛ:r] mamillary; **mammaire** *anat.* [~'mɛ:r] mammary; **mammifère** *zo.* [~mi'fɛ:r] **1.** *adj.* mammalian; **2.** *su./m* mammal.

mamours [ma'mu:r] *m/pl.* billing *sg.* and cooing *sg.*, caresses.

mammouth *zo.* [ma'mut] *m* mammoth.

manant [ma'nɑ̃] *m* boor; yokel; † villager.

manche[1] [mɑ̃:ʃ] *m* handle; haft; (*broom-*)stick; *whip*: stock; ♪ *violin*: neck; ✈ ~ *à balai* joy-stick; *jeter le ~ après la cognée* give up.

manche[2] [~] *f* sleeve; *water*: hose; (*air-*)shaft; *geog.* strait; *sp.* heat; *tennis*: set; *cards*: hand; ✈ ~ *à air* wind sock; *la* ♀ the (English) Channel; F *faire la ~* beg (for alms).

mancheron [mɑ̃ʃ'rɔ̃] *m plough*: handle; *cost.* cuff; short sleeve; **manchette** [mɑ̃'ʃɛt] *f* cuff; wrist-band; *journ.* headline; *sl.* ~*s pl.* handcuffs; **manchon** [~'ʃɔ̃] *m* muff; ⊕ casing, sleeve; gas-mantle.

manchot, e [mɑ̃'ʃo, ~'ʃɔt] **1.** *adj.* one-armed; *fig.* awkward with one's hands, F ham-fisted; **2.** *su.* one-armed person; *su./m orn.* penguin.

mandant [mɑ̃'dɑ̃] *m* ⚖ principal; employer; *pol.* constituent.

mandarin [mɑ̃da'rɛ̃] mandarin (*a. fig., pej.*); **mandarinat** [mɑ̃dari'na] *m* mandarinate.

mandarine ⚘ [mɑ̃da'rin] *f* mandarin(e), tangerine.

mandat [mɑ̃'da] *m* mandate; commission; ⚖ power of attorney; ⚖ warrant; ⚕ draft, order; *sous ~* mandated (*territory*); **mandataire** [mɑ̃da'tɛ:r] *su.* agent; ⚖ attorney; trustee; *pol.* mandatory; **mandat-carte,** *pl.* **mandats-cartes** [~'kart] *m post*: money order (*in post-card form*); **mandater** [~'te] (1a) *v/t.* give a mandate to; write a money order for (*a sum*); **mandat-poste,** *pl.* **mandats-poste** [~'pɔst] *m* postal money order.

mandement [mɑ̃d'mɑ̃] *m eccl.* pastoral letter; instructions *pl.*; **mander** [mɑ̃'de] (1a) *v/t.* instruct (*s.o.*); summon (*s.o.*); *journ. on mande ...* it is reported ...

mandibule *anat.* [mɑ̃di'byl] *f* mandible.

mandoline ♪ [mɑ̃dɔ'lin] *f* mandolin(e).

mandragore ⚘ [mɑ̃dra'gɔ:r] *f* mandragora, F mandrake.

mandrin ⊕ [mɑ̃'drɛ̃] *m* mandrel; chuck; punch.

manducation [mɑ̃dyka'sjɔ̃] *f* mastication; *eccl.* manducation.

manège [ma'nɛ:ʒ] *m* riding school; *fig.* trick, stratagem; (*a. ~ de chevaux de bois*) roundabout, merry-go-round.

mânes [mɑ:n] *m/pl.* manes, spirits (*of the departed*).

manette ⊕ [ma'nɛt] *f* lever (*a. mot.*); *Morse*: key.

manganèse ⚗, *min., metall.* [mɑ̃ga'nɛ:z] *m* manganese.

mangeable [mɑ̃'ʒabl] edible, eatable; **mangeaille** [~'ʒa:j] *f* † feed (*for animals*); F food, F grub; **mangeoire** [~'ʒwa:r] *f* manger; feeding-trough; **manger** [mɑ̃'ʒe] **1.** (1l) *vt/i.* eat; *v/t.* corrode (*metal*); squander (*money*); mumble (*words*); *fig.* use up, consume (*coal*, *gas*, *petrol*, *etc.*); **2.** *su./m* food; **mangetout** [mɑ̃ʒˈtu] *m/inv.* † spendthrift; ⚘ French bean; **mangeur** *m*, **-euse** *f* [mɑ̃ˈʒœːr, ~ˈʒøːz] eater; *fig.* devourer; **mangeure** † [~ˈʒyːr] *f* place eaten (*by mice*, *moths*, *etc.*).

maniabilité [manjabiliˈte] *f* handiness; manageableness; ✈, *mot.* manœuvrability; **maniable** [~ˈnjabl] manageable, manœuvrable; handy (*tool*); *fig.* tractable.

maniaque [maˈnjak] **1.** *adj.* finnicky, fussy; fanatic; suffering from a mania; **2.** *su.* ⚕ maniac; **manie** [~ˈni] *f* mania; funny habit.

maniement [maniˈmɑ̃] *m* management; handling; **manier** [~ˈnje] (1o) *v/t.* manage; handle.

manière [maˈnjɛːr] *f* manner (*a. paint. etc.*), way; *fig.* mannerisms *pl.*; ~*s pl.* manners; *à la* ~ *de* after the manner of; *de* ~ *à* so as to; *de* ~ *que* so that; *d'une* ~ *ou d'une autre* somehow or other; *en aucune* ~ in no way; *en* ~ *de* by way of; *faire des* ~*s* be affected; affect reluctance; **maniéré, e** [manjeˈre] affected; *paint. etc.* mannered; *fig.* genteel (*voice etc.*); **maniérisme** [~ˈrism] *m* mannerism.

manieur [maˈnjœːr] *m* controller; *pej.* ~ *d'argent* financier; financial adventurer.

manif F [maˈnif] *f* (*abbr. of manifestation*) demo; **manifestant, e** *pol.* [manifɛsˈtɑ̃, ~ˈtɑ̃t] **1.** *adj.* demonstrating; **2.** *su.* demonstrator; **manifestation** [~taˈsjɔ̃] *f* manifestation; *pol.* demonstration; *eccl.* revelation; **manifeste** [~ˈfɛst] **1.** *adj.* manifest, obvious; ⚖ overt; **2.** *su./m* manifesto; ⚓ manifest; **manifester** [~fɛsˈte] (1a) *v/t.* show, manifest; reveal; *se* ~ appear; show o.s.; *v/i. pol.* demonstrate.

manigance F [maniˈgɑ̃ːs] trick, scheme; F monkey business; dealings *pl.*; **manigancer** F [~gɑ̃ˈse] (1k) *v/t.* plot, scheme.

manipulateur [manipylaˈtœːr] *m* handler; *tel.* sending key; *radio*: sender; **manipulation** [~laˈsjɔ̃] *f* manipulation; handling; **manipuler** [~ˈle] (1a) *v/t.* manipulate (*a. fig.*), handle; ⚡, *tel.* operate (*a key etc.*).

manitou F [maniˈtu] *m* boss, tycoon.

manivelle ⊕ [maniˈvɛl] *f* crank (-handle).

manne[1] [man] *f* basket; (*baby's*) bassinet.

manne[2] [~] *f bibl.* manna; *fig.* godsend.

mannequin[1] [manˈkɛ̃] *m* small hamper.

mannequin[2] [manˈkɛ̃] *m* ⚕, *paint.* manikin; *paint.* lay figure; *cost.* dummy; mannequin; *fig.* puppet; **mannequiner** *paint.* [~kiˈne] (1a) *v/t.* pose (*s.o.*) unnaturally.

manœuvrabilité [manœvrabiliˈte] *f* manœuvrability; **manœuvrable** [~ˈvrabl] manageable; workable; **manœuvre** [maˈnœːvr] *su./f* working; operation; 🚂 shunting, *Am.* switching; ⚔, ⚓ manœuvre (*a. fig.*); exercise; ⚔, ⚓ movement; *fig.* intrigue; *su./m* (manual) labo(u)rer; unskilled worker; *fig.* hack; **manœuvrer** [manœˈvre] (1a) *v/t.* work (*a machine etc.*); 🚂 shunt, marshal; *vt/i.* manœuvre (*a.* ⚔, ⚓, *fig.*); **manœuvrier, -ère** [~vriˈe, ~ˈɛːr] skilful; capable.

manoir [maˈnwaːr] *m* country-house; *hist.* manor.

manomètre ⊕ [manɔˈmɛtr] *m* manometer.

manouvrier [manuvriˈe] *m* day-labo(u)rer.

manque [mɑ̃ːk] *m* lack, want; deficiency, shortage; *fig.* emptiness; *drugs etc., a. fig.* (*symptôme m de*) ~ withdrawal (symptom); ~ *de* for lack of; ~ *de foi* breach of faith; ~ *de parole* breaking of one's promise; F *à la* ~ poor, fifth-rate; **manqué, e** [mɑ̃ˈke] unsuccessful; **manquement** [mɑ̃kˈmɑ̃] *m* failure, lapse; ~ *à* breach of; **manquer** [mɑ̃ˈke] (1m) *v/t.* miss (*a. fig.*); spoil (*one's life, a picture*); *se* ~ miss one another; *v/i.* lack; be absent; be missing; fail; ~ *à q.* be missed by s.o.; ~ *à qch.* fail in s.th.; commit a breach of s.th.; ~ *de qch.* lack s.th., not to have s.th.; *ne pas* ~ *de rien* lack for nothing; ~ (*de*) *faire qch.* nearly do s.th.; *j'ai manqué* (*de*) *tomber* I nearly fell; *ne pas* ~ *de* (*inf.*) not to fail to (*inf.*).

mansarde ⚠ [mɑ̃ˈsard] *f* attic, garret(-window); *roof*: mansard.

mansuétude [mɑ̃sɥeˈtyd] *f* gentleness, meekness.

mante [mɑ̃ːt] *f* (*woman's*) sleeveless

cloak; *zo.* ~ *religieuse* (*or prie-Dieu*) praying mantis.

manteau [mɑ̃'to] *m* coat; cloak (*a. fig.*); mantle (*a. zo.*); ⊕ casing; ⚠ mantelpiece; *sous le* ~ on the quiet, secretly; **mantelet** [mɑ̃t'lɛ] *m cost.* tippet, mantlet; ⚓ port-lid; **mantille** *cost.* [mɑ̃'ti:j] *f* mantilla.

manucure [many'ky:r] *su.* manicurist; **manucurer** [~ky're] (1a) *v/t.* manicure.

manuel, -elle [ma'nɥɛl] **1.** *adj.* manual; **2.** *su./m* handbook, manual; text-book; ~ *d'entretien* instruction handbook.

manufacture [manyfak'ty:r] *f* (manu)factory; ⊕ plant; **manufacturer** [~ty're] (1a) *v/t.* manufacture; **manufacturier, -ère** [~ty'rje, ~'rjɛ:r] **1.** *adj.* manufacturing; **2.** *su./m* manufacturer; mill-owner.

manuscrit, e [manys'kri, ~'krit] **1.** *adj.* manuscript; hand-written; **2.** *su./m* manuscript.

manutention [manytɑ̃'sjɔ̃] *f* control; handling; ⚔, ⚓ store-keeping; stores *pl.*; bakery; **manutentionner** [~sjɔ'ne] (1a) *v/t.* handle; ⚔, ⚓ store; bake.

mappemonde [map'mɔ̃:d] *f* map of the world.

maquereau [ma'kro] *m icht.* mackerel; V pimp.

maquette [ma'kɛt] *f* model (*a. thea.*); ⊕ mock-up; *book*: dummy; *metall.* bloom.

maquignon [maki'ɲɔ̃] *m* horse-dealer; *pej.* shady dealer *or* go-between; **maquignonnage** [~ɲɔ'na:ʒ] *m* horse-dealing; *pej.* sharp practice; **maquignonner** [~ɲɔ'ne] (1a) *v/t.* fake up (*a horse*); arrange (*s.th.*) by sharp practices, F work, *sl.* cook.

maquillage [maki'ja:ʒ] *m* make-up; **maquiller** [~'je] (1a) *v/t.* make up; *phot.* work up; *fig.* disguise; *se* ~ make up; **maquilleur** *m*, **-euse** *f* [~'jœ:r, ~'jø:z] *thea.* make-up artist; *fig.* faker.

maquis [ma'ki] *m* scrub; *fig.* maze; jungle; ⚔ underground forces *pl.*, maquis; *prendre le* ~ go underground.

maraîcher, -ère [marɛ'ʃe, ~'ʃɛ:r] **1.** *adj.* market-(gardening)...; *culture f maraîchère* market gardening, *Am.* truck farming; **2.** *su./m* market-gardener, *Am.* truck farmer.

marais [ma'rɛ] *m* marsh; bog; swamp.

marasme [ma'rasm] *m* ⚕ marasmus, wasting; *fig.* depression (*a.* ✝).

marathon *sp.* [mara'tɔ̃] *m* marathon (*a. fig.*).

marâtre [ma'rɑ:tr] *f* step-mother; cruel *or* unnatural mother.

maraude [ma'ro:d] *f* plundering, looting; filching; F *en* ~ cruising, crawling (*taxi*); **marauder** [~ro'de] (1a) *v/i.* plunder; filch; F cruise (*taxi*).

marbre [marbr] *m* marble; *typ.* press-stone; ⊕ (sur)face-plate; *typ. sur le* ~ in type; **marbrer** [mar'bre] (1a) *v/t.* marble; *fig.* mottle; **marbrerie** [~brə'ri] *f* marble-cutting, marble-work; marble-mason's yard; **marbrier, -ère** [~bri'e, ~'ɛ:r] **1.** *adj.* marble...; **2.** *su./m* marble-cutter; monumental mason; *su./f* marble-quarry; **marbrure** [~'bry:r] *f* marbling; *fig.* mottling.

marc [ma:r] *m grapes etc.*: marc; (*tea-*)leaves *pl.*, (*coffee-*)grounds *pl.*

marcassin *zo.* [marka'sɛ̃] *m* young wild boar.

marchand, e [mar'ʃɑ̃, ~'ʃɑ̃:d] **1.** *adj.* saleable, marketable; trade (*name, price*); shopping (*centre*); commercial (*town*); ⚓ merchant (*navy, ship*); **2.** *su.* dealer, shopkeeper; (*coster-*, *fish-*, *iron-*)monger; ~ *d'antiquités* antique dealer; ~ *des quatre-saisons* costermonger; ~ *de tabac* tobacconist; ~ *en* (*or au*) *détail* retailer; ~ *en gros* wholesaler; **marchandage** [marʃɑ̃'da:ʒ] *m* bargaining; **marchander** [~'de] (1a) *v/t.* haggle with (s.o., *q.*); bargain for (s.th., *qch.*); beat (*s.o.*) down; ⊕ sub-contract (*a job*); *ne pas* ~ not to spare; **marchandeur** *m*, **-euse** *f* [~'dœ:r, ~'dø:z] bargainer; ⊕ sub-contractor of labo(u)r; **marchandise** [~'di:z] *f* merchandise, wares *pl.*, goods *pl.*; 🚂 *train m de* ~*s* goods train, *Am.* freight train.

marche[1] [marʃ] *f* walk; ⚔, ♪ march; tread; step, stair; ⊕, 🚂 *machine, train*: running; *fig. events, stars, time, etc.*: course; *fig.* (rate of) progress; ~ *arrière mot.* reversing; 🚂 backing; *en* ~ 🚂 *etc.* moving...; ⊕ running; *en état de* ~ in working order; ⊕, *a. fig. mettre en* ~ start, set going, set in motion.

marche[2] *geog.* [~] *f* border(land); march(-land).

marché [mar'ʃe] *m* market (*a. financial*); deal, bargain; ⚓~ *à terme* time-bargain; ~ *au comptant* cash transaction; ⚓, *pol.* ♀ *commun* Common Market; ~ *des changes* exchange market; ~ *du travail* labo(u)r market; ~ *intérieur* (*étranger*) home (foreign) market; ~ *noir* black market; (*à*) *bon* ~ cheap(ly); (*à*) *meilleur* ~ more cheaply; cheaper; *le bon* ~ the cheapness (of, *de*); (*aller*) *faire son* ~ go shopping; *fig. par-dessus le* ~ into the bargain.

marchepied [marʃə'pje] *m vehicle*: footboard; *mot.* running-board; *wagon*: tail-board; step-ladder; *fig.* stepping-stone.

marcher [mar'ʃe] (1a) *v/i.* walk, go (*a.* 🚂 *engine*); ⚔ *etc.* march; ⊕ run (*a.* 🚂 *train*), work; *fig.* F swallow; ⚓ sail, head (for, *vers*); ⊕ ~ *à vide* run idle; ~ *sur les pas de q.* follow in s.o.'s footsteps; ~ *sur les pieds de q.* tread on s.o.'s feet; *faire* ~ run (*a house, a business*); F *faire* ~ *q.* pull s.o.'s leg; F (*je ne*) *marche pas!* nothing doing!; F *ne pas se laisser* ~ *sur les pieds* not to let o.s. be put upon; *ma montre ne marche plus* my watch is broken; **marcheur, -euse** [~'ʃœːr, ~'ʃøːz] **1.** *adj.* walking; ⚓ *bon* ~ fast-sailing; **2.** *su.* walker; *su./m*: F *vieux* ~ old rake.

marcotte ✂ [mar'kɔt] *f* layer; runner; **marcotter** ✂ [~kɔ'te] (1a) *v/t.* layer.

mardi [mar'di] *m* Tuesday; ~ *gras* Shrove Tuesday.

mare [maːr] *f* pond; pool (*a. fig.*).

marécage [mare'kaːʒ] *m* bog, swamp; fen, marshland; **marécageux, -euse** [~ka'ʒø, ~'ʒøːz] boggy, swampy, marshy.

maréchal ⚔ [mare'ʃal] *m* marshal; (*a.* ~-*ferrant*) farrier; ~ *des logis cavalry*: sergeant; ~ *des logis-chef* battery *or* squadron sergeant-major; **maréchalat** [~ʃa'la] *m* marshalship; **maréchalerie** [~ʃal'ri] *f* horse-shoeing; smithy.

marée [ma're] *f* tide; ⚓ fresh fish; *fig.* flood, wave, surge; ~ *basse* (*haute*) low (high) tide, low (high) water; *grande* ~ springtide; *la* ~ *descend* (*monte*) the tide is going out (coming in).

marelle [ma'rɛl] *f game*: hopscotch.

marémoteur, -trice [maremɔ'tœːr, ~'tris] tidal (*energy*); *usine* ~*trice* tidal power station.

mareyeur *m*, **-euse** *f* [marɛ'jœːr, ~'jøːz] fishmonger.

margarine ⚓ [marga'rin] *f* margarine.

marge [marʒ] *f* border, edge; margin (*a. fig., a.* ⚓); *fig.* scope; ~ *bénéficiaire* profit margin; ~ *de sécurité* safety margin; *fig. en* ~ (*de*) on the fringe (of); **margelle** [mar'ʒɛl] *f well*: curb(-stone); **margeur** [~'ʒœːr] *m typ.* layer-on; *typewriter*: margin stop; **marginal, e** *m/pl.* **-aux** [~ʒi'nal, ~'no] marginal.

margotin [margɔ'tɛ] *m* bundle of firewood.

margouillis F [margu'ji] *m* mud, slush; mess.

margoulin F [margu'lɛ̃] *m* petty tradesman; swindler; (small-time) crook.

marguerite ⚘ [margə'rit] *f* daisy; *grande* ~ marguerite, ox-eye daisy; *petite* ~ daisy.

mari [ma'ri] *m* husband; **mariable** [~'rjabl] marriageable, F in the marriage market; **mariage** [~'rjaːʒ] *m* marriage; wedding; matrimony; ~ *d'amour* love match; **marié, e** [~'rje] **1.** *adj.* married; **2.** *su./m* bridegroom; *su./f* bride; **marier** [~'rje] (1o) *v/t.* marry (*a. fig.*), give *or* join in marriage; *fig.* join; *fig.* blend (*colours*); *se* ~ marry, get married; *fig.* harmonize (with, *à*); **marieur** *m*, **-euse** *f* [~'rjœːr, ~'rjøːz] matchmaker.

marihuana [marikua'na], **marijuana** [mariʒɥa'na] *f* marijuana.

marin, e [ma'rɛ̃, ~'rin] **1.** *adj.* marine (*plant*); sea...; nautical; **2.** *su./m* sailor; moist wind (*in South-Eastern France*); F ~ *d'eau douce* land-lubber.

marinade [mari'nad] *f* pickle; brine; *cuis.* marinade.

marine [ma'rin] **1.** *adj./inv.* navy (-blue); **2.** *su./f* ⚓ navy; ⚓ seamanship; *paint.* seascape; ~ *de guerre* Navy; ~ *marchande* merchant service *or* navy, *Am.* merchant marine.

mariner *cuis.* [mari'ne] (1a) *v/t.* marinade; pickle.

marinier, -ère [mari'nje, ~'njɛːr] **1.** *adj.* naval; **2.** *su./m* waterman, bargee; *su./f swimming*: side-stroke.

marionnette [marjɔ'nɛt] *f* puppet

(*a. fig.*); *théâtre m de ~s* puppet-show.

marital, e, *m/pl.* **-aux** [mari'tal, ~'to] marital; **maritalement** [~tal'mɑ̃] *adv.* maritally; *vivre ~* live together as husband and wife.

maritime [mari'tim] maritime (⚘, *law, power, province*); shipping (*agent, intelligence*); naval (*dock-yard*); marine (*insurance*); seaborne (*trade*); seaside (*town*).

maritorne [mari'tɔrn] *f* slut, slattern.

marivaudage [marivo'da:ʒ] *m* preciosity in writing; mild flirting.

marjolaine ⚘ [marʒɔ'lɛn] *f* marjoram.

marmaille F *coll.* [mar'mɑ:j] *f* children *pl.*, F kids *pl.*

marmelade [marmə'lad] *f* compote (*of fruit*); (*orange*) marmalade; F mess; *fig. en ~* pounded to a jelly.

marmite [mar'mit] *f* pan; (cooking-)pot; ⚔ F heavy shell; *~ à pression* (*or de Papin*) pressure-cooker; *~ norvégienne* hay-box; F *faire bouillir la ~* keep the pot boiling; **marmiton** [~mi'tɔ̃] *m* cook's boy; (*pastry-cook's*) errand-boy.

marmonner [marmɔ'ne] (1a) *v/t.* mumble, mutter.

marmoréen, -enne [marmɔre'ɛ̃, ~'ɛn] marmoreal, marble...; **marmoriser** ⚗ [~ri'ze] (1a) *v/t.* marmarize.

marmot [mar'mo] *m* F brat; F *croquer le ~* cool one's heels; wait.

marmotte [mar'mɔt] *f zo.* marmot, *Am.* woodchuck; ⚕ case of samples; head-scarf.

marmotter [marmɔ'te] (1a) *v/t.* mumble, mutter.

marmouset [marmu'zɛ] *m fig.* F whipper-snapper, little chap; ⊕ fire-dog.

marne ⚒, *geol.* [marn] *f* marl; **marner** [mar'ne] (1a) *v/t.* ⚒ marl; *v/i.* ⚓ rise (*tide*).

marocain, e [marɔ'kɛ̃, ~'kɛn] *adj., a. su.* ♀ Moroccan.

maronner [marɔ'ne] (1a) *vt/i.* growl, mutter.

maroquin [marɔ'kɛ̃] *m* morocco (-leather); *pol.* F ministerial portfolio; **maroquiner** [~ki'ne] (1a) *v/t.* give a morocco finish to; make (*skin*) into morocco-leather; **maroquinerie** [~kin'ri] *f* fancy leather goods *pl.*

marotte [ma'rɔt] *f* (*fool's*) cap and bells *pl.*; *hairdresser etc.*: dummy head; F fad, F bee in the bonnet.

maroufle[1] † [ma'rufl] *m* lout, hooligan.

maroufle[2] [ma'rufl] *f* strong paste; **maroufler** [~ru'fle] (1a) *v/t.* remount (*a picture*); prime, size (*canvas*); ✂ tape (*a seam*).

marquant, e [mar'kɑ̃, ~'kɑ̃:t] outstanding, prominent; **marque** [mark] *f* mark (*a.* ⚕, *a. fig.*); ⚕ brand, make (*a. mot.*); ⚕ tally; *sp.* score; *fig.* token; *fig.* highest quality; *~ au crayon* pencil mark; *~ de fabrique, ~ de fabrication* trade mark; brand (name); *~ déposée* registered trademark; *de ~* distinguished (*person*); ⚕ F choice, best quality; **marquer** [mar'ke] (1m) *v/t.* mark; stamp; brand; *sp.* score (*goals, points*); *fig.* denote, indicate; *fig.* show (*one's age, one's feelings*); *fig.* emphasize; ascertain (*facts*); *fig.* watch, keep a watch on (*one's opponent etc.*); ♪ *~ la mesure* beat time; *v/i.* be outstanding; F *~ mal* make a bad impression; **marqueter** [~kə'te] (1c) *v/t.* speckle; inlay (*wood*); **marqueterie** [~kə'tri] *f* inlaid work, marquetry; *fig.* patchwork.

marqueur, -euse [mar'kœ:r, ~'kø:z] *su.* marker; *sp.* scorer.

marquis [mar'ki] *m* marquis, marquess; **marquise** [~'ki:z] *f title*: marchioness; marquee; awning, canopy.

marraine [ma'rɛn] *f* godmother; *eccl., a. fig.* sponsor.

marrant, e *sl.* [ma'rɑ̃, ~'rɑ̃:t] screamingly funny; odd.

marre *sl.* [ma:r] *f*: *en avoir ~* be fed up (with, *de*); **marrer** *sl.* [ma're] (1a) *v/t.*: *se ~* (have a good) laugh, F split one's sides.

marri, e † [ma'ri] grieved.

marron[1] [ma'rɔ̃] **1.** *su./m* ⚘ (*edible*) chestnut; F blow; ⚘ *~ d'Inde* horse-chestnut; **2.** *adj./inv.* brown; chestnut(*-coloured*).

marron[2], **-onne** [ma'rɔ̃, ~'rɔn] unqualified; unlicensed (*taxi-driver, trader, etc.*).

maronnier ⚘ [marɔ'nje] *m* chestnut (-tree).

mars [mars] *m* March; *astr.* Mars; ⚒ *~ pl.* spring wheat *sg.*

marsouin [mar'swɛ̃] *m zo.* porpoise;

⚓ forecastle awning; ⚔ F colonial infantry soldier.

marsupial *m*, **-e** *f*, *m/pl.* **-aux** *zo.* [marsy'pjal, ~'pjo] *adj.*, *a. su./m* marsupial.

marteau [mar'to] *m* hammer (*a.* ♪, *a. anat.*); (*door-*)knocker; *clock*: striker; *icht.* hammerhead; ~ *pneumatique* pneumatic drill; **~-pilon,** *pl.* **~x-pilons** *metall.* [~topi'lɔ̃] *m* power-hammer; forging-press.

martel [mar'tɛl] *m* † hammer; *fig. se mettre* ~ *en tête* worry; **marteler** [~tə'le] (1d) *v/t.* hammer; pound; *fig.* ~ *ses mots* speak each word with emphasis.

martial, e, *m/pl.* **-aux** [mar'sjal, ~'sjo] martial (*a. law*); soldierly; **martien, -enne** [~'sjɛ̃, ~'sjɛn] *adj.*, *a. su.* ♀ Martian.

martinet[1] [marti'nɛ] *m* ⊕ tilt-hammer; (small) whip.

martinet[2] *orn.* [~] *m* swift, martlet.

martin-pêcheur, *pl.* **martins-pêcheurs** *orn.* [martɛ̃pɛ'ʃœːr] *m* kingfisher.

martre *zo.* [martr] *f* marten.

martyr *m*, **e** *f* [mar'tiːr] martyr; *enfant m* ~ battered child; **martyre** [~'tiːr] *m* martyrdom; *fig.* agonies *pl.*; **martyriser** [~tiri'ze] (1a) *v/t. eccl.* martyr; *fig.* torment; *fig.* make a martyr of.

marxiser [marksi'ze] (1a) *v/t.* make Marxist; se ~ become Marxist; **marxisme** *pol.* [mark'sism] *m* Marxism; **marxiste** *pol.* [~'sist] *adj.*, *a. su.* Marxist.

mas [mɑs] *m* small farmhouse.

mascarade [maska'rad] *f* masquerade (*a. fig.*).

mascaret [maska'rɛ] *m* bore, tidal wave.

mascotte [mas'kɔt] *f* mascot, charm.

masculin, e [masky'lɛ̃, ~'lin] **1.** *adj.* masculine; male; **2.** *su./m gramm.* masculine.

masochiste [mazɔ'ʃist] *su.* masochist.

masque [mask] *m* mask (*a. fig.*); *fig.* cloak, cover; *thea.* masque; masquerader; ~ *à gaz* gas-mask, respirator; **masquer** [mas'ke] (1m) *v/t.* mask; *fig.* conceal; ⚓ back (*a sail*).

massacrant, e [masa'krɑ̃, ~'krɑ̃ːt] *adj.*: *humeur f* ~*e* bad *or* F foul temper; **massacre** [~'sakr] *m* massacre; slaughter (*a. fig.*); **massacrer** [masa'kre] (1a) *v/t.* massacre, slaughter; *fig.* make a hash of, ruin; murder (*music*); *tennis*: kill (*a ball*); **massacreur** *m*, **-euse** *f* [~'krœːr, ~'krøːz] slaughterer; *fig.* bungler; *fig. music*: murderer.

massage ⚕ [ma'saːʒ] *m* massage.

masse[1] [mas] *f* ⊕ sledge-hammer; (*ceremonial*) mace.

masse[2] [~] *f* ⚔, *phys.*, *fig.* mass; ⚘ bulk; ⚘ fund; ⚡ earth; *persons, water*: body; *fig.* crowd, heap; *en* ~ in a body; as a whole; *fig.* mass..., a great number of.

massé [ma'se] *m billiards*: massé (shot).

massepain [mas'pɛ̃] *m* marzipan.

masser[1] [ma'se] (1a) *v/t.* mass (*people*); se ~ form a crowd.

masser[2] [ma'se] (1a) *v/t.* ⚕ massage; rub down (*a horse*); **masseur** [~'sœːr] *m* (*a.* ~ *kinésithérapeute*) masseur; **masseuse** [~'søːz] *f* masseuse.

massicot[1] ⚗, ⊕ [masi'ko] *m* yellow lead.

massicot[2] [~] *m books*: guillotine, trimmer.

massier [ma'sje] *m* mace-bearer.

massif, -ve [ma'sif, ~'siːv] **1.** *adj.* massive, bulky; heavy; solid (*gold*); **2.** *su./m* clump, cluster; ⚠ block, solid mass; *geog.* mountain mass.

massue [ma'sy] *f* club (*a. zo.*, ⚘); *fig. en coup de* ~ sledge-hammer (*arguments*).

mastic [mas'tik] *m iron etc.*: mastic; *glazier*: cement; putty; *tooth*: filling, stopping.

masticateur [mastika'tœːr] **1.** *adj./m* masticatory; **2.** *su./m* masticator; **masticatoire** [~'twaːr] **1.** *adj.* masticatory; **2.** *su./m* ⚕ masticatory; chewing-gum.

mastiquer[1] [masti'ke] (1m) *v/t.* masticate; chew.

mastiquer[2] [~] (1m) *v/t.* ⊕ cement; stop (*a hole*, *a. a tooth*); putty (*a window*).

mastroquet F [mastrɔ'kɛ] *m* public-house keeper, F pub-keeper.

masure [ma'zyːr] *f* hovel, shack.

mat[1], **mate** [mat] dull, flat, lustreless (*colour*); heavy (*bread, dough*).

mat[2] [~] *adj./inv.* checkmated; *être* ~ be checkmate; *faire* ~ checkmate (*s.o.*).

mât [mɑ] *m* ⚓ mast; (*tent-*)pole; ✈ strut; ~ *de pavillon* flagstaff, flagpole; 🚂 ~ *de signaux* signalpost; ⚓ *navire m à trois* ~*s* threemaster.
matador [mata'dɔːr] *m* matador; *fig.* magnate; *fig.* bigwig.
matamore [mata'mɔːr] *m* swashbuckler.
match, *pl. a.* **matches** *sp.* [matʃ] *m* match; ~ *de championnat* league match; ~ *de retard* match in hand; ~ *retour* return match.
matelas [mat'la] *m* mattress; ⊕ ~ *d'air* air-cushion; ~ *pneumatique* air-bed, air-mattress; **matelasser** [matla'se] (1a) *v/t.* pad; stuff; *porte f matelassée* baize door; **matelassier** *m*, **-ère** *f* [~'sje, ~'sjɛːr] mattress-maker; mattress-cleaner; **matelassure** [~'syːr] *f* padding, stuffing.
matelot [mat'lo] *m* sailor; **matelote** [~'lɔt] *f cuis.* matelote; † (*approx.*) hornpipe; *à la* ~ sailor-fashion.
mater[1] [ma'te] (1a) *v/t.* mat, dull; ⊕ hammer; work (*the dough*).
mater[2] [~] (1a) *v/t.* (check)mate (*at chess*); *fig.* subdue, humble.
mâter ⚓ [mɑ'te] (1a) *v/t.* mast; rig (*booms*); up-end (*a boat*).
matérialiser [materjali'ze] (1a) *v/t. a.* se ~ materialize; **matérialisme** [~'lism] *m* (~ *dialectique* dialectic) materialism; **matérialiste** **1.** *adj.* materialistic; **2.** *su.* materialist; **matériau** △ [~'rjo] *m* material; **matériaux** ⊕, △, *fig.* [~'rjo] *m/pl.* materials; **matériel, -elle** [~'rjɛl] **1.** *adj.* material; physical; *fig.* sensual; ⚖ *dommages m/pl.* ~*s* damage *sg.* to property; *vie f* ~*elle* necessities *pl.* of life; **2.** *su./m* ⊕ plant; apparatus; *school, a.* ⚓: furniture; *war*: material; *computer*: hardware; ~ *humain* manpower; men *pl.*; 🚂 ~ *roulant* rolling stock.
maternel, -elle [matɛr'nɛl] maternal; mother (*tongue*); *école f* ~*elle* infant school; **maternité** [~ni'te] *f* maternity, motherhood; maternity hospital.
mathématicien *m*, **-enne** *f* [matemati'sjɛ̃, ~'sjɛn] mathematician; **mathématique** [~'tik] **1.** *adj.* mathematical; **2.** *su./f*: ~*s pl.* mathematics; ~*s pl. spéciales* higher mathematics.
matière [ma'tjɛːr] *f* material; matter, substance; *fig.* subject; *fig.* grounds *pl.* (*oft.* ⚖); *anat., fig.* ~ *grise* grey matter; ~*s pl. premières* raw material *sg.*; ⊕ ~*s plastiques* plastics; *en* ~ *de* as regards; in matters of; *en la* ~ on the subject; *entrer en* ~ broach the subject; *table f des* ~*s* table of contents.
matin [ma'tɛ̃] **1.** *su./m* morning; *au* ~ in the morning; *de bon* (*or grand*) ~, *au petit* ~ early in the morning; **2.** *adv.* early.
mâtin [mɑ'tɛ̃] *su./m* mastiff hound.
matinal, e, *m/pl.* **-aux** [mati'nal, ~'no] morning...; early; *être* ~ be an early riser (*person*); **matinée** [~'ne] *f* morning, forenoon; morning's work; *cost.* wrapper; *thea.* matinee, afternoon performance; *faire la grasse* ~ sleep late, F have a lie in; **matines** *eccl.* [ma'tin] *f/pl.* mat(t)ins; **matineux, -euse** [mati'nø, ~'nøːz] **1.** *adj.* early rising; **2.** *su.* early riser; **matinier, -ère** [~'nje, ~'njɛːr] *adj.*: *l'étoile f* ~*ère* the morning star.
matir [ma'tiːr] (2a) *v/t.* mat, dull; ⊕ hammer.
matois, e [ma'twa, ~'twaːz] **1.** *adj.* sly, foxy, cunning; **2.** *su.* crafty person.
matou *zo.* [ma'tu] *m* tom-cat.
matraquage [matra'kaːʒ] *m* bludgeoning, *etc.*; *see matraquer*; **matraque** [ma'trak] *f* bludgeon; rubber truncheon; **matraquer** [matra'ke] (1a) *v/t.* bludgeon, beat (*s.o.*) up; *fig.* overcharge (*customer, etc.*), overburden (*tax-payer etc.*); *fig.* bombard (*the public*); *fig.* plug (*a song, etc.*).
matriarcat [matriar'ka] *m* matriarchy; **matrice** [~'tris] **1.** *su./f* matrix; ⊕ die; ⊕ master record; *typ.* type mo(u)ld; *anat.* womb, uterus; **2.** *adj.* primary (*colour*); mother (*church, tongue*); **matricer** ⊕ [matri'se] (1k) *v/t.* stamp (out); swage; **matricide** [~'sid] **1.** *su. person*: matricide; *su./m crime*: matricide; **2.** *adj.* matricidal.
matricule [matri'kyl] *su./f* roll, register; registration; *su./m* registration *or* reference number; ⚔ regimental number; *sl. ça devient mauvais pour son* ~ his number is up, things are going to be hot for him.
matrimonial, e, *m/pl.* **-aux** [matrimɔ'njal, ~'njo] matrimonial.
matrone [ma'trɔn] *f* matron.
maturation [matyra'sjɔ̃] *f* ripening; *tobacco*: maturing.

mâture ⚓ [mɑ'ty:r] *f* masting; *coll.* masts *pl.*; sheer-legs *pl.*
maturité [matyri'te] *f* maturity; ripeness; *avec* ~ after mature consideration.
matutinal, e, *m/pl.* **-aux** [matyti'nal, ~'no] matutinal.
maudire [mo'di:r] (4p) *v/t.* curse; *fig.* grumble about; **maudit, e** [~'di, ~'dit] **1.** *p.p. of maudire*; **2.** *adj.* (ac)cursed; *fig.* execrable, damnable.
maugréer [mogre'e] (1a) *v/i.* curse; *fig.* grumble (about, at *contre*).
maure [mɔ:r] **1.** *adj./m* Moorish; **2.** *su./m* ♀ Moor; **mauresque** [mɔ'rɛsk] **1.** *adj.* Moorish; ⚠ Moresque; **2.** *su./f* ♀ Moorish woman.
mausolée [mozɔ'le] *m* mausoleum.
maussade [mo'sad] surly, sullen; *fig.* depressing, dull (*weather*); irritable (*person, tone*); **maussaderie** [~sa'dri] *f* sullenness; irritability, peevishness.
mauvais, e [mɔ'vɛ, ~'vɛ:z] **1.** *adj.* bad (*a. influence, news,* ⚘ *season*); evil, wicked; wrong; ill; nasty, unpleasant; offensive (*smell*); ⚕ severe (*illness*); ~*e excuse* lame excuse; ~*e foi* dishonesty; unfairness; ~*e tête* unruly *or* obstinate person; *de* ~*e humeur* in a bad temper; **2.** *mauvais adv.*: *il fait* ~ the weather is bad; *sentir* ~ smell bad, stink.
mauve [mo:v] *su./f* ⚘ mallow; *su./m, a. adj.* mauve, purple.
mauviette [mo'vjɛt] *f orn.* skylark; *fig.* frail person; **mauvis** *orn.* [~'vi] *m* redwing.
maxillaire *anat.* [maksil'lɛ:r] *m* jaw-bone; ~ *supérieur* maxilla.
maximal, e, *m/pl.* **-aux** [maksi'mal, ~'mo] maximal; **maxime** [mak'sim] *f* maxim; **maximiser** [~simi'ze] (1a) *v/t.* maximize; **maximum,** *pl. a.* **maxima** [~si'mɔm, ~'ma] *su./m, a. adj.* maximum; *porter au* ~ maximize.
mayonnaise *cuis.* [majɔ'nɛ:z] *f* mayonnaise.
mazout [ma'zut] *m* fuel oil; crude oil.
me [mə] **1.** *pron./pers.* me; to me; ~ *voici!* here I am!; **2.** *pron./rfl.* myself, to myself.
méandre [me'ɑ̃:dr] *m* wind(ing), bend; *faire des* ~*s* meander, wind (*river*).
mec F [mɛk] *m* guy, fellow.
mécanicien [mekani'sjɛ̃] *m* mechanic; engineer; 🚂 engine driver, *Am.* engineer; **mécanique** [~'nik] **1.** *adj.* mechanical; **2.** *su./f* mechanics *sg.*; mechanism, (piece of) machinery; engineering; *phys.* ~ *ondulatoire* wave-mechanics *sg.*; **mécaniser** [~ni'ze] (1a) *v/t.* mechanize; turn (*s.o.*) into a machine; **mécanisme** [~'nism] *m* mechanism; machinery.
mécano ⊕ F [meka'no] *m* mechanic.
méchamment [meʃa'mɑ̃] *adv. of méchant*; **méchanceté** [~ʃɑ̃s'te] *f* nastyness; meanness; malice, spite; spiteful remark *or* action; **méchant, e** [~'ʃɑ̃, ~'ʃɑ̃:t] **1.** *adj.* nasty; mean; bad; spiteful; *fig.* † poor, sorry, paltry; *il n'est pas* ~ he's all right; he's harmless; **2.** *su./m* naughty boy; *su./f* naughty girl.
mèche[1] [mɛʃ] *f candle, lamp*: wick; ⚒ match fuse; *whip*: cracker, *Am.* snapper; *hair*: lock; ⊕ bit, drill; *éventer la* ~ discover a secret; *vendre la* ~ let the cat out of the bag, *sl.* blow the gaff.
mèche[2] F [~] *f*: *de* ~ *avec* in collusion with; hand in glove with; *il n'y a pas* ~! it can't be done!
mécompte [me'kɔ̃:t] *m* miscalculation, mistake in reckoning, error; *fig.* disappointment.
méconnaissable [mekɔnɛ'sabl] unrecognizable; hardly recognizable; **méconnaissance** [~nɛ'sɑ̃:s] *f* failure to recognize; **méconnaître** [~'nɛ:tr] (4k) *v/t.* refuse to recognize, cut; *fig.* not to appreciate; *fig.* underrate; *fig.* disown.
mécontent, e [mekɔ̃'tɑ̃, ~'tɑ̃:t] dissatisfied, discontented (with, *de*); annoyed (at, *de*; that, *que*); **mécontentement** [~tɑ̃t'mɑ̃] *m* dissatisfaction (with, *de*); displeasure, annoyance (at, *de*); *pol.* disaffection; **mécontenter** [~tɑ̃'te] (1a) *v/t.* dissatisfy; displease, annoy.
mécréant, e [mekre'ɑ̃, ~'ɑ̃:t] **1.** *adj.* unbelieving; heterodox; **2.** *su.* unbeliever; misbeliever; miscreant.
médaille [me'da:j] *f* medal; badge; ⚠ medallion; **médaillé, e** [meda'je] **1.** *adj.* decorated; holding a medal; **2.** *su.* medallist; medal-winner, prize-winner; **médaillier** [~'je] *m* medal cabinet; collection of medals; **médailliste** [~'jist] *m*

collector of medals; medal-maker; **médaillon** [~ˈjɔ̃] *m* medallion; locket; *journ.* inset; *cuis. butter*: pat; *cuis.* medaillon.
médecin [metˈsɛ̃] *m* doctor, physician; ⚓ ~ *du bord* ship's doctor; ~ *légiste* medical expert; ~ *traitant* doctor in charge of the case; *femme f* ~ lady doctor; **médecine** [~ˈsin] *f* medicine; ~ *légale* forensic medicine.
media, média [meˈdja] *m/pl.* (mass) media.
médian, e [meˈdjɑ̃, ~ˈdjan] median; middle...; *foot.* half-way (*line*); **médiat, e** [~ˈdja, ~ˈdjat] mediate; **médiateur, -trice** [medjaˈtœːr, ~ˈtris] **1.** *adj.* mediatory; **2.** *su.* mediator; intermediary; *pol.* ombudsman; **médiation** [~ˈsjɔ̃] *f* mediation.
médical, e, *m/pl.* **-aux** [mediˈkal, ~ˈko] medical; **médicalisation** [~kalizaˈsjɔ̃] *f* medical care; **médicaliser** [~kaliˈze] (1a) *v/t.* provide medical care for; **médicament** [medikaˈmɑ̃] *m* medicament, F medicine; **médicamenter** [~mɑ̃ˈte] (1a) *v/t.* doctor, dose (*s.o.*); **médicamenteux, -euse** [~mɑ̃ˈtø, ~ˈtøːz] medicinal; **médicastre** [mediˈkastr] *m* quack (doctor); **médication** [~kaˈsjɔ̃] *f* medical treatment, medication; **médicinal, e,** *m/pl.* **-aux** [~siˈnal, ~ˈno] medicinal; **médico-legal, e,** *m/pl.* **-aux** [~kɔleˈgal, ~ˈgo] medico-legal.
médiéval, e, *m/pl.* **-aux** [medjeˈval, ~ˈvo] medi(a)eval; **médiéviste** [~ˈvist] *su.* medi(a)evalist.
médiocre [meˈdjɔkr] mediocre; poor, second-rate; indifferent; **médiocrité** [~djɔkriˈte] *f* mediocrity; F *person*: second-rater.
médire [meˈdiːr] (4p) *v/i.*: ~ *de q.* slander s.o., speak ill of s.o., F run s.o. down; **médisance** [mediˈzɑ̃ːs] *f* slander; scandal-mongering; **médisant, e** [~ˈzɑ̃, ~ˈzɑ̃ːt] **1.** *adj.* slanderous, backbiting; **2.** *su.* slanderer; scandal-monger.
méditatif, -ve [meditaˈtif, ~ˈtiːv] meditative; contemplative, pensive; **méditation** [~taˈsjɔ̃] *f* meditation (*a. eccl.*); cogitation, thought; **méditer** [~ˈte] (1a) *v/i.* meditate; *v/t.* contemplate (*s.th.*).
méditerrané, e *geog.* [meditɛraˈne] mediterranean.
médium [meˈdjɔm] *m psychics*: medium; ♪ middle register.
médius *anat.* [meˈdjys] *m* middle finger.
médullaire ⚘, *anat.* [medylˈlɛːr] medullary.
méduse [meˈdyːz] *f* jelly-fish; **méduser** [~dyˈze] (1a) *v/t.* dumbfound; petrify.
meeting *sp., pol.* [miˈtiŋ] *m* meeting.
méfaire † [meˈfɛːr] *v/i. occurs only in inf.* do wrong; **méfait** [~ˈfɛ] *m* misdeed; *fig.* ill *or* damaging effect, ravages *pl.*
méfiance [meˈfjɑːs] *f* distrust; **méfiant, e** [~ˈfjɑ̃, ~ˈfjɑ̃ːt] suspicious, distrustful; **méfier** [~ˈfje] (1o) *v/t.*: se ~ be on one's guard; se ~ *de* be suspicious of, distrust; look out for, watch.
mégalo... [megalɔ] megalo...; **~mane** [~ˈman] *su.* megalomaniac; **~manie** [~maˈni] *f* megalomania; **~pole** [~ˈpɔl] *f* megalopolis.
mégaphone [megaˈfɔn] *m* megaphone.
mégarde [meˈgard] *f*: *par* ~ inadvertently; accidentally.
mégatonne [megaˈtɔn] *f* megaton.
mégère [meˈʒɛːr] *f* shrew, termagant.
mégot F [meˈgo] *m cigarette*: fag end, *Am.* butt; *cigar*: stump; (poor) cigar; **mégoter** F [~gɔˈte] (1a) *v/i.* skimp (on, *sur*).
meilleur, e [mɛˈjœːr] **1.** *adj.* better; *le* ~ the better (*of two*), the best (*of several*); **2.** *su./m* best (thing).
mélancolie [melɑ̃kɔˈli] *f* melancholy, gloom; ⚕ melancholia; **mélancolique** [~ˈlik] mournful, gloomy, melancholy; ⚕ melancholic.
mélange [meˈlɑ̃ːʒ] *m* mixture, blend; *cards:* shuffling; **~s** *pl.* miscellany *sg.*; ~ *réfrigérant* freezing-mixture; **mélanger** [melɑ̃ˈʒe] (1l) *v/t. a.* se ~ mix; blend; **mélangeur** [~ˈʒœːr] *m* mixing-machine, mixer.
mélasse [meˈlas] *f* molasses *pl.*, treacle; *sl. dans la* ~ in the soup.
mêlée [mɛˈle] *f* ⚔ mêlée, fray; scuffle; scramble; *sp. rugby*: scrum; **mêler** [~] (1a) *v/t.* mix; mingle, blend; ~ *q. à* (*or dans*) involve s.o. in; se ~ *à* join; mix with; se ~ *de* meddle in, interfere in *or* with; dabble in (*politics*).

mélèze ⚘ [meˈlɛːz] *m* larch.

mélilot ⚘ [meliˈlo] *m* sweet clover, melilot.

méli-mélo, *pl.* **mélis-mélos** F [melimeˈlo] *m* jumble; clutter; hotchpotch.

mellifère [mɛlliˈfɛːr] honey-bearing; **mellifique** [~ˈfik] mellific, honey-making; **melliflue** *fig.* [~ˈfly] mellifluous, honeyed.

mélodie [melɔˈdi] *f* ♪ melody, tune; melodiousness; **mélodieux, -euse** [~ˈdjø, ~ˈdjøːz] melodious, tuneful; **mélodique** ♪ [~ˈdik] melodic; **mélodrame** [~ˈdram] *m* melodrama; **mélomane** [~ˈman] **1.** *adj.* mad on music; **2.** *su.* melomaniac.

melon [məˈlɔ̃] *m* ⚘ melon; bowler (hat).

membrane [mɑ̃ˈbran] *f* ⚘, *anat.*, ⊕ membrane; *zo. duck, goose, etc.*: web; **membraneux, -euse** [~braˈnø, ~ˈnøːz] membranous.

membre [mɑ̃ːbr] *m* member; *body*: limb; ⚓ rib; **membré, e** [mɑ̃ˈbre] *adj.*: *bien* ~ well-limbed; **membru, e** [~ˈbry] strong-limbed; big-limbed; **membrure** [~ˈbryːr] *f coll.* limbs *pl.*, ⚓ ribs *pl.*; ✈ frame.

même [mɛːm] **1.** *adj.* same; *after noun*: self, very; *ce* ~ *soir* the same evening; *ce soir* ~ this very evening; *en* ~ *temps* at the same time; *la bonté* ~ kindness itself; *les* ~*s personnes* the same persons; *see vous-même*; **2.** *adv.* even; *à* ~ *de (inf.)* able to (*inf.*), in a position to (*inf.*); *boire à* ~ *la bouteille* drink out of the bottle; *de* ~ in the same way, likewise; *de* ~ *que* like, (just) as; *pas* ~ not even; *quand* ~ even if; all the same; *tout de* ~ all the same; *voire* ~ … indeed …

mémère F [meˈmɛːr] *f* mother, F mum(my); grandmother, F granny.

mémoire[1] [meˈmwaːr] *f* memory; *de* ~ by heart, from memory; *de* ~ *d'homme* within living memory; *en* ~ *de* in memory of.

mémoire[2] [~] *m* memorandum; memorial; memoir, dissertation; ⚖ abstract; ~*s pl.* transactions; ♀*s pl.* (*historical*) memoirs.

mémorable [memɔˈrabl] memorable, noteworthy; **mémorial** [~ˈrjal] *m* Gazette; ♀ memoirs *pl.*; **mémorialiste** [~rjaˈlist] *m* memorialist.

menace [məˈnas] *f* threat, menace; **menacer** [~naˈse] (1k) *v/t.* threaten (with, *de*).

ménage [meˈnaːʒ] *m* housekeeping; housework; † set of furniture; *fig.* household, family; *fig.* married couple; *faire bon* ~ (*avec*) get on well (with); *faire le* ~ do the housework; *faux* ~ unmarried couple living together; *femme f de* ~ charwoman, cleaner; *être heureux en* ~ be happily married; *jeune* ~ newly married couple; *monter son* ~ set up house; *tenir le* ~ *de* keep house for; **ménagement** [~naʒˈmɑ̃] *m* care; consideration, caution.

ménager[1] [menaˈʒe] (1l) *v/t.* save; use economically, make the most of; arrange; provide.

ménager[2]**, -ère** [menaˈʒe, ~ˈʒɛːr] **1.** *adj.* domestic; *fig.* thrifty, sparing (of, *de*); *enseignement m* ~ domestic science; **2.** *su./f* housewife; housekeeper; canteen of cutlery; cruet-stand; **ménagerie** [~naʒˈri] *f* menagerie.

mendiant, e [mɑ̃ˈdjɑ̃, ~ˈdjɑ̃ːt] **1.** *adj.* mendicant; **2.** *su.* beggar; *su./m*: F *les quatre* ~*s pl.* figs, raisins, almonds and hazel-nuts as dessert; **mendicité** [~disiˈte] *f* begging; beggary; beggardom; **mendier** [~ˈdje] (1o) *v/i.* beg; *v/t.* beg for; ~ *des compliments* fish for compliments; **mendigot** F [~diˈgo] *m* beggar.

meneau △ [məˈno] *m* mullion; *à* ~*x* mullioned.

menée [məˈne] *f hunt.* track; *fig.* manœuvre, intrigue.

mener [~] (1d) *v/t.* lead; take, get (s.o. to, *q. à*); ⚒ draw (*a line*); *fig.* run, control, manage; steer (*a boat*); ~ *qch. à bien* (*or à bonne fin*) see s.th. through; ~ *par le bout du nez* lead by the nose; *cela peut le* ~ *loin* that may take him a long way; *v/i.* lead (to, *à*).

ménestrel *hist.* [menɛsˈtrɛl] *m* minstrel; **ménétrier** [~neˈtrje] *m* village musician, fiddler.

meneur [məˈnœːr] *m* leader; ringleader; driver; *pej.* agitator, fomenter; ~ *de jeu* emcee, *Br. a.* compère; quizmaster.

menhir *geol.* [meˈniːr] *m* menhir.

méninge [menɛ̃ʒ] *m anat.* meninx; F ~*s pl.* brains; F *se creuser les* ~*s* rack one's brains; F *se fatiguer les* ~*s*

overtax one's brains; **méningite** ⚕ [menɛ̃ˈʒit] *f* meningitis.
ménisque *anat.* [meˈnisk] *m* meniscus.
ménopause ⚕ [menɔˈpoːz] *f* menopause.
menotte [məˈnɔt] *f* ⊕ handle; *mot. etc.* link; F little hand; ∼*s pl.* handcuffs.
mensonge [mɑ̃ˈsɔ̃ːʒ] *m* lie, falsehood; *fig.* delusion; ∼ *officieux* (*or pieux*) white lie; **mensonger, -ère** [∼sɔ̃ˈʒe, ∼ˈʒɛːr] untrue; false; *fig.* illusory.
mensualité [mɑ̃sɥaliˈte] *f* monthly payment *or* instalment; monthly salary; **mensuel, -elle** [∼ˈsɥɛl] **1.** *adj.* monthly; **2.** *su.* employee paid by the month.
mensurations [mɑ̃syraˈsjɔ̃] *f/pl.* measurements.
mental, e, *m/pl.* **-aux** [mɑ̃ˈtal, ∼ˈto] mental; *restriction f* ∼*e* mental reservation; **mentalité** [∼taliˈte] *f* mentality.
menterie F [mɑ̃ˈtri] *f* lie, F fib; **menteur, -euse** [∼ˈtœːr, ∼ˈtøːz] **1.** *adj.* lying; deceptive, false; **2.** *su.* liar, F fibber.
menthe ⚘ [mɑ̃ːt] *f* mint.
mention [mɑ̃ˈsjɔ̃] *f* mention; *faire* ∼ *de* = **mentionner** [∼sjɔˈne] (1a) *v/t.* mention; name.
mentir [mɑ̃ˈtiːr] (2b) *v/i.* lie (to, *à*).
menton [mɑ̃ˈtɔ̃] *m* chin; **mentonnet** [mɑ̃tɔˈnɛ] *m* ⊕ catch; ⊕ lug; 🚂 flange; **mentonnière** [∼ˈnjɛːr] *f* (*bonnet-*)string; ⚕ chin-bandage; ⚔ check-strap; ♪ *violin*: chin-rest.
mentor [mɛ̃ˈtɔːr] *m* mentor.
menu, e [məˈny] **1.** *adj.* small; fine; minute (*details, fragments*); slim, slender (*figure*); petty, trifling; **2.** *menu adv.* small, fine; *hacher* ∼ mince; chop (*s.th.*) up small; **3.** *su./m* detail; *meal*: menu; ∼ *à prix fixe* table d'hôte; *par le* ∼ in detail.
menuiser [mənɥiˈze] (1a) *v/t.* cut (*wood*) down; *v/i.* do woodwork; **menuiserie** [∼nɥizˈri] *f* woodwork, carpentry; joiner's shop; **menuisier** [∼nɥiˈzje] *m* joiner; carpenter.
méphitique [mefiˈtik] noxious, foul; *gaz m* ∼ choke-damp.
méplat, e [meˈpla, ∼ˈplat] **1.** *adj.* flat; ⚠ flat-laid; in planks (*wood*); **2.** *su./m* flat part; *geol. rock*: ledge.
méprendre [meˈprɑ̃ːdr] (4aa) *v/t.*: se ∼ *sur* be mistaken about, misjudge; *fig. à s'y* ∼ to the life; *il n'y a pas à s'y* ∼ there can be no mistake.
mépris [meˈpri] *m* contempt, scorn; *au* ∼ *de* in defiance of, contrary to; **méprisable** [mepriˈzabl] contemptible; **méprisant, e** [∼ˈzɑ̃, ∼ˈzɑ̃ːt] scornful, contemptuous.
méprise [meˈpriːz] *f* mistake.
mépriser [mepriˈze] (1a) *v/t.* despise; scorn.
mer [mɛːr] *f* sea; tide; ∼ *haute* high tide; *haute* ∼ open sea; *porter de l'eau à la* ∼ carry coals to Newcastle.
mercanti F [mɛrkɑ̃ˈti] *m* profiteer; **mercantile** [∼ˈtil] profit-minded, mercenary; *esprit m* ∼ (absolute) profit-mindedness.
mercenaire [mɛrsəˈnɛːr] **1.** *adj.* mercenary (*a.* ⚔); **2.** *su./m* hireling; ⚔ mercenary.
mercerie [mɛrsəˈri] *f* haberdashery; haberdasher's (shop), *Am.* notions shop.
merci [mɛrˈsi] **1.** *adv.* thank you, thanks (for, *de*); ∼ *bien*, ∼ *beaucoup* many thanks, thank you very much; **2.** *su./m* thanks *pl.*; *su./f* mercy; *à la* ∼ *de* at the mercy of; *crier* ∼ cry mercy, beg for mercy; *sans* ∼ pitiless(ly *adv.*), merciless(ly *adv.*).
mercier *m*, **-ère** *f* [mɛrˈsje, ∼ˈsjɛːr] haberdasher; small-ware dealer.
mercredi [mɛrkrəˈdi] *m* Wednesday.
mercure ⚗ [mɛrˈkyːr] *m* mercury, quicksilver; **mercureux** ⚗ [∼kyˈrø] *adj./m* mercurous.
mercuriale [mɛrkyˈrjal] *f* ⚚ market-prices *pl.*; F *fig.* reprimand.
mercuriel, -elle [mɛrkyˈrjɛl] mercurial.
merde V [mɛrd] **1.** *su./f* shit; **2.** *int.* hell!; **merdier** *sl.* [mɛrˈdje] *m* (hell of a) mess.
mère [mɛːr] *f* mother (*a. fig.*); ⊕ die; mo(u)ld; *fig.* source, root; ∼(-)*célibataire* unmarried mother; ∼ *patrie* mother country; ⚚ *maison f* ∼ head office.
méridien, -enne [meriˈdjɛ̃, ∼ˈdjɛn] **1.** *adj. geog.* meridian; midday; *astr.* transit; **2.** *su./m* meridian; *su./f* meridian line; midday nap; sofa;
méridional, e, *m/pl.* **-aux** [∼djɔˈnal, ∼ˈno] **1.** *adj.* south(ern); me-

ridional; **2.** *su.* southerner; meridional.
meringue *cuis.* [mə'rɛ̃:g] *f* meringue.
mérinos ⚘, *zo.* [meri'nos] *m* merino.
merise ⚘ [mə'ri:z] *f* wild cherry; **merisier** [~ri'zje] *m* wild cherry (-tree).
mérite [me'rit] *m* merit; quality; ability; *sans* ~ undeserving; **mériter** [meri'te] (1a) *vt/i.* deserve, merit; **méritoire** [~'twa:r] meritorious, praiseworthy, commendable.
merlan [mɛr'lɑ̃] *m icht.* whiting; *sl.* hairdresser; **merle** [mɛrl] *m orn.* blackbird; F *fig.* ~ *blanc* rara avis; F *fig. fin* ~ sly fellow.
merluche [mɛr'lyʃ] *f icht.* hake; ⚘ dried cod.
merrain [mɛ'rɛ̃] *m* ⊕ stave-wood; wood for cooperage; *deer's antlers*: beam.
merveille [mɛr'vɛ:j] *f* marvel, wonder; *à* ~ magnificently, F fine; **merveilleux, -euse** [~vɛ'jø, ~'jø:z] marvellous, wonderful; supernatural.
mes [me] *see mon.*
més... [mez] mis...; **~alliance** [meza'ljɑ̃:s] *f* misalliance.
mésange *orn.* [me'zɑ̃:ʒ] *f* tit(mouse); **mésangette** [~zɑ̃'ʒɛt] *f* bird-trap.
mésaventure [mezavɑ̃'ty:r] *f* misadventure, mishap, mischance.
mesdames [me'dam] *pl. of madame*; **mesdemoiselles** [medmwa'zɛl] *pl. of mademoiselle.*
mésentente [mezɑ̃'tɑ̃:t] *f* misunderstanding, disagreement.
mésentère *anat.* [mezɑ̃'tɛ:r] *m* mesentery.
mésestimer [mezɛsti'me] (1a) *v/t.* underestimate; hold (*s.o.*) in low esteem.
mésintelligence [mezɛ̃tɛli'ʒɑ̃:s] *f* disagreement; *en* ~ *avec* at loggerheads with.
mesquin, e [mɛs'kɛ̃, ~'kin] mean, stingy; **mesquinerie** [~kin'ri] *f* meanness; pettiness.
mess ⚔ [mɛs] *m* mess.
message [mɛ'sa:ʒ] *m* message (*a. fig.*); **messager** *m*, **-ère** *f* [~sa'ʒe, ~'ʒɛ:r] messenger, *fig.* harbinger; **messageries** [~saʒ'ri] *f/pl.* delivery *or* distribution service *sg.*; shipping (company) *sg.*
messe *eccl., a.* ♪ [mɛs] *f* mass.
messeoir [mɛ'swa:r] (3k) *v/i.* be unbecoming (to, *à*).
Messie *bibl.* [mɛ'si] *m* Messiah.
messieurs [mɛ'sjø] *pl. of monsieur.*
mesurable [məzy'rabl] measurable; **mesurage** [~'ra:ʒ] *m* measurement; **mesure** [mə'zy:r] *f* measure; measurement; extent, degree; step; *fig.* moderation; *verse*: metre; ♪ time; ♪ bar; *à* ~ one by one; in proportion; *à* ~ *que* (in proportion) as; *donner sa* ~ show what one is capable of; *en* ~ *de* in a position to; *outre* ~ excessively, beyond measure; *poids m/pl. et* ~*s pl.* weights and measures; *prendre des* ~*s contre* take steps *or* measures against; *fig. prendre la* ~ *de q.* size s.o. up; *prendre les* ~*s de q.* take s.o.'s measurements; *fig. sans* ~ boundless; *sur* ~ to measure; to order; **mesurer** [məzy're] (1a) *v/t.* measure; calculate; *fig.* estimate; *se* ~ *avec* pit o.s. against; **mesureur** [~'rœ:r] *m person, machine*: measurer; ga(u)ge; ⚡ metre.
méta... [meta] meta...
métairie [metɛ'ri] *f* small farm.
métal [me'tal] *m* metal; ~ *brut* (*commun*) raw (base) metal; **métallifère** [metalli'fɛ:r] metalliferous; **métallique** [~'lik] metallic; wire (*rope*); ⚘ *encaisse f* ~ gold reserve; **métalliser** ⊕ [~li'ze] (1a) *v/t.* cover with metal, plate; metallize; **métallo** F [~'lo] *m* metal-worker; **métallurgie** ⊕ [~lyr'ʒi] *f* metallurgy; smelting; **métallurgiste** ⊕ [~lyr'ʒist] *m* metallurgist; metal-worker.
méta...: **~morphose** [metamɔr'fo:z] *f* metamorphosis, transformation; **~morphoser** [~mɔrfo'ze] (1a) *v/t.* metamorphose; *se* ~ change; **~phore** [~'fɔ:r] *f* metaphor; image; **~phorique** [~fɔ'rik] metaphorical; **~physique** [~fi'zik] *f* metaphysics *sg.*; **~psychique** [~psi'ʃik] *f* parapsychology; **~stase** ⚕ [~'sta:z] *f* metastasis.
métayer [metɛ'je] *m* metayer, tenant farmer; *Am.* share-cropper.
métempsycose [metɑ̃psi'ko:z] *f* metempsychosis.
météo [mete'o] *su./f* weather report; meteorological office; *su./m* meteorologist; weather man; **météore** [~'ɔ:r] *m* meteor; **météorisme** [~ɔ-

ˈrism] *m* ⚕ meteorism; flatulence; *vet.* hoove; **météorologie** [~ɔrɔlɔˈʒi] *f* meteorology.
métèque *pej.* [meˈtɛk] *m sl.* wop, *Br. sl.* wog.
méthode [meˈtɔd] *f* method, system; way; **méthodique** [~tɔˈdik] methodical, systematic.
méticuleux, -euse [metikyˈlø, ~ˈløːz] meticulous, punctilious, F fussy.
métier [meˈtje] *m* job; trade; craft; profession; (~ *à tisser* weaving) loom.
métis, -isse [meˈtis] **1.** *su.* half-breed; *dog*: mongrel; **2.** *adj.* half-bred; cross-bred; mongrel (*dog*).
métrage [meˈtraːʒ] *m* measurement; metric length; *cin. court* (*long*) ~ short (full-length) film; **mètre** [mɛtr] *m* metre, *Am.* meter; rule, yardstick; ~ *à ruban* tape measure; ~ *carré* square metre; ~ *cube* cubic metre; ~ *pliant* folding rule; **métrique** [~ˈtrik] **1.** *adj.* metric; **2.** *su./f* metrics *sg.*
métro F [meˈtro] *m* underground railway, tube, *Am.* subway.
métro...: **~logie** [metrɔlɔˈʒi] *f* metrology; **~manie** [~maˈni] *f* metromania; **~nome** ♪ [~ˈnɔm] *m* metronome.
métropole [metrɔˈpɔl] *f* metropolis; capital; mother country; **métropolitain, e** [~pɔliˈtɛ̃, ~ˈtɛn] **1.** *adj.* metropolitan; **2.** *su./m* metropolitan; *eccl.* archbishop; underground railway.
mets[1] [mɛ] *m* food; dish; ~ *tout préparé* ready-to-serve meal.
mets[2] [~] *1st p. sg. pres. of mettre.*
mettable [mɛˈtabl] wearable (*clothes*); **metteur** [~ˈtœːr] *m* ⊕ setter; 🚂 (*plate-*)layer; ~ *en scène thea.* producer; *cin.* director.
mettre [mɛtr] (4v) *v/t.* put; place, set; lay (*a. the table*); put on (*clothes*); translate (into, *en*); bet (on, *sur*); *fig.* suppose, assume; ~ *à l'aise* put (*s.o.*) at his ease; ⚡ ~ *à la terre* earth; ~ *au point* adjust; *opt.* focus (*a lens*); *fig.* clarify (*an affair*); ~ *bas* lamb (*sheep*), litter, whelp (*bitch*), foal (*mare*), farrow (*pig*), calve (*cow*); ~ *de côté* save; ~ *deux heures à* (*inf.*) take two hours to (*inf.*); ~ *en colère* make angry; ~ *en jeu* bring into play *or* discussion; ⊕ ~ *en marche* start (*a. fig.*); *typ.* ~ *en pages* make up; *thea.* ~ *en scène* stage; *mettons que ce soit vrai* let us suppose this to be true *or* that this is true; se ~ place o.s., stand; se ~ *à* (*inf.*) begin (*ger.*, to *inf.*); start (*ger.*), take to; se ~ *à l'œuvre* set to work; se ~ *en colère* get angry; se ~ *en gala* put on formal dress; se ~ *en route* start out; se ~ *ensemble* live together (*unmarried couple*); se ~ *en tête de* (*inf.*) take it into one's head to (*inf.*); *s'y* ~ set about it.
meublant, e [mœˈblɑ̃, ~ˈblɑ̃ːt] decorative, effective, nice; **meuble** [mœbl] **1.** *adj.* movable; loose (*ground*); ⚖ *biens m/pl.* ~*s* movables; **2.** *su./m* piece of furniture; ~*s pl.* furniture *sg.*; **meublé, e** [mœˈble] **1.** *adj.*: (*non*) ~ (un)furnished; **2.** *su./m* furnished room; **meubler** [~] (1a) *v/t.* furnish; *fig.* fill (with, *de*).
meule[1] [mœːl] *f hay*: stack, rick; *charcoal*: pile; *bricks*: clamp; 🌱 *mushrooms*: bed.
meule[2] [mœːl] *f* ⊕ millstone; grindstone; ~ *de fromage* large round cheese; **meuler** ⊕ [mœˈle] (1a) *v/t.* grind; **meulerie** ⊕ [mølˈri] *f* millstone-factory, grindstone-factory; **meulier** ⊕ [møˈlje] *m* millstone-maker, grindstone-maker; **meulière** ⊕ [~ˈljɛːr] *f* millstone grit; millstone quarry.
meulon [møˈlɔ̃] *m* small haystack; *corn*: stook; (*hay*)cock.
meunerie [mønˈri] *f flour*: milling; **meunier** [møˈnje] miller; **meunière** [~ˈnjɛːr] *f* woman mill-owner, *a.* miller's wife.
meurent [mœːr] *3rd p. pl. pres. of mourir*; **meurs** [~] *1st p. sg. pres. of mourir*; **meurt-de-faim** F [mœrdəˈfɛ̃] *m/inv.* starveling; *de* ~ starvation (*wage*).
meurtre [mœrtr] *m* murder; ⚖ non-capital murder, *Am.* murder in the second degree; *au* ~! murder!; *fig. c'est un* ~ it is a downright shame; **meurtrier, -ère** [mœrtriˈe, ~ˈɛːr] **1.** *adj.* murderous; guilty of murder (*person*); **2.** *su./m* murderer; *su./f* murderess; ⚠ loophole.
meurtrir [mœrˈtriːr] (2a) *v/t.* bruise; **meurtrissure** [~triˈsyːr] *f* bruise.
meus [mø] *1st p. sg. pres. of mouvoir.*
meute [møːt] *f* pack; *fig.* mob.

meuvent [mœːv] *3rd p. pl. pres. of mouvoir.*
mévendre ✝ † [meˈvɑ̃ːdr] (4a) *v/t.* sell at a loss; **mévente** ✝ [~ˈvɑ̃ːt] *f goods*: sale at a loss; slump.
mezzanine [mɛdzaˈnin] *f* mezzanine (floor).
mi ♪ [mi] *m/inv.* mi, *note*: E.
mi... [mi] *adv.* half, mid, semi-; *~-clos* half open; *à ~-chemin* half-way; *la ~-janvier* mid-January; *sp. poids m ~-lourd* light-heavy weight.
miaou [mjau] *m* miaow, mew.
miasme [mjasm] *m* miasma.
miauler [mjoˈle] (1a) *v/i.* mew, miaow.
mica *min.* [miˈka] *m* mica; **micelle** *biol.* [miˈsɛl] *m* micella.
miche [miʃ] *f* round loaf.
micheline 🚂 [miʃˈlin] *f* rail-car.
micmac F [mikˈmak] *m* intrigue; underhand work.
micro F [miˈkro] *m radio*: microphone, F mike; *au ~* on the air.
micro... [mikrɔ] micro...
microbe [miˈkrɔb] *m* microbe, F germ.
microcéphale [mikrɔseˈfal] *adj., a. su.* microcephalic.
micron [miˈkrɔ̃] *m measure*: micron (*1/1000 mm*).
micro...: **~cosme** [~krɔˈkɔsm] *m* microcosm; **~phone** [mikrɔˈfɔn] *m* microphone; **~processeur** [~krɔprɔsɛˈsœːr] *m* microprocessor; **~scope** [~krɔsˈkɔp] *m* microscope; **~sillon** [~krɔsiˈjɔ̃] *m* microgroove; long-playing record.
midi [miˈdi] *m* midday, noon, twelve o'clock; *fig.* heyday (*of life*); *~ et demi* half past twelve; *plein ~* high noon; *geog. le* ♀ the South of France; **midinette** F [~diˈnɛt] *f* dressmaker's assistant, midinette.
mie [mi] *f bread*: soft part, cumb.
miel [mjɛl] *m* honey; **miellé, e** [mjɛˈle] honeyed; honey-colo(u)red; **mielleux, -euse** [~ˈlø, ~ˈløːz] like honey; *fig.* honeyed (*words*); bland (*smile*); smooth-tongued (*person*).
mien, mienne [mjɛ̃, mjɛn] **1.** *pron./poss.*: *le ~, la ~ne, les ~s m/pl., les ~nes f/pl.* mine; **2.** *adj./poss.* † of mine; *un ~ ami* a friend of mine; **3.** *su./m* mine, my own; *les ~s pl.* my (own) people.
miette [mjɛt] *f* crumb; *fig.* piece, bit.
mieux [mjø] **1.** *adv.* better; rather; *aimer ~* prefer; ⚕ *aller ~* feel *or* be better; *à qui ~ ~* one trying to outdo the other; *de ~ en ~* better and better; *je ne demande pas ~ que de* (*inf.*) I shall be delighted to (*inf.*); *le ~* (the) best; *tant ~* all the better; *valoir ~* be better; *vous feriez ~ de* (*inf.*) you had better (*inf.*); **2.** *su./m* best; ⚕ change for the better; *au ~* as well as possible, ✝ at best; *faire de son ~* do one's best.
mièvre [mjɛːvr] delicate; *fig.* affected (*style*); **mièvrerie** [mjɛvrəˈri] *f* delicateness; *fig. style etc.*: affectation.
mignard, e [miˈɲaːr, ~ˈɲard] affected, mincing; dainty; **mignardise** [~ɲarˈdiːz] *f* affectation; *style*: finicalness; ⚘ (garden) pink; **mignon, -onne** [~ˈɲɔ̃, ~ˈɲɔn] **1.** *adj.* dainty, sweet, nice, cute; *péché m ~* besetting sin; **2.** *su.* darling, pet; **mignoter** † [~ɲɔˈte] (1a) *v/t.* caress; pet.
migraine [miˈgrɛn] *f* migraine, sick headache.
migrant, e [miˈgrɑ̃, ~ˈgrɑ̃ːt] **1.** *adj.* migrant; **2.** *su.* migrant (worker); **migrateur, -trice** [migraˈtœːr, ~ˈtris] *orn.* migratory; migrant (*person*); **migration** [~ˈsjɔ̃] *f* migration; **migratoire** [~ˈtwaːr] migratory.
mijaurée [miʒɔˈre] *f* affected woman.
mijoter [miʒɔˈte] (1a) *v/t.* let (*s.th.*) simmer (*a. fig. an idea*); hatch (*a plot*); *fig. se ~* be brewing; *v/i.* simmer.
mil [mil] *adj./inv.* thousand (*only in dates*).
milan *orn.* [miˈlɑ̃] *m* kite.
mildiou ⚘, ✓ [milˈdju] *m* mildew.
miliaire ⚕ [miˈljɛːr] miliary (*fever*).
milice ⚔ [miˈlis] *f* militia; **milicien** ⚔ [~liˈsjɛ̃] *m* militiaman.
milieu [miˈljø] *m* middle; *phys.* medium; *fig.* circle, sphere; *fig.* environment; *fig.* (social) background; *fig.* middle course; *the* underworld; *au ~ de* in the middle of.
militaire [miliˈtɛːr] **1.** *adj.* military; ♪ martial; **2.** *su./m* military man; soldier; **militant, e** [~ˈtɑ̃, ~ˈtɑ̃ːt] **1.** *adj.* militant; **2.** *su.* fighter (for, *de*); militant; **militariser** [~tariˈze] (1a) *v/t.* militarize; **militarisme** [~taˈrism] *m* militarism; **militer** [~ˈte]

(1a) *v/i.* militate (against, *contre*; in favo[u]r of *pour*, *en faveur de*); be a militant.

mille [mil] **1.** *adj./num./inv.* (a *or* one) thousand; **2.** *su./m/inv.* thousand; *sp.* bull's eye; *mettre dans le* ~ hit the bull's eye; F *fig.* be bang on target; *su./m* mile.

mille-feuille [mil'fœːj] *f* ⚘ yarrow; *cuis.* mille-feuille (*sort of puff pastry*); **millénaire** [mille'nɛːr] **1.** *adj.* millennial; **2.** *su./m* one thousand; thousand years, millennium.

mille...: **~-pattes** *zo.* [mil'pat] *m/inv.* centipede, millepede; **~(-)pertuis** ⚘ [~pɛr'tɥi] *m* St. John's wort.

millésime [mille'zim] *m* date (*on coin*); ⊕ year of manufacture.

millet ⚘ [mi'jɛ] *m* (wood) millet-grass; *grains m/pl. de* ~ bird-seed, canary-seed.

milliaire [mi'ljɛːr] milliary; *borne f* ~ milestone; **milliard** [~'ljaːr] *m* milliard, one thousand million(s *pl.*), *Am.* billion; **millième** [~'ljɛm] *adj.*, *a. su.*, *a. su./m fraction*: thousandth; **millier** [~'lje] *m* (about) a thousand; **million** [~'ljɔ̃] *m* million.

mime [mim] *m* mimic; *thea. hist.* mime; **mimer** [mi'me] (1a) *v/t.* mime (*a scene*); mimic (*s.o.*).

mimétisme *zo.* [mime'tism] *m* mimicry.

mimi [mi'mi] *m* pussy; F pet, dar-[ling.]

mimique [mi'mik] mimic.

mimosa ⚘ [mimo'za] *m* mimosa.

minable *fig.* [mi'nabl] seedy, shabby.

minauder [mino'de] (1a) *v/i.* simper, smirk; **minauderie** [~'dri] *f* simpering, smirking.

mince [mɛ̃ːs] thin; slender, slight, slim; F ~ *alors!* hell!

mine[1] [min] *f* appearance, look; ~*s pl.* simperings; *avoir bonne* (*mauvaise*) ~ look well (ill); look good (bad); *faire* ~ *de* (*inf.*) make as if to (*inf.*); make a show of (*s.th.*; *doing s.th.*).

mine[2] [min] *f* ⚒, ⚔, ⚓, *fig.* mine; *pencil*: lead; *fig.* store; ~ *de houille* colliery, coal-mine; ~ *de plomb* graphite; *faire sauter une* ~ spring a mine; **miner** [mi'ne] (1a) *v/t.* ⚔ mine; *fig.* undermine, consume;

minerai ⚒ [min'rɛ] *m* ore.

minéral, e, *m/pl.* **-aux** [mine'ral, ~'ro] **1.** *adj.* mineral; inorganic (*chemistry*); *eau f* ~*e* mineral water; spa water; **2.** *su./m* mineral; **minéraliser** [~rali'ze] (1a) *v/t.* mineralize; **minéralogie** [~ralɔ'ʒi] *m* mineralogy; **minéralogique** [~ralɔ'ʒik] mineralogical; *mot. numéro m* ~ registration (*Am.* license) number; *mot. plaque f* ~ number plate.

minet *m*, **-ette** *f* [mi'nɛ, ~'nɛt] puss(ycat); F pet, darling; young trendy.

mineur[1], **e** [mi'nœːr] **1.** *adj.* minor, (*a.* ⚖, *a.* ♪); **2.** *su.* ⚖, ♪ minor; *su./f* minor premise; assumption.

mineur[2] [~] *m* ⚒ miner; ⚔ sapper.

miniature [minja'tyːr] *f* miniature; **miniaturiser** [~tyri'ze] (1a) *v/t.* miniaturize; **miniaturiste** [~ty'rist] *adj.*, *a. su.* miniaturist.

minier, -ère [mi'nje, ~'njɛːr] **1.** *adj.* mining; **2.** *su./f* open-cast mine.

mini-jupe [mini'jyp] *f* miniskirt.

minimal, e, *m/pl.* **-aux** [mini'mal, ~'mo] minimal; **minime** [~'nim] tiny; *fig.* trivial; **minimiser** [~nimi'ze] (1a) *v/t.* minimize, play down;

minimum, *pl. a.* **minima** [~ni'mɔm, ~'ma] **1.** *su./m* minimum; ~ *vital* minimum living wage; **2.** *adj.* minimum.

ministère [minis'tɛːr] *m* agency; *pol.*, *a. eccl.* ministry; *pol.* office, government department; service; *pol.* ♀ Office; Ministry; ♀ *de la Défense nationale* Ministry of Defence, *Am.* Department of Defense; ♀ *des Affaires étrangères* Foreign Office, *Am.* State Department; ⚖ ♀ *public* Public Prosecutor; **ministre** [~'nistr] *m pol.*, *a. protestantism*: minister; ♀ *de la Défense nationale* Minister of Defence, *Am.* Secretary of Defense; ♀ *des Affaires étrangères* Foreign Secretary, *Am.* Secretary of State; ♀ *des Finances France*: Minister of Finance, *Britain*: Chancellor of the Exchequer, *Am.* Secretary of the Treasury.

minium ⚗ [mi'njɔm] *m* minium; red lead.

minois F [mi'nwa] *m* pretty face.

minorité [minɔri'te] *f* minority; ⚖ infancy; *pol. mettre en* ~ defeat (*the government*).

minoterie [minɔ'tri] *f* flour-mill;

flour-milling; **minotier** [~'tje] *m* (flour-)miller.

minuit [mi'nɥi] *m* midnight; ~ *et demi* half past twelve (at night).

minuscule [minys'kyl] **1.** *adj.* tiny; small (*letter*); **2.** *su./f* small letter, *typ.* lower-case letter.

minute [mi'nyt] **1.** *su./f* minute; *deed, judgment*: draft; record; *à la* ~ this instant; to the minute; while you wait; **2.** *int.* wait a bit!; **minuter** *admin.* [miny'te] (1a) *v/t.* time; **minuterie** [~'tri] *f clocks etc.*: motion work; ⚡ time switch.

minutie [miny'si] *f* (attention to) minute detail; **minutieux, -euse** [~'sjø, ~'sjø:z] detailed, painstaking, thorough.

mioche F [mjɔʃ] *su.* urchin; kid(die), tot.

mi-parti, e [mipar'ti] equally divided; halved.

miracle [mi'ra:kl] *m* miracle (*a. fig.*); **miraculeux, -euse** [~raky'lø, ~'lø:z] miraculous; F marvellous.

mirage [mi'ra:ʒ] *m* mirage; *fig.* illusion; **mire** [mi:r] *f* ⚔ aiming; *gun*: bead; *surv.* pole, levelling-rod; *telev.* test-card, test-pattern; *point m de* ~ ⚔ aim; *fig.* cynosure; **mirer** [mi're] (1a) *v/t.* aim at; *surv.* take a sight on; ✝ candle (*an egg*); hold (*cloth*) against the light; se ~ look at o.s.; be reflected.

mirifique F [miri'fik] wonderful.

mirliton [mirli'tɔ̃] *m* ♪ toy flute; *cuis.* cream puff; *vers m/pl. de* ~ doggerel.

mirobolant, e F [mirɔbɔ'lɑ̃, ~'lɑ̃:t] marvellous; staggering.

miroir [mi'rwa:r] *m* mirror, looking-glass; *mot.* ~ *rétroviseur* driving mirror; **miroitement** [~rwat'mɑ̃] *m* flash; gleam; *water*: shimmer; **miroiter** [mirwa'te] (1a) *v/i.* flash; glitter; sparkle; *fig. faire* ~ *qch. à q.* paint s.th. in glowing colo(u)rs for s.o.

miroton *cuis.* [mirɔ'tɔ̃] *m* re-heated beef in onion sauce.

mis[1] [mi] *1st p. sg. p.s. of mettre.*

mis[2], **e** [mi, mi:z] *p.p. of mettre.*

misaine ⚓ [mi'zɛn] *f* foresail; *mât m de* ~ foremast.

misanthrope [mizɑ̃'trɔp] **1.** *su./m* misanthropist; **2.** *adj.* misanthropic.

miscible [mi'sibl] miscible.

mise [mi:z] *f* placing, putting; *auction*: bid; *gamble*: stake; dress, attire; ✝ outlay; ~ *à la retraite* retirement; ⚡ ~ *à la terre* earthing; ⚓ ~ *à l'eau* launching; ~ *à mort bullfight*: kill (of the bull); ~ *à pied* sacking; ~ *au point* adjustment; *phot.* focussing; ~*-bas* dropping (*of young animals*); ✝ ~ *de fonds* putting up of money; ⊕ ~ *en fabrication* putting into production; ~ *en liberté* release; ⊕ ~ *en marche* starting; ~ *en ondes* radio adaptation; *typ.* ~ *en pages* making up; ~ *en plis hair*: setting; *mot.* ~ *en route* starting up; *thea.* ~ *en scène* staging, production; ~ *en service* commencement of service; ~ *en train* start(ing); ✝ ~ *en vente* putting up for sale; *ne pas être de* ~ be out of place *or* season; **miser** [mi'ze] (1a) *v/t.* bid; stake; *v/i.* count (on, *sur*).

misérable [mize'rabl] **1.** *adj.* miserable; *fig.* wretched; *fig.* mean (*action*); **2.** *su.* (poor) wretch; **misère** [~'zɛ:r] *f* misery; poverty; *fig.* trifle.

miséricorde [mizeri'kɔrd] **1.** *su./f* mercy, forgiveness; **2.** *int.* mercy!; **miséricordieux, -euse** [~kɔr'djø, ~'djø:z] merciful (to, *envers*).

missel *eccl.* [mi'sɛl] *m* missal.

missile ⚔ [mi'sil] *m* (guided) missile; ~ *de croisière* cruise missile.

mission [mi'sjɔ̃] *f* mission; **missionnaire** [~sjɔ'nɛ:r] *m* missionary; **missive** [~'si:v] *f* missive, letter.

mistigri F [misti'gri] *m* puss.

mistral [mis'tral] *m* mistral (*cold north-east wind in Provence*).

mitage [mi'ta:ʒ] *m* spoiling (of the countryside) through architectural development.

mitaine [mi'tɛn] *f* mitten.

mite [mit] *f* moth; *cheese*: mite; **mité, e** [mi'te] moth-eaten; **miter** [~] (1a) *v/t.* spoil (*the countryside*) through architectural development.

mi-temps [mi'tɑ̃] *f sp.* half-time; interval; ✝ *à* ~ half-time (*work*).

miteux, -euse F [mi'tø, ~'tø:z] shabby; seedy (*person*).

mitiger [miti'ʒe] (1l) *v/t.* mitigate; relax (*a law etc.*).

miton ⚕ F [mi'tɔ̃] *m*: *onguent m* ~ *mitaine* harmless but useless ointment.

mitonner [mitɔ'ne] (1a) *v/i.* simmer; *v/t.* let (*s.th.*) simmer; *fig.* hatch.

mitoyen, -enne [mitwa'jɛ̃, ~'jɛn] common (*to two things*), △ party (*wall*).
mitraille ⚔ [mi'trɑːj] *f* grape-shot; F coppers *pl.* (= *small change*); **mitrailler** ⚔ [mitrɑ'je] (1a) *v/t.* machine-gun, strafe, rake with fire; **mitraillette** ⚔ [~'jɛt] *f* submachine-gun; **mitrailleur** ⚔ [~'jœːr] **1.** *su./m* machine-gunner; **2.** *adj./m*: *fusil m* ~ Bren gun; **mitrailleuse** ⚔ [~'jøːz] *f* machine-gun.
mitre [mitr] *f* (*bishop's*) mitre; △ chimney-cowl; **mitron** [mi'trɔ̃] *m* journeyman baker; △ chimney-pot.
mixage [mik'saːʒ] *m* (sound) mixing; **mixer¹** [~'se] (1a) *v/t.* mix (*sounds*); **mixer²** [~'sœːr] *m* (food) mixer; **mixte** [mikst] mixed; 🚂 combined; ~ *double m tennis*: mixed doubles *pl.*; *enseignement m* ~ co-education; **mixtion** ⚗ [miks'tjɔ̃] *f* mixture; *drugs*: compounding; **mixtionner** ⚗ [~tjɔ'ne] (1a) *v/t.* compound (*drugs*); **mixture** ⚗, ⚕ [~'tyːr] *f* mixture.
mobile [mɔ'bil] **1.** *adj.* mobile; movable (*a. feast*); moving (*object, target, etc.*); detachable; *fig.* inconstant; ⚔ *colonne f* ~ flying column; **2.** *su./m* moving body; ⊕ moving part; *fig.* motive; *fig.* mainspring; *premier* ~ *person*: prime mover; **mobilier, -ère** [~bi'lje, ~'ljɛːr] **1.** *adj.* ⚖ movable; ⚖ personal (*action, estate*); ☤ transferable; **2.** *su./m* furniture; suite.
mobilisation [mɔbiliza'sjɔ̃] *f* ⚔, ⚖ mobilization; ☤ realization; ☤ liquidation; **mobiliser** [~'ze] (1a) *v/t.* ⚔, ⚖ mobilize; ⚔ call up; ☤ realize (*an indemnity*); ☤ liquidate (*capital*).
mobilité [mɔbili'te] *f* mobility; *fig. temperament etc.*: fickleness.
mobylette (*TM*) [mɔbi'lɛt] *f* moped.
moche F [mɔʃ] ugly; F lousy; rotten; poor, shoddy; F awful.
modal, e, *m/pl.* **-aux** [mɔ'dal, ~'do] modal; **modalité** [~dali'te] *f phls.* modality; ♪ form of scale; ~*s pl.* ☤ terms and conditions; ⚖ restrictive clauses.
mode [mɔd] *su./m* ♪, *phls.* mood (*a. gramm.*); mode, method; ⚕ ~ *d'emploi* directions *pl.* for use; ☤ ~ *de paiement* method of payment; *su./f* fashion; *à la* ~ fashionable, stylish, F in; *à la* ~ *de* in the style of; *cuis.* ... fashion; *à la dernière* ~ in the latest fashion.
modèle [mɔ'dɛl] **1.** *su./m* model (*a. fig.*), pattern; *prendre q. pour* ~ model o.s. on s.o.; **2.** *adj.* model ...
modelé [mɔd'le] *m* relief; contours *pl.*; **modeler** [~'le] (1d) *v/t.* model (on, *sur*); mo(u)ld; shape; **modeleur** ⊕ [~'lœːr] *m* pattern-maker.
modérateur, -trice [mɔdera'tœːr, ~'tris] **1.** *su.* moderator, restrainer; *su./m* ⊕ regulator; ⚡, *phys.* moderator; (*volume-*)control; **2.** *adj.* moderating, restraining; **modération** [~ra'sjɔ̃] *f* moderation, restraint; *price, tax,* ⚖ *sentence*: reduction; **modéré, e** [~'re] *adj.* moderate; sober; conservative (*estimate*); **modérer** [~'re] (1f) *v/t.* moderate, restrain; check; reduce (*the price etc.*); *se* ~ abate (*weather*).
moderne [mɔ'dɛrn] modern; **moderniser** [mɔdɛrni'ze] (1a) *v/t.* modernize; **moderniste** [~'nist] modernist; **modernité** [~ni'te] *f* modernity; modern times *pl.*
modeste [mɔ'dɛst] modest; unpretentious; quiet; moderate (*price*); **modestie** [~dɛs'ti] *f* modesty; unpretentiousness.
modicité [mɔdisi'te] *f means*: modesty; *prices*: reasonableness.
modifiable [mɔdi'fjabl] modifiable; **modificateur, -trice** [~fika'tœːr, ~'tris] modifying; **modification** [~fika'sjɔ̃] *f* modification, alteration; **modifier** [~'fje] (1o) *v/t.* modify (*a. gramm.*); alter; ☤ rectify (*an entry*).
modique [mɔ'dik] reasonable, moderate (*price*); slender, modest (*means*).
modiste [mɔ'dist] *f* milliner, modiste.
modulateur ⚡ [mɔdyla'tœːr] *m* modulator; **modulation** [~'sjɔ̃] *f* modulation (♪, *a. voice*); *voice*: inflexion; **module** [mɔ'dyl] *m* & modulus; △ module; unit; size; **moduler** [~dy'le] (1a) *vt/i.* modulate.
moelle [mwal] *f* marrow; ⚘ pith (*a. fig.*); *anat.* medulla; ~ *épinière* spinal cord; **moelleux, -euse** [mwa'lø, ~'løːz] marrowy (*bone*); ⚘ pithy; *fig.* soft; *fig.* mellow (*light, voice*).

moellon [mwa'lɔ̃] *m* quarry-stone; ~ *de roche* rock rubble.
mœurs [mœrs] *f/pl.* morals; manners, ways, customs; *animals*: habits.
mohair [mɔ'ɛːr] *m* mohair.
moi [mwa] **1.** *pron./pers. subject*: I; *object*: me; (to) me; *à* ~ to me; mine; *c'est* ~ it is I, F it's me; *de vous à* ~ between you and me; *il a vu mon frère et* ~ he has seen my brother and me; **2.** *su./m* ego, self.
moignon ⚕ [mwa'ɲɔ̃] *m* stump (*of amputated limb*).
moi-même [mwa'mɛːm] *pron./rfl.* myself.
moindre [mwɛ̃ːdr] less(er); *le* (*la*) ~ the least; the slightest; **moindrement** [mwɛ̃drə'mɑ̃] *adv.*: *pas le* ~ not in the least.
moine [mwan] *m* monk; *fig.* F bed-warmer, hot-water bottle; *metall.* blister; **moineau** *orn.* [mwa'no] *m* sparrow; *sl.* fellow; **moinerie** *usu. pej.* [mwan'ri] *f* friary; monkery; **moinillon** F [mwani'jɔ̃] *m* young monk.
moins [mwɛ̃] **1.** *adv.* less (than, *que*); fewer; ~ *de deux* less than two; *à* ~ *de* (*inf.*), *à* ~ *que* ... (*ne*) (*sbj.*) unless; *au* ~ at least; *de* ~ *en* ~ less and less; *du* ~ at least (= *at all events*); *le* ~ (the) least; **2.** *prp.* minus, less; *cinq heures* ~ *dix* ten minutes to five; **3.** *su./m* & minus (sign); **~-value** ✝ [~va'ly] *f* depreciation.
moire *tex.* [mwaːr] *f* moire; watered silk; **moirer** *tex.*, *a.* ⊕ [mwa're] (1a) *v/t.* moiré.
mois [mwa] *m* month; month's pay; ✝ *à un* ~ *de date* one month after date; *par* ~, *tous les* ~ monthly; *tous les* ~ every month.
moisi, e [mwa'zi] **1.** *adj.* mo(u)ldy; musty (*smell, taste*); **2.** *su./m* mo(u)ld, mildew; *sentir le* ~ smell musty; **moisir** [~'ziːr] (2a) *vt/i.* mildew; *v/i. a. se* ~ go mo(u)ldy; F vegetate; **moisissure** [~zi'syːr] *f* ♪ mildew, mo(u)ld; mustiness.
moisson [mwa'sɔ̃] *f* harvest, crop (*a. fig.*); harvest-time; **moissonner** [mwasɔ'ne] (1a) *v/t.* harvest, reap (*a. fig.*), gather; **moissonneur** [~'nœːr] *m* harvester, reaper; **moissonneuse** [~'nøːz] *f* harvester, reaper (*a. machine*); ~-*batteuse* combine-harvester; ~-*lieuse machine*: self-binder.
moite [mwat] moist, damp; clammy; † limp; **moiteur** [mwa'tœːr] *f* moistness; ⚕ perspiration.
moitié [mwa'tje] **1.** *su./f* half; F better half (= *wife*); *à* ~ *chemin* half-way; *à* ~ *prix* (at) half-price; *se mettre de* ~ *avec q.* go halves with s.o.; **2.** *adv.* half.
mol [mɔl] *see mou 1.*
molaire [mɔ'lɛːr] *adj.*, *a. su./f* molar.
môle [moːl] *m* mole, breakwater; pier.
moléculaire [mɔleky'lɛːr] molecular; **molécule** [~'kyl] *f* molecule; ⚗ ~-*gramme* gram(me-)molecule.
molester [mɔlɛs'te] (1a) *v/t.* molest.
molette [mɔ'lɛt] *f spur*: rowel; ⊕ cutting-wheel; *paint.* small pestle; ⚒ winding-pulley; *lighter*: wheel; *clef f à* ~ adjustable spanner.
mollasse F [mɔ'las] soft, flabby; slow (*person*); **molle** [mɔl] *see mou 1*; **mollesse** [mɔ'lɛs] *f* softness, flabbiness; slackness; indolence; [F slowcoach.]
mollet, -ette [~'lɛ, ~'lɛt] **1.** *adj.* softish; soft-boiled (*egg*); tender (*feet*); *pain m* ~ roll; **2.** *su./m leg*: calf; **molletière** [mɔl'tjɛːr] *f* puttee; **mollir** [mɔ'liːr] (2a) *v/i.* soften; slacken; *fig.* get weak; ⚔ give ground; ✝ get easier (*price of commodity*).
mollusque *zo.* [mɔ'lysk] *m* mollusc;
mollo! [mɔ'lo] *int.* easy!; gently!; *vas-y* ~! easy does it!
molosse [mɔ'lɔs] *m* watch-dog; mastiff.
môme *sl.* [moːm] *su. child*: kid, brat.
moment [mɔ'mɑ̃] *m* moment (*a. phys.*); *au* ~ *où* (*or que*) since; *par* ~*s* now and again; *pour le* ~ for the time being; **momentané, e** [~mɑ̃ta'ne] momentary; temporary (*absence*).
momerie [mɔm'ri] *f* mummery; *fig.* affectations *pl.*
momie [mɔ'mi] *f* mummy; F old fogy; F bag of bones; **momifier** [~mi'fje] (1o) *v/t.* mummify.
mon *m*, **ma** *f*, *pl.* **mes** [mɔ̃, ma, me] *adj./poss.* my.
monacal, e, *m/pl.* **-aux** *eccl.* [mɔna'kal, ~'ko] monac(h)al; **monachisme** *eccl.* [~'kism] *m* monasticism.

monarchie [mɔnar'ʃi] *f* monarchy; **monarchiste** [~'ʃist] *adj., a. su.* monarchist; **monarque** [mɔ'nark] *m* monarch.

monastère [mɔnas'tɛ:r] *m* monastery; *nuns*: convent; **monastique** [~'tik] monastic.

monceau [mɔ̃'so] *m* heap, pile.

mondain, e [mɔ̃'dɛ̃, ~'dɛn] **1.** *adj.* mundane, worldly; fashionable; **2.** *su.* wordly-minded person; *su./m* man-about-town; *su./f* society woman; *police*: *la* ♀ the vice squad; **mondanité** [~dani'te] *f* worldliness; love of social functions; **monde** [mɔ:d] *m* world (*a. fig.*); people; *fig.* society; *au bout du* ~ at the back of beyond; *dans le* ~ *entier* all over the world; *homme m du* ~ man of good breeding; *il y a du* ~ there is a crowd; *recevoir du* ~ entertain (guests); *tout le* ~ everyone; *fig. un* ~ *de* lots *pl.* of; *vieux comme le* ~ as old as the hills; **mondial, e,** *m/pl.* **-aux** [mɔ̃'djal, ~'djo] worldwide; world (*war*); **mondialisation** [mɔ̃djaliza'sjɔ̃] *f* establishing *or* application on a worldwide basis; spread(ing) throughout the world; **mondialiser** [~'ze] (1a) *v/t.* establish *or* apply on a worldwide basis; (*a. se*~) spread throughout the world.

monégasque [mɔne'gask] of Monaco.

monétaire [mɔne'tɛ:r] monetary; **monétisation** [~tiza'sjɔ̃] *f* minting.

moniteur [mɔni'tœ:r] *m school, telev.* monitor; *sp.* coach; ✈ *plane*: instructor; **monition** *eccl.* [~'sjɔ̃] *f* monition; **monitoire** *eccl.* [~'twa:r] *m* (*a. lettre f* ~) monitory (letter).

monnaie [mɔ'nɛ] *f* money; (small) change; currency; ✝ ~ *forte* hard currency; *donner la* ~ *de* give change for, change (*a note etc.*); **monnayer** [~nɛ'je] (1i) *v/t.* mint, coin; **monnayeur** [~nɛ'jœ:r] *m* minter, coiner.

mono [mɔ'no] *f, a. adj. short for monophonie, monophonique*: mono; *en* ~ (in) mono.

mon(o)... [mɔn(ɔ)] mon(o)...; **monobloc** [mɔnɔ'blɔk] cast *or* made in one piece.

monocle [mɔ'nɔkl] *m* monocle.

mono...: **~game** [mɔnɔ'gam] monogamous; **~gamie** [~ga'mi] *f* monogamy; **~gramme** [~'gram] *m* monogram; initials *pl.*; **~logue** [~'lɔg] *m* monologue; **~loguer** [~lɔ'ge] (1m) *v/i.* soliloquize.

monôme ⅍ [mɔ'no:m] *m* monomial.

mono...: **~phasé, e** ⚡ [mɔnɔfa'ze] single-phase; **~phonie** [~fɔ'ni] *f* monaural reproduction; *en* ~ (in) mono; **~phonique** [~fɔ'nik] monaural, mono(phonic); **~place** ✈, *mot.* [~'plas] *m* single-seater; **~plan** ✈ [~'plɑ̃] *m* monoplane; **~pole** [~'pɔl] *m* monopoly; **~poliser** [~pɔli'ze] (1a) *v/t.* monopolize; **~rail** 🚂 [~'rɑ:j] *adj., a. su./m* monorail; **~syllabe** [~si'lab] *m* monosyllable; **~théisme** [~te'ism] *m* monotheism; **~tone** [~'tɔn] monotonous; **~tonie** [~tɔ'ni] *f* monotony.

monseigneur, *pl.* **messeigneurs** [mɔ̃sɛ'ɲœ:r, mɛsɛ'ɲœ:r] *m* My Lord; *archbishop, duke*: Your Grace; *prince*: Your Royal Highness; His Lordship; His Grace; His Royal Highness; **monsieur,** *pl.* **messieurs** [mə'sjø, mɛ'sjø] *m* Mr.; sir; gentleman; man; *in letters*: Dear Sir; ~ *le Président* Mr. President.

monstre [mɔ̃:str] **1.** *su./m* monster (*a. fig.*); freak of nature; ~ *sacré* (super)star; **2.** *adj.* colossal, huge; **monstrueux, -euse** [mɔ̃stry'ø, ~'ø:z] monstrous; huge; frightful; **monstruosité** [~ozi'te] *f* monstrosity; *fig.* enormity.

mont [mɔ̃] *m* mount(ain); *les* ~*s pl.* the Alps.

montage [mɔ̃'ta:ʒ] *m* putting up; *loads, materials*: hoisting; ⊕ *machine*: assembling; *gun, phot., etc.*: mounting; ⚡ wiring, connecting up; *gems, scene, etc.*: setting; *mot. tyre*: fitting (on); *cin. film*: editing; ⊕ *chaîne f de* ~ assembly line.

montagnard, e [mɔ̃ta'ɲa:r, ~'ɲard] **1.** *adj.* mountain..., highland...; **2.** *su.* mountaineer, highlander; **montagne** [~'taɲ] *f* mountain; *la* ~ the mountains *pl.*; ~*s pl. russes* switchback *sg.*; **montagneux, -euse** [~ta'ɲø, ~'ɲø:z] mountainous, hilly.

montaison [mɔ̃tɛ'zɔ̃] *f salmon*: run-up; **montant, e** [~'tɑ̃, ~'tɑ̃:t] **1.** *adj.* rising; uphill; 🚂 up (*train, platform*); *cost.* high-necked; **2.** *su./m reckoning, account*: total; *tide*: flow, rising; *ladder*: upright; (*tent-*)pole; *stair*: riser; (*gate-*)post; leg; (*lamp-*) post.

mont-de-piété, *pl.* **monts-de-piété** [mɔ̃dəpje'te] *m* pawn-shop.

monte...: **~-charge** [mɔ̃t'ʃarʒ] *m/inv.* hoist; goods-lift; **~-pente** [~-'pɑ̃:t] *m* ski-lift; **~-plats** [~'pla] *m/inv.* service-lift, *Am.* dumb-waiter.

monté, e [mɔ̃'te] **1.** *adj.* mounted (*a. police*); equipped; F *fig. coup m* ~ plot, put-up job; *fig. être* ~ have a grudge (against, *contre*); **2.** *su./f* rising; rise; ascent; climb, gradient; ✈, *mot.* climbing; **monter** [~'te] (1a) *v/i.* climb (up), ascend, mount; go upstairs; rise (*anger, price, sun, barometer, tide*); amount (to, *à*) (*cost, total*); boil up (*milk*); ~ *à* (*or sur*) *un arbre* climb a tree; ~ *dans un train* get on a train, *Am.* board a train; ~ *en avion* get into a plane; ~ *sur un navire* go aboard a ship; *faire* ~ raise (*prices*); *v/t.* mount (*a. phot., a.* ⚔ *guard*), climb, go up (*the stairs, a hill*); ride (*a horse*); ✝ set up (*a factory*); take up, carry up; turn up (*a lamp, etc.*); equip; wind up (*a watch*); assemble (*a machine*); *thea.* stage (*a play*); *fig.* plan, plot; F ~ *la tête à q.* work s.o. up (against, *contre*); ~ *son ménage* set up house; *se* ~ amount (to, *à*); **monteur** *m*, **-euse** *f* [~'tœ:r, ~'tø:z] ⊕ setter; *cin.* cutter; *thea.* producer; ⊕, ⚡ fitter; **monticule** [~ti'kyl] *m* hillock; *ice*: hummock.

montre [mɔ̃:tr] *f* show, display; shop-window; show-case; watch, *mot.* clock; *mot. etc. course f contre la* ~ race against the clock; *faire* ~ *de* display; **~-bracelet,** *pl.* **~s-bracelets** [mɔ̃trəbras'lɛ] *f* wrist-watch; **montrer** [mɔ̃'tre] (1a) *v/t.* show; display; indicate, point out; *se* ~ show o.s., *fig.* prove (o.s.); turn out; appear.

montueux, -euse [mɔ̃'tɥø, ~'tɥø:z] hilly, mountainous; **monture** [~-'ty:r] *f horse, picture*: mount; ⊕ mounting, assembling; *gem*: setting; *spectacles*: frame; *gun etc.*: handle, stock; *sans* ~ rimless (*spectacles*).

monument [mɔny'mɑ̃] *m* monument (*a. fig.*), memorial; public building; ~*s pl. town*: sights; ~ *funéraire* monument (*over tomb*); **monumental, e,** *m/pl.* **-aux** [~mɑ̃-'tal, ~'to] monumental; F huge, enormous.

moquer [mɔ'ke] (1m) *v/t.*: *se* ~ *de* make fun of; F *s'en* ~ not to care (a damn); **moquerie** [mɔk'ri] *f* mockery; ridicule; jeer.

moquette[1] [mɔ'kɛt] *f* decoy(-bird).

moquette[2] [~] *f* fitted carpet, wall-to-wall carpet(ing); *tex.* moquette.

moqueur, -euse [mɔ'kœ:r, ~'kø:z] **1.** *adj.* mocking; derisive; **2.** *su.* mocker; *su./m orn.* mocking-bird.

moraine *geol.* [mɔ'rɛn] *f* moraine.

moral, e, *m/pl.* **-aux** [mɔ'ral, ~'ro] **1.** *adj.* moral; *fig.* mental; **2.** *su./m* morale; (moral) nature; *su./f* morals *pl.*; ethics; *fables etc.*: moral; **moralisateur, -trice** [mɔraliza-'tœ:r, ~'tris] moralizing (*person*); edifying; **moraliser** [~li'ze] *vt/i.* moralize; *v/t.* F lecture, preach at (*s.o.*); **moraliste** [~'list] *su.* moralist; **moralité** [~li'te] *f* good (moral) conduct, morality; morals *pl.*; *story*: moral; *thea.* morality(-play).

moratoire [mɔra'twa:r] ⚖ moratory; ✝ *intérêts m/pl.* ~*s* interest *sg.* on over-due payments.

morbide [mɔr'bid] morbid, sickly; *paint.* delicate (*flesh-tints*); **morbidesse** *paint.* [~bi'dɛs] *f* delicacy of flesh-tints, morbidezza; **morbidité** [~bidi'te] *f* morbidity.

morceau [mɔr'so] *m* piece, morsel; bit, scrap; *avoir qch. pour un* ~ *de pain* get s.th. for a song; **morceler** [~sə'le] (1c) *v/t.* cut up (into pieces); divide (*land, an estate*); **morcellement** [~sɛl'mɑ̃] *m* cutting up; *land, estate*: parcelling out.

mordache ⊕ [mɔr'daʃ] *f* clamp; *chuck*: jaw, grip.

mordacité [mɔrdasi'te] *f* ⚗ corrosiveness; *fig.* causticity, mordancy; **mordant, e** [mɔr'dɑ̃, ~'dɑ̃t] biting; scathing, caustic; **mordicus** F [mɔrdi'kys] *adv.* stoutly, doggedly.

mordiller [mɔrdi'je] (1a) *v/t.* nibble; *puppy etc.*: bite playfully.

mordoré, e [mɔrdɔ're] *adj., a. su./m* bronze, reddish brown.

mordre [mɔrdr] (4a) *v/t.* bite; ⊕ catch; *acid*: corrode (*metal*); *se* ~ *les lèvres* bite one's lips; *v/i.* bite (*a. fig.*); ⊕ catch, engage (*wheel*); *fig.* ~ *à* get one's teeth into; take to (*a subject*); **mordu, e** F [mɔr'dy] **1.** *adj.* madly in love (with, *de*); mad *or* crazy *or* wild (about, *de*); **2.** *su.* fan, freak, buff; *un* ~ *du film* a film freak.

more [mɔ:r] *adj./m, a. su./m* ♀ *see maure*; **moreau, -elle,** *m/pl.* **-eaux**

[mɔˈro, ~ˈrɛl, ~ˈro] **1.** *adj.* black (*horse*); **2.** *su.*/*f* ⚘ morel, black nightshade; **moresque** [~ˈrɛsk] *adj.*, *a. su.*/*f see mauresque.*

morfondre [mɔrˈfɔ̃ːdr] (4a) *v*/*t.* freeze; se ~ wait, F cool one's heels; *fig.* be bored.

morgue[1] [mɔrg] *f* haughtiness, arrogance.

morgue[2] [~] *f* mortuary, morgue.

moribond, e [mɔriˈbɔ̃, ~ˈbɔ̃ːd] **1.** *adj.* moribund, dying; **2.** *su.* dying person; *su.*/*m*: *les ~s pl.* the dying.

moricaud, e [mɔriˈko, ~ˈkoːd] **1.** *adj.* dark-skinned, dusky; **2.** *su.* blackamoor; F darky.

morigéner [mɔriʒeˈne] (1f) *v*/*t.* lecture (*s.o.*); tell (*s.o.*) off.

morille ⚘ [mɔˈriːj] *f fungus*: morel.

morillon [mɔriˈjɔ̃] *m* ⚘ black grape; *orn.* tufted duck; ⚒ rough emerald.

mormon, -onne [mɔrˈmɔ̃, ~ˈmɔn] *adj.*, *a. su.* Mormon.

morne [mɔrn] gloomy; dismal (*scene*, *existence*); bleak (*scenery*).

morose [mɔˈroːz] morose; surly; forbidding (*aspect*); **morosité** [~roziˈte] *f* moroseness, surliness; gloominess.

morphine ⚕ [mɔrˈfin] *f* morphia, morphine; **morphinisme** ⚕ [~fiˈnism] *m* morphinism; **morphinomane** [~finɔˈman] *adj.*, *a. su.* morphia addict, F drug-fiend, *Am.* dope-fiend.

morphologie [mɔrfɔlɔˈʒi] *f* morphology; **morphologique** [~ˈʒik] morphological.

mors [mɔːr] *m harness*: bit; ⊕ *vice*: jaw; *fig. prendre le ~ aux dents* lose one's temper, get mad.

morse *zo.* [mɔrs] *f* walrus.

morsure [mɔrˈsyːr] *f* bite; *fig.* sting.

mort[1] [mɔːr] *f* death; *à ~* deadly; *attraper la ~* catch one's death; *avoir la ~ dans l'âme* be sick at heart; *mourir de sa belle ~* die in bed.

mort[2], **e** [mɔːr, mɔrt] **1.** *p.p. of mourir*; **2.** *adj.* dead; stagnant (*water*); *paint. nature f ~e* still life; *poids m ~* dead weight; *point m ~ mot.* neutral (*gear*); *fig.* dead-lock; **3.** *su.* dead person; *su.*/*m* dummy (*at cards*); *faire le ~* be dummy; *fig.* sham dead; *jour m des ~s* All Souls' Day; *~s pl. et blessés m*/*pl.* casualties.

mortadelle [mɔrtaˈdɛl] *f* Bologna sausage.

mortaise ⊕ [mɔrˈtɛːz] *f* mortise.

mortalité [mɔrtaliˈte] *f* mortality; **mort-aux-rats** [mɔroˈra] *f* ratsbane; **mortel, -elle** [mɔrˈtɛl] **1.** *adj.* mortal; fatal (*accident*, *wound*); *fig.* deadly, boring; **2.** *su.* mortal; **morte-saison,** *pl.* **mortes-saisons** ✝ [mɔrtsɛˈzɔ̃] *f* slack season, off-season.

mortier ⚠, ⚔ [mɔrˈtje] *m* mortar.

mortification [mɔrtifikaˈsjɔ̃] *f* ⚕, *eccl.*, *fig.* mortification; ⚕ gangrene; *cuis. game*: hanging; *fig.* humiliation; **mortifier** [~ˈfje] (1o) *v*/*t.* mortify (*the body*, *one's passions*, *fig. s.o.*); ⚕ gangrene; *cuis.* hang (*game*); ⚕ se ~ mortify, gangrene; **mort-né, e** [mɔrˈne] **1.** *adj.* still-born (*child*, *a. fig. project*); **2.** *su.* still-born baby; **mortuaire** [mɔrˈtɥɛːr] mortuary; death...; *drap m ~* pall; *extrait m ~* death certificate; *maison f ~* house of the deceased.

morue *icht.* [mɔˈry] *f* cod; *~ sèche* salt cod; *huile f de foie de ~* cod-liver oil.

morve [mɔrv] *f vet.* glanders *pl.*; (nasal) mucus, V snot; **morveux, -euse** [mɔrˈvø, ~ˈvøːz] **1.** *adj. vet.* glandered; F snotty; **2.** *su.* F greenhorn.

mosaïque[1] *bibl.* [mɔzaˈik] Mosaic.

mosaïque[2] [mɔzaˈik] *f flooring*, *a. telev.*: mosaic; **mosaïste** [~ˈist] *su.* worker in mosaic.

moscoutaire *pej.* [mɔskuˈtɛːr] **1.** *adj.* Communist; **2.** *su.* F Bolshie.

mosquée [mɔsˈke] *f* mosque.

mot [mo] *m* word; note, line (= *short letter*); saying; ⚔ password; *~s pl. croisés* crossword (puzzle) *sg.*; *~ à ~* word for word; ⚔, *fig. ~ d'ordre* keyword, watchword; *à ~s couverts* by hints; *au bas ~* at the lowest estimate; *avoir des ~s avec q.* fall out with s.o.; *bon ~* witticism; *en un ~* in a word, in a nutshell; *jouer sur les ~s* play upon words; *ne pas souffler ~* keep one's mouth shut; *prendre q. au ~* take s.o. at his word; *sans ~ dire* without a word.

motard F [mɔˈtaːr] *m* motor cyclist; courtesy cop.

motel [mɔˈtɛl] *m* motel.

moteur, -trice [mɔˈtœːr, ~ˈtris] **1.** *adj.* motive, driving; *anat.* motory; **2.** *su.*/*m* ⊕ motor; engine; *fig.*

(prime) mover, driving force; ~ *à combustion interne*, ~ *à explosion* internal combustion engine; ~ *à deux temps* two-stroke engine; ~ *à injection* injection engine; ~ *à réaction* jet engine; ~ *fixe* stationary engine.

motif, -ve [mɔˈtif, ~ˈtiːv] **1.** *adj.* motive; **2.** *su./m* motive; *fig.* grounds *pl.*; ♪ theme; *needlework*: pattern.

motion [mɔˈsjɔ̃] *f* motion; *parl.* ~ *de confiance* (*censure*) motion of confidence (no-confidence).

motivation [mɔtivaˈsjɔ̃] *f* motivation; **motiver** [~ˈve] (1a) *v/t.* motivate; cause; ⚖ give the reasons for.

moto F [mɔˈto] *f* motor cycle, F motor bike.

moto... motor...; power-driven...; **~culteur** [mɔtɔkylˈtœːr] *m* power-driven cultivator; **~culture** [~kylˈtyːr] *f* mechanized farming; **~cyclette** [~siˈklɛt] *f* motor cycle; ~ *à sidecar* motor cycle combination; *faire de la* ~ motor-cycle; **~cycliste** [~siˈklist] *su.* motor cyclist; **~glisseur** ⚓ [~gliˈsœːr] *m* speed-boat; **~godille** ⚓ [~gɔˈdiːj] *f* out-board slung motor; **motoriser** [mɔtɔriˈze] (1a) *v/t.* motorize.

mot-souche, *pl.* **mots-souches** *typ.* [moˈsuʃ] *m* catchword.

motte [mɔt] *f* mound; *earth*: clod; *lawn, peat*: sod; *butter*: pad.

motus! [mɔˈtys] *int.* keep it quiet!

mou (*adj. before vowel or h mute* **mol**) *m*, **molle** *f*, *m/pl.* **mous** [mu, mɔl, mu] **1.** *adj.* soft; *fig.* weak; flabby (*flesh*); slack (*rope*); close (*weather*); calm, smooth (*sea*); **2.** *su./m belt, rope, etc.*: slack; *cuis.* lights *pl.*

mouchard *pej.* [muˈʃaːr] *m* (police) informer, F stool-pigeon; F *school*: sneak; **moucharder** [~ʃarˈde] (1a) *v/t.* spy on (*s.o.*); *school*: sneak on; *v/i.* spy; sneak (*at school*); **mouche** [muʃ] *f* fly; *foil*: button; *target*: bull's-eye; spot, speck; patch (*on face*); beauty-spot; *faire* ~ hit the bull's-eye; *faire d'une* ~ *un éléphant* make a mountain out of a molehill; *fig. pattes f/pl. de* ~ *handwriting*: scrwal; *prendre la* ~ get angry; F *quelle* ~ *le pique?* what is biting him?

moucher [muˈʃe] (1a) *v/t.* wipe (*s.o.'s*) nose; snuff (*a candle*); ⊕ trim; *fig.* snub (*s.o.*); *se* ~ blow *or* wipe one's nose.

moucherolle *orn.* [muʃˈrɔl] *f* fly-catcher.

moucheron[1] [muʃˈrɔ̃] *m* gnat, midge; F kid.

moucheron[2] [~] *m candle*: snuff.

moucheter [muʃˈte] (1c) *v/t.* spot, fleck; button (*a foil*); **mouchette** [muˈʃɛt] *f* ⊕ mo(u)lding-plane; ~s *pl.* snuffers; **moucheture** [muʃˈtyːr] *f* spot, speckle, fleck; *zo. ermine*: tail.

mouchoir [muˈʃwaːr] *m* handkerchief; ⊕ triangular wooden bracket; ~ *de tête* head square; **mouchure** [~ˈʃyːr] *f* (nasal) mucus; *candle*: snuff; *rope*: frayed end.

moudre [mudr] (4w) *v/t.* grind.

moue [mu] *f* pout; *faire la* ~ pout, look sulky.

mouette *orn.* [mwɛt] *f* gull.

moufle [mufl] *f* ⊕ set of pulleys; (block and) tackle; ⚠ tie, clamp; ~s *pl.* mitts; ⚡ wiring gloves.

mouflon *zo.* [muˈflɔ̃] *m* moufflon, wild sheep.

mouillage [muˈjaːʒ] *m* moistening, dampening; *wine*: watering; ⚓ anchoring; **mouiller** [~ˈje] (1a) *v/t.* wet, damp, moisten; water (*wine etc.*); ⚓ moor (*a ship*); ⚓ drop (*the anchor*); *gramm.* palatalize (*a consonant*); *se* ~ get wet; grow moist (*with tears*); **mouillure** [~ˈjyːr] *f* wetting; damp-mark; *gramm.* palatalization.

moulage [~] *m* ⊕ cast(ing); *metall.* founding; ⚠ plaster mo(u)lding.

moulant, e [muˈlɑ̃, ~ˈlɑ̃ːt] skintight (*dress*).

moule[1] [mul] *m* ⊕ mo(u)ld; matrix; *jeter en* ~ cast.

moule[2] [mul] *f* mussel; F fat-head; F lazy-bones *sg.*

moulé, e [muˈle] mo(u)lded, cast; *écriture moulée* block letters *pl.*

mouler [muˈle] (1a) *v/t.* cast; mo(u)ld; *metall.* found; *fig.* fit tightly; ~ *sur* model (*s.th.*) on; **mouleur** [~ˈlœːr] mo(u)lder, caster.

moulière [muˈljɛːr] *f* mussel-bed.

moulin [muˈlɛ̃] *m* mill (*a.* ⊕); ~ *à café* coffee-mill; **mouliner** [muliˈne] (1a) *v/t. tex.* throw (*silk*); *insects*: eat into (*wood*); **moulinet** [~ˈnɛ] *m* winch; *fishing-rod*: reel; turnstile; *fencing, a. stick*: twirl; ~ *à musique* toy musical box; **mou-**

lineur *tex.* [~ˈnœːr] *m*, **moulinier** *tex.* [~ˈnje] *m* silk-thrower.
moulons [muˈlɔ̃] *1st p. pl. pres. of moudre*; **moulu, e** [~ˈly] **1.** *adj. fig.* F tired out; aching all over; **2.** *p.p. of moudre.*
moulure △, ⊕ [muˈlyːr] *f* mo(u)lding; profiling.
moulus [muˈly] *1st p. sg. p.s. of moudre.*
mourant, e [muˈrɑ̃, ~ˈrɑ̃ːt] **1.** *adj.* dying; faint (*voice*); languishing (*voice*); F screamingly funny; **2.** *su.* dying person; **mourir** [~ˈriːr] (2k) *v/i.* die; die out (*fire*); die away (*sound*); fall (*hope*); ~ *avant l'âge* come to an untimely end; *être à ~ de rire* be screamingly funny; *ennuyer q. à ~* bore s.o. to death; *v/t.*: *se ~* be dying; die away.
mouron [muˈrɔ̃] *m* ⚘ (~ *rouge*) scarlet pimpernel; ⚘ ~ *blanc* (*or des oiseaux*) chickweed; *sl.* hair; *sl. se faire du ~* worry (o.s. sick).
mourrai [murˈre] *1st p. sg. fut. of mourir*; **mourus** [muˈry] *1st p. sg. p.s. of mourir.*
mousquet ⚔ [musˈkɛ] *m* musket; **mousquetade** [muskəˈtad] *f* musket-shot; *musket-shots*: volley; **mousquetaire** ⚔ [~ˈtɛːr] *m* musketeer; **mousqueton** [~ˈtɔ̃] *m* snap-hook; ⚔ † artillery carbine.
mousse[1] [mus] *m* ship's boy; cabin-boy.
mousse[2] [~] *f* ⚘ moss; *beer*: froth; *sea*: foam; *soap*: lather; *cuis.* mousse.
mousse[3] [~] blunt.
mousseline [musˈlin] **1.** *su./f tex.* muslin; **2.** *adj./inv.*: *cuis. pommes f/pl. ~* mashed potatoes; *verre m ~* muslin-glass.
mousser [muˈse] (1a) *v/i.* froth; lather (*soap*); effervesce, fizz (*champagne*); F *faire ~ q.* crack s.o. up; **mousseux, -euse** [~ˈsø, ~ˈsøːz] **1.** *adj.* mossy; foaming; sparkling (*wine*); **2.** *su./m* sparkling wine.
mousson [muˈsɔ̃] *f* monsoon.
moussu, e [muˈsy] mossy; ⚘ *rose f ~e* moss-rose.
moustache [musˈtaʃ] *f* moustache; *cat*: whiskers *pl.*; **moustachu, e** [~taˈʃy] moustached.
moustiquaire [mustiˈkɛːr] *f* mosquito-net; **moustique** *zo.* [~ˈtik] *m* mosquito; gnat.
moût [mu] *m grapes*: must; unfermented wine.
moutarde ⚘, *a. cuis.* [muˈtard] *f* mustard; **moutardier** [~tarˈdje] *m* mustard-pot; mustard-maker; F *se croire le premier ~ du pape* think no end of o.s.
mouton [muˈtɔ̃] *m* sheep; *cuis.* mutton; *~s pl.* fleecy clouds; *sea*: white horses; *revenons à nos ~s* let us get back to the subject; **moutonner** [~tɔˈne] (1a) *v/i.* foam, break into white horses (*sea*); *ciel m moutonné* mackerel sky; **moutonnerie** [~tɔnˈri] *f* stupidity; **moutonneux, -euse** [mutɔˈnø, ~ˈnøːz] fleecy (*sky*); frothy, covered with white horses (*sea*); **moutonnier, -ère** [~ˈnje, ~ˈnjɛːr] ovine; *fig.* sheep-like, easily led.
mouture [muˈtyːr] *f* grinding, milling; milling dues *pl.*
mouvance [muˈvɑ̃ːs] *f* domain, sphere (of influence); mobility; instability; **mouvant, e** [muˈvɑ̃, ~ˈvɑ̃ːt] moving; shifting (*sands*); loose (*ground*); *fig.* changeable; *sables m/pl. ~s* quicksand *sg.*; **mouvement** [muvˈmɑ̃] *m* movement (*a.* ♪); motion (*a. phys.*); ✝, *a. fig.* change; ✝ *market*: fluctuation; *roads etc.*: traffic; ⊕ *machine*: action, works *pl.*; *fig.* impulse; *fig.* outburst; ~ *clandestin* underground movement; ⊕ ~ *perdu* idle motion; ~ *perpétuel* perpetual motion; ~ *populaire* popular uprising; ~ *syndical* trade-unionism; ⚕ *faire un faux ~* strain o.s. *or* a muscle; **mouvementé, e** [~mɑ̃ˈte] lively; busy; eventful (*life*); undulating (*ground*).
mouvoir [muˈvwaːr] (3f) *v/t.* ⊕ drive; ⚓ propel (*a ship*); *fig.* move; *fig.* urge, drive, prompt; *se ~* move; **mouvrai** [~ˈvre] *1st p. sg. fut. of mouvoir.*
moyen, -enne [mwaˈjɛ̃, ~ˈjɛn] **1.** *adj.* middle; mean, average; medium (*size, quality*); ♀ *Age* Middle Ages *pl.*; *classe f ~enne* middle class; *du* ♀ *Age* medi(a)eval; **2.** *su./m* means *sg.*, way, manner; medium; ⅍ mean; ⚖ grounds *pl.* of a claim; *~s pl.* resources; *au ~ de* by means of; *il (n')y a (pas) ~ de (inf.)* it is (im)possible to (*inf.*); *pas ~!* nothing doing!; *le ~ de (inf.)* how could one (*inf.*); *su./f* average, mean; *examination*: pass-

mark; *en* ~*enne* on an average; **moyenâgeux, -euse** F [~jɛna'ʒø, ~'ʒø:z] (*pej.* sham-)medi(a)eval, historic; *fig.* antiquated; **moyennant** [~jɛ'nɑ̃] *prp.* for (*money etc.*); ~ *quoi* in return for which.

moyeu[1] [mwa'jø] *m wheel*: hub, nave.

moyeu[2] [~] *m* preserved plum.

mû, mue, *m/pl.* **mus** [my] *p.p. of mouvoir.*

muance [mɥɑ̃:s] *f voice*: breaking.

mucilage ⚕ [mysi'la:ʒ] *m* gum, mucilage; **mucilagineux, -euse** [~laʒi'nø, ~'nø:z] mucilaginous, viscous.

mucosité [mykozi'te] *f* mucus.

mue [my] *f birds*: mo(u)lt(ing); *snakes*: sloughing; *animals*: shedding of coat *etc.*; mo(u)lting-season; *hens*: coop; *voice*: breaking; **muer** [mɥe] (1n) *v/i.* mo(u)lt (*birds*); slough (*snake*); shed its coat *etc.* (*animal*); break (*voice*); cast its antlers (*stag*).

muet, -ette [mɥɛ, mɥɛt] **1.** *adj.* dumb; mute; **2.** *su.* dumb *or* mute person.

mufle [myfl] *m animal*: muzzle, nose; *fig.* F boor, lout; F mug (= *face*); **muflerie** F [myflə'ri] *f* boorishness; **muflier** ⚘ [~fli'e] *m* snapdragon.

mugir [my'ʒi:r] (2a) *v/i.* bellow (*bull, a.* F *person with rage*); low (*cow*); howl (*wind*); roar (*sea, a. fig.*); **mugissement** [~ʒis'mɑ̃] *m* bellowing *etc.*

muguet [my'gɛ] *m* ⚘ lily of the valley; ⚕ thrush.

mulâtre *m*, **-tresse** *f* [my'lɑ:tr, ~lɑ'trɛs] mulatto.

mule[1] [myl] *f* mule, slipper; ⚕ kibe.

mule[2] *zo.* [~] *f* (she-)mule.

mulet[1] *zo.* [my'lɛ] *m* mule.

mulet[2] *icht.* [~] *m* grey mullet.

muletier [myl'tje] *m* muleteer.

mulot *zo.* [my'lo] *m* field-mouse.

mulsion [myl'sjɔ̃] *f* milking.

multi... [mylti] multi(-)...; many-...; **~colore** [~kɔ'lɔ:r] many-colo(u)red, multi-colo(u)red; **~latéral, e,** *m/pl.* **-aux** [~late'ral, ~'ro] multilateral.

multiple [myl'tipl] **1.** *adj.* multiple; multifarious; **2.** *su./m* multiple; **multiplication** [~tiplika'sjɔ̃] *f* multiplication; ⊕, *mot.* gear(-ratio); *fig.* increase; **multiplier** [~tipli'e] (1a) *vt/i.* multiply; *v/t.*: ⊕ ~ *la vitesse* gear up.

multitude [mylti'tyd] *f* multitude; crowd.

municipal, e, *m/pl.* **-aux** [mynisi'pal, ~'po] municipal; bye-(*law*); local, town...; *conseil m* ~ town council; **municipalité** [~pali'te] *f* municipality, township.

munificence [mynifi'sɑ̃:s] *f* munificence; bounty; **munificent, e** [~'sɑ̃, ~'sɑ̃:t] munificent; bounteous.

munir [my'ni:r] (2a) *v/t.* equip, provide (with, *de*); **munitions** [myni'sjɔ̃] *f/pl.* ⚔ ammunition *sg.*; ~ *de bouche* provisions.

muqueux, -euse [my'kø, ~'kø:z] mucous.

mûr, mûre [my:r] ripe; mature (*age, mind, wine*).

mur [my:r] *m* wall; ✈ ~ *du son* sound barrier; **murage** [my'ra:ʒ] *m* walling (in); bricking up; **muraille** [~'rɑ:j] *f* high *or* thick wall; ⚓ *ship*: side; **mural, e,** *m/pl.* **-aux** [~'ral, ~'ro] mural; *carte f* ~*e* wall-map.

mûre ⚘ [my:r] *f* mulberry; blackberry.

murer [my're] (1a) *v/t.* wall in; wall *or* block up.

mûrier ⚘ [my'rje] *m* mulberry (-bush *or* -tree); ~ *sauvage* bramble.

mûrir [my'ri:r] (2a) *vt/i.* ripen, mature (*a. fig.*); *v/t. fig.* meditate, think out thoroughly.

murmure [myr'my:r] *m* murmur (-ing); whisper; **murmurer** [~my're] (1a) *vt/i.* murmur; whisper; babble (*child, stream*); *fig.* complain.

mûron ⚘ [my'rɔ̃] *m* blackberry; wild raspberry.

mus [my] *1st p. sg. p.s. of mouvoir.*

musaraigne *zo.* [myza'rɛɲ] *f* shrew-mouse.

musard, e [my'za:r, ~'zard] **1.** *adj.* idling; **2.** *su.* idler; **musarder** F [~zar'de] (1a) *v/i.* idle; fritter away one's time.

musc [mysk] *m* musk; *zo.* musk-deer.

muscade ⚘ [mys'kad] *f* nutmeg.

muscadet [myska'dɛ] *m* (*sort of*) muscatel (wine).

muscardin *zo.* [myskar'dɛ̃] *m* dormouse.

muscat [mys'ka] *m* muscat (grape *or* wine); musk-pear.

muscle [myskl] *m* muscle; *fig.* brawn; **musclé, e** [mys'kle] muscular; brawny; athletic; sinewy (*a. fig.*); *fig.* powerful, strong; *fig.* strong-arm (*politics etc.*); **muscler** [~] (1a) *v/t.* develop the muscles of; *fig.* strengthen; **musculaire** [~ky'lɛ:r] muscular; **musculeux, -euse** [~ky'lø, ~'lø:z] muscular; *cuis.* sinewy (*meat*).

museau [my'zo] *m* muzzle; snout; F mug (= *face*).

musée [my'ze] *m* museum.

museler [myz'le] (1c) *v/t.* muzzle (*a. fig.*); **muselière** [~zə'ljɛ:r] *f* muzzle.

muser [my'ze] (1a) *v/i.* dawdle; fritter away one's time.

musette [my'zɛt] *f horse*: nose-bag; ⚔ haversack; ♪ country bagpipe; *bal m* ~ popular dance-hall.

musical, e, *m/pl.* **-aux** [myzi'kal, ~'ko] musical; **music-hall** [myzi'ko:l] *m* music-hall; variety; **musicien, -enne** [myzi'sjɛ̃, ~'sjɛn] **1.** *adj.* musical; **2.** *su.* musician; performer, player; **musique** [my'zik] *f* music; ⚔ *etc.* band; ~ *enregistrée* recorded music.

musqué, e [mys'ke] musky, musk; *fig. paroles f/pl.* ~*es* honeyed words; *poire f* ~*e* musk-pear; *rose f* ~*e* musk-rose.

musulman, e [myzyl'mɑ̃, ~'man] *adj., a. su.* ☪ Moslem, Mohammedan.

mutabilité [mytabili'te] *f* instability; ⚖ alienability; **mutation** [~ta'sjɔ̃] *f* change, alteration; ♪, *biol.* mutation; ♪ *violin-playing*: shift; *personnel, property*: transfer; **muter** [~'te] (1a) *v/t.* transfer (*an official etc.*).

mutilation [mytila'sjɔ̃] *f person, book, statue, etc.*: mutilation; *person*: maiming; *book, statue, etc.*: defacement; **mutilé** [~'le] *m*: ~ *de guerre* disabled ex-serviceman; ~ *du travail* disabled workman; **mutiler** [~'le] (1a) *v/t.* mutilate; maim; deface.

mutin, e [my'tɛ̃, ~'tin] **1.** *adj.* mischievous; † insubordinate; **2.** *su./m* mutineer; **mutiner** [~ti'ne] (1a) *v/t.*: se ~ rise in revolt, rebel; be unruly; ⚔ mutiny; **mutinerie** [~tin'ri] *f* rebellion; ⚔ mutiny; unruliness; pertness.

mutisme [my'tism] *m* silence.

mutualité [mytɥali'te] *f* mutuality, reciprocity; **mutuel, -elle** [my'tɥɛl] **1.** *adj.* mutual; *pari m* ~ totalizator, F tote; *secours m/pl.* ~*s* mutual benefit; *société f de secours* ~ friendly society; **2.** *su./f* mutual insurance company.

myocarde *anat.* [mjɔ'kard] *m* myocardium; **myocardite** ⚕ [~kar'dit] *f* myocarditis.

myope ⚕ [mjɔp] **1.** *adj.* myopic, near-sighted, short-sighted; **2.** *su.* near-sighted *or* short-sighted person; **myopie** ⚕ [mjɔ'pi] *f* myopia, near-sightedness, short-sightedness.

myosotis ✿ [mjɔzɔ'tis] *m* myosotis, forget-me-not.

myrte ✿ [mirt] *m* myrtle; **myrtille** ✿ [mir'til] *f* whortleberry, bilberry, *Am.* blueberry, huckleberry.

mystère [mis'tɛ:r] *m* mystery (*a. thea.*), secret; secrecy; **mystérieux, -euse** [~te'rjø, ~'rjø:z] mysterious; enigmatic; **mysticisme** [~ti'sism] *m* mysticism; **mystification** [~tifika'sjɔ̃] *f* hoax; mystification; **mystifier** [~ti'fje] (1o) *v/t.* hoax, fool; mystify; **mystique** [~'tik] **1.** *adj.* mystic; **2.** *su.* mystic; *su./f* mystical theology *or* doctrine.

mythe [mit] *m* myth (*a. fig.*); legend; **mythique** [mi'tik] mythical; **mythologie** [mitɔlɔ'ʒi] *f* mythology; **mythologique** [~lɔ'ʒik] mythological; **mythologue** [~'lɔg] *m* mythologist; **mythomane** *psych.* [~'man] *adj., a. su.* mythomaniac.

N

N, n [ɛn] *m* N, n.
nabab [naˈbab] *m* nabob.
nabot, e [naˈbo, ~ˈbɔt] **1.** *su.* dwarf, midget; **2.** *adj.* dwarfish.
nacelle [naˈsɛl] *f* ⚓ skiff, wherry; ✈ cockpit; *airship*: gondola; *balloon*: basket.
nacre [nakr] *f* mother of pearl; **nacré, e** [naˈkre] pearly; **nacrer** [~] (1a) *v/t.* give a pearly sheen to.
nage [na:ʒ] *f* swimming; rowing; stroke; ~ *à la brasse* breast-stroke; ~ *libre* free style; ~ *sur le dos* backstroke; *à la* ~ by swimming; *donner la* ~ *rowing*: set the stroke; F (*tout*) *en* ~ bathed in perspiration; **nageoire** [naˈʒwa:r] *f icht.* fin; *whale*: paddle; float; *sl.* arm; **nager** [~ˈʒe] (1l) *v/i.* swim; row; float; ~ *dans l'opulence* be rolling in money; *v/t.*: ~ *le crawl* swim the crawl; **nageur** *m*, **-euse** *f* [~ˈʒœ:r, ~ˈʒø:z] swimmer; rower.
naguère [naˈgɛ:r] *adv.* lately, a short time ago.
naïf, -ve [naˈif, ~ˈi:v] naïve, artless, unaffected; unsophisticated, simple.
nain, naine [nɛ̃, nɛn] **1.** *su.* dwarf, midget; **2.** *adj.* dwarf(ish); stunted.
nais [nɛ] *1st p. sg. pres. of naître*; **naissance** [nɛˈsɑ̃:s] *f* birth; *fig.* origin; *fig.* beginning; *acte m de* ~ birth-certificate; *Français de* ~ French-born; ~ *des cheveux* hair line; *fig. prendre* ~ originate; **naissant, e** [~ˈsɑ̃, ~ˈsɑ̃:t] dawning; *fig. a.* incipient; **naissent** [nɛs] *3rd p. pl. pres. of naître*; **naître** [nɛ:tr] (4x) *v/i.* be born; dawn; *fig.* originate, begin; *faire* ~ give rise to, cause.
naïveté [naivˈte] *f* naïvety, ingenuousness; simpleness; ingenuous remark.
naja *zo.* [naˈʒa] *m* cobra.
nana *sl.* [naˈna] *f* chick (= *girl*, *woman*).
nantir [nɑ̃ˈti:r] (2a) *v/t.* ⚖ *creditor*: secure; *fig.* provide (with, *de*); *bien nanti* well-off (for money); *les nantis* the well-to-do; **nantissement** [~tisˈmɑ̃] *m* security; lien, hypothecation.
napalm ⚗, ⚔ [naˈpalm] *m* napalm.
naphte ⚗ [naft] *m* naphtha.
nappe [nap] *f* (table)cloth; cover; *ice, water, etc.*: sheet; ~ *de pétrole* oil slick; **napperon** [naˈprɔ̃] *m* (table)mat; ~ *individuel* place mat.
naquis [naˈki] *1st p. sg. p.s. of naître.*
narcisse ⚘ [narˈsis] *m* narcissus; ~ *des bois* daffodil; **narcissique** [~siˈsik] narcissistic; **narcissisme** [~siˈsism] *m* narcissism.
narcose ⚕ [narˈko:z] *f* narcosis; **narcotique** [~kɔˈtik] *adj.*, *a. su./m* narcotic.
nard ⚘ [na:r] *m* (spike)nard.
narguer [narˈge] (1m) *v/t.* flout; jeer at (*s.o.*).
narine [naˈrin] *f anat.* nostril.
narquois, e [narˈkwa, ~ˈkwa:z] mocking.
narrateur *m*, **-trice** *f* [naraˈtœ:r, ~ˈtris] narrator, teller, relater; **narratif, -ve** [~ˈtif, ~ˈti:v] narrative; **narration** [~ˈsjɔ̃] *f* narration, narrative; **narrer** [naˈre] (1a) *v/t.* narrate, relate.
narval, *pl.* **-als** *zo.* [narˈval] *m* narwhal.
nasal, e, *m/pl.* **-aux** [naˈzal, ~ˈzo] *adj.*, *a. su./f gramm.* nasal; **nasaliser** *gramm.* [~zaliˈze] (1a) *v/t.* nasalize; **naseau** [~ˈzo] *m* nostril; **nasillard, e** [naziˈja:r, ~ˈjard] nasal, twanging; **nasiller** [~ˈje] (1a) *v/i.* speak through one's nose *or* with a twang; *v/t.* twang (*s.th.*) (out).
nasse [nas] *f* eel-pot; trap (*a. fig.*).
natal, e, *m/pl.* **-als** [naˈtal] native; birth...; **natalité** [~taliˈte] *f* birth-rate, natality.
natation [nataˈsjɔ̃] *f* swimming; **natatoire** [~ˈtwa:r] *zo.* natatory; *icht. vessie f* ~ air-bladder, swimming-bladder.
natif, -ve [naˈtif, ~ˈti:v] **1.** *adj.* native (*a.* ⚒); natural, innate; **2.** *su.* native.
nation [naˈsjɔ̃] *f* nation; *bibl. les* ~*s pl.* the Gentiles; **national, e,** *m/pl.* **-aux** [~sjɔˈnal, ~ˈno] **1.** *adj.*

national; **2.** *su.*/*m*: ~*s pl.* nationals; *su.*/*f* (*a. route f* ~e) highway; main road; **nationalisation** [nasjɔnaliza'sjɔ̃] *f* nationalization; **nationalisme** *pol.* [~'lism] *m* nationalism; **nationaliste** *pol.* [~'list] **1.** *su.* nationalist; **2.** *adj.* nationalistic; **nationalité** [~li'te] *f* nationality; nation.

nativité *eccl.*, *astr.* [nativi'te] *f* nativity.

natte [nat] *f* (*straw- etc.*) mat(ting); *hair*: plait, braid; F pigtail; **natter** [na'te] (1a) *v/t.* cover (*s.th.*) with mats; plait (*one's hair, straw*).

naturalisation [natyraliza'sjɔ̃] *f pol.* naturalization; ⚘, *zo.* acclimatizing; **naturaliser** [~li'ze] (1a) *v/t.* naturalize; ⚘, *zo.* acclimatize; stuff, mount (*an animal*); *se* ~ become naturalized; **naturalisme** *paint. etc.* [~'lism] *m* naturalism; **naturaliste** [~'list] **1.** *su.* naturalist; taxidermist; **2.** *adj.* naturalistic; **naturalité** [~li'te] *f* naturalness.

nature [na'ty:r] **1.** *su.*/*f* nature; kind; type; disposition, temperament; *paint. d'après* ~ from nature; *de* ~ *à* (*inf.*) likely to (*inf.*), such as to (*inf.*); *lois f*/*pl. de la* ~ laws of nature; *de* ~, *par* ~ by nature, naturally; *payer en* ~ pay in kind; **2.** *adj.*/*inv.* plain; *café m* ~ black coffee; **naturel, -elle** [naty'rɛl] **1.** *adj.* natural; **2.** *su.*/*m* disposition, nature; naturalness; native; *au* ~ realistically, true to life; *cuis.* plain; **naturiste** [~'rist] **1.** *su.* naturist; **2.** *adj.* naturistic.

naufrage [no'fra:ʒ] *m* shipwreck (*a. fig.*); *faire* ~ be shipwrecked; **naufragé, e** [nofra'ʒe] **1.** *adj.* shipwrecked; castaway; **2.** *su.* shipwrecked person; castaway; **naufrageur** [~'ʒœ:r] *m* wrecker.

nauséabond, e [nozea'bɔ̃, ~'bɔ̃:d] nauseous, foul; evil-smelling; **nausée** [~'ze] *f* nausea; seasickness; *fig.* loathing; **nauséeux, -euse** [~ze'ø, ~'ø:z] nauseous; loathsome.

nautique [no'tik] ⚓ nautical; sea-...; aquatic (*sports*); **nautonier** [~tɔ'nje] *m* ferryman, pilot.

naval, e, *m*/*pl.* **-als** [na'val] naval, nautical; *constructions f*/*pl.* ~*es* ship-building *sg.*

navarin *cuis.* [nava'rɛ̃] *m* mutton stew with turnips.

navet [na'vɛ] *m* turnip; F *paint.* daub; F rubbish, tripe.

navette[1] [na'vɛt] *f eccl.* incense boat; ⊕ shuttle; 🚂 *etc.* shuttle service; ~ *spatiale* space shuttle; *fig. faire la* ~ shuttle; come and go; ply.

navette[2] ⚘ [~] *f* rape.

navigabilité [navigabili'te] *f* navigability; *ship*: seaworthiness; ✈ airworthiness; **navigable** [~'gabl] navigable; seaworthy (*ship*); ✈ airworthy; **navigateur** [~ga'tœ:r] **1.** *adj.*/*m* seafaring; **2.** *su.*/*m* navigator; sailor; **navigation** [~ga'sjɔ̃] *f* navigation, sailing; ~ *intérieure* inland navigation; **naviguer** [~'ge] (1m) *vt*/*i.* ⚓, ✈ navigate; ⚓ steer.

naviplane ⚓ [navi'plan] *m* hovercraft.

navire ⚓ [na'vi:r] *m* ship, vessel; ⚓ ~ *de commerce* merchantman; **~-citerne,** *pl.* **~s-citernes** ⚓ [~vir-si'tɛrn] *m* tanker; **~-école,** *pl.* **~s-écoles** ⚓ [~vire'kɔl] *m* training ship; **~-hôpital,** *pl.* **~s-hôpitaux** ⚓ [~virɔpi'tal, ~'to] *m* hospital-ship.

navrant, e [na'vrɑ̃, ~'vrɑ̃:t] heart-rending, heart-breaking; **navré, e** [~'vre] deeply grieved; heart-broken; **navrer** [~'vre] (1a) *v*/*t.* grieve (*s.o.*) deeply; *j'en suis navré!* I am awfully *or* F terribly sorry!

ne [nə] *adv.*: *ne ... guère* not ... much, scarcely; *ne ... jamais* never; *ne ... pas* not; *ne ... plus* no more, no longer; *ne ... plus jamais* never again; *ne ... point* not (at all); *ne ... que* only.

né, née [ne] **1.** *p.p. of naître*; **2.** *adj.* born; *fig.* cut out (for, *pour*); *bien* ~ of a good family; *fig. être* ~ *coiffé* be born with a silver spoon in one's mouth.

néanmoins [neɑ̃'mwɛ̃] *adv.* nevertheless, however; yet.

néant [ne'ɑ̃] *m* nothing(ness), naught; *admin.* nil; ⚖ *mettre à* ~ dismiss; *réduire à* ~ reduce to naught; **néantiser** [~ɑ̃ti'ze] (1a) *v*/*t.* destroy; reduce to nothing.

nébuleux, -euse [neby'lø, ~'lø:z] **1.** *adj.* nebulous; cloudy (*a. liquid*), misty (*sky, view*); *fig.* gloomy (*face*); F *fig.* obscure; **2.** *su.*/*f astr.* nebula; **nébulosité** [~lozi'te] *f* haziness (*a. fig.*); patch of haze *or* mist.

nécessaire [nesɛ'sɛ:r] **1.** *adj.* neces-

sary (to, for *à*); requisite; **2.** *su./m* necessaries *pl.*; outfit, kit, set; ~ *de toilette* toilet bag; **nécessité** [~si'te] *f* necessity, need; indigence; **nécessiter** [~si'te] (1a) *v/t.* necessitate, entail, require; **nécessiteux, -euse** [~si'tø, ~'tø:z] **1.** *adj.* needy; **2.** *su./m*: *les* ~ *pl.* the needy.
nécro... [nekrɔ] necro...; **~loge** [~'lɔ:ʒ] *m* obituary list; death-roll; **~logie** [~lɔ'ʒi] *f* obituary; **~logue** [~'lɔg] *m* necrologist; **~mancie** [~mɑ̃'si] *f* necromancy; **~pole** [~'pɔl] *f* necropolis, city of the dead.
nécrose [ne'kro:z] *f* ⚕ necrosis; ⚘ canker.
nectar ⚘, *a. myth.* [nɛk'ta:r] *m* nectar.
néerlandais, e [neɛrlɑ̃'dɛ, ~'dɛ:z] **1.** *adj.* Dutch, Netherlandish; **2.** *su.* ♀ Netherlander; *su./m* ♀ Dutchman; *su./f* ♀ Dutchwoman.
nef [nɛf] *f church*: nave; *poet.* ship.
néfaste [ne'fast] ill-omened; ill-starred; ill-fated; disastrous.
nèfle ⚘ [nɛfl] *f* medlar; *sl. des ~s!* not likely!
négatif, -ve [nega'tif, ~'ti:v] **1.** *adj.* negative (*a.* ⚡); *phot. épreuve f ~ve* = **2.** *su./m phot.* negative; *su./f* negative; *dans la ~ve* in the negative; if not; *répondre par la ~ve* say no; *se tenir sur la ~ve* maintain a negative attitude; **négation** [~'sjɔ̃] *f* negation, denial; *gramm.* negative.
négligé, e [negli'ʒe] **1.** *adj.* neglected; slovenly (*dress, style*); careless (*appearance, dress*); **2.** *su./m* undress; informal dress; dishabille; négligé; **négligeable** [~'ʒabl] negligible (*a.* ⚡); trifling; **négligence** [~'ʒɑ̃:s] *f* negligence, neglect; oversight; **négligent, e** [~'ʒɑ̃, ~'ʒɑ̃:t] negligent, careless; **négliger** [~'ʒe] (1l) *v/t.* neglect; overlook; disregard; slight (*s.o.*); *se* ~ become careless *or* slovenly.
négoce [ne'gɔs] *m* trade, business; **négociable** ✝ [negɔ'sjabl] negotiable; market (*value*); **négociant** [~'sjɑ̃] *m* (wholesale) merchant; trader; **négociateur,** *m* **-trice** *f* [~sja'tœ:r, ~'tris] negotiator; **négociation** [~sja'sjɔ̃] *f* negotiation (*a.* ⚔); ✝ transaction; ⚔ parley; **négocier** [~'sje] (1o) *vt/i.* negotiate; *mot. ~ un virage* negotiate a bend.
nègre [nɛ:gr] *m* negro; F ghost (writer); (*barrister's*) devil; *fig. travailler comme un* ~ work like a slave; **négresse** [ne'grɛs] *f* negress; **négrier** [negri'e] *m* slave trader; ⚓ (*a. bateau m* ~) slave ship; *fig.* slave driver; **négrillon** F [~'jɔ̃] *m* negro boy; F piccaninny; **négrillonne** F [~'jɔn] *f* negro girl.
neige [nɛ:ʒ] *f* snow (*a. sl.* = *cocaine*); *~s pl. éternelles* perpetual snow *sg.*; ⚗ ~ *carbonique* dry ice; ~ *croûteuse* (*poudreuse*) crusted (powdery) snow; *boule f de* ~ snowball; 🚂 *train m de* ~ winter sports train; **neiger** [nɛ'ʒe] (1l) *v/impers.* snow; **neigeux, -euse** [~'ʒø, ~'ʒø:z] snowy; snow-covered; snow-white.
nénuphar ⚘ [neny'fa:r] *m* water-lily.
néo... [neɔ] neo-...; **~logisme** [~lɔ'ʒism] *m* neologism.
néon ⚗ [ne'ɔ̃] *m* neon; *éclairage m au* ~ neon lighting.
néphrétique ⚕ [nefre'tik] **1.** *adj.* nephritic; **2.** *su.* sufferer from nephritis; **néphrite** [~'frit] *f* ⚕ nephritis; *min.* jade; ⚕ ~ *chronique* Bright's disease.
népotisme [nepɔ'tism] *m* nepotism.
nerf [nɛ:r] *m anat.* nerve; *fig.* vigo(u)r, F guts *pl.*; *fig.* ~ *de bœuf* cosh; life-preserver; *fig. avoir du* ~ be vigorous; *avoir ses ~s*, F *avoir les ~s en pelote or en boule* be on edge; *le ~ de la guerre* the sinews *pl.* of war; *porter* (*or donner or* F *taper sur les ~s à q.* get on s.o.'s nerves.
nerprun ⚘ [nɛr'prœ̃] *m* buckthorn.
nerveux, -euse [nɛr'vø, ~'vø:z] nervous; sinewy; *anat.* nerve...; excitable, highly-strung (*person*); *fig.* virile (*style etc.*); **nervin** ⚕ [~'vɛ̃] *adj./m, a. su./m* nervine; **nervosisme** ⚕ [~vo'zism] *m* nervous predisposition; **nervosité** [~vozi'te] *f* nervousness; irritability; irritation; **nervure** [~'vy:r] *f leaf etc.*: vein; ⚠, ⊕ rib.
net, nette [nɛt] **1.** *adj.* clean; neat; clear; clear-cut, distinct; ✝ net; **2.** *net adv.* plainly, flatly; clearly; *refuser* ~ refuse point-blank; **3.** *su./m*: *copie f au* ~ fair copy; *mettre qch. au* ~ make a fair copy of s.th.; **netteté** [nɛtə'te] *f* cleanness; (*bodily*) cleanliness; *fig. image, sound*: clarity; distinctness; *fig.* decidedness; **nettoiement** [nɛtwa'mɑ̃] *m* cleaning; clear-

ing; **nettoyage** [~ˈjaːʒ] *m* ⊕ scaling; ⚔ mopping-up; *~ à sec* dry-cleaning; **nettoyer** [~ˈje] (1h) *v/t.* clean; clear; ⊕ scale; ⚔ mop up; F rifle (*a house, s.o.*); F clean out; *~ à sec* dry-clean; **nettoyeur** *m*, **-euse** *f* [~ˈjœːr, ~ˈjøːz] cleaner.

neuf[1] [nœf; *before vowel or h mute* nœv] *adj./num., a. su./m/inv.* nine; *date, title*: ninth.

neuf[2], **neuve** [nœf, nœːv] **1.** *adj.* new; *fig.* inexperienced; **2.** *su./m* new; *quoi de ~? what's new?*; *remettre à ~* do up (like new); *repeindre à ~* redecorate.

neurasthénie ⚕ [nøraste'ni] *f* neurasthenia; **neurasthénique** ⚕ [~ˈnik] *adj., a. su.* neurasthenic; **neurologue** ⚕ [nørɔˈlɔg] *m* neurologist, nerve specialist; **neurone** [nøˈrɔn] *m* neuron.

neutraliser [nøtraliˈze] (1a) *v/t.* neutralize; **neutraliste** *pol.* [~ˈlist] *adj., a. su.* neutralist; **neutralité** [~liˈte] *f* neutrality; ⚗ neutral state; **neutre** [nøːtr] **1.** *adj.* neuter (*a. gramm.*); ⚗, ⚡, *pol., a. colour*: neutral; **2.** *su. pol.* neutral; *su./m gramm.* neuter.

neutron *phys.* [nøˈtrɔ̃] *m* neutron.

neuvaine *eccl.* [nœˈvɛn] *f* novena; **neuvième** [~ˈvjɛm] *adj./num., a. su., a. su./m fraction*: ninth.

névé *geol.* [neˈve] *m* névé, firn.

neveu [nəˈvø] *m* nephew; *~x pl.* descendants.

névralgie ⚕ [nevralˈʒi] *f* neuralgia; **névralgique** [~ˈʒik] ⚕ neuralgic; *fig. point m ~* sore spot.

névr(o)... [nevr(ɔ)] neur(o)...

névrose [neˈvroːz] *f* neurosis; **névrosé, e** [nevrɔˈze] *adj., a. su.* neurotic; **névrotique** [~ˈtik] neurotic.

nez [ne] *m* nose; *animal*: snout; ⚓, ✈ bow, nose; scent; F *~ à ~* face to face; *au ~ de q.* under s.o.'s nose; *fig. avoir le ~ fin* be shrewd; F *avoir q. dans le ~* bear s.o. a grudge; *mener par le bout du ~* twist (*s.o.*) round one's little finger; *mettre le ~ dans* poke one's nose into.

ni [ni] *cj.* nor, or; *ni ... ni* neither ... nor; *ni moi non plus* nor I (either).

niable [njabl] deniable; ⚖ traversable.

niais, e [njɛ, njɛːz] **1.** *adj.* simple, silly; *Am.* dumb; **2.** *su.* fool; simpleton; *Am.* dumbbell; **niaiserie** [njɛzˈri] *f* foolishness, silliness.

niche[1] [niʃ] *f* trick, practical joke.

niche[2] [niʃ] *f* niche, recess; *~ à chien* kennel; **nichée** [niˈʃe] *f* nestful; brood; **nicher** [~] (1a) *v/i.* nest; F *fig.* live, hang out; *v/t.*: *se ~* (build it's) nest; *fig.* nestle; *fig.* lodge o.s. (*thing*), put o.s. (*person*).

nichrome *metall.* [niˈkrɔm] *m* chrome-nickel steel.

nickel ⚗ [niˈkɛl] *m* nickel; **nickelage** ⊕ [niˈklaːʒ] *m* nickel-plating; **nickeler** ⊕ [~ˈkle] (1c) *v/t.* nickel (-plate).

nicotine ⚗ [nikɔˈtin] *f* nicotine.

nid [ni] *m* nest; *fig. thieves*: den; *tex. ~ d'abeilles* honeycomb, *Am.* waffle weave; *mot. ~-de-poule* pothole (*on a road*); **nidification** [nidifikaˈsjɔ̃] *f* nest-building.

nièce [njɛs] *f* niece.

nielle [njɛl] *su./f* 🌾 *wheat*: ear-cockle; ⚘ nigella; *su./m* ⊕ niello, inlaid enamel-work; **nieller** [njɛˈle] (1a) *v/t.* 🌾 blight, smut; ⊕ (inlay with) niello; 🌾 *se ~* smut; **niellure** [~ˈlyːr] *f* 🌾 blighting; ⊕ niello-work.

nier [nje] (1o) *v/t.* deny; repudiate (*a debt*); *on ne saurait ~ que* there can be no denying that.

nigaud, e [niˈgo, ~ˈgoːd] **1.** *adj.* simple, silly; **2.** *su.* simpleton, booby, ass; **nigauderie** F [~goˈdri] *f* stupidity; simplicity.

nimbe [nɛ̃ːb] *m* nimbus, halo; **nimbé, e** [nɛ̃ˈbe] haloed.

nipper F [niˈpe] (1a) *v/t.* rig (*s.o.*) out; **nippes** F [nip] *f/pl.* old clothes; togs.

nippon, e [niˈpɔ̃, ~ˈpɔn] *adj., a. su.* ♀ Japanese, Nipponese.

nique F [nik] *f*: *faire la ~ à* cook a snook at (*s.o.*); treat (*s.th.*) with contempt.

nitouche [niˈtuʃ] *f*: *sainte ~* (little) hypocrite; F goody-goody.

nitrate ⚗ [niˈtrat] *m* nitrate; *~ de ...* ... nitrate; **nitre** ⚗ [nitr] *m* nitre, saltpetre; **nitré, e** [niˈtre] nitrated; nitro-...; **nitreux, -euse** [~ˈtrø, ~ˈtrøːz] nitrous; **nitrière** [nitriˈɛːr] *f* saltpetre-bed; nitreworks *usu. sg.*; **nitrification** [~fikaˈsjɔ̃] *f* nitrification; **nitrifier** [~ˈfje] (1o) *v/t. a. se ~* nitrify; **nitrique** [niˈtrik] nitric (*acid*).

nitro... [nitrɔ] nitro(-)...; **~gène** ⚗ [~ˈʒɛn] *m* nitrogen.

nitruration ⚗ [nitryra'sjõ] *f* nitriding.

nivéal, e, *m/pl.* **-aux** ⚘ [nive'al, ~'o] [nival.]

niveau [ni'vo] *m* level (*a.* ⊕); *fig.* standard; ⊕ ga(u)ge; ~ *d'eau* water-level; ~ *de maçon* plumb-level; *mot.* ~ *d'essence* petrol gauge, *Am.* gasoline level gage; ~ *de vie* standard of living; *pol.* ~ *le plus élevé* highest level; *fig. au* ~ *de* on a par with; *de* ~ level (with, *avec*); 🚂 *passage m à* ~ level crossing, *Am.* grade crossing; **niveler** [niv'le] (1c) *v/t.* level, even up; ⊕ true up; survey (*the ground*); **niveleur** [~'lœ:r] *m* leveller (*a. fig.*); **nivellement** [nivɛl'mã] *m land*: surveying; *ground, a. fig.*: levelling.

nobiliaire [nɔbi'ljɛ:r] **1.** *adj.* nobiliary; **2.** *su./m* peerage-list; **noble** [nɔbl] **1.** *adj.* noble; lofty (*style*); **2.** *su./m* nobleman; *su./f* noblewoman; **noblesse** [nɔ'blɛs] *f* nobility (*a. fig.*).

noce [nɔs] *f* wedding; wedding-party; ~*s pl. d'argent* (*d'or*) silver (golden) wedding *sg.*; F *faire la* ~ go on the spree *or sl.* the binge; *voyage m de* ~*s* honeymoon (trip); **noceur** *m*, **-euse** *f* F [nɔ'sœ:r, ~'sø:z] reveller; fast liver.

nocif, -ve [nɔ'sif, ~'si:v] harmful, noxious; **nocivité** [~sivi'te] *f* harmfulness.

noctambule [nɔktã'byl] *su.* late-nighter, night bird; † sleepwalker; **nocturne** [~'tyrn] **1.** *adj.* nocturnal; by night; **2.** *su./m orn.* nocturnal (bird of prey); ♪ nocturne.

Noël [nɔ'ɛl] *m* (*oft. la* [*fête de*]~) Christmas; yule-tide; Christmas present; ♪ 𝟤 (Christmas) carol; *arbre m de* ~ Christmas tree; *le Père* ~, *le Bon homme* ~ Father Christmas, Santa Claus; *joyeux* ~! merry Christmas!

nœud [nø] *m* knot (*a.* ⚓); *band*: bow; *fig.* tie, bond; *fig. matter, play, question, etc.*: crux; ⚘, ⚔, ⚡, *astr., phys.* node; 🚂 junction; ~ *de tisserand* weaver's knot; ~ *papillon* bow tie.

noir, noire [nwa:r] **1.** *adj.* black; dark; *fig.* gloomy (*thoughts*); *fig.* illegal, illicit; *sl.* dead drunk; *avoir des idées noires* have the blues; *cuis. beurre m* ~ browned butter sauce; *blé m* ~ buckwheat; **2.** *su./m* black (man); negro; *colour*: black; dark(ness); ~ *de fumée* lampblack; *fig.* ~ *sur blanc* in black and white; *au* ~ illegally, illicitly; *broyer du* ~ be in the dumps; *mettre dans le* ~ hit the mark; *prendre le* ~ go into mourning; *travailler au* ~ moonlight; *voir tout en* ~ look on the black side of things; *su./f* black woman; negress; ♪ crotchet; **noirâtre** [nwa'rɑ:tr] blackish, darkish; **noiraud, e** [~'ro, ~'ro:d] **1.** *adj.* swarthy; **2.** *su.* swarthy person; **noirceur** [nwar'sœ:r] *f* blackness; darkness; *fig.* gloominess; *fig.* foulness; *crime*: heinousness; **noircir** [~'si:r] (2a) *v/t.* blacken (*a. fig.*); make gloomy (*a picture, the sky, thoughts*); *se* ~ darken; *v/i.* turn black *or* dark; **noircissure** [~si'sy:r] *f* smudge.

noise [nwa:z] *f*: *chercher* ~ *à* (try to) pick a quarrel with.

noisetier ⚘ [nwaz'tje] *m* hazel(-tree, -bush); **noisette** [nwa'zɛt] **1.** *su./f* ⚘ hazel-nut; **2.** *adj./inv.* (*a. couleur f* ~) (nut-)brown; hazel (*eyes*);

noix [nwɑ] *f* ⚘ walnut; ⚘, *a.* ⚘ nut; ⊕ half-round groove; *sl.* head; *sl.* fellow; ~ *de terre* peanut; *cuis.* ~ *de veau* round shoulder of veal.

nom [nõ] *m* name; *gramm.* noun; *fig.* reputation; ~ *de baptême* Christian *or* baptismal name, *Am.* given name; ~ *de famille* family name; surname; ~ *de guerre* assumed name; ~ *de jeune fille* maiden name; ~ *de plume* pen-name; ⚕ ~ *déposé* registered trade name; ⚕ ~ *social* name of (the) firm *or* company; *de* ~ by name; *décliner ses* ~ *et prénoms* give one's full name; *du* ~ *de* called, by the name of; *petit* ~ Christian name, *Am.* given name.

nomade [nɔ'mad] **1.** *adj.* wandering; nomadic; **2.** *su.* nomad.

nombrable [nõ'brabl] countable; **nombre** [nõ:br] *m* number (*a. gramm.*); ~ *cardinal* cardinal number; ~ *entier* integer; whole number; ~ *impair* (*pair, premier*) odd (even, prime) number; *bon* ~ *de* a good many ...; *du* ~ *de* one of; *bibl. les* 𝟤*s pl.* Numbers; *sans* ~ countless; **nombrer** [nõ'bre] (1a) *v/t.* count, number; **nombreux, -euse** [~'brø, ~'brø:z] numerous; manifold; rhythmic, harmonious.

nombril [nõ'bri] *m anat.* navel; ⚘ *fruit*: eye.

nomenclature [nɔmɑ̃kla'ty:r] *f* nomenclature; list.
nominal, e, *m/pl.* **-aux** [nɔmi'nal, ~'no] nominal; of names; *appel m* ~ roll-call; ⚕ *valeur f* ~*e* face-value; **nominatif, -ve** [~na'tif, ~'ti:v] **1.** *adj.* nominal; of names; ⚕ registered (*securities*); **2.** *su./m gramm.* nominative; **nomination** [~na'sjɔ̃] *f* nomination; appointment.
nommé, e [nɔ'me] **1.** *adj.* appointed (*day*); *à point* ~ in the nick of time; **2.** *su.*: *le* ~ *X*, *la* ~*e X* the person named X; *su./m*: *un* ~ *Jean* one John; **nommément** [~me'mɑ̃] *adv.* by name; especially; **nommer** [~'me] (1a) *v/t.* name; mention; appoint (*to a post*); *se* ~ be called; give one's name.
non [nɔ̃] *adv.* no; not; ~ *pas!* not at all!; ~ (*pas*) *que* (*sbj.*) not that (*ind.*); *dire que* ~ say no; *ne ... pas* ~ *plus* not ... either.
non... [nɔ̃; *before vowel* nɔn] non-...; ~**-activité** [nɔnaktivi'te] *f* non-activity; *mettre en* ~ suspend.
nonagénaire [nɔnaʒe'nɛ:r] *adj., a. su.* nonagenarian.
non-agression *pol.* [nɔnagrɛ'sjɔ̃] *f* non-aggression; *pacte m de* ~ non-aggression pact.
nonce [nɔ̃:s] *m* nuncio; ~ *apostolique* papal nuncio.
nonchalance [nɔ̃ʃa'lɑ̃:s] *f* nonchalance; languidness; **nonchalant, e** [~'lɑ̃, ~'lɑ̃:t] nonchalant, unconcerned, languid.
non...: ~**-combattant** ⚔ [nɔ̃kɔ̃ba'tɑ̃] *m* non-combattant; ~**-conducteur, -trice** [~kɔ̃dyk'tœ:r, ~'tris] **1.** *adj.* non-conducting; **2.** *su./m* non-conductor; ~**-conformisme** *eccl.* [~kɔ̃fɔr'mism] *m* nonconformity, dissent; ~**-conformiste** [~kɔ̃fɔr'mist] *m* non-conformist (*a. fig.*); ~**-engagé, e** *pol.* [~ɑ̃ga'ʒe] **1.** non-aligned; **2.** *su./m* non-aligned country; ~**-ingérence** [nɔnɛ̃ʒe'rɑ̃:s] *f*, ~**-intervention** [nɔnɛ̃tɛrvɑ̃'sjɔ̃] *f* non-intervention, non-interference; ~**-lieu** ⚖ [nɔ̃'ljø] *m* no true bill; *rendre une ordonnance de* ~ dismiss the charge.
nonne †, *co.* [nɔn] *f* nun.
nonobstant [nɔnɔp'stɑ̃] **1.** *prp.* notwithstanding; **2.** *adv.* † for all that.
nonpareil, -eille [nɔ̃pa'rɛ:j] **1.** *adj.* matchless, unparalleled; **2.** *su./f apple, a. typ.*: nonpareil.
non...: ~**-retour** [nɔ̃rə'tu:r] *m*: *point m de* ~ point of no return; ~**-réussite** [~rey'sit] *f* failure; *plan*: miscarriage; ~**-sens** [~'sɑ̃:s] *m* meaningless act *or* expression; ~**-valeur** [~va'lœ:r] *f* worthless object; unproductive land; F passenger (= *incompetent employee etc.*); *admin.* possible deficit; ~**-violence** [~vjɔ'lɑ̃s] *f* non-violence.
nord [nɔ:r] **1.** *su./m* north; ⚓ north wind; *du* ~ north(ern); northerly (*wind*); *le* ♀ the north (*of a country*); *fig. perdre le* ~ lose one's bearings; *vers le* ~ northward(s), to the north; **2.** *adj./inv.* northern (*latitudes etc.*); northerly (*wind*); ~**-est** [nɔ'rɛst] **1.** *su./m* north-east; **2.** *adj./inv.* north-east; north-eastern (*region*); north-easterly (*wind*); ~**-ouest** [nɔ'rwɛst] **1.** *su./m* north-west; **2.** *adj./inv.* north-west; north-western (*region*); north-westerly (*wind*).
noria [nɔ'rja] *f* ⊕ chain-pump; bucket-conveyor; *fig.* line, chain, string.
normal, e, *m/pl.* **-aux** [nɔr'mal, ~'mo] **1.** *adj.* normal; usual; standard (*measures etc.*); natural; *École f* ~*e* (teachers') training college; **2.** *su./f* norm; normal (*a.* ⚕); *au-dessous de la* ~ above average; *revenir à la* ~ get back to normal; **normalien** *m*, **-enne** *f* [nɔrma'ljɛ̃, ~'ljɛn] student at an *École normale*; **normalisation** [~liza'sjɔ̃] *f* standardization; **normaliser** [~li'ze] (1a) *v/t.* standardize; normalize.
normand, e [nɔr'mɑ̃, ~'mɑ̃:d] **1.** *adj.* Norman; F *réponse f* ~*e* non-committal answer; **2.** *su.* ♀ Norman.
norme [nɔrm] *f* norm, standard.
norvégien, -enne [nɔrve'ʒjɛ̃, ~'ʒjɛn] *adj., a. su.* ♀ Norwegian.
nos [no] *pl. of notre.*
nostalgie [nɔstal'ʒi] *f* ⚕ nostalgia; *fig.* homesickness; *fig.* yearning; **nostalgique** [~'ʒik] nostalgic; *fig.* homesick.
notabilité [nɔtabili'te] *f* notability (*a. person*); *fig.* prominent person; **notable** [nɔ'tabl] **1.** *adj.* notable; considerable; distinguished; **2.** *su./m* person of distinction *or* note; *hist.* Notable.
notaire [nɔ'tɛ:r] *m* notary (public).
notamment [nɔta'mɑ̃] *adv.* particularly, especially.

notarial, e, *m/pl.* **-aux** [nɔta'rjal, ~'rjo] notarial; **notarié, e** [~'rje] *adj.*: *acte m ~* deed executed and authenticated by a notary.
notation ♪, ♘ [nɔta'sjɔ̃] *f* notation.
note [nɔt] *f* note (*a.* ♪, *pol.*, *fig.*), memo(randum); minute; annotation; *school*: mark; *journ.* notice; ⚕ account, bill; *prendre ~ de* note, make a note of; *prendre des ~s* jot down notes; **noter** [nɔ'te] (1a) *v/t.* note, make a note of; jot down; take notice of; ♪ write down.
notice [nɔ'tis] *f* note, notice.
notification [nɔtifika'sjɔ̃] *f* notification, notice; **notifier** [~'fje] (1o) *v/t.* intimate (s.th. to s.o., *qch. à q.*); notify (s.o. of s.th., *qch. à q.*).
notion [nɔ'sjɔ̃] *f* notion, idea; *~s pl.* smattering *sg.*; **notoire** [~'twa:r] well-known; manifest; *pej.* notorious; **notoriété** [~tɔrje'te] *f* notoriety; *person*: repute.
notre, *pl.* **nos** [nɔtr, no] *adj./poss.* our.
nôtre [no:tr] **1.** *pron./poss.*: *le* (*la*) ~, *les ~s pl.* ours; **2.** *su./m* ours, our own; *les ~s pl.* our (own) people.
nouage [nwa:ʒ] *m* tying; *bone*: knitting.
nouba *sl.* [nu'ba] *f*: *faire la ~* go on a binge, live it up.
noué, e [nwe] knotty (*joint*); *fig.* stunted (*mind etc.*); **nouer** [nwe] (1p) *v/t.* tie (up); knot; *fig.* enter into (*conversation, relations*), *se ~* become knotted; *fig.* be formed; build up; *v/i.* set (*fruit*); **nouet** *cuis.* [nwɛ] *m* bag of herbs; **noueux, -euse** [nwø, nwø:z] knotty; ⚕ arthritic (*rheumatism*); gnarled (*hands, stem*).
nougat *cuis.* [nu'ga] *m* nougat.
nouille [nu:j] *f cuis.* noodle; F gutless individual, drip, idiot.
nourrain [nu'rɛ̃] *m* fry, young fish; **nourrice** [~'ris] *f* (wet-)nurse; ⊕, ✈ service-tank; *mot.* feed-tank; *mettre un enfant en ~* put a child out to nurse; **nourricerie** [~ris'ri] *f* stock-farm; silkworm nursery; baby-farm; **nourricier, -ère** [~ri'sje, ~'sjɛ:r] nutritious, nutritive; foster-(*father, mother*); **nourrir** [~'ri:r] (2a) *v/t.* feed, nourish; suckle, nurse (*a baby*); *fig.* harbo(u)r (*hope, thoughts*); foster (*hatred*); cherish (*hope, a grudge*); strengthen; maintain (*a fire*); *se ~ de* live on; *v/i.* be nourishing; **nourrissage** [nuri'sa:ʒ] *m cattle*: rearing; **nourrissant, e** [~'sɑ̃, ~'sɑ̃:t] nourishing; nutritious; rich (*food*); **nourrisseur** [~'sœ:r] *m* dairyman; ⊕ feed-roll; **nourrisson** [~'sɔ̃] *m* suckling, nursling; foster-child; **nourriture** [~'ty:r] *f* feeding; food; board, keep; *la ~ et le logement* board and lodging.
nous [nu] **1.** *pron./pers. subject*: we; *object*: us; (to) us; *à ~* to us; ours; *ce sont ~*, F *c'est ~* it is we, F it's us; **2.** *pron./rfl.* ourselves; **3.** *pron./recip.* each other; one another; **~-mêmes** [~'mɛ:m] *pron./rfl.* ourselves.
nouveau (*adj. before vowel or h mute* **-el**) *m*, **-elle,** *m/pl.* **-aux** [nu'vo, ~'vɛl, ~'vo] **1.** *adj.* new; recent, fresh; new-style; another, further; novel; *~eaux riches m/pl.* nouveaux riches, newly rich; *le plus ~* latest; *qch.* (*rien*) *de ~* s.th. (nothing) new; *quoi de ~?* what's the news?; **2.** *nouveau adv.*: *à ~* anew, afresh; *de ~* again; **nouveau-né, e** [nuvo'ne] **1.** *adj.* new-born; **2.** *su./m* new-born child; **nouveauté** [~'te] *f* newness, novelty; latest model; innovation; ⚕ *~s pl.* fancy goods; linen-drapery *sg.*; **nouvel** [nu'vɛl] **1.** *adj. see nouveau 1*; *~ an m* New Year; **nouvelle** [nu'vɛl] **1.** *adj. see nouveau 1*; **2.** *su./f* news *sg.*, tidings *pl.*; short story; *avoir des ~s de q.* hear from *or* of s.o.; **nouvelliste** [~vɛ'list] *su.* short-story writer; *journ.* F par writer.
novateur, -trice [nɔva'tœ:r, ~'tris] **1.** *adj.* innovating; **2.** *su.* innovator.
novembre [nɔ'vɑ̃:br] *m* November.
novice [nɔ'vis] **1.** *adj.* inexperienced (in *à, dans*), new (to *à, dans*); **2.** *su.* novice (*a. eccl.*, *a. fig.*); *fig.* tyro, beginner; *profession*: probationer; **noviciat** [~vi'sja] *m* noviciate; F apprenticeship.
noyade [nwa'jad] *f* drowning.
noyau [nwa'jo] *m fruit*: stone, kernel; *phys.*, *biol.*, *fig.* nucleus (*a. atom etc.*); ⊕ *wheel*: hub; *metall.*, *a.* ⚡ core; ⚠ newel; *fig.* group; *pol.* cell; *fig. ~ dur* hard core; ⚘ *fruit m à ~* stone-fruit; **noyautage** [~jo'ta:ʒ] *m pol.* infiltration (into, *de*); *metall.* coring.
noyer[1] [nwa'je] (1h) *v/t.* drown

(*a.* F *fig.*); flood (*a. mot.*), inundate, immerse; ⊕ countersink (*a screw*); ⊕ bed (*s.th.*) in cement; se ~ *suicide*: drown o.s.; *accident*: be drowned; *fig.* be steeped (in, *dans*); ⊕ *vis f noyée* countersunk screw.
noyer[2] ⚘ [~] *m* walnut(-tree).
nu, nue [ny] **1.** *adj.* naked, nude, bare; *fig.* unadorned; ~*-pieds, pieds* ~*s* barefoot(ed); **2.** *su./m* nude; nudity; ⚠ bare part; **3.** *adv.*: *à nu* bare; *mettre à nu* expose, lay bare; denude; *monter à nu* ride (*a horse*) bareback.
nuage [nɥaːʒ] *m* cloud; *sans* ~*s* cloudless (*sky*), *fig.* perfect (*bliss*); **nuageux, -euse** [nɥaˈʒø, ~ˈʒøːz] cloudy, overcast; *fig.* hazy (*idea*).
nuance [nɥɑ̃ːs] *f* shade (*a. fig.*), hue; *fig.* tinge; *fig.* nuance, shade of meaning; **nuancer** [nɥɑ̃ˈse] (1k) *v/t.* shade (with, *de*); vary (*the tone*); express slight differences in.
nubile [nyˈbil] nubile, marriageable.
nucléaire *phys.* [nykleˈɛːr] nuclear (*a. armament*); **nucléon** *phys.* [~ˈɔ̃] *m* nucleon.
nudisme [nyˈdism] *m* nudism; **nudiste** [~ˈdist] *su.* nudist; **nudité** [~diˈte] *f* nudity, nakedness; *paint.* nude; ⚠ bareness.
nue [ny] *f* high cloud; ~*s pl.* skies (*a. fig.*); *porter aux* ~*s* praise to the skies; *fig. tomber des* ~*s* be thunderstruck; **nuée** [nɥe] *f* storm-cloud; *fig.* cloud; swarm, host.
nuire [nɥiːr] (4u *a.* h) *v/i.*: ~ *à* harm, hurt; be injurious to; **nuisance** [nɥiˈzɑ̃ːs] *f environment etc.*: nuisance; **nuisant, e** [nɥiˈzɑ̃, ~ˈzɑ̃ːt] harmful, polluting; **nuisibilité** [nɥizibiliˈte] *f* harmfulness; **nuisible** [~ˈzibl] harmful, injurious.
nuit [nɥi] *f* night; *de* ~ by night; *passer la* ~ stay overnight (with, *chez*); **nuitée** [nɥiˈte] *f* night's work; *hotel etc.*: overnight stay; **nuiteux** *m*, **-euse** *f* [nɥiˈtø, ~ˈtøːz] person working by night.
nul, nulle [nyl] **1.** *adj.* no, not one; void, null; *sp.* drawn (*game*); non-existent; ⚖ invalid (*marriage*); **2.** *pron./indef.* no(t) one, nobody;
nullement [nylˈmɑ̃] *adv.* not at all;
nullité [nyliˈte] *f* ⚖ nullity, invalidity; *fig.* nothingness; non-existence; *person*: nonentity; *fig.* incapacity.
numéraire [nymeˈrɛːr] **1.** *adj.* legal (*tender*); numerary (*value*); **2.** *su./m* specie; cash; currency; **numéral, e,** *m/pl.* **-aux** [~ˈral, ~ˈro] numeral; **numérateur** Ꭿ [~raˈtœːr] *m* numerator; **numération** Ꭿ [~raˈsjɔ̃] *f* numeration; number system; **numérique** [~ˈrik] numerical; digital; **numéro** [~ˈro] *m* number; *periodical*: issue, copy; ✝ size; F person, fellow; (~ *de téléphone*) telephone number; F ~ *deux* second-best; ~ *de vestiaire* cloak-room ticket; F ~ *un* first-class; **numérotage** [~rɔˈtaːʒ] *m* numbering; *book*: paging; **numéroter** [~rɔˈte] (1a) *v/t.* number; paginate (*a book*); **numéroteur** [~rɔˈtœːr] *m* numbering machine *or* stamp.
numismate [nymisˈmat] *m* numismatist; **numismatique** [~maˈtik] *f* numismatics *sg.*
nuptial, e, *m/pl.* **-aux** [nypˈsjal, ~ˈsjo] bridal; wedding...
nuque [nyk] *f* nape *or* F scruff of the neck.
nurse [nœrs] *f* children's nurse, F nanny.
nutritif, -ve [nytriˈtif, ~ˈtiːv] nourishing, nutritive; nutritional, food...;
nutrition [~ˈsjɔ̃] *f* nutrition; **nutritionel, -le** [~sjɔˈnɛl] nutritional.
nylon *tex.* [niˈlɔ̃] *m* nylon.
nymphe [nɛ̃ːf] *f myth.* nymph (*a. fig.*); *zo.* pupa, chrysalis; **nymphéa** ⚘ [nɛ̃feˈa] *m* water-lily; nymphea;
nymphette [nɛ̃ˈfɛt] *f* nymph.

O

O, o [o] *m* O, o.
ô! [o] *int.* oh!
oasis [oa'zis] *f* oasis (*a. fig.*).
obédience [ɔbe'djɑ̃:s] *f eccl.* dutiful submission, obedience; F submission; *de même* ~ of the same (*religious etc.*) persuasion; *d'*~ *communiste* of Communist allegiance.
obéir [ɔbe'i:r] (2a) *v/i.*: ~ *à* obey; comply with (*s.th.*); yield to; ⚡, *mot.* respond to; ⚓ answer; *se faire* ~ compel obedience (from, *par*); **obéissance** [~i'sɑ̃:s] *f* obedience; submission (*to authority*); *fig.* pliancy; **obéissant, e** [~i'sɑ̃, ~'sɑ̃:t] obedient; submissive; *fig.* pliant.
obélisque *archeol.* [ɔbe'lisk] *m* obelisk.
obérer [ɔbe're] (1f) *v/t.* burden with debt; *s'*~ run deep into debt.
obèse [ɔ'bɛ:z] **1.** *adj.* obese, stout; **2.** *su.* obese *or* stout person; **obésité** [ɔbezi'te] *f* obesity, corpulence.
obit *eccl.* [ɔ'bit] *m* obit; **obituaire** [ɔbi'tɥɛ:r] *m* obituary list.
objecter [ɔbʒɛk'te] (1a) *v/t.* raise as an objection (to, *à*); ~ *qch. à q.* allege *or* hold s.th. against s.o.; **objecteur** [~'tœ:r] *m*: ⚔ ~ *de conscience* conscientious objector; **objectif, -ve** [~'tif, ~'ti:v] **1.** *adj.* objective; **2.** *su./m opt.* objective; *phot.* lens; ⚔, ⚓ target; *fig.* aim, object; **objection** [~'sjɔ̃] *f* objection; **objectiver** *phls.* [~ti've] (1a) *v/t.* objectify; **objectivité** [~tivi'te] *f* objectivity.
objet [ɔb'ʒɛ] *m* object (*a. gramm., phls., a. fig.*); thing; subject(-matter); *fig.* purpose, aim; *gramm.* complement; ⚕ article; ~*s pl. trouvés* lost property *sg.*; *remplir son* ~ reach one's goal.
obligataire ⚕ [ɔbliga'tɛ:r] *m* bondholder, debenture-holder; **obligation** [~'sjɔ̃] *f* obligation, duty; ⚕ bond, debenture; favo(u)r; gratefulness; **obligatoire** [~'twa:r] obligatory; compulsory; binding (*agreement, decision*); *enseignement m* ~ compulsory education; ⚔ *service m militaire* ~ compulsory military service.
obligé, e [ɔbli'ʒe] **1.** *adj.* obliged, compelled (to *inf.*, *de inf.*); necessary, indispensable; inevitable; *fig.* grateful; **2.** *su.* person under an obligation; ⚕ obligor; **obligeamment** [~ʒa'mɑ̃] *adv. of obligeant*; **obligeance** [~'ʒɑ̃:s] *f* kindness; *avoir l'*~ *de* (*inf.*) be so kind as to (*inf.*); **obligeant, e** [~'ʒɑ̃, ~'ʒɑ̃:t] obliging; kind; **obliger** [~'ʒe] (1l) *v/t.* oblige, bind (to, *à*); compel (to, *de*); do (*s.o.*) a favo(u)r; *s'*~ *à* bind o.s. to.
oblique [ɔ'blik] **1.** *adj.* oblique; slanting; *fig. regard m* ~ sidelong glance; **2.** *su./f* oblique line; **obliquer** [ɔbli'ke] (1m) *v/i.* turn off (to[wards] *à, vers*); **obliquité** [~ki'te] *f* obliqueness.
oblitération [ɔblitera'sjɔ̃] *f* obliteration; *stamp*: cancellation; ⚕ obstruction; **oblitérer** [~'re] (1f) *v/t.* obliterate; cancel (*a stamp*); ⚕ obstruct (*a vein*).
oblong, -gue [ɔ'blɔ̃, ~'blɔ̃:g] oblong.
obnubiler [ɔbnybi'le] (1a) *v/t.* cloud, obnubilate (*the mind*); obsess (*idea etc.*).
obole [ɔ'bɔl] *f* † obol(us); F farthing; (*widow's*) mite; *apporter son* ~ *à* contribute one's mite to.
obombrer [ɔbɔ̃'bre] (1a) *v/t.* cloud over.
obscène [ɔp'sɛn] obscene; smutty; **obscénité** [~seni'te] *f* obscenity; smuttiness.
obscur, e [ɔps'ky:r] dark; gloomy (*weather*); obscure (*a. fig.*); abstruse (*argument etc.*); dim (*horizon, light*); humble (*person*); **obscurantisme** [~kyrɑ̃'tism] *m* obscurantism; **obscuration** *astr.* [~kyra'sjɔ̃] *f* occultation; **obscurcir** [~kyr'si:r] (2a) *v/t.* obscure; darken; dim (*the view*); **obscurcissement** [~kyrsis'mɑ̃] *m* darkening; dimming; obscuring; **obscurément** [~kyre'mɑ̃] *adv. of obscur*; **obscurité** [~kyri'te]

f obscurity (*a. fig.*); darkness; *fig.* vagueness.

obséder [ɔpse'de] (1f) *v/t.* obsess; importune, pester.

obsèques [ɔp'sɛk] *f/pl.* funeral *sg.*, obsequies; **obséquieux, -euse** [ɔpse'kjø, ~'kjø:z] obsequious, fawning; **obséquiosité** [~kjozi'te] *f* obsequiousness.

observable [ɔpsɛr'vabl] observable; **observance** [~'vɑ̃:s] *f* observance (*a. eccl.*); **observateur, -trice** [~va'tœ:r, ~'tris] **1.** *adj./m* observant; **2.** *su.* observer; ⚔, ✈ spotter; **observation** [~va'sjɔ̃] *f* observation; *eccl., law, rule*: observance; reprimand; **observatoire** [~va'twa:r] *m astr.* observatory; ⚔ observation post; **observer** [~'ve] (1a) *v/t.* observe, keep (*feast, law, rule, sabbath*); watch; notice; *faire ~ qch. à q.* draw s.o.'s attention to s.th.; *s'~* be careful *or* cautious.

obsessif, -ve [ɔpsɛ'sif, ~'si:v] obsessive; **obsession** [~'sjɔ̃] *f* obsession.

obstacle [ɔps'takl] *m* obstacle; *sp.* hurdle; *sp. course f d'~s* obstacle *or* hurdle race; *faire ~ à* stand in the way of; hinder; obstruct.

obstétrique ⚕ [ɔpste'trik] **1.** *adj.* obstetric(al); **2.** *su./f* obstetrics *sg.*

obstination [ɔpstina'sjɔ̃] *f* obstinacy; perversity; pig-headedness; **obstiné, e** [~'ne] obstinate, stubborn; persistent; pig-headed; **obstiner** [~'ne] (1a) *v/t.*: *s'~* show obstinacy; *s'~ à* (*inf.*) persist in (*ger.*).

obstructif, -ve [ɔpstryk'tif, ~'ti:v] *pol.* obstructive; ⚕ obstruent; **obstruction** [~'sjɔ̃] *f* ⚕, *pol.* obstruction; *pol.* filibustering; ⚕ stoppage; **obstructionnisme** *pol.* [~sjɔ'nism] *m* obstructionism, filibustering; **obstruer** [ɔpstry'e] (1a) *v/t.* obstruct, block; ⊕ choke.

obtempérer [ɔptɑ̃pe're] (1f) *v/i.*: *~ à* comply with, obey.

obtenir [ɔptə'ni:r] (2h) *v/t.* obtain, get; **obtention** [~tɑ̃'sjɔ̃] *f* obtaining.

obturateur, -trice [ɔptyra'tœ:r, ~'tris] **1.** *adj.* obturating, closing; **2.** *su./m* ⚒, ⚔, *anat.* obturator; *phot.* shutter; ⊕ stop-valve; *mot.* throttle; **obturation** [~ra'sjɔ̃] *f* ⚕ obturation; closing; sealing; *tooth*: filling; **obturer** [~'re] (1a) *v/t.* stop, seal, obturate; fill (*a tooth*).

obtus, e [ɔp'ty, ~'ty:z] ⟁, *a. fig.* obtuse; blunt; *fig.* dull; **obtusangle** ⟁ [~ty'zɑ̃:gl] obtuse-angled.

obus [ɔ'by] *m* ⚔ shell; *mot.* valve-plug; *~ à balles* shrapnel; *~ non éclaté* unexploded shell, dud; *~ perforant* armo(u)r-piercing shell; **obusier** ⚔ [ɔby'zje] *m* howitzer.

obvier [ɔb'vje] (1o) *v/i.*: *~ à* prevent.

oc [ɔk] *adv.*: *langue f d'~* Langue d'oc, Old Provençal.

occasion [ɔka'zjɔ̃] *f* opportunity, chance; occasion; *fig.* reason (for, *de*); ✝ bargain; *à l'~* when the chance occurs; *à l'~ de* on the occasion of; *d'~* second-hand; cheap; *par ~* occasionally; **occasionner** [~zjɔ'ne] (1a) *v/t.* cause, give rise to.

occident [ɔksi'dɑ̃] *m* west, occident; **occidental, e,** *m/pl.* **-aux** [~dɑ̃'tal, ~'to] **1.** *adj.* west(ern); occidental; **2.** *su.* occidental; westerner.

occiput *anat.* [ɔksi'pyt] *m* occiput, back of the head.

occire † [ɔk'si:r] (4y) *v/t.* kill, slay; **occis, e** [~'si, ~'si:z] *p.p. of occire.*

occlusion [ɔkly'zjɔ̃] *f* ⚕ stoppage, obstruction; ⊕ *valve*: closure; ⚒, ⚕ occlusion.

occultation *astr.* [ɔkylta'sjɔ̃] *f* occultation; **occulte** [ɔ'kylt] occult; secret; hidden; **occultisme** [ɔkyl'tism] *m* occultism.

occupant, e [ɔky'pɑ̃, ~'pɑ̃:t] **1.** *adj.* occupying, in occupation; *fig.* engrossing (*work*); **2.** *su./m* occupant; ⚖, ⚔ occupier; **occupation** [~pa'sjɔ̃] *f* occupation; profession; employment, work; ⚔ *forces f/pl. d'~* occupying forces; *sans ~* unemployed; **occuper** [~'pe] (1a) *v/t.* occupy (*a.* ⚔); employ (*workers etc.*); *s'~* keep (o.s.) busy; *s'~ à* be engaged in; *s'~ de* see to (*s.th.*); take care of; deal with; be in charge of; look after; attend to (*customer*); be interested in.

occurrence [ɔky'rɑ̃:s] *f* occurrence, happening; emergency, juncture; *en l'~* at this juncture; in *or* F under the circumstances; in the present case.

océan [ɔse'ɑ̃] *m* ocean, sea (*a. fig.*); F *l'*♀ the Atlantic; **océanien, -enne** [~a'njɛ̃, ~'njɛn] **1.** *adj.* Oceanian, Oceanic; **2.** *su.* ♀ South Sea Islander; **océanique** [~a'nik] oceanic, ocean...

ocelot *zo.* [ɔs'lo] *m* ocelot.

ocre [ɔkr] *f* ochre; **ocrer** [ɔˈkre] (1a) *v/t.* ochre; **ocreux, -euse** [ɔˈkrø, ~ˈkrøːz] ochrous.

oct... [ɔkt], **octa...** [ɔkta], **octo...** [ɔktɔ] oct..., octa..., octo...; **octaèdre** [ɔktaˈɛːdr] **1.** *adj.* octahedral; **2.** *su./m* ⚹ octahedron.

octane ⚗ [ɔkˈtan] *m* octane.

octant ⚓, *astr.*, *surv.* [ɔkˈtɑ̃] *m* octant.

octobre [ɔkˈtɔbr] *m* October.

octogénaire [ɔktɔʒeˈnɛːr] *adj.*, *a. su.* octogenarian.

octogone ⚹ [ɔktɔˈgɔn] *m* octagon.

octroi [ɔkˈtrwa] *m* concession, grant; city toll; toll-house; **octroyer** [~trwaˈje] (1h) *v/t.* grant; bestow (on, *à*).

octuple [ɔkˈtypl] eightfold; octuple.

oculaire [ɔkyˈlɛːr] **1.** *adj.* ocular; eye(-*witness*); **2.** *su./m opt.* eyepiece; **oculiste** ⚕ [~ˈlist] *m* oculist.

odeur [ɔˈdœːr] *f* odo(u)r (*a. fig.*), smell, scent.

odieux, -euse [ɔˈdjø, ~ˈdjøːz] **1.** *adj.* odious; hateful; heinous (*crime*); **2.** *su./m* odiousness; odium.

odontalgie ⚕ [ɔdɔ̃talˈʒi] *f* toothache, odontalgia.

odorant, e [ɔdɔˈrɑ̃, ~ˈrɑ̃ːt] fragrant, sweet-smelling; scented; **odorat** [~ˈra] *m* (sense of) smell; **odoriférant, e** [~rifeˈrɑ̃, ~ˈrɑ̃ːt] fragrant, odoriferous.

œcuménique [ekymeˈnik] (o)ecumenical.

œil, *pl.* **yeux** [œːj, jø] *m* eye; *bread, cheese*: hole; notice, attention; *à l'~* by the eye; *sl.* on credit *or* tick; *à l'~ nu* with the naked eye; *à mes yeux* in my opinion; *avoir l'~ à qch.* see to s.th.; *avoir l'~ sur* keep an eye on; *coup m d'~* glance; *entre quatre yeux* in confidence; *être tout yeux* be all eyes; F *faire de l'~* ogle; tip s.o. the wink; *fermer les yeux sur* shut one's eyes to; *perdre des yeux* lose sight of; F *pour vos beaux yeux* for love, for your pretty face; *sauter aux yeux* be obvious; *sous mes yeux* before my face; **~-de-bœuf,** *pl.* **~s-de-bœuf** [œjdəˈbœf] *m* bull's-eye window; **~-de-perdrix,** *pl.* **~s-de-perdrix** ⚕ [~pɛrˈdri] *m* soft corn; **œillade** œˈjad] *f* wink, glance.

œillère [œˈjɛːr] *f* blinker (*a. fig.*), *Am.* blind; ⚕ eye-bath; **œillet** [œˈjɛ] *m* eyelet(-hole); ⚘ pink, carnation; **œilleton** [œjˈtɔ̃] *m* ⚘ eyebud; *phot.* eye; ⚔ *rifle sight*: peephole; **œillette** ⚘ [œˈjɛt] *f* oil-poppy.

œsophage *anat.* [ezɔˈfaːʒ] *m* (o)esophagus, gullet.

œstre *zo.* [ɛstr] *m* oestrus; bot-fly.

œstrogène [østrɔˈʒɛn] *m* (o)estrogen.

œuf [œf, *pl.* ø] *m* egg; *biol.* ovum; *icht.* spawn, roe; *~s pl. brouillés* scrambled eggs; *~s pl. sur le plat* fried eggs; *~ à la coque* (soft-)boiled egg; *~ dur* hard-boiled egg; *blanc m d'~* white of egg; *fig. dans l'~* in the bud; *jaune m d'~* egg-yolk.

œuvre [œːvr] *su./f* work; effect; product(ion); (*welfare*) society; occupation; *~s pl.* works (*a. eccl.*); *bois m d'~* timber; *se mettre à l'~* start working; *su./m* △ main work; *writer*: complete works *pl.*; ♪ opus; *grand ~* philosopher's stone; △ *gros ~* foundations *pl.* and walls *pl.*; **œuvrer** [œˈvre] (1a) *v/i.* work.

offense [ɔˈfɑ̃ːs] *f* insult; ⚖ contempt (of Court, *à la Cour*); *eccl.* sin; **offenser** [ɔfɑ̃ˈse] (1a) *v/t.* offend; injure; *s'~* take offence (at, *de*); **offenseur** [~ˈsœːr] *m* offender; **offensif, -ve** [~ˈsif, ~ˈsiːv] *adj.*, *a.* ⚔ *su./f* offensive.

offert, e [ɔˈfɛːr, ~ˈfɛrt] *p.p. of offrir*; **offertoire** *eccl.* [ɔfɛrˈtwaːr] *m* offertory.

office [ɔˈfis] *su./m* office (*a. fig.*); agency, bureau; service (*a. eccl.*, *a. fig.* = *turn*); *d'~* officially; automatically; *faire ~ de* act as; *su./f* butler's pantry; servants' hall; **officiant** *eccl.* [ɔfiˈsjɑ̃] *m* officiating priest; officiant; **officiel, -elle** [~ˈsjɛl] official; formal (*call*).

officier [ɔfiˈsje] **1.** (1o) *v/i.* officiate; **2.** *su./m* officer; **officière** [~ˈsjɛːr] *f* woman officer (*in the Salvation Army*); **officieux, -euse** [~ˈsjø, ~ˈsjøːz] unofficial; *à titre ~* unofficially.

officinal, e, *m/pl.* **-aux** ⚕ [ɔfisiˈnal, ~ˈno] medicinal; **officine** [~ˈsin] *f* ⚕ dispensary; chemist's shop, *Am.* drugstore; F *fig.* den.

offrande *usu. eccl.* [ɔˈfrɑ̃ːd] *f* offering; **offrant** [ɔˈfrɑ̃] *m*: *au plus ~* to the highest bidder; **offre** [ɔfr] **1.** *1st p. sg. pres. of offrir*; **2.** *su./f* offer; ⚖ tender; *auction*: bid; *journ.* *~s pl. d'emploi* situations vacant; *l'~ et la*

demande supply and demand; **offrir** [ɔ'fri:r] (2f) *v/t.* offer; give (to, *à*); expose (to, *à*); hold out (*one's hand etc.*); bid (*at an auction*); ~ *le mariage à* propose to; *s'*~ *a.* present itself (*occasion etc.*); *s'*~ *qch.* treat o.s. to s.th.; buy o.s. s.th.; *s'*~ *à faire qch.* offer *or* volunteer to do s.th.
offset *typ.* [ɔf'sɛt] *m/inv.* offset.
offusquer [ɔfys'ke] (1m) *v/t.* obscure (*the view, a. fig.*); offend; *s'*~ take offence (at, *de*).
ogival, e, *m/pl.* **-aux** ⚠ [ɔʒi'val, ~'vo] ogival, pointed, Gothic; **ogive** [ɔ'ʒi:v] *f* ⚠ ogee, ogive; Gothic *or* pointed arch; ⚠ *vault*: rib; ⚔ war-head.
ogre [ɔgr] *m* ogre; *manger comme un* ~ eat like a horse; **ogresse** [ɔ'grɛs] *f* ogress.
oh! [o] *int.* oh!
ohé! [o'e] *int.* hi!; hullo!; ⚓ ahoy!
oie *zo.* [wa] *f* goose.
oignon [ɔ'ɲɔ̃] *m* onion; ⚘ bulb; ⚕ bunion; F turnip (= *watch*); *en rang d'*~*s* in a row; **oignonade** *cuis.* [ɔɲɔ'nad] *f* onion-stew; **oignonière** [~'njɛ:r] *f* onion-bed.
oindre [wɛ̃:dr] (4m) *v/t.* oil; *eccl.* anoint; **oint, ointe** *bibl., a. eccl.* [wɛ̃, wɛ̃:t] *adj., a. su./m* anointed.
oiseau [wa'zo] *m* bird; ⚠ (*bricklayer's*) hod; F fellow, *Am.* guy; ~ *de passage* bird of passage; ~ *de proie* bird of prey; *à vol d'*~ as the crow flies; *vue f à vol d'*~ bird's-eye view; **~-mouche,** *pl.* **~x-mouches** *orn.* [~zo'muʃ] *m* humming-bird; **oiseler** [waz'le] (1c) *v/i.* go bird-catching; **oiselet** [~'lɛ] *m* small bird; **oiseleur** [~'lœ:r] *m* fowler, bird-catcher; **oiselier** [wazə'lje] *m* bird-fancier; bird-seller; **oisellerie** [~zɛl'ri] *f* bird-catching; bird-breeding; bird-shop.
oiseux, -euse [wa'zø, ~'zø:z] idle (*a. fig.*); *fig.* useless; **oisif, -ve** [~'zif, ~'zi:v] idle (*a.* ✝); unemployed; unoccupied; **oisiveté** [~ziv'te] *f* idleness; sloth.
oison [wa'zɔ̃] *m* gosling.
oléagineux, -euse [ɔleaʒi'nø, ~'nø:z] oily, oleaginous; ⚘ oil-yielding; **oléoduc** [ɔleɔ'dyk] *m* pipeline.
olfactif, -ve [ɔlfak'tif, ~'ti:v] olfactory; **olfaction** *physiol.* [~'sjɔ̃] *f* olfaction.
oligarchie [ɔligar'ʃi] *f* oligarchy.
olivacé, e [ɔliva'se] olive-green; **olivaie** [~'vɛ] *f* olive-grove; **olivaire** [~'vɛ:r] olive-shaped; **olivaison** [~vɛ'zɔ̃] *f* olive-harvest; **olivâtre** [~'vɑ:tr] olive (*colour*); sallow (*complexion*); **olive** [ɔ'li:v] **1.** *su./f* ⚘ olive; **2.** *adj./inv.* olive-green; **oliverie** [ɔli'vri] *f* olive-oil factory; **olivier** ⚘ [~'vje] *m* olive-tree; olive-wood; *bibl. Mont m des* ♀*s* Mount of Olives.
olympien, -enne [ɔlɛ̃'pjɛ̃, ~'pjɛn] Olympian; *fig.* godlike; **olympique** [~'pik] Olympic; *Jeux m/pl.* ♀*s* Olympic games.
ombelle ⚘ [ɔ̃'bɛl] *f* umbel; *en* ~ = **ombellé, e** ⚘ [ɔ̃bɛl'le] umbellate.
ombilical, e, *m/pl.* **-aux** [ɔ̃bili'kal, ~'ko] umbilical.
ombrage [ɔ̃'bra:ʒ] *m* shade; *fig.* offence, umbrage; *porter* ~ *à q.* offend s.o.; *prendre* ~ *de qch.* take umbrage *or* offence at s.th.; **ombrager** [ɔ̃bra'ʒe] (1l) *v/t.* (give) shade; **ombrageux, -euse** [~'ʒø, ~'ʒø:z] shy (*horse*); touchy, sensitive (*person*); **ombre** [ɔ̃:br] *f* shadow (*a. fig.*); shade (*a. myth., a. paint.*); *fig.* dark; *fig.* obscurity; *fig. a.* hint, suspicion; ~*s pl. chinoises* shadow-show *sg.*; *fig.* ~ *d'une chance* the ghost of a chance; *à l'*~ in the shade; *à l'*~ *de* in the shade of; *fig.* under cover of; *rester dans l'*~ stay in the background; *sl. à l'*~ in jail; **ombrelle** [ɔ̃'brɛl] *f* sunshade, parasol; **ombrer** [ɔ̃'bre] (1a) *v/t.* shade; darken (*the eyelids*); **ombreux, -euse** [ɔ̃'brø, ~'brø:z] shady.
omelette *cuis.* [ɔm'lɛt] *f* omelet(te).
omettre [ɔ'mɛtr] (4v) *v/t.* omit, leave out; ~ *de* (*inf.*) fail to (*inf.*); **omission** [ɔmi'sjɔ̃] *f* omission; oversight.
omni... [ɔmni] omni...; **~bus** [~'bys] *m* (omni)bus; 🚂 *train m* ~ stopping *or* local train, *Am.* accommodation train; **~potence** [~pɔ'tɑ̃:s] *f* omnipotence; **~potent, e** [~pɔ'tɑ̃, ~'tɑ̃:t] omnipotent; **~présent, e** [~pre'zɑ̃, ~'zɑ̃t] omnipresent.
omoplate *anat.* [ɔmɔ'plat] *f* shoulder-blade.
on [ɔ̃] *pron.* one, people *pl.*, you; somebody; ~ *dit que* it is said that.
once[1] [ɔ̃:s] *f measure*: ounce; F *fig.* scrap, bit.
once[2] *zo.* [~] *f* snow-leopard, ounce.
oncial, e, *m/pl.* **-aux** [ɔ̃'sjal, ~'sjo] *adj., a. su./f* uncial.

oncle [ɔ̃:kl] *m* uncle.

onction [ɔ̃kˈsjɔ̃] *eccl., a. fig. pej.* unction; **onctueux, -euse** [~ˈtɥø, ~ˈtɥø:z] creamy, rich; smooth; oily (*surface, a. pej. manner*); *fig.* unctuous (*speech*).

onde [ɔ̃:d] *f* wave (*a. hair, a. radio*); undulation; *~s pl. moyennes radio*: medium waves; *phys. ~ sonore* sound wave; *~ ultra-courte* ultrashort wave; *grandes ~s pl. radio*: long waves; *longueur f d'~* wavelength; *mettre en ~s radio*: put on the air; **ondé, e** [ɔ̃ˈde] **1.** *adj.* wavy (*hair, surface*); undulating; watered (*silk*); **2.** *su./f* heavy shower; **ondin** *m*, **e** *f* [ɔ̃ˈdɛ̃, ~ˈdin] water-sprite.

on-dit [ɔ̃ˈdi] *m/inv.* rumo(u)r, hearsay.

ondoiement [ɔ̃dwaˈmɑ̃] *m* undulation; *eccl.* emergency *or* private baptism; **ondoyant, e** [~ˈjɑ̃, ~ˈjɑ̃:t] undulating, wavy; swaying (*crowd*); *fig.* changeable; **ondoyer** [~ˈje] (1h) *v/i.* undulate, wave; sway (*crowd*); fall in waves (*hair*); *v/t. eccl.* baptize privately (*a child*); **ondulation** [ɔ̃dylaˈsjɔ̃] *f ground, water*: undulation; *hair*: wave; ⊕ *metal etc.*: corrugation; **ondulatoire** *phys.* [~laˈtwa:r] undulatory; wave-(*motion*); **ondulé, e** [~ˈle] undulating (*ground*); corrugated (*metal etc.*); wavy, waved (*hair*); *tôle f ~e* corrugated iron; **onduler** [~ˈle] (1a) *v/i.* undulate, ripple; *v/t.* wave (*one's hair*); ⊕ corrugate; **onduleux, -euse** [~ˈlø, ~ˈlø:z] wavy, sinuous.

onéreux, -euse [ɔneˈrø, ~ˈrø:z] onerous; troublesome; *fig.* heavy; *à titre ~* subject to liabilities; ⚖ for valuable consideration.

ongle [ɔ̃:gl] *m* (finger)nail; *zo.* claw; *eagle, falcon, etc.*: talon; *~ des pieds* toenail; *jusqu'au bout des ~s* to the fingertips; **onglée** [ɔ̃ˈgle] *f* numbness of the fingertips; **onglet** [ɔ̃ˈglɛ] *m* thimble; *book*: tab, thumb-index; ⚘ ungula; ⊕ mitre; **onglier** [ɔ̃gliˈe] *m* manicure-set; *~s pl.* nail-scissors.

onguent ⚕ [ɔ̃ˈgɑ̃] *m* ointment, salve.

ongulé, e *zo.* [ɔ̃gyˈle] **1.** *adj.* ungulate, hoofed; **2.** *su./m*: *~s pl.* ungulates, ungulata.

ont [ɔ̃] *3rd. p. pl. pres. of avoir 1.*

onze [ɔ̃:z] **1.** *adj./num., a. su./m/inv.* eleven; *date, title*: eleventh; **2.** *su./m/inv. foot.* team; **onzième** [ɔ̃ˈzjɛm] *adj./num., a. su.* eleventh.

opacité [ɔpasiˈte] *f* opacity; *fig.* denseness.

opale [ɔˈpal] **1.** *su./f* opal; **2.** *adj./inv.* opalescent; opal (*glass*); **opalin, e** [ɔpaˈlɛ̃, ~ˈlin] *adj., a. su./f* opaline.

opaque [ɔˈpak] opaque.

opéra [ɔpeˈra] *m* opera; *building*: opera-house.

opérable ⚕ [ɔpeˈrabl] operable.

opéra-comique, *pl.* **opéras-comiques** ♪, *thea.* [ɔperakɔˈmik] *m* light opera.

opérateur, -trice [ɔperaˈtœ:r, ~ˈtris] *su.* operator; *su./m cin.* cameraman; ⚕ operating surgeon; **opération** [~ˈsjɔ̃] *f* ⚕, ⚘, ⚔, *a. fig.* operation; ✝ transaction; ⚕ *salle f d'~* operating theatre; **opérationnel, -le** [~sjɔˈnɛl] operational; **opératoire** ⚕ [~ˈtwa:r] operating; postoperative; *médicine f ~ subject*: surgery.

opercule [ɔpɛrˈkyl] *m* cover; lid (*a.* ⚘); *icht.* gill-cover.

opérer [ɔpeˈre] (1f) *v/t.* operate, effect; ⚘, ⚗, ⚔ carry out; ⚕ operate on (*s.o.*) (for, de); *s'~* take place; *v/i.* act; work.

opérette ♪ [ɔpeˈrɛt] *f* operetta; musical comedy.

ophtalmie ⚕ [ɔftalˈmi] *f* ophthalmia.

ophtalmo... ⚕ [ɔftalmɔ] ophthalmo...; **~scope** [~mɔsˈkɔp] *m* ophthalmoscope.

opiacé, e [ɔpjaˈse] opiated.

opiner [ɔpiˈne] (1a) *v/i.* be of (the) opinion (that, *que*); decide, vote; *~ du bonnet* nod assent; **opiniâtre** [~ˈnjɑ:tr] obstinate, stubborn; **opiniâtrer** [~njɑˈtre] (1a) *v/t.*: *s'~* remain stubborn; persist (in, *dans*; in *ger.*, *à inf.*); **opiniâtreté** [~njɑtrəˈte] *f* obstinacy, stubbornness; **opinion** [~ˈnjɔ̃] *f* opinion; *à mon ~* in my opinion; *avoir bonne* (*mauvaise*) *~ de* think highly (poorly) of.

opiomane [ɔpjɔˈman] *su.* opium-eater; opium addict; **opium** [ɔˈpjɔm] *m* opium.

opportun, e [ɔpɔrˈtœ̃, ~ˈtyn] opportune, timely; advisable; **opportunément** [ɔpɔrtyneˈmɑ̃] *adv. of opportun*; **opportunisme** [~ˈnism] *m* opportunism; **opportuniste** *pol.*

[~'nist] **1.** *adj.* time-serving; **2.** *su.* opportunist; time-server; **opportunité** [~ni'te] *f* timeliness; opportuneness; advisability.

opposant, e [ɔpo'zɑ̃, ~'zɑ̃:t] **1.** *adj.* opposing, adverse; **2.** *su.* opponent; **opposé, e** [~'ze] **1.** *adj.* opposed; opposite (*a.* ⚘); *fig.* contrary; **2.** *su./m* opposite (of, *de*); *à l'~ de* contrary to, unlike; **opposer** [~'ze] (1a) *v/t.* oppose; contrast (with, *à*); *s'~ à* be opposed to; resist (*s.th.*); **opposition** [~zi'sjɔ̃] *f* opposition (*a. parl., astr.*); contrast; *être en ~ avec* clash with; **oppositionnel, -le** [~zisjɔ'nɛl] **1.** *adj.* oppositional; **2.** *su.* oppositionist.

oppresser [ɔprɛ'se] (1a) *v/t.* oppress (*a.* ⚕); *fig.* depress; **oppresseur** [~'sœ:r] *m* oppressor; **oppressif, -ve** [~'sif, ~'si:v] oppressive; **oppression** ⚕ [~'sjɔ̃] *f* oppression (*a. fig.*); difficulty in breathing.

opprimer [ɔpri'me] (1a) *v/t.* oppress, crush.

opprobre [ɔ'prɔbr] *m* opprobrium, shame, disgrace.

optatif, -ve [ɔpta'tif, ~'ti:v] *adj., a. su./m gramm.* optative.

opter [ɔp'te] (1a) *v/i.* opt; choose; *~ pour* decide in favo(u)r of.

opticien [ɔpti'sjɛ̃] *m* optician.

optimal, e *m/pl.* **-aux** [ɔpti'mal, ~'mo] optimal; **optimiser** [ɔptimi'ze] (1a) *v/t.* optimize; **optimisme** [ɔpti'mism] *m* optimism; **optimiste** [~'mist] **1.** *adj.* optimistic; sanguine (*disposition*); **2.** *su.* optimist.

option [ɔp'sjɔ̃] *f* option (on, *sur*) (*a.* †); choice (between *de, entre*); **optionnel, -le** [ɔpsjɔ'nɛl] optional.

optique [ɔp'tik] **1.** *adj.* optic; optical; **2.** *su./f* optics *sg.*; optical device; *illusion f d'~* optical illusion.

opulence [ɔpy'lɑ̃s] *f* affluence; wealth (*a. fig.*); **opulent, e** [~'lɑ̃, ~'lɑ̃:t] opulent, wealthy; abundant; F buxom (*figure*).

opuscule [ɔpys'kyl] *m* pamphlet; short treatise.

or[1] [ɔ:r] **1.** *su./m* gold; *de l'~ en barres* as good as ready money; *d'~* gold(en); *rouler sur l'~* be rolling in money.

or[2] [~] *cj.* now, well (now).

oracle [ɔ'ra:kl] *m* oracle.

orage [ɔ'ra:ʒ] *m* storm (*a. fig.*); **orageux, -euse** [ɔra'ʒø, ~'ʒø:z] stormy (*a. fig. debate*); thundery (*weather*); threatening (*sky etc.*).

oraison [ɔrɛ'zɔ̃] *f* prayer; oration; *~ dominicale* Lord's Prayer; *~ funèbre* funeral oration.

oral, e, *m/pl.* **-aux** [ɔ'ral, ~'ro] **1.** *adj.* oral; **2.** *su./m* oral examination.

orange [ɔ'rɑ̃:ʒ] **1.** *su./f* ⚘ orange; *su./m colour*: orange; **2.** *adj./inv.* orange (*colour*); **orangé, e** [ɔrɑ̃'ʒe] *adj., a. su./m* orange; **orangeade** [~'ʒad] *f* orangeade, orange squash; **orangeat** [~'ʒa] *m* candied orange-peel; **oranger** [~'ʒe] *m* ⚘ orange-tree; orange-seller; **orangerie** [ɔrɑ̃ʒ'ri] *f* orangery; orange-grove.

orang-outan(g) *zo.* [ɔrɑ̃u'tɑ̃] *m* orang-(o)utang.

orateur [ɔra'tœ:r] *m* orator, speaker; spokesman; **oratoire** [~'twa:r] **1.** *adj.* oratorical; **2.** *su./m eccl.* oratory; (private) chapel; **oratorio** ♪ [~tɔ'rjo] *m* oratorio.

orbe[1] ⚠ [ɔrb] *adj.*: *mur m ~* blind wall.

orbe[2] [ɔrb] **1.** *su./m* orb; globe, sphere; **orbite** [ɔr'bit] *f* orbit; *anat. eye*: socket; *mettre* (*or placer*) *en* (*or sur*) *~* put into orbit; **orbiter** [ɔrbi'te] (1a) *v/i.* orbit.

orchestre ♪ [ɔr'kɛstr] *m* orchestra; *~ à cordes* string orchestra; *chef m d'~* conductor; bandmaster; **orchestrer** [~kɛs'tre] (1a) *v/t.* ♪ orchestrate, score; *fig.* organize; *fig.* mastermind.

orchidée ⚘ [ɔrki'de] *f* orchid.

ordalie † [ɔrda'li] *f* ordeal.

ordinaire [ɔrdi'nɛ:r] **1.** *adj.* ordinary, usual, customary; ⚘ vulgar (*fractions*); average; *peu ~* uncommon, unusual; *mot. essence f ~* regular petrol (*Am.* gas); ⚖ *tribunal m ~* civil court; *vin m ~* table wine; **2.** *su./m* daily fare; ⚔ mess; *eccl.* Ordinary; *à l'~, d'~* as a rule, usually; *sortir de l'~* be out of the ordinary.

ordinateur [ɔrdina'tœ:r] *m* computer.

ordination *eccl.* [ɔrdina'sjɔ̃] *f* ordination.

ordonnance [ɔrdɔ'nɑ̃:s] *f* order (*a.* ⚖); arrangement; ⚕ prescription; *pol., admin.* statute; ⚔ † orderly; † *~ (de paiement)* order to pay; **ordonnateur, -trice** [~na'tœ:r, ~'tris] **1.** *su.* director; organizer; **2.** *adj.*

managing; **ordonnée** ⩓ [~'ne] *f* ordinate; **ordonner** [~'ne] (1a) *v/t.* order, command; arrange; direct; ⚕ prescribe; tidy; *eccl., a. admin.* ordain; *v/i.* dispose (of, *de*).

ordre [ɔrdr] *m* order; sequence; orderliness; (*social*) estate; class, sort; command; *eccl.* ~*s pl.* Holy Orders; ⚕ ~ *d'achat* purchase permit; ~ *du jour* agenda; *admin.* ~ *public* law and order; *fig. de l'*~ *de* in the region of (*2000*); *fig. de premier* ~ first-class, outstanding; *jusqu'à nouvel* ~ until further notice; ⚔ *mot m d'*~ password; *numéro m d'*~ serial number; ⚔ *porté* (*or cité*) *à l'*~ *du jour* mentioned in dispatches.

ordure [ɔr'dy:r] *f* dirt, filth; ~*s pl.* refuse *sg.*, rubbish, *Am.* garbage; **ordurier, -ère** [~dy'rje, ~'rjɛ:r] filthy; scurrilous; obscene (*book*); lewd.

oreillard, e *zo.* [ɔrɛ'ja:r, ~'jard] **1.** *adj.* lop-eared; **2.** *su./m* longeared bat; **oreille** [ɔ'rɛ:j] *f* ear; *metall.* lug, flange; *vase*: handle; *book*: dog's ear; *fig.* hearing; *fig.* heed; *avoir de l'*~ have a good ear (for music); ♪ *avoir l'*~ *absolue* have perfect pitch; *avoir l'*~ *dure* be hard of hearing; *être tout* ~*s* be all ears; *faire la sourde* ~ turn a deaf ear; F *se faire tirer l'*~ need a lot of persuading; *tirer les* ~*s à* (*or de*) pull (*s.o.'s*) ears; **oreille-d'ours,** *pl.* **oreilles-d'ours** ⚘ [ɔrɛj'durs] *f* bear's ear; **oreiller** [ɔrɛ'je] *m* pillow; **oreillette** [~'jɛt] *f anat.* auricle; *cap*: ear-flap; **oreillons** ⚕ [~'jɔ̃] *m/pl.* mumps *sg.*

ores [ɔ:r] *adv.*: *d'*~ *et déjà* from now on.

orfèvre [ɔr'fɛ:vr] *m* goldsmith; **orfèvrerie** [~fɛvrə'ri] *f* goldsmith's trade *or* shop; gold plate.

orfraie *orn.* [ɔr'frɛ] *f* osprey.

organe [ɔr'gan] *m anat., a. fig.* organ; *fig.* voice; ⊕ ~*s pl. de commande* controls; **organigramme** [ɔrgani'gram] *m* organization chart; flow chart *or* diagram(me); **organique** [ɔrga'nik] organic; **organisateur, -trice** [~niza'tœ:r, ~'tris] **1.** *su.* organizer; **2.** *adj.* organizing; **organisation** [~niza'sjɔ̃] *f* organization; setting up; setup; **organisationnel, -le** [~nizasjɔ'nɛl] organizational; **organiser** [~ni'ze] (1a) *v/t.* organize; arrange; set up; *s'*~ settle down, get into working order; **organisme** [~'nism] *m* organism; **organiste** ♪ [~'nist] *su.* organist.

orgasme *physiol.* [ɔr'gasm] *m* orgasm.

orge ⚘ [ɔrʒ] *su./f* barley; *su./m*: ~ *mondé* hulled barley; ~ *perlé* pearl-barley; **orgeat** [ɔr'ʒa] *m* orgeat (*sort of syrup*); **orgelet** ⚕ [~ʒə'lɛ] *m eyelid*: stye.

orgie [ɔr'ʒi] *f* orgy; *colours etc., fig.*: riot; *fig.* profusion.

orgue ♪ [ɔrg] *su./m* organ; ~ *de Barbarie* barrel-organ; *su./f*: *eccl.* ~*s pl.* organ *sg.*; *les grandes* ~*s pl.* the grand organ *sg.*

orgueil [ɔr'gœ:j] *m* pride; dignity; *pej.* arrogance; **orgueilleux, -euse** [~gœ'jø, ~'jø:z] proud; *pej.* arrogant.

orient [ɔ'rjɑ̃] *m* Orient, East; *pearl*: water; **oriental, e,** *m/pl.* **-aux** [ɔrjɑ̃'tal, ~'to] **1.** *adj.* oriental, east(ern); orient (*jewel*); **2.** *su.* oriental; **orientation** [~ta'sjɔ̃] *f* orientation; bearings *pl.*; *ground*: lie, lay; aspect; *pol.* trend; ~ *professionnelle* vocational guidance; **orienter** [~'te] (1a) *v/t.* orient (*a house etc.*); train, point (*a gun, an instrument*); direct (*a. radio*), guide; *antenne f orientée radio*: directional aerial; *s'*~ find one's bearings; *fig. s'*~ *vers* turn towards.

orifice [ɔri'fis] *m* hole, opening; ⊕ port.

origan ⚘ [ɔri'gɑ̃] *m* origanum.

originaire [ɔriʒi'nɛ:r] originating (in, from *de*); native; innate; **original, e,** *m/pl.* **-aux** [~'nal, ~'no] **1.** *adj.* original; novel (*idea*); inventive (*mind*); *fig.* queer; **2.** *su.* eccentric; *su./m text etc.*: original; **originalité** [~nali'te] *f* originality; *fig.* eccentricity; **origine** [ɔri'ʒin] *f* origin; birth; *fig.* source; *dès l'*~ from the outset; **originel, -elle** [~ʒi'nɛl] *eccl. etc.* original (*sin, grace*); primordial; fundamental.

oripeaux [ɔri'po] *m/pl.* rags.

ormaie [ɔr'mɛ] *f* elm-grove; **orme** ⚘ [ɔrm] *m tree, a. wood*: elm; *fig. attendez-moi sous l'*~! you can wait for me till the cows come home!

ornement [ɔrnə'mɑ̃] *m* ornament, adornment; trimming; ♪ grace (-note); ⚔ badge; *eccl.* ~*s pl.* vest-

ments; *sans* ~*s* plain (*style*); **ornemental, e** *m/pl.* **-aux** [~mɑ̃'tal, ~'to] ornamental, decorative; **ornementer** [~mɑ̃'te] (1a) *v/t.* ornament; **orner** [ɔr'ne] (1a) *v/t.* decorate, ornament; adorn (*a. fig.*).
ornière [ɔr'njɛ:r] *f* rut (*a. fig.*); ⊕ groove.
ornitho... [ɔrnitɔ] ornitho...; **~logie** [~lɔ'ʒi] *f* ornithology.
orphelin, e [ɔrfə'lɛ̃, ~'lin] **1.** *adj.* orphan(ed); ~ *de père* (*mère*) fatherless (motherless); **2.** *su.* orphan; **orphelinat** [~li'na] *m* orphanage.
orteil *anat.* [ɔr'tɛ:j] *m* (big) toe.
ortho... [ɔrtɔ] orth(o)...; **~doxe** [~'dɔks] **1.** *adj.* orthodox; conventional; correct; **2.** *su.* orthodox; **~graphe** [~'graf] *f* spelling, orthography; **~graphier** [~gra'fje] (1o) *v/t.* spell (*a word*) correctly; *mal* ~ mis-spell; **~pédie** ⚕ [~pe'di] *f* orthop(a)edy; **~phonie** [~fɔ'ni] *f* correct pronunciation; ⚕ speech therapy.
ortie ⚘ [ɔr'ti] *f* nettle; **ortier** ⚕ [~'tje] (1o) *v/t.* urticate.
ortolan *orn.* [ɔrtɔ'lɑ̃] *m* ortolan.
orvet *zo.* [ɔr'vɛ] *m* slow-worm.
os [ɔs, *pl.* o] *m* bone; *fig. trempé jusqu'aux* ~ soaked to the skin.
oscillation [ɔsilla'sjɔ̃] *f* oscillation; *machine*: vibration; *pendulum*: swing; *fig.* fluctuation, change; **osciller** [~'le] (1a) *v/i.* oscillate, sway; swing (*pendulum*); ✝ fluctuate; *fig.* waver.
osé, e [o'ze] bold, daring.
oseille ⚘ [ɔ'zɛ:j] *f* sorrel.
oser [o'ze] (1a) *v/t.* dare.
oseraie ⚒ [oz'rɛ] *f* osier-bed; **osier** ⚘ [o'zje] *m* osier, willow; wicker.
osmose [ɔs'mo:z] *f* osmosis.
ossature *anat.*, ⊕, *fig.* [ɔsa'ty:r] *f* skeleton, frame; **osselet** [ɔs'lɛ] *m* knucklebone; *anat.* ossicle; **ossements** [~'mɑ̃] *m/pl.* bones, remains; **osseux, -euse** [ɔ'sø, ~'sø:z] bony; **ossification** ⚕ [ɔsifika'sjɔ̃] *f* ossification; **ossifier** [~'fje] (1o) *v/t. a.* *s'*~ ossify; **ossuaire** [ɔ'sɥɛ:r] *m* ossuary, charnel-house.
ostensible [ɔstɑ̃'sibl] open, patent; **ostensoir** *eccl.* [~'swa:r] *m* monstrance; **ostentation** [~ta'sjɔ̃] *f* ostentation, show.
ostéo... [ɔsteɔ] osteo...
ostracisme [ɔstra'sism] *m* ostracism; *frapper q. d'*~ ostracize s.o.
ostréicole [ɔstrei'kɔl] oyster-...; **ostréiculteur** [~kyl'tœ:r] *m* oyster-breeder; **ostréiculture** [~kyl'ty:r] *f* oyster-breeding.
ostrogot(h), e [ɔstrɔ'go, ~'gɔt] **1.** *adj.* Ostrogothic; *fig.* barbarous; **2.** *su.* ♀ Ostrogoth; *fig.* barbarian, vandal.
otage [ɔ'ta:ʒ] *m* hostage (for, *de*); *fig.* guarantee.
otalgie ⚕ [ɔtal'ʒi] *f* ear-ache.
otarie *zo.* [ɔta'ri] *f* sea-lion.
ôter [o'te] (1a) *v/t.* remove, take away; take off (*one's gloves etc.*); ⅍ deduct, subtract (*a number*).
otite ⚕ [ɔ'tit] *f* otitis; ~ *moyenne* tympanitis.
oto-rhino ⚕ [ɔtɔri'no], **oto-rhino-laryngologiste** [ɔtɔrinɔlarɛ̃gɔlɔ'ʒist] *su.* ear, nose and throat specialist.
ottoman, e [ɔtɔ'mɑ̃, ~'man] **1.** *adj.* Ottoman; **2.** *su.* ♀ Ottoman; *su./m tex.* grogram; *su./f* divan, ottoman.
ou [u] *cj.* or; *ou ... ou* either ... or; *ou bien* or else; *si ... ou* whether ... or.
où [u] **1.** *adv. place, direction*: where; *time*: when; **2.** *pron./rel. place, direction*: where; *time*: when, on which; *fig.* at *or* in which; *d'où* whence, where ... from; hence, therefore; *par où?* which way?
ouaille [wɑ:j] *f* †, *a. dial.* sheep; *fig., eccl.* ~*s pl.* flock *sg.*
ouate [wat] *f* wadding; cotton-wool; ~ *hydrophile* absorbent cotton-wool; **ouater** [wa'te] (1a) *v/t.* wad, pad; *fig.* soften (*a sound*); *cost.* quilt.
oubli [u'bli] *m* forgetfulness; forgetting; oblivion; oversight, omission.
oublie [~] *f wafer*: cornet.
oublier [ubli'e] (1a) *v/t.* forget; overlook; miss (*an occasion*); neglect; *faire* ~ live down; *n'oubliez pas* remember; *s'*~ forget o.s.; indulge (in, *à*); **oubliettes** [~'ɛt] *f/pl.* secret dungeon *sg.*, oubliette *sg.*; **oublieux, -euse** [~'ø, ~'ø:z] forgetful, unmindful (of, *de*).
oued [wɛd] *m* wadi, watercourse.
ouest [wɛst] **1.** *su./m* west; *de l'*~ west(ern); *d'*~ westerly (*wind*); *vers l'*~ westward(s), to the west; **2.** *adj./inv.* west(ern); westerly (*wind*).
ouf! [uf] *int.* phew!
oui [wi] **1.** *adv.* yes; *dire que* ~ say

yes; *mais* ~! certainly!; yes indeed!; **2.** *su./m/inv.* yes.
ouiche! *sl.* [wiʃ] *int.* not on your life!
ouï-dire [wi'di:r] *m/inv.* hearsay; *par* ~ by hearsay; **ouïe** [wi] *f* (sense of) hearing; ⊕ ear; ~*s pl.* ♪ sound-holes; *icht.* gills (*of a fish*); **ouïr** [wi:r] (2r) *v/t.* hear.
ouragan [ura'gɑ̃] *m* hurricane.
ourdir [ur'di:r] (2a) *v/t. tex.* warp; *fig.* weave (*an intrigue*), hatch (*a plot*).
ourler [ur'le] (1a) *v/t.* hem; ⊕ lap-joint; **ourlet** [~'lɛ] *m* hem; *fig.* edge; ⊕ lap-joint.
ours [urs] *m zo.* bear (*a. fig.*); ~ *blanc* polar bear; ~ *en peluche* Teddy bear; **ourse** [~] *f zo.* she-bear; *astr. la Grande* ♀ the Great Bear, Charles's Wain; *astr. la Petite* ♀ the Little Bear; **oursin** *zo.* [ur'sɛ̃] *m* sea-urchin; **ourson** *zo.* [~'sɔ̃] *m* bear cub.
oust(e)! F [ust] *int.* get a move on!; out you go!
outarde *orn.* [u'tard] *f* bustard; Canada goose.
outil [u'ti] *m* tool; **outillage** [uti'ja:ʒ] *m* tool set *or* kit; ⊕ equipment, plant, machinery; **outiller** [~'je] (1a) *v/t.* equip with tools; ⊕ fit out (*a factory*); **outilleur** [~'jœ:r] *m* tool-maker.
outrage [u'tra:ʒ] *m* outrage; ⚖ ~ *à magistrat* contempt of court; **outrager** [utra'ʒe] (1l) *v/t.* outrage; insult; violate (*a woman*); **outrageux, -euse** [~'ʒø, ~'ʒø:z] insulting, scurrilous.
outrance [u'trɑ̃:s] *f* excess; *à* ~ to the bitter end; to the death (*war*); **outrancier, -ère** [utrɑ̃'sje, ~'sjɛ:r] **1.** *adj.* extreme; **2.** *su.* extremist.
outre[1] [u:tr] *f* water-skin.
outre[2] [u:tr] **1.** *prp.* beyond; in addition to; **2.** *adv.*: *en* ~ moreover, furthermore; *passer* ~ not to take notice (of, *à*); *passer* ~ *à a.* disregard, ignore; *percer q. d'*~ *en* ~ run s.o. through; **~cuidance** [utrəkɥi'dɑ̃:s] *f* bumptiousness, overweening conceit; **~cuidant, e** [~'dɑ̃, ~'dɑ̃:t] bumptious, overweening; **~mer** [~'mɛ:r] *m* lapis lazuli; *colour*: ultramarine; **~-mer** [~'mɛ:r] *adv.* overseas...; **~passer** [~pɑ'se] (1a) *v/t.* exceed; go beyond.
outrer [u'tre] (1a) *v/t.* exaggerate; tire out; *outré de colère* provoked to anger, infuriated.
ouvert, e [u'vɛ:r, ~'vɛrt] **1.** *p.p. of ouvrir*; **2.** *adj.* open (*a. fig.*, *a.* ⚔ *war, city*); quick (*mind*); *fig. à bras* ~*s* with open arms; ✝ *compte m* ~ open account, open credit; **ouverture** [uvɛr'ty:r] *f* opening; aperture; ♪ overture; ⊕ ~*s pl.* ports.
ouvrable [u'vrabl] workable; *jour m* ~ working day; **ouvrage** [u'vra:ʒ] *m* work; *fig.* workmanship; product; **ouvrager** [uvra'ʒe] (1l) *v/t.* ⊕ work; *tex.* embroider.
ouvre [u:vr] *1st p. sg. pres. of ouvrir.*
ouvré, e [u'vre] wrought (*iron*); worked (*timber*); *tex.* figured.
ouvre-boîtes [uvrə'bwat] *m/inv.* tin-opener, *Am.* can-opener; **ouvre-bouteilles** [~bu'tɛ:j] *m/inv.* bottle-opener; **ouvre-lettres** [~'lɛtr] *m/inv.* letter-opener.
ouvrer [u'vre] (1a) *v/t.* work; *tex.* diaper, figure.
ouvreur, -euse [u'vrœ:r, ~'vrø:z] *su.* opener; *su./f thea.* usherette (*a. cin.*); box-attendant; *tex. machine*: cotton-opener.
ouvrier, -ère [uvri'e, ~'ɛ:r] **1.** *su.* worker; operator; factory-worker; ~ *agricole* farm-hand; ⚒ ~ *au jour* surface hand; ~ *aux pièces* piece-worker; *su./m*: ~ *qualifié* skilled workman; ~ *simple* unskilled worker; *su./f* factory-girl; *zo.* worker (bee *or* ant); **2.** *adj.* working (*class*); workmen's ...; labo(u)r...; worker (*ant, bee*); **ouvriérisme** [~e'rism] *m* worker control.
ouvrir [u'vri:r] (2f) *v/t.* open (*a. fig.*); unfasten; turn on (*the gas, a tap*); *fig.* begin; open (*s.th.*) up; ⚡ break (*the circuit*); ⚕ lance (*a boil*); *fig. s'*~ *à q.* confide in s.o.; talk freely to s.o.; *v/i. a. s'*~ open.
ouvroir [u'vrwa:r] *m* workroom; charity workshop.
ovaire ♀, *anat.* [ɔ'vɛ:r] *m* ovary.
ovale [ɔ'val] *adj.*, *a. su./m* oval.
ovation [ɔva'sjɔ̃] *f* ovation; *faire une* ~ *à q.* give s.o. an ovation.
ove [ɔ:v] *m* △ ovolo; egg-shaped section; **ové, e** [ɔ've] egg-shaped.
ovi... [ɔvi] ovi..., ovo...
ovin, e [ɔ'vɛ̃, ~'vin] ovine.
ovipare *zo.* [ɔvi'pa:r] oviparous.
ovni [ɔv'ni] *m* (= *objet volant non identifié*) Ufo.

ovule *biol.* [ɔ'vyl] *m* ovum; ♀ ovule.
ox(y)... [ɔks(i)] ox(y)...
oxycoupeur [ɔksiku'pœ:r] *m* oxyacetylene burner.
oxydable ⚗ [ɔksi'dabl] oxidizable; **oxydation** ⚗ [~da'sjɔ̃] *f* oxidization; **oxyde** ⚗ [ɔk'sid] *m* oxide; ~ *de carbone* carbon monoxide; **oxyder** ⚗ [~si'de] (1a) *v/t.* *a.* **s'~** oxidize.
oxygène ⚗ [ɔksi'ʒɛn] *m* oxygen; **oxygéné, e** [~ʒe'ne] ⚗ oxygenated; F *cheveux m/pl.* ~*s* peroxided hair; *eau f* ~*e* hydrogen peroxide.
ozone ⚗ [ɔ'zɔn] *m* ozone.

P

P, p [pe] *m* P, p.
pacage [pa'ka:ʒ] *m* pasturage; grazing; **pacager** [~ka'ʒe] (1l) *v/t.* pasture, graze.
pachyderme *zo.* [paʃi'dɛrm] **1.** *adj.* thick-skinned; **2.** *su./m* pachyderm.
pacificateur, -trice [pasifika'tœ:r, ~'tris] **1.** *adj.* pacifying; **2.** *su.* peacemaker; **pacification** [~'sjõ] *f* pacification, pacifying; **pacifier** [pasi'fje] (1o) *v/t.* pacify (*a country*); calm (*the crowd, s.o.'s mind*); **pacifique** [~'fik] **1.** *adj.* pacific; peaceful, quiet; *l'océan m* ♀ = **2.** *su./m*: *le* ♀ the Pacific (Ocean).
pacotille [pakɔ'ti:j] *f* ✝ shoddy goods *pl.*; *fig.* cheap stuff, rubbish, junk; *de* ~ cheap; jerry-built (*house*).
pacte [pakt] *m* pact, agreement; **pactiser** [pakti'ze] (1a) *v/i.* come to terms; compromise (with, *avec*).
paf F [paf] **1.** *int.* slap!; **2.** *adj.* F tight (= *drunk*).
pagaie [pa'gɛ] *f* paddle.
pagaïe F, **pagaille** F [pa'ga:j] *f* disorder, mess; *fig.* chaos.
paganiser [pagani'ze] (1a) *vt/i.* paganize; **paganisme** [~'nism] *m* paganism; heathendom.
pagayer [pagɛ'je] (1i) *vt/i.* paddle.
page[1] [pa:ʒ] *m* page(-boy).
page[2] [pa:ʒ] *f book*: page, leaf; *à la* ~ in the know, up to date; **paginer** [paʒi'ne] (1a) *v/t.* paginate.
pagne [paɲ] *m* loin-cloth.
paie [pɛ] *f* pay(ment), wages *pl.*; *enveloppe f de* ~ pay envelope; *jour m de* ~ pay-day; **paiement** [~'mã] *m* payment; ~ *anticipé* advance payment *or* instalment; ~ *au comptant* cash payment; ~ *contre livraison* cash on delivery; ~ *partiel* part-payment; *suspendre ses* ~*s* suspend payment.
païen, -enne [pa'jɛ̃, ~'jɛn] *adj., a. su.* pagan, heathen.
paillage ⚒ [pɑ'ja:ʒ] *m* mulching.
paillard, e *sl.* [pɑ'ja:r, ~'jard] **1.** *adj.* ribald, lewd; **2.** *su./m* rake; *su./f* wanton; **paillardise** [~jar'di:z] *f* lechery; lewd talk.
paillasse[1] [pa'jas] *m* buffoon, clown.
paillasse[2] [pɑ'jas] *f* straw mattress, palliasse; ⚗ bench; **paillasson** [~ja'sõ] *m* mat; matting; **paille** [pɑ:j] **1.** *su./f* straw; ⊕ *iron*: shavings *pl.*; ⊕, *gem, glass, metal, a. fig.*: flaw; *fig.* poverty; ~ *de fer* steel wool; *fig. homme m de* ~ man of straw, tool, *Am.* front; *tirer à la courte* ~ draw lots; **2.** *adj./inv.* straw-colo(u)red; **paillé, e** [pɑ'je] flawed, flawy; scaly (*metal*); straw-colo(u)red; **pailler** [~'je] **1.** (1a) *v/t.* mulch; (cover with) straw; **2.** *su./m* farm-yard; straw-yard; straw-stack; **paillet** [~'jɛ] *m* pale red wine; **pailleter** [paj'te] (1c) *v/t.* spangle (with, *de*); **paillette** [pa'jɛt] *f* sequin, spangle; *mica, soap*: flake; *metall.* scale; *jewel*: flaw; grain of golddust; **pailleux, -euse** [pɑ'jø, ~'jø:z] strawy; ⊕ flawy; **paillis** [~'ji] *m* mulch; **paillotte** [~'jɔt] *f* straw hut.
pain [pɛ̃] *m* bread; loaf; *soap*: cake, tablet; *butter*: pat; *sugar*: lump; *fig.* livelihood; *sl.* punch, blow; ~ *à cacheter* wafer, seal; ~ *bis* brown bread, ~ *complet* whole-meal bread; ~ *d'épice* gingerbread; *petit* ~ roll.
pair, paire [pɛ:r] **1.** *adj.* equal; ⚹ even (*number*); **2.** *su./m* equality; ✝ par; *parl.* peer; *person*: equal; *au* ~ in return for board and lodging, au pair; *de* ~ together, hand in hand (with, *avec*); *hors (de)* ~ peerless, unrivalled; *fig. être au* ~ *de* be up to date *or* schedule with; *parl. la Chambre des* ♀*s* the (House of) Lords *pl.*
paire [pɛ:r] *f* pair; *birds etc.*: brace; *fig. faire la* ~ be two of a kind.
pairesse [pɛ'rɛs] *f* peeress; **pairie** [~'ri] *f* peerage.
paisible [pɛ'zibl] peaceful, quiet.
paître [pɛ:tr] (4k) *v/t.* graze (*cattle*); drive to pasture; feed on (*grass*); *v/i.* feed, graze; pasture, browse; F *envoyer q.* ~ send s.o. packing.
paix [pɛ] *f* peace; quiet; *fig.* recon-

ciliation; ~ *donc!* keep quiet!; ~ *séparée* separate peace; *faire la* ~ make peace; F *ficher la* ~ *à q.* leave s.o. alone, let s.o. be.

pal, *pl.* **pals** [pal] *m* pale (*a.* ⊠), stake.

palabre [pa'labr] *f or m* palaver; F speech.

paladin [pala'dɛ̃] *m* paladin, knight; knight-errant.

palais[1] [pa'lɛ] *m* (*royal or bishop's*) palace; *coll.* lawyers *pl.*; ~ *de justice* law-courts *pl.*

palais[2] ⚘, *anat.*, *fig.* [~] *m* palate; *anat. voile m du* ~ soft palate.

palan ⚓, ⊕ [pa'lɑ̃] *m* pulley-block, tackle; set of pulleys.

palanche [pa'lɑ̃:ʃ] *f* yoke (*for carrying buckets etc.*).

palangre [pa'lɑ̃:gr] *f* trawl-line, *Am.* trawl.

palanque [pa'lɑ̃:k] *f* stockade.

palanquin [palɑ̃kɛ̃] *m* palanquin.

palatal, e, *m/pl.* **-aux** [pala'tal, ~'to] *adj., a. su./f* palatal; **palatin, e** *anat.* [pala'tɛ̃, ~'tin] palatine.

pale[1] *eccl.* [pal] *f* chalice-cover, pall.

pale[2] [~] *f* ⚓, ✈, *cin.* blade (*a. fan*); *fan*: vane; ⊕ arm.

pâle [pɑ:l] pale, pallid; wan; ashen (*complexion*); *fig.* colo(u)rless (*style*); ⚔ *sl.* sick; *fig.* sickly (*smile*).

palefrenier [palfrə'nje] *m* groom; stable-boy; ostler; **palefroi** † [~'frwa] *m* palfrey.

paléo... [paleɔ] pal(a)eo...; **paléontologie** [~ɔ̃tɔlɔ'ʒi] *f* pal(a)eontology.

paleron [pal'rɔ̃] *m ox etc.*: shoulder-blade; *cuis.* chuck.

palet [pa'lɛ] *m game*: quoit.

paletot [pal'to] *m* overcoat; *sl. tomber sur le* ~ *à q.* jump on s.o., pitch into s.o.

palette [pa'lɛt] *f paint., a. fig.* palette; *cuis.* shoulder; ⊕ *wheel etc.*: paddle; ⚘ pallet.

pâleur [pɑ'lœ:r] *f* pallor, paleness; *moon*: wanness.

palier [pa'lje] *m* △ *stairs*: landing; ⊕ bearing; ⊕ pillow-block; ✈, 🚂, *mot.* level; *sur le même* ~ on the same floor; **palière** △ [~'ljɛ:r] *adj./f* top (*step*).

palinodie [palinɔ'di] *f* recantation.

pâlir [pɑ'li:r] (2a) *v/i.* (grow) pale; *fig.* fade; *v/t.* make pale; bleach (*colours*).

palissade [pali'sad] *f* palisade, fence; ⚔ stockade; **palissader** [~sa'de] (1a) *v/t.* fence in, enclose; ⚔ stockade; ⚘ hedge in (*a field*).

palissandre [pali'sɑ̃:dr] *m* rosewood.

palisser ⚘ [pali'se] (1a) *v/t.* train (*vine etc.*).

palliatif, -ve [pallja'tif, ~'ti:v] *adj., a. su./m* palliative.

pallier [pal'lje] (1o) *v/t.* palliate.

palmarès [palma'rɛ:s] *m* prize-list, hono(u)rs list.

palme[1] [palm] *f* ⚘ palm(-branch); *fig.* palm; *skin diving etc.*: flipper.

palme[2] † [~] *m measure*: hand('s-breadth).

palmé, e [pal'me] ⚘ palmate; *orn.* web-footed.

palmer ⊕ [pal'mɛ:r] *m* micrometer ga(u)ge.

palmeraie [palmə'rɛ] *f* palm-grove; **palmette** [~'mɛt] *f* △ palm-leaf, palmette; ⚘ fan-shaped espalier; **palmier** ⚘ [~'mje] *m* palm-tree; **palmipède** *zo.* [~mi'pɛd] *adj., a. su./m* palmipede; **palmite** [~'mit] *m* palm-marrow; **palmure** *orn.* [~'my:r] *f* web.

palombe *orn.* [pa'lɔ̃:b] *f* ring-dove, wood-pigeon.

palonnier [palɔ'nje] *m* ⊕ *carriage etc.*: swingle-bar; *mot.* compensation bar; ✈ rudder-bar.

pâlot, -otte [pɑ'lo, ~'lɔt] palish; peaky.

palpable [pal'pabl] palpable (*a. fig.*); tangible; *fig.* obvious; **palpe** [palp] *m zo.* feeler; *icht.* barbel; **palper** [pal'pe] (1a) *v/t.* feel; ⚕ palpate; F pocket (*money*).

palpitant, e [palpi'tɑ̃, ~'tɑ̃:t] **1.** *adj.* fluttering (*heart*); throbbing; *fig.* thrilling; **2.** *su./m sl.* ticker (= *heart*); **palpitation** [~ta'sjɔ̃] *f* throb(bing), ⚕ palpitation; fluttering; **palpiter** [~'te] (1a) *v/i.* palpitate; throb, beat (*heart*); flutter; *fig.* thrill (with, *de*).

paltoquet F † [paltɔ'ke] *m* lout; whipper-snapper.

paludéen, -enne [palyde'ɛ̃, ~'ɛn] marsh...; ⚕ malarial (*fever*); **paludisme** ⚕ [~'dism] *m* malaria, marsh fever; **palustre** [pa'lystr] paludous; swampy (*ground*).

pâmer [pɑ'me] (1a) *v/t.*: † *se* ~ faint; *se* ~ *de qch.* be overcome with s.th.; *se* ~ *de joie a.* be in raptures; *se* ~ *de rire* split one's sides with laughter; **pâmoison** †, *co.* [~mwa'zɔ̃] *f* swoon.

pampa [pɑ̃'pa] *f* pampas *pl.*
pamphlet [pɑ̃'flɛ] *m* lampoon; **pamphlétaire** [~fle'tɛ:r] *m* pamphleteer, lampoonist.
pamplemousse ⚘ [pɑ̃plə'mus] *m* grapefruit; shaddock.
pampre ⚘ [pɑ̃:pr] *m* vine-branch, vine-shoot.
pan[1] [pɑ̃] *m cost.* flap; coat-tail; ⚠ *wall*: piece, section; (*wooden*) partition, framing; *building, prism, nut*: side; *sky*: patch.
pan[2]**!** [~] *int.* bang!; slap!
pan... [pɑ̃; *before vowel* pan] pan...
panacée [pana'se] *f* panacea, cure-all.
panachage [pana'ʃa:ʒ] *m election*: splitting one's vote; **panache** [~'naʃ] *m* plume, tuft (*on a helmet etc.*); *smoke*: wreath; *fig.* gallantry; *mot. etc. faire* ~ turn over; **panaché, e** [pana'ʃe] **1.** *adj.* mixed (*salad, ice*); **2.** *su./m* shandy(gaff); **panacher** [~] (1a) *v/t.* variegate; *election*: split (*one's votes*).
panade [pa'nad] *f cuis.* panada; F *dans la* ~ in need; in the soup.
panais ⚘ [pa'nɛ] *m* parsnip.
panama [pana'ma] *m* panama hat, F (fine-)straw hat.
panaris ⚕ [pana'ri] *m* whitlow.
pancarte [pɑ̃'kart] *f* placard, bill; sign; notice.
pancréas *anat.* [pɑ̃kre'ɑ:s] *m* pancreas.
panda *zo.* [pɑ̃'da] *m* panda.
panégyrique [paneʒi'rik] *m* panegyric; *faire le* ~ *de* panegyrize (*s.o.*).
paner *cuis.* [pa'ne] (1a) *v/t.* cover with bread-crumbs; **paneterie** [pan'tri] *f* bread-pantry; ⚔, *school, etc.*: bread-store; **panetier** [~'tje] *m* bread-store keeper; **panetière** [~'tjɛ:r] *f* bread-cupboard; sideboard.
panier [pa'nje] *m* basket (*a. sp.*); ~ *à salade* salad washer; *sl.* Black Maria, prison van; *fig.* ~ *percé* spendthrift; F *le dessus du* ~ the pick of the bunch; **panier-repas**, *pl.* **paniers-repas** [~rə'pa] *m* packed lunch, lunchpack.
panifiable [pani'fjabl] bread-...; *farine f* ~ bread-flour; **panification** [~fika'sjɔ̃] *f* panification; **panifier** [~'fje] (1o) *v/t.* turn (*flour*) into bread.
panique [pa'nik] *adj., a. su./f* panic; **paniquer** [~ni'ke] (1a) *v/t.* (throw into a) panic; *se* ~ = *v/i.* (get into a) panic.
panne[1] *tex.* [pan] *f* plush.
panne[2] [~] *f* lard, hog's fat.
panne[3] [~] *f mot. etc.* breakdown; ⚡ *etc. current, engine*: failure; *être en* ~ be stuck; *être en* ~ *de* ... have run out of ...; *laisser en* ~ leave (*s.o.*) in the lurch; *tomber en* ~ break down.
panne[4] ⚠ [~] *f* pantile; *roof*: purlin.
panneau [pa'no] *m wood, a. paint.*: panel; board; ✈ ground-signal; ⚓ hatch; ↙ glass frame; F snare, trap.
panneton ⊕ [pan'tɔ̃] *m key*: web; (*window-*)catch.
panoplie [panɔ'pli] *f* set (*of tools, toys, etc.*); outfit; ⚔ armoury; *fig.* package, (whole) set, variety.
panorama [panɔra'ma] *m* panorama.
panse [pɑ̃:s] *f* F belly (*a.* ⚗ *retort etc.*); *zo.* first stomach, paunch.
pansement ⚕ [pɑ̃s'mɑ̃] *m wound*: dressing; **panser** [pɑ̃'se] (1a) *v/t.* groom, rub down (*a horse*); ⚕ dress (*a wound*), tend (*a wounded man*).
pansu, e [pɑ̃'sy] pot-bellied.
pantalon [pɑ̃ta'lɔ̃] *m* trousers *pl.*, *Am.* pants *pl.*; (*woman's*) knickers *pl.*; slacks *pl.*
panteler [pɑ̃'tle] (1c) *v/i.* pant.
panthère *zo.* [pɑ̃'tɛ:r] *f* panther.
pantin [pɑ̃'tɛ̃] *m toy*: jumping-jack; *fig.* puppet.
panto... [pɑ̃tɔ] panto...; **~graphe** [~'graf] *m drawing, a.* ⚡: pantograph; lazy-tongs *pl.*
pantois [pɑ̃'twa] *adj./m* flabbergasted.
pantomime [pɑ̃tɔ'mim] *f* dumb show; pantomime.
pantouflard [pɑ̃tu'fla:r] *m* stay-at-home type; **pantoufle** [~'tufl] *f* slipper; *fig. en* ~*s* in a slipshod way; **pantouflerie** ⊕ [~tuflə'ri] *f* slipper-making.
paon *orn.* [pɑ̃] *m* peacock (*a. fig.*); **paonne** *orn.* [pan] *f* peahen; **paonneau** [pa'no] *m* pea-chick.
papa F [pa'pa] *m* papa, dad(dy); *fig. à la* ~ in leisurely fashion; *fig. de* ~ old, antiquated, old-fashioned; (good) old; grandfather's ...
papal, e, *m/pl.* **-aux** [pa'pal, ~'po] papal; **papauté** [~po'te] *f* papacy;
pape *eccl., a. fig.* [pap] *m* pope.
papelard, e F [pa'pla:r, ~'plard] **1.** *adj.* sanctimonious; **2.** *su./m*

sanctimonious person; **papelardise** F [~plar'di:z] *f* cant, sanctimoniousness.

paperasse [pa'pras] *f* red tape; useless paper(s *pl.*); **paperasserie** [~pras'ri] *f* accumulation of old papers; F red tape, red-tapism; **paperassier** [~pra'sje] *m* bureaucrat.

papeterie [pap'tri] *f* paper-mill; paper trade; stationery; stationer's (shop); **papetier, -ère** [~'tje, ~'tjɛ:r] **1.** *su.* stationer; paper-manufacturer; **2.** *adj.* paper(-making);

papier [pa'pje] *m* paper; document; ⚜ bill(s *pl.*); ~ *à calquer* tracing-paper; ~ *à la cuve* hand-made paper; ~ *à lettres* letter-paper; ~ *à musique* music-paper; ~ *bible* (*or indien*) India paper; ~ *buvard* blotting paper; ~ *carbone* carbon paper; ~ *couché* art paper; ~ *d'emballage* brown paper; ~ *de verre* sand-paper, glass-paper; ~*-émeri* emery-paper; ~*-filtre* filter-paper; ~ *hygiénique* toilet-paper; ~ *peint*, ~*-tenture* wall-paper; ~ *pelure* tissue-paper; ~**-monnaie** [~pjemɔ'nɛ] *m* paper money.

papille ⚘, *anat.* [pa'pi:j] *f* papilla.

papillon [papi'jɔ̃] *m zo.* butterfly; *cost.* butterfly bow, bow-tie; leaflet; (parking) ticket; *poster*: fly-bill; inset map; *document*: rider; ⚜ label, tag; ⊕ butterfly-valve; ⊕ wing-nut; *mot.* throttle; F *fig.* ~*s pl. noirs* gloomy thoughts; **papillonner** [~jɔ'ne] (1a) *v/i.* flutter; F flit from subject to subject; **papillotte** [~'jɔt] *f* curl-paper; frill (*round ham etc.*); twist of paper; **papilloter** [~jɔ'te] (1a) *v/i.* blink (*eyes, light*); *cin.* flicker; *fig.* glitter.

paprika ⚘, *cuis.* [papri'ka] *m* red pepper.

papule ⚕, ⚘ [pa'pyl] *f* papula, papule; **papuleux, -euse** [~py'lø, ~'lø:z] papulose, F pimply.

papyrus [papi'rys] *m* papyrus.

pâque [pɑ:k] *f* (*Jewish*) Passover.

paquebot ⚓ [pak'bo] *m* (passenger-)liner; packet-boat.

pâquerette ⚘ [pɑ'krɛt] *f* daisy.

Pâques [pɑ:k] *su./m* Easter; *su./f*: ~ *pl. closes* Low Sunday *sg.*; ~ *pl. fleuries* Palm Sunday *sg.*; *faire ses* ~ make one's Easter communion.

paquet [pa'kɛ] *m* parcel, package; pack; bundle; ⚓ ~ *de mer* heavy sea; *faire son* ~ *or ses* ~*s* pack one's bags; *lâcher son* ~ *à q.* give s.o. a piece of one's mind; (*y*) *mettre le* ~ give all one has got; *risquer le* ~ chance the lot; **paqueter** [pak'te] (1c) *v/t.* make up into a parcel; **paqueteur** *m*, **-euse** *f* ⚜, ⊕ [~'tœ:r, ~'tø:z] packer.

par [par] *prp. place*: by (*sea*), through (*the door, the street*); via (*Calais*); over; to; *time*: on (*a fine evening, a summer's day*); in (*the rain*); *motive*: from, through; out of (*friendship, curiosity*); *agent*: by; *instrument*: by (*mail, telephone, train, boat, etc.*); *distribution*: per (*annum, capita*), each; a (*day, week, etc.*); in (*hundreds, numerical order*); ~ *eau et* ~ *terre* by land and sea; ~ *monts et* ~ *vaux* over hill and dale; ~ *où?* which way?; ~ *toute la terre* (*ville*) all over the world (town); *regarder* (*jeter*) ~ *la fenêtre* look (throw) out of the window; *tomber* ~ *terre* fall to the ground; ~ *un beau temps* in fine weather; ~ *bonheur* (*malheur*) by good (ill) fortune, (un)fortunately; ~ *hasard* by chance; ~ *pitié!* for pity's sake!; *vaincu* ~ *César* conquered by Caesar; *Phèdre* ~ *Racine* Phèdre by Racine; ~ *soi-même* (by *or* for) oneself; *célèbre* ~ famous for; ~ *conséquent* consequently; ~ *droit et raison* by rights; ~ *avion post*: via airmail; *venir* ~ *air à* fly to; *prendre* ~ *la main* take by the hand; *jour* ~ *jour* day by day; *deux* ~ *deux* two by two; *commencer* (*finir etc.*) ~ (*inf.*) begin (end) by (*ger.*); F ~ *trop court* (much *or* far) too short; *de* ~ by, in conformity with (*the conditions, nature, etc.*); *de* ~ *le roi* by order of the King; in the King's name; ~*-ci* here; ~*-là* there; ~*-ci* ~*-là* hither and thither; now and then; ~ *derrière* from behind; ~*-dessous* under, beneath; ~*-dessus* over (*s.th.*); ⚖ ~*-devant* before, in presence of.

para ⚔ F [pa'ra] *m* paratrooper.

para...: **~bole** [para'bɔl] *f* parable; Å parabola.

parachever [paraʃ've] (1d) *v/t.* perfect.

para...: **~chute** [para'ʃyt] *m* ✈ parachute; ⚒ *cage*: safety device; **~chuter** [~ʃy'te] (1a) *v/t.* (drop by) parachute; *fig.* pitchfork (s.o. into, *q.*

dans); **~chutiste** [~ʃy'tist] *m* parachutist; paratrooper.

parade [pa'rad] *f box., a. fencing*: parry; *horse*: checking; reply, repartee; ⚔ parade (*a. fig.*); *fig.* show; *faire ~ de* show off, display; *lit m de ~* lying-in-state bed; **parader** [~ra'de] (1a) *v/i.* strut (about).

paradigme *gramm.* [para'digm] *m* paradigm.

paradis [para'di] *m* paradise; *thea.* gallery, F the gods *pl.*; ⚕ *~ fiscal* tax haven; **paradisiaque** [~di'zjak] paradisiac; of paradise; **paradisier** *orn.* [~di'zje] *m* bird of paradise.

paradoxal, e, *m/pl.* **-aux** [paradɔk'sal, ~'so] paradoxical; **paradoxe** [~'dɔks] *m* paradox.

parafe [pa'raf] *m see paraphe*; **parafer** [~ra'fe] *see parapher*.

paraffine ⚗ [para'fin] *f* paraffin.

parafoudre ⚡ [para'fudr] *m* lightning-arrester; *magneto*: safety-gap.

parage[1] † [pa'ra:ʒ] *m* birth, descent; *de haut ~* of high lineage.

parage[2] [~] *m*: *~s pl.* ⚓ latitudes; regions; vicinity *sg.*, quarters; *dans les ~s de ... a.* in the ... area, near ...; *dans les ~* (around) here.

paragraphe [para'graf] *m* paragraph.

parais [pa'rɛ] *1st p. sg. pres. of paraître*; **paraissons** [~rɛ'sɔ̃] *1st p. pl. pres. of paraître*; **paraître** [~'rɛ:tr] (4k) *v/i.* appear; seem, look; be visible; come out (*book etc.*); *vient de ~* just out (*book*); *v/impers.*: *à ce qu'il paraît* apparently; *il paraît que* (*ind.*) it seems that; *il paraît que oui* (*non*) it appears so (not).

parallèle [paral'lɛl] **1.** *adj.* parallel; *fig.* unofficial (*institution etc.*); second, side (*job etc.*); alternative (*medicine etc.*); **2.** *su./f* ⨳, ⚔ parallel; *su./m geog.*, ⚡, *a. fig.* parallel; **parallélépipède** ⨳ [~lelepi'pɛd] *m* parallelepiped; **parallélisme** [~le'lism] *m* parallelism (between ... and *de ... à, entre ... et*); **parallélogramme** ⨳ [~lelɔ'gram] *m* parallelogram.

para...: **~lyser** [parali'ze] (1a) *v/t.* ⚕ paralyse (*a. fig.*); *fig.* cripple; **~lysie** ⚕ [~'zi] *f* paralysis; † palsy; *~ agitante* Parkinson's disease; **~lytique** ⚕ [~'tik] *adj., a. su.* paralytic; **~mètre** ⨳, *a. fig.* [para'mɛtr] *m* parameter; **~militaire** [paramili'tɛ:r] semi-military.

parangon [parɑ̃'gɔ̃] *m* paragon, model; flawless gem; *typ. gros ~* double pica.

parapet [para'pɛ] *m* ⚠, ⚔ parapet; ⚔ breastwork.

paraphe [pa'raf] *m signature*: flourish; initials *pl.*; **parapher** [~ra'fe] (1a) *v/t.* initial.

para...: **~phrase** [para'frɑ:z] *f* paraphrase; *fig.* circumlocution; **~phraser** [~frɑ'ze] (1a) *v/t.* paraphrase; *fig.* add to (*a story etc.*); **~plégie** ⚕ [~ple'ʒi] *f* paraplegia; **~pluie** [~'plɥi] *m* umbrella (*a.* ⚔, ✈); **~site** [~'zit] **1.** *adj.* ⚘, ⚡ parasitic; **2.** *su./m* ⚘, *biol., zo., fig.* parasite; *fig.* sponger; *~s pl. radio*: atmospherics; **~sol** [~'sɔl] *m* parasol, sunshade; *mot.* visor; **~tonnerre** [~tɔ'nɛ:r] *m* lightning-conductor; lightning-rod; **~typhoïde** ⚕ [~tifɔ'id] *f* paratyphoid fever; **~vent** [~'vɑ̃] *m* folding screen.

parbleu! [par'blø] *int.* rather!; of course!

parc [park] *m* park; enclose; *horses*: paddock; *cattle*: pen; *sheep*: fold; *oysters*: bed; ⊕ *coal*: yard; 🚂, ⚔ depot; *child*: playpen; ⚕, *a. fig.* stock; *mot. ~ de stationnement* car park, *Am.* parking lot; **parcage** [par'ka:ʒ] *m mot.* parking; *cattle*: penning; *sheep*: folding; *oysters*: laying down; *mot. ~ interdit* no parking.

parcellaire [parsɛl'lɛ:r] divided into small portions; **parcelle** [~'sɛl] *f land*: lot, plot; small fragment; *fig.* grain; **parceller** [~sɛ'le] (1a) *v/t.* divide into lots; portion out; **parcelliser** [~sɛli'ze] (1a) *v/t.* divide *or* split up.

parce [pars] *cj.*: *~ que* because.

parchemin [parʃə'mɛ̃] *m* parchment; *bookbinding*: vellum; F *~s pl. univ.* diplomas; ⚖ title-deeds; **parcheminé, e** [parʃəmi'ne] *fig.* parchment-like, dried; wizened (*skin*); **parcheminer** [~'ne] (1a) *v/t.* give a parchment finish to; *se ~* shrivel up; become parchment-like; **parchemineux, -euse** [~'nø, ~'nø:z] parchment-like.

parcimonie [parsimɔ'ni] *f* parsimony, stinginess; **parcimonieux, -euse** [~'njø, ~'njø:z] parsimonious, stingy.

parc(o)mètre [park(ɔ)'mɛtr] *m* parking meter.

parcourir [parku'riːr] (2l) *v/t.* travel through; traverse (*a.* ⚡); cover (*a distance*); skim, look through (*a book, papers, etc.*); *eye*: survey; **parcours** [~'kuːr] *m* distance covered; *sp., golf, river*: course; ⊕ path; trip, journey.

pardessus [pardə'sy] *m* overcoat, top-coat.

par-devers [pardə'vɛːr] in the presence of, before; in one's possession; *garder qch.* ~ *soi* keep s.th. to o.s.

pardi! † [par'di] *int.* of course!; rather!

pardon [par'dɔ̃] **1.** *su./m* pardon (*a. eccl.*); forgiveness; *eccl.* pilgrimage (*in Brittany*); **2.** *int.*: ~! excuse me!; ~? I beg your pardon?; **pardonnable** [~dɔ'nabl] forgivable, excusable; **pardonner** [~dɔ'ne] (1a) *v/t.* pardon, forgive; excuse; *je ne pardonne pas que vous l'ayez visité* I cannot forgive your having visited him.

pare...: **~-balles** [par'bal] *adj./inv.* bullet-proof; **~-boue** *mot.* [~'bu] *m/inv. see garde-boue*; **~-brise** *mot.* [~'briːz] *m/inv.* windscreen, *Am.* windshield; **~-chocs** *mot.* [~ʃɔk] *m/inv.* bumper; **~-étincelles** [~etɛ̃'sɛl] *m/inv.* fire-guard; 🚂 spark-catcher; **~-feu** [~'fø] *m/inv. forest*: fire-break.

pareil, -eille [pa'rɛːj] **1.** *adj.* like, similar; such (a); *sans* ~ unrivalled, unequalled; **2.** *su.* equal, like; peer; match; *su./f rendre la ~eille à* pay (*s.o.*) back in his own coin.

parement [par'mɑ̃] *m* adorning; ornament; *cost., a.* ⚠ facing; ⚠ *stone*: face; ⊕, *cuis.* dressing; kerb-stone, curb-stone.

parent, e [pa'rɑ̃, ~'rɑ̃ːt] *su.* relative; relation; *su./m*: ~*s pl.* parents, father and mother; **parental, e,** *m/pl.* **-aux** [parɑ̃'tal, ~'to] parental; **parenté** [~rɑ̃'te] *f* relationship, kinship.

parenthèse [parɑ̃'tɛːz] *f* parenthesis, digression; *typ.* bracket; *entre* ~*s* in brackets; *fig.* incidentally.

parer [pa're] (1a) *v/t.* ornament, adorn; dress (*meat, vegetables*); ⚓ clear (*the anchor*); ⚓ steer clear of, clear; ward off, parry; avoid; pull up (*a horse*); se ~ deck o.s. out (in, *de*); *fig.* show off; *v/i.*: ~ *à* provide against *or* for; obviate (*a difficulty*); avert (*an accident*).

pare-soleil [parsɔ'lɛːj] *m/inv.* sun-visor (*a. mot.*).

paresse [pa'rɛs] *f* laziness, idleness; *mind, a.* ⚕ *bowels, etc.*: sluggishness; **paresseux, -euse** [~rɛ'sø, ~'søːz] **1.** *adj.* sluggish; lazy, idle; **2.** *su.* lazy *or* idle person; *su./m zo.* sloth.

pareur *m*, **-euse** *f* ⊕ [pa'rœːr, ~'røːz] finisher, trimmer.

parfaire [par'fɛːr] (4r) *v/t.* complete, finish; make up (*a total of money*); **parfait, e** [~'fɛ̃, ~'fɛt] **1.** *adj.* perfect; *fig.* thorough, utter; ⚖ full (*payment*); F capital; (c'est) ~! splendid!; **2.** *su./m gramm.* perfect; *cuis.* ice-cream; **parfaitement** [~fɛt'mɑ̃] *adv.* perfectly; thoroughly; ~! precisely!; exactly!

parfois [par'fwa] *adv.* sometimes, now and then.

parfum [par'fœ̃] *m* perfume, scent; fragrance; *sl. être au* ~ be in the know; *sl. mettre q. au* ~ put s.o. in the picture, wise s.o. up; **parfumer** [~fy'me] (1a) *v/t.* perfume, scent; se ~ use scent; **parfumerie** [~fym'ri] *f* parfumery; **parfumeur** *m*, **-euse** *f* ⚖ [~fy'mœːr, ~'møːz] perfumer.

pari [pa'ri] *m* bet, wager; *sp.* betting; ~ *mutuel* totalizator system, F tote; **pariade** *orn.* [~'rjad] *f* pairing; pairing season; pair; **parier** [~'rje] (1o) *vt/i.* bet (on, *sur*); wager.

pariétaire ⚘ [parje'tɛːr] *f* wall-pellitory; **pariétal, e,** *m/pl.* **~aux** [~'tal, ~'to] **1.** ⚘, *anat.* parietal; *paint.* mural; **2.** *su./m anat.* parietal bone.

parieur *m*, **-euse** *f* [pa'rjœːr, ~'rjœːz] better, punter.

Parigot *m*, **e** *f* F [pari'go, ~'gɔt] Parisian; **parisien, -enne** [~'zjɛ̃, ~'zjɛn] *adj., a. su.* ♀ Parisian.

paritaire [pari'tɛːr] *adj.*: *réunion f* ~ round-table conference; **parité** [~'te] *f* parity; equality; 𝔄 evenness.

parjure [par'ʒyːr] **1.** *adj.* perjured; **2.** *su. person*: perjurer; *su./m* perjury; **parjurer** [~ʒy're] (1a) *v/t.*: se ~ perjure o.s.

parking *mot.* [par'kiŋ] *m* parking; car park, *Am.* parking lot.

parlant, e [par'lɑ̃, ~'lɑ̃ːt] speaking (*a. fig.*); *fig.* talkative; *cin.* sound (*film*); *fig.* expressive; *fig.* eloquent, that speaks for itself; **parlé, e** [~'le] spoken (*language*).

parlement [parlə'mɑ̃] *m* parliament; **parlementaire** [parləmɑ̃ˈtɛːr] **1.** *adj.* parliamentary, *Am.* Congressional; *drapeau m* ~ flag of truce; **2.** *su./m* member of parliament, *Am.* Congressman; negotiator; **parlementarisme** *pol.* [~taˈrism] *m* parliamentary government; **parlementer** [~ˈte] (1a) *v/i.* parley.

parler [parˈle] **1.** (1a) *v/i.* speak, talk (to, *à*; of, about *de*); be on speaking terms (with, *à*); *les faits parlent* the facts speak for themselves; *on m'a parlé de* I was told about; *sans* ~ *de* let alone ...; *v/t.* speak (*a language*); ~ *affaires* (F *boutique, politique, raison*) talk business (F shop, about politics, sense); *se* ~ be spoken (*language*); **2.** *su./m* speech; dialect; way of speaking; **parleur, -euse** [~ˈlœːr, ~ˈløːz] *su.* talker; **parloir** [~ˈlwaːr] *m* parlo(u)r; **parlote** F [~ˈlɔt] *f* chitchat.

parmesan [parməˈzɑ̃] *m* Parmesan (cheese).

parmi [parˈmi] *prp.* among; amid.

parodie [parɔˈdi] *f* parody; skit ([up]on, *de*); **parodier** [~ˈdje] (1o) *v/t.* parody, burlesque.

paroi [paˈrwa] *f biol.*, ⊕ *boiler, cylinder, a. rock, tent*: wall; △ partition-wall; *case, stomach, tunnel*: lining; *thea.* flat.

paroisse [paˈrwas] *f* parish; parish church; **paroissial, e,** *m/pl.* **-aux** [parwaˈsjal, ~ˈsjo] parochial; parish-...; **paroissien, -enne** [~ˈsjɛ̃, ~ˈsjɛn] *su.* parishioner; *su./m* prayer-book; F *drôle de* ~ queer stick.

parole [paˈrɔl] *f* word; remark; promise, ⚔ parole; *fig.* speech; eloquence; saying; *avoir la* ~ have the floor; *donner la* ~ *à q.* call upon s.o. to speak.

parpaing △ [parˈpɛ̃] *m* parpen; breeze-block.

Parque *myth.* [park] *f* one of the Fates; *les* ~ the Fates, the Parcae.

parquer [parˈke] (1m) *v/t.* enclose; pen (*cattle*); fold (*sheep*); put (*a horse*) in paddock; *mot.*, ⚔ park; *v/i. a. se* ~ park; **parquet** [~ˈkɛ] *m* △ floor(ing); *mirror*: backing; ⚖ public prosecutor's department; ⚖ well; ⚕ official market; *bourse*: Ring; **parqueter** ⊕ [parkəˈte] (1c) *v/t.* lay a floor in (*a room*); parquet; **parqueterie** ⊕ [~ˈtri] *f* laying of floors; ~ *en mosaïque* inlaid floor; inlaying; **parqueteur** ⊕ [~ˈtœːr] *m* parquet-layer.

parrain [paˈrɛ̃] *m* godfather; sponsor (*a. fig.*).

parricide [pariˈsid] **1.** *adj.* parricidal; **2.** *su. person*: parricide; *su./m crime*: parricide.

parsemer [parsəˈme] (1d) *v/t.* strew, sprinkle (with, *de*); *fig.* stud, spangle.

part [paːr] *f* share (*a.* ⚕); part; portion (*a.* ⚖); place; *food*: helping, *cake*: piece; *à* ~ apart, separately; *à* ~ *cela* apart from that; except for that; *à* ~ *entière* full (*member etc.*); entirely, fully; *à* ~ *soi* in one's own heart, to o.s.; *autre* ~ elsewhere; *d'autre* ~ besides; *de la* ~ *de* on behalf of; from; *de ma* ~ from me; on my part; *de* ~ *en* ~ through and through; *de* ~ *et d'autre* on both sides (of, *de*), on either side; *d'une* ... *d'autre* ~ on the one hand ... on the other hand; *faire* ~ *de qch. à q.* inform s.o. of s.th.; *faire la* ~ *de* take into account; *nulle* ~ nowhere; *pour ma* ~ as to me, I for one; *prendre* ~ *à* take part in, join in; *quelque* ~ somewhere; **partage** [parˈtaːʒ] *m* division, sharing; ⚖, *a. pol.* partition; share, portion, lot (*a. fig.*); *geog. ligne f de* ~ *des eaux* watershed, *Am.* divide; *échoir en* ~ *à q.* fall to s.o.'s lot; **partager** [~taˈʒe] (1l) *v/t.* divide (up); share (*a. fig. an opinion*); *se* ~ be divided; differ; *être bien* (*mal*) *partagé* be well (ill) provided for *or* endowed.

partance ⚓, ✈ [parˈtɑ̃ːs] *f* departure; *en* ~ *pour* (bound) for.

partant[1] [parˈtɑ̃] *cj.* therefore, hence.

partant[2] [parˈtɑ̃] *m* departing traveller; party leaving; *sp.* starter, runner.

partenaire [partəˈnɛːr] *m* partner (*a. sp., cin., etc.*).

parterre [parˈtɛːr] *m* ⚘ flower-bed; *thea.* pit.

parti[1]**, e** [parˈti] away; gone; F tipsy; ... *est bien* (*mal*) ~ ... had a good (bad) start.

parti[2] [parˈti] *m pol., fig.* party; *fig.* side; *marriage*: match; *fig.* choice, decision, option; *fig.* course of action, solution; ~ *pris* bias, set purpose; *prendre* ~ (*pour*) take sides (with); *prendre un* ~ come to a decision; *prendre le* ~ *de* (*inf.*) decide to (*inf.*); *prendre son* ~ *de* resign o.s. to; *tirer* ~ *de* turn (*s.th.*) to account; utilize; use; **partial, e,** *m/pl.* **-aux** [~'sjal, ~'sjo] biased; partial (to, *envers*); **partialité** [~sjali'te] *f* partiality (for, to *envers*); bias.

participation [partisipa'sjɔ̃] *f* participation; ⚕, *a. fig.* share (in, *à*); ⚕ ~ *majoritaire* controlling interest; **participe** *gramm.* [~'sip] *m* participle; **participer** [~si'pe] (1a) *v/i.* participate, (have a) share (in, *à*); take part (in, *à*); ~ *de* partake of; resemble.

particulariser [partikylari'ze] (1a) *v/t.* particularize; specify; *se* ~ (*par*) be distinguished (by); **particularité** [~'te] *f* particularity; (distinctive) feature; characteristic.

particule [parti'kyl] *f* particle (*a. phys., a. gramm.*).

particulier, -ère [partiky'lje, ~'ljɛ:r] **1.** *adj.* particular, special; unusual; private (*collection, room, etc.*); **2.** *su.* private individual; *su./m* private life; *en* ~ privately; particularly.

partie [par'ti] *f* part (*a.* ♪); *pleasure, hunt., a.* ⚖: party; *cricket, foot., tennis*: match; ⚕ line of business; ⚖ ~ *civile* plaintiff; ⚕ ~ *simple* (*double*) single (double) entry; *en grande* ~ largely; *en* ~ in part, partly; *faire* ~ *de* be one of, belong to; **partiel, -elle** [~'sjɛl] partial, incomplete.

partir [par'ti:r] (2b) *v/i.* go (away); start; leave (for, *pour*); set out; go off (*a. gun etc.*); *hunt.* rise; come off (*button etc.*); ~ *en voyage* go on a journey; *à* ~ *de* (starting) from.

partisan, e [parti'zɑ̃, ~'zan] **1.** *su.* partisan, follower; supporter, advocate; *j'en suis* ~ I am (all) for it; *su./m* ⚔ *soldier*: guerilla; *guerre f de* ~*s* guerilla warfare; **2.** *adj.* party ...

partitif, -ve *gramm.* [parti'tif, ~'ti:v] partitive (*article*).

partition [parti'sjɔ̃] *f* ♪ score; ▨ [quarter.]

partout [par'tu] *adv.* everywhere; ~ *où* wherever; *rien* ~ *tennis*: love all.

partouze *sl.* [par'tu:z] *f* orgy.

paru, e [pa'ry] *p.p. of paraître.*

parure [pa'ry:r] *f* adornment; ornament; *jewels etc.*: set; ⊕ parings *pl.*

parus [pa'ry] *1st p. sg. p.s. of paraître.*

parution [pary'sjɔ̃] *f book*: publication.

parvenir [parvə'ni:r] (2h) *v/i.*: ~ *à* arrive; reach; succeed in (doing s.th., *faire qch.*); **parvenu** *m*, **e** *f* [~'ny] upstart.

parvis [par'vi] *m* ⚠ square (*in front of church*); *bibl., a. fig.* court.

pas [pɑ] **1.** *su./m* step (*a. dancing, a. of staircase*), pace, gait, walk; footprint; *door*: threshold; *geog.* pass(age); ⚓, *fig.* straits *pl.*; ⊕ *screw*: thread; *fig.* move; distance (*between seats, rows, etc.*); *fig.* precedence; *fig.* difficulty, obstacle; ~ *à* ~ step by step; ~ *cadencé* measured step; ⚔, *sp.* ~ *gymnastique* double; *à grands* ~ apace, quickly; *mot. aller au* ~ go dead slow; *à* ~ *de loup* stealthily; *au* ~ at a walking pace; *faux* ~ slip (*a. fig.*); *fig.* (social) blunder; *geog. le* ~ *de Calais* the Straits *pl.* of Dover; ~ *de porte* key money; *ceder le* ~ *à* give way to; *être dans un mauvais* ~ be in a bad patch; *prendre le* ~ *sur* take the lead from, outstrip; ⚔, *sp. marquer le* ~ mark time; **2.** *adv.* not; *ne ... pas* not; *ne ... pas de* no; *ne ... pas un* not (a single) one; *ne ... pas non plus* nor *or* not ... either.

pascal, e, *m/pl.* **-als, -aux** [pas'kal, ~'ko] paschal; Easter (*vacation*).

pas-d'âne ⚘ [pɑ'dɑ:n] *m/inv.* coltsfoot.

pasquinade † [paski'nad] *f* lampoon.

passable [pɑ'sabl] passable, acceptable; middling; *mention f* ~ *examination*: pass; **passade** F [~'sad] *f* passing fancy; F brief love affair; **passage** [~'sa:ʒ] *m* passage (*a. in a book*); 🚂, *mountains, river, etc.*: crossing; way; *mountain*: pass; ⚠ arcade; ⚡ flow; *fig.* transition; 🚂 ~ *à niveau* level crossing, *Am.* grade crossing; *psych.* ~ *à vide* blank; ~ *clouté* pedestrian crossing, *Am.* crosswalk; ~ *souterrain* subway; ~ *supérieur* railway bridge; *de* ~ migratory (*bird*); *fig.* passing, casual; *être de* ~ *à* be passing through (*a town etc.*), be in (*a town etc.*) at the moment; **passager, -ère** [~sa'ʒe, ~'ʒɛ:r] **1.** *adj.* of passage (*bird*); passing (*a. fig.*); **2.** *su.* ⚓, ✈ passenger; **passant, e** [~'sɑ̃, ~'sɑ̃:t] **1.** *su.* passer-by; **2.** *adj.* busy, frequented (*road*); **passavant** [~sa'vɑ̃] *m* ⚓ gangway; *admin.* permit; *customs*: transire.

passe [pɑ:s] *f* ⚓, 🚂, *fencing, foot*:

pass; *bonne* (*mauvaise*) ~ good (bad) position; *en* ~ *de* (*inf.*) in a fair way to (*inf.*), on the point of (*ger.*); *mot m de* ~ password.

passé, e [pɑ'se] **1.** *su./m* past; ⚖ record; *gramm.* past (tense); **2.** *adj.* past; over; faded (*colour*); last (*week etc.*); **3.** *prp.* after, beyond.

passe...: **~-bouillon** *cuis.* [pɑsbu'jɔ̃] *m/inv.* soup-strainer; **~carreau** [~ka'ro] *m* sleeve-board; **~-debout** *hist.* [~də'bu] *m/inv.* transire; **~-droit** [~'drwa] undeserved privilege; unfair promotion.

passéisme [pase'ism] *m* clinging to the past; **passéiste** [~'ist] *adj.* (*a. su.* person) clinging to the past.

passe...: **~-lacet** [~la'sɛ] *m* bodkin; **~-lait** *cuis.* [~'lɛ] *m/inv.* milk strainer.

passement [pɑs'mɑ̃] *m cost.* lace; *chair etc.*: braid; **passementer** [~mɑ̃'te] (1a) *v/t.* trim with lace; braid (*furniture*); **passementier** *m*, **-ère** *f* [~mɑ̃'tje, ~'tjɛ:r] dealer in trimmings.

passe...: **~-montagne** [pɑsmɔ̃'taɲ] *m* Balaclava helmet; **~-partout** [~par'tu] **1.** *su./m/inv.* passkey, master key; *phot.* slip-in mount; ⊕ crosscut saw; compass-saw; **2.** *adj./inv.* all-purpose; general-purpose; *pej.* nondescript; **~-passe** [~'pɑs] *m/inv.* legerdemain, sleight-of-hand; *tour m de* ~ conjuring trick; **~-plats** [~'pla] *m/inv.* service-hatch; **~poil** *cost.* [~'pwal] *m* piping, braid; **~port** [~'pɔ:r] *m admin.* passport; ⚓ sea-letter; **~-purée** *cuis.* [~py're] *m/inv.* potato masher.

passer [pɑ'se] (1a) **1.** *v/i.* pass (*a. time*); go (to, *à*); be moved (*pupil*); become, ⚔ be promoted; fade (*colour*), vanish; pass away, die; *fig.* wear off (*success etc.*); go by, elapse (*time*); be transmitted *or* handed down (*heritage, tradition*); ✈ fly (over, *sur*); ⚖ ~ *à la douane* go through the customs; ~ *chez q.* call at s.o.'s *or* on s.o.; ~ *en proverbe* become proverbial; *mot.* ~ *en seconde* change into second gear; ~ *par* go through; *road*: go over (*a mountain*); ~ *pour* be thought to be, be considered (*s.th.*), seem; ~ *sur* overlook (*a fault*); *faire* ~ pass (*s.th.*) on (to, *à*); while away (*the time*); get rid of; *j'en passe* I am skipping over many items; *laisser* ~ let (*s.o.*) pass; miss (*an opportunity*); *passons!* no more about it!; *se faire* ~ *pour* pose as; **2.** *v/t.* pass; cross; go past; hand (over) (to, *à*); slip (*s.th. into a pocket*); slip on, put on (*a garment*); omit, leave out; overlook, excuse (*a mistake*); spend (*time*); sit for (*an examination*); vent (*one's anger*) (on, *sur*); *cuis.* strain (*a liquid*), sift (*flour*); ✝ place (*an order*); *parl.* pass (*a bill*); ~ *en fraude* smuggle in; *elle ne passera pas le jour* she will not live out the day; *se* ~ pass, go by (*time*); happen, take place; pass away, cease; abate (*anger*); fade (*colour*); *se* ~ *de* do without (*s.th.*, *qch.*; *ger.*, *inf.*).

passereau *orn.* [pɑs'ro] *m* sparrow.

passerelle [pɑs'rɛl] *f* footbridge; ✈ gangway; catwalk; ⊕ *crane*: platform; ⚓ bridge; *fig.* (inter)link.

passe...: **~-temps** [pɑs'tɑ̃] *m/inv.* pastime; hobby; **~-thé** [~'te] *m/inv.* tea-strainer.

passeur [pɑ'sœ:r] *m* ferryman; smuggler.

passible ⚖ [pa'sibl] liable (to, *de*).

passif, -ve [pa'sif, ~'si:v] **1.** *adj.* passive (*a. gramm.*); *fig.* blind (*obedience*); *défense f* ~*ve* Civil Defence; Air Raid Precautions *pl.*; ✝ *dettes f/pl.* ~*ves* liabilities; **2.** *su./m gramm.* passive (voice); ✝ liabilities *pl.*

passion [pɑ'sjɔ̃] *f* passion (for, *de*) (*a.* ⚘, *eccl.*, *a. fig.*); **passionnant, e** [pɑsjɔ'nɑ̃, ~'nɑ̃:t] thrilling; fascinating; **passionné, e** [~'ne] **1.** *adj.* passionate, impassioned (for, *pour*); enthusiastic (about, *de*); **2.** *su.* enthusiast, F fan; **passionnel, -elle** [~'nɛl] *adj.*: ⚖ *crime m* ~ crime due to sexual passion; **passionner** [~'ne] (1a) *v/t.* rouse, excite; *fig.* fascinate; *se* ~ become passionately fond (of, *pour*); get excited.

passivité [pasivi'te] *f* passivity.

passoire *cuis.* [pɑ'swa:r] *f* strainer.

pastel [pas'tɛl] *m* crayon; pastel drawing; *bleu m* ~ pastel blue.

pasteur [pas'tœ:r] *m* shepherd; *eccl.* pastor.

pasteuriser [pastœri'ze] (1a) *v/t.* pasteurize (*milk*).

pastiche [pas'tiʃ] *m* pastiche; par-

ody; **pasticher** [~ti'ʃe] (1a) *v/t.* copy the style of; parody.
pastille [pas'ti:j] *f* pastille, lozenge.
pastis [pas'tis] *m* aniseed aperitif; F muddle.
pastoral, e, *m/pl.* **-aux** [pastɔ'ral, ~'ro] **1.** *adj.* pastoral; episcopal (*ring*); **2.** *su./f* pastoral; **pastorat** [~'ra] *m* pastorate.
pastourelle [pastu'rɛl] *f poem*: pastoral.
pat [pat] *su./m, a. adj./m* stalemate.
pataquès [pata'kɛ:s] *m* faulty liaison (*in speech*).
patate [pa'tat] *f* ⚘ sweet potato; F spud (= *potato*); *sl.* idiot, fathead.
patati* [pata'ti] *int.*: et ~ et *patata* and so forth and so on.
patatras* [pata'trɑ] *int.* crash!
pataud, e [pa'to, ~'to:d] **1.** *su.* clumsy puppy; F lout; **2.** *adj.* clumsy, loutish.
patauger [pato'ʒe] (1l) *v/i.* flounder (*a. fig.*); paddle, wade (*in sea*); **pataugeoire** [~'ʒwa:r] *f* paddling pool.
pâte [pɑ:t] *f* paste; dough; *paper*: pulp; *fig.* stuff; *fig.* type; ~s *pl. alimentaires* Italian pastes; ~ *dentifrice* tooth-paste; F *une bonne* ~ a good sort; F *une* ~ *molle* a softy, a spineless individual; *vivre comme un coq en* ~ live like a fighting cock; **pâté** [pɑ'te] *m cuis.* pie; *liver*: paste; *fig. trees etc.*: clump, cluster; *ink*: blot; ~ *de maisons* block (of houses); ~ (*de sable*) sandcastle; **pâtée** [~] *f hens*: mash; dog food; *fig.* coarse food; F hiding, threshing.
patelin F [pat'lɛ̃] *m* native village; small place.
patelinage [patli'na:ʒ] *m* smooth words *pl.*, F blarney; **pateliner** F [~li'ne] (1a) *v/t.* cajole (*s.o.*); wheedle; *v/i.* blarney; **patelinerie** [~lin'ri] *f see patelinage*.
patelle [pa'tɛl] *f zo., anat., archeol.* patella; *zo.* limpet, barnacle.
patène *eccl.* [pa'tɛn] *f* paten.
patenôtre [pat'no:tr] *f* Lord's prayer; ⚒ bucket elevator; ~s *pl.* rosary *sg.*, F beads.
patent, e [pa'tɑ̃, ~'tɑ̃:t] **1.** *adj.* patent; obvious; *hist. Lettres f/pl.* ~es Letters patent; **2.** *su./f* licence; ⚚ *etc.* tax; ⚓ (*a.* ~e *de santé*) bill of health; **patenté, e** [~tɑ̃'te] **1.** *adj.* licensed; **2.** *su.* licensee.
pater *eccl.* [pa'tɛ:r] *m/inv.* Lord's prayer; paternoster.
patère [~] *f* hat-peg, coat-peg; curtain-hook.
paterne [pa'tɛrn] benevolent; **paternel, -elle** [patɛr'nɛl] paternal; fatherly; **paternité** [~ni'te] *f* paternity, fatherhood.
pâteux, -euse [pɑ'tø, ~'tø:z] pasty; cloudy (*jewel*); thick (*voice etc.*); coated (*tongue*).
pathétique [pate'tik] **1.** *adj.* pathetic (*a. anat.*), moving, touching; **2.** *su./m* pathos, *the* pathetic.
pathogène ⚕ [patɔ'ʒɛn] pathogenic; **pathologie** ⚕ [~lɔ'ʒi] *f* pathology; **pathologique** ⚕ [~lɔ'ʒik] pathological.
pathos [pa'tɔs] *m* pathos; emotionalism.
patibulaire [patiby'lɛ:r] gallows...; *fig.* hang-dog (*look*).
patience [pa'sjɑ̃:s] *f* patience; forbearance; (jig-saw) puzzle; *prendre* ~ be patient; **patient, e** [~'sjɑ̃, ~'sjɑ̃:t] *adj., a. su.* patient; **patienter** [~sjɑ̃'te] (1a) *v/i.* be patient; wait patiently.
patin [pa'tɛ̃] *m* skate; *sledge*: runner; ⊕ *brake, wheel*: shoe; brake-block; ⊕ *rail*: flange; *staircase*: sleeper; ~ *à roulettes* roller-skate; **patinage** [~ti'na:ʒ] *m* skating; *wheel, belt*: slipping.
patine [pa'tin] *f bronze*: patina.
patiner¹ [pati'ne] (1a) *v/t.* give a patina to.
patiner² [pati'ne] (1a) *v/i.* skate; slip (*wheel, belt*); skid (*wheel*); *fig.* get nowhere (fast), make no progress; **patinette** [~'nɛt] *f* scooter; **patineur** *m*, **-euse** *f* [~'nœ:r, ~'nø:z] skater; **patinoire** [~'nwa:r] *f* skating-rink.
pâtir [pɑ'ti:r] (2a) *v/i.* suffer (from, de); *vous en pâtirez* you will rue it.
pâtisser [pɑti'se] (1a) *v/i.* make pastry; **pâtisserie** [~tis'ri] *f* pastry; pastry shop; pastry-making; cakes *pl.*; **pâtissier** *m*, **-ère** *f* [~ti'sje, ~'sjɛ:r] pastry-cook.
patois [pa'twa] *m* dialect, patois; F jargon.
patouiller F [patu'je] (1a) *v/i.* flounder, splash (*in the mud*).
patraque F [pa'trak] **1.** *su./f* wornout machine; *person*: old crock;

2. *adj.* seedy (*person*); worn-out (*machine*).
pâtre [pɑ:tr] *m* shepherd; herdsman.
patriarcal, e, *m/pl.* **-aux** [patriar'kal, ~'ko] patriarchal; **patriarche** [~'arʃ] *m* patriarch (*a. eccl.*).
patricien, -enne [patri'sjɛ̃, ~'sjɛn] *adj., a. su.* patrician.
patrie [pa'tri] *f* fatherland; native *or* mother country; *fig.* home.
patrimoine [patri'mwan] *m* patrimony, inheritance; **patrimonial, e,** *m/pl.* **-aux** [~mɔ'njal, ~'njo] patrimonial.
patriote [patri'ɔt] **1.** *adj.* patriotic (*person*); **2.** *su.* patriot; **patriotique** [~ɔ'tik] patriotic (*sentiments, song, etc.*); **patriotisme** [~ɔ'tism] *m* patriotism.
patron [pa'trɔ̃] *m* master, F boss; head (*of a firm*); *hotel*: proprietor; protector; *eccl.* patron (saint); *cost.* pattern; ⊕ template; ✝ model; **patronage** [patrɔ'na:ʒ] *m* patronage (*a.* ✝); support; *eccl.* young people's club; **patronal, e,** *m/pl.* **-aux** [~'nal, ~'no] *eccl.* patronal (*festival*); patron (*saint*); ✝ employers' ...; **patronat** [~'na] *m* protection; ✝ *coll.* employers *pl.*; **patronne** [pa'trɔn] *f* mistress; protectress; *eccl.* patroness; **patronner** [patrɔ'ne] (1a) *v/t.* patronize, sponsor, support; **patronnesse** [~'nɛs] *adj./f* patroness.
patrouille ⚔ [pa'tru:j] *f* patrol; **patrouiller** ⚔ [patru'je] (1a) *v/i.* (go on) patrol; **patrouilleur** [~'jœ:r] *m* ⚓ patrol-boat; ✈ scout; ⚔ member of a patrol.
patte [pat] *f zo.* paw (*a.* F = *hand*); *orn.* foot; *insect*: leg; ⊕ cramp, hook; ⊕ flange; clamp; ⚓ *anchor*: fluke; *cost.* strap; *envelope, a. pocket*: flap; F authority, power; F ~*s pl. de mouche writing*: scrawl; *faire ~ de velours* draw in its claws (*cat*); *fig.* speak s.o. fair; F *tomber sous la ~ de q.* fall into s.o.'s clutches; **~d'oie,** *pl.* **~s-d'oie** [~'dwa] *f* crossroads *pl.*; *wrinkle*: crow's-foot.
pâturage [pɑty'ra:ʒ] *m* grazing; pasture(-land); pasturage; **pâture** [~'ty:r] *f* fodder; food (*a. fig.*); pasture; **pâturer** [~ty're] (1a) *vt/i.* graze.
pâturin ⚘ [pɑty'rɛ̃] *m* meadow-grass, *Am.* spear-grass.
paturon [paty'rɔ̃] *m horse*: pastern.
paume [po:m] *f* palm of hand.
paumé, e F [po'me] miserable, wretched; *fig.* lost, at a loss; *a. su.* down(-)and(-)out; derelict.
paupérisme [pope'rism] *m* pauperism.
paupière [po'pjɛ:r] *f* eyelid.
paupiette *cuis.* [po'pjɛt] *f* (beef- *or* veal-)olive.
pause [po:z] *f* pause, break; *foot.* half time; ♪ rest; (lunch- *etc.*)interval; **~-café** coffee break; **pauser** [po'ze] (1a) *v/i.* pause; ♪ dwell (*on a note*).
pauvre [po:vr] **1.** *adj.* poor; needy; scanty (*vegetation*); *fig.* slight (*chance*); unfortunate; **2.** *su./m* poor man; *admin.* pauper; **pauvresse** [po'vrɛs] *f* poor woman; *admin.* pauper; **pauvret** *m,* **-ette** *f fig.* [~'vrɛ, ~'vrɛt] *person*: poor little thing; **pauvreté** [~vrə'te] *f* poverty (*a. fig.*), destitution.
pavage [pa'vɑ:ʒ] *m* paving; pavement.
pavaner [pava'ne] (1a) *v/t.*: se ~ strut; F show off.
pavé [pa've] *m* paving-stone, paving-block; pavement; highway; *fig. the* streets *pl.*; F thick (boring) book; heavy tome; **pavement** [pav'mɑ̃] *m see pavage*; **paver** [pa've] (1a) *v/t.* pave; **paveur** [~'vœ:r] *m* paver.
pavillon [pavi'jɔ̃] *m* pavilion; lodge, house; † *bed*: canopy; *gramophone, loud-speaker*: horn; *funnel*: mouth; *teleph.* mouthpiece; ⚓ flag, colo(u)rs *pl.*; ♪ *trumpet*: bell; *anat.* auricle, external ear.
pavois [pa'vwa] *m hist.* (body-) shield; ⚓ bulwark; *coll.* flags *pl.*; *élever sur le ~ hist.* raise to the throne; *fig.* extol; **pavoiser** [~vwa'ze] (1a) *v/t.* deck with flags; *v/i.* put out (the) flags; *a. fig.* wave the banners.
pavot ⚘ [pa'vo] *m* poppy.
payable [pɛ'jabl] payable; **payant, e** [~'jɑ̃, ~'jɑ̃:t] **1.** *adj* paying; charged for; with a charge for admission; *fig.* profitable; **2.** *su.* payer; ✝ drawee; **paye** [pɛ:j] *f see paie*; **payement** [pɛj'mɑ̃] *m see paiement*; **payer** [pɛ'je] (1i) *v/t.* pay; pay for (*an article, a. fig.*); ✝ defray (*expenses*); settle (*a debt*); *fig.* reward (for, *de*); ~ *cher* pay dear, *fig.* be sorry for; ~ *de retour* reciprocate (*an affection etc.*); *trop payé* overpaid; *trop peu payé* underpaid; se ~ be paid *or* recom-

pensed; se ~ *de paroles* be satisfied by mere words; **payeur, -euse** [~'jœːr, ~'jøːz] *su.* payer; *su./m* ⚔, ⚓ paymaster; *bank*: teller.

pays [pe'i] *m* country; land; region; home, native land; F fellow-countryman; *mal m du* ~ homesickness; *vin m du* ~ local wine; **paysage** [pei'zaːʒ] *m* landscape, scenery; *fig.* scene; **paysagiste** [~za'ʒist] *m* landscape painter; landscape gardener; **paysan, -anne** [~'zɑ̃, ~'zan] *adj., a. su.* peasant, rustic; **paysannat** [~za'na] *m*, **paysannerie** [~zan'ri] *f* peasantry; farmers *pl.*; **payse** F [pe'iz] *f* fellow-countrywoman.

péage [pe'aːʒ] *m* toll; tollgate; *autoroute f à* ~ toll motorway, *Am.* turnpike (road); **péagiste** [pea'ʒist] *su.* toll collector.

peau [po] *f* ✝, *anat., a. fruit, sausage, milk*: skin; ✝ pelt, hide; ✝ leather; *fruit*: peel; *faire* ~ *neuve* change clothes; *fig.* turn over a new leaf; 2-**Rouge**, *pl.* 2**x-Rouges** [~'ruːʒ] *m* Red Indian, redskin.

peccable [pɛk'kabl] liable to sin.

peccadille [pɛka'diːj] *f* peccadillo.

pechblende ⛏, *phys.* [pɛʃ'blɛ̃ːd] *f* pitchblende.

pêche[1] ⚘ [pɛːʃ] *f* peach.

pêche[2] [~] *f* fishing; fishery; catch; ~ *à la ligne* angling; *aller à la* ~ go fishing.

péché [pe'ʃe] *m* sin; *fig.* indiscretion, error; ~ *mignon* little weakness; **pécher** [~] (1f) *v/i.* sin; *fig.* offend (against, *contre*); *fig.* err.

pêcher[1] [pɛ'ʃe] *m* peach-tree.

pêcher[2] [pɛ'ʃe] (1a) *v/t.* fish for; drag up (*a corpse*); *fig.* find, pick up; *v/i.*: ~ *à la ligne* angle; **pêcherie** [pɛʃ'ri] *f* fishing-ground.

pécheur, -eresse [pe'ʃœːr, peʃ'rɛs] **1.** *adj.* sinning; sinful; **2.** *su.* sinner.

pêcheur, -euse [pɛ'ʃœːr, ~'ʃøːz] **1.** *adj.* fishing; **2.** *su./m* fisherman; *su./f* fisherwoman.

pectoral, e, *m/pl.* **-aux** [pɛktɔ'ral, ~'ro] pectoral; cough-(*lozenge, syrup*).

péculat [peky'la] *m* embezzlement, peculation; **péculateur** [~la'tœːr] *m* embezzler, peculator.

pécule [pe'kyl] *m* savings *pl.*, F nest-egg; ⚔, ⚓ gratuity.

pécuniaire [peky'njɛːr] pecuniary, financial.

pédagogie [pedagɔ'ʒi] *f* pedagogy; **pédagogique** [~gɔ'ʒik] pedagogic; **pédagogue** [~'gɔg] *su.* pedagogue.

pédale [pedal] *f cycle, a.* ♪: pedal; ⊕ treadle; *sl.* queer, gay; *mot.* ~ *d'embrayage* clutch (pedal); *sl. perdre les* ~*s* get all mixed up; **pedaler** [peda'le] (1a) *v/i.* pedal; F cycle; **pédaleur** *m*, **-euse** *f* F [~'lœːr, ~'løːz] pedalist; cyclist; **pédalier** [~'lje] *m cycle*: crank gear; ♪ pedal-board; **pédalo** F [~'lɔ] *m* pedal-craft.

pédant, e [pe'dɑ̃, ~'dɑ̃ːt] **1.** *adj.* pedantic, priggish; **2.** *su.* pedant, prig; **pédanterie** [pedɑ̃'tri] *f* pedantry; priggishness; **pédantesque** [~'tɛsk] pedantic; **pédantisme** [~'tism] *m see pédanterie.*

pédé *sl.* [pe'de] *m* gay, queer.

pédestre [pe'dɛstr] pedestrian; **pédestrement** [~dɛstrə'mɑ̃] *adv.* on foot.

pédiatre ⚕ [pe'djaːtr] *m* p(a)ediatrist; **pédiatrie** ⚕ [~dja'tri] *f* p(a)ediatrics *pl.*

péediculaire [pediky'lɛːr] pediculous, lousy; ⚕ *maladie f* ~ phthiriasis; **pédicule** *biol.* [~'kyl] *m* pedicle; **pédiculé, e** [~ky'le] pediculate.

pédicure [pedi'kyːr] *su.* chiropodist.

pédologie [pedɔlɔ'ʒi] *f subject*: child psychology.

pègre [pɛːgr] *f coll.* thieves *pl.*, underworld, gangsterdom.

peignage *tex.* [pɛ'ɲaːʒ] *m* combing, carding; **peigne** [pɛɲ] *m* comb (*a.* ⊕); *shell-fish*: scallop, clam; *tex. wool*: card; *hemp*: hackle; ~ *de chignon* back-comb; *se donner un coup de* ~ run a comb through one's hair; *fig. passer qch. au* ~ *fin* go through *or* over s.th. with a fine-tooth comb; **peigné, e** [pɛ'ɲe] **1.** *adj.* combed; *fig.* affected (*style*); *bien* ~ trim; *mal* ~ unkempt; **2.** *su./m tex.* worsted; *su./f tex.* cardful (*of wool etc.*); F *fig.* thrashing; **peigner** [~'ɲe] (1a) *v/t.* comb (*a. tex.*); *tex.* card (*wool*), hackle (*hemp*); polish (*one's style*); **peigneur, -euse** *tex.* [~'ɲœːr, ~'ɲøːz] *su.* wool-comber; *su./f* wool-combing machine; hackling-machine; **peignier** [~'ɲje] *m* comb-maker; ✝ comb-seller; **peignoir** [~'ɲwaːr] *m* (*lady's*) dressing gown; morning wrapper; ~ *de bain* bath-wrap; **peignures** [~'ɲy:r] *f/pl.* combings.

peinard, e F [pɛ'na:r, ~'nard] *adj.* quiet; cushy (*job etc.*); *se tenir* (*or rester*) ~ keep quiet *or* out of trouble.

peindre [pɛ̃:dr] (4m) *v/t.* paint; ~ *au pistolet* spray (*with paint*); *fig.* ~ *en beau* paint (*things*) in rosy colo(u)rs; F *se* ~ make up.

peine [pɛn] *f* sorrow; trouble, difficulty; effort; punishment; pain; *à* ~ hardly, scarcely; *à grand*-~ with difficulty; *en valoir la* ~ be worth while; *être en* ~ *de* be at a loss to; *faire de la* ~ *à* hurt (*s.o.*); *sous* ~ *de* under pain of; **peiner** [pɛ'ne] (1a) *v/t.* pain, hurt, grieve; *fig.* tire; *v/i.* toil; labo(u)r (*a. mot. engine*).

peintre [pɛ̃:tr] *m* painter; artist; ~ *en bâtiments house*: painter and decorator, house-painter; *femme f* ~ woman artist; **peinture** [pɛ̃'ty:r] *f* painting; paint(work); ~ *au pistolet* spray-painting; *prenez garde à la* ~! wet paint!; **peinturer** [~ty're] (1a) *v/t.* paint; daub; **peinturlurer** F [~tyrly're] (1a) *v/t.* daub (with colo[u]r); paint in all the colo(u)rs of the rainbow.

péjoratif, -ve [peʒɔra'tif, ~'ti:v] pejorative; disparaging; *au sens* ~ in a disparaging sense.

pékin [pe'kɛ̃] *m* F ⚔ civilian; F ⚔ *en* ~ in civvies.

pékiné, e *tex.* [peki'ne] candy-striped.

pelade ⚕ [pə'lad] *f* alopecia.

pelage [pə'la:ʒ] *m* pelt, coat, fur;

pelé, e [pɔ'le] **1.** *adj.* peeled (*fruit, tree-bark*); bald (*person*); **2.** *su.* F bald-pate, bald person.

pêle-mêle [pɛl'mɛl] **1.** *adv.* higgledy-piggledy, in confusion; **2.** *su./m/inv.* disorder, jumble.

peler [pə'le] (1d) *vt/i.* peel.

pèlerin, e [pɛl'rɛ̃, ~'rin] *su.* pilgrim; *su./m orn.* peregrine falcon; *icht.* basking shark; *su./f cost.* cape; **pèlerinage** [~ri'na:ʒ] *m* (place of) pilgrimage; *aller en* ~ go on a pilgrimage.

pélican [peli'kɑ̃] *m orn.* pelican; ⊕ *bench*: holdfast.

pelisse [pə'lis] *f* pelisse, fur-lined coat.

pellagre ⚕ [pɛl'la:gr] *f* pellagra.

pelle [pɛl] *f* ⊕ shovel, scoop; *oar*: blade; (*child's*) spade; ~ *à poussière* dust-pan; ⊕ ~ *mécanique* grab; shovel-dredger; F *fig. ramasser une* ~ come a cropper (*off a horse, a. fig.*); have a spill (*off a cycle*); **pelletée** [~'te] *f* shovelful, spadeful; **pelleter** [~'te] (1c) *v/t.* shovel; turn with a shovel.

pelleterie [pɛl'tri] *f* ⊕ fur-making; ✝ fur-trade; *coll.* peltry.

pelleteur *m*, **-euse** *f* [pɛl'tœ:r, ~'tø:z] shovel excavator.

pelletier *m*, **-ère** *f* [pɛl'tje, ~'tjɛ:r] furrier.

pelliculaire [pɛlliky'lɛ:r] pellicular (*metal*); **pellicule** [~'kyl] *f* (thin) skin; *phot., a. ice, oil*: film; *scalp*: dandruff, scurf.

pelotage [pəlɔ'ta:ʒ] *m string, wool, etc.*: winding into balls; *billiards*: knocking the balls about; F petting;

pelote [~'lɔt] *f string, wool*: ball; *cotton-wool*: wad; (pin) cushion; *game*: pelota; *fig. faire sa* ~ feather one's nest; make one's pile; **peloter** [pəlɔ'te] (1a) *v/t.* † wind (*s.th.*) into a ball; F handle (*s.o.*) roughly; F pet (*a girl*); F paw (*a woman*); F flatter (*s.o.*); F *se* ~ pet, neck; **peloton** [~'tɔ̃] *m string, wool*: ball; ⚔ squad, platoon; *fig.* group; *sp. runners*: bunch, field, main body; ~ *de tête sp.* leaders *pl.* (*a. fig.*), *fig.* front-runners *pl.*; ~ *d'exécution* firing squad *or* party; **pelotonner** [~tɔ'ne] (1a) *v/t.* wind (*s.th.*) into a ball; *se* ~ curl up, roll o.s. up; huddle together.

pelouse [pə'lu:z] *f* lawn; grass-plot; *turf, a. golf*: green.

peluche *tex.* [pə'lyʃ] *f* plush; *ours m en* ~ teddy bear; **pelucher** [pəly'ʃe] (1a) *v/i.* become fluffy; shed fluff; **pelucheux, -euse** [~'ʃø, ~'ʃø:z] shaggy; fluffy.

pelure [pə'ly:r] *f fruit*: peel; *vegetable*: paring, peeling; *cheese*: rind; F overcoat, outer garment(s *pl.*).

pénal, e, *m/pl.* **-aux** [pe'nal, ~'no] penal; penalty (*clause*); **pénalisation** *sp.* [penaliza'sjɔ̃] *f* penalizing; *area*: penalty; **pénalité** *sp., a.* ⚖ [~'te] *f* penalty; **penalty** *foot.* [penal'ti] *m* penalty (kick).

pénates [pe'nat] *m/pl.* penates, household gods; *fig.* home *sg.*

penaud, e [pə'no, ~'no:d] shamefaced, abashed, crestfallen.

penchant, e [pɑ̃'ʃɑ̃, ~'ʃɑ̃:t] **1.** *adj.* sloping, leaning; *fig.* declining; **2.** *su./m* slope; (*hill*)side; *fig.* inclination, propensity (to, for *à*), tendency; *fig.* fondness (for s.o., *pour q.*); **pencher** [~'ʃe] (1a) *v/t.* tip, tilt (*s.th.*); bend (*one's head*); se ~ lean (over); bend (down); *v/i.* tilt, lean (over); be slanting; *fig.* se ~ *sur* study, look into; *fig.* incline, be inclined (to, *vers*).

pendable [pɑ̃'dabl] † meriting the gallows; *fig.* outrageous; **pendaison** [dɛ'zɔ̃] *f death*: hanging; **pendant, e** [~'dɑ̃, ~'dɑ̃:t] **1.** *adj.* hanging; lop-(*ears*); flabby (*cheeks*); ⚖ pending; **2.** *su./m* pendant; *fig.* fellow, counterpart; **3.** *pendant prp.* during; for (2 *days*, 3 *miles*); ~ *que* while, whilst; **pendard, e** F [~'da:r, ~'dard] *su.* gallows-bird; rogue; *su./f* hussy.

pendeloque [pɑ̃d'lɔk] *f* ear-drop; F *cloth*: shred; ~*s pl.* pendants; *chandelier*: drops; **pendentif** [pɑ̃dɑ̃'tif] *m necklace, a.* ⚡: pendant; Δ pendentive; *en* ~ hanging; **penderie** [~'dri] *f* hanging-wardrobe; hanging cupboard.

pendiller [pɑ̃di'je] (1a) *v/i.* dangle.

pendre [pɑ̃:dr] (4a) *vt/i.* hang (on, from *à*); *dire pire* (*or pis*) *que* ~ *de q.* sling mud at s.o.; run s.o. down; **pendu, e** [pɑ̃'dy] **1.** *p.p. of pendre*; **2.** *adj.* hanged; hanging (on, from *à*); **3.** *su.* person who has been hanged *or* who has hanged himself.

pendulaire [pɑ̃dy'lɛ:r] swinging, pendular (*motion*); **pendule** [~'dyl] *su./m phys. etc.* pendulum; *su./f* clock; **pendulette** [~dy'lɛt] *f* small clock.

pêne [pɛ:n] *m lock*: bolt; latch.

pénétrable [pene'trabl] penetrable; **pénétrant, e** [~'trɑ̃, ~'trɑ̃:t] penetrating; keen (*glance, intelligence, wind*); pervasive (*smell*); acute (*person*); **pénétration** [~tra'sjɔ̃] *f* penetration (*a. fig.*); *fig.* insight, shrewdness; **pénétrer** [~'tre] (1f) *v/t.* penetrate; *fig.* fathom (*a secret*); permeate (with, *de*); *v/i.* penetrate; enter; force one's way.

pénible [pe'nibl] painful; hard, laborious.

péniche ⚓ [pe'niʃ] *f* barge; lighter; ⚔ ~ *de débarquement* landing-craft.

pénicillé, e [penisil'le] penicillate; **pénicilline** ⚕ [~'lin] *f* penicillin.

péninsulaire [penɛ̃sy'lɛ:r] peninsular; **péninsule** *geog.* [~'syl] *f* peninsula.

pénis *anat.* [pe'nis] *m* penis.

pénitence [peni'tɑ̃:s] *f* penitence, repentance; *eccl.* penance; *mettre q. en* ~ *school*: make s.o. stand in the corner; **pénitencerie** *eccl.* [~tɑ̃s'ri] *f* penitentiary(ship); **pénitencier** [~tɑ̃'sje] *m eccl.*, ⚖ penitentiary; ⚖ reformatory; **pénitent, e** [~'tɑ̃, ~'tɑ̃:t] *adj., a. su.* penitent; **pénitentiaux** [~tɑ̃'sjo] *adj./m/pl.* penitential (*psalms*); **pénitentiel, -elle** [~tɑ̃'sjɛl] penitential, (*works*) of penance.

pennage [pɛn'na:ʒ] *m* plumage.

penne[1] ⚓ [pɛn] *f* peak.

penne[2] [pɛn] *f* quill-feather; wing-feather, tail-feather; *arrow*: feather; *tex.* warp end; **penné, e** ⚘ [pɛ'ne] pennate, pinnate; **pennon** [~'nɔ̃] *m* pennon; *arrow*: feather.

pénombre [pe'nɔ̃:br] *f* half-light; penumbra; obscurity (*a. fig.*).

pensant, e [pɑ̃'sɑ̃, ~'sɑ̃:t] thinking; *mal* ~ heretical; *see bien-pensant*.

pensée[1] ⚘ [pɑ̃'se] *f* pansy.

pensée[2] [pɑ̃'se] *f* thought; idea; *fig.* mind; intention; **penser** [~'se] (1a) *v/i.* think (of, *à*); remember; intend; *fig.* expect; *faire* ~ remind (s.o. of s.th., *q. à qch.*); *pensez à faire cela* don't forget to do this; *sans y* ~ thoughtlessly; *v/t.* think, believe; consider; think out; *elle pense venir* she means to come; *qu'en pensez-vous?* what do you think of it?; **penseur** [~'sœ:r] *m* thinker; *libre* ~ freethinker; **pensif, -ve** [~'sif, ~'si:v] pensive, thoughtful.

pension [pɑ̃'sjɔ̃] *f* pension, allowance; boarding house; boarding school; (charge for) board and lodging; ~ *alimentaire* maintenance allowance; **pensionnaire** [pɑ̃sjɔ'nɛ:r] *su. boarding house, school*: boarder; *hotel*: resident; ⚕ inmate; **pensionnat** [~'na] *m* boarding school; *school*: hostel; *coll.* boarders *pl.*; **pensionner** [~'ne] (1a) *v/t.* pension off.

pensum [pɛ̃'sɔm] *m school*: imposition.

pent(a)... [pɛ̃t(a)] pent(a)...; five...; **pentathlon** *sp.* [pɛ̃ta'tlɔ̃] *m* pentathlon.

pente [pɑ̃:t] *f* slope, incline; gradient; *river*: fall; Δ *roof*: pitch; *fig.* bent, propensity.

Pentecôte [pɑ̃tˈkoːt] *f* Whitsun (-tide); Pentecost; *dimanche m de la ~* Whit Sunday.

pénultième [penylˈtjɛm] **1.** *adj.* penultimate; **2.** *su./f gramm.* penult, last syllable but one.

pénurie [penyˈri] *f* shortage, scarcity; *fig.* poverty, need.

pépère F [peˈpɛːr] **1.** *su./m* granddad; *gros ~* big, quiet fellow; chubby child; **2.** *adj.* F quiet; cosy; cushy.

pépie [peˈpi] *f disease of birds*: pip; F *fig. avoir la ~* have a terrible thirst.

pépiement [pepiˈmɑ̃] *m* chirp(ing), cheep(ing); **pépier** [~ˈpje] (1o) *v/i.* chirp, cheep.

pépin [peˈpɛ̃] *m fruit*: pip; F snag; F umbrella, F brolly; *sl. avoir un ~ pour* be in love with, F be smitten by; **pépinière** [pepiˈnjɛːr] *f* ⚘ seed-bed; ⚘, *a. fig.* nursery; **pépiniériste** [~njeˈrist] *m* nurseryman.

pépite [peˈpit] *f gold*: nugget.

pepsine ⚗ [pɛpˈsin] *f* pepsin.

péquin F ⚔ [peˈkɛ̃] *m see pékin.*

perçage [pɛrˈsaːʒ] *m* piercing, boring; *cask*: tapping.

percale *tex.* [pɛrˈkal] *f* cambric; percale; **percaline** [~kaˈlin] *f tex.* percaline; calico; *bookbinding*: cloth.

perçant, e [pɛrˈsɑ̃, ~ˈsɑ̃ːt] piercing; penetrating, keen (*cold, mind, etc.*); **perce** [pɛrs] *f* ⊕ borer, drill; ♪ *flute*: hole; *en ~* broached (*cask*); *mettre en ~* broach; **perce-bois** *zo.* [~ˈbwa] *m/inv.* wood-borer; **percée** [pɛrˈse] *f* opening; ⚔, *a. fig.* break-through; *metall.* tap-hole; *furnace*: tapping; **percement** [~səˈmɑ̃] *m* piercing; boring; perforation; opening; **perce-neige** ⚘ [pɛrsˈnɛːʒ] *f/inv.* snowdrop; **perce-oreille** *zo.* [pɛrsɔˈrɛːj] *m* earwig.

percepteur, -trice [pɛrsɛpˈtœːr, ~ˈtris] **1.** *adj.* perceiving; **2.** *su./m* collector of taxes; **perceptibilité** [~tibiliˈte] *f* perceptibility; *sound*: audibility; *tax*: liability to collection; **perceptible** [~ˈtibl] perceptible; audible (*sound*); collectable, collectible (*tax*); **perceptif, -ve** [~ˈtif, ~ˈtiːv] perceptive; **perception** [~ˈsjɔ̃] *f* perception; *admin. taxes, etc.*: collection; collectorship (of taxes).

percer [pɛrˈse] (1k) *v/t.* pierce; *fig.* penetrate; break through; perforate; make a hole in (*a wall etc.*); broach (*a cask*); sink (*a well*); ⊕ drill, punch; ⚕ lance (*an abscess*); *v/i.* pierce; come through; **perceur, -euse** [~ˈsœːr, ~ˈsøːz] *su.* borer; driller; puncher; *su./f* drill (-ing-machine).

percevable [pɛrsəˈvabl] perceivable; leviable (*tax*); **percevoir** [~ˈvwaːr] (3a) *v/t.* perceive; hear (*a sound*); collect (*taxes, fares, etc.*).

perche[1] *icht.* [pɛrʃ] *f* perch.

perche[2] [pɛrʃ] *f* pole; F lanky individual; *fig. tendre la ~ à q.* give s.o. a helping hand; *sp. saut m à la ~* pole vault; **percher** [pɛrˈʃe] (1a) *v/i. a. se ~* perch, roost; F *fig.* live, F hang out; *v/t.* F put, stick (*somewhere*); **percheur, -euse** [~ˈʃœːr, ~ˈʃøːz] perching, roosting; *oiseau m ~* percher; **perchoir** [~ˈʃwaːr] *m* perch, roost.

perclus, e [pɛrˈkly, ~ˈklyːz] anchylosed; stiff; lame; paralyzed (*a. fig.*).

perçoir ⊕ [pɛrˈswaːr] *m* punch, drill; gimlet.

percolateur [pɛrkɔlaˈtœːr] *m coffee*: percolator.

percussion [pɛrkyˈsjɔ̃] *f* ⚕, ♪, *a. gun*: percussion; **percutant, e** [~ˈtɑ̃, ~ˈtɑ̃ːt] percussive; *fig.* that strikes home; *fig.* trenchant; **percuter** [~ˈte] (1a) *v/t.* strike; hit; ⚕ percuss; *v/i.*: *~ contre* crash into, hit; **percuteur** [~ˈtœːr] *m fuse, gun*: hammer; *fuse*: plunger.

perdable [pɛrˈdabl] losable; **perdant, e** [~ˈdɑ̃, ~ˈdɑ̃ːt] **1.** *adj.* losing; *billet m ~ ticket*: blank; **2.** *su.* loser; **perdition** [~diˈsjɔ̃] *f eccl.* perdition; ⚓ *en ~* sinking; in distress; **perdre** [pɛrdr] (4a) *v/t.* lose; waste (*time, pains*); get rid of; be the ruin of; *~ la pratique* get out of practice; *~ q. de vue* lose sight of s.o.; *je m'y perds* I can't make head or tail of it; *se ~* be lost; disappear; lose one's way; be wasted; go bad; be wrecked; *v/i.* lose; ⊕ *etc.* leak.

perdreau [pɛrˈdro] *m orn.* young partridge; *cuis.* partridge; **perdrix** *orn.* [~ˈdri] *f* partridge.

perdu, e [pɛrˈdy] **1.** *p.p. of perdre*; **2.** *adj.* lost; waisted; *fig.* ruined; ⊕, ⚓ sunk; *phys.* idle (*motion*); ⚔ stray (*bullet*); loose (*woman*); spare (*time*); out-of-the way, god-forsaken (*place*); *à corps ~* desperately; recklessly; *crier comme un* ~ shout like a madman; *reprise f* ~*e* invisible darn.

père [pɛ:r] *m* father (*a. fig.*); *eccl.* ♀ Father; ~*s pl.* forefathers; ~ *de famille* paterfamilias; ~ *spirituel* father confessor; F *le* ~ ... old ...; *Dumas* ~ Dumas Senior; *ses* ~ *et mère* his parents.

pérégrination [peregrina'sjɔ̃] *f* peregrination.

péremption ⚖ [perɑ̃p'sjɔ̃] *f* striking out of an action by reason of failure to comply with a time-limitation; **péremptoire** [~'twa:r] peremptory (*tone, a.* ⚖ *exception*); decisive (*argument*); ⚖ strict (*time-limit*).

perenniser [perɛni'ze] (1a) *v/t.* perpetuate; **pérennité** [~'te] *f* everlastingness.

péréquation *admin.* [perekwa'sjɔ̃] *f* equalization; standardizing; adjustment; balancing (out).

perfectibilité [pɛrfɛktibili'te] *f* perfectibility; **perfectible** [~'tibl] perfectible; **perfection** [~'sjɔ̃] *f* perfection; *à* (*or dans*) *la* ~ to perfection; **perfectionnement** [~sjɔn'mɑ̃] *m* improvement; perfecting; **perfectionner** [~sjɔ'ne] (1a) *v/t.* improve; perfect.

perfide [pɛr'fid] false; treacherous (to, *envers*); perfidious; **perfidie** [~fi'di] *f* perfidy, (act of) treachery.

perforage ⊕ [pɛrfɔ'ra:ʒ] *m see perforation*; **perforateur, -trice** [~ra'tœ:r, ~'tris] **1.** *adj.* perforating; **2.** *su./m* perforator; *su./f* ⊕ boring *or* drilling machine; card punch; **perforation** [~ra'sjɔ̃] *f* perforation (*a.* ⚕); drilling; *mot. etc.* puncture, puncturing; **perforer** [~'re] (1a) *v/t.* perforate; ⊕ drill, bore through; punch (*leather, paper*); *mot.* puncture; **perforeuse** [~'rø:z] *f see perforatrice.*

performance [pɛrfɔr'mɑ̃:s] *f* performance.

pergola [pɛrgɔ'la] *f* pergola.

péri... [peri] peri...; ~**carde** *anat.* [~'kard] *m* pericardium; ~**cardique** ⚕ [~kar'dik] pericardial; ~**cardite** ⚕ [~kar'dit] *f* pericarditis; ~**carpe** ♀ [~'karp] *m* pericarp, seed-vessel.

péricliter [perikli'te] (1a) *v/i.* be in jeopardy *or* F in a bad way.

péril [pe'ril] *m* peril, danger; risk; *au* ~ *de* at the risk of; **périlleux, -euse** [~ri'jø, ~'jø:z] perilous, dangerous.

périmé, e [peri'me] out-of-date; expired (*ticket etc.*); ⚖ barred by limitation.

périmètre [peri'mɛtr] *m* ⚡ perimeter; *fig.* sphere.

périnée *anat.* [peri'ne] *m* perineum.

période [pe'rjɔd] *su./f time, a. astr., geol., gramm.,* ⚕, *a. phys. wave*: period; ⚕ phase; ♪ phrase; age, era, epoch; *su./m poet.* point; zenith; **périodicité** [perjɔdisi'te] *f* periodicity; **périodique** [~'dik] **1.** *adj.* periodic(al); intermittent; ⚕ recurrent (*fever*); **2.** *su./m* periodical.

péri...: ~**oste** *anat.* [pe'rjɔst] *m* periosteum; ~**ostite** ⚕ [~rjɔs'tit] *f* periostitis; ~**pétie** [peripe'si] *f* sudden change; ~*s pl.* vicissitudes; ~**phérie** [~fe'ri] *f* ⚡ periphery, circumference; *town*: outskirts *pl.*; ~**phérique** [~fe'rik] **1.** *adj.* peripheral; outlying (*district etc.*); *mot. boulevard m* ~ = **2.** *su./m* ring road, circular route; ~**phrase** *gramm.* [~'frɑ:z] *f* periphrasis; circumlocution; *par* ~ periphrastically; ~**phrastique** *gramm.* [~fras'tik] periphrastic.

périr [pe'ri:r] (2a) *v/i.* perish, die; ⚓ be wrecked, be lost.

périscope [peris'kɔp] *m* periscope; **périscopique** [~kɔ'pik] periscopic.

périssable [peri'sabl] perishable; **périssoire** [~'swa:r] *f* canoe.

péri...: ~**style** ⚠ [peris'til] *m* peristyle; *eccl.* cloisters *pl.*; ~**toine** *anat.* [peri'twan] *m* periton(a)eum; ~**tonite** ⚕ [~tɔ'nit] *f* peritonitis; ~**urbain, e** [~yr'bɛ̃, ~'bɛn] suburban, suburb ...

perle [pɛrl] *f* pearl (*a. typ.*); bead (*a. fig. of dew*); *fig. maid, wife, etc.*: jewel; F *school*: howler; **perlé, e** [pɛr'le] set with pearls; *fig.* pearly; ♪ *etc.* exquisitely executed; **perler** [~'le] (1a) *v/t.* pearl (*an article, a. barley*); set with pearls; ♪ *etc.* execute perfectly; *v/i.* stand in beads (*sweat*); bead (*sugar*); **perlier, -ère** [~'lje, ~'ljɛ:r] pearl-bearing; pearl-...

perlimpinpin [pɛrlɛ̃pɛ̃'pɛ̃] *m*: *poudre f de* ~ quack powder; *fig.* magic cure-all.

permanence [pɛrma'nɑ̃:s] *f* permanence; office *etc.* always open to the public; *en* ~ permanently; **perma-**

nent, e [~'nã, ~'nã:t] **1.** *adj.* permanent; *fig.* lasting; *admin.* standing (*committee, order*); *cin.* non-stop (*performance*); **2.** *su./f* permanent wave, perm; **permanenter** [~manã'te] (1a) *v/t.* perm.

perméable [pɛrme'abl] permeable, pervious.

permettre [pɛr'mɛtr] (4v) *v/t.* permit, allow; authorize; se ~ de (*inf.*) venture to (*inf.*), take the liberty of (*ger.*); **permis, e** [~'mi, ~'mi:z] **1.** *p.p. of permettre*; **2.** *adj.* permitted, allowed; lawful; **3.** *su./m* permit; licence; *mot.* ~ *de conduire* driving licence, *Am.* driver's license; ~ *de séjour* residence permit; **permissif, -ve** [~mi'sif, ~'si:v] permissive; **permission** [~mi'sjɔ̃] *f* permission; ⚔, ⚓ leave (of absence); ⚔ ~ *de détente* furlough after strenuous service; **permissionnaire** [~misjɔ'nɛ:r] *m* permit holder; ⚔ soldier on leave; ⚓ liberty man.

permutable [pɛrmy'tabl] interchangeable; **permutation** [~ta'sjɔ̃] *f* exchange of posts; ⚘ *etc.* permutation; **permuter** [~'te] (1a) *v/t.* exchange (*posts etc.*); ⚡ change over; ⚘ *etc.* permute; *v/i.* exchange posts (with, *avec*).

pernicieux, -euse [pɛrni'sjø, ~'sjø:z] pernicious, injurious.

péronnelle F *pej.* [perɔ'nɛl] *f* silly goose.

péroraison [perɔrɛ'zɔ̃] *f* peroration; **pérorer** [~'re] (1a) *v/i.* hold forth; F speechify.

peroxyde ⚗ [pɛrɔk'sid] *m* peroxide.

perpendiculaire [pɛrpãdiky'lɛ:r] upright; ⚘ perpendicular (to, *à*) (*a.* ⚠ *style*).

perpétration [pɛrpetra'sjɔ̃] *f* perpetration; **perpétrer** [~'tre] (1f) *v/t.* perpetrate, commit.

perpétuel, -elle [pɛrpe'tɥɛl] perpetual, everlasting; for life; **perpétuer** [~'tɥe] (1n) *v/t.* perpetuate; **perpétuité** [~tɥi'te] *f* perpetuity; *à* ~ in perpetuity; for life (⚖ *sentence*).

perplexe [pɛr'plɛks] perplexed (*person*); perplexing (*situation*); **perplexité** [~plɛksi'te] *f* perplexity.

perquisition ⚖ [pɛrkizi'sjɔ̃] *f* search; ~ *domiciliaire* search of a house; **perquisitionner** ⚖ [~sjɔ'ne] (1a) *v/i.* (carry out a) search.

perron ⚠ [pɛ'rɔ̃] *m* front steps *pl.*

perroquet [pɛrɔ'kɛ] *m orn.* parrot; ⚓ *sail*: topgallant; **perruche** [~'ryʃ] *f orn.* parakeet; hen-parrot; (~ *ondulée*) budgerigar; ⚓ mizzen topgallant sail.

perruque [pɛ'ryk] *f* wig; F *fig.* *vieille* ~ fogey; **perruquier** † [~ry'kje] *m* wig-maker; barber.

persan, e [pɛr'sã, ~'san] **1.** *adj.* Persian; **2.** *su./m ling.* Persian; *su.* ♀ Persian; **perse** *tex.* [pɛrs] *f* chintz.

persécuter [pɛrseky'te] (1a) *v/t.* persecute; F *fig.* harass; **persécuteur, -trice** [~'tœ:r, ~'tris] **1.** *adj.* persecuting; *fig.* troublesome; **2.** *su.* persecutor; **persécution** [~'sjɔ̃] *f* persecution; *fig.* importunity.

persévérance [pɛrseve'rã:s] *f* perseverance (in *ger.*, *à inf.*); **persévérant, e** [~'rã, ~'rã:t] persevering (in *ger.*, *à inf.*); dogged (*work*); **persévérer** [~'re] (1f) *v/i.* persevere.

persienne [pɛr'sjɛn] *f* Venetian blind; slatted shutter.

persiflage [pɛrsi'fla:ʒ] *m* mockery; **persifler** [~'fle] (1a) *v/t.* make fun of, mock; **persifleur, -euse** [~'flœ:r, ~'flø:z] **1.** *adj.* mocking; **2.** *su.* mocker.

persil ⚘ [pɛr'si] *m* parsley; **persillade** *cuis.* [~si'jad] *f* beef salad with parsley-sauce; **persillé, e** [~si'je] blue(-moulded) (*cheese*); spotted with green; marbled (*meat*).

persistance [pɛrsis'tã:s] *f* persistence (in *ger.*, *à inf.*); ⚕, *a. fig.* continuance; **persistant, e** [~'tã, ~'tã:t] persistent (*a.* ⚘ *leaves*); dogged (*effort*); *fig.* lasting; steady (*rain*); **persister** [~'te] (1a) *v/i.* persist (in s.th., *dans qch.*; in *ger.*, *à inf.*); *la pluie persiste* it keeps on raining.

personnage [pɛrsɔ'na:ʒ] *m* personage; person of distinction; *thea. etc.* character; *pej.* individual, person; **personnaliser** [~nali'ze] (1a) *v/t.* personalize; give a personal touch to; **personnalité** [~nali'te] *f* personality; person of distinction; *fig.* ~s *pl.* personal remarks, personalities; **personne** [pɛr'sɔn] **1.** *su./f* person (*a. gramm.*); one's self; body, appearance; ⚖ ~ *morale* corporate body, artificial person; *jeune* ~ young lady; **2.** *pron./indef./m/inv.* anybody, anyone; (*with negative*) not anyone, nobody; *qui l'a vu?* ~! who saw him? no one!; **personnel, -elle** [pɛrsɔ'nɛl] **1.** *adj.* personal (*a.* ⚖, *gramm.*); selfish, self-(*interest etc.*); not transferable (*ticket*); **2.** *su./m* staff, personnel; ⚓ complement; ✈ ~ *à terre* (*or rampant*) ground staff *or* crew; ~ *enseignant school*: staff, *univ.* academic staff, *Am.* faculty; **personnification** [~nifika'sjɔ̃] *f* personification; impersonation; **personnifier** [~ni'fje] (1o) *v/t.* personify; impersonate.

perspectif, -ve [pɛrspɛk'tif, ~'ti:v] **1.** *adj.* perspective; **2.** *su./f* perspective; *fig.* outlook; prospect; vista; *en* ~ in view.

perspicace [pɛrspi'kas] shrewd, perspicacious; **perspicacité** [~kasi'te] *f* perspicacity, shrewdness, insight.

persuader [pɛrsɥa'de] (1a) *v/t.* persuade; (of, *de*; to *inf.*, *de inf.*); convince; **persuasif, -ve** [~'zif, ~'zi:v] persuasive; **persuasion** [~'zjɔ̃] *f* persuasion; conviction.

perte [pɛrt] *f* loss, ruin; waste; leakage; ⚔ ~*s pl.* casualties; ~ *sèche* dead loss; † *à* ~ at a loss; *à* ~ *de vue* as far as the eye can see; F *fig.* endlessly; *en pure* ~ to no purpose; *être en* ~ *de 10 F* be 10 francs down *or* out of pocket; *être en* ~ *de vitesse* ✈ lose lift, *fig.* lose momentum.

pertinence [pɛrti'nɑ̃:s] *f* pertinence; **pertinent, e** [~'nɑ̃, ~'nɑ̃:t] pertinent, relevant; judicious.

pertuis [pɛr'tɥi] *m* sluice; *metall.* tap-hole; *geog.* channel; *river*: narrows *pl.*; *geog.* pass.

perturbateur, -trice [pɛrtyrba'tœ:r, ~'tris] **1.** *adj.* disturbing; **2.** *su.* disturber; interferer; **perturbation** [~'sjɔ̃] *f* perturbation, agitation; ~*s pl. atmosphériques radio*: atmospherics.

péruvien, -enne [pery'vjɛ̃, ~'vjɛn] *adj., a. su.* ♀ Peruvian.

pervenche ⚘ [pɛr'vɑ̃:ʃ] *f* periwinkle.

pervers, e [pɛr'vɛ:r, ~'vɛrs] **1.** *adj.* perverse; perverted; **2.** *su.* ⚕ pervert; **perversion** [~vɛr'sjɔ̃] *f* perversion; **perversité** [~vɛrsi'te] *f* perversity; **pervertir** [~vɛr'ti:r] (2a) *v/t.* corrupt; pervert.

pesage [pə'za:ʒ] *m* weighing; *turf*: weighing-in; weighing-in room; paddock; **pesamment** [~za'mɑ̃] *adv. of pesant 1*; **pesant, e** [~'zɑ̃, ~'zɑ̃:t] **1.** *adj.* heavy; *fig.* ponderous (*style*); *fig.* dull (*mind*); **2.** *su./m* weight; **pesanteur** [~zɑ̃'tœ:r] *f* weight; *phys.* gravity; heaviness; *fig.* clumsiness; *fig.* dullness.

pèse... [pɛz] ...ometer; ...-scales *pl.*; ~**-bébé** [~be'be] *m* baby-scales *pl.*

pesée [pə'ze] *f* weighing; *faire la* ~ *de* weigh (*s.th.*); **pèse-lettre** [~'lɛtr] *m* letter scales *pl.*; **pèse-personnes** [~pɛr'sɔn] *m* (bathroom) scales *pl.*; **peser** [pə'ze] (1d) *v/t.* weigh; consider; *v/i. fig.* lie *or* weigh heavy (on *sur*, *à*); ~ *à q. a.* weigh s.o. down; ~ *sur a.* press hard on (*a lever*); **pesette** [~'zɛt] *f* assay scales *pl.*; **peseur** *m*, **-euse** *f* [~'zœ:r, ~'zø:z] weigher; **peson** [~'zɔ̃] *m* balance.

pessimisme [pɛsi'mism] *m* pessimism; **pessimiste** [~'mist] **1.** *adj.* pessimistic; **2.** *su.* pessimist.

peste [pɛst] *f* plague (*a. fig.*), pestilence; F *fig.* pest, nuisance; F ~! confound it!; *vet.* ~ *bovine* cattle-plague; ⚕ ~ *bubonique* bubonic plague, *hist.* Black Death; ~ *soit de lui* a plague on him!; **pester** [pɛs'te] (1a) *v/i.* rave, storm (at, *contre*); **pestiféré, e** [pɛstife're] **1.** *adj.* plague-stricken; **2.** *su.* plague-stricken person; **pestilence** ⚕ † [~'lɑ̃:s] *f* pestilence; **pestilentiel, -elle** [~lɑ̃'sjɛl] pestilential.

pet [pɛ] *m* V fart; *cuis.* ~**-de-nonne** doughnut, fritter.

pétale ⚘ [pe'tal] *m* petal.

pétarade [peta'rad] *f fireworks*: crackle; *mot.* back-fire; ⚔ random firing; **pétard** [~'ta:r] *m* ⚒ shot; 🚂 detonator; *firework*: cracker; F sensational news; *sl.* backside, bum; F *faire du* ~ kick up a row; **péter** [~'te] (1f) *v/i.* crack (*fire, gun*); pop (*cork*); V fart; **pétillant, e** [~ti'jɑ̃, ~'jɑ̃t] sparkling; fizzy, bubbly (*liquid*); **pétiller** [~ti'je] (1a) *v/i.* crackle (*fire etc.*); sparkle (*champagne, eyes*); *fig.* scintillate (with wit, *d'esprit*).

petiot, e F [pə'tjo, ~'tjɔt] **1.** *adj.* tiny, little; **2.** *su./m* little boy; *su./f* little girl.

petit, e [pə'ti, ~'tit] **1.** *adj.* small, little; slight (*sound*); minor (*nobility, subject*); *school*: lower (*forms*); tight (*shoes*); short; young (*a. zo.*); petty, trifling; *pej.* mean; ~ *à* ~ little by little; ~*e industrie* smaller industries *pl.*; ~*es gens pl.* humble people; **2.** *su.* child, kid; *zo.* cub, young; **petit-déjeuner** F [~tideʒø'ne] (1a) *v/i.* (have) breakfast; **petite-fille,** *pl.* **petites-filles** [~tit'fi:j] *f* granddaughter; **petitement** [~tit'mɑ̃] poorly; pettily; meanly; **petitesse** [~ti'tɛs] *f* smallness, littleness; *pej.* meanness, pettiness; mean trick; **petit-fils,** *pl.* **petits-fils** [~ti'fis] *m* grandson; **petit-gris,** *pl.* **petits-gris** [~ti'gri] *m zo.* miniver; ✝ *fur*: squirrel.

pétition [peti'sjɔ̃] *f* petition; **pétitionnaire** [~sjɔ'nɛ:r] *su.* petitioner; **pétitionner** [~sjɔ'ne] (1a) *v/i.* petition.

petit...: **~-lait,** *pl.* **~s-laits** [pəti'lɛ] *m* whey; **~-maître,** *pl.* **~s-maîtres** [~'mɛ:tr] *m* fop; **~-nègre** F [~'nɛ:gr] *m*: *parler* ~ talk pidgin; **~-neveu,** *pl.* **~s-neveux** [~nə'vø] *m* grandnephew; **~s-enfants** [~zɑ̃'fɑ̃] *m/pl.* grandchildren; **~-suisse,** *pl.* **~s-suisses** *cuis.* [~'sɥis] *m* small cream cheese.

peton F [pə'tɔ̃] *m* tiny foot, F tootsy.

pétrel *orn.* [pe'trɛl] *m* petrel.

pétrification [petrifika'sjɔ̃] *f* petrifaction; **pétrifier** [~'fje] (1o) *v/t.* petrify; F dumbfound; *se* ~ petrify.

pétrin [pe'trɛ̃] *m* kneading-trough; F *fig.* mess; F *dans le* ~ in a mess *or* fix; **pétrir** [~'tri:r] (2a) *v/t.* knead; mo(u)ld (*clay, a. s.o.'s mind*); **pétrissage** [petri'sa:ʒ] *m* kneading; *clay, a. fig. mind*: mo(u)lding; **pétrisseur, -euse** [~'sœ:r, ~'sø:z] *su.* kneader; *su./f* kneading-machine.

pétrochimie [petrɔʃi'mi] *f* petrochemistry; **pétrochimique** [~'mik] petrochemical; **petrochimiste** [~'mist] *su.* petrochemist.

pétrole [pe'trɔl] *m* petroleum; mineral oil; paraffin, *Am.* kerosene; ~ *brut* crude oil; *puits m de* ~ oil-well; **pétrolier, -ère** [petrɔ'lje, ~'ljɛ:r] **1.** *adj.* oil-...; **2.** *su./m* (*a. navire m* ~) tanker; **pétrolifère** [~li'fɛ:r] oil-bearing; oil-(*belt, field, well*).

pétulance [pety'lɑ̃:s] *f* liveliness; *horse*: friskiness; **pétulant, e** [~'lɑ̃, ~'lɑ̃:t] lively; frisky (*horse*).

peu [pø] **1.** *adv.* little; few; *before adj.*: un-..., not very; ~ *à* ~ bit by bit, little by little; ~ de little (*bread etc.*), few (*people, things, etc.*); ~ *de chose* nothing much; ~ *d'entre eux* few of them; *à* ~ *près* approximately, nearly; *depuis* ~ of late; *pour* ~ *que* (*sbj.*) however little (*ind.*), if ever (*ind.*); *quelque* ~ rather, slightly; *sous* (*or dans*) ~ before long; *tant soit* ~ ever so little, a little bit; *viens un* ~! come here!; **2.** *su./m* little, bit; want, lack; *le* ~ *de* ... the little ..., the lack of ...; *un* ~ *de* a bit of.

peuplade [pœ'plad] *f* small tribe, people; **peuple** [pœpl] *m* people; nation; **peupler** [pœ'ple] (1a) *v/t.* populate (with, *de*); stock (*with animals etc.*); *fig.* fill; *se* ~ become populated; fill up with people; *v/i.* multiply, breed.

peuplier ♀ [pœpli'e] *m* poplar.

peur [pœ:r] *f* fear, dread; *avoir* ~ be afraid (of, *de*), be scared (of, *de*); *de* ~ *de* (*faire*) *qch.* for fear of (doing) s.th.; *de* ~ *que* ... (*ne*) (*sbj.*) for fear of (*ger.*); *faire* ~ *à* frighten (*s.o.*); **peureux, -euse** [pœ'rø, ~'rø:z] fearful; timid.

peut-être [pø'tɛ:tr] *adv.* perhaps, maybe; **peuvent** [pœ:v] *3rd p. pl. pres. of pouvoir 1*; **peux** [pø] *1st p. sg. pres. of pouvoir 1.*

phagocyter [fagɔsi'te] (1a) *v/t. biol.* phagocytose; *fig.* absorb.

phalange [fa'lɑ̃:ʒ] *f anat., a.* ♀ phalanx; *fig.* host.

phalène *zo.* [fa'lɛn] *f* moth.

phallocrate [falɔ'krat] *m* male chauvinist; **phallocratie** [~kra'si] *f* male chauvinism.

phare [fa:r] *m* lighthouse; ⚓, ✈ beacon; 🚗, *mot.* headlight, headlamp; *mot.* ~*s pl. code* dipped *or* dimmed headlights, *Am. a.* dimmers; *mot. baisser les* ~*s* dim *or* dip the headlights.

pharisaïque [fariza'ik] pharisaic(al); **pharisaïsme** [~za'ism] *m* pharisaism (*a. fig.*); **pharisien** [~'zjɛ̃] *m* pharisee (*a. fig.*); *fig.* self-righteous person; *fig.* hypocrite.

pharmaceutique [farmasø'tik] **1.** *adj.* pharmaceutic(al); **2.** *su./f* pharmaceutics *sg.*; **pharmacie** [~'si] *f* pharmacy; chemist's (shop), *Am.* drugstore; medicine-chest; **pharmacien** *m,* **-enne** *f* [~'sjɛ̃, ~'sjɛn] chemist, *Am.* druggist; **pharmacologie** [~kɔlɔ'ʒi] *f* pharmacology; **pharmacopée** [~kɔ'pe] *f* pharmacopoeia.

phase [fa:z] *f* phase (*a.* ⚕, ⚡, *fig.*).

phénicien, -enne [feni'sjɛ̃, ~'sjɛn] **1.** *adj.* Phoenician; **2.** *su./m ling.* Phoenician; *su.* ♀ Phoenician.
phénique ⚗ [fe'nik] *adj.*: *acide m* ~ = **phénol** ⚗ [~'nɔl] *m* phenol, carbolic acid.
phénomène [fenɔ'mɛn] *m* phenomenon; *fig.* wonder; freak.
philanthrope [filɑ̃'trɔp] *su.* philanthropist.
philatélie [filate'li] *f* stamp-collecting, philately; **philatéliste** [~'list] *su.* stamp-collector, philatelist.
philippique [fili'pik] *f* philippic.
Philistin [filis'tɛ̃] *m* Philistine (*a. fig.*).
phil(o)... [fil(ɔ)] phil(o)...
philo...: **~logie** [filɔlɔ'ʒi] *f* philology; **~logue** [~'lɔg] *su.* philologist; **~sophe** [~'zɔf] **1.** *su.* philosopher; **2.** *adj.* philosophical; **~sophie** [~zɔ'fi] *f* philosophy; *faire sa* ~ be in the philosophy class (= [*approx.*] *lower 6th form*); **~sophique** [~zɔ'fik] philosophic(al).
philtre [filtr] *m* philtre.
phlébite ⚕ [fle'bit] *f* phlebitis.
phobie *psych.* [fɔ'bi] *f* phobia.
phonétique [fɔne'tik] **1.** *adj.* phonetic; **2.** *su./f* phonetics *pl.*; **phonique** [~'nik] phonic; sound (*signal*).
phonographe [fɔnɔ'graf] *m*, F **phono** [~'no] *m* gramophone, record-player, *Am. a.* phonograph.
phoque [fɔk] *m zo.* seal; ✝ sealskin.
phosphate ⚗, ⚒ [fɔs'fat] *m* phosphate; **phosphore** ⚗ [~'fɔ:r] *m* phosphorus; **phosphoré, e** [fɔsfɔ're] containing phosphorus, phosphorated, phosphuretted (*hydrogen*); **phosphorescence** [~rɛ'sɑ̃:s] *f* phosphorescence; **phosphorescent, e** [~rɛ'sɑ̃, ~'sɑ̃:t] phosphorescent; **phosphoreux, -euse** ⚗ [~'rø, ~'rø:z] phosphorous; **phosphorique** ⚗ [~'rik] *adj./m* phosphoric; **phosphorite** *min.* [~'rit] *f* phosphorite; **phosphure** ⚗ [fɔs'fy:r] *m* phosphide; **phosphuré, e** ⚗ [~fy're] phosphuretted.
photo F [fɔ'to] *f* photograph, F photo; *faire de la* ~ go in for photography.
photo... [fɔtɔ] photo...; **~calque** ⊕ [~'kalk] *m* blue print; **~chimie** [~ʃi'mi] *f* photochemistry; **~chromie** [~krɔ'mi] *f* colo(u)r photography; photochromy; **~copie** [~kɔ'pi] *f* photocopy; **~copier** [~kɔ'pje] (1o) *v/t.* photocopy; **~copieur** [~kɔ'pjœ:r] *m* photocopier; **~-électrique** *phys.* [~elɛk'trik] photoelectric; **~gène** *phys.* [~'ʒɛn] photogenic; **~génique** [~ʒe'nik] actinic; *cin.*, *phot.* photogenic; **~graphe** [~'graf] *m* photographer; **~graphie** [~gra'fi] *f* photograph, F photo; photography; ~ *aérienne* aerial photography; **~graphier** [~gra'fje] (1o) *v/t.* photograph, take a photo(graph) of; *se faire* ~ have one's photo(graph) taken; **~graphique** [~gra'fik] photographic; *appareil m* ~ camera; ✈ *reconnaissance f* ~ photoreconnaissance; **~gravure** [~gra'vy:r] *f process, a. print*: photogravure; **~lithographie** [~litɔgra'fi] *f* photolithography; photolithograph; **~mètre** [~'mɛtr] *m* photometer, light meter; **~pile** [~'pil] *f* solar battery; **~sensible** [~sɑ̃'sibl] photosensitive; **~stoppeur** [~stɔ'pœ:r] *m* street photographer; **~thérapie** ⚕ [~tera'pi] *f* phototherapy; light-cure; **~tropisme** ⚘ [~trɔ'pism] *m* phototropism; **~type** ⊕ [~'tip] *m* phototype; collotype; **~typie** ⊕ [~ti'pi] *f process*: collotype.
phrase [frɑ:z] *f* sentence; ♪ phrase; **phraséologie** [frɑzeɔlɔ'ʒi] *f* phraseology; **phraséologique** [~'ʒik] phraseological; **phraser** [frɑ'ze] (1a) *vt/i.* phrase (*a.* ♪); **phraseur** *m*, **-euse** *f* F [~'zœ:r, ~'zø:z] phrasemonger, speechifier.
phrénologie [frenɔlɔ'ʒi] *f* phrenology; **phrénologique** [~'ʒik] phrenological; **phrénologiste** [~'ʒist] *m* phrenologist.
phtisie ⚕ [fti'zi] *f* phthisis; consumption.
phyllo... *zo.* [filɔ] phyllo...; **~xéra** [~lɔkse'ra] *m* phylloxera.
physicien *m*, **-enne** *f* [fizi'sjɛ̃, ~'sjɛn] physicist.
physico... [fizikɔ] physico...; physical (*chemistry*).
physio... [fizjɔ] physio...; **~logie** [~lɔ'ʒi] *f* physiology; **~logique** [~lɔ'ʒik] physiological; **~logiste** [~lɔ'ʒist] *su.* physiologist; **~nomie** [~nɔ'mi] *f* physiognomy; appearance; countenance; *fig.* aspect, character.
physique [fi'zik] **1.** *adj.* physical; bodily; **2.** *su./f* physics *sg.*; ~ *nucléaire* nuclear physics *sg.*; *su./m*

physique; constitution; appearance.

phyto... [fitɔ] phyto...; **phytopte** *zo.* [~ˈtɔpt] *m* rust-mite.

piaffement [pjafˈmɑ̃] *m horse*: pawing, piaffer; **piaffer** [pjaˈfe] (1a) *v/i.* paw the ground (*horse*); prance (*horse*); *fig.* ~ *d'impatience* fidget; **piaffeur, -euse** [~ˈfœːr, ~ˈføːz] prancing, high-stepping (*horse*); *fig.* fidgety; swaggering.

piaillard, e F [pjɑˈjaːr, ~ˈjard] **1.** *adj.* cheeping (*bird*); squalling (*child*); **2.** *su.* squalling child; **piailler** [~ˈje] (1a) *v/i.* cheep (*bird*); squeal, screech (*child, animal*); **piaillerie** [pjɑjˈri] *f birds*: (continuous) cheeping; *children etc.*: squealing, screeching; **piailleur** *m*, **-euse** *f* [pjɑˈjœːr, ~ˈjøːz] *bird*: cheeper; *child etc.*: squealer, squaller.

pianino ♪ [pjaniˈno] *m* pianino; **pianiste** ♪ [~ˈnist] *su.* pianist; **piano** [~ˈno] **1.** *adv.* ♪ piano; F *fig.* gently, easy; **2.** *su./m* piano(forte); ~ *à queue* grand piano; ~ *droit* upright piano; *jouer du* ~ play the piano; **pianoter** F [~nɔˈte] (1a) *v/i.* ♪ tinkle (on the piano); *fig.* drum one's fingers (on, *sur*).

piaule *sl.* [pjol] *f* digs *pl.* (= *lodgings*); **piauler** [pjoˈle] (1a) *v/i.* cheep (*chicks*); whine, pule (*children*).

pic[1] [pik] *m* ⚒ *etc.* pick(axe); *geog.*, *a.* ⚓ peak; *cards*: pique (*at piquet*); ~ *pneumatique* pneumatic drill; *à* ~ perpendicular(ly *adv.*), sheer; just at the right moment *or* time.

pic[2] *orn.* [~] *m* woodpecker.

picaillons *sl.* [pikaˈjɔ̃] *m/pl.* dough *sg.* (= *money*).

picaresque [pikaˈrɛsk] picaresque [(*novel*).]

pichet [piˈʃɛ] *m* pitcher, jug.

pickpocket [pikpɔˈkɛt] *m* pickpocket.

pick-up [piˈkœp] *m/inv.* *radio*: pickup, record-player.

picorer [pikɔˈre] (1a) *vt/i.* peck (at).

picoté, e [pikɔˈte] pitted (*face etc.*); **picotement** [~ˈmɑ̃] *m* smarting (sensation); prickling; **picoter** [~te] (1a) *v/t.* make smart; prickle; peck (at) (*bird*).

picotin [pikɔˈtɛ̃] *m measure*: peck.

pie[1] [pi] **1.** *su./f orn.* magpie; **2.** *adj./inv.* piebald (*horse*).

pie[2] [~] *adj./f*: *œuvre f* ~ charitable deed, good work.

pièce [pjɛs] *f* piece; bit, fragment; *cost.* patch; *wine*: cask, barrel; *tex.* roll; *money*: coin, piece; ⊕ *machine*: part; *thea.* play; room (*in a house*); *fig.* mo(u)ld; ⚖ document (*in a case*); ⊕, *mot.*, *etc.* ~*s pl. de rechange* spare parts; ⊕ ~*s pl. détachées* attendant parts; ~ *d'eau* ornamental lake; ~ *de résistance* *cuis.* principal dish; *fig.* principal feature; *à la* ~ in ones, separately; *5 F (la)* ~ 5 F each; *mettre en* ~*s* break *or* tear (*s.th.*) to pieces; *tout d'une* ~ all of a piece.

pied [pje] *m* ⚔, *anat.*, *column*, *glass*, *measure*, *mountain*, *stocking*, *tree*, *verse*, *wall*: foot; foothold; footing (*a.* ⚔); *furniture*: leg; ⚘ stalk; *wine-glass*: stem; *camera etc.*: stand, rest; *asparagus*, *lettuce*, *etc.*: head; *hunt.* track; ~ *à coulisse* slide ga(u)ge, sliding cal(l)ipers *pl.*; ~ *plat* flatfoot; *à* ~ on foot; walking; *au* ~ *de la lettre* literal(ly *adv.*); *au* ~ *levé* off the cuff; at a moment's notice; *avoir* ~ have a footing; *sl. c'est le* ~*!* that's great!; *coup m de* ~ kick; *en* ~ full-length (*portrait*); F *faire du* ~ play footsie (with *à*, *avec*); F *lever le* ~ make o.s. scarce; get out; F *mettre q. à* ~ dismiss *or* F sack s.o.; *mettre sur* ~ establish, set up; *prendre* (*perdre*) ~ gain a (lose one's) foothold; **~-à-terre** [~taˈtɛːr] *m/inv.* temporary lodging; town apartment; **~-bot,** *pl.* **~s-bots** [~ˈbo] *m* club-footed person; **~-d'alouette,** *pl.* **~s-d'alouette** [~daˈlwɛt] *m* larkspur, delphinium; **~-de-biche,** *pl.* **~s-de-biche** [~dəˈbiʃ] *m* bell-pull; ⊕ nail-claw; *sewing-machine*: presser-foot; ⚕ molar forceps; **~-de-chèvre,** *pl.* **~s-de-chèvre** ⊕ [~dəˈʃɛːvr] *m* footing; **~-de-poule** *tex.* [~dəˈpul] *m* broken-check; **~-droit,** *pl.* **~s-droits** [~ˈdrwa] ⚠ *arch*, *bridge*: pier; side-wall; *window*: jamb.

piédestal [pjedɛsˈtal] *m* pedestal.

pied-noir, *pl.* **pieds-noirs** F [pjeˈnwaːr] *m* European settler in Algeria.

piège [pjɛːʒ] *m* trap (*a. fig.*); *prendre au* ~ trap; *tendre un* ~ *à* set a trap for; **piéger** [pjeˈʒe] (1g) *v/t.* trap (*a. fig. s.o.*); booby-trap (*s.th.*).

pie-grièche, *pl.* **pies-grièches** [pigriˈɛʃ] *f orn.* shrike; F *fig. woman*: shrew.

pierraille [pjɛˈrɑːj] *f* rubble; road metal; **pierre** [pjɛːr] *f* stone (*a.* ⚕); ~ *à briquet* flint; ⚠ ~ *de taille* freestone; ashlar; ~ *fine* semi-precious stone; ~ *précieuse* precious stone, gem; **pierreries** [pjɛrəˈri] *f/pl.* precious stones, gems, jewels; **pierrette** [~ˈrɛt] *f* small stone; *thea.* pierrette; **pierreux, -euse** [~ˈrø, ~ˈrøːz] stony; gravelly (*river-bed*); gritty (*pear*); ⚕ calculous; ⚕ suffering from calculus.

pierrot [pjɛˈro] *m thea.* pierrot, clown; F *orn.* cock-sparrow; F fellow.

piété [pjeˈte] *f* piety; devotion.

piétiner [pjetiˈne] (1a) *v/t.* trample (*s.th.*) underfoot; ✈, ⊕ tread; *v/i.* stamp; (*a.* ~ *sur place*) mark time.

piétisme [pjeˈtism] *m* pietism; **piétiste** [~ˈtist] **1.** *su.* pietist; **2.** *adj.* pietistic.

piéton, -onne [pjeˈtõ, ~ˈtɔn] **1.** *su.* pedestrian; **2.** *adj.* = **piétonnier, -ère** [~tɔˈnje, ~ˈnjɛːr] pedestrian, for pedestrians; *rue f* (*or aire f or zone f*) *pietonne* (*or pietonnière*) pedestrian precinct.

piètre F [pjɛtr] wretched, poor (*a. fig.*); *fig.* lame (*excuse*).

pieu [pjø] *m* stake, pile, post; *sl.* bed; **pieuter** *sl.* [~ˈte] (1a) *v/rfl.*: *se* ~ hit the sack.

pieuvre *zo.* [pjœːvr] *f* octopus, squid, devil-fish.

pieux, -euse [pjø, pjøːz] pious, devout; dutiful (*child*); ⚖ charitable (*bequest*).

pif[1] F [pif] *m* nose.

pif[2]**!** [~] *int.*: ~ ~*!*, ~ *paf!* bang, bang!

pif(f)er *sl.* [piˈfe]: *je ne peux pas le* ~ I can't stand him; **pifomètre** F [pifɔˈmɛːtr] *m* instinct, intuition; *au* ~ by guesswork; by chance.

pige [piːʒ] *f* measuring rod; *journ. etc. à la* ~ (*paid*) by the line; *sl. faire la* ~ *à* do better than, outdo.

pigeon [piˈʒõ] *m orn.* pigeon (*a.* F *fig.*); ⚠ builder's plaster; ~ *voyageur* carrier-pigeon; **pigeonne** *orn.* [~ˈʒɔn] *f* hen-pigeon; **pigeonneau** [piʒɔˈno] *m* young pigeon; F *fig.* dupe; **pigeonnier** [~ˈnje] *m* pigeon-house, dovecot(e).

piger *sl.* [piˈʒe] (1l) *vt/i.* cotton on (to, *à*), get (it), get the message (= *understand*); look (at).

pigment [pigˈmã] *m skin etc.*: pigment.

pigne ⚘ [piɲ] *f* fir-cone, pine-cone.

pignocher F [piɲɔˈʃe] (1a) *v/i.* pick (at one's food).

pignon [piˈɲõ] *m* ⚠ gable; ⊕ pinion; ⊕ cogwheel; ⚘ pine seed; *fig. avoir* ~ *sur rue* be well set up.

pignouf F [piˈɲuf] *m* rotten cad; miser.

pilage [piˈlaːʒ] *m* pounding, crushing.

pilastre ⚠ [piˈlastr] *m* pilaster; newel.

pile[1] [pil] *f* pile, heap; ⚠ *bridge*: pier; *phys.* (*atomic, nuclear*) pile; ⚡ battery; ⊕ beating-trough; *sl.* thrashing; ⚡ ~ *sèche* dry cell.

pile[2] [~] *f* reverse (*of a coin*); ~ *ou face* heads *pl.* or tails *pl.*; *jouer à* ~ *ou face* toss up; F exactly, just, right; F *s'arrêter* ~ stop short *or* dead.

piler [piˈle] (1a) *v/t.* pound, crush, grind (*almonds, pepper*); F beat.

pileux, -euse *zo., a.* ⚘ [piˈlø, ~ˈløːz] pilose, hairy.

pilier [piˈlje] *m* ⚠ pillar (*a. fig.*), column; *bridge*: pier; *fig.* frequenter (*of a place*).

pillage [piˈjaːʒ] *m* looting, pillaging; *mettre au* ~ plunder; **pillard, e** [~ˈjaːr, ~ˈjard] **1.** *adj.* pillaging; pilfering; **2.** *su.* looter, plunderer; **piller** [~ˈje] (1a) *v/t.* pillage, loot, plunder; *fig.* steal from (*an author*); *fig.* ransack (*a book, a work*); **pilleur, -euse** [~ˈjœːr, ~ˈjøːz] **1.** *adj.* looting; pilfering; **2.** *su.* looter; plunderer; ⚓ ~ *d'épaves* wrecker.

pilon [piˈlõ] *m* ⊕ rammer; *metall.* stamper; pestle; F wooden leg; *cuis. fowl*: drumstick; *mettre au* ~ pulp (*a book*); **pilonner** [~lɔˈne] (1a) *v/t.* pound; ⊕ ram; *metall.* stamp (*ore*); ⚔ shell, ✈ bomb, *a. fig.* bombard.

pilori [pilɔˈri] *m* pillory.

pilot [piˈlo] *m* ⚠ pile; *salt-pans*: heap of salt.

pilotage [pilɔˈtaːʒ] *m* ⚓ pilotage (*a.* ✈); ✈ flying; ✈ ~ *sans visibilité* blind flying, flying on instruments; **pilote** [~ˈlɔt] **1.** *su./m* ⚓, ✈, *etc., a. fig.* pilot; *fig.* leader, guide; ✈ ~ *automatique* automatic pilot, gyropilot; ~ *d'essai* test-pilot; **2.** *adj.* pilot (*project etc.*), experimental; ✝ low-priced (*drink etc.*).

piloter [pilɔˈte] (1a) *v/t.* ⚓, ✈ pilot;

✈ fly (*a plane*); *fig.* guide, show (round Paris, *dans Paris*).
pilotis [pilɔ'ti] *m* pile-work; piling.
pilule ⚕, *a. fig.* [pi'lyl] *f* pill.
pimbêche F [pɛ̃'bɛʃ] *f* stuck-up woman *or* girl.
piment [pi'mɑ̃] *m* ⚘, *a. cuis.* pimento, Jamaica pepper; *cuis.* red pepper; *fig.* spice; **pimenter** [~mɑ̃'te] (1a) *v/t. cuis.* season with pimento; *fig.* give spice to (*a story*).
pimpant, e [pɛ̃'pɑ̃, ~'pɑ̃:t] smart; fresh and trim; spruce.
pin ⚘ [pɛ̃] *m* pine(-tree), fir(-tree); ~ *sylvestre* Scotch fir; *pomme f de* ~ fir-cone, pine-cone.
pinacle [pi'nakl] *m* pinnacle; *fig.* height of power *or* fame; F *porter au* ~ praise (*s.o.*) to the skies.
pinailler *sl.* [pinɑ'je] (1a) *v/i.* quibble.
pinard F [pi'na:r] *m* wine.
pinasse ⚓ [pi'nas] *f* pinnace.
pince [pɛ̃:s] *f* ⊕ pincers *pl.*, pliers *pl.*; *riveting, sugar, etc.*: tongs *pl.*; ⚕ clip (*a. bicycle, paper, etc.*); ⊕ crowbar; *zo. crab, lobster*: claw; *sl. fig.* paw, hand; *cost.* dart, pleat; *zo.* ~*s pl. herbivora*: incisors; ~ *à épiler* tweezers *pl.*; ~ *à linge* clothes peg (*Am.* pin); ~ *à ongles* nail clippers *pl.*
pincé, e [pɛ̃'se] **1.** *adj.* prim, affected; stiff (*voice*); tight-lipped (*smile*); **2.** *su./f* pinch (*of salt etc.*).
pinceau [pɛ̃'so] *m* (paint-)brush; *opt. light*: pencil; *fig.* touch.
pincement [pɛ̃s'mɑ̃] *m* pinch(ing); plucking; twinge; *j'ai eu un* ~ *au cœur* my heart missed a beat; **pince-monseigneur,** *pl.* **pinces-monseigneur** [pɛ̃smɔ̃sɛ'ɲœ:r] *m* crowbar, jemmy; **pince-nez** [~'ne] *m/inv.* pince-nez, eye-glasses *pl.*; **pincer** [pɛ̃'se] (1k) *v/t.* pinch; nip; grip; purse (*one's lips*); F arrest; ♪ pluck (*the strings*); *en* ~ *pour* have a crush on (*s.o.*); **pince-sans-rire** F [pɛ̃ssɑ̃'ri:r] *m/inv.* man of dry and sly humo(u)r; **pincettes** [pɛ̃'sɛt] *f/pl.* tweezers; (fire) tongs; **pinçon** [~'sɔ̃] *m* pinch mark.
pineraie ⚘ [pin'rɛ] *f*, **pinède** ⚘ [pi'nɛd] *f see pinière.*
pingouin *orn.* [pɛ̃'gwɛ̃] *m* auk, razorbill.
pingre F [pɛ̃:gr] **1.** *adj.* miserly, stingy, near; **2.** *su.* skinflint; **pingrerie** F [pɛ̃grə'ri] *f* stinginess.
pinière ⚘ [pi'njɛ:r] *f* pine-wood, fir-grove.
pinson *orn.* [pɛ̃'sɔ̃] *m* finch.
pintade [pɛ̃'tad] *f orn.* guinea-fowl; F stuck-up woman.
pinte [pɛ̃:t] *f measure*: (*French*) pint, (*approx.*) English quart; **pinter** *sl.* [pɛ̃'te] (1a) *v/i.* tipple, booze; *v/t.* swill (*beer etc.*).
piochage [pjɔ'ʃa:ʒ] *m* swotting; **pioche** ⊕ [pjɔʃ] *f* pick(axe); **piocher** [pjɔ'ʃe] (1a) *vt/i.* dig (*with a pick*); F *fig.* grind; *v/t.* F *fig.* swot at; *v/i.* F *fig.* swot; **piocheur, -euse** [~'ʃœ:r, ~'ʃø:z] *su.* F *person*: swot, *Am.* grind; *su./m* ⊕ navvy, digger; *su./f* ⊕ steam-digger.
piolet *mount.* [pjɔ'lɛ] *m* ice-axe.
pion [pjɔ̃] *m chess*: pawn; *draughts*: man; F *school*: usher, supervisor (*of preparation*).
pioncer *sl.* [pjɔ̃'se] (1k) *v/i.* sleep.
pionnier ⚔ [pjɔ'nje] *m* pioneer (*a. fig.*).
pipe [pip] *f* pipe (*a. measure for wine*); ⚡, *gas, liquid*: tube; **pipeau** [pi'po] *m* ♪ (reed-)pipe; bird-call; *birds*: limed-twig, snare; **pipée** [~'pe] *f* bird-snaring (*with bird-calls*).
pipe-line [pajp'lajn] *m oil*: pipe-line.
piper [pi'pe] (1a) *v/t.* lure (*with bird-calls*); *fig.* † trick, dupe (*s.o.*); load (*a dice*); mark (*a card*).
pipette ⚗ [pi'pɛt] *f* pipette.
pipeur [pi'pœ:r] *m* bird-lurer; F sharper, cheat.
pipi *ch.sp.* [pi'pi] *m*: *faire* ~ wee.
piquant, e [pi'kɑ̃, ~'kɑ̃:t] **1.** *adj.* pricking; stinging (*nettle, a. remark*); biting (*remark, wind*); tart (*wine*); pungent (*smell, taste*); *fig.* piquant (*a. sauce*), stimulating; *cuis.* hot (*spice*); *mot m* ~ witty remark, quip; **2.** *su./m plant*: sting; *porcupine*: quill; *sauce etc.*: bite; *fig.* piquancy; *fig.* point; **pique** [pik] *su./f* † ⚔ pike; pointed tip; pique, ill feeling; *su./m cards*: spade(s *pl.*); **piqué, e** [pi'ke] **1.** *adj.* quilted (*garment*); sour (*wine*); ♪ staccato (*note*); ✈ nose-(*dive*); *cuis.* larded (*meat*); F cracked, dotty; moth-eaten; **2.** *su./m* quilting; piqué; ✈ nose-dive, vertical dive; **pique-assiette** F [pika'sjɛt] *m* sponger; **pique-**

feu [pik'fø] *m/inv.* fire-rake, poker; **pique-nique** [~'nik] *m* picnic; **pique-notes** [~'nɔt] *m/inv.* spike-file; **piquer** [pi'ke] (1m) *vt/i.* prick; sting; *v/t. nettle, wasp, fig. remark*: sting (*s.o.*); make (*eyes, tongue*) smart; *moths, worms*: eat into; *tex.* quilt; pink (*silk*); stick (into, *dans*); *fig.* offend; arouse (*s.o.'s curiosity*); *cuis.* lard; *fig.* interlard (*an account, a story*); ⚕ ~ *q. à qch.* give an injection of s.th. to s.o.; ⚕ ~ *un animal* put an animal to sleep; ~ *une tête* dive, take a header; F ~ *un soleil* blush; se ~ get mildewy; turn sour; *fig.* get offended; se ~ *de* pride o.s. on; have pretensions to; *v/i.*: ~ *des deux* spur one's horse; ~ *sur* head for; ✈ *etc.* dive down on.

piquet[1] [pi'kɛ] *m* peg, stake, post; ⚔ picket; ~ *de grève* strike picket.

piquet[2] [~] *m cards*: piquet; pack of piquet cards.

piqueter [pik'te] (1c) *v/t.* stake out (*a camp, a. surv., a.* ⚠); peg out; spot, dot; ⊕ picket (*a factory etc.*).

piquette [pi'kɛt] *f* second wine; poor wine; **piqueur, -euse** [~'kœːr, ~'køːz] *su.* stitcher, sewer; *su./m hunt.* whip(per-in); groom; outrider; ⚒ hewer; 🚂 plate-layer; **piqûre** [~'kyːr] *f* sting, prick; (*flea-*)bite; ⚕ injection; puncture; spot; *books, leather, etc.*: stitching, sewing.

pirate [pi'rat] *m* pirate; ~ *de l'air* highjacker; **pirater** [pi'ra'te] (1a) *v/i.* practise piracy; pirate; **piraterie** [~'tri] *f* piracy (*a. fig.*); ~ *aérienne* highjacking.

pire [piːr] worse; *au* ~ if the worst comes to the worst; *le* ~ (the) worst.

piriforme [piri'fɔrm] pear-shaped.

pirogue [pi'rɔg] *f* (dug-out) canoe.

pirouette [pi'rwɛt] *f toy*: whirligig; *horsemanship, a. dancing*: pirouette; **pirouetter** [~rwɛ'te] (1a) *v/i.* pirouette; twirl.

pis[1] *zo.* [pi] *m* udder.

pis[2] [pi] *adv.* worse; *le* ~ (the) worst; **~-aller** [piza'le] *m/inv.* stopgap, last resource.

piscicole [pisi'kɔl] piscicultural; **pisciculteur** [~kyl'tœːr] *m* pisciculturist; **pisciculture** [~kyl'tyːr] *f* pisciculture, fish-breeding; **pisciforme** [~'fɔrm] pisciform, fish-shaped.

piscine [pi'sin] *f* swimming-pool; public baths *pl.*; † fish-pond.

piscivore [pisi'vɔːr] piscivorous.

pisé ⚠ [pi'ze] *m* puddled clay.

pissat [pi'sa] *m* (*animal*) urine; **pissenlit** ⚘ [~sɑ̃'li] *m* dandelion; F *fig. manger les ~s par la racine* be pushing up the daisies (= *be dead*); **pisser** V [~'se] (1a) *v/i.* piss, pee; **pissoir** [~'swaːr] *m* urinal; **pissotière** V [~sɔ'tjɛːr] *f* urinal.

pistache ⚘ [pis'taʃ] *f* pistachio-nut; **pistachier** ⚘ [~ta'ʃje] *m* pistachio tree.

piste [pist] *f* track; race-track; race-course; *circus*: ring; *hunt., a. fig.* trail, scent; clue, lead; ✈ tarmac; ✈ ~ *d'atterrissage* landing-strip; ✈ ~ *d'envol* runway; *cin.* ~ *sonore* sound-track; **pister** [pis'te] *v/t. hunt.* track; tail (*s.o.*).

pistil ⚘ [pis'til] *m* pistil.

pistolet [pistɔ'lɛ] *m* pistol; gun; *a.* ~-*pulvérisateur* spray gun.

piston [pis'tɔ̃] *m* ⊕ piston; ♪ valve; ♪ cornet; *fig.* influence, F pull; ⊕ *course f du* ~ piston-stroke; **pistonner** F [~tɔ'ne] (1a) *v/t.* pull strings for (*s.o.*).

pitance [pi'tɑ̃ːs] *f* (allowance of) food; **piteux, -euse** [~'tø, ~'tøːz] piteous, sorry, woeful.

pithécanthrope [pitekɑ̃'trɔp] *m* pithecanthrope, ape-man.

pitié [pi'tje] *f* pity (on, *de*).

piton [pi'tɔ̃] *m* ⊕ eye-bolt, ring-bolt; F large nose; *geog.* peak; *mount.* piton, peg; ~ *à vis* screweye.

pitoyable [pitwa'jabl] pitiful; pitiable; poor.

pitre [pitr] *m* clown (*a. pej. fig.*); **pitrerie** [pitrə'ri] *f* buffoonery.

pittoresque [pitɔ'rɛsk] **1.** *adj.* picturesque; graphic (*description, style*); **2.** *su./m* picturesqueness; vividness.

pivert *orn.* [pi'vɛːr] *m* green woodpecker.

pivoine ⚘ [pi'vwan] *f* peony.

pivot [pi'vo] *m* ⊕ pivot (*a.* ⚔ *sl.*), pin, axis; *lever*: fulcrum; *fig.* central figure *etc.*; ⚘ tap-root; F ~*s pl.* legs; **pivoter** [~vɔ'te] (1a) *v/i.* pivot; turn, swivel; ⚔ wheel; ⚘ form tap-roots; F *faire* ~ drill, put (*s.o.*) through it.

placage [pla'kaːʒ] *m* ⊕ veneer(ing); *metal*: plating; ♪ patchwork; **placard** [~'kaːr] *m* cupboard; ⚠ *door*:

panel; poster, bill; *typ. proof*: galley; **placarder** [~kar'de] (1a) *v/t.* post (*a bill*); stick (*a poster*) on a wall.

place [plas] *f* place, position; space, room; seat (*a.* 🚃, *thea., etc.*); square; (*taxi-*)stand; job, employment; rank; ⚔ ~ *d'armes* parade-ground; ⚔ ~ *forte* fortified town; fortress; *à la* ~ *de* instead of; *à votre* ~ if I were you; ☤ *faire la* ~ canvass for orders; *par* ~*s* here and there; *sur* ~ on the spot; **placement** [plas'mɑ̃] *m* placing; ☤ sale, disposal; ☤ *money*: investing, investment.

placer [pla'se] (1k) *v/t.* place; put; find employment for; ☤ sell, dispose of; ☤ invest (*money*); seat (*s.o.*); show (*s.o.*) to a seat; F *il n'a pu* ~ *un mot* he couldn't get a word in; se ~ find a job; sell (*article*).

placet ⚖ [pla'sɛ] *m* claim; petition.

placeur, -euse [pla'sœ:r, ~'sø:z] *su.* manager of an employment agency; steward (*at meetings*); ☤ placer, seller; *su./f thea.* usherette, attendant.

placide [pla'sid] placid, calm; **placidité** [~sidi'te] *f* calmness, serenity, placidity.

placier *m*, **-ère** *f* [pla'sje, ~'sjɛ:r] ☤ agent, canvasser; *admin.* clerk in charge of letting market pitches.

plafond [pla'fɔ̃] **1.** *su./m* ceiling (*a. fig., a.* ✈); *mot.* maximum speed; ⚒ roof; ⚓ *hold*: floor; ⊕ *canal*: bottom; **2.** *adj.* maximum, ceiling; **plafonner** [~fɔ'ne] (1a) *v/t.* △ ceil; *v/i.* reach a maximum; *mot.* reach one's top speed; ✈ fly at the ceiling; ☤ reach the ceiling (of, *à*) (*prices*); **plafonnier** [~fɔ'nje] *m* ceiling-light; *mot.* roof-light.

plage [pla:ʒ] *f* beach, shore; seaside resort; surface; place; area, zone; period (of time); section, portion; range; ~ *arrière* ⚓ quarter-deck; *mot.* back shelf.

plagiaire [pla'ʒjɛ:r] *m* plagiarist (from, *de*); **plagiat** [~'ʒja] *m* plagiarism, plagiary; **plagier** [~'ʒje] (1o) *v/t.* plagiarize, F crib from.

plaid [plɛd] *m tex., cost.* plaid; travelling-rug.

plaider [plɛ'de] (1a) *v/i.* plead; litigate, go to court; *v/t.* plead; **plaideur** *m*, **-euse** *f* ⚖ [~'dœ:r, ~'dø:z] litigious person; **plaidoirie** ⚖ [~dwa'ri] *f* counsel's speech; **plaidoyer** [~dwa'je] *m* ⚖ defence speech; *fig.* plea, argument (for, *en faveur de*).

plaie [plɛ] *f* wound; sore (*a. fig.*); scourge; *bibl., fig.* plague.

plaignant, e ⚖ [plɛ'ɲɑ̃, ~'ɲɑ̃:t] *adj., a. su.* plaintiff; complainant.

plain, plaine [plɛ̃, plɛn] *adj.*: *de* ~*-pied* on a level (with, *avec*), on the same floor; *fig.* straight; **~-chant,** *pl.* **~s-chants** ♪ [plɛ̃'ʃɑ̃] *m* plainsong.

plaindre [plɛ̃:dr] (4m) *v/t.* pity, be sorry for; † grudge; se ~ complain; grumble.

plaine [plɛn] *f* plain.

plainte [plɛ̃:t] *f* complaint (*a.* ⚖); reproach; lamentation; **plaintif, -ve** [plɛ̃'tif, ~'ti:v] plaintive; querulous (*person, voice*).

plaire [plɛ:r] (4z) *v/i.*: ~ *à* please; *à Dieu ne plaise* God forbid (that, *que*); *v/impers.*: *cela lui plaît* he likes that; *plaît-il?* I beg your pardon?; *qu'il vous plaise ou non* if you like it or not; *s'il vous plaît, s'il te plaît* please; *v/t.*: se ~ delight (in, *à*); enjoy o.s.; be happy; please one another.

plaisamment [plɛza'mɑ̃] *adv. of plaisant 1*; **plaisance** [~'zɑ̃:s] *f*: *de* ~ pleasure-(*boat, ground*); country (*seat*), in the country (*house*); **plaisant, e** [~'zɑ̃, ~'zɑ̃:t] **1.** *adj.* pleasant; amusing; † ridiculous; **2.** *su./m the* amusing part (*of s.th.*); *mauvais* ~ practical joker; **plaisanter** [plɛzɑ̃'te] (1a) *v/i.* joke; *pour* ~ for fun, for a joke; *v/t.* chaff (*s.o.*); **plaisanterie** [~'tri] *f* joke; *mauvaise* ~ silly joke; *par* ~ for fun; **plaisantin** [~'tɛ̃] *m* joker.

plaisir [plɛ'zi:r] *m* pleasure (*a. fig.*); delight; amusement; favo(u)r; *à* ~ at will; without cause; *avec* ~ willingly; *de* ~ pleasure-...; *faire* ~ *à* please; *les* ~*s pl. de la table* the pleasures of the palate; *menus* ~*s pl.* little luxuries; *par* ~ for pleasure.

plaisons [plɛ'zɔ̃] *1st p. pl. pres. of plaire*; **plaît** [plɛ] *3rd p. sg. pres. of plaire.*

plan, plane [plɑ̃, plan] **1.** *adj.* plane (*a.* ⚕), level, flat; **2.** *su./m* ⚕, △, ✈, ⚡, *opt.* plane; ⊕ *plane*: sole; ⚔ *fire*: line; ✈ wing; *fig.* level, sphere; *fig.* rank, importance; △ *etc., fig.* plan; draft, drawing; *cin. gros* ~ close-up; F *laisser q. en* ~ leave s.o. in the lurch; *premier* ~ *thea.* down-stage; *paint.* foreground; *fig.* first importance; *second* ~ *paint.* middle ground; *fig.* background, *fig.* second rank.

planche [plɑ̃:ʃ] *f* board; plank; (*book-*)shelf; ⊕ plate, block; ✓ land; ✓ (*flower- etc.*)bed; *thea.* ~*s pl.* boards, stage *sg.*; ⚓ ~ *de débarquement* gang-plank; *faire la* ~ *swimming*: float (on one's back); ⚓, ✈ *jours m/pl. de* ~*s* lay days; **planchéier** [plɑ̃ʃeˈje] (1a) *v/t.* board (over); floor (*a room*); **plancher** [~ˈʃe] **1.** *su./m* (*boarded*) floor; ⚓ planking; ✈, *mot.* floor-board; F ~ *des vaches* terra firma; F *débarrasser le* ~ clear out (= *go away*); F *mot. mettre le pied au* ~ step on it; **2.** *adj.* bottom, minimum (*price etc.*); **planchette** [~ˈʃɛt] *f* small board *or* plank.

plan-concave *opt.* [plɑ̃kɔ̃ˈka:v] planoconcave; **plan-convexe** *opt.* [~ˈvɛks] planoconvex.

plane ⊕ [plan] *f* drawing-knife; turning-chisel.

plané, e ✈ [plaˈne] gliding; *vol m* ~ glide, volplane; *birds*: soaring.

planer[1] [plaˈne] (1a) *v/t.* ⊕ make even; plane (*wood*).

planer[2] [~] (1a) *v/i.* ✈ glide; soar (*bird*); hover (*bird, mist, a. fig.*).

planétaire [planeˈtɛ:r] **1.** *adj.* planetary; **2.** *su./m* planetarium; **planète** *astr.* [~ˈnɛt] *f* planet.

planeur [plaˈnœ:r] *m* ✈ glider; ⊕ *metals*: planisher; **planeuse** ⊕ [~ˈnø:z] *f* planing-machine; planishing-machine.

planification *pol.* [planifikaˈsjɔ̃] *f* planning; **planifier** [~ˈfje] (1a) *v/t.* plan; *économie f planifiée* planned economy.

planimétrie ⚠ [planimeˈtri] *f* planimetry; **planimétrique** [~ˈtrik] planimetric(al).

planning [plaˈniŋ] *m* planning (*a. pol.*); ~ *familial* family planning.

planque *sl.* [plɑ̃k] *f* hideaway; cushy job; **planquer** *sl.* [plɑ̃ˈke] (1m) *v/t.* hide; *se* ~ take cover; hide; lie flat.

plant ✓ [plɑ̃] *m* sapling; slip; (nursery) plantation; **plantage** ✓ [plɑ̃ˈta:ʒ] *m* planting; plantation.

plantain ⚘ [plɑ̃ˈtɛ̃] *m* plantain.

plantation [plɑ̃taˈsjɔ̃] *f* planting; plantation; *fig.* setting up, erection;

plante [plɑ̃:t] *f* ⚘ plant; *anat. foot*: sole; ~ *d'appartement* indoor plant; ~ *marine* seaweed; *jardin m des* ~*s* botanical gardens *pl.*, F zoo; **planter** [plɑ̃ˈte] (1a) *v/t.* plant; fix, set up; F *fig.* ~ *là* run out on (*s.o.*); jilt (*s.o.*); chuck (up); *se* ~ take (up) a stand; **planteur** [~ˈtœ:r] *m* planter; **planteuse** [~ˈtø:z] *f* planting-machine.

plantigrade *zo.* [plɑ̃tiˈgrad] *adj.*, *a. su./m* plantigrade.

plantoir ✓ [plɑ̃ˈtwa:r] *m* dibble.

planton ⚔ [plɑ̃ˈtɔ̃] *m* orderly.

plantule ⚘ [plɑ̃ˈtyl] *f* plantlet, plantling.

plantureux, -euse [plɑ̃tyˈrø, ~ˈrø:z] plentiful, copious; fertile, rich (*country*); *fig.* buxom (*woman*).

plaque [plak] *f* sheet; *metal, a. phot.*: plate; *marble*: slab; *engine, a.* 🚂: bed-plate; (*ornamental*) plaque; badge; ~ *commémorative* (votive) tablet; *mot.* ~ *de police*, ~ *minéralogique* number plate; ~ *de porte* (*rue*) name plate (street plate); ~ *d'identité* identification plate, ⚔ identity disc; ~ *tournante* 🚂 turntable; *fig.* centre; **plaqué** ⊕ [plaˈke] *m* plated metal; electroplate; veneered wood; **plaquer** [~ˈke] (1m) *v/t.* ⊕ plate (*metal*); ⊕ veneer (*wood*); ✓ lay down (*turf*); *foot.* tackle; ♪ strike (*a chord*); F run out on (*s.o.*); jilt (*s.o.*); chuck (up); **plaquette** [~ˈkɛt] *f metal, wood*: small plate; *stone, marble*: thin slab; brochure; **plaqueur** [~ˈkœ:r] *m* ⊕ *metal*: plater; *wood*: veneerer; *foot.* tackler.

plastic ⚗ [plasˈtik] *m* explosive gelatine; **plasticité** [~tisiˈte] *f* plasticity; **plastique** [~ˈtik] **1.** *adj.* plastic; **2.** *su./f* plastic art; *fig.* figure; *su./m* ⊕ plastic goods *pl.*

plastron [plasˈtrɔ̃] *m* ⚔ breast-plate; ⊕ drill-plate; fencing-jacket; *fig.* butt; *cost. woman's* modesty-front; *cost. man's* shirt-front; **plastronner** [~trɔˈne] (1a) *v/i.* F strut, put on side.

plat, plate [pla, plat] **1.** *adj.* flat (*a. fig.*); level; smooth (*sea*); straight (*hair*); low-heeled (*shoes*); empty (*purse*); plain (*water*); *fig.* dull; *fig.* poor, paltry; *calme m* ~ dead calm; **2.** *su./m* flat part (*of s.th.*); *oar, tongue*: blade; *book*: board; *cuis.* dish; *cuis.* course; *à* ~ flat; F *fig.* washed out, all in; F *mettre les pieds dans le* ~ put one's foot in it; *tomber à* ~ fall flat on one's face, *thea.* fall flat (*play*).

platane ⚘ [pla'tan] *m* plane-tree; *faux* ~ sycamore, great maple.

plateau [pla'to] *m* tray; platform; *thea.* stage; *geog.* plateau; *balance*: scale; ⊕ (bed-)plate; ⊕ table.

plate-bande, *pl.* **plates-bandes** [plat'bɑ̃:d] *f* flower-bed; (grass) border; plat band; F *plates-bandes pl.* preserves, private ground *sg.*

platée [pla'te] *f* *concrete*: foundation; F dishful.

plate-forme, *pl.* **plates-formes** [plat'fɔrm] *f bus, a. fig.*: platform; *engine*: foot-plate.

platine [pla'tin] *su./f lock, watch*: plate; *typewriter, printing press*: platen; *record player*: turntable; deck; *su./m* *min.* platinum; **platiné, e** [~ti'ne] platinized; *une blonde* ~*e* a platinum blonde.

platitude [plati'tyd] *f* platitude, commonplace remark; *fig.* servility; *style*: flatness.

plâtrage [plɑ'tra:ʒ] *m* ⊕ plastering; plaster-work; F rubbish; **plâtras** [~'trɑ] *m* debris (of building materials); **plâtre** [plɑ:tr] *m* plaster; plaster cast; plaster-work; *battre comme* ~ beat (*s.o.*) to a jelly; *mettre en* ~ (put into) plaster; **plâtrer** [plɑ'tre] (1a) *v/t.* plaster; *fig.* patch up; (put into) plaster; **plâtreux, -euse** [~'trø, ~'trø:z] plastery; chalky (*soil, water*); gypseous; **plâtrier** [~tri'e] *m* plasterer; calciner of gypsum; **plâtrière** [~tri'ɛ:r] *f* gypsum-quarry, gypsum-kiln; chalk-pit.

plausible [plo'zibl] plausible; specious.

plèbe [plɛb] *f the* plebs; *the* common people *pl.*; **plébéien, -enne** [plebe'jɛ̃, ~'jɛn] *adj., a. su.* plebeian; **plébiscite** [plebi'sit] *m* plebiscite; **plébisciter** [~si'te] (1a) *v/t.* vote for by plebiscite; vote for *or* elect *or* approve (of) by an overwhelming majority; F measure (*s.o.'s*) popularity.

plein, pleine [plɛ̃, plɛn] **1.** *adj.* full (of, *de*); filled (with, *de*); high (*sea, tide*); open (*country, street*); big with young (*animal*); solid (*brick, wood, tyre, wire*); ~ *emploi see plein-emploi*; *fig. pleine saison the* height of the season; *de son* ~ *gré* of one's own free will; *en* ~ *air* in the open; *en* ~ *jour* in broad daylight; *fig.* publicly, openly; ⚓ *en pleine mer* on the open sea; *en pleine rue* in the open street; openly; **2.** *su./m* full part; *building*: solid part; ⚔ *etc.* bull's-eye; fill(ing); *battre son* ~ be at the full (*tide*); *fig.* be in full swing (*party, season, etc.*); *mot. faire le* ~ fill up with petrol *or Am.* gas, fill up the tank; **plein-emploi** [plɛnɑ̃'plwa] *m* full employment; **plein-temps** [plɛ̃'tɑ̃] **1.** *adj./inv.* full-time; **2.** *m/inv.* full-time job.

plénier, -ère [ple'nje, ~'njɛ:r] complete, absolute; ⚖, *eccl.* plenary; **plénipotentiaire** [plenipɔtɑ̃'sjɛ:r] *adj., a. su./m* plenipotentiary; **plénitude** [~'tyd] *f* fullness; completeness.

plénum, plenum [ple'nɔm] *m* plenum.

pléonasme [pleɔ'nasm] *m* pleonasm.

pléthore [ple'tɔ:r] *f* ⚕, *a. fig.* plethora; *fig.* (super)abundance; **pléthorique** [~tɔ'rik] ⚕ plethoric, full-blooded; *fig.* (super)abundant.

pleur [plœ:r] *f* tear; **pleurard, e** [plœ'ra:r, ~'rard] **1.** *adj.* whimpering; whining (*voice*); tearful; **2.** *su.* whiner; F cry-baby; **pleure-misère** [plœrmi'zɛ:r] *su./inv.* person who is always pleading poverty; **pleurer** [plœ're] (1a) *v/t.* weep for, mourn for; *v/i.* weep; cry (for, *de*; over, *sur*) (*a. fig.*); water, run (*eyes*); ⊕ *etc.* drip; bleed.

pleurésie ⚕ [plœre'zi] *f* pleurisy.

pleureur, -euse [plœ'rœ:r, ~'rø:z] **1.** *adj.* tearful, lachrymose; weeping (*person, rock,* ⚘ *willow*); **2.** *su.* weeper; whimperer; *su./f* hired mourner; **pleurnicher** F [plœrni'ʃe] (1a) *v/i.* whimper, whine, snivel; **pleurnicherie** [~niʃ'ri] *f* whining; **pleurnicheur, -euse** [~ni'ʃœ:r, ~'ʃø:z] **1.** *adj.* whining, whimpering, peevish; **2.** *su.* whiner, whimperer; F cry-baby.

pleut [plø] *3rd p. sg. pres. of pleuvoir.*

pleutre [plø:tr] *m* cad; coward.

pleuvoir [plœ'vwa:r] (3g) *v/impers.* rain; *il pleut à verse* it is pouring (with rain), it is raining hard; *v/i. fig.* pour in; **pleuvra** [~'vra] *3rd p. sg. fut. of pleuvoir.*

plèvre *anat.* [plɛ:vr] *f* pleura.

plexus *anat.* [plɛkˈsys] *m*: ~ *solaire* solar plexus.

pli [pli] *m* fold, pleat; wrinkle; (*a. faux* ~) crease; ✝ cover, envelope; *bridge, whist*: trick; *arm, leg*: bend; *fig.* habit; *ground*: undulation; ~*s pl. non repassés* unpressed pleats; *faire des* ~*s* crease (up); *faire des* ~*s à* pleat (*s.th.*); F *cela ne fait pas un* ~ that's for sure; *fig. prendre un* ~ acquire a habit; ✝ *sous ce* ~ enclosed, herewith; ✝ *sous* ~ *séparé* under separate cover; **pliable** [~ˈabl] foldable, folding; pliable, flexible (*a. fig.*); **pliant, e** [~ˈɑ̃, ~ˈɑ̃:t] **1.** *adj.* pliant, flexible; folding; *fig.* docile; *mot. capote f* ~*e* collapsible hood; **2.** *su./m* folding-stool, camp-stool.

plie *icht.* [pli] *f* plaice.

plier [pliˈe] (1a) *v/t.* fold (up); bend; bow (*one's head*); *se* ~ *à* submit to; *fig.* give o.s. up to; *v/i.* bend; yield (*a.* ⚔); **plieur, -euse** [~ˈœ:r, ~ˈø:z] *su.* folder; *su./f* folding-machine.

plinthe ⚠ *etc.* [plɛ̃:t] *f* plinth.

plioir [pliˈwa:r] *m bookbinding*: folder; paper-knife; *fishing-line*: winder.

plisser [pliˈse] (1a) *v/t.* pleat; crumple; crease; corrugate (*metal, paper*); pucker up (*one's face etc.*); *v/i.* crease, pucker; hang in *or* have folds; **plissure** [~ˈsy:r] *f* pleating; pleats *pl.*

pliure [pliˈy:r] *f* fold; bend; *bookbinding*: folding.

plomb [plɔ̃] *m* lead; ⚠ lead sink; ⚡ fuse; ✝ lead seal; ⚓ plummet; *hunt. etc.* shot; *typ.* metal, type; *fig.* weight; *à* ~ vertically; upright; straight down; *mine f de* ~ black-lead, graphite; *sommeil m de* ~ heavy sleep; *tomber à* ~ fall plumb *or* vertically; **plombage** [plɔ̃ˈba:ʒ] *m* leading, plumbing; ✝ sealing; *teeth*: stopping, filling; **plombagine** [~baˈʒin] *f* graphite, plumbago; **plombé, e** [~ˈbe] leaded (*a. cane*); leaden (*sky*); livid (*complexion*); **plomber** [~ˈbe] (1a) *v/t.* cover *or* weight with lead; glaze (*pottery*); stop, fill (*a tooth*); ⚠ plumb; ✝ seal; *fig.* give a livid hue to; **plomberie** [~ˈbri] *f* plumbing; lead industry; lead-works *usu. sg.*; plumber's (shop); **plombier** [~ˈbje] *m* lead-worker; plumber; **plombifère** [~biˈfɛ:r] lead-bearing; lead (*glaze*).

plongeant, e [plɔ̃ˈʒɑ̃, ~ˈʒɑ̃:t] plunging; from above (*view*); **plongée** [~ˈʒe] *f* plunge, dive; diving; slope; *ground*: dip; ~ *sous-marine* (skin) diving; **plongeoir** [~ˈʒwa:r] *m* diving-board; **plongeon** [~ˈʒɔ̃] *m* dive; *orn.* diver; *faire le* ~ dive; *fig.* make up one's mind, F take the plunge; **plonger** [~ˈʒe] (1l) *vt/i.* plunge; *v/t.* dip (into, *dans*); *se* ~ immerse o.s.; *fig. être plongé dans* be absorbed in; *v/i.* dive; ⚓ submerge (*submarine*); dip (*ground, a.* ⚒ *seam*); ⚓ ~ *du nez* pitch; **plongeur, -euse** [~ˈʒœ:r, ~ˈʒø:z] **1.** *adj.* diving; **2.** *su. person*: diver; dish-washer, washer-up (*in a restaurant*); *su./m orn.* diver; ⊕ plunger.

plot ⚡ [plo] *m* stud, terminal; plug.

plouc, plouk, plouque F *pej.* [pluk] **1.** *su./m* rustic, country bumpkin; provinciality, provincialism; **2.** *adj./inv.* rustic, provincial.

ploutocratie [plutɔkraˈsi] *f* plutocracy.

ployable [plwaˈjabl] pliable; **ployer** [~ˈje] † (1h) *vt/i.* bend; *v/i.* give way.

plu[1] [ply] *p.p. of plaire.*

plu[2] [~] *p.p. of pleuvoir.*

pluie [plɥi] *f* rain (*a. fig.*); *fig.* shower; ~(*s pl.*) *acide*(*s*) acid rain; *craint la* ~! keep dry!; F *fig. faire la* ~ *et le beau temps* rule the roost.

plumage [plyˈma:ʒ] *m* plumage; **plumard** *sl.* [~ˈma:r] *m* bed; **plume** [plym] *f* feather; pen; pen-nib; *homme m de* ~ man of letters; **plumeau** [plyˈmo] *m* feather duster; **plumée** [~ˈme] *f poultry*: plucking; **plumer** [~ˈme] (1a) *v/t.* pluck (*poultry*); F fleece (*s.o.*); **plumet** [~ˈmɛ] *m* ⚔ *helmet*: plume; **plumier** [~ˈmje] *m* pen(cil) box; pen tray; **plumitif** *pej.* [~miˈtif] *m* penpusher; scribbler.

plupart [plyˈpa:r] *f*: *la* ~ most, the majority, the greater part; *la* ~ *des gens, la* ~ *du monde* most people; *la* ~ *du temps* most of the time; generally; *pour la* ~ mostly.

pluralité [plyraliˈte] *f* plurality; *votes*: majority.

pluri... [plyri] pluri..., multi...

pluriel, -elle *gramm.* [plyˈrjɛl] **1.** *adj.* plural; **2.** *su./m* plural; *au* ~ in the plural.

plus[1] [ply; *oft.* plys *at end of word-group*; *before vowel* plyz] **1.** *adv.* more; ⅌ plus; ~ ... ~ ... the more ... the more ...; ~ *confortable* more comfortable; ~ *de* more than (*2 days*); ~ *de soucis!* no more worries!; ~ *grand* bigger; ~ *haut!* speak up!; ~ *que* more than (*he*); ~ *rien* nothing more; *de* ~ further(more); *de* ~ *en* ~ more and more; *en* ~ in addition (to, *de*); extra; *le* ~ *confortable* most comfortable; *le* ~ *grand* biggest; *moi non* ~ nor I, F me neither; *ne* ... ~ no more, no longer; not again; *non* ~ (not) either; *rien de* ~ nothing else *or* more; *sans* ~ simply, only, nothing more; *tant et* ~ any amount, plenty; **2.** *su./m*: *le* ~ the most, the best; *au* ~ at the best, at most; *tout au* ~ at the best, at the very most.

plus[2] [ply] *1st p. sg. p.s. of plaire.*

plusieurs [ply'zjœ:r] *adj./pl., a. pron./indef./pl.* several; some.

plus-que-parfait *gramm.* [plyskəpar'fɛ] *m* pluperfect.

plus-value ✝, *pol.* [plyva'ly] *f* appreciation, increment value; betterment; extra-payment; *impôt m sur la* ~ (*approx.*) capital gains tax.

plut [ply] *3rd p. sg. p.s. of pleuvoir.*

plutonium ⚗ [plytɔ'njɔm] *m* plutonium.

plutôt [ply'to] *adv.* rather, sooner (than, *que*); on the whole.

pluvial, e, *m/pl.* **-aux** [ply'vjal, ~'vjo] rain-...; rainy (*season*); **pluvier** *orn.* [~'vje] *m* plover; **pluvieux, -euse** [~'vjø, ~'vjø:z] rainy; wet; of rain; **pluviomètre** *meteor.* [~vjɔ'mɛtr] *m* rain-ga(u)ge, udometer.

pneu, *pl.* **pneus** [pnø] *m mot.* tyre, *Am.* tire; express letter; ~ *antidérapant* non-skid tyre; **pneumatique** [~ma'tik] **1.** *adj.* air-..., pneumatic; **2.** *su./m* (pneumatic) tyre; (*a. carte f* ~) express letter.

pneumonie ⚕ [pnømɔ'ni] *f* pneumonia; **pneumonique** ⚕ [~'nik] pneumonic.

pochade [pɔ'ʃad] *f* rapid *or* rough sketch.

pochard, e [pɔ'ʃa:r, ~'ʃard] *adj., su.* drunk.

poche [pɔʃ] *f* pocket; sack; case; pouch; *geol.* pot-hole; *geol.* washout; *cost.* pucker, F bag; *fig.* isolated case(s *pl.*); ~ *d'air* ✈ air-pocket; ⊕ airlock; *argent m de* ~ pocket-money;

pochée [pɔ'ʃe] *f* pocketful; **pocher** [~'ʃe] (1a) *v/t. cuis.* poach; *fig.* black (*s.o.'s eye*); dash off (*an essay, a sketch, etc.*); *cost.* make baggy at the knees; **pochetée** [pɔʃ'te] *f* pocketful; *sl.* stupid (person); **pochette** [pɔ'ʃɛt] *f* small pocket; handbag, sachet; *matches*: book; fancy handkerchief; ⅌ pocket-set (*of mathematical instruments*).

podagre ⚕ [pɔ'da:gr] **1.** *su.* gouty person; *su./f* podagra; **2.** *adj.* gouty.

podomètre [pɔdɔ'mɛtr] *m* pedometer.

poêle[1] [pwa:l] *m* (funeral-)pall.

poêle[2] [pwa:l] *m* stove, cooker.

poêle[3] [pwa:l] *f* frying-pan; F *fig. tenir la queue de la* ~ be in charge *or* control; **poêlée** [pwa'le] *f* panful.

poêlier [pwa'lje] *m* dealer in stoves and cookers; stove-setter.

poêlon [pwa'lɔ̃] *m* small saucepan; casserole.

poème [pɔ'ɛ:m] *m* poem; **poésie** [~e'zi] *f* (piece of) poetry; **poète** [~'ɛt] *m* poet; *femme f* ~ woman poet, poetess; **poétereau** [pɔe'tro] *m* poetaster; **poétesse** [~'tɛs] *f* poetess; **poétique** [~'tik] **1.** *adj.* poetic(al); **2.** *su./f* poetics *sg.*; **poétiser** [~ti'ze] (1a) *v/i.* write poetry; *v/t.* poet(ic)ize.

poids [pwa] *m* weight; heaviness; *fig.* importance; load; *fig.* burden; ✝ ~ *brut* gross weight; *box.* ~ *coq* bantam weight; *box.* ~ *léger* lightweight; ~ *lourd box.* heavy-weight; *mot.* heavy lorry *or* truck; *box.* ~ *mi-lourd* light heavy-weight; ~ *mort* dead weight; *box.* ~ *mouche* flyweight; *box.* ~ *moyen* middleweight; ✝ ~ *net* net weight; *box.* ~ *plume* feather-weight; ⚗ ~ *spécifique* specific gravity; ✈ ~ *utile* payload; ~ *vif* live weight; *sp. lancer m* (*or lancement m*) *du* ~ shot put; *fig. ne pas faire le* ~ not to measure up.

poignant, e [pwa'ɲɑ̃, ~'ɲɑ̃:t] poignant; keen; *fig.* heart-breaking.

poignard [pwa'ɲa:r] *m* dagger; **poignarder** [~ɲar'de] (1a) *v/t.* stab; *fig.* wound (*s.o.*) deeply; **poigne** F [pwaɲ] *f* grip, grasp; **poignée** [pwa'ɲe] *f* handful (*a. fig.*); *door etc.*: handle; *sword*: hilt; ⊕ *tool*: haft; ~ *de main* handshake; **poignet** [~'ɲɛ] *m* wrist; *cost.* cuff; *shirt*: wristband.

poil [pwal] *m* hair; fur, coat (*of animal*); *tex. cloth*: nap; *velvet*: pile; ⚘ down; *brush*: bristle; F *à* ~ naked; F *au* ~ great, fantastic; perfectly, fine; F *de bon* (*mauvais*) ~ in a good (bad) mood; **poilu, e** [pwaˈly] **1.** *adj.* hairy, shaggy; **2.** *su./m* ⚔ F French soldier.

poinçon ⊕ [pwɛ̃ˈsɔ̃] *m* (brad)awl; punch; stamp; *silver etc.*: (hall-) mark; *embroidery*: pricker; **poinçonner** [pwɛ̃sɔˈne] (1a) *v/t.* prick; punch (*a. tickets*); stamp; hallmark (*silver etc.*); **poinçonneur** [~ˈnœːr] *m* puncher; **poinçonneuse** [~ˈnøːz] *f* ⊕ stamping-machine; 🚂 ticket-punch.

poindre [pwɛ̃ːdr] (4m) *v/t.* † sting; *v/i.* dawn (*day*[*light*]); *fig.* come up, appear; ⚘ sprout.

poing [pwɛ̃] *m* fist.

point[1] [pwɛ̃] *m* ⌒, 𝔄, *phys.*, *typ.*, *sp.*, *fig.*, *time*, *place*: point; *gramm.* full stop, *Am.* period; ⚕, *needlework*: stitch; *opt.* focus; *sp.* score; *school*: mark; speck; dot (*a. on letter i*); *cards, dice*: pip; *fig.* extent, degree; *fig.* state, condition; *cost.* lace; *fig.* ~ *chaud* hot spot, trouble spot; ~ *d'arrêt* stopping place; ⚕ ~ *de côté* stitch in one's side; ⚕ ~ *de suture* stitch (*in a wound*); ~ *de vue* point of view, viewpoint; ~ *d'exclamation* exclamation mark; ~ *d'interrogation* question mark; ~ *du jour* daybreak; *fig.* ~ *faible* weak point; *fig.* ~ *noir* problem; difficulty; weak spot *or* link; ~-*virgule* semicolon; *à ce* ~ *que* so much so that; *à* ~ in the right condition; in the nick of time; medium-cooked (*meat*); *au* ~ *mort mot.* in neutral; *fig.* at a standstill; *sp. battre aux* ~*s* beat (*s.o.*) on points; *de* ~ *en* ~ in every particular; *deux* ~*s* colon; *en tout* ~ in every way, on all points; *être sur le* ~ *de* (*inf.*) be about to (*inf.*); ⚓ *faire le* ~ take the ship's position; *mauvais* ~ *school*: bad *or* poor mark; *mettre au* ~ *opt.* focus; *mot. etc.* tune (*the engine*); restate (*a question*); clarify (*an affair*); *sur ce* ~ on that score *or* head.

point[2] [~] *adv.*: *ne* ... ~ not ... at all; ~ *du tout!* not at all.

pointe [pwɛ̃ːt] *f* point; *arrow etc.*: tip; *bullet*: nose; *spire, tree*: top; touch (*of bronchitis etc., a. fig.*); *geog.* headland, *land*: tongue; *day*: break; witticism; *fig.* peak, maximum; ~ *des pieds* tiptoe; ⊕ ~ *sèche* etching-needle; dry-point engraving; F *avoir une* ~ *de vin* be slightly excited with drink; *fig. de* ~ top, leading; top, maximum; latest (*developments etc.*); *décolleté m en* ~ V-neck; *en* ~ pointed (*beard*); tapering; *fig.* top, leading; *heures f/pl. de* ~ peak hours.

pointer[1] [pwɛ̃ˈte] (1a) *v/t.* prick up (*one's ears*); sharpen (*a pencil*); ♪ dot (*a note*); *v/i.* ⚘ sprout, come up; rear (*horse*); rise, soar (*bird, spire*).

pointer[2] [pwɛ̃ˈte] (1a) *v/t.* aim (*a gun etc.*); check (off) (*items, names*); prick; F *se* ~ turn up, show up; *v/i.* clock in *or* out (*worker*); **pointillé, e** [pwɛ̃tiˈje] *su./m* dotted line; stippling; **pointiller** [~ˈje] (1a) *v/t.* dot; stipple; **pointilleux, -euse** [~ˈjø, ~ˈjøːz] particular (about, *sur*); finicky; touchy.

pointu, e [pwɛ̃ˈty] pointed, sharp; *fig.* shrill (*voice*); *fig.* touchy (*disposition*); **pointure** [~ˈtyːr] *f collars, shoes, etc.*: size.

poire [pwaːr] *f* ⚘ pear; ⚡ bulb; ⚡ pear-switch; *sl.* mug, sucker, F head; ~ *à poudre* powder-flask; F *garder une* ~ *pour la soif* put s.th. by for a rainy day; **poiré** [pwaˈre] *m* perry.

poireau [pwaˈro] *m* ⚘ leek; F waiting person; F *faire le* ~ = **poireauter** F [~rɔˈte] (1a) *v/i.* be kept waiting, F cool *or* kick one's heels; **poirée** ⚘ [~ˈre] *f* white beet.

poirier ⚘ [pwaˈrje] *m* pear-tree.

pois [pwɑ] *m* ⚘ pea; *tex.* polka dot; ~ *pl. cassés* split peas; ~ *chiche* chickpea; *tex. à* ~ spotted, dotted; *cuis. petits* ~ *pl.* green peas.

poison [pwaˈzɔ̃] *m* poison.

poissant, e F [pwaˈsɑ̃, ~ˈsɑ̃ːt] importunate, a pest.

poissard, e [pwaˈsaːr, ~ˈsard] **1.** *adj.* vulgar; **2.** *su./f* fishwife; foul-mouthed woman; *langue f de* ~*e* F Billingsgate.

poisse F [pwɑs] *f* bad luck; **poisser** [pwaˈse] (1a) *v/t.* make sticky; ⊕ pitch; F nab (*s.o.*); **poisseux, -euse** [~ˈsø, ~ˈsøːz] sticky.

poisson [pwaˈsɔ̃] *m* fish; ~ *d'avril* April Fool trick *or* joke; ~ *rouge* goldfish; *faire un* ~ *d'avril à* make an April Fool of (*s.o.*); *astr. les* 2*s pl.* Pisces, the Fishes; ~**-chat,** *pl.* ~**s-chats** *icht.* [~sɔ̃ˈʃa] *m* cat-fish; **poissonnerie** [~sɔnˈri] *f* fish-market;

fish-shop; **poissonneux, -euse** [~sɔ'nø, ~'nø:z] teeming with fish; **poissonnier, -ère** [~sɔ'nje, ~'njɛ:r] *su.* fishmonger; *su./f* fishkettle.

poitrail [pwa'tra:j] *m zo.* breast; *co.* (*human*) chest; **poitrinaire** ⚕ [~tri'nɛ:r] *adj., a. su.* consumptive; **poitrine** [~'trin] *f* breast, chest; *woman*: bust.

poivrade *cuis.* [pwa'vrad] *f* dressing of oil, vinegar and pepper; **poivre** [pwa:vr] *m* pepper; F ~ *et sel* grey-haired (*person*); *grain m de* ~ peppercorn; **poivré, e** [pwa'vre] peppery, hot (*food*); pungent (*smell*); stiff (*price*); *fig.* spicy (*story*); **poivrer** [~'vre] (1a) *v/t.* pepper; F spice (*a story etc.*); **poivrier** [~vri'e] *m* pepper-box; ⚘ pepper-plant; **poivrière** [~vri'ɛ:r] *f* pepper-pot; pepper-box (*a.* ⚠); pepper-plantation; **poivron** [~'vrɔ̃] *m* pimento, allspice; **poivrot** F [~'vro] *m* drunkard.

poix [pwa] *f* pitch; cobbler's wax.

polaire ⚡, ⚓, *geog.* [pɔ'lɛ:r] polar; **polarisation** *phys.* [pɔlariza'sjɔ̃] *f* polarization; **polariser** [~'ze] (1a) *v/t. phys.* polarize; *fig.* focus, centre; **polarité** *phys.* [~'te] *f* polarity.

pôle [po:l] *m* pole; *geog.* ~ *Nord* (*Sud*) North (South) Pole.

polémique [pɔle'mik] **1.** *adj.* polemic; **2.** *su./f* polemic; *eccl.* polemics *pl.*; **polémiquer** [~mi'ke] (1m) *v/i.* polemize.

poli, e [pɔ'li] **1.** *adj.* polished (*a. fig.*); burnished (*metal*); glossy; *fig.* polite; *fig.* urbane, elegant; **2.** *su./m* polish, gloss.

police[1] [pɔ'lis] *f* police, constabulary; policing; regulations *pl.*; ~ *de la circulation* traffic police; ~ *fluviale* river police; ~ *judiciaire* (*approx.*) Criminal Investigation Department, C.I.D.; *agent m de* ~ policeman; *appeler* ~(-)*secours* dial 999; ⚔ *bonnet m de* ~ forage cap; *fiche f de* ~ registration form (*at a hotel*); ⚔ *salle f de* ~ guard-room.

police[2] [~] *f* insurance policy; ⚓ ~ *de chargement* bill of lading; ~ *flottante* floating policy.

policer † [pɔli'se] (1k) *v/t.* bring law and order to; organize; civilize.

polichinelle [pɔliʃi'nɛl] *m* Punch; F buffoon; *secret m de* ~ open secret.

policier, -ère [pɔli'sje, ~'sjɛ:r] **1.** *adj.* police...; detective (*film, novel*); **2.** *su./m* policeman; detective; detective novel.

poliment [pɔli'mɑ̃] *adv. of poli 1.*

poliomyélite ⚕ [pɔljɔmje'lit] *f* poliomyelitis, F polio; infantile paralysis.

polir [pɔ'li:r] (2a) *v/t.* polish (*a. fig.*); make glossy; burnish (*metal*); *fig.* refine; **polisseur, -euse** [pɔli'sœ:r, ~'sø:z] *su.* polisher; *su./f* polishing machine; **polissoir** [~'swa:r] *m* ⊕ *tool*: polisher; polishing machine; buff-stick; nail-polisher.

polisson, -onne [pɔli'sɔ̃, ~'sɔn] **1.** *adj.* naughty; *pej.* indecent; saucy; **2.** *su.* naughty child, scamp; dissolute person; **polissonner** [~sɔ'ne] (1a) *v/i.* run the streets (*child*); behave *or* talk lewdly; **polissonnerie** [~sɔn'ri] *f child*: mischievousness; indecent act; smutty story; depravity.

polissure [pɔli'sy:r] *f* polish(ing).

politesse [pɔli'tɛs] *f* politeness, courtesy; ~*s pl.* civilities.

politicien *m*, **-enne** *f usu. pej* [pɔliti'sjɛ̃, ~'sjɛn] politician; **politique** [~'tik] **1.** *adj.* political; *fig.* prudent, wary; *fig.* diplomatic; *homme m* ~ politician; **2.** *su./m* politician; *su./f* politics; policy; ~ *de clocher* parish-pump politics; ~ *de la porte ouverte* open-door policy; ~ *extérieure* (*intérieure*) foreign (home) policy; **politiquer** F [~ti'ke] (1m) *v/i.* dabble in politics; talk politics; **politologie** [pɔlitɔlɔ'ʒi] *f* political science; **politologue** [~'lɔg] *su.* political scientist.

polka [pɔl'ka] *f* ♪ *dance*: polka; ⊕ quarryman's hammer.

pollen ⚘ [pɔl'lɛn] *m* pollen; **pollinique** ⚘ [~li'nik] pollinic; pollen-(*sac, tube*); **pollinisation** ⚘ [~liniza'sjɔ̃] *f* fertilisation, pollinization.

polluant, e [pɔ'lɥɑ̃, ~'lɥɑ̃t] **1.** *adj.* polluting; **2.** *su./m* pollutant, polluting agent; **polluer** [~'lɥe] (1n) *v/t.* pollute; defile; *eccl.* profane; **pollution** [~ly'sjɔ̃] *f* pollution (*a.* ⚕); *eccl.* profanation.

polochon *sl.* [pɔlɔ'ʃɔ̃] *m* bolster.

polonais, e [pɔlɔ'nɛ, ~'nɛ:z] **1.** *adj.* Polish; **2.** *su./m ling.* Polish; *su.* ♀ Pole; *su./f* ♪ *dance*: polonaise.

poltron, -onne [pɔltrɔ̃, ~'trɔn] **1.** *adj.* timid; cowardly, craven; **2.** *su.*

coward, craven, *sl.* funk; **poltronnerie** [~trɔn'ri] *f* timidity; cowardice.

poly... [pɔli] poly...; **~clinique** [~kli'nik] *f* polyclinic; **~copier** [~kɔ'pje] (1o) *v/t.* duplicate, *Am.* mimeograph; **~èdre** [~'ɛ:dr] **1.** *adj.* polyhedral; **2.** *su./m* polyhedron; **~game** [~'gam] **1.** *adj.* polygamous; polygamic; **2.** *su.* polygamist; **~gamie** [~ga'mi] *f* polygamy; **~glotte** [~'glɔt] *adj., a. su.* polyglot; **~gone** [~'gɔn] **1.** *adj.* polygonal; **2.** *su./m* polygon; *artillery*: shooting-range; **~mère** [~'mɛ:r] polymeric; **~nôme** [~'no:m] *m* polynomial.

polype [pɔ'lip] *m zo.* polyp; polypus; **polypeux, -euse** [~li'pø, ~'pø:z] polypous.

poly...: **~phonie** [pɔlifɔ'ni] *f* polyphony; **~phonique** [~fɔ'nik] polyphonic; **~technicien** [~tɛkni'sjɛ̃] *m* student at the *École polytechnique*; **~technique** [~tɛk'nik]: *f or École f ~* Academy of Engineering; **~valance** [~va'lɑ̃:s] *f* polyvalency; ⊕ *etc., a. fig.* versatility, flexibility; **~valant, e** [~va'lɑ̃, ~'lɑ̃:t] polyvalent; ⊕ *etc., a. fig.* versatile, flexible, multi-purpose.

pomiculteur [pɔmikyl'tœ:r] *m* fruit grower.

pommade [pɔ'mad] *f* pomade, pomatum, (*hair-*)cream; F *passer de la ~ à* soft-soap (*s.o.*); **pommader** [~ma'de] (1a) *v/t.* pomade, put cream on (*one's hair*).

pommard [pɔ'ma:r] *m* Pommard (*a red burgundy*).

pomme [pɔm] *f* apple; pome; *lettuce etc.*: head; *bedstead, stick*: knob; *sprinkler etc.*: rose; F head; *~ de discorde* bone of contention; *~ de terre* potato; *~s pl. chips* potato crisps, *Am.* chips; *~s pl. frites Br.* chips, *Am.* French fries, French fried potatoes; *~s pl. mousseline* mashed potatoes; F *tomber dans les ~s* pass out (= *faint*); **pommé, e** [pɔ'me] **1.** *adj.* rounded; F downright (*fool*); first-rate; *chou m ~* white-heart cabbage; *laitue f ~e* cabbage lettuce; **2.** *su./m* cider.

pommeau [pɔ'mo] *m* pommel; *fishing-rod*: butt.

pommelé, e [pɔm'le] dappled; *ciel m ~* mackerel sky; *gris ~* dapple-grey; **pommelle** ⊕ [pɔ'mɛl] *f* grating (*over pipe*); **pommer** [~'me] (1a) *v/i. a.* se ~ form a head (*cabbage, lettuce, etc.*); **pommeraie** [pɔm'rɛ] *f* apple-orchard; **pommette** [pɔ'mɛt] *f* knob; *anat.* cheek-bone; **pommier** [~'mje] *m* apple-tree; **pomologie** [~mɔlɔ'ʒi] *f* pomology.

pompe[1] [pɔ̃:p] *f* pomp, ceremony; *entrepreneur m de ~s funèbres* funeral director, undertaker, *Am.* mortician.

pompe[2] [pɔ̃:p] *f* ⊕ pump; *mot. ~ à essence* petrol-pump, *Am.* gas-pump; *sl.* shoe, boot; *~ à graisse* grease-gun; *~ à incendie* fire-engine; *~ à pneumatique* tyre-pump; tyre-inflator; *~ aspirante* suction-pump; *~ aspirante-foulante* lift-and-force pump; F *à toute ~* at top speed, at full tilt; F *sp. faire des ~s* do push-ups; **pomper** [pɔ̃'pe] (1a) *v/t.* pump (*a. fig.*); suck up *or* in; F tire out; **pompette** F [~'pɛt] tipsy.

pompeux, -euse [pɔ̃'pø, ~'pø:z] pompous; stately; high-flown (*style*).

pompier [pɔ̃'pje] **1.** *su./m* fireman; *les ~s pl.* the fire brigade *sg.*; **2.** *adj.* F corny; high-falutin' (*style*); **pompiste** *mot.* [~'pist] *m* pump attendant.

pompon [pɔ̃'pɔ̃] *m* pompon, tuft; powder-puff; F *iro. avoir* (*or tenir*) *le ~* surpass everyone; **pomponner** [~pɔ'ne] (1a) *v/t.* dress up, F doll up.

ponant *hist.* [pɔ'nɑ̃] *m* West; Occident.

ponce [pɔ̃:s] *f* (*a. pierre f ~*) pumice-stone; *drawing*: pounce.

ponceau[1] [pɔ̃'so] *m* culvert.

ponceau[2] [~] **1.** *su./m* corn-poppy; poppy-red; **2.** *adj./inv.* poppy-red.

poncer ⊕ [pɔ̃'se] (1k) *v/t.* pumice; *floor etc.*: sand-paper; rub down (*paint*); pounce (*a drawing*); **ponceux, -euse** [~'sø, ~'sø:z] **1.** *adj.* pumiceous; **2.** *su./f* ⊕ sand-papering machine; **poncif, -ve** [~'sif, ~'si:v] **1.** *adj.* conventional; trite; stereotyped (*effect, plot*); **2.** *su./m* conventionalism; *fig.* conventional piece of writing.

ponction [pɔ̃k'sjɔ̃] *f* puncture; *blister*: pricking; **ponctionner** [~sjɔ'ne] (1a) *v/t.* puncture; tap; prick (*a blister*).

ponctualité [pɔ̃ktɥali'te] *f* punctuality; **ponctuation** *gramm.* [~'sjɔ̃]

f punctuation; **ponctuel, -elle** [pɔ̃kˈtɥɛl] punctual; *phys.* pinpoint (*a. fig.*); *fig.* isolated, selective, individual; **ponctuer** [~ˈtɥe] (1n) *v/t.* punctuate; emphasize (*a spoken word*).
pondaison [pɔ̃dɛˈzɔ̃] *f eggs*: laying.
pondérable [pɔ̃deˈrabl] ponderable; **pondérateur, -trice** [~raˈtœːr, ~ˈtris] stabilizing, balancing; **pondération** [~raˈsjɔ̃] *f* balance (*a. fig.*); *fig.* level-headedness; **pondéré, e** [~ˈre] level-headed.
pondeur, -euse [pɔ̃ˈdœːr, ~ˈdøːz] **1.** *adj.* (egg-)laying; **2.** *su. fig.* prolific producer (*of novels etc.*); *su./f hen*: layer; **pondoir** [~ˈdwaːr] *m* nest-box; *hens*: laying-place; **pondre** [pɔ̃ːdr] (4a) *v/t.* lay (*an egg*); F *fig.* produce, bring forth.
poney *zo.* [pɔˈnɛ] *m* pony.
pongiste [pɔ̃ˈʒist] *su.* table tennis player.
pont [pɔ̃] *m* ⚠, ⊕, *fig.* bridge; ⊕, *mot.* axle; ⚓ deck; ~s *pl. et chaussées f/pl.* Highways Department *sg.* (*in France*); ⊕ ~ *à bascule* weigh-bridge; ~ *aérien* air-lift; *mot.* ~ *arrière* rear-axle; *mot.* ~ *élévateur garage*: repair *or* car ramp; ~ *roulant* ⊕ travelling crane; 🚂 traverser; ⚠ ~ *suspendu* suspension-bridge; ⚠ ~ *tournant* swing-bridge; *fig. couper les* ~s burn one's boats; **pontage** [pɔ̃ˈtaːʒ] *m* bridge-building; bridging; ⚕ by-pass.
ponte[1] [pɔ̃ːt] *f eggs*: laying; eggs *pl.*
ponte[2] [~] *m cards*: punter; F top brass, V.I.P.
ponter [pɔ̃ˈte] (1a) *v/i. cards*: punt.
pontife [pɔ̃ˈtif] *m* pontiff; *fig.* pundit; *souverain m* ~ pope, sovereign pontiff; **pontifical, e,** *m/pl.* **-aux** [pɔ̃tifiˈkal, ~ˈko] *adj.*, *a. su./m* pontifical; **pontificat** [~fiˈka] *m* pontificate; **pontifier** [~ˈfje] (1o) *v/i.* pontificate (*a. fig.*).
pont-levis, *pl.* **ponts-levis** [pɔ̃leˈvi] *m* drawbridge.
ponton [pɔ̃ˈtɔ̃] *m* ⚔ pontoon; ⚓ lighter; *in river etc.*: floating landing stage; † hulk; **pontonnier** ⚔ [~tɔˈnje] *m* pontoneer.
popeline *tex.* [pɔˈplin] *f* poplin.
popote F [pɔˈpɔt] **1.** *su./f* cooking; ⚔ cook-shop; ⚔ (*field-*)mess; *faire la* ~ do the cooking; **2.** *adj.* stay-at-home, quiet.
populace *pej.* [pɔpyˈlas] *f* populace, rabble; **populacier, -ère** F [~laˈsje, ~ˈsjɛːr] vulgar, common.
populage ⚘ [pɔpyˈlaːʒ] *m* marsh marigold.
populaire [pɔpyˈlɛːr] **1.** *adj.* popular (with, *auprès de*); **2.** *su./m* common people; herd; **populariser** [pɔpylariˈze] (1a) *v/t.* popularize; make (*s.o.*) popular; **popularité** [~ˈte] *f* popularity; **population** [pɔpylaˈsjɔ̃] *f* population; ~ *active* working population; **populeux, -euse** [~ˈlø, ~ˈløːz] populous; crowded (*city etc.*); **populo** F [~ˈlo] *m* common people, riff-raff.
porc [pɔːr] *m* pig, hog; *cuis.* pork; *fig.* (dirty) swine.
porcelaine [pɔrsəˈlɛn] *f* china (-ware); porcelain; ~ *de Limoges* Limoges ware; **porcelainier, -ère** [~lɛˈnje, ~ˈnjɛːr] **1.** *adj.* china...; porcelain...; **2.** *su./m* porcelain manufacturer.
porcelet [pɔrsəˈlɛ] *m* piglet, *ch.sp.* piggy.
porc-épic, *pl.* **porcs-épics** *zo.* [pɔrkeˈpik] *m* porcupine, *Am.* hedgehog.
porche ⚠ [pɔrʃ] *m* porch, portal.
porcher [pɔrˈʃe] *m* swine-herd; **porchère** [~ˈʃɛːr] *f* swine-maiden; **porcherie** [~ʃəˈri] *f* pig-farm; pigsty (*a. fig.*).
pore [pɔːr] *m* pore; **poreux, -euse** [pɔˈrø, ~ˈrøːz] porous; unglazed (*pottery etc.*).
porion ⚒ [pɔˈrjɔ̃] *m* overman.
pornographie [pɔrnɔgraˈfi] *f* pornography.
porosité [pɔroziˈte] *f* porosity.
porphyre [pɔrˈfiːr] *m min.* porphyry; ⚕ slab; **porphyrique** *min.* [~fiˈrik] porphyritic.
porreau [pɔˈro] *m see poireau.*
port[1] [pɔːr] *m* ⚓, ✈ port; harbo(u)r; haven (*a. fig.*); ~ *d'attache* port of registry; ~ *de* (*or à*) *marée* tidal harbo(u)r; ~ *de mer* seaport; ~ *franc* free port; *arriver à bon* ~ ⚓ come safe into port; *fig.* arrive safely; *capitaine m de* ~ harbo(u)r-master; *entrer au* ~ come into port.
port[2] [pɔːr] *m* carrying; *goods etc.*: carriage; *letter, parcel*: postage; ⚓ *ship*: tonnage; *transport, telegram, etc.*: charge; *decorations, uniform*: wearing; *person*: bearing, carriage; ~ *dû* carriage forward; ~

payé carriage *or* postage paid; **portable** [pɔrˈtabl] portable; *cost.* wearable; **portage** [~ˈtaːʒ] *m* ⚕ conveyance, transport; ⚓ portage; ⊕ bearing.

portail ⚠ [pɔrˈtaːj] *m* portal; main door.

portant, e [pɔrˈtɑ̃, ~ˈtɑ̃ːt] **1.** *adj.* ⊕ bearing, carrying; *fig. bien (mal)* ~ in good (bad) health; **2.** *su./m* ⊕ stay, strut; *box, trunk*: handle; *thea.* framework (*of a flat*); **portatif, -ve** [~taˈtif, ~ˈtiːv] portable.

porte [pɔrt] **1.** *su./f* ⚠, *a.* ⊕ door (*a. fig.*); gate (*a.* ⚓); doorway, entrance; *geog.* pass, gorge; ~ *à deux battants* folding-door; ~ *cochère* carriage entrance, gateway; ⚒ ~ *d'aérage* trap, air-gate; ~ *vitrée* glass door; *écouter aux* ~*s* eavesdrop; *mettre* (*or* F *flanquer*) *q. à la* ~ turn s.o. out; give s.o. the sack; *nous habitons* ~ *à* ~ we are next-door neighbo(u)rs; **2.** *adj.*: *anat. veine f* ~ portal vein.

porte...: ~**(-)à(-)faux** [pɔrtaˈfo] *m*: *en* ~ in an unstable position; ~**-aiguilles** [~eˈgɥiːj] *m/inv.* needle case; ~**-avions** ⚓ [~aˈvjɔ̃] *m/inv.* aircraft carrier; ~**-bagages** [~baˈgaːʒ] *m/inv.* luggage (*Am.* baggage) rack; ~**-billets** [~biˈjɛ] *m/inv.* note case, *Am.* billfold; ~**-bonheur** [~bɔˈnœːr] *m/inv.* talisman, lucky charm; mascot; ~**-bouteilles** [~buˈtɛːj] *m/inv.* bottle rack; ~**-cigarettes** [~sigaˈrɛt] *m/inv.* cigarette case; ~**-clefs** [~əˈkle] *m/inv.* key ring; *hotel*: key rack; ~**-drapeau** ⚔ [~ədraˈpo] *m/inv.* colo(u)r bearer.

portée [pɔrˈte] *f* bearing; ⚠ span; *gun*: range; *voice*: compass; *arm*: reach; ♪ stave; *animals*: litter; *fig.* comprehension; *fig.* meaning, consequences *pl.*, implications *pl.*; *à (la)* ~ (de) within reach (of); *hors de (la)* ~ (de) without reach (of); *à (hors de)* ~ *de voix* within (out of) earshot; *être à la* ~ *de a.* be within the understanding of (*s.o.*); *vues f/pl. à longue* ~ farsighted policy *sg.*

porte...: ~**-enseigne** [pɔrtɑ̃ˈsɛɲ] *m/inv.* colo(u)r-bearer; ~**faix** [~əˈfɛ] *m* (street-)porter; *docks*: stevedore.

porte-fenêtre, *pl.* **portes-fenêtres** ⚠ [pɔrtəˈfnɛːtr] *f* French window.

porte...: ~**feuille** [pɔrtəˈfœːj] *m documents, a. pol.*: portfolio; wallet, note-case, *Am.* bill-fold; ⚕ ~ *titres* investments *pl.*, securities *pl.*; ~**-habits** [pɔrtaˈbi] *m/inv.* hall-stand; ~**-malheur** [~maˈlœːr] *m/inv.* bringer of bad luck, F Jonah; ~**manteau** [~mɑ̃ˈto] *m* coat-rack, hat-stand; ~**-mine** [~ˈmin] *m/inv.* pencil-case; propelling pencil; ~**-monnaie** [~mɔˈnɛ] *m/inv.* purse; ~**-parapluies** [~paraˈplɥi] *m/inv.* umbrella-stand; ~**-parole** [~paˈrɔl] *m/inv.* spokesman, F mouthpiece; ~**-plume** [pɔrtəˈplym] *m/inv.* penholder.

porter [pɔrˈte] (1a) *v/t.* carry; bear; wear (*clothing*); take; strike, deal (*a blow*); ⚖ bring (*a charge, a complaint*); ⚕ charge; ⚕ place (*to s.o.'s credit*); ⚕ post (*in ledger*); produce (*fruit etc.*); ⚔ shoulder (*arms*); *fig.* lead (*s.o.*) (to, *à*); *fig.* increase (*the number, the price, the temperature*); *fig.* have (*an affection, an interest*), bear (*the responsibility, witness*); *se* ~ proceed (to, *à*); feel, be (*well, unwell etc.*); *se* ~ *bien (mal) a.* be in good (bad) health; *se* ~ *comme un charme* be as fit as a fiddle; *se* ~ *candidat* stand as candidate; *pol.* run (for, *à*); *se* ~ *garant de* vouch for; *v/i.* bear (*a. fig.*), rest (on, *sur*); deal (with, *sur*); carry (*sound etc.*); hit the mark, strike home (*shot, a. fig. insult, etc.*); ⚕ be pregnant; be with young (*animal*); *fig.* ~ *à la tête* go to the head (*wine*); ~ *sur les nerfs* get on one's nerves.

porte...: ~**-respect** [pɔrtrɛsˈpɛ] *m/inv.* defensive weapon; ~**-savon** [~saˈvɔ̃] *m or m/inv.* soap-dish, soap-holder; ~**-serviettes** [~sɛrˈvjɛt] *m/inv.* towel-rack.

porteur, -euse [pɔrˈtœːr, ~ˈtøːz] **1.** *su.* porter; *letter, message, news, etc.*: bearer; ⚕ (*germ-*)carrier; *su./m* ⚕ bearer, payee (*of cheque*); (*stock-, share*)holder; *au* ~ (*payable*) to bearer (*cheque*); **2.** *adj.* pack-(*animal*); ⊕ bearing; suspension-...; carrier (*wave, rocket*).

porte-voix [pɔrtəˈvwa] *m/inv.* speaking-tube; megaphone.

portier, -ère [pɔrˈtje, ~ˈtjɛːr] *su.* doorman; gatekeeper; porter; *su./f mot., a.* 🚂 door; door-curtain; **portillon** [~tiˈjɔ̃] *m* wicket(-gate); small gate.

portion [pɔrˈsjɔ̃] *f* portion, share, part; *meal*: helping; F ~ *congrue* bare living.

portique [pɔrˈtik] *m* portico, porch; ⊕ gantry; *sp.* crossbar.
porto [pɔrˈto] *m wine*: port.
portrait [pɔrˈtrɛ] *m paint.* portrait; face; *fig.* likeness; *fig.* description; character-sketch, profile; ~ *robot* identikit (picture); **portraitiste** [pɔrtrɛˈtist] *su.* portrait-painter; **portraiturer** [~tyˈre] (1a) *v/t.* portray.
portugais, e [pɔrtyˈgɛ, ~ˈgɛːz] **1.** *adj.* Portuguese; **2.** *su./m ling.* Portuguese; *su.* ♀ Portuguese; *les* ♀ *m/pl.* the Portuguese.
posage ⊕ [poˈzaːʒ] *m* placing; fixing; *bricks, pipes*: laying; **pose** [poːz] *f* ⊕ placing; fixing; *bricks, pipes*: laying; ⚔ posting; *phot.* time-exposure; *fig.* posture; pose; *fig.* affectation; *prendre une* ~ adopt *or* strike an attitude; **posé, e** [poˈze] *fig.* sedate, staid, grave; steady (*bearing, person, voice*); sitting (*bird*); **posemètre** *phot.* [pozˈmɛtr] *m* exposure meter; **poser** [poˈze] (1a) *v/t.* place, put (*a. a question, a motion*), lay (*a.* △ *bricks, pipes, carpet,* 🚂 *rails, etc.*); lay down (*a book, a. fig. a principle*); hang (*curtains*); set (*a problem*); ⊕ fix, fit; ⚔ ~ *les armes* lay down one's arms; ~ *q.* establish s.o.'s reputation; *posons le cas que* let us suppose that; *se* ~ *fig.* achieve a certain standing; ✈ land (*plane*); *se* ~ *comme* pass o.s. off as, claim to be; *v/i.* rest, lie; *paint.* pose (*a. fig.*), sit; F *fig.* put it on, *Am.* put on dog; *fig.* ~ *pour* claim to be; **poseur, -euse** [~ˈzœːr, ~ˈzøːz] *su.* affected person; attitudinizer; *su./m pipes, a. mines*: layer; (*bill-*) sticker.
positif, -ve [poziˈtif, ~ˈtiːv] **1.** *adj.* ⚕, ⚡, *gramm., phys., phot.* positive; real, actual; matter-of-fact, practical (*person*); **2.** *su./m phot., gramm., phot.* positive; ♪ choir-organ.
position [poziˈsjɔ̃] *f* position; situation (*a. fig.*); job; (*physical*) posture, attitude; (*social*) standing; ~ *clé* key position; *feux m/pl. de* ~ ✈ navigation lights; ⚓ riding lights; *mot.* parking lights; *prendre* ~ *sur* take up a definite stand about.
posologie ⚕ [pozɔlɔˈʒi] *f* dosage, directions *pl.* for use.
possédé, e [pɔseˈde] **1.** *adj.* possessed (by, *de*; *fig. a.* with, *pour*); **2.** *su./m* madman, maniac; *su./f* madwoman;
posséder [~] (1f) *v/t.* possess (*a. fig.*); own; have; *fig. passion, influence*: dominate; have a thorough knowledge of; *fig. se* ~ contain o.s., control o.s.
possesseur [pɔsɛˈsœːr] *m* owner, possessor; **possessif, -ve** *gramm.* [~ˈsif, ~ˈsiːv] *adj., a. su./m* possessive; **possession** [~ˈsjɔ̃] *f* possession (*a. by a demon*); *fig.* thorough knowledge (*of a subject*); ~ *de soi* self-control.
possibilité [pɔsibiliˈte] *f* possibility; **possible** [~ˈsibl] **1.** *adj.* possible; *le plus* ~ as far as possible; as many *or* much as possible; *le plus vite* ~ as quickly as possible; **2.** *su./m* what is possible; *faire tout son* ~ do all one can (to *inf.*, *pour inf.*).
post... [pɔst] post...
postal, e, *m/pl.* **-aux** [pɔsˈtal, ~ˈto] postal; *sac m* ~ mail-bag.
postdater [pɔstdaˈte] (1a) *v/t.* postdate.
poste[1] [pɔst] *f* post; mail; postal service; post office; ~ *aérienne* airmail; ~ *restante* to be called for, *Am.* general delivery; *mettre à la* ~ post, *Am.* mail (*a letter*); *par la* ~ by post.
poste[2] [~] *m* post (*a.* ⚔); job; position; *pilot*: cockpit; ⚔, ⊕, ⚡, *police, fire, radio, tel., etc.*: station; *radio, teleph.*: set; *teleph.* extension; ✝ entry; ✝ item; *mot.* (*filling*) station, (*petrol*) pump; ⚔ ~ *avancé* advanced post, outpost; 🚂 ~ *d'aiguillage* signal-box; ✈ ~ *de contrôle* control tower; ~ *de secours* first-aid post; ⚔ regimental aid post; ~ *de télévision* television set; ~ *de T.S.F.* radio; ~ *téléphonique* telephone-station; *conduire q. au* ~ take s.o. to the police station.
poster [pɔsˈte] (1a) *v/t.* post, *Am.* mail (*a letter*); post, station (*a sentry*).
postérieur, e [pɔsteˈrjœːr] **1.** *adj.* posterior; subsequent (*time*); hind (-er) (*place*); back (*vowel*); **2.** F *su./m* posterior, F backside.
postérité [pɔsteriˈte] *f* posterity; descendants *pl.*; *la* ~ generations *pl.* to come.
postface [pɔstˈfas] *f book*: postscript.
posthume [pɔsˈtym] posthumous.
postiche [pɔsˈtiʃ] **1.** *adj.* false (*hair*

etc.); imitation (*pearl*); **2.** *su.*/*m* hair-piece; postiche.

postier *m*, **-ère** *f* [pɔsˈtje, ~ˈtjɛːr] post-office employee; **postillon** [~tiˈjɔ̃] *m* postilion; F *speech*: splutter(ing).

post...: **~position** [pɔstpoziˈsjɔ̃] *f* postposition; **~scolaire** [~skɔˈlɛːr] after-school; *class, school*: continuation ...; **~-scriptum** [~skripˈtɔm] *m*/*inv*. postscript, P.S.

postulant *m*, **e** *f* [pɔstyˈlɑ̃, ~ˈlɑ̃ːt] *post*: applicant, candidate; *eccl.* postulant; **postulat** [~ˈla] *m* postulate, assumption; **postulation** [~laˈsjɔ̃] *f* postulation; **postuler** [~ˈle] (1a) *v*/*t*. apply for (*a post*); postulate; *v*/*i*. ⚖ conduct a (law)suit.

posture [pɔsˈtyːr] *f* posture, attitude; *fig.* position.

pot [po] *m* pot; jar, jug, can; ⚗ crucible; ~ *à eau* water jug, ewer; ~ *à fleurs* flower-pot; ~ *à lait* milk-can, milk-jug; ~ *de chambre* chamber(-pot); ~ *de fleurs* pot of flowers; *fig. découvrir le ~ aux roses* smell out the secret; *manger à la fortune du ~* take pot luck; F *fig. tourner autour du ~* beat about the bush.

potable [pɔˈtabl] drinkable, fit to drink; F fair, acceptable; *eau f ~* drinking water.

potache F [pɔˈtaʃ] *m* secondary-school boy, grammar-school boy.

potage [pɔˈtaːʒ] *m* soup; *fig. pej. pour tout ~* in all; **potager, -ère** [~taˈʒe, ~ˈʒɛːr] **1.** *adj.* pot-(*herbs*); kitchen (*garden*); **2.** *su.*/*m* (*a. jardin m ~*) kitchen *or* vegetable garden.

potasse [pɔˈtas] *f* ⚗ potash; ⚗ (impure) potassium carbonate; **potasser** F [pɔtaˈse] (1a) *v*/*t*. swot at *or* for; **potassique** ⚗ [~ˈsik] potassium...; potassic (*salt*); **potassium** ⚗ [~ˈsjɔm] *m* potassium.

pot-au-feu [pɔtoˈfø] **1.** *su.*/*m*/*inv*. stock-pot; beef-broth; boiled beef and vegetables; **2.** *adj.* stay-at-home; **pot-bouille** † *sl.* [poˈbuːj] *f*: *faire ~ ensemble* live together; **pot-de-vin,** *pl.* **pots-de-vin** F [podˈvɛ̃] *m* tip, gratuity; *pej.* bribe; *pej.* hush-money, *Am. sl.* rake-off.

pote *sl.* [pɔt] *m* pal, *Am.* buddy.

poteau [pɔˈto] *m* post (*a. sp.*), stake; pole; ⚒ pit-prop; *sl.* pal, *Am.* buddy; ~ *indicateur* sign-post; ~ *télégraphique* telegraph pole.

potée [pɔˈte] *f* potful, jugful; *beer*: mugful; ⊕ *emery, putty, etc.*: powder.

potelé, e [pɔtˈle] plump, chubby; dimpled.

potence [pɔˈtɑ̃ːs] *f* gallows *usu. sg.*, gibbet; ⚠, ⊕ arm, cross-piece; ⊕ *crane*: jib; *mériter la ~* deserve hanging.

potentat [pɔtɑ̃ˈta] *m* potentate; ✝ F magnate.

potentialiser ⚕ *etc.* [pɔtɑ̃sjaliˈze] (1a) *v*/*t*. potentiate, increase the effect of; **potentiel, -elle** [~ˈsjɛl] *adj.*, *a. su.*/*m* potential (*a. gramm.*).

poterie [pɔˈtri] *f* pottery (*a. works*); earthenware; ~ *d'étain* pewter; **potiche** [~ˈtiʃ] *f* vase of Chinese *or* Japanese porcelain; F *fig.* figure-head; **potier** [~ˈtje] *m* potter; ~ *d'étain* pewterer.

potin [pɔˈtɛ̃] *m* pewter; pinchbeck; F gossip; F din, rumpus; ~ *jaune* brass; **potiner** F [pɔtiˈne] (1a) *v*/*i*. gossip; **potinier, -ère** [~ˈnje, ~ˈnjɛːr] **1.** *adj.* gossipy; **2.** *su.* scandalmonger, gossip; *su.*/*f* gossip-shop.

potion ⚕ [poˈsjɔ̃] *f* potion, draught.

potiron ⚘ [pɔtiˈrɔ̃] *m* pumpkin.

pot-pourri, *pl.* **pots-pourris** [popuˈri] *m cuis.* meat-stew; ♪ pot-pourri (*a. perfume*), medley.

pou, *pl.* **poux** [pu] *m* louse; (*bird-*)mite; (*sheep-*)tick.

pouah! [pwa] *int.* ugh!

poubelle [puˈbɛl] *f* refuse-bin, *Am.* garbage-can; dustbin.

pouce [puːs] *m* thumb; † *measure*: inch (*a. fig.*); big toe; *manger sur le ~* have a snack; *mettre les ~s* knuckle under, give in; *s'en mordre les ~s* regret it bitterly; *se tourner les ~s* twiddle one's thumbs; **poucettes** [puˈsɛt] *f*/*pl*. thumb-cuffs; † *torture*: thumb-screw *sg.*; **poucier** [~ˈsje] *m* ⚕ thumb-stall; ⊕ *latch*: thumb-piece.

pouding *cuis.* [puˈdiŋ] *m* pudding.

poudre [puːdr] *f* powder; dust (*a. fig.*); ⚔ (gun)powder; ⚒ ~ *de mine* blasting powder; *café m en ~* instant coffee; *il n'a pas inventé la ~* he won't set the Thames on fire; *fig. jeter de la ~ aux yeux de q.* throw dust in s.o.'s eyes; bluff s.o.;

réduire en ~ pulverize; *sucre m en* ~ castor sugar; **poudrer** [pu'dre] (1a) *v/t.* (sprinkle [*s.th.*] with) powder; **poudrerie** [~drə'ri] *f* (gun)powder-factory; **poudreux, -euse** [~'drø, ~'drø:z] **1.** *adj.* dusty; powdery; *neige f* ~*euse* = **2.** *su/f* powder snow; **poudrier** [~dri'e] *m* powder-case, powder-box; compact; **poudrière** [~dri'jɛ:r] *f esp. fig.* powder keg; **poudrin** [~'drɛ̃] *m see embrun*; **poudroyer** [~drwa'je] (1h) *v/i.* form *or* send up clouds of dust.

pouf [puf] **1.** *int. sound of falling*: plop!; plump!; *feelings*: phew!; **2.** *su./m cushion*: pouf; puff (= *exaggerated advertisement*); **pouffant, e** F [pu'fɑ̃, ~'fɑ̃:t] screamingly funny; **pouffer** [~'fe] (1a) *v/i.* (*a.* ~ *de rire*) burst out laughing.

pouffiasse *sl.* [puf'jas] *f* whore, tart; slattern, slut; fat woman.

pouillerie *sl.* [puj'ri] *f* abject poverty; filthy hole.

pouilles [pu:j] *f/pl.*: *chanter* ~ *à* jeer at.

pouilleux, -euse [pu'jø, ~'jø:z] lousy, lice-infested; F wretched.

poulailler [pula'je] *m* hen-house, hen-roost; F *thea.* gallery, gods *pl.*; **poulaillerie** [~laj'ri] *f* poultry-market.

poulain [pu'lɛ̃] *m zo.* foal, colt; ⊕ skid; slide-way.

poulaine [pu'lɛn] *f* ⚓ head; *hist. souliers m/pl. à la* ~ shoes with long pointed toes.

poularde *cuis.* [pu'lard] *f* fowl; fat(-tened) pullet; **poule** [pul] *f* hen; *cuis.* fowl; *games, a. fencing*: pool; *races*: sweepstake; F girl; F tart, prostitute; ~ *d'Inde* turkey-hen; F ~ *mouillée* milksop; *fig. chair f de* ~ goose-flesh; **poulet** [pu'lɛ] *m* chicken; F love-letter; *sl.* copper (= *policeman*); **poulette** [pu'lɛt] **1.** *su./f zo.* pullet; F girl; **2.** *adj.*: *cuis. sauce f* ~ sauce of butter, yolk of egg and vinegar.

pouliche *zo.* [pu'liʃ] *f* filly.

poulie ⊕ [pu'li] *f* pulley; block; driving wheel.

pouliner [puli'ne] (1a) *v/i.* foal.

poulot *m*, **-otte** *f* F [pu'lo, ~'lɔt] darling, pet (*addressing children*).

poulpe *zo.* [pulp] *m see pieuvre*.

pouls ⚕ [pu] *m* pulse; *prendre le* ~ *à q.* feel s.o.'s pulse; F *fig. tâter le* ~ *à q.* sound s.o.; F *se tâter le* ~ reflect, hesitate.

poumon [pu'mɔ̃] *m anat.* lung; ⚕ ~ *d'acier* iron lung.

poupard [pu'pa:r] *m* baby in long clothes; baby-doll.

poupe ⚓ [pup] *f* stern, poop; *avoir le vent en* ~ ⚓ have the wind astern; *fig.* have the wind in one's sails, be on the road to success.

poupée [pu'pe] *f* doll; puppet; F chick (= *girl*); bandaged finger.

poupin, e [pu'pɛ̃, ~'pin] chubby; *visage* ~ baby face.

poupon *m*, **-onne** *f* F [pu'pɔ̃, ~'pɔn] baby; **pouponner** F [pupɔ'ne] (1a) *v/t.* coddle (*a child etc.*); **pouponnière** [~'njɛ:r] *f* babies' room (*in day-nursery*); day-nursery; infants' nursery.

pour [pu:r] **1.** *prp.* for (*s.o., this reason, negligence, ten dollars, the moment, Christmas, ever*); on account of, because of, for the sake of; instead of; in favo(u)r of; considering; as; (al)though, in spite of, for; calculated *or* of a nature to (*inf.*); about to (*inf.*); ✝ per (*cent*); *du respect* ~ consideration for; *prendre* ~ take for; *passer* ~ be looked upon as; *see partir*; ~ *le plaisir* (*la vie*) for fun (life); ~ *ma part* as for me; ~ *moi* in my opinion; ~ (*ce qui est de*) *cela* as far as that goes; *see amour*; *il fut puni* ~ *avoir menti* he was punished for lying *or* because he had lied; ~ *être riche il* ... though he is rich he ...; in spite of being rich he ...; *être* ~ (*inf.*) be on the point of (*ger.*); ~ *affaires* on business; ~ *de bon* seriously, in earnest; ~ *le moins* at least; ~ *ainsi dire* so to speak, as it were; ~ *important qu'il soit* however important it may be; ~ *peu que* (*sbj.*) if ever (*ind.*); however little (*ind.*); ~ *que* (*sbj.*) so *or* in order that; *être* ~ *beaucoup* (*peu*) *dans qch.* play a big (small) part in s.th.; *être* ~ be in favo(u)r of; *sévère* ~ hard on, strict with; **2.** *su./m*: *le* ~ *et le contre* the pros *pl.* and cons *pl.*

pourboire [pur'bwa:r] *m* tip, gratuity.

pourceau [pur'so] *m* pig, hog, swine.

pour-cent ✝ [pur'sɑ̃] *m/inv.* percentage, rate per cent; **pourcen-**

tage ✝ [~sɑ̃'tɑːʒ] *m* percentage; rate.
pourchasser [purʃa'se] (1a) *v/t.* pursue; *fig.* chase; hound (*a debtor etc.*).
pourfendeur *iro.* [purfɑ̃'dœːr] *m* destroyer; **pourfendre** *iro.* [~'fɑ̃ːdr] (4a) *v/t.* attack, fight (against).
pourlécher F [purle'ʃe] (1f) *v/t.*: *se ~* lick; *se ~ les babines* lick one's chops.
pourparlers [purpar'le] *m/pl.* (*diplomatic*) talks, negotiations; ⚔ parley *sg.*
pourpoint *cost.* † [pur'pwɛ̃] *m* doublet.
pourpre [purpr] **1.** *su./f dye, robe, a. fig.*: purple; *su./m* dark red, crimson; ⚕ purpura; **2.** *adj.* dark red, crimson, purple; **pourpré, e** [pur'pre] crimson; purple.
pourquoi [pur'kwa] **1.** *adv., cj.* why; *c'est ~* therefore; that's why; **2.** *su./m/inv.*: *le ~* the reason (for, *de*).
pourrai [pu're] *1st p. sg. fut. of pouvoir 1.*
pourri, e [pu'ri] **1.** *adj.* rotten (with, *de*) (*fruit, wood, a. fig.*); bad (*egg, meat*); addled (*egg*); dank (*air*); damp (*weather*); putrid (*flesh*); **2.** *su./m* rotten part, bad patch (*of fruit etc.*); **pourrir** [~'riːr] (2a) *vt/i.* rot; *v/i.* go bad *or* rotten; rot (away) (*wood etc.*); addle (*egg*); *fig. ~ en prison* rot in goal; **pourriture** [~ri'tyːr] *f* decay, rot(ting); putrefaction; *fig.* rottenness, corruption.
poursuite [pur'sɥit] *f* pursuit (*a. fig.*); chase; *~s pl.* legal action *sg.*; prosecution *sg.*; **poursuivant, e** [~sɥi'vɑ̃, ~'vɑ̃ːt] **1.** *su.* pursuer; ⚖ plaintiff; prosecutor; **2.** *adj.* prosecuting; **poursuivre** [~'sɥiːvr] (4ee) *v/t.* pursue (*a.* ⚔, *a. fig.*); *fig.* continue, go on with; ⚖ sue (*s.o.*); prosecute (*s.o.*).
pourtant [pur'tɑ̃] *cj.* nevertheless, (and) yet.
pourtour [pur'tuːr] *m* periphery; precincts *pl.*; *thea.* gangway round the stalls; *avoir cent mètres de ~* be 100 metres round.
pourvoi ⚖ [pur'vwa] *m* appeal; petition (for mercy, *en grâce*); **pourvoir** [~'vwaːr] (3m) *v/t.* provide, supply, furnish (with, *de*); ⚖ *se ~* appeal (to the Supreme Court, *en cassation*); *se ~ en grâce* petition for mercy; *v/i.*: *~ à* provide for; *~ à un emploi* fill a post; **pourvoyeur** *m*, **-euse** *f* [~vwa'jœːr, ~'jøːz] provider; caterer; contractor.
pourvu [pur'vy] *cj.*: *~ que* provided [(that).]
poussah [pu'sa] *m toy*: tumbler; *fig.* pot-bellied man.
pousse [pus] *f leaves, hair, etc.*: growth; *teeth*: cutting; ⚘ (young) shoot; *wine*: ropiness; **~-café** F [~ka'fe] *m/inv.* liqueur (*after coffee*), F chaser; **~-cailloux** ⚔ *sl.* [~ka'ju] *m/inv.* foot-slogger (= *infantrymen*); **poussé, e** [pu'se] advanced; extensive, thorough (*studies etc.*); highly developped; elaborate; exaggerated; **poussée** [~] *f* ⊕, ⚒ thrust; *phys.* pressure (*a. business*); *fig.* push, shove; *fig.* upsurge; ✝ upward tendency; ⚕ outbreak; ⚘ growth; **pousse-pousse** [pus'pus] *m/inv.* rickshaw (*in the East*); push-chair; **pousser** [pu'se] (1a) *v/t.* push, shove; push (*the door*) to, push (*a bolt*) across; drive (*a tunnel*); jostle (*s.o.*); *fig.* carry (to, *jusqu'à*); *fig.* urge on (*a crowd, a horse*); incite (*a crowd, s.o.*); *fig.* utter (*a cry*), heave (*a sigh*); extend (*one's studies*); push (*s.o.*) on; ⚘ put forth (*roots, leaves*); *se ~* push o.s. forward; push one's way to the front; *v/i.* push, apply pressure; ⚘ grow (*a. hair etc.*); *fig.* make one's way, push on; **poussette** [~'sɛt] *f game*: push-pin; baby-carriage; push-chair.
poussier [pu'sje] *m* coal-dust; **poussière** [~'sjɛːr] *f* dust; speck of dust; *water*: spray, spindrift; ⚘ *~ fécondante* pollen; *mordre la ~* bite the dust; F *fig. 300* F *et des ~s three-hundred* odd francs; **poussiéreux, -euse** [~sje'rø, ~'røːz] dusty; dust-colo(u)red.
poussif, -ve [pu'sif, ~'siːv] broken-winded (*horse etc.*); F shortwinded (*person*).
poussin [pu'sɛ̃] *m* chick; *cuis.* spring chicken; **poussinière** [~si'njɛːr] *f* chicken-coop; incubator.
poussoir [pu'swaːr] *m electric bell, clock, etc.*: push; ⊕, *mot.* push-rod; ⚔ *machine-gun*: button.
poutrage ⚠ [pu'traːʒ] *m* framework, beams *pl.*; **poutre** ⚠ [puːtr] *f* beam; joist; *metal*: girder; **poutrelle** ⚠ [pu'trɛl] *f* small beam; girder.

pouvoir [pu'vwa:r] **1.** (3h) *v/t.* be able; can; be possible; *cela se peut bien* it is quite possible; *il se peut que* (*sbj.*) it is possible that (*ind.*); *puis-je?* may I?; *n'en ~ plus* be worn out; be at the end of one's resources; **2.** *su./m* power; *en mon* (*son etc.*) *~* (with)in my (his *etc.*) power.

pragmatique [pragma'tik] **1.** *adj.* pragmatic; **2.** *su./f hist.* Pragmatic Sanction; **pragmatisme** [~'tism] *m* pragmatism.

prairie [prɛ'ri] *f* meadow; grassland, *Am.* prairie.

praline *cuis.* [pra'lin] *f* burnt almond; praline; **praliner** *cuis.* [~li'ne] (1a) *v/t.* brown, crisp (*almonds*).

praticable [prati'kabl] practicable; feasible (*idea, plan*); negotiable, passable (*road etc.*); **praticien** *m*, **-enne** *f* [~sjɛ̃, ~'sjɛn] ⚕, ⚖ practitioner; practician; **pratiquant, e** *eccl.* [~'kɑ̃, ~'kɑ̃:t] practising (*Catholic etc.*), churchgoing; **pratique** [pra'tik] **1.** *adj.* practical; convenient; useful; **2.** *su./f* practice (*a. eccl.*); habit, use; experience; *mettre en ~* put into practice; **pratiquer** [~ti'ke] (1m) *v/t.* practise (⚕, ⚖, *a. a religion, etc.*); exercise (*a profession*); put into practice (*a rule, virtues, etc.*); carry out; ⚠ make, cut (*a hole, a path, etc.*); *se ~* be the practice.

pré [pre] *m* (small) meadow.

pré... [~] pre...; prae..., ante..., fore...

préalable [prea'labl] **1.** *adj.* previous; preliminary; **2.** *su./m* prerequisite, (pre)condition; † preliminary; *au ~* = **préalablement** [~labləˈmɑ̃] first, beforehand.

préambule [preɑ̃'byl] *m* preamble (to, *de*).

préau [pre'o] *m* yard; *school*: covered playground.

préavis [prea'vi] *m* previous (*or* advance) notice; warning; *donner son ~* give (one's) notice.

prébende *eccl.* [pre'bɑ̃:d] *f* prebend.

précaire [pre'kɛ:r] precarious; delicate (*health*); **précarité** [~kari'te] *f* precariousness.

précaution [preko'sjɔ̃] *f* precaution; caution, care; *avec ~* cautiously; warily; **précautionner** [~sjɔ'ne] (1a) *v/t.* warn, caution; *se ~ contre* take precautions against.

précédemment [preseda'mɑ̃] *adv.* previously, before; **précédent, e** [~'dɑ̃, ~'dɑ̃:t] **1.** *adj.* preceding, previous, prior; former; **2.** *su./m* precedent; ⚖ *~s pl.* case-law *sg.*; *sans ~* unprecedented; **précéder** [~'de] (1f) *v/t.* precede; go before; *fig.* take precedence over, have precedence of.

précepte [pre'sɛpt] *m* precept; **précepteur** *m*, **-trice** *f* [presɛp'tœ:r, ~'tris] tutor; teacher; **préceptoral, e,** *m/pl.* **-aux** [~tɔ'ral, ~'ro] tutorial; **préceptorat** [~tɔ'ra] *m* tutorship.

prêche [prɛ:ʃ] *m protestantism*: sermon; *fig.* protestantism; **prêcher** [prɛ'ʃe] (1a) *v/t.* preach (*a. fig.*); preach to (*s.o.*); *v/i.* preach; *fig. ~ à q. de* (*inf.*) exhort s.o. to (*inf.*); *~ d'exemple* (*or par l'exemple*) set an example; **prêcheur** *m*, **-euse** *f fig.* [~'ʃœ:r, ~'ʃø:z] sermonizer; **prêchi-prêcha** F [~ʃiprɛ'ʃa] *m* preachifying.

précieux, -euse [pre'sjø, ~'sjø:z] **1.** *adj.* precious; valuable; *fig.* affected (*style etc.*); **2.** *su.* affected person; **préciosité** [~sjozi'te] *f* preciosity, affectation.

précipice [presi'pis] *m* precipice.

précipitamment [presipita'mɑ̃] *adv.* in a hurry, headlong; **précipitation** [~ta'sjɔ̃] *f* (violent) haste, hurry, precipitancy; ⚗, *phys.*, *meteor.* precipitation; **précipité, e** [~'te] **1.** *adj.* precipitate; hasty; ⚕ racing (*pulse*); headlong (*flight*); **2.** *su./m* ⚗ *etc.* precipitate; **précipiter** [~'te] (1a) *v/t.* throw (down); hurl (down); *fig.* plunge (*into war, despair, etc.*); quicken, hasten; precipitate (*events, a.* ⚗); *se ~* rush (at, upon *sur*).

précis, e [pre'si, ~'si:z] **1.** *adj.* precise, accurate, exact; definite (*explanation, reason, time*); *à dix heures ~es* at ten o'clock precisely *or* F sharp; **2.** *su./m* summary, précis, abstract; **précisément** [presize'mɑ̃] *adv. of précis 1*; **préciser** [~'ze] (1a) *v/t.* state precisely; define; specify; make clear; *se ~* become clear(er); **précision** [~'zjɔ̃] *f* precision, accuracy, exactness; *~s pl.* detailed information *sg.*, particulars.

précité, e [presi'te] above(-mentioned), aforesaid.

précoce [pre'kɔs] precocious (*child, talent, a.* ❦); early (❦, *a. season*); *fig.*

premature; **précocité** [~kɔsi'te] *f* precocity; earliness.
précompte ✝ [pre'kɔ̃:t] *m* previous deduction; **précompter** [~kɔ̃'te] (1a) *v/t.* deduct beforehand.
préconçu, e [prekɔ̃'sy] preconceived; *idée f ~e* preconception.
préconiser [prekɔni'ze] (1a) *v/t.* recommend; advocate.
préconstruction △ [prekɔ̃stryk'sjɔ̃] *f* prefabrication.
précontraint, e ⊕ [prekɔ̃'trɛ̃, ~'trɛ̃:t] prestressed (*concrete*).
précurseur [prekyr'sœ:r] **1.** *su./m* forerunner, precursor; harbinger (*of spring*); **2.** *adj./m* premonitory.
prédécesseur [predesɛ'sœ:r] *m* predecessor.
prédestination [predɛstina'sjɔ̃] *f* predestination; **prédestiné, e** [~'ne] foredoomed; *fig.* fated (to, *à*); **prédestiner** [~'ne] (1a) *v/t.* predestine (to, *à*) (*a. fig.*).
prédicateur *m*, **-trice** *f* [predika'tœ:r, ~'tris] preacher; **prédication** [~'sjɔ̃] *f* preaching; sermon.
prédiction [predik'sjɔ̃] *f* prediction; forecast; **prédire** [~'di:r] (4p) *v/t.* predict, prophesy, foretell; forecast.
prédisposer ⚕, *a. fig.* [predispo'ze] (1a) *v/t.* predispose; ~ *contre* prejudice (*s.o.*) against (*s.o.*); **prédisposition** ⚕, *a. fig.* [~zi'sjɔ̃] *f* predisposition.
prédominance [predɔmi'nɑ̃:s] *f* predominance, prevalence; **prédominant, e** [~'nɑ̃, ~'nɑ̃:t] predominant, prevalent, prevailing; **prédominer** [~'ne] (1a) *v/i.* predominate, prevail (over, *sur*); *v/t.* take pride of place over.
prééminence [preemi'nɑ̃:s] *f* pre-eminence (over, *sur*); **prééminent, e** [~'nɑ̃, ~'nɑ̃:t] pre-eminent.
préemption [preɑ̃mp'sjɔ̃] *f* preemption; *droit m de ~* preemptive right.
préexistant, e [preɛksis'tɑ̃, ~'tɑ̃:t] pre-existent, pre-existing.
préfabriqué, e [prefabri'ke] prefabricated; *maison f ~e* prefab (-ricated house); **préfabriquer** [~] (1m) *v/t.* prefabricate.
préface [pre'fas] *f* preface (*a. eccl.*); foreword, introduction (to *à, de*); **préfacer** [~fa'se] (1k) *v/t.* write a preface to.
préfectoral, e, *m/pl.* **-aux** [prefɛktɔ'ral, ~'ro] prefectorial; of the *or* a prefect; **préfecture** [~'ty:r] *f hist.* prefectship; *hist, a. admin.* prefecture; *admin.* Paris police headquarters *pl.*
préférable [prefe'rabl] preferable (to, *à*), better (than, *à*); **préférence** [~'rɑ̃s] *f* preference (*a.* ✝); ⚖ priority; *de ~* in preference (to, *à*), preferential (*tariff*), ✝ preference (*shares*); **préférer** [~'re] (1f) *v/t.* prefer.
préfet [pre'fɛ] *m hist., a. admin.* prefect; civil administrator; ~ *de police* chief commissioner of the Paris police; ~ *des études school:* master in charge of discipline; ⚓ ~ *maritime* port-admiral; **préfète** F [~'fɛt] *f* prefect's wife.
préfixe *gramm.* [pre'fiks] *m* prefix; **préfixer** [~fik'se] (1a) *v/t.* fix (*a date etc.*) in advance; *gramm.* prefix.
préhistoire [preis'twa:r] *f* prehistory; **préhistorique** [~tɔ'rik] prehistoric.
préjudice [preʒy'dis] *m* prejudice, harm; wrong, damage; ⚖ tort; *au ~ de* to the detriment of; *sans ~ de* without prejudice to; **préjudiciable** [preʒydi'sjabl] prejudicial, detrimental (to, *à*); ⚖ tortious; **préjudiciaux** ⚖ [~'sjo] *adj./m/pl.*: *frais m/pl. ~* security *sg.* for costs; **préjudiciel, -elle** ⚖ [~'sjɛl] interlocutory; **préjudicier** [~'sje] (1o) *v/i.* be prejudicial *or* detrimental (to, *à*); ~ *à* injure.
préjugé [preʒy'ʒe] *m* prejudice; bias; presumption; ⚖ (*legal*) precedent; *sans ~s* unprejudiced; **préjuger** [~] (1l) *v/t.* (*or v/i.*: ~ *de*) prejudge, judge in advance.
prélasser F [prela'se] (1a) *v/t.*: *se ~* lounge, loll (*in a chair etc.*); strut.
prélat *eccl.* [pre'la] *m* prelate.
prélèvement [prelɛv'mɑ̃] *m* previous deduction; deduction, amount deducted; *blood, gas, ore, etc.*: sample; **prélever** [prel've] (1d) *v/t.* deduct in advance; levy; take (*a sample* [*a.* ⚕ *of blood*]) (from, *à*).
préliminaire [prelimi'nɛ:r] **1.** *adj.* preliminary (to, *de*); **2.** *su./m* preliminary; *~s pl. document*: preamble *sg.*
prélude ♪, *a. fig.* [pre'lyd] *m* prel-

ude; **préluder** [~ly'de] (1a) *v/i.* ♪ (play a) prelude; *fig.* ~ *à* lead up to, serve as prelude to.

prématuré, e [prematy're] premature, untimely; **prématurément** [~re'mɑ̃] *adv. of prématuré.*

préméditation [premedita'sjɔ̃] *f* premeditation; *avec* ~ wilfully; ⚖ with malice aforethought; **prémédité, e** [~'te] deliberate; **préméditer** [~'te] (1a) *v/t.* premeditate.

prémices [pre'mis] *f/pl.* first fruits; *cattle*: firstlings; † *fig.* beginnings.

premier, -ère [prə'mje, ~'mjɛ:r] **1.** *adj.* first (*time, place, position, rank*); *fig.* leading, best; *title*: the first; ⅍ prime (*number*); *admin. etc.* principal, head (*clerk*); former (*of two*); *mot.* ~*ère vitesse f* first *or* low gear; ~ *livre m school*: primer; *pol.* ~ *ministre m* Prime Minister; *au* ~ *coup* at the first attempt; *ce n'est pas le* ~ *venu* he isn't just anybody; *le* ~ *venu* the first comer; *les cinq* ~*s pl.* the first five; *Napoléon Ier* Napoleon I, Napoleon the First; *partir le* ~ be the first to leave; **2.** *su./m* first; first, *Am.* second floor; *en* ~ in the first place; *thea. jeune* ~ leading man; *le* ~ *du mois* the first of the month; *su./f secondary school*: (*approx.*) sixth form; *thea.* first night *or* performance; *cin., a. fig.* première; *mot.* first (gear); 🚃 first class (carriage); *thea. jeune* ~*ère* leading woman; 🚃 *voyager en* ~*ère* travel first (class); **premièrement** [~mjɛr'mɑ̃] *adv.* first; in the first place; **premier-né, premier-née** *or* **première-née,** *m/pl.* **premiers-nés** [~mje'ne, ~mjɛr'ne] *adj., a. su./m* first-born.

prémilitaire [premilitɛ:r] premilitary (*training*).

prémisse [pre'mis] *f logic*: premise, premiss.

prémonition [premɔni'sjɔ̃] *f* premonition; **prémonitoire** ⚕ [~'twa:r] premonitory.

prémunir [premy'ni:r] (2a) *v/t.* put (*s.o.*) on his guard, forewarn (*s.o.*) (against, *contre*); *se* ~ take precautions (against, *contre*).

prenable [prə'nabl] pregnable; **prenant, e** [~'nɑ̃, ~'nɑ̃:t] captivating; absorbing; ✝ *partie f* ~*e* payee; recipient.

prénatal, e, *m/pl.* **-als** *or* **-aux** [prena'tal, ~'to] prenatal, antenatal.

prendre [prɑ̃:dr] (4aa) **1.** *v/t.* take (*a. lessons, a degree, a road,* ⚔ *a town*), grasp; catch (*fire, a cold, the train*), trap (*a rat*); steal; seize; accept; eat (*a meal*), have (*tea, a meal*); pick up; engage (*a servant*); take (up) (*time*); handle, treat; ✝ choose; buy (*a ticket*); ⚔ conquer; ⚔ *etc.* capture; ~ *à mentir* catch (*s.o.*) in a lie; ~ *corps* put on weight; ~ *en amitié* take to (*s.o.*); ⚓ ~ *le large* put to sea; ~ *mal* misunderstand; take (*s.th.*) badly; ~ *plaisir à* take pleasure in; ~ *pour* take (*s.o.*) for; ~ *q. dans sa voiture* give s.o. a lift; ~ *rendez-vous avec* make an appointment with; ~ *sur soi* take (*s.th.*) upon o.s.; *pour qui me prenez-vous?* what do you take me for?; *se laisser* ~ let o.s. be taken in; *se* ~ be caught; cling (to, *à*); set (*liquid*); curdle (*milk*); *se* ~ *à* undertake (*a task*), begin; *fig. s'en* ~ *à* find fault with (*s.o.*); *fig. s'y* ~ manage, go about things; **2.** *v/i.* set (*plaster etc.*); congeal, freeze; curdle (*milk*); *cuis.* thicken; *cuis.* catch (*milk in pan*); take root (*tree*); take (*fire*); *fig.* be successful; *ça ne prend pas* that cock won't fight; **preneur** *m,* **-euse** *f* [prə'nœ:r, ~'nø:z] taker; ⚖ lessee; ✝ buyer, purchaser; *cheque*: payee; **prennent** [prɛn] *3rd p. pl. pres. of prendre.*

prénom [pre'nɔ̃] *m* first *or* Christian name, *Am.* given name; **prénommé, e** [prenɔ'me] above-named; **prénommer** [~] (1a) *v/t.*: *se* ~ be called.

prenons [prə'nɔ̃] *1st p. pl. pres. of prendre.*

préoccupation [preɔkypa'sjɔ̃] *f* preoccupation; anxiety, concern; **préoccuper** [~'pe] (1a) *v/t.* preoccupy; worry, trouble; *se* ~ *de* concern o.s. with; be concerned about, worry *or* care about.

préparateur *m,* **-trice** *f* [prepara'tœ:r, ~'tris] preparer; *experiments*: demonstrator; assistant; **préparatifs** [~'tif] *m/pl.* preparations; **préparation** [~'sjɔ̃] *f* preparation (*a.* ⚕ *etc.*) (for, *à*); preparing; ⊕ dressing; *typ. ouvrage m en* ~ work to appear shortly; **préparatoire** [~'twa:r] preparatory (*a. school*); preliminary; **préparer** [prepa're] (1a) *v/t.* prepare (for, *à*); train (*for a career*); coach (*a pupil*); prepare for (*an examination*); draw up (*a speech*); ⊕ dress; make (*tea etc.*); se ~ prepare (o.s.) (for, *à*); get ready; *fig.* be in the wind, be brewing (*event*).

prépondérance [prepɔ̃de'rɑ̃:s] *f* preponderance (over, *sur*); *avoir la* ~ preponderate; **prépondérant, e** [~'rɑ̃, ~'rɑ̃:t] preponderant; leading (*part, role*); casting (*vote*).

préposé *m*, **e** *f* [prepo'ze] official in charge; employee, attendant; postman, *Am.* mailman; **préposer** [~] (1a) *v/t.* appoint (as *comme, pour*; to, *à*).

préposition *gramm.* [prepozi'sjɔ̃] *f* preposition; **prépositionnel, -elle** *gramm.* [~sjɔ'nɛl] prepositional.

pré(-)retraite [prerə'trɛt] *f* early retirement.

prérogative [prerɔga'ti:v] *f* prerogative; *parl.* privilege.

près [prɛ] **1.** *adv.* near, close (at hand); *à beaucoup* ~ by far; *à cela* ~ except for that; *à cela* ~ *que* except that; *à peu de chose* ~ little short of; *à peu* ~ nearly; about; *fig. au plus* ~ to the nearest point; *de* ~ closely; from close to; (*fire*) at close range; *ici* ~ near by, quite near, close at hand; *regarder de plus* ~ take a closer look, examine more closely; *tout* ~ very near, quite close; **2.** *prp.* near; to; *ambassadeur m* ~ *le Saint-Siège* ambassador to the Holy See; ~ *de* near, close to (*Paris, the station*), by; nearly (*two hours, two o'clock, ten pounds, three miles*), almost; ⚓ *courir* ~ *du vent* sail close to the wind; *il était* ~ *de tomber* he was on the point of falling.

présage [pre'za:ʒ] *m* portent, foreboding; omen; **présager** [~za'ʒe] (1l) *v/t.* portend, bode; foresee.

pré-salé, *pl.* **prés-salés** [presa'le] *m* salt-marsh sheep; *cuis.* salt-marsh mutton.

presbyte ⚕ [prɛz'bit] *adj., a. su.* long-sighted; **presbytéral, e,** *m/pl.* **-aux** [prɛzbite'ral, ~'ro] priestly; **presbytère** *eccl.* [~'tɛ:r] *m* presbytery; *protestantism*: vicarage, rectory, *Sc.* manse; **presbytie** ⚕ [~'si] *f* long-sightedness.

prescience [prɛ'sjɑ̃:s] *f* foreknowledge.

préscolaire [preskɔ'lɛ:r] preschool.

prescriptible ⚖ [prɛskrip'tibl] prescriptible; **prescription** [~'sjɔ̃] *f* ⊕, *admin.* regulation(s *pl.*); ⚖, ⚕ prescription; ⊕~*s pl.* specifications; **prescrire** [prɛs'kri:r] (4q) *v/t.* prescribe (*s.o.'s conduct, a rule, a.* ⚕), lay down (*the law, a time, s.o.'s conduct, etc.*); ⚖ bar (*by statute of limitations etc.*); ⚖ se ~ *par* be barred at the end of (*5 years*).

préséance [prese'ɑ̃:s] *f* precedence (of, over *sur*).

présélection [preselɛk'sjɔ̃] *f* preselection.

présence [pre'zɑ̃:s] *f* presence (at, *à*); ~ *d'esprit* presence of mind; *en* ~ face to face (with, *de*); *faire acte de* ~ put in *or* enter an appearance.

présent[1], **e** [pre'zɑ̃, ~'zɑ̃:t] **1.** *adj.* present (at, *à*); current; ~! present!; *esprit m* ~ ready wit; *gramm. temps m* ~ present (tense); **2.** *su./m* present (time *or gramm.* tense); *à* ~ just now, at present; *les* ~*s pl. exceptés* present company *sg.* excepted; *pour le* ~ for the time being, for the present; *quant à* ~ as for now; *su./f*: *la* ~*e* this letter.

présent[2] [pre'zɑ̃] *m* present, gift; *faire* ~ *de* make a present of; **présentable** F [prezɑ̃'tabl] presentable; **présentateur** *m*, **-trice** *f* [~ta'tœ:r, ~'tris] presenter; *show, etc.*: host, emcee; **présentation** [~ta'sjɔ̃] *f* ⚚, ⚕, *eccl., thea., court*: presentation; introduction (to s.o., *à q.*); ⚔ trooping (the colo[u]r, *du drapeau*); ⚚ *à* ~ on demand, at sight.

présentement † [prezɑ̃t'mɑ̃] *adv.* now, this minute; at present.

présenter [prezɑ̃'te] (1a) *v/t.* present (*a.* ⚔, ⚚, *a. difficulties,* ⚔ *arms*), offer; show; introduce (*formally*); nominate (*a candidate*) (for, *pour*); produce (*one's passport*); *parl.* table (*a bill*); submit (*a conclusion*); *cin. etc.* ~ *q.* (*en vedette*) star s.o.; *je vous présente ma femme* may I introduce my wife?; se ~ appear; arise (*problem, question*); occur; present o.s.; ⚔ report (o.s.); introduce o.s.; se ~ *chez q.* call on s.o.; se ~ *bien* (*mal*) look good (not too good); *v/i.*: ~ *bien* (*mal*) have a pleasant (an unattractive) appearance; **présentoir** [~'twa:r] *m* display stand *or* shelf.

préservateur, -trice [prezɛrva'tœːr, ~'tris] preserving (from, *de*); **préservatif, -ve** [~'va'tif, ~'tiːv] **1.** *adj.* preservative; **2.** *su.*/*m* preservative; ⚕ condom; **préservation** [~va'sjɔ̃] *f* preservation, protection; **préserver** [~'ve] (1a) *v/t.* preserve, protect (from, *de*).

présidence [prezi'dɑ̃ːs] *f* presidency; President's house; ✝ board; ✝, *a. admin.* chairmanship; **président** *m*, **e** *f* [~'dɑ̃, ~'dɑ̃ːt] president; *admin.* chairman; ⚖ presiding judge; **présidentiel, -elle** [~dɑ̃'sjɛl] **1.** *adj.* presidential; **2.** *su.*/*f pol.* ~*les pl.* presidential elections; **présider** [~'de] (1a) *v/t.* preside over *or* at (*s.th.*); *fig.* direct; *v/i.*: ~ *à* preside at *or* over.

présomptif, -ve [prezɔ̃p'tif, ~'tiːv] presumptive; ⚖ *héritier m* ~ heir apparent; **présomption** [~'sjɔ̃] *f* presumption (*a.* ⚖, *a. fig. pej.*); **présomptueux, -euse** [~'tɥø, ~'tɥøːz] presumptuous; self-conceited, self-important.

presque [prɛsk(ə)] *adv.* almost, nearly; **presqu'île** *geog.* [prɛs'kil] *f* peninsula.

pressage ⊕ [prɛ'saːʒ] *m* pressing; **pressant, e** [~'sɑ̃, ~'sɑ̃ːt] pressing, urgent; earnest (*request*); **presse** [prɛs] *f* ⊕, *journ.*, *typ.* press; pressing-machine; crowd, throng; haste; *business*: pressure; *exemplaire m du service de* ~ review copy; *heures f/pl. de* ~ rush hours; *sous* ~ in the press (*book*); **pressé, e** [prɛ'se] hurried (*style, words*); in a hurry (*person*); crowded, close; ⊕ pressed; urgent (*letter, task*); *citron m* ~ (fresh) lemon squash; **presse-bouton** [prɛsbu'tɔ̃] *adj.*/*inv.* push-button; automatic; **presse-citron** [prɛssi'trɔ̃] *m*/*inv.* lemon-squeezer; **presse-étoffe** [~e'tɔf] *m*/*inv.* *sewing-machine*: presser-foot; **presse-étoupe** ⊕ [~e'tup] *m*/*inv.* stuffing box.

pressentiment [prɛsɑ̃ti'mɑ̃] *m* presentiment; foreboding; F feeling, *Am.* hunch; **pressentir** [~'tiːr] (2b) *v/t.* have a presentiment of; sound (*s.o.*) (out) (on, *sur*); *faire* ~ foreshadow (*s.th.*).

presse...: ~**-pantalon** [prɛspɑ̃ta'lɔ̃] *m*/*inv.* trouser-press; ~**-papiers** [~pa'pje] *m*/*inv.* paper-weight; ~**-purée** [~py're] *m*/*inv.* potato-masher.

presser [prɛ'se] (1a) *v/t.* press (*a.* ⊕, *a. fig.*), squeeze; hasten (one's steps, *le pas*); hurry (*s.o.*); push on, urge on (*a horse etc.*); *cuis.* squeeze; se ~ crowd, press, throng; hurry, hasten; *v/i.* press; be urgent; *rien ne presse* there is no hurry.

pressing [prɛ'siŋ] *m* (steam) pressing.

pression [prɛ'sjɔ̃] *f* pressure (*a.* ⊕, *meteor.*, *mot.*, *a. fig.*); *cost.* snap fastener; ⚕ ~ *artérielle* blood pressure; *bière f à la* ~ draught (*Am.* draft) beer; *faire* ~ *sur* press (*s.th.*) down, press (down) on (*s.th.*); *fig. a. exercer une* ~ *sur* put pressure on (*s.o.*), pressurize (*s.o.*); **pressoir** [~'swaːr] *m* (*wine- etc.*)press; **pressurage** [prɛsy'raːʒ] *m* pressing; F *fig.* extortion; **pressurer** [~'re] (1a) *v/t.* press (*grapes*); press out (*juice*); F *fig.* extort money from; **pressureur** [~'rœːr] *m* pressman; **pressuriser** [~ri'ze] (1a) *v/t.* pressurize.

prestance [prɛs'tɑ̃ːs] *f* fine presence, commanding appearance; **prestataire** [~ta'tɛːr] *su.* person receiving benefits *or* allowances; ~ *de services* service(s) (*trade etc.*); **prestation** [~ta'sjɔ̃] *f dues*: prestation; *money*: lending; (*insurance-*)benefit; service; *sp.*, *thea. etc.*, *a. fig.* performance; ⚖ ~ *de serment* taking (of) the oath; ~*s pl. en nature* allowances in kind.

preste [prɛst] nimble, quick; F ~*!* quick!; **prestesse** [prɛs'tɛs] *f* quickness, nimbleness; alertness.

prestidigitateur [prɛstidiʒita'tœːr] *m* conjurer; juggler; **prestidigitation** [~'sjɔ̃] *f* conjuring, sleight of hand; juggling.

prestige [prɛs'tiːʒ] *m* prestige; *fig.* influence; **prestigieux, -euse** [~ti'ʒjø, ~'ʒjøːz] prestigious.

présumable [prezy'mabl] presumable; **présumer** [~'me] (1a) *v/t.* presume; assume; *il est à* ~ *que* the presumption is that; *trop* ~ *de* overestimate (*s.th.*); *trop* ~ *de soi* be too presuming.

présure [pre'zyːr] *f* rennet.

prêt[1] [prɛ] *m* loan; *wages*: advance; ⚔ pay; ~ *à intérêt* loan at interest; ~ *sur gage* loan against security.

prêt[2], **prête** [prɛ, prɛt] ready (for

s.th., *à qch.*; to *inf.*, *à inf.*); prepared; ~ *à* on the verge of.

pretantaine F [pretɑ̃ˈtɛn] *f*: *courir la* ~ gad about.

prêt-à-porter [prɛtapɔrˈte] *m coll.* ready-to-wear *or* ready-made clothes *pl. or* clothing.

prêt-bail, *pl.* **prêts-baux** *pol.* [prɛˈba:j, ~ˈbo] *m* lease-lend, lend-lease.

prétendant, e [pretɑ̃ˈdɑ̃, ~ˈdɑ̃:t] *su.* candidate (for, *à*); *su./m* pretender (*to throne*); suitor; **prétendre** [~ˈtɑ̃:dr] (4a) *v/t.* claim; assert, affirm, maintain; intend; *v/i.* lay claim (to, *à*); aspire (to, *à*); **prétendu, e** [~tɑ̃ˈdy] **1.** *adj.* alleged; *pej.* so-called; **2.** *su.* F (*my*) intended.

prête-nom *usu. pej.* [prɛtˈnɔ̃] *m* man of straw, figure-head, F front.

pretentaine [pretɑ̃ˈtɛn] *f see pretantaine.*

prétentieux, -euse [pretɑ̃ˈsjø, ~ˈsjø:z] pretentious; conceited; **prétention** [~ˈsjɔ̃] *f* pretension (*a. fig.*), claim; *fig.* conceit.

prêter [prɛˈte] (1a) *v/t.* lend, *Am.* loan; take (*an oath*); attribute; *fig.* credit (s.o. with s.th., *qch. à q.*); ~ *à* impart to; se ~ *à* lend o.s. to; be a party to; *v/i.* give (*gloves etc.*); ~ *à* give rise to.

prétérit *gramm.* [preteˈrit] *m* (*English*) preterite.

prêteur *m*, **-euse** *f* [prɛˈtœ:r, ~ˈtø:z] lender; ~ *sur gages* pawnbroker; ⚖ pledgee.

prétexte [preˈtɛkst] *m* pretext, excuse; *prendre* ~ *que* put forward as a pretext that; *sous* ~ *que* on the plea *or* under the pretext that; **prétexter** [~tɛksˈte] (1a) *v/t.* plead; allege; give (*s.th.*) as a pretext.

prétoire [preˈtwa:r] *m hist.* praetorium; ⚖ court.

prêtraille † *pej.* [prɛˈtrɑ:j] *f* priests *pl.*; shavelings *pl.*; **prêtre** [prɛ:tr] *m* priest; ~*-ouvrier* worker priest; **prêtresse** [prɛˈtrɛs] *f* priestess; **prêtrise** [~ˈtri:z] *f* priesthood.

preuve [prœ:v] *f* proof (*a.* Ⓐ, ⚖, *fig.*); ⚖, *a. fig.* evidence; signs *pl.*; *faire* ~ *de* show, display; *faire la* ~ *de* prove; *faire ses* ~*s* prove o.s. *or* itself.

preux † [prø] **1.** *adj.* valiant, gallant; **2.** *su./m/inv.* valiant knight.

prévaloir [prevaˈlwa:r] (3l) *v/i.* prevail (against, *sur*); *faire* ~ make good (*a claim, one's right*), win people over to (*an idea, an opinion*); *v/t.*: se ~ *de* take advantage of; exercise (*a right*); pride o.s. on.

prévaricateur, -trice [prevarikaˈtœ:r, ~ˈtris] **1.** *adj.* unjust; **2.** *su.* unjust judge; person guilty of a breach of trust; **prévarication** [~kaˈsjɔ̃] *f* maladministration of justice; breach *or* abuse of trust; **prévariquer** [~ˈke] (1m) *v/i.* be unjust (*judge*); betray one's trust.

prévenance [prevˈnɑ̃:s] *f* kindness, (kind) attention; **prévenant, e** [~ˈnɑ̃, ~ˈnɑ̃:t] kind, attentive, considerate (to, *envers*); prepossessing (*manners etc.*); **prévenir** [~ˈni:r] (2h) *v/t.* forestall; prevent (*an accident, danger, illness*); anticipate (*a wish*); warn; *admin.* inform, give notice; prepossess; *pej.* prejudice; **préventif, -ve** [prevɑ̃ˈtif, ~ˈti:v] ⚕, *a.* ⚖ preventive; deterrent (*effect*); ⚖ *détention f* ~*ve* remand in custody, detention awaiting trial; **prévention** [~ˈsjɔ̃] *f* prevention; prepossession, *pej.* prejudice; ⚖ custody; ~ *routière* road safety; **préventionnaire** ⚖ [~sjɔˈnɛ:r] *su.* prisoner on remand; **préventorium** ⚕ [~tɔˈrjɔm] *m* observation sanatorium; **prévenu, e** [prevˈny] **1.** *p.p. of prévenir*; **2.** *adj.* prepossessed; prejudiced; **3.** *su.* accused; prisoner.

prévisible [previˈzibl] foreseeable; **prévision** [~ˈzjɔ̃] *f* forecast (*a. meteor.*); anticipation; expectation; **previsionnel, -elle** [~zjɔˈnɛl] forward-looking; **previsionniste** ☂ [~zjɔˈnist] *su.* forecaster.

prévoir [preˈvwa:r] (3m) *v/t.* forecast (*a. the weather*), foresee, anticipate; plan, provide for; lay down (*s.th.*) (in advance).

prévôt [preˈvo] *m* ⚖, *a. hist.* provost; ⚔ assistant provost marshal; ~ *de salle fencing*: assistant fencing-master; **prévôté** [~voˈte] *f hist.* provostship; *hist.* provostry; ⚔ military police (establishment *or* service).

prévoyance [prevwaˈjɑ̃:s] *f* foresight; precaution; ~ *sociale* national insurance; *mesures f/pl. de* ~ precautionary measures; *société f de* ~ provident society; **prévoyant, e** [~ˈjɑ̃, ~ˈjɑ̃:t] provident; careful, cautious; far-sighted.

prie-Dieu [pri'djø] *m/inv.* prayer stool, prie-Dieu, praying-desk; **prier** [~'e] (1a) *v/t.* pray; ask, entreat, beg, beseech; invite (*to dinner etc.*); *je vous (en) prie!* please (do)!; don't mention it!; *les priés m/pl.* the guests; *sans se faire ~* willingly, readily; *se faire ~* require pressing, need persuading; **prière** [~'ɛ:r] *f* prayer; request, entreaty; *~ de (ne pas)* (*inf.*) please (do not) (*inf.*).

prieur *eccl.* [pri'œ:r] *m* prior; **prieure** *eccl.* [~'œ:r] *f* prioress; **prieuré** [~œ're] *m* priory; priorship.

primaire [pri'mɛ:r] primary; simplistic; simple-minded (*person*).

primat [pri'ma] *m eccl.* primate; *fig.* pre-eminence; **primates** *zo.* [~'mat] *m/pl.* primates; **primatie** *eccl.* [~ma'si] *f* primacy; **primauté** [~mo'te] *f* primacy (*a. eccl.*); priority.

prime[1] [prim] *f* ✝ premium; ✝ subsidy; ✝, ⊕ bonus; ✝ free gift; *fig. faire ~* be highly appreciated.

prime[2] [prim] **1.** *adj.* ♂ prime; *fig.* first; *~ jeunesse* earliest youth; *de ~ abord* at first; *de ~ saut* at the first attempt; **2.** *su./f eccl., a. fencing*: prime.

primer[1] [pri'me] (1a) *v/i.* prevail; have priority; ⊕, *a. astr.* prime; *v/t.* surpass; take precedence of; have *or* take priority over; *la force prime le droit* might is right.

primer[2] [~] (1a) *v/t.* award a prize to; ✝ give a bonus to.

primerose ♀ [prim'ro:z] *f* hollyhock.

primesautier, -ère [primso'tje, ~'tjɛ:r] impulsive; ready.

primeur [pri'mœ:r] *f* † freshness, newness; *~s pl.* ✓ early vegetables *or* fruit; *avoir la ~ d'une nouvelle* be the first to hear a piece of news; **primeuriste** ✓ [~mœ'rist] *m* grower of early vegetables *or* fruit.

primevère ♀ [prim'vɛ:r] *f* primula; primrose.

primitif, -ve [primi'tif, ~'ti:v] primitive; first, early; original, pristine; *gramm.* primary (*tense*).

primo [pri'mo] *adv.* first, in the first place; **primogéniture** [~mɔʒeni'ty:r] *f* primogeniture.

primordial, e, *m/pl.* **-aux** [primɔr'djal, ~'djo] primordial; *fig.* of primary importance.

prince [prɛ̃:s] *m* prince.

princeps [prɛ̃'sɛps] *adj.*: *édition f ~* first edition.

princesse [prɛ̃'sɛs] *f* princess; **princier, -ère** [~'sje, ~'sjɛ:r] princely.

principal, e, *m/pl.* **-aux** [prɛ̃si'pal, ~'po] **1.** *adj.* principal (*fig., a.* ♂, ⚖, ♪, *gramm.*), chief, main; **2.** *su./m school*: head(master); *admin.* chief clerk; ✝ principal; *fig.* main thing; **principalat** [~pa'la] *m school*: headship; **principat** *hist.* [~'pa] *m* principate; **principauté** [~po'te] *f* principality.

principe [prɛ̃'sip] *m* principle; *en ~* in principle; *par ~* on principle; *sans ~s* unprincipled (*person*).

printanier, -ère [prɛ̃ta'nje, ~'njɛ:r] spring...; **printemps** [~'tɑ̃] *m* spring; springtime (*a. fig.*); *fig.* heyday.

priorat [priɔ'ra] *m* priorate, priorship.

prioritaire [priɔri'tɛ:r] **1.** *adj.* having priority, priority...; **2.** *su.* priority-holder; **priorité** [~'te] *f* priority; *mot. a.* right of way; *de ~ mot.* major (*road*); ✝ preference (*shares*).

pris[1] [pri] *1st p. sg. p.s. of prendre.*

pris[2], **e** [pri, pri:z] **1.** *p.p. of prendre*; **2.** *adj.*: *bien ~* well-proportioned (*figure*), well-built (*man*); *~ de sommeil* drowsy.

prise [pri:z] *f* hold, grip (*a. fig.*), grasp; ⚔ taking (*a. phot.*); ⚔ *town*: capture; ⚓ prize; ⊕ *machine*: mesh, engagement; ✝ *parcels*: collection; *cement etc.*: setting; *snuff*: pinch; *fish*: catch; ⊕ *ore*: sample; *analysis*: specimen, sample; ⊕ *air, steam, etc.*: intake; *~ d'air* ⊕ air-inlet; ✈ air scoop; *~ d'eau* intake of water; tap, cock; hydrant; 🚂 water-crane; F *~ de bec* squabble; ⚖ *~ de corps* arrest; ⚡ *~ de courant* wall-plug, socket, power point; *trolley*: current collector; *~ de sang* blood specimen; ⚡ *~ de terre* earth-connection; *~ de vues* taking of photographs, photography; *cin.* shooting; *avoir ~ sur* have a hold over *or* on; *fig. donner ~ à* lay o.s. open to; *en ~* ⊕ engaged, in gear; ⚓ holding (*anchor*); *fig. en ~ directe avec* in close contact with, in touch with; *être aux ~s avec* be at grips with; *faire ~* set (*cement*); *faire une ~ à* (*or sur*) tap (*river*, ⚡ *coil*, *cable*); *lâcher ~* let go; F *fig.* give in.

prisée ⚖ [pri'ze] *f* valuation; appraisal.

priser[1] [pri'ze] (1a) *v/t.* inhale, snuff, take; *v/i.* take snuff.

priser[2] [~] (1a) *v/t.* value, appreciate, prize.

priseur[1] *m*, **-euse** *f* [pri'zœ:r, ~'zø:z] snuff-taker.

priseur[2] ⚖ [pri'zœ:r] *m goods*: appraiser; valuer.

prismatique [prisma'tik] prismatic; **prisme** [prism] *m* prism.

prison [pri'zɔ̃] *f* prison; gaol, *Am.* jail; ⚔, ⚓ cell(s *pl.*); imprisonment, ⚔ F cells *pl.*; **prisonnier, -ère** [~zɔ'nje, ~'njɛ:r] **1.** *su.* prisoner; *se constituer ~* give o.s. up (to the police); **2.** *adj.* ⚔ captive; ⚖ imprisoned.

privatif, -ve *gramm.* [priva'tif, ~'ti:v] *adj.*, *a. su./m* privative; **privation** [~'sjɔ̃] *f* ⚖, ⚔, *fig.* deprivation, loss; *fig.* privation; ⚖ forfeiture.

privautés *pej.* [privo'te] *f/pl.* familiarity *sg.*, liberties.

privé, e [pri've] **1.** *adj.* private; **2.** *su./m* private life; private sector; *en ~* privately; in private life.

priver [pri've] (1a) *v/t.* deprive; *se ~ de* do without; stint o.s. of.

privilège [privi'lɛ:ʒ] *m* privilege; **privilégier** [~le'ʒje] (1o) *v/t.* privilege; favo(u)r, prefer, give preference to.

prix [pri] *m* price, cost; value (*a. fig.*); prize; reward; *sp.* challenge-cup race, prize race, stakes *pl.*; ✝ *exchange*: rate; *~ courant* market *or* current price; price-list; *~ de revient* cost price; *~ de vente* selling price; *~ fait* (*or fixe*) fixed price; *~ fort* list price; *~ homologué* established price; *~ régulateur* standard of value; *~ unique* one-price store; *~ unitaire* unit-price; *à ~ d'ami* cheap; *à aucun ~* not at any price, on no account; *à tout ~* at all costs; *à vil ~* at a low price, F dirt cheap; *dernier ~* lowest price, F rock-bottom price; *faire un ~* quote a price (to, *à*); *hors de ~* at ransom prices; **~ fixe** F [~'fiks] *m* restaurant with a fixed-price meal.

pro F [pro] *m* pro(fessional).

probabilité [prɔbabili'te] *f* probability (*a.* ✗); *selon toute ~* in all probability; **probable** [~'babl] probable, likely.

probant, e ⚖ *etc.* [prɔ'bɑ̃, ~'bɑ̃:t] probative; conclusive; **probation** [~ba'sjɔ̃] *f* probation; **probatoire** [~ba'twa:r] probative; **probe** [prɔb] honest; of integrity (*man*); **probité** [prɔbi'te] *f* probity, integrity.

problématique [prɔblema'tik] **1.** *adj.* problematical; questionable; **2.** *su./f* problem(s *pl.*); **problème** [~'blɛm] *m* problem (*a.* ✗, *a. fig.*); puzzle.

procédé [prɔse'de] *m fig.* proceeding; conduct; *billiard cue*: tip; ⊕ process; *~s pl.* behaviour *sg.*; *bons ~s pl.* civilities; *manquer aux ~s* be ill-mannered; **procéder** [~'de] (1f) *v/i.* proceed (from, *de*; ⚖ against, *contre*; to, *à*); arise (from, *de*); act; **procédure** [~'dy:r] *f* procedure (*a.* ⚖); ⚖ proceedings *pl.*

procès [prɔ'sɛ] *m* ⚖ (legal) proceedings *pl.*; legal action; trial; *~ civil* (law)suit; *~ criminel* (criminal) trial; **processif, -ve** [~sɛ'sif, ~'si:v] litigious; procedural (*form*).

procession [prɔsɛ'sjɔ̃] *f eccl. etc.* procession; parade; *fig. cars, visitors*: string; **processionnaire** *zo.* [prɔsɛsjɔ'nɛ:r] **1.** *adj.* processionary; **2.** *su./f zo.* processionary caterpillar; **processional** *eccl.* [~'nal] *m* processional; **processionnel, -elle** [~'nɛl] processional (*hymn etc.*); **processionnellement** [~nɛl'mɑ̃] *adv.* in procession.

processus [prɔsɛ'sys] *m anat.*, *a. fig.* process; progress; method.

procès-verbal ⚖ [prɔsɛvɛr'bal] *m* official report, statement; *mot.* parking ticket; *meeting*: proceedings *pl.*; *dresser (un) ~ contre q.* make a report on s.o., take s.o.'s name and address; *mot.* book (*a motorist*).

prochain, e [prɔ'ʃɛ̃, ~'ʃɛn] **1.** *adj.* next (*in a series*); nearest; near; impending (*departure, storm, etc.*); **2.** *su./m* neighbo(u)r, fellow-creature; **prochainement** [~ʃɛn'mɑ̃] *adv.* soon, shortly; **proche** [prɔʃ] **1.** *adj.* near, close; **2.** *adv.*: *de ~ en ~* by degrees; **3.** *su./m*: *~s pl.* relatives.

proclamation [prɔklama'sjɔ̃] *f* proc-

lamation; *faire une* ~ issue a proclamation; **proclamer** [~'me] (1a) *v/t.* proclaim (*a. fig.*); declare, announce. [create.]
procréer [prɔkre'e] (1a) *v/t.* pro-
procuration [prɔkyra'sjɔ̃] *f* ⚕, *a.* ⚖ procuration, power of attorney; *par* ~ by proxy *or* procuration; **procurer** [~'re] (1a) *v/t. a. se* ~ obtain, get, procure; **procureur** [~'rœːr] *m* ⚖ procurator, proxy; *eccl.* bursar; ⚖ attorney; ♀ *de la République* (*approx.*) Public Prosecutor, *Am.* district attorney; ~ *général* (*approx.*) Attorney General.
prodigalité [prɔdigali'te] *f* prodigality; extravagance, lavishness.
prodige [prɔ'diːʒ] **1.** *su./m* prodigy; marvel (*a. fig.*); **2.** *adj.*: *enfant mf* ~ infant prodigy; **prodigieux, -euse** [~di'ʒjø, ~'ʒjøːz] prodigious, stupendous.
prodigue [prɔ'dig] **1.** *adj.* prodigal (*a. pej.*); lavish (of, with *de*), profuse (in, *de*); spendthrift; *bibl. l'enfant m* ~ the Prodigal Son; **2.** *su.* spendthrift, prodigal; **prodiguer** [~di'ge] (1m) *v/t.* lavish; be unsparing of; squander; *se* ~ set out to please.
prodrome [prɔ'droːm] *m* prodrome (to, *de*); ⚕ premonitory symptom; *fig.* preamble (to, *de*).
producteur, -trice [prɔdyk'tœːr, ~'tris] **1.** *adj.* productive (of, *de*); producing; ⊕ generating (*apparatus*); **2.** *su.* producer; ⚘ *a.* grower; **productible** [~'tibl] producible; **productif, -ve** [~'tif, ~'tiːv] productive, fruitful; **production** [~'sjɔ̃] *f* production (*a.* ⚖, ♪, ⊕, *cin.*); ⚡, *gas, steam*: generation; ⊕ output; product; ⚕ growth; **productivité** [~tivi'te] *f* productivity; **produire** [prɔ'dɥiːr] (4h) *v/t.* produce (*a.* ⚖ *evidence, a. cin.*); ⚕, ⚘ yield; ⊕ turn out (*products*); generate (⚡, *gas, steam*); *fig.* give rise to; *fig.* bring about; *se* ~ take place, happen, occur; **produit** [~'dɥi] *m* ⚗, ⊕, ⚗ product; ⚘ produce; proceeds *pl.* (*of sale*), receipts *pl.*; ⚕ yield; ~ *accessoire* (*or secondaire*) by-product; ~ *d'un capital* yield of a capital sum; ⚕ ~ *manufacturé* manufacture(d product); ⚕ ~ *national brut* gross national product; ⚕ ~ *ouvré* finished article.

proéminence [prɔemi'nɑ̃ːs] *f* prominence; protuberance; **proéminent, e** [~'nɑ̃, ~'nɑ̃ːt] prominent; projecting.
profanateur *m*, **-trice** *f* [prɔfana'tœːr, ~'tris] desecrator; **profanation** [~'sjɔ̃] *f* desecration; **profane** [prɔ'fan] **1.** *adj.* profane; secular (*history, art, theatre, etc.*); sacrilegious; impious; **2.** *su.* layman (*a. fig.*); F *fig.* outsider; **profaner** [~fa'ne] (1a) *v/t.* profane; desecrate (*a church, a tomb*); *fig.* degrade (*one's talent etc.*).
proférer [prɔfe're] (1f) *v/t.* utter; pour forth (*insults*).
professer [prɔfɛ'se] (1a) *v/t.* profess; be a professor of (*a subject*); practise (*law, medicine, etc.*); **professeur** [~'sœːr] *m* teacher, master; (*a. femme f* ~) *secondary school*: mistress; *univ.* professor, lecturer; ~ *d'athéisme* avowed *or* open atheist; **profession** [~'sjɔ̃] *f eccl., a. fig.* profession; occupation; trade; *de* ~ by profession; *fig.* habitual (*drunkard*); *sans* ~ of private means (*person*); **professionnaliser** [~sjɔnalize] (1a) *v/t.*: *se* ~ become *or* go professional; acquire (a) professional character; **professionnel, -elle** [~sjɔ'nɛl] **1.** *adj.* professional; vocational; ⚕ occupational (*disease*); *enseignement m* ~ vocational training; **2.** *su. usu. sp.* professional; **professorat** [~sɔ'ra] *m secondary school*: post of teacher; *univ.* professorship; *coll.* teaching profession, teachers *pl.*; *univ.* professoriate.
profil [prɔ'fil] *m* profile; outline; △ *etc.* section; *geog.* contour; **profilé, e** [prɔfi'le] **1.** *adj.* ✈, ⚓, *mot.* streamlined; **2.** *su./m* ⊕, *mot., etc.* section; **profiler** [~] (1a) *v/t.* ⊕ shape; draw (*s.th.*) in section; profile; *mot.* streamline; *se* ~ be silhouetted (against *contre, sur, à*).
profit [prɔ'fi] *m* ⚕ profit (*a. fig.*); *fig.* advantage, benefit; ⚕ ~*s pl. et pertes f/pl.* profit *sg.* and loss *sg.*; *mettre qch. à* ~ turn s.th. to account, take advantage of s.th.; **profitable** [prɔfi'tabl] profitable, advantageous; **profiter** [~'te] (1a) *v/i.* profit (by, *de*); *fig.* grow, thrive; *fig.* wear well (*material etc.*), be economical; ~ *à q.* benefit s.o.; be profitable to s.o.; ~ *de* take advantage of, make the

most of; **profiteur** *pej.* [~'tœ:r] *m* profit-taker; F profiteer; F ~ *de guerre* war profiteer.
profond, e [prɔ'fɔ̃, ~'fɔ̃:d] **1.** *adj.* deep (*a. fig. sigh, sleep*); *fig.* profound; **2.** *profond adv.* deep; **3.** *su./m* depth(s *pl.*); *au ~ de la nuit* in the dead of night; **profondément** [~fɔ̃de'mɑ̃] *adv. of profond 1*; **profondeur** [~fɔ̃-'dœ:r] *f* depth (*a. fig.*); *en ~* in depth; thorough(going); in-depth.
profus, e [prɔ'fy, ~'fy:z] profuse; **profusément** [prɔfyze'mɑ̃] *adv. of profus*; **profusion** [~'zjɔ̃] *f* profusion; abundance; *fig.* lavishness; *fig. à ~* lavishly.
progéniture [prɔʒeni'ty:r] *f* progeny, offspring.
prognose ⚕ [prɔg'no:z] *f* prognosis.
programme [prɔ'gram] *m* programme, *Am.* program (*a. pol., radio, data processing*); *pol.* platform; *univ. etc. examination*: syllabus; ~ *des auditeurs radio*: request program(me); ~ *d'études* curriculum; **programmateur, -trice** [prɔgrama'tœ:r, ~'tris] *su. radio (person), su./m data processing (machine)*: programmer; **programmation** [~ma'sjɔ̃] *f radio, data processing*: programming; **programmer** [~'me] *vt/i.* (1a) *data processing, etc.*: program; *fig. a.* plan; **programmeur** *m*, **-euse** *f* [~'mœ:r, ~'mø:z] *data processing (person)*: programmer.
progrès [prɔ'grɛ] *m* progress; advancement; *faire des ~* progress, make headway; **progresser** [prɔgrɛ'se] (1a) *v/i.* progress, make headway, advance; *fig.* improve; **progressif, -ve** [~'sif, ~'si:v] progressive; forward; gradual; graduated (*tax*); **progression** [~'sjɔ̃] *f* progress; progression (*a.* ⅍); advance(ment); increase; **progressiste** *pol.* [~'sist] *adj., a. su.* progressive.
prohiber [prɔi'be] (1a) *v/t.* forbid, prohibit; *hunt. temps m prohibé* close season; **prohibitif, -ve** [prɔibi'tif, ~'ti:v] prohibitive (*price etc.*); prohibitory (*law etc.*); **prohibition** [~'sjɔ̃] *f* prohibition; *~s pl. de sortie* ban *sg.* on exports; **prohibitionniste** [~sjɔ'nist] *adj., a. su./m* prohibitionist.
proie [prwa] *f* prey (*a. fig.*); *être en ~ à* be a prey to, be consumed by (*hatred etc.*), be tortured by (*pains, remorse, etc.*).
projecteur [prɔʒɛk'tœ:r] *m* projector; floodlight; spot(light); searchlight; **projectif, -ve** [~'tif, ~'ti:v] projective; **projectile** [~'til] *adj., a. su./m* projectile; missile; **projection** [~'sjɔ̃] *f* projection (*a.* △, ⅍); △ plan; (lantern) slide; **projecture** △ [~'ty:r] *f* projection.
projet [prɔ'ʒɛ] *m* project, plan; draft; scheme; *parl. ~ de loi* government bill; *état m de ~* planning stage; **projeter** [prɔʒ'te] (1c) *v/t.* project; throw; cast (*a shadow*); *fig.* plan, contemplate, intend; *se ~* stand out; be cast (*shadow*); jut out (*cliff etc.*).
prolétaire *pol.* [prɔle'tɛ:r] *m* proletarian; **prolétariat** [~ta'rja] *m coll.* proletariate; **prolétarien, -enne** [~ta'rjɛ̃, ~'rjɛn] proletarian.
prolifération [prɔlifera'sjɔ̃] *f* proliferation; **proliférer** [~fe're] (1f) *v/i.* proliferate; **prolifique** [~'fik] prolific.
prolixe [prɔ'liks] prolix, diffuse; F *fig.* long-winded; **prolixité** [~liksi'te] *f* prolixity; F *fig.* verbosity.
prologue [prɔ'lɔg] *m* prolog(ue) (to, de).
prolongation [prɔlɔ̃ga'sjɔ̃] *f time*: prolongation; *leave, stay, ticket*: extension; *sp.* extra time; **prolonge** ⚔ [prɔ'lɔ̃:ʒ] *f* ammunition waggon; lashing-rope; **prolongement** [~lɔ̃ʒ'mɑ̃] *m space*: prolongation; extension; **prolonger** [~lɔ̃'ʒe] (1l) *v/t.* prolong, extend (*in time or space*); ⚕ protract (*a disease*); ⅍ produce (*a line*); ⚓ coast (along); *se ~* continue; extend; be protracted.
promenade [prɔm'nad] *f* walk(ing); stroll (*on foot*), drive (*in a car*), sail (*in a boat*), ride (*on a bicycle*); trip, excursion; *place*: promenade, avenue; ⚔ ~ (*militaire*) route march; *faire une ~* go for *or* take a walk; **promener** [~'ne] (1d) *v/t.* take (*s.o.*) for a walk *or* a drive *etc.*; exercise (*an animal*); take, conduct; *fig.* run (*one's hand, one's eyes*) (over, *sur*); cast (*one's mind, one's thoughts*) (over, *sur*); *envoyer ~ q.* send s.o. about his business; *se ~* walk, go for a walk *or* ride *etc.*; *fig.* rove, wander (*eyes, gaze*); *va te ~!* get away with you!; **promeneur** *m*,

-**euse** *f* [~'nœ:r, ~'nø:z] walker, stroller; tripper; *thea.* promenader; **promenoir** [~'nwa:r] *m* promenade, covered walk; ⚓ promenade deck; ⚖ lobby.
promesse [prɔ'mɛs] *f* promise; assurance; ✝ promissory note; *manquer à sa* ~ break one's promise; **prometteur, -euse** [~mɛ'tœ:r, ~'tø:z] **1.** *adj.* free with his (her, *etc.*) promises; *fig.* promising, full of promise, attractive; **2.** *su.* person free with his (her) promises, ready promiser; **promettre** [~'mɛtr] (4v) *v/t.* promise (*a. fig.*); *fig.* bid fair to (*inf.*); se ~ *qch.* promise o.s. s.th.; look forward to s.th.; *v/i.* look *or* be promising; **promis, e** [~'mi, ~'mi:z] **1.** *p.p. of promettre*; **2.** *adj.* promised; engaged (*to be married*); *la terre* ~*e* the Promised Land (*a. fig.*); **3.** *su.* betrothed, F intended.
promiscuité [prɔmiskɥi'te] *f* promiscuity; *en* ~ promiscuously.
promission *bibl., a. fig.* [prɔmi'sjɔ̃] *f*: *la terre de* ~ the Promised Land.
promontoire *geog.* [prɔmɔ̃'twa:r] *m* promontory; headland.
promoteur, -trice [prɔmɔ'tœ:r, ~'tris] **1.** *adj.* promoting; **2.** *su.* promoter; (*a.* ~-*constructeur*, ~ *de construction*) property developer; ✝ ~ *de ventes* sales promoter; **promotion** [~mɔ'sjɔ̃] *f* promotion; *school*: class (= *year*); *coll.* persons *pl.* promoted; ✝ special offer; ✝ ~ *des ventes* sales promotion; ✝ *en* ~ on special offer; ~ *ouvrière or sociale* rise in the social scale, social advancement; **promotionnel, -elle** ✝ [~mɔsjɔ'nɛl] promotion(al); **promouvoir** [~mu'vwa:r] (3f) *v/t.* promote.
prompt, prompte [prɔ̃, prɔ̃:t] prompt, quick, speedy, ready; ~ *à se décider* quick to make up one's mind; **promptitude** [prɔ̃ti'tyd] *f* promptness, promptitude, quickness; readiness.
promu, e [prɔ'my] *p.p. of promouvoir*.
promulgation [prɔmylga'sjɔ̃] *f law*: promulgation; *decree*: publication; **promulguer** [~'ge] (1m) *v/t.* promulgate (*a law*); publish, issue (*a decree*).
prône *eccl.* [pro:n] *m* sermon; **prôner** [pro'ne] (1a) *v/t. eccl.* preach to; *fig.* extol, crack (*s.th., s.o.*) up; read (*s.o.*) a lecture, scold; **prôneur** *m*, **-euse** *f* [~'nœ:r, ~'nø:z] extoller, *sl.* booster.
pronom *gramm.* [prɔ'nɔ̃] *m* pronoun; **pronominal, e,** *m/pl.* **-aux** *gramm.* [~nɔmi'nal, ~'no] pronominal.
prononçable [prɔnɔ̃'sabl] pronounceable; **prononcé, e** [~'se] **1.** *adj.* pronounced (*a. fig.*); *fig.* marked; **2.** *su./m* ⚖ decision; **prononcer** [~'se] (1k) *v/t.* pronounce; ⚖ pass (*sentence*); make (*a. a speech*); *fig.* mention (*a name*); *mal* ~ mispronounce (*a word etc.*); se ~ give one's opinion *or* decision; come to a decision (on, about *sur*); be pronounced (*word*); *v/i.* pronounce; ~ *sur* rule upon, adjudicate upon (*a question*); ⚖ give one's verdict on; **prononciation** [~sja'sjɔ̃] *f gramm.* pronunciation; ⚖ *sentence*: passing; *verdict*: bringing in; *speech*: delivery.
pronostic [prɔnɔs'tik] *m* prognostic(ation); forecast; *turf*: (*tipster's*) selection; ⚕ prognosis; **pronostiquer** [~ti'ke] (1m) *v/t.* foretell; ⚕ prognose, give a prognosis; forecast (*the weather*); **pronostiqueur** *m*, **-euse** *f* [~ti'kœ:r, ~'kø:z] prognosticator.
propagande [prɔpa'gɑ̃:d] *f* propaganda; publicity; advertising; *de* ~ propaganda ...; **propagandisme** [~gɑ̃'dism] *m* propagandism; **propagandiste** [~gɑ̃'dist] *su.* propagandist.
propagateur, -trice [prɔpaga'tœ:r, ~'tris] **1.** *adj.* propagating; **2.** *su.* propagator; *news, germs, etc.*: spreader; **propagation** [~ga'sjɔ̃] *f* propagation, spread(ing); *phys.* ~ *des ondes* wave propagation; **propager** [~'ʒe] (1l) *v/t.* propagate (*biol., phys., a. fig.*); spread (*news, germs*); *fig.* popularize; se ~ propagate; spread; *phys.* be propagated.
propane ⚗ [prɔ'pan] *m* propane.
propension [prɔpɑ̃'sjɔ̃] *f* propensity, tendency.
prophète [prɔ'fɛt] *m* prophet, seer; *fig.* prophesier; **prophétesse** [prɔfe'tɛs] *f* prophetess; **prophétie** [~'si] *f* prophecy; **prophétique** [~'tik] prophetic; **prophétiser** [~ti'ze] (1a) *v/t.* prophesy, foretell.

prophylactique ⚕ [prɔfilak'tik] prophylactic; **prophylaxie** ⚕ [~'si] *f* prophylaxis; prevention of disease.

propice [prɔ'pis] propitious (to, *à*; for s.th., *à qch.*); favo(u)rable (to, *à*); **propitiation** [prɔpisja'sjɔ̃] *f* propitiation; **propitiatoire** [~'twa:r] propitiatory; F *don m ~* sop (to Cerberus).

proportion [prɔpɔr'sjɔ̃] *f* proportion (with, *avec*); ratio; *fig. ~s pl.* size *sg.*, dimensions; *à ~ que* in proportion as; *en ~ de* in proportion *or* relation to; **proportionnel, -elle** [~sjɔ'nɛl] **1.** *adj.* proportional; & *moyenne f ~elle* mean proportional; **2.** *su./f* & proportional; **proportionner** [~sjɔ'ne] (1a) *v/t.* proportion *or* adjust *or* adapt (to, *à*); *bien proportionné* well-proportioned.

propos [prɔ'po] *m* purpose; topic; remark; convenience; *~ pl.* talk *sg.*; *à ~* relevant, pertinent, timely; *à ~!* by the way!; *à ~ de* about; regarding, concerning, in connection with; *à ~ de rien* for no reason at all; *à ce ~* in this connection; *à tout ~* at every (end and) turn; *changer de ~* change the subject; *hors de ~* irrelevant (*comment*); ill-timed; *juger à ~* think fit; *mal à ~* inopportunely, at the wrong moment; **proposable** [prɔpo'zabl] worthy of consideration; **proposer** [~'ze] (1a) *v/t.* propose; suggest; offer (*a solution, money*); put forward (*a candidate, s.o. as a model*); *se ~* propose *or* offer o.s. (as, *comme*); *se ~ de* (*inf.*) propose *or* intend to (*inf.*); *se ~ pour* (*inf.*) offer to (*inf.*); **proposition** [~zi'sjɔ̃] *f* offer, proposal; &, *phls.*, ♪ proposition; *gramm.* clause; motion (*to be voted upon*).

propre [prɔpr] **1.** *adj.* proper, correct; peculiar (to, *à*); characteristic (of, *à*); own; fit, able (to, *à*) calculated (to, *à*); clean; neat; house-trained, *Am.* housebroken (*animal*); toilet-trained, clean (*child*); *~ à rien* good for nothing; *~ maison f* own house; *maison f ~* clean house; *en ~s termes* in so many words; **2.** *su./m* nature, characteristic, peculiarity; *gramm.* literal sense; *~ à rien* good-for-nothing; *iro. c'est du ~!* that's a fine thing!; **propret, -ette** † [prɔ'prɛ, ~'prɛt] neat, tidy; **propreté** [~prə'te] *f* cleanness; neatness; cleanliness.

propriétaire [prɔprie'tɛ:r] *su./m* proprietor, owner; landlord; *su./f* landlady; proprietress; **propriété** [~'te] *f* property (*a. phys.*); estate; ownership; *fig.* characteristic, property; *language, words, etc.*: correctness; *~ immobilière* real estate; *~ littéraire* copyright.

proprio F [prɔpri'o] *m* proprietor; owner; landlord.

propulser [prɔpyl'se] (1a) *v/t.* propel; ✈ *propulsé par réaction* rocket-powered; **propulseur** [~'sœ:r] **1.** *adj./m* propulsive, propelling, propellent; **2.** *su./m* propeller; **propulsif, -ve** [~'sif, ~'si:v] propulsive, propelling; **propulsion** [~'sjɔ̃] *f* propulsion; *~ par réaction* rocket-propulsion.

prorata [prɔra'ta] *m/inv.* proportion; *au ~* pro rata (*payment*); *au ~ de* in proportion to, proportionately to.

prorogation [prɔrɔga'sjɔ̃] *f parl.* prorogation; ⚖ *etc.* extension of time; *fig.* prolongation; **proroger** [~'ʒe] (1l) *v/t. parl.* adjourn, prorogue; ⚖, † extend (*a time-limit*), prolong.

prosaïque [prɔza'ik] prosaic; *fig.* unimaginative, dull; **prosaïsme** [~'ism] *m* prosaic style; *fig.* dullness; **prosateur** [~'tœ:r] *m* prose-writer.

proscription [prɔskrip'sjɔ̃] *f* proscription; banishment; *fig.* abolition; **proscrire** [~'kri:r] (4q) *v/t.* proscribe; *fig.* abolish; *fig.* forbid; **proscrit** *m*, **e** *f* [~'kri, ~'krit] proscript, outlaw, exile.

prose [pro:z] *f* prose; *eccl.* sequence.

prosélyte [prɔze'lit] *m* proselyte.

prospecter [prɔspɛk'te] (1a) *v/t.* ⚒ prospect; † canvass; **prospecteur** ⚒ *etc.* [~'tœ:r] *m* prospector; **prospectif, -ve** [~'tif, ~'ti:v] **1.** *adj.* prospective; forward-looking; **2.** *su./f* forecasting (the future); research into the future development; **prospection** [~'sjɔ̃] *f* ⚒ *etc.* prospecting; prospection; † canvassing; **prospectus** [~'tys] *m* prospectus; leaflet; brochure; handbill.

prospère [prɔs'pɛ:r] prosperous, thriving; favo(u)rable (*circumstances etc.*); well-to-do (*person*); **prospé-**

rer [~pe're] (1f) *v/i.* prosper, thrive; succeed; **prospérité** [~peri'te] *f* prosperity; ✝ *vague f de* ~ boom.
prostate *anat.* [prɔ'stat] *f* prostate (gland).
prosterner [prɔstɛr'ne] (1a) *v/t.*: *se* ~ prostrate o.s.; bow down (before, to *devant*); F kowtow (to, *devant*).
prostituée [prɔsti'tɥe] *f* prostitute, whore; **prostituer** [~'tɥe] (1a) *v/t.* prostitute (*a. fig.*); **prostitution** [~ty'sjɔ̃] *f* prostitution (*a. fig.*).
prostration [prɔstra'sjɔ̃] *f* prostration (*a.* ⚕); ⚕ exhaustion; **prostré, e** [~'tre] prostrate; ⚕ exhausted.
protagoniste *thea., a. fig.* [prɔtagɔ'nist] *m* protagonist.
protecteur, -trice [prɔtɛk'tœ:r, ~'tris] **1.** *adj.* ⊕, *a. pol.* protective; protecting; *fig. pej.* patronizing; **2.** *su.* protector; patron; ~ *de l'environnement* environmentalist; **protection** [~'sjɔ̃] protection (against, from *contre*); patronage, influence; wire-pulling; ~ *civile* civil defence; F *air m de* ~ patronizing air; **protectionnisme** *pol.* [~sjɔ'nism] *m* protectionism; **protectionniste** *pol.* [~sjɔ'nist] *adj., a. su.* protectionist; **protectorat** [~tɔ'ra] *m* protectorate.
protégé [prɔte'ʒe] *m* favo(u)rite; protégé; **protégée** [~te'ʒe] *f* protégée; **protège-oreilles** [~tɛʒɔ'rɛ:j] *m/inv.* ear-protector; **protéger** [~te'ʒe] (1g) *v/t.* protect (from, *contre*); *fig.* be a patron of; patronize.
protéine [prɔte'i:n] *f* protein; **protéique** [~'ik] protein..., proteinic.
protestant, e [prɔtɛs'tɑ̃, ~'tɑ̃:t] *adj., a. su.* Protestant; **protestantisme** [~tɑ̃'tism] *m* Protestantism; **protestataire** *pol.* [~ta'tɛ:r] *su.* objector; **protestation** [~ta'sjɔ̃] *f* protest (against, *contre*); protestation (*of friendship, innocence, etc.*); **protester** [~'te] (1a) *v/t.* protest (*a.* ✝ *a bill*); *v/i.*: ~ *contre* challenge; protest against; ~ *de qch.* protest s.th.; **protêt** [prɔ'tɛ] *m* protest.
prothèse ⚕ [prɔ'tɛ:z] *f* prosthesis; artificial limb; (*a.* ~ *dentaire*) false teeth *pl.*, denture.
prot(o)... [prɔt(ɔ)] prot(o)...
protocolaire [prɔtɔkɔ'lɛ:r] formal; of etiquette; **protocole** [~'kɔl] *m* protocol; ceremonial; F etiquette; *pol. chef m du* ~ Chief of Protocol.
prototype [prɔtɔ'tip] *m* prototype.
protubérance [prɔtybe'rɑ̃:s] *f* protuberance; (*solar*) prominence; knob.
protuteur *m*, **-trice** *f* ⚖ [prɔty'tœ:r, ~'tris] acting guardian.
prou [pru] *adv.*: *ni peu ni* ~ none *or* not at all; *peu ou* ~ more or less.
proue ⚓ [~] *f* prow, bows *pl.*
prouesse [pru'ɛs] *f* prowess; ~*s pl.* exploits.
prouvable [pru'vabl] provable; **prouver** [~'ve] (1a) *v/t.* prove.
provenance [prɔv'nɑ̃:s] *f* source, origin; ✝ product; produce; 🚂 *en* ~ *de* from; **provenir** [~'ni:r] (2h) *v/i.*: ~ *de* arise from, come from; originate in.
proverbe [prɔ'vɛrb] *m* proverb; **proverbial, e,** *m/pl.* **-aux** [~vɛr'bjal, ~'bjo] proverbial.
providence [prɔvi'dɑ̃:s] *f* providence; F *fig.* guardian angel; **providentiel, -elle** [~dɑ̃'sjɛl] providential; *fig.* opportune, heaven-sent.
province [prɔ'vɛ̃:s] *f* provinces *pl.*; *fig. de* ~ provincial, *pej.* countrified; **provincial, e,** *m/pl.* **-aux** [~vɛ̃'sjal, ~'sjo] **1.** *adj.* provincial; *fig. pej.* countrified; **2.** *su., a. su./m eccl.* provincial.
proviseur [prɔvi'zœ:r] *m lycee*: headmaster; **provision** [~'zjɔ̃] *f* provision, stock, supply; *finance*: funds *pl.*, cover; ⚖ sum paid into court; *faire ses* ~*s* go shopping; *par* ~ provisional; *sac m à* ~*s* shopping-bag; **provisoire** [~'zwa:r] provisional; temporary; acting (*official etc.*); **provisorat** [~zɔ'ra] *m lycee*: headmastership.
provocant, e [prɔvɔ'kɑ̃, ~'kɑ̃:t] provocative (*a. fig.*); *fig.* enticing; **provocateur, -trice** [~ka'tœ:r, ~'tris] **1.** *adj.* provocative; **2.** *su.* aggressor; instigator; provoker; **provocation** [~ka'sjɔ̃] *f* provocation; instigation; *crime*: incitement; challenge; ⚕ *sleep etc.*: inducement; **provoquer** [~'ke] (1m) *v/t.* provoke; incite (to, *à*); ⚕ induce (*sleep etc.*); *fig.* cause, bring about; *fig.* arouse (*suspicion etc.*).
proxénète [prɔkse'nɛt] *su./m* procurer; *su./f* procuress.
proximité [prɔksimi'te] *f* proximity; nearness; ~ *de parenté* near

relationship; *à* ~ near at hand; *à* ~ *de* close to.

prude [pryd] **1.** *adj.* prudish; **2.** *su.*/*f* prude.

prudemment [pryda'mã] *adv.* of *prudent*; **prudence** [~'dɑ̃:s] *f* care(fulness), cautiousness; prudence; discretion; wisdom; **prudent, e** [~'dã, ~'dɑ̃:t] careful, cautious; prudent; discreet; *fig.* wise, advisable (to *inf.*, *de inf.*).

pruderie [pry'dri] *f* prudery, prudishness; **prud'homme** [~'dɔm] *m* man of integrity, *fig.* wise man; *conseil m des* ~*s* conciliation board.

prudhommerie [prydɔm'ri] *f* pomposity.

pruine [prɥin] *f* bloom (*on fruit*).

prune [pryn] **1.** *su.*/*f* plum; F *fig. pour des* ~*s* for nothing; **2.** *adj.*/*inv.* plum-colo(u)red; **pruneau** [pry'no] *m* prune; F ⚔ (*rifle*-)bullet; *sl.* black eye; **prunelaie** ⚘ [pryn'lɛ] *f* plum orchard; **prunelée** [~'le] *f* plum jam; **prunelle** [pry'nɛl] *f* ⚘ sloe; ⚘, *a. tex.* prunella; *anat. eye*: pupil; *fig.* apple (*of the eye*); **prunellier** ⚘ [~nɛ'lje] *m* blackthorn, sloetree; **prunier** ⚘ [~'nje] *m* plum-tree.

prurigineux, -euse ⚕ [pryriʒi'nø, ~'nø:z] pruriginous; **prurit** ⚕ [~'ri(t)] *m* pruritus, itching.

Prusse [prys] *f*: *bleu m de* ~ Prussian blue; **prussien, -enne** [pry'sjɛ̃, ~'sjɛn] *adj.*, *a. su.* ♀ Prussian; **prussique** ⚗ [~'sik] *adj.*: *acide m* ~ prussic acid.

psalmiste [psal'mist] *m* psalmist; *bibl. le* ♀ the Psalmist (= *king David*); **psalmodie** [~mɔ'di] *f eccl.* psalmody; intoned psalm; F *voice*: singsong; **psalmodier** [~mɔ'dje] (1o) *vt*/*i.* intone, chant; *v*/*t.* F *fig.* drone (*s.th.*) out; **psaume** [pso:m] *m* psalm; **psautier** [pso'tje] *m* psalter.

pseud(o)... [psød(ɔ)] pseud(o)...

pseudonyme [psødɔ'nim] *m* assumed name; pseudonym; nom de plume; stage name.

ps(it)t! [ps(i)t] *int.* psst!; I say!

psittacisme ⚕ [psita'sism] *m* psittacism, parrotry; **psittacose** ⚕ [~'ko:z] *f* psittacosis; parrot disease.

psych... [psik] psych(o)...; ~**analyse** ⚕ [psikana'li:z] *f* psychoanalysis; **psychanalyser** [~li'ze] (1a) *v*/*t.* psychoanalyze; ~**analyste** ⚕ [~'list] *m* psychoanalyst; ~**analytique** ⚕ [~li'tik] psychoanalytic(al).

psyché [psi'ʃe] *f* cheval-glass.

psych...: ~**iatre** [psi'kja:tr] *m* psychiatrist; ~**iatrie** [psikja'tri] *f* psychiatry; ~**iatrique** [~'trik] psychiatric; *hôpital m* ~ *a.* mental hospital.

psychique [psi'ʃik] psychic; **psychisme** [~'ʃism] *m* psychism.

psycho... [psikɔ] psycho...; ~**logie** [~lɔ'ʒi] *f* psychology; ~ *des enfants* (*foules*) child (mass) psychology; ~**logique** [~lɔ'ʒik] psychological (*a.* F *fig. moment*); ~**logue** [~'lɔg] *su.* psychologist; ~**pathe** ⚕ [~'pat] *su.* psychopath.

psychose [psi'ko:z] *f* ⚕ psychosis; obsessive fear; ~ *de guerre* war scare.

psycho...: ~**somatique** [psikɔsɔma'tik] **1.** *adj.* psychosomatic; **2.** *su.*/*f* psychosomatics *sg.*; ~**thérapeute** [~tera'pø:t] *su.* psychotherapist; ~**thérapie** [~tera'pi] *f* psychotherapy; ~**trope** [~'trɔp] **1.** *adj.* psychotropic; **2.** *su.*/*m* psychotropic (substance).

ptomaïne ⚕, ⚗ [ptɔma'in] *f* ptomaine.

pu [py] *p.p. of pouvoir 1.*

puant, e [pɥã, pɥɑ̃:t] stinking; foul (*a. fig.*); F conceited; **puanteur** [pɥɑ̃'tœ:r] *f* stench, stink.

pubère [py'bɛ:r] pubescent; **pubertaire** [~bɛr'tɛ:r] (of) puberty; adolescent; *l'âge m* ~ puberty; **puberté** [~bɛr'te] *f* puberty.

pubescent, e ⚘ [pybɛ'sã, ~'sɑ̃:t] pubescent, downy.

pubien, -enne *anat.* [py'bjɛ̃, ~'bjɛn] pubic; **pubis** *anat.* [~'bis] *m* pubis.

publiable [pybli'able] publishable; **public, -que** [~'blik] **1.** *adj.* public; *la chose* ~*que* the state, the government; *la vie* ~*que* public life, politics *pl.*; *maison f* ~*que* brothel; **2.** *su.*/*m* public; *thea. etc.* audience; *en* ~ in public; *le grand* ~ the general public; F the man in the street; **publication** [pyblika'sjɔ̃] *f* publication; publishing; *en cours de* ~ printing (*book*); **publiciste** [~'sist] *su.* publicist; public relations officer; **publicitaire** [~si'tɛ:r] **1.** *adj.* publicity-..., advertising...; promotion...; **2.** *su.*/*m* publicity man;

publicité [~si'te] *f* publicity; public relations *pl.*; advertising; ~ *aérienne* sky-writing; ~ *lumineuse* illuminated advertising; *bureau m de* ~ advertising agency; *exemplaires m/pl. de* ~ press copies; **publier** [~'e] (1a) *v/t.* publish; make public; release (*news*); proclaim.

puce [pys] **1.** *su./f* flea; F *marché m aux* ~*s* flea market; F *secouer les* ~*s à* give (*s.o.*) a good hiding; **2.** *adj./inv.* puce.

pucelle [py'sɛl] *f* maiden, virgin; *la* ♀ (*d'Orléans*) the Maid of Orleans, Joan of Arc.

puceron ⚘ [pys'rɔ̃] *m* plant-louse; aphis.

pucier *sl.* [py'sje] *m* bed.

pudeur [py'dœ:r] *f* modesty; decency; reserve; *sans* ~ shameless(ly *adv.*); **pudibond, e** [~di'bɔ̃, ~'bɔ̃:d] prudish; **pudicité** [~disi'te] *f* modesty; bashfulness; chastity; **pudique** [~'dik] modest, bashful; chaste.

puer [pɥe] (1n) *v/i.* stink, reek, smell; *v/t.* smell of; stink of.

puériculture [pɥerikyl'ty:r] *f* rearing of children; infant care; **puéril, e** [~'ril] puerile, childish (*a. argument etc.*); *âge m* ~ childhood; **puérilité** [~rili'te] *f* childishness; puerility (*a. fig.*).

pugilat [pyʒi'la] *m* pugilism; F setto, fistfight; **pugiliste** [~'list] *m* pugilist, boxer, F pug.

puîné, e [pɥi'ne] **1.** *adj.* younger; **2.** *su./m* younger brother; *su./f* younger sister.

puis[1] [pɥi] *adv.* then, afterwards, next; *et* ~ and then; moreover; *et* ~ *après?* what then?; what about it?, so what?

puis[2] [~] *1st p. sg. pres. of pouvoir 1.*

puisage ⊕ [pɥi'za:ʒ] *m* pumping up; **puisard** [~'za:r] *m* ⊕ sump; **puisatier** [~za'tje] *m* well digger; **puiser** [~'ze] (1a) *v/t.* draw (from *à*, *dans*) (*a. fig.*); dip (into, *dans*).

puisque [pɥisk(ə)] *cj.* since, as; seeing that.

puissamment [pɥisa'mɑ̃] *adv.* powerfully; *fig.* extremely; **puissance** [~'sɑ̃:s] *f fig., a.* ⊕, ⚡, ✈, *eccl., pol., radio*: power; force; *fig.* influence; ⚖, *fig.* authority; *phys.* ~ *en bougies* candle-power; ~ *lumineuse searchlight*: candle-power; *pol.* ~ *mondiale* world(-)power; **puissant, e** [~'sɑ̃, ~'sɑ̃:t] powerful; strong; weighty (*argument*); thick (*coal-seams*).

puisse [pɥis] *1st p. sg. pres. sbj. of pouvoir 1.*

puits [pɥi] *m* well; ⚒ shaft; ⊕, ⚔ pit; ~ *d'aérage* air-shaft; *cuis.* ~ *d'amour* cream-puff; jam-puff; *fig.* ~ *de science person*: mine of information.

pull-over [pylɔ'vœ:r] *m* pullover; sweater.

pulluler [pyly'le] (1a) *v/i.* swarm, teem; multiply rapidly.

pulmonaire [pylmɔ'nɛ:r] **1.** *adj.* pulmonary; **2.** *su./f* ⚘ lungwort.

pulpe [pylp] *f* pulp; *finger etc.*: pad; **pulpeux, -euse** [pyl'pø, ~'pø:z] pulpy, pulpous.

pulsatif, -ve [pylsa'tif, ~'ti:v] pulsatory; throbbing (*pain*); **pulsation** [~'sjɔ̃] *f* pulsation (*a.* ⚡, *a. phys.*); *heart*: throb(bing), beat(-ing); **pulsatoire** ⚕ [~'twa:r] pulsatory.

pulsion *psych.* [pyl'sjɔ̃] *f* urge, drive; ~ *sexuelle* sexual urge.

pulsoréacteur ✈ [pylsɔreak'tœ:r] *m* intermittent jet; pulsojet.

pulvérisateur [pylveriza'tœ:r] *m* pulverizer; spray, atomizer; *liquids*: vaporizer; **pulvériser** [~'ze] (1a) *v/t.* pulverize (*a. fig. s.o.*); F *sp.* smash (*a record*); *mot. etc., a. fig.* atomize (*petrol, liquids*); **pulvérulence** [pylvery'lɑ̃:s] *f* powderiness; dustiness; **pulvérulent, e** [~'lɑ̃, ~'lɑ̃:t] powdery; dusty.

puma *zo.* [py'ma] *m* puma, cougar.

punais, e [py'nɛ, ~'nɛ:z] **1.** *adj.* foul-smelling; **2.** *su./f zo.* bug; drawing-pin, *Am.* thumbtack.

punch [pɔ̃:ʃ] *m* punch.

punique *hist.* [py'nik] Punic; *fig. foi f* ~ treachery.

punir [py'ni:r] (2a) *v/t.* punish (with, *de*); **punissable** [pyni'sabl] punishable; **punition** [~'sjɔ̃] *f* punishment; *games*: forfeit.

pupillaire *anat.*, ⚖ [pypil'lɛ:r] pupil(l)ary; **pupillarité** ⚖ [~lari'te] *f* wardship.

pupille[1] [py'pil] *su.* ⚖ ward; orphanage-child; ~ *de la nation* war orphan (*in France*).

pupille[2] *anat.* [~] *f eye*: pupil.

pupitre [py'pitr] *m* desk; ♪ (*music-*)stand; *eccl.* lectern; ⊕ ~ *de commande* control desk; ⚡, *thea.* ~ *de distribution* (*or commutation*) switch-desk.

pur, pure [py:r] pure (*a. fig.*), spotless; *fig.* clear (*conscience etc.*); *fig.* innocent, chaste (*girl*); *fig.* sheer, downright; *zo.* ~ *sang* thoroughbred; *folie f pure* utter folly.
purée [py're] *f cuis. vegetables*: mash; mashed potatoes *pl.*; thick soup; *sl. être dans la* ~ be in the soup, be hard up.
pureté [pyr'te] *f* purity (*a. fig.*); chastity; *fig.* clearness.
purgatif, -ve ⚕ [pyrga'tif, ~'ti:v] *adj.*, *a. su./m* purgative; **purgation** [~'sjɔ̃] *f* ⚕, *eccl.* purgation; ⚕ purging; ⚕ purge; **purgatoire** *eccl.* [~'twa:r] *m* purgatory (*a. fig.*);
purge [pyrʒ] *f* ⚕ purge (*a. pol.*), purgative; ⚖ *mortgage*: redemption; ⊕ blow-off; *tex.* cleaning; **purgeoir** ⊕ [pyr'ʒwa:r] *m* filtering-tank; **purger** [~'ʒe] (1l) *v/t.* purge (*fig.*, *a.* ⚕), cleanse; ⚖ serve (*a sentence*); ⊕, *a. fig.* clear; se ~ take a purgative; *fig.* clear o.s.
purification [pyrifika'sjɔ̃] *f* purification (*a. eccl.*); cleansing; **purifier** [~'fje] (1o) *v/t.* purify, cleanse; refine (*metal*); ⊕ disinfect (*the air etc.*).
purin ✓ [py'rɛ̃] *m* liquid manure.
purisme [py'rism] *m* purism; **puriste** [~'rist] **1.** *su.* purist; **2.** *adj.* puristic.
puritain, e [pyri'tɛ̃, ~'tɛn] **1.** *su.* Puritan; **2.** *adj.* puritan(ical) (*a. fig.*); **puritanisme** [~ta'nism] *m* puritanism (*a. fig.*).
purpurin, e [pyrpy'rɛ̃, ~'rin] purplish; crimson.
pur-sang [pyr'sɑ̃] *m/inv. horse*: thoroughbred.
purulence ⚕ [pyry'lɑ̃:s] *f* purulence; **purulent, e** ⚕ [~'lɑ̃, ~'lɑ̃:t] purulent; *foyer m* ~ abscess.
pus[1] ⚕ [py] *m* pus, matter.
pus[2] [~] *1st p. sg. p.s. of pouvoir 1.*
pusillanime [pyzilla'nim] pusillanimous; faint-hearted; **pusillanimité** [~nimi'te] *f* faint-heartedness.
pustule ⚕ [pys'tyl] *f* pustule; **pustulé, e** ⚕ [~ty'le], **pustuleux, -euse** ⚕ [~ty'lø, ~'lø:z] pustulous.
putain V [py'tɛ̃] *f* whore; ~! goddamn it!
putatif, -ve [pyta'tif, ~'ti:v] putative; reputed.
putois *zo.* [py'twa] *m* polecat.
putréfaction [pytrefak'sjɔ̃] *f* putrefaction, decay; **putréfier** [~'fje] (1o) *v/t.* putrefy, rot, decompose; se ~ putrefy; **putrescence** [pytrɛ'sɑ̃:s] *f* putrescence; ⚕ sepsis; **putrescent, e** [~'sɑ̃, ~'sɑ̃:t] putrescent; **putrescible** [~'sibl] liable to putrefaction; **putride** [py'trid] putrid; tainted.
puy *geog.* [pɥi] *m* peak (*in the Auvergne*).
puzzle [pœzl] *m* jig-saw puzzle.
pygmée [pig'me] *m* pygmy.
pyjama [piʒa'ma] *m* (pair of) pyjamas *pl.*, *Am.* pajamas *pl.*
pylône [pi'lo:n] *m* ⚡ pylon (*a.* △), mast; 🚂, ✉ post.
pyramidal, e, *m/pl.* **-aux** [pirami'dal, ~'do] pyramidal; **pyramide** △, Ꭿ [~'mid] *f* pyramid; ~ *des âges statistics*: age pyramid.
pyrite *min.* [pi'rit] *f* pyrites.
pyro... [pirɔ] pyro...; **~gravure** [~gra'vy:r] *f* poker-work; **~ligneux** ⚗ [~li'ɲø] *adj.*: *acide m* ~ pyroligneous acid; **~mane** [~'man] *su.* pyromaniac; **~phore** ⚗, *zo.* [~'fɔ:r] *m* pyrophorus.
pyrosis ⚕ [pirɔ'zis] *m* pyrosis, heartburn.
pyro...: **~technicien** [pirɔtɛkni'sjɛ̃] *m* pyrotechnist; **~technie** [~tɛk'ni] *f* pyrotechnics *pl.*
pyroxyle ⚗ [pirɔk'sil] *m* pyroxyline; gun-cotton.
Pyrrhus [pi'rys] *npr./m*: *victoire f à la* ~ Pyrrhic victory.
python *zo. etc.* [pi'tɔ̃] *m* python; **pythonisse** [~tɔ'nis] *f* prophetess; clairvoyante.

Q

Q, q [ky] *m* Q, q.
quadragénaire [kwadraʒeˈnɛːr] *adj., a. su.* quadragenarian.
quadrangulaire [kwadrɑ̃gyˈlɛːr] ⊿ *etc.* quadrangular; ⌂ four-cornered.
quadrant ⊿ [kaˈdrɑ̃] *m* quadrant; **quadrature** [kwadraˈtyːr] *f* ⊿, *astr.* quadrature; ⊿ *circle*: squaring (*a. fig.*).
quadri... [kwadri] quadri...; **~folié, e** ⚘ [~fɔˈlje] quadrifoliate.
quadrilatère ⊿ *etc.* [kwadrilaˈtɛːr] *su./m, a. adj.* quadrilateral.
quadrillage [kadriˈjaːʒ] *m* cross-ruling; cross-gridding; chequer-work; squares *pl.*; *fig.* cover(ing), control(ling); **quadrille** [~ˈdriːj] *m* ♪ *dance, a. cards*: quadrille; **quadriller** [~driˈje] (1a) *v/t.* square (*paper etc.*); grid (*map*); chequer; *fig.* cover (*an area etc.*); (bring under) control.
quadri...: **~moteur** ✈ [kwadrimɔˈtœːr] **1.** *adj./m* four-engined; **2.** *su./m* four-engined plane; **~phonie** [~fɔˈni] *f* quadrophony; *en ~* in quadrophonic sound; **~réacteur** ✈ [~reakˈtœːr] *m* four-engined jet plane.
quadrupède [kwadryˈpɛd] **1.** *adj.* four-footed, quadruped; **2.** *su./m* quadruped.
quadruple [kwaˈdrypl] *adj., a. su./m* quadruple, fourfold; **quadruplé(e)s** [~dryˈple] *su./pl.* quadruplets; **quadrupler** [~] (1a) *vt/i.* quadruple; increase fourfold.
quai [ke] *m* quay, wharf; 🚂 platform; embankment (*along a river*); *droits m/pl. de ~* quayage (dues) *sg.*
qualifiable [kaliˈfjabl] subject to qualification; describable (as, *de*); **qualificatif, -ve** *gramm.* [~fikaˈtif, ~ˈtiːv] **1.** *adj.* qualifying; **2.** *su./m* qualifier; **qualification** [~fikaˈsjɔ̃] *f* qualification (*a. sp.*); calling; *gramm.*, ⚜ qualifying; description, designation; **qualifié, e** [~ˈfje] qualified (to, *pour*); ⊕ skilled (*workman*); ⚖ aggravated (*larceny*); **qualifier** [~ˈfje] (1o) *v/t.* call, style (by, *de*; s.o. s.th., *q. de qch.*); qualify (*a. gramm.*); *se ~* call o.s.; qualify (for, *pour*);
qualitatif, -ve [~taˈtif, ~ˈtiːv] qualitative; **qualité** [~ˈte] *f* quality, property; nature; qualification; *fig.* capacity (as, *de*); title; *avoir ~ pour* be qualified to; *de première ~* first-rate; *en (sa) ~ de* in his capacity as; † *gens m/pl. de ~* gentlefolk.
quand [kɑ̃] **1.** *adv.* when; *depuis ~?* how long?, since when?; *pour ~ est ...?* when is ...?; **2.** *cj.* when; *~ même* none the less, nevertheless; even though.
quant à [kɑ̃ˈta] *prp.* as for; as regards; in relation to.
quantième [kɑ̃ˈtjɛm] *m* day of the month, date.
quantifier [kɑ̃tiˈfje] (1o) *v/t.* quantify.
quantique *phys.* **[kwɑ̃ˈtik]** *adj.*: *mécanique f ~* **quantum mechanics.**
quantitatif, -ve [kɑ̃titaˈtif, ~ˈtiːv] ⚗ *etc.* quantitative; *gramm.* (*adjective*) of quantity, (*adverb*) of degree; **quantité** [~ˈte] *f* quantity.
quantum, *pl.* **-ta** [kwɑ̃ˈtɔm, ~ˈta] *m* ⊿, ⚗, ⚖, *phys.* quantum; *phys. théorie f des quanta* quantum theory.
quarantaine [karɑ̃ˈtɛn] *f* (about) forty; ⚓ quarantine; *la ~* the age of forty, the forties *pl.*; *mettre q. en ~* ⚕, ⚓ quarantine s.o.; *fig.* send s.o. to Coventry; **quarante** [~ˈrɑ̃ːt] **1.** *adj./num.*, forty; **2.** *su./m/inv.* forty; *les* ♀ the Forty (members of *the Académie française*); *~-cinq tours m record*: single; **quarantième** [~ˈtjɛm] *adj./num., a. su.* fortieth.
quart [kaːr] *m* ⊿ *etc.* quarter; ⚓ point (of the compass); ⚓ watch; ♪ *~ de soupir* semiquaver rest; *~ d'heure* quarter of an hour; *fig. passer un mauvais ~ d'heure* have a hard time (of it); *faire passer un mauvais ~ d'heure à q.* give s.o. a hard time; *deux heures moins le ~* a quarter to two; *le ~ a sonné* it has struck quarter past; *un*

~ (*de livre*) a quarter (of a pound); *fig. aux trois* ~*s* almost (completely); *fig. les trois* ~*s de* most (of); *fig. au* ~ *de tour* immediately, straight off; *fig. un petit* ~ *d'heure* a few minutes; **quarte** [kart] **1.** *adj./f* ⚕ quartan (*fever*); **2.** *su./f* ♪ fourth; *fencing*: carte, quart(e).

quartier [kar'tje] *m* quarter; (fourth) part; piece, portion; *venison*: haunch; *bacon*: gammon; *stone*: block; district, neighbo(u)rhood; *fig.* mercy, clemency; ⚔ quarters *pl.*; ~ *chic* residential quarter; ⚔ ~ *général* headquarters *pl.*; ~ *ouvrier* working-class district; ⚔ *demander* ~ ask for *or* cry quarter; ⚔ *faire* ~ give quarter; **~-maître,** *pl.* **~s-maîtres** [~tje'mɛ:tr] *m* ⚓ leading seaman; ⚔ † quartermaster.

quarto [kwar'to] *adv.* fourthly.

quartz *min.* [kwarts] *m* quartz; **quartzeux, -euse** *min.* [kwart'sø, ~'sø:z] quartzose; quartz (*sand*).

quasi [ka'zi] *adv.* almost, practically; quasi; **~-délit** ⚖ [~zide'li] *m* technical offence; **quasiment** F [~zi'mɑ̃] *adv.* almost, practically.

Quasimodo *eccl.* [kazimɔ'do] *f* Low Sunday.

quaternaire ⚗, ⚘, *geol., etc.* [kwatɛr'nɛ:r] quaternary.

quatorze [ka'tɔrz] *adj./num., a. su./m/inv.* fourteen; *date, title*: fourteenth; **quatorzième** [~tɔr'zjɛm] *adj./num., a. su.* fourteenth.

quatrain [ka'trɛ̃] *m* quatrain.

quatre [katr] *adj./num., a. su./m/inv.* four; *date, title*: fourth; *à* ~ *pas d'ici* close by; *à* ~ *pattes* on all fours; *entre* ~ *yeux* between you and me; *pol. les* ♀ *Grands* the Big Four; **~-mâts** ⚓ [katrə'mɑ] *m/inv.* four-master; **~-saisons** [~sɛ'zɔ̃] *f/inv.* (*sort of*) strawberry; *see marchand* 2; **~-temps** *eccl.* [~'tɑ̃] *m/pl.* ember days; **~-vingt-dix** [~vɛ̃'dis; *before consonant* ~'di; *before vowel or h mute* ~'diz] *adj./num., a. su./m/inv.* ninety; **~-vingt-dixième** [~vɛ̃di'zjɛm] *adj./num., a. su.* ninetieth; **~-vingtième** [~vɛ̃'tjɛm] *adj./num., a. su.* eightieth; **~-vingts** [~'vɛ̃] *adj./num., a. su./m* (*loses its -s when followed by another number*) eighty; *quatre-vingt-un* eighty-one; **quatrième** [katri'ɛm] **1.** *adj./num.* fourth; **2.** *su.* fourth; *su./m fraction*: fourth, quarter; fourth, *Am.* fifth floor; *su./f secondary school*: (*approx.*) third form.

quatuor ♪ [kwa'tɥɔ:r] *m* quartet; ~ *à cordes* string quartet.

que [kə] **1.** *pron./interr.* what?; how (many)!; ~ *cherchez-vous?, qu'est-ce que vous cherchez?* what are you looking for?; ~ *c'est beau!* how beautiful it is!; ~ *de monde!* what a lot of people!; ~ *faire?* what can (could) be done?; *qu'est-ce* ~ *c'est* ~ *cela?* what's that?; *qu'est-ce* ~ *la littérature?* what is literature?; **2.** *pron./rel.* whom, that; which; what; (*autant*) ~ *je sache* so far as I know; *je ne sais* ~ *dire* I don't know what to say; *je sais ce qu'il veut* I know what he wants; *le jour qu'il vint* the day (when) he came; *l'homme* ~ *j'aime* the man (whom *or* that) I love; *misérable* ~ *tu es!* wretch that you are!; you wretch!; **3.** *cj.* that; so that; when; whether; *replacing another cj. to avoid its repetition*: *puisque vous le dites et* ~ *nous le croyons* since you say so and we believe it; ~ (*sbj.*) ... ~ (*sbj.*) whether (*ind.*) ... or (*ind.*); ~ *la lumière soit!* let there be light!; ~ *le diable l'emporte!* to hell with him!; *approchez* ~ *je vous regarde* come closer and let me look at you; *aussi* ... ~ as ... as; *d'autant plus* ... ~ all the more ... as *or* because; *il ne partira pas sans* ~ *cela ne soit fait* he will not leave before it is done; *il y a* ... ~ since ...; *je crois* ~ *oui* I think so; *ne* ... ~ only, but; *non* (*pas*) ~ (*sbj.*) not that (*ind.*); *plus* ~ more than; *tel* ~ such as; *tel* ~ *je suis* as I am; *un tel vacarme* ~ such a row that.

quel *m*, **quelle** *f*, **quels** *m/pl.*, **quelles** *f/pl.* [kɛl] **1.** *adj./interr.* what; who; which; what (a)!; *quelle bonté!* how kind!; *quelle heure est-il?* what time is it?; ~ *que* (*sbj.*) whatever (*ind.*); *quelle que soit son influence* whatever his influence (may be); ~*s que soient ces messieurs* whoever these gentlemen may be; **2.** *adj./indef.* whatever; whoever; whichever.

quelconque [kɛl'kɔ:k] *adj./indef.* any whatever; some ... or other; ordinary, commonplace; indifferent, poor.

quelque [kɛlk(ə)] **1.** *adj.* some, any;

~s *pl.* some, (a) few; ~ *chose* something, anything; ~ *peu* something; ~ ... *qui* (*or que*)) (*sbj.*) whatever (*ind.*); *ne* ... ~ *chose* not ... anything; **2.** *adv.* some, about; ~ *peu* somewhat, a little; ~ ... *que* (*sbj.*) however (*adj.*); **~fois** [kɛlkə'fwa] *adv.* sometimes, now and then.

quelqu'un *m*, **e** *f*, *m/pl.* **quelques-uns** [kɛl'kœ̃, ~'kyn, ~kə'zœ̃] *pron./indef.* someone, anyone; somebody, anybody; *pl.* some, any; *~!* ✝ shop!; F *W.C.*: engaged!; ~ *des* ... one (or other) of the ...; *être* ~ be s.o. (important).

quémander [kemɑ̃'de] (1a) *v/i.* beg (from, *à*); *v/t.* beg for; **quémandeur,** *m* **-euse** *f* [~'dœːr, ~'døːz] importunate beggar; (*place-*)hunter.

qu'en-dira-t-on [kɑ̃dira'tɔ̃] *m/inv.* what people will say; public opinion.

quenelle *cuis.* [kə'nɛl] *f* (*fish-, meat-*) ball.

quenotte F [kə'nɔt] *f* tooth.

quenouille [kə'nuːj] *f* distaff; ⚘ cat's-tail; *fig. tomber en* ~ fall to the distaff side.

querelle [kə'rɛl] *f* quarrel; dispute; ~ *d'Allemand* groundless quarrel; **quereller** [kərɛ'le] (1a) *v/t.* quarrel with (*s.o.*), nag (*s.o.*); *se* ~ quarrel; fall out (with, *avec*); **querelleur, -euse** [~'lœːr, ~'løːz] **1.** *adj.* quarrelsome; nagging (*wife*); **2.** *su.* quarrelsome person.

quérir [ke'riːr] (2v) *v/t.*: *aller* ~ go and fetch, go for; *envoyer* ~ send for; *venir* ~ come and fetch, come for.

question [kɛs'tjɔ̃] *f* question; matter; ⚖ issue; ⚖ *hist.* torture; ~ *d'actualité* topic of the moment *or* day; ~ *en suspens* outstanding question, question still unresolved; *~-piège* trick question, loaded question; *ce n'est pas là* ~ that is not the point; *il est* ~ *de* it is a question of; there is talk of; *mettre qch. en* ~ challenge s.th.; question s.th.; ... *ne fait pas* ~ there is no doubt about ...; **questionnaire** [kɛstjɔ'nɛːr] *m* list of questions; quiz; questionnaire; **questionner** [~'ne] (1a) *v/t.* question (*s.o.*); **questionneur, -euse** [~'nœːr, ~'nøːz] **1.** *adj.* inquisitive; **2.** *su.* inquisitive person; *su./m*: *c'est un éternel* ~ he never stops asking questions.

quête [kɛːt] *f* quest, search; *hunt.* tracking (*by dogs*); *eccl. etc.* collection; *en* ~ *de* in search of; *fig.* looking for (*information*); **quêter** [kɛ'te] (1a) *v/t.* collect; F *fig.* seek (for); *hunt.* seek (*game*); *v/i.* take up a collection; **quêteur** *m*, **-euse** *f* [~'tœːr, ~'tøːz] collector (*of alms*); *eccl.* taker-up of the collection.

quetsche [kwɛtʃ] *f* damson.

queue [kø] *f* ✈, *zo.*, *astr.*, *etc.* tail; *pan*: handle; *cost. dress*: train; (*billiard-*)cue; *fig.* bottom, (tail) end; *people*: queue, *Am.* line; rear; ⚘ stalk; *tool, button*: shank; *en* ~ in the rear; *fig.* at the bottom *or* tail-end; *faire* (*la*) ~ queue up, form a queue, *Am.* line up, stand in line; *mot. faire une* ~ *de poisson* cut in (on, *à*); *fig. finir en* ~ *de poisson* fizzle out; *n'avoir ni* ~ *ni tête* be disconnected (*story*); ♪ *piano m à* ~ grand piano; **~-d'aronde,** *pl.* **~s-d'aronde** ⊕ [~da'rɔ̃ːd] *f* dovetail; **~-de-cochon,** *pl.* **~s-de-cochon** ⊕ [~dkɔ'ʃɔ̃] *f* auger-bit, gimlet; **~-de-morue,** *pl.* **~s-de-morue** [~dmɔ'ry] *f* (*painter's*) flat brush; F evening dress, tails *pl.*; **~-de-pie,** *pl.* **~s-de-pie** [~d'pi] *f* swallow-tail coat; **~-de-rat,** *pl.* **~s-de-rat** [~d'ra] *f* ⊕ rattail(ed file); reamer; (*sort of*) snuffbox.

qui [ki] **1.** *pron./interr. subject*: *persons*: who, *two persons*: which; *things*: which; what; *object*: *persons*: whom; *things*: which; ~ *des deux?* which of the two?; ~ *est-ce* ~ *chante?* who sings?, who is singing?; ~ *est-ce que tu as vu?* who(m) did you see?; *à* ~ to whom? *à* ~ *est ce livre?* whose book is this?; whom does this book belong to?; *de* ~ whose?; of *or* from whom?; **2.** *pron./rel. subject*: *persons*: who, that; (he *or* anyone) who; *things*: which, that; what; *after prp.*: *persons*: whom; *things*: which; ~ *pis est* what is worse; ~ *que ce soit* whoever it is; anyone; *à* ~ *mieux mieux* vying with one another; *ce* ~ what; which; *n'avoir* ~ *tromper* have no one to deceive; **3.** *pron./indef.* some; ~ ..., ~ ... some ..., some *or* others ...

quia † [kɥi'a] *adv.*: *être à* ~ be nonplussed; *mettre* (*or réduire*) *à* ~ nonplus.

quiconque [ki'kɔ̃ːk] *pron./indef.* whoever, anyone who; anybody.

quidam [ki'dam] *m*: *un* ~ an individual, someone.
quiétude [kɥie'tyd] *f* quietude.
quignon [ki'ɲɔ̃] *m bread*: chunk, hunk.
quille[1] ⚓ [ki:j] *f* keel.
quille[2] [ki:j] *f sp.* skittle, ninepin; *sl.* leg; *fig. recevoir q. comme un chien dans un jeu de ~s* give s.o. a cold welcome; **quillier** *sp.* [ki'je] *m* skittle-alley.
quinaire [kɥi'nɛ:r] ⅌ quinary; ⚘, *zo.* pentamerous.
quincaille [kɛ̃'kɑ:j] *f* ✝ (piece of) hardware, ironmongery; F *coins*: coppers *pl.*; **quincaillerie** ✝ [~kɑj'ri] *f* hardware, ironmongery; hardware shop; **quincaillier** ✝ [~kɑ'je] *m* hardware merchant, ironmonger.
quinconce [kɛ̃'kɔ̃s] *m*: *en* ~ staggered; zigzag.
quinine ⚗, ⚕ [ki'nin] *f* quinine.
quinquagénaire [kɥɛ̃kwaʒe'nɛ:r] *adj.*, *a. su.* quinquagenarian.
quinquennal, e, *m/pl.* **-aux** [kɥɛ̃kɥɛn'nal, ~'no] five-year (*plan*).
quinquina ⚕ [kɛ̃ki'na] *m* cinchona, quinquina.
quint † [kɛ̃] *adj./m* fifth; *Charles* ~ Charles V.
quinte [kɛ̃:t] *f cards*: quint; *fencing*: quinte; ♪ fifth; F *fig.* whim; *coughing*: fit.
quintessence [kɛ̃tɛ'sɑ̃:s] *f* quintessence; **quintessencier** [~sɑ̃'sje] (1o) *v/t.* refine.
quintette ♪ [kɛ̃'tɛt] *f* quintet(te).
quinteux, -euse [kɛ̃'tø, ~'tø:z] crotchety, cantankerous (*person*); restive (*horse*); ⚕ fitful.
quintuple [kɛ̃'typl] *adj.*, *a. su./m* quintuple, fivefold; **quintupler** [~ty'ple] (1a) *vt/i.* increase fivefold, quintuple.
quinzaine [kɛ̃'zɛn] *f* (about) fifteen; fortnight; fortnight's pay; **quinze** [kɛ̃:z] *adj./num.*, *a. su./m/inv.* fifteen; *date, title*: fifteenth; ~ *jours* a fortnight; **quinzième** [kɛ̃'zjɛm] *adj./num.*, *a. su.* fifteenth.
quiproquo [kiprɔ'ko] *m* misunderstanding; mistake.
quittance ✝ [ki'tɑ̃:s] *f* receipt; *donner ~ à* give (*s.o.*) a receipt in full; *fig.* forgive (*s.o.*); **quittancer** ✝ [~tɑ̃'se] (1k) *v/t.* receipt.
quitte [kit] *adj.* free, clear (of, *de*); discharged (from, *de*); *être* ~ be quits, be even; *en être ~ pour qch.* get *or* come off with s.th.; *adj./inv.*: ~ *à* (*inf.*) even if (*ind.*); *il le fera ~ à perdre son argent* he will do it even if he loses his money.
quitter [ki'te] (1a) *v/t.* leave (*a person, a place*); resign (*a post*); give up (*a post, business, a. fig.*); take off (*one's coat, hat, etc.*); *teleph. ne quittez pas!* hold the line, please!
quitus ✝, ⚖ [ki'tys] *m* full discharge; receipt in full.
qui-vive [ki'vi:v] *m/inv.* ⚔ (*sentry's*) challenge; *fig. être sur le* ~ be on the qui vive *or* on the alert.
quoi [kwa] **1.** *pron./interr. things*: what; ~ *de neuf?* what's the news?; ~ *donc!* what!; **2.** *pron./rel.* what; ~ *que* (*sbj.*) whatever (*ind.*); ~ *qu'il en soit* be that as it may; *avoir de* ~ have the wherewithal; *avoir de ~ vivre* have enough to live on; (*il n'y a*) *pas de ~!* don't mention it!; you're welcome!; *sans* ~ ... otherwise, or else; *un je-ne-sais-~* (*or je ne sais ~*) a(n indescribable) something, just something.
quoique [kwak(ə)] *cj.* (al)though.
quolibet [kɔli'bɛ] *m* gibe.
quote-part [kɔt'pa:r] *f* quota, share.
quotidien, -enne [kɔti'djɛ̃, ~'djɛn] **1.** *adj.* daily, everyday; ⚕ quotidian; **2.** *su./m* daily (paper); **quotidienneté** [~djɛn'te] *f* everyday life.
quotient [kɔ'sjɑ̃] *m* ⅌ quotient; *pol.*, *admin.* quota; *psych.* ~ *intellectuel* intelligence quotient, *abbr.* I. Q.
quotité [kɔti'te] *f* share, portion, amount.

R

R, r [ɛːr] *m* R, r.

rabâchage [rabɑˈʃaːʒ] *m* tiresome repetition; rigmarole; **rabâcher** [~ˈʃe] (1a) *v/i.* repeat the same thing over and over again; *v/t.* repeat (*s.th.*) over and over again; **rabâcheur, -euse** [~ˈʃœːr, ~ˈʃøːz] *su.* person who repeats the same thing over and over again.

rabais [raˈbɛ] *m* ✝ *price*: reduction, discount; *au* ~ at a discount *or* reduced price; **rabaisser** [~bɛˈse] (1a) *v/t.* lower; ✝ depreciate (*the coinage*); *fig.* belittle; humble (*s.o., s.o.'s pride*).

rabat [raˈba] *m cost.* bands *pl.*; *handbag etc.*: flap; ⊕ rabbet; **~-joie** [~baˈʒwa] *m/inv.* spoil-sport, wet blanket; **rabattage** [~baˈtaːʒ] *m* ✝ *prices*: lowering; *hunt.* beating (*for game*); heading back (*of game*); *fig.* heading off (*of people*); ✂ cutting back; **rabatteur** [~baˈtœːr] *m* ✝ tout; *hunt.* beater; **rabattre** [~ˈbatr] (4a) *v/t.* fold back *or* down; lower (*a. fig.*); *fig.* reduce; ✂ cut back; *hunt.* beat up (*game*); head (*game*) back; *fig.* head off (*people*); tone down (*a colour*); lower (*the price, s.o.'s pride, one's claims*); ~ *qch. de* take *s.th.* off (*the price etc.*); *fig.* en ~ climb down; *mot. etc.* se ~ get back into the inside lane; se ~ *sur* fall down upon; *fig.* fall back on.

rabbin [raˈbɛ̃] *m* rabbi.

rabibocher F [rabibɔˈʃe] (1a) *v/t.* patch up; *fig.* reconcile (*two adversaries*); se ~ make it up.

rabiot *sl.* [raˈbjo] *m food*: extra; overtime; extra time.

rabique ⚕ [raˈbik] rabic.

râble [rɑːbl] *m zo. hare etc.*: back; *cuis. hare*: saddle; **râblé, e** [rɑˈble] thick-backed (*hare*); broad-backed, strapping, strong (*person*).

rabonnir [rabɔˈniːr] (2a) *vt/i.* improve.

rabot ⊕ [raˈbo] *m* plane; ~ *en caoutchouc* squeegee; **raboter** [rabɔˈte] (1a) *v/t.* ⊕ plane (*wood*); *fig.* polish; *sl.* filch, *Am.* lift (*s.o.'s money*); **raboteur** ⊕ [~ˈtœːr] *m* planer; **raboteuse** ⊕ [~ˈtøːz] *f* planing-machine; **raboteux, -euse** [~ˈtø, ~ˈtøːz] rough; knotty (*wood*); uneven (*road*); rugged (*country, a. fig. style*).

rabougri, e [rabuˈgri] stunted, dwarfed (*person, a. plant*); scraggy (*vegetation*); **rabougrir** [~ˈgriːr] (2a) *v/t.* stunt the growth of; *v/i. a.* se ~ become stunted.

rabouter [rabuˈte] (1a), **raboutir** [~ˈtiːr] (2a) *v/t.* join end to end.

rabrouer F [rabruˈe] (1a) *v/t.* scold, F dress down; snub.

racaille [raˈkɑːj] *f people*: riff-raff, scum; *things*: trash.

raccommodage [rakɔmɔˈdaːʒ] *m* mending, repairing; *socks etc.*: darning; repair; darn; **raccommodement** [~mɔdˈmɑ̃] *m* reconciliation; *quarrel*: mending; **raccommoder** [~mɔˈde] (1a) *v/t.* mend, repair; darn (*socks etc.*); *fig.* reconcile; se ~ *avec* make it up with (*s.o.*); **raccommodeur, -euse** *m/f* [~mɔˈdœːr, ~ˈdøːz] repairer, mender.

raccord [raˈkɔːr] *m* ⊕ joint, connection; link; △ join (*a. picture etc.*); linking up; touch-up; **raccordement** [rakɔrdəˈmɑ̃] *m* ⊕, △ joining, linking, connection; 🚂 *voie f de* ~ slip line; **raccorder** [~ˈde] (1a) *v/t.* join, connect, link (up).

raccourci, e [rakurˈsi] **1.** *adj.* shortened; abridged (*account*); 𝒜 oblate; bobbed (*hair*); short (*stature*); *fig.* *à bras* ~(s) with might and main; **2.** *su./m* abridgement; short cut (*to somewhere*); en ~ in a few words, briefly; **raccourcir** [~ˈsiːr] (2a) *v/t.* shorten; cut short (*a speech*); curtail; abridge (*an account, a story*); *v/i.* grow shorter; *tex.* shrink; **raccourcissement** [~sisˈmɑ̃] *m* shortening; abridgement; *tex.* shrinking.

raccroc [raˈkro] *m billiards*: fluke;

fig. *par* ~ by chance; **raccrocher** [rakrɔ'ʃe] (1a) *v/t.* hang up again; F get hold of (*s.o.*, *s.th.*); F solicit, accost (*s.o.*); se ~ clutch (at, *à*); *fig.* link (with); F recoup one's losses; *v/i.* *teleph.* hang up, ring off.
race [ras] *f* race; *zo.* species, breed; *fig.* breeding; **racé, e** [ra'se] thoroughbred (*a. fig.*); pure(bred).
racer [re'sœ:r] *m* racing-horse; *mot.* racing-car.
rachat [ra'ʃa] *m* repurchase; *goods*: buying in; *annuity, covenant, loan, option, a. eccl.*: redemption; *policy, value*: surrender; **rachetable** [raʃ'tabl] ✝ redeemable; *eccl.* atonable (*sin*); **racheter** [~'te] (1d) *v/t.* buy back; ✝ buy (*s.th.*) in; redeem (✝ *annuity, debt, loan, a. fig.*); ransom (*a prisoner*); atone for (*one's sins, a. fig.*); ✝ surrender (*a policy*); buy more of (*s.th.*).
rachitique ⚕ [raʃi'tik] rachitic, rickety; **rachitisme** ⚕ [~'tism] *m* rachitis, rickets.
racinage [rasi'na:ʒ] *m coll.* (edible) roots *pl.*; *tex.* walnut dye; *bookbinding*: tree-marbling; **racine** [~'sin] *f* ⚒, ⚘, ⚗, *ling.*, *a. fig.* root; *mountain*: foot; **raciner** [~si'ne] (1a) *v/i.* ⚘ (take) root; *v/t. tex.* dye with walnut; *bookbinding*: marble.
racisme [ra'sism] *m* racialism, racism; **raciste** [~'sist] *adj.*, *a. su.* racialist, racist.
racle ⊕ [ra:kl] *f* scraper.
raclée F [ra'kle] *f* hiding, thrashing, dressing-down; **racler** [~'kle] (1a) *v/t.* scrape; make a clean sweep of; ⚒ thin out; se ~ *la gorge* clear one's throat; *v/i.*: ♪ ~ *du violon* scrape on the fiddle; **raclette** [~'klɛt] *f* ⊕ scraper; ⚒ hoe; *phot.* squeegee; **racloir** ⊕ [~'klwa:r] *m* scraper; **racloire** [~'klwa:r] *f* ⊕ spokeshave; tongue scraper; **raclure** [~'kly:r] *f* scrapings *pl.*
racolage [rakɔ'la:ʒ] *m* ⚔, ⚓ recruiting; *fig.* enlisting; *prostitute*: soliciting; **racoler** [~'le] (1a) *v/t.* ⚔, ⚓ recruit; *fig.* enlist; *fig.* tout for; *prostitute*: solicit; **racoleur** [~'lœ:r] *m* tout; **racoleuse** [~'lø:z] *f* prostitute, streetwalker.
raconter [rakɔ̃'te] (1a) *v/t.* tell, relate; **raconteur** *m*, **-euse** *f* [~'tœ:r, ~'tø:z] (story-)teller.
racornir [rakɔr'ni:r] (2a) *v/t.* harden, toughen; se ~ harden; grow hard *or* horny; *fig.* grow callous; *fig.* shrivel up.
radar [ra'da:r] *m* radar (set); **radariste** [~da'rist] *m* radar operator.
rade ⚓ [rad] *f* roads *pl.*, roadstead; *fig.* *laisser en* ~ abandon.
radeau [ra'do] *m* raft; ~ *de sauvetage* life raft.
radiaire [ra'djɛ:r] radiate(d);
radial, e, *m/pl.* **-aux** ⚗, *anat.* [~'djal, ~'djo] radial; **radiance** [~'djɑ̃:s] *f* radiance; radiant heat; **radiant, e** [~'djɑ̃, ~'djɑ̃:t] *adj.*, *a. su./m* radiant; **radiateur** [~dja'tœ:r] *m* radiator.
radiation[1] *phys.* [radja'sjɔ̃] *f* radiation.
radiation[2] [~] *f* striking out; *debt etc.*: cancellation; ⚖ *solicitor*: striking off; *barrister*: disbarment.
radical, e, *m/pl.* **-aux** [radi'kal, ~'ko] **1.** *adj.* radical (*a.* ⚗, ⚘, ⚗, *pol.*, *gramm.*); **2.** *su./m* radical; ⚗ root(-sign); *gramm.* root; **radicaliser** [~kali'ze] (1a) *v/t.* radicalize; intensify; **radicelle** ⚘ [~'sɛl] *f* radicle.
radié, e [ra'dje] radiate(d), rayed.
radier[1] ⚠ *etc.* [ra'dje] *m* floor, base, bed; level; *basin, dock*: apron; (*foundation*-)raft; *tunnel*: invert.
radier[2] [~] (1o) *v/t.* strike out, erase; delete; cancel.
radieusement [radjøz'mɑ̃] radiantly; brilliantly; gloriously; **radieux, -euse** [~'djø, ~'djø:z] radiant (*a. fig.*).
radin *sl.* [ra'dɛ̃] stingy.
radio [ra'djo] *su./f* radio; radio set; ⚕ X-ray photograph; *à la* ~ on the radio; *su./m* radio(tele)gram; radio operator.
radio... [radjɔ] radio...; **~actif, -ve** *phys.* [~ak'tif, ~'ti:v] radioactive; **~conducteur** ⚡ [~kɔ̃dyk'tœ:r] *m* radio conductor; **~détection** [~detɛk'sjɔ̃] *f* radiodetection; **~diffuser** [~dify'ze] (1a) *v/t.* broadcast; **~diffusion** [~dify'zjɔ̃] *f* broadcasting; **~électricité** *radio, a. phys.* [~elɛktrisi'te] *f* radioelectricity; **~élément** *phys.* [~ele'mɑ̃] *m* radioactive element, radio-element; **~goniométrie** [~gɔnjɔme'tri] *f* direction-finding; **~gramme** [~'gram] *m* ⚡ radiogram; ⚕ X-ray photograph; skiagraph; **~graphe** [~'graf] *su.* radiog-

rapher; **~graphie** ⚕ [~gra'fi] *f* radiography; X-ray photograph(y); **~graphier** [~gra'fje] (1o) *v/t.* X-ray; **~guidage** [~gi'da:ʒ] *m* ✈ radio control; *mot.* traffic news *pl.*; **~guidé, e** [~gi'de] radiocontrolled; **~journal** [~ʒur'nal] *m radio*: news bulletin; **~logie** ⚕, *a. phys.* [~lɔ'ʒi] *f* radiology; **~logue** ⚕ [~'lɔg] *m*, **~logiste** ⚕ [~lɔ'ʒist] *m* radiologist; **~mètre** *phys.* [~'mɛtr] *m* radiometer; **~phare** ✈ [~'fa:r] *m* radio beacon; **~phonie** [~fɔ'ni] *f* radiotelephony; **~phonique** [~fɔ'nik] wireless ...; radio...; **~phono** [~fɔ'no] *m instrument, furniture*: radiogram; **~repérage** [~rəpe'ra:ʒ] *m* radiolocation; **~reporter** [~rəpɔr'tɛ:r] *m* (radio) commentator; **~-réveil,** *pl.* **~s-réveils** [~re'vɛj] *m* clock radio; **~scopie** ⚕ [~skɔ'pi] *f* radioscopy; **~télégramme** ⚡ [~tele'gram] *m* radiotelegram; **~télégraphie** ⚡ [~telegra'fi] *f* radiotelegraphy; **~téléphonie** [~telefɔ'ni] *f* radiotelephony; **~(-)télévisé, e** [~televi'ze] broadcast on both radio and television; **~thérapie** ⚕ [~tera'pi] *f* radiotherapy.

radis ⚘ [ra'di] *m* radish; F *ne pas avoir un* ~ be penniless, F be broke.

radium ⚗ [ra'djɔm] *m* radium; **~térapie** ⚕ [~djɔmtera'pi] *f* radium treatment, radium-therapy.

radius *anat., a. zo.* [ra'djys] *m* radius.

radotage [radɔ'ta:ʒ] *m* drivel, twaddle; dotage; **radoter** [~'te] (1a) *v/i.* talk nonsense; drivel; be in one's dotage; **radoteur** *m*, **-euse** *f* [~'tœ:r, ~'tø:z] dotard; driveller.

radoub ⚓ [ra'du] *m* repair; *bassin m de* ~ graving-dock, dry dock; **radouber** ⚓ [~du'be] (1a) *v/t.* repair the hull of; dock.

radoucir [radu'si:r] (2a) *v/t.* calm (*a. fig.*); make (*s.th.*) milder *or* softer; se ~ become milder *or* softer.

rafale [ra'fal] *f* squall; *wind*: (strong) gust; ⚔ *gun-fire*: burst; ~ *de pluie* cloud-burst.

raffermir [rafɛr'mi:r] (2a) *v/t.* harden, make firm(er); *fig.* strengthen; *fig.* fortify; se ~ harden (*a.* ✝ *prices*); ✝ level off (*prices*); ⚕ improve; **raffermissement** [~mis'mɑ̃] *m* hardening (*a.* ✝ *of prices*); *fig.* strengthening; *fig.* improvement.

raffinage ⊕ [rafi'na:ʒ] *m sugar, petrol, etc.*: refining; *oil*: distilling; **raffiné, e** [~fi'ne] refined (*sugar, petrol, a. fig.*); *fig.* subtle; **raffinement** [~fin'mɑ̃] *m fig.* refinement; *fig.* subtlety; ⊕ *sugar, petrol, etc.*: refining; *oil*: distilling; **raffiner** [~fi'ne] (1a) *v/t.* refine (*a.* ⊕, *a. fig.*); *v/i.* be punctilious *or* over-nice (on, upon *sur*); **raffinerie** ⊕ [~fin'ri] *f* refinery; (sugar-)refining; oil distillery; **raffineur** *m*, **-euse** *f* ⊕ [~fi'nœ:r, ~'nø:z] refiner.

raffoler F [rafɔ'le] (1a) *v/i.*: ~ de be passionately fond of, F be mad about; dote on.

raffut F [ra'fy] *m* row, din.

raffûter ⊕ [rafy'te] (1a) *v/t.* reset, sharpen (*a tool*).

rafiot ⚓ [ra'fjo] *m* skiff.

rafistoler F [rafistɔ'le] (1a) *v/t.* patch (*s.th.*) up.

rafle[1] ⚘ [rɑ:fl] *f grapes etc.*: stalk; *maize*: cob.

rafle[2] [rɑ:fl] *f police etc.*: raid, round-up; swipe.

rafraîchir [rafrɛ'ʃi:r] (2a) *v/t.* cool; renovate; freshen up; refresh (*a. one's memory*); revive; brush up (*a subject*); restore (*a painting*); *v/i.* cool; grow cooler (*weather*); **rafraîchissement** [~ʃis'mɑ̃] *m* ⊕ *etc.* cooling; *memory*: refreshing; *subject*: brushing up; *painting etc.*: restoring; ~*s pl.* refreshments; **rafraîchisseur** [~ʃi'sœ:r] *m*, **rafraîchissoir** [~ʃi'swa:r] *m* cooler.

ragaillardir F [ragajar'di:r] (2a) *v/t.* cheer (*s.o.*) up.

rage [ra:ʒ] *f* rage, fury; *fig.* mania; violent pain; ⚕ rabies; *faire* ~ rage, be raging; **rager** [ra'ʒe] (1l) *v/i.* rage; be infuriated; **rageur, -euse** [~'ʒœ:r, ~'ʒø:z] violent-tempered, choleric; angry.

raglan *cost.* [ra'glɑ̃] *m* raglan.

ragot[1]**, e** [ra'go, ~'gɔt] **1.** *adj.* squat; stocky (*person, a. horse*); **2.** *su./m hunt.* boar in its third year.

ragot[2] F [ra'go] *m* tittle-tattle, gossip.

ragoût [ra'gu] *m cuis.* stew; † *fig.* relish, spice; **ragoûtant, e** [ragu'tɑ̃, ~'tɑ̃:t]: *peu* ~ unsavo(u)ry; unpleasant; unpalatable.

ragréer [ragre'e] (1a) *v/t.* finish, polish; ⚠ clean down (*brickwork*); ⚓ re-rig; *fig.* restore.

rai [rɛ] *m light*: ray; *wheel*: spoke.

raid [rɛd] *m mot.* long-distance run *or* ✈ flight; *mot.* (long-distance) endurance test; ⚔, ✈ raid.

raide [rɛd] **1.** *adj.* stiff (*a. manner*); rigid; tight (*rope*); straight (*flight, hair*); steep (*path, slope, stair, a. fig. remark*); F *fig.* unyielding (*character*); **2.** *adv.* steep(ly); hard; *tomber* ~ *mort* drop stone dead; **raideur** [rɛ'dœ:r] *f* stiffness (*a. of manner*); rigidity; *rope*: tautness; *path, slope, stair*: steepness; *character, temperament*: inflexibility; *avec* ~ violently; stubbornly; **raidir** [~'di:r] (2a) *v/t.* stiffen (*a. fig.*); tighten (*a rope*); se ~ brace o.s.; *v/i. a.* se ~ grow stiff; harden; **raidissement** [~dis'mɑ̃] *m* stiffening; tautening.

raie[1] [rɛ] *f* line; streak; stripe; scratch; *hair*: parting; ⚒ furrow; *anat., a.* ⚒ ridge.

raie[2] *icht.* [~] *f* skate, ray.

raifort ⚘ [rɛ'fɔ:r] *m* horse-radish.

rail [rɑ:j] *m* rail; railway, *Am.* railroad; ~ *conducteur* live rail.

railler [rɑ'je] (1a) *v/t.* laugh at (*s.o.*); make fun of (*s.o.*); twit (*s.o.*); se ~ *de* make fun of; *v/i.* joke; **raillerie** [rɑj'ri] *f* banter; jest; scoffing; ~ *à part* joking aside; *entendre la* ~ be able to take a joke; *ne pas entendre* ~ be very touchy, be unable to take a joke; **railleur, -euse** [rɑ'jœ:r, ~'jø:z] **1.** *adj.* bantering, mocking; **2.** *su.* scoffer; banterer.

rainette [rɛ'nɛt] *f zo.* tree-frog; ⚘ *apple*: pippin.

rainure ⊕ [rɛ'ny:r] *f* groove; slot.

raire [rɛ:r] (4ff) *v/i.* bell (*stag*).

rais [rɛ] *m see rai.*

raisin [rɛ'zɛ̃] *m* grape(s *pl.*); ~*s pl. de Corinthe* currants; ~*s pl. de Smyrne* sultanas; ~*s pl. secs* raisins; **raisiné** [~zi'ne] *m* grape jam.

raison [rɛ'zɔ̃] *f* reason; sense; satisfaction; justice, right; proof, ground; justification; motive; ⚖ claim; 𝔄 ratio; ✝ ~ *sociale* name, style (*of a firm*); *à* ~ *de* at the rate of; *à plus forte* ~ so much *or* all the more; *avec (juste)* ~ rightly, with good reason; *avoir* ~ be right; *avoir* ~ *de* get the better of; get the upper hand of; *comme de* ~ as one might expect; of course; *en* ~ *de* in proportion to; because of; *parler* ~ talk sense; **raisonnable** [~zɔ'nabl] sensible, reasonable (*a.* ✝); rational; adequate; fair; **raisonné, e** [~zɔ'ne] reasoned; descriptive (*catalogue*); **raisonnement** [~zɔn'mɑ̃] *m* reasoning; argument; *pas de* ~*s!* don't argue!; **raisonner** [rɛzɔ'ne] (1a) *v/i.* reason, argue (about, *sur*); *v/t.* reason with (*s.o.*); weigh (*actions*); **raisonneur, -euse** [~'nœ:r, ~'nø:z] **1.** *adj.* reasoning; *fig.* argumentative; **2.** *su.* reasoner; *fig.* argumentative person; *su./m*: *faire le* ~ argue.

rait [rɛ] *p.p./inv. of raire.*

rajeunir [raʒœ'ni:r] (2a) *v/t.* make younger, rejuvenate; renovate; *se* ~ make o.s. look younger; *v/i.* get *or* look younger; **rajeunissement** [~nis'mɑ̃] *m person*: rejuvenation; renovation.

rajouter [raʒu'te] (1a) *v/t.* add.

rajustement [raʒystə'mɑ̃] *m* re-adjustment, setting right; ✝ ~ *des salaires* wage adjustment; **rajuster** [~'te] (1a) *v/t.* readjust, set to rights; *fig.* settle (*a quarrel*).

râle [rɑ:l] *m orn.* rail; (*a.* **râlement** [rɑl'mɑ̃] *m*) ⚕ râle; *throat*: rattle; death-rattle.

ralenti [ralɑ̃'ti] *m* slow motion *or* speed; *au* ~ slow(ly *adv.*); *tourner au* ~ idle, tick over; **ralentir** [~'ti:r] (2a) *vt/i. a.* se ~ slow down; relax; **ralentissement** [~tis'mɑ̃] *m* slowing down, slackening; decrease.

râler [rɑ'le] (1a) *v/i.* groan; be in one's death agony; F grouse, fume (with anger, *de colère*); **râleur** *m*, **-euse** *f* F [~'lœ:r, ~'lø:z] grouser.

ralliement [rali'mɑ̃] *m* ⚔ rally(ing); ⚔, ⚓ assembly; *mot m de* ~ password; *point m de* ~ rallying-point; **rallier** [~'lje] (1o) *v/t.* ⚔, ⚓ assemble (*troops, ships*); ⚔, ⚓ rejoin (*a unit, a ship*); *fig.* win, attract (*support, votes, etc.*); se ~ *à* rally to; ⚓ hug (*the shore*).

rallonge [ra'lɔ̃:ʒ] *f* ⊕ extension-piece; *table*: extension-leaf; ✝ additional sum *or* payment; *une* ~ *de* ... an additional ...; *table f à* ~*s* extension table; **rallongement** [~lɔ̃ʒ'mɑ̃] *m* extension; **rallonger** [~lɔ̃'ʒe] (1l) *v/t.* lengthen; eke out; *cuis.* thin (*a sauce*).

rallumer [raly'me] (1a) *v/t.* relight; *fig.* revive (*an emotion*); se ~ rekindle; break out again (*war*); *fig.* revive (*emotion*).

rallye *mot. etc.* [ra'li] *m* race-meeting, rally.

ramage [ra'ma:ʒ] *m tex.* floral design; *orn.* song, warbling; **ramager** *orn.* [~ma'ʒe] (1l) *v/t.* sing, warble.
ramassage [ramɑ'sa:ʒ] *m* gathering; collection; picking up; ~ *scolaire* school bus service; *point de* ~ pick-up point; **ramassé, e** [~'se] stocky (*person, horse*); ⊕, *a. fig.* compact; **ramasse-miettes** [~mɑs'mjɛt] *m/inv.* crumb-tray, crumb-scoop; **ramasser** [ramɑ'se] (1a) *v/t.* gather (together); collect; pick up (*an object*); *fig.* ~ *une bûche* come a cropper; se ~ collect; pick o.s. up; *fig.* crouch (*animal*); *fig.* gather o.s. (*for an effort*); **ramassis** [~'si] *m* pile; F *people*: pack.
rame[1] ⚓ [ram] *f* oar.
rame[2] [~] *f* ✝ *paper*: ream; 🚂 *coaches*, ⚓ *barges etc.*: string; 🚂 train.
rame[3] ✓ [~] *f* stick, prop.
rameau [ra'mo] *m* ⚘ bough; ⚘ twig; *geog., a. family, science, etc.*: branch; ⚒ vein; *zo.* ~*x pl.* antlers; ~ *d'olivier* olive-branch (*a. fig.*); *eccl.* (*dimanche m des*) ⚇*x* Palm Sunday; **ramée** [~'me] *f* leafy branches *pl.*, arbo(u)r; small wood (*for burning etc.*).
ramender [ramɑ̃'de] (1a) *v/t.* mend (*nets*); ✓ manure again; renew the gilt of (*a picture-frame*).
ramener [ram'ne] (1d) *v/t.* bring back; ⅍, *a. fig.* reduce (to, *à*); draw (down, back, *etc.*); *fig.* restore (*peace*); *fig.* win (*s.o.*) over; *sl.* ~ *sa fraise* (*or gueule*), *la* ~ protest; talk big; se ~ amount, come down (to, *à*); F turn up, come (back).
ramequin *cuis.* [ram'kɛ̃] *m* ramekin, ramequin (= *mixture of cheese, eggs, etc.*).
ramer[1] ✓ [ra'me] (1a) *v/t.* stick; prop (up).
ramer[2] [ra'me] (1a) *v/i.* row; **rameur, -euse** [~'mœ:r, ~'mø:z] *su.* rower; *su./m* oarsman; *su./f* oarswoman.
rameux, -euse ⚘ [ra'mø, ~'mø:z] ramose; branching; **ramier** *orn.* [~'mje] *m* ring-dove, wood-pigeon; **ramification** [~mifika'sjɔ̃] *f* ramification (*a. fig.*); branch(ing); **ramifier** [~mi'fje] (1o) *v/t.*: se ~ ramify; branch out; **ramille** [~'mi:j] *f* twig; ~*s pl. fire-lighting*: small wood *sg.*
ramolli, e [ramɔ'li] softened; F *fig.* soft-headed; **ramollir** [~'li:r] (2a) *v/t.* soften; se ~ soften, grow soft; **ramollissement** [~lis'mɑ̃] *m* softening; ⚕ ~ *cérébral* softening of the brain.
ramoner [ramɔ'ne] (1a) *v/t.* sweep (*the chimney*); ⊕ scour, clear; *mount.* climb (*a chimney*); **ramoneur** [~'nœ:r] *m* (chimney-)sweep.
rampant, e [rɑ̃'pɑ̃, ~'pɑ̃:t] **1.** *adj.* ⚠ sloping; ⚘, *zo.* creeping; *zo.* crawling; *fig.* cringing; *fig.* pedestrian (*style*); **2.** *su./m* ⚠ sloping part; **rampe** [rɑ̃:p] *f* slope, incline; inclined plane; gradient, *Am. road*: grade; ⚠, 🚂, ✈ ramp; *stairs*: handrail; *thea.* limelight (*a. fig.*); footlights *pl.*; ✈ runway lights *pl.*; ~ *de lancement* launching ramp; **ramper** [rɑ̃'pe] (1a) *v/i.* creep (*a.* ⚘, *zo., a. person*); crawl (*zo., person, a.* F *fig.*); *fig.* fawn (*person*); ⚘ trail; *fig.* lurk.
ramponneau F [rɑ̃pɔ'no] *m* blow.
ramure [ra'my:r] *f* branches *pl.*; *stag*: antlers *pl.*
rancard *sl.* [rɑ̃'ka:r] *m* info, tip-off; meeting, date; **rancarder** *sl.* [~kar'de] (1a) *v/t.* inform, tip (*s.o.*) off; make a date with, date (*s.o.*); se ~ get the info (about, *sur*).
rancart F [rɑ̃'ka:r] *m*: *mettre au* ~ discard; throw on the scrap-heap; F chuck out; shelve (*a project*); *admin.* retire (*s.o.*).
rance [rɑ̃:s] **1.** *adj.* rancid; **2.** *su./m*: *sentir le* ~ smell rancid.
ranch, *pl.* **ranches** [rɑ̃:ʃ] *m* ranch.
ranche [rɑ̃:ʃ] *f ladder*: peg; **rancher** [rɑ̃'ʃe] *m* peg-ladder, pole-ladder.
rancir [rɑ̃'si:r] (2a) *v/i.* become rancid; **rancissure** [~si'sy:r] *f* rancidness.
rancœur [rɑ̃'kœ:r] *f* ranco(u)r; resentment.
rançon [rɑ̃'sɔ̃] *f* ransom; *fig.* price; **rançonner** [rɑ̃sɔ'ne] (1a) *v/t.* hold to ransom; ransom (*s.o.*); ✝ F fleece; **rançonneur, -euse** F [~'nœ:r, ~'nø:z] extortionate.
rancune [rɑ̃'kyn] *f* grudge; *garder* (*de la*) ~ *à q.* bear s.o. a grudge (for, *de*); *sans* ~! no offence!; no hard feelings!; **rancunier, -ère** [~ky'nje, ~'njɛ:r] **1.** *adj.* spiteful; **2.** *su.* spiteful person; person bearing a grudge.
randonnée [rɑ̃dɔ'ne] *f* tour, excursion, (*long*) trip; outing; hike; **randonneur** *m*, **-euse** *f* [~'nœ:r, ~'nø:z] hiker; excursionist.

rang [rɑ̃] *m* row, line; order; class; tier; ⚔, *a. fig.* rank; F *fig. de premier* ~ first-rate, first-class; **rangé, e** [rɑ'ʒe] **1.** *adj.* tidy; steady (*person*); orderly; (*a. bien* ~) well-ordered; ⚔ pitched (*battle*); **2.** *su./f* row, line; *thea.* tier; *figures*: set; **ranger** [~] (1l) *v/t.* (ar)range; ⚔ draw up, marshal; put (*s.th.*) away; tidy (*objects, a room*); *fig.* rank (among, *parmi*); ⚓ hug (*the coast*); *fig.* steady (*s.o.*); restrain; keep back (*a crowd*); *mot.* park (*one's car*); se ~ line up, get into rows *or* line; *fig.* settle down (*in life, behaviour, etc.*); *mot.* pull over; *fig.* make way (*person*); *fig.* se ~ *à* fall in with, come round to.

ranimer [rani'me] (1a) *v/t. a.* se ~ revive; *fig.* cheer up.

rapace [ra'pas] rapacious (*a. fig.*); predatory; **rapacité** [~pasi'te] *f* rapacity; *avec* ~ rapaciously.

rapatriement [rapatri'mɑ̃] *m* repatriation; **rapatrier** [~'e] (1a) *v/t.* repatriate.

râpe [rɑ:p] *f* ⊕ rasp, rough file; *cuis.* grater; ⚘ *grapes etc.*: stalk; **râper** [rɑ'pe] (1a) *v/t.* ⊕ rasp; grind (*snuff*); *cuis.* grate; wear threadbare (*clothes*); *râpé* threadbare (*clothes*).

rapetasser F [rapta'se] (1a) *v/t.* patch up; cobble (*shoes*); *fig.* botch up.

rapetisser [rapti'se] (1a) *v/t.* make (*s.th.*) smaller; shorten (*clothes*); *v/i. a.* se ~ become smaller; shorten; *tex.* shrink.

râpeux, -euse [ra'pø, ~'pø:z] rough; raspy (*tongue*); harsh (*voice, wine*).

rapiat, e F [ra'pja, ~'pjat] **1.** *adj.* stingy; **2.** *su.* skinflint.

rapide [ra'pid] **1.** *adj.* rapid, fast, swift; steep (*slope*); **2.** *su./m geog.* rapid; 🚂 express (train); **rapidité** [~pidi'te] *f* swiftness, speed; *slope*: steepness.

rapiéçage [rapje'sa:ʒ] *m* patching (-up); patchwork; **rapiécer** [~'se] (1f *a.* 1k) *v/t.* patch.

rapière † [ra'pjɛ:r] *f* rapier.

rapin † F [ra'pɛ̃] *m* art student; *pej.* dauber (= *painter*).

rapine [ra'pin] *f* rapine; *pej.* graft; **rapiner** [~pi'ne] (1a) *vt/i.* pillage.

rappareiller [raparɛ'je] (1a) *v/t.* match, complete (*a set*).

rapparier [rapa'rje] (1o) *v/t.* match, complete (*a pair*).

rappel [ra'pɛl] *m pol. etc.* recall; reminder; ☤ *money*: calling in; ☤ back pay; ⚕ (*injection de* ~) booster (shot); *thea.* curtain call; call (*to order*); ⊕ backmotion; *fig.* touch, suspicion; *mount. faire une descente en* ~ rope down; *touche f de* ~ *typewriter*: backspacer; **rappeler** [~'ple] (1c) *pol., a. fig.* recall; *thea.* call for (*an actor*); remind (s.o. of s.th., *qch. à q.*); ⊕ draw back; *teleph.* ring back; *fig.* restore (*s.o. to health*); *parl.* ~ *à l'ordre* call to order; se ~ recall, remember (*s.th.*).

rappliquer [rapli'ke] (1m) *v/t.* reapply; *v/i.* F come *or* go back.

rapport [ra'pɔ:r] *m* ☤, ⊕ return, yield; ☤ *etc.* report; statement, account; Å, *a. mot.* ratio; connection (with, *avec*); relation; *fig.* resemblance; ~*s pl.* intercourse *sg.*; *fig. en* ~ *avec* in keeping *or* touch with; F *faire des* ~*s* tell tales; *maison f de* ~ apartment house; *mettre q. en* ~ *avec* put s.o. in touch with; *par* ~ *à* in relation to; compared with; *sous tous les* ~*s* in every respect *or* way; **rapporter** [rapɔr'te] (1a) *v/t.* bring back; *hunt.* retrieve; ⚖ restore; ⚖, *admin.* revoke; ⊕ join, add; ☤ yield, produce; *fig.* get; report (*a fact, an observation, etc.*); *fig.* ~ *à* relate to; ascribe to; se ~ *à* relate to; *s'en* ~ *à* rely on; *v/i.* pay, be profitable; F tell tales; present a report (on, about *sur*); **rapporteur, -euse** [~'tœ:r, ~'tø:z] **1.** *adj.* sneaking; **2.** *su.* sneak, telltale; *su./m committee, conference*: rapporteur; ⚔, ⚖ judge advocate; Å protractor.

rapprendre [ra'prɑ̃:dr] (4aa) *v/t.* learn *or* teach (*s.th.*) again.

rapprochement [raprɔʃ'mɑ̃] *m* bringing together; comparison; connection; closeness; *fig.* reconciliation; *pol.* rapprochement, re-establishment of harmonious relations; **rapprocher** [~prɔ'ʃe] (1a) *v/t.* bring together; bring (*s.th.*) near again; bring (*things*) closer together; put (*s.th.*) nearer (to, *de*); compare, put together; *fig.* reconcile; se ~ get closer *or* draw near(er) (to, *de*); *fig.* become reconciled (with, *de*); *fig.* se ~ *de* be close to.

rapt F⚖ [rapt] *m* abduction of a minor; kidnapping.
râpure [rɑˈpyːr] *f* filings *pl.*; raspings *pl.*
raquette [raˈkɛt] *f sp.* racket, *ping-pong*: snowshoe; ⚘ prickly pear.
rare [raːr] rare (*a.* ⚗, *phys.*, *fig.*); *fig.* singular, uncommon; ⚕ slow (*pulse*); thin, scanty (*hair etc.*); **raréfaction** [rarefakˈsjɔ̃] *f phys.* rarefaction; ⚚ growing scarcity; **raréfier** [~ˈfje] (1o) *v/t. phys.* rarefy; ⚚ *etc.* make scarce; se ~ rarefy; grow scarce(r); **rareté** [rarˈte] *f phys., a. fig.* rarity; ⚚, *a. fig.* scarcity; singularity; rare occurrence.
ras[1], **rase** [rɑ, rɑːz] **1.** *adj.* close-cropped (*hair, head*); close-shaven (*cheek, chin, beard*); *fig.* blank, bare; open (*country*); full (*measure*); *à ~ bord* to the brim, brim-full; *faire table rase* make a clean sweep; *cuis. une cuillerée ~e* a level spoonful; **2.** *adv.*: *coupé* (*or taillé*) ~ cut short; **3.** *prp.*: *à* (*or au*) ~ *de* level *or* flush with.
ras[2] [rɑ] *m see raz.*
rasade [rɑˈzad] *f* brim-full glass; *verser une ~ à* fill (*s.o.'s*) glass to the brim; **rasage** [~ˈzaːʒ] *m beard*: shaving; *tex. cloth*: shearing; **rasemottes** ✈ [rɑzˈmɔt] *m/inv.*: *voler en ~* hedge-hop; **raser** [rɑˈze] (1a) *v/t.* shave; *tex.* shear (*cloth*); F *fig.* bore (*s.o.*); ⚔ raze (*to the ground*); *fig.* graze, skim; *crème f à ~* shaving cream; se ~ shave; F *fig.* be bored; *rasé de près* clean-shaven, close-shaven; **raseur** *m*, **-euse** *f* [~ˈzœːr, ~ˈzøːz] shaver; *tex.* shearer; F *fig.* bore, *Am. sl.* bromide; **rasibus** F [~ziˈbys] *adv.* very close (to, *de*); **rasoir** [~ˈzwaːr] **1.** *su./m* razor; *tex.* knife; ~ *de sûreté* safety razor; *fig. au ~* perfectly; **2.** *adj.* F boring.
rassasier [rasaˈzje] (1o) *v/t.* satisfy; satiate (with, *de*); cloy (with, *de*); se ~ take one's fill.
rassemblement [rasɑ̃bləˈmɑ̃] *m* collecting; gathering; crowd; ⚔ parade; **rassembler** [~ˈble] (1a) *v/t.* (re)assemble; gather together (again); *fig.* muster (*strength*); ⚔ parade.
rasseoir [raˈswaːr] (3c) *v/t.*: se ~ sit down again.
rasséréner [rasereˈne] (1f) *v/t.*: se ~ become serene again.
rassis, e [raˈsi, ~ˈsiːz] settled, calm; sedate; stale (*bread*).
rassurer [rasyˈre] (1a) *v/t.* reassure; ⚠ strengthen.
rastaquouère F [rastaˈkwɛːr] *m* flashy adventurer.
rat [ra] *m zo.* rat; F *fig.* miser; F *fig. ~ de bibliothèque* book-worm; *~ de cave* exciseman; *~ d'eglise* frequent church-goer; *~ d'hôtel* hotel thief.
rata *sl.* [raˈta] *m* stew.
ratage [raˈtaːʒ] *m* failure, F washout, flop; messing-up.
ratatiner [ratatiˈne] (1a) *v/t. a. se ~* shrivel, shrink; crinkle up (*parchment*).
ratatouille *sl.* [rataˈtuːj] *f* stew; skilly.
rate[1] [rat] *f anat.* spleen; *zo., anat.* milt; F *dilater la ~ de q.* make s.o. shake with laughter; F *ne pas se fouler la ~* take things easy.
rate[2] *zo.* [~] *f* (*female*) rat.
raté, e [raˈte] **1.** *adj.* botched (*work*); miscarried; *coup m ~* failure; **2.** *su. person*: failure, F washout; *su./m* ⊕, *mot.* misfire.
râteau [rɑˈto] *m* ⚒ *etc.* rake; F large comb; ⊕ *lock*: wards *pl.*; **râteler** [rɑtˈle] (1c) *v/t.* ⚒ rake (up); **râtelier** [rɑtəˈlje] *m* rack; F (set of) false teeth *pl.*, denture.
rater [raˈte] (1a) *v/i. mot.* misfire (*a. fig.*); fail to go off (*gun*); *fig.* fail; *v/t.* miss; mess up, spoil; fail in (*an examination, attempt, etc.*).
ratiboiser *sl.* [ratibwaˈze] (1a) *v/t.* pinch (= *steal*) (from s.o., *à q.*); clean (*s.o.*) out; ruin, wreck (*s.o.*).
ratière [raˈtjɛːr] *f* rat-trap.
ratification [ratifikaˈsjɔ̃] *f* ratification; **ratifier** [~ˈfje] (1o) *v/t.* ratify; approve.
ratiner *tex.* [ratiˈne] (1a) *v/t.* freeze (*cloth*).
ratiociner *pej.* [rasjɔsiˈne] (1a) *v/i.* reason, quibble.
ration [raˈsjɔ̃] *f* ration(s *pl.*), allowance; *physiol.* intake.
rationaliser [rasjɔnaliˈze] (1a) *v/t.* rationalize; **rationalisme** *phls.* [~ˈlism] *m* rationalism; **rationaliste** *phls.* [~ˈlist] *adj., a. su.* rationalist; **rationalité** [~liˈte] *f* rationality.
rationnel, -elle [rasjɔˈnɛl] rational (*a.* ⚗); F *fig.* sensible.
rationnement [rasjɔnˈmɑ̃] *m* rationing; **rationner** [~sjɔˈne] (1a) *v/t.* ration (*a. fig.*).
ratisser [ratiˈse] (1a) *v/t.* ⚒ rake; ⚒

hoe; scrape (*skins, potatoes*); *fig.* comb (*police etc.*); F rake in, grab; F clean (*s.o.*) out; **ratissoire** [~'swa:r] *f* ⚒ hoe; ⚒ rake; scraper.

raton [ra'tɔ̃] *m zo.* little rat; F darling; *zo.* ~ *laveur* rac(c)oon.

rattachement [rataʃ'mɑ̃] *m* linking up; *pol.* union; **rattacher** [~ta'ʃe] (1a) *v/t.* (re)fasten; tie up (again); *fig.* connect; *fig.* bind; se ~ be fastened; *fig.* be connected (with, *à*).

rattraper [ratra'pe] (1a) *v/t.* catch again; recover (*one's health, one's money*); catch up on (*time*); overtake; *fig.* make good, make up for (*an error etc.*), compensate; ⊕ take up (*play*); se ~ *à* catch hold of (*a branch etc.*); *fig.* se ~ make up for it; catch up.

raturage [raty'ra:ʒ] *m* erasing; crossing out; **rature** [~'ty:r] *f* erasure; crossing out; **raturer** [~ty're] (1a) *v/t.* erase; cross out; scrape (*parchment*).

rauque [ro:k] hoarse; harsh.

ravage [ra'va:ʒ] *m* ravages *pl.*, havoc; **ravager** [~va'ʒe] (1l) *v/t.* ravage, lay waste; devastate; play havoc with.

ravalement [raval'mɑ̃] *m building*: re-surfacing, refurbishing; **ravaler** [~va'le] (1a) *v/t.* swallow (again *or* down); F *fig.* take back (*a statement*); ⊕, *fig.* reduce (to, *à*); *fig.* lower, disparage; △ re-surface, refurbish (*a wall, a building*); ⚒ cut back, trim; *fig.* se ~ lower o.s.

ravauder [ravo'de] (1a) *v/t.* mend, patch; darn (*socks etc.*); botch; **ravaudeur** *m*, **-euse** *f* [~'dœ:r, ~'dø:z] mender; darner; botcher.

rave ♀ [ra:v] *f* rape.

ravi, e [ra'vi] enraptured; F delighted (with s.th., *de qch.*; to *inf.*, *de inf.*).

ravier [ra'vje] *m* radish-dish, hors-d'œuvres dish; **ravière** ⚒ [~'vjɛ:r] *f* radish-bed; turnip-field.

ravigote *cuis.* [ravi'gɔt] *f* ravigote sauce; **ravigoter** F [~gɔ'te] (1a) *v/t.* revive, refresh, F buck (*s.o.*) up.

ravilir [ravi'li:r] (2a) *v/t.* degrade, debase.

ravin [ra'vɛ̃] *m*, **ravine** [~'vin] *f*, **ravinée** [ravi'ne] *f* ravine, gully; **raviner** [~] (1a) *v/t.* cut channels in (*the ground*).

ravir [ra'vi:r] (2a) *v/t.* carry off, abduct; steal; *fig.* charm, delight; *à* ~ delightfully.

raviser [ravi'ze] (1a) *v/t.*: se ~ change one's mind; think again.

ravissant, e [ravi'sɑ̃, ~'sɑ̃:t] ravishing; enchanting; delightful, lovely; **ravissement** [~vis'mɑ̃] *m* carrying off; *fig.* rapture; **ravisseur** [~vi'sœ:r] *m* plunderer; abductor (*of a woman*); kidnapper (*of a child*).

ravitaillement [ravitɑj'mɑ̃] *m* supplying (with, *en*); ⊕ refuel(l)ing; **ravitailler** [~tɑ'je] (1a) *v/t.* supply (with, *en*); *mot. etc.* refuel; se ~ get fresh supplies; ⊕ refuel; **ravitailleur** [~tɑ'jœ:r] *m* ⚓ supply ship; ⚓ parent ship; ✈ refuelling aircraft.

raviver [ravi've] (1a) *v/t.* revive; brighten up; se ~ revive; break out again (*struggle*).

ravoir [ra'vwa:r] *v/t. occurs only in inf.* get (*s.th.*) back again; have (*s.th.*) again.

rayer [rɛ'je] (1i) *v/t.* scratch (*a surface*); stripe (*cloth etc.*); ⊕ groove (*a cylinder*); rifle (*a gun*); rule (*paper*); strike out, cross out.

rayon[1] [rɛ'jɔ̃] *m book-case*: shelf; *store*: department; *fig.* speciality, F line, field; ~ *de miel* honeycomb.

rayon[2] [rɛ'jɔ̃] *m phys., a. fig.* ray; *sun, light*: beam; ⚹ radius (*a. fig.*); *wheel*: spoke; ⚒ drill; ⚒ *lettuce etc.*: row; ⚕ ~s *pl.* X X-rays; (*grand*) ~ *d'action* (long) range; **rayonnage** [rɛjɔ'na:ʒ] *m* set of shelves; **rayonnant, e** [~jɔ'nɑ̃, ~'nɑ̃:t] radiant (*heat, a. fig.*); *fig.* beaming (*face*); *phys.* radio-active (*matter*).

rayonne *tex.* [rɛ'jɔn] *f* rayon.

rayonnement [rɛjɔn'mɑ̃] *m phys.* radiation; *astr., fig.* radiance; **rayonner** [~jɔ'ne] (1a) *v/i. phys. u. fig.* radiate; *fig.* shine (forth); *fig.* beam (with, *de*); tour, go touring.

rayure [rɛ'jy:r] *f tex.* stripe; streak; *glass etc.*: scratch; ⊕ groove; *gun*: rifling; erasure, striking out.

raz [rɑ] *m* strong current, race; ~ *de marée* tidal wave (*a. fig.*); *fig.* landslide; *fig.* flood.

razzia [ra(d)'zja] *f* raid, razzia.

re... [rə], **ré...** [re] re-...; ... again; ... back.

ré ♪ [re] *m/inv.* re, *note*: D.

réacteur [reak'tœ:r] *m* ⚡, *phys.* reactor; *mot.* choke; ✈ jet engine; F jet; **réactif, -ve** ⚗ [~'tif, ~'ti:v] **1.** *adj.* reactive; test-(*paper*); **2.** *su./m* reagent; **réaction** [~'sjɔ̃] *f pol.*, ⊕ reaction; *rifle*: kick; ✈ jet; ⚕ *physiol.*, *etc.* test; *phys.* ~ *en chaîne* chain reaction; *avion m à* ~ jet (plane); **réactionnaire** *pol.* [~sjɔ'nɛːr] *adj.*, *a. su.* reactionary.

réadmettre [read'mɛtr] (4p) *v/t.* readmit; **réadmission** [~mi'sjɔ̃] *f* readmittance.

réagir [rea'ʒiːr] (2a) *v/i.* react (to, *à*; on, *sur*).

réalisable [reali'zabl] realizable; available (*assets*); feasible (*plan*); **réalisateur, -trice** [~za'tœːr, ~'tris] *su.* realizer; *shares*: seller; *plan*: worker out; *su./m. cin.* director; **réalisation** [~za'sjɔ̃] *f* realization; *shares*: selling out; carrying out, performing; production; **réaliser** [~'ze] (1a) *v/t.* realize; achieve; produce; sell out (*shares*); carry out (*a plan*); *se* ~ be realized; come true; **réalisme** [rea'lism] *m* realism; **réaliste** [~'list] **1.** *adj.* realist(ic); **2.** *su.* realist; **réalité** [~li'te] *f* reality; ~*s pl.* facts; *en* ~ really; actually.

réanimation [reanimɑ'sjɔ̃] *f* resuscitation; **réanimer** [~'me] (1a) *v/t.* resuscitate, revive.

réapparaître [reapa'rɛːtr] (4k) *v/i.* reappear; **réapparition** [~ri'sjɔ̃] *f* reappearance.

réapprovisionner [reaprɔvizjɔ'ne] (1a) *v/t.* restock (with, *en*).

réarmement [rearmə'mɑ̃] *m* ⚔ rearming; rearmement; ⚓ refitting; **réarmer** [~'me] (1a) *v/t.* ⚔ rearm; reload (*a gun*); ⚓ refit.

réassigner ⚖ [reasi'ɲe] (1a) *v/t.* resummon.

réassortir ✝ [reasɔr'tiːr] (2a) *v/t.* restock; match up.

réassurer ✝ [reasy're] (1a) *v/t.* reinsure, reassure.

rebaptiser [rəbati'ze] (1a) *v/t.* rebaptize (*child*); rename (*s.th.*).

rébarbatif, -ve [rebarba'tif, ~'tiːv] forbidding, grim; *fig.* crabbed (*style*); surly (*disposition*).

rebâtir [rəbɑ'tiːr] (2a) *v/t.* ⚠ rebuild; *fig.* reconstruct.

rebattre [rə'batr] (4a) *v/t.* beat again; reshuffle (*cards*); F *fig.* repeat over and over again; *avoir les oreilles rebattues de* be sick of hearing (*s.th.*); *sentier m rebattu* beaten track.

rebelle [rə'bɛl] **1.** *adj.* rebellious; ⚕ obstinate; ⊕ refractory (*ore*); unruly (*spirit*); **2.** *su.* rebel; **rebeller** [~bɛ'le] (1a) *v/t.*: *se* ~ rebel, rise (against, *contre*); **rébellion** [rebɛ'ljɔ̃] *f* rebellion, revolt, rising.

rebiffer F [rəbi'fe] (1a) *v/t.*: *se* ~ bristle (up); get one's back up.

reboisement [rəbwaz'mɑ̃] *m* reafforestation; **reboiser** [~bwɑ'ze] (1a) *v/t.* reafforest (*land*).

rebond [rə'bɔ̃] *m* bounce; rebound; **rebondi, e** [rəbɔ̃'di] chubby; plump; **rebondir** [~'diːr] (2a) *v/i.* rebound; bounce; *fig.* get going again.

rebord [rə'bɔːr] *m* edge, rim, border; (*window-*)sill; ⊕ flange; *cost.* hem.

reboucher [rəbu'ʃe] (1a) *v/t.* stop (*s.th.*) up again; recork (*a bottle*); fill up.

rebours [rə'buːr] *m*: *à* (*or au*) ~ against the grain; *fig.* the wrong way; backwards; contrary (to, *de*).

rebouter ⚕ [rəbu'te] (1a) *v/t.* set (*a broken leg*); **rebouteur** ⚕ [~'tœːr] *m*, **rebouteux** ⚕ [~'tø] *m* bonesetter.

rebras [rə'bra] *m glove*: gauntlet; *book jacket*: flap.

rebrousse-poil [rəbrus'pwal] *adv.*: *à* ~ against the nap; the wrong way (*a.* F *fig.*); **rebrousser** [~bru'se] (1a) *v/t.* brush up (*one's hair*, *tex.*); ruffle up; F *fig.* rub (*s.o.*) the wrong way; ~ *chemin* retrace one's steps; turn back.

rebuffade [rəby'fad] *f* rebuff, snub.

rébus [re'bys] *m* picture-puzzle.

rebut [rə'by] *m* rejection; ✝ *etc.* reject; ⊕ waste, rubbish; *fig.* scum; *post*: dead letter; ✝ *marchandises f/pl. de* ~ trash *sg.*; *mettre au* ~ discard; put on the scrap-heap; throw out; ⊕ scrap; **rebutant, e** [rəby'tɑ̃, ~'tɑ̃ːt] tiresome; forbidding; **rebuter** [~'te] (1a) *v/t.* repel; discourage, take the heart out of; *se* ~ be(come) discouraged.

récalcitrant, e [rekalsi'trɑ̃, ~'trɑ̃ːt] *adj.*, *a. su.* recalcitrant.

recaler [rəka'le] (1a) *v/t.* wedge again (*furniture*); ⊕ reset; F fail, F plough (*a candidate*).

récapituler [rekapity'le] (1a) *v/t.* recapitulate, sum up, summarize.

recel ⚖ [rə'sɛl] *m*, **recèlement** ⚖ [~sɛl'mɑ̃] *m stolen goods*: receiving;

criminal: harbo(u)ring; concealment; **receler** [rəs'le] (1d) *v/t.* ⚖ receive; harbo(u)r; conceal (*a. fig.*); **receleur** *m*, **-euse** *f* ⚖ [~'lœːr, ~'løːz] receiver (of stolen goods), F fence.

récemment [resa'mɑ̃] *adv.* recently, lately, of late.

recensement [rəsɑ̃ːs'mɑ̃] *m admin.* census; *admin.* record; *admin. votes*: count(ing); ✝ (new) inventory; *fig.* review; ⚔ registration; **recenser** [rəsɑ̃'se] (1a) *v/t. admin.* take a census of; count (*votes*); record; ⚔ register; ✝ inventory; **recension** [~'sjɔ̃] *f text*: recension.

récent, e [re'sɑ̃, ~'sɑ̃ːt] recent, fresh, new.

recéper [rəse'pe] (1f) *v/t.* ✓ cut down *or* back; ⊕ cut down to level.

récépissé ✝ [resepi'se] *m* receipt; acknowledgment.

réceptacle [resɛp'takl] *m* receptacle (*a.* ⚘); ⊕ *steam, waters*: collector; **récepteur, -trice** [~'tœːr, ~'tris] **1.** *adj.* receiving; *appareil m* ~ *tel., teleph.* receiver; *radio*: set; **2.** *su./m* ⊕, *tel., teleph.* receiver; *radio*: set; ⊕ *machine*: driven part; *teleph. décrocher* (*raccrocher*) *le* ~ lift (hang up) the receiver; **réceptif, -ve** [~'tif, ~'tiːv] receptive; **réception** [~'sjɔ̃] *f* receipt; *tel., teleph., telev., a. hotel, a. at court*: reception; welcome; *thea.* acceptance (*of a new play*); **réceptionner** ✝ [~sjɔ'ne] (1a) *v/t.* check and sign for; **réceptionniste** [~sjɔ'nist] *su.* receptionist; **réceptivité** [~tivi'te] *f* receptivity; ⚕ *en état de* ~ liable to infection.

récession [resɛ'sjɔ̃] *f* recession (*a.* ✝).

recette [rə'sɛt] *f* ✝ receipts *pl.*, returns *pl.*; *thea. etc.* takings *pl.*; ✝ acceptance, receipt; *admin.* collectorship; *cuis.* recipe; ✝ *bills, debts*: collection; ⚒ landing; *garçon m de* ~ bank-messenger; *thea. etc. faire* ~ be a (box-office) hit; be a success.

recevable [rəsə'vabl] admissible (*a.* ⚖); ✝ fit for acceptance; **receveur, -euse** [~'vœːr, ~'vøːz] *su.* receiver; *admin.* collector; *tel.* addressee; *su./m bus, tram*: conductor; (post)master; *su./f* (post)mistress; *thea.* usherette; *bus, tram*: conductress; **recevoir** [~'vwaːr] (3a) *v/t.* receive; *fig.* welcome; admit (*pupils, a. fig. customs*), promote (*to a higher class*); accept (*an excuse*); *être reçu à* (*inf.*) be permitted *or* authorized to (*inf.*); *être reçu à un examen* pass an examination; *être reçu avocat* (*médecin*) qualify as a barrister (doctor); *v/i.* hold a reception, be at home; **recevrai** [~'vre] *1st p. sg. fut. of* **recevoir**.

rechange [rə'ʃɑ̃ːʒ] *m*: *de* ~ spare (*part etc.*); alternative (*plan etc.*); *des vêtements de* ~ a change of clothes; **rechanger** [~ʃɑ̃'ʒe] (1l) *v/t.* (ex)change (*s.th.*) again.

rechaper *mot.* [rəʃa'pe] (1a) *v/t.* retread (*a tyre*).

réchapper [reʃa'pe] (1a) *v/i.*: ~ *de* escape from; get over (*s.th.*); ⚕ recover from (*an illness*).

recharger [rəʃar'ʒe] (1l) *v/t.* reload; ⚡ recharge; refill (*a pen, a lighter, etc.*).

réchaud [re'ʃo] *m* hot-plate; chafing-dish; ~ *à alcool* spirit-stove; ~ *à gaz* gas-oven, gas-cooker; ~ *à pétrole* oil-stove.

réchauffé [reʃo'fe] *m cuis.* warmed-up dish; *fig.* rehash; *fig.* old *or* stale news; **réchauffer** [~'fe] (1a) *v/t.* (re)heat; warm up *or Am.* over (*food*); *fig.* warm (*s.o.'s heart*); *fig.* reawaken (*s.o.'s enthusiasm etc.*); *se* ~ warm o.s. up; **réchauffeur** ⊕ [~'fœːr] *m* (pre-)heater; **réchauffoir** [~'fwaːr] *m* hot-plate.

rechausser [rəʃo'se] (1a) *v/t.* fit (*s.o.*) with new shoes; *mot.* fit (*a car*) with new tyres; ✓ bank up the foot of (*a tree etc.*); ⚠ line the foot of (*a wall*).

rêche [rɛʃ] rough; difficult (*person*).

recherche [rə'ʃɛrʃ] *f* search; research, investigation; ⚖ enquiry; *fig. style*: studied elegance; ⚖ ~ *de* (*la*) *paternité* affiliation; *à la* ~ *de* in search of; *fig. sans* ~ unaffected, easy; **recherché, e** [rəʃɛr'ʃe] sought after; ✝ in demand; studied (*elegance, style*); *fig.* choice, exquisite (*dress etc.*); *fig.* strained (*interpretation, style*); **rechercher** [~] (1a) *v/t.* search for, seek; look for; *fig.* court (*praise, a woman*); try to obtain; ✝ find (*the value of s.th.*).

rechigné, e [rəʃi'ɲe] sour (*look etc.*); sour-tempered, surly (*person*); **rechigner** [~] (1a) *v/i.* jib, balk (at, *devant*; at *ger.*, *à inf.*); look sour; *sans* ~ with a good grace.

rechute ⚕, *eccl.* [rəˈʃyt] *f* relapse.
récidive [resiˈdiːv] *f* ⚕ recurrence; ⚖ repetition of an offence; **récidiver** [~diˈve] (1a) *v/i.* ⚕ recur; ⚖ commit an offence for the second time, relapse into crime; **récidiviste** ⚖ [~diˈvist] *su.* second *or* habitual offender, recidivist.
récif ⚓, *geog.* [reˈsif] *m* reef.
récipiendaire [resipjɑ̃ˈdɛːr] *su.* newly elected member; **récipient** [~ˈpjɑ̃] *m* container, receptable; ⊕ *air-pump etc.*: receiver; ⊕ cistern.
réciprocité [resiprɔsiˈte] *f* reciprocity; interchange; **réciproque** [~ˈprɔk] **1.** *adj.* reciprocal (*a.* ⩓, *phls.*, *gramm.*), mutual; ⩓ inverse (*ratio*), converse (*proposition*); *et* ~*ment* and vice versa; **2.** *su.*/*f* ⩓, *phls.* converse; *fig. la* ~ the same; the opposite, the reverse.
récit [reˈsi] *m* account; narrative; ♪ recitative; ♪ *organ*: swell-box; **récital,** *pl.* **-als** ♪ [~ˈtal] *m* recital; **récitant** *m*, **e** *f* [~ˈtɑ̃, ~ˈtɑ̃t] *radio*, *telev.*, *etc.*: narrator; **récitateur** *m*, **-trice** *f* [~taˈtœːr, ~ˈtris] reciter; **récitatif** ♪ [~taˈtif] *m* recitative; **récitation** [~taˈsjɔ̃] *f* recitation; **réciter** [~ˈte] (1a) *vt/i.* recite.
réclamant *m*, **e** *f* [reklaˈmɑ̃, ~ˈmɑ̃ːt] complainer; ⚖ claimant; **réclamation** [~maˈsjɔ̃] *f* complaint (*a. admin.*); objection; ⚖ claim; *bureau m des* ~*s* claims department; **réclame** [reˈklaːm] *f* advertising; advertisement; *pej.* blurb; *typ.* catchword; ~ *lumineuse* illuminated sign; *faire de la* ~ advertise, boost one's goods; **réclamer** [~klaˈme] (1a) *v/t.* claim (from, *à*); demand (*s.th.*) back; call for; require; *se* ~ *de* appeal to; *fig.* use (*s.o.*) as one's authority; *v/i.*: ~ *contre* complain of; protest against; ⚖ appeal against.
reclassement [rəklɑsˈmɑ̃] *m* reclassifying, re-classification; regrouping; *admin.* regrading; **reclasser** [~klɑˈse] (1a) *v/t.* re-classify; regroup; regrade.
reclus, e [rəˈkly, ~ˈklyːz] **1.** *adj.* cloistered; **2.** *su.* recluse; **réclusion** [reklyˈsjɔ̃] *f* seclusion, retirement; ⚖ solitary confinement with hard labo(u)r.
récognition *phls.* [rekɔgniˈsjɔ̃] *f* recognition.
recoiffer [rəkwaˈfe] (1a) *v/t.* do (*s.o.'s*) hair (again); *se* ~ do one's hair (again); put one's hat on again.
recoin [rəˈkwɛ̃] *m* nook, cranny.
reçois [rəˈswa] *1st p. sg. pres. of recevoir*; **reçoivent** [~ˈswaːv] *3rd p. pl. pres. of recevoir.*
récolement ⚖ [rekɔlˈmɑ̃] *m* verification; *depositions*: reading; **récoler** ⚖ [~kɔˈle] (1a) *v/t.* check; read over a deposition to (*a witness*).
récollection *eccl.* [rekɔlɛkˈsjɔ̃] *f* recollection.
recoller [rəkɔˈle] (1a) *v/t.* re-glue; re-paste; F plough (again) (*in an examination*).
récolte [reˈkɔlt] *f* harvest, crop; harvesting; F *fig.* collection; *fig.* profits *pl.*; **récolter** [~kɔlˈte] (1a) *v/t.* harvest; gather in; *fig.* collect.
recommandable [rəkɔmɑ̃ˈdabl] to be recommended; estimable (*person*); *fig.* advisable; **recommandation** [~daˈsjɔ̃] *f* recommendation; *fig.* instruction, advice; *post*: registration; **recommander** [~ˈde] (1a) *v/t.* recommend; *fig.* advise; *fig.* bring (*to s.o.'s attention*); *post*: register; *se* ~ *à* commend o.s. to; *se* ~ *de* give (*s.o.*) as a reference; *post*: *en recommandé* by registered post (*Am.* mail).
recommencer [rəkɔmɑ̃ˈse] (1k) *vt/i.* begin again, start afresh.
récompense [rekɔ̃ˈpɑ̃ːs] *f* reward (for, *de*); *iro.* punishment; *show etc.*: prize, award; *en* ~ in return (for, *de*); **récompenser** [~pɑ̃ˈse] (1a) *v/t.* reward, recompense (for, *de*).
recomposer [rəkɔ̃poˈze] (1a) *v/t.* ⚗ recompose; *typ.* reset.
recompter [rəkɔ̃ˈte] (1a) *v/t.* recount, count again.
réconciliable [rekɔ̃siˈljabl] reconcilable; **réconciliateur** *m*, **-trice** *f* [~ljaˈtœːr, ~ˈtris] reconciler; **réconciliation** [~ljaˈsjɔ̃] *f* reconciliation; **réconcilier** [~ˈlje] (1o) *v/t.* reconcile; *se* ~ *à* make one's peace with (*a. eccl.*); make it up with (*s.o.*).
reconduction ⚖ [rəkɔ̃dykˈsjɔ̃] *f lease*: renewal; *tacite* ~ renewal of lease by tacit agreement; **reconduire** [~ˈdɥiːr] (4h) *v/t.* escort (*s.o.*) (back); lead back; show (*s.o.*) to the door; ⚖ renew (*a lease*); **reconduite** [~ˈdɥit] *f* escorting

(*s.o.*) (back); showing (*s.o.*) to the door.

réconfort [rekɔ̃'fɔːr] *m* comfort, consolation; **réconfortant** ⚕ [~fɔr'tɑ̃] *m* tonic, stimulant; **réconforter** [~fɔr'te] (1a) *v/t.* cheer (*s.o.*) up, comfort; strengthen.

reconnaissable [rəkɔnɛ'sabl] recognizable (by, from *à*); **reconnaissance** [~'sɑ̃ːs] *f* recognition; ⚔ *etc.* reconnaissance, reconnoitring; † note of hand, F I.O.U.; ⚖, *fig.* acknowledgment; *fig.* gratitude; ⚖ *bastard*: affiliation; **reconnaissant, e** [~'sɑ̃, ~'sɑ̃ːt] grateful (for, de; to, envers); **reconnaître** [rəkɔ'nɛːtr] (4k) *v/t.* recognize (*a.* ⚖, *a. pol. a government*); know again; † credit; *fig.* acknowledge; ⚔, ⚒, *etc.* reconnoitre; ⚓ identify (*a ship*); *fig.* be grateful for; *fig.* se ~ collect one's thoughts; get one's bearings.

reconquérir [rəkɔ̃ke'riːr] (2l) *v/t.* reconquer; win back (*a. fig.*); **reconquête** [~'kɛːt] *f* reconquest.

reconstituant, e ⚕ [rəkɔ̃sti'tɥɑ̃, ~'tɥɑ̃ːt] *adj., a. su./m* tonic, restorative; **reconstituer** [~'tɥe] (1n) *v/t.* reconstitute; reconstruct (*a crime*); restore (⚠ *an edifice, fig. s.o.'s health*).

reconstruction [rəkɔ̃stryk'sjɔ̃] *f* reconstruction, rebuilding; **reconstruire** [~'trɥiːr] (4h) *v/t.* reconstruct, rebuild.

recoquiller [rəkɔki'je] (1a) *v/t. a.* se ~ curl up; shrivel; *page f recoquillée* dog-eared page.

record [rə'kɔːr] **1.** *su./m sp. etc.* record; ⊕ maximum output; *sp. détenir le* ~ hold the record; **2.** *adj./inv.* record...; bumper (*crop*); **recordman,** *pl.* **-men** [~kɔrd'man, ~'mɛn] *m* record-holder.

recoucher [rəku'ʃe] (1a) *v/t.* put (*s.o.*) to bed again; lay down again; se ~ go back to bed.

recoudre [rə'kudr] (4l) *v/t.* sew up *or* on again; *fig.* link up.

recoupe [rə'kup] *f stone, metal, etc.*: chips *pl.*, chippings *pl.*; *food*: scraps *pl.*; ⸙ second crop; † *flour*: sharps *pl.*; **recouper** [~ku'pe] (1a) *v/t.* cut (again); intersect; ⚠ step; blend (*wines*); cross-check; confirm, support (*a declaration etc.*); se ~ intersect, overlap; match up, tally (*declarations etc*); *v/i. cards*: cut again.

recourbement [rəkurbə'mɑ̃] *m* bending; **recourber** [~'be] (1a) *v/t.* bend (again *or* down).

recourir [rəku'riːr] (2i) *v/i.* run back; ~ *à* turn to (*s.o.*); resort to, have recourse to; **recours** [~'kuːr] *m* recourse; resort; ⚖ appeal (for mercy, *en grâce*).

recouvrement[1] [rəkuvrə'mɑ̃] *m* covering, coating.

recouvrement[2] [rəkuvrə'mɑ̃] *m debt, health, strength, etc.*: recovery; ~*s pl.* outstanding debts; **recouvrer** [~'vre] (1a) *v/t.* recover, regain; collect (*a tax, a debt, etc.*).

recouvrir [rəku'vriːr] (2f) *v/t.* recover, cover (*s.th.*) again (with, *de*); cover (*a. fig.*); coat; ⊕ overlap.

récréatif, -ve [rekrea'tif, ~'tiːv] recreational; entertaining; light (*reading*); **récréation** [~'sjɔ̃] *f* recreation; *school*: play.

recréer [rəkre'e] (1a) *v/t.* recreate; re-establish.

récréer [rekre'e] (1a) *v/t.* entertain, amuse; refresh; se ~ take some recreation.

recrépir [rəkre'piːr] (2a) *v/t.* ⚠ replaster; rough-cast again; F *fig.* patch up, touch up.

récrier [rekri'e] (1a) *v/t.*: se ~ (*sur*) cry out, exclaim (against); object (to).

récrimination [rekrimina'sjɔ̃] *f* remonstration; **récriminer** [~'ne] (1a) *v/i.* remonstrate (against, *contre*).

récrire [re'kriːr] (4q) *v/t.* rewrite; *v/i.* reply by letter.

recroître ⚘ [rə'krwaːtr] (4o) *v/i.* grow again.

recroqueviller [rəkrɔkvi'je] (1a) *v/t.*: se ~ curl up, shrivel up (*leaf etc.*) curl *or* huddle o.s. up (*person*).

recrû, -crue [rə'kry] **1.** *su./m copsewood*: new growth; **2.** *p.p. of recroître.*

recrudescence [rəkrydɛ'sɑ̃ːs] *f* recrudescence; fresh outbreak; **recrudescent, e** [~'sɑ̃, ~'sɑ̃ːt] recrudescent.

recrue ⚔, *pol., fig.* [rə'kry] *f* recruit; **recruter** ⚔, *pol., fig.* [rəkry'te] (1a) *v/t.* recruit; se ~ be recruited; **recruteur** [~'tœːr] *m* recruiter; recruiting officer.

rectangle △ [rɛk'tɑ̃:gl] **1.** *adj.* right-angled; **2.** *su./m* rectangle; **rectangulaire** △ [~tɑ̃gy'lɛ:r] rectangular, right-angled.
recteur, -trice [rɛk'tœ:r, ~'tris] **1.** *adj.* guiding; *orn.* tail(*-feather*); **2.** *su./m univ.* rector, vice-chancellor.
rectificateur ⚗, ⚡ [rɛktifika'tœ:r] *m* rectifier; **rectificatif, -ve** [~'tif, ~'ti:v] **1.** *adj.* rectifying; **2.** *su./m* corrigendum (*to a circular*); **rectification** [~'sjɔ̃] *f* rectification; *alcohol*: rectifying; *fig.* correction; **rectifier** [rɛkti'fje] (1o) *v/t.* straighten; correct (*an error, a price,* ⚔ *the range*); ⚗, △, *a. fig.* rectify; *fig.* put (*s.th.*) right; ⊕ adjust (*a machine etc.*); ⊕ true up (*on the lathe*).
rectiligne [rɛkti'liɲ] rectilinear; linear (*movement*); *fig.* unswerving.
rectitude [rɛkti'tyd] *f* straightness; *fig.* rectitude; *fig.* correctness.
recto [rɛk'to] *m page*: recto; *book*: right-hand page.
reçu, e [rə'sy] **1.** *su./m* receipt; *au ~ de* (up)on receipt of; **2.** *adj.* received, accepted, recognized; **3.** *p.p. of recevoir*.
recueil [rə'kœ:j] *m* collection; anthology; ⚖ compendium, digest; **recueillement** [~kœj'mɑ̃] *m* collectedness; meditation; **recueillir** [~kœ'ji:r] (2c) *v/t.* collect, gather; ⚘, *a. fig.* reap; *fig.* give shelter to (*s.o.*), take (*s.o.*) in; obtain (*information*); se ~ collect one's thoughts; meditate.
recuire [rə'kɥi:r] (4h) *v/t.* recook, cook (*s.th.*) again; ⊕ reheat; ⊕ anneal (*glass*), temper (*steel*).
recul [rə'kyl] *m* retirement; backward movement; *rifle*: kick; *cannon*: recoil; **reculade** [rəky'lad] *f* retreat (*a.* ⚔, *fig.*), falling back; **reculé, e** [~'le] remote, distant; **reculer** [~'le] (1a) *v/i.* move *or* draw back; back (*car, horse*); *fig.* shrink (from, *devant*); *v/t.* move back; set back; *fig.* postpone; **reculons** [~'lɔ̃] *adv.*: *à ~* backwards.
récupérateur ⊕ [rekypera'tœ:r] *m* regenerator; *oil*: extractor; **récupération** [~ra'sjɔ̃] *f loss*: recoupment; ⊕, *a.* ⚕ recovery; ⊕ retrieval, salvage, reprocessing; rehabilitation; **récupérer** [~'re] (1f) *v/t.* recover; recoup (*a loss*); ⊕ retrieve, salvage, reprocess (*materials*); rehabilitate (*persons*); bring (*a satellite*) back to earth; *v/i. a.* se ~ recuperate, recover.
récurer [reky're] (1a) *v/t.* scour; clean; **récureur** [~'rœ:r] *m* scourer.
reçus [rə'sy] *1st p. sg. p.s. of recevoir*.
récusable ⚖ [reky'zabl] challengeable; impeachable (*evidence, witness*); **récuser** ⚖ [~'ze] (1a) *v/t.* challenge, object to (*a witness*); impeach (*s.o.'s evidence*); se ~ declare o.s. incompetent, decline to give an opinion.
recyclage [rəsi'kla:ʒ] *m* reorientation; retraining; ⊕ recycling, reprocessing; **recycler** [~'kle] (1a) *v/t.* reorient; retrain; ⊕ recycle, reprocess.
rédacteur, -trice [redak'tœ:r, ~'tris] *su.* writer, author; drafter; *journ.* sub-editor; *su./m*: ~ *en chef* editor; **rédaction** [~'sjɔ̃] *f* drafting; *journ.* editorial staff; *journ.* editing; *journ.* (newspaper) office; *school*: composition, essay.
reddition [rɛdi'sjɔ̃] *f* surrender; ✝ rendering (*of an account*).
redécouvrir [rədeku'vri:r] (2f) *v/t.* rediscover.
redemander [rədmɑ̃'de] (1a) *v/t.* ask for (*s.th.*) again *or* back; ask for more of (*s.th.*).
rédempteur, -trice [redɑ̃p'tœ:r, ~'tris] **1.** *adj.* redeeming; **2.** *su.* redeemer; **rédemption** [~'sjɔ̃] *f* redemption (*a. eccl.*).
redescendre [rədɛ'sɑ̃:dr] (4a) *v/i.* go *or* come down again; ⚓ back (*wind*); fall (*barometer*); *v/t.* bring down again; take (*s.th.*) down again; ~ *l'escalier* go downstairs again.
redevable [rəd'vabl] **1.** *adj.* indebted (for, *de*); *être ~ de qch. à q.* owe s.o. s.th.; **2.** *su.* debtor; **redevance** [~'vɑ̃:s] *f* charge, fee; (*author's*) royalty; *admin.* tax, dues *pl.*; **redevoir** [~'vwa:r] (3a) *v/t.* owe a balance of.
rédhibition ⚖ [redibi'sjɔ̃] *f* annulment of sale (*owing to latent defect*); **rédhibitoire** [~'twa:r] *adj.* ⚖ redhibitory (*defect*); *fig.* crippling, dooming (*defect etc.*); *vice m ~ a.* latent defect that makes a sale void.
rédiger [redi'ʒe] (1l) *v/t.* draw up, draft, write; *journ.* edit.

rédimer [redi'me] (1a) *v/t.* redeem; se ~ de redeem o.s. from; compound for (*a tax*).
redingote *cost.* [rədɛ̃'gɔt] *f* frock-coat.
redire [rə'di:r] (4p) *v/t.* repeat; say *or* tell again; *v/i.*: *avoir* (*or trouver or voir*) *à* ~ *à* find fault with; take exception to, criticize; **rediseur** *m*, **-euse** *f* [~di'zœ:r, ~'zø:z] repeater; **redite** [~'dit] *f* repetition, tautology; **redites** [~'dit] *2nd p. pl. pres. of redire.*
redondance [rədɔ̃'dɑ̃:s] *f* redundancy; **redondant, e** [~'dɑ̃, ~'dɑ̃:t] redundant.
redonner [rədɔ'ne] (1a) *v/t.* give (*s.th.*) again; restore (*s.th., a. strength*); *v/i.* return, come on again; ~ *dans* fall back into; *la pluie redonne de plus belle* the rain is coming on again worse than ever.
redoubler [rədu'ble] (1a) *v/t.* redouble; *cost.* reline; ~ *une classe school*: stay down; *v/i.* increase (*fever*); ~ *d'efforts* strive harder than ever.
redoutable [rədu'tabl] formidable; to be feared (by, *à*).
redoute [rə'dut] *f* ⚔ redoubt; *dancing-hall*: gala evening.
redouter [rədu'te] (1a) *v/t.* fear, dread.
redressement [rədrɛs'mɑ̃] *m fig.* rectification; ⊕, *fig.* straightening; ⚡ rectifying; ⚕, *opt., phot.* correction; **redresser** [rədrɛ'se] (1a) *v/t.* re-erect (*a statue*); raise (*a pole*); ⚓ right (*a boat*); set right (*a wrong etc.*); ✈ lift the nose of; ⚡, *a. fig.* rectify; ⊕ straigthen out, true; se ~ stand up again; draw o.s. up; right itself (*boat*); ✈ flatten out; *fig.* mend one's ways; **redresseur** [~'sœ:r] *m* ⚡ rectifier; ⚡ commutator; ⊕ straightener; *fig.* righter (*of wrongs*).
redû, -due [re'dy] **1.** *p.p. of redevoir*; **2.** *su./m* ⚕ balance due.
réducteur, -trice [redyk'tœ:r, ~'tris] **1.** *adj.* reducing; **2.** *su./m* ⚗, *phot.* reducer; reducing camera *or* apparatus; ⊕, *mot.* reducing gear; **réductibilité** [~tibili'te] *f* reducibility; **réductible** ⚗, ⚕, ⚕ [~'tibl] reducible; **réductif, -ve** ⚗ [~'tif, ~'ti:v] reducing; **réduction** [~'sjɔ̃] *f* decrease; ⚕, ⚗, ⚗, ⚖, *metall., admin., phot., paint., a. fig.* reduction, *taxes, wages, production, etc.*: *a.* cut; ⚡ *voltage*: stepping down; ⊕ gearing down; ⚖ *sentence*: mitigation; **réduire** [re'dɥi:r] (4h) *v/t.* reduce; lessen; cut down (*expenses*); subjugate; ⚡ step down; ⊕ gear down; se ~ *à* keep (o.s.) to; *fig.* come *or* F boil down to; **réduit** [~'dɥi] **1.** *su./m* retreat, nook; *pej.* hovel; ⚔ keep; **2.** *adj./m*: *à prix* ~ at a reduced price.
réédifier [reedi'fje] (1o) *v/t.* rebuild; re-erect.
rééditer [reedi'te] (1a) *v/t.* republish; *cin.* remake (*a film*); **réédition** [~'sjɔ̃] *f* re-issue; *cin. a.* re-make.
rééducatif, -ve ⚕ [reedyka'tif, ~'ti:v] occupational (*therapy*); **rééducation** ⚕ [~ka'sjɔ̃] *f* re-education; rehabilitation; **rééduquer** ⚕ [~'ke] (1m) *v/t.* re-educate; rehabilitate.
réel, -elle [re'ɛl] **1.** *adj.* real (*a.* ⚖ *action, estate*); actual; ⚕ (in) cash; **2.** *su./m* reality, *the* real.
réélection [reelɛk'sjɔ̃] *f* re-election; **rééligible** [~li'ʒibl] re-eligible; **réélire** [~'li:r] (4t) *v/t.* re-elect.
réescompte ⚕ [reɛs'kɔ̃:t] *m* rediscount; **réescompter** ⚕ [~kɔ̃'te] (1a) *v/t.* rediscount.
réévaluation [reevalɥa'sjɔ̃] *f* revaluation; **réévaluer** [~'lɥe] (1n) *v/t.* revalue.
réexpédier [reɛkspe'dje] (1o) *v/t.* send back; forward, send on.
refaire [rə'fɛ:r] (4r) *v/t.* remake; do *or* make (*s.th.*) again; mend, repair; ⚕ restore to health; F swindle, do (*s.o.*), dupe; F steal (from, *à*); se ~ ⚕ recuperate; ⚕ retrieve one's losses; **refait, e** F [~'fɛ, ~'fɛt] duped.
réfection [refɛk'sjɔ̃] *f* remaking; ⚠ rebuilding; repair(ing); ⚕ recuperation; **réfectoire** [~'twa:r] *m* refectory, dining-hall.
refend [rə'fɑ̃] *m* splitting; ⊕ *bois m de* ~ wood in planks; ⚠ *mur m de* ~ partition-wall; **refendre** [~'fɑ̃:dr] (4a) *v/t.* split; rip (*timber*); slit (*leather*).
référé ⚖ [refe're] *m* summary procedure; provisional order; **référence** [~'rɑ̃:s] *f* reference (*a. of a servant*); ⚕ pattern-book; ⚕ sample-book; *fig.* allusion; *ouvrage m de* ~ reference book; **référendaire** [~-

rɑ̃'dɛ:r] *m* ⚖ *commercial court*: chief clerk; *hist. grand* ~ Great Referendary; **référendum** [~rɛ̃'dɔm] *m* referendum; strike ballot; **référer** [~'re] (1f) *v/t. se* ~ *à* refer to (*s.th.*); ask (*s.o.'s*) opinion; consult; *en* ~ *à q.* submit the matter to s.o.

refermer [rəfɛr'me] (1a) *v/t.* shut (again), close (again); se ~ close up (*wound*); shut (again).

réfléchi, e [refle'ʃi] thoughtful (*person*); considered (*action, opinion*); ⚖ premeditated (*crime*); *gramm.* reflexive; *tout* ~ everything considered; **réfléchir** [~'ʃi:r] (2a) *v/t.* reflect; *se* ~ curl back; *phys.* be reflected; reverberate (*sound*); *v/i.* consider; reflect (on *à, sur*); **réfléchissement** *phys.* [~ʃis'mɑ̃] *m* reflection; *sound*: reverberation; **réflecteur** [reflɛk'tœ:r] *m* ⚡, *mot., phys.* reflector; *fig.* searchlight; **reflet** [rə'flɛ] *m* reflection; glint, gleam, glimmer; *picture, etc.*: highlight; **refléter** [~fle'te] (1f) *v/t.* reflect, throw back (*colour, light*); *fig. se* ~ *sur* be reflected on (*s.o.*).

réflexe *phys., physiol.* [re'flɛks] *adj., a. su./m* reflex; **réflexion** [~flɛk'sjɔ̃] *f phys., a. fig.* reflection; *fig.* thought; *toute* ~ *faite* everything considered.

refluer [rəfly'e] (1a) *v/i.* flow back; ebb (*tide*); *fig.* fall back; *fig.* pour (into, *dans*); **reflux** [~'fly] *m tide*: ebb; ebbtide; flowing back; *fig. crowd etc.*: falling back.

refondre [rə'fɔ̃:dr] (4a) *v/t.* ⊕ remelt; *metall., a. fig.* recast; *fig.* remodel; ⚓ refit (*a ship*); **refonte** [~'fɔ̃:t] *f* remelting; recasting (*a. fig.*); reorganization; ⚓ refit(ting).

réformable [refɔr'mabl] reformable; ⚔ liable to discharge; ⚖ reversible; **réformateur, -trice** [~ma'tœ:r, ~'tris] **1.** *adj.* reforming; **2.** *su.* reformer; **réformation** [~ma'sjɔ̃] *f* reformation (*a. eccl.*); **réforme** [re'fɔrm] *f* reform(ation); ⚔, ⚓ discharge; *horse*: casting; *eccl. la* ♀ the Reformation; ⚔ *mettre à la* ~ discharge (*s.o.*); cast (*a horse*); dismiss, cashier (*an officer*); **réformé, e** [refɔr'me] **1.** *su. eccl.* protestant; ⚔ person invalided out of the service; **2.** *adj. eccl.* reformed; ⚔ discharged (*soldier*).

reformer [rəfɔr'me] (1a) *v/t.* reform, form anew.

réformer [refɔr'me] (1a) *v/t.* reform, amend; ⚔, ⚓ invalid (*s.o.*) out of the service; dismiss; cashier (*an officer*); retire (*an officer*); cast (*a horse*); ⚖ reverse (*a judgment*).

refoulement [reful'mɑ̃] *m* driving back; *fig.* repression (*a. psych.*); **refouler** [rəfu'le] (1a) *v/t.* drive back, repel; *fig.* repress (*a. psych.*), hold back, force back.

réfractaire [refrak'tɛ:r] **1.** *adj.* refractory (*a.* ⊕ *ore*), rebellious, recalcitrant; ⊕ fire-proof; proof (against, *à*); **2.** *su.* refractory person; ⚔ defaulter, *Am.* draft-dodger; **réfraction** *phys., opt.* [~'sjɔ̃] *f* refraction; *indice m de* ~ refractive index.

refrain [rə'frɛ̃] *m* refrain (*a. fig.*); F *fig. le même* ~ the same old story.

refrènement [rəfrɛn'mɑ̃] *m instincts*: curbing; **refréner** [~fre'ne] (1f) *v/t.* curb, restrain.

réfrigérant, e [refriʒe'rɑ̃, ~'rɑ̃:t] **1.** *adj.* refrigerating, cooling; freezing; ⚕ refrigerant; ⊕ cooler-...; **2.** *su./m* ⚗ condenser; refrigerator; ⚕ refrigerant; **réfrigérateur** [~ra'tœ:r] *m* refrigerator; *fig. mettre qch. au* ~ put s.th. on ice *or* in cold storage; **réfrigératif, -ve** ⚕ [~ra'tif, ~'ti:v] *adj., a. su./m* refrigerant; **réfrigération** [~ra'sjɔ̃] *f* refrigeration; *meat.*: chilling; **réfrigérer** [~'re] (1f) *v/t.* refrigerate; cool; chill (*meat*).

refroidir [rəfrwa'di:r] (2a) *v/t.* cool, chill; ⊕, *a. fig.* quench (*metal, a. one's enthusiasm, one's sympathy*); *sl.* kill; ⊕ *refroidi par l'air* air-cooled (*engine*); ⚕ *se* ~ catch a chill; *v/i. a. se* ~ grow cold; cool off (*a. fig.*); **refroidissement** [~dis'mɑ̃] *m* cooling (down); ⚕ chill; *temperature*: drop.

refuge [rə'fy:ʒ] *m* refuge; shelter (*a. admin.*); *birds*: sanctuary; traffic island; *mot.* lay-by; *fig.* pretext, F way out; **réfugié** *m*, **e** *f* [refy'ʒje] refugee; **réfugier** [~] (1o) *v/t.*: *se* ~ take refuge; seek shelter; *fig.* have recourse (to, *dans*).

refus [rə'fy] *m* refusal; denial; rejection; ✝ ~ *m d'acceptation* non-acceptance; *essuyer un* ~ meet with a refusal; **refuser** [~fy'ze] (1a) *vt/i.* refuse, decline; *v/t.* ⚔ reject (*a* *man*); fail (*a candidate*); ~ de (*inf.*), se ~ *à* (*inf.*) refuse to (*inf.*); se ~ *à qch.* resist s.th., object to s.th.

réfutation [refyta'sjɔ̃] *f* refutation; proof to the contrary; **réfuter** [~'te] (1a) *v/t.* refute; disprove.

regagner [rəga'ɲe] (1a) *v/t.* regain; win back; recover; return to (*a place*).

regain [rə'gɛ̃] *m* ✓ aftergrowth, second growth; *fig.* renewal, revival; ~ *de vie* new lease of (*Am.* on) life.

régal, *pl.* **-als** [re'gal] *m* treat; delight; **régalade** [~ga'lad] *f*: *boire à la* ~ drink without the lips coming into contact with the glass *or* bottle.

régalage ⊕ [rega'la:ʒ] *m* levelling.

régale [re'gal] **1.** *adj./f*: ⚗ *eau f* ~ aqua regia; **2.** *su./f hist.* royal prerogative.

régaler¹ [rega'le] (1a) *v/t.* level (*the ground*).

régaler² [~] (1a) *v/t.* treat (*s.o.*) to a (fine) meal; ~ *q. de qch.* treat s.o. to s.th.; se ~ have a fine meal *etc.*; *fig.* enjoy o.s.; se ~ de feast on; treat o.s. to.

regard [rə'ga:r] *m* look, glance; *sewer etc.*: man-hole; inspection hole; peep-hole; *geol.* inlier; *fig.* attention, eyes *pl.*; *au* ~ *de* compared to; *en* ~ *de* opposite, facing; **regardant, e** F [rəgar'dɑ̃, ~'dɑ̃:t] stingy, niggardly; **regarder** [~'de] (1a) *v/t.* look at, watch; glance at; face, look on to; *telev.* look in; *fig.* consider (as, *comme*); *fig.* concern; ~ *fixement* stare at; *cela me regarde* that is my business; *v/i.* (have a) look; ~ *à* pay attention to (*s.th.*); look through (*s.th.*); ~ *par* (*à*) *la fenêtre* look through (in at) the window; ~ *fixement* stare.

régate [re'gat] *f* regatta; *cost.* sailor-knot tie.

regel [rə'ʒɛl] *m* renewed frost.

régence [re'ʒɑ̃:s] *f* regency; fob-chain.

régénération [reʒenera'sjɔ̃] *f* regeneration; ⊕ reclamation; ... *à* ~ regenerative ...; **régénérer** [~'re] (1f) *v/t.* regenerate; ⊕ reclaim.

régent, e [re'ʒɑ̃, ~'ʒɑ̃:t] *su.* regent; *su./m* † *collège*: form-master; **régenter** [~ʒɑ̃'te] (1a) *v/t.* † teach; F *fig.* lord it over.

régicide [reʒi'sid] **1.** *adj.* regicidal; **2.** *su. person*: regicide; *su./m crime*: regicide.

régie [re'ʒi] *f* administration; management; state control; excise-office.

regimber [rəʒɛ̃'be] (1a) *v/i.* balk (at, *contre*); kick (against, at *contre*).

régime [re'ʒim] *m* organization; regulations *pl.*; system; ⊕ *engine*: normal running; *mot.* speed; ⚕ diet; *gramm.* object; ⚘ *bananas etc.*: bunch; *hist.* *Ancien* ~ Ancien Regime (*before 1789*); *gramm.* *cas m* ~ objective case; ⚕ *mettre au* ~ put (*s.o.*) on a diet; *suivre un* ~ (follow a special) diet.

régiment [reʒi'mɑ̃] *m* ⚔ regiment; F *fig.* host; **régimentaire** ⚔ [~mɑ̃'tɛ:r] regimental; army-...; troop (*train*).

région [re'ʒjɔ̃] *f* region (*a. anat.*); area; *phys.* field; ~ *désertique* desert region; ~ *vinicole* wine-producing district; **régional, e,** *m/pl.* **-aux** [~ʒjɔ'nal, ~'no] regional, local.

régir [re'ʒi:r] (2a) *v/t.* *pol.*, *gramm.*, *fig.* govern; † direct, manage; **régisseur** [~ʒi'sœ:r] *m* manager; *thea.* stage-manager; *cin.* assistant director; ✓ *farm*: bailiff; *estate*: agent.

registre [rə'ʒistr] *m* register (*a.* ♪), record; † account-book; ⊕ log-book; ⊕ *chimney etc.*: damper; ⊕ *steam engine*: throttle; ~ *de l'état civil* register of births, deaths and marriages; *tenir* ~ de keep a record of, note (down).

réglable [re'glabl] adjustable; **réglage** [~'gla:ʒ] *m* ⊕ regulating, adjustment; *speed*: control; *paper*: ruling; *radio*: tuning; **règle** [rɛgl] *f* rule; ⊕ ruler, rule; *surv.* measuring rod; ⚕ ~*s pl.* menses; ⅍ ~ *à calcul* slide rule; ⅍ ~ *de trois* rule of three; *de* ~ usual, customary; *en* ~ in order, straight; **réglé, e** [re'gle] regular; steady (*pace, person*); ⚠ uniform (*courses*); ruled (*paper*); fixed (*hour etc.*); **règlement** [rɛglə'mɑ̃] *m* *admin.*, ⚔ *etc.* regulation(s *pl.*); rule; † settlement; **réglementaire** [regləmɑ̃'tɛ:r] regular, prescribed; regulation-...; *pas* ~ against the rules; **réglementation** [~ta'sjɔ̃] *f* regulation; regulating, control; ~ *de la circulation* traffic regulations *pl.*; **réglementer** [~'te] (1a) *v/t.* regulate, control; make rules for; **régler** [re'gle] (1f) *v/t.* ⊕, *a. fig.* regulate; ⊕, ☤ adjust; *fig.* settle (*a quarrel, a question,* ☤ *an account*); ☤ settle (up), pay (up); rule (*paper*); *mot.* tune (*an engine*); ~ *sur* model on; adjust to.

réglet [re'glɛ] *m* carpenter's rule; Δ reglet; **réglette** [~'glɛt] *f typ.* reglet; small rule; (*metal*) strip; *slide-rule*: slide; *mot.* ~*-jauge* dipstick.

réglisse ⚘, ⚕ [re'glis] *f* liquorice.

réglure [re'gly:r] *f paper*: ruling.

règne [rɛɲ] *m* ⚘, *zo.* kingdom; *pol.*, *a. fig.* reign; **régner** [re'ɲe] (1f) *v/i.* reign (*a. fig.*), rule; *fig.* prevail.

regorger [rəgɔr'ʒe] (1l) *v/i.* overflow; abound (in, *de*); be crowded (with, *de*); *v/t.* bring up (*food*); *fig.* disgorge.

regratter [rəgra'te] (1a) *v/t.* Δ scrape, rub down (*a wall*); *v/i.* ☤ F huckster.

régresser [regrɛ'se] (1a) *v/i.* decrease, decline, fall off; **régressif, -ve** [~'sif, ~'si:v] regressive; **régression** [~'sjɔ̃] *f* regression; *biol.* retrogression; *biol.* throw-back; *sales etc.*: drop.

regret [rə'grɛ] *m* regret (for, of *de*); *à* ~ regretfully, with regret; *avoir* ~ *de* (*inf.*) regret to (*inf.*); **regrettable** [rəgrɛ'tabl] regrettable; unfortunate; **regretter** [~'te] (1a) *v/t.* regret; be sorry (that *ind.*, *que sbj.*; for *ger.*, *de inf.*); miss, mourn (for).

regroupement [rəgrup'mɑ̃] *m* regrouping; **regrouper** [~gru'pe] (1a) *v/t.* regroup.

régulariser [regylari'ze] (1a) *v/t.* regularize; put (*s.th.*) in order; ⚖ put into legal form; **régularité** [~'te] *f* regularity; *temper*: evenness; punctuality; **régulateur, -trice** [regyla'tœ:r, ~'tris] **1.** *adj.* regulating; ☤ buffer-(*stocks*); **2.** *su./m* regulator; *watch*: balance-wheel; **régulier, -ère** [~'lje, ~'ljɛ:r] **1.** *adj.* regular (*a.* Ⱥ, *gramm.*); steady; even, equable (*temper*); **2.** *su./m* ⚔, *eccl.* regular.

régurgiter [regyrʒi'te] (1a) *v/t.* regurgitate.

réhabilitation [reabilita'sjɔ̃] *f* rehabilitation (*a. fig.*); *bankrupt*: discharge; Δ modernization (*of buildings etc.*), **réhabiliter** [~'te] (1a) *v/t.* reinstate; discharge (*a bankrupt*); *fig.* rehabilitate; *fig.* bring back into favo(u)r; Δ modernize (*buildings etc.*); se ~ clear one's name.

réhabituer [reabi'tɥe] (1n) *v/t.* reaccustom (to, *à*).

rehaussement [rəos'mɑ̃] *m* raising (*a. prices*); *fig.* enhancing; **rehausser** [~o'se] (1a) *v/t.* raise; increase (*one's courage*); *fig.* enhance, set off (*one's beauty, a colour, one's merit*).

réimporter [reɛ̃pɔr'te] (1a) *v/t.* reimport.

réimposer [reɛ̃po'ze] (1a) *v/t.* reimpose (*a tax*); tax (*s.o.*) again.

réimpression [reɛ̃prɛ'sjɔ̃] *f* reprint (-ing); **réimprimer** [~pri'me] (1a) *v/t.* reprint.

rein [rɛ̃] *m anat.* kidney; ~*s pl.* back *sg.*, loins; Δ *arch*: sides; ⚕ ~ *artificiel* kidney machine; ⚕ ~ *flottant* floating kidney; *avoir les* ~*s solides* be sturdy; F *fig.* be wealthy; *avoir mal aux* ~*s* have backache; *casser les* ~*s à q.* ruin s.o.

réincorporer [reɛ̃kɔrpɔ're] (1a) *v/t.* reincorporate.

reine [rɛn] *f* queen; **~-claude,** *pl.* **~s-claudes** ⚘ [~'klo:d] *f* greengage; **~-des-prés,** *pl.* **~s-des-prés** ⚘ [~de'pre] *f* meadow-sweet; **~-marguerite,** *pl.* **~s-marguerites** ⚘ [~margə'rit] *f* china aster; **reinette** ⚘ [rɛ'nɛt] *f apple*: pippin; ~ *grise* russet.

réinsérer [reɛ̃se're] (1f) *v/t.* reinsert; *fig.* reintegrate (*persons*); **réinsertion** [~sɛr'sjɔ̃] *f* reinsertion; *fig.* reintegration.

réintégration [reɛ̃tegra'sjɔ̃] *f admin. person*: reinstatement; Ⱥ reintegration; ⚖ *conjugal rights*: restitution; *residence*: resumption; **réintégrer** [~'gre] (1f) *v/t. admin.* reinstate (*a person*); Ⱥ reintegrate; return to, resume (*one's domicile*).

réitératif, -ve [reitera'tif, ~'ti:v] reiterative; second (*summons*); **réitérer** [~'re] (1f) *v/t.* repeat, reiterate.

reître [rɛ:tr] *m* ruffianly soldier.

rejaillir [rəʒa'ji:r] (2a) *v/i.* gush out; spurt; be reflected (*light*); spring; *fig.* fall (upon, *sur*), reflect (on, *sur*).

rejet [rə'ʒɛ] *m* throwing out; *food*: throwing up; ⚖ dismissal; *fig.*, *parl.*, ⚕ *etc.* rejection; ☤ transfer; ⚘ shoot; **rejetable** [rəʒ'tabl] rejectable; **rejeter** [~'te] (1c) *v/t.* throw back *or* again; fling back (*a.* ⚔ *the enemy*);

throw up (*a. food*); reject (*s.o.'s advice, parl. a. bill, an offer, a.* ⚕ *etc.*); ⚖ dismiss; ☤ transfer; cast off (*stitches*); shift (*a. fig. the blame etc.*); ⚘ throw out (*shoots*); ~ *la responsabilité sur* throw *or* cast the responsibility on; **rejeton** [~ˈtɔ̃] *m* ⚘ (off)shoot; *fig.* offspring, scion.

rejoindre [rəˈʒwɛ̃:dr] (4m) *v/t.* rejoin (*a.* ⚔); catch (*s.o.*) up; se ~ meet (again).

réjoui, e [reˈʒwi] **1.** *adj.* jolly, jovial, merry; **2.** *su./m*: *gros* ~ merry *or* jovial fellow; **réjouir** [~ˈʒwi:r] (2a) *v/t.* cheer, delight; entertain, amuse (*the company*); se ~ rejoice (at, in *de*), be delighted (at, *de*); enjoy o.s., make merry; **réjouissance** [~ʒwiˈsɑ̃:s] *f* rejoicing; ☤ makeweight.

relâche[1] [rəˈlɑ:ʃ] *m* rest, respite; *thea.* ~! closed!; *thea. faire* ~ be closed; *sans* ~ without respite.

relâche[2] ⚓ [~] *f* (port of) call; *faire* ~ put into port.

relâché, e [rəlɑˈʃe] relaxed; slack (*rope*); *fig.* loose; **relâchement** [~lɑʃˈmɑ̃] *m* relaxing, slackening; *fig.* relaxation (*a.* ⚕, *a. from work*); *bowels, conduct*: looseness; **relâcher** [~lɑˈʃe] (1a) *v/t.* loosen (*a.* ⚕ *the bowels*), slacken; *fig.* relax; release (*a prisoner*); ~ *le temps* make the weather milder; se ~ grow milder; *v/i.* ⚓ put into port.

relais [rəˈlɛ] *m* ⚡ *radio*: relay; ⊕ shift; *mot.* ~ *des routiers* truck stop; *sp. course f de* (*or par*) ~ relay race; *prendre le* ~ (*de*) take over (from); *sans* ~ without rest.

relance [rəˈlɑ̃s] *f* boost(ing), stimulation; revival, relaunching; **relancer** [rəlɑ̃ˈse] (1k) *v/t.* throw back *or* again; return (*a ball*); *hunt.* start (*the quarry*) again; *fig.* pester (*s.o.*); *mot.* restart (*the engine*); *fig.* boost, stimulate; *fig.* revive, relaunch.

relaps, e *eccl.* [rəˈlaps] **1.** *adj.* relapsed; **2.** *su.* apostate, relapsed heretic.

relater [rəlaˈte] (1a) *v/t.* relate, recount; report.

relatif, -ve [rəlaˈtif, ~ˈti:v] relative (*a. gramm.*); ~ *à* referring to, connected with, related to; **relation** [~ˈsjɔ̃] *f* relation; connection; account, report; ~*s pl.* acquaintances; ☤ ~*s pl. publiques* public relations; **relativiser** [~tiviˈze] (1a) *v/t.* relativize; see (*s.th.*) in (its true) perspective; **relativité** [~tiviˈte] *f* relativity; *phys. théorie f de la* ~ relativity theory.

relaxer [rəlakˈse] (1a) *v/t.* relax; ⚖ release; se ~ relax.

relayer [rəlɛˈje] (1i) *v/t.* relieve, take over from; take turns with; ⚡, *tel., radio*: relay; se ~ take turns; work in shifts; *v/i.* change horses.

relégation ⚖ [rəlegaˈsjɔ̃] *f* relegation; **reléguer** [~ˈge] (1s) *v/t.* relegate; *fig.* banish; *fig.* remove.

relent [rəˈlɑ̃] *m* musty smell *or* taste; unpleasant smell.

relevant, e [rəlˈvɑ̃, ~ˈvɑ̃:t] *adj.*: ~ *de* dependent on; within the jurisdiction of.

relève [rəˈlɛ:v] *f* ⚔, ⚓ relief; F relieving troops *pl.*; ⚔ *guard*: changing; **relevé, e** [rəlˈve] **1.** *adj.* raised (*head etc.*); turned up (*sleeve, trousers, etc.*); *fig.* high; lofty; noble (*sentiment*); *cuis.* highly seasoned; *fig.* spicy (*story*); **2.** *su./m* abstract, summary; ☤ statement; *admin.* return; survey; *cost.* tuck; *cuis.* remove (= *course after soup*); ~ *du gaz* gas-meter reading; *su./f* † afternoon; **relèvement** [rəlɛvˈmɑ̃] *m* raising again; picking up; *bank-rate, temperature, wages*: rise; raising (*a.* ☤ *bank-rate etc.*); ⚓, *surv.* bearing; ☤, *fig.* recovery, improvement; ☤ *account*: making out; ⚔ *sentry*: relieving; *wounded*: collecting; **relever** [rəlˈve] (1d) *v/t.* raise (*a.* ☤ *prices, wages, etc.*); lift; pick up (*from the ground*); ▲ rebuild; ⚓ take the bearings of; *surv.* survey; *fig.* bring into relief, set off, enhance; ☤ make out (*an account*), put up (*a price*); read (*the meter*); *fig.* call attention to, notice; *fig.* accept (*a challenge*); relieve, take over from (*s.o.*); *fig.* release (from, *de*); *cuis.* season; se ~ get up; rise (*a. fig.*); ☤, *a. fig.* revive, recover; take turns; *v/i.*: ~ *de* be dependent on; *admin.* be a matter for; pertain to; arise from; ⚕ have just recovered from.

reliage [rəˈlja:ʒ] *m* binding; joining; *casks*: hooping.

relief [rəˈljɛf] *m* relief (*a. fig.*); *fig.* prominence; *en* ~ relief (*map*); *fig. mettre en* ~ set off, throw into relief.

relier [rəˈlje] (1o) *v/t.* bind (*a. books*); join; connect (*a.* ⚡, *teleph.*, 🚂); tie

(*s.th.*) up again; hoop (*a cask*); **relieur, -euse** [rə'ljœ:r, ~'ljø:z] *su.* (book)binder; *su./f* bookbinding machine.
religieux, -euse [rəli'ʒjø, ~'ʒjø:z] **1.** *adj.* religious; sacred (*music*), church ...; **2.** *su./m* monk; *su./f* nun; **religion** [~'ʒjɔ̃] *f* religion; *fig.* sacred duty; *entrer en* ~ enter into religion, take the vows; **religiosité** [~ʒjozi'te] *f* religiosity; *fig.* scrupulousness (in *ger.*, *à inf.*).
reliquaire [rəli'kɛ:r] *m* reliquary, shrine.
reliquat [rəli'ka] *m* ⚖ residue; ⚕ *account*: balance; ⚕ after-effects *pl.*
relique [rə'lik] *f* relic; F *fig. garder comme une* ~ treasure.
relire [rə'li:r] (4t) *v/t.* re-read.
reliure [rə'ljy:r] *f* (book)binding; ~ *en toile* cloth binding.
relouer [rəlu'e] (1a) *v/t.* re-let; renew the lease of.
reluire [rə'lɥi:r] (4u) *v/i.* gleam; glisten, glitter; *faire* ~ polish (*s.th.*); **reluisant, e** [~lɥi'zɑ̃, ~'zɑ̃:t] gleaming, shining; glittering; well-groomed (*horse*).
reluquer [rəly'ke] (1m) *v/t.* eye, ogle; have one's eye on; covet.
remâcher [rəmɑ'ʃe] (1a) *v/t.* chew again; *fig.* turn (*s.th.*) over in one's mind; brood over.
remailler [rəmɑ'je] (1a) *v/t.* mend a ladder in (*a stocking*).
rémanent, e ⚡, *phys.* [rəma'nɑ̃, ~'nɑ̃:t] remanent, residual.
remaniement *pol.* [rəmani'mɑ̃] *m* reshuffle; **remanier** [~'nje] (1o) *v/t.* rehandle; ⚠ retile (*a roof*), re-lay (*a pavement, pipes, etc.*); *fig.* recast; *fig.* adapt (*a play etc.*).
remarier [rəma'rje] (1o) *v/t. a. se* ~ remarry, marry again.
remarquable [rəmar'kabl] remarkable (for, *par*); distinguished (by, *par*); outstanding (for, *par*); astonishing; **remarque** [~'mark] *f* remark; note; ⚓ landmark; **remarquer** [~mar'ke] (1m) *v/t.* notice, note; re-mark; remark, observe; *faire* ~ *qch. à q.* point s.th. out to s.o.; *se faire* ~ attract attention; make o.s. conspicuous.
remballer [rɑ̃ba'le] (1a) *v/t.* repack; pack up again.
rembarquer [rɑ̃bar'ke] (1m) *vt/i.* ⚓ re-embark; *v/i. a. se* ~ go to sea again; *v/t.*: F *fig. se* ~ *dans* embark again upon (*s.th.*).
remblai [rɑ̃'blɛ] *m* embankment; filling up *or* in; banking (up); *material*: filling; ⊕ slag dump; **remblayer** [~blɛ'je] (1i) *v/t.* fill (up); bank (up).
remboîter ⚕ [rɑ̃bwa'te] (1a) *v/t.* set (*a bone*).
rembourrage [rɑ̃bu'ra:ʒ] *m* stuffing, padding; upholstering; **rembourrer** [~'re] (1a) *v/t.* stuff, pad, upholster.
remboursable ⚕ [rɑ̃bur'sabl] repayable; redeemable (*annuity, stock, etc.*); **remboursement** ⚕ [~sə'mɑ̃] *m* reimbursement, repayment; *annuity, stock*: redemption; *livraison f contre* ~ *post*: cash on delivery; **rembourser** [~'se] (1a) *v/t.* reimburse, repay; redeem (*stocks etc.*).
rembrunir [rɑ̃bry'ni:r] (2a) *v/t.*: *se* ~ darken; cloud over; become gloomy.
remède [rə'mɛd] *m* remedy, cure (for, *à*) (*a. fig.*); *porter* ~ *à* remedy; *sans* ~ beyond remedy; **remédiable** [rəme'djabl] remediable; **remédier** [~'dje] (1o) *v/i.*: ~ *à* remedy, cure; ⚓ stop (*a leak*).
remembrement *admin.* [rəmɑ̃brə'mɑ̃] *m* regrouping of lands.
remémorer [rəmemɔ're] (1a) *v/t.* remind (s.o. of s.th., *qch. à q.*); *se* ~ call (*s.th.*) to mind.
remerciements [rəmɛrsi'mɑ̃] *m/pl.* thanks; **remercier** [~'sje] (1o) *v/t.* thank (for, *de*); dismiss (*an employee*); *je vous remercie* thank you.
remettre [rə'mɛtr] (4v) *v/t.* put (*s.th.*) back again, replace; *cost.* put (*s.th.*) on again; return; restore; *fig.* calm (*s.o.'s mind*), reassure (*s.o.*); ⚕ set (*a bone*); deliver; hand over (*a. a command, an office*); tender (*one's resignation*); pardon (*an offence*); remit (*a penalty, a. sins*); ⚕ give a discount of, allow; *fig.* postpone; ~ *au hasard* leave to chance; F ~ *ça* begin again; ~ *en état* overhaul; *se* ~ return; *fig.* recover (from, *de*); *s'en* ~ *à q.* rely on s.o. (for, *de*); leave it to s.o.
réminiscence [remini'sɑ̃:s] *f* reminiscence.
remise [rə'mi:z] *su./f* putting back; postponement; *thea.* revival; *pointer*, ⚕ *bone*: setting; ⚕ remittance; ⚕ discount (of, *de*; on, *sur*); resto-

ration; *post*: delivery; *debt, penalty*: remission; *duties, office, ticket*: handing over; coach-house; 🚂 (*engine-*)shed; ~ *à neuf* renovation; ~ *de bagages* luggage (*Am.* baggage) reclaim; F *sous la* ~ on the shelf; *su./m* livery carriage; **remiser** [~mi'ze] (1a) *v/t.* put (*a vehicle*) away; lay (*s.th.*) aside; F *fig.* superannuate (*s.o.*); F snub (*s.o.*); *hunt.* se ~ take cover.

rémissible [remi'sibl] remissible; **rémission** [~'sjɔ̃] *f debt, sin*: remission; ⚕ abatement, remission; *sans* ~ unremitting(ly *adv.*).

rémittence ⚕ [remi'tɑ̃:s] *f* abatement, remission; **rémittent, e** ⚕ [~'tɑ̃, ~'tɑ̃:t] remittent.

remmailler [rɑ̃mɑ'je] (1a) *v/t. see remailler.*

remodelage [rəmɔd'la:ʒ] *m* remodelling; reorganization; **remodeler** [~'le] (1d) remodel, reshape; reorganize.

remontage [rəmɔ̃'ta:ʒ] *m* going up; *furniture*: assembling; ⚓ ascending; ⊕ *machine etc.*: (re)assembling, refitting; ✝ *shop*: restocking; *wine*: fortifying; *clock*: winding up; *shoes*: vamping; *à* ~ *automatique* self-winding (*watch*); **remontant, e** [~'tɑ̃, ~'tɑ̃:t] **1.** *adj.* ascending; ⚘ remontant; ⚕ *etc.* stimulating, tonic; **2.** *su./m* ⚕ stimulant, tonic, F pick-me-up; **remonte** [rə'mɔ̃:t] *f salmon*: ascent, running; *coll. fish*: run; ⚔ *cavalry*: remount(ing); **remontée** [~mɔ̃'te] *f road*: climb; ✈ climbing; **remonte-pente** *mount.* [~mɔ̃t'pɑ̃:t] *m see monte-pente*; **remonter** [rəmɔ̃'te] (1a) *v/i.* go up (again) (*a.* ✝); get (*into a car, on a horse, etc.*) again; rise (*barometer*); re-ascend (the throne, *sur le trône*); get higher (*sun*); *fig.* date *or* go back (to, *à*); ⚓ flow (*tide*), come round (*wind*); *v/t.* go up (again), climb up (again); raise (up); take (*s.th.*) up; pull up (*socks, trousers*); ⚔ remount (*s.o.*); wind up (*a watch*); ⊕ reassemble; refit, reset; ✝ restock; *thea.* put (*a play*) on again; refurnish (*a house*); F *fig.* cheer (*s.o.*) up; se ~ recover one's strength *or* spirits; get in a new supply (of, *de*); **remontoir** ⊕ [~'twa:r] *m watch*: winder; *clock, watch*: key.

remontrance [rəmɔ̃'trɑ̃:s] *f* reprimand, reproof.

remontrer [rəmɔ̃'tre] (1a) *v/t.* show (again); point out; *v/i.*: *en* ~ *à q.* show *or* prove one knows better than s.o., prove one's superiority to s.o.

remordre [rə'mɔrdr] (4a) *v/t.* bite again; *v/i.*: ~ *à* take up *or* tackle again; **remords** [~'mɔ:r] *m* remorse; twinge of conscience.

remorque [rə'mɔrk] *f* ⚓, *mot.* tow(ing); tow-rope; ⚓ vessel in tow; *mot.* trailer; *prendre en* ~ tow; *être en* ~ be on tow; **remorquer** [rəmɔr'ke] (1m) *v/t.* ⚓, *mot.* tow; pull; **remorqueur, -euse** [~'kœ:r, ~'kø:z] **1.** *adj.* towing; 🚂 relief (*engine*); **2.** *su./m* tug(boat); towboat.

rémoulade *cuis.* [remu'lad] *f* remoulade-sauce.

rémouleur ⊕ [remu'lœ:r] *m* (*scissors-, etc.*)grinder.

remous [rə'mu] *m water, wind*: eddy; *tide*: swirl; *crowd*: movement; ⚓ *ship*: wash; *river*: rise in level; ✈ slip-stream.

rempailler [rɑ̃pɑ'je] (1a) *v/t.* reseat (*a rush-bottomed chair*); restuff (*with straw*).

rempart [rɑ̃'pa:r] *m* ⚠ rampart; *fig.* bulwark.

rempiler [rɑ̃pi'le] (1a) *v/t.* pile up again; *v/i.* ⚔ *sl.* re-engage, re-enlist.

remplaçant *m*, **e** *f* [rɑ̃pla'sɑ̃, ~'sɑ̃:t] *person*: substitute, deputy; ⚕, *eccl.* locum tenens, F locum; **remplacement** [~plas'mɑ̃] *m* replacement; substitution; ... *de* ~ refill ...; spare ...; *en* ~ *de* in place of; **remplacer** [~pla'se] (1k) *v/t.* replace (by, *par*); take the place of; supersede (*an official, a rule*); appoint a successor to (*an official, a diplomat*); deputize for.

rempli *cost.* [rɑ̃'pli] *m dress*: tuck; *hem or seam*: turning; **remplier** *cost.* [~pli'e] (1a) *v/t.* put a tuck in (*a dress etc.*); lay (*a hem, a seam*).

remplir [rɑ̃'pli:r] (2a) *v/t.* fill (up), refill (with, *de*); *admin.* complete, fill in *or* up (*a form*); *fig.* fulfil (*a hope, a promise*), perform (*a duty*), comply with (*formalities*); *thea.* play (*a part*); se ~ fill; **remplissage** [~pli'sa:ʒ] *m* filling (up); ⚒ infilling; ⚠ *etc.* filling (in); *fig.* padding, F *radio*: fill-up.

remploi [rɑ̃'plwa] *m* re-use, using again; re-employment; ⚖ reinvestment; **remployer** [~plwa'je] (1h) *v/t.* re-use; use again; employ (*s.o.*) again; reinvest (*money*).

remplumer [rɑ̃ply'me] (1a) *v/t.*: se ~ F put on flesh again, get better, recover; F get back on one's feet (*financially*); *orn.* grow new feathers.

rempocher [rɑ̃pɔ'ʃe] (1a) *v/t.* put (*s.th.*) back in one's pocket.

remporter [rɑ̃pɔr'te] (1a) *v/t.* take *or* carry back; carry off *or* away; *fig.* win, gain (*a prize, a victory*).

rempoter ✓ [rɑ̃pɔ'te] (1a) repot.

remuage [rə'mɥa:ʒ] *m* moving, removal; shaking (up), stirring (up); *wine*: settling of the deposit; **remuant, e** [~'mɥɑ̃, ~'mɥɑ̃:t] restless; bustling; **remue-ménage** [~myme'na:ʒ] *m/inv.* bustle, commotion, stir; **remue-méninges** [~myme'nɛ:ʒ] *m/inv.* brainstorming; **remuement** [~my'mɑ̃] *m* moving; *furniture, earth*: removal; *fig.* stir, commotion; **remuer** [~'mɥe] (1n) *v/t.* move (*furniture, one's head, a. fig. s.o.'s heart, etc.*); stir (*coffee, tea*); *fig.* stir up (*a crowd*); *dog*: wag (*its tail*); se ~ move, stir; bestir o.s., F get a move on; *v/i.* move; budge; be loose (*tooth*).

remugle [rə'my:gl] *m* musty smell.

rémunérateur, -trice [remynera'tœ:r, ~'tris] **1.** *adj.* remunerative; profitable; **2.** *su.* rewarder; **rémunération** [~ra'sjɔ̃] *f* remuneration, payment (for, de); **rémunératoire** ⚖ [~ra'twa:r] for services rendered; (*money*) by way of recompense; **rémunérer** [~re] (1f) *v/t.* remunerate, reward; pay for (*services*).

renâcler [rənɑ'kle] (1a) *v/i.* snort (*horse*); sniff (*person*); *fig.* turn up one's nose (at, *à*); F *fig.* be reluctant; jib (at, *à*).

renaissance [rənɛ'sɑ̃:s] *f* rebirth; revival; *art etc.*: ♀ Renaissance, Renascence; **renaître** [~'nɛ:tr] (4x) *v/i.* be born again; *fig.* reappear; *fig.* revive (*arts, hope, etc.*).

rénal, e, *m/pl.* **-aux** ⚕, *anat.* [re'nal, ~'no] renal; *calcul m* ~ renal calculus.

renard [rə'na:r] *m zo.* fox; ⊕ *sl.* strike-breaker, F blackleg; ⊕, ⚓ dog(-hook); F *fig. fin* ~ sly dog; **renarde** *zo.* [~'nard] *f* vixen, she-fox; **renardeau** *zo.* [rənar'do] *m* fox-cub; **renardière** [~'djɛ:r] *f* fox-hole, fox's earth, burrow.

renchéri, e [rɑ̃ʃe'ri] **1.** *adj.* dearer; F particular, fastidious; **2.** *su.* fastidious person; *su./m*: *faire le* ~ be squeamish; put on airs; **renchérir** [~'ri:r] (2a) *v/t.* raise the price of; *v/i.* get dearer, go up in price; ~ *sur* go one better than (*s.o.*); improve upon (*s.th.*); **renchérissement** [~ris'mɑ̃] *m* increase *or* rise in price; **renchérisseur** [~ri'sœ:r] *m* outdoer; outbidder; ✝ runner up of prices.

rencogner F [rɑ̃kɔ'ɲe] (1a) *v/t.* drive *or* push (*s.o.*) into a corner; se ~ huddle (o.s.) up.

rencontre [rɑ̃'kɔ̃:tr] *f* Å, *person, streams*: meeting; ⚔, *persons*: encounter; 🚂, *mot.* collision; ⚔ skirmish; *fig.* occasion; *aller à la* ~ *de* go to meet; *de* ~ casual; chance ...; **rencontrer** [~kɔ̃'tre] (1a) *v/t.* meet; 🚂, *mot.* collide with; *fig.* come across; find; ⚔ encounter; *fig.* meet with, come up against; se ~ meet; 🚂, *mot.* collide; *fig.* happen; *fig.* appear (*person*); *fig.* agree (*persons, ideas*).

rendement [rɑ̃d'mɑ̃] *m* ✓, ✝, ⚒ yield; ⊕ *works, men*: output; ⊕ efficiency (*a. of machines*); ⊕, ⚓, *mot.* performance; *sp. time*: handicap; ~ *maximum* maximum output *or* speed.

rendez-vous [rɑ̃de'vu] *m* rendezvous (*a.* ⚔); appointment, F date; meeting-place; haunt; ~ *social* collective bargaining.

rendormir [rɑ̃dɔr'mi:r] (2b) *v/t.* put to sleep again; se ~ fall asleep again.

rendre [rɑ̃:dr] (4a) *v/t.* return, give back; restore (*s.o.'s liberty, s.o.'s health*); give (*an account, change,* ⚖ *a verdict*); pay (*homage*); *fig.* convey (*the meaning*), translate; render (✝ *an account, services*); ⚖ pronounce (*judgment*); ♪ perform, play; ✝ deliver; ✝, ✓, ⊕ yield, produce; ⚔ surrender (*a fortress*); ⚕ throw up, vomit; ~ (*adj.*) make (*adj.*); ~ *compte de* account for; *fig.* ~ *justice à* do (*s.o.*) justice; ⚖ ~ *la justice* dispense justice; ~ *les derniers devoirs à* pay (*s.o.*) the last hono(u)rs; ~ *nul* nullify; vitiate (*a contract*); se ~ go (to, *à*); *fig.* yield, give way; ⚔ surrender; *v/i.* be productive *or fig.* profitable; ⚕ vomit; work, run (*engine*); ~ *à* lead to (*way*); **rendu, e** [rɑ̃'dy] **1.** *adj.* arrived;

exhausted; **2.** *su.*/*m paint. etc.* rendering; ✝ returned article; F *un prêté pour un* ~ tit for tat.
rendurcir [rɑ̃dyr'si:r] (2a) *v*/*t. a.* se ~ harden.
rêne [rɛn] *f* rein (*a. fig.*); *lâcher les* ~*s* slacken the reins; give a horse its head.
renégat *m*, **e** *f* [rəne'ga, ~'gat] renegade, turncoat.
rénette ⊕ [re'nɛt] *f* tracing-iron; *leather*: race-knife; *horse's hoof*: paring-knife.
renfermé, e [rɑ̃fɛr'me] **1.** *adj. fig.* uncommunicative; **2.** *su.*/*m* fustiness; *odeur f de* ~ fusty *or* stale smell; *sentir le* ~ smell fusty *or* stuffy; **renfermer** [~] (1a) *v*/*t.* shut *or* lock up (again); enclose; *fig.* contain, include; *fig.* confine (to *dans, en*); *fig.* hide; *se* ~ (*dans, en*) confine o.s. (to); withdraw (into *o.s., silence*).
renflé, e [rɑ̃'fle] bulging, swelling; **renflement** [rɑ̃flə'mɑ̃] *m* bulging, bulge, swelling; **renfler** [~'fle] (1a) *v*/*t.* swell (out); *se* ~ bulge (out), swell (out).
renflouer [rɑ̃flu'e] (1a) *v*/*t.* ⚓ refloat; *fig.* put in funds.
renfoncement [rɑ̃fɔ̃s'mɑ̃] *m* knocking in (*of s.th.*) again; ⚠ recess, hollow; denting; *paint.* effect of depth; **renfoncer** [~fɔ̃'se] (1k) *v*/*t.* knock *or* push (further) in; ⚠ recess, set back; dent; pull down (*one's hat*).
renforçateur *phot.* [rɑ̃fɔrsa'tœ:r] *m* intensifier; **renforcement** [~sə'mɑ̃] *m* ⚠, ⚔ strengthening (*a. fig. opinion*); reinforcing; *phys. sound*: magnification; *phot.* intensification; **renforcer** [~'se] (1k) *v*/*t.* reinforce; ⊕ *a.* strengthen; increase (*the sound, the expenditure*); *phot.* intensify; *phys.* magnify; **renfort** [rɑ̃'fɔ:r] *m* ⚔, ⊕, *etc.* reinforcement(s *pl.*); *de* ~ stiffening ...; *à grand* ~ *de* with a great deal of.
renfrogné, e [rɑ̃frɔ'ɲe] sullen, sulky; **renfrogner** [~] (1a) *v*/*t.*: *se* ~ scowl; frown.
rengager [rɑ̃ga'ʒe] (1l) *v*/*t.* re-engage; *v*/*i.*, *a. se* ~ ⚔ re-enlist.
rengaine F [rɑ̃'gɛ:n] *f* old refrain, (*the same*) old story; **rengainer** [~gɛ'ne] (1a) *v*/*t.* † put up (*the sword*); F withhold, hold back, save.
rengorger [rɑ̃gɔr'ʒe] (1l) *v*/*t.*: *se* ~ puff o.s. up, give o.s. airs.

rengraisser [rɑ̃grɛ'se] (1a) *v*/*t.* fatten up again; *v*/*i.* grow fat again.
renier [rə'nje] (1o) *v*/*t. eccl.* deny; abjure (*one's faith*); disown (*a friend, an opinion*); repudiate (*an action, an opinion*).
reniflement [rəniflə'mɑ̃] *m* sniff(ing); **renifler** [~'fle] (1a) *v*/*t.* sniff (*s.th.*) (up); *fig.* scent; *v*/*i.* sniff; snivel (*child*); **renifleur** *m*, **-euse** *f* F [~'flœ:r, ~'flø:z] sniffer.
rénitence ⚕ [reni'tɑ̃:s] *f* resistance to pressure; **rénitent, e** [~'tɑ̃, ~'tɑ̃:t] renitent.
renne *zo.* [rɛn] *m* reindeer.
renom [rə'nɔ̃] *m* fame, renown; **renommé, e** [rənɔ'me] **1.** *adj.* famed, renowned, famous (for, *pour*); **2.** *su.*/*f* fame, renown; reputation; *esp.* ⚖ report; rumo(u)r; **renommer** [~] (1a) *v*/*t.* re-elect, re-appoint; † praise.
renoncement [rənɔ̃s'mɑ̃] *m* renouncing; renunciation (*a.* ⚖); ~ *à soi-même* self-denial; **renoncer** [rənɔ̃'se] (1k) *v*/*i.*: ~ *à* give up, renounce, abandon; waive (*a claim, a right*); **renonciation** [~sja'sjɔ̃] *f* renunciation.
renoncule ⚘ [rənɔ̃'kyl] *f* ranunculus; ~ *âcre* crowfoot; buttercup.
renouement [rənu'mɑ̃] *m* renewal; **renouer** [~'e] (1a) *v*/*t.* re-knot; tie up again; *fig.* renew; resume (*a conversation*).
renouveau [rənu'vo] *m* spring (-time); renewal; ~ *catholique* Catholic (literary) revival; **renouveler** [~nuv'le] (1c) *v*/*t.* renew; revive (*a custom, a lawsuit, a quarrel*); *fig.* transform; ✝ repeat (*an order*); *mot.* fit a new set of (*tyres*); *se* ~ be renewed; happen again; **renouvellement** [~nuvɛl'mɑ̃] *m* renovation; replacement; renewal; *fig.* increase.
rénovateur, -trice [renɔva'tœ:r, ~'tris] **1.** *adj.* renovating; **2.** *su.* renovator, restorer; **rénovation** [~'sjɔ̃] *f* renovation, restoration; renewal; reform; (*religious*) revival; **rénover** [~'ve] (1a) *v*/*t.* renovate, restore; renew; reform.
renseigné, e [rɑ̃sɛ'ɲe] (well-)informed (about, *sur*); **renseignement** [~sɛɲ'mɑ̃] *m* (piece of) information; *teleph.* ~*s pl.* inquiries; *bureau m de* ~*s* information bureau *or Am.* booth, inquiry office;

prendre des ~s sur make inquiries about; ⚔ *service m de ~s* Intelligence Corps; **renseigner** [~sɛ'ɲe] (1a) *v/t.* inform (*s.o.*), give (*s.o.*) information (about, *sur*); give (*s.o.*) directions; *se ~* inquire, find out (about, *sur*).

rentabiliser [rɑ̃tabili'ze] (1a) *v/t.* make profitable, make pay; **rentabilité** [rɑ̃tabili'te] *f* profitableness; **rentable** [rɑ̃'tabl] profitable.

rente [rɑ̃:t] *f* revenue; annuity, pension; stock(s *pl.*), bonds *pl.*; *~s pl.* (private) income *sg.*; *~ foncière* ground rent; *~ perpétuelle* perpetuity; *~ viagère* life annuity; **rentier** *m*, **-ère** *f* [~'tje, ~'tjɛ:r] stockholder; annuitant; person living on private means; *petit ~* small investor.

rentrant, e [rɑ̃'trɑ̃, ~'trɑ̃:t] **1.** *adj.* ✈ re-entrant; ✈ retractable; ⊕ inset; **2.** *su. sp.* new player; **rentré, e** [rɑ̃'tre] suppressed (*anger*); sunken (*eyes, cheecks*); **rentrée** [~] *f* return, home-coming; re-entry (*a.* ♪); ✓ *crops*: gathering; *school etc.*: reopening; *parl.* re-assembly; ✝ *taxes etc.*: collection; ✝ *money*: receipt; *air etc.*: entry; *actor etc.*: comeback; **rentrer** [~] (1a) *v/i.* re-enter (*a. thea., a.* ♪); come *or* go in (again); return; come *or* go home; re-open (*school etc.*); *parl.* re-assemble; go back to school (*child*); ✝ come in (*money*); *~ dans* be included in, be part of; get back, recover (*rights etc.*); crash into (*a wall, car, etc.*); *~ en fonctions* resume one's duties; *v/t.* take *or* bring *or* get *or* pull in; put away; ✓ gather in (*crops*); ✝ re-enter (*in an account*); *fig.* suppress (*a desire, one's tears*); ✈ retract (*the undercarriage*).

renversable [rɑ̃vɛr'sabl] reversible; capsizable (*boat etc.*); **renversant, e** F [~'sɑ̃, ~'sɑ̃:t] staggering, stunning; **renverse** [rɑ̃'vɛrs] *f* ⚓ *tide*: turn; *à la ~* backwards; **renversement** [rɑ̃vɛrsə'mɑ̃] *m* reversal (*a. phys.*); ♪, *opt.*, *phls.*, *geol.* inversion; ⊕ reversing; ⚓ *tide*: turn(ing); *wind*: shift(ing); overturning; *fig.* disorder; *fig., a. pol.* overthrow; **renverser** [~'se] (1a) *v/t.* reverse (*a.* ⚔, ⚡, ⊕ *an engine, the steam, mot.*); ♪, *opt.*, *phls.* invert; turn upside down; knock down; knock over; overturn, upset; spill; *fig., a. pol.* overthrow; F *fig.* amaze; F *~ les rôles* turn the tables; *se ~* fall over; overturn; lie back (*in a chair*); *v/i.* F spill over.

renvoi [rɑ̃'vwa] *m* return(ing), sending back; *ball, sound*: throwing back; *tennis*: return; *heat, light*: reflecting; ⚕ belch; ♪ repeat (sign); *servant*: dismissal; adjournment; ⚖, *pol.*, *typ.* reference; ⚖ transfer; ⚖ remand; **renvoyer** [~vwa'je] (1r) *v/t.* return (*a. tennis*), send back; throw back (*a ball, a sound*); reflect (*heat, light*); dismiss (*s.o.*); postpone; adjourn; *pol.* refer; ⚖ defer; ⚖ remand.

réoccuper [reɔky'pe] (1a) *v/t.* reoccupy.

réorganiser [reɔrgani'ze] (1a) *v/t.* reorganize.

réouverture [reuvɛr'ty:r] *f* reopening; resumption.

repaire [rə'pɛ:r] *m animals, a. fig.*: den; *fig. criminal*: haunt; hideout.

repaître [rə'pɛ:tr] (4k) *v/t.* feed (*a. fig.*); *se ~* eat one's fill; *se ~ de* feed on; *fig.* indulge in (*vain hopes*); wallow in (*blood*).

répandre [re'pɑ̃:dr] (4a) *v/t.* spill, shed; spread (*light, news*); scatter (*flowers, money, sand, etc.*); give off (*heat, a smell*); *il s'est répandu que* the rumo(u)r has spread that; *fig. se ~* go out, be seen in society; **répandu, e** [~pɑ̃'dy] widespread, widely held (*opinion*); well known.

réparable [repa'rabl] reparable; *cost.* repairable; remediable.

reparaître [rəpa'rɛ:tr] (4k) *v/i.* reappear; ⚕ recur.

réparateur, -trice [repara'tœ:r, ~'tris] **1.** *adj.* repairing; restoring; **2.** *su.* repairer; repairman; **réparation** [~ra'sjɔ̃] *f* repair(ing); *fig.* amends *pl.*; (*legal*) redress; ⚔ *~s pl.* reparations; ⚖ *~ civile* compensation; *foot. coup m de pied de ~* penalty kick; **réparer** [~'re] (1a) *v/t.* mend, repair, *Am.* fix; *fig.* make good (*losses, wear*); *fig.* make amends for, put (*s.th.*) right.

repartie [rəpar'ti] *f* repartee; retort; *~ spirituelle* witty rejoinder; *avoir de la ~, avoir la ~ facile* be quick at repartee; **repartir** [~'ti:r] (2b) *v/i.* set out *or* leave again; retort, reply.

répartir [repar'ti:r] (2a) *v/t.* share out, distribute (amongst, *entre*);

admin. assess; ☨ allot (*shares*); **répartition** [~ti'sjɔ̃] *f* distribution (*a.* ⚡); apportionment, division, sharing out; *errors*: frequency; *admin.* assessment; allocation; ☨ allotment.

repas [rə'pɑ] *m* meal; *petit* ~ snack.

repassage [rəpɑ'sa:ʒ] *m* repassing; *water, mountains*: recrossing; *clothes*: ironing; *lessons*: revision; ⊕ sharpening; **repasser** [~'se] (1a) *v/i.* pass again; call again (on s.o., chez q.); cross over again (to, en); *v/t.* repass; cross (*the sea etc.*) again; iron (*clothes*); go over (*in the mind, a lesson, an outline, accounts, etc.*); take (*s.o.*) back; ⊕ sharpen, whet; *fer m à* ~ iron; **repasseur** [~'sœ:r] *m* (*knife- etc.*)grinder; ⊕ examiner; **repasseuse** [~'sø:z] *f woman, a. machine*: ironer.

repayer [rəpɛ'je] (1i) *v/t.* repay; pay back.

repêchage [rəpɛ'ʃa:ʒ] *m* fishing up *or* out; *fig.* giving a helping hand (to, de); *univ.*, *school*: supplementary examination, F resit; **repêcher** [~'ʃe] (1a) *v/t.* fish up *or* out; *fig.* come to the rescue of, help (*s.o.*) out; give (*s.o.*) a second chance; *school*: let (*s.o.*) through, give (*s.o.*) a chance to scrape through.

repeindre [rə'pɛ̃:dr] (4m) *v/t.* repaint.

repenser [rəpɑ̃'se] (1a) *v/i.* think again (about, of à); *y* ~ think it over.

repentant, e [rəpɑ̃'tɑ̃, ~'tɑ̃:t] repentant; **repenti, e** [~'ti] *adj.*, *a. su.* repentant, penitent; **repentir** [~'ti:r] **1.** (2b) *v/t.*: se ~ (*de qch.*) repent ([of] s.th.), be sorry (for s.th.); **2.** *su./m* repentance.

repérage [rəpe'ra:ʒ] *m* marking with guide *or* reference marks; locating.

répercussion [repɛrky'sjɔ̃] *f* repercussion; consequences *pl.*; *phys. sound*: reverberation; **répercuter** [~'te] (1a) *v/t.* reverberate; send *or* throw back, reflect (*heat, light, etc., a. fig.*); *fig.* pass on (*costs etc.*) (to, *sur*); se ~ *phys.* reverberate; *fig.* have repercussions.

repère [rə'pɛ:r] *m* (reference *or* guide) mark; *surv.* benchmark; *cin.* synchronizing mark; *point m de* ~ landmark (*a. fig.*); **repérer** [~pe're] (1f) *v/t.* mark with guide *or* reference marks; fix *or* adjust by guide marks; ⚔, ⚓ *etc.* locate; spot; se ~ get *or* take one's bearings.

répertoire [repɛr'twa:r] *m* index, list; *thea., a. fig.* repertory; *thea.* repertoire; *fig.* ~ *vivant* mine of information.

repeser [rəpə'ze] (1d) *v/t.* re-weigh.

répéter [repe'te] (1f) *v/t.* repeat; do *or* say again; con (*a lesson, thea. a part*); *thea.* rehearse (*a play*); *mirror*: reflect; **répéteur** [~'tœ:r] *m teleph.* repeater; *phys.* reflector; reproducer; **répétiteur, -trice** [~ti'tœ:r, ~'tris] *su.* private tutor; *su./m school*: assistant-master; ⚓ repeating ship; *teleph.* repeater; *su./f school*: assistant-mistress; **répétition** [~ti'sjɔ̃] *f* repetition; recurrence; private lesson; *thea.* rehearsal; *picture etc.*: reproduction, replica; *thea.* ~ *générale* dress rehearsal; ⚔ *fusil m à* ~ repeating rifle; *montre f à* ~ repeater (watch).

repeupler [rəpœ'ple] (1a) *v/t.* repeople; ⚘ replant; restock (*a pond, a river, etc.*).

repiquer [rəpi'ke] (1m) *v/t.* prick (*s.th.*) again; repair (*a road*); *cost.* restitch; ✓ prick *or* plant out; *sl.* catch *or* F nab again; *v/i.*: F ~ *au plat* have a second helping; F ~ *au truc* begin again.

répit [re'pi] *m* respite; F *fig.* breather; *sans* ~ incessant(ly *adv.*).

replacer [rəpla'se] (1k) *v/t.* replace; ☨ reinvest; find a new position for (*a servant*).

replanter [rəplɑ̃'te] (1a) *v/t.* replant.

replâtrer [rəplɑ'tre] (1a) *v/t.* ⚠ replaster; *fig.* patch up.

replet, -ète [rə'plɛ, ~'plɛt] stoutish; **réplétion** [reple'sjɔ̃] *f* repletion.

repli [rə'pli] *m cost.* fold (*a. of ground*), crease; *rope, snake*: coil; *river*: bend, winding; ⚔ falling back; **repliable** [rəpli'abl] folding; collapsible (*boat, chair*); **repliement** [~'mɑ̃] *m* re-folding, turning up; bending back; ⚔ falling back; *fig.* withdrawal (into o.s.); **replier** [~'e] (1a) *v/t. a.* se ~ fold up; coil up; bend back; ⚔ withdraw (*outposts*); se ~ ⚔ fall back; *fig.* retire (within o.s., *sur soi-même*).

réplique [re'plik] *f* rejoinder, retort; *thea.* cue; *work of art etc.*: replica; *cin.* retake; ♪ *counterpoint*: answer; *fig. sans* ~ unanswerable (*argument*);

répliquer [~pli'ke] (1m) *v/i.* retort; answer back.
reploiement [rəplwa'mɑ̃] *m see repliement.*
répondant [repɔ̃'dɑ̃] *m* ⚖ surety, guarantor; *eccl.* server; *servir de ~ à q.* stand surety for s.o.; F *avoir du ~* have money behind one, *a. fig.* have something to fall back on; **répondeur** *teleph.* [~'dœ:r] *m* (*a. ~ téléphonique*) answering machine; **répondre** [~'pɔ̃:dr] (4a) *v/t.* answer, reply; *eccl.* make the responses at (*mass*); *v/i.* ⊕ *etc., a. fig.* respond; *~ à* answer; comply with, satisfy; correspond to, match; *~ de* answer for; be responsible for; guarantee; **réponse** [~'pɔ̃:s] *f* answer, reply; *phys., physiol., a. fig.* response; *options:* declaration; ⚖ *~s pl. de droit* judicial decisions; *~ payée* reply paid.
report [rə'pɔ:r] *m* † carrying forward; † amount carried forward; transfer; postponement; **reportage** *journ.* [rəpɔr'ta:ʒ] *m* report(ing); article, story; coverage; (live) commentary.
reporter[1] [rəpɔr'te] (1a) *v/t.* carry *or* take back; transfer (*a. phot.*), transmit; † carry forward; † *Stock Exchange:* continue; *fig.* postpone (to, until *à*).
reporter[2] *journ.* [rəpɔr'tɛ:r] *m* reporter; *~ sportif* sports reporter *or* commentator.
repos [rə'po] *m* rest, repose; peace (*of mind etc.*); ♪ pause; resting-place; *stair:* landing; ⚔ *~!* stand easy!; *au ~* at rest (*a. machine*); still; **reposé, e** [~po'ze] **1.** *adj.* rested, refreshed; restful, quiet; fresh (*complexion*); *à tête ~e* at leisure; deliberately; **2.** *su./f animal:* lair; **repose-pied** [~poz'pje] *m/inv.* foot-rest; **reposer** [rəpo'ze] (1a) *v/t.* place, put, lay; 🚂 re-lay (*a track*); *fig.* rest; ⚔ *reposez armes!* order arms!; *se ~* (take a) rest; rely ([up]on, *sur*); settle (*bird, wine, etc.*); *fig. se ~ sur ses lauriers* rest on one's laurels; *v/i.* lie, rest; be at rest; *fig. ~ sur* rest on, be based on; *ici repose* here lies; **reposoir** *eccl.* [~'zwa:r] *m* temporary altar, station.
repoussant, e [rəpu'sɑ̃, ~'sɑ̃:t] repulsive; offensive, obnoxious (*odour*); **repousser** [~'se] (1a) *v/t.* push back *or* away, repel; ⚔, *a. fig.* repulse (*an attack, an offer*); *pol., a. fig.* reject (*a bill, overtures*); ⊕ chase (*metal*), emboss (*leather*); *v/i.* ⚘ shoot (up) again; grow again (*hair*); recoil (*gun*); resist (*spring*); **repoussoir** [~'swa:r] *m* cuticle remover; *paint.* strong piece of foreground; *fig.* foil.
répréhensible [repreɑ̃'sibl] reprehensible; **répréhension** [~'sjɔ̃] *f* reprehension.
reprendre [rə'prɑ̃:dr] (4aa) *v/t.* take again; recapture; get (*s.th.*) back; pick (*s.o.*) up (again); *fig.* recover (*senses, strength, taste, tongue*); take back (*an object, a gift, a promise, a servant, etc.*); resume (*a talk, one's work*); repeat (*an operation*); *thea.* revive (*a play*); *fig.* catch (*cold,* F *s.o.*) again; *fig.* reprove (*s.o.*); put on again (*one's summer clothes*); *v/i.* begin again; ⚕, † improve; ⚕ heal again (*wound*); ⚘ take root (again); set again (*liquid*); reply; come in again (*fashion*).
représailles [rəpre'zɑ:j] *f/pl.* reprisal(s *pl.*) *sg.*; *user de ~* make reprisals.
représentable [rəprezɑ̃'tabl] representable; *thea.* performable; **représentant, e** [~'tɑ̃, ~'tɑ̃:t] **1.** *adj.* representative; **2.** *su.* representative; *su./m* † agent, traveller; *~ exclusif de* sole agent for; **représentatif, -ve** [~ta'tif, ~'ti:v] representative (of, *de*); **représentation** [~ta'sjɔ̃] *f* ⚖, *paint., pol., fig.* representation; *thea.* performance, show; † agency; *admin.* official entertainment; *fig.* protest; **représenter** [~'te] (1a) *v/t.* re-present; ⚖, †, *pol., fig.* represent; stand for; symbolize; *thea.* perform, give (*a play*), take the rôle of (*a character*); *paint.* depict, portray; *fig.* describe (as, *comme*); introduce (*s.o.*) again; recall (*s.o.*); point (*s.th.*) out (to, *à*); *fig. se ~ qch.* imagine *or* picture s.th.; *v/i.* have a good presence; keep up appearances.
répressif, -ve [reprɛ'sif, ~'si:v] repressive; **répression** [~'sjɔ̃] *f* repression.
réprimable [repri'mabl] repressible.
réprimandable [reprimɑ̃'dabl] deserving (of) censure; **réprimande**

[~'mɑ̃:d] *f* reprimand, rebuke; **réprimander** [~mɑ̃'de] (1a) *v/t.* reprimand, rebuke, reprove (for, *de*).

réprimer [repri'me] (1a) *v/t.* repress.

repris, e [rə'pri, ~'pri:z] **1.** *p.p. of reprendre*; **2.** *adj.* recaptured; **3.** *su./m*: ~ *de justice* old offender; habitual criminal; F old lag, *Am.* repeater; *su./f* recapture, recovery; *talks, work*: resumption; *thea. play*, ⚕ *business*: revival; *box.* round; *foot.* second half; ♪ repetition; *fig.* renewal; ⚔ fresh attack; *mot. engine*: pick-up; *cost.* darn(ing), mend(ing); repairing, mending; ~*e perdue* invisible mending; *à plusieurs* ~*es* again and again; on several occasions; ⚕ *valeur f de* ~ trade-in value; ⚕ *prendre qch. en* ~ take s.th. as a trade-in; **repriser** [~pri'ze] (1a) *v/t.* mend, darn; **repriseuse** [~'zø:z] *f* mender, darner.

réprobateur, -trice [reprɔba'tœ:r, ~'tris] reproachful; reproving; **réprobation** [~'sjɔ̃] *f* reprobation, censure; *fig.* (howl of) protest.

reprochable [rəprɔ'ʃabl] reproachable, blameworthy; **reproche** [~'prɔʃ] *m* reproach; reproof; *sans* ~ blameless, unimpeachable; **reprocher** [~prɔ'ʃe] (1a) *v/t.*: ~ *qch. à q.* reproach *or* blame s.o. for s.th.; grudge s.o. s.th.

reproducteur, -trice [rəprɔdyk'tœ:r, ~'tris] **1.** *adj.* reproductive; **2.** *su./m* stud animal; **reproductible** [~'tibl] reproducible; **reproduction** [~'sjɔ̃] *f* ⚘, *zo., etc.* reproduction; ⚕ reproducing; copy; replica; ⚖ *droits m/pl. de* ~ copyright *sg.*; **reproduire** [rəprɔ'dɥi:r] (4h) *v/t.* reproduce; produce (*s.th.*) again; copy; *se* ~ *fig.* recur; *zo. etc.* reproduce, breed.

reprographie [rəpɔgra'fi] *f* reprography; **reprographier** [~'fje] (1o) *v/t.* reproduce, copy.

réprouvable [repru'vabl] blamable; blameworthy; **réprouvé, e** [~'ve] *su.* outcast; *su./m*: *eccl. les* ~*s pl.* the damned; **réprouver** [~'ve] (1a) *v/t.* reprobate (*a. eccl.*); *fig.* disapprove of; *eccl.* damn.

reps *tex.* [rɛps] *m* rep.

reptile *zo.* [rɛp'til] *adj., a. su./m* reptile.

repu, e [rə'py] **1.** *p.p. of repaître*; **2.** *adj.* satiated, full.

républicain, e [repybli'kɛ̃, ~'kɛn] *adj., a. su.* republican; **république** [~'blik] *f* republic (*a. fig.*).

répudier [repy'dje] (1o) *v/t.* repudiate (*an opinion, one's wife*); ⚖ relinquish (*a succession*).

répugnance [repy'ɲɑ̃:s] *f* repugnance; dislike (of, to *pour*); loathing (of, for *pour*); *fig.* reluctance (to *inf.*, *à inf.*); *avec* ~ reluctantly; **répugnant, e** [~'ɲɑ̃, ~'ɲɑ̃:t] repugnant, loathsome, disgusting; **répugner** [~'ɲe] (1a) *v/i.*: ~ *à q.* be repugnant to s.o., disgust s.o.; ~ *à faire qch.* be loath to do s.th.; *il me répugne de* (*inf.*) I am loath *or* reluctant to (*inf.*).

répulsif, -ve [repyl'sif, ~'si:v] repulsive; **répulsion** *phys., a. fig.* [~'sjɔ̃] *f* repulsion (for, *pour*).

réputation [repyta'sjɔ̃] *f* reputation, F character; (*good or bad*) name; *connaître q. de* ~ know s.o. by reputation; **réputer** [~'te] (1a) *v/t.* think, consider, hold.

requérant, e ⚖ [rəke'rɑ̃, ~'rɑ̃:t] **1.** *su.* plaintiff; petitioner; applicant; **2.** *adj.*: *partie f* ~*e* applicant; petitioner; claimant; **requérir** [~ke'ri:r] (2l) *v/t.* ask (for); claim, demand; *fig.* require; ⚔ requisition; call upon (*s.o.*) for help; **requête** [~'kɛt] *f* request, petition; demand; ⚖ ~ *civile* appeal against a judgment.

requin *icht.* [rə'kɛ̃] *m* shark (*a.* F = *swindler*).

requis, e [rə'ki, ~'ki:z] **1.** *adj.* required, necessary, requisite; **2.** *p.p. of requérir*; **3.** *su./m* labo(u)r conscript.

réquisition [rekizi'sjɔ̃] *f* requisition(ing) (*a.* ⚔); levy; demand; **réquisitionner** [~sjɔ'ne] (1a) *v/t.* requisition; seize, commandeer; **réquisitoire** ⚖ [~'twa:r] *m* charge, indictment.

rescapé, e [rɛska'pe] **1.** *adj.* rescued; **2.** *su.* survivor; rescued person.

rescinder ⚖ [rɛsɛ̃'de] (1a) *v/t.* rescind, annul; avoid (*a contract*); **rescision** ⚖ [~si'zjɔ̃] *f* rescission, annulment; *contract*: avoiding.

rescousse [rɛs'kus] *f*: *aller* (*venir*) *à la* ~ *de* go (come) to the rescue of.

réseau [re'zo] *m* 🚂, *teleph., roads,*

lace, a. fig.: network; *teleph., fig.* area (served); ⚡ mains *pl.*; 🚂, *rivers, roads*: system; ⚔ *barbed wire etc.*: entanglement; *opt.* diffraction grating; *anat. nerves*: plexus.

résection ⚕ [resɛk'sjɔ̃] *f* resection.

réséda ⚘ [reze'da] *m* reseda.

réséquer ⚕ [rese'ke] (1s) *v/t.* resect.

réservation [rezɛrva'sjɔ̃] *f* reservation; ⚖ ~ *faite de* without prejudice to; **réserve** [~'zɛrv] *f* 🚂, ⚖, *eccl., a. fig.* reservation; ⚔, ⚓, ✝, ⚖, *pol., provisions,* ⊕ *power*: reserve; *fig.* caution; ⚖ (*legal*) portion; ⚔ *officier m de* ~ reserve officer; *fig. sans* ~ unreserved(ly *adv.*), unstinted (*praise*); ⚖ *sous* ~ without prejudice; *sous* ~ *de* subject to; **reservé, e** [rezɛr've] reserved; cautious; stand-offish; shy; ⚖ *tous droits* ~*s* all rights reserved; **réserver** [~'ve] (1a) *v/t.* reserve; set (*s.th.*) aside; save (*s.th.*) up; set apart (*money for a specific purpose*); **réserviste** ⚔ [~'vist] *m* reservist; **réservoir** [~'vwa:r] *m* reservoir; container; (*fish-*)pond; ⊕, *mot.* tank; ⊕ (*grease-*)box; ✈, *mot.* ~ *de secours* reserve tank.

résidant, e [rezi'dɑ̃, ~'dɑ̃:t] resident; *eccl.* residentiary; **résidence** [~'dɑ̃:s] *f* residence; residential flats *pl.*; ~ *principale* (*secondaire*) main (second) home; **résident** *admin.* [~'dɑ̃] *m* resident; **résidentiel, -elle** [~dɑ̃'sjɛl] residential (*quarter*); **résider** [~'de] (1a) *v/i.* live, dwell, reside (at, *à*; in, *dans*); *fig.* lie (in *dans, en*); **résidu** [~'dy] *m* ⚗, ⊕, 𝔄 residue; 𝔄 remainder.

résignation ⚖, *eccl. etc., a. fig.* [reziɲa'sjɔ̃] *f* resignation; **résigné, e** [~'ɲe] resigned (to, *à*); meek; **résigner** [~'ɲe] (1a) *v/t.* resign (*s.th.*); give (*s.th.*) up; ~ *le pouvoir* abdicate (*king*); lay down office; *se* ~ resign o.s. (to, *à*).

résilier ⚖ [rezi'lje] (1o) *v/t.* cancel, annul; terminate (*a contract*).

résille [re'zi:j] *f* hair-net.

résine [re'zin] *f* resin; **résineux, -euse** [~zi'nø, ~'nø:z] resinous; coniferous (*forest*).

résistance [rezis'tɑ̃:s] *f* ⚡, ⊕, ⚔, *pol., fig.* resistance; ⊕ *materials*: strength; *fig.* opposition; *fig.* stamina, endurance; *pol.* ♀ underground movement; ⚡ ~ *de fuite de grille radio*: grid-leak; *faire* ~ offer *or* put up resistance; **résistant, e** [~'tɑ̃, ~'tɑ̃:t] **1.** *adj.* resistant; strong; tough; fast (*colour*); hard-wearing; ⊕ *très* ~ *a.* heavy-duty ...; ~ *à la chaleur* heat-proof; **2.** *su. pol.* member of the *Résistance* (*1939—45 war*); **résister** [~'te] (1a) *v/i.*: ~ *à* resist; ⚓ weather (*a storm*); ⊕ take (*a stress*); *fig.* bear; hold out against.

résolu, e [rezɔ'ly] **1.** *adj.* resolute; determined (to, *à*); **2.** *p.p. of résoudre*; **résolus** [~] *1st p. sg. p.s. of résoudre*; **résolutif, -ve** ⚕ [rezɔly'tif, ~'ti:v] *adj. a. su./m* resolvent; **résolution** [~'sjɔ̃] *f* ⚗, 𝔄, ♪, *admin., a. fig.* resolution; *fig.* resolve, determination; ⚖ *contract*: avoidance, termination; *prendre la* ~ *de* determine to; *admin. prendre une* ~ pass a resolution; **résolutoire** ⚖ [~'twa:r] (*condition*) of avoidance; **résolvons** [rezɔl'vɔ̃] *1st p. pl. pres. of résoudre.*

résonance [rezɔ'nɑ̃:s] *f* resonance; *radio a.* tuning; **résonnement** [~zɔn'mɑ̃] *m* resounding, reverberation, re-echoing; **résonner** [~zɔ'ne] (1a) *v/i.* resound, reverberate, ring; be resonant (*room*); echo (*sound*).

résorber ⚕ [rezɔr'be] (1a) *v/t.* re(ab)sorb; **résorption** ⚕ [~zɔrp'sjɔ̃] *f* re(ab)sorption.

résoudre [re'zudr] (4bb) *v/t.* resolve (*a.* ♪ *a dissonance, fig. a difficulty*); 𝔄 solve (*a. fig. a problem*); *fig.* decide on; settle (*a question*); ⚖ rescind, avoid; *se* ~ *à* (*inf.*) decide to (*inf.*), make up one's mind to (*inf.*); **résous** ⚗ [~'zu] *p.p./m of résoudre.*

respect [rɛs'pɛ] *m* respect; ~ *de soi* self-respect; *sauf votre* ~ with all (due) respect; saving your presence; *tenir q. en* ~ keep s.o. at arm's length *or* in check; **respectable** [rɛspɛk'tabl] respectable (*a. fig.*); *fig. a.* fair-sized, sizeable; **respecter** [~'te] (1a) *v/t.* respect; *se* ~ have self-respect; **respectif, -ve** [~'tif, ~'ti:v] respective; **respectueux, -euse** [~'tɥø, ~'tɥø:z] respectful (towards, *envers*; of, *de*); dutiful (*child*).

respirable [rɛspi'rabl] respirable; **respiration** [~ra'sjɔ̃] *f* respiration, breathing; **respiratoire** [~ra'twa:r] breathing; respiratory; *exercice m* ~ breathing exercise; **respirer** [~'re] (1a) *v/i.* breathe; *fig.* breathe again;

fig. take breath, get one's breath; *v/t.* breathe (in), inhale; *fig.* radiate, exude.
resplendir [rɛsplɑ̃ˈdiːr] (2a) *v/i.* be resplendent, glitter (with, *de*); *fig.* glow (with, *de*); **resplendissant, e** [~diˈsɑ̃, ~ˈsɑ̃ːt] resplendent; **resplendissement** [~disˈmɑ̃] *m* splendo(u)r, resplendence, brightness.
responsabilité [rɛspɔ̃sabiliˈte] *f* responsibility, liability (*a.* ⚖) (for, *de*); accountability; ⚖ ~ *civile* civil liability; **responsable** [~ˈsabl] responsible, accountable (for s.th., *de qch.*; for s.o., *pour q.*; to *devant, envers*); *rendre q.* ~ *de* hold s.o. responsible for, blame s.o. for.
resquiller F [rɛskiˈje] (1a) *v/i.* get in on the sly; fiddle a free ride; *v/t.* avoid paying for.
ressac ⚓ [rəˈsak] *m* backwash, undertow; surf.
ressaisir [rəsɛˈziːr] (2a) *v/t.* recapture, seize again; recover possession of; *se* ~ recover o.s.; recover one's balance.
ressasser [rəsaˈse] (1a) *v/t.* repeat (*a story etc.*) over and over; keep going back over (*a story etc.*); keep turning over (*memories etc.*).
ressaut [rəˈso] *m* ⚠ projection; shelf (*along a track*); *geol.* rockstep; *geog.* sharp rise.
ressemblance [rəsɑ̃ˈblɑ̃ːs] *f* likeness; resemblance (to, *avec*); **ressemblant, e** [~ˈblɑ̃, ~ˈblɑ̃ːt] lifelike, true to life; **ressembler** [~ˈble] (1a) *v/i.*: ~ *à* resemble, look like; *ils se ressemblent* they are alike.
ressemeler [rəsəmˈle] (1c) *v/t.* resole (*a shoe*).
ressentiment [rəsɑ̃tiˈmɑ̃] *m* resentment (against, *contre*; at, *de*); *avec* ~ resentfully; **ressentir** [~ˈtiːr] (2b) *v/t.* feel, experience (*an emotion, pain, etc.*); resent (*an insult etc.*); *fig.* *se* ~ *de* feel the (after)effects of.
resserre [rəˈsɛr] *f* shed; **resserré, e** [rəsɛˈre] narrow, confined; **resserrement** [~sɛrˈmɑ̃] *m* contraction; tightening; closing up; narrowness; **resserrer** [~sɛˈre] (1b) *v/t.* (*a. se* ~) tighten (up); contract; close (up); *se* ~ *a.* narrow, grow narrow(er); *se* ~ *autour de* close in on.
ressort¹ [rəˈsɔːr] *m* elasticity; ⊕ spring; *fig.* incentive, motive; ~ *à boudin* (*à lames*) spiral (laminated) spring; *faire* ~ act as a spring; be elastic; *fig. faire jouer tous les* ~*s* leave no stone unturned.
ressort² [~] *m* ⚖ competence, jurisdiction; *fig.* scope; *en dernier* ~ ⚖ without appeal; *fig.* in the last resort.
ressortir¹ [rəsɔrˈtiːr] (2b) *v/i.* go *or* come out again; *fig.* stand out, be thrown into relief; *fig.* result, follow (from, *de*); *v/t.* bring *or* take out again.
ressortir² [rəsɔrˈtiːr] (2a) *v/i.* ⚖ be within the jurisdiction (of, *à*); *fig.* pertain (to, *à*); **ressortissant** *m*, **-e** *f* [~tiˈsɑ̃, ~ˈsɑ̃ːt] national (*of a country*), subject.
ressource [rəˈsurs] *f* resource(fulness); expedient; ✈ pull-out; ~*s pl.* resources, means; funds; *en dernière* ~ in the last resort.
ressouvenir [rəsuvˈniːr] (2h) *v/t.*: *se* ~ *de* remember, recall.
ressuer [rəˈsɥe] (1n) *v/i.* ⚠, *metall.* sweat; ⊕ *faire* ~ roast (*ore*).
ressusciter [resysiˈte] (1a) *vt/i.* resuscitate, revive; *v/t.* raise from the dead; *v/i.* rise from the dead.
restant, e [rɛsˈtɑ̃, ~ˈtɑ̃ːt] **1.** *adj.* remaining, left; ⚖ surviving; **2.** *su.* survivor; *su./m* remainder, rest; ✝ *account*: balance.
restaurant [rɛstɔˈrɑ̃] *m* restaurant; *manger au* ~ eat out; **restaurateur, -trice** [~raˈtœːr, ~ˈtris] *su.* restorer; *su./m* restaurateur, keeper of a restaurant; **restauration** [~raˈsjɔ̃] *f* restoration; **restaurer** [~ˈre] (1a) *v/t.* restore; ⚕ *etc.* set (*s.o.*) up again; *se* ~ take refreshment; ⚕ feed up.
reste [rɛst] *m* rest, remainder, remnant(s *pl.*); ~*s pl.* ✝, *cuis.* remnants, leavings; left-overs; mortal remains; *au* ~, *du* ~ moreover; *de* ~ (*time, money, etc.*) to spare; *en* ~ ✝ in arrears; *fig.* indebted (to, *avec*); **rester** [rɛsˈte] (1a) *v/i.* remain; be left (behind); stay; *en* ~ *là* leave it at that; (*il*) *reste à savoir si* it remains to be seen whether.
restituable [rɛstiˈtɥabl] repayable; restorable; **restituer** [~ˈtɥe] (1n) *v/t.* restore (*a text, s.th. to s.o.*); return; restitute; ⚖ reinstate (*s.o.*); **restitution** [~tyˈsjɔ̃] *f* restoration (*of a text, a. of s.th. to s.o.*); ⚖ restitution; return.
restoroute (*TM*) [rɛstoˈrut] *m* roadside restaurant.

restreindre [rɛsˈtrɛ̃:dr] (4m) *v/t.* restrict, limit, cut down; *fig.* se ~ *à* limit o.s. to; **restrictif, -ve** [~trikˈtif, ~ˈti:v] restrictive; **restriction** [~trikˈsjɔ̃] *f* restriction (*a. fig.*); limitation; *fig.* ~ *mentale* mental reservation; **restringent, e** [~trɛ̃ˈʒɑ̃, ~ˈʒɑ̃:t] *adj.*, *a. su./m* astringent.

restructurer [rəstryktyˈre] (1a) *v/t.* restructure.

résultante ⅌, *phys.* [rezylˈtɑ̃:t] *f* resultant; **résultat** [~ˈta] *m* result (*a.* ⅌), issue; effect; *avoir pour* ~ result in; **résulter** [~ˈte] (1a) *v/i.* (*3rd persons only*) result, follow (from, *de*); *il en résulte que* it follows that.

résumé [rezyˈme] *m* summary, précis; *en* ~ to sum up, in short; **résumer** [~] (1a) *v/t.* summarize; sum up (⚖, *arguments, etc.*); se ~ sum up; *fig.* amount, F boil down (to, *à*).

résurrection [rezyrɛkˈsjɔ̃] *f* resurrection; *fig.* revival.

retable ⚠, *eccl.* [rəˈtabl] *m* reredos, altar-piece.

rétablir [retaˈbli:r] (2a) *v/t.* re-establish; restore (*a.* ⚔); reinstate (*an official*); ⚕ recover (*one's health*); *fig.* retrieve (*one's fortune, a position, one's reputation*); se ~ recover (*a.* ⚕); † revive; **rétablissement** [~blisˈmɑ̃] *m* re-establishment; restoration; reinstatement; ⚕ recovery (*a. fig.*); † revival.

retailler [rətɑˈje] (1a) *v/t.* recut (*a.* ⊕); resharpen (*a pencil*); prune (*a tree*) again.

rétamé, e F [retaˈme] worn out; stoned (= *drunk*); broke; bust(ed); **rétamer** ⊕ [~ˈme] (1a) *v/t.* re-tin; re-coat; F *fig.* clean (*s.o.*) out; **rétameur** [~ˈmœ:r] *m* tinker.

retaper F [rətaˈpe] (1a) *v/t.* touch up, recast; straighten (*a bed*); retrim (*a hat etc.*); *fig.* restore (*s.o.*); F buck (*s.o.*) up; plough (*a candidate*); se ~ recover; F buck up.

retard [rəˈta:r] *m* delay; lateness; *child, harvest*: backwardness; ⚡, ⊕, ⚓ lag; ♪ suspension; *être en* ~ be late; be slow (*clock etc.*); be behind (with, *dans or pour*); be backward; *être en* ~ *sur* be behind (*the fashion, the times*); *ma montre est en* ~ *de cinq minutes* my watch is 5 minutes slow; **retardataire** [rətardaˈtɛ:r] **1.** *adj.* late; † in arrears; behindhand; backward (*child, country, etc.*); **2.** *su.* latecomer; laggard; † *etc.* person in arrears; ⚔, ⚓ defaulter; **retardadeur, -trice** [~ˈtœ:r, ~ˈtris] retarding; **retardation** *phys.* [~ˈsjɔ̃] *f* retardation, negative acceleration; **retardement** [rətardəˈmɑ̃] *m* delay; retarding; F *à* ~ after the event, afterwards; *bombe f à* ~ delayed-action bomb; **retarder** [~ˈde] (1a) *v/t.* delay, retard; make late; defer (*an event, payment*); put back (*a clock*); *v/i.* be late; be slow, lose (*clock*); ⚡, ⚓ lag; ~ *sur son temps* be behind the times.

reteindre [rəˈtɛ̃:dr] (4m) *v/t.* redye.

retéléphoner [rətelefɔˈne] (1a) *v/i.*: ~ (*à q.*) phone (s.o.) again, call (s.o.) back.

retenir [rətˈni:r] (2h) *v/t.* hold back; detain (*s.o.*); keep; hold (*s.o., s.o.'s attention*); withhold (*wages*); *fig.* remember; book (*a seat, a room*); engage (*a servant etc.*); *fig.* repress, hold back (*a sob, tears, one's anger, etc.*); restrain (from *ger.*, *de inf.*); se ~ control o.s.; refrain (from, *de*); se ~ *à* clutch at (*s.th.*); **rétention** [retɑ̃ˈsjɔ̃] *f* ⚕, *a.* ⚖ *case*: retention; ⚖ *pledge*: retaining.

retentir [rətɑ̃ˈti:r] (2a) *v/i.* (re-)sound, ring, echo; *fig.* ~ *sur* affect; **retentissement** [~tisˈmɑ̃] *m* resounding, echoing; *fig.* repercussion (*of an event*); *fig.* stir.

retenu, e [rətˈny] restrained, reserved; discreet; low-key(ed); **retenue** [~] *f money*: deduction; stoppage; ⅌ carry over; *school*: detention; holding back; reservoir; dam; ⚓ guy(-rope); *fig.* discretion; modesty; *fig. actions, speech*: restraint.

réticence [retiˈsɑ̃:s] *f* reticence; hesitation, reluctance.

réticule [retiˈkyl] *m opt.* graticule; hand-bag, reticule; **réticulé, e** [~kyˈle] reticulated.

rétif, -ve [reˈtif, ~ˈti:v] restive, stubborn (*a. fig.*).

rétine *anat.* [reˈtin] *f eye*: retina; **rétinite** [~tiˈnit] *f* ⚕ retinitis; *min.* pitchstone.

retiré, e [rətiˈre] retired, secluded, solitary; remote; in retirement; **retirer** [~] (1a) *v/t.* withdraw; take out; extract (*a bullet, a cork*); derive, get (*profit*); obtain; † take up (*a bill*); *fig.* take back (*an insult, a* *promise, etc.*); *fig.* give shelter to (*s.o.*); *typ.* reprint (*a book*); fire (*a gun*) again; take out, *Am.* check out (*luggage*); ~ *de la circulation* call in (*currency*); se ~ retire, withdraw; ebb (*tide*), recede (*sea*), subside (*waters*).

retombée [rətõ'be] *f* fallout; ⚠ *arch etc.*: springing; *fig.* ~s *pl.* repercussions, consequences, effect(s) (*sg.*); *fig.* spin-off (*sg.*); *phys.* ~s *pl. radioactives* fallout *sg.*; **retomber** [~] (1a) *v/i.* fall (down) again; fall (back); ~ *dans* lapse into; *fig.* ~ *sur blame, glory*: fall upon.

retoquer F [rətɔ'ke] (1m) *v/t.* fail, F plough (*a candidate*).

retordoir ⊕ [rətɔr'dwa:r] *m instrument*: twister; **retordre** [~'tɔrdr] (4a) *v/t.* wring out again; *tex.* twist; *fig. donner du fil à ~ à q.* give s.o. trouble.

retorquer [rətɔr'ke] (1m) retort; turn (*an argument*); cast back (*an accusation*).

retors, e [rə'tɔ:r, ~'tɔrs] *tex.* twisted; curved (*beak*); *fig.* crafty; rascally.

retouche [rə'tuʃ] *f paint. etc.* retouch; *phot.* retouching; ⊕ finishing, dressing; **retoucher** [~tu'ʃe] (1a) *v/t. paint., phot., etc.* retouch; ⊕ finish, dress; *v/i.*: ~ *à* meddle with (*s.th.*) (again).

retour [rə'tu:r] *m* return (*a.* ⚠ *wall*, ✝, ⚡, *sp., post, a. fig.*); going back; ⚕, *life, feeling, fortune, opinion, rope*: turn; *fig. feeling, fortune, opinion, etc.*: change; ♪, ⚕ recurrence; ✝ dishono(u)red bill; ⚖, *biol.* reversion; ⚕ ~ *d'âge* critical age, change of life; *mot.* ~ *de flamme* back-fire; ⚡ ~ *par la terre* earth return; *à son* ~ on his return; 🚂 *billet m de* ~ return ticket; *en ~ de* in return *or* exchange for; *être de* ~ be back; *être sur le* ~ be past one's prime, F be getting on; *sp. match m* ~ return match; **retourne** [~'turn] *f cards*: turn-up; trumps *pl.*; **retourner** [~tur'ne] (1a) *v/i.* return; go back; *fig.* recoil (upon, *sur*); ⚖, *biol.* revert; *de quoi retourne-t-il?* what is it all about?; *il retourne cœur cards*: hearts are trumps; *v/t.* turn (*s.th.*) inside out; turn (*hay, one's head, omelette, ship, a. fig. argument, etc.*); turn over (*an idea, the soil*); turn up (*a card*); twist (*s.o.'s arm*); *cuis.* mix (*salad*); *fig.* upset, disturb (*s.o.*); return (s.th. to s.o., *qch. à q.*); se ~ turn (round *or* over); round (on, *contre*); change (*opinion*); F s'en ~ go back.

retracer [rətra'se] (1k) *v/t.* retrace; mark (*s.th.*) out again; *fig.* bring to mind, recall; se ~ recur.

rétracter [retrak'te] (1a) *v/t.* retract; draw in; withdraw (*an opinion etc.*); ⚖ rescind (*a decree*); se ~ *tex.* shrink; ⚕, *a. fig.* retract; **rétractile** [~'til] retractile; **rétraction** [~'sjõ] *f* contraction; ⚕ retraction.

retrait [rə'trɛ] *m* ⊕ *metal, wood, etc.*: shrinkage, contraction; withdrawal (*a.* ✝, *parl.*); *licence, ticket, order, etc.*: cancelling; ⚠ recess; ⚖ redemption; *en* ~ sunk (*panel*), recessed (*shelves*), set back (*house*); **retraite** [~'trɛt] *f* ⚔, ⚓ retreat (*a. fig.*); withdrawal; ⚔ tattoo; retirement, superannuation; pension, ⚔, ⚓ retired pay; *animals*: lair; ✝ redraft; ⚠ offset; *caisse f de* ~ superannuation fund; *en* ~ retired; *mettre q. à la* ~ retire s.o., pension s.o. off; *prendre sa* ~ retire; **retraité, e** [rətrɛ'te] **1.** *adj.* pensioned off; superannuated; ⚔, ⚓ on the retired list; **2.** *su.* pensioner.

retraitement ⊕ [rətrɛt'mã] *m* reprocessing; **retraiter**[1] [rətrɛ'te] (1a) *v/t.* treat *or* handle again; ⊕ reprocess.

retraiter[2] [~] (1a) *v/t.* pension (*s.o.*) off, retire (*s.o.*), superannuate (*s.o.*); ⚔, ⚓ place on the retired list.

retranchement [rətrãʃ'mã] *m* cutting off; *pension*: docking; suppression; ⚔ entrenchment; **retrancher** [~trã'ʃe] (1a) *v/t.* cut off (from, *de*); remove (from, *de*); cut out (*a. fig.*); ⚔ entrench; 𝔄 deduct; se ~ retrench; ⚔ entrench o.s.; dig o.s. in; *fig.* take refuge (behind, *derrière*).

retransmettre [rətrãs'mɛtrə] (4v) *v/t. radio*: broadcast; *telev.* show; **retransmission** [~mi'sjõ] *f* broadcast; showing.

rétrécir [retre'si:r] (2a) *vt/i. a.* se ~ narrow; contract; *tex.* shrink; **rétrécissement** [~sis'mã] *m* narrowing; contraction (*a. opt.*); *tex.* shrinking; ⚕ stricture.

retremper [rətrã'pe] (1a) *v/t.* soak

(*s.th.*) again; ⊕ retemper (*steel, a. fig. one's mind, etc.*); *fig.* strengthen (*s.o.*); se ~ be toned up; get new strength.

rétribuer [retri'bɥe] (1n) *v/t.* pay, remunerate; **rétribution** [~by'sjɔ̃] *f* remuneration, payment; salary; *sans* ~ honorary.

rétro [re'tro] **1.** *adj.* reminiscent of times past; *la vogue* ~ nostalgia; **2.** *su./m* nostalgia; *mot.* (= *rétroviseur*) back-view mirror.

rétro... [retrɔ] retro...; **~actif, -ve** [~aktif, ~'ti:v] retroactive, retrospective; *admin. avec effet* ~ (*à*) backdated (to) (*measure etc.*); **~action** [~ak'sjɔ̃] *f* retroaction; ⚡, *radio*: feedback; **~céder** [~se'de] (1f) *v/t.* ⚖ retrocede; redemise; ⚕ return (*a commission*); **~fusée** ✈ [~fy'ze] *f* retro-rocket; braking-rocket; **~grade** [~'grad] retrograde, backward; **~grader** [~gra'de] (1a) *v/i.* move backwards; regress; retrograde; fall back; *mot.* change (*Am.* shift) down (from ... to ..., *de* ... *en* ...); *v/t. admin.* ⚔ *etc.* demote; **~pédalage** [~peda'la:ʒ] *m bicycle*: back-pedalling; **~spectif, -ve** [~spɛk'tif, ~'ti:v] retrospective.

retrousser [rətru'se] (1a) *v/t.* turn up (*a sleeve, one's trousers, one's moustache*); tuck up (*one's skirt*); curl up (*one's lips*); *nez m retroussé* turned-up *or* snub nose.

retrouvailles [rətru'vɑ:j] *f/pl.* reunion, reconciliation; **retrouver** [~'ve] (1a) *v/t.* find (again); rediscover (*s.th.*); meet (*s.o.*) again; return to (*a place*); recover (*one's health, one's strength*); *aller* ~ go and see (*s.o.*) again; se ~ find o.s. back; *a. s'y* ~ find one's way.

rétro...: **~version** ⚕ [retrɔvɛr'sjɔ̃] *f* retroversion; **~viseur** *mot.* [~vi'zœ:r] *m* driving mirror, rear-view mirror.

rets *hunt.* [rɛ] *m* net.

réunifier [reyni'fje] (1o) *v/t.* reunify.

réunion [rey'njɔ̃] *f* reunion; meeting; ⚕, *a. pol.* union; gathering; party, function; **réunir** [~'ni:r] (2a) *v/t.* (re)unite; join (to, with *à*); join together, link; collect (*money, water*); ⚔ raise (*troops*).

réussir [rey'si:r] (2a) *v/i.* succeed (in *ger., à inf.*; at *or* in s.th., *dans qch.*); be a success (*thea. etc.*); ⚘ thrive; ~ *à* pass (*an examination*); *v/t.* be successful in; carry (*s.th.*) out well; **réussite** [~'sit] *f* † result, outcome; success; *cards*: patience.

revacciner ⚕ [rəvaksi'ne] (1a) *v/t.* revaccinate.

revaloir [rəva'lwa:r] (3l) *v/t.* pay back in kind; repay; **revalorisation** [rəvalɔriza'sjɔ̃] *f* ⚕ revalorization, revaluation; *fig.* reassertion of the value of; **revaloriser** [~'ze] (1a) *v/t.* ⚕ revalorize, revalue; *fig.* reassert the value of.

revanche [rə'vɑ̃:ʃ] *f* revenge; return; *en* ~ in return; on the other hand; **revancher** [~vɑ̃'ʃe] (1a) *v/t.*: se ~ have one's revenge; revenge o.s. (for, *de*).

rêvasser [rɛva'se] (1a) *v/i.* muse (on, *à*), day-dream (about, *à*); **rêvasserie** [~vas'ri] *f* musing, day-dream(ing); **rêvasseur** *m*, **-euse** *f* [~va'sœ:r, ~'sø:z] day-dreamer; **rêve** [rɛ:v] *m* dream (*a. fig.*); *faire un* ~ have a dream.

revêche [rə'vɛʃ] harsh, rough; ⊕ difficult to work (*stone, wood*); brittle (*iron*); *fig.* cantankerous, crabby; sour (*face*).

réveil [re'vɛ:j] *m* waking, awakening; *religion*: revival; ⚔ reveille; alarm(-clock); *fig. fâcheux* ~ rude awakening; **réveille-matin** [~vɛjma'tɛ̃] *m/inv.* alarm(-clock); **réveiller** [revɛ'je] (1a) *v/t.* (a)wake; waken (*a. fig.*); rouse (*a. fig.*); ⚔ turn out; se ~ wake up, awake (*person*); *fig.* be awakened *or* aroused; **réveillon** [~'jɔ̃] *m* midnight supper (*usu. on Christmas Eve and New Year's Eve*).

révélateur, -trice [revela'tœ:r, ~'tris] **1.** *adj.* revealing; tell-tale (*sign*); *phot.* developing (*bath*); **2.** *su.* revealer; *su./m phot.* developer; ⊕ detector; **révélation** [~la'sjɔ̃] *f* revelation; F eye-opener; ⚖ information; *bibl.* ♀s *pl. the* Revelation *sg.*; **révéler** [~'le] (1f) *v/t.* reveal (*a. eccl.*), disclose, F let out (*a secret*); *fig.* show; *phot.* develop.

revenant [rəv'nɑ̃] *m* ghost; F *fig.* stranger; *il y a des* ~*s ici* this place is haunted.

revendeur *m*, **-euse** *f* ⚕ [rəvɑ̃'dœ:r, ~'dø:z] retailer; second-hand dealer.

revendication [revɑ̃dika'sjɔ̃] *f* claim, demand; **revendiquer** [~'ke] (1m) *v/t.* claim, demand; assume (*a* *responsibility*); claim (*an attempt*, *an attack*, *etc.*).

revendre [rəˈvɑ̃:dr] (4a) *v/t.* resell; ⚕ sell out; F *fig.* spare; *en* ~ *à* outwit (*s.o.*), be too much for (*s.o.*).

revenez-y [rəvneˈzi] *m/inv.* renewal, revival, return; F *avoir un goût de* ~ be very more-ish.

revenir [rəvˈni:r] (2h) *v/i.* return, come back *or* again (*a. fig.*); recover (from, *de*); cost (s.o. s.th., *à q. à qch.*); *fig.* amount (to, *à*); *fig.* fall by right (to, *à*); ⚕ ~ *à soi* come round; ~ *à qch.* amount *or* come down to s.th.; *cela revient au même* it amounts *or* comes to the same thing; ~ *de* get over (*s.th.*); ~ *sur* retrace (*one's steps*); go back on (*a decision*, *a promise*); go back over (*the past*, *an affair*, *etc.*); *cuis. faire* ~ brown (*meat*); ... *ne me revient pas* I don't like the look of ...; I cannot recall ...; *ne pas en* ~ be unable to get over it.

revente [rəˈvɑ̃:t] *f* re-sale; ⚕ *stock*: selling-out.

revenu [rəvˈny] *m person*: income; *State*: revenue; ⚕ yield; *metall.* tempering; *admin. impôt m sur le* ~ income tax; **revenue** ⚘ [~] *f* new growth; young wood.

rêver [rɛˈve] (1a) *v/i.* dream (about, of *de*); ~ *à* think about, ponder over; ~ *de* long for; *v/t.* dream of; *fig.* imagine; *fig.* desire ardently.

réverbère [revɛrˈbɛ:r] *m heat*, *lamp*, *etc.*: reflector; street-lamp; **réverbérer** [~beˈre] (1f) *v/t.* reflect (*light*); re-echo (*a sound*).

reverdir [rəvɛrˈdi:r] (2a) *v/t.* make *or* paint green again; *v/i.* turn green again; F *fig.* grow young again (*person*).

révérence [reveˈrɑ̃:s] *f* reverence (*a.* ♀ *title*); bow; curtsey; F ~ *parler* with all due respect; *tirer sa* ~ take one's leave; **révérenciel, -elle** [~rɑ̃ˈsjɛl] reverential; **révérencieux, -euse** [~rɑ̃ˈsjø, ~ˈsjø:z] ceremonious; over-polite (*person*); **révérend, e** *eccl.* [~ˈrɑ̃, ~ˈrɑ̃:d] Reverend; **révérendissime** *eccl.* [~rɑ̃diˈsim] Most *or* Right Reverend; **révérer** [~ˈre] (1f) *v/t.* revere, (hold in) reverence.

rêverie [rɛvˈri] *f* reverie; dreaming.

revers [rəˈvɛ:r] *m coin*, *fencing*, *a. fig. fortune*: reverse; *hand*, *page*: back; *tex.* wrong side; *cost. coat*: lapel; *trousers*: turn-up, *Am.* cuff; *stocking*: turn-down, top; ⚔ *uniform*: facing; *fig.* set-back; back-handed blow; *sp.* back-hand stroke;

reverser [rəvɛrˈse] (1a) *v/t.* pour (*s.th.*) out again; pour (*s.th.*) back; *fig.* shift (on, to *sur*); ⚕ transfer;

réversible [revɛrˈsibl] reversible; ⚖ revertible; **réversion** ⚖, *biol.* [~ˈsjɔ̃] *f* reversion (to, *à*).

revêtement [rəvɛtˈmɑ̃] *m* ⚠ facing, coating, sheathing; *road*: surface; ⚠, *a.* ⚔ revetment; ⚡ *flex*: cover; ⊕ *wood*: veneer(ing); ⚠ *mur m de* ~ retaining wall, revetment wall;

revêtir [~vɛˈti:r] (2g) *v/t.* (re-)clothe; dress (in, *de*); *fig.* invest (with, *de*); *cost.* put on; *fig.* assume (*a form*, *a shape*, *etc.*); ⚠ face, coat, cover; ⊕ lag (*a boiler*); ⚔ revet; ⚕ ~ *qch. de sa signature* sign s.th.; affix one's signature to s.th.

rêveur, -euse [rɛˈvœ:r, ~ˈvø:z] **1.** *adj.* dreamy; dreaming; **2.** *su.* (day-)dreamer.

revient ⚕ [rəˈvjɛ̃] *m*: *prix m de* ~ cost (price).

revirement [rəvirˈmɑ̃] *m* ⚕, *a. fig.* sudden change *or* turn; ⚕ *debt etc.*: transfer; ⚓ going about; **revirer** [~viˈre] (1a) *v/i.* ⚓ go about; *fig.* change sides.

réviser [reviˈze] (1a) *v/t.* revise; ⚕ audit (*accounts*); ⚖ review; ⊕, *mot.* recondition, overhaul; inspect; **réviseur** [~ˈzœ:r] *m* reviser; examiner; *typ.* proof-reader; ⚕ auditor; **révision** [~ˈzjɔ̃] *f* revision; audit(ing); ⚖ review; ⊕, *mot.* overhaul(ing); ⊕ inspection; *typ.* proof-reading; ⚔ *conseil m de* ~ recruiting board, *Am.* draft board; military appeal court; **révisionnisme** *pol.* [~zjɔˈnism] *m* revisionism.

revitaliser [rəvitaliˈze] (1a) *v/t.* revitalize; *crème f revitalisante* nourishing cream.

revivifier [rəviviˈfje] (1o) *v/t.* revitalize, revive.

revivre [rəˈvi:vr] (4hh) *v/i.* live again, come alive again; *fig.* revive; *v/t.* live (*s.th.*) over again.

révocable [revɔˈkabl] revocable; removable (*official*); **révocation** [~kaˈsjɔ̃] *f* ⚖ *will*: revocation, *law*: repeal; *admin. order*: cancellation, *official*: removal, dismissal; **révocatoire** [~kaˈtwa:r] revocatory.

revoici F [rəvwa'si] *prp.*: *me ~!* here I am again!; **revoilà** F [~'la] *prp.*: *le ~ malade!* there he is, ill again!

revoir [rə'vwa:r] **1.** (3m) *v/t.* see again; meet (*s.o.*) again; revise; inspect; ⚖ review; *typ.* read (*proofs*); go over (*accounts etc.*) again; **2.** *su./m*: *au ~* good-bye.

révoltant, e [revɔl'tɑ̃, ~'tɑ̃:t] shocking, revolting; **révolte** [~'vɔlt] *f* revolt, rebellion; ⚔, ⚓ mutiny; **révolté, e** [revɔl'te] **1.** *adj.* in revolt; **2.** *su.* rebel, insurgent; ⚔, ⚓ mutineer; **révolter** [~] (1a) *v/t.* rouse to rebellion, cause to revolt; F *fig.* revolt, shock, disgust; *se ~* revolt, rebel (*a. fig.*); ⚔, ⚓ mutiny.

révolu, e [revɔ'ly] past, bygone (*time*); full (*year*), completed (*period of time*); **révolution** [revɔly'sjɔ̃] *f* ⩘, *pol.*, *fig.* revolution; *astr.* rotation; **révolutionnaire** [~sjɔ'nɛ:r] *adj.*, *a. su.* revolutionary; **révolutionner** [~sjɔ'ne] (1a) *v/t.* revolutionize (*a. fig.*); F *fig.* stir up.

revolver [revɔl'vɛ:r] *m* revolver, gun; ⊕ *lathe*: turret.

révoquer [revɔ'ke] (1m) *v/t.* revoke, cancel (*an order*); dismiss, remove (*an official*); recall (*an ambassador*); *~ en doute* question (*s.th.*), call (*s.th.*) in question.

revue [rə'vy] *f* review (= *survey*, *a.* ⚔, *journ.*); inspection (*a.* ⚔); *journ.* magazine, periodical; *thea.* revue; F *nous sommes de ~* we'll meet again; we often meet; *passer en ~* review, run over (*s.th.*); ⚔ be reviewed *or* inspected; **revuiste** *thea.* [~'vɥist] *su.* composer of revues.

révulsé, e [revyl'se] *adj.*: *l'œil ~* with turned-up eyes; **révulsif, -ve** ⚕ [~'sif, ~'si:v] *adj.*, *a. su./m* revulsive; counter-irritant; **révulsion** ⚕ [~'sjɔ̃] *f* revulsion; counter-irritation.

rez-de-chaussée [retʃo'se] *m/inv.* street level; ground floor, *Am.* first floor; *au ~* on the ground *or Am.* first floor.

rhabiller [rabi'je] (1a) *v/t.* dress (*s.o.*) again; provide (*s.o.*) with new clothing; *fig.* refurbish; ⊕ repair; ⩓ renovate; *se ~* get dressed again; F *il peut aller se ~* he'd better give up; **rhabilleur** [~'jœ:r] *m* repairer; watch repairer.

rhénan, e [re'nɑ̃, ~'nan] Rhine ..., Rhenish.

rhéostat ⚡ [reɔs'ta] *m* rheostat.

rhétoricien † [retɔri'sjɛ̃] *m* rhetorician; **rhétorique** [~'rik] *f* rhetoric; † (*a. classe f de ~*) *school*: top classical form (*preparing for first part of the baccalauréat*).

Rhin *geog.* [rɛ̃] *m*: *vin m du ~* hock.

rhino... [rinɔ] rhino...; **~céros** *zo.* [~se'rɔs] *m* rhinoceros; **~logie** ⚕ [~lɔ'ʒi] *f* rhinology; **~plastie** ⚕ [~plas'tie] *f* rhinoplasty; **~scopie** ⚕ [~skɔ'pi] *f* rhinoscopy.

rhodanien, -enne *geog.* [rɔda'njɛ̃, ~'njɛn] of the Rhone.

rhombe ⩘ [rɔ̃:b] *m* rhomb(us); **rhombique** [rɔ̃'bik] rhombic; **rhomboïdal, e,** *m/pl.* **-aux** [~bɔi'dal, ~'do] rhomboidal.

rhubarbe ⚘ [ry'barb] *f* rhubarb.

rhum [rɔm] *m* rum.

rhumatisant, e ⚕ [rymati'zɑ̃, ~'zɑ̃:t] *adj.*, *a. su.* rheumatic; **rhumatismal, e,** *m/pl.* **-aux** ⚕ [~tis'mal, ~'mo] rheumatic; **rhumatisme** ⚕ [~'tism] *m* rheumatism, F rheumatics *pl.*; *~ articulaire* rheumatoid arthritis.

rhume ⚕ [rym] *m* cold; *~ de cerveau* (*poitrine*) cold in the head (on the chest); *~ des foins* hayfever; *prendre un ~* catch (a) cold.

ri [ri] *p.p. of rire* 1; **riant, e** [rjɑ̃, rjɑ̃:t] smiling (*person*, *face*, *a. countryside*); pleasant (*thought*).

ribaud, e † [ri'bo, ~'bo:d] *adj.*, *a. su.* ribald.

riblons ⊕ [ri'blɔ̃] *m/pl.* swarf *sg.*

ribote F [ri'bɔt] *f* drunken bout; *sl.* binge; *être en ~* be tipsy; be on the spree.

ribouldingue F [ribul'dɛ̃:g] *f* spree.

ricaner [rika'ne] (1a) *v/i.* snigger; sneer; laugh derisively; **ricaneur, -euse** [~ka'nœ:r, ~'nø:z] **1.** *su.* sneerer; **2.** *adj.* derisive, sneering.

ric-(à-)rac F [rik(a)'rak] *adv.* strictly, exactly; punctually.

richard *m*, **e** *f* F [ri'ʃa:r, ~'ʃard] wealthy person; **riche** [riʃ] **1.** *adj.* rich (in *en*, *de*) (*a. fig.*); wealthy; *fig.* valuable, handsome (*present*); F *fig.* fine, first-class; **2.** *su.* rich person; *su./m*: *bibl. le mauvais ~* Dives; *les ~s pl.* the rich; **richesse** [ri'ʃɛs] *f* wealth; riches *pl.*; *fig.* opulence; ⚒ *soil*: richness; *vegetation*: exuberance; **richissime** F

[~ʃi'sim] extremely rich, F rolling in money.
ricin ⚘ [ri'sɛ̃] *m* castor-oil plant; *huile f de* ~ castor oil.
ricocher [rikɔ'ʃe] (1a) *v/i*. glance off; ricochet (*bullet etc.*); **ricochet** [~'ʃɛ] *m* rebound; ⚔ ricochet; *fig. par* ~ indirectly; *faire* ~ rebound (*a. fig.*); *faire des* ~*s* play drakes and ducks.
rictus [rik'tys] *m* ⚕ rictus; F grin.
ride [rid] *f face, forehead*: wrinkle; *geol. ground*: fold; *sand, water*: ripple; *sand*: ridge; ⚓ (shroud) lanyard; **rideau** [ri'do] *m* curtain, *Am. a.* drape; ⚔, ⚓, ⚠, *a. fig.* screen; *thea.* (drop-)curtain; ⊕ roll-top, roll-shutter; ~! that's enough!; ~ *de fer thea.* safety curtain; *pol.* Iron Curtain; *fig. tirer le* ~ *sur* draw a veil over.
ridelle [ri'dɛl] *f cart, truck*: rail.
rider [ri'de] (1a) *v/t*. wrinkle; ripple (*water, sand*); ⊕ corrugate (*metal*); ⚓ tighten (*the shrouds*).
ridicule [ridi'kyl] **1.** *adj.* ridiculous; **2.** *su./m* absurdity; ridiculous aspect; ridicule; *tourner en* ~ (hold up to) ridicule; **ridiculiser** [~ky-li'ze] (1a) *v/t*. ridicule, deride.
rien [rjɛ̃] **1.** *su./m* mere nothing, trifle; F tiny bit; **2.** *pron./indef.* anything; nothing; not ... anything; ~ *de nouveau* nothing new; ~ *du tout* nothing at all; ~ *moins que* nothing less than; *cela ne fait* ~ that does not matter; *de* ~! don't mention it!; *en moins de* ~ in less than no time; *il ne dit jamais* ~ he never says a thing; *il n'y a* ~ *à faire* it can't be helped; *obtenir pour* ~ get for a song; *plus* ~ nothing more; *sans* ~ *dire* without (saying) a word.
rieur, -euse [rjœːr, rjøːz] **1.** *adj.* laughing; merry; mocking; **2.** *su.* laugher.
rififi *sl.* [rifi'fi] *m* fight, brawl; trouble.
riflard[1] F [ri'flaːr] *m* umbrella, F brolly.
riflard[2] [~] *m* ⊕ *metal*: coarse file; *wood*: jack-plane; paring chisel; plastering trowel.
rigide [ri'ʒid] rigid, stiff (*a. fig.*); fixed (*axle*); tense (*muscle, cord*); **rigidifier** [~ʒidi'fje] (1o) *v/t*. make rigid; harden; **rigidité** [~ʒidi'te] *f* rigidity, stiffness (*a. fig.*); tenseness.
rigolade F [rigɔ'lad] *f* fun, lark.
rigolage ⛏ [rigɔ'laːʒ] *m field*: trenching.
rigolard, e *sl.* [rigɔ'laːr, ~'lard] fond of a lark; full of fun, jolly.
rigole [ri'gɔl] *f* ⛏ trench, ditch; ⛏, ⊕ channel; ⚒ trough.
rigoler F [rigɔ'le] (1a) *v/i*. laugh; enjoy o.s.; **rigoleur, -euse** [~'lœːr, ~'løːz] **1.** *adj.* jolly; fond of fun; **2.** *su.* jolly person; person fond of fun; laugher; **rigolo, -ote** F [~'lo, ~'lɔt] **1.** *adj.* funny, comical; queer, odd; **2.** *su./m* funny fellow; F card; F revolver, *Am.* gun.
rigorisme [rigɔ'rism] *m* rigorism, strictness; **rigoriste** [~'rist] **1.** *adj.* rigorous; strict; **2.** *su.* rigorist; rigid moralist; **rigoureux, -euse** [rigu'rø, ~'røːz] rigorous; strict; severe (*climate, punishment*); close (*reasoning*); **rigueur** [~'gœːr] *f* rigo(u)r, severity; *fig.* strictness; *fig. reasoning*: closeness, accuracy; *à la* ~ strictly; if really necessary, *sl.* at a push; *de* ~ obligatory, compulsory.
rillettes *cuis.* [ri'jɛt] *f/pl.* potted pork mince *sg*.
rimailler † [rimɑ'je] (1a) *v/i*. write doggerel, dabble in poetry; **rimailleur** † [~'jœːr] *m* poetaster, rhymester; **rime** [rim] *f* rhyme; *fig. sans* ~ *ni raison* without rhyme or reason; **rimer** [ri'me] (1a) *v/t*. put into rhyme; *v/i*. rhyme (with, *avec*); **rimeur** [~'mœːr] *m* rhymer, versifier.
rinçage [rɛ̃'saːʒ] *m* rinsing.
rinceau [rɛ̃'so] *m* ⚠ foliage; ⛉ branch.
rince-bouteilles [rɛ̃sbu'tɛːj] *m/inv.* bottle washer; **rince-doigts** [~'dwa] *m/inv.* finger bowl; **rincée** [rɛ̃'se] *f sl.* thrashing; F downpour; **rincer** [~'se] (1k) *v/t*. rinse; *sl.* clean (*s.o.*) out; *rain*: soak (*s.o.*); *sl.* se ~ *la dalle* wet one's whistle; *sl.* se ~ *l'œil* get an eyeful; **rinceur** *m*, **-euse** *f* [~'sœːr, ~'søːz] washer, rinser; **rinçure** [~'syːr] *f* slops *pl.* (*a.* F = *very thin wine*).
ring *box.* [riŋ] *m* ring.
ringard ⊕ [rɛ̃'gaːr] *m* poker.
ripaille F † [ri'pɑːj] *f* revelry; *faire* ~ carouse; **ripailleur** *m*, **-euse** *f* F † [~pɑ'jœːr, ~'jøːz] reveller, carouser.
ripoliner [ripɔli'ne] (1a) *v/t*. (paint with) enamel.

riposte [ri'pɔst] *f* retort, smart reply; *sp.* counter; **riposter** [~pɔs'te] (1a) *v/i.* retort; *sp.* counter, riposte; *fig.* ~ *à* counteract.

riquiqui F [riki'ki] *m* shrimp (= *undersized man*).

rire [ri:r] **1.** (4cc) *v/i.* laugh (at, *de*); jest, joke; smile (on, at *à*); make light (of, *de*); ~ *au nez de q.* laugh in s.o.'s face; ~ *dans sa barbe* chuckle to o.s.; ~ *jaune* give a sickly smile; *à crever de* ~ killingly funny; *éclater de* ~ burst out laughing; *je ne ris pas* I am in earnest; *pour* ~ for fun, as a joke; comic (*paper*); mock (*action, king*); *se* ~ *de* take (*s.th.*) in one's stride; † make fun of, laugh at; **2.** *su./m* laugh(ter); *fou* ~ uncontrollable laughter.

ris[1] ⚓ [ri] *m* reef (*in a sail*).

ris[2] *cuis.* [~] *m*: ~ *de veau* sweetbread.

ris[3] [ri] *1st p. sg. p.s. of rire 1*; **risée** [ri'ze] *f* derision; *person*: laughing stock; ⚓ light squall; **risette** [~'zɛt] *f* (*child's*) smile; *faire (la)* ~ smile (at, *à*), give a smile; **risible** [~'zibl] ludicrous; ridiculous (*a. person*).

risotto *cuis.* [rizɔ'to] *m* risotto (*Italian rice dish*).

risque [risk] *m* risk; ~ *du métier* occupational hazard; ~ *pour la santé* health hazard; **risqué, e** [ris'ke] risky; daring, risqué (*joke, etc.*); ✝ *à ses ~s et périls* at one's own risk; *à tout* ~ at all hazards; *au* ~ *de* (*inf.*) at the risk of (*ger.*); **risquer** [ris'ke] (1m) *v/t.* risk; venture (*a question etc.*); ~ *le coup* take a chance, chance it; *v/i.*: ~ *de* (*inf.*) run the risk of (*ger.*); be likely to (*inf.*); **risque-tout** [~kə'tu] *m/inv.* daredevil.

rissole *cuis.* [ri'sɔl] *f* rissole; (*fish-*) ball; **rissoler** *cuis.* [~sɔ'le] *vt/i.* brown (*meat*).

ristourne ✝ [ris'turn] *f* repayment; refund; rebate; **ristourner** ✝ [~tur'ne] (1a) *v/t.* repay; refund.

rite *eccl. etc.* [rit] *m* rite.

ritournelle [ritur'nɛl] *f* ♪ ritornello; F *fig. la même* ~ the same old story.

ritualiser [rityali'ze] (1a) *v/t.* ritualize; **rituel, -elle** [ri'tɥɛl] *adj., a. su./m* ritual, ceremonial.

rivage [ri'va:ʒ] *m river*: bank; *lake, sea*: shore, beach.

rival, e *m/pl.* **-aux** [ri'val, ~'vo] *adj., a. su.* rival; **rivaliser** [rivali'ze] (1a) *v/i.*: ~ *avec* rival; compete with, vie with; **rivalité** [~'te] *f* rivalry, competition.

rive [ri:v] *f river*: bank; *lake, river*: side; *lake,* † *sea*: shore; *forest*: edge.

river ⊕ [ri've] (1a) *v/t.* rivet; clinch (*a nail*); F ~ *son clou à q.* settle s.o.'s hash.

riverain, e [ri'vrɛ̃, ~'vrɛn] **1.** *adj.* riverside ..., riparian; bordering on a road *etc.*; **2.** *su.* riverside resident; riparian owner; dweller along a road *etc.*

rivet ⊕ [ri'vɛ] *m* rivet; *nail*: clinch; **rivetage** ⊕ [riv'ta:ʒ] *m* riveting; clinching.

rivière [ri'vjɛ:r] *f* river; stream (*a. fig.*); *sp.* water-jump; rivière (*of diamonds*).

rixe [riks] *f* brawl, fight; affray.

riz [ri] *m* rice; *cuis.* ~ *au lait* rice pudding; ~ *glacé* polished rice; **rizerie** [riz'ri] *f* rice-mill; **rizière** [ri'zjɛ:r] *f* rice-field, rice-swamp.

roadster *mot.* [rɔds'tœ:r] *m* two-seater, *Am.* roadster.

rob [rɔb] *m cards*: rubber; *faire un* ~ play a rubber.

robe [rɔb] *f* dress, frock; gown (*a.* ⚖, *a. univ.*); *animal*: coat; *bird*: plumage; *onion, potato, sausage*: skin; *cigar*: outer leaf; ⚖ legal profession; ~ *de chambre* dressing-gown; **robin** F *pej.* [rɔ'bɛ̃] *m* lawyer.

robinet [rɔbi'nɛ] *m* tap, *Am.* faucet; ~ *d'arrêt* stop cock; ~ *mélangeur* mixer tap; **robinetterie** [~nɛ'tri] *f* plumbing.

robot [rɔ'bo] *m* robot; ✈ pilotless plane; **robotiser** [rɔbɔti'ze] (1a) *v/t.* robotize; ⊕ *a.* automate; *fig. a.* turn (*s.o.*) into a robot.

robre [rɔbr] *m see rob*.

robuste [rɔ'byst] robust, sturdy; ⚘ hardy; *fig.* firm (*faith etc.*); **robustesse** [~bys'tɛs] *f* sturdiness; strength; hardiness.

roc [rɔk] *m* rock (*a. fig.*).

rocade [rɔ'kad] *f road*: bypass.

rocaille [rɔ'kɑ:j] *f* rock-work; rubble; † rococo; *jardin m de* ~ rock-garden; **rocailleux, -euse** [~kɑ'jø, ~'jø:z] rocky, stony, pebbly; *fig.* rugged, rough.

rocambolesque [rɔkɑ̃bɔ'lɛsk] fantastic.

roche [rɔʃ] *f* rock; boulder; ⚒ ~ *mère*

matrix, parent-rock; *fig. cœur m de* ~ heart of stone; **rocher** [rɔˈʃe] *m* (mass of) rock; *anat.* otic bone.
rochet[1] *eccl.* [rɔˈʃɛ] *m* rochet.
rochet[2] [~] *m* ⊕ ratchet; *tex.* bobbin; ⊕ *roue f à* ~ ratchet-wheel.
rocheux, -euse [rɔˈʃø, ~ˈʃøːz] rocky; stony.
rococo [rɔkɔˈko] **1.** *su./m* rococo; **2.** *adj./inv.* rococo; *fig.* antiquated.
rodage [rɔˈdaːʒ] *m* ⊕ grinding; *mot., a. fig.* running in; **rodé, e** [~ˈde] ⊕ run in; *fig.* broken in; *fig.* running well *or* smoothly; **roder** [~ˈde] (1a) *v/t. mot.* run in (*an engine, a. fig.*); grind in (*valves*).
rôder [roˈde] (1a) *v/i.* loiter; prowl (about); ⚓ veer (at anchor, *sur son ancre*); **rôdeur** *m.* **-euse** *f* [~ˈdœːr, ~ˈdøːz] prowler.
rodomontade [rɔdɔmɔ̃ˈtad] *f* bragging; bluster.
rogations *eccl.* [rɔgaˈsjɔ̃] *f/pl.* Rogation days; **rogatoire** ⚖ [~ˈtwaːr] rogatory; *commission f* ~ commission (*issued by foreign court*) to take evidence for that court, Commission Rogatoire.
rogatons F [rɔgaˈtɔ̃] *m/pl. food*: scraps, left-overs.
rogne F [rɔɲ] *f* (bad) temper; *se mettre en* ~ blow one's top (*Am. a.* one's stack).
rogner [rɔˈɲe] (1a) *v/t.* trim, pare; clip (*claws, a. fig. the wings*); cut down (*s.o.'s salary*); *v/i. sl.* be in a temper, be cross; grumble; **rogneuse** ⊕ [~ˈɲøːz] *f* trimming-machine.
rognon *usu. cuis.* [rɔˈɲɔ̃] *m* kidney.
rognures [rɔˈɲyːr] *f/pl.* clippings, cuttings; trimmings; scraps.
rogomme F [rɔˈgɔm] *m* spirits *pl.*; *voix f de* ~ *drunkard*: husky voice.
rogue [rɔg] haughty, arrogant.
roi [rwa] *m* king (*a. cards, chess*); *jour m des* 2*s* Twelfth-night.
roide [rwad] *see raide.*
roitelet [rwatˈlɛ] *m* petty king; *orn.* wren.
rôle [roːl] *m thea., a. fig.* part, rôle; *thea.* ~ *principal* title rôle; *thea.* ~ *secondaire* supporting part; *à tour de* ~ in turn.
romain, e [rɔˈmɛ̃, ~ˈmɛn] **1.** *adj.* Roman; **2.** *su./m ling.* Roman; *typ.* roman, primer; *su.* 2 Roman.
romaine[1] [rɔˈmɛn] *f balance*: steelyard.
romaine[2] ⚘ [~] *f* Cos lettuce.
romaïque [rɔmaˈik] *adj., a. su./m ling.* Romaic; modern Greek.
roman, e [rɔˈmɑ̃, ~ˈmɑ̃ːd] **1.** *adj.* Romance; ⚠ Norman (*in England*), Romanesque; **2.** *su./m ling.* Romance; novel; (*medieval*) romance; *usu.* ~*s pl.* fiction *sg.*; ~ *à thèse* tendenz novel.
romance ♪ [rɔˈmɑ̃ːs] *f* song, ballad; ~ *sans paroles* song without words.
romanche *ling.* [rɔˈmɑ̃ːʃ] *m* Ro(u)mansh.
romancier *m*, **-ère** *f* [rɔmɑ̃ˈsje, ~ˈsjɛːr] novelist; fiction-writer; **roman-cycle,** *pl.* **romans-cycles** [~ˈsikl] *m* saga (novel).
romand, e *geog.* [rɔˈmɑ̃, ~ˈmɑ̃ːd] *adj.*: *la Suisse* ~*e* French(-speaking) Switzerland.
romanesque [rɔmaˈnɛsk] **1.** *adj.* romantic; **2.** *su./m fig.* romance; **roman-feuilleton,** *pl.* **romans-feuilletons** *journ.* [rɔmɑ̃fœjˈtɔ̃] *m* serial (story); **roman-fleuve,** *pl.* **romans-fleuves** [~ˈflœːv] *m* saga (novel), river novel.
romanichel *m*, **-elle** *f* [rɔmaniˈʃɛl] gipsy; Romany.
romaniser [rɔmaniˈze] (1a) *vt/i.* Romanize (*a. eccl.*); **romaniste** [~ˈnist] *su. eccl., a. ling.* Romanist; *ling.* student of the Romance languages; **romantique** [rɔmɑ̃ˈtik] **1.** *adj.* Romantic; *fig.* imaginative; **2.** *su.* Romantic; **romantisme** [~ˈtism] *m* Romanticism.
romarin ⚘ [rɔmaˈrɛ̃] *m* rosemary.
rompre [rɔ̃ːpr] (4a) *v/t.* break (*s.th.*) in two; break (⚡ *circuit, one's neck, object, peace, promise, silence,* ⚔ *step*); ⚖ *hist.* break on the wheel; break up (*an alliance,* ⚔ *an attack, the road, etc.*); ⚔ scatter (*a regiment*); break off (*a conversation, an engagement*); disrupt (⚔ *an army, fig. unity*); burst (*an artery, the river banks*); break in (*an animal*); ✝ cancel; *fig.* disturb, upset; *fig.* interrupt; *fig.* deaden (*a shock*); *fig.* accustom (*s.o.*) (to, *à*); *se* ~ break; snap; accustom *or* harden o.s. (to, *à*); *v/i.* break; ⚔, *a. sp.* give ground; ⚔ *rompez!* dismiss!; **rompu, e** [rɔ̃ˈpy] **1.** *p.p. of rompre*; **2.** *adj.* broken; broken in; ~ *à* used to, hardened to; experienced in (*business*); ~ *de fatigue* worn out; *à bâtons* ~*s* by fits and starts.

romsteck *cuis.* [rɔms'tɛk] *m* rump-steak.
ronce [rɔ̃:s] *f* ⚘ bramble branch; ⊕ *wood grain*: curl; F *~s pl.* thorns; *fig.* difficulties; *~ artificielle* barbed wire; **ronceraie** [~'rɛ] *f* ground covered with brambles.
ronchonner F [rɔ̃ʃɔ'ne] (1a) *v/i.* grumble, grouse; hum (*radio-set*); **ronchonneur** *m*, **-euse** *f* F [~'nœ:r, ~'nø:z] grumbler.
rond, ronde [rɔ̃, rɔ̃:d] **1.** *adj.* round; plump (*face, person*); *fig.* brisk (*wind*); *fig.* straight, honest (*person*); F tipsy, tight, *Am.* high; **2.** *rond adv.*: ⊕ *etc., a. fig. tourner ~* run smoothly; *fig. qu'est-ce qui ne tourne pas ~* what's wrong?; **3.** *su./m* circle, round, ring; *bread etc.*: slice; *butter*: pat; ⊕ washer; F *des ~s pl., le ~* money, F cash; *en ~* in a circle; *su./f* ⚔ *etc., dance, a. song*: round; ♪ semibreve; *script*: round hand; *à la ~e* around; (*do s.th.*) in turn; **rond-de-cuir**, *pl.* **ronds-de-cuir** [~d'kɥi:r] *m* round leather cushion; pen-pusher, clerk; bureaucrat; **rondeau** [rɔ̃'do] *m poem*: rondeau; ♪ rondo; ✓ roller; **rondelet, -ette** [rɔ̃d'lɛ, ~'lɛt] plumpish; nice round (*sum*); **rondelle** [rɔ̃'dɛl] *f* disc; slice; ⊕ washer; ⊕ (*ball-*)race; **rondeur** [~'dœ:r] *f* roundness (*a. fig. style*); fullness; *figure*: curve; *fig.* straightforwardness, frankness; **rondin** [~'dɛ̃] *m* log; billet; *iron*: round bar; **rond-point**, *pl.* **ronds-points** [rɔ̃'pwɛ̃] *m road*: *mot.* roundabout, *Am.* traffic circus.
ronflant, e [rɔ̃'flɑ̃, ~'flɑ̃:t] snoring (*person*); throbbing, roaring, rumbling (*noise*); resounding (*titles, voice*); *fig.* pretentious, bombastic; **ronflement** [~flə'mɑ̃] *m* snore; snoring; *noise*: roar(ing), boom(-ing); *machine, top, a. radio*: hum; **ronfler** [~'fle] (1a) *v/i.* snore (*sleeper*); roar, boom; hum; *sl.* prosper; **ronfleur, -euse** [~'flœ:r, ~'flø:z] *su.* snorer; *su./m* ⚡ buzzer.
rongeant, e [rɔ̃'ʒɑ̃, ~'ʒɑ̃:t] ⚗ corroding; ⚘ rodent; *fig.* gnawing (*worries*); **ronger** [~'ʒe] (1l) *v/t.* gnaw; *worms etc.*: eat into; ⚗ corrode; pit (*metal*); *fig.* erode; *fig.* fret (*s.o.'s heart*); *se ~ les ongles* bite one's nails; *fig. rongé de* tormented by (*grief*); worn by (*care*); **rongeur, -euse** [~'ʒœ:r, ~'ʒø:z] **1.** *adj. zo., a.* ⚘ rodent; *fig.* gnawing (*care, worry*); **2.** *su./m zo.* rodent.
ronron [rɔ̃'rɔ̃] *m cat*: purr(ing); F *machine*: hum; **ronronner** [~rɔ'ne] (1a) *v/i.* purr (*cat, engine*); ⊕, *radio, etc.*: hum.
roquer [rɔ'ke] (1m) *v/i. chess*: castle.
roquet [rɔ'kɛ] *m* pug(-dog); mongrel, *Am.* yellow dog.
roquette[1] ⚔ [rɔ'kɛt] *f* rocket.
roquette[2] ⚘ [~] *f* rocket.
rosace ⚠ [ro'zas] *f* rose-window; (*ceiling-*)rose; **rosacé, e** [~za'se] **1.** *adj.* rosaceous; **2.** *su./f*: *~s pl.* rosaceae; **rosage** ⚘ [~'za:ʒ] *m* rhododendron; **rosaire** *eccl.* [~'zɛ:r] *m* rosary; **rosâtre** [~'zɑ:tr] pinkish.
rosbif *cuis.* [rɔs'bif] *m* roast beef.
rose [ro:z] **1.** *su./f* ⚘ rose; ⚠ rose-window; ⚓ *~ des vents* compass-card; ⚘ *~ sauvage* dog-rose; *su./m* rose (colo[u]r), pink; *voir tout* (*or la vie*) *en ~* see things (*or* the world) through rose-colo(u)red glasses; **2.** *adj.* pink; rosy; **rosé, e** [ro'ze] **1.** *adj.* rose-pink, rosy; rose, rosé (*wine*); **2.** *su./m wine*: rosé.
roseau [rɔ'zo] *m* ⚘ reed; *fig.* (broken) reed.
rose-croix [roz'krwa] *m/inv.* Rosicrucian.
rosée [rɔ'ze] *f* dew.
roseraie [roz'rɛ] *f* rose garden; **rosette** [ro'zɛt] *f ribbion*: bow; rosette (*a. = decoration*); red ink *or* chalk; ⊕ burr; **rosier** ⚘ [~'zje] *m* rose tree, rose bush.
rossard *sl.* [rɔ'sa:r] *m* skunk, beast (*= objectionable individual*).
rosse [rɔs] **1.** *su./f* † F *horse*: nag; *see rossard*; **2.** *adj.* nasty; beastly; cynical (*comedy*).
rossée F [rɔ'se] *f* thrashing; **rosser** F [~] (1a) *v/t.* give (*s.o.*) a thrashing.
rossignol [rɔsi'ɲɔl] *m orn.* nightingale; ✝ F piece of junk, old stock; F white elephant; ⊕ skeleton-key; ⚓ whistle.
rossinante F [rɔsi'nɑ̃:t] *f* worn-out old hack, Rosinante.
rossolis [rɔsɔ'li] *m* ⚘ sundew; *cordial*: rosolio.
rot *sl.* [ro] *m* belch.
rôt [~] *m* roast (meat).
rotateur, -trice [rɔta'tœ:r, ~'tris] **1.** *adj.* rotatory; **2.** *su./m anat.* rotator; *biol.* rotifer; **rotatif, -ve**

[~'tif, ~'ti:v] **1.** *adj.* rotary; **2.** *su./f typ.* rotary (printing-)press; **rotation** [~'sjɔ̃] *f* rotation (*a.* ✈, ⚡); ⚚ ~ *du stock* merchandise turnover; **rotativiste** *typ.* [~ti'vist] *m* rotary printer; **rotatoire** [~'twa:r] ⊕ rotatory (*a. phys. power*); rotational (*force*); *phys.* rotary (*polarization*).

roter *sl.* [rɔ'te] (1a) *v/i.* belch, bring up wind; *j'en rotais* it took my breath away.

rôti *cuis.* [ro'ti] *m* roast (meat); ~ *de bœuf* (*porc*) roast beef (pork); **rôtie** [~] *f* (round of) toast; ~ *à l'anglaise* Welch rarebit.

rotin [rɔ'tɛ̃] *m* ⚘ rattan; rattan cane.

rôtir [ro'ti:r] (2a) *vt/i.* roast (*a. fig.*); *fig.* scorch; *cuis.* *prêt(e) à* ~ oven-ready; *v/t.* toast (*bread*); **rôtissage** [~ti'sa:ʒ] *m* roasting; **rôtisserie** [~tis'ri] *f* cook-shop; **rôtisseur** *m*, **-euse** *f* [roti'sœ:r, ~'sø:z] seller of roast meats; cook-shop keeper; **rôtissoire** *cuis.* [~'swa:r] *f* Dutch oven; roaster.

rotonde [rɔ'tɔ̃:d] *f* ⛫ rotunda; 🚂 engine shed; *en* ~ circular; **rotondité** [~tɔ̃di'te] *f* rotundity; F stoutness.

rotor ⚡, ✈ [rɔ'tɔ:r] *m* rotor.

rotule [rɔ'tyl] *f anat.* knee-cap; ⊕ ball-and-socket joint; *mot.* (*steering-*)knuckle.

roture [rɔ'ty:r] *f* commoner's condition; *coll.* commons *pl.*; **roturier, -ère** [~ty'rje, ~'rjɛ:r] **1.** *adj.* common, plebeian; **2.** *su.* commoner; self-made man.

rouage ⊕ [rwa:ʒ] *m* wheels *pl.* (*a. fig.*); work(s *pl.*); cog-wheel, gear-wheel; *fig.* cog.

rouan, -anne *zo.* [rwɑ̃, rwan] roan.

rouanne ⊕ [rwan] *f* rasing-knife; scribing-compass; carpenter's auger.

roublard, e F [ru'bla:r, ~'blard] **1.** *adj.* wily, crafty; **2.** *su.* wily *or* crafty person; **roublardise** F [~blar'di:z] *f* cunning; piece of trickery.

rouble [rubl] *m Russian coinage*: r(o)uble.

roucouler [ruku'le] (1a) *vt/i.* coo; *v/t. fig.* warble (*a song*).

roue [ru] *f* wheel; ~ *arrière* (*avant*) back (front) wheel; *mot.* ~ *de secours* spare wheel; ~ *directrice mot.* steering-wheel; *cycl.* front wheel; ~ *motrice* driving wheel; *faire la* ~ *orn.* spread its tail (*peacock etc.*); *sp.* turn cart-wheels; ⚔ wheel about; *fig.* swagger; *mot.* *freins m/pl. sur quatre* ~*s* four-wheel brakes; *mettre* (*or jeter*) *des bâtons dans les* ~*s de q.* put a spoke in s.o.'s wheel; *sur* ~*s* wheeled, on wheels; **roué, e** [rwe] **1.** *su.* cunning *or* artful person; *su./m* rake, roué; **2.** *adj.* cunning, artful; exhausted; **rouelle** [rwɛl] *f* round slice; *veal*: fillet, *beef*: round.

rouennerie *tex.* [rwan'ri] *f* printed cotton goods *pl.*

rouer [rwe] (1p) *v/t.* coil (*a rope*); ⚖ *hist.* break (*s.o.*) on the wheel; *fig.* ~ *de coups* thrash (*s.o.*) soundly, beat (*s.o.*) black and blue; **rouerie** [ru'ri] *f* trick; piece of trickery; **rouet** [rwɛ] *m* small wheel; spinning-wheel; ⊕ pulley-wheel; ⊕ *pully*: sheave; *lock*: scutcheon; ⚓ gin.

rouge [ru:ʒ] **1.** *adj.* red (with, *de*); ruddy (*cheek*); red-hot (*metal etc.*); ~ *brique* brick-red; ~ *sang* blood-red; **2.** *adv.*: *fig.* *voir* ~ see red; **3.** *su./m colour*: red; F red wine; ~ *à lèvres*, *bâton m de* ~ lipstick; ⊕ *au* ~ at red heat, red-hot; *porter au* ~ make (*s.th.*) red-hot; *se mettre du* ~ put on rouge; *traffic*: *passer au* ~ jump the lights; *su. pol. person*: red; **rougeâtre** [ru'ʒɑ:tr] reddish; **rougeaud, e** F [~'ʒo, ~'ʒo:d] **1.** *adj.* red-faced; **2.** *su.* red-faced person; **rouge-gorge,** *pl.* **rouges-gorges** *orn.* [ruʒ'gɔrʒ] *m* robin (redbreast).

rougeole [ru'ʒɔl] *f* ⚕ measles *sg.*; ⚘ filed-cowwheat.

rouge-queue, *pl.* **rouges-queues** *orn.* [ruʒ'kø] *m* redstart; **rouget** [ru'ʒɛ] *m icht.* red mullet; gurnard; *vet.* swine-fever; *zo.* harvest-bug; **rougeur** [~'ʒœ:r] *f* redness; *face*: blush, flush; blotch, red spot (*on the skin*); **rougir** [~'ʒi:r] (2a) *vt/i.* redden; turn red; *fig.* flush; *v/t.* make (*s.th.*) red-hot, bring (*s.th.*) to a red heat; *v/i.* blush.

rouille [ru:j] *f* rust (*a.* ⚡); ⚘ mildew; **rouillé, e** [ru'je] rusty (*a. fig.*), rusted; ⚘ mildewed; **rouiller** [~'je] (1a) *v/t.* rust (*a.* ⚡); ⚘ mildew, blight; *se* ~ rust; ⚘ go mildewed; *fig.* get out of practice; **rouillure** [~'jy:r] *f* rustiness; ⚘ rust, blight.

rouir [rwiːr] (2a) *v/t.* ret, steep (*flax etc.*); **rouissage** [rwiˈsaːʒ] *m* retting, steeping.

roulade [ruˈlad] *f* roll; ♪ (vocal) flourish, roulade; **roulage** [~ˈlaːʒ] *m* ⚒, *a. mot.* rolling; *goods*: carriage; haulage; cartage; (road) traffic; ⚕ haulage firm; **roulant, e** [~ˈlɑ̃, ~ˈlɑ̃ːt] **1.** *adj.* rolling; sliding (*door*); good, smooth (*road*); smooth-running (*car*); ⚕ floating, working (*capital*), going (*concern*); F screamingly funny; ⚔, *fig.* feu *m* ~ running fire; **2.** *su./m* les ~s train *or* truck crews; **3.** *su./f* (*a.* cuisine *f* ~e) field kitchen; **rouleau** [~ˈlo] *m* roll; ⊕ *etc.* roller; *rope etc.*: coil; *phot.* spool; *tobacco*: twist; *hair*: curler, roller; (~ à pâtisserie) rolling pin; ~ hygiénique toilet roll; *fig.* être au bout de son ~ be at one's wit's end; **roulement** [rulˈmɑ̃] *m* rolling; ⊕ *machine*: running; rumble, rattle; ⊕ (~ à billes) ball bearings *pl.*; ⊕ rolling (mechanism), race; ♪ *drum*: roll; ⚕ *capital*: circulation; *fig.* alternation; ✈ run, taxying; *mot.* bande *f* de ~ tread; ✈ chemin *m* de ~ runway; par ~ in rotation; **rouler** [ruˈle] (1a) *v/t.* roll (along *or* about *or* up); *ling.* roll (*one's r's*), trill; *fig.* turn over (*in one's mind*); F cheat, fleece (*s.o.*); F ~ sa bosse knock about the world; se ~ roll; F se ~ par terre (de rire) fall about laughing; *v/i.* roll (*a.* ⚓); roll about or along or over; travel; wander; *mot.* ride, drive (along); ✈ taxi; ⊕, *mot.* run; ⚕ circulate (*money*); take turns, rotate; vary (between, entre); ~ sur turn upon, depend on; be rolling in (*money*).

roulette [ruˈlɛt] *f* small wheel; *chair etc.*: caster, truckle; *tram*: trolley-wheel; ⚕ dentist's drill; ⚘ cycloid; *game*: roulette; bath-chair; F aller comme sur des ~s go like clockwork; *sp.* patin *m* à ~s roller-skate.

rouleur, -euse [ruˈlœːr, ~ˈløːz] *su.* travelling journeyman; worker who keeps changing jobs; *barrow*: wheeler; *su./m* ⚒ trammer, haulier; *zo.* vine-weevil; *su./f zo.* leaf-roller; F low prostitute; **roulier, -ère** [~ˈlje, ~ˈljɛːr] **1.** *adj.* carrying; **2.** *su./m* carrier, carter; **roulis** ⚓ [~ˈli] *m* roll(ing); **roulotte** [~ˈlɔt] *f* (gipsy-)van; *mot.* caravan, trailer;

roulure [~ˈlyːr] *f* ⊕ *metal*: rolled edge; *timber*: cup-shake; *sl.* low prostitute.

roumain, e [ruˈmɛ̃, ~ˈmɛn] **1.** *adj.* Rumanian; **2.** *su./m ling.* Rumanian; *su.* ♀ Rumanian.

roupie[1] [ruˈpi] *f Indian coinage*: rupee.

roupie[2] [~] *f* † drop of mucus; *fig.* bit of trash; F ce n'est pas de la ~ de sansonnet that's not half bad.

roupiller F [rupiˈje] (1a) *v/i.* snooze, doze; *sl.* sleep; **roupilleur** F [~ˈjœːr] *m* snoozer; **roupillon** F [~ˈjɔ̃] *m* snooze; nap; piquer un ~ have a snooze.

rouquin, e F [ruˈkɛ̃, ~ˈkin] **1.** *adj.* red-haired, sandy-haired; **2.** *su.* red-haired *or* sandy-haired person, red-head.

rouspéter F [ruspeˈte] (1f) *v/i.* resist, show fight; protest; complain; **rouspéteur** F [~ˈtœːr] *m* complainer; quarrelsome fellow; *Am. sl.* griper, sorehead.

roussâtre [ruˈsɑːtr] reddish; **rousseur** [~ˈsœːr] *f hair etc.*: redness; tache *f* de ~ freckle.

roussi [ruˈsi] *m*: sentir le ~ smell of burning; *fig.* smack of heresy (*opinion, statement*); be something of a heretic (*person*).

roussin † [ruˈsɛ̃] *m* cart-horse; cob; *sl.* cop(per) (= *policeman*); *sl.* police spy, *Am. sl.* stool pigeon.

roussir [ruˈsiːr] (2a) *vt/i.* turn brown; scorch, singe (*linen*); *cuis.* brown.

routage [ruˈtaːʒ] *m post*: sorting; routing.

route [rut] *f* road(way); path; route (*a.* ⚔, ⚓, ✈); course (*a.* ⚓); ⚔ chanson *f* de ~ marching song; en ~ on the way; ⚓ on her course; ⚕ on the road; en ~! off you go!; let's go!; 🚂 right away!; ⚓ full speed ahead!; faire ~ sur make for; faire fausse ~ go astray, take the wrong road; *fig.* be on the wrong track; mettre en ~ start (up); se mettre en ~ set out; ⚓ get under way.

router [ruˈte] (1a) *v/t. post*: sort; route.

routier, -ère [ruˈtje, ~ˈtjɛːr] **1.** *adj.* road-…; carte *f* ~ère road-map; réseau *m* ~ highway network; voie *f* ~ère traffic lane; carriage-way; **2.** *su./m* track-chart; *mot.* long-distance driver; *cyclist*: (road) racer; *boy scout*: rover; F *vieux* ~ old stager; *su.*/*f* roadster; road-map; traction-engine; **routine** [~ˈtin] *f* routine; red tape; *par* ~ as a matter of routine; *de* ~ routine ...; **routinier, -ère** [~tiˈnje, ~ˈnjɛːr] **1.** *adj.* routine (*activities*); who works to a routine (*person*); F in a rut; **2.** *su.* routinist; lover of routine; F *fig.* stick-in-the-mud.

rouvre ⚘ [ruːvr] **1.** *adj.*: *chêne m* ~ = **2.** *su.*/*m* Austrian *or* Russian oak, robur.

rouvrir [ruˈvriːr] (2f) *vt*/*i.* reopen.

roux, rousse [ru, rus] **1.** *adj.* russet; reddish(-brown); red (*hair*); *cuis.* brown(ed) (*butter, sauce*); *lune f rousse* April moon; *vents m*/*pl.* ~ cold winds of April; **2.** *su.* red-haired *or* sandy person; *su.*/*m colour*: russet; reddish-brown; *cuis.* brown sauce; browning; brown(ed) butter.

royal, e, *m*/*pl.* **-aux** [rwaˈjal, ~ˈjo] royal, regal; kingly; crown (*prince*); *fig.* (*suivre*) *la voie* ~ (take) the royal road; **royaliste** [~jaˈlist] *adj.*, *a. su.* royalist; **royaume** [~ˈjoːm] *m* kingdom; realm (*a. fig.*); **royauté** [~joˈte] *f* royalty; kingship.

ru [ry] *m* water-course; gully; brook.

ruade [rɥad] *f horse*: kick, lashing out.

ruban [ryˈbɑ̃] *m* ribbon (*a.* ⚔, *a. typewriter, decorations*), band; tape; measuring-tape; ~ *adhésif* adhesive tape; ~ *bleu* ⚓ Blue Ribbon; *fig.* first place *or* prize; *fig.* (sign of) superiority; ~ *d'acier* steel band; *mot.* ~ *de frein* brake band; ⚡ ~ *isolant* insulating (*Am. a.* friction) tape; ~ *magnétique* (*or de magnétophone*) recording tape; ⊕ ~ *roulant* conveyor belt; ⊕ *scie f à* ~ band saw; **rubaner** [rybaˈne] (1a) *v*/*t.* trim (*s.th.*) with ribbons; cut (*s.th.*) (in)to ribbons; ⚡ tape (*a wire*); **rubanier, -ère** [~ˈnje, ~ˈnjɛːr] ribbon-...

rubéfier ⚕ [rybeˈfje] (1o) *v*/*t.* rubefy; **rubicond, e** [~biˈkɔ̃, ~ˈkɔ̃ːd] florid, rubicund, redfaced.

rubigineux, -euse [rybiʒiˈnø, ~ˈnøːz] rusty, rust-colo(u)red.

rubis [ryˈbi] *m min.* ruby; *watch*: jewel; *faire* ~ *sur l'ongle* drain to the dregs; *montre f montée sur* ~ jewelled watch; *payer* ~ *sur l'ongle* pay to the last farthing *or Am.* last cent.

rubrique [ryˈbrik] *f journ.* column; heading, rubric.

ruche [ryʃ] *f* (bee-)hive; *cost.* ruching, ruche, frill; **rucher** [ryˈʃe] **1.** (1a) *v*/*t. cost.* ruche, frill; **2.** *su.*/*m* apiary.

rude [ryd] rough (*cloth, path, sea, skin, wine*); hard (*blow, brush, climb, task, times, weather*); severe (*blow, cold, shock, trial, weather, a. fig.*); harsh (*voice, a. fig.*); primitive (*people etc.*); *fig.* brusque; F enormous; **rudement** [~ˈmɑ̃] *adv.* roughly *etc. see rude*; F extremely, awfully, real (= *very*).

rudesse [ryˈdɛs] *f* roughness; hardness; severity; harshness; primitiveness; brusqueness, abruptness.

rudiment [rydiˈmɑ̃] *m anat.*, *biol.*, *zo.*, *etc.* rudiment; *fig.* ~*s pl. a.* grounding *sg.*; **rudimentaire** [~mɑ̃ˈtɛːr] rudimentary.

rudoyer [rydwaˈje] (1h) *v*/*t.* treat roughly; bully.

rue[1] [ry] *f* street, thoroughfare; ~ *à sens unique* one-way street; ~ *barrée!* no thoroughfare; ~ *commerçante* shopping street.

rue[2] ⚘ [~] *f* rue.

ruée [rɥe] *f* rush, stampede.

ruelle [rɥɛl] *f* lane, alley; space between bed and wall.

ruer [rɥe] (1n) *v*/*i.* lash out, kick; *se* ~ (*sur*) fling o.s. (at); rush (at, to); **rueur, -euse** [rɥœːr, rɥøːz] **1.** *adj.* kicking (*horse*); **2.** *su. horse*: kicker.

rugby *sp.* [rygˈbi] *m* rugby (football).

rugir [ryˈʒiːr] (2a) *v*/*i.* roar (*a. fig.*); howl (*storm, wind*); **rugissement** [~ʒisˈmɑ̃] *m* roar(ing); *storm, wind*: howl(ing).

rugosité [rygoziˈte] *f* roughness, ruggedness; corrugation; *ground*: unevenness; **rugueux, -euse** [~ˈgø, ~ˈgøːz] rough, rugged; corrugated; gnarled (*tree, trunk*).

ruine [rɥin] *f* ruin (*a. fig.*); downfall (*a. fig.*); *fig.* fall; *tomber en* ~*s* fall in ruins; **ruiner** [rɥiˈne] (1a) *v*/*t.* ruin (*a. fig.*), destroy; ⚚ bankrupt (*s.o.*); disprove (*a theory*); *se* ~ ruin o.s. (*person*); *fig.* go to ruin (*thing*); **ruineux, -euse** [~ˈnø, ~ˈnøːz] ruinous; *fig.* disastrous.

ruisseau [rɥiˈso] *m* brook; stream (*a. fig. of blood*); *street, a. fig. pej.*: gutter; **ruisseler** [rɥisˈle] (1c) *v*/*i.* stream (with, *de*), run (down);

trickle; drip; **ruisselet** [~'lɛ] *m* rivulet, brooklet; **ruissellement** [rɥisɛl'mɑ̃] *m* streaming, running; trickling; dripping; *fig. jewels*: glitter, shimmer.

rumeur [ry'mœ:r] *f* distant sound; confused noise; *traffic*: hum; uproar; *fig.* rumo(u)r, report.

ruminant, e *zo.* [rymi'nɑ̃, ~'nɑ̃:t] *adj., a. su./m* ruminant; **ruminer** [~'ne] (1a) *v/t.* ruminate (*fig.* on an idea, *une idée*); *fig.* ponder; *v/i. zo., fig.* chew the cud, ruminate.

rune [ryn] *f* rune; **runique** [ry'nik] runic.

ruolz [ry'ɔls] *m* electroplate(d ware).

rupestre [ry'pɛstr] ⚘ rupestral, rock-dwelling; rock-(*drawings*).

rupin, e F [ry'pɛ̃, ~'pin] **1.** *adj.* first-rate, *Am.* swell; wealthy (*person*); **2.** *su./m* swell, toff, nob.

rupteur ⚡ [ryp'tœ:r] *m* circuit-breaker; **rupture** [~'ty:r] *f dam*: breaking (*a.* ⚡ *circuit*), bursting; ⚕ *blood-vessel*: rupture; *bone*: fracture; *battle, engagement, negotiations*: breaking off; ⚖ *contract, promise*: breach; *road surface*: breaking up; *fig.* falling out, quarrel (*between persons*); 🚂 ~ *de charge* dividing of load; ⚖ ~ *de promesse de mariage* breach of promise; *charge f de* ~ breaking load.

rural, e, *m/pl.* **-aux** [ry'ral, ~'ro] **1.** *adj* rural, country...; **2.** *su.* peasant.

ruse [ry:z] *f* ruse, trick, wile; ⚔ ~ *de guerre* stratagem; *en amour la* ~ *est de bonne guerre* all's fair in love and war; *user de* ~ practise deceit; **rusé, e** [ry'ze] artful, wily, crafty, cunning; **ruser** [~] (1a) *v/i.* use guile; resort to trickery.

rush [rœʃ] *m sp.* (final) spurt, sprint; *fig.* rush.

russe [rys] **1.** *adj.* Russian; **2.** *su./m ling.* Russian; *su.* ♀ Russian; **russifier** [rysi'fje] (1o) *v/t.* Russianize.

russo... [rysɔ] Russo...; **~phile** [~'fil] *adj., a. su.* Russophile.

rustaud, e [rys'to, ~'to:d] **1.** *adj.* boorish, loutish, uncouth; **2.** *su.* boor, lout; F bumpkin; **rusticité** [~tisi'te] *f* rusticity; boorishness; primitiveness; ⚘ hardiness; **rustique** [~'tik] **1.** *adj.* rustic (*a. fig.*); country...; *fig.* countrified, unrefined; ⚘ hardy; **2.** *su./m* ⚠ bush-hammer; **rustiquer** ⚠ [~ti'ke] (1m) *v/t.* give a rustic appearance to; **rustre** [rystr] **1.** *adj.* boorish, loutish, churlish; **2.** *su./m* boor, lout, churl; F bumpkin.

rut [ryt] *m animals*: rut(ting), heat; *être en* ~ be in *or* on heat (*female*); rut (*male*).

rutilant, e [ryti'lɑ̃, ~'lɑ̃:t] glowing red; gleaming (*a. fig.*); ⚗ rutilant; *fig.* glittering; **rutiler** [~'le] (1a) *v/i.* glow, gleam (red).

rythme [ritm] *m* rhythm; **rythmique** [rit'mik] rhythmic.

S

S, s [ɛs] *m* S, s; *s... sl.* = *sacré*.
sa [sa] *see son*[1].
sabbat [sa'ba] *m eccl.* Sabbath; *fig.* witches' sabbath; F *fig.* din, racket; **sabbatique** [~ba'tik] sabbatical.
sabine ⚘ [sa'bin] *f* savin(e).
sabir *ling.* [sa'bi:r] *m Levant*: lingua franca.
sablage ⊕ [sɑ'bla:ʒ] *m* sand-blasting.
sable[1] [sɑ:bl] *m* sand; ⚒ gravel; sand-glass; ~ *mouvant* quicksand; *bâtir sur le* ~ build on sand; F *être sur le* ~ be broke; be down and out.
sable[2] *zo.* [~] *m* sable.
sablé *cuis.* [sɑ'ble] *m* shortbread; **sabler** [~'ble] (1a) *v/t.* sand, gravel (*a path*); ⊕ cast (*s.th.*) in a sandmo(u)ld; ⊕ sand-blast; F *fig.* swig (*a drink*); **sableur** [~'blœ:r] *m* ⊕ sand-mo(u)lder; F *fig.* hard drinker; **sableux, -euse** [~'blø, ~'blø:z] **1.** *adj.* sandy; **2.** *su./f* ⊕ sand-jet; **sablier** [~bli'e] *m* sand-man; sand-box, sand-sifter; sand-glass; *cuis.* egg-timer.
sablière[1] ⟁ [sɑbli'ɛ:r] *f* plate; stringer.
sablière[2] [sɑbli'ɛ:r] *f* sand-pit; gravel-pit; 🚂 sand-box; **sablon** [~'blɔ̃] *m* fine sand; **sablonner** [sɑblɔ'ne] (1a) *v/t.* sand; *metall.* sprinkle with welding sand; **sablonneux, -euse** [~'nø, ~'nø:z] sandy; gritty (*fruit*); **sablonnière** [~'njɛ:r] *f* sand-pit, gravel-pit; *metall.* sand-box.
sabord ⚓ [sa'bɔ:r] *m* port(hole); scuttle; **saborder** [~bɔr'de] (1a) *v/t.* ⚓ scuttle; *fig.* shut down, wind up (*a company etc.*); se ~ ⚓ scuttle one's ship; *fig.* shut down.
sabot [sa'bo] *m* sabot (*a.* ⚔, ⊕); wooden shoe *or* clog; *zo.* hoof; ⊕, ⚡, *mot.* (*brake-, contact-, etc.*)shoe; F dud; *toy*: top; *mot.* ~ (*de Denver*) (*TM*) Denver shoe; *mot.* ~ *de pare-choc* overrider; F *fig. dormir comme un* ~ sleep like a log; **sabotage** [sabɔ'ta:ʒ] *m work*: scamping, bungling; scamped *or* bungled work; (act of) sabotage (*during strikes etc.*); **saboter** [~'te] (1a) *v/i.* bungle one's work; commit acts of sabotage; *v/t.* ⊕ shoe (*a pile*); 🚂 chair (*a sleeper*); *fig.* bungle (*one's work etc.*); ⊕ sabotage (*a job, machinery*); **saboteur** *m*, **-euse** *f* [~'tœ:r, ~'tø:z] ⊕ saboteur; *work*: bungler, botcher; **sabotier** [~'tje] *m* sabot-maker.
sabre [sɑ:br] *m* sabre, broadsword; *icht.* sword-fish; ~ *au clair* (with) drawn sword; *coup m de* ~ sabre cut; slash; F *fig. traîneur m de* ~ sabre-rattler; **sabrer** [~'bre] (1a) *v/t.* sabre; slash; F botch, scamp (*one's work*); F *fig.* make drastic cuts in (*a play etc.*); **sabretache** ⚔ [~brə'taʃ] *f* sabretache; **sabreur** [~'brœ:r] *m* † dashing cavalry officer; F *work*: scamper.
sac[1] [sak] *m coal, flour, etc.*: sack; bag; ⚔ kit-bag, knapsack; rucksack; *zo.* pouch; *anat.* sac; *geol.* pocket; (*wind-*)cone; sackcloth; ~ *à main* handbag, *Am. a.* purse; ~ *de couchage* sleeping-bag; ~ *de voyage* travelling-case; ~ *en bandoulière* shoulder-bag; ~ *en papier* paper-bag; F *homme m de* ~ *et de corde* thorough scoundrel; F *c'est dans le* ~ it's in the bag; F *vider son* ~ get it off one's chest.
sac[2] [~] *m* pillage, sacking.
saccade [sa'kad] *f* jerk; *par* ~*s* in jerks; *fig.* by fits and starts; **saccadé, e** [saka'de] jerky; irregular.
saccage [sa'ka:ʒ] *m* sacking; havoc; **saccager** [saka'ʒe] (1l) *v/t.* sack; create havock in; upset; **saccageur** *m*, **-euse** *f* [~'ʒœ:r, ~'ʒø:z] plunderer.
saccharate ⚗ [sakka'rat] *m* saccharate; **saccharide** ⚗ [~'rid] *m* saccharide; **saccharifier** ⚗ [~ri'fje] (1o) *v/t.* saccharify; **saccharin, e** [~'rɛ̃, ~'rin] *adj., a. su./f* saccharine; **saccharose** ⚗ [~'ro:z] *m* saccharose.
sacerdoce [sasɛr'dɔs] *m* priesthood (*a. coll.*); **sacerdotal, e,** *m/pl.* **-aux** [~dɔ'tal, ~'to] priestly; sacerdotal; *fig.* priestlike.

sachant [sa'ʃɑ̃] *p.pr. of savoir 1*; **sache** [saʃ] *1st p. sg. pres. sbj. of savoir 1.*

sachée [sa'ʃe] *f* sackful, bagful; **sachet** [~'ʃɛ] *m* small bag; *scent*: sachet; ~ *de thé* teabag.

sacoche [sa'kɔʃ] *f* satchel, wallet; *mot., bicycle, etc.*: tool-bag; ⚔ saddle-bag.

sacramental *eccl.* [sakramɑ̃'tal] *m* sacramental; **sacramentel, -elle** [~'tɛl] *eccl.* sacramental; *fig.* ritual.

sacre [sakr] *m king*: anointing, coronation; *bishop*: consecration.

sacraliser [sakrali'ze] (1a) *v/t.* make *or* consider (*s.th., s.o.*) sacred; **sacralité** [~'te] *f* sacredness; **sacré, e** [sa'kre] holy (*orders, scripture*); sacred (*spot, vessel, a. fig.*); *anat.* sacral; *sl.* (*before su.*) confounded, damned; **sacre-bleu!** [~krə'blø] *int.* damn (it)!; **sacrement** *eccl.* [~krə'mɑ̃] *m* sacrament; *derniers ~s pl.* last rites; *fréquenter les ~s* be a regular communicant; **sacrer** [~'kre] (1a) *v/t.* anoint, crown (*a king*); consecrate (*a bishop*); *v/i.* F curse.

sacrificateur *m*, **-trice** *f* † [sakrifika'tœ:r, ~'tris] sacrificer; **sacrifice** [~'fis] *m* sacrifice (*a. fig.*); *eccl. saint* ~ Blessed Sacrament; **sacrifier** [~'fje] (1o) *v/t.* sacrifice (*a.* ✝, *a. fig.*); *fig.* give (*s.th.*) up (to, for *à*); *se* ~ devote o.s. (to, *à*); *v/i.* sacrifice; conform (to, *à*); **sacrilège** [~'lɛ:ʒ] **1.** *adj.* sacrilegious, impious; **2.** *su.* sacrilegious person; *su./m* sacrilege.

sacripant [sakri'pɑ̃] *m* F scoundrel, knave; † braggart.

sacristain *eccl.* [sakris'tɛ̃] *m* sacristan; sexton; **sacristi!** [~'ti] *int.* Good Lord!; hang it!; **sacristie** *eccl.* [~'ti] *f* sacristy, vestry.

sacro... [sakrɔ] sacro-... (*a. anat.*); **~-saint, e** [~'sɛ̃, ~'sɛ̃:t] sacrosanct.

sacrum *anat.* [sa'krɔm] *m* sacrum.

sadique [sa'dik] **1.** *adj.* sadistic; **2.** *su.* sadist; **sadisme** [~'dism] *m* sadism.

safari [safa'ri] *m* safari; *~-photo* photographic safari.

safran [sa'frɑ̃] **1.** *su./m* ⚘, *cuis.* saffron; ⚘ crocus; **2.** *adj./inv.* saffron (-colo[u]red); **safraner** *cuis.* [~fra'ne] (1a) *v/t.* (colo[u]r *or* flavo[u]r with) saffron.

sagace [sa'gas] sagacious; shrewd; **sagacité** [~gasi'te] *f* sagacity; shrewdness; *avec* ~ sagaciously.

sage [sa:ʒ] **1.** *adj.* wise; prudent; discreet (*person, conduct*); well-behaved; good (*child*); modest (*woman*); **2.** *su./m* wise man, sage; **~-femme,** *pl.* **~s-femmes** [saʒ'fam] *f* midwife; **sagesse** [sa'ʒɛs] *f* wisdom; discretion; good behavio(u)r; *woman*: modesty; *la ~ (d')après coup* hindsight.

sagittaire [saʒi'tɛ:r] *su./m hist.* archer; *astr. le* ♀ Sagittarius, the Archer; *su./f* ⚘ sagittaria, arrowhead.

sagou *cuis.* [sa'gu] *m* sago.

sagouin, e [sa'gwɛ̃, ~'gwin] *su. zo.* squirrel-monkey; *su./m* F slovenly fellow; *su./f* F slattern, slut.

sagoutier ⚘ [sagu'tje] *m* sago-palm.

saignant, e [sɛ'ɲɑ̃, ~'ɲɑ̃:t] bleeding; *cuis.* underdone, rare (*meat*); F *fig.* sensational, F hot; **saignée** [~'ɲe] *f* ⚕ bleeding; *anat.* (~ *du bras*) bend of the arm; *drainage*: ditch; *fig. resources*: drain, loss(es *pl.*); ⊕ (*oil-*)groove; **saigner** [~'ɲe] (1b) *vt/i.* bleed (*a. fig.*); ⊕, *fig.* drain; tap.

saillant, e [sa'jɑ̃, ~'jɑ̃:t] **1.** *adj.* ⚠ projecting; prominent; *fig.* outstanding, striking; **2.** *su./m* ⚔ salient; **saillie** [~'ji] *f* spurt, bound; ⚔ sally (*a. fig. wit*); *zo.* covering; *fig.* outburst; *paint.* prominence; ⚠ projection; ⊕ lug; *en* ~ projecting; bay(*-window*); *faire* ~ project; protrude; *par ~s* by leaps and bounds.

saillir[1] [sa'ji:r] (2a) *v/i.* spurt out, gush out; ⚔ (make a) sally; *v/t. zo.* cover (*a mare*).

saillir[2] [~] (2p) *v/i.* project; *paint. etc.* stand out.

sain, saine [sɛ̃, sɛn] healthy (*person, climate, a. sp.*); sound (*doctrine, horse, fruit, timber, views,* ✝, ⚕, *etc.*); wholesome (*food*); ⚓ clear; ~ *et sauf* safe and sound; **sain(-)bois** ⚘ [sɛ̃'bwa] *m* spurge-flax.

saindoux *cuis.* [sɛ̃'du] *m* lard.

sainfoin ⚘, 🌾 [sɛ̃'fwɛ̃] *m* sainfoin.

saint, sainte [sɛ̃, sɛ̃:t] **1.** *adj.* holy; *eccl.* saintly; consecrated (*building, ground, etc.*); ♀ *Jean* St. John; F *toute la sainte semaine* all the blessed week; **2.** *su.* saint; *su./m*: *les ~s pl. de glace* the Ice *or* Frost Saints; *le ~ des ~s* the Holy of

Holies; **~-bernard** *zo.* [sɛ̃bɛr'na:r] *m/inv.* St. Bernard; **~-crépin** [~kre'pɛ̃] *m* shoemaker's tools *pl.*; *fig.* possessions *pl.*; **♀-Esprit** [~tɛs'pri] *m* Holy Ghost; **sainteté** [sɛ̃tə'te] *f* holiness, saintliness; *fig.* sanctity.

saint...: **~-frusquin** F [sɛ̃frys'kɛ̃] *m/inv.* possessions *pl.*; *tout le ~* the whole caboodle; **~-glinglin** F [~glɛ̃'glɛ̃]: *à la ~* never; **~-office** *eccl.* [~tɔ'fis] *m* Holy Office; **♀-Père** *eccl.* [~'pɛ:r] *m the* Holy Father, *the* Pope; **♀-Siège** *eccl.* [~'sjɛ:ʒ] *m the* Holy See; **♀-Sylvestre** [~sil'vɛstrə]: *la ~* New Year's Eve.

sais [sɛ] *1st p. sg. pres. of savoir 1.*

saisi ⚖ [sɛ'zi] *m* distrainee; **saisie** [~] *f* seizure (*a.* ⚖); ⚖ distraint; **saisine** [~'zin] *f* ⚖ livery of seisin; ⚓ *etc.* lashing; *boat*: sling; **saisir** [~'zi:r] (2a) *v/t.* seize; catch hold of; ⚖ attach; distrain upon (*goods*); foreclose (*a mortgage*); ⚓ stow (*anchors, boats*); *cuis.* cook (*meat*) at high temperature; *fig.* catch, grasp; understand; *~ q. de* refer (*s.th.*) to s.o.; vest s.o. with; *se ~ de* seize upon (*a. fig.*); **saisissable** [~zi'sabl] seizable; attachable; *fig.* distinguishable; **saisissant, e** [~zi'sɑ̃, ~'sɑ̃:t] striking; gripping (*scene, spectacle, speech*); piercing (*cold*); **saisissement** [~zis'mɑ̃] *m* † seizure; sudden chill; shock, emotion.

saison [sɛ'zɔ̃] *f* season; tourist season; *time*: period; *~ hivernale* winter season; (*hors*) *de ~* (un)seasonable, (in)opportune; *la ~ bat son plein* it is the height of the season; **saisonnier, -ère** [~zɔ'nje, ~'njɛ:r] **1.** *adj.* seasonal; **2.** *su.* seasonal worker.

salade [sa'lad] *f* salad; lettuce; *fig.* confusion, jumble; *sl. panier m à ~* Black Maria (= *prison van*); **saladier** [~la'dje] *m* salad-bowl.

salage [sa'la:ʒ] *m* salting; † salt-tax.

salaire [sa'lɛ:r] *m* wage(s *pl.*) (*a. fig.*); pay; *fig.* reward; *~ de base* basic wage; *les gros ~s pl.* the top earners.

salaison [salɛ'zɔ̃] *f* salting; *bacon*: curing; salt provisions *pl.*; *marchand m de ~s* dry-salter.

salamandre [sala'mɑ̃:dr] *f zo.* salamander; ⊕ slow-combustion stove.

salami [sala'mi] *m* salami; *fig. méthode f* (*ou tactique f*) *du ~* salami tactics *sg.*

salangane *orn.* [salɑ̃'gan] *f* salangane; *cuis. nid m de ~* bird's nest.

salant [sa'lɑ̃] *adj./m* salt-...

salariat [sala'rja] *m* salaried *or* wage-earning classes *pl.*; **salarié, e** [~'rje] **1.** *adj.* wage-earning (*person*); paid (*work*); **2.** *su.* wage-earner; *pej.* hireling; **salarier** [~'rje] (1o) *v/t.* pay wages to (*s.o.*).

salaud *sl.* [sa'lo] *m* dirty person; *fig.* bastard, *Br. a.* bugger; **sale** [sal] dirty (*a. fig.*); *fig.* foul.

salé, e [sa'le] **1.** *adj.* salt(ed); *fig.* spicy, coarse (*story*); biting (*comment etc.*); F stiff (*price*, ⚖ *sentence*); **2.** *su./m* salt pork; *petit ~* pickled pork.

salement [sal'mɑ̃] *adv.* dirtily; meanly, nastily; *sl.* very, extremely.

saler [sa'le] (1a) *v/t.* salt (*a. fig.*); cure (*bacon*); *fig.* fleece, overcharge (*s.o.*).

saleté [sal'te] *f* dirt(iness), filth(iness); *fig.* indecency; dirty story; *fig.* dirty trick; *fig. dire des ~s* talk smut.

salicylate ⚗ [salisi'lat] *m* salicyclate; **salicylique** ⚗ [~'lik] salicylic.

salière [sa'ljɛ:r] *f table*: salt-cellar, *Am.* saltshaker; *kitchen*: salt-box.

saligaud *m*, **e** *f sl.* [sali'go, ~'go:d] dirty dog, skunk, rotter; sloven.

salin, e [sa'lɛ̃, ~'lin] **1.** *adj.* saline, salty; salt (*air*); **2.** *su./m* salt-marsh; ⊕, ⚗ (crude) potash; **2.** *su./f* salt-pan, salt works *usu. sg*; rock-salt mine; **salinier** [~li'nje] *m* salter; salt-mine owner; ✝ salt merchant.

salir [sa'li:r] (2a) *v/t.* dirty, soil; *fig.* sully; *se ~* get dirty *or* soiled; *fig.* tarnish one's reputation; **salissant, e** [~li'sɑ̃, ~'sɑ̃:t] dirty(ing); *tex. etc.* easily soiled.

salivaire *anat.* [sali'vɛ:r] salivary; **salivation** ⚕ [~va'sjɔ̃] *f* salivation; **salive** [sa'li:v] *f* saliva; F *perdre sa ~* waste one's breath; **saliver** [~li've] (1a) *v/i.* salivate.

salle [sal] *f* hall; (*large*) room; *hospital*: ward; *thea.* (*a. ~ de spectacle*) auditorium, F house; *~ à manger* dining-room; *~ d'attente* waiting-room; *~ de bain(s)* bathroom; *~ de classe* class-room, schoolroom; ⚔ *~ de police* guard-room; *~ des pas perdus* lobby, waiting-hall.

salmigondis [salmigɔ̃'di] *m cuis.*

salmagundi, ragout; *fig.* hotchpotch.

salmis *cuis.* [sal'mi] *m* salmi; ragout (*of roasted game*).

saloir [sa'lwa:r] *m* salting-tub.

salon [sa'lɔ̃] *m* drawing-room; ⚓ *etc.* saloon, cabin; (*tea-*)room; ♀ exhibition; *fig.* ~*s pl.* society *sg.*, fashionable circles; ♀ *de l'automobile* motor-show; *fréquenter les* ~*s* move in high society; **salonnier** [~lɔ'nje] *m* art critic; critic of the *Salon* (*the annual art exhibition in Paris*).

salopard *sl.* [salɔ'pa:r] *m* unprepossessing person; **salope** *sl.* [~'lɔp] *f* tart; bitch; **saloper** F [salɔ'pe] (1a) *v/t.* mess up, *sl.* goof up; **saloperie** F [salɔ'pri] *f* filth; rubbish, trash; mess; bungled piece of work; ~*s pl.* smut *sg.*, dirt *sg.*; *faire une* ~ *à* play a dirty trick on; **salopette** [~'pɛt] *f* overall(s *pl.*); dungarees *pl.*

salpêtre [sal'pɛ:tr] *m* saltpetre, potassium nitrate, nitre.

salsifis ⚘, *cuis.* [salsi'fi] *m* salsify.

saltimbanque [saltɛ̃'bɑ̃:k] *m* (travelling) showman; *pol.*, *fig.* charlatan, mountebank; † tumbler.

salubre [sa'ly:br] salubrious, healthy; wholesome (*food etc.*); **salubrité** [~lybri'te] *f* salubrity, healthiness; *food etc.*: wholesomeness; ~ *publique* public health.

saluer [sa'lɥe] (1n) *v/t.* bow to; salute (*a.* ⚔, ⚓), greet (*s.o.*); *fig.* welcome; ⚓ ~ *du pavillon* dip the flag to.

salure [sa'ly:r] *f* saltness; salt tang (*of the sea air*).

salut [sa'ly] *m* safety; *eccl.*, *a. fig.* salvation; greeting; bow; ⚔ salute; ⚓ *flag*: dipping; ⚔ *colour*: lowering; *eccl.* Benediction (of the Blessed Sacrament); ~*!* hullo!; how do you do?; *Armée f du* ♀ Salvation Army; **salutaire** [saly'tɛ:r] salutary, wholesome, beneficent; **salutation** [~ta'sjɔ̃] *f* greeting; bow; *agréez mes meilleures* ~*s end of letter*: yours faithfully; **salutiste** [~'tist] *su.* Salvationist, member of the Salvation Army.

salve [salv] *f* ⚔ salvo; *guns*: salute; *fig.* round (*of applause*).

samedi [sam'di] *m* Saturday; ~ *saint* Holy Saturday, Saturday before Easter.

sanctificateur, -trice [sɑ̃ktifika'tœ:r, ~'tris] **1.** *adj.* sanctifying; **2.** *su.* sanctifier; *su./m*: *le* ♀ the Holy Ghost; **sanctification** [~fika'sjɔ̃] *f* sanctification; *Sabbath*: observance; **sanctifier** [~'fje] (1o) *v/t.* sanctify, make holy; observe (*the Sabbath*); *que votre nom soit sanctifié* hallowed be Thy name.

sanction [sɑ̃k'sjɔ̃] *f* sanction (*a. pol.*); approval; penalty, punishment; **sanctionner** [~sjɔ'ne] (1a) *v/t.* sanction; approve; punish.

sanctuaire [sɑ̃k'tɥɛ:r] *m* sanctuary (*a. fig.*); **sanctus** *eccl.*, ♪ [~'tys] *m Mass*: sanctus.

sandal, *pl.* **-als** [sɑ̃'dal] *m see santal.*

sandale [sɑ̃'dal] *f* sandal; gym-shoe.

sandow (*TM*) [sɑ̃'dɔf] *m* elastic; *sp.* chest-expander.

sandre *icht.* [sɑ̃:dr] *f* pike-perch.

sandwich, *pl. a.* **-es** [sɑ̃'dwitʃ] *m* sandwich; *sl. faire* ~ play gooseberry.

sang [sɑ̃] *m* blood; race, lineage; kinship, relationship; *biol. à* ~ *chaud* (*froid*) warm-blooded (cold-blooded) (*animal*); F *avoir le* ~ *chaud* be quick-tempered; ⚕ *coup m de* ~ (apoplectic) fit; *droit m du* ~ birthright; ⚕ *écoulement m de* ~ h(a)emorrhage; *être tout en* ~ be covered with blood; *se faire du mauvais* ~ worry; **~-froid** [~'frwa] *m* composure, self-control; *de* ~ in cold blood, cold-bloodedly; *accompli de* ~ cold-blooded (*murder etc.*).

sanglant, e [sɑ̃'glɑ̃, ~'glɑ̃:t] bloody; blood-covered; blood-red; *fig.* bitter (*attack, criticism, tears, etc.*); deadly (*insult*).

sangle [sɑ̃:gl] *f* strap; (*saddle-*)girth; *lit m de* ~ camp-bed; **sangler** [sɑ̃'gle] (1a) *v/t.* strap; girth (*a horse*); strike (*s.o.*); fasten the webbing on (*a bed, a chair*).

sanglier *zo.* [sɑ̃gli'e] *m* wild boar.

sanglot [sɑ̃'glo] *m* sob; **sangloter** [~glɔ'te] (1a) *v/i.* sob.

sangsue *zo.*, *fig.* [sɑ̃'sy] *f* leech.

sanguin, e [sɑ̃'gɛ̃, ~'gin] blood...; of blood; full-blooded (*person*); red-faced (*person*); **sanguinaire** [~gi'nɛ:r] **1.** *adj.* bloodthirsty (*person*); bloody (*fight*); **2.** *su./f* ⚘ blood-root; **sanguine** [~'gin] *f* blood-orange; red h(a)ematite, red chalk; *min.* bloodstone; *paint.* red chalk (drawing); **sanguinolent, e** [~ginɔ'lɑ̃, ~'lɑ̃:t] blood-red; ⚕ sanguinolent.

sanie ⚕ [sa'ni] *f* pus, F matter; **sanieux, -euse** ⚕ [~'njø, ~'njø:z] sanious.

sanitaire [sani'tɛ:r] **1.** *adj.* sanitary; ⚔ hospital (*train*), ambulance (*aeroplane*); **2.** *su./m* (*a.* ~*s pl.*) sanitation; (bathroom) plumbing; bathroom.

sans [sɑ̃] *prp.* without; free from *or* of; ...less; un...; ~ *hésiter* without hesitating *or* hesitation; *non* ~ *peine* not without difficulty; ~ *plus tarder* without further delay; ~ *bretelles* strapless; ~ *cesse* ceaseless; ~ *doute* doubtless, no doubt; ~ *exemple* unparalleled; ~ *faute* without fail; faultless; ~ *le sou* penniless; ~ *que* (*sbj.*) without (*ger.*); ~ *cela*, ~ *quoi* but for that; *see mot*; **~-abri** [~za'bri] *m/inv.* homeless person; **~-atout** [~za'tu] *m cards*: no trumps; **~-cœur** F [~'kœ:r] *su./inv.* heartless person; **~-culotte** *hist.* [~ky'lɔt] *m* sansculotte (= *extreme republican*); **~-façon** [~fa'sɔ̃] *m/inv.* straightforwardness, bluntness; **~-fil** [~'fil] *f/inv.* wireless message; **~-filiste** [~fi'list] *su.* wireless enthusiast; wireless operator; **~-gêne** [~'ʒɛn] *su./inv.* off-handed *or* unceremonious person; *su./m/inv. pej.* off-handedness; F cheek; **~-le-sou** F [~lə'su] *su./inv.* penniless person.

sansonnet *orn.* [sɑ̃sɔ'ne] *m* starling.

sans...: **~-parti** *pol.* [~par'ti] *su./inv.* independent; **~-souci** [sɑ̃su'si] *adj./inv.* carefree; unconcerned; **~-travail** [~tra'vaj] *su./inv.* jobless person.

santal, *pl.* **-als** ⚘ [sɑ̃'tal] *m* sandalwood.

santé [sɑ̃'te] *f* health; *à votre* ~! cheers!; your health!; *être en bonne* ~ be well; *maison f de* ~ private hospital, nursing home; mental hospital; *médecin m de* (*la*) ~ medical officer of health, F M.O.H.; *service m de* (*la*) ~ Health Service, ⚔ medical service, ⚓ quarantine service.

saoul [su] *see soûl.*

sape [sap] *f* ⚔ *etc.* sap(ping); undermining (*a. fig.*); **saper** [sa'pe] (1a) *v/t.* sap, undermine (*a. fig.*).

sapeur ⚔ [sa'pœ:r] *m* sapper; pioneer; **~-pompier,** *pl.* **~s-pompiers** [~pœrpɔ̃'pje] *m* fireman; *sapeurs-pompiers pl.* fire-brigade.

saphir *min., a. orn.* [sa'fi:r] *m* sapphire; **saphirine** *min.* [~fi'rin] *f* sapphirine.

sapientiaux *bibl.* [sapjɑ̃'sjo] *adj./m/pl.*: *Livres m/pl.* ♀ wisdom-literature *sg.*

sapin [sa'pɛ̃] *m* ⚘ fir(-tree), spruce; ✝ deal; F coffin; *faux* ~ pitch-pine; F *toux f qui sent le* ~ churchyard cough; **sapinière** ⚘ [~pi'njɛ:r] *f* fir-plantation.

saponacé, e [sapɔna'se] saponaceous, soapy; **saponaire** ⚘ [~'nɛ:r] *f* saponaria, *usu.* soapwort; **saponifier** [~ni'fje] (1o) *v/t. a. se* ~ saponify.

sapristi! † F [sapris'ti] *int.* Good Lord!; hang it!

sarbacane [sarba'kan] *f* blow-pipe.

sarcasme [sar'kasm] *m* sarcasm; sarcastic remark; **sarcastique** [~kas'tik] sarcastic.

sarcelle *orn.* [sar'sɛl] *f* teal.

sarclage ⚒ [sar'kla:ʒ] *m* weeding; **sarcler** [~'kle] *v/t.* ⚒ weed; hoe (up); *fig.* weed out; **sarcloir** ⚒ [~'klwa:r] *m* hoe; **sarclure** ⚒ [~'kly:r] *f* (uprooted) weeds *pl.*

sarcome ⚕ [sar'ko:m] *m* sarcoma.

sarcophage [sarkɔ'fa:ʒ] *m* sarcophagus.

sarde [sard] **1.** *adj.* Sardinian; **2.** *su./m ling.* Sardinian; *su.* ♀ Sardinian; **sardine** [sar'din] *f icht.* pilchard; ✝ sardine; ⚔ F N.C.O.'s stripe; **sardinerie** [~din'ri] *f* sardine-packing factory *etc.*; **sardinier, -ère** [~di'nje, ~'njɛ:r] *su.* sardine fisher; sardine packer *or* curer; *su./m* sardine-net; sardine-boat.

sardoine *min.* [sar'dwan] *f* sard; [*bibl.* sardine stone.]

sardonique [sardɔ'nik] sardonic.

sargasse ⚘ [sar'gas] *f* sargasso.

sarigue *zo.* [sa'rig] *m* sarigue; *South America*: opossum.

sarment ⚘ [sar'mɑ̃] *m* vine-shoot; bine; **sarmenteux, -euse** ⚘ [~mɑ̃'tø, ~'tø:z] sarmentous; *vine*: climbing.

sarrasin, e [sara'zɛ̃, ~'zin] **1.** *adj. hist.* Saracen; **2.** *su. hist.* ♀ Saracen; *su./m* ⚒ buckwheat; *su./f* ⚔, ⚠ portcullis.

sarrau, *pl. a.* **-s** *cost.* [sa'ro] *m* overall, smock.

sarriette ⚘ [sa'rjɛt] *f* savory.

sas ⊕ [sɑ] *m* sieve, riddle, screen; (*air-*)lock; lock-chamber; ⚓ *submarine*: flooding-chamber; *passer au* ~ sift, bolt (*s.th.*).

sasse [sɑːs] *f* ⚓ bailing-scoop, bailer; ⊕ *flour*: bolter.

sassement [sɑsˈmɑ̃] *m* ⚓ passing through a lock; ⊕ sifting, screening, *flour etc.*: bolting; **sasser** [sɑˈse] (1a) *v/t.* ⚓ pass (*a boat*) through a lock; ⊕ sift (*a. fig.*), screen, bolt (*flour etc.*); jig (*ore*); *fig.* examine in detail.

satané, e F [sataˈne] confounded; **satanique** [~ˈnik] satanic; *fig.* diabolical.

satellisation [satɛlizaˈsjɔ̃] *f satellite*: putting into orbit; *fig.* making into *or* becoming a satellite; **satelliser** [~liˈze] (1a) *v/t.* put (*a satellite*) into orbit; *fig.* make a satellite of (*a country etc.*); **satellite** [~ˈlit] *m astr.*, *phys.*, *a. fig.* satellite.

satiété [sasjeˈte] *f* satiety; *à ~* to repletion, to satiety.

satin ✝, *tex.* [saˈtɛ̃] *m* satin; *bois m de ~* satinwood; **satinade** ✝, *tex.* [satiˈnad] *f silk*: satinette; **satinage** [~ˈnaːʒ] *m* ⊕ glazing; *tex.* satining; *paper*: surfacing; *phot.* *print*: burnishing; **satiné, e** [~ˈne] **1.** *adj.* satiny; glazed (*leather*, *paper*); *geol.* satin-(*spar*, *stone*); **2.** *su./m* gloss; **satiner** [~ˈne] (1a) *v/t.* satin, glaze; surface (*paper*); press (*linen*, *paper*); *phot.* burnish; **satinette** ✝, *tex.* [~ˈnɛt] *f* (*cotton*) satinette, sateen; **satineur, -euse** *tex.* [~ˈnœːr, ~ˈnøːz] *su.* satiner, glazer; *su./f* satining-machine, glazing-machine.

satire [saˈtiːr] *f* satire (on, *contre*); lampoon; satirizing; **satirique** [satiˈrik] **1.** *adj.* satiric(al); **2.** *su./m* satirist; **satiriser** [~riˈze] (1a) *v/t.* satirize.

satisfaction [satisfakˈsjɔ̃] *f* satisfaction (*a. fig.*); *fig.* amends *pl.* (for *pour*, *de*); *eccl.* atonement (for, *de*); **satisfaire** [~ˈfɛːr] (4r) *v/t.* satisfy (*a. fig.*); make amends to (*s.o.*); *v/i.* *eccl.* make atonement; *~ à* satisfy; *fig.* meet (*an objection etc.*); *fig.* fulfil (*a duty*); **satisfaisant, e** [~fəˈzɑ̃, ~ˈzɑ̃ːt] satisfactory, satisfying; **satisfait, e** [~ˈfɛ, ~ˈfɛt] satisfied, pleased (with, *de*).

saturable ⚗, *phys.* [satyˈrabl] saturable; **saturer** [~ˈre] (1a) *v/t.* ⚗, *phys.* saturate (with, *de*); *fig.* satiate.

saturnin, e ⚕ [satyrˈnɛ̃, ~ˈnin] lead-...; **saturnisme** ⚕ [~ˈnism] *m* lead-poisoning.

satyre [saˈtiːr] *m myth.* satyr; *zo.* satyr butterfly.

sauce [soːs] *f cuis.*, *a. tobacco*: sauce; *cuis.* gravy; *drawing*: lamp-black; *~ tomate* tomato sauce; F *dans la ~* in the soup; **saucée** F [soˈse] *f rain*: downpour; *fig.* dressing-down, F telling-off; **saucer** [~ˈse] (1k) *v/t.* dip (*s.th.*) in the sauce; soak (*a.* F *fig.*); F scold, tell (*s.o.*) off; **saucière** [~ˈsjɛːr] *f* sauce-boat; gravy-boat.

saucisse [soˈsis] *f* (*fresh*) sausage; *sl.* fat-head; idiot; F *ne pas attacher son chien avec des ~s* be careful with one's money.

saucisson [sosiˈsɔ̃] *m* (*dry*, *smoked*, *etc.*) sausage; **saucissonnage** F *fig.* [~sɔˈnaːʒ] *m* splitting (up); **saucissonner** F [~sɔˈne] (1a) *v/i.* have a snack; picknick.

sauf, sauve [sof, soːv] **1.** *adj.* safe, unhurt; unscathed; **2.** *sauf prp.* except, but; save; in the absence of; *~ à* (*inf.*) subject to (*ger.*); *~ erreur ou omission* errors and omissions excepted; *~ imprévu* except for unforeseen circumstances; *~ que* (*sbj.*) except that (*ind.*); **~-conduit** [sofkɔ̃ˈdɥi] *m* safe-conduct, pass.

sauge ⚘, *cuis.* [soːʒ] *f* sage.

saugrenu, e [sogrəˈny] preposterous, ridiculous.

saulaie ⚘ [soˈlɛ] *f* willow-plantation; **saule** ⚘ [soːl] *m* willow; *~ pleureur* weeping willow; **saulée** [soˈle] *f* row of willows.

saumâtre [soˈmɑːtr] brackish; F nasty; sour (*person*).

saumon [soˈmɔ̃] **1.** *su./m icht.* salmon; ⊕ *lead*: pig; ⊕ *metal*: ingot, block; **2.** *adj./inv.* salmon-pink; **saumoné, e** [somɔˈne] salmon; *icht.* *truite f ~e* salmon-trout; **saumoneau** *icht.* [~ˈno] *m* young salmon; parr.

saumure [soˈmyːr] *f* pickling brine; pickle; **saumurer** [~myˈre] (1a) *v/t.* pickle in brine; brine (*anchovies*, *meat*).

sauna [soˈna] *m* sauna.

saupoudrage [sopuˈdraːʒ] *m* sprinkling; *fig.* scattering; **saupoudrer** [~ˈdre] (1a) *v/t.* sprinkle, powder (with, *de*); dust (with, *de*); *fig.* scatter; *fig.* stud (*the sky*, *a speech*) (with, *de*); **saupoudreuse** [~ˈdrøːz] *f*,

saupoudroir [~'drwa:r] *m* sprinkler.

saur [sɔ:r] *adj.*/*m*: *hareng m* ~ red herring.

saurai [sɔ're] *1st p. sg. fut. of savoir 1.*

saurer [so're] (1a) *v/t.* kipper, cure (*herrings*); **sauret** [~'rɛ] *adj.*/*m* lightly cured (*herring*); **saurin** [~'rɛ̃] *m* bloater.

saut [so] *m* leap, jump; (*water*)fall; *sp.* ~ *à la perche* pole-jump; *sp.* ~ *d'ange* swallow-dive; *sp.* ~ *de haie* hurdling; *sp.* ~ *en hauteur* (*longueur*) high (long) jump; ~ *en parachute* parachute jump; *sp.* ~ *périlleux* somersault; F *au* ~ *du lit* on getting out of bed; *faire le* ~ give way; take the plunge; F *faire un* ~ *chez* pop round to (*a shop etc.*); *par* ~*s et par bonds* by leaps and bounds; *fig.* jerkily; **~-de-lit**, *pl.* **~s-de-lit** *cost.* [~d'li] *m* dressing-gown; **saute** [so:t] *f price, temperature*: jump; sudden change; *wind, a. fig.*: shift; **saute-mouton** *sp. etc.* [sotmu'tɔ̃] *m* leap-frog; *jouer à* ~ play leapfrog; **sauter** [so'te] (1a) **1.** *v/i.* jump, leap (*a. fig.* for joy, *de joie*); ⚓ shift, veer (*wind*); blow up (*explosive, mine, etc.*); ⚡ blow (*fuse*); ✝ go bankrupt, fail; ~ *aux yeux* be obvious; *faire* ~ blow (*s.th.*) up; ⚡ blow (*a fuse*); burst (*a boiler*); blast (*a rock*); spring (*a trap*); burst (*a button, a lock*); *fig.* dismiss, F fire (*an official*); *fig. pol.* bring down (*the government*); *v/t.* jump (over), leap (over); *fig.* skip, omit; ⚡ blow (*a fuse*); toss (*a child, a. cuis. a pancake*); *cuis.* fry quickly; **sauterelle** [~'trɛl] *f zo.* grasshopper; F *fig.* (*a. grande* ~) beanpole; **sauterie** [~'tri] *f* jumping, hopping; F (informal) dance, F hop; **sauteur, -euse** [~'tœ:r, ~'tø:z] **1.** *adj.* jumping, leaping; *fig.* unreliable (*person*); **2.** *su.* jumper (*a. sp.*), leaper; *circus*: tumbler; *fig.* unreliable individual; *su./f cuis.* shallow pan; **sautiller** [~ti'je] (1a) *v/i.* hop, jump (about); throb (*heart*); *fig.* be jerky (*style*).

sautoir [so'twa:r] *m sp.* hurdle; St. Andrew's cross, ⛉ saltire; *cost.* neckerchief (*worn crossed in front*); long chain worn round the neck; *en* ~ diagonal; *porter en* ~ wear (*s.th.*) crosswise; carry (*a haversack etc.*) with the straps crossed over the chest; *porter un ordre en* ~ wear an order round one's neck.

sauvage [so'va:ʒ] **1.** *adj.* wild (*a. zo., a.* ⚘, *a. fig.*); savage; *fig.* shy; *fig.* unsociable; *fig.* unauthorized, illegal; wildcat (*strike*); **2.** *su.* (*f a.* **sauvagesse** [~va'ʒɛs]) savage; unsociable person; **sauvageon** ↙ [~va'ʒɔ̃] *m* wilding; *grafting*: wild stock; **sauvagerie** [~vaʒ'ri] *f* savagery; *fig.* unsociability; shyness; **sauvagine** [~va'ʒin] *su./f coll. orn.* waterfowl *pl.*; ✝ common pelts *pl.*

sauvegarde [sov'gard] *f* safeguard (*a. fig.*), protection; safety; safe-conduct; ⚓ life-line; **sauvegarder** [~gar'de] (1a) *v/t.* safeguard, protect; keep up (*appearances*).

sauve-qui-peut [sovki'pø] *m* stampede; headlong flight; **sauver** [so've] (1a) *v/t.* save, rescue (from, *de*); keep up (*appearances*); ⚓ salvage, salve; *sauve qui peut!* every man for himself!; *se* ~ escape (from, *de*); ✝ recoup o.s.; *fig.* run away, F clear out, *Am.* F beat it; **sauvetage** [sov'ta:ʒ] *m* life-saving; rescue; ⚓ salvage; *bateau m* (*or canot m*) *de* ~ lifeboat; *ceinture f de* ~ lifebelt; **sauveteur** [~'tœ:r] **1.** *su./m* rescuer; lifeboatman; ⚓ salvager; **2.** *adj./m*: *bateau m* ~ lifeboat; ⚓ salvage vessel; **sauvette** [so'vɛt]: *à la* ~ hurriedly, hastily, with undue haste; unauthorized, illicit (*hawking etc.*); *hawk etc.* illicitly, without authorization; **sauveur** [so'vœ:r] *m* saver, preserver; *eccl.* ♀ Savio(u)r, Redeemer.

savamment [sava'mɑ̃] *adv.* learnedly; knowingly, wittingly; with full knowledge.

savane ↙ [sa'van] *f* savanna(h).

savant, e [sa'vɑ̃, ~'vɑ̃:t] **1.** *adj.* learned (in, *en*); scholarly, erudite; performing (*dog*); *fig.* clever, skilful; **2.** *su.* scholar; scientist.

savate [sa'vat] *f* old shoe; *sp.* French *or* foot boxing; F bungler, clumsy workman; F *traîner la* ~ be down at heel; **savetier** † [sav'tje] *m* cobbler.

saveur [sa'vœ:r] *f* flavo(u)r, taste; *fig.* zest, pungency; *sans* ~ insipid, tasteless.

savoir [sa'vwa:r] **1.** (3i) *v/t.* know (of), be aware of, know how; be able to; learn, get to know; ~ *l'anglais* know English; ~ *vivre* know how to behave; *autant* (*pas*) *que je sache* as far as I know (not that I know of); *faire* ~ *qch. à q.* inform s.o. of s.th.; *je ne saurais (inf.)* I cannot (*inf.*), I could not (*inf.*); *ne ~ que (inf.)* not to know what to (*inf.*); *sans le ~* unintentionally; *v/i.* know; know how; *(à) ~* to wit, namely; *c'est à ~* that remains to be seen; **2.** *su./m* knowledge, learning, erudition, scholarship; **~-faire** [savwar'fɛ:r] *m/inv.* ability; know-how; skill(s *pl.*); **~-vivre** [~'vi:vr] *m/inv.* good manners *pl.*; (good) breeding.

savon [sa'vɔ̃] *m* soap; F *fig.* rebuke, F telling-off; *~ à barbe* shaving-soap; *~ de Marseille* yellow soap, scrubbing-soap; *bulle f de ~* soap bubble; *donner un coup de ~ à* give (*s.th.*) a wash; F *passer un ~ à q.* dress s.o. down, F tell s.o. off; *pain m de ~* cake of soap; **savonnage** [savɔ'na:ʒ] *m* washing, soaping; **savonner** [~'ne] (1a) *v/t.* soap; wash (*clothes*); lather (*one's face before shaving*); F dress (*s.o.*) down; *tex. se ~* wash; **savonnette** [savɔ'nɛt] *f* cake of soap; **savonneux, -euse** [~'nø, ~'nø:z] soapy; **savonnier, -ère** [~'nje, ~'njɛ:r] **1.** *adj.* soap...; **2.** *su./m* soap-maker; soap-berry(-tree).

savourer [savu're] (1a) *v/t.* enjoy; *fig.* savo(u)r; **savoureux, -euse** [~'rø, ~'rø:z] tasty, savo(u)ry; *fig.* enjoyable; *fig.* racy (*story*).

savoyard, e [savwa'ja:r, ~'jard] *adj.*, *a. su.* ♀ Savoyard.

saxe [saks] *m* Dresden china.

saxifrage ♀ [saksi'fra:ʒ] *f* saxifrage.

saxon, -onne [sak'sɔ̃, ~'sɔn] *adj.*, *a. su.* ♀ Saxon.

saynète *thea.* [sɛ'nɛt] *f* sketch; short comedy.

sbire [sbi:r] *m* henchman; F cop (= *policeman*).

scabieux, -euse [ska'bjø, ~'bjø:z] *adj.*, *a. su./f* scabious.

scabreux, -euse ♀ [ska'brø, ~'brø:z] *fig.* scabrous (*behaviour, tale*); risky; difficult, F ticklish (*work*); delicate (*question*); indelicate (*allusion*); rough (*path*).

scaferlati [skafɛrla'ti] *m* ordinary cut tobacco.

scalène ⩓, *anat.* [ska'lɛn] *adj.*, *a. su./m* scalene.

scalpe [skalp] *m trophy*: scalp.

scalpel ⚕ [skal'pɛl] *m* scalpel.

scandale [skɑ̃'dal] *m* scandal; *fig.* disgrace, shame; *faire ~* create a scandal; **scandaleux, -euse** [skɑ̃da'lø, ~'lø:z] scandalous, disgraceful; notorious; **scandaliser** [~li'ze] (1a) *v/t.* shock, scandalize; *se ~ de* be shocked at.

scander [skɑ̃'de] (1a) *v/t.* scan (*a verse*); ♪ stress; *fig.* punctuate (with, *de*).

scandinave [skɑ̃di'na:v] *adj.*, *a. su.* ♀ Scandinavian.

scaphandre [ska'fɑ̃:dr] *m* diving suit; space suit; *~ autonome* aqualung; *casque m de ~* diver's helmet; **scaphandrier** [~fɑ̃dri'e] *m* deep-sea diver.

scapulaire [skapy'lɛ:r] *adj. anat.*, *a. su./m eccl.* scapular.

scarabée *zo.* [skara'be] *m* beetle; *hist. Egypt*: scarab.

scarificateur [skarifika'tœ:r] *m* ⚒ scarifier; ⚕ scarificator; **scarifier** [~'fje] (1o) *v/t.* scarify.

scarlatine ⚕ [skarla'tin] *f* (*a. fièvre f ~*) scarlet fever.

sceau [so] *m* seal (*a. fig.*); *fig.* mark; *admin. le ~ de l'État* the Great Seal.

scélérat, e [sele'ra, ~'rat] **1.** *adj.* villainous (*person*); outrageous (*act*); **2.** *su.* villain, scoundrel; **scélératesse** [~ra'tɛs] *f* villainy.

scellé ⚖ [sɛ'le] *m* seal; **sceller** [~] (1a) *v/t.* seal; F ratify; ⚠ bed (*a post etc., in concrete etc.*); plug (*a nail in the wall etc.*).

scénario [sena'rjo] *m thea., cin.* scenario; *cin.* script; *cin.* screenplay; *fig. le ~ habituel* the usual pattern; **scénariste** [~'rist] *su.* scenario writer; *cin.* script-writer; **scène** [sɛn] *f thea.* stage; *fig.* drama; *play, a.* F *fig.*: scene; *fig. faire une ~* create a scene; *mettre en ~* stage (*a play*); *mise f en ~* production; (stage) setting; **scénique** [se'nik] scenic; stage...; *indications f/pl. ~s* stage directions.

sceptique [sɛp'tik] **1.** *adj.* sceptical, *Am.* skeptical; **2.** *su.* sceptic, *Am.* skeptic.

sceptre [sɛptr] *m* sceptre; *fig.* power.

schéma [ʃe'ma] *m* diagram; (sketch-) plan; design; **schématique** [~ma'tik] schematic.

schisme [ʃism] *m* schism.

schiste *geol.* [ʃist] *m* shale, schist; **schisteux, -euse** *geol.* [ʃis'tø, ~'tø:z] schistose; *coal*: slaty.

schlague [ʃlag] *f* ⚔ † flogging; beating.

schlitte [ʃlit] *f* wood-sledge (*for transport of lumber down mountain*); *Am.* dray; **schlitteur** [ʃliˈtœːr] *m* lumberman (*in charge of a schlitte*).
schnaps F [ʃnaps] *m* brandy.
schnock *sl.* [ʃnɔk] *m* (old) fathead.
schooner ⚓ [skuˈnœːr] *m* schooner.
sciable ⊕ [sjabl] fit for sawing; **sciage** ⊕ [sjaːʒ] *m* sawing; (*a. bois m de* ~) sawn timber; **sciant, e** F [sjɑ̃, sjɑ̃ːt] boring; *fig.* irritating.
sciatique ⚕ [sjaˈtik] **1.** *adj.* sciatic; **2.** *su./m* sciatic nerve; *su./f* sciatica.
scie ⊕ [si] *f* saw; *sl.* bore, nuisance; *fig.* catchword, cliché; *fig.* catch tune, hit tune; ~ *à chantourner* compass-saw; ~ *à main* hand-saw; ~ *à manche* pad-saw; ~ *à ruban* band-saw; ~ *circulaire* circular saw, *Am.* buzz-saw; *trait m de* ~ sawcut.
sciemment [sjaˈmɑ̃] *adv.* knowingly, intentionally; **science** [sjɑ̃ːs] *f* knowledge, learning; science; ~*s pl. naturelles* natural science *sg.*; *homme m de* ~ scientist, man of science; **science-fiction** [sjɑ̃sfikˈsjɔ̃] *f* science fiction; **scientifique** [sjɑ̃tiˈfik] **1.** *adj.* scientific; **2.** *su.* scientist.
scier [sje] (1o) *v/t.* ⊕ saw; ↗ saw off (*a branch*); F ~ *le dos à* bore (*s.o.*) stiff; **scierie** ⊕ [siˈri] *f* saw-mill; **scieur** [sjœːr] *m* ⊕ sawyer; ~ *de long* pit sawyer.
scille [sil] *f* ♀ scilla; ⚕ squills *pl.*
scindement [sɛ̃dˈmɑ̃] *m* splitting up; **scinder** [sɛ̃ˈde] (1a) *v/t.* split up, divide; *se* ~ split (*pol. party*).
scintillation [sɛ̃tillaˈsjɔ̃] *f*, **scintillement** [~tijˈmɑ̃] *m* sparkling, scintillation (*a. fig.*); *star*: twinkling; *cin.* flicker(ing); **scintiller** [~tiˈje] (1a) *v/i.* sparkle, scintillate (*a. fig.*); twinkle (*star*); *cin.* flicker.
scion [sjɔ̃] *m* ↗ shoot, scion; *fishing-rod*: tip.
scirpe ♀ [sirp] *m* bulrush, club-rush.
scissile *min.* [siˈsil] scissile; **scission** [~ˈsjɔ̃] *f* scission, split, division; *faire* ~ secede; **scissipare** *biol.* [sisiˈpaːr] fissiparous, scissiparous; **scissiparité** *biol.* [~pariˈte] *f* fissiparity, scissiparity; **scissure** *anat. etc.* [siˈsyːr] *f* fissure, cleft.
sciure ⊕ [sjyːr] *f* (*saw*)dust.
scléreux, -euse ⚕ [skleˈrø, ~ˈrøːz] sclerous; **sclérose** [~ˈroːz] *f* ⚕ sclerosis; *fig.* ossification; **sclérosé, e** [~rɔˈze] ⚕ sclerotic; *fig.* ossified; **sclérotique** *anat.* [rɔˈtik] *adj.*, *a. su./f* sclerotic.
scolaire [skɔˈlɛːr] school...; **scolariser** [~lariˈze] (1a) *v/t.* provide with schools *or* schooling; **scolarité** [~lariˈte] *f* schooling; *années f/pl. de* ~ school years; **scolastique** *phls.* [~lasˈtik] **1.** *adj.* scholastic; **2.** *su./m* scholastic, schoolman; *su./f* scholasticism.
scolopendre [skɔlɔˈpɑ̃ːdr] *f zo.* centipede; ♀ hart's-tongue.
sconse ✝ [skɔ̃ːs] *m* skunk (fur).
scooter [skuˈtœːr] *m* scooter.
scorbut ⚕ [skɔrˈby] *m* scurvy; **scorbutique** ⚕ [~byˈtik] *adj.*, *a. su.* scorbutic.
score *sp.* [skɔr] *m* score.
scorie [skɔˈri] *f* slag, scoria; *iron*: dross.
scorpion [skɔrˈpjɔ̃] *m zo.* scorpion; *astr. le* ♀ Scorpio, the Scorpion.
scorsonère ♀ [skɔrsɔˈnɛːr] *f* scorzonera, black salsify.
scout, e [skut] **1.** *su./m* boy-scout; **2.** *adj.* scout...; **scoutisme** [skuˈtism] *m* boy-scout movement, scouting.
scribe [skrib] *m hist.* (*Jewish*) scribe; copyist; F pen-pusher.
script *cin.* [skript] *m* film-script; **~-girl** *cin.* [~ˈgœːrl] *f* continuity-girl.
scriptural, e, *m/pl.* **-aux** [skriptyˈral, ~ˈro] scriptural; ✝ *monnaie f* ~*e* deposit currency.
scrofulaire ♀ [skrɔfyˈlɛːr] *f* figwort; **scrofule** ⚕ [~ˈfyl] *f* scrofula; **scrofuleux, -euse** ⚕ [~fyˈlø, ~ˈløːz] scrofulous (*person*); strumous (*tumour*).
scrupule [skryˈpyl] *m weight, a. fig.*: scruple; *avoir des* ~*s à* (*inf.*) have scruples about (*ger.*); *sans* ~ unscrupulous(ly *adv.*); **scrupuleux, -euse** [~pyˈlø, ~ˈløːz] scrupulous (about, over *sur*); punctilious; *peu* ~ unscrupulous.
scrutateur, -trice [skrytaˈtœːr, ~ˈtris] **1.** *adj.* searching; **2.** *su./m* scrutinizer, investigator; *pol. etc., ballot etc.*: teller; **scruter** [~ˈte] (1a) *v/t.* scrutinize; investigate; search (*one's memory*); **scrutin** [~ˈtɛ̃] *m* poll; *admin.* vote; voting; ~ *public* (*secret*) open (secret) vote;

dépouiller le ~ count the votes; *tour m de* ~ ballot.

sculpter [skyl'te] (1a) *v/t.* sculpture, carve (out of, *dans*); **sculpteur** [~'tœ:r] *m* sculptor; ~ *sur bois* wood-carver; **sculpture** [~'ty:r] *f* sculpture; ~ *sur bois* wood-carving.

se [sə] **1.** *pron./rfl.* oneself; himself, herself, itself; themselves; *to express passive*: ~ *vendre* be sold; ~ *roser* be(come) pink; **2.** *pron./recip.* each other, one another.

séance [se'ɑ̃:s] *f* seat; sitting (*a. paint.*), session, meeting; *cin.* performance; ~ *plénière* (*de clôture*) plenary (closing) session; *fig.* ~ *tenante* immediately; **séant, e** [~'ɑ̃, ~'ɑ̃:t] **1.** *adj.* in session, sitting; *fig.* seemly, fitting; becoming (to, *à*); **2.** *su./m* F posterior; *se mettre sur son* ~ sit up (*in bed*).

seau [so] *m* pail, bucket; *biscuit*: barrel; ~ *à charbon* coal-scuttle; F *il pleut à* ~*x* it is raining in bucketfuls.

sébacé, e ⚕ [seba'se] sebaceous.

sébile [se'bil] *f* wooden bowl.

sec, sèche [sɛk, sɛʃ] **1.** *adj.* dry (*a. wine, fig. remark*); dried (*cod, raisins*); lean (*person, horse*); sharp (*blow, answer, remark, tone*); *fig.* harsh, unsympathetic; barren; ✝ dead (*loss*); split (*peas*); hard (*cash*); *cards*: bare (*ace, king, etc.*); **2. sec** *adv.*: *boire* ~ drink neat; drink hard; *brûler* ~ burn like tinder; *parler* ~ not to mince one's words; *rire* ~ laugh harshly; *à* ~ dry; dried up; F hard-up, broke; **3.** *su./m être à* ~ be dried (up), be dry; F be broke; *mettre à* ~ dry (up *or* out); drain; F clean (*s.o.*) out; **4.** *su./f* ⚓ flat; *sl.* fag (= *cigarette*); *sl. piquer une sèche* be stumped (*in oral examination*), get no marks (*in examination*).

sécante ⚠ [se'kɑ̃:t] *f* secant; **sécateur** ✍ [~ka'tœ:r] *m* pruning shears *pl.*, secateurs *pl.*

sécession [sesɛ'sjɔ̃] *f* secession; *faire* ~ secede (from, *de*); **sécessionniste** [~sjɔ'nist] *adj., a. su.* secessionist.

séchage [se'ʃa:ʒ] *m* drying; ⊕ *wood*: seasoning; F *univ. lecture*: cutting; **sèche-cheveux** [sɛʃə'ʃvø] *m/inv.* hair-drier; **sécher** [se'ʃe] (1f) *v/i.* (become) dry; F waste away (with, *de*); F be stumped (*in an examination*); *sl.* smoke; *faire* ~ dry; ⊕ season (*wood*); *v/t.* dry; ⊕ season (*wood*); F *univ.* cut (*a lecture*); F fail (*a candidate*); **sécheresse** [seʃ'rɛs] *f* dryness; drought; *person, horse*: leanness; *answer, remark, tone*: curtness; *fig. heart*: coldness; *fig. style etc.*: bareness; **sécherie** [~'ri] *f* drying-floor; *machine*: drier; ✍ seed-kiln; **sécheur** ⊕ [se'ʃœ:r] *m* drier; **sécheuse** [~'ʃø:z] *f* steam-drier; **séchoir** [~'ʃwa:r] *m* ⊕ drying-room; drying-ground; ⊕ drier; clothes-horse, airer.

second, e [sə'gɔ̃, ~'gɔ̃:d] **1.** *adj.* second (*a. fig.*); **2.** *su.* (the) second; *su./m* second in command, principal assistant; ⚓ first mate, first officer, *sl.* number one; *box., a. duel*: second; ⚠ second floor, *Am.* third floor; ⚓ ~ *maître* petty officer; *su./f* ♪, ⚠, *time*: second; 🚂 second (class); *secondary school*: (*approx.*) fifth form; *typ.* revise; **secondaire** [səgɔ̃'dɛ:r] **1.** *adj.* secondary; *fig. a.* subordinate, minor; **2.** *su./m* ⚡ secondary winding; **seconder** [~'de] (1a) *v/t.* second, support; further (*s.o.'s interests*).

secouer [sə'kwe] (1p) *v/t.* shake (*a. fig.*); shake down *or* off; knock out (*a pipe*); F *fig.* rouse (*s.o.*); F *se* ~ get a move on; rouse o.s.

secourable [səku'rabl] helpful; ready to help; **secourir** [~'ri:r] (2i) *v/t.* aid, succo(u)r, help; **secouriste** [~'rist] *su.* first-aid worker; voluntary ambulance worker; **secours** [sə'ku:r] *m* help, assistance, aid; ⚔ ~ *pl.* relieving force *sg.*, relief troops; *au* ~*!* help!; *de* ~ relief-...; spare (*wheel*); emergency (*exit, landing-ground*); ⚔, ⚕ *premier* ~ first aid.

secousse [sə'kus] *f* bump, jolt, jerk; ⚡, *a. fig.* shock.

secret, -ète [sə'krɛ, ~'krɛt] **1.** *adj.* secret, concealed; *fig.* reticent; **2.** *su./m* secret; secrecy; ⚖ solitary confinement; ⊕ *desk etc.*: secret spring; ~ *postal* secrecy of correspondence; *en* ~ in secret, in secrecy; privately; *su./f prayer*: secret; **secrétaire** [səkre'tɛ:r] *su. person*: secretary; *su./m furniture*: secretaire, writing-desk; *orn.* secretary-bird; ~ *d'État* Secretary of State; ~ *particulier* private secretary;

secrétairerie [~tɛrəˈri] *f* secretary's staff; secretariat; *pol.* chancery, registry; **secrétariat** [~taˈrja] *m* secretariat, secretary's office; secretaryship.

sécréter *physiol.* [sekreˈte] (1f) *v/t.* secrete; **sécréteur, -trice** *or* **-euse** *physiol.* [~ˈtœːr, ~ˈtris, ~ˈtøːz] secretory; **sécrétion** *physiol.* [~ˈsjɔ̃] *f* secretion; **sécrétoire** *physiol.* [~ˈtwaːr] secretory.

sectaire [sɛkˈtɛːr] *adj.*, *a. su.* sectarian; **secte** [sɛkt] *f* sect.

secteur [sɛkˈtœːr] *m* ⅍, ⊕, ⚔, *astr.* sector; *admin.* district, area; ⚡ mains *pl.*; ⚓ (*steering-*)quadrant.

section [sɛkˈsjɔ̃] *f* section (*a.* ⅍, ⚠); cutting, docking; ⚔ *infantry*: platoon, *artillery*: section; ⚔ *ammunition*: column; ⚓ subdivision; *admin.* branch; *bus, tram*: stage; *admin.* ~ *de vote* polling-district; **sectionnel, -elle** [sɛksjɔˈnɛl] sectional; **sectionner** [~ˈne] (1a) *v/t.* divide into sections; cut, sever.

séculaire [sekyˈlɛːr] secular (= *once in 100 years*); century-old; *fig.* time-hono(u)red, ancient; **séculariser** [~lariˈze] (1a) *v/t.* secularize; convert (*a church etc.*) to secular use; **sécularité** [~lariˈte] *f* secularity; *eccl.* secular jurisdiction; **séculier, -ère** [~ˈlje, ~ˈljɛːr] *adj.*, *su./m* secular.

sécuriser [sekyriˈze] (1a) *v/t.* give (*s.o.*) a feeling of security, make (*s.o.*) feel (more) secure; **sécurité** [~ˈte] *f* security; *admin.*, *mot.*, *a.* ⊕ safety; *pol.* ~ *collective* collective security; ~ *routière* road safety; ⊕ *etc.* *de* ~ safety ...

sédatif, -ve ⚕ [sedaˈtif, ~ˈtiːv] *adj.*, *a. su./m* sedative.

sédentaire [sedɑ̃ˈtɛːr] sedentary (*life, profession*); settled, sedentary (*people etc.*); settled, fixed; *orn.* non-migrant; **sédentariser** [~tariˈze] (1a) *v/t.* make sedentary, settle (*a tribe etc.*).

sédiment [sediˈmɑ̃] *m* sediment, deposit; **sédimentaire** *geol. etc.* [~mɑ̃ˈtɛːr] sedimentary; aqueous (*rock*); **sédimentation** [~mɑ̃taˈsjɔ̃] *f* sedimentation.

séditieux, -euse [sediˈsjø, ~ˈsjøːz] **1.** *adj.* seditious; mutinous; **2.** *su.* seditionist, fomenter of sedition; **sédition** [~ˈsjɔ̃] *f* sedition; *en* ~ in revolt.

séducteur, -trice [sedykˈtœːr, ~ˈtris] **1.** *adj.* seductive, alluring; tempting (*look, word*); **2.** *su.* seducer; **séductible** [~ˈtibl] seducible; **séduction** [~ˈsjɔ̃] *f* seduction (*a.* ⚖); *fig.* attraction; **séduire** [seˈdɥiːr] (4h) *v/t.* seduce (*a.* ⚖); suborn, bribe (*a witness*); *fig.* attract (*s.o.*), fascinate (*s.o.*); **séduisant, e** [~dɥiˈzɑ̃, ~ˈzɑ̃ːt] seductive, tempting; *fig.* attractive, fascinating.

segment [sɛgˈmɑ̃] *m* ⅍, *zo.* segment; ⊕ (*piston-*)ring; *caterpillar tyre*: joint; **segmentaire** [~mɑ̃ˈtɛːr] ⅍ segmentary; ⚠, *anat.* segmental; **segmenter** [~mɑ̃ˈte] (1a) *v/t.* *a.* *se* ~ segment, divide into segments.

ségrégation [segregaˈsjɔ̃] *f* segregation (*a. pol.*); isolation; **ségrég(u)é, e** [~ˈge] segregated.

seiche *zo.* [sɛʃ] *f* cuttle-fish; *os m de* ~ cuttle-bone.

séide [seˈid] *m* henchman; blind supporter.

seigle ⚘ [sɛgl] *m* rye; ~ *ergoté* spurred rye.

seigneur [sɛˈɲœːr] *m* lord; noble; lord of the manor; *faire le* (*or vivre en*) *grand* ~ live like a lord; *eccl.* *le* ♀ the Lord; **seigneurial, e,** *m/pl.* **-aux** † [sɛɲœˈrjal, ~ˈrjo] seigniorial, manorial; *maison f* ~*e* manor-house; **seigneurie** [~ˈri] *f* lordship; manor.

seille [sɛːj] *f* pail, bucket.

sein [sɛ̃] *m* breast; bosom; *au* ~ *de* within; in the midst of.

seine [sɛn] *f* *fishing*: seine, drag-net.

seing ⚖ [sɛ̃] *m* signature, † sign manual; *acte m sous* ~ *privé* simple contract; private agreement.

séisme [seˈism] *m* earthquake, seism.

seize [sɛːz] *adj./num.*, *a. su./m/inv.* sixteen; *date, title*: sixteenth; **seizième** [sɛˈzjɛm] **1.** *adj./num.*, *a. su.* sixteenth.

séjour [seˈʒuːr] *m* stay; *place*: abode, residence, dwelling; ⚖ *interdiction f de* ~ prohibition from entering certain localities; *permis m de* ~ residence permit; **séjournant, e** [~ʒurˈnɑ̃, ~ˈnɑ̃ːt] *su.* visitor, guest; **séjourner** [~ʒurˈne] (1a) *v/i.* stay, reside; stop; remain.

sel [sɛl] *m* salt (*a.* ⚗); *fig.* wit; ~*s pl.* smelling-salts; *prendre qch. avec un*

grain de ~ take s.th. with a grain of salt.
select F [se'lɛkt] select; *réunions f/pl. selects* exclusive parties.
sélecter F ⚘ [selɛk'te] (1a) *v/t.* choose; **sélecteur** [~'tœ:r] *m* ⚡, *a. radio*: selector; **sélectif, -ve** [~'tif, ~'ti:v] selective; **sélection** [~'sjɔ̃] *f* selection (*a.* ♪, ⚡, *radio, biol., a. sp.*); choice; **sélectionner** [~sjɔ'ne] (1a) *v/t.* select, choose; **sélectivité** [~tivi'te] *f radio*: selectivity.
sélénique ⚗, *astr.* [sele'nik] selenic; **sélénium** ⚗ [~'njɔm] *m* selenium; **sélénographie** [~nɔgra'fi] *f* selenography.
self [sɛlf] *f* F self-service restaurant; ⚡ (*a. bobine f de ~*) inductance-coil; **~-induction** ⚡ [~ɛ̃dyk'sjɔ̃] *f* self-induction; inductance.
selle [sɛl] *f* ⊕, *mot., cuis., horse, bicycle*: saddle; 🚂 plate; *physiol.* motion, stool; *~ anglaise* hunting saddle; *physiol. aller à la ~* go to stool; F *mettre q. en ~* give s.o. a helping hand; **seller** [se'le] (1a) *v/t.* saddle (*a horse*); **sellette** [sɛ'lɛt] *f* stool, seat; ⊕ slung cradle; *fig. mettre* (*or tenir*) *q. sur la ~* cross-examine s.o., F carpet s.o.; **sellier** [se'lje] *m* saddler.
selon [sə'lɔ̃] **1.** *prp.* according to; *~ moi* in my opinion; *c'est ~ !* it all *or* that depends!; **2.** *cj.*: *~ que* according as, depending upon whether.
Seltz [sɛlts] *m*: *eau f de ~* soda-water.
semailles [sə'mɑ:j] *f/pl.* sowing *sg.*; seeds.
semaine [sə'mɛn] *f* week; ⊕, ⚘ working week; ⚔ *etc.* duty for the week; week's pay; *~ anglaise* five and a half day (working) week; *~ sainte* Holy Week; *à la ~* by the week; *en ~* during the week; *être de ~* be on duty for the week.
sémantique [semɑ̃'tik] **1.** *adj.* semantic; **2.** *su./f* semantics *pl.*
sémaphore [sema'fɔ:r] *m* semaphore; ⚓ signal-station (*on land*).
semblable [sɑ̃'blabl] **1.** *adj.* similar (to, *à*) (*a.* ⚹ *triangles*); alike; like (*a.* ⚹ *terms*); such; **2.** *su.* like, equal; fellow; *su./m*: *nos ~s pl.* our fellow-men; **semblablement** [~blablə'mɑ̃] *adv.* in like manner; **semblant** [~'blɑ̃] *m* appearance, look; *fig.* show (of, *de*); *faire ~* pretend (to *inf.*, *de inf.*); make a show (of s.th., *de qch.*); *faux ~* pretence; *sans faire ~ de rien* as if nothing had happened; surreptitiously; **sembler** [~'ble] (1a) *v/i.* seem, appear; *il me semble* I think; *que vous en semble?* what do you think (about it)?
semelle [sə'mɛl] *f shoe*: sole; *stocking*: foot; *mot. tyre*: tread; ⊕ bed; ⚠ foundation; *~ de liège* cork insole; *battre la ~* stamp one's feet (to warm them); kick one's heels; *remettre des ~s à* re-sole.
semence [sə'mɑ̃:s] *f* seed (*a. fig.*); *physiol.* semen; ⊕ (tin)tack; *~ de perles* seed-pearls *pl.*; **semer** [~'me] (1d) *v/t.* ⚘ sow (*a. fig. discord etc.*); scatter; *fig.* disseminate, spread (*a rumour*); squander (*one's money*); F lose; F shake off, drop (*s.o.*).
semestre [sə'mɛstr] *m* half-year; six months' duty *or* pay *or* ⚔ leave of absence; *univ. etc.* semester; **semestriel, -elle** [~mɛstri'el] half-yearly; lasting six months.
semeur, -euse [sə'mœ:r, ~'mø:z] *su.* sower (*a. fig. of discord*); *fig.* spreader (*of rumours*).
semi... [səmi] semi...; **~-brève** ♪ [~'brɛ:v] *f* semibreve, *Am.* whole note; **~-conducteur** ⚡ [~kɔ̃dyk'tœ:r] *m* semi-conductor; **~-coke** [~'kɔk] *m* coalite.
sémillant, e [semi'jɑ̃, ~'jɑ̃:t] vivacious.
séminaire [semi'nɛ:r] *m* seminary; *fig.* training centre; *fig.* colloque, symposium; *univ.* seminar; *petit ~* secondary school run by priests.
séminal, e, *m/pl.* **-aux** [semi'nal, ~'no] seminal.
semi-remorque [səmirə'mɔrk] *f* articulated truck, *Am.* trailer truck.
semis ⚘ [sə'mi] *m* sowing; seedling; seed-bed.
semi-ton ♪ [səmi'tɔ̃] *m* semitone;
semi-voyelle *gramm.* [~vwa'jɛl] *f* semivowel.
semoir ⚘ [sə'mwa:r] *m* sowing-machine; seed-drill; seeder.
semonce [sə'mɔ̃:s] *f fig.* reprimand; ⚓ *coup m de ~* warning shot; **semoncer** (1k) *v/t.* † reprimand, F read (*s.o.*) a lecture; ⚓ call upon (*a ship*) to heave to *or* to show her flag.
semoule *cuis.* [sə'mul] *f* semolina.
sempiternel, -elle [sɑ̃pitɛr'nɛl] sempiternal, everlasting.

sénat [se'na] *m* senate(-house); **sénateur** [sena'tœ:r] *m* senator.

séneçon ⚘ [sen'sɔ̃] *m* groundsel.

sénevé ⚘ [sen've] *m* black mustard.

sénile ⚕ [se'nil] senile; **sénilité** ⚕ [~nili'te] *f* senility, senile decay.

sens [sɑ̃:s] *m fig. smell etc.*: sense; *fig.* opinion; understanding; judg(e)ment; meaning; direction (*a.* ⚠), way; *~ de la musique* musicianship; *~ de l'orientation* sense of direction; *~ dessus dessous* upside down; *~ devant derrière* back to front; *~ interdit* no entry; *~ moral* moral sense; *~ unique* one-way street; *à mon ~* in my view *or* opinion; *le bon ~, le ~ commun* common sense; *plaisirs m/pl. des ~* sensual pleasures; **sensation** [sɑ̃sa'sjɔ̃] *f* sensation; (*physical*) feeling; *à ~* sensational (*news*); **sensationnel, -elle** [~sjɔ'nɛl] sensational; *fig.* thrilling; *roman m ~* thriller; **sensé, e** [sɑ̃'se] sensible, intelligent; practical.

sensibiliser [sɑ̃sibili'ze] (1a) *v/t.* sensitize; *fig.* make sensitive (to, *à*); *sensibilisé à* alive to; ...-minded; **sensibilité** [~'te] *f* sensitiveness (*a. phot.*); *fig.* feeling, compassion; **sensible** [sɑ̃'sibl] sensitive (*ear, instrument, phot. paper, skin, spot, a. fig. to pain etc.*); tender (*flesh, spot*); responsive; susceptible; *fig.* appreciative (of, *à*); *fig.* sympathetic; perceptible, real (*difference, progress*); *phot.* sensitized (*paper*); ♪ *note f ~* leading note *or Am.* tone; **sensiblerie** [~siblə'ri] *f* sentiment(ality); F sob-stuff.

sensitif, -ve [sɑ̃si'tif, ~'ti:v] **1.** *adj.* sensitive; *anat.* sensory; **2.** *su./f* ⚘ sensitive plant; F very sensitive woman *or* girl; **sensitivité** [~tivi'te] *f* sensitivity.

sensoriel, -elle [sɑ̃sɔ'rjɛl] sensorial, sensory.

sensualisme *phls.* [sɑ̃sɥa'lism] *m* sensualism; **sensualiste** *phls.* [~'list] **1.** *adj.* sensual; **2.** *su.* sensualist; **sensualité** [~li'te] *f* sensuality; sensuousness; **sensuel, -elle** [sɑ̃'sɥɛl] sensual; sensuous.

sentence [sɑ̃'tɑ̃:s] *f* maxim; ⚖ sentence; (*a. ~ arbitrale*) award; **sentencieux, -euse** [~tɑ̃'sjø, ~'sjø:z] sententious.

senteur *hunt.* [sɑ̃'tœ:r] *f* scent (*a. poet.* = *perfume*).

sentier [sɑ̃'tje] *m* footpath; path (*a. fig.*); *~ battu* beaten track.

sentiment [sɑ̃ti'mɑ̃] *m* feeling (*a. fig.*); emotion; consciousness, sense; *fig.* opinion, sentiment; *~ d'infériorité* sense of inferiority; *avoir le ~ de a.* be aware of; *voilà mon ~* that is my opinion; **sentimental, e,** *m/pl.* **-aux** [~mɑ̃'tal, ~'to] sentimental; **sentimentalité** [~mɑ̃tali'te] *f* sentimentality.

sentine ⚓ [sɑ̃'tin] *f ship*: well; cesspit (*a. fig.*); *fig.* sink of iniquity.

sentinelle ⚔ [sɑ̃ti'nɛl] *f* sentry; guard, watch; *faire ~* mount guard; F *fig. faire la ~* be on the watch.

sentir [sɑ̃'ti:r] (2b) *v/t.* feel; be conscious of, be alive to; smell (*a. fig.*); taste of, smack of (*s.th.*); F *je ne peux pas le ~* I can't stand him; *vin m qui sent le bouchon* corked wine; *se ~* feel; *ne pas se ~ de joie* be beside oneself with joy; *v/i.* smell (bad, *mauvais*; *bon*, good).

seoir [swa:r] (3k) *v/i.*: *~ à q.* become s.o.

sépale ⚘ [se'pal] *m* sepal.

séparable [sepa'rabl] separable (from, *de*); **séparateur, -trice** [separa'tœ:r, ~'tris] **1.** *adj.* separating, separative; **2.** *su./m* ⊕ separator; **séparation** [~'sjɔ̃] *f* ⊕, 🜨, ⚖, *a. fig.* separation (from, *d'avec*); parting; *fig. family, meeting*: breaking up; division; ⚖ *~ de biens* separate maintenance; ⚖ *~ de corps* judicial separation; *pol. ~ des pouvoirs* separation of powers; ⚠ *mur m de ~* partition wall; **séparatiste** [~'tist] **1.** *adj.* separatist; **2.** *su.* separatist, separationist; secessionist; **séparément** [separe'mɑ̃] *adv.* separately; **séparer** [~'re] (1a) *v/t.* separate (from, *de*); part; drive apart; divide; *fig.* distinguish (from, *de*); *se ~* part (company); break up (*assembly*); divide; *se ~ de* part with.

sépia [se'pja] *f zo., colour*: sepia; *zo.* cuttle-fish; *paint.* sepia drawing.

sept [sɛt] *adj./num., a. su./m/inv.* seven; *date, title*: seventh; **septain** [sɛ'tɛ̃] *m* seven-line stanza; ⊕ seven-strand rope (*holding clock weights*); **septante** † [sɛp'tɑ̃:t] *adj/. num., a. su./m/inv.* seventy; *bibl. version des* ♀ Septuagint; **septembre** [~'tɑ̃:br] *m* September; **septembrisades** *hist.* [~tɑ̃bri'zad] *f/pl.* September massacres (*1792 in Paris*); **septénaire** [~te'nɛːr] *adj.*, *a. su./m* septenary; **septennal, e,** *m/pl.* **-aux** [~tɛn'nal, ~'no] septennial; **septennat** [~tɛn'na] *m* septennate.

septentrion *poet.* [sɛptɑ̃tri'ɔ̃] *m* north; **septentrional, e,** *m/pl.* **-aux** [~'nal, ~'no] **1.** *adj.* north(ern); **2.** *su.* northerner.

septicémie ⚕ [sɛptise'mi] *f* septic(a)emia; blood-poisoning; **septicémique** ⚕ [~se'mik] septic(a)emic; **septicité** ⚕ [~si'te] *f* septicity.

septième [sɛ'tjɛm] **1.** *adj./num.* seventh; **2.** *su.* seventh; *su./m fraction*: seventh; *su./f* ♪ seventh; *school*: top form of lower school.

septique ⚕ [sɛp'tik] septic; *fosse f* ~ septic tank.

septuagénaire [sɛptɥaʒe'nɛːr] *adj.*, *a. su.* septuagenarian.

septuple [sɛp'typl] *adj.*, *a. su./m* sevenfold; septuple; **septupler** [~ty'ple] (1a) *vt/i.* increase sevenfold, septuple.

sépulcral, e, *m/pl.* **-aux** [sepyl'kral, ~'kro] sepulchral; **sépulcre** [~'pylkr] *m* sepulchre; *le saint* ~ the Holy Sepulchre.

sépulture [sepyl'tyːr] *f* burial; tomb; burial-place.

séquelles [se'kɛl] *f/pl.* after-effects; aftermath *sg.*

séquence [se'kɑ̃ːs] *f* sequence.

séquestration [sekɛstra'sjɔ̃] illegal confinement; **séquestre** ⚖ [~'kɛstr] *m* impoundment; *mettre sous* ~ impound; **séquestrer** [~kɛs'tre] (1a) *v/t.* confine (*s.o.*) illegally; hold (*s.o.*) captive; ⚖ impound (*property*); *fig.* se ~ sequester o.s.

serai [sə're] *1st p. sg. fut. of* être *1.*

sérail [se'raːj] *m* seraglio.

sérancer *tex.* [serɑ̃'se] (1k) *v/t.* heckle, comb (*flax*).

séraphin [sera'fɛ̃] *m* seraph; ~s *pl.* seraphim; **séraphique** [~'fik] seraphic.

serbe [sɛrb] **1.** *adj.* Serb(ian); **2.** *su./m ling.* Serb(ian); *su.* ♀ Serb(ian).

serein, e [sə'rɛ̃, ~'rɛn] **1.** *adj.* serene, calm (*a. fig.*); *fig.* tranquil; ⚕ *goutte f* ~e amaurosis; **2.** *su./m* evening dew.

sérénade ♪ [sere'nad] *f* serenade.

sérénissime [sereni'sim] *title*: (Most) Serene; **sérénité** [~'te] *f* serenity (*a. title*); calmness; tranquillity.

séreux, -euse ⚕ [se'rø, ~'røːz] serous.

serf, serve [sɛrf, sɛrv] **1.** *adj.* in bondage; *condition f serve* serfdom; **2.** *su.* serf; *su./m* bond(s)man; *su./f* bond(s)woman.

serfouette ✓ [sɛr'fwɛt] *f* combined hoe and fork; **serfouir** ✓ [~'fwiːr] (2a) *v/t.* hoe; loosen (*the soil*).

serge *tex.* [sɛrʒ] *f* serge.

sergent [sɛr'ʒɑ̃] *m* ⚔ *etc.* sergeant; ⊕ cramp, clamp; ⚓ ~ *d'armes* (*approx.*) ship's corporal; † ~ *de ville* policeman; ⚔ ~*-major*, ~*-chef infantry*: quartermaster-sergeant.

séricículteur [serisikyl'tœːr] *m* silkworm breeder; **sériciculture** [~'tyːr] *f* silkworm breeding.

série [se'ri] *f* series; sequence; *tools etc.*: set; *sp. race*: heat; *billiards*: break; *en* ~, *par* ~ in series; ✝ *fait en* ~ mass-produced; ✝ *fin f de* ~ remnants *pl.*; *fig. hors* ~ extraordinary; *fig. la* ~ *noire* one disaster after another, a run of hard luck; *fig.* ~ *noire* crime-thriller (*atmosphere, style, etc.*); eerie, sinister; **sérier** [~'rje] (1o) *v/t.* arrange, classify.

sérieux, -euse [se'rjø, ~'rjøːz] **1.** *adj.* serious; grave; earnest; genuine (*offer, purchaser*); *fig. peu* ~ irresponsible (*person*); **2.** *su./m* gravity, seriousness; *thea.* serious rôle; *garder son* ~ preserve one's gravity; *prendre au* ~ take (*s.th.*) seriously.

serin [sə'rɛ̃] *m orn.* serin; canary; F fool, *Am.* sap; greenhorn; **seriner** [səri'ne] (1a) *v/t.* teach (*a canary*) to sing; F *fig.* drum (*a rule etc.*) (into s.o., *à q.*); F ♪ thump out, grind out (*a tune*).

seringue [sə'rɛ̃ːg] *f* ✓, ⚕ syringe; *mot.* ~ *à graisse* grease-gun; **seringuer** [~rɛ̃'ge] (1m) *v/t.* syringe (*the ear etc.*), inject (*a drug*); squirt (*a liquid*).

serment [sɛr'mɑ̃] *m* oath; *faux* ~ perjury; *prêter* ~ take an oath; *sous* ~ sworn (*evidence*).

sermon [sɛr'mɔ̃] *m* sermon; *fig.* lecture; **sermonner** F [~mɔ'ne] (1a) *vt/i.* sermonize; *v/t.* reprimand; **sermonneur, -euse** F [~mɔ'nœːr, ~'nøːz] **1.** *adj.* fault-finding; **2.** *su.* fault-finder.

sérosité *physiol.* [serozi'te] *f* seros-

ity; **sérothérapie** ⚕ [~rɔtera'pi] *f* serotherapy.
serpe ⚘ [sɛrp] *f* bill-hook.
serpent [sɛr'pɑ̃] *m* ♪, *zo., astr., fig.* serpent; *zo., fig.* snake; ~ *à lunettes* cobra; ~ *à sonnettes* rattlesnake; **serpentaire** [sɛrpɑ̃'tɛ:r] *su./m orn.* secretary-bird; *su./f* ⚘, ⚕ serpentaria, snake-root; **serpenteau** [~'to] *m zo.* young snake; *firework*: serpent, squib; **serpenter** [~'te] (1a) *v/i.* (*a. aller en serpentant*) wind, meander; **serpentin, e** [~'tɛ̃, ~'tin] **1.** *adj.* serpentine; **2.** *su./m* ⊕ coil; ticker tape, paper streamer; *su./f* ⚘ snake-wood; *min.* serpentine.
serpette ⚘ [sɛr'pɛt] *f* bill-hook; pruning-knife.
serpillière [sɛrpi'jɛ:r] *f tex.* packing-cloth; *tex.* dish-cloth; F apron made from sacking.
serpolet ⚘ [sɛrpo'lɛ] *m* wild thyme.
serrage ⊕ [sɛ'ra:ʒ] *m* tightening; gripping; *mot.* ~ *des freins* braking.
serre [sɛ:r] *f* ⚘ greenhouse, glass-house, conservatory; ⚘ (*a.* ~ *chaude*) hot-house; grip; *orn.* claw, talon; ⊕, ⚕ clip; ⊕ mo(u)ld press.
serré, e [sɛ're] **1.** *adj.* tight; close-grained (*wood*); compact; narrow (*defile etc.*); close (*buildings*, ⚔ *order, reasoning, texture, translation, sp. finish*); tightly packed (*people etc.*); **2.** *serré adv.*: *jouer* ~ play cautiously; *vivre* ~ live on a tight budget.
serre...: ~**-file** [sɛr'fil] *m/inv.* ⚔ file closer; ⚓ rear ship; *marcher en* ~ bring up the rear; ~**-fils** [~'fil] *m/inv.* ⚡ binding-srew; ⚡ clamp; ~**-freins** [~'frɛ̃] *m/inv.* 🚂 brakesman; ⊕ brake-adjuster; ~**-joint** ⊕ [~'ʒwɛ̃] *m* cramp; screw-clamp.
serrement [sɛr'mɑ̃] *m* squeezing; ⚒ dam; ~ *de main* handshake; hand pressure; *fig.* ~ *de cœur* pang; **serre-papiers** [sɛrpa'pje] *m/inv.* file (*for papers*); **serrer** [sɛ're] (1b) *v/t.* press, squeeze; grasp (*s.o.'s hand*), grip; put (away); tighten (*a knot*, ⊕ *a screw*); *fig.* compress, condense; ⚔ close (*the ranks*); skirt (*the coast, a wall*); *sp.* jostle (*other runners etc.*); crowd (*s.o.'s car*); *mot.* ~ *à droite* keep (to the) right; ~ *q. de près* follow close behind s.o.; ~ *la main à* shake hands with; ~ *les dents* clench one's teeth; *serrez-vous!* sit closer!; F move up!; se ~ crowd, stand (sit *etc.*) close together; tighten (*lips*); *fig.* feel a pang, contract (*heart*); **serre-tête** [sɛr'tɛ:t] *m/inv.* headband; skullcap.
serrure [sɛ'ry:r] *f* lock; **serrurerie** [sɛryrə'ri] *f* locksmith's trade; locksmith's (shop); lock-mechanism; metal-work; **serrurier** [~'rje] *m* locksmith; metal-worker.
serte [sɛrt] *f gem*: mounting *or* setting (in a bezel); **sertir** [sɛr'ti:r] (2a) *v/t.* set (*a gem*) (in a bezel); set (*window-panes*) (in, de); **sertissage** [sɛrti'sa:ʒ] *m gem*: setting; *panes*: setting in lead; **sertisseur** [~'sœ:r] *m* setter; **sertissure** [~'sy:r] *f* bezel; setting.
sérum ⚕ [se'rɔm] *m* serum.
servage [sɛr'va:ʒ] *m* serfdom; bondage.
serval, *pl.* **-als** *zo.* [sɛr'val] *m* serval, tiger-cat.
servant, e [sɛr'vɑ̃, ~'vɑ̃:t] **1.** *adj.* serving; *eccl.* lay (*brother*); **2.** *su./m* ⚔ gunner; *tennis*: server; *su./f* servant; dumb waiter, dinner-waggon; ⊕ prop; ⊕ (*bench-*)vice.
serveur [sɛr'vœ:r] *m* waiter; **serveuse** [~'vø:z] *f* waitress.
serviabilité [sɛrvjabili'te] *f* obligingness; **serviable** [~'vjabl] obliging, helpful (*person*); **service** [~'vis] *m* service (*a.* ⚔, ✝, *eccl., tennis*); ⚔, ⚓ *guard etc.*: duty; *hotel*: service charge; ✝, *admin.* department; *cuis. meal*: course; *tools*: set; ~ *compris* service included; ~ *de table* dinner-service; ~ *diplomatique* diplomatic service, *Am.* corps; ~ *divin* divine service; ⚔ ~ *obligatoire* compulsory (military) service; ~*s pl. publics* public services; ⚔ *être de* ~ be on duty; ✝ *libre* ~ self-service; *rendre* (*un*) ~ *à q.* do s.o. a good turn.
serviette [sɛr'vjɛt] *f* (table) napkin, serviette; towel; briefcase, portfolio; ~*-éponge* Turkish towel; ⚕ ~ *hygiénique* sanitary towel *or Am.* napkin.
servile [sɛr'vil] servile; abject (to, *envers*); menial (*duties*); slavish (*imitation*); **servilité** [~vili'te] *f* servility.
servir [sɛr'vi:r] (2b) *v/t.* serve (*a dish, s.o. at table*, ✝ *a customer, one's country, a. tennis a ball*); help, assist; be in the service of; wait on; *cards*: deal; ✝ supply; pay (*a rent*); *eccl.* ~ *la messe* serve at mass; *hunt.*

~ *un sanglier au couteau* dispatch a boar with a knife; *se* ~ help o.s. to food; *se* ~ *de* use; *v/i.* serve (*a.* ⚔); be used (as, *de*); be in service; be useful; *à quoi cela sert-il?* what's the good of that?; *à quoi cela sert-il* de (*inf.*)?, *à quoi sert de* (*inf.*)? what is the good of (*ger.*)?; **serviteur** [~vi'tœ:r] *m* servant; ~*!* no thank you; **servitude** [~vi'tyd] *f* servitude; slavery; *fig.* tyranny; ⚖ easement; *fig.* obligation.
servo... ⊕ [sɛrvo] servo(-assisted) ..., power(-assisted) ...; **~commande** [~kɔ'mɑ̃d] *f* servo-control; **~direction** [~dirɛk'sjɔ̃] *f* servo- *or* power steering; **~moteur** [~mɔ'tœ:r] *m* servo-motor.
ses [se] *see son*[1].
sessile ⚘ *etc.* [sɛ'sil] sessile.
session ⚖, *parl.* [sɛ'sjɔ̃] *f* session.
set [sɛt] *m tennis*: set; *table*: place mat.
sétacé, e [seta'se] bristly, setaceous.
séton ⚕, *zo.* [se'tɔ̃] *m* seton; *plaie f en* ~ flesh wound.
seuil [sœ:j] *m phys., psych., fig. fame, door*: threshold; doorstep.
seul, seule [sœl] *adj. before su.* one, only, single; very, mere; *after su. or verb* alone, lonely; *before art.* only; ... alone; *comme un* ~ *homme* like one man; *un homme* ~ a single *or* lonely man; **seulement** [~'mɑ̃] *adv.* only; solely; but; *ne ... pas* ~ not even; *si* ~ ... if only ...; **seulet, -ette** F [sœ'lɛ, ~'lɛt] alone; lonely.
sève [sɛ:v] *f* ⚘ sap; *fig.* vigo(u)r, pith.
sévère [se'vɛ:r] severe (*a. fig.*); stern; strict (*discipline, morals*); hard (*person, climate*); **sévérité** [~veri'te] *f* severity (*a. fig.*); *person, look*: sternness; *fig. taste*: austerity; *discipline, morals*: strictness; ⚖ ~*s pl.* harsh sentences.
sévices [se'vis] *m/pl.* cruelty *sg.*, ill treatment; **sévir** [~'vi:r] (2a) *v/i.* rage (*plague, war*); ~ *contre* deal severely with.
sevrage [sə'vra:ʒ] *m child, lamb*: weaning; **sevrer** [~'vre] (1d) *v/t.* wean (*a child, a lamb*); ✔ separate; *fig.* deprive (of, *de*).
sexagénaire [sɛksaʒe'nɛ:r] *adj., a. su.* sexagenarian.
sex-appeal [sɛksa'pi:l] *m* sex-appeal.
sexe [sɛks] *m* sex; F *le beau* ~, *le* ~ *faible* the fair *or* weaker sex, women *pl.*; *le* ~ *fort* the strong sex, men *pl.*; *des deux* ~*s* of both sexes.
sextuor ♪ [sɛks'tɥɔ:r] *m* sextet.
sextuple [sɛks'typl] *adj., a. su./m* sixfold, sextuple; **sextupler** [~ty'ple] (1a) *vt/i.* increase sixfold, sextuple.
sexuel, -elle [sɛk'sɥɛl] sexual.
seyant, e [sɛ'jɑ̃, ~'jɑ̃:t] becoming.
shake-hand [ʃɛk'hand] *m/inv.* handshake.
shaker [ʃɛ'kœ:r] *m* cocktail-shaker.
shampooing [ʃɑ̃'pwɛ̃] *m* shampoo; *faire un* ~ *à* shampoo.
shooter [ʃu'te] (1a) *v/i. foot.* shoot; *sl.* *se* ~ shoot (up), fix (*drug addict*).
short *cost.* [ʃɔrt] *m* shorts *pl.*
shot *foot.* [ʃɔt] *m* shot.
shunt ⚡ [ʃœ:t] *m* shunt; ~ *de grille* grid leak; **shunter** ⚡ [ʃœ'te] (1a) *v/t.* shunt.
si[1] [si] *cj.* if; whether; suppose; ~ *ce n'est que* were it not that; if it were not that; ~ *je ne me trompe* if I am not mistaken; ~ *tant est que* (*sbj.*) if it happens that (*ind.*).
si[2] [~] *adv.* so, so much; *answer to negative question*: yes; ~ *bien que* so that; with the result that; ~ *fait!* yes indeed!; ~ *riche qu'il soit* however rich he may be.
si[3] ♪ [~] *m/inv.* si; *note*: B; ~ *bémol* B flat.
siamois, e [sja'mwa, ~'mwa:z] Siamese; ⚕ *frères m/pl.* ~, *sœurs f/pl.* ~*es* Siamese twins.
sibérien, -enne [sibe'rjɛ̃, ~'rjɛn] Siberian.
sibilant, e ⚕ [sibi'lɑ̃, ~'lɑ̃:t] sibilant.
siccatif, -ve [sika'tif, ~'ti:v] **1.** *adj.* (quick-)drying, siccative; **2.** *su./m* siccative; quick-drying substance.
side-car [sajd'ka:r] *m* motor-cycle combination; side-car.
sidéral, e, *m/pl.* **-aux** [side'ral, ~'ro] *astr.* sidereal; **sidérer** F [~'re] (1a) *v/t.* stagger, shatter.
sidérose [side'ro:z] *f min.* siderite; ⚕ siderosis; **sidérostat** *astr.* [~rɔs'ta] *m* siderostat; **sidérotechnie** [~rɔtɛk'ni] *f* metallurgy of iron; **sidérurgie** [~ryr'ʒi] *f* metallurgy of iron; **sidérurgique** [~ryr'ʒik] ironworking; *usine f* ~ ironworks *usu. sg.*
siècle [sjɛkl] *m* century; *eccl.* world(ly life); *fig.* period, time, age;

F *il y a un* ~ *que* it's ages since; ♀ *des lumières* age of enlightenment; *Grand* ♀ *the* age of Louis XIV.
sied [sje] *3rd p. sg. pres. of seoir.*
siège [sjɛ:ʒ] *m chair etc.*, ⊕, *disease, government, parl.*: seat; centre (*of activity, learning, etc.*); ✝ office; ⚔ siege; ⚖ *judge*: bench; *eccl.* (*episcopal*) see; *chair*: bottom; *mot. etc.* ~ *arrière* back-seat; ~ *du cocher* coachman's box; ✝ ~ *social* head office, registered office; **siéger** [sje'ʒe] (1g) *v/i.* sit (⚖, *a.* in Parliament, *au parlement*); ✝ have its head office; ⚕ be seated; *eccl.* hold one's see (*bishop*).
sien, sienne [sjɛ̃, sjɛn] **1.** *pron./poss.*: *le* ~, *la* ~*ne, les* ~*s pl., les* ~*nes pl.* his, hers, its, one's; **2.** *su./m* his *or* her *or* its *or* one's own; *les* ~*s pl.* his *or* her *or* one's (own) people; *su./f*: *faire des* ~*nes* lark (about).
sieste [sjɛst] *f* siesta; F nap; *faire la* ~ take a nap.
sieur ⚖ [sjœ:r] *m*: *le* ~ ... Mr. ...
sifflant, e [si'flɑ̃, ~'flɑ̃:t] **1.** *adj.* hissing; wheezing (*breath*); whistling (*note*); *gramm.* sibilant; **2.** *su./f gramm.* sibilant; **sifflement** [~flə'mɑ̃] *m person, a. arrow, bullet, wind*: whistle, whistling; *gas, goose, steam*: hiss(ing); *cuis., a.* ⚡ sizzling; *breathing*: wheezing; **siffler** [~'fle] (1a) *v/i.* whistle; hiss; *cuis., a.* ⚡ sizzle; ⚕ wheeze; blow a whistle; ⚓ pipe; *v/t.* whistle (*a tune*); whistle to (*a dog*); whistle for (*a taxi*); ⚓ pipe; *thea.* hiss, boo; F swig (*a drink*); **sifflet** [~'flɛ] *m* whistle, ⚓ pipe; *thea.* hiss, catcall; ~ *d'alarme* alarm-whistle; *coup m de* ~ (blast of the) whistle; *sl. couper le* ~ *à q.* cut s.o.'s throat; *fig.* nonplus s.o.; *donner un coup de* ~ blow a whistle; ⊕ *en* ~ slantwise; bevelled; **siffleur, -euse** [~'flœ:r, ~'flø:z] **1.** *adj.* whistling; wheezy (*horse*); hissing (*serpent*); **2.** *su.* whistler; *thea.* hisser, booer; *su./m orn.* widgeon; **sifflotement** [~flɔt'mɑ̃] *m* soft whistling; **siffloter** [~flɔ'te] (1a) *vt/i.* whistle softly *or* under one's breath.
sigillaire [siʒil'lɛ:r] sigillary; signet (*-ring*); **sigillé, e** [~'le] sigillate(d).
sigisbée †, *co.* [siʒis'be] *m* gallant.
sigle [sigl] *m shorthand*: outline; abbreviation; ~*s pl.* sigla (*in old manuscripts*).
signal [si'ɲal] *m* signal; *teleph.* (*dialling*) tone; ~ *à bras* hand signal, ⚔ *etc.* semaphore signal; 🚂 ~ *avancé* distant signal; ~ *d'alarme* alarm-signal, 🚂 communication cord; *teleph.* ~ *d'appel* calling signal; ~ *de danger* (*détresse*) danger (distress) signal; ~ *horaire radio*: time signal, F pips *pl.*; ~ *lumineux* traffic-light;
signalé, e [siɲa'le] outstanding; *pej.* notorious; **signalement** [~ɲal'mɑ̃] *m* description; particulars *pl.*; **signaler** [siɲa'le] (1a) *v/t.* signal (*a train etc.*); *fig.* indicate; point out (s.th. to s.o., *qch. à q.*), draw attention to; describe, give a description of (*s.o.*); report (to, *à*); **signalétique** *admin.* [~le'tik] descriptive; **signalisation** [~liza'sjɔ̃] *f* signalling; signals *pl.*, signal system; *mot.* ~ *routière* road signs *pl.*; *panneau m de* ~ road sign.
signataire [siɲa'tɛ:r] *su.* signatory; **signature** [siɲa'ty:r] *f* signature; *apposer sa* ~ *à* set one's hand to;
signe [siɲ] *m* sign; (*bodily, punctuation*) mark; ⚔ insignia (*of rank*); ~ *de tête* (*des yeux*) nod (wink); *faire* ~ *à* beckon to; **signer** [si'ɲe] (1a) *v/t.* sign; *se* ~ cross o.s.; **signet** [~'ɲɛ] *m* bookmark.
significatif, -ve [siɲifika'tif, ~'ti:v] significant (*a.* ♘ *figure*); **signification** [~'sjɔ̃] *f* meaning; sense; ⚖ *notice, petition, writ, etc.*: service; **signifier** [siɲi'fje] (1o) *v/t.* mean, signify; ⚖ serve (*a writ etc.*); ~ *qch. à q.* make s.th. known to s.o., inform s.o. of s.th.; *qu'est-ce que cela signifie?* what is the meaning of this? (*indicating disapproval*).
silence [si'lɑ̃:s] *m* silence; stillness; *fig.* secrecy; ♪ rest; *garder le* ~ keep silent (about, *sur*); *passer qch. sous* ~ pass s.th. over in silence; say nothing about s.th.; **silencieux, -euse** [~lɑ̃'sjø, ~'sjø:z] **1.** *adj.* silent; still (*evening etc.*); **2.** *su./m mot.* silencer.
silex *min.* [si'lɛks] *m* flint, silex.
silhouette [si'lwɛt] *f* silhouette; outline; profile; **silhouetter** [~lwɛ'te] (1a) *v/t.* silhouette, outline; *phot.* block out; *se* ~ stand out (against, *contre*).
silicate ⚗ [sili'kat] *m* silicate; ~ *de potasse* water-glass; **silice** ⚗ [~'lis] *f* silica; **siliceux, -euse** [sili'sø,

~'sø:z] siliceous; **silicium** ⚗ [~'sjɔm] *m* silicon; **siliciure** ⚗ [~'sjy:r] *m* silicide.
sillage [si'ja:ʒ] *m* ⚓ wake; ✈, *fig.* trail; *fig. marcher dans le* ~ *de* follow in (*s.o.'s*) footsteps.
sillet ♪ [si'jɛ] *m violin etc.*: nut.
sillon [si'jɔ̃] *m* furrow; *anat.*, *a. gramophone*: groove; *poet.* ~*s pl.* fields; **sillonner** [~jɔ'ne] (1a) *v/t.* furrow (*a. one's forehead*); *fig.* criss-cross.
silo [si'lo] *m* silo; *potatoes*: clamp; **silotage** ✓ [~lɔ'ta:ʒ] *m* ensilage.
silphe *zo.* [silf] *m* carrion-beetle.
silure *icht.* [si'ly:r] *m* silurus, catfish.
simagrée F [sima'gre] *f* pretence; ~*s pl.* affectation *sg.*; affected airs; *faire des* ~*s* put on airs.
simien, -enne *zo.* [si'mjɛ̃, ~'mjɛn] *adj.*, *a. su./m* simian; **simiesque** [~'mjɛsk] simian; ape-like.
similaire [simi'lɛ:r] similar (*a.* Ѧ); like; **similairement** [~lɛr'mɑ̃] *adv.* in like manner; **similarité** [~lari'te] *f* similarity, likeness; **simili** F [~'li] *m* imitation; **similitude** [~li'tyd] *f* similitude; similarity (*a.* Ѧ); *gramm.* simile.
simonie *eccl.* [simɔ'ni] *f* simony.
simoun [si'mun] *m wind*: simoom.
simple [sɛ̃:pl] **1.** *adj.* simple; single (*a.* 🚂 *ticket*); ⚔, ⚓ ordinary; *fig.* elementary; plain (*food, dress*); *fig.* simple(-minded); half-witted; **2.** *su./m* the simple; simple-minded person, simpleton; *tennis*: single; ⚕ ~*s pl.* medicinal herbs, simples; ~ *messieurs tennis*: men's single(s *pl.*);
simplicité [sɛ̃plisi'te] *f* simplicity; *fig.* simple-mindedness; ~*s pl.* naïve remarks; **simplification** [~fika'sjɔ̃] *f* simplification; **simplifier** [~'fje] (1o) *v/t.* simplify; Ѧ reduce to its lowest terms; *se* ~ become simple(r); **simpliste** [sɛ̃'plist] **1.** *adj.* simplistic; over-simple; **2.** *su.* person who over-simplifies.
simulacre [simy'lakr] *m* image; *fig.* pretence, semblance; ✈ flight simulator; ~ *de combat* sham fight.
simulateur *m*, **-trice** *f* [simyla'tœ:r, ~'tris] shammer; ⚔ malingerer; ⊕ simulator; **simulation** [~'sjɔ̃] *f* simulation; ⚔ malingering; **simulé, e** [simy'le] feigned (*illness*); fictitious; sham (*fight*); **simuler** [~] (1a) *v/t.* simulate; feign (*illness*).
simultané, e [simulta'ne] simultaneous; **simultanéité** [~nei'te] *f* simultaneity; **simultanément** [~ne'mɑ̃] *adv. of simultané.*
sinapisme ⚕ [sina'pism] *m* mustard-plaster, sinapism.
sincère [sɛ̃'sɛ:r] sincere; **sincérité** [~seri'te] *f* sincerity, frankness; genuineness.
singe [sɛ̃:ʒ] *m zo.* monkey; *zo.* ape (*a.* F *fig.* = *imitator*); ⊕ hoist; F bully (beef); *sl.* boss; F *faire le* ~ monkey about; *laid comme un* ~ as ugly as sin; **singer** [sɛ̃'ʒe] (1l) *v/t.* mimic, ape; **singerie** [sɛ̃ʒ'ri] *f* monkey trick; grimace; ~*s pl. a.* airs and graces.
singulariser [sɛ̃gylari'ze] (1a) *v/t.* make (*s.o.*) conspicuous; render (*s.o.*) singular; *se* ~ make o.s. conspicuous; **singularité** [~'te] *f* singularity; peculiarity; eccentricity, oddness; **singulier, -ère** [sɛ̃gy'lje, ~'ljɛ:r] **1.** *adj.* singular (*a.* Ѧ); peculiar; unusual; strange; conspicuous; single (*combat*); **2.** *su./m gramm.* singular; *au* ~ in the singular.
sinistre [si'nistr] **1.** *adj.* sinister; ominous, threatening; **2.** *su./m* disaster, catastrophe; fire; loss (*from fire etc.*); **sinistré, e** [~nis'tre] **1.** *adj.* (disaster-)stricken; shipwrecked; homeless (*through fire, bombs, etc.*); bomb-damaged (*house etc.*); **2.** *su.* victim (*of a disaster*).
sinon [si'nɔ̃] *cj.* otherwise, if not; except (that, *que*).
sinueux, -euse [si'nɥø, ~'nɥø:z] sinuous; winding (*path, river*); **sinuosité** [~nɥozi'te] *f* winding; meandering; bend (*in river*); **sinus** [~'nys] *m anat.* sinus; Ѧ sine; **sinusite** ⚕ [~ny'zit] *f* sinusitis.
sionisme [sjɔ'nism] *m* Zionism.
siphon [si'fɔ̃] *m phys. etc.* siphon; △ *drain etc.*: trap.
sire [si:r] *m king*: Sire, Sir; † lord; † *pauvre* ~ *person*: sorry specimen.
sirène [si'rɛn] *f* ⚓, ⊕, *myth.*, *zo.*, *fig.* siren; ⚓, ⊕ hooter; ⚓ foghorn.
sirocco [sirɔ'ko] *m wind*: sirocco.
sirop [si'ro] *m* syrup; (fruit) cordial; ⚕ *a.* mixture.
siroter [sirɔ'te] (1a) *v/t.* F sip; *v/i. sl.* tipple.
sirupeux, -euse [siry'pø, ~'pø:z] syrupy; F *fig.* sloppy, sentimental.
sis, e [si, si:z] *p.p. of seoir.*
sismique [sis'mik] seismic.

sismo... [sismɔ] seismo...; **~graphe** [~'graf] *m* seismograph.

site [sit] *m* setting; site, spot; ⚠, ⚔ lie of the ground; *~ propre* bus lane; ⚔ *angle m de ~* angle of sight.

sitôt [si'to] *adv.* as *or* so soon; *~ après* immediately after; *~ dit, ~ fait* no sooner said than done; *~ que* as soon as; *ne ... pas de ~* not ... for a long time.

situation [sitɥa'sjɔ̃] *f* situation; position; *fig.* job, post; location; bearing; ☨, ⚔, *admin.* return, report; *~ économique* economic position; *~ sociale* station in life; **situé, e** [si'tɥe] situated (at, *à*); **situer** [~] (1n) *v/t.* situate, place; locate (*a. fig.*).

six [sis; *before consonant* si; *before vowel and h mute* siz] *adj./num., a. su./m/inv.* six; *date, title*: sixth; *à la ~-quatre-deux* in a slapdash way; **sixain** [si'zɛ̃] *m prosody*: six-line stanza; *cards*: packet of six packs; **sixième** [~'zjɛm] **1.** *adj./num.* sixth; **2.** *su.* sixth; *su./m fraction*: sixth; sixth, *Am.* seventh floor; *su./f secondary school*: (*approx.*) first form; **sixte** ♪ [sikst] *f* sixth.

sizain [si'zɛ̃] *m see sixain.*

skating [skɛ'tiŋ] *m* roller-skating; skating-rink.

ski [ski] *m* ski; skiing; *~ nautique* water skiing; *faire du ~* = **skier** [~'e] (1a) *v/i.* ski; **skieur** *m*, **-euse** *f* [~'œːr, ~'øːz] skier.

slalom [sla'lɔm] *m sp.* slalom; *fig.* zigzag (movement); *sp. descente en ~* slalom descent; *faire du ~* = **slalomer** [~lɔ'me] (1a) *v/i. sp.* slalom; *fig.* zigzag (one's) way, dodge in and out.

slave [slaːv] **1.** *adj.* Slavonic; **2.** *su./m ling.* Slavonic; *su.* ♀ Slav; **slavisme** [sla'vism] *m* Slavism.

slip [slip] *m women*: panties *pl.*; *men*: (short) pants *pl.*

sloop ⚓ [slup] *m* sloop.

slovaque [slɔ'vak] *adj., a. su.* ♀ Slovak; **slovène** [~'vɛn] *adj., a. su.* ♀ Slovene.

smash [smaʃ] *m tennis*: smash.

smoking [smɔ'kiŋ] *m* dinner-jacket, *Am.* tuxedo.

snob [snɔb] **1.** *adj.* snobbish, swanky; swell; **2.** *su./m* snob; vulgar follower of fashion; **snober** [snɔ'be] (1a) *v/t.* look down on (*s.o.*); cold-shoulder, cut (*s.o.*); **snobisme** [~'bism] *m* vulgar following of fashion; snobbery.

sobre [sɔbr] abstemious (*person*); sober; frugal (*eater, meal*); *fig. ~ de* sparing of; **sobriété** [sɔbrie'te] *f* abstemiousness; moderation (*in drinking, eating, speech*).

sobriquet [sɔbri'kɛ] *m* nickname.

soc ⚒ [sɔk] *m* ploughshare.

sociabilité [sɔsjabili'te] *f* sociability; **sociable** [~'sjabl] sociable, companionable; *il est ~* he is a good mixer.

social, e, *m/pl.* **-aux** [sɔ'sjal, ~'sjo] social; ☨ registered (*capital, name of company*); ☨ trading, financial (*year*); *assistante f ~e* social worker; ☨ *raison f ~e* (registered) name of company *or* firm; **socialisation** *pol.* [sɔsjaliza'sjɔ̃] *f* socialization; **socialiser** *pol.* [~li'ze] (1a) *v/t.* socialize; **socialisme** *pol.* [~'lism] *m* socialism; **socialiste** [~'list] **1.** *adj.* socialist; socialistic (*doctrine*); **2.** *su.* socialist.

sociétaire [sɔsje'tɛːr] *su.* (full) member; ☨ shareholder; **société** [~'te] *f* society; company (*a.* ☨); association, club; *~ anonyme* company limited by shares; *~ à responsabilité limitée* (*sort of*) limited company; *~ d'abondance* affluent society; *~ de consommation* consumer society; *~ de masse* mass society; ♀ *des Nations* League of Nations; *~ en commandite* (*par actions*) limited partnership; *~ en nom collectif* firm; private company; *~ filiale* daughter (company); *~ par actions* company limited by shares; *acte m de ~* deed of partnership.

sociologie [sɔsjɔlɔ'ʒi] *f* sociology; **sociologique** [~'ʒik] sociological; **sociologue** [~'lɔg] *su.* sociologist.

socle [sɔkl] *m* ⚠ base (*a. fig.*); *column*: plinth; *wall*: footing; ⊕ bed-plate (*of engine etc.*); bracket; stand.

socque [sɔk] *m* clog.

socquettes [sɔ'kɛt] *f/pl.* (*ladies'*) ankle socks.

soda [sɔ'da] *m* fizzy drink.

sodium ⚗ [sɔ'djɔm] *m* sodium.

sœur [sœːr] *f* sister (*a. eccl.*); *eccl.* nun; *~ de lait* foster-sister.

sofa [sɔ'fa] *m* sofa, settee.

soi [swa] *pron.* oneself; himself, herself, itself; *amour m de ~* self-love; *cela va de ~* that goes without saying;

être *chez* ~ be at home; *en* (*or de*) ~ in itself; ~**-disant** [~di'zɑ̃] **1.** *adj./inv.* so-called; **2.** *adv.* supposedly, apparently; ostensibly.

soie [swa] *f* silk; (*hog-*)bristle; ⊕ *crank*: pin; ⊕ *tool etc.*: tongue; ☤ ~ *artificielle* artificial silk; rayon; ~ *grège* raw silk; **soierie** ☤ [~'ri] *f* silk (fabric); silk trade; silk factory.

soif [swaf] *f* thirst (*a. fig.* for, *de*); *avoir* ~ be thirsty.

soigné, e [swa'ɲe] neat, trim; well-groomed (*appearance*); *cuis.* first-rate (*meal*); **soigner** [~'ɲe] (1a) *v/t.* look after; ⚕ nurse (*a sick person*); ⚕ *doctor*: attend (*a patient*); *fig. elle soigne sa mise* she dresses with care; ⚕ *se faire* ~ have treatment; **soigneux, -euse** [~'ɲø, ~'ɲø:z] careful (of, *de*; to *inf.*, *de inf.*); neat; painstaking.

soi-même [swa'mɛ:m] oneself.

soin [swɛ̃] *m* care, pains *pl.*; neatness, tidiness; ~*s pl.* ⚕ *etc.* attention *sg.*; *aux bons ~s de post*: care of, c/o.; *par les ~s de* thanks to, by courtesy of; *premiers ~s pl.* first aid *sg.*; *avoir* (*or prendre*) ~ *de* take care of (*s.th.*); take care to (*do s.th.*), be *or* make sure to (*do s.th.*).

soir [swa:r] *m* evening; afternoon; *du matin au* ~ from morning to night; *le* ~ in the evening; *sur le* ~ towards evening; *tous les ~s* every evening; **soirée** [swa're] *f duration, period*: evening; (evening) party; *thea.* evening performance; ~ *d'adieu* farewell party; ~ *dansante* dance; *thea.* ~ *unique* one-night stand.

sois [swa] *1st p. sg. pres. sbj. of* être *1*; **soit 1.** *adv.* [swat] (let us) suppose...; say...; ~*!* all right!, agreed!; *ainsi* ~*-il* so be it!, amen!; *tant* ~ *peu* ever so little; **2.** *cj.* [swa]: ~ ... ~ ..., ~ ... *ou* ... either ... or ...; whether ... or ...; ~ *que* (*sbj.*) whether (*ind.*).

soixantaine [swasɑ̃'tɛn] *f* (about) sixty; *la* ~ the age of sixty, the sixties *pl.*; **soixante** [~'sɑ̃:t] *adj./num., a. su./m/inv.* sixty; **soixante-dix** [~sɑ̃t'dis; *before consonant* ~'di; *before vowel and h mute* ~'diz] *adj./num., a. su./m/inv.* seventy; **soixante-dixième** [~sɑ̃tdi'zjɛm] *adj./num., a. su.* seventieth; **soixantième** [~sɑ̃'tjɛm] *adj./num., a. su.* sixtieth.

soja ⚘ [sɔ'ja] *m* soya-bean, *Am.* soybean.

sol[1] ♪ [sɔl] *m/inv.* sol; *note*: G; *clef de* ~ G-clef.

sol[2] [sɔl] *m* earth, ground; ⚒ soil; field; ~**-air** ⚔ [~'ɛ:r] *adj./inv.* ground-to-air (*missile*).

solaire [sɔ'lɛ:r] solar; sun(*-dial, glasses*); ⚕ sun-ray (*treatment*).

soldat *usu.* ⚔ [sɔl'da] *m* soldier; ~ *de plomb* toy *or* tin soldier; ♀ *inconnu* the Unknown Warrior; *les simples ~s pl.* the rank *sg.* and file *sg.*; *se faire* ~ join the army; *simple* ~ private; **soldatesque** *pej.* [~da'tɛsk] **1.** *adj.* barrack-room ...; **2.** *su./f* soldiery.

solde[1] ⚔, ⚓ [sɔld] *f* pay.

solde[2] ☤ [~] *m account*: balance; job lot, remnant; ~*s pl.* (clearance) sale *sg.*; ~ *créditeur* (*débiteur*) credit (debit) balance.

solder[1] ⚔, ⚓ [sɔl'de] (1a) *v/t.* pay.

solder[2] [~] (1a) *v/t.* balance (*accounts*); settle (*a bill, an account*); sell off, clear (*goods*); remainder (*a book*); *se* ~ *par* (*or en*) show (*a profit, deficit, etc.*); end (up) in (*failure etc.*).

sole[1] ⚒ [sɔl] *f* break.

sole[2] [~] *f vet.* sole; ⊕ bed-plate; ⊕ *furnace*: hearth; ⚠ sleeper; ⚓ *boat*: flat bottom.

sole[3] *icht.* [~] *f* sole.

solécisme *gramm., a. fig.* [sɔle'sism] *m* solecism.

soleil [sɔ'lɛ:j] *m* sun; sunshine; *eccl.* monstrance; ⚘ sunflower; *firework*: Catherine-wheel; ⚕ *coup m de* ~ sunstroke; sunburn; *il fait* (*du*) ~ the sun is shining; **soleilleux, -euse** [~lɛ'jø, ~'jø:z] sunny.

solennel, -elle [sɔla'nɛl] solemn; *fig.* grave (*tone*); **solenniser** [~ni'ze] (1a) *v/t.* solemnize; **solennité** [~ni'te] *f* solemnity; *eccl.* ceremony; ~*s pl.* celebrations.

solfège ♪ [sɔl'fɛ:ʒ] *m* sol-fa; **solfier** ♪ [~'fje] (1o) *v/t.* sol-fa.

solidage ⚘ [sɔli'da:ʒ] *m* golden-rod.

solidaire [sɔli'dɛ:r] ⊕ *etc.* interdependent; ⚖ joint and several; *être* ~ (*de*) show solidarity (with); ⊕ *etc.* be bound up (with); **solidariser** [sɔlidari'ze] (1a) *v/t.*: *se* ~ show solidarity (with, *avec*); make common cause; **solidarité** [~'te] *f* solidarity; ⚖ joint responsibility; *grève f de* ~ sympathetic strike.

solide [sɔˈlid] **1.** *adj.* solid (*body, earth, food, foundation, wall, a.* 📐 *angle*); fast (*colour*); strong (*flow, cloth, building, person*); ⚕ sound (*a. reason*); *fig.* reliable; **2.** *su./m* solid (*a.* 📐); ⚠ solid ground *or* foundations *pl.*; **solidification** [sɔlidifikaˈsjɔ̃] *f* solidifying; **solidifier** [~ˈfje] (1o) *v/t. a.* se ~ solidify; **solidité** [~ˈte] *f* solidity; *building, friendship, a. tex.*: strength; *fig.* soundness (*of judgment, a.* ⚕).

soliloque [sɔliˈlɔk] *m* soliloquy.

solipède *zo.* [sɔliˈpɛd] solid-ungulate; whole-hoofed.

soliste ♪ [sɔˈlist] **1.** *su.* soloist; **2.** *adj.* solo (*violin etc.*).

solitaire [sɔliˈtɛːr] **1.** *adj.* solitary, lonely; lonesome; ⚕ *ver m* ~ tapeworm; **2.** *su.* solitary, recluse; loner, lone wolf; *su./m diamond, a. game*: solitaire; *zo.* old boar.

solitude [sɔliˈtyd] *f* solitude, loneliness; lonely spot.

solive ⚠ [sɔˈliːv] *f* beam, joist; **soliveau** ⚠ [~liˈvo] *m* small joist.

sollicitation [sɔllisitaˈsjɔ̃] *f* entreaty, earnest request; ⚡ attraction, *magnet*: pull; ⚖ application (*to the judge*); **solliciter** [~ˈte] (1a) *v/t.* seek, request, ask *or* beg for; appeal to; sollicit; urge; attract; **solliciteur** *m*, **-euse** *f* [~ˈtœːr, ~ˈtøːz] applicant (for, *de*); petitioner; **sollicitude** [~ˈtyd] *f* concern, solicitude; anxiety (for, *pour*).

solo [sɔˈlo] **1.** *su./m* ♪ (*pl. a.* **-li** [~ˈli]) solo; **2.** *adj./inv.* solo (*cycle, violin, etc.*).

solstice [sɔlsˈtis] *m* solstice; **solsticial, e,** *m/pl.* **-aux** [~tiˈsjal, ~ˈsjo] solstitial.

solubilité [sɔlybiliˈte] *f* solubility; *fig.* solvability; **soluble** [~ˈlybl] soluble (*a. fig.*); **solution** [~lyˈsjɔ̃] *f* ⚗, 📐, ⚕, *a. fig.* solution; resolution; ⚖ discharge (*of obligation*); ~ *de continuité* gap; break; ⚡ fault.

solvabilité ⚕ [sɔlvabiliˈte] *f* solvency; **solvable** ⚕ [~ˈvabl] solvent; **solvant** ⚗ [~ˈvɑ̃] *m* solvent.

sombre [sɔ̃ːbr] dark, gloomy; dull, murky (*sky, weather*); dim (*light*); melancholy (*face, temperament, thoughts*).

sombrer [sɔ̃ˈbre] (1a) *v/i.* ⚓, *a. fig.* founder; sink; *fig.* fail.

sommaire [sɔˈmɛːr] **1.** *adj.* summary (*a.* ⚖), brief, concise; *fig.* improvised; **2.** *su./m* summary, synopsis; **sommation** [~maˈsjɔ̃] *f* ⚖ demand; notice; summons *sg.*; warning; 📐 summation.

somme[1] [sɔm] *f* sum, amount; ~ *globale* lump *or* global sum; ~ *toute* ... on the whole ...; *en* ~ in short.

somme[2] [~] *f* burden; *bête f de* ~ beast of burden; *mulet m de* ~ pack-mule.

somme[3] [sɔm] *m* nap; *faire un* ~ take a nap, F have a snooze; **sommeil** [sɔˈmɛːj] *m* sleep, slumber; sleepiness; *avoir* ~ feel *or* be sleepy; **sommeiller** [~mɛˈje] (1a) *v/i.* be asleep; doze; *fig.* lie dormant.

sommelier [sɔməˈlje] *m* butler; cellarman; *restaurant*: wine-waiter.

sommer[1] [sɔˈme] (1a) *v/t.* summon; call on (*s.o.*) (to *inf.*, *de inf.*); ⚔ call upon (*a place*) to surrender.

sommer[2] 📐 [~] (1a) *v/t.* find the sum of.

sommes [sɔm] *1st p. pl. pres. of* être 1.

sommet [sɔˈmɛ] *m* summit (*a. pol.*), top (*a. fig.*); 📐, ⚠ apex; 📐, ⚔ vertex; *head, arch*: crown; *wave*: crest; *fig.* zenith, height; ⚕ ~ *du poumon* apex of the lung; *pol. conférence f au* ~ summit conference.

sommier[1] [sɔˈmje] *m* ⚕ cash-book; *admin.* register; *les* ~*s* criminal records office.

sommier[2] [~] *m* pack-horse; ⚠ *arch*: springer; *floor*: cross-beam; *door*: lintel; ⊕ *machine*: bed; 🚂 bolster; ♪ *organ*: wind-chest; *piano*: string-plate; (*a.* ~ *élastique or à ressorts*) spring-mattress, box-mattress.

sommité [sɔmiˈte] *f* summit; tip; ✿ top; *fig. person*: leading figure.

somnambule [sɔmnɑ̃ˈbyl] **1.** *adj.* somnambulant; **2.** *su.* somnambulist, sleep-walker; **somnambulisme** [~nɑ̃byˈlism] *m* somnambulism, sleep-walking; **somnifère** [~niˈfɛːr] **1.** *adj.* sleep-inducing; ⚕ soporific; F boring; **2.** *su./m* ⚕ sleeping drug; sleeping pill.

somnolence [sɔmnɔˈlɑ̃ːs] *f* sleepiness, somnolence; **somnolent, e** [~nɔˈlɑ̃, ~ˈlɑ̃ːt] sleepy, drowsy.

somptuaire [sɔ̃pˈtɥɛːr] sumptuary; **somptueux, -euse** [~ˈtɥø, ~ˈtɥøːz] sumptuous; *fig.* magnificent; **somptuosité** [~tɥoziˈte] *f* sumptuousness, magnificence.

son[1] *m*, **sa** *f*, *pl.* **ses** [sɔ̃, sa, se] *adj./poss.* his, her, its, one's.
son[2] [sɔ̃] *m* sound, noise; *phys. mur m de ~* sound-barrier.
son[3] ⚒ [~] *m* bran; F *tache f de ~* freckle.
sonate ♪ [sɔˈnat] *f* sonata; **sonatine** ♪ [~naˈtin] *f* sonatina.
sondage [sɔ̃ˈdaːʒ] *m* ⚒ boring; ⚓ sounding; ⚕ probing; ⊕ drill-hole; *fig.* survey; (*a. ~ d'opinion* opinion) poll; *enquête f par ~* sampling survey; *fig. faire des ~s* make a spot check; **sonde** [sɔ̃ːd] *f* sounding-rod; ⚓ lead; ⚓ sounding(s *pl.*); ⚕ probe; ⚒ drill(er), borer; **sonder** [sɔ̃ˈde] (1a) *v/t.* sound (⚓, ⚕ *a patient, a. fig.*); ⚕ probe (*a wound, a. fig.*); *fig.* investigate; *fig.* explore.
songe [sɔ̃ːʒ] *m* dream (*a. fig.*); **~creux** [sɔ̃ʒˈkrø] *m/inv.* dreamer; **songer** [sɔ̃ˈʒe] (1l) *v/i.* dream (of, *de*); think (of, *à*); *songez donc!* just fancy!; **songerie** [sɔ̃ʒˈri] *f* reverie; (day)dream(ing); **songeur, -euse** [sɔ̃ˈʒœːr, ~ˈʒøːz] **1.** *adj.* pensive; dreamy; thoughtful; **2.** *su.* dreamer.
sonique [sɔˈnik] sonic; sound ...; *barrière f ~* sound barrier.
sonnaille [sɔˈnɑːj] *f* cattle-bell; **sonnailler** [~nɑˈje] **1.** *su./m* bellwether; **2.** (1a) *v/i.* ring the bell all the time; **sonnant, e** [~ˈnɑ̃, ~ˈnɑ̃ːt] striking; *fig.* resounding; hard (*cash*); *à trois heures ~es* on the stroke of three; **sonner** [~ˈne] (1a) *v/t.* sound (*a.* ⚔); ring (*a bell*); strike (*the hour*); ring for (*s.o., a. church service*); *fig. ne pas ~ mot* not to utter a word; *v/i.* sound; ring (*bell, coin*); strike (*clock*); *gramm.* be sounded *or* pronounced; *fig. ~ bien (creux)* sound well (hollow); *dix heures sonnent* it is striking 10; *dix heures sont sonnées* it has struck 10; *les vêpres sonnent* the bell is ringing for vespers; **sonnerie** [sɔnˈri] *f bells*: ringing; *church etc.*: bells *pl.*; alarm (mechanism); ⊕ striking mechanism; ⚡, *teleph., etc.* bell; ⚔ (bugle-)call.
sonnet [sɔˈnɛ] *m* sonnet.
sonnette [sɔˈnɛt] *f* (*house-*)bell; hand-bell; ⊕ pile-driver; *cordon m de ~* bell-pull; *coup m de ~* ring; **sonneur** [sɔˈnœːr] *m* bell-ringer; *tel.* sounder; ⚔ bugler.
sono F [sɔˈno] *f* P.A. (system); **sonore** [~ˈnɔːr] resonant; *phys.* acoustic; resounding, loud; ringing (*voice*); *gramm.* voiced (*consonant*); *bande f ~* sound track; *phys. onde f ~* sound-wave; **sonorisation** [~nɔrizaˈsjɔ̃] *f* (fitting with a) P.A. (system); **sonorité** [~nɔriˈte] *f* sonority; *instrument etc.*: tone, sound; *room*: acoustics *pl.*
sont [sɔ̃] *3rd p. pl. pres. of* être *1*.
sophisme [sɔˈfism] *m* sophism; *logic*: fallacy.
sophistication [sɔfistikaˈsjɔ̃] *f* use of sophistry; sophistication; † *wine etc.*: adulteration; **sophistique** [sɔfisˈtik] **1.** *adj.* sophistic(al); **2.** *su./f* sophistry; **sophistiqué, e** [~tiˈke] sophisticated; highly developed; **sophistiquer** [~tiˈke] (1m) *v/t.* sophisticate; se ~ become (more) sophisticated; **sophistiqueur** [~tiˈkœːr] *m* quibbler.
soporifique [sɔpɔriˈfik] *adj., a. su./m* soporific.
soprano, *pl. a.* **-ni** ♪ [sɔpraˈno, ~ˈni] *m* soprano (*voice, a. singer*).
sorbe ⚘ [sɔrb] *f* rowanberry.
sorbet *cuis.* [sɔrˈbɛ] *m* sorbet, water-ice; † sherbet.
sorbier ⚘ [sɔrˈbje] *m* sorb; *~ sauvage* rowan(-tree), mountain-ash.
sorcellerie [sɔrsɛlˈri] *f* witchcraft, sorcery; **sorcier** [~ˈsje] *m* sorcerer; wizard; *fig.* brilliant mind; **sorcière** [~ˈsjɛːr] *f* sorceress; witch; *fig. vieille ~* old hag.
sordide [sɔrˈdid] sordid, squalid; filthy; *fig.* base; **sordidité** [~didiˈte] *f* sordidness.
sornettes [sɔrˈnɛt] *f/pl.* nonsense *sg.*; idle talk *sg.*; *conter des ~* talk nonsense.
sort [sɔːr] *m* fate, destiny; lot; chance, fortune; spell; *fig. jeter un ~ sur* cast a spell on *or* over; *tirer au ~* draw lots; **sortable** [sɔrˈtabl] presentable; **sorte** [sɔrt] *f* sort (*a. typ.*), kind; way, manner; *de la ~* of that sort; in that way; *de ~ que* so that; *en quelque ~* in a way, to some extent; *en ~ que* so that; *toutes ~s de* all sorts of.
sortie [sɔrˈti] *f* going out; exit; outlet (*a.* ⊕); ⊕ *a.* outflow; leaving; *admin. goods*: issue; ✝ export(ation); ⚔ sortie, sally; outing, trip, excursion; *fig.* outburst; *~ de secours* emergency exit; ✝ *~s pl. de fonds* outgoings; *à la ~ de* on leaving; *cost. ~ de bain* bathrobe.

sortilège [sɔrtiˈlɛːʒ] *m* witchcraft; spell.
sortir[1] [sɔrˈtiːr] **1.** (2b) *v/i.* go *or* come out, leave; ⚘, ✓, *etc.* come up; come through (*tooth*); stand out, protrude (from, *de*); ~ *de* come from; come of (*a good family*); have been at (*a school*); get out of (*one's bed, a difficulty*); *fig.* deviate from (*a subject*); F ~ de (*inf.*) have just done *or* finished (*ger.*); ⚕ ~ *de l'hôpital* be discharged from *or Am.* the hospital; 🚂 ~ *des rails* jump the metals; *être sorti* be out; *thea. sort* exit; *v/t.* bring *or* take *or* put *or* send out; ✝ bring out (*a product*), release (*a film etc.*), publish (*a book*); F throw (*s.o.*) out; F come out with (*a remark, joke, etc.*); **2.** *su./m*: *au* ~ *de* on leaving; *fig.* at the end of.
sortir[2] ⚖ [~] (2a, *3rd pers. only*) *v/t.* take, have (*effect*).
sosie F [sɔˈzi] *m* (*person's*) double.
sot, sotte [so, sɔt] **1.** *adj.* stupid, foolish; disconcerted; **2.** *su.* fool; **sottise** [sɔˈtiːz] *f* folly, stupidity; stupid act *or* saying; insult.
sou [su] *m* sou (= *5 centimes*); *sans le* ~ penniless.
soubassement [subɑsˈmɑ̃] *m* ⚠ sub-foundation; base (*a.* ⊕); ⊕ base-plate; *geol.* bed-rock; *bed*: valance; *fig.* substructure.
soubresaut [subrəˈso] *m* jerk; sudden start; *vehicle*: jolt; ⚕ ~s *pl.* trembling *sg.*
soubrette [suˈbrɛt] *f thea.* soubrette, maid-servant; F † maid.
souche [suʃ] *f* ✓ *tree etc.*: stump; ✓, *a. fig.* stock; ⚕ *virus*: strain; ⚠ (*chimney-*)stack; *eccl.* candle-stock; *fig.* blockhead; *fig.* head (*of a family*); ✝ *cheque, ticket*: counterfoil, stub; *carnet m à* ~s counterfoil book, *Am.* stub-book; *fig. faire* ~ found a family *or* a line.
souci[1] ⚘ [suˈsi] *m* marigold.
souci[2] [suˈsi] *m* care; worry; concern; **soucier** [~ˈsje] (1o) *v/t.* trouble (*s.o.*); *se* ~ be anxious; *ne se* ~ *de rien* care for nothing; *se* ~ *de* trouble o.s. about; care for *or* about; mind about; **soucieux, -euse** [~ˈsjø, ~ˈsjøːz] anxious, concerned (about, *de*; to *inf.*, *de inf.*); *fig.* worried.
soucoupe [suˈkup] *f* saucer; F ~ *volante* flying saucer.
soudable ⊕ [suˈdabl] that can be soldered *or* welded; **soudage** ⊕ [~ˈdaːʒ] *m* soldering; welding.
soudain, e [suˈdɛ̃, ~ˈdɛn] **1.** *adj.* sudden; **2.** *soudain adv.* suddenly, all of a sudden; **soudaineté** [~dɛnˈte] *f* suddenness.
soudard *usu. pej.* [suˈdaːr] *m* † old soldier, F old sweat; *fig.* ruffian.
soude [sud] *f* ⚗, ✝, ⊕ soda; ⚘ saltwort; ⚗ ~ *caustique* caustic soda.
souder [suˈde] (1a) *v/t.* ⊕ solder, weld; *fig.* join; *lampe f à* ~ blowlamp.
soudoyer [sudwaˈje] (1h) *v/t.* hire (the services of); *fig.* bribe, buy (*s.o.*) (over).
soudure ⊕ [suˈdyːr] *f* solder; soldering; welding; soldered joint; weld, (*welded*) seam; ⚕, ⊕, *inner tube, etc.*: F join; *fig. faire la* ~ bridge the gap.
soue [su] *f* pigsty.
souffert, e [suˈfɛːr, ~ˈfɛrt] *p.p. of souffrir.*
soufflage [suˈflaːʒ] *m* ⊕ glass-blowing; ⊕ *furnace*: blast; **soufflante** ⊕ [~ˈflɑ̃ːt] *f* blower; **souffle** [sufl] *m* breath (*a.* ⚕); breathing; blast; *fig.* inspiration; ⚕ murmur; *sp.*, *fig.* wind; *à bout de* ~ out of breath; *trouver son second* (*ou deuxième*) ~ *sp.*, *a. fig.* get one's second wind; **soufflé** *cuis.* [suˈfle] *m* soufflé; **soufflement** [~fləˈmɑ̃] *m* blowing; **souffler** [~ˈfle] (1a) *v/i.* blow (*person, a. wind*); pant; get one's breath; *v/t.* blow (♪ *the organ*, ⊕ *glass*); inflate; blow up (*a balloon, a. the fire*); *thea.* prompt; *fig.* whisper; *fig.* breathe (*a word, a sound*); blow out (*a candle*); F trick (s.o. out of s.th., *qch. à q.*); F foment (*a strife*); *fig.* ~ *le chaud et le froid* blow hot and cold; **soufflerie** [~fləˈri] *f forge, a.* ♪ *organ*: bellows *pl.*; ⊕ blower; ⊕ wind-tunnel; **soufflet** [~ˈflɛ] *m* bellows *pl.* (*a. phot.*); ⊕ fan; 🚂 concertina vestibule; *carriage*: (*folding*) hood; ♪ swell; *cost.* gusset, gore; *fig.* slap, box on the ear; *fig.* affront; **souffleter** [~fləˈte] (1c) *v/t.* slap (*s.o.*) in the face; *fig.* insult; **souffleur, -euse** [~ˈflœːr, ~ˈfløːz] *su.* blower; *thea. etc.* prompter; *vet. horse*: roarer; *su./m* ⊕ blower; ⚡ blow-out; **soufflure** [~ˈflyːr] *f glass*: bubble; *metall.* flaw, blowhole; *paint*: blister.
souffrance [suˈfrɑ̃ːs] *f* suffering; ⚖ sufferance; ✝ *en* ~ suspended (*busi-*

ness); held up (*post etc.*); outstanding (*bill etc.*); **souffrant, e** [~'frɑ̃, ~'frɑ̃:t] suffering, in pain; ⚕ unwell, ill; **souffre** [sufr] *1st p. sg. pres. of souffrir*; **souffre-douleur** [~frə-du'lœ:r] *su./inv.* drudge; scapegoat; laughing-stock.

souffreteux, -euse [sufrə'tø, ~'tø:z] destitute; sickly (*child etc.*).

souffrir [su'fri:r] (2f) *vt/i.* suffer; *v/t.* bear (*a. fig.*); permit, allow; *v/i. fig.* be grieved (to *inf.*, de *inf.*); be injured.

soufre [sufr] *m* ⚗ *etc.* sulphur; ~ *en poudre, fleur f de* ~ flowers *pl.* of sulphur; *fig. sentir le* ~ smack of heresy; **soufrer** [su'fre] (1a) *v/t.* treat with sulphur; ⊕, *tex.* sulphur (*a. matches*).

souhait [swɛ] *m* wish; *à* ~ to one's liking; **souhaitable** [swɛ'tabl] desirable; **souhaiter** [~'te] (1a) *v/t.* wish.

souillard [su'ja:r] *m* ⊕ sink-hole; ⊕ sink-stone; ⚠ strut; **souillarde** [~'jard] *f* scullery; **souille** [su:j] *f* (*wild boar's*) wallow; ⚓ bed; **souiller** [su'je] (1a) *v/t.* soil (with, *de*); pollute; stain (*a. fig.*); *fig.* tarnish (*one's reputation etc.*); **souillon** [~'jɔ̃] *su.* sloven; *woman*: slut; **souillure** [~'jy:r] *f* stain (*a. fig.*); spot; *fig.* blemish; ⚗ impurity.

soûl, soûle F [su, sul] **1.** *adj.* drunk; surfeited (with, *de*); satiated; **2.** *su./m* fill (*a. fig.*); *dormir tout son* ~ have one's sleep out.

soulagement [sulaʒ'mɑ̃] *m* relief (*a.* ⊕); **soulager** [~la'ʒe] (1l) *v/t.* relieve; se ~ relieve o.s. (*of a burden, a.* F *fig.*); relieve one's mind.

soûlard *m*, **e** *f* [su'la:r, ~'lard], **soûlaud** *m*, **e** *f* [~'lo, ~'lo:d] drunkard, soaker; **soûler** [~'le] (1a) *v/t.* satiate, glut (*s.o.*) (with, *de*); F make (*s.o.*) drunk; F get on (*s.o.'s*) nerves, bore (*s.o.*); F se ~ get drunk.

soulèvement [sulɛv'mɑ̃] *m ground, stomach, a. fig. people*: rising; ⚓ *sea*: swell(ing); *fig.* general protest; *geol.* upheaval; ⚕ ~ *de cœur* nausea; **soulever** [sul've] (1d) *v/t.* raise (*a. fig. an objection, a question, etc.*); lift (up); *fig.* provoke (*an emotion*); *fig.* rouse (*peole*) to revolt; F steal, *sl.* lift; *fig.* ~ *le cœur à q.* make s.o. sick; se ~ rise (*a.* in revolt); raise o.s.; turn (*stomach*).

soulier [su'lje] *m* shoe; ~*s pl. de ski* ski-boots; ~ *ferré* (*plat*) spiked (low-heeled) shoe; ~ *Richelieu* lace-up shoe; *être dans ses petits* ~*s* be on pins and needles; be ill at ease.

soulignement [suliɲ'mɑ̃] *m* underlining; *fig.* stressing; **souligner** [~li'ɲe] (1a) *v/t.* underline; *fig.* stress, emphasize.

soumettre [su'mɛtr] (4v) *v/t.* subdue (*s.o., one's feelings, a. a country*); *fig.* subject (s.o. to s.th., *q. à qch.*); *fig.* submit (*an idea, a plan, a request*) (to s.o., *à q.*); *se* ~ *à* submit to, comply with; **soumis, e** [~'mi, ~'mi:z] submissive, obedient; dutiful; **soumission** [~mi'sjɔ̃] *f* ⚔, *pol.* submission, surrender; obedience (to, *à*); ✝ tender (for, *pour*); **soumissionnaire** ✝ [sumisjɔ'nɛ:r] *m* tenderer; *finance*: underwriter; **soumissionner** ✝ [~'ne] (1a) *v/t.* tender for; *finance*: underwrite.

soupape ⊕ [su'pap] *f* valve; *bath etc.*: plug; *fig.* safety-valve; ~ *à papillon* throttle-valve; ~ *d'admission* intake valve; ~ *d'échappement* outlet valve; *mot.* exhaust-valve; ⚡ ~ *électrique* rectifier.

soupçon [sup'sɔ̃] *m* suspicion; *fig.* inkling, idea, hint; *fig., a. cuis.* touch, dash; *liquid*: drop; *fig. pas un* ~ *de* not a shadow of, not the ghost of; **soupçonner** [~sɔ'ne] (1a) *v/t.* suspect; surmise; **soupçonneux, -euse** [~sɔ'nø, ~'nø:z] suspicious.

soupe [sup] *f* soup; F, *a.* ⚔ meal; F food, *sl.* grub; sop (*for soaking in soup, wine, etc.*); ~ *à l'oignon* onion-soup; F ~ *populaire* soup kitchen; F *monter* (*or s'emporter*) *comme une* ~ *au lait* flare up; F *être* ~ *au lait* be irritable; F *être trempé comme une* ~ be wet through.

soupente [su'pɑ̃:t] *f* ⊕ support; ⚠ loft, garret; closet.

souper [su'pe] **1.** *v/i.* (1a) have supper; *sl. fig. j'en ai soupé* I'm fed up with it; **2.** *su./m* supper.

soupeser [supə'ze] (1d) *v/t.* feel the weight of; weigh (*s.th.*) in the hand.

soupière [su'pjɛ:r] *f* soup-tureen.

soupir [su'pi:r] *m* sigh; ♪ crotchet rest; ♪ (*demi-*)*quart m de* ~ (demi-) semiquaver rest; ♪ *demi-*~ quaver rest; **soupirail,** *pl.* **-aux** [supi'ra:j, ~'ro] *m* air-hole; vent (*in air-*

shaft etc.); ventilator; **soupirant** F [~'rɑ̃] suitor, admirer; **soupirer** [~'re] (1a) *v/i.* sigh; ~ *après* (*or pour*) long *or* sigh for.

souple [supl] supple; flexible; *fig.* compliant, docile; **souplesse** [su'plɛs] *f* suppleness; flexibility; *fig.* adaptability; *fig. character*: pliability.

souquenille † [suk'ni:j] *f* smock.

source [surs] *f* source (*a. fig.*); spring; *fig.* origin; ~ *jaillissante* gusher; *de bonne* ~ on good authority; *prendre sa* ~ *dans river*: rise in; **sourcier** [sur'sje] *m* water-diviner.

sourcil [sur'si] *m* eyebrow; *froncer les* ~*s* frown; **sourciller** [~si'je] (1a) *v/i.* knit one's brows, frown; *fig.* flinch; *ne pas* ~ F not to turn a hair, *Am.* never to bat an eyelid; **sourcilleux, -euse** [~si'jø, ~'jø:z] finicky, pernickety; supercilious.

sourd, sourde [su:r, surd] **1.** *adj.* deaf; dull (*blow, colour, noise, pain, thud*); low (*cry*); hollow (*voice*); *fig.* hidden, veiled (*hostility*); *fig.* underhand; *gramm.* voiceless; F ~ *comme un pot* deaf as a (door-)post; *faire la sourde oreille* turn a deaf ear; *lanterne f sourde* dark-lantern; **2.** *su.* deaf person.

sourdine [sur'din] *f* ♪ mute; ⚡ damper; *en* ~ ♪ muted; *fig.* softly; *fig.* on the quiet; *fig. mettre une* ~ *à qch.* tone s.th. down.

sourd-muet, sourde-muette [sur'mɥɛ, surd'mɥɛt] **1.** *adj.* deaf-and-dumb; **2.** *su.* deaf-mute.

sourdre [surdr] (4dd) *v/i.* spring; *a. fig.* arise.

souriant, e [su'rjɑ̃, ~'rjɑ̃:t] smiling.

souriceau [suri'so] *m* young mouse; **souricière** [~'sjɛ:r] *f* mouse-trap; *fig.* (police-)trap.

sourire [su'ri:r] **1.** (4cc) *v/i.* smile; *pej.* smirk; ~ *à q.* smile at s.o.; *fig.* appeal *or* be attractive to s.o.; **2.** *su./m* smile.

souris [su'ri] *f* mouse.

sournois, e [sur'nwa, ~'nwa:z] underhand; deceitful; **sournoiserie** [~nwaz'ri] *f* underhand manner *or* trick; deceitfulness.

sous [su] *prp. usu.* under (*the table, s.o.'s command, etc.*); underneath; below; at (*the equator*); in (*the tropics, the rain, a favourable light*); within (*three months*); ~ *clé* under lock and key; ~ *les drapeaux* with the colo(u)rs; ~ *enveloppe* under cover, in an envelope; ~ *le nom de* by the name of; ~ *peine de* on pain of; ~ *peu* before long, shortly; ~ *ce pli* enclosed; ~ *prétexte de* on the pretext of; ~ *le rapport de* in respect of; ~ (*le règne de*) *Louis XIV* under *or* in the reign of Louis XIV; *passer* ~ *silence* pass (*s.th.*) over in silence; ~ *mes yeux* before my eyes; *see cape*; *main*.

sous... [su; suz] sub..., under...; **~-aide** [su'zɛd] *su.* sub-assistant; **~-alimenté, e** [~zalimɑ̃'te] undernourished, underfed; **~-arrondissement** [~zarɔ̃dis'mɑ̃] *m* sub-district; **~-bail** [su'ba:j] *m* sub-lease; **~-bois** [~'bwa] *m* undergrowth.

souscripteur ✝ [suskrip'tœ:r] *m shares, periodical, etc.*: subscriber; *cheque*: drawer; **souscription** [~'sjɔ̃] *f* subscription (for shares, *à des actions*); signature; (*public*) fund; **souscrire** [sus'kri:r] (4q) *v/i.*: ✝, *a. fig.* ~ *à* subscribe to; ~ *pour* subscribe (*a sum of money*); **souscrit, e** ✝ [~'kri, ~'krit] subscribed (*capital*).

sous...: **~-cutané, e** ⚕ [sukyta'ne] subcutaneous; **~-développé, e** [~devlɔ'pe] underdeveloped; **~-emploi** [suzɑ̃'plwa] *m* underemployment; **~-entendre** [~ɑ̃'tɑ̃:dr] (4a) *v/t.* understand (*a. gramm.*); imply; **~-entendu** [~zɑ̃tɑ̃'dy] *m* implication; innuendo; allusion; overtone; **~-entente** [~zɑ̃'tɑ̃:t] *f* mental reservation; **~-equipé, e** [~zeki'pe] underequipped; **~-estimer** [~zɛsti'me] (1a) *v/t.* underestimate; **~-exposer** *phot.* [~zɛkspo'ze] (1a) *v/t.* under-expose; **~-fifre** F [su'fifr] *m* underling; sidekick; **~-locataire** [~lɔka'tɛ:r] *su.* subtenant, sublessee; **~-location** [~lɔka'sjɔ̃] *f* sub-letting; sub-lease; **~-louer** [~'lwe] (1p) *v/t.* sub-let; sub-lease; rent (*a house*) from a tenant; **~-main** [~'mɛ̃] *m/inv.* blotting-pad, writing-pad; *en* ~ secretly, behind the scenes; **~-maître** [~'mɛ:tr] *m* assistant master; **~-maîtresse** [~mɛ'trɛs] *f* assistant mistress; **~-marin, e** ⚓ [~ma'rɛ̃, ~'rin] *adj., a. su./m* submarine; **~-officier** [suzɔfi'sje] *m*, F **~-off** [~'zɔf] *m* ⚔ non-commissioned officer, N.C.O.; ⚓ petty officer; **~-ordre**

[~'zɔrdr] *m* ♀ sub-order; *admin.* subordinate; *en* ~ subordinate(ly *adv.*); **~-payer** [~pɛ'je] (1i) *v/t.* underpay; **~-pied** [su'pje] *m* trouser-strap; *gaiters*: under-strap; **~-préfet** [~pre'fɛ] *m* sub-prefect; **~-produit** ⊕ [~prɔ'dɥi] *m* by-product; spin-off; **~-prolétariat** [~prɔletar'ja] *m* underprivileged class; **~-secrétaire** [~səkre'tɛ:r] *m* under-secretary of State, *d'État*); **~signé, e** [~si'ɲe] **1.** *adj.* undersigned; **2.** *su.* undersigned; *je* ~ ... I the undersigned ...; **~-sol** [~'sɔl] *m* subsoil; basement; basement-flat; underground; *richesses f/pl. de* ~ mineral resources; **~-tendre** [~'tɑ̃dr] (4a) *v/t.* subtend; *fig.* underlie.

soustraction [sustrak'sjɔ̃] *f* removal, abstraction (*a.* ⚖); subtraction; **soustraire** [~'trɛ:r] (4ff) *v/t.* remove; withdraw; subtract (from, *de*); *fig.* shield (s.o. from s.th., *q. à qch.*); *se* ~ *à* escape from; avoid (*a duty*).

sous...: **~-traitance** [sutrɛ'tɑ̃:s] *f* subcontracting; **~-traitant** [~trɛ'tɑ̃] *m* subcontractor; **~-traiter** [~trɛ'te] (1a) *v/t.* subcontract; **~-ventrière** [~vɑ̃tri'ɛ:r] *f* saddle-girth; belly-band; **~-verge** [~'vɛrʒ] *m/inv.* offhorse; *fig.* underling; **~-vêtement** [~vɛtmɑ̃] *m* undergarment.

soutache ⚔, *a. cost.* [su'taʃ] *f* braid.

soutane *eccl.* [su'tan] *f* cassock, soutane; *fig. la* ~ holy orders *pl.*, F the cloth.

soute [sut] *f* ⚓ store-room; ✈ ~ *à bombes* bomb-bay; ~ *à charbon* coal-bunker; ~ *aux poudres* (powder-)magazine.

soutenable [sut'nabl] bearable; tenable (*opinion, theory, a.* ⚔ †); **soutenance** [~'nɑ̃:s] *f thesis*: maintaining; **soutènement** [sutɛn'mɑ̃] *m* support(ing); *de* ~ retaining (*wall*), relieving (*arch*); **souteneur** [sut'nœ:r] *m* procurer; **soutenir** [sut'ni:r] (2h) *v/t.* support; hold (*s.th.*) up; back (*s.o.*) (*financially*); keep up (*a conversation, a credit, a part*); maintain, assert (*a fact*); uphold (*an opinion, a theory, a thesis*); *fig.* endure, bear (*a. comparison*), stand; **soutenu, e** [~'ny] sustained; unflagging (*attention, effort, interest*); steady (*market*); *fig.* lofty (*style*).

souterrain, e [sutɛ'rɛ̃, ~'rɛn] **1.** *adj.* underground; *a. fig.* subterranian; **2.** *su./m* underground passage.

soutien [su'tjɛ̃] *m* support(ing); *person*: supporter; *fig.* mainstay; **~-gorge,** *pl.* **~s-gorge** *cost.* [~tjɛ̃'gɔrʒ] *m* brassière, F bra.

soutirer [suti're] (1a) *v/t.* draw off (*wine etc.*); *fig.* get (s.th. out of s.o., *qch. à q.*).

souvenir [suv'ni:r] **1.** (2h) *v/t.*: *se* ~ *de* remember, recall; *v/impers.*: *il me souvient de* (*inf.*) I remember (*ger.*); **2.** *su./m* memory, remembrance; souvenir, keepsake.

souvent [su'vɑ̃] *adv.* often; *assez* ~ fairly often; *peu* ~ seldom, not often.

souverain, e [su'vrɛ̃, ~'vrɛn] **1.** *adj.* sovereign; supreme; **2.** *su.* sovereign; **souveraineté** [~vrɛn'te] *f* sovereignty; territory (*of a sovereign*).

soviet *pol.* [sɔ'vjɛt] *m* Soviet; **soviétique** [~vje'tik] **1.** *adj.* Soviet; **2.** *su.* Soviet citizen.

soya ♀ [sɔ'ja] *m see soja.*

soyeux, -euse [swa'jø, ~'jø:z] **1.** *adj.* silky, silken; **2.** *su./m* silk manufacturer.

soyons [swa'jɔ̃] *1st p. pl. pres. sbj. of être 1.*

spacieux, -euse [spa'sjø, ~'sjø:z] spacious, roomy.

spadassin [spada'sɛ̃] *m* hired killer; † swordsman.

spalter [spal'tɛ:r] *m painting*: graining-brush.

sparadrap ⚕ [spara'dra] *m* sticking *or* adhesive plaster, *Am. a.* Band-Aid (*TM*).

spasme ⚕ [spasm] *m* spasm; **spasmodique** ⚕ [spasmɔ'dik] spasmodic, spastic.

spath *min.* [spat] *m* spar; ~ *fluor* fluorite.

spatial, e, *m/pl.* **-aux** [spa'sjal, ~'sjo] spatial; space ...; *navire m* ~ space craft.

spatule [spa'tyl] *f* ⚕ spatula; ⊕ spoon tool; *sp.* ski-tip; *orn.* spoonbill; **spatulé, e** [~ty'le] spatulate.

speaker, speakerine [spi'kœ:r, ~kə'rin] *su. radio*: announcer; newscaster, newsreader; *su./m parl.* speaker.

spécial, e, *m/pl.* **-aux** [spe'sjal, ~'sjo] **1.** *adj.* special, particular; ⚔ *armes f/pl.* ~*es* technical arms; **2.** *su./f school*: higher mathematics class; **spécialiser** [spesjali'ze] (1a) *v/t.* particularize; ear-mark (*funds*); *se* ~ *dans* specialize in, make a special study of, *Am.* major in; **spécialiste** [~'list] *su.* specialist (*a.* ⚕); expert; ⚔ tradesman; **spécialité** [~li'te] *f* speciality; special study; ⚓ special duty; ⚓ specialized branch; ~ *pharmaceutique* patent medicine.

spécieux, -euse [spe'sjø, ~'sjø:z] specious; plausible.

spécification [spesifika'sjɔ̃] *f* specification; *raw material*: working up; **spécificité** [~fisi'te] *f* specificity (*a.* ⚕); **spécifier** [~'fje] (1o) *v/t.* specify; lay down; stipulate; determine (*s.th.*) specifically; **spécifique** [~'fik] **1.** *su./m* specific (for, *de*); **2.** *adj.* specific; *phys. poids m* ~ specific gravity.

spécimen [spesi'mɛn] **1.** *su./m* specimen, sample; **2.** *adj.* specimen (*copy*).

spéciosité [spesjozi'te] *f* speciousness.

spectacle [spɛk'takl] *m* spectacle, sight; *pej.* exhibition; *thea.* play, show; "~s" *pl.* «entertainment»; *le* (*monde du*) ~ show business; *fig. se donner en* ~ make an ass of o.s.; *taxe f sur les* ~*s* entertainment tax.

spectateur, -trice [spɛkta'tœ:r, ~'tris] *su.* spectator; witness (*of an accident, an event, etc.*); *su./m*: *thea.* ~*s pl.* audience *sg.*

spectral, e, *m/pl.* **-aux** [spɛk'tral, ~'tro] spectral (*a.* ⚗); spectrum (*analysis*); *opt.* of the spectrum; *fig.* ghostly; **spectre** [spɛktr] *m* spectre; ghost (*a. fig.*); *opt., a. phys.* spectrum; **spectroscopie** *phys.* [spɛktrɔskɔ'pi] *f* spectroscopy.

spéculaire [speky'lɛ:r] **1.** *adj.* specular; *psych.* mirror (*writing*); *pierre f* ~ mica; **2.** *su./f* ⚘ specularia.

spéculateur *m*, **-trice** *f* [spekyla'tœ:r, ~'tris] ✝, *a. fig.* speculator; *fig.* theorizer; **spéculatif, -ve** [~'tif, ~'ti:v] ✝, *a. fig.* speculative; *fig.* contemplative; **spéculation** [~'sjɔ̃] *f* ✝, *a. fig.* speculation; *fig.* theory, conjecture; *fig.* cogitation; **spéculer** [speky'le] (1a) *v/i.* ✝, *a. fig.* speculate (*fig.* on, ✝ in *sur*; ✝ for, *à*).

spéléologie [speleɔlɔ'ʒi] *f* spel(a)eology; cave hunting; F pot-holing; **spéléologue** [~'lɔg] *m* spel(a)eologist; cave hunter; F pot-holer.

spencer *cost.* [spɛ̃'sɛ:r] *m* spencer.

sperme *physiol.* [spɛrm] *m* sperm, semen.

sphère [sfɛ:r] *f* sphere (*a.* ⚗, *fig.*); *geog.* globe; **sphéricité** [sferisi'te] *f* sphericity, curvature; **sphérique** [~'rik] **1.** *adj.* spherical (*a.* ⚗); **2.** *su./m* ✈ spherical balloon.

sphinx [sfɛ̃:ks] *m* sphynx (*a. fig.*); *zo.* hawk-moth.

spic ⚘ [spik] *m* spike-lavender.

spider *mot.* [spi'dɛ:r] *m* dick(e)y (seat).

spinal, e, *m/pl.* **-aux** *anat.* [spi'nal, ~'no] spinal.

spinelle *min.* [spi'nɛl] *m* spinel.

spiral, e, *m/pl.* **-aux** [spi'ral, ~'ro] **1.** *adj.* spiral; **2.** *su./f* spiral; *en* ~*e* spiral(ly *adv.*), winding; *su./m* ⊕ *watch*: hairspring; **spire** [spi:r] *f* single turn, whorl (*a.* ⚡); ⚡ *bobbin*: one winding.

spirée ⚘ [spi're] *f* spiraea.

spirite [spi'rit] **1.** *adj.* spiritualistic; **2.** *su.* spiritualist; **spiritisme** [spiri'tism] *m* spirit(ual)ism; **spiritualiser** [~tɥali'ze] (1a) *v/t.* spiritualize; ⚗ † distil; **spiritualité** [~tɥali'te] *f* spirituality; **spirituel, -elle** [~'tɥɛl] spiritual (*a. eccl., phls., etc.*); *fig.* witty, humorous; **spiritueux, -euse** ✝ [~'tɥø, ~'tɥø:z] **1.** *adj.* spirituous; **2.** *su./m* spirit(uous liquor); *les* ~ *pl.* spirits.

spleen † [splin] *m* spleen, melancholy.

splendeur [splɑ̃'dœ:r] *f* splendo(u)r; brilliance, brightness; *fig.* grandeur, glory; **splendide** [~'did] splendid; brilliant; *fig.* magnificent.

spoliateur, -trice [spɔlja'tœ:r, ~'tris] **1.** *adj.* spoliatory (*law, measure*); **2.** *su.* despoiler; **spoliation** [~lja'sjɔ̃] *f* despoilment; **spolier** [~'lje] (1o) *v/t.* despoil, rob (of, *de*).

spondée [spɔ̃'de] *m prosody*: spondee.

spongiaires [spɔ̃'ʒjɛ:r] *m/pl.* spongiae; **spongieux, -euse** [~'ʒjø, ~'ʒjø:z] spongy; *anat.* ethmoid (*bone*); **spongiosité** [~ʒjozi'te] *f* sponginess.

spontané, e [spɔ̃ta'ne] spontaneous; ⚖ voluntary (*confession*); ✿ self-sown; **spontanéite** [~nei'te] *f* spontaneity; **spontanément** [~ne'mɑ̃] *adv. of spontané.*
sporadique ⚕, ✿ [spɔra'dik] sporadic; **spore** ✿, *biol.* [spɔ:r] *f* spore.
sport [spɔ:r] *m* sport; ~*s pl. nautiques* aquatic sports; *le* ~ sports *pl.*; **sportif, -ve** [spɔr'tif, ~'ti:v] **1.** *adj.* sporting; sports...; **2.** *su.* follower of sports, F sports fan; *su./m* sportsman; *su./f* sportswoman; **sportsman,** *pl.* **sportsmen** [spɔrts'man, ~'mɛn] *m* sportsman; **sportswoman,** *pl.* **sportswomen** [~wu'man, ~'mɛn] *f* sportswoman.
spot [spɔt] *m radio, TV, etc.*: spot; spot(light).
spoutnik [sput'nik] *m* sputnik.
sprat *icht.* [sprat] *m* sprat.
sprint *sp.* [sprint] *m* sprint; **sprinter** *sp.* **1.** [sprin'tœ:r] *su./m* sprinter; **2.** [~'te] (1a) *v/i.* sprint.
spumeux, -euse [spy'mø, ~'mø:z] frothy, foamy.
squale *icht.* [skwal] *m* dog-fish.
squame [skwam] *f skin*: scale; *bone*: exfoliation; squama; **squameux, -euse** [skwa'mø, ~'mø:z] ⚕, *anat., etc.* scaly; squamous (*a.* ✿).
square [skwa:r] *m* (public) square (with garden).
squelette [skə'lɛt] *m* skeleton (*a. fig.*); ⚓ carcass; *fig. book, plot*: outline; **squelettique** [~lɛ'tik] skeletal; *fig.* skeleton-like.
stabilisateur, -trice [stabiliza'tœ:r, ~'tris] **1.** *adj.* stabilizing; **2.** *su./m* ✈ *etc.* stabilizer; **stabilisation** [~za'sjɔ̃] *f* stabilization; ⚔ standstill; ⊕ annealing; **stabiliser** [~'ze] (1a) *v/t.* stabilize (*a.* ☤ *the currency*); ⊕ anneal; *se* ~ become steady; **stabilité** [~'te] *f* stability; **stable** [stabl] stable; steady; *fig.* lasting.
stade [stad] *m sp.* stadium; *sp.* athletic club; ⚕, *a. fig.* stage, period.
stage [sta:ʒ] *m* (period of) probation; training period *or* course; ⚖ articles *pl.*; **stagiaire** [sta'ʒjɛ:r] *adj., su.* trainee.
stagnant, e [stag'nɑ̃, ~'nɑ̃:t] stagnant (*a.* ☤); **stagnation** [~na'sjɔ̃] *f* stagnation (*a.* ☤); ⚓ *compass*: slowness; ☤ dullness.
stalle [stal] *f eccl., thea., stable, etc.*: stall; *stable*: box.
staminé, e ✿ [stami'ne] stamened, staminate.
stance [stɑ̃:s] *f* stanza.
stand [stɑ̃:d] *m races, show, exhibition*: stand; ~ *de tir* shooting-gallery, rifle range.
standard [stɑ̃'da:r] **1.** *su./m teleph.* switchboard; *fig.* standard (of living, *de vie*); **2.** *adj.* standard; **standardisation** ⊕ [stɑ̃dardiza'sjɔ̃] *f* standardization; **standardiser** ⊕ [~di'ze] (1a) *v/t.* standardize; **standardiste** *teleph.* [~'dist] *su.* switchboard operator.
standing [stɑ̃'diŋ] *m* (social) status, standing, reputation; (*de*) *grand* ~ luxury (*flat, apartment, etc.*).
starter [star'tɛ:r] *m sp.* starter; *mot.* choke.
station [sta'sjɔ̃] *f* ⚔, ⚓, ⚡, *radio,* 🚂 *underground*: station; stop, halt; (*taxi-*)rank; *bus, tram*: (*fare*) stage; (*holiday*) resort; ⚡ ~ *centrale* power station; ~ *climatique* health resort; ~ *de correspondance underground railway*: interchange station; *en* ~ standing; *faire une* ~ break one's journey; **stationnaire** [~sjɔ'nɛ:r] **1.** *adj.* stationary; **2.** *su./m* ⚓ guard ship; **stationnement** *mot.* [~sjɔn'mɑ̃] *m* parking; ~ *bilatéral* parking on both sides; ~ *interdit road sign*: no parking; no waiting; ~ *unilatéral* parking on one side only; **stationner** [~sjɔ'ne] (1a) *v/i.* stop; halt; stand; park (*car*); ⚔ be stationed; *défense f de* ~ no parking; **station-service,** *pl.* **stations-service** *mot.* [~sjɔ̃sɛr'vis] *f* service station; repair station.
statique [sta'tik] **1.** *adj.* static; **2.** *su./f* ⊕ statics *sg.*
statisticien [statisti'sjɛ̃] *m* statistician; **statistique** [~'tik] **1.** *adj.* statistical; **2.** *su./f* statistics *sg.*
statuaire [sta'tɥɛ:r] **1.** *adj.* statuary; **2.** *su./m person*: sculptor; *su./f art*: statuary; sculptress; **statue** [~'ty] *f* statue; image.
statuer [sta'tɥe] (1n) *v/t.* decree, enact; rule; *v/i.*: ~ *sur qch.* decide s.th., give judgment on s.th.
stature [sta'ty:r] *f* stature; height.
statut [sta'ty] *m* ⚖ statute; regulation; charter; *pol.* status; constitution; **statutaire** [~ty'tɛ:r] statutory; ☤ qualifying (*share*).
stéarine ⚗ [stea'rin] *f* stearin(e); **stéarique** ⚗ [~'rik] stearic.

steeple-chase *sp.* [stiplə'tʃɛz] *m track*: hurdle-race.
stellaire [stɛl'lɛːr] **1.** *adj. astr.* stellar; **2.** *su./f* ⚘ starwort.
sténo... [stenɔ] steno...; **~dactylographe** [~daktilɔ'graf], F **~dactylo** [~dakti'lo] *su.* shorthand-typist; **~gramme** [~'gram] *m* shorthand report; **~graphe** [~'graf] *su.* shorthand writer; stenographer; **~graphie** [~gra'fi] *f* shorthand; **~type** [~'tip] *su./m* stenotype; *su./f* shorthand typewriter; **~-typiste** [~ti'pist] *su.* stenotypist.
stentor [stɑ̃'tɔːr] *npr./m*: *fig. voix f de* ~ stentorian voice.
steppe *geog.* [stɛp] *f* steppe.
stercoraire [stɛrkɔ'rɛːr] *m zo.* dung-beetle; *orn.* skua.
stère [stɛːr] *m measure of wood*: stere, cubic metre; *bois m de* ~ cordwood.
stéréo [stere'o] *f, a. adj. short for stéréophonie, stéréophonique*: stereo; *en* ~ (in) stereo.
stéréo... [stereɔ] stereo...; **~métrie** ⩓ [~me'tri] *f* stereometry; **~métrique** ⩓ [~me'trik] stereometric; **~phonie** [~fɔ'ni] *f* stereophony, stereo (sound); **~phonique** [~fɔ'nik] stereophonic; **~scope** *opt.* [stereɔs'kɔp] *m* stereoscope; **~scopique** [~skɔ'pik] stereoscopic; **~type** *typ.* [stereɔ'tip] **1.** *adj.* stereotype; stereotyped (*book*); **2.** *su./m* stereotype (plate); **~typer** [~ti'pe] (1a) *v/t.* stereotype; *expression f stéréotypée* hackneyed phrase; *sourire m stéréotype* fixed smile; **~typie** [~ti'pi] *f* stereotypy; stereotype foundry.
stérile [ste'ril] ⚕, ⚘, *zo.*, *a. fig.* sterile, barren (*a. woman*); childless (*marriage*); *fig.* fruitless, vain (*effort*); **stériliser** [sterili'ze] (1a) *v/t.* sterilize (*a.* ⚕); **stérilité** [~'te] *f* sterility; barrenness (*a. fig.*).
sternum *anat.* [stɛr'nɔm] *m* sternum, breast-bone.
sternutation ⚕ [stɛrnyta'sjɔ̃] *f* sternutation, sneezing; **sternutatoire** ⚕ [~'twaːr] *adj.* sternutatory; sneezing(-*powder*).
stéthoscope ⚕ [stetɔs'kɔp] *m* stethoscope.
stick [stik] *m* ⚔ swagger-stick; (riding-)switch.
stigmate [stig'mat] *m* ⚕, ⚘, *a. fig.* stigma; ⚕ *wound*: scar, mark; *smallpox*: pock-mark; *fig.* stain (*on character*); *eccl.* ~*s pl.* stigmata; **stigmatique** [~ma'tik] stigmatic; *opt.* anastigmatic; **stigmatiser** [~mati'ze] (1a) *v/t. eccl., a. fig.* stigmatize (with, *de*); ⚕ pock-mark (*s.o.*); *fig.* brand (*s.o.*).
stimulant, e [stimy'lɑ̃, ~'lɑ̃ːt] **1.** *adj.* stimulating; **2.** *su./m* ⚕ stimulant; *fig.* stimulus, incentive; **stimulateur, -trice** [~la'tœːr, ~'tris] **1.** *adj.* stimulative; **2.** *su./m*: ⚕ ~ *cardiaque* pacemaker; **stimuler** [~'le] (1a) *v/t.* stimulate; *fig.* incite, give a stimulus to; **stimulus** ⚕, *biol.* [~'lys] *m* stimulus.
stipendier *pej.* [stipɑ̃'dje] (1o) *v/t.* hire, buy (*s.o.*).
stipulation ⚖ [stipyla'sjɔ̃] *f* condition; stipulation; **stipuler** [~'le] (1a) *v/t.* stipulate.
stock ✝ [stɔk] *m* stock; **stockage** [stɔ'kaːʒ] *m* ✝ stocking; storing; **stocker** [~'ke] (1a) *v/t.* ✝ stock, store; ⚔ stockpile (*bombs*).
stoïcien, -enne *phls.* [stɔi'sjɛ̃, ~'sjɛn] **1.** *adj.* stoic(al); **2.** *su.* stoic; **stoïcisme** *phls., a. fig.* [~i'sism] *m* stoicism; **stoïque** [~'ik] **1.** *adj. fig.* stoic(al); **2.** *su.* stoic.
stolon ⚘ [stɔ'lɔ̃] *f* stolon, runner, sucker.
stomacal, e *m/pl.* **-aux** [stɔma'kal, ~'ko] gastric; stomach-(*pump, tube*); **stomachique** ⚕, *anat.* [~'ʃik] *adj., a. su./m* stomachic.
stop [stɔp] **1.** *int.* stop!; **2.** *su./m mot.* stop sign; brake light, *Am.* stoplight; F hitchhiking, hitching.
stoppage [stɔ'paːʒ] *m cost.* invisible mending; *stockings*: invisible darning; **stopper** [~'pe] (1a) *v/t.* stop; check; *cost.* repair by invisible mending; *v/i.* (come to a) stop; **stoppeur, -euse** [~'pœːr, ~'pøːz] *su. cost.* fine-darner, invisible mender; F hitchhiker.
store [stɔːr] *m* blind; awning.
strabique ⚕ [stra'bik] **1.** *adj.* squint-eyed, F cross-eyed; **2.** *su.* squinter; **strabisme** ⚕ [~'bism] *m* squinting, strabism(us).
strangulation [strɑ̃gyla'sjɔ̃] *f* strangulation.
strapontin [strapɔ̃'tɛ̃] *m bus, taxi, thea.*: folding seat, jump seat; *fig.* back seat, minor role.
strass [stras] *m* paste jewellery, strass.

stratagème ⚔, *a. fig.* [strata'ʒɛm] *m* stratagem.
stratégie ⚔, *a. fig.* [strate'ʒi] *f* strategy; **stratégiste** [~'ʒist] *m* strategist.
stratifié, e [strati'fje] (1o) stratified; ⊕ laminated; **stratigraphie** *geol.* [~tigra'fi] *f* stratigraphy; **stratosphère** *meteor.* [~tɔs'fɛ:r] *f* stratosphere.
stress *psych.* [strɛs] *m* stress; **stressant, e** [strɛ'sɑ̃, ~'sɑ̃:t] stress (*situation, etc.*), full of stress.
strict, stricte [strikt] strict (*a. fig.*); *fig.* severe; exact; **striction** [strik'sjɔ̃] *f* ⚕ constriction; ⚗ striction.
strident, e [stri'dɑ̃, ~'dɑ̃:t] strident, harsh, shrill.
stridulant, e [stridy'lɑ̃, ~'lɑ̃:t] stridulant, chirring; **stridulation** [~la'sjɔ̃] *f* stridulation, chirring; **striduleux, -euse** ⚕ [~'lø, ~'lø:z] stridulous.
strie [stri] *f* groove; ⚠, ⚘, *anat., geol.* stria; *colour*: streak; **strier** [stri'e] (1a) *v/t.* score, scratch; ⚘, *geol.* striate; ⚠ flute, groove; ⊕ corrugate (*iron*); streak; **striure** [~'y:r] *f see strie.*
strophe [strɔf] *f* stanza, verse; [strophe.]
structure [stryk'ty:r] *f* structure; ~(*s*) *d'accueil* reception facilities *pl.*; *psych.* ~ *de comportement* behavio(u)r pattern; ~ *gonflable* air hall; **structurel, -elle** [~ty'rɛl] structural.
strychnine ⚗ [strik'nin] *f* strychnine.
stuc ⚠ [styk] *m* stucco; **stucateur** [styka'tœ:r] *m* stucco-worker.
studieux, -euse [sty'djø, ~'djø:z] studious; devoted to study.
studio [sty'djo] *m radio, a. cin.*: studio; one-roomed flat, flatlet, *Am.* studio apartment.
stupéfaction [stypefak'sjɔ̃] *f* stupefaction; amazement; **stupéfait, e** [~'fɛ, ~'fɛt] stupefied; amazed (at, *de*); **stupéfiant, e** [~'fjɑ̃, ~'fjɑ̃:t] **1.** *adj.* stupefying (⚕, *a. fig.*); *fig.* astounding; **2.** *su./m* ⚕ drug, narcotic; **stupéfier** [~'fje] (1o) *v/t.* ⚕, *a. fig.* stupefy; *fig.* astound; **stupeur** [sty'pœ:r] *f* stupor; *fig.* amazement.
stupide [sty'pid] **1.** *adj.* stupid, *Am.* F dumb; dumbfounded; silly, foolish; **2.** *su.* stupid person; dolt; **stupidité** [~pidi'te] *f* stupidity; folly.
stuquer ⚠ [sty'ke] (1m) *v/t.* stucco.
style [stil] *m* ⚘, ⚠, *fig., a. sun-dial*: style; etching-needle; *sun-dial*: gnomon; **styler** [sti'le] (1a) *v/t.* train, form; F school (*s.o.*) (in, *à*).
stylet [sti'lɛ] *m* stiletto; ⚕ stylet, probe.
styliser [stili'ze] (1a) *v/t.* stylize; **styliste** [sti'list] *su.* stylist; **stylistique** [~lis'tik] *f* stylistics *sg.*
stylo [sti'lo] *m* pen; F fountain pen; ~ (*à*) *bille*, ~-*bille* ball-point pen; ~(-)*feutre* felt-tip pen; **stylographe** [~lɔ'graf] *m* fountain pen.
styptique ⚕ [stip'tik] *adj., a. su./m* styptic, astringent.
su, e [sy] **1.** *p.p. of savoir*; **2.** *su./m*: *au vu et au* ~ *de* to the knowledge of.
suaire [sɥɛ:r] *m* shroud; *eccl. saint* ~ vernicle, veronica.
suant, e [sɥɑ̃, sɥɑ̃:t] sweaty; *sl.* boring, deadly dull.
suave [sɥa:v] sweet; bland (*manner, tone*); soft (*shade*); mild (*cigar*); **suavité** [sɥavi'te] *f* sweetness, softness; *manner, tone*: blandness, suavity.
sub... [syb] sub...
subalterne [sybal'tɛrn] **1.** *adj.* subordinate; inferior; **2.** *su./m* underling; ⚔ subaltern.
subconscience [sybkɔ̃'sjɑ̃:s] *f* subconsciousness; **subconscient, e** [~'sjɑ̃, ~'sjɑ̃:t] **1.** *adj.* subconscious; **2.** *su./m*: *le* ~ the subconscious.
subdiviser [sybdivi'ze] (1a) *v/t.* subdivide; **subdivision** [~'zjɔ̃] *f* subdivision.
subéreux, -euse ⚘ [sybe'rø, ~'rø:z] suberose; corky; *enveloppe f* ~*euse* cortex.
subir [sy'bi:r] (2a) *v/t.* undergo; suffer (*death, defeat, a penalty*); submit to (*a law, a rule*); come under (*an influence*); put up with, endure.
subit, e [sy'bi, ~'bit] sudden, unexpected.
subjectif, -ve [sybʒɛk'tif, ~'ti:v] subjective.
subjonctif, -ve *gramm.* [sybʒɔ̃k'tif, ~'ti:v] **1.** *adj.* subjunctive; **2.** *su./m* subjunctive; *au* ~ in the subjunctive.
subjuguer [sybʒy'ge] (1m) *v/t.* captivate, thrill; † subdue (*a. fig.*); *fig.* master (*one's feelings*).
sublimation ⚗ *psych.* [syblima'sjɔ̃] *f* sublimation; **sublime** [~'blim] **1.** *adj.* sublime (*a. anat., fig.*); lofty; **2.** *su./m the* sublime; **sublimé** ⚗

[sybli'me] *m* sublimate; **sublimer** [~] (1a) *v/t.* ⚗ sublimate (*a. psych.*), sublime; **sublimité** [syblimi'te] *f* sublimity.
submerger [sybmɛr'ʒe] (1l) *v/t.* submerge; flood (*a field, a village, a valley*); immerse (*an object in water*); swamp (*a boat, a field*); *fig.* inundate, overwhelm (with, *de*); *submergé de besogne* snowed under *or* inundated with work; **submersible** [~'sibl] *adj., su./m* ⚓ † submarine; **submersion** [~'sjɔ̃] *f* submersion, submergence; ⚓ sinking; ⚒ flooding; *mort f par* ~ death by drowning.
subordination [sybɔrdina'sjɔ̃] *f* subordination; **subordonné, e** [~dɔ'ne] **1.** *adj.* subordinate, dependent (*a. gramm.*); **2.** *su.* subordinate, underling; **subordonner** [~dɔ'ne] (1a) *v/t.* subordinate; *fig.* regulate (according to, in the light of *à*).
suborner [sybɔr'ne] (1a) *v/t.* suborn (*a.* ⚖ *a witness etc.*); bribe; **suborneur, -euse** [~'nœ:r, ~'nø:z] **1.** *adj.* persuasive; **2.** *su.* ⚖ suborner.
subreptice [sybrɛp'tis] surreptitious; clandestine; **subreption** ⚖ [~'sjɔ̃] *f* subreption.
subroger ⚖ [sybrɔ'ʒe] (1l) *v/t.* subrogate; appoint (*s.o.*) as deputy; *subrogé tuteur m* surrogate guardian.
subséquemment [sypseka'mɑ̃] *adv.* subsequently; in due course; **subséquent, e** [~'kɑ̃, ~'kɑ̃:t] subsequent.
subside [syp'sid] *m* grant, allowance; **subsidiaire** [si'djɛ:r] subsidiary, accessory, additional (to, *à*).
subsistance [sybzis'tɑ̃:s] *f* subsistence; keep; ~*s pl.* provisions, supplies; *mis en* ~ attached to another unit for rations; **subsistant, e** [~'tɑ̃, ~'tɑ̃:t] **1.** *adj.* subsisting, extant; **2.** *su./m* soldier attached (*to a unit*) for rations; **subsister** [~'te] (1a) *v/i.* subsist; exist, continue, be extant; live (on, *de*); *moyens m/pl. de* ~ means of subsistence.
substance [syps'tɑ̃:s] *f* substance (*a. fig.*); ⊕ *etc.* material; *fig.* gist; *anat.* ~ *grise* grey matter; *en* ~ substantially; **substantiel, -elle** [~tɑ̃'sjɛl] substantial; nourishing (*food*).
substantif, -ve [sypstɑ̃'tif, ~'ti:v] **1.** *adj.* substantive (*a. gramm.*); **2.** *su./m gramm.* substantive, noun.
substitué, e [sypsti'tɥe] supposititious (*child*); **substituer** [~'tɥe] (1n) *v/t.* substitute (for, *à*); *se* ~ *à* substitute for, act as substitute for (*s.o.*); take the place of; **substitut** [~'ty] *m* deputy; ⚕ locum tenens, F locum; ⚖ deputy public prosecutor; **substitution** [~ty'sjɔ̃] *f* substitution (for, *à*); mix-up.
substrat [syps'tra] *m* substratum.
substruction ⚠ [sypstryk'sjɔ̃] *f* foundation, substructure; underpinning; **substructure** ⚠ [~'ty:r] *f* substructure.
subterfuge [syptɛr'fy:ʒ] *m* subterfuge; evasion, shift.
subtil, e [syp'til] subtle; fine, nice (*distinction, point*); **subtiliser** [syptili'ze] (1a) *v/t.* subtilize; F steal, filch, pinch; *v/i.:* ~ *sur* subtilize on (*a question*); **subtilité** [~'te] *f* subtlety; *distinction*: fineness; ~*s pl. a.* niceties.
suburbain, e [sybyr'bɛ̃, ~'bɛn] suburban.
subvenir [subvə'ni:r] (2h) *v/i.:* ~ *à* provide for; **subvention** [sybvɑ̃'sjɔ̃] *f* subsidy, subvention; **subventionnel, -elle** [~sjɔ'nɛl] subventionary; **subventionner** [~sjɔ'ne] (1a) *v/t.* subsidize.
subversif, -ve [sybvɛr'sif, ~'si:v] subversive, destructive (of, *de*); **subversion** [~'sjɔ̃] *f* subversion; overthrow.
suc [syk] *m* juice; ⚘ sap; *fig.* essence, pith.
succédané, e [sykseda'ne] *adj., a. su./m* substitute (for, *de*); **succéder** [~'de] (1f) *v/i.:* ~ *à* succeed, follow; replace; ⚖ come into (*a fortune*); ~ *au trône* succeed to the throne.
succès [syk'sɛ] *m* success; hit; *à* ~ successful; *avec (sans)* ~ *a.* (un)successfully.
successeur [syksɛ'sœ:r] *m* successor (to, of *de*); **successible** ⚖ [~'sibl] entitled to inherit *or* succeed; **successif, -ve** [~'sif, ~'si:v] successive; in succession; ⚖ ... of succession; **succession** [~'sjɔ̃] *f* succession; series; ⚖ inheritance; **successivement** [~siv'mɑ̃] *adv.* in succession; one after another, consecutively; **successoral, e,** *m/pl.* **-aux** [~sɔ'ral, ~'ro] relating to a succession; death (*duties*).
succin [syk'sɛ̃] *m* yellow amber.

succinct, e [syk'sɛ̃, ~'sɛ̃:(k)t] succinct, concise, brief.
succion [syk'sjɔ̃] *f* suction; sucking (*of a wound*).
succomber [sykɔ̃'be] (1a) *v/i.* succumb (*fig.* to, *à*); *fig.* yield (to, *à*) (*grief, temptation, etc.*); be overcome; die.
succube [sy'kyb] *m* succubus.
succulence [syky'lɑ̃:s] *f* succulence; tasty morsel; **succulent, e** [~'lɑ̃, ~'lɑ̃:t] succulent (*food, morsel, a.* ⚘, *a. fig. style*); tasty (*morsel*).
succursale [sykyr'sal] *f* ☤ branch; sub-office; *magasin m à ~s multiples* multiple store, chain store.
sucer [sy'se] (1k) *v/t.* suck; *fig. avec le lait* imbibe (*s.th.*) from infancy; **sucette** [~'sɛt] *f* ⊕ sucker; ☤ lollipop, F lolly; **suceur, -euse** [~'sœ:r, ~'sø:z] **1.** *adj.* sucking; *zo.* suctorial; **2.** *su.* sucker; *su./m* ⊕ *vacuum cleaner*: nozzle, sucker; *zo. ~s pl.* suctoria; **suçoir** *zo.* [~'swa:r] *m organ*: sucker; **suçon** F [~'sɔ̃] *m* barley-sugar stick; kiss-mark, mark left by sucking (*on the skin*); **suçoter** F [~sɔ'te] (1a) *v/t.* suck (at).
sucrage ⊕ [sy'kra:ʒ] *m* sugaring, sweetening; **sucrase** ⚗, ⚘ [~'krɑ:z] *f* invert sugar; **sucrate** ☤ [~'krat] *m* sucrate; **sucre** [sykr] *m* sugar; *~ de betterave* beet sugar; *~ de lait* lactose; *~ de raisin* grape sugar; *~ en morceaux* (*poudre*) lump (castor) sugar; **sucré, e** [sy'kre] **1.** *adj.* sweet; **2.** *su./f*: *faire la ~e* be all honey *or* sweetness; **sucrer** [~'kre] (1a) *v/t.* sugar, sweeten; *fig. a.* sugar-coat; *sl.* stop, cut; *se ~* help o.s. to sugar; *sl.* line one's pockets; **sucrerie** [~krə'ri] *f* sugar-refinery; *~s pl.* confectionery *sg.*, sweets, *Am.* candies; **sucrier, -ère** [~kri'e, ~'ɛ:r] **1.** *adj.* sugar-...; **2.** *su.* sugar-refiner, sugar-boiler; *su./m* sugar-bowl, sugar-basin; **sucrin** [~'krɛ̃] *m* sugary melon.
sud [syd] **1.** *su./m* south; ⚓ south wind; *du ~* south(ern); *le* ≈ the south (*of a country*); *vers le ~* southward(s), to the south; **2.** *adj./inv.* southern (*latitudes*); southerly (*wind*).
sudation ⚕ [syda'sjɔ̃] *f* sudation, sweating; **sudatoire** [~'twa:r] **1.** *adj.* sudatory; **2.** *su./m* hot-air bath; sweating-room.
sud-est [sy'dɛst] **1.** *su./m* south-east; **2.** *adj./inv.* south-east; south-eastern (*region*); south-easterly (*wind*).
sudiste *Am. hist.* [sy'dist] **1.** *su./m* southerner (*in Civil War*); **2.** *adj.* southern.
sudorifique ⚕ [sydɔri'fik] *adj.*, *a. su./m* sudorific.
sud-ouest [sy'dwɛst] **1.** *su./m* south-west; **2.** *adj./inv.* south-west; south-western (*region*); south-westerly (*wind*).
suède ☤ [sɥɛd] *m*: *de* (*or en*) *~* suède (*gloves*); **suédois, e** [sɥe'dwa, ~'dwa:z] **1.** *adj.* Swedish; **2.** *su./m ling.* Swedish; *su.* ≈ Swede.
suée [sɥe] *f* F sweat(ing); *sl.* drag, pain; **suer** [~] (1n) *v/i.* sweat (*a. wall, a. fig.* = *toil*); perspire; F *faire ~ q.* get on s.o.'s nerves; bore s.o.; make s.o. sick; F *se faire ~* be bored, get cheesed off; *v/t.* sweat (*iron, a horse, etc.*); *fig.* reek of; *fig. ~ sang et eau* toil hard, F sweat blood; **suette** ⚕ [sɥɛt] *f* fever; **sueur** [sɥœ:r] *f* sweat, perspiration.
suffi [sy'fi] *p.p. of suffire*; **suffire** [~'fi:r] (4i) *v/i.* suffice, be sufficient; *fig. ~ à* meet (*expenses*); *v/impers.*: *il suffit que* it is enough that; **suffisamment** [syfiza'mɑ̃] *adv.* sufficiently, enough; **suffisance** [~'zɑ̃:s] *f* sufficiency; *pej.* (self-)conceit, self-importance; *à* (*or en*) *~* in plenty; **suffisant, e** [~'zɑ̃, ~'zɑ̃:t] **1.** *adj.* sufficient, adequate; *pej.* conceited, self-important; **2.** *su.* conceited person; **suffisons** [~'zɔ̃] *1st p. pl. pres. of suffire*.
suffixe *gramm.* [sy'fiks] **1.** *su./m* suffix; **2.** *adj.* suffixed.
suffocant, e [syfɔ'kɑ̃, ~'kɑ̃:t] suffocating, stifling; **suffocation** [~ka'sjɔ̃] *f* suffocation, choking; **suffoquer** [~'ke] (1m) *v/t.* suffocate; choke; *v/i.* choke (with, *de*).
suffragant, e [syfra'gɑ̃, ~'gɑ̃:t] *adj.*, *a. su./m* suffragan; **suffrage** [~'fra:ʒ] *m pol.*, *a. eccl.* suffrage; *pol.* vote; franchise; *fig.* approbation, approval.
suffusion ⚕ [syffy'zjɔ̃] *f* suffusion (*usu. of blood*); flush.
suggérer [sygʒe're] (1f) *v/t.* suggest; inspire; **suggestif, -ve** [~ʒɛs'tif, ~'ti:v] suggestive; **suggestion** [~ʒɛs'tjɔ̃] *f* suggestion.
suicidaire [sɥisi'dɛ:r] **1.** *adj.* suicid-

al; suicide-prone, with suicidal tendencies (*person*); **2.** *su.* person with suicidal tendencies; **suicide** [sɥiˈsid] suicide; **suicidé** *m*, **e** *f* [sɥisiˈde] *person*: suicide; **suicider** [~] (1a) *v/t.*: se ~ commit suicide.
suie [sɥi] *f* soot.
suif [sɥif] *m* tallow; *cuis.* (*mutton*) fat; *sl.* **suiffer** [sɥiˈfe] (1a) *v/t.* tallow; grease; **suiffeux, -euse** [~ˈfø, ~ˈføːz] tallowy; greasy.
suint [sɥɛ̃] *m* ⊕ yolk, wool grease; glass gall; *laines f/pl. en* ~ greasy wool *sg.*; **suintant, e** [sɥɛ̃ˈtɑ̃, ~ˈtɑ̃ːt] oozing; sweating; **suinter** [~ˈte] (1a) *v/i.* ooze, sweat; ⚓ leak; exude; *v/t. fig.* ooze (*hatred*).
suis[1] [sɥi] *1st p. sg. pres. of* être **1.**
suis[2] [~] *1st p. sg. pres. of suivre.*
suisse [sɥis] **1.** *adj.* Swiss; **2.** *su./m eccl.* beadle, (*approx.*) verger; *hotel*: porter; ♀ Swiss; *les* ♀*s pl.* the Swiss; *petit* ~ small cream cheese; **Suissesse** [sɥiˈsɛs] *f* Swiss (woman).
suite [sɥit] *f* continuation; retinue, train, followers *pl.*; sequence, series; *fig.* result, consequence; sequel; *fig.* coherence; ✝ ~ *à* with reference to; ⚔ *à la* ~ on pension; *à la* ~ *de* following (*s.th.*); in (*s.o.'s*) train; *de* ~ in succession, on end; F at once; *donner* ~ *à* give effect to, carry out (*a decision*); ✝ carry out (*an order*); *et ainsi de* ~ and so on; *manquer (d'esprit) de* ~ lack method *or* coherence; *par la* ~ later on, eventually; *par* ~ therefore, consequently; *par* ~ *de* as a result of, because of; *tout de* ~ at once, immediately.
suitée [sɥiˈte] *adj./f*: *jument f* ~ mare and foal; wild sow with her young.
suivant, e [sɥiˈvɑ̃, ~ˈvɑ̃ːt] **1.** *adj.* following, next; **2.** *su.* follower; *su./m* attendant, follower; *su./f* lady's-maid; *thea.* soubrette; **3.** *suivant prp.* following, along; *fig.* according to; ~ *que* according as; **suivi, e** [~ˈvi] **1.** *p.p. of suivre*; consistent; steady, regular; coherent (*speech, reasoning, story, etc.*); *très (peu)* ~ very popular (unpopular); (not) widely followed; well- (poorly) attended; **suivre** [sɥiːvr] (4ee) *v/t.* follow; take (*a course*); practise (*a profession*); succeed, come after; attend (*lectures etc.*); ~ *des yeux* look after (*s.o.*); ~ *la mode* keep up with fashion; *v/i.* follow, come after; *à* ~ to be continued; *faire* ~ *post*: forward (*a* letter); (*prière de*) *faire* ~ please forward.
sujet, -ette [syˈʒɛ, ~ˈʒɛt] **1.** *adj.* subject (to, *à*); **2.** *su. pol.* subject; *su./m* subject (*a. gramm.*, ♪, *a. fig.*); theme; (subject-)matter; reason (for, *de*); *fig.* individual, person; *à ce* ~ on this matter, about this; *au* ~ *de* about, concerning, with reference to (*a.* ✝); *mauvais* ~ *person*: bad lot; *school*: bad boy; **sujétion** [syʒeˈsjɔ̃] *f* subjection; constraint.
sulfamide ⚕ [sylfaˈmid] *f* sulpha drug, sulphonamide; **sulfate** ⚗ [~ˈfat] *m* sulphate; **sulfure** ⚗ [~ˈfyːr] *m* sulphide; **sulfurer** [sylfyˈre] (1a) *v/t.* sulphurate; treat (*vines*) with sulphide; **sulfureux, -euse** [~ˈrø, ~ˈrøːz] sulphureous; ⚗ sulphurous; sulphur...; **sulfurique** ⚗ [~ˈrik] sulphuric (*acid*).
sultan [sylˈtɑ̃] *m* sultan; scent sachet; **sultanat** [~taˈna] *m* sultanate; **sultane** [~ˈtan] *f* sultana.
super [syˈpɛːr] **1.** *su./m* high-octane petrol *or Am.* gasoline, F super; **2.** *adj./inv.* F super, fantastic, great.
super... [sypɛr] super-...
superbe [syˈpɛrb] **1.** *adj.* superb; fine, magnificent; **2.** † *su./f* pride, vainglory.
super...: **~carburant** *mot.* [sypɛrkarbyˈrɑ̃] *m* high-octane petrol *or Am.* gasoline; **~cherie** [~ʃəˈri] *f* swindle, fraud, deceit; **~fétation** [~fetaˈsjɔ̃] *f physiol.* superfetation; *words etc.*: superfluity; **~ficie** [~fiˈsi] *f* area; surface (*a. fig.*); **~ficiel, -elle** [~fiˈsjɛl] superficial (*a. fig.*); **~fin, e** [~ˈfɛ̃, ~ˈfin] superfine; **~flu, e** [~ˈfly] **1.** *adj.* superfluous; useless; **2.** *su./m* superfluity; **~fluité** [~flɥiˈte] *f* superfluity; *fig.* ~*s pl.* extras, F luxuries; **~forteresse** ✈ [~fɔrtəˈrɛs] *f* superfortress.
supérieur, e [sypeˈrjœːr] **1.** *adj.* superior (*a. fig.*); upper, higher (*a.* ♣, *zo.*); ✝ of superior quality; ~ *à* superior to; above; **2.** *su.* superior; **supériorité** [~rjɔriˈte] *f* superiority (*a. fig.*); *eccl.* superiorship; seniority (in age, *d'âge*).
super...: **~latif, -ve** [sypɛrlaˈtif, ~ˈtiːv] **1.** *adj.* superlative; **2.** *su./m gramm.* superlative; *au* ~ *gramm.* in

the superlative; *fig.* superlatively; **~marché** ✝ [~mar'ʃe] *m* supermarket; **~posable** [~po'zabl] super(im)posable; **~poser** [~po'ze] (1a) *v/t.* super(im)pose (on, *à*); **~position** [~pozi'sjɔ̃] *f* superimposition; ⚘ superposition; *cin.* double exposure; **~(-)puissance** *pol.* [~pɥi'sɑ̃:s] *f* superpower; **~sonique** ✈ [~sɔ'nik] supersonic; *bang m ~* sonic boom *or* bang; **~stitieux, -euse** [~sti'sjø, ~'sjø:z] superstitious; **~stition** [~sti'sjɔ̃] *f* superstition; *fig.* mania, obsession; **~structure** [~stryk'ty:r] *f* ⚠, ⚓ superstructure; 🚂 permanent way; **~viser** [~vi'ze] (1a) *v/t.* supervise, control; **~vision** [~vi'zjɔ̃] *f* control, supervision.

supplanter [syplɑ̃'te] (1a) *v/t.* supplant, supersede.

suppléant, e [syple'ɑ̃, ~'ɑ̃:t] **1.** *adj.* deputy ...; acting ...; **2.** *su.* deputy; supply teacher; ⚕ locum; *~s pl. a.* temporary staff *sg.*; **suppléer** [~'e] (1a) *v/t.* supply; make up; complete; deputize for; replace, take the place of; *v/i.*: *~ à* make up for; remedy; **supplément** [~'mɑ̃] *m* supplement (*a.* ⚘, *a. book*); addition; extra charge, 🚂 excess (fare); *restaurant*: extra course; **supplémentaire** [~mɑ̃'tɛ:r] extra, additional; supplementary; ⚘ supplemental; ♪ leger (*line*); ⊕ *heures f/pl. ~s* overtime *sg.*; 🚂 *train m ~* relief train; **supplétif, -ve** [~'tif, ~'ti:v] suppletive, suppletory; ⚔ auxiliary.

suppliant, e [sypli'ɑ̃, ~'ɑ̃:t] **1.** *adj.* suppliant, pleading, imploring; **2.** *su.* suppli(c)ant; **supplication** [~ka'sjɔ̃] *f* supplication, entreaty.

supplice [sy'plis] *m* torture; *fig. a.* agony, torment; ⚖ *dernier ~* capital punishment; *fig.* *être au ~* be on tenterhooks; be agonized; **supplicier** [~pli'sje] (1o) *v/t. a. fig.* torture; torment.

supplier [sypli'e] (1a) *v/t.* beseech, implore, beg; **supplique** [sy'plik] *f* petition.

support [sy'pɔ:r] *m* support (*a. fig.*); stand, pedestal; **supportable** [sypɔr'tabl] tolerable, bearable; *fig.* fairly good, moderate; **supporter** [~'te] (1a) *v/t.* support; tolerate; withstand; bear, endure; put up with.

supposé, e [sypo'ze] supposed; estimated (*number etc.*); **supposer** [~'ze] (1a) *v/t.* suppose; imply, presuppose; *à ~ que, en supposant que* supposing (that); **supposition** [~zi'sjɔ̃] *f* supposition, surmise; ⚖ *will*: forging, setting up (*of a supposititious child*); production of forged document(s), assumption (*of a false name*).

suppositoire ⚕ [sypozi'twa:r] *m* suppository.

suppôt *fig.* [sy'po] *m* tool, instrument; henchman; *~ du Satan* (*or du diable*) hellhound.

suppression [syprɛ'sjɔ̃] *f* suppression; ⚕ stoppage; *difficulty*: removal; ⚖ *~ d'enfant* concealment of birth; **supprimer** [sypri'me] (1a) *v/t.* suppress; end; abolish; stop; cut out; do away with; *fig.* omit; *typ.* delete; ⚖ conceal; F kill (*s.o.*); cancel (*a train etc.*).

suppurant, e ⚕ [sypy'rɑ̃, ~'rɑ̃:t] suppurating; **suppuratif, -ve** ⚕ [~ra'tif, ~'ti:v] *adj., a. su./m* suppurative; **suppuration** ⚕ [~ra'sjɔ̃] *f* suppuration, running; **suppurer** ⚕ [~'re] (1a) *v/i.* suppurate, run.

supputer [sypy'te] (1a) *v/t.* calculate, reckon; work out (*expenses, interest*).

supra... [sypra] supra..., super...

suprématie [syprema'si] *f* supremacy; **suprême** [~'prɛm] **1.** *adj.* supreme; highest; *fig.* last (*honours, hour, request*); **2.** *su./m cuis.* supreme.

sur[1] [syr] *prp. usu.* on (*a chair, the Thames, my word, my honour*), upon; *destination*: towards (*evening, old age*); *measurement*: by; *number*: out of; *succession*: after; *tomber ~* hit upon; *donner ~ la rue* look on to the street; *~ la droite* on *or* to the right; *~ place* on the spot; *avoir de l'argent ~ soi* have money on *or* about one; *~ ce* thereupon, and then; *~ quoi* whereupon, and then; *un impôt ~* a tax on; *travailler ~* work on (*wood etc.*); *être ~ un travail* be at a task; *8 ~ 10* 8 out of 10; *measurement*: 8 by 10; *une fois ~ deux* every other time; *juger ~ les apparences* judge by appearances; *coup ~ coup* blow after blow; *revenir ~ ses pas* turn back; *fermer la porte ~ soi* close the door behind one; *~ toute(s) chose(s)* above all; *lire qch. ~ le journal* read s.th. in the paper; *~ un ton sévère* in a grave voice; *retenir ~* keep (*s.th.*)

back out of; stop (*s.th.*) out of (*s.o.'s wages*); *autorité f* ~ authority over.
sur², **sure** [sy:r] sour; tart.
sur... [syr] over-...; super...; supra...; sur...
sûr, sûre [sy:r] sure (of, *de*); safe; reliable (*person*, ⊕, *information*, *a. weather*); *fig.* unerring; *fig.* certain, unfailing; ~ *de soi* self-confident; *à coup* ~ for certain, definitely; *bien* ~! certainly!; surely!, *Am.* sure!; F *pour* ~ of course.
surabondance [syrabɔ̃ˈdɑ̃:s] *f* superabundance; ✝ glut; **surabondant, e** [~ˈdɑ̃, ~ˈdɑ̃:t] superabundant; superfluous; **surabonder** [~ˈde] (1a) *v/i.* overflow (with *de, en*); ✝ be glutted (with *de, en*).
suraigu, -guë [syreˈgy] high-pitched, (very) shrill.
suranné, e [syraˈne] old-fashioned; superannuated; out of date.
surbaisser [syrbɛˈse] (1b) *v/t.* △ depress; *mot.* undersling.
surcharge [syrˈʃarʒ] *f* overload; extra *or* excess load; *fig.* extra work; ~ *de bagages* excess luggage (*Am.* baggage); *manuscript etc.*: alteration, correction; **surcharger** [~ʃarˈʒe] (1l) *v/t.* overload (*a.* ⚡), overburden; ⚡ overcharge (*an accumulator*); *post*: overprint (*a stamp*); *typ.* interline; write over (*other words in a line*); *fig.* overtax (*s.o.*).
surchauffe [syrˈʃof] *f* overheating; ⊕ superheat(ing); **surchauffer** [syrʃoˈfe] (1a) *v/t.* overheat; superheat (*steam*); burn (*iron*).
surchoix [syrˈʃwa] *m* finest quality.
surclasser *sp.* [syrklɑˈse] (1a) *v/t.* outclass.
surcontrer [syrkɔ̃ˈtre] (1a) *v/t.* *cards*: redouble.
surcoupe [syrˈkup] *f cards*: overtrumping; **surcouper** [~kuˈpe] (1a) *v/t. cards*: overtrump.
surcroît [syrˈkrwa] *m* increase; *un* ~ *de qch.* an added s.th.; *par* ~ in addition.
surdi-mutité ⚕ [syrdimytiˈte] *f* deaf-and-dumbness; **surdité** ⚕ [~ˈte] *f* deafness.
surdos [syrˈdo] *m horse*: back-band; *porter*: carrying-pad.
surdoué, e [syrˈdwe] exceptionally gifted.
sureau ⚘ [syˈro] *m* elder.
surélever [syrelˈve] (1d) *v/t.* △, ✝ heighten, raise; ✝ put up, boost (*prices*); *road-building*: bank (*a road bend*).
surenchère [syrɑ̃ˈʃɛ:r] *f auction*: higher bid, outbidding; overbid; *fig.* exaggerated promises *pl.*; *fig. une* ~ *de violences* ever-increasing violence; **surenchérir** [~ʃeˈri:r] (2a) *v/i.* rise higher in price; *auction*: bid higher; ~ *sur q.* outbid s.o.; *fig. a.* go one better than s.o.; **surenchérisseur** *m*, **-euse** *f* [~ʃeriˈsœ:r, ~ˈsø:z] outbidder.
surentraînement *sp.* [syrɑ̃trɛnˈmɑ̃] *m* over-training.
surestimer [syrɛstiˈme] (1a) *v/t.* over-estimate; overrate (*s.o.*).
suret, -ette [syˈrɛ, ~ˈrɛt] sourish.
sûreté [syrˈte] *f* safety; security (*a.* ✝); *fig. blow, foot, hand, stroke*: sureness; *judgment etc.*: soundness; *memory*: reliability; ~ *de soi* self-assurance; *de* ~ safety-...; *la* ♀ the Criminal Investigation Department, the C.I.D., *Am.* the Federal Bureau of Investigation, the F.B.I.
surexcitation [syrɛksitaˈsjɔ̃] *f* over-excitement; ⚕ over-stimulation; **surexciter** [~ˈte] (1a) *v/t.* over-excite (*s.o.*); over-stimulate (*a.* ⚕).
surexposer *phot.* [syrɛkspoˈze] (1a) *v/t.* over-expose.
surface [syrˈfas] *f* surface; ⩓ surface area; area; ⚓ *faire* ~ surface (*submarine*).
surfaire [syrˈfɛ:r] (4r) *v/t.* overrate (*a book, a writer*); ✝ charge too much for.
surfer [sœrˈfe] (1a) *v/i.* surf(ride); go surfing; **surfeur** *m*, **-euse** *f* [~ˈfœ:r, ~ˈfø:z] surfer, surfrider.
surgelé, e [syrʒəˈle] deep-frozen; quick-frozen.
surgeon ⚘ [syrˈʒɔ̃] *m* sucker; *pousser des* ~*s* sucker; **surgir** [~ˈʒi:r] (2a) *v/i.* appear (suddenly); loom up; spring up; *fig.* arise.
surhausser [syroˈse] (1a) *v/t.* △ raise; 🚂 cant; ✝ force up the price of.
surhomme [syˈrɔm] *m* superman; **surhumain, e** [~ryˈmɛ̃, ~ˈmɛn] superhuman.
surimposer [syrɛ̃poˈze] (1a) *v/t.* superimpose; ✝ overtax, increase the tax on.
surimpression *phot.* [syrɛ̃prɛˈsjɔ̃] *f* double exposure.

surin *sl.* [sy'rɛ̃] *m* dagger, knife; **suriner** † *sl.* [~ri'ne] (1a) *v/t.* knife (*s.o.*), murder (*s.o.*).

surintendant, e [syrɛ̃tɑ̃'dɑ̃, ~'dɑ̃:t] *su.* superintendent, overseer; *su./f* superintendent's wife; lady-in-waiting in chief.

surir [sy'ri:r] (2a) *v/i.* turn sour.

surjet [syr'ʒɛ] *m seam*: whipping; **surjeter** [~ʒə'te] (1c) *v/t.* whip (*a seam*).

sur-le-champ [syrlə'ʃɑ̃] *adv.* at once, on the spot.

surlendemain [syrlɑ̃d'mɛ̃] *m* day after the morrow, second day (after s.th., *de qch.*).

surmenage [syrmə'na:ʒ] *m* overwork(ing); **surmener** [~'ne] (1d) *v/t.* overwork; work (*s.o.*) too hard; override (*a horse*); ⊕, ⚡ overrun.

surmontable [syrmɔ̃'tabl] surmountable; **surmonter** [~'te] (1a) *v/t.* rise above (*a. fig.*); surmount (*a building, a. fig. feelings, an obstacle*); *fig.* overcome (*an enemy, feelings*); *se ~* control o.s.; *surmonté de* crowned by, surmounted by.

surnager [syrna'ʒe] (1l) *v/i.* float on the surface; *fig.* linger (on).

surnaturel, -elle [syrnaty'rɛl] **1.** *adj.* supernatural; *fig.* uncanny, extraordinary; **2.** *su./m*: *le ~* the supernatural.

surnom [syr'nɔ̃] *m* nickname; appellation, name; *hist.* agnomen.

surnombre [syr'nɔ̃:br] *m* excess number; *~ des habitants* overpopulation; *en ~* extra; supernumerary.

surnommer [syrnɔ'me] (1a) *v/t.* call (s.o. s.th., *q. qch.*); nickname.

surnuméraire [syrnyme'rɛ:r] *adj.*, *a. su./m* supernumerary.

suroffre ✝ [sy'rɔfr] *f* better offer.

suroît ⚓ [sy'rwa] *m* south-west; *hat, a. wind*: sou'wester.

surpasser [syrpɑ'se] (1a) *v/t.* surpass (*a. fig.*); be higher than; be taller than (*a person*); *fig.* exceed, outdo.

surpaye [syr'pɛ:j] *f* overpayment; bonus, extra pay; **surpayer** [~pɛ'je] (1i) *v/t.* overpay (*s.o.*); pay too much for (*s.th.*).

surpeuplé, e [syrpœ'ple] overpopulated (*area*); **surpeuplement** [~plə'mɑ̃] *m* overpopulation.

sur(-)place [syr'plas] *m*: *faire du ~* mark time.

surplis *eccl.* [syr'pli] *m* surplice.

surplomb [syr'plɔ̃] *m* overhang; *en ~* overhanging; **surplombement** [~plɔ̃b'mɑ̃] *m* overhang(ing); **surplomber** [~plɔ̃'be] (1a) *vt/i.* overhang; *v/t.* jut out over (*s.th.*).

surplus [syr'ply] *m* surplus, excess; remainder; *au ~* besides; moreover; *en ~* excess ..., surplus ...

surprenant, e [syrprə'nɑ̃, ~'nɑ̃:t] surprising, astonishing, amazing; **surprendre** [~'prɑ̃:dr] (4aa) *v/t.* surprise; astonish, amaze; come upon (*s.o.*); catch (*s.o.*) (unawares); pay (*s.o.*) a surprise visit; overhear (*a conversation, a remark*); intercept (*a glance, a letter*); *~ la bonne foi de q.* abuse s.o.'s good faith.

surprime ✝ [syr'prim] *f insurance*: extra premium.

surprise [syr'pri:z] *f* surprise; ⚔ surprise attack; *fig.* surprise-packet, lucky dip; *par ~* by surprise.

sur(-)prix [syr'pri] *m* excessive price; overcharge.

surproduction [syrprɔdyk'sjɔ̃] *f* overproduction.

surrégénérateur *phys.* [syreʒenera'tœ:r] *m*: (*a. ~ rapide*) fast breeder.

sursalaire [syrsa'lɛ:r] *m* bonus; extra pay.

sursaturer ⚗ [syrsaty're] (1a) *v/t.* supersaturate.

sursaut [syr'so] *m* start, jump; *s'éveiller en ~* wake with a start.

surseoir [syr'swa:r] (3c) *v/i.*: ⚖ *~ à* stay (*a judgment, proceedings*), suspend (*a judgment*); defer, postpone; *il a été sursis à qch.* s.th. has been postponed; **sursis, e** [~'si, ~'si:z] **1.** *p.p. of surseoir*; **2.** *su./m* ⚖ delay; suspension of sentence; ⚔ *call-up*: deferment; **sursitaire** ⚔ [~si'tɛ:r] *m* deferred conscript.

surtaux [syr'to] *m* over-assessment.

surtaxe [syr'taks] *f* surtax; *post*: postage due, surcharge; *admin.* over-assessment; **surtaxer** [~tak'se] (1a) *v/t.* surtax; *post*: surcharge (*a letter*); *admin.* over-assess, overtax.

surtout[1] [syr'tu] *adv.* above all; particularly, especially.

surtout[2] [~] *m dinner table*: centrepiece; *metall.* mantle; light handcart; † overcoat.

surveillance [syrvɛ'jɑ̃:s] *f* supervision; ⊕ inspection; ⚕ surveillance; *sous la* ~ *de la police* under police supervision; **surveillant, e** [~ˈjɑ̃, ~ˈjɑ̃:t] *su.* supervisor, overseer; 🚂 inspector; ✝ shop-walker, *Am.* floorwalker; *examination*: invigilator; *su./f* ⚕ (*ward-*)sister; **surveille** [syrˈvɛ:j] *f*: *la* ~ *de* two days before ...; **surveiller** [~vɛˈje] (1a) *v/t.* supervise; superintend; tend (*a machine*); ⊕ inspect, test; *examination*: invigilate; *fig.* keep an eye on, watch; ⚖ *liberté f surveillée* probation.

survenir [syrvəˈni:r] (2h) *v/i.* occur, happen; take place; set in (*complications etc.*); arrive unexpectedly (*person*).

survente ✝ [syrˈvɑ̃:t] *f* overcharge.

survie [syrˈvi] *f* survival; ⚖ (presumption of) survivorship; ✝ expectation of life; **survivance** [~viˈvɑ̃:s] *f* survival (*a. biol.*, *a. fig.*); *estate*: reversion; **survivant, e** [~viˈvɑ̃, ~ˈvɑ̃:t] **1.** *adj.* surviving; **2.** *su.* survivor; **survivre** [~ˈvi:vr] (4hh) *v/i.*: ~ *à* outlive, survive.

survol [syrˈvɔl] *m* ✈ flight over; *cin.* panning; **survoler** ✈ [~vɔˈle] (1a) *v/t.* fly over.

survolté, e [syrvɔlˈte] ⚡ boosted; *fig.* (over)excited, worked up.

sus[1] [sy] *1st p. sg. p.s. of savoir 1.*

sus[2] [sy(s)] **1.** *adv.*: *courir* ~ *à* rush at (*s.o.*); *en* ~ (*de*) in addition (to); **2.** *int.* come on!; ~ *à ...!* at (*s.o.*)!, away with (*s.th.*)!

susceptibilité [sysɛptibiliˈte] *f* susceptibility, sensitiveness, touchiness; **susceptible** [~ˈtibl] susceptible; sensitive, touchy; ~ *de* capable of; liable to.

susciter [sysiˈte] (1a) *v/t.* cause, give rise to; provoke, stir up (*a rebellion*); (a)rouse (*envy*); raise up.

suscription [syskripˈsjɔ̃] *f letter*: address.

susdit, e ⚖ [sysˈdi, ~ˈdit] *adj.*, *a. su.* aforesaid, above-mentioned; **susmentionné, e** ⚖ [~mɑ̃sjɔˈne] *see susdit.*

susnommé, e ⚖ [sysnɔˈme] *adj.*, *a. su.* above-named, afore-named.

suspect, e [sysˈpɛ, ~ˈpɛkt] **1.** *adj.* suspicious; suspect (*person*); ~ *de* suspected of; **2.** *su.* suspect; **suspecter** [~pɛkˈte] (1a) *v/t.* suspect (*s.o.*); doubt (*s.th.*).

suspendre [sysˈpɑ̃:dr] (4a) *v/t.* suspend (*a. a judgment*, *payment*); hang up; *fig.* defer; *fig.* interrupt; **suspendu, e** [~pɑ̃ˈdy] hanging (on, from *à*); *mot. bien* (*mal*) ~ with a good (poor) suspension (*car*); **suspens** [~ˈpɑ̃] *m*: *en* ~ in suspense (*a.* ✝); outstanding (*question*, *a.* ✝ *bills*); **suspense** [sysˈpɛns] *m* suspense; **suspensif, -ve** [syspɑ̃ˈsif, ~ˈsi:v] suspensive; *gramm. points m/pl.* ~*s* points of suspension; **suspension** [~ˈsjɔ̃] *f* suspension; hanging (*a.* ⚖); (hanging) lamp; *mot.* springs *pl.*; ~ *d'armes* truce; armistice; suspension of hostilities; ⚗ *en* ~ in suspension; *gramm. points m/pl. de* ~ points of suspension; **suspensoir** [~ˈswa:r] *m* suspensory bandage; jockstrap.

suspicion ⚖ *etc.* [syspiˈsjɔ̃] *f* suspicion; *en* ~ suspected.

sustentateur, -trice ✈ [systɑ̃taˈtœ:r, ~ˈtris] lifting; main (*wing*); **sustentation** [~taˈsjɔ̃] *f* † sustenance; ✈ lift(ing force); **sustenter** [~ˈte] (1a) *v/t.*: F *se* ~ take sustenance.

susurrer [sysyˈre] (1a) *vt/i.* whisper, murmur.

suture [syˈty:r] *f* ⚕, *anat.* suture; ⚕ *wound*: stitching; *fig. etc.* join.

suzerain, e [syzˈrɛ̃, ~ˈrɛn] **1.** *adj.* paramount; **2.** *su.* suzerain; **suzeraineté** [~rɛnˈte] *f* lordship; suzerainty; ⚖ suzerain (state).

svelte [svɛlt] slender, slim; **sveltesse** [svɛlˈtɛs] *f* slenderness, slimness.

sweater *cost.* [swiˈtœ:r] *m* sweater.

swing ♪, *a. box.* [swiŋ] *m* swing; **swinguer** ♪ [swiŋˈge] (1a) swing (*a. fig.*).

sybaritique [sibariˈtik] sybaritic; voluptuary; **sybaritisme** [~ˈtism] *m* sybaritism.

sycomore ⚘ [sikɔˈmɔ:r] *m* sycamore.

sycophante [sikɔˈfɑ̃:t] *m* sycophant, F toady.

syllabaire [sillaˈbɛ:r] *m* spelling book; **syllabe** [~ˈlab] *f* syllable; **syllabique** [~laˈbik] syllabic.

sylphe [silf] *m*, **sylphide** [silˈfid] *f* sylph; *taille f de sylphide* sylph-like waist.

sylvain [silˈvɛ̃] *m* sylvan, silvan; ~*s pl.* genii of the woods; **sylvestre** ⚘ [~ˈvɛstr] woodland (*tree*); wood (*plant*), growing in the woods; **sylviculteur** [silvikylˈtœ:r] *m* sylviculturist, **sylviculture** [~'ty:r] *f* forestry, sylviculture.

symbiose [sɛ̃'bjo:z] *f* symbiosis.

symbole [sɛ̃'bɔl] *m* symbol; emblem; *eccl.* ♀ creed; **symbolique** [sɛ̃bɔ'lik] symbolic(al); **symboliser** [~li'ze] (1a) *v/t.* symbolize; **symbolisme** [~'lism] *m* symbolism; **symboliste** [~'list] **1.** *adj.* symbolistic; **2.** *su.* symbolist.

symétrie [sime'tri] *f* symmetry; *sans ~* unsymmetrical; **symétrique** [~'trik] symmetrical.

sympa F [sɛ̃'pa] *adj./inv.* nice, likable; **sympathie** [sɛ̃pa'ti] *f* sympathy (*a.* ⚕, *physiol.*); *fig.* liking, congeniality; **sympathique** [~'tik] sympathetic (*a.* ⚕, *physiol.*); nice, likable (*person*); attractive; *fig.* congenial (*task, work*); invisible (*ink*); *il m'est ~* I like him, I take to him; **sympathisant, e** [~ti'zɑ̃, ~'zɑ̃:t] **1.** *adj.* sympathizing; **2.** *su./m pol.* fellow-traveller; sympathizer; **sympathiser** [~ti'ze] (1a) *v/i. fig.* blend, harmonize, go together; sympathize (with, *avec*).

symphonie ♪ [sɛ̃fɔ'ni] *f* symphony; **symphoniste** ♪ [~'nist] *m* composer of symphonies; orchestral player.

symposium [sɛ̃pɔ'zjɔm] *m* symposium.

symptôme [sɛ̃p'to:m] *m* ⚕, *a. fig.* symptom; *fig.* sign.

syn... [*before vowel* sin...; *before consonant* sɛ̃...] syn...; **~chronique** [sɛ̃krɔ'nik] synchronological; synchronistic; **~chronisateur** *mot.* [~niza'tœ:r] *m* synchromesh (device); **~chronisation** [~niza'sjɔ̃] *f* synchronization; **~chroniser** [~ni'ze] (1a) *v/t.* synchronize (*a. cin.*); ⚡ parallel; **~chronisme** [~'nism] *m* synchronism; ⚡, *phys.* step; synchrony (*a. cin.*); **~cope** [sɛ̃'kɔp] *f* ⚕, *gramm.* syncope; ⚕ fainting fit, blackout; ♪ syncopation; ♪ syncopated note; **~coper** [~kɔ'pe] (1a) *v/t.* ♪, *gramm.* syncopate.

syndic [sɛ̃'dik] *m* managing agent; ⚖ receiver; **syndical, e,** *m/pl.* **-aux** [sɛ̃di'kal, ~'ko] trade-union (*movement*); ✝ *chambre f ~e* (*approx.*) Stock Exchange Committee; **syndicalisation** [~kaliza'sjɔ̃] *f* unionization; **syndicaliser** [~kali'ze] (1a) *v/t.* unionize; **syndicalisme** [~ka'lism] *m* trade unionism; **syndicaliste** [~ka'list] *su.* trade unionist; **syndicat** [~'ka] *m* trade union; syndicate, association; receivership, trusteeship (*in bankruptcy*); *~ d'initiative* tourist information bureau; **syndiqué, e** [~'ke] **1.** *adj.* associated; belonging to a (trade) union; union-...; **2.** *su.* trade unionist; union member; **syndiquer** [~'ke] (1m) *v/t.* unionize; form (*men*) into a trade union; *se ~* combine; form a syndicate *or* trade-union.

syndrome [sɛ̃'drɔm] *m* syndrome.

synodal, e, *m/pl.* **-aux** [sinɔ'dal, ~'do] synodical; synodal (*examiner*); **synode** *eccl.* [~'nɔd] *m* synod; **synodique** [~nɔ'dik] synodic(al).

synonyme [sinɔ'nim] **1.** *adj.* synonymous (with, *de*); **2.** *su./m* synonym; **synonymie** [~ni'mi] *f* synonymity; **synonymique** [~ni'mik] **1.** *adj.* synonymic; **2.** *su./f* synonymy, synonymics *sg.*

synoptique [sinɔp'tik] synoptic.

syntaxe *gramm.* [sɛ̃'taks] *f* syntax; **syntaxique** *gramm.* [~tak'sik] syntactic(al).

synthèse [sɛ̃'tɛ:z] *f* synthesis; **synthétique** [sɛ̃te'tik] synthetic; **synthétiser** [~ti'ze] (1a) *v/t.* synthesize.

syntonisation [sɛ̃tɔniza'sjɔ̃] *f radio*: tuning; *bobine f de ~* tuning-coil; **syntoniser** [~'ze] (1a) *v/t. radio*: tune in.

syphilis ⚕ [sifi'lis] *f* syphilis.

syrien, -enne [si'rjɛ̃, ~'rjɛn] *adj., a. su.* ♀ Syrian.

systématique [sistema'tik] systematic; methodical; *fig.* hide-bound; **systématiser** [~ti'ze] (1a) *v/t.* systematize; **système** [sis'tɛm] *m* system; *phot.* (*back, front*) lens; *fig.* device; ⊕ *etc.* set; F *~ D* resourcefulness; wangling; ⚖ *~ décimal* (*métrique*) decimal (metric) system; *anat. ~ nerveux* nervous system; *fig. esprit m de ~* pigheadedness; **systémique** [~te'mik] systemic.

systole ⚕ [sis'tɔl] *f* systole.

T

T, t [te] *m* T, t; ⊕ *fer m en T* T-iron; tee; ⊕ *poutre f en double T* I-section, H-beam.

ta [ta] *see ton*[1].

tabac [ta'ba] **1.** *su./m* ⚘, *a.* ✝ tobacco; ~ *à chiquer* chewing tobacco; ~ *à fumer* (smoking) tobacco; ~ *à priser* snuff; ♀*s pl.* (State) Tobacco Department *sg.*; *bureau m* (*or débit m*) *de* ~ tobacconist's (shop); *sl. faire un* ~ be a hit; F *passer* (*q.*) *à* ~ *see tabasser*; *prendre du* ~ take snuff; **2.** *adj./inv.* snuff-colo(u)red; **tabagie** [taba'ʒi] *f* † smoking-room; place smelling of stale tobacco-smoke; **tabagisme** [~'ʒism] *m* nicotine-poisoning; **tabasser** F [~'se] (1a) *v/t.* handle (*s.o.*) roughly, beat (*s.o.*) up.; **tabatière** [~'tjɛ:r] *f* snuff-box.

tabernacle [tabɛr'nakl] *m* tabernacle.

table [tabl] *f* table; *stone*: slab, tablet; *teleph.* switchboard; index; ~ *à rallonges* extending table; ⚗ ~ *de multiplication* multiplication table; ~ *des matières* table of contents; ♪ ~ *d'harmonie violin*: belly; ~ *d'hôte* set dinner, table d'hôte; *pol. etc.* ~ *ronde* round table conference; *à* ~! dinner is served!; *mettre la* ~ lay the table; *sainte* ~ Lord's table, altar; *se mettre à* ~ sit down at table; *sl.* talk, come clean; **tableau** [ta'blo] *m paint. etc.* picture, painting; *thea.* tableau; *thea. a. fig.* scene; view; *notices, a.* ⚡, *sp.*: board; *hotel*: key-board; (~ *noir*) blackboard; list, table; ⚕, *a.* ⚖ *jurors*: panel; ⚖ *solicitors*: roll, *barristers*: list; *typ.* table; 🚂 train indicator; *fig.* description; ~ *d'annonces* notice-board, *Am.* bulletin-board; ~ *de bord mot.* dashboard; ✈ instrument panel; ⚡ ~ *de distribution* switchboard; *mot.* ~ *de graissage* lubrication chart; F *au* ~ in the bag; **tableautin** [~blo'tɛ̃] *m* small picture; **tablée** [~'ble] *f* (tableful of) guests *pl.*; **tabler** [~'ble] (1a) *v/i.*: ~ *sur* count on.

tabletier ✝ [tablə'tje] *m* dealer in *or* maker of fancy articles and inlaid work; **tablette** [~'blɛt] *f* shelf; *stone*: slab; (window-)sill; *sideboard etc.*: (flat) top; *joist*: bearing surface; ⚡ plate; ⚕ lozenge; *chocolate*: bar; ~ *de cheminée* mantelpiece; *rayez ça de vos* ~*s!* you can forget that!; don't count on that!; **tabletterie** [~blɛ'tri] *f* fancy-goods *pl.* (industry); inlaid work.

tablier [tabli'e] *m* apron, *child*: pinafore; *bridge*: road(way); ⊕ *etc.* shutter; *fig. rendre son* ~ resign; give notice.

tabou, e [ta'bu] **1.** *adj.* taboo; forbidden; **2.** *su./m* taboo.

tabouret [tabu'rɛ] *m* (foot)stool.

tabulaire [taby'lɛ:r] tabular; **tabulateur** [~la'tœ:r] *m* tabulator; **tabulatrice** [~la'tris] *f machine*: tabulator.

tac [tak] *m mill*: clack; *sword-blades*: click; *riposter du* ~ *au* ~ *fencing*: parry with the riposte; *fig.* give tit for tat.

tache [taʃ] *f* stain (*a. fig.*), spot; mark; *ink, a. fig.*: blot; *colour*: blob, patch; *fig.* blemish; *fruit*: bruise; ~ *de naissance* birthmark; ~ *de rousseur face etc.*: freckle; ~ *de suie* smut; *fig. faire* ~ jar, be out of place.

tâche [tɑ:ʃ] *f* task, job; *ouvrier m à la* ~ jobbing workman; piece-worker; *prendre à* ~ *de* (*inf.*) undertake to (*inf.*), make a point of (*ger.*); *travailler à la* ~ do piece-work.

tacher [ta'ʃe] (1a) *v/t.* stain (*a. fig.*), spot; *fig.* tarnish (*s.o.'s reputation*); *se* ~ get one's clothes stained; stain, spot (*cloth*).

tâcher [tɑ'ʃe] (1a) *v/i.* try (to *inf.*, *de inf.*); labo(u)r, toil (at, *à*); ~ (*à ce*) *que* (*sbj.*) try to (*inf.*); **tâcheron** [tɑʃ'rɔ̃] *m* jobbing workman; ⚠ sub-contractor, jobber.

tacheter [taʃ'te] (1c) *v/t.* fleck, mottle speckle.

tachy... [taki] tachy...; tacho...; ~**mètre** ⊕ [~'mɛtr] *m* speedometer, tachometer.

tacite [ta'sit] tacit; implied; **taciturne** [~si'tyrn] taciturn; reserved; close-mouthed.
tacot F [ta'ko] *m mot.* old rattletrap, banger, crate.
tact [takt] *m* (sense of) touch; *fig.* tact; *manque m de* ~ tactlessness.
tacticien ⚔ *etc.* [takti'sjɛ̃] *m* tactician.
tactile [tak'til] tactile.
tactique [tak'tik] **1.** *adj.* tactical; **2.** *su./f* ⚔, *a. fig.* tactics *pl.*
taffetas *tex.* [taf'tɑ] *m* taffeta.
taie [tɛ] *f* (pillow-)case, slip; ⚕ albugo, white speck (*on the eye*).
taillade [tɑ'jad] *f* slash, gash, cut; **taillader** [~ja'de] (1a) *v/t.* slash (*a. cost., a. fig.*); gash; **taillage** [~'ja:ʒ] *m file, gear*: cutting; **taillant** [~'jɑ̃] *m blade, tool*: (cutting) edge; **taille** [tɑ:j] *f* cutting; ⚘ *plant*: pruning; *hedge*: clipping; *stone*: hewing; *hair, tool, clothes*: cut; *blade*: edge; *fig.* size, dimensions *pl.*; *person*: height, stature; waist, figure; waist(line); *cost. à* ~ *haute* (*basse*) high-waisted (low-waisted); F *de* ~ big; *grandes* ~*s pl.* outsizes; *par rang de* ~ in order of size *or* height; *être de* ~ *à* (*inf.*) be capable of (*ger.*); **taille-crayon** [tɑjkrɛ'jɔ̃] *m/inv.* pencil sharpener; **taille-douce,** *pl.* **tailles-douces** [~'dus] *f* copperplate (engraving); **tailler** [tɑ'je] (1a) *v/t.* cut (*gem, hair, lawn, stone*); hew (*a stone*); trim (*one's beard*); ⚘ prune (*a plant*), clip (*a hedge*); ⊕ mill (*gears*); sharpen (*a pencil*); carve (*in a rock etc., a. fig. a way*); hew (*the enemy to pieces*); *bien taillé* well set-up (*person*); *cost.* well-cut; *v/i. cards*: deal; **taillerie** [tɑj'ri] *f* gem-cutting; gem-cutter's workshop; **tailleur** [tɑ'jœ:r] *m* ⊕ cutter; *cost.* tailor; *gaming*: banker; *cost.* (*a. costume m* ~) tailor-made costume; ~-*pantalon m* trouser suit, pant(s) suit; **taillis** [~'ji] *m* copse; brushwood; **tailloir** [tɑj'wa:r] *m* trencher; ⩓ abacus.
tain ⊕ [tɛ̃] *m mirrors*: silvering; *iron*: tin-bath; foil.
taire [tɛ:r] (4z) *v/t.* suppress, hush (*s.th.*) up, say nothing about, not to mention (*s.th.*); *faire* ~ silence, hush; *se* ~ be silent, say nothing; stop talking; *taisez-vous!* be quiet!; **taisons** [tɛ'zɔ̃] *1st p. pl. pres. of taire*; **tait** [tɛ] *3rd p. sg. pres. of taire.*
talc *min.* [talk] *m* talc; French chalk; talcum powder; **talcique** [tal'sik] talcose.
talent [ta'lɑ̃] *m* talent (*fig., a. ancient weight*); aptitude; *de* ~ talented, gifted; **talentueux, -euse** F [~lɑ̃'tɥø, ~'tɥø:z] talented.
talion [ta'ljɔ̃] *m* retaliation.
talisman [talis'mɑ̃] *m* talisman.
talle ⚘ [tal] *f* sucker; *wheat etc.*: tiller; **taller** ⚘ [ta'le] (1a) *v/i.* throw out suckers; tiller (*wheat*).
taloche [ta'lɔʃ] *f* ⊕ (*plasterer's*) hawk; F cuff, clout; **talocher** F [~lɔ'ʃe] (1a) *v/t.* cuff, clout.
talon [ta'lɔ̃] *m foot, shoe,* ⚓ *rudder,* ⊕ *tool, rifle, mast, a.* ♪ *violin bow*: heel; spur; ⊕ catch; clip; *mot. tyre*: bead(ing); ⊕ *axle, bayonet*: shoulder; *axle*: flange; *loaf*: end; *bread, cheese*: remnant; *cards etc.*: stock, pile; ✝ counterfoil, stub; ✝ ~*s pl. aiguille* stiletto heels; *tourner les* ~*s* take to one's heels; **talonner** [talɔ'ne] (1a) *v/t.* follow (on the heels of); dog (*s.o.*); spur on, urge on (*a horse, a. fig. a person*); dun (*s.o.*); *v/i.* ⚓ touch; strike; **talonnette** [~'nɛt] *f* heel.
talqueux, -euse *min.* [tal'kø, ~'kø:z] talcose.
talus [ta'ly] *m* slope; bank, embankment; *en* ~ sloping.
talweg *geol.* [tal'vɛg] *m* thalweg.
tamanoir *zo.* [tama'nwa:r] *m* great ant-eater.
tamarin ⚘ [tama'rɛ̃] *m* tamarind; tamarind-tree; **tamarinier** ⚘ [~ri'nje] *m* tamarind-tree.
tambouille *sl.* [tɑ̃'bu:j] *f* kitchen (staff); cooking.
tambour [tɑ̃'bu:r] *m* ♪, ⚔, ⚒, ⊕ *oil,* ⚡ *cable, mot. brake,* ⩓ *column*: drum; *person*: drummer; ⚡ *coil*: cylinder; ⩓ *hotel etc.*: revolving door; *embroidery*: frame; ♪ ~ *de basque* tambourine (*with jingles*); ~ *de ville* town-crier; *fig. mener q.* ~ *battant* treat s.o. with a high hand; *sans* ~ *ni trompette* quietly, on the quiet; **tambourin** [tɑ̃bu'rɛ̃] *m* ♪ tambourine (*without jingles*); (*Provençal*) long, narrow drum; *ball-games*: tambourine-like racquet; **tambouriner** [~ri'ne] (1a) *vt/i.* drum (*a. fig.*).
tamis [ta'mi] *m* sieve; *liquids*: strainer; ⊕ screen; *cinders etc.*:

riddle; *flour*: bolter; *passer au ~* sift (*a. fig.*); **tamiser** [tami'ze] (1a) *v/t.* sift, sieve; strain; filter (*air, light, a. liquid*); bolt (*flour*); *fig.* soften (*the light*); *lumière tamisée* subdued *or* soft(ened) light; **tamiseur** *m*, **-euse** *f* [~'zœ:r, ~'zø:z] *person*: sifter, screener; strainer.
tampon [tã'pɔ̃] *m* ⚠ *wall*, ⚕, *bath, wash-basin, cask, metall*: plug; *inking, polishing, a.* ⚕ *cotton-wool*: pad; *paper, cotton-wool, etc.*: wad; rubber stamp; 🚂 (*a. ~ de choc*) buffer; *~ buvard* hand-blotter; *~ encreur* inking pad, stamp pad; *coup m de ~* collision; F *fig.* thump; *pol. État m ~* buffer State; **tamponnement** [~pɔn'mã] *m* 🚂, *mot.* collision; dabbing (*with pad*); F thumping; **tamponner** [~pɔ'ne] (1a) *v/t.* mop, dab (*with a handkerchief, a pad, etc.*); 🚂 *etc.* collide with; *mot.* bump into; stamp (*a letter etc.*); ⊕ plug.
tam-tam [tam'tam] *m* ♪ tom-tom; ♪ (*Chinese*) gong; *fig.* fuss, to-do.
tan [tã] *m* tan, tanner's bark.
tancer [tã'se] (1k) *v/t.* scold, F tell (*s.o.*) off.
tanche *icht.* [tã:ʃ] *f* tench.
tandem [tã'dɛm] *m* tandem (bicycle); *fig.* twosome, pair, couple; *fig.* partnership; *fig.* combination; *en ~* tandem; *fig.* together.
tandis [tã'di] *cj.*: *~ que* whereas (*emphasizing difference*); while.
tangage ⚓, ✈ [tã'ga:ʒ] *m* pitch (-ing).
tangent, e [tã'ʒã, ~'ʒã:t] **1.** *adj.* Ⓐ tangent(ial) (to, *à*); **2.** *su./f* Ⓐ tangent; F *prendre la ~e, s'échapper par la ~e* make off; dodge the issue; wriggle out; **tangenter** [~ʒã'te] (1a) *v/t.* run along(side), border, skirt; **tangible** [~'ʒibl] tangible.
tanguer ⚓, ✈ [tã'ge] (1m) *v/i.* pitch, rock; be down by the head.
tanière [ta'njɛ:r] *f* den, lair (*a. fig.*); (*fox-*)hole, earth.
tank ⚔ [tã:k] *m* tank; **tankiste** ⚔ [tã'kist] *m* member of a tank crew.
tannant, e [ta'nã, ~'nã:t] tanning; F tiresome; boring.
tanne [tan] *f* ⚕ *face*: blackhead; ⊕ *leather*: spot.
tanné, e [ta'ne] **1.** *adj.* tan(ned); **2.** *su./m colour*: tan; **tanner** [~] (1a) *v/t.* ⊕ tan; F irritate; pester; F thrash (*s.o.*); F *~ le cuir à q.* tan s.o.'s hide;
tannerie ⊕ [tan'ri] *f* tannery; *trade*: tanning; **tanneur** ⊕ [ta'nœ:r] *m* tanner; **tan(n)in** [~'nɛ̃] *m* tannin; **tan(n)iser** ⊕ [~ni'ze] (1a) *v/t.* treat (*s.th.*) with tannin.
tan-sad [tã'sad] *m* pillion.
tant [tã] *adv.* so much; so *or* as many; so; as much, as hard (as, *que*); so *or* as long (as, *que*); *~ bien que mal* somehow (or other); *~ de fois* so often; *~ heureuse qu'elle paraisse* however happy she may seem; *~ il y a que* the fact remains, however, that; *~ mieux!* so much the better!; F good!; *~ pis!* so much the worse!; what a pity!; F too bad!; *~ s'en faut* far from it; *~ s'en faut que* (*sbj.*) far from (*ger.*); *~ soit peu* ever so little; even a little; somewhat; *en ~ que* in so far as (+ *verb*); considered as (+ *su.*); *si ~ est que* if indeed.
tante [tã:t] *f* aunt; *sl.* queer, nancy-boy; F *chez ma ~* pawned, in pawn.
tantième ✝ [tã'tjɛm] *m* percentage, share.
tantinet F [tãti'ne] *m*: *un ~* a little, a bit.
tantôt [tã'to] **1.** *adv.* presently, soon, by and by; a little while ago, just now; *~ ... ~ ...* now ... now ..., sometimes ... sometimes ...; *à ~!* good-bye for the present!; F so long!; **2.** *su./m* F afternoon.
taon *zo.* [tã] *m* gad-fly, horse-fly.
tapage [ta'pa:ʒ] *m* noise; din; *fig.* row; fuss; F touching (*s.o. for money*); *faire du ~* make a stir (*news*); **tapageur, -euse** [~pa'ʒœ:r, ~'ʒø:z] **1.** *adj.* noisy, rowdy; *cost.* flashy; *fig.* blustering (*manner, speech*); **2.** *su.* rowdy, roisterer; brawler; noisy person; ⚖ disturber of the peace; **tape** [tap] *f* slap; F † *ramasser une ~* fail, F flop; **tapé, e** [ta'pe] **1.** *adj.* dried (*fruit*); *fig.* first-class; *sl.* crazy, nutty; *réponse f ~e* smart answer; **2.** *su./f* F lots *pl.*, heaps *pl.*; tons *pl.*; *children*: horde; **tape-à-l'œil** F [tapa'lœj] **1.** *adj.* showy, flashy; **2.** *su./m* show, window-dressing; **tapecul** [tap'ky] *m* see-saw, *Am.* teeter-totter; gig; *pej. carriage*: rattletrap; **taper** [ta'pe] (1a) *v/t.* plug, stop (up); F smack, slap; slam (*the door*); ♪ thump out (*a tune*), beat (*a drum*); type (*a letter etc.*); dab on (*paint*); F touch (*s.o.*) (for, *de*); *sl.*

se ~ *qch.* put s.th. away (= *eat, drink*); do s.th.; saddle o.s. with s.th.; *sl. tu peux te ~!* nothing doing!; *sl.* you've had it!; *v/i.* knock; hit; bang; ~ *dans l'œil à* take (*s.o.'s*) fancy; ~ *du pied* stamp (one's foot); ~ *sur q.* slate s.o., pitch into s.o.; F ~ *sur le ventre à q.* give s.o. a dig in the waistcoat; **tapette** [~ˈpɛt] *f* gentle tap; ⊕ bat (*for corking bottles*); fly-swatter; carpet-beater; F chatter-box; *sl.* queer, fairy, nancy-boy; F *avoir une de ces ~s* (*or une fière ~*) be a real chatterbox; **tapeur** F [~ˈpœːr] *m* cadger; piano strummer.

tapinois [tapiˈnwa] *adv.*: *en ~* quietly, on the sly.

tapioca [tapjɔˈka] *m* tapioca; *cuis.* tapioca soup.

tapir[1] [taˈpiːr] (2a) *v/t.*: *se ~* crouch; hide (o.s. away); *être tapi* crouch; hide, be hidden; *fig.* lurk.

tapir[2] *zo.* [~] *m* tapir.

tapis [taˈpi] *m* carpet; cloth; ⚡ ~ *chauffant* electrically heated mat; ⊕ ~ *roulant* endless belt, assembly line; ~ *vert* (gaming) table; *fig. mettre sur le ~* bring (*s.th.*) up (for discussion); **tapisser** [~piˈse] (1a) *v/t.* paper (*a room*); hang (*a wall*) with tapestry; *fig.* cover, line; **tapisserie** [~pisˈri] *f* tapestry, hangings *pl.*; tapestry-weaving; tapestry-work; wall-paper; *fig. faire ~* be a wall-flower (*at a dance*); *pantoufles f/pl. en ~* carpet-slippers; **tapissier, -ère** [~piˈsje, ~ˈsjɛːr] *su.* tapestry-maker; *furniture*: upholsterer; crewel-worker; *su./f* delivery-van; covered waggon.

tapon † [taˈpɔ̃] *m* plug, stopper; *en ~* screwed up.

tapoter F [tapɔˈte] (1a) *v/t.* tap; pat; strum (*a tune*); drum (*on the table*).

taquer *typ.* [taˈke] (1m) *v/t.* plane (down); **taquet** [~ˈkɛ] *m* ⊕ wedge, angle-block; *metall.* lug; ⚓ cleat.

taquin, e [taˈkɛ̃, ~ˈkin] **1.** *adj.* (fond of) teasing; **2.** *su.* tease; **taquiner** [~kiˈne] (1a) *v/t.* tease; *fig.* worry; **taquinerie** [~kinˈri] *f* teasing (disposition).

tarabiscoté, e [tarabiskɔˈte] ⊕ grooved; *fig.* over-elaborate (*style*).

tarabuster F [tarabysˈte] (1a) *v/t.* pester (*person*); worry, bother (*thing, idea, etc.*).

tarage ✝ [taˈraːʒ] *m* allowance for tare.

tarare ✓ [taˈraːr] *m* winnower.

taratata! F [tarataˈta] *int.* fiddlesticks!

taraud ⊕ [taˈro] *m* (screw-)tap; **taraudage** ⊕ [taroˈdaːʒ] *m nut etc.*: tapping; screw-cutting; screw-pitch; **tarauder** [~ˈde] (1a) *v/t.* ⊕ tap, cut; *a. fig.* pierce; **taraudeuse** ⊕ [~ˈdøːz] *f machine*: screw-cutter, thread-cutter.

tard [taːr] **1.** *adv.* late; *au plus ~* at the latest; *il se fait ~* it is getting late; *pas plus ~ que ...* only ..., not later than ...; *tôt ou ~* sooner or later; **2.** *su./m*: *sur le ~* late in the day; *fig.* late in life; **tarder** [tarˈde] (1a) *v/i.* delay; *il me tarde de* (*inf.*) I am anxious to (*inf.*); *ne pas ~ à* (*inf.*) not to have to wait long before (*ger.*); *sans* (*plus*) ~ without (further) delay; **tardif, -ve** [~ˈdif, ~ˈdiːv] late; belated (*apology, regret*); *fig.* slow (to, *à*); backward (*fruit, a. fig. intelligence*); **tardigrade** *zo.* [~diˈgrad] *adj., a. su./m* tardigrade; **tardillon** [~diˈjɔ̃] *m animal*: latest born; *fig.* Benjamin (*of a family*); **tardiveté** [~divˈte] *f* lateness; slowness; backwardness.

tare [taːr] *f* ✝ tare; *fig.* defect, flaw, taint; ✝ *faire la ~* allow for the tare; **taré, e** [taˈre] spoiled, damaged; with a defect; *a. fig.* tainted; *fig.* corrupt.

tarantelle ♪ *etc.* [tarɑ̃ˈtɛl] *f* tarantella.

tarentule *zo.* [tarɑ̃ˈtyl] *f* tarantula; *fig. être piqué* (*or mordu*) *de la ~* be very excited.

tarer ✝ [taˈre] (1a) *v/t.* tare.

targette ⊕ [tarˈʒɛt] *f* sash-bolt; flat door-bolt.

targuer [tarˈge] (1m) *v/t.*: *se ~ de* pride o.s. on (s.th., *qch.*; doing, *faire*); claim (*a privilege*).

tarière ⊕ [taˈrjɛːr] *f* auger; drill; ⚒ borer.

tarif [taˈrif] *m* price-list, tariff; rate(s *pl.*); schedule of charges; ~ *différentiel* (*préférentiel*) differential (preferential) tariff; ~ *postal* postage (rates *pl.*); ~ *réduit* reduced tariff; *plein ~ goods*: full tariff; *person*: full fare; **tarifaire** [tariˈfɛːr] tariff-...; **tarifer** [~ˈfe] (1a) *v/t.* fix the rate of (*a duty, a tariff*); fix the price of (*goods*); **tarification** [~fikaˈsjɔ̃] *f* tariffing.

tarin *sl.* [ta'rɛ̃] *m* conk (= *nose*).
tarir [ta'riːr] (2a) *v/t.* dry up; *fig.* exhaust; *v/i. a.* se ~ dry up, run dry; *fig.* cease; **tarissement** [~ris'mɑ̃] *m* drying up; *fig.* exhausting.
tarot [ta'ro] *m cards*: tarot pack; ~s *pl. cards, game*: tarots.
tarse *anat.* [tars] *m* tarsus; F *human foot*: instep; **tarsien, -enne** *anat.* [tar'sjɛ̃, ~'sjɛn] tarsal.
tartan *tex.* [tar'tɑ̃] *m* tartan.
tartarinade F [tartari'nad] *f* boast.
tarte *cuis.* [tart] *f* (open) tart; flan; **tartelette** *cuis.* [~'lɛt] *f* tartlet; **tartine** [tar'tin] *f* slice of bread and butter *or* jam *etc.*; F *fig.* rigmarole; long-winded speech *or* article *or* sermon; **tartiner** [~ti'ne] (1a) *v/t.* spread (*bread*) (with, *de*); butter (*bread*); spread (*butter etc.*) (on, *sur*); *fromage m à* ~ cheese spread.
tartrate ⚗ [tar'trat] *m* tartrate; **tartre** [tartr] *m* tartar (*a.* ⚗, *a. dental*); ⊕ *boiler*: scale, fur; **tartreux, -euse** [tar'trø, ~'trøːz] tartarous; ⊕ furry, scaly; **tartrique** ⚗ [~'trik] tartaric (*acid*).
tartufe [tar'tyf] *m* hypocrite; **tartuferie** [~ty'fri] *f* (piece of) hypocrisy, cant.
tas [tɑ] *m* heap, pile (*a. fig. of things*); *fig.* crowd, lot; *lies, a. people*: pack; ⊕ hand *or* small anvil; *mettre en* ~ pile up; *sur le* ~ on the job, at work.
tasse [tɑːs] *f* cup; ~ *à café* coffee-cup; ~ *de café* cup of coffee.
tasseau [tɑ'so] *m* ⚠ bracket; (supporting) batten; brick foundation.
tassée [tɑ'se] *f* cupful.
tassement [tɑs'mɑ̃] *m* sinking; settling; subsidence; ✝, *fig.* fall(-off), drop; **tasser** [tɑ'se] (1a) *v/t.* cram together; pack (tightly); shake down; *se* ~ crowd together; squeeze up; ⚠ settle; ⚠ sink, subside; ✝ weaken; shrink, grow smaller (*with age*) (*person*); F *fig.* settle down, come out in the wash.
tâter [tɑ'te] (1a) *v/t.* touch, feel; grope for (*s.th.*); *fig.* feel out, explore, try; ⚕ feel (*the pulse*); *v/i.*: ~ *à* (*or de*) taste, try; *fig.* ~ *de* try (one's hand at) (*work*); **tâte-vin** [tɑt'vɛ̃] *m/inv. instrument*: wine-taster; sampling-tube.
tatillon, -onne F [tati'jɔ̃, ~'jɔn] **1.** *adj.* niggling, finicky; over-particular; **2.** *su.* fusspot; busybody; **tatillonner** F [~jɔ'ne] (1a) *v/i.* niggle, fuss over details; be meddlesome.
tâtonner [tɑtɔ'ne] (1a) *v/i.* feel one's way (*a. fig.*); grope; fumble; **tâtonneur** *m*, **-euse** *f* [~tɔ'nœːr, ~'nøːz] groper, fumbler; **tâtons** [~'tɔ̃] *adv.*: *à* ~ gropingly; *marcher etc. à* ~ grope one's way.
tatou *zo.* [ta'tu] *m* armadillo.
tatouage [ta'twaːʒ] *m* tattooing; *design*: tattoo; **tatouer** [~'twe] (1p) *v/t.* tattoo; **tatoueur** [~'twœːr] *m* tattooist.
taudis [to'di] *m* hovel; wretched room; squalid hole; ~ *pl.* slums.
taule [toːl] *f see tôle.*
taupe [toːp] *f zo.* mole; ✝ moleskin; F *myope comme une* ~ (as) blind as a bat; *sl. pej. vieille* ~ old hag; **taupinière** [~pi'njɛːr] *f* molehill.
taureau [tɔ'ro] *m* bull; *astr. le* ♉ Taurus, the Bull; *avoir un cou de* ~ be bull-necked; *course f de* ~*x* bull-fight; **taurillon** [~ri'jɔ̃] *m* bull-calf; **tauromachie** [~rɔma'ʃi] *f* bull-fighting.
tautologie [totɔlɔ'ʒi] *f* tautology, redundancy.
taux [to] *m* rate (*a.* ✝); ✝ fixed price; ⊕ ratio; ⚗ proportion, amount; ✝ ~ *de change* (rate of) exchange; ~ *de charge* load per unit area; ~ *de la mortalité* death-rate; ✝ ~ *d'escompte* bank rate; ✝ ~ *d'intérêt* rate of interest; *au* ~ *de* at the rate of.
tavelé, e [tav'le] marked; spotted, speckled; **tavelure** [~'lyːr] *f* mark; spot, speckle.
taverne [ta'vɛrn] *f* tavern; public house, F pub; café-restaurant.
taxateur [taksa'tœːr] *m* assessor; ⚖ taxing master; **taxation** [~'sjɔ̃] *f* fixing of prices *etc.*; *admin., a.* ⚖ taxation; *admin.* assessment; **taxe** [taks] *f admin.* tax, duty; rate; fixed price; ✝ controlled price; **taxer** [tak'se] (1a) *v/t.* tax; put a tax on (*goods*); fix (*the price*); fix the price *or* rate of; *fig.* accuse (of, *de*).
taxi [tak'si] *m* taxi(-cab), cab; ~**mètre** [~si'mɛtr] *m* taximeter; ~**phone** *teleph.* [~si'fɔn] *m* (public) call-box.
tayloriser ⊕ [tɛlɔri'ze] (1a) *v/t.* Taylorize; **taylorisme** ⊕ [~'rism] *m* Taylorism.

tchécoslovaque [tʃekɔslɔ'vak] *adj., a. su.* ♀ Czechoslovak; **tchèque** [tʃɛk] **1.** *adj.* Czech; **2.** *su./m ling.* Czech; *su.* ♀ Czech.

te [tə] **1.** *pron./pers.* you; to you; **2.** *pron./rfl.* yourself, to yourself.

té [te] *m letter*: T; T-square; ⚠ tee-iron.

technicien *m*, **-enne** *f* [tɛkni'sjɛ̃, ~'sjɛn] technician; **techni(ci)ser** [~(si)'ze] (1a) *v/t.* ⊕ mechanize; *fig.* technicalize; **technicité** [~si'te] *f* technicality; **technique** [tɛk'nik] **1.** *adj.* technical; **2.** *su./f* technique; ~ *électrique* electrical engineering; **technocrate** [~'krat] *m* technocrat; **technocratie** [~nɔkra'si] *f* technocracy; **technocratique** [~nɔkra'tik] technocratic; **technologie** [~nɔlɔ'ʒi] *f* technology; **technologique** [~nɔlɔ'ʒik] technological.

te(c)k ♀, ⚓ [tɛk] *m* teak.

tectrice *orn.* [tɛk'tris] *adj./f*: *plumes f/pl.* ~*s* tectrices.

tégument ♀, *anat., zo.* [tegy'mɑ̃] *m* tegument.

teigne [tɛɲ] *f zo.* moth; ⚕ tinea, scalp-disease; ♀ scurf; *vet.* thrush; F *fig.* pest; **teigneux, -euse** [tɛ'ɲø, ~'ɲø:z] **1.** *adj.* suffering from scalp-disease; **2.** *su.* person suffering from scalp-disease.

teignis [tɛ'ɲi] *1st p. sg. p.s. of teindre*; **teignons** [~'ɲɔ̃] *1st p. pl. pres. of teindre*; **teindre** [tɛ̃:dr] (4m) *v/t.* dye (blue *etc., en bleu etc.*); stain (*a. fig.*); *se* ~ dye one's hair; **teins** [tɛ̃] *1st p. sg. pres. of teindre*; **teint, teinte** [tɛ̃, tɛ̃:t] **1.** *p.p. of teindre*; **2.** *su./m* dye, colo(u)r; complexion; *tex. bon* (*or grand*) ~ fast colo(u)r; *fig. partisan m bon* ~ staunch supporter; *petit* ~ fading dye; *su./f* tint, hue, shade; *fig.* touch, tinge; **teinter** [tɛ̃'te] (1a) *v/t.* tint; *fig.* tinge (with, *de*); **teinture** [~'ty:r] *f tex., a. hair*: dye(ing); *phot. etc.* tinting; colo(u)r, hue; *fig.* touch; ⚗, ⚕ tincture; **teinturerie** ⊕ [~tyr'ri] *f* (dry) cleaner's, cleaners *pl.*; dye-works *usu. sg.*; dyeing; **teinturier** [~ty'rje] *m* (dry) cleaner, dyer.

tel *m*, **telle** *f*, **tels** *m/pl.*, **telles** *f/pl.* [tɛl] **1.** *adj./indef.* such; so great; like; as; ~ *maître*, ~ *valet* like master, like man; ~ *que* (such) as; like; such that; ~ *quel* ordinary; just as he *or* it is *or* was; ⚓ with all faults; *à telle ville* in such and such a town; *de telle sorte que* in such a way that; *il n'y a rien de* ~ *que* there's nothing like; *un* ~ *repas* such a meal; **2.** *pron./indef.* (such a) one; some; *Monsieur un* ~ (*or Un* ♀) Mr. So-and-so; *Madame une telle* (*or Une Telle*) Mrs. So-and-so; ~ *qui* he who.

télautographe [telotɔ'graf] *m* telewriter.

télé F [te'le] television, *Br.* F telly.

télé... [tele] tele...; **~commande** [~kɔ'mɑ̃:d] *f* remote control; **~commander** [~kɔmɑ̃'de] (1a) *v/t.* operate by remote control; **~communication** [~kɔmynika'sjɔ̃] *f* telecommunication; **~distribution** [~distriby'sjɔ̃] *f* cable television; **~enseignement** [~ɑ̃sɛɲ'mɑ̃] *m* educational broadcast *or* television program(me)s *pl.*; **~férique** [~fe'rik] *m see téléphérique*; **~génique** *telev.* [~ʒe'nik] telegenous; **~gramme** [~'gram] *m* telegram, F wire; **~graphe** [~'graf] *m* telegraph; **~graphie** [~gra'fi] *f* telegraphy; ~ *sans fil, abbr. T.S.F.* wireless, radio; **~graphier** [~gra'fje] (1o) *vt/i.* telegraph, wire; **~graphique** [~gra'fik] telegraphic; *mandat m* ~ telegraph(ic) money order; *poteau m* ~ telegraph-pole; *réponse f* ~ reply by wire *or* cable; **~graphiste** [~gra'fist] *su.* telegraph operator; telegraph boy *or* messenger; **~guidé, e** [~gi'de] radio-controlled; guided (*missile*); **~imprimeur** [~ɛ̃pri'mœ:r] *m* teleprinter; **~mètre** *phot.* [~'mɛtr] *m* range-finder; **~objectif** *phot.* [~ɔbʒɛk'tif] *m* telephoto lens; **~phérique** [~fe'rik] *m* telpher railway; cableway; cable car; **~phone** [~'fɔn] *m* telephone, F phone; ~ *intérieur* house telephone; internal telephone, F intercom; *annuaire m du* ~ telephone directory *or* F book; *appeler q. au* ~ ring s.o. up; *avez-vous le* ~? are you on the phone?; **~phoner** [~fɔ'ne] (1a) *vt/i.* (tele)phone (s.o., *à q.*); **~phonie** [~fɔ'ni] *f* telephony; ~ *sans fil* radiotelephony; **~phonique** [~fɔ'nik] telephone...; telephonic; *cabine f* (*or cabinet m*) ~ telephone booth, call-box; **~phoniste** [~fɔ'nist] *su.* telephone operator.

télescopage [telɛskɔ'pa:ʒ] *m* smashing up; concertinaing; telescoping;

traffic: ~ *en serie* pile-up; **télescope** [~'kɔp] *m* telescope; **télescoper** 🚗 *etc.* [~kɔ'pe] (1a) *v/t.* smash up, crash into; se ~ concertina, telescope.

télé...: **~scripteur** ⚡ [teleskrip'tœːr] *m* teleprinter; **~spectateur** *m*, **-trice** *f telev.* [~spɛkta'tœːr, ~'tris] (tele-)viewer; **~viser** [~vi'ze] (1a) *v/t.* televise; **~viseur** [~vi'zœːr] *m* television set; televisor; **~vision** [~vi'zjɔ̃] *f* television; ~ *en couleurs* colo(u)r television; ~ *par câble* cable television.

télex [te'lɛks] *m* telex; **télexer** [~lɛk'se] (1a) *v/t.* telex.

tellement [tɛl'mɑ̃] *adv.* so, in such a way; to such an extent.

tellure ⚗ [tɛl'lyːr] *m* tellurium; **tellureux, -euse** ⚗ [tɛlly'rø, ~'røːz] tellurous; **tellurien, -enne** [~'rjɛ̃, ~'rjɛn] tellurian; earth...

téméraire [teme'rɛːr] **1.** *adj.* rash (*a. fig. judgment etc.*), reckless; daring; **2.** *su.* rash person; dare-devil; **témérité** [~ri'te] *f* temerity, rashness, recklessness; piece of daring; bold speech.

témoignage [temwa'ɲaːʒ] *m* ⚖ *etc.* evidence (*a. fig.*); ⚖ hearing (of witness); *eccl.* witness; *fig.* proof; *fig. en ~ de* as a token of; *porter ~* certify; *rendre ~* bear witness (to, *à*); **témoigner** [~'ɲe] (1a) *vt/i.* testify; *v/i.* bear witness; *v/t.* show; bear witness to; **témoin** [tem'wɛ̃] **1.** *su./m* witness; *duel*: second; boundary mark; ⚗ reference solution; sample; *sp.* stick (*etc. in relay race*); ⚖ ~ *à charge* (*décharge*) prosecution (defence) witness; ~ *oculaire* eye witness; **2.** *adj./inv.* pilot..., test...; control...; *appartement m* ~ show flat; *lampe f* ~ warning light.

tempe *anat.* [tɑ̃ːp] *f* temple.

tempérament [tɑ̃pera'mɑ̃] *m* temperament; constitution; disposition; ✝ *à* ~ by instal(l)ments, on the instal(l)ment plan; *vente f à ~* hire-purchase; sale on the instalment plan.

tempérance [tɑ̃pe'rɑ̃ːs] *f* temperance, moderation; **tempérant, e** [~'rɑ̃, ~'rɑ̃ːt] temperate, moderate; ⚕ sedative; **température** [~ra'tyːr] *f* temperature; ⚗ (*boiling-, freezing-*)point; *fig.* feeling; ⚕ *avoir de la ~* have a temperature; **tempéré, e** [~'re] temperate, moderate (*climate, a. fig. speech*); *fig.* sober, restrained; ♪ equally tempered; *geog. zone f ~e* temperate zone; **tempérer** [~'re] (1f) *v/t.* moderate, temper (*a. fig.*); se ~ moderate.

tempête [tɑ̃'pɛːt] *f wind, a. fig.*: storm; ⚓ hurricane; **tempêter** F [~pɛ'te] (1a) *v/i.* rant and rave, storm, rage; **tempétueux, -euse** [~pe'tɥø, ~'tɥøːz] stormy, tempestuous (*a. fig.*).

temple [tɑ̃ːpl] *m* temple (*a. hist.* ♀); *protestantism*: church, chapel; *freemasonry*: lodge; **templier** [tɑ̃pli'e] *m* Knight Templar; F *jurer comme un ~* swear like a trooper.

temporaire [tɑ̃pɔ'rɛːr] temporary; provisional; ♪ time(*-value*).

temporal, e, *m/pl.* **-aux** *anat.* [tɑ̃pɔ'ral, ~'ro] **1.** *adj.* temporal; **2.** *su./m* temporal (bone).

temporalité *eccl.* † [tɑ̃pɔrali'te] *f* temporality; **temporel, -elle** [~'rɛl] **1.** *adj.* secular; temporal (= *not eternal, not spiritual*); **2.** *su./m* temporal power; revenue, temporalities *pl.* (*of a benefice*).

temporisateur, -trice [tɑ̃pɔriza'tœːr, ~'tris] **1.** *adj.* temporizing; **2.** *su.* temporizer; ⊕ *welding*: timer; **temporisation** [~za'sjɔ̃] *f* temporization, temporizing; **temporiser** [~'ze] (1a) *v/i.* temporize, delay action deliberately, play for time, stall.

temps[1] [tɑ̃] *m* time (*a.* ♪); while; times *pl.*; ⚕, ⊕ phase; *mot. etc.* stroke; ♪ *a.* beat; *gramm.* tense; *à deux ~* two-stroke (*engine*); *à ~* in (the nick of) time; *avec le ~* in (the course of) time; *de mon ~* in my time; *de ~ à autre* (*or en ~*) now and then, from time to time; *en même ~* at the same time; *en ~ de guerre* in wartime; *entre~-* meanwhile; *être de son ~* keep up with the times; *gagner du ~* play for time; *il est grand ~* it is high time (to *inf.*, *de inf.*; that *ind.*, *que sbj.*); *le bon vieux ~* the good old days *pl.*; *les ~ pl. sont durs* times are hard; *le ~, c'est de l'argent* time is money; ♪ *mesure f à deux ~* duple time; (*ne pas*) *avoir le ~ de* (*inf.*) have (no) time to (*inf.*).

temps[2] [tɑ̃] *m* weather; *quel ~ fait-il?* what is the weather like?; *il fait beau* (*mauvais*) ~ the weather is fine (bad).

tenable [tə'nabl] ⚔, *a. fig.* tenable;

habitable (*house*); *fig. pas* ~ unbearable.

tenace [tə'nas] tenacious; clinging (*perfume, a.* ⚘); adhesive; stiff (*soil*); tough (*metal*); *fig.* stubborn, persistent; retentive (*memory*); **ténacité** [tenasi'te] *f* tenacity (*a. fig.*); stickiness; *soil*: stiffness; *metal*: toughness; *fig.* stubbornness; doggedness; *memory*: retentiveness; *avec* ~ tenaciously; stubbornly.

tenaille ⊕ [tə'nɑ:j] *f* tongs *pl.*; clamp; pliers *pl.*; pincers *pl.* (*a.* ⚔); **tenailler** *fig.* [~nɑ'je] (1a) *v/t.* torture.

tenancier [tənɑ̃'sje] *m* manager; tenant-farmer; keeper; † freeholder; **tenant, e** [~'nɑ̃, ~'nɑ̃:t] **1.** *adj.*: *séance f* ~*e* during the sitting; *fig.* then and there; **2.** *su./m* supporter; *sp. title etc.*: holder; *bet*: taker; ⚖ *d'un seul* ~ all in one block; continuous; ~*s pl.* lands bordering on an estate; ~*s pl. et aboutissants m/pl. estate*: adjacent parts; *fig. the* full details, *the* ins and outs.

tendance [tɑ̃'dɑ̃:s] *f* tendency; leanings *pl.*; drift, trend; *à* ~ tendentious (*book*); *avoir* ~ *à* tend to, be inclined to; **tendancieux, -euse** [~dɑ̃'sjø, ~'sjø:z] tendentious; ⚖ leading (*question*).

tender 🚂 [tɑ̃'dɛ:r] *m* tender.

tenderie *hunt.* [tɑ̃'dri] *f* (*bird-*) snare; setting of snares (*for birds*).

tendeur, -euse [tɑ̃'dœ:r, ~'dø:z] *su. carpet*: layer; *wallpaper*: hanger; *hunt. snares*: setter; *su./m* ⊕ tightener; (*trouser- etc.*)stretcher; (*shoe-*) tree; *mot.* tension-rod; ~ *de chaine* chain-adjuster.

tendineux, -euse [tɑ̃di'nø, ~'nø:z] *anat.* tendinous; *cuis.* stringy (*meat*).

tendoir [tɑ̃'dwa:r] *m* clothes-line; *tex.* tenter.

tendon *anat.* [tɑ̃'dɔ̃] *m* tendon, sinew.

tendre[1] [tɑ̃:dr] (4a) *v/t.* stretch; hang (*wallpaper*), paper (*a room*); lay (*a carpet, a snare*); pitch (*a tent*); spread (*a net, a sail*); hold out (*one's hand*); offer (*one's hand etc.*); *fig.* strain; ~ *l'oreille* prick up one's ears; *v/i.*: ~ *à* tend towards *s.th. or* to *do s.th.*; aim at *s.th. or* to *do s.th.*

tendre[2] [tɑ̃:dr] tender (*heart, meat, skin, years, youth*); soft (*colour, grass, metal, pencil, stone, wood, etc.*); early (*childhood, years*); *fig.* affectionate, fond; **tendresse** [tɑ̃'drɛs] *f* tenderness; love; ~*s pl.* caresses, endearments; **tendron** [~'drɔ̃] *m* ⚘ tender shoot; *cuis.* gristle; F *fig.* little *or* young girl.

tendu, e [tɑ̃'dy] **1.** *p.p. of tendre*[1]; **2.** *adj.* stretched; tight; taut; tense, strained (*a. fig.*).

ténèbres [te'nɛ:br] *f/pl.* darkness *sg.* (*a. fig.*), gloom *sg.*; *eccl.* tenebrae; **ténébreux, -euse** [~ne'brø, ~'brø:z] dark, gloomy; lowering (*sky*); *fig.* deep, sinister; obscure (*style*).

teneur[1], **-euse** [tə'nœ:r, ~'nø:z] *su.* holder; *su./m*: † ~ *de livres* bookkeeper.

teneur[2] [tə'nœ:r] *f* tenor (*of book, conduct, etc.*); ⊕, ⚗ percentage, amount; *solution*: strength; *min.* grade; (*gold- etc.*)content; ⚗ ~ *en alcool* alcoholic content.

ténia ⚕, *zo.* [te'nja] *m* taenia, tapeworm; **ténifuge** ⚕ [~ni'fy:ʒ] *adj., a. su./m* t(a)enifuge.

tenir [tə'ni:r] (2h) **1.** *v/t.* hold (*a. a meeting*); have, possess; grasp (*a.* = *understand*); retain; *fig.* have in hand, control; manage, run (*a firm*); keep; contain (*a pint*); *fig.* accommodate, seat (*200 persons*); ⚠ support; occupy, take up; consider, think; regard (as, *pour*); ⚓ hug (*the coast*); *thea.* take, play (*a rôle*); † stock (*goods*); take (on) (*a bet*); ~ *compte de* take (*s.th.*) into account; ~ *en respect* hold in awe; ~ *l'eau* be watertight; ~ *le lit* stay in bed; † ~ *les livres* do the bookkeeping; ~ *sa langue* hold one's tongue; ~ *sa promesse* keep one's word; *mot.* ~ (*bien*) *la route* hold the road well; ~ *son tempérament de son père* have got one's temper from one's father; ~ *tête à* resist; *tenez votre droite* keep to the right; *se* ~ keep (*quiet*); remain (*standing*); be; *s'en* ~ *à* keep to; be satisfied with; **2.** *v/i.* hold; hold firm; ⚔ hold out; remain; *fig.* last; † be held (*market*); ⚖ sit; border (on, *à*) (*land*); *fig.* be joined (to, *à*); be keen (on *ger.*, *à inf.*); ~ *à* value (*s.th.*); be due to, depend on; ~ *à ce que* (*sbj.*) be anxious that (*ind.*); ~ *bon* (*or ferme*) stand firm; hold out; ⚓ hold tight; ~ *de* take after (*s.o.*), be akin to (*s.th.*); ~ *pour* be in favo(u)r of; *en* ~ *pour* be fond of (*s.o.*), stick to (*s.th.*); *je n'y tiens pas* I don't care for it, F I am not keen (on it); *ne pouvoir plus y* ~ be unable to stand it; *tiens!*, *tenez!* look (here)!; here!; *tiens!* well!; really?

tennis [tɛ'nis] *m* (lawn) tennis; tennis court; *pl.* (*a. chaussures f de* ~) plimsolls, *Am.* sneakers; ~ *de table* table tennis.

tenon [tə'nɔ̃] *m* ⊕ tenon; ⊕ lug; ⚓ nut.

ténor ♪ [te'nɔːr] *m* tenor; *fort* ~ heroic tenor.

tenseur [tɑ̃'sœːr] *adj.*, *a. su./m* ℞, *anat.* tensor; **tension** [~'sjɔ̃] *f phys.*, ⚡, *etc.*, *a. fig.* tension; ⊕, ⚕ *blood, steam*: pressure; ⚡ voltage; ✝ *prices*: hardness, firmness; ⚕ (*a.* ~ *artérielle*) blood-pressure; ⚡ ~ *de service* operating potential; ⚕ *avoir de la* ~ have high blood pressure; ⚡ *sous* ~ live (*wire*); **tensiomètre** [~sjɔ'mɛːtr] *m* blood pressure meter.

tentacule *zo.* [tɑ̃ta'kyl] *m* tentacle.

tentant, e [tɑ̃'tɑ̃, ~'tɑ̃ːt] tempting, alluring; **tentateur, -trice** [tɑ̃ta'tœːr, ~'tris] **1.** *adj.* tempting; **2.** *su./m* tempter; *su./f* temptress; **tentation** [~'sjɔ̃] *f* temptation (to *inf.*, de *inf.*); **tentative** [~'tiːv] *f* attempt (at, de); ⚖ ~ *d'assassinat* attempted murder.

tente [tɑ̃ːt] *f* tent; *fair etc.*: booth; ⚓ awning; *dresser une* ~ pitch a tent.

tenter [tɑ̃'te] (1a) *v/t.* tempt (*s.o.*); put to the test; ⚔ ~ *l'assaut* de attempt (*a place*); être tenté de (*inf.*) be tempted to (*inf.*); *v/i.*: ~ de (*inf.*) try to (*inf.*), attempt to (*inf.*).

tenture [tɑ̃'tyːr] *f* (paper-)hanging; tapestry; hangings *pl.*; wallpaper.

tenu, e [tə'ny] **1.** *p.p. of tenir*; **2.** *su./f* holding (*a.* ⚖); ✝ *books, shop, etc.*: keeping; *fig.* shape; *person*: bearing; behavio(u)r; ⊕ maintenance; ⚖ *etc.* sitting; *cost.*, *a.* ⚔ dress; ✝ *market, prices*: firmness; ♪ sustained note; ⚔ ~*e de campagne* battle-dress; ~ *de détente* leisure wear; *mot.* ~*e de route* road-holding qualities *pl.*; ~*e de soirée* evening dress; ~*e de ville* morning *or* street dress; ⚔ walking-out dress; *de la* ~*e! school etc.*: behave yourself!; ⚔ *en grande* (*petite*) ~*e* in full dress (undress); *en petite* ~, *en* ~ *légère* in light clothing; F scantily dressed.

ténu, e [te'ny] thin, slender; *fig.* fine; **ténuité** [~nɥi'te] *f* tenuousness; slenderness; thinness (*a. of a liquid*); *sand, a. fig.*: fineness.

ter [tɛːr] *adv.* three times, ♪ ter; for the third time; *in house numbers*: 3*ter* 3b.

tercet ♪ [tɛr'sɛ] *m* triplet (*a. prosody*).

térébenthène ⚗ [terebɑ̃'tɛn] *m* terebenthene; **térébenthine** ⚗ [~'tin] *f* turpentine.

térébrant, e [tere'brɑ̃, ~'brɑ̃ːt] *zo.* boring; ⚕ terebrating (*pain*).

tergiversation [tɛrʒivɛrsa'sjɔ̃] *f* equivocation; beating about the bush; **tergiverser** [~'se] (1a) *v/i.* shilly-shally; beat about the bush.

terme [tɛrm] *m* end, conclusion; *statue*: terminus; ⚖ quarter; quarter's rent; quarter day; ⚔, ✝, ⚕ time; ✝ *stocks etc.*: settlement; delay (*for payment*); ✝ *price*: instalment; *expression*, ℞, *phls.*, ⚖ *contract*: term; ⚖ ~*s pl.* wording *sg.*; conditions; ~ *de métier* technical term; *à* ~ in due time; *à court* (*long*) ~ ✝ short- (long-)dated; *fig.* short- (long-)term (*policy etc.*); ✝ *demander un* ~ *de grâce* ask for time to pay; *en* ~*s de commerce* in commercial language; *en propres* ~*s* in so many words; *fig. être en bons* ~*s avec* be on good terms with; ✝ *opérations f/pl. à* ~ forward deals; *vente f* (*achat m*) *à* ~ credit sale (purchase).

terminaison [tɛrminɛ'zɔ̃] *f* ending, termination (*a. gramm.*); **terminal, e**, *m/pl.* **-aux** *adj.*, *a. su./m* [~'nal, ~'no] terminal; **terminer** [~'ne] (1a) *v/t.* terminate; end, finish, complete; se ~ come to an end; *gramm.* se ~ *en* end in.

terminologie [tɛrminɔlɔ'ʒi] *f* terminology; **terminologique** [~'ʒik] terminological.

terminus 🚃 *etc.* [tɛrmi'nys] **1.** *su./m* terminus; **2.** *adj.*: *gare f* ~ (railway) terminus.

termite *zo.* [tɛr'mit] *m* termite, white ant; **termitière** [~mi'tjɛːr] *f* termitary.

ternaire [tɛr'nɛːr] ⚗, ℞ ternary; ♪ triple (*measure*).

terne[1] [tɛrn] *m lottery*: tern; *dice*: two treys *pl.*

terne[2] [tɛrn] dull; colo(u)rless; tarnished (*metal etc.*); **ternir** [tɛr'niːr] (2a) *v/t.* tarnish (*metal etc.*, *a. fig. s.o.'s honour, s.o.'s reputation*); *fig.* dull; se ~ become tarnished *or* dull;

ternissure [~ni'sy:r] *f* tarnish; dullness; *metal*: dull spot.
terrain [tɛ'rɛ̃] *m* ground; soil, land; terrain; ⚔ (*parade- etc.*)ground; *foot.* field; *cricket*: ground; *golf*: course; ⚠ site; *geol.* rock formation; (*ne plus*) *être sur son* ~ be in one's element (out of one's depth).
terrasse [tɛ'ras] *f* terrace; bank; ⚠ flat roof; *café*: pavement (area); *assis à la* ~ sitting outside the café; *en* ~ terraced; **terrassement** [~ras'mɑ̃] *m* banking; earthwork; **terrasser** [~ra'se] (1a) *v/t.* embank, bank up; throw (*s.o.*) down, floor, down (*s.o.*); lay (*s.o.*) low; *fig.* overwhelm; **terrassier** [~ra'sje] *m* excavation *or* road worker.
terre [tɛ:r] *f* earth (*a.* ⚡), ground; ✓ soil; ⊕ loam; clay; ⚓ land, shore; property, estate; *fig.* world; ~ *à* ~ prosaic; down-to-earth; ~ *cuite* terracotta; ~ *ferme* mainland; firm land, terra firma; ⚔ *armées f/pl. de* ~ land forces; F *avoir les pieds sur* ~ have both feet firmly on the ground; *de* ~ earth(en)...; ⚡ *mettre à la* ~ earth; *mettre pied à* ~ alight; *toucher* ~ land; *se coucher par* ~ lie on the ground; *tomber par* ~ fall (flat).
terreau ✓ [tɛ'ro] *m* vegetable-mo(u)ld; compost; leaf-mo(u)ld.
terre-neuvas [tɛrnœ'vɑ] *m* Newfoundland fishing-boat *or* fisherman; **terre-neuve** *zo.* [~'nœ:v] *m/inv.* Newfoundland dog; **terre-neuvien** [~nœ'vjɛ̃] *m see terre-neuvas.*
terre-plein [tɛr'plɛ̃] *m* earth platform, terrace; 🚂 road-bed; ⚔ terreplein.
terrer [tɛ're] (1a) *v/t.* ✓ earth up; warp (*a field*); spread mo(u)ld over; ⊕ clay (*sugar*); *tex.* full; *se* ~ ⚔ entrench o.s., ⚔ lie flat on the ground; go to earth (*fox*); burrow (*rabbit*); **terrestre** [~'rɛstr] ⚘, *zo.* terrestrial; ⚘ ground-...; ⚔ land-... (*a. insurance*); *fig.* earthly, wordlly.
terreur [tɛ'rœ:r] *f* terror (*a. fig.*), dread; *hist. la* ♀ the (Reign of) Terror.
terreux, -euse [tɛ'rø, ~'rø:z] earthy; *fig.* grubby, dirty; *fig.* muddy (*colour, complexion*).
terrible [tɛ'ribl] terrible (*a. fig.*), dreadful, frightful.
terrien, -enne [tɛ'rjɛ̃, ~'rjɛn] **1.** *adj.* landed (*proprietor*); country..., of the soil; **2.** *su.* earthling; ⚓ landsman, *pej.* land-lubber.
terrier [tɛ'rje] *m* (*rabbit-*)hole, (*fox-*) earth; *zo.* terrier.
terrifier [tɛri'fje] (1o) *v/t.* terrify.
terri(l) ⚒ [tɛ'ri] *m* heap, tip.
terrine *cuis.* [tɛ'rin] *f* earthenware vessel *or* pot; potted meat; **terrinée** [~ri'ne] *f* potful; panful.
territoire [tɛri'twa:r] *m* territory; area of jurisdiction; *anat.* area; **territorial, e,** *m/pl.* **-aux** [~tɔ'rjal, ~'rjo] **1.** *adj.* territorial; **2.** *su./m* ⚔ territorial (soldier); *su./f* ⚔ territorial army; **territorialité** [~tɔrjali'te] *f* territoriality.
terroir ✓ [tɛ'rwa:r] *m* soil; *sentir le* ~ smack of the soil.
terroriser [tɛrɔri'ze] (1a) *v/t.* terrorize; **terrorisme** [~'rism] *m* terrorism; **terroriste** *pol.* [~'rist] *adj., a. su.* terrorist.
tertiaire *geol. etc.* [tɛr'sjɛ:r] tertiary.
tertre [tɛrtr] *m* mound, hillock.
tes [te] *see ton*[1].
tessiture ♪ [tɛsi'ty:r] *f* tessitura.
tesson [tɛ'sɔ̃] *m* potsherd; *glass etc.*: fragment.
test[1] ⚕ *etc.* [tɛst] *m* test; ~ *mental* intelligence test.
test[2] [tɛst] *m zo.* shell, test; ⚘ *seed*: testa, skin; **testacé, e** *zo.* [tɛsta'se] testaceous.
testament [tɛsta'mɑ̃] *m* ⚖ will, testament; *bibl. Ancien* (*Nouveau*) ♀ Old (New) Testament; **testamentaire** ⚖ [~mɑ̃'tɛ:r] testamentary; **testateur** ⚖ [~'tœ:r] *m* testator *m*; **testatrice** ⚖ [~'tris] *f* testatrix.
tester[1] ⚖ [tɛs'te] (1a) *v/i.* make a will.
tester[2] ⚕ *etc.* [~] (1a) *v/t.* test.
testicule *anat.* [tɛsti'kyl] *m* testicle.
testimonial, e, *m/pl.* **-aux** [tɛstimɔ'njal, ~'njo] oral (*evidence*); deponed to by a witness; *lettre f* ~*e* testimonial.
têt ⚗ [tɛ] *m* small fire-clay cup, crucible.
tétanos [teta'nɔs] *m* ⚕ tetanus, lockjaw; *vet.* stag-evil.
têtard [tɛ'ta:r] *m zo.* tadpole; *sl.* child, kid; **tête** [tɛ:t] *f* head (*a.* = *leader*; *a.* = *person*); *fig.* face; *fig.* intelligence; *fig.* memory; *fig.* self-possession; *fig.* mind, reason; *page, class, tree, etc.*: top; *column, vehicle*:

front; *chapter*: heading; *foot.* header; ~ *carrée* stubborn person, *sl.* squarehead; ~ *chercheuse rocket etc.*: homing device; *fig.* trail blazer; ~ *de bielle* ⊕ crank-head; *mot.* big end; 🚂 ~ *de ligne* rail-head; ⚔ ~ *de pont* bridge-head; *iro.* ~ *d'œuf* egghead; ~ *nue* bareheaded; *agir* ~ *baissée* act blindly; *avoir la* ~ *chaude* (*froide*) be hot- (cool-)headed; *calculer de* ~ work (*s.th.*) out in one's head; *coup m de* ~ rash action; *de* ~ from memory; *faire à sa* ~ go one's own way; *en* ~ *à* ~ privately; *faire la* ~ *à* frown at; be sulky with; *faire une* ~ look glum; *forte* ~ strong-minded *or* unmanageable person; *sp. gagner d'une* ~ win by a head; *la* ~ *la première* head first, headlong; *piquer une* ~ dive; *se mettre en* ~ *de* (*inf.*) take it into one's head to (*inf.*); *se monter la* ~ get worked up; F *se payer la* ~ *de q.* make fun of s.o.; take s.o. for a ride; *tenir* ~ *à* stand up to, hold one's own against; *un homme m de* ~ a capable man; **~-à-tête** [tɛta'tɛ:t] *m/inv.* tête-à-tête; private interview; sofa; **~-bêche** [tɛt'bɛʃ] *adv.* head to tail; **~-de-loup,** *pl.* **~s-de-loup** [~d'lu] *f* wall-broom; longhandled brush.

tétée [te'te] *f* (*baby's*) feed; suck; **téter** [~] (1f) *v/t. baby*: suck; *v/i.* suck (*baby*).

têtière [tɛ'tjɛ:r] *f* infant's cap; antimacasser; ⚓ *sail*: head; *horse*: headstall.

tétin [te'tɛ̃] *m* nipple; **tétine** [~'tin] *f animal*: teat, dug; **téton** F [~'tɔ̃] *m* (*woman's*) breast.

tétra... [tetra] tetra...; four-...; **~èdre** ⚗ [~'ɛdr] **1.** *adj.* tetrahedral; **2.** *su./m* tetrahedron; **~phonie** [~fɔ'ni] *f* quadrophony.

tétras *orn.* [te'trɑ] *m* grouse.

tette [tɛt] *f animal*: teat, dug.

têtu, e [tɛ'ty] **1.** *adj.* stubborn, obstinate; **2.** *su.* stubborn *or* obstinate person; *su./m* ⊕ granite-hammer.

teuf-teuf [tœf'tœf] *m/inv.* puff-puff (= *train*); motor-car, *Am.* automobile.

teuton, -onne [tø'tɔ̃, ~'tɔn] **1.** *adj.* Teutonic; **2.** *su.* ♀ Teuton; **teutonique** [~tɔ'nik] Teutonic (*a. Order*).

texte [tɛkst] *m* text.

textile [tɛks'til] **1.** *adj.* textile; **2.** *su./m* textile (industries *pl.*).

textuaire [tɛks'tɥɛ:r] textual; **textuel, -elle** [~'tɥɛl] textual; word-for-word (*quotation*); **texture** [~'ty:r] *f* texture; *fig.* construction, make-up.

thalweg *geol.* [tal'vɛg] *m* thalweg.

thaumaturge [toma'tyrʒ] *m* miracle-worker; thaumaturge; **thaumaturgie** [~tyr'ʒi] *f* thaumaturgy.

thé [te] *m* tea; tea-party; *boîte f à* ~ tea-caddy, tea-canister; *heure f du* ~ tea-time.

théâtral, e, *m/pl.* **-aux** [teɑ'tral, ~'tro] theatrical; *fig.* spectacular; *pej.* stagy; **théâtraliser** [~trali'ze] (1a) *v/t.* put on the stage, dramatize; **théâtralisme** [~tra'lism] *m* theatricalism, theatricalness; **théâtre** [~'ɑ:tr] *m* theatre, *Am.* theater (*a.* ⚔ *of war*); stage, F boards *pl.*; scene (*a. fig.*); *fig.* setting; dramatic art; plays *pl.* (*of s.o.*); ~ *en plein air*, ~ *de verdure* open-air theatre; *coup m de* ~ sensational development; *faire du* ~ go *or* be on the stage; *fig.* playact.

thébaïde [teba'id] *f* solitary retreat; wilderness; **thébaïque** ⚗ [~'ik] thebaic; opium...; **thébaïsme** ⚕ [~'ism] *m* opium poisoning, thebaism.

théière [te'jɛ:r] *f* teapot.

théine ⚗ [te'in] *f* theine.

théisme *phls.* [te'ism] *m* theism.

thématique [tema'tik] **1.** *adj.* thematic; **2.** *su./f* subject; **thème** [tɛm] *m* theme (*a.* ♪); topic; ♪ subject; *gramm.* stem; ⚔, ⚓ scheme; *school*: prose (composition).

théo... [teɔ] theo...; **~cratie** [~kra'si] *f* theocracy; **~dolite** *surv.* [~dɔ'lit] *m* theodolite; **~logie** [~lɔ'ʒi] *f* theology; *univ. a.* divinity; *docteur m en* ~ doctor of divinity, D.D.; **~logien** *m*, **-enne** *f* [~lɔ'ʒjɛ̃, ~'ʒjɛn] theologian; **~logique** [~lɔ'ʒik] theological.

théorème ⚗ [teɔ'rɛm] *m* theorem.

théoricien *m*, **-enne** *f* [teɔri'sjɛ̃, ~'sjɛn] theoretician, theorist; **théorie** [~'ri] *f* theory; **théorique** [~'rik] theoretical; **théoriser** [~ri'ze] (1a) *vt/i.* theorize.

théosophe [teɔ'zɔf] *su.* theosophist.

thérapeute ⚕ [tera'pø:t] *m* therapeutist; **thérapeutique** ⚕ [~pø'tik] **1.** *adj.* therapeutic; **2.** *su./f* therapy; therapeutics *pl.*; ~ *de choc* shock-treatment; **thérapie** ⚕ [~'pi] *f* therapy; ~ *occupationnelle* occupational therapy; ~ *de groupe* group therapy.

thermal, e, *m/pl.* **-aux** [tɛr'mal, ~'mo] thermal; *eaux f/pl.* ~*es* hot springs; *station f* ~*e* spa; **thermalisme** [~ma'lism] *m* balneology; hydrotherapeutics *sg.*; running and organization of spas; **thermes** [tɛrm] *m/pl.* thermal baths; *hist. Greece and Rome*: thermae, public baths; **thermique** *phys.* [tɛr'mik] thermal, thermic; heat (*engine*).

thermo... [tɛrmɔ] thermo-...; **~-électrique** *phys.* [~elɛk'trik] thermo-electric(al); **~gène** *physiol.* [~'ʒɛn] thermogenic; heat-producing; ⚕ *ouate f* ♀ thermogene (wool); **~mètre** [~'mɛtr] *m* thermometer; **~nucléaire** *phys.* [~nykle'ɛ:r] thermonuclear; **~siphon** *phys.* [~si'fɔ̃] *m* thermo-siphon; **~stat** [~s'ta] *m* thermostat; **~thérapie** ⚕ [~tera'pi] *f* heat treatment.

thésauriser [tezɔri'ze] (1a) *v/i.* hoard; amass money; *v/t.* hoard, pile up, amass.

thèse [tɛ:z] *f* thesis (*a. univ.*); argument.

thon *icht.* [tɔ̃] *m* tunny(-fish), tuna.

thoracique *anat.* [tɔra'sik] thoracic; **thorax** [~'raks] *m anat.* chest; thorax (*a. of insect*).

thrombose ⚕ [trɔ̃'bo:z] *f* thrombosis.

thuriféraire [tyrife'rɛ:r] *m eccl.* thurifer, censer-bearer; *fig.* fawner; sycophant.

thym ♀ [tɛ̃] *m* thyme.

tiare [tja:r] *f* (papal) tiara; papacy.

tibia *anat.* [ti'bja] *m* shin(-bone), tibia.

tic [tik] *m* ⚕ tic, twitch; *fig.* mannerism.

ticket [ti'kɛ] *m* ticket; *cloak-room etc.*: check; (*ration-*)coupon; 🚂 ~ *de quai* platform ticket; ⚕ ~ *modérateur* patient's contribution, portion paid by the insured.

tic-tac [tik'tak] *m/inv.* tick-tack; click-clack; *clock*: tick(-tock); *heart*: pit-a-pat; **tictaquer** [~ta'ke] (1m) *v/i.* tick (away) (*clock*); go pit-a-pat (*heart*).

tiède [tjɛd] tepid; lukewarm (*a. fig.*); warm (*wind*); **tiédeur** [tje'dœ:r] *f* tepidity; lukewarmness (*a. fig.*); *fig.* indifference; **tiédir** [~'di:r] (2a) *v/i.* become tepid *or* lukewarm; *v/t.* take the chill off; make tepid *or* lukewarm.

tien *m*, **tienne** *f* [tjɛ̃, tjɛn] **1.** *pron./poss.*: *le* ~, *la* ~*ne*, *les* ~*s pl.*, *les* ~*nes pl.* yours; † thine; **2.** *su./m* your own; *les* ~*s pl.* your (own) people.

tiendrai [tjɛ̃'dre] *1st p. sg. fut. of tenir*; **tiennent** [tjɛn] *3rd p. pl. pres. of tenir*; **tiens** [tjɛ̃] *1st p. sg. pres. of tenir*.

tierce [tjɛrs] *f* ♪, ⚔, *astr.* third; *eccl.* terce; *cards, fencing*: tierce; *typ.* final revise; **tiercé** [tjɛr'se] *m bet to forecast the first three horses in a race*; **tiers, tierce** [tjɛ:r, tjɛrs] **1.** *adj.* third; *hist.* ~ *état m* third estate, commonalty; ⚕ *fièvre f tierce* tertian (ague); **2.** *su./m* third (part); third person; ⚖ third party; **Tiers-Monde** [tjɛ:r'mɔ̃d] *m*: *le* ~ the Third World; **tiers-point** [tjɛr'pwɛ̃] *m* ⊕ triangular file; ⚠ *vaulting*: intersection of two ribs.

tige [ti:ʒ] *f* ♀ stem, stalk; *tree*: trunk; *column*: shaft; ⊕ rod; *boot*: upper; ⚓ *anchor, a. key*: shank; *fig. family*: stock; ⊕ ~ *du piston* piston-rod.

tignasse F [ti'ɲas] *f hair*: mop.

tigre *zo.* [tigr] *m* tiger; **tigré, e** [ti'gre] striped (*fur*); spotted (*skin*); tabby (*cat*); **tigresse** *zo.* [~'grɛs] *f* tigress.

tilde *typ.* [tild] *m* tilde (~).

tillac ⚓ [ti'jak] *m* deck.

tilleul [ti'jœl] *m* ♀ linden, lime (-tree); *infusion*: lime-blossom tea.

timbale [tɛ̃'bal] *f* ♪ kettledrum; *cuis.* pie-dish; metal drinking-cup; F *décrocher la* ~ carry off the prize; ♪ *les* ~*s pl. orchestra*: the timpani; **timbalier** ♪ [~ba'lje] *m* kettledrummer; *orchestra:* timpanist.

timbre [tɛ̃:br] *m date, postage, etc.*: stamp; *bicycle, clock, etc.*: bell; *fig. voice etc.*: timbre; ~ *fiscal* revenue stamp; ~ *humide* rubber stamp; F *avoir le* ~ *fêlé* be cracked *or* crazy; **timbré, e** [tɛ̃'bre] sonorous (*voice*); *admin.* stamped (*paper*); ⊕ tested (*boiler*); F *fig.* cracked, crazy, daft; **timbre-poste,** *pl.* **timbres-poste** [~brə'pɔst] *m* postage stamp; **timbre-quittance,** *pl.* **timbres-quittance** [~brəki'tɑ̃:s] *m* receipt stamp; **timbrer** [~'bre] (1a) *v/t.* stamp (*a passport, paper*); post-mark (*a let-*

ter); ⊕ test (*a boiler*); **timbreur** [~'brœ:r] *m* stamper.

timide [ti'mid] timid; shy; apprehensive; **timidité** [~midi'te] *f* timidity; shyness; diffidence (in *ger.*, *à inf.*).

timon [ti'mɔ̃] *m plough*: beam; *vehicle*: pole; *fig.* helm; ⚓ † tiller; **timonerie** [~mɔn'ri] *f* ⚓ steering; ⚓ wheel-house; 🚗, *mot.* steering-gear, brake-gear; ⚓ *maître m de* ~ quartermaster; *Royal Navy*: yeoman of signals; **timonier** [~mɔ'nje] *m vehicle*: wheel-horse; ⚓ helmsman; ⚓ quartermaster; ⚓ signalman.

timoré, e [timɔ're] timorous.

tinctorial, e, *m/pl.* **-aux** [tɛ̃ktɔ'rjal, ~'rjo] ⊕ tinctorial; dye(*-stuffs*, *-woods*).

tins [tɛ̃] *1st p. sg. p.s. of tenir.*

tintamarre F [tɛ̃ta'ma:r] *m* din, noise; *fig.* publicity, fuss; **tintement** [tɛ̃t'mɑ̃] *m bell*: ringing; *glasses, small bells*: tinkle; *coins*: jingle; ⚕ tinnitus, buzzing (*in the ears*); **tinter** [tɛ̃'te] (1a) *v/t.* ring, toll (*the bell*); ring the bell for (*mass etc.*); *v/i.* ring, toll (*bell*); tinkle (*glasses, small bells, etc.*); jingle (*coins*); ⚕ buzz (*ears*); *fig.* tingle, burn (*ears*); **tintouin** F [~'twɛ̃] *m* trouble, worry.

tique *zo.* [tik] *f* tick.

tiquer [ti'ke] (1m) *v/i. vet.* be a crib-biter, crib; F twitch (*face etc.*); wince; F *sans* ~ without turning a hair.

tiqueté, e ♀, *orn.*, *etc.* [tik'te] variegated, speckled.

tiqueur *m*, **-euse** *f psych.* [ti'kœ:r, ~'kø:z] person with a tic.

tir [ti:r] *m* shooting; musketry; *artillery*: gunnery; fire, firing; shooting-match; rifle-range; (*a. jeu m de* ~) shooting gallery; ~ *à la cible* target-practice; ~ *à volonté* individual fire; ~ *sur zone* barrage; *à* ~ *rapide* quick-firing (*gun*); *ligne f de* ~ line of fire.

tirade [ti'rad] *f* tirade; *thea.* long declamatory speech; ♪ run.

tirage [ti'ra:ʒ] *m* drawing, pulling, hauling; *chimney etc.*: draught, *Am.* draft; wire-drawing; *stone*: quarrying; *lottery*: draw; *typ.*, *phot. action, a. number printed*: printing; *journ.* circulation; *book*: (print) run; *fig.* disagreement, friction; ~ *à part* off-print; ~ *au sort* drawing lots; *cheval m de* ~ draught horse; **tiraillement** [~raj'mɑ̃] *m* tugging, pulling; *fig.* disagreement, friction; ⚕ ~*s pl. d'estomac* pangs of hunger, F aching void *sg.*; **tirailler** [~rɑ'je] (1a) *v/t.* pull about; tug at; *fig.* pester (*s.o.*); *v/i.* blaze away, shoot at random; ⚔ ~ *contre* snipe at; **tirailleur** [~rɑ'jœ:r] *m* ⚔, *a. fig.* skirmisher; **tirant** [~'rɑ̃] *m* drawstring; bootstrap; *strap etc.*: pull; ⊕ rod; ⚠ tie-beam; tie-rod; ⚓ ~ *d'eau* draught.

tire [ti:r] *f*: *voleur m à la* ~ pickpocket.

tiré, e [ti're] **1.** *adj.* haggard, drawn; *fig.* ~ *par les cheveux* far-fetched; **2.** *su./m* ✝ drawee; *su./f*: F *une* ~ a long haul, quite a distance; quite a lot.

tire...: **~-au-flanc** *sl.* [tiro'flɑ̃] *m/inv.* skirker; **~-balle** ⚕ [~'bal] *m* bullet-forceps; **~-botte** [~'bɔt] *m* bootjack; boot-hook; **~-bouchon** [~bu'ʃɔ̃] *m* corkscrew; *hair*: ringlet; *en* ~ corkscrew (*curls*); **~-bouton** [~bu'tɔ̃] *m* button-hook; **~-clou** ⊕ [~'klu] *m* nail-puller; **~-d'aile** [~'dɛl] *adv.*: *à* ~ at full speed, swiftly; **~-fesses** F [~'fɛs] *m/inv.* ski tow; **~-larigot** F [~lari'go] *adv.*: *à* ~ to one's heart's content; *boire à* ~ drink heavily *or* like a fish; **~-ligne** [~'liɲ] *m* drawing pen; ⊕ scriber.

tirelire [tir'li:r] *f* moneybox; piggy bank; *sl.* tummy (= *stomach*); *sl.* nut (= *head*); *sl.* mug (= *face*).

tire-pied [tir'pje] *m* shoe-horn, shoe-lift; (*shoemaker's*) stirrup;

tirer [ti're] (1a) **1.** *v/t.* pull, drag; draw (*a. a wire, a line, wine*; *a.* ✝ *a cheque, money*; *a.* ⚓ *10 feet*; *fig. lots*); tug; stretch; pull off (*boots*); raise (*one's hat*) (to, *devant*); ⚕ pull out (*a tooth*); take out (*s.th. from somewhere*); *fig.* derive, get; fire (*a gun etc.*), let off (*a firearm*); *hunt.* shoot at (*an animal*); *typ.* pull (*a proof*), run off (*copies*); *gramm.* borrow (*a word*) (from Greek, *du grec*); ~ *du sang à* take a blood specimen from (*s.o.*); ~ *en longueur* stretch (*s.th.*) out; ~ *la langue* put one's tongue out; *phot.* F ~ *le portrait de* snap (*s.o.*); ~ *les cartes* tell fortunes (by the cards); ~ *les conséquences* draw the consequences; ~ *plaisir* (*vanité*) *de* derive pleasure from (take pride in); ~ *son origine* *de* spring from; ✝ ~ *une lettre de change sur* draw a bill on (*s.o.*); *film m tiré d'un roman* film adapted from a novel; se ~ extricate o.s. (from, *de*); F beat it; F *l'année se tire* the year is drawing to its close; *s'en* ~ get off; pull through; make ends meet; scrape through; *se* ~ *d'affaire* pull through, get out of trouble; **2.** *v/i.* pull (at, on *sur*); draw (*chimney, oven, etc.*); tend (to *à, sur*), verge (on *à, sur*); go, make (for, *vers*); shoot, fire (at, *sur*); ✝ ~ *à découvert* overdraw one's account; ~ *à sa fin* draw to a close; run low (*stock*); ⚔ F ~ *au flanc* swing the lead, malinger; ~ *au large* ⚓ stand out to sea; F *fig.* beat it, clear off; ~ *au sort* draw lots; ~ *en longueur* drag on; ~ *sur le rouge* shade into *or* border on red; ~ *sur une cigarette* (*sa pipe*) draw on a cigarette (suck one's pipe); **tiret** *typ.* [~'rɛ] *m* hyphen; dash; **tirette** [~'rɛt] *f* draw-cords *pl.*, curtain cords *pl.*; *mot.* (bonnet) fastener; *desk*: writing-slide; **tireur, -euse** [~'rœːr, ~'røːz] *su.* ⊕, ✝, *a. beer, etc.*: drawer; *typ.* (*proof-*) puller; *gun*: firer; shooter; marksman, shot; *phot.* printer; pickpocket; *su./f phot.* printing-box; ~*euse de cartes* fortune-teller.

tiroir [ti'rwaːr] *m desk, table, etc.*: drawer; ⊕, *a. slide-rule*: slide; slide-valve; *à* ~*s* episodic (*play, novel*); F *nom m à* ~*s* double-barrel(l)ed name; ~**-caisse**, *pl.* ~**s-caisses** [~rwar'kɛs] *m* till.

tisane [ti'zan] *f* infusion; (*herb-*)tea; **tisanerie** [~zan'ri] *f hospital*: patients' kitchen.

tison [ti'zɔ̃] *m* fire-brand; half-burned log; fusee; **tisonné, e** [tizɔ'ne] with black spots (*horse's coat*); **tisonner** [~'ne] (1a) *vt/i.* poke, stir; *v/t. fig.* fan (*a quarrel*); **tisonnier** [~'nje] *m* poker; ⊕ ~*s pl.* firing tools.

tissage *tex.* [ti'saːʒ] *m* weaving; weave, mesh; cloth-mill; **tisser** *tex., a. fig.* [~'se] (1a) *v/t.* weave; **tisserand** *tex.* [tis'rɑ̃] *m* weaver; **tisserin** *orn.* [~'rɛ̃] *m* weaver-bird; **tisseur** *m*, **-euse** *f* [ti'sœːr, ~'søːz] weaver; **tissu, e** [~'sy] **1.** *adj. fig.* woven, made up; **2.** *su./m tex.* fabric, textile, cloth; *fig.* texture; *biol., a. fig. lies etc.*: tissue; **tissu-éponge**, *pl.* **tissus-éponges** [~sye'pɔ̃ːʒ] *m* terry (cloth), towelling; **tissure** *tex., a. fig.* [~'syːr] *f* texture.

titane ⚗ [ti'tan] *m* titanium; **titanesque** [~ta'nesk], **titanique** [~ta'nik] titanic.

titiller [titil'le] (1a) *v/t.* tickle, titillate.

titrage [ti'traːʒ] *m* ⚗, ⊕ titration; *metall.* assaying; ⊕ *thread, wire*: sizing; *cin.* insertion of the titles; **titre** [tiːtr] *m book, claim, eccl., gold, honour, nobility, office, song*: title; *book*: title-page; *chapter, page*: heading; *journ.* headline; *school*: certificate (*a.* ✝); *univ.* diploma; ✝ bond; *admin.* pass (*a.* ⚔), voucher; ⚖ deed; *fig.* claim; ⚗ strength, *alcohol*: degree; *metall. ore*: content; *coinage*: standard; ⊕ *thread, wire*: size; ~*s pl.* qualifications (for, *à*); ✝ stocks and shares, securities; *typ.* ~ *courant* running headline; ~ *de créance* proof of debt; *à* ~ *de* by right *or* virtue of; as a (*friend*); *à* ~ *d'office* ex officio; *à* ~ *gratuit* free; as a favo(u)r; *à juste* ~ rightly, deservedly; *en* ~ titular; on the permanent staff; *fig.* acknowledged; *typ. faux* ~ half-title; *or m au* ~ standard gold; **titrer** [ti'tre] (1a) *v/t.* confer a title on (*s.o.*); give a title to; *cin.* title (*a film*); ⚗, ⊕ titrate; *metall.* assay; *journ.* run as a headline; *wine etc.*: ~ *10°* be 10° proof.

tituber [tity'be] (1a) *v/i.* stagger, lurch, reel.

titulaire [tity'lɛːr] **1.** *adj.* titular (*a. eccl.*); full, regular (*member*); **2.** *su.* holder; *passport*: bearer; *su./m eccl.* incumbent; *univ.* regular professor.

toast [tɔst] *m* toast; *porter un* ~ propose a toast ((to, *à*); **toaster** [tɔs'te] (1a) *v/t.* toast (*s.o.*), drink to (*s.o.'s*) health.

toboggan [tɔbɔ'gɑ̃] *m* toboggan; *mot.* overpass; *piste f de* ~ toboggan-run.

toc [tɔk] **1.** *int.* tap, tap!; rat-rat! (*at door*); **2.** *su./m sound*: tap, rap; ⊕ (*lathe-*)carrier; ⊕ catch; F sham jewellery; ✝ *en* ~ pinchbeck; **3.** *adj./inv. sl.* touched, crazy.

tocante F [tɔ'kɑ̃ːt] *f* watch, F ticker.

tocsin [tɔk'sɛ̃] *m* alarm(-bell, -signal).

toge [tɔːʒ] *f hist. Rome*: toga; ⚖, *univ.* gown; ⚖ robe.

tohu-bohu [tɔybɔ'y] *m* confusion; hubbub.

toi [twa] *pron./pers. subject*: you; *object*: you; (to) you; *à* ~ to you; yours.

toile [twal] *f* linen; cloth; *paint.* canvas; (oil) painting; (*spider's*) web; *thea.* curtain; ⚓ sail; ⚔ tent; ~s *pl. hunt.* toils; ⚕ ~ *à matelas* tick(ing); ~ *à sac* sackcloth; ~ *à voiles* sail-cloth; ~ *cirée* ⚕ oilcloth, American cloth; ⚓ oilskin; ⚕ ~ *de coton* cotton(-cloth); *thea.*, *a. fig.* ~ *de fond* backdrop; ~ *métallique* wire gauze; *reliure f en* ~ cloth binding; **toilerie** ⚕ [~'ri] *f* linen *or* textile trade; linen goods *pl.*; **toilettage** [twale'ta:ʒ] *m* grooming (*of pets*); *fig.* touch-up; **toilette** [~'lɛt] *f* toilet, washing; dressing; dressing table; (*woman's*) dress, costume; wash-stand; ~s *pl.* toilet, lavatory; *faire sa* ~ have a wash, get washed; *objets pl. de* ~ toilet accessories; **toilier, -ère** [~'lje, ~'ljɛ:r] **1.** *adj.* linen...; **2.** *su./m* ⚕ linen dealer *or* manufacturer.

toi-même [twa'mɛ:m] *pron./rfl.* [yourself.]

toise [twa:z] *f* measuring apparatus; *fig.* standard (of comparison); † *measure*: fathom; **toiser** [twa'ze] (1a) *v/t.* measure; △, *surv.* survey for quantities; *fig.* eye (*s.o.*) from head to foot, weigh (*s.o.*) up.

toison [twa'zɔ̃] *f* fleece; F *fig.* shock of hair.

toit [twa] *m* roof (*a.* ⚒); house-top; *mot.* ~ *ouvrant* sunshine roof; *fig. crier sur les* ~s shout (*s.th.*) from the housetops; **toiture** [twa'ty:r] *f* roof(-ing).

tokai, tokay [tɔ'kɛ] *m wine*: Tokay.

tôle [to:l] *f* ⊕ sheet-metal, sheet-iron; (*galvanized, enamelled, etc.*) iron; plate; boiler-plate; *sl.* clink (= *prison*); ~ *ondulée* corrugated iron.

tolérable [tɔle'rabl] tolerable, bearable; **tolérance** [~'rɑ̃:s] *f* ⊕, ⚕, *coinage*, *a. fig.*: tolerance; ⊕ limits *pl.*, margin; *admin.* allowance; (*religious*) toleration; **tolérant, e** [~'rɑ̃, ~'rɑ̃:t] tolerant; **tolérer** [~'re] (1f) *v/t.* tolerate (*a.* ⚕ *a drug*); *fig.* overlook; F bear, endure.

tôlerie [tol'ri] *f* sheet-iron and steel-plate goods *pl. or* trade *or* works *usu. sg.*

tolet ⚓ [tɔ'lɛ] *m* thole-pin.

tôlier [to'lje] *m* ⚕ sheet-iron merchant; sheet-iron worker; *sl.* innkeeper; *sl. hotel*: boss.

tomate ⚘ [tɔ'mat] *f* tomato.

tombale [tɔ̃'bal] *adj./f*: *pierre f* ~ tombstone.

tombant, e [tɔ̃'bɑ̃, ~'bɑ̃:t] falling; drooping (*moustache, shoulders*); sagging (*branch*); flowing (*hair*); *à la nuit* ~e at nightfall.

tombe [tɔ̃:b] *f* tomb, grave; tombstone; **tombeau** [tɔ̃'bo] *m* tomb; *fig.* death.

tombée [tɔ̃'be] *f rain*: fall; *à la* ~ *de la nuit* (*or du jour*) at nightfall;

tomber [~'be] (1a) **1.** *v/i.* fall (*a.* ⚔, *a. fig. hair, night, government, etc.*); tumble (down), fall (down); decline; drop (*a.* ⚕ *fever*); decrease; subside (*rage, wind, a. fever*); die down (*feelings, fire, storm*); flag (*conversation*); *fig.* fail; *thea.* fall flat (*play*); ✈ crash; *fig.* become; *fig.* go out of fashion; *fig.* drop in (on, *chez*); ~ *à rien* come to nothing; ~ *bien* (*or juste*) happen *or* come at the right moment; ~ *d'accord* reach agreement, agree; ~ *dans le ridicule* make a fool of o.s.; ~ *de fatigue* be ready to drop; ~ *en disgrâce* fall into disgrace; ~ *le mardi* fall on a Tuesday (*festival*); ~ *mal* be inopportune; ~ *malade* (*mort, amoureux*) fall ill (dead, in love); ~ *sur* meet (with), run *or* come across; ⚔ fall on (*the enemy*); *faire* ~ bring down; *cards*: drop; *il tombe de la neige* it is snowing; *laisser* ~ drop (*s.th.*, *one's voice*, F *s.o.*); give up, discard; F *les bras m'en tombent* I am flabbergasted; **2.** *v/t. wrestling*: throw (*s.o.*); ⊕ turn up *or* down (*the edge of a plate etc.*); *thea.* bring about the failure of, F kill; F ~ *la veste* slip off one's jacket; *sl.* ~ *une femme* lay a woman; **tombereau** [tɔ̃'bro] *m* (tip-)cart; 🚂 open truck; truckload; *hist.* tumbrel; ~ *à ordures* dust-cart; **tombeur** [~'bœ:r] *m sp.* wrestler; F ~ *de femmes* lady-killer.

tombola [tɔ̃bɔ'la] *f* lottery, raffle.

tome [to:m] *m* tome, (large) volume.

ton[1] *m*, **ta** *f*, *pl.* **tes** [tɔ̃, ta, te] *adj./poss.* your.

ton[2] [tɔ̃] *m voice, paint., phot.*, ⚕, *a.* ♪ *instrument*, *a. fig.* tone; *paint., phot.* tint; ⚕ shade, colo(u)r; *fig.* (*good etc.*) form; ♪ pitch; ♪ key; ♪ mode; *fig. le bon* ~ good form; *être de bon* ~ be good form, be in good taste;

donner le ~ ♪ give the pitch; *fig.* set the tone *or* the fashion; *être dans le ton, avoir le* ~ ♪ be in tune; *fig.* tone in, match; *fig.* fit in; *ne pas être dans le* ~ ♪ be out of tune; *fig.* clash; *fig.* be out of place; ⚕ *donner du* ~ (*à q.*) brace (s.o.) up, act as a tonic (on s.o.);
tonal, e, *m/pl.* **-als** ♪ [tɔ'nal] tonal; **tonalité** [~nali'te] *f* ♪, *paint.*, *phot.* tonality; *radio*: tone.
tondage [tɔ̃'da:ʒ] *m vet.* dipping; shearing (*a. tex.*); **tondaille** [~'dɑ:j] *f* (sheep-)shearing; **tondaison** [~dɛ'zɔ̃] *f see tonte*; **tondeur, -euse** [~'dœ:r, ~'dø:z] *su.* shearer; *vet.*, *a.* ⚒ clipper; *su./f* shears *pl.*; ⚒ lawn-mower; *hair, dog's coat*: clippers *pl.*; **tondre** [tɔ̃:dr] (4a) *v/t. vet.*, *a.* ⊕ shear; *sheep*: crop (*the grass*); clip (*dog, hair, hedge, horse*); *fig.* fleece (*s.o.*).
tonicité ⚕ [tɔnisi'te] *f* tonicity; **tonifier** ⚕ [~ni'fje] (1o) *v/t.* tone up, brace; **tonique** [~'nik] **1.** *adj.* tonic (⚕, *a. gramm.*); *accent m* ~ stress, tonic; **2.** *su./m* ⚕ tonic; *su./f* ♪ tonic, key-note.
tonitruant, e *fig.* [tɔnitry'ɑ̃, ~'ɑ̃:t] thundering; violent (*wind*); **tonitruer** *fig.* [~'e] (1a) *v/i.* thunder.
tonnage ⚓ [tɔ'na:ʒ] *m* tonnage; displacement.
tonnant, e [tɔ'nɑ̃, ~'nɑ̃:t] thundering (*a. fig. voice*).
tonne [tɔn] *f measure*: metric ton; tun, cask; **tonneau** [tɔ'no] *m* cask, barrel; governess-cart; *mot.* tonneau; ✈ toll, horizontal spin; *au* ~ draught (*beer*); **tonnelage** [tɔn'la:ʒ] *m* cooperage; ☿ *marchandises f/pl. de* ~ goods in barrels; **tonnelet** [~'lɛ] *m* keg (*a.* ⚓); small cask; *oil*: drum; **tonnelier** ⊕ [tɔnə'lje] *m* cooper; **tonnelle** [~'nɛl] *f* Δ barrel-vault, semicircular arch; *fig.* bower; *hunt.* tunnel-net; **tonnellerie** ⊕ [~nɛl'ri] *f* cooperage; cooper's shop.
tonner [tɔ'ne] (1a) *v/i.* thunder (*a. fig.*); *fig.* boom (out); **tonnerre** [~'nɛ:r] *m* thunder (*a. fig.*); † thunderbolt, lightning; *coup m de* ~ thunderclap, peal of thunder; *fig.* thunderbolt; F *du* ~ (*de Dieu*) terrific, *a* hell of a ...
tonsure [tɔ̃'sy:r] *f* tonsure; *fig.* priesthood; **tonsurer** [~sy're] (1a) *v/t.* tonsure.
tonte [tɔ̃:t] *f* (sheep-)shearing; shearing-time; *tex.* shearing; ⚒ clipping; *lawn*: mowing.
tonton F [tɔ̃'tɔ̃] *m* uncle.
tonus [tɔ'nys] *m* ⚕ tonus, tone; *fig.* energy.
topaze *min.* [tɔ'pa:z] *f* topaz; ~ *brûlée* (*occidentale*) pink (false) topaz.
tope! [tɔp] *int.* agreed!; done!; **toper** *fig.* [tɔ'pe] (1a) *v/i.* agree; shake hands on it.
topinambour ⚘, *cuis.* [tɔpinɑ̃'bu:r] *m* Jerusalem artichoke.
topique [tɔ'pik] **1.** *adj.* local (*a.* ⚕); *fig.* to the point, relevant; **2.** *su./m* ⚕ local *or* topical remedy; *phls.* commonplace.
topographe [tɔpɔ'graf] *m* topographer; **topographie** [~gra'fi] *f* topography; surveying; topographical map *or* plan; **topographique** [~gra'fik] topographic(al); ordnance (*map, survey*).
toquade F [tɔ'kad] *f* passing craze, infatuation.
toquante F [tɔ'kɑ̃:t] *f* watch, F ticker.
toque *cost.* [tɔk] *f chef, jockey, univ.*, ⚖: cap; (*woman's*) toque.
toqué, e F [tɔ'ke] crazy, cracked, nuts; ~ *de* infatuated with, *sl.* mad about (*a hobby, a woman, etc.*); **toquer** [~] (1m) *v/t.* drive (*s.o.*) crazy; *fig.* infatuate; *se* ~ lose one's head (over, *de*).
torche [tɔrʃ] *f* torch; straw pad; **torcher** [tɔr'ʃe] (1a) *v/t.* wipe (*s.th.*) (clean); daub (*the wall*), cover (*the floor, the wall*) with cobmortar; F *fig.* polish off, do (*s.th.*) quickly; *pej.* botch, scamp (*one's work*); **torchère** [~'ʃɛ:r] *f* candelabra; **torchette** [~'ʃɛt] *f* wisp of straw (*for cleaning*); house flannel; *tex.* hank; **torchis** Δ [~'ʃi] *m* cob; **torchon** [~'ʃɔ̃] *m* (kitchen) cloth; (~ *à vaisselle*) dish towel; duster; floor cloth; F *fig.* rag (= *bad newspaper*); *coup de* ~ wipe; *a. fig.* clean-up; F *fig.* fight, quarrel; **torchonner** F [~ʃɔ'ne] (1a) *v/t.* wipe; *sl.* botch, scamp (*one's work*).
tordage [tɔr'da:ʒ] *m* twisting; *tex. etc.* twist; **tordant, e** F [~'dɑ̃, ~'dɑ̃:t] screamingly funny; **tord-boyaux** F [tɔrbwa'jo] *m/inv.* strong (but poor) brandy, *sl.* rot-gut; rat poison; **tordeur, -euse** [tɔr'dœ:r, ~'dø:z] *su. tex. person*: twister; *su./f* ⊕ cable-twisting machine; *zo.* leafroller

moth; **tordoir** ⊕ [~'dwa:r] *m* rope-twister, rack-stick; cable-twisting machine; *laundry*: wringer; oil-mill; **tordre** [tɔrdr] (4a) *v/t.* ⊕ twist; wring (*hands*, *s.o.'s neck*, *clothes*, *a. fig. s.o.'s heart*); distort, twist (*one's features*, *the mouth*, *the meaning*); ⊕ buckle (*metal*); se ~ twist, writhe; (*a.* se ~ *de rire*) roar with laughter; **tordu, e** [tɔr'dy] twisted; bent; crooked; warped (*a. fig. mind*); F nuts, crazy, loony.
toréador [tɔrea'dɔ:r] *m* bull-fighter.
torgn(i)ole F [tɔr'ɲɔl] *f* slap, blow.
tornade [tɔr'nad] *f* tornado; *fig.* torrent of abuse.
toron [tɔ'rɔ̃] *m rope*: strand; *straw*: wisp.
torpeur [tɔr'pœ:r] *f* torpor; **torpide** [~'pid] torpid.
torpille ⚓, ✈, *a. icht.* [tɔr'pi:j] *f* torpedo; **torpiller** ⚓ [~pi'je] (1a) *v/t.* torpedo (*a ship*, *a. fig. a scheme*); **torpilleur** ⚓ [~pi'jœ:r] *m* destroyer; *person*: torpedo man.
torréfacteur [tɔrrefak'tœ:r] *m* (coffee-)roaster; **torréfaction** [~fak'sjɔ̃] *f* (coffee-)roasting; torrefaction; **torréfier** [~'fje] (1o) *v/t.* roast (*coffee etc.*); torrefy; *sun*: scorch (*s.o.*).
torrent [tɔ'rɑ̃] *m* torrent (*a. fig.*); *fig. abuse*, *light*, *tears*: flood; **torrentiel, -elle** [tɔrɑ̃'sjɛl] torrential; **torrentueux, -euse** [~'tɥø, ~'tɥø:z] torrent-like, torrential.
torride [tɔr'rid] *geog.* torrid; *fig.* scorching (*heat*).
tors, torse [tɔ:r, tɔrs] **1.** *adj.* twisted, ⚠ wreathed (*column*); crooked, bandy; *cou m* ~ wry neck; **2.** *su./m rope etc.*: twist; (twisted) cord; **torsade** [tɔr'sad] *f hair*: twist, coil; twisted cord; *en* ~ coiled (*hair*); **torsader** [~sa'de] (1a) *v/t.* twist (together); coil (*hair*).
torse [tɔrs] *m* trunk, torso; chest.
torsion [tɔr'sjɔ̃] *f rope*, *wire*, *etc.*: twisting; *phys.*, ⚙, *mot.* torsion; *moment m de* ~ torque.
tort [tɔ:r] *m* wrong; mistake, error, fault; damage, harm; *à* ~ wrongly; *à* ~ *ou à raison* rightly or wrongly; *avoir* ~ be wrong; *dans* (*or en*) *son* ~ in the wrong, at fault; *donner* ~ *à* blame, lay the blame on; prove (to be) wrong; *faire* (*du*) ~ *à q.* harm s.o., do s.o. harm; be detrimental to s.o.
torticolis ⚕ [tɔrtikɔ'li] *m* crick (in the neck); stiff neck.
tortillard, e [tɔrti'ja:r, ~'jard] *m* small local railway; **tortille** [~'ti:j] † *f* winding path (*in a wood etc.*); **tortillement** [~tij'mɑ̃] *m* twist(ing); *worm*, *a. fig.*: wriggling; *fig.* quibbling, subterfuge; **tortiller** [~ti'je] (1a) *v/t.* twist (up); twiddle; twirl (*one's moustache*); se ~ wriggle; writhe, squirm; *v/i.* F *fig.* wriggle (a)round; ~ *des hanches* swing *or* F wiggle one's hips; **tortillon** [~ti'jɔ̃] *m hair*, *paper*: twist; *market porter*: headpad.
tortionnaire [tɔrsjɔ'nɛ:r] **1.** *adj.* torture-..., of torture; *fig.* wicked; **2.** *su./m* torturer.
tortis [tɔr'ti] *m* twisted threads *pl.*; torsel.
tortu, e † [tɔr'ty] crooked.
tortue [tɔr'ty] *f zo.* tortoise; F *à pas de* ~ at a snail's pace; *cuis. soupe f à la* ~ turtle-soup.
tortueux, -euse [tɔr'tɥø, ~'tɥø:z] tortuous (*a. fig. conduct*), winding; twisted (*tree*); *fig.* crooked (*conduct*, *person*); *fig.* wily (*person*).
torture [tɔr'ty:r] *f* torture; **torturer** [~ty're] (1a) *v/t.* torture; *fig.* twist, strain (*the sense*, *a text*); se ~ *l'esprit* rack one's brains.
torve [tɔrv] menacing; forbidding; *regard m* ~ grim look; scowl.
tôt [to] *adv.* soon; early; ~ *ou tard* sooner or later; *au plus* ~ at the earliest; *le plus* ~ *possible* as soon as possible; *pas de si* ~ not so soon.
total, e, *m/pl.* **-aux** [tɔ'tal, ~'to] **1.** *adj.* total, complete; **2.** *su./m* (sum) total; *au* ~ on the whole; **totalisateur** [tɔtaliza'tœ:r] *m* adding-machine; *turf*: totalizator; **totalisation** [~za'sjɔ̃] *f* totalization; totting up, adding up; **totalisatrice** [~za'tris] *f* cash register; **totaliser** [~'ze] (1a) *v/t.* totalize, tot up, add up; **totalitaire** [~'tɛ:r] totalitarian; **totalitarisme** [~ta'rism] *m* totalitarianism; **totalité** [~'te] *f* whole, total; *en* ~ wholly.
toton [tɔ'tɔ̃] *m* teetotum; F *faire tourner q. comme un* ~ twist s.o. round one's little finger.
touage ⚓ [twa:ʒ] *m* chain-towage (dues *pl.*); kedging.
touaille [twɑ:j] *f* roller-towel.
toubib F [tu'bib] *m* doctor, F doc.

touchant, e [tuˈʃɑ̃, ~ˈʃɑ̃:t] **1.** *adj.* touching, moving; **2.** *su./m* touching thing (about s.th., *de qch.*); **3.** † *touchant prp.* concerning, about, with regard to; **touchau** [tuˈʃo] *m* (*goldsmith's*) touch-needle, test-needle; **touche** [tuʃ] *f* touch (*a. paint., sp.*); *typewriter*, ♪ *piano*: key; ♪ *violin etc.*: fingerboard; *paint. etc., a. fig.* style, manner; *foot.* throw-in; *foot.* (*a. ligne f de* ~) touch-line; *fencing, billiards*: hit; ♪ ~*s pl. guitar*: frets; *tel.* ~ *d'interruption* break-key; *arbitre m de* ~ *foot.* linesman; *rugby*: touch-judge; *pierre f de* ~ touchstone (*a. fig.*); *sl. avoir une drôle de* ~ look funny; *sur la* ~ *sp.* on the sidelines; *fig.* out in the cold; *fig.* aloof; **touche-à-tout** [tuʃaˈtu] *su./inv.* dabbler; meddler; Jack of all trades; **toucheau** [~ˈʃo] *m see touchau*; **toucher** [~ˈʃe] **1.** (1a) *v/t.* touch, hit (*a ball*, ⚔ *the mark, an opponent*); feel; contact, reach (*s.o.*); receive, draw (*money*); ✝ collect (*a bill*); *fig.* move (*s.o.*) (*to tears etc.*); deal with, touch on, allude to (*a matter, a question*); strike (*a.* ⚓ *rock*); *v/i.*: ~ *à* border on (*a place, a. fig.*); be in contact with (*s.th.*); be near to (*an age, a place, a. fig.*); reach to; *fig.* affect (*interests, question, welfare*); ⚓ call at; ~ *à sa fin* be drawing to a close; *défense f de* ~! hands off!; F *touchez là!* shake hands on it!; F put it there!; shake!; **2.** *su./m* touch (*a.* ♪ *of a pianist*); feel; **touchette** ♪ [~ˈʃɛt] *f guitar etc.*: fret, stop; **toucheur** [~ˈʃœ:r] *m* (cattle-) drover.

toue ⚓ [tu] *f* river barge; **touée** [twe] *f* ⚓ warping-cable; *cable, rope, ship at anchor*: scope; *fig.* stretch, length; **touer** ⚓ [~] (1p) *v/t.* chain-tow; take in tow.

touffe [tuf] *f grass, hair*: tuft; *hay, straw*: wisp; *flowers*: bunch; *trees*: clump; **touffeur** [tuˈfœ:r] *f room*: stifling heat; F fug; **touffu, e** [~ˈfy] bushy (*beard etc.*); thickly wooded (*scenery*); close, tangled (*thicket*); *fig.* abstruse; that is heavy reading (*book*).

toujours [tuˈʒu:r] *adv.* always, ever; still; nevertheless, anyhow; ~ *est-il que* the fact remains that; *pour* (*or à*) ~ for ever.

toundra *geog.* [tunˈdra] *f* tundra.

toupet [tuˈpɛ] *m* tuft of hair; *person, a. horse*: forelock; F *fig.* impudence, cheek; *faux* ~ toupet.

toupie [tuˈpi] *f* (spinning-)top; peg-top; ⊕ mo(u)lding lathe; ~ *d'Allemagne* humming-top; F *vieille* ~ old frump; **toupiller** [tupiˈje] (1a) *v/t.* ⊕ shape (*wood*); *v/i.* spin round; bustle about.

toupillon [tupiˈjɔ̃] *m* (*small*) bunch.

tour[1] [tu:r] *f* tower; *chess*: castle, rook; high-rise *or* tower block; *fig.* ~ *d'ivoire* ivory tower.

tour[2] [~] *m* ⊕ *machine, key, phrase, order, fig.*: turn; ⊕ revolution; (*potter's*) wheel; ⊕ lathe; circuit, circumference; *cost.* size, measurement; turning, winding; *face*: outline; *affairs*: course; trip, walk, stroll; ⚕, *a. road*: twist; ⚕ sprain; *sp. tennis*: round; *fig.* feat; trick; *fig.* manner, style; ~ *à* ~ by turns; *sp.* ~ *cycliste* cycle race; ~ *de force* feat (*of strength or skill*); ~ *de main* knack, skill; *fig.* tricks *pl.* of the trade; *sp.* ~ *de piste* lap; *cost.* ~ *de poitrine man*: chest measurement, *woman*: bust measurement; ⚕ ~ *de reins* crick in the back; *cost.* ~ *de taille* waist measurement; *à mon* ~ in my turn; *à* ~ *de bras* with all one's might; *à* ~ *de rôle* in rotation; *c'est (à) son* ~ it is his turn; *en un* ~ *de main* in a twinkling, straight away; ⚓ *faire le* ~ swing the ship; capsize; *faire le* ~ *de* go round (*the world etc.*); *faire un mauvais* ~ *à q.* play a dirty trick on s.o.; *faire un* ~ take a stroll; *fermer à double* ~ double-lock (*a door*); *par* ~ *de faveur* out of (one's proper) turn.

touraille ⊕ [tuˈra:j] *f* malt-kiln.

tourbe[1] † *pej.* [turb] *f* mob, rabble.

tourbe[2] [turb] *f* peat, turf; **tourbeux, -euse** [turˈbø, ~ˈbø:z] ⚘ peaty, boggy; *marais m* ~ peat-bog; **tourbier** [~ˈbje] *m* peat-worker; **tourbière** [~ˈbjɛ:r] *f* peat-bog.

tourbillon [turbiˈjɔ̃] *m* whirlwind; *dust*: swirl; whirlpool; eddy; *astr., fig.* vortex; *fig.* whirl; *fig.* round; ~ *de neige* snowstorm; **tourbillonner** [~jɔˈne] (1a) *v/i.* swirl; whirl round.

tourelle [tuˈrɛl] *f* ▲, ⚔, ⚓, ⊕, ✈ turret; ⊕ *lathe*: capstan.

tourie [tuˈri] *f* carboy.

tourisme [tuˈrism] *m* tourism; touring; holiday travel; tourist industry; *bureau m de* ~ travel agency; *voiture f* *de* ~ touring car; **touriste** [~ˈrist] *su.* tourist; **touristique** [~risˈtik] travel ...; touristic, tourist ...

tourment [turˈmɑ̃] *m* torment, torture (*a. fig.*); *fig.* agony, anguish; ~s *pl. hunger*: pangs; **tourmente** [~ˈmɑ̃:t] *f* storm (*a. fig.*); *fig.* turmoil; ~ *de neige* blizzard; **tourmenter** [turmɑ̃ˈte] (1a) *v/t.* torture, torment; *fig.* worry, trouble; *fig.* pester, harry; ⚓ *wind*: toss (*a ship*) about; *fig.* over-elaborate (*a picture, a theme, etc.*); se ~ worry, fret; **tourmenteur, -euse** [~ˈtœ:r, ~ˈtø:z] tormenting; **tourmentin** ⚓ [~ˈtɛ̃] *m* storm-jib.

tournage [turˈna:ʒ] *m* ⊕ turning (*on a lathe*); ⚓ belaying; *cin.* shooting; **tournailler** F [~nɑˈje] (1a) *v/i.* wander up and down *or* about; **tournant, e** [~ˈnɑ̃, ~ˈnɑ̃:t] **1.** *adj.* turning; revolving; winding (*path, road*); spiral (*staircase*); **2.** *su./m road, river*: turning, bend; (street) corner; winding; *mill*: water-wheel; *fig.* turning point; F *fig. avoir* (*or rattraper*) *q. au* ~ pay s.o. back; **tournebroche** [turnəˈbrɔʃ] *m* roasting jack; † turnspit; **tourne-disque** [~ˈdisk] *m grammophone*: turntable; **tournedos** *cuis.* [~ˈdo] *m* tournedos; fillet steak; **tournée** [turˈne] *f admin.*, *a.* ⚕ round; ⚖ circuit; *thea.* tour; *fig.* round (of drinks); F *fig.* thrashing; *faire la* ~ *de* visit, do the round of, F do; **tournemain** † [~nəˈmɛ̃] *m*: *en un* ~ in a twinkling, straight away; **tourner** [~ˈne] (1a) **1.** *v/t.* turn; rotate (*a wheel*); turn round (*a corner*); wind (*s.th. round s.th.*); ⊕ shape, fashion; *cuis.* stir (*a liquid*); ⚓ make fast (*a hawser*); *cin.* shoot, make (*a film*), *actor*: star in (*a film*); ⚔ outflank; *fig.* evade (*a difficulty, a law*), get round (*a.* ⚔); *fig.* turn over (*a. a page*), revolve (*a problem*); convert (into, *en*); ~ *la tête* (*l'estomac*) *à q.* turn s.o.'s head (stomach); se ~ turn (round); change (into, *en*); **2.** *v/i.* turn; go round, revolve; ⊕ run, go; spin (*top*); wind (*path, road*); *fig.* whirl (*head*); change (*weather, wind*); shift (*wind*); *cin.* film; turn (sour) (*milk etc.*); *fig.* turn out (*badly, well*); *fig.* ~ *à* become, tend to(wards); ~ *à droite* turn to the right; ~ *au beau* turn fine; *mot.* ~ *au ralenti* idle, tick over; *bien tourné* handsome, well set-up; *il tourne cœur cards*: the turn-up is hearts; *la tête me tourne* I feel giddy, my head is spinning; *mal* ~ go to the bad; **tournerie** ⊕ [~nəˈri] *f* turner's shop.

tournesol [turnəˈsɔl] *m* ⚘ sunflower; ⚗ litmus.

tournette [turˈnɛt] *f tex.* reel; squirrel's cage; turn-table; ⊕ circular glass-cutter; **tourneur, -euse** [~ˈnœ:r, ~ˈnø:z] **1.** *adj.* dancing (*dervish*); **2.** *su./m* ⊕ turner; ⊕ lathe operator; **tournevent** [~nəˈvɑ̃] *m* chimney-jack; chimney-cowl; **tournevis** ⊕ [~nəˈvis] *m* screwdriver.

tourniole ⚕ F [turˈnjɔl] *f* whitlow (*round a nail*).

tourniquet [turniˈkɛ] *m* turnstile; ✝ revolving stand; ✓ sprinkler; ⊕ catch; *shutter*: button; ⚡ vane; ⚕ tourniquet; ⚔ F *passer au* ~ be court-martialled.

tournis *vet.* [turˈni] *m sheep*: staggers *pl.*

tournoi [turˈnwa] *m sp. etc.* tournament; *whist*: drive; **tournoiement** [turnwaˈmɑ̃] *m* spinning, whirling; *water*: swirling; *bird*: wheeling; ⚕ dizziness; **tournoyer** [~ˈje] (1h) *v/i.* spin; turn round and round, whirl; swirl (*water*); wheel (*bird*); *fig.* quibble.

tournure [turˈny:r] *f fig.* turn (*of events etc.*); shape; cast; *phrase*: turn; ⊕ *lathe*: turning(s *pl.*); ~ *d'esprit* cast of mind; way of thinking; *prendre une meilleure* ~ take a turn for the better.

tourte [turt] *f cuis.* (covered) pie *or* tart; F dolt, duffer; **tourteau** [turˈto] *m* round loaf; cattle-cake, oil-cake; edible crab; ⊕ centre-boss.

tourtereau *orn.* [turtəˈro] *m* young turtle-dove (*a. fig.*); **tourterelle** *orn.* [~ˈrɛl] *f* turtle-dove.

tourtière *cuis.* [turˈtjɛ:r] *f* pie-dish; baking-tin.

tous [tu; tus] *see tout.*

Toussaint *eccl.* [tuˈsɛ̃] *f*: *la* ~ All Saints' Day; *la veille de la* ~ Hallowe'en.

tousser [tuˈse] (1a) *v/i.* cough; **tousseur** *m*, **-euse** *f* [~ˈsœ:r, ~ˈsø:z] cougher; **toussoter** [~sɔˈte] (1a) *v/i.* give little coughs; have a slight cough.

tous-temps [tuˈtɑ̃] *adj./inv.* all-weather.

tout *m*, **toute** *f*, **tous** *m/pl.*, **toutes** *f/pl.* [tu, tut, tu, tut] **1.** *adj. before unparticularized noun*: all, any, every; sole, only; *intensive*: very, most, utmost, extreme; *before particularized su./sg.*: all, the whole (of); *before particularized su./pl.*: all, every, every one of; *with numerals*: all; *with numeral + su./pl.* every + *su./sg.*; ~ *homme* every *or* any man; *pour toute nourriture* as sole food; *de toute fausseté* completely false; *toute la* (*une*) *ville* the (a) whole town; ~ *le monde* everyone; ~ *Paris* all *or* the whole of Paris; *toutes les semaines* every week; *tous les cinq* all five; *tous les deux* both; *toutes les cinq* (*deux*) *semaines* every fifth (other) week; **2.** *pron./indef.* [*m/pl.* tus] all; everything; ~ *est là* everything is there; *après* ~ after all; *bonne f à* ~ *faire* maid of all work; *c'est* (*or voilà*) ~ that is all; *c'est* ~ *dire* that's the long and the short of it; *et* ~ *et* ~ and all the rest of it; *nous tous* all of us; *six fois en* ~ six times in all; **3.** *su./m the* whole, all; the main thing; ⅍ (*pl.* **touts** [tu]) total; *du* ~ *au* ~ completely, entirely; *pas du* ~ not at all; **4.** *adv.* (*before adj./f beginning with consonant or aspirate h, agrees as if adj.*) quite, completely; all; very; ready(-*cooked*, -*made*, *etc.*); right; stark (*naked*, *mad*); straight (*ahead*, *forward*); ~ *à coup* suddenly; ~ *à fait* completely; ~ *à l'heure* a few minutes ago; in a few minutes; ~ *au plus* at the very most; ~ *autant* quite as much *or* many; ~ *d'abord* at first; ~ *de même* all *or* just the same; ~ *de suite* at once, immediately; *restaurant*: in a moment; ~ *d'un coup* at one fell swoop; ~ *en* (*ger.*) while (*ger.*); ~ *petits enfants* very young children; ~ *sobre qu'il paraît* however sober he seems *or* may seem, sober though he seems *or* may seem; *à* ~ *à l'heure!* see you later!; *c'est* ~ *un* it's all the same; *elle est toute contente* (*honteuse*) she is quite content (ashamed); *elle est tout étonnée* she is quite astonished.

tout-à-l'égout [tutale'gu] *m/inv.* main-drainage, direct-to-sewer drainage.

toute [tut] *see tout*; **~fois** [~'fwa] *cj.* however, still, nevertheless; **~-puissance** *eccl.* [~pɥi'sɑ̃:s] *f* omnipotence.

toutou *ch.sp.* [tu'tu] *m* doggie, bow-wow.

tout(-)va F [tu'va]: *à* ~ enormous, unbounded, super; (*adv.*) enormously, F like crazy.

tout-venant [tuvə'nɑ̃] *m* ⁰ unscreened coal; ✝ ungraded products; *fig.* hoi polloi.

toux [tu] *f* cough; *accès m* (*or quinte f*) *de* ~ fit of coughing.

toxicité [tɔksisi'te] *f* toxicity; **toxicologie** ⚕ [~kɔlɔ'ʒi] *f* toxicology; **toxicomane** ⚕ [~kɔ'man] **1.** *su.* dope fiend; drug-addict; **2.** *adj.* drug-addicted; **toxicomanie** ⚕ [~kɔma'ni] *f* dope-habit; drug-habit; **toxine** ⚕ [tɔk'sin] *f* toxin; **toxique** [~'sik] **1.** *adj.* toxic; poisonous; **2.** *su./m* poison.

trac F [trak] *m* fright; *thea.* stage-fright; *avoir le* ~ get the wind up; *tout à* ~ without reflection.

tracas [tra'kɑ] *m* bother, worry, trouble; **tracasser** [~ka'se] (1a) *v/t.* bother, worry; *se* ~ worry, fret (about, *pour*); **tracasserie** [~kas'ri] *f* worry; harassment; **tracassier, -ère** [~ka'sje, ~'sjɛ:r] **1.** *adj.* vexatious; irksome; **2.** *su.* fussy person; troublesome person.

trace [tras] *f* trace; *vehicle*: track; *animal*, *person*: trail; footprints *pl.*; *fig.* footsteps *pl.*; *burn*, *suffering*: mark; *fig.* sign; **tracé** [tra'se] *m* tracing, sketching; *town etc.*: layout; *road*: lie; ⅍ graph; ▲ *etc.* outline, drawing, plan; **tracer** [~] (1k) *v/t.* trace; mark out; ⅍ plot (*a curve*, *a graph*); draw (*a line*, *a plan*); sketch (*an outline*, *a plan*); *fig.* open up (*a route etc.*); *fig.* show (*the way*); *v/i. sl.* get a move on; **traceret** ⊕ [tras'rɛ] *m* scriber, tracing-awl; **traceur, -euse** [tra'sœ:r, ~'sø:z] *su.*, *a. adj.* ⊕, ⚔, *etc.* tracer.

trachée [tra'ʃe] *f* ⚘, *zo.* trachea; ⚘ duct; F *anat.* = **~-artère**, *pl.* **~s-artères** *anat.* [~ʃear'tɛ:r] *f* trachea, windpipe; **trachéite** ⚕ [~ke'it] *f* tracheitis; **trachéotomie** ⚕ [~keɔtɔ'mi] *f* tracheotomy; **trachome** ⚕ [~'ko:m] *m* trachoma.

traçoir ⊕ [tra'swa:r] *m see traceret*.

tract [trakt] *m* tract; leaflet.

tractations *pej.* [trakta'sjɔ̃] *m f/pl.* dealings.

tracté, e [trak'te] tractor-drawn; **tracteur** [~'tœːr] *m* tractor; **traction** [~'sjɔ̃] *f* traction; pulling; draught, *Am.* draft; *sp.* pull-up; *sp.* press-up, push-up; 🚂 rolling-stock department; *mot.* (*a.* ~ *avant*) car with front-wheel drive; ⊕ *etc.* *essai m de* ~ tension test; **tractoriste** [~tɔ'rist] *su.* tractor driver.

tradition [tradi'sjɔ̃] *f* tradition; ⚖ delivery; folklore; *de* ~ traditional; **traditionaliste** [~sjɔna'list] *su.* traditionalist; **traditionnel, -elle** [~sjɔ'nɛl] traditional; standing (*joke etc.*); habitual.

traducteur *m*, **-trice** *f* [tradyk'tœːr, ~'tris] translator; **traduction** [~'sjɔ̃] *f* translation; interpretation; **traduire** [tra'dɥiːr] (4h) *v/t.* translate (into, *en*); *fig.* render, convey, express; ⚖ ~ *en justice* summon, sue, prosecute; *se* ~ *par* be translated by; *fig.* find it's expression in, be expressed by; **traduisible** [~dɥi'zibl] translatable; ⚖ ~ *en justice* liable to prosecution *or* to be sued.

trafic [tra'fik] *m* traffic (*a. fig. pej.*); trading; *teleph.* ~ *interurbain* trunk traffic; *faire le* ~ *de* traffic in; **trafficotage** [~fikɔ'taːʒ] *m* trafficking, underhand(ed) dealings *pl.*; **trafiquant** [trafi'kɑ̃] *m* trader; trafficker (in *de*, *en*) (*a. pej.*); **trafiquer** [~'ke] (1m) *v/i.* trade, deal (in, *en*); *usu. pej.* traffic; *pej. fig.* ~ *de* make profit out of, sell; *v/t.* F doctor (*s.th.*) (up); **trafiqueur** *pej.* [~'kœːr] *m* trafficker (in *de*, *en*).

tragédie [traʒe'di] *f* tragedy (*a. fig.*); **tragédien** [~'djɛ̃] *m* tragedian, tragic actor; **tragédienne** [~'djɛn] *f* tragic actress, tragedienne; **tragi-comique** [traʒikɔ'mik] tragi-comic; **tragique** [tra'ʒik] **1.** *adj.* tragic; F *ce n'est pas* (*si*) ~ (*que ça*) that's not so bad; **2.** *su./m* tragic aspect (*of an event*); tragedy (*a.* = *tragic art*); tragic poet; *prendre au* ~ make a tragedy of (*s.th.*).

trahir [tra'iːr] (2a) *v/t.* betray; disclose; deceive (*s.o.*); *fig. strength*: fail (*s.o.*); be false to (*one's oath*); not to come up to (*expectations, hopes*); **trahison** [~i'zɔ̃] *f* treachery, perfidy; betrayal (of, *de*); ⚖ treason; *haute* ~ high treason.

traille [trɑːj] *f* trail-ferry; ferry-cable.

train [trɛ̃] *m* 🚂 train; *vehicles etc.*: string; *tyres, wheels*: set; *admin. laws, decrees etc.*: set, batch, series; *metall.* rolls *pl.*; ⊕ gear; (*timber-, Am. lumber-*)raft, float; *zo. horse*: quarters *pl.*; pace (*a. sp.*), speed; *fig.* mood; 🚂 ~*-auto* car sleeper train; 🚂 ~ *correspondant* connection; 🚂 ~ *de banlieue* (*ceinture*) suburban (circle) train; ~ *de derrière* (*devant*) *horse*: hind- (fore-) quarters *pl.*; ⊕ ~ *de laminoir* rolling-mill; 🚂 ~ *de marchandises* (*plaisir, voyageurs*) goods, *Am.* freight (excursion, passenger) train; ⊕ ~ *d'engrenages* gear train; ⊕ ~ *de roues* wheel train; 🚂 ~ *direct* (*or express*) through *or* express train; 🚂 ~ *omnibus* slow *or Am.* accommodation train; 🚂 ~ *rapide* fast express (train); *fig.* *à fond de* ~ at top speed; *aller son petit* ~ jog along; *fig.* *dans le* ~ up to date, F in the swim; *en bon* ~ in a good state, doing *or* going well; *être en* ~ *de* (*inf.*) be (engaged in) (*ger.*); be in a mood for (*ger. or su.*); ⚔ F *le* ♀︎ (*approx.*) (Royal) Army Service Corps; *mal en* ~ out of sorts; *fig.* *manquer le* ~ miss the bus; *mener grand* ~ live in great style; *sp.* *mener le* ~ set the pace; *mettre en* ~ set (*s.th.*) going; *typ.* make ready; *fig.* *monter dans* (*or prendre*) *le* ~ (*en marche*) jump on the bandwagon.

traînage [trɛ'naːʒ] *m* hauling; sleighing; sleigh transport; ⁰ haulage; *telev.* streaking; **traînant, e** [~'nɑ̃, ~'nɑ̃ːt] dragging; trailing (*robe*); *fig.* sluggish; **traînard, e** [~'naːr, ~'nard] *su.* dawdler, *Am.* F slowpoke; *su./m* ⚔ straggler; ⊕ *lathe*: carriage; **traînasser** [~na'se] (1a) *v/t.* † drag out; spin out; *v/i.* hang about; dawdle; **traîne** [trɛːn] *f dress*: train; *fishing*: dragnet; *à la* ~ in tow (*a. fig.*); lagging behind; **traîneau** [trɛ'no] *m* sleigh, sledge; **traînée** [~'ne] *f blood, light, smoke, snail*: trail; *gunpowder*: train; *fishing*: ground-line; *sl.* prostitute; **traîner** [~'ne] (1b) *v/t.* draw, drag, pull; tow (*a barge*); drawl out (*words*); drag out (*an affair, an existence, a speech*); ~ *la jambe* limp; *se* ~ crawl; drag o.s. along; *fig.* linger; drag (*time*); *v/i.* trail; *fig.* linger on (*a.* ⚕ *illness*); hang about; dawdle; lag behind; languish; flag; remain unpaid (*account*); lie around, lie about (*things*); ~ *en longueur* drag on;

traîneur, -euse [~ˈnœːr, ~ˈnøːz] *su.* dawdler; ~ *de cafés* person who is hanging about the cafés; *su./m* hauler, dragger; ~ *de sabre* swashbuckler; sabre-rattler.

train-poste, *pl.* **trains-poste(s)** [trɛ̃ˈpɔst] *m* mail-train.

train-train F [trɛ̃ˈtrɛ̃] *m* (daily) round; (humdrum) routine.

traire [trɛːr] (4ff) *v/t.* milk (*a cow*); draw (*milk*); **trait, traite** [trɛ, trɛt] **1.** *p.p. of traire*; **2.** *su./m* pull(ing); *arrow*: shooting; *dart*: throwing; arrow, dart; *pen*: stroke; mark, line; *liquid*: draught, *Am.* draft; gulp; *light*: shaft, beam; *fig.* act; stroke (*of genius*); characteristic touch; trait (*of character*); *appearance*: feature; *fig.* reference, relation; *paint.* outline, contour; ~ *d'esprit* witticism; ~ *d'union* hyphen; *avoir* ~ *à* have reference to, refer to; *boire d'un seul* ~ drink (*s.th.*) at one gulp *or* F go; *cheval m de* ~ draught-horse, *Am.* draft-horse, cart-horse; *su./f road*: stretch; *journey*: stage; ✝ *bank*: bill, draft; *bill*: drawing; trade; milking; ~*e des blanches* white-slave traffic; ~*e des Noirs* slave-trade; *d'une* (*seule*) ~ at a stretch; in one go.

traitable [trɛˈtabl] treatable; manageable; *fig.* tractable.

traité [trɛˈte] *m* treatise (on *de*, *sur*); *pol. etc.* treaty, agreement.

traitement [trɛtˈmɑ̃] *m* treatment (*a.* ⚕); salary; ⚔ *etc.* pay; ⊕ *material*: processing; ~ *initial* starting *or* initial salary; *mauvais* ~*s pl.* illtreatment *sg.*; maltreatment *sg.*; ~ *des données* data processing; **traiter** [trɛˈte] (1a) *v/t.* treat (⚕, ⊕, *s.o., a. fig.*); call (s.o. s.th., *q. de qch.*); entertain (*s.o.*); deal with; discuss (*a subject*); negotiate (*business, a deal, a marriage, etc.*); ~ *q. de prince* address s.o. as prince; *v/i.* negotiate, treat (for *de*, *pour*; with, *avec*); ~ de deal with (*a subject*); **traiteur** [~ˈtœːr] *m banquet*: caterer; restaurant keeper.

traître, -esse [trɛːtr, trɛˈtrɛs] **1.** *adj.* treacherous (*a. fig.*); *fig.* dangerous; vicious (*animal*); *ne pas dire un* ~ *mot* not to say a (single) word; **2.** *su./m* traitor; *thea.* villain; *prendre q. en* ~ attack s.o. when he is off his guard; *su./f* traitress; **traîtreusement** [trɛtrøzˈmɑ̃] *adv. of traître 1*; **traîtrise** [~ˈtriːz] *f* treachery.

trajectoire *phys.*, ⚓, *etc.* [traʒɛkˈtwaːr] *su./f*, *a. adj.* trajectory.

trajet [traˈʒɛ] *m* 🚂, *mot. etc.* journey; ⚓, *anat.*, *tex.* passage; *channel etc.*: crossing; *mot. etc.* ride; ✈ flight; ⚕, *a. phys. artery, nerve, projectile, etc.*: course.

tralala [tralaˈla] *m* ♪ tra la la; F *fig.* fuss, ceremony; *en grand* ~ all dressed up, F dressed up to the nines.

tram F [tram] *m* tram(car), *Am.* streetcar, trolley(-car).

trame [tram] *f tex.* woof, weft; *fig.* frame(work); *fig.* texture; *phot.* ruled screen; *telev.* frame; *fig.* plot; **tramer** [traˈme] (1a) *v/t. tex.* weave (*a. fig. a plot*); *fig.* plot; *fig.* hatch (*a plot*); *fig. il se trame qch.* s.th. is brewing.

traminot [tramiˈno] *m* tramway employee, *Am.* streetcar employee.

tramontane [tramɔ̃ˈtan] *f* ⚓ north wind; north; *astr.* North Star; *fig. perdre la* ~ lose one's bearings.

tramway [tramˈwɛ] *m* tramway; tram(car), *Am.* streetcar, trolley (-car); *remorque f de* ~ trailer (of a tramcar).

tranchant, e [trɑ̃ˈʃɑ̃, ~ˈʃɑ̃ːt] **1.** *adj.* cutting; sharp (*tool, edge, a. fig. tone, voice*); *fig.* trenchant (*argument etc*); glaring (*colour, a. fig. contradiction*); ⊕ *outil m* ~ edgetool; **2.** *su./m* edge; *knife*: cutting edge; *fig. argument m à deux* ~*s* argument that cuts both ways; **tranche** [trɑ̃ːʃ] *f bread, meat, etc., a. fig.*: slice; *book, coin, plank*: edge; *wheel*: face; ⊕ *tools*: set; ⛏ ridge; ✝ *shares*: block; *fig.* portion; ⚓ section; *bacon*: rasher; *couper en* ~*s* slice; *en* ~*s* sliced, in slices; ⊕ *par la* ~ edgeways; *sl. s'en payer une* ~ have a lot of fun; **tranché, e** [trɑ̃ˈʃe] **1.** *adj.* distinct, sharp; 📖 tranché; **2.** *su./f* trench (*a.* ⚔); 🚂, *forest etc.*: cutting; ⚕ ~*es pl.* gripes; colic *sg.*; **tranche-fil** [trɑ̃ʃˈfil] *m horse*: curbchain; **tranchefile** [~ˈfil] *f book*: headband; **tranchelard** *cuis.* [~ˈlaːr] *m* cook's knife; **tranchemontagne** [~mɔ̃ˈtaɲ] *m* blusterer, fire-eater; **tranche-pain** [~ˈpɛ̃] *m/inv.* breadcutter; **trancher** [trɑ̃ˈʃe] (1a) *v/t.* slice, cut; cut off; *fig.* cut short; settle (*a question*) once and for all; settle (*a difficulty, a problem, a quarrel*); ~ *le mot* speak out, speak plainly; *v/i.* cut; contrast sharply (with, *sur*);

fig. take drastic action; † *fig.* ~ de set up for *or* as; **tranchoir** [~ˈʃwaːr] *m* cutting board.

tranquille [trɑ̃ˈkil] tranquil; calm, still, quiet; *fig.* easy (*a.* ⚕ *market*), untroubled (*mind*); laissez-moi ~ leave me alone; **tranquillisant** ⚕ [trɑ̃kiliˈzɑ̃] *m* tranquil(l)izer; **tranquilliser** [~ˈze] (1a) *v/t.* calm (*s.o.*, *one's mind*, *etc.*); reassure (*s.o.*) (about, sur); se ~ calm down; *fig.* set one's mind at rest; **tranquillité** [~ˈte] *f* tranquil(l)ity, calm, stillness, quiet; peace (*of mind*).

trans... [trɑ̃s, trɑ̃z] trans...; **~action** [trɑ̃zakˈsjɔ̃] *f* ⚕ transaction; ⚕ deal; ⚖ settlement, arrangement; ⚕, ⚖ composition; compromise (*a. pej.*); ~s *pl.* dealings; transactions (*of a learned society*); **~atlantique** [~zatlɑ̃ˈtik] **1.** *adj.* transatlantic; **2.** *su./m* Atlantic liner; deck-chair; **~bahuter** F [~bayˈte] (1a) *v/t.* lug (along); shift (around); **~bordement** [trɑ̃sbɔrdəˈmɑ̃] *m* ⚓ transshipment; *river*: ferrying across; 🚂 *goods, passengers*: transfer; *trucks etc.*: traversing; **~border** [~ˈde] (1a) *v/t.* ⚓ tranship; ferry across (*a river*); 🚂 transfer (*goods, passengers*); traverse; **~bordeur** [~ˈdœːr] *m* travelling platform; (*a. pont m* ~) transporter-bridge; 🚂 train-ferry; **~cendance** *phls.* [trɑ̃ssɑ̃ˈdɑ̃ːs] *f* transcendency, transcendence; **~cendant, e** [~ˈdɑ̃, ~ˈdɑ̃ːt] *phls.*, *a. fig.* transcendent; ⅍ transcendental.

transcription [trɑ̃skripˈsjɔ̃] *f* transcription (*a.* ♪); copy, transcript; **transcrire** [~ˈkriːr] (4q) *v/t.* transcribe (*notes, a. a text, a.* ♪); copy (out).

transe [trɑ̃ːs] *f* (hypnotic) trance; ~s *pl.* fear *sg.*, fright *sg.*

transept ⚠ *eccl.* [trɑ̃ˈsɛpt] *m* transept.

trans...: **~férer** [trɑ̃sfeˈre] (1f) *v/t.* transfer; (re)move from one place to another; relocate; move (*an appointment, a date*); *eccl.* translate (*a bishop*); ⚖ convey (*an estate*); **~fert** [~ˈfɛːr] *m* transference; transfer (*a. phot.*, ⚕); relocation; ⚖ *estate*: conveyance; **~figuration** [~figyraˈsjɔ̃] *f* transfiguration; **~figurer** [~figyˈre] (1a) *v/t.* transfigure; se ~ be(come) transfigured; **~formable** [trɑ̃sfɔrˈmabl] transformable; *mot.* convertible; **~formateur, -trice** [~maˈtœːr, ~ˈtris] **1.** *adj.* transforming; **2.** *su./m* ⚡ transformer; **~formation** [~maˈsjɔ̃] *f* transformation (into, en); *phls.* conversion; de ~ ⚡ transformer ...; ⊕ processing ...; **~former** [~ˈme] (1a) *v/t.* transform, convert (*a. foot.*, *a. phls.*), change (into, en); se ~ change, turn (into, en); **~formisme** *biol. etc.* [~ˈmism] *m* transformism; **~formiste** [~ˈmist] *su. phls. etc.* transformist; *thea.* quick-change artist; **~fuge** [trɑ̃sˈfyːʒ] *m* renegade; defector; **~fuser** *usu.* ⚕ [~fyˈze] (1a) *v/t.* transfuse; **~fusion** [~fyˈzjɔ̃] *f*: (~ sanguine *or* de sang blood-)transfusion; **~gresser** [~grɛˈse] (1a) *v/t.* transgress, infringe, break (*a law etc.*); **~humer** [trɑ̃zyˈme] (1a) *v/t.* move (*flocks*) to *or* from the Alpine pastures; *v/i.* move to *or* from the hills.

transi, e [trɑ̃ˈzi]: (~ de froid) chilled to the bone; ~ de peur paralyzed with fear.

transiger [trɑ̃ziˈʒe] (1l) *v/i.* compromise (*a. fig.*); come to terms (with, avec).

transir [trɑ̃ˈsiːr] (2a) *v/t.* chill; benumb; *fig.* paralyse (with, de); *v/i.* be chilled to the bone; be paralysed with fear.

transistor [trɑ̃zisˈtɔr] *m radio*: transistor; **transistoriser** [~tɔriˈze] (1a) *v/t.* transistorize.

transit [trɑ̃ˈzit] *m* ⚕ transit; 🚂 through traffic; **transitaire** ⚕ [trɑ̃ziˈtɛːr] **1.** *adj.* relating to transit of goods; (*country*) across which goods are conveyed in transit; **2.** *su./m* forwarding *or* transport agent; **transiter** ⚕ [~ˈte] (1a) *v/t.* convey (*goods*) in transit; *v/i.* be in transit; **transitif, -ve** [~ˈtif, ~ˈtiːv] *gramm.* transitive; *geol.* transitional; **transition** [~ˈsjɔ̃] *f* transition; ♪ modulation; *geol.* de ~ transitional; **transitoire** [~ˈtwaːr] transitory, transient; temporary; *gramm.* glide (*consonant, vowel*).

trans...: **~lation** [trɑ̃slaˈsjɔ̃] *f* transfer; ⊕, *eccl.* translation; ⊕ shifting; *tel.* retransmission; ⚖ conveyance; **~lucide** [~lyˈsid] semi-transparent, translucent; **~lucidité** [~lysidiˈte] *f* semi-transparency, translucence; **~metteur** [~mɛˈtœːr] *m* transmitter; ⚓ signals (officer) *sg.*; ⚓ ship's telegraph; **~mettre** [~'mɛtr] (4v) *v/t.* transmit (*tel.*, *radio*, *a. heat*, *light*, *a message*); pass on (*a disease*, *a message*); hand down (*to other generations*); ⚖ convey, transfer; ⚖ assign (*a patent*, *shares*); **~migration** [~migra'sjɔ̃] *f people*, *soul*: transmigration; **~migrer** [~mi'gre] (1a) *v/i.* transmigrate; **~missibilité** [~misibili'te] *f* transmissibility; ⚖ transferability; **~missible** [~mi'sibl] transmissible; ⚖ *etc.* transferable; **~mission** [~mi'sjɔ̃] *f message*, *order*, *a.* ⊕, ⚕, *phys.*, *radio*, *tel.*: transmission; *disease*, *message*, *order*: passing on; ⊕ drive, (transmission) gear, shafting; ⚖ transfer, conveyance; ⚖ *patent*, *shares*: assignment; *foot.* passing; ⚔, ⚓ ~*s pl.* signals; *mot.* ~ *par chaîne* chain-drive; **~muable** [~'mɥabl] transmutable (into, *en*); **~muer** [~'mɥe] (1n) *v/t.* transmute (into, *en*); **~mutabilité** [~mytabili'te] *f* transmutability (into, *en*); **~mutable** [~my'tabl] transmutable (into, *en*); **~mutation** [~myta'sjɔ̃] *f* transmutation (into, *en*); **~océanique** [trɑ̃zɔsea'nik] transoceanic; **~paraître** [trɑ̃spa'rɛ:tr] (4k) *v/i.* show through; **~parence** [~pa'rɑ̃:s] *f* transparency; **~parent, e** [~pa'rɑ̃, ~'rɑ̃:t] **1.** *adj.* transparent (*a. fig.*); **2.** *su./m* transparent screen; *writing-pad*: guide-lines *pl.*; **~percer** [~pɛr'se] (1k) *v/t.* pierce (through); run (*s.o.*) through; transfix; *fig* pierce (s.o. to the heart, *le cœur à q.*); *fig. rain*: soak.

transpiration [trɑ̃spira'sjɔ̃] *f* ⚕ perspiring; perspiration, sweat; ⚘, *phys.*, *physiol.*, *a. fig.* transpiration; *en* ~ in a sweat; **transpirer** [~'re] (1a) *v/i.* ⚕ perspire, sweat; ⚘, *physiol.*, *a. fig.* transpire; *fig.* leak (out) (*news*, *secret*).

trans...: **~plantable** ⚘, ⚕ [trɑ̃splɑ̃'tabl] transplantable; **~plantation** [~plɑ̃ta'sjɔ̃] *f* transplanting, transplantation; **~planter** ⚘, ⚒, ⚕, *fig.* [~plɑ̃'te] (1a) *v/t.* transplant; **~port** [~'pɔ:r] *m* ⚚ transport, carriage; ⚡, ⚖ conveyance; ⚖ assignment; ⚚ *account*: transfer, balance brought forward; ⚓ troop-ship, transport; *fig. anger*: (out)burst; *delight*, *joy*: transport, ecstasy; ⚕ ~ *au cerveau* brain-storm; light-headedness; stroke; ~ *d'aviation* aircraft transport; ⚖ ~ *sur les lieux* visit to the scene (of the occurrence); ⚚ *compagnie f de* ~ forwarding company; ⊕ *courroie f de* ~ conveyor-belt; *de* ~ ⊕ conveyor-...; *geol.* alluvial (*deposit*); **~portable** [~pɔr'tabl] transportable; ⚕ fit to be moved (*patient*); **~portation** [~pɔrta'sjɔ̃] *f* ⚚ *goods*: conveyance; ⚚, ⚖ transportation; **~porter** [~pɔr'te] (1a) *v/t.* transport; carry, convey; bring; *fig.* carry (*s.o.*) away; *transporté de joie* beside o.s. with joy, enraptured; *se* ~ betake o.s.; ⚖ *se* ~ *sur les lieux* visit the scene (of the occurrence); **~porteur** [~pɔr'tœ:r] *m* ⚚ carrier; ⊕ conveyor; ~ *aérien* overhead runway, cableway; **~posable** [~po'zabl] transposable; **~poser** [~po'ze] (1a) *v/t. typ.*, ♪, 𝔄, *etc.* transpose; **~positeur** ♪ [~pozi'tœ:r] *m* (*a. instrument m* ~) transposing instrument; **~position** [~pozi'sjɔ̃] *f* transposition; *cin.* dubbing; **~sibérien, -enne** *geog.* [~sibe'rjɛ̃, ~'rjɛn] trans-Siberian; **~substantiation** *eccl.* [~sypstɑ̃sja'sjɔ̃] *f* transubstantiation; **~suder** [~sy'de] (1a) *vt/i.* transude; *v/i.* ooze through; *fig.* emanate (from, *de*); **~vasement** [~vɑz'mɑ̃] *m liquid*: decanting; **~vaser** [~vɑ'ze] (1a) *v/t.* decant; *se* ~ siphon; **~versal, e,** *m/pl.* **-aux** [~vɛr'sal, ~'so] **1.** *adj.* cross (*-section*), transverse (*a. anat. muscle*), transversal; ⚓ athwartship; 𝔄 *coupe f* ~*e* cross-section; **2.** *su./f* 𝔄 transversal; **~versalement** [~vɛrsal'mɑ̃] *adv.* transversely, crosswise; ⚓ athwartship.

trapèze [tra'pɛ:z] *m* 𝔄 trapezium; *sp.* trapeze; *anat.* (*a. muscle m* ~) trapezius; **trapéziste** *sp.* [~pe'zist] *su.* trapeze-artist; trapezist; **trapézoïde** 𝔄 [~pezɔ'id] *m* trapezoid.

trappe [trap] *f* trap-door; *thea.*, *a. hunt.* trap; ⊕ *etc.* hatch; **trappeur** [tra'pœ:r] *m* trapper.

trapu, e [tra'py] thick-set, stocky, squat.

traque *hunt.* [trak] *f game*: beating; **traquenard** [~'na:r] *m* trap (*a. fig.*); pitfall; *fig. être pris dans son propre* ~ fall into one's own trap; **traquer** [tra'ke] (1m) *v/t.* beat (*the wood*) for game; beat up (*game*); track down (*a criminal*); surround, hem (*s.o.*) in; **traqueur** *hunt.* [~'kœ:r] *m* beater.

trauma *psych.*, ⚕ [tro'ma] *m* trauma; **traumatique** [troma'tik] traumatic; **traumatiser** [~ti'ze] (1a) *v/t.* traumatize; **traumatisme** [~'tism] *m* traumatism; *psych.* traumatic experience.

travail[1] *vet.* [tra'va:j] *m* frame, sling.

travail[2], *pl.* **-aux** [tra'va:j, ~'vo] *m* work; ⚕, ⚖, *pol.* labo(u)r; ⊕, *physiol.*, *a. wine*: working; ⚕ childbirth; employment; piece of work, F job; workmanship; business; ⊕ power; ~ *à la tâche* piece-work; ~ *en série* mass production; ~ *intellectuel (manuel)* brain-work (manual work); *accident m du* ~ accident at work; *être sans* ~ be out of work; ⚖ ~*aux pl. forcés* hard labo(u)r *sg.*; **travailler** [trava'je] (1a) *v/i.* work (on, *sur*); be at work; strive, endeavo(u)r; practise (*musician etc.*); train; work, ferment (*wine*); warp, shrink (*wood*); fade (*colour*); be active (*mind, volcano*); ⊕ be stressed (*beam*); strain (*cable, ship, etc.*); ✝ produce interest (*capital*); *v/t.* work (*a.* ⚘, ⊕); torment (*s.o., s.o.'s mind*); ⊕ shape, fashion; knead (*dough*); overwork (*a horse*); work (hard) at, study (*a subject*); *phot.* work up; *fig.* tamper with; **travailleur, -euse** [~'jœ:r, ~'jø:z] **1.** *adj.* hard-working, industrious; **2.** *su.* worker; *su./m* workman, labo(u)rer; ~ *de force* heavy worker; ~ *intellectuel (manuel)* brain-worker (manual worker); *su./f (lady's)* worktable; *zo.* worker (bee); **travaillisme** *pol.* [~'jism] *m* Labour; **travailliste** *pol.* [~'jist] **1.** *adj.* Labour ...; **2.** *su./m* member of the Labour party; *parl.* Labour member.

travée △ [tra've] *f* bay (*a. of a bridge*); span; row (of seats).

travers [tra'vɛ:r] **1.** *su./m* † breadth; *fig.* fault, failing; † ~ *de doigt* finger's breadth; **2.** *adv.*: *de* ~ askew, awry; (*look*) askance; *fig.* wrong; *en* ~ (*de*) across (*s.th.*); **3.** *prp.*: *à* ~, *au* ~ *de* through (*s.th.*); *à* ~ *champs* across country; **traversable** [~vɛr'sabl] traversable; fordable (*river*); **traverse** [~'vɛrs] *f* △ traverse beam *or* girder; *ladder*: rung; transom; 🚂 sleeper, *Am.* tie; *mot. etc.* cross-member; ⊕ crosshead; ⚔ ground-sill; ⚓ *harbour*: bar; *fig.* set-back; (*a. chemin m de* ~) crossroad, short cut; cross-street; **traversée** [travɛr'se] *f* ⚓, 🚂 crossing; ⚓ voyage, passage; *mount.* traverse; *fig.* ~ *du désert* time in the wilderness; bad patch; low ebb; **traverser** [~'se] (1a) *v/t.* cross (*a. fig.*); pass *or* go through; △ *bridge*: span (*a river*); **traversier, -ère** [~'sje, ~'sjɛ:r] cross-..., crossing; ferry(-*boat*); ⚓ leading (*wind*); ♪ transverse (*flute*); **traversin** [~'sɛ̃] *m carpentry*: cross-bar, cross-piece; *balance*: beam; *bed*: bolster; **traversine** [~'sin] *f* cross-bar, cross-beam; ⚓ gangplank.

travesti, e [travɛs'ti] **1.** *adj.* disguised; fancy-dress (*ball*); burlesqued; **2.** *su./m* fancy dress; *thea.* man's part (played by a woman) (*or vice versa*); transvestite; **travestir** [~'ti:r] (2a) *v/t.* misrepresent, distort; *se* ~ put on fancy dress; dress up (as, *en*); **travestisme** [~'tism] *m* transvestism; **travestissement** [~tis'mɑ̃] *m* disguise; disguising; *fig.* travesty, misrepresentation (*of a fact*).

trayeur [trɛ'jœ:r] *m* milker; **trayeuse** [~'jø:z] *f* milkmaid; milking-machine; **trayon** [~'jɔ̃] *m cow*: teat, dug.

trébuchant, e [treby'ʃɑ̃, ~'ʃɑ̃:t] stumbling; staggering; of full weight (*coin*); **trébucher** [~'ʃe] (1a) *v/i.* stumble (*a. fig.*), stagger; turn the scale (*coin*); *fig.* trip; *v/t.* test (*a coin*) for weight; **trébuchet** [~'ʃɛ] *m* assay *or* precision balance; trap (*for small birds*).

tréfiler ⊕ [trefi'le] (1a) *v/t.* wire-draw; **tréfilerie** ⊕ [~fil'ri] *f* wire-drawing (mill); **tréfileur** ⊕ [~fi'lœ:r] *m* wire-drawer.

trèfle [trɛfl] *m* ⚘ clover; △, ⚘ trefoil; *cards*: club(s *pl.*); ⚘ ~ *blanc* shamrock; *mot. croisement m en* ~ cloverleaf (crossing); *jouer* ~ play a club, play clubs; **tréflière** ⚘ [trefli'ɛ:r] *f* clover-field.

tréfonds [tre'fɔ̃] *m fig.* (inmost) depths *pl.*

treillage [trɛ'ja:ʒ] *m* trellis; lattice-work; wire netting; wire fencing; **treillager** [~ja'ʒe] (1l) *v/t.* trellis; lattice (*a wall, a window*); enclose with wire netting.

treille [trɛ:j] *f* vine-arbo(u)r; ⚘ climbing vine, grape-vine; F *jus m de la* ~ juice of the grape, wine.

treillis [trɛ'ji] *m* trellis(-work), lattice; grid (*for maps etc.*); *tex.* glazed calico; *tex.* coarse canvas, sackcloth; ⚔ fatigue-dress, fatigues *pl.*; **treillisser** [~ji'se] (1a) *v/t. see treillager.*

treize [trɛ:z] **1.** *adj./num.* thirteen; *date, title*: thirteenth; ~ *à la douzaine* baker's dozen; **2.** *su./m/inv.* thirteen; **treizième** [trɛ'zjɛm] *adj./num., a. su.* thirteenth.

tremblaie ⚘ [trɑ̃'blɛ] *f* aspen grove; **tremblant, e** [trɑ̃'blɑ̃, ~'blɑ̃:t] **1.** *adj.* trembling (with, *de*); quaking, shaking (*ground, voice*); quavering (*voice*); flickering (*light*); shaky (*bridge, a. fig. person*); quivering (*face*); **2.** *su./m* ♪ *organ*: tremolo (stop); **tremble** ⚘ [trɑ̃:bl] *m* aspen; **tremblement** [trɑ̃blə'mɑ̃] *m* trembling, shaking, quivering; *voice*: quaver(ing); *fig. horror*: shudder(ing); ♪ tremolo; ⚕, *a. fig. emotion*: tremor; ~ *de terre* earthquake, earth tremor; F *tout le* ~ the whole shoot *or* caboodle; **trembler** [~'ble] (1a) *v/i.* tremble, shake, quiver (with, *de*); quaver (♪, *a. voice*); flicker (*light*); flutter (*bird's wings*); *fig.* tremble, be afraid; ~ *que* (*sbj.*) be terrified lest (*cond.*); **trembleur, -euse** [~'blœ:r, ~'blø:z] *su.* trembler; *fig.* timid *or* anxious person; *su./m* ⚡ make-and-break; *tel., teleph.* buzzer; **trembloter** F [~blɔ'te] (1a) *v/i.* quiver; quaver (*voice*); flicker (*light*); flutter (*wings*); shiver (with, *de*).

trémière ⚘ [tre'mjɛ:r] *adj./f*: *rose f* ~ hollyhock.

tremolo [tremɔ'lo] *m* ♪ tremolo; *fig.* quaver.

trémousser [tremu'se] (1a) *v/t.*: *se* ~ wiggle; fidget (*child etc.*); jig about.

trempage [trɑ̃'pa:ʒ] *m* ⊕ soaking, steeping; *typ. paper*: damping; **trempe** [trɑ̃:p] *f* ⊕ soaking, steeping; quenching; *metall.* tempering, hardening; *steel*: temper; *fig.* calibre, stamp; F thrashing, hiding; ~ *de surface* casehardening; **trempée** [trɑ̃'pe] soaked, drenched, wet (through); *metall.* tempered; *fig.* sturdy, energetic; **tremper** [~'pe] (1a) *v/t.* soak; drench; dip (*the pen in ink*); dip, *Am.* dunk (*bread, biscuit in a liquid*); ⊕ *etc.* quench; *typ.* damp (*paper*); dilute (*wine*) with water; *v/i.* soak; *fig.* be a party (to, *dans*); **trempette** [~'pɛt] *f*: *faire* ~ dunk a biscuit *etc.* in one's wine *or* coffee *etc.*; F have a dip.

tremplin [trɑ̃'plɛ̃] *m sp. etc.* springboard; diving-board; *ski*: platform; *fig.* stepping-stone (to, *pour*).

trémulation [tremyla'sjɔ̃] *f* vibration, trepidation; ⚕ tremor.

trentaine [trɑ̃'tɛn] *f* (about) thirty; *la* ~ the age of thirty, the thirties *pl.*; **trente** [trɑ̃:t] *adj./num., a. su./m/inv.* thirty; *date, title*: thirtieth: ~*-trois tours m* long-playing record, album; **trentième** [trɑ̃'tjɛm] *adj./num., a. su.* thirtieth.

trépan [tre'pɑ̃] *m* ⚕, ⊕ trepan; ⊕ rock-drill; *a.* = **trépanation** ⚕ [~pana'sjɔ̃] *f* trepanning; **trépaner** [~pa'ne] (1a) *v/t.* ⚕ trepan; ⊕ drill *or* bore into (*rock*).

trépas *poet.* [tre'pɑ] *m* death, decease; **trépassé, e** [trepɑ'se] *adj., a. su.* dead, departed, deceased; **trépasser** [~] (1a) *v/i.* die, pass away.

trépidation [trepida'sjɔ̃] *f* ⚕, *a. fig.* trembling; *fig.* flurry, agitation; trepidation, vibration.

trépied [tre'pje] *m* tripod; *cuis.* trivet.

trépigner [trepi'ɲe] (1a) stamp one's feet; jump (for joy, *de joie*); dance (with, *de*); *v/t.* trample (*the earth*).

trépointe [tre'pwɛ̃:t] *f shoe*: welt.

très [trɛ] *adv.* very, most; very much.

trésaille [tre'zɑ:j] *f* ⊕ crosspiece.

Très-Haut [trɛ'o] *m/inv.*: *le* ~ the Almighty, God.

trésor [tre'zɔ:r] *m* treasure (*a. fig.*); treasure-house; *eccl.* relics *pl.* and ornaments *pl.*; ⚖ treasure-trove; *pol.* ♀ Treasury; ~*s pl.* wealth *sg.*; F *dépenser des* ~*s pour* spend a fortune on; **trésorerie** [~zɔr'ri] *f* treasury; treasurer's office; treasurership; *pol.* ♀ Treasury; *Britain*: Exchequer; **trésorier, -ère** [~zɔ'rje, ~'rjɛ:r] *su.* treasurer; *su./m admin., a.* ⚔ paymaster; *su./f admin.* paymistress.

tressage [trɛ'sa:ʒ] *m* plaiting, braiding.

tressaillement [trɛsaj'mɑ̃] *m surprise*: start; *fear*: shudder; *pleasure, joy*: thrill; *pain*: wince; **tressaillir** [~sa'ji:r] (2s) *v/i.* quiver; flutter (*heart*); ~ *de* start (*etc.*) with; shudder with (*fear*); thrill with (*joy*); wince with (*pain*).

tressauter [trɛso'te] (1a) *v/i.* jump (with fear, surprise, *etc.*); jolt, jump about (*things*).

tresse [trɛs] *f hair, straw*: tress, plait; *yarn, a.* ⚡: braid; **tresser** [trɛ'se] (1a) *v/t.* plait (*hair, straw*); braid (*yarn, a.* ⚡); weave (*a basket, flowers, a garland*); **tresseur** *m*, **-euse** *f* [~'sœ:r, ~'sø:z] braider, plaiter.

tréteau [tre'to] *m* trestle, support; *thea.* ~x *pl.* stage *sg.*

treuil ⊕ [trœ:j] *m* winch, windlass.

trêve [trɛ:v] *f* truce; *fig.* respite; *sans ~* unremittingly, relentlessly; *~ de* ... enough of ..., no more ...; *~ de plaisanteries!* no more joking!

tri [tri] *m* sorting.

triade [tri'ad] *f* triad.

triage [tri'a:ʒ] *m* sorting; selecting; ⚒ grading; 🚂 *gare f de ~* marshalling yard.

triangle [tri'ɑ̃:gl] *m* ⚲, ♪, *astr.* triangle; ⚓ triangular flag; ⚡ three-phase mesh; set square, *Am.* triangle; **triangulaire** [triɑ̃gy'lɛ:r] triangular; *pol.* three-cornered (*contest*); **triangulation** *surv.* [~la'sjɔ̃] *f* triangulation.

trias *geol.* [tri'ɑ:s] *m* trias; **triasique** *geol.* [~a'zik] triassic.

tribal, e [tri'bal] tribal.

tribord ⚓ [tri'bɔ:r] *m* starboard; *à (or par) ~* to starboard.

tribu [tri'by] *f* tribe; *zo.* sub-family.

tribulation [tribyla'sjɔ̃] *f* tribulation; *fig.* trial; F worry, trouble.

tribun [tri'bœ̃] *m hist.* tribune; *fig.* popular orator; demagogue.

tribunal [triby'nal] *m* ⚖, ⚔, *a. admin.* tribunal; ⚖ (law-)court; *judges*: bench; *~ arbitral (de commerce)* arbitration (commercial) court; *~ de première instance* court of first instance; (*approx.*) County Court; *~ de simple police* magistrate's court, F police-court; *~ pour enfants* juvenile court; **tribune** [~'byn] *f* rostrum, (*speaker's*) platform; ⛪ (*organ*) loft; ⛪, *eccl., etc.* gallery; *turf*: grand stand; *fig.* forum; *~ de la presse* press galery; *parl. monter à la ~* address the House.

tribut [tri'by] *m* tribute (*a. fig.*); *fig.* reward; **tributaire** [~by'tɛ:r] tributary (*a. geog.*).

tricar *mot.* [tri'ka:r] *m* motor-tricycle; three-wheeler.

tricher [tri'ʃe] (1a) *vt/i.* cheat; **tricherie** [triʃ'ri] *f cards etc.*: cheating; trickery; **tricheur** *m*, **-euse** *f* [tri'ʃœ:r, ~'ʃø:z] cheat, trickster; *cards*: sharper.

trichine ⚕ [tri'ʃin; ~'kin] *f* trichina; thread-worm; **trichinose** ⚕ [~ki'no:z] *f* trichinosis.

trichromie *phot., typ.* [trikrɔ'mi] *f* three-colo(u)r process.

tricolore [trikɔ'lɔ:r] tricolo(u)r(ed); *drapeau m ~* tricolo(u)r, French (national) flag.

tricorne [tri'kɔrn] **1.** *adj. zo.* three-horned; *cost.* tricorn (*hat*); **2.** *su./m* tricorn, three-cornered hat.

tricot [tri'ko] *m* knitting; *tex.* stockinet; ✝ knitwear; jersey, sweater, pullover; (*a. ~ de corps*) vest, *Am.* undershirt; **tricotage** [trikɔ'ta:ʒ] *m* knitting; **tricoter** [~'te] (1a) *v/t.* knit; F *se ~* make off; *v/i.* F *fig.* move *or* walk fast; F dance; **tricoteur, -euse** [~'tœ:r, ~'tø:z] *su.* knitter; *su./f* knitting-machine; ⊕ knitting-loom.

trictrac [trik'trak] *m* backgammon (-board); *dice*: rattle.

tricycle [tri'sikl] *m* tricycle; three-wheeled vehicle.

trident [tri'dɑ̃] *m myth. etc.* trident; ⚒ three-pronged pitch-fork; ⚲ trident curve; fish-spear.

tridimensionnel, -elle [tridimɑ̃sjɔ'nɛl] threedimensional.

trièdre ⚲ [tri'ɛdr] **1.** *adj.* trihedral; **2.** *su./m* trihedral, trihedron.

triennal, e, *m/pl.* **-aux** [triɛn'nal, ~'no] triennial; **triennat** [~'na] *m* triennium; three-year term of office.

trier [tri'e] (1a) *v/t.* sort (out); *tex.* pick; 🚂 marshal (*trucks*); *fig.* choose, select; **trieur, -euse** [~'œ:r, ~'ø:z] *su. person*: sorter; *tex.* (*wool-*)picker; *su./m* ⊕ screening-machine; separator, sorter; *su./f* wool-picking machine; *computer*: sorter.

trifolié, e ⚘ [trifɔ'lje] three-leaved, trifoliate.

trigone ⚲ [tri'gɔn] trigonal, three-cornered; **trigonométrie** ⚲ [~gɔnɔme'tri] *f* trigonometry.

trilatéral, e, *m/pl.* **-aux** [trilate'ral, ~'ro] trilateral, three-sided.

trilingue [tri'lɛ̃:g] trilingual.

trille ♪ [tri:j] *m* trill; **triller** ♪ [tri'je] (1a) *vt/i.* trill.

trillion [tri'ljɔ̃] *m* a million of billions, trillion, *Am.* a billion of billions, quintillion.

trilogie [trilɔ'ʒi] *f* trilogy.

trimard † *sl.* [tri'ma:r] *m* high road; **trimarder** *sl.* [trimar'de] (1a) *v/i.* be on the tramp; *v/t.* carry, F lug; **trimardeur** *sl.* [~'dœ:r] *m* tramp, *Am.* hobo.

trimbaler F [trɛ̃ba'le] (1a) *v/t.* carry about, F tote about; trail (*s.o.*) along; have (*s.o.*) in tow; F lug (*s.th.*) about.

trimer F [tri'me] (1a) *v/i.* drudge, toil.

trimestre [tri'mɛstr] *m* quarter, three month; quarter's rent *or* salary; *univ.*, *school*: term, *Am.* session; term's fees *pl.*, *Am.* sessional fees *pl.*; **trimestriel, -elle** [~mɛstri'ɛl] quarterly; trimestrial.

trimoteur ✈ [trimɔ'tœ:r] **1.** *adj./m* three-engined; **2.** *su./m* three-engined aeroplane.

tringle [trɛ̃:gl] *f* rod; ⚙ bar; ⚓ *etc.* (*wooden*) batten; ⚠ square mo(u)lding, tringle.

trinité [trini'te] *f* trinity (*a.* ♀ *eccl.*).

trinôme ✗ [tri'no:m] *adj.*, *a. su./m* trinomial.

trinquart ⚓ [trɛ̃'ka:r] *m* herring-boat.

trinquer [trɛ̃'ke] (1m) *v/i.* clink *or* touch glasses (with, *avec*); (have a) drink (with, *avec*); F *fig.* hobnob (with, *avec*); *sl.* get the worst of it, suffer.

trio [tri'o] *m* ♪ *etc.* trio.

triode [tri'ɔd] *f* (*a. lampe f* ~) *radio*: three-electrode lamp, triode.

triolet [triɔ'lɛ] *m* ♪ triplet; *prosody*: triolet.

triomphal, e, *m/pl.* **-aux** [triɔ̃'fal, ~'fo] triumphal; **triomphalement** [~fal'mɑ̃] *adv.* triumphantly; **triomphant, e** [~'fɑ̃, ~'fɑ̃:t] triumphant; **triomphateur, -trice** [~fa'tœ:r, ~'tris] **1.** *adj.* triumphing; **2.** *su./m* (triumphant) victor; winner; **triomphe** [tri'ɔ̃:f] *m* triumph; *arc m de* ~ triumphal arch; **triompher** [~ɔ̃'fe] (1a) *v/i.* triumph (over, *de*); *fig.* rejoice, exult (over, *de*); ~ *dans* excel in *or* at; ~ *de a.* overcome, get over (*s.th.*).

tripaille F [tri'pɑ:j] *f* garbage; (*butcher's*) offal.

triparti, e [tripar'ti], **tripartite** [~'tit] tripartite; *pol.* three-party (*government*), three-power; **tripartition** [~ti'sjɔ̃] *f* tripartition.

tripe [trip] *f cuis.* (*usu.* ~*s pl.*) tripe; *cigar*: core; F ~*s pl.* guts; *tex.* ~ *de velours* velveteen; **triperie** [tri'pri] *f* tripe-shop, tripe trade; **tripette** F [~'pɛt] *f*: *ça ne vaut pas* ~ it's not worth a cent.

triphasé, e ⚡ [trifɑ'ze] three-phase, triphase.

tripier [tri'pje] *m* tripe-dealer, tripe-seller.

triple [tripl] **1.** *adj.* threefold, treble; triple (*a.* ✗, ⚗, *astr.*); F *fig.* out-and-out (*fool*); **2.** *su./m* treble; **triplé** *m*, **e** *f* [tri'ple] *children*: triplet; **tripler** [~] (1a) *vt/i.* treble; increase threefold.

triporteur [tripɔr'tœ:r] *m* carrier-tricycle; (*commercial*) tri-car.

tripot [tri'po] *m* gambling house, dive; **tripotage** [tripɔ'ta:ʒ] *m* messing about *or* round; *fig.* intrigue; tampering (*with accounts, the cash, etc.*); **tripotée** *sl.* [~'te] *f* hiding, beating; lots *pl.* (*of people, things*); **tripoter** [~'te] (1a) *v/i.* mess about *or* around; rummage about; *v/t.* finger, fiddle with, play with; meddle with (*s.th.*); paw (*s.o.*); *fig.* be up to; **tripoteur** [~'tœ:r] *m* intriguer; mischief-maker; shady speculator.

triptyque [trip'tik] *m art*: triptych; *admin.* triptyque; *fig.* three-part plan *etc.*

trique F [trik] *f* cudgel, big stick; *maigre* (*or sec*) *comme un coup de* ~ as thin as a rake.

triqueballe † [trik'bal] *m* timber-cart; logging-wheels *pl.*

triquer [tri'ke] (1m) *v/t.* sort (*timber*); beat, thrash (*s.o.*).

trisaïeul [triza'jœl] *m* great-great grandfather; **trisaïeule** [~] *f* great-great grandmother.

trisannuel, -elle [triza'nɥɛl] triennial.

trisection [trisɛk'sjɔ̃] *f* trisection.

trisser[1] *sl.* [tri'se] (1a) *v/t.*: *se* ~ clear off.

trisser[2] [~] (1a) *v/i.* call for a second encore; *v/t.* encore twice.

triste [trist] sad; sorrowful, melancholy (*face, news, person*); downcast (*expression, face, person*); dull (*life, weather*); gloomy, dreary (*life, room, scene, weather*); painful (*duty,* *news*); *fig.* sorry, poor; **tristesse** [tris'tɛs] *f* sadness; gloom; *life, room, scene, weather*: gloominess, dreariness; *scenery*: bleakness.

triton[1] *zo.* [tri'tɔ̃] *m* water-salamander, newt; *mollusc*: trumpet-shell.

triton[2] ♪ [~] *m* tritone.

trituration ⊕ [trityra'sjɔ̃] *f* trituration, grinding; **triturer** ⊕ [~'re] (1a) *v/t.* grind (up); knead, pommel; manipulate; F *se ~ la cervelle* rack one's brains.

trivalence ⚗ [triva'lɑ̃:s] *f* trivalence; **trivalent, e** ⚗ [~'lɑ̃, ~'lɑ̃:t] trivalent.

trivial, e, *m/pl.* **-aux** [tri'vjal, ~'vjo] trite, hackneyed; vulgar, coarse; **trivialité** [~vjali'te] *f* triteness; vulgarity, coarseness, vulgarism.

troc [trɔk] *m* barter, exchange; F swop(ping), *Am.* swap(ping).

trochée [trɔ'ʃe] *m prosody*: trochee.

troène ♀ [trɔ'ɛn] *m* privet.

troglodyte [trɔglɔ'dit] *m zo., orn.* troglodyte; *person*: caveman, cave-dweller.

trogne [trɔɲ] *f* bloated face.

trognon [trɔ'ɲɔ̃] *m fruit*: core; *cabbage*: stump, stalk; *sl.* darling; F *fig. jusqu'au ~* completely, utterly.

trois [trwɑ] **1.** *adj./num.* three; *date, title*: third; **2.** *su./m/inv.* three; ♈ *règle f de ~* rule of three; **~-étoiles** [trwɑze'twal] *adj.* (*a. su./inv.*) three-star (restaurant *or* hotel, *etc.*); **troisième** [~'zjɛm] **1.** *adj./num., a. su.* third; **2.** *su./m fraction*: third; third (*Am.* fourth) floor; *su./f secondary school*: (*approx.*) fourth form; **trois-mâts** ⚓ [trwɑ'mɑ] *m/inv.* three-master; **trois-pieces** *cost.* [~'pjɛs] *m/inv.* three-piece suit; **trois-quarts** [~'ka:r] *m/inv.* ♪ three-quarter violin; three-quarter length coat; *rugby*: three-quarter; **trois-six** ✝ [~'sis] *m* proof spirit.

trolley [trɔ'lɛ] *m* ⊕ trolley, runner; ⚡ trolley(-pole and wheel); **~bus** [~lɛ'bys] *m* trolley-bus.

trombe [trɔ̃:b] *f meteor.* waterspout; *fig.* stream, torrent; *~ d'eau* cloudburst; *fig. en ~* like a whirlwind; *entrer* (*passer*) *en ~* burst in (dash by).

trombine *sl.* [trɔ̃'bin] *f* face; head.

trombone [trɔ̃'bɔn] *m* ♪ trombone; (wire) paper-clip; **tromboniste** ♪ [~bɔ'nist] *m* trombonist.

trommel ⊕, ⚒ [trɔ'mɛl] *m* revolving screen; drum.

trompe [trɔ̃:p] *f* ♪ horn (*a. mot.*); *zo.* proboscis, *elephant*: trunk; *anat.* tube; *~s pl. utérines* Fallopian tubes.

trompe-la-mort F [trɔ̃pla'mɔ:r] *su./inv.* death-dodger; **trompe-l'œil** [~'plœ:j] *m/inv. art*: trompe-l'œil; *fig.* eyewash, window dressing; **tromper** [~'pe] (1a) *v/t.* deceive; cheat; mislead; delude (about, *sur*); be unfaithful to (*one's husband or wife*); outwit, elude (*the law, a watch*); *fig.* beguile (*one's grief, one's hunger, the time*); *fig.* run counter to (*hopes, intentions*); *se ~* be wrong; make a mistake; *se ~ de chemin* take the wrong road; **tromperie** [~'pri] *f* deceit, deception; illusion; piece of deceit.

trompeter [trɔ̃p'te] (1c) *v/t.* trumpet abroad (*a. fig.*); *fig.* divulge; *v/i.* sound the trumpet; scream (*eagle*).

trompette [trɔ̃'pɛt] *su./f* trumpet; *en ~* turned-up (*nose*); *su./m* = **trompettiste** [~pɛ'tist] *m* trumpeter.

trompeur, -euse [trɔ̃'pœ:r, ~'pø:z] **1.** *adj.* deceitful (*person*); lying (*tongue, words*); *fig.* deceptive (*appearance etc.*); **2.** *su.* deceiver; cheat; betrayer.

tronc [trɔ̃] *m* ♈, ⚠, *anat.* trunk; ♀ *tree*: bole; ⚠ *column*: drum; *eccl.* collection-box; alms-box; ♈ frustum; ♈ *~ de cône* truncated cone; **tronche** *sl.* [trɔ̃ʃ] *f* head; **tronçon** [~'sɔ̃] *m* stump; piece; length; offcut; 🚂, *tel., etc.* section; **tronconique** ♈ [~kɔ'nik] in the shape of a truncated cone; **tronçonner** [~sɔ'ne] (1a) *v/t.* cut up; cut into lengths *or* sections.

trône [tro:n] *m* throne; *monter sur le ~* ascend the throne; **trôner** [tro'ne] (1a) *v/i.* sit enthroned; F *fig.* sit in state, lord it.

tronquer [trɔ̃'ke] (1m) *v/t.* ⚠, ♈ truncate; *fig.* shorten; *fig.* cut down.

trop [tro] *adv.* too much *or* many; too, over-…; unduly; too long *or* far; too often; too well; *de ~* too many; *être de ~* be unwelcome, be in the way; *ne … que ~* far too …, only too …; *par ~* altogether *or* really too …

trophée [trɔ'fe] *m* trophy.

trophique *physiol.* [trɔ'fik] trophic; digestive (*trouble*).

tropical, e, *m/pl.* **-aux** [trɔpi'kal,

~'ko] tropical (*climate, heat, plant*); **tropique** *astr., geog.* [~'pik] *m* tropic.

trop-plein [trɔ'plɛ̃] *m* overflow; waste-pipe; overflow-pipe; *fig.* superabundance.

troquer [trɔ'ke] (1m) *v/t.* exchange, barter, F swop, *Am.* swap (for, *contre*).

troquet F [trɔ'kɛ] *m* (*small*) café.

trot [tro] *m* trot; *aller au* ~ trot; F *au* ~ quickly; *prendre le* ~ break into a trot; **trotte** F [trɔt] *f* (*a* good) distance; **trotte-menu** † [~mə'ny] *adj./inv.* scampering; *poet. la gent* ~ mice *pl.*; **trotter** [trɔ'te] (1a) *v/i.* trot; scamper (about); F *fig.* be on the move *or* go; ~ *par* (*or dans*) *la tête de q.* haunt s.o. (*tune*); *v/t.*: F se ~ be off; **trotteur, -euse** [~'tœːr, ~'tøːz] **1.** *adj.* walking(-*costume etc.*); **2.** *su. horse*: trotter; *fig.* quick walker; *su./f clock, watch*: second hand; **trottiner** [~ti'ne] (1a) *v/i.* trot short (*horse*); jog along (*on a horse*); *fig.* toddle (*child*); *fig.* trot about; **trottinette** [~ti'nɛt] *f* scooter; **trottoir** [~'twaːr] *m* pavement, footpath, *Am.* sidewalk; ~ *cyclable* cycle path; F *pej. faire le* ~ walk the streets.

trou [tru] *m* hole; *needle*: eye; gap (*a. fig.*); *anat.* foramen; *thea.* (*prompter's*) box; ✈ ~ *d'air* air pocket; ⊕ ~ *de graissage* oil-hole; *fig. boucher un* ~ pay off a debt; *faire* (*or créer*) *le* ~ *sp.* break clear; *fig.* outdistance one's rivals; F *faire un* ~ *à la lune* do a moonlight flit; abscond.

troublant, e [tru'blɑ̃, ~'blɑ̃ːt] disturbing; disquieting; unsettling; **trouble** [trubl] **1.** *adj.* blurred, hazy; cloudy (*liquid etc.*); confused; murky (*light, sky, etc.*); dim (*eyes, light*); **2.** *su./m* confusion, disorder; agitation, distress; discord, dissension; *fig.* uneasiness, turmoil; ~*s pl. pol.* unrest *sg.*, disturbances; ⚕ trouble *sg.*, disorders; **trouble-fête** [troublə'fɛːt] *su./inv.* spoilsport; wet blanket; **troubler** [~'ble] (1a) *v/t.* disturb; cloud (*a liquid*); *fig.* interrupt; *fig.* perplex, disconcert; make (*s.o.*) uneasy; ruffle (*s.o.*); se ~ become cloudy *or* overcast (*sky*); falter (*voice*); become flustered (*person*); show concern.

trouée [tru'e] *f* gap, break; ⚔ breach, break-through; **trouer** [~] (1a) *v/t.* make a hole *or* holes in; *fig.* pit (with, *de*); *fig.* make gaps in; se ~ wear into holes, develop holes; *être troué* have a hole *or* holes (in it).

trouille *sl.* [truːj] *f* fear, jitters *pl.*; *avoir la* ~ have the wind up, be in a blue funk.

troupe [trup] *f people*: troop (*a.* ⚔), band; *pej.* gang; *thea.* company, troupe; ⚔ regiment; ⚔ men *pl.*; *cattle, deer, etc.*: herd; *geese, sheep*: flock; *flies*: swarm; *birds*: flight; ⚔ ~*s pl.* forces, troops; **troupeau** [tru'po] *m cattle etc.*: herd; *geese, sheep, a. fig., eccl.*: flock; *fig.* set, pack; **troupier** † F [~'pje] *m* soldier; *jurer comme un* ~ swear like a trooper.

trousse [trus] *f* † bundle; *hay*: truss; ⊕, ⚕ *instruments, tools*: case, kit; ~ *à pharmacie* first-aid box *or* kit; ~ *de maquillage* vanity case *or* bag; ~ *à outils* toolkit; ~ *de réparation* repair kit; ~ *de toilette* toilet bag, sponge bag; ~ *de voyage* travelling case; *aux* ~*s de* on (*s.o.'s*) heels, after (*s.o.*); **trousseau** [tru'so] *m keys etc.*: bunch; outfit; *bride*: trousseau; *metall.* sweep; **trousse-queue** [trus'kø] *m/inv. horse*: tail-case; **trousser** [tru'se] (1a) *v/t.* tuck up; turn up (*one's trousers*); *cuis.* truss (*fowl*); *metall.* sweep (*a mould*); F *fig.* dash (*s.th.*) off.

trouvable [tru'vabl] that can be found, findable; **trouvaille** [~'vɑːj] *f* (lucky) find, godsend; **trouver** [~'ve] (1a) *v/t.* find; discover, hit *or* come upon; meet (with); *fig.* consider, think; ~ *bon* (*mauvais*) (dis)approve; ~ *bon de* (*inf.*) think fit to (*inf.*); ~ *la mort* meet one's death; *aller* (*venir*) ~ *q.* go (come) and see s.o.; *comment trouvez-vous ...?* what do you think of ...?; *enfant m trouvé* foundling; *objets m/pl. trouvés* lost property *sg.*; *vous trouvez?* do you think so?; *se* ~ be (present, situated); feel (*better etc.*); happen; *il se trouve que ...* it happens that; **trouvère** [~'vɛːr] *m* minstrel; **trouveur** *m*, **-euse** *f* [~'vœːr, ~'vøːz] discoverer; finder.

truand [try'ɑ̃] *m* crook, villain; † begger; **truander** F [~ɑ̃'de] *v/t.* (1a) swindle, do.

truble [trybl] *f fishing*: hoop-net, shove-net.

truc F [tryk] *m* knack, hang; dodge, trick; thingummy, thing, gadget.

trucage [try'ka:ʒ] *m* faking; cheating; fake; F *accounts*: cooking; *cin.* trick picture; ⚔ dummy work; *pol. elections*: gerrymandering.
truchement [tryʃ'mɑ̃] *m* † interpreter; *fig.* go-between; *fig.* means of expression; *par le* ~ *de* through.
trucider F [trysi'de] (1a) *v/t.* massacre, kill.
truc(k) 🚃 [tryk] *m* truck.
truculent, e [tryky'lɑ̃, ~'lɑ̃:t] colo(u)rful.
truelle [try'ɛl] *f* ⚠, ⊕, *etc.* trowel; *cuis.* (*fish-*)slice; **truellée** [~ɛ'le] *f* trowelful.
truffe [tryf] *f* ⚘, *cuis.* truffle; *dog*: nose; F idiot; **truffer** [try'fe] (1a) *v/t. cuis.* stuff with truffles; *fig. truffé de* full of, bristling with; **trufficulteur** [~fikyl'tœ:r] *m* truffle-grower; **truffier, -ère** [~'fje, ~'fjɛ:r] **1.** *adj.* truffle-...; **2.** *su./m* truffle-grower; *su./f* truffle-bed.
truie [trɥi] *f* sow.
truisme [try'ism] *m* truism.
truite *icht.* [trɥit] *f* trout; ~ *saumonée* salmon trout; **truité, e** [trɥi'te] spotted; speckled; crackled (*china*).
trumeau [try'mo] *m* ⚠ pier; pier-glass; *cuis.* leg of beef.
truquage [try'ka:ʒ] *m see trucage*; **truquer** [~'ke] (1m) *v/t.* fake; F fiddle with, fix; cook (*accounts*); *pol.* gerrymander (*elections*); *v/i.* cheat; sham; **truqueur** *m*, **-euse** *f* [~'kœ:r, ~'kø:z] *person*: fraud, humbug; faker (*of antiques etc.*).
trust ✝ [trœst] *m* trust; **truster** ✝ [trœs'te] (1a) *v/i.* trust; *v/t.* monopolize (*a. fig.*).
tsar [tsa:r] *m* tsar, czar; **tsarine** [tsa'rin] *f* tsarina, czarina; **tsariste** [~'rist] *adj.*, *a. su.* tsarist, czarist.
tsé-tsé *zo.* [tse'tse] *f* tsetse-fly.
tu[1] [ty] *pron./pers.* you.
tu[2], **e** [~] *p.p. of taire.*
tuable [tɥabl] fit for slaughter (*animal*); **tuant, tuante** F [tɥɑ̃, tɥɑ̃:t] killing (*work*); splitting (*headache*); *fig.* exasperating; boring (*person*).
tub [tœb] *m* tub, bath.
tuba [ty'ba] *m* ♪ tuba; *sp.* snorkel.
tubage [ty'ba:ʒ] *m* ⊕, ⚠, ⚕, *vet.* tubing; *shaft, well*: casing; **tube** [tyb] *m* ⚘, ⚗, ⚕, ⊕ *boiler*, ⚓ *torpedo*, *anat.*, *paint.*, *phys.*, *telev.*, ✝ *toothpaste, etc.*: tube; ⊕, ⚠ pipe; *radio*: valve; *anat.* duct; *sl.* hit (song); *sl.* (tele)phone; ⚗ ~ *à essai* test-tube; *telev.* ~ *de prise de vue* camera tube; *sl. coup de* ~ phone call; F buzz.
tuber [ty'be] (1a) *v/t.* ⊕, ⚕, *vet.* tube (*boiler, bore-hole, larynx, well*); ⊕ case (*a shaft*).
tubercule [tybɛr'kyl] *m* ⚘ tuber; ⚕ tubercle; **tuberculé, e** *biol.* [~ky'le] tubercled, tuberculate(d); **tuberculeux, -euse** [~ky'lø, ~'lø:z] **1.** *adj.* ⚘ tubercular; ⚕ tuberculous; **2.** *su.* ⚕ tubercular patient; consumptive; **tuberculose** ⚕ [~ky'lo:z] *f* tuberculosis.
tubéreux, -euse ⚘ [tybe'rø, ~'rø:z] tuberose; **tubérosité** [~rozi'te] *f* tuberosity.
tubulaire ⚘, ⚠, ⊕, 🚃 [tyby'lɛ:r] tubular.
tubulure [tyby'ly:r] *f pump etc.*: pipe; nozzle; *bottle*: neck; *mot.* manifold.
tue-chien ⚘ [ty'ʃjɛ̃] *m/inv.* meadow-saffron; **tue-mouches** [~'muʃ] *m/inv.* ⚘ fly agaric; fly-swatter; (*a. papier m* ~) fly-paper; **tuer** [tɥe] (1n) *v/t.* kill (*a. fig. time*); *butcher*: slaughter; *fig.* bore (*s.o.*) to death; *fig.* while away (*one's time*); ⚔ *tué à l'ennemi* killed in action; *se* ~ kill o.s.; commit suicide; be killed; *fig.* wear o.s. out (in, with *à*); **tuerie** [ty'ri] *f fig.* slaughter, massacre; slaughter-house; **tue-tête** [~'tɛt] *adv.*: *à* ~ at the top of one's voice; **tueur** *m*, **tueuse** *f* [tɥœ:r, tɥø:z] killer, slayer, slaughterer (*a. fig.*).
tuf [tyf] *m geol.* tufa; *fig.* foundation, bed-rock; *geol.* ~ *volcanique* tuff.
tuile [tɥil] *f* tile; F *fig.* (piece of) bad luck, blow; **tuileau** [tɥi'lo] *m* broken tile; piece of tile; **tuilerie** ⊕ [tɥil'ri] *f* tileworks *usu. sg.*, tilery; **tuilier** ⊕ [tɥi'lje] *m* tiler, tile maker.
tulipe [ty'lip] *f* ⚘ tulip; ⚡ (tulip-shaped) lamp-shade; **tuilipier** ⚘ [~li'pje] *m* tulip-tree.
tulle *tex.* [tyl] *m* tulle; net.
tuméfaction ⚕ [tymefak'sjɔ̃] *f* swelling, tumefaction; **tuméfié, e** ⚕ [~'fje] (1o) swollen.
tumeur ⚕ [ty'mœ:r] *f* tumo(u)r, F growth; swelling.
tumulaire [tymy'lɛ:r] tomb..., grave...; tumular(y).
tumulte [ty'mylt] *m* tumult, uproar; *passions, politics*: turmoil; *business*: rush, bustle; riot; **tumultueux,**

-**euse** [~myl'tɥø, ~'tɥø:z] tumultuous, riotous; *fig.* noisy, rowdy.
tumulus [tymy'lys] *m* tumulus, barrow.
tungstène ⚒ *metall.* [tœ̃ks'tɛn] *m* tungsten, wolfram; *acier m au ~* tungsten steel.
tunique [ty'nik] *f* ⚘, ⚔, *cost.* tunic; *eccl.* tunicle.
tunnel [ty'nɛl] *m* tunnel (*a. fig.*); *~ aérodynamique* wind tunnel.
turban *cost.* [tyr'bɑ̃] *m* turban.
turbin F [tyr'bɛ̃] *m* work, job, F grind.
turbine ⊕ [tyr'bin] *f* turbine; *vacuum cleaner*: rotary fan.
turbiner F [tyrbi'ne] (1a) *v/i.* work, toil; *school*: swot, grind; **turbineur** F [~'nœ:r] *m* hard worker.
turbocompresseur ⊕, ✈ [tyrbɔkɔ̃prɛ'sœ:r] *m* turbo-compressor, turbo-supercharger; **turbopropulseur** ✈ [~prɔpyl'sœ:r] *m* propeller turbine; *avion m à ~* turboprop aircraft; **turboréacteur** ✈ [~reak'tœ:r] *m* turbo-jet engine.
turbot *icht.* [tyr'bo] *m* turbot.
turbulence [tyrby'lɑ̃:s] *f* turbulence (*a. phys.*); *child*: boisterousness; *fig.* unruliness; **turbulent, e** [~lɑ̃, ~'lɑ̃:t] turbulent; boisterous (*child, wind*); wild (*sea*); stormy (*life*); *fig.* unruly (*people*).
turc, turque [tyrk] **1.** *adj.* Turkish; † *fig.* hard-hearted, harsh; **2.** *su./m ling.* Turkish; *su.* ♀ Turk; *tête f de* ♀ scapegoat; try-your-strength machine (*at a fair*).
turf [tyrf] *m* racecourse; turf, racing; **turfiste** [tyr'fist] *su.* racegoer.
turgide [tyr'ʒid] turgid, swollen.
turion ⚘ [ty'rjɔ̃] *m* turion.
turlupin † [tyrly'pɛ̃] *m* buffoon, clown; **turlupinade** † [~pi'nad] *f* piece of low buffoonery; low pun; **turlupiner** [~pi'ne] (1a) *v/t.* F worry; bother; *v/i.* † play the clown, act the buffoon.
turlututu F [tyrlyty'ty] **1.** *su./m* ♪ (*sort of*) toy flute; **2.** *int.* fiddlesticks!; hoity-toity!
turne F [tyrn] *f* digs *pl.*; den, room; dilapidated house; *quelle ~!* what a hole!; what a dump!
turnep(s) ⚘ [tyr'nɛp(s)] *m* kohlrabi.
turpitude [tyrpi'tyd] *f* turpitude; depravity; smut(ty talk *or* story); foul deed.
turquin [tyr'kɛ̃] *adj./m*: *bleu ~* bluish-grey, slate-blue.
turquoise [tyr'kwa:z] **1.** *su./f stone*: turquoise; **2.** *adj./inv.* turquoise (*colour*).
tus [ty] *1st p. sg. p.s. of taire.*
tussilage ⚘ [tysi'la:ʒ] *m* coltsfoot.
tutélaire [tyte'lɛ:r] tutelary; guardian ...; **tutelle** [~'tɛl] *f* ⚖ guardianship, tutelage; *pol.* trusteeship; *fig.* protection.
tuteur, -trice [ty'tœ:r, ~'tris] *su.* ⚖ guradian; *fig.* protector; *su./m* ⚒ prop, stake; **tuteurage** ⚒ [~tœ'ra:ʒ] *m* staking.
tutoiement [tytwa'mɑ̃] *m* use of *tu* and *toi* (*as a sign of familiarity*); **tutoyer** [~'je] (1h) *v/t.* address (*s.o.*) as *tu*; be on familiar terms with (*s.o.*).
tutu [ty'ty] *m* ballet-skirt.
tuyau [tɥi'jo] *m* pipe, tube; *cost.* fluting, goffer; ⚘ stalk; *pipe*: stem; *chimney*: flue; F *fig.* tip, wrinkle, hint; ⚒ *~ d'arrosage* garden-hose; *mot. ~ d'échappement* exhaust (pipe), tailpipe; *~ d'écoulement* drain pipe; *~ de jonction* (*or communication*) connecting pipe; *~ de poêle* stovepipe; *sl.* top-hat; *~ d'incendie* firehose; *fig. dire qch. à q. dans le ~ de l'oreille* whisper s.th. in s.o.'s ear; **tuyautage** [tɥijo'ta:ʒ] *m* ⊕ piping, tubing; pipes *pl.*; pipe-line; *cost.* fluting, goffering; F *fig.* tipping (off); **tuyauter** [~'te] (1a) *v/t.* flute (*linen*); F give (*s.o.*) a tip; *fer m à ~* goffering iron *or* tongs *pl.*; **tuyauterie** [~'tri] *f* pipe and tube works *usu. sg. or* factory *or* trade; *cost.* fluting, goffering.
tuyère [tɥi'jɛ:r] *f* ⊕ nozzle; ✈ *~ d'éjection* outlet jet, *Am.* jet outlet.
tympan [tɛ̃'pɑ̃] *m* ⚠, *anat.* tympanum; *anat.* (ear-)drum; ⊕ pinion; *hydraulics*: scoop-wheel; treadmill; *typ.* tympan; *fig. crever le ~ à q.* split s.o.'s ears; **tympanisme** ⚕ [tɛ̃pa'nism] *m* tympanites; **tympanon** ♪ [~'nɔ̃] *m* dulcimer.
type [tip] **1.** *su./m* type (*a. typ., fig.*); standard model *or* pattern; ✝ sample; F fellow, chap, guy; **2.** *adj.* typical; standard ...; **typesse** *sl.* [ti'pɛs] *f* female.
typhique ⚕ [ti'fik] typhous; **typhoïde** ⚕ [~fɔ'id] **1.** *adj.* typhoid; **2.** *su./f* typhoid (fever).

typhon *meteor.* [ti'fɔ̃] *m* typhoon.
typhus ⚕ [ti'fys] *m* typhus.
typique [ti'pik] typical (of, *de*); symbolical.
typographe [tipɔ'graf] *m* typographer, printer; **typographie** [~gra'fi] *f* typography; letterpress printing; printing-works *usu. sg.*; **typographique** [~gra'fik] typographical; *erreur f* ~ misprint.
tyran [ti'rɑ̃] *m* tyrant (*a. fig.*); *orn.* king-bird; **tyrannicide** [tirani'sid] *su. person*: tyrannicide; *su./m act*: tyrannicide; **tyrannie** [~'ni] *f* tyranny (*a. fig.*); **tyrannique** [~'nik] tyrannical (*a. fig.*); **tyranniser** [~ni'ze] (1a) *v/t.* tyrannize (*s.o.*); oppress (*s.o.*); rule (*s.o.*) with a rod of iron; *fig.* bully (*s.o.*).
tyrolien, -enne [tirɔ'ljɛ̃, ~'ljɛn] **1.** *adj.* Tyrolese; **2.** *su.* ♀ Tyrolese; *les* ♀*s m/pl.* the Tyrolese; *su./f* ♪ yodelled melody; ♪ Tyrolienne.
tzar [tsa:r] *etc. see tsar etc.*
tzigane [tsi'gan] *su.* Hungarian gipsy, Tzigane.

U

U, u [y] *m* U, u; ⊕ *fer m en U* U-girder.
ubiquité [ybikɥi'te] *f* ubiquity; *avoir le don d'*~ be everywhere at the same time.
ubuesque [yby'ɛsk] grotesque.
ukase *pol.*, *a. fig.* [y'kɑːz] *m* ukase, edict.
ulcération ⚕ [ylsera'sjɔ̃] *f* ulceration; **ulcère** ⚕ [~'sɛːr] *m* ulcer; sore; ~ *à l'estomac* stomach ulcer; **ulcérer** [ylse're] (1f) *v/t.* ⚕ ulcerate; *fig.* embitter; **ulcéreux, -euse** [~'rø, ~'røːz] ulcerated; ulcerous.
ultérieur, e [ylte'rjœːr] ulterior; further; subsequent (to, *à*), later (*time*).
ultimatum [yltima'tɔm] *m* ultimatum; **ultime** [~'tim] ultimate, final; **ultimo** [~ti'mo] *adv.* lastly, finally.
ultra *pol.* [yl'tra] *m* extremist, ultra.
ultra... [yltra] ultra...; **~court, e** *phys.* [~'kuːr, ~'kurt] ultra-short (*wave*); **~montain, e** [~mɔ̃'tɛ̃, ~'tɛn] **1.** *adj. geog.*, *pol.*, *eccl.* ultramontane; **2.** *su. eccl.*, *pol.* ultramontanist, Vaticanist; **~-sensible** [~sɑ̃'sibl] high-speed (*film*); **~(-)son** *phys.* [~'sɔ̃] *m* ultra-sound; **~-sonore** *phys.* [~sɔ'nɔːr] ultrasonic; supersonic; **~violet, -ette** *opt.* [~vjɔ'lɛ, ~'lɛt] ultraviolet.
ululer [yly'le] (1a) *v/i.* hoot (*owl*).
un, une [œ̃, yn] **1.** *art./indef.* a, *before vowel*: an; *fig.* someone like; such a (*in int. as intensive*); *not translated before abstract nouns qualified by an adj.*: *avec une grande joie* with great joy; ~ *de ces jours* one of these days; ~ *jour ou l'autre* some day or other; **2.** *adj./num./inv.* one; *une fois* once; *une heure* one o'clock; ~ *jour sur deux* every other day; *c'est tout* ~ it makes no difference; *de deux choses l'une* (it's) one thing or the other; **3.** *su.* one; ~ *à* ~ one by one; *ne faire qu'*~ be as one; be hand in glove; *su./f*: *journ. la une* page one; *su./m*: *le un* (number) one; *thea.* first act; **4.** *pron./indef.* one; *les* ~*s les autres* one another, each other; *les* ~*s* ..., *les autres* ... some ..., others ...; *l'*~ *l'autre* one another, each other.
unanime [yna'nim] unanimous (in s.th., *dans qch.*; in *ger. à*, *pour inf.*); **unanimité** [~nimi'te] *f* unanimity; *à l'*~ unanimously, with one voice.
uni, e [y'ni] **1.** *p.p. of unir*; **2.** *adj.* smooth; level, even (*ground*); regular; plain (*colour*, *a. tex.*); *fig.*, *a. pol.* united; close(-knit) (*family etc.*); **3.** *su./m* plain *or* simple material.
unicellulaire ⚘, *a. zo.* [ynisɛly'lɛːr] unicellular.
unicité [ynisi'te] *f* uniqueness; *phls.* oneness.
unicolore [ynikɔ'lɔːr] unicolo(u)red; one-colo(u)red.
unicorne [yni'kɔrn] **1.** *adj.* single-horned; **2.** *su./m* 📖, *zo.*, *myth.* unicorn.
unidirectionnel, -elle [ynidirɛksjɔ'nɛl] unidirectional.
unième [y'njɛm] *adj./num.*, *a. su. in compounds*: first; *vingt et* ~ twenty-first.
unification [ynifika'sjɔ̃] *f* unification; ⊕, ✝ *companies*: amalgamation, merger; ✝ standardization; **unifier** [~'fje] (1o) *v/t.* unify; ⊕, ✝ amalgamate, merge (*companies*); ✝ standardize.
uniforme [yni'fɔrm] **1.** *adj.* uniform, unvarying; flat (*rate*); *fig.* monotonous; **2.** *su./m* ⚔, ⚓, *school, etc.*: uniform; **uniformément** [ynifɔrme'mɑ̃] *adv. of uniforme 1*; **uniformiser** [~mi'ze] (1a) *v/t.* standardize; make (*s.th.*) uniform; **uniformité** [~mi'te] *f* uniformity; *fig.* consistency; evenness.
unijambiste [yniʒɑ̃'bist] *su.* one-legged person.
unilatéral, e, *m/pl.* **-aux** ⚘, ⚖, *pol.*, *etc.* [ynilate'ral, ~'ro] unilateral.
union [y'njɔ̃] *f* union; combination; *admin.* association; marriage; ⊕ coupling, union-joint; *fig.* agreement.

unipare *biol.* [yni'pa:r] uniparous.

uniphasé, e ⚡ [ynifɑ'ze] monophase; single-phase.

unipolaire ⚡ [ynipɔ'lɛ:r] unipolar, single-pole ...

unique [y'nik] unique; single, alone; only; ⚔, *pol.* united; *fig.* unrivalled; *fig. pej.* impossible; *seul et* ~ one and only; **uniquement** [ynik'mɑ̃] *adv.* solely; simply, merely.

unir [y'ni:r] (2a) *v/t.* unite (with, *à*); combine (with, à); join in marriage; s'~ (*à, avec*) unite (with); combine (with); be joined in marriage.

unisson [yni'sɔ̃] *m* ♪ unison; *à l'*~ in unison (with, *de*); *fig.* in harmony *or* keeping (with, *de*).

unitaire [yni'tɛ:r] unitary; unitarian (*a. eccl.*); Ѧ, ⚚ unit-...; **unitarisme** *eccl.* [~ta'rism] *m* Unitarianism; **unité** [~'te] *f* ⚔, Ѧ unit; Ѧ one; Ѧ, *phls., fig., thea.* unity; *fig.* consistency, uniformity; ⚚ *prix m de l'*~ price of one.

univalent, e ⚗ [yniva'lɑ̃, ~'lɑ̃:t] univalent, monovalent.

univers [yni'vɛ:r] *m* universe; **universaliser** [yniversali'ze] (1a) *v/t.* universalize; **universalité** [~sali'te] *f* universality; whole (*a.* ⚖), entirety; **universel, -elle** [~'sɛl] universal (*a. phls.*, ⊕); ⊕ *etc. a.* all-purpose, general-purpose; world (-wide); ⚖ residuary (*legatee*); *fig. homme m*~ all-rounder; ⚕ *remède m*~ panacea.

universitaire [yniversi'tɛ:r] **1.** *adj.* university ..., academic; **2.** *su.* academic; **université** [~'te] *f* university.

univoque [yni'vɔk] univocal; *fig.* unequivocal (*language, proof, words*); *fig.* uniform.

Untel [ɛ̃'tɛl] *m*: *Monsieur* (*Madame*) ~ Mr (Mrs) so-and-so.

uppercut *box.* [ypɛr'kyt] *m* uppercut.

uranate ⚗ [yra'nat] *m* uranate; **urane** ⚗ [y'ran] *m* uranium oxide; **uranite** *min.* [yra'nit] *f* uranite; **uranium** ⚗ [~'njɔm] *m* uranium.

urbain, e [yr'bɛ̃, ~'bɛn] urban; town ...; city ...; urbane; **urbaniser** [~ni'ze] (1a) *v/t.* urbanize; **urbanisme** [~'nism] *m* urbanism; town planning, *Am.* city planning; **urbaniste** [~'nist] *m* urbanist; town planner, *Am.* city planner; **urbanistique** [~ni'stik] urbanistic, town-planning ...; **urbanité** [~ni'te] *f* urbanity.

urée ⚗ [y're] *f* urea; **urémie** ⚕ [yre'mi] *f* ur(a)emia; **urétérite** ⚕ [~te'rit] *f* ureteritis; **urètre** *anat.* [y'rɛ:tr] *m* urethra.

urgence [yr'ʒɑ̃:s] *f* urgency; ⚕ *etc.* emergency; *affairs*: pressure; *d'*~ immediately; emergency...; *en cas d'*~ in case of *or* in an emergency; *il y a* (*grande*) ~ it is (very) urgent; **urgent, e** [~'ʒɑ̃, ~'ʒɑ̃:t] urgent, pressing; ⚕ *cas m* ~ emergency; **urger** F [~'ʒe] (1l) *v/i.* be urgent; *rien n'urge* there's no hurry.

urinaire *anat.* [yri'nɛ:r] urinary; **urinal** ⚕ [~'nal] *m* (*day-, bed-*) urinal; **urine** *physiol.* [y'rin] *f* urine; **uriner** [yri'ne] (1a) *v/i.* urinate, make water; **urinoir** [~'nwa:r] *m* (public) urinal.

urique ⚗ [y'rik] uric.

urne [yrn] *f* urn; (~ *électorale*) ballot box; ~ *funéraire* cinerary urn; *aller* (*or se rendre*) *aux* ~*s* go to the polls.

urologie ⚕ [yrɔlɔ'ʒi] *f* urology; **urologiste** ⚕ [~'ʒist] *m* urologist.

urticacées ⚘ [yrtika'se] *f/pl.* urticaceae; **urticaire** ⚕ [~'kɛ:r] *f* urticaria, nettle-rash.

us [ys] *m/pl.*: ~ *et coutumes f/pl.* ways and customs.

usage [y'za:ʒ] *m* use (*a.* ⚖), employment; *cost., carpet, etc.*: service, wear; *fig.* custom; usage; *fig.* practice; ~ *du monde* good breeding; ⚕ ~ *externe* for external use; *à* ~*s multiples* multi-purpose; *à l'*~ *de* intended for; *faire* ~ *de* use; *faire bon* ~ *de* put to good use; *hors d'*~ disused; *il est d'*~ *de* (*inf.*) it is usual to (*inf.*); **usagé, e** [yza'ʒe] second-hand; worn (*clothes*); used; **usager, -ère** [~'ʒe, ~'ʒɛ:r] **1.** *su.* user; ⚖ *pasturage*: commoner; **2.** *adj.* in everyday use; ⚖ *customs*: for personal use; **usant, e** [y'zɑ̃, y'zɑ̃:t] wearing; exhausting; tiresome (*person*); **usé, e** [y'ze] worn (out); *cost.* threadbare, shabby; frayed (*rope*); *fig.* hackneyed, commonplace; worn-out (*horse*); exhausted (*soil*); **user** [~] **1.** (1a) *v/t.* use up; consume (*fuel*); wear out; spoil (*one's eyes etc.*); waste (*one's youth*); s'~ wear away *or* out; *fig.* be spent; *v/i.*: ~ *de* use; make use of; resort to (*tricks, violence*).

usinage ⊕ [yzi'na:ʒ] *m* machining, tooling; **usine** [y'zin] *f* works *usu. sg.*, factory, plant; *tex.*, *metall.*, *paper*: mill; ~ *atomique* atomic plant; ~ *électrique* power station, powerhouse; ~ *hydraulique* waterworks *usu. sg.*; **usiner** [yzi'ne] (1a) *v/t.* ⊕ machine, tool; process.

usité, e [yzi'te] in use, current.

ustensile [ystɑ̃'sil] *m* utensil, implement; tool.

usuel, -elle [y'zɥɛl] usual, customary; common; *langue f ~elle* everyday language.

usufruit ⚖ [yzy'frɥi] *m* usufruct; life interest; **usufruitier, -ère** ⚖ [~frɥi'tje, ~'tjɛ:r] **1.** *adj.* usufructuary; **2.** *su.* tenant for life; usufructuary.

usuraire [yzy'rɛ:r] usurious; exorbitant.

usure¹ [y'zy:r] *f* ⊕, *cost.*, *furnishings*, *etc.*: wear (and tear); *geol.*, *gramm.* erosion; ⚔ *guerre f d'~* war of attrition; F *avoir q. à l'~* wear s.o. down (in the end).

usure² [y'zy:r] *f* usury; *fig. rendre avec ~* repay (*s.th.*) with interest; **usurier** *m*, **-ère** *f* [yzy'rje, ~'rjɛ:r] usurer.

usurpateur, -trice [yzyrpa'tœ:r, ~'tris] **1.** *adj.* usurping; *fig.* encroaching; **2.** *su.* usurper; **usurpation** [~'sjɔ̃] *f* usurpation (of, *de*); *fig.* encroachment (upon, *de*); **usurpatoire** [~'twa:r] usurpatory; **usurper** [yzyr'pe] (1a) *v/t.* usurp (*the throne, a title*) (from, *sur*); *v/i. fig.* encroach (upon, *sur*).

ut ♪ [yt] *m/inv.* ut; *note*: C; *clef f d'~* C-clef.

utérin, e [yte'rɛ̃, ~'rin] ⚖, ⚕ uterine; ⚖ half(*-brother*, *-sister*) on the mother's side.

utile [y'til] **1.** *adj.* useful; of service; *fig.* convenient; *en temps ~* in (good) time; in due course; **2.** *su./m the* useful; *joindre l'~ à l'agréable* combine business with pleasure; **utilisable** [ytili'zabl] usable; utilizable; available (*ticket*); **utilisateur** [~za'tœ:r] *m* user; **utilisation** [~za'sjɔ̃] *f* utilization; turning (*of s.th.*) to account; use; **utiliser** [~'ze] (1a) *v/t.* make use of; use; utilize; **utilitaire** [~'tɛ:r] *adj.*, *a. su.* utilitarian; **utilitarisme** [~ta'rism] *m* utilitarianism; **utilité** [~'te] *f* utility, usefulness; use; service, useful purpose; *thea.* small *or* minor part; *actor*: utility man.

utopie [ytɔ'pi] *f* utopia; *d'~* utopian; **utopique** [~'pik] *adj.*, *a. su.* utopian; **utopiste** [~'pist] *su.* utopian, utopist.

utricule *anat.* [ytri'kyl] *m* utricle.

uval, e, *m/pl.* **-aux** [y'val, ~'vo] grape-...

uvulaire *anat.* [yvy'lɛ:r] uvular.

V

V, v [ve] *m* V, v; *double v* W, w.

va! [va] *int.* to be sure!; believe me!; well!; good!; ~ *pour cette somme!* done (at that price)!; agreed (at that figure)!

vacance [vaˈkɑ̃:s] *f* vacancy; vacant post; ~*s pl.* holidays; vacation *sg.* (*Am. a. univ.*), *parl.* recess *sg.*; *grandes* ~*s* long holidays *etc.*; **vacancier** *m*, **-ière** *f* [~kɑ̃ˈsje, ~ˈsjɛ:r] holiday-maker, *Am.* vacationist; **vacant, e** [~ˈkɑ̃, ~ˈkɑ̃:t] vacant, unoccupied (*house, post, seat, etc.*); ⚖ in abeyance (*estate*).

vacarme [vaˈkarm] *m* uproar, din, racket, row.

vacation ⚖ [vakaˈsjɔ̃] *f* attendance, sitting; *rights etc.*: abeyance; ~*s pl.* fees; *law-courts*: vacation *sg.*

vaccin ⚕ [vakˈsɛ̃] *m* vaccine; **vaccinal, e,** *m/pl.* **-aux** ⚕ [vaksiˈnal, ~ˈno] vaccinal; **vaccination** ⚕ [~naˈsjɔ̃] *f* vaccination; inoculation; **vaccine** ⚕ [vakˈsin] *f* cowpox; **vacciner** ⚕ [~siˈne] (1a) *v/t.* vaccinate; inoculate.

vache [vaʃ] **1.** *su./f* cow; ✝ cowhide; *sl.* fat woman, V cow; *woman*: bitch; *sl. man etc.*: swine; F *le plancher m des* ~*s* terra firma, dry land; F *fig. manger de la* ~ *enragée* have a hard time of it; F *parler français comme une* ~ *espagnole* murder the French language; **2.** *adj. sl.* harsh; bad; mean, foul; **vachement** *sl.* [vaʃˈmɑ̃] terribly, real, damned; (*rain etc.*) damned hard; **vacher** *m*, **-ère** *f* [vaˈʃe, ~ˈʃɛ:r] cowherd; **vacherie** [vaʃˈri] *f* cowshed, cowhouse; *sl.* dirty trick; nasty remark; **vachette** ✝ [vaˈʃɛt] *f leather*: calfskin.

vacillant, e [vasiˈjɑ̃, ~ˈjɑ̃:t] unsteady; swaying; staggering; flickering (*flame*); shaky (*hand, ladder*); *fig.* undecided; uncertain (*health*); **vacillation** [~jaˈsjɔ̃] *f* unsteadiness; *flame*: flickering; shakiness; *fig.* wavering, vacillation; **vacillatoire** [~jaˈtwa:r] vacillatory; **vaciller** [~ˈje] (1a) *v/i.* be unsteady; sway (to and fro); stagger; be shaky; flicker (*light*); twinkle (*star*); *fig.* vacillate, waver.

vacuité [vakɥiˈte] *f* emptiness, vacuity; **vacuum** [~ˈkɥɔm] *m* vacuum.

vade-mecum [vademeˈkɔm] *m/inv.* vade-mecum; companion (= *book*).

vadrouille [vaˈdru:j] *f* ⚓ swab; F stroll; **vadrouiller** F [vadruˈje] (1a) *v/i.* stroll *or* roam (about *or* around); **vadrouilleur, -euse** [~ˈjœ:r, ~ˈjø:z] **1.** *adj.* strolling; roaming (the streets); **2.** *su.* stroller; roamer.

va-et-vient [vaeˈvjɛ̃] *m/inv.* comings and goings *pl.*; movement to and fro; backward and forward motion, *Am.* back and forth motion; ⚓ shuttle-service; ⊕ reciprocating gear; ⚡ two-way switch; *faire le* ~ *entre* 🚂, *bus, etc.*: ply between.

vagabond, e [vagaˈbɔ̃, ~ˈbɔ̃:d] **1.** *adj.* vagabond; wandering; roving (*a. fig.*); **2.** *su.* vagabond; vagrant, tramp; **vagabondage** [~bɔ̃ˈda:ʒ] *m* wandering; vagrancy; **vagabonder** [~bɔ̃ˈde] (1a) *v/i.* be a vagabond; wander, roam (*a. fig.*).

vagin *anat.* [vaˈʒɛ̃] *m* vagina.

vagir [vaˈʒi:r] (2a) *v/i.* wail (*newborn infant*); squeak (*hare*); **vagissement** [~ʒisˈmɑ̃] *m new-born infant*: vagitus, wail; *hare*: squeak(ing).

vague[1] [vag] *f* ⚓ wave (*a. fig., a.* ⚔); billow; ⚡ *current, fig. anger*: surge; *fig. la nouvelle* ~ the new wave; F *fig. faire des* ~*s* cause a stir; F *fig. pas de* ~*s!* no fuss!

vague[2] [~] **1.** *adj.* vague; hazy; indeterminate; dim (*memory*); loose (-fitting) (*garment*); **2.** *su./m* vagueness.

vague[3] [~] **1.** *adj.* vacant, empty (*look, stare*); **2.** *su./m* empty space; *fig.* vacancy.

vaguemestre [vagˈmɛstr] *m* ⚔ post-orderly; ⚓ postman.

vaguer [vaˈge] (1m) *v/i.* roam, wander.

vaillamment [vajaˈmɑ̃] *adv. of vaillant*; **vaillance** [~ˈjɑ̃:s] *f* valo(u)r, courage, gallantry; **vaillant,**

e [~'jɑ̃, ~'jɑ̃:t] valiant, brave, courageous; ⚔ gallant; stout (*heart*); F *fig.* in good health.
vaille [vaj] *1st p. sg. pres. sbj. of valoir.*
vain, vaine [vɛ̃, vɛn] **1.** *adj.* vain; empty (*promise, title, words, etc.*); useless (*effort*); conceited (*person*); **2.** *vain adv.*: *en* ~ vainly, in vain.
vainc [vɛ̃] *3rd p. sg. pres. of vaincre*; **vaincre** [vɛ̃:kr] (4gg) *v/t.* conquer (*a. fig. an emotion, hardship, etc.*); defeat, beat (*s.o.*) (*a. sp.*); *fig.* outdo; **vaincu, e** [vɛ̃'ky] **1.** *p.p. of vaincre*; **2.** *su.* defeated person *or* party; *sp. etc.* loser; **vainqueur** [~'kœ:r] **1.** *su./m* victor, conqueror; *sp. etc.* winner; **2.** *adj.* victorious; **vainquis** [~'ki] *1st p. sg. p.s. of vaincre*; **vainquons** [~'kɔ̃] *1st p. pl. pres. of vaincre.*
vairon [vɛ'rɔ̃] **1.** *adj./m*: ⚕, *vet.* wall-eyed; *yeux m/pl.* ~*s* eyes of different colo(u)rs; **2.** *su./m icht.* minnow.
vais [vɛ] *1st p. sg. pres. of aller 1.*
vaisseau [vɛ'so] *m* ⚗, ⚓, ⚘, *anat., cuis.* vessel; ⚓ ship; ⚘, *anat.* duct, canal; ⚠ *building*: body; *church*: nave; *anat.* ~ *sanguin* blood-vessel; ~ *spatial* spacecraft; *fig. brûler ses* ~*x* burn one's boats; **~-école,** *pl.* **~x-écoles** [~soe'kɔl] *m* training ship.
vaisselier [vɛsə'lje] *m furniture*: dresser; **vaisselle** [~'sɛl] *f* dishes *pl.*; tableware; crockery, china; *eau f de* ~ dishwater; *faire la* ~ do the washing-up, wash up, *Am.* wash the dishes.
val, *pl.* **vals,** *a.* **vaux** [val, vo] *m* vale, dale; *par monts et par vaux* up hill and down dale.
valable [va'labl] valid (*a. fig.*).
valdinguer *sl.* [valdɛ̃'ge] *v/i. see dinguer.*
valence ⚗ [va'lɑ̃:s] *f* valency.
valenciennes [valɑ̃'sjɛn] *f* Valenciennes (lace).
valériane ⚕, ⚘ [vale'rjan] *f* valerian; **valérianelle** ⚘ [~rja'nɛl] *f* lamb's-lettuce.
valet [va'lɛ] *m* (man-)servant; *cards*: knave, jack; ⊕ door-counterweight; ⊕ clamp, dog; *mirror, etc.*, *a.* ⚗: stand; *fig.* toady; ~ *de chambre* valet, man-servant; ⚒ ~ *de ferme* farm-hand.
valétudinaire [valetydi'nɛ:r] *adj., a. su.* valetudinarian.
valeur [va'lœ:r] *f* value (*a.* ⚖, ⚚, *phls., fig.*), worth; asset (*a. fig.*); ♪ *note*: length; ⚔ valo(u)r, gallantry; ⚚ ~*s pl.* shares, securities; ⚚ ~*s pl. actives* assets; ⚔ ~ *militaire* fighting qualities *pl.*; ⚓ ~ *nautique* seaworthiness; ⚚ ~ *nominale* face value; *de* ~ valuable; *fig.* of value; able (*person*); *mettre en* ~ enhance the value of; develop (*the soil*); reclaim (*a marsh*); *fig.* emphasize, bring out; *objets m/pl. de* ~ valuables; **valeureux, -euse** ⚔ [~lœ'rø, ~'rø:z] brave, gallant, valiant.
validation [valida'sjɔ̃] *f* validation; *law*: ratifying; **valide** [~'lid] valid; healthy; *fig.* sound; ⚔ fit (*for service*); F *fig. peu* ~ off colo(u)r; **valider** [vali'de] (1a) *v/t.* validate; authenticate (*a document*); ratify (*a contract*); **validité** [~di'te] *f* validity.
valise [va'li:z] *f* suitcase; (*diplomatic*) bag; *faire sa* ~ (*or ses* ~*s*) pack one's suitcase(s) *or* one's bags (*a. fig.*).
vallée [va'le] *f* valley; **valleuse** [~'lø:z] *f* small dry valley; **vallon** [~'lɔ̃] *m* small valley; dale, vale; **vallonné, e** [~lɔ'ne] undulating; **vallonnement** [~lɔn'mɑ̃] *m* undulation.
valoir [va'lwa:r] (3l) *v/i.* be worth; be profitable; be as good as; be equal to; apply, hold, be valid; ⚚ *à* ~ on account (of, *sur*); *ça vaut la peine* (*de inf.*) it's worth while (*ger.*); *ça vaut le coup* it's worth trying; *faire* ~ make the most of (*s.th.*); ⚚ invest profitably; ⚚ exploit, make productive; *fig.* emphasize, bring out; *v/t.*: ~ *qch. à q.* earn *or* win s.o. s.th.; *se faire* ~ make the most of o.s.; *v/impers.*: *il vaut mieux* (*inf.*) it's better to (*inf.*); *mieux vaut tard que jamais* better late than never.
valorisation [valɔriza'sjɔ̃] *f* ⚚, *fig.* increase in value *or* importance; **valoriser** [~'ze] (1a) *v/t.* increase the value *or* importance of; upgrade.
valse ♪ [vals] *f* waltz; F *aller* ~ go flying *or* crash (against, *contre*); F *envoyer* ~ send (*s.th.*) flying; send (*s.o.*) packing; F *faire* ~ juggle around; *faire* ~ *l'argent* spend money like water; **valseur, -euse** [~'sœ:r, ~'sø:z] **1.** *adj.* waltzing; **2.** *su.* waltzer.
valu, e [va'ly] **1.** *p.p. of valoir*; **2.** *su./f see moins-value*; *plus-value*; **valus** [~] *1st p. sg. p.s. of valoir.*
valvaire ⚘ *etc.* [val'vɛ:r] valvar, val-

vate; **valve** [valv] *f anat., mot., metall., radio,* ⚘, ⚡: valve; **valvé, e** ⚘ [val've] valvate; **valvule** [~'vyl] *f* valvule; *anat.* valve.

vamp [vã:mp] *f* vamp; **vamper** [~'pe] (1a) *v/t.* vamp, seduce (by coquetry).

vampire [vã'pi:r] *m zo., a. fig.* vampire; *fig.* blood-sucker; **vampirique** [~pi'rik] vampiric; blood-sucking.

van [vã] *m* ⚒ winnowing-basket; fan; winnowing-machine; ⚒ van (-ning-shovel); ⚒ *passer au* ~ winnow.

vandalisme [vãda'lism] *m* vandalism.

vanesse *zo.* [va'nɛs] *f* vanessa.

vanille ⚘, *cuis.* [va'ni:j] *f* vanilla; *à la* ~ vanilla ...; **vanillé, e** *cuis.* [~ni'je] vanilla(-flavo[u]red); **vanillerie** ⚒ [~nij'ri] *f* vanilla-plantation; **vanillier** [vani'je] *m* vanilla plant; **vanilline** ⚗, ⊕ [~'jin] *f* vanillin.

vanité [vani'te] *f* vanity; *fig.* futility; *pej. tirer* ~ *de* pride o.s. on; **vaniteux, -euse** [~'tø, ~'tø:z] **1.** *adj.* vain, conceited; **2.** *su.* conceited person.

vannage[1] [va'na:ʒ] *m* ⚒ winnowing, sifting; ⚒ *ore*: vanning; F *fig.* exhaustion.

vannage[2] ⊕ [~] *m water-gate*: sluice-gates *pl.*; *turbine*: gating; **vanne** [van] *f* sluice(-gate), water-gate; *turbine*: gate; (overflow) weir; *mot. etc.* valve; *fan, ventilator*: shutter.

vanneau *orn.* [va'no] *m* lapwing, (green) plover.

vanner[1] [va'ne] (1a) *v/t.* ⚒ winnow, sift; ⚒ van; *fig.* exhaust, wear out, tire out.

vanner[2] ⊕ [~] (1a) *v/t.* fit sluices in; gate (*a turbine*).

vannerie [van'ri] *f* basket-making; ✝ wicker-work, basket-work.

vanneur [va'nœ:r] *m* ⚒ winnower; ⚒ vanner (*a. machine*); **vanneuse** ⚒ [~'nø:z] *f* winnowing-machine.

vannier [va nje] *m* basket-maker.

vannure ⚒ [va'ny:r] *f* chaff, husks *pl.*

vantail, *pl.* **-aux** [vã'ta:j, ~'to] *m door, shutter, etc.*: leaf.

vantard, e [vã'ta:r, ~'tard] **1.** *adj.* boastful, bragging; **2.** *su.* bragger, braggart; *Am. sl.* blow-hard, *Am. sl.* wind-jammer; **vantardise** [~tar'di:z] *f* bragging; boasting; piece of bluff; **vanter** [~'te] (1a) *v/t.* vaunt, extol; F boost, crack up; *se* ~ (*de*) boast (of); **vanterie** [vã'tri] *f* bragging; boast(ing).

va-nu-pieds [vany'pje] *m/inv.* tramp, hobo; beggar.

vap(e)(s) *sl.* [vap] *f/(pl.)*: *etre dans la vap(e)* (*or les vap[e]s*) be in a daze.

vapeur [va'pœ:r] *su./f* steam; vapo(u)r; fumes *pl.*; ⊕ *machine f à* ~ steam engine; *su./m* ⚓ steamer, steamship; **vaporeux, -euse** [vapɔ'rø, ~'rø:z] vaporous, misty; steamy; *fig.* hazy; *fig.* nebulous; **vaporisateur** [~riza'tœ:r] *m* vaporizer; atomizer; scent-spray; ⊕ evaporator; **vaporiser** [~ri'ze] (1a) *v/t.* vaporize; atomize, spray (*a liquid*); F spray (*s.th.*) with scent; *tex.* steam (*cloth*); *se* ~ vaporize; spray o.s.

vaquer [va'ke] (1m) *v/i.* † be vacant; ⚖, *parl.* not to be sitting; ~ *à* attend to; be occupied with; see to; ~ *à ses affaires a.* go about one's business.

varan *zo.* [va'rã] *m* varan, monitor.

varappe *mount.* [va'rap] *f* rock climbing; rock climb.

varech ⚘ [va'rɛk] *m* seaweed, wrack.

vareuse [va'rø:z] *f* (pea *or* sports) jacket; ⚔ tunic.

variabilité [varjabili'te] *f* variability; *weather, a. fig. mood*: changeableness; **variable** [~'rjabl] **1.** *adj.* ⚹, *astr., gramm., biol.* variable; changeable (*weather, a. mood*); *fig.* fickle; ⚕ unequal (*pulse*); **2.** *su./f* ⚹ variable; **variant, e** [~'rjã, ~'rjã:t] **1.** *adj.* variable, inconstant; **2.** *su./f text*: variant, different reading; **variation** [~rja'sjɔ̃] *f* variation (*a.* ♪).

varice ⚕ [va'ris] *f* varix; varicose vein.

varicelle ⚕ [vari'sɛl] *f* chicken-pox, varicella.

varié, e [va'rje] varied; various; variegated (*colours etc.*); miscellaneous (*news, items, objects*); ⊕ variable (*motion*); **varier** [~'rje] (1o) *v/t.* vary; variegate (*colours*); ♪ make variations on (*an air*); *v/i.* vary; ✝ fluctuate (*market*); *fig.* ~ *sur* be at variance on, disagree over; **variété** [~rje'te] *f* variety; *scenery*: varied nature; *opinions*: diversity; ✝ range; *thea.* ~*s pl.* variety theatre *sg.*

variole [va'rjɔl] *f* ⚕ smallpox, variola; *vet.* (cow-, sheep-)pox; **variolé, e** [varjɔ'le] pock-marked; **varioleux, -euse** ⚕ [~'lø, ~'lø:z] **1.** *adj.* variolous; **2.** *su.* smallpox patient; sufferer from smallpox; **variolique** ⚕ [~'lik] variolous.

variomètre ⚡ [varjɔ'mɛtr] *m* variometer.

variqueux, -euse ⚕ [vari'kø, ~'kø:z] varicose.

varlope ⊕ [var'lɔp] *f* trying-plane; **varloper** ⊕ [~lɔ'pe] (1a) *v/t.* try up (*a plank*).

vasculaire ⚘, *anat.* [vasky'lɛ:r], **vasculeux, -euse** ⚘, *anat.* [~'lø, ~'lø:z] vascular; ⚕ *pression f vasculaire* blood-pressure.

vase[1] [vɑ:z] *m* vase; vessel, receptacle; ~ *de nuit* chamber; *fig. en ~ clos* in seclusion.

vase[2] [~] *f* mud, silt.

vaseline ⚗ [vaz'lin] *f* vaseline, petroleum jelly, *Am.* petrolatum; *enduire de ~* vaseline.

vaseux, -euse [va'zø, ~'zø:z] muddy, silty; F *fig.* woolly (*ideas*); *sl. fig.* seedy, ill.

vasistas [vazis'tas] *m* fanlight (*over door*), *Am.* transom.

vaso-moteur, -trice *anat.* [vazɔmɔ'tœ:r, ~'tris] vaso-motor.

vasque [vask] *f fountain*: basin.

vassal, e, *m/pl.* **-aux** [va'sal, ~'so] **1.** *adj.* vassal; ~ *de* (*region*) under the suzerainty of; **2.** *su.* vassal; **vassalité** [~sali'te] *f*, **vasselage** [vas'la:ʒ] *m* vassalage; *fig.* bondage.

vaste [vast] **1.** *adj.* vast, immense; comprehensive; *anat.* vastus; **2.** *su./m anat.* vastus; **vastitude** [~i'tyd] *f* vastness; vastity.

va-t-en-guerre [vatɑ̃'gɛr] **1.** *su./inv.* sabre-rattler; **2.** *adj.* sabre-rattling.

vaticinateur, -trice [vatisina'tœ:r, ~'tris] **1.** *adj.* prophetic; **2.** *su./m* prophet; *su./f* prophetess; **vaticination** [~na'sjɔ̃] *f* prophecy; pompous predictions *pl.*; **vaticiner** [~'ne] (1a) *v/i.* prophesy; make pompous predictions.

va-tout [va'tu] *m/inv. the* whole of one's stakes; *jouer son ~* stake one's all.

vaudeville [vod'vil] *m* light comedy.

vaudois, e [vo'dwa, ~'dwa:z] *adj., a. su.* ♀ Vaudois; *eccl. hist.* Waldensian.

vaudrai [vɔ'dre] *1st p. sg. fut. of valoir.*

vau-l'eau [vo'lo] *adv.*: † *à ~* downstream; *fig. aller à ~* go to rack and ruin.

vaurien, -enne [vo'rjɛ̃, ~'rjɛn] *su.* bad lot; F *child*: rascal; *su./m* waster, ne'er-do-well; *su./f* worthless woman.

vautour *orn.* [vo'tu:r] *m* vulture (*a. fig.*).

vautrer [vo'tre] (1a) *v/t.*: *se ~* wallow (in, *dans*) (*pig, a. fig. person*); F *fig.* sprawl (*on a sofa, etc.*); revel (in, *dans*).

vau-vent *hunt.* [vo'vɑ̃] *adv.*: *à ~* down (the) wind; (*fly*) before the wind.

vaux [vo] *1st p. sg. pres. of valoir.*

va-vite [va'vit]: *à la ~* in a hurry, hurriedly; carelessly.

veau [vo] *m* calf; *meat*: veal; ✝ calf(-leather); F *person*: clod, lout; F *fig.* gutless person *or* car; ~ *marin* sea-calf, seal; *fig. adorer le ~ d'or* worship the golden calf; F *pleurer comme un ~* blubber; *cuis. tête f de ~* calf's-head.

vecteur ⩓ [vɛk'tœ:r] *adj., a. su./m* vector.

vécu, e [ve'ky] *p.p. of vivre 1.*

vécus [~] *1st p. sg. p. s. of vivre 1.*

vedettariat *thea. etc.* [vɔdɛta'rja] *m* stardom; *the* stars (*pl.*); **vedette** [və'dɛt] *f thea., cin. etc.* star; ⚓ patrol boat, scout; motor boat; *en ~* F *fig.* in the forefront; in the limelight; *typ., journ.* in bold type; *attraction f ~* highlight.

végétal, e, *m/pl.* **-aux** [veʒe'tal, ~'to] **1.** *adj.* plant(*-life*); vegetable (*butter, kingdom*); **2.** *su./m* plant; **végétarien, -enne** [~ta'rjɛ̃, ~'rjɛn] *adj., a. su.* vegetarian; **végétarisme** [~ta'rism] *m* vegetarianism.

végétatif, -ve [veʒeta'tif, ~'ti:v] vegetative; **végétation** [~ta'sjɔ̃] *f* vegetation; growth; ⚕ *~s pl. adénoïdes* adenoids; **végéter** [~'te] (1d) *v/i.* † ⚘ grow; ⚘, *a. fig.* vegetate.

véhémence [vee'mɑ̃:s] *f* vehemence; *avec ~* vehemently; **véhément, e** [~'mɑ̃, ~'mɑ̃:t] vehement; *fig.* violent.

véhiculaire [veiky'lɛ:r] vehicular (*language*); **véhicule** [~'kyl] *m* vehicle (*a. fig.*); *fig. a.* medium; **véhiculer** [~ky'le] (1a) *v/t.* convey, carry; cart.

veille [vɛ:j] *f* staying up (*at night*); wakefulness, waking; *eccl.* vigil; eve (of, *de*), day before; *fig.* verge, brink; (night) watch; *fig. à la ~ de* on the brink *or* eve *or* point of; *la* ~ *de Noël* Christmas Eve; **veillée** [vɛ'je] *f* evening (spent in company); watch; *fig.* ~ *d'armes* night before combat; **veiller** [~'je] (1a) *v/i.* stay *or* sit up (late); remain *or* lie awake; *eccl.* keep vigil; ⚔ watch, be on the lookout; stand by; ~ *à* see to; attend to; ~ *à ce que* (*sbj.*) see to it *or* make sure that (*ind.*); ~ *sur* look after, watch over; *v/t.* watch over, attend to (*a patient etc.*); sit up with (*a patient, a corpse*); *Am.* wake (*a corpse*); **veilleur** [~'jœ:r] *m*: (~ *de nuit* night) watchman; **veilleuse** [~'jø:z] *f* watcher; night light; *mot.* sidelight; *gas*: pilot light; *mettre en* ~ turn down (*the gas etc.*); dim (*a light*); *fig.* put (*a project etc.*) on ice.

veinard, e [vɛ'na:r, ~'nard] **1.** *adj.* lucky; **2.** *su.* lucky person; **veine** [vɛn] *f* ⚘, *anat.*, *geol.*, *a. fig.* vein (*a.* = *marking in marble, wood, etc.*); ⚒ *ore*: lode; *coal*: seam; *fig.* inspiration; *fig.* mood; F (good) luck; *avoir de la* ~ be lucky; *être en* ~ *de ...* be in a ... mood, be in the mood for ...; **veiné, e** [vɛ'ne] veined; grained (*door*); **veiner** ⊕ [~'ne] (1a) *v/t.* grain, vein (*paintwork*); **veineux, -euse** [~'nø, ~'nø:z] ⊕ veiny (*wood etc.*); *anat.*, *physiol.* venous; ⚘ venose, veiny; **veinule** [~'nyl] *f anat. etc.* veinlet; venule; ⚒ thread (*of ore*).

vélaire *gramm.* [ve'lɛ:r] **1.** *adj.* velar; uvular (*R*); **2.** *su./f* velar (consonant).

vêler [vɛ'le] (1b) *v/i.* calve (*cow*).

vélin [ve'lɛ̃] *m* vellum (paper).

velléité [vɛlei'te] *f* stray impulse; slight inclination; vague desire; *fig.* hint (*of a smile etc.*).

vélo F [ve'lo] *m* (push-)bike, wheel; *aller à* ~ cycle, F bike, wheel.

vélocité [velɔsi'te] *f* speed, velocity; **vélodrome** [~'dro:m] *m* cycle-racing track, velodrome; **vélomoteur** [~mɔ'tœ:r] *m* light motor-cycle; motor-assisted bicycle.

velours [və'lu:r] *m* velvet; *gramm.* faulty liaison; *tex.* ~ *à côtes* corduroy; ~ *de coton* velveteen; ~ *de soie* silk velvet; **velouté, e** [vəlu'te] **1.** *adj.* velvety; mellow (*wine*); downy (*cheek, peach*); *phot.* velvet-surface (*paper*); **2.** *su./m* softness, velvetiness; *fruit*: bloom; *tex.* velvet braid; *cuis.* rich thick gravy soup; *tex.* (*a.* ~ *de laine*) velours; **velouter** [~'te] (1a) *v/t.* give a soft *or* velvety appearance to (*s.th.*); *fig.* soften (*an outline*); *se* ~ soften, mellow; **velouteux, -euse** [~'tø, ~'tø:z] soft, velvety; **veloutier** [~'tje] *m* velvet-maker.

velu, e [və'ly] hairy; ⚠ uncut, rough; ⚘ pubescent, villous.

vélum [ve'lɔm] *m* awning.

venaison *cuis.* [vənɛ'zɔ̃] *f* venison.

vénal, e, *m/pl.* **-aux** [ve'nal, ~'no] venal (*a. pej.*); *pej.* mercenary, corrupt(ible); ✝ *valeur f* ~*e* market value; **vénalité** [~nali'te] *f* venality; *pej.* corruptibility.

venant, e [və'nɑ̃, ~'nɑ̃:t] **1.** *adj.* thriving; **2.** *su./m*: *à tout* ~ to all and sundry, to anyone.

vendable [vɑ̃'dabl] saleable, marketable.

vendange [vɑ̃'dɑ̃:ʒ] *f* grape-gathering; wine-harvest; (*a.* ~*s pl.*) *season*: vintage; **vendangeoir** [vɑ̃dɑ̃'ʒwa:r] *m* grape-basket; **vendanger** [~'ʒe] (1l) *vt/i.* vintage; *v/t.* gather the grapes of; *v/i.* harvest grapes; gather the grapes; **vendangeur** *m*, **-euse** *f* [~'ʒœ:r, ~'ʒø:z] vintager; wine-harvester.

venderesse ⚖ [vɑ̃'drɛs] *f* vendor.

vendetta [vɛ̃dɛt'ta] *f* vendetta.

vendeur [vɑ̃'dœ:r] *m* ✝ vendor (*a.* ⚖), seller; shop assistant, *Am.* sales clerk; salesman; **vendeuse** ✝ [~'dø:z] *f* seller, shop assistant, *Am.* sales clerk; saleswoman; **vendre** [vɑ̃:dr] (4a) *v/t.* sell (for, *à*); *à* ~ for sale; *se* ~ sell, be sold (at, for *à*).

vendredi [vɑ̃drə'di] *m* Friday; *le* ~ *saint* Good Friday.

vendu, e [vɑ̃'dy] **1.** *su./m* traitor; **2.** *p.p. of vendre*.

venelle [və'nɛl] *f* alley.

vénéneux, -euse [vene'nø, ~'nø:z] poisonous (*a.* 🍄, ⚘).

vénérable [vene'rabl] **1.** *adj.* venerable; **2.** *su./m freemasonry*: Worshipful Master; **vénération** [~ra'sjɔ̃] *f* veneration; **vénérer** [~'re] (1f) *v/t.* venerate; revere.

vénerie [ven'ri] *f* hunting; venery.

vénérien, -enne ⚕ [vene'rjɛ̃, ~'rjɛn] venereal.

venette † *sl.* [və'nɛt] *f* funk.

veneur [və'nœ:r] *m* huntsman.

vengeance [vɑ̃'ʒɑ̃:s] *f* revenge; vengeance; *tirer* ~ *de* be revenged for (*s.th.*); take vengeance on (*s.o.*);

venger [~'ʒe] (1l) *v/t.* avenge (for, *de*); se ~ take (one's) revenge (for, *de*); be revenged (on s.o., *de q.*); **vengeur, -eresse** [vɑ̃'ʒœːr, vɑ̃ʒ'rɛs] **1.** *su.* avenger; **2.** *adj.* avenging.

véniel, -elle *eccl.* [ve'njɛl] venial (*sin*).

venimeux, -euse [vəni'mø, ~'møːz] *zo., a. fig.* venomous; *zo.* poisonous (*serpent, bite*); *fig.* malicious; **venimosité** [~mozi'te] *f sting, a. fig.*: venomousness; **venin** *zo., fig.* [və'nɛ̃] *m* venom.

venir [və'niːr] (2h) *v/i.* come, be coming; arrive; grow (*a.* ⚘, *child, tooth*); *fig.* issue, be descended (from, *de*); occur, happen (to *inf.*, *à inf.*); ~ *à* reach (*maturity*); ~ *à bien* be successful; ~ *au monde* be born; ~ *de ce que* (*ind.*) result from (*ger.*); ~ *de dire* have just said; ~ *prendre* come and fetch (*s.o.*); *à* ~ future (*event, state*), (*years*) to come; *bien* ~ thrive; *d'où cela vient-il?* what's the reason for that?; *en* ~ *aux coups* come to blows; *en* ~ *aux faits* get down to business; *être bien* (*mal*) *venu* be (un)welcome; *typ.* be well (badly) produced (*book*); be (un)successful; *être mal venu à* (*inf.*) be inappropriate *or* unseemly to (*inf.*); *faire* ~ send for; grow (*wheat*); *où voulez-vous en* ~? what are you getting *or* driving at?; *se faire bien* ~ *de q.* ingratiate o.s. with s.o.; *s'en* ~ come *or* go along; *v/impers.* come; happen; occur; *d'où vient-il que* (*ind.*)? how is it that (*ind.*)?; *est-il venu q.?* has anyone called?; *il est venu quatre hommes* four men have come.

vénitien, -enne [veni'sjɛ̃, ~'sjɛn] **1.** *adj.* Venetian; *blond m* ~ Titian red; **2.** *su.* ♀ Venetian.

vent [vɑ̃] *m* wind; ~ *arrière* tailwind; ~ *debout* headwind; ~ *de travers* crosswind; *aller comme le* ~ go like the wind; ⚓ *au* ~ *de* to windward of; *fig. avoir* ~ *de* get wind of; *coup m de* ~ gust of wind, squall; *fig. en coup de* ~ very fast; F *fig. dans le* ~ trendy, hip, hep, with(-)it; ♪ *instrument m à* ~ wind instrument; *prendre le* ~ see how the land lies.

vente [vɑ̃ːt] *f* † sale; † *fig.* business; timber; *timber*: felling; ~ *forcée* compulsory sale; ~ *publique* public sale; auction; *de* ~ *difficile* hard to sell; *en* ~ on sale; *typ.* out (*book*); *en* ~ *chez* sold by; *en* ~ *libre* off the ration; unrationed; *être de bonne* ~ sell well; *mettre en* ~ offer (*s.th.*) for sale; publish, issue (*a book*).

venter [vɑ̃'te] (1a) *v/impers.*: *il vente* it is windy, it is blowing; *qu'il pleuve ou qu'il vente* (come) rain or shine, in all weathers; **venteux, -euse** [~'tø, ~'tøːz] windy; windswept (*region*).

ventilateur [vɑ̃tila'tœːr] *m* ventilator; ⚡ *etc.* fan; ~ *soufflant* blower; **ventilation** [~la'sjɔ̃] *f* ventilation; † apportionment; ⚖ separate valuation; **ventiler** [~'le] (1a) *v/t.* ventilate, air (*a. fig.*); † apportion; ⚖ value separately; *mal ventilé* stuffy (*room*).

ventis [vɑ̃'ti] *m/pl.* wind-fallen trees.

ventosité ⚕, *vet.* [vɑ̃tozi'te] *f* flatulence.

ventouse [vɑ̃'tuːz] *f* ⚕ cupping glass; ⊕ *etc.* suction pad; *zo. leech, octopus*: sucker; **ventouser** ⚕ [~tu'ze] (1a) *v/t.* cup (*a patient*).

ventral, e, *m/pl.* **-aux** [vɑ̃'tral, ~'tro] ventral; **ventre** [vɑ̃ːtr] *m* abdomen, belly; stomach, paunch; *pregnant woman*: womb; ⊕, *furnace*, ⚓ *sail, ship*: belly; Δ, *fig.* bulge; ⚡, *phys.* antinode; ~ *à terre* at full speed; *à plat* ~ flat on one's face *or* one's stomach; *avoir* (*prendre*) *du* ~ be (grow) stout; *faire* ~ bulge (out) (⊕ *vessel*, Δ *wall*); Γ *fig. taper sur le* ~ *à q.* be overfamiliar *or* chummy with s.o.; **ventrebleu!** [vɑ̃trə'blø] *int.* zounds!; **ventrée** [vɑ̃'tre] *f lambs*: fall; *animals*: litter; F bellyful.

ventricule *anat.* [vɑ̃tri'kyl] *m* ventricle.

ventrière [vɑ̃tri'ɛːr] *f* ⚕ binder, abdominal belt; Δ cross-tie, purlin; ⚓ bilge-block.

ventriloque [vɑ̃tri'lɔk] **1.** *adj.* ventriloquial, ventriloquous; **2.** *su.* ventriloquist; **ventriloquie** [~lɔ'ki] *f* ventriloquism, ventriloquy.

ventripotent, e F [vɑ̃tripɔ'tɑ̃, ~'tɑ̃ːt] big-bellied; corpulent.

ventru, e [vɑ̃'try] corpulent; big-bellied (*a. bottle*); ⊕ dished (*outwards*).

venu, e [və'ny] **1.** *p.p. of venir*; **2.** *adj.*: *bien* (*mal*) ~ well- (poorly) developed; (un)timely (remark *etc.*); *être* *mal* ~ *de* (*or à*) (*inf.*) be in no position to (*inf.*); *su.* (*first*, *last*, *new-*)comer; *le premier* ~ *a.* anybody; *su.*/*f* arrival; coming; *water*: inflow; *tree etc.*: growth; ~ *au monde* birth; ✓ *d'une belle* ~ well-grown; *fig. tout d'une* ~ straight.

vêpres *eccl.* [vɛːpr] *f*/*pl.* vespers; evensong *sg.*

ver [vɛːr] *m* worm (*a. fig. person*); maggot, grub; ~ *à soie* silk-worm; ~ *blanc* grub; ~ *de terre* earthworm; ~ *luisant* glow-worm; ⚕ ~ *solitaire* tapeworm; *tirer les* ~*s du nez à q.* worm secrets out of s.o.

vérace [veˈras] veracious; **véracité** [~rasiˈte] *f* veracity, truth(fulness).

véranda ⚠ [verɑ̃ˈda] *f* veranda(h), *Am.* porch.

verbal, e, *m*/*pl.* **-aux** [vɛrˈbal, ~ˈbo] verbal; ⚖ oral (*contract*); *see procès-verbal*; **verbalisation** ⚖ [vɛrbalizaˈsjɔ̃] *f* official entry of an offence; F taking of (*s.o.'s*) name and address (*by police*); **verbaliser** [~ˈze] (1a) *v*/*i. admin.* draw up an official report (*of an offence etc.*); ~ *contre police*: take (*s.o.'s*) name and address; *vt*/*i.* verbalize; **verbe** [vɛrb] *m gramm.* verb; *eccl.* ♀ *the* Word; F *avoir le* ~ *haut* be loud of speech; *fig.* be overbearing; **verbeux, -euse** [vɛrˈbø, ~ˈbøːz] verbose, long-winded; **verbiage** [~ˈbjaːʒ] *m* verbosity; verbiage, wordiness; **verbosité** [~boziˈte] *f* verbosity, wordiness.

verdâtre [vɛrˈdɑːtr] greenish; **verdelet, -ette** [~dəˈlɛ, ~ˈlɛt] greenish; slightly acid (*wine*); **verdet** ⚗ [~ˈdɛ] *m* verdigris; **verdeur** [~ˈdœːr] *f* greenness (*a. of wood*); *wine etc.*, *a. fig. remarks*: acidity; *old person*: vigo(u)r.

verdict ⚖ [vɛrˈdikt] *m* verdict (against, *contre*; for, *en faveur de*).

verdier *orn.* [vɛrˈdje] *m* greenfinch; **verdir** [~ˈdiːr] (2a) *v*/*t.* make *or* paint (*s.th.*) green; *v*/*i.* ⚘ become green; ⚗ become covered with verdigris; **verdoyant, e** [vɛrdwaˈjɑ̃, ~ˈjɑ̃ːt] verdant, green; greenish (*colour*); **verdoyer** [~ˈje] (1h) *v*/*i.* become green; take on a green colo(u)r.

verdunisation [vɛrdynizaˈsjɔ̃] *f water*: chlorination; **verduniser** [~ˈze] (1a) *v*/*t.* chlorinate (*water*).

verdure [vɛrˈdyːr] *f* greenness; ⚘ greenery, verdure; *cuis.* greenstuff, pot-herbs *pl.*; **verdurier** [~dyˈrje] *m* greengrocer.

véreux, -euse [veˈrø, ~ˈrøːz] wormy (*fruit*); *fig.* bad (*debts*), shady (*company*, *firm*, *person*); shaky (*case*).

verge [vɛrʒ] *f* † rod; *anat.* penis.

vergé, e [vɛrˈʒe] **1.** *adj. tex.* streaky, unevenly dyed; *tex.* corded; laid (*paper*); **2.** *su.*/*m* ~ *blanc* cream-laid paper.

verger [vɛrˈʒe] *m* orchard.

vergeté, e [vɛrʒəˈte] streaky; ▨ paly; **vergette** [~ˈʒɛt] *f* switch, cane; *drum*: hoop; *feathers*, *twigs*: whisk; ▨ pallet.

verglacé, e [vɛrglɑˈse] iced-over, icy (*road*); **verglas** [~ˈglɑ] *m* black ice; thin coating of ice.

vergogne [vɛrˈgɔɲ] *f* shame; *sans* ~ shameless(ly *adv.*).

vergue ⚓ [vɛrg] *f* yard; ~ *de misaine* foreyard; *bout m de* ~ yardarm; *grande* ~ main yard.

véridique [veriˈdik] veracious, truthful (*account*, *person*); **vérifiable** [~ˈfjabl] verifiable; **vérificateur, -trice** [verifikaˈtœːr, ~ˈtris] **1.** *su.*/*m weights etc.*: inspector, examiner; ⊕ ga(u)ge, calipers *pl.*; *mot.* ~ *de pression tyres*: pressure-ga(u)ge; ✝ ~ *comptable* auditor; **2.** *adj.* ⊕ testing; verifying; **vérificatif, -ve** [~ˈtif, ~ˈtiːv] verificatory; verifying-...; **vérification** [~ˈsjɔ̃] *f* checking, verification; check; confirming; confirmation; **vérifier** [veriˈfje] (1o) *v*/*t.* check, verify; confirm, bear out; ✝ audit (*accounts*).

vérin ⊕, *mot.* [veˈrɛ̃] *m* jack.

véritable [veriˈtabl] true; real, genuine (*a. fig.*); *fig. usu. pej.* downright.

vérité [veriˈte] *f* truth; fact; *fig.* truthfulness, sincerity; *à la* ~ as a matter of fact; F *c'est la* ~ *vraie* it's the honest truth; *dire la* ~ tell the truth; *en* ~ really, truly.

verjus [vɛrˈʒy] *m* verjuice (grape); **verjuté, e** [~ʒyˈte] acid, sour (*a. fig.*).

vermeil, -eille [vɛrˈmɛːj] **1.** *adj.* ruby (*lips*), bright red; rosy (*cheek*); **2.** *su.*/*m* silver-gilt, vermeil; vermeil varnish.

vermicelle *cuis.* [vɛrmiˈsɛl] *m* vermicelli *pl.*

vermiculaire [vɛrmikyˈlɛːr] vermicular (*a. physiol.*); *anat.* vermiform (*appendix*); **vermiculé, e** [~ky'le] ⚠ vermiculate(d); *zo. etc.* vermiculate; **vermiculure** ⚠ *etc.* [~ky'ly:r] *f* vermiculation; **vermifuge** ⚕ [~'fy:ʒ] *adj., a. su./m* vermifuge.

vermillon [vɛrmi'jɔ̃] **1.** *su./m* vermilion (*a. colour*); bright red; **2.** *adj./inv.* bright red; **vermillonner** [~jɔ'ne] (1a) *v/t.* paint (*s.th.*) bright red; rouge (*one's cheeks*).

vermine [vɛr'min] *f* vermin (*usu.* = *lice, fleas*); F *fig.* rabble; **vermineux, -euse** ⚕ [vɛrmi'nø, ~'nø:z] caused by worms, verminous (*disease*); **vermisseau** *zo.* [~'so] *m* small earthworm; **vermivore** *zo.* [~'vɔ:r] vermivorous; **vermouler** [vɛrmu'le] (1a) *v/t.*: se ~ become worm-eaten (*wood*); **vermoulu, e** [~'ly] worm-eaten (*wood*); *fig.* decrepit; out-of-date; **vermoulure** [~'ly:r] *f* worm-holes *pl.*; *wood*: worm-eaten state; wood dust (*from wormhole*); *fig.* decrepitude.

vermouth [vɛr'mut] *m* vermouth.

vernaculaire [vɛrnaky'lɛ:r] *adj., a. su./m* vernacular.

vernal, e, *m/pl.* **-aux** ⚘, *astr., etc.* [vɛr'nal, ~'no] vernal.

verni, e [vɛr'ni] varnished; patent (*leather*); F lucky.

vernier ⚒, *astr., surv.* [vɛr'nje] *m* vernier; sliding-ga(u)ge.

vernir [vɛr'ni:r] (2a) *v/t.* varnish; japan (*iron, leather*); polish (*furniture*); glaze (*pottery*); *fig.* gloss over; **vernis** [~'ni] *m* varnish; polish; gloss (*a. fig.*); glaze; ~ *à ongles* nail varnish; ~ *au tampon* French polish; **vernis-émail,** *pl.* **vernis-émaux** [vɛrnie'ma:j, ~'mo] *m* Japan enamel; **vernissage** [~'sa:ʒ] *m* ⊕ varnish (-ing); glaze; glazing; *exhibition*: varnishing-day; ~ *au tampon* French-polishing; **vernisser** ⊕ [~'se] (1a) *v/t.* glaze (*pottery*).

vérole ⚕ [ve'rɔl] *f* V pox (= *syphilis*); *petite* ~ *see variole*; **vérolé, e** ⚕ V [~rɔ'le] poxed (= *syphilitic*).

véronal ⚗ [verɔ'nal] *m* veronal; barbitone.

véronique [verɔ'nik] *f* ⚘ speedwell; *eccl.* veronica, vernicle.

verrai [vɛ're] *1st p. sg. fut. of* voir.

verrat *zo.* [vɛ'ra] *m* boar.

verre [vɛ:r] *m* glass; glassful; *opt.* lens; ~ *armé* wired *or* reinforced glass; ~ *à vin* wine glass; ⚕ ~ *de contact* contact lens; *mot.* ~ *de sûreté* safety glass; ~ *de vin* glass of wine; ~ *soluble* water-glass; *boire* (*or prendre*) *un* ~ have a drink; *se noyer dans un* ~ *d'eau* make a mountain out of a molehill; **verré, e** [vɛ're] *adj.*: *papier m* ~ glass-paper, sand-paper; **verrerie** [vɛr'ri] *f* ⊕ glass-works *usu. sg.*; ⊕ glass-making; ✝ glassware; ~ *allant au four* flame-proof glassware; **verrier** [vɛ'rje] **1.** *su./m* glassmaker; glass-blower; glass-rack; **2.** *adj./m*: *peintre m* ~ artist in stained glass; **verrière** [~'rjɛ:r] *f* glass (casing); *eccl. etc.* stained glass window; 🚂 *station*: glass-roof; **verrine** [~'rin] *f* glass (casing); *barometer*: glass; ⚓ lantern; **verroterie** [~rɔ'tri] *f* glass trinkets *pl.*; small glassware; glass beads *pl.*

verrou [vɛ'ru] *m* bolt; *shot-gun*: breech-bolt; 🚂 ~ *de blocage* switch-lock; ⚖ *sous les* ~*s* under lock and key; **verrouiller** [~ru'je] (1a) *v/t.* bolt (*a door etc.*); ⊕ lock; lock (*s.o.*) in *or* up; se ~ bolt o.s. in.

verrue ⚕ [vɛ'ry] *f* wart; **verruqueux, -euse** [~ry'kø, ~'kø:z] ⚕ warty; ⚘ warted; ⚕, ⚘ verrucose.

vers[1] [vɛ:r] *m poetry*: line, verse; ~ *pl. blancs* blank verse *sg.*

vers[2] [~] *prp. direction*: to, towards (*a place*); *time*: towards; about (*3 o'clock*), around (*noon, Easter*); ~ *l'époque* about the time; ~ *l'est* eastwards, towards the east.

versant [vɛr'sɑ̃] *m* slope; *hill etc.*: side; *canal etc.*: sloping bank.

versatile *fig.* [vɛrsa'til] changeable, fickle; **versatilité** [~tili'te] *f* changeableness, fickleness, inconstancy.

verse [vɛrs] *adv.*: *à* ~ in torrents; *il pleut à* ~ it is pouring; **versé, e** [vɛr'se] versed, practised (in, *dans*); **Verseau** *astr.* [vɛr'so] *m*: *le* ~ Aquarius, the Water-bearer.

versement [vɛrsə'mɑ̃] *m liquid*: pouring (out); ✝ paying in, deposit, payment; instalment; *carnet m de* ~*s* paying-in book; *en* (*or par*) ~*s* (*échelonnés*) in *or* by instalments; **verser** [~'se] (1a) *v/t.* pour (out); overturn (*a vehicle etc.*); tip (*a truck*); shed (*blood, light, tears*); ✝ pay (in), deposit (*money*); ⚔ assign (*men*); *v/i.* turn over; upset; *fig.* ~ *dans* lapse into.

verset [vɛrˈsɛ] *m bibl. etc.* verse; *typ.* versicle.

verseur, -euse [vɛrˈsœːr, ~ˈsøːz] **1.** *adj.* ⊕ *etc.* pouring, pour-through; **2.** *su.* pourer; *su./f* coffee-pot.

versicolore [vɛrsikɔˈlɔːr] variegated, versicolo(u)r(ed); chameleon-like.

versificateur *m*, **-trice** *f* [vɛrsifikaˈtœːr, ~ˈtris] versifier; **versification** [~fikaˈsjɔ̃] *f* versification; **versifier** [~ˈfje] (1o) *v/t.* write in verse; put (*prose*) into verse; *v/i.* versify; write poetry.

version [vɛrˈsjɔ̃] *f* version; *school*: translation into one's own language.

verso [vɛrˈso] *m* verso, back (*of a sheet of paper*); *au* ~ overleaf, on the back.

vert, verte [vɛːr, vɛrt] **1.** *adj.* green; unripe (*fruit*); sharp, young (*wine*); raw (*hide*); callow (*youth*); hale and hearty (*old man*); *fig.* severe (*reprimand, punishment*); sharp (*reply*); smutty, spicy (*story*); *haricots m/pl.* ~*s* French beans; *langue f* ~*e* slang; *en dire* (*or raconter*) *des* ~*es* (*et de pas mûres*) tell some spicy things; **2.** *su./m colour*, ⚘ *a. min.*: green; (green) grass; *golf*: putting-green; *wine*: sharpness; *inv. when used adjectivally in compounds*: *une robe* ~ *foncé* a dark green dress; *des rideaux* ~ *olive* olive-green curtains; **~-de-gris** [vɛrdəˈgri] *m* verdigris; **~-de-grisé, e** [~griˈze] coated *or* covered with verdigris.

vertébral, e, *m/pl.* **-aux** *anat.* [vɛrteˈbral, ~ˈbro] vertebral; *colonne f* ~*e* spine, backbone, spinal column; **vertèbre** *anat.* [~ˈtɛːbr] *f* vertebra; **vertébré, e** *zo.* [~teˈbre] *adj., a. su./m* vertebrate.

vertement [vɛrtəˈmɑ̃] *adv.* sharply; sternly.

vertical, e, *m/pl.* **-aux** [vɛrtiˈkal, ~ˈko] **1.** *adj.* vertical; perpendicular; upright; **2.** *su./f* ⅋ vertical; **verticalité** [~kaliˈte] *f* perpendicularity, uprightness.

verticille ⚘ [vɛrtiˈsil] *m* verticil, whorl; **verticillé, e** ⚘ [~siˈle] verticillate, whorled.

vertige [vɛrˈtiːʒ] *m* giddiness, dizziness, vertigo; fear of heights; *avoir le* ~ feel dizzy; *cela me donne le* ~ it makes me (feel) dizzy; **vertigineux, -euse** [~tiʒiˈnø, ~ˈnøːz] dizzy, giddy (*hight, speed*); breathtaking; **vertigo** *vet.* [~tiˈgo] *m* (blind) staggers *pl.*

vertu [vɛrˈty] *f* virtue; chastity; virtuous woman; *substance*: property; *en* ~ *de* by virtue of; because of; in accordance with; thanks to; *faire de nécessité* ~ make a virtue of necessity; **vertueux, -euse** [~ˈtɥø, ~ˈtɥøːz] virtuous; chaste (*woman*).

verve [vɛrv] *f* (witty) eloquence; † zest, verve, spirits *pl.*, F go; *être en* ~ have got going, be in brilliant form.

verveine ⚘ [vɛrˈvɛn] *f* verbena, vervain.

vésanie † [vezaˈni] *f* insanity; madness.

vesce ⚘ [vɛs] *f* vetch, tare.

vésicant, e ⚕ [veziˈkɑ̃, ~ˈkɑ̃ːt] *see vésicatoire 1*; **vésicatoire** ⚕ [~kaˈtwaːr] **1.** *adj.* vesicatory, blistering; **2.** *su./m* blister, vesicatory; **vésiculaire** ⚘, *zo.* [~kyˈlɛːr] vesicular (*a.* ⚕); bladder-like; **vésicule** [~ˈkyl] *f anat. etc.* vesicle, bladder (*a. icht.*); *metall.* blister; *anat.* ~ *biliaire* gall bladder.

vespasienne [vɛspaˈzjɛn] *f* street urinal.

vespéral, e, *m/pl.* **-aux** [vɛspeˈral, ~ˈro] **1.** *adj.* evening-...; **2.** *su./m eccl.* vesperal.

vesse *sl.* [vɛs] *f* silent fart; **~-de-loup,** *pl.* **~s-de-loup** ⚘ [~dəˈlu] *f* puffball.

vessie [vɛˈsi] *f anat., a. foot.* bladder; F blister (*filled with serum*); ⚕ ~ *à glace* ice-bag; *icht.* ~ *natatoire* air-bladder, swim(ming)-bladder; *fig. prendre des* ~*s pour des lanternes* believe that the moon is made of green cheese, not to know chalk from cheese.

vestale [vɛsˈtal] *f* vestal (virgin).

veste *cost.* [vɛst] *f* short jacket; *fig. remporter une* ~ fail; *fig., pol. etc. retourner sa* ~ turn one's coat, change sides *or* one's party; **vestiaire** [vɛsˈtjɛːr] *m thea. etc.* cloakroom, *Am.* check-room; hat-and-coat rack; ⚖ robing-room; ⚒, *sp. etc.* changing-room.

vestibule [vɛstiˈbyl] *m* (entrance-) hall; vestibule (*a. anat.*).

vestige [vɛsˈtiːʒ] *m* relic, remnant, vestige.

veston [vɛsˈtɔ̃] *m cost.* (*man's*) jacket; ⚓ monkey-jacket; *complet m* ~

lounge suit; *être en* ~ wear a lounge suit.

vêtement [vɛtˈmɑ̃] *m* garment; ~*s pl.* clothes; dress *sg.*; *eccl.* vestments; ~*s pl. de dehors* outdoor things; ~*s pl. de dessous* underwear; ~*s pl. de deuil* mourning *sg.*; window's weeds.

vétéran [veteˈrɑ̃] *m* ⚔ *etc.* veteran; *school etc.*: pupil repeating a course.

vétérinaire [veteriˈnɛːr] **1.** *adj.* veterinary; **2.** *su./m* veterinary surgeon, F vet, *Am.* veterinarian.

vétillard *m*, **e** *f* † [vetiˈjaːr, ~ˈjard] *see vétilleur, -euse*; **vétille** [~ˈtiːj] *f* trifle; **vétilleur** *m*, **-euse** *f* [~ˈjœːr, ~ˈjøːz] quibbler; niggler; **vétilleux, -euse** [~ˈjø, ~ˈjøːz] punctilious, particular (*person*).

vêtir [vɛˈtiːr] (2g) *v/t.* clothe, dress (in, de); se ~ dress o.s. (in, de); put on one's clothes.

veto [veˈto] *m/inv.* veto; *droit m de* ~ power of veto; *mettre son* ~ *à* veto (*s.th.*).

vêts [vɛ] *1st p. sg. pres. of* vêtir; **vêtu, e** [vɛˈty] *p.p. of* vêtir; **vêture** [~ˈtyːr] *f* † clothing; † clothes *pl.*; *eccl.* taking of the habit (*monk*) *or* of the veil (*nun*).

vétuste [veˈtyst] timeworn; decrepit; **vétusté** [~tysˈte] *f* decrepitude.

veuf, veuve [vœf, vœːv] **1.** *adj.* widowed; *être* (*or rester*) ~ *de q.* be left s.o.'s widow(er); bereft of; **2.** *su./m* widower; *su./f* widow; *orn.* widow-bird, whidah-bird.

veuille [vœj] *1st p. sg. pres. sbj. of vouloir 1.*

veule [vøːl] feeble, flabby (*person etc.*); drab (*life*); toneless, flat (*voice*); ⚘ sickly (*plant*).

veulent [vœl] *3rd p. pl. pres. of vouloir 1.*

veulerie [vølˈri] *f person etc.*: listlessness, flabbiness; *life*: drabness; dullness; *voice*: flatness.

veuvage [vœˈvaːʒ] *m woman*: widowhood; *man*: widowerhood.

veux [vø] *1st p. sg. pres. of vouloir 1.*

vexant, e [vɛkˈsɑ̃, ~ˈsɑ̃ːt] annoying, upsetting; **vexateur, -trice** [vɛksaˈtœːr, ~ˈtris] **1.** *adj.* vexatious; **2.** *su.* vexer; **vexation** [~ˈsjɔ̃] *f* humiliation; harassing, harassment; **vexatoire** [~ˈtwaːr] humiliating; harassing; **vexer** [vɛkˈse] (1a) *v/t.* upset, annoy; se ~ get upset *or* annoyed; se ~ become vexed *or* annoyed *or* chagrined (at, de).

via [viˈa] *prp. before place-name*: via, by way of.

viabilité [vjabiliˈte] *f* viability; *road*: practicability; **viable** [vjabl] viable.

viaduc [vjaˈdyk] *m* viaduct.

viager, -ère [vjaˈʒe, ~ˈʒɛːr] **1.** *adj.* for life; life ...; *rente f* ~*ère* life annuity; *rentier m* ~ annuitant; **2.** *su./m* life income; en ~ at life income.

viande [vjɑ̃ːd] *f* meat; F substance; ~ *fraîche* (*frigorifiée*) fresh (frozen *or* chilled) meat; ~*s pl. froides restaurant*: cold buffet; *conserve f de* ~ preserved meat.

viander *hunt.* [vjɑ̃ˈde] (1a) *v/i.* graze (*deer*).

viatique [vjaˈtik] *m eccl.* viaticum, last sacrament; *fig.* money *or* provisions *pl.* for a journey; *fig.* resource.

vibrant, e [viˈbrɑ̃, ~ˈbrɑ̃ːt] vibrating; *fig.* ringing, resonant (*voice, tone*); *fig.* rousing (*speech*); **vibrateur** ⚡ [vibraˈtœːr] *m* buzzer, vibrator; **vibration** [~ˈsjɔ̃] *f* vibration; ✈ flutter(ing); *voice*: resonance; **vibrer** [viˈbre] (1a) *v/i.* vibrate; ⚡ *appel m vibré* buzzer call; *faire* ~ make (*s.th.*) vibrate; *fig.* thrill; **vibreur** ⚡ [~ˈbrœːr] *m* vibrator, make-and-break; buzzer.

vibromasseur ⚡ [vibrɔmaˈsœːr] *m massage*: vibrator.

vicaire [viˈkɛːr] *m parish*: curate, assistant priest; † deputy; ~ *de Jésus-Christ the* Vicar of Christ, *the* Pope; ~ *général, grand* ~ vicar-general; **vicariat** *eccl.* [~kaˈrja] *m* curacy; vicariate.

vice [vis] *m* vice; defect, fault; ~ *de conformation* defect in build; malformation; ⚖ ~ *de forme* legal flaw; ~ *propre* inherent defect.

vice-... [vis] vice-...; **~-consul** [~kɔ̃ˈsyl] *m* vice-consul; **~-président** [~preziˈdɑ̃] *m* vice-president; **~-roi** [~ˈrwa] *m* viceroy.

vichy [viˈʃi] *m* vichy water.

viciateur, -trice [visjaˈtœːr, ~ˈtris] vitiating; *fig.* contaminating; **viciation** [~ˈsjɔ̃] *f* vitiation (*a.* ⚖); *air*: contamination; *fig. morals etc.*: corruption; **vicier** [viˈsje] (1o) *v/t.* vitiate (*a.* ⚖); corrupt, taint, spoil; *air m vicié* stale *or* foul air; se ~ become tainted; **vicieux, -euse** [~ˈsjø, ~ˈsjøːz] vicious (*a. fig. circle*); depraved (*person*); defective; faulty (*expression, reasoning*); restive, bad-tempered (*horse*).

vicinal, e, *m/pl.* **-aux** [visiˈnal, ~ˈno] local, by(-*road*).
vicissitude [visisiˈtyd] *f* vicissitude; ~*s pl.* ups and downs.
vicomte [viˈkɔ̃:t] *m* viscount; **vicomté** [vikɔ̃ˈte] *f* viscountcy; viscounty; **vicomtesse** [~ˈtɛs] *f* viscountess.
victime [vikˈtim] *f* victim (*a. fig.*); *disaster*: casualty; *être ~ de* be a *or* the victim of; be down with (*bronchitis*); *fig.* labo(u)r under (*a delusion etc.*).
victoire [vikˈtwa:r] *f* victory; *remporter la ~* gain a *or* the victory (over, *sur*); win the day; **victoria** [~tɔˈrja] *su./f carriage*: Victoria; *su./m*: ⚘ *~ regia* victoria regia, watermaize; **victorieux, -euse** [~tɔˈrjø, ~ˈrjø:z] victorious (over, *de*); triumphant (over, *de*); *fig.* decisive (*proof*).
victuailles F [vikˈtɥɑ:j] *f/pl.* eatables, victuals.
vidage [viˈda:ʒ] *m* emptying; F *fig.* dismissal; **vidange** [~ˈdɑ̃:ʒ] *f* emptying; draining; *mot.* oil change; ~*s pl.* sewage *sg.*; *en ~* broached (*cask*), opened (*bottle*); *mot. faire la ~* change the oil; **vidanger** [vidɑ̃ˈʒe] (1l) *v/t.* empty; drain; clean out; **vidangeur** [~ˈʒœ:r] *m* nightman; **vide** [vid] **1.** *adj.* empty; blank (*space*); *fig.* vain; *~ de sens* (de)void of meaning; *avoir le cerveau ~* feel light-headed (*from lack of food*); **2.** *su./m* (empty) space; blank (*in document*); gap (*between objects, a. fig.*); *phys.* vacuum, space; *fig.* vacancy, emtptiness; *fig.* nothingness; *à ~* empty; ⚡ no-load; ✝ *emballé sous ~* vacuum-packed; *frapper à ~* miss (the mark, the nail, *etc.*); ⊕ *marcher à ~* run light; *mot. tourner à ~* tick over, idle; **vide-bouteille** [~buˈtɛ:j] *m* siphon; † country-lodge; **vide-citron** [~siˈtrɔ̃] *m* lemon-squeezer.
vidéo [videˈo] **1.** *adj.* video(-)...; **2.** *su./f* video; videofrequency; **vidéophone** [~ɔˈfɔn] *m* videophone.
vide-ordures [vidɔrˈdy:r] *m/inv.* rubbish shoot; **vide-poches** [~ˈpɔʃ] *m/inv.* tidy; *mot.* glove compartment; **vide-pomme** [~ˈpɔm] *m/inv.* apple corer; **vider** [viˈde] (1a) *v/t.* empty; drain; clear out; clear (*a forest*); *fig.* exhaust; F *fig.* dismiss, sack (*s.o.*); F chuck (*s.o.*) out; gut, clean (*fish*); draw (*poultry*); stone (*fruit*), core (*an apple*); bail out (*a boat*); *fig.* settle (*an argument, a question*); ✝ make up (*accounts*); *~ les arçons* be thrown (*from a horse*); **videur** [~ˈdœ:r] *m* F bouncer.
vidimer [vidiˈme] (1a) *v/t.* attest (*a copy*); **vidimus** [~ˈmys] *m* vidimus, attested copy.
viduité [vidɥiˈte] *f* widowhood.
vidure [viˈdy:r] *f poultry*: entrails *pl.*, *fish*: guts *pl.*; ~*s pl.* rubbish *sg.*
vie [vi] *f* life; lifetime; way of life; livelihood, living; biography; *fig.* animation, spirit; *~ moyenne* expectation of life; ⊕ *~ utile machine*: life; *à ~* for life; *de ma ~* in all my life; *donner la ~ à* give birth to (*a child, fig. a project*); *être en ~* be alive; F *jamais de la ~!* never!; F not on your life!; *sans ~* lifeless.
vieil [vjɛ:j] *see vieux 1*; **vieillard** [vjɛˈja:r] *m* old man; ~*s pl.* old people; **vieille** [vjɛ:j] *see vieux*; *~ fille f* old maid, spinster; **vieillerie** [vjɛjˈri] *f* old clothes *pl.*; old stuff (= *furniture etc.*; *a. fig.*); *fig.* outdated ideas; **vieillesse** [vjɛˈjɛs] *f* old age; *coll.* old people *pl.*; *fig. custom, wine, etc.*: age; **vieillir** [~ˈji:r] (2a) *v/t.* age; *v/i.* grow old; age; *fig.* go out of fashion; **vieillissement** [~jisˈmɑ̃] *m* ageing; *fig.* obsolescence; **vieillot, -otte** F [~ˈjo, ~ˈjɔt] oldish; wizened (*face*); *fig.* old-fashioned.
vielle ♪ † [vjɛl] *f* hurdy-gurdy.
viendrai [vjɛ̃ˈdre] *1st p. sg. fut. of venir*; **viennent** [vjɛn] *3rd p. pl. pres. of venir*; **viens** [vjɛ̃] *1st p. sg. pres. of venir.*
vierge [vjɛrʒ] **1.** *su./f* virgin, maiden; *astr. la* ♍ Virgo, the Virgin; **2.** *adj.* virgin (*forest, gold, soil*); *fig.* clean, spotless, pure; blank (*page*); *phot.* unexposed (*film*); *~ de* clear of.
vieux (*adj. before vowel or h mute* **vieil**) *m*, **vieille** *f*, *m/pl.* **vieux** [vjø, vjɛ:j, vjø] **1.** *adj.* old; aged; *~ jeu* old-fashioned; **2.** *su./m* old man; old things *pl.*; *mon ~!* old boy!; *prendre un coup de ~* grow old overnight; *su./f* old woman.
vif, vive [vif, vi:v] **1.** *adj.* alive, living; *fig.* lively (*imagination*); brisk (*action, discussion, fire, game, pace*); sharp (*wind*); bright (*colour*); quick (*temper, wit*); *de vive force* by main force; *eau f vive* running water; *vive arête* sharp edge; *vives*

eaux pl. spring tide *sg.*; **2.** *su./m* ⚖ living person; living flesh; *paint.* life; *fig. fight*: thick, heart; *blesser au ~* wound to the quick; *entrer dans le ~ du sujet* get to the heart of the matter; *pris sur le ~* taken from (real) life; lifelike; **vifargent** [vifar'ʒɑ̃] *m* quicksilver, mercury.

vigie [vi'ʒi] *f* look-out (post).

vigilamment [viʒila'mɑ̃] *adv. of vigilant*; **vigilance** [~'lɑ̃:s] *f* vigilance; caution; **vigilant, e** [~'lɑ̃, ~'lɑ̃:t] vigilant, watchful, alert; **vigile** [vi'ʒil] *su./f eccl.* vigil; *su./m* watchman.

vigne [viɲ] *f* ⚘ vine; ⚒ vineyard; ⚘~ *blanche* clematis; ⚘~ *de Judée* woody nightshade; ⚘ ~ *vierge* Virginia creeper; *cep m de ~* vinestock; *fig. dans les ~s du Seigneur* in one's cups (= *drunk*); **vigneron** [viɲə'rɔ̃] *m* wine-grower; vine-dresser; **vignette** [~'ɲɛt] *f* vignette; ✝ manufacturer's label; *typ.* engraving; *admin. packet of cigarettes etc.*: revenue band *or* seal; *mot.* (*a. ~ de l'impôt*) *approx.* road tax disc; **vignettiste** [viɲɛ'tist] *m* vignettist; **vigneture** [viɲə'ty:r] *f* ornamental border of vine-leaves (*round miniatures*); **vignoble** [vi'ɲɔbl] **1.** *su./m* ⚒ vineyard; vineyards *pl.* (*of a region*); **2.** *adj.* wine ...

vigogne *zo., a. tex.* [vi'gɔɲ] *f* vicuña.

vigoureux, -euse [vigu'rø, ~'rø:z] vigorous, strong; powerful (*blow*); *fig.* energetic; **vigueur** [~'gœ:r] *f* vigo(u)r, strength; *fig.* force; *en ~* in force; *entrer* (*mettre*) *en ~* come (put) into force.

vil, vile [vil] base (*a. metal*), vile; *à ~ prix* at a low price, F dirt cheap.

vilain, e [vi'lɛ̃, ~'lɛn] **1.** *adj.* ugly; nasty, unpleasant; dirty (*trick*); *fig.* mean (*person, deed*); **2.** *su.* blackguard, villain; † villein; F naughty child; *su./m* F *fig.* trouble.

vilebrequin [vilbrə'kɛ̃] *m* ⊕ brace (and bit); wimble; ⊕, *mot.* crankshaft.

vilenie [vil'ni] *f* meanness; *fig.* abuse; vile story; dirty trick, mean action.

vilipender [vilipɑ̃'de] (1a) *v/t.* vilify: run (*s.o.*) down.

villa [vi'la] *f* villa; country-house; cottage; **village** [~'la:ʒ] *m* village; **villageois, e** [~la'ʒwa, ~'ʒwa:z] **1.** *adj.* rustic, country-...; **2.** *su.* villager; *su./m* countryman; *su./f* countrywoman.

ville [vil] *f* town, city; ~ *maritime* town on the sea, seaside town; ~ *natale* hometown; *à la ~* in town (= *not in the country*); *aller en ~* go (in)to town; *dîner en ~* dine out; *en ~ post*: Local.

villégiature [vileʒja'ty:r] *f* stay in the country; holiday (*away from town*); *en ~* on holiday.

vin [vɛ̃] *m* wine; ~ *chaud* mulled wine; ~ *de marque* vintage wine; ~ *de pays* local wine; ~ *ordinaire* table *or* dinner wine; *grand ~* wine from a famous vineyard; vintage wine; *gros* (*petit*) ~ full-bodied *or* heavy (light) wine; *offrir un ~ d'honneur à* give an official reception in hono(u)r of; *entre deux ~s* slightly tipsy; **vinage** [vi'na:ʒ] *m wine etc.*: fortifying; **vinaigre** [~'nɛ:gr] *m* vinegar; *tourner au ~* turn sour (*a. fig.*); **vinaigrer** [vinɛ'gre] (1a) *v/t.* season with vinegar; *fig.* give an acid edge to; **vinaigrerie** [~grə'ri] *f* vinegar factory *or* trade; vinegar-making; **vinaigrette** *cuis.* [~'grɛt] *f* vinegar sauce; French dressing, oil and vinegar dressing; **vinaigrier** [~gri'e] *m* vinegar-maker; vinegar-merchant; vinegar-cruet; **vinasse** [~'nas] *f* poor, thin wine, F plonk; ⚗ residuary liquor.

vindicatif, -ve [vɛ̃dika'tif, ~'ti:v] vindictive; spiteful; ⚖ punitive; **vindicte** [~'dikt] *f* ⚖ prosecution; F *fig.* obloquy.

vinée [vi'ne] *f* wine-crop, vintage; ⚘ fruit-branch of a vine; **viner** ⊕ [~'ne] (1a) *v/t.* fortify (*wine etc.*); **vineux, -euse** [~'nø, ~'nø:z] vinous; wine-flavo(u)red; wine-colo(u)red; full-bodied (*wine*); vintage (*year*).

vingt [vɛ̃; *before vowel and h mute, and when followed by another numeral* vɛ̃:t] *adj./num., a. su./m/inv.* twenty; *date, title*: twentieth; ~ *et un* twenty-one; ~*-deux* twenty-two; **vingtaine** [vɛ̃'tɛn] *f* (about) twenty; score; **vingtième** [~'tjɛm] *adj./num., a. su./m fraction*: twentieth.

vinicole [vini'kɔl] wine-growing; **viniculture** [~kyl'ty:r] *f* viniculture, wine-growing; **vinification** ⊕ [~fika'sjɔ̃] *f* vinification; **vinique** [vi'nik] vinic (*alcohol etc.*); **vinosité** [~nozi'te] *f wine*: flavo(u)r and strength, vinosity.

vins [vɛ̃] *1st p. sg. p.s. of venir.*

viol ⚖ [vjɔl] *m* rape; violation.
violacé, e [vjɔla'se] **1.** *adj.* purplish-blue; blue (*person*); **2.** *su./f*: ⚘ ~*s pl.* violaceae; **violacer** [~] (1k) *v/i.* become covered with purplish spots; become purplish.
violateur, -trice [vjɔla'tœ:r, ~'tris] *su.* violator (*a. fig.*); *fig.* breaker (*of law, Sabbath, etc.*); *su./m* † ⚖ ravisher; **violation** [~'sjɔ̃] *f* violation (*a. fig.*); *fig.* breach; *Sabbath*: breaking; ~ *de domicile* violation of privacy (*of one's home*).
violâtre [vjɔ'lɑ:tr] purplish.
viole ♪ [vjɔl] *f* † viol; ~ *d'amour* viola d'amore.
violemment [vjɔla'mɑ̃] *adv.* of *violent*; **violence** [~'lɑ̃:s] *f* violence, force; ⚖ duress; *faire* ~ *à* do violence to (*a. fig.*); violate (*a woman*); **violent, e** [~'lɑ̃, ~'lɑ̃:t] violent (*a. death*); fierce; *fig.* intense; F *fig. c'est un peu* ~*!* that's a bit thick!; **violenter** [~lɑ̃'te] (1a) *v/t.* do violence to; ⚖ rape, ravish (*a woman*); **violer** [~'le] (1a) *v/t.* violate; *fig.* break; ⚖ rape, ravish (*a woman*).
violet, -ette [vjɔ'lɛ, ~'lɛt] **1.** *adj.* violet, purple; *inv. in compounds*: ~ *évêque* bishop's-purple; **2.** *su./m colour*: violet; *su./f* ⚘ violet; *sl. faire sa* ~ play the shrinking violet.
violon [viɔ'lɔ̃] *m* ♪ *instrument, a. player*: violin; F fiddle; ⊕ fiddle-block; F jail, *sl.* quod, clink; *fig.* ~ *d'Ingres* (*artistic*) hobby; *fig. aller plus vite que les* ~*s* jump the gun; **violoncelle** ♪ [~lɔ̃'sɛl] *m* (violon)-cello; cellist; **violoncelliste** ♪ [~lɔ̃sɛ'list] *su.* (violon)cellist; **violoniste** ♪ [~lɔ'nist] *su.* violinist.
viorne ⚘ [vjɔrn] *f* viburnum.
vipère [vi'pɛ:r] *f zo.* viper, adder; *fig. langue f de* ~ venomous tongue; **vipéridés** *zo.* [viperi'de] *m/pl.* viperidae, viper family *sg.*; **vipérin, e** [~'rɛ̃, ~'rin] **1.** *adj.* viperine; *fig.* venomous (*tongue*); **2.** *su./f zo.* viperine snake; ⚘ viper's bugloss.
virage [vi'ra:ʒ] *m* turning; *road etc.*: turn, bend, corner; ✈, *mot., etc.* sweeping round; ✈ bank(ing); *sp. racing-track*: bank(ed corner); *mot.* turning space; ⚓ going about; *phot.* toning; *tex.* changing of colo(u)r; ⚕ ⚕ reversal; *fig.* change (of direction *or* policy); ~ *à droite* right turn; right-hand bend; ~ *à visibilité réduite* blind corner; *prendre un* ~ take a corner; ~**-fixage,** *pl.* ~**s-fixages** *phot.* [~raʒfik'sa:ʒ] *m* combined toning and fixing.
viral, e *m/pl.* **-aux** [vi'ral, ~'ro] viral; virus (*disease*); infectious.
vire [vi:r] *f* winding mountain track.
virée [vi're] *f* trip, tour; joyride; **virement** [vir'mɑ̃] *m* ⚓ *tide, a. fig.*: turn; ✝ transfer; *banque f de* ~ clearing bank; **virer** [vi're] (1a) *v/i.* turn; *mot.* (take a) corner; ✈ bank; ⚓ heave; *phot.* tone; change colo(u)r; ~ *au bleu* turn blue; *v/t.* ✝ transfer (*money*); *phot.* tone; F chuck (*s.o.*) (out).
vireux, -euse [vi'rø, ~'rø:z] noxious, poisonous; malodorous, F stinking.
virevolte [vir'vɔlt] *f* half turn; spinning round; *fig.* sudden change, about-turn; **virevolter** [~vɔl'te] (1a) *v/i.* spin round.
virginal, e, *m/p.* **-aux** [virʒi'nal, ~'no] **1.** *adj.* virginal, maidenly; **2.** *su./m* ♪ virginal; **virginité** [~ni'te] *f* virginity; maidenhood.
virgule [vir'gyl] *f gramm.* comma; ⅍ (decimal) point.
viril, e [vi'ril] male (*clothing, sex*); *fig.* manly; virile; *âge m* ~ manhood; *anat. membre m* ~ penis; **viriliser** [virili'ze] (1a) *v/t.* make (*s.o.*) look like a man; make a man of (*s.o.*); **virilité** [~'te] *f* virility; manliness, manhood.
viro-fixateur *phot.* [virɔfiksa'tœ:r] **1.** *adj./m* toning and fixing; **2.** *su./m* toning and fixing bath.
virole [vi'rɔl] *f* ⊕ *handle, stick, tube*: ferrule; ⊕ *machine*: collar; *pipes*: thimble-joint; **viroler** [~rɔ'le] (1a) *v/t.* ferrule.
virtualité [virtɥali'te] *f* potentiality; virtuality; **virtuel, -elle** [~tɥ'ɛl] potential; virtual; **virtuellement** [~tɥɛl'mɑ̃] *adv.* potentially; virtually, practically.
virtuose [vir'tɥo:z] *su.* virtuoso; **virtuosité** [~tɥozi'te] *f* virtuosity.
virulence ⚕, *a. fig.* [viry'lɑ̃:s] *f* virulence; **virulent, e** ⚕, *a. fig.* [~'lɑ̃, ~'lɑ̃:t] virulent; **virus** ⚕ [vi'rys] *m* virus (*a. fig.*); *fig.* plague; *fig.* mania; ~ *filtrant* filterable virus; *maladie f à* ~ virus disease.
vis[1] [vis] *f* screw; ~ *de rappel* adjusting screw; ~ *sans fin* endless screw; *pas m*

de ~ thread of screw; F *fig. serrer la* ~ *à q.* put the screw on s.o.
vis[2] [vi] *1st p. sg. pres. of vivre 1.*
vis[3] [~] *1st p. sg. p.s. of voir.*
visa [vi'za] *m passport*: visa; *document*: signature; *supervisor etc.*: initials *pl.*; *cheque*: certification; *bill*: sighting; ~ *d'entrée* entry visa; ~ *de sortie* exit visa; ~ *de transit* transit visa.
visage [vi'za:ʒ] *m* face; countenance; *à* ~ *découvert* openly; *fig. à* ~ *humain* humane, fit for human beings; *faire bon* (*mauvais*) ~ *à* be friendly (unfriendly) towards, smile (frown) on (*s.o.*); F *trouver* ~ *de bois* find nobody at home; meet with a closed door; **visagiste** [viza'ʒist] *su.* beautician.
vis-à-vis [viza'vi] **1.** *adv.* opposite; **2.** *prp.*: ~ *de* opposite, facing; *fig.* in relation to, with respect to; **3.** *su./m* person opposite; partner (*at cards etc.*); S-shaped couch.
viscéral, e, *m/pl.* **-aux** *anat.* [vise'ral, ~'ro] visceral; **viscère** *anat.* [~'sɛ:r] *m* internal organ; ~*s pl.* viscera.
viscose ⚗, ⊕, ✝ [vis'ko:z] *f* viscose; **viscosité** [~kozi'te] *f* viscosity; stickiness.
visée [vi'ze] *f* aim (*a. fig.*); ⚔, *surv.* aim(ing); sight(ing); ~*s pl.* aims, designs.
viser[1] [vi'ze] (1a) *v/i.* aim (at, *à*) (*a. fig.*); *v/t.* aim at (*a. fig.*); *surv.* sight; *fig.* relate to, have (*s.th.*) in view; *fig.* refer to (*s.o.*), allude to (*s.o.*); *sl.* (take a) look at; ~ *q. à la tête* aim at s.o.'s head.
viser[2] [~] (1a) *v/t.* visa (*a passport*); initial, sign (*a document*); certify (*a cheque*); 🚂 stamp (*the ticket when a journey is broken*).
viseur [vi'zœ:r] *m gun*: sights *pl.*; *phot.* view-finder.
visibilité [vizibili'te] *f* visibility; conspicuousness (*of s.th.*); **visible** [~'zibl] visible; *fig.* evident, obvious; *fig.* able to receive (company), at home (to visitors) (*person*).
visière [vi'zjɛ:r] *f helmet*: visor; *cap*: peak; eyeshade; ⊕ inspection-hole; *fig. rompre en* ~ *avec q.* contradict s.o. flatly; quarrel openly with s.o.
vision [vi'zjõ] *f* vision (*a. eccl.*); sight; *fig.* fantasy; phantom; imagination; *trouble m de la* ~ eyesight trouble; **visionnaire** [~zjɔ'nɛ:r] *adj., a. su.* visionary.
visitation *eccl.* [vizita'sjõ] *f*: *la* ♀ (the Feast of) the Visitation; **visite** [~'zit] *f* visit (*a.* ⚕); (*social or ceremonial*) call; *admin.* inspection; *customs*: examination; ⚕ medical examination; ⚖ search; ⚖ ~ *domiciliaire* domiciliary visit; *heures f/pl. de* ~ calling hours; *hospital*: visiting hours; *rendre* ~ *à* pay (*s.o.*) a visit; **visiter** [vizi'te] (1a) *v/t.* visit; *admin.* inspect, examine; ⚖ search; **visiteur, -euse** [~'tœ:r, ~'tø:z] **1.** *adj.* visiting; *infirmière f* ~*euse* visiting nurse; **2.** *su.* visitor, caller; ⊕, *admin., etc.* inspector; *customs*: searcher; ✝ representative; *su./f*: ~*euse de santé* health visitor.
vison [vi'zõ] *m zo.* (American) mink; ✝ mink.
visqueux, -euse [vis'kø, ~'kø:z] viscous; sticky; gooey, slimy (*a. fig*).
vissage ⊕ [vi'sa:ʒ] *m* screwing (on *or* down); **visser** [~'se] (1a) *v/t.* ⊕ screw (on, down, in, *etc.*); F clamp down on.
visualiser [vizɥali'ze] (1a) *v/t.* visualize; make visible; **visuel, -elle** [vi'zɥɛl] visual; *champ m* ~ field of vision.
vital, e, *m/pl.* **-aux** [vi'tal, ~'to] vital (*a. fig. question*); **vitaliser** [vitali'ze] (1a) *v/t.* vitalize; **vitalité** [~'te] *f* vitality.
vitamine [vita'min] *f* vitamin.
vite [vit] **1.** *adv.* quickly, rapidly, fast; soon; **2.** *adj.* fast, swift.
vitellus [vitɛl'lys] *m* ⚘, *biol.* vitellus; *biol.* yolk.
vitesse [vi'tɛs] *f* speed; quickness; rapidity, swiftness; *phys. bullet, light, sound*: velocity, speed; *mot.* gear; ~ *imposée* prescribed speed; *mot.* ~ *limitée traffic sign*: speed limit, no speeding; *mot. boîte f de* ~*s* gear-box, *Am.* transmission; *grande* (*petite*) ~ high (low) speed; *mot. indicateur m de* ~ speedometer; *mot. première* (*quatrième*) ~ first (fourth) gear; bottom (top) gear; *à toute* ~ at top speed; *en* ~ quickly; in a hurry; *prendre q. de* ~ outrun s.o.
viticole [viti'kɔl] vine-...; viticultural; **viticulteur** [~kyl'tœ:r] *m* vine-grower, viticulturist; **viticulture** [~kyl'ty:r] *f* vine-growing, viticulture.

vitrage [vi'tra:ʒ] *m* windows *pl.*; glass work; glass door; glass partition; glass roof; ⊕ glazing; net curtain; **vitrail,** *pl.* **-aux** [~'tra:j, ~'tro] *m* leaded glass window; *eccl.* stained glass window; **vitre** [vitr] *f* pane (of glass); window-pane; F *fig. casser les ~s* kick up a fuss; **vitré, e** [vi'tre] ⊕ glazed; ⚡, *anat., etc.* vitreous; **vitrer** [~'tre] (1a) *v/t.* ⊕ glaze (*a door, a window, etc.*); **vitrerie** [~trə'ri] *f* glazing, glaziery; **vitreux, -euse** [~'trø, ~'trø:z] vitreous (*a.* ⚘); glassy; **vitrier** [vitri'e] *m* glass maker; ⊕ glazier; **vitrière** [~'ɛ:r] *f* metal window framing; **vitrifiable** [~'fjabl] vitrifiable; **vitrification** [~fika'sjɔ̃] *f* vitrification; **vitrifier** [~'fje] (1o) *v/t.* vitrify; ~ *par fusion* fuse; *se ~* vitrify; **vitrine** [vi'trin] *f* shop-window; glass case, showcase, display case.

vitriol ⚗ [vitri'ɔl] *m* vitriol (*a. fig.*); *fig. au ~* biting, caustic (*remark*); **vitriolé, e** ⚗ [~ɔ'le] vitriolized; **vitrioler** [~ɔ'le] (1a) *v/t.* vitriolize; throw vitriol at (*s.o.*); *tex.* sour (*fabric*); **vitrioleur** *m*, **-euse** *f* [~ɔ'lœ:r, ~'lø:z] vitriol-thrower.

vitupération [vitypera'sjɔ̃] *f* vituperation, abuse; **vitupérer** [~'re] (1f) *v/t.* abuse; ~ *contre* rail against.

vivace [vi'vas] long-lived; ⚘ perennial; ⚘ hardy; *fig.* enduring; *fig.* inveterate; **vivacité** [~vasi'te] *f* promptness; alertness; *fig. combat, discussion*: heat; *fig.* hastiness; *colour, feelings, etc.*: vividness; *fig.* liveliness; *horse*: mettle; *avec ~* vivaciously.

vivandier, -ère † [vivɑ̃'dje, ~'djɛ:r] *su.* canteen-keeper; *su./f* vivandière.

vivant, e [vi'vɑ̃, ~'vɑ̃:t] **1.** *adj.* living (*a. fig.*), alive; modern (*language*); *fig.* lively (*scene etc.*); vivid (*account, picture, etc.*); **2.** *su./m*: *les ~s* the living; *bon ~* man who enjoys life; easy-going fellow; *de son ~* in his lifetime.

vivat [va'vat] **1.** *int.* hurrah!; **2.** *su./m* hurrah; *~s pl.* cheers.

vive *icht.* [vi:v] *f* weever, sting-fish.

viveur [vi'vœ:r] *m* pleasure-seeker; fast liver.

vivier [vi'vje] *m* fishpond, fish tank.

vivificateur, -trice [vivifika'tœ:r, ~'tris] vivifying; invigorating; **vivification** [~'sjɔ̃] *f* reviving; **vivifier** [vivi'fje] (1o) *v/t.* vitalize; enliven; give life to; invigorate; **vivipare** [~'pa:r] **1.** *adj.* ⚘, *zo.* viviparous; **2.** *su. zo.* viviparous animal; **vivisection** [~sɛk'sjɔ̃] *f* vivisection.

vivoter [vivɔ'te] (1a) *v/i.* live from hand to mouth; rub *or* struggle along; **vivre** [vi:vr] **1.** (4hh) *v/i.* live (on, *de*; at, in *à*); be alive; subsist, exist; *fig.* survive, last (*memory etc.*); F *apprendre à ~ à* teach (*s.o.*) manners; *avoir beaucoup vécu* have seen life; *difficile à ~* difficult to get along with; ⚔ *qui vive?* who goes there?; *qui vivra verra* time will show; *se laisser ~* take life as it comes, take life *or* things easy; *vive ...!* long live ...!; hurrah for (*s.th.*)!; *v/t.* live (*one's life*); live through (*experiences*); **2.** *su./m* † living; food; *~s pl.* provisions; ⚔ rations; *le ~ et le couvert* board and bed; *le ~ et le logement* board and lodging.

vizir [vi'zi:r] *m* vizi(e)r.

vlan!, v'lan! [vlɑ̃] *int.* slap-bang!

vocable [vɔ'kabl] *m* word, term; *eccl. sous le ~ de* dedicated to; **vocabulaire** [~kaby'lɛ:r] *m* vocabulary; word-list.

vocal, e, *m/pl.* **-aux** [vɔ'kal, ~'ko] vocal (*a. anat., a.* ♪); **vocalique** *gramm.* [vɔka'lik] vocalic, vowel-...; **vocalisation** *gramm., a.* ♪ [~liza'sjɔ̃] *f* vocalization; **vocalise** ♪ [~'li:z] *f* exercise in vocalization; *faire des ~s* vocalize; **vocaliser** *gramm., a.* ♪ [~li'ze] (1a) *vt/i.* vocalize; **vocalisme** *gramm., a.* ♪ [~'lism] *m* vocalism; **vocation** [~'sjɔ̃] *f* vocation.

vociférations [vɔsifera'sjɔ̃] *f/pl.* shouts, yells; outcries; **vociférer** [~'re] (1f) *v/i.* shout, yell, scream (at, *contre*); vociferate (against, *contre*).

vodka [vɔd'ka] *f* vodka.

vœu [vø] *m* vow; *fig.* wish, desire.

vogue [vɔg] *f* fashion, F rage, craze; *dial. eccl.* patronal festival; *être en ~* be popular, be in fashion, F be in; *entrer* (*mettre*) *en ~* come (bring) into fashion.

voguer [vɔ'ge] (1m) *v/i.* sail (*boat, cloud*); float, drift; *fig. vogue la galère!* let's risk *or* chance it!

voici [vwa'si] *prp.* here is, here are; F *~!* look!; *~ un an que je suis ici* I have been here for a year; *me* ~*!* here I am!

voie [vwa] *f* way (*a. fig.*), road; path; *anat.* duct, tract; *fig.* means *pl.*, course; 🚂 railway, *Am.* railroad; ⚡ circuit; ⚗ (*dry, wet, etc.*) process; ~ *aérienne* air-route, airway; ~ *de communication* road, thoroughfare; line of communication; ✈ ~ *de départ* runway; ~*s pl. de droit* legal channels; ⚖ ~*s pl. de fait* assault *sg.* and battery *sg.*; *fig.* ~*s et moyens* ways and means; ⚕ ~*s pl. respiratoires* respiratory tract *sg.*; ⚓ ~ *d'eau* leak; 🚂 *à deux* ~*s* double-track (*line*); 🚂 *à* ~ *normale* (*étroite*) standard-ga(u)ge (narrow-ga[u]ge) (*line*); 🚂 *à* ~ *unique* single-track (*line*); *en* ~ *de* in process of; under (*repair*); *par* ~ *de fig.* by (means of); 🚂 via; *par* ~ *ferrée* by rail(way).

voilà [vwa'la] *prp.* there is, there are; that is, those are; ~*!* here you are!; ~ *ce que je dis* that's what I say; ~ *qui est drôle* that's funny; ~ *tout* that's all; ~ *un an que je suis ici* I have been here for a year; *en* ~ *assez!* that's enough!; *me* ~*!* here I am!

voilage [vwa'la:ʒ] *m* net curtain(s *pl.*); *tex.* veiling, net; **voile** [vwal] *su./m* veil (*a. fig., a. eccl.*); *fig.* cloak; *fig.* blur; *tex.* voile; *phot.* fog; ⊕ buckle, warping; *anat.* ~ *du palais* soft palate; *sous le* ~ *de* under the cloak of; *su./f* ⚓ sail; *fig.* ship; *bateau m à* ~*s* sailing boat; *faire* ~ set sail (for, *pour*); *grand-*~ mainsail; F *mettre les* ~*s* clear out; **voiler** [vwa'le] (1a) *v/t.* veil (*a.* ♪ *one's voice*); shade, dim (*the light*); *fig.* cloak, hide; *phot.* fog; ⊕ buckle, warp; ⚓ rig (*a ship*) with sails; *fig. voix f voilée* husky voice; *fig. se* ~ become overcast (*sky*); *v/i. a. se* ~ ⊕ go out of true; warp (*wood*); **voilerie** ⚓ [vwal'ri] *f* sail-making; sail-loft; **voilette** *cost.* [vwa'lɛt] *f* (hat-) veil; **voilier** [~'lje] *m* ⚓ sailing ship, sailing boat; sail-maker; *bâtiment m bon* ~ good sailer; **voilure** [~'ly:r] *f* ⚓ sails *pl.*; ✈ wings *pl.*, wing surface; ⊕ *rod, wheel*: buckling; *wood*: warping.

voir [vwa:r] (3m) *v/t.* see; perceive; watch; observe; remark; witness (*an incident*); visit; inspect; examine; ⚕ attend (*a patient*); ⚕ consult (*a physician*); *fig.* consider, take a view of (*s.th.*); *fig.* understand; *fig.* experience, go through (*misfortunes*); F tolerate, stand; ~ *à* (*inf.*) see to it that (*ind.*); ~ *le jour* be born; ~ *venir q.* see s.o. coming; *fig.* see what s.o. is up to; *à ce que je vois* from what I see; *aller* ~ (go and) see (*s.o.*), look (*s.o.*) up; visit; *cela se voit* that's obvious; *c'est à* ~ that remains to be seen; F *écoutez* ~ just listen; *être bien* (*mal*) *vu de* be in s.o.'s good (bad) books; *faire* ~ show; *laisser* ~ betray, reveal; *n'avoir rien à* ~ *avec* (*or à*) have nothing to do with; ⚕ *se faire* ~ *par le médecin* get examined; *venir* ~ call on (*s.o.*).

voire [vwa:r] *adv.* † truly; (*a.* ~ *même*) (and) even, indeed.

voirie [vwa'ri] *f* highway system; system of roads; *admin.* Roads Department, *Am.* Highway Division; highway maintenance; refuse (*Am.* garbage) collection; refuse (*Am.* garbage) dump.

voisin, e [vwa'zɛ̃, ~'zin] **1.** *adj.* neighbo(u)ring; adjacent; next (*building, house, room, etc.*); ~ *de* in the vicinity of; *fig.* similar to, akin to, approximating to; **2.** *su.* neighbo(u)r; **voisinage** [~zi'na:ʒ] *m* neighbo(u)rhood; vicinity; surroundings *pl.*; *bon* ~ neighbo(u)rliness; **voisiner** [~zi'ne] (1a) *v/i.* be adjacent, be side by side; be neighbo(u)rly, be on friendly terms (with, *avec*).

voiturage ☤ [vwaty'ra:ʒ] *m* carriage, conveyance; cost of conveyance; **voiture** [~'ty:r] *f* carriage, conveyance, vehicle; *mot.* car, *Am. a.* automobile; ☤ van; ☤ cart; 🚂 coach, *Am.* car; ☤ goods *pl.*, *Am.* freight; 🚂 ~ *à marchandises* goods truck, *Am.* freight car; ~ *carénée* streamlined car *or Am.* automobile; ~ *de livraison* delivery van; ~ *d'enfant* perambulator, F pram, *Am.* baby carriage; ~ *de place* taxi; ~ *de remise* hired carriage; ~ *des quatre saisons* costermonger's barrow; 🚂 ~ *directe* through carriage; F ~*-pie* radio patrol car; ~ *publique* public conveyance; 🚂 ~*-restaurant* dining car, diner; *en* ~*!* all aboard!; take your seats!; **voiturée** [~ty're] *f people*: carriageful; *goods*: cart-load, van-load; **voiturer** [~ty're] (1a) *v/t.* convey, carry (*goods*); *fig.* drive; **voiturette** [~ty'rɛt] *f mot.* baby car; light car; trap;

voiturier, -ère [~ty'rje, ~'rjɛːr] **1.** *adj.* carriageable; carrying; carriage (*-drive*); **2.** *su./m* ⚕ carrier.

voix [vwa] *f* voice (*a. gramm., a.* ♪); ♪ part; speech; tone; *fig.* opinion; *parl., pol.* vote; *à haute* ~ aloud; *à* ~ *basse* softly, in a low voice; *pol. aller aux* ~ vote; *de vive* ~ by word of mouth; *fig. demeurer sans* ~ remain speechless; *donner de la* ~ give tongue, bark (*hounds*); *mettre qch. aux* ~ put s.th. to the vote.

vol[1] ⚖ [vɔl] *m* theft, larceny, robbery; ~ *à l'américaine* confidence trick; ~ *à l'étalage* shop-lifting; ~ *avec effraction* housebreaking and larceny.

vol[2] [vɔl] *m orn.,* ✈ flying; flight (*a. distance, a. fig., a. birds*); *locusts*: swarm; ~ *à voile* gliding; ~ *d'acrobatie* stunt flying; ~ *de nuit* night-flight; ~ *habité* manned spaceflight; ~ *plané* ✈ glide; *orn.* soaring flight; *à* ~ *d'oiseau* as the crow flies; bird's-eye (*view*); *au* ~ on the wing; *prendre son* ~ ✈ take off; *orn.* take wing, fly off;

volage [vɔ'laːʒ] fickle, inconstant.

volaille [vɔ'lɑːj] *f* poultry; *cuis.* fowl; **volailler** [~lɑ'je] *m* poulterer; poultry-yard.

volant, e [vɔ'lɑ̃, ~'lɑ̃ːt] **1.** *adj.* flying; *fig.* loose, floating (*dress*); portable; ⚡ wander(*-plug*); **2.** *su./m game*: shuttlecock; ⊕ fly-wheel; ⊕ *lathe etc.*: hand-wheel; *mot.* steering-wheel, F wheel; *cost.* flounce; ⚕ ~ *de sécurité* reserve fund; *mot. prendre le* ~ drive, take the wheel.

volatil, e [vɔla'til] volatile.

volatile [~] *m, a. f* fowl; †, *co.* bird, winged creature.

volatiliser [vɔlatili'ze] (1a) *v/t. a.* se ~ volatilize.

vol-au-vent *cuis.* [vɔlo'vɑ̃] *m/inv.* vol-au-vent (*small filled puff-pie*).

volcan [vɔl'kɑ̃] *m* volcano; **volcanique** [~ka'nik] volcanic; *fig.* fiery; **volcanisme** *geol.* [~ka'nism] *m* volcanism.

vole [vɔl] *f*: *faire la* ~ *cards*: make a slam *or* vole.

volée [vɔ'le] *f bird, bullet, stairs*: flight; *birds*: flight, flock; ⚔ volley, ⚓ broadside; *bells*: peal; *blows etc.*: shower; thrashing, hiding; ~ *basse tennis*: low volley; ~ *haute tennis*: smash; *à la* ~ in the air; *catch etc.* in mid air; *fig.* at random; *a. à toute* ~ with full force; *entre bond et* ~ *tennis*: on the half-volley; *fig.* at a lucky moment; † *fig. la haute* ~ the upper ten *pl.*; *fig. de haute* ~ top-flight, top-notch (*people*).

voler[1] ⚖ [vɔ'le] (1a) *vt/i.* steal; *v/t.* rob (*s.o.*); swindle, cheat (*s.o.*).

voler[2] [~] (1a) *v/i.* ✈, *orn.* fly (*a. fig.*); *fig.* rush; ~ *à voile* glide; *v/t. hunt.* fly (*a hawk*); fly at (*the quarry*).

volerie[1] † [vɔl'ri] *f* robbery; larceny.

volerie[2] *hunt.* [~] *f* hawking.

volet [vɔ'lɛ] *m window, a. phot., mot., etc.*: shutter; *mot.* flap; *mot.* butterfly-valve; ⚡ *etc. indicator*: disk; sorting-board; *fig. trier sur le* ~ select (*persons*) carefully; screen (*candidates*).

voleter [vɔl'te] (1c) *v/i. orn.* flit (*a. fig. person*); flutter.

voleur, -euse [vɔ'lœːr, ~'løːz] **1.** *adj.* thieving; pilfering; *fig.* rapacious; **2.** *su.* thief; (*sheep- etc.*)stealer; *fig.* robber; *su./m*: *au* ~! stop thief!

volière [vɔ'ljɛːr] *f* aviary; large bird-cage; pigeon-run.

volige ⚠ [vɔ'liːʒ] *f* batten; lath; roofing-strip; **voliger** ⚠ [~li'ʒe] (1l) *v/t.* batten; lath.

volitif, -ve [vɔli'tif, ~'tiːv] volitional; **volition** [~'sjɔ̃] *f* volition.

volontaire [vɔlɔ̃'tɛːr] **1.** *adj.* voluntary; spontaneous; *fig.* self-willed, obstinate; **2.** *su./m* ⚔ volunteer; **volonté** [~'te] *f* will; will-power; *fig.* pleasure, desire; ~*s pl.* ⚖ (*last*) will *sg.* and testament *sg.*; *fig.* whims; *à* ~ at pleasure, at will; *en faire à sa* ~ have one's own way; *montrer de la bonne* (*mauvaise*) ~ show (un)willingness; **volontiers** [~'tje] *adv.* willingly, with pleasure; *fig.* readily, easily.

volt ⚡ [vɔlt] *m* volt; **voltage** ⚡ [vɔl'taːʒ] *m* voltage; **voltaïque** ⚡ [~ta'ik] voltaic.

voltaire [vɔl'tɛːr] *m* Voltaire chair (= *high-backed armchair*).

volte [vɔlt] *f horsemanship, a. fencing*: volt; *sp.* vaulting; **~-face** [~ə'fas] *f/inv.* volte-face; about-face; right-about turn.

voltige [vɔl'tiːʒ] *f horsemanship*: trick-riding; *sp.* exercises *pl.* on the flying trapeze; leaping-rope; **voltiger** [~ti'ʒe] (1l) *v/i. orn.* flit (*a. fig.*); fly about; flutter; *sp.* perform on the flying trapeze; *horsemanship*: do trick-riding; **voltigeur** [~ti-

ˈʒœ:r] *m sp.* performer on the flying trapeze (*etc.*); ⚔ light infantryman.
volubile [vɔlyˈbil] ⚘ voluble (*a. person*), turning; *fig.* glib; fluent; **volubilis** ⚘ [~biˈlis] *m* morning glory; **volubilité** [~biliˈte] *f* volubility; *fig.* glibness.
volume [vɔˈlym] *m* volume; tome; ⚗, *phys., etc.* volume, mass; ✝, ⚓ bulk; **volumineux, -euse** [~lymiˈnø, ~ˈnø:z] voluminous (*a. fig.*); bulky, large.
volupté [vɔlypˈte] *f* (sensual) pleasure; **voluptueux, -euse** [~ˈtɥø, ~ˈtɥø:z] **1.** *adj.* voluptuous; **2.** *su.* sensualist.
volute [vɔˈlyt] *f shell, a.* ⚠: volute; ⚠, *a.* ♪ *violin*: scroll; *fig. smoke etc.*: curl.
vomique ⚘, ⚕ [vɔˈmik] *adj.*: *noix f* ~ nux vomica; **vomir** [~ˈmi:r] (2a) *v/t.* ⚕ vomit; *fig.* belch forth; *v/i.* be sick, ⚕ vomit; **vomissement** ⚕ [~misˈmɑ̃] *m action*: vomiting; vomit; **vomitif, -ve** ⚕ [~miˈtif, ~ˈti:v] *adj., a. su./m* emetic.
vont [vɔ̃] *3rd. p. pl. pres. of aller 1.*
vorace [vɔˈras] voracious; **voracité** [~rasiˈte] *f* voracity; *avec* ~ voraciously.
vortex [vɔrˈtɛks] *m* whorl; vortex [(-ring).
vos [vo] *pl. of votre.*
vosgien, -enne [voˈʒjɛ̃, ~ˈʒjɛn] of the Vosges.
votant, e [vɔˈtɑ̃, ~ˈtɑ̃:t] **1.** *adj.* voting; **2.** *su.* voter; *su./m*: *liste f des ~s* electoral roll; **votation** [~taˈsjɔ̃] *f* voting; **vote** [vɔt] *m* vote; voting; poll, ballot; *parl. bill*: division; passing (of a bill, *d'une loi*); result (of the voting *or* ballot); **voter** [vɔˈte] (1a) *v/i.* vote; *v/t.* vote (*money*); pass (*a bill*); ~ *des remerciements à* pass a vote of thanks to.
votif, -ve *eccl. etc.* [vɔˈtif, ~ˈti:v] votive.
votre, *pl.* **vos** [vɔtr, vo] *adj./poss.* your.
vôtre [vo:tr] **1.** *pron./poss.*: *le* (*la*) ~, *les ~s pl.* yours; F *à la* ~ cheerio!; your health!; *je suis des ~s* I am on your side; **2.** *su./m* yours, your own; *les ~s pl.* your (own) people.
voudrai [vuˈdre] *1st p. sg. fut. of vouloir 1.*
vouer [vwe] (1p) *v/t.* dedicate; vow, pledge; *fig.* devote (*one's life, one's time*).
vouloir [vuˈlwa:r] **1.** (3n) *v/t.* want; need; require; claim; ~ *bien* be willing; ~ *dire* mean (to say); *se* ~ ... want *or* claim to be ...; be meant to be ...; *je voudrais* ... I would like ...; *Dieu veuille que* God grant that; *je le veux bien* I am quite willing; *je veux que cela soit* I insist that it shall be so; *je veux que ce soit fait* I want this to be done; *le moteur ne voulut pas marcher* the engine refused to work; *sans le* ~ unintentionally; *veuillez me dire* please tell me; *v/i.*: *en* ~ *à* bear (*s.o.*) a grudge; have designs on (*s.th.*); **2.** *su./m* will; *bon* (*mauvais*) ~ good (ill) will; *de son bon* ~ of one's own accord; **voulu, e** [~ˈly] *p.p. of vouloir 1*; **voulus** [~ˈly] *1st p. sg. p.s. of vouloir 1.*
vous [vu] **1.** *pron./pers. subject*: you; *object*: you; (to) you; *à* ~ to you; yours; **2.** *pron./rfl.* yourself, yourselves; **3.** *pron./recip.* each other, one another; **~-même** [~ˈmɛ:m] *pron./rfl.* yourself; **~s** *pl.* yourselves.
vousseau ⚠ [vuˈso] *m*, **voussoir** ⚠ [~ˈswa:r] *m* arch-stone, voussoir; **voussure** ⚠ [~ˈsy:r] *f arch*: curve; *ceiling etc.*: arching; **voûte** [vut] *f* ⚠ arch, vault (*a. fig.*); archway; *anat. mouth*: roof, *skull*: dome; *fig.* ~ *céleste* canopy of heaven; ~ *en berceau* barrel vault(ing); ~ *en ogive* ogive vault; **voûté, e** [vuˈte] ⚠ vaulted, arched; *anat.* round (*shoulders*); round-shouldered, bent (*person*); **voûter** [~] (1a) *v/t. fig.* bend; *v/t. a. se* ~ vault; arch.
vouvoyer [vuvwaˈje] (1h) *v/t.* address (*s.o.*) as *vous*.
voyage [vwaˈja:ʒ] *m* journey; tour, trip; run (*in a car*); ⚓ voyage; ✈ flight; ~ *à pied* walk; ~ *circulaire* circular trip; ~ *d'affaires* business trip; ~ *d'agrément* pleasure trip; ~ *de retour* return journey; ~ *surprise* mystery tour; ~ *touristique* conducted tour; ... *de* ~ travelling-...; *il est en* ~ he is travelling; *partir en* ~ go on a journey, F go away; **voyager** [~jaˈʒe] (1l) *v/i.* travel (*a.* ✝); (make a) journey; *fig.* get about; *orn.* migrate; *il a beaucoup voyagé* he has travelled widely; **voyageur, -euse** [~jaˈʒœ:r, ~ˈʒø:z] **1.** *su.* traveller; ⚓, 🚂, *etc.* passenger; fare (*in a taxi*); ✝ (*a. commis*

m ~) commercial traveller; **2.** *adj.* travelling; migratory (*bird*); *pigeon m* ~ homing pigeon, carrier-pigeon.

voyant, e [vwa'jɑ̃, ~'jɑ̃:t] **1.** *adj.* who can see (*person*); *fig.* loud, gaudy (*colour etc.*); conspicuous (*building, landmark, etc.*); **2.** *su.* sighted person, person who can see; clairvoyant; † seer; *su./m* mark; ⊕ sighting-slit; *surv.* sighting-board.

voyelle *gramm.* [vwa'jɛl] *f* vowel.

voyons [vwa'jɔ̃] *1st p. pl. pres. of voir.*

voyou [vwa'ju] *m* street-arab; hooligan, loafer, *Am.* hoodlum.

vrac [vrak] *m*: ✝ *en* ~ in bulk; loose; *fig.* higgledy-piggledy, in a jumble.

vrai, vraie [vrɛ] **1.** *adj.* true; truthful; sta(u)nch, loyal (*friend*); *fig.* real, genuine; *fig. usu. pej.* downright, regular; F (*pour*) *de* ~ really; in earnest; **2.** *vrai adv.* truly; really; *à* ~ *dire* as a matter of fact; strictly speaking; *dire* ~ tell the truth; ~ *de* ~*!* F honestly!; *sl.* cross my heart!; **3.** *su./m* truth; *au* ~ really; *être dans le* ~ be right; **vraiment** [~'mɑ̃] *adv.* really, truly; indeed; **vraisemblable** [~sɑ̃'blabl] **1.** *adj.* likely, probable; **2.** *su./m* probability; what is probable; **vraisemblance** [~sɑ̃'blɑ̃:s] *f* probability, likelihood; *story etc.*: verisimilitude; *selon toute* ~ in all probability.

vrille [vri:j] *f* ⊕ gimlet, borer; ♀ tendril; ✈ spin; ✈ *tomber en* ~ go into a spin; **vrillé, e** [vri'je] **1.** *adj.* ⊕ bored; ♀ tendrilled, with tendrils; *tex.* twisted, kinked; curled; **2.** *su./f* ♀ bindweed; **vriller** [~'je] (1a) *v/t.* ⊕ bore; *v/i. tex.* twist, kink; snarl; ascend in a spiral (*rocket etc.*); **vrillette** *zo.* [~'jɛt] *f* death-watch beetle.

vrombir [vrɔ̃'bi:r] (2a) *v/i.* buzz (*insect, engine*); ⊕, ✈ hum (*a. top*); throb; **vrombissement** [~bis'mɑ̃] *m insect, engine*: buzz(ing); ⊕, ✈, *top*: hum(ming); ⊕ throb(bing); *mot.* purr(ing).

vu, vue [vy] **1.** *p.p. of voir*; **2.** *vu prp.* considering, seeing (that, *que*); ~ *que a.* since; ⚖ whereas; **3.** *su./m* sight; *au* ~ *de tous* openly; *au* ~ *et au su de tous* to everybody's knowledge.

vue [~] *f* sight; eyesight; appearance, look; view; purpose, intention; idea, notion; *cin.* (lantern)slide; *à* ~ ♪, ✝ at sight; free-hand (*drawing*); *à* ~ *de* within sight of; *à* ~ *d'œil* visibly; *fig.* roughly, at a rough estimate; *à la* ~ *de* in the *or* at the sight of; *à première* ~ at first sight; ✝ *à trois jours de* ~ three days after sight; *fig. avoir des* ~*s sur* have one's eye(s) on; *avoir en* ~ have in mind; have it in mind (*to do*); *avoir la* ~ *courte* be shortsighted; *avoir* ~ *sur* look out on, face; *connaître q. de* ~ know s.o. by sight; *en* ~ in sight; *fig.* conspicuous; *fig.* prominent (*person*); *en* ~ *de* with a view to; for the purpose of; in order to; *garder q. à* ~ keep a close watch on s.o.; *perdre de* ~ lose sight of; *point m de* ~ point of view; *prise f de* ~*s* photography; *cin.* film-shooting.

Vulcain [vyl'kɛ̃] *m astr., myth.* Vulcan; *zo.* ♀ red admiral; **vulcaniser** ⊕ [~kani'ze] (1a) *v/t.* vulcanize, cure.

vulgaire [vyl'gɛ:r] **1.** *adj.* vulgar (*a. pej.*); common; general; *pej.* low, coarse; *langue f* ~ vernacular; **2.** *su./m* common people *pl.*; *fig. pej.* vulgarity; **vulgariser** [vylgari'ze] (1a) *v/t.* popularize; *pej.* coarsen; *se* ~ become common; grow vulgar; **vulgarité** [~'te] *f* vulgarity.

vulnérabilité [vylnerabili'te] *f* vulnerability; **vulnérable** [~'rabl] vulnerable; **vulnéraire** [~'rɛ:r] **1.** *adj.* ⚕ vulnerary, healing; **2.** *su./f* ♀ kidney-vetch; **vulnérant, e** [~'rɑ̃, ~'rɑ̃:t] wounding.

vultueux, -euse ⚕ [vyl'tɥø, ~'tɥø:z] bloated, red and puffy (*face*); **vultuosité** ⚕ [~tɥozi'te] *f face*: puffiness.

vulve *anat.* [vylv] *f* vulva.

W

W, w [dublə've] *m* W, w.

wagon 🚃 [va'gɔ̃] *m* carriage, coach, *surt. Am.* car; *goods*: waggon, truck; ~ *de marchandises* goods-van, *Am.* freight-car; ~ *frigorifique* refrigerator van *or* car; *monter en* ~ get into *or* board the train; **~-bar,** *pl.* **~s-bars** [vagɔ̃'ba:r] *m* refreshment-car; **~-citerne,** *pl.* **~s-citernes** [~si'tɛrn] *m* tank-car, tank-waggon; **~-lit,** *pl.* **~s-lits** [~'li] *m* sleeping-car, F sleeper, *Am.* pullman.

wagonnet [vagɔ'ne] *m* tip-truck, tip-waggon, *Am.* dump-truck.

wagon...: **~-poste,** *pl.* **~s-poste** [vagɔ̃'pɔst] *m* mail-van, *Am.* mail-car; **~-restaurant,** *pl.* **~s-restaurants** [~rɛstɔ'rɑ̃] *m* dining-car; restaurant-car; **~-salon,** *pl.* **~s-salons** [~sa'lɔ̃] *m* saloon(-car), *Am.* observation-car, parlor-car; **~-tombereau,** *pl.* **~s-tombereaux** [~tɔ̃'bro] *m* tipping-car.

wallon, -onne [va'lɔ̃, ~'lɔn] **1.** *adj.* Walloon; **2.** *su./m ling.* Walloon; *su.* ♀ Walloon.

waters F [wa'tɛ:r] *m/pl.* water-closet *sg.*, W.C. *sg.*, toilet *sg.*

watt ⚡ [wat] *m* watt; **~-heure,** *pl.* **~s-heures** ⚡ [wa'tœ:r] *m* watt-hour; **~man,** *pl.* **~men** [wat'man, ~'mɛn] *m electric tram or train*: driver, *Am.* motorman.

week-end [wi'kɛnd] *m* week-end; **weekendard** *m*, **e** *f* F [~kɛn'da:r, ~'dard] week-ender.

western *cin.* [wɛs'tœrn] *m* western (film).

wigwam [wig'wam] *m* wigwam.

wisigoth, e [vizi'go, ~'gɔt] **1.** *adj.* Visigothic; **2.** *su.* ♀ Visigoth.

X

X, x [iks] *m* X, x; *l'X sl.* the *École polytechnique*; *phys. rayons m/pl. X* X-rays; ⚕ *passer aux rayons X* X-ray.

xénophobe [ksenɔ'fɔb] *adj.*, *a. su.* xenophobe; **xénophobie** [~fɔ'bi] *f* xenophobia.

xérès [ke'rɛs] *m* sherry.

xylo... [ksilɔ] xylo...; **~graphe** [~'graf] *m* xylographer, wood-engraver; **~graphie** [~gra'fi] *f* wood-engraving; wood-cut; **~phage** *zo.* [~'fa:ʒ] **1.** *su./m* xylophagan, xylophage; **2.** *adj.* xylophagous; **~phone** ♪ [~'fɔn] *m* xylophone.

Y

Y, y [iˈgrɛk] *m* Y, y.

y [i] **1.** *adv.* there, here; *fig.* in, at home; *il y a* there is, there are; *il y a deux ans* two years ago; *je l'y ai rencontré* I met him there; *on y va!* come on!; **2.** *pron.* to *or* by *or* at *or* in it (him, her, them); *ça y est* that's it; *il n'y gagna rien* he gained nothing by it; *il n'y peut rien* there's nothing he can do about it; *il y va de* it is a matter of; *je n'y suis pour rien* I had nothing to do with it; *pendant que j'y pense* by the way; *vous y êtes?* do you follow?; F do you get it?

yacht ⚓ [jak] *m* yacht.

ya(c)k *zo.* [jak] *m* yak.

yaourt *cuis.* [jaˈur(t)] *m* yog(h)urt, yaourt.

yeuse ⚘ [jøːz] *f* holm-oak, holly-oak, ilex.

yeux [jø] *pl. of* œil.

yiddish [(j)iˈdiʃ] *adj., a. su./m* Yiddish.

yodler ♪ [jɔdˈle] (1a) *v/i.* yodel.

yoga [jɔˈga] *m* yoga.

yogourt *cuis.* [jɔˈgurt] *m see yaourt.*

yole ⚓ [jɔl] *f* yawl, gig.

yougoslave [jugɔˈslaːv] *adj., a. su.* ♀ Jugoslav, Yugoslav.

youpin, e F *pej.* [juˈpɛ̃, ~ˈpin] **1.** *su.* Yid (= *Jew*); **2.** *adj.* Jewish.

youyou ⚓ [juˈju] *m* dinghy.

ypérite ⚗ [ipeˈrit] *f* yperite, mustard-gas; **ypréau** ⚘ [ipreˈo] *m* wych-elm; white poplar.

Z

Z, z [zɛd] *m* Z, z.

zanzibar [zɑ̃zi'baːr] *m* dice-throwing (*for drinks*).

zazou F [za'zu] *m* hepcat.

zèbre [zɛbr] *m zo.* zebra; F chap, *Am.* guy; **zébrer** [ze'bre] (1f) *v/t.* streak; mark (*s.th.*) with stripes; **zébrure** [~'bryːr] *f* stripe; zebra markings *pl.*, stripes *pl.*

zébu *zo.* [ze'by] *m* zebu.

zélateur, -trice [zela'tœːr, ~'tris] **1.** *su.* zealot, zealous worker (for, de); **2.** *adj.* zealous; **zèle** [zɛːl] *m* zeal, enthusiasm (for, *pour*); F *faire du ~* make a show of zeal; go beyond one's orders; **zélé, e** [ze'le] **1.** *adj.* zealous; **2.** *su.* zealot; **zélote** *bibl.* [~'lɔt] *m* zealot; **zélotisme** [~lɔ'tism] *m* zealotry.

zénith [ze'nit] *m* zenith (*a. fig.*).

zéphire *tex.* [ze'fiːr] *adj.*: *laine f ~* zephyr; **zéphyr** [~'fiːr] *m* zephyr; soft breeze; **zéphyrien, -enne** [~fi'rjɛ̃, ~'rjɛn] zephyr-like.

zéro [ze'ro] **1.** *su./m* nought, cipher; *scale*: zero; *sp. tennis*: love, *cricket*: duck; F nobody, nonentity; ⚡ off (*on cooker etc.*); *fig. partir de ~* start from scratch; **2.** *adj./inv.*: *à ~ heure* at midnight; **zérotage** *phys.* [~rɔ'taːʒ] *m* determination of the zero point; *thermometer etc.*: calibration.

zeste [zɛst] *m lemon etc.*: peel, twist; F *fig. cela ne vaut pas un ~* it's not worth a straw; **zester** [zɛs'te] (1a) *v/t.* peel (*a lemon etc.*).

zézaiement [zezɛ'mɑ̃] *m* lisp(ing); **zézayer** [~zɛ'je] (1i) *vt/i.* lisp.

zibeline *zo.*, ⚕ [zi'blin] *f* sable.

zigouiller *sl.* [zigu'je] (1a) *v/t.* knife, kill; ⚔ bayonet; cut to pieces.

zig(ue) *sl.* [zig] *m* chap, *Am.* guy.

zigzag [zig'zag] *m* zigzag (*a.* ⚔, ⚓); ⊕ lazy-tongs *pl.*; ⊕ *disposé en ~* staggered; *en ~* zigzag...; forked (*lightning*); **zigzaguer** [~za'ge] (1m) *v/i.* zigzag; flit about (*bat*); *mot.* drive erratically.

zinc [zɛ̃ːg] *m* zinc; ⚕ spelter; F counter, bar; ✈ *sl.* (heavy) aeroplane.

zinguer [zɛ̃'ge] (1m) *v/t. metall.* coat with zinc; galvanize (*iron*); △ *etc.* cover (*s.th.*) with zinc; **zingueur** [~'gœːr] *m* ⊕ zinc-worker; △ zinc-roofer.

zinzin *sl.* [zɛ̃'zɛ̃] **1.** *su./m* thingummy, thingamajig, contraption; dance hall; **2.** *adj.* cracked, nuts.

zippé, e [zi'pe] with a zip(per).

zizanie [ziza'ni] *f* ⚘ zizania, Indian rice; *fig.* discord; *fig. semer* (*or mettre*) *la ~* stir up ill-feeling.

zodiacal, e, *m/pl.* ***aux** *astr.* [zɔdja'kal, ~'ko] zodiacal; **zodiaque** *astr.* [~'djak] *m* zodiac.

zona ⚕ [zɔ'na] *m* shingles *pl.*; **zone** [zoːn] *f* ⛰, ⚔, *geog.* zone; ⚒, *geog.* belt; *admin.* area; F outskirts *pl.* of Paris; *fig. ~ sombre* grey zone; *~ de silence radio*: skip zone, silent zone.

zoo F [zɔ'ɔ] *m* zoo.

zoo... [zɔɔ] zoo...; **~logie** [~lɔ'ʒi] *f* zoology; **~logique** [~lɔ'ʒik] zoological; **~phytes** *biol.* [~'fit] *m/pl.* zoophytes; phytozoa; **~tomie** [~tɔ'mi] *f* zootomy, comparative anatomy.

zostère ⚘ [zɔs'tɛːr] *f* sea-wrack, grass-wrack, *Am.* eel-grass.

zouave ⚔ *hist.* [zwaːv] *m* zouave (= *French colonial infantryman*).

zozoter F [zɔzɔ'te] (1a) *v/i.* lisp.

zut! *sl.* [zyt] *int. anger, disappointment*: hang it!; dash it!; darn it!

Proper names with pronunciation and explanation

Noms propres avec leur prononciation et notes explicatives

A

Abyssinie [abisiˈni] *f*: *l'*~ Abyssinia (*former name of Ethiopia*).
Académie [akadeˈmi] *f*: ~ *française the* French Academy.
Achille [aˈʃil] *m* Achilles.
Adam [aˈdɑ̃] *m* Adam.
Adélaïde [adelaˈid] *f* Adelaide.
Adolphe [aˈdɔlf] *m* Adolf, Adolphus.
Adour [aˈduːr] *French river*.
Adriatique [adriaˈtik] *f*: *l'*~ (*or la mer* ~) the Adriatic (Sea).
Afghanistan [afganisˈtɑ̃] *m*: *l'*~ Afghanistan.
Afrique [aˈfrik] *f*: *l'*~ Africa; *l'*~ *du Sud* South Africa.
Aguthe [aˈgat] *f* Agatha.
Agen [aˈʒɛ̃] *capital of the department of Lot-et-Garonne*.
Agnès [aˈɲɛs] *f* Agnes.
Aimée [ɛˈme] *f* Amy.
Ain [ɛ̃] *French river*; *department of eastern France*.
Aisne [ɛn] *French river*; *department of northern France*.
Aix-en-Provence [ɛksɑ̃prɔˈvaːs] *former capital of the province of Provence*.
Ajaccio [aʒakˈsjo] *capital of the department of Corse*.
Alain [aˈlɛ̃] *m* Allen.
Alain-Fournier [alɛ̃furˈnje] *French writer*.
Albanie [albaˈni] *f*: *l'*~ Albania.
Albert [alˈbɛːr] *m* Albert.
Albi [alˈbi] *capital of the department of Tarn*.
Albion *poet.* [alˈbjɔ̃] *f* Albion, Britain.
Alembert, d' [dalɑ̃ˈbɛːr] *French philosopher and mathematician*.
Alençon [alɑ̃ˈsɔ̃] *capital of the department of Orne*.
Alexandre [alɛkˈsɑ̃ːdr] *m* Alexander.
Alger [alˈʒe] Algiers (*capital and port of Algeria*); Algier (*department of Algeria*).
Algérie [alʒeˈri] *f*: *l'*~ Algeria.
Allemagne [alˈmaɲ] *f*: *l'*~ Germany; *l'*~ *de l'Est* East Germany; *l'*~ *de l'Ouest* West Germany; *l'*~ *fédérale* the Federal Republic of Germany.
Allier [aˈlje] *French river*; *department of central France*.
Alpes [alp] *f/pl.* Alps; **~-de-Haute-Provence** [alpdəotprɔˈvɑ̃ːs] *f/pl. department of southeastern France*; **Hautes-~** [otˈsalp] *f/pl. department of southeastern France*; **~ Maritimes** [~mariˈtim] *f/pl. department of southeastern France*.
Alphonse [alˈfɔ̃ːs] *m* Alphonso; Alfonso.
Alsace [alˈzas] *f*: *l'*~ Alsace, Alsatia (*old province of France*).
Amboise [ɑ̃ˈbwaːz] *French town in the Loire valley with a famous castle*.
Amélie [ameˈli] *f* Amelia.
Amérique [ameˈrik] *f*: *l'*~ America; *l'*~ *centrale* Central America; *l'*~ *du Nord* North America; *l'*~ *du Sud* South America.
Amiens [aˈmjɛ̃] *capital of the department of Somme*; *former capital of the province of Picardie*.
Ampère [ɑ̃ˈpɛːr] *French physicist*.
Anatole [anaˈtɔl] *m Christian name*.

Andorre [ɑ̃'dɔːr] *f* Andorra.
André [ɑ̃'dre] *m* Andrew.
Andrée [ɑ̃'dre] *f Christian name.*
Aneto [ane'to]: *pic m d'~ highest peak of the Pyrénées.*
Angers [ɑ̃'ʒe] *capital of the department of Maine-et-Loire; former capital of the province of Anjou.*
Angleterre [ɑ̃glə'tɛːr] *f*: *l'~* England.
Anglo-Normandes [ɑ̃glonɔr'mɑ̃ːd]: *les îles f/pl.* ~ the Channel Islands.
Angoulême [ɑ̃gu'lɛm] *capital of the department of Charente; former capital of the province of Angoumois.*
Anjou [ɑ̃'ʒu] *m old province of France.*
Anne [ɑːn] *f* Ann(e).
Annecy [an'si] *capital of the department of Haute-Savoie; lac m d'~ French lake.*
Annette [a'nɛt] *f* Annie, Nancy, Nanny, Nan.
Anouilh [a'nuːj] *French writer.*
Antarctique [ɑ̃tar(k)'tik] *m*: *l'~* the Antarctic.
Antibes [ɑ̃'tib] *French health resort on the Mediterranean.*
Antoine [ɑ̃'twan] *m* Ant(h)ony.
Anvers [ɑ̃'vɛːr; *Belgian*: ~'vɛrs] Antwerp.
Apennins [apɛn'nɛ̃] *m/pl.* Apennines.
Aquitaine [aki'tɛn] *f old province of France.*
Arabe [a'rab]: *République f* ~ *unie* United Arab Republic.
Arabie [ara'bi] *f*: *l'~* Arabia; *l'~ Saoudite* Saudi Arabia.
Aragon [ara'gɔ̃] *French poet.*
Archimède [arʃi'mɛd] *m* Archimedes (*Greek scientist*).
Arctique [ark'tik] *m*: *l'~* the Arctic.
Ardèche [ar'dɛʃ] *French river; department of southern France.*
Ardennes [ar'dɛn] *f/pl. department of northeastern France.*
Argentine [arʒɑ̃'tin] *f*: *l'~* Argentina, the Argentine.
Ariège [a'rjɛːʒ] *French river; department of southern France.*
Aristide [aris'tid] *m* Aristides.
Aristote [aris'tɔt] *m* Aristotle (*Greek philosopher*).
Arnaud [ar'no] *m Christian name.*
Arras [a'rɑːs] *capital of the department of Pas-de-Calais; former capital of the county of Artois.*
Artus [ar'tys] *m*: *le roi* ~ King Arthur.
Artois [ar'twa] *m former French county.*
Asie [a'zi] *f*: *l'~* Asia; *l'~ Mineure* Asia Minor.
Athènes [a'tɛn] *f* Athens.
Atlantique [atlɑ̃'tik] *m*: *l'~* (*or l'océan m ~*) the Atlantic (Ocean).
Aube [oːb] *French river; department of east-central France.*
Auch [oːʃ] *capital of the department of Gers; former capital of the duchy of Gascogne.*
Aude [oːd] *French river; department of southern France.*
Auguste [ɔ'gyst] *m* Augustus.
Aurigny [ɔri'ɲi] Alderney (*one of the Channel Islands*).
Aurillac [ɔri'jak] *capital of the department of Cantal.*
Australie [ɔstra'li] *f*: *l'~* Australia.
Autriche [o'triʃ] *f*: *l'~* Austria.
Auvergne [ɔ'vɛrɲ] *f old province of France.*
Auxerre [ɔ'sɛːr] *capital of the department of Yonne.*
Aveyron [avɛ'rɔ̃] *French river; department of southern France.*
Avignon [avi'ɲɔ̃] *capital of the department of Vaucluse.*
Azay-le-Rideau [azɛlri'do] *famous French castle.*

B

Bahamas [baa'mas] *f/pl.*: *les* (*îles f/pl.*) ~ the Bahamas, the Bahama Islands.
Bâle [bal] Basle, Basel.
Balkans [bal'kɑ̃] *m/pl.*: *les* ~ the Balkan Peninsula *sg.*
Baltique [bal'tik]: *la mer* ~ the Baltic Sea.
Balzac [bal'zak] *French writer.*
Barbe [barb] *f* Barbara.
Bar-le-Duc [barlə'dyk] *capital of the department of Meuse.*
Barrès [ba'rɛs] *French writer.*
Barthélemy [bartelə'mi] *m* Bartholomew.
Basque [bask]: *le pays* ~ the Basque Provinces *pl.* (*in Spain*); the Basque Region (*in France*).
Basse-Terre [bɑs'tɛːr] *capital of the overseas department of Guadeloupe.*
Bastille [bas'tiːj] *f state prison destroyed in 1789.*
Baudelaire [bod'lɛːr] *French poet.*
Baudouin [bo'dwɛ̃] *m* Baldwin.
Bavière [ba'vjɛːr] *f*: *la* ~ Bavaria.

Bayeux [ba'jø] *French town.*
Béarn [be'arn] *m old province of France.*
Beaumarchais [bomar'ʃɛ] *French writer.*
Beauvais [bo'vɛ] *capital of the department of Oise.*
Belfort [bɛl'fɔːr] *capital of the Territoire de* ~; **Territoire** *m* **de** ~ [tɛritwardəbɛl'fɔːr] *department of eastern France.*
Belgique [bɛl'ʒik] *f*: *la* ~ Belgium.
Belgrade [bɛl'grad] *capital of Yugoslavia.*
Benjamin [bɛ̃ʒa'mɛ̃] *m* Benjamin.
Benoît [bə'nwa] *m* Benedict.
Bergson [bɛrk'sɔn] *French philosopher.*
Berlin [bɛr'lɛ̃] Berlin.
Berlioz [bɛr'ljoːz] *French composer.*
Bernadotte [bɛrna'dɔt] *French Marshal.*
Bernanos [bɛrna'noːs] *French Catholic writer.*
Bernard [bɛr'naːr] *m* Bernard.
Berne [bern] Bern(e).
Berry [bɛ'ri] *m old province of France.*
Berthe [bɛrt] *f* Bertha.
Bertrand [bɛr'trɑ̃] *m* Bertram, Bertrand.
Besançon [bəzɑ̃sɔ̃] *capital of the department of Doubs; former capital of the province of Franche-Comté.*
Beyrouth [bɛ'rut] Beirut.
Birmanie [birma'ni] *f*: *la* ~ Burma.
Bizet [bi'zɛ] *French composer.*
Blanc [blɑ̃]: *mont m* ~ *highest peak of the Alpes.*
Blanche [blɑ̃ːʃ] *f* Blanche.
Blois [blwa] *capital of the department of Loir-et-Cher with a famous castle.*
Blum [blum] *French socialist.*
Bohême [bɔ'ɛm] *f*: *la* ~ Bohemia.
Bolivie [bɔli'vi] *f*: *la* ~ Bolivia.
Bonaparte [bɔna'part] *French (Corsican) family; see Napoléon.*
Bonn [bɔn] *capital of the Federal Republic of Germany.*
Bordeaux [bɔr'do] *capital of the department of Gironde.*
Bossuet [bɔ'sɥɛ] *French prelate, orator and writer.*
Bouches-du-Rhône [buʃdy'roːn] *f/pl. department of southeastern France.*
Bouddha [bu'da] *m* Buddha.
Boulogne-sur-Mer [bulɔɲsyr'mɛːr] *French port and town.*
Bourbons *hist.* [bur'bɔ̃] *m/pl.* Bourbons (*French royal house*).
Bourbonnais [burbɔ'nɛ] *m old province of France.*
Bourg [burk] *capital of the department of Ain.*
Bourges [burʒ] *capital of the department of Cher; former capital of the province of Berry.*
Bourget [bur'ʒɛ]: *lac m du* ~ *French lake*; **Le** ~ [ləbur'ʒɛ] *airport of Paris.*
Bourgogne [bur'gɔɲ] *f*: *la* ~ Burgundy (*old province of France*).
Braille [brɑːj] *Frenchman who invented the alphabet named after him.*
Braque [brak] *French painter.*
Brésil [bre'zil] *m*: *le* ~ Brazil.
Brest [brɛst] *French port and town.*
Bretagne [brə'taɲ] *f*: *la* ~ Brittany (*old province of France*).
Briand [bri'ɑ̃] *French state man.*
Brigitte [bri'ʒit] *f* Bridget.
Broglie, de [də'brɔːi] *name of two French physicists.*
Bruges [bryːʒ] *Belgian port and town.*
Bruxelles [bry'sɛl] Brussels.
Bucarest [byka'rɛst] Bucharest.
Budapest [byda'pɛst] *capital of Hungary.*
Bulgarie [bylga'ri] *f*: *la* ~ Bulgaria.

C

Caen [kɑ̃] *capital of the department of Calvados.*
Cahors [ka'ɔːr] *capital of the department of Lot.*
Caire, Le [lə'kɛːr] Cairo.
Calais [ka'lɛ] *French port and town; le Pas de* ~ the Straits *pl.* of Dover.
Californie [kalifɔr'ni] *f*: *la* ~ California.
Calvados [kalva'doːs] *m department of northern France.*
Calvin [kal'vɛ̃] *famous French Protestant reformer.*
Camargue [ka'marg] *f region in the delta of the Rhône.*
Cambodge [kɑ̃'bɔdʒ] *m*: *le* ~ Cambodia.
Cambrai [kɑ̃'brɛ] *French town.*
Cameroun [kam'run] *m*: *le* ~ Cameroon.
Camus [ka'my] *French writer.*
Canada [kana'da] *m*: *le* ~ Canada.
Canaries [kana'ri] *f/pl.*: *les (îles f/pl.)* ~ the Canary Islands.

Cannes [kan] *French health resort on the Mediterranean.*
Cantal [kɑ̃'tal] *m department of central France.*
Cap [kap] *m*: *le* ~ Cape Town.
Capétiens *hist.* [kape'sjɛ̃] *m/pl.* Capetians (*French royal house*).
Caroline [karɔ'lin] *f* Caroline.
Carolingiens *hist.* [karɔlɛ̃'ʒjɛ̃] *m/pl.* Carolingians (*French royal house*).
Carpates [kar'pat] *f/pl.* Carpathians.
Catherine [ka'trin] *f* Catherine, Katharine, Katherine, Kathleen.
Caucase [kɔ'kɑːz] *m* Caucasus.
Cayenne [ka'jɛn] *capital of the overseas department of Guyane française.*
Cécile [se'sil] *f* Cecilia, Cecily.
Centre ['sɑtr(ə)] *m*: *le* ~ Central France.
Cervin [sɛr'vɛ̃]: *le mont m* ~ the Matterhorn.
César [se'zaːr] *m*: (*Jules*) ~ Julius Caesar.
Cévennes [se'vɛn] *f/pl. mountain range of France.*
Cézanne [se'zan] *French painter.*
Chagall [ʃa'gal] *French painter.*
Châlons-sur-Marne [ʃalɔ̃syr'marn] *capital of the department of Marne.*
Chambéry [ʃɑ̃be'ri] *capital of the department of Savoie; former capital of the province of Savoie.*
Chambord [ʃɑ̃'bɔːr] *famous French castle.*
Champagne [ʃɑ̃'paɲ] *f old province of France.*
Champ-de-Mars [ʃɑ̃d'mars] *m area of Paris between the École militaire and the Seine.*
Champs-Elysées [ʃɑ̃zeli'ze] *m/pl. famous Paris avenue.*
Chantilly [ʃɑ̃ti'ji] *French town with famous castle; a. famous race course.*
Charente [ʃa'rɑ̃ːt] *f French river; department of western France;* **~-Maritime** [ʃarɑ̃tmari'tim] *f department of western France.*
Charles [ʃarl] *m* Charles.
Charlot [ʃar'lo] *m* Charlie, Charley; F *cin.* Charlie Chaplin.
Charlotte [ʃar'lɔt] *f* Charlotte.
Chartres [ʃartr] *capital of the department of Eure-et-Loir.*
Chartreuse [ʃar'trøːz] *f*: *la Grande-~ famous monastery near Grenoble.*
Chateaubriand [ʃatobri'ɑ̃] *French writer.*
Châteauroux [ʃɑto'ru] *capital of the department of Indre.*
Chaumont [ʃo'mɔ̃] *capital of the department of Haute-Marne.*
Chenonceaux [ʃənɔ̃'so] *famous French castle.*
Cher [ʃɛːr] *m French river; department of central France.*
Cherbourg [ʃɛr'buːr] *French port and town.*
Chili [ʃi'li] *m*: *le* ~ Chile, Chili.
Chine [ʃin] *f*: *la* ~ China.
Chirac [ʃi'rak] *French politician.*
Christine [kris'tin] *f* Christina, Christine.
Christophe [kris'tɔf] *m* Christopher.
Citroën [sitrɔ'ɛn] *French industrialist.*
Claire [klɛːr] *f* Clara, Clare.
Claudel [klo'dɛl] *French Catholic writer.*
Clemenceau [klemɑ̃'so] *French statesman.*
Clermont-Ferrand [klɛrmɔ̃fɛ'rɑ̃] *capital of the department of Puy-de-Dôme; former capital of the province of Auvergne.*
Cocteau [kɔk'to] *French writer.*
Cognac [kɔ'ɲak] *French town.*
Colbert [kɔl'bɛːr] *French statesman.*
Colette [kɔ'lɛt] *French authoress.*
Collège de France [kɔlɛʒdə'frɑ̃ːs] *famous institution of higher education in Paris.*
Colmar [kɔl'maːr] *capital of the department of Haut-Rhin.*
Colombie [kɔlɔ̃'bi] *f*: *la* ~ Colombia.
Comédie-Française [kɔmedifrɑ̃'sɛːz] *f National Theatre of France.*
Concorde [kɔ̃'kɔrd]: *place f de la* ~ *one of the most famous squares in Paris.*
Congo [kɔ̃'go] *m African river.*
Constance [kɔ̃s'tɑ̃ːs] *m/f* Constance; *le lac m de* ~ the lake of Constance.
Copenhague [kɔpɛ'nag] Copenhagen.
Corée [kɔ're] *f*: *la* ~ Korea.
Corneille [kɔr'nɛːj] *French classical dramatist.*
Cornouailles [kɔr'nwɑːj] *f/pl.*: *les* ~ Cornwall *sg.*
Corot [kɔ'ro] *French painter.*
Corrèze [kɔ'rɛːz] *f French river; department of central France.*
Corse [kɔrs] *f*: *la* ~ Corsica (*French island; department of France*).
Costa Rica [kɔstari'ka] *m* Costa Rica.
Côte d'Argent [kotdar'ʒɑ̃] *f part of French Atlantic coast.*

Côte d'Azur [kotda'zy:r] *f part of French Mediterranean coast.*
Côte d'Émeraude [kotdem'ro:d] *f part of French Channel coast.*
Côte-d'Ivoire [kotdi'vwa:r] *f*: *la* ~ the Ivory Coast.
Côte-d'Or [kot'dɔ:r] *f department of east-central France.*
Côtes-du-Nord [kotdy'nɔ:r] *f/pl. department of northwestern France.*
Coulomb, de [dəku'lɔ̃] *French physicist.*
Couperin [ku'prɛ̃] *family of French musicians.*
Courbet [kur'bɛ] *French painter.*
Couve de Murville [kuvdəmyr'vil] *French politician.*
Crète [krɛt] *f*: *la* ~ Crete.
Creuse [krø:z] *f French river; department of central France.*
Crimée [kri'me] *f*: *la* ~ the Crimea.
Cuba [ky'ba] *f*: Cuba.
Cupidon [kypi'dɔ̃] *m* Cupid (*Roman god of Love*).
Curie [ky'ri] *name of two eminent French physicists, discoverers of radium.*

D

Daguerre [da'gɛ:r] *French inventor of the earliest photographic process.*
Dalmatie [dalma'si] *f* Dalmatia.
Danemark [dan'mark] *m*: *le* ~ Denmark.
Daniel [da'njɛl] *m* Daniel.
Danton [dɑ̃'tɔ̃] *French revolutionary.*
Danube [da'nyb] *m* Danube.
Dardanelles [darda'nɛl] *f/pl.*: *les* ~ the Dardanelles.
Daudet [do'dɛ] *French writer.*
Daumier [do'mje] *French lithographer.*
Dauphiné [dofi'ne] *m old province of France.*
David [da'vid] *m* David (*a. French painter*).
Deauville [do'vil] *French health resort on the Channel.*
Debré [də'bre] *French politician.*
Debussy [dəby'si] *French composer.*
Degas [də'gɑ] *French painter.*
Delacroix [dəla'krwɑ] *French painter.*
Denis [də'ni] *m* Den(n)is.
Descartes [de'kart] *French philosopher.*
Deux-Sèvres [dø'sɛ:vr] *department of western France.*
Diane [djan] *f* Diana.
Diderot [didə'ro] *French philosopher.*
Dieppe [djɛp] *French port and town.*
Digne [diɲ] *capital of the department of Alpes-de-Haute-Provence.*
Dijon [di'ʒɔ̃] *capital of the department of the Côte-d'Or; former capital of the province of Bourgogne.*
Dinard [di'na:r] *French health resort on the Channel.*
Dominicaine [dɔmini'kɛn]: *la République f* ~ the Dominican Republic.
Dominique [dɔmi'nik] *m* Dominic.
Don Quichotte [dɔ̃ki'ʃɔt] *m* Don Quixote.
Dordogne [dɔr'dɔɲ] *f French river; department of southwestern France.*
Dorothée [dɔrɔ'te] *f* Dorothea, Dorothy.
Doubs [du] *m French river; department of eastern France.*
Douvres [du:vr] Dover.
Draguignan [dragi'ɲɑ̃] *capital of the department of Var.*
Dresde [drɛsd] Dresden.
Dreyfus [drɛ'fys] *French army officer convicted of treason and imprisoned, but cleared in 1906.*
Drôme [dro:m] *f French river; department of southeastern France.*
Dublin [du'blɛ̃] *capital of the Republic of Ireland.*
Duhamel [dya'mɛl] *French writer.*
Dumas [dy'mɑ] *name of two French writers.*
Dunant [dy'nɑ̃] *Swiss merchant, founder of the Red Cross.*
Dunkerque [dœ̃'kɛrk] Dunkirk (*French port and town*).
Durance [dy'rɑ̃:s] *f French river.*

E

Écosse [e'kɔs] *f* Scotland.
Édimbourg [edɛ̃'bu:r] Edinburgh.
Edmond [ɛd'mɔ̃] *m* Edmund.
Édouard [e'dwa:r] *m* Edward.
Égée [e'ʒe] *f*: *la mer* ~ the Aegaean Sea.
Égypte [e'ʒipt] *f*: *l'*~ Egypt.
Eiffel [ɛ'fɛl] *French engineer.*
Elbe [ɛlb] *f*: *l'île d'*~ Elba (*scene of Napoleon's exile*).
Éléonore [eleɔ'nɔ:r] *f* Eleanor, Elinor.

Élisabeth [eliza'bɛt] *f* Elizabeth.
Élysée [eli'ze] *m palace in Paris, official residence of the President of the Republic.*
Émile [e'mil] *m Christian name.*
Émilie [emi'li] *f* Emily.
Épinal [epi'nal] *capital of the department of Vosges.*
Équateur [ekwa'tœːr] *m*: *l'*~ Ecuador.
Escaut [ɛs'ko] *m the* Scheldt.
Ésope [e'zɔp] *m* Aesop (*Greek fabulist*).
Espagne [ɛs'paɲ] *f* Spain.
État français [etafrɑ̃'sɛ] *m name of the Pétain regime.*
États-Unis d'Amérique [etazynidame'rik] *m/pl. the* United States (of America), *the* U.S.A.
Éthiopie [etjɔ'pi] *f*: *l'*~ Ethiopia.
Étienne [e'tjɛn] *m* Stephen.
Euclide [ø'klid] Euclid (*Greek mathematician*).
Eugène [ø'ʒɛn] *m* Eugene.
Eugénie [øʒe'ni] *f* Eugenia.
Euphrate [ø'frat] *m the* Euphrates.
Eure [œːr] *French river; department of northern France;* **~-et-Loir** [œre'lwaːr] *department of northern France.*
Europe [ø'rɔp] *f*: *l'*~ Europe.
Eustache [øs'taʃ] *m* Eustace.
Ève [ɛːv] *f* Eve, Eva.
Évreux [e'vrø] *capital of the department of Eure.*
Extrême-Orient [ɛkstrɛmɔr'jɑ̃] *m*: *l'*~ the Far East.

F

Fauré [fɔ're] *French composer.*
Félix [fe'liks] *m* Felix.
Fénelon [fenə'lɔ̃] *French prelate and writer.*
Ferdinand [fɛrdi'nɑ̃] *m* Ferdinand.
Finistère [finis'tɛːr] *m department of northwestern France.*
Finlande [fɛ̃'lɑ̃ːd] *f*: *la* ~ Finland.
Flandre [flɑ̃ː'dr] *f*: *la* ~ (*or les* ~*s*) Flanders *sg.* (*old province of France*).
Flaubert [flo'bɛːr] *French writer.*
Flessingue [fle'sɛ̃ːg] Flushing.
Florence [flɔ'rɑ̃s] *f* Florence.
Foch [fɔʃ] *French Marshal.*
Foix [fwa] *capital of the department of Ariège; former county and its capital; old province of France.*
Fontainebleau [fɔ̃tɛn'blo] *famous French castle.*
Fort-de-France [fɔrdə'frɑ̃ːs] *capital of the overseas department of Martinique.*
Fragonard [fragɔ'naːr] *French painter.*
France[1] [frɑ̃ːs] *f*: *la* ~ France.
France[2] [frɑ̃ːs] *French writer.*
Franche-Comté [frɑ̃ʃkɔ̃'te] *f old province of France.*
Franck [frɑ̃ːk] *French composer.*
François [frɑ̃'swa] *m* Francis.
Françoise [frɑ̃'swaːz] *f* Frances.
Frédéric [frede'rik] *m* Frederick.

G

Gabon [gabɔ̃] *m*: *le* ~ Gabon.
Gabriel [gabri'ɛl] *m* Gabriel.
Galles [gal] *f*: *le pays m de* ~ Wales.
Gambetta [gɑ̃be'ta] *French politician.*
Gand [gɑ̃] Ghent.
Gange [gɑ̃ːʒ] *m the* Ganges.
Gap [gap] *capital of the department of Hautes-Alpes.*
Gard [gaːr] *m French river; department of southern France.*
Garonne [ga'rɔn] *f French river;* **Haute-~** [otga'rɔn] *f department of southwestern France.*
Gascogne [gas'kɔɲ] *f*: *la* ~ Gascony; *le golfe de* ~ the Bay of Biscay.
Gauguin [go'gɛ̃] *French painter.*
Gaule [goːl] *f*: *la* ~ Gaul.
Gaulle, de [də'goːl] *French general and president.*
Gautier [go'tje] *French poet.*
Gay-Lussac [gɛly'sak] *French scientist.*
Gênes [ʒɛn] *f* Genoa.
Genève [ʒə'nɛːv] *f* Geneva.
Geneviève [ʒən'vjɛːv] *f* Genevieve, Winifred.
Geoffroi [ʒɔ'frwɑ] *m* Geoffrey, Jeffery, Godfrey.
Georges [ʒɔrʒ] *m* George.
Gérard [ʒe'raːr] *m* Gerald.
Germaine [ʒɛr'mɛn] *f Christian name.*
Gers [ʒɛːr] *m French river; department of southwestern France.*
Gertrude [ʒɛr'tryd] *f* Gertrude.
Gévaudan [ʒevo'dɑ̃] *m former French county.*
Ghana [ga'na] *m*: *le* ~ Ghana.
Gide [ʒid] *French writer.*
Gilbert [ʒil'bɛːr] *m* Gilbert.

Gilles [ʒil] *m* Giles.
Giraudoux [ʒiroˈdu] *French writer.*
Gironde [ʒiˈrɔ̃:d] *f French river; department of southwestern France.*
Giscard d'Estaing [ʒiskardɛsˈtɛ̃] *French president.*
Gobelins, les [legɔˈblɛ̃] *m/pl. famous tapestry factory in Paris.*
Goncourt [gɔ̃ˈku:r] *name of two French writers.*
Gounod [guˈno] *French composer.*
Grande-Bretagne [grɑ̃dbrəˈtaɲ] *f*: la ~ Great Britain.
Grandlieu [grɑ̃ˈljø]: lac *m* de ~ *French lake.*
Grèce [grɛs] *f*: la ~ Greece.
Grégoire [greˈgwa:r] *m* Gregory.
Grenoble [grəˈnɔbl] *capital of the department of* Isère; *former capital of the province of* Dauphiné.
Greuze [grø:z] *French painter.*
Grisons [griˈzɔ̃] *m/pl.*: les ~ (the Canton of) Grisons.
Groenland [grɔɛnˈlɑ̃:d] *m*: le ~ Greenland.
Groningue [grɔˈnɛ̃:g] Groningen.
Guadeloupe [gwadˈlup] *f French overseas department.*
Guatemala [gwatemaˈla] *m*: le ~ Guatemala.
Guebwiller [gɛbviˈlɛ:r]: ballon *m* de ~ *highest peak of the* Vosges.
Guéret [geˈrɛ] *capital of the department of* Creuse; *former capital of the province of* Marche.
Guernesey [gɛrnəˈzɛ] Guernsey (*one of the Channel Islands*).
Gui [gi] *m* Guy.
Guillaume [giˈjo:m] *m* William, Will.
Guillotin [gijɔˈtɛ̃] *French physician who first proposed the use of the guillotine.*
Guinée [giˈne] *f*: la ~ Guinea.
Guise, de [dəˈgi:z] *French noble family.*
Guitry [giˈtri] *French actor and playwright.*
Guizot [giˈzo] *French statesman and historian.*
Guy [gi] *m* Guy.
Guyane [gɥiˈjan] *f*: la ~ Guiana; ~ **française** [gɥijanfrɑ̃ˈsɛ:z] *f French overseas department.*
Guyenne [gɥiˈjɛn] *f*: la ~ Guienne; ~ **et Gascogne** [gɥijɛnegasˈkɔɲ] *old province of France.*

H

Hainaut [*ɛˈno] *m province of southern Belgium.*
Haïti [aiˈti] *f* Haiti.
Halles [*al] *f/pl*: les ~ *quarter of Paris, formerly with the principal market.*
Hambourg [ɑ̃ˈbu:r] *f* Hamburg.
Haussmann [osˈman] *French administrator.*
Havane [*aˈvan] *f*: la ~ Havana.
Havre, Le [ləˈ*ɑ:vr] *m French port and town.*
Haye, La [laˈ*ɛ] the Hague.
Hélène [eˈlɛn] *f* Helen.
Helsinki [ɛlsiŋˈki] *capital of Finland.*
Henri [ɑ̃ˈri] *m* Henry.
Henriette [ɑ̃ˈrjɛt] *f* Harriet.
Hérault [eˈro] *m French river; department of southern France.*
Hercule [ɛrˈkyl] *m* Hercules.
Hilaire [iˈlɛ:r] *m* Hilary.
Hildegarde [ildəˈgard] *f* Hildegard.
Hippolyte [ipɔˈlit] *m Christian name.*
Hoche [*ɔʃ] *French revolutionary general.*
Hollande [*ɔˈlɑ̃:d] *f*: la ~ Holland.
Homère [ɔˈmɛ:r] *m* Homer (*Greek poet*).
Honduras [*ɔndyˈrɑ:s] *m*: le ~ Honduras.
Hongrie [*ɔ̃ˈgri] *f*: la ~ Hungary.
Hortense [ɔrˈtɑ̃:s] *f* Hortense.
Hôtel-Dieu [otɛlˈdjø] *m name of the oldest hospital in Paris.*
Hugo [*yˈgo] *French writer.*
Hugues [yg] *m* Hugh.

I

Ibert [iˈbɛ:r] *French composer.*
If [if] *m small island near Marseilles, former state prison.*
Île-de-France [ildəˈfrɑ̃:s] *f old province of France.*
Ille-et-Vilaine [ileviˈlɛn] *department of northwestern France.*
Inde [ɛ̃:d] *f*: l'~ India.
Indien [ɛ̃ˈdjɛ̃]: océan *m* ~ Indian Ocean.
Indochine [ɛ̃dɔˈʃin] *f*: l'~ Indo-China.
Indonésie [ɛ̃dɔneˈzi] *f*: l'~ Indonesia.
Indre [ɛ̃:dr] *French river; department*

---

* Before the so-called aspirate h, marked *, there is neither elision nor liaison.

of central France; **~-et-Loire** [ɛ̃dre'lwa:r] *department of central France.*
Indus [ɛ̃'dys] *m the* Indus.
Ingres [ɛ̃:gr] *French painter.*
Invalides, Les [lezɛ̃va'lid] *m/pl. army pensioners' hospital in Paris*; *its church contains the tomb of Napoleon.*
Iphigénie [ifiʒe'ni] *f* Iphigenia.
Irak, Iraq [i'rak] *m*: *l'~* Irak, Iraq.
Iran [i'rɑ̃] *m*: *l'~* Iran.
Irène [i'rɛn] *f* Irene.
Irlande [ir'lɑ̃:d] *f*: *l'~* Ireland; *l'~ du Nord* Northern Ireland.
Isabelle [iza'bɛl] *f* Isabel.
Isère [i'zɛ:r] *French river*; *department of southeastern France.*
Islande [is'lɑ̃:d] *f*: *l'~* Iceland.
Israël [isra'ɛl] *m* Israel.
Italie [ita'li] *f*: *l'~* Italy.

J

Jacquard [ʒa'ka:r] *inventor of the loom named after him.*
Jacqueline [ʒɑ'klin] *f* Jacqueline.
Jacques [ʒɑ:k] *m* James.
Jamaïque [ʒama'ik] *f*: *la ~* Jamaica.
Japon [ʒa'pɔ̃] *m*: *le ~* Japan.
Jaurès [ʒɔ'rɛs] *French politician and orator.*
Jean [ʒɑ̃] *m* John; **~-Jacques** [~'ʒɑ:k] *m Christian name*; **~-Paul** [~'pɔl] *m Christian name*; **~ sans Terre** [~sɑ̃'tɛ:r] *m* John Lackland (*English king*).
Jeanne [ʒɑ:n] *f* Jean, Joan; **~ d'Arc** [ʒan'dark] *f* Joan of Arc.
Jeanneton [ʒan'tɔ̃] *f* Jenny.
Jeannette [ʒa'nɛt] *f* Jenny, Janet.
Jeannot [ʒa'no] *m* Jack, Johnny.
Jérôme [ʒe'ro:m] *m* Jerome.
Jersey [ʒɛr'zɛ] *one of the Channel Islands.*
Jérusalem [ʒeryza'lɛm] Jerusalem.
Jésus [ʒe'zy], **Jésus-Christ** [ʒezy'kri] *m* Jesus (Christ).
Joliot-Curie [ʒɔljoky'ri] *name of two French physicists.*
Jordanie [ʒɔrda'ni] *f*: *la ~* Jordan.
Joseph [ʒo'zɛf] *m* Joseph.
Joséphine [ʒoze'fin] *f* Josephine (*first wife of Napoleon I*).
Jourdain [ʒur'dɛ̃] *m*: *le ~* the Jordan.
Juin [ʒɥɛ̃] *French Marshal.*
Jules [ʒyl] *m* Julius.
Julie [ʒy'li] *f* Julia, Juliet, Gill, Jill.
Julien [ʒy'ljɛ̃] *m* Julian.
Julienne [ʒy'ljɛn] *f* Juliana; Gillian.
Juliette [ʒy'ljɛt] *f* Juliet.
Jura [ʒy'ra] *m mountain department of eastern France.*

K

Karpates [kar'pat] *f/pl.* Carpathians.
Kenya [ke'nja] *m*: *le ~* Kenya.
Kléber [kle'bɛ:r] *French general.*
Koweït [kɔ'wɛjt] Kuweit.
Kremlin [krɛm'lɛ̃] *m the* Kremlin.

L

La Boétie [labɔe'si] *French writer.*
La Bruyère [labry'jɛ:r] *French moralist.*
La Chaise [la'ʃɛ:z] *French Jesuit.*
Laclos [la'klo] *French writer.*
La Fayette, de [dəlafa'jɛt] *French general and statesman*; *French woman writer.*
Laffitte [la'fit] *French financier.*
La Fontaine [lafɔ̃'tɛn] *French fabulist.*
Lamarck [la'mark] *French naturalist.*
Lamartine [lamar'tin] *French poet.*
Lamennais [lam'nɛ] *French philosopher.*
La Motte-Picquet [lamɔtpi'kɛ] *French naval commander.*
Landes [lɑ̃:d] *f/pl. department of southwestern France.*
Languedoc [lɑ̃g'dɔk] *m old province of France.*
Laon [lɑ̃] *capital of the department of Aisne.*
Laos [la'o:s] *m*: *le ~* Laos.
Laplace [la'plas] *French physicist.*
Laponie [lapɔ'ni] *f*: *la ~* Lapland.
La Rochefoucauld [larɔʃfu'ko] *French moralist.*
Larousse [la'rus] *French lexicographer.*
Laure [lɔ:r] *f* Laura.
Laurent [lɔ'rɑ̃] *m* Laurence.
Lausanne [lo'zan] *Swiss town.*
Laval [la'val] *capital of the department of Mayenne*; *French politician.*
Lavoisier [lavwa'zje] *French chemist.*
Law [lo; *Fr.* lɑ:s] *Scottish financier, controller-general of the French finances.*
Lazare [la'za:r] *m* Lazarus.
Leconte de Lisle [ləkɔ̃tdə'lil] *French poet.*
Le Corbusier [ləkɔrby'zje] *French architect.*

Léman [leˈmɑ̃] *m*: *le lac m*~ the lake of Geneva, Lake Leman.
Leningrad [leninˈgrad] *town of the U.S.S.R.*
Léon [leˈɔ̃] *m* Leo.
Léonard [leɔˈnaːr] *m* Leonard.
Léopold [leɔˈpɔl] *m* Leopold.
Lesage [ləˈsaːʒ] *French writer.*
Lesseps [leˈsɛps] *French diplomat who conceived the idea of the Suez Canal.*
Leyde [lɛd] Leyden.
Liban [liˈbɑ̃] *m*: *le* ~ Lebanon.
Libéria [liberˈja] *m*: *le* ~ Liberia.
Libye [liˈbi] *f*: *la* ~ Libya.
Liège [ljɛːʒ] *Belgian town.*
Lille [lil] *capital of the department of Nord.*
Limoges [liˈmɔːʒ] *capital of the department of Haute-Vienne; former capital of the province of Limousin; renowned for its porcelain.*
Limousin [limuˈzɛ̃] *m old province of France.*
Lisbonne [lizˈbɔn] *f* Lisbon.
Lise [liːz], **Lisette** [liˈzɛt] *f* Betty; Lizzie.
Lisieux [liˈzjø] *French town, place of pilgrimage.*
Littré [liˈtre] *French lexicographer.*
Livourne [liˈvurn] Leghorn.
Loire [lwaːr] *f French river; department of central France;* **Haute-~** [otˈlwaːr] *f department of central France;* **~-Atlantique** [lwaratlɑ̃ˈtik] *f department of northwestern France.*
Loiret [lwaˈrɛ] *m French river; department of central France.*
Loir-et-Cher [lwareˈʃɛːr] *department of central France.*
Londres [lɔ̃ːdr] London.
Lons-le-Saunier [lɔ̃ləsoˈnje] *capital of the department of Jura.*
Lorrain [lɔˈrɛ̃] *French painter.*
Lorraine [lɔˈrɛn] *f old province of France.*
Lot [lɔt] *m French river; department of southern France;* **~-et-Garonne** [~egaˈrɔn] *department of southwestern France.*
Loti [lɔˈti] *French writer.*
Louis [lwi] *m* Lewis.
Louise [lwiːz] *f* Louisa, Louise.
Lourdes [lurd] *French town, place of pilgrimage.*
Louvre [luːvr] *m former royal palace in Paris, now famous museum.*
Lozère [loˈzɛːr] *f department of southeastern France.*
Luc [lyk] *m* Luke.
Lucette [lyˈsɛt] *f diminutive of Lucie.*
Lucie [lyˈsi] *f* Lucy; Lucia.
Lucien [lyˈsjɛ̃] *m* Lucian.
Lucienne [lyˈsjɛn] *f Christian name.*
Lully [lylˈli] *French composer.*
Lumière [lyˈmjɛːr] *name of two French chemists, inventors of the cinematograph.*
Luxembourg [lyksɑ̃ˈbuːr] *m* Luxemb(o)urg; *palace and gardens in Paris.*
Lydie [liˈdi] *f* Lydia.
Lyon [ljɔ̃] Lyons (*capital of the department of Rhône; former capital of the province of Lyonnais*).
Lyonnais [ljɔˈnɛ] *m old province of France.*

M

Mac-Mahon [makmaˈɔ̃] *French Marshal.*
Mâcon [mɑˈkɔ̃] *capital of the department of Saône-et-Loire.*
Madagascar [madagasˈkaːr] *f* Madagascar.
Madeleine [madˈlɛn] *f* Madeleine; *bibl.* Magdalen.
Madelon [madˈlɔ̃] *f diminutive of Madeleine.*
Madère [maˈdɛːr] *f* Madeira.
Madrid [maˈdrid] *capital of Spain.*
Maeterlinck [metɛrˈlɛ̃ːk] *Belgian writer.*
Maginot [maʒiˈno] *French politician.*
Mahomet [maɔˈmɛ] *m* Mahomet.
Maillol [maˈjɔl] *French sculptor.*
Maine [mɛn] *f French river; m old province of France;* **~-et-Loire** [~eˈlwaːr] *department of western France.*
Mainfroi [mɛ̃ˈfrwɑ] *m* Manfred.
Maintenon, de [dəmɛ̃tˈnɔ̃] *French marquise, secret wife of Louis XIV.*
Majorque [maˈʒɔrk] *f* Majorca.
Malaisie [maleˈzi] *f*: *la* ~ Malaysia.
Malaysia [maleˈzja] *f*: *la* ~ Malaysia.
Malebranche [malˈbrɑ̃ːʃ] *French metaphysician.*
Malherbe [maˈlɛrb] *French poet.*
Mallarmé [malarˈme] *French poet.*
Malmaison [malmɛˈzɔ̃] *residence of Joséphine after her divorce from Napoleon I.*
Malraux [malˈro] *French writer.*
Malte [malt] *f* Malta.
Manche [mɑ̃ːʃ] *f*: *la* ~ the English

Channel; *department of northwestern France.*
Manet [maˈnɛ] *French painter.*
Manon [maˈnɔ̃] *f* Moll.
Mans, Le [ləˈmɑ̃] *capital of the department of Sarthe; former capital of the province of Maine.*
Marat [maˈra] *French revolutionary.*
Marc [mark] *m* Mark.
Marcel [marˈsɛl] *m Christian name.*
Marche [marʃ] *f old province of France.*
Margot [marˈgo] *f* Maggie, Margot, Peg(gy).
Marguerite [margəˈrit] *f* Margaret.
Marie [maˈri] *f* Mary.
Maritain [mariˈtɛ̃] *French philosopher.*
Marivaux [mariˈvo] *French playwright.*
Marne [marn] *f French river; department of northeastern France;* **Haute-~** [otˈmarn] *f department of northeastern France.*
Maroc [maˈrɔk] *m: le ~* Morocco.
Marseille [marˈsɛːj] Marseilles (*capital of the department of Bouches-du-Rhône*).
Marthe [mart] *f* Martha.
Martin du Gard [martɛ̃dyˈgaːr] *French writer.*
Martinique [martiˈnik] *f French overseas department.*
Massif central [masifsɑ̃ˈtral] *m upland area of France.*
Mathilde [maˈtild] *f* Mathilda, Maud.
Matignon [matiˈɲɔ̃]: *l'hôtel m ~ residence of the French Prime Minister.*
Matisse [maˈtis] *French painter.*
Mat(t)hieu [maˈtjø] *m* Mat(t)hew.
Maupassant [mopɑˈsɑ̃] *French writer.*
Mauriac [mɔˈrjak] *French writer.*
Maurice [mɔˈris]: *l'île f ~* Mauritius.
Mauritanie [mɔritaˈni] *f: la ~* Mauritania.
Maurois [mɔˈrwɑ] *French writer.*
Maurras [mɔˈrɑs] *French writer.*
Maxime [makˈsim] *m Christian name.*
Maximilien [maksimiˈljɛ̃] *m* Maximilian.
Mayenne [maˈjɛn] *f French river; department of northwestern France.*
Mecque [mɛk] *f: la ~* Mecca.
Médicis [mediˈsis] Medici (*Florentine noble family*).
Méditerranée [meditɛraˈne] *f: la ~* the Mediterranean.
Melun [məˈlœ̃] *capital of the department of Seine-et-Marne.*
Mende [mɑ̃ːd] *capital of the department of Lozère.*
Menton [mɑ̃ˈtɔ̃] *French tourist centre on the Mediterranean.*
Mérimée [meriˈme] *French writer.*
Mérovingiens *hist.* [merɔvɛ̃ˈʒjɛ̃] *m/pl.* Merovingians (*French royal family*).
Metz [mɛs] *capital of the department of Moselle.*
Meurthe [mœrt] *f French river; former department of northeastern France;* **~-et-Moselle** [~emɔˈzɛl] *department of northeastern France.*
Meuse [møːz] *f French river; department of northeastern France.*
Mexico [mɛksiˈko] Mexico City.
Mexique [mɛkˈsik] *m: le ~* Mexico.
Mézières [meˈzjɛːr] *capital of the department of Ardennes.*
Michel [miˈʃɛl] *m* Michael.
Michelet [miʃˈlɛ] *French historian.*
Milan [miˈlɑ̃] *m* Milan.
Millet [miˈlɛ; miˈjɛ] *French painter.*
Minorque [miˈnɔrk] *f* Minorca.
Mirabeau [miraˈbo] *revolutionary orator.*
Mistral [misˈtral] *Provençal poet.*
Mitterand [mitɛˈrɑ̃] *French president.*
Mohammed [mɔaˈmɛd] *see Mahomet.*
Molière [mɔˈljɛːr] *French writer of comedies.*
Mollet [moˈlɛ] *French politician.*
Monaco [mɔnaˈko] *m* Monaco.
Monet [mɔˈnɛ] *French painter.*
Mongolie [mɔ̃gɔˈli] *f: la ~* Mongolia.
Monique [mɔˈnik] *f* Monica.
Montaigne [mɔ̃ˈtɛɲ] *French moralist.*
Montalembert [mɔ̃talɑ̃ˈbɛːr] *French politician and writer.*
Montauban [mɔ̃toˈbɑ̃] *capital of the department of Tarn-et-Garonne.*
Montcalm, de [dəmɔ̃ˈkalm] *French general in Canada.*
Mont-de-Marsan [mɔ̃dmarˈsɑ̃] *capital of the department of Landes.*
Montespan [mɔ̃tɛsˈpɑ̃] *mistress of Louis XIV.*
Montesquieu [mɔ̃tɛsˈkjø] *French writer and constitutionalist.*
Montherlant [mɔ̃tɛrˈlɑ̃] *French writer.*

Montmartre [mɔ̃ˈmartr] *part of Paris famous for its night life.*
Montparnasse [mɔ̃parˈnɑːs] *famous artistic quarter of Paris.*
Montpellier [mɔ̃pəˈlje] *capital of the department of Hérault.*
Montréal [mɔ̃reˈal] Montreal.
Moravie [mɔraˈvi] *f*: *la* ~ Moravia.
Morbihan [mɔrbiˈɑ̃] *m department of western France.*
Morvan [mɔrˈvɑ̃] *m mountain range of France.*
Moscou [mɔsˈku] Moscow.
Moselle [mɔˈzɛl] *f French river; department of northeastern France.*
Moulins [muˈlɛ̃] *capital of the department of Allier; former capital of the province of Bourbonnais.*
Moyen-Orient [mwaɛnɔrˈjɑ̃] *m*: *le* ~ the Middle East.
Mozambique [mozɑ̃ˈbik] *m*: *le* ~ Mozambique.
Munich [myˈnik] *m* Munich.
Musset [myˈsɛ] *French writer.*

N

Nancy [nɑ̃ˈsi] *capital of the department of Meurthe-et-Moselle.*
Nanette [naˈnɛt] *f* Nancy.
Nantes [nɑ̃ːt] *French port; capital of the department of Loire-Atlantique.*
Naples [ˈnaplə] *m, f* Naples.
Napoléon [napɔleˈɔ̃]: ~ *Ier* Napoleon I (*emperor of the French*).
Navarre [naˈvaːr] *f former kingdom.*
Necker [neˈkɛːr] *French financier.*
Neige [nɛːʒ]: *crêt m de la* ~ *highest peak of the Jura.*
Népal [neˈpal] *m*: *le* ~ Nepal.
Nerval [nɛrˈval] *French writer.*
Nevers [nəˈvɛːr] *capital of the department of Nièvre; former capital of the province of Nivernais.*
Nicaragua [nikaraˈgwa] *m*: *le* ~ Nicaragua.
Nice [nis] *capital of the department of Alpes-Maritimes.*
Nicolas [nikɔˈlɑ] *m* Nicholas.
Nicolette [nikɔˈlɛt] *f Christian name.*
Nièvre [njɛːvr] *f French river; department of central France.*
Niger [niˈʒɛːr] *m* Niger.
Nigeria [niʒerˈja] *m, f*: *le* (*or la*) ~ Nigeria.
Nil [nil] *m* Nile.
Nîmes [nim] *capital of the department of Gard.*
Ninon [niˈnɔ̃] *f* Nina.
Niort [njɔːr] *capital of the department of Deux-Sèvres.*
Nivernais [nivɛrˈnɛ] *m old province of France.*
Nord [nɔːr] *m department of northern France; la mer du* ~ the North Sea.
Normandie [nɔrmɑ̃ˈdi] *f*: *la* ~ Normandy (*old province of France*).
Norvège [nɔrˈvɛːʒ] *f*: *la* ~ Norway.
Notre-Dame [nɔtrəˈdam] *metropolitan church of Paris.*
Nouvelle-Calédonie [nuvɛlkaledɔˈni] *f*: *la* ~ New Caledonia.
Nouvelle-Zélande [nuvɛlzeˈlɑ̃d] *f*: *la* ~ New Zealand.

O

Océanie [ɔseaˈni] *f*: *l'*~ Oceania.
Oise [waːz] *French river; department of northern France.*
Olivier [ɔliˈvje] *m* Oliver.
Oran [ɔˈrɑ̃] *town and department of Algeria.*
Orléanais [ɔrleaˈnɛ] *m old province of France.*
Orléans [ɔrleˈɑ̃] *capital of the department of Loiret; former capital of the province of Orléanais; hist. branch of the French royal house of Bourbon.*
Orly [ɔrˈli] *airport of Paris.*
Orne [ɔrn] *French river; department of northern France.*
Orphée [ɔrˈfe] *m* Orpheus.
Oslo [ɔsˈlo] *capital of Norway.*
Ottawa [ɔtaˈwa] *capital of Canada.*
Ouganda [ugɑ̃ˈda] *m*: *l'*~ Uganda.
Oural [uˈral] Ural.

P

Pacifique [pasiˈfik] *m*: *le* (*or l'océan*) ~ the Pacific (Ocean).
Pagnol [paˈɲɔl] *French writer.*
Pakistan [pakisˈtɑ̃] *m*: *le* ~ Pakistan.
Palestine [palɛsˈtin] *f*: *la* ~ Palestine.
Panamá [panaˈma] *m*: *le* ~ Panama.
Panthéon [pɑ̃teˈɔ̃] *m* Pantheon (*building in Paris in the crypt of which are buried some of France's greatest men*).
Paraguay [paraˈgɛ] *m*: *le* ~ Paraguay.
Paris [paˈri] *m capital of France; capital of the department of Seine; former capital of the province of Ile-de-France.*

Parmentier [parmɑ̃ˈtje] *French economist and agronomist.*

Pascal [pasˈkal] *French mathematician, physicist, and philosopher.*

Pas-de-Calais [pɑdkaˈlɛ] *m department of northern France.*

Pasteur [pasˈtœːr] *French chemist and biologist.*

Patrice [paˈtris], **Patrick** [paˈtrik] *m* Patrick.

Pau [po] *capital of the department of Basses-Pyrénées; former capital of the province of Béarn.*

Paul [pɔl] *m* Paul.

Pays-Bays [peiˈbɑ] *m/pl.*: *les* ~ the Netherlands.

Pékin [peˈkɛ̃] Pekin(g).

Père-Lachaise [pɛrlaˈʃɛːz] *m main cemetery of Paris, named after La Chaise.*

Périgord [periˈgɔ̃r] *m former county of France.*

Périgueux [periˈgø] *capital of the department of Dordogne; former capital of the county of Périgord.*

Pérou [peˈru] *m*: *le* ~ Peru.

Perpignan [pɛrpiˈɲɑ̃] *capital of the department of Pyrénées-Orientales; former capital of the province of Roussillon.*

Perrault [pɛˈro] *French writer of fairy tales.*

Perrier [pɛˈrje] *French naturalist.*

Perse *hist.* [pɛrs] *f*: *la* ~ Persia.

Persique [pɛrˈsik]: *le golfe* ~ Persian Gulf.

Pétain [peˈtɛ̃] *French Marshal and politician.*

Peugeot [pøˈʒo] *French industrialist.*

Phèdre [fɛdr] *f* Phaedra.

Philippe [fiˈlip] *m* Philip.

Philippines [filiˈpin] *f/pl.*: *les* ~ the Philippines.

Picardie [pikarˈdi] *f old province of France.*

Picasso [pikaˈso] *Spanish painter.*

Piccard [piˈkaːr] *Swiss physicist.*

Pierre [pjɛːr] *m* Peter.

Pissarro [pisaˈro] *French painter.*

Platon [plaˈtɔ̃] *m* Plato (*Greek philosopher*).

Pleyel [plɛˈjɛl] *family of musicians.*

Poincaré [pwɛ̃kɑˈre] *French statesman.*

Poitiers [pwaˈtje] *capital of the department of Vienne; former capital of the province of Poitou.*

Poitou [pwaˈtu] *m old province of France.*

Pologne [pɔˈlɔɲ] *f*: *la* ~ Poland.

Polynésie [pɔlineˈzi] *f*: *la* ~ Polynesia.

Pompadour [pɔ̃paˈduːr] *mistress of Louis XV.*

Pompidou [pɔ̃piˈdu] *French president.*

Port-Royal [pɔrrwaˈjal] *French abbey, centre of jansenism.*

Portugal [pɔrtyˈgal] *m*: *le* ~ Portugal.

Poussin [puˈsɛ̃] *French painter.*

Prague [prag] *capital of Czechoslovakia.*

Prévost [preˈvo] *French writer.*

Privas [priˈvɑ] *capital of the department of Ardèche.*

Proche-Orient [prɔʃɔrˈjɑ̃] *m*: *le* ~ the Near East.

Proudhon [pruˈdɔ̃] *French philosopher.*

Proust [prust] *French writer.*

Provence [prɔˈvɑ̃ːs] *f old province of France.*

Prud'hon [pryˈdɔ̃] *French painter.*

Prusse [prys] *f*: *la* ~ Prussia.

Puy [pɥi]: *Le* ~ *capital of the department of Haute-Loire*; **~-de-Dôme** [~dˈdoːm] *m department of central France.*

Pyrénées [pireˈne] *f/pl.* Pyrenees; **Basses-~** [bɑspireˈne] *f/pl. department of southwestern France*; **Hautes-~** [otpireˈne] *f/pl. department of southwestern France*; **~-Orientales** [pirenezɔrjɑ̃ˈtal] *f/pl. department of southwestern France.*

Q

Quai d'Orsay [kedɔrˈsɛ] *m French Ministry of Defence.*

Quartier latin [kartjelaˈtɛ̃] *m the student quarter of Paris.*

Quatre-Cantons [katrəkɑ̃ˈtɔ̃]: *le lac m des* ~ the Lake of Lucerne.

Québec [keˈbɛk] Quebec.

Queneau [kəˈno] *French writer.*

Quesnay [keˈnɛ] *French physiocrat.*

Quimper [kɛ̃ˈpɛːr] *capital of the department of Finistère; former capital of the county of Cornouaille.*

R

Rabelais [raˈblɛ] *French writer.*

Rachel [raˈʃɛl] *f* Rachel.

Racine [ra'sin] *French classical dramatist.*
Rambouillet [rɑ̃bu'jɛ] *French town with a famous castle.*
Rameau [ra'mo] *French composer.*
Raoul [ra'ul] *m* Ralph; Rudolph.
Ravel [ra'vɛl] *French composer.*
Raymond [rɛ'mɔ̃] *m* Raymond.
Réaumur [reo'myːr] *French naturalist and physicist.*
Récamier [reka'mje] *French woman whose salon under the Restoration was famous.*
Reims [rɛ̃ːs] Rheims (*French town*).
Renan [rə'nɑ̃] *French writer.*
Renaud [rə'no] *m* Reginald.
Renault [rə'no] *French industrialist.*
René [rə'ne] *m Christian name.*
Renée [rə'ne] *f Christian name.*
Rennes [rɛn] *capital of the department of* Ille-et-Vilaine; *former capital of the province of* Bretagne.
Renoir [rə'nwaːr] *French painter.*
Réunion [rey'njɔ̃] *f French overseas department.*
Reykjavik [rɛkja'vik] *capital of Iceland.*
Rhénanie [rena'ni] *f*: la ~ the Rhineland.
Rhin [rɛ̃] *m* Rhine; **Bas-~** [bɑ'rɛ̃] *m department of eastern France*; **Haut-~** [o'rɛ̃] *m department of eastern France.*
Rhodésie [rɔde'zi] *f*: la ~ Rhodesia.
Rhône [roːn] *m French river*; *department of southeastern France.*
Richard [ri'ʃaːr] *m* Richard; **~ Cœur de Lion** [riʃarkœrdə'ljɔ̃] *m* Richard the Lionhearted.
Richelieu [riʃə'ljø] *French cardinal and statesman.*
Rimbaud [rɛ̃'bo] *French poet.*
Rivarol [riva'rɔl] *French writer.*
Robert [rɔ'bɛːr] *m* Robert.
Robespierre [rɔbɛs'pjɛːr] *French revolutionary.*
Rochelle, La [larɔ'ʃɛl] *capital of the department of* Charente-Maritime; *former capital of the province of* Aunis.
Roche-sur-Yon, La [larɔʃsy'rjɔ̃] *capital of the department of* Vendée.
Rodez [rɔ'dɛːz] *capital of the department of* Aveyron; *former capital of the province of* Rouergue.
Rodin [rɔ'dɛ̃] *French sculptor.*
Rodolphe [rɔ'dɔlf] *m* Ralph, Rudolph.
Roger [rɔ'ʒe] *m* Roger.
Rohan [rɔ'ɑ̃] *French general and Calvinist leader*; *French cardinal.*
Roland [rɔ'lɑ̃] *French woman and republican whose salon had considerable influence in the 18th century.*
Rolland [rɔ'lɑ̃] *French writer.*
Romains [rɔ'mɛ̃] *French writer.*
Rome [rɔm] *f* Rome.
Ronsard [rɔ̃'saːr] *French poet.*
Rostand [rɔs'tɑ̃] *French dramatist.*
Rouault [rwo] *French painter.*
Roubaix [ru'bɛ] *French town.*
Rouen [rwɑ̃] *French port*; *capital of the department of* Seine-Maritime; *former capital of the province of* Normandie.
Rouergue [rwɛrg] *m old province of France.*
Rouget de Lisle [ruʒɛd'lil] *author of the* Marseillaise.
Roumanie [ruma'ni] *f*: la ~ Rumania.
Rousseau [ru'so] *Swiss-born French philosopher.*
Roussillon [rusi'jɔ̃] *old province of France.*
Ruanda [rwɑ̃'da, rwan'da] *m*: le ~ Rwanda.
Rude [ryd] *French sculptor.*
Russie [ry'si] *f*: la ~ Russia.

S

Sade [sad] *French writer.*
Sahara [saa'ra] *m*: le ~ the Sahara.
Saint-Barthélemy, la [lasɛ̃bartelɔmi] *f* Massacre of St. Bartholomew.
Saint-Brieuc [sɛ̃bri'ø] *capital of the department of* Côtes-du-Nord.
Saint-Cloud [sɛ̃'klu] *French town with famous race-course.*
Saint-Denis-de-la-Réunion [sɛ̃dnidəlarey'njɔ̃] *capital of the overseas department of* Réunion.
Sainte-Beuve [sɛ̃t'bœːv] *French writer.*
Sainte-Hélène [sɛ̃nte'lɛn] *f* Saint Helena.
Saintes [sɛ̃ːt] *former capital of the province of* Saintonge.
Saint-Etienne [sɛ̃te'tjɛn] *capital of the department of* Loire.
Saint-Exupéry [sɛ̃tɛksype'ri] *French writer.*
Saint-Germain-des-Prés [sɛ̃ʒɛrmɛ̃de'pre] *very old church and*

popular quarter of Paris; **Saint-Germain-en-Laye** [~ɑ̃ˈlɛ] *French town with a famous castle.*
Saint-Just [sɛ̃ˈʒyst] *French revolutionary.*
Saint-Laurent [sɛ̃lɔˈrɑ̃] *m the* St. Lawrence.
Saint-Lô [sɛ̃ˈlo] *capital of the department of Manche.*
Saint-Malo [sɛ̃maˈlo] *French port and town.*
Saint-Marin [sɛ̃maˈrɛ̃] *m* San Marino.
Saintonge [sɛ̃ˈtɔ̃:ʒ] *old province of France.*
Saint-Pétersbourg [sɛ̃petɛrˈsbu:r] St. Petersburg (*former name of Leningrad*).
Saint-Saëns [sɛ̃ˈsɑ̃:s] *French composer.*
Saint-Simon [sɛ̃siˈmɔ̃] *French economist and philosopher.*
Salvador, El [ɛlsalvaˈdɔ:r] *m* El Salvador.
Salzbourg [salzˈbu:r] *f* Salzburg.
Sancy [sɑ̃ˈsi]: *puy m de ~ highest peak of the Massif central.*
Sand [sɑ̃, sɑ̃:d] *French woman writer.*
Saône [so:n] *f French river*; **Haute-~** [otˈso:n] *f department of eastern France*; **~-et-Loire** [soneˈlwa:r] *department of east-central France.*
Sardaigne [sarˈdɛɲ] *f*: *la ~* Sardinia.
Sarre [sar] *f*: *la ~* the Saar.
Sarthe [sart] *f French river*; *department of northwestern France.*
Sartre [sartr] *French philosopher.*
Savoie [saˈvwa] *f*: *la ~* Savoy (*department of southeastern France*; *old province of France*); **Haute-~** [otsaˈvwa] *f department of eastern France.*
Saxe [saks] *f*: *la ~* Saxony.
Scandinavie [skɑ̃dinaˈvi] *f*: *la ~* Scandinavia.
Scudéry [skydeˈri] *French woman writer.*
Ségur [seˈgy:r] *French woman writer.*
Seine [sɛn] *f French river*; *department of northern France*; **~-et-Marne** [~eˈmarn] *department of northern France*; **~-et-Oise** [~eˈwa:z] *department of northern France*; **~-Maritime** [~mariˈtim] *department of northern France.*
Serbie [sɛrˈbi] *f*: *la ~* Serbia.
Seurat [søˈra] *French painter.*
Sévigné [seviˈɲe] *French woman writer.*
Sévres [sɛ:vr] *French town renowned for its porcelain.*
Sibérie [sibeˈri] *f*: *la ~* Siberia.
Sicile [siˈsil] *f*: *la ~* Sicily.
Sieyès [sjeˈjɛs] *French politician.*
Silésie [sileˈzi] *f*: *la ~* Silesia.
Sisley [sisˈlɛ] *French painter.*
Slovaquie [slɔvaˈki] *f*: *la ~* Slovakia.
Sluter [slyˈtɛ:r] *Burgundian sculptor.*
Sofia [sɔˈfja] *capital of Bulgaria.*
Somme [sɔm] *f French river*; *department of northern France.*
Sophie [sɔˈfi] *f* Sophia, Sophy.
Sorbonne [sɔrˈbɔn] *f seat of the faculties of letters and science of the University of Paris.*
Soubise [suˈbi:z]: *hôtel m de ~ the National Archives in Paris.*
Soudan [suˈdɑ̃] *m*: *le ~* the Sudan.
Staël [stɑl] *French woman writer.*
Stendhal [stɛ̃ˈdal] *French writer.*
Stockholm [stɔˈkɔlm] *capital of Sweden.*
Strasbourg [strazˈbu:r] Strasb(o)urg (*capital of the department of Bas-Rhin*; *former capital of the province of Alsace*).
Suède [sɥɛd] *f*: *la ~* Sweden.
Suez [sɥɛ:z] *m* Suez.
Suisse [sɥis] *f*: *la ~* Switzerland.
Sully [sylˈli] *French politician.*
Sully Prudhomme [syllipryˈdɔm] *French poet.*
Suzanne [syˈzan] *f* Susan, F Sue.
Sylvestre [silˈvɛstr] *m* Sylvester.
Syrie [siˈri] *f*: *la ~* Syria.

T

Taine [tɛn] *French philosopher and historian.*
Talleyrand-Périgord [talɛrɑ̃periˈgɔ:r] *French statesman.*
Tamise [taˈmi:z] *f*: *la ~* the Thames.
Tanger [tɑ̃ˈʒe] Tangier.
Tarbes [tarb] *capital of the department of Hautes-Pyrénées.*
Tarn [tarn] *m French river*; *department of southern France*; **~-et-Garonne** [~egaˈrɔn] *department of southwestern France.*
Tchad [tʃad] *m*: *le ~* the Republic of Chad.
Tchécoslovaquie [tʃekɔslɔvaˈki] *f*: *la ~* Czechoslovakia.

Téhéran [tee'rɑ̃] *m* Teheran.
Teilhard de Chardin [tɛjardəʃar'dɛ̃] *French Jesuit and philosopher.*
Tel-Aviv [tɛla'vif] *city in West Israel.*
Terre de Feu [tɛrde'fø] *f*: *la* ~ Tierra del Fuego.
Terre-Neuve [tɛr'nœ:v] Newfoundland.
Texas [tɛk'sas] *m*: *le* ~ Texas.
Thaïlande [taj'lɑ̃:d] *f*: *la* ~ Thailand.
Théophile [teɔ'fil] *m* Theophilus.
Thérèse [te'rɛ:z] *f* Theresa.
Thibau(l)t [ti'bo] *m* Theobald.
Thierry [tjɛ'ri] *m* Theodoric (*Christian name*); *French historian.*
Thomas [tɔ'mɑ] *m* Thomas.
Tibet [ti'bɛ] *m*: *le* ~ Tibet.
Tigre [tigr] *m the* Tigris.
Tirana [tira'na] *capital of Albania.*
Tocqueville [tɔk'vil] *French politician and writer.*
Tokyo [tɔ'kjo] *m* Tokyo.
Toulon [tu'lɔ̃] *French port and town.*
Toulouse [tu'lu:z] *capital of the department of* Haute-Garonne; *former capital of the province of* Languedoc; **~-Lautrec** [tuluzlo'trɛk] *French painter.*
Touraine [tu'rɛn] *f old province of France.*
Tours [tu:r] *capital of the department of* Indre-et-Loire; *former capital of the province of* Touraine.
Trocadéro [trɔkade'ro] *m formerly building on the heights of Passy, Paris, replaced by the Palais de Chaillot.*
Trouville [tru'vil] *French health resort on the Channel.*
Troyes [trwa] *capital of the department of* Aube; *former capital of the province of* Champagne.
Tuileries [tɥil'ri] *f/pl.*: *les* ~ *gardens and former royal palace in Paris.*
Tulle [tyl] *capital of the department of* Corrèze.
Tunisie [tyni'zi] *f*: *la* ~ Tunisia.
Turquie [tyr'ki] *f*: *la* ~ Turkey.

U

Union soviétique [ynjɔ̃sɔvje'tik] *f*: *l'*~ the Soviet Union.
Uruguay [yry'gɛ] *m*: *l'*~ Uruguay.
Utrillo [ytri'jo] *French painter.*

V

Valadon [vala'dɔ̃] *French woman painter.*
Valence [va'lɑ̃:s] *m capital of the department of* Drôme; *f* Valencia (*Spain*).
Valéry [vale'ri] *French writer.*
Valois *hist.* [va'lwa] *m/pl. French royal house.*
Van Gogh [van'gɔg] *Dutch painter.*
Vanne [van] *f French river.*
Vannes [van] *f capital of the department of* Morbihan.
Var [va:r] *m French river; department of southeastern France.*
Varsovie [varsɔ'vi] Warsaw.
Vatican [vati'kɑ̃] *m*: *le* ~ the Vatican.
Vaucluse [vo'kly:z] *department of southeastern France.*
Vaud [vo] *m*: *le canton de* ~ Vaud.
Vaugelas [voʒ'lɑ] *French grammarian.*
Vauvenargues [vov'narg] *French moralist.*
Vendée [vɑ̃'de] *f French river; department of western France.*
Venezuela [venezɥe'la] *m*: *le* ~ Venezuela.
Venise [və'niz] *f* Venice.
Verdun [vɛr'dœ̃] *French town.*
Verhaeren [vɛ'rarən] *Belgian poet.*
Verlaine [vɛr'lɛn] *French poet.*
Véronique [verɔ'nik] *f* Veronica.
Versailles [vɛr'sɑ:j] *capital of the department of* Seine-et-Oise *with famous royal palace.*
Vesoul [və'zul] *capital of the department of* Haute-Saône.
Vichy [vi'ʃi] *French health resort; seat of Pétain government.*
Victor [vik'tɔ:r] *m* Victor.
Vienne [vjɛn] *f* Vienna (*capital of Austria*); *French river; department of west-central France; m town of* Isère, *near* Grenoble; **Haute-~** [ot'vjɛn] *f department of central France.*
Viêt-nam [vjɛt'nam] *m*: *le* ~ Vietnam.
Vigny [vi'ɲi] *French writer.*
Vilaine [vi'lɛn] *f French river.*
Villon [vi'lɔ̃, vi'jɔ̃] *French poet.*
Vincennes [vɛ̃'sɛn] *suburb of Paris; famous castle and wood.*
Vlaminck [vla'mɛ̃:k] *French painter.*
Voltaire [vɔl'tɛ:r] *French philosopher.*
Vosges [vo:ʒ] *f/pl. mountain range; department of eastern France.*

W

Wallonie [walɔ'ni] *f French speaking part of Belgium.*

Waterloo [vatɛr'lo] *Belgian village, scene of famous defeat of Napoleon.*
Watteau [va'to] *French painter.*
Weygand [ve'gɑ̃] *Belgian-born French general.*

Y

Yémen [je'mɛn] *m*: *le* ~ Yemen.
Yonne [jɔn] *f French river; department of central France.*
Yougoslavie [jugɔsla'vi] *f*: *la* ~ Yugoslavia, Jugoslavia.
Ypres [ipr] *Belgian town.*
Yves [iːv] *m Christian name.*

Z

Zaïre [za'iːr] *m*: *le* ~ Zaïre.
Zambèze [zɑ̃'bɛːz] *m the* Zambezi.
Zambie [zɑ̃'bi] *f*: *la* ~ Zambia.
Zola [zɔ'la] *French writer.*
Zurich [zy'rik] *m* Zurich.

Common French Abbreviations

Abréviations françaises usuelles

A

A *ampère* ampere.

A 2 *Antenne deux* channel two (*on French television*).

A.A. *antiaérien* A.A., anti-aircraft.

ac., à cte. *acompte* payment on account.

a.c. *argent comptant* ready money.

A.C.F. *Automobile Club de France* Automobile Association of France.

act. *action* share.

A.D.A.V. *avion à décollage et atterrissage vertical* V.T.O.(L.), vertical take-off (and landing) (aircraft).

à dr. *à droite* on *or* to the right.

A.d.S. *Académie des Sciences* Academy of Science.

AELE *Association européenne de libre échange* EFTA, European Free Trade Association.

AF *Air France* (*French airline*); *anciens francs* old francs.

A.F. *Allocations familiales* family allowance.

A.F.P. *Agence France-Presse* French press agency.

A.G. *Assemblée générale* general meeting; G.A., General Assembly.

à g. *à gauche* on *or* to the left.

AIH *Association internationale de l'hôtellerie* IHA, International Hotel Association.

A.J. *auberge de la jeunesse* youth hostel.

AME *Accord monétaire européen* EMA, European Monetary Agreement.

A.N.P.E. *Agence nationale pour l'emploi* national employment bureau.

A.O.C. *appellation d'origine controlée* guaranteed vintage.

A.P. *à protester* to be protested; *Assistance publique* Public Assistance.

ap. J.-C. *après Jesus-Christ* A.D., anno Domini.

arr. *arrondissement* district.

A.S. *Assurances sociales* social insurance; *association sportive* sports club.

a/s. *aux soins de* c/o., care of.

av. *avenue* avenue; *avoir* credit.

av. J.-C. *avant Jésus-Christ* B.C., before Jesus Christ.

B

B *bougie* candle-power.

B. *balle* bale; *billet* bill.

B.C.G. *vaccin bilié Calmette-Guérin* (*antitubercular vaccine*).

B.D. *bande dessinée* cartoon; comic.

Bd. *boulevard* boulevard.

BENELUX *Belgique-Nederland-Luxembourg* BENELUX, Belgium, Netherlands, Luxemb(o)urg.

B. ès L. (*or* **Sc.**) *Bachelier ès Lettres* (*or Sciences*) (*approx.*) Advanced Level of the General Certificate of Education in Arts (*or* Science).

B.F. *Banque de France* Bank of France.

B.O. *Bulletin officiel* Official Bulletin.

B.P. *boîte postale* POB, Post Office Box.

B.P.F. *bon pour francs* value in francs.

B.R.I. *Banque de règlements internationaux* B.I.S., Bank for International Settlements.

B.S.G.D.G. *breveté sans garantie du gouvernement* patent.

C

C *cent* hundred; **°C** *degré Celsius* degree centigrade.

c. *centime* (*hundredth part of a franc*).

C.A. *courant alternatif* A.C., alternating current; *chiffre d'affaires* turnover.

c.-à-d. *c'est-à-dire* i.e., that is to say.
C.A.F. *coût, assurance, fret* c.i.f., cost, insurance, freight.
cal *calorie* calory.
C.A.P. *Certificat d'aptitude professionnelle* (*certificate granted to a qualified apprentice*).
C.C. *corps consulaire* consular corps; *compte courant* a/c, current account.
CCI *Chambre de Commerce Internationale* ICC, International Chamber of Commerce.
C.C.P. *compte chèques postaux* postal cheque account.
C.D. *corps diplomatique* diplomatic corps.
CE *Conseil de l'Europe* Council of Europe.
CECA *Communauté européenne du charbon et de l'acier* E.C.S.C., European Coal and Steel Community.
CED *Communauté européenne de défense* E.D.C., European Defence Community.
CEE *Communauté économique européenne* E.E.C., European Economic Community.
CEEA *Commission européenne de l'énergie atomique* EURATOM, European Atomic Energy Commission.
C.E.G. *collège d'enseignement général* (*Secondary Modern School*).
CERN *Organisation européenne pour la recherche nucléaire* European Organisation for Nuclear Research.
C.E.S. *collège d'enseignement secondaire* (*Secondary School*).
C.E.T. *collège d'enseignement technique* (*a technical college*).
Cf. *conférez* cf., compare.
C.F.D.T. *Confédération française* (et) *démocratique du travail* (*a major association of French trade unions*).
C.F.T.C. *Confédération française des travailleurs chrétiens* French Confederation of Christian Workers.
C.G.A. *Confédération générale de l'agriculture* General Confederation of Agriculture.
C.G.C. *Confédération générale des cadres* General confederation of higher administrative staffs.
C.G.T. *Confédération générale du travail* General confederation of Labour, (*approx.*) T.U.C., Trade Union(s) Congress.
ch *cheval(-vapeur)* H.P., h.p., horsepower.
ch.d.f. *chemin de fer* Ry., railway.
ch.-l. *chef-lieu* capital.
CICR *Comité international de la Croix-Rouge* ICRC., International Committee of the Red Cross.
Cie., Cie. *Compagnie* Co., Company.
CIO *Comité international olympique* IOC., International Olympic Committee.
CISL *Confédération internationale des syndicats libres* ICFTU, International Confederation of Free Trade Unions.
cl *centilitre* centilitre, *Am.* centiliter.
cm *centimètre* centimetre, *Am.* centimeter.
C.N.P.F. *Conseil national du patronat français* (*employers' association*).
C.N.R. *Conseil national de la Resistance* National Resistance Council.
C.N.R.S. *Centre national de la recherche scientifique* (*approx.*) S.R.C., Scientific Research Centre.
COE *Conseil œcuménique des églises* WCC, World Council of Churches.
cour. *courant* inst., instant.
C.Q.F.D. *ce qu'il fallait démontrer* Q.E.D., quod erat demonstrandum which was to be proved.
C.-R.F. *Croix-Rouge française* French Red Cross.
CRI *Croix-Rouge internationale* IRC, International Red Cross.
C.R.S. *Compagnies républicaines de sécurité* (*state security police*; *member of the C.R.S.*).
ct. *courant* inst., instant.
C.V. *cheval-vapeur* H.P., h.p., horsepower; *cette ville* this town.

D

D.A.T. *Défense aérienne du territoire* Air Space Defence.
D.C.A. *défense contre avions* A.A., anti-aircraft (defence).
D.D.T. *Dichlorodiphényltrichloroéthane* DDT, dichlorodiphenyltrichloroethane.
dép. *départ* departure; *député*(e) member of Parliament, *Am.* representative.
dépt. *département* administrative department.
der. *dernier* ult., ultimo.

dest. *destinataire* addressee, consignee.
D.E.U.G. [døg] *diplôme d'études universitaires générales* certificate of general studies at university level.
D.G.S.E. *Direction générale de la sécurité extérieure* (*counterintelligence agency*).
D.I.T. *défense intérieure du territoire* (*internal defence*).
div. *dividende* dividend.
D.M. *Docteur Médecin* Doctor of Medicine.
d° *dito* ditto.
D.O.M. *départements d'outre-mer* overseas administrative departments.
D.O.M.-T.O.M., Dom-Tom [dɔm-ˈtɔm] *départements, territoires d'outre--mer* overseas administrative departments and territories.
D.P.L.G. *Diplômé par le gouvernement* state certificated.
Dr *Docteur* Dr., Doctor (*university degree*).
dr. *droit* right.
D.S.T. *Direction de la surveillance du territoire* (*counterintelligence service*).
dt *doit* debit.
dz *douzaine* doz., dozen.

E

E. est E., east.
E.-M. *État-major* H.Q., Headquarters.
E.N.A. *École nationale d'administration* national administrative school.
E.N.S. *École normale supérieure* Training College for secondary school teachers.
E.N.S.I. *Écoles nationales supérieures d'ingénieurs* state colleges of advanced engineering.
env. *environ* about.
e.o.o.e. *erreur ou omission exceptée* E. & O.E., errors and omissions excepted.
etc. *et cætera* etc., etcetera.
Ets *établissements* establishments.
É.-U. *États-Unis* U.S.A., United States.
E.V. *en ville* Local (*on envelopes*).
ex. *exemple* example; *exercise* year's trading.
ex. att. *exercice attaché* cum dividend.
Exc. *Excellence* Excellency (*title*).
exD. *ex-dividende* ex div., ex dividend.
exp. *expéditeur* consigner.
ext. *externe* external; *extérieur* exterior.

F

F *franc* franc; °**F** *degré Fahrenheit* degree Fahrenheit.
F.A.B. *franco à bord* f.o.b., free on board.
FB *franc(s) belge(s)* Belgian franc(s).
f.c(t). *fin courant* at the end of this month.
F^co^ *franco* free, carriage paid.
F.E.N. *Fédération de l'éducation nationale* National Education Federation (*autonomous professional union*).
FF *franc(s) français* French franc(s).
F.F.I. *Forces françaises de l'intérieur* French Forces of the Interior.
F.F.L. *Forces françaises libres* Free French Forces.
F.I.A.A. *Fédération internationale d'athlétisme amateur* I.A.A.F., International Amateur Athletic Federation.
FIFA *Fédération internationale de football association* (*federation controlling international football competitions*).
fig. *figure* figure.
FISE *Fonds des Nations Unies pour l'enfance* UNICEF, United Nations Children's Fund.
FIT *Fédération internationale des traducteurs* IFT, International Federation of Translators.
F.M. *fréquence modulée, modulation de fréquence* F.M., frequency modulation.
FMI *Fond monétaire international* IMF, International Monetary Fund.
FMPA *Fédération mondiale pour la protection des animaux* WFPA, World Federation for the Protection of Animals.
F.N.A.C. *Fédération nationale d'achats des cadres* (*department store* [*chain*] *for high-quality goods*).
F.O. *Force Ouvrière* (*a Socialist trade union*).
f° *franco* free, carriage paid.
F.O.Q. *franco à quai* f.a.s., free alongside ship.
F.O.R. *franco sur rail* f.o.r., free on rail.
F.O.T. *franco en wagon* f.o.t., free on truck.

f.p. *fin prochain* at the end of next month.
fque *fabrique* make.
FR 3 *France trois* channel three (*on French television*).
fro *franco* free, carriage paid.
Frs *Frères* Bros., Brothers.
FS *franc(s) swisse(s)* Swiss franc(s).
F.S. *faire suivre* please forward (*on letters*).
F.S.M. *Fédération syndicale mondiale* WFTU, World Federation of Trade Unions.

G

g *gramme* gramme, *Am.* gram; *gravité* gravity.
g. *gauche* left.
G.C. (*route de*) *grande communication* (*approx.*) B-road.
G(r.)C. *Grand'Croix* Grand Cross (*of the Legion of Honour*).
G.D.F. *Gaz de France* (*French Gas Board*).
G.O. *grandes ondes* L.W., long wave(s).
G.V. *grande vitesse* per passenger train.

H

h *heure* hour, o'clock.
ha *hectare* hectare.
H.B.M. *habitations à bon marché* property to let at low rents.
H.C. *hors concours* not competing.
H.E.C. (*École des*) *Hautes Études commerciales* School of Advanced Commercial and Management Studies, Paris; *heure de l'Europe Centrale* CET, Central European Time.
H.F. *haute fréquence* high frequency.
H.L.M. *habitations à loyer modéré* property to let at moderate rents.
H.T. *haute tension* high tension.

I

Ibid. *ibidem* ibid., in the same place, ibidem.
Id. *idem* id., same, idem.
I.D.S. *Initiative de défense stratégique* S.D.I., Strategic Defense Initiative.
I.F.O.P. [iˈfɔp] *Institut français d'opinion publique* (*state institute monitoring public opinion*).
ing(én.). *ingénieur* engineer.
I.N.P.I. [inˈpi] *Institut national de la propriété industrielle* French Patent office.
I.N.S.E. [inˈse] *Institut national des statistiques et des études économiques* national institute for statistics and economic research.
int. *interne* internal; *intérieur* interior.
I.U.T. *Institut universitaire de technologie* (*a technical college*).
I.V.G. *interruption volontaire de grossesse* voluntary termination of pregnancy.

J

j *jour* day.
J.A.C. *Jeunesse agricole chrétienne* Christian Agricultural Youth.
J.-B. *Jean-Baptiste* John the Baptist.
J.-C. *Jésus-Christ* J.C., Jesus (Christ).
Je *Jeune* Jun., Junior.
J.E.C. *Jeunesse étudiante chrétienne* Y.C.S., Young Christian Students.
J.-J. *Jean-Jacques* John James.
J.O. *Journal officiel* Official Gazette.
J.O.C. *Jeunesse ouvrière chrétienne* YCW, Young Christian Workers.

K

kg *kilogramme* kilogramme, *Am.* kilogram.
km *kilomètre* kilometre, *Am.* kilometer.
km:h *kilomètres par heure* kilometres (*Am.* -meters) per hour.
kV *kilovolt* k.v., kilovolt.
kW *kilowatt* k.w., kilowatt.
kWh *kilowatt-heure* kilowatt-hour.

L

l *litre* litre, *Am.* liter.
lat. *latitude* latitude.
L. ès L. *licencié ès lettres* (*approx.*) B.A., Bachelor of Arts.
L. ès Sc. *licencié ès sciences* (*approx.*) B.Sc., Bachelor of Science.
Lieut. *lieutenant* Lieut., Lieutenant.
ll. *lignes* ll., lines.
loc. cit. *loco citato* at the place cited.
long. *longitude* longitude.
Lt *lieutenant* Lt., Lieutenant.
Lt-Col. *lieutenant-colonel* Lt.-Col., Lieutenant-Colonel.

M

M. *Monsieur* Mr., Mister.
m *mètre* metre, *Am.* meter.
m. *mort* died.
mb *millibar* millibar.
md(e) *marchand*(e) merchant.
Me *Maître* (*barrister's title of address*).
mg *milligramme* milligramme, *Am.* milligram.
Mgr *Monseigneur* Monsignor.
M.L.F. *Mouvement de libération des femmes* Women's Liberation Movement.
Mlle *Mademoiselle* Miss.
Mlles *Mesdemoiselles* the Misses.
MM. *Messieurs* Messrs.
mm *millimètre* millimetre, *Am.* millimeter.
Mme *Madame* Mrs., Mistress.
Mmes *Mesdames* Mesdames.
mn *minute* minute.
Mon *maison* firm.
M.R.P. *Mouvement Républicain Populaire* Popular Republican Movement.
M/S *navire à moteur Diesel* M.S., motorship.
ms *manuscrit* MS., manuscript.
mss *manuscrits* MSS, manuscripts.
M.T.S. *mètre-tonne-seconde* metre (*Am.* meter)-ton-second.
MV *maladie vénérienne* V.D., venereal disease.
mV *millivolt* millivolt.

N

N. *nord* N., North; *nom* name.
n/... *notre, nos* our.
n. *notre* our.
N.B. *notez bien* N.B., note well.
N.-D. *Notre-Dame* Our Lady.
N.D.L.R. *note de la rédaction* editor's note.
N.E. *nord-est* N.E., north-east.
NF *nouveaux francs* new francs.
N.F. *norme française* French Standard.
N^o^., n^o^ *numéro* number.
N.O., N.W. *nord-ouest* N.W., Northwest.
n/sr. *notre sieur* ... our Mr. ...
N.U. *Nations Unies* U.N., United Nations.
n/v. *notre ville* our town.

O

O. *ouest* W., west; *officier* Officer (*of an Order*).
OAA *Organisation pour l'alimentation et l'agriculture* F.A.O., Food and Agriculture Organization.
OACI *Organisation de l'aviation civile internationale* ICAO, International Civil Aviation Organization.
OAS *Organisation de l'Armée Secrète* Secret Army Organization.
O.C. *ondes courtes* s.w., short wave(s).
OCDE *Organisation de coopération et de développement économiques* O.E.C.D., Organization for Economic Co-operation and Development.
OECE *Organisation européenne de coopération économique* O.E.E.C., Organization for European Economic Co-operation.
OIC *Organisation internationale du commerce* ITO, International Trade Organization.
OIN *Organisation internationale de normalisation* ISO, International Organization for Standardization.
OIPC *Organisation internationale de police criminelle* ICPO, INTERPOL, International Criminal Police Organization.
OIR *Organisation internationale pour les réfugiés* IRO, International Refugee Organization.
OIT *Organisation internationale du travail* ILO, International Labour Organization.
O.L.P. *Organisation de libération de la Palestine* PLO, Palestine Liberation Organization.
OMS *Organisation mondiale de la santé* WHO, World Health Organization.
O.N.M. *Office national météorologique* Meteorological Office.
ONU *Organisation des Nations Unies* UNO, United Nations Organization.
op. cit. *opere citato* in the work quoted.
O.P.E.P. [ɔ'pep] *Organisation des pays exportateurs de pétrole* OPEC, Organization of Petroleum Exporting Countries.
O.S *ouvrier spécialisé* semi-skilled worker.
OTAN *Organisation du Traité de l'Atlantique Nord* NATO, North Atlantic Treaty Organization.
OTASE *Organisation du Traité de défense collective pour l'Asie du Sud-Est*

SEATO, Southeast Asia Treaty Organization.
OTC *onde très courte* VHF, very high frequency.

P

P. *Père* Fr., Father.
p. *pour* per; *par* per; *page* page.
P.C. *Parti Communiste* Communist Party; *poste de commandement* Headquarters.
p.c. *pour cent* °/₀, per cent.
p/c. *pour compte* on account.
P.C.B. *physique, chimie, biologie* physics, chemistry, biology.
P.C.C., p.c.c. *pour copie conforme* true copy.
P.C.V. [peseˈve] *paiement contre vérification* (*a. communication f en* ~) reverse charge call.
p.d. *port dû* carriage forward.
P.(-)D.G. *président-directeur général* chairman (of the board).
P. et T. *postes et télécommunications* (*approx.*) The Post Office.
p.ex. *par exemple* e.g., for example.
P.G. *Prisonnier de guerre* P.O.W., Prisoner of War.
P.J. *Police judiciaire* (*approx.*) C.I.D., Criminal Investigation Department.
pl. *planche* plate, full-page illustration.
P.M. *police militaire* MP, M.P., Military Police.
p.m. *poids mort* dead weight.
P.M.E. *petites et moyennes entreprises* small businesses.
PMI *Protection maternelle et infantile* MCH, Maternal and Child Health; *petites et moyennes industries* small industries.
P.M.U. *Pari mutuel urbain* local tote.
P.N.B. *produit national brut* gross national product.
P.O. *par ordre* by order.
pp. *pages* pages.
p.p. *port payé* carriage paid.
P.p.c. *pour prendre congé* to take leave.
prov. *province* province.
P.-S. *post-scriptum* P.S., postscript.
P.S.V. *pilotage sans visibilité* instrument flying, blind flying.
P.T.T. *Postes, Télégraphes, Téléphones* (*French*) G.P.O., General Post Office.
P.V. *petite vitesse* per goods train.
P.-V. *procès-verbal* (*see main dictionary*).

Q

q. *carré* square; *quintal* quintal.
Q.G. *Quartier général* H.Q., Headquarters.
Q.I. *quotient intellectuel* I.Q., intelligence quotient.
qq. *quelque* some; *quelqu'un* someone.
qqf. *quelquefois* sometimes.
Q.S. *quantité suffisante* sufficient quantity.

R

R, r. *rue* Rd., road, street.
R.A.T.P. *régie autonome des transports parisiens* (*Paris Public Transport Board*).
R.A.U. *République arabe unie* United Arab Republic.
RB (*envoi*) *contre remboursement* C.O.D., cash on delivery.
R.C. *registre du commerce* register of trade.
r.d. *rive droite* right bank.
R.D.A. *République démocratique allemande* G.D.R., German Democratic Republic.
Rem. *remarque* annotation.
R.E.R. *Réseau express régional* (*commuter-train network*).
R.F. *République française* French Republic.
R.F.A. *République fédérale d'Allemagne* G.F.R., German Federal Republic.
r.g. *rive gauche* left bank.
R.N. *route nationale* (*approx.*) National Highway.
R.P. *réponse payée* R.P., reply paid; *Révérend Père* Rev. Fr., Reverend Father; *Représentation proportionnelle* P.R., proportional representation.
R.P.F. *Rassemblement du Peuple Français* Rally of the French People (*de Gaull's party*).
R.P.R. *Rassemblement pour la Republique* Rally for the Republic (*Gaullist party*).
R.S.V.P. *répondez, s'il vous plaît* the favour of an answer is requested.
Rte *route* road.
R.T.F. *Radiodiffusion-télévision française* French Radio and Television.

S

S. *sud* S., south; *Saint* St., Saint.
s. *seconde* s., second.

S.A. *Société anonyme* Co Ltd., limited company; *Am.* Inc., Incorporated.
S.A.R.L. *société à responsabilité limitée* limited liability company.
s.b.f. *sauf bonne fin* under usual reserve.
S.C.E. *service contre-espionnage* C.I.C., Counter Intelligence Corps.
s.d. *sans date* n.d., no date.
SDN *Société des Nations* L of N, League of Nations.
S.-E. *sud-est* S.E., southeast.
s.e. ou o. *sauf erreur ou omission* E. & O.E., errors and omissions excepted.
S.E. *Son Excellence* His Excellency (*Minister's title of address*).
S.F. *sans frais* no expenses; *sience-fiction* science fiction.
S.F.I.O. *Section française de l'internationale ouvrière* French section of the Workers' International (*unified Socialist Party*).
SG *Secrétaire général* SG, Secretary General.
S.G.D.G. *sans garantie du gouvernement* (*patent*) without government guarantee.
S.I. *Syndicat d'initiative* Travel and Tourist Bureau *or* Association.
S.I.D.A. [siˈda] *syndrome immuno-déficitaire acquis* AIDS, Acquired Immunity Deficiency Syndrome.
S.J. *Société de Jésus* SJ, Society of Jesus.
s.l.n.d. *sans lieu ni date* n. p. or d., no place or date.
S.M. *Sa Majesté* H.M., His (Her) Majesty.
S.M.E. *Système monétaire européen* European Monetary System.
S.M.I.G. *salaire minimum interprofessionnel garanti* guaranteed minimum wage.
S.N.C.F. *Société nationale des chemins de fer français* French National Railways.
S.-O. *sud-ouest* S.W., southwest.
S.O.F.R.S. [sɔˈfrɛs] *Société française d'enquêtes par sondage* (*a French institute for opinion-polling and market research*).
S.P.A. *Société protectrice des animaux* (*French*) Society for the Prevention of Cruelty to Animals.
S.R. *service de renseignement* Intelligence (Service *or* Department).
SS. *Saints* Saints.
S.S. *Sa Sainteté* His Holiness; *sécurité sociale* Social Security.
S/S *navire à vapeur* S.S., steamship.
st *stère* cubic metre, *Am.* meter.
St(e) *Saint*(e) St., Saint.
Sté *société* company.
S.V.P., s.v.p. *s'il vous plaît* please.

T

t *tonne* ton.
t. *tour* revolution; *tome* volume.
TB *tuberculose* TB, tuberculosis.
T.C.F. *Touring Club de France* Touring Club of France.
tél. *téléphone* telephone.
TF 1 *Télévision française un* channel one (*on French television*).
T.G.V. *train à grande vitesse* high-speed train.
T.N.P. *Théâtre National Populaire* (*one of the Paris theatres subsidized by the State*).
T.N.T. *trinitrotoluène* TNT, trinitrotoluene.
t.p.m. *tours par minute* r.p.m., revolutions per minute.
tr/s *tours par seconde* revolutions per second.
T.S.F. *Télégraphie sans fil* wireless telegraphy; wireless (set).
T.S.V.P. *tournez, s'il vous plaît* P.T.O., please turn over.
T.T.C. *toutes taxes comprises* all taxes included.
T.U. *temps universel* G.M.T., Greenwich mean time.
T.V. *télévision* TV, television.
T.V.A. *taxe à la valeur ajoutée* V.A.T., value-added tax.

U

UEO *Union européenne occidentale* WEU, Western European Union.
UEP *Union européenne de paiements* EPU, European Payments Union.
U.E.R. *unité d'enseignement et de recherche* area of study.
U.H.T. *ultra-haute température* ultra-high temperature.
UIE *Union internationale des étudiants* IUS, International Union of Students.
UIJS *Union internationale de la jeunesse socialiste* IUSY, International Union of Socialist Youth.
UIP *Union interparlementaire* IPU, Inter-parliamentary Union.

UIT *Union internationale des télécommunications* ITU, International Telecommunication Union.

U.N.E.D.I.C. *Union nationale pour l'emploi dans l'industrie et le commerce* (*unemployment insurance scheme*).

U.N.E.F. *Union nationale des étudiants de France* French National Union of Students.

UNESCO *Organisation des Nations Unies pour l'éducation, la science et la culture* UNESCO, United Nations Educational, Scientific, and Cultural Organization.

U.R.S.S. [yrs] *Union des républiques socialistes soviétiques* U.S.S.R., Union of Soviet Socialist Republics.

V

V *volt* V, volt.

v. *votre, vos* your; *voir, voyez* see; *vers* verse; *verset* versicle.

v/ *votre, vos* your.

Var. *variante* variant.

V.D.Q.S. *vin délimité de qualité supérieure* (*medium-quality wine*).

Ve *veuve* widow.

vo *verso* verso, back of the page.

vol. *volume* volume.

V/Réf. *votre référence* your reference.

vv. *vers* ll., lines.

Vve *veuve* widow.

W

W *watt* watt.

W. *ouest* W., west.

Wh *watt-heure* watt-hour.

W.L. *Wagons-lits* sleeping cars.

W.R. *Wagons-restaurants* dining cars.

X

X. *anonym* anonymous.

X.P. *exprès payé* express paid.

Z

Z.I. *zone industrielle* industrial area.

Z.U.P. *zone à urbaniser en priorité* priority development area *or* zone.

Numerals

Nombres

Cardinal Numbers — Nombres cardinaux

0 zéro *nought, zero, cipher*
1 un, une *one*
2 deux *two*
3 trois *three*
4 quatre *four*
5 cinq *five*
6 six *six*
7 sept *seven*
8 huit *eight*
9 neuf *nine*
10 dix *ten*
11 onze *eleven*
12 douze *twelve*
13 treize *thirteen*
14 quatorze *fourteen*
15 quinze *fifteen*
16 seize *sixteen*
17 dix-sept *seventeen*
18 dix-huit *eighteen*
19 dix-neuf *nineteen*
20 vingt *twenty*
21 vingt et un *twenty-one*
22 vingt-deux *twenty-two*
30 trente *thirty*
40 quarante *forty*
50 cinquante *fifty*
60 soixante *sixty*
70 soixante-dix *seventy*
71 soixante et onze *seventy-one*
72 soixante-douze *seventy-two*
80 quatre-vingts *eighty*
81 quatre-vingt-un *eighty-one*
90 quatre-vingt-dix *ninety*
91 quatre-vingt-onze *ninety-one*
100 cent *a* or *one hundred*
101 cent un *one hundred and one*
200 deux cents *two hundred*
211 deux cent onze *two hundred and eleven*
1000 mille *a* or *one thousand*
1001 mille un *one thousand and one*
1100 onze cents *eleven hundred*
1967 dix-neuf cent soixante-sept *nineteen hundred and sixty-seven*
2000 deux mille *two thousand*
1 000 000 un million *a* or *one million*
2 000 000 deux millions *two million*
1 000 000 000 un milliard *one thousand millions, Am. one billion*

Ordinal Numbers — Nombres ordinaux

1er le premier, **1re** la première *the first*
2e le deuxième, la deuxième *the second*
3e le *or* la troisième *the third*
4e quatrième *fourth*
5e cinquième *fifth*
6e sixième *sixth*
7e septième *seventh*
8e huitième *eighth*
9e neuvième *ninth*
10e dixième *tenth*
11e onzième *eleventh*
12e douzième *twelfth*
13e treizième *thirteenth*
14e quatorzième *fourteenth*
15e quinzième *fifteenth*
16e seizième *sixteenth*
17e dix-septième *seventeenth*
18e dix-huitième *eighteenth*
19e dix-neuvième *ninteenth*
20e vingtième *twentieth*
21e vingt et unième *twenty-first*
22e vingt-deuxième *twenty-second*
30e trentième *thirtieth*
31e trente et unième *thirty-first*
40e quarantième *fortieth*
41e quarante et unième *forty-first*
50e cinquantième *fiftieth*
51e cinquante et untième *fifty-first*
60e soixantième *sixtieth*

61e soixante et unième *sixty-first*
70e soixante-dixième *seventieth*
71e soixante et onzième *seventy-first*
72e soixante-douzième *seventy-second*
80e quatre-vingtième *eightieth*
81e quatre-vingt-unième *eighty-first*
90e quatre-vingt-dixième *ninetieth*
91e quatre-vingt-onzième *ninety-first*
100e centième *hundredth*
101e cent unième *hundred and first*
200e deux centième *two hundredth*
1000e millième *thousandth*

Fractions — Fractions

½ (un) demi *one half;* la moitié (*the*) *half*
1½ un et demi *one and a half*
⅓ un tiers *one third*
⅔ (les) deux tiers *two thirds*
¼ un quart *one quarter*
¾ (les) trois quarts *three quarters*
⅕ un cinquième *one fifth*
⅝ (les) cinq huitièmes *five eighths*
9/10 (les) neuf dixièmes *nine tenths*
0,45 zéro, virgule, quarante-cinq *point four five*
17,38 dix-sept, virgule, trente-huit *seventeen point three eight*

French weights and measures

Mesures françaises

Linear Measures — Mesures de longueur

km	*kilomètre*	=	1000 m	=	0.6214 mi.
hm	*hectomètre*	=	100 m	=	109 yd. 1 ft. 1 in.
dam	*décamètre*	=	10 m	=	32.808 ft.
m	*mètre*	=	1 m	=	3.281 ft.
dm	*décimètre*	=	1/10 m	=	3.937 in.
cm	*centimètre*	=	1/100 m	=	0.394 in.
mm	*millimètre*	=	1/1000 m	=	0.039 in.
μm or μ	*micron*	=	1/1 000 000 m	=	0.000039 in.
	mille marin	=	1852 m	=	6080 ft.

Square Measures — Mesures de surface

km²	*kilomètre carré*	=	1 000 000 m²	=	0.3861 sq. mi.
hm²	*hectomètre carré*	=	10 000 m²	=	2.471 acres
dam²	*décamètre carré*	=	100 m²	=	119.599 sq. yd.
m²	*mètre carré*	=	1 m²	=	1.196 sq. yd.
dm²	*décimètre carré*	=	1/100 m²	=	15.5 sq. in.
cm²	*centimètre carré*	=	1/10 000 m²	=	0.155 sq. in.
mm²	*millimètre carré*	=	1/1 000 000 m²	=	0.002 sq. in.

Land Measures — Mesures de surfaces agraires

ha	*hectare*	=	100 a *or* 10 000 m²	=	2.471 acres
a	*are*	=	dam² *or* 100 m²	=	119.599 sq. yd.
ca	*centiare*	=	1/100 a *or* 1 m²	=	1.196 sq. yd.

Cubic Measures — Mesures de volume

m³	*mètre cube*	=	1 m³	=	35.32 cu. ft.
dm³	*décimètre cube*	=	1/1000 m²	=	61.023 cu. in.
cm³	*centimètre cube*	=	1/1 000 000 m²	=	0.061 cu. in.
mm³	*millimètre cube*	=	1/1 000 000 000 m³	=	0.00006 cu. in.

Measures of Capacity — Mesures de capacité

hl	*hectolitre*	=	100 l	=	22.01 gals.
dal	*décalitre*	=	10 l	=	2.2 gals.
l	*litre*	=	1 l	=	1.76 pt.
dl	*décilitre*	=	1/10 l	=	0.176 pt.
cl	*centilitre*	=	1/100 l	=	0.018 pt.
ml	*millilitre*	=	1/1000 l	=	0.002 pt.
st	*stère*	=	1 m³	=	35.32 cu. ft. (*of wood*)

Weights — Poids

t	*tonne*	=	1 t *or* 1000 kg	=	19.68 cwt.
q	*quintal*	=	⅒ t *or* 100 kg	=	1.968 cwt.
kg	*kilogramme*	=	1000 g	=	2.205 lb.
hg	*hectogramme*	=	100 g	=	3.527 oz.
dag	*décagramme*	=	10 g	=	5.644 dr.
g	*gramme*	=	1 g	=	15.432 gr.
dg	*décigramme*	=	⅒ g	=	1.543 gr.
cg	*centigramme*	=	1/100 g	=	0.154 gr.
mg	*milligramme*	=	1/1000 g	=	0.015 gr.

Former Measures — Anciennes mesures

aune f	=	1,188 m	ell*
pied m	=	0,3248 m	foot
pouce m	=	1/12 pied *or* 27,07 mm	inch
ligne f	=	1/12 pouce *or* 2,258 mm	line
livre f	=	489,50 g; F 500 g	pound
lieue f	=	4 km	league
arpent m	=	42,21 a	acre

Conjugation of French verbs

Conjugaison des verbes français

In this section specimen verb-tables are set out. Within the body of the Dictionary every infinitive is followed by a number in brackets, *e.g.* (1a), (2b), (3c), *etc.* This number refers to the appropriate model or type in the following pages. (1a), (2a), (3a), (4a) are the **regular** verbs of their conjugation. Others have some irregularity or other special feature.

How to Form the Tenses

Impératif. Take the 2nd person singular and the 1st and 2nd persons plural of the *Indicatif présent.* In verbs of the 1st Conjugation the singular imperative has no final **s** unless followed by *en* or *y.*

Imparfait. From the 1st person plural of the *Indicatif présent:* replace **-ons** by **-ais** etc.

Participe présent. From the 1st person plural of the *Indicatif présent:* replace **-ons** by **-ant.**

Subjonctif présent. From the 3rd person plural of the *Indicatif présent:* replace **-ent** by **-e** etc.

Subjonctif imparfait. To the 2nd person singular of the *Passé simple* add **-se** etc.

Future simple. To the *Infinitif présent* add **-ai** etc.

Conditionnel présent. To the *Infinitif présent* add **-ais** etc.

---

*The English 'translation' given does not mean that the English measure of that name is exactly the same length, etc., as the French, e.g. the French *pouce* is 27,07 mm and the English *inch* is 25,4 mm.

Auxiliary Verbs

(1) **être**

A. Indicatif

I. Simple Tenses

Présent

sg. je sui*s*
tu e*s*
il e*st*

pl. nous somm*es*
vous êt*es*
ils *sont*

Imparfait

sg. j'ét*ais*
tu ét*ais*
il ét*ait*

pl. nous ét*ions*
vous ét*iez*
ils ét*aient*

Passé simple

sg. je fu*s*
tu fu*s*
il fu*t*

pl. nous fû*mes*
vous fû*tes*
ils fu*rent*

Futur simple

sg. je ser*ai*
tu ser*as*
il ser*a*

pl. nous ser*ons*
vous ser*ez*
ils ser*ont*

Conditionnel présent

sg. je ser*ais*
tu ser*ais*
il ser*ait*

pl. nous ser*ions*
vous ser*iez*
ils ser*aient*

Participe présent

et*ant*

Participe passé

été

II. Compound Tenses

Passé composé

j'ai été

Plus-que-parfait

j'avais été

Passé antérieur

j'eus été

Futur antérieur

j'aurai été

Conditionnel passé

j'aurais été

Participe composé

ayant été

Infinitif passé

avoir été

B. Subjonctif

I. Simple Tenses

Présent

sg. que je soi*s*
que tu soi*s*
qu'il soi*t*

pl. que nous soy*ons*
que vous soy*ez*
qu'ils soi*ent*

Imparfait

sg. que je fuss*e*
que tu fuss*es*
qu'il fû*t*

pl. que nous fuss*ions*
que vous fuss*iez*
qu'ils fuss*ent*

Impératif

soi*s* — soy*ons* — soy*ez*

II. Compound Tenses

Passé

que j'aie été

Plus-que-parfait

que j'eusse été

(1) **avoir**

Auxiliary Verbs

A. Indicatif

I. Simple Tenses

Présent

sg. j'*ai*
tu *as*
il *a*[1]

pl. nous av*ons*
vous av*ez*
ils *ont*

Imparfait

sg. j'av*ais*
tu av*ais*
il av*ait*

pl. nous av*ions*
vous av*iez*
ils av*aient*

Passé simple

sg. j'eu*s*
tu eu*s*
il eu*t*

pl. nous eû*mes*
vous eû*tes*
ils eu*rent*

Futur simple

sg. j'aur*ai*
tu aur*as*
il aur*a*

pl. nous aur*ons*
vous aur*ez*
ils aur*ont*

Conditionnel présent

sg. j'aur*ais*
tu aur*ais*
il aur*ait*

pl. nous aur*ions*
vous aur*iez*
ils aur*aient*

Participe présent

ay*ant*

Participe passé

eu (*f* eu*e*)

II. Compound Tenses

Passé composé

j'ai eu

Plus-que-parfait

j'avais eu

Passé antérieur

j'eus eu

Futur antérieur

j'aurai eu

Conditionnel passé

j'aurais eu

Participe composé

ayant eu

Infinitif passé

avoir eu

B. Subjonctif

I. Simple Tenses

Présent

sg. que j'ai*e*
que tu ai*es*
qu'il ai*t*

pl. que nous ay*ons*
que vous ay*ez*
qu'ils ai*ent*

Imparfait

sg. que j'euss*e*
que tu euss*es*
qu'il eû*t*

pl. que nous euss*ions*
que vous euss*iez*
qu'ils euss*ent*

Impératif

ai*e* — ay*ons* — ay*ez*

II. Compound Tenses

Passé

que j'aie eu

Plus-que-parfait

que j'eusse eu,

[1] a-t-il?

(1 a) **blâmer**

First Conjugation

I. Simple Tenses

Présent

sg. je blâm*e*
tu blâm*es*
il blâm*e*[1]

pl. nous blâm*ons*
vous blâm*ez*
ils blâm*ent*

Passé simple

sg. je blâm*ai*
tu blâm*as*
il blâm*a*

pl. nous blâm*âmes*
vous blâm*âtes*
ils blâm*èrent*

Participe passé

blâm*é, e*

Infinitif présent

blâm*er*

[1] blâme-t-il?

Impératif

blâme[2]
blâm*ons*
blâm*ez*

Imparfait

sg. je blâm*ais*
tu blâm*ais*
il blâm*ait*

pl. nous blâm*ions*
vous blâm*iez*
ils blâm*aient*

Participe présent

blâm*ant*

Futur simple

sg. je blâm*erai*
tu blâm*eras*
il blâm*era*

pl. nous blâm*erons*
vous blâm*erez*
ils blâm*eront*

[2] blâmes-en
blâmes-y

Conditionnel présent

sg. je blâm*erais*
tu blâm*erais*
il blâm*erait*

pl. nous blâm*erions*
vous blâm*eriez*
ils blâm*eraient*

Subjonctif présent

sg. que je blâm*e*
que tu blâm*es*
qu'il blâm*e*

pl. que nous blâm*ions*
que vous blâm*iez*
qu'ils blâm*ent*

Subjonctif imparfait

sg. que je blâm*asse*
que tu blâm*asses*
qu'il blâm*ât*

pl. que nous blâm*assions*
que vous blâm*assiez*
qu'ils blâm*assent*

II. Compound Tenses

(*Participe passé* with the help of **avoir** and **être**)

1. Actif

Passé composé: j'ai blâmé
Plus-que-parfait: j'avais blâmé
Passé antérieur: j'eus blâmé
Futur antérieur: j'aurai blâmé
Conditionnel passé: j'aurais blâmé

2. Passif

Présent: je suis blâmé
Imparfait: j'étais blâmé
Passé simple: je fus blâmé
Passé composé: j'ai été blâmé
Plus-que-parf.: j'avais été blâmé
Passé antérieur: j'eus été blâmé
Futur simple: je serai blâmé
Futur antérieur: j'aurai été blâmé
Conditionnel présent: je serais blâmé
Conditionnel passé: j'aurais été blâmé
Impératif: sois blâmé
Participe présent: étant blâmé
Participe composé: ayant été blâmé
Infinitif présent: être blâmé
Infinitif passé: avoir été blâmé

	Infinitif	Remarks	Présent		Passé simple	Futur simple	Impératif	Participe passé
			de l'indicatif	du subjonctif				
(1 b)	aimer	Unstressed *ai-* may be pronounced [ɛ] or [e]	aim*e* aim*es* aim*e* aim*ons* aim*ez* aim*ent*	aim*e* aim*es* aim*e* aim*ions* aim*iez* aim*ent*	aim*ai* aim*as* aim*a* aim*âmes* aim*âtes* aim*èrent*	aim*erai* aim*eras* aim*era* aim*erons* aim*erez* aim*eront*	aim*e* aim*ons* aim*ez*	aim*é, e*
(1 c)	appeler	The final consonant of the stem is doubled and [ə] becomes [ɛ] before a mute syllable (including the *fut.* and *cond.*)	apell*e* appell*es* appell*e* appel*ons* appel*ez* appell*ent*	appell*e* appell*es* appell*e* appel*ions* appel*iez* appell*ent*	appel*ai* appel*as* appel*a* appel*âmes* appel*âtes* appel*èrent*	appell*erai* appell*eras* appell*era* appell*erons* appell*erez* appell*eront*	appell*e* appel*ons* appel*ez*	appel*é, e*
(1 d)	amener	The **e** [ə] of the stem becomes **è** when stressed and also in the *fut.* and *cond.*	amèn*e* amèn*es* amèn*e* amen*ons* amenez amèn*ent*	amèn*e* amèn*es* amèn*e* amen*ions* amen*iez* amèn*ent*	amen*ai* amen*as* amen*a* amen*âmes* amen*âtes* amen*èrent*	amèn*erai* amèn*eras* amèn*era* amèn*erons* amèn*erez* amèn*eront*	amèn*e* amen*ons* amen*ez*	amen*é, e*
(1 e)	arguer	In this particular verb a mute **e** after the **u** is written **ë** and an **i** after the **u** is written **ï**	argu*ë* argu*ës* argu*ë* argu*ons* argu*ez* argu*ënt*	argu*ë* argu*ës* argu*ë* argu*ïons* argu*ïez* argu*ënt*	argu*ai* argu*as* argu*a* argu*âmes* argu*âtes* argu*èrent*	argu*ërai* argu*ëras* argu*ëra* argu*ërons* argu*ërez* argu*ëront*	argu*ë* argu*ons* argu*ez*	argu*é, e*

	Infinitif	Remarks	Présent		Passé simple	Futur simple	Impératif	Participe passé
			de l'indicatif	du subjonctif				
(1 f)	céder	The **é** of the stem becomes **è** when stressed, i.e. **not** in the *fut.* or *cond.*	cèd*e* cèd*es* cèd*e* céd*ons* céd*ez* cèd*ent*	cède cèd*es* cèd*e* céd*ions* céd*iez* cèd*ent*	céd*as* céd*as* céd*a* céd*âmes* céd*âtes* céd*èrent*	céd*erai* céd*eras* céd*era* céd*erons* céd*erez* céd*eront*	cèd*e* céd*ons* céd*ez*	céd*é*, *e*
(1 g)	abreger	The **é** of the stem becomes **è** when stressed, i.e. **not** in the *fut.* or *cond.* In addition, between the **g** and **a** or **o**, an **e** is inserted in the spelling but is not pronounced	abrèg*e* abrèg*es* abrèg*e* abrég*eons* abrég*ez* abrèg*ent*	abrèg*e* abrèg*es* abrèg*e* abrégions abrég*iez* abrèg*ent*	abrég*eas* abrég*eas* abrég*ea* abrég*eâmes* abrég*eâtes* abrég*èrent*	abrég*erai* abrég*eras* abrég*era* abrég*erons* abrég*erez* abrég*eront*	abrèg*e* abrég*eons* abrég*ez*	abrég*é*, *e*
(1 h)	employer	The **y** of the stem becomes **i** when followed by **a** mute **e** (including the *fut.* and *cond.*)	emploi*e* emploi*es* emploi*e* employ*ons* employ*ez* emploi*ent*	emploi*e* emploi*es* emploi*e* employ*ions* employ*iez* emploi*ent*	employ*ai* employ*as* employ*a* employ*âmes* employ*âtes* employ*érent*	emploi*erai* emploi*eras* emploi*era* emploi*erons* emploi*erez* emploi*eront*	emploi*e* employ*ons* employ*ez*	employ*é*, *e*

	Infinitif	Remarks	Présent		Passé simple	Futur simple	Impératif	Participe passé
			de l'indicatif	du subjonctif				
(1 i)	payer	The **y** of the stem may be written **y** or **i** when followed by a mute **e** (including the *fut.* and *cond.*)	pai*e*, pay*e* pai*es*, pay*es* pai*e*, pay*e* pay*ons* pay*ez* pai*ent*, *-yent*	pai*e*, pay*e* pai*es*, pay*es* pai*e*, pay*e* pay*ions* pay*iez* pai*ent*, *-yent*	pay*ai* pay*as* pay*a* pay*âmes* pay*âtes* pay*èrent*	pai*erai*, paye.. pai*eras* pai*era* pai*erons* pai*erez* pai*eront*	pai*e*, pay*e* pay*ons* pay*ez*	pay*é*, *e*
(1 k)	menacer	**c** takes **a** cedilla (ç) before **a** and **o** to preserve the [s] sound	menac*e* menac*es* menac*e* menaç*ons* menac*ez* menac*ent*	menac*e* menac*es* menac*e* menac*ions* menac*iez* menac*ent*	menaç*ai* menaç*as* menaç*a* menaç*âmes* menaç*âtes* menac*èrent*	menac*erai* menac*eras* menac*era* menac*erons* menac*erez* menac*eront*	menac*e* menaç*ons* menac*ez*	menac*é*, *e*
(1 l)	manger	Between the **g** of the stem and an ending beginning **a** or **o**, a mute **e** is inserted to preserve the [ʒ] sound	mang*e* mang*es* mang*e* mang*eons* mang*ez* mang*ent*	mang*e* mang*es* mang*e* mang*ions* mang*iez* mang*ent*	mang*eai* mang*eas* mang*ea* mang*eâmes* mang*eâtes* mang*èrent*	mang*erai* mang*eras* mang*era* mang*erons* mang*erez* mang*eront*	mang*e* mang*eons* mang*ez*	mang*é*, *e*
(1 m)	conjuguer	The mute **u** at the end of the stem remains throughout, even before **a** and **o**.	conjugu*e* conjugu*es* conjugu*e* conjugu*ons* conjugu*ez* conjugu*ent*	conjugu*e* conjugu*es* conjugu*e* conjugu*ions* conjugu*iez* conjugu*ent*	conjugu*ai* conjugu*as* conjugu*a* conjugu*âmes* conjugu*âtes* conjugu*èrent*	conjugu*erai* conjugu*eras* conjugu*era* conjugu*erons* conjugu*erez* conjugu*eront*	conjugu*e* conjugu*ons* conjugu*ez*	conjugu*é*, *e*

	Infinitif	Remarks	Présent		Passé simple	Futur simple	Impératif	Participe passé
			de l'indicatif	du subjonctif				
(1 n)	saluer	The **u** of the stem, pronounced [ɥ], becomes [y] when stressed and in the *fut.* and *cond.*	salu*e* salu*es* salu*e* salu*ons* salu*ez* salu*ent*	salu*e* salu*es* salu*e* salu*ions* salu*iez* salu*ent*	salu*ai* salu*as* salu*a* salu*âmes* salu*âtes* salu*èrent*	salu*erai* salu*eras* salu*era* salu*erons* salu*erez* salu*eront*	salu*e* salu*ons* salu*ez*	salu*é*, *e*
(1 o)	châtier	The **i** of the stem, pronounced [j], becomes [i] when stressed and in the *fut.* and *cond.* The 1st and 2nd persons pl. of the *pres. sbj.* and of the *impf. ind.* are **-iions, -iiez.**	châti*e* châti*es* châti*e* châti*ons* châti*ez* châti*ent*	châti*e* châti*es* châti*e* châti*ions* châti*iez* châti*ent*	châti*ai* châti*as* châti*a* châti*âmes* châti*âtes* châti*èrent*	châti*erai* châti*eras* châti*era* châti*erons* châti*erez* châti*eront*	châti*e* châti*ons* châti*ez*	châti*é*, *e*
(1 p)	allouer	The **ou** of the stem, pronounced [w], becomes [u] when stressed and in the *fut.* and *cond.*	allou*e* allou*es* allou*e* allou*ons* allou*ez* allou*ent*	allou*e* allou*es* allou*e* allou*ions* allou*iez* allou*ent*	allou*ai* allou*as* allou*a* allou*âmes* allou*âtes* allou*èrent*	allou*erai* allou*eras* allou*era* allou*erons* allou*erez* allou*eront*	allou*e* allou*ons* allou*ez*	allou*é*, *e*
(1 q)	aller		va*is* va*s* va all*ons* all*ez* v*ont*	aill*e* aill*es* aill*e* all*ions* all*iez* aill*ent*	all*ai* all*as* all*a* all*âmes* all*âtes* all*èrent*	ir*ai* ir*as* ir*a* ir*ons* ir*ez* ir*ont*	va (vas-y) all*ons* all*ez*	all*é*, *e*

	Infinitif	Remarks	Présent		Passé simple	Futur simple	Impératif	Participe passé
			de l'indicatif	du subjonctif				
(1r)	envoyer	Like (1h) but with an irregular *fut.* and *cond.*	envoi*e* envoi*es* envoi*e* envoy*ons* envoy*ez* envoi*ent*	envoi*e* envoi*es* envoi*e* envoy*ions* envoy*iez* envoi*ent*	envoy*ai* envoy*as* envoy*a* envoy*âmes* envoy*âtes* envoy*èrent*	enverr*ai* enverr*as* enverr*a* enverr*ons* enverr*ez* enverr*ont*	envoi*e* envoy*ons* envoy*ez*	envoy*é, e*
(1s)	léguer	The **é** of the stem becomes **è** when stressed, i.e. **not** in the *fut.* or *cond.* In addition, the mute **u** at the end of the stem remains throughout, even before **a** and **o.**	lègu*e* lègu*es* lègu*e* légu*ons* légu*ez* lègu*ent*	lègu*e* lègu*es* lègu*e* légu*ions* légu*iez* lègu*ent*	légu*ai* légu*as* légu*a* légu*âmes* légu*âtes* légu*èrent*	légu*erai* légu*eras* légu*era* légu*erons* légu*erez* légu*eront*	lègu*e* légu*ons* légu*ez*	légu*é, e*

(2a) **punir**[2], **Second Conjugation**

Note the cases in which the verb stem is lengthened by ...**iss**...

Présent	**I. Simple Tenses**		
	Impératif	*Futur simple*	*Subjonctif présent*
sg. je pun*is* tu pun*is* il pun*it*	pun*is* pun*issons* pun*issez*	*sg.* je pun*irai* tu pun*iras* il pun*ira*	*sg.* que je pun*isse* que tu pun*isses* qu'il pun*isse*
pl. nous pun*issons* vous pun*issez* ils pun*issent*		*pl.* nous pun*irons* vous pun*irez* ils pun*iront*	*pl.* que nous pun*issions* que vous pun*issiez* qu'ils pun*issent*
Passé simple	*Imparfait*	*Conditionnel présent*	*Subjonctif imparfait*
sg. je pun*is* tu pun*is* il pun*it*	sg. je pun*issais* tu pun*issais* il pun*issait*	*sg.* je pun*irais* tu pun*irais* il pun*irait*	*sg.* que je pun*isse* que tu pun*isses* qu'il pun*ît*
pl. nous pun*îmes* vous pun*îtes* ils pun*irent*	*pl.* nous pun*issicns* vous pun*issiez* ils pun*issaient*	*pl.* nous pun*irions* vous pun*iriez* ils pun*iraient*	*pl.* que nous pun*issions* que vous pun*issiez* qu'ils pun*issent*
Participe passé			
pun*i*, *e*			
Infinitif présent	*Participe présent*		
punir	pun*issant*		

II. Compound Tenses

Participe passé with the help of **avoir** and **être**; *see* (1a)

---

[1]) **saillir** is used only in the 3rd persons of the simple tenses. *P.pr.* **saillant**

	Infinitif	Remarks	Présent		Passé simple	Futur simple	Impératif	Participe passé
			de l'indicatif	du subjonctif				
(2b)	sentir	No stem lengthening by **...iss...** The last consonant of the stem is lost in the 1st and 2nd persons sg. of the *pres. ind.* and the sg. *imper.*	sen*s* sen*s* sen*t* sent*ons* sent*ez* sent*ent*	sent*e* sent*es* sent*e* sent*ions* sent*iez* sent*ent*	sent*is* sent*is* sent*it* sent*îmes* sent*îtes* sent*irent*	sent*irai* sent*iras* sent*ira* sent*irons* sent*irez* sent*iront*	sen*s* sent*ons* sent*ez*	sent*i, e*
(2c)	cueillir	*Pres.*, *fut.* and derivatives like (1a)	cueill*e* cueill*es* cueill*e* cueill*ons* cueill*ez* cueill*ent*	cueill*e* cueill*es* cueill*e* cueill*ions* cueill*iez* cueill*ent*	cueill*is* cueill*is* cueill*it* cueill*îmes* cueill*îtes* cueill*irent*	cueill*erai* cueill*eras* cueill*era* cueill*erons* cueill*erez* cueill*eront*	cueill*e* cueill*ons* cueill*ez*	cueill*i, e*
(2d)	fuir	No stem lengthening by **...iss...** Note the alternation between the **y** and **i**: **y** appears in 1st and 2nd persons pl. of *pres. ind.*, *pres. sbj.*, and *imper.*, in the *p.pr.* and throughout the *impf. ind.*	fu*is* fu*is* fu*it* fu*yons* fu*yez* fu*ient*	fu*ie* fu*ies* fu*ie* fu*yions* fu*yiez* fu*ient*	fu*is* fu*is* fu*it* fu*îmes* fu*îtes* fu*irent*	fu*irai* fu*iras* fu*ira* fu*irons* fu*irez* fu*iront*	fu*is* fu*yons* fu*yez*	fu*i, e*

	Infinitif	Remarks	Présent		Passé simple	Futur simple	Impératif	Participe passé
			de l'indicatif	du subjonctif				
(2e)	bouillir	*Pres. ind.* and derivatives like (4a)	bou*s* bou*s* bou*t* bouill*ons* bouill*ez* bouill*ent*	bouill*e* bouill*es* bouill*e* bouill*ions* bouill*iez* bouill*ent*	bouill*is* bouill*is* bouill*it* bouill*îmes* bouill*îtes* bouill*irent*	bouill*irai* bouill*iras* bouill*ira* bouill*irons* bouill*irez* bouill*iront*	bou*s* bouill*ons* bouill*ez*	bouill*i*, *e*
(2f)	couvrir	*Pres.* and derivatives like (1a); *p.p.* in **-ert**	couvr*e* couvr*es* couvr*e* couvr*ons* couvr*ez* couvr*ent*	couvr*e* couvr*es* couvr*e* couvr*ions* couvr*iez* couvr*ent*	couvr*is* couvr*is* couvr*it* couvr*îmes* couvr*îtes* couvr*irent*	couvr*irai* couvr*iras* couvr*ira* couvr*irons* couvr*irez* couvr*iront*	couvr*e* couvr*ons* couvr*ez*	couv*ert*, *e*
(2g)	vêtir	As (2b) but keeps the final consonant of the stem throughout the *pres. ind.* and the *imper.* and has *p.p.* in **-u**	vêt*s* vêt*s* vêt vêt*ons* vêt*ez* vêt*ent*	vêt*e* vêt*es* vêt*e* vêt*ions* vêt*iez* vêt*ent*	vêt*is* vêt*is* vêt*it* vêt*îmes* vêt*îtes* vêt*irent*	vêt*irai* vêt*iras* vêt*ira* vêt*irons* vêt*irez* vêt*iront*	vêt*s* vêt*ons* vêt*ez*	vêt*u*, *e*
(2h)	venir	Note that the ...**en**... of the *inf.* becomes ...**ien**... in the *fut.* and *cond.*, and when stressed except in the *p.s.* where it becomes ...**in**... [ɛ̃]. Note too the ...**d**... inserted in the *fut.* and *cond.*	vien*s* vien*s* vien*t* ven*ons* ven*ez* vien*nent*	vien*ne* vien*nes* vien*ne* ven*ions* ven*iez* vien*nent*	vin*s* vin*s* vin*t* vîn*mes* vîn*tes* vin*rent*	vien*drai* vien*dras* vien*dra* vien*drons* vien*drez* vien*dront*	vien*s* ven*ons* ven*ez*	ven*u*, *e*

	Infinitif	Remarks	Présent		Passé simple	Futur simple	Impératif	Participe passé
			de l'indicatif	du subjonctif				
(2i)	courir	*Pres.*, *p.p.*, *fut.* and derivatives as in (4a); *p.s.* like (3a); **...rr...** in *fut.* and *cond.*	cours cours cour*t* cour*ons* cour*ez* cour*ent*	cour*e* cour*es* cour*e* cour*ions* cour*iez* cour*ent*	cour*us* cour*us* cour*ut* cour*ûmes* cour*ûtes* cour*urent*	cour*rai* cour*ras* cour*ra* cour*rons* cour*rez* cour*ront*	cour*s* cour*ons* cour*ez*	cour*u*, *e*
(2k)	mourir	*Pres.*, *fut.* and derivatives as in (4a) with change of **...ou...** to **...eu...** in the sg. and the 3rd person pl. of the *pres.*; *p.s.* like (3a); **...rr...** in *fut.* and *cond.*	meur*s* meur*s* meur*t* mour*ons* mour*ez* meur*ent*	meur*e* meur*es* meur*e* mour*ions* mour*iez* meur*ent*	mour*us* mour*us* mour*ut* mour*ûmes* mour*ûtes* mour*urent*	mour*rai* mour*ras* mour*ra* mour*rons* mour*rez* mour*ront*	meur*s* mour*ons* mour*ez*	mor*t*, *e*
(2l)	acquérir	*Pres.* and derivatives as in (4a) with change of **...ér...** to **...ier...** (*ind.*) and **...ièr...** (*sbj.*) [jɛːr] when stressed; *p.p* in **...is**; *fut.* and *cond.* in **...err...**, not **...érir...**	acquier*s* acquier*s* acquier*t* acquér*ons* acquér*ez* acquièr*ent*	acquièr*e* acquièr*es* acquièr*e* acquér*ions* acquér*iez* acquièr*ent*	acqu*is* acqu*is* acqu*it* acqu*îmes* acqu*îtes* acqu*irent*	acquer*rai* acquer*ras* acquer*ra* acquer*rons* acquer*rez* acquer*ront*	acquier*s* acquér*ons* acquér*ez*	acqu*is*, *e*

	Infinitif	Remarks	Présent de l'indicatif	Présent du subjonctif	Passé simple	Futur simple	Impératif	Participe passé
(2m)	haïr	Regular except that it loses trema from the **i** in the sg. of the *pres. ind.* and of the *imper.* with a corresponding change of pronunciation	ha*is* [ɛ] ha*is* ha*it* ha*ïssons* ha*ïssez* ha*ïssent*	ha*ïsse* ha*ïsses* ha*ïsse* ha*ïssions* ha*ïssiez* ha*ïssent*	haï*s* [aˈ] ha*ïs* ha*ït* ha*ïmes* ha*ïtes* ha*ïrent*	haï*rai* haï*ras* haï*ra* haï*rons* haï*rez* haï*rent*	ha*is* [ɛ] ha*ïssons* ha*ïssez*	ha*ï, e*
(2n)	faillir	Defective verb			faill*is* faill*is* faill*it* faill*îmes* faill*îtes* faill*irent*	faill*irai* faill*iras* faill*ira* faill*irons* faill*irez* faill*iront*		faill*i, e*
(2o)	fleurir	Regular (like 2a) but in the sense of *prosper* has *p.pr.* **florissant** and *impf. ind.* **florissais,** etc.	fleur*is* fleur*is* fleur*it* fleur*issons* fleur*issez* fleur*issent*	fleur*isse* fleur*isses* fleur*isse* fleur*issions* fleur*issiez* fleur*issent*	fleur*is* fleur*is* fleur*it* fleur*îmes* fleur*îtes* fleur*irent*	fleur*irai* fleur*iras* fleur*ira* fleur*irons* fleur*irez* fleur*iront*	fleur*is* fleur*issons* fleur*issez*	fleur*i, e*
(2p)	saillir	Defective verb. *P.pr.* **saillant**	saill*e* saill*ent*	saill*e* saill*ent*		saill*era* saill*eront*		saill*i, e*

	Infinitif	Remarks	Présent de l'indicatif	Présent du subjonctif	Passé simple	Futur simple	Impératif	Participe passé
(2q)	gésir	Defective verb. Used only in *pres.* and *impf. ind. P.pr.* **gisant**	— — gît gis*ons* gis*ez* gis*ent*					
(2r)	ouïr	Defective verb						ouï, *e*
(2s)	assaillir	*Pres.* and occasionally *fut.* and their derivatives like (1a)	assaill*e* assaill*es* assaill*e* assaill*ons* assaill*ez* assaill*ent*	assaill*e* assaill*es* assaill*e* assaill*ions* assaill*iez* assaill*ent*	assaill*is* assaill*is* assaill*it* assaill*îmes* assaill*îtes* assaill*irent*	assaill*irai* assaill*iras* assaill*ira* assaill*irons* assaill*irez* assaill*iront*	assaill*e* assaill*ons* assaill*ez*	assaill*i*, *e*
(2t)	défaillir	Like (2s). But there is an old 3rd person *sg. pres. ind.* **défaut** in addition	défaill*e* défaill*es* défaill*e* défaill*ons* défaill*ez* défaill*ent*	défaill*e* défaill*es* défaill*e* défaill*ions* défaill*iez* défaill*ent*	défaill*is* défaill*is* défaill*it* défaill*îmes* défaill*îtes* défaill*irent*	défaill*irai* défaill*iras* défaill*ira* défaill*irons* défaill*irez* défaill*iront*	défaill*e* défaill*ons* défaill*ez*	défaill*i*, *e*
(2u)	férir	Defective verb						fér*u*, *e*
(2v)	querir	Defective verb						

(3a) **recevoir**

Third Conjugation

I. Simple Tenses

Présent	*Impératif*	*Futur simple*	*Subjonctif présent*
sg. je reç*ois* tu reç*ois* il reç*oit*	reç*ois* rece*vons* rece*vez*	*sg.* je rece*vrai* tu rece*vras* il rece*vra*	*sg.* que je reç*oive* que tu reç*oives* qu'il reç*oive*
pl. nous rece*vons* vous rece*vez* ils reç*oivent*		*pl.* nous rece*vrons* vous rece*vrez* ils rece*vront*	*pl.* que nous rece*vions* que vous rece*viez* qu'ils reç*oivent*
Passé simple	*Imparfait*	*Conditionnel présent*	*Subjonctif imparfait*
sg. je reç*us* tu reç*us* il reç*ut*	*sg.* je rece*vais* tu rece*vais* il rece*vait*	*sg.* je rece*vrais* tu rece*vrais* il rece*vrait*	*sg.* que je reç*usse* que tu reç*usses* qu'il reç*ût*
pl. nous reç*ûmes* vous reç*ûtes* ils reç*urent*	*pl.* nous rece*vions* vous rece*viez* ils rece*vaient*	*pl.* nous rece*vrions* vous rece*vriez* ils rece*braient*	*pl.* que nous reç*ussions* que vous reç*ussiez* qu'ils reç*ussent*
Participe passé[1]	*Participe présent*		
reç*u, e*	rece*vant*		
Infinitif présent			
rece*voir*			

II. Compound Tenses

Participe passé with the help of **avoir** and **être;** *see* (1 a)

[1] **devoir** and its derivative **redevoir** have **dû, due,** *m/pl.* **dus** and **redû, redue,** *m/pl.* **redus**

	Infinitif	Remarks	Présent		Passé simple	Futur simple	Impératif	Participe passé
			de l'indicatif	du subjonctif				
(3b)	apparoir	Defective verb	il appert					
(3c)	asseoir	There are alternative forms; *pres. ind.* **assois** etc.; *pres. sbj.* **assoie** etc.; fut. **assoirai** etc.; imper. **assois, assoyons, assoyez;** *p.pr.* **assoyant;** *impf. ind.* **assoyais**	assie*ds* assie*ds* assie*d* assey*ons* assey*ez* assey*ent*	assey*e* assey*es* assey*e* assey*ions* assey*iez* assey*ent*	ass*is* ass*is* ass*it* ass*îmes* ass*îtes* ass*irent*	assiér*ai* assiér*as* assiér*a* assiér*ons* assiér*ez* assiér*ont*	assie*ds* assey*ons* assey*ez*	ass*is*, *e*
	surseoir		sursoi*s* sursoi*s* sursoi*t* sursoy*ons* sursoy*ez* sursoi*ent*	sursoi*e* sursoi*es* sursoi*e* sursoy*ions* sursoy*iez* sursoi*ent*	surs*is* surs*is* surs*it* surs*îmes* surs*îtes* surs*irent*	surseoir*ai* surseoir*as* surseoir*a* surseoir*ons* surseoir*ez* surseoir*ont*	sursoi*s* sursoy*ons* sursoy*ez*	surs*is*, *e*
(3d)	choir	Defective verb. No *p.pr.* There are alternative forms: *fut.* **cherrai** etc.	choi*s* choi*s* choi*t*		ch*us* ch*us* ch*ut* ch*ûmes* ch*ûtes* ch*urent*	ch*oirai* ch*oiras* ch*oira* ch*oirons* ch*oirez* ch*oiront*		ch*u*, *e*

	Infinitif	Remarks	Présent		Passé simple	Futur simple	Impératif	Participe passé
			de l'indicatif	du subjonctif				
	déchoir	Defective verb. No *impf. ind.* and no *p.pr.*	déchois déchois déchoit déchoyons déchoyez déchoient	déchoie déchoies déchoie déchoyions déchoyiez déchoient	déchus déchus déchut déchûmes déchûtes déchurent	déchoirai déchoiras déchoira déchoirons déchoirez déchoiront		déchu, e
	échoir	Defective verb *P.pr.* **échéant.** *Impf. ind.* **il échoyait** or **échéait.** There are alternative forms: *fut.* **il écherra, ils écherront**	il échoit ils échoient	qu'il échoie	il échut ils échurent	il échoira ils échoiront		échu, e
(3e)	falloir	Impersonal verb	il faut	qu'il faille	il fallut	il faudra		fallu *inv.*
(3f)	mouvoir	The **...ou...** of the stem becomes **...eu...** when stressed. **Promouvoir** is used chiefly in the *inf., p.p.* (**promu, e**) and *compound tenses*; **émouvoir** has *p.p.* **ému, e**	meus meus meut mouvons mouvez meuvent	meuve meuves meuve mouvions mouviez meuvent	mus mus mut mûmes mûtes murent	mouvrai mouvras mouvra mouvrons mouvrez mouvront	meus mouvons mouvez	mû, mue

	Infinitif	Remarks	Présent		Passé simple	Futur simple	Impératif	Participe passé
			de l'indicatif	du subjonctif				
(3g)	pleuvoir	Impersonal verb	il pleu*t*	qu'il pleuv*e*	il plu*t*	il pleuv*ra*		pl*u* *inv.*
(3h)	pouvoir	In the *pres. ind.* the 1st person can also be **je puis** and the interrogative is **puis-je** not **peux-je.** No *imper.* In the sg. and 3rd person pl. the **...ou...** of the stem becomes **...eu...** when stressed	peux peux peu*t* pouv*ons* pouv*ez* peuv*ent*	puiss*e* puiss*es* puiss*e* puiss*ions* puiss*iez* puiss*ent*	*pus* *pus* *put* *pûmes* *pûtes* *purent*	pour*rai* pour*ras* pour*ra* pour*rons* pour*rez* pour*ront*		*pu* *inv.*
(3i)	savoir	*P.pr.* **sachant**	sai*s* sai*s* sai*t* sav*ons* sav*ez* sav*ent*	sach*e* sach*es* sach*e* sach*ions* sach*iez* sach*ent*	*sus* *sus* *sut* *sûmes* *sûtes* *surent*	sau*rai* sau*ras* sau*ra* sau*rons* sau*rez* sau*ront*	sach*e* sach*ons* sach*ez*	*su, e*
(3k)	seoir	Defective verb. *P.pr.* **seyant** or **séant.** *Impf. ind.* is **il seyait, ils seyaient**	il sie*d* ils sié*ent*	il sié*e* ils sié*ent*		il sié*ra* ils sié*ront*		si*s*, *e*

	Infinitif	Remarks	Présent		Passé simple	Futur simple	Impératif	Participe passé
			de l'indicatif	du subjonctif				
(3l)	valoir	**Prévaloir** forms its *pres. sbj.* regularly: **que je prévale,** etc. Note the *fut.* and *cond.* with **...d...**	vau*x* vau*x* vau*t* val*ons* val*ez* val*ent*	vaill*e* vaill*es* vaill*e* val*ions* val*iez* vaill*ent*	val*us* val*us* val*ut* val*ûmes* val*ûtes* val*urent*	vaud*rai* vaud*ras* vaud*ra* vaud*rons* vaud*rez* vaud*ront*		val*u, e*
(3m)	voir	Alternation between **i** and **y** as in (2d). **Pourvoir** and **prévoir** have *fut.* and *cond.* in **...oir...;** **pourvoir** has *p.s.* **pourvus**	voi*s* voi*s* voi*t* voy*ons* voy*ez* voi*ent*	voi*e* voi*es* voi*e* voy*ions* voy*iez* voi*ent*	v*is* v*is* v*it* v*îmes* v*îtes* v*irent*	ver*rai* ver*ras* ver*ra* ver*rons* ver*rez* ver*ront*	voi*s* voy*ons* voy*ez*	v*u, e*
(3n)	vouloir	The **...ou...** of the stem becomes **...eu...** when stressed. Note the *fut.* and *cond.* with **...d...**	veu*x* veu*x* veu*t* voul*ons* voul*ez* veul*ent*	veuill*e* veuill*es* veuill*e* voul*ions* voul*iez* veuill*ent*	voul*us* voul*us* voul*ut* voul*ûmes* voul*ûtes* voul*urent*	voud*rai* voud*ras* voud*ra* voud*rons* voud*rez* voud*ront*	veuill*e* veuill*ons* veuill*ez*	voul*u, e*

(4a) **vendre**

Fourth Conjugation

In the regular 4th Conjugation verbs, the stem does not change

Présent[1]

sg. je vend*s*
tu vend*s*
il vend[2]

pl. nous vend*ons*
vous vend*ez*
ils vend*ent*

Passé simple

sg. je vend*is*
tu vend*is*
il vend*it*

pl. nous vend*îmes*
vous vend*îtes*
ils vend*irent*

Participe passé

vend*u, e*

Infinitif présent

vend*re*

I. Simple Tenses

Impératif

vend*s*
vend*ons*
vend*ez*

Imparfait

sg. je vend*ais*
tu vend*ais*
il vend*ait*

pl. nous vend*ions*
vous vend*iez*
ils vend*aient*

Participe présent

vend*ent*

Futur simple

sg. je vend*rai*
tu vend*ras*
il vend*ra*

pl. nous vend*rons*
vous vend*rez*
ils vend*ront*

Conditionnel présent

sg. je vend*rais*
tu vend*rais*
il vend*rait*

pl. nous vend*rions*
vous vend*riez*
ils vend*raient*

Subjonctif présent

sg. que je vend*e*
que tu vend*es*
qu'il vend*e*

pl. que nous vend*ions*
que vous vend*iez*
qu'ils vend*ent*

Subjonctif imparfait

sg. que je vend*isse*
que tu vend*isses*
qu'il vend*ît*

pl. que nous vend*issions*
que vous vend*issiez*
qu'ils vend*issent*

II. Compound Tenses

Participe passé with the help of **avoir** and **être;** *see* (1 a)

[1] **battre** and its derivatives have **bats, bats, bat** in the sg.; the pl. is regular: **battons,** etc.
[2] **rompre** and its derivatives have **il rompt.**

	Infinitif	Remarks	Présent		Passé simple	Futur simple	Impératif	Participe passé
			de l'indicatif	du subjonctif				
(4b)	boire	Note the **...v...** in some forms and the **...u...** [y] which appears instead of **...oi...** The *p.s.* endings are as in (3a). *P.pr.* **buvant**	boi*s* boi*s* boi*t* buv*ons* buv*ez* boiv*ent*	boiv*e* boiv*es* boiv*e* buv*ions* buv*iez* boiv*ent*	b*us* b*us* b*ut* b*ûmes* b*ûtes* b*urent*	boir*ai* boir*as* boir*a* boir*ons* boir*ez* boir*ont*	boi*s* buv*ons* buv*ez*	b*u*, *e*
(4c)	braire	Defective verb. *Impf. ind.* is **il brayait**	il brai*t* ils brai*ent*			il brair*a* ils brair*ont*		brai*t*
(4d)	bruire	Defective verb. *Impf. ind.* is **bruissait** or **bruyait**	il brui*t* ils brui*ssent*			il bruir*a*		
(4e)	circoncire	Goes like (4i) except for *p.p.* **circoncis, e**	circonci*s* circonci*s* circonci*t* circoncis*ons* circoncis*ez* circoncis*ent*	circoncis*e* circoncis*es* circoncis*e* circoncis*ions* circoncis*iez* circoncis*ent*	circonc*is* circonc*is* circonc*it* circonc*îmes* circonc*îtes* circonc*irent*	circoncir*ai* circoncir*as* circoncir*a* circoncir*ons* circoncir*ez* circoncir*ont*	circonci*s* circoncis*ons* circoncis*ez*	circonci*s*, *e*
(4f)	clore	Defective verb. Note the circumflex in the 3rd person sg. *pres. ind.* **clôt. Enclore** is conjugated like **clore,** but has all forms of the *pres. ind.*	je clo*s* tu clo*s* il clô*t*	clos*e* clos*es* clos*e* clos*ions* clos*iez* clos*ent*		clor*ai* clor*as* clor*a* clor*ons* clor*ez* clor*ont*	clo*s*	clo*s*, *e*

	Infinitif	Remarks	Présent		Passé simple	Futur simple	Impératif	Participe passé
			de l'indicatif	du subjonctif				
	éclore	Defective verb	il éclô*t* ils éclos*ent*	qu'il éclos*e* qu'ils éclos*ent*		il éclor*a* ils éclor*ont*		éclo*s*, *e*
(4g)	conclure	*P.s.* as in (3a). **Reclure** is used only in the *inf.*, the *p.p.* (**reclus, e**) and the *compound tenses*	conclu*s* conclu*s* conclu*t* conclu*ons* conclu*ez* conclu*ent*	conclu*e* conclu*es* conclu*e* conclu*ions* conclu*iez* conclu*ent*	concl*us* concl*us* concl*ut* concl*ûmes* concl*ûtes* concl*urent*	conclur*ai* conclur*as* conclur*a* conclur*ons* conclur*ez* conclur*ont*	conclu*s* conclu*ons* conclu*ez*	concl*u*, *e*
(4h)	conduire	**Luire, reluire, nuire** have not **t** in the *p.p.*	condu*is* condu*is* condu*it* conduis*ons* conduis*ez* conduis*ent*	conduis*e* conduis*es* conduis*e* conduis*ions* conduis*iez* conduis*ent*	conduis*is* conduis*is* conduis*it* conduis*îmes* conduis*îtes* conduis*irent*	conduir*ai* conduir*as* conduir*a* conduir*ons* conduir*ez* conduir*ont*	condui*s* conduis*ons* conduis*ez*	condui*t*, *e*
(4i)	suffire	**Confire** has *p.p.* **confit, e**	suffi*s* suffi*s* suffi*t* suffis*ons* suffis*ez* suffis*ent*	suffis*e* suffis*es* suffis*e* suffis*ions* suffis*iez* suffis*ent*	suff*is* suff*is* suff*it* suff*îmes* suff*îtes* suff*irent*	suffir*ai* suffir*as* suffir*a* suffir*ons* suffir*ez* suffir*ont*	suffi*s* suffis*ons* suffis*ez*	suff*i* *inv.*

	Infinitif	Remarks	Présent		Passé simple	Futur simple	Impératif	Participe passé
			de l'indicatif	du subjonctif				
(4k)	connaître	The î keeps its circumflex only in the 3rd person sg. *pres. ind.* and in the *fut.* and *cond.*; *p.s.* ends as in (3a). **Repaître** goes like **connaître, paître** has no *p.s.* and no *p.p.*	connai*s* connai*s* connaî*t* connaiss*ons* connaiss*ez* connaiss*ent*	connaiss*e* connaiss*es* connaiss*e* connaiss*ions* connaiss*iez* connaiss*ent*	conn*us* conn*us* conn*ut* conn*ûmes* conn*ûtes* conn*urent*	connaît*rai* connaît*ras* connaît*ra* connaît*rons* connaît*rez* connaît*ront*	connai*s* connaiss*ons* connaiss*ez*	conn*u*, *e*
(4l)	coudre	Note that **...s...** replaces **...d...** before a vowel	coud*s* coud*s* coud cous*ons* cous*ez* cous*ent*	cous*e* cous*es* cous*e* cous*ions* cous*iez* cous*ent*	cous*is* cous*is* cous*it* cous*îmes* cous*îtes* cous*irent*	coud*rai* coud*ras* coud*ra* coud*rons* coud*rez* coud*ront*	coud*s* cous*ons* cous*ez*	cous*u*, *e*
(4m)	craindre	Note alternation of nasal **n** and **n mouillé** (**gn**); also **...d...** before the **...r...** only in the *inf.*, *fut.* and *cond.* **Oindre** has only *inf.* and *p.p.*; **poindre** has only *inf.*, 3rd person sg. *pres. ind.*, *fut.* and *cond.*, and the *compound tenses*	crain*s* crain*s* crain*t* craign*ons* craign*ez* craign*ent*	craign*e* craign*es* craign*e* craign*ions* craign*iez* craign*ent*	craign*is* craign*is* craign*it* craign*îmes* craign*îtes* craign*irent*	craind*rai* craind*ras* craind*ra* craind*rons* craind*rez* craind*ront*	crain*s* craign*ons* craign*ez*	crain*t*, *e*

	Infinitif	Remarks	Présent		Passé simple	Futur simple	Impératif	Participe passé
			de l'indicatif	du subjonctif				
(4n)	croire	*P.s.* ends as in (3a). **Accroire** occurs only in the *inf.*	crois crois croit croy*ons* croy*ez* croi*ent*	croi*e* croi*es* croi*e* croy*ions* croy*iez* croi*ent*	cru*s* cru*s* cr*ut* cr*ûmes* cr*ûtes* cr*urent*	croi*rai* croi*ras* croi*ra* croi*rons* croi*rez* croi*ront*	crois croy*ons* croy*ez*	cr*u, e*
(4o)	croître	The **î** keeps its circumflex only in the *pres. ind.* sg., *imper.* sg., and the *fut.* and *cond.* **Décroître** and **accroître** have no circumflex in *p.s.* or *p.p.*	croîs croîs croît croiss*ons* croiss*ez* croiss*ent*	croiss*e* croiss*es* croiss*e* croiss*ions* croiss*iez* croiss*ent*	cr*ûs* cr*ûs* cr*ût* cr*ûmes* cr*ûtes* cr*ûrent*	croît*rai* croît*ras* croît*ra* croît*rons* croît*rez* croît*ront*	croîs croiss*ons* croiss*ez*	cr*û*, cr*ue* *m/pl.* crus
(4p)	dire	**Redire** is conjugated like **dire.** The other derivatives of **dire** have **...disez** in the 2nd person pl. *pres. ind.* and *imper.*, except **maudire** which is conjugated like (2a) but has *p.p.* **maudit, e**	di*s* di*s* di*t* dis*ons* dit*es* dis*ent*	dis*e* dis*es* dis*e* dis*ions* dis*iez* dis*ent*	d*is* d*is* d*it* d*îmes* d*îtes* d*irent*	di*rai* di*ras* di*re* di*rons* di*rez* di*ront*	di*s* dis*ons* dit*es*	di*t, e*

	Infinitif	Remarks	Présent		Passé simple	Futur simple	Impératif	Participe passé
			de l'indicatif	du subjonctif				
(4q)	écrire	Note the **...v...** which appears when the verb-ending begins with a vowel	écris écris écrit écrivons écrivez écrivent	écrive écrives écrive écrivions écriviez écrivent	écrivis écrivis écrivit écrivîmes écrivîtes écrivirent	écrirai écriras écrira écrirons écrirez écriront	écris écrivons écrivez	écrit, *e*
(4r)	faire	**Malfaire** is used only in the *inf.* and **forfaire** and **parfaire** only in the *inf.*, *p.p.* and *compound tenses*	fais fais fait faisons faites font	fasse fasses fasse fassions fassiez fassent	*fis* *fis* *fit* *fîmes* *fîtes* *firent*	ferai feras fera ferons ferez feront	fais faisons faites	fait, *e*
(4s)	frire	Defective verb	fris fris frit			frirai friras frira frirons frirez friront	fris	frit, *e*
(4t)	lire	*P.s.* ends as in (3a)	lis lis lit lisons lisez lisent	lise lises lise lisions lisiez lisent	lus lus lut lûmes lûtes lurent	lirai liras lira lirons lirez liront	lis lisons lisez	lu, *e*

	Infinitif	Remarks	Présent de l'indicatif	Présent du subjonctif	Passé simple	Futur simple	Impératif	Participe passé
(4u)	luire	See (4h). *P.s.* and *impf. sbj.* are rarely used						
(4v)	mettre	Note that one **t** drops in the *pres. ind.* sg. and *imper.* sg.	met*s* met*s* met mett*ons* mett*ez* mett*ent*	mett*e* mett*es* mett*e* mett*ions* mett*iez* mett*ent*	m*is* m*is* m*it* m*îmes* m*îtes* m*irent*	mett*rai* mett*ras* mett*ra* mett*rons* mett*rez* mett*ront*	met*s* mett*ons* mett*ez*	m*is*, *e*
(4w)	moudre	Note that **...l...** replaces **...d...** before a vowel	moud*s* moud*s* moud moul*ons* moul*ez* moul*ent*	moul*e* moul*es* moul*e* moul*ions* moul*iez* moul*ent*	moul*us* moul*us* moul*ut* moul*ûmes* moul*ûtes* moul*urent*	moud*rai* moud*ras* moud*ra* moud*rons* moud*rez* moud*ront*	moud*s* moul*ons* moul*ez*	moul*u*, *e*
(4x)	naître	Note that **...ss...** replaces **...t...** in the *pres. ind.* pl. and its derivatives; note the circumflex in **il naît** and in the *fut.* and *cond.*, and the *p.p.* **né.** In **renaître** the *p.p.* and the *compound* tenses are not used	nai*s* nai*s* naî*t* naiss*ons* naiss*ez* naiss*ent*	naiss*e* naiss*es* naiss*e* naiss*ions* naiss*iez* naiss*ent*	naqu*is* naqu*is* naqu*it* naqu*îmes* naqu*îtes* naqu*irent*	naît*rai* naît*ras* naît*ra* naît*rons* naît*rez* naît*ront*	nai*s* naiss*ons* naiss*ez*	n*é*, *e*

	Infinitif	Remarks	Présent de l'indicatif	Présent du subjonctif	Passé simple	Futur simple	Impératif	Participe passé
(4y)	occire	Defective verb						occi*s*, *e*
(4z)	plaire	*P.s.* ends as in (3a). **Taire** has no circumflex in **il tait;** *p.p.* **tu, e**	plai*s* plai*s* plaî*t* plais*ons* plais*ez* plais*ent*	plais*e* plais*es* plais*e* plais*ions* plais*iez* plais*ent*	pl*us* pl*us* pl*ut* pl*ûmes* pl*ûtes* pl*urent*	plair*ai* plair*as* plair*a* plair*ons* plair*ez* plair*ont*	plai*s* plais*ons* plais*ez*	pl*u* *inv.*
(4aa)	prendre		pren*ds* pren*ds* pren*d* pren*ons* pren*ez* prenn*ent*	prenn*e* prenn*es* prenn*e* pren*ions* pren*iez* prenn*ent*	pr*is* pr*is* pr*it* pr*îmes* pr*îtes* pr*irent*	prendr*ai* prendr*as* prendr*a* prendr*ons* prendr*ez* prendr*ont*	pren*ds* pren*ons* pren*ez*	pr*is*, *e*
(4bb)	résoudre	**Absoudre** has *p.p.* **absous, absoute,** but no *p.s.* or *impf. sbj.* **Dissoudre** goes like **absoudre**	réso*us* réso*us* réso*ut* résolv*ons* résolv*ez* résolv*ent*	résolv*e* résolv*es* résolv*e* résolv*ions* résolv*iez* résolv*ent*	résol*us* résol*us* résol*ut* résol*ûmes* résol*ûtes* résol*urent*	résoudr*ai* résoudr*as* résoudr*a* résoudr*ons* résoudr*ez* résoudr*ont*	réso*us* résolv*ons* résolv*ez*	résol*u*, *e* In ⚗ résous
(4cc)	rire	*P.p.* as in (2a)	ri*s* ri*s* ri*t* ri*ons* ri*ez* ri*ent*	ri*e* ri*es* ri*e* ri*ions* ri*iez* ri*ent*	r*is* r*is* r*it* r*îmes* r*îtes* r*irent*	rir*ai* rir*as* rir*a* rir*ons* rir*ez* rir*ont*	ri*s* ri*ons* ri*ez*	ri *inv.*

	Infinitif	Remarks	Présent		Passé simple	Futur simple	Impératif	Participe passé
			de l'indicatif	du subjonctif				
(4dd)	sourdre	Defective verb. The past tenses are rare	il sour*d* ils sourd*ent*	qu'il sourd*e* qu'ils sourd*ent*	il sourd*it* ils sour-d*irent*	il sourd*ra* ils sour-d*ront*		
(4ee)	suivre	Note the *p.p.* **suivi, e. S'ensuivre** occurs only in the 3rd person of each tense	sui*s* sui*s* sui*t* suiv*ons* suiv*ez* suiv*ent*	suiv*e* suiv*es* suiv*e* suiv*ions* suiv*iez* suiv*ent*	suiv*is* suiv*is* suiv*it* suiv*îmes* suiv*îtes* suiv*irent*	suiv*rai* suiv*ras* suiv*ra* suiv*rons* suiv*rez* suiv*ront*	sui*s* suiv*ons* suiv*ez*	suiv*i, e*
(4ff)	traire	Defective verb. No *impf. sbj.;* **raire** goes like **traire;** *p.p.* **rait** is *inv.*	trai*s* trai*s* trai*t* tray*ons* tray*ez* trai*ent*	trai*e* trai*es* trai*e* tray*ions* tray*iez* trai*ent*		trai*rai* trai*ras* trai*ra* trai*rons* trai*rez* trai*ront*	trai*s* tray*ons* traiy*ez*	trai*t, e*
(4gg)	vaincre	No **t** in the 3rd person sg. *pres. ind.* Note **c** is replaced by **qu** before a vowel except in the *p.p.* **vaincu, e**	vainc*s* vainc*s* vainc vainqu*ons* vainqu*ez* vainqu*ent*	vainqu*e* vainqu*es* vainqu*e* vainqu*ions* vainqu*iez* vainqu*ent*	vainqu*is* vainqu*is* vainqu*it* vainqu*îmes* vainqu*îtes* vainqu*irent*	vainc*ras* vainc*ras* vainc*ra* vainc*rons* vainc*rez* vainc*ront*	vainc*s* vainqu*ons* vainqu*ez*	vainc*u, e*
(4hh)	vivre	Note omission of the final **v** of the stem in the *pres. ind.* sg., the *p.s.* and the *p.p.*	vi*s* vi*s* vi*t* viv*ons* viv*ez* viv*ent*	viv*e* viv*es* viv*e* viv*ions* viv*iez* viv*ent*	véc*us* véc*us* véc*ut* véc*ûmes* véc*ûtes* véc*urent*	viv*rai* viv*ras* viv*ra* viv*rons* viv*rez* viv*ront*	vi*s* viv*ons* viv*ez*	véc*u, e*

Second Part

English – French

Contents

Table des matières

Preface

Language has two faces: one looking back, one looking forward. This revised edition of the "Standard French Dictionary" has tried to take both of these aspects into account: In retaining some of yesterday's speech, it will help the user to grapple with the great 19th century authors, whether for school or for pleasure. At the same time, he will find language's path into the future staked out by such words as: *acceleration lane, acid rain, antipollution device, cassette recorder, chat show, deejay, ecocide, typing pool, etc., etc.*

Needless to say, a great deal of the material old and new is made up of phrases and phraselike expressions covering all registers of speech from everyday language down to slang. Irregular forms of verbs and nouns have been put in their proper alphabetic position to help the beginner.

After each entry word the phonetic transcription has been given, using the system of the International Phonetic Association. For English entry words syllabification has been indicated by centred dots. American English, both spelling and usage, has been the object of particular attention.

We recommend the user to read carefully pages 603–604 – instructions on how to use the dictionary, which should increase its practical value. On page 605 ff. there is the explanation of the devices used to save space without sacrificing clarity.

A series of appendices to the dictionary proper gives lists – of proper names, of common abbreviations, of numerals, weights and measures – as well as a list of irregular verbs and an introduction to the conjugations of English verbs.

LANGENSCHEIDT

Préface

La langue a deux visages: l'un est tourné vers le passé, l'autre vers le futur. Cette nouvelle édition du «Standard French Dictionary» s'efforce de tenir compte de ces deux aspects: En gardant une certaine partie du vocabulaire d'hier, il aidera l'utilisateur dans la lecture des auteurs classiques, que ce soit à l'école ou pour son plaisir personnel; mais d'autre part, pour rendre son dû à l'aspect «futuriste» de la langue, de nombreux «mots nouveaux» ont été introduits, comme par ex.: *acceleration lane, acid rain, antipollution device, cassette recorder, chat show, deejay, ecocide, typing pool, etc., etc.*

Il va sans dire qu'une bonne partie de ce dictionnaire consiste en phrases et expressions idiomatiques appartenant à tous les niveaux de langue. Les formes irrégulières des verbes et des substantifs sont mises à leur place alphabétique pour aider les débutants.

À la suite de chaque mot-souche la prononciation est indiquée entre crochets selon le système de l'Association Phonétique Internationale. En outre, pour les mots-souches anglais la division en syllabes est marquée par des points à l'intérieur des mots. L'américain, tant dans son orthographe que dans ses idiotismes, a été l'objet d'une attention spéciale et détaillée.

Nous recommandons la lecture attentive des pages 603/604 – indications pour l'emploi du dictionnaire qui en releveront la valeur pratique. A la page 605 ss. on trouvera l'explication des expédients auxquels on a eu recours pour gagner de la place sans nuire à la clarté.

En complément du dictionnaire proprement dit on trouvera des listes – de noms propres, d'abréviations usuelles, de nombres, de poids, de mesures, – ainsi qu'une liste des verbes irréguliers et une introduction aux conjugaisons des verbes anglais.

LANGENSCHEIDT

Directions for the use of this dictionary

Indications pour l'emploi de ce dictionnaire

1. **Arrangement.** The alphabetic order of the entry words has been observed throughout. Hence you will find, in their proper alphabetic order:

a) the irregular forms of verbs, nouns, comparatives and superlatives;

b) the various forms of the pronouns;

c) compounds.

2. **Homonyms** of different etymologies have been subdivided by exponents;

e.g. *March*[1] mars ...
march[2] marche ...
march[3] marche ...

3. **Vocabulary.** Some of the numerous nouns ending in *...er*, *...ing*, *...ism*, *...ist* or *...ness* and adjectives formed with *in...* or *un...* have not been listed in this dictionary. In order to find out their meanings, look up the radical.

4. **Differences in meaning.** The different senses of English words have been distinguished by:

a) explanatory additions given in italics after a translation;

e.g. **a·bate** ...(ra)baisser (*le prix*); ... tomber (*vent*); ...
an·cient 2. *the* ~*s pl.* les anciens *m/pl.* (*grecs et romains*);

b) symbols and abbreviations before the particular meaning (see list on pages 605–607). If, however, the symbol or abbreviation applies to all translations alike, it is placed

1. **Classement.** L'ordre alphabétique des mots-souches a été rigoureusement observé. Ainsi on trouvera dans leur ordre alphabétique:

a) les formes irrégulières des verbes, des noms, des comparatifs et des superlatifs;

b) les formes diverses des pronoms;

c) les mots composés.

2. Les **homonymes** d'étymologie différente font l'objet d'articles différents distingués par un chiffre placé en haut derrière lc mot en question;

p.ex. *March*[1] mars ...
march[2] marche ...
march[3] marche ...

3. **Vocabulaire.** De nombreux noms à terminaison en *...er*, *...ing*, *...ism*, *...ist* ou *...ness*, ainsi que beaucoup d'adjectifs formés à l'aide des préfixes *in...* ou *un...* n'ont pas été inclus dans cc dictionnaire. Pour trouver leurs sens il faut chercher les radicaux appropriés.

4. **Distinction de sens.** Les différents sens des mots anglais se reconnaissent grâce à:

a) des additions explicatives, en italique, placées à la suite des versions proposées;

p.ex. **a·bate** ...(ra)baisser (*le prix*); ... tomber (*vent*); ...
an·cient 2. *the* ~*s pl.* les anciens *m/pl.* (*grecs et romains*);

b) des symboles ou des definitions en abrégé qui les précèdent (voir liste pages 605–607). Si, cependant, les symboles ou abréviations se rapportent à l'ensemble des tra-

between the entry word and its phonetic transcription.

A semicolon separates a given meaning from another one which is essentially different.

5. **Letters in brackets** within an entry word indicate that in most cases in British English the word is spelt with the letter bracketed, in American English without.

6. The **indication of the parts of speech** has been omitted when it is obvious.

7. **Syllabification** has been indicated by centred dots in all entry words of more than one syllable. If, however, a syllabification dot coincides with a stress mark the former is left out.

8. In order to save space we have omitted:

a) *to* before English infinitives;

b) the phonetic transcriptions of compounds whose component parts are separate entry words with transcriptions;

c) the phonetic transcriptions of entry words having one of the endings listed on page 611. In this case the entry word itself takes the stress mark.

9. **Preterite and past participle** of irregular verbs have been given as separate entries. [*irr.*] given after the infinitive of each irregular verb refers to the list of the strong and irregular weak verbs at the end of this volume (pages 1277–1280). Irregular forms of compound verbs, however, have not been listed; instead, their infinitive has been supplemented by [*irr.*] and the respective radical in round brackets;

e.g. **un·der·stand** [*irr.* (*stand*)].

ductions, ils sont intercalés entre le mot-souche et la transcription phonétique.

Le point-virgule sépare une acception d'une autre essentiellement différente.

5. Les **lettres entre parenthèses** dans les mots-souches indiquent que dans la plupart des cas en anglais britannique le mot s'écrit avec cette lettre, pendant qu'en anglais américain sans cette lettre.

6. L'**indication des différentes fonctions des mots** est omise lorsqu'elle est évidente.

7. Les **points de séparation de syllabes** à l'intérieur des mots-souches de plus d'une syllabe indiquent après quelles syllabes le mot peut se diviser. Si, cependant, le point de séparation coïncide avec l'apostrophe d'accentuation, on laisse de côté le point.

8. Afin de gagner de la place, nous avons omis:

a) *to* devant les infinitifs anglais;

b) la transcription phonétique de mots composés dont les parties composantes sont données en tant que mots-souches individuels avec leurs transcriptions;

c) les transcriptions phonétiques de mots-souches possédant l'une des terminaisons mentionnées page 611. L'apostrophe d'accentuation de ces mots se trouve à l'intérieur même du mot-souche.

9. Le **prétérite et le participe passé** des verbes irréguliers se trouvent dans le vocabulaire sous forme de mots-souches individuels. [*irr.*] après l'infinitif de chaque verbe irrégular renvoie à la liste des verbes forts et des verbes faibles irréguliers à la fin de ce dictionnaire (pages 1277–1280). Les formes irrégulières des verbes composés sont supprimées; au lieu de quoi leurs infinitifs sont supplementés par [*irr.*] et leurs radicaux;

p.ex. **un·der·stand** [*irr.* (*stand*)].

Key to the symbols and abbreviations

Explication des symboles et des abréviations

1. Symbols

The tilde (~, ~) serves as a mark of repetition. To save space, compound entry words are often given with a tilde replacing one part.

The tilde in bold type (**~**) replaces the entry word at the beginning of the entry;

e.g. **day** ...; **ˈ~·book** = daybook.

The simple tilde (~) replaces:

a) the entry word immediately preceding (which itself may contain a tilde in bold type);

e.g. **half** ...; ~ *a crown* = half a crown;
day ...; **ˈ~·light** ...; *~-saving time* = daylight-saving time;

b) within the phonetic transcription, the whole of the pronunciation of the preceding entry word, or of some part of it which remains unchanged;

e.g. **bill**[1] [bil] ...; **bill**[2] [~] ...; **pil·lar** [ˈpilə] ...; **pil·lared** [ˈ~ləd] = [ˈpiləd].

The tilde with a circle (**≗**, ≗).

When the first letter changes from small to capital or vice-versa, the usual tilde is replaced by a tilde with circle (**≗**, ≗);

e.g. **grand** ...; ≗ *Duchess* = Grand Duchess; **can·dle** ...; **ˈ≗·mas** = Candlemas.

□ after an adjective indicates that the adjective takes the regular adverbial form;

e.g. **bit·ter** □ = bitterly;
a·ble □ = ably;
hap·py □ = happily.

1. Symboles

Le tilde (~, ~) est le signe de la répétition. Afin de gagner de la place, souvent le mot-souche ou un de ses éléments a été remplacé par le tilde.

Le tilde en caractère gras (**~**) remplace le mot-souche qui se trouve au début de l'article;

p.ex. **day** ...; **ˈ~·book** = daybook.

Le tilde simple (~) remplace:

a) le mot-souche qui précède (qui d'ailleurs peut également être formé à l'aide du tilde en caractère gras);

p.ex. **half** ...; ~ *a crown* = half a crown;
day ...; **ˈ~·light** ...; *~-saving time* = daylight-saving time;

b) dans la transcription phonétique, la prononciation entière ou la partie qui demeure inchangée;

p.ex. **bill**[1] [bil] ...; **bill**[2] [~] ...; **pil·lar** [ˈpilə] ...; **pil·lared** [ˈ~ləd] = [ˈpiləd].

Le tilde avec cercle (**≗**, ≗).

Quand la première lettre se transforme de minuscule en majuscule ou vice versa, le tilde normal est remplacé par le tilde avec cercle (**≗**, ≗);

p.ex. **grand** ...; ≗ *Duchess* = Grand Duchess; **can·dle** ...; **ˈ≗·mas** = Candlemas.

□ placé après un adjectif signifie qu'à partir de lui un adverbe régulier peut se former;

p.ex. **bit·ter** □ = bitterly;
a·ble □ = ably;
hap·py □ = happily.

(*~ally*) after an adjective indicates that an adverb is formed by affixing -ally to the entry word;

e.g. **ar·o·mat·ic** (*~ally*) = aromatically.

When there is but one adverbial form for adjectives ending in both *-ic* and *-ical*, this is indicated in the following way:

his·tor·ic, his·tor·i·cal □,

i.e. historically is the adverb of both adjectives.

The other symbols used in this dictionary are:

(*~ally*) placé après un adjectif signifie qu'à partir de lui un adverbe peut se former en ajoutant -ally au mot-souche;

p.ex. **ar·o·mat·ic** (*~ally*) = aromatically.

Quand il n'y a qu'un seul adverbe pour des adjectifs à terminaison en *-ic* et *-ical*, c'est indiqué de manière suivante:

his·tor·ic, his·tor·i·cal □,

c.-à-d. historically est l'adverbe des deux adjectifs.

Les autres symboles employés dans ce dictionnaire sont:

F *familier*, colloquial.
V *vulgaire*, vulgar.
† *vieilli*, obsolete.
⚘ *botanique*, botany.
⊕ *technologie*, technology; *mécanique*, mechanics.
⚒ *mines*, mining.
⚔ *militaire*, military.
⚓ *nautique*, nautical; *marine*, navy.
☨ *commerce*, commercial; *finances*, finance.
🚂 *chemin de fer*, railway, *Am.* railroad.
✈ *aviation*, aviation.
♪ *musique*, music.
⚠ *architecture*, architecture.
⚡ *électricité*, electricity.
⚖ *droit*, law.
ℳ *mathématique*, mathematics.
⚒ *agriculture*, agriculture.
⚗ *chimie*, chemistry.
⚕ *médecine*, medicine.
▨ *blason*, heraldry.

2. Abbreviations – Abréviations

a. *aussi*, also.
abr., *abbr.* *abréviation*, abbreviation.
adj. *adjectif*, adjective.
admin. *administration*, administration.
adv. *adverbe*, adverb.
alp. *alpinisme*, mountaineering.
Am. Americanism, *américanisme*.
anat. *anatomie*, anatomy.
Angl. *Angleterre*, England.
approx. *approximativement*, approximately.
art. *article*, article.
astr. *astronomie*, astronomy.
attr. *attribut*, attributively.
bibl. *biblique*, biblical.
biol. *biologie*, biology.
box. *boxe*, boxing.
Brit. British, *britannique*.
cin. *cinéma*, cinema.
cj. *conjonction*, conjunction.
co. *comique*, comical.
coll. *collectif*, collective.
comp. *comparatif*, comparative.
cond. *conditionnel*, conditional.
cons. *consonne*, consonant.
cost. *costume*, costume.
cuis. *cuisine*, culinary art.
cycl. *cyclisme*, cycling.
dém. *démonstratif*, demonstrative.
dial. *dialectal*, dialectal.
eccl. *ecclésiastique*, ecclesiastical.
écoss. *écossais*, Scottish.
enf. *enfantin*, childish speech.
èquit. *èquitation*, horsemanship.
etc. *et cætera*, and so on.
É.-U. *États-Unis*, U.S.A.
f *féminin*, feminine.
fig. figuratively, *sens figuré*.
foot. *football*, football.
Fr. French, *français*.
fut. *futur*, future.

géog. *géographie*, geography.
géol. *géologie*, geology.
gér. *gérondif*, gerund.
gramm. *grammaire*, grammar.
gymn. *gymnastique*, gymnastics.
hist. *histoire*, history.
icht. *ichtyologie*, ichthyology.
impér. *impératif*, imperative.
impf. *imparfait*, imperfect.
ind. *indicatif*, indicative.
indéf. *indéfini*, indefinite.
inf. *infinitif*, infinitive.
int. *interjection*, interjection.
interr. *interrogatif*, interrogative.
inv. *invariable*, invariable.
Ir. Irish, *irlandais*.
iro. *ironiquement*, ironically.
irr. *irrégulier*, irregular; *see page 604*.
journ. *journalisme*, journalism.
ling. *linguistique*, linguistics.
m *masculin*, masculine.
mes. *mesure*, measure.
métall. *métallurgie*, metallurgy.
météor. *météorologie*, meteorology.
min. *minéralogie*, mineralogy.
mot. motoring, *automobilisme*.
myth. *mythologie*, mythology.
n *neutre*, neuter.
nég. *négatif*, negative.
npr. *nom propre*, proper name.
opt. *optique*, optics.
orn. *ornithologie*, ornithology.
o.s. oneself, *soi-même*.
parl. *parlement*, parliament.
peint. *peinture*, painting.
péj. *sens péjoratif*, pejoratively.
pers. *personnel*, personal.
p.ex. *par exemple*, for example.
p.ext. *par extension*, more widely taken.
pharm. *pharmacie*, pharmacy.
phls. *philosophie*, philosophy.
phot. *photographie*, photography.
phys. *physique*, physics.
physiol. *physiologie*, physiology.
pl. *pluriel*, plural.
poét. *poétique*, poetic.
pol. *politique*, politics.
poss. *possessif*, possessive.
p.p. *participe passé*, past participle.
p.pr. *participe présent*, present participle.
préf. *préfixe*, prefix.
prét. *prétérit*, preterite.
pron. *pronom*, pronoun.
prov. *provincialisme*, provincialism.
prp. *préposition*, preposition.
p.s. *passé simple*, past tense.
psych. *psychologie*, psychology.
q., *q.* *quelqu'un*, someone.
qch., *qch.* *quelque chose*, something.
qqfois *quelquefois*, sometimes.
rel. *relatif*, relative.
sbj. *subjonctif*, subjunctive.
sc. scilicet, namely, *c'est-à-dire*.
sg. *singulier*, singular.
sl. slang, *argot*.
s.o. someone, *quelqu'un*.
souv. *souvent*, often.
sp. *sport*, sports.
s.th. something, *quelque chose*.
str. strictly taken, *au sens étroit*.
su. *substantif*, substantive; *nom*, noun.
sup. *superlatif*, superlative.
surt. *surtout*, especially.
surv. surveying, *arpentage*.
tél. *télégraphie*, telegraphy.
téléph. *téléphonie*, telephony.
télév. *télévision*, television.
tex. *industries textiles*, textiles.
théâ. *théâtre*, theatre.
(*TM*) *trademark*, marque déposée.
typ. *typographie*, typography.
univ. *université*, university.
usu. usually, *d'ordinaire*.
v/aux. *verbe auxiliaire*, auxiliary verb.
vét. *vétérinaire*, veterinary.
v/i. *verbe intransitif*, intransitive verb.
v/impers. *verbe impersonnel*, impersonal verb.
v/rfl. *verbe réfléchi*, reflexive verb.
v/t. *verbe transitif*, transitive verb.
vt/i. *verbe transitif et intransitif*, transitive and intransitive verb.
zo. *zoologie*, zoology.

The phonetic symbols of the International Phonetic Association

Signes phonétiques de l'Association Phonétique Internationale

A. Voyelles et Diphtongues

[ɑː] a long, clair, postérieur, comme dans pâte, âme, pâle: *far* [fɑː], *father* [ˈfɑːðə].

[ʌ] n'existe pas en français. A bref, obscur, sans que les lèvres ne s'arrondissent. Se forme à l'avant de la bouche, ouvertement: *butter* [ˈbʌtə], *come* [kʌm], *colour* [ˈkʌlə], *blood* [blʌd], *flourish* [ˈflʌriʃ], *twopence* [ˈtʌpəns].

[æ] clair, plutôt ouvert, pas trop bref. On relève la langue vers la partie antérieure du palais dur, en appliquant les lèvres contre les dents: *fat* [fæt], *man* [mæn].

[ɛə] e ouvert, semi-long, pas trop ouvert; ne se trouve en anglais que devant le r qui apparaît en tant que [ə] après l'e ouvert: *bare* [bɛə], *pair* [pɛə], *there* [ðɛə].

[ai] a clair entre le [ɑː] et le [æ], et un i plus faible, ouvert. La langue s'élève à demi comme pour prononcer l'i: *I* [ai], *lie* [lai], *dry* [drai].

[au] a clair entre le [ɑː] et le [æ], et un [u] plus faible, ouvert: *house* [haus], *now* [nau].

[e] e court à demi ouvert, un peu moins pur que l'e dans paix: *bed* [bed], *less* [les].

[ei] e à demi ouvert, tendant à finir en i; la langue se soulève à demi comme pour prononcer l'i: *date* [deit], *play* [plei], *obey* [oˈbei].

[ə] son glissant, semblable à l'e muet du français debout, mais plus rapide: *about* [əˈbaut], *butter* [ˈbʌtə], *connect* [kəˈnekt].

[iː] i long, comme dans vie, bible, mais un peu plus ouvert qu'en français; se prononce avec redoublement dans le sud de l'Angleterre, la langue se soulevant lentement pour prononcer l'i: *scene* [siːn], *sea* [siː], *feet* [fiːt], *ceiling* [ˈsiːliŋ].

[i] i court, ouvert, qui n'existe pas en français; s'articule avec les lèvres lâches: *big* [big], *city* [ˈsiti].

[iə] i à demi ouvert, semi-long, finissant en [ə]: *here* [hiə], *hear* [hiə], *inferior* [inˈfiəriə].

[ɔː] son ouvert, long, entre l'a et l'o: *fall* [fɔːl], *nought* [nɔːt], *or* [ɔː], *before* [biˈfɔː].

[ɔ] son ouvert, court, entre l'a et l'o, un peu comme [ɑː] très bref, les muscles peu tendus: *god* [gɔd], *not* [nɔt], *wash* [wɔʃ], *hobby* [ˈhɔbi].

[ɔi] o ouvert et i ouvert plus faible. La langue se soulève à demi comme pour prononcer l'i: *voice* [vɔis], *boy* [bɔi], *annoy* [əˈnɔi].

[o] o fermé rapide: *obey* [oˈbei], *molest* [moˈlest].

[ou] o long, à demi ouvert, finissant en [u] faible; lèvres non arrondies, langue non soulevée: *note*

[nout], *boat* [bout], *below* [biˈlou].

[əː] n'existe pas en français; un peu comme l'[œː] dans peur, mais les lèvres ne s'avancent ni s'arrondissent: *word* [wəːd], *girl* [gəːl], *learn* [ləːn], *murmur* [ˈməːmə].

[uː] [u] long comme dans poule, mais sans que les lèvres s'arrondissent; se prononce souvent comme [u] long, à demi ouvert, se terminant en [u] fermé: *fool* [fuːl], *shoe* [ʃuː], *you* [juː], *rule* [ruːl], *canoe* [kəˈnuː].

[u] [u] rapide: *put* [put], *look* [luk], *careful* [ˈkɛəful].

[uə] [u] à demi ouvert et à demi long, se terminant en [ə]: *poor* [puə], *sure* [ʃuə], *allure* [əˈljuə].

Parfois on emploie les nasales françaises suivantes: [ɑ̃] comme dans *détente*, [ɔ̃] comme dans *bonbon*, et [ɛ̃] comme dans *vin*.

La **longueur d'une voyelle** se traduit par [ː], p.ex. *ask* [ɑːsk], *astir* [əsˈtəː].

B. Consonnes

[r] ne se prononce que devant les voyelles. Tout à fait différent du r vélaire français. Le bout de la langue forme avec la partie antérieure du palais un passage étroit, par lequel le souffle, voisé, passe, sans pourtant que le son soit roulé. A la fin d'un mot, r ne se prononce qu'en liaison avec la voyelle initiale du mot suivant: *rose* [rouz], *pride* [praid], *there is* [ðɛərˈiz].

[ʒ] ch sonore, comme g dans génie, j dans journal: *gentle* [ˈdʒentl], *jazz* [dʒæz], *large* [lɑːdʒ], *azure* [ˈæʒə].

[ʃ] ch sourd, comme dans champ, cher: *shake* [ʃeik], *fetch* [fetʃ], *chivalrous* [ˈʃivlrəs].

[θ] n'existe pas en français; résulte de l'application de la langue contre les incisives supérieures: *thin* [θin], *path* [pɑːθ], *method* [ˈmeθəd].

[ð] le même son sonorisé: *there* [ðɛə], *breathe* [briːð], *father* [ˈfɑːðə].

[s] sifflante sourde, comme dans sourd, sot: *see* [siː], *hats* [hæts], *decide* [diˈsaid].

[z] sifflante sonore, comme dans chose, zèle: *zeal* [ziːl], *rise* [raiz], *horizon* [həˈraizn].

[ŋ] n'existe pas en français (sauf dans quelques mots empruntes à l'anglais comme *meeting*); se prononce comme pour une voyelle nasale mais en abaissant le voile du palais vers la fin, de sorte à produire une espèce de n guttural: *ring* [riŋ], *singer* [ˈsiŋə], *finger* [ˈfiŋgə], *ink* [iŋk].

[w] [u] rapide, prononcé lèvre contre lèvre; se forme avec la bouche dans la même position que u elle allait prononcer [uː]: *will* [wil], *swear* [swɛə], *queen* [kwiːn].

[f] labiale sourde: *fat* [fæt], *tough* [tʌf], *effort* [ˈefət].

[v] labiale sonore: *vein* [vein], *velvet* [ˈvelvit].

[j] son rapide comme l'i dans diable ou l'y dans yeux: *onion* [ˈʌnjən], *yes* [jes], *filial* [ˈfiljəl].

La prononciation des autres consonnes correspond à peu près à celle du français, mais en anglais les occlusives sont plus plosives.

C. Apostrophes d'accentuation

L'accentuation des mots anglais est indiquée par le signe [ˈ] devant la syllabe à accentuer; p.ex. **on·ion** [ˈʌnjən]. Si deux des syllabes d'un mot donné se trouvent pourvues d'une apostrophe d'accentuation, à faut les accentuer également tous les deux; p.ex. **up·stairs** [ˈʌpˈstɛəz], cependant, souvent on n'accentue que l'une des deux syllabes, selon la position du mot dans l'ensemble de la phrase, ou en langue emphatique; p.ex. *upstairs* dans "*the upstairs rooms*" [ði ˈʌpstɛəz ˈrumz] et "*on going upstairs*" [ɔn ˈgouiŋ ʌpˈstɛəz].

Dans les mots-souches composés, dont les éléments sont donnés dans le dictionnaire en tant que mots-souches indépendants avec leurs transcriptions phonétiques, et dans les mots-souches qui possèdent l'une des terminaisons mentionnées sous D, l'apostrophe d'accentuation est donnée dans le mot-souche lui-même. L'accentuation est indiquée également dans le mot-souche, si on ne donne qu'une partie de la transcription phonétique et que l'accent ne porte pas sur la première syllabe de la partie phonétique remplacée par un tilde; p.ex. **adˈmin·is·tra·tor** [~tə]. Si, cependant, l'accent porte sur la première syllabe ou sur une partie phonétique transcrite, l'apostrophe d'accentuation n'est pas donnée dans le mot-souche, mais se trouve dans la partie entre crochets; p.ex. **ac·cu·rate** [ˈ~rit], **ad·a·man·tine** [~ˈmæntain].

D. Syllabes finales sans symboles phonétiques

Afin de gagner de la place, nous donnerons ici les terminaisons les plus fréquentes des mots-souches avec leur transcription phonétique; par conséquent, ils figurent, sauf exception, dans le dictionnaire sans transcription phonétique. Ces terminaisons ne se trouvent pas transcrites non plus, quand elles sont précédées d'une consonne qui n'a pas été donnée dans les symboles phonétiques du mot précédent, mais qui en français, comme en anglais, demande le même signe phonétique; p.ex. -**t**ation, -**r**ing.

-ability [-əbiliti]
-able [-əbl]
-age [-idʒ]
-al [-(ə)l]
-ally [-(ə)li]
-an [-(ə)n]
-ance [-(ə)ns]
-ancy [-ənsi]
-ant [-ənt]
-ar [-ə]
-ary [-(ə)ri]
-ation [-eiʃ(ə)n]
-cious [-ʃəs]
-cy [-si]
-dom [-dəm]
-ed [-d; -t; -id]*
-edness [-dnis; -tnis; -idnis]
-ee [-iː]
-en [-n]
-ence [-(ə)ns]
-ent [-e(ə)nt]
-er [-ə]
-ery [-əri]
-ess [-is]
-fication [-fikeiʃ(ə)n]
-ial [-(ə)l]
-ible [-əbl]
-ian [-(jə)n]
-ic(s) [-ik(s)]
-ical [-ik(ə)l]
-ily [-ili]
-iness [-inis]
-ing [-iŋ]
-ish [-iʃ]
-ism [-iz(ə)m]
-ist [-ist]
-istic [-istik]
-ite [-ait]
-ity [-iti]
-ive [-iv]
-ization [-aizeiʃ(ə)n]
-ize [-aiz]
-izing [-aiziŋ]
-less [-lis]
-ly [-li]
-ment(s) [-mənt(s)]
-ness [-nis]
-oid [-ɔid]
-oidic [-ɔidik]
-or [-ə]
-ous [-əs]
-ry [-ri]
-ship [-ʃip]
-(s)sion [-ʃ(ə)n]
-sive [-siv]
-ties [-tiz]
-tion [-ʃ(ə)n]
-tious [-ʃəs]
-trous [-trəs]
-try [-tri]
-y [-i]

Pour la prononciation de l'américain, voir à la page 613.

---

* [-d] après voyelles et consonnes sonores; [-t] après consonnes sourdes; [-id] après d et t finals.

The spelling of American English

L'orthographe de l'américain

L'orthographe de l'anglais de l'Amérique (AA) se distingue de l'anglais britannique (AB) par les particularités suivantes:

1. L'**u** tombe dans la terminaison **-our**; p.ex. col*o*r, hum*o*r, hon*o*rable, fav*o*r.
2. **-er** au lieu de l'AB **-re** dans les syllabes finales; p.ex. cent*er*, fib*er*, theat*er*, mais pas dans massacre.
3. Le redoublement de la consonne finale **l** ne se produit que quand l'accent principal porte sur la syllabe finale; d'où p.ex. AA counci*l*or, jewe*l*ry, quarre*l*ed, trave*l*ed, woo*l*en au lieu de l'AB councillor, jewellery, quarrelled, travelled, woollen; d'autre part on trouve en AA enroll(s), fulfill(s), skillful, installment au lieu de l'AB enrol(s), fulfil(s), skilful, instalment.
4. En AA **s** au lieu du **c** en AB, surtout dans la syllabe finale -ence; p.ex. def*ense,* off*ense,* lic*ense,* mais aussi en AA practice et practise en tant que verbe.
5. On simplifie et on abandonne couramment les terminaisons d'origine étrangère; p.ex. dialo*g*(*ue*), prolo*g*(*ue*), catalo*g*(*ue*), progra*m*(*me*), envelo*p*(*e*).
6. La simplification d'**ae** et d'**œ** ou **oe** en **e** est également courante; p.ex. an(*a*)*e*mia, an(*a*)*e*sthesia, man*e*uvers = AB manœuvers, subp(*o*)*e*na.
7. On préfère la terminaison **-ction** à **-xion**; p.ex. conne*ction,* infle*ction.*
8. On trouve fréquemment une simplification des consonnes; p.ex. wa*g*on, kidna*p*er, worshi*p*er, benefi*t*ed pour l'AB waggon, kidnapper, worshipper, benefitted.
9. L'AA préfère **o** à **ou**; p.ex. m*o*(*u*)ld, sm*o*(*u*)lder, pl*o*w au lieu de l'AB plough.
10. L'**e** muet disparaît dans des mots comme abridg(*e*)ment, judg(*e*)ment, acknowledg(*e*)ment.
11. L'AA utilise le préfixe **in**- au lieu de **en**- plus souvent que l'AB; p.ex. *in*close, *in*case.
12. L'AA préfère l'orthographe suivante dans des cas particuliers: *check* = AB cheque, *hello* = AB hallo, *cozy* = AB cosy, *mustache* = AB moustache, *skeptic* = AB sceptic, *peddler* = AB pedlar, *gray* = AB grey, *tire* = AB tyre.
13. A côté de although, through, on trouve les formules familières *altho, thru.*

The pronunciation of American English

La prononciation de l'américain

L'anglais de l'Amérique (AA), en ce qui concerne l'intonation, le rythme et le son, se distingue de l'anglais britannique (AB) par les particularités suivantes:

1. **Intonation:** L'AA est plus monotone que l'AB.
2. **Rythme:** Des mots à une ou plusieurs syllabes après la syllabe principale accentuée [ˈ] ont en AA un accent secondaire très marqué [ˌ], que les mots en AB n'ont pas ou n'ont que dans une faible mesure; p.ex. dictionary [AA ˈdikʃəˌnɛri = AB ˈdikʃənri], secretary [AA ˈsekrəˌtɛri = AB ˈsekrətri]; en AA, les voyelles courtes accentuées s'allongent (*American drawl*); p.ex. food [AA fuːd = AB fud], capital [AA ˈkæːpətəl = AB ˈkæpitl]; en AA, la syllabe inaccentuée (après une syllabe accentuée) subit un affaiblissement qui adoucit p, t, k en b, d, g; p.ex. property [AA ˈprɑbərti = AB ˈprɔpəti], united [AA juˈnaidid = AB juːˈnaitid].
3. Une autre particularité courante dans la façon de parler américaine, par opposition à l'AB, c'est la **nasalisation** avant et après une consonne nasale [m, n, ŋ] (*nasal twang*), ainsi que la prononciation plus fermée de [e] et de [o] en tant que premier élément d'une diphtongue; p.ex. home [AA hoːm], take [AA teːk].
4. Le **r** écrit à la finale après une voyelle, ou entre une voyelle et une consonne, se prononce clairement (r rétrofléchi); p.ex. car [AA kɑːr = AB kɑː], care [AA kɛr = AB kɛə], border [AA ˈbɔːrdər = AB ˈbɔːdə].
5. L'**o** [AB ɔ] se prononce en AA un peu comme l'**a** voilé [AA ɑ]; p.ex. dollar [AA ˈdɑlər = AB ˈdɔlə], college [AA ˈkɑlidʒ = AB ˈkɔlidʒ], lot [AA lɑt = AB lɔt], problem [AA ˈprɑbləm = AB ˈprɔbləm]; dans de nombreux cas [ɑ] et [ɔ] peuvent exister simultanément.
6. L'**a** [AB ɑː] donne [æ] ou [æː] en AA dans des mots du genre pass [AA pæ(ː)s = AB pɑːs], answer [AA ˈæ(ː)nsər = AB ˈɑːnsə], dance [AA dæ(ː)ns = AB dɑːns], half [AA hæ(ː)f = AB hɑːf], laugh [AA læ(ː)f = AB lɑːf].
7. L'**u** [AB juː] après consonne dans les syllabes qui portent l'accent principal donne en AA [uː]; p.ex. Tuesday [AA ˈtuːzdi = AB ˈtjuːzdi], student [AA ˈstuːdənt = AB ˈstjuːdənt], mais pas dans music [AA, AB = ˈmjuːzik], fuel [AA, AB = ˈfjuːəl].
8. Le suffixe **-ile** (en AB de préférence [-ail]) s'abrège en AA très souvent en [-əl] ou [-il]; p.ex. futile [AA ˈfjuːtəl = AB ˈfjuːtail], textile [AA ˈtekstil] = AB ˈtekstail]; quant à [-əl] ou [-il] il n'y a pas de prononciation obligatoire.
9. La terminaison **-ization** (AB le plus souvent [-aiˈzeiʃən]) se prononce en AA de préférence [-əˈzeiʃən]. Cette différence de sons correspond au rapport des prononciations AA (préférée) [ə] et AB (standard) [i]; p.ex. editor [AA ˈedətər = AB ˈeditə], basket [AA ˈbæ(ː)skət = AB ˈbɑːskit].

The pronunciation of American English

La prononciation de l'américain

A

A, a [ei] A *m*, a *m*.

a *gramm.* [ei; ə] *article*: un(e *f*); *20 miles a day* 20 milles par jour; *2 shillings a pound* 2 shillings la livre.

A 1 ['ei'wʌn] F de première qualité.

a·back [ə'bæk] masqué (*voile*); F *taken* ~ déconcerté, interdit, étonné.

ab·a·cus ['æbəkəs], *pl.* **-ci** ['~sai] boulier *m* compteur; ⚠ abaque *m*.

a·baft ⚓ [ə'bɑːft] **1.** *adv.* sur l'arrière; **2.** *prp.* en arrière de.

a·ban·don [ə'bændən] abandonner (*a. sp.*), délaisser (*q.*), renoncer à (*un projet*); ~ *o.s. to* se livrer à; **a'ban·doned** *adj.* dévergondé; abandonné; **a'ban·don·ment** abandon (-nement) *m*.

a·base [ə'beis] abaisser; F ravaler (*q.*); **a'base·ment** abaissement *m*; humilité *f*.

a·bash [ə'bæʃ] confondre, déconcerter, interdire; ~*ed at* confus de; **a'bash·ment** confusion *f*, embarras *m*.

a·bate [ə'beit] *v/t.* diminuer; faire cesser (*la douleur*); (r)abattre (*l'orgueil*); (ra)baisser (*le prix*); ⚖ annuler; mettre fin à (*un abus*); *v/i.* diminuer, s'affaiblir, s'apaiser, se modérer; tomber (*vent*); baisser (*prix*); **a'bate·ment** diminution *f*, affaiblissement *m*; *prix, eaux*: baisse *f*; *tempête*: apaisement *m*.

ab·a(t)·tis ⚔ [ə'bætis] abattis *m*.

ab·at·toir ['æbətwɑː] abattoir *m*.

ab·ba·cy ['æbəsi] dignité *f* d'abbé; **'ab·bess** abbesse *f*; **ab·bey** ['æbi] abbaye *f*; **ab·bot** ['æbət] abbé *m*, supérieur *m*.

ab·bre·vi·ate [ə'briːvieit] abréger (*a.* ✍); **ab·bre·vi'a·tion** abréviation *f*.

ABC ['ei'biː'siː] ABC *m*; 🚂 indicateur *m* alphabétique; abécédaire *m*; ~ *warfare* guerre *f* atomique, bactériologique (*ou* microbienne) et chimique.

ab·di·cate ['æbdikeit] *v/t.* abdiquer (*le trône*); renoncer à (*un droit*); résigner (*une fonction*); *v/i.* abdiquer; **ab·di'ca·tion** abdication *f*, démission *f*.

ab·do·men *anat.* ['æbdəmen; ⚕ æb'doumen] abdomen *m*; ventre *m*; **ab·dom·i·nal** [æb'dɔminl] abdominal (-aux *m/pl.*).

ab·duct [æb'dʌkt] enlever; **ab'duc·tion** enlèvement *m*; **ab'duc·tor** ravisseur *m*.

a·be·ce·dar·i·an [eibiːsiː'dɛəriən] **1.** abécédaire; ignorant; **2.** élève *mf* d'une classe élémentaire.

a·bed [ə'bed] au lit, couché.

ab·er·ra·tion [æbə'reiʃn] aberration *f*.

a·bet [ə'bet] encourager; prêter assistance à; (*usu. aid and* ~) être le complice de; **a'bet·ment** encouragement *m*; complicité *f* (dans, *in*); **a'bet·tor** complice *mf*; fauteur (-trice *f*) *m* (de, *in*).

a·bey·ance [ə'beiəns] suspension *f*; ⚖ *in* ~ en suspens, pendant; vacant (*estate*).

ab·hor [əb'hɔː] abhorrer; **ab·hor·rence** [əb'hɔrns] horreur *f*, aversion *f* (pour, *of*); *hold in* ~ avoir en horreur; **ab'hor·rent** □ répugnant (à, *to*); incompatible (avec, *to*); contraire (à, *to*).

a·bide [ə'baid] [*irr.*] *v/i.* demeurer; ~ *by* rester fidèle à (*une promesse*), maintenir; *v/t.* attendre; *I cannot* ~ *him* je ne peux pas le sentir *ou* supporter; **a'bid·ing** □ permanent.

a·bil·i·ty [ə'biliti] capacité *f*; *to the best of one's* ~ de son mieux; **a'bil·i·ties** *pl.* intelligence *f*; aptitude *f*.

ab·ject □ ['æbdʒekt] misérable; servile; **ab'jec·tion, ab'ject·ness** abjection *f*, misère *f*.

ab·jure [əb'dʒuə] abjurer; renoncer à.

a·blaze [ə'bleiz] en flammes; *a. fig.* enflammé (de, *with*).

a·ble □ ['eibl] capable; habile; compétent; ⚖ apte; *be* ~ *to* (*inf.*) être à même de (*inf.*); pouvoir (*inf.*); ~ *to* *pay* en mesure de payer; **~-bod·ied** ['~'bɔdid] robuste; ⚔ bon pour le service; ⚓ ~ *seaman* matelot *m* de deuxième classe.

ab·lu·tion [ə'blu:ʃn] ablution *f*.

ab·ne·gate ['æbnigeit] renoncer à; faire abnégation de (*droits etc.*); **ab·ne'ga·tion** renoncement *m*; désaveu *m*; (*a. self-~*) abnégation *f* de soi.

ab·nor·mal □ [æb'nɔ:ml] anormal (-aux *m/pl.*); **ab·nor'ma·li·ty** caractère *m* anormal; difformité *f*.

a·board ⚓ [ə'bɔ:d] à bord (de); *Am.* 🚂, ✈, *bus, tram*: *all ~!* en voiture!; ⚓ embarquez!

a·bode [ə'boud] **1.** *prét. et p.p. de abide*; **2.** demeure *f*; résidence *f*; séjour *m*.

a·bol·ish [ə'bɔliʃ] abolir, supprimer; **a'bol·ish·ment, ab·o·li·tion** [æbə'liʃn] abolissement *m*, suppression *f*; **ab·o'li·tion·ist** abolitionniste *mf*.

A-bomb ['eibɔm] *see atomic bomb*.

a·bom·i·na·ble □ [ə'bɔminəbl] abominable; **a·bom·i'na·tion** abomination *f*, horreur *f*.

ab·o·rig·i·nal [æbə'ridʒənl] □ aborigène, indigène, primitif (-ive *f*); **ab·o'rig·i·nes** [~ni:z] *pl.* aborigènes *m/pl*.

a·bort *biol.* [ə'bɔ:t] avorter; ⚔, *espace*: ~ *a mission* interrompre *ou* abandonner une mission; **a'bor·tion** avortement *m*; *fig.* œuvre *f* manquée; monstre *m*; *procure* ~ faire avorter; **a'bor·tive** □ abortif (-ive *f*); avorté (*projet*); mort-né (*projet*).

a·bound [ə'baund] abonder (en *with, in*); foisonner (de *with, in*).

a·bout [ə'baut] **1.** *prp.* autour de; environ, presque; au sujet de; ~ *the house* quelque part dans la maison; ~ *the streets* dans les rues; *I had no money* ~ *me* je n'avais pas d'argent sur moi; ~ *ten o'clock* vers 10 heures; *he is* ~ *my height* il a à peu près la même taille que moi; *talk* ~ *business* parler affaires; *what are you ~?* qu'est-ce que vous faites là?; *send s.o.* ~ *his business* envoyer promener q.; **2.** *adv.* tout autour; à l'entour; çà et là; de ci, de là; *be* ~ *to do* être sur le point de faire; *a long way* ~ un long détour; *bring* ~ accomplir; faire naître; *come* ~ arriver; *right ~!* demi-tour!; ~ *turn!* demi-tour à droite!

a·bove [ə'bʌv] **1.** *prp.* au-dessus de, par-dessus; au delà de; *fig.* supérieur à; ~ *300* plus de 300; ~ *all (things)* surtout; *be* ~ *s.o. in* surpasser q. par (*l'intelligence etc.*); *fig. it is* ~ *me* cela me dépasse; **2.** *adv.* en haut; là-haut; au-dessus; *over and* ~ en outre; **3.** *adj.* précédent; *the* ~ *points* ce qui a été mentionné plus haut, les remarques précédentes; **4.** *su.*: *the* ~ le susdit; **a'bove-'board** loyal (-aux *m/pl.*), franc(he *f*); **a'bove-'ground** au-dessus de terre; vivant; **a'bove-'men·tioned** susmentionné, (cité) ci-dessus.

ab·ra·ca·dab·ra [æbrəkə'dæbrə] baragouin *m*.

ab·rade [ə'breid] user par le frottement; écorcher (*la peau*).

ab·ra·sion [ə'breiʒn] frottement *m*; attrition *f*; ⚕ écorchure *f*, excoriation *f*; *monnaies*: frai *m*; **ab'ra·sive** ⊕ abrasif *m*.

a·breast [ə'brest] de front; côte à côte; ~ *of (ou with)* à la hauteur de; *keep* ~ *of* marcher de pair avec.

a·bridge [ə'bridʒ] abréger; *fig.* restreindre; **a'bridg(e)·ment** raccourcissement *m*; abrégé *m*, résumé *m*; restriction *f*.

a·broad [ə'brɔ:d] à l'étranger, en voyage; sorti (*de la maison*); *there is a report* ~ le bruit court que; *the thing has got* ~ la nouvelle s'est répandue; F *he is all* ~ il est tout désorienté.

ab·ro·gate ['æbrogeit] abroger; **ab·ro'ga·tion** abrogation *f*.

ab·rupt □ [ə'brʌpt] brusque, précipité; saccadé, abrupt (*style*); à pic (*montagne*); **ab'rupt·ness** brusquerie *f*; *chemin*: raideur *f*.

ab·scess ['æbsis] abcès *m*.

ab·scond [əb'skɔnd] s'évader (de, *from*), s'enfuir; se soustraire à la justice; F décamper, filer.

ab·sence ['æbsns] absence *f*, éloignement *m* (de, *from*); ~ *of mind* distraction *f*; *leave of* ~ permission *f*, congé *m*.

ab·sent 1. □ ['æbsnt] absent, manquant; *fig.* = **'~-'mind·ed** □ distrait; **2.** [æb'sent]: ~ *o.s.* s'absenter (de, *from*); **ab·sen·tee** [æbsn'ti] absent(e *f*) *m*; ~ *ballot* vote *m* par correspondance; ~ *voter* électeur (-trice *f*) *m* par correspondance; **ab'sen'tee·ism** absence *f* de l'ate-

lier; absentéisme *m*; F carottage *m*.
ab·sinth ['æbsinθ] absinthe *f*.
ab·so·lute □ ['æbsəlu:t] absolu; autoritaire; ⚖ irrévocable; F achevé (*coquin etc.*); '**ab·so·lute·ness** caractère *m* absolu; **ab·so'lu·tion** absolution *f*; '**ab·so·lut·ism** *hist.* absolutisme *m*.
ab·solve [əb'zɔlv] absoudre (de, *from*), remettre (*un péché*); dispenser, affranchir (de, *from*).
ab·sorb [əb'sɔ:b] absorber; amortir (*un choc*); résorber (*un excédent*); *fig.* engloutir; *~ed in* absorbé dans; tout entier à; **ab'sorb·ent** absorbant (*a. su./m*).
ab·sorp·tion [əb'sɔ:pʃn] absorption *f*; *choc*: amortissement *m*; *fig.* engloutissement *m*; *esprit*: absorbement *m*.
ab·stain [əb'stein] s'abstenir (de, *from*); *~ from meat* faire maigre; *parl.* *~ (from voting)* s'abstenir (de voter); **ab'stain·er** (*souv. total ~*) abstème *mf*.
ab·ste·mi·ous □ [əb'sti:miəs] sobre, tempérant.
ab·sten·tion [æb'stenʃn] abstinence *f* (de, *from*); *parl.* abstention *f*.
ab·ster·gent [əb'stə:dʒnt] **1.** abstergent (*a. su./m*); **2.** ⚕ détersif *m*.
ab·sti·nence ['æbstinəns] abstinence *f* (de, *from*); *total ~* abstinence *f* complète; '**ab·sti·nent** □ abstinent, sobre.
ab·stract 1. ['æbstrækt] □ abstrait; F abstrus; **2.** [~] abstrait *m*; résumé *m*, abrégé *m*; *gramm.* *~ (noun)* nom *m* abstrait; *in the ~* du point de vue abstrait, en théorie; **3.** [æb'strækt] *v/t.* soustraire (à, *from*); détourner (*l'attention*); dérober (à, *from*); résumer (*un livre*); ⚗ extraire; **ab'stract·ed** □ *fig.* distrait, rêveur (-euse *f*); **ab'strac·tion** *papiers etc.*: soustraction *f*; vol *m*; *phls.* abstraction *f*; distraction *f* (*d'esprit*); ⚗ extraction *f*.
ab·struse □ [æb'stru:s] *fig.* abstrus, obscur; caché; **ab'struse·ness** obscurité *f*, caractère *m* abstrus *etc.*
ab·surd □ [əb'sə:d] absurde, déraisonnable; F idiot; **ab'surd·i·ty** absurdité *f*; absurde *m*.
a·bun·dance [ə'bʌndəns] abondance *f*, affluence *f*; épanchement *m* (*du cœur*); **a'bun·dant** □ abondant, copieux (-euse *f*); *~ in* abondant en; **a'bun·dant·ly** abondamment.
a·buse 1. [ə'bju:s] abus *m*; insultes *f/pl*; **2.** [~z] abuser de, mésuser de, faire abus de; maltraiter (*q.*); dénigrer (*q.*); injurier; **a'bu·sive** □ abusif (-ive *f*); injurieux (-euse *f*) (*propos*); *be ~* dire des injures (à, *to*).
a·but [ə'bʌt] aboutir (à, *upon*), confiner (à, *upon*); ⚠ s'appuyer (contre *on*, *against*); **a'but·ment** ⚠ arc-boutant (*pl.* arcs-boutants) *m*; *pont*: butée *f*; *voûte*: pied-droit (*pl.* pieds-droits) *m*; **a'but·ter** propriétaire *m* limitrophe.
a·bysm [ə'bizm] *see abyss*; **a'bys·mal** □ insondable; **a·byss** [ə'bis] abîme *m*, gouffre *m*.
a·ca·cia ⚘ [ə'keiʃə] acacia *m*.
ac·a·dem·ic, ac·a·dem·i·cal □ [ækə'demik(l)] académique; *academic freedom* liberté *f* de l'enseignement; *academic year* année *f* universitaire; **a·cad·e'mi·cian** [əkædə'miʃn] académicien *m*; **ac·a'dem·ics** *pl.* discussion *f* abstraite.
a·cad·e·my [ə'kædəmi] académie *f*.
a·can·thus [ə'kænθəs] ⚘ acanthe *f*; ⚠ (feuille *f* d')acanthe *f*.
ac·cede [æk'si:d]: *~ to* accueillir (*une demande*); entrer en possession de (*une charge*); monter sur (*le trône*).
ac·cel·er·ate [æk'seləreit] (s')accélérer; *v/t. fig.* activer; **ac·cel·er'a·tion** accélération *f*; *mot.* *~ lane* rampe *f* d'accès; **ac'cel·er·a·tor** *mot.* accélérateur *m*.
ac·cent 1. ['æksnt] accent *m*; ♪ temps *m* fort; temps *m* marqué; ton *m*; voix *f*; **2.** [æk'sent] accentuer; (*a. fig.*) appuyer sur, souligner.
ac·cen·tu·ate [æk'sentjueit] accentuer; faire ressortir; **ac·cen·tu'a·tion** accentuation *f*.
ac·cept [ək'sept] accepter; agréer (*des vœux*); (*ou ~ of*) ✝ accepter, prendre en recette; admettre; **ac·cept·a·ble** □ [ək'septəbl] acceptable, agréable (à, *to*); **ac'cept·a·ble·ness** acceptabilité *f*; **ac'cept·ance** acceptation *f*; accueil *m* favorable; réception *f*; ✝ *article*: réception *f*; *traite*: acceptation *f*; **ac·cep·ta·tion** [æksep'teiʃn] acception *f*, signification *f* (*d'un mot*); **ac'cept·ed** □ reconnu, admis; **ac'cept·er, ac'cept·or** acceptant(e *f*) *m*; ✝ tiré *m*; accepteur *m*.

ac·cess ['ækses] **1.** accès *m* (*a.* ⚕, *a. ordinateur*), abord *m* (à, *to*); entrée *f*; *easy of* ~ abordable; ~ *to power* accession *f* au pouvoir; **2.** *ordinateur*: accéder à; **ac'ces·sa·ry** complice *m*, fauteur *m* (de, *to*); *see accessory* 2; **ac·ces·si·bil·i·ty** [~i'biliti] accessibilité *f*; **ac'ces·si·ble** □ [~əbl] accessible (à, *to*); **ac'ces·sion** admission *f* (*d'air*); entrée *f* en fonctions; arrivée *f* (*à un âge*); accroissement *m*; ~ *to the throne* avènement *m* au trône.

ac·ces·so·ry [æk'sesəri] **1.** □ accessoire, subsidiaire (à, *to*); **2.** accessoire *m*; *accesories pl.* objets *m/pl.* de toilette; accessoires *m/pl.* (*a. théâ.*); *see accessary*.

ac·ci·dence *gramm.* ['æksidəns] morphologie *f*.

ac·ci·dent ['æksidənt] accident *m*; *terrain*: inégalité *f*; *machine*: avarie *f*; ~ *insurance* assurance *f* contre les accidents; *by* ~ accidentellement; par hasard; *be killed in an* ~ perdre la vie dans un accident; **ac·ci·den·tal** [æksi'dentl] **1.** □ accidentel(le *f*), fortuit; accessoire; ~ *death* mort *f* accidentelle; **2.** accessoire *m*; ♪ signe *m* accidentel, accident *m*.

ac·claim [ə'kleim] acclamer.

ac·cla·ma·tion [æklə'meiʃn] acclamation *f*; *by* ~ par acclamation.

ac·cli·mate *surt. Am.* [ə'klaimit] *see acclimatize*.

ac·cli·ma·ti·za·tion [əklaimətai'zeiʃn] acclimatation *f*; **ac'cli·ma·tize** acclimater; habituer.

ac·cliv·i·ty [ə'kliviti] montée *f*; côte *f*; rampe *f*; pente *f*.

ac·com·mo·date [ə'kɔmədeit] accommoder, conformer; adapter; arranger (*une querelle*); prêter (qch. à q., *s.o. with s.th.*); recevoir, loger; ~ *o.s. to* s'accommoder à; **ac'com·mo·dat·ing** □ complaisant; peu difficile (sur, *about*); **ac·com·mo'da·tion** adaptation *f*; arrangement *m*; *dispute*: ajustement *m*; compromis *m*; logement *m*; prêt *m* (*d'argent*); *Am.* ~*s pl.* hébergement *m*, hôtels *m/pl.*; ✝ ~ *bill* billet *m* de complaisance; *seating* ~ nombre *m* de places assises; *Am.* ~ *train* train *m* omnibus.

ac·com·pa·ni·ment [ə'kʌmpənimənt] accompagnement *m*; accessoires *m/pl.*; **ac'com·pa·nist** ♪ accompagnateur (-trice *f*) *m*; **ac'com·pa·ny** accompagner; *accompanied with* accompagné de, par.

ac·com·plice [ə'kɔmplis] complice *mf* (de, *in*), fauteur (-trice *f*) *m* (de, *in*).

ac·com·plish [ə'kɔmpliʃ] accomplir; venir à bout de; mener à bonne fin (*une tâche etc.*); réaliser (*un projet*); **ac'com·plished** achevé; doué; **ac'com·plish·ment** accomplissement *m*; réalisation *f*; *usu.* ~*s pl.* talents *m/pl.*, arts *m/pl.* d'agrément.

ac·cord [ə'kɔ:d] **1.** accord *m*, consentement *m*; ⚖ consentement *m* mutuel; *with one* ~ d'un commun accord; *of one's own* ~ de sa propre volonté; **2.** *v/i.* concorder (avec, *with*); *v/t.* concéder; **ac'cord·ance** conformité *f*, accord *m*; *in* ~ *with* conformément à, suivant; **ac'cord·ant** □ (*with*, *to*) conforme (à), d'accord (avec); **ac'cord·ing**: ~ *to* selon, suivant, d'après; ~ *as* selon que; **ac'cord·ing·ly** en conséquence; donc.

ac·cor·di·on ♪ [ə'kɔ:djən] accordéon *m*.

ac·cost [ə'kɔst] aborder, accoster.

ac·cou·cheur [æku:'ʃə:], *f* **ac·cou·'cheuse** [~z] accoucheur (-euse *f*) *m*.

ac·count [ə'kaunt] **1.** calcul *m*, compte *m*, note *f*; récit *m*, relation *f*; valeur *f*; *blocked* ~ compte *m* bloqué; *current* ~ compte *m* courant; ~ *agreed upon* compte *m* arrêté; *payment on* ~ acompte *m*, versement *m* à compte; *sale for the* ~ vente *f* à terme; *statement of* ~ relevé *m* de compte; *of no* ~ de peu d'importance; *on no* ~ dans aucun cas; *on his* ~ à cause de lui, pour lui; *on* ~ *of* à cause de; *sl. be no* ~ ne pas compter; *find one's* ~ *in* trouver son compte à; *have* (*ou hold*) *an* ~ *with* avoir un compte chez; *have a bank* ~ avoir un compte en banque; *lay one's* ~ *with* compter sur; *place to s.o.'s* ~ verser au compte de q.; *take into* ~, *take* ~ *of* tenir compte de; *leave out of* ~ négliger; *turn to* ~ tirer parti de; *keep* ~*s* tenir les livres; *call to* ~ demander compte (*à q. de qch.*); *give* (*ou render*) *an* ~ *of* rendre raison de; faire un rapport sur; expliquer (*qch.*); F *give a good* ~ *of o.s.* s'acquitter bien; *make* (*little*) ~ *of* faire (peu de) cas de; **2.** *v/i.*

~ *for* expliquer (*qch.*); rendre raison de; justifier (de); *sp.* avoir à son actif; *v/t.* estimer, tenir pour; *be much (little)* ~ *ed of* être beaucoup (peu) estimé; **ac·count·a'bil·i·ty** responsabilité *f*; **ac'count·a·ble** □ responsable; redevable (de, *for*); **ac'count·ant** comptable *m*; *chartered* ~, *Am. certified public* ~ expert *m* comptable diplômé; **ac'count-book** livre *m* de comptes.

ac·cou·tred [ə'ku:təd] accoutré; équipé; **ac·cou·tre·ments** [ə'ku:təmənts] *pl.* équipement *m.*

ac·cred·it [ə'kredit] accréditer (*q., qch., a. un ambassadeur auprès d'un gouvernement*); ~ *s.th. to s.o.,* ~ *s.o. with s.th.* mettre qch. sur le compte de q.

ac·cre·tion [æ'kri:ʃn] accroissement *m.*

ac·crue [ə'kru:] provenir, dériver (de, *from*); ⚕ s'accumuler (*intérêts*).

ac·cu·mu·late [ə'kju:mjuleit] (s')accumuler; (s')amonceler; *v/t.* amasser (*de l'argent*); **ac·cu·mu'la·tion** accumulation *f*, amoncellement *m*; amas *m*; **ac·cu·mu·la·tive** □ [ə'kju:mjulətiv] qui s'accumule; **ac'cu·mu·la·tor** accumulateur (-trice *f*) *m*; *phys.* accumulateur *m.*

ac·cu·ra·cy ['ækjurəsi] exactitude *f*; fidélité *f*; **ac·cu·rate** □ ['~rit] exact, juste; fidèle.

ac·curs·ed [ə'kə:sid], **ac·curst** [ə'kə:st] *usu.* F *fig.* maudit; exécrable.

ac·cu·sa·tion [ækju:'zeiʃn] accusation *f*; ⚖ incrimination *f*; **ac·cu·sa·tive** *gramm.* [ə'kju:zətiv] (*a.* ~ *case*) accusatif *m*; **ac·cu·sa·to·ry** [ə'kju:zətəri] accusateur (-trice *f*); **ac·cuse** [ə'kju:z] accuser (q. de qch., *s.o. of s.th.*), ⚖ incriminer (*q.*) (auprès de *before, to*); *the* ~*d* le (la) prévenu(e *f*) *m*; **ac'cus·er** accusateur (-trice *f*) *m.*

ac·cus·tom [ə'kʌstəm] accoutumer (à, *to*); **ac'cus·tomed** habitué, accoutumé (à, *to*); *be* ~ *to do(ing) a.* avoir coutume *ou* avoir l'habitude de faire; *get ou become* ~ *to (doing) s.th.* s'habituer *ou* s'accoutumer à (faire) qch.

ace [eis] as *m* (*a. sl. fig., usu. un aviateur*); *Am.* F ~ *in the hole fig.* encore une ressource; *within an* ~ *of* à deux doigts de.

a·cer·bi·ty [ə'sə:biti] aigreur *f*; *ton*: âpreté *f.*

ac·e·tate ⚗ ['æsiteit] acétate *m*; **a·cetic** [ə'si:tik] acétique; ~ *acid* acide *m* acétique; **a·cet·i·fy** [ə'setifai] (s')acétifier; **ac·e·tone** ['æsitoun] acétone *f*; **ac·e·tous** ['~təs] acéteux (-euse *f*); *fig.* aigre; **a·cet·y·lene** [ə'setili:n] acétylène *m.*

ache [eik] **1.** faire mal à; **2.** douleur *f.*

a·chieve [ə'tʃi:v] atteindre à, parvenir à; réaliser (*un but*); accomplir (*un exploit*); acquérir (*de l'estime*); **a'chieve·ment** accomplissement *m*; *projet*: exécution *f*; exploit *m.*

ach·ing ['eikiŋ] **1.** □ douloureux (-euse *f*); **2.** douleur *f*, mal *m.*

ach·ro·mat·ic [ækro'mætik] (~*ally*) achromatique.

ac·id ['æsid] **1.** aigre; ~ *rain* pluies *f/pl.* acides; **2.** acide *m* (*a.* = LSD); **'ac·id·head** *sl.* acidomane *mf*; **a·cid·i·fy** [ə'sidifai] (s')acidifier; **a'cid·i·ty** acidité *f*; *fig.* aigreur *f*; **ac·i·do·sis** [æsi'dousis] acidose *f*; **a·cid·u·late** [ə'sidjuleit] aciduler; ~*d drops* bonbons *m/pl.* acidulés *ou* anglais; **a·cid·u·lous** [ə'sidjuləs] acidulé.

ac·knowl·edge [ək'nɔlidʒ] reconnaître (pour, *as*); répondre à (*un salut*); accuser réception de (*une lettre*); s'avouer; **ac'knowl·edg(e)·ment** reconnaissance *f*; aveu *m*; ~*s pl.* remerciements *m/pl.*; *usu.* ⚕ accusé *m* de réception; reçu *m*, quittance *f.*

ac·me ['ækmi] comble *m*; apogée *m.*

ac·ne ⚕ ['ækni] acné *f.*

a·cock [ə'kɔk] d'un air de défi.

ac·o·nite ⚘ ['ækonait] aconit *m.*

a·corn ⚘ ['eikɔ:n] gland *m.*

a·cous·tic, a·cous·ti·cal [ə'ku:stik(l)] acoustique; sonore; **a'cous·tics** *usu. sg.* acoustique *f.*

ac·quaint [ə'kweint] informer; ~ *s.o. with s.th.* apprendre qch. à q.; *be* ~*ed with* connaître; *become* ~*ed with* faire *ou* lier connaissance avec; **ac'quaint·ance** connaissance *f*; ~ *with* connaissance de.

ac·qui·esce [ækwi'es] (*in*) acquiescer (à); accepter (*qch.*); **ac·qui'es·cence** (*in*) acquiescement *m* (à); assentiment *m* (à); soumission *f* (à); **ac·qui'es·cent** □ consentant; résigné.

ac·quire [ə'kwaiə] acquérir (*a. fig.*); ~*d taste* goût *m* acquis; **ac'quire·ment** acquisition *f* (de, *of*); talent

m; *usu.* ~*s pl.* connaissances *f/pl.*
ac·qui·si·tion [ækwi'ziʃn] acquisition *f*; **ac·quis·i·tive** □ [æ'kwizitiv] apte *ou* âpre au gain.
ac·quit [ə'kwit] acquitter, absoudre (de, *of*); ~ *o.s. of* s'acquitter de; ~ *o.s. well* (*ill*) se bien (mal) acquitter; **ac'quit·tal** ⚖ décharge *f*; *devoir*: exécution *f*; **ac'quit·tance** ⚕, ⚖ acquit *m*, acquittement *m*.
a·cre ['eikə] acre *f*; (*approx.*) arpent *m*; † champ *m*.
ac·rid □ ['ækrid] âcre; mordant (*style*).
ac·ri·mo·ni·ous □ [ækri'mounjəs] acrimonieux (-euse *f*), atrabilaire; **ac·ri·mo·ny** ['ækriməni] acrimonie *f*, aigreur *f*.
ac·ro·bat ['ækrobæt] acrobate *mf*; **ac·ro'bat·ic** (~*ally*) acrobatique; **ac·ro'bat·ics** *pl.* acrobatie *f*; ✈ acrobaties *f/pl.* aériennes.
a·cross [ə'krɔs] **1.** *adv.* à travers, en travers; de l'autre côté; en croix; **2.** *prp.* à travers, sur; en travers de; *come* ~, *run* ~ rencontrer; tomber sur.
act [ækt] **1.** *v/i.* agir (en, *as*; sur, *on*); prendre des mesures; se comporter; fonctionner; opérer; *théâ.* jouer; ~ (*up*)*on* exercer une action sur, agir sur; *Am.* F ~ *up* devenir insoumis; *v/t.* représenter, jouer (*un rôle*, *une pièce*); **2.** acte *m*; action *f*; *théâ.* acte *m*; loi *f*, décret *m*; ~*s pl.* actes *m/pl.*; ♀ *of God* force *f* majeure; ♀*s pl. of the Apostles les* Actes *m/pl.* des Apôtres; **'act·a·ble** jouable; **'act·ing 1.** action *f*; *théâ. acteur*: jeu *m*; *pièce*: exécution *f*; **2.** suppléant; intérimaire; provisoire; gérant.
ac·tion ['ækʃn] action *f* (*a. théâ.*); acte *m*; *cheval*: allure *f*; procès *m*; combat *m*, bataille *f*; mécanisme *m*; *couleurs*: jeu *m*; gestes *m/pl.*; ~ *radius* rayon *m* d'action; *bring an* ~ *against* intenter une action *ou* un procès à *ou* contre; *take* ~ prendre des mesures; **'ac·tion·a·ble** actionnable, sujet(te *f*) à procès.
ac·tiv·ate ['æktiveit] activer; *phys.* rendre radioactif (-ive *f*).
ac·tive □ ['æktiv] actif (-ive *f*); alerte; agile; vif (vive *f*); ⚕ ~ *partner* commandité *m*; **ac'tiv·i·ty** (*souv. pl.*) activité *f*; occupation *f*; *surt.* ⚕ mouvement *m*; *in full* ~ en pleine activité; *intense* ~ activité *f* intense.
ac·tor ['æktə] acteur *m*; **ac·tress** ['æktris] actrice *f*.
ac·tu·al □ ['æktjuəl] réel(le *f*), véritable; actuel(le *f*), présent; **ac·tu·al·i·ty** [æktju'æliti] réalité *f*; actualité *f*; **ac·tu·al·ize** ['æktjuəlaiz] réaliser; **ac·tu·al·ly** ['ækʃuəli] en fait; réellement; en réalité; à vrai dire.
ac·tu·ar·y ['æktjuəri] actuaire *m*.
ac·tu·ate ['æktjueit] mettre en action; animer (q. à, *s.o. to*).
a·cu·men [ə'kjuːmen] finesse *f* (d'esprit).
ac·u·punc·ture ['ækjupʌŋtʃə] acupuncture *f*.
a·cute □ [ə'kjuːt] aigu (-uë *f*) (*a.* ⚕, *a. angle*, *pointe*, *accent*, *son*); vif (vive *f*) (*douleur*); fin (*ouïe*, *esprit*); qui sévit (*crise*); **a'cute·ness** *angle*: aiguïté *f*; *son*: acuité *f*; *douleur etc.*: intensité *f*; *ouïe*: finesse *f*; *esprit*: pénétration *f*.
ad F [æd] *see advertisement.*
ad·age ['ædidʒ] maxime *f*.
ad·a·mant ['ædəmənt] *fig.* inflexible; insensible (à, *to*); **ad·a·man·tine** [~'mæntain] adamantin; *fig. see adamant.*
a·dapt [ə'dæpt] adapter (à *to*, *for*); accommoder; adapter (*un texte*) (de, *from*); **a·dapt·a'bil·i·ty** souplesse *f*; **a'dapt·a·ble** adaptable; commode; **ad·ap'ta·tion** adaptation *f* (à, *to*); appropriation *f*; **a'dap·ter** *radio*: (bouchon *m* de) raccord *m*; *télév.* adaptateur *m*.
add [æd] *v/t.* ajouter; joindre; ~ *in* inclure; ~ *up* additionner; *v/i.* ~ *to* augmenter; accentuer; ~ *up to* se totaliser par.
ad·den·dum [ə'dendəm], *pl.* **-da** [~də] addenda *m*; supplément *m*.
ad·der ['ædə] vipère *f*.
ad·dict 1. [ə'dikt]: ~ *o.s.* s'adonner (à, *to*), se livrer (à, *to*); **2.** ['ædikt] (*opium etc.* ~) -mane *mf*; **ad'dict·ed** adonné (à, *to*); *become* ~ *to* s'adonner à (*la boisson etc.*), s'abandonner à (*un vice*).
add·ing ['ædiŋ] (d')arithmétique.
ad·di·tion [ə'diʃn] addition *f*; adjonction *f*; *bâtiment*: rajout *m*; *ville*: extension *f*; *Am. terrain*: agrandissement *m*; ~ *to* addition à; *he had an* ~ *to his family* sa famille vient d'augmenter; *in* ~ en outre; *in* ~ *to* en plus de; **ad'di·tion·al** additionnel(le *f*), supplémentaire; nouveau

(-el *devant une voyelle ou un h muet*; -elle *f*; -aux *m/pl.*); de plus.
ad·di·tive ['æditiv] additif *m*.
ad·dle ['ædl] **1.** (se) pourrir (*œufs*); *v/t. fig.* troubler (*le cerveau, la tête etc.*); **2.** pourri (*œuf*); trouble, brouillé (*cerveau*).
ad·dress [ə'dres] **1.** adresser; haranguer (*une foule*); (*a.* ~ *o.s. to*) adresser la parole à (*q.*); ~ *o.s. to s.th.* entreprendre qch.; se mettre à qch.; **2.** adresse *f*; habileté *f*; *parl.* profession *f* de foi; supplique *f*; abord *m*; discours *m*; *give an* ~ faire une allocution; *pay one's* ~*es to* faire la cour à (*une femme*); **ad·dress·ee** [ædre'siː] destinataire *mf*; **ad·dress tag** étiquette *f* d'adresse.
ad·e·noids ⚕ ['ædinɔidz] *pl.* végétations *f/pl.* adénoïdes.
ad·ept ['ædept] **1.** expert (à *at, in*); versé (dans *at, in*); **2.** adepte *mf*; initié(e *f*) *m*; expert *m* (en, *in*); F *be an* ~ *at* être expert à.
ad·e·qua·cy ['ædikwəsi] suffisance *f*; **ad·e·quate** □ ['~kwit] suffisant; juste; raisonnable.
ad·here [əd'hiə] (*to*) adhérer (à), se coller (à); *fig.* persister (dans), s'en tenir (à); observer (*une règle etc.*); donner son adhésion (à) (*un parti etc.*); **ad'her·ence** (*to*) adhérence *f*, adhésion *f* (à); fidélité *f* (à) (*un parti*); observance *f* (de) (*une règle*); **ad'her·ent** **1.** adhérent; **2.** adhérent(e *f*) *m*; partisan *m*.
ad·he·sion [əd'hiːʒn] *see adherence*; *fig.* adhésion *f*; *phys.* adhérence *f*; *give one's* ~ donner son adhésion (à, *to*).
ad·he·sive [əd'hiːsiv] adhésif (-ive *f*) collant; tenace; ~ *plaster*, ~ *tape* sparadrap *m*, emplâtre *m* adhésif.
a·dieu [ə'djuː] **1.** adieu!; **2.** adieu *m*.
ad·i·pose ['ædipous] adipeux (-euse *f*); gras(se *f*).
ad·it ['ædit] accès *m*; ⚒ galerie *f*.
ad·ja·cen·cy [ə'dʒeisənsi] contiguïté *f*; *adjacencies pl.* voisinage *m* immédiat; **ad'ja·cent** □ (*to*) contigu (-uë *f*) (à), attenant (à); limitrophe (de).
ad·jec·ti·val □ [ædʒek'taivl] adjectif (-ive *f*); **ad·jec·tive** ['ædʒiktiv] adjectif *m*.
ad·join [ə'dʒɔin] avoisiner (*qch.*), toucher (à); **ad'join·ing** contigu (-uë *f*); avoisinant.
ad·journ [ə'dʒəːn] (s') ajourner; *v/t.* remettre, différer; lever (*une séance*) (jusque, *to*); **ad'journ·ment** ajournement *m*; remise *f*.
ad·judge [ə'dʒʌdʒ] juger; ⚖ décider, déclarer (*coupable etc.*); condamner (à, *to*); **ad'judge·ment** décision *f*.
ad·ju·di·cate [ə'dʒuːdikeit] *see adjudge*; **ad·ju·di'ca·tion** jugement *m*; décision *f*; arrêt *m*.
ad·junct ['ædʒʌŋkt] accessoire *m*; adjoint(e *f*) *m*; *gramm.* complément *m*.
ad·ju·ra·tion [ædʒuə'reiʃn] adjuration *f*; **ad·jure** [ə'dʒuə] conjurer (de, *to*).
ad·just [ə'dʒʌst] ajuster; arranger; arrêter (*un compte*); régler (*un différend*); agencer (*une machine*); ajuster (*une balance*); *fig.* ~ *to* adapter à; ~*ing screw* vis *f* de serrage; **ad'just·a·ble** □ réglable, ajustable; **ad'just·ment** ajustement *m*; arrangement *m*; règlement *m*; réglage *m*; correction *f*; accommodement *m*.
ad·ju·tan·cy ⚔ ['ædʒutənsi] fonctions *f/pl.* de capitaine adjudant major; **ad·ju·tant** capitaine *m* adjudant major.
ad-lib *Am.* F [æd'lib] improviser.
ad·meas·ure·ment [æd'meʒəmənt] mensuration *f*; mesurage *m*.
ad·min·is·ter [əd'ministə] *v/t.* administrer (*pays, affaires, sacrement, médicament*); assermenter; appliquer (*la loi*); ~ *justice*, ~ *the law* dispenser *ou* rendre la justice; *v/i.* pourvoir aux besoins (de q., *to s.o.*); **ad·min·is'tra·tion** administration *f*; gestion *f*; prestation *f* (*d'un serment*); *surt. Am.* Administration *f*, Gouvernement *m*; ~ *of justice* administration *f* de la justice; **ad'min·is·tra·tive** [~trətiv] administratif (-ive *f*); d'administration; **ad'min·is·tra·tor** [~treitə] administrateur *m*; gérant *m*; ⚖ curateur *m*.
ad·mi·ra·ble □ ['ædmərəbl] admirable, excellent.
ad·mi·ral ['ædmərəl] amiral *m*; ♀ *of the Fleet* amiral *m* commandant en chef; **'ad·mi·ral·ty** amirauté *f*; *First Lord of the* ♀ ministre *m* britannique de la marine.
ad·mi·ra·tion [ædmi'reiʃn] admiration *f*.

ad·mire [əd'maiə] admirer; s'extasier devant; **ad'mir·er** admirateur (-trice *f*) *m*; adorateur (-trice *f*) *m*.

ad·mis·si·bil·i·ty [ədmisə'biliti] admissibilité *f*; **ad'mis·si·ble** □ admissible; recevable; **ad'mis·sion** admission *f*, accès *m* (à, *to*); entrée *f*; confession *f*, aveu *m*; F prix *m* d'entrée.

ad·mit [əd'mit] *v/t.* admettre (à, dans *to, into*); laisser entrer; avoir de la place pour; reconnaître (*une faute etc.*); ⚖ *surt. Am.* ~ *to the bar* inscrire au tableau des avocats; *v/i.*: ~ *of* permettre, comporter; *it* ~*s of no excuse* il est sans excuse; **ad'mit·tance** entrée *f*; accès *m*; *no* ~! entrée interdite!; **ad'mit·ted·ly** de l'aveu de tous; de son propre aveu.

ad·mix·ture [əd'mikstʃə] mélange *m*, dosage *m*; *pharm.* mixtion *f*.

ad·mon·ish [əd'mɔniʃ] admonester; exhorter (à, *to*); prévenir (de, *of*); **ad·mo·ni·tion** [ædmə'niʃn] remontrance *f*; avertissement *m*; **ad·mon·i·to·ry** □ [əd'mɔnitəri] de remontrances; d'avertissement.

a·do [ə'du:] agitation *f*, activité *f*, embarras *m*, bruit *m*; difficulté *f*; *without much* ~ sans difficulté; sans embarras.

a·do·be [ə'doubi] adobe *m*.

ad·o·les·cense [ædo'lesns] adolescence *f*; **ad·o'les·cent** *adj.*, *a. su./mf* adolescent(e *f*) *m*.

a·dopt [ə'dɔpt] adopter; *fig.* choisir, adopter, embrasser; *fig.* F chiper; ~*ed country* pays *m ou* patrie *f* d'adoption; **a'dop·tion** adoption *f*; choix *m*; **a'dop·tive** adoptif (-ive *f*); ~ *country* pays *m ou* patrie *f* d'adoption.

a·dor·a·ble [ə'dɔ:rəbl] adorable; **ad·o·ra·tion** [ædɔ:'reiʃn] adoration *f*; F amour *m*; **a·dore** [ə'dɔ:] adorer; **a'dor·er** adorateur (-trice *f*) *m*.

a·dorn [ə'dɔ:n] orner, parer; **a'dorn·ment** ornement *m*, parure *f*; ornementation *f*.

a·drift [ə'drift] ⚓ à la dérive; *fig.* loin du compte; *turn s.o.* ~ abandonner q., mettre q. sur le pavé.

a·droit [ə'drɔit] adroit; **a'droit·ness** adresse *f*.

ad·u·late ['ædjuleit] aduler, flatter (*q.*); **ad·u'la·tion** adulation *f*; **'ad·u·la·tor** adulateur (-trice *f*) *m*; **'ad·u·la·to·ry** adulateur (-trice *f*).

a·dult ['ædʌlt] *adj.*, *a. su./mf* adulte *mf*.

a·dul·ter·ant [ə'dʌltərənt] adultérant *m*; **a'dul·ter·ate 1.** [~reit] adultérer; *fig.* altérer; **2.** [~it] adultéré; falsifié; altéré; **a·dul·ter·a·tion** [ədʌltə'reiʃn] adultération *f*; altération *f*; **a'dul·ter·a·tor** falsificateur (-trice *f*) *m*; **a'dul·ter·er** adultère *m*; **a'dul·ter·ess** adultère *f*; **a'dul·ter·ous** □ adultère; **a'dul·ter·y** adultère *m*.

ad·um·brate ['ædʌmbreit] ébaucher, esquisser; laisser entrevoir; † voiler; **ad·um'bra·tion** ébauche *f*, esquisse *f*; pressentiment *m*.

ad·vance [əd'vɑ:ns] **1.** *v/i.* s'avancer; avancer (*en âge*); monter (*en grade*); hausser (*prix*); *biol.* évoluer; *v/t.* avancer; mettre en avant (*des opinions*); augmenter, hausser (*le prix*); élever (*en grade*); faire avancer; **2.** marche *f* en avant; ⚔ avance *f*; progrès *m*; avancement *m* (*en grade*); *prix*: hausse *f*; *in* ~ d'avance, en avance; en avant; *be in* ~ *of s.o.* devancer q.; **3.** avant-; **ad'vanced** *adj.* avancé; supérieur (*cours, école, etc.*); ~ *English* anglais *m* supérieur; **ad'vance·ment** avancement *m*; progrès *m*.

ad·van·tage [əd'vɑ:ntidʒ] avantage *m* (*a. au tennis*); dessus *m*; profit *m*; *gain an* ~ *over* se procurer un avantage sur; *gain the* ~ *over* l'emporter sur; *take* ~ *of* profiter de (*qch.*); abuser de (la crédulité de) (*q.*); *to* ~ avantageusement; **ad·van·ta·geous** □ [ædvən'teidʒəs] avantageux (-euse *f*) (pour, *to*); utile.

ad·vent ['ædvənt] arrivée *f*; ♀ *eccl.* Avent *m*; **ad·ven·ti·tious** □ [ædven'tiʃəs] adventice; accidentel(le *f*); accessoire.

ad·ven·ture [əd'ventʃə] **1.** aventure *f*, entreprise *f*; † spéculation *f* hasardée; **2.** (se) hasarder; **ad'ven·tur·er** aventurier *m*; spéculateur *m*; **ad'ven·tur·ess** [~əris] intrigante *f*; **ad'ven·tur·ous** □ aventureux (-euse *f*); audacieux (-euse *f*); entreprenant (*personne*).

ad·verb ['ædvə:b] adverbe *m*; **ad'ver·bi·al** □ [əd'və:bjəl] adverbial (-aux *m/pl.*).

ad·ver·sar·y ['ædvəsəri] adversaire *m*; ennemi(e *f*) *m*; **ad·verse** □

['~vəːs] adverse; contraire; ennemi (de, *to*), hostile (à, *to*); opposé; défavorable; ~ *balance* déficit *m*; **ad·ver·si·ty** [əd'vəːsiti] adversité *f*, infortune *f*.

ad·vert [əd'vəːt]: ~ *to* faire allusion à; parler de.

ad·ver·tise ['ædvətaiz] faire de la réclame (pour); *v/t.* annoncer, faire savoir, faire connaître; *v/i.* insérer une annonce; ~ *for* chercher par voie d'annonce; **ad·ver·tise·ment** [əd'vəːtismənt] publicité *f*; *journal*: annonce *f*; affiche *f* (*sur un mur*); réclame *f*; **ad·ver·tis·er** ['ædvətaizə] auteur *m* d'une annonce; faiseur *m* de réclame; **'ad·ver·tis·ing**: ~ *agency* agence *f* de publicité; ~ *campaign* campagne *f* publicitaire; ~ *designer* dessinateur *m* publicitaire; ~ *film* film *m* publicitaire; ~ *manager* chef *m* de la publicité; ~ *media* supports *m/pl.* publicitaires; ~ *medium* organe *m* de publicité.

ad·vice [əd'vais] conseil *m*, -s *m/pl.*; avis *m*; ⚕ lettre *f ou* note *f* d'avis; *usu.* ~*s pl.* nouvelles *f/pl.*; *on the* ~ *of* sur le conseil de, suivant les conseils de; *take medical* ~ consulter un médecin; **ad'vice·boat** ⚓ aviso *m*.

ad·vis·a·ble □ [əd'vaizəbl] recommandable; **ad'vise** *v/t.* recommander (*qch.*); conseiller (*q.*); conseiller (à q. de *inf.*, *s.o. to inf.*); prévenir (de, *of*, que, *that*); ⚕ aviser de; *v/i.* se consulter; ~ *with* consulter (*q.*), se consulter avec (*q.*); ~ *on* renseigner (*q.*) sur; **ad'vised** □ réfléchi (*acte*); **ad'vis·ed·ly** [~idli] à dessein; **ad'vis·er** conseiller (-ère *f*) *m*; **ad'vi·so·ry** [~əri] consultatif (-ive *f*); ♀ *Board* conseil *m* consultatif.

ad·vo·ca·cy ['ædvəkəsi] fonction *f* d'avocat; appui *m* (donné à une cause); **ad·vo·cate 1.** ['~kit] avocat *m*; *fig.* défenseur *m*, partisan *m*; **2.** ['~keit] plaider en faveur de (*qch.*); appuyer (*une cause*); préconiser.

adze ⊕ [ædz] (h)erminette *f*.

ae·gis ['iːdʒis] *fig.* égide *f*.

ae·on ['iːən] éon *m*; *fig.* éternité *f*.

a·er·at·ed ['eiəreitid] aéré (*pain*); gazeux (-euse *f*) (*eau*).

a·e·ri·al ['ɛəriəl] **1.** □ aérien(ne *f*); ~ *camera* aérophoto *m*; ~ *survey* prise *f* de vue aérienne; ~ *view* vue *f* aérienne; **2.** *radio, télév.*: antenne *f*; *high* ~ antenne *f* haute; *mains* ~ antenne *f* secteur; *outdoor* ~ antenne *f* d'extérieur; ~ *mast* mât *m* d'antenne.

a·er·ie ['ɛəri] aire *f*.

aero... [ɛərə] aéro-; **a·er·o·bat·ics** [~'bætiks] *pl.* acrobaties *f/pl.* (aériennes); **a·er·o·drome** ['ɛərədroum] aérodrome *m*; **a·er·o·gram** ['~græm] radiogramme *m*; **a·er·o·lite** ['~lait] aérolithe *m*; **a·er·o·naut** ['~nɔːt] aéronaute *m*; **a·er·o'nau·tic, a·er·o'nau·ti·cal** □ aéronautique; **a·er·o'nau·tics** *sg.* aéronautique *f*; **a·er·o·plane** ['~plein] aéroplane *m*, avion *m*; **a·er·o·sol (can)** ['~sɔl] aérosol *m*, atomiseur *m*; **a·er·o·space in·du·stry** industrie *f* aérospatiale; **a·er·o·stat** ['~oustæt] aérostat *m*; **a·er·o'sta·tic** aérostatique.

aes·thete ['iːsθiːt] esthète *mf*; **aes·thet·ic, aes·thet·i·cal** □ [iːs'θetik(l)] esthétique; **aes'thet·ics** *sg.* esthétique *f*.

a·far [ə'fɑː] (*surt.* ~ *off*) au loin, éloigné; *from* ~ de loin.

af·fa·bil·i·ty [æfə'biliti] affabilité *f*; **af·fa·ble** □ ['æfəbl] affable, courtois.

af·fair [ə'fɛə] affaire *f*; *love* ~ affaire *f* de cœur; F affaire *f*, chose *f*; ~ *of honour* affaire *f* d'honneur; duel *m*.

af·fect [ə'fekt] atteindre, attaquer, toucher; influer sur (*qch.*); affliger; concerner; altérer (*la santé*); ⚕ intéresser (*un organe*); affecter (*une manière*); *he* ~*s the freethinker* il pose au libre penseur; *he* ~*s to sleep* il affecte de dormir; **af·fec·ta·tion** [æfek'teiʃn] affectation *f*, simulation *f* (de, *of*); *langage*: afféterie *f*; *style*: mièvrerie *f*; **af·fect·ed** □ [ə'fektid] atteint (*santé*); disposé (pour q., *towards s.o.*); ému; touché; affecté, maniéré (*style, maintien, etc.*); minaudier (-ère *f*) (*personne*); simulé; **af'fec·tion** affection *f* (*a.* ⚕) (pour *for, towards*); tendresse *f* (pour, *for*); impression *f*; **af'fec·tion·ate** □ [~kʃənit] affectueux (-euse *f*), aimant; **af'fec·tive** affectif (-ive *f*).

af·fi·ance [ə'faiəns] **1.** confiance *f* (en, *in*); **2.** fiancer (avec, *to*).

af·fi·da·vit [æfi'deivit] attestation *f*

par écrit; *make an ~* faire une déclaration sous serment.
af·fil·i·ate [əˈfilieit] affilier (*un membre*) (*à une société to, with a society*); ⚖, *a. fig.* attribuer la paternité de (*q., a. qch.*) (à, *on*); *~ o.s. with* s'affilier à; *Am.* fraterniser avec; *~d company* filiale *f*; **af·fil·iˈa·tion** affiliation *f* (*à une société etc.*); ⚖ légitimation *f*; *Am. usu. ~s pl.* attaches *f/pl.* (*politiques*).
af·fin·i·ty [əˈfiniti] parenté *f*; affinité *f* (*a.* ⚗, *a. fig.*).
af·firm [əˈfəːm] affirmer, soutenir; ⚖ confirmer; **af·fir·ma·tion** [æfəːˈmeiʃn] affirmation *f*; assertion *f*; ⚖ confirmation *f*; **af·firm·a·tive** □ [əˈfəːmətiv] **1.** affirmatif (-ive *f*); **2.** affirmative *f*; *answer in the ~* répondre affirmativement *ou* que oui.
af·fix 1. [ˈæfiks] addition *f*; **2.** [əˈfiks] attacher (à, *to*); apposer (*un sceau, un timbre*) (sur, à).
af·flict [əˈflikt] affliger, tourmenter; *~ed with* affligé de; **afˈflic·tion** affliction *f*; calamité *f*; infirmité *f*.
af·flu·ence [ˈæfluəns] affluence *f*; abondance *f*; **ˈaf·flu·ent** □ **1.** abondant, riche (en, *in*); opulent, riche; **2.** affluent *m*.
af·flux [ˈæflʌks] afflux *m*; concours *m* (*de gens*).
af·ford [əˈfɔːd] avoir les moyens de; être en mesure de; disposer de (*le temps*); offrir; *I can ~ it* mes moyens me le permettent.
af·for·est [æˈfɔrist] (re)boiser; **af·for·estˈa·tion** (re)boisement *m*.
af·fran·chise [əˈfræntʃaiz] affranchir.
af·fray [əˈfrei] bagarre *f*; rixe *f*.
af·front [əˈfrʌnt] **1.** offenser; faire rougir (*q.*); **2.** affront *m*, offense *f*; *put an ~ upon, offer an ~ to* faire (un) affront *ou* une avanie à (*q.*).
a·fi·cio·na·do [əfisjəˈnɑːdou] aficionado *m*, amateur *m*, fana *m*.
a·field [əˈfiːld] aux champs; à la campagne; *far ~* très loin.
a·fire [əˈfaiə] en feu, embrasé; *set ~* mettre le feu à.
a·flame [əˈfleim] en flammes, embrasé; *set ~* mettre en flammes, faire brûler.
a·float ⚓ *a. fig.* [əˈflout] à flot (*a. fig.* = *quitte de dettes*); sur l'eau, à la mer; à bord; en circulation (*idée, bruit*); ✝ en cours; *keep ~* se maintenir à flot; *set ~* lancer (*un navire, un journal, etc.*).
a·foot [əˈfut] à pied; en mouvement, sur pied; *be ~* être en route *ou* marche *ou* train.
a·fore ⚓ [əˈfɔː] *see before*; **aˈfore·men·tioned** [~menʃnd], **aˈfore·named** [~neimd], **aˈfore·said** susdit, précité; **aˈfore·thought** prémédité; *with malice ~* avec préméditation.
a·fraid [əˈfreid] pris de peur, effrayé; *be ~ of* avoir peur de, craindre (*q., qch.*); F *I am ~ I have to go* je crains bien que je doive partir.
a·fresh [əˈfreʃ] de *ou* à nouveau.
Af·ri·caans [æfriˈkɑːns] africaans *m* (= *patois hollandais parlé au Cap*); **Af·ri·can** [ˈ~kən] **1.** africain; **2.** Africain(e *f*) *m*; *surt. Am.* nègre; **Af·riˈcan·der** [~ˈkændə] Afrikander *m*.
Af·ro [ˈæfrou] **1.** afro; **2.** coiffure *f* afro.
aft ⚓ [ɑːft] à *ou* sur l'arrière.
aft·er [ˈɑːftə] **1.** *adv.* après; plus tard; ensuite; **2.** *prp. temps*: après; *lieu*: après; à la suite de; *manière*: suivant, selon, d'après; *~ all* après tout, enfin; *I'll go ~ him* j'irai le chercher; *time ~ time* à maintes reprises; *~ having seen him* après l'avoir vu; **3.** *cj.* après que; **4.** *adj.* subséquent; futur; ⚓ arrière; **ˈ~·birth** arrière-faix *m/inv.*; **ˈ~·crop** regain *m*; seconde récolte *f*; **ˈ~-din·ner** d'après dîner; **ˈ~-ef·fect** répercussion *f*; **ˈ~·glow** dernières lueurs *f/pl.* du couchant; **ˈ~-grass, ˈ~·math** 🌱 regain *m*; *fig.* suites *f/pl.*; **ˈ~-hours** *le* temps *m* après la fermeture (des magasins, cafés, *etc.*); **ˈ~·noon** après-midi *m/inv.*; *fig. ~ (of life)* déclin *m* de la vie; *this ~* cet après-midi.
aft·ers F [ˈɑːftəz] *pl.* dessert *m*.
after...: ˈ~-sales serv·ice service *m* après-vente; **ˈ~-sea·son** arrière-saison *f*; **ˈ~·shave (lo·tion)** lotion *f* après-rasage, after-shave *m*; **ˈ~-taste** arrière-goût *m*; **ˈ~·thought** réflexion *f* après coup; **ˈ~·wards** [ˈ-wədz] après, plus tard, ensuite; par la suite.
a·gain [əˈgen] encore; encore une fois, de nouveau; en outre, d'autre part; *~ and ~, time and ~* maintes et maintes fois; *as much* (*ou many*) *~* deux fois autant; *twice as much ~*

trois fois autant; *now and* ~ de temps en temps; de temps à autre.

a·gainst [əˈgenst] *prp.* contre; à l'encontre de; *fig.* en prévision de; *as* ~ comparé à; ~ *the wall* contre le mur; ~ *a background* sur un fond; *over* ~ vis-à-vis de; F *run* ~ rencontrer (*q.*) par hasard.

a·gape [əˈgeip] bouche *f* bée.

ag·ate *min.* [ˈægət] agate *f*; *Am.* marbre *m*; *Am. typ. see ruby.*

a·ga·ve ⚘ [əˈgeivi] agave *m.*

age [eidʒ] **1.** âge *m*; époque *f*, siècle *m*; génération *f*; F éternité *f*; (*old*) ~ vieillesse *f*; *at the* ~ *of* à l'âge de; *in the* ~ *of Queen Anne* à l'époque de *ou* du temps de la reine Anne; *of* ~ majeur; *over* ~ trop âgé; *under* ~ mineur; *what is your* ~? quel âge avez-vous?; *when I was your* ~ quand j'avais ton âge, à ton âge; *act ou be your* ~! tu n'es plus un(e) enfant!; F *wait for* ~*s* attendre des éternités; *come of* ~ atteindre sa majorité; **2.** vieillir; **age brack·et** groupe *m ou* catégorie *f ou* tranche *f* d'âge; **a·ged** [ˈ~id] âgé, vieux (vieil *devant une voyelle ou un h muet*; vieille *f*; vieux *m/pl.*); [eidʒd]: ~ *twenty* âgé de vingt ans; **age group** → *age bracket*; ˈ**age·less** toujours jeune; ˈ**age-old** séculaire.

a·gen·cy [ˈeidʒənsi] action *f*, opération *f*; entremise *f*, intermédiaire *m*; agent *m* (*naturel*); agence *f*, bureau *m*.

a·gen·da [əˈdʒendə] *sg.* ordre *m* [du jour.]

a·gent [ˈeidʒənt] agent *m*, représentant(e *f*) *m*; régisseur *m* (*d'une propriété*); mandataire *mf*; commis *m* voyageur; 🚂 *Am.* chef *m* de gare; ⚗ agent *m.*

ag·glom·er·ate [əˈglɔməreit] (s')agglomérer; **ag·glom·erˈa·tion** agglomération *f.*

ag·glu·ti·nate 1. [əˈglu:tineit] (s'ag-) glutiner (*a.* ⚕, *gramm.*); **2.** [~nit] agglutiné; **ag·glu·ti·na·tion** [~ˈneiʃn] agglutination *f* (*a.* ⚕, *gramm.*).

ag·gran·dize [əˈgrændaiz] agrandir; exagérer; **agˈgran·dize·ment** [~dizmənt] agrandissement *m.*

ag·gra·vate [ˈægrəveit] aggraver; empirer; envenimer (*une querelle*); F agacer (*q.*); **ag·graˈva·tion** aggravation *f*; envenimement *m*; F agacement *m.*

ag·gre·gate 1. [ˈægrigeit] (s')agréger (à, *to*); *v/i.* F s'élever à *ou* au total de; **2.** □ [ˈ~git] collectif (-ive *f*); global (-aux *m/pl.*), total (-aux *m/pl.*); ⚘, *géol., etc.* agrégé; **3.** [~] ensemble *m*, total *m*; masse *f*; *in the* ~ dans l'ensemble; **ag·gre·ga·tion** [~ˈgeiʃn] agrégation *f*; assemblage *m.*

ag·gres·sion [əˈgreʃn] agression *f*; **agˈgres·sive** □ [əˈgresiv] agressif (-ive *f*); militant; casseur (*air*); ~ *war* guerre *f* offensive; *take* (*ou assume*) *the* ~ prendre l'offensive; **agˈgres·sive·ness** agressivité *f*; **agˈgres·sor** agresseur *m.*

ag·grieve [əˈgri:v] chagriner, blesser.

ag·gro *Brit. sl.* [ˈægrou] agressivité *f*; violences *f/pl.*

a·ghast [əˈgɑ:st] consterné; stupéfait (de, *at*).

ag·ile □ [ˈædʒail] agile, leste.

a·gil·i·ty [əˈdʒiliti] agilité *f*

ag·i·o ✝ [ˈædʒiou] agio *m*; **ag·i·o·tage** [ˈædʒətidʒ] agiotage *m.*

ag·i·tate [ˈædʒiteit] *v/t.* agiter, remuer; agiter (*une question*); *fig.* émouvoir, troubler; *v/i.* faire de l'agitation (en faveur de, *for*); **ag·iˈta·tion** agitation *f*; mouvement *m*; émotion *f*, trouble *m*; discussion *f*; *insidious* ~ menées *f/pl.* insidieuses; ˈ**ag·i·ta·tor** agitateur *m*; meneur *m*; fauteur *m* de troubles.

ag·let [ˈæglit] ferret *m.*

a·glow [əˈglou] enflammé; *fig.* resplendissant.

ag·nail ⚕ [ˈægneil] envie *f.*

ag·nate [ˈægneit] **1.** agnat(e *f*) *m*; **2.** agnat.

a·go [əˈgou]: *a year* ~ il y a un an; *it is a year* ~ il y a un an (que, *since*); *long* ~ il y a longtemps.

a·gog [əˈgɔg] en émoi; dans l'expectative (de, *for*).

ag·o·nize [ˈægənaiz] *v/t.* torturer, mettre au supplice; *v/i.* être au supplice *ou* au martyre; ˈ**ag·o·niz·ing** □ atroce; navrant.

ag·o·ny [ˈægəni] angoisse *f*; paroxysme *m* (*de joie*); (~ *of death*, *mortal* ~) agonie *f*; *journ.* F ~ *column* annonces *f/pl.* personnelles.

a·grar·i·an [əˈgrɛəriən] **1.** agrarien(ne *f*) *m*; **2.** agraire.

a·gree [əˈgri:] *v/i.* consentir; tomber d'accord; s'accorder; (*upon, on*) convenir (de), accepter (*qch.*);

tomber d'accord (sur); admettre (que, *that*); être du même avis (que q., *with s.o.*); ~ *to* consentir à, accepter (*qch.*); ~ *to differ* différer à l'amiable; *v/t.* ✝ faire accorder (*les livres*), faire cadrer (*un compte*); *be* ~*d* être d'accord (sur, *on*; que, *that*); ~*d!* d'accord!, soit!; **a'gree·a·ble** □ agréable (à, *to*); aimable (envers, *to*); F consentant (à, *to*); **a'gree·a·ble·ness** amabilité *f*; *endroit*: agrément *m*; **a'gree·ment** accord *m*; conformité *f*, concordance *f*; convention *f*, contrat *m*; traité *m*; *come to an* ~ arriver à une entente; *make an* ~ passer un contrat (avec q., *with s.o.*).

ag·ri·cul·tur·al [ægri'kʌltʃərəl] agricole (*produit, nation*); agriculteur (*peuple*); **ag·ri·cul·ture** ['~tʃə] agriculture *f*; **ag·ri'cul·tur·ist** [~tʃərist] agriculteur *m*, agronome *m*.

a·ground ⚓ [ə'graund] échoué; *run* ~ échouer; mettre (*un navire*) à la côte.

a·gue ['eigjuː] fièvre *f* (intermittente); **'a·gu·ish** fiévreux (-euse *f*); impaludé (*personne*); *fig.* frissonnant.

ah [ɑː] ah!, ha!, heu!

a·head [ə'hed] en avant, sur l'avant; *straight* ~ droit devant; ~ *of s.o.* en avant de q.; *go* ~ aller de l'avant; avancer; *go* ~*!* marchez!; allez-y!; continuez!

a·hoy ⚓ [ə'hɔi] ho *ou* ohé, du canot!

aid [eid] **1.** aider, secourir; venir en aide à; **2.** aide *f*, secours *m*; *by* (*ou with*) *the* ~ *of* avec l'aide de (*q.*); à l'aide de (*qch.*); ~*s and appliances* moyens *m/pl.*

aide-de-camp ⚔ ['eiddə'kɑ̃ːŋ], *pl.* **aides-de-camp** ['eidzdə'kɑ̃ːŋ] officier *m* d'ordonnance.

ai·grette ['eigret] aigrette *f*.

ai·guil·lette ⚔ [eigwi'let] aiguillette *f*.

ail [eil] *v/i.* être souffrant; *v/t.* faire souffrir (*q.*); *what* ~*s him?* qu'est-ce qu'il a?; **'ail·ing** souffrant, indisposé; **'ail·ment** mal *m*, maladie *f*.

aim [eim] **1.** *v/i.* viser (*qch.*); *fig.* ~ *at* viser (à *inf.*; *qch.*, *s.th.*); *surt. Am.* ~ *to* (*inf.*) aspirer à (*inf.*); *v/t.*: ~ *a gun* (*ou blow*) *at* viser (*q.*); ~ *remarks at* parler à l'adresse de; **2.** action *f* de viser; but *m*; *fig.* dessein *m*, visées *f/pl.*, but *m*; *take* ~ viser; **'aim·less** □ sans but.

ain't F [eint] = *are not, am not, is not, have not, has not.*

air[1] [ɛə] **1.** air *m*; souffle *m*; brise *f*; *by* ~ en avion, par la voie des airs; *in the open* ~ au grand air; *castles in the* ~ châteaux *m/pl.* en Espagne; *be in the* ~ être en l'air; *fig.* se préparer; *war in the* ~ guerre *f* aérienne; *on the* ~ radiodiffusé; à la radio; *be on* (*off*) *the* ~ (ne pas) radiodiffuser; *go on* (*off*) *the* ~ commencer (terminer) une émission; *put on the* ~ mettre en ondes, émettre; ~ *supply* entrée *f* d'air; *take the* ~ prendre l'air; ✈ décoller; **2.** aérer (*une chambre, le linge*); mettre à l'air; bassiner (*un lit*); ventiler (*une question*); faire parade de (*son savoir, ses opinions*); ~ *o.s.* prendre l'air.

air[2] [~] air *m*, mine *f*, apparence *f*; *give o.s.* ~*s* se donner des airs; *with an* ~ d'un grand geste; ~*s and graces* minauderies *f/pl.*

air[3] ♪ [~] air *m*, mélodie *f*.

air...: **'~-base** base *f* d'aviation; **'~-bath** bain *m* d'air; **'~-bed** matelas *m* pneumatique; **'~-blad·der** vésicule *f* (aérienne); vessie *f* natatoire; **'~-borne** ✈ en vol; ⚔ aéroporté; **'~-brake** frein *m* à air comprimé; **~ bus** aérobus *m*, airbus *m*; **~ car·go** fret *m* aérien; **'~-cham·ber** *biol.* chambre *f* à air; ⊕ cloche *f* d'air; **'~-con'di·tioned** climatisé; **'~-con·di·tion·er** climatiseur *m*; **'~-cooled** (*moteur*) à refroidissement par l'air; **'~craft** avion *m*, -s *m/pl.*; ~ *carrier* porte-avions *m/inv.*; **'~-cush·ion** coussin *m* à air; **'~-drop 1.** parachuter; **2.** parachutage *m*; **'~field** champ *m* d'aviation; **'~-force** aviation *f*; ♀ **Force** armée *f* de l'air; **~ freight** fret *m* aérien; transport *m* par air; *by* ~ par voie aérienne, par avion; **'~-gun** fusil *m* à vent; **~ host·ess** *see stewardess.*

air·i·ness ['ɛərinis] situation *f* aérée; bonne ventilation *f*; *fig.* légèreté *f* d'esprit, gaieté *f*.

air·ing ['ɛəriŋ] ventilation *f*; aérage *m*; *vêtements*: éventage *m*; *give s.th. an* ~ aérer qch.; *that room needs an* ~ il faut aérer cette pièce; *take an* ~ faire un (petit) tour, prendre l'air.

air...: **'~-jack·et** gilet *m* de sauvetage; ⊕ chemise *f* d'air; ~ **let·ter** lettre *f* par avion, aérogramme *m*; '~**lift** pont *m* aérien; '~**·line** ligne *f* aérienne; service *m* de transports aériens; trajet *m* à vol d'oiseau; ~ **lin·er** avion *m* de ligne; ~ **mail** poste *f* aérienne; '~**·man** aviateur *m*; '~-**me'chan·ic** mécanicien *m* d'avion; '~-**mind·ed** ayant le sens de l'air; '~-**pas·sen·ger** passager (-ère *f*) *m*; '~-**pipe** ⊕ tuyau *m* d'air; '~**·plane** *surt. Am.* avion *m*; ~ *pilot* pilote *m* (d'avion); '~-**pock·et** ✈ trou *m* d'air; '~**·port** aéroport *m*; '~-**pump** pompe *f* à air; '~-**raid** ⚔ raid *m* aérien; ~ *precautions* défense *f* anti-aérienne; ~ *shelter* abri *m*; '~**·ship** dirigeable *m*; '~-**sick**: *be* ~ avoir la nausée; '~**·strip** piste *f* d'atterrissage; ~ **ter·mi·nal** ✈ aérogare *f*; '~-**tight** (à clôture) hermétique; *sl.* ~ *case* thèse *f* inébranlable; '~-**traf·fic con·'trol·ler** contrôleur *m* de la navigation aérienne, aiguilleur *m* du ciel; '~-**tube** tuyau *m* à air; '~**·way** voie *f* aérienne; '~**·wom·an** aviatrice *f*; '~**·wor·thy** navigable.

air·y □ ['ɛəri] bien aéré; léger (-ère *f*); désinvolte; *fig.* en l'air.

aisle ⛪ [ail] nef *f* latérale; bas-côté *m*; passage *m* (*entre bancs*).

aitch [eitʃ] h *m*.

aitch·bone ['eitʃboun] culotte *f* (de bœuf).

a·jar [ə'dʒɑː] entrouvert, entre-bâillé; *fig.* en désaccord (avec, *with*).

a·kim·bo [ə'kimbou] (les poings) sur les hanches.

a·kin [ə'kin] apparenté (à, avec *to*).

al·a·bas·ter ['æləbɑːstə] **1.** albâtre *m*; **2.** d'albâtre.

a·lack † [ə'læk] hélas!; ~-*a-day!* ô jour malheureux!

a·lac·ri·ty [ə'lækriti] empressement *m*, alacrité *f*; promptitude *f*.

a·larm [ə'lɑːm] **1.** alarme *f*, alerte *f*; avertisseur *m*, signal *m*; *fig.* agitation *f*; réveille-matin *m/inv.*; ~-*gun* canon *m* d'alarme; *give the* ~, *raise an* ~ donner l'alarme, alerter; **2.** alarmer (*a. fig.*); alerter; **a'larm-bell** tocsin *m*; timbre *m* avertisseur; **a'larm-clock** réveille-matin *m/inv.*, réveil *m*; **a'larm-cord** cordon *m* de la sonnette d'alarme; **a'larm·ist** alarmiste *mf* (*a. adj.*).

a·lar·um [ə'lɛərəm] alerte *f*; réveille-matin *m/inv.*; timbre *m*.

a·las [ə'lɑːs] hélas!, las!

alb *eccl.* [ælb] aube *f*.

Al·ba·ni·an [æl'beinjən] **1.** albanais; **2.** Albanais(e *f*) *m*.

al·be·it [ɔːl'biːit] quoique, bien que.

al·bi·no *biol.* [æl'biːnou] **1.** albinos *mf*; **2.** blanc(he *f*) (*animal*).

al·bum ['ælbəm] album *m* (*a.* = *disque*).

al·bu·men, al·bu·min ⚗ ['ælbjumin] albumen *m*; blanc *m* d'œuf; **al'bu·mi·nous** albumineux (-euse *f*).

al·chem·ic, al·chem·i·cal □ [æl'kemik(l)] alchimique; **al·che·mist** ['ælkimist] alchimiste *m*; '**al·che·my** alchimie *f*.

al·co·hol ['ælkəhɔl] alcool *m*; **al·co'hol·ic** alcoolique (*adj.*, *mf*); '**al·co·hol·ism** alcoolisme *m*; **al·co·hol·ize** ['~laiz] alcooliser.

al·cove ['ælkouv] alcôve *f*; niche *f*; tonnelle *f* (de jardin).

al·der ⚘ ['ɔːldə] aune *m*.

al·der·man ['ɔːldəmən] alderman *m*, magistrat *m* municipal; **al·der·man·ship** ['~mənʃip] fonctions *f/pl.* d'alderman; magistrature *f*.

ale [eil] ale *f*; bière *f* anglaise.

a·lee ⚓ [ə'liː] sous le vent.

a·lem·bic ⚗ [ə'lembik] alambic *m*.

a·lert [ə'ləːt] **1.** □ alerte, éveillé; actif (-ive *f*); **2.** alerte *f*; *on the* ~ sur le qui-vive; éveillé; **a'lert·ness** vigilance *f*; promptitude *f*.

al·fal·fa ⚘ [æl'fælfə] luzerne *f*.

al·ga ⚘ ['ælgə], *pl.* **-gae** [~dʒiː] algue *f*.

al·ge·bra & ['ældʒibrə] algèbre *f*; **al·ge·bra·ic** [~'breiik] algébrique.

a·li·as ['eiliæs] **1.** autrement nommé; **2.** nom *m* d'emprunt.

al·i·bi ['ælibai] alibi *m*; *Am.* F excuse *f*.

al·ien ['eiljən] **1.** étranger (-ère *f*); *fig.* ~ *to* contraire à; qui répugne à; **2.** étranger (-ère *f*) *m*; '**al·ien·a·ble** aliénable, mutable; **al·ien·ate** ['~eit] aliéner (*des biens*); *fig.* détacher, éloigner (de, *from*), (s')aliéner (*q.*); **al·ien'a·tion** *biens, cœur*: aliénation *f*; désaffection *f*; ~ *of mind* égarement *m* d'esprit; '**al·ien·ist** ⚕ aliéniste *m*.

a·light[1] [ə'lait] allumé; en feu.

a·light[2] [~] descendre; mettre pied à terre; se poser (*oiseau*); ✈ atterrir; amerrir.

a·lign [ə'lain] *v/t.* aligner (*a. surv.*);

mettre en ligne; ~ *o.s. with* se ranger du côté de; *v/i.* s'aligner; **a'lign·ment** alignement *m* (*a. surv.*).

a·like [ə'laik] **1.** *adj.* semblable, pareil(le *f*); **2.** *adv.* semblablement; de la même manière; de même.

al·i·ment ['ælimənt] aliment *m*; **al·i·men·ta·ry** [~'mentəri] alimentaire; ~ *canal* tube *m ou* canal *m* alimentaire; **al·i·men'ta·tion** alimentation *f*.

al·i·mo·ny ['æliməni] pension *f* alimentaire; aliments *m/pl.*

a·line(·ment) [ə'lain(mənt)] *see align(ment).*

al·i·quot ⅍ ['ælikwɔt] (partie *f*) aliquote *f*.

a·live [ə'laiv] vivant, en vie; sensible (à, *to*), conscient (de, *to*); *fig.* éveillé; ⚡ sous tension; *no man* ~ personne au monde; F *look* ~! dépêchez-vous!; F *man* ~! par exemple!; grand Dieu!; *be* ~ *to* avoir conscience de; *be* ~ *with* grouiller de.

al·ka·li ⚗ ['ælkəlai] alcali *m*; **al·ka·line** ['~lain] alcalin; *make* ~ alcaliser.

all [ɔ:l] **1.** *adj.* tout; sans exception; entier (-ère *f*); ~ *day* (*long*) (pendant) toute la journée; ~ *kind(s) of books* toutes sortes de livres; *for* ~ *that* toutefois, cependant; *see above*; *after*; **2.** *su.* tout *m*; totalité *f*; *my* ~ mon tout; ~ *of them* eux tous; *at* ~ quoi que ce soit; aucunement; *not at* ~ (pas) du tout; *for* ~ (*that*) *I care* pour ce que cela me fait; *for* ~ *I know* autant que je sache; **3.** *adv.* tout; entièrement; ~ *at once* tout à coup; tout d'un coup; ~ *the better* tant mieux; ~ *but* à peu près, presque; ~ *right* en règle; en bon état; entendu!; bon!; c'est ça!

all-A·mer·i·can [ɔ:lə'merikən] **1.** relevant entièrement des É.-U.; **2.** *sp.* champion *m* américain.

al·lay [ə'lei] apaiser, calmer; modérer; dissiper (*des soupçons*); apaiser (*la faim, la soif*).

al·le·ga·tion [æle'geiʃn] allégation *f*; **al·lege** [ə'ledʒ] alléguer; prétendre; **al'leged** allégué; prétendu; présumé.

al·le·giance [ə'li:dʒns] fidélité *f* (à, *to*), obéissance *f* (à, *to*); *oath of* ~ serment *m* d'allégeance.

al·le·gor·ic, al·le·gor·i·cal □ [æle'gɔrik(l)] allégorique; **al·le·go·rize** ['æligəraiz] allégoriser; **'al·le·go·ry** allégorie *f*.

al·le·lu·ia [æli'lu:jə] alléluia *m*.

al·ler·gic [ə'lə:dʒik] *a. fig.* allergique (à *to*); **al·ler·gy** ['ælədʒi] allergie *f*.

al·le·vi·ate [ə'li:vieit] alléger, soulager; apaiser (*la soif*); **al·le·vi'a·tion** allègement *m*, soulagement *m*; adoucissement *m*.

al·ley ['æli] *jardin*: allée *f*; ruelle *f*, *ville*: passage *m*; *Am.* ruelle *f* latérale; *see back* ~; *see blind*; *a. skittle-*~; F *that is right down his* ~ c'est son rayon; '**~way** *Am.* ruelle *f*.

All Fools' Day ['ɔ:l'fu:lzdei] le premier avril.

al·li·ance [ə'laiəns] alliance *f*; apparentage *m*; *form an* ~ s'allier (avec, *with*).

al·li·ga·tor *zo.* ['æligeitə] alligator *m*.

all-in ['ɔ:l'in] mixte; ... tous risques; tout compris; *Am.* F fini, *sl.* fichu.

al·lit·er·ate [ə'litəreit] allitérer; **al·lit·er'a·tion** allitération *f*.

all-met·al ⊕ ['ɔ:l'metl] tout métal.

al·lo·cate ['æləkeit] allouer, assigner; distribuer; **al·lo'ca·tion** allocation *f*; répartition *f* (*des dépenses*); part *f* assignée.

al·lo·cu·tion [ælo'kju:ʃn] allocution *f*.

al·lo·di·al □ [ə'loudjəl] allodial (-aux *m/pl.*).

al·lop·a·thist ⚕ [ə'lɔpəθist] allopathe *mf*; **al'lop·a·thy** allopathie *f*.

al·lot [ə'lɔt] assigner, attribuer; affecter (*qch.*) (à, *for*); répartir; **al'lot·ment** attribution *f*; *somme*: affectation *f*; ⚔ délégation *f* de solde; partage *m*; distribution *f*; portion *f*; *terre*: lopin *m*.

all-out ['ɔ:l'aut] avec toute son énergie, de toutes ses forces.

al·low [ə'lau] permettre; admettre; tolérer; laisser; *Am.* F opiner; *he is* ~*ed to be* on lui reconnaît (*su.*); ~ *for* tenir compte de; avoir égard à; F *it* ~*s of no excuse* c'est impardonnable; **al'low·a·ble** □ admissible, admis, légitime; **al'low·ance 1.** tolérance *f*; pension *f* alimentaire; rente *f*; argent *m* de poche; ⚔ *nourriture*: indemnité *f*; frais *m/pl.*; rabais *m*, remise *f*; marge *f*; ⊕ tolérance *f*; *make* ~ *for s.o.* se montrer indulgent envers q.; *make* ~ *for s.th.* faire la part de qch.; **2.** faire une rente à; rationner (*le pain etc.*).

al·loy [ə'lɔi] **1.** alliage *m*; *fig.* mélange *m*; **2.** (s')allier; *v/t. fig.* altérer, diminuer, porter atteinte à.

all...: **'~-'pur·pose** universel(le *f*), à tout faire; **'~-'red** entièrement britannique; **'~-'round** universel(le *f*); complet (-ète *f*); à tout usage; ✈ global (-aux *m/pl.*).

All Saints' Day ['ɔ:l'seintsdei] la Toussaint *f*.

All Souls' Day ['ɔ:l'soulzdei] la fête *f* des morts.

all-star *sp. Am.* ['ɔ:l'sta:] composé de joueurs de premier ordre.

al·lude [ə'lu:d] faire allusion (à, *to*).

al·lure [ə'ljuə] attirer; séduire; **al'lure·ment** attrait *m*; appât *m*; séduction *f*; **al'lur·ing** □ attrayant, séduisant.

al·lu·sion [ə'lu:ʒn] allusion *f* (à, *to*); **al'lu·sive** □ allusif (-ive *f*); faisant allusion (à, *to*).

al·lu·vi·al □ [ə'lu:vjəl] alluvial (-aux *m/pl.*) (*terrain*); alluvien(ne *f*) (*gîte*); **al'lu·vi·on** [~ən] alluvion *f*; **al'lu·vi·um** [~əm], *pl.* **-ums, -vi·a** [~vjə] alluvion *f*; lais *m*.

all-weath·er ['ɔ:l'weðə] tous-temps; *sp.* ~ *court* (terrain *m* en) quick *m* (*TM*).

al·ly[1] **1.** [ə'lai] (s')allier (à, avec *to*, *with*); *v/t.* apparenter (*des familles*); *allied to fig.* allié à *ou* avec; de la même nature que; **2.** ['ælai] allié *m*, coallié *m*.

al·ly[2] ['æli] grosse bille *f*; calot *m*.

al·ma·nac ['ɔ:lmənæk] almanach *m*.

al·might·i·ness [ɔ:l'maitinis] toute-puissance *f*; **al'might·y 1.** □ tout-puissant (toute-puissante *f*); **2.** F rudement; **3.** ♀ *le* Tout-Puissant.

al·mond ['ɑ:mənd] amande *f*.

al·mon·er ['ɑ:mənə] aumônier (-ère *f*) *m*.

al·most ['ɔ:lmoust] presque, à peu près.

alms [ɑ:mz] *usu. sg.* aumône *f*; **'~-bag** aumônière *f*; **'~-house** asile *m* de vieillards *ou* d'indigents.

al·oe ⚘, *a. pharm.* ['ælou] aloès *m*.

a·loft [ə'lɔft] ⚓ en haut (*dans la mâture*); *fig.* en l'air; ✈ en vol.

a·lone [ə'loun] seul; *let* (*ou leave*) ~ laisser (*q.*) tranquille; *let it* ~*!* n'y touchez pas!; *let* ~ sans compter; sans parler de.

a·long [ə'lɔŋ] **1.** *adv.*: *move* ~ avancer; *come* ~*!* venez donc; *stride* ~ avancer à grandes enjambées; *all* ~ depuis longtemps; tout le temps; ~ *with* avec; F *get* ~ *with you!* filez!; allons donc!; **2.** *prp.* le long de; **a'long'shore** le long de la côte; **a'long'side 1.** ⚓ *adv.* bord à bord, contre à contre; **2.** *prp.* ⚓ accosté le long de; *fig.* tout près de.

a·loof [ə'lu:f] à l'écart; distant; ⚓ au large; *keep* ~ se tenir éloigné (de, *from*); *stand* ~ s'abstenir; **a'loof·ness** réserve *f* (à l'égard de, *from*).

a·loud [ə'laud] à haute voix; tout haut.

alp [ælp] **1.** alpe *f*; **2.** *the* ♀*s pl.* les Alpes *f/pl.*; **al·pen·stock** ['ælpinstɔk] alpenstock *m*; bâton *m* ferré.

al·pha·bet ['ælfəbit] alphabet *m*; **al·pha·bet·ic, al·pha·bet·i·cal** □ [~'betik(l)] alphabétique.

Al·pine ['ælpain] alpin; alpestre (*climat etc.*); ⚕ ~ *sun* rayons *m/pl.* ultraviolets; **al·pin·ist** ['~pinist] alpiniste *mf*.

al·read·y [ɔ:l'redi] déjà; dès à présent.

Al·sa·tian [æl'seiʃjən] **1.** alsacien (-ne *f*); **2.** Alsacien(ne *f*) *m*; (a. ~ *wolf-hound*) chien-loup (*pl.* chiens-loups) *m*.

al·so ['ɔ:lsou] aussi; encore; également; *équit.* ~ *ran* non classé.

al·tar ['ɔ:ltə] autel *m*; **'~-piece** retable *m*; tableau *m* d'autel.

al·ter ['ɔ:ltə] changer; *v/t.* modifier; remanier (*un texte*); *Am.* F châtrer (*un animal*); **'al·ter·a·ble** variable; modifiable; **al·ter·a·tion** [~ə'reiʃn] changement *m*, modification *f* (à, *to*); remaniement *m*.

al·ter·cate ['ɔ:ltə:keit] se quereller; **al·ter'ca·tion** dispute *f*, querelle *f*.

al·ter·nate 1. ['ɔ:ltə:neit] (faire) alterner; ⚡ *alternating current* courant *m* alternatif; **2.** □ [ɔ:l'tə:nit] alternatif (-ive *f*), alterné; *on* ~ *days* tous les deux jours; **3.** [~] *Am.* suppléant(e *f*) *m*; remplaçant(e *f*) *m*; **al·ter·na·tion** [~'neiʃn] alternation *f*; alternance *f*; **al'ter·na·tive** [~nətiv] **1.** □ alternatif (-ive *f*); second, autre; ⊕ d'emprunt (*route*); **2.** alternative *f*; autre parti *m* (*entre deux*); *I have no* ~ je n'ai pas le choix; **al·ter·na·tor** ⚡ ['~neitə] alternateur *m*.

al·though [ɔ:l'ðou] quoique, bien que.

al·tim·e·ter [æl'timitə] altimètre *m*.

al·ti·tude ['æltitjuːd] altitude *f*; élévation *f*; hauteur *f*; ~ *recorder* altitraceur *m*.

al·to ♪ ['æltou] alto *m*; *femme*: contralto *m*.

al·to·geth·er [ɔːltə'geðə] **1.** tout à fait, entièrement; en tout; somme toute; F tous ensemble; **2.** F *in the* ~ tout nu, F à poil.

al·tru·ism ['æltruizm] altruisme *m*; **'al·tru·ist** altruiste *mf*; **al·tru'is·tic** (~*ally*) altruiste.

al·um ⚗ ['æləm] alun *m*; **a·lu·mi·na** [ə'ljuːminə] alumine *f*; **al·u·min·i·um** [ælju'minjəm], *Am.* **al·u·mi·num** [ə'luːminəm] aluminium *m*; ~ *acetate* acétate *m* d'aluminium; **a'lu·mi·nous** [ə'ljuːminəs] alumineux (-euse *f*).

a·lum·nus [ə'lʌmnəs], *pl.* **-ni** [~nai] *m*; **a'lum·na** [~nə], *pl.* **-nae** [~niː] *f* élève *mf* (*d'un collège*); étudiant(e *f*) *m* (*à une université*); gradué(e *f*) *m*; *Am. sp.* ancien équipier *m*.

al·ve·o·lar [æl'viələ] alvéolaire.

al·ways ['ɔːlwəz] toujours; tout le temps; *as* ~ comme toujours, F comme d'habitude.

a·mal·gam [ə'mælgəm] amalgame *m*; **a'mal·gam·ate** [~meit] (s')amalgamer; fusionner; **a·mal·gam'a·tion** amalgamation *f*; mélange *m*; ⚜ fusion *f*.

a·man·u·en·sis [əmænju'ensis], *pl.* **-ses** [~siːz] secrétaire *mf*.

am·a·ranth ⚘ ['æmərænθ] amarante *f*.

a·mass [ə'mæs] amasser, accumuler.

am·a·teur ['æmətəː] amateur *m*; dilettante *m*; **am·a'teur·ish** d'amateur.

am·a·tive ['æmətiv], **am·a·to·ry** ['~təri] amoureux (-euse *f*); érotique; d'amour.

a·maze [ə'meiz] stupéfier, confondre; **a'maze·ment** stupéfaction *f*, stupeur *f*; **a'maz·ing** □ stupéfiant, étonnant.

Am·a·zon ['æməzn] Amazone *f*; *fig.* ♀ femme *f* hommasse; **Am·a·zo·ni·an** [~'zounjən] d'Amazone; *géog.* de l'Amazone.

am·bas·sa·dor [æm'bæsədə] ambassadeur *m*; **am·bas·sa·do·ri·al** [~'dɔːriəl] ambassadorial (-aux *m/pl.*), d'ambassadeur; **am'bas·sa·dress** [~dris] ambassadrice *f*.

am·ber ['æmbə] **1.** ambre *m*; **2.** ambré; jaune; d'ambre; **am·ber·gris** ['~griːs] ambre *m* gris.

am·bi·dex·trous □ ['æmbi'dekstrəs] ambidextre; *fig.* fourbe.

am·bi·ent ['æmbiənt] ambiant.

am·bi·gu·i·ty [æmbi'gjuiti] ambiguïté *f*; équivoque *f*; **am'big·u·ous** □ ambigu(ë *f*), équivoque; incertain; obscur.

am·bi·tion [æm'biʃn] ambition *f* (de, *to*); ~*s pl.* ambitions *f/pl.*; visées *f/pl.*; **am'bi·tious** □ ambitieux (-euse *f*) (de *of*, *to*); prétentieux (-euse *f*) (*style*).

am·ble ['æmbl] **1.** amble *m*, entrepas *m*; **2.** aller (à) l'amble; traquenarder; *fig.* marcher d'un pas tranquille; ~ *up* s'approcher d'un pas tranquille; **'am·bler** flâneur (-euse *f*) *m*; cheval *m* ambleur.

am·bro·si·a [æm'brouziə] ambroisie *f*; **am'bro·si·al** □ ambrosiaque; *fig.* délicieux (-euse *f*).

am·bu·lance ['æmbjuləns] ambulance *f*; hôpital *m* ambulant; *attr.* sanitaire; ~ *box* infirmerie *f* portative; *Am.* F ~ *chaser avoué qui guette les accidents pour faire poursuivre le responsable en dommages-intérêts*; ~ *man* ambulancier *m*; ~ *station* poste *m* d'ambulance; poste *m* de secours; **'am·bu·lant** ambulant.

am·bu·la·to·ry ['æmbjulətəri] **1.** ambulant, mobile; ⚕ ambulatoire; **2.** promenoir *m*, préau *m*; *eccl.* déambulatoire *m*.

am·bus·cade [æmbəs'keid], **am·bush** ['æmbuʃ] **1.** guet-apens (*pl.* guets-apens) *m*; embuscade *f*; *lay* (*ou make*) *an* ~ dresser une embuscade (à q., *for s.o.*); **2.** *v/t.* attirer (*q.*) dans un piège; *v/i.* s'embusquer.

a·mel·io·rate [ə'miːliəreit] (s')améliorer; **a·mel·io'ra·tion** amélioration *f*.

a·men ['ɑː'men] amen; ainsi soit-il.

a·me·na·ble □ [ə'miːnəbl] soumis, docile (à, *to*); ⚖ justiciable.

a·mend [ə'mend] *v/t.* amender; réformer; ⚖ corriger; *parl.* modifier, amender; *v/i.* s'amender; **a'mend·ment** modification *f*; ⚖ rectification *f*; *parl.* amendement *m* (*Am. a. article ajouté à la Constitution des É.-U.*); **a'mends** [~dz] *sg.* réparation *f*; *make* ~ *for* réparer (*un tort*); compenser (*un défaut*).

a·men·i·ty [ə'mi:niti] *lieu*: aménité *f*; charme *m*; amabilité *f*; *amenities pl.* commodités *f/pl.* (*de l'existence*); civilités *f/pl.*

a·merce † [ə'mə:s] confisquer (*des terres*); mettre à l'amende.

A·mer·i·can [ə'merikən] **1.** américain; ~ *cloth* toile *f* cirée; ~ *leather* molesquine *f*; *Am.* ~ *Legion* association *f* des anciens combattants des deux guerres mondiales; *tourisme*: ~ *plan* pension *f* complète; **2.** Américain(e *f*) *m*; **a'mer·i·can·ism** américanisme *m*; **a'mer·i·can·ize** (s')américaniser.

Am·er·in·di·an [æmər'indjən], **Am·er·ind** ['æmərind] Indien *m* indigène de l'Amérique.

am·e·thyst *min.* ['æmiθist] améthyste *f*.

a·mi·a·bil·i·ty [eimjə'biliti] amabilité *f* (envers, *to*); **'a·mi·a·ble** □ aimable (envers, *to*).

am·i·ca·ble □ ['æmikəbl] amical (-aux *m/pl.*); bien disposé; **'am·i·ca·ble·ness** disposition *f* amicale.

a·mid(**st**) [ə'mid(st)] *prp.* au milieu de; parmi; entre.

a·mid·ships ⚓ [ə'midʃips] par le travers, au milieu du navire.

a·miss [ə'mis] mal; de travers; mal à propos; *take* ~ prendre (*qch.*) en mauvaise part; *it would not be* ~ (*for him*) *to* il ne (lui) ferait pas mal de; *what is* ~ *with him?* qu'est-ce qu'il a?

am·i·ty ['æmiti] amitié *f*; concorde *f*.

am·me·ter ⚡ ['æmitə] ampèremètre *m*.

am·mo·ni·a [ə'mounjə] ammoniaque *f*; *liquid* ~ (solution *f* aqueuse d')ammoniaque *f*; F alcali *m* volatil; **am'mo·ni·ac** [~æk], **am·mo·ni·a·cal** [æmo'naiəkl] ammoniac (-aque *f*); *see sal*.

am·mu·ni·tion ⚔ [æmju'niʃn] **1.** munitions *f/pl.* de guerre; **2.** d'ordonnance; ~ *boots* chaussures *f/pl.* de munition; ~ *bread* pain *m* de guerre.

am·nes·ty ['æmnesti] **1.** amnistie *f*; **2.** amnistier.

a·moe·ba *zo.* [ə'mi:bə] amibe *f*.

a·mong(**st**) [ə'mʌŋ(st)] *prp.* parmi, entre; *from* ~ d'entre; *be* ~ être du nombre de; *they have it* ~ *them* ils l'ont en commun.

a·mor·al [æ'mɔrəl] amoral (-aux *m/pl.*).

am·o·rous □ ['æmərəs] amoureux (-euse *f*) (de, *of*); érotique (*poésie*).

a·mor·phous [ə'mɔ:fəs] *min.* amorphe; *fig.* sans forme; vague.

am·or·ti·za·tion [əmɔ:ti'zeiʃn] amortissement *m*; **am'or·tize** [~taiz] amortir.

a·mount [ə'maunt] **1.**: ~ *to* s'élever à, monter à; revenir à, se réduire à; **2.** somme *f*, montant *m*, total *m*; quantité *f*; valeur *f*; *to the* ~ *of* à la valeur de; jusqu'à concurrence de.

a·mour [ə'muə] intrigue *f* galante.

am·pere ⚡ ['æmpɛə] ampère *m*.

am·phet·a·mine [æm'fetəmi:n] amphétamine *f*.

am·phib·i·an ⚔, *zo.* [æm'fibiən] **1.** amphibie *m*; **2.** = **am'phib·i·ous** □ amphibie.

am·phi·the·a·tre ['æmfiθiətə] amphithéâtre *m*.

am·ple □ ['æmpl] ample, large; vaste; gros(se *f*); grand; abondant; **'am·ple·ness** ampleur *f*; abondance *f*.

am·pli·fi·ca·tion [æmplifi'keiʃn] amplification *f* (*a. poét.*, *a. phys.*); *gramm. attribut*: extension *f*; **am·pli·fi·er** ['~faiə] *radio*: amplificateur *m*; haut-parleur *m*; **am·pli·fy** ['~fai] *v/t.* amplifier (*a. radio*); développer; exagérer; *v/i.* discourir; *radio*: ~*ing valve* lampe *f* amplificatrice; **am·pli·tude** ['~tju:d] amplitude *f* (*a. phys.*); ampleur *f*.

am·poule ['æmpu:l] ampoule *f*.

am·pu·tate ⚕ ['æmpjuteit] amputer, faire l'amputation de; **am·pu'ta·tion** amputation *f*.

a·muck [ə'mʌk]: *run* ~ tomber dans la folie meurtrière de l'amok; *fig.* faire les cent coups; *run* ~ *at* (*ou on ou against*) *fig.* s'emballer contre.

am·u·let ['æmjulit] amulette *f*.

a·muse [ə'mju:z] amuser, divertir, faire rire, égayer; distraire; **a'muse·ment** amusement *m*; divertissement *m*; distraction *f*; ~ *arcade* luna-park *m*; ~ *park* parc *m* d'attraction; fête *f* foraine; *for* ~ pour se distraire; pour (faire) rire; **a'mus·ing** □ amusant, divertissant (pour, *to*).

am·y·la·ceous [æmi'leiʃəs] amylacé.

an *gramm.* [æn; ən] *article*: un(e *f*).

an·a·bap·tist [ænə'bæptist] anabaptiste *mf*.

a·nach·ro·nism [ə'nækrənizm] anachronisme *m*.
a·n(a)e·mi·a [ə'niːmjə] anémie *f*; **a'n(a)e·mic** anémique.
an·(a)es·the·si·a [ænis'θiːzjə] anesthésie *f*; **an·(a)es·thet·ic** [~'θetik] (~*ally*) anesthésique (*a. su./m*); **a·n(a)es·the·tist** [æ'niːsθitist] anesthésiste *mf*; **a·n(a)es·the·tize** [æ'niːsθitaiz] anesthésier, insensibiliser.
an·a·log·ic, an·a·log·i·cal □ [ænə'lɔdʒik(l)] analogique; **a·nal·o·gous** [ə'næləgəs] analogue (à *with, to*); **a'nal·o·gy** analogie *f* (avec *with, to*; entre, *between*).
an·a·lyse ['ænəlaiz] analyser; faire l'analyse de (*a. gramm.*); **a·nal·y·sis** [ə'næləsis], *pl.* -ses [~siːz] analyse *f*; *compte*: dépouillement *m*; *gramm.* analyse *f* logique; **an·a·lyst** ['ænəlist] analyste *mf*; *public* ~ analyste *m* officiel.
an·a·lyt·ic, an·a·lyt·i·cal □ [ænə'litik(l)] analytique.
an·ar·chic, an·ar·chi·cal □ [æ'nɑːkik(l)] anarchique; **an·ar·chism** ['ænəkizm] anarchisme *m*; **an·arch·ist** ['ænəkist] anarchiste *mf*; **'an·arch·y** anarchie *f*; désordre *m*.
a·nath·e·ma [ə'næθimə] anathème *m*; malédiction *f*; **a'nath·e·ma·tize** anathématiser, frapper d'anathème; F maudire.
an·a·tom·i·cal □ [ænə'tɔmikl] anatomique; **a·nat·o·mist** [ə'nætəmist] anatomiste *mf*; **a'nat·o·mize** anatomiser; disséquer; **a'nat·o·my** anatomie *f*; dissection *f*; F *fig.* squelette *m*.
an·ces·tor ['ænsistə] ancêtre *m*; aïeul (*pl.* -eux) *m*; **an·ces·tral** [~'sestrəl] *biol.* ancestral (-aux *m/pl.*); héréditaire, de famille; **an·ces·tress** ['ænsistris] ancêtre *f*; aïeule *f*; **'an·ces·try** race *f*; lignage *m*; aïeux *m/pl.*
an·chor ['æŋkə] ⚓, *a. fig.* **1.** ancre *f*; *at* ~ à l'ancre; mouillé; **2.** *v/t.* ancrer, mettre à l'ancre; *v/i.* jeter l'ancre, mouiller; **'an·chor·age** ancrage *m*, mouillage *m*.
an·cho·ret ['æŋkəret], **an·cho·rite** ['~rait] anachorète *m*.
an·chor man ['æŋkə'mæn] *radio, télév.*: présentateur-réalisateur *m* (*pl.* présentateurs-réalisateurs).
an·cho·vy [æn'tʃouvi] anchois *m*.
an·cient ['einʃənt] **1.** ancien(ne *f*); antique; **2.** *the* ~*s pl.* les anciens *m/pl.* (*grecs et romains*); **'an·cient·ly** anciennement; jadis.
an·cil·lar·y [æn'siləri] *fig.* subordonné, ancillaire (à, *to*); accessoire (à, *to*).
and [ænd; ənd] et; *thousands* ~ *thousands* des milliers et des milliers; *there are flowers* ~ *flowers* il y a des fleurs et encore des fleurs; *try* ~ *take it* tâchez de le prendre.
and·i·ron ['ændaiən] landier *m*; chenet *m*.
an·ec·do·tal [ænek'doutl], **an·ec·dot·i·cal** [~'dɔtikl] □ anecdotique; **an·ec·dote** ['ænikdout] anecdote *f*.
an·e·lec·tric *phys.* [æni'lektrik] anélectrique.
an·e·mom·e·ter [æni'mɔmitə] anémomètre *m*.
a·nem·o·ne [ə'nemənі] anémone *f*.
an·er·oid ['ænərɔid] (baromètre *m*) anéroïde *m*.
a·new [ə'njuː] de nouveau; à nouveau.
an·gel ['eindʒl] ange *m*; **an·gel·ic, an·gel·i·cal** □ [æn'dʒelik(l)] angélique.
an·ger ['æŋgə] **1.** colère *f*; emportement *m* (contre, *at*); **2.** irriter, mettre (*q.*) en colère.
an·gi·na ⚕ [æn'dʒainə] angine *f*; ~ *pectoris* angine *f* de poitrine.
an·gle ['æŋgl] **1.** angle *m*; *fig.* point *m* de vue; **2.** pêcher à la ligne; ~ *for* F quêter; **'an·gler** pêcheur (-euse *f*) *m* à la ligne.
An·gles ['æŋglz] *pl.* Angles *m/pl.*
An·gli·can ['æŋglikən] **1.** anglican; *Am. a.* anglais; **2.** anglican(e *f*) *m*.
An·gli·cism ['æŋglisizm] anglicisme *m*; idiotisme *m* anglais.
an·gling ['æŋgliŋ] pêche *f* à la ligne.
An·glo-Sax·on ['æŋglou'sæksn] **1.** Anglo-Saxon(ne *f*) *m*; **2.** anglo-saxon(ne *f*).
an·go·ra [æŋ'gɔːrə] (laine *f*) angora *m*; (*a.* ~ *cat*) (chat *m*) angora *m*.
an·gry ['æŋgri] fâché, irrité, courroucé (contre q., *with s.o.*; de qch. *about s.th.*); ⚕ irrité, enflammé.
an·guish ['æŋgwiʃ] angoisse *f*; douleur *f*; *fig.* supplice *m*.
an·gu·lar ['æŋgjulə] angulaire; anguleux (-euse *f*) (*visage*); *fig.* maigre, décharné; ~ *point* △ sommet *m*; **an·gu·lar·i·ty** [~'læriti] angu-

larité *f*; *fig.* caractère *m* anguleux.
an·hy·drous ⚗ [æn'haidrəs] anhydre; sec (sèche *f*), tapé (*fruits*).
an·ile ['einail] de vieille femme.
an·i·line ⚗ ['ænili:n] aniline *f*; ~ *dyes pl.* colorants *m/pl.* d'aniline.
an·i·mad·ver·sion [ænimæd'və:ʃn] censure *f*, blâme *m*; **an·i·mad·vert** [~'və:t] critiquer, censurer, blâmer (qch., *on s.th.*).
an·i·mal ['ænimәl] **1.** animal *m*; bête *f*; **2.** animal (-aux *m/pl.*); *Brit.* ~ *home* asyle *m* pour animaux; *zo.* ~ *kingdom* règne *m* animal; ~ *lover* ami(e *f*) *m* des animaux; *Am.* ~ *shelter* asyle *m* pour animaux; ~ *spirits pl.* verve *f*, entrain *m*; **an·i·mal·cule** [~'mælkju:l] animalcule *m*; **an·i·mal·ism** ['~məlizm] animalité *f*; *biol.* animalisme *m*; **an·i'mal·i·ty** animalité *f*.
an·i·mate **1.** ['ænimeit] animer; stimuler; mouvementer; **2.** ['~mit], *usu.* **an·i·mat·ed** ['~meitid] animé (*a. fig.*); doué de vie; ~ *cartoon* dessins *m/pl.* animés.
an·i·ma·tion [æni'meiʃn] animation *f*; vivacité *f*; chaleur *f*; entrain *m*; stimulation *f*.
an·i·mos·i·ty [æni'mɔsiti], *a.* **an·i·mus** ['ænimәs] animosité *f*.
an·ise ⚘ ['ænis] anis *m*; **an·i·seed** ['~si:d] (graine *f* d')anis *m*; *attr.* à l'anis.
an·kle ['æŋkl] cheville *f*; ~ *bone* astragale *m*.
an·klet ['æŋklit] bracelet *m* de jambe; manille *f* (de forçat); F socquette *f*.
an·nals ['ænlz] *pl.* annales *f/pl.*; *fig.* archives *f/pl.*
an·neal ⊕ [ə'ni:l] recuire, adoucir (*un métal etc.*); *fig.* tempérer.
an·nex **1.** [ə'neks] annexer (à, *to*); ajouter; joindre; ~ *to* poser (*des conditions*) à; **2.** ['æneks] annexe *f*; dépendance *f*; adjonction *f*; **an·nex'a·tion** annexion *f* (de, *of*); mainmise *f* (sur, *of*).
an·ni·hi·late [ə'naiəleit] anéantir; annihiler; *see annul*; **an·ni·hi'la·tion** anéantissement *m*; annihilation *f*; *see annulment.*
an·ni·ver·sa·ry [æni'və:səri] anniversaire *m*.
an·no·tate ['ænouteit] annoter; commenter; accompagner de remarques; **an·no'ta·tion** annotation *f*; commentaire *m*; note *f*.
an·nounce [ə'nauns] annoncer; faire connaître; **an'nounce·ment** annonce *f*; avis *m*; faire-part *m/inv.*; **an'nounc·er** *radio*: speaker *m*.
an·noy [ə'nɔi] contrarier; gêner; molester; vexer; **an'noy·ance** contrariété *f*; chagrin *m*; ennui *m*; **an'noyed** contrarié, ennuyé, vexé; **an'noy·ing** □ contrariant, ennuyeux (-euse *f*), ennuyant.
an·nu·al ['ænjuəl] **1.** □ annuel(le *f*) (*a.* ⚘); ~ *ring* ⚘ couche *f* annuelle; **2.** ⚘ plante *f* annuelle; *livre*: annuaire *m*.
an·nu·i·tant [ə'njuitənt] rentier (-ère *f*) *m*; **an'nu·i·ty** rente *f* (annuelle); ⚚ (*a.* ~ *bond*) obligation *f*; *see life.*
an·nul [ə'nʌl] annuler, résilier; dissoudre (*un mariage*); abroger (*une loi*).
an·nu·lar □ ['ænjulə] annulaire.
an·nul·ment [ə'nʌlmənt] annulation *f*, résiliation *f*; dissolution *f*; abrogation *f*.
an·nun·ci·a·tion [ənʌnsi'eiʃn] proclamation *f*, annonce *f*; *eccl.* Annonciation *f*; **an'nun·ci·a·tor** [~ʃieitə] annonciateur *m*; *Am.* bouton *m* (*de sonnerie*).
an·ode ⚡ ['ænoud] **1.** anode *f*; **2.** de plaque; ~ *potential* tension *f* de plaque.
an·o·dyne ⚕ ['ænodain] anodin (*a. su./m*); calmant (*a. su./m*).
a·noint [ə'nɔint] *surt. eccl.* oindre; sacrer; *fig.* graisser.
a·nom·a·lous □ [ə'nɔmələs] anomal (-aux *m/pl.*); F exceptionnel(le *f*), anormal (-aux *m/pl.*), irrégulier (-ère *f*); **a'nom·a·ly** anomalie *f*.
a·non [ə'nɔn] bientôt, tout à l'heure; *ever and* ~ de temps en temps.
an·o·nym·i·ty [ænə'nimiti] anonymat *m*, anonyme *m*; **a·non·y·mous** □ [ə'nɔniməs] anonyme; inconnu.
an·oth·er [ə'nʌðə] encore un(e); un(e) autre; un(e) second(e); *just such* ~ un autre du même genre; F *tell me ou us* ~*!* à d'autres!, tu ne le crois pas toi-même!
an·swer ['ɑ:nsə] **1.** *v/t.* répondre (*qch.*) (à q., *s.o.*); faire réponse à; remplir (*un but*); obéir (*à la barre*); répondre à (*une accusation*); ~ *the bell* (*ou door*) aller *ou* venir ouvrir; *v/i.* répondre (à q., *to s.o.*; à qch., *to s.th.*;

à une question, *to a question*); ne pas réussir; F ~ *back* répliquer, répondre avec impertinence; *don't ~ back!* ne réponds pas!; ~ *for* être responsable de; répondre de (*q.*), se porter garant de (*q., qch.*); ~ *to the name of* s'appeler; **2.** réponse *f* (à, *to*); ♨ solution *f*; ⚖ réplique *f*, réfutation *f*; **'an·swer·a·ble** □ responsable; comptable.

ant [ænt] fourmi *f*.

an't [ɑ:nt] F = *are not, am not*; *sl. ou prov.* = *is not*.

an·tag·o·nism [æn'tægənizm] antagonisme *m* (entre, de *between*); opposition *f* (à, *to*; avec, *with*); **an'tag·o·nist** adversaire *m*; antagoniste *m*; **an·tag·o'nis·tic** (~*ally*) opposé, contraire (à, *to*); adverse; **an'tag·o·nize** éveiller l'hostilité de (*q.*); s'opposer à; contrarier (*une force*).

ant·arc·tic [ænt'ɑ:ktik] antarctique; ♀ *Circle* cercle *m* polaire antarctique.

an·te *Am.* ['ænti] *poker*: **1.** première mise *f*; **2.** F (*usu.* ~ *up*) *v/t., a. v/i.* ouvrir (le jeu); *v/i. fig.* donner son obole.

an·te·ced·ence [ænti'si:dəns] priorité *f*; antériorité *f*; *astr.* antécédence *f*; **an·te'ced·ent 1.** □ antécédent; antérieur (à, *to*); **2.** antécédent *m* (*a. gramm.*); thème *m*; *his* ~*s pl.* ses ancêtres *m/pl.*; son passé *m*.

an·te·cham·ber ['æntitʃeimbə] antichambre *f*.

an·te·date ['ænti'deit] antidater (*un document*); précéder, venir avant.

an·te·di·lu·vi·an ['æntidi'lu:vjən] antédiluvien(ne *f*) (*a. su./mf*).

an·te·lope *zo.* ['æntiloup] antilope *f*.

an·te·na·tal [ænti'neitl] prénatal.

an·ten·na [æn'tenə], *pl.* **-nae** [~ni:] *zo., radio, télév.*: antenne *f*; *limaçon*: corne *f*.

an·te·ri·or [æn'tiəriə] antérieur (à, *to*).

an·te·room ['æntirum] antichambre *f*, vestibule *m*.

an·them ['ænθəm] *eccl.* antienne *f*, motet *m*; hymne *m*.

ant-hill ['ænthil] fourmilière *f*.

an·thol·o·gy [æn'θɔlədʒi] *fig.* anthologie *f*, florilège *m*.

an·thra·cite *min.* ['ænθrəsait] anthracite *m*; F houille *f* sèche; **anthrax** ['ænθræks] *vét.* charbon *m*.

an·thro·poid ['ænθrəpɔid] anthropoïde (*a. su./m*); **an·thro·po·log·i·cal** □ [ænθrəpə'lɔdʒikəl] anthropologique; **an·thro·pol·o·gist** [~'pɔlədʒist] anthropologiste *mf*, -logue *mf*; **an·thro'pol·o·gy** [~dʒi] anthropologie *f*; **an·thro·poph·a·gy** [ænθrə'pɔfədʒi] anthropophagie *f*.

anti... [ænti] *préf.* anti-; anté-; contre-.

an·ti-air·craft ['ænti'ɛəkrɑ:ft]: ~ *alarm* alerte *f* (aux avions); ~ *defence* défense *f* contre avions; D.C.A.; ~ *gun* canon *m* antiaérien.

an·ti·bi·ot·ic ⚕ ['æntibai'ɔtik] antibiotique (*a. su./m*).

an·tic ['æntik] **1.** □ † grotesque; **2.** bouffonnerie *f*, singerie *f*; ~*s pl.* gambades *f/pl*.

An·ti·christ ['æntikraist] Antéchrist *m*.

an·tic·i·pate [æn'tisipeit] anticiper (*un paiement*; sur *les événements*); devancer; prévoir; s'attendre à; se promettre; escompter (*un résultat*);

an·tic·i'pa·tion anticipation *f*; prévision *f*; attente *f*; expectative *f*; *payment by* ~ paiement *m* par anticipation; *in* ~ d'avance; *Thanking you in* ~ Avec mes *ou* nos remerciements anticipés; **an'tic·i·pa·to·ry** [~peitəri] anticipé, anticipatif (-ive *f*); par anticipation.

an·ti·cler·i·cal ['ænti'klerikəl] anticlérical.

an·ti·cli·max ['ænti'klaimæks] anticlimax *m*.

an·ti-cor·ro·sive a·gent ['æntikə'rousiv'eidʒənt] antirouille *m*.

an·ti·cy·clone *météor.* ['ænti'saikloun] anticyclone *m*.

an·ti-daz·zle *mot.* ['ænti'dæzl] antiaveuglant; ~ *headlights pl.* phares-code *m/pl*.

an·ti·dote ['æntidout] antidote *m*, contrepoison *m* (de, contre *against, for, to*).

an·ti-freeze *mot.* ['ænti'fri:z] antigel *m*.

an·ti-fric·tion ['ænti'frikʃn] antifriction *f*; *attr.* ⊕ antifriction.

an·ti·ha·lo *phot.* ['ænti'heilou] antihalo *m* (*a. su./m*).

an·ti-ic·er ⊕, ✈ ['ænti'aisə] antigivreur *m*.

an·ti-knock *mot.* ['ænti'nɔk] (produit *m*) antidétonant.

an·ti·mo·ny *min.* ['æntiməni] antimoine *m*.

an·tip·a·thy [æn'tipəθi] antipathie *f*

(pour, contre *against, to*); aversion *f* (pour q., *against s.th.*).

an·tip·o·dal [æn'tipədl] situé aux antipodes; **an·ti·pode** ['~poud], *pl.* **an·tip·o·des** [~'tipədi:z] chose *f* diamétralement opposée; rebours *m*; ~*s pl. géog.* antipodes *m/pl.*

an·ti·pol·lu·tion de·vice ['æntipə'luʃəndi'vais] équipement *m* antipollution.

An·ti·py·rin [ænti'paiərin] antipyrine *f*, analgésine *f*.

an·ti·quar·i·an □ [ænti'kwεəriən] archéologique, de l'antique; **an·ti·quar·y** ['~kwəri] archéologue *m*; amateur *m* d'antiquités; antiquaire *m*; **an·ti·quat·ed** ['~kweitid] vieilli; désuet (-ète *f*); suranné, démodé.

an·tique [æn'ti:k] **1.** □ antique; ancien(ne *f*); suranné; **2.** antiquité *f*; objet *m* antique; **an·tiq·ui·ty** [~'tikwiti] antiquité *f* (*romaine etc.*); ancienneté *f*; *antiquities pl.* antiquités *f/pl.*

an·ti-rust ['ænti'rʌst] antirouille *m*.

an·ti-sem·ite [ænti'si:mait] antisémite (*a. su./mf*); **an·ti-Se·mit·ic** ['~si'mitik] antisémite; **an·ti-sem·i·tism** [~'semitizm] antisémitisme *m*.

an·ti·sep·tic [ænti'septik] antiseptique (*a. su./m*).

an·ti-skid *mot.* ['ænti'skid] antidérapant.

an·tith·e·sis [æn'tiθisis], *pl.* **-ses** [~si:z] antithèse *f*; contraire *m*; **an·ti·thet·ic, an·ti·thet·i·cal** □ [~'θetik(l)] antithétique.

ant·ler ['æntlə] *cerf etc.*: andouiller *m*; ~s *pl.* bois *m* (*pl.*).

an·to·nym *gramm.* ['æntənim] antonyme *m*.

A num·ber 1 *Am.* F *see A 1.*

a·nus *anat.* ['einəs] anus *m*.

an·vil ['ænvil] enclume *f*; *fig.* chantier *m*, métier *m*.

anx·i·e·ty [æŋ'zaiəti] inquiétude *f*; soucis *m/pl.*; *fig.* désir *m* (de *inf.*; *to inf.*); *fig.* sollicitude *f* (pour, *for*); ⚕ anxiété *f*; ~ *dream* rêve *m* anxieux.

anx·ious □ ['æŋkʃəs] inquiet (-ète *f*), soucieux (-euse *f*) (sur, de, au sujet de *about*); désireux (-euse *f*) (de *inf.*, *to inf.*); impatient (de *inf.*, *to inf.*).

an·y ['eni] **1.** *adj., a. pron.* un(e *f*); tout(e *f*); n'importe quel(le *f*); n'importe lequel (laquelle *f*); *are there ~ nails?* y a-t-il des clous?; *not ~* aucun, nul; **2.** *adv. ne se traduit pas d'ordinaire*; **'~·bod·y, '~·one** quelqu'un(e *f*); n'importe qui; tout le monde; quiconque; (*avec négation*) personne; *not ~* personne; **'~·how** **1.** *cj.* en tout cas; **2.** *adv.* n'importe comment; **'~·thing** quelque chose; (*avec négation*) rien; ~ *but* rien moins que; **'~·way** *see anyhow*; **'~·where** n'importe où.

a·pace [ə'peis] vite; à grands pas.

a·part [ə'pɑ:t] à part; de côté; écarté; ~ *from* en dehors de; hormis que; *joking ~* plaisanterie à part; *set ~ for* mettre de côté pour; réserver à; **a'part·ment** salle *f*, chambre *f*; pièce *f*; *Am.* appartement *m*; ~*s pl.* logement *m*; *Am.* ~ *hotel* hôtel *m* meublé avec *ou* sans service; *Am.* ~ *house* maison *f* de rapport.

ap·a·thet·ic [æpə'θetik] (~*ally*) indifférent; **'ap·a·thy** apathie *f*, indifférence *f*; nonchalance *f*.

ape [eip] **1.** (grand) singe *m*; *Am.* F *go ~* devenir fou (folle *f*); **2.** imiter, singer.

a·peak ⚓ [ə'pi:k] à pic, dérapé (*ancre*).

a·pe·ri·ent [ə'piəriənt] **1.** laxatif (-ive *f*); relâchant; **2.** laxatif *m*; relâchant *m*.

ap·er·ture ['æpətjuə] ouverture *f*.

a·pex ['eipeks], *pl.* **'a·pex·es, a·pi·ces** ['eipisi:z] sommet *m*; *fig.* apogée *m*.

aph·o·rism ['æfərizm] aphorisme *m*; **aph·o'ris·tic** (~*ally*) aphoristique.

a·pi·ar·y ['eipiəri] rucher *m*; **a·pi·cul·ture** ['~kʌltʃə] apiculture *f*.

a·piece [ə'pi:s] chacun(e *f*); la pièce.

ap·ish □ ['eipiʃ] simiesque; imitateur (-trice *f*).

A·poc·ry·pha *bibl.* [ə'pɔkrifə] *pl.* *les* Apocryphes *m/pl.*; **a'poc·ry·phal** apocryphe.

ap·o·gee *astr.* ['æpodʒi:] apogée *m*.

a·pol·o·get·ic [əpɔlə'dʒetik] **1.** (~*ally*) d'excuse; *eccl.* apologétique (*livre*); **2.** *eccl. usu.* ~*s pl.* apologétique *f*; **a'pol·o·gist** apologiste *m*, défenseur *m*; **a'pol·o·gize** s'excuser (de, *for*; auprès de, *to*); **a'pol·o·gy** excuses *f/pl.*; apologie *f*, justification *f* (de, *for*); *fig.* semblant *m* (de, *for*); F (mauvais) substitut *m* (de, *for*); *make an* ~ présenter des excuses.

ap·o·plec·tic, ap·o·plec·ti·cal □ [æpə'plektik(l)] apoplectique (*personne*); d'apoplexie; **'ap·o·plex·y** apoplexie *f*; congestion *f* cérébrale.

a·pos·ta·sy [ə'pɔstəsi] apostasie *f*; **a'pos·tate** [~stit] apostat (*a. su./m*); relaps(e *f*) *m*; **a'pos·ta·tize** [~stətaiz] apostasier (qch., *from s.th.*).

a·pos·tle [ə'pɔsl] apôtre *m*; **ap·os·tol·ic, ap·os·tol·i·cal** □ [æpə'stɔlik(l)] apostolique.

a·pos·tro·phe *gramm., a. rhétorique*: [ə'pɔstrəfi] apostrophe *f*; **a'pos·tro·phize** apostropher; *gramm.* mettre une apostrophe à.

a·poth·e·car·y † [ə'pɔθikəri] apothicaire *m*, pharmacien *m*.

a·poth·e·o·sis [əpɔθi'ousis] apothéose *f*.

ap·pal [ə'pɔ:l] épouvanter; consterner; **ap'pall·ing** épouvantable, effroyable.

ap·pa·ra·tus [æpə'reitəs], *pl.* **-tus·es** [~təsiz] appareil *m*, dispositif *m*; attirail *m*; ~ *exercises pl.* gymnastique *f* aux agrès.

ap·par·el [ə'pærəl]: *wearing* ~ vêtements *m/pl.*, habits *m/pl.*

ap·par·ent □ [ə'pærənt] apparent, évident, manifeste; *see heir*; **ap·pa·ri·tion** [æpə'riʃn] apparition *f*; fantôme *m*, revenant *m*.

ap·peal [ə'pi:l] **1.** faire appel (à, *to*); demander (qch., *for s.th.*; à, *to*); interjeter appel; se pourvoir en cassation; ~ *to* attirer, séduire; ⚖ invoquer l'aide de (*la loi*); appeler de (*un jugement*); *see country*; **2.** appel *m*; recours *m*; *fig.* prière *f*, supplication *f*; attrait *m*; ⚖ *court of* ~ cour *f* d'appel; *lodge ou file an* ~ interjeter appel, se pourvoir en appel; *notice of* ~ intimation *f*; *right of* ~ droit *m* d'appel; ~ *for mercy* demande *f* de grâce; **ap'peal·ing** □ suppliant; émouvant; sympathique.

ap·pear [ə'piə] paraître (*a. livres*); se montrer; se présenter; apparaître; sembler; ⚖ comparaître; ~ *for* plaider pour (*q.*); **ap'pear·ance** apparition *f*; entrée *f*; *livre*: parution *f*; apparence *f*; ⚖ comparution *f*; ~*s pl.* dehors *m/pl.*; *keep up* (*ou save*) ~*s* sauver *ou* garder les apparences; *make one's* ~ débuter; paraître; *put in an* ~ faire acte de présence; *to all* ~*s* selon toute apparence.

ap·pease [ə'pi:z] apaiser, calmer (*l'agitation, une douleur*); assouvir (*la faim*); **ap·pease·ment** apaisement *m*; assouvissement *m*; ~ *policy* politique *f* d'apaisement.

ap·pel·lant [ə'pelənt] appelant(e *f*) (*a. su./mf*); **ap'pel·late** [~lit] d'appel; **ap·pel·la·tion** [æpe'leiʃn] appellation *f*, nom *m*, désignation *f*, titre *m*; **ap·pel·la·tive** *gramm.* [ə'pelətiv] (*a.* ~ *name*) nom *m* commun *ou* générique.

ap·pend [ə'pend] attacher, joindre; apposer (*une signature, un sceau*); annexer (*un document*); **ap'pend·age** accessoire *m*, apanage *m* (de, *to*); annexe *f*; *anat.* appendice *m*; **ap·pen·dec·to·my** *Am.* [~'dektəmi] appendicectomie *f*; **ap·pen·di·ci·tis** [~di'saitis] appendicite *f*; **ap'pen·dix** [~diks], *pl.* **-dix·es, -di·ces** [~disi:z] appendice *m*; ⚕ appendice *m* (vermiculaire).

ap·per·tain [æpə'tein]: ~ *to* appartenir à; incomber à; convenir à.

ap·pe·tence, ap·pe·ten·cy ['æpitəns(i)] (*for, after, of*) appétence *f*; désir *m* (de); convoitise *f* (pour).

ap·pe·tite ['æpitait] (*for*) appétit *m* (de); *fig.* désir *m* (de), soif *f* (de); ~ *suppressant* coupe-faim *m/inv.*, anorexigène *m*.

ap·pe·tiz·er ['æpitaizə] apéritif *m*; **'ap·pe·tiz·ing** alléchant, appétissant.

ap·plaud [ə'plɔ:d] *v/i.* applaudir, battre des mains; *v/t.* applaudir (*q.*; *aux efforts de q.*).

ap·plause [ə'plɔ:z] applaudissements *m/pl.*; approbation *f*.

ap·ple ['æpl] pomme *f*; **'~-cart** voiture *f* à bras; F *upset s.o.'s* ~ bouleverser les plans de q.; ~ **pie** tourte *f* aux pommes; **'~-pie**: F *in* ~ *order* rangé en ordre parfait; **'~-pol·ish** *sl.* flatter, flagorner (*q.*); **'~-sauce** compote *f* de pommes; *Am. sl.* flagornerie *f*; *int.* chansons!; **'~-tree** pommier *m*.

ap·pli·ance [ə'plaiəns] appareil *m*; instrument *m*; dispositif *m*; ~*s pl.* attirail *m*.

ap·pli·ca·bil·i·ty [æplikə'biliti] applicabilité *f*; **'ap·pli·ca·ble** (à, *to*) applicable; approprié; **'ap·pli·cant**

candidat(e *f*) *m* (à, *for*); postulant(e *f*) *m* (de, *for*); **ap·pli'ca·tion** (*to*) application *f* (à, sur); apposition *f* (à); *frein*: serrage *m*; assiduité *f*; demande *f* (de, *for*); sollicitation *f* (de, *for*); ~ *form* bulletin *m* de demande; ⚕ *for external* ~ pour l'usage externe; (*letter of*) ~ (lettre *f* de) demande *f* d'emploi; *make an* ~ formuler *ou* faire une demande.

ap·ply [ə'plai] *v/t.* (*to*) appliquer (*qch.* sur *qch.*); faire l'application de (*qch.* à *qch.*); coller (sur); serrer (*le frein*); mettre en pratique; affecter (*un paiement*) (à); ~ *o.s. to* s'attacher à; *v/i.* (*to*) s'appliquer (à); s'adresser (à); avoir recours (à); ~ *for* poser sa candidature à, solliciter (*qch.*); *applied science* science *f* appliquée *ou* expérimentale.

ap·point [ə'pɔint] nommer (q. gouverneur, *s.o. governor*); désigner(pour *inf.*, *to inf.*); fixer, assigner (*l'heure, un endroit*); arrêter (*un jour*); prescrire (que, *that*); *well* ~*ed* bien installé, bien équipé; **ap'point·ment** rendez-vous *m*; entrevue *f*; nomination *f*; désignation *f*; charge *f*, emploi *m*; ~*s pl.* aménagement *m*, installation *f*; équipement *m*; † émoluments *m/pl.*; ~ *book* agenda *m*, calepin *m*; *by special* ~ *to* (*fournisseur*) breveté *ou* attitré de.

ap·por·tion [ə'pɔːʃn] répartir; assigner (à, *to*); **ap'por·tion·ment** partage *m*, répartition *f*; allocation *f*.

ap·po·site □ ['æpəzit] approprié (à, *to*); juste; *be* ~ *to* convenir à; **'ap·po·site·ness** justesse *f*; à-propos *m*.

ap·po·si·tion [æpə'ziʃn] apposition *f*.

ap·prais·al [ə'preizl] évaluation *f*; **ap·praise** [~'preiz] priser, estimer; **ap'praise·ment** évaluation *f*, estimation *f*; **ap'prais·er** estimateur *m*, priseur *m*.

ap·pre·ci·a·ble □ [ə'priːʃəbl] appréciable; sensible; **ap'pre·ci·ate** [~ʃieit] *v/t.* apprécier, faire cas de; estimer; évaluer; hausser la valeur de; *v/i.* augmenter de valeur; **ap·pre·ci'a·tion** appréciation *f* (de, *of*); estimation *f* (de, *of*); évaluation *f*; amélioration *f*; hausse *f*; plus-value *f*; **ap'pre·ci·a·tive** □ [~ətiv], **ap'pre·ci·a·to·ry** [~ətəri] appréciateur (-trice *f*); sensible (à, *of*); *be* ~ *of* apprécier; être sensible à.

ap·pre·hend [æpri'hend] arrêter; saisir; *poét.* comprendre; *poét.* redouter; **ap·pre·hen·si·ble** □ [~'hensəbl] appréhensible; perceptible; **ap·pre'hen·sion** arrestation *f*; prise *f* de corps; perception *f*; compréhension *f*; appréhension *f*, crainte *f*; **ap·pre'hen·sive** □ perceptif (-ive *f*); timide, craintif (-ive *f*); *be* ~ redouter (qch., *of s.th.*); craindre (qch., *of s.th.*; pour q., *for s.o.*; que, *that*).

ap·pren·tice [ə'prentis] **1.** apprenti(e *f*) *m*; **2.** placer en apprentissage (chez, *to*); ~*d to* en apprentissage chez; **ap'pren·tice·ship** [~tiʃip] apprentissage *m*.

ap·prise [ə'praiz]: ~ *s.o. of s.th.* apprendre qch. à q.; prévenir q. de qch.

ap·pro † ['æprou]: *on* ~ à l'essai, à condition.

ap·proach [ə'proutʃ] **1.** *v/i.* (s')approcher; *fig.* approcher (de, *to*); ⚓ atterrir; *v/t.* (s')approcher de; aborder (*q.*); entrer en communication avec (*q.*); *fig.* faire une démarche auprès de (*q.*) (au sujet de, *about*); *fig.* s'attaquer à, aborder (*un problème*); **2.** approche *f*; approches *f/pl.*; venue *f*; voie *f* d'accès; accès *m*; abord *m*; *fig.* rapprochement *m*; **ap'proach·a·ble** accessible; abordable.

ap·pro·ba·tion [æpro'beiʃn] approbation *f*; consentement *m*.

ap·pro·pri·ate **1.** [ə'prouprieit] (s')approprier; s'emparer de; *parl.* affecter, consacrer (à *to*, *for*); **2.** □ [~iit] (*to*) approprié (à); convenable, propre (à); à propos; **ap·pro·pri'a·tion** appropriation *f*; crédit *m*, budget *m*; affectation *f* de fonds; *parl.* ♀ *Committee* commission *f* du budget.

ap·prov·a·ble [ə'pruːvəbl] louable; **ap'prov·al** approbation *f*; ratification *f*; *on* ~ à l'essai, à l'examen; **ap'prove** approuver; ratifier; (*a.* ~ *of*) agréer; ~ *o.s.* † faire ses preuves; **ap'proved** □ autorisé; approuvé; **ap'prov·er** ⚖ complice *m* qui dénonce ses camarades.

ap·prox·i·mate **1.** [ə'prɔksimeit] (se) rapprocher (de, *to*); **2.** □ [~mit] rapproché, proche, voisin (de, *to*); approximatif (-ive *f*); **ap'prox·i·mate·ly** [~mitli] environ, à peu près; **ap·prox·i·ma·tion** [~'meiʃn]

rapprochement *m*; approximation *f*; **ap'prox·i·ma·tive** □ [~mətiv] approximatif (-ive *f*).
ap·pur·te·nance [ə'pə:tinəns] *usu.* ~*s pl.* accessoires *m/pl.*, attirail *m*.
a·pri·cot ⚘ ['eiprikɔt] abricot *m*; *arbre*: abricotier *m*.
A·pril ['eiprəl] avril *m*; *make an ~-fool of s.o.* faire un poisson d'avril à q.
a·pron ['eiprən] tablier *m* (*a. mot.*); *théâ.* avant-scène *f*; '~**-string** cordon *m* de tablier; *fig. be tied to her ~s* être pendu à ses jupes; être tenu en laisse.
ap·ro·pos ['æprəpou] **1.** à propos (de, *of*), opportun; **2.** à-propos *m*.
apt □ [æpt] juste, fin; heureux (-euse *f*) (*expression etc.*); enclin (à, *to*); susceptible (de, *to*); habile (à, *at*); intelligent; apte, propre (à, *to*); ~ *to take fire* sujet à prendre feu; qui prend feu facilement; **ap·ti·tude** ['~titju:d], '**apt·ness** justesse *f*, à-propos *m*; penchant *m*, tendance *f* (à, *to*); talent *m* (pour, *for*); *aptitude test* test *m* d'aptitude.
aq·ua for·tis ⚗ ['ækwə'fɔ:tis] eau-forte (*pl.* eaux-fortes) *f*.
aq·ua·lung ['ækwəlʌŋ] scaphandre *m* autonome.
aq·ua·ma·rine *min.* [ækwəmə'ri:n] aigue-marine (*pl.* aigues-marines) *f*.
aq·ua·plane ['ækwəplein] **1.** aquaplane *m*; **2.** faire de l'aquaplane; *mot.* faire de l'aquaplaning; **aq·ua·plan·ing** *mot.* [~'pleiniŋ] aquaplaning *m*.
aq·ua·relle [ækwə'rel] aquarelle *f*.
a·quar·i·um [ə'kwɛəriəm], *pl.* **-ums, -i·a** [~iə] aquarium *m*.
A·quar·i·us *astr.* [ə'kwɛəriəs] le Verseau.
a·quat·ic [ə'kwætik] **1.** aquatique; ~ *sports see aquatics*; **2.** plante *f* *ou* animal *m* aquatique; **a'quat·ics** *pl.* sports *m/pl.* nautiques.
aq·ua·tint ['ækwətint] aquatinte *f*.
aq·ue·duct ['ækwidʌkt] aqueduc *m*.
a·que·ous ['eikwiəs] □ aqueux (-euse *f*); *géol.* sédimentaire.
aq·ui·line nose ['ækwilain'nouz] nez *m* aquilin *ou* busqué.
Ar·ab ['ærəb] Arabe *mf*; (cheval *m*) arabe *m*; *sl. street* ♀ gamin *m* des rues; gavroche *m*; **ar·a·besque** [~'besk] **1.** *usu. pl.* arabesque *f*, -s *f/pl.*; **2.** arabesque, dans le style arabe; **A·ra·bi·an** [ə'reibjən] **1.** arabe; *The ~ Nights* les Mille et Une Nuits; **2.** Arabe *mf*; **Ar·a·bic** ['ærəbik] **1.** arabe; *gum* ♀ gomme *f* arabique; **2.** *ling.* arabe *m*.
ar·a·ble ['ærəbl] **1.** labourable; **2.** (*ou ~ land*) terre *f* arable *ou* labourable.
a·rach·nid [ə'ræknid] arachnide *m*.
ar·bi·ter ['ɑ:bitə] arbitre *m* (*a. fig.*); **ar·bi·trage** ✝ [ɑ:bi'trɑ:ʒ] arbitrage *m*; '**ar·bi·tral tri'bu·nal** tribunal *m* arbitral; **ar'bit·ra·ment** [~trəmənt] arbitrage *m*; '**ar·bi·trar·i·ness** arbitraire *m*; '**ar·bi·trar·y** □ arbitraire; **ar·bi·trate** ['~treit] arbitrer (*a. v/i.*); juger; trancher (*un différend*); **ar·bi'tra·tion** arbitrage *m*; procédure *f* arbitrale; ~ *court* tribunal *m* arbitral; ✝ ~ *of exchange* arbitrage *m* du change; '**ar·bi·tra·tor** ['~ treitə] ⚖ arbitre *m*; arbitre-juge *m*; **ar·bi·tress** ['~tris] *femme*: arbitre *m*.
ar·bor ['ɑ:bə] ⊕, *roue, meule*: arbre *m*; *tour*: mandrin *m*; ♀ *Day Am.* jour *m* où on est tenu de planter un arbre; **ar·bo·re·al** [ɑ:'bɔ:riəl], **ar'bo·re·ous** d'arbre(s); arboricole (*animal*); **ar·bo·res·cent** □ [ɑ:bo'resnt] arborescent; **ar·bo·ri·cul·ture** ['ɑ:borikʌltʃə] arboriculture *f*.
ar·bour ['ɑ:bə] tonnelle *f*, charmille *f*; *vine* ~ treille *f*.
arc ♐, *astr., etc.* [ɑ:k] arc *m* (⚡ électrique); **ar·cade** [ɑ:'keid] arcade *f*, -s *f/pl.*; galerie *f*, -s *f/pl.*; passage *m*.
ar·ca·num [ɑ:'keinəm], *pl.* **-na** [~nə] arcane *m*, secret *m*.
arch[1] [ɑ:tʃ] **1.** *surt.* ⚠ voûte *f*, arc *m*; cintre *m*; *pont*: arche *f*; ~*-support* cambrure *f*; **2.** (se) voûter; *v/t.* bomber (*a. v/i.*); arquer, cintrer; cambrer.
arch[2] [~] □ espiègle; malin (-igne *f*); malicieux (-euse *f*).
arch[3] [~] insigne, grand; archi-.
ar·ch(a)e·o·log·i·cal □ [ɑ:kiə'lɔdʒikəl] archéologique; **ar·ch(a)e·ol·o·gist** [ɑ:ki'ɔlədʒist] archéologue *su./mf*; **ar·ch(a)e'ol·o·gy** archéologie *f*.
ar·cha·ic [ɑ:'keiik] (~*ally*) archaïque; '**ar·cha·ism** archaïsme *m*.
arch·an·gel ['ɑ:keindʒl] archange *m*.
arch·bish·op ['ɑ'tʃ'biʃəp] archevêque *m*; **arch'bish·op·ric** [~rik] archevêché *m*; archiépiscopat *m*.

arch·dea·con [ˈɑːtʃˈdiːkən] archidiacre *m*.
arch·duch·ess [ˈɑːtʃˈdʌtʃis] archiduchesse *f*; ˈ**archˈduch·y** archiduché *m*.
arch·duke [ˈɑːtʃˈdjuːk] archiduc *m*.
arch·er [ˈɑːtʃə] archer *m*; ˈ**arch·er·y** tir *m* à l'arc.
ar·chi·di·ac·o·nal [ɑːkidaiˈækənl] d'archidiacre.
ar·chi·e·pis·co·pal [ɑːkiiˈpiskəpl] archiépiscopal (-aux *m/pl.*); métropolitain.
ar·chi·pel·a·go [ɑːkiˈpeligou] *géog.* archipel *m*.
ar·chi·tect [ˈɑːkitekt] architecte *m*; *fig.* auteur *m*, artisan *m*; **ar·chi·tec·ton·ic** [~ˈtɔnik] (~*ally*) architectonique; architectural (-aux *m/pl.*); *fig.* directeur (-trice *f*); **ar·chi·tec·ture** [ˈ~tʃə] architecture *f*.
ar·chives [ˈɑːkaivz] *pl.* archives *f/pl.*
arch·ness [ˈɑːtʃnis] espièglerie *f*; malice *f*.
arch·way [ˈɑːtʃwei] passage *m* voûté; porte *f* cintrée; portail *m*.
arc-lamp ⚡ [ˈɑːklæmp] lampe *f* à arc.
arc·tic [ˈɑːktik] **1.** arctique; *fig.* glacial (-als *m/pl.*); ♀ *Circle* cercle *m* polaire; ♀ *Ocean* (océan *m*) Arctique *m*; **2.** ~*s pl.* snowboots *m/pl.*
ar·den·cy [ˈɑːdənsi] ardeur *f*; ˈ**ar·dent** □ *usu. fig.* ardent; *fig.* fort; ~ *spirits pl.* alcool *m*, spiritueux *m/pl.*
ar·do(u)r [ˈɑːdə] *fig.* ardeur *f*; chaleur *f*.
ar·du·ous [ˈɑːdjuəs] ardu (*sentier, travail*); rude (*travail*); escarpé (*chemin*); pénible; laborieux (-euse *f*).
a·re·a [ˈɛəriə] aire *f*, superficie *f*; surface *f*; région *f*, territoire *m*; terrain *m* vide; *cinéma etc.*: parterre *m*; cour *f* d'entrée en sous-sol; zone *f*; *Am. téléph.* ~ *code* numéro *m* de présélection; *danger* ~ zone *f* dangereuse; *foot. goal* ~ surface *f* de but; ⚖ *judicial* ~ ressort *m* judiciaire; *foot. penalty* ~ surface *f* de réparation; *prohibited* ~ zone *f* interdite; ~ *bell* sonnette *f* de la porte de service.
a·re·na [əˈriːnə] arène *f*; champ *m* (*a. fig.*); *fig.* théâtre *m*.
aren't F [ɑːnt] = *are not*.
a·rête *alp.* [æˈreit] arête *f*.
ar·gent [ˈɑːdʒənt] argenté; ⛉ (d')argent.
Ar·gen·tine [ˈɑːdʒəntain] argentin; Argentin(e *f*) *m*.
ar·gil [ˈɑːdʒil] argile *f*; **ar·gil·la·ceous** [~ˈleiʃəs] argileux (-euse *f*), argillacé.
Ar·go·naut [ˈɑːgənɔːt] argonaute *m*; *Am.* chercheur *m* d'or en Californie.
ar·gu·a·ble [ˈɑːgjuəbl] discutable; soutenable; **ar·gue** [ˈ~gjuː] *v/t.* discuter, débattre; raisonner sur; prouver, démontrer; ~ *s.o. into doing s.th.* persuader à q. de faire qch.; ~ *s.o. out of doing s.th.* dissuader q. de faire qch.; *v/i.* argumenter (sur, *about*); discuter; raisonner; (se) disputer; plaider; ~ *from* tirer argument de.
ar·gu·ment [ˈɑːgjumənt] argument *m*; raisonnement *m*; débat *m*, discussion *f*, dispute *f*; **ar·gu·men·ta·tion** [~menˈteiʃn] argumentation *f*; **ar·guˈmen·ta·tive** □ [~tətiv] disposé à argumenter; critique.
a·ri·a ♪ [ˈɑːriə] aria *f*.
ar·id [ˈærid] aride (*a. fig.*); aˈ**rid·i·ty** aridité *f*.
Ar·ies *astr.* [ˈɛəriəs] le Bélier.
a·right [əˈrait] bien, correctement.
a·rise [əˈraiz] [*irr.*] *fig.* s'élever, surgir (de, *from*); se produire; *bibl.* ressusciter; aˈ**ris·en** *p.p. de arise*.
ar·is·toc·ra·cy [ærisˈtɔkrəsi] aristocratie *f*; *fig.* élite *f*; **a·ris·to·crat** [ˈ~təkræt] aristocrate *mf*; **a·ris·toˈcrat·ic, a·ris·toˈcrat·i·cal** □ aristocratique.
a·rith·me·tic [əˈriθmətik] arithmétique *f*, calcul *m*; **ar·ith·met·i·cal** □ [~ˈmetikl] arithmétique; **a·rith·me·ti·cian** [~məˈtiʃən] arithméticien(ne *f*) *m*.
ark [ɑːk] arche *f*; *bibl.* ♀ *of the Covenant* Arche *f* d'alliance.
arm[1] [ɑːm] bras *m*; *fauteuil*: accoudoir *m*; *within* ~*'s reach* à portée de la main; *keep s.o. at* ~*'s length* tenir q. à distance; *infant in* ~*s* bébé *m*; F poupon *m*; *take s.o. to* (*ou in*) *one's* ~*s* prendre q. dans ses bras.
arm[2] [~] **1.** arme *f*; ~*s pl.* armes *f/pl.*; ⛉ armes *f/pl.*, armoiries *f/pl.*; *see coat 1*; ~*s race* course *f* aux armements; ~*s reduction* désarmement *m*; ~*s* (*reduction*) *talks* pourparlers *m/pl. ou* négociations *f/pl.* sur le désarmement; *be* (*all*) *up in* ~*s* être en révolte; se gendarmer *ou* s'élever (contre, *against*); *take up* ~*s* prendre

les armes; **2.** (s')armer; *fig.* (se) nantir de; *v/t.* ⊕ armer; renforcer; ♀ ~*ed* spinifère.

ar·ma·da [ɑːˈmɑːdə] flotte *f* de guerre; *hist. the (Invincible)* ♀ l'(Invincible) Armada *f*.

ar·ma·ment [ˈɑːməmənt] armement *m*; munitions *f/pl.* de guerre; ⚓ artillerie *f*; (*a. naval* ~) armements *m/pl.* navals; flotte *f* navale; ~*s industry* industrie *f* d'armements; **ar·ma·ture** [ˈ~tjuə] armure *f* (*a.* ♀, *zo.*); ⚠, *phys.* armature *f*; *phys.* induit *m*.

arm·chair [ˈɑːmˈtʃɛə] fauteuil *m*; ~ *strategist*, ~ *politician* stratège *m* du café du commerce.

armed [ɑːmd] à *ou* aux bras ...

Ar·me·ni·an [ɑːˈmiːnjən] **1.** arménien(ne *f*); **2.** Arménien(ne *f*) *m*.

arm·ful [ˈɑːmful] brassée *f*.

ar·mi·stice [ˈɑːmistis] armistice *m* (*a. fig.*).

arm·let [ˈɑːmlit] bracelet *m*; brassard *m* (*de parti politique etc.*).

ar·mo·ri·al [ɑːˈmɔːriəl] armorial (-aux *m/pl.*), héraldique.

ar·mo(u)r [ˈɑːmə] **1.** ⚔ armure *f*, blindés *m/pl.*; cuirasse *f* (*a. fig.*, *zo.*); scaphandre *m*; **2.** cuirasser; blinder; ~*ed car* automitrailleuse *f*, char *m* blindé; ~*ed train* train *m* blindé; ~*ed turret* tourelle *f* blindée; **ˈ~-clad**, **ˈ~-plat·ed** blindé, cuirassé; **ˈar·mo(u)r·er** armurier *m* (*a.* ⚔, ⚓); **ˈar·mo(u)r·y** magasin *m* d'armes; *caserne*: armurerie *f*; *fig.* arsenal *m*; *Am.* fabrique *f* d'armes; *Am.* salle *f* d'exercice.

arm·pit [ˈɑːmpit] aisselle *f*; **ˈarm·rest** accoudoir *m*, accotoir *m*.

ar·my [ˈɑːmi] armée *f*; *fig.* foule *f*; ~ *chaplain* aumônier *m* militaire; ~ *command staff* état-major (*pl.* états-majors) *m*; *Salvation* ♀ Armée *f* du Salut; *see service*; **ˈ~-a·gent**, **ˈ~-bro·ker**, **ˈ~-con·trac·tor** fournisseur *m* de l'armée; **ˈ~-corps** corps *m* d'armée; **ˈ~-ˈlist** ⚔ Annuaire *m* militaire.

a·ro·ma [əˈroumə] arôme *m*; bouquet *m*; **ar·o·mat·ic** [ærəˈmætik] (~*ally*) aromatique; balsamique.

a·rose [əˈrouz] *prét. de arise.*

a·round [əˈraund] **1.** *adv.* autour, à l'entour; d'alentour; *Am.* F par ici, dans ces parages; *Am.* sur pied; **2.** *prp.* autour de; *surt. Am.* F environ, presque.

a·rouse [əˈrauz] *usu. fig.* éveiller; stimuler (*q.*); soulever (*une passion*).

ar·rack [ˈærək] arac(k) *m*.

ar·raign [əˈrein] accuser, inculper; traduire en justice; *fig.* s'en prendre à; **arˈraign·ment** mise *f* en accusation; interpellation *f* de l'accusé.

ar·range [əˈreindʒ] *v/t.* arranger; ranger; régler (*des affaires*); ♪ adapter, arranger; fixer (*un jour*); ménager (*des effets*); ℞ ordonner; *v/i.* prendre ses dispositions (pour *for*, *to*); convenir (de, *to*); s'arranger (pour *for*, *to*); ~ *for s.th. to be there* prendre des mesures pour que qch. soit là; **arˈrange·ment** arrangement *m*, disposition *f*, aménagement *m*; ♪ arrangement *m*, adaptation *f*; accord *m*; ✝ compromis *m*; *make one's* ~*s* prendre ses dispositions.

ar·rant □ [ˈærənt] insigne, achevé; ~ *knave* franc coquin *m*.

ar·ray [əˈrei] **1.** rangs *m/pl.*; *fig.* étalage *m*, rangée *f*; *poét.* atours *m/pl.*, parure *f*; **2.** ranger, mettre en ordre; déployer (*des troupes etc.*); *poét.* revêtir, parer (de, *in*).

ar·rear [əˈriə] arrérages *m/pl.*; arriéré *m*; ~*s of rent* arriéré *m* de loyer; *be in* ~*s* s'arriérer; **arˈrear·age** retard *m*; *Am.* ~*s pl.* arrérages *m/pl.*, dettes *f/pl.*

ar·rest [əˈrest] **1.** arrestation *f*; prise *f* de corps; ⚔, ⚓ arrêts *m/pl.*; suspension *f*, *mouvement*: arrêt *m*; *under* ~ aux arrêts; **2.** arrêter (*criminel, mouvement, regard, attention, etc.*); appréhender (*q.*) au corps; fixer (*l'attention, le regard*); surseoir à (*un jugement*).

ar·riv·al [əˈraivl] arrivée *f*; ✝ arrivage *m*; ⚓ entrée *f* (*du vaisseau*); ~*s pl.* nouveaux venus *m/pl.* *ou* arrivés *m/pl.*; ~ *platform* quai *m* de débarquement; *on* ~ à l'arrivée; *To await* ~ ne pas faire suivre; **arˈrive** arriver; parvenir; ~ *at* arriver à; atteindre (*a. un âge*); parvenir à.

ar·ro·gance [ˈærəgəns] arrogance *f*; morgue *f*; **ˈar·ro·gant** □ arrogant; **ar·ro·gate** [ˈærogeit] (s')attribuer (*qch.*) (à tort); (*usu.* ~ *to o.s.*) s'arroger, usurper (*qch.*).

ar·row [ˈærou] flèche *f*; *surv.* flèche *f* d'arpenteur; **ˈ~-head** pointe *f* de flèche; *broad* ~ marque *f* de l'État (*britannique*); **~·root** ['ærəru:t] ⚘ marante *f*; *cuis.* arrow-root *m*; **ar·row·y** ['æroui] en forme de flèche.

arse *sl.* [ɑ:s] derrière *m*; *sl.* cul *m*.

ar·se·nal ['ɑ:sinl] arsenal *m*.

ar·se·nic ['ɑ:snik] arsenic *m*; **ar·sen·ic** ⚗ [ɑ:'senik] arsénique; **ar'sen·i·cal** arsenical (-aux *m*/*pl*.).

ar·son ['ɑ:sn] crime *m* d'incendie.

art[1] [ɑ:t] art *m*; adresse *f*, habileté *f*; *fig.* artifice *m*; finesse *f*; *péj.* astuce *f*; ~ *critic* critique *mf* d'art; ~ *dealer* marchand *m* d'objets d'art; *Master of* ℒ*s* (*abbr. M.A.*) maître *m* ès arts, agrégé *m* de lettres; *applied* ~*s* arts *m*/*pl.* industriels; *fine* ~*s les* beaux-arts *m*/*pl.*; *liberal* ~*s* arts *m*/*pl.* libéraux; ~*s and crafts* arts *m*/*pl.* et métiers *m*/*pl.*; *Faculty of* ℒ*s* Faculté *f* des Lettres; *journal*: ~*s page* page *f* littéraire.

art[2] † [~] *tu* es.

ar·te·ri·al [ɑ:'tiəriəl] artériel(le *f*); ~ *road* artère *f*, grande voie *f* de communication; **ar·te·ri·o·scle·ro·sis** [ɑ:'tiəriouskliə'rousis] artériosclérose *f*; **ar·ter·y** ['ɑ:təri] artère *f* (*a. fig.*); *traffic* ~ artère *f* de circulation.

ar·te·sian well [ɑ:'ti:zjən'wel] puits *m* artésien.

art·ful ['ɑ:tful] adroit, habile, ingénieux (-euse *f*); rusé.

ar·thrit·ic ⚕ [ɑ:'θritik] arthritique; **ar·thri·tis** [ɑ:'θraitis] arthrite *f*.

ar·ti·choke ['ɑ:titʃouk] artichaut *m*; *Jerusalem* ~ topinambour *m*.

ar·ti·cle ['ɑ:tikl] **1.** ⚘, ⚖, ✝, *eccl.*, *gramm.*, *etc.* article *m*; ⚔, ⚓ code *m*; objet *m*; ~ *of clothing* vêtement *m*, article *m ou* pièce *f* d'habillement; ~*s pl. of apprenticeship* contrat *m* d'apprentissage; ~*s pl. of association* acte *m* de société; contrat *m* de société; **2.** placer comme apprenti (chez, *to*); accuser (de, *for*); *be* ~*ed* faire son apprentissage (chez *to*, *with*).

ar·tic·u·late 1. [ɑ:'tikjuleit] *v*/*t.* articuler (*anat.*, *a. mots*); énoncer (*des mots*); *v*/*i.* s'articuler (*os*); **2.** □ [~lit], *a.* **ar'tic·u·lat·ed** [~leitid] net(te *f*), distinct; *surt. zo.* articulé (*a. langage*); *Brit. mot.* ~ *lorry* semi-remorque *m*; **ar·tic·u'la·tion** articulation *f*; netteté *f* d'énonciation.

ar·ti·fice ['ɑ:tifis] artifice *m*, ruse *f*; adresse *f*, habileté *f*; **ar'tif·i·cer** artisan *m*, ouvrier *m*; ⚔ artificier *m*; ⚓ mécanicien *m*; **ar·ti·fi·cial** □ [~'fiʃəl] artificiel(le *f*); simili-; factice (*larmes*); ~ *manure* engrais *m*/*pl.* chimiques; ⚖ ~ *person* personne *f* juridique *ou* morale; ~ *respiration* respiration *f* artificielle; ~ *silk* soie *f* artificielle; ~ *stone* simili *m*.

ar·til·ler·y [ɑ:'tiləri] artillerie *f*; **ar'til·ler·y·man** artilleur *m*.

ar·ti·san [ɑ:ti'zæn] artisan *m*, ouvrier *m*.

art·ist ['ɑ:tist] artiste *mf*, *surt.* (artiste-)peintre [*pl.* (artistes-)peintres] *m*; **ar·tiste** [ɑ:'ti:st]artiste *mf*; **ar·tis·tic, ar·tis·ti·cal** □ [~'tistik(l)] artistique; artiste (*tempérament*).

art·less □ ['ɑ:tlis] sans art; naturel (-le *f*), sans artifice; naïf (-ïve *f*), candide; **'art·less·ness** naturel *m*, simplicité *f*; naïveté *f*, candeur *f*.

art·y ['ɑ:ti] prétentieux (-euse *f*); *péj.* pseudo-artistique.

Ar·y·an ['ɛəriən] **1.** aryen(ne *f*), japhétique; **2.** Aryen(ne *f*) *m*.

as [æz, əz] **1.** *adv.*, *a. cj.* aussi, si; comme; puisque, étant donné que; tout ... que; au moment où; (au-)tant que; ~ *good* ~ aussi bon que; ~ *far* ~ aussi loin que; autant que; ~ *if*, ~ *though* comme si; *as if* (*gér.*) comme pour (*inf.*); ~ *it were* pour ainsi dire; ~ *well* aussi, également; opportun; ~ *well* ~ de même que; comme; ~ *yet* jusqu'ici, jusqu'à présent; (~) *cold* ~ *ice* glacé, glacial (-als *m*/*pl.*); *fair* ~ *she is* si belle qu'elle soit; *so kind* ~ *to do* assez aimable pour faire; *such* ~ *to* (*inf.*) de sorte à (*inf.*), de façon que; *such* ~ tel que, tel; par exemple; **2.** *prp.* ~ *for*, ~ *to* quant à; ~ *from* à partir de (*telle date*), depuis; ✝ ~ *per* conformément à, suivant.

as·bes·tos [æz'bestɔs] asbeste *m*, amiante *m*.

as·cend [ə'send] *v*/*i.* monter, s'élever (à, jusqu'à *to*); remonter (*généalogie*); *v*/*t.* monter (*un escalier*); gravir (*une colline etc.*); monter sur (*le trône*); remonter (*un fleuve*); **as'cend·an·cy, as'cend·en·cy** ascendant *m*, pouvoir *m*, influence *f* (sur, *over*); suprématie *f*; **as'cend·ant, as'cend·ent 1.** ascendant; **2.** *see ascendancy*; *astr.* ascendant *m*; F position *f* prééminente; *be in the* ~ être à l'ascendant; prédominer.

as·cen·sion [ə'senʃn] *surt. astr., Am. a. montagne, ballon, etc.*: ascension *f*; ♀ (*Day*) jour *m* de l'Ascension.
as·cent [ə'sent] *montagne, ballon*: ascension *f*; montée *f*; pente *f*, rampe *f*.
as·cer·tain [æsə'tein] constater; s'informer de; **as·cer'tain·a·ble** □ vérifiable; dont on peut s'assurer; **as·cer'tain·ment** constatation *f*; vérification *f*.
as·cet·ic [ə'setik] **1.** (*~ally*) ascétique; **2.** ascète *mf*; **as'cet·i·cism** [~tisizəm] ascétisme *m*.
as·crib·a·ble [əs'kraibəbl] imputable, attribuable; **as'cribe** imputer, attribuer.
a·sep·tic ⚕ [æ'septik] aseptique (*a. su.*/*m*).
ash[1] [æʃ] ⚘ frêne *m*; *mountain* ~ sorbier *m* sauvage.
ash[2] [~] *usu.* ~*es pl.* cendre *f*, -s *f*/*pl.*; *Ash Wednesday* mercredi *m* des Cendres.
a·shamed [ə'ʃeimd] honteux (-euse *f*), confus; *be* (*ou feel*) ~ *of* avoir honte de; être honteux (-euse *f*) de; *be* ~ *of o.s.* avoir honte.
ash-can *Am.* ['æʃkæn] boîte *f* à ordures, poubelle *f*.
ash·en[1] ['æʃn] de frêne, en frêne.
ash·en[2] [~] de cendres; cendré; gris; terreux (-euse *f*) (*visage*); blême.
ash·lar ['æʃlə] pierre *f* de taille; moellon *m* d'appareil.
a·shore [ə'ʃɔː] à terre; échoué; *run* ~, *be driven* ~ s'échouer; faire côte.
ash-tray ['æʃtrei] cendrier *m*.
ash·y ['æʃi] cendreux (-euse *f*); couvert de cendres; gris; blême.
A·si·at·ic [eiʃi'ætik] **1.** asiatique, d'Asie; **2.** Asiatique *mf*.
a·side [ə'said] **1.** de côté; à part; à l'écart; *théâ.* en aparté; ~ *from Am.* à part, en plus de; **2.** à-côté *m*; *théâ.* aparté *m*.
as·i·nine ['æsinain] asine; F stupide.
ask [ɑːsk] *v/t.* demander (qch., *s.th.*; qch. à q., *s.o. s.th.*; que *that*); *a.* inviter (à, *to*); solliciter (qch. de q., *s.o. for s.th.*); prier (q. de *inf.*, *s.o. to inf.*); ~ (*s.o.*) *a question* poser une question (à q.); *v/i.*: ~ *about* se renseigner sur; ~ *after* s'informer de, demander des nouvelles de; ~ *for* demander (*qch.*); demander à voir (*q.*); *sl. he* ~*s for it* il ne l'a pas volé; *it is to be had for the* ~*ing* il n'y a qu'à le demander.
a·skance [əs'kæns], **a'skant, as·kew** [əs'kjuː] de côté, de travers, obliquement; *fig.* de guingois.
a·slant [ə'slɑːnt] de biais, de travers.
a·sleep [ə'sliːp] endormi, plongé dans le sommeil; engourdi (*pied etc.*); *be* ~ être endormi, dormir; *see fall*.
a·slope [ə'sloup] en pente, en talus.
asp[1] *zo.* [æsp] aspic *m*.
asp[2] [~] *see aspen*.
as·par·a·gus ⚘ [əs'pærəgəs] asperge *f*, *cuis.* -s *f*/*pl.*
as·pect ['æspekt] exposition *f*, vue *f*; aspect *m*, air *m*; point *m* de vue; *the house has a southern* ~ la maison est exposée au sud *ou* a une exposition sud.
as·pen ['æspən] tremble *m*; *attr.* de tremble.
as·per·gill ['æspədʒil], **as·per·gil·lum** *eccl.* [~'dʒiləm] goupillon *m*.
as·per·i·ty [æs'periti] âpreté *f*; sévérité *f*; rudesse *f*; aspérité *f* (*du style*, *a. fig.*).
as·perse [əs'pəːs] asperger; *fig.* calomnier, dénigrer; salir (*la réputation*); **as·per·sion** [əs'pəːʃn] aspersion *f*; *fig.* calomnie *f*.
as·phalt ['æsfælt] **1.** asphalte *m*; F bitume *m*; **2.** d'asphalte; bitumé.
as·phyx·i·a ⚕ [æs'fiksiə] asphyxie *f*; **as'phyx·i·ate** [~ieit] asphyxier; **as·phyx·i'a·tion** asphyxie *f*.
as·pic ['æspik] aspic *m*; ⚘ grande lavande *f*.
as·pir·ant [əs'paiərənt] aspirant(e *f*) *m* (à *to, after, for*); candidat(e *f*) *m*; ~ *officer* candidat *m* au rang d'officier; **as·pi·rate** ['æspərit] **1.** *gramm.* aspiré; **2.** *gramm.* aspirée *f*; **3.** ['~reit] aspirer (*a.* ⊕, ⚕); **as·pi'ra·tion** aspiration *f* (*a.* ⊕, ⚕); ambition *f*; visée *f*; **as'pire** [əs'paiə] aspirer, viser (à *to, after, at*); ambitionner (*qch.*).
as·pi·rin *pharm.* ['æspərin] aspirine *f*; F comprimé *m* d'aspirine.
as'pir·ing □ [əs'paiəriŋ] ambitieux (-euse *f*).
ass[1] [æs] âne(sse *f*) *m*; *make an* ~ *of o.s.* faire des âneries; se donner en spectacle.
ass[2] *Am. sl.* [æs] derrière *m*, *sl.* cul *m*.
as·sail [ə'seil] assaillir, attaquer; *fig.* s'attaquer à; accabler de; *crainte*,

doute, etc.: saisir, envahir (*q.*); frapper (*l'œil etc.*); ~ *s.o. with questions* assaillir *ou* harceler *ou* bombarder q. de questions; **as'sail·a·ble** attaquable; mal défendable; **as'sail·ant, as'sail·er** assaillant(e *f*) *m*; agresseur *m*.

as·sas·sin [ə'sæsin] assassin *m*; **as'sas·si·nate** [~neit] assassiner; **as·sas·si'na·tion** assassinat *m*.

as·sault [ə'sɔːlt] **1.** assaut *m* (*a.* ⚔); ⚔ attaque *f*; ⚖ tentative *f* de voie de fait; agression *f*; *see battery*; *indecent*; **2.** attaquer, assaillir; ⚖ se livrer à des voies de fait sur (*q.*); ⚔ livrer l'assaut à.

as·say [ə'sei] **1.** *métal etc.*: essai *m*; **2.** *v/t.* essayer, titrer; *v/i. Am.* titrer; **as'say·er** essayeur *m*.

as·sem·blage [ə'semblidʒ] réunion *f*; rassemblement *m*; ⊕ montage *m*, assemblage *m*; **as'sem·ble** (s')assembler; (se) rassembler (*troupes*); (se) réunir; *v/t.* ⊕ assembler, monter; **as'sem·bler** ⊕ monteur (-euse *f*) *m*; ajusteur (-euse *f*) *m*; **as'sem·bly** assemblée *f*; assemblement *m*, réunion *f*; ⚔ (sonnerie *f* du) rassemblement *m*; ⊕ montage *m*, assemblage *m*; (*a.* ~ *shop*) salle *f ou* atelier *m* de montage; *moving* ~ *belt* chaîne *f* de montage; *Am.* ~ *line* banc *m* de montage; *Am. pol.* ~ *man* député *m*.

as·sent [ə'sent] **1.** assentiment *m*, consentement *m*; **2.**: ~ *to* acquiescer, accéder à; admettre (*qch.*).

as·sert [ə'səːt] affirmer (quc, *that*); (*surt.* ~ *o.s.*) soutenir ses droits; (~ *o.s.* s') imposer; **as'ser·tion** assertion *f*, affirmation *f*; revendication *f* (*de droits*); **as'ser·tive** □ péremptoire; *gramm.* assertif (-ive *f*); impérieux (-euse *f*); **as'ser·tor** celui (celle *f*) qui affirme; défenseur *m*.

as·sess [ə'ses] estimer, évaluer; répartir (*un impôt*); fixer (*une somme*); coter, taxer (à *in, at*); **as'sess·a·ble** □ évaluable (*dommage*); imposable (*propriété*); **as'sess·ment** répartition *f*; évaluation *f*; cotisation *f*; côte *f*; **as'ses·sor** assesseur *m*; contrôleur *m* (*des contributions*).

as·set ['æset] ✝ avoir *m*, actif *m*; *fig.* atout *m*, avantage *m*, valeur *f*; ~*s pl.* biens *m/pl.*; ✝ actifs *m/pl.*; ~*s pl. and liabilities pl.* actif et passif *m*.

as·sev·er·ate [ə'sevəreit] affirmer; **as·sev·er'a·tion** affirmation *f*.

as·si·du·i·ty [æsi'djuiti] assiduité *f*, diligence *f* (à, *in*); *assiduities pl.* petits soins *m/pl.*; **as·sid·u·ous** assidu; diligent.

as·sign [ə'sain] **1.** assigner; consacrer; attribuer; donner (*la raison de qch.*); ⚖ transférer, céder; **2.** ⚖ ayant droit (*pl.* ayants droit) *m*; **as'sign·a·ble** □ assignable, attribuable; cessible; **as·sig·na·tion** [æsig'neiʃn] attribution *f*; rendez-vous *m*; *see assignment*; **as·sign·ee** [æsi'niː] *see assign* 2; délégué(e *f*) *m*; ⚖ syndic *m*; ⚖ séquestre *m*; **as·sign·ment** [ə'sainmənt] allocation *f*; citation *f*; *surt. Am.* désignation *f*, nomination *f*; *univ.* tâche *f* assignée, devoir *m*; ⚖ transfert *m*, cession *f*; **as·sign·or** [æsi'nɔː] ⚖ cédant(e *f*) *m*.

as·sim·i·late [ə'simileit] (*to, with*) (s')assimiler (à) (*a. physiol.*); *v/t.* comparer (à); **as·sim·i'la·tion** assimilation *f* (*a. physiol.*); comparaison *f*.

as·sist [ə'sist] *v/t.* aider; prêter assistance à; secourir; *v/i.* ~ *at* prendre part à; assister à; **as'sist·ance** aide *f*, secours *m*, assistance *f*; **as'sist·ant** **1.** qui aide; adjoint (à, *to*); sous-; **2.** adjoint(e *f*) *m*, auxiliaire *mf*; ✝ commis *m*, employé(e *f*) *m*.

as·size ⚖ [ə'saiz] assises *f/pl.*; ~*s pl.* (cour *f* d')assises *f/pl.*

as·so·ci·a·ble [ə'souʃjəbl] associable (à, *with*); **as'so·ci·ate** **1.** [~ʃieit] (s')associer (avec, *with*); *v/i.* s'affilier (à, *with*); ~ *in* s'associer pour (*qch.*); fréquenter (*q.*); **2.** [~ʃiit] associé; adjoint; **3.** [~] associé *m* (*a.* ✝); adjoint *m*; compagnon *m*, camarade *mf*; membre *m* correspondant (*d'une académie*); professeur *m* adjoint; **as·so·ci·a·tion** [~si'eiʃən] association *f* (*a. d'idées*); fréquentation *f*; société *f*, amicale *f* (*d'étudiants etc.*); ~ *football* football *m* association.

as·so·nance ['æsənəns] assonance *f*.

as·sort [ə'sɔːt] *v/t.* assortir; classer, ranger; ✝ assortir; *v/i.* (*with*) (s')assortir (avec); aller ensemble; **as'sort·ment** assortiment *m*; classement *m*; ✝ assortiment *m*, choix *m*.

as·suage [ə'sweidʒ] apaiser (*la faim, un désir, etc.*); calmer; soulager; assoupir (*la souffrance*); **as'suage·ment** apaisement *m*, soulagement *m*, adoucissement *m*.

as·sume [ə'sjuːm] prendre; affecter; revêtir; assumer (*une charge etc.*); simuler; présumer, supposer; **as'sum·ing** □ présomptueux (-euse *f*); **as·sump·tion** [ə'sʌmpʃn] action *f* de prendre; entrée *f* en fonctions; affectation *f*; arrogance *f*; hypothèse *f*; *eccl.* ♀ Assomption *f*; *on the* ~ *that* en supposant que; **as'sump·tive** □ hypothétique; admis; arrogant.

as·sur·ance [ə'ʃuərəns] affirmation *f*; promesse *f*; assurance *f* (*a.* = *sûreté*; *aplomb*); *péj.* hardiesse *f*; *Brit. life* ~ assurance-vie *f* (*pl.* assurances-vie); **as'sure** assurer; assurer la vie de; s'assurer sur la vie; ~ *s.o. of s.th.* assurer q. de qch., assurer qch. à q.; **as'sured 1.** assuré (*a.* = *certain*; *a.* = *sûr de soi*); *péj.* affronté; **2.** assuré(e *f*) *m*; **as'sur·ed·ly** [~ridli] assurément, sans aucun doute; avec assurance, d'un ton assuré; **as'surer** [~rə] assuré(e *f*) *m*.

As·syr·i·an [ə'siriən] **1.** assyrien(ne *f*); **2.** Assyrien(ne *f*) *m*.

as·ter ⚘ ['æstə] aster *m*; **as·ter·isk** ['~ərisk] *typ.* astérisque *m*.

a·stern ⚓ [ə'stəːn] à *ou* sur l'arrière.

asth·ma ['æsmə] asthme *m*; **asth·mat·ic** [~'mætik] **1.** *a.* **asth'mat·i·cal** □ asthmatique; **2.** asthmatique *mf*.

as·tig·mat·ic [æstig'mætik] (~*ally*) *opt.* astigmate; **a'stig·ma·tism** [~mətizm] astigmatisme *m*.

a·stir [əs'təː] animé; debout; agité.

as·ton·ish [əs'tɔniʃ] étonner, surprendre; *be* ~*ed* être étonné, s'étonner (de *at, to*); **as'ton·ish·ing** □ étonnant, surprenant; **as'ton·ish·ment** étonnement *m*, surprise *f*.

as·tound [əs'taund] confondre; stupéfier.

as·tra·gal ⚠ ['æstrəgəl] astragale *m*, chapelet *m*.

as·tra·khan [æstrə'kæn] *fourrure*: astrakan *m*.

as·tral ['æstrəl] astral (-aux *m/pl.*).

a·stray [ə'strei] égaré; *péj.* dévoyé; *go* ~ s'égarer; *péj.* se dévoyer.

a·stride [ə'straid] à califourchon (sur, *of*); *ride* ~ aller jambe deçà, jambe delà (*sur un cheval etc.*).

as·trin·gent □, ⚕ [əs'trindʒənt] astringent (*a. su./m*); styptique (*a. su./m*).

as·trol·o·ger [əs'trɔlədʒə] astrologue *m*; **as·trol·o·gy** [əs'trɔlədʒi] astrologie *f*; **as·tro·naut** ['æstronɔːt] astronaute *mf*; **as·tro·nau·tics** [æstrə'nɔːtiks] *sg.* astronautique *f*; **as·tron·o·mer** [əs'trɔnəmə] astronome *m*; **as·tro·nom·i·cal** □ [æstrə'nɔmikl] astronomique; **as·tron·o·my** [əs'trɔnəmi] astronomie *f*.

as·tute □ [əs'tjuːt] avisé, fin; *péj.* rusé, astucieux (-euse *f*); **as'tute·ness** finesse *f*, pénétration *f*; *péj.* astuce *f*.

a·sun·der [ə'sʌndə] éloignés l'un de l'autre; en deux.

a·sy·lum [ə'sailəm] asile *m*, refuge *m*; hospice *m*; F maison *f* d'aliénés.

a·sym·me·try [æ'simitri] asymétrie *f*, dissymétrie *f*.

at [æt; ət] *prp.* à; en (*guerre, mer*); (au)près de; sur (*demande*); *après certains verbes comme rire, se réjouir, s'étonner*: de; ~ *the door* à la porte; sur le seuil; ~ *my expense* à mes frais; ~ *my aunt's* chez ma tante; *run* ~ *s.o.* se jeter sur q.; ~ *day-break* au jour levant; ~ *night* la nuit; ~ *table* à table; ~ *a low price* à un bas prix; ~ *all events* en tout cas; ~ *school* à l'école; 2 ~ *a time* 2 par 2; ~ *peace* en paix; ~ *the age of* à l'âge de; ~ *one blow* d'un seul coup; ~ *five o'clock* à cinq heures; ~ *Christmas* à Noël.

at·a·vism *biol.* ['ætəvizm] atavisme *m*.

a·tax·y ⚕ [ə'tæksi] ataxie *f*, incoordination *f*.

ate [et] *prét. de eat 1.*

a·the·ism ['eiθiizm] athéisme *m*; **'a·the·ist** athée *mf*; **a·the'is·tic, a·the'is·ti·cal** □ athéistique; athée.

ath·lete ['æθliːt] athlète *m*; ⚕ ~*'s foot* pied *m* de l'athlète; ~*'s heart* cardiectasie *f*; **ath·let·ic** [~'letik] athlétique; F sportif (-ive *f*); ~ *heave* effort *m* vigoureux; ~ *sports pl.* sports *m/pl.* athlétiques; **ath'let·ics** *pl.*, **ath'let·i·cism** [~tisizm] athlétisme *m*.

at-home [ət'houm] réception *f*; soirée *f*.

a·thwart [ə'θwɔːt] **1.** *prp.* en travers de; **2.** *adv.* en travers (*a.* ⚓); ⚓ par le travers.

a-tilt [ə'tilt] incliné, penché; sur l'oreille (*chapeau*).

At·lan·tic [ət'læntik] **1.** atlantique; **2.** (*a.* ~ *Ocean*) (océan *m*) Atlantique *m.*

at·las ['ætləs] atlas *m*; ⚠ atlante *m.*

at·mos·phere ['ætməsfiə] atmosphère *f* (*a. fig.*); **at·mos·pher·ic, at·mos·pher·i·cal** □ [~'ferik(l)] atmosphérique; **at·mos'pher·ics** *pl. radio*: parasites *m/pl.*, perturbations *f/pl.* atmosphériques.

at·oll *géog.* [ə'tɔl] atoll *m*; île *f* de corail.

at·om ⚗, *phys.* ['ætəm] atome *m* (*a. fig.*); **a·tom·ic** [ə'tɔmik] atomique; ~ *age* (*bomb, energy, number, warfare, weight*) âge *m* (bombe *f*, énergie *f*, nombre *m*, guerre *f*, poids *m*) atomique; ~ *fission* fission *f* de l'atome; ~-*powered* actionné par l'énergie atomique; ~ *pile* (*ou reactor*) pile *f* atomique, réacteur *m* nucléaire; ~ *research* recherche *f* atomique, recherches *f/pl.* nucléaires; ~ *waste* déchets *m/pl.* nucléaires; **at·om·ism** ['ætəmizm] atomisme *m*; **at·om'is·tic** (~*ally*) atomistique; **'at·om·ize** pulvériser (*un liquide*); vaporiser; **'at·om·iz·er** pulvérisateur *m*, atomiseur *m*; **'at·o·my** *surt. fig.* squelette *m.*

a·tone [ə'toun]: ~ *for* expier (*qch.*), racheter (*qch.*); **a'tone·ment** expiation *f*, réparation *f.*

a·ton·ic [æ'tɔnik] ⚕ atonique; *gramm.* atone; **at·o·ny** ['ætəni] atonie *f*; F aveulissement *m.*

a·top F [ə'tɔp] en haut, au sommet; ~ *of* en haut de.

a·tro·cious □ [ə'trouʃəs] atroce; F affreux (-euse *f*); **a·troc·i·ty** [ə'trɔsiti] atrocité *f* (*a. fig.*).

at·ro·phy ⚕ ['ætrəfi] **1.** atrophie *f*; contabescence *f*; **2.** (s')atrophier.

at·tach [ə'tætʃ] *v/t.* (*to*) attacher (*chose, valeur, sens, etc.*) (à); lier, fixer (à); annexer (*un document*) (à); imputer (*une responsabilité*) (à); ajouter (*de la foi*) (à); prêter (*de l'importance*) (à); ⚖ arrêter (*q.*); saisir (*qch.*); ~ *o.s. to* s'attacher à; ~ *value to* attacher du prix à; *v/i.* s'attacher (à, *to*); **at'tach·a·ble** qui peut être attaché (à, *to*); ⚖ saisissable; **at·ta·ché** [ə'tæʃei] attaché *m*; ~ *case* mallette *f* (*pour documents*); **at·tached** [ə'tætʃt]: *be* ~ *to* être attaché à, tenir à; faire parti de, être adjoint à; ~ *house* maison *f* individuelle standard; **at'tach·ment** action *f* d'attacher; attachement *m* (pour, *for*); attache *f*, lien *m*; affection *f* (pour, *for*); ⊕, *machine*: accessoire *m*; attelage *m*; ⚖ saisie-arrêt (*pl.* saisies-arrêts) *f*; contrainte *f* par corps.

at·tack [ə'tæk] **1.** attaquer (*a. fig.*); s'attaquer à (*un travail, un repas, etc.*); *maladie*: s'attaquer à (*q.*); **2.** assaut *m*; attaque *f* (*a.* ⚕); attentat *m* (*à la vie*); ⚕ crise *f*; accès *m*; *heart* ~ crise *f* cardiaque; **at'tack·er** agresseur *m*; attaquant(e *f*) *m.*

at·tain [ə'tein] *v/t.* atteindre, arriver à (*a. fig.*); acquérir (*des connaissances*); *v/i.*: ~ *to* atteindre à; atteindre (*un âge*); **at'tain·a·ble** accessible; **at'tain·der** ⚖ confiscation *f* de biens et mort *f* civile; **at'tain·ment** arrivée *f*; *fig.* réalisation *f*; ~*s pl.* connaissance *f*, -s *f/pl.*, savoir *m.*

at·taint ⚖ [ə'teint] frapper (*q.*) de mort civile; *fig.* attaquer; souiller.

at·tar ['ætə] essence *f* de roses.

at·tem·per [ə'tempə] tremper; adoucir; modérer; accorder (avec, *to*).

at·tempt [ə'tempt] **1.** essayer (de, *to*), tâcher (de, *to*); ~ *the life of* attenter à la vie de; **2.** tentative *f*, essai *m*, effort *m* (de, *to*); attentat *m* (contre la vie de q., [*up*]*on s.o.'s life*).

at·tend [ə'tend] *v/t.* assister à; aller à; servir; visiter; soigner (*un malade*); accompagner; suivre (*un cours*); *v/i.* faire attention; assister; se charger (de, *to*); s'appliquer (à, *to*); ~ *on* visiter, soigner (*un malade*); ~ *to* s'occuper de (*affaires etc.*); **at'tend·ance** *hôtel, magasin, etc.*: service *m*; présence *f*; assistance *f* (à, *at*); ⚕ soins *m/pl.* (pour, *on*), visites *f/pl.* (à, *on*); assiduité *f* (*aux cours, à l'école*); *hours pl. of* ~ heures *f/pl.* de présence; *be in* ~ être de service (auprès de, *on*); F *dance* ~ faire les trente-six volontés (de, *on*); **at'tend·ant 1.** qui accompagne, qui sert, qui suit (q., [*up*]*on s.o.*); qui assiste; concomitant; **2.** serviteur *m*, domestique *mf*; surveillant(e *f*) *m*; *théâ.* ouvreuse *f*; gardien(ne *f*) *m*; ap-

pariteur *m*; ⊕ surveillant *m*, soigneur *m*; ~s *pl.* personnel *m*.
at·ten·tion [ə'tenʃn] attention *f* (*a. fig.* = *civilité*); ⚔ ~! garde à vous!; *see call*; *give*; *pay*; **at'ten·tive** □ attentif (-ive *f*) (à, *to*); soucieux (-euse *f*) (de, *to*); *fig.* empressé (auprès de, *to*).
at·ten·u·ate [ə'tenjueit] atténuer (*a. fig.*); amincir; raréfier (*un gaz etc.*); **at'ten·u·at·ed** atténué; amaigri; ténu; **at·ten·u'a·tion** atténuation *f*; amaigrissement *m*.
at·test [ə'test] attester, certifier (*a. fig.*); (*a. v/i.* ~ *to*) témoigner de; affirmer sous serment; ⚖ assermenter (*q.*); *surt.* ⚔ faire prêter serment à (*q.*); **at·tes·ta·tion** [ætes'teiʃn] attestation *f*; témoignage *m*; prestation *f* de serment; *surt.* ⚔ assermentation *f*; **at·test·er, at·test·or** [ə'testə] témoin *m* (⚖ instrumentaire); ⚖ certificateur *m*.
At·tic ['ætik] **1.** attique; **2.** ♀ mansarde *f*, F grenier *m*; ♀s *pl.* combles *m/pl.*; étage *m* mansardé.
at·tire *poét.* [ə'taiə] **1.** vêtir; parer; **2.** costume *m*, vêtements *m/pl.*
at·ti·tude ['ætitju:d] attitude *f* (envers, *to[wards]*); pose *f*; position *f* (*d'un avion en vol*); *strike an* ~ poser, prendre une attitude dramatique; ~ *of mind* disposition *f* d'esprit; manière *f* de penser; **at·ti'tu·di·nize** poser; faire des grâces.
at·tor·ney [ə'tə:ni] mandataire *mf*; *Am.* avoué *m*; ⚖ *Am. circuit* ~, *district* ~ procureur *m* de la République; *letter* (*ou warrant*) *of* ~ procuration *f*; *power of* ~ pouvoirs *m/pl.*; ♀ *General* avocat *m* du Gouvernement; procureur *m* général; *Am.* chef *m* du Ministère de Justice.
at·tract [ə'trækt] attirer (*a. l'attention*); *fig.* séduire; avoir de l'attrait pour; **at'trac·tion** [~kʃn] attraction *f*; *fig.* attrait *m*; *théâ.* attraction *f*; clou *m* (*du spectacle*); **at'trac·tive** [~tiv] □ *usu. fig.* attrayant, attirant; *théâ.* alléchant; **at'trac·tive·ness** attrait *m*, charme *m*.
at·trib·ut·a·ble [ə'tribjutəbl] imputable; **at·tri·bute 1.** [ə'tribju:t] imputer, attribuer; prêter (*une qualité, des vertus*); **2.** ['ætribju:t] attribut *m*, qualité *f*; apanage *m*; symbole *m*; *gramm.* épithète *f*; **at·tri·bu·tion** [ætri'bju:ʃn] attribution *f*, imputation *f* (à, *to*); affectation *f* (*à un but*); compétence *f*; **at·trib·u·tive** *gramm.* [ə'tribjutiv] **1.** □ qualificatif (-ive *f*); **2.** épithète *f*.
at·tri·tion [ə'triʃn] attrition *f*; usure *f* par le frottement; ⊕ usure *f*, *machine*: fatigue *f*; *war of* ~ guerre *f* d'usure.
at·tune [ə'tju:n] ♪ accorder, *fig.* harmoniser (avec, *to*).
au·burn ['ɔ:bən] châtain roux, blond ardent; acajou.
auc·tion ['ɔ:kʃn] **1.** (*a. sale by* ~) vente *f* aux enchères; vente *f* à l'encan; *sell by* (*Am. at*) ~, *put up for* ~ vendre aux enchères; vendre à la criée (*du poisson etc.*); **2.** (*usu.* ~ *off*) vendre aux enchères; **auc·tion·eer** [~ʃə'niə] commissaire-priseur (*pl.* commissaires-priseurs) *m*.
au·da·cious □ [ɔ:'deiʃəs] audacieux (-euse *f*), hardi; *péj.* effronté, cynique; **au·dac·i·ty** [ɔ:'dæsiti] audace *f*; hardiesse *f* (*a. péj.*); *péj.* effronterie *f*, cynisme *m*.
au·di·bil·i·ty [ɔ:di'biliti] perceptibilité *f*; **au·di·ble** ['ɔ:dəbl] perceptible; intelligible (*voix etc.*).
au·di·ence ['ɔ:djəns] audience *f* (avec *of*, *with*); assistance *f*, assistants *m/pl.* (*à une réunion*); public *m*, spectateurs *m/pl.* (*au théâtre*); auditeurs *m/pl.* (*au concert*).
audio... ['ɔ:diou] audio-; **au·di·o·fre·quen·cy** [~'fri:kwənsi] *radio*: audiofréquence *f*; **au·di·o·phile** ['~fail] amateur *m* de hi-fi; **au·di·o·vis·u·al aids** [~'vizjuəl eidz] support *m* audio-visuel.
au·dit ['ɔ:dit] **1.** *comptes*: vérification *f*; **2.** vérifier, apurer (*des comptes*); *univ.* † assister à (*un cours*); **au'di·tion** audition *f*; **'au·di·tor** commissaire *m* aux comptes; expert *m* comptable; auditeur *m* (*surt. univ.*); **au·di·to·ri·um** [~'tɔ:riəm] salle *f*; *eccl.* parloir *m*; *Am.* salle *f* (*de concert, de conférence, etc.*); **au·di·to·ry** ['~təri] **1.** auditif (-ive *f*); de l'ouïe; **2.** auditoire *m*; auditeurs *m/pl.*; *see auditorium*.
au·ger ⊕ ['ɔ:gə] perçoir *m*; tarière *f*.
aught [ɔ:t] quelque chose *m*; *for* ~ *I care* pour ce qui m'importe; *for* ~ *I know* autant que je sache.
aug·ment [ɔ:g'ment] *v/t.* augmenter, accroître; *v/i.* augmenter, s'accroître; **aug·men'ta·tion** augmen-

tation *f*, accroissement *m*; **aug'ment·a·tive** □ [~tətiv] augmentatif (-ive *f*).

au·gur ['ɔːgə] **1.** augure *m*; **2.** augurer; prédire; *v/i.* être de bon *ou* de mauvais augure; **au·gu·ry** ['ɔːgjuri] augure *m*; F présage *m*; science *f* des augures.

Au·gust 1. ['ɔːgəst] août *m*; **2.** ♀ □ [ɔː'gʌst] auguste, imposant; **Au·gus·tan** [ɔː'gʌstən] d'Auguste; *littérature anglaise*: de la reine Anne.

auk *orn.* [ɔːk] pingouin *m*.

aunt [ɑːnt] tante *f*; ♀ *Sally* jeu *m* de massacre; **aunt·ie, aunt·y** F ['~ti] tata *f*; ma tante.

au pair [əu'pɛə] (*a.* ~ *girl*) jeune fille *f* au pair.

au·ral ['ɔːrəl] de l'oreille.

au·re·ole ['ɔːrioul] *eccl.*, *astr.* auréole *f*; *saint*: gloire *f*.

au·ri·cle *anat.* ['ɔːrikl] auricule *f*; **au·ric·u·la** ⚘ [ə'rikjulə] auricule *f*; **au·ric·u·lar** □ [ɔː'rikjulə] auriculaire; de l'oreille, des oreillettes du cœur; ~*witness* témoin *m* auriculaire.

au·rif·er·ous [ɔː'rifərəs] aurifère.

au·rist ⚕ ['ɔːrist] auriste *m*.

au·rochs *zo.* ['ɔːrɔks] bœuf *m* urus.

au·ro·ra [ɔː'rɔːrə] Aurore *f* (*fig.* ♀); ~ *borealis* aurore *f* boréale; **au'ro·ral** auroral (-aux *m/pl.*); de l'aurore.

aus·cul·ta·tion ⚕ [ɔːskəl'teiʃn] auscultation *f*.

aus·pice ['ɔːspis] augure *m*; ~*s pl.* auspices *m/pl.*; **aus·pi·cious** □ [~'piʃəs] propice; prospère, heureux (-cuse *f*).

Aus·sie F ['ɔsi] **1.** Australien(ne *f*) *m*; **2.** australien(ne *f*).

aus·tere □ [ɔs'tiə] austère; frugal (-aux *m/pl.*) (*repas*); sans luxe (*chambre etc.*); cénobitique (*vie*); **aus·ter·i·ty** [~'teriti] austérité *f*; sévérité *f* de goût; absence *f* de luxe; ~ *budget* budget *m* d'austérité.

aus·tral ['ɔːstrəl] austral (-als *ou* -aux *m/pl.*).

Aus·tra·lian [ɔs'treiljən] **1.** australien(ne *f*); **2.** Australien(ne *f*) *m*.

Aus·tri·an ['ɔstriən] **1.** autrichien (-ne *f*); **2.** Autrichien(ne *f*) *m*.

au·tarch·y ['ɔːtɑːki] autarchie *f* (= *souveraineté*); *Am. see autarky*.

au·tark·y ['ɔːtɑːki] autarcie *f*.

au·then·tic [ɔː'θentik] (~*ally*) authentique; digne de foi; **au'then·ti·cate** [~keit] certifier, légaliser, valider, viser (*un acte etc.*); établir l'authenticité de; **au·then·ti'ca·tion** certification *f*; validation *f*; **au·then·tic·i·ty** [~'tisiti] authenticité *f*; crédibilité *f*.

au·thor ['ɔːθə] auteur *m* (*a. fig.*); écrivain *m*; **au·thor·ess** ['ɔːθəris] femme *f* auteur; femme *f* écrivain; **au·thor·i·tar·i·an** [ɔːθɔri'tɛəriən] autoritaire (*a. su./m*); **au'thor·i·ta·tive** □ [~tətiv] autoritaire; péremptoire; qui fait autorité (*document*); de bonne source; **au'thor·i·ta·tive·ness** autorité *f*; ton *m* autoritaire; **au'thori·ty** autorité *f* (sur, *over*); ascendant *m* (sur, *over*); domination *f*; autorisation *f*, mandat *m* (de *inf.*, *to inf.*); qualité *f* (pour *inf.*, *to inf.*); expert *m* (dans qch., *on s.th.*); source *f* (*de renseignements*); *surt.* ~*s pl.* l'administration *f*; *on good* ~ de bonne source; *on the* ~ *of* sur la foi de (*q.*); *I have it on the* ~ *of Mr. X* je le tiens de Monsieur X; **au·thor·i·za·tion** [ɔːθərai'zeiʃn] autorisation *f*; pouvoir *m*; mandat *m*; **'au·thor·ize** autoriser, sanctionner; donner mandat à; **'au·thor·ship** profession *f ou* qualité *f* d'auteur; *livre*: paternité *f*.

au·tism ['ɔːtizm] autisme *m*; **au·tis·tic** [ɔː'tistik] autistique.

au·to ['ɔːtou] auto(mobile) *f*.

auto... [ɔːto] auto-.

au·to·bi·og·ra·pher [ɔːtobai'ɔgrəfə] autobiographe *m*; **'au·to·bi·o'graph·ic, 'au·to·bi·o'graph·i·cal** □ [~o'græfik(l)] autobiographique; **au·to·bi·og·ra·phy** [~'ɔgrəfi] autobiographie *f*.

au·to·cade *Am.* [ɔːtoukeid] *see motorcade*.

au·to·car ['ɔːtoukɑː] autocar *m*.

au·toch·thon [ɔː'tɔkθən] autochthone *m* (= *aborigène*); **au'toch·tho·nous** autochthone.

au·toc·ra·cy [ɔː'tɔkrəsi] autocratie *f*; **au·to·crat** ['ɔːtəkræt] autocrate *m*; **au·to'crat·ic, au·to'crat·i·cal** □ autocratique; autocrate (*personne*); absolu (*caractère*).

au·tog·e·nous weld·ing ⊕ [ɔː'tɔdʒənəs'weldiŋ] soudure *f* (à l')autogène.

au·to·gi·ro ✈ ['ɔːtou'dʒaiərou] autogyre *m*.

au·to·graph ['ɔːtəgrɑːf] **1.** autographe *m*; ~ *album* keepsake *m*; **2.** signer, dédicacer; ⊕ autogra-

phier; **au·to·graph·ic** [~ˈgræfik] (*ally*) autographe; ⊕ autographique; **au·tog·ra·phy** [ɔːˈtɔgrəfi] autographe *m*; ⊕ autographie *f*.
au·to·mat *Am.* [ˈɔtəmæt] restaurant *m* à distributeurs automatiques;
aut·o·mate [ˈ~meit] automatiser;
au·to·mat·ic [~ˈmætik] (~*ally*) **1.** automatique; inconscient; ~ *machine* distributeur *m*; ~ *telephone* (téléphone *m*) automatique *m*; *mot.* ~ *transmission* transmission *f* automatique; **2.** *Am.* automatique *m*; **au·tomˈa·tion** ⊕ automatisation *f*; **au·tom·a·ton** [ɔːˈtɔmətən], *pl.* **-tons, -ta** [~tə] automate *m* (*a. fig.*).
au·to·mo·bile *surt. Am.* [ˈɔːtəməbiːl] automobile *f*; F voiture *f*.
au·ton·o·mous [ɔːˈtɔnəməs] autonome; **auˈton·o·my** autonomie *f*.
au·top·sy [ˈɔːtəpsi] autopsie *f*.
au·to·type ⊕ [ˈɔːtətaip] fac-similé *m*.
au·tumn [ˈɔːtəm] automne *m*; **au·tum·nal** [ɔːˈtʌmnəl] automnal (-aux *m/pl.*); d'automne.
aux·il·ia·ry [ɔːgˈziljəri] **1.** auxiliaire, subsidiaire (à, *to*); **2.** (*a.* ~ *verb*) *gramm.* verbe *m* auxiliaire; *auxiliaries pl.* (troupes *f/pl.*) auxiliaires *m/pl.*
a·vail [əˈveil] **1.** servir (à), être utile (à) (*q.*); ~ *o.s. of* profiter de (*qch.*); user de (*qch.*); saisir (*une opportunité*); **2.** avantage *m*, utilité *f*; *of no* ~ inutile; *of what* ~ *is it?* à quoi bon?; à quoi sert (de *inf.*, *to inf.*)?; **a·vail·aˈbil·i·ty** disponibilité *f*; *billet*: durée *f*, validité *f*; **aˈvail·a·ble** □ disponible; libre; accessible; valable, bon(ne *f*), valide; **aˈvail·ments** *pl.* disponibilités *f/pl.*
av·a·lanche [ˈævəlɑːnʃ] avalanche *f*.
av·a·rice [ˈævəris] avarice *f*; mesquinerie *f*; **av·aˈri·cious** □ avare, avaricieux (-euse *f*).
a·venge [əˈvendʒ] venger; prendre la vengeance de (*q.*); ~ *o.s.* (*ou be* ~*d*) (*up*)*on* se venger de *ou* sur; *avenging angel* divinité *f* vengeresse; **aˈveng·er** vengeur (-eresse *f*) *m*.
av·e·nue [ˈævinjuː] avenue *f*; chemin *m* d'accès; promenade *f* plantée d'arbres; *Am.* boulevard *m*.
a·ver [əˈvəː] avérer, affirmer, déclarer; ⚖ prouver; alléguer.
av·er·age [ˈævəridʒ] **1.** moyenne *f*; ⚓ avarie *f*; ⚓ *general* ~ avaries *f/pl.* communes; ⚓ *particular* ~ avarie *f* particulière; *on an* ~ en moyenne; **2.** □ moyen(ne *f*); *fig.* ordinaire, normal (-aux *m/pl.*); **3.** prendre *ou* faire *ou* établir la moyenne (de, *of*); donner une moyenne (de, *at*).
a·ver·ment [əˈvəːmənt] affirmation *f*; ⚖ allégation *f*; preuve *f*.
a·verse □ [əˈvəːs] opposé (à *to*, *from*); ennemi (de); **aˈverse·ness, aˈver·sion** aversion *f* (pour *to*, *from*); répugnance *f* (à); *he is my aversion* il est mon cauchemar.
a·vert [əˈvəːt] détourner (*a. fig.*); écarter.
a·vi·ar·y [ˈeivjəri] volière *f*.
a·vi·ate ✈ [ˈeivieit] voler; **a·viˈa·tion** aviation *f*; vol *m*; ~ *ground* aérodrome *m*; **ˈa·vi·a·tor** aviateur (-trice *f*) *m*.
av·id □ [ˈævid] avide (de *of*, *for*); **a·vid·i·ty** [əˈviditi] avidité *f* (de, pour *for*).
av·o·ca·do ⚘ [ævouˈkɑːdou] (*a.* ~ *pear*) avocat *m*.
av·o·ca·tion [ævoˈkeiʃn] occupation *f*; vocation *f*; profession *f*; métier *m*.
a·void [əˈvɔid] éviter; se soustraire à; se dérober à; ⚖ résoudre, annuler, résilier (*un contrat etc.*); **aˈvoid·a·ble** évitable; **aˈvoid·ance** action *f* d'éviter; *usu. eccl.* vacance *f*; ⚖ *contrat etc.*: résolution *f*, annulation *f*, résiliation *f*.
av·oir·du·pois ✝ [ævədəˈpɔiz] poids *m* du commerce; *Am. sl.* poids *m*, pesanteur *f*.
a·vouch [əˈvautʃ] garantir; reconnaître; *see avow*.
a·vow [əˈvau] reconnaître; s'avérer; déclarer; **aˈvow·al** aveu *m*; **aˈvow·ed·ly** [~idli] franchement, ouvertement.
a·wait [əˈweit] attendre (*a. fig.*).
a·wake [əˈweik] **1.** éveillé; attentif (-ive *f*); *be* ~ *to* avoir conscience de; *wide* ~ bien *ou* tout éveillé; *fig.* averti, avisé; **2.** [*irr.*] *v/t.* (*usu.* **aˈwak·en**) éveiller; réveiller; ~ *s.o. to* ouvrir les yeux à q. sur; *v/i.* se réveiller, s'éveiller; prendre conscience (de qch., *to s.th.*).
a·ward [əˈwɔːd] **1.** adjudication *f*, sentence *f* arbitrale; récompense *f*; *Am.* bourse *f*; ⚖ dommages-intérêts *m/pl.*; **2.** adjuger, décerner; accorder; conférer (*un titre etc.*).
a·ware [əˈwɛə]: *be* ~ avoir connaissance (de, *of*); avoir conscience (de,

of); ne pas ignorer (qch., *of s.th.*; que, *that*); *become* ~ *of* prendre connaissance *ou* conscience de; se rendre compte de; **a'ware·ness** conscience *f*.

a·wash ⚓ [ə'wɔʃ] à fleur d'eau; ras (*écueil*); *fig.* inondé.

a·way [ə'wei] (au) loin; dans le lointain; absent; à une distance de; *do* ~ *with* supprimer; ~ *with it!* emportez-le!; ~ *with you!* allez-vouz-en!; *Am.* F ~ *back* il y a (dejà) longtemps; dès (*une date*); *I cannot* ~ *with it* je ne peux pas sentir cela.

awe [ɔ:] crainte *f*, terreur *f* (de, *of*); *qqfois* respect *m* (pour, *of*); terreur *f* religieuse; effroi *m* religieux; **awe·some** ['~səm] *see awful*; **'awe-struck** frappé d'une terreur profonde religieuse *ou* mystérieuse; intimidé.

aw·ful □ ['ɔ:ful] redoutable, effroyable; F fameux (-euse *f*); fier (-ère *f*), affreux (-euse *f*); **'aw·ful·ness** caractère *m* terrible; solennité *f*.

a·while [ə'wail] un moment; pendant quelque temps.

awk·ward □ ['ɔ:kwəd] gauche, maladroit; gêné; fâcheux (-euse *f*), gênant; incommode, peu commode; **'awk·ward·ness** gaucherie *f*; maladresse *f*; manque *m* de grâce; embarras *m*; inconvénient *m*.

awl [ɔ:l] alêne *f*, poinçon *m*.

awn ⚘ [ɔ:n] barbe *f*, barbelure *f*.

awn·ing ['ɔ:niŋ] ⚓, *a. voiture*: tente *f*; *boutique*: banne *f*; *théâtre, hôtel*: marquise *f*; ⚓ tendelet *m*.

a·woke [ə'wouk] *prét. et p.p. de awake* 2.

a·wry [ə'rai] de travers; de guingois; *go* ~, *turn* ~ aller de travers.

axe [æks] **1.** hache *f*; F *the* ~ coupe *f*; *traitement, personnel, etc.*: réductions *f/pl.*; *have an* ~ *to grind* avoir un intérêt personnel à servir; **2.** *v/t.* F faire des coupes dans; mettre à pied (*des fonctionnaires*).

ax·i·om ['æksiəm] *principe*: axiome *m*; **ax·i·o'mat·ic** (~*ally*) axiomatique; F évident.

ax·is ['æksis], *pl.* **ax·es** ['~si:z] axe *m*.

ax·le ⊕ ['æksl] tourillon *m*; arbre *m*; (*a.* ~-*tree*) essieu *m*.

ay(e) [ai] **1.** *parl.* oui; ⚓ ~, ~! bien (monsieur)!; **2.** oui *m*; *parl.* voix *f* pour; *the* ~*s have it* le vote est pour.

a·za·lea ⚘ [ə'zeiljə] azalée *f*.

az·i·muth *astr.* ['æziməθ] azimut *m*; ~ *instrument* compas *m* de relèvement; **az·i·muth·al** [~'mju:θl] azimutal (-aux *m/pl.*).

a·zo·ic *géol.* [ə'zouik] azoïque.

az·ure ['æʒə] **1.** d'azur, azuré; **2.** azur *m*.

B

B, b [biː] B *m*, b *m*.
baa [bɑː] **1.** bêler; **2.** bêlement *m*.
Bab·bitt *Am.* [ˈbæbit] philistin *m*; affreux bourgeois *m*; ⊕ ♀ *metal* métal *m* blanc antifriction.
bab·ble [ˈbæbl] **1.** babiller; jaser; murmurer; gazouiller; raconter (*qch.*) en babillant; **2.** babil(lage) *m*, babillement *m*; bavardage *m*, jaserie *f*; murmure *m*; ˈ**bab·bler** bavard(e *f*) *m*; jaseur (-euse *f*) *m*.
babe [beib] *poét.* petit(e) enfant *m*(*f*).
Ba·bel [ˈbeibl] *bibl.* Tour *f* de Babel; *fig.* brouhaha *m*, vacarme *m*.
ba·boon *zo.* [bəˈbuːn] babouin *m*.
ba·by [ˈbeibi] **1.** bébé *m*; poupon(ne *f*) *m*; poupard *m*; F *it's your* ~ c'est votre affaire; F *be left holding the* ~ rester avec l'affaire sur les bras; **2.** d'enfant, de bébé, petit; ~ **act** *usu. plead* (*ou play*) *the* ~ *Am.* plaider son inexpérience; appuyer sa défense sur sa minorité; ~ **boom** montée *f* en flèche des naissances; ˈ~-**car·riage** *Am.* voiture *f* d'enfant; ˈ~-**farm·er** personne *f* qui prend des enfants en nourrice; *péj.* faiseuse *f* d'anges; ~ **grand** ♪ piano *m* (à) demi-queue; ˈ**ba·by·hood** [ˈ~hud] première enfance *f*; bas âge *m*; ˈ**ba·by·ish** □ puéril; de bébé.
Bab·y·lo·ni·an [bæbiˈlounjən] **1.** babylonien(ne *f*); **2.** Babylonien(ne *f*) *m*.
ba·by...: ˈ~-**mind·er** nourrice *f*; ˈ~-**sit** [*irr.* (*sit*)] veiller sur un enfant; faire du baby-sitting; ˈ**ba·byˈsit·ter** baby-sitter *m*, garde-bébé *mf* (*pl.* gardes-bébés).
bac·ca·lau·re·ate [bækəˈlɔːriit] baccalauréat *m*; *univ. usu.* licence *f* (*ès lettres, ès sciences, etc.*).
Bac·cha·nal [ˈbækənl] *see Bacchant*; ˈ**Bac·cha·nals** *pl.*, **Bac·cha·na·li·a** [~ˈneiljə] *pl.* bacchanales *f*/*pl.*; **Bac·chaˈna·li·an** **1.** bachique; **2.** *fig.* noceur *m*.
Bac·chant [ˈbækənt] adorateur *m* de Bacchus; (*a.* **Bac·chante** [bəˈkænti]) bacchante *f*.
bach·e·lor [ˈbætʃələ] célibataire *m*, garçon *m*; *hist.* bachelier *m*; *univ.* licencié(e *f*) *m*; ~ *girl* garçonne *f*; **bach·e·lor·hood** [ˈ~hud] célibat *m*; vie *f* de garçon.
bac·il·la·ry [bəˈsiləri] bacillaire; **baˈcil·lus** [~əs], *pl.* **-li** [~lai] bacille *m*.
back [bæk] **1.** *su. personne, animal*: dos *m*; reins *m*/*pl.*; revers *m*; *chaise*: dossier *m*; *salle, armoire, scène*: fond *m*; *tête, maison*: derrière *m*; *foot., maison*: arrière *m*; (*at the*) ~ *of* au fond de; *put one's* ~ *into it* y aller de tout son cœur; F *put s.o.'s* ~ *up* mettre q. en colère; faire rebiffer q.; **2.** *adj.* arrière, de derrière; sur le derrière (*pièce*); sur la cour (*chambre d'hôtel*); *gramm.* vélaire; ~ *formation* dérivation *f* régressive; ~ *issue* ancien numéro *m*, ancien volume *m*; ~ *pay* (*ou salary*) rappel *m* de traitement; **3.** *adv.* en arrière; de retour; **4.** *v*/*t.* renforcer (*un mur, une carte*); endosser (*un livre*); parier sur, miser sur (*un cheval*); appuyer, (*a.* ~ *up*) soutenir; servir de fond à; reculer (*une charrette*); faire (re)culer (*un cheval*); refouler (*un train*); mettre en arrière (*une machine*); ⚕ endosser (*un effet*); financer (*q.*); ⚓ ~ *the sails* masquer les voiles; ~ *water*, ~ *the oars* ramer à rebours; scier; ~ *up* prêter son appui à (*qch., q.*); *v*/*i.* aller en arrière; marcher à reculons; reculer (*cheval*); faire marche arrière (*voiture*); ravaler (*vent*); F se dégager (de, *out of*); F ~ *down* en rabattre; rabattre (de, *from*); ˈ~·**ache** mal *m* aux reins; ~ **al·ley** *Am.* rue *f* misérable (*dans le bas quartier*); ˈ~-**bas·ket** hotte *f*; ˈ~-**bench·er** membre *m* du Parlement sans portefeuille; ˈ~-**bend** *sp.* pont *m*; ˈ~·**bite** [*irr.* (*bite*)] médire de (*q.*); ˈ~·**board** dossier *m*; ⚕ planche *f* à dos; ˈ~·**bone** échine *f*; colonne *f* vertébrale; *fig.* caractère *m*, fermeté *f*; *to the* ~ *fig.* à la moelle des os; ˈ~·**chat** impertinence *f*, répliques *f*/*pl.* impertinentes; ˈ~-**cloth** *théâ.*

toile *f* de fond; ˈ**~·date** antidater; **~d** *to* avec effet rétroactif à, avec rappel à compter de; ˈ**~-ˈdoor** porte *f* de derrière; *fig.* petite porte *f*; ˈ**~·drop** *théâ.* toile *f* de fond; **backed** à dos, à dossier; *phot.* ocré (*plaque*); **~ entrance** entrée *f* de derrière; ˈ**backer** parieur (-euse *f*) *m*; partisan *m*; ✝ donneur *m* d'aval; commanditaire *m*.

back...: ˈ**~-fire** *mot.* **1.** pétarde *f*; **2.** pétarder; **~ˈgam·mon** trictrac *m*; jacquet *m*; ˈ**~·ground** fond *m*, arrière-plan *m*; ˈ**~-ˈhand 1.** coup *m* fourré; *tennis*: revers *m*; **2.** déloyal (-aux *m/pl.*); de revers; ˈ**~-ˈhand·ed** renversé; *fig.* équivoque; ˈ**~-ˈhander** *see back-hand 1*; riposte *f* inattendue; ˈ**~·lash** contre-coup *m*, répercussion(s *pl.*) *f*, *fig. a.* réaction *f* brutale; ˈ**~·log** réserve *f*; arriéré *m*; ˈ**~·pack** sac *m* à dos; ˈ**~·pay** rappel *m* de salaire; ˈ**~-ˈped·al** contre-pédaler; **~***ling brake* frein *m* par contre-pédalage; ˈ**~ˈside** derrière *m*; ˈ**~-sight** hausse *f*; *surv.* coup *m* arrière; ˈ**~-slap·per** *Am.* luron *m*; ˈ**~ˈslide** [*irr.* (*slide*)] retomber dans l'erreur *m*; rechuter; ˈ**~ˈslid·er** relaps(e *f*) *m*; ˈ**~ˈslid·ing** récidive *f*; ˈ**~·stage** derrière la scène, dans les coulisses; ˈ**~ˈstairs** escalier *m* de service; ˈ**~·stitch 1.** point *m* arrière; **2.** coudre à points de piqûre; **~ street** rue *f* latérale, petite rue *f*; **~** *abortionist* faiseuse *f* d'anges; ˈ**~-stroke** (*ou* **~** *swimming*) nage *f* sur le dos; **~ talk** *Am.* impertinence *f*; **~ to back** *sp. Am.* F l'un après l'autre; **~ to front** sens devant derrière; ˈ**~-track** *Am.* F *fig.* s'en retourner (*chez soi etc.*).

back·ward [ˈbækwəd] **1.** *adj.* attardé, arrière (*personne*); en arrière, rétrograde; en retard; peu empressé (à *inf.*, *in gér.*); **2.** *adv.* (*a.* ˈ**back·wards**) en arrière; *walk backwards and forwards* aller et venir; **back·wardˈa·tion** ✝ *Br.* déport *m*; ˈ**back·ward·ness** retard *m*; hésitation *f*, lenteur *f* (*a. d'intelligence*); tardiveté *f*.

back...: ˈ**~·wa·ter** eau *f* arrêtée; bras *m* de décharge; remous *m*; ˈ**~-wheel** roue *f* arrière; roue *f* motrice; **~** *drive* pont *m* arrière; ˈ**~-woods** *pl.* forêts *f/pl.* de l'intérieur (de l'Amérique du Nord); ˈ**~·woods-man** colon *m* des forêts (de l'Amérique du Nord).

ba·con [ˈbeikən] lard *m*; F *save one's* **~** sauver sa peau; se tirer d'affaire; *sl. bring home the* **~** revenir triomphant; décrocher la timbale.

bac·te·ri·al □ [bækˈtiəriəl] bactérien(ne *f*); **bac·te·ri·o·log·i·cal** □ [bæktiəriəˈlɔdʒikl] bactériologique; **bac·te·ri·ol·o·gist** [~ˈɔlədzist] bactériologiste *mf*; **bacˈte·ri·um** [~iəm], *pl.* **-ri·a** [~riə] bactérie *f*.

bad □ [bæd] mauvais; triste (*affaire*); avarié (*viande*); piteux (-euse *f*) (*état*); méchant (*enfant*); grave (*accident*); malade; faux (fausse *f*) (*monnaie*); vilain (*mot. a. Am.*); F *not* **~** pas mal du tout; *not too* **~** comme ci comme ça; *things are not so* **~** ça ne marche pas si mal; *he is* **~***ly off* il est mal loti; **~***ly wounded* gravement blessé; F *want* **~***ly* avoir grand besoin de.

bade [beid] *prét. de bid 1.*

badge [bædʒ] insigne *m*; *fig.* symbole *m*.

badg·er [ˈbædʒə] **1.** *zo.* blaireau *m*; **2.** tracasser, harceler, importuner.

bad·lands *Am.* [ˈbædˈlændz] *pl.* terres *f/pl.* incultivables.

bad·min·ton *sp.* [ˈbædmintən] badminton *m*.

bad·ness [ˈbædnis] mauvaise qualité *f*; mauvais état *m*; méchanceté *f* (*d'une personne*).

bad-tem·pered [ˈbædˈtempəd] grincheux (-euse *f*); acariâtre.

baf·fle [ˈbæfl] dérouter (*q.*, *des soupçons*); faire échouer (*un projet etc.*); confondre; dépister; *it* **~***s description* il défie toute description; **baf·fling** déconcertant.

bag [bæg] **1.** sac *m*; sacoche *f*; bourse *f*; F poche *f* (*sous l'œil*); *chasse*: tableau *m*; *sl.* **~***s pl.* pantalon *m*; *Am.* F *it's in the* **~** c'est dans le sac; *depart* **~** *and baggage* emporter ses cliques et ses claques; **2.** (se) gonfler, bouffer; *v/t.* mettre en sac; F chiper, voler; *chasse*: abattre, tuer.

bag·a·telle [bægəˈtel] bagatelle *f*; billard *m* anglais.

bag·gage [ˈbægidʒ] *Am.* bagages *m/pl.*; **~ al·low·ance** franchise *f* de bagages; **~ car** 🚃 fourgon *m* aux bagages; ˈ**~-check** bulletin *m* de bagages; **~ rack** *auto*: galerie *f*, 🚃 porte-bagages *m/inv.*; **~ re·claim** (guichet *m* de) remise *f* des bagages; **~ room** consigne *f*.

bag·ging ['bægiŋ] mise *f* en sac; toile *f* à sac.
bag·gy ['bægi] bouffant; pendant (*joues*); formant poches (*pantalon*).
bag...: '**~·man** F commis *m* voyageur; '**~·pipe** cornemuse *f*; '**~·snatch·er** voleur *m* à la tire.
bail[1] [beil] **1.** garant *m*; caution *f*; ⚖ *admit to* ~ accorder la liberté provisoire sous caution à (*q.*); *be* (*ou go ou stand*) ~ *for* fournir caution pour; **2.** cautionner; ~ *out* se porter caution pour (*q.*).
bail[2] ⚓ [~] écoper.
bail[3] [~] *cricket*: ~*s pl.* bâtonnets *m/pl.*, barrettes *f/pl.*
bail[4] [~] *baquet etc.*: poignée *f*.
bail·a·ble ⚖ ['beiləbl] admettant l'élargissement *m* sous caution.
bail·ee ⚖ [bei'li:] dépositaire *m*; emprunteur (-euse *f*) *m*.
bail·er ⚓ ['beilə] **1.** écope *f*; **2.** écoper.
bail·iff ['beilif] ⚒ régisseur *m*, intendant *m*; ⚖ agent *m* de poursuites, huissier *m*.
bail·ment ⚖ ['beilmənt] dépôt *m* (*de biens*); mise *f* en liberté sous caution.
bail·or ['beilə] déposant *m*; prêteur (-euse *f*) *m*; ⚖ caution *f*.
bairn *écoss.* [bɛən] enfant *mf*.
bait [beit] **1.** amorce *f*; appât *m* (*a. fig.*); *a. fig. take the* ~ mordre à l'hameçon; **2.** *v/t.* amorcer (*un piège, une ligne, etc.*); faire manger (*un cheval pendant une halte*); *fig.* harceler; importuner; *v/i.* se restaurer; s'arrêter pour se refraîchir.
bait·ing ['beitiŋ] harcelage *m*; amorcement *m*.
baize ☨ [beiz] serge *f*; tapis *m* vert.
bake [beik] **1.** (faire) cuire; *v/i.* boulanger; F brûler; ~*d potatoes pl.* pommes *f/pl.* (de terre) au four; **2.** soirée *f*; '**~·house** fournil *m*, boulangerie *f*.
ba·ke·lite ⊕ ['beikəlait] bakélite *f*.
bak·er ['beikə] boulanger *m*; '**bak·er·y** boulangerie *f*; '**bak·ing** rôtissant, desséchant (*soleil*); F brûlant; ~ *hot* torride; '**bak·ing-pow·der** poudre *f* à lever; '**bak·ing-soda** bicarbonate *m* de soude.
bak·sheesh ['bækʃi:ʃ] bakchich *m*.
bal·a·lai·ka ♪ [bælə'laikə] balalaïka *f*.
bal·ance ['bæləns] **1.** balance *f*; *fig.* équilibre *m*, aplomb *m*; *montre*: balancier *m*, *a. horloge*: régulateur *m*; ☨ solde *m*; bilan *m*; *surt. Am.* F reste *m*; ~ *in hand* solde *m* créditeur; ~ *of payments* balance *f* des paiements; ~ *of power* balance *f* politique; ~ *of trade* balance *f* commerciale; *see strike* 2; **2.** *v/t.* balancer; équilibrer, stabiliser; compenser; faire contrepoids à; ☨ balancer, solder; dresser le bilan de; *v/i.* se faire équilibre; se balancer; '**~-sheet** ☨ bilan *m*.
bal·co·ny ['bælkəni] balcon *m*; *théâ.* deuxième balcon *m*.
bald [bɔ:ld] chauve; *fig.* nu; dénudé.
bal·da·chin ['bɔ:ldəkin] baldaquin *m*.
bal·der·dash ['bɔ:ldədæʃ] bêtises *f/pl.*, balivernes *f/pl.*
bald...: '**~-head**, '**~-pate** tête *f* chauve; '**~-'head·ed** à la tête chauve; *go* ~ *into* faire (*qch.*) tête baissée; '**bald·ness** calvitie *f*; *fig.* nudité *f*; *surt. style*: sécheresse *f*.
bale[1] ☨ [beil] balle *f*, ballot *m*.
bale[2] ⚓ [~] *v/t.* écoper; *v/i.* ✈ ~ *out* sauter en parachute.
bale·fire ['beilfaiə] † feu *m* d'alarme; *see bonfire*; bûcher *m* funéraire.
bale·ful □ ['beilful] sinistre; funeste.
balk [bɔ:k] **1.** bande *f* de délimitation; billon *m*; *fig.* obstacle *m*; **2.** *v/t.* contrarier; entraver; éviter (*un sujet*); se soustraire à; frustrer; *v/i.* refuser; reculer (devant, *at*); regimber (contre, *at*).
Bal·kan ['bɔ:lkən] balkanique, des Balkans.
ball[1] [bɔ:l] **1.** *cricket, tennis, hockey, fusil, etc.*: balle *f*; *croquet, neige*: boule *f*; *foot., enfant*: ballon *m*; *billard*: bille *f*; *laine, ficelle*: pelote *f*, peloton *m*; *canon*: boulet *m*; *Am. baseball*: coup *m* manqué; F *be on the* ~ être à la hauteur (de la situation); connaître son affaire; *keep the* ~ *rolling* soutenir la conversation; *Am.* F *play* ~ coopérer (avec, *with*); **2.** (s')agglomérer.
ball[2] [~] (*pl.* -s) *m*; F *fig. have a* ~ s'amuser bien; *open the* ~ ouvrir le bal (*a. fig.*).
bal·lad ['bæləd] ballade *f*; ♪ romance *f*; '**~-mon·ger** chansonnier *m*.
ball-and-sock·et ⊕ ['bɔ:lən'sɔkit]: ~ *joint* joint *m* à rotule.
bal·last ['bæləst] **1.** ⚓ lest *m*; *fig.* esprit *m* rassis; 🚂 ballast *m*, em-

pierrement *m*; *mental* ~ sens *m* rassis; **2.** lester; 🚂 ballaster.

ball...: '~-'**bear·ing**(s *pl.*) ⊕ roulement *m* à billes; '~-**boy** *tennis*: ramasseur *m* de balles.

bal·let ['bælei] ballet *m*.

bal·lis·tics [bə'listiks] *usu. sg.* balistique *f*.

bal·loon [bə'lu:n] **1.** ⚗, *a.* ✈ ballon *m*; ⚠ pomme *f*; *mot.* ~ *tyre* pneu *m* ballon *ou* confort; **2.** monter en ballon; bouffer, se ballonner; **bal'loon fab·ric** entoilage *m*; **bal'loon·ist** aéronaute *m*, aérostier *m*.

bal·lot ['bælət] **1.** (tour *m* de) scrutin *m*; vote *m*; *parl.* tirage *m* au sort; **2.** voter au scrutin; tirer au sort; ~ *for* tirer (*qch.*) au sort; tirer au sort pour; '~-**box** urne *f*.

ball-point-pen ['bɔ:lpɔint'pen] stylo *m* à bille.

ball-room ['bɔ:lrum] salle *f* de bal; *hôtel*: salle *f* de danse.

bal·ly·hoo *Am.* [bæli'hu:] grosse réclame *f*; battage *m*.

bal·ly·rag F ['bæliræg] faire endêver (*q.*).

balm [bɑ:m] baume *m* (*a. fig.*).

bal·mor·al [bæl'mɔrl] (béret *m*) balmoral *m*; (brodequin *m*) balmoral *m*.

balm·y □ ['bɑ:mi] balsamique; *fig.* embaumé, doux (douce *f*); F toqué.

ba·lo·ney *Am. sl.* [bə'louni] sottises *f/pl.*; foutaise *f*.

bal·sam ['bɔ:lsəm] baume *m*; **bal·sam·ic** [~'sæmik] (~*ally*) balsamique.

bal·us·ter ['bæləstə] balustre *m*.

bal·us·trade [bæləs'treid] balustrade *f*; *fenêtre etc.*: accoudoir *m*; garde-corps *m/inv.*

bam·boo [bæm'bu:] bambou *m*.

bam·boo·zle F [bæm'bu:zl] frauder (de, *out of*); amener par ruse (à, *into*).

ban [bæn] **1.** ban *m*, proscription *f*; *eccl.* interdit *m*; **2.** interdire (qch. à q., *s.o. from s.th.*); mettre (*un livre*) à l'index.

ba·nan·a ⚘ [bə'nɑ:nə] banane *f*; *Am.* ~ *split* banane *f* à la glace.

band [bænd] **1.** bande *f*; lien *m*; *chapeau etc.*, *frein*: ruban *m*; raie *f*; *deuil*: brassard *m*; ⊕ *roue*: bandage *m*; *reliure*: nerf *m*, nervure *f*; *radio*: bande *f*; ♪ orchestre *m*, musique *f* (*militaire*); **2.** bander; fretter (*un four etc.*); ~ *o.s.*, *be* ~*ed* se bander; *péj.* s'ameuter.

band·age ['bændidʒ] **1.** bandage *m*; bande *f*; bandeau *m*; pansement *m*; *first aid* ~ bandage *m*; pansement *m*; **2.** bander; mettre un pansement à (*une plaie*).

Band-Aid (*TM*) *Am.* ['bændeid] sparadrap *m*.

ban·dan·(n)a [bæn'dɑ:nə] foulard *m*; F mouchoir *m*.

band·box ['bændbɔks] carton *m* à chapeaux; carton *m* de modiste; *look as if one came out of a* ~ être tiré à quatre épingles.

ban·dit ['bændit] bandit *m*, brigand *m*; '**ban·dit·ry** brigandage *m*.

band-mas·ter ['bændmɑ:stə] chef *m* d'orchestre *ou* de musique *etc.*

ban·dog † ['bændɔg] mâtin *m*.

ban·do·leer [bændə'liə] bandoulière *f*; cartouchière *f*.

bands·man ['bændzmən] musicien *m*; fanfariste *m*; '**band·stand** kiosque *m* à musique; '**band·wag·on** *Am.* F *pol.* char *m* des musiciens; *fig.* cause *f* victorieuse; *get into* (*ou on*) *the* ~ se ranger du bon côté.

ban·dy ['bændi] **1.** *sp.* jeu *m* de crosse; ~-*ball* hockey *m*; **2.** (se) renvoyer (*balle, paroles, reproches, etc.*); échanger (*des coups, des plaisanteries*); (*a.* ~ *about*) faire courir (*des bruits*); '~-**leg·ged** bancal (-als *m/pl.*).

bane [bein] *fig.* tourment *m*, malheur *m*; † poison *m*; **bane·ful** □ ['beinful] *fig.* funeste; pernicieux (-euse *f*).

bang [bæŋ] **1.** boum! pan!; *go* ~ éclater; **2.** exactement, pile; directement, en plein; **3.** coup *m*; détonation *f*; *porte*: claquement *m*; **4.** frapper; (faire) claquer *ou* heurter à (*la porte*); F faire baisser (*le prix*); *sl.* baiser; '**bang·er** pétard *m*; F vieux tacot *m*; F saucisse; ~*s and mash* saucisses *f/pl.* à la purée.

ban·gle ['bæŋgl] bracelet *m* de poignet *ou* de cheville.

bang-on F ['bæŋ'ɔn] exactement, tout juste; *it's* ~ *a.* c'est au poil; il tombe pile; ~ *time* à l'heure pile.

bangs *Am.* [bæŋz] *pl. coiffure*: franges *f/pl.*

bang-up F ['bæŋ'ʌp] première classe; chic *adj./inv. en genre.*

ban·ish ['bæniʃ] bannir; proscrire; '**ban·ish·ment** exil *m*, proscription *f*.

ban·is·ters ['bænistəz] *pl.* balustres *m/pl.*; rampe *f*.

ban·jo ♪ [ˈbændʒou] banjo *m.*

bank [bæŋk] **1.** talus *m*; terrasse *f*; *sable, brouillard, huîtres*: banc *m*; *rivière*: berge *f*; *nuages*: couche *f*; ⚕, *a. jeu*: banque *f*; ~ *of deposit* banque *f* de dépôt; ~ *of issue* banque *f* d'émission; *joint-stock* ~ banque *f* sous forme de société par actions; **2.** *v/t.* endiguer; terrasser; ⊕ surhausser (*un virage*); ⚕ déposer en banque; ✈ pencher; incliner sur l'aile; *v/i.* s'entasser, s'amonceler; avoir un compte de banque (chez, *with*); ✈ virer, pencher l'avion; ~ *on* compter sur, miser sur; ~ *up* (s')amonceler; **ˈbank·a·ble** bancable, négociable en banque; **ˈbank-ac·count** compte *m* en banque; **ˈbank-bill** effet *m*; *Am. see banknote*; **ˈbank·er** banquier *m* (*a. jeu*); *jeu*: tailleur *m*; **bank hol·i·day** jour *m* férié; **ˈbank·ing 1.** (affaires *f/pl.* de) banque *f*; ✈ virage *m* incliné; **2.** de banque, en banque; ~ *charges pl.* frais *m/pl.* de banque; ~ *hours pl.* heures *f/pl.* d'ouverture des banques; ~ *house* maison *f* de banque; **ˈbank·note** billet *m* de banque; **ˈbank·rate** taux *m* officiel *ou* de la Banque *ou* de l'escompte; **bank·rupt** [ˈ~rəpt] **1.** (commerçant *m*) failli *m*; *fraudulent* ~ banqueroutier (-ère *f*) *m*; ~*'s estate* masse *f* des biens (de la faillite); *go* ~ faire faillite; **2.** failli; banqueroutier (-ère *f*); *fig.* ~ *in* (*ou of*) dépourvu de (*une qualité*); **3.** mettre (*q.*) en faillite; **bank·rupt·cy** [ˈ~rəptsi] faillite *f*; *fraudulent* ~ banqueroute *f*; *declaration of* ~ déclaration *f* de faillite.

ban·ner [ˈbænə] **1.** bannière *f* (*a. eccl.*); étendard *m*; **2.** *Am.* excellent, de première classe; principal (-aux *m/pl.*).

banns [bænz] *pl.* bans *m/pl.* (*de mariage*); *put up the* ~ (faire) publier les bans; *call the* ~ *of* annoncer le mariage de (*q.*).

ban·quet [ˈbæŋkwit] **1.** banquet *m*; dîner *m* de gala; **2.** *v/t.* offrir un banquet *etc.* à (*q.*); *v/i.* F faire festin; ~*ing hall* salle *f* de banquet; **ˈban·quet·er** banqueteur (-euse *f*) *m.*

ban·shee *écoss., Ir.* [bænˈʃiː] fée *f* de mauvais augure.

ban·tam [ˈbæntəm] coq *m* (poule *f*) Bantam; *fig.* nain *m*; *sp.* ~ *weight* poids *m* coq.

ban·ter [ˈbæntə] **1.** badinage *m*; raillerie *f*; **2.** badiner; railler; **ˈban·ter·er** railleur (-euse *f*) *m.*

bap·tism [ˈbæptizm] baptême *m*; ~ *of fire* baptême *f* du feu; **bap·tis·mal** [bæpˈtizməl] de baptême; baptistaire (*registre*).

bap·tist [ˈbæptist] (ana)baptiste *mf*; **bap·tis·ter·y** [ˈ~tistri] baptistère *m*; **bap·tize** [~-ˈtaiz] baptiser (*a. fig.*).

bar [bɑː] **1.** barre *f* (*a. métal, a. sable, port*); traverse *f*; bar *m*, estaminet *m*; *savon*: brique *f*; *or*: lingot *m*; ♪ barre *f*; mesure *f*; ⚡ lame *f*; ⚖ barre *f* (*des accusés*), barreau *m* (*des avocats*); *théâ. etc.*: buvette *f*; *fig.* empêchement *m*; *sp. horizontal* ~ barre *f* fixe; ⚖ *be called to the* ~ être reçu avocat; *prisoner at the* ~ accusé(e *f*) *m*; *stand at the* ~ paraître à la barre; **2.** barrer; griller (*une fenêtre*); bâcler (*une porte*); interdire, exclure (de, *from*); rayer (*de lignes*); empêcher (q. de *inf.*, *s.o. from gér.*); ~ *out* barrer la porte à; **3.** excepté, sauf, à l'exception de; ~ *none* sans exception; ~ *one* sauf un(e).

barb [bɑːb] *hameçon*: barbillon *m*; *flèche*: barbelure *f*; *plume*: barbe *f*; *fig.* trait *m* acéré; ⚘ ~*s pl.* arêtes *f/pl.*

bar·bar·i·an [bɑːˈbɛəriən] barbare (*a. su./mf*); **bar·bar·ic** [~ˈbærik] (~*ally*) barbare; rude; **bar·ba·rism** [ˈ~bərizm] barbarie *f*, rudesse *f*, grossièreté *f*; *ling.* barbarisme *m*; **bar·bar·i·ty** [~ˈbæriti] barbarie *f*, cruauté *f*; **bar·ba·rize** [ˈ~bəraiz] barbariser; **ˈbar·ba·rous** □ barbare; cruel(le *f*), inhumain.

bar·be·cue [ˈbɑːbikjuː] **1.** grand châssis *m* pour le rôtissage; animal *m* rôti tout entier; *Am.* grande fête *f* (*en plein air*) où on rôtit des animaux tout entiers; **2.** griller au charbon de bois (*de la viande*); rôtir tout entier (*un animal*).

barbed barbelé; ⚘ aristé, hameçonné; ~ *wire* fil *m* de fer barbelé; ~*-wire fence* haie *f* barbelée, haie *f* de barbelés.

bar·bel *icht.* [ˈbɑːbl] barbeau *m.*

bar-bell *sp.* [ˈbɑːbel] barre *f* à sphères *ou* à boules.

bar·ber [ˈbɑːbə] coiffeur *m*; barbier

m; *surt. Am.* ~ *shop* salon *m* de coiffure.

bar·bi·tu·rate [bɑːˈbitjuərət] barbiturique *m*.

bard [bɑːd] barde *m*; F poète *m*.

bare [bɛə] **1.** nu; dénudé; vide; dégarni; sec (sèche *f*) (*as, valet, etc.*); *the* ~ *idea* la seule pensée; **2.** mettre à nu, découvrir; ˈ**~-back(ed)** à nu, à poil; ˈ**~·faced** □ F éhonté, cynique; ˈ**~·fac·ed·ness** effronterie *f*, cynisme *m*; ˈ**~ˈfoot·ed** aux pieds nus; nu-pieds; ˈ**~-ˈhead·ed** nu-tête, (la) tête nue; ˈ**bare·ly** à peine, tout juste; ˈ**bare·ness** nudité *f*, dénuement *m*; *style*: pauvreté *f*.

bar·gain [ˈbɑːgin] **1.** marché *m*, affaire *f*; emplette *f*; occasion *f*; *une* véritable occasion; *a good* (*bad*) ~ une bonne (mauvaise) affaire; *a* ~ *is a* ~ marché conclu reste conclu; F *it's a* ~! entendu!, convenu!; *into the* ~ en plus, pardessus le marché; *make* (*ou strike*) *a* ~ conclure un marché (avec, *with*); ~ *basement* coin *m ou* sous-sol *m* des bonnes affaires; ~ *price* prix *m* de solde; ~ *sale* soldes *m/pl.*; **2.** négocier; traiter (de, *for*); marchander (qch., *about s.th.*); ~ *for* F s'attendre à.

barge [bɑːdʒ] **1.** chaland *m*, péniche *f*; gabare *f* (*à voiles*); barge *f* de parade; ⚓ deuxième canot *m*; **2.** F se heurter (contre, *into*); bousculer (*q.*); ~ *in* faire irruption; ~ *into the conversation* se mêler à la conversation; **barˈgee, ˈbarge·man** chalandier *m*; gabarier *m*; F batelier *m*.

bar-i·ron [ˈbɑːaiən] fer *m* en barres.

bar·i·tone ♪ [ˈbæritoun] baryton *m*.

bar·i·um ⚗ [ˈbɛəriəm] baryum *m*.

bark[1] [bɑːk] **1.** écorce *f*; *inner* ~ liber *m*; ⊕ tan *m*; **2.** écorcer, décortiquer; F écorcher (*la peau*).

bark[2] [~] **1.** aboyer (après, contre *at*); glapir (*renard*); F tousser; F *be* ~*ing up the wrong tree* faire fausse route; **2.** aboiement *m*, aboi *m*; glapissement *m*; F toux *f*.

bark[3] [~] ⚓ *see barque*; *poét.* barque *f*.

bar-keep(·er) [ˈbɑːkiːp(ə)] cabaretier *m*; tenancier *m* d'un bar.

bark·er [ˈbɑːkə] aboyeur (-euse *f*) *m* (*a. fig.*); F revolver *m*.

bar·ley [ˈbɑːli] orge *f*.

barm [bɑːm] levure *f*, levain *m* de bière.

bar·maid [ˈbɑːmeid] barmaid *f*.

bar·man [ˈbɑːmən] *see bartender*.

barm·y [ˈbɑːmi] en fermentation; *sl.* toqué.

barn [bɑːn] grange *f*; *Am.* étable *f*, écurie *f*.

bar·na·cle[1] [ˈbɑːnəkl] *orn.* bernacle *f*; oie *f* marine; *zo.* bernache *f*; anatife *m*; *fig.* individu *m* crampon-nant.

bar·na·cle[2] [~] *vét. usu.* ~*s pl.* moraillles *f/pl.*; *iro.* ~*s pl.* besicles *f/pl.*

barn·storm *Am. pol.* [ˈbɑːnstɔːm] faire une tournée de discours électoraux.

ba·rom·e·ter [bəˈrɔmitə] baromètre *m*; **bar·o·met·ric, bar·o·met·ri·cal** □ [bærəˈmetrik(l)] barométrique.

bar·on [ˈbærən] baron *m*; ~ *of beef* selle *f* de bœuf; *coal etc.* ~ (haut) baron *m* du charbon *etc.*; ˈ**bar·on·age** baronnage *m*; barons *m/pl.*; annuaire *m* de la noblesse; ˈ**bar·on·ess** baronne *f*; **bar·on·et** [ˈ~it] baronnet; **bar·on·et·cy** [ˈ~si] dignité *f* de baronnet; **ba·ro·ni·al** [bəˈrouniəl] de baron; F seigneurial (-aux *m/pl.*); **bar·o·ny** [ˈbærəni] baronnie *f*.

ba·roque [bəˈrouk] baroque (*a. su./m*), rococo (*a. su./m*).

barque ⚓ [bɑːk] trois-mâts barque *m*.

bar·rack [ˈbærək] **1.** *usu.* ~*s pl.* caserne *f*; ~ *room* chambrée *f*; **2.** *v/t. sl.* conspuer (*q.*); *v/i.* chahuter; ˈ**~-square,** ˈ**~-yard** cour *f* du quartier.

bar·rage [ˈbærɑːʒ] barrage *m*; ⚔ tir *m* de barrage *ou* sur zone; *creeping* ~ barrage *m* rampant.

bar·rel [ˈbærl] **1.** tonneau *m*, futaille *f*, *vin etc.*: fût *m*; *fusil etc.*: canon *m*; *serrure*: cylindre *m*; *montre*: barillet *m*; ♪ cylindre *m* noté; *anat.* caisse *f* (du tympan); *harengs*: caque *f*; **2.** mettre (*qch.*) en fût; enfûtailler; (*souv.* ~ *off*, ~*up*) encaquer; ˈ**bar·relled** en tonneau(x); en caque (*harengs*); bombé; ˈ**bar·rel-or·gan** ♪ orgue *m* mécanique *ou* de Barbarie; piano *m* mécanique.

bar·ren □ [ˈbærən] stérile; aride (*a. fig.*); peu fertile (*a. fig.*); ✝ improductif (-ive *f*) (*argent*); ˈ**bar·ren·ness** stérilité *f*; *fig.* aridité *f*.

bar·ri·cade [bæriˈkeid] **1.** barricade *f*; **2.** barricader.

bar·ri·er [ˈbæriə] barrière *f*; obstacle *m* (*a. fig.*); muraille *f* (*de glace*); 🚂 portillon *m* d'accès.
bar·ring [ˈbɑːriŋ] *prp.* excepté, sauf; à part.
bar·ris·ter [ˈbæristə] (*a.* *~-at-law*) avocat *m*.
bar·row[1] [ˈbærou] tumulus *m*; tertre *m* funéraire.
bar·row[2] [~] *see hand-~, wheel-~*; **~·man** marchand *m* des quatre saisons.
bar·tend·er [ˈbɑːtendə] buvetier *m*; garçon *m* de comptoir, barman *m*.
bar·ter [ˈbɑːtə] **1.** échange *m*; troc *m*; *~ shop* boutique *f* pour l'échange de marchandises; **2.** échanger, troquer (contre, *for*); *péj.* faire trafic de; *a. fig.* *~ away* vendre.
bar·y·tone ♪ [ˈbæritoun] baryton *m*.
ba·salt [ˈbæsɔːlt] basalte *m*.
base[1] □ [beis] bas(se *f*), vil; indigne, ignoble; faux (fausse *f*) (*monnaie*).
base[2] [~] **1.** base *f* (*a.* ⚗, ✗); fondement *m*; △ soubassement *m*; ⊕ socle *m*; *phot.* support *m*; *lampe, cartouche*: culot *m*; **2.** *fig.* baser, fonder (sur, *[up]on*); ✗ baser; *~ o.s. on* se baser *ou* fonder sur; *be ~d (up)on* dépendre de; être fondé sur.
base...: ˈ**~-ball** *Am.* base-ball *m*; ˈ**~·less** sans base *ou* fondement; ˈ**~-line** ⚔ base *f* d'approvisionnement; *sp.* ligne *f* de fond; *surv.* base *f*; ˈ**base·ment** soubassement *m*; sous-sol *m*.
base·ness [ˈbeisnis] bassesse *f* (*a. fig.*).
bash·ful □ [ˈbæʃful] timide; modeste.
bash F [bæʃ] **1.** frapper *ou* cogner dur *ou* fort; **2.** coup *m* violent; *have a ~ at s.th.* essayer qch., s'essayer à qch.; *have a ~ at it* essayer le coup.
bas·ic [ˈbeisik] (*~ally*) fondamental (-aux *m/pl.*); de base; ⚗ basique; ♀ *English* (= *British, American, Scientific, International, Commercial English*) l'anglais *m* basique, le basic *m*; *~ iron* fer *m* basique; **bas·ics** *pl.*: *the ~* l'essentiel *m*, les éléments *m/pl.*
ba·sil·i·ca △ [bəˈzilikə] basilique *f*.
bas·i·lisk [ˈbæzilisk] **1.** basilic *m*; **2.** de basilic.
ba·sin [ˈbeisn] bassin *m*; *soupe*: écuelle *f*, bol *m*; *lait*: jatte *f*; cuvette *f*; lavabo *m*; ⚓, *géog.* bassin *m*.
ba·sis [ˈbeisis], *pl.* **-ses** [ˈ~siːz] base *f*; fondement *m*; *impôt*: assiette *f*; ⚔ base *f*; ⚓ station *f*; *take as ~* se baser sur.
bask [bɑːsk] se chauffer au soleil, prendre un bain de soleil; F jouir (de, *in*).
bas·ket [ˈbɑːskit] corbeille *f*; panier *m*; ˈ**~-ball** basket-ball *m*; **~ din·ner, ~ sup·per** *Am.* souper *m* en pique-nique; ˈ**bas·ket·ful** plein panier *m*; ˈ**bas·ket-work** vannerie *f*.
bass[1] ♪ [beis] basse *f*.
bass[2] [bæs] liber *m*; tille *f*, filasse *f*; ˈ**~-broom** balai *m*.
bas·si·net [bæsiˈnet] berceau *m*; voiture *f* d'enfant.
bas·so ♪ [ˈbæsou] basse *f*.
bas·soon ♪ [bəˈsuːn] basson *m*.
bast [bæst] liber *m*; tille *f*.
bas·tard [ˈbæstəd] **1.** □ bâtard; faux (fausse *f*), corrompu; **2.** bâtard(e *f*) *m*; enfant *mf* naturel(le *f*); ˈ**bas·tar·dy** bâtardise *f*.
baste[1] [beist] arroser (de graisse) (*un rôti*); F bâtonner (*q.*).
baste[2] [~] bâtir, baguer.
bas·ti·na·do [bæstiˈneidou] **1.** bastonnade *f*; **2.** donner la bastonnade à (*q.*).
bas·tion ⚔ [ˈbæstiən] bastion *m*.
bat[1] [bæt] chauve-souris (*pl.* chauves-souris) *f*; *be blind as a ~* ne pas y voir plus clair qu'une taupe.
bat[2] [~] **1.** *cricket*: batte *f*; *ping-pong*: raquette *f*; *baseball*: *at ~* (*être*) à la batte; *Am.* F *come (go) to ~ for* porter secours à; *off one's own ~ fig.* de sa propre initiative; **2.** manier la batte; être au guichet.
batch [bætʃ] *pain, a. fig.*: fournée *f*; *papiers*: paquet *m*; lot *m*.
bate [beit] diminuer; rabattre (*le prix*); baisser (*la voix*); *with ~d breath* en retenant son souffle.
Bath[1] [bɑːθ]: *~ brick* brique *f* anglaise; *~ chair* fauteuil *m* roulant.
bath[2] [~] **1.** (*pl.* **baths** [bɑːðz]) bain *m* (*de boue, de pieds, de soleil, de trempe, de vapeur, ~ douche*); *~ foam* mousse *f* de bain; *~ house* cabines *f/pl.* de bains; **2.** (se) baigner.
bathe [beið] **1.** (se) baigner; **2.** bain *m* (*de mer etc.*); baignade *f*.
bath·ing [ˈbeiθiŋ] bains *m/pl.* (*de mer etc.*); baignades *f/pl.*; *attr.* de bain(s); **~ beau·ty** belle baigneuse *f*; ˈ**~-cap** bonnet *m* de bain; ˈ**~-cos-**

'**tume** maillot *m* de bain; '**~-hut** cabine *f* de bains (de plage); **~ re'sort** station *f* balnéaire, plage *f*; '**~-suit** maillot *m* de bain; '**~-trunks** *pl.* caleçon *m* de bain.

ba·thos ['beiθɔs] ampoulé *m*; enflure *f*; anticlimax *m*.

bath...: '**~-robe** *Am.* peignoir *m* de bain; '**~-tow·el** serviette *f* de bain; '**~-tub** baignoire *f*; '**~-wa·ter** eau *f* de bain.

ba·tiste ✝ [bæ'ti:st] batiste *f*.

bat·man ['bætmən] brosseur *m*; ordonnance *mf*.

ba·ton ['bætən] *maréchal, chef d'orchestre, police*: bâton *m*; *police*: matraque *f*.

ba·tra·chi·an [bə'treikjən] batracien *m*.

bats·man ['bætsmən] *cricket etc.*: batteur *m*.

bat·tal·ion [bə'tæljən] bataillon *m*.

bat·ten ['bætn] **1.** couvre-joint *m*; latte *f* (*a.* ⚓); **2.** *v/t.* latter; (⚓ *~down*) assujettir; *v/i.* repaître (de, [*up*]*on*).

bat·ter ['bætə] **1.** *cricket*: batteur *m*; *cuis.* pâte *f* lisse; **2.** battre; (*a.* ~ *at*) frapper avec violence; bossuer (*un chapeau etc.*); rouer (*q.*) de coups; ⚔ battre en brèche; *fig. critique*: démolir (*q.*); '**bat·ter·ed** délabré, bossué; maltraité; ~ *babies* enfants *m/pl.* martyrs; '**bat·ter·ing-ram** bélier *m*; '**bat·ter·y** batterie *f*; *Am. baseball*: *the* ~ le lanceur et le batteur; ⚔ *a.* ⊕ batterie *f*; ⚡ pile *f*; accumulateur *m*; ⚖ voie *f* de fait; rixe *f*; *assault and* ~ (menaces *f/pl.* et) voies *f/pl.* de fait; '**bat·ter·y-charg·ing 'sta·tion** ⚡ station *f* de charge; '**bat·ter·y-'op·er·at·ed** ⚡ à piles.

bat·tle ['bætl] **1.** bataille *f*, combat *m*; ~ *royal* bataille *f* en règle; mêlée *f* générale; **2.** se battre, lutter (pour, *for*; avec, *with*; contre, *against*); '**~-axe** hache *f* d'armes; *Am. fig.* mégère *f*.

bat·tle·dore ['bætldɔ:] *lessive*: battoir *m*; raquette *f*.

bat·tle-field ['bætlfi:ld], **bat·tle-ground** ['~graund] champ *m* de bataille.

bat·tle·ments ['bætlmənts] *pl.* créneaux *m/pl.*; parapet *m*.

bat·tle...: '**~plane** ⚔ avion *m* de combat; '**~ship** ⚔ cuirasse *m* (de ligne).

bat·tue [bæ'tu:] battue *f*; F carnage *m*.

bau·ble ['bɔ:bl] babiole *f*; fanfreluche *f*.

baulk [bɔ:k] *see balk*.

baux·ite *min.* ['bɔ:ksait] bauxite *f*.

baw·bee *écoss.* [bɔ:'bi:] *see half-penny*.

bawd [bɔ:d] procureuse *f*; '**bawd·y** obscène; ordurier (-ère *f*) (*propos*).

bawl [bɔ:l] brailler; hurler; crier à tue-tête; F beugler; *~out* brailler *etc.*; gueuler; *Am. sl.* injurier; F engueuler (*q.*).

bay[1] [bei] **1.** bai (*cheval*); isabelle; **2.** cheval *m* bai; isabelle *m*.

bay[2] [~] baie *f*; golfe *m*; anse *f*; échancrure *f*; ~ *salt* sel *m* de mer; *cuis.* gros sel *m*.

bay[3] ⚠ [~] travée *f*; claire-voie (*pl.* claires-voies) *f*; enfoncement *m*; 🚂 quai *m* subsidiaire.

bay[4] [~] laurier *m*.

bay[5] [~] **1.** aboyer; hurler (*chien*); ~ *at* hurler *etc.* à; **2.** *stand at* ~ s'acculer à *ou* contre (*qch.*); être aux abois; *bring to* ~, *keep* (*ou hold*) *at* ~ acculer (*un cerf*).

bay·o·net ⚔ ['beiənit] **1.** baïonnette *f*; **2.** percer d'un coup de baïonnette; passer (*des gens*) à la baïonnette; '**~-catch** ⊕ encliquetage *m*.

bay·ou *géog. Am.* ['baiu:] bras *m* marécageux (*de rivière*).

bay win·dow ['bei'windou] fenêtre *f* en saillie; *Am. sl.* bedaine *f*.

ba·zaar [bə'zɑ:] bazar *m*; vente *f* de charité.

be [bi:; bi] (*irr.*) **1.** être; se trouver; *there is, there are* il y a; *here's to you*(*r health*)! à votre santé!; *here you are again!* vous revoilà!; ~ *about* (*gér.*) être occupé à (*inf.*), de (*qch.*); ~ *after* venir après (*q.*); F être en quête de (q.); ~ *at* s'occuper de (*qch.*); ~ *off* s'en aller; partir; finir; couper (*courant*); ~ *off with you!* allez-vous-en!; filez!; ~ *on at s.o.* harceler q.; ~ *on to* être en contact avec; être sur la piste de; être aux trousses de (*q.*); **2.** *v/aux. et p.pr. pour exprimer la durée ou une action incomplète*: ~ *reading* (être en train de) lire; **3.** *v/aux. et inf. pour exprimer le devoir, l'intention ou la possibilité*: *I am to inform you* je suis chargé de vous faire savoir; *it is* (*not*) *to* ~ *seen* on (ne) peut (pas) le voir *ou* visiter; *if* *he were to die* s'il mourait; **4.** *v/aux. et p.p. à la voix passive: se rend ordinairement par* on *et la voix active, ou par la voix passive, ou par un verbe réfléchi*; *I am asked* on me demande.

beach [biːtʃ] **1.** plage *f*, grève *f*; **2.** ⚓ échouer; tirer à sec; **'~-ball** ballon *m* de plage; **'~·comb·er** F rôdeur *m* de grève; *sl.* propre *m* à rien; **'~-head** ⚔ tête *f* de pont.

bea·con ['biːkn] **1.** † feu *m* d'alarme; feu *m* de joie; ⚓ phare *m*, fanal *m*; balise *f*; **2.** baliser; éclairer.

bead [biːd] **1.** perle *f* (*d'émail etc.*); goutte *f* (*de sueur etc.*); *pneu*: talon *m*; *chapelet*: grain *m*; *fusil*: guidon *m*; *~s pl. a.* chapelet *m*; **2.** *v/t.* couvrir *ou* orner de perles; ⊕ appliquer une baguette sur; *v/i.* perler; **'bead·ing** ⊕, ⚠ baguette *f*.

bea·dle ['biːdl] bedeau *m*; *univ.* appariteur *m*.

bead·y ['biːdi] qui perle; percé en vrille (*yeux*).

beak [biːk] bec *m*; F nez *m* crochu; **'beaked** à bec; crochu (*nez*).

beak·er ['biːkə] gobelet *m*; coupe *f*.

beam [biːm] **1.** *bois*: poutre *f*; solive *f*; *charrue*: flèche *f*; *fig.* rayon *m*; éclat *m*; ⊕ balancier *m*; ⚓ bau *m*, barrot *m* de pont; *chasse*: merrain *m* (*bois de cerf*); *radio*: (*wireless ~*) faisceau *m* hertzien; *phare*: faisceau *m*; F *fig. be off* (*the*) *~* faire fausse route, faire erreur; F *fig. be on* (*the*) *~* être sur la bonne voie; **2.** *v/i. a. fig.* rayonner (*fig.* de *with*); *v/t.* émettre (*des ondes etc.*); transmettre (par ondes dirigées); **'~-'ends** *pl.*: *the ship is on her ~* le navire est engagé; F *fig. be on one's ~* F être à la côte.

bean [biːn] fève *f*; grain *m* (*de café*); *Am. sl.* tête *f*, caboche *f*; F *full of ~s* plein d'entrain; *sl. give s.o. ~s* laver la tête à q.; **'~-feast, bean·o** *sl.* ['biːnou] régal *m*; *sl.* bombe *f*.

bear¹ [bɛə] **1.** ours(e *f*) *m*; *fig.* homme *m* maussade; ✝ *sl.* baissier *m*; **2.** ✝ spéculer à la baisse; prendre position à la baisse.

bear² [~] (*irr.*) **1.** *v/t.* porter (*qch., épée, nom, date, amour etc.*); jouir de (*une réputation*); supporter (*poids, frais, conséquences*); soutenir (*un poids*); souffrir (*une douleur etc.*); tolérer, supporter, souffrir; *~ away* (r)emporter, enlever; *~ down* vaincre; accabler; *~ out* emporter; confirmer (*une assertion*); *~ up* soutenir; résister à; **2.** *v/i.* endurer; avoir rapport (à, *upon*); porter; ⚓ (*avec adv.*) faire route; ⚓ *~ down upon* courir sur (*qch.*); *~ to the right* prendre à droite; *~ up* tenir bon; *~ up!* courage!; *~ (up)on* porter sur; peser sur; *~ with* se montrer indulgent pour; supporter; *bring to ~* mettre (*qch.*) en action; braquer (*une lunette*) (sur, [*up*]*on*); **bear·a·ble** ['bɛərəbl] supportable.

beard [biəd] **1.** barbe *f*; ⚘ arête *f*; **2.** *v/t.* braver, défier, narguer (*q.*); **'beard·ed** barbu; **'beard·less** imberbe; sans barbe.

bear·er ['bɛərə] porteur (-euse *f*) *m*; *passeport*: titulaire *mf*; ✝ *chèque*: porteur *m*; ⊕ support *m*.

bear·ing ['bɛəriŋ] port *m* (d'armes, de nouvelles; *a.* = *maintien*); allure *f*, maintien *m*; capacité *f* de supporter; appui *m*; ⚓ relèvement; ⊕ *souv. ~s pl.* palier *m*; coussinet *m*, -s *m/pl.*; *~s pl.* ◫ armoiries *f/pl.*, blason *m*; *lose one's ~s* perdre le nord, être désorienté; *take one's ~s* s'orienter, se repérer.

bear·ish ['bɛəriʃ] d'ours; bourru (*personne*); à la baisse (*tendance*).

beast [biːst] bête *f*; *fig. a.* animal *m*, brute *f*; *~s pl.* bétail *m*; **'beast·li·ness** bestialité *f*, brutalité *f*; F saleté *f*; **'beast·ly** bestial (-aux *m/pl.*), brutal (-aux *m/pl.*); F sale, dégoûtant; *fig. adv.* terriblement.

beat [biːt] **1.** [*irr.*] *v/t.* battre (*a. chasse*: *un bois*; *a.* ♪ *la mesure*); donner des coups de bâton à; cogner à (*une porte*); *oiseau*: battre de (*l'aile*); dépasser (*q.*); (*a. ~ out*) aplatir, marteler (*un métal*); frayer, battre (*un chemin*); F assommer; F devancer (*q.*); *Am.* F rouler, refaire (*q.*); *Am. sl. ~ it!* filez!; *~ the air* F taper dans le vide; *Am.* F *it ~s the band* ça c'est le comble; *~ one's brains* se creuser la cervelle; ⚔ *~ a retreat* battre en retraite; *Am.* F *~ one's way to* gagner (*un endroit, souv. sans payer*); *~ down* (r)abattre; donner à plomb (sur, [*up*]*on*); ✝ faire baisser le prix à (*q.*); marchander (avec) *~ up* fouetter (*œufs, crème etc.*); recruter (*des partisans*); *Am.* F rosser (*q.*); *v/i.* battre; *~ about the bush* tourner autour du pot; **2.** battement *m* (*a. phys.*); pulsation *f*; *tambour*: batterie *f*; ♪ mesure *f*, temps *m*; *police*: ronde *f*; *chasse*: battue *f*; *radio*: battement *m*; *Am.* reportage *m* sensationnel que l'on est le premier à publier; *fig.* domaine *m*; **3.** F battu, confondu; F ~ *out* épuisé; **'beat·en** *p.p.* de *beat 1*; *adj.* battu (*chemin, métal*); **'beat·er** batteur (-euse *f*) *m*; battoir *m* (de laveuse); *chasse*: rabatteur *m*, traqueur *m*.

be·a·tif·ic [biə'tifik] béatifique; *wear a* ~ *smile* rire aux anges; **be·at·i·fi·ca·tion** *eccl.* [bi:ætifi'keiʃn] béatification *f*; **be'at·i·fy** *eccl.* béatifier; **be'at·i·tude** [~tju:d] béatitude *f*.

beau [bou], *pl.* **beaux** [bouz] galant *m*, prétendant *m*; dandy *m*, élégant *m*; ~ *ideal* idéal *m*.

beau·ti·cian [bju:'tiʃən] esthéticien(ne *f*)*m*, visagiste *mf*.

beau·ti·ful □ ['bju:təful] beau (bel *devant une voyelle ou un h muet*; belle *f*; beaux *m/pl.*); *the* ~ *people* les gens chic; *the* ~ *people of Paris a.* le Tout-Paris.

beau·ti·fy ['bju:tifai] embellir.

beau·ty ['bju:ti] beauté *f* (*a.* = *belle femme*); F drôle *m* de type; *Sleeping* ♀ Belle *f* au bois dormant; ~ *parlo(u)r*, ~ *shop* institut *m* de beauté; ~ *spot* mouche *f* (*collée sur le visage*); ~ *lieu*: coin *m* pittoresque.

bea·ver ['bi:və] *zo.* castor *m*; † chapeau *m* de castor; F barbu *m*; *casque*: visière *f*.

be·calm [bi'ka:m] abriter, déventer (*un navire*); *poét.* calmer; ⚓ ~*ed* accalminé.

be·came [bi'keim] *prét. de become*.

be·cause [bi'kɔz] parce que; ~ *of* à cause de.

beck [bek] signe *m* (*de tête etc.*).

beck·on ['bekn] faire signe (à *q.*).

be·cloud [bi'klaud] ennuager, voiler.

be·come [bi'kʌm] [*irr.* (*come*)] *v/i.* devenir; se faire; advenir (de q., *of s.o.*); *v/t.* convenir à, aller (bien) à; **be'com·ing** □ convenable, bienséant; seyant (*costume etc.*).

bed [bed] **1.** lit *m* (*a. d'un fleuve etc.*); banc *m* (*d'huîtres*); tanière *f* (*d'un animal*); ⚘ *fleurs*: parterre *m*; *légumes*: planche *f*; ⊕ sommier *m*; assise *f*; *chaussée etc.*: assiette *f*; ~ *and breakfast* chambre(s *pl.*)*f* (avec petit déjeuner); **2.** mettre au lit; faire la litière à (*un cheval etc.*); ⚘ ~ (*out*) dépoter.

be·daub [bi'dɔ:b] barbouiller (de peinture).

be·daz·zle [bi'dæzl] aveugler, éblouir.

bed-clothes ['bedklouðz] *pl.* draps *m/pl.* de lit.

bed·ding ['bediŋ] literie *f*; litière *f*; ~(-*out*) *plantes*: dépotage *m*.

be·deck [bi'dek] parer, orner.

be·dev·il [bi'devl] ensorceler; *fig.* tourmenter, lutiner; **be'dev·il·ment** ensorcellement *m*; vexation *f*.

be·dew [bi'dju:] humecter de rosée; *poét.* baigner.

bed·fel·low ['bedfelou] compagnon *m* de lit.

be·dim [bi'dim] obscurcir.

be·diz·en [bi'daizn] attifer; chamarrer (*a. fig.*).

bed·lam ['bedləm] F maison *f* de fous; **bed·lam·ite** ['~mait] F fou *m*, folle *f*.

bed·lin·en ['bedlinin] draps *m/pl.* de lit et taies *f/pl.*

bed·ou·in ['beduin] **1.** bédouin(e *f*); **2.** Bédouin(e *f*) *m*.

bed-pan ['bedpæn] bassin *m* de lit.

be·drag·gle [bi'drægl] tacher de boue; crotter.

bed...: **'~·rid**(·**den**) cloué au lit; **'~·'rock** *géol.* roche *f* de fond; tuf *m*; *fig.* fondement *m*, fond *m*; **'~·room** chambre *f* (à coucher); **'~·side**: *at the* ~ au chevet (*de q.*); ⚕ *good* ~ *manner* bonne manière *f* professionnelle; ~ *lamp* lampe *f* de chevet; ~ *rug* descente *f* de lit; **'~·'sit·ting-room** pièce *f* unique avec lit *ou* divan; **'~·sore** ⚕ escarre *f*; **'~·space** *hôtel etc.*: lits *m/pl.*; **'~·spread** dessus *m* de lit; **'~·stead** châlit *m*; **'~·straw** ⚘ gaillet *m*; **'~tick** toile *f* à matelas; **'~·time** heure *f* du coucher.

bee [bi:] abeille *f*; *Am.* réunion *f* pour travaux en commun; F *have a* ~ *in one's bonnet* avoir une araignée au plafond.

beech ⚘ [bi:tʃ] hêtre *m*; **'~·nut** faine *f*.

beef [bi:f] **1.** bœuf *m*; F muscle *m*; **2.** *Am.* F grommeler, se plaindre; **'~·eat·er** hallebardier *m* (*à la Tour de Londres*); **~·steak** ['bi:f'steik] bifteck *m*; ~ **tea** *cuis.* jus *m* de viande de bœuf; consommé *m*; **'beef·y** F musculeux (-euse *f*).

bee...: ˈ**~·hive** ruche *f*; ˈ**~·keep·er** apiculteur *m*; ˈ**~·keep·ing** apiculture *f*; ˈ**~-ˈline** ligne *f* à vol d'oiseau; *Am. make a ~ for* aller droit vers (*qch.*); ˈ**~·mas·ter** apiculteur *m*.

been [biːn, bin] *p.p. de be*.

beer [biə] bière *f*; *~ on tap* bière *f* à la pression; *small ~* petite bière *f*; F détail *m*, petite affaire *f*; **~ can** boîte *f* de bière; **~ en·gine** pompe *f* à bière; ˈ**beer·y** F un peu gris.

bees·wax [ˈbiːzwæks] cire *f* d'abeilles.

beet ⚘ [biːt] betterave *f*; *white ~* bette *f*, poirée *f*; betterave *f* à sucre; *red ~* betterave *f* rouge.

bee·tle[1] [ˈbiːtl] **1.** mailloche *f*; maillet *m*; **2.** damer.

bee·tle[2] [~] coléoptère *m*.

bee·tle[3] [~] **1.** bombé (*front*); touffu (*sourcils*); **2.** *v/i.* surplomber.

beet·root [ˈbiːtruːt] *Brit.* betterave *f*.

beet-sug·ar [ˈbiːtʃugə] sucre *m* de betterave.

be·fall [biˈfɔːl] [*irr.* (*fall*)] arriver *ou* survenir à (*q.*).

be·fit [biˈfit] convenir *ou* seoir à (*q.*, *qch.*).

be·fog [biˈfɔg] envelopper de brouillard; *fig.* obscurcir.

be·fool [biˈfuːl] duper, mystifier.

be·fore [biˈfɔː] **1.** *adv. lieu*: en avant; devant; *temps*: auparavant; avant; **2.** *cj.* avant que; **3.** *prp. lieu*: devant; *temps*: avant; *be ~ one's time* être en avance; *be ~ s.o.* être en présence de q.; *fig.* attendre q.; devancer q.; *~ long* avant longtemps; *~ now* déjà; **beˈfore·hand** préalablement; d'avance.

be·foul [biˈfaul] souiller, salir.

be·friend [biˈfrend] venir en aide à (*q.*); secourir (*q.*).

beg [beg] *v/t.* mendier; solliciter; prier; supplier (*q. de faire qch.*); *I ~ your pardon* je vous demande pardon; plaît-il?; *~ the question* supposer vrai ce qui est en question; *v/i.* mendier (qch. à q., *for s.th. of s.o.*); demander, prier; faire le beau (*chien*); ☤ *I ~ to inform you* j'ai l'honneur de vous faire savoir.

be·gan [biˈgæn] *prét. de begin*.

be·get [biˈget] [*irr.* (*get*)] engendrer; **beˈget·ter** père *m*; F auteur *m* (de, *of*).

beg·gar [ˈbegə] **1.** mendiant(e *f*) *m*; F individu *m*; diable *m*; **2.** de mendiant; **3.** réduire (*q.*) à la mendicité; *it ~s all description* cela ne peut pas se décrire, cela défie toute description; ˈ**beg·gar·ly** chétif (-ive *f*); mesquin; ˈ**beg·gar·y** mendicité *f*, misère *f*; *reduce to ~* réduire à la mendicité.

be·gin [biˈgin] [*irr.*] *v/i.* commencer (à, de *to*; par, à *at*); se mettre (à *inf.*, *to inf.*); *~ (up)on s.th.* entamer qch.; *to ~ with* pour commencer; (tout) d'abord; *to ~ by* (*gér.*) commencer par (*inf.*); *v/t.* commencer; **beˈgin·ner** commençant(e *f*) *m*; **beˈgin·ning** commencement *m*; début *m*; *from the ~* dès le commencement.

be·gird [biˈgəːd] [*irr.* (*gird*)] ceindre, entourer (de, *with*).

be·gone [biˈgɔn] partez!, hors d'ici!

be·go·ni·a ⚘ [biˈgounjə] bégonia *m*.

be·got, be·got·ten [biˈgɔt(n)] *prét. et p.p. de beget*.

be·grime [biˈgraim] noircir, salir.

be·grudge [biˈgrʌdʒ] envier, mesurer (qch. à q., *s.o. s.th.*).

be·guile [biˈgail] enjôler, tromper; distraire; soutirer (qch. à q., *s.o. out of s.th.*); faire passer (*le temps*); *~ s.o. into* (*gér.*) induire q. à (*inf.*).

be·gun [biˈgʌn] *p.p. de begin*.

be·half [biˈhɑːf]: *on* (*ou in*) *~ of* au nom de; de la part de; en faveur de; ☤ au compte de.

be·have [biˈheiv] se conduire, se comporter (*bien, mal, etc.*); *~ yourself* (*yourselves*)! sois (soyez) sage(s)!; **beˈhav·io(u)r** [~jə] conduite *f* (avec, envers *to*[*wards*]); tenue *f* (*a. d'une voiture*); *machine*: allure *f*, fonctionnement *m*; *be on one's best ~* se surveiller; **beˈhav·io(u)r·al** [~jərəl] de comportement; behavioriste; *~ pattern* type *m* de comportement; *~ psychology* psychologie *f* du comportement.

be·head [biˈhed] décapiter; **beˈhead·ing** décapitation *f*.

be·hest *poét.* [biˈhest] ordre *m*.

be·hind [biˈhaind] **1.** *adv.* (par) derrière; en arrière; en retard; *be ~ with s.th.* être en retard dans qch.; **2.** *prp.* derrière; en arrière de; en retard sur; *see time*; **3.** F derrière *m*, postérieur *m*.

be·hold [biˈhould] [*irr.* (*hold*)] voir, apercevoir; *~!* voyez!; **beˈhold·en** redevable (à, *to*); **beˈhold·er** témoin *m*; spectateur (-trice *f*) *m*.

be·hoof [bi'hu:f]: *to* (*for, on*) (*the*) ~ *of* au profit de, à l'avantage de.

be·hove [bi'houv]: *it* ~*s s.o. to* (*inf.*) il appartient à q. de (*inf.*).

beige [beiʒ] **1.** *tex.* beige *f*; **2.** beige; blond.

be·ing ['bi:iŋ] être *m*; existence *f*; *in* ~ vivant; existant; *come into* ~ prendre naissance; se produire.

be·la·bo(u)r F [bi'leibə] rouer (*q.*) de coups.

be·laid [bi'leid] *prét. et p.p. de belay.*

be·lat·ed [bi'leitid] attardé (*personne*); tardif (-ive *f*) (*regret, heure, etc.*).

be·laud [bi'lɔ:d] combler (*q.*) de louanges.

be·lay [bi'lei] [*irr.*] ⚓ tourner, amarrer; *alp.* assurer; **be'lay·ing** tournage *m.*

belch [beltʃ] éructer; *sl.* roter; ~ *forth* (*ou out*) vomir (*des flammes etc.*).

bel·dam ['beldəm] mégère *f*; vieille sorcière *f.*

be·lea·guer [bi'li:gə] assiéger.

bel·fry ['belfri] beffroi *m*, clocher *m.*

Bel·gian ['beldʒən] **1.** belge, de Belgique; **2.** Belge *mf.*

be·lie [bi'lai] démentir; donner un démenti à; faire mentir.

be·lief [bi'li:f] croyance *f* (à, *in*; en Dieu, *in God*); *fig.* confiance *f*; *past all* ~ incroyable; *to the best of my* ~ autant que je sache.

be·liev·a·ble [bi'li:vəbl] croyable.

be·lieve [bi'li:v] *v/i.* croire (à, en *in*); F (*not*) ~ *in* (ne pas) être partisan de (*qch.*); (ne pas) avoir confiance dans (*qch.*); *v/t.* croire; **be'liev·er** croyant(e *f*) *m.*

Be·li·sha bea·con [bə'li:ʃə'bi:kən] globe *m* orange (*indiquant un passage clouté*).

be·lit·tle [bi'litl] *fig.* décrier, amoindrir.

bell[1] [bel] **1.** cloche *f*; sonnette *f*; timbre *m*; sonnerie *f* (*électrique*); ⚘ clochette *f*; △ campane *f*; vase *m*; ⚓ coup *m*; ♪ *trompette*: pavillon *m*; **2.** *v/t.* ~ *the cat* attacher le grelot.

bell[2] *chasse*: [~] **1.** bramer; **2.** bramement *m.*

bell·boy *Am.* ['belbɔi] *see bellhop.*

belle [bel] beauté *f.*

bell...: '~**-flow·er** campanule *f*; '~**-found·er** fondeur *m* de cloches; '~**-hop** *Am. sl.* chasseur *m.*

bel·li·cose ['belikous] belliqueux (-euse *f*); **bel·li·cos·i·ty** [~'kɔsiti] bellicosité *f*; humeur *f* belliqueuse.

bel·lied ['belid] ventru.

bel·lig·er·ent [bi'lidʒərənt] belligérant(e *f*) (*a. su./mf*).

bel·low ['belou] **1.** beugler; mugir (*a.* F); **2.** beuglement *m*; F hurlement *m.*

bel·lows ['belouz] *pl.*: (*a pair of*) ~ (un) soufflet *m*; *sg. phot.* soufflet *m.*

bell...: '~**-pull** cordon *m* de sonnette; '~**-push** *poussoir*: bouton *m*; '~**-weth·er** sonnailler *m*; '~**-wire** fil *m* à sonnerie.

bel·ly ['beli] **1.** ventre *m*; ~ *button* F nombril *m*; ~ *flop* plat-ventre *m/inv.*; ✈ ~ *landing* atterrissage *m* sur le ventre; ~ *laugh* gros rire *m*; **2.** (s')enfler, (se) gonfler.

be·long [bi'lɔŋ] appartenir (à, *to*); faire partie (de, *to*); être (à, de *to a place*); *Am.* ~ *with* aller avec; **be'long·ings** [~iŋz] *pl.* affaires *f/pl.*; effets *m/pl.*

be·lov·ed [bi'lʌvd] **1.** aimé; **2.** chéri (-e *f*) *m*; bien-aimé(e *f*) *m.*

be·low [bi'lou] **1.** *adv.* en bas, (au-) dessous; *poét.* ici-bas; **2.** *prp.* audessous de; *fig.* ~ *me* indigne de moi (*de inf.*, *to inf.*).

belt [belt] **1.** ceinture *f*; porte-jarretelles *m*; *fig.* zone *f*, bande *f*; ⚔ ceinturon *m*; ⊕ courroie *f*; ⚓ ceinture *f* cuirassée; *box. below the* ~ déloyal (-aux *m/pl.*) (*coup*); *green* ~ ceinture *f* verte; *mot. seat* ~ ceinture *f* de sécurité; **2.** ceindre; entourer (*qch.*) d'une ceinture; *Am.* F ~ *out* faire retentir *ou* éclater.

bel·ve·dere ['belvidiə] △ belvédère *m*; mirador *m*; pavillon *m.*

be·moan [bi'moun] pleurer, déplorer (*qch.*).

be·mused □ [bi'mju:zd] confus, embrouillé; rêveur(-euse *f*).

bench [bentʃ] banc *m*; banquette *f*; siège *m* (*du juge*); magistrature *f*; *menuiserie*: établi *m*; *see treasury*; '**bench·er** membre *m* du conseil d'une École de droit.

bend [bend] **1.** tournant *m*; *chemin*: coude *m*; courbure *f*; courbe *f*; *fleuve*: sinuosité *f*; ▨ bande *f*; ⚓ nœud *m*; **2.** [*irr.*] (se) courber; *v/i.* tourner (*route*); *v/t.* plier; fléchir; baisser (*la tête*); tendre (*un arc*); fixer (*les regards*); porter (*les pas* *vers qch.*); appliquer (*l'esprit*); ⚓ enverguer.

be·neath [bi'ni:θ] *see below*.

ben·e·dick ['benidik] nouveau marié *m* (*surt. vieux garçon*).

Ben·e·dic·tine [beni'diktin] *eccl.* Bénédictin(e *f*) *m*; [~ti:n] *liqueur*: Bénédictine *f*.

ben·e·dic·tion *eccl.* [beni'dikʃn] bénédiction *f*; bénédicité *m* (*avant les repas*).

ben·e·fac·tion [beni'fækʃn] bienfait *m*; donation *f*; œuvre *f* de charité; '**ben·e·fac·tor** bienfaiteur *m*; **ben·e·fac·tress** ['~tris] bienfaitrice *f*.

ben·e·fice ['benifis] bénéfice *m*; **be·nef·i·cence** [bi'nefisns] bienfaisance *f*; **be'nef·i·cent** □ bienfaisant; salutaire.

ben·e·fi·cial □ [beni'fiʃl] avantageux (-euse *f*), salutaire, utile; ~ *interest* usufruit *m*; ⚖ ~ *owner* usufruitier (-ère *f*) *m*; **ben·e'fi·ci·ar·y** ⚖, *eccl.* bénéficier (-ère *f*) *m*; bénéficiaire *mf*; ayant droit (*pl.* ayants droit) *m*.

ben·e·fit ['benifit] **1.** avantage *m*, profit *m*; *théâ.* représentation *f* au bénéfice (*de q.*); indemnité *f* (*de chômage*); ~ *of the doubt* bénéfice *m* du doute; *for the* ~ *of* à l'intention de; au bénéfice de; **2.** *v/t.* profiter à; être avantageux (-euse *f*) à; faire du bien à; *v/i.* profiter (de *by, from*).

be·nev·o·lence [bi'nevələns] bienveillance *f*, bonté *f*; **be'nev·o·lent** □ (envers, *to*) bienveillant; charitable; ~ *society* association *f* de bienfaisance.

Ben·gal [beŋ'gɔ:l] du Bengale; **Ben'gal·i** [~li] **1.** bengali; **2.** *ling.* bengali *m*; Bengali *mf*.

be·night·ed [bi'naitid] anuité; surpris par la nuit; *fig.* aveugle; plongé dans l'ignorance.

be·nign □ [bi'nain] bénin (-igne *f*) (*a.* ⚕); doux (douce *f*); favorable; **be·nig·nant** □ [bi'nignənt] bénin (-igne *f*); bienveillant; **be'nig·ni·ty** bienveillance *f*, bonté *f*; ⚕, *a. climat*: bénignité *f*.

bent[1] [bent] **1.** *prét. et p.p. de bend 2*; ~ *on* acharné à; **2.** penchant *m*, disposition *f* (pour, *for*); *to the top of one's* ~ tant qu'on peut.

bent[2] ⚘ [~] jonc *m*; agrostide *f*; prairie *f*.

be·numb [bi'nʌm] engourdir (*a.* F); transir.

ben·zine ⚗ ['benzi:n] benzine *f*.

ben·zol(e) ⚗ ['benzɔl] benzol *m*.

be·queath [bi'kwi:ð] léguer.

be·quest [bi'kwest] legs *m*.

be·rate [bi'reit] réprimander.

be·reave [bi'ri:v] [*irr.*] priver; *be* ~*d of* perdre (*q. par la mort*); ~*d* affligé; **be'reave·ment** perte *f* (*d'un père etc.*); deuil *m*.

be·reft [bi'reft] *prét. et p.p. de bereave*.

be·ret ['berei] béret *m*.

Ber·lin [bə:'lin] **1.** de Berlin; ~ *black* vernis *m*; **2.** *voiture*: berline *f*; (*usu.* ~ *glove*) gant *m* de laine de Berlin; (*usu.* ~ *wool*) laine *f* de Berlin.

ber·ry ['beri] ⚘ baie *f*.

berth [bə:θ] **1.** ⚓ évitée *f*; couchette *f*; *fig.* place *f*; emploi *m*; *give s.o. a wide* ~ éviter q.; **2.** *v/t.* accoster (*un navire*) le long du quai; *v/i.* mouiller; aborder à quai.

ber·yl *min.* ['beril] béryl *m*.

be·seech [bi'si:tʃ] [*irr.*] supplier (q. de *inf.*, *s.o. to inf.*); implorer; **be'seech·ing** □ suppliant.

be·seem [bi'si:m]: *it* ~*s* il sied (à q. de *inf.*, *s.o. to inf.*).

be·set [bi'set] [*irr.* (*set*)] assaillir; serrer de près; assiéger; ~*ting sin* péché *m* d'habitude.

be·side [bi'said] **1.** *adv. see besides*; **2.** *prp.* à côté de (*a. fig.*); auprès de; ~ *o.s.* transporté (de *joie etc.*, *with*); *be* ~ *the purpose* ne pas entrer dans les intentions (*de q.*); ~ *the question* en dehors du sujet; **be'sides** [~dz] **1.** *adv.* en plus, en outre; d'ailleurs; **2.** *prp. fig.* sans compter; en plus de; excepté.

be·siege [bi'si:dʒ] assiéger (*a. fig.*); faire le siège de; *fig.* entourer; **be'sieg·er** assiégeant *m*.

be·slav·er [bi'slævə] baver sur; *fig.* flagorner.

be·slob·ber [bi'slɔbə] prodiguer des baisers à (*q.*).

be·smear [bi'smiə] barbouiller.

be·smirch [bi'smə:tʃ] salir.

be·som ['bi:zm] balai *m*.

be·sot·ted [bi'sɔtid] assoté; abruti (par, *with*) (*a. fig.*).

be·sought [bi'sɔ:t] *prét. et p.p. de beseech*.

be·spat·ter [bi'spætə] éclabousser; *fig.* salir le nom de; accabler (de, *with*).

be·speak [bi'spi:k] [*irr.* (*speak*)] commander; retenir; *fig.* annoncer; *usu. poét.* s'adresser à, parler à.

be·spoke [bi'spouk] **1.** *prét. de bespeak*; **2.** *adj.*: ~ *tailor* tailleur *m* à façon; ~ *work* travail *m* sur commande; **be'spoken** *p.p. de bespeak.*

be·sprin·kle [bi'spriŋkl] arroser.

best [best] **1.** *adj.* meilleur; F *la* crème de; ~ *man* garçon *m* d'honneur; *at* ~ au mieux; *see seller*; **2.** *adv.* le mieux; **3.** *su.* meilleur *m*; mieux *m*; *all the* ~! bonne chance!; *Sunday* ~ habits *m/pl.* du dimanche; *for the* ~ pour le mieux; *to the* ~ *of my knowledge* autant que je sache; *make the* ~ *of* s'accommoder de; *make the* ~ *of a bad job* faire bonne mine à mauvais jeu; *the* ~ *of the way* la plus grande partie du chemin; *at* ~ pour dire le mieux; **4.** *v/t.* F l'emporter sur (*q.*).

be·stead [bi'sted] [*irr.*] aider.

be·ste(a)d [~]: *hard* ~ serré de près; *ill* ~ F en mauvaise passe.

bes·tial □ ['bestjəl] bestial (-aux *m/pl.*); **bes·ti·al·i·ty** [besti'æliti] bestialité *f.*

be·stir [bi'stə:]: ~ *o.s.* se remuer.

be·stow [bi'stou] accorder, octroyer (à, [*up*]*on*); † déposer; **be'stow·al, be'stow·ment** don *m*, octroi *m*.

be·strew [bi'stru:] [*irr.*] joncher, parsemer (de, *with*).

be·strid·den [bi'stridn] *p.p. de bestride.*

be·stride [bi'straid] [*irr.*] être à cheval sur; enjamber (*un endroit*); enfourcher (*un cheval*).

be·strode [bi'stroud] *prét. de bestride.*

bet [bet] **1.** pari *m*; **2.** [*irr.*] parier; F *you* ~ pour sûr; *I* ~ *you a shilling* F je vous parie 50 francs.

be·take [bi'teik] [*irr.* (*take*)]: ~ *o.s. to* se rendre à; *fig.* se livrer à.

be·think [bi'θiŋk] [*irr.* (*think*)]: ~ *o.s.* se rappeler (qch. *of s.th.*); ~ *o.s. to* (*inf.*) s'aviser de (*inf.*).

be·tide [bi'taid]: *whate'er* ~ advienne que pourra; *woe* ~ *him!* gare à lui!

be·times [bi'taimz] de bonne heure.

be·to·ken [bi'toukn] être signe de, révéler; présager.

be·tray [bi'trei] trahir (*a. fig.* = *laisser voir*); séduire (*une femme*); **be'tray·al** trahison *f*; ~ *of trust* abus *m* de confiance; **be'tray·er** traître(sse *f*) *m*; trompeur (-euse *f*) *m*.

be·troth [bi'trouð] fiancer (à, avec *to*); *the* ~*ed* le fiancé *m*; la fiancée *f*; *pl.* les fiancés *m/pl.*; **be'troth·al** fiançailles *f/pl.*

bet·ter[1] ['betə] **1.** *adj.* meilleur; mieux; *he is* ~ il va mieux; *get* ~ s'améliorer; se remettre; *for* ~ *or* (*for*) *worse* pour le meilleur ou pour le pire; **2.** *su.* meilleur *m*; mieux *m*; ~*s pl.* supérieurs *m/pl.*; *get the* ~ *of* l'emporter sur (*q.*); rouler (*q.*) (= *duper*); surmonter (*un obstacle*); maîtriser (*une émotion*); *he is my* ~ il est plus fort que moi; **3.** *adv.* mieux; *be* ~ *off* être plus à son aise (*matériellement*); *so much the* ~ tant mieux; *you had* ~ *go* vous feriez mieux de vous en aller *ou* de partir; *I know* ~ j'en sais plus long; *think* ~ *of it* se raviser; revenir de; **4.** *v/t.* améliorer; surpasser; ~ *o.s.* améliorer sa position (*etc.*); *v/i.* s'améliorer.

bet·ter[2] [~] parieur (-euse *f*) *m*.

bet·ter·ment ['betəmənt] amélioration *f.*

bet·ting ['betiŋ] paris *m/pl.*; cote *f*; mise *f*; ~*-debt* dette *f* d'honneur.

be·tween [bi'twi:n] (*poét. et prov. a.* **be·twixt** [bi'twikst]) **1.** *adv.* entre les deux; *betwixt and between* entre les deux; **2.** *prp.* entre; ~ *ourselves* entre nous, de vous à moi; *they bought it* ~ *them* ils l'ont acheté à eux deux (trois *etc.*); **be'tween-decks** ⚓ entrepont *m*; *adv.* sous barrots; **be'tween-maid** aide *f* de maison.

bev·el ['bevl] **1.** oblique; **2.** ⊕ biseau *m*, biais *m*; conicité *f*; **3.** *v/t.* biseauter; *v/i.* biaiser; aller de biais; aller en biseau; '~**-wheel** ⊕ roue *f* dentée conique; pignon *m* conique.

bev·er·age ['bevəridʒ] boisson *f.*

bev·y ['bevi] bande *f*, troupe *f.*

be·wail [bi'weil] *v/t.* pleurer (*qch.*); *v/i.* se lamenter.

be·ware [bi'wɛə] se méfier (de q., *of s.o.*); se garder (de qch., *of s.th.*); ~ *of the dog!* chien méchant!

be·wil·der [bi'wildə] égarer, désorienter; F ahurir; abasourdir; **be'wil·der·ment** trouble *m*, confusion *f*; ahurissement *m*; abasourdissement *m*.

be·witch F [bi'witʃ] ensorceler; F

enchanter; **be'witch·ment** ensorcellement *m*; charme *m*.

be·yond [bi'jɔnd] **1.** *adv.* au-delà, par-delà, plus loin; **2.** *prp.* au-delà de; par-delà; au-dessus de; excepté; en dehors de; autre ... que; ~ *endurance* intolérable; ~ *measure* outre mesure; ~ *dispute* incontestable; ~ *words* au-delà de toute expression; *get* ~ *s.o.* dépasser q.; *go* ~ *one's depth* ne pas avoir pied; *it is* ~ *me* cela me dépasse; je n'y comprends rien.

bi... [bai] bi(s)-; di(s)-; semi-.

bi·an·nu·al □ [bai'ænjuəl] semestriel; biennal (-aux *m/pl.*).

bi·as ['baiəs] **1.** *adj. et adv.* oblique (-ment); en biais; de biais; *couture*: coupé de biais, en biais; **2.** *couture*: biais *m*; *boules*: décentrement *m*; déviation *f*; *radio*: polarisation *f*; *fig.* parti *m* pris; penchant *m*; **3.** décentrer (*une boule*); *fig.* rendre partial; prévenir (contre, *against*; en faveur de, *towards*); ~*sed* partial (-aux *m/pl.*).

bib [bib] bavette *f* (*d'enfant*); *tablier*: baverette *f*.

bib·cock ['bibkɔk] robinet *m* coudé.

Bi·ble ['baibl] Bible *f*.

bib·li·cal □ ['biblikl] biblique.

bib·li·og·ra·pher [bibli'ɔgrəfə] bibliographe *m*; **bib·li·o·graph·ic, bib·li·o·graph·i·cal** [~o'græfik(l)] bibliographique; **bib·li·og·ra·phy** [~'ɔgrəfi] bibliographie *f*; **bib·li·o·ma·ni·a** [~o'meinjə] bibliomanie *f*; **bib·li·o'ma·ni·ac** [~niæk] bibliomane *m*; **bib·li·o·phile** ['~ofail] bibliophile *m*.

bib·u·lous □ ['bibjuləs] adonné à la boisson; absorbant (*chose*).

bi·car·bon·ate ⚗ [bai'kɑ:bənit] bicarbonate *m*.

bi·ceps *anat.* ['baiseps] biceps *m*.

bick·er ['bikə] se quereller; être toujours en zizanie; trembloter (*lumière*); murmurer (*ruisseau etc.*); '**bick·er·ing**(s *pl.*) querelles *f/pl.*; bisbille *f*.

bi·cy·cle ['baisikl] **1.** bicyclette *f*, F vélo *m*; *folding* ~ bicyclette *f* pliante; ~ *bell* timbre *m ou* sonnette *f* de bicyclette; ~ *rack* porte-vélos *m/inv.*, râtelier *m* à bicyclettes; ~ *track* piste *f* cyclable; **2.** faire de la bicyclette *ou* du vélo; aller à bicyclette; '**bi·cy·clist** (bi)cycliste *mf*.

bid [bid] **1.** [*irr.*] *v/t.* commander, ordonner; inviter (*à dîner*); *cartes*: appeler; *fig.* ~ *fair* promettre de; s'annoncer; ~ *farewell* faire ses adieux; ~ *up* surenchérir; ~ *welcome* souhaiter la bienvenue; *v/i.* (*prét. et p.p. bid*) faire une offre (pour, *for*); **2.** offre *f*, mise *f*, enchère *f*; *cartes*: appel *m*; *a* ~ *to* (*inf.*) un effort pour (*inf.*); *cartes*: *no* ~ Parole!; '**bid·den** *p.p. de bid 1*; '**bid·der** enchérisseur *m*; *cartes*: demandeur (-euse *f*) *m*; *see high 1, low¹ 1*; '**bid·ding** ordre *m*; invitation *f*; enchères *f/pl.*; *cartes*: enchère *f*.

bide [baid] attendre (*le moment*).

bi·en·ni·al [bai'enjəl] **1.** biennal (-aux *m/pl.*); **2.** ⚘ plante *f* bisannuelle.

bier [biə] civière *f* (*pour un cercueil*).

bi·fo·cals [bai'foukəlz] *pl.* lunettes *f/pl.* bifocales.

bi·fur·cate ['baifə:keit] (se) bifurquer; **bi·fur'ca·tion** bifurcation *f*.

big [big] grand; gros(se *f*); *fig.* lourd, gros(se *f*) (de, *with*); enceinte *f* (*grosse d'enfant*); *fig.* hautain, fanfaron (-ne *f*); ♀ *Apple surnom de New York City*; F ♀ *Ben grosse cloche du Palais du Parlement à Londres*; ~ *business* grosses affaires *f/pl.*; F *fig.* ~ *shot* chef *m* de file; personnage *m* important, *sl.* grosse légume *f*; *Am.* ~ *stick fig.* F trique *f*; *hit ou make the* ~ *time* réussir, arriver; *Am.* ~ *top cirque*: chapiteau *m*, *a. fig.* cirque *m*; *talk* ~ faire l'important; fanfaronner.

big·a·mous ['bigəməs] bigame; '**big·a·my** bigamie *f*.

bight ⚓ [bait] crique *f*; golfe *m*.

big·mouth F ['bigmauθ] gueulard(e *f*) *m*.

big·ness ['bignis] grandeur *f*; grosseur *f*.

big·ot ['bigət] bigot(e *f*) *m*; *fig.* fanatique *mf*; sectaire *mf*; '**big·ot·ed** fanatique; *fig.* à l'esprit sectaire; '**big·ot·ry** fanatisme *m*; zèle *m* outré.

'**big-time** ['bigtaim] de première catégorie, important; de grande envergure; extraordinaire; magnifique.

big·wig F ['bigwig] gros bonnet *m*; *sl.* grosse légume *f*.

bike F [baik] vélo *m*.

bi·lat·er·al □ [bai'lætərl] bilatéral (-aux *m/pl.*).

bil·ber·ry ⚘ ['bilbəri] airelle *f*, myrtille *f*.
bile [bail] bile *f* (*fig.* = *colère*).
bilge [bildʒ] bouge *m* (*de barrique*); ⚓ fond *m* de cale; bouchain *m*; *sl.* bêtises *f/pl.*
bi·lin·gual [bai'liŋgwəl] bilingue.
bil·ious □ ['biljəs] bilieux (-euse *f*); *fig.* colérique.
bilk [bilk] F tromper, escroquer.
bill[1] [bil] **1.** *oiseau, ancre, géog.*: bec *m*; serpette *f* (*pour tailler*); **2.** (*a. fig.* ~ *and coo*) se becqueter.
bill[2] [~] **1.** note *f*, facture *f*; *restaurant*: addition *f*; ⚕ effet *m*; ⚕ (*a.* ~ *of exchange*) traite *f*; *Am.* billet *m* (de banque); *théâ. etc.* affiche *f*; *parl.* projet *m* de loi; ~ *of costs* compte *m* de frais; ~ *of expenses* note *f* de(s) frais; ~ *of fare* carte *f* du jour; ⚓ ~ *of health* patente *f* de santé; ~ *of lading* connaissement *m*, police *f* de chargement; ⚖ ~ *of sale* acte *m* de vente; ⚕ ~ *of sight* déclaration *f* d'entrée; ♀ *of Rights Brit.* Déclaration *f* des Droits du citoyen (*1689*); *Am. les* amendements *m/pl.* (*1791*) à la constitution des É.-U.; **2.** facturer (*des marchandises*); afficher.
bill·board *Am.* ['bil'bɔːd] panneau *m* d'affichage.
bil·let ['bilit] **1.** ⚔ (billet *m* de) logement *m*; bûche *f*; billette *f* (*a. métall.*); **2.** ⚔ loger (*des troupes*) (chez *on, with*).
bill·fold ['bilfould] porte-billets *m/inv.*
bil·liard ['biljəd] *attr.* de billard; '**~-cue** queue *f* de billard; '**bil·liards** *sg. ou pl.* (jeu *m* de) billard *m*.
bil·lion ['biljən] billion *m*; *Am.* milliard *m*.
bil·low ['bilou] **1.** lame *f* (de mer), grande vague *f*; **2.** se soulever en vagues; ondoyer (*foule etc.*); '**bil·low·y** houleux (-euse *f*).
bill-stick·er ['bilstikə] afficheur *m*; placardeur *m*.
bil·ly *Am.* ['bili] bâton *m* (*de police*); '**~·cock** chapeau *m* melon; '**~-goat** F bouc *m*.
bi-mo·tored ✈ ['baimoutəd] bimoteur.
bin [bin] coffre *m*; casier *m*; F poubelle *f*.
bi·na·ry ['bainəri] binaire; *biol.* ~ *fission* division *f* binaire *ou* cellulaire.
bin·au·ral [bain'ɔːrəl] binauriculaire; stéréophonique.
bind [baind] [*irr.*] *v/t.* lier, attacher; (res)serrer; garrotter; rendre constipé; ratifier, confirmer (*un marché*); bordurer (*une étoffe*); relier (*des livres*); fixer (*un ski*); bander (*une blessure*); lier, agglutiner (*le sable*); ~ *over* sommer (*q.*) d'observer une bonne conduite; *fig. be bound with* être engagé (à *to, with*); ~ *s.o. apprentice to* mettre q. en apprentissage chez; *I'll be bound* je m'engagerai (à, to); F j'en suis sûr!; *v/i.* se lier; durcir; '**bind·er** lieur (-euse *f*) *m*; lien *m*; ceinture *f*; ⊕ liant *m*; relieur *m* (*de livres*); '**bind·ing** **1.** obligatoire (pour, *on*); agglomératif (-ive *f*); **2.** agglutination *f*; serrage *m*; lien *m*; *étoffe*: bordure *f*; *livres*: reliure *f*; '**bind·weed** ⚘ liseron *m*.
binge *sl.* [bindʒ] bombe *f*, ribote *f*.
bin·na·cle ⚓ ['binəkl] habitacle *m*.
bin·o·cle ['binɔkl] binoculaire *m*;
bin·oc·u·lar **1.** [bai'nɔkjulə] binoculaire; **2.** [bi'nɔkjulə] jumelle *f*, -s *f/pl.*
bi·o·chem·i·cal ['baio'kemikl] biochimique; '**bi·o'chem·is·try** biochimie *f*.
bi·og·ra·pher [bai'ɔgrəfə] biographe *m*; **bi·o·graph·ic, bi·o·graph·i·cal** □ [~o'græfik(l)] biographique; **bi·og·ra·phy** [~'ɔgrəfi] biographie *f*.
bi·o·log·ic, bi·o·log·i·cal □ [baiə'lɔdʒik(l)] biologique; **bi·ol·o·gist** [~'ɔlədʒist] biologiste *mf*; **bi'ol·o·gy** biologie *f*.
bi·par·tite [bai'pɑːtait] biparti(te *f*); ⚖ rédigé en double. [*su./m*).}
bi·ped *zo.* ['baiped] bipède (*a.*
bi·plane ✈ ['baiplein] biplan *m*.
birch [bəːtʃ] **1.** ⚘ (*ou* ~*-tree*) bouleau *m*; (*a.* ~*-rod*) verge *f*; **2.** de bouleau; '**birch·en** de bouleau.
bird [bəːd] oiseau *m*; ~ *of passage* oiseau *m* de passage; ~ *of prey* oiseau *m* de proie; F *that's for the* ~*s* ça ne vaut rien; *tell a child about the* ~*s and the bees* expliquer à un enfant comment font les petits oiseaux; *kill two* ~*s with one stone* faire d'une pierre deux coups; '**~-cage** cage *f* à oiseaux; '**~-fan·ci·er** oiselier *m*; marchand(e *f*) *m* d'oiseaux; connaisseur (-euse *f*) *m* en oiseaux; '**~-lime** glu *f*; '**~-nest** **1.** *see bird's nest*; **2.**

dénicher des oiseaux; **'bird's-eye view** perspective *f* à vol d'oiseau; **'bird's nest** nid *m* d'oiseaux; ~ *soup* soupe *f* aux nids d'hirondelles; ~ **sanc·tu·ar·y** refuge *m* d'oiseaux.

bi·ro (*TM*) ['baiərou] stylo *m* (à bille).

birth [bəːθ] naissance *f*; accouchement; *animaux*: mise *f* bas; *bring to* ~ faire naître, engendrer; *come to* ~ naître, prendre naissance; **'~-con·trol** limitation *f* des naissances; **'~-day** anniversaire *m*; jour *m* natal; ~ *cake* gâteau *m* d'anniversaire; *Brit.* ~ *honours pl.* distinctions *f/pl.* honorifiques accordées à l'occasion de l'anniversaire du monarque; ~ *present* cadeau *m* d'anniversaire; **'~-place** lieu *m* de naissance; **'~-rate** natalité *f*; **'~-right** droit *m* de naissance; droit *m* d'aînesse.

bis·cuit ['biskit] biscuit *m* (*a. poterie*).

bi·sect ⟁ [bai'sekt] bissecter (*un angle*); couper en deux parties égales (*une ligne, un angle*); **bi'sec·tion** bissection *f*.

bish·op ['biʃəp] évêque *m*; *échecs*: fou *m*; **'bish·op·ric** évêché *m*.

bis·muth ⚗ ['bizməθ] bismuth *m*.

bi·son *zo.* ['baisn] bison *m*.

bis·sex·tile [bi'sekstail] **1.** bissextil; ~ *year* = **2.** année *f* bissextile.

bit [bit] **1.** morceau *m*; bout *m* (*de papier etc.*); *monnaie*: pièce *f*; *cheval, tenaille*: mors *m*; ⊕ mèche *f*; perçoir *m*; *ordinateur*: bit *m*; ~ *by* ~ peu à peu; F *be a* ~ *of a coward* être plutôt lâche; **2.** mettre le mors à, brider; **3.** *prét. de bite* 2.

bitch [bitʃ] **1.** chienne *f*; *sl.* garce *f*; renarde *f*; louve *f*; **2.** F gâcher.

bite [bait] **1.** coup *m* de dent; morsure *f*; *sauce*: piquant *m*; *poisson*: touche *f*; ⊕ mordant *m*; **2.** [*irr.*] mordre (*a. poisson, ancre, outil, acide, etc.*); piquer (*insecte, poivre*); ronger (*rouille*); F *fig.* ~ *the dust* mordre la poussière (= *mourir*); ~ *one's nails* se ronger les ongles; *v/i.* adhérer (*roues*); ⚓ crocher (*ancre*); ~ *at* rembarrer (*q.*); **'bit·er** animal *etc.* qui mord; *the* ~ *bit* le trompeur trompé.

bit·ing □ ['baitiŋ] mordant; perçant (*froid*); cinglant (*vent*).

bit·ten ['bitn] *p.p. de bite* 2; *be* ~ *fig.* se faire attraper; F *be* ~ *with* s'enticher de; *once* ~ *twice shy* chat échaudé craint l'eau froide.

bit·ter ['bitə] **1.** □ amer (-ère *f*); aigre; glacial (-als *m/pl.*) (*vent*); ~-*sweet* aigre-doux (-douce *f*); **2.** bière *f* amère.

bit·tern *orn.* ['bitəːn] butor *m*.

bit·ter·ness ['bitənis] amertume *f*; âpreté *f*; rancune *f*.

bit·ters ['bitəz] *pl.* bitter *m*, -s *m/pl.*, amer *m*, -s *m/pl.*

bitts ⚓ [bits] *pl.* bittes *f/pl.*

bi·tu·men ['bitjumin] bitume *m*; **bi·tu·mi·nous** [~'tjuːminəs] bitumineux (-euse *f*); gras(se *f*) (*houille*).

biv·ouac ['bivuæk] **1.** bivouac *m*; **2.** bivouaquer.

biz F [biz] affaire *f*, -s *f/pl.*

bi·zarre [bi'zɑː] bizarre.

blab F [blæb] **1.** (*a.* **'blab·ber**) jaseur (-euse *f*) *m*; indiscret (-ète *f*) *m*; **2.** *v/i.* jaser, bavarder; *v/t.* divulguer (*un secret*).

black [blæk] **1.** □ noir; *fig.* sombre, triste; ~ *cattle* bœufs *m/pl.* de race écossaise ou galloise; ~ **eye** œil *m* poché; *see frost*; ~ *ice* verglas *m*; ~ *market* marché *m* noir; ~ *marketeer* profiteur (-euse *f*) *m*; ~ *marketing* vente *f ou* achats *m/pl.* au marché noir; ~ *sheep fig.* brebis *f* galeuse; **2.** noircir; *v/t.* cirer (*des bottes*); F pocher (*l'œil*); ~ *out v/t.* obscurcir; *v/i.* couper la lumière; **3.** noir *m* (*a. vêtements*); noir(e *f*) *m* (= *nègre*); flocon *m* de suie.

black...: **~·a·moor** † ['~əmuə] nègre *m*, négresse *f*; **'~·ball** blackbouler; **'~·ber·ry** ⚘ mûre *f* (sauvage); **'~·bird** merle *m*; **'~·board** tableau *m* noir; **'~-coat·ed** vêtu de noir; **'~·cock** *orn.* têtras *m*; **'black·en** *v/t.* noircir (*a. fig.*); *fig.* calomnier; *v/i.* (se) noircir; s'assombrir.

black...: **~·guard** ['blægɑːd] **1.** vaurien *m*; ignoble personnage *m*; **2.** (*a.* **'~·guard·ly**) □ ignoble, canaille; **3.** adjectiver (*q.*); **~·head** ⚕ ['blækhed] comédon *m*; **'black·ing** cirage *m*; **'black·ish** □ noirâtre, tirant sur le noir.

black...: **'~·jack 1.** *surt. Am.* assommoir *m*; **2.** assener un coup d'assommoir à (*q.*); **'~'lead 1.** plombagine *f*; crayon *m* (de mine de plomb); **2.** passer à la mine de plomb; **'~·leg** renard *m*; jaune *m*; **'~'let·ter** *typ.* caractères *m/pl.* gothiques; **'~·list** **1.** liste *f* noire; **2.** mettre sur la liste noire; **'~·mail** **1.** extorsion *f* sous menace; chantage *m*; **2.** faire chanter (*q.*); **'~·mail·er** maître *m* chanteur; **'black·ness** noirceur *f*; obscurité *f*.

black...: **'~-out** black-out *m*; *fig.* syncope *f*, amnésie *f* passagère; **'~-smith** forgeron *m*; **'~·thorn** ⚘ épine *f* noire; **'black·y** F nègre *m*; moricaud *m*.

blad·der ['blædə] *anat.*, *a. foot.* vessie *f*; *anat.*, ⚘ vésicule *f*.

blade [bleid] *herbe*: brin *m*; *couteau, rasoir, scie, épée*: lame *f*; *langue*: plat *m*; *aviron*: pale *f*; *hélice*: aile *f*; *ventilateur*: vanne *f*; F gaillard *m*; (*a.* ~*-bone*) *anat.* omoplate *f*.

blain [blein] pustule *f*.

blam·a·ble □ ['bleiməbl] blâmable; répréhensible; **'blam·a·ble·ness** caractère *m* répréhensible.

blame [bleim] **1.** reproches *m/pl.*; blâme *m*; faute *f*; **2.** blâmer; *he is not to ~ for* il n'y a pas de faute de sa part; *he is to ~ for* il y a de sa faute; il est responsable de; *~ s.th. on s.o.* imputer (la faute de) qch. à q.

blame·ful ['bleimful] blâmable; répréhensible; **'blame·less** □ innocent; irréprochable; **'blame·less·ness** innocence *f*; irréprochabilité *f*; **'blame·wor·thi·ness** caractère *m* blâmable *ou* répréhensible; **'blame·wor·thy** blâmable; répréhensible.

blanch [blɑːntʃ] blanchir; pâlir; *~ over* pallier; F blanchir.

blanc-mange *cuis.* [blə'mɔnʒ] blancmanger (*pl.* blancs-mangers) *m*.

bland □ [blænd] doux (douce *f*); débonnaire; narquois (*sourire*); **'blan·dish** cajoler, flatter; **'blan·dish·ment** flatterie *f*.

blank [blæŋk] **1.** □ blanc(he *f*); vierge (*page*); sans expression, étonné (*regard*); ⚔ *~ cartridge* cartouche *f* à blanc; ✝ *~ cheque* (*Am. check*) cheque *m* en blanc; *fig. give s.o. a ~ cheque* donner carte blanche à q. (pour faire, *to do*); ⚔ *fire ~* tirer à blanc; **2.** blanc *m*; vide *m*; lacune *f*; *mémoire*: trou *m*; *loterie*: billet *m* blanc; ⊕ flan *m*; F *fig. draw a ~* échouer.

blan·ket ['blæŋkit] **1.** *lit, cheval*: couverture *f*; F *neige, fumée*: manteau *m*; *typ.* blanchet *m*; *fig. wet ~* trouble-fête *m/inv.*; rabat-joie *m/inv.*; **2.** mettre une couverture à; ⚓ déventer; F étouffer, supprimer; *Am.* éclipser; **3.** *Am.* général (-aux *m/pl.*), d'une portée générale.

blank·ness ['blæŋknis] vide *m*; air *m* confus.

blare [blɛə] *v/i.* sonner, cuivrer (*trompette*); *v/t.* faire retentir.

blar·ney ['blɑːni] **1.** patelinage *n*; **2.** cajoler, enjôler.

blas·pheme [blæs'fiːm] blasphémer; *~ against* outrager; **blas'phem·er** blasphémateur (-trice *f*) *m*; **blas·phe·mous** □ ['blæsfiməs] blasphémateur (-trice *f*) (*personne*); blasphématoire (*propos*); **'blas·phe·my** blasphème *m*.

blast [blɑːst] **1.** *vent*: rafale *f*; *vent, explosion*: souffle *m*; *trompette*: sonnerie *f*; *sifflet, sirène, mot.* coup *m*; explosion *f*; ⊕ soufflerie *f*; ⚘ cloque *f*; *at full ~* en pleine activité; **2.** *v/t.* faire sauter, pétarder; flétrir; *fig.* ruiner, briser; *v/i.* cuivrer; *~(it)!* sacrebleu!; **'~-fur·nace** ⊕ haut fourneau *m*; **'blast·ing** abattage *m* à la poudre; travail *m* aux explosifs; **'blast-off** *espace*: lancement *m*, mise *f* à feu (*d'une fusée*).

bla·tan·cy ['bleitənsi] vulgarité *f* criarde; **'bla·tant** □ d'une vulgarité criarde; criant (*tort etc.*).

blath·er *Am.* ['blæðə] **1.** bêtises *f/pl.*; **2.** débiter des inepties.

blaze [bleiz] **1.** flamme *f*; feu *m*; conflagration *f*; éclat *m*; étoile *f* (*au front d'un cheval*); *arbre*: griffe *f*; *pl.* F enfer *m*; **2.** *v/i.* flamber; flamboyer (*soleil, couleurs*); étinceler; F *~ away* tirer sans désemparer (sur, *at*); *chasse*: *blazing scent* piste *f* toute fraîche; *v/t.* (*usu. ~ abroad*) répandre, publier; griffer (*un arbre*); **'blaz·er** blazer *m*.

bla·zon ['bleizn] **1.** blason *m*; armoiries *f/pl.*; **2.** ▨ blasonner; marquer (*qch.*) aux armoires (*de q.*); *fig.* célébrer, exalter; F publier; **'bla·zon·ry** blasonnement *m*; science *f* héraldique; *fig.* ornementation *f*.

bleach [bliːtʃ] **1.** blanchir; *v/i.* blondir (*cheveux*); **2.** décolorant *m*; **'bleach·er** blanchisseur (-euse *f*) *m*; *Am.* *~s pl.* places *f/pl.* découvertes d'un terrain de baseball; **'bleach·ing** blanchiment *m*; **'bleach·ing-pow·der** poudre *f* à blanchir.

bleak □ [bliːk] sans abri, exposé au

vent; *fig.* froid; triste, morne; ˈ**bleak·ness** froidure *f*; aspect *m* morne.

blear [bliə] **1.** chassieux (-euse *f*) (*surt. des yeux*); **2.** rendre trouble; estomper (*des couleurs*); **~-eyed** [ˈbliəraid], ˈ**blear·y** aux yeux chassieux.

bleat [bliːt] **1.** bêlement *m*; **2.** bêler.

bleb [bleb] bouton *m*, (petite) ampoule *f*.

bled [bled] *prét. et p.p. de bleed.*

bleed [bliːd] [*irr.*] *v/i.* saigner, perdre du sang; *v/t.* saigner; ~ *white* saigner (*q.*) à blanc; ˈ**bleed·ing** écoulement *m* de sang; ⚕ saignée *f*.

blem·ish [ˈblemiʃ] **1.** défaut *m*, imperfection *f*; tache *f*; **2.** tacher, souiller; abîmer.

blench [blentʃ] blêmir, pâlir.

blend [blend] **1.** (se) mêler (à, avec *with*); (se) mélanger (*thé, café*); *v/t.* couper (*le vin*); *fig. v/i.* s'allier; se marier (*voix, couleurs*); **2.** mélange *m*.

blende *min.* [blend] blende *f*.

bless [bles] bénir; consacrer; ~ *s.o. with* accorder à q. le bonheur de; F ~ *me!*, ~ *my soul!* tiens, tiens!; ~ *you!* à vos souhaits!; **bless·ed** □ [*p.p.* blest; *adj.* ˈblesid] bienheureux (-euse *f*); saint; *sl.* fichu; *be* ~ *with* jouir de; ~ *event* heureux événement *m* (= *naissance*); **bless·ed·ness** [ˈ~sidnis] félicité *f*, béatitude *f*; *live in single* ~ vivre dans le bonheur du célibat; ˈ**bless·ing** bénédiction *f*; bienfait *m*; *aux repas*: bénédicité *m*.

blest *poét.* [blest] *see blessed.*

bleth·er [ˈbleðə] *see blather.*

blew [bluː] *prét. de blow*[2] *et blow*[3] *1.*

blight [blait] **1.** ⚘ nielle *f* (*des céréales*); cloque *f* (*du fruit*); *fig.* influence *f* néfaste; **2.** nieller; brouir; *fig.* flétrir; ˈ**blight·er** *sl.* bon *m* à rien; individu *m*; *poor* ~ pauvre hère *m*; *lucky* ~ veinard *m*.

Blight·y ⚔ *sl.* [ˈblaiti] la patrie (*usu. l'Angleterre*); *a* ~ (*one*) la bonne blessure.

blind □ [blaind] **1.** aveugle; sans issue (*chemin*); faux (fausse *f*) (*porte*); *be* ~ *to* ne pas voir (*qch.*); *the* ~ *pl.* les aveugles *m/pl.*; ~ *alley* impasse *f* (*a. fig.*); ~ *corner* tournant *m* encaissé; virage *m* masqué; ✈ ~ *flying* vol *m* sans visibilité, vol *m* en P.S.V.; *anat.* ~ *gut* cæcum *m*; ⚓, ⚔ ~ *shell* obus *m* qui a raté; ~ *spot anat.* point *m* aveugle, papille *f* optique; *radar etc.*: angle *m* mort; *fig.* côté *m* faible (*d'une personne*); *that's your* ~ *spot* c'est là où vous n'y voyez pas clair; c'est là où vous refusez de voir clair; ~ *story* conte *m* en l'air; ~*ly fig.* aveuglément; à l'aveuglette; **2.** store *m*; jalousie *f*; abat-jour *m/inv.*; banne *f*; ⚔ blinde *f*; *Am. cheval*: œillère *f*; masque *m*, prétexte *m*; **3.** aveugler (sur, *to*); *fig.* éblouir; *min.* blinder.

blind...: ˈ**~·fold 1.** aveuglément; **2.** bander les yeux (à *ou* de q., *s.o.*); ˈ**~-man's-ˈbuff** colin-maillard *m*; ˈ**blind·ness** cécité *f*.

blink [bliŋk] **1.** clignotement *m* des paupières; lueur *f* momentanée; signal *m* optique; F *fig. on the* ~ abîmé, détraqué; **2.** *v/i.* ⚓ battre *ou* cligner des paupières; papilloter (*lumière*); *v/t. fig.* fermer les yeux sur; dissimuler; ˈ**blink·er** clignotant *m*; *cheval*: œillère *f*; ˈ**blink·ing** F sacré.

bliss [blis] félicité *f*, béatitude *f*.

bliss·ful □ [ˈblisful] bienheureux (-euse *f*); serein; ˈ**bliss·ful·ness** félicité *f*, béatitude *f*; bonheur *m*.

blis·ter [ˈblistə] **1.** ampoule *f*; *peint., peau*: cloque *f*; ⚕ vésicatoire *m*; **2.** (se) couvrir d'ampoules; (se) cloquer (*peinture*).

blithe □ [blaið], **~·some** [ˈblaiðsəm] *surt. poét.* joyeux (-euse *f*), gai.

blith·er *sl.* [ˈbliðə] dire des bêtises; ~*ing* F sacré.

blitz [blits] **1.** F bombardement *m* aérien; **2.** détruire par un bombardement.

bliz·zard [ˈblizəd] tempête *f* de neige.

bloat [blout] gonfler; boursoufler; bouffir (*a. fig.*), saurer (*des harengs*); ~*ed* boursouflé, gonflé; bouffi (*a. fig.*); ˈ**bloat·er** hareng *m* bouffi.

blob [blɔb] tache *f*; pâté *m*; goutte *f* d'eau.

block [blɔk] **1.** *marbre, fer, papier, etc.*: bloc *m*; *bois*: tronçon *m*; *roche*: quartier *m*; *mot.* tin *m*; sabot *m* (*de frein*); (*a.* ~ *of flats*) pâté *m* (*de maisons*); (*a. dead* ~) embouteillage *m*; blocus *m*; ~ *letter typ.* caractère *m* gras; majuscule *f*; **2.** bloquer; entraver; fermer (*une voie, un jeu*); ~ *in* esquisser à grands traits; (*usu.* ~ *up*)

bloquer, obstruer; murer (*une porte*); ⚓ bâcler (*un port*); ~ *out* caviarder (*une censure*).
block·ade [blɔˈkeid] **1.** blocus *m*; **2.** bloquer; faire le blocus de; **blockˈade-run·ner** forceur *m* de blocus.
block...: **ˈ~·bust·er** F ⚔ bombe *f* de très gros calibre; *fig.* succès *m* fou; *fig.* personne *f ou* chose *f* d'une efficacité à tout casser; **ˈ~·head** sot *m*; tête *f* de bois; **ˈ~·house** blockhaus *m*.
bloke F [blouk] type *m*, individu *m*.
blond(**e** *f*) [blɔnd] **1.** blond; **2.** blondin(e *f*) *m*; ✝ (*a. blonde lace*) blonde *f*.
blood [blʌd] sang *m* (*a.* = *descendance*); race *f*; † dandy *m*; *in cold* ~ de sang-froid; *see run*.
blood...: ~ **bank** banque *f* du sang; ~ **bath** *fig.* bain *f* de sang; ~ **clot** caillot *m* de sang; **ˈ~·cur·dling** à (vous) figer le sang (*histoire etc.*); **~ˈdo·nor** donneur (-euse *f*) *m* sang; ~ **group** groupe *m* sanguin; **ˈ~-guilt·i·ness** culpabilité *f* d'avoir versé du sang; **ˈ~-heat** température *f* du sang; **ˈ~-horse** cheval *m* de race, pur-sang *m*/*inv.*; **ˈ~·hound** limier *m*; **ˈblood·i·ness** état *m* sanglant; disposition *f* sanguinaire; **ˈblood·less** □ exsangue, anémié; sans effusion de sang; *fig.* pâle; sans énergie; sans courage.
blood...: **ˈ~-let·ting** saignée *f*; **ˈ~-poi·son·ing** ⚕ empoisonnement *m* du sang; **ˈ~-pres·sure** pression *f* vasculaire; ~ **samp·le** prélèvement *m* de sang; **ˈ~·shed** carnage *m*; **ˈ~·shot** éraillé (*œil*); ~ **sports** *pl.* sports *m*/*pl.* sanguinaires; **ˈ~-stanch·ing** styptique; ~ **test** analyse *f* de sang; **ˈ~·thirst·y** avide de sang; ~ **transˈfu·sion** transfusion *f* de sang; **ˈ~-ves·sel** vaisseau *m* sanguin; **ˈblood·y 1.** □ ensanglanté; sanguinaire; *sl.* sacré; **2.** *sl.* vachement; **ˈblood·yˈmind·ed** *sl.* mauvais coucheur (-euse *f*); *she's just being* ~ elle le fait rien que pour nous emmerder.
bloom[1] [bluːm] **1.** fleur *f* (*a. fig.*); épanouissement *m*; duvet *m* (*d'un fruit*); *fig.* incarnat *m*; **2.** fleurir.
bloom[2] *métall.* [~] loupe *f*.
bloom·er *sl.* [ˈbluːmə] gaffe *f*, bévue *f*; *usu.* ~*s pl.* culotte *f* bouffante.
bloom·ing □ [ˈbluːmiŋ] fleurissant, en fleur; florissant, prospère; *sl.* sacré; *souv. ne se traduit pas.*
blos·som [ˈblɔsəm] **1.** fleur *f* (*surt. des arbres*); **2.** fleurir; ~ *into* devenir.
blot [blɔt] **1.** tache *f* (*a. fig.*); pâté *m* (*d'encre*); **2.** *v/t.* tacher; ternir (*a. fig.*); sécher, passer le buvard sur (*l'encre*); (*usu.* ~ *out*) effacer, *fig.* masquer; *v/i.* faire des pâtés (*plume*); boire l'encre (*buvard*).
blotch [blɔtʃ] tache *f*; pustule *f*; *peau*: tache *f* rouge.
blot·ter [ˈblɔtə] buvard *m*; *Am.* registre *m* d'arrestations *etc.*
blot·ting...: **ˈ~-book** bloc *m* buvard; **ˈ~-pad** bloc *m* buvard, sous-main *m*/*inv.*; **ˈ~-pa·per** papier *m* buvard.
blot·to *sl.* [ˈblɔtou] soûl perdu.
blouse [blauz] blouse *f*; ⚔, *a. Am.* vareuse *f*.
blow[1] [blou] coup *m* (de poing, de bâton, *etc.*); *at one* ~ d'un (seul) coup; *come to* ~*s* en venir aux coups.
blow[2] [~] [*irr.*] s'épanouir.
blow[3] [~] **1.** [*irr.*] *v/i.* souffler; faire du vent; claquer (*ampoule*); sauter (*plomb*); ~ *in* entrer; ~ *over* se calmer; ~ *up* éclater, sauter; *Am.* F entrer en colère; *v/t.* souffler (*a. un verre*); *vent*: pousser; vider (*un œuf*); sonner (*un instrument*); *mouches*: gâter (*la viande*); évacuer (*une chaudière*); ⚡ faire sauter (*les plombs*); *sl.* manger (*son argent*); F louper (*une chance*); *sl.* ~ *me!, I'm* ~*ed!* zut alors!; F ~ *s.o. a kiss* envoyer un baiser à q.; ~ *one's nose* se moucher; F ~ *one's top* sortir de ses gonds; ~ *up* faire sauter; gonfler (*un pneu*); *sl.* semoncer, tancer; *phot.* agrandir; **2.** coup *m* de vent, souffle *m*; **ˈ~-dry** sécher (au sèche-cheveux); **ˈblow·er** souffleur (-euse *f*) *m*; rideau *m* (*de cheminée*); ⊕ machine *f* à vent; *sl.* téléphone *m*.
blow...: **ˈ~·fly** mouche *f* à viande; **ˈ~-hole** évent *m* (*de baleine*; *a.* ⊕); ventilateur *m*.
blown [bloun] *p.p. de blow*[3] *1*.
ˈblow·lamp lampe *f* à souder, chalumeau *m*; **blow-out** *mot.* éclatement *m* (*de pneu*); *sl.* gueuleton *m*; **ˈblow-pipe** sarbacane *f*; *métall.* chalumeau *m*; **ˈblow·torch** *see* blowlamp; **ˈblow·up** explosion *f*; *phot.* agrandissement *m*; F accès *m* de colère; *sl.* engueulade *m*; **ˈblow·y** venteux (-euse *f*); tempétueux (-euse *f*).

blowz·y [ˈblauzi] rougeaud; ébouriffé.

blub·ber [ˈblʌbə] **1.** graisse *f* de baleine; **2.** *v/i.* pleurnicher; *v/t.* dire en pleurant; barbouiller de larmes.

bludg·eon [ˈblʌdʒn] **1.** matraque *f*; **2.** assener un coup de matraque à.

blue [bluː] **1.** □ bleu; F triste, sombre; **2.** bleu (*pl.* -s) *m*; azur *m*; *pol.* conservateur (-trice *f*) *m*; *out of the* ~ à l'improviste, sans crier gare; **3.** bleuir; azurer (*le linge*); ~ **ba·by** ⚘ enfant *mf* bleu(e); ˈ~**·ber·ry** myrtille *f*, airelle *f*; ˈ~**-book** *Am.* registre *m* des employés de l'État; ˈ~**·bot·tle** ⚘ bl(e)uet *m*; *zo.* mouche *f* à viande; ~ **dev·ils** F *pl.* cafard *m*; ˈ~**·jack·et** col-bleu (*pl.* cols-bleus) *m* (= *matelot*); ~ **jeans** *sg.* ou *pl.* blue-jean(s) *m*(*pl.*); ~ **laws** *Am.* lois *f*/*pl.* inspirées par le puritanisme; ˈ**blue·ness** couleur *f* bleue; ˈ**blue·print** dessin *m* négatif; *fig.* projet *m*; **blues** *pl.*, *a. sg.* humeur *f* noire, cafard *m*; ♪ *Am.* blues *m*; ˈ**blue·stock·ing** *fig.* bas-bleu *m*.

bluff [blʌf] **1.** □ escarpé (*falaise etc.*); brusque (*personne*); **2.** bluff *m*; menaces *f*/*pl.* exagérées; *géog.* cap *m* à pic; **3.** bluffer; *v/i.* faire du bluff.

blu·ish [ˈbluːiʃ] bleuâtre; bleuté.

blun·der [ˈblʌndə] **1.** bévue *f*; erreur *f*; faux pas *m*; **2.** faire une bévue *ou* une gaffe; ~ *into* heurter (*q.*), se heurter contre (*q.*); F ~ *out* laisser échapper (*un secret*) par maladresse; ˈ**blun·der·er,** ˈ**blun·der·head** maladroit(e *f*) *m*; lourdaud (-e *f*) *m*.

blunt [blʌnt] **1.** □ émoussé; épointé; obtus (*angle*); *fig.* brusque, carré; **2.** émousser (*un couteau*); épointer (*un crayon*); ˈ**blunt·ness** état *m* épointé; manque *m* de tranchant; *fig.* franchise *f*.

blur [bləː] **1.** tache *f*; *fig.* brouillard *m*; apparence *f* confuse; **2.** *v/t.* barbouiller; brouiller, troubler; estomper (*les lignes*); ~*red surt. phot.* mal réussi, flou.

blurb [bləːb] *livre*: bande *f* de publicité.

blurt [bləːt]: ~ *out* trahir (*qch.*) par maladresse.

blush [blʌʃ] **1.** rougeur *f*; incarnat *m* (*d'une rose*); prémices *f*/*pl.* (*de la jeunesse*); *at the first* ~ à l'abord; **2.** rougir (de *for, with, at*); ~ *to* (*inf.*) avoir honte de (*inf.*); ˈ**blush·ing** □ rougissant.

blus·ter [ˈblʌstə] **1.** fureur *f*, fracas *m*; rodomontades *f*/*pl.*; **2.** souffler en rafales (*vent*); faire du fracas; faire le rodomont; ˈ**blus·ter·er** rodomont *m*, bravache *m*.

bo·a *zo.*, ✝ [ˈbouə] boa *m*.

boar [bɔː] verrat *m*; sanglier *m*.

board [bɔːd] **1.** planche *f*; madrier *m*; tableau *m* (*d'annonces etc.*); carton *m*; *reliure*: emboîtage *m*; table *f*; pension *f*; *admin.* commission *f*; ✝ conseil *m*; *pol.* ministère *m*; ⚓ bord *m*; ~*s pl. box.* canevas *m*; *théâ.* scène *f*, tréteaux *m*/*pl.*; *see director*; ♀ *of Trade* Ministère *m* du Commerce; *on* ~ *a ship* (*a train etc.*) à bord d'un navire (dans un train, en wagon, *etc.*); *above* ~ dans les règles; *across the* ~ général; **2.** *v/t.* planchéier; cartonner (*un livre*); nourrir (*des élèves*); (*a.* ~ *out*) mettre en pension; ⚓ aller à bord de (*un navire*); ⚓ accoster; *surt. Am.* monter (en, dans); ~ *up* boucher (*une fenêtre*); couvrir *ou* entourer de planches; *v/i.* être en pension (chez, *with*); ˈ**board·er** pensionnaire *mf*.

board·ing [ˈbɔːdiŋ] planchéiage *m*; cartonnage *m*; planches *f*/*pl.*; pension *f*; ⚓ accostage *m*; ˈ~**-house** pension *f* de famille; ˈ~**-school** pensionnat *m*, internat *m*.

board...: ˈ~**-wag·es** *pl.* indemnité *f* de logement *ou* de nourriture; ˈ~**-walk** *surt. Am.* trottoir *m* (en planches), caillebotis *m*.

boast [boust] **1.** vanterie *f*; *fig.* orgueil *m*; **2.** *v/i.* (*of, about* de) se vanter, se faire gloire; *v/t. fig.* (se glorifier de) posséder (*qch.*); ˈ**boast·er** vantard(e *f*) *m*, fanfaron(ne *f*) *m*; **boast·ful** □ [ˈ~ful] vantard.

boat [bout] **1.** bateau *m*; embarcation *f*; navire *m* (*marchand*); *be in the same* ~ être logé(s) à la même enseigne; **2.** aller en bateau; faire du canotage; ˈ**boat-hook** gaffe *f*; ˈ**boat-house** hangar *m* à bateaux; ˈ**boat·ing** canotage *m*; ˈ**boat-race** régate *f*, -s *f*/*pl.*; **boat·swain** [ˈbousn] maître *m* d'équipage.

bob [bɔb] **1.** *pendule*: lentille *f*; plomb *m*; *pêche*: bouchon *m*; *cheval*: queue *f* écourtée; *sl.* shilling *m*; *Am. traîneau*: patin *m*; chignon *m*; petite révérence *f*; *see* ~*bed hair*; **2.**

v/t. écourter; couper (*les cheveux*); *~bed hair* cheveux *m/pl.* à la Jeanne d'Arc; *v/i.* s'agiter, danser; faire une petite révérence; *fig. ~ for* chercher à saisir avec les dents.

bob·bin ['bɔbin] bobine *f*; ⚡ corps *m* de bobine; fuseau *m* pour dentelles; '**~-lace** dentelle *f* aux fuseaux.

bob·ble *Am.* ['bɔbl] gaffe *f*.

bob·by *Brit. sl.* ['bɔbi] agent *m* de police; '**~-pin** pince *f* à cheveux; '**~-socks** *pl.* socquettes *f/pl.*; '**~-sox·er** *Am. sl.* adolescente *f*.

bob·sled ['bɔbsled], **bob·sleigh** ['bɔbslei] bobsleigh *m*.

bob·tail ['bɔbteil] queue *f* écourtée; cheval *m ou* chien *m* à queue écourtée; F canaille *f*.

bode [boud] présager; *~ well* (*ill*) être de bon (mauvais) augure.

bod·ice ['bɔdis] corsage *m*; brassière *f* (*d'enfant*).

bod·i·less ['bɔdilis] sans corps.

bod·i·ly ['bɔdili] corporel(le *f*), physique; ⚖ *~ harm* lésion *f* corporelle.

bod·kin ['bɔdkin] passe-lacet *m*; poinçon *m*; grande épingle *f*; F *sit ~* être en lapin.

bod·y ['bɔdi] **1.** corps *m*; consistance *f*; *vin*: sève *f*; foule *f*; *église*: vaisseau *m*; fond *m* (*de chapeau*); (*a. dead ~*) cadavre *m*; ✈ fuselage *m*; ⊕ bâti *m*, corps *m*; *mot.* (*a. ~-work*) carrosserie *f*; ⚔ troupe *f*, bande *f*; *astr.* astre *m*; F personne *f*, type *m*; *~ odo(u)r* odeur *f* corporelle; *in a ~* en masse, en corps; **2.** *~ forth* donner une forme à; '**~-guard** garde *f* du corps.

Boer [buə] **1.** Boer *mf*; **2.** boer.

bog [bɔg] **1.** marécage *m*; **2.** embourber; *be ~ged* s'embourber.

bog·gle ['bɔgl] rechigner (devant *at, over*; à *inf. at, about gér.*).

bog·gy ['bɔgi] marécageux (-euse *f*).

bo·gie ['bougi] 🚂 bog(g)ie *m*; *a. see bogy*.

bo·gus ['bougəs] faux (fausse *f*); feint.

bo·gy ['bougi] épouvantail *m*; croque-mitaine *m*.

bo(h) [bou] bou.

Bo·he·mi·an [bou'hi:mjən] **1.** bohémien(ne *f*); **2.** Bohémien(ne *f*) *m*; *fig.* bohème *m*.

boil [bɔil] **1.** *v/i.* bouillir (*a. fig.*); *v/t.* faire bouillir; cuire à l'eau; *~ed egg* œuf *m* à la coque; **2.** ébullition *f*; furoncle *m*, F clou *m*; '**boil·er** chaudière *f*; bain-marie (*pl.* bains-marie) *m*; *~ suit* bleu(s) *m*(*pl.*) (de travail); '**boil·ing** ébullition *f*; *sl. the whole ~* tout le bazar.

bois·ter·ous □ ['bɔistərəs] bruyant; violent; tumultueux (-euse *f*); tempétueux (-euse *f*); '**bois·ter·ous·ness** violence *f*; turbulence *f*.

bold □ [bould] hardi, courageux (-euse *f*); assuré; à pic, escarpé (*côte etc.*); *péj.* effronté; *typ.* en vedette; *make* (*so*) *~* (*as*) *to* (*inf.*) s'enhardir jusqu'à (*inf.*); '**bold·face** *typ.* charactères *m/pl.* gras; '**bold·ness** hardiesse *f etc.*; *péj.* effronterie *f*.

bole [boul] fût *m*, tronc *m* (*d'arbre*).

boll ⚘ [boul] capsule *f*.

bol·lard ⚓ ['bɔləd] pieu *m* d'amarrage; *à bord*: bitte *f*.

bo·lo·ney [bə'louni] *see baloney*.

Bol·she·vism ['bɔlʃivizm] bolchevisme; '**Bol·she·vist** bolchevik (*a. su./mf*), bolcheviste (*a. su./mf*).

bol·ster ['boulstə] **1.** traversin *m*; ⊕ matrice *f*; coussinet *m*; **2.** (*usu. ~ up*) soutenir; F appuyer.

bolt[1] [boult] **1.** *arbalète*: carreau *m*; *porte*: verrou *m*; *serrure*: pêne *m*; *fig., a. poét.* coup *m* de foudre; *fig.* élan *m* soudain, fuite *f*; *~ upright* tout droit; **2.** *v/t.* verrouiller; bâcler; F gober; *Am. pol.* abandonner (*son parti, q.*); *v/i.* partir au plus vite; F s'emballer (*cheval*); filer, décamper (*personne*).

bolt[2] [~] tamiser.

bolt·er[1] ['boultə] cheval *m* porté à s'emballer; déserteur *m*.

bolt·er[2] [~] blutoir *m*.

bolt·hole ['boulthoul] *animal*: trou *m* de refuge; *fig.* échappée *f*.

bomb [bɔm] **1.** *surt.* ⚔ bombe *f*; F grenade *f* à main; *hydrogen ~* bombe *f* H; *incendiary ~* bombe *f* incendiaire; **2.** lancer des bombes sur; *~ed out* sinistré par suite des bombardements.

bom·bard [bɔm'bɑ:d] bombarder (*a. fig.*); **bom'bard·ment** bombardement *m*.

bom·bast ['bɔmbæst] emphase *f*, enflure *f*; **bom'bas·tic, bom'bas·ti·cal** □ enflé, ampoulé (*style*).

bomb·er ✈ ['bɔmə] bombardier *m* (*a. personne*).

bomb-proof ['bɔmpru:f] à l'épreuve des bombes; blindé (*abri*).

bo·na fi·de [ˈbəunəˈfaidi] **1.** de bonne foi; sérieux (-euse *f*) (*offre etc.*); **2.** de bonne foi.
bo·nan·za F [boˈnænzə] **1.** *fig.* vraie mine *f* d'or; **2.** prospère, favorable.
bon-bon [ˈbɔnbɔn] bonbon *m.*
bond [bɔnd] **1.** lien *m* (*a. fig.*); attache *f* (*a. fig.*); contrat *m*; ⊕ joint *m*; ⚕ bon *m*; ⚕ *in* ~ entreposé; **2.** liaisonner; appareiller (*un mur*); ⚕ entreposer, mettre en dépôt; ~*ed warehouse* entrepôt *m* de la douane; ˈ**bond·age** esclavage *m*, servitude *f*, asservissement *m*; † servage *m*; *fig. in* ~ *to s.o.* sous la férule de q.; ˈ**bond**(**s**)**·man** *hist.* serf *m*; F esclave *m*; ˈ**bond**(**s**)**·wom·an** *hist.* serve *f*; F esclave *f*.
bone [boun] **1.** os *m*; arête *f* (*de poisson*); ~*s pl. a.* ossements *m/pl.* (*des morts*); ~ *of contention* pomme *f* de discorde; *feel in one's* ~*s* en avoir le pressentiment; *frozen to the* ~ glacé jusqu'à la moelle, transi de froid; F *have a* ~ *to pick with* avoir maille à partir avec (*q.*); F *make no* ~*s about* (*gér.*) ne pas se gêner pour (*inf.*); **2.** désosser; ôter les arêtes de; garnir de baleines (*un corset*); *Am.* F (*a.* ~ *up*) potasser; **3.** d'os; **boned** à (aux) os ...; désossé *etc.*; ˈ~-ˈ**i·dle,** ˈ~-**la·zy** paresseux (-euse *f*) comme une couleuvre; ˈ**bone-meal** engrais *m* d'os; ˈ**bon·er** *Am. sl.* bourde *f*; ˈ**bone·set·ter** rebouteur *m*; F renoueur *m.*
bon·fire [ˈbɔnfaiə] feu *m* de joie; feu *m* (de jardin); F conflagration *f*.
bon·kers *Brit. sl.* [ˈbɔŋkəz] cinglé, dingue.
bon·net [ˈbɔnit] **1.** bonnet *m*; béret *m*; chapeau *m* à brides (*de femme*); béguin *m* (*d'enfant*); capote *f* de cheminée; ⊕ capot *m*; *fig.* compère *m*, complice *mf*; ⚓ bonnette *f* maillée; **2.** mettre un béret *ou* chapeau à; F enfoncer le chapeau sur la tête à (*q.*).
bon·ny *surt. écoss.* [ˈbɔni] joli, gentil(le *f*).
bo·nus ⚕ [ˈbounəs] prime *f*; boni *m*; *actions*: bonus *m.*
bon·y [ˈbouni] osseux (-euse *f*); anguleux (-euse *f*), décharné (*personne*); plein d'os *ou* d'arêtes.
boo [bu:] huer, conspuer (*q.*).
boob *Am.* [bu:b] rigaud(e *f*) *m*, benêt *m.*
boo·by [ˈbu:bi] *orn.* fou *m*; *a. see boob*; ~ *prize* prix *m* décerné à celui qui vient en dernier; ~ **trap** attrape-niais *m/inv.*; ⚔ mine-piège *f*.
boo·hoo F [buˈhu:] pleurnicher.
book [buk] **1.** livre *m*; volume *m*; tome *m*; registre *m*; carnet *m* (*de billets etc.*); cahier *m* (*d'écolier*); ⚕ *stand in the* ~*s at* ... être porté pour ... dans les livres; *fig. be in s.o.'s good* (*bad*) ~*s* être bien (mal) dans les papiers de q.; **2.** *v/t.* inscrire (*une commande, un voyageur à l'hôtel*); délivrer un billet à (*q.*); prendre (*un billet*); retenir (*une chambre, une place*); louer (*une place*); enregistrer; *v/i.* s'inscrire; prendre un billet; ~ *through* prendre un billet direct (pour, *to*); ˈ~**·bind·er** relieur (-euse *f*) *m*; ˈ~**·burn·er** *Am.* F fanatique *mf*; zélateur (-trice *f*) *m*; ˈ~**·case** bibliothèque *f*; ~ **end** serre-livres *m/inv.*; **book·ie** F *sp.* [ˈbuki] bookmaker *m*; ˈ**book·ing-clerk** employé(e *f*) *m* du guichet; ˈ**book·ing-of·fice** 🚂, *théâ.* guichet *m*; guichets *m/pl.*; ˈ**book·ish** □ studieux (-euse *f*); livresque (*style*); ˈ**book-keep·er** comptable *m*, teneur *m* de livres; ˈ**book-keep·ing** tenue *f* des livres; comptabilité *f*; **book·let** [ˈ~lit] livret *m*; opuscule *m.*
book...: ˈ~**-mak·er** faiseur *m* de livres; *sp.* bookmaker *m*; ˈ~**-mark** signet *m*; ˈ~**-plate** ex-libris *m*; ˈ~**-sell·er** libraire *m*; *wholesale* ~ libraire-éditeur (*pl.* libraires-éditeurs) *m*; ˈ~**·worm** *zo.* gerce *f*, teigne *f*; *fig.* rat *m* de bibliothèque.
boom[1] ⚓ [bu:m] bout-dehors (*pl.* bouts-dehors) *m*; gui *m*; *port*: barrage *m.*
boom[2] [~] **1.** ⚕ hausse *f* rapide; boom *m*; vogue *f*; ~ *and bust* prospérité *f* économique suivie d'une crise sévère; **2.** *v/i.* être en hausse; *fig.* aller très fort; *v/t.* faire du battage autour de (*q., qch.*).
boom[3] [~] gronder, mugir; bourdonner (*insectes*).
boon[1] [bu:n] faveur *f*; bienfait *m.*
boon[2] [~] gai, joyeux (-euse *f*); ~ *companion* bon vivant *m.*
boor *fig.* [buə] rustre *m*, rustaud *m*; butor *m.*
boor·ish □ [ˈbuəriʃ] rustre, rustaud, grossier (-ère *f*); malappris; ˈ**boor-**

ish·ness grossièreté *f*; manque *m* de savoir-vivre.
boost [buːst] faire de la réclame pour; F chauffer; ⚡ survolter; ~ *business* augmenter les affaires; '**boost·er** ⚡ survolteur *m*; *radio*: amplificateur *m*; ⊕ (*a.* ~ *rocket*) fusée *f* de lancement; ⚕ ~ *shot* injection *f ou* piqûre *f* de rappel, rappel *m* (de vaccination).
boot[1] [buːt]: *to* ~ en sus, de plus.
boot[2] [~] chaussure *f*; *mot.* caisson *m*; F *get the* ~ se faire flanquer à la porte; *give s.o. the* ~ flanquer q. à la porte; '**~·black** *Am. see shoeblack*; '**boot·ed** chaussé; **boot·ee** ['buːtiː] bottine *f* (d'intérieur) (*de dame*); bottine *f* d'enfant.
booth [buːð] baraque *f*, tente *f* (*de marché etc.*).
boot...: '**~·jack** tire-botte *m*; '**~·lace** lacet *m*; '**~·leg** *surt. Am.* **1.** de contrebande (*alcool*); **2.** faire la contrebande de l'alcool; '**~·leg·ger** contrebandier *m* de boissons alcooliques; *p.ext.* profiteur *m*.
boots [buːts] *sg. hôtel*: garçon *m* d'étage.
boot-tree ['buːttriː] tendeur *m*.
boo·ty ['buːti] butin *m*.
booze *sl.* [buːz] **1.** faire ribote; **2.** boisson *f* alcoolique; '**booz·y** *sl.* soûlard; pompette.
bo·rax ⚗ ['bɔːræks] borax *m*.
bor·der ['bɔːdə] **1.** bord *m*; *bois*: lisière *f*; *chemin*: marge *f*; *région*: frontière *f*, confins *m/pl.*; *tableau*: bordure *f*; platebande *f* (*de gazon*); ~ *state* état *m* limitrophe; **2.** *v/t.* border; encadrer; *v/i.* confiner (à, [*up*] *on*); '**bor·der·er** frontalier (-ère *f*) *m*; '**bor·der·land** *usu. fig.* pays *m* limitrophe *ou* frontière.
bore[1] [bɔː] **1.** *tuyau, arme à feu*: calibre *m*; *min.* trou *m* de sonde *ou* de mine; **2.** creuser.
bore[2] [~] **1.** importun(e *f*) *m*; ennui *m*; **2.** ennuyer, F raser, assommer.
bore[3] [~] mascaret *m*; raz *m* de marée.
bore[4] [~] *prét. de bear*[2].
bo·re·al ['bɔːriəl] boréal (-aux *m/pl.*).
bore·dom ['bɔːdəm] ennui *m*.
bor·er ['bɔːrə] perceur *m*; outil *m* de perforation.
bo·ric ⚗ ['bɔːrik] borique.
bor·ing ['bɔːriŋ] d'alésage; de perçage; à aléser.

born [bɔːn] *p.p. de bear*[2] naître.
borne [bɔːn] *p.p. de bear*[2] porter.
bo·ron ⚗ ['bɔːrɔn] bore *m*.
bor·ough ['bʌrə] bourg *m*; commune *f*; *Am. a.* quartier *m de New York City*; *municipal* ~ ville *f* (avec municipalité).
bor·row ['bɔrou] emprunter (à, *from*); '**bor·row·er** emprunteur (-euse *f*) *m*; '**bor·row·ing** emprunts *m/pl.*; *ling.*: emprunt *m*.
Bor·stal in·sti·tu·tion ['bɔːstl insti'tjuːʃn] maison *f* de redressement, école *f* de réforme.
bos·cage ['bɔskidʒ] *poét.* bocage *m*.
bosh F [bɔʃ] bêtises *f/pl.*; blague *f*.
bos·om ['buzəm] sein *m*, giron *m*; poitrine *f*; *fig.* cœur *m*; ~-*friend* ami(e *f*) *m* de cœur; intime *mf*.
boss[1] [bɔs] **1.** protubérance *f*; ⚠ bosse *f*; ⊕ mamelon *m*; moyeu *m* de l'hélice; **2.** relever en bosse.
boss[2] [~] **1.** F patron *m*, chef *m*; *pol. Am.* grand manitou *m* (*d'un parti*); **2.** mener; *sl.* commander, régenter.
boss·y ['bɔsi] F autoritaire, tyrannique.
Bos·ton ['bɔstən] *cartes, danse*: boston *m*.
bo·tan·ic, bo·tan·i·cal □ [bo'tænik(l)] botanique; **bot·a·nist** ['bɔtənist] botaniste *mf*; **bot·a·nize** ['~naiz] botaniser, herboriser; '**bot·a·ny** botanique *f*.
botch [bɔtʃ] **1.** F travail *m* mal fait; travail *m* bousillé; **2.** bousiller, saboter; rafistoler (*des souliers*); '**botch·er** bousilleur (-euse *f*) *m*; *fig.* savetier *m*.
both [bouθ] tous (toutes *f*) (les) deux; l'un(e) et l'autre; ~ ... *and* ... et ... et ...; ~ *of them* tous (toutes) (les) deux.
both·er F ['bɔðə] **1.** ennui *m*; tracas *m*; **2.** *v/t.* gêner, tracasser; *v/i.* s'inquiéter (de, *about*); ~ *it!* zut!; quelle scie!; **both·er'a·tion** F ennui *m*, vexation *f*; ~! zut!
bot·tle ['bɔtl] **1.** bouteille *f*; flacon *m*; botte *f* (*de foin*); **2.** mettre en bouteille(s); *fig.* ~ *up* embouteiller (*une flotte etc.*); F étouffer (*des sentiments*); ~*d beer* bière *f* en canette; '**~-neck** *fig. circulation*: embouteillage *m*; 🚗 col *m* de bouteille; '**~·o·pen·er** ouvre-bouteilles *m/inv.*
bot·tom ['bɔtəm] **1.** *colline, escalier,*

page: bas *m*; *boîte, mer, cœur, navire, jardin*: fond *m*; *chaussée*: assiette *f*; *verre, assiette*: dessous *m*; *classe*: queue *f*; *chaise*: siège *m*; *terrain*: creux *m*; F derrière *m*, postérieur *m*; *at the ~ (of)* au fond (de); au bas bout (de); *fig.* (*a. at ~*) au fond; *get to the ~ of a matter* aller au fond d'une chose; examiner une chose à fond; *jealousy is at the ~ of it* c'est la jalousie qui en est la cause; **2.** inférieur; en bas; du bas; dernier (-ère *f*); *~ drawer* trousseau *m* (de mariage), F trésor *m*, cache *f*; **3.** (re)mettre un fond à; fonder (sur, *upon*); ⚓ toucher le fond; ˈ**bottomed** à fond ..., à siège (de)...; ˈ**bot·tom·less** sans fond; *fig.* insondable; ˈ**bot·tom·ry** ⚓ (emprunt *m* à la) grosse aventure *f*.

bough [bau] branche *f*, rameau *m*.

bought [bɔːt] *prét. et p.p. de buy*.

bou·gie [ˈbuːʒiː] bougie *f* (*a.* ⚕).

boul·der [ˈbouldə] bloc *m* de pierre roulé; *géol.* bloc *m* erratique.

bounce [bauns] **1.** rebond *m*; bond *m*; rebondissement *m*; F jactance *f*, vantardise *f*; bluff *m*; **2.** *v/i.* rebondir; F faire de l'épate; *v/t.* faire rebondir; *~ in (out)* entrer (sortir) en coup de vent; *~ s.o. out of s.th.* obtenir qch. de q. à force de bluff *ou* d'intimidation; **3.** boum!, v(')lan!; ˈ**bounc·er** F vantard *m*, épateur *m*; mensonge *m* effronté; *sl.* chèque *m* sans provision; *Am. sl.* agent *m* du service d'ordre; *Am. sl.* videur *m*; ˈ**bounc·ing** F plein de vie, plein de santé.

bound[1] [baund] **1.** *prét. et p.p. de bind*; **2.** *adj.* obligé; *be ~ to do* être obligé de faire, devoir faire; *I will be ~* je vous le promets.

bound[2] [~] en partance, en route (pour, *for*).

bound[3] [~] **1.** limite *f*, borne *f*; *in ~s* accès permis (à, *to*); *out of ~s* accès interdit (à, *to*), *sp.* hors du jeu; **2.** borner, limiter.

bound[4] [~] **1.** bond *m*, saut *m*; **2.** bondir, sauter; *fig.* sursauter.

bound·a·ry [ˈbaundəri] limite *f*; frontière *f*; *~ line* ligne *f* frontière.

bound·less □ [ˈbaundlis] sans bornes; illimité.

boun·te·ous □ [ˈbauntiəs], **boun·ti·ful** □ [ˈ~tiful] généreux (-euse *f*); libéral (-aux *m/pl.*).

boun·ty [ˈbaunti] générosité *f*; libéralité *f*; don *m*; ⚜ indemnité *f*; prime *f* (*a.* ⚔, ⚓).

bou·quet [ˈbukei] *fleurs etc., vin*: bouquet *m*.

bour·geois[1] *péj.* [ˈbuəʒwɑː] bourgeois(e *f*) (*a. su./mf*).

bour·geois[2] *typ.* [bəːˈdʒɔis] petit romain *m*.

bour·geoi·sie [buəʒwɑːˈziː] bourgeoisie *f*.

bout [baut] tour *m*, *jeux*: reprise *f*; *lutte*: assaut *m*; *maladie*: accès *m*, attaque *f*, crise *f*.

bo·vine [ˈbouvain] **1.** bovin; F lourd; **2.** *~s pl.* bovidés *m/pl.*

bov·ver *sl.* [ˈbɔvə] bagarre *f*, *sl.* rififi *m*.

bow[1] [bau] **1.** révérence *f*; salut *m*; inclination *f* de tête; **2.** *v/i.* s'incliner (devant, *to*); saluer (q., *to s.o.*); *fig.* se plier (à, *to*); *have a ~ing acquaintance* connaître (*q.*) pour lui dire bonjour; *v/t.* incliner, baisser (*la tête*); fléchir (*le genou*); voûter (*le dos*).

bow[2] [~] ⚓ avant *m*; *poét.* proue *f*; *dirigeable*: nez *m*.

bow[3] [bou] arc *m*; *ruban*: nœud *m*; ♪ archet *m*; **2.** ♪ gouverner l'archet; faire des coups d'archet.

bowd·ler·ize [ˈbaudləraiz] expurger (*un texte*).

bow·els [ˈbauəlz] *pl.* intestins *m/pl.*; entrailles *f/pl.* (*a. fig.*); *fig.* sein *m*.

bow·er [ˈbauə] tonnelle *f*; *poét.* boudoir *m*; ⚓ ancre *f* de bossoir.

bow·ie-knife [ˈbouinaif] couteau *m* de chasse.

bow·ing ♪ [ˈbouiŋ] manière *f* de gouverner l'archet *m*.

bowl[1] [boul] bol *m*, jatte *f*; sébile *f* (*de mendiant*); coupe *f*; *pipe*: fourneau *m*; *lampe*: culot *m*.

bowl[2] [~] **1.** boule *f*; *~s pl.* (jeu *m* de) boules *f/pl.*; *Am.* (jeu *m* de) quilles *f/pl.*; **2.** *v/t.* rouler; *cricket*: bôler; *~ out* renverser (*q., le guichet de q.*); *v/i.* rouler rapidement; servir la balle; rouler la boule.

bow-legged [ˈboulegd] bancal (-als *m/pl.*), aux jambes arquées.

ˈ**bowl·er** *cricket*: bôleur *m*; joueur *m* de boules; (chapeau *m*) melon *m*.

bowl·ing [ˈbouliŋ] bowling *m*; jeu *m* de boules; *~ al·ley* bowling *m*.

bow-wow [ˈbauˈwau] ouâ-ouâ!

box[1] [bɔks] **1.** boîte *f* (*a. d'essieu*); coffret *m*; caisse *f*; *voyage*: malle *f*;

chapeaux: carton *m*; siège *m* (*de cocher*); 🚂 cabine *f* (*de signaleur*), wagon *m* à chevaux; ⊕ moyeu *m* de roue; *mot.* carter *m*; *théâ.* loge *f*; ⚖ banc *m* (*du jury*), barre *f* (*des témoins*); *écurie*: stalle *f*; **2.** emboîter, encaisser; mettre en boîte; *fig.* (*a.* ~*up*) serrer, renfermer.

box[2] [~] **1.** *sp.* boxer; ~ *s.o.'s ear* gifler q.; **2.** ~ *on the ear* gifle *f*, claque *f*; ˈ~ˈ**calf** ⊕, ✝ veau *m* chromé; ˈ**box·er** boxeur *m*, pugiliste *m*.

box·ing [ˈbɔksiŋ] boxe *f*; ~ *gloves* gants *m/pl.* de boxe; ~ *match* match *m* de boxe; ~ *ring* ring *m*.

Box·ing-day [ˈbɔksiŋdei] lendemain *m* de Noël.

box...: ˈ~-**keep·er** ouvreuse *f* de loges; ˈ~-**of·fice** bureau *m* de location; caisse *f*; ~ *hit* (spectacle *m etc.* à) succès *m*; *be a* ~ *hit a.* faire recette; ~ **room** *Brit.* (cabinet *m* de) débarras *m*.

box(·**wood**) [ˈbɔkswud] (bois *m*) [de) buis *m*.

boy [bɔi] **1.** garçon *m*; *école*: élève *m*; domestique *m*; **2.** garçon ...; jeune; ~ *scout* boy-scout *m*.

boy·cott [ˈbɔikɔt] **1.** boycotter; **2.** mise *f* en interdit; boycottage *m*.

boy·hood [ˈbɔihud] enfance *f*, (première) jeunesse *f*.

boy·ish □ [ˈbɔiiʃ] puéril, enfantin, d'enfant, de garçon.

bra F [brɑː] *see brassière*.

brace [breis] **1.** ⊕ vilebrequin *m*; armature *f*, *mur*: bracon *m*; ancre *f*; ♪, *typ.* accolade *f*; *chasse*: couple *f* (*de perdrix etc.*); laisse *f* (*de lévriers*); paire *f* (*de pistolets*); ⚓ bras *m* (*de vergue*); ~*s pl. pantalon*: bretelles *f/pl.*; *tambour*: corde *f*; **2.** ancrer; accolader; tendre (*les jarrets*); ⚓ brasser; *fig.* fortifier.

brace·let [ˈbreislit] bracelet *m*.

brack·en ⚘ [ˈbrækn] fougère *f* arborescente.

brack·et [ˈbrækit] **1.** ⚠ corbeau *m*; console *f*; support *m*; *typ.* [ ] crochet *m*; ( ) parenthèse *f*; applique *f* (*électrique, à gaz, etc.*); ⚓ courbaton *m*; support *m*; **2.** mettre entre crochets *etc.*; *fig.* placer ex aequo.

brack·ish [ˈbrækiʃ] saumâtre.

bract ⚘ [brækt] bractée *f*.

brad [bræd] pointe *f*, clou *m* étêté.

brag [bræg] **1.** vanterie *f*; **2.** se vanter (de *of, about*).

brag·gart [ˈbrægət] fanfaron (*a. su./m*); vantard (*a. su./m*).

Brah·man [ˈbrɑːmən], *usu.* **Brahmin** [ˈ~min] brahmane *m*, brame *m*.

braid [breid] **1.** *cheveux*: tresse *f*; galon *m* (*a.* ⚔), ganse *f*; **2.** tresser; galonner; passementer.

brail ⚓ [breil] cargue *f*.

braille [breil] alphabet *m* des aveugles; système *m* Braille.

brain [brein] **1.** *anat.* cerveau *m*; F cervelle *f* (*a. cuis.*); *p.ext. usu.* ~*s pl.* tête *f*, intelligence *f*, esprit *m*; *have s.th. on the* ~ être hanté par qch.; avoir l'obsession de qch.; F *pick* (*ou suck*) *s.o.'s* ~ exploiter les connaissances de q.; **2.** défoncer le crâne à (*q.*); ˈ~**·child** F ideé *f*; invention *f*; ~ **drain** exode *m* des cerveaux; **brained**: *dull-*~ à l'esprit lourd.

brain...: ˈ~-**fag** épuisement *m* cérébral; ~ **fe·ver** fièvre *f* cérébrale; ˈ~**·less** sans cervelle, stupide; *fig.* irréfléchi; ˈ~-**pan** (boîte *f* du) crâne *m*; ˈ~-**storm** transport *m* au cerveau; **brain**(**s**) **trust** brain-trust *m*.

brain...: ˈ~-**twist·er** problème *m* à faire casser la tête à q.; ˈ~**·wash** faire (subir) un lavage de cerveau à (*q.*); ˈ~**·wash·ing** lavage *m* de cerveau; *media etc.*: bourrage *m* de crâne; ˈ~-**wave** F idée *f* lumineuse; ˈ~-**work** travail *m* cérébral; ˈ**brain·y** intelligent.

braise [breiz] *cuis.* braiser; **braised** *cuis.* en daube, en casserole.

brake[1] [breik] fougère *f* arborescente *ou* impériale; fourré *m*.

brake[2] [~] **1.** *lin. etc.*: brisoir *m*; ⊕ frein *m* (*a. fig.*); ~ *fluid* liquide *m* pour freins; ~ *lining* garniture *f* de frein; ~ *pedal* pédale *f* de frein; **2.** briser, broyer (*le lin etc.*); *mot.* serrer le frein; ˈ**brake**(**s**)**·man** 🚂 serre-freins *m/inv.*; *Am.* chef *m* de train; **brak·ing**: ~ *distance* distance *f* de freinage; ~ *power* puissance *f* de freinage.

bram·ble ⚘ [ˈbræmbl] ronce *f* sauvage; mûrier *m* sauvage.

bran [bræn] son *m*.

branch [brɑːntʃ] **1.** *arbre, famille, fleuve*: branche *f*; *arbre, montagnes*: rameau *m*; *fleuve*: bras *m*; 🚂, *route*: embranchement *m*; (*ou local* ~) succursale *f*, filiale *f*; *chief of* ~ chef *m* de service; **2.** (*a.* ~ *out*) se ramifier; (*a.* ~ *off*) (se) bifurquer (sur, *from*), se partager (à, *at*); ˈ**branch-line** embranchement *m*; **branch of·fice** agence *f*; bureau *m* de quartier; ˈ**branch·y** branchu; rameux (-euse *f*).

brand [brænd] **1.** brandon *m*, tison *m*; fer *m* chaud; marque *f*; stigmate *m*; ⚘ rouille *f*; *poét.* flambeau *m*; *poét.* glaive *m*; ~ *name* marque *f* (de fabrique); **2.** marquer au fer chaud; *fig.* flétrir, stigmatiser (*q.*).

bran·dish [ˈbrændiʃ] brandir.

bran(d)-new [ˈbræn(d)ˈnjuː] tout (battant) neuf (neuve *f*).

bran·dy [ˈbrændi] cognac *m*, eau-de-vie (*pl.* eaux-de-vie) *f*.

brash □ [ˈbræʃ] impertinent, éffronté; présomptueux (-euse *f*); impétueux (-euse *f*); indiscret (-ète *f*).

brass [brɑːs] cuivre *m* jaune; laiton *m*; *fig.* impertinence *f*, *sl.* toupet *m*; F argent *m*, galette *f*; ♪ *les* cuivres *m/pl.*; ~ *band* fanfare *f*; ~ *hat* ⚔ *sl.* officier *m* d'état-major; *Am.* ~ *knuckles pl.* coup-de-poing (*pl.* coups-de-poing) *m* américain; *sl.* ~ *tacks pl.* les faits *m/pl.*; *get down to* ~ *tacks* en venir au fait.

bras·sière [ˈbræsiɛə] soutien-gorge (*pl.* soutiens-gorge) *m*.

bras·sy [ˈbrɑːsi] qui ressemble au cuivre; *usu. fig.* cuivré; *sl.* effronté.

brat F [bræt] marmot *m*, mioche *mf*.

bra·va·do [brəˈvɑːdou], *pl.* **-dos, does** [~douz] bravade *f*.

brave [breiv] **1.** courageux (-euse *f*), brave; **2.** braver; défier (*q.*); ˈ**brav·er·y** courage *m*, bravoure *f*; vaillance *f*.

bra·vo [ˈbrɑːˈvou] **1.** (*pl.* **-vos, -voes** [ˈ~vouz]) bravo *m*; spadassin *m*; **2.** bravo!

brawl [brɔːl] **1.** rixe *f*, bagarre *f*, querelle *f*; **2.** brailler; se chamailler; ˈ**brawl·er** braillard(e *f*) *m*; tapageur (-euse *f*) *m*.

brawn [brɔːn] *cuis.* fromage *m* de cochon; muscles *m/pl.*; *fig.* force *f* corporelle; ˈ**brawn·i·ness** carrure *f* musclée; force *f*; ˈ**brawn·y** musculeux (-euse *f*); musclé (*personne*).

bray[1] [brei] **1.** *âne*: braiment *m*; fanfare *f*; *trompette*: son *m* strident; **2.** braire (*âne*); émettre un son strident.

bray[2] [~] broyer, piler.

braze ⊕ [breiz] souder au laiton.

bra·zen □ [ˈbreizn] d'airain; *fig.* (*a.* ~*-faced*) effronté.

bra·zier [ˈbreiziə] *personne*: chaudronnier *m*; brasero *m* (*à charbon de bois*).

Bra·zil·ian [brəˈziljən] **1.** brésilien (-ne *f*); **2.** Brésilien(ne *f*) *m*.

Bra·zil-nut [brəˈzilˈnʌt] noix *f* du Brésil.

breach [briːtʃ] **1.** rupture *f*; *fig.* infraction *f* (à, *of*); ⚔ brèche *f*; ~ *of contract* rupture *f* de contrat; ~ *of duty* violation *f* des devoirs; ~ *of peace* attentat *m* contre l'ordre public; **2.** *v/t.* ouvrir une brèche dans; *v/i.* se rompre.

bread [bred] pain *m* (*a.* = *subsistance*); *sl.* fric *m*; ~ *and butter* pain *m* beurré; *take the* ~ *out of s.o.'s mouth* ôter le pain à q.; *know which side one's* ~ *is buttered* savoir d'où vient le vent; ˈ~**-bas·ket** corbeille *f* à pain; *sl.* estomac *m*; ˈ~**-bin,** ˈ~**-box** boîte *f* à pain; ˈ~**-crumb** *cuis.* **1.** paner (*une escalope etc.*), gratiner (*une sole etc.*); **2.** miette *f*; ˈ~**-knife** couteau *m* à pain.

breadth [bredθ] largeur *f* (*a. de pensées, d'esprit*); *style*: ampleur *f*; *étoffe*: lé *m*.

bread-win·ner [ˈbredwinə] gagne-pain *m/inv.*; chef *m* de famille.

break [breik] **1.** rupture *f*; fracture *f*; percée *f*, brèche *f*; éclaircie *f* (*à travers les nuages*); lacune *f*; ⚕ *Am.* baisse *f* (*de prix*); *voitures*: break *m*; voiture *f* de dressage (*des chevaux*); *billard*: série *f* de carambolages; ⚡ rupture *f* (*du circuit*); *école*: récréation *f*; *voix*: mue *f* (*dans la puberté*), *émotion*: altération *f*; *temps*: changement *m*; répit *m*; ~ *of day* point *m* du jour; *see brake*[2] *1*; F *a bad* ~ une sottise *f*; F *give s.o. a* ~ agir loyalement avec q.; mettre q. à l'essai; **2.** [*irr.*] *v/t.* briser, casser; enfoncer (*une porte*); rompre (*chose, pain, rangs, cheval*); entamer (*la peau*); résilier (*un contrat*); faire sauter (*la banque*); s'évader de (*la prison*); ⚡ interrompre (*le courant*), rompre (*un circuit*); ✓ défricher; ⚔ casser (*un officier*); violer (*une loi, une trêve*); ~ *down* abattre, démolir; ⚗ décomposer; ~ *in* enfoncer; défoncer (*un tonneau*); dresser (*un cheval*); rompre (à, *to*); ~ *up* mettre (*qch.*) en morceaux; disperser (*une foule*); rompre; démolir; **3.** [*irr.*] *v/i.* (se) casser, se briser, se rompre; déferler (*vagues*); crever (*abcès*); se dissiper (*nuages*); se briser, se fendre (*cœur*); changer (*temps*); s'altérer (*voix*); ~ *away* se détacher (de, *from*); s'évader (*de prison*); ~ *down* échouer (*projet*); fondre en larmes; *mot.* avoir une panne; ~ *up* entrer en vacances; *see a. broken*; ˈ**break·a·ble** fragile; ˈ**break·age** rupture *f*; *verre*: fracture *f*; ⚕ *a.* ~*s pl.* casse *f*; ˈ**break-down** rupture *f*; *service*: arrêt *m* complet; insuccès *m*; débâcle *f* de la santé; *mot.* panne *f*; ~ *lorry* dépanneuse *f*; ~ *service* service *m* de dépannage; ~ *truck* dépanneuse *f*; ˈ**break·er** casseur (-euse *f*) *m*; ⚓ brisant *m*.

break...: ~**·fast** [ˈbrekfəst] **1.** petit déjeuner *m*; **2.** déjeuner; ~**·neck** [ˈbreiknek] à se casser le cou; ˈ~**-out** évasion *f*; ˈ~**-through** ⚔, *a. fig.* percée *f*; *fig. a.* bond *m* en avant; découverte *f*; solution *f*; réussite *f*; ˈ~-ˈ**up** dissolution *f*, fin *f*; affaisement *m*; *école*: entrée *f* en vacances; *temps*: changement *m*; ˈ~**·wa·ter** brise-lames *m/inv.*; môle *m*.

bream *icht.* [bri:m] brème *f*.

breast [brest] **1.** sein *m*; mamelle *f*; poitrine *f*; *make a clean* ~ *of it* dire ce qu'on a sur la conscience; **2.** affronter; lutter contre, faire front à; ˈ**breast·ed** à poitrine ...

breast...: ˈ~**-feed** donner le sein à (*un bébé*); élever au sein; ˈ~**-pin** épingle *f* de cravate; ˈ~**-stroke** brasse *f* sur le ventre; ˈ~**·work** ⚔ parapet *m*.

breath [breθ] haleine *f*, souffle *m*, respiration *f*; *bad* ~ mauvaise haleine *f*; *under* (*ou* below) *one's* ~ à voix basse, à mi-voix; ˈ**breath·a·lyse** *mot.* [~əlaiz] faire subir l'alcootest à (*q.*); **breath·a·lys·er** [ˈ~əlaizə] alcootest *m*; **breathe** [bri:ð] *v/i.* respirer, souffler; *fig.* vivre; *v/t.* respirer, exhaler (*un soupir*); murmurer (*une prière*); aspirer (*l'air, un son*); ˈ**breath·er** F moment *m* de repos; brin *m* d'air; répit *m*.

breath·ing [ˈbri:ðiŋ] **1.** vivant (*portrait*); **2.** respiration *f*; souffle *m*; ˈ~**-space**, ˈ~**-time** répit *m*; intervalle *m* de repos.

breath·less □ [ˈbreθlis] essoufflé; *fig.* fiévreux (-euse *f*); ˈ**breath·less·ness** essoufflement *m*.

breath-tak·ing [ˈbreðteikiŋ] F ahurissant.

bred [bred] *prét. et p.p. de breed* 2.

breech ⊕ [bri:tʃ] *fusil, canon*: culasse *f*, tonnerre *m*; **breech·es** [ˈ~iz] *pl.*: (*a pair of*) ~ (une) culotte *f*; F (un) pantalon *m*; ˈ**breech-load·er** ⊕ fusil *m* se chargeant par la culasse.

breed [bri:d] **1.** race *f*; *péj.* espèce *f*; *Am.* métis(se *f*) *m*; **2.** [*irr.*] *v/t.* produire, engendrer; élever (*du bétail*); *v/i.* se reproduire; multiplier; ˈ**breed·er** reproducteur (-trice *f*) *m*; éleveur *m* (*d'animaux*); ˈ**breed·ing** reproduction *f*; élevage *m* (*d'animaux*); bonnes manières *f/pl.*

breeze[1] [bri:z] **1.** brise *f*; F querelle *f*; altercation *f*; **2.** *Am.* F s'en aller (à la hâte).

breeze[2] *zo.* [~] œstre *m*.

breeze[3] ⊕ [~] braise *f* de houille; fraisil *m*.

breez·y [ˈbri:zi] venteux (-euse *f*); jovial (-als, -aux *m/pl.*) (*personne*).

breth·ren *eccl.* [ˈbreðrin] *pl.* frères *m/pl.*; *my* ~ mes très chers frères.

breve [bri:v] *syllabe*: brève *f*.

bre·vet ⚔ [ˈbrevit] brevet *m* (*avancement d'un officier sans augmentation de solde*); ~ *rank* grade *m* honoraire; ~ *colonel* lieutenant-colonel *m* faisant fonction de colonel.

bre·vi·ar·y *eccl.* [ˈbri:vjəri] bréviaire *m*.

brev·i·ty [ˈbreviti] brièveté *f*.

brew [bru:] **1.** *vt/i.* brasser; *fig.* (se) tramer; *v/i.* s'infuser; couver (*orage, tempête*); **2.** brassage *m*; brassin *m*; infusion *f*; ˈ**brew·age** *poét. see brew* 2; ˈ**brew·er** brasseur *m*; ˈ**brew·er·y** brasserie *f*.

bri·ar [ˈbraiə] *see brier*[1] *et brier*[2].

bribe [braib] **1.** paiement *m* illicite; **2.** corrompre, acheter (pour que, *to*); ˈ**brib·er** corrupteur (-trice *f*) *m*; ˈ**brib·er·y** corruption *f*; ⚖ subornation *f* (*d'un témoin*); ⚖ ~ *and corruption* corruption *f*; *be open to* ~ être corruptible.

bric-a-brac [ˈbrikəbræk] bric-à-brac *m*.

brick [brik] **1.** brique *f*; F *a regular* ~ un chic type; *sl. drop a* ~ faire une gaffe; **2.** briqueter; ~ *up* murer (*une fenêtre etc.*); ˈ~**·bat** briqueton *m*; ˈ~**-kiln** four *m* à briques; ˈ~**·lay·er**

maçon *m*; ˈ~-**works** *usu. sg.* briqueterie *f*; ˈ**brick·y** de *ou* en brique; comme une brique.

brid·al [ˈbraidl] **1.** □ nuptial (-aux *m/pl.*), de noce(s); **2.** *usu. poét.* noce *f*, -s *f/pl.*

bride [braid] future *f* (*sur le point de se marier*); (nouvelle) mariée *f*; ˈ~-**groom** futur *m* (*sur le point de se marier*); (nouveau) marié *m*; ˈ**brides·maid** demoiselle *f* d'honneur; ˈ**brides·man** garçon *m* d'honneur; **bride-to-ˈbe** future fiancée *f ou* épouse *f*.

bride·well *Brit.* [ˈbraidwəl] maison *f* de correction.

bridge[1] [bridʒ] **1.** pont *m*; ⚓ passerelle *f*; **2.** jeter un pont sur; *fig.* relier, combler.

bridge[2] [~] *cartes*: bridge *m*.

bridge...: ˈ~-**head** tête *f* de pont; ˈ~-**work** bridge-work *m* (*dentaire*).

bri·dle [ˈbraidl] **1.** bride *f*; *fig.* frein *m*; **2.** *v/t.* brider (*a. fig.*); *v/i.* (*a.* ~ *up*) redresser la tête; se rebiffer; ˈ~-**path** piste *f* cavalière.

bri·doon [briˈdu:n] bridon *m*.

brief [bri:f] **1.** □ bref (brève *f*); court; passager (-ère *f*); **2.** dossier *m* (*d'avocat*); abrégé *m*; *p.ext.* ordres *m/pl.*; *eccl.* bref *m*; *hold a* ~ *for* défendre; prendre le parti de; ⚖ *take a* ~ *for* accepter de représenter (*q.*) en justice; **3.** ⚖ confier une cause à (*un avocat*); ⚔ munir d'instructions; fournir des directives à; ˈ~-**bag**, ˈ~-**case** serviette *f*; ˈ**brief·ing** instructions *f/pl.*; séance *f* d'information; ˈ**brief·ness** brièveté *f*.

bri·er[1] ⚘ [ˈbraiə] bruyère *f* arborescente; églantier *m*.

bri·er[2] [~] (*a.* ~ *pipe*) pipe *f* en bruyère.

brig ⚓ [brig] brick *m*.

bri·gade ⚔ [briˈgeid] **1.** brigade *f*; **2.** embrigader; **brig·a·dier** [brigəˈdiə] général *m* de brigade.

brig·and [ˈbrigənd] brigand *m*, bandit *m*; ˈ**brig·and·age** brigandage *m*; briganderie *f*.

bright □ [brait] brillant; éclatant; vif (vive *f*); clair; animé; F intelligent; ˈ**bright·en** *v/t.* faire briller; fourbir (*un métal*); *fig.* égayer; *v/i.* s'éclaircir; *yeux*: s'allumer; ˈ**bright·ness** éclat *m*; clarté *f*; vivacité *f*; intensité *f*; intelligence *f*; *télév.* ~ *control* (dispositif *m* de) réglage *m* de la luminosité.

brill *icht.* [bril] barbue *f*.

bril·lian·cy [ˈbriljənsi] brillant *m*; éclat *m*; ˈ**bril·liant** **1.** □ brillant, éclatant; lumineux (-euse *f*) (*idée*); **2.** brillant *m*.

brim [brim] **1.** bord *m*; **2.** *v/t.* remplir jusqu'au bord; *v/i.* déborder (de, *with*); ˈ~ˈ**ful**, ˈ~-**full** plein jusqu'aux bords; débordant (de, *of*).

brim·stone [ˈbrimstən] ⚗ soufre *m* (brut); *zo.* (*ou* ~ *butterfly*) papillon *m* citrin.

brin·dle(**d**) [ˈbrindl(d)] tacheté, tavelé.

brine [brain] **1.** saumure *f*; eau *f* salée; *poét.* mer *f*, océan *m*; **2.** saumurer.

bring [briŋ] [*irr.*] amener; apporter; intenter (*un procès*); avancer (*des arguments*); ~ *about* amener, occasionner; (*a.* ~ *to pass*) entraîner; ~ *along* amener (*q.*), apporter (*qch.*); ~ *down* faire baisser (*le prix*); avilir (*les prix*); *théâ.* ~ *down the house* faire crouler la salle; ~ *forth* produire; mettre au monde; mettre bas (*des petits*); ~ *forward* (faire) avancer; produire; ✝ reporter; ~ *s.th. home to s.o.* faire sentir qch. à q.; prouver qch. contre q.; ~ *in* introduire; rapporter (*une somme*); ~ *in guilty* déclarer coupable; ~ *off* ramener à terre *ou* à bord; réussir; ~ *on* occasionner; faire pousser (*une plante*); ~ *out* apporter dehors; publier; mettre en relief; faire valoir; lancer (*une actrice etc.*); ~ *round* ramener à la vie; convertir (*q.*); ~ *s.o. to* (*inf.*) amener q. à (*inf.*); ⚓ ~ *to* mettre en panne; ~ *s.o. to himself* faire reprendre connaissance à q.; ranimer q.; ~ *under* assujettir; ~ *up* approcher; élever (*un enfant*); citer en justice; vomir; (faire) monter; ⚓ mouiller.

bring·er [ˈbriŋə] porteur (-euse *f*) *m*.

brink [briŋk] bord *m* ˈ~·**man·ship** politique *f* du bord du gouffre.

brin·y [ˈbraini] **1.** saumâtre, salé; **2.** F mer *f*.

bri·quette [briˈket], **bri·quet** [ˈbrikit] briquette *f*; aggloméré *m*.

brisk [brisk] **1.** □ vif (vive *f*), alerte, plein d'entrain, animé; *feu*: vif (vive *f*), ⚔ nourri; *air*: vivifiant; **2.** (*usu.* ~ *up*) (s')animer.

bris·ket ['briskit] poitrine *f* (*de bœuf*).

brisk·ness ['brisknis] vivacité *f*, entrain *m*; *air*: fraîcheur *f*.

bris·tle ['brisl] **1.** soie *f*; *barbe*: poil *m* raide; **2.** (*souv.* ~ *up*) se hérisser; F se rebiffer (*personne*); *fig.* ~ *with* être hérissé de; '**bris·tled**, '**bris·tly** hérissé; poilu; garni de soies.

Bri·tan·nic [bri'tænik] britannique.

Brit·ish ['britiʃ] **1.** anglais; britannique; **2.** *the* ~ *pl.* les Britanniques *m/pl.*; '**Brit·ish·er** *surt. Am.* natif (-ive *f*) *m* de la Grande-Bretagne.

Brit·on *hist.*, *poét.* ['britən] Anglais(e *f*) *m*.

brit·tle ['britl] fragile, cassant; cendreux (-euse *f*) (*acier*); '**brit·tle·ness** fragilité *f etc.*

broach [broutʃ] **1.** broche *f*; △ flèche *f*, aiguille *f*; **2.** percer, entamer (*un fût*); aborder (*un sujet*); entrer en (*matière*).

broad □ [brɔ:d] large; plein, grand (*jour*); peu voilé (*avis, allusion*); hardi, risqué (*histoire*); épanoui (*sourire*); prononcé (*accent*); ~*ly speaking* généralement parlant; '~**-axe** ⊕ doloire *f*; '~**·cast 1.** semé à la volée; *fig.* (radio)diffusé; répandu; **2.** (*irr.* [*cast*]) *v/t.* semer à la volée; *fig.* répandre; radiodiffuser; transmettre; *v/i.* parler *etc.* à la radio; ~(*ing*) *station* poste *m* émetteur; station *f* de radiodiffusion; **3.** émission *f*; '~**·cloth** drap *m* noir fin; *Am.* popeline *f*; '**broad·en** (s')élargir; '**broad-'mind·ed** tolérant; à l'esprit large; '**broad·ness** largeur *f*; grossièreté *f*; ~ *of speech* accent *m* prononcé.

broad...: '~**·sheet** placard *m*; *hist.* canard *m*; '~**·side** ⚓ flanc *m*, travers *m*; bordée *f*, feu *m* de travers; *a. see broadsheet*; '~**·sword** latte *f*; sabre *m*.

bro·cade ✝ [bro'keid] brocart *m*; **bro'cad·ed** broché; de brocart.

broc·co·li ⚘ ['brɔkəli] brocoli *m*.

bro·chure [brou'ʃjuə] brochure *f*.

brock *zo.* [brɔk] blaireau *m*.

brogue [broug] soulier *m* de golf; accent *m* (*surt.* irlandais).

broil [brɔil] **1.** querelle *f*, bagarre *f*; **2.** griller (*a. fig.*); (faire) cuire sur le gril; ~*ing* brûlant; torride; '**broil·er** gril *m*; poulet *m* à rôtir.

broke [brouk] *prét. de break 2.*

bro·ken ['broukn] *p.p. de break 2*; ~ *health* santé *f* délabrée *ou* ruinée; ~ *stones pl.* pierraille *f*, cailloutis *m*; ~ *weather* temps *m* variable; *speak* ~ *English* écorcher l'anglais; '~-'**heart·ed** navré de douleur; au cœur brisé; '**bro·ken·ly** par saccades; sans suite; à mots entrecoupés; '**bro·ken-'wind·ed** *vét.* poussif (-ive *f*).

bro·ker ['broukə] ✝ courtier *m*; agent *m* de change; '**bro·ker·age** ✝ courtage *m*; frais *m/pl.* de courtage.

bro·mide ⚗ ['broumaid] bromure *m*; *sl.* banalité *f*; **bro·mine** ⚗ ['~mi:n] brome *m*.

bron·chi·al *anat.* ['brɔŋkjəl] bronchial (-aux *m/pl.*); des bronches; **bron·chi·tis** ⚕ [brɔŋ'kaitis] bronchite *f*.

Bronx cheer *Am. sl.* ['brɔŋks'tʃiə] sifflement *m* (*de mépris*).

bronze [brɔnz] **1.** bronze *m*; **2.** de *ou* en bronze; **3.** (se) bronzer; (se) brunir.

brooch [broutʃ] broche *f*, épingle *f*.

brood [bru:d] **1.** couvée *f*; volée *f*; F enfants *m/pl.*; ~*-hen* couveuse *f*; ~*-mare* poulinière *f*; **2.** couver; *v/i.* F broyer du noir; *v/t.* F ruminer (*une idée*); *fig.* planer sur; '**brood·er** couveuse *f* (*Am.* artificielle).

brook[1] [bruk] ruisseau *m*.

brook[2] [~] *usu. au nég.* souffrir.

brook·let ['bruklit] ruisselet *m*.

broom ⚘ [bru:m] genêt *m*; [brum] balai *m*; ~**·stick** ['brumstik] manche *m* à balai.

broth [brɔθ] bouillon *m*.

broth·el ['brɔθl] bordel *m*, maison *f* de tolérance.

broth·er ['brʌðə] frère *m*; *younger* ~ cadet *m*; ~**·hood** ['~hud] fraternité *f*; confraternité *f*; *eccl.* confrérie *f*; '~**-in-law** beau-frère (*pl.* beaux-frères) *m*; '**broth·er·ly** fraternel(le *f*).

brougham ['bru:əm] coupé *m*; *mot.* coupé *m* (de ville).

brought [brɔ:t] *prét. et p.p. de bring*; ~*-in capital* capital *m* d'apport.

brow [brau] sourcil *m*; arcade *f* sourcilière; front *m*; *précipice*: bord *m*; *colline*: croupe *f*; '~**·beat** [*irr* (*beat*)] rabrouer; rudoyer.

brown [braun] **1.** brun, marron(ne

f); châtain (*cheveux*); jaune (*chaussures*); ~ *bread* pain *m* bis; ~ *paper* papier *m* gris; *be in a* ~ *study* être plongé dans ses réflexions; **2.** brun *m*, marron *m*; **3.** (se) brunir; **brown·ie** ['~i] farfadet *m*; '**brown·ish** brunâtre; '**brown·ness** couleur *f* brune; '**brown·stone** *Am.* **1.** grès *m* de construction; **2.** ... des gens prospères.

browse [brauz] **1.** jeunes pousses *f/pl.*; **2.** (*a.* ~ *on*) brouter, paître; *fig.* feuilleter (des livres).

bruise [bru:z] **1.** bleu *m*, meurtrissure *f*; *fruit:* talure *f*; **2.** (se) meurtrir; *v/t.* broyer (*une substance*); '**bruis·er** *sl.* boxeur *m* (brutal).

Brum·ma·gem ['brʌmədʒəm] de camelote, en toc.

bru·nette [bru:'net] brunette *f*.

brunt [brʌnt] choc *m*; attaque *f*; violence *f*; *the* ~ *of* le plus fort de.

brush [brʌʃ] **1.** brosse *f*; pinceau *m*; *renard:* queue *f*; coup *m* de brosse (*aux vêtements*); échauffourée *f* (*avec un ennemi*); ⚡ faisceau *m* de rayons; *commutateur:* balai *m*; *Am.* *see* ~*wood*; *see backwoods*; *give s.o. a* ~ brosser q.; *have a* ~ *with s.o.* froisser les opinions de q.; **2.** *v/t.* brosser; balayer (*un tapis etc.*); frôler, toucher légèrement; ~ *away* (*ou off*) enlever (*qch.*) d'un coup de brosse *ou* de balai; essuyer (*des larmes*); écarter (*un avis, une pensée*); ~ *down* donner un coup de brosse à (*q.*); ~ *up* donner un coup de brosse à (*qch.*); *fig.* se remettre à, dérouiller; *v/i.* ~ *against* frôler *ou* froisser (*q.*) en passant; ~ *by* (*ou past*) passer rapidement auprès de (*q.*); frôler (*q.*) en passant; '**~-off** *sl.*: *give s.o. the* ~ envoyer promener q.; '**~·wood** broussailles *f/pl.*; bois *m* taillis; menu bois *m*.

brusque □ [brusk] brusque; *ton:* bourru.

Brus·sels ['brʌslz]: ⚘ ~ *sprouts pl.* choux *m/pl.* de Bruxelles.

bru·tal □ ['bru:tl] brutal (-aux *m/pl.*); de brute; animal (-aux *m/pl.*); **bru·tal·i·ty** [bru:'tæliti] brutalité *f*; **bru·tal·ize** ['bru:təlaiz] abrutir; animaliser; **brute** [bru:t] **1.** brut; vif (vive *f*), brutal (-aux *m/pl.*) (*force*); **2.** bête *f* brute; brute *f* (*a. fig.* = *homme brutal*); F animal *m*; *a* ~ *of a* ... un(e) ... de chien; '**brut·ish** □ *see brute 1*; '**brut·ish·ness** bestialité *f*; abrutissement *m*.

bub·ble ['bʌbl] **1.** bulle *f*; *fig.* projet *m* chimérique; tromperie *f*; **2.** bouillonner; glouglouter (*en versant*).

buc·ca·neer [bʌkə'niə] **1.** F pirate *m*; flibustier *m* (*a. hist*); **2.** faire le boucanier; flibuster.

buck [bʌk] **1.** *zo.* daim *m*; chevreuil *m*; mâle (*du lapin etc.*); *Am. sl.* dollar *m*; *Am.* F *pass the* ~ passer la décision (à, *to*); se débrouiller sur le voisin; **2.** *Am.* F résister, opposer; *Am.* F chercher à prendre le dessus de; *Am.* ~ *for* viser; essayer d'obtenir (*qch.*); F ~ *up* (se) ragaillardir.

buck·et ['bʌkit] seau *m*; *a mere drop in the* ~ une goutte d'eau dans la mer; *sl. kick the* ~ casser sa pipe (= *mourir*); **2.** surmener (*un cheval*); '**~·ful** plein seau *m*; '**~-shop** bureau *m* d'un courtier marron.

buck·le ['bʌkl] **1.** boucle *f*, agrafe *f*; **2.** *v/t.* boucler; attacher; ceindre (*l'épée*); *v/i.* ⊕ (se) gondoler, arquer; se voiler (*tôle*); ~ *to v/t.* s'appliquer à (*un travail*); *v/i.* s'y atteler; '**buck·ler** bouclier *m*.

buck·ram ['bʌkrəm] bougran *m*; *fig.* raideur *f*.

buck...: '**~·skin** (peau *f* de) daim *m*; '**~·wheat** ⚘ blé *m* noir.

bud [bʌd] **1.** ⚘ bourgeon *m*; œil (*pl.* yeux) *m*; bouton *m*; *fig.* germe *m*; *Am.* débutante *f*; *sl.* jeune fille *f*; *in* ~ qui bourgeonne; *fig. in the* ~ en germe, en herbe; **2.** *v/t.* écussonner; *v/i.* bourgeonner; boutonner (*fleur*); ~*ding lawyer* juriste *m* en herbe.

bud·dy *Am.* F ['bʌdi] ami *m*; copain *m*.

budge [bʌdʒ] *v/i.* bouger, céder; reculer; *v/t.* bouger.

bud·ger·i·gar ['bʌdʒəriga:] perruche *f*.

budg·et ['bʌdʒit] collection *f*; recueil *m*; budget *m*; *usu. fig.* plein sac *m*; *draft* ~ budget *m* du ménage; *open the* ~ présenter le budget; '**budg·et·ar·y** budgétaire.

buff[1] [bʌf] **1.** (peau *f* de) buffle *m*; cuir *m* épais; couleur *f* chamois; *in (one's)* ~ tout nu; **2.** jaune clair; **3.** polir (au buffle).

buff[2] F [~] enthousiaste *m/f*, mordu(e *f*) *m*.

buf·fa·lo *zo.* ['bʌfəlou], *pl.* **-loes** ['~louz] buffle *m*; *Am.* F bison *m*.

buff·er ['bʌfə] 🚂 tampon *m*; (*a.* ~ *stop*) butoir *m*; tampon *m* d'arrêt; *sl.* vieux bonze *m*; ~ *state* état *m* tampon.

buf·fet[1] ['bʌfit] **1.** coup *m* (de poing); *poét.* soufflet *m*; **2.** flanquer une torgn(i)ole à (*q.*); bourrer (*q.*) de coups.

buf·fet[2] [*meuble*: 'bʌfit; *autres sens*: 'bufei] buffet *m*.

buf·foon [bʌ'fu:n] bouffon *m*, paillasse *m*; **buf'foon·er·y** bouffonneries *f/pl.*

bug [bʌg] punaise *f*; *Am.* insecte *m*; bacille *m*; loup *m* (de fabrication); *Am. sl.* fou *m*, folle *f*; maboul(e *f*) *m*; F appareil *m* d'écoute; microphone *m* clandestin; **bug·a·boo** ['~əbu:], **'bug·bear** objet *m* d'épouvante; F cauchemar *m*; F bête *f* noire; **'bug·ger** *sl.* pédéraste *m*; con *m*, salaud *m*; bougre *m*; *poor* ~! pauvre bougre!; *a* ~ *of a job* un boulot infernal; *little* ~ petit bonhomme; **'bug·ging de·vice** appareil *m* d'écoute (clandestine); **bug·gy** ['bʌgi] boghei *m*.

bu·gle[1] ['bju:gl] (*a.* ~-*horn*) clairon *m*.

bu·gle[2] [~] verroterie *f* noire.

bu·gler ⚔ ['bju:glə] (sonneur *m* de) clairon *m*.

buhl [bu:l] *meubles*: boul(l)e *m*.

build [bild] **1.** [*irr.*] bâtir; édifier; construire; *fig.* fonder (sur, [*up*]*on*); faire construire; ~ *in* murer, boucher; ~ *up* affermir (*la santé*); bâtir; *be* ~*ing* être en construction; **2.** construction *f*; taille *f*; **'build·er** entrepreneur *m* en bâtiments; constructeur *m*; **'build·ing** construction *f*; bâtiment *m*; maison *f*; édifice *m*; *attr.* de construction; ~ *contractor* entrepreneur *m* en *ou* de bâtiment(s); ~ *site* chantier *m*; ~ (*p*)*lot* terrain *m* à bâtir; ~-*society Brit.* coopérative *f* de construction; ~ *trade* industrie *f* du bâtiment; **'build-up** construction *f*; échafaudage *m*.

built [bilt] **1.** *prét. et p.p. de build* **1**; **2.** *adj.* ... bâti; de construction ...; **'built-'up 'a·re·a** agglomération *f* urbaine.

bulb [bʌlb] ⚘ bulbe *m*, oignon *m*; *thermomètre*, *a.* ⚡ ampoule *f*; **'bulb·ous** ⚘ bulbeux (-euse *f*).

Bul·gar ['bʌlgɑ:] Bulgare *mf*; **Bul·gar·i·an** [bʌl'gɛəriən] **1.** bulgare; **2.** *ling.* bulgare *m*; Bulgare *mf*.

bulge [bʌldʒ] **1.** bombement *m*; saillie *f*; ✝, *a. fig.* hausse *f*; **2.** bomber; faire saillie; se déjeter (*mur etc.*).

bulk [bʌlk] masse *f*, grosseur *f*, volume *m*; *fig.* gros *m* (*a.* ✝); ⚓ charge *f*; chargement *m* arrimé; *in* ~ en bloc, en vrac; *in the* ~ en bloc, en gros; ~ *goods* marchandise *f ou* marchandises *f/pl.* en masse; **'~·head** ⚓ cloison *f*; **'bulk·i·ness** grosseur *f*; volume *m* (excessif); **'bulk·y** gros(se *f*); volumineux (-euse *f*), encombrant.

bull[1] [bul] **1.** taureau *m*; ✝ *sl.* haussier *m*; F ~ *session* réunion *f* d'hommes; **2.** ✝ *sl.* spéculer à la hausse; chercher à faire hausser (*les cours*).

bull[2] *eccl.* [~] bulle *f*.

bull[3] [~] bévue *f*; F, *a. Am.* bêtises *f/pl.*; *Irish* ~ inconséquence *f*.

bull·dog ['buldɔg] bouledogue *m*; chienne *f* de bouledogue; F *univ.* appariteur *m*.

bull·doze *Am.* F ['buldouz] intimider; **'bull·doz·er** ⊕ machine *f* à cintrer; bulldozer *m*.

bul·let ['bulit] *fusil*, *revolver*: balle *f*.

bul·le·tin ['bulitin] bulletin *m*, communiqué *m*; *radio*: informations *f/pl.*; *Am.* ~ *board* tableau *m* d'affichage (*des nouvelles du jour*).

bul·let-proof ['bulitpru:f] blindé, pare-balles *inv.*

bull...: **'~·fight** course *f* de taureaux; **'~·finch** *orn.* bouvreuil *m*; haie *f* (*avec fossé*); **'~·frog** *zo.* grenouille *f* mugissante; **'~·head·ed** F entêté.

bul·lion ['buljən] or *m* en barres; or *m ou* argent *m* en lingot; ⚔ franges *f/pl.*

bull·ock ['bulək] bœuf *m*.

bull·pen *Am.* ['bul'pen] F salle *f* de détention.

bull's-eye ['bulzai] ⚓ (verre *m* de) hublot *m*; *cible*: noir *m*, centre *m*, blanc *m*; ~ *pane* carreau *m* à boudine.

bull·shit V ['bulʃit] merde *f*.

bul·ly[1] ['buli] **1.** brute *f*, brutal *m*, tyran *m*; *école*: brimeur *m*; bravache *m*; **2.** bravache; *surt. Am.* F fameux (-euse *f*); *a. int.* bravo; **3.** brutaliser, rudoyer, intimider.

bul·ly[2] [~] (*a.* ~ *beef*) bœuf *m* en conserve; F singe *m*.

bul·rush ⚘ ['bulrʌʃ] jonc *m*.

bul·wark ['bulwək] *usu. fig.* rempart *m*; ~s *pl.* ⚓ pavois *m*.
bum[1] *sl.* [bʌm] derrière *m*, cul *m*.
bum[2] *Am.* F [~] **1.** fainéant *m*; chemineau *m*; (*be*) *go on the* ~ fainéanter; vagabonder; **2.** *v/t.* mendier; resquiller (*le trajet*); **3.** misérable.
bum·ble-bee ['bʌmblbi:] bourdon *m*.
bum·boat ['bʌmbout] bateau *m* à provisions.
bump [bʌmp] **1.** choc *m*; coup *m*, heurt *m*; *fig.* bosse *f* (de, *of*); **2.** (se) cogner; (se) heurter; *v/t.* entrer en collision avec (*qch.*); *Am. sl.* ~ *off* assassiner, supprimer (*q.*); *v/i.* ~ *against* buter contre; F ~ *into s.o.* rencontrer q. par hasard.
bump·er ['bʌmpə] **1.** verre *m* plein; rasade *f*, *mot.* pare-chocs *m/inv.*; *théâ.* (*a.* ~ *house*) salle *f* comble *ou* bondée; ~ *sticker* autocollant *m*; 2. plein ...; magnifique; F exceptionnel(le *f*) (*récolte*).
bump·kin ['bʌmpkin] rustre *m*.
bump·tious □ F ['bʌmpʃəs] arrogant, présomptueux (-euse *f*), suffisant.
bump·y ['bʌmpi] cahoteux (-euse *f*); couvert de bosses ; ✈ chahuté.
bun [bʌn] petit pain *m* au lait; *cheveux*: chignon *m*.
bunch [bʌntʃ] **1.** botte *f*; *fleurs*: bouquet *m*; *personnes*: groupe *m*; ~ *of grapes* grappe *f* de raisin; **2.** (se) grouper; *v/t.* lier.
bun·combe *Am.* ['bʌŋkəm] blague *f*; paroles *f/pl.* vides.
bun·dle ['bʌndl] **1.** paquet *m*; ballot *m*; *bois*: fagot *m*; **2.** *v/t.* (*a.* ~ *up*) empaqueter; F ~ *away ou off* se débarrasser de (*q.*); *v/i.* ~ *off* s'en aller sans cérémonie.
bung [bʌŋ] **1.** *fût*: bondon *m*; **2.** bondonner (*un fût*); boucher (*un trou*); F ~*ed up* poché (*œil*).
bun·ga·low ['bʌŋgəlou] bungalow *m*.
bung-hole ['bʌŋhoul] bonde *f*.
bun·gle ['bʌŋgl] **1.** gâchis *m*; maladresse *f*; **2.** bousiller; *sl.* rater; '**bun·gler** bousilleur (-euse *f*) *m*; maladroit(e *f*) *m*; '**bun·gling 1.** □ maladroit; **2.** *see bungle 1.*
bun·ion ⚕ ['bʌnjən] oignon *m* (*callosité au gros orteil*).
bunk[1] *surt. Am. sl.* [bʌŋk] blague *f*; balivernes *f/pl.*
bunk[2] [~] ⚓, 🚃 couchette *f*.
bunk·er ⚓ ['bʌŋkə] **1.** soute *f* (*à charbon*); **2.** mettre en soute; F *fig. be* ~*ed* se trouver dans une impasse.
bun·kum ['bʌŋkəm] *see buncombe*.
bun·ny ['bʌni] F Jeannot lapin *m*.
bunt *Am.* [bʌnt] *baseball*: coup *m* qui arrête la balle.
bun·ting[1] *orn.* ['bʌntiŋ] bruant *m*.
bun·ting[2] [~] *tex.* étamine *f*; *p.ext.* pavillons *m/pl.*
buoy ⚓ [bɔi] **1.** bouée *f*; **2.** baliser (*le chenal*); (*usu.* ~ *up*) faire flotter; *fig.* soutenir, appuyer.
buoy·an·cy ['bɔiənsi] flottabilité *f*; *fig.* élasticité *f* de caractère; *fig.* entrain *m*; '**buoy·ant** □ flottable; léger (-ère *f*); *fig.* allègre, optimiste; *fig.* élastique (*pas*); ✝ soutenu.
bur ♀ [bə:] capsule *f* épineuse; teigne *f* (*de bardane*); *personne*: crampon *m*.
Bur·ber·ry ['bə:bəri] imperméable *m* (*marque Burberry*).
bur·bot *icht.* ['bə:bət] lotte *f*, barbot *m*.
bur·den[1] ['bə:dn] refrain *m*.
bur·den[2] ['bə:dn] **1.** fardeau *m*, charge *f* (*a.* ⚖); ⚓ charge *f*, contenance *f*; *discours*: substance *f*; **2.** charger; *fig.* accabler; '**bur·den·some** onéreux (-euse *f*); fâcheux (-euse *f*).
bur·dock ♀ ['bə:dɔk] bardane *f*.
bu·reau [bjuə'rou], *pl.* **-reaux** [~'rouz] *surt. Am.* bureau *m*; service *m* (*du gouvernement*); *meuble*: secrétaire *m*, bureau *m*; *Am.* commode *f*; **bu·reauc·ra·cy** [~'rɔkrəsi] bureaucratie *f*; **bu·reau·crat** ['bjuərokræt] bureaucrate *mf*; **bu·reau'crat·ic** (~*ally*) bureaucratique; **bu·reauc·ra·tize** [bjuə'rɔkrətaiz] bureaucratiser.
bur·gee ⚓ [bə:'dʒi:] guidon *m*.
bur·geon *poét.* ['bə:dʒən] **1.** bourgeon *m*; bouton *m*; **2.** bourgeonner; commencer à éclore.
bur·gess ['bə:dʒis] bourgeois *m*, citoyen *m*; *hist.* représentant *m* d'un bourg (*au Parlement*).
burgh *écoss.* ['bʌrə] bourg *m*.
bur·glar ['bə:glə] cambrioleur *m* (*nocturne*); ~ *alarm* sonnerie *f* d'alarme *ou* antivol; **bur·glar·i·ous** □ [bə:'glɛəriəs] de cambriolage; '**burglar-proof** à l'épreuve de l'infraction; incrochetable (*serrure*); **bur-**

gla·ry ['~əri] vol *m* nocturne avec effraction; **bur·gle** ['bə:gl] cambrioler.
bur·gun·dy ['bə:gəndi] (vin *m* de) bourgogne *m*.
bur·i·al ['beriəl] enterrement *m*; '~-**ground** cimetière *m*.
bu·rin ⊕ ['bjuərin] burin *m*.
burke [bə:k] étouffer (*un scandale*); escamoter (*une question*).
burl *tex.* [bə:l] nope *f*.
bur·lap ['bə:ləp] toile *f* d'emballage.
bur·lesque [bə:'lesk] **1.** burlesque; **2.** burlesque *m*; parodie *f*; **3.** travestir, parodier; tourner (*qch.*) en ridicule.
bur·ly ['bə:li] de forte carrure; solidement bâti.
Bur·mese [bə:'mi:z] **1.** birman; **2.** Birman(e *f*) *m*.
burn [bə:n] **1.** brûlure *f*; **2.** [*irr.*] brûler; cuire; '**burn·er** brûleur (-euse *f*) *m*; bec *m* de gaz; '**burn·ing** □ brûlant, ardent.
bur·nish ['bə:niʃ] brunir, (se) polir; '**bur·nish·er** *personne*: brunisseur (-euse *f*) *m*; ⊕ brunissoir *m*.
burnt [bə:nt] *prét. et p.p. de burn* 2; ~ *almond* amande *f* grillée; praline *f*; *mot.* ~ *gas* gaz *m* d'échappement; ~ *offering* holocauste *m*.
burr [bə:] **1.** r *m* de la gorge; **2.** prononcer l'r de la gorge.
bur·row ['bʌrou] **1.** terrier *m* (*de lapin, de renard*); **2.** *v/t.* creuser; *v/i.* se terrer; *fig.* fouiller.
bur·sa·ry ['bə:səri] bourse *f* (*d'études*).
burst [bə:st] **1.** éclat(ement) *m*; jaillissement *m*; coup *m*; *fig.* poussée *f*; rafale *f*; emballage *m* (*de vitesse*); **2.** [*irr.*] *v/i.* éclater, exploser; crever (*abcès, pneu, rire, boîte, etc.*); *fig.* déborder (de, *with*); ⚘ éclore (*bouton*); s'épanouir (*fleur*); ~ *from* s'affranchir de; ~ *forth* (*ou out*) jaillir; s'exclamer; apparaître (*soleil*); ~ *into a gallop* prendre le galop; ~ *into flame* s'enflammer brusquement; ~ *into leaf* (se) feuiller; ~ *into tears* fondre en larmes; ~ *out laughing* éclater de rire; *v/t.* faire éclater; enfoncer (*une porte*).
bur·then ⚓ ['bə:ðn] charge *f*, contenance *f*.
bur·y ['beri] enterrer, ensevelir; inhumer; ⚓ immerger; *fig.* plonger.
bus F [bʌs] **1.** autobus *m*; *sl.* bagnole *f*; *sl. fig. miss the* ~ laisser échapper l'occasion; *Am.* ~ *boy* garçon *m* de restaurant qui débarrasse la table après le repas; ~ *driver* conducteur *m* d'autobus; **2.** ~ *it* aller *ou* venir *ou* voyager en autobus.
bus·by ⚔ ['bʌzbi] colback *m*.
bush [buʃ] buisson *m*; fourré *m*; ⊕ fourrure *f* métallique; **bush·el** ['buʃl] boisseau *m* (*a. mesure*); F (grande) quantité *f*; **bush league** *Am. baseball*: ligue *f* de second ordre; '**bush-rang·er** broussard *m*.
bush·y ['buʃi] touffu; broussailleux (-euse *f*); buissonnant (*arbrisseau*).
busi·ness ['biznis] affaire *f*, besogne *f*; occupation *f*; devoir *m*; affaires *f/pl.* (*a.* ☤); ☤ entreprise *f*; maison *f* (de commerce); fonds *m* de commerce; ~ *address* adresse *f* du bureau (*de q.*); ~ *of the day* ordre *m* du jour; agenda *m*; ~ *end* côté *m* opérant (*d'un outil etc.*), tranchant *m* (*d'un couteau etc.*); ~ *hours pl.* heures *f/pl.* d'ouverture; ~*man* homme *m* d'affaires; ~ *quarter* quartier *m* commerçant; ~ *research* étude *f* du mouvement des prix *ou* des cycles économiques; *surt. Am.* ~ *suit see lounge suit*; ~ *tour*, ~ *trip* voyage *m* d'affaires; *on* ~ pour affaires; *have no* ~ *to* (*inf.*) ne pas avoir le droit de (*inf.*); *get down to* ~ en venir au fait; *mind one's own* ~ s'occuper de ses affaires; *send s.o. about his* ~ F envoyer promener q.; *that's none of your* ~ cela ne vous regarde pas; '~-**like** pratique; sérieux (-euse *f*) (*manière*); capable.
bus·kin ['bʌskin] *antiquité, théâ.*: cothurne *m*; *fig.* tragédie *f*.
bus·man ['bʌsmən] conducteur *m* *ou* receveur *m* d'autobus; ~'*s holiday* congé *m* passé à exercer son métier.
bust[1] [bʌst] buste *m*, gorge *f*, poitrine *f*.
bust[2] *sl.* [bʌst] **1.** fiasco *m*, four *m* (noir); faillite *f*; coup *m* (violent); bringue *f*, bombe *f*; *go on the* ~, *have a* ~ faire la bombe; **2.** casser; (faire) crever; abîmer; arrêter, choper (*un criminel etc.*); **3.** foutu; fauché; abîmé; *go* ~ faire faillite; s'abîmer.
bus·tard *orn.* ['bʌstəd] outarde *f*.
bus·tle ['bʌsl] **1.** mouvement *m*, confusion *f*, remue-ménage *m/inv.*; va-et-vient *m/inv.*; *cost.* tournure *f*; **2.** *v/i.* s'affairer; s'activer; faire l'empressé; se dépêcher; *v/t.* faire dépêcher (*q.*); bousculer; '**bus·tler** personne *f* très active; homme *m*

expéditif; ˈ**bus·tling** □ affairé; empressé.

bust-up *sl.* [ˈbʌstˈʌp] grabuge *f*; engueulade *f*; débâcle *f*; faillite *f*; *surt. Am.* rupture *f* (*d'un mariage etc.*).

bus·y □ [ˈbizi] **1.** occupé (à, de *at, with*); affairé; actif (-ive *f*); mouvementé (*rue*); diligent; ~ *packing* occupé à faire ses malles; ~*-body* officieux (-euse *f*) *m*; **2.** (*usu.* ~ *o.s.*) s'occuper (à *with, in, about*; à, de *inf. with gér.*); ˈ**bus·y·ness** affairement *m*; activité *f*.

but [bʌt] **1.** *cj.* mais; or; sauf que; (*a.* ~ *that*) sans que; et cependant; toutefois; **2.** *prp.* sans; *the last* ~ *one* l'avant-dernier (-ère *f*); *the next* ~ *one* le (la) deuxième; ~ *for* sans; ne fût-ce pour; **3.** *après négation*: que (*sbj.*); qui (*sbj.*); *there is no one* ~ *knows* il n'y a personne qui ne sache (*qch.*); **4.** *adv.* ne ... que; seulement; ~ *just* tout à l'heure; tout récemment; ~ *now* à l'instant; il n'y a qu'un instant que; *all* ~ presque; *nothing* ~ rien que; *I cannot* ~ (*inf.*) il m'est impossible de ne pas (*inf.*); je ne peux m'empêcher de (*inf.*).

bu·tane [ˈbjuːtein] butane *m*.

butch·er [ˈbutʃə] **1.** boucher *m* (*a. fig.*); *fig.* massacreur *m*; 🚂 *Am.* F vendeur *m* de fruits *etc.*; **2.** égorger; massacrer (*a. fig.*); ~('s) *shop* boucherie *f*; ˈ**butch·er·y** (*a.* ~ *business*) boucherie *f* (*a. fig.*); F massacre *m*; abattoir *m*.

but·ler [ˈbʌtlə] maître *m* d'hôtel; † sommelier *m*.

butt[1] [bʌt] **1.** coup *m* de corne (*d'un bélier*); (*a.* ~*-end*) gros bout *m*; *arbre, chèque*: souche *f*; *fusil*: couche *f*, crosse *f*; ⚔ butte *f*; *fig.* souffre-douleur *m/inv.*; F mégot *m*; ⊕ bout *m*; about *m*; ~*s pl.* butte *f*; *fig.* but *m*; *fig.* objectif *m*; **2.** *v/t.* donner un coup de corne *ou* de tête à; *v/i.* F ~ *in* intervenir sans façon.

butt[2] [~] futaille *f*; (gros) tonneau *m*.

but·ter [ˈbʌtə] **1.** beurre *m*; *fig.* flatterie *f*, F pommade *f*; F *he looks as if* ~ *would not melt in his mouth* il fait la sainte nitouche; **2.** beurrer; (*a.* ~ *up*) F flatter; ˈ~**·cup** bouton-d'or (*pl.* boutons-d'or) *m*; ˈ~**-dish** beurrier *m*; ˈ~**-fin·gered** maladroit, empoté; ˈ~**·fly** papillon *m* (*a. fig.*); F *have butterflies in one's stomach* avoir le trac; avoir l'estomac serré; ˈ**but·ter·y** **1.** de beurre; butyreux (-euse *f*); graisseux (-euse *f*); **2.** *univ.* dépense *f*.

but·tock [ˈbʌtək] fesse *f*; *usu.* ~*s pl.* fesses *f/pl.*, derrière *m*.

but·ton [ˈbʌtn] **1.** bouton *m* (*a.* ⚘); **2.** (se) boutonner; (*usu.* ~ *up*) *fig.* renfermer; mettre les boutons à; ˈ~**·hole** **1.** boutonnière *f*; (fleur *f* portée à la) boutonnière *f*; **2.** festonner; F accrocher (*q.*) au passage; ˈ~**-hook** tire-bouton *m*.

but·tress [ˈbʌtris] contrefort *m*; butoir *m* (*d'une chaîne de montagnes*); *fig.* pilier *m*.

bux·om [ˈbʌksəm] dodu; rondelet(te *f*) (*femme*); grassouillet(te *f*).

buy [bai] [*irr.*] *v/t.* acheter (à, *from*); prendre (*un billet*); *fig.* payer, F suborner; ~ *back* racheter; *v/i.* (*a.* ~ *and sell*) brocanter; *order to* ~ ordre *m* d'achat; ˈ**buy·er** acheteur (-euse *f*) *m*; acquéreur *m*; ✝ acquisiteur *m*, acheteur *m*, chef *m* de rayon.

buzz [bʌz] **1.** bourdonnement *m*; *conversation*: brouhaha *m*; ⚡ ronflement *m*; *Am.* ~ *saw* scie *f* circulaire; F *give s.o. a* ~ donner un coup de fil à q. (*téléphoner*); **2.** *v/i.* bourdonner, vrombir; *v/t.* lancer, jeter.

buz·zard *orn.* [ˈbʌzəd] buse *f*, busard *m*.

buzz·er ⚡ [ˈbʌzə] appel *m*; sonnerie *f*.

by [bai] **1.** *prp. lieu*: (au)près de, à côté de; au bord de (*la mer*); *direction*: par; *temps*: avant, pour; *moyen*: par, de; à (*la main, la machine, bicyclette, cheval, etc.*); en (*auto, tramway*); *auteur*: de; *serment*: au nom de; par (*qch.*); *mesures*: sur; selon; *North* ~ *East* nord quart nord-est; *side* ~ *side* côte à côte; ~ *day* de jour, le jour; ~ *name* de nom; (connu) sous le nom de; ~ *now* déjà, à l'heure qu'il est; ~ *the time* (*that*) quand; avant que (*sbj.*); *a play* ~ *Shaw* une pièce de Shaw; ~ *lamplight* à (la lumière de) la lampe; ~ *the dozen* à la douzaine; ~ *far* de beaucoup; *50 feet* ~ *20* cinquante pieds sur vingt; ~ *half* de moitié; F beaucoup; ~ *o.s.* seul; à l'écart; ~ *land* par terre; ~ *rail* par le chemin de fer; *day* ~ *day* de jour en jour; ~ *twos* deux par deux; **2.** *adv.* près;

de côté; ~ *and* ~ tout à l'heure, tantôt, bientôt, par la suite; ~ *the* ~ à propos ...; *close* ~ tout près; *go* ~ passer; ~ *and large* à tout prendre; **3.** *adj.* latéral (-aux *m/pl.*); écarté; supplémentaire.

bye [bai] *cricket*: balle *f* passée; *tennis*: exemption *f* (*d'un match dans un tournoi, accordée à un joueur qui ne tire pas d'adversaire*); *be a* ~ se trouver exempt d'un match.

bye-bye F ['bai'bai] au revoir!; adieu!; *go to* ~ F aller faire dodo.

by...: '**~-e·lec·tion** élection *f* partielle; '**~·gone 1.** écoulé, d'autrefois; **2.** *~s pl.* passé *m*; *let ~s be ~s* oublions le passé!; sans rancune!; '**~-law** arrêté *m* municipal; '**~-line** *Am.* rubrique *f* d'un article qui en nomme l'auteur; '**~-name** sobriquet *m*; '**~·pass 1.** *gaz*: veilleuse *f*; route *f* de contournement; **2.** F éviter; dévier (*la circulation*); '**~·path** sentier *m* écarté; '**~·play** *théâ.* jeu *m* accessoire; aparté *m* mimé; '**~-prod·uct** dérivé *m*; '**~-road** chemin *m* détourné; chemin *m* vicinal.

By·ron·ic [bai'rɔnik] (*~ally*) byronien.

by...: '**~·stand·er** assistant *m*; spectateur (-trice *f*) *m*; '**~·street** ruelle *f*; rue *f* écartée; '**~-way** chemin *m* détourné; détour *m* (*a.péj.*); *fig.* à-côté *m*; '**~·word** proverbe *m*; *be a* ~ *for* être passé en proverbe pour; *be the* ~ *of* être la fable de.

By·zan·tine [bi'zæntain] **1.** byzantin; **2.** Byzantin(e *f*) *m*.

C

C, c [siː] C *m*, c *m*.

cab [kæb] **1.** taxi *m*; fiacre *m*; *camion*, *grue*, *etc.*: guérite *f*; 🚂 poste *m* de conduite; **2.** de fiacres, de taxis; **3.** F ~ *it* aller *ou* venir en taxi.

ca·bal [kəˈbæl] **1.** cabale *f*, brigue *f*; **2.** cabaler; comploter.

cab·a·ret [ˈkæbərei] cabaret *m*; concert *m* genre music-hall.

cab·bage [ˈkæbidʒ] chou *m*; ~ *butterfly* piéride *f* du chou; ~ *lettuce* laitue *f* pommée.

cab·by F [ˈkæbi] cocher *m*.

cab·in [ˈkæbin] **1.** cabane *f*; ⚓ cabine *f*; 🚂 guérite *f*; **2.** enfermer; ˈ~-**boy** mousse *m*.

cab·i·net [ˈkæbinit] meuble *m* à tiroirs; *étalage etc.*: vitrine *f*; *radio*: coffret *m*; *phot.* format *m* album; *pol.* cabinet *m*, ministère *m*; ♀ *Council* conseil *m* des ministres; ˈ~-**mak·er** ébéniste *m*.

ca·ble [ˈkeibl] **1.** ⚓, *a. tél.* câble *m*; ⚓ chaîne *f*; câble-chaîne (*pl.* câbles-chaînes) *m*; *buried* ~ câble *m* souterrain; 2. *tél.* câbler; ˈ~·**car** téléphérique *m*; *sur rail*: funiculaire *m*; ˈ~·**gram** câblogramme *m*; ~ **railway** funiculaire *m*; ~ **tel·e·vi·sion** télédistribution *f*, télévision *f* par câble(s).

cab·man [ˈkæbmən] cocher *m* de fiacre.

ca·boo·dle *sl.* [kəˈbuːdl]: *the whole* ~ tout le bazar.

ca·boose [kəˈbuːs] ⚓ cuisine *f*; 🚂 *Am.* fourgon *m*.

cab·ri·o·let *surt. mot.* [kæbrioˈlei] cabriolet *m*.

cab·stand [ˈkæbstænd] station *f* de voitures.

ca'can·ny [kɔːˈkæni] faire la grève perlée.

ca·ca·o [kəˈkɑːou] cacao *m*; *arbre*: cacaotier *m*.

cache [kæʃ] cache *f*, cachette *f*.

cack·le [ˈkækl] **1.** caquet *m* (*a. fig.*); ricanement *m*; **2.** caqueter (*a. fig.*); ricaner; cacarder (*oie*); ˈ**cack·ler** poule *f* qui caquette; *fig.* caqueteur (-euse *f*) *m*; ricaneur (-euse *f*) *m*.

cac·tus ⚘ [ˈkæktəs] cactus *m*.

cad F [kæd] goujat *m*; canaille *f*.

ca·das·tre [kəˈdæstə] cadastre *m*.

ca·dav·er·ous [kəˈdævərəs] cadavéreux (-euse *f*); *fig.* exsangue.

cad·die [ˈkædi] *golf*: cadet *m*.

cad·dish F □ [ˈkædiʃ] voyou; digne d'un goujat.

cad·dy [ˈkædi] boîte *f* à thé.

ca·dence [ˈkeidəns] ♪ cadence *f*; intonation *f*; rythme *m*.

ca·det [kəˈdet] cadet *m*; ~ *corps* bataillon *m* scolaire.

cadge [kædʒ] colporter; mendier; chiner (*qch.*); ˈ**cadg·er** colporteur *m*; mendiant(e *f*) *m*; chineur (-euse *f*) *m*.

ca·du·cous ⚘, *a. zo.* [kəˈdjuːkəs] caduc (-uque *f*).

cae·cum *anat.* [ˈsiːkəm] cæcum *m*.

Cae·sar [ˈsiːzə] César *m*; **C**(**a**)**e·sar·i·an** (**sec·tion**) ⚕ [siːˈzɛəriən (ˈsekʃən)] césarienne *f*.

cae·su·ra [siˈzjuərə] césure *f*.

ca·fé [ˈkæfei] café(-restaurant) *m*.

caf·e·te·ri·a *Am.* [kæfiˈtiəriə] cafeteria *f*, restaurant *m* de libre service *m*.

caf·e·to·ri·um *Am.* [kæfiˈtɔːriəm] salle *f* des festins, restaurant *m*.

caf·fe·ine ⚗ [ˈkæfiiːn] caféine *f*.

cage [keidʒ] **1.** cage *f*; *oiseau*: cage *f*, volière *f*; ⚒ cage *f* (de puits); **2.** encager (*a. fig.*); mettre en cage.

cage·y □ F [ˈkeidʒi] peu communicatif (-ive *f*); prudent; *be* ~ *about a.* ne pas vouloir parler de, cacher.

cairn [kɛən] cairn *m*.

cais·son [kəˈsuːn] ⚔ caisson *m* (à munitions); *hydraulique*: caisson *m*, batardeau *m*.

ca·jole [kəˈdʒoul] enjôler; cajoler; persuader (à q. de *inf.*, *s.o. into gér.*); **ca'jol·er** cajoleur (-euse *f*) *m*; **ca'jol·er·y** cajolerie *f*, -s *f*/*pl.*; enjôlement *m*.

cake [keik] **1.** gâteau *m*; pâtisserie *f*; *chocolat*: tablette *f*; *savon*: pain *m*; **2.** faire croûte; se coller, se cailler (*sang*).

cal·a·bash ['kæləbæʃ] calebasse *f.*
cal·a·mine *min.* ['kæləmain] calamine *f.*
ca·lam·i·tous □ [kə'læmitəs] calamiteux (-euse *f*), désastreux (-euse *f*); **ca'lam·i·ty** calamité *f*, infortune *f*; désastre *m*; catastrophe *f*; **ca'lam·i·ty-howl·er** *surt. Am.* pessimiste *mf*; prophète *m* de malheur; **ca'lam·i·ty-howl·ing** *surt. Am.* défaitisme *m*; prophéties *f/pl.* de malheur.
ca·lash [kə'læʃ] calèche *f.*
cal·car·e·ous *min.* [kæl'keəriəs] calcaire.
cal·ci·fi·ca·tion [kælsifi'keiʃn] calcification *f*; **cal·ci·fy** ['~fai] (se) calcifier; **cal·ci·na·tion** ⚗ [kælsi'neiʃn] calcination *f*; cuisson *f*; **cal·cine** ['kælsain] *v/t.* ⚗ calciner; cuire; *v/i.* se calciner; **'cal·cite** *min.* calcite *f*; **cal·ci·um** ⚗ ['~siəm] calcium *m.*
cal·cu·la·ble ['kælkjuləbl] calculable; **cal·cu·late** ['~leit] *v/t.* calculer; estimer; faire le compte de; *~d* propre (à, *to*), fait (pour, *to*); *v/i.* compter (sur, *on*); *Am.* F supposer; *calculating-machine* machine *f* à calculer; **cal·cu'la·tion** calcul *m*; **'cal·cu·la·tor** calculateur (-trice *f*) *m*; machine *f* à calculer, calculatrice *f*; **'cal·cu·lus** ⚕, 𝔄 [~ləs] calcul *m.*
cal·dron ['kɔ:ldrən] *see cauldron.*
cal·en·dar ['kælində] **1.** calendrier *m*; ⚖ rôle *m* des assises; *univ.* annuaire *m*; **2.** inscrire sur un calendrier *ou* sur une liste.
cal·en·der ⊕ [~] **1.** calandre *f*; laminoir *m*; **2.** calandrer; laminer.
calf [kɑ:f], *pl.* **calves** [kɑ:vz] veau *m*; *fig.* petit(e *f*) *m*; (*a. ~-leather*) veau *m*, vachette *f*; ⊕ reliure *f* en veau; *anat.* mollet *m*; *in ~, with ~* pleine (*vache*); F *~-love* amours *f/pl.* enfantines; **'~skin** (cuir *m* de) veau *m.*
cal·i·brate ⊕ ['kælibreit] étalonner; calibrer (*un tube*); **cal·i·bre** ['~bə] calibre *m* (*a. fig.*); alésage *m.*
cal·i·co ⚚ ['kælikou] calicot *m*; *surt. Am.* indienne *f.*
Cal·i·for·nian [kæli'fɔ:njən] **1.** californien(ne *f*); de Californie; **2.** Californien(ne *f*) *m.*
ca·liph ['kælif] calife *m*; **cal·iph·ate** ['~eit] califat *m.*
calk[1] [kɔ:k] *peint.* décalquer.
calk[2] [~] *see caulk.*
calk[3] [~] **1.** *a.* **calk·in** ['kælkin] crampon *m*, clou *m* à glace; **2.** ferrer (*un cheval*) à glace.
call [kɔ:l] **1.** appel *m* (*a. téléph.*, *bridge, etc.*); cri *m* (*a. oiseau*); *téléph.*, *clairon, etc.*: coup *m*; *théâ.* rappel *m*; *bridge*: annonce *f*; visite *f*; demande *f* (de, *for*); vocation *f*; invitation *f*, nomination *f* (*à un poste, à une chaire, etc.*); *Bourse*: appel *m* de fonds; option *f*; ⚚ *~-money* prêts *m/pl.* au jour le jour; *port of ~* port *m* d'escale; ⚚ *on ~* sur demande; au jour le jour; *give s.o. a ~* donner un coup de fil à q.; **2.** *v/t.* appeler (*a.* ⚖), crier; convoquer (*une réunion*); héler (*un taxi*); faire venir (*un médecin*); appeler, attirer (*l'attention*) (sur, *to*); *théâ.* rappeler; réveiller; *cartes*: déclarer; décréter (*une grève*); qualifier de (*un titre*); injurier; *fig.* nommer (à, *to*); *be ~ed* s'appeler; *~ s.o. names* injurier q.; *Am.* F *~ down* injurier; reprendre (*q.*); *~ forth* produire, évoquer; faire appel à (*le courage*); *~ in* retirer (*une monnaie*) de la circulation; faire (r)entrer (*q.*); *~ over* faire l'appel de (*les noms*); *~ up* évoquer; ⚔ mobiliser, appeler sous les drapeaux; appeler au téléphone; **3.** *v/i.* téléphoner; faire une visite, passer (chez *at, on*); *~ at a port* faire escale; *~ for* faire venir (*q.*) *ou* apporter (*qch.*); commander; *théâ.* rappeler, réclamer; venir chercher (*q., qch.*); *to be (left till) ~ed for* à remettre au messager; poste restante; *~ on* invoquer; réclamer (qch. à q., *s.o. for s.th.*) requérir (*q.*) (de, *to inf.*) *~ to* crier à (*q.*); *~ upon see ~ on*; **'call·a·ble** ⚚ au jour le jour (*prêt*); **'call·box** cabine *f* téléphonique; **'call·er** personne *f* qui appelle; visiteur (-euse *f*) *m*; *téléph.* demandeur (-euse *f*) *m.*
cal·li·graph·ic [kæli'græfik] (*~ally*) calligraphique; **cal·lig·ra·phy** [kə'ligrəfi] calligraphie *f*, belle écriture *f.*
call-in ['kɔ:lin] *radio, télév.* programme *m ou* émission *f* avec participation des assistants, programme *m* à ligne ouverte.
call·ing ['kɔ:liŋ] appel *m*; convocation *f*; métier *m*; visite *f* (à, *on*); *Am. ~ card* carte *f* de visite.
cal·(l)i·pers *pl.* ['kælipəz] compas *m* d'épaisseur.

cal·lis·then·ics [kælis'θeniks] *usu. sg.* callisthénie *f.*
call-of·fice ['kɔ:lɔfis] bureau *m* téléphonique.
cal·los·i·ty [kæ'lɔsiti] callosité *f*; cal (*pl.* -s) *m*; *fig.* dureté *f*; '**cal·lous** □ calleux (-euse *f*); *fig.* insensible, dur.
cal·low ['kælou] sans plumes; *fig.* imberbe, sans expérience.
call-up [kɔl'ʌp] appel *m* (⚔ sous les drapeaux).
cal·lus ['kaləs] callosité *f.*
calm [kɑ:m] **1.** □ calme, tranquille (*a. fig.*); **2.** tranquillité *f*; calme *m* (*a. fig.*, *a.* ⚓); sérénité *f*; **3.** (~ *down* se) calmer; apaiser; adoucir; '**calm·ness** tranquillité *f*; calme *m*; sérénité *f.*
ca·lor·ic *phys.* [kə'lɔrik] calorique *m*;
cal·o·rie *phys.* ['kæləri] calorie *f*;
cal·o·rif·ic [kælə'rifik] calorifique, calorifiant.
cal·trop ['kæltrəp] ⚘ chardon *m* étoilé; ⚔ *hist.* chausse-trape *f.*
ca·lum·ni·ate [kə'lʌmnieit] calomnier; **ca·lum·ni'a·tion** calomnie *f*; **ca'lum·ni·a·tor** calomniateur (-trice *f*) *m*; **ca'lum·ni·ous** □ calomnieux (-euse *f*); **cal·um·ny** ['kæləmni] calomnie *f.*
Cal·va·ry ['kælvəri] *le* Calvaire *m.*
calve [kɑ:v] vêler (*a. géol.*); **calves** [kɑ:vz] *see calf.*
Cal·vin·ism ['kælvinizm] calvinisme *m.*
ca·lyx ['keiliks], *pl. a.* **ca·ly·ces** ['~lisi:z] ⚘, *a. zo.* calice *m.*
cam ⊕ [kæm] came *f*; excentrique *m*; ~ *gear* distribution *f* à came(s).
cam·ber ⊕ ['kæmbə] **1.** *poutre*: cambrure *f*; *chaussée*: bombement *m*; **2.** (se) cambrer; bomber.
cam·bric ✝ ['keimbrik] batiste *f.*
came [keim] *prét. de come.*
cam·el *zo.*, *a.* ⚓ ['kæml] chameau *m.*
ca·mel·li·a ⚘ [kə'mi:ljə] camélia *m.*
cam·e·o ['kæmiou] camée *m.*
cam·er·a ['kæmərə] *phot.* appareil *m*; ⚖ *in* ~ à huis clos; '**~·man** caméraman *m*; preneur *m* de vues.
cam·i·knick·ers [kæmi'nikəz] *pl.* chemise-culotte (*pl.* chemises-culottes) *f.*
cam·o·mile ⚘ ['kæməmail] camomille *f*; ~ *tea* (tisane *f* de) camomille *f.*
cam·ou·flage ⚔ ['kæmuflɑ:ʒ] **1.** camouflage *m*; **2.** camoufler.
camp [kæmp] **1.** camp *m*; campement *m*; ~-*bed* lit *m* de camp; ~-*chair*, ~-*stool* chaise *f* pliante; pliant *m*; **2.** camper; ~ *out* camper, faire du camping.
cam·paign [kæm'pein] **1.** campagne *f* (*a. pol.*, *a. fig.*); *election* ~ campagne *f* électorale; **2.** faire une (des) campagne(s); **cam'paign·er**: F *old* ~ vieux routier *m*; vétéran *m.*
camp·er ['kæmpə] campeur (-euse *f*) *m*; *Am. a.* caravane *f.*
cam·phor ['kæmfə] camphre *m*;
cam·phor·at·ed ['~reitid] camphré.
camp·ing ['kæmpiŋ] camping *m*; ⚔ campement *m.*
camp·site ['kæmpsait] (terrain *m* de) camping *m.*
cam·pus *Am.* ['kæmpəs] terrains *m/pl.* (*d'une université*).
cam·shaft ⊕ ['kæmʃɑ:ft] arbre *m* à cames.
can[1] [kæn] [*irr.*] *v/aux.* (*défectif*) *je peux etc.*, *je suis etc.* capable de (*inf.*).
can[2] [~] **1.** bidon *m*, broc *m*, pot *m*; *Am. conserves*: boîte *f*; canette *f* en métal; ~ *opener* ouvre-boîtes *m/inv.*; F *carry the* ~ rester avec l'affaire sur les bras; **2.** *Am.* conserver (*qch.*) en boîte; *Am. sl.* ~ *it!* la ferme!
Ca·na·di·an [kə'neidjən] **1.** canadien(ne *f*); **2.** Canadien(ne *f*) *m.*
ca·nal [kə'næl] canal *m* (*a.* ⚕); **ca·nal·i·za·tion** [kænəlai'zeiʃn] canalisation *f*; '**ca·nal·ize** (se) canaliser.
ca·nard [kæ'nɑ:d] canard *m*, fausse nouvelle *f.*
ca·nar·y [kə'nɛəri] (*a.* ~ *bird*) serin *m.*
can·cel ['kænsl] biffer; annuler; *fig.* (*a.* ~ *out*) éliminer; **can·cel·la·tion** [kænse'leiʃn] annulation *f*; résiliation *f*; révocation *f.*
can·cer ['kænsə] *astr. le* Cancer *m*; ⚕ cancer *m*; *attr.* cancéreux (-euse *f*); '**can·cer·ous** cancéreux (-euse *f*).
can·did □ ['kændid] franc(he *f*); sincère; impartial (-aux *m/pl.*).
can·di·date ['kændidit] candidat *m*, aspirant *m* (à, *for*); **can·di·da·ture** ['~ʃə] candidature *f.*
can·died ['kændid] candi; confit.
can·dle ['kændl] bougie *f*; chandelle *f*; cierge *m*; ~-*power* bougie *f*, -s *f/pl.*; 𝔖·**mas** *eccl.* [~'məs] la Chandeleur *f*; '**~·stick** chandelier *m*; bougeoir *m.*

can·do(u)r ['kændə] franchise *f*, sincérité *f*; impartialité *f*.
can·dy ['kændi] **1.** sucre *m* candi; *Am.* bonbons *m/pl.*; confiseries *f/pl.*; ~ *floss* barbe *f* à papa; **2.** *v/t.* faire candir (*du sucre*); glacer (*des fruits*); *v/i.* se cristalliser.
cane [kein] **1.** ⚘ jonc *m*; canne *f*; *pour sièges*: rotin *m*; **2.** battre à coups de canne; canner (*une chaise*).
ca·nine ['keinain] **1.** de chien, canin; **2.** ['kænain] *a.* ~ *tooth* canine *f*.
can·is·ter ['kænistə] boîte *f* (*en fer blanc*).
can·ker ['kæŋkə] **1.** ⚕, *a.* ⚘ chancre *m* (*a. fig.* = *influence corruptrice*); **2.** ronger; *fig.* corrompre; '**can·kered** *fig.* plein d'amertume; '**can·ker·ous** chancreux (-euse *f*).
can·na·bis ['kænəbis] chanvre *m*; cannabis *m*.
canned *Am.* [kænd] (conservé) en boîte; ~ *music* musique enregistrée *ou* en conserve.
can·ner·y *Am.* ['kænəri] conserverie *f*.
can·ni·bal ['kænibl] cannibale (*a. su./mf*).
can·non ['kænən] **1.** ⚔ canon *m*; pièce *f* d'artillerie; *billard*: carambolage *m*; **2.** caramboler; *fig.* ~ *against* (*ou with*) se heurter contre; **can·non·ade** [~'neid] canonnade *f*; '**can·non·ball** boulet *m* de canon.
can·not ['kænɔt] *je* ne peux pas *etc.*
can·ny □ *écoss.* ['kæni] prudent, finaud.
ca·noe [kə'nu:] **1.** canoë *m*; pirogue *f*; périssoire *f*; *paddle one's own* ~ se débrouiller tout seul, diriger seul sa barque; **2.** faire du canoë *ou* de la périssoire; aller en canoë.
can·on ['kænən] *eccl.*, *a.* ♪ canon *m*; F règle *f*, critère *m*; canon *m*; *eccl. personne*: chanoine *m*; *typ.* gros canon *m*; ⚖ ~ *law* droit *m* canon; **can·on·i·za·tion** [~nai'zeiʃn] canonisation *f*; '**can·on·ize** canoniser (*q.*); sanctionner (*un usage*); '**can·on·ry** canonicat *m*.
can·o·py ['kænəpi] **1.** dais *m*; baldaquin *m*; marquise *f*; *fig.* voûte *f*; ⚠ gable *m*; **2.** couvrir d'un dais *etc.*
cant[1] [kænt] **1.** inclinaison *f*, dévers *m*; ⚠ pan *m* coupé; **2.** (s')incliner; pencher; *v/i.* ⚓ éviter; ~ *over* se renverser.
cant[2] [~] **1.** jargon *m*, argot *m* (*des mendiants, criminels, etc.*); langage *m* hypocrite; boniments *m/pl.*; **2.** faire le cafard; parler avec hypocrisie (de, *about*).
can't F [kɑ:nt] *see cannot.*
can·ta·loup ⚘ ['kæntəlu:p] cantaloup *m*.
can·tan·ker·ous F □ [kən'tæŋkərəs] revêche, acariâtre.
can·teen [kæn'ti:n] cantine *f*; *coutellerie*: service *m* de table en coffre; ⚔ bidon *m*; ⚔ gamelle *f*.
can·ter ['kæntə] **1.** petit galop *m*; **2.** aller au petit galop.
can·ter·bur·y ['kæntəbəri] casier *m* à musique; ♀ *bell* ⚘ campanule *f*.
can·tha·ris *zo.* ['kænθəris], *pl.* **-thar·i·des** [~'θæridi:z] cantharide *f*.
can·ti·cle ['kæntikl] cantique *m*; *bibl.* ♀*s pl.* le Cantique des Cantiques.
can·ti·le·ver ⚠ ['kæntili:və] encorbellement *m*; cantilever *m*.
can·to ['kæntou] chant *m* (*d'un poème*).
can·ton **1.** ['kæntɔn] canton *m*; **2.** ⚔ [kən'tu:n] cantonner; '**can·ton·ment** ⚔ cantonnement *m*.
can·vas ['kænvəs] (grosse) toile *f*; toile *f* de tente; *navire*: voiles *f/pl.*; *peint.* toile *f*; *p.ext.* tableau *m*.
can·vass [~] **1.** sollicitation *f* de suffrages; tournée *f* électorale; *Am. a.* dépouillement *m* (*des voix*); **2.** *v/t.* discuter; solliciter (*des suffrages*, ✝ *des commandes*); *v/i. pol.* faire une tournée électorale; ✝ faire la place; '**can·vass·er** solliciteur (-euse *f*) *m*; ✝ placier *m*; *pol.* courtier *m* électoral; *Am. a.* scrutateur *m* (*du scrutin*).
caou·tchouc ['kautʃuk] caoutchouc *m*.
cap [kæp] **1.** casquette *f*; béret *m*; *univ.* toque *f*, mortier *m*; ⊕ *etc.* chapeau *m*, capuchon *m*; ⊕ *pompe*: calotte *f*; ~ *and gown* toque *f* et toge *f*, costume *m* académique; ~ *in hand* le bonnet à la main; *set one's* ~ *at s.o.* entreprendre la conquête de q.; **2.** *v/t.* coiffer; choisir comme membre de la première équipe; capsuler (*une bouteille etc.*); *fig.* couronner; F surpasser; *sp. be* ~*ped* être admis *ou* jouer dans l'équipe nationale; *v/i.* F se découvrir (devant q., [*to*] *s.o.*).

ca·pa·bil·i·ty [keipə'biliti] capacité *f* (pour *inf.*, *of gér.*); faculté *f* (de *inf.*, *of gér.*); '**ca·pa·ble** capable, susceptible (de, *of*).
ca·pa·cious □ [kə'peiʃəs] vaste; ample; **ca·pac·i·tate** [~'pæsiteit] rendre capable (de, *for*); **ca'pac·i·ty** capacité *f* (pour *inf.*, *for gér.*); volume *m*, contenance *f*; *locomotive*: rendement *m*; *rivière*: débit *m*; qualité *f* (*professionnelle*); *disposing* (*ou legal*) ~ capacité *f* juridique; *in my* ~ *as* en ma qualité de.
cap-à-pie [kæpə'pi:] de pied en cap.
ca·par·i·son [kə'pærisn] caparaçon *m*; *fig.* parure *f* somptueuse.
cape[1] [keip] cap *m*, promontoire *m*.
cape[2] [~] pèlerine *f*, cape *f*.
ca·per[1] ⚘ ['keipə] câpre *f*; *plante*: câprier *m*.
ca·per[2] [~] **1.** cabriole *f*, entrechat *m* (*a. fig.*); *cut* ~*s* = **2.** faire des entrechats *ou* des cabrioles; gambader.
ca·pi·as ⚖ ['keipiæs]: *writ of* ~ mandat *m* d'arrêt.
cap·il·lar·i·ty [kæpi'læriti] capillarité *f*; **cap·il·lar·y** [kə'piləri] **1.** capillaire; **2.** *anat.* (vaisseau *m*) capillaire *m*.
cap·i·tal ['kæpitl] **1.** □ capital (-aux *m/pl.*) (*lettre, peine, crime, ville*); le plus haut; F excellent, fameux (-euse *f*); **2.** capitale *f*; ✝ capital *m*, fonds *m/pl.*; *typ.* (*ou* ~ *letter*) majuscule *f*, capitale *f*; ✝ ~ *assets pl.* actif *m* immobilisé; ✝ ~ *gains* (*tax*) (impôt *m* sur les) plus-values *f/pl.* (en capital); **3.** ⚠ chapiteau *m*; '**cap·i·tal·ism** capitalisme *m*; '**cap·i·tal·ist** capitaliste *mf*; **cap·i·tal'is·tic** capitaliste; **cap·i·tal·i·za·tion** [kəpitəlai'zeiʃn] capitalisation *f*; **cap'i·tal·ize** capitaliser; écrire avec une majuscule.
cap·i·ta·tion [kæpi'teiʃn] capitation *f* (*a.* ⚖); *attr.* par tête.
Cap·i·tol ['kæpitl] Capitole *m*.
ca·pit·u·late [kə'pitjuleit] capituler; **ca·pit·u'la·tion** capitulation *f*, reddition *f*.
ca·pon ['keipən] chapon *m*, poulet *m*.
ca·price [kə'pri:s] caprice *m* (*a.* ♪), lubie *f*; **ca·pri·cious** [kə'priʃəs] capricieux (-euse *f*); **ca'pri·cious·ness** humeur *f* capricieuse.
Cap·ri·corn *astr.* ['kæprikɔ:n] *le* Capricorne *m*.
cap·ri·ole ['kæprioul] cabriole *f*.
cap·size ⚓ [kæp'saiz] *v/i.* chavirer; *fig.* se renverser; *v/t.* faire chavirer.
cap·stan ⚓ ['kæpstən] cabestan *m*.
cap·su·lar ['kæpsjulə] capsulaire;
cap·sule ⚘, ⚕ ['~sju:l] capsule *f*.
cap·tain ['kæptin] capitaine *m*, chef *m*; *sp.* chef *m* d'équipe; ⚔, ⚓ capitaine *m*; ✈ *group* ~ colonel *m*; ~ *of horse* capitaine *m* de cavalerie; ~ *of industry* chef *m* de l'industrie; '**cap·tain·cy**, '**cap·tain·ship** grade *m* de capitaine; *sp.* commandement *m* de l'équipe; *entreprise*: conduite *f*.
cap·tion ['kæpʃn] **1.** en-tête *m*; légende *f*; *journal*: rubrique *f*; *cin.* sous-titre *m*; **2.** *v/t. Am.* fournir d'en-têtes *etc.*
cap·tious □ ['kæpʃəs] captieux (-euse *f*); pointilleux (-euse *f*) (*personne*).
cap·ti·vate ['kæptiveit] *fig.* captiver, charmer; **cap·ti'va·tion** séduction *f*; '**cap·tive 1.** captif (-ive *f*); ~ *balloon* ballon *m* captif; **2.** captif (-ive *f*) *m*; prisonnier (-ère *f*) *m*;
cap·tiv·i·ty [~'tiviti] captivité *f*.
cap·tor ['kæptə] preneur *m*; ⚓ capteur *m*; **cap·ture** ['~tʃə] **1.** capture *f*; prise *f* (*a.* ⚓); **2.** capturer, s'emparer de (*un malfaiteur*); prendre (*une ville*); ⚓ capturer.
Cap·u·chin *eccl.* ['kæpjuʃin] capucin *m*.
car [kɑ:] *mot.* automobile *f*, voiture *f*; 🚃 *Am.* voiture *f*, wagon *m*; *Am. ascenseur*: cabine *f*; *poét.* char *m*; *ballon*: nacelle *f*; ~ *park* parking *m*, parc *m* de stationnement; ~ *port* auvent *m ou* abri *m* pour voitures; ~ *wash* lave-auto *m*, tunnel *m* de lavage.
car·a·cole ['kærəkoul] *équit.* **1.** caracole *f*; **2.** caracoler.
ca·rafe [kə'rɑ:f] carafe *f*.
car·a·mel ['kærəmel] caramel *m*; bonbon *m* au caramel.
car·at ['kærət] *mesure*: carat *m*.
car·a·van [kærə'væn] caravane *f* (*a. mot.*); roulotte *f*; ~ *site* camping *m* pour caravanes; **car·a'van·se·rai** [~serai] caravansérail *m*.
car·a·way ⚘ ['kærəwei] carvi *m*.
car·bide ⚗ ['kɑ:baid] carbure *m*.
car·bine ['kɑ:bain] carabine *f*.
car·bo·hy·drate ⚗ ['kɑ:bou'haidreit] hydrate *m* de carbone.
car·bol·ic ac·id ⚗ [kɑ:'bɔlik'æsid] phénol *m*.

car·bon ['kɑːbən] ⚗ carbone *m*; ⚡ charbon *m*; ~ *copy* copie *f ou* double *m* au carbone; (*ou* ~ *paper*) papier *m* carbone; **car·bo·na·ceous** [~-'neiʃəs] *géol.* charbonneux (-euse *f*); **car·bon·ate** ['~bənit] carbonate *m*; **car·bon·ic** [~'bɔnik] carbonique; ~ *acid* anhydride *m* carbonique; **car·bon·i·zation** [~bənai'zeiʃn] carbonisation *f*; '**car·bon·ize** carboniser.

car·boy ['kɑːbɔi] bonbonne *f*.

car·bun·cle ['kɑːbʌŋkl] *min.* escarboucle *f*; ⚕ anthrax *m*.

car·bu·ret ⚗ ['kɑːbjuret] carburer; '**car·bu·ret·ter**, *usu.* '**car·bu·ret·tor** *mot.* carburateur *m*.

car·case, **car·cass** ['kɑːkəs] *homme*, *animal*: cadavre *m*; *animal*, *maison*: carcasse *f*; *fig.* squelette *m*, carcasse *f*.

car·ci·no·ma ⚕ [kɑːsinoumə] carcinome *m*; **car·cin·o·ge·nic** [~nə-'dʒenik] cancérigène.

card[1] ⊕ [kɑːd] **1.** carde *f*, peigne *m*; **2.** carder, peigner (*la laine*).

card[2] [~] carte *f*; ~ *catalogue* fichier *m*; F *house of* ~*s* château *m* de cartes; *sl. queer* ~ drôle *m* de type *ou* de numéro.

car·dan ⊕ ['kɑːdən]: ~ *joint* joint *m* de cardan, joint *m* universel; ~ *shaft* arbre *m* à cardan.

card...: '**~·board** carton *m*; cartonnage *m*; ~ *box* carton *m*; '**~-case** porte-cartes *m/inv*.

car·di·ac ⚕ ['kɑːdiæk] **1.** cardiaque, cardiaire; ~ *arrest* arrêt *m* du coeur; ~ *stimulant* stimulant *m* cardiaque; **2.** cordial *m*.

car·di·gan ['kɑːdigən] cardigan *m*.

car·di·nal □ ['kɑːdinl] **1.** cardinal (-aux *m/pl.*); principal (-aux *m/pl.*); ~ *number* nombre *m* cardinal; **2.** *eccl.* cardinal *m* (*a. orn.*); **car·di·nal·ate** ['~eit] cardinalat *m*.

card...: '**~-in·dex** fichier *m*, classeur *m*; '**~-sharp·er** tricheur *m*, escroc *m*.

care [kɛə] **1.** souci *m*; soin *m*, attention *f*; charge *f*; tenue *f*; *medical* ~ soins *m/pl.* médicaux; ~ *of the mouth* hygiène *f* orale; ~ *of the nails* soin *m* des ongles; ~ *of* (*abbr. c/o*) aux bons soins de; chez; *take* ~ faire attention; *take* ~ (*of yourself*)! fais bien attention (à toi); *take* ~ *to do* faire attention *ou* prendre soin de faire; *take* ~ *of* s'occuper de; garder; *with* ~! fragile!; **2.** se soucier; s'inquiéter; ~ *for* soigner; aimer; se soucier de; *usu. au nég.*: tenir à; être important à (*q.*); F *I don't* ~ (*if I do*)! ça m'est égal; *I don't* ~ *what he said* peu m'importe ce qu'il a dit.

ca·reen ⚓ [kə'riːn] *v/t.* caréner; *v/i.* donner de la bande.

ca·reer [kə'riə] **1.** carrière *f*; *fig.* course *f* précipitée; ~ *diplomat* diplomate *m* de carrière; **2.** *fig.* courir rapidement; **ca·reer·ist** [kə'riərist] arriviste *mf*.

care·free ['kɛəfriː] insouciant; exempt de soucis.

care·ful □ ['kɛəful] soigneux (-euse *f*) (de *of*, *for*); attentif (-ive *f*) (à, *of*); prudent; soigné; *be* ~ *to* (*inf.*) avoir soin de (*inf.*); *be* ~ *not to fall!* prenez garde de tomber; '**care·ful·ness** soin *m*, attention *f*; prudence *f*.

care·less □ ['kɛəlis] sans soin; négligent; inconsidéré; nonchalant; insouciant (de *of*, *about*); '**care·less·ness** inattention *f*; insouciance *f*; manque *m* de soin.

ca·ress [kə'res] **1.** caresse *f*; **2.** caresser; *fig.* mignoter.

care·tak·er ['kɛəteikə] concierge *mf*; gardien(ne *f*) *m*; *école*: dépensier (-ère *f*) *m*.

care-worn ['kɛəwɔːn] usé par le chagrin.

car·fare *Am.* ['kɑːfɛə] prix *m* du voyage.

car·go ⚓ ['kɑːgou] cargaison *f*; *mixed* (*ou general*) ~ cargaison *f* mixte; *shifting* ~ cargaison *f* volante.

car·i·ca·ture [kærikə'tjuə] **1.** caricature *f*; **2.** caricaturer; **car·i·ca·tur·ist** [kærikə'tjuərist] caricaturiste *m*.

car·i·es ⚕ ['kɛəriiːz] carie *f*; '**car·i·ous** carié; gâté (*dent etc.*).

car·man ['kɑːmən] charretier *m*.

car·mine ['kɑːmain] **1.** carmin *m*; **2.** carmin *adj./inv.*, carminé.

car·nage ['kɑːnidʒ] carnage *m*; '**car·nal** □ charnel(le *f*); de la chair; sensuel(le *f*); sexuel(le *f*); mondain; **car·nal·i·ty** [~'næliti] sensualité *f*; **car·na·tion** [~'neiʃn] **1.** incarnat *m*; ⚘ œillet *m*; **2.** incarnat.

car·ni·val ['kɑːnivl] carnaval (*pl.* -s) *m*; *fig.* réjouissances *f/pl.*

car·ni·vore ['kɑːnivɔː] carnassier *m*;

car·niv·o·rous [~'nivərəs] carnassier (-ère *f*) (*animal*); carnivore (*plante, personne*).
car·ol ['kærl] **1.** chant *m*, chanson *f*; noël *m*; **2.** chanter joyeusement.
ca·rot·id *anat.* [kə'rɔtid] (*a.* ~*artery*) carotide *f*.
ca·rouse [kə'rauz] **1.** *a.* **ca'rous·al** buverie *f*; F bombe *f*; **2.** faire la fête.
carp[1] [kɑ:p] carpe *f*.
carp[2] [~] gloser, épiloguer; ~ *at* trouver à redire à.
car·pen·ter ['kɑ:pintə] **1.** charpentier *m*; menuisier *m*; **2.** *v/i.* faire de la charpenterie; *v/t.* charpenter; **'car·pen·try** charpente(rie) *f*.
car·pet ['kɑ:pit] **1.** tapis *m* (*a. fig.*); *bring on the* ~ soulever (*une question*); F ~*-dance* sauterie *f*; **2.** recouvrir d'un tapis; F mettre (*q.*) sur la sellette; **'~-bag·ger** *parl.* candidat *m* étranger à la circonscription; **'~-beat·er** tapette *f*.
car·pet·ing ['kɑ:pitiŋ] tapis *m/pl.* en pièce; pose *f* de tapis.
car·pet-sweep·er ['kɑ:pitswi:pə] balai *m* mécanique.
car·riage ['kæridʒ] port *m*; transport *m*; (*a.* ⊕) voiture *f*, wagon *m*; ⚔ affût *m*; *personne*: allure *f*; *machine à écrire*: chariot *m*; *voiture*: train *m*; **'car·riage·a·ble** charriable (*objet*); praticable (*chemin*).
car·riage...: **'~-and-'pair** voiture *f* à deux chevaux; **'~-door** porte *f* cochère; **'~-drive** allée *f*; avenue *f* pour voitures; **'~-free, ~-'paid** franc(he *f*) *ou* franco de port, envoi franco; **'~·road, '~-way** chaussée *f*; route *f* carrossable.
car·ri·er ['kæriə] porteur (-euse *f*) *m* (*a.* ⚕); ⚔ ravitailleur *m*; ✝ camionneur *m*, voiturier *m*; *bicyclette*: porte-bagages *m/inv.*; **'~-bag** sac *m* (en plastique); **'~-pi·geon** pigeon *m* voyageur.
car·ri·on ['kæriən] **1.** charogne *f*; **2.** pourri.
car·rot ['kærət] carotte *f*; **'car·rot·y** F roux (rousse *f*).
car·ry ['kæri] **1.** *v/t.* porter; transporter; conduire (*q.*); mener (*q.*); mener à bonne fin (*une entreprise*); (rap)porter (*intérêt*); remporter (*un prix*); élever (*un mur*); (sup)porter (*une poutre*); faire adopter (*une proposition*); ⅌ retenir (*un chiffre*); bien supporter (*du vin*); avoir en magasin (*des marchandises*); ⚔ enlever (*une forteresse*); *be carried* être voté; être adopté; *univ.* ~ *a course* suivre un cours; ~ *away* emmener (*q.*); emporter (*a. fig.*); ~ *everything before one* triompher sur toute la ligne; ✝ ~ *forward* (*ou over*) reporter (*une somme*); transporter (*un solde*); ~ *on* continuer; entretenir; exercer (*un métier*); poursuivre (*un procès*); ~ *out* porter dehors; exécuter; mener à bonne fin; ~ *through* exécuter, réaliser; **2.** *v/i.* porter (*son, fusil*); faire une trajectoire (*balle*); ~ *on* persister; F faire des scènes; F se comporter; F ~ *on with* flirter avec (*q.*); ~*ing capacity* charge *f* utile; **3.** *fusil*: portée *f*; trajet *m*.
cart [kɑ:t] **1.** charrette *f*; ⚔ fourgon *m*; ~ *grease* cambouis *m*; *fig. put the* ~ *before the horse* mettre la charrue devant les bœufs; *sl. in the* ~ dans le pétrin; **2.** charrier, charroyer; **'cart·age** charroi *m*; (prix *m* du) charriage *m*.
car·tel [kɑ:'tel] cartel *m*; ✝ syndicat *m* de producteurs; ⚔ convention *f* pour l'échange de prisonniers.
car·ter ['kɑ:tə] charretier *m*, camionneur *m*.
car·ti·lage ['kɑ:tilidʒ] cartilage *m*; **car·ti·lag·i·nous** [~'lædʒinəs] cartilagineux (-euse *f*).
cart-load ['kɑ:tloud] charretée *f*; *charbon*: tombereau *m*.
car·tog·ra·pher [kɑ:'tɔgrəfə] cartographe *m*; **car'tog·ra·phy** cartographie *f*.
car·ton ['kɑ:tən] carton *m*; *a* ~ *of cigarettes* une cartouche de cigarettes.
car·toon [kɑ:'tu:n] **1.** *peint.* carton *m*; ⊕ dessin *m* (*sur page entière*), *surt.* portrait *m* caricaturé; *cin.* dessin *m* animé; **2.** faire la caricature de.
car·touche [kɑ:'tuʃ] cartouche *m*.
car·tridge ['kɑ:tridʒ] cartouche *f*; **'~-belt** *ceinture*: cartouchière *f*.
cart-wheel ['kɑ:twi:l] roue *f* de charrette; *gymn.* roue *f*; *co. Am.* dollar *m* d'argent.
cart·wright ['kɑ:trait] charron *m*.
carve [kɑ:v] *v/t.* découper (*de la viande*); tailler; se frayer (*un chemin*); *vt./i.* sculpter (dans, *in*); graver (sur, *in*); **'carv·er** couteau *m* à découper; *personne*: découpeur *m*;

serveur *m*; ciseleur *m*; ~*s pl.* service *m* à découper.

carv·ing ['kɑːviŋ] **1.** sculpture *f*, gravure *f*; découpage *m* de la viande; **2.** à découper; à sculpter.

cas·cade [kæs'keid] chute *f* d'eau; cascade *f*.

case[1] [keis] **1.** caisse *f*; colis *m*; (*a. cartridge-*~) étui *m*; *instruments*: trousse *f*; *violon*: boîte *f*; *montre*: boîtier *m*; *magasin*: vitrine *f*; *livre*: couverture *f*; *typ.* casse *f*; **2.** encaisser; cartonner (*un livre*); ⊕ chemiser (*une chaudière*); envelopper (de, *with*).

case[2] [~] cas *m* (*a.* ⚕, ⚖, *gramm.*); ⚕ *a.* malade *mf*; *Am.* F original *m*; ⚖ *a.* cause *f*, affaire *f*; exposé *m* des faits; réclamation *f*; *a* ~ *for* (*gér.*) des raisons de (*inf.*); *have a strong* ~ être dans son droit; avoir des raisons sérieuses (pour, *for*); *as the* ~ *may be* selon le cas; *in* ~ au cas où; à tout hasard; *in any* ~ en tout cas; '~**·book** dossier *m* médical; rapports *m/pl.* de cas sociaux.

case-hard·en ⊕ ['keishɑːdn] aciérer; *fig.* ~*ed* endurci.

ca·se·in ⚗ ['keisiiːn] caséine *f*.

case-knife ['keisnaif] couteau *m* à gaine.

case·mate ⚔ ['keismeit] casemate *f*.

case·ment ['keismənt] fenêtre *f* à deux battants; croisée *f*; ~ *cloth* tissu *m* de rideaux.

case-shot ['keisʃɔt] mitraille *f*.

cash [kæʃ] **1.** espèces *f/pl.*; argent *m* comptant; ~ *down*, *for* ~ argent comptant; *in* ~ en espèces; *be in* (*out of*) ~ (ne pas) être en fonds; ~ *payment* paiement *m* (au) comptant; ~ *on delivery* livraison *f* contre remboursement; ~ *dispenser* changeur *m* de monnaie; ~ *price* prix *m* au comptant; ~ *register* caisse *f* enregistreuse; **2.** encaisser (*un coupon*); toucher (*un chèque*); '~**-book** livre *m* de caisse; sommier *m*; '~**-cheque** chèque *m* ouvert; '~**-desk** caisse *f*; *théâ. etc.* guichet; **cash·ier** [kæ'ʃiə] **1.** caissier (-ère *f*) *m*; **2.** ⚔ casser (*un officier*); '**cash·less** sans argent; F à sec.

cash·mere [kæʃ'miə] *tex.* cachemire [*m.*]

cas·ing ['keisiŋ] encaissement *m*; enveloppe *f*; *livre*: cartonnage *m*; *cylindre*: chemise *f*; *turbine*: bâche *f*; ⚠ revêtement *m*.

ca·si·no [kə'siːnou] casino *m*.

cask [kɑːsk] fût *m*, tonneau *m*.

cas·ket ['kɑːskit] cassette *f*, coffret *m*; *Am.* cercueil *m* (de luxe).

cas·sa·tion ⚖ [kæ'seiʃn] cassation *f*.

cas·se·role ['kæsəroul] *cuis.* daubière *f*; ⚗ casserole *f*; ~ *of chicken* poulet *m* en cocotte.

cas·sette [kə'set] cassette *f*; ~ **deck** platine *f* à cassettes; ~ **play·er** lecteur *m* de cassettes; ~ **re·cord·er** magnétophone *m* à cassettes.

cas·si·a ⚘ ['kæsiə] casse *f* (*a. pharm.*); *arbre*: cassier *m*.

cas·sock ['kæsək] soutane *f*.

cas·so·war·y *orn.* ['kæsəweəri] casoar *m*; *New Holland* ~ émeu *m*.

cast [kɑːst] **1.** jet *m*; coup *m*; ⊕ *metall.* coulée *f*; moulage *m*; ⚓ coup *m* (*de sonde*); bas *m* de ligne; *théâ.* troupe *f*; distribution *f* des rôles; ⚕ additon *f*; *fig.* trempe *f*, tournure *f* (*d'esprit*); **2.** [*irr.*] *v/t.* jeter (*a.* ⚓ *l'ancre*), lancer; donner (*son suffrage*); *zo.* jeter (*sa dépouille*); *orn.* (*usu.* ~ *its feathers*) muer; perdre (*les dents*); jeter (*un regard*); projeter (*une lumière, une ombre, etc.*); *métall.* couler; *typ.* clicher (*une page*); *théâ.* distribuer les rôles de (*une pièce*), assigner (un rôle à q., *s.o. for a part*); ⚕, 𝒜 (*a.* ~ *up*) additionner, faire le total; ~ *iron* fonte *f* (de fer); ~ *steel* fonte *f* d'acier; ⚖ *be* ~ *in costs* être condamné aux frais; ⚖ *be* ~ *in a lawsuit* perdre un procès, être débouté; ~ *lots* tirer au sort (pour, *for*); ~ *one's skin* se dépouiller; ~ *s.th. in s.o.'s teeth* reprocher qch. à q.; ~ *away* rejeter; ⚓ *be* ~ *away* faire naufrage; ~ *down* jeter bas; baisser (*les yeux*); *be* ~ *down* être découragé; ~ *up* lever au ciel; ⚕ rejeter; ⚕ ~ *up* (*accounts*) additionner, faire le total; **3.** *v/i.* se voiler; ⊕ se couler; ~ *about for* chercher; briguer; ⚓ ~ *off* abattre sous le vent; démarrer.

cas·ta·net [kæstə'net] castagnette *f*.

cast·a·way ['kɑːstəwei] **1.** rejeté; ⚓ naufragé; **2.** naufragé(e *f*) *m*; *fig.* proscrit(e *f*) *m*; exilé(e *f*) *m*.

caste [kɑːst] caste *f*; *fig.* rang *m*, classe *f*; ~ *feeling* esprit *m* de caste.

cas·tel·lan ['kæstələn] châtelain *m*;

cas·tel·lat·ed ['kæsteleitid] crénelé; bâti dans le style féodal.

cas·ter ['kɑːstə] *see castor*[2].

cas·ti·gate ['kæstigeit] châtier; *fig.* critiquer sévèrement; **cas·ti'ga·tion** châtiment *m*, correction *f*; *fig.* critique *f* sévère.

cast·ing ['kɑ:stiŋ] **1.** ~ *vote* voix *f* prépondérante; **2.** jet *m*; moulage *m*, fonte *f*; *théâ.* distribution *f* des rôles; ⚕ addition *f*; ~*s pl.* pièces *f/pl.*

cast-i·ron ['kɑ:st'aiən] en fonte; *fig.* de fer, rigide; ~ *alibi* alibi *m* de fer.

cas·tle ['kɑ:sl] **1.** château *m* (fort); *échecs*: tour *f*; **2.** *échecs*: roquer.

cas·tor[1] ['kɑ:stə] *pharm.* castoréum *m*; F chapeau *m* castor; ~ *oil* huile *f* de ricin.

cas·tor[2] [~] roulette *f* (*de meuble*); *sucre etc.*: saupoudroir *m*; ~*s pl.* huilier *m*; ⚕ ~ *sugar* sucre *m* en poudre.

cas·trate [kæs'treit] châtrer; **cas'tra·tion** castration *f*; éviration *f*; *fig.* émasculation *f*.

cas·u·al ['kæʒjuəl] **1.** □ fortuit, accidentel(le *f*); F insouciant; ~ *labo(u)rer* homme *m* à l'heure, manœuvre *m* d'emploi intermittent; ~ *pauper* = **2.** indigent(e *f*) *m* de passage; **'cas·u·al·ty** accident *m*; ⚔ *casualties pl.* pertes *f/pl.*

cas·u·ist ['kæzjuist] casuiste *m* (*a. péj.*); **'cas·u·ist·ry** casuistique *f* (*a. péj.*).

cat [kæt] **1.** chat(te *f*) *m*; *Am. sl.* fanatique *mf* du jazz; **2.** *sl.* renarder.

cat·a·clysm ['kætəklizm] cataclysme *m*.

cat·a·comb ['kætəkoum] catacombe *f*.

cat·a·logue, *Am. a.* **cat·a·log** ['kætəlɔg] **1.** catalogue *m*, répertoire *m*; *univ. Am.* annuaire *m*; prospectus *m*; **2.** cataloguer.

ca·tal·y·sis [kə'tælisis], *pl.* **ca'tal·y·ses** [~si:z] catalyse *f*; **cat·a·lyst** ['kætəlist] catalyseur *m*.

cat·a·pult ['kætəpʌlt] catapulte *f* (*a.* ✈); ~ *launching* catapultage *m*.

cat·a·ract ['kætərækt] cataracte *f* (*a. fig.*, *a.* ⚕).

ca·tarrh [kə'tɑ:] catarrhe *m*; F *surt.* rhume *m* de cerveau; **ca·tarrh·al** [kə'tɑ:rəl] catarrhal (-aux *m/pl.*).

ca·tas·tro·phe [kə'tæstrəfi] catastrophe *f*, désastre *m*; **cat·a·stroph·ic** [kætə'strɔfik] (~*ally*) désastreux (-euse *f*).

cat...: **'~·bur·glar** cambrioleur *m* par escalade; **'~·call 1.** *théâ. etc.* sifflet *m*; **2.** siffler; chahuter.

catch [kætʃ] **1.** prise *f*; *porte, fenêtre*: loqueteau *m*; attrape *f*, tromperie *f*; *fig.* aubaine *f*; F bon parti *m* (*à épouser*); ♪ chant *m* à reprises, canon *m*; ⊕ crochet *m* d'arrêt; cliquet *m*; *cricket*: prise *f* au vol; *see* ~-*word*; **2.** [*irr.*] *v/t.* attraper, prendre; saisir; F obtenir, gagner; rencontrer (*un regard*); *son*: frapper (*l'oreille*); recueillir (*de l'eau*); prendre; ne pas manquer (*le train etc.*); attraper, être atteint de (*une maladie*); flanquer (*un coup*) à (*q.*); prendre (*un poisson*); accrocher (*sa robe*); attirer (*l'attention*); contracter (*une habitude*); *orage etc.*: surprendre (*q.*); *fig.* entendre, comprendre; F ~ *it* se faire attraper (par, *from*); ~ *in the act* prendre (*q.*) en flagrant délit; prendre (*q.*) sur le fait; ~ *me!* F pas si bête!; ~ *cold* prendre froid; s'enrhumer; ~ *one's breath* avoir un sursaut; ~ *s.o.'s eye* attirer l'attention de q.; *parl.* ~ *the Speaker's eye* obtenir la parole; ~ *up* ramasser vivement; F couper la parole à (*q.*), interrompre; rattraper (*q.*); **3.** [*irr.*] *v/i.* prendre, ⊕ mordre; s'engager (*verrou etc.*); *cuis.* attacher; ~ *at* s'accrocher à; saisir; F ~ *on* avoir du succès, prendre; *Am.* F comprendre; ~ *up with* rattraper (*q.*) **'~·all** *Am.* fourre-tout *m/inv.*; **'~-as-catch-can** *sp.* catch *m*; **'catch·er** *baseball*: rattrapeur *m*; **'catch·ing** ♪ entraînant; ⚕ contagieux (-euse *f*); infectieux (-euse *f*); **'catch·ment ba·sin** bassin *m* de réception.

catch...: **'~·pen·ny** ⚕ **1.** d'attrape; **2.** camelote *f* de réclame; attrape-nigaud *m*; **'~-phrase** F scie *f*, rengaine *f*; devise *f*; **'~·pole** huissier *m*; **'~·word** *pol.* mot *m* de ralliement; F scie *f*; *théâ.* réplique *f*; *typ.* mot-souche (*pl.* mots-souches) *m*; **'catch·y** *fig.* F entraînant; insidieux (-euse *f*) (*question etc.*).

cat·e·chism ['kætikizm] catéchisme *m*; **cat·e·chize** ['~kaiz] catéchiser; **cat·e·chu·men** [~'kju:mən] catéchumène *mf*.

cat·e·gor·i·cal □ [kæti'gɔrikl] catégorique; **cat·e·go·ry** ['~gəri] catégorie *f*.

cat·e·nar·y [kə'ti:nəri] **1.** caténaire;

🚂 *~ curve* funiculaire *f*; **2.** caténaire *f*; chaînette *f*.
ca·ter [ˈkeitə]: *~ for* approvisionner; *fig.* pourvoir à; ˈ**ca·ter·er** approvisionneur (-euse *f*) *m*; fournisseur *m*; *banquet*: traiteur *m*; ˈ**ca·ter·ing** approvisionnement *m*.
cat·er·pil·lar [ˈkætəpilə] chenille *f*; *~ wheel* roue *f* à chenille.
cat·er·waul [ˈkætəwɔːl] miauler.
cat·gut [ˈkætgʌt] corde *f* à boyau.
ca·the·dral [kəˈθiːdrl] **1.** *su.* cathédrale *f*; **2.** *adj.* cathédral (-aux *m/pl.*).
Cath·er·ine-wheel ⌂ [ˈkæθərinwiːl] rosace *f* rayonnante; *pièce d'artifice*: soleil *m*; roue *f* à feu.
cath·e·ter [ˈkæθitə] sonde *f* creuse, cathéter *m*.
cath·ode ⚡ [ˈkæθoud] **1.** cathode *f*; **2.** cathodique.
cath·o·lic [ˈkæθəlik] **1.** (*~[al]ly*) universel(le *f*); catholique; **2.** catholique *mf*; **ca·thol·i·cism** [kəˈθɔlisizm] catholicisme *m*.
cat·kin ⚘ [ˈkætkin] chaton *m*.
cat·nap [ˈkætnæp] **1.** petit somme *m*; **2.** faire un petit somme.
cat's...: *~* **eye** cataphote *m*; ˈ**~-paw** [ˈkætspɔː] *fig.* dupe *f*; *be s.o.'s ~* tirer les marrons du feu pour q.
cat·sup [ˈkætsəp] *Am. see ketchup*.
cat·tle [ˈkætl] bétail *m*; bestiaux *m/pl.*; ˈ**~-plague** peste *f* bovine; ˈ**~-rus·tler** *Am.* voleur *m* de bétail; ˈ**~-show** comice *m* agricole; concours *m* d'élevage.
cat·walk [ˈkætwɔːk] passerelle *f*.
Cau·ca·sian [kɔːˈkeiziən] **1.** caucasien(ne *f*); du Caucase; **2.** Caucasien(ne *f*) *m*.
cau·cus [ˈkɔːkəs] comité *m* électoral; *usu. péj.* clique *f* politique; *pol. Am.* réunion *f* préliminaire (*d'un comité électoral*).
cau·dal *zo.* [ˈkɔːdl] caudal (-aux *m/pl.*); **cau·date** [ˈ~deit] caudifère.
cau·dle [ˈkɔːdl] chaudeau *m*.
caught [kɔːt] *prét. et p.p. de catch 2, 3*.
ca(u)l·dron [ˈkɔːldrən] chaudron *m*; ⊕ chaudière *f*.
cau·li·flow·er ⚘ [ˈkɔliflauə] choufleur (*pl.* choux-fleurs) *m*.
caulk ⚓ [kɔːk] calfater; ˈ**caulk·er** calfat *m*.
caus·al □ [ˈkɔːzl] causal (*sg. seulement*); causatif (-ive *f*); **cau·sal·i·ty** [~ˈzæliti] causalité *f*; ˈ**caus·a·tive** causatif (-ive *f*); **cause** [kɔːz] **1.** cause *f*; raison *f*, motif *m*; ⚖ cause *f*; procès *m*; *fig.* querelle *f*; *with good ~* pour cause; **2.** occasionner, causer; faire (faire qch. à q., *s.o. to do s.th.*); ˈ**cause·less** □ sans cause, sans motif.
cause·way [ˈkɔːzwei], *a.* **cau·sey** [ˈ~zei] chaussée *f*, digue *f* (*à travers des marécages*).
caus·tic [ˈkɔːstik] **1.** caustique *m*; *phys.* caustique *f*; **2.** (*~ally*) caustique; *fig. a.* mordant.
cau·ter·i·za·tion ⚕ [kɔːtəraiˈzeiʃn] cautérisation *f*; ˈ**cau·ter·ize** cautériser; ˈ**cau·ter·y** cautère *m*.
cau·tion [ˈkɔːʃn] **1.** précaution *f*; prudence *f*; avertissement *m*; réprimande *f*; F drôle *m* de pistolet; ⚖ caution *f*, garant *m*; *~ money* cautionnement *m*; **2.** avertir (contre, *against*); ˈ**cau·tion·ar·y** d'avertissement, avertisseur (-euse *f*).
cau·tious □ [ˈkɔːʃəs] prudent, circonspect; ˈ**cau·tious·ness** prudence *f*, circonspection *f*.
cav·al·cade [kævlˈkeid] cavalcade *f*.
cav·a·lier [kævəˈliə] **1.** cavalier *m*; F galant *m*; **2.** □ désinvolte, cavalier (-ère *f*).
cav·al·ry ⚔ [ˈkævlri] cavalerie *f*.
cave [keiv] **1.** caverne *f*, antre *m*; grotte *f*; **2.** des cavernes; **3.**: *~ in v/i.* s'effondrer; F céder (*personne*); *v/t.* F aplatir.
ca·ve·at ⚖ [ˈkeiviæt] opposition *f*.
cave-man [ˈkeivmən] troglodyte *m*; F homme *m* à la manière forte.
cav·en·dish [ˈkævəndiʃ] tabac *m* foncé édulcoré.
cav·ern [ˈkævən] caverne *f* (*a.* ⚕); souterrain *m*; ˈ**cav·ern·ous** caverneux (-euse *f*) (*a. fig.*).
cav·i·ar(e) [ˈkæviɑː] caviar *m*.
cav·il [ˈkævil] **1.** argutie *f*; **2.** pointiller (sur *at, about*); ˈ**cav·il·ler** chicaneur (-euse *f*) *m*.
cav·i·ty [ˈkæviti] cavité *f*; creux *m*; trou *m*.
ca·vort *Am.* F [kəˈvɔ̃ːt] cabrioler; faire des galopades.
ca·vy *zo.* [ˈkeivi] cobaye *m*, cochon *m* d'Inde.
caw [kɔː] **1.** croasser; **2.** croassement *m*.
cay·enne [keiˈen], **cay·enne pep·per** [ˈkeien] poivre *m* de Cayenne.
cay·man *zo.* [ˈkeimən], *pl.* **-mans** caïman *m*.

cay·use *Am.* [ˈkaijuːs] petit cheval *m* (indien).
cease [siːs] *v/i.* cesser (de, *from*); *v/t.* cesser (*a.* ⚔ *le feu*); arrêter; ˈ~-ˈ**fire** ⚔ cessez-le-feu *m/inv.*; ˈ**cease·less** □ incessant; sans arrêt.
ce·dar ⚘ [ˈsiːdə] cèdre *m.*
cede [siːd] céder.
ceil [siːl] plafonner (*une pièce*); † lambrisser; ˈ**ceil·ing** plafond *m* (*a. fig.*); ⚓ vaigrage *m*; ~ *lighting* illumination *f* de plafond; ~ *price* prix *m* maximum.
cel·an·dine ⚘ [ˈseləndain] éclaire *f.*
cel·e·brate [ˈselibreit] célébrer (*a. eccl., a. fig. = glorifier*); ˈ**cel·e·brat·ed** célèbre (par, *for*); renommé (pour, *for*); **cel·eˈbra·tion** célébration *f* (*a. eccl.*); *in* ~ *of* pour commémorer *ou* fêter (*qch.*); ~ *of May-day* fête *f* du premier mai; ˈ**cel·e·bra·tor** célébrateur *m.*
ce·leb·ri·ty [siˈlebriti] célébrité *f* (*a. personne*).
ce·ler·i·ty [siˈleriti] célérité *f.*
cel·er·y ⚘ [ˈseləri] céleri *m.*
ce·les·tial □ [siˈlestjəl] céleste.
cel·i·ba·cy [ˈselibəsi] célibat *m*; **cel·i·bate** [ˈ~bit] **1.** célibataire, de célibataire; **2.** célibataire *mf.*
cell [sel] cellule *f*; ⚡ élément *m* de pile.
cel·lar [ˈselə] **1.** cave *f*; **2.** mettre en cave *ou* en chai; ˈ**cel·lar·age** emmagasinage *m*; caves *f/pl.*; ˈ**cel·lar·et** cave *f* à liqueurs.
celled [seld] à cellule(s); ⚡ à pile(s).
cel·list ♪ [ˈtʃelist] violoncelliste *mf*; **cel·lo** [ˈtʃelou] violoncelle *m.*
cel·lo·phane [ˈselofein] cellophane *f.*
cel·lu·lar [ˈseljulə] cellulaire; **cel·lule** [ˈ~juːl] cellule *f*; **cel·lu·loid** [ˈ~julɔid] celluloïd *m*; **cel·lu·lose** [ˈ~lous] cellulose *f.*
Celt [kelt] Celte *mf*; ˈ**Celt·ic** celte; celtique.
ce·ment [siˈment] **1.** ciment *m*; *anat., a. métall.* cément *m*; **2.** cimenter (*a. fig.*); coller; *métall.* cémenter; ~ *mixer* bétonnière *f*; **ce·men·ta·tion** [siːmenˈteiʃn] cimentage *m*; collage *m*; *métall.* cémentation *f.*
cem·e·ter·y [ˈsemitri] cimetière *m.*
cen·o·taph [ˈsenətɑːf] cénotaphe *m.*
cense [sens] encenser; ˈ**cen·ser** encensoir *m.*
cen·sor [ˈsensə] **1.** censeur *m*; **2.** interdire; expurger; **cen·so·ri·ous** □ [senˈsɔːriəs] porté à censurer; sévère; **cen·sor·ship** [ˈ~səʃip] censure *f*; contrôle *m.*
cen·sur·a·ble □ [ˈsenʃərəbl] censurable, blâmable; **cen·sure** [ˈsenʃə] **1.** censure *f*, blâme *m*; réprimande *f*; **2.** censurer; blâmer publiquement.
cen·sus [ˈsensəs] recensement *m.*
cent [sent] *Am.* cent *m* (= $^1/_{100}$ *dollar*); F sou *m*; *per* ~ pour cent.
cen·taur *myth.* [ˈsentɔː] centaure *m.*
cen·tau·ry ⚘ [ˈsentɔːri] centaurée *f.*
cen·te·nar·i·an [sentiˈnɛəriən] centenaire (*a. su./mf*); **cen·te·nar·y** [senˈtiːnəri] centenaire *m.*
cen·ten·ni·al [senˈtenjəl] centennal (-aux *m/pl.*); *Am. see centenary.*
cen·tes·i·mal □ [senˈtesiml] centésimal (-aux *m/pl.*).
centi... [senti]: ˈ**~·grade** centigrade; ˈ**~·gramme** centigramme *m*; ˈ**~·me·tre** centimètre *m*; **~·pede** *zo.* [ˈ~piːd] centipède *m*; F mille-pattes *m/inv.*
cen·tral [ˈsentrəl] □ central (-aux *m/pl.*); ~ *heating* chauffage *m* central; ~ *office*, ⚡ ~ *station* centrale *f*; *téléph. Am.* central *m*; **cen·tral·i·za·tion** [~laiˈzeiʃn] centralisation *f*; ˈ**cen·tral·ize** (se) centraliser.
cen·tre, *Am.* **cen·ter** [ˈsentə] **1.** centre *m* (*a.* ⚔, *pol.*), milieu *m*; *foot.* ~ *forward* avant-centre *m*; *foot.* ~ *half* demi-centre *m*; **2.** central (-aux *m/pl.*), du centre; **3.** *v/t.* placer au centre; centrer (*a. foot.*); concentrer; *v/i.* se concentrer (dans, *in*; sur, *on*; autour de, *round*); ˈ**~-bit** ⊕ mèche *f* anglaise.
cen·tric, cen·tri·cal □ [ˈsentrik(l)] central (-aux *m/pl.*), du centre; **cen·trif·u·gal** □ [senˈtrifjugl] centrifuge; **cenˈtrip·e·tal** □ [~pitl] centripète.
cen·tu·ple [ˈsentjupl] **1.** □ centuple (*a. su./m*); **2.** centupler.
cen·tu·ry [ˈsentʃuri] siècle *m*; *cricket*: centaine *f.*
ce·ram·ic [siˈræmik] céramique; **ceˈram·ics** *pl.* céramique *f.*
ce·re·al [ˈsiəriəl] **1.** céréale; **2.** céréale *f*; *usu.* ~*s pl.* céréales *f/pl.* en flocons.
cer·e·bel·lum *anat.* [seriˈbeləm] cervelet *m*; **cer·e·bral** [ˈseribrəl] céré-

bral (-aux *m/pl.*); **ce·re·brum** ['seribrəm] cerveau *m.*
cere·cloth ['siəklɔθ] toile *f* d'embaumement.
cer·e·mo·ni·al [seri'mounjəl] **1.** □ (*a.* **cer·e'mo·ni·ous** □) cérémonieux (-euse *f*), de cérémonie; **2.** cérémonial (*pl.* -s) *m*; **cer·e·mo·ny** ['seriməni] cérémonie *f*; formalité *f*; *Master of Ceremonies* maître *m* des cérémonies; *without* ~ sans cérémonie, sans façon; *stand on* ~ faire des façons.
cer·tain □ ['səːtn] certain, sûr; infaillible; *see some 2*; **'cer·tain·ty** certitude *f*; chose *f* certaine; conviction *f.*
cer·tif·i·cate 1. [sə'tifikit] certificat *m*, attestation *f*; diplôme *m*; brevet *m*; ~ *of birth* (*death, marriage*) acte *m* de naissance (de décès, de mariage); ~ *of employment* certificat *m* de travail; *medical* ~ certificat *m* médical; **2.** [~keit] diplômer, breveter; délivrer un certificat *etc.* à (*q.*); ~*ed* diplômé; **cer·ti·fi·a·ble** ['səːtifaiəbl] qu'on peut certifier; bon(ne *f*) à enfermer, fou (folle *f*); **cer·ti·fi'ca·tion** certification *f*; **cer·ti·fy** ['~fai] certifier, attester; diplômer; authentiquer; *this is to* ~ je soussigné certifie; **cer·ti·tude** ['~tjuːd] certitude *f.*
cer·vi·cal ['səːvikl] cervical (-aux *m/pl.*).
ces·sa·tion [se'seiʃn] cessation *f*, arrêt *m.*
ces·sion ['seʃn] cession *f*; abandon *m.*
cess·pool ['sespuːl] fosse *f* d'aisance.
ce·ta·cean *zo.* [si'teiʃiən] **1.** cétacé *m*; **2.** (*a.* **ce'ta·ceous**) cétacé.
chafe [tʃeif] *v/t.* frictionner; user par le frottement; écorcher (*la peau*); irriter; *v/i.* s'user par le frottement; s'écorcher; s'irriter (contre, *against*); s'érailler (*corde*); *chafing dish* réchaud *m* (*de table*).
chaff [tʃɑːf] **1.** balle *f* (*de grain*); menue paille *f*; paille *f* hachée; *fig.* vétilles *f/pl.*; F raillerie *f*; **2.** hacher (*de la paille*); F railler, plaisanter (*q.*); **'~-cut·ter** hache-paille *m/inv.*
chaf·fer ['tʃæfə] marchander (q., *with s.o.*).
chaf·finch *zo.* ['tʃæfintʃ] pinson *m.*
cha·grin ['ʃægrin] **1.** chagrin *m*; **2.** chagriner.
chain [tʃein] **1.** chaîne *f* (*a. fig.*); suite *f* (*des événements*); chaînette *f*; *surt. Am.* ~*-store* succursale *f* de grand magasin; *mot.* ~ *drive* transmission *f* par chaînes; **2.** attacher par des chaînes; enchaîner; ~ **re·ac·tion** *phys.* réaction *f* en chaîne; **'~-smoke** fumer une cigarette après l'autre; **'~-smok·er** fumeur (-euse *f*) *m* invétéré(e) (qui fume sans arrêt).
chair [tʃɛə] **1.** chaise *f*, siège *m*; fauteuil *m*; (*a. professorial* ~) chaire *f*; ⚙ coussinet *m*; ⚖ *Am.* fauteuil *m* éléctrique; *see chair(wo)man*; ~! ~! à l'ordre! à l'ordre!; *be in the* ~ présider; **2.** *v/i.* prendre la présidence; *v/t.* porter (*q.*) en triomphe; **'~·man** président *m*; **'~·wom·an** présidente *f.*
chaise [ʃeiz] cabriolet *m*, chaise *f.*
chal·dron ['tʃɔːldrən] *mesure à charbon de 36 boisseaux (72 à Newcastle) anglais.*
chal·ice ['tʃælis] calice *m.*
chalk [tʃɔːk] **1.** craie *f*; *billard*: blanc *m*; *red* ~ sanguine *f*; F *by a long* ~ de beaucoup; **2.** marquer à la craie; talquer; (*usu.* ~ *up*) écrire à la craie; ~ *out* tracer (*un plan*); **'chalk·y** crayeux (-euse *f*), crétacé; terreux (-euse *f*) (*teint*).
chal·lenge ['tʃælindʒ] **1.** défi *m*; provocation *f* (en duel, *to a duel*); ⚖ interpellation *f*; récusation *f*; **2.** défier, provoquer (*q.*); *sp.* porter un défi à; ⚖ interpeller; récuser; disputer; mettre en doute; **'chal·leng·er** provocateur (-trice *f*) *m*; *sp.* lanceur *m* d'un challenge.
cha·lyb·e·ate ⚕ [kə'libiit] ferrugineux (-euse *f*).
cham·ber ['tʃeimbə] ⚘, ⊕, *poét., parl., zo., Am.* chambre *f*; ~*s pl.* appartement *m* de garçon; cabinet *m*, étude *f*; *see ~-pot*; **cham·ber·lain** ['~lin] chambellan *m*; **'cham·ber·maid** *hôtel*: femme *f* de chambre; **'cham·ber-pot** vase *m* de nuit.
cha·me·le·on *zo.* [kə'miːljən] caméléon *m.*
cham·fer ⚠ ['tʃæmfə] **1.** biseau *m*; **2.** biseauter; canneler (*une colonne*).
cham·ois ['ʃæmwɑː; *pl.* -wɑːz] *zo.* chamois *m*; ⊕ (*ou* ~ *leather*) [*souv.* 'ʃæmi] (peau *f* de) chamois *m.*
champ[1] [tʃæmp] (*at*) mâcher bruyamment; ronger (*le mors*).
champ[2] *Am. sl.* [~] *see champion 1.*

cham·pagne [ʃæm'pein] champagne *m*.
cham·paign ['tʃæmpein] campagne *f* ouverte.
cham·pi·on ['tʃæmpjən] **1.** champion *m* (*a. sp.*); *sp.* recordman (*pl.* recordmen) *m*; **2.** soutenir, défendre; '**cham·pi·on·ship** défense *f*; *sp.* championnat *m*.
chance [tʃɑːns] **1.** chance *f*, hasard *m*; occasion *f* (de, *of*); *surt. Am.* risque *m*; *by* ~ par hasard; *take a* (*ou one's*) ~ encourir un risque; **2.** fortuit, accidentel(le *f*); de rencontre; **3.** *v/i.*: ~ *to see* voir par hasard; avoir l'occasion de voir; ~ *upon* rencontrer par hasard; *v/t.* F risquer.
chan·cel ['tʃɑːnsəl] chœur *m*; sanctuaire *m*; '**chan·cel·ler·y** chancellerie *f*; '**chan·cel·lor** chancelier *m*; *see exchequer*; '**chan·cel·lor·ship** dignité *f* de chancelier.
chan·cer·y ⚖ ['tʃɑːnsəri] cour *f* de la chancellerie; *fig. in* ~ en danger; dans une situation difficile.
chanc·y F ['tʃɑːnsi] risqué.
chan·de·lier [ʃændi'liə] lustre *m*.
chan·dler ['tʃɑːndlə] marchand *m* (de couleurs), droguiste *m*; '**chan·dler·y** épicerie-droguerie *f*.
change [tʃeindʒ] **1.** changement *m*; revirement *m* (*d'opinion etc.*); monnaie *f*; *Bourse*: change *m*; **2.** *v/t.* changer (de) (*qch.*); échanger; modifier; relever (*la garde*); échanger (contre, *for*); ~*one's mind* changer d'avis; *v/i.* (se) changer (en, *into*); varier; changer de vêtements; 🚃 (*ou* ~ *trains*) changer de train.
'Change [~] Bourse *f*.
change·a·bil·i·ty [tʃeindʒə'biliti] *temps*: variabilité *f*; versatilité *f*; *caractère*: mobilité *f*; '**change·a·ble** □ changeant; variable; mobile; '**change·less** □ immuable; fixe; '**change·ling** enfant *m* changé en nourrice; '**change-'o·ver** changement *m*; *pol.* renversement *m*.
chan·nel ['tʃænl] **1.** *géog.* canal *m*; conduit *m*; *rivière*: lit *m*; *port*: passe *f*; *irrigation*: rigole *f*; *télév.* chaîne *f*; *fig.* voie *f* (*diplomatique*); artère *f*; *by the official* ~*s* par (la) voie hiérarchique; **2.** creuser des rigoles dans; canneler.
chant *eccl.* [tʃɑːnt] **1.** plain-chant (*pl.* plains-chants) *m*; psalmodie *f*; chant *m* monotone; **2.** psalmodier; *fig.* chanter (*des louanges*); '**chan·try** *eccl.* chapelle *f*, chantrerie *f*.
cha·os ['keiɔs] chaos *m*; **cha'ot·ic** (~*ally*) chaotique, sans ordre.
chap[1] [tʃæp] **1.** gerçure *f*, crevasse *f*; **2.** gercer, crevasser.
chap[2] [~] bajoue *f* (*d'un animal*, F *d'une personne*).
chap[3] F [~] garçon *m*, type *m*, individu *m*.
chap-book ['tʃæpbuk] livre *m* de colportage.
chap·el ['tʃæpl] chapelle *f*; oratoire *m*; *typ.* atelier *m* (syndiqué).
chap·er·on ['ʃæpəroun] **1.** chaperon *m*; **2.** chaperonner.
chap-fall·en ['tʃæpfɔːlən] abattu.
chap·lain ['tʃæplin] aumônier *m*; '**chap·lain·cy** aumônerie *f*.
chap·let ['tʃæplit] guirlande *f*; *eccl.* chapelet *m*.
chap·ter ['tʃæptə] chapitre *m* (*a. eccl.*); *Am.* filiale *f* (*d'une société*); régionale *f*; *Brit.* ~ *of accidents* suite *f* de malheurs, serie *f* noire; *give* (*ou quote*) ~ *and verse* citer ses autorités; fournir des preuves.
char[1] *icht.* [tʃɑː] ombre *m*.
char[2] [~] (se) carboniser.
char-à-banc ['ʃærəbæŋ] autocar *m*; F car *m*.
char·ac·ter ['kæriktə] caractère *m* (*a. typ.*); marque *f* distinctive; réputation *f*; genre *m*; *domestique*: certificat *m* de moralité; *métier*: qualité *f*; *typ. a.* lettre *f*; *théâ.*, *roman*: personnage *m*; *théâ. a.* rôle *m*; F personnalité *f*; F type *m*, original *m*; F mauvais sujet *m*; ~ *assassination* assassinat *m* moral; *that's in* (*out of*) ~ *for him* cela (ne) lui ressemble (pas); **char·ac·ter'is·tic** **1.** (~*ally*) caractéristique (de, *of*); particulier(-ère *f*) (*signe*); 𝄪 diacritique; ♪ de genre; **2.** trait *m* caractéristique *ou* de caractère; propre *m*; **char·ac·ter·i·za·tion** [~rai'zeiʃn] caractérisation *f*; '**char·ac·ter·ize** caractériser; être caractéristique de.
cha·rade [ʃə'rɑːd] charade *f*.
char·coal ['tʃɑːkoul] charbon *m* (de bois); *peint.* fusain *m*; '**~-burn·er** charbonnier *m*.
chare [tʃɛə] **1.** faire des ménages en ville; travailler à la journée; **2.** *usu.* ~*s pl.* travaux *m/pl.* domestiques.
charge [tʃɑːdʒ] **1.** ⚔, ⚖, ⚒, ⚡, *foot.*,

wagon, *cartouche*: charge *f* (*a. fig.*) (de, *of*); emploi *m*, fonction *f*; *eccl.* cure *f*; devoir *m*; soin *m*, garde *f*; recommandation *f*; *arme à feu*: décharge *f*; ⚔ *a.* attaque *f*; *foot.* *a.* choc *m*; ⚖ plainte *f*, chef *m* d'accusation, réquisitoire *m*; *fig.* privilège *m* (sur, *on*); prix *m*; *admin.* droits *m/pl.*; ⚕ *~s pl.* frais *m/pl.*; tarif *m*; ⚕ *~ account* compte *m* crédit d'achats; *be in ~ of* être préposé à la garde de (*qch.*); *take ~ of* se charger de; *free of ~* exempt de frais; franco; à titre gratuit; **2.** *v/t.* charger (*a.* ⚔); passer (à, *to*) (*dépense*); débiter (des marchandises à un client, *goods to a customer*); accuser, inculper (q. de qch., *s.o. with s.th.*); ⚖ *~ the jury* faire le résumé des débats; *~ on, upon* foncer sur (*q.*); porter sur (*la note*); *~ s.o. a price* demander un prix à q. (pour qch., *for s.th.*); **ˈcharge·a·ble** □ inculpable (de, *with*); imputable (à, *to*); à la charge (de, *to, on*).

char·gé d'af·faires *pol.* [ˈʃɑːʒei dæˈfɛə] chargé *m* d'affaires.

charg·er ⚔, *poét.* [ˈtʃɑːdʒə] cheval *m* de bataille, cheval *m* d'armes.

char·i·ot *poét.*, *hist.* [ˈtʃæriət] char *m*; **char·i·ot·eer** [~ˈtiə] conducteur *m* de char.

char·i·ta·ble □ [ˈtʃæritəbl] charitable; indulgent (*personne*); de charité (*œuvre*); *~ society* société *f* de bienfaisance.

char·i·ty [ˈtʃæriti] charité *f*; bienfaisance *f*, aumônes *f/pl.*; œuvre *f* de bienfaisance; fondation *f* pieuse; *sister of ~* fille *f* de la Charité, sœur *f* de charité; *~ begins at home* charité bien ordonnée commence par soi-même; **ˈ~-ˈchild** enfant *mf* élevé(e) dans un orphelinat; **ˈ~-ˈschool** orphelinat *m*.

char·la·tan [ˈʃɑːlətən] charlatan *m*; **ˈchar·la·tan·ry** charlatanerie *f*.

char·lotte *cuis.* [ˈʃɑːlət] charlotte *f*.

charm [tʃɑːm] **1.** charme *m* (*a. fig.*); porte-bonheur *m/inv.*; sortilège *m*; **2.** jeter un sort sur; *fig.* charmer; *~ away etc.* charmer (*les ennuis etc.*); *bear a ~ed life* F être verni; **ˈcharm·er** *fig.* charmeur (-euse *f*) *m*; F jolie femme *f*; **ˈcharm·ing** □ charmant, ravissant.

char·nel-house [ˈtʃɑːnlhaus] charnier *m*, ossuaire *m*.

chart [tʃɑːt] **1.** ⚓ carte *f* marine; ⊕ graphique *m*; tableau *m*; **2.** dresser la carte de; porter sur une carte.

char·ter [ˈtʃɑːtə] **1.** charte *f*; privilège *m* (*a. fig.*); ⚓ affrètement *m*; (*usu.* *~-party*) charte-partie (*pl.* chartes-parties) *f*; *Am.* *~ member* membre *m* fondateur; **2.** instituer (*une compagnie*) par charte; *~ed accountant* expert *m* comptable.

char·wom·an [ˈtʃɑːwumən] femme *f* de journée *ou* de ménage.

char·y □ [ˈtʃɛəri] (*of*) circonspect; chiche (de); sobre (de).

chase[1] [tʃeis] **1.** chasse *f* (*a.* = *proie*), poursuite *f* (*a. fig.*); *beasts of ~* bêtes *f/pl.* fauves; **2.** chasser; poursuivre (*a. fig.*); *fig.* donner la chasse à (*q.*); *v/i.* (*usu. ~ off*) partir à la hâte.

chase[2] [~] ciseler; sertir (*un bijou*).

chase[3] *typ.* [~] châssis *m*.

chas·er[1] [ˈtʃeisə] chasseur (-euse *f*) *m* (*a.* ✈); ⚓ (navire *m*) chasseur *m*.

chas·er[2] [~] ciseleur *m*.

chasm [ˈkæzm] gouffre *m* béant; gorge *f*; fissure *f*; abîme *m* (*a. fig.*); *fig.* immense lacune *f*.

chas·sis [ˈʃæsi], *pl.* **-sis** [-siz] châssis *m*.

chaste □ [tʃeist] chaste, pudique; pur (*a. style*).

chas·ten [ˈtʃeisn] châtier (*q.*, *son style, ses passions*); assagir (*q.*).

chas·tise [tʃæsˈtaiz] corriger; **chas·tise·ment** [ˈ~tizmənt] châtiment *m*.

chas·ti·ty [ˈtʃæstiti] chasteté *f*; *fig.* pureté *f*.

chas·u·ble *eccl.* [ˈtʃæzjubl] chasuble *f*.

chat [tʃæt] **1.** causerie *f*; *télév.* *~ show* causerie *f* télévisée; **2.** causer, bavarder.

chat·tels [ˈtʃætlz] *pl.* (*usu. goods and ~*) biens *m/pl.* et effets *m/pl.*; meubles *m/pl.*

chat·ter [ˈtʃætə] **1.** bavarder; caqueter (*personne, a. oiseau*); jaser (*oiseau, a. personne*); claquer (*dents*); **2.** caquet(age) *m*; bavardage *m*; **ˈ~·box** F babillard(e *f*) *m*; **ˈchat·ter·er** bavard(e *f*) *m*.

chat·ty [ˈtʃæti] causeur (-euse *f*) (*personne*); sur le ton de la conversation (*article*).

chauf·feur [ˈʃoufə] chauffeur *m*; **chauf·feuse** [~ˈfəːz] chauffeuse *f*.

chau·vin·ism [ˈʃouvinizm] chauvinisme *m*; **ˈchau·vin·ist** chauvin(e *f*) *m*; ˈ**chau·vin·is·tic** (*~ally*) chauvin, chauviniste.

chaw *sl.* [tʃɔ:] mâcher; *Am. sl.* ~ *up* *usu. fig.* démolir; massacrer.

cheap □ [tʃi:p] bon marché, pas cher (chère *f*); à prix réduits; *fig.* trivial (-aux *m/pl.*), vulgaire; F *feel* ~ ne pas être dans son assiette; *hold* ~ faire peu de cas de; F *on the* ~ à peu de frais; ♀ *jack* camelot *m*; ⚕ ~ *money policy* politique *f* de facilités d'escompte; ˈ**cheap·en** *v/t.* baisser le prix de; *v/i.* diminuer de prix; ˈ**cheap·skate** *Am. sl.* radin *m*.

cheat [ˈtʃi:t] **1.** trompeur (-euse *f*) *m*; escroc *m*; *jeux*: tricheur (-euse *f*) *m*; **2.** tromper; frauder; frustrer (q. de qch., *s.o.* [*out*] *of s.th.*); *fig.* échapper à; ˈ**cheat·ing** tromperie *f*; *jeux*: tricherie *f*.

check [tʃek] **1.** échec *m* (*a. jeu, a.* ⚔); revers *m* (*a.* ⚔); arrêt *m*; frein *m*; contrôle *m*; billet *m*, ticket *m*; *Am.* bulletin *m* (de bagages); ⚕ *Am. see cheque*; *Am. restaurant*: addition *f*; *tex.* étoffe *m* en damier; carreau *m*; ~ *pattern* damier *m*; *Am.* F *pass* (*ou hand*) *in one's* ~*s* mourir, avaler sa chique; *keep s.o. in* ~ tenir q. en échec; **2.** faire échec à (*a. jeu*); contenir; arrêter; retenir; refréner; vérifier (*un compte*); pointer (*des noms*); (*souv.* ~ *up on*) contrôler, vérifier; (faire) enregistrer (*ses bagages*); *Am.* déposer (*son chapeau au vestiaire*); *v/i.* s'arrêter (devant, *at*); refuser (*cheval*); ~ *in* arriver; descendre à un hôtel; s'inscrire sur le registre d'un hôtel; *aéroport*: se présenter à l'enregistrement; ~ *off* cocher, pointer; ~ *out v/i.* partir; régler son compte *ou* la note en quittant un hôtel; *v/t.* retirer (*ses bagages etc.*); *surt. Am.* vérifier, contrôler; ~ *up v/t.* contrôler (*des renseignements*); *v/i.* faire la vérification; ~ **ac·count** *Am.* compte *m* courant; ˈ~**·book** *Am.* carnet *m* de chèques, chéquier *m*; ˈ**check·er** contrôleur *m*; ~*s pl. Am.* jeu *m* de dames; *see chequer*; ˈ**check·er·board** *Am.* damier *m*; équiquier *m*; ˈ**check·er·ed** *Am. see chequered*; **check-ˈin** *aéroport*: enregistrement *m*; ~ *counter* (guichet *m* d')enregistrement *m*; ~ *desk hôtel*: réception *f*; *your* ~ *time is at* ... présentez-vous à l'enregistrement à ...; ˈ**check·ing** répression *f*; contrôle *m*; enregistrement *m*; ˈ**check**(**·ing**)**·room** vestiaire *m*; 🚂 *Am.* consigne *f*; ˈ**check·list** liste *f* de contrôle, checklist *f*; ˈ**checkˈmate** **1.** échec et mat *m*; **2.** mater; faire échec et mat à (*a. fig.*); **check-ˈout** (*a.* ~ *counter*) caisse *f* (*à la sortie d'un self-service etc.*); ˈ**check·up** vérification *f*; F visite *f* médicale.

cheek [tʃi:k] **1.** joue *f*; F toupet *m*; ⊕ *poulie*: joue *f*; *manivelle*: bras *m*; *étau*: mâchoire *f*; *see jowl*; **2.** F faire l'insolent avec; ˈ**cheek·y** F insolent, effronté.

cheep [tʃi:p] piauler.

cheer [tʃiə] **1.** (bonne) disposition *f*; encouragement *m*; bonne chère *f*; hourra *m*; bravos *m/pl.*; applaudissements *m/pl.*; *be of good* ~ prendre courage; *three* ~*s!* un ban (pour, *for*)!; vive (*q.*)!; **2.** *v/t.* applaudir (*q.*); (*a.* ~ *up*) égayer, relever le moral de; (*a.* ~ *on*) encourager; *v/i.* applaudir; pousser des vivats; (*a.* ~ *up*) reprendre sa gaieté; **cheer·ful** □ [ˈ~ful] gai; allègre; riant; ˈ**cheer·ful·ness,** ˈ**cheer·i·ness** gaieté *f*; **cheer·i·o** [ˈ~riˈou] F à bientôt!; à la vôtre!; □ ˈ**cheer·less** triste, sombre; ˈ**cheer·y** □ gai, joyeux (-euse *f*).

cheese [tʃi:z] fromage *m*; *hard* ~ *sl.* ça, c'est de la déveine; ˈ~**-cake** talmouse *f*; ˈ~**·mon·ger** marchand(e *f*) *m* de fromage; ˈ~**-par·ing** pelure *f* de fromage; *fig.* lésine *f*.

chees·y [ˈtʃi:zi] caséeux (-euse *f*); de fromage.

chef [ʃef] chef *m* de cuisine.

chem·i·cal [ˈkemikl] **1.** □ chimique; **2.** ~*s pl.* produits *m/pl.* chimiques.

che·mise [ʃiˈmi:z] chemise *f* (*de femme*).

chem·ist [ˈkemist] chimiste *mf*; (*ou pharmaceutical* ~) pharmacien (-ne *f*) *m*; ˈ**chem·is·try** chimie *f*.

chem·o·ther·a·py ⚕ [kemoˈθerəpi] chimiothérapie *f*.

cheque ⚕ [tʃek] chèque *m*; *not negotiable* (*ou crossed*) ~ chèque *m* barré; ~ **ac·count** compte *m* courant; ˈ~**-book** carnet *m* de chéques, chéquier *m*.

cheq·uer [ˈtʃekə] **1.** *usu.* ~*s pl.* quadrillage *m*; **2.** quadriller; ˈ**chequered** à carreaux, en échiquier; diapré; *fig.* accidenté (*vie*).

cher·ish [ˈtʃeriʃ] chérir; *fig.* caresser.

che·root [ʃəˈruːt] manille *m*.
cher·ry [ˈtʃeri] **1.** cerise *f*; *arbre*: cerisier *m*; **2.** cerise *adj./inv.*; vermeil(le *f*) (*lèvres*).
cher·ub [ˈtʃerəb], *pl.* **-ubs, -u·bim** [ˈ~əbim] chérubin *m*; **che·ru·bic** [tʃəˈruːbik] chérubique; de chérubin.
cher·vil ⚘ [ˈtʃəːvil] cerfeuil *m*.
chess [tʃes] (jeu *m* d'')échecs *m/pl.*; ˈ**~·board** échiquier *m*; ˈ**~·man** *jeu d'échecs*: pièce *f*.
chest [tʃest] caisse *f*, coffre *m*; *anat.* poitrine *f*; ~ *of drawers* commode *f*; ♪ ~ *note* note *f* de poitrine; *get it off one's* ~ dire ce qu'on a sur le cœur.
chest·nut [ˈtʃesnʌt] **1.** châtaigne *f*; marron *m*; *arbre*: châtaignier *m* (commun); marronnier *m*; *fig.* vieille histoire *f*; **2.** châtain (-aine *f*).
chest·y F [ˈtʃesti] de poitrine (*toux etc.*); qui a la poitrine bien développée.
che·val-glass [ʃəˈvælglɑːs] psyché *f*.
chev·a·lier [ʃevəˈliə] chevalier *m*.
chev·i·ot *tex.* [ˈtʃeviət] cheviotte *f*.
chev·ron ⚔ [ˈʃevrən] chevron *m* (*d'ancienneté de service*); galon *m* (*de grade*).
chev·y F [ˈtʃevi] **1.** poursuite *f*; *sp.* (jeu *m* de) barres *f/pl.*; **2.** poursuivre; relancer (*q.*).
chew [tʃuː] *v/t.* mâcher; F ~ *the fat* bavarder; F ~ *the rag Brit.* ronchonner, *Am.* bavarder; *v/i. fig.* méditer (sur [*up*]*on, over*); ˈ**chew·ing-gum** chewing-gum *m*.
chi·cane [ʃiˈkein] **1.** chicane *f*; **2.** chicaner; **chiˈcan·er·y** chicanerie *f*; *fig.* arguties *f/pl.*
chick, chick·en [ˈtʃik(in] **1.** poussin *m*, poulet *m*; **2.** *sl. chicken out* se dégonfler, flancher, caner.
chicken...: ˈ**~-feed** *Am.* mangeaille *f*; *sl.* petite monnaie *f*; ˈ**~-heart·ed,** ˈ**~-liv·ered** F froussard; ˈ**~-pox** ⚕ varicelle *f*; ~ **run,** *Am.* ~ **yard** poulailler *m*.
chick...: ˈ**~-pea** ⚘ pois *m* chiche; ˈ**~-weed** ⚘ mouron *m* des oiseaux.
chic·o·ry [ˈtʃikəri] chicorée *f*.
chid [tʃid] *prét. et p.p.*, ˈ**chid·den** *p.p.* de *chide*.
chide *poét.* [tʃaid] [*irr.*] gronder.
chief [tʃiːf] **1.** □ principal (-aux *m/pl.*); premier (-ère *f*); en chef; ~ *clerk* chef *m* de bureau; premier clerc *m*; **2.** chef *m*; F patron *m*; ...*-in-*~ ... en chef; **chief·tain** [ˈ~tən] chef *m* de clan.
chil·blain [ˈtʃilblein] engelure *f*.
child [tʃaild] enfant *mf*; *be a good* ~ être sage; *from a* ~ dès mon *etc.* enfance; *with* ~ enceinte; ˈ**~·bed** couches *f/pl.*; ˈ**~·birth** accouchement *m*; ˈ**child·hood** enfance *f*; ˈ**child·ish** □ enfantin; *péj.* puéril; ˈ**child·ish·ness** *péj.* enfantillage *m*; puérilité *f*; ˈ**child·less** sans enfant(s); ˈ**child·like** enfantin; *fig.* naïf (-ïve *f*);
chil·dren [ˈtʃildrən] *pl. de child*;
child's play *fig.* jeu *m* d'enfant.
chill [tʃil] **1.** froid, glacé; **2.** froideur *f*; froid *m* (*a. fig.*); ⚕ coup *m* de froid; *take the* ~ *off* dégourdir (*un liquide*), chambrer (*le vin*); **3.** *v/t.* refroidir, glacer; *fig.* donner le frisson à (*q.*); *métall.* tremper en coquille; *~ed meat* viande *f* frigorifiée; *v/i.* se refroidir, se glacer; ˈ**chill·ness,** ˈ**chill·i·ness** froid *m*, fraîcheur *f*; (*a. fig.*) froideur *f*; ˈ**chill·y** froid; frais (fraîche *f*).
chime [tʃaim] **1.** carillon *m*; *fig.* harmonie *f*; **2.** carillonner; *v/i. fig.* s'accorder, s'harmoniser (avec, *with*); ~ *in* intervenir.
chi·me·ra [kaiˈmiərə] chimère *f*;
chi·mer·i·cal □ [~ˈmerikl] chimérique, imaginaire.
chim·ney [ˈtʃimni] cheminée *f* (*a. alp.*); *lampe*: verre *m*; ˈ**~-piece** (chambranle *m* de) cheminée *f*; ˈ**~-pot** mitre *f ou* pot *m* de cheminée; F *fig. chapeau*: tuyau *m* de poêle; ˈ**~-stack,** ˈ**~-stalk** souche *f*; (corps *m* de) cheminée *f*; cheminée *f* d'usine; ˈ**~-sweep(·er)** ramoneur *m*.
chim·pan·zee *zo.* [tʃimpənˈziː] chimpanzé *m*.
chin[1] [tʃin] **1.** menton *m*; **2.** *gymn. Am.* (*usu.* ~ *o.s.*) faire une traction à la barre fixe.
chin[2] *sl.* [~] discourir, jaboter.
chi·na [ˈtʃainə] porcelaine *f*; ♀**·man** Chinois *m*.
chine [tʃain] *anat.* échine *f*; *cuis.* échinée *f*; *géog.* arête *f*.
Chi·nese [ˈtʃaiˈniːz] **1.** chinois; **2.** *ling.* chinois *m*; Chinois(e *f*) *m*.
chink[1] [tʃiŋk] fente *f*; *mur*: lézarde *f*; *porte*: entrebâillement *m*.
chink[2] [~] **1.** *métal, verre*: tintement *m*; **2.** (faire) sonner (*son argent*); (faire) tinter.

chink[3] *sl.* [~] Chinois *m.*
chintz *tex.* [tʃints] perse *f*, indienne *f*.
chin·wag *sl.* [ˈtʃinwæg] causerie *f*.
chip [tʃip] **1.** éclat *m*; *bois*: copeau *m*; *jeu*: jeton *m*; *ordinateur*: chip *m*; *cuis.* (*potato*) ~*s pl. Brit.* (pommes *f/pl.* de terre) frites *f/pl.*, *Am.* chips *m/pl.*; F *have a ~ on one's shoulder* chercher noise à tout le monde; **2.** *v/t.* tailler par éclats; doler (*du bois*); ébrécher (*un couteau*); enlever un morceau à (*qch.*); *v/i.* s'écailler, s'ébrécher; F ~ *in(to)* intervenir dans; se mêler à; **chip·muck** [ˈtʃipmʌk], **chip·munk** [ˈtʃipmʌŋk] tamias *m*; ˈ**chip·pan** friteuse *f*; ˈ**chip·py** sec (sèche *f*); sans saveur.
chi·rop·o·dist [kiˈrɔpədist] pédicure *mf*; **chiˈrop·o·dy** chirurgie *f* pédicure.
chirp [tʃə:p] **1.** gazouiller, pépier, ramager; grésiller (*grillon*); **2.** gazouillement *m*; *grillon*: grésillement *m*; ˈ**chirp·y** F d'humeur gaie.
chirr [tʃə:] grésiller.
chir·rup [ˈtʃirəp] **1.** gazouillement *m etc.*; **2.** gazouiller *etc.*
chis·el [ˈtʃizl] **1.** ciseau *m*; burin *m*; **2.** ciseler; buriner (*du métal*); *sl.* filouter; ˈ**chis·el·er** ciseleur *m*; *sl.* escroc *m*.
chit [tʃit] mioche *mf*; *a ~ of a girl* une simple gosse *f*.
chit-chat [ˈtʃittʃæt] bavardages *m/pl.*
chiv·al·rous □ [ˈʃivlrəs] chevaleresque; courtois; ˈ**chiv·al·ry** chevalerie *f*; courtoisie *f*.
chive ⚘ [tʃaiv] ciboulette *f*.
chiv·y F [ˈtʃivi] *see chevy*.
chlo·ral ⚗ [ˈklɔ:rl] chloral *m*; **chlo·ride** [ˈ~aid] chlorure *m*; **chlo·rine** [ˈ~i:n] chlore *m*; **chlo·ro·form** [ˈ~əfɔ:m] **1.** chloroforme *m*; **2.** chloroformer.
chock ⊕ [tʃɔk] **1.** cale *f*; **2.** caler; ˈ**~-a-ˈblock** F bondé (de, *with*); ˈ**~-ˈfull** comble.
choc·o·late [ˈtʃɔkəlit] chocolat *m*; ~ *cream* chocolat *m* fourré à la crème.
choice [tʃɔis] **1.** choix *m*; *for ~* de préférence; *leave s.o. no ~* ôter à q. toute alternative; *make (ou take) one's ~* faire son choix; **2.** □ (bien) choisi; d'élite; de choix; surfin; ⚕ surchoix; ⚕ ~ *quality* première qualité *f*.
choir ⛪, ♪ [ˈkwaiə] chœur *m*; ˈ**~-mas·ter** chef *m* de chœur; ~ **stalls** *pl.* stalles *f/pl.* (de chœur).
choke [tʃouk] **1.** *v/t.* étouffer; suffoquer (*a. fig.*); étrangler; ⊕ engorger; (*usu.* ~ *up*) obstruer, boucher; (*usu.* ~ *down*) étouffer, ravaler; fermer (*le gaz*); ~ *off* se débarrasser de; décourager; *v/i.* étouffer, se boucher; **2.** étranglement *m*; ⊕ étrangleur *m*; starter *m*; ⚡ ~ *coil* bobine *f* de réactance; self *f*; ˈ**~-bore** ⊕ (fusil *m* de chasse à) choke-bore *m*; ˈ**~-damp** ⚒ mofette *f*; ˈ**chok·er** F *co.* foulard *m* (*d'ouvrier*); cravate *f* de fourrure; col *m* montant; *perles*: collier *m* court.
chol·er·a ⚕ [ˈkɔlərə] choléra *m*; ˈ**chol·er·ic** colérique; irascible.
cho·les·te·rol [kəˈlestərəl] cholestérol *m*.
choose [tʃu:z] [*irr.*] choisir; *v/t.* opter pour; *v/i.* ~ *to* (*inf.*) vouloir que (*sbj.*), aimer mieux (*inf.*); ˈ**choos·y** F difficile.
chop[1] [tʃɔp] **1.** coup *m* de hache; *cuis.* côtelette *f*; ~*s pl.* bajoues *f/pl.*; babines *f/pl.*; ⊕ mâchoires *f/pl.*; ~*s and changes* vicissitudes *f/pl.*; girouetteries *f/pl.*; **2.** *v/t.* couper, fendre, hacher; (*souv.* ~ *up*) couper en morceaux; ~ *down* abattre; *v/i.* clapoter (*mer*); ~ *about* changer; ~ *and change* girouetter; tergiverser; ~*ping sea* mer *f* clapoteuse.
chop[2] ⚕ [~] marque *f*; *first ~* (de) première qualité *f*.
chop-house [ˈtʃɔphaus] restaurant *m* populaire; ˈ**chop·per** couperet *m*; *sl.* moulin *m*, banane *f* (*hélicoptère*); ˈ**chop·ping-block** hachoir *m*; ˈ**chop·py** variable; clapoteux (-euse *f*) (*mer*); ˈ**chop·stick** baguette *f*, bâtonnet *m* (*des Chinois*).
cho·ral □ [ˈkɔ:rl] choral (-als *ou* -aux *m/pl.*); chanté en chœur; **cho·ral(e)** ♪ [kɔˈrɑ:l] choral (*pl.* -als) *m*.
chord [kɔ:d] ♪, ⚔, *poét.*, *fig.* corde *f*; ♪ accord *m*; *anat.* corde *f* (vocale), cordon *m*.
chore *surt. Am.* [tʃɔ:] *see chare*.
chor·e·og·ra·phy [kɔriˈɔgrəfi] chorégraphie *f*.
chor·is·ter [ˈkɔristə] choriste *mf*; *eccl.* enfant *m* de chœur; *Am. a.* chef *m* de chœur.
cho·rus [ˈkɔ:rəs] **1.** chœur *m*; refrain *m*; **2.** répéter en chœur; ~ **girl** girl *f*.

chose [tʃouz] *prét.*, ˈ**cho·sen** *p.p. de choose.*
chough *orn.* [tʃʌf] crave *m.*
chouse F [tʃaus] **1.** filouterie *f*; **2.** filouter.
chow *Am. sl.* [tʃau] mangeaille *f.*
chrism [ˈkrizm] chrême *m.*
Christ [kraist] le Christ *m*, Jésus-Christ *m*; *for* ~'*s sake* pour l'amour de Dieu; F *for* ~'*s sake!*, ~*!* Bon Dieu de Bon Dieu!
chris·ten [ˈkrisn] baptiser; **Chris·ten·dom** [ˈ~dəm] chrétienté *f*; ˈ**chris·ten·ing 1.** de baptême; **2.** baptême *m.*
Chris·tian [ˈkristjən] **1.** □ chrétien(ne *f*); ~ *name* prénom *m*, nom *m* de baptême; **2.** chrétien(ne *f*) *m*; **Chris·ti·an·i·ty** [~tiˈæniti] christianisme *m*; **Chris·tian·ize** [ˈ~tjənaiz] convertir au christianisme; christianiser.
Christ·mas [ˈkrisməs] **1.** Noël *m*, (fête *f* de) Noël *f*; **2.** de Noël; ~ **box** étrennes *f/pl.*; gratification *f*; ~ **Day** le jour de Noël; ~ **Eve** la veille de Noël; ~ **pres·ent** cadeau *m* de Noël; ~ **tide,** ~ **time** (saison *f* de) Noël; ~ **tree** arbre *m* de Noël.
chro·mat·ic ♪, *phys.* [krəˈmætik] **1.** (~*ally*) chromatique; **2.** ~*s sg.* chromatique *f.*
chrome ⚗ [kroum] *teinture*: bichromate *m* de potasse; **chro·mi·um** [ˈ~jəm] chrome *m*; ˈ**chro·mi·um-plat·ed** chromé; **chro·mo·lith·o·graph** [ˈkroumouˈliθəgrɑːf] chromolithographie *f.*
chron·ic [ˈkrɔnik] (~*ally*) (*usu.* ⚕) chronique, constant; *sl.* insupportable; **chron·i·cle** [ˈ~kl] **1.** chronique *f*; **2.** enregistrer, faire la chronique de; ˈ**chron·i·cler** chroniqueur *m.*
chron·o·log·i·cal □ [krɔnəˈlɔdʒikl] chronologique; ~*ly* par ordre de dates; **chro·nol·o·gy** [krəˈnɔlədʒi] chronologie *f.*
chro·nom·e·ter [krəˈnɔmitə] chronomètre *m.*
chrys·a·lis *zo.* [ˈkrisəlis], *pl. a.* **chry·sal·i·des** [~ˈsælidiːz] chrysalide *f.*
chrys·an·the·mum ⚘ [kriˈsænθəməm] chrysanthème *m.*
chub *icht.* [tʃʌb] chabot *m* de rivière; ˈ**chub·by** F potelé; joufflu (*visage*); rebondi (*joues*).
chuck[1] [tʃʌk] **1.** gloussement *m*; *my* ~*!* mon petit chou!; **2.** glousser; **3.** petit!, petit! (*appel aux poules*).
chuck[2] F [~] **1.** lancer; ~ *out* flanquer (*q.*) à la porte; ~ *under the chin* donner une tape sous le menton; **2.** congé *m*; lancement *m.*
chuck[3] ⊕ [~] mandrin *m.*
chuck·le [ˈtʃʌkl] rire tout bas.
chum F [tʃʌm] **1.** camarade *mf*; copain *m*, copine *f*; *be great* ~*s* être (amis) intimes; **2.** se lier d'amitié (avec, *with*).
chump F [tʃʌmp] tronçon *m* de bois; tête *f*; nigaud(e *f*) *m*; *Brit. sl. off one's* ~ timbré; fou (fol *devant une voyelle ou un h muet*; folle *f*); déboussolé.
chunk F [tʃʌŋk] gros morceau *m*; *pain a.* quignon *m.*
church [tʃəːtʃ] **1.** église *f*; *protestantisme*: temple *m*; *attr.* d'église; de l'Église; ♀ *of England* Église *f* anglicane; ~ *rate* dîme *f*; ~ *service* office *m*; **2.** *be* ~*ed* faire ses relevailles (*femme après ses couches*); ˈ~**go·er** pratiquant(e *f*) *m*; ˈ**church·ing** relevailles *f/pl.* (*d'une femme après ses couches*); ˈ**church**ˈ**ward·en** marguillier *m*; pipe *f* hollandaise; ˈ**church·y** F bigot; ˈ**church**ˈ**yard** cimetière *m.*
churl [tʃəːl] manant *m*; *fig.* rustre *m*; F grincheux (-euse *f*) *m*; ˈ**churl·ish** □ mal élevé; grincheux (-euse *f*), hargneux (-euse *f*).
churn [tʃəːn] **1.** baratte *f*; **2.** *v/t.* baratter; *fig.* agiter (*qch.*); *v/i.* faire du beurre.
chute [ʃuːt] chute *f* d'eau; *sp.* glissière *f*; ✈ couloir *m.*
chut·ney [ˈtʃʌtni] chutney *m.*
chyle *physiol.* [kail] chyle *m.*
chyme ⚕ [kaim] chyme *m.*
ci·ca·da *zo.* [siˈkɑːdə] cigale *f.*
cic·a·trice [ˈsikətris] cicatrice *f*; ˈ**cic·a·trize** (se) cicatriser.
ci·ce·ro·ne [tʃitʃəˈrouni], *pl.* **-ni** [~niː] cicérone *m.*
ci·der [ˈsaidə] cidre *m.*
ci·gar [siˈgɑː] cigare *m*; **ci**ˈ**gar-case** étui *m* à cigares; **ci**ˈ**gar-cut·ter** coupe-cigares *m/inv.*
cig·a·rette [sigəˈret] cigarette *f*; **cig·a**ˈ**rette-case** étui *m* à cigarettes; **cig·a**ˈ**rette-end** mégot *m*; **cig·a**ˈ**rette-hold·er** fume-cigarette *m/inv.*; **cig·a**ˈ**rette-pa·per** papier *m* à cigarettes.
ci·gar-hold·er [siˈgɑːhouldə] fume-cigare *m/inv.*

cil·i·ar·y [ˈsiliəri] ciliaire.
cinch *Am. sl.* [sintʃ] certitude *f*; chose *f* certaine.
cinc·ture [ˈsiŋktʃə] ceinture *f*.
cin·der [ˈsində] cendre *f*; ⁓*s pl. a.* escarbilles *f/pl.*; **Cin·der·el·la** [⁓əˈrelə] Cendrillon *f* (*a. fig.*); ˈ**cin·der-track** *sp.* piste *f* cendrée.
cin·e-cam·er·a [ˈsiniˈkæmərə] caméra *f*; **cin·e-film** [ˈsinifilm] film *m* de format réduit.
cin·e·ma [ˈsinimə] cinéma *m*; F ciné *m*; ˈ⁓**go·er** amateur *m* de cinéma, cinéphile *mf*; **cin·e·mat·o·graph** [⁓ˈmætəgrɑːf] **1.** cinématographe *m*, F cinéma *m*; **2.** filmer; **cin·e·mat·o·graph·ic** [⁓mætəˈgræfik] (⁓*ally*) cinématographique.
cin·er·ar·y [ˈsinərəri] cinéraire.
cin·na·bar [ˈsinəbɑː] cinabre *m*; vermillon *m*.
cin·na·mon [ˈsinəmən] **1.** cannelle *f*; *arbre*: cannelier *m*; **2.** cannelle *adj./inv.* (*couleur*).
cinque [siŋk] *dés*: cinq *m*.
ci·pher [ˈsaifə] **1.** zéro *m* (*a. fig.*); *fig.* nullité *f*; *code secret*: chiffre *m*; message *m* chiffré; **2.** chiffrer.
cir·cle [ˈsəːkl] **1.** cercle *m* (*a. fig.*); *fig.* milieu *m*, monde *m*, coterie *f*; *théât.* galerie *f*; 🚂 ceinture *f*; **2.** *v/t.* ceindre; *v/i.* tournoyer, circuler; **cir·clet** [ˈ⁓klit] petit cercle *m*; anneau *m*.
circs F [səːks] *see circumstances*.
cir·cuit [ˈsəːkit] ⚡, *sp.* circuit *m*; ⚖ tournée *f*, circonscription *f*; *soleil*: révolution *f*; *ville*: pourtour *m*; ✈ parcours *m*; ⚡ *integrated* ⁓ circuit *m* intégré; *radio*: ⚡ *short* ⁓ courtcircuit (*pl.* courts-circuits) *m*; ⚡ ⁓ *breaker* coupe-circuit *m/inv.*; **cir·cu·i·tous** □ [səˈkjuitəs] détourné, sinueux (-euse *f*).
cir·cu·lar [ˈsəːkjulə] **1.** □ circulaire; de cercle; ⁓ *letter* (lettre *f*) circulaire *f*; ⚕ ⁓ *note* lettre *f* de crédit circulaire; ⁓ *railway* chemin *m* de fer de ceinture; ⁓ *saw* scie *f* circulaire; **2.** (lettre *f*) circulaire *f*.
cir·cu·late [ˈsəːkjuleit] *v/i.* circuler; *v/t.* faire circuler (*un bruit, l'air, le vin*); mettre en circulation; ⚕ transmettre par voie d'endossement; ˈ**cir·cu·lat·ing**: ⁓ *decimal* fraction *f* périodique; ⁓ *library* bibliothèque *f* circulante; **cir·cuˈla·tion** circulation *f*; *fonds*: roulement *m*; *journal*: tirage *m*; ˈ**cir·cu·la·to·ry** circulatoire; ⚕ ⁓ *system* appareil *m* circulatoire; ⁓ *troubles pl.* troubles *m/pl.* de la circulation.
circum... [səːkəm] circon..., circum...; **cir·cum·cise** [ˈ⁓saiz] circoncire (*le prépuce*); **cir·cum·ci·sion** [⁓ˈsiʒn] circoncision *f*; **cir·cum·fer·ence** [səˈkʌmfərəns] circonférence *f*; périphérie *f*; **cir·cum·flex** *gramm.* [ˈsəːkəmfleks] accent *m* circonflexe; **cir·cum·ja·cent** [⁓ˈdʒeisnt] circonjacent; **cir·cum·lo·cu·tion** [⁓ləˈkjuːʃn] circonlocution *f*; ambages *f/pl.*; **cir·cum·nav·i·gate** [⁓ˈnævigeit] faire le tour de; **cir·cumˈnav·i·ga·tor** circumnavigateur *m*; **cir·cum·scribe** ⚓ [⁓ˈskraib] circonscrire; *fig.* limiter; **cir·cum·scrip·tion** [⁓ˈskripʃn] ⚓ circonscription *f*; *fig.* restriction *f*; **circum·spect** □ [ˈ⁓spekt] circonspect; prudent; **cir·cum·spec·tion** [⁓ˈspekʃn] circonspection *f*; prudence *f*; **cir·cum·stance** [ˈ⁓stəns] circonstance *f*; détail *m*; *in* (*ou under*) *the* ⁓*s* puisqu'il en est ainsi; ⁓*d* dans une ... situation; **cir·cum·stan·tial** [⁓ˈstænʃl] circonstanciel(le *f*); détaillé; ⚖ ⁓ *evidence* preuves *f/pl.* indirectes; **cir·cum·stan·ti·al·i·ty** [ˈ⁓stænʃiˈæliti] abondance *f* de détails; détail *m*; **cir·cum·val·la·tion** [⁓vəˈleiʃn] retranchements *m/pl.*; **cir·cum·vent** [⁓ˈvent] circonvenir.
cir·cus [ˈsəːkəs] cirque *m*; *place*: rond-point (*pl.* ronds-points) *m*.
cir·rho·sis ⚕ [siˈrousis] cirrhose *f*.
cir·rous [ˈsirəs] cirreux (-euse *f*);
cir·rus [ˈ⁓rəs], *pl.* **-ri** [ˈ⁓rai] *nuages*: cirrus *m*; ⚘ vrille *f*.
cis·tern [ˈsistən] réservoir *m* à eau; citerne *f* (*souterraine*).
cit·a·del [ˈsitədl] citadelle *f*.
ci·ta·tion [saiˈteiʃn] citation *f* (*a.* ⚖); *Am. souv.* citation *f* à l'ordre du jour; **cite** [sait] citer; assigner (*un témoin*).
cit·i·zen [ˈsitizn] citoyen(ne *f*) *m*; bourgeois(e *f*) *m*; *a. Am.* civil *m*; *attr.* civique; ˈ**cit·i·zen·ship** droit *m* de cité; nationalité *f*.
cit·ric ac·id [ˈsitrikˈæsid] acide *m* citrique; **cit·ron** [ˈ⁓rən] cédrat *m*; *arbre*: cédratier *m*; **cit·rus** [ˈ⁓rəs] agrumes *m/pl.*
cit·y [ˈsiti] **1.** ville *f*; *Londres*: *the* ⁓

la Cité; *fig.* les affaires *f/pl.*; **2.** urbain, municipal (-aux *m/pl.*); *Am.* ~ *editor* rédacteur *m* chargé des nouvelles locales; *Am.* ~ *father* conseiller *m* municipal; ~ *hall* hôtel *m* de ville; *Am.* ~ *manager* chef *m* des services municipaux.

civ·ic [ˈsivik] **1.** civique; municipal (-aux *m/pl.*); ~ *rights pl.* droits *m/pl.* de citoyen, droits *m/pl.* civiques; **2.** ~*s pl.* instruction *f* civique.

civ·il □ [ˈsivl] civil (*a.* ⚖); poli, courtois; civique (*droits*); ~ *engineering* travaux *m/pl.* publics; ~ *rights movement* mouvement *m* de défense des droits du citoyen; ♀ *Servant* fonctionnaire *mf*; ♀ *Service* Administration *f*; **ci·vil·ian** ⚔ [siˈviljən] civil *m*; ~ *population* civils *m/pl.*; **ciˈvil·i·ty** civilité *f*; politesse *f*; **civ·i·li·za·tion** [~laiˈzeiʃn] civilisation *f*; *fig.* culture *f*; **ˈciv·i·lize** civiliser.

clack [klæk] **1.** claquement *m*; *fig.* caquet *m*; ⊕ (soupape *f* à) clapet *m*; **2.** claquer; *fig.* caqueter.

clad [klæd] *prét. et p.p. de clothe.*

claim [kleim] **1.** demande *f*; revendication *f*; droit *m*, titre *m* (à, *to*); ⚖ réclamation *f*; *dette*: créance *f*; ⚒ concession *f*; *surt. Am.* terrain *m* revendiqué par un chercheur d'or *etc.*; *lay* ~ *to* prétendre à; **2.** réclamer; revendiquer; prétendre à; ~ *to be* se prétendre (*qch.*); **ˈclaim·a·ble** revendicable, exigible; **ˈclaim·ant** prétendant(e *f*) *m*; réclamant(e *f*) *m*.

clair·voy·ance [klεəˈvɔiəns] voyance *f*; *fig.* clairvoyance *f*; **clairˈvoy·ant** voyant(e *f*) *m*.

clam *zo.* [klæm] peigne *m*.

cla·mant *poét.* [ˈkleimənt] criant; urgent.

clam·ber [ˈklæmbə] grimper.

clam·mi·ness [ˈklæminis] moiteur *f* froide; **ˈclam·my** □ moite; froid et humide; collant.

clam·or·ous □ [ˈklæmərəs] bruyant; vociférant (*foule etc.*); **ˈclam·o(u)r 1.** clameur *f*; cris *m/pl.*; **2.** vociférer; réclamer à grands cris (qch., *for s.th.*).

clamp ⊕ [klæmp] **1.** crampon *m*; *étau*: mordache *f*; **2.** agrafer; cramponner; *fig.* fixer.

clan [klæn] clan *m*; *p.ext.* tribu *f*; *fig.* coterie *f*.

clan·des·tine □ [klænˈdestin] clandestin.

clang [klæŋ] **1.** bruit *m* métallique *ou* retentissant; **2.** (faire) retentir; (faire) résonner; **clang·or·ous** [ˈklæŋgərəs] retentissant, strident; **ˈclang·o(u)r** *see clang 1.*

clank [klæŋk] **1.** bruit *m* sec; cliquetis *m*; **2.** *v/i.* rendre un bruit métallique; *v/t.* faire sonner.

clan·nish *péj.* [ˈklæniʃ] imbu de l'esprit de coterie; exclusif (-ive *f*).

clap [klæp] **1.** battement *m* de mains; applaudissements *m/pl.*; ⚕ *sl.* chaude-pisse *f*; **2.** *vt/i.* applaudir; *v/t.* donner à (*q.*) une tape (dans le dos, *on the back*); ~ *one's hands* battre des mains; **ˈ~·board** *Am.* bardeau *m*; **ˈ~·net** *chasse*: tirasse *f*; **ˈclap·per** claquet *m*; *cloche*: battant *m*; **ˈclap·trap 1.** boniment *m*; phrases *f/pl.* à effet; **2.** sans sincérité; creux (creuse *f*).

clar·et [ˈklærət] bordeaux *m* (rouge); *sl.* sang *m* (*usu. du nez*).

clar·i·fi·ca·tion [klærifiˈkeiʃn] clarification *f*; *fig.* mise *f* au point; **clar·i·fy** [ˈ~fai] *v/t.* clarifier; *fig.* éclaircir; *v/i.* s'éclaircir.

clar·i·(o·)net [klæri(o)ˈnet] clarinette *f*.

clar·i·ty [ˈklæriti] clarté *f*.

clash [klæʃ] **1.** choc *m*; fracas *m*; *couleurs*: disparate *f*; **2.** (faire) résonner; (se) heurter; (s')entrechoquer; *v/i.* faire disparate (*couleurs*).

clasp [klɑːsp] **1.** *médaille, broche*: agrafe *f*; *livre, bourse*: fermoir *m*; *collier*: fermeture *f*; *fig.* étreinte *f*; serrement *m* de mains; **2.** *v/t.* agrafer; *fig.* étreindre; serrer (*les mains*); ~ *s.o.'s hand* serrer la main à q.; *v/i.* s'agrafer; **ˈ~-ˈknife** couteau *m* pliant; F eustache *m*.

class [klɑːs] **1.** classe *f*; cours *m*; genre *m*, sorte *f*, catégorie *f*; *univ. Am.* année *f*; **2.** classer; ranger par classes; ~ *with* assimiler à; **ˈ~-ˈcon·scious** conscient de sa classe; imbu de l'esprit de caste.

clas·sic [ˈklæsik] **1.** classique *m*; humaniste *mf*; ~*s pl.* études *f/pl.* classiques, humanités *f/pl.*; **2.** = **ˈclas·si·cal** □ classique.

clas·si·fi·ca·tion [klæsifiˈkeiʃn] *plantes etc.*: classification *f*; codification *f*; *navire*: cote *f*; *papiers*:

classement *m*; **clas·si·fied** ['~faid] classifié; secret (-ète *f*); ~ *ads pl.* petites annonces *f/pl.*; **clas·si·fy** ['~fai] classifier; classer; ranger par classes.

class...: '**~·mate** camarade *mf* de classe; '**~·room** salle *f* de classe; ~ **strug·gle,** ~ **war**(**fare**) lutte *f* des classes.

clas·sy F ['klæsi] chic *inv.*

clat·ter ['klætə] **1.** vacarme *m*; bruit *m* (*de tasses etc.*); *fig.* brouhaha *m*; **2.** *v/i.* faire du bruit; retentir; *fig.* bavarder; *v/t.* faire retentir.

clause [klɔ:z] clause *f*, article *m*; *gramm.* membre *m* de phrase; proposition *f*.

claus·tral ['klɔ:strəl] claustral (-aux *m/pl.*).

claus·tro·pho·bi·a *psych.* [klɔ:strə'foubiə] claustrophobie *f*.

clav·i·cle *anat.* ['klævikl] clavicule *f*.

claw [klɔ:] **1.** griffe *f*; *aigle etc.*: serre *f*; *écrevisse*: pince *f*; ⊕ *étau*: mordache *f*; coup *m* de griffe *etc.*; **2.** griffer; s'accrocher à (*qch.*); **clawed** [~d] armé de griffes *etc.*

clay [klei] argile *f*; glaise *f*; *sp.* ~ *pigeon* pigeon *m* artificiel; **clay·ey** ['kleii] argileux (-euse *f*), glaiseux (-euse *f*).

clean [kli:n] **1.** *adj.* □ propre; net (-te *f*) (*assiette, cassure, a. fig.*); **2.** *adv.* tout à fait, absolument; **3.** *v/t.* nettoyer; balayer; faire (*une chambre*); cirer (*les souliers*); ~ *up* nettoyer; *v/i.* faire le nettoyage; F se débarbouiller; '**~-'cut** net(te *f*), bien défini; '**clean·er** nettoyeur *m* (-euse *f*); femme *f* de ménage; ~'s (*shop*) ~*s pl.* teinturerie *f*; *take to the* ~*s* donner (*qch.*) à la teinturerie; F nettoyer (*q.*), mettre (*q.*) à sec; '**clean·ing** nettoyage *m*; dégraissage *m*; ~ *woman* femme *f* de ménage; **clean·li·ness** ['klenlinis] propreté *f*; netteté *f*; **clean·ly 1.** *adv.* ['kli:nli] proprement, nettement; **2.** *adj.* ['klenli] propre; **clean·ness** ['kli:nnis] propreté *f*; netteté *f*; **cleanse** [klenz] nettoyer (*a.* ⚕); assainir; purifier; '**cleans·er** ['klenzə] détergent *m*; démaquillant *m*; **clean-shav·en** ['kli:n'ʃeivən] rasé de près; **clean-up** ['kli:n'ʌp] nettoyage *m*; *pol.* épuration *f* (*de personnel etc.*).

clear [kliə] **1.** □ *usu.* clair; net(te *f*) (*idée, vision, conscience*); évident; dégagé; lucide; certain (de, *about*); *fig.* libre (de, *of*); débarrassé (de, *of*); disculpé (de, *of*) (*un soupçon*); ⚕ net(te *f*); ~ *of* libre de; exempt de; *as* ~ *as day* clair comme le jour; *get* ~ *of* quitter, sortir de; se dégager de; *steer* ~ *of* éviter, s'écarter de; **2.** ⚠ *in the* ~ en terrain découvert; **3.** *v/t.* éclaircir (*a. fig.*); nettoyer; *fig.* dépeupler; déblayer (*le terrain*) (*a. fig.*); rafraîchir (*l'air*); écarter (*un obstacle*); désencombrer (*une salle*); défricher (*un terrain*); dégager (*une route, une voie*); acquitter (*une dette*); clarifier (*un liquide*); (*a.* ~ *away*) enlever, ôter; disculper (de *of, from*); ⚕ *see* ~ *off*; ⚕ faire (*un bénéfice net*); arrêter (*un compte*); ⚖ innocenter (de *of, from*); ⚕ ~ *off* solder (*des marchandises*); ~ *a port* sortir d'un port; ~ *a ship for action* faire le branle-bas de combat; ~ *one's throat* s'éclaircir la voix; se racler la gorge; *v/i.* (*a.* ~ *up*) s'éclaircir; (*a.* ~ *off*) se dissiper (*nuages, brouillard*); '**clear·ance** dégagement *m*; déblaiement *m*; *boîte à lettres*: levée *f*; ⚕ compensation *f* (*d'un chèque*); ⚓, ⚕ dédouanement *m*; ⚓ départ *m*; ⚕ solde *m*; ⊕ jeu *m*, espace *m* libre; ~ *sale* vente *f* de soldes; '**clear-'cut** net(te *f*); '**clear·ing** éclaircissement *m etc.* (*see clear 3*); *forêt*: clairière *f*; ⚕ *see clearance*; ~ *procedure* voie *f* de compensation; ~ *bank* banque *f* de virement; ♀ *House* chambre *f* de compensation.

cleat ⚓ [kli:t] agrafe *f*; taquet *m*.

cleav·age ['kli:vidʒ] fendage *m*; *fig.* scission *f*; *min.* clivage *m*.

cleave[1] [kli:v] [*irr.*] (se) fendre (*a. eau, air*).

cleave[2] *fig.* [~] adhérer, être fidèle (à, *to*); ~ *together* rester fidèles l'un à l'autre.

cleav·er ['kli:və] fendoir *m*; coupe-ret *m* (*de viande*).

cleek *sp.* [kli:k] cleek *m*.

clef ♪ [klef] clef *f*, clé *f*.

cleft [kleft] **1.** fente *f*, fissure *f*, crevasse *f*; **2.** *prét. et p.p.* de *cleave*[1].

clem·en·cy ['klemənsi] clémence *f*; '**clem·ent** □ clément.

clench [klentʃ] (se) serrer (*lèvres, dents, poings*); (se) crisper (*mains*).

cler·gy ['klə:dʒi] (membres *m/pl.* du) clergé *m*; '**~·man** ecclésiastique *m*; *protestantisme*: pasteur *m*.

cler·i·cal [ˈklerikl] **1.** □ *eccl.* clérical (-aux *m/pl.*); de bureau; ~ *error* faute *f* de copiste; **2.** *pol.* clérical *m.*

clerk [klɑːk] employé(e *f*) *m* de bureau; ☨ commis *m*, employé(e *f*) *m* de magasin; *surt. Am.* vendeur (-euse *f*) *m* (*de magasin*); *eccl.* clerc *m.*

clev·er □ [ˈklevə] habile, adroit; intelligent; ~ **dick** *Brit. sl.* gros malin *m*, je-sais-tout *m*; ˈ**clev·er·ness** habileté *f*, adresse *f*; intelligence.

clew [kluː] *see clue.*

cli·ché [ˈkliːʃei] cliché *m.*

click [klik] **1.** cliquetis *m*, bruit *m* sec; ⊕ cliquet *m*; déclic *m*; **2.** *v/i.* cliqueter; faire tic tac; se plaire du premier coup; *v/t.* (faire) claquer (*les talons*).

cli·ent [ˈklaiənt] client(e *f*) *m*; **cli·en·tele** [kliːɑ̃ːnˈteil] clientèle *f.*

cliff [klif] falaise *f*; escarpement *m.*

cli·mac·ter·ic [klaiˈmæktərik] **1.** climatérique; **2.** ménopause *f*, retour d'âge *m*; *fig.* tournant *m.*

cli·mate [ˈklaimit] climat *m*; **cli·mat·ic** [klaiˈmætik] (*~ally*) climat(ér)ique.

cli·max [ˈklaimæks] gradation *f*; *fig.* apogée *m*, plus haut point *m.*

climb [klaim] monter; gravir, grimper à; escalader; ˈ**climb·er** ascensionniste *mf*; *fig.* arriviste *mf*; ⚘ plante *f* grimpante; ˈ**climb·ing** montée *f*, escalade *f*; ˈ**climb·ing-i·ron** crampon *m.*

clinch [klintʃ] **1.** ⊕ rivet *m*, accrochage *m*; *fig.* étreinte *f*; *box.* corps-à-corps *m*; **2.** *v/t.* river; confirmer (*un argument etc.*); conclure (*un marché*); *see clench*; *v/i.* s'accrocher; ˈ**clinch·er** ⊕ crampon *m*; *fig.* argument *m* sans réplique.

cling [kliŋ] [*irr.*] (à, *to*) s'accrocher, se cramponner, s'attacher; adhérer; coller (*robe*); ˈ**cling·ing** qui s'accroche *etc.*; collant (*robe*).

clin·ic [ˈklinik] **1.** clinique *f*; **2.** = ˈ**clin·i·cal** □ clinique; ~ *thermometer* thermomètre *m* médical.

clink [kliŋk] **1.** tintement *m*, choc *m*; *épées*: cliquetis *m*; **2.** *v/i.* tinter (*verres*); *v/t.* faire tinter, faire résonner; ~ *glasses with* trinquer avec; ˈ**clink·er** escarbilles *f/pl.*; *sl.* personne *f ou* chose *f* épatante; ˈ**clink·ing** *Brit. sl.* **1.** *adj.* épatant; **2.** *adv. sl.* très.

clip[1] [klip] **1.** tonte; *Am.* F *at one* ~ d'un seul coup; **2.** tondre; rogner; tailler; écourter (*un mot*).

clip[2] [~] attache *f*, pince *f*; *paper-~* agrafe *f* de bureau; trombone *m.*

clip·per [ˈklipə] tondeur (-euse *f*) *m*; (*a pair of*) *~s pl.* (une) tondeuse *f*; F cheval *m* qui va comme le vent; ⚓ fin voilier *m*; ✈ (*flying* ~) clipper *m*; *sl.* type *m* épatant; ˈ**clip·pings** *pl.* tonte *f*; *ongles etc.*: rognures *f/pl.*; *Am. presse*: coupures *f/pl.*

clique [kliːk] coterie *f*; F clan *m.*

cloak [klouk] **1.** manteau *m* (*a. fig.*); *fig.* voile *m*; **2.** revêtir d'un manteau; *fig.* masquer, voiler; ˈ**~-room** vestiaire *m*; 🚂 consigne *f.*

clob·ber *sl.* [ˈklɔbə] **1.** battre; rosser; **2.** *Brit.* frusques *f/pl.*, barda *m.*

clock [klɔk] **1.** horloge *f*; *moins grand*: pendule *f*; *bas*: coin *m*; *sp. sl.* chronomètre *m* à déclic; **2.** *v/t. sp. sl.* chronométrer; *v/i.*: ~ *in* (*out*) pointer à l'arrivée (au départ) (*ouvrier etc.*); ˈ**~·face** cadran *m*; ~ **ra·di·o** radio-réveil *m* (*pl.* radios-réveils); ˈ**~·wise** à droite; dans le sens des aiguilles d'une montre.

clod [klɔd] motte *f* (de terre); *fig.* terre *f*; (*a. ~-hopper*) lourdaud *m.*

clog [klɔg] **1.** entrave *f*; *fig.* empêchement *m*; galoche *f*; sabot *m*; **2.** entraver; *fig.* (se) boucher, (s')obstruer; ˈ**clog·gy** collant.

clois·ter [ˈklɔistə] **1.** cloître *m*; **2.** cloîtrer.

close 1. [klouz] fin *f*, conclusion *f*; clôture *f*; [klous] clos *m*, enclos *m*; *cathédrale*: enceinte *f*; **2.** [klouz] *v/t.* fermer; barrer; terminer; arrêter (*un compte*); *~d shop* atelier *etc.* qui n'admet pas de travailleurs non syndiqués; ~ *down* fermer (*une usine etc.*); ~ *one's eyes to* fermer les yeux sur; *v/i.* (se) fermer; se terminer, finir; se prendre corps à corps (avec, *with*); ☨ ~ *with* conclure le marché avec; ~ *in* cerner de près; tomber (*nuit*); ~ *on* (*prp.*) se (re)fermer sur; **3.** □ [klous] bien fermé; clos; avare; peu communicatif (-ive *f*); étroit (*vêtement etc.*); exclusif (-ive *f*) (*société*); serré (*style, rangs, lutte*); *typ.* compact; soutenu (*attention*); minutieux (-euse *f*) (*étude*); vivement contesté (*lutte*); lourd (*temps*); impénétrable (*secret*); intime (*ami*); fidèle (*traduction*); ~ *by* (*ou to*) tout près (de); ~ *fight* (*ou combat ou quarters*) combat *m* corps à corps; *have a ~ call* (*ou shave*) l'échapper belle, y échapper de justesse; *that was a ~ call* (*ou shave ou thing*) il était moins une; *at ~ quarters* de près; ~(*d*) *season* (*ou time*) *chasse*: chasse *f* fermée; *shave ~ly* (se) raser de près; '**~-knit** étroitement lié, très uni; '**~-meshed** à petites mailles; '**close·ness** proximité *f*; exactitude *f*; *temps*: lourdeur *f*; manque *m* d'air; réserve *f*.

clos·et ['klɔzit] **1.** cabinet *m*; armoire *f*, placard *m*; *see water-~*; **2.** *be ~ed with* être enfermé avec (*q.*), être en tête avec (*q.*).

close-up *cin.* ['klousʌp] premier plan *m*; gros plan *m*.

clos·ing ['klouziŋ] **1.** fermeture *f*; clôture *f*; **2.** dernier (-ère *f*), final; de fermeture; *the ~ days* les derniers jours *m/pl.*; *~ time* heure *f* de fermeture; *~ time!* on ferme!

clo·sure ['klouʒə] **1.** fermeture *f*; clôture *f*; *parl. move the ~* voter la clôture; *apply the ~* clôturer le débat; **2.** clôturer (*un débat etc.*).

clot [klɔt] **1.** *sang*: caillot *m*; *encre*: bourbillon *m*; **2.** figer (*le sang*); cailler (*le lait*).

cloth [klɔθ], *pl.* **cloths** [klɔθs] étoffe *f* de laine; drap *m*; toile *f*; linge *m*; tapis *m*; (*a. table-~*) nappe *f*; habit *m* (*surt.* ecclésiastique); F *the ~* le clergé; *lay the ~* mettre la nappe *ou* le couvert; *bound in ~* relié toile; *~-binding* reliure *f* en toile.

clothe [klouð] [*irr.*] vêtir, habiller (de *in*, *with*); revêtir (de, *with*) (*a. fig.*).

clothes [klouðz] *pl.* vêtements *m/pl.*, habits *m/pl.*; (*a. suit of ~*) complet *m*; linge *m* (*propre, sale, etc.*); '**~-bas·ket** panier *m* à linge; '**~-brush** brosse *f* à habits; **~ hang·er** cintre *m*; **~ horse** séchoir *m* (à linge); '**~-line** corde *f* à linge; '**~-peg** pince *f*; fichoir *m*; '**~·pin** *surt. Am.* pince *f*; '**~-press** armoire *f* à linge.

cloth·ier ['klouðiə] drapier *m*; marchand *m* de confections.

cloth·ing ['klouðiŋ] vêtements *m/pl.*

cloud [klaud] **1.** nuage *m* (*a. fig.*); *fig.* voile *m*; *liquide*: turbidité *f*; *poét., a. sauterelle*: nuée *f*; *be under a ~* être l'objet de soupçons; **2.** (se) couvrir, (se) voiler; *fig.* s'assombrir; ⊕ *~ed* nuageux (-euse *f*) (*joyau*); nuagé (*poil*); tacheté (*marbre*); '**~-burst** rafale *f* de pluie; trombe *f*; **~-'cuck·oo-land** pays *m* utopique *ou* imaginaire; *live in ~* être *ou* planer dans les nuages; '**cloud·less** □ sans nuages; **cloud·let** ['~lit] petit nuage *m*; '**cloud·y** □ nuageux (-euse *f*), assombri; couvert (*temps*); trouble (*liquide*); *fig.* fumeur (-euse *f*).

clout [klaut] **1.** rapiécer; F flanquer une taloche à (*q.*); **2.** chiffon *m*, torchon *m*; F taloche *f*, claque *f*.

clove[1] [klouv] clou *m* de girofle; gousse *f* (*d'ail*).

clove[2] [~] *prét. de cleave*[1]; '**clo·ven** **1.** *p.p. de cleave*[1]; **2.** *adj.* fendu, fourchu.

clo·ver ⚘ ['klouvə] trèfle *m*; '**~·leaf** ⚘ feuille *f* de trèfle; *mot.* (*a. ~ crossing*) croisement *m* en trèfle.

clown [klaun] *théâ.* bouffon *m*; *cirque*: clown *m*; rustre *m*; *poét.* paysan *m*; '**clown·ish** □ de bouffon; de clown; gauche; grossier (-ère *f*).

cloy [klɔi] rassasier (de, *with*) (*a. fig.*); affadir.

club [klʌb] **1.** massue *f*, assommoir *m*; *sp.* crosse *f*; cercle *m*, club *m*; *~s pl. cartes*: trèfle *m*; **2.** *v/t.* frapper avec une massue; *~ together* mettre en commun; *v/i.* (*usu. ~ together*) s'associer (*pour faire qch.*); '**club·ba·ble** sociable; '**club-'foot** ⚕ pied-bot (*pl.* pieds-bots) *m*; '**club-'law** la loi du plus fort.

cluck [klʌk] glousser (*poule*).

clue [klu:] *fig.* indication *f*, indice *m*; *mots croisés*: définition *f*.

clump [klʌmp] **1.** bloc *m*; *arbres*: groupe *m*; *fleurs*: massif *m*; F taloche *f*; (*a. ~-sole*) semelle *f* supplémentaire; **2.** marcher lourdement; ajouter des patins à (*des chaussures*).

clum·si·ness ['klʌmzinis] gaucherie *f*, maladresse *f*; '**clum·sy** □ gauche, maladroit; informe.

clung [klʌŋ] *prét. et p.p. de cling*.

clus·ter ['klʌstə] **1.** ⚘ *fleurs*: massif *m*, bouquet *m*; *arbres*: groupe *m*; *raisins*: grappe *f*; **2.** (se) grouper; (se) rassembler.

clutch [klʌtʃ] **1.** griffe *f*; *aigle etc.*: serre *f*; ⊕ embrayage *m*; *in his ~es* dans ses griffes, sous sa patte; *mot. ~ pedal* pédale *f* d'embrayage; **2.** *v/t.*

saisir, empoigner; *v/i.* se raccrocher (à, *at*).

clut·ter [ˈklʌtə] **1.** méli-mélo (*pl.* mélis-mélos) *m*, encombrement *m*; désordre *m*; **2.** (*a.* ~ *up*) encombrer (de, *with*); mettre le désordre dans.

clys·ter [ˈklistə] clystère *m*.

coach [koutʃ] **1.** carrosse *m*; 🚃 voiture *f*, wagon *m*; *Am.* autocar *m*; *univ.* répétiteur *m*; *sp.* entraîneur *m*; **2.** *v/i.* aller en carrosse; *v/t. univ.* donner des leçons particulières à; *sp.* entraîner; ˈ**~-box** siège *m* (du cocher); ˈ**~-build·er** carrossier *m*; ˈ**~-house** remise *f*; ˈ**~·man** cocher *m*; ˈ**~·work** carrosserie *f*.

co·ad·ju·tor *surt. eccl.* [kouˈædʒutə] coadjuteur *m*.

co·ag·u·late [kouˈægjuleit] (se) figer; (se) cailler (*lait*); **co·ag·uˈla·tion** coagulation *f*, figement *m*.

coal [koul] **1.** charbon *m*; houille *f*; morceau *m* de charbon; *carry ~s to Newcastle* porter de l'eau à la mer; *haul (ou call) s.o. over the ~s fig.* semoncer q.; **2.** ⚓ (s')approvisionner de charbon; *~ing station* port *m* à charbon; ˈ**~-bed** couche *f* de houille, couche *f* carbonifère; ˈ**~-dust** charbon *m* en poussière.

co·a·lesce [kouəˈles] se fondre; se combiner; fusionner; **co·aˈles·cence** coalescence *f*; fusion *f*; combinaison *f*.

co·a·li·tion [kouəˈliʃn] coalition *f*; *pol.* cartel *m*.

coal-field [ˈkoulfi:ld] bassin *m* houiller.

coal...: ˈ**~-pit** houillère *f*; ˈ**~-scut·tle** seau *m* à charbon.

coarse □ [kɔ:s] grossier (-ère *f*) (*a. fig.*); gros(se *f*); rude; ˈ**coarse·ness** grossièreté *f*; rudesse *f*.

coast [koust] **1.** côte *f*, rivage *m*; plage *f*; littoral *m*; *cycl.* descente *f* en roue libre; *surt. Am.* piste *f* (*de toboggan*); **2.** suivre la côte; descendre (en toboggan, en roue libre, *mot.* le moteur débrayé); ˈ**coast·er** *Am.* bobsleigh *m*; ⚓ caboteur *m*; **coast·er brake** *Am.* frein *m* à contre-pédalage; ˈ**coast-guard** garde-côte (*pl.* gardes-côtes) *m*; ˈ**coast·ing** navigation *f* côtière; cabotage *m*; ~ *trade* commerce *m* caboteur; cabotage *m*.

coat [kout] **1.** *hommes*: habit *m*; *femmes*: manteau *m*, jaquette *f* (*courte*); robe *f*, poil *m*; *animaux*: peau *f*, fourrure *f*; *peinture*: couche *f*; ~ *of arms* armoiries *f/pl.*; écusson *m*; ~ *of mail* cotte *f* de mailles; *cut the ~ according to the cloth* subordonner ses dépenses à son revenu; **2.** enduire (de, *with*); revêtir, couvrir (de, *with*); ˈ**~-hang·er** cintre *m*; ˈ**coat·ing** enduit *m*, revêtement *m*; enveloppe *f*; couche *f*; *tex.* étoffe *f* pour habits; ˈ**coat-rack** portemanteau *m*.

coax [kouks] cajoler, enjôler; encourager (*q.*) à force de cajoleries (à *inf.*, *into gér.*); ~ *s.th. out of s.o.* soutirer qch. à q. en le cajolant.

cob [kɔb] cob *m*, bidet *m*; cygne *m* mâle; ⚠ pisé *m*; *Am.* épi *m* de maïs; *see ~nut*; *~s pl. charbon*: gaillette *f*; *~-loaf* miche *f*.

co·balt *min.* [kəˈbɔ:lt] cobalt *m*.

cob·ble [ˈkɔbl] **1.** galet *m*; *~s pl.* gaillette *f*, -s *f/pl.*; **2.** paver en cailloutis; carreler (*des chaussures*); ˈ**cob·bler** cordonnier *m*; *fig.* rapetasseur *m*; *Am.* boisson *f* rafraîchissante.

cob·nut ⚘ [ˈkɔbnʌt] grosse noisette *f*.

cob·web [ˈkɔbweb] toile *f* d'araignée.

co·caine ⚕ [kəˈkein] cocaïne *f*.

coch·i·neal [ˈkɔtʃini:l] cochenille *f*.

cock [kɔk] **1.** coq *m* (*a. fig.*); oiseau *m* mâle; chien *m* (*de fusil*); meulon *m* (*de foin*); robinet *m*; **2.** (*souv.* ~ *up*) (re)lever; dresser (*les oreilles*); armer le chien de (*un fusil*); retrousser (*le chapeau*); mettre (*le chapeau*) de travers; ~ *one's eye at s.o.* lancer une œillade à q.; ~ *one's nose at s.o.* toiser q.; *~ed hat* tricorne *m*.

cock·ade [kɔˈkeid] cocarde *f*.

Cock·aigne [kɔˈkein] pays *m* de cocagne.

cock-and-bull sto·ry [ˈkɔkəndˈbulstɔ:ri] histoire *f* de pure invention.

cock·a·too [kɔkəˈtu:] cacatoès *m*.

cock·a·trice [ˈkɔkətrais] basilic *m*.

cock·boat ⚓ [ˈkɔkbout] petit canot *m*.

cock·chaf·er [ˈkɔktʃeifə] hanneton *m*.

cock-crow(·ing) [ˈkɔkkrou(iŋ)] (premier) chant *m* du coq; aube *f*.

cock·er[1] [ˈkɔkə]: ~ *up* câliner.

cock·er[2] [~] (épagneul *m*) cocker *m*.

cock·er·el [ˈkɔkərəl] jeune coq *m*.

cock...: ˈ~**-eyed** [ˈkɔkaid] *sl.* qui louche; de biais; *Am.* gris (*ivre*); ˈ~**-fight**(**·ing**) combat, -s *m/pl.* de coqs; ˈ~-ˈ**horse** cheval *m* de bois.

cock·le[1] ⚘ [ˈkɔkl] nielle *f* des blés.

cock·le[2] [~] **1.** *zo.* bucarde *f*; pli *m*; **2.** *v/t.* recoquiller (*les pages d'un livre*); faire goder (*une étoffe*); *v/i.* se recroqueviller; goder.

cock·ney [ˈkɔkni] londonien(ne *f*) (*a. su./mf*); ˈ**cock·ney·ism** locution *f ou* prononciation *f* londonienne.

cock·pit [ˈkɔkpit] arène *f* de combats de coqs; ⚓ poste *m* des blessés; ✈ baquet *m*, carlingue *f*; poste *m* du pilote.

cock·roach *zo.* [ˈkɔkroutʃ] blatte [*f*; F cafard *m*.]

cocks·comb [ˈkɔkskoum] crête *f* de coq; ⚘ crête-de-coq (*pl.* crêtes-de-coq) *f*; ˈ**cock-**ˈ**sure** F outrecuidant; ˈ**cock·tail** demi-sang *m/inv.* † parvenu *m*; cocktail *m*; ˈ**cock-up** *sl.* pagaille *f*; *make a ~ of* saloper, gâcher; ˈ**cock·y** □ F outrecuidant, suffisant, effronté.

co·co [ˈkoukou] cocotier *m*.

co·coa [ˈkoukou] cacao *m*.

co·co·nut [ˈkoukənʌt] noix *f* de coco.

co·coon *zo.* [kəˈkuːn] cocon *m*.

cod *icht.* [kɔd] morue *f*; *dried ~* merluche *f*; *cured ~* morue *f* salée.

cod·dle [ˈkɔdl] gâter, câliner; douilletter; *~ up* élever dans la ouate.

code [koud] **1.** code *m*; *secret*: chiffre *m*; **2.** *tél.* codifier; chiffrer.

co·de·ine ⚗ [ˈkoudiːn] codéine *f*.

cod·fish [ˈkɔdfiʃ] *see cod*.

codg·er F [ˈkɔdʒə] vieux bonhomme *m*.

cod·i·cil [ˈkɔdisil] codicille *m*; **cod·i·fi·ca·tion** [~fiˈkeiʃn] codification *f*; **cod·i·fy** [ˈ~fai] codifier (*des lois*).

cod·ling [ˈkɔdliŋ] ⚘ pomme *f* à cuire; *icht.* petite morue *f*.

cod-liv·er oil [ˈkɔdlivərˈɔil] huile *f* de foie de morue.

co-ed *Am.* [ˈkouˈed] élève *f* d'une école coéducationelle.

co-ed·u·ca·tion [kouedjuˈkeiʃn] *école mixte*: coéducation *f*.

co·ef·fi·cient [kouiˈfiʃnt] coefficient *m*; facteur *m* (*de sûreté*).

co·erce [kouˈəːs] contraindre; forcer; **co**ˈ**er·ci·ble** contraignable; coercible (*gaz*); **co**ˈ**er·cion** [~ʃn] contrainte *f*; *under ~* par contrainte; à son corps défendant; **co**ˈ**er·cive** □ [~siv] coercitif (-ive *f*).

co·e·val □ [kouˈiːvəl] (*with*) de l'âge (de); contemporain (de).

co·ex·ist [ˈkouigˈzist] coexister (avec, *with*); ˈ**co·ex**ˈ**ist·ence** coexistence *f*; ˈ**co·ex**ˈ**ist·ent** coexistant.

cof·fee [ˈkɔfi] café *m*; *~* **bar** café *m*, cafétéria *f*; ˈ~-ˈ**bean** grain *m* de café; ˈ~**-grounds** *pl.* marc *m* de café; ˈ~**-pot** cafetière *f*; ˈ~**-room** *hôtel*: salle *f* à manger; *~* **shop** *Am.* café *m*, cafétéria *f*; *~* **ta·ble** table *f* basse.

cof·fer [ˈkɔfə] coffre *m*; ⚠ caisson *m*; *~s pl.* coffres *m/pl.*; fonds *m/pl.*

cof·fin [ˈkɔfin] **1.** cercueil *m*; **2.** mettre en bière.

cog ⊕ [kɔg] dent *f* (*d'une roue*).

co·gen·cy [ˈkoudʒənsi] force *f*; ˈ**co·gent** □ valable, incontestable.

cogged ⊕ [kɔgd] à dents, denté.

cog·i·tate [ˈkɔdʒiteit] *v/i.* réfléchir, méditer (sur, [*up*]*on*); *v/t.* méditer (*qch.*); **cog·i**ˈ**ta·tion** réflexion *f*.

co·gnac [ˈkounjæk] cognac *m*.

cog·nate [ˈkɔgneit] **1.** (*with*) parent (de), analogue (à); **2.** cognat *m*.

cog·ni·tion [kɔgˈniʃn] connaissance *f*.

cog·ni·za·ble [ˈkɔgnizəbl] (re)connaissable; ⚖ du ressort du tribunal; ˈ**cog·ni·zance** connaissance *f* (*a.* ⚖); ⚖ compétence *f*, ressort *m* (*de la cour*); ˈ**cog·ni·zant** (*of*) ayant connaissance (de); instruit (de).

cog·no·men [kɔgˈnoumen] nom *m* de famille; sobriquet *m*, surnom *m*.

cog-wheel ⊕ [ˈkɔgwiːl] roue *f* dentée.

co·hab·it [kouˈhæbit] cohabiter; **co·hab·i**ˈ**ta·tion** cohabitation *f*.

co·heir [ˈkouˈɛə] cohéritier *m*; **co·heir·ess** [ˈkouˈɛəris] cohéritière *f*.

co·here [kouˈhiə] se tenir (ensemble); **co**ˈ**her·en·cy** cohérence *f*; **co**ˈ**her·ent** □ cohérent; conséquent; **co**ˈ**her·er** cohéreur *m*.

co·he·sion [kouˈhiːʒn] cohésion *f*; **co**ˈ**he·sive** cohésif (-ive *f*).

coif·feur [kwɑːˈfəː] coiffeur *m*; **coif·fure** [~ˈfjuə] **1.** coiffure *f*; **2.** coiffer.

coign of van·tage [kɔinəvˈvɑːntidʒ] position *f* avantageuse.

coil [kɔil] **1.** *corde, fil métallique, cheveux*: rouleau *m*; *câble*: roue *f*; ⚡ bobine *f*; *serpent*: repli *m*; ⊕ *tube*: serpentin *m*; *~ spring* ressort *m* en spirale; **2.** (*souv. ~ up*) *v/t.*

(en)rouler; *v/i.* serpenter; s'enrouler.

coin [kɔin] **1.** (pièce *f* de) monnaie *f*; *false* ~ fausse monnaie *f*; *small* ~ monnaie *f* divisionnaire; **2.** frapper (*de la monnaie*); *fig.* inventer; *fig.* ~ *money* faire des affaires d'or; ~*ed money* argent *m* monnayé; ˈ**coinage** monnayage *m*; monnaie *f*, -s *f/pl.*; *fig.* invention *f*.

co·in·cide [kouinˈsaid] (*with*) coïncider (avec); *fig.* s'accorder (avec); **co·in·ci·dence** [kouˈinsidəns] coïncidence *f*; *fig.* rencontre *f*, concours *m*; **coˈin·ci·dent** □ coïncident; *fig.* d'accord.

coin·er [kɔinə] monnayeur *m*; *souv.* faux-monnayeur *m*; *fig.* inventeur (-trice *f*) *m*.

coir [ˈkɔiə] fibre *f* de coco; coir *m*.

coke [kouk] **1.** coke *m* (*a. sl.* = *cocaïne*); *Am.* F Coca-Cola *f*; **2.** (se) cokéfier.

col·an·der [ˈkʌləndə] *cuis.* passoire *f*.

cold [kould] **1.** □ froid (*a. fig.*); ~ *meat* viande *f* froide; *give s.o. the* ~ *shoulder see* ~*-shoulder*; F *have* ~ *feet* avoir le trac (= *avoir peur*); **2.** froid *m*; froideur *f*; (*souv.* ~ *in the head*) rhume *m*; ˈ~-ˈ**blood·ed** *zo.* à sang froid; *fig.* insensible, sans pitié (*personne*); accompli de sang-froid (*action*); ~ **cream** crème *f* de beauté, cold-cream *m*; ˈ~-ˈ**heart·ed** au cœur froid, sans pitié; ˈ**cold·ness** froideur *f*; *climat*: froidure *f*.

cold...: ˈ~**-shoul·der** battre froid à (*q.*); tourner le dos à (*q.*); ~ **storage** conservation *f* par le froid; glacière *f*; ˈ~-ˈ**stor·age** frigorifique; ~ **store** entrepôt *m* frigorifique.

cole ⚘ [koul] chou-marin (*pl.* choux-marins) *m*.

cole-seed ⚘ [ˈkoulsi:d] (graine *f* de) colza *m*.

cole·slaw [ˈkoulˈslɔ:] *Am.* salade *f* de choux.

col·ic ⚕ [ˈkɔlik] colique *f*.

col·lab·o·rate [kəˈlæbəreit] collaborer; **col·lab·oˈra·tion** collaboration *f*; **colˈlab·o·ra·tor** collaborateur (-trice *f*) *m*.

col·lapse [kəˈlæps] **1.** s'affaisser; s'écrouler; s'effondrer (*prix, a. personne*); **2.** affaissement *m etc.*; **colˈlaps·i·ble** pliant, démontable; ~ *boat* canot *m* pliant, berthon *m*.

col·lar [ˈkɔlə] **1.** *robe*: col *m*; *manteau*: collet *m*; *chemise*: (faux) col *m*; *ordre*: collier *m*; ⊕ anneau *m*, collet *m*; **2.** saisir au collet; ⊕ baguer; *cuis.* rouler (*de la viande*) pour la ficeler; ˈ~**-bone** *anat.* clavicule *f*.

col·late [kɔˈleit] collationner (*des textes*).

col·lat·er·al [kɔˈlætərəl] **1.** □ collatéral (-aux *m/pl.*); accessoire; additionnel(le *f*); concomitant; **2.** garantie *f* accessoire.

col·la·tion [kɔˈleiʃn] *textes, cuis., a. eccl.* collation *f*.

col·league [ˈkɔli:g] collègue *mf*.

col·lect 1. [ˈkɔlekt] *prière*: collecte *f*; **2.** [kəˈlekt] *v/t.* (r)assembler; amasser; collectionner (*des timbres*); percevoir (*des impôts*); faire rentrer (*une créance*); quêter (*pour les pauvres*); ~ *one's thoughts* se reprendre; se recueillir; ~*ing business* service *m* d'encaissement; *v/i.* s'assembler; ~ **call** *Am. téléph.* PCV (= Per-Ce-Voir), communication *f* téléphonique payable par le destinataire; **colˈlect·ed** □ *fig.* plein de sang-froid; **colˈlect·ed·ness** *fig.* sang-froid *m*; **colˈlec·tion** rassemblement *m*; recouvrement *m*; perception *f*; *billet*: encaissement *m*; *eccl.* quête *f*; *forcible* ~ réquisition *f*; **colˈlec·tive** collectif (-ive *f*); multiple (*fruit*); ⚖ ~ *ownership* possession *f* en commun; ~ *bargaining* convention *f* collective; **colˈlec·tive·ly** collectivement; en commun; **colˈlec·tiv·ism** collectivisme *m*; **colˈlec·tor** quêteur (-euse *f*) *m*; encaisseur *m*; collectionneur (-euse *f*) *m*; *contributions indirectes*: receveur *m*, *directes*: percepteur *m*; 🚂 contrôleur *m* de billets; ⚡ prise *f* de courant; ~*'s item* pièce *f* de collection.

col·leen *Ir.* [ˈkɔli:n; *Ir.* kɔˈli:n] jeune fille *f*.

col·lege [ˈkɔlidʒ] collège *m*; *souv.* université *f*; école *f* secondaire, lycée *m*; école *f* (*militaire ou navale*); **col·le·gi·an** [kəˈli:dʒiən] étudiant(e *f*) *m*; lycéen(ne *f*) *m*; élève *mf*; **colˈle·gi·ate** [~dʒiit] collégial (-aux *m/pl.*); de collège.

col·lide [kəˈlaid] se heurter; entrer en collision (avec, *with*); ~ *with* heurter (*qch.*) (*a. fig.*).

col·lie [ˈkɔli] colley *m*.

col·lier [ˈkɔliə] houilleur *m*, mineur *m*; ⚓ charbonnier *m*; **col·lier·y** [ˈkɔljəri] houillère *f*; mine *f* de charbon.

col·li·sion [kəˈliʒn] collision *f* (*a. fig.*); rencontre *f*; *fig.* conflit *m*.

col·lo·ca·tion [kɔloˈkeiʃn] collocation *f*, arrangement *m*.

col·lo·di·on [kəˈloudiən] collodion *m*.

col·lo·qui·al □ [kəˈloukwiəl] familier (-ère *f*); de (la) conversation; **colˈlo·qui·al·ism** expression *f* familière.

col·lo·quy [ˈkɔləkwi] colloque *m*.

col·lude [kəˈljuːd] s'entendre (avec, *with*); **col·lu·sion** [kəˈluːʒn] collusion *f*; ⚖ complicité *f*, connivence *f*.

col·ly·wob·bles F [ˈkɔliwɔblz]: *have the* ~ se sentir mal; avoir le trac.

col·o·cynth ⚘ [ˈkɔlɔsinθ] coloquinte *f*.

co·lon [ˈkoulən] *typ.* deux-points *m/inv.*; *anat.* côlon *m*.

colo·nel ⚔ [ˈkəːnl] colonel *m*; **ˈcolo·nel·cy** grade *m* de colonel.

co·lo·ni·al [kəˈlounjəl] colonial (-aux *m/pl.*) (*a. su./m*); **col·o·nist** [ˈkɔlənist] colon *m*; **col·o·niˈza·tion** colonisation *f*; **ˈcol·o·nize** *v/t.* coloniser; *v/i.* former une colonie.

col·on·nade [kɔləˈneid] colonnade *f*.

col·o·ny [ˈkɔləni] colonie *f* (*a. fig.*).

col·o·pho·ny [kɔˈlɔfəni] colophane *f*.

col·or *see colo(u)r.*

Col·o·ra·do bee·tle [kɔləˈrɑːdouˈbiːtl] doryphore *m*.

co·los·sal □ [kəˈlɔsl] colossal (-aux *m/pl.*).

col·o(u)r [ˈkʌlə] **1.** couleur *f*; pigment *m*; *visage*: teint *m*; *nuance*: teinte *f*; *fig.* couleur *f*, prétexte *m*; ⚔ ~*s pl.* drapeau *m*; ~ *bar*, ~ *line* discrimination *f* raciale; ~ *problem* problème *m* racial; ~ *supplement* supplément illustré (*d'un journal*); ~ *television* télévision *f* (en) couleur; ~ *television set* téléviseur *m* couleur; *local* ~ couleur *f* locale; **2.** *v/t.* colorer; colorier; teindre; *fig.* imager (*son style*); présenter sous un faux jour; *v/i.* se colorer; rougir (*personne*); **ˈcol·o(u)r·a·ble** □ plausible; trompeur; **col·o(u)r-blind** daltonien(ne *f*); **col·o(u)r blind·ness** daltonisme *m*; **ˈcol·o(u)red** coloré; de couleur; en couleurs; ~ *film* film *m* en couleurs; ~ *pencil* crayon *m* de couleur; ~ (*wo*)*man* homme *m* (femme *f*) de couleur; **ˈcol·o(u)r·fast** bon teint; **col·o(u)r·ful** [ˈ~ful] coloré; **ˈcol·o(u)r·ing 1.** colorant; ~ *matter* colorant *m*; **2.** coloration *f*; *peint.* coloris *m*; *visage*: teint *m*; *nuance*: teinte *f*; *fig.* apparence *f*; **ˈcol·o(u)r·ist** coloriste *m*; **ˈcol·o(u)r·less** □ sans couleur; terne; pâle.

colt [koult] poulain *m*, pouliche *f*; *fig.* débutant(e *f*) *m*; **ˈcolts·foot** ⚘ tussilage *m*.

col·um·bine ⚘ [ˈkɔləmbain] ancolie *f*.

col·umn [ˈkɔləm] colonne *f* (*a. typ.*, *a.* ⚔); *journ. a.* rubrique *f*; **co·lum·nar** [kəˈlʌmnə] en forme de colonne; en colonnes; **col·um·nist** [ˈkɔləmnist] *Am. journ.* collaborateur *m* régulier d'un journal.

col·za ⚘ [ˈkɔlzə] colza *m*.

co·ma[1] ⚕ [ˈkoumə] coma *m*.

co·ma[2] [~], *pl.* **-mae** [ˈ~miː] ⚘ barbe *f*, *astr.* chevelure *f*.

comb [koum] **1.** peigne *m*; *coq*, *vague*, *colline*: crête *f*; ⊕ peigne *m*, carde *f*; *curry-*~ *see honey* ~; **2.** *v/t.* peigner; *a.* carder (*la laine*); ~ *out fig.* F éplucher; *v/i.* déferler (*vague*).

com·bat [ˈkɔmbət] **1.** combat *m*; **2.** combattre (contre, *with*; pour, *for*); **ˈcom·bat·ant** combattant *m*; **ˈcom·bat·ive** □ combattif (-ive *f*); agressif (-ive *f*).

comb·er [ˈkoumə] ⊕ peigneuse *f*; ⚓ vague *f* déferlante.

com·bi·na·tion [kɔmbiˈneiʃn] combinaison *f*; association *f*; 🝖 combiné *m*; *fig.* mélange *m*; *usu.* ~*s pl. cost.* combinaison *f*; ~ *lock* serrure *f* à combinaison; **com·bine 1.** [~ˈbain] (se) réunir; (s')allier; **2.** [ˈ~bain] ✝ entente *f* industrielle; cartel *m*; *surt. Am.* moissonneuse-batteuse (*pl.* moissonneuses-batteuses) *f*.

comb·ings [ˈkoumiŋz] *pl.* peignures *f/pl.*

com·bus·ti·ble [kəmˈbʌstəbl] **1.** combustible, comburable; inflammable (*foule etc.*); **2.** ~*s pl.* matière *f* inflammable; *mot.* combustibles *m/pl.*; **com·bus·tion** [kəmˈbʌstʃn] combustion *f*.

come [kʌm] [*irr.*] venir, arriver; ~! allons!; voyons!; *to* ~ futur, à venir, qui vient; F *how* ~? comment ça?; ~ *about* arriver, se passer; ~ *across* *s.o.* tomber sur q.; ~ *along* se dépêcher; arriver; ~ *at* se jeter sur; parvenir à (*la vérité*); ~ *by* passer par; obtenir; ~ *down* descendre; *fig.* s'abaisser; déchoir; ~ *down upon s.o.* blâmer q. sévèrement; ~ *down with* F se fendre de (*une somme*); *Am.* F être frappé par (*une maladie*); ~ *for* venir chercher; ~ *in* entrer; ⚓ arriver; être de saison; devenir la mode; ~ *in!* entrez!; ~ *off* tomber (de); se détacher (*bouton*); s'enlever (*tache*); avoir lieu; réussir; tomber (*cheveux*); ~ *on* s'avancer; survenir; ~ *on!* allons-y!; ~ *out* sortir (de, *of*); se développer; débuter; ~ *out right* donner la solution juste; ~ *round* *fig.* reprendre connaissance; ~ *to* *adv. see* ~ *to o.s.*; ⚓ venir sur bâbord *ou* tribord; *prp.* arriver à; ~ *to o.s.* (*ou to one's senses*) revenir à soi; reprendre ses sens; ~ *to anchor* s'ancrer, mouiller; ~ *to know* en venir à connaître *ou* savoir; ~ *up* monter; surgir; pousser (*plante*); paraître; ~ *up to* répondre à (*une attente*); s'élever jusqu'à; s'approcher de (*q.*); égaler; ~ *up with* rattraper, rejoindre (*q.*); ~ *upon* tomber sur (*q.*); rencontrer par hasard; venir à l'esprit de (*q.*); **~-'at-a·ble** F accessible; **'~-back** rentrée *f*; retour *m* en vogue *ou* au pouvoir; *Am.* revanche *f*; *Am. sl.* réplique *f*.

co·me·di·an [kə'mi:djən] comédien(ne *f*) *m*; *music-hall*: comique *m*.

com·e·dy ['kɔmidi] comédie *f*.

come·li·ness ['kʌmlinis] mine *f* avenante; **'come·ly** avenant.

come-off F ['kʌmɔ:f] résultat *m*; issue *f*.

com·er ['kʌmə] arrivant(e *f*) *m*; venant(e *f*) *m*.

co·mes·ti·ble [kə'mestibl] *usu.* ~*s* *pl.* comestible *m*, -s *m/pl.*

com·et ['kɔmit] comète *f*.

com·fort ['kʌmfət] **1.** soulagement *m*; consolation *f*; bien-être *m*; confort *m*; aisance *f*; agrément *m*; *fig.* réconfort *m*; **2.** soulager; consoler; réconforter; **'com·fort·a·ble** □ confortable; à son aise (*personne*); tranquille; *I am* ~ je suis à mon aise; je suis bien; **'com·fort·er** consolateur (-trice *f*) *m*; *fig.* cache-nez *m/inv.*; *Am.* couvre-pied *m* piqué; *Brit.* sucette *f*; **'com·fort·less** □ incommode; dépourvu de confort.

com·frey ⚘ ['kʌmfri] consoude *f*.

com·fy □ F ['kʌmfi] *see comfortable.*

com·ic ['kɔmik] (~*ally*) comique; *fig.* (*usu.* **'com·i·cal** □) ~ *journal* (*ou paper*) journal *m* pour rire; *journ.* *Am. comic strip* bande *f* dessinée; **'com·ics** *pl. journ. Am.* bandes *f/pl.* dessinées (*souvent humoristiques*).

com·ing ['kʌmiŋ] **1.** futur, qui vient; ~, *Sir!* tout de suite, monsieur!; **2.** venue *f*; approche *f*.

com·i·ty ['kɔmiti]: ~ *of nations* bon accord *m* entre les nations; courtoisie *f* internationale.

com·ma ['kɔmə] virgule *f*; *inverted* ~*s* *pl.* guillemets *m/pl.*

com·mand [kə'mɑ:nd] **1.** ordre *m*; maîtrise *f* (*d'une langue*); ⚔ commandement *m* (*souv.* ♀, *p.ex. Southern* ♀); *at* (*ou by*) ~ *of* d'après les ordres de, suivant l'ordre de; *have* ~ *of* commander; dominer; *be* (*have*) *at* ~ être à la (avoir à sa) disposition; ⚔ *be in* ~ *of* commander; **2.** ordonner; commander, inspirer (*un sentiment*); forcer (*l'attention*); dominer (*une vallée*); commander; *fig.* être maître de, maîtriser; disposer de; **com·man·dant** ⚔ [kɔmən'dænt] commandant *m*; **com·man·deer** [~'diə] ⚔ réquisitionner; **com·mand·er** ⚔ [kə'mɑ:ndə] commandant *m*; chef *m* de corps; ⚓ capitaine *m* de frégate; *ordres*: commandeur *m*; **com'mand·er-in-'chief** commandant *m* en chef; **com'mand·ing** commandant; en chef; *fig.* d'autorité; imposant; éminent (*lieu*); ~ *point* point *m* stratégique; **com'mand·ment** commandement *m*.

com·mem·o·rate [kə'meməreit] commémorer; célébrer le souvenir de; **com·mem·o'ra·tion** commémoration *f*; **com'mem·o·ra·tive** [~rətiv] □ commémoratif (-ive *f*) (de, *of*).

com·mence [kə'mens] commencer; initier; entamer; ⚖ intenter (*un procès*); **com'mence·ment** commencement *m*, début *m*.

com·mend [kə'mend] recommander; confier; louer; F ~ *me to* ...

saluez ... de ma part; **com'mend·a·ble** □ louable; digne d'éloges; **com·men·da·tion** [kɔmen'deiʃn] éloge *m*, louange *f*; **com'mend·a·to·ry** [~ətəri] élogieux (-euse *f*).

com·men·su·ra·ble □ [kə'menʃərəbl] commensurable (avec *with, to*); *see commensurate*; **com'men·su·rate** □ [~rit] proportionné (à *with, to*); coétendu (à, *with*).

com·ment ['kɔmənt] **1.** commentaire *m*; critique *f*, glose *f*, observation *f* (sur, *on*); **2.** (*upon*) commenter, critiquer (*qch.*); faire le commentaire (de); **com·men·tar·y** ['~təri] commentaire *m*, glose *f*; radioreportage *m*; '**com·men·ta·tor** ['~teitə] commentateur (-trice *f*) *m*; radioreporter *m*.

com·merce ['kɔmə:s] commerce *m*; affaires *f/pl.*; *Chamber of* ♀ Chambre *f* de Commerce; **com·mer·cial** □ [kə'mə:ʃəl] **1.** commercial (-aux *m/pl.*); mercantile; marchand; de (du) commerce; ~ *traveller* commis *m* voyageur; représentant(e *f*) *m*; **2.** *Brit.* F *see* ~ *traveller*; *surt. Am. radio*: réclame *f*; **com'mer·cial·ism** esprit *m* commercial; **com'mer·cial·ize** commercialiser.

com·mis·er·ate [kə'mizəreit] s'apitoyer sur le sort de (*q.*); **com·mis·er'a·tion** compassion *f* (pour, *with*).

com·mis·sar·i·at ⚔ [kɔmi'sɛəriət] intendance *f*; **com·mis·sar·y** ['~səri] commissaire *m*; ⚔ intendant *m* général d'armée.

com·mis·sion [kə'miʃn] **1.** commission *f*; ordre *m*, mandat *m*; délégation *f* (*d'autorité, de devoirs*); *crime*: perpétration *f*; ⚔ brevet *m* (*d'officier*), grade *m* d'officier; ⚓ *navire*: armement *m*; commission *f*, pourcentage *m*; *on* ~ à la commission; **2.** commissionner; déléguer; charger; ⚔ nommer (*un officier*); ⚓ armer; **com·mis·sion·aire** [~ʃə'nɛə] commissionnaire *m*; *hôtel*: chasseur *m*; **com'mis·sion·er** [~ʃnə] commissaire *m*; délégué *m* d'une commission.

com·mit [kə'mit] commettre (*a. un crime, une erreur*); confier; engager (*sa parole*); coucher (*par écrit*); *pol.* renvoyer à une commission; ~ (*o.s.* s')engager (à, *to*); se compromettre; ~ (*to prison*) envoyer en prison, écrouer (*q.*); ~ *for trial* renvoyer aux assises; **com'mit·ment** délégation *f*; *pol.* renvoi *m* à une commission; mise *f* en prison; renvoi *m* aux assises; engagement *m* financier; **com'mit·tal** *see commitment*; mise *f* en terre (*d'un cadavre*); *crime*: perpétration *f*; ~ *order* mandat *m* de dépôt; **com'mit·tee** comité *m*, commission *f*.

com·mode [kə'moud] commode *f*; chaise *f* percée; **com'mo·di·ous** □ [~djəs] spacieux (-euse *f*); **com·mod·i·ty** [kə'mɔditi] (*usu.* ~*s pl.*) marchandise *f*, -s *f/pl.*; denrée *f*, -s *f/pl.*; ~ *value* valeur *f* vénale.

com·mo·dore ⚓ ['kɔmədɔ:] chef *m* de division; commodore *m*.

com·mon ['kɔmən] **1.** □ commun; public (-ique *f*); courant; ordinaire; vulgaire; trivial (-aux *m/pl.*); *gramm.* ~ *noun* nom *m* commun; ♀ *Council* conseil *m* municipal; *Book of* ♀ *Prayer* rituel *m* de l'Église anglicane; ~ *law* droit *m* commun *ou* coutumier; ~ *room* salle *f* commune; salle *f* des professeurs; ~ *sense* sens *m* commun, bon sens *m*; ☤ ~ *stock* actions *f/pl.* ordinaires; ~ *weal* bien *m* public; *in* ~ en commun (avec, *with*); **2.** pâtis *m*; terrain *m* communal; **com·mon·al·ty** ['~nlti] le commun des hommes; '**com·mon·er** bourgeois *m*; homme *m* du peuple; *qqfois* membre *m* de la Chambre des Communes; *univ.* étudiant *m* ordinaire; '**com·mon·place 1.** lieu *m* commun; **2.** banal (-aux *m/pl.*); terre à terre; médiocre; **com·mons** ['~z] *pl. le* peuple *m*; *le* tiers état *m*; ordinaire *m* (*de la table*); *short* ~ maigre chère *f*; (*usu. House of*) ♀ Chambre *f* des Communes; '**com·mon·sense** sensé, raisonnable; '**com·mon·wealth** État *m*; *souv.* republique *f*; chose *f* publique; *the British* ♀ l'Empire *m* Britannique; *the* ♀ *of Australia* le Commonwealth *m* d'Australie.

com·mo·tion [kə'mouʃn] agitation *f*; troubles *m/pl.*; brouhaha *m*.

com·mu·nal □ ['kɔmjunl] communal (-aux *m/pl.*); ~ *estate* ⚖ communauté *f* de biens; **com·mu·nal·ize** ['~nəlaiz] mettre en commun.

com·mu·ni·ca·bil·i·ty [kəmju:nikə'biliti] communicabilité *f*; **com-**

ˈ**mu·ni·ca·ble** □ communicable; ⚕ contagieux (-euse *f*); **comˈmu·ni·cant** *eccl.* communiant(e *f*) *m*; **comˈmu·ni·cate** [~keit] *v/t.* communiquer (à, *to*); *v/i.* communiquer (avec, *with*; par, *by*); *eccl.* recevoir la communion; **com·mu·niˈca·tion** communication *f* (*a.* ⚔, *téléph., voie*); voie *f* d'accès; 🚃 ~ *cord* signal *m* d'alarme; *be in* ~ *with* être en relation avec; **comˈmu·ni·ca·tive** □ communicatif (-ive *f*); expansif (-ive *f*); **comˈmu·ni·ca·tor** débiteur (-euse *f*) *m* (*de nouvelles*); ⊕ communicateur *m*.

com·mun·ion [kəmˈju:njən] rapport *m*; relations *f/pl.*; *eccl.* communion *f*.

com·mu·ni·qué [kəmˈju:nikei] communiqué *m*.

com·mu·nism [ˈkɔmjunizm] communisme *m*; ˈ**com·mu·nist 1.** communiste *mf*; **2.** = **com·muˈnis·tic** (~*ally*) communiste.

com·mu·ni·ty [kəmˈju:niti] communauté *f* (*a. eccl.*); solidarité *f*; *the* ~ l'État *m*; le public *m*; ~ *ownership* collectivité *f*; ~ *service* service *m* public; ~ *spirit* sens *m* du groupe; ~ *work* travail *m* en commun.

com·mu·nize [ˈkɔmjunaiz] collectiviser; rendre communiste.

com·mut·a·ble [kəmˈju:təbl] permutable; commuable (*peine*); **com·mu·ta·tion** [kɔmju:ˈteiʃn] commutation *f* (en *into, for*); *Am.* ~ *ticket* carte *f* d'abonnement; **com·mu·ta·tive** [kəˈmju:tətiv] commutatif (-ive *f*); **com·mu·ta·tor** ⚡ [ˈkɔmju:teitə] commutateur *m*; **com·mute** [kəˈmju:t] *v/t.* échanger (pour, contre *for, into*); commuer (*une peine*) (en, *into*); racheter (*qch.*) (par, *into*) (*une rente, une servitude*); *v/i. Am.* prendre un abonnement; **comˈmut·er** *Am.* abonné(e *f*) *m*.

com·pact 1. [ˈkɔmpækt] convention *f*; poudrier *m*; **2.** [kəmˈpækt] compact; serré; formé (de, *of*); **3.** [~] *v/t.* rendre compact; **comˈpact·ness** compacité *f*; *style*: concision *f*.

com·pan·ion [kəmˈpænjən] compagnon *m*, compagne *f*; manuel *m*; pendant *m*; *ordre*: compagnon *m*; ⚓ capot *m* (d'échelle); ~ *in arms* compagnon *m* d'armes; **comˈpan·ion·a·ble** □ sociable; **comˈpan·ion·ship** camaraderie *f*; compagnie *f*.

com·pa·ny [ˈkʌmpəni] compagnie *f* (*a.* ✝, *a.* ⚔); assemblée *f*; bande *f*; *invités*: monde *m*; ✝ *a.* société *f*; ⚓ équipage *m*; *théâ.* troupe *f*; *good* (*bad*) ~ bonne (mauvaise) compagnie *f*; *bear s.o.* ~ tenir compagnie à q.; *have* ~ avoir du monde; *keep* ~ *with* sortir avec.

com·pa·ra·ble □ [ˈkɔmpərəbl] comparable (avec, à *with, to*); **com·par·a·tive** [kəmˈpærətiv] **1.** □ comparatif (-ive *f*); comparé; relatif (-ive *f*); ~ *degree* = **2.** *gramm.* comparatif *m*; **com·pare** [~ˈpɛə] **1.**: *beyond* (*ou without ou past*) ~ sans pareil(le *f*) *m*; **2.** *v/t.* comparer (avec, à *with, to*); confronter (avec, *with*); *gramm.* former les degrés de comparaison de; (*as*) ~*d with* en comparaison de; *v/i.* être comparable (à, *with*); **com·par·i·son** [~ˈpærisn] comparaison *f* (*a. gramm.*); confrontation *f*; *in* ~ *with* en comparaison de; auprès de.

com·part·ment [kəmˈpɑ:tmənt] compartiment *m* (*a.* ⚠, *a.* 🚃); *tiroir*: case *f*; *bagages*: soute *f*.

com·pass [ˈkʌmpəs] **1.** boussole *f*; limite *f*, -s *f/pl.*; ♪ registre *m*; (*a pair of*) ~*es pl.* (un) compas *m*; **2.** faire le tour de; entourer; comploter (*la mort, la ruine*); atteindre (*un but*).

com·pas·sion [kəmˈpæʃn] compassion *f*; *have* ~ *on* avoir compassion de; **comˈpas·sion·ate** □ [~ʃənit] compatissant (à, pour *to*[*wards*]).

com·pat·i·bil·i·ty [kəmpætəˈbiliti] compatibilité *f*; **comˈpat·i·ble** □ compatible (avec, *with*).

com·pa·tri·ot [kəmˈpætriət] compatriote *mf*.

com·peer [kɔmˈpiə] égal *m*, pair *m*; compagnon *m*.

com·pel [kəmˈpel] contraindre, forcer, obliger (q. à *inf.*, *s.o. to inf.*).

com·pen·di·ous □ [kəmˈpendiəs] abrégé, concis; **comˈpen·di·ous·ness** concision *f*; forme *f* succincte.

com·pen·di·um [kəmˈpendiəm] abrégé *m*; recueil *m*.

com·pen·sate [ˈkɔmpenseit] *v/t.* dédommager (de, *for*); compenser (*a.* ⊕) (avec *with, by*); *v/i.* ~ *for* racheter (*qch.*); compenser (*qch.*); **com·penˈsa·tion** compensation *f*; dédommagement *m*; indemnité *f*;

réparation *f*; *Am.* appointements *m/pl.*; ⊕ compensation *f*, rattrapage *m*; ˈ**com·pen·sa·tive,** ˈ**com·pen·sa·to·ry** compensatoire, -teur (-trice *f*).

com·pete [kəmˈpiːt] concourir (pour qch., *for s.th.*); disputer (qch. à q., *with s.o. for s.th.*); rivaliser (avec q. de qch., *with s.o. in s.th.*); faire concurrence (à q., *with s.o.*).

com·pe·tence, com·pe·ten·cy [ˈkɔmpitəns(i)] compétence *f* (en *in, at*) (*a.* ⚖); moyens *m/pl.* (*d'existence*); attributions *f/pl.*; ˈ**com·pe·tent** □ capable; compétent (*a.* ⚖); suffisant (*connaissances*).

com·pe·ti·tion [kɔmpiˈtiʃn] rivalité *f*; concurrence *f* (*a.* ⚕); concours *m*; *échecs*: tournoi *m*; *sp.* meeting *m*; *rifle* ~ concours *m* de tir; **com·pet·i·tive** □ [kəmˈpetitiv] de concurrence; de concours; **comˈpet·i·tor** concurrent(e *f*) *m*; rival(e *f*) *m*; compétiteur (-trice *f*) *m*.

com·pi·la·tion [kɔmpiˈleiʃn] compilation *f*; recueil *m*; **com·pile** [kəmˈpail] compiler; composer, établir (de, *from*); recueillir.

com·pla·cence, com·pla·cen·cy [kəmˈpleisns(i)] satisfaction *f*; contentement *m* de soi-même; **comˈpla·cent** □ content de soi-même; suffisant.

com·plain [kəmˈplein] se plaindre (de *of, about*; à, *to*; que, *that*); porter plainte (contre *against, about*); *poét.* se lamenter; **comˈplain·ant** plaignant(e *f*) *m*; **comˈplain·er** réclamant(e *f*) *m*; mécontent(e *f*) *m*; **comˈplaint** grief *m*; plainte *f*; doléances *f/pl.*; maladie *f*, mal *m*.

com·plai·sance [kəmˈpleizns] complaisance *f*, obligeance *f*; **comˈplai·sant** □ complaisant, obligeant.

com·ple·ment 1. [ˈkɔmplimənt] effectif *m* (complet); plein *m*; *gramm.* attribut *m*; *livre, a.* ⚘ complément *m*; **2.** [ˈ~ment] compléter; **com·pleˈmen·tal, com·pleˈmen·ta·ry** complémentaire; *be* ~ (*to*) compléter.

com·plete [kəmˈpliːt] **1.** □ complet (-ète *f*); entier (-ère *f*); total (-aux *m/pl.*); achevé, parfait; **2.** compléter; achever; remplir (*un bulletin*); **comˈple·tion** achèvement *m*; *contrat*: signature *f*; réalisation *f*; accomplissement *m*.

com·plex [ˈkɔmpleks] **1.** □ complexe; *fig.* compliqué; **2.** tout *m*, ensemble *m*; *psych.* complexe *m*; **com·plex·ion** [kəmˈplekʃn] teint *m*; aspect *m*, caractère *m*, jour *m*; **comˈplex·i·ty** complexité *f*.

com·pli·ance [kəmˈplaiəns] acquiescement *m* (à, *with*); obéissance *f*; *péj.* basse complaisance *f*; *in* ~ *with* en conformité de; suivant; **comˈpli·ant** □ accommodant, obligeant.

com·pli·cate [ˈkɔmplikeit] compliquer; **com·pliˈca·tion** complication *f* (*a.* ⚕).

com·plic·i·ty [kəmˈplisiti] complicité *f* (à, *in*).

com·pli·ment 1. [ˈkɔmplimənt] compliment *m*; honneur *m*; ~*s pl.* *a.* hommages *m/pl.*, amitiés *f/pl.*; galanteries *f/pl.*; **2.** [ˈ~ment] *v/t.* féliciter, complimenter (de, *on*); **com·pliˈmen·ta·ry** flatteur (-euse *f*); ⚕ à titre gracieux, en hommage; ~ *copy* livre *m* offert en hommage; *give s.o. a* ~ *dinner* donner un dîner *m* en l'honneur de q.; ~ *ticket* billet *m* de faveur.

com·ply [kəmˈplai] *v/i.* ~ *with* se conformer à; se soumettre à; accéder à; accomplir (*une condition*); observer (*une règle*).

com·po·nent [kəmˈpounənt] **1.** partie *f* constituante; composant *m*; **2.** constituant; composant; ~ *part see* ~ *1.*

com·port [kəmˈpɔːt] *v/i.* convenir (à, *with*); *v/t.*: ~ *o.s.* se comporter.

com·pose [kəmˈpouz] composer (*a. typ.*); arranger; disposer; régler (*un différend*); calmer (*l'esprit*); rasseoir; **comˈposed**, *adv.* **comˈpos·ed·ly** [~zidli] calme, tranquille; composé (*visage*); **comˈpos·er** auteur *m*; ♪ compositeur (-trice *f*) *m*; **comˈpos·ing 1.** calmant; **2.** composition *f*; ~*-machine* composeuse *f*; ~*-room* atelier *m* de composition; **com·pos·ite** [ˈkɔmpəzit] **1.** composé; mixte; ⚠ composite; **2.** (corps *m*) composé; ⚘ composée *f*; **com·poˈsi·tion** composition *f* (*a.* ♪, *peint.*, ⌂); mélange *m*; *exercice*: dissertation *f*, rédaction *f*; thème *m*; *fig.* caractère *m*; ⚕ arrangement *m*; **com·pos·i·tor** [kəmˈpɔzitə] compositeur *m*, typographe *m*; **com·post** [ˈkɔmpɔst] compost

m; **com·po·sure** [kəmˈpouʒə] sang-froid *m*, calme *m*.
com·pote [ˈkɔmpout] compote *f*.
com·pound[1] **1.** [ˈkɔmpaund] composé; ⚕ ~ *fracture* fracture *f* compliquée; ~ *interest* intérêts *m/pl.* composés; **2.** composé *m* (*a.* ⚗); ⊕ mastic *m*; *gramm.* (*a.* ~ *word*) mot *m* composé; **3.** [kəmˈpaund] *v/t.* mélanger; arranger (*un différend*); *v/i.* s'arranger; transiger (*avec q.*, *avec sa conscience*); ⚚ se rédimer (de, *for*); s'accommoder.
com·pound[2] [ˈkɔmpaund] enceinte *f*; ⚔ camp *m* de concentration.
com·pre·hend [kɔmpriˈhend] comprendre; se rendre compte de.
com·pre·hen·si·ble □ [kɔmpriˈhensəbl] compréhensible; **com·preˈhen·sion** compréhension *f*; entendement *m*; **com·preˈhen·sive** □ compréhensif (-ive *f*); ~ *insurance* assurance *f* tous risques; **com·preˈhen·sive·ness** étendue *f*.
com·press 1. [kəmˈpres] comprimer; condenser (*un discours*); **2.** [ˈkɔmpres] ⚕ compresse *f*; **com·press·i·bil·i·ty** [kəmpresiˈbiliti] compressibilité *f*; **comˈpress·i·ble** [~presəbl] compressible; **com·pres·sion** [~ˈpreʃn] compression *f* (*a. phys.*); **com·pres·sor** [~ˈpresə] ⊕ compresseur *m*.
com·prise [kəmˈpraiz] comprendre, contenir.
com·pro·mise [ˈkɔmprəmaiz] **1.** compromis *m*; *fig.* accommodement *m*; **2.** *v/t.* compromettre; arranger (*un différend*); *v/i.* aboutir à un compromis; transiger (sur, *on*); s'accommoder.
com·pul·sion [kəmˈpʌlʃn] contrainte *f*; **comˈpul·sive** [~siv] compulsif (-ive *f*); **comˈpul·so·ry** [~səri] obligatoire; forcé; par contrainte.
com·punc·tion [kəmˈpʌŋkʃn] remords *m*; componction *f*.
com·put·a·ble [kəmˈpjuːtəbl] calculable; **com·pu·ta·tion** [kɔmpjuːˈteiʃn] calcul *m*, estimation *f*; **com·pute** [kəmˈpjuːt] calculer, computer, estimer (à, *at*); **com·put·er** ⊕ [kəmˈpjuːtə] ordinateur *m*; ~ *age* ère *f* de l'ordinateur *ou* de l'informatique; ~-*controlled* commandé par ordinateur; ~ *language* langage *m* machine; ~ *science* informatique *f*; ~ *scientist* informaticien(ne *f*) *m*.
com·rade [ˈkɔmrid] camarade *m*, compagnon *m*.
con[1] [kɔn] étudier; répéter (*une leçon*).
con[2] ⚓ [~] gouverner (*un navire*); diriger la manœuvre.
con[3] [~] *abr. de contra*; *pro and* ~ pour et contre; *the pros and* ~*s* le pour et le contre.
con[4] *Am. sl.* [~] **1.** *mots composés*: *abr. de confidence*; **2.** duper, tromper.
con·cat·e·nate [kɔnˈkætineit] *usu. fig.* enchaîner; **con·cat·eˈna·tion** enchaînement *m*; *circonstances*: concours *m*.
con·cave □ [ˈkɔnˈkeiv] concave, incurvé; **con·cav·i·ty** [~ˈkæviti] concavité *f*; *qqfois* creux *m*.
con·ceal [kənˈsiːl] cacher (*a. fig.*); celer; taire (à, *from*); masquer; voiler; **conˈceal·ment** dissimulation *f*; action *f* de (se) cacher; (*a. place of* ~) cachette *f*, retraite *f*.
con·cede [kənˈsiːd] concéder; admettre; **conˈced·ed·ly** [~idly] *Am.* reconnu (pour, comme).
con·ceit [kənˈsiːt] vanité *f*, suffisance *f*; (*ou self*-~) amour-propre (*pl.* amours-propres) *m*, infatuation *f*; *out of* ~ *with* dégoûté de; **conˈceit·ed** □ vaniteux (-euse *f*), prétentieux (-euse *f*); **conˈceit·ed·ness** vanité *f*, suffisance *f*.
con·ceiv·a·ble □ [kənˈsiːvəbl] imaginable, concevable; **conˈceive** *v/i.* devenir enceinte; ~ *of s.th.* (s')imaginer qch.; *v/t.* concevoir (*un enfant, un projet, de l'amour*); rédiger.
con·cen·trate 1. [ˈkɔnsentreit] *v/t.* concentrer (*a. fig.*); ⚔ faire converger (*les feux*); *v/i.* se concentrer; **2.** [ˈ~trit] concentré *m*; **con·cenˈtra·tion** concentration *f* (*a.* ⚗); ⚔ convergence *f*; **conˈcen·tre, conˈcen·ter** [~tə] (se) réunir; (se) concentrer; **conˈcen·tric** (~*ally*) concentrique.
con·cep·tion [kənˈsepʃn] *biol. enfant, idée*: conception *f*; idée *f*, imagination *f*; **con·cep·tu·al** □ [kənˈseptjuəl] conceptuel(le *f*).
con·cern [kənˈsəːn] **1.** rapport *m*; affaire *f*; intérêt *m* (dans, *in*); souci *m*, inquiétude *f* (à l'égard de, *about*); ⚚ entreprise *f*; maison *f* de commerce; F appareil *m*; **2.** concerner, regarder, intéresser (*q.*, *qch.*); ~ *o.s. with* s'occuper de; ~

o.s. about (*ou for*) s'intéresser à, s'inquiéter de; **con'cerned** □ inquiet (-ète *f*) (de *at, about*; au sujet de *about, for*); soucieux (-euse *f*); impliqué (dans, *in*); *those* ~ les intéressés; *be* ~ être en cause; *be* ~ *that* s'inquiéter que (*sbj.*); *be* ~ *to* (*inf.*) tâcher de (*inf.*), chercher à (*inf.*); *be* ~ *with* s'occuper de; s'intéresser à; **con'cern·ing** *prp.* au sujet de, concernant, touchant, en ce qui concerne.

con·cert 1. ['kɔnsət] concert *m* (*a.* ♪); accord *m*; **2.** [kən'sə:t] *v/t.* concerter; *fig.* arranger; *v/i.* se concerter (avec, *with*); ♪ ~*ed* concertant, d'ensemble; **con·cer·ti·na** ♪ [kɔnsə'ti:nə] accordéon *m* hexagonal, concertina *f*; **'con·cert-pitch** ♪ diapason *m* de concert.

con·ces·sion [kən'seʃn] *opinion, terrain*: concession *f*; *make* ~*s to* sacrifier à; **con·ces·sion·aire** [kənseʃə'nɛə] concessionnaire *m*.

con·ces·sive □ [kən'sesiv] concessif [(-ive *f*).]

conch [kɔŋk] conque *f*.

con·cil·i·ate [kən'silieit] (ré)concilier; gagner (*q.*) à son parti; se concilier (*la faveur de q.*); **con·cil·i'a·tion** conciliation *f*; arbitrage *m*; **con'cil·i·a·tor** conciliateur (-trice *f*) *m*; **con'cil·i·a·to·ry** [~ətəri] conciliant, conciliatoire; ~ *proposal* offre *f* de conciliation.

con·cin·ni·ty [kən'siniti] élégance *f* (*de style*).

con·cise □ [kən'sais] concis; bref (brève *f*); serré (*style*); **con'cise-ness** concision *f*.

con·clave ['kɔnkleiv] *eccl.* conclave *m*; *fig.* conseil *m*; assemblée *f*.

con·clude [kən'klu:d] *v/t.* conclure; terminer, achever; arranger, régler (*une affaire*); *to be* ~*d in our next* la fin au prochain numéro; *v/i.* conclure, estimer; *Am.* ~ *to* (*inf.*) décider de (*inf.*); **con'clud·ing** final (-als *m/pl.*).

con·clu·sion [kən'klu:ʒn] conclusion *f*, fin *f*; *séance*: clôture *f*; conclusion *f*, décision *f*; *try* ~*s with* se mesurer contre *ou* avec; **con·clu·sive** □ concluant, décisif (-ive *f*).

con·coct [kən'kɔkt] confectionner; *fig.* imaginer; tramer; **con'coc·tion** confection *f*; mixtion *f*; *fig. plan etc.*: élaboration *f*.

con·com·i·tance, con·com·i·tan·cy [kən'kɔmitəns(i)] concomitance *f* (*a. eccl.*); **con'com·i·tant 1.** □ concomitant (de, *with*); **2.** accessoire *m*, accompagnement *m*.

con·cord 1. ['kɔŋkɔ:d] concorde *f*; harmonie *f* (*a.* ♪); *gramm.* concordance *f*; *fig.* accord *m*; **2.** [kən'kɔ:d] concorder, s'accorder; être d'accord; **con'cord·ance** accord *m* (avec, *with*); concordance *f* (*a. eccl.*); **con'cord·ant** □ concordant (avec, *with*); qui s'accorde (avec, *with*); ♪ consonant; **con'cor·dat** *eccl.* [~dæt] concordat *m*.

con·course ['kɔŋkɔ:s] foule *f*; rassemblement *m*; carrefour *m*; concours *m*; *Am.* hall *m* (*de gare*).

con·crete ['kɔnkri:t] **1.** □ concret (-ète *f*); de *ou* en béton; **2.** ⚠ béton *m*, ciment *m*; *phls., gramm.* concret *m*; *in the* ~ sous forme concrète; **3.** [kən'kri:t] (se) concréter; (se) solidifier; ['kɔnkri:t] *v/t.* bétonner; **con·cre·tion** [kən'kri:ʃn] concrétion *f*.

con·cu·bi·nage [kɔn'kju:binidʒ] concubinage *m*; **con·cu·bine** ['kɔŋkjubain] concubine *f*.

con·cu·pis·cence [kən'kju:pisns] concupiscence *f*; **con'cu·pis·cent** libidineux (-euse *f*), lascif (-ive *f*).

con·cur [kən'kə:] coïncider; être d'accord (avec, *with*); concourir (à, *in*); contribuer (à, *to*); **con·cur·rence** [~'kʌrəns] concours *m*; coopération *f*; simultanéité *f*; accord *m*; approbation *f*; *in* ~ *with* en commun avec; d'accord avec; **con'cur·rent** □ concourant; simultané; unanime.

con·cus·sion [kən'kʌʃn] secousse *f*; commotion *f* (cérébrale).

con·demn [kən'dem] condamner (*a. fig.*); condamner à mort; déclarer coupable; *fig.* blâmer; ~*ed cell* cellule *f* des condamnés; **con'dem·na·ble** condamnable, blâmable; **con·dem·na·tion** [kɔndem'neiʃn] condamnation *f*; censure *f*; blâme *m*; **con·dem·na·to·ry** □ [kən'demnətəri] condamnatoire.

con·den·sa·ble [kən'densəbl] condensable; **con·den·sa·tion** [kɔnden'seiʃn] condensation *f*; liquide *m* condensé; **con·dense** [kən'dens] (se) condenser; *v/t.* concentrer; **con-**

ˈ**dens·er** condenseur *m* (*a.* ⊕); ⊕, *a.* ⚡ condensateur *m.*

con·de·scend [kɔndiˈsend] s'abaisser; condescendre; **con·deˈscend·ing** □ condescendant (envers, *to*); **con·deˈscen·sion** condescendance *f*; complaisance *f.*

con·dign □ [kənˈdain] mérité; exemplaire.

con·di·ment [ˈkɔndimənt] condiment *m.*

con·di·tion [kənˈdiʃn] **1.** condition *f*; stipulation *f*; état *m*, situation *f*; *on* ~ *that* à condition que; **2.** soumettre à une condition; stipuler; conditionner (*l'air, la laine*; *a. psych.*); **conˈdi·tion·al** [~ʃənl] **1.** □ conditionnel(le *f*); dépendant (de, [*up*]*on*); ~ *mood* = **2.** *gramm.* conditionnel *m*; *in the* ~ au conditionnel; **con·di·tion·al·i·ty** [~ˈæliti] état *m* conditionnel; **conˈdi·tion·al·ly** [~ʃnəli] sous certaines conditions; **conˈdi·tioned** conditionné; en ... état.

con·dole [kənˈdoul] (*with s.o.*) partager la douleur (de q.); exprimer ses condoléances (à q.); **conˈdo·lence** condoléance *f.*

con·do·min·i·um [kɔndəˈminiəm] condominium *m*; *Am.* immeuble *m* en copropriété.

con·do·na·tion [kɔndouˈneiʃn] pardon *m*; indulgence *f* (pour, *of*); **con·done** [kənˈdoun] pardonner; *action*: racheter (*une offense*).

con·duce [kənˈdju:s] contribuer (à, *to*); favoriser (qch., *to s.th.*); **conˈdu·cive** (*to*) favorable (à); qui contribue (à).

con·duct 1. [ˈkɔndəkt] conduite *f*; *affaire*: gestion *f*; manière *f* de se conduire; **2.** [kənˈdʌkt] conduire; (a)mener (*q.*); accompagner (*une excursion*); diriger (♪, *une opération*); mener, gérer (*une affaire*); *phys.* être conducteur (-trice *f*) de; ~ *o.s.* se comporter (*bien, mal, etc.*); **con·duct·i·bil·i·ty** [kəndʌktiˈbiliti] *phys.* conductibilité *f*; **conˈduct·i·ble** [~təbl] *phys.* conductible; **conˈduct·ing** conducteur (-trice *f*); **conˈduc·tion** conduction *f*; **conˈduc·tive** □ *phys.* conducteur (-trice *f*); **con·duc·tiv·i·ty** [kɔndʌkˈtiviti] *phys.* conductivité *f*; conductibilité *f*; **con·duc·tor** [kənˈdʌktə] conducteur *m* (*a. phys.*); accompagnateur *m*; *tramway etc.*: receveur; *Am.* 🚂 chef *m* de train; ♪ chef *m* d'orchestre; ⚡ (conducteur *m* de) paratonnerre *m*; **conˈduc·tress** conductrice *f*; *tramway etc.*: receveuse *f.*

con·duit [ˈkɔndit] conduit *m*; tuyau *m* conducteur.

cone [koun] cône *m*; ⊕ cloche *f*; ⚘ pomme *f*, cône *m*; *glace*: cornet *m.*

co·ney [ˈkouni] (peau *f* de) lapin *m.*

con·fab F [ˈkɔnfæb] **1.** (= **con·fab·u·late** [kənˈfæbjuleit]) causer (*entre intimes*); **2.** (= **con·fab·uˈla·tion**) causerie *f* intime.

con·fec·tion [kənˈfekʃn] confection *f* (*de qch., a. pharm.*); *cost.* (vêtement *m* de) confection *f*; friandise *f*; **conˈfec·tion·er** confiseur (-euse *f*) *m*; **conˈfec·tion·er·y** confiserie *f*; bonbons *m/pl.*

con·fed·er·a·cy [kənˈfedərəsi] confédération *f*; *fig.* entente *f*; *surt. Am. the* ♀ les Confédérés *m/pl.* (= *les sudistes pendant la guerre de Sécession 1860—65*); ⚖ conspiration *f*; **conˈfed·er·ate** [~rit] **1.** confédéré; **2.** confédéré *m*; complice *m*; **3.** [~reit] (se) confédérer; **confed·erˈa·tion** confédération *f*; *surt. Am. the* ♀ la Confédération *f* des 11 États sécessionnistes.

con·fer [kənˈfə:] *v/t.* (à, *on*) conférer; accorder (*une faveur*); décerner (*un honneur*); *v/i.* conférer; entrer en consultation (avec, *with*; sur *about, on*); **con·fer·ence** [ˈkɔnfərəns] conférence *f*; consultation *f*; entretien *m*; congrès *m.*

con·fess [kənˈfes] *v/t.* confesser; avouer (*qch.*; que, *that*; *inf.*, *to gér.*); *v/i. eccl.* se confesser; **conˈfess·ed·ly** [~idli] de l'aveu général; franchement; **con·fes·sion** [~ˈfeʃn] confession *f* (*a. eccl.*); aveu *m*; *go to* ~ aller à confesse; **conˈfes·sion·al 1.** confessionnel(le *f*); **2.** confessionnal *m*; **conˈfes·sor** [~sə] celui (celle) qui avoue; confesseur *m.*

con·fi·dant [kɔnfiˈdænt] confident *m*; **con·fiˈdante** [~] confidente *f.*

con·fide [kənˈfaid] confier; se (con)fier (à q., *in s.o.*); avouer (*qch.*) en confidence (à q., *to s.o.*); **con·fi·dence** [ˈkɔnfidəns] confiance *f* (en, *in*); assurance *f*, hardiesse *f*; confidence *f*; ~ *man* escroc *m*; ~ *trick* vol *m* à l'américaine; *man of* ~

homme *m* de confiance; ˈ**con·fi·dent** □ assuré, sûr (de, *of*); *péj.* effronté; **con·fi·den·tial** [~ˈdenʃl] □ confidentiel(le *f*); ~ *clerk* clerc *m* de confiance; ~ *agent* homme *m* de confiance.

con·fig·u·ra·tion [kənfigjuˈreiʃn] configuration *f*.

con·fine 1. [ˈkɔnfain] *usu.* ~*s pl.* confins *m/pl.*; **2.** [kənˈfain] (r)enfermer (dans, *to*); borner, limiter (à, *to*); *be* ~*d to bed* être alité, garder le lit; *be* ~*d* faire ses couches; accoucher (*d'un fils etc.*); **conˈfine·ment** emprisonnement *m*, réclusion *f*; alitement *m*; restriction *f*; *femme*: couches *f/pl.*, accouchement *m*.

con·firm [kənˈfəːm] confirmer (*a. eccl.*); affermir (*un pouvoir*); ⚖ entériner; **con·fir·ma·tion** [kɔnfəˈmeiʃn] confirmation *f*; affermissement *m*; **con·firm·a·tive** □ [kənˈfəːmətiv], **conˈfirm·a·to·ry** [~təri] confirmatif (-ive *f*); confirmatoire; **conˈfirmed** invétéré; endurci; incorrigible; (*surt.* ⚕) chronique.

con·fis·cate [ˈkɔnfiskeit] confisquer; F voler; **con·fisˈca·tion** confiscation *f*; F *fig.* vol *m*; **conˈfis·ca·to·ry** [~kətəri] de confiscation.

con·fla·gra·tion [kɔnfləˈgreiʃn] conflagration *f*; incendie *m*.

con·flict 1. [ˈkɔnflikt] conflit *m*, lutte *f*; *intérêts*: antagonisme *m*; **2.** [kənˈflikt] (*with*) être en conflit *ou* désaccord *ou* contradiction (avec); se heurter (à).

con·flu·ence [ˈkɔnfluəns], **con·flux** [ˈ~flʌks] *voies, rivières, etc.*: confluent *m*; concours *m* (*d'hommes etc.*); **con·flu·ent** [ˈ~fluənt] **1.** qui confluent; qui se confondent; **2.** *fleuve*: affluent *m*.

con·form [kənˈfɔːm] *v/t.* conformer; *v/i.*: ~ *to* se conformer à; obéir à; s'adapter à; ~ *with* se soumettre à; **conˈform·a·ble** □ (*to*) conforme (à); docile, soumis (à); **con·for·ma·tion** [kɔnfɔːˈmeiʃn] conformation *f*, structure *f*; **con·form·ist** [kənˈfɔːmist] conformiste *m*; adhérent *m* de l'Église anglicane; **conˈform·i·ty** conformité *f* (à *with*, *to*); *in* ~ *with* conformément à.

con·found [kənˈfaund] confondre (*q., un plan*); déconcerter; bouleverser; F ~ *it!* zut!; **conˈfound·ed** □ F maudit, sacré.

con·fra·ter·ni·ty [kɔnfrəˈtəːniti] confrérie *f*; confraternité *f*.

con·front [kənˈfrʌnt] être en face de; faire face à; confronter (avec, *with*); *find o.s.* ~*ed with* se trouver en présence de; **con·fron·ta·tion** [kɔnfrʌnˈteiʃn] confrontation *f*.

con·fuse [kənˈfjuːz] confondre (*a. fig.*); mêler, brouiller; embrouiller; troubler; **conˈfus·ed** □ embrouillé; bouleversé; confus; interdit; **conˈfu·sion** confusion *f*; désordre *m*; *poét.* déconfiture *f*.

con·fut·a·ble [kənˈfjuːtəbl] réfutable; **con·fu·ta·tion** [kɔnfjuːˈteiʃn] réfutation *f*; **con·fute** [kənˈfjuːt] réfuter; convaincre (*q.*) d'erreur.

congé [ˈkɔ̃ːnʒei] congé *m*.

con·geal [kənˈdʒiːl] (se) congeler; (se) cailler; (se) figer; geler; **conˈgeal·a·ble** congelable.

con·ge·la·tion [kɔndʒiˈleiʃn] congélation *f*.

con·ge·ner [ˈkɔndʒinə] congénère (*a. su./mf*) (de, *to*).

con·gen·ial □ [kənˈdʒiːnjəl] sympathique (*esprit*); agréable; convenable (à, *to*); ~ *with* du même caractère que; **con·ge·ni·al·i·ty** [~niˈæliti] communauté *f* de goûts; accord *m* d'humeur *etc.*

con·gen·i·tal [kənˈdʒenitl] congénital (-aux *m/pl.*), de naissance; **conˈgen·i·tal·ly** de naissance.

con·ge·ri·es [kɔnˈdʒiəriːz] *sg. et pl.* amas *m*, accumulation *f*.

con·gest [kənˈdʒest] ⚕ (se) congestionner; *v/t.* encombrer; **conˈges·tion** encombrement *m*; ⚕ congestion *f*; ~ *of population* surpeuplement *m*; ~ *of traffic* encombrement *m* de circulation.

con·glo·bate [ˈkɔŋglobeit] **1.** (se) conglober; **2.** conglobé.

con·glom·er·ate [kɔnˈglɔmərit] **1.** congloméré; **2.** conglomérat *m*; aggloméré *m*; **3.** [~reit] (se) conglomérer; **con·glom·erˈa·tion** conglomération *f*; *roches*: agrégation *f*.

con·grat·u·late [kənˈgrætjuleit] féliciter (q. de qch., *s.o.* [*up*]*on s.th.*); **con·grat·uˈla·tion** félicitation *f*; **conˈgrat·u·la·tor** congratulateur (-trice *f*) *m*; **conˈgrat·u·la·to·ry** [~lətəri] de félicitation(s).

con·gre·gate [ˈkɔŋgrigeit] (se) rassembler; **con·greˈga·tion** *eccl.* assistance *f*, paroissiens *m/pl.*; **con-**

gre'ga·tion·al en assemblée; *eccl.* congrégationaliste.

con·gress ['kɔŋgres] réunion *f*; congrès *m*; ♀ Congrès *m* (*assemblée des représentants aux É.-U.*); **con·gres·sion·al** [~'greʃənl] du congrès; congressionnel(le *f*); '**Con·gress·man,** '**Con·gress·wo·man** *Am.* membre *m* du Congrès.

con·gru·ence, con·gru·en·cy ['kɔŋgruəns(i)] *see congruity*; ⅄ congruence *f*; '**con·gru·ent** *see congruous*; ⅄ congruent; **con'gru·i·ty** conformité *f*, convenance *f*; '**con·gru·ous** □ conforme (à *to*, *usu. with*).

con·ic ['kɔnik] conique; ⅄ ~ *section* section *f* conique; '**con·i·cal** □ *see conic*.

co·ni·fer ['kounifə] conifère *m*; **co'nif·er·ous** conifère.

con·jec·tur·al □ [kən'dʒektʃərəl] conjectural (-aux *m/pl.*); **con'jec·ture 1.** hypothèse *f*, supposition *f*; conjecture *f*; **2.** conjecturer; supposer.

con·join [kən'dʒɔin] *v/t.* conjoindre; *v/i.* s'unir; **con'joint** conjoint, associé; **con'joint·ly** conjointement, ensemble.

con·ju·gal □ ['kɔndʒugl] conjugal (-aux *m/pl.*); **con·ju·gate 1.** ['~geit] *v/t.* conjuguer; *v/i. biol.* se conjuguer; **2.** ['~git] ♀ conjugué; **con·ju·ga·tion** [~'geiʃn] conjugaison *f*.

con·junct □ [kən'dʒʌŋkt] conjoint, associé; **con'junc·tion** conjonction *f* (*a. astr.*, *a. gramm.*); **con·junc·ti·va** *anat.* [kɔndʒʌŋk'taivə] conjonctive *f*; **con·junc·tive** [kən'dʒʌŋktiv] conjonctif (-ive *f*); ~ *mood gramm.* (mode *m*) conjonctif *m*; **con'junc·tive·ly** conjointement, ensemble; **con·junc·ti·vi·tis** [~'vaitis] conjonctivite *f*; **con'junc·ture** [~tʃə] conjoncture *f*, circonstance *f*, occasion *f*, rencontre *f*.

con·ju·ra·tion [kɔndʒuə'reiʃn] conjuration *f*; **con·jure** [kən'dʒuə] *v/t.* conjurer (q. de *inf.*, *s.o. to inf.*); ['kʌndʒə] *v/t.* conjurer (*un démon*); ~ *up* évoquer (*a. fig.*); *v/i.* faire des tours de passe-passe; '**con·jur·er,** '**con·jur·or** † conjurateur *m*; prestidigitateur *m*, illusionniste *mf*; **con·jur·ing trick** tour *m* de passe-passe.

conk F [kɔŋk] avoir des ratés; flancher (*moteur*); ~ *out* (se) caler.

con·ker F *Brit.* ['kɔŋkə] marron *m*.

con man F ['kɔnmæn] escroc *m*.

con·nate ['kɔneit] ⚕ inné; ♀, *a. anat.* conné, coadné; **con·nat·u·ral** [kə'nætʃrl] de la même nature (que, *to*).

con·nect [kə'nekt] (se) (re)lier, (se) joindre; *v/t.* ⚡ (inter)connecter; brancher (*une lampe*); **con'nect·ed** □ connexe; apparenté (*personne*); suivi (*discours*); *be* ~ *with* être allié à *ou* avec; se rattacher à; avoir des rapports avec; *be well* ~ être de bonne famille; **con'nect·ing** de connexion (*fil*); de communication; qui relie; ~ *rod* bielle *f* (motrice); **con'nec·tion** *see connexion*; **con'nec·tive** □ connectif (-ive *f*); *anat.* ~ *tissue* tissu *m* cellulaire connectif.

con·nex·ion [kə'nekʃn] rapport *m*, liaison *f*; *idées*: suite *f*; ⚡ connexion *f*; ⚡ contact *m*; prise *f* de courant; ⊕ raccord *m*; 🚂 correspondance *f*; *eccl.* secte *f*; *famille*: parenté *f*, parent(e *f*) *m*; allié(e *f*) *m*; *personne*: relations *f/pl.*; ⚚ clientèle *f*; relation *f* (entre, *between*); ~s *pl.* belles relations *f/pl.*; amis *m/pl.* influents.

conn·ing-tow·er ⚓ ['kɔniŋtauə] *sous-marin*: capot *m*; *cuirassé*: tourelle *f* de commandement.

con·niv·ance [kə'naivəns] complicité *f* (dans *at*, *in*); connivence *f* (avec, *with*); **con'nive**: ~ *at* fermer les yeux sur; être fauteur de (*un crime*).

con·nois·seur [kɔni'səː] connaisseur (-euse *f*) *m* (en *of*, *in*).

con·no·ta·tion [kɔnou'teiʃn] signification *f*; *phls.* compréhension *f*; '**con·not·a·tive** □ compréhensif (-ive *f*); **con'note** *phls.* comporter; F signifier.

con·nu·bi·al □ [kə'njuːbjəl] conjugal (-aux *m/pl.*).

con·quer ['kɔŋkə] vaincre; *v/t.* conquérir; *fig.* subjuguer; '**con·quer·a·ble** qui peut être vaincu *ou* conquis; '**con·quer·or** conquérant(e *f*) *m*; vainqueur *m*; *cartes*: la belle *f*.

con·quest ['kɔŋkwest] conquête *f*.

con·san·guin·e·ous [kɔnsæŋ'gwiniəs] consanguin; F parent; **con·san'guin·i·ty** consanguinité *f*; parenté *f* (du côté du père).

con·science ['kɔnʃns] conscience *f*;

F *in all* ~ certes, en vérité; *have the* ~ *to* (*inf.*) avoir l'audace de (*inf.*); ~ *money* restitution *f* anonyme au fisc; ˈ**con·science·less** sans conscience.

con·sci·en·tious □ [kɔnʃiˈenʃəs] consciencieux (-euse *f*); de conscience; ~ *objector* objecteur *m* de conscience; **con·sciˈen·tious·ness** conscience *f*; droiture *f*.

con·scious □ [ˈkɔnʃəs] conscient; *be* ~ *of* avoir conscience de; *be* ~ *that* sentir que; ˈ**con·scious·ness** conscience *f*; ⚕ connaissance *f*.

con·script **1.** ⚔ [kənˈskript] (*ou* **con·scribe** [~ˈskraib]) enrôler par la conscription; **2.** [ˈkɔnskript] conscrit (*a.* ⚔ *su.*/*m*); **con·scrip·tion** ⚔ [kənˈskripʃn] conscription *f*; *industrial* ~ conscription *f* industrielle.

con·se·crate [ˈkɔnsikreit] consacrer (*a. fig.*); bénir; sacrer (*un évêque, un roi*); **con·seˈcra·tion** consécration *f*; *fig.* dévouement *m*; *roi*: sacre *m*; ˈ**con·se·cra·tor** consacrant *m*.

con·sec·u·tive [kənˈsekjutiv] consécutif (-ive *f*) (*a.* ♪, *a. gramm.*); de suite; qui se suivent; **conˈsec·u·tive·ly** de suite; consécutivement.

con·sen·sus [kənˈsensəs] consensus *m*; unanimité *f*.

con·sent [kənˈsent] **1.** consentement *m*, assentiment *m* (à, *to*); accord *m*; *with one* ~ d'un commun accord; **2.** consentir (à, *to*); accepter (qch. *to, in s.th.*); **con·sen·ta·ne·ous** □ [kɔnsenˈteiniəs] (*to*) d'accord (avec); en harmonie (avec); **con·sen·tient** [kənˈsenʃnt] unanime (sur, *in*); consentant (à, *to*).

con·se·quence [ˈkɔnsikwəns] (*to*) conséquence *f*; suites *f*/*pl.*; importance *f* (pour *q.*, à *qch.*); *in* ~ *of* par suite de; en conséquence de; ˈ**con·se·quent** **1.** résultant; logique; *be* ~ *on* résulter de; **2.** ⅌ conséquent *m*; *phls.* conclusion *f*; **con·se·quen·tial** □ [~ˈkwenʃl] conséquent (à *to*, [*up*]*on*); consécutif (-ive *f*) (à, *to*); *personne*: suffisant; **con·se·quent·ly** [ˈ~kwəntli] par conséquent; donc.

con·ser·va·tion [kɔnsəˈveiʃn] conservation *f*; **con·serˈva·tion·ist** partisan(e *f*) *m* de la défense de l'environnement; **con·serv·a·tism** [kənˈsəːvətizm] conservatisme *m*;

conˈserv·a·tive □ **1.** conservateur (-trice *f*) (*a. pol.*) (de, *of*); préservateur (-trice *f*) (de, *from*); prudent (*évaluation*); **2.** conservateur (-trice *f*) *m*; **conˈser·va·toire** [~twɑː] ♪ conservatoire *m*; **conˈser·va·tor** conservateur (-trice *f*) *m*; **con·serv·a·to·ry** [~tri] serre *f*; conservatoire *m*; **conˈserve** conserver; préserver.

con·sid·er [kənˈsidə] *v*/*t.* considérer (*une question*); envisager (*une possibilité*); étudier, examiner (*une proposition*); estimer, regarder (= *penser*); prendre en considération; avoir égard à; *v*/*i.* réfléchir; **conˈsid·er·a·ble** □ considérable, important; **conˈsid·er·ate** [~rit] □ plein d'égards (pour, envers *to*[*wards*]); **con·sid·er·a·tion** [~ˈreiʃn] considération *f*; égard *m*, -s *m*/*pl.*; compensation *f*, rémunération *f*; pourboire *m*; *fig.* importance *f*; ⚖ prix *m*; cause *f* (*d'un billet*); *be under* ~ être en délibération *ou* à l'examen; *take into* ~ prendre en considération; tenir compte de; *money is no* ~ l'argent n'est rien; l'argent n'entre pas en ligne de compte; *on no* ~ sous aucun prétexte; **conˈsid·er·ing** □ **1.** *prp.* en égard à, étant donné ...; **2.** F *adv.* somme toute, malgré tout.

con·sign [kənˈsain] remettre, livrer; reléguer; déposer (*de l'argent*); **con·sig·na·tion** [kɔnsaiˈneiʃn], **con·sign·ment** [kənˈsainmənt] ⚖ expédition *f*; envoi *m*; consignation *f*; **con·sign·ee** [kɔnsaiˈniː] destinataire *m*; **con·sign·er, con·sign·or** [kənˈsainə] consignateur *m*, expéditeur *m*.

con·sist [kənˈsist] consister (en, dans *of*; à *inf.*, *in gér.*); se composer (de, *of*); **conˈsist·ence, conˈsist·en·cy** *sirop, esprit*: consistance *f*; *sol*: compacité *f*; *conduite*: uniformité *f*; logique *f*; **conˈsist·ent** □ conséquent; logique; compatible (avec, *with*); ~*ly a.* uniformément; **conˈsis·to·ry** [~təri] *eccl.* consistoire *m*.

con·sol·a·ble [kənˈsouləbl] consolable; **con·so·la·tion** [kɔnsəˈleiʃn] consolation *f*; *sp.* ~ *goal* but *m* qui sauve l'honneur; **con·sol·a·to·ry** [kənˈsɔlətəri] consolateur (-trice *f*); consolant; de consolation.

con·sole **1.** [ˈkɔnsoul] console *f* (*a.*

⚠); ~-table (table f) console f; **2.** [kən'soul] consoler; **con'sol·er** consolateur (-trice f) m.

con·sol·i·date [kən'sɔlideit] (se) consolider (a. fig.); (se) tasser (chaussée); v/t. affermir; solidifier; unir (des entreprises, des propriétés, etc.); **con·sol·i'da·tion** consolidation f; affermissement m; tassement m; unification f.

con·sols [kən'sɔlz] pl. fonds m/pl. consolidés; 3 per cent ~ consolidés m/pl. trois pour cent.

con·so·nance ['kɔnsənəns] consonance f; accord m (a. ♪); '**con·so·nant 1.** □ ♪ harmonieux (-euse f); consonant; conforme (à with, to); **2.** consonne f; ~ shift mutation f consonantique.

con·sort 1. ['kɔnsɔːt] époux m, épouse f; reine: consort m; ⚓ conserve f; **2.** [kən'sɔːt] (with) fréquenter (q.); frayer (avec).

con·spic·u·ous □ [kən'spikjuəs] apparent, bien visible, manifeste; fig. frappant; insigne; be ~ by one's absence briller par son absence.

con·spir·a·cy [kən'spirəsi] conspiration f; **con'spir·a·tor** [~tə] conspirateur (-trice f) m; **con'spir·a·tress** [~tris] conspiratrice f; **con·spire** [~'spaiə] conspirer (contre, against); comploter (de, to); fig. concourir (à, to).

con·sta·ble ['kʌnstəbl] gardien m de la paix; château: gouverneur m; hist. connétable m; chief ~ commissaire m de police; **con·stab·u·lar·y** [kən'stæbjuləri] police f; county ~ gendarmerie f.

con·stan·cy ['kɔnstənsi] constance f, fermeté f; fidélité f; régularité f; '**con·stant 1.** □ constant; ferme; fidèle; invariable; continuel(le f); assidu; **2.** ⚗ constante f.

con·stel·la·tion astr. [kɔnstə'leiʃn] constellation f (a. fig.).

con·ster·na·tion [kɔnstə'neiʃn] consternation f; atterrement m.

con·sti·pate ⚕ ['kɔnstipeit] constiper; **con·sti'pa·tion** ⚕ constipation f.

con·stit·u·en·cy [kən'stitjuənsi] circonscription f électorale; électeurs m/pl.; **con'stit·u·ent 1.** constituant, constitutif (-ive f); composant; ~ body see constituency; **2.** élément m (constitutif); ⚖ constituant m; pol. électeur (-trice f) m; ~s pl. commettants m/pl., électeurs m/pl.

con·sti·tute ['kɔnstitjuːt] constituer; faire (le bonheur de q.); constituer, nommer (q. arbitre, s.o. judge); **con·sti'tu·tion** constitution f (de qch., a. = santé, a. pol.); chose: composition f; ≗s pl. hist. arrêts m/pl.; **con·sti'tu·tion·al 1.** □ constitutionnel(le f) (a. ⚕); fig. hygiénique; naturel(le f); ~ law droit m constitutionnel; **2.** F promenade f hygiénique ou quotidienne; **con·sti'tu·tion·al·ist** historien m des constitutions politiques; pol. constitutionnel m; **con·sti·tu·tive** □ [kən'stitjutiv] constitutif (-ive f).

con·strain [kən'strein] contraindre (à, de inf. to inf.); retenir de force; **con'straint** contrainte f (a. ⚖); retenue f.

con·strict [kən'strikt] (res)serrer; rétrécir; gêner; **con'stric·tion** resserrement m; ⚕ artères: strangulation f; **con'stric·tor** anat. constricteur m; zo. (a. boa ~) boa m constricteur.

con·strin·gent [kən'strindʒnt] constringent; ⚕ astringent.

con·struct [kən'strʌkt] construire; bâtir; établir (un chemin de fer); fig. confectionner; **con'struc·tion** construction f; machine: établissement m; édifice m, bâtiment m; fig. interprétation f; ~ site chantier m; under ~ en construction; **con'struc·tive** □ constructif (-ive f); esprit: créateur; de construction; ⚖ implicite; par interprétation; **con'struc·tor** constructeur m; constructions navales: ingénieur m.

con·strue [kən'struː] gramm. analyser; décomposer (une phrase); faire le mot à mot de (un texte); interpréter (une conduite, des paroles, etc.).

con·sue·tu·di·nar·y [kɔnswi'tjuːdinəri] coutumier (-ère f).

con·sul ['kɔnsl] consul m; ~ general consul m général; **con·su·lar** ['kɔnsjulə] consulaire; de ou du consul; **con·su·late** ['~lit] consulat m (a. bâtiment); ~ general consulat m général; **con·sul·ship** ['kɔnslʃip] consulat m.

con·sult [kən'sʌlt] v/t. consulter (a. fig.); avoir égard à (la sensibilité); ~ing engineer ingénieur-conseil (pl. ingénieurs-conseils) m; v/i. consulter (avec q., s.o.); (*a.* ~ *together*) délibérer; **con'sult·ant** médecin *m etc.* consultant; ⊕ expert-conseil (*pl.* experts-conseils) *m*; **con·sul·ta·tion** [kɔnsəl'teiʃn] ⚕, ⚖, *livre*: consultation *f*; délibération *f*; **con·sult·a·tive** [kən'sʌltətiv] consultatif (-ive *f*); **con'sult·ing** consultant; ~-*hours* heures *f/pl.* de consultation; ~ *physician* médecin *m* consultant; ~ *room* cabinet *m* de consultation.

con·sum·a·ble [kən'sju:məbl] consumable (*feu*); consommable; **con'sume** *v/t.* consumer (*a. feu*), dévorer; consommer (*des vivres*); *fig.* absorber, brûler; dévorer; *v/i.* se consumer; **con'sum·er** consommateur (-trice *f*) *m*; abonné(e *f*) *m* (*au gaz etc.*); ~ *association* association *f* des consommateurs; ~ *demand* demande *f*; ~ *durables pl.* biens *m/pl.* de consommation durables; ~(s') *goods pl.* biens *m/pl.* de consommation; ~ *resistance* résistance *f* du consommateur; ~ *society* société *f* de consommation.

con·sum·mate 1. □ [kən'sʌmit] achevé; **2.** ['kɔnsʌmeit] consommer (*un sacrifice, le mariage*); **con·sum·ma·tion** [~'meiʃn] *mariage, crime*: consommation *f*; achèvement *m*; fin *f*; *fig.* but *m*, comble *m*.

con·sump·tion [kən'sʌmpʃn] *vivres, charbon*: consommation *f*; *charbon, chaleur*: dépense *f*; ⚕ phtisie *f*; tuberculose *f*; **con'sump·tive** □ poitrinaire (*a. su./mf*); tuberculeux (-euse *f*); phtisique (*a. su./mf*).

con·tact 1. ['kɔntækt] contact *m* (*a.* ⚡); ⚡ ~ *breaker* interrupteur *m*; *opt.* ~ *lenses pl.* lentilles *f/pl.* cornéennes, verres *m/pl.* de contact; *phot.* ~ *print* négatif *m* contact; ⚡ *make* (*break*) ~ établir (rompre) le contact; **2.** [kən'tækt] contacter (*q.*).

con·ta·gion ⚕ [kən'teidʒn] contagion *f*; maladie *f* contagieuse; **con'ta·gious** □ contagieux (-euse *f*).

con·tain [kən'tein] contenir; renfermer; ⚔ maintenir, contenir (*l'ennemi*); *fig.* retenir, maîtriser; ~ *o.s.* se contenir; **con'tain·er** récipient *m*, boîte *f*; ⚓ conteneur *m*; **con'tain·er·ize** conteneuriser; **con'tain·ment** *conduite*: retenue *f*; ⚔ échec *m*.

con·tam·i·nate [kən'tæmineit] contaminer; *fig.* corrompre; vicier; **con·tam·i'na·tion** *textes, a. ling.*: contamination *f*; souillure *f*.

con·tan·go ⚓ [kən'tæŋgou] intérêt *m* de report.

con·tem·plate ['kɔntempleit] *v/t.* contempler, considérer; *v/i.* méditer; **con·tem'pla·tion** contemplation *f*; méditation *f*; *have in* ~ projeter; **con·tem·pla·tive** □ [kən'templətiv] contemplatif (-ive *f*); recueilli; songeur (-euse *f*).

con·tem·po·ra·ne·ous □ [kəntempə'reinjəs] contemporain; ⚖ ~ *performance* exécution *f* simultanée; **con'tem·po·rar·y 1.** contemporain (de, *with*); **2.** contemporain(e *f*) *m*; confrère *m*.

con·tempt [kən'tempt] mépris *m*, dédain *m*; ~ *of court* contumace *f*, outrage *m* à la Cour; *hold in* ~ mépriser; *in* ~ *of* au *ou* en mépris de; **con'tempt·i·ble** □ méprisable; bas(se *f*); indigne; **con'temp·tu·ous** □ [~juəs] dédaigneux (-euse *f*) (de, *of*); méprisant, de mépris.

con·tend [kən'tend] *v/i.* lutter; contester (qch., *for s.th.*; à q., *with s.o.*); *v/t.* soutenir (que, *that*).

con·tent[1] ['kɔntent] *vase etc*: contenance *f*; *min.* teneur *f*; ~*s pl.* contenu *m*.

con·tent[2] [kən'tent] **1.** satisfait (de, *with*); *parl.* pour; oui; *not* ~ contre; non; **2.** contenter, satisfaire; ~ *o.s.* se contenter (de, *with*); se borner à; **3.** contentement *m*; *to one's heart's* ~ à souhait; **con'tent·ed** □ content, satisfait (de, *with*); *be* ~ *to* (*inf.*) se contenter de (*inf.*).

con·ten·tion [kən'tenʃn] dispute *f*, débat *m*; affirmation *f*, prétention *f*; **con'ten·tious** □ contentieux (-euse *f*); disputeur (-euse *f*) (*personne*).

con·tent·ment [kən'tentmənt] contentement *m* (de son sort).

con·ter·mi·nous [kɔn'tə:minəs] limitrophe (de *to, with*); de même étendue *ou* durée (que, *with*).

con·test 1. ['kɔntest] lutte *f*; concours *m*; *sp.* match (*pl.* matchs, matches) *m*; **2.** [kən'test] (se) disputer; contester, débattre; *pol.* ~ *a seat* se poser candidat pour un siège; **con'test·a·ble** contestable; débattable; **con'test·ant** contestant(e *f*) *m*; concurrent(e *f*) *m*; **con'test·ed** disputé.

con·text ['kɔntekst] *texte*: contexte

m; **con·tex·tu·al** □ [kɔn'tekstjuəl] d'après le contexte; **con'tex·ture** [~tʃə] *os*, *tissu*: texture *f*; *poème*, *discours*: facture *f*.

con·ti·gu·i·ty [kɔnti'gjuiti] contiguïté *f*; **con·tig·u·ous** □ [kən'tigjuəs] contigu(ë *f*), attenant (à, *to*).

con·ti·nence ['kɔntinəns] continence *f*, chasteté *f*; **'con·ti·nent** **1.** □ continent, chaste; **2.** continent *m*; *the* ♀ l'Europe *f* (continentale); **con·ti·nen·tal** □ [~'nentl] continental (-aux *m/pl.*); F de l'Europe; ~ *quilt* duvet *m*; **con·ti'nen·tal·ize** continentaliser.

con·tin·gen·cy [kən'tindʒənsi] éventualité *f*; cas *m* imprévu; **con'tin·gen·cies** *pl.* imprévu *m*; ⚕ faux frais *m/pl.*; **con'tin·gent** **1.** □ éventuel(le *f*); accidentel(le *f*); aléatoire; conditionnel(le *f*); *be* ~ *on* dépendre de; **2.** ⚔ contingent *m*.

con·tin·u·al □ [kən'tinjuəl] continuel(le *f*), incessant; **con'tin·u·ance** continuation *f*; durée *f*; **con·tin·u'a·tion** continuation *f*; suite *f*; prolongement *m*; ⚕ report *m*; *sl.* ~*s* *pl.* pantalon *m*; guêtres *f/pl.*; ~ *school* école *f* du soir, cours *m* complémentaire; **con'tin·ue** *v/t.* continuer; prolonger; reprendre; maintenir; ~ *reading* continuer à *ou* de lire; *to be* ~*d* à suivre; *v/i.* (se) continuer; se prolonger; persévérer; se poursuivre; ~ (*in*) *a business* continuer dans une affaire; **con·ti·nu·i·ty** [kɔnti'nju:iti] continuité *f*; ~-*girl* script-girl *f*; **con·tin·u·ous** □ [kən'tinjuəs] continu; suivi; ⚡ ~ *current* courant *m* continu.

con·tort [kən'tɔ:t] tordre; contourner; **con'tor·tion** contorsion *f*; **con'tor·tion·ist** contorsionniste *m*.

con·tour ['kɔntuə] contour *m*, profil *m*; *plan*: tracé *m*; ~ *line* courbe *f* de niveau.

con·tra ['kɔntrə] contre; ⚕ *per* ~ par contre.

con·tra·band ['kɔntrəbænd] **1.** de contrebande; **2.** contrebande *f*.

con·tract **1.** [kən'trækt] *v/t.* contracter (*habitudes*, *maladie*, *dettes*, *mariage*, *muscles*); prendre (*des habitudes*, *un goût*); *v/i.* se resserrer, se contracter (*a. ling.*); traiter (pour, *for*); entreprendre (de, *to*); ~ *for* entreprendre (*qch.*); ~*ing party* contractant(e *f*) *m*; **2.** ['kɔntrækt] pacte *m*, contrat *m*; entreprise *f*; *by* ~ par contrat; *under* ~ engagé par contrat; ~ *work* travail *m* à forfait; **con·tract·ed** □ [kən'træktid] contracté; *fig.* rétréci; **con·tract·i'bil·i·ty** contractilité *f*; **con'tract·i·ble** contractile; **con'trac·tile** ⚘ [~tail] contractile; de contraction; **con'trac·tion** contraction *f* (*a. gramm.*), rétrécissement *m*; *crédit*: amoindrissement *m*; *habitudes*: prise *f*; **con'trac·tor** *bâtiments*: entrepreneur *m*; *armée*, *gouvernement*: fournisseur *m*; *anat.* (muscle *m*) fléchisseur *m*; **con'trac·tu·al** [~tjuəl] contractuel(le *f*).

con·tra·dict [kɔntrə'dikt] contredire (*q.*, *qch.*); **con·tra'dic·tion** contradiction *f*; **con·tra·dic·tious** contredisant; ergoteur (-euse *f*); **con·tra'dic·to·ri·ness** [~tərinis] nature *f* contradictoire; esprit *m* de contradiction; **con·tra'dic·to·ry** □ contradictoire; opposé (à, *to*).

con·tral·to ♪ [kən'træltəu] **1.** contralto *m*; **2.** (de) contralto.

con·tra·dis·tinc·tion [kɔntrədis'tiŋkʃn] opposition *f*, contraste *m*.

con·trap·tion *sl.* [kən'træpʃn] dispositif *m*, machin *m*; invention *f* baroque.

con·tra·ri·e·ty [kɔntrə'raiəti] contrariété *f*; **con·tra·ri·ly** ['~rili] contrairement; **'con·tra·ri·ness** esprit *m* contrariant *ou* de contradiction; contrariété *f*; **con·tra·ri·wise** ['~waiz] au contraire; d'autre part; en sens opposé; **'con·tra·ry** **1.** contraire, opposé; F [*a.* kən'trɛəri] indocile, revêche; ~ *to* contraire à, contre, à l'encontre de; **2.** contraire *m*; *on* (*ou to*) *the* ~ au contraire; *to the* ~ *a.* à l'encontre.

con·trast **1.** ['kɔntræst] contraste *m* (avec *to*, *with*); *in* ~ *to* par contraste avec; *by* ~ en opposition; comme contraste; **2.** [kən'træst] *v/t.* faire contraster (avec, *with*); opposer; mettre en contraste (avec, *with*); *v/i.* contraster, faire contraste (avec, *with*).

con·tra·vene [kɔntrə'vi:n] enfreindre, transgresser; contrevenir à; aller à l'encontre de; **con·tra·ven·tion** [~'venʃn] contravention *f*, infraction *f* (à, *of*); violation *f* (de, *of*).

con·trib·ute [kən'tribju:t] *v/t.* contribuer pour (*une somme*); payer; écrire (*des articles*); *v/i.* contribuer, aider (à, *to*); collaborer (*à un journal*); **con·tri'bu·tion** [kɔntri'bju:ʃn] contribution *f*; cotisation *f*; ✝ apport *m* (*de capitaux*), versement *m*; *journal*: article *m*; ⚔ contribution *f*, réquisition *f*; **con'trib·u·tor** [kən'tribjutə] contribuant(e *f*) *m*; collaborateur (-trice *f*) *m* (d'un journal, *to a newspaper*); **con'trib·u·to·ry** contribuant.

con·trite □ ['kɔntrait] contrit, pénitent; **con·tri·tion** [kən'triʃn] contrition *f*, pénitence *f*.

con·triv·ance [kən'traivəns] invention *f*; combinaison *f*; artifice *m*; appareil *m*, dispositif *m*; F truc *m*; **con'trive** *v/t.* inventer, imaginer, combiner; pratiquer; *v/i.* se débrouiller; se tirer d'affaire; s'arranger; trouver moyen (de *inf.*, *to inf.*); **con'triv·er** inventeur (-trice *f*) *m*; *péj.* machinateur (-trice *f*) *m*.

con·trol [kən'troul] **1.** autorité *f*; maîtrise *f*, contrainte *f*; empire *m*; contrôle *m*; *train, navire*: manœuvre *f*; *mot.* (*a. ~ lever*) manette *f* de commande; surveillance *f*; ⊕ commande *f*; contrôleur (-euse *f*) *m* (*d'un médium*); *exchange ~* contrôle *m* des changes; *attr.* de commande, de contrôle; ✈ *~ surfaces pl.* empennage *m*; *remote* (*ou distant*) *~* commande *f* à distance; ⚡ *~ board* commutateur *m*; ✈ *~ column* levier *m* de commande; ⊕ *~ desk* pupitre *m* de commande; *~ knob* bouton *m* de réglage; ✈ *~ panel* tableau *m* de bord; ✈ *~ tower* tour *f* de contrôle; *be in ~* commander (*qch.*, *of s.th.*); avoir de l'autorité (sur, *of*); *put s.o. in ~* charger q. du contrôle *ou* de la direction (de, *of*); **2.** diriger; régler; tenir (*ses élèves*); maîtriser; gouverner (*a. fig.*); dompter (*ses passions*); réglementer (*la circulation*); retenir (*ses larmes*); ⊕ commander (*a.* ✈); ✝ *~ling interest* participation majoritaire; **con'trol·la·ble** contrôlable; maniable, manœuvrable; maîtrisable; **con'trol·ler** contrôleur (-euse *f*) *m*; *appareil, a.* ⚡ contrôleur *m*; *affaire*: gérant *m*.

con·tro·ver·sial □ [kɔntrə'və:ʃl] controversable; polémique; *personne*: disputailleur (-euse *f*) *m*; **con·tro·ver·sy** ['~si] controverse *f*; polémique *f*; **con·tro·vert** ['~və:t] controverser (*une question*); disputer (*qch.*); **con·tro'vert·i·ble** □ controversable.

con·tu·ma·cious □ [kɔntju:'meiʃəs] rebelle, récalcitrant; ⚖ contumace; **con·tu·ma·cy** ['kɔntjuməsi] obstination *f*, entêtement *m*; ⚖ contumace *f*.

con·tu·me·li·ous [kɔntju'mi:liəs] insolent, dédaigneux (-euse *f*); **con·tu·me·ly** ['kɔntjumli] insolence *f*; mépris *m*; honte *f*.

con·tuse ⚕ [kən'tju:z] contusionner; **con'tu·sion** contusion *f*.

co·nun·drum [kə'nʌndrəm] devinette *f*; *fig.* énigme *f*.

con·va·lesce [kɔnvə'les] être en convalescence; **con·va'les·cence** convalescence *f*; **con·va'les·cent** □ convalescent(e *f*) (*a. su./mf*).

con·vec·tion [kən'vekʃn] *phys.* convection *f*.

con·vene [kən'vi:n] (s')assembler, (se) réunir; *v/t.* convoquer (*une assemblée*); ⚖ citer (devant, *before*).

con·ven·ience [kən'vi:njəns] commodité *f*, convenance *f*; plaisir *m*; (*a. public ~*) cabinets *m/pl.* d'aisance, commodités *f/pl.*; *at your earliest ~* au premier moment favorable; *make a ~ of s.o.* abuser de la bonté de q.; *marriage of ~* mariage *m* de convenance; **con'ven·ient** □ commode; à proximité (de *to*, *for*).

con·vent ['kɔnvənt] couvent *m* (*surt. de femmes*); **con·ven·ti·cle** [kən'ventikl] conciliabule *m*; conventicule *m* (*surt. de dissidents*); **con'ven·tion** convention *f*; accord *m*; *usu. ~s pl.* bienséances *f/pl.*; **con'ven·tion·al** conventionnel(le *f*); de convention; courant (*a.* ⚔ *armes*); **con'ven·tion·al·ism** respect *m* des convenances; *art*: formalisme *m*; **con·ven·tion·al·i·ty** [~'næliti] convention *f*; conventions *f/pl.* sociales; **con'ven·tu·al** [~tjuəl] □ conventuel(le *f*) (*a. su./mf*).

con·verge [kən'və:dʒ] *v/i.* converger (sur, *on*); *v/t.* faire converger; **con'ver·gence, con'ver·gen·cy** convergence *f*; **con'ver·gent, con'verg·ing** convergent.

con·vers·able [kən'və:səbl] sociable; de commerce agréable; **con'ver·sant** familier (-ère *f*) (avec q., *with s.o.*); versé (dans *with, in*); compétent (en *with, in*); **con·ver·sa·tion** [~və'seiʃn] conversation *f*, entretien *m*; **con·ver'sa·tion·al** de (la) conversation; **con·verse** ['kɔnvə:s] **1.** contraire; **2.** conversation *f*; relations *f/pl.*, commerce *m*; ⩓ proposition *f* réciproque; *phls.* proposition *f* converse; **3.** [kən'və:s] causer; s'entretenir (avec, *with*); **con'ver·sion** ⊕, *phls.*, *eccl.*, *pol.*, ⚕ *rentes*: conversion *f* (à, *to*; en *into*); transformation *f* (*a.* ⚡); ⚖ détournement *m* (*de fonds*); ⚕ accommodation *f* (*d'une usine aux usages de qch.*).

con·vert 1. ['kɔnvə:t] converti(e *f*) *m*; **2.** [kən'və:t] transformer (*a.* ⚡); changer; convertir (*a.* ⊕, *eccl.*, *pol.*, *phls.*); *sp.* transformer (*un essai*); ⚕ affecter (*des fonds*); ⚖ détourner (*des fonds*); ⚕ accommoder (*une usine etc.*); **con'vert·er** convertisseur (-euse *f*) *m*; ⊕, *a.* ⚡ convertisseur *m*; *radio*: adapteur *m*; **con·vert·i·bil·i·ty** [~ə'biliti] convertibilité *f*; **con'vert·i·ble** □ convertissable (*personne*); convertible (en, *into*) (*chose*); interchangeable (*termes*), réciproque; *mot.* décapotable, transformable.

con·vex □ ['kɔn'veks] convexe; **con'vex·i·ty** convexité *f*.

con·vey [kən'vei] (trans)porter; conduire; (a)mener (*q.*); communiquer (*une pensée, une nouvelle, etc.*); transmettre (*phys.*, *a. odeur, son, ordre, remerciements, etc.*); ⚖ faire cession de; dresser l'acte translatif de propriété de; **con'vey·ance** transport *m*; moyen(s) *m(pl.)* de transport; transmission *f* (*a.* ⚖, *a. phys.*); communication *f*; voiture *f*; véhicule *m*; ⚖ transfert *m*, cession *f*; ⚖ acte *m* translatif de propriété; ⚡ transmission *f*; transport *m* (*d'énergie*); *public* ~ voiture *f* publique; **con'vey·anc·er** notaire *m* (*qui dresse des actes translatifs de propriété*); **con'vey·or** ⊕ (*a.* ~ *belt*) bande *f* transporteuse.

con·vict 1. ['kɔnvikt] forçat *m*; **2.** [kən'vikt] convaincre (de, *of*); **con'vic·tion** conviction *f*; ⚖ condamnation *f*; *previous* ~*s* dossier *m* du prévenu.

con·vince [kən'vins] persuader, convaincre (q. de qch., *s.o. of s.th.*).

con·viv·i·al [kən'viviəl] joyeux (-euse *f*), jovial (-als *ou* -aux *m/pl.*), bon vivant; **con·viv·i·al·i·ty** [~vi'æliti] franche gaieté *f*; sociabilité *f*.

con·vo·ca·tion [kɔnvə'keiʃn] convocation *f*; *eccl.* assemblée *f*.

con·voke [kən'vouk] convoquer.

con·vo·lu·tion [kɔnvə'lu:ʃn] ⚘ circonvolution *f*; *fig.* repli *m*, sinuosité *f*.

con·vol·vu·lus ⚘ [kən'vɔlvjuləs] [volubilis *m*.]

con·voy 1. ['kɔnvɔi] convoi *m*; escorte *f*; **2.** [kən'vɔi] convoyer, escorter.

con·vulse [kən'vʌls] *fig.* bouleverser; *be* ~*d with laughter* se tordre de rire; **con'vul·sion** *usu.* ~*s pl.* convulsion *f*, -s *f/pl.*; *fig.* bouleversement *m*; *go off in* ~*s of laughter* se tordre de rire; **con'vul·sive** □ convulsif (-ive *f*).

coo [ku:] **1.** roucouler; **2.** roucoulement *m*.

cook [kuk] **1.** cuisinier (-ère *f*) *m*; (*a. head* ~) chef *m*; **2.** *v/t.* (faire) cuire; F cuisiner (*les comptes etc.*); *v/i.* faire la cuisine; '~**·book** *Am.* livre *m* de cuisine; '**cook·er** cuisinière *f*; pomme *f ou* fruit *m* à cuire; F falsificateur (-trice *f*) *m* des comptes; *pressure-*~ marmite *f* express; '**cook·er·y** cuisine *f*; **cook·ie** ['~i] *Am.* galette *f*; '**cook·ing** cuisson *f*; cuisine *f*; *attr.* de cuisine.

cool [ku:l] **1.** □ frais (fraîche *f*); froid, tiède (*sentiments*); *fig.* calme, de sang-froid; *péj.* sans gêne, peu gêné; F *a* ~ *thousand pounds* mille livres bien comptées; **2.** frais *m*; **3.** (se) rafraîchir; '**cool·er** rafraîchisseur *m*; *vin*: glacière *f*; *sl.* prison *f*; '**cool-'head·ed** à l'esprit calme; de sang-froid; imperturbable.

coo·lie ['ku:li] coolie *m*.

cool·ing ⊕ ['ku:liŋ] refroidissement *m*; *attr.* de réfrigération; '**cool·ness** fraîcheur *f*; *fig. personne*: froideur *f*; sang-froid *m*; flegme *m*; **coolth** F *ou co. Brit.* [ku:lθ] frais *m*.

coomb(**e**) *géog.* [ku:m] combe *f*.

coon *Am.* F [ku:n] *zo. abr. de rac(c)oon*; nègre *m*; type *m*; *he is a gone* ~ c'en est fait de lui; ~ *song* chanson *f* nègre.

coop [ku:p] **1.** cage *f* à poules;

poussinière *f*; **2.** ~ *up* (*ou in*) enfermer; tenir enfermé.

co-op F [kou'ɔp] *see co(-)operative store; co(-)operative society.*

coop·er ['ku:pə] tonnelier *m*; *dry* ~ boisselier *m*; *vins*: embouteilleur *m*; **'coop·er·age** tonnellerie *f*.

co(-)op·er·ate [kou'ɔpəreit] coopérer (avec, *with*); concourir (à, *in*); *ready to* ~ prêt à aider; **co(-)op·er·'a·tion** coopération *f*, concours *m* (à, *in*); **co(-)'op·er·a·tive** [~pərətiv] **1.** coopératif (-ive *f*); ~ *society* société *f* coopérative; ~ *store* société *f* coopérative de consommation; F coopérative *f*; **2.** *see* ~ *store*; **co-'op·er·a·tor** [~reitə] coopérateur (-trice *f*) *m*.

co-opt [kou'ɔpt] coopter; **co-op'ta·tion** cooptation *f*.

co-or·di·nate [kou'ɔ:dinit] **1.** □ coordonné; **2.** ⩘ coordonnée *f*; **3.** [~neit] coordonner (à, *with*); **co-or·di'na·tion** coordination *f*.

coot [ku:t] *orn.* foulque *f* noire; F niais(e *f*) *m*; **coot·ie** ['~i] *sl.* pou (*pl.* poux) *m*.

cop *sl.* [kɔp] **1.** pincer (=*attraper*); ~ *it* (se faire) attiger; recevoir un savon; **2.** sergot *m*, flic *m*.

co·par·ce·nar·y ['kou'pɑ:sinəri] copartage *m*; copropriété *f*; **'co'par·ce·ner** indivisaire *mf*.

co·part·ner ['kou'pɑ:tnə] coassocié(e *f*) *m*; **'co'part·ner·ship** coassociation *f*; coparticipation *f*; actionnariat *m* ouvrier.

cope[1] [koup] **1.** *eccl.* chape *f*; *fig.* voile *m*, manteau *m*; voûte *f* (*céleste*); **2.** recouvrir d'une voûte; chaperonner (*un mur*).

cope[2] [~] se débrouiller, s'en tirer; ~ *with* tenir tête à, faire face à; s'occuper de; venir à bout de.

cop·i·er ['kɔpiə] machine *f* à photocopier.

cope·stone ['koupstoun] *usu. fig.* couronnement *m*.

cop·ing ⚠ ['koupiŋ] chaperon *m* (*d'un mur*).

co·pi·ous □ ['koupjəs] copieux (-euse *f*), abondant; **'co·pi·ous·ness** profusion *f*, abondance *f*.

cop·per[1] ['kɔpə] **1.** cuivre *m* (rouge); pièce *f* de deux sous; lessiveuse *f*; ~*s pl.* petite monnaie *f*; **2.** de *ou* en cuivre; **3.** cuivrer; doubler (*un navire*).

cop·per[2] [~] *Brit. sl. see cop* **2.**

cop·per·as ⚗ ['kɔpərəs] couperose *f* verte.

cop·per...: **'~·plate** plaque *f* de cuivre; ~ *writing* écriture *f* moulée; **'~-works** *usu. sg.* fonderie *f* de cuivre; **'cop·per·y** cuivreux (-euse *f*).

cop·pice ['kɔpis], **copse** [kɔps] taillis *m*, hallier *m*.

cop·u·late *zo.* ['kɔpjuleit] s'accoupler; **cop·u'la·tion** coït *m*; *zo.* accouplement *m*; **cop·u·la·tive** ['~lətiv] **1.** *anat., physiol.* copulateur (-trice *f*); *gramm.* copulatif (-ive *f*); **2.** copulative *f*.

cop·y ['kɔpi] **1.** copie *f*; reproduction *f*; transcription *f*; *livre*: exemplaire *m*; *journal*: numéro *m*; *écriture*: modèle *m*; *imprimerie*: manuscrit *m*; *journ.* matière *f* à reportage; (*a. carbon* ~) double *m*; *fair* (*ou clean*) ~ copie *f* au net; *fig.* corrigé *m*; *rough* (*ou foul*) ~ brouillon *m*; **2.** copier; reproduire; transcrire; ~ *fair* mettre au net; *phot.* ~*ing stand* porte-copie *m/inv.*; **'~-book** cahier *m* d'écriture; **'~-cat** F imitateur *m* (-trice *f*); ~ **ed·i·tor** secrétaire *mf* de rédaction; **'~·hold** ⚖ tenure *f* censitaire; **'cop·y·ing-ink** encre *f* à copier; **'cop·y·ing-press** presse *f* à copier; **'cop·y·ist** copiste *mf*; scribe *m*; **'cop·y·right** propriété *f* littéraire; droit *m* d'auteur; *attr.* protégé par des droits d'auteur; qui n'est pas dans le domaine public (*livre*); **cop·y writ·er** rédacteur (-trice *f*) *m* publicitaire.

co·quet [kou'ket] faire la coquette; **co·quet·ry** ['~kitri] coquetterie *f*; **co·quette** [~'ket] coquette *f*; **co'quet·tish** □ provocant; coquet(te *f*) (*chapeau etc.*); flirteur (-euse *f*) (*femme*).

cor·al ['kɔrəl] **1.** corail (*pl.* -aux) *m*; anneau *m* de corail (*pour bébé*); **2.** (*a.* **cor·al·line** ['~lain]) corallien (-ne *f*); corallin (*couleur*).

cor·bel ⚠ ['kɔ:bl] corbeau *m*, console *f*.

cord [kɔ:d] **1.** corde *f*; cordon *m* (*a.* ⚡); ficelle *f*; *bois de chauffage*: corde *f*; *fig.* lien *m*; *anat.* corde *f* (*vocale*); cordon *m* (*médullaire, ombilical*); *see corduroy*; **2.** corder; attacher *ou* lier avec une corde; **'cord·ed** *tex.* côtelé; **'cord·age** cordages *m/pl.*

cor·dial ['kɔːdjəl] **1.** □ cordial (-aux *m/pl.*); chaleureux (-euse *f*); **2.** cordial *m*; **cor·dial·i·ty** [~di'æliti] cordialité *f*.

cord-mak·er ['kɔːdmeikə] cordier *m*.

cor·don ['kɔːdən] **1.** ⚠, ⚔, *etc.* cordon *m*; **2.** ~ *off* isoler par un cordon (*de police etc.*).

cor·do·van ['kɔːdəvən] (cuir *m*) de Cordoue.

cor·du·roy ['kɔːdərɔi] *tex.* velours *m* côtelé; ~*s pl.* pantalon *m ou* culotte *f* de velours à côtes; ~ *road Am.* chemin *m* de rondins.

core [kɔː] **1.** ⚘ *pomme*: trognon *m*; *bois*: cœur *m*; *fig.* cœur *m*; intérieur *m*; *abcès*: bourbillon *m*; ⚒ carotte *f*; ⊕ noyau *m*; ~ *time* temps *m* de présence obligatoire; **2.** enlever le cœur de (*une pomme*); **'cor·er** (*a. apple-*~) vide-pomme *m/inv.*

co-re·li·gion·ist ['kouri'lidʒənist] coreligionnaire *mf*.

Co·rin·thi·an [kə'rinθiən] **1.** corinthien(ne *f*); **2.** Corinthien(ne *f*) *m*.

cork [kɔːk] **1.** liège *m*; *bouteille*: bouchon *m*; **2.** boucher; *fig.* (*a.* ~ *up*) étouffer; **'cork·age** bouchage *m*; débouchage *m*; *restaurant*: droit *m* de débouchage; **'corked** qui sent le bouchon (*vin*); **'cork·er** *sl.* dernier cri *m*; type *m etc.* épatant; mensonge *m* un peu fort; **'cork·ing** *Am.* F fameux (-euse *f*); bath.

cork...: ~ **jack·et** gilet *m* de sauvetage; **'~-screw 1.** tire-bouchon *m*; ~ *curl cheveux*: tire-bouchon *m*; **2.** *v/i.* vriller (*fil*); tourner en vrille (*escalier*); **'~-tree** ⚘ chêne-liège (*pl.* chênes-lièges) *m*; **'cork·y** semblable au liège; *fig.* enjoué.

cor·mo·rant *orn.* ['kɔːmərənt] cormoran *m*, F corbeau *m* de mer.

corn[1] [kɔːn] **1.** grain *m*; blé *m*; *Am.* (*a. Indian* ~) maïs *m*; *Am.* ~ *bread* pain *m* de maïs; *Am.* ~*-flakes* paillettes *f/pl.* de maïs; **2.** saler; ~*ed beef* bœuf *m* de conserve.

corn[2] ⚕ [~] *orteil*: cor *m*; *pied*: oignon *m*.

corn...: **'~-chan·dler** *Brit.* marchand *m* de grains; **'~-cob** *Am.* épi *m* de maïs.

cor·ne·a *anat.* ['kɔːniə] *œil*: cornée *f*.

cor·nel ⚘ ['kɔːnl] cornouille *f*; *arbre*: cornouiller *m*.

cor·nel·ian *min.* [kɔː'niːljən] cornaline *f*.

cor·ne·ous ['kɔːniəs] corné.

cor·ner ['kɔːnə] **1.** coin *m*, angle *m*; tournant *m*; *mot.* virage *m*; *fig.* dilemme *m*, impasse *f*; ⚚ monopole *m*; ⚚ trust *m* d'accapareurs; *foot.* (*a.* ~ *kick*) corner *m*; **2.** mettre dans un coin (*fig.* une impasse); acculer (*q.*); mettre (*un animal*) à l'accul; ⚚ accaparer; **'cor·nered** à angles, à coins.

corner...: **'~-house** maison *f* du coin; **'~-stone** pierre *f* angulaire (*a. fig.*).

cor·net ['kɔːnit] ♪ cornet *m* à pistons; *papier*: cornet *m*; *glaces*: plaisir *m*.

corn...: **'~-ex·change** bourse *f* des céréales; halle *f* aux blés; **'~-flow·er** bl(e)uet *m*; ~ *blue* bleu barbeau.

cor·nice ['kɔːnis] ⚠, *alp.* corniche *f*; chapiteau *m* d'armoire.

Cor·nish ['kɔːniʃ] cornouaillais, de Cornouailles.

corn...: ~ **meal** *Am.* farine *f* de maïs; **'~-pop·py** ⚘ coquelicot *m*; pavot *m* rouge.

cor·nu·co·pi·a [kɔːnju'koupjə] corne *f* d'abondance.

corn·y ['kɔːni] abondant en blé; *sl.* suranné, rebattu; *surt. Am.* ♪ sentimental (-aux *m/pl.*); gnangnan *inv.*

co·rol·la ⚘ [kə'rɔlə] corolle *f*; **cor'ol·la·ry** corollaire *m*; *fig.* conséquence *f*.

co·ro·na [kə'rounə], *pl.* **-nae** [~niː] *astr.* couronne *f*; ⚠ larmier *m*; **co·ro·nal** ['kɔrənl] *anat.* coronal (-aux *m/pl.*); **cor·o·nar·y** ⚕ ['kɔrənəri] **1.** coronaire; ~ *thrombosis* infarctus *m* du myocarde; **2.** infarctus *m*; **cor·o·na·tion** couronnement *m*, sacre *m*; **'cor·o·ner** ⚖ coroner *m*; **cor·o·net** ['~nit] cercle *m*, couronne *f*; *dame*: diadème *m*.

cor·po·ral ['kɔːpərəl] **1.** □ corporel (-le *f*); **2.** ⚔ *infanterie*: caporal *m*; *artillerie*, *cavalerie*: brigadier *m*; **cor·po·rate** ['~rit] □ constitué; ~ *body* corps *m* constitué; personne *f* civile; **cor·po'ra·tion** corporation *f*, corps *m* constitué; personne *f* civile; municipalité *f*; *Am.* société *f* par actions; F gros ventre *m*; **cor·po·ra·tive** ['~rətiv] corporatif (-ive *f*); **cor·po·re·al** □ [~-

ˈpɔːriəl] corporel(le *f*); matériel(le *f*) (*a.* ⚖); **cor·po·re·i·ty** [\~pəˈriːiti] corporéité *f*.

corps [kɔː], *pl.* **corps** [kɔːz] corps *m*.

corpse [kɔːps] cadavre *m*; corps *m*.

cor·pu·lence, cor·pu·len·cy [ˈkɔːpjuləns(i)] corpulence *f*; ˈ**cor·pu·lent** corpulent.

cor·pus [ˈkɔːpəs], *pl.* **-po·ra** [ˈ\~pərə] corpus *m*, recueil *m*; ♀ **Chris·ti** [ˈkɔːpəsˈkristi] *la* Fête-Dieu *f*; **cor·pus·cle** [ˈkɔːpʌsl] corpuscule *m*; *sanguin*: globule *m*; *fig.* atome *m*.

cor·ral *surt. Am.* [kɔˈrɑːl] **1.** corral (*pl.* -als) *m*; **2.** renfermer dans un corral; *fig.* s'emparer de; parquer (*des chariots*) en rond.

cor·rect [kəˈrekt] **1.** *adj.* □ correct; juste; bienséant; *be \~* avoir raison; *fig.* être en règle; **2.** *v/t.* corriger; rectifier (*une erreur*); neutraliser (*une influence*); reprendre (*un enfant*); **corˈrec·tion** correction *f*; rectification *f*; châtiment *m*, punition *f*; *house of \~* maison *f* de correction; *I speak under \~* je le dis sous toutes réserves, sauf correction; **corˈrect·i·tude** [\~itjuːd] correction *f*; **corˈrec·tive 1.** correctif (-ive *f*), rectificatif (-ive *f*); punitif (-ive *f*); **2.** correctif *m*; **corˈrec·tor** correcteur (-trice *f*) *m*; *typ.* corrigeur (-euse *f*) *m*; ⊕ appareil *m etc.* correcteur.

cor·re·late [ˈkɔrileit] **1.** *v/t.* mettre en corrélation (avec, *with*); *v/i.* correspondre (à *with, to*); **2.** corrélatif *m*; **cor·reˈla·tion** corrélation *f*; **cor·rel·a·tive** □ [ˈ\~relətiv] corrélatif (-ive *f*); en corrélation (avec, *with*).

cor·re·spond [kɔrisˈpɔnd] (*with, to*) correspondre (avec, à); être conforme (à); (s')écrire (à); **cor·reˈspond·ence** correspondance *f*; courrier *m*; **cor·reˈspond·ent 1.** □ conforme; **2.** correspondant(e *f*) *m* (*a.* ✝); *journ.* envoyé(e *f*) *m*.

cor·ri·dor [ˈkɔridɔː] couloir *m*, corridor *m*; 🚂 *\~ train* train *m* à intercirculation.

cor·ri·gi·ble □ [ˈkɔridʒəbl] corrigible.

cor·rob·o·rant [kəˈrɔbərənt] **1.** corroborant; corroboratif (-ive *f*); **2.** corroborant *m*; fortifiant *m*; **corˈrob·o·rate** [\~reit] corroborer, confirmer; **cor·rob·oˈra·tion** corroboration *f*, confirmation *f*; **corˈrob·o·ra·tive** [\~rətiv] corroboratif (-ive *f*); corroborant.

cor·rode [kəˈroud] corroder, ronger (*un métal, a. fig.*); **corˈro·dent** corrodant (*a. su./m*); **corˈro·sion** corrosion *f*; *qqfois* rouille *f*; ⚡ sulfatage *m* (*des bornes*); **corˈro·sive** [\~siv] **1.** □ corrosif (-ive *f*) (*a. fig.*); corrodant; **2.** corrosif *m*, corrodant *m*; **corˈro·sive·ness** corrosivité *f*; mordant *m*.

cor·ru·gate [ˈkɔrugeit] ⊕ strier de nervures; *\~d cardboard* carton *m* ondulé; *\~d iron* tôle *f* ondulée.

cor·rupt [kəˈrʌpt] **1.** □ corrompu, altéré (*a. texte*); *fig.* dépravé; vénal (-aux *m/pl.*) (*presse*); *pol. \~ practices* brigues *f/pl.*; abus *m*; trafic *m* d'influence; **2.** *v/t.* corrompre, altérer (*a. texte*); *fig.* dépraver, dévoyer; *v/i.* se corrompre; s'altérer; **corˈrupt·er** corrupteur (-trice *f*) *m*; démoralisateur (-trice *f*) *m*; **cor·rupt·i·bil·i·ty** [\~əˈbiliti] corruptibilité *f*; vénalité *f*; **corˈrupt·i·ble** □ corruptible; vénal (-aux *m/pl.*); **corˈrup·tion** corruption *f* (*a. fig.*); dépravation *f*; subornation *f* (*d'un témoin*); **corˈrup·tive** □ corruptif (-ive *f*).

cor·sage [kɔːˈsɑːʒ] corsage *m*; *Am.* bouquet *m*.

cor·sair [ˈkɔːsɛə] *homme, vaisseau*: corsaire *m*; pirate *m*.

cors(e)·let [ˈkɔːslit] corselet *m*.

cor·set [ˈkɔːsit] corset *m*; ˈ**cor·set·ed** corseté.

cor·ti·cal [ˈkɔːtikl] cortical (-aux *m/pl.*); *fig.* extérieur.

cor·ti·sone [ˈkɔːtizoun] cortisone *f*.

co·run·dum *min.* [kəˈrʌndəm] corindon *m*.

cor·us·cate [ˈkɔrəskeit] scintiller; briller; **cor·usˈca·tion** vif éclat *m*; *fig. \~s of wit* paillettes *f/pl.* d'esprit.

cor·vette ⚓ [kɔːˈvet] corvette *f*.

cor·vine [ˈkɔːvain] *orn.* corvin.

cor·y·phae·us [kɔriˈfiːəs], *pl.* **-phae·i** [\~ˈfiːai] coryphée *m* (*a. fig.*); *fig.* chef *m* de secte *etc.*; **co·ry·phée** [\~ˈfei] *ballet*: première danseuse *f*.

cosh·er [ˈkɔʃə] dorloter, gâter.

co-sig·na·to·ry [ˈkouˈsignətəri] cosignataire (*a. su.*).

co·sine ⩘ [ˈkousain] cosinus *m*.

co·si·ness [ˈkouzinis] confortable *m*; chaleur *f* agréable.

cos·met·ic [kɔz'metik] (*~ally*) cosmétique (*a. su./m*).
cos·mic, cos·mi·cal □ ['kɔzmik(l)] cosmique.
cos·mo·naut ['kɔzmənɔːt] cosmonaute *m*.
cos·mo·pol·i·tan [kɔzmə'pɔlitən], **cos·mop·o·lite** [~'mɔpəlait] cosmopolite (*a. su./mf*).
Cos·sack ['kɔsæk] cosaque (*a. su.*).
cos·set ['kɔsit] **1.** (agneau *m*) favori *m*; **2.** dorloter, gâter.
cost [kɔst] **1.** coût *m*; frais *m/pl.*; dépens *m/pl.*; prix *m*; ⚖ *~s pl.* frais *m/pl.* d'instance; *les* frais *m/pl.* et dépens *m/pl.*; *first* (*ou prime*) *~* prix *m* coûtant; prix *m* de revient; *~ of living* coût *m* de la vie; *to my ~* à mes dépens; *as I know to my ~* (comme) je l'ai appris pour mon malheur; 2. [*irr.*] coûter; ✝ établir le prix de revient de (*un article*); *~ dear* coûter cher (à q., *s.o.*).
co-star *cin.* ['kou'stɑː] **1.** partenaire *mf*, acteur *m* (actrice *f*) qui partage la vedette; 2. partager la vedette.
cos·ter F ['kɔstə], **'~·mon·ger** marchand *m* des quatre-saisons.
cost·ing ['kɔstiŋ] établissement *m* du prix de revient.
cos·tive □ ['kɔstiv] constipé.
cost·li·ness ['kɔstlinis] prix *m* élevé; *meubles*: somptuosité *f*; **'cost·ly** de grand prix; riche (*meubles*); coûteux (-euse *f*).
cost-price ✝ ['kɔstprais] prix *m* coûtant, prix *m* de revient, prix *m* de fabrique.
cos·tume ['kɔstjuːm] **1.** costume *m* (*pour dames*: tailleur); *~ play* pièce *f* historique; **2.** costumer; **cos'tum·i·er** [~miə] costumier *m*.
co·sy ['kouzi] **1.** □ chaud, commode, confortable; **2.** cosy *m* (*pour œufs à la coque*); couvre-théière *m*; molleton *m*.
cot [kɔt] lit *m* d'enfants; lit *m* de camp; ⚓ hamac *m* à cadre.
co·te·rie ['koutəri] coterie *f*; cénacle *m* (*littéraire etc.*).
cot·tage ['kɔtidʒ] chaumière *f*; petite maison *f* de campagne; *Am.* résidence *f* d'été; *Am. ~ cheese* fromage *m* blanc; *~ industry* industrie *f* à domicile; *~ piano* petit piano *m* droit; **'cot·tag·er** paysan(ne *f*) *m*; habitant(e *f*) *m* d'une chaumière; *Am.* estivant(e *f*) *m*.
cot·ter ⊕ ['kɔtə] clavette *f*, goupille *f*.
cot·ton ['kɔtn] **1.** coton *m*; *arbre*: cotonnier *m*; toile *f ou* fil *m* de coton; fil *m* à coudre; **2.** de coton; *Am. ~ candy* barbe *f* à papa; *~ wool* ouate *f*; **3.** F s'accorder, faire bon ménage (avec, *with*); se sentir attiré (par, *to*); F *~ on* (*to s.th.*) piger (qch.); *~ to s.th.* s'accommoder à qch.; *~ up* faire des avances (à *to*, *with*); **'~-grass** linaigrette *f*; **'cot·ton·y** cotonneux (-euse *f*).
couch [kautʃ] **1.** canapé *m*, divan *m*; chaise *f* longue; *poét.* lit *m*; **2.** *v/t.* coucher; mettre (*sa lance*) en arrêt; envelopper (*sa pensée*); rédiger (*une lettre, une réclamation*); abaisser (*une cataracte*); *v/i.* se coucher; se tapir; **'~-grass** ♀ chiendent *m*.
cou·gar *zo.* ['kuːgɑː] couguar *m*, puma *m*.
cough [kɔf] 1. toux *f*; *~ drop* pastille *f* pour la toux; *~ mixture* sirop *m* pour la toux; 2. *v/i.* tousser; *v/t. ~ down* réduire (*q.*) au silence à force de tousser; *~ up* cracher (*a. sl.* = *payer*).
could [kud] *prét. de can*[1].
couldn't ['kudnt] = *could not*.
coul·ter ['koultə] coutre *m* (*de charrue*).
coun·cil ['kaunsl] conseil *m*; *eccl.* concile *m*; **coun·ci(l)·lor** ['~ilə] conseiller *m*; membre *m* du conseil.
coun·sel ['kaunsəl] **1.** consultation *f*; conseil *m*; dessein *m*; ⚖ avocat *m*; conseil *m*; *~ for the defence* défenseur *m*; avocat *m* du défendeur; *~ for the prosecution* avocat *m* de la partie publique; *keep o.'s* (*own*) *~* observer le silence; *take ~ with* consulter avec; **2.** conseiller, recommander (à q. de *inf.*, *s.o. to inf.*); **coun·se(l)·lor** ['~lə] conseiller *m*.
count[1] [kaunt] **1.** compte *m*, calcul *m*; *votes*: dépouillement *m*; dénombrement *m*; ⚖ chef *m* (*d'accusation*); *box.* compte *m*; *parl.* (*a. ~-out*) ajournement *m*; *lose ~* perdre le compte (de, *of*); **2.** *v/t.* compter; dénombrer; *fig.* tenir (*q.*) pour; *box. be ~ed out* rester sur le plancher pour le compte; F être compté dehors; *v/i.* compter (sur, *on*; pour *as*, *for*; au nombre de, *among*); avoir de l'importance; *~ for little*

compter pour peu, ne compter guère.
count² [~] *titre étranger*: comte *m*.
count·down ['kauntdaun] *fusée*: compte *m* à rebours.
coun·te·nance ['kauntinəns] **1.** visage *m*, figure *f*, mine *f*; expression *f* (du visage); faveur *f*; **2.** approuver; encourager, appuyer.
count·er¹ ['kauntə] compteur (-euse *f*) *m*; ⊕ compteur *m*; *jeux*: fiche *f* (*carrée*), jeton *m* (*rond*); *boutique*: comptoir *m*; *banque etc.*: guichets *m/pl.*; caisse *f*; *phys.* Geiger ~ compteur *m* Geiger.
count·er² [~] **1.** *adj.* contraire, opposé (à, *to*); **2.** *adv.* à contresens; contrairement; **3.** *su.* contre *m*; *box.* coup *m* d'arrêt; **4.** *v/t.* aller à l'encontre de; contrecarrer (*des desseins*); *box.* parer.
coun·ter·act [kauntə'rækt] neutraliser; parer à; **coun·ter'ac·tion** action *f* contraire; neutralisation *f*; contre-mesure *f*.
coun·ter-at·tack ['kauntərətæk] contre-attaque *f*.
coun·ter·bal·ance 1. ['kauntəbæləns] contrepoids *m*; **2.** [~'bæləns] contrebalancer; compenser; ⚕ équilibrer.
coun·ter·blast ['kauntəblɑːst] riposte *f*.
coun·ter·change [kauntə'tʃeindʒ] échanger (pour, contre *for*).
coun·ter·charge ['kauntətʃɑːdʒ] contre-accusation *f*.
coun·ter·check ['kauntətʃek] force *f* opposée *ou* antagoniste; riposte *f*.
coun·ter-clock·wise ['kauntə'klɔkwaiz] en sens inverse des aiguilles d'une montre.
coun·ter-cur·rent ['kauntə'kʌrənt] contre-courant *m*.
coun·ter-es·pi·onage ['kauntərespiə'nɑːʒ] contre-espionnage *m*.
coun·ter·feit ['kauntəfit] **1.** □ contrefait; faux (fausse *f*); simulé; ~ *money* fausse monnaie *f*; **2.** contrefaçon *f*; *document*: faux *m*; F fausse monnaie *f*; **3.** contrefaire; simuler, feindre (*une émotion*); **'coun·ter·feit·er** contrefacteur *m*; faux-monnayeur *m*; simulateur (-trice *f*) *m*.
coun·ter·foil ['kauntəfɔil] souche *f*, *chèque*: talon *m*.
coun·ter·fort ⚠ ['kauntəfɔːt] contrefort *m*.
coun·ter-in·tel·li·gence ['kauntərintelidʒəns] *see counter-espionage*.
coun·ter·jump·er F ['kauntədʒʌmpə] commis *m*; calicot *m*.
coun·ter·mand [kauntə'mɑːnd] **1.** contrordre *m*, contremandement *m*; **2.** contremander; révoquer; ⚕ décommander.
coun·ter·march ['kauntəmɑːtʃ] **1.** contremarche *f*; **2.** (faire) contremarcher.
coun·ter·mark ['kauntəmɑːk] contremarque *f*.
coun·ter·meas·ure ['kauntəmeʒə] contre-mesure *f*.
coun·ter·mine ['kauntəmain] **1.** contre-mine *f*; **2.** contre-miner (*a. fig.*).
coun·ter-or·der ['kauntərɔːdə] contrordre *m*.
coun·ter·pane ['kauntəpein] couvre-lit *m*; courtepointe *f*.
coun·ter·part ['kauntəpɑːt] contrepartie *f*; double *m*.
coun·ter·point ♪ ['kauntəpɔint] contrepoint *m*.
coun·ter·poise ['kauntəpɔiz] **1.** contrepoids *m*; équilibre *m*; **2.** contrebalancer; faire contrepoids à (*a. fig.*).
coun·ter-pro·duc·tive ['kauntəprə'dʌktiv] improductif (-ive *f*); inutile; absurde; *be* ~ *a.* n'aboutir à rien.
coun·ter·scarp ⚔ ['kauntəskɑːp] contrescarpe *f*.
coun·ter·sign ['kauntəsain] **1.** contreseing *m*; mot *m* d'ordre; **2.** contresigner.
coun·ter·sink ⊕ [kauntə'siŋk] [*irr.*] fraiser; noyer (*la tête d'une vis*); encastrer (*la tête d'un rivet*).
coun·ter·stroke ['kauntəstrouk] retour *m* offensif.
coun·ter·ten·or ♪ ['kauntə'tenə] haute-contre (*pl.* hautes-contre) *f*; alto *m*.
coun·ter·vail ['kauntəveil] *v/t.* compenser; *v/t.* prévaloir (contre, *against*).
coun·ter·weight ['kauntəweit] contrepoids *m* (à, *to*).
coun·ter·work ['kauntəwəːk] contrarier; contrecarrer.
count·ess ['kauntis] comtesse *f*.
count·ing-house ['kauntiŋhaus] (bureau *m* de la) comptabilité *f*.
count·less ['kauntlis] innombrable.

coun·tri·fied ['kʌntrifaid] aux allures agrestes; province *inv.* (*personne*).
coun·try ['kʌntri] **1.** pays *m*; région *f*; patrie *f*; campagne *f*; province *f*; *appeal* (*ou go*) *to the* ~ en appeler au pays; **2.** campagnard; de *ou* à la campagne; ~ *policeman* garde *m* champêtre; ~ **dance** dance *f* rustique; '~·**man** campagnard *m*, paysan *m*; compatriote *m*; '~·**side** campagnes *f/pl.*; (population *f* de la) région *f*; '~·**wom·an** campagnarde *f*, paysanne *f*; compatriote *f*.
coun·ty ['kaunti] comté *m*; ~ **town**, *Am.* ~ **seat** chef-lieu (*pl.* chefs-lieux) *m* de comté.
coup [ku:] coup *m* (audacieux).
cou·ple ['kʌpl] **1.** couple *m*, deux ...; couple *f* (*a. d'œufs, de pigeons*); **2.** *v/t.* coupler; associer; ⊕ engrener; 🚂 atteler, accrocher; ⚡ brancher (sur, *to*), interconnecter; *v/i.* s'accoupler (*personne*); ~ *back* coupler à réaction; '**cou·pler** *radio*: accouplement *m*; **cou·plet** ['~lit] distique *m*.
cou·pling ⊕ ['kʌpliŋ] accouplement *m*; 🚂 accrochage *m*; ⚡ couplage *m*; *radio*: accouplement *m*; *attr.* d'accouplement.
cou·pon ['ku:pɔn] coupon *m* (*a.* ✝); ticket *m* (*de carte alimentaire*).
cour·age ['kʌridʒ] courage *m*; **cou·ra·geous** □ [kə'reidʒəs] courageux (-euse *f*).
cour·gette [kuə'ʒet] courgette *f*.
cour·i·er ['kuriə] courrier *m*, messager *m*.
course [kɔ:s] **1.** *événements, fleuve, temps, univ.*: cours *m*; *événements*: marche *f*; direction *f*, route *f* (*a.* ⚓); *affaires*: courant *m*; *balle*: trajet *m*; *repas*: plat *m*, service *m*; *fig.* chemin *m*; *fig.* parti *m*; *sp.* piste *f*; *sp.* champ *m* de course(s); *golf*: parcours *m*; ⚓ cap *m*; ⚓ basse voile *f*; ✝ cote *f* (*des changes*); ⚕ traitement *m*; ⊕ *piston*: course *f*; ⚠ assise *f*; *cours d'eau*: lit *m*; ~ *of action* ligne *f* de conduite; *in due* ~ en temps utile; *of* ~ (bien) entendu, naturellement; *be a matter of* ~ aller de soi; ~ *of exchange* cote *f* des changes; **2.** *v/t.* *chasse*: (faire) courir; *v/i.* courir, couler (*liquide, surt. sang*).
cours·ing ['kɔ:siŋ] chasse *f* (à courre) au lièvre.
court [kɔ:t] **1.** cour *f* (*royale, a.* ⚖); ⚖ tribunal *m*; ruelle *f*; ⚔, ⚓ commission *f* (d'enquête); *sp.* court *m* (de tennis), terrain *m*; *Am. General* ♀ Parlement *m* (*des États de Vermont et New Hampshire*); *at* ~ à la cour; *pay* (*one's*) ~ faire la cour (à, *to*); **2.** courtiser; faire la cour à (*une femme*); solliciter (*qch.*); rechercher (*qch.*); aller au-devant de (*un échec, un danger*); '~-**card** *cartes*: figure *f*, carte *f* peinte; '~-**day** jour *m* d'audience; **cour·te·ous** □ ['kə:tiəs] courtois, poli (envers, *to*); **cour·te·san**, *a.* **cour·te·zan** [kɔ:ti'zæn] courtisane *f*; **cour·te·sy** ['kə:tisi] courtoisie *f*, politesse *f*; ~ *call* visite *f* de politesse; *mot.* ~ *light* plafonnier *m*; **court-house** ['kɔ:t'haus] palais *m* de justice; *Am. a.* administration *f* (*d'un département*); **cour·ti·er** ['~jə] courtisan *m*; '**court·li·ness** courtoisie *f*; élégance *f*; '**court·ly** courtois; élégant.
court...: ~ **mar·tial**, *pl.* ~**s mar·tial** ⚔ conseil *m* de guerre; '~-'**mar·tial** faire passer en conseil de guerre; '~-'**plas·ter** taffetas *m* gommé; '~·**ship** cour *f* (*faite à une femme*); '~'**yard** cour *f* (*d'une maison*).
cous·in ['kʌzn] cousin(e *f*) *m*; *first* ~, ~ *german* cousin(e *f*) *m* germain(e *f*); '**cous·in·ly** de bon cousinage; **cous·in·hood** ['~hud], '**cous·in·ship** cousinage *m*; parenté *f*.
cove[1] [kouv] **1.** anse *f*; petite baie *f*; ⚠ grande gorge *f*; voûte *f* (*de plafond*); **2.** voûter.
cove[2] *sl.* [~] type *m*, individu *m*.
cov·e·nant ['kʌvinənt] **1.** ⚖ convention *f*, contrat *m*; *bibl.* alliance *f*; *pol.* pacte *m*; **2.** *v/t.* accorder par contrat; stipuler (*de l'argent*); *v/i.* convenir (de qch. avec q., *with s.o. for s.th.*).
Cov·en·try ['kɔvəntri]: *send s.o. to* ~ mettre q. en quarantaine.
cov·er ['kʌvə] **1.** couverture *f*; *table*: tapis *m*; *buffet*: dessus *m*; couvercle *m*; abri *m*; *poste*: enveloppe *f*; *fig.* masque *m*, voile *m*; *mot., bicyclette, etc.*: bâche *f*; ✝ provision *f*, marge *f*; *repas*: couvert *m*; (*ou* ~ *address*) adresse *f* de convenance; *Am.* ~ *charge* couvert *m*; *journ.* ~ *story* article *m* principal; **2.** recouvrir; couvrir (de, *with*) (*q., qch.,* ✝ *risque,*

⚔ *retraite, dépenses*); envelopper; revêtir; dominer (*une vue, un terrain*); parcourir (*une distance*); tapisser (*un mur*); combler (*un déficit*); ⚡ guiper (*un fil*); assurer le compte-rendu de (*un journal*); F couvrir, dissimuler; *fig.* tenir compte de, comprendre; *~ed button* bouton *m* d'étoffe; *~ed court tennis*: court *m* couvert; *~ed wire* fil *m* guipé; **'cov·er·ing** recouvrement *m*; couverture *f* (*a. de lit*); enveloppe *f*; ⚡ *fil etc.*: guipage *m*; *meubles*: housse *f*; ⚓ bâche *f*; *floor ~* linoléum *m*; **cov·er·let** ['~lit] couvre-lit *m*; dessus *m* de lit.

cov·ert ['kʌvət] **1.** □ voilé, caché; secret (-ète *f*); ⚖ en puissance de mari; **2.** *chasse*: abri *m*, couvert *m*, fourré *m*; retraite *f*; **cov·er·ture** ['~tjuə] abri *m*; ⚖ condition *f* de la femme mariée.

cov·er-up ['kʌvərʌp] dissimulation *f*; tentatives *f/pl.* pour étouffer *ou* dissimuler un scandale.

cov·et ['kʌvit] convoiter; aspirer à; **'cov·et·ous** □ avide (de, *of*); avare; cupide; **'cov·et·ous·ness** convoitise *f*; cupidité *f*.

cov·ey ['kʌvi] vol *m ou* couvée *f* (*de perdrix etc.*).

cov·ing ⚠ ['kouviŋ] *plafond etc.*: voussure *f*; saillie *f*.

cow[1] [kau] vache *f*.

cow[2] [~] intimider, dompter.

cow·ard ['kauəd] **1.** □ lâche; **2.** lâche *mf*; **'cow·ard·ice, 'cow·ard·li·ness** lâcheté *f*; **'cow·ard·ly 1.** lâche; **2.** lâchement.

cow·boy ['kaubɔi] jeune vacher *m*; *Am.* cow-boy *m*; **'cow-catch·er** 🚂 *Am.* chasse-pierres *m/inv.*

cow·er ['kauə] se blottir, se tapir; *fig.* trembler (devant, *before*).

cow·herd ['kauhə:d] vacher *m*; bouvier *m*; **'cow·hide 1.** (peau *f* de) vache *f*; **2.** *Am.* donner le fouet à (*q.*).

cowl [kaul] *moine, cheminée*: capuchon *m*; *cheminée*: mitre *f*; ✈, ⚓ capot *m*.

cow...: **'~·man** *Am.* éleveur *m* de bétail; **'~-'pars·ley** □ cerfeuil *m* sauvage; **'~-'pars·nip** ⚘ berce *f*; **'~-pox** variole *f* des vaches; **'~-punch·er** *Am.* F cow-boy *m*.

cow·rie ['kauri] porcelaine *f*; *argent*: cauris *m*.

cow...: **'~-shed** étable *f*; **'~·slip** ⚘ (fleur *f* de) coucou *m*.

cox F [kɔks] **1.** *see coxswain*; **2.** diriger, gouverner.

cox·comb ['kɔkskoum] petit-maître (*pl.* petits-maîtres) *m*; fat *m*; **cox'comb·i·cal** □ fat.

cox·swain ['kɔkswein; 'kɔksn] barreur *m*; ⚓ patron *m* (*d'une chaloupe*).

coy [kɔi] □ modeste, farouche, réservé; **'coy·ness** modestie *f*, réserve *f*.

coz·en ['kʌzn] tromper; **'coz·en·age** tromperie *f*.

co·zy ['kouzi] *see cosy*.

crab[1] [kræb] crabe *m*, cancre *m*; *astr. le* Cancer *m*; ⊕ treuil *m*; chèvre *f*; *sl. see crab-louse*; *catch a ~* faire fausse rame; F *turn out ~s* échouer.

crab[2] [~] **1.** pomme *f* sauvage; F personne *f* revêche; critique *f*; grognon(ne *f*) *m*; **2.** *v/t.* dénigrer; *v/i.* trouver à redire (à, *about*); **crab·bed** ['kræbid] □ maussade, grognon(ne *f*); pénible (*style*); illisible (*écriture*); **crab-louse** ['kræblaus] pou *m* du pubis.

crack [kræk] **1.** craquement *m*; fente *f*; fissure *f*; lézarde *f*; *cloche, verre, porcelaine, etc.*: fêlure *f*; F coup *m* sec; *écoss.* F cousette *f*; *sp. sl.* crack *m*, as *m*; *sl.* cambriolage *m*; *sl.* toqué(e *f*) *m*; *surt. Am. sl.* remarque *f* mordante, observation *f* satirique; plaisanterie *f*; *in a ~* en un clin d'œil; **2.** F fameux (-euse *f*), de premier ordre; **3.** clac!; pan!; **4.** *v/t.* faire claquer (*un fouet*); fêler; crevasser; fendre; casser (*une noisette*); ⚗ fractionner (*une huile lourde*); *~ a bottle* déboucher *ou* entamer *ou* boire une bouteille; *~ a joke* faire une plaisanterie; F *~ up* vanter (*q., qch.*); *v/i.* craquer; claquer; se fêler; se crevasser; se lézarder; se gercer (*peau*); se casser (*voix etc.*); *Am. sl. ~ down on s.o.* F laver la tête à q.; prendre des mesures sévères contre q.; **'~-brained** (au cerveau) timbré; **'~·down** *Am. sl.* razzia *f*; **'cracked** fêlé, fendu *etc.*; F timbré, toqué; **'crack·er** papillote *f* à pétard; pétard *m*; F mensonge *m*; *Am.* craquelin *m*, croquet *m*; biscuit *m* dur; **'crack·er·jack** *Am.*

F as *m*, expert *m*; ˈ**crack-jaw** F (mot *m*) à vous décrocher la mâchoire; ˈ**crack·le** craqueter; crépiter; pétiller (*feu*); (se) fendiller; ˈ**crack·ling** *porc rôti*: peau *f* croquante; couenne *f*; **crack·nel** [ˈ~nl] craquelin *m*; ˈ**crack·pot 1.** type *m* cinglé; 2. cinglé; ˈ**crack-up** collision *f*; ✈ crash *m*; ˈ**crack·y** *see cracked*.

cra·dle [ˈkreidl] **1.** berceau *m* (*a. fig.*); *fig.* première enfance *f*; ⚓ ber *m* (de lancement); chantier *m*; *téléph.* étrier *m* du récepteur; **2.** mettre dans un berceau *etc.*

craft [krɑːft] habileté *f*; ruse *f*, artifice *m*; métier *m* manuel; profession *f*; corps *m* de métier; *coll. pl.* embarcations *f/pl.*, petits navires *m/pl.*; the gentle ~ la pêche à la ligne, *fig. co.* le noble art; ˈ**craft·i·ness** ruse *f*, astuce *f*; ˈ**crafts·man** artisan *m*, ouvrier *m*; artiste *m* dans son métier; ˈ**crafts·man·ship** exécution *f* merveilleuse; dextérité *f* manuelle; ˈ**craft·y** □ astucieux (-euse *f*), rusé.

crag [kræg] rocher *m* à pic; *alp.* varappe *f*; ˈ**crag·gy** rocailleux (-euse *f*); escarpé; ˈ**crags·man** varappeur *m*.

crake *orn.* [kreik] (cri *m* du) râle *m*.

cram [kræm] **1.** fourrer, bourrer; empâter (*de la volaille*); *fig.* empiffrer; F bûcher (*un sujet*), bourrer; *v/i.* s'entasser; se gorger de nourriture; préparer un examen; **2.** F chauffage *m* (*pour un examen*); F mensonge *m*; ˈ~-ˈ**full** regorgeant (de, of), bondé; ˈ**cram·mer** chauffeur *m*; F mensonge *m*.

cramp [kræmp] **1.** ⚕ crampe *f*; ⊕ crampon *m*; presse *f* à vis; *fig.* contrainte *f*; **2.** ⊕ cramponner, agrafer; serrer à (*l'étau*); *fig.* gêner; ˈ**cramped** gêné; à l'étroit; ˈ**cramp-frame** ⊕ serre-joint *m*; presse *f* à main; ˈ**cramp-i·ron** crampon *m*, agrafe *f*.

cram·pon [ˈkræmpən] crampon *m* à glace.

cran·ber·ry ⚘ [ˈkrænbəri] airelle *f*; canneberge *f*.

crane [krein] **1.** grue *f* (*a.* ⊕); **2.** tendre *ou* allonger (*le cou*); ⊕ hisser *ou* descendre au moyen d'une grue; ~ at refuser *ou* reculer devant; **crane·fly** *zo.* [ˈ~flai] tipule *f*; **crane's-bill** ⚘ bec-de-grue (*pl.* becs-de-grue) *m*.

cra·ni·um *anat.* [ˈkreiniəm] crâne *m*.

crank [kræŋk] **1.** ⊕ détraqué, délabré; ⚓ instable, mal équilibré; **2.** manivelle *f*; *meule à aiguiser*: cigogne *f*; coude *m*; *cloche*: bascule *f*; starting ~ *mot.* (manivelle *f* de) mise *f* en marche; **3.** *v/t.* ~ off bobiner (*un film*); *mot.* ~ up lancer (*une auto, un moteur*); ˈ~-**case** carter *m* (du moteur); ˈ**crank·i·ness** humeur *f* difficile; excentricité *f*; ˈ**crank-shaft** ⊕ vilebrequin *m*; ˈ**crank·y** d'humeur difficile; excentrique; capricieux (-euse *f*).

cran·nied [ˈkrænid] lézardé, crevassé; ˈ**cran·ny** fente *f*, crevasse *f*; niche *f*.

crape [kreip] **1.** crêpe *m* noir ; **2.** draper de crêpe.

craps *Am.* [kræps] *pl.* dés *m/pl.*

crap·u·lence [ˈkræpjuləns] crapule *f*; F débauche *f*.

crash[1] [kræʃ] **1.** fracas *m*; catastrophe *f*; ✝ krach *m*; ✈ crash *m*; ~-helmet casque *m* protecteur; ~-landing atterrissage *m* brutal, crash *m*; **2.** *v/i.* retentir; éclater avec fracas; ✈ s'écraser, atterrir brutalement; *v/t.* jeter avec fracas; **3.** F à exécuter rapidement; ~ course cours *m* intensif; ~ diet régime *m* radical (*pour maigrir*).

crash[2] [~] toile *f* à serviettes.

crass [kræs] grossier (-ère *f*); stupide.

crate [kreit] caisse *f* à claire-voie.

cra·ter [ˈkreitə] *volcan, a.* ⚡ cratère *m*; ⚔ entonnoir *m*.

cra·vat [krəˈvæt] foulard *m*; † cravate *f*.

crave [kreiv] *v/t.* implorer avec instance (de, from), solliciter; *v/i.* (for) désirer avidement (*qch.*).

cra·ven [ˈkreivn] **1.** poltron(ne *f*), lâche; **2.** poltron(ne *f*) *m*, lâche *mf*.

crav·ing [ˈkreiviŋ] désir *m* ardent, besoin *m*, passion *f*, appétit *m* insatiable (de, for).

craw [krɔː] jabot *m* (*d'oiseau*).

craw·fish [ˈkrɔːfiʃ] **1.** *eau douce*: écrevisse *f*; *mer*: langouste *f*; **2.** *Am.* F se dérober; *sl.* caner.

crawl [krɔːl] **1.** rampement *m*; *personne*: mouvement *m* traînant; *nage*: crawl *m*; **2.** ramper; se traîner; grouiller (de, with); marauder; ˈ**crawl·er** reptile *m*; *personne*:

traînard(e *f*) *m*; *fig.* plat valet *m*; taxi *m* en maraude; *nage*: crawleur *m*; *vêtement pour enfants*: barboteuse *f*.

cray·fish [ˈkreifiʃ] *eau douce*: écrevisse *f*; *mer*: langouste *f*.

cray·on [ˈkreiən] **1.** craie *f* à dessiner; *surt.* (crayon *m* de) pastel *m*; fusain *m*; *blue* (*red*) ~ crayon *m* bleu (rouge); **2.** dessiner au pastel; crayonner.

craze [kreiz] manie *f* (de, *for*); *fig.* fureur *f* (de); *be the* ~ faire fureur; ˈ**crazed** affolé (de, with); ˈ**cra·zi·ness** folie *f*, démence *f*; *maison*: délabrement *m*; ˈ**cra·zy** □ fou (fol *devant une voyelle ou un h muet*; folle *f*) (de *with, about, for*); affolé (de, *with*); branlant; délabré (*maison*); irrégulier (-ère *f*); en pièces rapportées.

creak [kriːk] **1.** grincement *m*; **2.** grincer, crier; ˈ**creak·y** □ qui crie, qui grince.

cream [kriːm] **1.** crème *f* (*a. fig.*); *fig. le* plus beau (*de l'histoire*); *cold* ~ crème *f*, cold-cream *m*; ~ *of tartar* crème *f* de tartre; **2.** (*souv.* ~*-colo*(*u*)*red*) crème *inv.*; **3.** *v/t.* écrémer; ajouter de la crème à; battre (*du beurre*) en crème; *v/i.* se couvrir de crème; mousser; ˈ**cream·er·y** crémerie *f*; ˈ**cream·y** □ crémeux (-euse *f*); *fig.* velouté.

crease [kriːs] **1.** (faux) pli *m*; *tex.* ancrure *f*; *papier*: fronce *f*; *cricket*: ligne *f* de limite; **2.** (se) plisser; (se) froisser.

cre·ate [kriˈeit] *v/t.* créer (*qch.*, *q. chevalier, théâ. rôle, difficulté, mode*); faire; produire; faire naître; *v/i. sl.* faire une scène (à propos de, *about*); **creˈa·tion** création *f* (*a. mode*); **creˈa·tive** créateur (-trice *f*); **creˈa·tor** créateur (-trice *f*) *m*; **creˈa·tress** créatrice *f*; **crea·ture** [ˈkriːtʃə] créature *f* (*a. péj.*); être *m* (vivant); animal *m*, bête *f*; ~ *comforts pl. l'*aisance *f* matérielle.

cre·dence [ˈkriːdəns] foi *f*, croyance *f*; *give* ~ *to* ajouter foi à; *letter of* ~ lettre *f* de créance; **cre·den·tials** [kriˈdenʃlz] *pl.* lettres *f/pl.* de créance; *domestique*: certificat *m*; papiers *m/pl.* d'identité.

cred·i·bil·i·ty [krediˈbiliti] crédibilité *f*; **cred·i·ble** □ [ˈkredəbl] croyable; digne de foi.

cred·it [ˈkredit] **1.** foi *f*, croyance *f*, créance *f*; réputation *f*, crédit *m* (*a.* ⚕); mérite *m*; honneur *m*; *banque*: crédit *m*, actif *m*; *Am. école*: unité *f* de valeur, U.V. *f*; ⚕ *on* ~ à crédit, à terme; ⚕ ~ *balance* solde *m* créditeur; ⚕ ~ *card* carte *f* de crédit; ⚕ ~ *note f ou* facture *f* d'avoir; ⚕ ~ *rate* degré *m* de solvabilité; ⚕ ~ *rating* limite *f* de crédit; *do s.o.* ~ honorer q., faire honneur à q.; *get* ~ *for s.th.* se voir attribuer le mérite de qch.; *give s.o.* ~ *for s.th.* attribuer (le mérite de) qch. à q.; *put* (*ou place ou pass*) *to s.o.'s* ~ porter (*qch.*) au crédit de q.; **2.** ajouter foi à; attribuer, prêter (une qualité à q., *s.o. with a quality*); ⚕ créditer (q. d'une somme *s.o. with a sum, a sum to s.o.*); porter (*une somme*) au crédit; ~ *s.o. with s.th.* prêter qch. à q.; ˈ**cred·it·a·ble** □ honorable, estimable; *be* ~ *to* faire honneur à; ˈ**cred·i·tor 1.** créancier (-ère *f*) *m*; **2.** créditeur (-trice *f*).

cre·du·li·ty [kriˈdjuːliti] crédulité *f*; **cred·u·lous** □ [ˈkredjuləs] crédule.

creed [kriːd] crédo *m* (*a. pol.*); croyance *f*.

creek [kriːk] crique *f*; *Am.* ruisseau [*m*; petite vallée *f*.]

creel [kriːl] panier *m* de pêche; casier *m* à homards; ⊕ râtelier *m* (à bobines).

creep [kriːp] **1.** [*irr.*] ramper; se traîner; se glisser (*a. fig.*); *fig.* entrer doucement; ⊕ glisser; **2.** glissement *m*; ~*s pl.* chair *f* de poule; ˈ**creep·er** F homme *m* rampant; femme *f* rampante; ⚘ plante *f* rampante *ou* grimpante; ˈ**creep·y** rampant; qui donne la chair de poule.

creese [kriːs] criss *m* (= *poignard malais*).

cre·mate [kriˈmeit] incinérer (*un mort*); **creˈma·tion** incinération *f*; crémation *f*; **crem·a·to·ri·um** [kreməˈtɔːriəm], *pl.* **-ums, -ri·a** [~riə], **cre·ma·to·ry** [ˈ~təri] crématorium *m*; four *m* crématoire.

cren·el·(l)at·ed [ˈkrenileitid] crénelé.

cre·ole [ˈkriːoul] créole (*a. su.*).

cre·o·sote ⚗ [ˈkriəsout] créosote *f*.

crep·i·tate [ˈkrepiteit] crépiter; **crep·iˈta·tion** crépitation *f*.

crept [krept] *prét. et p.p. de creep* **1.**

cre·pus·cu·lar [kriˈpʌskjulə] crépusculaire, du crépuscule.

cres·cent ['kresnt] **1.** (en forme de) croissant; **2.** croissant *m* (*a. pâtisserie*); rue *f* en arc de cercle; ♀ *City la* Nouvelle-Orléans *f*.
cress ♀ [kres] cresson *m*.
cres·set ['kresit] *tour, phare*: fanal *m*.
crest [krest] ⚠, *casque, coq, montagne, vague*: crête *f*; arête *f*, *colline*: sommet *m*; *alouette*: huppe *f*; *paon*: aigrette *f*; *blason*: timbre *m*; *sceau*: armoiries *f/pl.*; *casque*: cimier *m*; '**crest·ed** à crête *etc.*; *casque*: orné d'un cimier; ~ *lark* cochevis *m*; '**crest·fall·en** abattu, découragé; penaud (*air*).
cre·ta·ceous [kri'teiʃəs] crétacé, crayeux (-euse *f*).
cre·tin ['kretin] crétin(e *f*) *m*.
cre·vasse [kri'væs] crevasse *f* (glaciaire); *Am.* fissure *f*.
crev·ice ['krevis] fente *f*; lézarde *f*; fissure *f*.
crew[1] [kru:] ⚓ équipage *m*; *ouvriers*: équipe *f*; *péj.* bande *f*; ~ *cut* cheveux *m/pl.* en brosse.
crew[2] [~] *prét. de crow* 2.
crew·el ✝ ['kru:il] laine *f* à broder *ou* à tapisserie.
crib [krib] **1.** mangeoire *f*; lit *m* d'enfant; *eccl.* crèche *f*; F *école*: clef *f*; F plagiat *m*; *sl.* emploi *m*; *surt. Am.* huche *f* (*pour le maïs etc.*); *sl. crack a* ~ cambrioler une maison; **2.** † enfermer; F plagier (*qch.*); F copier; F tuyauter; '**crib·bage** cribbage *m*; '**crib·ble** crible *m*; **crib-bit·er** ['~baitə] tiqueur (-euse *f*) *m*.
crick [krik] **1.** crampe *f*; ~ *in the neck* torticolis *m*; **2.** se donner un torticolis *ou* un tour de reins.
crick·et[1] *zo.* ['krikit] grillon *m*.
crick·et[2] [~] **1.** *sp.* cricket *m*; F *not* ~ déloyal (-aux *m/pl.*); ne pas (*être*) de jeu; **2.** jouer au cricket; '**crick·et·er** joueur *m* de cricket, cricketeur *m*.
cri·er ['kraiə] crieur *m* (public).
crime [kraim] crime *m*, délit *m*.
Cri·me·an War [krai'miən wɔ:] guerre *f* de Crimée.
crim·i·nal ['kriminl] criminel(le *f*) (*a. su./mf*); **crim·i·nal·i·ty** [~'næliti] criminalité *f*; **crim·i·nate** ['~neit] incriminer, accuser; convaincre d'un crime; **crim·i'na·tion** incrimination *f*.
crimp[1] ⚓, ⚔ [krimp] **1.** racoleur *m*, embaucheur *m*; **2.** racoler, embaucher.
crimp[2] [~] gaufrer, friser.
crim·son ['krimzn] **1.** cramoisi (*a. su./m*); **2.** *v/t.* teindre en cramoisi; *v/i.* s'empourprer.
cringe [krindʒ] **1.** se faire tout petit, se blottir; *fig.* s'humilier, ramper (devant *to, before*); **2.** *fig.* courbette *f* servile.
crin·kle ['kriŋkl] **1.** pli *m*, ride *f*; **2.** (se) froisser; onduler (*a. cheveux*).
crin·o·line ['krinəli:n] crinoline *f*.
crip·ple ['kripl] **1.** boiteux (-euse *f*) *m*, estropié(e *f*) *m*; **2.** estropier; *fig.* disloquer.
cri·sis ['kraisis], *pl.* **-ses** ['~si:z] crise *f*.
crisp [krisp] **1.** crêpé, frisé (*cheveux etc.*); croquant (*biscuit*); vif (vive *f*), froid (*air, vent*); net(te *f*) (*profil*); tranchant (*ton*); nerveux (-euse *f*) (*style*); **2.** (se) crêper (*cheveux*); (se) froncer; *v/t.* donner du croustillant à.
criss-cross ['kriskrɔs] **1.** entrecroisement *m*; enchevêtrement *m*; **2.** entrecroisé; **3.** (s')entrecroiser.
cri·te·ri·on [krai'tiəriən], *pl.* **-ri·a** [~riə] critérium *m*, critère *m*.
crit·ic ['kritik] critique (*littéraire etc.*) *m*; censeur *m* (*de conduite*); critiqueur *m*; '**crit·i·cal** □ critique; ⚕ dangereux (-euse *f*); *be* ~ *of* critiquer; regarder d'un œil sévère; ⚕ *in* ~ *condition* dans un état critique; **crit·i·cism** ['~sizm], **cri·tique** [kri'ti:k] critique *f* (de, sur *of*); **crit·i·cize** ['~saiz] critiquer, faire la critique de; censurer.
croak [krouk] **1.** *v/i.* coasser (*grenouille*); croasser (*corbeau*); *fig.* grogner; *sl.* casser sa pipe (= *mourir*); *v/t. sl.* descendre (= *tuer*); **2.** c(r)oassement *m*; '**croak·er** *fig.* prophète *m* de malheur; '**croak·y** □ rauque, enroué (*voix*).
Cro·at ['krouət] **1.** croate; **2.** Croate *mf*.
cro·chet ['krouʃei] **1.** crochet *m*; **2.** *v/t.* faire (*qch.*) au crochet; *v/i.* faire du crochet.
crock [krɔk] **1.** pot *m* de terre; cruche *f*; F cheval *m* claqué; F *auto*: tacot *m*; F bonhomme *m* fini; F patraque *f* (= *personne maladive*); **2.** *sl.* (*usu.* ~ *up*) tomber malade,

se faire abîmer; '**crock·er·y** faïence *f*, poterie *f*.
croc·o·dile *zo.* ['krɔkədail] crocodile *m*; *fig.* ~ *tears pl* larmes *f/pl.* de crocodile.
cro·cus ⚘ ['kroukəs] crocus *m*.
croft·er *Brit.* ['krɔftə] petit fermier *m*.
crom·lech ['krɔmlek] dolmen *m*.
crone F [kroun] commère *f*, vieille *f*.
cro·ny F ['krouni] copain *m*; ami(e *f*) *m* intime.
crook [kruk] **1.** croc *m*, crochet *m*; *berger*: houlette *f*; *eccl.* crosse *f*; *fig.* angle *m*; *chemin etc.*: détour *m*, coude *m*; *sl.* escroc *m*; *sl.* fraude *f*; *on the* ~ malhonnête(ment); **2.** (se) recourber; **crooked** ['~kt] (re-) courbé; à béquille (*canne*); ['~kid] □ *fig.* tordu; tortueux (-euse *f*) (*chemin*); contourné (*jambe, arbre*); F déshonnête; oblique (*moyen*).
croon [kru:n] fredonner, chanter à demi-voix; '**croon·er** chanteur (-euse *f*) *m* de charme.
crop [krɔp] **1.** *oiseau*: jabot *m*; *fouet*: manche *m*; stick *m* (de chasse); récolte *f*, moisson *f*; *fruits*: cueillette *f*; *fig.* tas *m*; *cheveux*: coupe *f*; ~ *failure* mauvaise récolte *f*; F ~ *of hair* chevelure *f*; **2.** *v/t.* tondre, tailler, couper; brouter, paître (*l'herbe*); *v/i.* donner une récolte; ~ *up géol.* affleurer; F surgir; '~-**eared** essorillé (*chien*); *hist.* aux cheveux coupés ras; '**crop·per** tondeur *m etc.* (*see crop* 2); (pigeon *m*) boulant *m*; F plante *f* qui donne bien *ou* mal; F culbute *f*; *Am. sl.* métayer *m*.
cro·quet ['kroukei] **1.** (jeu *m* de) croquet *m*; **2.** (*a. tight*-) croquer; (*a. loose*-~) roquer.
cro·sier *eccl.* ['krouʒə] crosse *f*.
cross [krɔs] **1.** croix *f* (*a. médaille, a. fig.*); croisement *m* (*de races*); métis(se *f*) *m*; *sl.* escroquerie *f*; **2.** □ (entre)croisé; mis en travers; oblique; contraire; maussade (*personne*); fâché (de qch., *at s.th.*; contre q., *with s.o.*); de mauvaise humeur; *sl.* illicite, déshonnête; *be at* ~ *purposes* y avoir malentendu; **3.** *v/t.* croiser (*deux choses, races, q. dans la rue*); traverser; passer (*la mer*); franchir (*le seuil*); barrer (*un chèque*); mettre les barres à (*ses t*); *fig.* contrarier, contrebarrer (*q., un projet*); ~ *o.s.* se signer, faire le signe de la croix; ~ *out* biffer, rayer (*un mot etc.*); *v/i.* se croiser; passer; faire la traversée; '~-**bar** *foot.* barre *f*; '~-**beam** ⚠ sommier *m*; '~'**bench** *parl.* Centre *m*; '~-**bow** arbalète *f*; '~-**breed** race *f* croisée; F métis(se *f*) *m*; '~-**check** **1.** contre-épreuve *f*; **2.** vérifier par contre-épreuve; '~'**country** à travers champs; ~ *running le* cross-country *m*; ~ *runner* crossman (*pl.* -men) *m*; ~ *skiing* ski *m* de randonnée; '~-**cut saw** scie *f* de travers; '~-**ex·am·i'na·tion** interrogatoire *m* contradictoire; ~-**ex·am·ine** ['krɔsig'zæmin] contre-interroger; '~-**fer·ti·li'za·tion** ⚘ fécondation *f* croisée; *fig.* fécondation *f* mutuelle; '~-**grained** tortillard (*bois*); *fig.* revêche; bourru; '**cross·ing** passage *m* (pour piétons); intersection *f* (*de voies*); 🚂 passage *m* à niveau; croisement *m* (*de lignes*); traversée *f*; '**cross·legged** les jambes croisées; '**cross·ness** mauvaise humeur *f*.
cross...: '~-**patch** F grincheux (-euse *f*) *m*; grognon *mf*; ~ **ref·er·ence** renvoi *m*, référence *f*; '~-'**road** chemin *m* de traverse; ~*s pl. ou sg.* carrefour *m* (*a. fig.*); croisement *m* de routes; '~-**sec·tion** coupe *f* en travers; ~ **talk** répliques *f/pl.*, échange *m* de propos; *radio etc.*: interférence *f*; '~·**walk** *Am.* passage *m* clouté; '~·**wind** vent *m* de travers; '~·**wise** en croix, en travers; '~·**word puz·zle** mots *m/pl.* croisés.
crotch [krɔtʃ] fourche *f*; **crotch·et** ['~it] crochet *m*; ♪ noire *f*; F lubie *f*; '**crotch·et·y** F capricieux (-euse *f*); (à l'humeur) difficile.
crouch [krautʃ] se blottir, s'accroupir (devant, *to*).
croup[1] [kru:p] croupe *f* (*de cheval*).
croup[2] ⚕ [~] croup *m*.
crou·pi·er ['kru:piə] croupier *m*.
crow [krou] **1.** corneille *f*; chant *m* du coq; *Am.* F *eat* ~ avaler des couleuvres; *have a* ~ *to pick with* avoir maille à partir avec; *as the* ~ *flies* à vol d'oiseau; **2.** [*irr.*] chanter; *fig.* chanter victoire (sur, *over*); gazouiller (*enfant*); '~-**bar** levier *m*, pied-de-biche (*pl.* pieds-de-biche) *m*.

crowd [kraud] **1.** foule *f*, rassemblement *m*, affluence *f*; F tas *m*; F bande *f*; *péj.* monde *m*; **2.** *v/t.* serrer; remplir (de, *with*); *v/i.* se presser (en foule); s'attrouper; ~ *out v/t.* ne pas laisser de place à; *v/i.* sortir en foule; ⚓ ~ *sail (on)* faire force de voiles; ~*ed hours pl.* heures *f/pl.* de pointe.

crow·foot ⚘ ['kroufut] renoncule *f*.

crown [kraun] **1.** *roi, dent, fleurs, monnaie, etc.*: couronne *f*; *bonheur etc.*: comble *m*; *carrière*: couronnement *m*; *chapeau*: forme *f*; *tête*: sommet *m*; *arbre*: cime *f*; *mot.* axe *m* (de la chaussée); **2.** couronner; sacrer (*roi*); F mettre le comble à; '**crown·ing** *fig.* suprême; final (-als *m/pl.*).

crow's... [krouz]: '~**-foot** patte *f* d'oie (*au coin de l'œil*); '~**-nest** ⚓ nid *m* de pie.

cru·cial □ ['kru:ʃjəl] décisif (-ive *f*); critique; **cru·ci·ble** ['kru:sibl] creuset *m* (*a. fig.*); **cru·ci·fix** ['~fiks] crucifix *m*; **cru·ci·fix·ion** [~'fikʃn] crucifixion *f*; mise *f* en croix; '**cru·ci·form** cruciforme; **cru·ci·fy** ['~fai] crucifier (*a. fig.*).

crude □ [kru:d] (à l'état) brut (*métal, matériel, huile, etc.*); cru (*a. lumière, couleur*); vert, aigre (*fruit*); brutal (-aux *m/pl.*); grossier (-ère *f*) (*style*); fruste (*manières*); ⚕ non encore développé (*maladie*), non assimilé (*aliment*); '**crude·ness, cru·di·ty** ['~iti] crudité *f* (*a. fig.*).

cru·el □ ['kruəl] cruel(le *f*) (*a. fig.*); '**cru·el·ty** cruauté *f*.

cru·et ['kru:it] burette *f*; '~**-stand** ménagère *f*.

cruise ⚓ [kru:z] **1.** croisière *f*; voyage *m* d'agrément; ⚔ ~ *missile* engin *m* atmosphérique; **2.** ⚓ croiser; *cruising speed* vitesse *f* économique; '**cruis·er** ⚓ croiseur *m*; *light* ~ contre-torpilleur *m*; *Am.* voiture *f* cellulaire; *box.* ~ *weight* poids *m* mi-lourd.

crul·ler *Am.* ['krʌlə] *cuis.* roussette *f*.

crumb [krʌm] **1.** *pain*: miette *f*; *fig.* brin *m*; **2.** *cuis.* paner (*la viande etc.*); *a.* = **crum·ble** ['~bl] (s')émietter (*pain*); *v/t. fig.* réduire en miettes; *v/i.* s'écrouler (*maison etc.*); s'ébouler (*sol*); '**crum·bling,** '**crum·bly** friable, ébouleux (-euse *f*); **crumb·y** ['krʌmi] qui s'émiette; couvert de miettes.

crum·my *sl.* ['krʌmi] minable, moche.

crump *sl.* [krʌmp] chute *f*; coup *m* violent; ⚔ obus *m* qui éclate.

crum·pet ['krʌmpit] *sorte de brioche grillée (plate et poreuse)*; *sl.* caboche *f* (= *tête*); *be off one's* ~ être maboul (= *fou*).

crum·ple ['krʌmpl] *v/t.* froisser, friper; *v/i.* se froisser; se recroqueviller (*parchemin, feuilles*); *fig.* s'effondrer.

crunch [krʌntʃ] *v/t.* croquer, broyer (*avec les dents*); écraser; *v/i.* craquer; s'écraser.

cru·ral ['kruərəl] *anat.* crural (-aux *m/pl.*).

cru·sade [kru:'seid] **1.** croisade *f*; (*a. fig.*); **2.** aller *ou* être en croisade; *fig.* mener une campagne (*contre qch.*); **cru'sad·er** croisé *m*.

crush [krʌʃ] **1.** écrasement *m*; F presse *f*, foule *f*; *sl. have a* ~ avoir un béguin (pour, *on*); ~ *hat* claque *m*; *Am.* chapeau *m* mou; **2.** *v/t.* écraser, aplatir; froisser (*une robe*); *fig.* anéantir; accabler (*de douleur etc.*); † vider (*une bouteille*); ~ *out fig.* étouffer; *v/i.* se presser en foule; *Am. sl.* flirter; '**crush·er** broyeur *m*; F malheur *m etc.* accablant; coup *m* d'assommoir; '**crush-room** *théâ.* foyer *m*.

crust [krʌst] **1.** croûte *f*; *Am. sl.* toupet *m*; **2.** (se) couvrir d'une croûte; '**crust·ed** qui a du dépôt (*vin*); *fig.* invétéré; '**crust·y** □ qui a une forte croûte; *fig.* bourru.

crutch [krʌtʃ] béquille *f*; '**crutched** à béquille; à poignée à croisillon.

crux [krʌks] *fig.* nœud *m*; point *m* capital.

cry [krai] **1.** cri *m*; plainte *f*; pleurs *m/pl.*; *it is a far* ~ *from ... to* il y a loin de ... à (*a. fig.*); *within* ~ à portée de voix; **2.** crier; *v/i.* s'écrier, pousser un cri *ou* des cris; pleurer; ~ *for* demander en pleurant; crier à (*le secours*); réclamer; ~ *off* se dédire; s'excuser; annuler (*une affaire*); ~ *out v/t.* crier; *v/i.* s'écrier, pousser des cris; se récrier (contre, *against*); ~ *up* prôner, vanter; '~**-ba·by** pleurard(e *f*) *m*; '**cry·ing** *fig.* criant, urgent; scandaleux (-euse *f*).

crypt [kript] crypte *f*; ˈ**cryp·tic** occulte, secret (-ète *f*); énigmatique.

crys·tal [ˈkristl] **1.** cristal *m*; *surt. Am.* verre *m* de montre; **2.** cristallin, limpide; ˈ**~-clear** clair comme le jour *ou* comme de l'eau de roche; **crys·tal·line** [ˈ~təlain] cristallin, de cristal; **crys·tal·iˈza·tion** cristallisation *f*; ˈ**crys·tal·lize** cristalliser; *~d* candi (*fruits*).

cub [kʌb] **1.** petit *m* (*d'un animal*); *ours*: ourson *m*; lionceau *m*, louveteau *m*, renardeau *m*, *etc.*; **2.** *v/t.* mettre bas (*des petits*); *v/i.* faire des petits.

cu·bage [ˈkjuːbidʒ] cubage *m*.

cub·by-hole [ˈkʌbihoul] retraite *f*; placard *m*.

cube ⩓ [ˈkjuːb] **1.** cube *m*; *~ root* racine *f* cubique; **2.** cuber.

cub·hood [ˈkʌbhud] adolescence *f*.

cu·bic, cu·bi·cal □ [ˈkjuːbik(l)] cubique.

cu·bi·cle [ˈkjuːbikl] *dortoir*: alcôve *f*; *piscine etc.*: cabine *f*.

cuck·old [ˈkʌkəld] **1.** cocu *m*; **2.** cocufier (*son mari*).

cuck·oo [ˈkukuː] **1.** coucou *m*; **2.** *sl.* maboul, loufoque (= *fou*).

cu·cum·ber [ˈkjuːkəmbə] concombre *m*.

cu·cur·bit [kjuˈkəːbit] ⚘ courge *f*; *alambic*: cucurbite *f*.

cud [kʌd] bol *m* alimentaire; *chew the ~* ruminer (*a. fig.*).

cud·dle [ˈkʌdl] **1.** F embrassade *f*; **2.** *v/t.* serrer doucement dans ses bras; *v/i.* se peloter.

cudg·el [ˈkʌdʒl] **1.** gourdin *m*; *take up the ~s for* prendre fait et cause pour; **2.** bâtonner; *~ one's brains* se creuser la cervelle (pour *inf.*, *for gér.*; pour, *about*).

cue [kjuː] *billard*: queue *f*; *surt. théâ.* réplique *f*; avis *m*, mot *m*; *take the ~ from s.o.* prendre exemple sur q.

cuff[1] [kʌf] **1.** calotte *f*, taloche *f*; **2.** calotter, flanquer une taloche à (*q.*).

cuff[2] [~] *chemise*: poignet *m*; manchette *f* (*empesée*); *jaquette etc.*: parement *m*; *Am. pantalon*: bord *m* relevé.

cui·rass [kwiˈræs] cuirasse *f*.

cui·sine [kwiˈziːn] cuisine *f*.

cu·li·nar·y [ˈkʌlinəri] culinaire.

cull [kʌl] (re)cueillir; choisir (dans, *from*).

cul·ly *sl.* [ˈkʌli] copain *m*, camaro *m*.

culm [kʌlm] ⚘ chaume *m*, tige *f*.

cul·mi·nate [ˈkʌlmineit] *astr.* culminer; *fig.* atteindre son apogée; *fig.* terminer (par, *in*); **cul·miˈna·tion** *astr.* culmination *f*; *fig.* point *m* culminant.

cu·lottes [kjuːˈlɔts] *pl.* (*a pair of ~* une) jupe-culotte *f* (*pl.* jupes-culottes).

cul·pa·bil·i·ty [kʌlpəˈbiliti] culpabilité *f*; ˈ**cul·pa·ble** □ coupable; digne de blâme.

cul·prit [ˈkʌlprit] coupable *mf*; prévenu(e *f*) *m*.

cult [kʌlt] culte *m*.

cul·ti·va·ble [ˈkʌltivəbl] cultivable.

cul·ti·vate [ˈkʌltiveit] *usu.* cultiver; *biol.* faire une culture de (*un bacille*); **cul·tiˈva·tion** culture *f*; ˈ**cul·ti·va·tor** *personne*: cultivateur (-trice *f*) *m*; *machine*: cultivateur *m*, extirpateur *m*; *fig.* ami *m*.

cul·tur·al □ [ˈkʌltʃərəl] culturel (-le *f*); ⚒ cultural (-aux *m/pl.*).

cul·ture [ˈkʌltʃə] culture *f*; ˈ**cul·tured** cultivé, lettré; **cul·ture me·di·um**, *pl.* **-di·a** *biol.* bouillon *m* de culture; ˈ**cul·ture-pearl** perle *f* japonaise.

cul·vert [ˈkʌlvət] ponceau *m*, canal *m*; ⚡ conduit *m* souterrain.

cum·ber [ˈkʌmbə] encombrer, gêner (de, *with*); **~·some** [ˈ~səm], **cum·brous** □ [ˈ~brəs] encombrant, gênant; difficile à remuer; lourd; entravant.

cum·in ⚘ [ˈkʌmin] cumin *m*.

cu·mu·la·tive □ [ˈkjuːmjulətiv] cumulatif (-ive *f*); **cu·mu·lus** [ˈ~ləs], *pl.* **-li** [ˈ~lai] cumulus *m*.

cu·ne·i·form [ˈkjuːniifɔːm] cunéiforme.

cun·ning [ˈkʌniŋ] **1.** □ rusé; astucieux (-euse *f*); malin (-igne *f*); *Am.* mignon(ne *f*); **2.** ruse *f*; *péj.* astuce *f*.

cup [kʌp] **1.** tasse *f*; *métal*: gobelet *m*; *soutien-gorge*: bonnet *m*; *Am. cuis.* demi-pinte *f*; calice *m* (*a.* ⚘, *a. fig.*); *sp.* coupe *f*; *sp. ~ final* finale *f* de la coupe; *sp. ~ tie* match *m* de coupe; **2.** ⚕ ventouser; mettre (*la main*) en cornet *ou* en porte-voix; **~·board** [ˈkʌbəd] armoire *f*; *mur*: placard *m*; F *~ love* amour *m* intéressé.

Cu·pid [ˈkju:pid] Cupidon *m*, Amour *m*.
cu·pid·i·ty [kjuˈpiditi] cupidité *f*.
cu·po·la [ˈkju:pələ] coupole *f* (*a*. ⚔, ⚓); dôme *m*.
cup·ping-glass ⚕ [ˈkʌpiŋgla:s] ventouse *f*.
cu·pre·ous [ˈkju:priəs] cuivreux (-euse *f*).
cur [kə:] roquet *m*; chien *m* sans race; F cuistre *m*.
cur·a·bil·i·ty [kjuərəˈbiliti] curabilité *f*; ˈ**cur·a·ble** guérissable.
cu·ra·cy [ˈkjuərəsi] vicariat *m*; **cu·rate** [ˈ~rit] vicaire *m*; **cu·ra·tor** [~ˈreitə] *musée*: conservateur *m*.
curb [kə:b] **1.** gourmette *f*; *fig*. frein *m*; (*a*. *~stone*) bordure *f* (*de trottoir*); margelle *f* (*de puits*); **2.** gourmer (*un cheval*); *fig*. contenir, refréner; **~ mar·ket** *Am. Bourse*: coulisse *f*; **~ roof** toit *m* en mansarde.
curd [kə:d] **1.** (lait *m*) caillé *m*; **2.** (*usu*. **cur·dle** [ˈ~dl]) se cailler (*lait*); F se figer (*sang*).
cure [kjuə] **1.** guérison *f*; cure *f* (*de raisins, de lait, etc.*); remède *m*; *~ of souls* cure *f* d'âmes; **2.** guérir; saurer (*des harengs*); saler (*les peaux, la viande*); fumer (*la viande*); ˈ**~-all** panacée *f*.
cur·few [ˈkə:fju:] couvre-feu *m* (*a*. *pol*.); *ring the ~(-bell)* sonner le couvre-feu.
cu·ri·o [ˈkjuəriou] curiosité *f*; bibelot *m*; **cu·riˈos·i·ty** [~ˈɔsiti] curiosité *f*; F excentrique *m*; ˈ**cu·ri·ous** □ curieux (-euse *f*); singulier (-ère *f*); *péj*. indiscret (-ète *f*).
curl [kə:l] **1.** *cheveux*: boucle *f*; *fumée, vague*: spirale *f*; **2.** boucler; *v/t*. friser; *~ one's lip* faire la moue; *v/i*. s'élever en spirales (*fumée*); *~ up* (*ou ~ o.s. up*) se mettre en boule (*chat etc.*); ˈ**curl·er** bigoudi *m*, rouleau *m*.
curl·ing [ˈkə:liŋ] *sp*. curling *m*; ˈ**~-i·ron**, ˈ**~-tongs** *pl*. fer *m* à friser, frisoir *m*; ˈ**curl·y** bouclé, frisé; en spirale.
cur·mudg·eon [kə:ˈmʌdʒn] bourru *m*; grippe-sou (*pl*. grippe-sou[s]) *m*.
cur·rant [ˈkʌrənt] groseille *f*; (*a*. *dried ~*) raisin *m* de Corinthe.
cur·ren·cy [ˈkʌrənsi] circulation *f*, cours *m*; ⚕ (terme *m* d')échéance *f*; ⚕ espèces *f/pl*. de cours; monnaie *f*; *fig*. vogue *f*, *idées*: crédit *m*; ˈ**cur·rent 1.** □ en cours, courant (*argent, compte, mois, prix, opinion, etc.*); reçu (*opinion*); qui court (*bruit*); *~ events pl*. actualités *f/pl*.; *~ hand (-writing)* (écriture *f*) courante *f*; *pass ~* avoir cours, être accepté *ou* en vogue; *~ issue* dernier numéro *m* (*d'une publication*); *~ problem* question *f* d'actualité; **2.** courant *m* (*a*. ⚡, *a*. *d'air*); fil *m* de l'eau; *fig*. cours *m*, marche *f*; ⊕ jet *m* (*d'air*); ⚡ *~ impulse* impulsion *f* de courant; *~ junction* prise *f* de courant.
cur·ric·u·lum [kəˈrikjuləm], *pl*. **-la** [~lə] programme *m ou* plan *m* d'études.
cur·ri·er [ˈkʌriə] corroyeur *m*.
cur·rish □ [ˈkə:riʃ] *fig*. chien *m* de; qui ne vaut pas mieux qu'un roquet.
cur·ry[1] [ˈkʌri] **1.** *poudre, plat*: cari *m*, curry *m*; **2.** apprêter au cari; *curried eggs pl*. œufs *m/pl*. à l'indienne.
cur·ry[2] [~] corroyer (*le cuir*); étriller (*un cheval*); *~ favo(u)r with* s'insinuer dans les bonnes grâces de (*q*.); ˈ**~-comb** étrille *f*.
curse [kə:s] **1.** malédiction *f*, anathème *m*; juron *m*; *fig*. fléau *m*; 2. *v/i*. blasphémer, jurer; *v/t*. maudire; **curs·ed** □ [ˈkə:sid] maudit; F sacré.
cur·sive [ˈkə:siv] cursif (-ive *f*); *~ handwriting* cursive *f*.
cur·so·ry □ [ˈkə:səri] rapide; superficiel(le *f*).
curt □ [kə:t] brusque; sec (sèche *f*); cassant.
cur·tail [kə:ˈteil] raccourcir; tronquer; *fig*. restreindre; *fig*. enlever (de, *of*); **curˈtail·ment** raccourcissement *m*; restriction *f*.
cur·tain [ˈkə:tn] **1.** rideau *m* (*a*. *fig*.); *fig*. voile *m*; ⚔ courtine *f*; rideau *m* (*de feu*); **2.** garnir de rideaux; *~ off* séparer *ou* dissimuler par des rideaux; ˈ**~-fire** ⚔ (tir *m* de) barrage *m*; **~ lec·ture** F semonce *f* conjugale; ˈ**~-rais·er** *théâ*., *a*. *fig*. lever *m* de rideau.
curt·s(e)y [ˈkə:tsi] **1.** révérence *f*; *drop a ~* = **2.** faire une révérence (à, *to*).
cur·va·ture [ˈkə:vətʃə] courbure *f*; *~ of the spine* déviation *f* de la colonne vertébrale.
curve [kə:v] **1.** courbe *f*; *rue*: tournant *m*; *mot*. virage *m*; *Am*. *base-*

ball: balle *f* qui a de l'effet; **2.** (se) courber; *v/i.* décrire une courbe.

cush·ion [ˈkuʃn] **1.** coussin *m*; bourrelet *m*; *billard*: bande *f*; *mot.* ~ *tyre* bandage *m* plein avec canal à air; **2.** garnir de coussins; rembourrer; *fig.* amortir (*des coups*); ⊕ matelasser.

cush·y *sl.* [ˈkuʃi] facile; F pépère.

cusp [kʌsp] pointe *f*; *lune*: corne *f*; ⚘ cuspide *f*; ⩘ point *m* de rebroussement, sommet *m*.

cuss *Am.* F [kʌs] **1.** juron *m*; *co.* type *m*; *it's not worth a* ~ ça ne vaut pas chipette; **2.** jurer; ˈ**cuss·ed** [ˈkʌsid] sacré; têtu.

cus·tard [ˈkʌstəd] crème *f*; œufs *m/pl.* au lait.

cus·to·di·an [kʌsˈtoudjən] gardien (-ne *f*) *m*; *musée*: conservateur *m*; **cus·to·dy** [ˈkʌstədi] garde *f*; emprisonnement *m*, détention *f*.

cus·tom [ˈkʌstəm] coutume *f*, usage *m*, habitude *f*; ⚖ droit *m* coutumier; ⚕ clientèle *f*; patronage *m* (*du client*); **cus·tom·ar·y** [ˈ~əri] □ habituel(le *f*); d'usage; coutumier (-ère *f*) (*droit*); ˈ**cus·tom·er** client(e *f*) *m*; *boutique*: chaland(e *f*) *m*; F type *m*; ˈ**cus·tom-house** (bureau *m* de la) douane *f*; ~ *officer* douanier *m*; ˈ**cus·tom-made** *Am.* fait sur commande; ˈ**cus·toms** *pl.* douane *f*; ~ *clearance* dédouanement *m*, expédition *f* douanière; ~ *duty* droits *m/pl.* de douane; ~ *inspection* visite *f* douanière; ~ *officer* douanier *m*.

cut [kʌt] **1.** coupe *f* (*a. vêtements*); coupure *f* (*théâ.*, *a. blessure*); *sp.*, *épée*, *fouet*: coup *m*; *pierre*, ⊕ *lime*: taille *f*; réduction *f* (*de salaire*); gravure *f* (sur bois); *cuis.* morceau *m*; *unkindest* ~ *of all* coup *m* de pied de l'âne; (*a. short-*~) raccourci *m*; *cheveux*: taille *f*, coupe *f*; ⚡ coupure *f* (*de courant*); 🚂 tranchée *f*; ⚒ havage *m*; ⚕ incision *f*; ⚘ enture *f*; *cartes*: tirage *m* (*pour les places*); F revers *m*; F absence *f* sans permission; *iro.* sarcasme *m* blessant; *fig.* refus *m* de saluer; *cuis.* *cold* ~*s* *pl.* tranches *f/pl.* de viande froide; F *give s.o. the* ~ (*direct*) passer près de q.; tourner le dos à q.; **2.** [*irr.*] *v/t.* couper (*a. cartes*), tailler; (*a.* ~ *in slices*) trancher; hacher (*le tabac*); ⚓ filer (*le câble*); réduire (*le prix*); *mot.* prendre (*un virage*); F manquer exprès à; F sécher (*une classe*); F abandonner; ~ *s.o. dead* passer q. sans le saluer, tourner le dos à q.; ~ *one's finger* se couper le *ou* au doigt; *he is* ~*ting his teeth* ses dents percent; F ~ *a figure* faire figure; ~ *short* couper la parole à (*q.*); *to* ~ *a long story short* pour abréger, en fin de compte; *v/i.* (se) couper; percer (*dent*); ~ *and come again* revenir au plat; F ~ *and run* déguerpir, filer; ~ *back* rabattre (*un arbre*); F rebrousser chemin; ~ *down* abattre; couper (*un arbre, le blé*); réduire (*une distance, le prix*); (ra)baisser (*le prix*); restreindre (*la production*); raccourcir (*une jupe*); abréger (*un livre etc.*); ~ *in v/i.* intervenir; *mot.* couper; ~ *off* couper (*a. fig.*, *a. téléph.*) (de, *from*); trancher; *fig.* priver; *fig.* déshériter; ~ *out* couper; découper (*des images*); tailler (*une robe, une statue*); *Am.* détacher (*des bêtes*) d'un troupeau; *fig.* supplanter (*q.*); évincer (auprès de, *with*); *fig.* cesser; supprimer; abandonner; ⚡ mettre hors circuit; faire taire (*la radio*), supprimer; ⚕ exciser; *be* ~ *out for* être taillé pour (*qch.*); *have one's work* ~ *out* avoir de quoi faire; *he had his work* ~ *out for him* on lui avait taillé de la besogne; *sl.* ~ *it out*! pas de ça!; ça suffit!; ~ *up* (dé)couper; tailler (*par morceaux, en pièces*); *fig.* affliger; critiquer sévèrement; ~ *up rough* se fâcher; **3.** coupé *etc.*; *sl.* ivre; ~ *flowers pl.* fleurs *f/pl.* coupées; ~ *glass* cristal *m* taillé; ~ *and dry* (*ou dried*) tout fait; tout taillé (*travail*).

cu·ta·ne·ous [kjuˈteinjəs] cutané.

cut·a·way [ˈkʌtəwei] (*a.* ~ *coat*) jaquette *f*.

cut-back [ˈkʌtbæk] *cin.* retour *m* en arrière.

cute □ F [kjuːt] malin (-igne *f*); *Am.* F gentil(le *f*), coquet(te *f*).

cu·ti·cle [ˈkjuːtikl] *anat.* épiderme *m*; ⚘ cuticule *f*; ~ *scissors pl.* ciseaux *m/pl.* de manucure.

cut-in [ˈkʌtˈin] *cin.* scène *f* raccord; ⚡ conjoncteur *m*.

cut·lass [ˈkʌtləs] ⚓ sabre *m* d'abordage; *Am.* couteau *m* de chasse.

cut·ler [ˈkʌtlə] coutelier *m*; ˈ**cut·ler·y** coutellerie *f* (⚕ et argenterie *f* de table); *canteen of* ~ ménagère *f*.

cut·let [ˈkʌtlit] *mouton, agneau*: côtelette *f*; *veau*: escalope *f*.

cut...: ˈ**~-off** *Am.* raccourci *m*; *attr.* ⊕ de détente; *cin.* de sûreté; d'obscuration; ˈ**~·out** *mot.* clapet *m* d'échappement libre; ⚡ coupe-circuit *m*/*inv.*; *cin.* déchet *m* de film; *Am.* décor *m etc.* découpé; ˈ**~-price,** ˈ**~-rate** ✝ à prix réduit; ˈ**cut·ter** coupeur *m* (*a. de vêtements*); *pierre etc.*: tailleur *m*; *cin.* monteur (-euse *f*) *m*; ⚒ *personne*: abatteur *m* (*de charbon*); haveur *m*; *machine*: haveuse *f*; ⊕ coupoir *m*, couteau *m*; ⚓ canot *m*; patache *f* (*de la douane*); *Am.* traîneau *m*; ˈ**cut-throat 1.** coupe-jarret *m*; F rasoir *m* à manche; **2.** de coupe-jarret; *fig.* acharné; ~ *bridge* bridge *m* à trois; ˈ**cut·ting 1.** □ tranchant; cinglant (*vent*); ⊕ *a.* de coupe, à couper; ~ *edge* coupant *m*; *outil*: fil *m*; ~ *nippers pl.* pinces *f*/*pl.* coupantes; **2.** coupe *f*; ⊕ cisaillage *m*; *bijou, vêtement*: taille *f*; 🚂 déblai *m*; tranchée *f*; ⚘ bouture *f*; *journal*: coupure *f*; **~s** *pl.* bouts *m*/*pl.*; ⊕ copeaux *m*/*pl.*; rognures *f*/*pl*.

cut·tle *zo.* [ˈkʌtl] (*usu.* ~-*fish*) seiche *f*, sépia *f*; ˈ**~-bone** os *m* de seiche; biscuit *m* de mer.

cy·a·nide ⚗ [ˈsaiənaid] cyanure *m*; ~ *of potassium* prussiate *m* de potasse.

cyc·la·men [ˈsikləmən] cyclamen *m*.

cy·cle [ˈsaikl] **1.** cycle *m*; période *f*; ⊕ cycle *m* (d'opérations); ✝ *a.* **~s** *pl.* (période *f* de) vogue *f*; bicyclette *f*; *mot. four-~ engine* moteur *m* à quatre temps; **2.** faire de la *ou* aller à bicyclette; **cy·clic, cy·cli·cal** □ [ˈsiklik(l)] cyclique; **cy·cling** [ˈsaikliŋ] **1.** cycliste; de cyclisme; **2.** cyclisme *m*; ˈ**cy·clist** cycliste *mf*.

cy·clone [ˈsaikloun] cyclone *m*.

cy·clo·p(a)e·di·a [saikləˈpi:djə] encyclopédie *f*.

cyg·net [ˈsignit] jeune cygne *m*.

cyl·in·der [ˈsilində] cylindre *m*; *revolver*: barillet *m*; *machine à écrire*: rouleau *m* porte-papier; **cyˈlin·dric, cyˈlin·dri·cal** □ cylindrique.

cym·bal ♪ [ˈsimbl] cymbale *f*.

cyn·ic [ˈsinik] **1.** (*a.* ˈ**cyn·i·cal** □) cynique; sceptique; **2.** *phls.* cynique *m*; sceptique *m*; **cyn·i·cism** [ˈ~sizm] *phls.* cynisme *m*; scepticisme *m* railleur.

cy·no·sure *fig.* [ˈsinəsjuə] point *m* de mire.

cy·press ⚘ [ˈsaipris] cyprès *m*.

cyst [sist] sac *m*; ⚕, *a.* ⚘ kyste *m*; ˈ**cyst·ic** kystique, cystique; **cys·ti·tis** [sisˈtaitis] cystite *f*.

Czar [za:] tsar *m*.

Czech [tʃek] **1.** tchèque; **2.** *ling.* tchèque *m*; Tchèque *mf*.

Czech·o-Slo·vak [ˈtʃekouˈslouvæk] **1.** tchécoslovaque; **2.** Tchécoslovaque *mf*.

D

D, d [di:] D *m*, d *m*.

'd F *see had*; *would*.

dab [dæb] **1.** coup *m* léger; tape *f*; tache *f*; petit morceau *m* (*de beurre*); *icht.* limande *f*; F expert *m*; *sl.* ~*s pl.* empreintes *f/pl.* digitales; *be a ~ (hand) at* être passé maître en (*qch.*); **2.** lancer une tape à; tapoter; appliquer légèrement (*des couleurs*); *typ.* clicher.

dab·ble ['dæbl] *v/t.* humecter, mouiller; *v/i.* ~ *in* barboter dans; *fig.* s'occuper un peu de; '**dab·bler** dilettante *mf*.

dac·ty·lo·gram [dæk'tilogræm] dactylogramme *m*.

dad(**·dy**) F ['dæd(i)] papa *m*.

dad·dy-long·legs *zo.* F ['dædi'lɔŋlegz] tipule *f*.

daf·fo·dil ⚘ ['dæfədil] narcisse *m* sauvage *ou* des bois.

dag·ger ['dægə] poignard *m*; *be at* ~*s drawn* être à couteaux tirés; *look* ~*s at s.o.* foudroyer q. du regard.

dag·gle ['dægl] (se) mouiller.

da·go *Am. sl. péj.* ['deigou] Espagnol *m*, Portugais *m*, *surt.* Italien *m*.

dahl·ia ⚘ ['deiljə] dahlia *m*.

Dail Eir·eann ['dail'ɛərən] *Chambre des députés de l'État libre d'Irlande.*

dai·ly ['deili] **1.** quotidien(ne *f*); F ~ *dozen* gymnastique *f* quotidienne; **2.** quotidien *m*, journal *m*; domestique *f* à la journée.

dain·ti·ness ['deintinis] délicatesse *f*, raffinement *m*; *taille*: mignonnesse *f*; '**dain·ty** □ **1.** délicat (*personne, a. chose*); friand (*mets*); exquis (*personne*); F mignon(ne *f*); **2.** friandise *f*; morceau *m* de choix.

dair·y ['dɛəri] laiterie *f* (*a. boutique*); crémerie *f*; '~**-farm** vacherie *f*; '~**-maid** fille *f* de laiterie; '~**·man** nourrisseur *m*; ⚕ laitier *m*, crémier *m*.

da·is ['deiis] estrade *f*; dais *m*.

dai·sy ['deizi] ⚘ marguerite *f*; F pâquerette *f*; F personne *f ou* chose *f* épatante; (*as*) *fresh as a* ~ frais (fraîche *f*) comme une rose; F *push up the daisies* manger les pissenlits par la racine (= *être mort*).

dale [deil] vallée *f*, vallon *m*.

dal·li·ance ['dæliəns] échange *m* de tendresses; flirtage *m*; badinage *m*; **dal·ly** ['~li] flirter (avec, *with*); caresser (qch., *with s.th.*); badiner; *fig.* tarder.

dam[1] [dæm] mère *f* (*d'animaux*).

dam[2] [~] **1.** barrage *m* de retenue; digue *f*; ⚒ serrement *m*; *rivière*: décharge *f*; **2.** (*a.* ~ *up*) contenir, endiguer; obstruer.

dam·age ['dæmidʒ] **1.** dégâts *m/pl.*; ⚖ ~*s pl.* dommages-intérêts *m/pl.*; **2.** endommager; abîmer; *fig.* nuire à (*q.*); '**dam·age·a·ble** avariable.

dam·a·scene ['dæməsi:n] damasquiner; **dam·ask** ['dæməsk] **1.** damas *m*; *couleur*: incarnat *m*; **2.** rose foncé *adj./inv.*; vermeil(le *f*); **3.** damasquiner (*l'acier*); damasser (*une étoffe*).

dame [deim] dame *f* (*a. titre*); *sl.* femme *f*; madame *f*.

damn [dæm] **1.** condamner; ruiner; *eccl.* damner; *théâ.* éreinter (*une pièce*); ~ *it!* zut!, sapristi!; **2.** juron *m*, gros mot *m*; *I don't care a* ~*!* je m'en moque pas mal!, je m'en fiche!; **dam·na·ble** □ ['~nəbl] damnable, F maudit; **dam·na·tion** [~'neiʃn] damnation *f*; *théâ.* éreintement *m*; ~*!* sacrebleu!; **dam·na·to·ry** ['~nətəri] □ qui condamne; **damned** ['dæmd] *adj. et adv.* damné, F sacré (*a.* = *très, bigrement*); **damn·ing** ['dæmiŋ] accablant (*fait*).

damp [dæmp] **1.** humide; moite; **2.** humidité *f*; *peau*: moiteur *f*; *fig.* froid *m*; nuage *m* de tristesse; ⚒ (*a. choke-*~) mofette *f*; ⚠, ⊕ ~ *course* couche *f* isolante; **3.** (*a.* '**damp·en**) mouiller; humecter; assourdir (*un son*); étouffer (*le feu*); refroidir (*le courage etc.*); décourager; '**damp·er** rabat-joie *m/inv.*; *fig.* froid *m*; *mot.* amortisseur *m*; ♪ étouffoir *m*; *foyer*: registre *m*; '**damp·ish**

un peu humide *ou* moite; ˈ**damp-proof** imperméable.

dam·son ⚘ [ˈdæmzn] prune *f* de Damas.

dance [dɑːns] **1.** danse *f*; bal (*pl.* -s) *m*; F sauterie *f*; *lead s.o. a* ~ donner du fil à retordre à q.; faire danser q.; **2.** danser; ˈ**danc·er** danseur (-euse *f*) *m*.

danc·ing [ˈdɑːnsiŋ] danse *f*; *attr.* de danse; ˈ~**-girl** bayadère *f*; ˈ~**-lesson** leçon *f* de danse; ˈ~**-room** dancing *m*.

dan·de·li·on ⚘ [dændiˈlaiən] pissenlit *m*.

dan·der *sl.* [ˈdændə]: *get s.o.'s* ~ *up* mettre q. en colère; *get one's* ~ *up* prendre la mouche.

dan·dle [ˈdændl] dodeliner (*un enfant*); faire sauter (*un enfant sur ses genoux*).

dan·driff [ˈdændrif], **dan·druff** [ˈdændrəf] pellicules *f/pl.*

dan·dy [ˈdændi] **1.** dandy *m*, gommeux *m*; **2.** *int. surt. Am.* F chic *inv. en genre*, chouette, *sl.* bath; **dan·dy·ish** [ˈ~diiʃ] élégant, gommeux (-euse *f*); ˈ**dan·dy·ism** dandysme *m*.

Dane [dein] Danois(e *f*) *m*; *chien*: danois *m*.

dan·ger [ˈdeindʒə] danger *m*, péril *m*; ~ **list**: F *be on the* ~ être dans un état grave; ˈ**dan·ger·ous** □ dangereux (-euse *f*); **dan·ger sig·nal** 🚂 (signal *m* à l')arrêt *m*.

dan·gle [ˈdæŋgl] (faire) pendiller, pendre; balancer; ~ *about* (*ou after ou round*) tourner autour de (*q.*); ˈ**dan·gler** (*ou* ~ *after women*) soupirant *m*.

Dan·ish [ˈdeiniʃ] **1.** danois; **2.** *ling.* danois *m*; *the* ~ *pl.* les Danois *m/pl.*

dank [dæŋk] humide.

dap·per □ F [ˈdæpə] pimpant, coquet(te *f*), correct; sémillant.

dap·ple [ˈdæpl] **1.** (se) tacheter; *v/i.* se pommeler (*ciel*); **2.** tache(ture) *f*; ˈ**dap·pled** tacheté, pommelé; ˈ**dap·ple-ˈgrey** (cheval *m*) gris pommelé.

dare [dɛə] *v/i.* oser; *I* ~ *say* je (le) crois bien; sans doute; peut-être bien; *v/t.* oser faire; braver, risquer (*la mort*); défier (*q.*); ˈ~**-dev·il** casse-cou *m/inv.*; ˈ**dar·ing** □ **1.** audacieux (-euse *f*); **2.** audace *f*, hardiesse *f*.

dark [dɑːk] **1.** □ *usu.* sombre; obscur; triste; foncé (*couleur*); basané (*teint*); ténébreux (-euse *f*); *the* ~ *ages* l'âge *m* des ténèbres; ~ *horse* cheval *m* dont on ne sait rien; *fig.* concurrent *m* que l'on ne croyait pas dangereux; ~ *lantern* lanterne *f* sourde; ~ *room* chambre *f* noire; **2.** obscurité *f*, ténèbres *f/pl.*; *fig.* ignorance *f*; *leap in the* ~ saut *m* dans l'inconnu; ˈ**dark·en** (s')obscurcir; (s')assombrir; *v/t.* attrister; embrumer; *never* ~ *s.o.'s door* ne plus remettre les pieds chez q.; ˈ**dark·ish** un peu sombre; ˈ**dark·ness** obscurité *f*, ténèbres *f/pl.*; **dark·some** *poét.* [ˈ~səm] *see dark 1*; ˈ**dark·y** F moricaud(e *f*) *m*.

dar·ling [ˈdɑːliŋ] **1.** bien-aimé(e *f*) *m*; chéri(e *f*) *m*; **2.** bien-aimé; favori(te *f*).

darn[1] *sl.* [dɑːn] *see damn 1*; *a. int.* sacré.

darn[2] [~] **1.** reprise *f*; **2.** repriser, raccommoder; (*a. fine-*~) stopper; ˈ**darn·er** repriseur (-euse *f*) *m etc.*

darn·ing [ˈdɑːniŋ] reprise *f*; ˈ~**-needle** aiguille *f* à repriser; ˈ~**-wool** laine *f* à repriser.

dart [dɑːt] **1.** dard *m*, trait *m* (*a. fig.*); *couture*: pince *f*, suçon *m*; élan *m*, mouvement *m* soudain en avant; **2.** *v/t.* darder; lancer; *v/i. fig.* se précipiter, foncer (sur *at*, [*up*]*on*).

Dar·win·ism [ˈdɑːwinizm] darwinisme *m*.

dash [dæʃ] **1.** coup *m*, heurt *m*; attaque *f* soudaine; trait *m* (*de plume, a. tél.*); ♪ brio *m*; *typ.* tiret *m*; 𝔄 prime; *couleur*: touche *f*, tache *f*; *fig.* brillante figure *f*; *fig.* entrain *m*, fougue *f*; élan *m* (vers *for*, *to*); *fig. sel etc.*: soupçon *m*, *liquide*: goutte *f*; *cut a* ~ faire de l'effet; *at first* ~ du premier coup; **2.** *v/t.* lancer violemment; éclabousser (de boue, *with mud*); (*usu.* ~ *to pieces*) fracasser; anéantir (*une espérance*); jeter, flaquer; déconcerter, confondre; abattre (*le courage, l'entrain*); ~ *down* (*ou off*) enlever, exécuter à la vavite (*une lettre etc.*); *sl.* ~ *it!* zut!; *v/i.* se précipiter, s'élancer (sur, *at*); courir; se jeter (contre, *against*); ~ *off* partir en vitesse; ~ *through* traverser (*une pièce etc.*) en toute hâte; ~ *up* monter à toute vitesse; ˈ~**-board** garde-boue *m/inv.*; ✈, *mot.* tableau *m* de bord; ˈ**dash·er** F élégant *m*, *péj.* épateur *m*; ˈ**dash·ing** □ plein d'élan; fougueux (-euse *f*) (*cheval*); *fig.* brillant, beau (bel *devant une voyelle ou un h muet*; belle *f*; beaux *m/pl.*).

das·tard [ˈdæstəd] **1.** □ (*a.* ˈ**dastard·ly**) lâche, ignoble; **2.** lâche *m*; personnage *m* ignoble.

da·ta [ˈdeitə] *pl.*, *Am. a. sg.* donnée *f*, -s *f/pl.*; éléments *m/pl.* d'information; ~ *bank* banque *f* de données; ~ *file* fichier *m* de données; *personal* ~ détails *m/pl.* personnels.

date[1] [deit] ⚘ datte *f*; *arbre*: dattier *m.*

date[2] [~] **1.** date *f*; jour *m*, temps *m*; ☤ terme *m*, échéance *f*; *surt. Am.* F rendez-vous *m*; celui *m ou* celle *f* avec qui on a rendez-vous; *make a* ~ fixer un rendez-vous; *out of* ~ démodé; *to* ~ à ce jour; *up to* ~ au courant, à jour; F à la page; **2.** dater; assigner une date à; *surt. Am.* F fixer un rendez-vous avec; ~ *back* antidater; *v/i.* dater, être démodé; ~*d* démodé; ~ *from*, ~ *back to* remonter à; ˈ~**·block** calendrier *m* à effeuiller; ˈ~**·less** sans date; ˈ~**-line** ligne *f* de changement de date; ˈ~**-stamp** (timbre *m*) dateur *m.*

da·tive *gramm.* [ˈdeitiv] (*ou* ~ *case*) datif *m.*

da·tum [ˈdeitəm], *pl.* **-ta** [ˈ~tə] donnée *f*; ~*-point* point *m* de repère.

daub [dɔ:b] **1.** enduit *m*; *peint.* croûte *f*; **2.** barbouiller (de, *with*) (*a. peint.*); ˈ**daub·(st)er** barbouilleur (-euse *f*) *m.*

daugh·ter [ˈdɔ:tə] fille *f*; ☤ ~ *company* société *f* filiale; ~**-in-law** [ˈdɔ:tərinlɔ:] belle-fille (*pl.* belles-filles) *f*; ˈ**daugh·ter·ly** filial (-aux *m/pl.*).

daunt [dɔ:nt] intimider, décourager; ˈ~**·less** intrépide.

dav·it ⚓ [ˈdævit] bossoir *m*, davier *m.*

da·vy[1] ⚒ [ˈdeivi] (*a.* ~*-lamp*) lampe *f* Davy (= *lampe de sûreté*).

da·vy[2] *sl.* [~] *see affidavit*; *take one's* ~ donner sa parole *ou* son billet.

daw *orn.* [dɔ:] choucas *m.*

daw·dle F [ˈdɔ:dl] *v/i.* flâner; *v/t.* gaspiller (*son temps*); ˈ**daw·dler** F flâneur (-euse *f*) *m*; *fig.* lambin(e *f*) *m.*

dawn [dɔ:n] **1.** aube *f* (*a. fig.*), aurore *f*; point *m* du jour; **2.** poindre; se lever (*jour*); *fig.* venir à l'esprit (de, *upon*).

day [dei] jour *m* (*a.* = *aube*); journée *f*; *souv.* ~*s pl.* temps *m*; vivant *m*; âge *m*; ~ *off* jour *m* de congé; *carry* (*ou win*) *the* ~ remporter la victoire; *this* ~ aujourd'hui; *the other* ~ l'autre jour; *this* ~ *week* (d')aujourd'hui en huit; *the next* ~ le lendemain; *the* ~ *before* la veille (de qch., *s.th.*); ˈ~**·book** ☤ journal *m*; ˈ~**·break** point *m* du jour; aube *f*; ˈ~**-care cen·ter** *Am.* crêche *f*; ˈ~**-dream** rêverie *f*; ˈ~**-fly** éphémère *m*; ˈ~**-la·bo(u)r·er** journalier *m*; ˈ~**·light** (lumière *f* du) jour *m*; ~*-saving time* heure *f* d'été; *sl. beat the living* ~*s out of* tabasser, rosser; ˈ~**-ˈnur·se·ry** garderie *f*, crèche *f*; ˈ~**-star** étoile *f* du matin; soleil *m*; ˈ~**·time** jour *m*, journée *f*; ˈ~**-times** de jour.

daze [deiz] **1.** étourdir (*coup*); stupéfier (*narcotique*); **2.** étourdissement *m*, stupéfaction *f.*

daz·zle [ˈdæzl] éblouir, aveugler.

deacon [ˈdi:kn] diacre *m*; **dea·con·ess** [ˈdi:kənis] diaconesse *f*; ˈ**dea·con·ry** diaconat *m.*

dead [ded] **1.** *adj. usu.* mort; de mort (*silence, sommeil*); sourd (*douleur, son*); engourdi (*par le froid*); subit (*halte*); profond (*secret*); perdu (*puits*); terne (*couleur*); mat (*or*); aveugle (*fenêtre*); sans éclat (*yeux*); éventé (*boissons*); éteint (*charbon*); *sl.* vide (*bouteille*); ⊕ fixe (*essieu*); sourd (à, *to*), mort (à, *to*); ⚡ hors courant; sans courant; épuisé (*pile etc.*); ~ *bargain* véritable occasion *f*; *at a* ~ *bargain* à un prix risible; ~ *calm* calme *m* plat; *fig.* silence *m* de mort; ⊕ ~ *centre* (*ou point*) point *m* mort; centre *m* fixe; ~ *heat* manche *f* nulle; course *f* à égalité; ~ *letter* lettre *f* de rebut; *fig.* lettre morte (*loi etc.*); ~*-letter office* bureau *m* des rebuts; ~ *level* niveau *m* parfait; ~ *lift* effort *m* extrême; ~ *load* poids *m* mort; charge *f* constante; ~ *loss* perte *f* sèche; *sl. un* bon à rien *m*; ~ *man* mort *m*; *sl.* bouteille *f* vide; ~ *march* marche *f* funèbre; *play* ~ faire le mort; ~ *set fig.* attaque *f* furieuse; F *make a* ~ *set at* se jeter à la tête de (*q.*); *a* ~ *shot* tireur *m* sûr de son coup, tireur *m* qui ne rate jamais son coup; ☤ ~ *stock* fonds *m/pl.* de boutique; ~ *wall* mur *m* orbe; ~ *water* remous *m* de sillage; ~ *weight* poids *m* mort; *fig.* poids *m* inutile; *cut out the* ~ *wood* élaguer le personnel; **2.** *adv.* absolument; complètement; ~ *against* absolument opposé à; ~ *asleep* profondément endormi; ~ *broke* fauché; ~ *drunk* ivre mort; ~ *sure* absolument certain; ~ *tired* mort de fatigue; **3.** *su. the* ~ *pl.* les morts *m/pl.*; les trépassés *m/pl.*; *in the* ~ *of winter* au cœur de l'hiver; *in the* ~ *of night* au plus profond de la nuit; **ˈ~-aˈlive** (à moitié) mort; sans animation; **ˈ~-ˈbeat 1.** épuisé; ⚡ apériodique (*instrument*); **2.** *Am. sl.* chemineau *m*; quémandeur *m*; filou *m*; chevalier *m* d'industrie; **ˈdead·en** amortir (*un coup*); assourdir (*un son*); *fig.* feutrer (*le pas*); émousser (*les sens*); ⊕ hourder (*le plancher etc.*); **ˈdead-ˈend**: ~ (*street*) cul-de-sac (*pl.* culs-de-sac) *m*; *Am.* ~ *kids pl.* gavroches *m/pl.*; **ˈdead-ˈend·ed sid·ing** voie *f* (de garage) à bout fermé.

dead...: **ˈ~-head** personne *f* munie d'un billet de faveur; *métall.* masselotte *f*; ⊕ contre-pointe *f*; **ˈ~-line** *Am.* limites *f/pl.* (*d'une prison pour forçats etc.*); date *f* limite; délai *m* de rigueur; **ˈ~-lock** impasse *f* (*a. fig.*); situation *f* insoluble; **ˈdead·ly** mortel(le *f*); ~ *pale* d'une pâleur mortelle; **ˈdead·ness** torpeur *f*; *membres*: engourdissement *m*; indifférence *f* (envers, *to*); ⚕ stagnation *f*.

dead...: **ˈ~-net·tle** ortie *f* blanche; ~ **pan** *Am. sl.* acteur *m etc.* sans expression.

deaf □ [def] sourd (à, *to*); *turn a* ~ *ear* faire la sourde oreille (à, *to*); ~ **aid** appareil *m* acoustique, audiophone *m*; **ˈdeaf·en** rendre sourd; assourdir; **ˈdeaf-ˈmute** sourd(e *f*)-muet(te *f*) *m*.

deal[1] [diːl] madrier *m*; planche *f*; (bois *m* de) sapin *m*.

deal[2] [~] **1.** *cartes*: donne *f*, main *f*; *fig.* marché *m*, affaire *f*, ⚕ coup *m* (*de Bourse*); *Am. usu. péj.* tractation *f*; *a good* ~ quantité *f*, beaucoup; *a great* ~ (grande) quantité *f*, beaucoup; *give a square* ~ *to* agir loyalement envers; **2.** [*irr.*] *v/t.* distribuer, répartir, partager (entre *to, among*); *cartes*: donner, distribuer; porter, donner (*un coup*) (à, *to*); *v/i.* faire le commerce (de, *in*); *cartes*: donner; en user (*bien ou mal*) (avec q., *by s.o.*); ~ *with* avoir affaire à *ou* avec (*q.*); s'occuper de; conclure (*une affaire*); faire justice à, négocier avec; *have* ~*t with* avoir pris des mesures à l'égard de (*q.*); **ˈdeal·er** *cartes*: donneur *m*; ⚕ négociant(e *f*) *m* (en, *in*); marchand(e *f*) *m* (de, *in*); *plain* ~ homme *m* franc et loyal; *sharp* ~ *un* fin matois; **ˈdeal·ing** *usu.* ~*s pl.* distribution *f*; commerce *m*; conduite *f*; relations *f/pl.*; *péj.* tractations *f/pl.*

dealt [delt] *prét. et p.p. de deal*[2] 2.

dean [diːn] doyen *m*; **ˈdean·er·y** doyenné *m*; résidence *f* du doyen.

dear [diə] **1.** □ cher (chère *f*); coûteux (-euse *f*); **2.** F o(*h*) ~! oh là là!; hélas; ~ *me!* mon Dieu!; vraiment?; **ˈdear·ness** cherté *f*; tendresse *f*; **dearth** [dəːθ] disette *f*; *fig.* dénuement *m*; **dear·y** [ˈdiəri] F mon chéri *m*, ma chérie *f*.

death [deθ] mort *f*; décès *m*; *journ.* ~*s pl.* nécrologie *f*; ~ *penalty* peine *f* capitale; *tired to* ~ mort de fatigue; épuisé; **ˈ~·bed** lit *m* de mort; **ˈ~-blow** coup *m* fatal *ou* mortel; **ˈ~-du·ty** droit *m* de succession; **ˈ~·less** □ immortel(le *f*); **ˈ~·like** de mort; semblable à la mort; **ˈdeath-ly 1.** *adj. see deathlike*; **2.** *adv.* comme la mort; **ˈdeath-rate** (taux *m* de la) mortalité *f*; **ˈdeath-roll** liste *f* des morts; **ˈdeath's-head** tête *f* de mort; **ˈdeath-war·rant** ⚖ ordre *m* d'exécution.

dé·bâ·cle [deiˈbɑːkl] débâcle *f*.

de·bar [diˈbɑː] exclure, priver (q. de qch., *s.o. from s.th.*); défendre (à q. de *inf.*, *s.o. from gér.*).

de·bar·ka·tion [diːbɑːˈkeiʃn] débarquement *m*.

de·base [diˈbeis] avilir; rabaisser (*son style*); altérer (*la monnaie*); **deˈbase·ment** avilissement *m*, dégradation *f*; *monnaie*: altération *f*.

de·bat·a·ble □ [diˈbeitəbl] discutable; contestable; **deˈbate 1.** débat *m*, discussion *f*; **2.** discuter, disputer (sur qch., [*on*] *s.th.*; avec q., *with s.o.*); **deˈbat·er** orateur *m*.

de·bauch [diˈbɔːtʃ] **1.** débauche *f*; **2.** débaucher; *fig.* corrompre; **debauˈchee** débauché(e *f*) *m*; **deˈbauch·er·y** débauche *f*.

de·ben·ture [diˈbentʃə] obligation *f*; certificat *m* de drawback.

de·bil·i·tate [di'biliteit] débiliter; **de·bil·i'ta·tion** débilitation *f*; **de'bil·i·ty** débilité *f*.

deb·it ⚜ ['debit] **1.** débit *m*, doit *m*; ~ *balance* solde *m* débiteur; **2.** débiter; porter (*une somme*) au débit (de q. *to, against s.o.*).

de·bouch [di'bautʃ] déboucher (dans, *into*).

de·bris ['debri:] débris *m/pl.*; *géol.* détritus *m/pl.*

debt [det] dette *f*; créance *f*; ~ *collector* agent *m* de recouvrement; *active* ~ dette *f* active; *pay the* ~ *of nature* payer le tribut à l'humanité (= *mourir*); **'debt·or** débiteur (-trice *f*) *m*.

de·bug F [di:'bʌg] remettre en ordre, réparer.

de·bunk F *surt. Am.* [di:'bʌŋk] débronzer; déboulonner.

de·bus [di:'bʌs] (faire) débarquer d'un autobus; (faire) descendre.

dé·but ['deibu:] début *m*; entrée *f* dans le monde.

dec·ade ['dekəd] décade *f*; (période *f* de) dix ans *m/pl. ou* jours *m/pl.*

de·ca·dence ['dekədəns] décadence *f*; **'de·ca·dent** décadent; en décadence.

de·caf·fei·nat·ed [di'kæfineitid] décaféiné.

dec·a·log(ue) ['dekəlɔg] décalogue *m*; *les* dix commandements *m/pl.*

de·camp [di'kæmp] ⚔ lever le camp; F décamper, filer.

de·cant [di'kænt] décanter, transvaser; tirer au clair; **de'cant·er** carafe *f*; carafon *m*.

de·cap [di:'kæp] désamorcer (*un obus*).

de·cap·i·tate [di'kæpiteit] décapiter; *Am.* congédier, F liquider; **de·cap·i'ta·tion** décapitation *f*.

de·cath·lon *sp.* [di'kæθlɔn] décathlon *m*.

de·cay [di'kei] **1.** décadence *f*; délabrement *m*; déclin *m*; pourriture *f*; *dents*: carie *f*; **2.** tomber en décadence; pourrir; se carier (*dents*); *fig.* décliner, se perdre; ~*ed with age* rongé par le temps.

de·cease *surt.* ⚖ [di'si:s] **1.** décès *m*; **2.** décéder; *the* ~*d* le défunt *m*, la défunte *f*; *pl.* les défunts *m/pl.*

de·ceit [di'si:t] tromperie *f*; fourberie *f*; **de'ceit·ful** □ trompeur (-euse *f*); faux (fausse *f*); mensonger (-ère *f*) (*regard etc.*); **de'ceit·ful·ness** fausseté *f*; nature *f* trompeuse.

de·ceiv·a·ble [di'si:vəbl] facile à tromper; **de·ceive** [di'si:v] tromper; en imposer à (*q.*); amener (*q.*) par supercherie (à *inf.*, *into gér.*); *be* ~*d* se tromper; **de'ceiv·er** trompeur (-euse *f*) *m*; fourbe *m*.

de·cel·er·ate [di:'seləreit] ralentir; **de·cel·er'a·tion** ralentissement *m*; *mot. a.* décélération *f*.

De·cem·ber [di'sembə] décembre *m*.

de·cen·cy ['di:snsi] bienséance *f*; pudeur *f*; *decencies pl. les* convenances *f/pl.*

de·cen·ni·al [di'senjəl] décennal (-aux *m/pl.*); **de'cen·ni·um** [~jəm] décennie *f*, période *f* de dix ans.

de·cent □ ['di:snt] convenable; honnête; assez bon(ne *f*); *sl.* très bon(ne *f*), brave.

de·cen·tral·i·za·tion [di:sentrəlai'zeiʃn] décentralisation *f*; **de'cen·tral·ize** décentraliser.

de·cep·tion [di'sepʃn] tromperie *f*; fraude *f*; supercherie *f*; **de'cep·tive** □ trompeur (-euse *f*); mensonger (-ère *f*).

de·cide [di'said] *v/i.* décider (de, *to*); se décider (pour *in favour of, for*; à *inf.*, *on gér.*); prendre son parti; *v/t.* trancher (*une question*); (*a.* ~ *on*) déterminer (qch.); **de'cid·ed** □ décidé; arrêté (*opinion*); résolu; **de'cid·er** *sp.* course *f ou* match *m* de décision; *la* belle *f*.

de·cid·u·ous ⚘, *zo.* □ [di'sidjuəs] caduc (-uque *f*); ~ *tree* arbre *m* à feuilles caduques.

dec·i·mal ['desiml] **1.** décimal (-aux *m/pl.*); ℞ ~ *point* virgule *f*; **2.** décimale *f*; **dec·i·mate** ['~meit] décimer; **dec·i'ma·tion** décimation *f*.

de·ci·pher [di'saifə] déchiffrer; transcrire en clair; **de'ci·pher·a·ble** [~rəbl] déchiffrable; **de'ci·pher·ment** déchiffrement *m*.

de·ci·sion [di'siʒn] décision *f* (*a.* ⚖); ⚖ jugement *m*, arrêt *m*; *fig. caractère*: fermeté *f*, résolution *f*; *take a* ~ prendre une décision *ou* un parti; **de·ci·sive** [di'saisiv] □ décisif (-ive *f*); tranchant (*ton*).

deck [dek] **1.** ⚓ pont *m*; tillac *m*; *top* ~ impériale *f*; *surt. Am.* paquet *m* de cartes; *Am.* F *on* ~ prêt; **2.** parer, orner; ⚓ ponter; **'~-'chair**

chaise *f* longue; F transat(lantique) *m*; **'deck·er**: *double-* (*single-*)~ autobus *m etc.* à (sans) impériale.

de·claim [di'kleim] déclamer (contre, *against*).

dec·la·ma·tion [deklə'meiʃn] déclamation *f*; **de·clam·a·to·ry** [di'klæmətəri] déclamatoire.

de·clar·a·ble [di'klɛərəbl] déclarable; à déclarer; **dec·la·ra·tion** [deklə'reiʃn] déclaration *f* (en douane); *make a* ~ déclarer, proclamer; émettre une déclaration; **de·clar·a·tive** [di'klærətiv] qui déclare, qui annonce (*qch.*); **de'clar·a·to·ry** [~təri] déclaratoire; **de·clare** [di'klɛə] *v/t.* déclarer (*qch. à q., la guerre, qch. en douane, q. coupable, etc.*); annoncer; ~ *o.s.* prendre parti; faire sa déclaration (*amant*); ~ *off* rompre (*un marché*); *v/i.* se déclarer, se prononcer (pour, *for*; contre, *against*); F *well, I* ~! par exemple!; eh bien, alors!; **de'clared** □ ouvert, avoué, déclaré.

de·clen·sion [di'klenʃn] déclin *m*, décadence *f*; *caractère etc.*: altération *f*; *gramm.* déclinaison *f*.

de·clin·a·ble [di'klainəbl] déclinable; **dec·li·na·tion** [dekli'neiʃn] † pente *f*, déclin *m*; *Am.* refus *m*; *astr.*, *phys.* déclinaison *f*; **de·cline** [di'klain] **1.** déclin *m* (*a. fig.*); *prix*: baisse *f*; ⚕ consomption *f*; **2.** *v/t.* refuser (courtoisement); *gramm.* décliner; *v/i.* décliner (*santé, soleil*); baisser; s'incliner (*terrain*); tomber en décadence; s'excuser.

de·cliv·i·ty [di'kliviti] pente *f*, déclivité *f*; **de'cliv·i·tous** [~təs] escarpé.

de·clutch ['di:'klʌtʃ] *mot.* débrayer.

de·coct [di'kɔkt] faire bouillir; **de'coc·tion** décoction *f*; *pharm.* décocté *m*.

de·code ['di:'koud] déchiffrer.

dé·colle·té [dei'kɔltei] **1.** décolletage *m*; **2.** décolleté.

de·col·o(u)r·ize [di:'kʌləraiz] décolorer.

de·com·pose [di:kəm'pouz] (se) décomposer; *v/t.* analyser; *v/i.* pourrir; **de·com·po·si·tion** [di:kɔmpə'ziʃn] décomposition *f*; désintégration *f*; putréfaction *f*.

de·com·pres·sor *mot.* [di:kəm'presə] décompresseur *m*.

de·con·tam·i·nate [di:kən'tæmineit] désinfecter; **de·con·tam·i'na·tion** désinfection *f*.

de·con·trol ['di:kən'troul] libérer (*qch.*) des contraintes du gouvernement; ~ *the price of* détaxer (*qch.*).

dec·o·rate ['dekəreit] décorer (*a. d'une médaille*); orner; pavoiser (*une rue*); remettre une décoration à (*q.*); **dec·o'ra·tion** décoration *f*; remise *f* d'une décoration (*à q.*); *appartement etc.*: décor *m*; *Am.* ꝰ *Day* le 30 mai; **dec·o·ra·tive** ['dekərətiv] décoratif (-ive *f*); **dec·o·ra·tor** ['~reitə] décorateur (-trice *f*) *m*; (*a. house* ~) peintre *m* décorateur.

dec·o·rous □ ['dekərəs] bienséant; **de·co·rum** [di'kɔ:rəm] bienséance *f*.

de·cor·ti·cate [di'kɔ:tikeit] décortiquer.

de·coy [di'kɔi] **1.** leurre *m*, appât *m*; (*a.* ~-*duck*) oiseau *m* de leurre; moquette *f*; canard *m* privé; *fig.* compère *m* (*d'un escroc*); **2.** piper; leurrer (*a. fig.*).

de·crease **1.** ['di:kri:s] diminution *f*; **2.** [di:'kri:s] diminuer; (s')amoindrir.

de·cree [di'kri:] **1.** *admin.*, *a. eccl.*: décret *m*; arrêté *m*; ordonnance *f* (*royale*); ⚖ jugement *m*; **2.** décréter, ordonner.

dec·re·ment ['dekrimənt] décroissement *m*; perte *f*.

de·crep·it [di'krepit] décrépit (*personne*); qui tombe en ruine (*chose*); **de'crep·i·tude** [~tju:d] décrépitude *f*; vermoulure *f*.

de·cres·cent [di'kresnt] en décroissance.

de·cry [di'krai] dénigrer, décrier.

dec·u·ple ['dekjupl] **1.** décuple (*a. su./m*); **2.** (se) décupler.

ded·i·cate ['dedikeit] dédier (*a. fig.*); **ded·i'ca·tion** dédicace *f*; **'ded·i·ca·tor** dédicateur (-trice *f*) *m*; **'ded·i·ca·to·ry** dédicatoire.

de·duce [di'dju:s] déduire, conclure (de, *from*); **de'duc·i·ble** que l'on peut déduire.

de·duct [di'dʌkt] retrancher (de, *from*); **de'duc·tion** déduction *f*; *salaire*: retenue *f*; imputation *f* (sur, *from*); **de'duc·tive** déductif (-ive *f*).

deed [di:d] **1.** action *f*, acte *m*; fait *m*; ⚖ acte *m* (notarié); **2.** *Am.* transférer par un acte.

dee-jay F [ˈdiːˈdʒei] disc-jockey *m*; animateur *m*.
deem [diːm] *v/t.* juger, considérer, estimer.
deep [diːp] **1.** □ profond (*a. fig.*); foncé, sombre (*couleur*); *fig.* vif (vive *f*); difficile à pénétrer; malin (-igne *f*) (*personne*); plongé (dans, *in*); *box.* ~ *hit* coup *m* bas; **2.** abîme *m*; *poét.* océan *m*; ˈ**~-ˈbreath·ing** respiration *f* à pleins poumons; ˈ**deep·en** (s')approfondir; rendre *ou* devenir plus profond; rendre *ou* devenir plus intense (*sentiment*); *v/t.* foncer; *v/i.* devenir plus foncé (*couleur*); ˈ**~-ˈfreeze 1.** surgeler; **2.** *a.* ˈ**~-ˈfreez·er** congélateur *m*; ˈ**~-ˈfro·zen** surgelé; ˈ**~-fry** faire frire *ou* cuire dans la friture; *~ing pan* friteuse *f*; ˈ**deep·ness** profondeur *f*; ˈ**deep-ˈroot·ed** profondément enraciné; ˈ**deep-ˈseat·ed** enraciné.
deer [diə] cerf *m*; *coll.* cervidés *m/pl.*; ˈ**~-lick** *Am.* roches *f/pl.* couvertes de sel; ˈ**~·skin** *cuir*: daim *m*; ˈ**~·stalk·er** chasseur *m* à l'affût.
de-es·ca·late [diːˈeskəleit] réduire; limiter; **de-es·caˈla·tion** reduction *f*; limitation *f*; déescalade *f*.
de·face [diˈfeis] défigurer; mutiler; oblitérer (*un timbre*); **deˈface·ment** défiguration *f etc.*
de·fal·cate [diːˈfælkeit] détourner des fonds; **de·falˈca·tion** détournement *m* de fonds; fonds *m/pl.* manquants; ˈ**de·fal·ca·tor** détourneur *m* de fonds.
def·a·ma·tion [defəˈmeiʃn] diffamation *f*; **de·fam·a·to·ry** [diˈfæmətəri] diffamatoire; diffamant; **de·fame** [diˈfeim] diffamer; **deˈfam·er** diffamateur (-trice *f*) *m*.
de·fault [diˈfɔːlt] **1.** manquement *m*; ⚓, ⚖ défaut *m*; *droit criminel*: contumace *f*; *sp.* forfait *m*; ⚖ *judgement by* ~ jugement *m* par défaut; *in* ~ *of which* faute de quoi; au défaut duquel *etc.*; *make* ~ faire défaut; être en état de contumace; **2.** *v/i.* manquer à ses engagements; ⚖ faire défaut; être en état de contumace; *v/t.* condamner (*q.*) par défaut; **deˈfault·er** délinquant(e *f*) *m*; ⚓ défaillant(e *f*) *m*; auteur *m* de détournements de fonds; ⚖ contumace *mf*; ⚔ retardataire *m*; consigné *m*.
de·fea·sance [diˈfiːzns] annulation *f*.
de·feat [diˈfiːt] **1.** défaite *f*; insuccès *m*; *suffer a* ~ essuyer une défaite; **2.** ⚔ battre, vaincre; faire échouer; *parl. qqfois* renverser; mettre en minorité; **deˈfeat·ist** défaitiste *mf*.
def·e·cate [ˈdefikeit] déféquer, aller à la selle; **def·eˈca·tion** défécation *f*.
de·fect [diˈfekt] défaut *m*; manque *m*; imperfection *f*; **deˈfec·tion** défection *f*; *eccl.* apostasie *f*; **deˈfec·tive** □ défectueux (-euse *f*); imparfait; anormal (-aux *m/pl.*); en mauvais état; *gramm.* défectif (-ive *f*); *be* ~ *in* manquer de; **deˈfec·tor** transfuge *m*.
de·fence [diˈfens] défense *f*; protection *f*; ~ *mechanism physiol.* mécanisme *m* de défense; *psych.* défenses *f/pl.*; ⚔ ~ *spending* dépenses *f/pl.* pour la défense; *witness for the* ~ témoin *m* à décharge; **deˈfence·less** sans défense; désarmé.
de·fend [diˈfend] défendre, protéger (contre *against, from*); justifier (*une opinion*); **deˈfen·dant** défendeur (-eresse *f*) *m*; accusé(e *f*) *m*; **deˈfend·er** défenseur *m*.
de·fense(**·less**) [diˈfens(lis)] *Am. see defence(less).*
de·fen·si·ble [diˈfensəbl] défendable; soutenable (*opinion*); **deˈfen·sive 1.** □ défensif (-ive *f*); de défense; **2.** défensive *f*; *be* (*ou stand*) *on the* ~ se tenir sur la défensive.
de·fer[1] [diˈfəː] différer; *v/t. a.* remettre; ajourner; ⚔ mettre en sursis; *~red annuity* rente *f* à paiement différé; *~red payment* paiement *m* par versements échelonnés.
de·fer[2] [~] (*to*) déférer (à); se soumettre (à); s'incliner (devant); **def·er·ence** [ˈdefərəns] déférence *f*; respect *m*; *in* ~ *to, out of* ~ *to* par déférence pour; **def·er·en·tial** □ [~ˈrenʃl] de déférence.
de·fer·ment [diˈfəːmənt] ajournement *m* (*a.* ⚔); remise *f*; ⚔ *be on* ~ être en sursis.
de·fi·ance [diˈfaiəns] défi *m*; *bid* ~ *to* porter un défi à; *in* ~ *of* en dépit de (*q.*); **deˈfi·ant** □ provocant; intraitable; *be* ~ *of* braver (*qch.*).
de·fi·cien·cy [diˈfiʃənsi] manque *m*, défaut *m*; insuffisance *f*; *a. see deficit*; **deˈfi·cient** défectueux

(-euse *f*); insuffisant; à petite mentalité (*personne*); *be* ~ *in* manquer de; être au-dessous de.
def·i·cit [ˈdefisit] déficit *m*.
de·fi·er [diˈfaiə] provocateur (-trice *f*) *m*.
de·file[1] **1.** [ˈdifail] défilé *m*; gorge *f*; **2.** [diˈfail] défiler (*troupes etc.*).
de·file[2] [diˈfail] souiller, salir; polluer (*une église, les mœurs*); **deˈfile·ment** souillure *f*; pollution *f*.
de·fin·a·ble [diˈfainəbl] définissable; **deˈfine** définir; délimiter (*un territoire*); **def·i·nite** [ˈdefinit] □ défini; bien déterminé; **def·iˈni·tion** définition *f*; † délimitation *f*; *opt.* netteté *f*; *by* ~ par définition; **de·fin·i·tive** □ [diˈfinitiv] définitif (-ive *f*).
de·flate [di:ˈfleit] dégonfler (*un ballon, fig. une personne*); ⚕ amener la déflation de (*la monnaie*); **deˈfla·tion** dégonflement *m*; ⚕ déflation *f*; **deˈfla·tion·a·ry** de déflation.
de·flect [diˈflekt] dévier, défléchir; **deˈflec·tion**, *souv.* **de·flexion** [diˈflekʃn] *lumière*: déflexion *f*; *compas*: déviation *f*; déformation *f*; ⊕ flèche *f*.
de·flow·er [di:ˈflauə] défleurir (*une plante*); *fig.* déflorer (*un paysage, un sujet, une jeune fille*).
de·fo·li·ate [di:ˈfoulieit] (se) défeuiller.
de·form [diˈfɔ:m] déformer; ~*ed* contrefait, difforme; **de·for·ma·tion** [di:fɔ:ˈmeiʃn] déformation *f*; **de·form·i·ty** [diˈfɔ:miti] difformité *f*; † *caractère etc.*: laideur *f*.
de·fraud [diˈfrɔ:d] frustrer (q. de qch., *s.o. of s.th.*); ⚖, ⚕ frauder.
de·fray [diˈfrei] couvrir (*les frais de q.*); défrayer (*q.*).
de·freez·er *mot.* [di:ˈfri:zə] dégivreur *m*.
de·frost [ˈdi:ˈfrɔst) dégivrer; décongeler; **deˈfrost·er** dégivreur *m*.
deft □ [deft] adroit, habile.
de·funct [diˈfʌŋkt] **1.** défunt; décédé; *fig.* désuet (-ète *f*); **2.** défunt(e *f*) *m*.
de·fy [diˈfai] défier; mettre (*q.*) au défi.
de·gen·er·a·cy [diˈdʒenərəsi] dégénération *f*; **deˈgen·er·ate 1.** [~reit] dégénérer (en, *into*); **2.** □ [~rit] dégénéré; **de·gen·er·a·tion** [~ˈreiʃn] dégénération *f*; dégénérescence *f*.
deg·ra·da·tion [degrəˈdeiʃn] dégradation *f*; avilissement *m*; ⚔ cassation *f*; **de·grade** [diˈgreid] *v/t.* dégrader (*a. fig.*, ⚔, *géol.*); ⚔ casser (*un officier*); *géol.* effriter; *fig.* avilir; *v/i.* dégénérer; *géol.* se dégrader.
de·gree [diˈgri:] degré *m* (*a.* ♈, *géog., gramm., phys.*); ♪ *gamme*: échelon *m*; *autel*: marche *f*; *univ.* grade *m*; *fig.* rang *m*, condition *f*; *by* ~*s* petit à petit; par degrés; *in no* ~ pas le moins du monde; *in some* ~ dans une certaine mesure; F *to a* ~ éminemment; *take one's* ~ prendre ses grades.
de·hy·drat·ed [di:ˈhaidreitid] déshydraté (*pommes de terre, légumes, etc.*); en poudre (*œufs*).
de-ice ✈ [ˈdi:ˈais] dégivrer; **deˈic·er** dégivreur *m*.
de·i·fi·ca·tion [di:ifiˈkeiʃn] déification *f*; **de·i·fy** [ˈdi:ifai] déifier.
deign [dein] daigner (à, *to*).
de·ism [ˈdi:izm] déisme *m*; **ˈde·ist** déiste *mf*; **deˈis·tic, deˈis·ti·cal** □ déiste.
de·i·ty [ˈdi:iti] divinité *f*; dieu *m*, déesse *f*.
de·ject [diˈdʒekt] décourager; **deˈject·ed** □ abattu, déprimé; **deˈject·ed·ness, deˈjec·tion** découragement *m*, tristesse *f*.
dek·ko *Brit. sl.* [ˈdekou] (petit) coup d'œil; *have a* ~ jeter un (coup d')œil.
de·la·tion [diˈleiʃn] dénonciation *f*.
de·lay [diˈlei] **1.** délai *m*, retard *m*, arrêt *m*; sursis *m*; **2.** *v/t.* retarder, différer; retenir; arrêter; ~*ing tactics pl.* moyens *m/pl.* dilatoires; ~*ed-action...* ... à retardement; *v/i.* tarder (à *inf.*, *in gér.*); s'attarder.
de·lec·ta·ble *co.* □ [diˈlektəbl] délicieux (-euse *f*); **de·lec·ta·tion** [di:lekˈteiʃn] délectation *f*.
del·e·ga·cy [ˈdeligəsi] délégation *f*; **del·e·gate 1.** [ˈ~geit] déléguer; **2.** [ˈ~git] délégué(e *f*) *m*; **del·e·ga·tion** [~ˈgeiʃn] délégation *f* (*a. parl. Am.*); députation *f*.
de·lete [diˈli:t] rayer, supprimer; **del·e·te·ri·ous** □ [deliˈtiəriəs] nuisible (à la santé); **de·le·tion** [diˈli:ʃn] suppression *f*; passage *m* supprimé.
delf(t) ⚕ [delf(t)] faïence *f* de Delft.
de·lib·er·ate 1. [diˈlibəreit] *v/i.* délibérer (de, sur *on*); *v/t.* délibérer

au sujet de; **2.** □ [~rit] prémédité, voulu; réfléchi, avisé (*personne*); lent, mesuré (*pas etc.*); **de'lib·er·ate·ness** intention *f* marquée; mesure *f*; **de·lib·er·a·tion** [~'reiʃn] délibération *f*; circonspection *f*; lenteur *f* réfléchie; **de'lib·er·a·tive** □ [~rətiv] de réflexion; délibératif (-ive *f*); délibérant.

del·i·ca·cy ['delikəsi] délicatesse *f* (*a. fig.*); sensibilité *f*; *santé*: faiblesse *f*; friandise *f*; *fig.* scrupule *m*; *touche*: légèreté *f*; **del·i·cate** ['~kit] □ délicat (*a. fig.*); fin (*esprit*); raffiné (*sentiment*); léger (-ère *f*) (*touche*); épineux (-euse *f*) (*question*); faible (*santé*); **del·i·ca·tes·sen** *Am.* [delikə'tesn] *pl.* charcuterie *f*.

de·li·cious [di'liʃəs] délicieux (-euse *f*).

de·light [di'lait] **1.** délices *f/pl.*, délice *m*; joie *f*; **2.** *v/t.* enchanter, ravir; *v/i.* se délecter (à, *in*); se complaire (à *inf.*, *in gér.*); ~ *to* (*inf.*) mettre son bonheur à (*inf.*); **de'light·ful** □ [~ful] ravissant; charmant; délicieux (-euse *f*); **de'light·ful·ness** délices *f/pl.*; charme *m*.

de·lim·it [di:'limit], **de'lim·i·tate** [~teit] délimiter; **de·lim·i'ta·tion** délimitation *f*.

de·lin·e·ate [di'linieit] tracer; dessiner; délinéer; **de·lin·e'a·tion** tracé *m*; délinéation *f*; **de'lin·e·a·tor** dessinateur *m*; instrument *m* traceur.

de·lin·quen·cy [di'liŋkwənsi] culpabilité *f*; délit *m*; délinquance *f*; **de'lin·quent** **1.** délinquant; coupable; **2.** délinquant(e *f*) *m*.

del·i·quesce [deli'kwes] fondre; ⚗ se liquéfier; *fig.* tomber en déliquescence.

de·lir·i·ous □ [di'liriəs] en délire; délirant; F fou (fol *devant une voyelle ou un h muet*; folle *f*) (de, *with*); **de'lir·i·ous·ness** délire *m*; **de'lir·i·um** [~əm] délire *m*; fièvre *f* délirante; ~ *tremens* [~'tri:menz] delirium *m* tremens.

de·liv·er [di'livə] délivrer (de, *from*); (*a.* ~ *up*) restituer, rendre, livrer; faire (*une commission, une conférence*); exprimer (*une opinion*); prononcer (*un discours*); livrer (*un assaut, des marchandises*); ⚕ (faire) accoucher (de, *of*); distribuer (*des lettres*), remettre (*un paquet*); porter, donner (*un coup*); lancer (*une attaque, une balle*); ⚕ *be* ~*ed of* accoucher de; **de'liv·er·a·ble** [~rəbl] livrable; **de'liv·er·ance** délivrance *f*; libération *f*; expression *f*; **de'liv·er·er** libérateur (-trice *f*) *m*; ✝ livreur (-euse *f*) *m*; **de'liv·er·y** remise *f*; *discours*: prononciation *f*; *orateur*: diction *f*; ⚕ accouchement *m*; *lettres*: distribution *f*; *colis, a.* ✝ livraison *f*; ⚖ signification *f* (*d'un acte*); *cricket*: envoi *m* (*de la balle*); ⚔ *ville, prisonnier*: reddition *f*; ✝ ~ *charge* frais *m/pl.* de livraison; ~ *man* livreur *m*; ⚕ ~ *room* salle *f* d'accouchement; ~ *truck*, ~ *van* voiture *f* de livraison; *special* ~ envoi *m* par exprès; *on* ~ *of* au reçu de; **de'liv·er·y-note** bulletin *m* de livraison; **de'liv·er·y-truck, de'liv·er·y-van** voiture *f* de livraison.

dell [del] vallon *m*, combe *f*.

de·louse [di:'laus] épouiller.

del·ta ['deltə] delta *m*.

de·lude [di'lu:d] abuser (au point de *inf.*, *into gér.*); tromper; duper.

del·uge ['delju:dʒ] **1.** déluge *m* (*a. fig.*); ♀ *le* Déluge *m*; **2.** inonder (de, *with*) (*a. fig.*).

de·lu·sion [di'lu:ʒn] illusion *f*, erreur *f*; action *f* de duper; **de'lu·sive** [~siv] □, **de'lu·so·ry** [~səri] illusoire; trompeur (-euse *f*).

dem·a·gog·ic, dem·a·gog·i·cal [demə'gɔgik(l)] démagogique; **dem·a·gogue** ['~gɔg] démagogue *m*; '**dem·a·gog·y** démagogie *f*.

de·mand [di'mɑ:nd] **1.** demande *f*, réclamation *f*; ⚖ requête *f* (à *on, to*); ✝ *in* ~ très demandé; *on* ~ à vue, sur demande; *make* ~*s* faire des demandes (à q., *on s.o.*); ~ *note* avertissement *m*; **2.** demander (formellement); exiger (de, *from*); insister (pour *inf.*, *to inf.*); ⚖ réclamer (à, *from*).

de·mar·cate ['di:mɑ:keit] délimiter; **de·mar'ca·tion** démarcation *f*; (*usu. line of* ~) ligne *f* de démarcation; délimitation *f*.

de·mean[1] [di'mi:n] (*usu.* ~ *o.s.* s')abaisser.

de·mean[2] [~]: ~ *o.s.* se comporter; **de'mean·o(u)r** [~ə] air *m*, tenue *f*.

de·ment·ed [di'mentid] fou (fol *devant une voyelle ou un h muet*; folle *f*).

de·mer·it [diː'merit] démérite *m.*
de·mesne [di'mein] possession *f*; domaine *m* (*a. fig.*).
demi... [demi] demi-.
dem·i·john ['demidʒɔn] dame-jeanne (*pl.* dames-jeannes) *f*; bouteille *f* clissée; bac *m* à acide.
de·mil·i·ta·ri·za·tion ['diːmilitərai'zeiʃn] démilitarisation *f*; **de'mil·i·ta·rize** démilitariser.
de·mise [di'maiz] **1.** F décès *m*; ⚖ cession *f*; transfert *m*; *terrain*: affermage *m*; **2.** céder, transmettre.
de·mob *sl.* [diː'mɔb] *see demobilize*; **de·mo·bi·li·za·tion** ['diːmoubilai'zeiʃn] démobilisation *f*; **de'mo·bi·lize** démobiliser.
de·moc·ra·cy [di'mɔkrəsi] démocratie *f*; **dem·o·crat** ['demokræt] démocrate *mf*; **dem·o'crat·ic, dem·o'crat·i·cal** □ démocratique; **de·moc·ra·tize** [di'mɔkrətaiz] (se) démocratiser.
de·mol·ish [di'mɔliʃ] démolir (*a. fig.*); F dévorer, avaler; **dem·o·li·tion** [demo'liʃn] démolition *f.*
de·mon ['diːmən] démon *m*; diable *m*; **de·mo·ni·ac** [di'mouniæk] **1.** (*a.* **de·mo·ni·a·cal** □ [diːmə'naiəkl]) démoniaque; diabolique; **2.** démoniaque *mf*; **de·mon·ic** [diː'mɔnik] diabolique; du Démon.
de·mon·stra·ble □ ['demənstrəbl] démontrable; **dem·on·strate** ['~streit] *v/t.* démontrer; expliquer, décrire (*un système*); *v/i.* manifester; ⚔ faire une démonstration; **dem·on'stra·tion** démonstration *f* (*a.* ⚔); *sentiments*: témoignage *m*, démonstration *f*, effusion *f*; *pol.* manifestation *f*; ✝ *mot.* ~ *car* voiture *f* de démonstration; **de·mon·stra·tive** [di'mɔnstrətiv] **1.** □ démonstratif (-ive *f*) (*a. gramm.*); *a.* expansif (-ive *f*) (*personne*); démontrable (*vérité etc.*); **2.** *gramm.* pronom *m etc.* démonstratif; **dem·on·stra·tor** ['demənstreitə] démonstrateur *m* (*a. anat.*); *univ.* préparateur *m*; *pol.* manifestant *m.*
de·mor·al·i·za·tion [dimɔrəlai'zeiʃn] démoralisation *f*; **de'mor·al·ize** corrompre; démoraliser.
de·mote *Am.* [diː'mout] réduire à un grade inférieur *ou* à une classe inférieure; *école*: faire descendre d'une classe; **de'mo·tion** réduction *f* à un grade inférieur *etc.*
de·mur [di'məː] **1.** hésitation *f*; objection *f*; **2.** hésiter; soulever des objections (contre *to, at*).
de·mure [di'mjuə] grave; réservé; d'une modestie affectée; F (*air*) de sainte nitouche; **de'mure·ness** gravité *f*; modestie *f* (affectée); air *m* de sainte nitouche.
de·mur·rage [di'mʌridʒ] ⚓ surestarie *f*, -s *f/pl.*; 🚂 magasinage *m*; **de'mur·rer** ⚖ fin *f* de non-recevoir.
de·my ✝ [di'mai] *papier*: coquille *f.*
den [den] tanière *f*, antre *m*; *fig.* retraite *f*; F cabinet *m* de travail; F bouge *m.*
de·na·tion·al·ize [diː'næʃnəlaiz] dénationaliser.
de·na·ture ⚗ [di'neitʃə] dénaturer.
de·ni·a·ble [di'naiəbl] niable; **de'ni·al** déni *m*, refus *m*; dénégation *f*, démenti *m*; **de'ni·er** dénégateur (-trice *f*) *m.*
den·i·grate ['denigreit] diffamer (*q.*); noircir (*la réputation*); dénigrer (*q., un projet*).
den·im ['denim] *tex.* étoffe *f* croisée de coton (*pour salopette*); F ~*s pl.* bleus *m/pl.*
den·i·zen ['denizn] habitant(e *f*) *m.*
de·nom·i·nate [di'nɔmineit] dénommer; **de·nom·i'na·tion** dénomination *f*; catégorie *f*; *eccl.* secte *f*, culte *m*; **de·nom·i'na·tion·al** confessionnel(le *f*), sectaire; **de'nom·i·na·tive** [~nətiv] dénominatif (-ive *f*); **de'nom·i·na·tor** ⅔ [~neitə] dénominateur *m*; *common* ~ dénominateur *m* commun.
de·no·ta·tion [diːnou'teiʃn] désignation *f*; signification *f*; *fig.* indication *f*; **de·no·ta·tive** [di'noutətiv] indicatif (-ive *f*) (de, *of*); **de'note** dénoter; signifier; indiquer.
de·nounce [di'nauns] dénoncer (*q., un traité, etc.*); démasquer (*un imposteur*); s'élever contre (*un abus*); † prononcer (*un jugement*); **de'nounce·ment** dénonciation *f.*
dense □ [dens] épais(se *f*); profond (*obscurité etc.*); lourd (*esprit*); *fig.* stupide; *phot.* opaque; '**dense·ness** épaisseur *f*; *population*: densité *f*; *fig.* stupidité *f*; '**den·si·ty** *phys.* densité *f*; *a. see denseness.*
dent [dent] **1.** bosselure *f*; *lame*: brèche *f*; **2.** bosseler, bossuer; ébrécher (*une lame*).

den·tal ['dentl] **1.** dentaire; *gramm.* dental (-aux *m/pl.*); ~ *science* chirurgie *f* dentaire; **2.** *gramm.* dentale *f*; **den·tate** ['~teit] ⚘ denté; dentelé; **den·ti·frice** ['~tifris] dentifrice *m*; '**den·tist** dentiste *mf*; '**den·tist·ry** art *m* dentaire; **den·'ti·tion** dentition *f*; **den·ture** ['~tʃə] dentier *m*; *zo.* denture *f*.

den·u·da·tion [di:nju:'deiʃn] dénudation *f*; *géol.* érosion *f*; **de'nude** (*of*) dénuder; dépouiller (de); *fig.* dégarnir (de).

de·nun·ci·a·tion [dinʌnsi'eiʃn] dénonciation *f*; condamnation *f*; accusation *f* publique; **de'nun·ci·a·tor** dénonciateur (-trice *f*) *m*.

de·ny [di'nai] nier; dénier (*un crime*); repousser (*une accusation*); démentir (*une nouvelle*); renier (*sa foi*); refuser (qch. à q. *s.o. s.th., s.th. to s.o.*); ~ *o.s. s.th.* se refuser qch.; ~ *o.s.* fermer sa porte (à q., *to s.o.*).

de·o·dor·ant [di:'oudərant] désodorisant *m*; **de·o·dor·ize** [di:'oudəraiz] désodoriser; **de'o·dor·iz·er** désodorisateur *m*.

de·part [di'pɑ:t] *v/i.* partir (pour, *for*), s'en aller (à, *for*); quitter (un lieu, *from a place*); F sortir (de, *from*); s'écarter (de, *from*); démordre (de, *from*); mourir; *the* ~*ed* le défunt *m*, la défunte *f*; *pl.* les morts *m/pl.*; *v/t.* ~ *this life* quitter ce monde; **de'part·ment** département *m* (*a. géog.*); service *m*; ⚕ rayon *m*, comptoir *m*; *Am.* ministère *m*; ♀ *of Education* (*and Science*) Ministère *m* de l'Éducation nationale *ou* de l'Instruction publique; ♀ *of the Environment* Ministère *m* de l'Environnement; *State* ♀ Ministère *m* des Affaires étrangères; ~ *store* grand magasin *m*; **de·part·men·tal** [~'mentl] départemental (-aux *m/pl.*); **de'par·ture** [~tʃə] départ *m* (*a.* 🚂, ⚓); déviation (de, *from*); *a new* ~ une nouvelle tendance *f*; une nouveauté *f*; une nouvelle orientation *f*; *aéroport*: ~ *lounge* salle *f* de départ; ~ *platform* (quai *m* de) départ *m*; embarcadère *m*.

de·pend [di'pend] † pendre (à, *from*); ⚖ être pendant; ~ (*up*)*on* dépendre de; se trouver à la charge de; compter sur; se fier à (*qch.*); F *it* ~*s* cela dépend, F c'est selon; **de'pend·a·ble** bien fondé; digne de confiance (*personne*); **de'pend·ant** protégé(e *f*) *m*; pensionnaire *mf*; ~*s pl.* charges *f/pl.* de famille; **de'pend·ence** dépendance *f* (de, [*up*]*on*); confiance *f* (en, *on*); **de'pend·en·cy,** *souv. dependencies pl.* dépendance *f*; **de'pend·ent 1.** □ (*on*) dépendant (de); à la charge (de); *be* ~ *on charity* subsister d'aumônes; **2.** *see dependant*; **de'pend·ing** ⚖ *be* ~ être pendant.

de·pict [di'pikt] (dé)peindre.

de·pil·a·to·ry [de'pilətəri] **1.** (d)épilatoire; **2.** dépilatoire *m*.

de·plane [di'plein] descendre d'avion.

de·plete [di'pli:t] épuiser (*a. fig.*); ⚔ dégarnir (*une garnison*); **de'ple·tion** épuisement *m*; ⚔ dégarnissement *m*; **de'ple·tive** épuisant, qui épuise.

de·plor·a·ble □ [di'plɔ:rəbl] déplorable; lamentable; **de·plore** [di'plɔ:] déplorer; regretter vivement.

de·ploy ⚔ [di'plɔi] (se) déployer; **de'ploy·ment** ⚔ déploiement *m*.

de·plume [di'plu:m] déplumer.

de·po·nent [di'pounənt] ⚖ déposant *m*; *gramm.* (verbe *m*) déponent *m*.

de·pop·u·late [di:'pɔpjuleit] (se) dépeupler; '**de·pop·u'la·tion** *pays*: dépopulation *f*; *forêt*: dépeuplement *m*.

de·port [di'pɔ:t] expulser (*un étranger*); ~ *o.s.* se conduire; **de·por'ta·tion** expulsion *f*; **de·port·ee** [di:pɔ:'ti:] détenu(e *f*) *m*; **de'port·ment** tenue *f*; conduite *f*.

de·pos·a·ble [di'pouzəbl] capable d'être déposé; **de'pose** déposer; ⚖ témoigner (que, *that*; de qch., *to s.th.*).

de·pos·it [di'pɔzit] **1.** *géol.* gisement *m*, couche *f*; ⚙ encroûtement *m*; ⚗ précipité *m*, sédiment *m*; ⚕ acompte *m*, somme *f* en gage, arrhes *f/pl.*; dépôt *m* (*en banque*); ⚕ ~ *account* compte *m* d'épargne (à terme); **2.** de dépôts; **3.** déposer (*qch. sur qch., des œufs, de l'argent, a.* ⚗); consigner (*de l'argent*); cautionner (*des droits de douane*); **de'pos·i·ta·ry** dépositaire *m*; **dep·o·si·tion** [depə'ziʃn] déposition *f*; témoignage *m*; ⚗ dépôt *m*; *eccl.* Descente *f* de Croix; **de·pos·i·tor** [di'pɔzitə] déposant *m*; **de'pos·i·to·ry** dépôt *m*, entrepôt *m*;

garde-meuble (*pl.* garde-meuble[s]) *m*; *fig.* mine *f*, trésor *m*.
de·pot [ˈdepou] ⚔, ⚓, ✝ dépôt *m*; ✝ entrepôt *m*; *Am.* gare *f*.
dep·ra·va·tion [deprəˈveiʃn] dépravation *f*; *see depravity*; **de·prave** [diˈpreiv] dépraver; **deˈpraved** dépravé (*a. goût*); **de·prav·i·ty** [diˈpræviti] perversité *f*; dépravation *f*.
dep·re·cate [ˈdeprikeit] désapprouver, désavouer, déconseiller (*une action*); **dep·reˈca·tion** désapprobation *f*; désaveu *m*; *eccl.* † déprécation *f*; **dep·re·ca·to·ry** [ˈ~kətəri] déprécatif (-ive *f*).
de·pre·ci·ate [diˈpriːʃieit] *v/t.* déprécier (*a. fig.*); avilir; *fig.* dénigrer; *v/i.* se déprécier; diminuer de valeur; **de·pre·ciˈa·tion** dépréciation *f* (*a.* ✝); dénigrement *m*; ✝ amortissement *m*; **deˈpre·ci·a·to·ry** [~ətəri] dépréciateur (-trice *f*).
dep·re·da·tion [depriˈdeiʃn] déprédation *f*; pillage *m*; **ˈdep·re·da·tor** déprédateur (-trice *f*) *m*; **dep·re·da·to·ry** [diˈpredətəri] de déprédation.
de·press [diˈpres] abaisser (*a.* ⅌); baisser; abattre (*les forces*); faire languir (*le commerce*); faire baisser (*le prix*); baisser le ton de (*la voix*); appuyer sur (*la pédale*); *fig.* attrister, décourager; **deˈpress·ing** *fig.* déprimant; **deˈpressed** *fig.* triste; abattu; **de·pres·sion** [diˈpreʃn] abaissement *m* (*a. phys.*); ✝, *astr.*, *géog.*, *météor.* dépression *f*; ⚕ abattement *m*; ⚕ affaissement *m* (*a.* ✝); ⊕ trou *m*, godet *m*; *géog.* creux *m*; *météor.* baisse *f*; *tir*: pointage *m* négatif; *fig.* découragement *m*.
dep·ri·va·tion [depriˈveiʃn] privation *f*; ⚔, *admin.* retrait *m* (*d'emploi*); *eccl.* révocation *f*, destitution *f*; **de·prive** [diˈpraiv] priver (q. de qch., *s.o. of s.th.*); déposséder (*q.*) d'une charge; *eccl.* destituer; **deprived** déshérité.
depth [depθ] profondeur *f*; *forêt*, *eau*: fond *m*; *couche*: épaisseur *f*; *couleur*: intensité *f*; *son*: gravité *f*; *intelligence*: portée *f*; ~ *bomb* (*ou charge*) grenade *f* sous-marine; *phot.* ~ *of field*, ~ *of focus* profondeur *f* de foyer; *go beyond one's* ~ perdre fond; *a. be out of one's* ~ avoir perdu pied; *fig.* sortir de sa compétence; *fig. in* ~ profond, en profondeur.

dep·u·ta·tion [depjuˈteiʃn] délégation *f*, députation *f*; **de·pute** [diˈpjuːt] déléguer, députer; **dep·u·tize** [ˈdepjutaiz] remplacer (*q.*); ~ *for* faire l'intérim de; **ˈdep·u·ty** **1.** remplaçant(e *f*) *m*; ⚖ fondé *m* de pouvoir; substitut *m* (*d'un juge*); suppléant(e *f*) *m*; délégué(e *f*) *m*; **2.** sous-; suppléant.
de·rac·i·nate [diˈræsineit] déraciner.
de·rail 🚂 [diˈreil] (faire) dérailler; **deˈrail·ment** déraillement *m*.
de·range [diˈreindʒ] déranger; désorganiser; ⊕ fausser (*une machine*); aliéner (*l'esprit*); **deˈranged** détraqué (*cerveau*); dérangé (*estomac*); **deˈrange·ment** dérèglement *m* (*de l'esprit*); dérangement *m*; troubles *m/pl.* (*de digestion*).
de·rate [diːˈreit] dégrever.
Der·by *sp.* [ˈdɑːbi] le Derby *m*; **ˈder·by** *Am.* chapeau *m* melon.
der·e·lict [ˈderilikt] **1.** abandonné, délaissé; *surt. Am.* négligent; **2.** objet *m* abandonné; épave *f*; **der·e·lic·tion** [deriˈlikʃn] abandon *m*, délaissement *m*; ~ *of duty* manquement *m* au devoir.
de·ride [diˈraid] tourner en dérision; se moquer de; railler.
de·ri·sion [diˈriʒn] dérision *f*; ridicule *m*; **de·ri·sive** [diˈraisiv] □, **deˈri·so·ry** [~səri] moqueur (-euse *f*); *fig.* dérisoire (*offre*).
de·riv·a·ble □ [diˈraivəbl] dérivable; que l'on peut tirer (de, *from*); **der·i·va·tion** [deriˈveiʃn] dérivation *f* (*a.* ⅌, ⚕); **de·riv·a·tive** [diˈrivətiv] **1.** □ dérivé; **2.** dérivé *m*; ⅌ dérivée *f*; **de·rive** [diˈraiv] (*from*) tirer (de); prendre (*du plaisir etc.*) (à); devoir (*qch.*) (à); *be* ~*ed from* dériver de.
der·ma·ti·tis [dəːməˈtaitis] dermatite *f*.
der·ma·tol·o·gy [dəːməˈtɔlədʒi] dermatologie *f*.
der·o·gate [ˈderəgeit] déroger (à sa dignité, *from one's dignity*); diminuer (qch., *from s.th.*); **der·oˈga·tion** dérogation *f* (à une loi, *of a law*); atteinte *f* (portée à qch., *from s.th.*); **de·rog·a·to·ry** □ [diˈrɔgətəri] (*to*) dérogatoire (à); attentatoire (à); qui déroge (à).
der·rick [ˈderik] ⊕ chevalement *m*; ⚓ mât *m* de charge; ⚒ chevalement *m* de sondage.

de·sal·i·nate [ˈdiːˈsælineit] dessaler; **de·sal·iˈna·tion** dessalage *m*.
des·cant [disˈkænt] discourir, s'étendre (sur, [*up*]*on*).
de·scend [diˈsend] descendre; *v/i.* tomber (*pluie*); s'abaisser; tirer son origine (de, *from*); ~ (*up*)*on* s'abattre sur, tomber sur, descendre sur; ~ *to* passer à (*q. par héritage*); descendre jusqu'à (*bassesse etc.*); ~ (*a. be* ~*ed*) *from* descendre de; **deˈscend·ant** descendant(e *f*) *m*.
de·scent [diˈsent] *usu.* descente *f*; pente *f*; chute *f*; abaissement *m*; déchéance *f*; descendance *f*; ⚖ transmission *f* par héritage; atterrissage *m* (*p.ex. forcé, d'un avion*).
de·scrib·a·ble [disˈkraibəbl] descriptible; **deˈscribe** décrire, dépeindre.
de·scrip·tion [disˈkripʃn] description *f*; *police etc.*: signalement *m*; ✝ désignation *f*; espèce *f*, sorte *f*; **deˈscrip·tive** □ descriptif (-ive *f*); raisonné (*catalogue*).
de·scry [disˈkrai] apercevoir, aviser.
des·e·crate [ˈdesikreit] profaner; **des·eˈcra·tion** profanation *f*.
de·seg·re·gate *Am.* [diˈsegrigeit] abolir les distinctions légales *ou* sociales entre les blancs et les races de couleur dans (*une école etc.*); **ˈde·seg·reˈga·tion** déségrégation *f*.
de·sen·si·tize [ˈdiːˈsensitaiz] désensibiliser.
des·ert[1] [ˈdezət] **1.** désert; désertique (*flore*); aride (*sujet*); **2.** désert *m*; **3.** [diˈzəːt] *v/t.* déserter; *fig.* abandonner, délaisser (*q.*); *v/i.* faire défection; ⚔ déserter.
de·sert[2] [diˈzəːt], *a.* ~*s pl.* mérite *m*, -s *m/pl.*; dû *m*; ce qu'on mérite.
de·sert·er [diˈzəːtə] déserteur *m*; *pol.* F saxon *m*; **deˈser·tion** abandon *m*; ⚖ abandon *m* criminel; ⚔ désertion *f*; *pol.* défection *f*.
de·serve [diˈzəːv] mériter (de, *of*); être digne de; **deˈserv·ed·ly** [~vidli] à juste titre; **deˈserv·ing** méritant (qch., *of s.th.*); méritoire (*action*).
des·ic·cate [ˈdesikeit] dessécher; **des·icˈca·tion** dessèchement *m*; **ˈdes·ic·ca·tor** dessiccateur *m*.
de·sid·er·ate [diˈzidəreit] soupirer après; sentir le besoin de; **de·sid·er·a·tum** [~ˈreitəm], *pl.* **-ta** [~tə] desiderata *m/pl.*
de·sign [diˈzain] **1.** dessein *m* (*péj. a.* ~*s pl.*); projet *m*; intention *f*; dessin *m* d'ornement; plan *m*; modèle *m* (*a. mot.*, ⊕); ⊕ dessin *m*, étude *f*; *by* ~ à dessein; *with the* ~ dans le dessein (de *inf.*, *of gér.*); **2.** préparer; construire; étudier (*une machine*); destiner (à, *for*); projeter (de *inf.*, *to inf.*); créer (*des modes*); ~*ed to* (*inf.*) conçu pour, fait pour (*inf.*).
des·ig·nate 1. [ˈdezigneit] nommer; désigner (pour, comme *as*, *for*); qualifier (de, *as*); indiquer (*qch.*); **2.** [ˈ~nit] *après le su.* (*p.ex. bishop* ~): désigné; **des·igˈna·tion** désignation *f*; nomination *f*; nom *m*.
de·sign·ed·ly [diˈzainidli] à dessein; **deˈsign·er** dessinateur (-trice *f*) *m*; inventeur (-trice *f*) *m*; concepteur-projeteur *m* (*pl.* concepteurs-projeteurs); *théa.* décorateur *m*; *fig.* intrigant(e *f*) *m*; **deˈsign·ing** □ artificieux (-euse *f*).
de·sir·a·ble □ [diˈzaiərəbl] désirable; avantageux (-euse *f*); attrayant; **de·sire** [diˈzaiə] **1.** désir *m* (de, *for*; de *inf.*, *to inf.*); souhait *m*; envie *f* (de *inf.*, *to inf.*); *at s.o.'s* ~ selon le désir de q.; **2.** désirer; avoir envie de; vouloir (que q. *sbj.*, *s.o. to inf.*); ~ *to* (*inf.*) désirer (*inf.*); **de·sir·ous** □ [diˈzaiərəs] désireux (-euse *f*) (de *inf. of gér*, *to inf.*).
de·sist [diˈzist] cesser (de *inf.*, *from gér.*); renoncer (à qch., *from s.th.*).
desk [desk] pupitre *m*; bureau *m*; ✝ caisse *f*; ~ *pad* sous-main *m* (*pl.* sous-mains); bloc-notes *m* (*pl.* blocs-notes).
des·o·late 1. [ˈdesəleit] ravager; affliger (*q.*); **2.** □ [ˈ~lit] désert, morne; affligé (*personne*); **des·o·la·tor** [ˈ~leitə] dévastateur (-trice *f*) *m*; **des·oˈla·tion** désolation *f* (*a. fig.*).
de·spair [disˈpɛə] **1.** désespoir *m*; **2.** désespérer (de, *of*); **de·spair·ing** □ [disˈpɛəriŋ] désespéré.
des·patch *see dispatch*.
des·per·a·do [despəˈrɑːdou] risque-tout *m/inv.*; tête *f* brûlée; bandit *m*.
des·per·ate □ [ˈdespərit] *adj.* désespéré; *fig.* acharné; *fig.* épouvantable; **des·per·a·tion** [despəˈreiʃn] désespoir *m*.
des·pi·ca·ble □ [ˈdespikəbl] méprisable.
de·spise [disˈpaiz] mépriser; dédaigner.

de·spite [dis'pait] **1.** *poét.* dépit *m*; *in ~ of* en dépit de; **2.** *prp.* (*a.* ~ *of*) en dépit de; **de'spite·ful** □ [~ful] *poét.* dédaigneux (-euse *f*).

de·spoil [dis'pɔil] dépouiller (de, *of*); **de'spoil·ment** spoliation *f*.

de·spond [dis'pɔnd] perdre courage; ~ *of* envisager (*qch.*) sans espoir; **de'spond·en·cy** [~dənsi] découragement *m*, abattement *m*; **de'spond·ent** □, **de'spond·ing** □ découragé, abattu.

des·pot ['despɔt] despote *m*; tyran *m*; **des'pot·ic** (~*ally*) despotique; **des·pot·ism** ['~pətizm] despotisme *m*.

des·qua·ma·tion [deskwə'meiʃn] exfoliation *f*.

des·sert [di'zə:t] dessert *m*; *Am.* [entremets *m.*]

des·ti·na·tion [desti'neiʃn] destination *f*; **des·tine** ['~tin] destiner (à *for, to*); *be ~d to* (*inf.*) être destiné à (*inf.*); **'des·ti·ny** destin *m*, destinée *f*; sort *m*.

des·ti·tute □ ['destitju:t] dépourvu, dénué (de, *of*); sans ressources; **des·ti'tu·tion** dénuement *m*; misère *f*.

de·stroy [dis'trɔi] détruire; anéantir; tuer; **de'stroy·er** destructeur (-trice *f*) *m*; ⚓ torpilleur *m*.

de·struct·i·bil·i·ty [distrʌkti'biliti] destructibilité *f*; **de'struct·i·ble** [~əbl] destructible; **de'struc·tion** destruction *f*; anéantissement *m*; *feu, tempête*: ravages *m/pl.*; *fig.* perte *f*; **de'struc·tive** □ destructeur (-trice *f*); destructif (-ive *f*); fatal (à, *of*); **de'struc·tive·ness** effet *m* destructeur; penchant *m* à tout briser; **de'struc·tor** incinérateur *m* (*d'ordures*).

des·ue·tude [di'sju:itju:d] désuétude *f*.

des·ul·to·ri·ness ['desəltərinis] manque *m* de méthode *ou* de suite; décousu *m*; **'des·ul·to·ry** □ décousu, sans suite.

de·tach [di'tætʃ] détacher (*a.* ⚔); séparer; dételer (*des wagons*); **de'tach·a·ble** détachable; amovible; mobile; **de'tached** détaché (*a. maison*); à part; séparé; désintéressé (*personne*); désinvolte (*manière*); ⚔ isolé (*poste*); **de'tach·ment** séparation *f* (de, *from*); indifférence *f* (envers, *from*); détachement *m* (*d'esprit*; *a.* ⚔).

de·tail ['di:teil] **1.** détail *m*; particularité *f*; ⊕ organe *m*; ⚔ détachement *m* (*de corvée*); ~*s pl.* détails *m/pl.*; accessoires *m/pl.*; *in* ~ de point en point, en détail; *go into* ~ entrer dans tous les détails; **2.** détailler; raconter en détail; ⚔ affecter (à un service, *for a duty*); **'de·tailed** détaillé.

de·tain [di'tein] retenir; arrêter; empêcher de partir; consigner (*un élève*); ⚖ détenir; **de·tain·ee** [~'ni:] détenu(e *f*) *m*; **de'tain·er** détention *f*; ⚖ ordre *m* d'incarcération.

de·tect [di'tekt] découvrir; apercevoir; détecter (*radio*); **de'tect·a·ble** discernable; **de'tec·tion** découverte *f*; *radio*: détection *f*; **de'tec·tive 1.** révélateur (-trice *f*); de détective; policier (-ère *f*) (*roman etc.*); **2.** agent *m* de la sûreté; policier *m*; **de'tec·tor** découvreur (-euse *f*) *m*; signal *m* d'alarme; ⊕, *a. radio*: détecteur *m*.

de·tent ⊕ [di'tent] détente *f*, arrêt *m*.

dé·tente [dei'tɑ̃:nt] *pol.* détente *f*.

de·ten·tion [di'tenʃn] détention *f*; arrêt *m*; retenue *f* (*d'un élève*); retard *m*; ~ *camp* camp *m* d'internement; *house of* ~ maison *f* d'arrêt.

de·ter [di'tə:] détourner (de, *from*).

de·ter·gent [di'tə:dʒənt] **1.** détersif (-ive *f*), détergent; **2.** détersif *m*, détergent *m*.

de·te·ri·o·rate [di'tiəriəreit] (se) détériorer; *v/i.* diminuer de valeur; dégénérer (*race*); **de·te·ri·o'ra·tion** détérioration *f*; diminution *f* de valeur; *race*: dégénération *f*.

de·ter·ment [di'tə:mənt] action *f* de détourner.

de·ter·mi·na·ble □ [di'tə:minəbl] déterminable; ⚖ résoluble; **de'ter·mi·nant** déterminant (*a. su./m*); **de'ter·mi·nate** □ [~nit] déterminé; défini; définitif (-ive *f*); **de·ter·mi'na·tion** détermination *f*, résolution *f* (*a. d'un contrat etc.*); décision *f*; délimitation *f*; **de'ter·mi·na·tive** [~nətiv] **1.** déterminant; *gramm.* déterminatif (-ive *f*); **2.** *gramm.* déterminatif *m*; **de'ter·mine** [~min] *v/t.* déterminer, fixer; décider (de, *to*); *surt.* ⚖ décider (*une question*), résoudre (*un contrat*); *v/i.* décider (de *inf.* on *gér.*, *to inf.*); se décider (à *inf.* on *gér.*, *to inf.*);

de'ter·mined déterminé; résolu (*personne*); **de'ter·min·er** *gramm.* déterminant *m.*

de·ter·rent [di'terənt] **1.** préventif (-ive *f*); ⚔ *~weapon* arme *f* de dissuasion; **2.** préventif *m.*

de·test [di'test] détester; **de'test·a·ble** □ détestable; **de·tes'ta·tion** détestation *f* (de, *of*); horreur *f*; *he is my ~* c'est ma bête noire.

de·throne [di'θroun] détrôner; **de'throne·ment** détrônement *m.*

det·o·nate ['detouneit] (faire) détoner; **'det·o·nat·ing** détonant, explosif (-ive *f*); **det·o'na·tion** détonation *f*; explosion *f*; **det·o·na·tor** ['~tə] 🚂 pétard *m*; ⚔ détonateur *m*; amorce *f.*

de·tour [di'tuə], **dé·tour** ['deituə] détour *m*; *Am.* déviation *f* (*d'itinéraire*).

de·tract [di'trækt] diminuer, amoindrir (qch., *from s.th.*); **de'trac·tion** détraction *f*, dénigrement *m*; **de'trac·tive** détracteur (-trice *f*); **de'trac·tor** détracteur (-trice *f*) *m.*

de·train [di:'trein] débarquer.

det·ri·ment ['detrimənt] détriment *m*, dommage *m*; préjudice *m* (de, *to*); **det·ri·men·tal** □ [detri'mentl] nuisible (à, *to*).

de·tri·tus *géol.* [di'traitəs] détritus *m.*

deuce [dju:s] *jeu*: deux *m*; *tennis*: égalité *f*; F diable *m*; *the ~!* diable!; (*the*) *~ a one* personne, pas un; **'deu·ced** F satané, fichu.

de·val·u·ate ['di:'væljueit] dévaluer; **de·val·u·a·tion** [di:vælju'eiʃn] dévaluation *f*; **de'val·ue** [~ju:] dévaluer.

dev·as·tate ['devəsteit] dévaster, ravager; **'dev·as·tat·ing** dévastateur (-trice *f*), écrasant (*critique etc.*); irrésistible (*charme etc.*); **dev·as'ta·tion** dévastation *f.*

de·vel·op [di'veləp] (se) développer; *v/t.* manifester; exploiter (*une région*); contracter (*une habitude, une maladie*); *Am.* mettre à jour; *v/i.* prendre une nouvelle tournure; apprendre (que, *that*); **de'vel·op·er** *phot.* révélateur *m*; **de'vel·op·ing** *phot.* développement *m*; *attr.* de *ou* à développement; **de'vel·op·ment** développement *m*; exploitation *f*; événement *m*, fait *m* nouveau; déroulement *m* (*des événements*).

de·vi·ate ['di:vieit] (*from*) s'écarter (de); dévier (de); **de·vi'a·tion** déviation *f* (*a. boussole*); écart *m.*

de·vice [di'vais] expédient *m*, moyen *m*; ruse *f*, stratagème *m*; plan *m*; appareil *m*; emblème *m*, devise *f*; *leave s.o. to his own ~s* livrer q. à lui-même.

dev·il ['devl] **1.** diable *m* (*a. fig.*); démon *m*; F mauvaise passion *f*, élan *m*; bruit *m* infernal; *fig.* nègre *m*; ⊕ dispositif *m* à dents *ou* à pointes; *cuis.* plat *m* grillé et poivré; *the ~!* diable!; *play the ~ with* ruiner; **2.** *v/t.* faire griller et poivrer fortement; ⊕ effilocher; *Am.* harceler (de, *with*); *v/i.* F servir de nègre (à, *for*); **'dev·il·ish** □ diabolique; F maudit; **'dev·il-may-'care 1.** F insouciant; téméraire (*a. su./m*); **2.** tête *f* brûlée; **'dev·il·(t)ry** diablerie *f*; magie *f* (noire); *fig.* mauvais coup *m.*

de·vi·ous □ ['di:viəs] tortueux (-euse *f*); détourné (*a. fig.*); *~ path* détour *m*; chemin *m* tortueux.

de·vis·a·ble [di'vaizəbl] imaginable; **de'vise 1.** ⚖ legs *m* (immobilier); dispositions *f/pl.* testamentaires de biens immobiliers; **2.** imaginer; combiner; ⚖ disposer par testament de (*biens immobiliers*); **dev·i·see** ⚖ [devi'zi:] légataire *mf*; **de·vis·er** [di'vaizə] inventeur (-trice *f*) *m*; **de·vi·sor** ⚖ [devi'zɔ:] testateur (-trice *f*) *m.*

de·vi·tal·ize [di:'vaitəlaiz] dévitaliser.

de·void [di'vɔid] dénué, dépourvu, exempt (de, *of*).

dev·o·lu·tion [di:və'lu:ʃn] ⚖ dévolution *f*; transmission *f*; *parl.* délégation *f*; décentralisation *f* administrative; *biol.* dégénération *f*; **de·volve** [di'vɔlv] (*upon, to*) *v/t.* déléguer, transmettre (*qch.* à *q.*); *v/i.* incomber (à); ⚖ être dévolu (à).

de·vote [di'vout] consacrer, vouer; **de'vot·ed** □ dévoué, attaché; **dev·o·tee** [devou'ti:] fervent(e *f*) *m*; fanatique *m* (de, *of*); **de·vo·tion** [di'vouʃn] dévouement *m* (à, pour q., *to s.o.*); dévotion *f* (*à Dieu*); assiduité *f* (*au travail*); *~s pl.* dévotions *f/pl.*, prières *f/pl.*; **de'vo·tion·al** □ de dévotion, de prière.

de·vour [di'vauə] dévorer (*a. fig.*); *~ed with* dévoré de, rongé de; **de'vour·ing** □ dévorateur (-trice *f*).

de·vout □ [di'vaut] dévot, pieux (-euse *f*); fervent; **de'vout·ness** dévotion *f*, piété *f*.

dew [dju:] **1.** rosée *f*; **2.** humecter de rosée; *fig.* mouiller (de, *with*); **'~-drop** goutte *f* de rosée; **'~lap** fanon *m* (*de la vache*); **'dew·y** humecté *ou* couvert de rosée.

dex·ter·i·ty [deks'teriti] dextérité *f*; **dex·ter·ous** □ ['~tərəs] adroit, habile (à *inf.*, *in gér.*).

di·a·be·tes ⚕ [daiə'bi:ti:z] diabète *m*; glycosurie *f*; **di·a·bet·ic** [~'betik] diabétique (*adj.*, *mf*).

di·a·bol·ic, di·a·bol·i·cal □ [daiə'bɔlik(l)] diabolique; infernal (-aux *m/pl.*).

di·a·dem ['daiədem] diadème *m*.

di·ag·nose ⚕ ['daiəgnouz] diagnostiquer; **di·ag'no·sis** [~sis], *pl.* **-ses** [~si:z] diagnostic *m*.

di·ag·o·nal [dai'ægənl] **1.** □ diagonal (-aux *m/pl.*); **2.** diagonale *f* (*a. tex.*).

di·a·gram ['daiəgræm] diagramme *m*, tracé *m*, schéma *m*; graphique *m*; **di·a·gram·mat·ic** [daiəgrə'mætik] (*~ally*) schématique.

di·al ['daiəl] **1.** *usu.* cadran *m*; *téléph.* tabulateur *m*; *sl.* visage *m*; ⚓ rose *f* (*des vents*); *~ light* lampe *f* de cadran; **2.** *téléph. v/i.* composer un numéro; *v/t.* appeler.

di·a·lect ['daiəlekt] dialecte *m*, parler *m*, idiome *m*; **di·a'lec·tic, di·a'lec·ti·cal** □ de dialecte, dialectal (-aux *m/pl.*); **di·a'lec·tics** *usu. sg.* dialectique *f*.

di·a·logue, *Am. a.* **di·a·log** ['daiəlɔg] dialogue *m*.

di·al...: **'~-plate** *téléph.* tabulateur *m*; *montre*: cadran *m*; **'~-sys·tem** téléphone *m* automatique; **'~-tone** *téléph.* signal *m* de numérotage.

di·am·e·ter [dai'æmitə] diamètre *m*; **di·a·met·ri·cal** □ [daiə'metrikl] diamétral (-aux *m/pl.*).

di·a·mond ['daiəmənd] **1.** diamant *m*; losange *m*; *Am. baseball*: terrain *m* (de baseball); *cartes*: carreau *m*; *~ cut ~* à malin malin et demi; **2.** de diamant; à diamants; en losange; **'~-'cut·ter** tailleur *m* de diamants.

di·a·pa·son ♪ [daiə'peisn] *voix, ton*: diapason *m*; *orgue*: principaux jeux *m/pl.* de fond; *poét.* harmonie *f*.

di·a·per ['daiəpə] **1.** toile *f* gaufrée; serviette *f* ouvrée; couche *f*, maillot *m* (*des bébés*); **2.** ouvrer (*le linge*); gaufrer (*la toile*); emmailloter (*un bébé*).

di·aph·a·nous [dai'æfənəs] diaphane.

di·a·phragm ['daiəfræm] diaphragme *m* (*a.* ⊕, *a. opt.*); *téléph.* membrane *f*.

di·a·rist ['daiərist] personne *f* qui tient un journal; **'di·a·rize** *v/i.* tenir son journal; *v/t.* noter (*qch.*) dans son journal.

di·ar·rhoe·a ⚕ [daiə'riə] diarrhée *f*.

di·a·ry ['daiəri] journal *m* intime; agenda *m*.

di·a·ther·my ⚕ ['daiəθə:mi] diathermie *f*.

di·a·tribe ['daiətraib] diatribe *f*.

dib·ble ['dibl] **1.** plantoir *m*; **2.** repiquer au plantoir.

dibs *sl.* [dibz] *pl.* argent *m*; *sl.* pépette *f*.

dice [dais] **1.** *pl. de die*[2]; F *no ~* rien à faire; **2.** *v/i.* jouer aux dés; *v/t. cuis.* couper en cubes; **dic·ey** F ['daisi] risqué.

dick *Am. sl.* [dik] agent *m* de la sûreté; policier *m*; *take one's ~* jurer.

dick·ens F ['dikinz] diable *m*.

dick·er *Am.* ['dikə] marchander.

dick·(e)y ['diki] âne *m*; (*a. ~-bird*) F petit oiseau *m*; siège *m* de derrière; *mot.* spider *m*; *chemise*: faux plastron *m*.

dic·ta·phone ['diktəfoun] dictaphone *m* (*marque*); machine *f* à dicter.

dic·tate 1. ['dikteit] commandement *m*, ordre *m*; dictamen *m*; **2.** [dik'teit] dicter; *fig.* prescrire; **dic'ta·tion** dictée *f*; ordres *m/pl.*; **dic'ta·tor** celui *m ou* celle *f* qui dicte; *pol.* dictateur *m*; **dic·ta·to·ri·al** □ [diktə'tɔ:riəl] dictatorial (-aux *m/pl.*); impérieux (-euse *f*) (*ton etc.*); **dic·ta·tor·ship** [dik'teitəʃip] dictature *f*.

dic·tion ['dikʃn] style *m*; diction *f*; **dic·tion·ar·y** ['dikʃənri] dictionnaire *m*; glossaire *m*.

dict·um ['diktəm], *pl.* **-ta** ['~tə] affirmation *f*; maxime *f*, dicton *m*.

did [did] *prét. de do 1, 2, 3.*

di·dac·tic [di'dæktik] (*~ally*) didactique.

did·dle ['didl] duper; rouler (q. de qch , *s.o. out of s.th.*).

didn't ['didnt] = *did not.*
die[1] [dai] (*p.pr. dying*) mourir (de *of, from*); périr; crever (*animal*); brûler (de *inf., to inf.*); tomber, languir (de, *of*); ~ *away* s'éteindre (*voix*); s'affaiblir (*son*); s'effacer (*couleur*); disparaître (*lumières*); ~ *down* s'éteindre; se calmer; baisser; ~ *out* s'éteindre; disparaître; F ~ *hard* vendre chèrement sa vie; être dur à tuer (*abus*); F *never say* ~! il ne faut pas jeter le manche après la cognée.
die[2] [~] (*pl. dice*) dé *m.*
die[3] [~], *pl.* **dies** [daiz] matrice *f*; étampe *f*; *monnaie*: coin *m*; *lower* ~ matrice *f*; *as straight as a* ~ d'une droiture absolue.
die...: '**~-a'way** langoureux (-euse *f*); '**~-cast·ing** ⊕ moulage *m* sous pression; '**~-hard** conservateur *m* à outrance; jusqu'au-boutiste *m.*
di·e·lec·tric [daii'lektrik] diélectrique (*a. su./m*).
Die·sel en·gine ['di:zl'endʒin] moteur *m* Diesel.
die-sink·er ['daisiŋkə] graveur *m* [d'étampes.]
di·et[1] ['daiət] **1.** nourriture *f*; régime *m*; *be on a* ~ être au régime; *put on a* ~ mettre (*q.*) au régime; **2.** *v/t.* mettre (*q.*) au régime; *v/i.* être au régime.
diet[2] [~] diète *f.*
di·e·tar·y ['daiətəri] **1.** régime *m*; **2.** diététique; alimentaire.
dif·fer ['difə] différer (de *in, from*); être différent (de); ne pas s'accorder (sur, *about*); **dif·fer·ence** ['difrəns] différence *f* (*a.* ⩤), écart *m* (entre, *between*); dispute *f*; différend *m* (*a.* ✝); 🚂, *théâ., etc.* supplément *m*; *split the* ~ partager le différend; '**dif·fer·ent** □ différent (de *from, to*); divers; autre (que, *from*); **dif·fer·en·ti·a** [~fə'renʃiə], *pl.* **-ti·ae** [~ʃii:] attribut *m* distinctif; **dif·fer'en·tial** [~ʃl] **1.** différentiel(le *f*); distinctif (-ive *f*); ~ *calculus* calcul *m* différentiel; **2.** *mot.* différentiel *m*; ⩤ différentielle *f*; **dif·fer'en·ti·ate** [~ʃieit] (se) différencier; ⩤ différentier.
dif·fi·cult □ ['difikəlt] difficile (*a. caractère etc.*); malaisé; **dif·fi·cul·ty** difficulté *f*; obstacle *m*; ennui *m*; embarras *m.*
dif·fi·dence ['difidəns] manque *m* d'assurance; '**dif·fi·dent** □ qui manque d'assurance.
dif·fract *phys.* [di'frækt] diffracter; **dif'frac·tion** diffraction *f.*
dif·fuse 1. [di'fju:z] *fig.* (se) répandre; (se) diffuser; **2.** □ [~s] diffus (*lumière, style, etc.*); prolixe (*style*); **dif'fu·sion** [~ʒn] diffusion *f* (*a.* ⚗); *phys.* dispersion *f*; **dif'fu·sive** □ [~siv] diffusif (-ive *f*); diffus (*style*).
dig [dig] **1.** [*irr.*] *vt/i.* creuser; *v/t.* bêcher, retourner (*la terre*); enfoncer; F cogner; F loger en garni; ~ *in* enterrer; ~ *into* creuser (*qch.*); mordre dans; ~ *up* déraciner, arracher; (*fig. a.* ~ *out*) mettre à jour; *v/i.* travailler la terre; ~ *for* fouiller pour trouver (*qch.*); ~ *in* ⚔ se terrer; *fig.* s'assurer; **2.** F coup *m* (*de coude etc.*); sarcasme *m.*
di·gest 1. [di'dʒest] *v/t.* mettre en ordre; faire un résumé de; digérer, élaborer (*un projet*); ⚕ digérer (*a. une insulte*); *v/i.* se digérer; **2.** ['daidʒest] abrégé *m*, résumé *m*, sommaire *m*; ⚖ recueil *m* de lois, digeste *m*; **di·gest·er** [di'dʒestə] rédacteur *m* d'un résumé *etc.*; marmite *f* (*de Papin*); **di·gest·i·bil·i·ty** [~ə'biliti] digestibilité *f*; **di'gest·i·ble** digestible; **di'ges·tion** digestion *f*; **di'ges·tive** digestif *m.*
dig·ger ['digə] bêcheur *m*; *Am. sl.* exploiteuse *f* d'hommes riches; **dig·gings** F ['~iŋz] *pl.* logement *m*, garni *m*; *Am.* placer *m.*
dig·it ['didʒit] doigt *m* (*a.* de pied); ⩤ chiffre *m*; '**dig·it·al** digital (-aux *m/pl.*); numérique (*ordinateur, montre etc.*).
dig·ni·fied ['dignifaid] digne; plein de dignité; **dig·ni·fy** ['~fai] revêtir d'un air de majesté; donner de la dignité à; *fig.* décorer (d'un titre).
dig·ni·tar·y *usu. eccl.* ['dignitəri] dignitaire *m*; '**dig·ni·ty** dignité *f.*
di·gress [dai'gres] faire une digression (de, *from*); **di'gres·sion** [~ʃn] digression *f*, écart *m*; **di'gres·sive** □ digressif (-ive *f*).
dike[1] [daik] **1.** digue *f*, levée *f*; chaussée *f* surélevée; **2.** protéger par des digues.
dike[2] *sl.* [~] gouine *f.*
di·lap·i·date [di'læpideit] (se) délabrer; **di'lap·i·dat·ed** délabré, décrépit; **di·lap·i'da·tion** délabrement *m*; ~*s pl.* ⚖ détériorations *f/pl.*

di·lat·a·bil·i·ty *phys.* [daileitə'biliti] dilatabilité *f*; **di'lat·a·ble** dilatable; **dil·a'ta·tion** dilatation *f*; **di'late** (se) dilater; ~ *upon* s'étendre sur (*qch.*); **di'la·tion** *see dilatation*; **dil·a·to·ri·ness** ['dilətərinis] lenteur *f* (à agir); '**dil·a·to·ry** □ lent (à agir); tardif (-ive *f*) (*action*).

di·lem·ma *phls.* [di'lemə] dilemme *m*; *fig.* embarras *m.*

dil·et·tan·te [dili'tænti], *pl.* **-ti** [~ti:] dilettante *mf.*

dil·i·gence ['dilidʒəns] assiduité *f*; '**dil·i·gent** □ assidu, diligent, appliqué.

dill ⚘ [dil] aneth *m.*

dil·ly-dal·ly F ['dilidæli] traînasser.

dil·u·ent ['diljuənt] délayant (*a. su./m*); **di·lute** [dai'lju:t] **1.** diluer; arroser; délayer; *fig.* atténuer; couper avec de l'eau; **2.** dilué; délayé; *fig.* atténué; **di'lu·tion** dilution *f*; délayage *m*; *fig.* atténuation *f*; mouillage *m.*

di·lu·vi·al [dai'lu:vjəl], **di'lu·vi·an** *géol.* diluvien(ne *f*); diluvial (-aux *m/pl.*).

dim [dim] **1.** □ faible; effacé (*couleur*); vague (*mémoire*); **2.** *v/t.* obscurcir; réduire (*la lumière*); ternir (*un miroir, a. fig.*); *mot.* baisser (*les phares*); *Am. mot.* ~ *the headlights a.* se mettre en code; *v/i.* s'obscurcir; baisser.

dime *Am.* [daim] dime *f*; ~ *novel* roman *m* à quatre sous; ~ *store* magasin *m* uniprix.

di·men·sion [di'menʃn] dimension *f*; ⊕ cote *f*; ~*s pl. a.* encombrement *m* hors tout.

di·min·ish [di'miniʃ] (se) réduire; *vt/i.* diminuer; **dim·i·nu·tion** [dimi'nju:ʃn] diminution *f*; amoindrissement *m* (de, *in*); **di'min·u·tive** [~jutiv] **1.** □ *gramm.* diminutif (-ive *f*); *fig.* minuscule; **2.** *gramm.* diminutif *m.*

dim·mer ['dimə] ⚡ rhéostat *m*, interrupteur *m* à gradation de lumière; *Am. mot.* ~*s pl.* phares *m/pl.* code; feux *m/pl.* de position.

dim·ple ['dimpl] **1.** fossette *f*; ride *f* (*dans l'eau*); **2.** *v/t.* former des fossettes dans; *v/i.* se former en fossettes; onduler (*eau*); '**dim·pled** à fossette(s).

din [din] **1.** fracas *m*, vacarme *m*; **2.** *v/i.* retentir; *v/t.* ~ *s.th. into s.o.* ('*s ears*) corner qch. aux oreilles à q.

dine [dain] dîner; ~ *out* dîner en ville; '**din·er** dîneur (-euse *f*) *m*; 🚃 *surt. Am.* wagon-restaurant (*pl.* wagons-restaurants) *m*; **di·nette** [dai'net] aire *f* de repas.

ding [diŋ] retentir, résonner; ~-**dong** ['~'dɔŋ] **1.** digue-don; **2.** digue-don *m/inv.*; **3.** *sp.* durement disputé.

din·gey, din·ghy ['diŋgi] canot *m*, youyou *m*; *rubber* ~ berthon *m.*

din·gle ['diŋgl] vallon *m* (boisé).

din·gus *Am. sl.* ['diŋgəs] machin *m*, truc *m.*

din·gy □ ['dindʒi] qui manque d'éclat; terne; sale; défraîchi (*meubles*).

din·ing... ['dainiŋ]: '~-**car** 🚃 wagon-restaurant (*pl.* wagons-restaurants) *m*; '~-**room** salle *f* à manger.

dink·ey *Am.* ['diŋki] locomotive *f* de manœuvres.

dink·y ['diŋki] F coquet(te *f*), mignon(ne *f*).

din·ner ['dinə] dîner *m*; banquet *m*; F déjeuner *m*; '~-**jack·et** smoking *m*; '~-**pail** *Am.* potager *m* (*d'ouvrier*); '~-**par·ty** dîner *m* (par invitations); '~-**set** service *m* de table; '~-**suit** smoking *m*; ~ **ta·ble** table *f* de salle à manger; '~-**wag·(g)on** *fourniture*: servante *f.*

dint [dint] **1.** marque *f* de coup; creux *m*; *by* ~ *of* à force de; **2.** bosseler; ébrécher (*une lame*).

di·o·ce·san *eccl.* [dai'ɔsisn] diocésain (*a. su./m*); **di·o·cese** ['daiəsis] diocèse *m.*

di·ode ⚡ ['daioud] diode *f*; *light-emitting* ~ diode *f* lumineuse.

di·op·tric *opt.* [dai'ɔptrik] **1.** dioptrique; **2.** dioptrie *f*; ~*s pl.* dioptrique *f.*

di·o·ra·ma [daiə'rɑ:mə] diorama *m.*

dip [dip] **1.** *v/t.* plonger; tremper; immerger; baisser subitement; écoper (dans *from, out of*); teindre (*une étoffe*); baigner (*les moutons*); ⚓ saluer avec (*son pavillon*); *mot.* baisser (*les phares*); *mot.* ~ *the headlights a.* se mettre en code; *v/i.* plonger; baisser (*soleil*); incliner; s'abaisser (*terrain*); *géol.* s'incliner; ~ *into* puiser dans (*une bourse*); effleurer (*un sujet*); feuilleter (*un livre*); **2.** plongement *m*, immersion *f*; pente *f*, déclivité *f*; chandelle *f* plongée; ⚓ salut *m*; *géol.* pendage *m*; dépression *f* (*de l'horizon*); bain *m* parasiticide (*pour moutons*); *aiguille aimantée*: inclinaison *f*; F coup *m* d'œil; F baignade *f*; F *have ou take a* ~ prendre un bain rapide, faire trempette; ⚓ *at the* ~ à mi-drisse.

diph·the·ri·a [difˈθiəriə] diphtérie *f*.

diph·thong [ˈdifθɔŋ] diphtongue *f*.

di·plo·ma [diˈploumə] diplôme *m*; **diˈplo·ma·cy** diplomatie *f*; **diˈplo·maed** [~məd] diplômé; **dip·lo·mat** [ˈdipləmæt] diplomate *m*; **dip·loˈmat·ic, dip·loˈmat·i·cal** □ diplomatique; **dip·loˈmat·ics** *pl.* diplomatique *f*; **di·plo·ma·tist** [diˈploumətist] diplomate *m*.

dip·per [ˈdipə] plongeur (-euse *f*) *m*; *orn.* merle *m* d'eau; *mot.* basculeur *m*; *Am.* cuiller *f* à pot; *Am. Great* (*ou Big*) ♀ *astr. la* Grande Ourse; **ˈdip·py** *sl.* maboul.

dip·so·ma·ni·a ⚕ [dipsouˈmeinjə] dipsomanie *f*; **dip·soˈma·ni·ac** [~niæk] dipsomane *mf*.

dip...: **ˈ~·rod** *Am.*, **ˈ~·stick** *mot.* jauge *f* (de niveau d'huile); **ˈ~·switch** *mot.* alternateur *m* pharescode.

dire [ˈdaiə] néfaste; affreux (-euse *f*).

di·rect [diˈrekt] **1.** □ direct; absolu; franc(he *f*) (*personne*); catégorique (*réponse*); ⚔ de plein fouet (*tir*); ⚡ ~ *current* courant *m* continu; *téléph.* ~ *dial(l)ing* (numéro *m* interurbain) automatique *m*; *gramm.* ~ *speech* discours *m ou* style *m* direct; ~ *train* train *m* direct; **2.** tout droit; *see* ~*ly* 1; **3.** diriger (vers *at, to[wards]*); conduire (*les affaires, un orchestre*); gérer, régir, administrer; adresser (*une lettre* à q., *to s.o.*); ordonner (à q. de *inf.*, *s.o. to inf.*); indiquer (qch. à q., *s.th. to s.o.*); **diˈrec·tion** direction *f*; administration *f*; sens *m*; adresse *f*; instruction *f*; **diˈrec·tion·al** dirigeable (*radio*); radiogoniométrique; **diˈrec·tion-find·er** *radio*: radiogoniomètre *m*; **diˈrec·tion-find·ing** *radio*: radiogoniométrie *f*; *attr.* radiogoniométrique; ~ *set* radiogoniomètre *m*; **diˈrec·tion-in·di·ca·tor** *mot.* clignotant *m*; flèche *f* lumineuse; signalisateur *m* de direction; ✈ indicateur *m* de direction; **diˈrec·tive** [~tiv] directif (-ive *f*); **diˈrect·ly 1.** *adv.* directement, tout droit; tout de suite; tout à fait; **2.** cj. aussitôt que; **diˈrect·ness** direction *f ou* mouvement *m* en droite ligne; *fig.* franchise *f*.

di·rec·tor [diˈrektə] directeur *m*, administrateur *m*; membre *m* d'un conseil d'administration; *théâ., cin.* metteur *m* en scène; *cin.* réalisateur *m*; **diˈrec·to·rate** [~rit] (conseil *m* d')administration *f*; (*a.* **diˈrec·tor·ship**) directorat *m*; **diˈrec·to·ry** répertoire *m* d'adresses; *téléph.* annuaire *m* (des téléphones); *en France*: *le* Bottin *m*; *téléph. Am.* ~ *assistance*, *Brit.* ~ *enquiries* (service *m* des) renseignements *m/pl.*

di·rec·tress [diˈrektris] directrice *f*.

dire·ful □ [ˈdaiəful] néfaste.

dirge [dəːdʒ] hymne *m* funèbre.

dir·i·gi·ble [ˈdiridʒəbl] dirigeable *m* (*a. adj.*).

dirk [dəːk] **1.** poignard *m*; **2.** poignarder.

dirt [dəːt] saleté *f*; boue *f* (*surt. fig. péj.*); langage *m* ordurier; terre *f*, sol *m*; *Am. sl. do* (*one*) ~ jouer un vilain tour (à q.); **ˈ~-ˈcheap** F à vil prix; donné; ~ **road** *Am.* chemin *m ou* route *f* non macadamisé(e); **ˈ~-track** *sp.* (piste *f* en)cendrée *f*; **ˈdirt·y 1.** □ sale (*a. fig.*); **2.** (se) salir.

dis·a·bil·i·ty [disəˈbiliti] incapacité *f*; infirmité *f*; ⚖ inhabilité *f*; *admin.* invalidité *f*.

dis·a·ble [disˈeibl] mettre hors de service *ou* de combat; mettre (*q.*) hors d'état (de *inf. from, for gér.*); **disˈa·bled** estropié, mutilé; hors de service *ou* de combat *ou* d'état; **disˈa·ble·ment** mise *f* hors de combat; incapacité *f*; invalidité *f*.

dis·a·buse [disəˈbjuːz] désabuser (de, *of*).

dis·ac·cord [disəˈkɔːd] être en désaccord (avec, *with*).

dis·ac·cus·tom [ˈdisəˈkʌstəm] déshabituer (q. de qch., *s.o. to s.th.*).

dis·ad·van·tage [disədˈvɑːntidʒ] désavantage *m*, inconvénient *m*; *sell to* ~ vendre à perte; **dis·ad·van·ta·geous** □ [disædvɑːnˈteidʒəs] défavorable.

dis·af·fect·ed □ [disəˈfektid] désaffectionné, mal disposé (à l'égard de, envers *to, towards*); **dis·afˈfec·tion** désaffection *f*.

dis·af·firm ⚖ [disəˈfəːm] annuler.

dis·a·gree [disəˈgriː] (*with*) ne pas être d'accord, être en désaccord (avec); donner tort (à); ne pas convenir (à *q.*); se brouiller (avec); **dis·a'gree·a·ble** □ désagréable (*a. fig.*); **dis·a'gree·ment** différence *f*; désaccord *m* (avec q. sur qch., *with s.o. in s.th.*); querelle *f*, différend *m*; mésentente *f*.

dis·al·low ['disə'lau] ne pas admettre; ne pas permettre; interdire.

dis·ap·pear [disə'piə] disparaître; **dis·ap·pear·ance** [~'piərəns] disparition *f*.

dis·ap·point [disə'pɔint] décevoir; désappointer; manquer de parole à; **dis·ap'point·ment** déception *f*; mécompte *m*.

dis·ap·pro·ba·tion [disæpro'beiʃn], **dis·ap·prov·al** [disə'pru:vl] désapprobation *f*; **dis·ap'prove** désapprouver (qch., *of s.th.*).

dis·arm [dis'ɑ:m] *vt/i.* désarmer (*a. fig.*); **dis'ar·ma·ment** [~məmənt] désarmement *m*.

dis·ar·range ['disə'reindʒ] mettre en désordre; déranger; **dis·ar'range·ment** désordre *m*; dérangement *m*.

dis·as·sem·bly ⊕ [disə'sembli] démontage *m*.

dis·as·ter [di'zɑ:stə] désastre *m*; sinistre *m*; catastrophe *f*; **dis'as·trous** □ désastreux (-euse *f*).

dis·a·vow ['disə'vau] désavouer; renier; **dis·a'vow·al** désaveu *m*; reniement *m*.

dis·band [dis'bænd] ⚔ *v/t.* licencier; *v/i.* se débander; être licencié; **dis'band·ment** licenciement *m*.

dis·bar [dis'bɑ:] rayer (*un avocat*) du tableau de l'ordre.

dis·be·lief ['disbi'li:f] incrédulité *f* (à l'égard de, *in*); refus *m* de croire (à, *in*); **dis·be·lieve** ['disbi'li:v] *v/i.* ne pas croire (à, *in*); *v/t.* refuser créance à (*q.*); '**dis·be'liev·er** incrédule *mf*.

dis·bur·den [dis'bə:dn] décharger (d'un fardeau, *of a burden*); déposer (*un fardeau*); ouvrir (*son cœur*); *fig.* décharger.

dis·burse [dis'bə:s] débourser; **dis'burse·ment** déboursement *m*; ~s *pl.* débours *m/pl.*

disc [disk] *see disk*.

dis·card [dis'kɑ:d] **1.** se défaire de; abandonner (*une théorie etc.*); laisser de côté, mettre au rebut (*des vêtements*); *bridge*: se défausser (de qch., *s.th.*); **2.** *bridge*: défausse *f*; *surt. Am.* (pièce *f* de) rebut *m*.

dis·cern [di'sə:n] discerner; distinguer; apercevoir; **dis'cern·i·ble** □ perceptible; **dis'cern·ing 1.** □ pénétrant; judicieux (-euse *f*) (*personne*); **2.** discernement *m*; pénétration *f*; **dis'cern·ment** discernement *m*; jugement *m*.

dis·charge [dis'tʃɑ:dʒ] **1.** *v/t.* décharger (a. ⚓ *un navire*, ⚡, ⚖ *un failli*); ⚓ débarquer (*un équipage*); lancer (*un projectile*); jeter (*du pus*); renvoyer (*un malade*); congédier (*un employé*), débaucher (*un ouvrier*); s'acquitter de (*un devoir*); verser (*du chagrin*); déverser (*du mépris*); acquitter (*un accusé, une dette, etc.*); libérer (*q. d'une obligation*); payer, apurer (*un compte*); *v/i.* se dégorger; suppurer; se déverser; partir (*fusil*); **2.** décharge *f* (*a.* ⚡); ⚓ déchargement *m*; *cargaison*: débardage *m*; *employé*: renvoi *m*; ⚔ libération *f*; *prisonnier*: élargissement *m*; *accusé*: acquittement *m*; *dette*: paiement *m*; *devoir*: accomplissement *m*; *fonctions*: exercise *m*; ⚕ écoulement *m*; **dis'charg·er** ⚡ excitateur *m*.

dis·ci·ple [di'saipl] disciple *mf*; élève *mf*; **dis'ci·ple·ship** qualité *f* de disciple.

dis·ci·plin·a·ble ['disiplinəbl] disciplinable; docile; '**dis·ci·pli·nal** disciplinaire; **dis·ci·pli·nar·i·an** [~'nɛəriən] **1.** (*a.* **dis·ci·pli·nar·y** ['~əri]) disciplinaire; de discipline; **2.** disciplinaire *mf*; **dis·ci·pline** ['~plin] **1.** discipline *f* (*a.* = *sujet d'étude*); **2.** discipliner; former, élever; dresser (*un animal*).

dis·claim [dis'kleim] renoncer à; renier; désavouer; **dis'claim·er** renonciation *f*; déni *m*; désaveu *m*.

dis·close [dis'klouz] révéler, découvrir; divulguer; **dis'clo·sure** [~ʒə] révélation *f*; divulgation *f*.

dis·col·o(u)r·a·tion [diskʌlə'reiʃn] décoloration *f*; **dis'col·o(u)r** (se) décolorer; (se) ternir.

dis·com·fit [dis'kʌmfit] déconfire; F déconcerter; **dis'com·fi·ture** [~tʃə] déconfiture *f* (*d'une armée*); *personne*: déconvenue *f*.

dis·com·fort [dis'kʌmfət] **1.** inconfort *m*; malaise *m*, gêne *f*; **2.** incommoder.

dis·com·pose [diskəm'pouz] troubler; **dis·com'po·sure** [~ʒə] trouble *m*; perturbation *f*.
dis·con·cert [diskən'səːt] déconcerter; troubler.
dis·con·nect ['diskə'nekt] disjoindre (de *from, with*); ⊕ débrayer; ⚡ déconnecter; couper; **'dis·con'nect·ed** □ détaché; décousu (*style etc.*); **'dis·con'nec·tion** séparation *f*; ⊕ débrayage *m*.
dis·con·so·late □ [dis'kɔnsəlit] désolé; triste.
dis·con·tent ['diskən'tent] **1.** † *see* ~*ed*; **2.** mécontentement *m*; **'dis·con'tent·ed** □ mécontent (de, *with*); peu satisfait.
dis·con·tin·u·ance ['diskən'tinjuəns] discontinuation *f*; abandon *m*; **'dis·con'tin·ue** [~njuː] discontinuer; cesser (*a. v/i.*); se désabonner à (*un journal*); **'dis·con'tin·u·ous** □ discontinu; ⩚ discret (-ète *f*).
dis·cord ['diskɔːd], **dis'cord·ance** discorde *f*; ♪ dissonance *f*, accord *m* dissonant; **dis'cord·ant** □ discordant; en désaccord (avec *to, from, with*); ♪ dissonant.
dis·co·theque ['diskoutek] discothèque *f*.
dis·count ['diskaunt] **1.** ⚕ remise *f*, rabais *m*; *banque etc.*: escompte *m*; ~ *rate* taux *m* de l'escompte; ~ *store* magasin *m* à demi-gros; *at a* ~ en perte; *fig.* en défaveur, peu estimé; **2.** ⚕ escompter; faire l'escompte de; *fig.* ne pas tenir compte de; faire peu de cas de; envisager (*un événement*); **dis'count·a·ble** escomptable; à négliger.
dis·coun·te·nance [dis'kauntinəns] déconcerter; désapprouver; **dis'coun·te·nanced** décontenancé.
dis·cour·age [dis'kʌridʒ] décourager (de, *from*); abattre; détourner (de, *from*); **dis'cour·age·ment** découragement *m*; désapprobation *f*.
dis·course [dis'kɔːs] **1.** allocution *f*; discours *m*; dissertation *f*; **2.** (*on, upon, about*) discourir (sur); s'entretenir (de).
dis·cour·te·ous □ [dis'kəːtiəs] impoli; **dis'cour·te·sy** [~tisi] impolitesse *f*.
dis·cov·er [dis'kʌvə] trouver, découvrir; *poét.* révéler; **dis'cov·er·a·ble** □ que l'on peut découvrir; **dis'cov·er·er** découvreur (-euse *f*) *m*; **dis'cov·er·y** découverte *f*; *poét.* révélation *f*.
dis·cred·it [dis'kredit] **1.** discrédit *m*; doute *m*; **2.** mettre en doute; ne pas croire; discréditer; **dis'cred·it·a·ble** □ (*to*) indigne, peu digne (de); qui ne fait pas honneur (à).
dis·creet □ [dis'kriːt] discret (~ète *f*); avisé.
dis·crep·an·cy [dis'krepənsi] divergence *f*; désaccord *m*; écart *m*.
dis·crete □ † [dis'kriːt] discret (-ète *f*); distinct; *phls.* abstrait.
dis·cre·tion [dis'kreʃn] discrétion *f*; sagesse *f*, jugement *m*, prudence *f*; silence *m* judicieux; *at s.o.'s* ~ à la discrétion de q.; *age* (*ou years*) *of* ~ âge *m* de raison; *surrender at* ~ se rendre à discrétion; **dis'cre·tion·al** □, **dis'cre·tion·ar·y** discrétionnaire.
dis·crim·i·nate [dis'krimineit] distinguer; ~ *against* faire des distinctions contre (*q.*); **dis'crim·i·nat·ing** □ avisé; plein de discernement; différentiel(le *f*) (*tarif*); **dis·crim·i'na·tion** discernement *m*; jugement *m*; distinction *f*; **dis'crim·i·na·tive** [~nətiv] □ avisé; plein de discernement; différentiel(le *f*); **dis·crim·i·na·to·ry** ⚖, ⚕ [dis'kriminətəri] qui fait la distinction des personnes.
dis·cur·sive □ [dis'kəːsiv] décousu, sans suite; *phls.* discursif (-ive *f*).
dis·cus ['diskəs] *sp.* disque *m*.
dis·cuss [dis'kʌs] discuter; délibérer; *co.* expédier (*un plat*), vider (*une bouteille*); **dis'cuss·i·ble** [~əbl] discutable; **dis'cus·sion** discussion *f*; débat *m*.
dis·dain [dis'dein] **1·** dédain *m* (de, *of*); mépris *m*; **2.** dédaigner; **dis'dain·ful** □ [~ful] dédaigneux (-euse *f*) (de, *of*).
dis·ease [di'ziːz] maladie *f*; mal *m*; **dis'eased** malade; morbide.
dis·em·bark ['disim'bɑːk] débarquer; **dis·em·bar·ka·tion** [disembɑː'keiʃn] débarquement *m*.
dis·em·bar·rass ['disim'bærəs] débarrasser (de, *of*); dégager (de, *from*).
dis·em·bod·y ['disim'bɔdi] désincorporer; ⚔ licencier (*des troupes*).
dis·em·bogue [disim'boug] *v/t.* verser; *v/i.* déboucher (*rivière*); débouquer (*navire*).
dis·em·bow·el [disim'bauəl] éviscérer.

dis·en·chant [ˈdisinˈtʃɑːnt] désenchanter; désabuser.
dis·en·cum·ber [ˈdisinˈkʌmbə] débarrasser (de *of*, *from*); désencombrer (*q*.).
dis·en·gage [ˈdisinˈgeidʒ] (se) dégager; ⊕ (se) déclencher; *v/t*. débrayer; ˈ**dis·enˈgaged** libre; **dis·enˈgage·ment** dégagement *m*; rupture *f* de fiançailles.
dis·en·tan·gle [ˈdisinˈtæŋgl] (se) démêler; *fig*. dépêtrer (de, *from*); **dis·enˈtan·gle·ment** débrouillement *m*.
dis·en·tomb [disinˈtuːm] exhumer.
dis·es·tab·lish [ˈdisisˈtæbliʃ] séparer (*l'Église*) de l'État; **dis·esˈtab·lish·ment** séparation *f* de l'Église et de l'État.
dis·fa·vo(u)r [ˈdisˈfeivə] **1.** défaveur *f*; disgrâce *f*; désapprobation *f*; **2.** voir avec défaveur; désapprouver.
dis·fig·ure [disˈfigə] défigurer; gâter; **disˈfig·ure·ment** défiguration *f*.
dis·fran·chise [ˈdisˈfræntʃaiz] priver (*q*.) du droit électoral; priver (*un bourg*) de ses droits de représentation; **disˈfran·chise·ment** [disˈfræntʃizmənt] privation *f* du droit de vote *ou* des droits civiques.
dis·gorge [disˈgɔːdʒ] rendre (= *vomir*); (*a*. ~ *o.s.*) dégorger; décharger (*rivière*).
dis·grace [disˈgreis] **1.** disgrâce *f*; honte *f*; déshonneur *m*; **2.** déshonorer; disgracier (*q*.); *be* ~*ed* être disgracié; **disˈgrace·ful** □ [~ful] honteux (-euse *f*); scandaleux (-euse *f*).
dis·grun·tled [disˈgrʌntld] maussade; mécontent (de, *at*).
dis·guise [disˈgaiz] **1.** déguiser; masquer (*une odeur*); dissimuler (*une émotion*); **2.** déguisement *m*; fausse apparence *f*; feinte *f*; *blessing in* ~ bienfait *m* insoupçonné.
dis·gust [disˈgʌst] **1.** (*at*, *for*) dégoût *m* (pour); répugnance *f* (pour); *fig*. *in* ~ dégoûté; **2.** dégoûter, écœurer; ~*ed with* profondément mécontent de; **disˈgust·ing** □ dégoûtant.
dish [diʃ] **1.** plat *m*; récipient *m*; *cuis*. plat *m* (*de viande etc*.), mets *m*; *fig*. *standing* ~ plat *m* de tous les jours; **2.** (*usu*. ~ *up*) servir (*a. fig*.), dresser; *sl*. enfoncer, rouler (*q*.).
dis·ha·bille [disæˈbiːl] négligé *m*, déshabillé *m*; *in* ~ en déshabillé.
dis·har·mo·ny [disˈhɑːməni] dissonance *f*; désaccord *m*.
dish-cloth [ˈdiʃklɔθ] torchon *m*; lavette *f*.
dis·heart·en [disˈhɑːtn] décourager.
di·shev·el(l)ed [diˈʃevld] échevelé; ébouriffé; en désordre.
dis·hon·est □ [disˈɔnist] malhonnête; déloyal (-aux *m/pl*.); **disˈhon·es·ty** malhonnêteté *f*.
dis·hon·o(u)r [disˈɔnə] **1.** déshonneur *m*; honte *f*; **2.** déshonorer; manquer à (*sa parole*); ☦ ne pas honorer; **disˈhon·o(u)r·a·ble** □ déshonorant, honteux (-euse *f*); sans honneur (*personne*).
dish...: ˈ**~-pan** *Am*. cuvette *f*; ˈ**~-rag** *Am*. *see dish-cloth*; ˈ**~-wa·ter** eau *f* de vaisselle; *sl*. lavasse *f*.
dish·y F [ˈdiʃi] appétisant.
dis·il·lu·sion [disiˈluːʒn] **1.** désillusion *f*, désabusement *m*; **2.** *a*. **dis·ilˈlu·sion·ize** désillusionner, désabuser; **dis·ilˈlu·sion·ment** *see disillusion* **1**.
dis·in·cli·na·tion [disinkliˈneiʃn] répugnance *f* (pour *for*, *to*); manque *m* d'empressement (à, *to*); **dis·in·cline** [ˈ~ˈklain] détourner (de *for*, *to*); ˈ**dis·inˈclined** peu disposé (à *for*, *to*).
dis·in·fect [ˈdisinˈfekt] désinfecter; **dis·inˈfect·ant** désinfectant (*a. su./m*); **dis·inˈfec·tion** désinfection *f*.
dis·in·gen·u·ous □ [disinˈdʒenjuəs] sans franchise; faux (fausse *f*).
dis·in·her·it [ˈdisinˈherit] déshériter; **dis·inˈher·it·ance** déshéritement *m*; ⚖ exhérédation *f*.
dis·in·te·grate [disˈintigreit] (se) désagréger; (se) désintégrer (*minerai*); **dis·in·teˈgra·tion** désagrégation *f*; effritement *m*.
dis·in·ter [ˈdisinˈtəː] déterrer, exhumer.
dis·in·ter·est·ed □ [disˈintristid] désintéressé.
dis·join [disˈdʒɔin] disjoindre; **disˈjoint** [~t] démembrer, disjoindre; désassembler; ⚕ désarticuler; **disˈjoint·ed** disjoint, disloqué; *fig*. décousu.
dis·junc·tion [disˈdʒʌŋkʃn] disjonction *f*; **disˈjunc·tive** □ **1.** disjonctif (-ive *f*) (*a. gramm*.); **2.** *gramm*. disjonctive *f*.

disk [disk] disque *m*; plaque *f* (*d'identité*); *mot.* ~ *brakes* freins *m/pl.* à disque; *mot.* ~ *clutch* embrayage *m* par disque unique; ⚕ *slipped* ~ hernie *f* discale; *Am. sl.* ~ *jockey radio*: présenteur *m ou* présentatrice *f* du disque des auditeurs.

dis·like [dis'laik] **1.** aversion *f*, répugnance *f* (pour *for, of, to*); **2.** ne pas aimer; détester; trouver mauvais; ~*d* mal vu.

dis·lo·cate ['dislokeit] disloquer; déboîter (*un membre*); *fig.* désorganiser; **dis·lo'ca·tion** dislocation *f* (*a. géol., a. anat.*); *fig.* désorganisation *f*.

dis·lodge [dis'lɔdʒ] déloger; détacher.

dis·loy·al □ ['dis'lɔiəl] infidèle; déloyal (-aux *m/pl.*); '**dis'loy·al·ty** infidélité *f*; déloyauté *f*.

dis·mal □ ['dizməl] **1.** *fig.* sombre, triste; morne; lugubre; **2.**: *the* ~*s pl.* le cafard *m*.

dis·man·tle [dis'mæntl] dégarnir, dépouiller (de, *of*); démanteler (*une forteresse*, ⚓ *un vaisseau de guerre*); ⚓ dégréer (*un navire*); ⊕ démonter (*une machine*), déséquiper (*un grue etc.*); **dis'man·tling** dégarnissement *m etc.*; ⊕ démontage *m*.

dis·mast ⚓ [dis'mɑːst] démâter.

dis·may [dis'mei] **1.** consternation *f*; épouvante *f*; **2.** consterner; épouvanter.

dis·mem·ber [dis'membə] démembrer; écarteler (*un corps*); **dis'mem·ber·ment** démembrement *m*.

dis·miss [dis'mis] *v/t.* congédier; renvoyer; éconduire (*un importun etc.*); relever (*q.*) de ses fonctions; quitter (*un sujet*); *cricket*: mettre hors jeu; ⚖ acquitter (*un accusé*), rejeter (*une demande*); *be* ~*ed the service* être renvoyé du service; *v/i.* ⚔ ~! rompez (les rangs)!; **dis'miss·al** congédiement *m*; renvoi *m*; ⚖ acquittement *m* (*d'un accusé*); fin *f* de non-recevoir.

dis·mount ['dis'maunt] *v/t.* faire descendre (*q.*) de cheval; ⊕ démonter (*a. un canon*); *v/i.* descendre (de cheval, de voiture).

dis·o·be·di·ence [disə'biːdjəns] désobéissance *f* (à *to, of*); **dis·o'be·di·ent** □ désobéissant; '**dis·o'bey** désobéir à; enfreindre; *I will not be* ~*ed* je ne veux pas qu'on me désobéisse.

dis·o·blige ['disə'blaidʒ] désobliger (*q.*); '**dis·o'blig·ing** □ désobligeant, peu complaisant (envers, *to*); '**dis·o'blig·ing·ness** désobligeance *f*.

dis·or·der [dis'ɔːdə] **1.** désordre *m* (*a.* ⚕); confusion *f*; tumulte *m*; ⚕ affection *f*; *mental* ~ dérangement *m* d'esprit; **2.** déranger (*a.* ⚕); mettre le désordre dans; **dis'or·dered** □ en désordre; désordonné; ⚕ dérangé (*estomac etc.*); **dis'or·der·ly** en désordre; désordonné (*a. personne*); qui manque d'ordre; turbulent (*foule etc.*).

dis·or·gan·i·za·tion [disɔːgənai'zeiʃn] désorganisation *f*; **dis'or·gan·ize** désorganiser.

dis·own [dis'oun] désavouer; renier.

dis·par·age [dis'pæridʒ] déprécier, dénigrer; discréditer; **dis'par·age·ment** dénigrement *m*, dépréciation *f*; déshonneur *m*; **dis'par·ag·ing** □ dépréciateur (-trice *f*); peu flatteur (-euse *f*).

dis·pa·rate □ ['dispərit] **1.** disparate; **2.** ~*s pl.* disparates *f/pl.*; **dis·par·i·ty** [dis'pæriti] inégalité *f*; différence *f*.

dis·part [dis'pɑːt] *poét. ou* † (se) fendre; (se) séparer; *v/t.* ⊕ distribuer.

dis·pas·sion·ate □ [dis'pæʃnit] impartial (-aux *m/pl.*); calme; sans passion.

dis·patch [dis'pætʃ] **1.** expédition *f*; envoi *m*; promptitude *f*, diligence *f*; dépêche *f*; mise *f* à mort; *bearer of* ~*es* messager *m*; *mentioned in* ~*es* cité à l'ordre du jour; *by* ~ par exprès; **2.** expédier (*a.* = *mettre à mort*); envoyer; dépêcher (*un courrier*); ~**-box** valise *f* diplomatique; ~ **note** bulletin *m ou* bordereau *m* d'expédition; ~**-rid·er** ⚔ estafette *f*.

dis·pel [dis'pel] dissiper, chasser (*a. fig.*).

dis·pen·sa·ble [dis'pensəbl] dont on peut se passer; *eccl.* dispensable; **dis'pen·sa·ry** pharmacie *f*; policlinique *f*; *hôpital*: dépense *f*; **dis·pen·sa·tion** [dispen'seiʃn] distribution *f*; décret *m*; *eccl.* dispense *f*; fait *m* d'être dispensé (de, *from*).

dis·pense [dis'pens] *v/t.* dispenser, distribuer; administrer (*la loi*); préparer (*un médicament*); exécuter (*une ordonnance*); ~ *from* dispenser de; *v/i.* ~ *with* se passer de; supprimer (*une main-d'œuvre*); ne pas exiger; **dis'pens·er** dispensateur (-trice *f*) *m*; pharmacien(ne *f*) *m*.

dis·perse [dis'pəːs] (se) disperser; *v/t.* dissiper; répandre; ⚕ résoudre; **dis'per·sion**, **dis'per·sal** dispersion *f* (*a. opt.*); **dis'per·sive** □ dispersif (-ive *f*) (*a. opt.*).

dis·pir·it [dis'pirit] décourager; **dis'pir·it·ed** □ découragé, abattu.

dis·place [dis'pleis] déplacer; évincer (*q.*); supplanter, remplacer; ~*d person* (*abr.* *D.P.*) personne *f* déplacée; **dis'place·ment** déplacement *m* (*a.* ⚓); changement *m* de place; remplacement *m*; *géol.* dislocation *f*.

dis·play [dis'plei] **1.** étalage *m* (*a.* ⚚); manifestation *f*; exposition *f*; parade *f*, apparat *m*; **2.** étaler, exposer; afficher; montrer; faire preuve de; révéler; ~ **case** vitrine *f* (d'exposition); ~ **stand** présentoir *m*.

dis·please [dis'pliːz] déplaire (à q., *s.o.*); *fig.* contrarier; **dis'pleased** □ mécontent (de *at*, *with*); **dis'pleas·ing** □ désagréable, déplaisant (à, *to*); **dis·pleas·ure** [~'pleʒə] mécontentement *m* (de *at*, *over*); déplaisir *m*.

dis·port [dis'pɔːt]: ~ *o.s.* se divertir; s'ébattre.

dis·pos·a·ble [dis'pouzəbl] disponible; **dis'pos·al** disposition *f*; action *f* de disposer (de, *of*); expédition *f* (*d'une affaire*); résolution *f* (*d'une question*); ⚚ délivrance *f*; *at s.o.'s* ~ à la disposition de q.; **dis'pose** *v/t.* disposer (*a.* q. à, *s.o. to*); arranger; incliner (q. à, *s.o. to*; q. à qch., *s.o. for s.th.*); *v/i.* ~ *of* disposer de; se défaire de; vaincre; expédier; ⚚ vendre, écouler; trancher (*une question*); résoudre (*un problème*); **dis'posed** □ porté, enclin (à *to*, *for*); disposé (à, *to*); (*bien*, *mal*) intentionné (envers, pour, à l'égard de *towards*); **dis'pos·er** dispensateur (-trice *f*) *m*; ordonnateur (-trice *f*) *m*; vendeur (-euse *f*) *m*; **dis·po·si·tion** [~pə'ziʃn] disposition *f* (*a. testamentaire*); arrangement *m*; humeur *f*, naturel *m*, caractère *m*; tendance *f* (à, *to*); *at my* ~ à ma disposition, à mon service; *make* ~*s* prendre des dispositions (pour, *to*).

dis·pos·sess ['dispə'zes] (*of*) déposséder (de); expropier; † délivrer (de); ⚖ dessaisir (de); **dis·pos·ses·sion** [~'zeʃn] dépossession *f*; expropriation *f*; ⚖ dessaisissement *m*.

dis·praise [dis'preiz] **1.** blâme *m*; dépréciation *f*; **2.** blâmer; dénigrer.

dis·proof ['dis'pruːf] réfutation *f*.

dis·pro·por·tion ['disprə'pɔːʃn] disproportion *f*; **dis·pro'por·tion·ate** □ [~it] disproportionné (à, *to*); hors de proportion (avec, *to*); **dis·pro'por·tion·ate·ness** disproportion *f*.

dis·prove ['dis'pruːv] réfuter.

dis·pu·ta·ble [dis'pjuːtəbl] contestable; **dis'pu·tant** discuteur (-euse *f*) *m*; *écoles*: disputant *m*; **dis·pu·ta·tion** [~'teiʃn] débat *m*; discussion *f*; **dis·pu'ta·tious** □ chicanier (-ère *f*); **dis'pute 1.** contestation *f*, controverse *f*; querelle *f*; *beyond* ~ incontestable; *in* ~ contesté; **2.** *v/t.* contester; débattre; disputer (qch. à q., *s.th. with s.o.*); *v/i.* se disputer (sur, au sujet de *about*).

dis·qual·i·fi·ca·tion [diskwɔlifi'keiʃn] incapacité *f*; mise *f* en état *ou* cause *f* d'incapacité; *sp.* disqualification *f*; ⚖ inhabilité *f*; **dis'qual·i·fy** [~fai] rendre incapable (de *inf.*, *for gér.*); *sp.* disqualifier.

dis·qui·et [dis'kwaiət] **1.** inquiétude *f*; agitation *f*; **2.** inquiéter; troubler; ~*ing* alarmant; **dis·qui·e·tude** [~'kwaiitjuːd] inquétude *f*; agitation *f*.

dis·qui·si·tion [diskwi'ziʃn] dissertation *f* (sur, *on*).

dis·re·gard ['disri'gaːd] **1.** indifférence *f* (à l'égard de *of*, *for*); inobservation *f* (*de la loi*); **2.** ne tenir aucun compte de; négliger.

dis·rel·ish [dis'reliʃ] **1.** dégoût *m*, aversion *f* (pour, *for*); **2.** éprouver du dégoût pour; trouver mauvais.

dis·re·pair ['disri'pɛə] délabrement *m*; *fall into* ~ tomber en ruines; *in* ~ en mauvais état.

dis·rep·u·ta·ble □ [dis'repjutəbl] honteux (-euse *f*); minable; de mauvaise réputation (*personne*);

dis·re·pute ['~ri'pjuːt] discrédit *m*, mépris *m*.

dis·re·spect ['disris'pekt] manque *m* de respect *ou* d'égards (envers, *for*); **dis·re·spect·ful** [~'pektful] □ irrespectueux (-euse *f*), irrévérencieux (-euse *f*).

dis·robe ['dis'roub] (aider à) se dévêtir de sa robe; (se) déshabiller.
dis·root [dis'ru:t] déraciner.
dis·rupt [dis'rʌpt] rompre, disloquer; démembrer; **dis'rup·tion** rupture *f*; dislocation *f*; démembrement *m*; **dis'rup·tive** perturbateur (-trice *f*).
dis·sat·is·fac·tion ['dissætis'fækʃn] mécontentement *m* (de *with, at*); dissatisfaction *f*; **'dis·sat·is'fac·to·ry** [~təri] peu satisfaisant; **dis'sat·is·fy** [~fai] mécontenter; ne pas satisfaire (*q.*).
dis·sect [di'sekt] disséquer (*a. anat.*); découper; ⚕ exciser (*une tumeur etc.*); **dis·sec·tion** [di'sekʃn] dissection *f*; découpage *m*.
dis·semble [di'sembl] *v/t.* dissimuler; passer sous silence; feindre; *v/i.* déguiser sa pensée; user de dissimulation.
dis·sem·i·nate [di'semineit] disséminer; **dis·sem·i'na·tion** dissémination *f*.
dis·sen·sion [di'senʃn] dissension *f*, [désaccord *m*.]
dis·sent [di'sent] **1.** dissentiment *m*; avis *m* contraire; *eccl.* dissidence *f*; **2.** différer (de, *from*); *eccl.* être dissident; **dis'sent·er** dissident(e *f*) *m*; **dis·sen·tient** [di'senʃiənt] dissident(e *f*) *m* (*a. adj.*).
dis·ser·ta·tion [disə'teiʃn] dissertation *f* (sur, *on*).
dis·serv·ice ['dis'sə:vis] mauvais service *m* (rendu à, *to*).
dis·sev·er [dis'sevə] (se) séparer, (se) désunir; **dis'sev·er·ance** [~ərəns] séparation *f*.
dis·si·dence ['disidəns] dissidence *f*; **'dis·si·dent 1.** dissident; **2.** membre *m* dissident; dissident(e *f*) *m*.
dis·sim·i·lar □ ['di'similə] (*to*) différent (de); dissemblable (à); **dis·sim·i·lar·i·ty** [~'læriti] dissemblance *f*, dissimilitude *f* (de, *to*).
dis·sim·u·late [di'simjuleit] *see dissemble*; **dis·sim·u'la·tion** dissimulation *f*.
dis·si·pate ['disipeit] (se) dissiper; *v/i.* F mener une vie dissipée; **'dis·si·pat·ed** dissipé; **dis·si'pa·tion** dissipation *f*; gaspillage *m*; divertissement *m*; F vie *f* désordonnée.
dis·so·ci·ate [di'souʃieit] désassocier; ⚗ dissocier; ~ *o.s.* se désintéresser (de, *from*); **dis·so·ci'a·tion** désassociation *f*; ⚗ dissociation *f*; *psych.* dédoublement *m* de la personnalité.
dis·sol·u·bil·i·ty [disɔlju'biliti] dissolubilité *f*; **dis·sol·u·ble** [di'sɔljubl] dissoluble (dans, *in*).
dis·so·lute □ ['disəlu:t] dissolu, débauché; **dis·so'lu·tion** dissolution *f*; fonte *f*; mort *f*.
dis·solv·a·ble [di'zɔlvəbl] dissoluble; **dis'solve 1.** *v/t.* (faire) dissoudre (*a. fig.*); *v/i.* se dissoudre; fondre (*a. fig.*); se dissiper; **2.** *Am. cin.* fondu *m*; **dis'solv·ent 1.** † dissolvant; **2.** dissolvant *m*.
dis·so·nance ['disənəns] ♪ dissonance *f*; désaccord *m*; **'dis·so·nant** ♪ dissonant; en désaccord (avec, *from, to*).
dis·suade [di'sweid] dissuader, détourner (de, *from*); **dis·sua·sion** [di'sweiʒn] dissuasion *f*; **dis·sua·sive** [di'sweisiv] □ dissuasif (-ive *f*).
dis·taff ['distɑ:f] quenouille *f*; *attr. fig.* du côté féminin.
dis·tance ['distəns] **1.** *lieu, temps*: distance *f*; éloignement *m*; lointain *m*; intervalle *m*; *fig.* réserve *f*; *at a* ~ de loin; à une distance (de, *of*); dans le lointain; *in the* ~ au loin, dans le lointain; de loin; *a great* ~ *away* très loin, à une grande distance; *striking* ~ portée *f* (de la main); **2.** éloigner; *fig.* reculer; **'~-con·trolled** commandé à distance; **'dis·tant** □ éloigné; lointain; à distance; réservé, distant (*personne*); *two miles* ~ à deux milles de distance; ~ *control* commande *f* à distance; ~ *relative* cousin *m* (cousine *f*) éloigné(e).
dis·taste ['dis'teist] dégoût *m* (de, *for*); aversion *f* (pour, *for*); **dis'taste·ful** □ [~ful] désagréable, antipathique (à, *to*).
dis·tem·per[1] [dis'tempə] **1.** détrempe *f*; badigeon *m*; **2.** peindre (*un tableau, un mur*) en détrempe; badigeonner (*un mur*) en couleur.
dis·tem·per[2] [~] † maladie *f*; *vét.* maladie *f* des chiens; *pol.* † désordre *m*; **dis'tem·pered** troublé, dérangé (*esprit*).
dis·tend [dis'tend] (se) dilater; (se) distendre; *v/t.* gonfler; *v/i.* enfler; **dis'ten·sion** dilatation *f*.
dis·tich ['distik] distique *m*.
dis·til(l) [dis'til] *usu.* (se) distiller; (laisser) tomber goutte à goutte;

v/t. raffiner (*le pétrole*); *fig.* faire couler; **dis·til·late** ['~it] distillat *m*; **dis·til·la·tion** [~'leiʃn] distillation *f*; **dis'till·er** distillateur *m*; **dis'till·er·y** distillerie *f*.

dis·tinct □ [dis'tiŋkt] distinct (de, *from*); net(te *f*); clair; marqué; **dis'tinc·tion** distinction *f*; *draw a ~ between* faire une distinction entre; *have the ~ of* (*gér.*) avoir l'honneur de (*inf.*); **dis'tinc·tive** □ distinctif (-ive *f*); d'identification; **dis'tinct·ness** clarté *f*, netteté *f*; différence *f* totale.

dis·tin·guish [dis'tiŋgwiʃ] *v/t.* distinguer; différencier (de, *from*); *v/i.* faire une *ou* la distinction (entre, *between*); **dis'tin·guish·a·ble** que l'on peut distinguer; perceptible; **dis'tin·guished** distingué; de distinction *ou* marque; remarquable (par, *for*); *~ by* connu pour; reconnu à (*sa marche etc.*).

dis·tort [dis'tɔːt] tordre; déformer; *fig.* fausser, défigurer; *~ing mirror* miroir *m* déformant; **dis'tor·tion** distorsion *f*; déformation *f* (*a. opt.*, *a. tél.*).

dis·tract [dis'trækt] distraire, détourner; affoler (*q.*); brouiller (*l'esprit*); **dis'tract·ed** □ affolé, éperdu (de, *with*); **dis'tract·ing** □ affolant; tourmentant; **dis'trac·tion** distraction *f*; confusion *f*; affolement *m*, folie *f*.

dis·train [dis'trein]: *~ upon* saisir; exécuter (*q.*); **dis'train·a·ble** saisissable; **dis'traint** saisie *f*.

dis·tress [dis'tres] **1.** détresse *f*, angoisse *f*; embarras *m*; gêne *f*; *see distraint*; ⚓ *~ rocket* signal *m* de détresse; **2.** affliger, chagriner; épuiser; **dis'tressed** affligé, désolé; épuisé; *fig.* ruiné, réduit à la misère; **dis'tress·ing** □, *poét.* **dis'tress·ful** □ [~ful] angoissant, affligeant.

dis·trib·ut·a·ble [dis'tribjutəbl] répartissable, partageable; **dis'trib·ute** [~juːt] distribuer (*a. typ.*); répartir; **dis·tri'bu·tion** (mise *f* en) distribution *f*; répartition *f* (*a. des dettes*); *typ.* mise *f* en casse; **dis'trib·u·tive 1.** □ distributif (-ive *f*) (*a. gramm.*); **2.** *gramm.* distributif *m*; **dis'trib·u·tor** distributeur *m* (*a.* ⊕); ⚕ concessionnaire *m*.

dis·trict ['distrikt] région *f*, contrée *f*; district *m* (*a. admin.*); quartier *m* (*de ville*); circonscription *f* (*électorale*); *~ council* conseil *m* départemental; *Am.* ⚖ *~ court* cour *f* fédérale; ⚕ *~ manager* directeur (-trice *f*) *m* régional(e).

dis·trust [dis'trʌst] **1.** méfiance *f*, défiance *f* (de, *of*); **2.** se méfier *ou* défier de; **dis'trust·ful** □ [~ful] méfiant, défiant; soupçonneux (-euse *f*); *~ of o.s.* timide.

dis·turb [dis'təːb] déranger; troubler; agiter; inquiéter; **dis'turb·ance** trouble *m*; agitation *f*; tapage *m*; émeute *f*; ⚖ trouble *m* de jouissance; **dis'tur·bed** *psych.* inadapté.

dis·un·ion ['dis'juːnjən] désunion *f*; séparation *f*; **dis·u·nite** ['disjuː'nait] (se) désunir; (se) séparer; **dis·u·ni·ty** [dis'juːniti] désunion.

dis·use 1. ['dis'juːs] désuétude *f*; *fall into ~* tomber en désuétude; F être mis au rancart; **2.** ['dis'juːz] cesser d'employer; abandonner.

di·syl·lab·ic ['disi'læbik] (*~ally*) dissyllabe (*mot*); dissyllabique (*vers*); **di·syl·la·ble** [di'siləbl] dissyllabe *m*.

ditch [ditʃ] **1.** fossé *m*; *Am.* Canal *m* de Panama; *die in the last ~* résister jusqu'à la dernière extrémité; **2.** *v/t.* entourer de fossés; *sl.* se débarrasser de, plaquer; *mot.* verser dans le fossé; *v/i.* curer les fossés; *sl.* faire un amerrissage forcé; **'ditch·er** cureur *m* de fossés.

dith·er F ['diðə] trembloter; s'agiter sans but.

dith·y·ramb ['diθiræmb] dithyrambe *m*.

dit·to ['ditou] **1.** idem; de même; **2.** ⚕ dito *m/inv.*; (*suit of*) *~s pl.* complet *m*.

dit·ty ['diti] chanson(nette *f*) *f*.

di·ur·nal □ [dai'əːnl] diurne.

di·va·gate ['daivəgeit] diverger, divaguer, s'éloigner du sujet; **di·va·ga·tion** [daivə'geiʃn] divagation *f*.

di·van [di'væn] divan *m*.

di·var·i·cate [dai'værikeit] diverger; bifurquer.

dive [daiv] **1.** plonger (dans, *into*); ✈, *a. fig.* piquer (du nez); F *~ into* s'enfoncer dans, entrer précipitamment dans; plonger (la main) dans (*la poche*); **2.** plongeon *m*; *sous-marin*: plongée *f*; ✈ (vol *m*) piqué *m*; *Am.* F cabaret *m* borgne;

gargote *f*; boîte *f*; ˈ**div·er** plongeur *m*; scaphandrier *m*; *orn.* plongeon *m*.

di·verge [daiˈvəːdʒ] diverger, s'écarter; **diˈver·gence, diˈver·gen·cy** divergence *f*; écart *m*; *biol.* variation *f*; **diˈver·gent** ☐ divergent.

di·verse ☐ [daiˈvəːs] divers, différent; varié; **di·ver·si·fi·ca·tion** [~sifiˈkeiʃn] variation *f*; **diˈver·si·fy** [~fai] diversifier, varier; **diˈver·sion** [~ʃn] détournement *m*; ⚔ diversion *f* (*a. de l'esprit*); *fig.* divertissement *m*, distraction *f*; **diˈver·si·ty** [~siti] diversité *f*.

di·vert [daiˈvəːt] détourner; écarter; divertir; distraire.

di·vest [daiˈvest] dévêtir; *fig.* dépouiller, priver; ~ *o.s. of* renoncer à; **diˈvest·ment** dévêtement *m*; *fig.* privation *f*.

di·vide [diˈvaid] **1.** *v/t.* diviser (*a.* 𝔄); (*souv.* ~ *up*) démembrer; partager, répartir (entre, *among*); séparer (de, *from*); *parl.* ~ *the house* aller aux voix; *v/i.* se diviser, se partager (en, *into*); se séparer; 𝔄 être divisible (par, *by*); fourcher (*chemin*); *parl.* aller aux voix; **2.** *Am.* ligne *f* de partage des eaux; **div·i·dend** [ˈdividend] ⚚, *a.* 𝔄 dividende *m*; **di·vi·der** [diˈvaidə] *Am. mot.* bande *f* médiane; 𝔄 ~*s pl.* compas *m* à pointes sèches; **di·vid·ing** [diˈvaidiŋ] de démarcation; mitoyen(ne *f*) (*mur*).

div·i·na·tion [diviˈneiʃn] divination *f*; **di·vine** [diˈvain] **1.** ☐ divin (*a. fig.*); ~ *service* office *m* divin; **2.** théologien *m*; **3.** deviner, prédire (l'avenir); **diˈvin·er** devin(eresse *f*) *m*; divinateur (-trice *f*) *m*.

div·ing [ˈdaiviŋ] action *f* de plonger; *attr.* à *ou* de plongeurs; à plonger; ˈ**~-bell** cloche *f* à *ou* de plongeur.

di·vin·ing-rod [diˈvainiŋrɔd] baguette *f* divinatoire.

di·vin·i·ty [diˈviniti] divinité *f* (*a.* = *dieu*); théologie *f*.

di·vis·i·bil·i·ty [diviziˈbiliti] divisibilité *f*; **diˈvis·i·ble** ☐ [~zəbl] divisible; **diˈvi·sion** [~ʒn] division *f* (*a.* = *désunion*, *a.* ⚔, 𝔄); partage *m* (en, *into*); *biol.* classe *f*; *parl.* vote *m*; *parl.* circonscription *f* (*électorale*); **diˈvi·sion·al** ⚔ *etc.* divisionnaire; **di·vi·sive** [diˈvaisiv] qui désunit; qui sème la discorde; **diˈvi·sor** 𝔄 [~zə] diviseur *m*.

di·vorce [diˈvɔːs] **1.** divorce *m* (*a. fig.*); **2.** divorcer d'avec (*sa femme, son mari*); F *a. fig.* séparer (de, *from*), détacher (de, *from*); **di·vorˈcee** divorcé(e *f*) *m*.

di·vulge [daiˈvʌldʒ] divulguer; révéler.

dix·ie ⚔ *sl.* [ˈdiksi] gamelle *f*; *Am.* ♀ États *m/pl.* du Sud; ♀*crat Am. pol.* démocrate *m* dissident des États du Sud.

diz·zi·ness [ˈdizinis] vertige *m*; ˈ**diz·zy 1.** ☐ pris de vertige (*personne*); *sl.* étourdi, écervelé; vertigineux (-euse *f*) (*chose*); ~ *spell* étourdissement *m*; **2.** étourdir.

do [duː] (*see a. done*) **1.** *v/t.* [*irr.*] *usu.* faire; (faire) cuire; s'acquitter de; finir; jouer (*une pièce*); F duper, refaire (*q.*); *sl.* ~ *London* visiter Londres; *sl.* ~ *s.o.* traiter, soigner q.; fêter q.; *what is to be done?* que faire?; ~ *the polite etc.* faire l'aimable *etc.*; *have done reading* avoir fini de lire; ~ (*over*) *again* refaire; F ~ *down* rouler, enfoncer (*q.*); F ~ *in* tuer; ~ *into* traduire en (*une langue*); ~ *out* nettoyer; ~ *over* couvrir (de peinture *etc.*); ~ *up* envelopper, ficeler; emballer; boutonner; décorer, réparer; F éreinter (*q.*); F ~ *o.s. up* faire toilette; **2.** *v/i.* [*irr.*] faire l'affaire; aller; suffire; convenir; *that will* ~ c'est bien; cela va; cela suffira; *that won't* ~ cela ne va *ou* n'ira pas; *how* ~ *you* ~? comment allez-vous?; comment vous portez-vous?; F ça va?; ~ *well* aller bien; réussir; ~ *badly* aller mal; ne pas réussir; *have done!* finissez donc!; cela suffit!; ~ *away with* abolir; détruire; F tuer; ~ *for* faire le ménage de (*q.*); tuer (*q.*); ~ *with* s'accommoder de; *I could* ~ *with some coffee* je prendrais volontiers du café; *I have done with him* j'ai rompu avec lui; ~ *without* se passer de; **3.** *v/aux.* [*irr.*] *interr.*: ~ *you know him?* le connaissez-vous?; *avec not*: *I* ~ *not know him* je ne le connais pas; *accentué*: *I* ~ *feel better* je me sens vraiment mieux; ~ *come and see me* venez me voir, je vous en prie; ~ *be quick* dépêchez-vous donc; *remplaçant un verbe déjà exprimé*: *do you like London?* — *I* ~ aimez-vous Londres?

— **Oui**; *you write better than I* ~ vous écrivez mieux que moi; *I take a bath every day*. — *So* ~ *I* je prends un bain tous les jours. — Moi aussi; **4.** F *su.* attrape *f*; réception *f*, dîner *m*; *make* ~ *with* s'accommoder de.
doc F [dɔk] *abr. de doctor 1.*
doc·ile [ˈdousail] docile; **do·cil·i·ty** [douˈsiliti] docilité *f*.
dock[1] [dɔk] écourter; *fig.* diminuer; retrancher (qch. à q., *s.o. of s.th.*).
dock[2] [~] **1.** ⚓ bassin *m*; *surt. Am.* quai *m*; ⚖ banc *m* des prévenus; ⚓ ~*s pl.* docks *m/pl.*; *dry* ~ cale *f* sèche; *floating* ~ dock *m* flottant; *wet* ~ bassin *m* à flot; **2.** ⚓ (faire) entrer au bassin; *espace*: (s')amarrer; ~ **hand, ˈdock·er** travailleur *m* aux docks.
dock·et [ˈdɔkit] **1.** fiche *f*; étiquette *f*; ⚖ registre *m* des jugements rendus, *Am.* rôle *m* des causes; ⊕ bordereau *m*; **2.** étiqueter; classer.
dock·yard [ˈdɔkjaːd] chantier *m* de construction de navires; arsenal *m* maritime.
doc·tor [ˈdɔktə] **1.** docteur *m*; médecin *m*; ~*'s certificate* certificat *m* médical; **2.** F soigner; F droguer; (*a.* ~ *up*) réparer; fausser; frelater (*du vin*); **doc·tor·ate** [ˈ~rit] doctorat *m*.
doc·tri·naire [dɔktriˈnɛə] **1.** idéologue *m*; **2.** pédant; de théoricien; **doc·tri·nal** □ [~ˈtrainl] doctrinal (-aux *m/pl.*); **doc·trine** [ˈ~trin] doctrine *f*; dogme *m*.
doc·u·ment 1. [ˈdɔkjumənt] document *m*; pièce *f*; **2.** [ˈ~ment] documenter; **doc·uˈmen·tal** *see documentary 1*; **doc·uˈmen·ta·ry 1.** □ documentaire; **2.** (*a.* ~ *film*) documentaire *m*; **doc·u·menˈta·tion** documentation *f*.
dod·der [ˈdɔdə] **1.** ⚘ cuscute *f*; **2.** trembloter; branler.
dodge [dɔdʒ] **1.** mouvement *m* de côté; *sp.* esquive *f*; ruse *f*, F truc *m*; **2.** *v/t.* esquiver; éviter; éluder (*une question*); *v/i.* se jeter de côté; *sp.* éviter; *fig.* user d'artifices; **ˈdodg·er** malin *m*; *Am.* prospectus *m*; *Am.* (*sorte de*) biscuit *m* dur; **dodg·y** F [ˈdɔdʒi] épineux (-euse *f*); délicat; difficile; risqué; louche.
doe [dou] daine *f*; lapine *f*; hase *f*.
do·er [ˈduːə] faiseur (-euse *f*) *m*; auteur *m*.
does [dʌz] (*il*, *elle*) fait.
doe·skin [ˈdouskin] (peau *f* de) daim *m*.
dog [dɔg] **1.** chien *m* (*qqfois a.* chienne *f*); renard *m etc.* mâle; ⊕ cliquet *m*; agrafe *f*, serre *f*; (*a. fire-*~) chenet *m*; ⚒ (*landing-*~) taquets *m/pl.*; (*safety* ~) chambrière *f*; F type *m*; *Am.* F épate *f*; *Am.* F ⚕ billet *m* à ordre; ~ *show* exposition *f* canine; *go to the* ~*s* marcher à la ruine; se débaucher; ⚕ aller à vau-l'eau; *lead a* ~*'s life* mener une vie de chien; *lead s.o. a* ~*'s life* faire une vie de chien à q.; **2.** filer (*q.*); suivre (*q.*) à la piste; **ˈ~-cart** charrette *f* anglaise; **ˈ~-cheap** à vil prix; **ˈ~-col·lar** collier *m* de chien; F col *m* de pasteur; **ˈ~-days** *pl.* canicule *f*.
doge [doudʒ] doge *m*.
dog·ged □ [ˈdɔgid] tenace.
dog·ger·el [ˈdɔgərəl] **1.** (*a.* ~ *rhymes pl.*) vers *m/pl.* de mirliton; **2.** de mirliton.
dog·gie [ˈdɔgi] *see doggy*.
dog·gish [ˈdɔgiʃ] qui ressemble à un chien; qui a un air de chien; **dog·go** *sl.* [ˈdɔgou]: *lie* ~ se tenir coi; **ˈdog·gy 1.** toutou *m*; **2.** de chien; canin; *Am.* F affichant; à effet; **dog lat·in** latin *m* de cuisine.
dog·ma [ˈdɔgmə] dogme *m*; **dog·mat·ic, dog·mat·i·cal** □ [dɔgˈmætik(l)] dogmatique; *fig.* autoritaire, tranchant; **dogˈmat·ics** *sg.* dogmatique *f*; **dog·ma·tism** [ˈ~mətizm] dogmatisme *m*; *fig.* ton *m ou* esprit *m* autoritaire; **ˈdog·ma·tist** dogmatiste *m*; *fig.* individu *m* positif; **dog·ma·tize** [ˈ~taiz] dogmatiser.
dog('s)-ear F [ˈdɔg(z)iə] corne *f* (*dans un livre*).
dog-tired [ˈdɔgˈtaiəd] éreinté.
doi·ly [ˈdɔili] dessus *m* d'assiette; petit napperon *m*.
do·ing [ˈduːiŋ] **1.** *p.pr. de do 1, 2*; *nothing* ~ rien à faire; ⚕ le marché est mort; **2.** action *f* de faire; fait *m*; ~*s pl.* faits *m/pl.*; événements *m/pl.*; conduite *f*; *péj.* agissements *m/pl.*; *sl.* machin *m*, truc *m*.
doit [dɔit] F sou *m*, liard *m*; bagatelle *f*.
dol·drums [ˈdɔldrəmz] *pl.* cafard *m*; ⚕ marasme *m*; ⚓ zone *f* des calmes.
dole [doul] **1.** aumône *f*; † portion *f*; F allocation *f* de chômage; *be* (*ou*

go) *on the* ~ ne vivre que des allocations de chômage; **2.** (*usu.* ~ *out*) distribuer avec parcimonie.

dole·ful □ [ˈdoulful] lugubre; douloureux (-euse *f*); triste; ˈ**dole·ful·ness** tristesse *f*, chagrin *m*; caractère *m* contristant.

doll [dɔl] **1.** poupée *f*; *Am.* jeune fille *f*; **2.** F ~*ed up* en grand tralala.

dol·lar [ˈdɔlə] dollar *m*; *Am.* F ~*s to doughnuts* très probable.

dol·lop F [ˈdɔləp] morceau *m* informe.

doll·y [ˈdɔli] poupée *f*.

dol·o·mite *min.* [ˈdɔləmait] dolomi(t)e *f*.

dol·o·rous □ [ˈdɔlərəs] *usu. poét., co.* douloureux (-euse *f*); plaintif (-ive *f*); triste.

dol·phin *icht.* [ˈdɔlfin] dauphin *m*.

dolt [doult] benêt *m*; *sl.* cruche *f*; ˈ**dolt·ish** □ lourdaud, sot(te *f*).

do·main [dəˈmein] domaine *m* (*a. fig.*); propriété *f*; terres *f*/*pl*.

dome [doum] dôme *m* (*a. fig.*); ⊕ couronne *f*, dôme *m*.

do·mes·tic [dəˈmestik] **1.** (~*ally*) domestique; de ménage; de famille; intérieur (*commerce etc.*); casanier (-ère *f*); ~ *appliance* appareil *m* ménager; ~ *bliss* bonheur *m* familial *ou* de ménage; ~ *coal* houille *f* de ménage; ✈ ~ *flight* vol *m* intérieur; ~ *science* enseignement *m* ménager; **2.** domestique *mf*; **doˈmes·ti·cate** [~keit] apprivoiser, domestiquer (*un animal*); ⚘ *zo.* acclimater; rendre (*q.*) casanier (-ère *f*); **do·mes·tiˈca·tion** domestication *f*; acclimatation *f*; **do·mes·tic·i·ty** [doumesˈtisiti] vie *f* de famille; goûts *m*/*pl.* domestiques.

dom·i·cile [ˈdɔmisail] **1.** *surt.* ⚖ domicile *m*; **2.** ⚕ domicilier (*un effet*); F résider, s'établir (dans); ˈ**dom·i·ciled** domicilié, demeurant (à, *at*); **dom·i·cil·i·ar·y** [dɔmiˈsiljəri] domiciliaire (*visite etc.*).

dom·i·nance [ˈdɔminəns] (pré-) dominance *f*; ˈ**dom·i·nant** **1.** dominant; **2.** ♪ dominante *f*.

dom·i·nate [ˈdɔmineit] dominer; **dom·iˈna·tion** domination *f*; ˈ**dom·i·na·tor** dominateur (-trice *f*) *m*; **dom·i·neer** [dɔmiˈniə] se montrer autoritaire; ~ *over* tyranniser; **dom·iˈneer·ing** □ autoritaire; tyrannique.

do·min·i·cal [dəˈminikl] dominical (-aux *m*/*pl.*) (*oraison*).

Do·min·i·can [dəˈminikən] dominicain(e *f*) *m* (*a. adj.*).

do·min·ion [dəˈminjən] domination *f*, maîtrise *f*; *souv.* ~*s pl.* dominion *m*, -s *m*/*pl.*; possessions *f*/*pl.*; colonie *f*, -s *f*/*pl.*; ♀ Dominion *m*.

dom·i·no [ˈdɔminou], *pl.* **-noes** [ˈ~nouz] domino *m*; ~*s sg. jeu*: dominos *m*/*pl*.

don [dɔn] professeur *m* d'université.

do·nate *Am.* [douˈneit] donner; faire un don à; **doˈna·tion, don·a·tive** [ˈdounətiv] don *m*, donation *f*.

done [dʌn] **1.** *p.p. de do 1, 2*; *be* ~ *souv.* se faire; **2.** *adj.* fait; cuit; (*ou* ~ *up*) éreinté, fourbu; *well* ~ bien cuit; *he is* ~ *for* c'est un homme coulé; **3.** *int.* d'accord!

do·nee ⚖ [douˈniː] donataire *mf*.

don·jon [ˈdɔndʒən] cachot *m*.

don·key [ˈdɔŋki] âne(sse *f*) *m*; *attr. qqfois* auxiliaire; ˈ**~·work** F *le* gros (du) travail.

do·nor [ˈdounə] donateur (-trice *f*) *m*; ⚕ donneur (-euse *f*) *m* de sang.

do-noth·ing F [ˈduːnʌθiŋ] fainéant(e *f*) (*a. su.*/*mf*).

don't [dount] **1.** = *do not*; *impér.* ne fai(te)s pas ça!; **2.** défense *f*.

doo·dle [ˈduːdl] **1.** griffonnage *m*; griffonner.

doom [duːm] **1.** *surt. péj.* sort *m*, destin *m*; mort *f*; ruine *f*; **2.** condamner; **dooms·day** [ˈduːmzdei] (jour *m* du) jugement m dernier.

door [dɔː] porte *f*; *auto, wagon, etc.*: portière *f*; *next* ~ (*to*) à côté (de); *fig.* approchant (de); *two* ~*s off* deux portes plus loin; (*with*)*in* ~*s* chez soi; *out of* ~*s* dehors; en plein air; *turn s.o. out of* ~*s* mettre q. à la porte; *lay s.th. to* (*ou at*) *s.o.'s* ~ imputer qch. à q.; ˈ**~-bell** sonnette *f*; ˈ**~-han·dle** poignée *f* de port(ièr)e); ˈ**~-keep·er** concierge *mf*; portier *m*; ~ **knob** poignée *f ou* bouton *m* de porte; ˈ**~·man** concierge *m*; portier *m*; ˈ**~·way** porte *f*; portail *m*.

dope [doup] **1.** liquide *m* visqueux; ✈ enduit *m*; *mot.* laque *f*; F stupéfiant *m*; narcotique *m*; *Am. sl.* tuyau *m*; renseignement *m*; imbécile *mf*; idiot(e *f*) *m*; type *m*; ~ *fiend* toxicomane *mf*, drogué(e *f*) *m*; ~ *peddler*, ~ *pusher* revendeur (-euse *f*) *m* de stupéfiants; **2.** *v*/*t.*

enduire; administrer un narcotique à; *sp.* doper (*a. un combustible*); narcotiser (*une cigarette*); *v/i.* F prendre des stupéfiants; **'dope·y** *Am. sl.* stupide; hébété.

dor·mant ['dɔːmənt] *usu. fig.* endormi, assoupi; en repos; tombé en désuétude; ⚘, ▨ dormant; ⚕ ~ *partner* commanditaire *m.*

dor·mer ['dɔːmə] (*a.* ~-*window*) lucarne *f*; (fenêtre *f* en) mansarde *f.*

dor·mi·to·ry ['dɔːmitri] dortoir *m*; *surt. Am.* maison *f* d'étudiants.

dor·mouse ['dɔːmaus], *pl.* **-mice** [~mais] loir *m*; lérot *m.*

dor·sal □ ['dɔːsl] dorsal (-aux *m/pl.*); **'dor·ser** hotte *f.*

dose [dous] **1.** dose *f*; **2.** médicamenter (q. avec qch., *s.o. with s.th.*); doser (*le vin etc.*).

doss *Brit. sl.* [dɔs] **1.** pieu *m* (*lit*); roupillon *m* (*sommeil*); somme *m*; **2.** ~ *down* se pieuter (*se coucher*); crécher (*coucher, loger*); **'~·house** asile *m* de nuit.

dos·si·er ['dɔsiei] dossier *m*, documents *m/pl.*

dot [dɔt] **1.** point *m*; mioche *mf*; *on the* ~ F à l'heure tapante; argent comptant; **2.** mettre un point sur; pointiller; (*a.* ~ *about*) *fig.* (par-) semer (de, *with*); ♪ pointer; marquer (*une surface*) avec des points.

dot·age ['doutidʒ] seconde enfance *f*; radotage *m*; **do·tard** ['~təd] radoteur (-euse *f*) *m*; gâteux (-euse *f*) *m*; **dote** [dout] radoter; tomber dans la sénilité; ~ ([*up*]*on*) aimer (*q.*) à la folie; **'dot·ing** sénile; qui aime follement (q., *on s.o.*).

dot·ty *sl.* ['dɔti] toqué, maboul.

dou·ble □ ['dʌbl] **1.** double; à deux personnes *ou* lits (*chambre*); deux (*lettres*); ~ *tooth* grosse dent *f*; **2.** double *m* (*a. tennis*); deux fois autant; *fleuve, lièvre*: détour *m*; ⚔ pas *m* de course; **3.** *v/t.* doubler (*a.* ⚓); serrer (*le poing*); *bridge*: contrer; plier en deux (*un papier*); *théâ.* jouer deux (*rôles*); ~ *up* replier; faire plier (*q.*) en deux; ~*d up* ployé; *v/i.* (se) doubler; ⚔ prendre le pas de course; (*a.* ~ *back*) faire un brusque crochet (*animal*); *cartes*: contrer; **'~-'bar·relled** à deux coups (*fusil*); *fig.* (*nom*) à charnière; ~ **bass** ♪ contrebasse *f*; ~ **bend** virage *m* en S; **'~-'breast·ed** croisé (*gilet etc.*); **'~-check** revérifier; **'~-'cross** *Am. sl.* tomper, duper; **'~-'deal·er** homme *m* à deux visages; fourbe *m*; **'~-'deal·ing** duplicité *f*, fourberie *f*; **'~-'deck·er** autobus *m* à impériale; *cuis.* sandwich *m* double; **'~-'edged** à deux tranchants; ~ **en·try** ⚕ comptabilité *f* en partie double; ~ **fea·ture** *cin. Am.* programme *m* double; **'~-'glaz·ing** doubles fenêtres *f/pl.*; double vitrage *m*; **'~-'head·er** *Am. baseball*: deux parties *f/pl.* de suite; **'~-'joint·ed** désarticulé; ~ **line** 🚂 ligne *f* à voie double; **'dou·ble·ness** état *m* double; duplicité *f* (*a. fig.*); *fig.* mauvaise foi *f*, fausseté *f*; **'dou·ble'park** *Am.* stationner contrairement à la loi; **'dou·ble-'quick** ⚔ (au) pas *m* gymnastique.

dou·blet ['dʌblit] pourpoint *m*; doublet *m* (*a. gramm.*); ~*s pl.* doublet *m* (*aux dés*).

dou·ble...: **'~-'talk** paroles *f/pl.* trompeuses *ou* ambiguës; ~ **take** F *do a* ~ y regarder à deux fois; ~ **time** ⚔ pas *m* gymnastique; **'~-'track** à voie double.

doub·ling ['dʌbliŋ] doublement *m*; doublage *m*; détour *m*, crochet *m.*

doubt [daut] **1.** *v/i.* hésiter; douter; *v/t.* douter de (*q., qch.*); révoquer (*qch.*) en doute; **2.** doute *m*; incertitude *f*; *no* ~ sans (aucun) doute; **'doubt·er** sceptique *mf*, douteur (-euse *f*) *m*; **doubt·ful** □ ['~ful] douteux (-euse *f*); incertain; équivoque; suspect; **'doubt·ful·ness** incertitude *f*; ambiguïté *f*; irrésolution *f*; **'doubt·less** sans doute.

douche [duːʃ] **1.** douche *f* (*a.* ⚕); **2.** (se) doucher.

dough [dou] pâte *f* (*à pain*); *Am. sl.* argent *m*; **'~·boy** *Am.* F simple soldat *m*; **'~-·nut** pet *m* de nonne; **'dough·y** pâteux (-euse *f*); *fig.* terreux (-euse *f*).

dour *écoss.* ['duə] austère; obstiné.

douse [daus] tremper; arroser; doucher.

dove [dʌv] colombe *f* (*a. fig.*); **'~·cot** colombier *m*; **'~·tail** ⊕ **1.** queue-d'aronde (*pl.* queues-d'aronde) *f*; **2.** *v/t.* adenter; *fig.* opérer le raccord entre; *v/i.* se raccorder.

dow·a·ger ['dauədʒə] douairière *f.*

dow·dy F ['daudi] **1.** sans élégance; **2.** femme *f* mal habillée.
dow·el ⊕ ['dauəl] goujon *m*; cheville *f* (en bois).
dow·er ['dauə] **1.** douaire *m*; *fig.* don *m*, apanage *m*; **2.** assigner un douaire à (*une veuve*); doter (*une jeune fille*).
dow·las ['dauləs] toile *f* commune.
down[1] [daun] duvet *m*; *oreiller*: plume *f*.
down[2] [~] *see dune*; 2*s pl.* hautes plaines *f/pl.* du Sussex *etc.*
down[3] [~] **1.** *adv.* vers le bas; en bas; (*vu*) d'en haut; par terre; ~ *and out fig.* ruiné, à bout de ressources; *be* ~ être en baisse (*prix*); être de chute (*cartes*); F *be* ~ *upon* en vouloir à (*q.*); être toujours sur le dos de (*q.*); ~ *in the country* à la campagne; **2.** *prp.* vers le bas de; en bas de; au fond de; en descendant; le long de; ~ *the river* en aval; ~ *the wind* à vau-vent; **3.** *int.* à bas!; **4.** *adj.* ✝ ~ *payment* acompte *m*, arrhes *f/pl.*; ~ *platform* quai *m* montant; ~ *train* train *m* montant; **5.** F *v/t.* abattre; terrasser; ~ *tools* se mettre en grêve; **6.** *su. see up* 5; '**~-and-'out** clochard *m*; sans-le-sou *m/inv.*; '**~·cast** abattu; baissé (*regard*); **2-'East·er** *Am.* habitant(e *f*) *m* de la Nouvelle-Angleterre, *surt.* du Maine; '**~·fall** chute *f* (*a. fig.*); *fig.* ruine *f*; écroulement *m*; '**~·grade** *Am.* déprécier; dégrader; '**~-'heart·ed** déprimé, découragé; '**~'hill 1.** en descendant; **2.** incliné; en pente; '**~·pour** grosse averse *f*; déluge *m*; '**~·right** □ **1.** *adv.* tout à fait; carrément; nettement; **2.** *adj.* franc(he *f*); direct; carré; éclatant (*mensonge*); pur (*bêtises*); véritable; '**~·right·ness** franchise *f*; droiture *f*; '**~'stairs 1.** d'en bas, du rez-de-chaussée (*pièce*); **2.** en bas (de l'escalier); '**~'stream** en aval, à l'aval; '**~·stroke** *écriture*: jambage *m*; ⊕ mouvement *m* de descente; '**~-to-'earth** terre-à-terre; '**~'town** *surt. Am.* centre *m* des affaires municipales; '**~·ward 1.** de haut en bas; descendant; *fig.* fatal, vers la ruine; dirigé en bas (*regard*); **2.** (*a.* '**~·wards**) de haut en bas; '**~·wash** ✈ *etc.* remous *m* d'air descendant.
down·y ['dauni] duveteux (-euse *f*); velouté (*fruit*); *sl.* rusé.
dow·ry ['dauəri] dot *f* (*a. fig.*).
dowse ['daus] **1.** *see douse*; **2.** faire de l'hydroscopie; '**dows·er** hydroscope *m*; homme *m* à baguette; radiesthésiste *mf*; '**dows·ing-rod** baguette *f* divinatoire.
doze [douz] **1.** sommeiller; ~ *away* passer (*le temps*) à sommeiller; **2.** petit somme *m*.
doz·en [dʌzn] douzaine *f*.
doz·y ['douzi] somnolent; F gourde.
drab [dræb] **1.** gris brunâtre; beige; *fig.* terne; **2.** drap *m* beige; toile *f* bise; *couleur*: gris *m* brunâtre; *fig.* monotonie *f*.
drachm [dræm] (*poids*), **drach·ma** ['drækmə] (*monnaie*) drachme *f*.
draff [dræf] † lie *f* de vin; † lavure *f*; drêche *f*.
draft [drɑːft] **1.** *see draught*; ✝ traite *f*; lettre *f* de change; ⚔ détachement *m*; *Am.* conscription *f*; ~ *agreement* projet *m* de contract; *Am.* ⚔ ~ *dodger* insoumis *m*; **2.** rédiger; faire le brouillon de; désigner (à, pour *to*); ⚔ détacher; envoyer (*des troupes*) en détachement; *Am.* appeler sous les armes; **draft·ee** ⚔ [drɑːf'tiː] *Am.* conscrit *m*; '**drafts·man** dessinateur *m*, traceur *m*.
drag [dræg] **1.** filet *m* à la trôle, drague *f*; traîneau *m*; herse *f*; sabot *m*; drag *m*; résistance *f*; *fig.* obstacle *m*, entrave *f*; *fig.* corvée *f*; F casse-pieds *m*; *sl.* travesti *m* (*vêtements de femme*); **2.** *v/t.* (en)traîner, tirer; ⚓ chasser sur (*ses ancres*); draguer; ⚒ herser; enrayer (*une roue*); *see dredge*[1] 2; ~ *along* (en)traîner; ~ *out one's life* traîner sa vie (jusqu'à sa fin); *v/i.* traîner; draguer (à la recherche de, *for*); pêcher à la drague; ✝ languir.
drag·gle ['drægl] traîner dans la boue; '**~-tail** F souillon *f*.
drag·on ['drægən] dragon *m*; '**~-fly** libellule *f*.
dra·goon [drə'guːn] **1.** dragon *m*; **2.** dragonner; *fig.* tyranniser.
drain [drein] **1.** tranchée *f*; caniveau *m*; égout *m*; F saignée *f*, fuite *f*; **2.** *v/t.* assécher, dessécher; vider (*un étang, un verre, etc.*); égoutter (*des légumes*); *fig.* épuiser; (*a.* ~ *off*) faire écouler; évacuer (de, *of*); *v/i.* s'écouler; '**drain·age** écoulement *m*; ⚒ drainage *m*; '**drain·ing**

1. d'écoulement; 2. *see drainage*; ~s *pl.* égoutture *f*; ˈ**drain·pipe** tuyau *m* d'écoulement; gouttière *f*; ~ *trousers* pantalon-cigarette *m* (*pl.* pantalons-cigarette).

drake [dreik] canard *m*, malard *m*.

dram [dræm] *poids*: drachme *f*; goutte *f*; petit verre *m*.

dra·ma [ˈdrɑːmə] drame *m*; **dra·mat·ic** [drəˈmætik] (~*ally*) dramatique; **dram·a·tist** [ˈdræmətist] auteur *m* dramatique; ˈ**dram·a·tize** dramatiser; adapter (*qch.*) à la scène; **dram·a·tur·gy** [ˈ~təːdʒi] dramaturgie *f*.

drank [dræŋk] *prét. de drink 2*.

drape [dreip] *v/t.* draper, tendre (de *with, in*); *v/i.* se draper; ˈ**drap·er** marchand *m* d'étoffes; ˈ**dra·per·y** draperie *f*; nouveautés *f/pl.*

dras·tic [ˈdræstik] (~*ally*) énergique.

draught [drɑːft] tirage *m*; pêche *f*; courant *m* d'air; plan *m*, tracé *m*, ébauche *f*; *boisson*: coup *m*, trait *m*; ⚕ potion *f*; ⚓ tirant *m* d'eau; ~s *pl.* dames *f/pl.*; *see draft*; ~ *beer* bière *f* au tonneau; *at a* ~ d'un seul trait; ˈ~**-board** damier *m*; ˈ~**-horse** cheval *m* de trait; ˈ**draughts·man** dessinateur *m*, traceur *m*; ˈ**draught·y** exposé; plein de courants d'air.

draw [drɔː] **1.** [*irr.*] *v/t. souv.* tirer; attirer (*une foule*); tracer; dessiner; établir (*une distinction*); faire infuser (*le thé*); *chasse*: battre (*le couvert*); vider (*un poulet*); toucher (*de l'argent*); dresser, rédiger (*un contrat, un acte*); aspirer (*l'air*); arracher (*des larmes*) (à, *from*); *sp.* faire partie nulle; *v/i.* s'approcher de; ⚓ tirer; *the battle was* ~*n* la bataille resta indécise; ~ *away* entraîner; détourner; ~ *down* baisser; faire descendre; ~ *forth* faire paraître; susciter; ~ *near* s'approcher (de); ~ *on* mettre; *fig.* attirer; ~ *out* tirer; allonger; prolonger; ~ *up* tirer en haut; faire monter; ⚔ ranger; ⚖ dresser, rédiger; ~ (*up*)*on* fournir (*une traite*) sur (*q.*); tirer (*un chèque*); *fig.* faire appel à; **2.** tirage *m*; loterie *f*, tombola *f*; *sp.* partie *f* nulle; F attraction *f*; ˈ~**·back** désavantage *m*, inconvénient *m*; ⚚ drawback *m*; *Am.* remboursement *m*; ˈ~**·bridge** pont-levis (*pl.* ponts-levis) *m*; **drawˈee** ⚚ tiré *m*; payeur *m*; ˈ**draw·er** dessinateur *m*; tireur *m* (*a.* ⚚); tiroir *m*; (*a pair of*) ~s *pl.* (un) pantalon *m* (*de femme*); (un) caleçon *m* (*d'homme*); (*usu. chest of* ~*s*) commode *f*.

draw·ing [ˈdrɔːiŋ] tirage *m*; puisement *m*; attraction *f*; tirage *m* au sort, loterie *f*; dessin *m*; ébauche *f*; ⚚ *effets*: traite *f*; *chèque*: tirage *m*; *out of* ~ mal dessiné; ~ *instruments pl.* instruments *m/pl.* de dessin; ˈ~**-acˈcount** compte *m* en banque; ˈ~**-board** planche *f* à dessin; ˈ~**-pen** tire-ligne *m*; ˈ~**-pin** punaise *f*; ˈ~**-room** salon *m*; réception *f*.

drawl [drɔːl] **1.** *v/t.* (*souv.* ~ *out*) dire (*qch.*) avec une nonchalance affectée; *v/i.* parler d'une voix traînante; **2.** voix *f* traînante; débit *m* traînant.

drawn [drɔːn] **1.** *p.p.* de *draw 1*; **2.** *adj.* tiré; ⊕ étiré; *sp.* égal; *cuis. Am.* ~ *butter* beurre *m* fondu (aux fines herbes).

draw-well [ˈdrɔːwel] puits *m* à poulie.

dray [drei] (*a.* ~*-cart*) camion *m* (*surt.* de brasseur); ˈ~**·man** livreur *m* de brasserie.

dread [dred] **1.** terreur *f*, épouvante *f*; **2.** redouter; **dread·ful** □ [ˈ~ful] **1.** redoutable; terrible; atroce; **2.** *penny* ~ roman *m* à sensation; **dread·nought** [ˈ~nɔːt] *tex.* frise *f*; ⚓ dreadnought *m*.

dream [driːm] **1.** rêve *m*; songe *m*; **2.** [*irr.*] rêver (de, *of*); ~ *away* passer à rêver; ˈ**dream·er** rêveur (-euse *f*) *m*; ˈ**dream-read·er** interprète *m* des rêves; **dreamt** [dremt] *prét. et p.p. de dream 2*; **dream·y** [ˈdriːmi] □ rêveur (-euse *f*); langoureux (-euse *f*).

drear·i·ness [ˈdriərinis] tristesse *f*; aspect *m* morne; ˈ**drear·y** □ triste; morne.

dredge[1] [dredʒ] **1.** (filet *m* de) drague *f*; **2.** draguer (*fig.* à la recherche de); (*a.* ~ *up*, ~ *out*) dévaser.

dredge[2] [~] *cuis.* saupoudrer.

dredg·er[1] [ˈdredʒə] drague *f*; *personne*: dragueur *m*.

dredg·er[2] [~] saupoudroir *m*.

dregs [dregz] *pl.* lie *f*.

drench [drentʃ] **1.** *vét.* breuvage *m*, purge *f*; F *see drencher*; **2.** tremper, mouiller (de, *with*); *vét.* donner un breuvage à; ˈ**drench·er** F pluie *f* battante.

dress [dres] **1.** robe *f*, toilette *f*, costume *m*; *fig.* habillement *m*, habits *m/pl.*; *théâ.* ~ *rehearsal* répétition *f* générale; *full* ~ grande tenue *f*; **2.** (s')habiller, (se) vêtir; ⚔ (s')aligner; *v/t.* orner; panser (*une blessure*); tailler (*une vigne*); ⊕ dresser, parer (*des pierres*); *cuis.* apprêter; ↗ donner une façon à (*un champ*); *théâ.* costumer; *v/i.* faire sa toilette; ~ **circle** *théâ.* (premier) balcon *m*; ˈ~-ˈ**coat** frac *m*; ˈ**dress·er** ⊕, *cuis.* apprêteur (-euse *f*) *m*; buffet *m* de cuisine; panseur (-euse *f*) *m*; *théâ.* habilleur (-euse *f*) *m*; *Am.* dressoir *m*.

dress·ing [ˈdresiŋ] habillement *m*, toilette *f*; pansement *m* (*d'une blessure*); ⚔ alignement *m*; *cuis.* sauce *f* mayonnaise; ⊕ apprêt *m*; dressage *m* (*de pierres*); ↗ façon *f*; fumages *m/pl.*; ~*s pl.* △ moulures *f/pl.*; ⚕ pansements *m/pl.*; ~ *down* F semonce *f*; ˈ~-**case** mallette *f* garnie; sac *m* de toilette; ⚕ trousse *f* de pansement; ˈ~-ˈ**down** F réprimande *f*; F engueulade *f*; *get a* ~ se faire passer un savon; *give s.o. a* (*good*) ~ passer un savon à q.; ˈ~-**glass** miroir *m* de toilette; psyché *f*; ˈ~-**gown** robe *f* de chambre; ˈ~-**jack·et** camisole *f*; ˈ~-**ta·ble** (table *f* de) toilette *f*.

dress...: ˈ~-**mak·er** couturier (-ère *f*) *m*; ˈ~-**mak·ing** couture *f*; ˈ~-**shield** dessous-de-bras *m/inv.*; ˈ~-ˈ**suit** habit *m* (de soirée); ˈ**dress·y** F élégant; chic *inv. en genre*; coquet(te *f*) (*femme*).

drew [druː] *prét. de draw* 1.

drib·ble [ˈdribl] dégoutter; baver (*enfant etc.*); *foot.* dribbler.

drib·(b)let [ˈdriblit] chiquet *m*; *in* ~*s* petit à petit.

dribs and drabs F [ˈdribzənˈdræbz] *pl.*: *in* ~ petit à petit, peu à peu.

dried [draid] (des)séché; ~ *fruit* fruits *m/pl.* secs; ~ *vegetables pl.* légumes *m/pl.* déshydratés.

drift [drift] **1.** mouvement *m*; direction *f*, sens *m*; ⚓ dérive *f*; *fig.* cours *m*; *fig.* portée *f*, tendance *f*; *neige*: amoncellement *m*; *pluie*: rafale *f*; ⊕ poinçon *m*; *géol.* apport *m*, -s *m/pl.*; ⚒ galerie *f* (chassante); ~ *from the land* dépeuplement *m* des campagnes; **2.** *v/t.* flotter; entasser; *v/i.* flotter; être entraîné; ⚓ dériver; se laisser aller (*a. fig.*); ˈ**drift·er** ⚓ chalutier *m*; *fig.* vagabond(e *f*) *m*; ˈ**drift-ice** glaces *f/pl.* flottantes.

drill[1] [dril] **1.** foret *m*; perçoir *m*; vilebrequin *m*; ↗ rayon *m*; semeuse *f*; ⚔ manœuvre *f*, -s *f/pl.*; exercice *m*, -s *m/pl.* (*a. fig.*); ~-*ground* terrain *m* d'exercice; **2.** ⚔ (faire) faire l'exercice (*a. fig.*); *v/t.* forer; percer; buriner (*une dent*); ↗ semer en rayons.

drill[2] [~], **drill·ing** [ˈ~iŋ] *tex.* coutil *m*, treillis *m*.

drink [driŋk] **1.** boire *m*; boisson *f*; consommation *f*; *in* ~ ivre; **2.** [*irr.*] *vt/i.* boire; *v/i.* être adonné à la boisson; ~ *s.o.'s health* boire à la santé de q.; ~ *away* boire; ~ *in* absorber; ~ *to* boire à; ~ *off*, ~ *out*, ~ *up* vider; achever de boire; avaler; ˈ**drink·a·ble** buvable; potable (*eau*).

drink·ing [ˈdriŋkiŋ] boire *m*; *fig.* boisson *f*; ivrognerie *f*; ˈ~-**bout** ribote *f*; ˈ~-**foun·tain** borne-fontaine (*pl.* bornes-fontaines) *f*; poste *m* d'eau potable; ˈ~-**song** chanson *f* à boire; ˈ~-**wa·ter** eau *f* potable.

drip [drip] **1.** (d)égouttement *m*; goutte *f*; F nouille *f* (*personne*); ⚕ (*be on the* ~ avoir le) goutte-à-goutte *m/inv.*; **2.** (laisser) tomber goutte à goutte; *v/i.* dégoutter; ~*ping wet* trempé; ˈ**drip·ping** (d)égouttement *m*; *cuis.* ~*s pl.* graisse *f* (de rôti).

drive [draiv] **1.** promenade *f* en voiture; course *f*; avenue *f*; *tennis*: drive *m*; *cartes*: tournoi *m*; *sp.* coup *m* droit; *mot.* prise *f*; traction *f*; ⊕ attaque *f*; commande *f*; propulsion *f*; *chasse*: battue *f*; *fig.* énergie *f*; urgence *f*; *Am.* campagne *f* de propagande; **2.** [*irr.*] *v/t.* chasser, passer; conduire; faire marcher; surmener; exercer (*un métier*); contraindre (à, [*in*]*to*); (*a.* ~ *away*) éloigner; *v/i.* chasser; ⚓ dériver; *chasse*: battre un bois; *mot.* rouler; ~ *at* viser (*qch.*); travailler à (*qch.*) sans relâche; ~ *on v/t.* pousser; *v/i.* continuer sa route; ~ *up to* s'approcher de (*qch.*) en voiture.

drive-in *Am.* [ˈdraivˈin] *usu. attr.* (restaurant *m ou* cinéma *m*) où l'on accède en voiture.

driv·el [ˈdrivl] **1.** baver; **2.** bave *f*; F balivernes *f/pl.*

driv·en [ˈdrivn] *p.p. de drive* 2.

driv·er ['draivə] conducteur (-trice *f*) *m* (*a. mot.*); 🚂 mécanicien *m*; *tramway*: wattman (*pl.* -men) *m*; ⊕ poinçon *m*; heurtoir *m* (*d'une soupape*); *Am.* ~'s license permis *m* de conduire.

drive·way ['draivwei] allée *f*; entrée *f* (pour voitures).

driv·ing ['draiviŋ] conduite *f etc.*; *attr.* de transmission; conducteur (-trice *f*); *a. fig.* ~ *force* force *f* motrice *ou* agissante; *fig. a.* moteur *m*; ~ *instructor* moniteur *m* de conduite; ~ *licence* permis *m* de conduire; ~ *mirror* rétroviseur *m*; ~ *school* auto-école *f*; '~**·belt** curroie *f* de commande; '~**·gear** transmission *f*; '~**-wheel** roue *f* motrice.

driz·zle ['drizl] **1.** bruine *f*; **2.** bruiner.

droll [droul] (*adv. drolly*) drôle; '**droll·er·y** drôlerie *f*.

drom·e·dar·y *zo.* ['drʌmədəri] dromadaire *m*.

drone[1] [droun] **1.** *zo.* faux bourdon *m*; *fig.* fainéant *m*; **2.** fainéanter.

drone[2] [~] **1.** bourdonnement *m*; ♪ bourdon *m*; **2.** bourdonner; parler d'un ton monotone.

drool [dru:l] **1.** baver; F radoter; **2.** *Am.* F radotage *m*.

droop [dru:p] *v/t.* baisser; laisser pendre; *v/i.* pendre; languir; s'affaisser; (se) pencher; '**droop·ing** □ (re)tombant; (a)baissé; languissant.

drop [drɔp] **1.** goutte *f*; *bonbon*: pastille *f*; chute *f*; pendant *m*; *échafaud*: trappe *f*; *théâ.* rideau *m* d'entracte; ✝ baisse *f*; *Am.* F get (*ou have*) *the* ~ *on* prendre (*q.*) au dépourvu; ~ *light* lampe *f* suspendue; **2.** *v/t.* lâcher; laisser tomber (*qch., une question, la voix*); mouiller (*l'ancre*); lancer (*une bombe*); jeter à la poste (*une lettre*); verser (*des larmes*); laisser (*un sujet*); glisser (*un mot à q.*); laisser échapper (*une remarque*); déposer (*un passager*); baisser (*la voix, les yeux, le rideau*); supprimer (*une lettre, une syllabe*); abattre (*le gibier*); tirer (*une révérence*); perdre (*de l'argent*); ~ *s.o. a line* écrire un mot à q.; F ~ *it!* assez!; *v/i.* tomber; dégoutter; s'égoutter; s'abaisser (*terrain*); se laisser tomber (*dans un fauteuil*); baisser (*prix, température*); se calmer; ~ *in* entrer en passant (à, chez *at*, [*up*]*on*); attraper (q., [*up*]*on s.o.*); ~ *off* tomber, se détacher; F s'endormir; ~ *out v/t.* omettre; *v/i.* tomber dehors; renoncer; rester en arrière; **drop·let** ['drɔplit] gouttelette *f*; '**drop·ping** dégouttement *m*; abandon *m*; ~*s pl.* fiente *f* (*d'animaux*); '**drop-scene** *théâ.* toile *f* de fond; rideau *m* d'entracte; *fig.* dernier acte *m*.

drop·si·cal □ ['drɔpsikl] hydropique; '**drop·sy** hydropisie *f*.

dross [drɔs] scories *f/pl.*; déchet *m*; *fig.* rebut *m*.

drought [draut] sécheresse *f*; '**drought·y** aride, sec (sèche *f*).

drove [drouv] **1.** troupeau *m* (*de bœufs*) (en marche); *fig.* bande *f*, foule *f*; **2.** *prét. de drive* 2; '**dro·ver** conducteur *m ou* marchand *m* de bestiaux.

drown [draun] *v/t.* noyer (*a. fig.*); submerger; étouffer, couvrir (*un son*); *v/i.* (*ou be* ~*ed*) se noyer; être noyé.

drowse [drauz] *v/i.* somnoler, s'assoupir; *v/t.* assoupir; '**drow·si·ness** somnolence *f*; '**drow·sy** somnolent, assoupi; soporifique.

drub [drʌb] battre, rosser; '**drub·bing** volée *f* de coups; F tripotée *f*.

drudge [drʌdʒ] **1.** *fig.* cheval *m* de bât; esclave *mf*; **2.** peiner; mener une vie d'esclave; '**drudg·er·y** travail *m* ingrat; *fig.* esclavage *m*.

drug [drʌg] **1.** drogue *f*; stupéfiant *m*; *be a* ~ *in the market* être invendable; ~ *abuse* abus *m* des drogues; ~ *pusher* (*ou peddler*) revendeur (-euse *f*) *m* de stupéfiants; ~ *traffic*(*king*) trafic *m* des stupéfiants; **2.** *v/t.* donner *ou* administrer des stupéfiants à (*q.*); *v/i.* s'adonner aux stupéfiants; **drug·gist** ['drʌgist] *Am., a. écoss.* pharmacien *m*; **drug·gist's shop,** *Am.* '**drug·store** pharmacie *f*; *Am. p.ext.* débit *m* de boissons non alcoolisés et de casse-croûte.

drum [drʌm] **1.** tambour *m* (*a.* ⊕); tonneau *m*; *anat.* tympan *m*; **2.** battre du tambour; tambouriner (*a. fig.*); '~**·fire** ⚔ tir *m* de barrage; '~**-head** peau *f* de tambour; '**drum·mer** tambour *m*; *Am.* F commis *m* voyageur; '**drum·stick** baguette *f* de tambour; *cuis.* pilon *m*.

drunk [drʌŋk] **1.** *p.p. de drink* 2;

2. ivre, soûl (de, *with*); *get* ~ s'enivrer, se soûler; **drunk·ard** ['~əd] ivrogne(sse *f*) *m*; '**drunk·en** ivre; ~ *driving* conduite *f* en état d'ivresse; '**drunk·en·ness** ivresse *f*; ivrognerie *f*.

drupe ⚘ [dru:p] drupe *m*.

dry [drai] **1.** □ *usu.* sec (sèche *f*) (F *a.* = *prohibitionniste*); aride (*sujet, terrain*); tari; à sec (*maçonnerie, puits, etc.*); mordant, caustique (*esprit*); *be* ~ F avoir le gosier sec; ⚡ ~ *cell* pile *f* sèche; ~ *goods pl.* F *Am.* tissus *m/pl.*; articles *m/pl.* de nouveauté; **2.** *Am.* F prohibitionniste *m*; **3.** *vt/i.* sécher; *v/t.* faire sécher; essuyer (*les yeux*); *v/i.* (*a.* ~ *up*) tarir, se dessécher; F ~ *up!* taisez-vous!

dry·ad ['draiəd] dryade *f*.

dry-clean ['drai'kli:n] nettoyer à sec; '**dry-'clean·ing** nettoyage *m* à sec.

dry...: '**~-nurse 1.** nourrice *f* sèche; **2.** élever au biberon; '**~-'rot** carie *f* sèche; *fig.* désintégration *f*; '**~-'shod** à pied sec.

du·al □ ['dju:əl] **1.** double; jumelé (*pneus*); **2.** *gramm.* duel *m*; '**du·al·ism** dualité *f*; *phls.* dualisme *m*.

dub [dʌb] adouber (*q.*) chevalier; donner l'accolade à; F qualifier (*q.*) de (*qch.*); préparer (*le cuir*) avec le dégras; *cin.* doubler; **dub·bing** ['~iŋ] *hist.* adoubement *m*; (*a.* **dub·bin** ['~in]) dégras *m*.

du·bi·ous □ ['dju:bjəs] douteux (-euse *f*); incertain (de *of, about, over*); '**du·bi·ous·ness** incertitude *f*.

du·cal ['dju:kl] de duc; ducal (-aux *m/pl.*).

duc·at ['dʌkət] ducat *m*.

duch·ess ['dʌtʃis] duchesse *f*.

duch·y ['dʌtʃi] duché *m*.

duck[1] [dʌk] canard *m*; cane *f*; *Am. sl.* type *m*, individu *m*; *cricket*: zéro *m*; ⚔ camion *m* amphibie.

duck[2] [~] **1.** plongeon *m*; courbette *f*; *box.* esquive *f*; **2.** plonger dans l'eau; faire (faire) une courbette; *v/t. Am.* éviter; *v/i.* F partir, quitter.

duck[3] F [~] (mon) petit chou *m*; poulet(te *f*) *m*; chat(te *f*) *m*.

duck[4] [~] toile *f* fine (*pour voiles*).

duck·ling ['dʌkliŋ] caneton *m*.

duck·y F ['dʌki] **1.** *see duck*[3]; **2.** mignon(ne *f*); chic *inv. en genre*.

duct [dʌkt] conduit *m*; ⚘, *anat.* canal *m*.

duc·tile □ ['dʌktail] malléable; *fig. a.* docile; **duc·til·i·ty** [~'tiliti] malléabilité *f*; *fig.* souplesse *f*.

dud *sl.* [dʌd] **1.** ⚔ obus *m* non éclaté; type *m* nul; raté *m*; chèque *m* sans provision; fausse monnaie *f*; crétin *m*; ~*s pl.* frusques *f/pl.*; **2.** faux (fausse *f*); *sl.* moche.

dude *Am.* [dju:d] gommeux *m*; *Am.* ~ *ranch* ranch *m* d'opérette.

dudg·eon ['dʌdʒn] colère *f*.

due [dju:] **1.** échu; exigible; mérité; *in* ~ *time* en temps utile; *the train is* ~ *at* le train arrive *ou* doit arriver à; *in* ~ *course* en temps et lieu; *be* ~ *to* être dû (due *f*) à, être causé par; *be* ~ *to* (*inf.*) devoir (*inf.*); *Am.* être sur le point de (*inf.*); ✝ *fall* ~ échoir, venir à échéance; ~ *date* échéance *f*; **2.** *adv.* ⚓ droit; ~ *east* est franc, droit vers l'est; **3.** dû *m*; droit *m*; *usu.* ~*s pl.* droits *m/pl.*; frais *m/pl.*; cotisation *f*.

du·el ['dju:əl] **1.** duel *m*; **2.** se battre en duel; '**du·el·list** duelliste *m*.

du·et(t) [dju'et] duo *m*.

duf·fel ['dʌfəl]: ~ *bag* sac *m* marin; ~ *coat* duffel-coat *m*.

duff·er F ['dʌfə] cancre *m*; *sp.* maladroit(e *f*) *m*.

dug [dʌg] **1.** *prét. et p.p. de dig 1*; **2.** mamelle *f*; '**~-out** ⚔ abri *m* (blindé); *canot*: piroque *f*; *Am. baseball*: (*sorte de*) fosse *f* où se tiennent les joueurs en attendant leur tour.

duke [dju:k] duc *m*; '**duke·dom** duché *m*; titre *m* de duc.

dull [dʌl] **1.** □ terne (*a. style*), mat (*couleur*); sans éclat (*œil*); atone (*regard*); dur (*oreille*); peu sensible (*ouïe*); sourd (*bruit, douleur*); lourd (*esprit, temps*); sombre (*temps*); émoussé (*ciseau*); ✝ inactif (-ive *f*) (*marché*); triste, ennuyeux (-euse *f*); ⚓ calme; **2.** *v/t.* émousser; assourdir; ternir; amortir (*une douleur*); engourdir (*l'esprit*); hébéter (*q.*); *v/i.* se ternir; s'engourdir; **dull·ard** ['~əd] lourdaud(e *f*) *m*; '**dull·ness** manque *m* d'éclat *ou* de tranchant; lenteur *f* de l'esprit; dureté *f* (*d'oreille*); tristesse *f*, ennui *m*; bruit *m* sourd; ✝ marasme *m*, inactivité *f*.

du·ly ['dju:li] *see due 1*; dûment; convenablement; en temps voulu.

dumb □ [dʌm] muet(te *f*); interdit; *Am.* F sot(te *f*); bête; *deaf and* ~ sourd(e *f*)-muet(te *f*); *see show 2*;

strike ~ rendre muet; ~*-waiter meuble*: servante *f*; *Am.* monte-plats *m/inv.*; '**~-bell** haltère *m*; *Am. sl.* imbécile *mf*; **~'found** F interdire; abasourdir; '**dumb·ness** mutisme *m*; silence *m*.

dum·my ['dʌmi] chose *f* factice; mannequin *m*; *fig.* muet(te *f*) *m*; *fig.* homme *m* de paille; *fig.* sot(te *f*) *m*; *cartes*: mort *m*; sucette *f* (*de bébé*); *attr.* faux (fausse *f*); factice; ~ *whist* whist *m* avec un mort.

dump [dʌmp] **1.** déposer (*a. fig.*); jeter (*des ordures*); décharger, vider; ⚕ écouler à perte, faire du dumping; *fig.* laisser lourdement; **2.** coup *m* sourd; tas *m*; ⚒ *etc.*: halde *f*; chantier *m*; décharge *f*; dépôt *m* (*de vivres, a.* ⚔ *de munitions*); (*a. refuse* ~) voirie *f*; *see* ~*ing*; *fig.* ~*s pl.* cafard *m*; '**dump·ing** basculage *m*; dépôt *m*; ⚕ dumping *m*; '**dump·ing-ground** (lieu *m* de) décharge *f*; dépotoir *m* (*a. fig.*); '**dump·ling** boulette *f*; '**dump·y** trapu, replet (-ète *f*).

dun[1] [dʌn] **1.** brun foncé; **2.** (cheval *m*) gris louvet *m*.

dun[2] [~] **1.** demande *f* pressante; créancier *m* importun; **2.** importuner, harceler (*un débiteur*); ~*ning letter* demande *f* pressante.

dunce [dʌns], **dun·der·head** ['dʌndəhed] F crétin(e *f*) *m*; lourdaud(e *f*) *m*.

dune [dju:n] dune *f*; ~ *buggy* buggy *m*.

dung [dʌŋ] **1.** fiente *f*; ⚘ engrais *m*; **2.** fumer (*un champ*).

dun·geon ['dʌndʒn] cachot *m*.

dung·hill ['dʌŋhil] fumier *m*.

dunk *Am.* F [dʌŋk] *v/t.* tremper (dans son café *etc.*); *v/i.* faire la trempette.

du·o ['dju:ou] duo *m*.

du·o·dec·i·mal [dju:ou'desiml] duodécimal (-aux *m/pl.*); **du·o'dec·i·mo** [~mou] *typ.* in-douze *m/inv.*

dupe [dju:p] **1.** dupe *f*; **2.** duper, tromper; '**dup·er·y** duperie *f*.

du·plex ⊕ ['dju:pleks] double; *tél.* duplex; *Am.* maison *f* comprenant deux appartements indépendants.

du·pli·cate ['dju:plikit] **1.** double; en double; **2.** double *m*; *cin., phot.* contretype *m*; **3.** ['~keit] reproduire; copier; **du·pli·ca·tion** [~'keiʃn] reproduction *f*; dédoublement *m*; '**du·pli·ca·tor** duplicateur *m*; **du·plic·i·ty** [dju:'plisiti] duplicité *f*; mauvaise foi *f*.

du·ra·bil·i·ty [djuərə'biliti] durabilité *f*; stabilité *f*; ⊕ résistance *f*; '**du·ra·ble** □ durable; résistant; '**dur·ance** *poét.* captivité *f*; **du·ra·tion** [~'reiʃn] durée *f*.

du·ress(e) ⚖ [djuə'res] contrainte *f*, violence *f*; captivité *f*.

dur·ing ['djuəriŋ] *prp.* pendant.

durst [də:st] *prét. de dare*.

dusk [dʌsk] demi-jour *m/inv.*; crépuscule *m*; (*a.* '**dusk·i·ness**) obscurité *f*; '**dusk·y** □ obscur, sombre; noirâtre; brun foncé (*teint*); moricaud.

dust [dʌst] **1.** poussière *f*; **2.** épousseter (*la table, une pièce*); saupoudrer (de, *with*); '**~·bin** boîte *f* à ordures; poubelle *f*; ~ *liner* sac *m* à poussière; '**~·bowl** *Am.* étendue *f* désertique et inculte (*États de la Prairie*); '**~-cart** tombereau *m* aux ordures; '**~-cloak**, '**~-coat** cache-poussière *m/inv.*; '**dust·er** torchon *m*; chiffon *m*; ⚓ F pavillon *m*; *Am.* cache-poussière *m/inv.*; '**dust·i·ness** état *m* poudreux *ou* poussiéreux; '**dust·ing** *sl.* raclée *f*, frottée *f*; '**dust-'jack·et** *Am. livre*: jaquette *f*; '**dust·man** boueur *m*; F marchand *m* de sable; '**dust·pan** pelle *f* à ordures *ou* à poussière; '**dust'up** F querelle *f*; scène *f*; '**dust·y** □ poussiéreux (-euse *f*), poudreux (-euse *f*).

Dutch [dʌtʃ] **1.** hollandais, de Hollande ~ *courage* courage *m* puisé dans la bouteille; *Am.* F ~ *treat* repas *m* où chacun paie sa part; *go* ~ (*with s.o.*) partager les frais (avec q.); *Am.* F *in* ~ (*with s.o.*) en défaveur (auprès de q.); **2.** *ling.* hollandais *m*; *the* ~ *pl.* les Hollandais *m/pl.*; *double* ~ baragouin *m*; F hébreu *m*; '**Dutch·man** Hollandais *m*; '**Dutch·wom·an** Hollandaise *f*.

du·ti·a·ble ['dju:tjəbl] taxable; F déclarable; **du·ti·ful** □ ['~tiful] respectueux (-euse *f*); soumis; obéissant; '**du·ti·ful·ness** soumission *f*, obéissance *f*.

du·ty ['dju:ti] devoir *m* (envers, *to*); respect *m*; obéissance *f*; fonction *f*, -s *f/pl.*; *douane etc.*: droit *m*, -s *m/pl.*; service *m*; *on* ~ de service; *off* ~ libre; ~ *call* visite *f* obligée *ou* de politesse; *in* ~ *bound* de (*mon*) devoir; *do* ~ *for* remplacer; *fig.* servir de; '**~-'free** exempt de droits.

du·vet [ˈdjuːvei] édredon *m.*
dwarf [dwɔːf] **1.** nain(e *f*) *m*; **2.** rabougrir; *fig.* rapetisser; ˈ**dwarf·ish** □ (de) nain; chétif (-ive *f*); ˈ**dwarf·ish·ness** nanisme *m*; petite taille *f.*
dwell [dwel] [*irr.*] habiter; demeurer (dans, à); se fixer; ~ (*up*)*on* s'étendre sur, insister sur; ˈ**dwell·ing** demeure *f*; ˈ**dwell·ing-house** maison *f* d'habitation.
dwelt [dwelt] *prét. et p.p de dwell.*
dwin·dle [ˈdwindl] diminuer; dépérir; se réduire (à, [*in*]*to*); ˈ**dwin·dling** diminution *f.*
dye [dai] **1.** teint(ure *f*) *m*; *fig. of deepest* ~ fieffé; endurci; **2.** teindre; ˈ**dy·er** teinturier *m*; ˈ**dye-stuff** matière *f* colorante; ˈ**dye-works** *usu. sg.* teinturerie *f.*
dy·ing [ˈdaiiŋ] (*see die*[1]) **1.** mourant, moribond; **2.** mort *f.*
dy·nam·ic [daiˈnæmik] **1.** (*a.* **dyˈnam·i·cal** □) dynamique; **2.** force *f* dynamique; **dyˈnam·ics** *usu. sg.* dynamique *f*; **dy·na·mite** [ˈdainəmait] **1.** dynamite *f*; **2.** faire sauter à la dynamite; ˈ**dy·na·mit·er** dynamiteur *m*; **dy·na·mo** [ˈdainəmou] dynamo *f.*
dy·nas·tic [diˈnæstik] (~*ally*) dynastique; **dy·nas·ty** [ˈdinəsti] dynastie *f.*
dyne *phys.* [dain] dyne *f.*
dys·en·ter·y ⚕ [ˈdisntri] dysenterie *f.*
dys·lex·i·a [disˈleksiə] dyslexie *f.*
dys·pep·sia ⚕ [disˈpepsiə] dyspepsie *f*; **dysˈpep·tic** (~*ally*) dyspepsique, dyspeptique (*a. su.*/*mf*).

E

E, e [iː] E *m*, e *m*.

each [iːtʃ] *adj.* chaque; *pron.* chacun (-e *f*); ~ *other* l'un(e) l'autre, les un(e)s les autres; *devant verbe*: se; *they cost a shilling* ~ ils coûtent un shilling chacun.

ea·ger □ [ˈiːgə] passionné; avide (de *after, for*); *fig.* vif (vive *f*); acharné; **ˈea·ger·ness** ardeur *f*; vif désir *m*; empressement *m*.

ea·gle [ˈiːgl] aigle *mf*; pièce *f* de 10 dollars; **ea·glet** [ˈiːglit] aiglon *m*.

ea·gre [ˈeigə] mascaret *m*.

ear¹ [iə] *blé*: épi *m*.

ear² [~] oreille *f*; *sens*: ouïe *f*; ⊕ anse *f*; *be all* ~*s* être tout oreilles; *surt. Am. keep an* ~ *to the ground* se tenir aux écoutes; *play by* ~ ♪ jouer à l'oreille; *fig.* décider quoi faire le moment venu; *turn a deaf* ~ *to* faire la sourde oreille à; ~**-ache** [ˈiəreik] mal *m ou* maux *m/pl.* d'oreille; ~**·deaf·en·ing** [ˈ~defniŋ] assourdissant; ˈ~**-drum** *anat.* tympan *m*.

earl [əːl] comte *m* (*d'Angleterre*); ♀ *Marshal* grand maréchal *m*; **earl·dom** [ˈ~dəm] comté *m*.

ear·li·ness [ˈəːlinis] heure *f* peu avancée; précocité *f*.

ear·lobe [ˈiəloub] lobe *m*.

ear·ly [ˈəːli] **1.** *adj.* matinal (-aux *m/pl.*); premier (-ère *f*); précoce; *be an* ~ *bird* être matinal, se lever de bonne heure; *Brit. it's* ~ *closing* (*day*) *today* aujourd'hui les magasins sont fermés l'après-midi; ~ *life* jeunesse *f*; ⚔ ~ *warning system* système *m* de pré-alerte; **2.** *adv.* de bonne heure; tôt; *as* ~ *as* dès; pas plus tard que.

ear...: ˈ~**·mark 1.** *bétail*: marque *f* à l'oreille; *fig.* marque *f* distinctive; **2.** marquer (*les bestiaux*) à l'oreille; *fig.* faire une marque distinctive à; affecter (*qch. à une entreprise*); réserver (*une somme*); ˈ~**·muffs** *pl.* protège-oreilles *m/inv.*, cache-oreilles *m/inv.*

earn [əːn] gagner; acquérir (de, *for*); ~*ed income* revenu *m* du travail.

ear·nest¹ [ˈəːnist] (*a.* ~*-money*) arrhes *f/pl.*; garantie *f*, gage *m*.

ear·nest² [~] **1.** sérieux (-euse *f*); sincère; délibéré; **2.** sérieux *m*; *be in* ~ être sérieux; **ˈear·nest·ness** (caractère *m*) sérieux *m*; ardeur *f*.

earn·ings [ˈəːniŋz] *pl.* gages *m/pl.*, salaire *m*; gain *m*; profits *m/pl.*

ear...: ˈ~**-phones** *pl. radio*: casques *m/pl.* (d'écoute); ˈ~**-pick** cure-oreille *m*; ˈ~**·piece** *téléph.* écouteur *m*; ˈ~**-pierc·ing** qui vous perce les oreilles; ˈ~**-plugs** *pl.* boules *f/pl.* Quiès (*TM*); ˈ~**-ring** boucle *f* d'oreille; ˈ~**·shot** portée *f* de la voix; *within* ~ à portée de voix; ˈ~**-split·ting** assourdissant, à vous fendre les oreilles.

earth [əːθ] **1.** terre *f* (*a.* ⚡); sol *m*; monde *m*; *renard etc.*: terrier *m*; *radio*: (*a. earth-connection*) contact *m* à la terre; **2.** *v/t.* ⚡ relier à la terre *ou mot.* à la masse; ↗ ~ *up* butter, terrer; *v/i.* se terrer; **ˈearth·en** de *ou* en terre; **ˈearth·en·ware** poterie *f*; **ˈearth·i·ness** nature *f* terreuse; **ˈearth·ing** ⚡ mise *f* à la terre (*mot.* à la masse); **ˈearth·li·ness** nature *f* terrestre; mondanité *f*; **ˈearth·ly** terrestre; F imaginable; *no* ~ pas le *ou* la moindre; **ˈearth·quake** tremblement *m* de terre; **ˈearth·worm** lombric *m*; *fig.* piètre personnage *m*; **ˈearth·y** terreux (-euse *f*); de terre; *fig.* grossier (-ère *f*); terre à terre *inv.*

ear...: ˈ~**-trum·pet** cornet *m* acoustique; ˈ~**-wax** cérumen *m*.

ease [iːz] **1.** repos *m*, bien-être *m*, aise *f*; tranquillité *f* (*d'esprit*); soulagement *m*; loisir *m*; oisiveté *f*; *manières*: aisance *f*; facilité *f*; simplicité *f*; *at* ~ tranquille; à son *etc.* aise; *ill at* ~ mal à l'aise; ⚔ *stand at* ~*!* repos!; *take one's* ~ prendre ses aises; *with* ~ facilement; *live at* ~ vivre à l'aise; **2.** adoucir, soulager (*la douleur*); calmer; ⚓ larguer (*une amarre*), mollir (*une barre*); débarrasser (de, *of*); *it* ~*d the situation* la

situation se détendit; ~ *nature* faire ses besoins; **ease·ful** □ [ˈ~ful] tranquille; calmant; doux (douce *f*).
ea·sel [ˈi:zl] chevalet *m*.
ease·ment ⚖ [ˈi:zmənt] *charges*: servitude *f*.
eas·i·ness [ˈi:zinis] commodité *f*, bien-être *m*; aisance *f*; facilité *f*; douceur *f*; complaisance *f*; ~ *of belief* facilité *f* à croire.
east [i:st] **1.** *su.* est *m*, orient *m*; *the* ♀ *Am.* les États *m/pl.* de l'Est (*des É.-U.*); **2.** *adj.* d'est, de l'est; oriental (-aux *m/pl.*); **3.** *adv.* à *ou* vers l'est; ˈ**~·bound** (allant) en direction de l'est.
East·er [ˈi:stə] Pâques *m/pl.*; *attr.* de Pâques; ~ *egg* œuf *m* de Pâques.
east·er·ly [ˈi:stəli] de *ou* à l'est; **east·ern** [ˈ~tən] de l'est; oriental (-aux *m/pl.*); ˈ**east·ern·er** oriental(e *f*) *m*; habitant(e *f*) *m* de l'est; **east·ern·most** [ˈi:stənmoust] *le* plus à l'est.
east·ing ⚓ [ˈi:stiŋ] chemin *m* est; route *f* vers l'est.
east·ward [ˈi:stwəd] **1.** *adj.* à *ou* de l'est; **2.** *adv. a.* **east·wards** [ˈ~dz] vers l'est.
eas·y □ [ˈi:zi] **1.** à l'aise; tranquille; aisé (*air, style, tâche*); libre; facile (*personne, style, tâche*); doux (douce *f*); ample (*vêtement*); ⚕ calme; *in* ~ *circumstances* dans l'aisance; *Am. on* ~ *street* très à l'aise, F bien renté; ⚕ *on* ~ *terms* avec facilités de paiement; *make o.s.* ~ se rassurer (sur, *about*); *take it* ~ F se la couler douce; *take it* ~! doucement!; ⚔ *Brit. stand* ~ repos!; **2.** halte *f*; ~ **chair** fauteuil *m*; bergère *f*; ˈ**~-go·ing** *fig.* accommodant; insouciant; d'humeur facile.
eat [i:t] **1.** [*irr.*] *v/t.* manger; déjeuner, dîner, souper; prendre (*un plat*); ~ *up* manger jusqu'à la dernière miette; consumer; dévorer (*a. fig.*); *v/i.* manger; déjeuner *etc.*; ~ *out* manger au restaurant; **2.** *Am. sl.* ~*s pl.* manger *m*; mangeaille *f*; ˈ**eat·a·ble 1.** mangeable; **2.** ~*s pl.* comestibles *m/pl.*; ˈ**eat·en** *p.p. de* eat *1*; ˈ**eat·er** mangeur (-euse *f*) *m*; *be a great* (*poor*) ~ être gros (petit) mangeur; ˈ**eat·ing** manger *m*; ˈ**eat·ing-house** restaurant *m*.
eaves [i:vz] *pl.* avance *f*; gouttières *f/pl.*; ˈ**~·drop** écouter à la porte; être aux écoutes; ˈ**~·drop·per** écouteur (-euse *f*) *m* aux portes.
ebb [eb] **1.** (*a.* ~-*tide*) reflux *m*; *fig.* déclin *m*; *at a low* ~ très bas; **2.** baisser (*a. fig.*); refluer; *fig.* décroître; être sur le déclin.
eb·on·ite [ˈebənait] ébonite *f*; ˈ**eb·on·y** (bois *m* d')ébène *f*.
e·bri·e·ty [i:ˈbraiəti] ivresse *f*.
e·bul·li·ent [iˈbʌljənt] bouillonnant; *fig.* débordant (de, *with*); **eb·ul·li·tion** [ebəˈliʃn] ébullition *f*; *surt. fig.* débordement *m*; insurrection *f*.
ec·cen·tric [ikˈsentrik] **1.** (*a.* **ecˈcen·tri·cal** □) excentrique (*a. fig.*); *fig.* original (-aux *m/pl.*); **2.** ⊕ excentrique *m*; original(e *f*) *m*; **ec·cen·tric·i·ty** [eksenˈtrisiti] excentricité *f*.
ec·cle·si·as·tic [ikli:ziˈæstik] **1.** †, *usu.* **ec·cle·siˈas·ti·cal** □ ecclésiastique; **2.** ecclésiastique *m*.
ech·e·lon ⚔ [ˈeʃəlɔn] **1.** échelon *m*; **2.** échelonner.
e·chi·nus *zo.* [eˈkainəs] oursin *m*.
ech·o [ˈekou] **1.** écho *m*; **2.** *v/t.* répéter; *fig.* se faire l'écho de; *v/i.* faire écho; retentir; **~-sound·er** [ˈ~saundə] sondeur *m* acoustique.
é·clat [ˈeiklɑ:] éclat *m*, gloire *f*.
ec·lec·tic [ekˈlektik] éclectique (*a. su./mf*); **ecˈlec·ti·cism** [~tisizm] éclectisme *m*.
e·clipse [iˈklips] **1.** éclipse *f* (*a. fig.*); *fig.* ombre *f*; *in* ~ éclipsé; *orn.* dans son plumage d'hiver; **2.** *v/t.* éclipser; *v/i.* être éclipsé; **eˈclip·tic** *astr.* écliptique (*a. su./f*).
ec·logue [ˈeklɔg] églogue *f*.
e·co·cid·al [ˈi:kouˈsaidl] nuisible à l'environnement; **e·co·cide** [ˈ~said] déstruction de l'environnement.
e·co·log·i·cal [i:kəˈlɔdʒikl] écologique; **e·col·o·gist** [i:ˈkɔlədʒist] écologiste *mf*; **eˈcol·o·gy** écologie *f*; ~ *movement* mouvement *m* écologique, écologisme *m*.
e·co·nom·ic, e·co·nom·i·cal □ [i:kəˈnɔmik(l)] économique; économe (*personne*); *economic aid* aide *f* économique; ~ *growth* croissance *f* économique; ~ *summit* sommet *m* économique; **e·coˈnom·ics** *sg.* économie *f* politique; **e·con·o·mist** [iˈkɔnəmist] économiste *m*; personne *f* économe (de, *of*); **eˈcon·o·mize** économiser (qch. *in, on, with s.th.*); **eˈcon·o·my** économie *f*; *economies*

pl. économies *f/pl.*; épargnes *f/pl.*; *political* ~ économie *f* politique; ~ *class* classe *f* touriste; ~ *drive* (mesures *f/pl.* ou campagne *f* de) restrictions *f/pl.*; ~ *pack* paquet *m* économique.

e·co·sys·tem [ˈiːkousistəm] écosystème *m.*

ec·sta·size [ˈekstəsaiz] *v/t.* ravir; *v/i.* s'extasier (devant, *over*); **ˈec·sta·sy** transport *m*; extase *f* (*religieuse etc.*); *go into ecstasies* s'extasier (devant, *over*); **ec·stat·ic** [eksˈtætik] (~*ally*) extatique.

e·cu·men·i·cal [iːkjuːˈmenikl] œcuménique.

ec·ze·ma ⚕ [ˈeksimə] eczéma *m.*

e·da·cious [iˈdeiʃəs] vorace.

ed·dy [ˈedi] **1.** remous *m*; tourbillon *m*; **2.** faire des remous; tourbillonner.

e·den·tate *zo.* [iˈdenteit] édenté (*a. su./m*).

edge [edʒ] **1.** tranchant *m*; angle *m*; crête *f*; *livre, shilling*: tranche *f*; *forêt*: lisière *f*, orée *f*; *étoffe, table, lac, etc.*: bord *m*; *be on* ~ être nerveux (-euse *f*); *surt. Am.* F *have the* ~ *on* être avantagé par rapport à; *put an* ~ *on* aiguiser; *lay on* ~ mettre de champ; *set s.o.'s teeth on* ~ faire grincer les dents à q.; énerver q.; *stand on* ~ mettre de champ; **2.** *v/t.* aiguiser; border; *v/i.* (se) faufiler; ~ *in* (se) glisser dans; ~ *forward* avancer tout doucement; ~ *off v/t.* amincir; *v/i. fig.* s'écarter tout doucement; **edged** [edʒd] tranchant, acéré; à … tranchant(s).

edge …: **ˈ~·less** dépourvu de bords; émoussé; **ˈ~-tool** outil *m* tranchant; **ˈ~·ways, ˈ~·wise** de côté; de ou sur champ.

edg·ing [ˈedʒiŋ] bordure *f*; *robe*: liséré *m*, ganse *f*.

edg·y [ˈedʒi] anguleux (-euse *f*); F énervé, agacé.

ed·i·ble [ˈedibl] **1.** bon(ne *f*) à manger; **2.** ~*s pl.* comestibles *m/pl.*

e·dict [ˈiːdikt] édit *m.*

ed·i·fi·ca·tion [edifiˈkeiʃn] édification *f*; **ed·i·fice** [ˈ~fis] édifice *m*; **ed·i·fy** [ˈ~fai] édifier; **ˈed·i·fy·ing** □ édifiant.

ed·it [ˈedit] éditer (*un livre*); diriger (*un journal, une série*); **e·di·tion** [iˈdiʃn] édition *f*; *fig.* double *m*; **ed·i·tor** [ˈeditə] éditeur *m*; directeur *m*; rédacteur *m* en chef; *letters pl. to the* ~ courrier *m* des lecteurs; **ed·i·to·ri·al** [~ˈtɔːriəl] **1.** éditorial (-aux *m/pl.*) (*a. su./m*); ~ *office* (bureau *m* de) rédaction *f*; ~ *staff la* rédaction; **2.** article *m* de fond; **ed·i·tor·ship** [ˈ~təʃip] direction *f*; travail *m* d'éditeur.

ed·u·cate [ˈedjukeit] instruire; pourvoir à l'instruction de; former; éduquer (*un animal*); **ed·uˈca·tion** éducation *f*; enseignement *m*; instruction *f*; *elementary* ~ enseignement *m* primaire; *secondary* ~ enseignement *m* secondaire; *Ministry of* ~ Ministère *m* de l'Éducation nationale; **ed·uˈca·tion·al** □ d'enseignement; pédagogique; ~ *film* film *m* éducatif; ~ *policy* politique *f* d'enseignement; **ed·u·ca·tion(·al)·ist** [~ˈkeiʃn(əl)ist] pédagogue *mf*; spécialiste *mf* de pédagogie; **ed·u·ca·tive** [ˈ~kətiv] *see educational*; **ed·u·ca·tor** [ˈ~keitə] éducateur (-trice *f*) *m.*

e·duce [iˈdjuːs] dégager (*a.* ⚗); déduire; évoquer.

e·duc·tion [iˈdʌkʃn] extraction *f*; déduction *f*; ⊕ échappement *m.*

eel [iːl] anguille *f*.

e'en [iːn] *see even*[1] 2.

e'er [ɛə] *see ever.*

ee·rie, ee·ry [ˈiəri] mystérieux (-euse *f*); étrange; qui donne le frisson.

ef·face [iˈfeis] effacer (*a. fig.*); *fig.* éclipser; **efˈface·a·ble** effaçable; **efˈface·ment** effacement *m.*

ef·fect [iˈfekt] **1.** effet *m*; action *f* (*a.* ⊕); conséquence *f*; vigueur *f* (⚖ *d'une loi*); réalisation *f*; sens *m*, teneur *f*; ~*s pl.* effets *m/pl.* (*théâ., a. d'un mort*); ⚕ provision *f*; *bring to* ~ exécuter; *take* ~, *be of* ~ produire un effet; entrer en vigueur; *deprive of* ~ rendre ineffectif (-ive *f*); *of no* ~ sans effet, inefficace; *in* ~ en effet; en réalité; *to the* ~ portant (que, *that*); *to this* ~ dans ce sens; **2.** réaliser, effectuer; *be* ~*ed* s'opérer, intervenir; **efˈfec·tive** **1.** □ efficace; utile; effectif (-ive *f*) (*a.* ⊕); ⚖ en vigueur; *fig.* frappant; ⚔, ⚓ valide; ⊕ ~ *capacity* rendement *m*; ~ *date* date *f* d'entrée en vigueur; ~ *range* portée *f* utile; **2.** ⚔ *usu.* ~*s pl.* effectifs *m/pl.*; **efˈfec·tu·al** [~juəl] efficace; valide;

en vigueur; **ef'fec·tu·ate** [~jueit] effectuer; réaliser.

ef·fem·i·na·cy [i'feminəsi] caractère *m* efféminé; **ef'fem·i·nate** [~nit] □ efféminé.

ef·fer·vesce [efə'ves] entrer en effervescence, mousser; **ef·fer'ves·cence** effervescence *f*; **ef·fer'ves·cent** effervescent; ~ *drink* boisson *f* gazeuse.

ef·fete [e'fi:t] caduc (-uque *f*); épuisé.

ef·fi·ca·cious □ [efi'keiʃəs] efficace; **ef·fi·ca·cy** ['~kəsi] efficacité *f*.

ef·fi·cien·cy [e'fiʃnsi] efficacité *f*; capacité *f*; valeur *f*; ⊕ rendement *m*; bon fonctionnement *m*; *Am.* ~ *expert* expert *m* de l'organisation rationnelle (*de l'industrie*); **ef'fi·cient** [~ʃnt] □ efficace; effectif (-ive *f*); à bon rendement.

ef·fi·gy ['efidʒi] effigie *f*.

ef·flo·resce [eflɔ:'res] ⚘ fleurir (*a. fig.*); ⚗ (s')effleurir; **ef·flo'res·cence** efflorescence *f* (*a.* ⚗); fleuraison *f*; **ef·flo'res·cent** efflorescent; ⚘ en fleur.

ef·flu·ence ['efluəns] émanation *f*, effluence *f*; **'ef·flu·ent 1.** effluent (*a. su./m.*); **2.** cours *m* d'eau dérivé; **ef·flu·vi·um** [e'flu:vjəm], *pl.* **-vi·a** [~vjə] effluve *m*; exhalaison *f*; **ef·flux** ['eflʌks] flux *m*, écoulement *m*.

ef·fort ['efət] effort *m* (pour *inf.*, *at gér.*); *fig.* œuvre *f*; **'ef·fort·less** □ sans effort; facile.

ef·fron·ter·y [e'frʌntəri] effronterie *f*; *fig.* toupet *m*.

ef·ful·gence [e'fʌldʒns] splendeur *f*; éclat *m*; **ef'ful·gent** □ resplendissant.

ef·fuse [e'fju:z] (se) répandre; **ef·fu·sion** [i'fju:ʒn] effusion *f*, épanchement *m* (*a. fig.*); **ef'fu·sive** □ [~siv] expansif (-ive *f*); **ef'fu·sive·ness** effusion *f*; volubilité *f*.

eft [eft] *see newt.*

egg[1] [eg] (*usu.* ~ *on*) pousser, inciter.

egg[2] [~] œuf *m*; *buttered* (*ou scrambled*) ~*s pl.* œufs *m/pl.* brouillés; *boiled* ~*s pl.* œufs *m/pl.* à la coque; *fried* ~*s pl.* œufs *m/pl.* sur le plat; *sl. bad* ~ vaurien *m*, bon *m* à rien; *as sure as* ~*s* aussi sûr que deux et deux font quatre; **'~-beat·er** batteur *m* à œufs; **'~-cup** coquetier *m*; **'~-flip, '~-nog** flip *m*; **'~-head** *Am. sl.* intellectuel *m*; **'~-plant** aubergine *f*; **'~-shell** coquille *f*; **'~-whisk** fouet *m* (à œufs).

eg·lan·tine ⚘ ['egləntain] églantine *f*; *buisson*: églantier *m*.

e·go ['egou] *le* moi; **e·go·cen·tric** [~'sentrik] égocentrique; **'e·go·ism** égotisme *m*; culte *m* du moi; *phls.* égoïsme *m*; **'e·go·ist** égotiste *mf*; égoïste *mf*; **e·go'is·tic, e·go'is·ti·cal** □ égotiste; *fig.* vaniteux (-euse *f*); **e·go·tism** ['egoutizm] égotisme *m*; **'e·go·tist** égotiste *mf*; **e·go'tis·tic, e·go'tis·ti·cal** □ égotiste.

e·gre·gious *iro.* □ [i'gri:dʒəs] insigne; fameux (-euse *f*).

e·gress ['i:gres] sortie *f*, issue *f*; ⊕ échappement *m*.

e·gret ['i:gret] *orn.* aigrette *f* (*a.* ⚘); héron *m* argenté.

E·gyp·tian [i'dʒipʃn] **1.** égyptien(ne *f*); **2.** Égyptien(ne *f*) *m*.

eh [ei] eh!; hé!; hein?

ei·der ['aidə] (*a.* ~*-duck*) eider *m*; **'~·down** duvet *m* d'eider; (*a.* ~ *quilt*) édredon *m* piqué.

eight [eit] **1.** huit; **2.** huit *m*; ⚓ équipe *f* de huit rameurs; huit *m* de pointe; *Am. fig. behind the* ~ *ball* dans une position précaire; **eight·een** ['ei'ti:n] dix-huit; **'eight'eenth** [~θ] dix-huitième; **'eight·fold** octuple; *adv.* huit fois autant; **eighth** [eitθ] huitième (*a. su./m*); **'eighth·ly** en huitième lieu; **eight-hour day** ['~'auədei] journée *f* de huit heures; **eight·i·eth** ['~iiθ] quatre-vingtième; **'eight·y** quatre-vingt(s); ~*-two* quatre-vingt-deux; ~*-first* quatre-vingt-unième.

ei·ther ['aiðə, 'i:ðə] **1.** *adj.* chaque; l'un(e *f*) et l'autre de; l'un(e *f*) ou l'autre de; **2.** *pron.* chacun(e *f*); l'un(e) et *ou* ou l'autre; **3.** *cj.* ~ *... or* ... ou ... ou ...; soit ... soit ...; *not* (...) ~ ne ... non plus.

e·jac·u·late [i'dʒækjuleit] éjaculer; lancer; proférer; **e·jac·u'la·tion** ⚕, *eccl.* éjaculation *f*; exclamation *f*.

e·ject [i'dʒekt] émettre; expulser (*un agitateur, un locataire*); **e'jec·tion** *flammes*: jet *m*; expulsion *f*; éviction *f*; **e'ject·ment** ⚖ réintégrande *f*; expulsion *f*; **e'jec·tor** ⊕ éjecteur *m*.

eke [i:k]: ~ *out* suppléer à l'insuffisance de (en y ajoutant, *with*); allonger (*un liquide*); faire du remplissage (avec, *with*); ~ *out a* *miserable existence* gagner une maigre pitance.

el *Am.* F [el] *abr. de elevated* 2.

e·lab·o·rate 1. [iˈlæbərit] □ compliqué; travaillé (*style*); recherché; soigné; **2.** [~reit] élaborer (*a. physiol.*) (en, *into*); travailler (*son style*); **eˈlab·o·rate·ness** [~ritnis] soin *m*, minutie *f*; **e·lab·o·ra·tion** [~ˈreiʃn] élaboration *f*.

e·lapse [iˈlæps] (se) passer; s'écouler.

e·las·tic [iˈlæstik] **1.** (*~ally*) élastique (*a. fig.*); flexible; *he is* ~ il a du ressort; **2.** élastique *m*; **e·las·tic·i·ty** [~ˈtisiti] élasticité *f*; souplesse *f*; *fig.* ressort *m*.

e·late [iˈleit] **1.** □ élevé; (*usu. ~ed*) transporté (de, *with*); **2.** exalter, transporter; **eˈla·tion** exaltation *f*; gaieté *f*.

el·bow [ˈelbou] **1.** coude *m* (*a.* ⊕); *route*: tournant *m*; ⊕ genou *m*, jarret *m*; *at one's* ~ tout à côté; tout près; *out at ~s* troué aux coudes; *fig.* déguenillé; **2.** coudoyer; pousser du coude; ~ *one's way through* se frayer un passage à travers; ~ *out* évincer (de, *of*); **ˈ~-ˈchair** fauteuil *m*; **ˈ~-grease** F huile *f* de bras (= *travail, énergie*); **ˈ~-room**: *have* ~ avoir du champ.

eld·er[1] [ˈeldə] **1.** plus âgé, aîné; *cartes*: ~ *hand* premier *m* en main; ~ *statesman* vétéran *m* de la politique, homme *m* d'État chevronné; **2.** plus âgé(e*f*) *m*; aîné(e*f*) *m*; *eccl.* ancien *m*; *my ~s pl.* mes aînés *m/pl.*

el·der[2] ⚘ [~] sureau *m*; **ˈ~·ber·ry** baie *f* de sureau.

eld·er·ly [ˈeldəli] assez âgé.

eld·est [ˈeldist] aîné.

e·lect [iˈlekt] **1.** élu (*a. eccl.*); futur; *bride* ~ la future *f*; **2.** élire; *eccl.* mettre parmi les élus; choisir (de *inf.*, *to inf.*); **eˈlec·tion** élection *f*; ~ *address ou speech* discours *m* électoral; **e·lec·tion·eer** [~ʃəˈniə] solliciter des voix; **e·lec·tionˈeer·ing** propagande *f* électorale; **eˈlec·tive 1.** □ électif (-ive *f*); électoral (-aux *m/pl.*); *Am. univ. etc.* facultatif (-ive *f*); **2.** *Am.* cours *m ou* sujet *m* facultatif; **eˈlec·tive·ly** par choix; **eˈlec·tor** électeur *m*; *Am.* membre *m* du Collège électoral; **eˈlec·tor·al** électoral (-aux *m/pl.*); ~ *address ou speech* discours *m* électoral; ~ *campaign* campagne *f* électorale; ~ *district ou division* circonscription *f* électorale; ~ *roll* liste *f* électorale; **eˈlec·tor·ate** [~rit] corps *m* électoral; votants *m/pl.*; **eˈlec·tress** électrice *f*.

e·lec·tric [iˈlektrik] électrique; *fig.* électrisant; ⚡ ~ *arc* arc *m* voltaïque; ~ *blue* bleu électrique; ~ *circuit* circuit *m*; *zo.* ~ *eel* anguille *f* électrique; ~ *eye* cellule *f* photoélectrique; **eˈlec·tri·cal** □ électrique; ~ *engineer* ingénieur *m* électricien; ~ *engineering* technique *f* électrique; **e·lec·tri·cian** [~ˈtriʃn] (monteur-) électricien *m*; **e·lecˈtric·i·ty** [~siti] électricité *f*; ~ *works* centrale *f* électrique; **e·lec·tri·fi·ca·tion** [~fiˈkeiʃn] électrisation *f*; 🚂 électrification *f*; **eˈlec·tri·fy** [~fai], **eˈlec·trize** électriser (*a. fig.*); 🚂 électrifier.

electro... [ilektrou] électro-; **eˈlec·tro·cute** [~trəkjuːt] électrocuter; **e·lec·troˈcu·tion** électrocution *f*; **eˈlec·trode** [~troud] électrode *f*; **eˈlec·tro·dyˈnam·ics** *usu. sg.* électrodynamique *f*; **e·lec·tro·lier** [~ˈliə] lustre *m* électrique; **eˈlec·tro·lyse** [~trolaiz] électrolyser; **e·lec·trol·y·sis** [~ˈtrɔlisis] électrolyse *f*; **eˈlec·troˈmag·net** électro-aimant *m*; **eˈlec·troˈmet·al·lur·gy** électrométallurgie *f*; **eˈlec·troˈmo·tor** électromoteur *m*.

e·lec·tron [iˈlektrɔn] électron *m*; *attr.* à électrons, électronique; ~-*ray tube* oscillographe *m* cathodique; **e·lecˈtron·ic 1.** électronique; ~ *data processing* traitement électronique de(s) données; **2.** *~s sg.* électronique *f*.

e·lec·tro·plate [iˈlektroupleit] **1.** plaquer; argenter; **2.** articles *m/pl.* argentés *ou* plaqués; **e·lec·tro·type** [iˈlektrotaip] électrotype *m*; (cliché *m*) galvano *m*.

e·lec·tu·ar·y ⚕ [iˈlektjuəri] électuaire *m*.

el·e·gance [ˈeligəns] élégance *f*; **ˈel·e·gant** □ élégant; *Am.* excellent.

el·e·gi·ac [eliˈdʒaiək] élégiaque.

el·e·gy [ˈelidʒi] élégie *f*.

el·e·ment [ˈelimənt] élément *m* (*a.* ⚡, *eccl.*, *temps*, *fig.*); partie *f*; ⚗ corps *m* simple; *~s pl.* rudiments *m/pl.*, éléments *m/pl.*; **el·e·men·tal** [~ˈmentl] □ élémentaire; des éléments; *fig.* premier (-ère *f*); **el·e-**

ˈ**men·ta·ry** [~təri] □ élémentaire; simple; ~ *school* école *f* primaire.

el·e·phant [ˈelifənt] éléphant *m* (*mâle, femelle*); *white* ~ objet *m* inutile qui occupe trop de place; **el·e·phan·tine** [~ˈfæntain] éléphantin; éléphantesque; *fig.* lourd.

el·e·vate [ˈeliveit] élever; lever; relever; ˈ**el·e·vat·ed 1.** élevé, haut; F un peu ivre; **2.** (*a.* ~ *railroad ou train*) *Am.* F chemin *m* de fer aérien; **el·eˈva·tion** élévation *f* (*a.* ⊕, ⚠, *astr., eccl., colline*); altitude *f*, hauteur *f*; *fig.* noblesse *f*; ˈ**el·e·va·tor** ⊕ élévateur *m*; *Am.* ascenseur *m*; ✈ gouvernail *m* d'altitude; *Am.* (*grain*) ~ silo *m* à élévateur pneumatique; *Am.* ~ *shaft* cage *f* d'ascenseur.

e·lev·en [iˈlevn] onze (*a. su./m*); **eˈlev·en·ses** *Brit.* F [~ziz] pause-café *f*, (*pl.* pauses-café), casse-croûte *m/inv.* dans la matinée; **eˈlev·enth** [~θ] onzième.

elf [elf], *pl.* **elves** [elvz] elfe *m*; lutin(e *f*) *m*; **elf·in** [ˈ~in] d'elfe, de lutin; ˈ**elf·ish** des elfes, de lutin; espiègle (*enfant*).

e·lic·it [iˈlisit] faire jaillir, faire sortir; obtenir.

e·lide *gramm.* [iˈlaid] élider.

el·i·gi·bil·i·ty [elidʒəˈbiliti] acceptabilité *f*; éligibilité *f*; ˈ**el·i·gi·ble** □ admissible; éligible; F bon(ne *f*) (*parti*), acceptable; *be* ~ *for a.* avoir droit à (*qch.*).

e·lim·i·nate [iˈlimineit] éliminer (*surt.* ⚗, ⚠, ⚙); supprimer; **e·lim·iˈna·tion** élimination *f*.

e·li·sion [iˈliʒn] *gramm.* élision *f*.

é·lite [eiˈliːt] élite *f*, (fine) fleur *f*, choix *m*; **éˈlit·ist** [~ist] élitiste, élitaire.

e·lix·ir [iˈliksə] élixir *m*.

E·liz·a·be·than [ilizəˈbiːθn] élisabéthain.

elk *zo.* [elk] élan *m*.

ell *hist.* [el] aune *f*; aunée *f* (*de drap*).

el·lipse ⚠ [iˈlips] ellipse *f*; *gramm.* **elˈlip·sis** [~sis], *pl.* **-ses** [~siːz] ellipse *f*; **elˈlip·tic, elˈlip·ti·cal** □ elliptique.

elm ⚘ [elm] orme *m*.

el·o·cu·tion [eləˈkjuːʃn] élocution *f*, diction *f*; **el·oˈcu·tion·ar·y** de diction; oratoire; **el·oˈcu·tion·ist** déclamateur *m*; professeur *m* d'élocution.

e·lon·gate [ˈiːlɔŋgeit] (s')allonger; **e·lonˈga·tion** allongement *m*; prolongement *m*; *astr.* élongation *f*.

e·lope [iˈloup] s'enfuir (avec un amant); ~ *with* se faire enlever par; **eˈlope·ment** fuite *f* amoureuse; enlèvement *m* (consenti).

el·o·quence [ˈeləkwəns] éloquence *f*; ˈ**el·o·quent** □ éloquent.

else [els] **1.** *adv.* autrement; ou bien; **2.** *adj.* autre; encore; *all* ~ tout le reste; *anyone* ~ quelqu'un d'autre; *what* ~? quoi encore?; *or* ~ ou bien; ˈ**elseˈwhere** ailleurs.

e·lu·ci·date [iˈluːsideit] éclaircir, élucider; **e·lu·ciˈda·tion** éclaircissement *m*, élucidation *f*; **eˈlu·ci·da·to·ry** [~təri] éclaircissant.

e·lude [iˈluːd] éviter; échapper à; éluder (*une question*).

e·lu·sion [iˈluːʒn] esquive *f*; évasion *f*; **eˈlu·sive** [~siv] insaisissable; évasif (-ive *f*) (*réponse*); **eˈlu·sive·ness** nature *f* insaisissable; caractère *m* évasif; **eˈlu·so·ry** [~səri] évasif (-ive *f*).

elves [elvz] *pl. de elf.*

E·ly·si·um [iˈliziəm] l'Élysée *m*.

em *typ.* [em] cadratin *m*.

e·ma·ci·ate [iˈmeiʃieit] amaigrir; émacier; **e·ma·ci·a·tion** [imeisiˈeiʃn] amaigrissement *m*, émaciation *f*.

em·a·nate [ˈeməneit] émaner (de, *from*); **em·aˈna·tion** émanation *f* (*a. phys., a. fig.*); effluve *m*.

e·man·ci·pate [iˈmænsipeit] émanciper; affranchir; **e·man·ciˈpa·tion** émancipation *f*; affranchissement *m*; **eˈman·ci·pa·tor** émancipateur (-trice *f*) *m*; affranchisseur *m*.

e·mas·cu·late 1. [iˈmæskjuleit] émasculer, châtrer (*a. un texte*); efféminer (*le style*); **2.** [~lit] émasculé, châtré; énervé; **e·mas·cu·la·tion** [~ˈleiʃn] émasculation *f*.

em·balm [imˈbɑːm] embaumer (*a. fig.*); *fig.* parfumer; *be* ~*ed in fig.* être perpétué par *ou* dans.

em·bank [imˈbæŋk] endiguer; remblayer (*une route*); **emˈbank·ment** endiguement *m*; remblayage *m*; digue *f*; talus *m*; remblai *m*; quai *m*.

em·bar·go [emˈbɑːgou] **1.** *pl.* **-goes** [~gouz] embargo *m*, séquestre *m*, arrêt *m*; *put an* ~ *on fig.* interdire; **2.** mettre l'embargo sur, séquestrer (*un navire etc.*); réquisitionner.

em·bark [im'bɑːk] (s')embarquer (*a. fig.* dans, [*up*]*on*); *v/t.* prendre (*qch.*) à bord; *v/i.*: ~ (*up*)*on s.th.* entreprendre qch.; **em·bar·ka·tion** [embɑː'keiʃn] embarquement *m.*

em·bar·rass [im'bærəs] embarrasser, gêner; déconcerter; ~*ed* embarrassé, gêné; dans l'embarras; **em'bar·rass·ing** □ embarrassant; gênant; **em'bar·rass·ment** embarras *m*, gêne *f.*

em·bas·sy ['embəsi] ambassade *f.*

em·bat·tle ⚔ [im'bætl] ranger en bataille; ~*d* crénelé. [châsser.]

em·bed [im'bed] enfoncer; en-

em·bel·lish [im'beliʃ] embellir, orner; enjoliver (*un conte*); **em'bel·lish·ment** embellissement *m*, ornement *m*; enjolivure *f.*

em·ber-days ['embədeiz] *pl. les* Quatre-Temps *m/pl.*

em·bers ['embəz] *pl.* cendres *f/pl.* ardentes; *fig.* cendres *f/pl.*

em·bez·zle [im'bezl] détourner, s'approprier; **em'bez·zle·ment** détournement *m* de fonds; **em'bez·zler** détourneur *m* de fonds.

em·bit·ter [im'bitə] remplir d'amertume; envenimer (*une querelle etc.*).

em·bla·zon(·ry) [im'bleizn(ri)] *see blazon(ry).*

em·blem ['embləm] emblème *m*; *sp.* insigne *m*; ⚐ devise *f*; **em·blem·at·ic, em·blem·at·i·cal** □ [embli'mætik(l)] emblématique.

em·bod·i·ment [im'bɔdimənt] incorporation *f*; personnification *f*; incarnation *f*; **em'bod·y** incarner; personnifier; incorporer (dans, *in*); réaliser; ⚔ rassembler. [*in*).]

em·bog [im'bɔg] embourber (dans,

em·bold·en [im'bouldn] enhardir.

em·bo·lism ⚕ ['embəlizm] embolie *f.*

em·bos·om [im'buzəm] cacher dans son sein; serrer contre son sein.

em·boss [im'bɔs] graver en relief; repousser (*du métal, du cuir*); **em'bossed** gravé en relief; repoussé, estampé.

em·bow·el [im'bauəl] éventrer.

em·brace [im'breis] **1.** *v/t.* embrasser (*a. une carrière*); saisir, profiter de (*une occasion*); adopter (*une cause, une philosophie*); contenir (dans, *in*); comprendre; envisager tous les aspects de; *v/i.* s'embrasser; **2.** étreinte *f.*

em·bra·sure [im'breiʒə] embrasure *f.*

em·bro·cate ['embrokeit] frictionner (à, *with*); **em·bro'ca·tion** embrocation *f.*

em·broi·der [im'brɔidə] broder (*a. fig.*); **em'broi·der·y** broderie *f* (*a. fig.*).

em·broil [im'brɔil] brouiller; embrouiller; **em'broil·ment** brouillement *m*; embrouillement *m*; brouille *f* (*entre personnes*).

em·bry·o ['embriou] **1.** embryon *m*; *in* ~ embryonnaire; F en herbe; **2.** (*ou* **em·bry·on·ic** [~'ɔnik]) *fig.* F en germe.

em·bus [im'bʌs] *v/t.* embarquer en autobus; *v/i.* s'embarquer dans un autobus.

em·cee F [em'siː] animateur (-trice *f*) *m*, présentateur (-trice *f*) *m.*

e·men·da·tion [iːmen'deiʃn] émendation *f*; correction *f*; **'e·men·da·tor** correcteur *m*; **e'mend·a·to·ry** [~dətəri] rectificatif (-ive *f*).

em·er·ald ['emərəld] **1.** émeraude *f*; **2.** vert d'émeraude.

e·merge [i'məːdʒ] émerger, surgir, déboucher (de, *from*); *fig.* apparaître, surgir; **e'mer·gence** émergence *f*; **e'mer·gen·cy** urgence *f*; cas *m* imprévu; circonstance *f* critique; ~ *brake* frein *m* de secours; *téléph.* ~ *call* appel *m* urgent; ~ *exit* sortie *f* de secours; ~ *fund* masse *f* de secours; ~ *house* habitation *f* provisoire; ✈ ~ *landing* atterrissage *m* forcé; ~ *man* ouvrier *m* supplémentaire; remplaçant *m*; ~ *measure* mesure *f* extraordinaire; ~ *number* police-secours *f*; ~ *service* service *m* des urgences; **e'mer·gent 1.** émergent; surgissant; **2.** résultat *m.*

e·mer·sion [i'məːʃn] émersion *f.*

em·er·y ['eməri] émeri *m*; ~ **board** lime *f* émeri; **'~-pa·per** papier *m* d'émeri.

e·met·ic [i'metik] émétique (*a su./m*).

em·i·grant ['emigrənt] émigrant(e *f*) (*a. su./mf*); **em·i·grate** ['~greit] (faire) émigrer; **em·i'gra·tion** émigration *f*; **em·i·gra·to·ry** ['~grətəri] émigrant.

em·i·nence ['eminəns] éminence *f* (*titre*: ♀); grandeur *f*; élévation *f*; monticule *m*; saillie *f*; **'em·i·nent**

□ *fig.* éminent, célèbre (pour *in, for*); '**em·i·nent·ly** par excellence.
em·is·sar·y ['emisəri] émissaire *m*;
e·mis·sion [i'miʃn] émission *f* (*a. phys.*, ⚕); lancement *m*.
e·mit [i'mit] dégager; lancer; laisser échapper; émettre (*une opinion, a.* ⚕). [(*a. su./m*).]
e·mol·li·ent [i'mɔliənt] émollient
e·mol·u·ment [i'mɔljumənt] émolument *m*; ~*s pl.* appointements *m/pl.*
e·mo·tion [i'mouʃn] émotion *f*; émoi *m*; **e'mo·tion·al** □ émotionnable; facile à émouvoir; ⚕ émotif (-ive *f*);
e·mo·tion·al·i·ty [~'næliti] émotivité *f*; **e'mo·tive** émotif (-ive *f*); émouvant.
em·pan·el [im'pænl] inscrire (*q.*) sur la liste du jury.
em·per·or ['empərə] empereur *m*.
em·pha·sis ['emfəsis], *pl.* **-ses** [~si:z] force *f*; accentuation *f*; insistance *f*; accent *m* (*a. gramm.*);
em·pha·size ['~saiz] accentuer; appuyer sur; souligner; faire ressortir; **em·phat·ic** [im'fætik] (~*ally*) énergique; positif (-ive *f*); autoritaire; *be* ~ *that* faire valoir que.
em·pire ['empaiə] empire *m*.
em·pir·ic [em'pirik] **1.** empirique *m*, empiriste *m*; *péj.* charlatan *m*; **2.** (*usu.* **em'pir·i·cal** □) empirique.
em·place·ment ⚔ [im'pleismənt] emplacement *m*. [en avion.]
em·plane [im'plein] (faire) monter
em·ploy [im'plɔi] **1.** employer; faire usage de; ~ *oneself* s'occuper (à *in, on, for*); **2.** emploi *m*; *in the* ~ *of* au service de; **em·ploy·é** [ɔm'plɔiei] employé *m*; **em·ploy·ée** [~] employée *f*; **em·ploy·ee** [emplɔi'i:] employé(e *f*) *m*; ~*s' spokesman* porte-parole *m* des employés;
em·ploy·er [im'plɔiə] patron(ne *f*) *m*; maître(sse *f*) *m*; employeur *m*;
em'ploy·ment emploi *m*; occupation *f*; situation *f*, place *f*; travail *m*; ~ *agency* bureau *m* de placement; *full* ~ plein(-)emploi *m*; *place of* ~ emploi *m*; bureau *m*, atelier *m etc.*; ♀ *Exchange* Bourse *f* du Travail.
em·po·ri·um [em'pɔ:riəm] entrepôt *m*; marché *m*; F grand magasin *m*.
em·pow·er [im'pauə] autoriser; donner (plein) pouvoir à (*q.*) (pour *inf.*, *to inf.*); rendre capable (de *inf.*, *to inf.*).
em·press ['empris] impératrice *f*.
emp·ti·er ['emptiə] videur *m*; '**emp·ti·ness** vide *m*; *fig.* néant *m*, vanité *f*; **emp·ty** □ **1.** vide; *fig.* vain; F creux (creuse *f*), affamé; **2.** (se) vider; (se) décharger; **3.** bouteille *f ou* caisse *f ou* ⚕ emballage *m* vide;
'**emp·ty-hand·ed** les mains vides; *return* ~ *a.* revenir bredouille.
em·pur·ple [im'pə:pl] empourprer.
e·mu *orn.* ['i:mju:] émeu *m*.
em·u·late ['emjuleit] imiter; rivaliser avec; **em·u'la·tion** émulation *f*; '**em·u·la·tive** ['~lətiv] qui tente de rivaliser (avec, *of*); **em·u·la·tor** ['~leitə] émule *mf*; '**em·u·lous** □ émulateur (-trice *f*) (de, *of*).
e·mul·sion ⚗ [i'mʌlʃn] émulsion *f*.
en·a·ble [i'neibl] rendre capable, mettre à même (de, *to*); donner pouvoir à (*q.*) (de *inf.*, *to inf.*).
en·act [i'nækt] décréter (*une loi, une mesure*); *théâ.* jouer, représenter; *be* ~*ed* se dérouler; **en'ac·tive** décrétant; représentant; **en'act·ment** promulgation *f*; loi *f*; décret *m*.
en·am·el [i'næml] **1.** émail (*pl.* -aux) *m*; (peinture *f* au) vernis *m*; F ripolin *m*; **2.** émailler; peindre au ripolin; *poét.* embellir, orner.
en·am·o(u)r [i'næmə] rendre amoureux (-euse *f*); ~*d* épris, amoureux (-euse *f*) (de, *of*).
en·cage [in'keidʒ] mettre en cage.
en·camp ⚔ [in'kæmp] camper; **en'camp·ment** camp(ement) *m*.
en·case [in'keis] enfermer (dans, *in*); F revêtir (de, *with*); **en'case·ment** revêtement *m*; enveloppe *f*.
en·cash·ment ⚕ [in'kæʃmənt] recette *f*; encaissement *m*.
en·caus·tic [en'kɔ:stik] encaustique (*a. su./f*).
en·chain [in'tʃein] enchaîner.
en·chant [in'tʃɑ:nt] ensorceler; *fig.* enchanter, ravir; **en'chant·er** enchanteur *m*; **en'chant·ing** ravissant; **en'chant·ment** enchantement *m*; **en'chent·ress** enchanteresse *f*.
en·chase [in'tʃeis] enchâsser (*a. fig.*); sertir (*une pierre précieuse*); graver; incruster.
en·ci·pher [in'saifə] chiffrer.
en·cir·cle [in'sə:kl] ceindre; entourer; *surt.* ⚔ envelopper; **en'cir·cle·ment** *pol.* encerclement *m*.
en·close [in'klouz] enclore; en-

tourer; renfermer; joindre (à une lettre, *in a letter*); *eccl.* cloîtrer; *~d herewith* sous ce pli, ci-joint; **en'clo·sure** [~ʒə] clôture *f* (*a. eccl.*); (en)clos *m*; ⚚ pièce *f* annexée *ou* jointe.

en·code [in'koud] chiffrer.

en·co·mi·ast [en'koumiæst] panégyriste *m*; **en'co·mi·um** [~mjəm] panégyrique *m*, éloge *m*.

en·com·pass [in'kʌmpəs] entourer; renfermer.

en·core [ɔŋ'kɔː] **1.** bis!; **2.** bisser; crier bis; **3.** bis *m*.

en·coun·ter [in'kauntə] **1.** rencontre *f*; duel *m*; combat *m*; *fig.* assaut *m* (*d'esprit*); **2.** rencontrer; éprouver (*des difficultés*); affronter.

en·cour·age [in'kʌridʒ] encourager; inciter; aider, soutenir; favoriser; **en'cour·age·ment** encouragement *m*; **en'cour·ag·er** celui (celle *f*) qui encourage.

en·croach [in'kroutʃ] empiéter (sur, [*up*]*on*); léser (les droits de *q.*); *~ upon s.o.'s kindness* abuser de la bonté de q.; **en'croach·ment** ([*up*]*on*) empiétement *m* (sur); anticipation *f* (sur), usurpation *f* (de).

en·crust [in'krʌst] (s')incruster.

en·cum·ber [in'kʌmbə] encombrer (de, *with*); gêner; grever (*une propriété*); **en'cum·brance** embarras *m*; charge *f* (*a. fig.*); servitude *f*; *without ~* sans charges de famille.

en·cy·clo·p(a)e·di·a [ensaiklo'piːdiə] encyclopédie *f*; **en·cy·clo'p(a)e·dic** encyclopédique.

end [end] **1.** bout *m*, extrémité *f*; fin *f*; limite *f*; but *m*, dessein *m*; *be at an ~* être au bout (de qch., *of s.th.*); être fini; *no ~ of* une infinité de, infiniment de, … sans nombre; *have s.th. at one's fingers' ~s* savoir qch. sur le bout du doigt; *in the ~* à la fin, enfin; à la longue; *on ~* de suite; debout; *stand on ~* se dresser (sur la tête); *to the ~ that* afin que (*sbj.*), afin de (*inf.*); *to no ~* en vain; *to this ~* dans ce but; *make an ~ of, put an ~ to* mettre fin à, achever; *make both ~s meet* joindre les deux bouts; s'en tirer; **2.** finir, (se) terminer, (s')achever.

en·dan·ger [in'deindʒə] mettre en danger.

en·dear [in'diə] rendre cher; **en'dear·ing** qui rend sympathique; attirant; **en'dear·ment** (*ou term of ~*) mot *m* tendre; attrait *m*.

en·deav·o(u)r [in'devə] **1.** effort *m*, tentative *f*; **2.** (*to inf.*) essayer (de *inf.*); chercher (à *inf.*); s'efforcer (de *inf.*).

en·dem·ic ⚕ [en'demik] **1.** (*a.* **en'dem·i·cal** □) endémique; **2.** maladie *f* endémique.

end·ing ['endiŋ] fin *f*; achèvement *m*; *gramm.* terminaison *f*.

en·dive ⚘ ['endiv] chicorée *f*; *a.* endive *f*.

end·less □ ['endlis] sans fin (*a.* ⊕); infini; continuel(le *f*).

end-of-term [endəv'təːm] *école*: de fin de semestre.

en·dorse ⚚ [in'dɔːs] endosser (*un document*); mentionner (*qch.*) au verso de; avaliser (*un effet*); viser (*un passeport*); *fig.* appuyer; *endorsing ink* encre *f* à tampon; **en·dor·see** ⚚ [endɔː'siː] endossataire *mf*; **en·dorse·ment** [in'dɔːsmənt] ⚚ endos(sement) *m*; *fig.* approbation *f*; adhésion *f*; **en'dors·er** ⚚ endosseur *m*.

en·dow [in'dau] doter (*une église etc.*); fonder; *fig.* douer; **en'dow·ment** dotation *f*; fondation *f*; *fig.* don *m* (= *qualité*); *~ assurance* assurance *f* à terme fixe.

en·due [in'djuː] revêtir (*un vêtement*; *q.* de, *with*); *usu. fig.* investir; douer.

en·dur·a·ble [in'djuərəbl] supportable; **en'dur·ance** endurance *f*, résistance *f*; patience *f*; *past ~* insupportable; *~ flight* vol *m* d'endurance; *~ run* course *f* d'endurance; **en·dure** [in'djuə] *v/t.* supporter, souffrir (*qch.*); *v/i.* durer, rester, persister.

end·way(s) ['endwei(z)], **end·wise** ['~waiz] debout; bout à bout.

en·e·ma ⚕ ['enimə] lavement *m*; irrigateur *m*.

en·e·my ['enimi] **1.** ennemi(e *f*) *m*; *the* ♀ le diable *m*; *sl. how goes the ~?* quelle heure est-il?; **2.** ennemi(e *f*).

en·er·get·ic [enə'dʒetik] (*~ally*) énergique; **'en·er·gize** stimuler; ⚡ aimanter; amorcer (*un dynamo*); **'en·er·gy** énergie *f* (*a. phys.*); force *f*; vigueur *f*; *~ crisis* crise *f* de l'énergie; **'en·er·gy-sav·ing** qui économise de l'énergie, à faible consommation d'énergie.

en·er·vate ['enə:veit] énerver, affaiblir; **en·er'va·tion** affaiblissement *m*; mollesse *f*.

en·fee·ble [in'fi:bl] affaiblir; **en'fee·ble·ment** affaiblissement *m*.

en·feoff [in'fef] investir d'un fief; inféoder (*une terre*); **en'feoff·ment** inféodation *f*.

en·fi·lade ⚔ [enfi'leid] **1.** enfilade *f*; **2.** battre d'enfilade.

en·fold [in'fould] envelopper.

en·force [in'fɔ:s] faire valoir (*un argument*); exécuter (*une loi*); rendre effectif (-ive *f*); faire observer; imposer (à q., *upon s.o.*); **en'force·ment** application *f*; exécution *f*; contrainte *f*; mise *f* en force.

en·fran·chise [in'fræntʃaiz] donner le droit de vote à (*q.*) *ou* de cité à (*une ville*); affranchir (*un esclave*); **en'fran·chise·ment** [~tʃizmənt] admission *f* au suffrage; affranchissement *m*.

en·gage [in'geidʒ] *v/t.* engager (*l'honneur, la parole, un domestique*); embaucher (*un ouvrier*); retenir, réserver, louer (*une place*); mettre en prise (*un engrenage*); fixer (*l'attention*); attaquer (*l'ennemi*); attirer (*l'affection*); *be* ~*d* être fiancé; être pris; être occupé (*a. téléph.*); *be* ~*d in* être occupé à; prendre part à; lier (*une conversation*); *v/i.* s'engager; s'obliger (à, *to*); s'embarquer (dans, *in*); ⚔ livrer combat, en venir aux mains; **en'gaged sig·nal** *ou* **tone** *téléph.* signal *m* d'occupé *ou* pas libre; **en'gage·ment** engagement *m*; promesse *f*; poste *m*, situation *f*; rendez-vous *m*; invitation *f*; fiançailles *f/pl.*; ⊕ mise *f* en prise; ⚔ action *f*, combat *m*.

en·gag·ing □ [in'geidʒiŋ] *fig.* attrayant, séduisant.

en·gen·der [in'dʒendə] *fig.* faire naître; engendrer; produire.

en·gine ['endʒin] machine *f*, appareil *m*; 🚂 locomotive *f*; ⊕ moteur *m*; *fig.* engin *m*, instrument *m*; **'en·gined** ✈ à ... moteurs.

en·gine...: **'~-driv·er** 🚂 mécanicien *m*; **'~-fit·ter** ajusteur *m* mécanicien.

en·gi·neer [endʒi'niə] **1.** ingénieur *m*; *fig.* agenceur (-euse *f*) *m*, *péj.* machinateur (-trice *f*) *m*; ⚔ soldat *m* du génie, ~*s pl. le* génie *m*; ⚓ ingénieur *m* maritime; 🚂 *Am.* mécanicien *m*; **2.** construire; F machiner, manigancer; **en·gi'neer·ing** art *m* de l'ingénieur; génie *m*; technique *f*; construction *f* mécanique; F manœuvres *f/pl.*; *attr.* du génie; ~ *college* école *f* des arts et métiers.

en·gine·man ['endʒinmən] machiniste *m*; 🚂 mécanicien *m*; **en·gine·ry** ['~nəri] machines *f/pl.*; *fig.* machinations *f/pl.*

en·gird [in'gə:d] [*irr.* (*gird*)] ceindre (de, *with*).

Eng·lish ['iŋgliʃ] **1.** anglais; *the* ~ *Channel* la Manche; **2.** *ling.* anglais *m*; *the* ~ *pl.* les Anglais *m/pl.*; ~*-speaking* anglophone (*pays etc.*); qui parle anglais (*personne*); **'Eng·lish·man** Anglais *m*; **'Eng·lish·wom·an** Anglaise *f*.

en·gorge [in'gɔ:dʒ] dévorer, engloutir.

en·graft ⚘ [in'grɑ:ft] greffer (sur *in*[*to*], [*up*]*on*); *fig.* inculquer (à, *in*).

en·grain [in'grein] teindre grand teint; *fig.* enraciner; **en'grained** encrassé; enraciné.

en·grave [in'greiv] graver (*a. fig.*); **en'grav·er** *personne*: graveur *m*; *outil*: burin *m*; ~ *on copper* chalcographe *m*; **en'grav·ing** gravure *f* (*sur bois, acier*); estampe *f*.

en·gross [in'grous] écrire en grosse; rédiger; absorber (*l'attention, q.*); s'emparer de; ~*ing hand* écriture *f* en grosse; **en'gross·ment** ⚖ (rédaction *f* de la) grosse *f*; absorption *f* (dans, *in*).

en·gulf [in'gʌlf] *fig.* engloutir, engouffrer; *be* ~*ed a.* être sombré.

en·hance [in'hɑ:ns] rehausser; augmenter; relever; **en'hance·ment** rehaussement *m*; augmentation *f*; ♱ *prix*: hausse *f*.

e·nig·ma [i'nigmə] énigme *f*; **e·nig·mat·ic, e·nig·mat·i·cal** □ [enig'mætik(l)] énigmatique.

en·join [in'dʒɔin] enjoindre, imposer; recommander (à q., [*up*]*on s.o.*); ~ *s.o. from* (*gér.*) interdire à q. de (*inf.*).

en·joy [in'dʒɔi] prendre plaisir à; goûter; jouir de; ~ *o.s.* s'amuser; se divertir; *I* ~ *my dinner* je trouve le dîner bon; **en'joy·a·ble** agréable; excellent; **en'joy·ment** plaisir *m*; ⚖ jouissance *f*.

en·kin·dle [inˈkindl] allumer; *fig.* enflammer.
en·lace [inˈleis] enlacer.
en·large [inˈlɑːdʒ] *v/t.* agrandir (*a. phot.*); élargir; augmenter; *v/i.* s'agrandir, s'élargir, s'étendre (sur, [*up*]*on*); **enˈlarge·ment** agrandissement *m* (*a. phot.*); élargissement *m*; accroissement *m*; **enˈlarg·er** *phot.* agrandisseur *m*.
en·light·en [inˈlaitn] *fig.* éclairer (q. sur qch., *s.o. on s.th.*); **enˈlight·en·ment** éclaircissements *m/pl.*
en·list [inˈlist] *v/t.* enrôler (*un soldat*); engager, rattacher (à, *in*); ⚔ *~ed man* (simple) soldat *m*; *v/i.* s'enrôler; s'engager (dans *in*).
en·liv·en [inˈlaivn] animer; *fig.* égayer, stimuler (*surt.* ⚕).
en·mesh [inˈmeʃ] prendre dans un piège; empêtrer.
en·mi·ty [ˈenmiti] inimitié *f*.
en·no·ble [iˈnoubl] anoblir; *fig.* ennoblir.
e·nor·mi·ty [iˈnɔːmiti] énormité *f*; **eˈnor·mous** □ énorme.
e·nough [iˈnʌf] assez; *sure ~!* assurément!; c'est bien vrai!; *well ~* passablement; très bien; *be kind ~ to* (*inf.*) avoir la bonté de (*inf.*).
e·nounce [iˈnauns] *see enunciate*.
en·quire [inˈkwaiə] *see inquire*.
en·rage [inˈreidʒ] enrager, rendre furieux (-euse *f*); **enˈraged** furieux (-euse *f*) (contre, *at*).
en·rap·ture [inˈræptʃə] ravir.
en·rich [inˈritʃ] enrichir; ✓ fertiliser (*le sol*); **enˈrich·ment** enrichissement *m*.
en·rol(l) [inˈroul] *v/t.* immatriculer (*un étudiant*); inscrire (*dans une liste*); engager (*des ouvriers*); ⚔ enrôler, encadrer; *v/i.* (*ou ~ o.s.*) ⚔ s'engager; s'inscrire (à une société, *in a society*); se faire inscrire; **enˈrol(l)·ment** enrôlement *m*; engagement *m*.
en route [ɑ̃ːnˈruːt] en route.
en·sconce [inˈskɔns] cacher; *~ o.s.* se camper, se blottir (dans, *in*).
en·shrine [inˈʃrain] enchâsser (*a. fig.*) (dans, *in*).
en·shroud [inˈʃraud] envelopper, ensevelir.
en·sign [ˈensain] étendard *m*, drapeau *m*; ⚓ [ˈensn] pavillon *m*; *Am.* enseigne *m*.
en·si·lage [ˈensilidʒ] **1.** ensil(ot)age *m*; **2.** (*a.* **en·sile** [inˈsail]) ensil(ot)er.
en·slave [inˈsleiv] réduire à l'esclavage; asservir; **enˈslave·ment** asservissement *m*; **enˈslav·er** *surt. fig.* ensorceleuse *f*.
en·snare [inˈsnɛə] prendre au piège (*a. fig.*); *fig.* séduire (*une femme*).
en·sue [inˈsjuː] s'ensuivre (de *from*, *on*).
en·sure [inˈʃuə] (*against*, *from*) garantir (de), assurer (contre).
en·tab·la·ture ⚠ [enˈtæblətʃə] entablement *m*.
en·tail [inˈteil] **1.** substitution *f*; bien *m* substitué; **2.** (*on*) substituer (*un bien*) (au profit de); entraîner (*des conséquences*) (pour); comporter (*des difficultés*) (pour).
en·tan·gle [inˈtæŋgl] emmêler; enchevêtrer (*a. fig.*); *fig.* empêtrer; **enˈtan·gle·ment** embrouillement *m*, enchevêtrement *m*; embarras *m*; ⚔ barbelé *m*, -s *m/pl.*
en·ter [ˈentə] *v/t.* entrer dans, pénétrer dans; monter dans (*un taxi etc.*); inscrire, porter (*un nom*) dans une liste; entrer à (*l'armée, une école*); s'inscrire à (*une université etc.*); prendre part à (*une discussion, une querelle*); ⚕ déclarer en douane, ⚕ inscrire (*au grand livre*); faire (*des protestations*); dresser (*un animal*); ⚕ *~ up v/t.* inscrire (à un compte); *v/i.* entrer, s'inscrire, *sp.* s'engager (pour, *for*); entrer (à, *at school etc.*); *~ into* entrer dans (*les affaires, les détails*); entrer en (*conversation*); prendre part à; partager (*des idées, des sentiments*); *fig.* contracter (*un mariage*), conclure (*un marché*), fournir (*des explications*); *~* (*up*)*on* entrer en (*fonctions*); entreprendre; embrasser (*une carrière*); entrer dans (*une année*); entamer (*un sujet*); s'engager dans (*qch.*); ⚖ entrer en possession de (*qch.*); *théâ. ~ Macbeth* entre Macbeth; **ˈen·ter·a·ble** ⚕ importable; **ˈen·ter·ing** entrée *f*; inscription *f*; *attr.* d'entrée, d'attaque, de pénétration.
en·ter·ic ⚕ [enˈterik] entérique; **en·ter·i·tis** [~təˈraitis] entérite *f*.
en·ter·prise [ˈentəpraiz] entreprise *f*; *fig.* initiative *f*; ⚕ *private ~* entreprise *f* privée; le secteur privé; **ˈen·ter·pris·ing** □ entreprenant.
en·ter·tain [entəˈtein] *v/t.* amuser, divertir; recevoir (*des invités*); fêter; accepter, accueillir (*une proposition*

etc.); entretenir (*la correspondance*); avoir (*des doutes, une opinion*); être animé de (*un sentiment*); *v/i.* recevoir, donner une réception; **en·ter'tain·er** hôte(sse *f*) *m*; comique *m*; diseur (-euse *f*) *m*; **en·ter'tain·ing** □ amusant, divertissant; **en·ter'tain·ment** hospitalité *f*; soirée *f*; spectacle *m*; divertissement *m*, *a.* accueil *m*; ~ *tax* taxe *f* sur les spectacles.

en·thral(**l**) [in'θrɔ:l] asservir; *fig.* captiver, charmer.

en·throne [in'θroun] mettre sur le trône; introniser (*un roi, un évêque*); **en'throne·ment, en·thron·i·za·tion** [enθronai'zeiʃn] intronisation *f*.

en·thuse F [in'θju:z] s'enthousiasmer (de, pour *about, over*).

en·thu·si·asm [in'θju:ziæzm] enthousiasme *m*; **en'thu·si·ast** [~æst] enthousiaste *mf* (de, *for*); **en·thu·si'as·tic** (*~ally*) enthousiaste (de *at, about*); passionné.

en·tice [in'tais] séduire, attirer; **en'tice·ment** séduction *f*; attrait *m*; **en'tic·er** séducteur (-trice *f*) *m*; **en'tic·ing** □ séduisant; attrayant.

en·tire [in'taiə] **1.** □ entier (-ère *f*) (*a. cheval*), complet (-ète *f*), tout; intact; **2.** entier *m*; totalité *f*; **en'tire·ly** entièrement, tout entier; du tout au tout; **en'tire·ness** intégralité *f*; **en'tire·ty** intégr(al)ité *f*.

en·ti·tle [in'taitl] intituler; donner à (*q.*) le droit (à, *to*).

en·ti·ty *phls.* ['entiti] entité *f*; *legal* ~ personne *f* juridique.

en·tomb [in'tu:m] ensevelir; **en'tomb·ment** ensevelissement *m*.

en·to·mol·o·gy *zo.* [entə'mɔlədʒi] entomologie *f*.

en·trails ['entreilz] *pl.* entrailles *f/pl.*

en·train ⚔ [in'trein] (s')embarquer en chemin de fer.

en·trance[1] ['entrəns] entrée *f* (dans, *into*; *a.* en fonctions, *into* [*ou upon*] *office*); accès *m*; pénétration *f*; (*a.* ~ *fee*) prix *m* d'entrée; *théâ.* entrée *f* en scène; ~ *examination* examen *m* d'entrée.

en·trance[2] [in'trɑ:ns] ravir, extasier.

en·trant ['entrənt] débutant(e *f*) *m*; *sp.* inscrit(e *f*) *m*.

en·trap [in'træp] prendre au piège; amener (*q.*) par ruse (à *inf.*, *into gér.*).

en·treat [in'tri:t] supplier, prier; demander instamment (à, *of*); **en'treat·y** prière *f*, supplication *f*.

en·trench ⚔ [in'trentʃ] retrancher; ~ *upon* empiéter sur; **en'trench·ment** retranchement *m*.

en·tre·pre·neur [ɔntrəprə'nə:] entrepreneur (-euse *f*) *m*; **en·tre·pre·neur·i·al** [~'nə:riəl] des entrepreneurs.

en·trust [in'trʌst] confier (qch. à q., *s.th. to s.o.*); charger (q. de qch., *s.o. with s.th.*).

en·try ['entri] entrée *f*; inscription *f*; ⚖ prise *f* de possession, entrée *f* en jouissance (de, [*up*]*on*); † *comptabilité*: partie *f*, *compte*: article *m*; *sp.* liste *f* des inscrits; *sp.* inscription *f*; ⚓ élément *m* (*du journal*); *Am.* commencement *m*; *no* ~ entrée interdite; *rue*: sens interdit; ~ *permit* permis *m* d'entrée; ~ *visa* visa *m* d'entrée; *make an* ~ *of s.th.* passer qch. en écriture; *bookkeeping by double* (*single*) ~ tenue *f* des livres *ou* comptabilité *f* en partie double (simple).

en·twine [in'twain], **en·twist** [in'twist] (s')entrelacer.

e·nu·mer·ate [i'nju:məreit] énumérer; **e·nu·mer'a·tion** énumération *f*.

e·nun·ci·ate [i'nʌnsieit] prononcer, articuler; énoncer, exprimer (*une opinion*); **e·nun·ci'a·tion** prononciation *f*, articulation *f*; *opinion*: énonciation *f*; *problème*: énoncé *m*.

en·vel·op [in'veləp] envelopper (*a.* ⚔); *fig.* voiler; **en·ve·lope** ['enviloup], *Am. a.* **en·vel·op** [in'veləp] enveloppe *f*; ⚘, *biol.* tunique *f*; *in an* ~ sous enveloppe; **en·vel·op·ment** [in'veləpmənt] enveloppement *m*; *biol.* enveloppe *f*.

en·ven·om [in'venəm] empoisonner; *fig.* envenimer.

en·vi·a·ble □ ['enviəbl] enviable, digne d'envie; **'en·vi·er** envieux (-euse *f*) *m*; **'en·vi·ous** envieux (-euse *f*) (de, *of*).

en·vi·ron [in'vaiərən] entourer, environner (de *with*); **en'vi·ron·ment** environnement *m*; milieu *m*; ambiance *f*; **en·vi·ron·men·tal** [~'mentl] du milieu; de l'environnement; écologiste; **en·vi·ron'men-**

tal·ist environnementaliste *mf*; **en·vi·rons** [ˈenvirənz] *pl.* environs *m/pl.*, alentours *m/pl.*; voisinage *m*.
en·vis·age [inˈvizidʒ] envisager (*un danger*); faire face à; se proposer (*un but*).
en·vi·sion [inˈviʒən] prévoir.
en·voy [ˈenvɔi] envoyé *m*.
en·vy [ˈenvi] **1.** envie *f* (au sujet de qch. *of, at s.th.*; de q., *of s.o.*); **2.** envier (qch. à q., *s.o. s.th.*); porter envie à (*q.*).
en·wrap [inˈræp] envelopper, enrouler.
en·zyme *biol.* [ˈenzaim] enzyme *m*.
e·pergne [iˈpəːn] surtout *m* (*de table*).
e·phem·er·a *zo.* [iˈfemərə], **eˈphem·er·on** [~rɔn], *pl. a.* **-er·a** [~ərə] éphémère *m*; *fig.* chose *f* éphémère; **eˈphem·er·al** éphémère; passager (-ère *f*).
ep·ic [ˈepik] **1.** (*a.* **ˈep·i·cal** □) épique; **2.** épopée *f*.
ep·i·cure [ˈepikjuə] gourmet *m*, gastronome *m*; **ep·i·cu·re·an** [~ˈriən] épicurien(ne *f*) (*a. su./mf*).
ep·i·dem·ic ⚕ [epiˈdemik] **1.** (*~ally*) épidémique; *~ disease* = **2.** épidémie *f*.
ep·i·der·mis *anat.* [epiˈdəːmis] épiderme *m*.
ep·i·gram [ˈepigræm] épigramme *f*; **ep·i·gram·mat·ic, ep·i·gram·mat·i·cal** □ [~grəˈmætik(l)] épigrammatique.
ep·i·lep·sy ⚕ [ˈepilepsi] épilepsie *f*; **ep·iˈlep·tic** ⚕ épileptique (*a. su./mf*).
ep·i·logue [ˈepilɔg] épilogue *m*.
E·piph·a·ny [iˈpifəni] Épiphanie *f*; F jour *m* des Rois.
e·pis·co·pa·cy [iˈpiskəpəsi] épiscopat *m*; gouvernement *m* par les évêques; **eˈpis·co·pal** épiscopal (-aux *m/pl.*); **e·pis·co·pa·li·an** [~ˈpeiljən] membre *m* de l'Église épiscopale; **eˈpis·co·pate** [~pit] épiscopat *m*; évêques *m/pl.*; évêché *m*.
ep·i·sode [ˈepisoud] épisode *m*; **ep·i·sod·ic, ep·i·sod·i·cal** □ [~ˈsɔdik(l)] épisodique.
e·pis·tle [iˈpisl] épître *f*; *fig.* lettre *f*; **eˈpis·to·lar·y** [~tələri] épistolaire.
ep·i·taph [ˈepitaːf] épitaphe *f*.
ep·i·thet [ˈepiθet] épithète *f*.
e·pit·o·me [iˈpitəmi] abrégé *m*, résumé *m*; **eˈpit·o·mize** abréger, résumer.
ep·och [ˈiːpɔk] époque *f*.
Ep·som salts [ˈepsəmˈsɔːlts] *pl.* sulfate *m* de magnésie; sels *m/pl.* anglais.
eq·ua·bil·i·ty [ekwəˈbiliti] uniformité *f*, égalité *f*; **ˈeq·ua·ble** □ uniforme; égal (-aux *m/pl.*) (*a. fig.*).
e·qual [ˈiːkwl] **1.** □ égal (-aux *m/pl.*); *~ to* à la hauteur de; égal à; *~ opportunities pl.* égalité *f* des chances, chances *f/pl.* égales; *~ rights pl.* égalité *f* des droits; **2.** égal (-e *f*) *m*; *my ~s pl.* mes pareil(le)s; **3.** égaler; *not to be ~led* sans égal; **e·qual·i·ty** [iˈkwɔliti] égalité *f*; **e·qual·i·za·tion** [iːkwəlaiˈzeiʃn] égalisation *f*; compensation *f*; **ˈe·qual·ize** *v/t.* égaliser (avec *to, with*); *v/i. sp.* marquer égalité de points; **ˈe·qual·i·zer** *sp.* but *m* égalisateur.
e·qua·nim·i·ty [iːkwəˈnimiti] sérénité *f*; tranquillité *f* d'esprit.
e·quate [iˈkweit] égaler (à *to, with*); ⩚ mettre en équation; **eˈqua·tion** égalisation *f*; ⩚, *astr.* équation *f*; **eˈqua·tor** équateur *m*; *at the ~* sous l'équateur; **e·qua·to·ri·al** □ [ekwəˈtɔːriəl] équatorial (-aux *m/pl.*).
eq·uer·ry [iˈkweri] écuyer *m*.
e·ques·tri·an [iˈkwestriən] **1.** équestre; d'équitation; **2.** cavalier (-ère *f*) *m*.
e·qui·lat·er·al □ [ˈiːkwiˈlætərəl] équilatéral (-aux *m/pl.*).
e·qui·li·brate [iːkwiˈlaibreit] *v/t.* mettre en équilibre; contrebalancer; *v/i.* être en équilibre; **e·quil·i·brist** [iːˈkwilibrist] équilibriste *mf*; danseur (-euse *f*) *m* de corde; **e·quiˈlib·ri·um** [~əm] équilibre *m*.
e·quine [ˈiːkwain] équin; du cheval; chevalin (*race*).
e·qui·noc·tial [iːkwiˈnɔkʃl] équinoxial (-aux *m/pl.*); **e·qui·nox** [ˈ~nɔks] équinoxe *m*.
e·quip [iˈkwip] équiper; monter (*une maison, une usine*); **eq·ui·page** [ˈekwipidʒ] équipement *m*; *véhicule*: équipage *m*; † suite *f*; **e·quip·ment** [iˈkwipmənt] équipement *m*; *maison*: aménagement *m*; ⊕ outillage *m*.
e·qui·poise [ˈekwipɔiz] **1.** équilibre *m*; poids *m* égal; **2.** équilibrer.
eq·ui·ta·ble □ [ˈekwitəbl] équitable; **ˈeq·ui·ty** justice *f*; ⚖ équité *f*, droit *m* équitable.
e·quiv·a·lence [iˈkwivələns] équivalence *f*; **eˈquiv·a·lent** équivalent (à, *to*) (*a. su./m*).

e·quiv·o·cal □ [i'kwivəkl] équivoque; ambigu(ë *f*); **e·quiv·o·cal·i·ty** [~'kæliti] caractère *m ou* expression *f* équivoque; **e'quiv·o·cate** [~keit] équivoquer; tergiverser; **e·quiv·o'ca·tion** équivocation *f*, tergiversation *f*.

eq·ui·voque, eq·ui·voke ['ekwivouk] équivoque *f*; jeu *m* de mots.

e·ra ['iərə] ère *f*; époque *f*; âge *m*.

e·rad·i·cate [i'rædikeit] déraciner; **e·rad·i'ca·tion** déracinement *m*; *fig.* extirpation *f*.

e·rase [i'reiz] effacer (*a. fig.*), gratter, raturer; *fig.* oblitérer; **e'ras·er** grattoir *m*; gomme *f*; **e'ra·sure** [~ʒə] rature *f*; suppression *f*.

ere † [ɛə] **1.** *cj.* avant que (*sbj.*); **2.** *prp.* avant; ~ *this* déjà; ~ *long* sous peu; ~ *now* déjà, auparavant.

e·rect [i'rekt] **1.** □ droit; debout; **2.** dresser; ériger; élever (*une statue*); édifier (*une théorie etc.*); **e'rec·tion** dressage *m*; construction *f*; érection *f*; édifice *m*; **e'rect·ness** attitude *f* droite; position *f* perpendiculaire; **e'rec·tor** constructeur *m*; ⊕ monteur *m*; *anat.* érecteur *m*.

er·e·mite ['erimait] ermite *m*; **er·e·mit·ic** [~'mitik] érémitique.

erg *phys.* [əːg] *mesure*: erg *m*.

er·go·nom·ics [əːgou'nɔmiks] *sg.* ergonomie *f*.

er·got ⚘ ['əːgət] ergot *m*.

er·mine *zo.* ['əːmin] hermine *f* (*a. fourrure*); *fig.* (dignité *f* de) juge *m*.

e·rode [i'roud] éroder; ronger.

e·rog·e·nous [i'rɔdʒinəs] érogène.

e·ro·sion [i'rouʒn] érosion *f*; *mer etc.*: affouillement *m*; *chaudière*: usure *f*; **e'ro·sive** [~siv] érosif (-ive *f*).

e·rot·ic [i'rɔtik] (poème *m*) érotique; **e'rot·i·cism** [~sizm] érotisme *m*.

err [əː] errer, se tromper; s'égarer (de, *from*).

er·rand ['erənd] commission *f*, course *f*, message *m*; *go (on)* ~*s* faire des commissions; '~**-boy** garçon *m* de courses; *hôtel*: chasseur *m*.

er·rant □ ['erənt] errant; *see knight-*~; '**er·rant·ry** vie *f* errante (*des chevaliers*).

er·rat·ic [i'rætik] (~*ally*) capricieux (-euse *f*); irrégulier (-ère *f*); *géol.*, ⚕ erratique; ~ *fever* fièvre *f* intermittente; **er·ra·tum** [i'reitəm], *pl.* **-ta** [~tə] erratum *m* (*pl.* -ta).

er·ro·ne·ous □ [i'rounjəs] erroné.

er·ror ['erə] erreur *f*, faute *f*; ~ *of judgement* erreur *f* de jugement; ~ *rate* pourcentage *m* de fautes; ~*s and omissions excepted* sauf erreur ou omission.

e·ruc·ta·tion [iːrʌk'teiʃn] éructation *f*, renvoi *m*.

er·u·dite ['erudait] érudit, savant; **er·u·di·tion** [~'diʃn] érudition *f*.

e·rupt [i'rʌpt] entrer en éruption (*volcan etc.*); percer (*dent*); **e'rup·tion** *volcan*, *a. fig.*, *a.* ⚕ éruption *f*; *fig.* éclat *m*, accès *m*; **e'rup·tive** éruptif (-ive *f*).

er·y·sip·e·las ⚕ [eri'sipiləs] érysipèle *m*, érésipèle *m*.

es·ca·lade ⚔ [eskə'leid] escalade *f*.

es·ca·late ['eskəleit] (s')intensifier; monter (en flèche); **es·ca'la·tion** intensification *f*; montée *f* (en flèche).

es·ca·la·tor ['eskəleitə] escalier *m* roulant, escalator *m*.

es·ca·pade [eskə'peid] escapade *f*;

es·cape [is'keip] **1.** *v/t.* échapper à, éviter; faillir (*inf.*, *gér.*); *v/i.* s'échapper, s'évader (de, *from*); se dégager (*gaz etc.*); **2.** évasion *f*, fuite *f*; *vapeur*: échappement *m*; *attr.* d'échappement; ~ *hatch* trappe *f* de secours; *have a narrow* ~ l'échapper belle; **es'cape·ment** ⊕ *pendule etc.*: échappement *m*.

es·carp [is'kaːp] **1.** (*a.* **es'carp·ment**) talus *m*; escarpement *m*; **2.** escarper; taluter.

es·cheat ⚖ [is'tʃiːt] **1.** déshérence *f*; dévolution *f* d'héritage à l'État; **2.** *v/i.* tomber en déshérence; *v/t.* confisquer.

es·chew [is'tʃuː] éviter, renoncer à.

es·cort 1. ['eskɔːt] escorte *f*; *bal*: cavalier *m*; **2.** [is'kɔːt] escorter; accompagner.

es·cri·toire [eskri'twaː] secrétaire *m*.

es·cu·lent ['eskjulənt] comestible (*a. su./m*).

es·cutch·eon [is'kʌtʃn] écusson *m* [(*a.* ⊕, ⚓).]

Es·ki·mo ['eskimou] Esquimau (*pl.* -aux) *m*, Esquimaude *f*.

es·pal·ier ⚘ [is'pæljə] espalier *m*.

es·pe·cial [is'peʃl] spécial (-aux *m/pl.*); particulier (-ère *f*); **es'pe·cial·ly** particulièrement, surtout; spécialement.

es·pi·al [isˈpaiəl] espionnage *m*; vue *f*.
es·pi·o·nage [espiəˈnaːʒ] espionnage *m*.
es·pous·al [isˈpauzl] *fig*. adoption *f* (de, *of*); **esˈpouse** [~z] † donner en mariage; épouser (*a. fig.*); *fig*. embrasser.
es·py [isˈpai] apercevoir, entrevoir.
es·quire [isˈkwaiə] † écuyer *m*; *adresse*: Monsieur.
es·say 1. [eˈsei] essayer; mettre à l'épreuve; **2.** [ˈesei] essai *m*; tentative *f* (de, *at*); *école*: composition *f*, dissertation *f*; **ˈes·say·ist** essayiste *mf*.
es·sence [ˈesns] essence *f*; extrait *m*; *fig*. fond *m*; **es·sen·tial** [iˈsenʃl] **1.** □ essentiel(le *f*), indispensable; ~ *likeness* ressemblance *f* fondamentale; ~ *oil* huile *f* essentielle; **2.** essentiel *m*; qualité *f* indispensable.
es·tab·lish [isˈtæbliʃ] établir; fonder; créer; confirmer (*dans un emploi*); ratifier; démontrer; ~ *o.s.* s'établir; ˆ*ed Church* Église *f* Établie; ~*ed merchant* marchand *m* patenté; **esˈtab·lish·ment** établissement *m* (*a.* ✝); création *f*; fondation *f*; ✝ maison *f*; confirmation *f*; ménage *m*; ⚔, ⚓ effectif *m*.
es·tate [isˈteit] état *m* (*a. pol.*), condition *f*; terre *f*, propriété *f*; ⚖ immeuble *m*, bien *m*, domaine *m*; ⚖ succession *f*; rang *m*; *personal* ~ biens *m/pl.* mobiliers; *real* ~ biens-fonds *m/pl.*, propriété *f* immobilière; ~ *agent* agent *m* de location; administrateur *m* foncier; ~ *duty* droits *m/pl.* de succession.
es·teem [isˈtiːm] **1.** estime *f*, considération *f*; **2.** estimer; priser; considérer (comme, *as*).
Es·tho·ni·an [esˈtounjən] **1.** Estonien(ne *f*) *m*; **2.** estonien(ne *f*).
es·ti·ma·ble [ˈestiməbl] estimable, digne d'estime.
es·ti·mate 1. [ˈestimeit] estimer; évaluer (à, *at*); **2.** [ˈ~mit] calcul *m*, estimation *f*; évaluation *f*; appréciation *f*; ✝ devis *m*; *parl.* ˆ*s pl.* prévisions *f/pl.* budgétaires; **es·ti·ma·tion** [~ˈmeiʃn] jugement *m*; opinion *f*; considération *f*; **ˈes·ti·ma·tor** appréciateur *m*; estimateur *m*.
es·trange [isˈtreindʒ] aliéner l'estime (de q., *from s.o.*); ~*d couple* époux *m/pl.* séparés; **esˈtrange·ment** aliénation *f*; brouille *f*.
es·tro·gen *biol.* [ˈestrədʒen] œstrogène *m*.
es·tu·ar·y [ˈestjuəri] estuaire *m*.
et·cet·er·as [itˈsetrəz] *pl.*° extra *m/inv.*
etch [etʃ] *v/t.* graver à l'eau-forte; *v/i.* faire de la gravure à l'eau-forte; **ˈetch·ing** (gravure *f* à l')eau-forte (*pl.* eaux-fortes) *f*; art *m* de graver à l'eau-forte.
e·ter·nal □ [iˈtəːnl] éternel(le *f*); *fig*. sans fin; **eˈter·nal·ize** [~nəlaiz] éterniser; **eˈter·ni·ty** éternité *f*; **e·ter·nize** [iːˈtəːnaiz] éterniser.
e·ther [ˈiːθə] éther *m* (*a.* ⚗); **e·the·re·al** □ [iːˈθiəriəl] éthéré; *fig*. impalpable; **ˈe·ther·ize** éthériser; endormir.
eth·i·cal □ [ˈeθikl] éthique; moral (-aux *m/pl.*); **ˈeth·ics** *usu. sg.* morale *f*, éthique *f*.
E·thi·o·pi·an [iːθiˈoupjən] **1.** éthiopien(ne *f*); **2.** Éthiopien(ne *f*) *m*.
eth·nog·ra·phy [eθˈnɔgrəfi] ethnographie *f*; **ethˈnol·o·gy** [~lədʒi] ethnologie *f*.
e·ti·o·late [ˈiːtioleit] (s')étioler.
et·i·quette [etiˈket] étiquette *f*; protocole *m*; cérémonial *m* (*souv.* de cour).
E·ton crop [ˈiːtnˈkrɔp] cheveux *m/pl.* à la garçonne; cheveux *m/pl.* garçon.
et·y·mo·log·i·cal □ [etiməˈlɔdʒikl] étymologique; **et·y·mol·o·gy** [~ˈmɔlədʒi] étymologie *f*.
eu·cha·rist [ˈjuːkərist] eucharistie *f*.
Eu·clid ⚖ [ˈjuːklid] géométrie *f*.
eu·gen·ic *biol.* [ˈjuːˈdʒenik] **1.** (~*ally*) eugénésique; **2.** ~*s sg.* eugénique *f*; eugénisme *m*.
eu·lo·gist [ˈjuːlədʒist] panégyriste *m*; **eu·lo·gize** [ˈ~dʒaiz] faire l'éloge de, louer; **eu·lo·gy** [ˈ~dʒi] éloge *m*.
eu·nuch [ˈjuːnək] eunuque *m*, castrat *m*.
eu·phe·mism [ˈjuːfimizm] euphémisme *m*; **eu·pheˈmis·tic, eu·pheˈmis·ti·cal** □ euphémique.
eu·phon·ic, eu·phon·i·cal □ [juːˈfɔnik(l)] euphonique; **eu·pho·ny** [ˈjuːfəni] euphonie *f*.
eu·phu·ism [ˈjuːfjuizm] euphuisme *m*; *fig*. préciosité *f*.
Eu·ro·cheque [ˈjuərətʃek] eurochèque *m*; **Eu·ro·crat** [~ˈkræt] eurocrate *mf*.
Eu·ro·pe·an [juərəˈpiːən] **1.** euro-

péen(ne *f*); ~ *Community* Communauté *f* Économique Européenne; ~ *Parliament* Assemblée *f* européenne; 2. Européen(ne *f*) *m*.

Eu·ro-pol·i·tics [ˈjuərəpɔlitiks] *sg.* politique *f* européenne.

eu·tha·na·si·a [juːθəˈneizjə] euthanasie *f*.

e·vac·u·ate [iˈvækjueit] évacuer (*région, ville, blessés, ventre*); *mot.* expulser (*des gaz brûlés*); **e·vac·uˈa·tion** évacuation *f*; **e·vac·uˈee** évacué(e *f*) *m*.

e·vade [iˈveid] éviter, échapper à; éluder (*question, justice, obstacle*).

e·val·u·ate *surt.* ⚕ [iˈvæljueit] évaluer; **e·val·uˈa·tion** évalulation *f*.

ev·a·nesce [iːvəˈnes] s'effacer; **ev·aˈnes·cence** évanouissement *m*; nature *f* éphémère; **ev·aˈnes·cent** évanescent.

e·van·gel·ic, e·van·gel·i·cal □ [iːvænˈdʒelik(l)] évangélique; **e·van·ge·list** [iˈvændʒilist] évangéliste *m*; **eˈvan·ge·lize** prêcher l'évangile (à *q.*).

e·vap·o·rate [iˈvæpəreit] *v/t.* (faire) évaporer; *v/i.* s'évaporer (*a. fig.*); ~*d fruit* fruits *m/pl.* secs; ~*d milk* lait *m* concentré; **e·vap·oˈra·tion** évaporation *f*, vaporisation *f*.

e·va·sion [iˈveiʒn] évasion *f*, évitement *m*; subterfuge *m*; **eˈva·sive** □ [~siv] évasif (-ive *f*); *fig. be* ~ faire une réponse évasive.

eve [iːv] veille *f*; *poét.* soir *m*; *on the* ~ *of* sur le point de; à la veille de.

e·ven[1] [ˈiːvn] **1.** *adj.* □ égal (-aux *m/pl.*); uni; plat, uniforme; régulier (-ère *f*); calme; pair (*nombre*); ~ *with the ground* au ras du sol, à fleur de terre; *be* ~ *with* être quitte avec (*q.*); *odd or* ~ pair ou impair; ☤ *of* ~ *date* de même date; **2.** *adv.* même; *devant comp.*: encore; *avec négation*: seulement, même; *not* ~ pas même; ~ *though*, ~ *if* quand même; **3.** *v/t.* égaliser, rendre égal.

e·ven[2] *poét.* [~] soir *m*.

e·ven...: ˈ~ˈ**hand·ed** impartial (-aux *m/pl.*); ˈ~·**tem·pered** d'humeur égale.

eve·ning [ˈiːvniŋ] soir *m*; soirée *f*; ~ *class* cours *m* du soir; ~ *dress* tenue *f ou* toilette *f* de soirée; habit *m* (à queue); ~ *star* étoile *f* du berger.

e·ven·ness [ˈiːvənnis] égalité *f*; régularité *f*; sérénité *f*; impartialité *f*.

e·ven·song [ˈiːvənsɔŋ] office *m* du soir; vêpres *f/pl*.

e·vent [iˈvent] événement *m*; cas *m*; *fig.* résultat *m*, issue *f*; *sp.* réunion *f* sportive; *sp.* épreuve *f*; *box.* rencontre *f*; *athletic* ~*s pl.* concours *m* athlétique; *table of* ~*s* programme *m*; *at all* ~*s* en tout cas; quoi qu'il arrive; *in any* ~ en tout cas; *in the* ~ *of* dans le cas où (*cond.*); **eˈvent·ful** [~ful] mémorable.

e·ven·tu·al □ [iˈventjuəl] éventuel (-le *f*); définitif (-ive *f*); ~*ly* à la fin, en fin de compte; par la suite; **e·ven·tu·al·i·ty** [~ˈæliti] éventualité *f*; **eˈven·tu·ate** [~eit] se terminer (par, *in*); aboutir (à, *in*).

ev·er [ˈevə] jamais; toujours; ~ *so* très, infiniment; ... au possible; *as soon as* ~ *I can* aussitôt que je pourrai; le plus vite possible; ~ *after*, ~ *since* depuis lors; depuis le jour où ...; ~ *and anon* de temps en temps; *for* ~, *a. for* ~ *and* ~, *for* ~ *and a day* à tout jamais; *liberty for* ~! vive la liberté!; F ~ *so much* infiniment; *for* ~ *so much* pour rien au monde; *I wonder who* ~ je me demande qui donc *ou* diable; F *the best* ~ le meilleur *etc.* du monde; *formule finale d'une lettre*: ~ *yours* bien cordialement; ˈ~·**glade** *Am.* région *f* marécageuse; ˈ~·**green** (arbre *m*) toujours vert; ~ˈ**last·ing** **1.** □ éternel(le *f*); inusable; **2.** éternité *f*; ⚘ immortelle *f*; ˈ~ˈ**more** toujours; éternellement.

ev·er·y [ˈevri] chaque; tous (toutes *f/pl.*) *m/pl.* les; ~ *bit as much* tout autant que; ~ *now and then* de temps à autre; par moments; ~*one* chacun(e *f*); ~ *other day* tous les deux jours; un jour sur deux; ~ *twenty years* tous les vingt ans; *her* ~ *movement* son moindre mouvement; ˈ~·**bod·y**, ˈ~·**one** chacun; tout le monde; ˈ~·**day** de tous les jours; ˈ~·**thing** tout; ˈ~·**way** sous tous les rapports; de toutes les manières; ˈ~·**where** partout.

e·vict [iˈvikt] évincer, expulser; **eˈvic·tion** éviction *f*, expulsion *f*.

ev·i·dence [ˈevidəns] **1.** évidence *f*; preuve *f*; témoignage *m*; *fig.* signe *m*; *in* ~ présent, en évidence; *furnish* ~ *of* fournir des preuves de;

give ~ témoigner (de, *of*; en faveur de, *for*; contre, *against*); **2.** *v/t.* manifester, prouver (*qch.*); *v/i.* porter témoignage; **ˈev·i·dent** □ évident, clair; patent; **ev·i·den·tial** □ [~ˈdenʃl] indicateur (-trice *f*) (de, *of*).

e·vil [ˈiːvl] **1.** □ mauvais; méchant; sinistre; malfaisant; *the* ~ *eye* le mauvais œil *m*; *the* ♀ *One* le Malin *m*, le Mauvais *m*, le diable *m*; **2.** mal *m*; malheur *m*; **ˈ~-ˈdo·er** malfaiteur (-trice *f*) *m*.

e·vince [iˈvins] manifester, témoigner.

e·vis·cer·ate [iˈvisəreit] éviscérer.

ev·o·ca·tion [evoˈkeiʃn] évocation *f*; **e·voc·a·tive** [iˈvɔkətiv] évocateur (-trice *f*).

e·voke [iˈvouk] évoquer.

ev·o·lu·tion [iːvəˈluːʃn] développement *m*; évolution *f* (*a.* ⚔); ⅍ extraction *f* (*d'une racine*).

e·volve [iˈvɔlv] (se) développer; (se) dérouler; (se) dégager (*gaz*).

ewe [juː] brebis *f*.

ew·er [ˈjuːə] pot *m* à eau; broc *m*.

ex [eks] **1.** ✝ dégagé de, hors de; ~ *store* en magasin; *bourse*: ex-; ~ *officio* de droit, (à titre) d'office; **2.** *devant su.*: ancien(ne *f*); *ex-minister* ex-ministre *m*.

ex·ac·er·bate [eksˈæsəbeit] exaspérer, irriter; aggraver.

ex·act [igˈzækt] **1.** □ exact; précis; juste; **2.** exiger (*un impôt*); extorquer; réclamer; **exˈact·ing** exigeant; astreignant (*travail*); **exˈac·tion** exaction *f*; **exˈact·i·tude** [~titjuːd] exactitude *f*; **exˈact·ly** exactement; à vrai dire; ~! précisément!; *not* ~ ne ... pas à proprement parler; **exˈact·ness** *see exactitude*.

ex·ag·ger·ate [igˈzædʒəreit] exagérer; **ex·ag·gerˈa·tion** exagération *f*; **exˈag·ger·a·tive** □ [~ətiv] exagératif (-ive *f*); exagéré (*personne*).

ex·alt [igˈzɔːlt] élever; louer; **ex·al·ta·tion** [egzɔːlˈteiʃn] élévation *f*; exaltation *f*; émotion *f* passionnée; **ex·alt·ed** [igˈzɔːltid] élevé; haut; exalté.

ex·am F [igˈzæm] *école*: examen *m*.

ex·am·i·na·tion [igzæmiˈneiʃn] examen *m*; *douane*: visite *f*; interrogatoire *m*; inspection *f*; épreuve *f* (*écrite, orale*); *competitive* ~ *examen*: concours *m*; **exˈam·ine** [~min] examiner (*q.*, *qch.*); faire une enquête sur (*qch.*); visiter; contrôler; interroger; **ex·am·iˈnee** candidat(e *f*) *m*; **exˈam·in·er** examinateur (-trice *f*) *m*; **exˈam·in·ing ˈbod·y** jury *m* d'examen.

ex·am·ple [igˈzɑːmpl] exemple *m*; précédent *m*; *beyond* ~ sans précédent; *for* ~ par exemple; *make an* ~ *of* faire un exemple de (*q.*).

ex·as·per·ate [igˈzɑːspəreit] exaspérer; irriter; aggraver (*la douleur etc.*); **ex·as·perˈa·tion** exaspération *f*; aggravation *f* (de, *of*).

ex·ca·vate [ˈekskəveit] *v/t.* creuser; approfondir; *v/i.* faire des fouilles; **ex·caˈva·tion** excavation *f*; fouille *f*; **ˈex·ca·va·tor** excavateur *m*; fouilleuse *f*.

ex·ceed [ikˈsiːd] *v/t.* excéder, dépasser, outrepasser; surpasser (en, *in*), *v/i.* prédominer; **exˈceed·ing** excessif (-ive *f*); **exˈceed·ing·ly** extrêmement, excessivement.

ex·cel [ikˈsel] *v/t.* surpasser; *v/i.* exceller (à *in*, *at*); **ex·cel·lence** [ˈeksələns] excellence *f*; perfection *f*; mérite *m*; **ˈEx·cel·len·cy** Excellence *f*; **ˈex·cel·lent** □ excellent, parfait.

ex·cept [ikˈsept] **1.** *v/t.* excepter, exclure; *v/i.* faire des objections; **2.** *cj.* à moins que; excepté que; **3.** *prp.* excepté, à l'exception de, sauf; ~ *for* à part; **exˈcept·ing** *prp.* à l'exception de; **exˈcep·tion** exception *f*; objection *f* (à, *to*); *take* ~ *to* s'offenser de; objecter (*qch.*) (à *q.*, *in s.o.*); **exˈcep·tion·a·ble** récusable; blâmable; **exˈcep·tion·al** □ exceptionnel(le *f*); ~*ly* par exception.

ex·cerpt **1.** [ekˈsəːpt] extraire (*un passage*) (de, *from*); **2.** [ˈeksəːpt] extrait *m* (de, *from*); emprunt *m* (à).

ex·cess [ikˈses] excès *m*; excédent *m*; surpoids *m*; *attr.* en surpoids; en excédent; *in* ~ *of* au-dessus de; *carry to* ~ pousser (*qch.*) trop loin; ~ *charge* supplément *m*; ~ *fare* supplément *m*; ~ *luggage* excédent *m* de bagages; ~ *money* argent *m* en surplus; ~ *postage* surtaxe *f* postale; ~ *profit* surplus *m* des bénéfices; **exˈces·sive** □ excessif (-ive *f*); immodéré; ~*ly* à l'excès.

ex·change [iksˈtʃeindʒ] **1.** échanger (contre, *for*); faire un échange de; **2.** échange *m*; ✝ change *m*; (*bill of* ~) traite *f*; (*a.* ♀) Bourse *f*; *téléph.*

central *m*; *foreign* ~(*s pl.*) devises *f*/*pl.* étrangères *ou* sur l'étranger; *in* ~ *for* en échange de; ~ *control* contrôle *m* des changes; ~ *list* bulletin *m* des changes; ~ *market* marché *m* des changes; ~ *office* bureau *m* de change; *free* ~ libre-échange *m*; *par of* ~ pair *m* du change; (*rate of*) ~ cours *m ou* taux *m* du change; **ex'change·able** échangeable (contre, pour *for*); ~ *value* valeur *f* d'échange; ☤ contre-valeur *f*.

ex·cheq·uer [iks'tʃekə] Trésor *m* public; F budget *m*; Ministère *m* des Finances; *Chancellor of the* ♀ Ministre *m* des Finances (*britannique*); ~ *bill* bon *m* du Trésor.

ex·cise[1] [ek'saiz] **1.** régie *f*; contributions *f*/*pl.* indirectes; **2.** imposer; frapper d'une imposition.

ex·cise[2] [~] retrancher; **ex·ci·sion** [ek'siʒn] excision *f*; incision *f*.

ex·cit·a·bil·i·ty [iksaitə'biliti] émotivité *f*; **ex'cit·a·ble** émotionnable; mobile (*foule*); **ex·cit·ant** ['eksitənt] stimulant *m*; **ex·ci·ta·tion** [eksi'teiʃn] excitation *f*; **ex·cite** [ik'sait] provoquer, soulever, exciter; animer; **ex'cite·ment** agitation *f*; émotion *f*; excitation *f*; **ex'cit·er** instigateur (-trice *f*) *m*; ⚕ excitant *m*; ⚡ excitateur *m*.

ex·claim [iks'kleim] *v/i.* s'exclamer; s'écrier; ~ *against* se récrier contre; *v/t.* crier.

ex·cla·ma·tion [eksklə'meiʃn] exclamation *f*; *note* (*ou mark ou point*) *of* ~, ~ *mark* point *m* d'exclamation; **ex·clam·a·to·ry** □ [~'klæmətəri] exclamatif (-ive *f*).

ex·clude [iks'klu:d] exclure; *fig.* écarter.

ex·clu·sion [iks'klu:ʒn] exclusion *f*; refus *m* d'admission (à, *from*); **ex'clu·sive** □ [~siv] exclusif (-ive *f*); en exclusivité (*film*); seul, unique; très fermé (*cercle*); ~ *of* non compris; *be mutually* ~ s'exclure mutuellement.

ex·cog·i·tate [eks'kɔdʒiteit] combiner; *péj.* machiner; **ex·cog·i'ta·tion** excogitation *f*; méditation *f*.

ex·com·mu·ni·cate [ekskə'mju:nikeit] excommunier; **ex·com·mu·ni'ca·tion** excommunication *f*.

ex·co·ri·ate [eks'kɔ:rieit] excorier, écorcher (*la peau*).

ex·cre·ment ['ekskrimənt] excrément *m*; **ex·cre·men·tal** [~'mentl], **ex·cre·men·ti·tious** [~'tiʃəs] excrémen(ti)tiel(le *f*).

ex·cres·cence [iks'kresns] excroissance *f*; excrescence *f*; **ex'cres·cent** qui forme une excroissance; superflu.

ex·crete [eks'kri:t] excréter; sécréter; **ex'cre·tion** excrétion *f*; sécrétion *f*; **ex'cre·tive, ex'cre·to·ry** [~təri] excréteur (-trice *f*); excrétoire.

ex·cru·ci·ate [iks'kru:ʃieit] torturer; **ex'cru·ci·at·ing** □ atroce; **ex·cru·ci'a·tion** torture *f*, supplice *m*.

ex·cul·pate ['ekskʌlpeit] disculper, exonérer; justifier (*q.*); **ex·cul'pa·tion** exonération *f*; justification *f*; **ex'cul·pa·to·ry** [~pətəri] justificatif (-ive *f*).

ex·cur·sion [iks'kə:ʃn] excursion *f*; partie *f* de plaisir; *mot.* randonnée *f*; ~ *train* train *m* de plaisir; **ex'cur·sion·ist** excursionniste *mf*.

ex·cur·sive □ [eks'kə:siv] digressif (-ive *f*); vagabond.

ex·cus·a·ble □ [iks'kju:zəbl] excusable; **ex·cuse** [~'kju:z] **1.** excuser; pardonner (qch. à q., *s.o. s.th.*); **2.** [~'kju:s] excuse *f*, prétexte *m*.

ex-di·rec·to·ry [eksdi'rektəri] qui n'est pas dans l'annuaire téléphonique.

ex·e·cra·ble □ ['eksikrəbl] exécrable; **ex·e·crate** ['~kreit] exécrer, détester; **ex·e'cra·tion** exécration *f*; malédiction *f*.

ex·e·cu·tant ♪ [ig'zekjutənt] exécutant(e *f*) *m*; **ex·e·cute** ['eksikju:t] exécuter (*projet, ordre, testament*, ♪, ⚖); ☤ effectuer (*un transfert*); ⚖ souscrire (*un acte*); **ex·e'cu·tion** exécution *f* (*see execute*); ⚖ souscription *f* (*d'un acte*), saisie-exécution (*pl.* saisies-exécutions) *f*; jeu *m* (*d'un musicien*); *fig.* carnage *m*; *a man of* ~ un homme *m* énergique; *take out an* ~ *against* faire une exécution sur; ⚔, *a. fig. do* ~ causer des ravages; **ex·e'cu·tion·er** bourreau *m*; **ex·ec·u·tive** [ig'zekjutiv] **1.** □ exécutif (-ive *f*); ~ *committee* bureau *m* (*d'une société*), commission *f* exécutive (*d'un parti*); ~ *editor* rédacteur *m* en chef; ~ *suite* bureaux *m*/*pl.* de la direction;

2. (pouvoir *m*) exécutif *m*; bureau *m*; *Am.* président *m*; *pol.* gouverneur *m*; † directeur *m* (*commercial*); **ex'ec·u·tor** [~tə] exécuteur *m* testamentaire; **ex'ec·u·to·ry** exécutif (-ive *f*); ⚖ exécutoire, en vigueur; non encore exécuté.

ex·em·plar [ig'zemplə] exemplaire *m*; **ex'em·pla·ri·ness** exemplarité *f*; **ex'em·pla·ry** exemplaire; typique.

ex·em·pli·fi·ca·tion [igzemplifi'keiʃn] démonstration *f*; exemple *m*; ⚖ copie *f* authentique; **ex'em·pli·fy** [~fai] démontrer, expliquer; servir d'exemple; donner un exemple de; ⚖ faire une ampliation de.

ex·empt [ig'zempt] **1.** exempt, franc(he *f*), dispensé (de, *from*); **2.** exempter, dispenser (de, *from*); **ex'emp·tion** exemption *f*, dispense *f* (de, *from*).

ex·e·quies ['eksikwiz] *pl.* convoi *m* funèbre; obsèques *f/pl.*

ex·er·cise ['eksəsaiz] **1.** exercice *m* (*d'une faculté, a. école,* ♪, *etc.*); ⚔, ⚓ évolution *f*; *école*: devoir *m*, thème *m*; ~ *book école*: cahier *m*; *take* ~ prendre de l'exercice; *Am.* ~*s pl.* cérémonies *f/pl.*; **2.** *v/t.* exercer (*corps, esprit, influence, métier, faculté*); pratiquer; user de; promener (*un cheval*); tracasser; *v/i.* s'entraîner; ⚔ faire l'exercice; **'ex·er·cis·er** exerciseur *m*.

ex·ert [ig'zɔːt] exercer (*de l'influence etc.*); employer (*de la force*); ~ *o.s.* s'employer; s'efforcer (de, *to*); **ex'er·tion** effort *m*; emploi *m*.

ex·e·unt *théâ.* ['eksiʌnt] ... sortent.

ex·fo·li·ate [eks'foulieit] (s')exfolier; (se) déliter (*pierre*).

ex·ha·la·tion [ekshə'leiʃn] exhalaison *f*; *souffle*: expiration *f*; **ex·hale** [~'heil] *v/t.* exhaler (*odeur, souffle, prière, rage*); *fig.* respirer; *v/i.* s'exhaler.

ex·haust [ig'zɔːst] **1.** épuiser (*a. fig.*); vider (de, *of*); aspirer (*l'air, du gaz, etc.*); ~ *the air* faire le vide (dans, *in*); **2.** ⊕ échappement *m*; ~ *box* pot *m* d'échappement; silencieux *m*; ~ *cut-out* (*ou muffler*) soupape *f* d'échappement libre; silencieux *m*; ~ *fumes pl.*, ~ *gas* gaz *m* d'échappement; ~ *pipe* tuyau *m* d'échappement; ~ *steam* vapeur *f* d'échappement; ~ *valve* soupape *f* d'échappement; **ex'haust·ed** *usu.* épuisé (*a. fig.*), usé; vide d'air; **ex'haust·i·ble** épuisable; **ex'haust·ing** □ épuisant; ⊕ d'épuisement; **ex'haus·tion** épuisement *m*; **ex'haus·tive** □ *see exhausting*; approfondi.

ex·hib·it [ig'zibit] **1.** exhiber (*a.* ⚖); montrer; offrir; exposer; **2.** objet *m* exposé; exposition *f*; ⚖ pièce *f* à l'appui; *on* ~ exposé; **ex·hi·bi·tion** [eksi'biʃn] exposition *f*; étalage *m*; démonstration *f*; *cin.* présentation *f*; ⚖ exhibition *f*; *make an* ~ *of o.s.* faire spectacle; *on* ~ exposé; **ex·hi'bi·tion·er** boursier (-ère *f*) *m*; **ex·hib·i·tor** [ig'zibitə] exposant(e *f*) *m*; *cin.* exploitant *m* d'un cinéma.

ex·hil·a·rate [ig'ziləreit] égayer; ranimer; **ex·hil·a'ra·tion** gaieté *f*, joie *f* de vivre.

ex·hort [ig'zɔːt] exhorter; **ex·hor·ta·tion** [egzɔː'teiʃn] exhortation *f*; **ex·hor·ta·tive** [ig'zɔːtətiv], **ex'hor·ta·to·ry** [~təri] exhortatif (-ive *f*), exhortatoire.

ex·hu·ma·tion [ekshjuː'meiʃn] exhumation *f*; **ex'hume** déterrer.

ex·i·gence, ex·i·gen·cy ['eksidʒəns(i)] exigence *f*; nécessité *f*; situation *f* critique; **'ex·i·gent** urgent, pressant; exigeant; *be* ~ *of* exiger.

ex·ig·u·ous [eg'zigjuəs] exigu (-üe *f*); modique (*revenu etc.*).

ex·ile ['eksail] **1.** exil *m*; *personne*: exilé(e *f*) *m*; **2.** exiler, bannir.

ex·ist [ig'zist] exister; être; se trouver; vivre; **ex'ist·ence** existence *f*; vie *f*; *phls.* être *m*; *in* ~ = **ex'ist·ent** existant; actuel(le *f*).

ex·it ['eksit] **1.** sortie *f*; *fig.* fin *f*, mort *f*; ~ *permit* permis *m* de sortie; ~ *visa* visa *m* de sortie; **2.** *théâ.* ... sort. [*fig.* sortie *f*.]

ex·o·dus ['eksədəs] *bibl.* exode *m*;

ex·on·er·ate [ig'zɔnəreit] exonérer, disculper, dispenser (de, *from*); **ex·on·er'a·tion** exonération *f*, décharge *f*.

ex·or·bi·tance, ex·or·bi·tan·cy [ig'zɔːbitəns(i)] énormité *f*; **ex'or·bi·tant** □ exorbitant, excessif (-ive *f*).

ex·or·cism ['eksɔːsizm] exorcisme *m*; **'ex·or·cist** exorciste *m*; **ex·or·cize** ['~saiz] exorciser (*un démon, un possédé*); chasser (de, *from*). [que.]

ex·ot·ic [eg'zɔtik] (plante *f*) exoti-

ex·pand [iksˈpænd] (s')étendre; (se) déployer (*ailes*); (se) dilater (*yeux, gaz, solide*); (se) développer (*abrégé, poitrine, formule*); amplifier; (s')élargir; **exˈpand·er** extenseur *m*; ⊕ mécanisme *m* d'expansion; **ex·panse** [~ˈpæns] étendue *f*; **ex·pan·si·bil·i·ty** [~səˈbiliti] expansibilité *f*; *phys.* dilatabilité *f*; **exˈpan·si·ble** expansible; *phys.* dilatable; **exˈpan·sion** expansion *f* (*a. pol.*); dilatation *f*; ⊕ détente *f*; **exˈpan·sive** □ expansif (-ive *f*) (*a. fig.*); dilatable; étendu; **exˈpan·sive·ness** expansibilité *f* (*a. d'une personne*); dilatabilité *f*.

ex·pa·ti·ate [eksˈpeiʃieit] s'étendre (sur, *on*); **ex·pa·tiˈa·tion** long discours *m*; prolixité *f*.

ex·pa·tri·ate [eksˈpætrieit] expatrier, bannir; **ex·pa·triˈa·tion** expatriation *f*.

ex·pect [iksˈpekt] attendre (de *of, from*); compter sur; s'attendre à; F penser, croire; **exˈpect·an·cy** attente *f*, espoir *m*; **exˈpect·ant** **1.** qui attend; *be* ~ *of* attendre (*qch.*); *be* ~ attendre un bébé; ~ *mother* future maman *f*; **2.** aspirant (-e *f*) *m*; **ex·pecˈta·tion** attente *f*; espérance *f*; probabilité *f*; ⚖ expectative *f* d'héritage; *beyond* ~ au-delà de mes *etc.* espérances; *on* (*ou in*) ~ *of* dans l'attente de; **exˈpect·ing** *see expectant 1.*

ex·pec·to·rate [eksˈpektəreit] *v/t.* expectorer; *v/i.* cracher; **ex·pec·toˈra·tion** expectoration *f*; crachat *m*.

ex·pe·di·ence, ex·pe·di·en·cy [iksˈpi:djəns(i)] convenance *f*, à-propos *m*; *péj.* opportunisme *m*; **exˈpe·di·ent** **1.** □ expédient, avantageux (-euse *f*); pratique; **2.** expédient *m*, moyen *m*, ressource *f*; **ex·pe·dite** [ˈekspidait] expédier; accélérer, hâter; **ex·pe·di·tion** [~ˈdiʃn] promptitude *f*; diligence *f*; ⚔ *etc.*: expédition *f*; **ex·peˈdi·tion·ar·y** expéditionnaire; **ex·peˈdi·tious** □ prompt; rapide; expéditif (-ive *f*).

ex·pel [iksˈpel] expulser, chasser; renvoyer (q. de l'école, *s.o.* [*from*] *the school*).

ex·pend [iksˈpend] dépenser (*de l'argent*); consacrer (*le temps*) (à *on s.th.*, *in inf.*); épuiser (*les forces, les ressources*); **exˈpend·a·ble** dépensable; **exˈpend·i·ture** [~itʃə] dépense *f* (*d'argent etc.*); consommation *f*; dépense *f*, -s *f/pl.*; **ex·pense** [~ˈpens] dépense *f*; frais *m/pl.*; F prix *m*; dépens *m/pl.*; ~*s pl.* dépenses *f/pl.*, frais *m/pl.*; indemnité *f*; *at my* ~ à mes frais; à mes dépens; *at the* ~ *of* aux dépens de; *at great* ~ à grands frais; **exˈpen·sive** □ coûteux (-euse *f*), cher (chère *f*).

ex·pe·ri·ence [iksˈpiəriəns] **1.** expérience *f*; aventure *f*; **2.** éprouver; essuyer (*des insultes*); **exˈpe·ri·enced** éprouvé; averti; expérimenté; exercé (à, *in*); consommé.

ex·per·i·ment **1.** [iksˈperimənt] expérience *f*; épreuve *f*; **2.** [~ment] expérimenter (sur, avec *on, with*); faire des expériences; **ex·per·i·men·tal** □ [eksperiˈmentl] expérimental (-aux *m/pl.*); d'expérience; d'essai; d'épreuve; **ex·per·iˈmen·tal·ist** [~təlist], **ex·per·i·ment·er** [iksˈperimentə] expérimentaliste *mf*; expérimentateur (-trice *f*) *m*.

ex·pert [ˈekspə:t] **1.** □ [*préd.* eksˈpə:t] expert (en *at, in*), adroit, habile; ~ *opinion* avis *m* d'expert; expertise *f*; ~ *worker* ouvrier *m* spécialisé; homme *m* du métier; **2.** expert *m*; spécialiste *m*; **ˈex·pert·ness** adresse *f* (à, *in*); expertise *f*.

ex·pi·a·ble [ˈekspiəbl] expiable; **ex·pi·ate** [ˈ~pieit] expier; **ex·piˈa·tion** expiation *f*; **ex·pi·a·to·ry** [ˈ~piətəri] expiatoire.

ex·pi·ra·tion [ekspaiəˈreiʃn] expiration *f*; cessation *f*; fin *f*; ⚕ échéance *f*; **ex·pir·a·to·ry** [iksˈpaiərətəri] expirateur; **exˈpire** *v/t.* expirer; *v/i.* expirer (*a. temps, contrat, etc.*); mourir; s'éteindre (*feu*); *fig.* s'évanouir.

ex·plain [iksˈplein] expliquer; éclaircir; élucider; justifier (*une conduite*); **exˈplain·a·ble** explicable; justifiable (*conduite*).

ex·pla·na·tion [eksplәˈneiʃn] explication *f*, éclaircissement *m*; **ex·plan·a·to·ry** □ [iksˈplænətəri] explicatif (-ive *f*).

ex·ple·tive [eksˈpli:tiv] **1.** □ explétif (-ive *f*); **2.** *gramm.* explétif *m*; *fig.* juron *m*.

ex·pli·ca·ble [ˈeksplikəbl] explicable; justifiable (*conduite*); **ex·pli·cate** [ˈ~keit] développer; **ex·pli·ca-**

tive ['~kətiv], **ex·pli·ca·to·ry** ['~təri] explicatif (-ive *f*).
ex·plic·it □ [iks'plisit] explicite; formel(le *f*), clair; *fig.* franc(he *f*).
ex·plode [iks'ploud] (faire) sauter; (faire) éclater (de, *with*); *v/t.* discréditer; **ex'plod·ed** éclaté; discrédité (*théorie*).
ex·ploit 1. [iks'plɔit] exploiter (*a. fig.*); **2.** ['eksplɔit] exploit *m*; **ex·ploi'ta·tion** exploitation *f*.
ex·plo·ra·tion [eksplɔː'reiʃn] exploration *f* (*a.* ⚕); reconnaissance *f* (*du terrain*); **ex'plor·a·to·ry** [~rətəri] d'exploration; de découverte; **ex·plore** [iks'plɔː] explorer; aller à la découverte dans (*un pays*); reconnaître (*un terrain*); **ex'plor·er** explorateur (-trice *f*) *m*.
ex·plo·sion [iks'plouʒn] explosion *f* (*a. fig.*); détonation *f*; **ex'plo·sive** [~siv] **1.** □ explosif (-ive *f*); explosible (*arme etc.*); **2.** explosif *m*.
ex·po·nent [eks'pounənt] interprète *mf*; explicateur (-trice *f*) *m*; ⩗ exposant *m*.
ex·port 1. [eks'pɔːt] exporter; **2.** ['ekspɔːt] marchandise *f* exportée; exportation *f*; ~*s pl.* articles *m/pl.* d'exportation; exportation *f*; **ex'port·a·ble** exportable; **ex·por·ta·tion** [~'teiʃn] exportation *f*; **ex'port·er** exportateur (-trice *f*) *m*.
ex·pose [iks'pouz] exposer (*a. phot.*); étaler; démasquer; mettre à découvert; dévoiler; **ex·po·si·tion** [ekspə'ziʃn] exposition *f*; exposé *m*; **ex·pos·i·tive** [~'pɔzitiv] expositoire; **ex'pos·i·tor** interprète *mf*; commentateur (-trice *f*) *m*.
ex·pos·tu·late [iks'pɔstjuleit] reprocher (amicalement) (qch. à q., *with s.o. for s.th*); sermonner (sur, [*up*]*on*); **ex·pos·tu'la·tion** remontrance *f*, -s *f/pl*.
ex·po·sure [iks'pouʒə] exposition *f* (*au danger, au froid, d'un bébé*); étalage *m* (*d'articles*); *fig.* dévoilement *m*, mise *f* à nu; *phot.* pose *f*; ~ *meter* photomètre *m*; ~ *time* temps *m* de pose; ~ *table* tableau *m* de temps de pose; *death from* ~ mort *f* de froid.
ex·pound [iks'paund] expliquer; exposer (*une doctrine*).
ex·press [iks'pres] **1.** □ exprès (-esse *f*); formel(le *f*); 🚂 rapide; ~ *company Am.* compagnie *f* de messageries; *Am.* ~*way* autostrade *f*; **2.** exprès *m*; (*a* ~ *train*) rapide *m*, express *m*; *by* ~ = **3.** *adv.* en toute hâte; sans arrêt; *send s.th.* ~ *poste*: envoyer qch. exprès; **4.** exprimer (*un sentiment, du jus, etc.*); énoncer (*un principe*); émettre (*une opinion*); *not* ~*ed* sous-entendu; **ex'press·i·ble** exprimable; **ex'pres·sion** [~preʃn] ♪, ⩗, *gramm., peint., visage*: expression *f*; **ex'pres·sive** □ [~siv] expressif (-ive *f*); *be* ~ *of* exprimer (*qch.*); **ex'press·ly** expressément; exprès.
ex·pro·pri·ate [eks'prouprieit] exproprier (q. de qch., *s.o. from s.th.*); **ex·pro·pri'a·tion** expropriation *f*.
ex·pul·sion [iks'pʌlʃn] expulsion *f*; **ex'pul·sive** expulsif (-ive *f*).
ex·punge [eks'pʌndʒ] effacer, biffer.
ex·pur·gate ['ekspəːgeit] expurger (*un livre*); épurer (*un texte*); supprimer (*un passage*); **ex·pur'ga·tion** expurgation *f*; épuration *f*.
ex·qui·site ['ekskwizit] **1.** □ exquis; ravissant; délicieux (-euse *f*); délicat; vif (vive *f*), atroce (*douleur etc.*); **2.** dandy *m*; **'ex·qui·site·ness** perfection *f*; exquisité *f*; finesse *f*; *douleur etc.*: acuité *f*.
ex-serv·ice·man ⚔ ['eks'səːvismən] ancien combattant *m*.
ex·tant [eks'tænt] existant, qui existe.
ex·tem·po·ra·ne·ous □ [ekstempə'reinjəs], **ex·tem·po·rar·y** [iks'tempərəri], **ex·tem·po·re** [eks'tempəri] impromptu, improvisé; **ex·tem·po·rize** [iks'tempəraiz] improviser; **ex'tem·po·riz·er** improvisateur (-trice *f*) *m*.
ex·tend [iks'tend] *v/t.* étendre (*a. fig., la bonté, etc.*); tendre (*la main*); agrandir (*un territoire*); reculer (*des frontières*); prolonger (*une ligne, un billet, une période*); transcrire (*de la sténographie*); ⚕ proroger; ⚔ déployer; *in* ~*ed order* en fourrageurs; *v/i.* s'étendre, se prolonger; continuer.
ex·ten·si·bil·i·ty [ikstensə'biliti] extensibilité *f*; **ex'ten·si·ble** extensible; **ex'ten·sion** extension *f*; prolongation *f*; *table*: (r)allonge *f*; *gramm.* complément *m*; annexe *f*; *téléph.* poste *m*; ⚡ ~ *cord* allonge *f* de câble; ~ *ladder* échelle *f* coulissante; *University* ♀ cours *m* populaire

organisé par une université; **ex'ten·sive** □ [~siv] étendu, vaste; **ex'ten·sive·ness** étendue *f*.

ex·tent [iks'tent] étendue *f*; importance *f*; *to the ~ of* au point de; *prêt d'argent etc.*: jusqu'à concurrence de; *to a certain ~* jusqu'à un certain point; *to some ~* dans une certaine mesure; *to that ~* à ce point-là; *grant ~ for* atermoyer.

ex·ten·u·ate [eks'tenjueit] atténuer; † amaigrir; **ex·ten·u'a·tion** atténuation *f*; affaiblissement *m* extrême.

ex·te·ri·or [eks'tiəriə] **1.** □ extérieur (à, *to*); en dehors (de, *to*); ⚕ externe; **2.** extérieur *m* (*a. cin.*).

ex·ter·mi·nate [eks'tə:mineit] exterminer; **ex·ter·mi'na·tion** extermination *f*; **ex'ter·mi·na·tor** exterminateur (-trice *f*) *m*.

ex·ter·nal [eks'tə:nl] **1.** □ extérieur (à, *to*); du dehors; ⚘, ⚕ externe; *~ to* en dehors de; **2.** *~s pl.* dehors *m* (*a. pl.*); *fig.* apparence *f*; **ex'ter·nal·ize** extérioriser.

ex·tinct [iks'tiŋkt] éteint (*a. fig.*); **ex'tinc·tion** extinction *f* (*a. fig.*).

ex·tin·guish [iks'tiŋgwiʃ] éteindre (*a. fig.*); abolir (*un office, une loi, etc.*); exterminer; réduire (*q.*) au silence; **ex'tin·guish·er** *lampe etc.*: éteignoir *m*; *personne*: éteigneur (-euse *f*) *m*; *see fire-~*; **ex'tin·guish·ment** extinction *f*.

ex·tir·pate ['ekstə:peit] extirper, déraciner (*a.* ⚘); **ex·tir'pa·tion** extirpation *f*, éradication *f*; **'ex·tir·pa·tor** extirpateur (-trice *f*) *m*.

ex·tol [iks'tɔl] louer, vanter.

ex·tort [iks'tɔ:t] extorquer, arracher (à, *from*); **ex'tor·tion** extorsion *f*; **ex'tor·tion·ate** [~ʃnit] exorbitant; **ex'tor·tion·er** extorqueur (-euse *f*) *m*; exacteur *m*.

ex·tra ['ekstrə] **1.** *adj.* en plus, à part; supplémentaire; *~ pay* salaire *m etc.* supplémentaire; *sp. ~ time* prolongation *f*; **2.** *adv.* extra-; plus que d'ordinaire; **3.** *su.* supplément *m*; numéro *m etc.* supplémentaire; *cin.* figurant(e *f*) *m*; *journ.* édition *f* spéciale; *~s pl.* frais *m/pl. ou* dépenses *f/pl.* supplémentaires; *~ special* deuxième édition *f* spéciale (*d'un journal du soir*); *~-special* F d'extra; supérieur.

ex·tract **1.** ['ekstrækt] extrait *m*; concentré *m* (*a.* ⚗); **2.** [iks'trækt] extraire (*a.* ⚗, ⚕, *une dent, un passage*); tirer (*argent, aveu, doctrine, plaisir, sons*) (de, *from*); arracher (*argent, aveu, dent*) (à, *from*); **ex'trac·tion** extraction *f*; origine *f*; **ex'trac·tive** **1.** extractif (-ive *f*); **2.** extractif *m*; **ex'trac·tor** arracheur (-euse *f*) *m*; ⊕ pince *f*; extracteur *m*.

ex·tra·cur·ric·u·lar ['ekstrəkə'rikjulə] hors programme.

ex·tra·dit·a·ble ['ekstrədaitəbl] qui justifie l'extradition; passible d'extradition (*personne*); **ex·tra·dite** ['~dait] extrader; obtenir l'extradition de; **ex·tra·di·tion** [~'diʃn] extradition *f*.

extra...: **'~·ju'di·cial** officieux (-euse *f*); extra-légal (-aux *m/pl.*); **'~'mar·i·tal** extra-conjugal (-aux *m/pl.*); **'~'mu·ral** en dehors de la ville; *univ.* hors faculté (*professeur, cours, etc.*).

ex·tra·ne·ous [eks'treinjəs] étranger (-ère *f*) (à, *to*).

ex·tra·or·di·nar·y [iks'trɔ:dnri] extraordinaire; remarquable; F prodigieux (-euse *f*).

ex·trap·o·late [ek'stræpouleit] extrapoler.

ex·tra·ter·res·tri·al ['ekstrəti'restriəl] extraterrestre.

ex·trav·a·gance [iks'trævigəns] extravagance *f*, exagération *f*; prodigalité *f*, gaspillage *m* (*d'argent*); **ex'trav·a·gant** □ extravagant, exagéré; prodigue (*personne*); exorbitant (*prix*); **ex·trav·a·gan·za** *théâ.* [ekstrævə'gænzə] œuvre *f* (musicale) fantaisiste.

ex·treme [iks'tri:m] **1.** □ extrême; très grand *ou* haut; dernier (-ère *f*) (*point, supplice*); *eccl. ~ unction* extrême onction *f*; **2.** extrême *m*; *in the ~* au dernier degré; **ex'trem·ist** extrémiste *mf*, ultra *m*; **ex·trem·i·ty** [~'tremiti] extrémité *f*, bout *m*, point *m* extrême; gêne *f*; *extremities pl.* extrémités *f/pl.* (*du corps*); *be reduced to extremities* être dans la plus grande gêne.

ex·tri·cate ['ekstrikeit] dégager, tirer; ⚗ libérer; **ex·tri'ca·tion** dégagement *m*, délivrance *f*; ⚗ libération *f*.

ex·trin·sic [eks'trinsik] (*~ally*) extrinsèque; *~ to* en dehors de.

ex·tro·vert ['ekstrouvə:t] extroverti(e *f*) *m*.

ex·trude [eksˈtruːd] *v/t.* expulser; ⊕ refouler; *v/i. géol.* s'épancher.

ex·u·ber·ance [igˈzjuːbərəns] exubérance *f*; richesse *f*; surabondance *f* (*en idées*); **exˈu·ber·ant** exubérant; débordant, surabondant; riche.

ex·u·da·tion [eksjuːˈdeiʃn] exsudation *f*; écoulement *m*; **ex·ude** [igˈzjuːd] exsuder; s'écouler (*sève*).

ex·ult [igˈzʌlt] exulter, se réjouir (de qch. *at, in s.th.*); triompher (de qch., *at s.th.*; sur q., *over s.o.*); **exˈult·ant** exultant; triomphant; **ex·ul·ta·tion** [egzʌlˈteiʃn] exultation *f*; triomphe *m*.

ex·u·vi·ate [igˈzjuːvieit] (se) dépouiller (*peau etc.*).

eye [ai] **1.** œil (*pl.* yeux) *m* (*a.* ⚘, *outil*); regard *m*; *aiguille*: trou *m*; *have an ~ for* s'y connaître en; *sl. my ~(s)!* mince alors!; *sl. it's all my ~!* c'est de la blague!; *mind your ~!* gare à vous!; *with an ~ to* en vue de; **2.** observer, regarder; suivre des yeux; mesurer (*q.*) des yeux; ˈ**~·ball** prunelle *f*; globe *m* de l'œil; ˈ**~·brow** sourcil *m*; ˈ**~-catch·er** F attraction *f*; **eyed** [aid] aux yeux ...; ocellé (*plume, aile*).

eye ...: ˈ**~·drops** *pl.* gouttes *f/pl.* pour les yeux; ˈ**~·ful** F coup *m* d'œil; *be* (*quite*) *an ~ a.* valoir le coup d'œil; *get an ~* se rincer l'œil; *get an ~ of* viser (= *regarder*); ˈ**~-glass** monocle *m*; (*a pair of*) *~es pl.* (un) pince-nez *m/inv.*, (un) binocle *m*, (un) lorgnon *m*; ˈ**~·hole** œillet *m*; ⚠ judas *m*; ⚕ cavité *f* de l'œil; ˈ**~·lash** cil *m*; **eye·let** [ˈailit] œillet *m*; petit trou *m*; *aile*: ocelle *m*.

eye ...: ˈ**~·lid** paupière *f*; ˈ**~-o·pen·er** révélation *f*; surprise *f*; ˈ**~·piece** *opt.* oculaire *m*; **~ shad·ow** fard *m* à paupières; ˈ**~·shot** portée *f* de (la) vue; ˈ**~·sight** vue *f*; portée *f* de la vue; ˈ**~·sore** *fig.* chose *f* qui offense le regard; horreur *f*; ˈ**~-tooth** dent *f* œillère; ˈ**~·wash 1.** collyre *m*; *sl.* boniment *m*, bourrage *m* de crâne; **2.** *sl.* jeter de la poudre aux yeux de (*q.*); ˈ**~-ˈwit·ness** témoin *m* oculaire.

ey·ot [eit] îlot *m*.

eyre *hist.* [εə]: *justices in ~* juges *m/pl.* en tournée.

ey·rie, ey·ry [ˈaiəri] *see aerie*.

F

F, f [ef] F *m*, f *m*.

fa·ble [ˈfeibl] **1.** fable *m*, conte *m*; *fig.* mythe *m*, invention *f*.

fab·ric [ˈfæbrik] édifice *m*, bâtiment *m*; *eccl.* fabrique *f*; étoffe *f*, tissu *m*; **fab·ri·cate** [ˈ~keit] fabriquer (*usu. fig.*); inventer; **fab·riˈca·tion** fabrication *f*; *fig.* invention *f*; contrefaçon *f*; **ˈfab·ri·ca·tor** inventeur *m*; *mensonge*: forgeur *m*; *document*: contrefacteur *m*.

fab·u·list [ˈfæbjulist] fabuliste *m*; *fig.* menteur (-euse *f*) *m*; **ˈfab·u·lous** □ légendaire.

fa·çade ⚠ [faˈsɑːd] façade *f*.

face [feis] **1.** face *f*; visage *m*, figure *f*; air *m*, mine *f*; *horloge*: cadran *m*; *étoffe*: endroit *m*; aspect *m*; *fig.* impudence *f*, front *m*; *in* (*the*) ~ *of* devant; en présence de; ~ *to* ~ *with* vis-à-vis de; *save one's* ~ sauver la face; *on the* ~ *of it* à première vue; *set one's* ~ *against* s'opposer à, s'élever contre; ☩ ~ *value* valeur *f* nominale; **2.** *v/t.* affronter, braver; donner sur (*la cour etc.*); parer (*un habit*); envisager (*les faits*); revêtir (*un mur*); faire face à (*q.*); *be* ~*d with* être menacé de, se heurter à; *v/i.* être exposé *ou* tourné *ou* orienté; ~ *about* faire demi-tour; ⚔ *left* ~*!* à gauche, gauche!; *about* ~*!* volte-face!; ~ *up to* affronter (*un danger etc.*); **face card** *cartes*: figure *f*; **faced** (*with*) à revers (de *qch.*); contre-plaqué (de *bois*); **ˈface·down** épreuve *f* de force; **ˈface·less** *fig.* anonyme; **ˈface-lift·ing** remontée *f* du visage; lifting *m*; **ˈfac·er** gifle *f*, F tuile *f*.

fac·et ⊕ [ˈfæsit] facette *f*; **ˈfac·et·ed** à facettes.

fa·ce·tious □ [fəˈsiːʃəs] facétieux (-euse *f*), plaisant.

fa·cial [ˈfeiʃl] facial (-aux *m/pl.*); du visage.

fac·ile [ˈfæsail] facile; complaisant (*personne*); **fa·cil·i·tate** [fəˈsiliteit] faciliter; **fa·cil·iˈta·tion** action *f* de faciliter; **faˈcil·i·ty** facilité *f*; souplesse *f* de caractère.

fac·ing [ˈfeisiŋ] ⊕ revêtement *m*; *moule*: poncif *m*; ⚔ conversion *f* (à droite *etc.*); ~*s pl.* ⚔ parement *m*.

fac·sim·i·le [fækˈsimili] fac-similé *m*; ⚖ copie *f* figurée; ~ *broadcast* (*-ing*) téléphotographie *f*.

fact [fækt] fait *m*, action *f*; réalité *f*; ~*s pl.* (*of the case*) faits *m/pl.* (de la cause), vérité *f*; *after the* ~ par assistance; *before the* ~ par instigation; *in* (*point of*) ~ au fait, en vérité; *tell s.o. about the* ~*s of life* apprendre à q. les choses de la vie; **ˈ~-find·ing** pour établir les faits.

fac·tion [ˈfækʃn] *péj.* cabale *f*, faction *f*; dissension *f*; **ˈfac·tion·ist** factieux (-euse *f*) *m*, partisan *m*.

fac·tious □ [ˈfækʃəs] factieux (-euse *f*); **ˈfac·tious·ness** esprit *m* factieux.

fac·ti·tious □ [fækˈtiʃəs] factice, contrefait; faux (fausse *f*).

fac·tor [ˈfæktə] ℞, *fig.* facteur *m*; ☩ agent *m*, commissionnaire *m* en gros; **ˈfac·to·ry** fabrique *f*, usine *f*.

fac·to·tum [fækˈtoutəm] factotum *m*, homme *m* à tout faire.

fac·tu·al [ˈfæktjuəl] effectif (-ive *f*), positif (-ive *f*), réel(le *f*); ~ *knowledge* connaissance *f* des faits.

fac·ul·ty [ˈfækəlti] pouvoir *m*; faculté *f* (*a. univ.*); *fig.* talent *m*; *eccl.* autorisation *f*; ⚖ droit *m*; *Am.* corps *m* enseignant.

fad F [fæd] lubie *f*, marotte *f*, dada *m*; **ˈfad·dish, ˈfad·dy** maniaque; capricieux (-euse *f*); **ˈfad·dist** maniaque *mf*.

fade [feid] (se) faner, flétrir; (se) décolorer (*tissu*); s'affaiblir; (*a.* ~ *out*) s'évanouir, s'éteindre; ~ *down* (*ou out*) *cin.* (faire) partir dans un fondu; *radio*: faire fondre dans le lointain; ~ *in* (faire) arriver dans un fondu; **ˈfade·less** ineffaçable; *tex.* bon teint; **ˈfad·ing 1.** □ qui se fane *etc.*; **2.** *radio*: fading *m*, évanouissement *m*; *cin.* fondu *m*.

fae·ces *pl.* [ˈfiːsiːz] fèces *f/pl.*; matières *f/pl.* fécales.

fag F [fæg] **1.** corvée *f*, travail *m* pénible; *école*: petit *m* (*élève*) qui fait les corvées d'un grand; *sl.* sèche *f*, cigarette *f*; **2.** *v/i.* travailler dur; faire les corvées d'un grand élève; *v/t.* éreinter, fatiguer; '**~-'end** F bout *m*; queue *f*; *sl.* mégot *m*.

fag·ot, fag·got ['fægət] fagot *m*; ⊕ faisceau *m*, paquet *m*; *Am.* F pédé *m*.

Fahr·en·heit ['færənhait]: ~ *thermometer* thermomètre *m* Fahrenheit.

fail [feil] **1.** *v/i.* faire défaut, faillir; manquer (*cœur, force, pluie, voix, etc.*); diminuer; être refusé, échouer (*à un examen*); faire faillite; *mot.* rester en panne; baisser (*jour, lumière, santé*); *he ~ed to do* (*a. in doing*) manquer de faire; omettre de faire; *he cannot ~ to* il ne peut manquer de; *v/t.* manquer (à); abandonner; manquer à ses engagements envers (*q.*); refuser (*un candidat*); *his heart ~ed him* le cœur lui manqua; **2.** *without ~* sans faute; à coup sûr; '**fail·ing 1.** *su.* défaut *m*; faiblesse *f*; **2.** *prp.* faute de, à défaut de; *~ which* faute de quoi; **fail·ure** ['feiljə] manque *m*; défaut *m*; insuccès *m*; *mot.* panne *f*; affaiblissement *m*; fiasco *m*; faillite *f*; *personne*: raté(e *f*) *m*.

fain [fein] **1.** *adj.* bien disposé; trop heureux (-euse *f*) (de, *to*); **2.** *adv.* avec plaisir.

faint [feint] **1.** □ faible; léger (-ère *f*); *feel ~* se sentir mal; **2.** s'évanouir; *fig.* mourir (de, *with*); **3.** évanouissement *m*; **~-heart·ed** □ ['~'hɑːtid] timide; lâche; '**~-'heart·ed·ness** pusillanimité *f*; '**faint·ness** faiblesse *f*.

fair[1] [fɛə] **1.** *adj.* beau (bel *devant une voyelle ou un h muet*; belle *f*; beaux *m/pl.*); juste; blond; ⚕ loyal; assez bon(ne *f*); **2.** *adj., a. adv.* poli(ment); doux (douce *f*), *adv.* doucement; favorable(ment); loyal(ement); *école*: passable, assez bien (*mention*); passablement; *~ copy* copie *f* au net; corrigé *m*; *~ dealing* probité *f*, loyauté *f*; *~ play* jeu *m* loyal, franc jeu *m*; traitement *m* juste; *our ~ readers* nos aimables lectrices *f/pl.*; *the ~ pl.* (*a. the ~ sex*) le beau sexe; *~ and softly* tout doucement; ⚕ *~ trade système réciproque de libre échange*; *bid ~ to* promettre de; *speak s.o. ~* parler poliment à q.; *strike ~* frapper carrément.

fair[2] [~] foire *f*; grand marché *m*; '**~-ground** champ *m* de foire; '**fair·ing** † cadeau *m* acheté à la foire; ✈ entoilage *m*; profilage *m*.

fair·ly ['fɛəli] *adv. de fair*[1]; honnêtement, loyalement; avec impartialité; passablement, assez; '**fair·ness** beauté *f*; *cheveux*: couleur *f* blonde; teint *m* blond; blancheur *f*; loyauté *f*; probité *f*; *sp.* franc jeu *m*; '**fair-spo·ken** à la parole courtoise; '**fair·way** ⚓ passage *m*, chenal *m*; '**fair-weath·er friend** ami *m* jusqu'à la bourse.

fair·y ['fɛəri] **1.** féerique; des fées; *~ lamp, ~ light* lampion *m*; **2.** fée *f*; '**fair·y·land** pays *m ou* royaume *m* des fées; *fig.* pays *m* enchanté; '**fair·y·like** féerique; de fée; '**fair-y-tale** conte *m* de fées; *fig.* conte *m* bleu.

faith [feiθ] foi *f* (*à qch., en Dieu*); confiance *f* (en, *in*); croyance *f*; religion *f*; parole *f*; *in good ~* de bonne foi; '**~-cure** guérison *f* par (auto)suggestion; **faith·ful** □ ['~ful] fidèle; loyal (-aux *m/pl.*); exact; *the ~ pl.* les fidèles *m/pl.*; *yours ~ly* Agréez l'expression de mes sentiments distingués; '**faith·ful·ness** loyauté *f* (envers, *to*), fidélité *f*; exactitude *f*; '**faith·less** □ infidèle; perfide; incrédule; '**faith·less·ness** infidélité *f*; déloyauté *f*; perfidie *f*.

fake *sl.* [feik] **1.** chose *f* truquée; article *m* faux; (*Am. a.* '**fak·er**) *personne*: simulateur (-trice *f*) *m*; **2.** (*a. ~ up*) truquer.

fal·con ['fɔːlkən] faucon *m*; '**fal·con·er** fauconnier *m*; '**fal·con·ry** fauconnerie *f*.

fald·stool ['fɔːldstuːl] prie-dieu *m/inv.*; siège *m* d'évêque; pliant *m*.

fall [fɔːl] **1.** chute *f* (*a. d'eau, du jour, d'une ville*); *baromètre, eaux, théâ., rideau, température*: baisse *f*; *nuit*: tombée *f*; pente *f*; descente *f*; *arbres*: abattis *m*; *surt. Am.* automne *m*; *pluie, neige, etc.*: quantité *f*; *usu. ~s pl.* chute *f* d'eau, cascade *f*; *voix*: cadence *f*; perte *f*, ruine *f*; ⚓ *usu. ~s pl.* garants *m/pl.*; *the* ♀ (*of Man*) la chute de l'homme; *have a ~* tomber; **2.** [*irr.*] tomber (*a. gouvernement, nuit, vent*); baisser (*jour, prix, etc.*); arriver; capituler (*ville*);

(*avec adj.*) devenir, tomber; naître (*animal*); (se) calmer (*mer*); retomber (*blâme, responsabilité, etc.*); s'effondrer (*bâtiment*); aller en pente, descendre; se projeter (*ombre*); *his countenance fell* sa figure s'allongea; *his spirits fell* il perdit courage; ~ *asleep* s'endormir; ~ *away* s'abaisser; déserter; ~ *back* tomber en arrière; reculer; se rabattre (sur, *upon*); ~ *behind* rester en arrière; se laisser devancer; ~ *between two stools* demeurer entre deux selles; ~ *down* tomber (par terre); s'écrouler; F échouer; ~ *due* venir à échéance; *surt. Am.* F ~ *for* tomber amoureux de; adopter (*qch.*) avec enthousiasme; ~ *from* (re)tomber de; ~ *ill* (*ou* ~ *sick*) tomber malade; ~ *in* s'effondrer; ⚔ former les rangs; ⚖ expirer (*bail*); arriver à échéance (*dette*); ~ *in with* se prêter à (*un projet*); rencontrer (*q.*); s'accorder avec; ~ *in love with* tomber amoureux de; ~ *into* tomber dans (*l'eau*); contracter (*une habitude*); être induit en (*erreur*); dégénérer en; ~ *into line* se mettre en rangs; rentrer dans les rangs; ~ *off* tomber; faire défection; *fig.* décliner, diminuer; ~ *on* ⚔ attaquer; fondre sur; se jeter sur; tomber sur (*q.*); ~ *out* se brouiller (avec, *with*); se passer, arriver; ⚔ quitter les rangs; ~ *short* tomber en deçà (de, *of*); ~ *short of* ne pas atteindre, être audessous de; ~ *to see* ~ *on*; *a.* se mettre au travail; commencer; ~ *under* entrer dans (*une catégorie*).

fal·la·cious □ [fəˈleiʃəs] illusoire; trompeur (-euse *f*); **falˈla·cious·ness** fausseté *f*.

fal·la·cy [ˈfæləsi] sophisme *m*; erreur *f*; faux raisonnement *m*.

fall·en [ˈfɔːlən] *p.p. de fall* 2.

fall guy *Am. sl.* [ˈfɔːlˈgai] bouc *m* émissaire.

fal·li·bil·i·ty [fæliˈbiliti] faillibilité *f*; **fal·li·ble** □ [ˈfæləbl] faillible.

fall·ing [ˈfɔːliŋ] baisse *f*; chute *f* *etc.*; ˈ~-ˈ**off** chute *f*; défection *f*; décroissement *m*; déclin *m*; ~ **star** étoile *f* filante.

fall·out [ˈfɔːlaut] retombées *f/pl.* radioactives.

fal·low [ˈfælou] **1.** *zo.* fauve; 🌾 en friche; **2.** 🌾 jachère *f*, friche *f*; **3.** 🌾 jachérer, défricher; ˈ~-**deer** *zo.* daim *m*.

false □ [fɔːls] **1.** *adj.* faux (fausse *f*); artificiel(le *f*); erroné; infidèle (à, *to*); *be* ~ *to* trahir; tromper; ~ *imprisonment* détention *f* illégale; ~ *key* crochet *m*, rossignol *m*; ~ *teeth pl.* dentier *m*; **2.** *adv.* *play s.o.* ~ trahir q.; **false·hood** [ˈ~hud] mensonge *m*; fausseté *f*; faux *m*; ˈ**false·ness** fausseté *f*; *femme etc.*: infidélité *f*.

fal·set·to ♪ [fɔːlˈsetou] fausset *m*.

fal·si·fi·ca·tion [ˈfɔːlsifiˈkeiʃn] falsification *f*; altération *f*; **fal·si·fi·er** [ˈ~faiə] falsificateur (-trice *f*) *m*; **fal·si·fy** [ˈ~fai] falsifier; altérer; rendre vain; tromper; **fal·si·ty** [ˈ~ti] fausseté *f*.

fal·ter [ˈfɔːltə] *v/i.* chanceler; *fig.* hésiter, trembler (*voix*); défaillir (*courage, personne*); *v/t.* balbutier.

fame [feim] renom(mée *f*) *m*; **famed** célèbre, renommé (pour, *for*).

fa·mil·iar [fəˈmiljə] **1.** □ familier (-ère *f*) (à, *to*); intime; bien connu (de, *to*); au courant (de, *with*); **2.** ami(e *f*) *m* intime; (*a.* ~ *spirit*) démon *m* familier; **fa·mil·i·ar·i·ty** [~liˈæriti] familiarité *f*; connaissance *f* (de, *with*); **fa·mil·iar·i·za·tion** [~ljəraiˈzeiʃn] accoutumance *f* (à, *with*), habitude *f* (de, *with*); **faˈmil·iar·ize** rendre familier.

fam·i·ly [ˈfæmili] **1.** famille *f*; **2.** de famille, familial (-aux *m/pl.*); *in the* ~ *way* enceinte (*f*); ~ *allowance* allocation *f* familiale; ~ *doctor* médecin *m* de famille; ~ *man* père *m* de famille; ~ *tree* arbre *m* généalogique.

fam·ine [ˈfæmin] famine *f*; disette *f*.

fam·ish [ˈfæmiʃ] *v/t.* affamer; réduire à la famine; *v/i.* être affamé.

fa·mous □ [ˈfeiməs] célèbre (pour, *for*); F fameux (-euse *f*), parfait.

fan[1] [fæn] **1.** éventail *m* (*a.* ⚓); ventilateur *m*; 🌾 van *m*; *mot.* ~ *belt* courroie *f* de ventilateur; **2.** éventer; 🌾 vanner; souffler (*le feu*); *fig.* exciter.

fan[2] F [~] *sp. etc.* fervent(e *f*) *m*; *cin.* fanatique *mf*; *radio*: sans-filiste *mf*; *mots composés*: -ophile *mf*.

fa·nat·ic [fəˈnætik] **1.** (*a.* **faˈnat·i·cal** □ [~kl]) fanatique; **2.** fanatique *mf*; **faˈnat·i·cism** [~isizm] fanatisme *m*.

fan·ci·er [ˈfænsiə] amateur (-trice *f*) *m* (d'oiseaux *etc.*).

fan·ci·ful □ ['fænsiful] fantastique; fantasque, imaginaire (*personne*).
fan·cy ['fænsi] **1.** fantaisie *f*, imagination *f*; idée *f*; caprice *m*, goût *m*; lubie *f*; *the* ~ les amateurs *m/pl.* de boxe; *take a* ~ *to* prendre goût à (*qch.*); s'éprendre de (*q.*); **2.** de fantaisie; de luxe; de pure imagination; ~ *apron* tablier *m* de fantaisie; ~ *ball* bal *m* travesti; ~ *dress* travesti *m*, costume *m*; ~ *fair* vente *f* de charité; ~ *goods pl.* nouveautés *f/pl.*, articles *m/pl.* de fantaisie; *sl.* ~ *man* souteneur *m*; ~ *price* prix *m* exagéré *ou* de fantaisie; **3.** s'imaginer, se figurer; croire, penser; avoir envie de (*qch.*); se sentir attiré vers (*q.*); *just* ~! figurez-vous (ça)!; '~-**free** libre comme l'air; '~-**work** broderie *f*; ouvrages *m/pl.* de dames.
fan·fare ['fænfεə] fanfare *f*; sonnerie *f*; **fan·fa·ron·ade** [~færə'nɑ:d] fanfaronnade *f*, vanterie *f*.
fang [fæŋ] *chien*: croc *m*; *vipère*: crochet *m*; ⊕ soie *f*.
fan·ner ['fænə] ✐ van *m* mécanique; ⊕ ventilateur *m*.
fan·ta·sia ♪ [fæn'teizjə] fantaisie *f*; **fan·tas·tic** [~'tæstik] (~*ally*) fantastique, bizarre; **fan'tas·ti·cal·ness** [~klnis] bizarrerie *f*; **fan·ta·sy** ['~təsi] fantaisie *f*, caprice *m*.
far [fɑ:] *adj.* lointain, éloigné; *adv.* loin, au loin; beaucoup, fort, bien; ~ *better* beaucoup mieux; ~ *the best* de beaucoup le meilleur; *as* ~ *as* jusqu'à; *by* ~ de beaucoup; ~ *from* (*gér.*) loin de (*inf.*); *in so* ~ *as* dans la mesure où; ~-**a·way** ['fɑ:rəwei] lointain; *fig.* vague.
farce *théâ.* [fɑ:s] farce *f* (*a. cuis.*); **far·ci·cal** □ ['~ikl] burlesque; *fig.* grotesque.
fare [fεə] **1.** prix *m* (du voyage, de la place, *etc.*); chère *f*, manger *m*; *personne*: client(e *f*) *m*; **2.** voyager; aller (*bien ou mal*); ~ *well!* adieu!; '~-'**in·di·ca·tor** tarif *m*; '~'**well** **1.** adieu!; **2.** adieu *m*, -x *m/pl.*; **3.** d'adieu; ~ *party* soirée *f* d'adieu.
far... [fɑ:]: '~-'**fetched** *fig.* tiré par les cheveux, recherché, forcé; '~-**flung** *fig.* vaste, très étendu; ~ **gone** F (dans un état) avancé.
far·i·na·ceous [færi'neiʃəs] farinacé; ~ *food* (aliment *m*) farineux *m*.
farm [fɑ:m] **1.** ferme *f*; *see* ~ *house*; élevage *m* de volaille en grand; **2.** *v/t.* cultiver; (*a.* ~ *out*) donner à ferme, affermer; exploiter (*un terrain*); mettre en nourrice (*des enfants*); *v/i.* être fermier, cultiver la terre; '**farm·er** fermier *m*; '**farm-hand** ouvrier (-ère *f*) *m* agricole; '**farm'house** (maison *f* de) ferme *f*; '**farm·ing** **1.** cultivateur (-trice *f*); à ferme; aratoire; **2.** agriculture *f*; exploitation *f*; culture *f*; **farm-stead** ['~sted] ferme *f*; '**farm'yard** basse-cour (*pl.* basses-cours) *f*; cour *f* de ferme.
far·o ['fεərou] *cartes*: pharaon *m*.
far...: ~-**off** ['fɑr:'ɔ:f] lointain, éloigné; ~-**out** F ['fɑ:r'aut] insolite; extravagant; super.
far·ra·go [fə'reigou] méli-mélo (*pl.* mélis-mélos) *m*; fatras *m*.
far·ri·er ['færiə] vétérinaire *m*; ⚔ maréchal-ferrant (*pl.* maréchaux-ferrants) *m*; '**far·ri·er·y** art *m* vétérinaire; ⚔ maréchalerie *f*.
far·row ['færou] **1.** cochonnée *f*; **2.** *vt/i.* mettre bas; *v/i.* cochonner.
far-sight·ed ['fɑ:'saitid] ⚕ presbyte; *fig.* prévoyant.
fart V [fɑ:t] **1.** pet *m*; 2. péter.
far·ther ['fɑ:ðə], **far·thest** ['~ðist] *comp.*, *a. sup. de far.*
far·thing ['fɑ:ðiŋ] F sou *m* (1/4 penny).
fas·ci·a ['fæʃiə], *pl.* **fas·ci·ae** ['~ii] *anat.* fascia *m*; ⚠ fasce *f*, bande (-lette) *f*.
fas·ci·nate ['fæsineit] fasciner, charmer; **fas·ci'na·tion** fascination *f*; charme *m*, attrait *m*.
fas·cine [fæ'si:n] fascine *f*.
Fas·cism *pol.* ['fæʃizm] fascisme *m*; '**Fas·cist** fasciste (*a. su./mf*).
fash·ion ['fæʃn] **1.** mode *f*; vogue *f*; façon *f*, manière *f*; forme *f*; habitude *f*; *sl. rank and* ~ *le* gratin *m*; *in* ~ à la mode; *out of* ~ démodé; *set the* ~ mener la mode; donner le ton; **2.** façonner, former; confectionner (*une robe*); '**fash·ion·a·ble** □ à la mode, de bon ton; élégant; '**fash·ion·a·ble·ness** vogue *f*; élégance *f*; '**fash·ion-pa'rade** présentation *f* de collections; '**fash-ion-plate** gravure *f* de modes.
fast[1] [fɑ:st] **1.** *adj.* rapide; résistant, bon teint (*drap etc.*); en avance (*montre etc.*); fidèle, constant (*ami*); dissolu (*vie*); ~ *to light* résistant; *phys.* ~ *breeder* surrégénérateur *m*

rapide; 🚂 ~ *train* rapide *m*, train *m* express; **2.** *adv.* ferme; vite.

fast² [~] **1.** jeûne *m*; **2.** jeûner; **'~-day** jour *m* maigre.

fas·ten ['fɑːsn] *v/t.* attacher (à, *to*); amarrer (*un bateau*); fermer (*la porte*); assurer; fixer (*a.* les yeux sur, *one's eyes* [*up*]*on*); *v/i.* s'attacher; se fixer; se fermer; ~ *upon fig.* saisir (*qch.*); s'arrêter sur; **'fas·ten·er** (*a.* **'fas·ten·ing**) attache *f*; *robe*: agrafe *f*; *bourse, livre*: fermoir *m*; *fenêtre etc.*: fermeture *f*; *patent* ~ bouton-pression (*pl.* boutons-pression) *m*.

fas·tid·i·ous □ [fæs'tidiəs] difficile; délicat; exigeant; blasé; **fas'tid·i·ous·ness** délicatesse *f*; goût *m* difficile.

fast·ness ['fɑːstnis] fermeté *f*; *couleurs*: solidité *f*; vitesse *f*; légèreté *f* de conduite; ⚔ forteresse *f*.

fat [fæt] **1.** □ gras(se *f*); gros(se *f*); **2.** graisse *f*; *viande*: gras *m*; **3.** (s')engraisser.

fa·tal □ ['feitl] fatal (-als *m/pl.*); mortel(le *f*); funeste (à, *to*); **fa·tal·ism** ['~əlizm] fatalisme *m*; **'fa·tal·ist** fataliste *mf*; **fa·tal·i·ty** [fə'tæliti] fatalité *f*; mort *f*; destin *m*; accident *m* mortel, sinistre *m*.

fate [feit] destin *m*; sort *m*; fatalité *f*; *the* ♀*s* les Parques *f/pl.*; **fat·ed** ['~id] destiné; fatal (-als *m/pl.*); infortuné; **fate·ful** □ ['~ful] décisif (-ive *f*).

fat·head *sl.* ['fæthed] idiot(e *f*) *m*.

fa·ther ['fɑːðə] **1.** père *m*; **2.** engendrer; adopter; avouer la paternité de; servir de père à; ~ *s.th. upon s.o.* imputer qch. à q.; **fa·ther·hood** ['~hud] paternité *f*; **'fa·ther-in-law** beau-père (*pl.* beaux-pères) *m*; **'fa·ther·land** patrie *f*; **'fa·ther·less** sans père; **'fa·ther·ly** paternel(le *f*).

fath·om ['fæðəm] **1.** *mes.* toise *f*; ⚓ brasse *f*; ✝ 216 pieds *m/pl.* cubes; **2.** ⚓ (*a. fig.*) sonder; *fig.* approfondir; **'fath·om·less** sans fond.

fa·tigue [fə'tiːg] **1.** fatigue *f*; ⚔ corvée *f*; ~*s pl.* ⚔ tenue *f* de corvée; **2.** fatiguer, lasser; **fa'tigue-par·ty** ⚔ (détachement *m* de) corvée *f*.

fat·ling ['fætliŋ] jeune bête *f* engraissée; **'fat·ness** graisse *f*; *personne*: embonpoint *m*; *sol*: fertilité *f*;

'fat·ten (s')engraisser; devenir *ou* rendre gras; *v/t.* fertiliser (*le sol*); **'fat·ty 1.** graisseux (-euse *f*); gras(se *f*) (*sol*); ~ *degeneration* stéatose *f*; **2.** F gros (bonhomme) *m*.

fa·tu·i·ty [fə'tjuiti] sottise *f*; imbécillité *f*; **fat·u·ous** □ ['fætjuəs] sot(te *f*), imbécile.

fau·cet ⊕ *surt. Am.* ['fɔːsit] robinet *m*.

faugh [fɔː] pouah!

fault [fɔːlt] faute *f* (*a. tennis*); imperfection *f*; défaut *m* (*a.* ⚡, ⊕); ⊕ *métal*: paille *f*; *géol.* faille *f*; *to a* ~ à l'excès; *find* ~ *with* trouver à redire à; *be at* ~ être en défaut; *be his* ~ être (de) sa faute; **'~·find·er** épilogueur (-euse *f*); censeur (-euse *f*); **'~·find·ing 1.** sermonneur (-euse *f*); grondeur (-euse *f*); **2.** censure *f*, critique *f*; disposition *f* à critiquer; **'fault·i·ness** imperfection *f*; **'fault·less** □ sans défaut; sans faute; parfait; **'faults·man** *tél., téléph.* surveillant *m* de ligne (*qui recherche les dérangements*); **'fault·y** □ défectueux (-euse *f*) imparfait.

fa·vo(u)r ['feivə] **1.** faveur *f*; permission *f*; bonté *f*; nœud *m* de rubans, couleurs *f/pl.*; ✝ *your* ~ votre honorée *f ou* estimée *f*; ✝ *in great* ~ très recherché; *in* ~ *of* en faveur de; *I am* (*not*) *in* ~ *of it* moi je suis pour (contre); *under* ~ *of night* à la faveur de la nuit; **2.** être en faveur de; approuver; honorer (de, *with*); **fa·vo(u)r·a·ble** □ ['~vərəbl] (*to*) favorable (à); propice (à); bon(ne *f*); **'fa·vo(u)r·a·ble·ness** caractère *m* favorable; **fa·vo(u)red** ['~vəd] favorisé; *well-*~ beau (bel *devant une voyelle ou un h muet*; belle *f*; beaux *m/pl.*); **fa·vo(u)r·ite** ['~vərit] **1.** favori(te *f*), préféré; **2.** favori(te *f*) *m*; *sp.* favori *m*; **'fa·vo(u)r·it·ism** favoritisme *m*; *sl.* piston *m*.

fawn¹ [fɔːn] **1.** *zo.* faon *m*; (couleur *f*) fauve *m*; **2.** mettre bas (un faon).

fawn² [~] *chien*: caresser (q., [*up*]*on s.o.*); *personne*: aduler (*q.*); **'fawn·er** adulateur (-trice *f*) *m*; **'fawn·ing** caressant; servile.

faze *surt. Am.* F [feiz] bouleverser.

fe·al·ty ['fiːəlti] féauté *f*; fidélité *f*.

fear [fiə] **1.** peur *f*, crainte *f*; *through* (*ou from*) ~ *of* de peur de; *for* ~ *of* (*gér.*) de crainte de (*inf.*); *go in ~ of one's life* craindre pour sa vie; **2.** craindre; *v/t.* redouter, avoir peur de; *v/i.* avoir peur; **fear·ful** □ ['~ful] craintif (-ive *f*); timide; affreux (-euse *f*); '**fear·ful·ness** caractère *m* épouvantable; timidité *f*; '**fear·less** □ intrépide; sans peur (de, *of*); '**fear·less·ness** intrépidité *f*, courage *m*.

fea·si·bil·i·ty [fi:zə'biliti] possibilité *f*; '**fea·si·ble** possible, faisable.

feast [fi:st] **1.** fête *f* (*a. eccl.*); festin *m*; *fig.* régal *m*; **2.** *v/t.* fêter; *~ one's eyes on* assouvir ses yeux de; *v/i.* faire bonne chère; se régaler (de, [*up*]*on*).

feat [fi:t] exploit *m*, haut fait *m*.

feath·er ['feðə] **1.** plume *f*; *aile, queue*: penne *f*; *chasse*: gibier *m* à plumes; ⚔ plumet *m*; F *show the white ~* caner, manquer de courage; *that is a ~ in his cap* c'est une perle à sa couronne; *in high ~* d'exellente humeur; **2.** *v/t.* emplumer; empenner (*une flèche*); ⚓ ramener à plat (*l'aviron*); *v/i.* nager plat; *~ one's nest* faire sa pelote; '**~-brained**, '**~-head·ed** étourdi, écervelé; '**feath·ered** emplumé; empenné (*flèche*); '**feath·er-edge** ⊕ biseau *m*; morfil *m* (*d'un outil*); '**feath·er·ing** plumage *m*; empennage *m*; biseautage *m*; nage *f* plate; '**feath·er-stitch** point *m* d'arêtes; '**feath·er-weight** *box.* poids *m* plume; '**feath·er·y** plumeux (-euse *f*); léger (-ère *f*.)

fea·ture ['fi:tʃə] **1.** trait *m* (*a. du visage*); caractéristique *f*; spécialité *f*; *cin.* film *m*; *journ. Am.* article *m*; *~s pl.* physionomie *f*; *pays*: topographie *f*; *œuvre*: caractère *m*; **2.** marquer, caractériser; dépeindre; *journ.* mettre en manchette; *cin.* tourner (*un rôle*), représenter (*q.*); mettre en vedette; *a film featuring N.N.* un film avec N.N. en vedette; **~ film** grand film *m* du programme; '**fea·ture·less** sans traits bien marqués; peu intéressant.

feb·ri·fuge ['febrifju:dʒ] fébrifuge *m*.

fe·brile ['fi:brail] fiévreux (-euse *f*).

Feb·ru·ar·y ['februəri] février *m*.

feck·less ['feklis] propre à rien, incapable.

fec·u·lence ['fekjuləns] féculence *f*; saleté *f*; '**fec·u·lent** féculent; sale.

fe·cun·date ['fi:kʌndeit] féconder; **fe·cun'da·tion** fécondation *f*; **fe·cun·di·ty** [fi'kʌnditi] fécondité *f*.

fed [fed] *prét. et p.p. de feed* 2; *be ~ up with* en avoir assez de; *well ~* bien nourri.

fed·er·al ['fedərəl] fédéral (-aux *m/pl.*); '**fed·er·al·ism** fédéralisme *m*; '**fed·er·al·ist** fédéraliste *mf*; '**fed·er·al·ize** (se) fédérer; **fed·er·ate 1.** ['~reit] (se) fédérer; **2.** ['~rit] fédéré; allié; **fed·er'a·tion** fédération *f*; *ouvriers etc.*: syndicat *m*; **fed·er·a·tive** ['~rətiv] fédératif (-ive *f*).

fee [fi:] **1.** honoraires *m/pl.*; *école*: frais *m/pl.*; droit *m*; taxe *f*; *hist.* fief *m*; pourboire *m*; *~ simple* propriété *f* libre; **2.** payer des honoraires (à q., *s.o.*); donner un pourboire à (*q.*).

fee·ble □ ['fi:bl] faible; '**~-'mind·ed** à l'esprit faible; '**fee·ble·ness** faiblesse *f*.

feed [fi:d] **1.** alimentation *f* (*a.* ⊕); pâturage *m*; *cheval*: fourrage *m*; *avoine etc.*: picotin *m*; nourriture *f*; F repas *m*; ⊕ entraînement *m*; *attr.* d'alimentation *etc.*; auxiliaire; **2.** [*irr.*] *v/t.* nourrir (*q., l'esprit*); alimenter (⊕, *sp., machine, chaudière, feu, famille*); faire paître (*les vaches etc.*); manger (*a.* q. des yeux, *one's eyes on s.o.*); introduire (*des matières premières dans une machine*); *théâ.* donner la réplique à; *~ off* (*ou down*) pâturer (*un pré*); *~ up* engraisser; *see fed*; *v/i.* manger, paître, se nourrir (de, [*up*]*on*); '**~·back 1.** ⚡ réaction *f*; **2.** ⊕ alimenter en retour; '**feed·er** mangeur (-euse *f*) *m*; *surt. Am.* nourrisseur *m* de bestiaux; *enfant*: bavette *f*; *bébé*: biberon *m*; canal *m* d'alimentation; ⊕ alimentateur *m*; ⚡ artère *f ou* conducteur *m* alimentaire; **feed·er line** 🚂 embranchement *m*; '**feed·ing** alimentation *f*; pâture *f*; ⊕, ⚡ avance *f*; *attr.* du repas; alimentateur (-trice *f*); *high ~* vie *f* de luxe; '**feed·ing-bottle** biberon *m*; '**feed·ing-stuff** fourrage *m*.

fee-faw-fum ['fi:'fɔ:'fʌm] pouah!

feel [fi:l] **1.** [*irr.*] *v/t.* sentir; tâter (*a.* ⚔); ressentir (*une douleur, une émotion*); éprouver; penser; être sensible à; avoir conscience de; *v/i.* être ... au toucher (*chose*); sembler, paraître; se sentir (*personne*); se trouver; ~ *cold* avoir froid (*personne*), être froid (au toucher) (*chose*); *I* ~ *like* (*gér.*) j'ai envie de (*inf.*); je me sens d'humeur à (*inf.*); ~ *for* avoir de la sympathie pour; **2.** toucher *m*; sensation *f*; ˈ**feel·er** *fig.* ballon *m* d'essai; *zo.* antenne *f*; *escargot*: corne *f*; *mollusque etc.*: tentacule *m*; *chat*: moustache *f*; ⚔ éclaireur *m*; ˈ**feel·ing 1.** □ sensible; ému; **2.** toucher *m*; émotion *f*; sentiment *m*; sensibilité *f*; *good* ~ bonne entente *f*; sympathie *f*.

feet [fi:t] *pl. de foot 1.*

feign [fein] feindre, faire semblant (de *inf.*, *to inf.*); ~ *mad* faire semblant d'être fou; ˈ**feigned** feint, simulé; contrefait; déguisé; **feign·ed·ly** [ˈ~idli] avec feinte.

feint [feint] **1.** feinte *f*; ⚔ fausse attaque *f*; **2.** feinter; ⚔ faire une fausse attaque.

fe·lic·i·tate [fiˈlisiteit] féliciter (de, sur *on*); **fe·lic·iˈta·tion** félicitation *f*; **feˈlic·i·tous** □ heureux (-euse *f*); à propos; **feˈlic·i·ty** félicité *f*, bonheur *m*; à-propos *m*.

fe·line [ˈfi:lain] félin, de chat.

fell[1] [fel] **1.** *prét. de fall 2*; **2.** abattre; assommer.

fell[2] *poét.* [~] cruel(le *f*); funeste.

fell[3] [~] peau *f*; toison *f*.

fell[4] [~] colline *f* rocheuse.

fel·loe [ˈfelou] jante *f*.

fel·low [ˈfelou] personne *f*; camarade *m*; compagnon *m*, compagne *f*; collègue *m*; semblable *m*, pareil *m*; *univ.* agrégé(e *f*) *m*; *société*: membre *m*; F homme *m*, type *m*; *péj.* individu *m*; *attr.* compagnon de; co(n)-; F *a* ~ on; F *old* ~ mon vieux *m*; *the* ~ *of a glove* l'autre gant *m*; *he has not his* ~ il n'a pas son pareil *ou* de rival; ˈ~-ˈ**be·ings** *pl.* semblables *m/pl.*; ˈ~-ˈ**cit·i·zen** concitoyen(ne *f*) *m*; ˈ~-ˈ**coun·try·man** compatriote *mf*; ˈ~-ˈ**crea·ture** semblable *m*; prochain *m*; ˈ~-ˈ**feel·ing** sympathie *f*; **~·ship** [ˈ~ʃip] communauté *f*; association *f*; (*a. good* ~) camaraderie *f*, solidarité *f*; association *f*, société *f*; fraternité *f*; *univ.* dignité *f* d'agrégé (*d'un collège universitaire*); titre *m* de membre (*d'une société savante*); ~ **sol·dier** compagnon *m* d'armes; ˈ~-ˈ**student** camarade *mf* d'études; ˈ~-ˈ**trav·el·ler** compagnon *m* (compagne *f*) de voyage; *pol.* communisant(e *f*) *m*.

fel·ly [ˈfeli] jante *f*.

fel·on [ˈfelən] ⚖ criminel(le *f*) *m*; ⚕ panaris *m*; **fe·lo·ni·ous** □ ⚖ [fiˈlounjəs] criminel(le *f*); délictueux (-euse *f*); **fel·o·ny** ⚖ [ˈfeləni] crime *m*.

felt[1] [felt] *prét. et p.p. de feel 1.*

felt[2] [~] **1.** feutre *m*; **2.** (se) feutrer; **~-tip(ped) pen** [ˈ~tip(t) pen] crayon *m* feutre.

fe·male [ˈfi:meil] **1.** féminin (*personne*); femelle (*animal*); ~ *child* enfant *m* du sexe féminin; ~ *screw* vis *f* femelle; **2.** femme *f*; *animal*: femelle *f*.

fem·i·nine □ [ˈfeminin] féminin; *gramm.* du féminin; *souv. péj.* de femme; **fem·iˈnin·i·ty** féminité *f*; *péj.* caractère *m* féminin; ˈ**fem·i·nism** féminisme *m*; ˈ**fem·i·nist** féministe (*a. su. mf*); **fem·i·nize** [ˈ~naiz] (se) féminiser.

fen [fen] marais *m*, marécage *m*.

fence [fens] **1.** clôture *f*; palissade *f*; ⊕ guide *m*; garde *f*; *sp.* haie *f*; *Am.* mur *m* de clôture; *sl.* receleur (-euse *f*) *m*; *sit on the* ~ attendre d'où vient le vent; **2.** *v/t.* (*a.* ~ *in*) enclore, entourer; protéger (contre, *from*); *sl.* receler; *v/i.* faire de l'escrime; *fig.* parer (qch., *with s.th.*); *sp.* sauter les haies; *sl.* faire le recel; ˈ**fence·less** ouvert, sans clôture.

fenc·ing [ˈfensiŋ] clôture *f*, palissade *f*; escrime *f*; ⊕ garde *f*; *attr.* d'armes; ˈ**~-foil** fleuret *m*; ˈ~-**mas·ter** maître *m* d'armes.

fend [fend]: ~ *off* détourner; F ~ *for* pourvoir à; ~ *for o.s.* se débrouiller; ˈ**fend·er** ⚠ bouteroue *f*; garde-feu *m/inv.*; *mot.* *Am.* aile *f*; *mot.* pare-chocs *m/inv.*; ⚓ défense *f*.

Fe·ni·an [ˈfi:niən] **1.** fénian; **2.** fénian *m* (*membre d'une association d'Irlandais aux É.-U. partisans de l'Indépendance de l'Irlande*).

fen·nel ⚘ [ˈfenl] fenouil *m*.

fen·ny [ˈfeni] marécageux (-euse *f*).

feoff [fef] fief *m*; **feoff·ee** [feˈfi:] fieffataire *mf*; ˈ**feoff·ment** inféodation *f*; don *m* en fief; **feof·for** [feˈfɔ:] fieffant(e *f*) *m*.

fer·ment 1. [ˈfə:ment] ferment *m*; *fig.* agitation *f*; **2.** [fəˈment] (faire) fermenter; *fig.* (s')échauffer; **ferˈment·a·ble** fermentable; **fer·men·ta·tion** [fə:menˈteiʃn] fermentation *f*; *fig.* effervescence *f*; **ferˈment·a·tive** [~tətiv] fermentatif (-ive *f*).
fern ⚘ [fə:n] fougère *f*.
fe·ro·cious ☐ [fəˈrouʃəs] féroce; **fe·roc·i·ty** [fəˈrɔsiti] férocité *f*.
fer·ret [ˈferit] **1.** *zo.* furet *m* (*a. fig.*); **2.** *v/t.* fureter (*un terrier*); prendre au furet; ~ *out* découvrir, dénicher; *fig.* déterrer; *v/i.* chasser au furet.
fer·ric ⚗ [ˈferik] ferrique; **fer·rif·er·ous** [feˈrifərəs] ferrifère.
Fer·ris wheel [ˈferiswi:l] *foire*: grande roue *f*.
fer·ru·gi·nous [feˈru:dʒinəs] ferrifère; **fer·ro·con·crete** ⊕ [ˈferouˈkɔŋkri:t] béton *m* armé; **fer·rous** ⚗ [ˈferəs] ferreux (-euse *f*).
fer·rule [ˈferu:l] bout *m* ferré; ⊕ virole *f*.
fer·ry [ˈferi] **1.** passage *m*; bac *m*; **2.** passer la rivière en bac; **ˈ~-boat** bac *m*; **ˈfer·ry·man** passeur *m*.
fer·tile ☐ [ˈfə:tail] (*a. fig.*) fertile, fécond (en *of, in*); **fer·til·i·ty** [fə:ˈtiliti] fertilité *f* (*a. fig.*); **fer·ti·li·za·tion** [~tilaiˈzeiʃn] fertilisation *f*; ⚘ pollinisation *f*; **ˈfer·ti·lize** (*a.* ⚘) fertiliser, féconder; amender (*la terre*); **ˈfer·ti·liz·er** engrais *m*.
fer·ule † [ˈferu:l] férule *f* (*a.* ⚘).
fer·ven·cy [ˈfə:vənsi] (*usu. fig.*) ferveur *f*; ardeur *f*; **ˈfer·vent** ☐ ardent (*a. fig.*); *fig.* fervent, vif (vive *f*).
fer·vid ☐ [ˈfə:vid] *see fervent*.
fer·vo(u)r [ˈfə:və] *see fervency*.
fes·tal ☐ [ˈfestl] de fête; joyeux (-euse *f*).
fes·ter [ˈfestə] **1.** (faire) suppurer; (s')ulcérer; *fig.* couver; **2.** inflammation *f* avec suppuration.
fes·ti·val [ˈfestəvl] fête *f*; ♪, *théâ.* festival *m*; **fes·tive** ☐ [ˈ~iv] de fête, joyeux (-euse *f*); **fesˈtiv·i·ty** fête *f*, réjouissance *f*, festivité *f*.
fes·toon [fesˈtu:n] **1.** feston *m*; **2.** festonner.
fetch [fetʃ] *v/t.* apporter (*qch.*); amener (*q.*); aller chercher; rapporter (*un prix*); F captiver; F flanquer (*un coup*); pousser (*un soupir*); tirer (*des larmes*); ~ *up* faire monter; vomir; *v/i.*: ~ *and carry* être aux ordres (de q., *for s.o.*); ~ *up* s'arrêter; *usu. Am.* aboutir (à, *at*); **ˈfetch·ing** F ☐ ravissant, séduisant.
fête [feit] **1.** fête *f* (*a. eccl.*); **2.** fêter.
fet·id ☐ [ˈfetid] fétide, puant.
fe·tish [ˈfi:tiʃ] fétiche *m*.
fet·lock [ˈfetlɔk] fanon *m*.
fet·ter [ˈfetə] **1.** chaîne *f*; **2.** enchaîner.
fet·tle [ˈfetl] forme *f*; bonne condition *f*.
fe·tus [ˈfi:təs] *see foetus*.
feud [fju:d] inimitié *f*; fief *m*; **feu·dal** ☐ [ˈ~dl] féodal (-aux *m/pl.*); **feu·dal·ism** [ˈ~dəlizm] féodalité *f*; **feu·dal·i·ty** [~ˈdæliti] féodalité *f*; fief *m*; **feu·da·to·ry** [ˈ~dətəri] feudataire (*a. su./m*), vassal (-aux *m/pl.*) (*a. su./m*).
fe·ver [ˈfi:və] fièvre *f*; **fe·vered** [ˈfi:vəd] *surt. fig.* fiévreux (-euse *f*); **ˈfe·ver·ish** ☐ fiévreux (-euse *f*) (*a. fig.*).
few [fju:] **1.** *adj.* peu de; quelques; **2.** *pron.*: *a* ~ quelques-uns (-unes *f*); *a good* ~ pas mal (de); **3.** *su.* petit nombre *m*; *the* ~ la minorité.
fi·at [ˈfaiæt] décret *m*; consentement *m*; *Am.* ~ *money* monnaie *f* fiduciaire (*billets de banque*).
fib [fib] **1.** petit mensonge *m*; blague *f*; **2.** mentir; blaguer; **ˈfib·ber** menteur (-euse *f*) *m*; blagueur (-euse *f*) *m*.
fi·bre, *Am.* **fi·ber** [ˈfaibə] fibre *f* (*a.* ⊕); ⚘ radicelle *f*; *fig.* nature *f*, trempe *f*; **fi·brin** [ˈ~brin] ⚗, *physiol.* fibrine *f*; **fi·bro·si·tis** [ˈ~brouˈsaitis] cellulite *f*; **ˈfi·brous** ☐ fibreux (-euse *f*).
fib·u·la *anat.* [ˈfibjulə], *pl.* **-lae** [~li:], **-las** péroné *m*.
fick·le [ˈfikl] inconstant, volage; changeant; **ˈfick·le·ness** inconstance *f*; humeur *f* volage.
fic·tile [ˈfiktail] plastique, céramique (*argile*).
fic·tion [ˈfikʃn] fiction *f* (*a.* ⚖); (*a. works of* ~) romans *m/pl.*, littérature *f* d'imagination; **ˈfic·tion·al** ☐ de romans; d'imagination.
fic·ti·tious ☐ [fikˈtiʃəs] fictif (-ive *f*); imaginaire; inventé; feint; **ˈfic·tive** fictif (-ive *f*), imaginaire.
fid·dle [ˈfidl] **1.** violon *m*; **2.** *v/i.* jouer du violon; tripoter; *v/t.* jouer (*un air*) sur le violon; *souv. Am.* truquer; ~ *away* perdre (*son temps*);

fid·dle·de·dee ['~di'di:] quelle blague!; **fid·dle·fad·dle** F ['~fædl] **1.** fadaises *f/pl.*; *~!* quelle blague!; **2.** musard; **3.** baguenauder; '**fid·dler** joueur *m* du violon; '**fid·dle·stick** archet *m*; *~s!* quelle bêtise!

fi·del·i·ty [fi'deliti] fidélité *f*, loyauté *f* (à, envers *to, towards*).

fidg·et F ['fidʒit] **1.** *usu.* *~s pl.* agitation *f*, énervement *m*; *personne*: énervé(e *f*) *m*; *have the ~s* ne pas tenir en place; **2.** (s')énerver; (se) tourmenter; *v/i.* s'agiter; '**fidg·et·y** agité, nerveux (-euse *f*), impatient.

fi·du·ci·ar·y [fi'dju:ʃiəri] **1.** fiduciaire; **2.** héritier (-ère *f*) *m* fiduciaire; dépositaire *mf*.

fie [fai] fi (donc)!

fief [fi:f] fief *m*.

field [fi:ld] **1.** champ *m*; pré *m*; *sp.* terrain *m*; *course*: champ *m*; *fig.* domaine *m*; ☨ marché *m*; ⚔ champ *m* de bataille; *glace*: banc *m*; *hold the ~* ⚔ se maintenir sur ses positions; *fig.* être toujours en faveur; **2.** *cricket*: *v/i.* tenir le champ; *v/t.* arrêter et relancer (*la balle*); '**~-day** ⚔ jour *m* de grandes manœuvres *ou* de revue; *fig.* grande occasion *f*, grand jour *m*; *Am.* réunion *f* athlétique; *Am.* journée *f* d'expédition en pleine campagne; '**field·er** *cricket*: chasseur *m*.

field ...: '**~·fare** litorne *f*; '**~-glass** jumelle *f*, -s *f/pl.*; '**~-jack·et** anorak *m*; '**♀-Mar·shal** feld-maréchal *m*; '**~-sports** *pl.* chasse *f* et pêche *f*; '**~·work** travaux *m/pl.* *ou* recherches *f/pl.* sur le terrain *ou* sur les lieux; ☨ démarchage *m* auprès de la clientèle; *sociologie*: travail *m* avec des cas sociaux.

fiend [fi:nd] démon *m*, esprit *m* malin; diable *m*; *fig.* monstre *m*; *fig.* fanatique *mf* (de); '**fiend·ish** □ diabolique; infernal (-aux *m/pl.*).

fierce □ [fiəs] féroce; violent; furieux (-euse *f*); '**fierce·ness** férocité *f*; violence *f*; fureur *f*.

fi·er·i·ness ['faiərinis] ardeur *f* (*a. fig.*); '**fi·er·y** □ de feu; enflammé; ardent; emporté (*personne*).

fife [faif] **1.** fifre *m*; **2.** *v/t.* fifrer; *v/i.* jouer du fifre; '**fif·er** (joueur *m* de) fifre *m*.

fif·teen ['fif'ti:n] quinze; '**fif'teenth** [~θ] quinzième (*a. su./m*); **fifth** [fifθ] cinquième (*a. su./m*); '**fifth·ly** en cinquième lieu; **fif·ti·eth** ['~tiiθ] cinquantième (*a. su./m*); '**fif·ty** cinquante; '**fif·ty-'fif·ty** chacun(e *f*) la moitié; *go ~* être de moitié.

fig[1] [fig] figue *f*; *arbre*: figuier *m*; *a ~ for ...!* zut pour ...!; *I don't care a ~ for him* je m'en fiche (de lui).

fig[2] F [~] **1.** forme *f*; gala *f*; *in full ~* en grande toilette *ou* tenue; *in good ~* en bonne forme; **2.** *~ out* attifer.

fight [fait] **1.** combat *m*, bataille *f*; *box.* assaut *m*; (*a. free ~*) bagarre *f*; *fig.* lutte *f*; *make a ~ for* lutter pour; *put up a good ~* se bien acquitter; *show ~* offrir de la résistance; **2.** [*irr.*] *v/t.* se battre avec *ou* contre; combattre; lutter contre; *~ off* repousser, résister à; *v/i.* se battre; combattre; lutter; *~ against* combattre (*q.*, *qch.*); *~ back* résister à, repousser; *~ for* se battre pour; *~ shy of* éviter; *~ing fit* frais et dispos; en parfaite santé; '**fight·er** combattant *m*, guerroyeur *m*; *~ plane* avion *m* de chasse, chasseur *m*; '**fight·ing** combat *m*; *attr.* de combat.

fig·ment ['figmənt] fiction *f*, invention *f*.

fig-tree ['figtri:] figuier *m*.

fig·u·rant ['figjurənt] figurant *m*.

fig·u·ra·tion [figju'reiʃn] (con-) figuration *f*; ♪ embellissement *m*;

fig·ur·a·tive □ ['~rətiv] figuratif (-ive *f*); figuré; en images.

fig·ure ['figə] **1.** figure *f* (*a.* ♪, *danse, géométrie, livre*); taille *f*, forme *f*; ⅍ chiffre *m*; image *f*; *tissu*: dessin *m*; F *what's the ~?* ça coûte combien?; *at a high ~* à un prix élevé; **2.** *v/t.* écrire en chiffres; ♪ chiffrer; brocher (*un tissu*); (*a. ~ to o.s.*, se) figurer, représenter; *Am.* estimer; *~ up* (*ou out*) calculer; *~ out* résoudre (*un problème*); *v/i.* chiffrer, calculer; *~ as* représenter; *~ on* se trouver sur; *Am.* compter sur; *~ out at* (se) monter à; '**~-head** ⚓ figure *f* de proue; *fig.* personnage *m* purement décoratif; prête-nom *m*; '**~-skat·ing** tracé *m* des figures sur la glace.

fig·u·rine ['figjuri:n] figurine *f*.

fil·a·ment ['filəmənt] filament *m* (*a.* ⚡); ⚘, *zo.*, *phys.* filet *m*; *attr.* ⚡, *radio*: de chauffage.

fil·bert ⚘ [ˈfilbəːt] aveline *f*; *arbre*: avelinier *m*.
filch [filtʃ] chiper (à, *from*).
file[1] [fail] **1.** dossier *m* (*a.* ⚖), *lettres*: classeur *m*; *papiers*: liasse *f*; crochet *m* à papiers; fichier *m*; ⚔ file *f*; *in single* ~ en file indienne; *Am.* ~ *case* classeur *m*; fichier *m*; *Am.* ~ *clerk* documentaliste *mf*; ~-*leader* chef *m* de file; **2.** ⚔ (faire) marcher en ligne de file; ⚔ ~ *off* (faire) défiler; *v/t.* enfiler; classer; ranger; joindre au dossier; enregistrer (*une enquête*); *Am.* déposer (*une plainte*); *filing cabinet* fichier *m*; classeur *m*; *filing clerk* documentaliste *mf*.
file[2] [~] **1.** lime *f*; *sl. deep* ~ fin matois *m*; **2.** limer; ˈ**~-cut·ter** tailleur *m* de limes.
fil·i·al □ [ˈfiljəl] filial (-aux *m/pl.*); **fil·i·a·tion** [filiˈeiʃn] filiation *f*.
fil·i·bus·ter [ˈfilibʌstə] **1.** (*ou* **fil·i·ˈbus·ter·er**) flibustier *m*; *Am.* obstructionniste *m*; **2.** flibuster; *Am.* faire de l'obstruction.
fil·i·gree [ˈfiligriː] filigrane *m*.
fil·ings *pl.* [ˈfailiŋz] limaille *f*.
fill [fil] **1.** (se) remplir (de, *with*); (se) combler; *v/t.* plomber (*une dent*); occuper (*un poste*); charger, satisfaire (*un besoin, un désir*); *Am.* ⚕, *pharm.* exécuter; *Am.* répondre à; ~ *s.o.'s glass* verser à boire à q.; ~ *in* combler (*un trou etc.*); remplir (*un bulletin, une formule*); libeller (*un chèque*); ~ *out* (s')enfler; grossir; ~ *up* (se) remplir, (se) combler; libeller (*un chèque*); **2.** suffisance *f*; soûl *m*; plein *m* de pipe; plumée *f*; *eat* (*drink*) *one's* ~ manger à sa faim (boire à sa soif).
fill·er [ˈfilə] remplisseur (-euse *f*) *m*; remplissage *m*.
fil·let [ˈfilit] **1.** ⚠, *cheveux*: filet *m*; *cuis.* filet *m* (*de bœuf etc.*); ⚕ bandelette *f*; ruban *m*; *veau*: rouelle *f*; ⚠ fasce *f*; **2.** orner d'un filet; *cuis.* détacher les filets de.
fill·ing [ˈfiliŋ] remplissage *m*; charge *f*; *dent*: plombage *m*; *mot.* ~ *station* poste *m* d'essence.
fil·lip [ˈfilip] **1.** *doigt*: chiquenaude *f*; encouragement *m*, stimulant *m*; **2.** donner une chiquenaude à; stimuler.
fil·ly [ˈfili] pouliche *f*; F jeune fille *f*.
film [film] **1.** pellicule *f* (*a. phot.*); voile *m*; peau *f* (*du lait chaud*); *cin.* film *m*, bande *f*; *œil*: taie *f*; ~ *cartoon* dessin *m* animé; ~ *cartridge phot.* (pellicule *f* en) bobine *f*; *take a* ~ tourner un film; **2.** (se) couvrir d'une pellicule *ou* d'un voile; *v/t. phot., cin.* filmer; *v/i. fig.* se voiler; ˈ**film·y** □ *fig.* voilé; transparent.
fil·ter [ˈfiltə] **1.** filtre *m*; ~ *tip* bout *m* filtre; cigarette *f* à bout filtre; **2.** *v/t.* filtrer; *v/i. fig.* s'infiltrer; ~ *in* changer de file; ˈ**fil·ter·ing** filtrage *m*; **fil·ter-tipped** [ˈfiltətipt] à bout filtre.
filth [filθ] saleté *f*; ˈ**filth·y** □ sale, dégoûtant; crapuleux (-euse *f*).
fil·trate [ˈfiltreit] **1.** (s'in)filtrer; **2.** ⚗ filtrat *m*; **filˈtra·tion** filtration *f*; *pharm.* colature *f*.
fin [fin] nageoire *f*; *sl.* main *f*; ✈ plan *m* fixe; *mot.* ailette *f*.
fi·nal [ˈfainl] **1.** □ final (-als *m/pl.*) (*a. gramm.*); dernier (-ère *f*); définitif (-ive *f*); sans appel; *sp.* ~ *whistle* coup *m* de sifflet final; **2.** *a.* ~*s pl.* examen *m* final; *sp.* finale *f*; **fi·nal·ist** [ˈ~nəlist] *sp.* finaliste *mf*; **fi·nal·i·ty** [~ˈnæliti] caractère *m* définitif; décision *f*; **fi·nal·ize** [ˈ~nəlaiz] terminer, mener (*qch.*) à bonne fin; mettre la dernière main à; rendre (*qch.*) définitif (-ive *f*).
fi·nance [faiˈnæns] **1.** finance *f*; **2.** *v/t.* financer; *v/i.* être dans la finance; **fiˈnan·cial** □ [~ʃl] financier (-ère *f*); ~ *year* année *f* budgétaire; **finˈan·cier** [~siə] financier *m*; *fig.* bailleur *m* de fonds.
finch *orn.* [fintʃ] pinson *m*.
find [faind] **1.** [*irr.*] trouver; découvrir; constater; retrouver; croire; fournir, procurer; ⚖ déclarer, prononcer (*coupable etc.*); ~ *o.s.* se trouver; se pourvoir soi-même; *all found* tout fourni; ~ *out* découvrir; se renseigner (sur, *about*); inventer; *I cannot* ~ *it in my heart* je n'ai pas le cœur (de *inf.*, *to inf.*); **2.** trouvaille *f*, découverte *f*; ˈ**find·er** trouveur (-euse *f*) *m*; *phot.* viseur *m*; *opt.* chercheur *m*; ˈ**find·ing** découverte *f*; *a.* ~*s pl.* trouvaille *f*; ⚖ conclusion *f*; verdict *m*.
fine[1] □ [fain] **1.** fin, pur; raffiné, subtil; bon(ne *f*); excellent; petit; beau (bel *devant une voyelle ou un h muet*; belle *f*; beaux *m/pl.*) (*a. temps*); joli; élégant; *you are a* ~ *fellow! iro.* vous êtes joli, vous!; ~

arts pl. beaux arts *m/pl.*; **2.** *adv.* finement; admirablement; *cut* ~ tout juste (*temps*); au plus bas (*prix*); **3.** *météor.* beau temps *m*; **4.** (se) clarifier (*bière*); ~ *away* (*ou down ou off*) (s')amincir; rendre *ou* devenir effilé.

fine² [~] **1.** amende *f*; *in* ~ bref; enfin; **2.** mettre (*q.*) à l'amende; frapper (*q.*) d'une amende (d'une livre, *a pound*).

fine-draw ['fain'drɔː] rentraire; ~*n fig.* amaigri; subtil.

fine·ness ['fainnis] finesse *f*; pureté *f*; subtilité *f*; beauté *f*; élégance *f*.

fin·er·y ['fainəri] parure *f*; atours *m/pl.*; ⊕ (af)finerie *f*.

fi·nesse [fi'nes] finesse *f*; ruse *f*; *cartes*: impasse *f*.

fine-tooth(ed) comb ['fain'tuːθ(t) koum] peigne *m* fin; *go through ou over s.th. with a* ~ passer qch. au peigne fin.

fin·ger ['fiŋgə] **1.** doigt *m*; *have a* ~ *in the pie* être mêlé à *ou* se mêler de l'affaire; *see end 1*; **2.** manier, toucher; tâter; ♪ doigter; tapoter sur (*un piano*); '~**-board** ♪ *piano etc.*: clavier *m*; *violon etc.*: touche *f*; '~**·bowl** rince-doigts *m*; '**fin·gered** aux doigts ...; '**fin·ger·ing** maniement *m*; ♪ doigté *m*; grosse laine *f* à tricoter.

fin·ger...: '~**-lan·guage** langage *m* mimique; '~**-nail** ongle *m*; ~ **pol·ish** vernis *m* à ongles; '~**-post** poteau *m* indicateur; '~**-print 1.** empreinte *f* digitale; **2.** prendre les empreintes digitales de (*q.*); '~**-stall** doigtier *m*.

fin·i·cal □ ['finikl], **fin·ick·ing** ['~kiŋ], **fin·ick·y** ['~ki], **fin·i·kin** ['~kin] difficile; méticuleux (-euse *f*) (*personne*).

fin·ish ['finiʃ] **1.** *v/t.* finir; terminer; casser; (*a.* ~ *off, up*) achever, mener à terme; ⊕ usiner; *tex.* apprêter; ~*ed goods pl.* articles *m/pl.* apprêtés; *sp.* ~*ing line* ligne *f* d'arrivée; ~*ing touch* dernière main *f*; *v/i.* finir; se terminer; prendre fin; **2.** achèvement *m*; ⊕ apprêtage *m*; ⊕ finissage *m*; ⚘ fini *m*, apprêt *m*; '**fin·ish·er** ⊕ finisseur (-euse *f*) *m*, apprêteur (-euse *f*) *m*; F coup *m* de grâce.

fi·nite □ ['fainait] borné, limité; fini (*a.* ⅍); *gramm.* ~ *verb* verbe *m* à un mode fini; '**fi·nite·ness** nature *f* limitée.

fink *Am. sl.* [fiŋk] jaune *m*.

Fin·land·er ['finləndə], **Finn** [fin] Finlandais(e *f*) *m*; Finnois(e *f*) *m*.

Finn·ish ['finiʃ] finlandais; *ling.* finnois *m*.

fin·ny ['fini] à nageoires.

fir [fəː] sapin *m*; *Scotch* ~ pin *m* rouge; '~**-cone** pomme *f* de sapin.

fire ['faiə] **1.** feu *m*; incendie *m*; ⚔ tir *m*; *fig.* ardeur *f*; radiateur *m* (*à gaz, électrique*); ~! au feu!; *come under* ~ (from) ⚔ essuyer le feu (de *l'ennemi etc.*); *fig.* être vivement attaqué (par *q.*); *on* ~ en flammes, en feu; **2.** *v/t.* mettre le feu à; (*a.* ~ *off*) ⚔ tirer; cuire (*des briques etc.*); *fig.* enflammer; F congédier, renvoyer; ⊕ chauffer (*le four etc.*); ~ *up* allumer; chauffer; *v/i.* prendre feu; s'enflammer (*a. fig.*); partir; tirer (sur *at*, [*up*]*on*); F ~ *away!* allez-y!; ~ *up* s'emporter (contre, *at*); '~**-a·larm** signal *m* d'incendie; '~**-arms** *pl.* armes *f/pl.* à feu; '~**-ball** *météor.* aérolithe *m*; éclair *m* en boule; ⚔ balle *f* à feu; '~**-box** ⊕ boîte *f* à feu; '~**-brand** F brandon *m* (de discorde); '~**-bri·gade** sapeurs-pompiers *m/pl.*; '~**·bug** *Am.* F incendiaire *m*; '~**·crack·er** pétard *m*; '~**-cur·tain** *théâ.* rideau *m* métallique; '~**-damp** ⚒ grisou *m*; '~**-de·part·ment** *Am.* sapeurs-pompiers *m/pl.*; '~**-dog** chenet *m*; landier *m*; '~**-door** porte *f* anti-incendie *ou* coupe-feu; ~ **drill** exercice *f* anti-incendie; '~**-en·gine** ⊕ pompe *f* à incendie; '~**-es·cape** échelle *f ou* escalier *m* de sauvetage; '~**-ex·tin·guish·er** extincteur *m* (d'incendie); '~**-fight·er** pompier *m* (volontaire); lutteur (-euse *f*) *m* contre l'incendie; '~**-fly** luciole *f*; F mouche *f* à feu; '~**-gre·nade** grenade *f* extinctrice; '~**-in·sur·ance** assurance *f* contre l'incendie; '~**-i·rons** *pl.* garniture *f* de foyer; '~**-light·er** allume-feu *m/inv.*; '~**·man** (sapeur-)pompier *m*; ⊕ chauffeur *m*; '~**-of·fice** bureau *m* d'assurance contre l'incendie; '~**-place** cheminée *f*; foyer *m*; '~**-plug** bouche *f* d'incendie; '~**·proof** ignifuge; '~**-rais·ing** incendie *f* volontaire; pyromanie *f*; '~**-screen** devant *m* de cheminée; '~**·side 1.** cheminée *f*, foyer *m*; coin *m* du feu; **2.** de *ou* au coin du feu; '~**·sta·tion** poste *m* de pompiers; '~**-wall**

cloison *m* pare-feu; '~-**war·den** responsable *mf* de la lutte anti-incendie; guetteur *m* d'incendies; '~·**wood** bois *m* à brûler; '~·**work**(*s pl. fig.*) feu *m* d'artifice; '~·**work** pièce *f* d'artifice.

fir·ing ['faiəriŋ] chauffage *m*; ⊕ chauffe *f*; *brisques etc.*: cuite *f*; ⚔ tir *m*; ~ *squad* peleton *m* d'exécution.

fir·kin ['fəːkin] *mesure*: quartaut *m* (*45,5 litres*); tonnelet *m*.

firm [fəːm] **1.** □ ferme; solide; inébranlable; **2.** maison *f* (de commerce); raison *f* sociale.

fir·ma·ment ['fəːməmənt] firmament *m*.

firm·ness ['fəːmnis] fermeté *f*; solidité *f*.

first [fəːst] **1.** *adj.* premier (-ère *f*); ~ *aid* premiers secours *m/pl. ou* soins *m/pl.*, soins *m/pl.* d'urgence; ✝ ~ *cost* prix *m* coûtant *ou* initial *ou* de revient; *Am.* ~ *floor see ground floor*; ~ *name* prénom *m*; ~ *night théâ.* première *f*; *Am.* ~ *papers pl.* déclaration *f* de naturalisation; **2.** *adv.* premièrement, d'abord; pour la première fois; plutôt; *at* ~, ~ *of all* pour commencer; tout d'abord; ~ *and last* en tout et pour tout; **3.** *su.* premier (-ère *f*) *m*; ✝ ~ *of exchange* première *f* de change; *from the* ~ dès le premier jour; *go* ~ passer devant; prendre le devant; 🚂 voyager en première; '~-'**aid box** *ou* **kit** trousse *f* de premiers secours *ou* à pharmacie; '~-'**aid post** poste *m* de secours; '~-**born** premier-né (premier-née *ou* première-née *f*); '~'**class** de première classe; de première qualité; '~-**fruits** *pl.*, **first·lings** *pl.* ['~liŋz] prémices *f/pl.*; '**first·ly** premièrement; d'abord; '**first-rate** de premier ordre; *see first-class*.

firth [fəːθ] estuaire *m*, golfe *m*.

fis·cal ['fiskl] fiscal (-aux *m/pl.*); financier (-ère *f*).

fish [fiʃ] **1.** poisson *m*; *coll.* poissons *m/pl.*; 🚂 éclisse *f*; F type *m*; *odd* ~ drôle *m* de type; *have other* ~ *to fry* avoir d'autres chats à fouetter; **2.** *v/i.* pêcher (qch., *for s.th.*); aller à la pêche (de, *for*); *v/t.* pêcher; 🚂 éclisser; ~ *out* tirer; sortir; '~·**bone** arête *f*; '~·**cake** *cuis.* croquette *f* de poisson.

fish·er·man ['fiʃəmən] pêcheur *m*; '**fish·er·y** pêche *f*; *lieu*: pêcherie *f*.

fish...: ~ **fin·gers** *pl. cuis.* bâtonnets *m/pl.* de poisson; ~ **hook** hameçon *m*.

fish·ing ['fiʃiŋ] pêche *f*; '~-**line** ligne *f* de pêche; '~-**rod** canne *f* à pêche; '~-**tack·le** attirail *m* de pêche.

fish...: ~ **line** *Am.* ligne *f* de pêche; '~·**mon·ger** marchand(e *f*) *m* de poisson; ~ **pole** *Am.* canne *f* à pêche; ~ **pond** étang *m* à poissons; ~ **sticks** *pl. Am. see fish fingers*; ~ **sto·ry** *Am.* F histoire *f* incroyable; '~-**wife** marchandè *f* de poisson; '**fish·y** de poisson; vitreux (-euse *f*) (*œil*); F louche; véreux (-euse *f*).

fis·sion ['fiʃn] fission *f*; *see atomic*; **fis·sion·a·ble** *phys.* ['~əbl] fissile; **fis·sure** ['fiʃə] **1.** fissure *f*, fente *f*; **2.** fendre.

fist [fist] poing *m*; F main *f*; F écriture *f*; **fist·i·cuffs** ['~ikʌfs] *pl.* coups *m/pl.* de poing.

fis·tu·la ⚕ ['fistjulə] fistule *f*.

fit[1] [fit] **1.** □ bon, propre, convenable (à, *for*); digne (de); en bonne santé; capable; F prêt (à, *for*); *sp.* en forme, en bonne santé; *it is not* ~ il ne convient pas; F ~ *as a fiddle* en parfaite santé; **2.** *v/t.* adapter, ajuster, accommoder (à *to, for*); préparer; s'accorder avec; aller à (*q.*), (*a.* ~ *together*) assembler (*des pièces*); ⊕ (*a.* ~ *in*) emboîter; pourvoir (de, *with*); ~ *out* équiper (de, *with*); ~ *up* monter; établir; appareiller; *v/i.* s'ajuster; aller (*robe etc.*); convenir; **3.** coupe *f*, *costume etc.*: ajustement *m*; *it is a bad* ~ il est mal ajusté.

fit[2] [~] ⚕ attaque *f*, crise *f*, *colère*: accès *m*; *by* ~*s and starts* par boutades, à bâtons rompus; *give s.o. a* ~ F donner un coup de sang à q.

fitch·ew *zo.* ['fitʃuː] putois *m*.

fit·ful □ ['fitful] irrégulier (-ère *f*); capricieux (-euse *f*); d'humeur changeante; '**fit·ment** meuble *m*; ⊕ montage *m*; '**fit·ness** convenance *f*; aptitude *f*; justesse *f*; santé *f*; '**fit-out** équipement *m*; '**fit·ted**: ~ *carpet* tapis *m* ajusté, moquette *f*; ~ *sheet* drap-housse *m*; '**fit·ter** monteur *m*; appareilleur *m*; *cost. etc.* essayeur (-euse *f*) *m*; '**fit·ting 1.** □ convenable, propre; **2.** montage *m*; *cost. etc.* essayage *m*; ~*s pl. chambre*: garniture *f*; installations *f/pl.*; *gaz, électri-*

cité: appareillage *m*; 'fit-up F scène *f* démontable; accessoires *m/pl.*
five [faiv] **1.** cinq (*a. su./m*); **2.** ~*s sg.* (jeu *m* de) balle *f* au mur; '**five-fold** quintuple.
fix [fiks] **1.** *v/t.* fixer (*a. phot.*, *a. les yeux sur q.*); attacher (*a. un regard sur q.*); nommer (*un jour*); régler; déterminer; *surt. Am.* F arranger, faire (*le lit etc.*); réduire à quia; graisser la patte à; ~ *o.s.* s'établir; ~ *up* arranger; installer; *Am.* réparer; *v/i.* s'installer; se fixer; se décider (pour, *on*); **2.** F embarras *m*, difficulté *f*; **fix'a·tion** fixation *f*; *phot.* fixage *m*; **fix·a·tive** ['~ətiv], **fix·a·ture** ['~ətʃə] fixatif *m*; **fixed** ['~t] (*adv.* **fix·ed·ly** ['~idli]) fixe; arrêté; permanent; invariable; figé (*sourire*); ~ *quota* contingent *m* (déterminé); ~ *star* étoile *f* fixe; **fixed-in·ter·est** ♆ à intérêt fixe; **fix·ed·ness** ['~idnis] fixité *f*; constance *f*; '**fix·er** *phot.* fixateur *m*; bain *m* de fixage; '**fix·ing** fixage *m*; *tex.* bousage *m*; *Am.* ~*s pl.* équipement *m*; garniture *f*; '**fix·i·ty** fixité *f*; fermeté *f*; **fix·ture** ['~tʃə] meuble *m* fixe; appareil *m* fixe; *sp.* engagement *m*; ~*s pl.* meubles *m/pl.* fixes; appareil *m* (*à gaz etc.*).
fizz [fiz] **1.** pétiller; cracher (*vapeur*); **2.** pétillement *m*; F champagne *m*; mousseux *m*; '**fiz·zle** **1.** pétiller; siffler; (*usu.* ~ *out*) faire fiasco, avorter; **2.** pétillement *m*; fiasco *m*; '**fiz·zy** □ pétillant; gazeux (-euse *f*).
flab·ber·gast F ['flæbəgɑːst] abasourdir; *be* ~*ed* (en) rester interdit.
flab·by □ ['flæbi] flasque, mou (mol *devant une voyelle ou un h muet*; molle *f*).
flac·cid □ ['flæksid] flasque, mou (mol *devant une voyelle ou un h muet*; molle *f*).
flag[1] [flæg] **1.** drapeau *m*; ⚓ pavillon *m*; ~ *of truce* drapeau *m* parlementaire; *black* ~ pavillon *m* noir; **2.** pavoiser; transmettre par signaux; *sp.* ~ *out* jalonner.
flag[2] [~] carreau *m*; dalle *f*.
flag[3] ⚘ [~] iris *m*.
flag[4] [~] languir; traîner.
flag-day ['flægdei] jour *m* de quête; *Am. Flag Day* le quatorze juin (*anniversaire de l'adoption du drapeau national*).
flag·el·late ['flædʒeleit] flageller; **flag·el'la·tion** flagellation *f*.
fla·gi·tious □ [flə'dʒiʃəs] infâme, abominable.
flag·on ['flægən] flacon *m*; ♆ *vin*: pot *m* à anse; *bière*: grosse bouteille *f*.
flag·pole ['flægpoul] *see flagstaff*.
fla·grant □ ['fleigrənt] infâme; flagrant, énorme.
flag...: '~**·ship** vaisseau *m* amiral; '~**·staff** mât *m ou* hampe *f* de drapeau; ⚓ mât *m* de pavillon; '~**-stone** pierre *f* à paver; dalle *f*; '~**-wag·ging** ⚔, ⚓ signalisation *f*; *sl.* chauvinisme *m*.
flail ⚒ [fleil] fléau *m*.
flair [flɛə] flair *m*; F aptitude *f* (à, *for*).
flake [fleik] **1.** flocon *m*; *savon*: paillette *f*; *métal*: écaille *f*; **2.** (s')écailler; (s')épaufrer (*pierre*); '**flak·y** floconneux (-euse *f*); écailleux (-euse *f*); feuilleté (*pâte*).
flam F [flæm] blague *f*; charlatanerie *f*.
flam·boy·ant [flæm'bɔiənt] flamboyant; éclatant; voyant.
flame [fleim] **1.** flamme *f*; feu *m*; *fig.* passion *f*; F béguin *m*; **2.** flamber (*a. fig.*); s'enflammer; ~ *out* (*ou up*) jeter des flammes; s'enflammer.
flam·ma·ble *surt. Am.* ['flæməbl] inflammable.
flan *Brit.* [flæn] tarte *f*.
flange ⊕ [flændʒ] *roue*: boudin *m*; *pneu*: talon *m*; *poutre*: semelle *f*.
flank [flæŋk] **1.** flanc *m* (*a.* ⚔, *a. fig.*); **2.** flanquer (de *by*, *with*); ⚔ prendre de flanc.
flan·nel ['flænl] *tex.* flanelle *f*; *attr.* de flanelle; ~*s pl.* flanelles *f/pl.*; pantalon *m* de flanelle; *face-*~ gant *m* de toilette.
flap [flæp] **1.** patte *f*; pan *m*; *table*: battant *m*; *chaussure*: oreille *f*; léger coup *m*; clapotement *m*; F affolement *m*, panique *f*; F *be ou get in a* ~ s'affoler, paniquer; **2.** *v/t.* frapper légèrement; battre de (*les ailes*, *les bras*, *etc.*); *v/i.* battre; claquer; ballotter; '**flap·per** battoir *m*; claquette *f*; *sl.* jeune fille *f*; *see flap 1*.
flare [flɛə] **1.** flamboyer; brûler avec une lumière inégale; s'évaser (*jupe, tube, etc.*); ~ *up* s'enflammer; s'emporter (*personne*); **2.** flamme *f* vacillante; ⚔ fusée *f* éclairante; ✈ feu *m*; *jupe*: godet *m*.

flash [flæʃ] **1.** voyant; contrefait, faux (fausse *f*); **2.** éclair *m*; éclat *m*; *fig.* saillie *f*; rayon *m*; *surt. Am.* dernière nouvelle *f*; nouvelle *f* brève; *in a ~* en un clin d'œil; *~ of wit* boutade *f*; *~ in the pan* feu *m* de paille; **3.** *v/i.* lancer des étincelles; briller; étinceler; *v/t.* faire étinceler; faire parade de; diriger, projeter (*un rayon de lumière*); darder (*un regard*); télégraphier; riposter; *it ~ed on me* l'idée me vint tout d'un coup; '**~-back** *cin.* scène *f* de rappel; '**~·bulb** *phot.* ampoule *f* (de) flash; '**~·cube** *phot.* cube-flash *m* (*pl.* cubes-flash); '**~·gun** *phot.* flash *m*; '**~·light** *phot.* lumière-éclair *f*; *Am.* lampe *f* de poche; '**~·point** point *m* d'inflammabilité; '**flash·y** □ voyant; superficiel(le *f*); tapageur (-euse *f*).

flask [flɑːsk] flacon *m*; poire *f* à poudre; *vacuum ~* thermos *m*.

flat [flæt] **1.** □ plat, uni; étendu; insipide; catégorique; ⚕ net(te *f*); languissant; mat (*peinture*); ♪ faux (fausse *f*); ♪ bémol *inv.*; calme (*bourse*); *~ price* prix *m* unique; *fall ~* rater, manquer; *sing ~* chanter faux; **2.** pays *m* plat; plaine *f*; *théâ.* ferme *f*; paroi *f*; appartement *m*; ⚓ bas-fond *m*; ♪ bémol *m*; F benêt *m*, niais(e *f*) *m*; *mot. sl.* pneu *m* à plat; '**~-foot** pied *m* plat; *souv. Am.* agent *m*, flic *m*; '**~-'foot·ed** à pieds plats; *Am.* F formel(le *f*); franc(he *f*); '**~-i·ron** fer *m* à repasser; **flat·let** ['~lit] studio *m*; '**flat·ness** nature *f* plate; égalité *f*; *fig.* monotonie *f*; franchise *f*; ⚕ langueur *f*, marasme *m*; **flat out** F **1.** à toute allure; *work ~* travailler d'arrache-pied; 2. épuisé, à plat, vidé; '**flat·ten** (s')aplatir; ✈ *~ out* se redresser; allonger le vol.

flat·ter ['flætə] flatter; '**flat·ter·er** flatteur (-euse *f*) *m*; '**flat·ter·y** flatterie *f*.

flat·u·lence, flat·u·len·cy ['flætjuləns(i)] flatuosité *f*, flatulence *f*; '**flat·u·lent** □ flatulent.

flaunt [flɔːnt] faire étalage (de).

flau·tist ['flɔːtist] flûtiste *mf*.

fla·vo(u)r ['fleivə] **1.** saveur *f*; goût *m*; arome *m*; *vin*: bouquet *m*; *fig.* atmosphère *f*; **2.** assaisonner (de, *with*); parfumer; '**fla·vo(u)red**: *vanilla-~* (parfumé) à la vanille; '**flavo(u)r·less** insipide, fade.

flaw [flɔː] **1.** défaut *m*, défectuosité *f*; imperfection *f*; ⊕ paille *f*; ⚖ vice *m* de forme; *fig.* tache *f*; ⚓ grain *m*; **2.** (se) fêler; *fig.* (s')endommager; '**flaw·less** □ sans défaut; parfait.

flax ⚘ [flæks] lin *m* (*a. tex.*); '**flaxen**, '**flax·y** de lin; F blond.

flay [flei] écorcher; *fig.* rosser; '**flayer** écorcheur *m*.

flea [fliː] puce *f*; '**~·bane** ⚘ érigéron *m*; '**~-bite** morsure *f* de puce; '**~·pit** F ciné(ma) de quartier.

fleck [flek] **1.** petite tache *f*; **2.** tacheter (de, *with*).

flec·tion ['flekʃn] *see flexion.*

fled [fled] *prét. et p.p. de flee.*

fledge [fledʒ] *v/i.* s'emplumer; *v/t.* pourvoir de plumes; **fledg(e)·ling** ['~liŋ] oisillon *m*; *fig.* novice *mf*.

flee [fliː] [*irr.*] *v/i.* s'enfuir (de, *from*); *v/t.* (*a. ~ from*) fuir.

fleece [fliːs] **1.** toison *f*; *tex.* nappe *f*; ⚕ molleton *m*; **2.** tondre; écorcher; '**fleec·y** floconneux (-euse *f*); moutonné (*nuage, vagues*).

fleer [fliə] **1.** † ricanement *m*; **2.** se moquer (de, *at*), railler (q., *at s.o.*).

fleet [fliːt] **1.** □ *poét.* rapide; léger (-ère *f*); **2.** flotte *f*; *fig.* série *f*; ♀ *Street* la presse *f* (*à Londres*); **3.** passer rapidement; '**fleet·ing** □ fugitif (-ive *f*); passager (-ère *f*).

Flem·ing ['flemiŋ] Flamand(e *f*) *m*; '**Flem·ish 1.** flamand; **2.** *ling.* flamand *m*; Flamand(e *f*) *m*.

flesh [fleʃ] **1.** chair *f* (*a. eccl.*, *a. des fruits*); viande *f*; *make s.o.'s ~ creep* donner la chair de poule à q.; **2.** donner le goût (*fig.* le baptême) du sang à; '**~-brush** brosse *f* à friction; **flesh·ings** ['~iŋz] *pl. théâ.* maillot chair *m/inv.*; '**flesh·ly** charnel(le *f*); sensuel(le *f*); '**flesh·y** charnu; gras(se *f*).

flew [fluː] *prét. de fly* 2.

flex ⚡ [fleks] flexible *m*, cordon *m* souple; **flex·i·bil·i·ty** [~ə'biliti] souplesse *f* (*a. fig.*); '**flex·i·ble** □ flexible; souple; pliant; *~ working hours pl.* horaire *m* souple; **flex·ion** ['flekʃn] flexion *f*; courb(ur)e *f*; *gramm.* (in)flexion *f*; **flex·or** ['~ksə] *anat.* (muscle *m*) fléchisseur *m*; **flex·u·ous** ['fleksjuəs] flexueux (-euse *f*); **flex·ure** ['flekʃə] flexion *f*; *géol.* pli *m*.

flick [flik] **1.** effleurer (*un cheval etc.*); (*a. ~ at*) donner une chique-

naude à; **2.** petit coup *m*; chiquenaude *f*; ~*s pl. sl.* ciné *m*.
flick·er [ˈflikə] **1.** trembler, vaciller; clignoter; **2.** tremblement *m*; battement *m*; *Am.* évanouissement *m*.
fli·er [ˈflaiə] *see flyer*.
flight [flait] vol *m* (*a.* ✈); essor *m* (*a. fig.*); *abeilles*: essaim *m*; *oiseaux*: volée *f*; fuite *f* (*a.* ⚔); ✈ ligne *f*; (~ *of stairs*) escalier *m*, perron *m*; *put to* ~ mettre (*q.*) en déroute; *take (to)* ~ prendre la fuite; ˈ**~-comˈmand·er** commandant *m* de groupe; ˈ**~-lieuˈten·ant** capitaine *m* aviateur; ˈ**~-reˈcord·er** enregistreur *m* de vol; ˈ**flight·y** □ frivole, étourdi; volage; inconstant.
flim·flam *Am.* F [ˈflimflæm] **1.** boniments *m/pl.*, baratin *m*; **2.** tromper, duper, F rouler.
flim·sy [ˈflimzi] **1.** tenu; fragile; léger (-ère *f*); frivole; **2.** papier *m* pelure; F fafiot *m* (=*billet de banque*); télégramme *m*; *journ.* copie *f*.
flinch [flintʃ] broncher; reculer (devant, *from*); tressaillir.
fling [fliŋ] **1.** coup *m*, jet *m*; *cheval*: ruade *f*; *fig.* essai *m*; *have one's* ~ jeter sa gourme; **2.** [*irr.*] *v/i.* s'élancer, se précipiter; (*a.* ~ *out*) ruer (*cheval*); étendre; *v/t.* jeter, lancer; ~ *o.s.* se précipiter; ~ *away* jeter de côté; gaspiller (*l'argent*); ~ *forth* jeter dehors; F flanquer à la porte; ~ *open* ouvrir tout grand; ~ *out* étendre (*les bras*).
flint [flint] caillou (*pl.* -x) *m*; *géol.* silex *m*; pierre *f* à briquet; ˈ**flint·y** caillouteux (-euse *f*); *fig.* insensible.
flip [flip] **1.** chiquenaude *f*; petite secousse *f* vive; ✈ *sl.* petit tour *m* de vol; *boisson*: flip *m*; *the* ~ *side* (*of a record*) l'autre face *ou* le revers (d'un disque); **2.** donner une chiquenaude à; donner une petite secousse à; claquer (*le fouet*).
flip-flap [ˈflipflæp] **1.** *su.* saut *m* périlleux; **2.** *adv.* flic flac.
flip-flops [ˈflipflɔps] *pl.* tongs *f/pl.* (*TM*).
flip·pan·cy [ˈflipənsi] légèreté *f*; ˈ**flip·pant** □ léger (-ère *f*); irrévérencieux (-euse *f*).
flip·per [ˈflipə] *zo.* nageoire *f*; *sl.* main *f*.
flirt [flə:t] **1.** coquette *f*; flirteur *m*; **2.** *v/i.* flirter; faire la coquette; *v/t. see flip* 2; **flirˈta·tion** flirt *m*; coquetterie *f*.
flit [flit] voltiger; s'en aller; passer rapidement; déménager.
flitch [flitʃ] flèche *f* de lard.
flit·ter [ˈflitə] voltiger.
fliv·ver *Am.* F [ˈflivə] **1.** voiture *f* bon marché, F tacot *m*; **2.** subir un échec.
float [flout] **1.** ⊕, *pêche*: flotteur *m*; *filet*: galet *m*; masse *f* flottante; *théâ.* paroi *f* mobile; *théâ.* rampe *f*; radeau *m*; wagon *m* en plate-forme; char *m* de cortège; **2.** *v/t.* flotter; transporter dans les airs; inonder (*un terrain*); *fig.* émettre, faire circuler; ⚚ lancer, fonder, monter; *v/i.* flotter, nager; ⚓ être à flot; *nage*: faire la planche; ˈ**float·a·ble** flottable; ˈ**float·age** flottement *m*; **floatˈa·tion** *see flotation*; ˈ**float·ing** flottant; à flot; sur mer; ⚚ courant (*dette*); ~ *bridge* pont flottant; ⚚ ~ *capital* capital disponible; ~ *ice* glace *f* flottante; ~ *kidney* rein *m* mobile; ~ *light* bateau-feu (*pl.* bateaux-feux) *m*; ⚚ ~ *rate* taux *m* de change flottant; *pol.* ~ *voter* électeur *m* (-trice *f*) non engagé(e).
flock[1] [flɔk] **1.** bande *f* (*a. fig.*); troupeau *m*; *oiseaux*: volée *f*; *eccl.* ouailles *f/pl.*; *fig.* foule *f*; **2.** s'attrouper; aller (entrer *etc.*) en foule.
flock[2] [~] flocon *m*; *coussin etc.*: bourre *f* de laine.
floe [flou] glaçon *m* (flottant).
flog [flɔg] fouetter; battre à coups de verge; ˈ**flog·ging** (coups *m/pl.* de) fouet *m*; F bastonnade *f*.
flood [flʌd] **1.** (*a.* ~-*tide*) marée *f* montante; flux *m*; déluge *m*; inondation *f*; *rivière*: débordement *m*; *the* ♀ le Déluge; **2.** *v/t.* inonder (de, *with*); noyer (*a. mot.*); *v/i.* déborder; ˈ**~-dis·as·ter** inondation *f*; ˈ**~-gate** écluse *f*; vanne *f*; ˈ**~-light** **1.** lumière *f* à grands flots; illumination *f* par projecteurs; **2.** [*irr.* (*light*)] illuminer par projecteurs.
floor [flɔ:] **1.** plancher *m*; parquet *m* (*a. parl.*, *a. sl. Bourse*); ✔ *blé*: airée *f*; *maison*: étage *m*; ~ *lamp* lampadaire *m*; *Am.* ~ *leader* chef *m* de parti (*qui dirige les votes dans l'hémicycle*); ~ *manager* ⚚ chef *m* de rayon; *télév.* régisseur *m*; ~ *price* prix *m* minimum; *restaurant etc.*: ~ *show* attractions *f/pl.*; *hold the* ~ *parl.* avoir la parole; F accaparer la conversation; *take the* ~ prendre la parole; se

joindre aux danseurs; **2.** planchéier; terrasser; F réduire à quia; **ˈ~-cloth** linoléum *m*; torchon *m* à laver; **ˈfloor·er** F coup *m* qui (*vous etc.*) terrasse; **ˈfloor·ing** planchéiage *m*; plancher *m*; dallage *m*; renversement *m*; **ˈfloor-walk·er** *Am. see shopwalker*; **ˈfloor-wax** cire *f* (à parquet), encaustique *f*.

floo·zy *sl.* [ˈflu:zi] poule *f*, pouffiasse *f*.

flop F [flɔp] **1.** faire floc; se laisser tomber; pendre (*bords d'un chapeau*); *sl.* échouer; *Am. pol.* tourner casaque; **2.** bruit *m* sourd; coup *m* mat; fiasco *m*; *Am. sl.* lit *m*; *Am. sl.* ~ *house see doss-house*; hôtel *m* borgne; **3.** patapouf!; **ˈflop·py** pendant, flasque; lâche; F veule.

flo·ral [ˈflɔ:rəl] floral (-aux *m/pl.*).

flo·res·cence [flɔ:ˈresns] floraison *f*.

flor·id □ [ˈflɔrid] fleuri; flamboyant; rubicond (*visage*); **ˈflor·id·ness** style *m* fleuri; flamboyant *m*; *teint*: rougeur *f*.

flor·in [ˈflɔrin] florin *m*; pièce *f* de deux shillings.

flo·rist [ˈflɔrist] fleuriste *mf*.

floss [flɔs] (*a.* ~ *silk*) bourre *f* de soie; soie *f* floche; **ˈfloss·y** soyeux (-euse *f*).

flo·ta·tion [flouˈteiʃn] ⚓ flottaison *f*; flottage *m*; ✝ lancement *m*.

flot·sam ⚖ [ˈflɔtsəm] épave(s) *f(pl.)* flottante(s).

flounce[1] [flauns] **1.** *cost. etc.* volant *m*; **2.** garnir de volants.

flounce[2] [~] s'élancer; se débattre; ~ *in* (*out*) entrer (sortir) brusquement.

floun·der[1] *icht.* [ˈflaundə] flet *m*.

floun·der[2] [~] patauger (*a. fig.*).

flour [ˈflauə] **1.** farine *f*; **2.** saupoudrer de farine.

flour·ish [ˈflʌriʃ] **1.** geste *m*; *discours*: fleurs *f/pl.*; brandissement *m*; trait *m* de plume; ♪ fanfare *f*; ornement *m*; **2.** *v/i.* fleurir; prospérer; *v/t.* brandir; agiter; *fig.* faire parade de.

flout [flaut] *v/t.* narguer; se moquer de; *v/i.* se railler (de, *at*).

flow [flou] **1.** (é)coulement *m*; courant *m*, cours *m*; passage *m*; flux *m*; ~ *chart* organigramme *m*; ~ *of spirits* fonds *m* de gaieté; **2.** couler; s'écouler; monter (*marée*); circuler; flotter (*cheveux*); découler (de, *with*); ~ *from* dériver de.

flow·er [ˈflauə] **1.** fleur *f*; élite *f*; *plantes*: fleuraison *f*; ~ *girl* marchande *f* de fleurs, bouquetière *f*; ~ *shop* (boutique *f* de) fleuriste *m*; *say it with* ~*s* exprimez vos sentiments avec des fleurs; **2.** fleurir; **ˈflow·er·i·ness** style *m* fleuri; fleurs *f/pl.* de rhétorique; **ˈflow·er·pot** pot *m* à fleurs; **ˈflow·er·y** fleuri, de fleurs.

flown [floun] *p.p. de fly* **2.**

flu F [flu:] *see influenza.*

flub·dub *Am.* [ˈflʌbdʌb] **1.** radotage *m*; **2.** ridicule.

fluc·tu·ate [ˈflʌktjueit] varier; **fluc·tuˈa·tion** fluctuation *f*.

flue[1] [flu:] conduite *f*; tuyau *m*; cheminée *f*; ♪ *tuyau d'orgue*: bouche *f*.

flue[2] [~] duvet *m*, peluches *f/pl.*

flu·en·cy [ˈfluənsi] *parole etc.*: facilité *f*; **ˈflu·ent** □ courant, facile.

fluff [flʌf] peluche *f*; duvet *m*; **ˈfluff·y** pelucheux (-euse *f*); duveteux (-euse *f*); *sl.* pompette (= *ivre*); ~ *hair* cheveux *m/pl.* flous.

flu·id [ˈflu:id] **1.** fluide; liquide; **2.** liquide *m*, fluide *m*; **fluˈid·i·ty** fluidité *f*.

fluke[1] [flu:k] *ancre*: patte *f*.

fluke[2] F [~] coup *m* de veine.

flum·mer·y [ˈflʌməri] *cuis.* crème *f* aux œufs; F flagornerie *f*.

flung [flʌŋ] *prét. et p.p. de fling* **2.**

flunk *Am.* F [flʌŋk] *v/i.* échouer (*à un examen*); *v/t.* recaler (*q.*).

flunk·(e)y [ˈflʌŋki] laquais *m*; **ˈflunk·ey·ism** servilité *f*; flagornerie *f*.

flu·o·res·cence *phys.* [fluəˈresns] fluorescence *f*.

flur·ry [ˈflʌri] **1.** agitation *f*; ⚓ brise *f* folle; *Am.* rafale *f* (de neige); averse *f*; **2.** agiter; bouleverser.

flush [flʌʃ] **1.** ⊕ de niveau, affleuré; très plein; abondant; F en fonds; **2.** rougeur *f*; abondance *f*; *W.-C.*: chasse *f* d'eau; *fig.* fraîcheur *f*; transport *m*; *cartes*: flush *m*; **3.** *v/t.* inonder; laver à grande eau; lever (*le gibier*); donner une chasse à; rincer; *v/i.* rougir; jaillir.

flus·ter [ˈflʌstə] **1.** confusion *f*; **2.** *v/t.* agiter, ahurir; † griser; *v/i.* s'agiter; s'énerver.

flute [flu:t] **1.** ♪ flûte *f*; ⚠ cannelure *f*; *linge*: tuyau *m*; **2.** jouer de la flûte; flûter; jouer (*qch.*) sur la flûte; parler d'une voix flûtée; **ˈflut·ist** flûtiste *mf*.

flut·ter ['flʌtə] **1.** *ailes*: battement *m*; palpitation *f*; agitation *f*; F petit pari *m*; spéculation *f*; **2.** *v/t.* agiter; *v/i.* battre des ailes; s'agiter; palpiter.

flux [flʌks] *fig.* flux *m* (*a.* ⚕); *fig.* changement *m* continuel; ~ *and reflux* flux *m* et reflux *m*.

fly [flai] **1.** mouche *f*; voiture *f* de place; *pantalon*: braguette *f*; *Am. mot.* volant *m*; *Am. baseball*: balle *f* lancée en chandelle; *théâ. flies pl.* cintres *m/pl.*; **2.** [*irr.*] *v/i.* voler; voyager en avion; flotter (*pavillon*); passer rapidement (*temps*); courir; ~ *at* s'élancer sur; ~ *in s.o.'s face* défier q.; ~ *into a passion* se mettre en colère; ~ *off* s'envoler; ~ *on instruments* piloter sans visibilité; ~ *out at* s'emporter contre; ~ *open* s'ouvrir subitement; *v/t.* battre (*un pavillon*); *see flee*; ~ *the Atlantic* survoler l'Atlantique.

fly-blow ['flaiblou] **1.** *fig.* souillures *f/pl.*; œufs *m/pl.* de mouche; **2.** couvrir d'œufs de mouche; *fig.* souiller.

fly·er ['flaiə] *surt.* ✈ aviateur (-trice *f*) *m*; bon coureur *m*; oiseau *m* qui vole; *Am.* express *m*; *take a* ~ être projeté; *Am. sl.* s'engager dans une opération risquée à la Bourse.

fly-flap ['flaiflæp] tue-mouches *m/inv.*

fly·ing ['flaiiŋ] volant; d'aviation; rapide; ~ *boat* hydravion *m* (à coque); ⚠ ~ *buttress* arc-boutant (*pl.* arcs-boutants) *m*; ~ *deck* pont *m* d'atterrissage; ~ *field* champ *m* d'aviation; ~ *jump* saut *m* avec élan; ~ *machine* avion *m*; ~ *school* école *f* de pilotage; *police*: ~ *squad* brigade *f* mobile; ~ *start* départ *m* lancé; ~ *visit* courte visite *f*; *come off with* ~ *colo(u)rs* s'en tirer brillamment; remporter une victoire magnifique; ♀ **Of·fi·cer** lieutenant *m* aviateur.

fly...: '~**-leaf** *typ.* feuille *f* de garde; '~**-sheet** feuille *f* volante; *camping*: double toit *m*; '~**-weight** *box.* poids *m* mouche; '~**-wheel** volant *m* (de commande).

foal [foul] **1.** poulain *m*, pouliche *f*; **2.** *v/t.* mettre bas (*un poulain*); *v/i.* pouliner.

foam [foum] **1.** écume *f*; mousse *f*; **2.** écumer; mousser; ~ **bath** bain *m* moussant; ~ **rub·ber** caoutchouc *m* mousse; '**foam·y** écumeux (-euse *f*); mousseux (-euse *f*).

fob[1] [fɔb] *pantalon*: gousset *m*; (*ou* ~*-seal*) breloque *f*; (*ou* ~*-chain*) régence *f*.

fob[2] [~]: ~ *off fig.* refiler (qch. à q., *s.th. on s.o.*).

fo·cal ['foukl] focal (-aux *m/pl.*); *phot.* ~ *distance* distance *f* focale; *phot.* ~ *plane shutter* obturateur *m* à rideau.

fo·cus ['foukəs] **1.** foyer *m*; *fig. a.* siège *m*; **2.** (faire) converger; *v/t.* concentrer (*des rayons, a. l'attention*); *opt.* mettre au point.

fod·der ['fɔdə] **1.** fourrage *m*; **2.** donner le fourrage à.

foe *poét.* [fou] ennemi(e *f*) *m*, adversaire *m*.

foe·tus *biol.* ['fi:təs] fœtus *m*.

fog [fɔg] **1.** brouillard *m* (*a. fig.*); ⚓ brume *f*; *phot.* voile *m*; **2.** *v/t.* embrumer; *fig.* embrouiller; *phot.* voiler; *v/i.* se voiler.

fo·g(e)y F ['fougi]: *old* ~ ganache *f*; vieille baderne *f*.

fog·gy □ ['fɔgi] brumeux (-euse *f*); *phot.* voilé; *fig.* confus; '**fog-horn** corne *f* de brume.

foi·ble ['fɔibl] *fig.* faible *m*; F marotte *f*.

foil[1] [fɔil] feuille *f*; lame *f*; *glace*: tain *m*; *escrime*: fleuret *m*; *fig.* repoussoir *m*.

foil[2] [~] faire échouer; déjouer.

foist [fɔist] imposer (à, *on*); refiler (qch. à q., *s.th. on s.o.*).

fold[1] [fould] **1.** enclos *m*; *fig.* sein *m*; (*a. sheep-*~) parc *m* à moutons; **2.** (em)parquer.

fold[2] [~] **1.** pli *m*, repli *m*; *porte*: battant *m*; **2.** -uple; **3.** *v/t.* plier; plisser; croiser (*les bras*); serrer (dans, *in*); ~ *in three* plier en trois doubles; ~ *down* retourner; plier; ~ *up* plier; fermer; *v/i.* se (re)plier; *Am.* F fermer boutique; '**fold·er** plieur (-euse *f*) *m*; plioir *m*; dépliant *m*; chemise *f*; (*a pair of*) ~*s pl.* (un) pince-nez *m/inv.* pliant.

fold·ing ['fouldiŋ] pliant; repliable; '~**-bed** lit *m* pliant; '~**-boat** canot *m* pliable; '~**-cam·er·a** *phot.* appareil *m* pliant; '~**-chair** pliant *m*; '~**-cot** lit *m* pliant; '~**-door**(**s** *pl.*) porte *f* à deux battants; '~**-hat** (chapeau *m*) claque *m*; '~**-screen** paravent *m*; '~**-seat** pliant *m*; *théâ. etc.* strapontin *m*; '~**-ta·ble** table *f* pliante.

fo·li·age ['fouliidʒ] feuillage *m*; **fo·li·at·ed** ['~eitid] feuilleté, folié; lamellaire, lamelleux (-euse *f*); **fo·li'a·tion** *plante*: frondaison *f*; *miroir*: étamage *m*; *métal*: laminage *m*.
fo·li·o ['fouliou] folio *m*; feuille *f*; *volume*: in-folio *m/inv*.
folk [fouk] peuple *m*; gens *mf/pl.*; F ~*s pl.* famille *f*.
folk·lore ['fouklɔ:] folklore *m*; légendes *f/pl.* populaires; '**folk-song** chanson *f* populaire.
fol·low ['fɔlou] *v/t.* suivre; poursuivre (*a. les plaisirs*); succéder à; exercer (*un métier*); être partisan de; comprendre; *it ~s that* il s'ensuit que; *~ out* poursuivre (*qch.*) jusqu'à sa conclusion; *cartes*: *~ suit* jouer dans la couleur; *fig.* en faire autant; *~ up* (pour)suivre; *v/i.* (s'en)suivre; *to ~* à suivre; '**fol·low·er** serviteur *m*; disciple *m*; sectateur (-trice *f*) *m*; ⊕ plateau *m*; F amoureux (-euse *f*) *m*; '**fol·low·ing** suite *f*; partisans *m/pl.*; *the ~ pl.* les suivant(e)s *mf/pl.*; *~ wind* vent *m* arrière; '**fol·low-up** poursuite *f*; rappel *m*, contrôle *m*; ⚕ soins *m/pl.* post-hospitaliers.
fol·ly ['fɔli] folie *f*, sottise *f*.
fo·ment [fou'ment] ⚕ fomenter (*a. une discorde*); *fig.* exciter; **fo·men'ta·tion** fomentation *f*; stimulation *f*; **fo'ment·er** *fig.* fauteur (-trice *f*) *m*.
fond □ [fɔnd] affectueux (-euse *f*); amateur (de, *of*); *be ~ of* aimer; *be ~ of dancing* aimer danser.
fon·dle ['fɔndl] caresser, câliner.
fond·ness ['fɔndnis] (pour, *for*) tendresse *f*; penchant *m*; goût *m*.
font *eccl.* [fɔnt] fonts *m/pl.* baptismaux.
food [fu:d] nourriture *f* (*a. fig.*); vivres *m/pl.*; aliment(s) *m*(*pl.*); manger *m*; *fig.* matière *f*; *~ hall magasin*: rayon *m* d'alimentation; '**~-stuffs** *pl.* produits *m/pl.* alimentaires; '**~-val·ue** valeur *f* nutritive.
fool[1] [fu:l] **1.** fou (folle *f*) *m*; sot(te *f*) *m*; imbécile *mf*; idiot(e *f*) *m*; *make a ~ of s.o.* se moquer de q.; duper q.; *make a ~ of o.s.* se rendre ridicule; *live in a ~'s paradise* se bercer d'un bonheur illusoire; *on a ~'s errand* pour des prunes; **2.** *Am.* F stupide; imbécile de; **3.** *v/t.* duper, berner; escamoter (qch. à q., *s.o. out of s.th.*); F *~ away* gaspiller; *v/i.* faire la bête; *~ about, surt. Am. ~ (a)round* baguenauder; gâcher son temps.
fool[2] [~] marmelade *f* à la crème.
fool·er·y ['fu:ləri] bêtise *f*; '**fool-hard·y** □ téméraire; '**fool·ish** □ insensé, étourdi; '**fool·ish·ness** folie *f*, sottise *f*; '**fool-proof** ⊕ indétraquable; à toute épreuve; **fool's-cap** ['~zkæp] bonnet *m* de fou; **fools·cap** ['~skæp] papier *m* ministre.
foot [fut] **1.** (*pl. feet*) *homme, bas, échelle, lit, arbre*: pied *m* (*a. mesure 30,48 cm*); *chat, chien, insecte, oiseau*: patte *f*; marche *f*; ⚔ infanterie *f*; *page*: bas *m*; *on ~* à pied; sur pied, en train (*affaire*); *put one's ~ down* faire acte d'autorité; opposer son veto (à, *upon*); F *I have put my ~ into it* j'ai mis le pied dans le plat; j'ai dit *ou* fait une sottise; *set on ~* mettre en train; *set ~ on* mettre pied sur; **2.** *v/t.* mettre un pied à; (*usu. ~ up*) additionner (*le compte*); F *~ the bill* payer la note; *v/i. ~ it* danser; marcher; '**foot·age** longueur *f* en pieds; métrage *m*; '**foot-and-'mouth dis·ease** fièvre *f* aphteuse; '**foot·ball** ballon *m*; football *m*; *Am.* rugby *m*; '**foot-board** *mot.* marchepied *m*; '**foot-boy** *hôtel*: chasseur *m*; '**foot-brake** frein *m* à pied; '**foot-bridge** passerelle *f*; '**foot·ed**: *swift-~* aux pieds légers; '**foot·fall** (bruit *m* de) pas *m*; '**foot-gear** chaussures *f/pl.*; '**foot-guards** ⚔ *pl.* gardes *m/pl.* à pied; '**foot-hills** *pl.* collines *f/pl.* avancées; '**foot-hold** prise *f* pour le pied; *fig.* pied *m*.
foot·ing ['futiŋ] place *f* pour le pied; point *m* d'appui; situation *f* sûre; condition *f*; ⚠ base *f*; *fig.* entrée *f*; ✝ addition *f*; *upon the same ~ as* sur un pied d'égalité avec; *get a ~* prendre pied; *lose one's ~* perdre pied; *pay (for) one's ~* payer sa bienvenue.
foo·tle F ['fu:tl] **1.** *v/t.* gâcher (*le temps*); *v/i.* s'occuper à des futilités; **2.** bêtise *f*, niaiserie *f*.
foot ...: '**~·lights** *pl. théâ.* rampe *f*; '**~·loose** (*and fancy-free*) libre comme l'air; '**~·man** laquais *m*; '**~-note** note *f* au bas d'une page; '**~-pace** pas *m*; '**~-pas·sen·ger** piéton *m*; '~-

path sentier *m*; *ville*: trottoir *m*; **ˈ~-print** empreinte *f* de pas; pas *m*; **ˈ~-race** course *f* à pied; **ˈ~-rule** règle *f*.

foot·sie F [ˈfutsi]: *play* ~ (*with*) faire du pied (à, avec); *fig.* s'entendre.

foot...: **ˈ~-slog** *sl.* marcher; **ˈ~·sore** aux pieds endoloris; **ˈ~·stalk** ⚘ pétiole *m*; pédoncule *m*; **ˈ~·step** pas *m*; trace *f*; ⊕ butée *f*; **ˈ~·stool** tabouret *m*; **ˈ~·wear** *see foot-gear*; **ˈ~-work** *sp.* jeu *m* de pieds *ou* de jambes.

fop [fɔp] fat *m*, dandy *m*; **ˈfop·per·y** dandysme *m*; **ˈfop·pish** □ fat; affecté.

for [fɔ:; fə] **1.** *prp. usu.* pour (*a. destination*); comme; à cause de; de (*peur, joie, etc.*); par (*exemple, charité, etc.*); avant (*3 jours*), d'ici (à) (*2 mois*); pendant (*une semaine*); depuis, il y a (*un an*); *distance*: jusqu'(à), pendant (*10 km*); contre, en échange de; en, dans; malgré, en dépit de; *destination*: à (*Londres*); vers, envers, ⚓ allant à; *he is* ~ *London* il va à Londres; ~ *example* (*ou instance*) par exemple; *were it not* ~ *that* sans cela; *he is a fool* ~ *doing that* il est sot de faire cela; *I walked* ~ *a mile* j'ai fait un mille; ~ *3 days* pour *ou* pendant 3 jours; ~ *all that* en dépit de *ou* malgré tout; *come* ~ *dinner* venir dîner; *I* ~ *one* moi entre autres; *go* ~ aller chercher (*q.*); *it is good* ~ *us to* (*inf.*) il est bon que nous (*sbj.*); *the snow was too deep* ~ *them to come* la neige était trop profonde pour qu'ils viennent; *it is* ~ *you to decide* c'est à vous à décider; ~ *sure!* bien sûr! *pour for après verbe voir le verbe simple*; **2.** *cj.* car.

for·age [ˈfɔridʒ] **1.** fourrage *m*; **2.** fourrager (pour, *for*).

for·as·much [fərəzˈmʌtʃ]: ~ *as* puisque, vu que, d'autant que.

for·ay [ˈfɔrei] incursion *f*, raid *m*.

for·bade [fəˈbeid] *prét. de forbid.*

for·bear[1] [ˈfɔ:bεə] ancêtre *m*.

for·bear[2] [fɔ:ˈbεə] [*irr.*] *v/t.* s'abstenir de; *v/i.* s'abstenir (de, *from*); montrer de la patience; **forˈbear·ance** patience *f*, indulgence *f*; abstention *f*.

for·bid [fəˈbid] [*irr.*] défendre (qch. à q., *s.o. s.th.*); interdire (qch. à q., *s.o. s.th.*); *God* ~! à Dieu ne plaise!; **forˈbid·den** *p.p. de forbid*; **forˈbid·ding** □ sinistre; menaçant.

for·bore, for·borne [fɔ:ˈbɔ:(n)] *prét. et p.p. de forbear*[2].

force [fɔ:s] **1.** force *f*, violence *f*; puissance *f*, autorité *f*; intensité *f*; effort *m*; énergie *f*; *the* ~ la police; *armed* ~*s pl.* forces *f/pl.* armées; *by* ~ de vive force; *come* (*put*) *in* ~ entrer (mettre) en vigueur; **2.** *usu.* forcer; contraindre, obliger; prendre par force; violer (*une femme*); faire avancer; pousser (*a.* F *un élève*); imposer (qch. à q., *s.th.* [*up*]*on s.o.*); ~ *one's way* se frayer un chemin; ~ *back* repousser; ✈ ~ *down* forcer à atterrir; ~ *on* forcer à avancer; ~ *open* enfoncer; ouvrir de force; **ˈforced** (*adv.* **forc·ed·ly** [ˈ~idli]) forcé; obligatoire; contraint; ~ *loan* emprunt *m* forcé; ~ *landing* atterrissage *m* forcé; ~ *march* marche *f* forcée; ~ *sale* vente *f* forcée; **ˈforce-feed** alimenter (*q.*) de force; **force·ful** □ [ˈ~ful] énergique; plein de force; vigoureux (-euse *f*); violent.

ˈforce·meat [ˈfɔ:smi:t] *cuis.* farce *f*.

for·ceps ⚕, *zo.* [ˈfɔ:seps] *sg. ou pl.* pince *f*; *dentiste*: davier *m*.

force-pump [ˈfɔ:spʌmp] pompe *f* foulante.

forc·er ⊕ [ˈfɔ:sə] plongeur *m*.

for·ci·ble □ [ˈfɔ:səbl] de force, forcé; vigoureux (-euse *f*); énergique.

forc·ing-house [ˈfɔ:siŋhaus] forcerie *f*.

ford [fɔ:d] **1.** gué *m*; **2.** passer à gué; **ˈford·a·ble** guéable.

fore [fɔ:] **1.** *adv.* ⚓ ~ *and aft* de l'avant à l'arrière; *to the* ~ en évidence; présent; *bring* (*come*) *to the* ~ (se) mettre en évidence; **2.** *adj.* de devant; antérieur; pré-; **ˈ~·arm** avant-bras *m*; **~ˈbode** présager; pressentir (*personne*); **~ˈbod·ing** présage *m*; pressentiment *m*; **ˈ~·cast** **1.** prévision *f*; *weather* ~ prévisions *f/pl.* météorologiques; **2.** [*irr.* (*cast*)] prédire; prévoir; **ˈ~·cas·tle** ⚓ [ˈfouksl] gaillard *m* d'avant; poste *m* de l'équipage; **~ˈclose** exclure (de, *from*), empêcher (de *from*, *to*); saisir (*un immeuble hypothéqué*); **~ˈdate** antidater; **~ˈdoom** condamner d'avance; présager; **ˈ~·fa·ther** aïeul (*pl.* -eux) *m*; **ˈ~·fin·ger** index *m*; **ˈ~·foot** pied *m* antérieur; **ˈ~·front** F premier rang *m*; **~ˈgo** [*irr.* (*go*)] aller devant; ~*ing* précédent; **~ˈgone** passé; ~

conclusion chose *f* prévue; **'~ground** premier plan *m*; **'~hand** avant-main *f*; **~head** ['fɔrid] front *m*.

for·eign ['fɔrin] étranger (-ère *f*) (*a. fig.*); ~ *affairs pl.* Affaires *f/pl.* étrangères; ~ *exchange* devises *f/pl.* étrangères; *the* ♀ *Office* le Ministère des Affaires étrangères; ~ *policy* politique *f* extérieure; ♀ *Secretary* Ministre *m* des Affaires étrangères; ~ *trade* commerce *m* extérieur; **'for·eign·er** étranger (-ère *f*) *m*; **'for·eign·ness** caractère *m ou* air *m* étranger.

fore...: **~'judge** préjuger; **~'know** [*irr.* (*know*)] prévoir; savoir d'avance; **'~land** promontoire *m*; **'~leg** patte *f ou* jambe *f* de devant; **'~lock** mèche *f* sur le front; *take time by the* ~ saisir l'occasion aux cheveux; **'~man** ⚖ chef *m* du jury; ⊕ chef *m* d'équipe; contremaître *m*; **'~mast** ⚓ mât *m* de misaine; **'~most 1.** *adj.* premier (-ère *f*), le plus avancé; **2.** *adv.* tout d'abord; **'~noon** matinée *f*.

fo·ren·sic [fə'rensik] judiciaire; légal (-aux *m/pl.*); ~ *medicine* médecine *f* légale.

fore...: **'~run·ner** avant-courrier (-ère *f*) *m*, -coureur *m*, précurseur *m*; **~sail** ['~seil, ⚓ '~sl] (voile *f* de) misaine *f*; **~'see** [*irr.* (*see*)] prévoir; **~'see·a·ble** qu'on peut prévoir; prévisible; **~'shad·ow** présager, laisser prévoir; **'~shore** plage *f*; **~'short·en** dessiner en raccourci; **~'show** [*irr.* (*show*)] préfigurer; **'~sight** prévoyance *f*; prévision *f*; *arme à feu*: guidon *m*; **'~skin** prépuce *m*.

for·est ['fɔrist] **1.** forêt *f*; **2.** boiser.

fore·stall [fɔː'stɔːl] anticiper, prévenir.

for·est·er ['fɔristə] (garde-)forestier *m*; habitant(e *f*) *m* d'une forêt; **'for·est·ry** sylviculture *f*.

fore...: **'~taste** avant-goût *m*; **~'tell** [*irr.* (*tell*)] prédire, présager; **'~thought** prévoyance *f*; préméditation *f*; **'~top** ⚓ hune *f* de misaine; **~'warn** avertir, prévenir; **'~wom·an** première ouvrière *f*; contremaîtresse *f*; **'~word** avant-propos *m/inv.*; préface *f*.

for·feit ['fɔːfit] **1.** confisqué; **2.** confiscation *f*; amende *f*; gage *m*; punition *f*; ✝ dédit *m*; *sp.* forfait *m*; *jeu*: ~*s pl.* gages *m/pl.*; **3.** confisquer, perdre; forfaire à (*l'honneur*); **'for·feit·a·ble** confiscable; **for·fei·ture** ['~tʃə] confiscation *f*, perte *f*.

for·gath·er [fɔː'gæðə] s'assembler.

for·gave [fə'geiv] *prét. de forgive.*

forge[1] [fɔːdʒ] (*usu.* ~ *ahead*) avancer à toute vitesse *ou* à travers les obstacles.

forge[2] [fɔːdʒ] **1.** forge *f*; **2.** forger (*a. fig. une excuse etc.*); contrefaire (*une signature etc.*); inventer; **'forg·er** forgeron *m*; faussaire *mf*; faux-monnayeur *m*; **'for·ger·y** falsification *f*; contrefaçon *f*; faux *m*.

for·get [fə'get] [*irr.*] oublier; F *I* ~ j'ai oublié, ça m'échappe; **for'get·ful** □ [~ful] oublieux (-euse *f*); **for'get·ful·ness** oubli *m*; négligence *f*; **for'get-me-not** ⚘ myosotis *m*, F ne-m'oubliez-pas *m*.

for·give [fə'giv] [*irr.*] pardonner (à q., s.o.); faire remise de (*une dette*); **for'giv·en** *p.p. de forgive*; **for'give·ness** pardon *m*; clémence *f*; **for'giv·ing** □ clément; peu rancunier (-ère *f*).

for·go [fɔː'gou] [*irr.* (*go*)] renoncer à; s'abstenir de.

for·got [fə'gɔt], **for'got·ten** [~n] *prét. et p.p. de forget.*

fork [fɔːk] **1.** *table*: fourchette *f*; ⚒, *routes*: fourche *f*; *tuning* ~ diapason *m*; **2.** fourcher; F ~ *out v/t.* allonger (*de l'argent*); *v/i.* casquer, cracher; **'forked** fourchu; en fourche.

for·lorn [fə'lɔːn] abandonné, perdu, désespéré; ~ *hope* ⚔ enfants *m/pl.* perdus; troupe *f* sacrifiée; *fig.* tentative *f* désespérée.

form [fɔːm] **1.** forme *f*; taille *f*; formule *f*, bulletin *m*, feuille *f* (*d'impôts*); *école*: classe *f*; banc *m*; *lièvre*: gîte *m*; *sp. in* ~ en forme; *in good* ~ en haleine; *that is bad* ~ c'est de mauvais ton; cela ne se fait pas; **2.** *v/t.* former, faire; organiser; établir; contracter (*une alliance, une habitude*); arrêter (*un plan*); ⚔ se mettre en; *v/i.* se former; prendre forme; ⚔ se ranger; ~ *up* se former en rangs.

for·mal □ ['fɔːml] cérémonieux (-euse *f*); formel(le *f*); en règle; régulier (-ère *f*) (*jardin*); **'for·mal·ist** formaliste *mf*; **for·mal·i·ty**

[fɔːˈmæliti] formalité *f*; *maintien*: raideur *f*; cérémonie *f*; **for·mal·ize** [ˈfɔːməlaiz] donner une forme (conventionnelle) à.

for·ma·tion [fɔːˈmeiʃn] formation *f* (*a.* ⚔, *a. géol.*); disposition *f*, ordre *m*; ✈ vol *m* de groupe; **form·a·tive** [ˈfɔːmətiv] formateur (-trice *f*).

form·er¹ [ˈfɔːmə] façonneur (-euse *f*) *m*; ⊕ gabarit *m*.

for·mer² [~] précédent; ancien(ne *f*); antérieur; premier (-ère *f*); ˈ**for·mer·ly** autrefois, jadis.

for·mic [ˈfɔːmik]: ~ *acid* acide *m* formique.

for·mi·da·ble □ [ˈfɔːmidəbl] formidable (*a. fig.*), redoutable.

form·less □ [ˈfɔːmlis] informe.

for·mu·la [ˈfɔːmjulə], *pl.* **-lae** [ˈ~liː], **-las** formule *f*; **for·mu·lar·y** [ˈ~ləri] **1.** rituel(le *f*); prescrit; **2.** formulaire *m*; **for·mu·late** [ˈ~leit] formuler; **for·muˈla·tion** formulation *f*.

for·ni·cate [ˈfɔːnikeit] forniquer; **for·niˈca·tion** fornication *f*.

for·sake [fəˈseik] [*irr.*] abandonner, délaisser; renoncer à; **forˈsak·en** *p.p. de forsake*.

for·sook [fəˈsuk] *prét. de forsake*.

for·sooth *iro.* [fəˈsuːθ] ma foi!

for·swear [fɔːˈswɛə] [*irr.* (*swear*)] renier, répudier; ~ *o.s.* se parjurer; **forˈsworn** parjure.

fort [fɔːt] ⚔ fort *m*; forteresse *f*.

forte [~] *fig.* fort *m*.

forth [fɔːθ] *lieu*: en avant; *temps*: désormais; *and so* ~ et ainsi de suite; *from this day* ~ à partir de ce jour; dès maintenant; ~ˈ**com·ing** qui arrive; futur; prochain; prêt à paraître; *be* ~ paraître; ne pas se faire attendre; ˈ~ˈ**right** **1.** *adj.* franc(he *f*); **2.** *adv.* carrément; ˈ~ˈ**with** tout de suite.

for·ti·eth [ˈfɔːtiiθ] quarantième (*a. su./m*).

for·ti·fi·ca·tion [fɔːtifiˈkeiʃn] fortification *f* (*a.* ⚔); **for·ti·fi·er** [ˈ~faiə] fortificateur *m*; *boisson etc.*: fortifiant *m*; **for·ti·fy** [ˈ~fai] ⚔ fortifier (*a. fig.*); **for·ti·tude** [ˈ~tjuːd] courage *m*, fortitude *f*.

fort·night [ˈfɔːtnait] quinze jours *m/pl.*; quinzaine *f*; *this day* ~ d'aujourd'hui en quinze; ˈ**fort·night·ly** **1.** *adj.* bimensuel(le *f*); **2.** *adv.* tous les quinze jours.

for·tress [ˈfɔːtris] forteresse *f*.

for·tu·i·tous □ [fɔːˈtjuitəs] fortuit; **forˈtu·i·tous·ness, forˈtu·i·ty** fortuité *f*; casualité *f*.

for·tu·nate [ˈfɔːtʃnit] heureux (-euse *f*); ~*ly usu.* par bonheur, heureusement.

for·tune [ˈfɔːtʃn] fortune *f*; sort *m*, destinée *f*; chance *f*; richesses *f/pl.*; ♀ [ˈfɔːtjuːn] Fortune *f*, Destin *m*; *good* ~ bonheur *m*; *bad* ~, *ill* ~ malheur *m*, mauvaise chance *f*; *marry a* ~ faire un riche mariage; ˈ~**-hunt·er** coureur *m* de dots; ˈ~**-tel·ler** diseur (-euse *f*) *m* de bonne aventure.

for·ty [ˈfɔːti] quarante (*a. su./m*); *Am.* ~*-niner* chercheur *m* d'or de 1849; F ~ *winks pl.* petit somme *m*.

fo·rum [ˈfɔːrəm] forum *m*; F tribunal *m*.

for·ward [ˈfɔːwəd] **1.** *adj.* de devant, d'avant; avancé; précoce; effronté; impatient; ⚓ à terme; **2.** *adv.* en avant; sur l'avant; ⚓ *carried* ~ à reporter; *from this time* ~ désormais, à l'avenir; **3.** *su. foot.* avant *m*; **4.** *v/t.* avancer, favoriser; expédier; faire suivre; *poste*: *please* ~ prière de faire suivre; ˈ**for·ward·er** expéditeur (-trice *f*) *m*.

for·ward·ing [ˈfɔːwədiŋ] expédition *f*, avancement *m*; ~ *address* adresse *f* (pour faire suivre le courrier); ~ *agent* expéditeur *m*; entrepreneur *m* de transports.

for·ward·ness [ˈfɔːwədnis] empressement *m*; précocité *f*; hardiesse *f*; présomption *f*; **for·wards** [ˈfɔːwədz] en avant.

fosse [fɔs] ⚔ fossé *m*; *anat.* fosse *f*.

fos·sil [ˈfɔsl] fossile (*a. su./m.*).

fos·ter [ˈfɔstə] **1.** *fig.* nourrir, encourager; ~ *up* élever; **2.** adoptif (-ive *f*) (*p.ex.* ~*-brother*); ~ *home* famille *f* adoptive *ou* nourricière; ˈ**fos·ter·age** mise *f* en nourrice; fonctions *f/pl.* de nourrice; ˈ**fos·ter·er** parent *m* adoptif; *fig.* promoteur (-trice *f*) *m*; ˈ**fos·ter·ling** nourrison(ne *f*) *m*.

fought [fɔːt] *prét. et p.p. de fight*.

foul [faul] **1.** □ infect (*a. haleine*); sale (*a. temps*, *a.* ⚓ *carène*); *fig.* dégoûtant; ⚓ engagé (*ancre etc.*); ⚓ gros(se *f*) (*temps*); ⚓ contraire (*vent*); *box.* bas(se *f*) (*coup*); encrassé (*fusil*); déloyal (-aux *m/pl.*)

(*jeu*); bourbeux (-euse *f*) (*eau*); atroce, infâme (*action*); impur (*pensée*); grossier (-ère *f*) (*mot. etc.*); ~ *tongue* langage *m* ordurier; *fall* (*ou run*) ~ *of* ⚓ entrer en collision avec; *fig.* se brouiller avec; **2.** ⚓ collision *f*; *sp.* faute *f*; *box.* coup *m* bas; *foot.* poussée *f* irrégulière; **3.** (s')engager; (s')encrasser; *v/t.* salir; souiller; *sp.* commettre une faute contre; ⚓ entrer en collision avec; **~-mouthed** ['~'mauðd] mal embouché; au langage ordurier.

found[1] [faund] *prét. et p.p. de find 1.*

found[2] [~] fonder (*a. fig.*); établir.

found[3] ⊕ [~] fondre; mouler (*la fonte*).

foun·da·tion [faun'deiʃn] fondation *f*; △, *a. fig.* fondement *m*; base *f*; établissement *m*; **foun'da·tion-school** école *f* dotée; **foun'da·tion-stone** première pierre *f*.

found·er[1] ['faundə] fondateur *m*; auteur *m*; fondeur *m*; ~ *member* membre *m* fondateur.

found·er[2] [~] *v/i.* ⚓ sombrer, couler à fond; *fig.* échouer; s'effondrer (*cheval, maison, etc.*); s'enfoncer; *v/t.* ⚓ couler; outrer (*un cheval*).

found·ling ['faundliŋ] enfant *mf* trouvé(e).

found·ress ['faundris] fondatrice *f*.

found·ry ⊕ ['faundri] fonderie *f*.

fount [faunt] *poét.* source *f*; *typ.* [*usu.* fɔnt] fonte *f*.

foun·tain ['fauntin] fontaine *f*; jet *m* d'eau; *fig.* source *f*; ⊕ distributeur *m*; '**~'head** source *f* (*a. fig.*); '**~-'pen** stylographe *m*, F stylo *m*.

four [fɔː] quatre (*a. su./m*); '**four-eyes** *sg.* F binoclard(e *f*) *m*; '**four-'flush·er** *Am. sl.* bluffeur *m*, vantard *m*; '**four-fold** quadruple; '**four-in-hand** voiture *f* à quatre chevaux; '**four-'let·ter word** mot *m* obscène, obscénité *f*; '**four-'square** carré (-ment *adv.*); *fig.* inébranlable (devant, *to*); '**four-'stroke** *mot.* à quatre temps; **four·teen** ['~'tiːn] quatorze (*a. su./m*); **four·teenth** ['~'tiːnθ] quatorzième (*a. su./m*); **fourth** [fɔːθ] quatrième (*a. su./m*); ⅍ quart *m*; '**fourth·ly** en quatrième lieu; '**four'wheel·er** fiacre *m*.

fowl [faul] **1.** poule *f*; volaille *f* (*a. cuis.*); **2.** faire la chasse au gibier; oiseler (*au filet*); '**fowl·er** oiseleur *m*.

fowl·ing ['fauliŋ] chasse *f* aux oiseaux; '**~-piece** fusil *m* de chasse.

fox [fɔks] **1.** renard *m*; **2.** *sl.* tromper; '**~-brush** queue *f* de renard; '**~-earth** terrier *m*; **foxed** ['~t] piqué (*papier, bière, etc.*).

fox...: '**~·glove** ⚘ digitale *f*; F gantelée *f*; '**~·hole** ⚔ nid *m* d'embusqués; '**~-hound** chien *m* courant; fox-hound *m*; '**~-hunt** chasse *f* au renard; '**~·trot** fox-trot *m/inv.*; '**fox·y** rusé; astucieux (-euse *f*); roux (rousse *f*); piqué.

fra·cas ['frækɑː] fracas *m*; *sl.* bagarre *f*.

frac·tion ⅍ ['frækʃn] fraction *f*; *fig.* fragment *m*; '**frac·tion·al** □ fractionnaire; ⚗ fractionné.

frac·tious □ ['frækʃəs] revêche; difficile; maussade.

frac·ture ['fræktʃə] **1.** fracture *f* (*souv.* ⚕); **2.** briser; ⚕ fracturer.

frag·ile ['frædʒail] fragile; *fig.* faible; **fra·gil·i·ty** [frə'dʒiliti] fragilité *f*; faiblesse *f*.

frag·ment ['frægmənt] fragment *m*; morceau *m*; '**frag·men·tar·y** □ fragmentaire; *géol.* clastique.

fra·grance ['freigrəns] parfum *m*; bonne odeur *f*; '**fra·grant** □ parfumé, odoriférant.

frail[1] □ [freil] peu solide; fragile; frêle (*personne*), délicat; '**frail·ty** *fig.* faiblesse *f* morale; défaut *m*.

frail[2] [~] cabas *m*.

frame [freim] **1.** construction *f*, forme *f*; cadre *m* (*a.* ⚓ *de l'hélice*); ⊕ charpente *f*; métier *m*; ✈ fuselage *m*; ⚓ carcasse *f* (*d'un navire*); ⚓ couple *m*; *fenêtre*: chambranle *m*; ⛏ châssis *m*; *télév.* trame *f*; ~ *aerial* antenne *f* en cadre; ~ *house* maison *f* à charpente de bois; ~ *of mind* état *m* d'esprit; **2.** former; construire; encadrer (*a. fig.*); ⊕ faire la charpente de (*un toit*); *fig.* imaginer; fabriquer; *surt. Am. sl.* ~ *up* monter une accusation contre (*q.*); truquer (*qch.*); '**fram·er** auteur *m*; encadreur *m*; '**frame-up** *surt. Am.* F coup *m* monté; '**frame·work** ⊕ squelette *m*; △ bâti *m*; charpente *f*; *fig.* cadre *m*.

fran·chise ⚖ ['fræntʃaiz] franchise *f*, privilège *m*; *pol.* droit *m* de vote; *admin.* droit *m* de cité.

Fran·cis·can *eccl.* [fræn'siskən] franciscain(e *f*) *m* (*a. adj.*).
fran·gi·ble ['frændʒibl] frangible, fragile.
Frank[1] [fræŋk] Franc (Franque *f*) *m*; *npr.* François *m.*
frank[2] □ [~] franc(he *f*); sincère; ouvert.
frank·furt·er *Am.* ['fræŋkfətə] saucisse *f* de Francfort.
frank·in·cense ['fræŋkinsens] encens *m.*
frank·ness ['fræŋknis] franchise *f*, sincérité *f.*
fran·tic ['fræntik] (~*ally*) frénétique; fou (fol *devant une voyelle ou un h muet*; folle *f*) (de, *with*).
fra·ter·nal □ [frə'tə:nl] fraternel(le *f*); **fra'ter·ni·ty** fraternité *f*; confrérie *f*; *Am. univ.* association *f* estudiantine; **frat·er·ni·za·tion** [frætənai'zeiʃn] fraternisation *f*; **'frat·er·nize** fraterniser (avec, *with*).
frat·ri·cide ['freitrisaid] fratricide *m*; *personne*: fratricide *mf.*
fraud [frɔ:d] fraude *f*; F déception *f*, duperie *f*; imposteur *m*; **fraud·u·lence** ['~juləns] caractère *m* frauduleux; **'fraud·u·lent** □ frauduleux (-euse *f*).
fraught *poét.* [frɔ:t]: ~ *with* plein de; gros(se *f*) de; fertile en.
fray[1] [frei] (s')érailler; (s')effiler; s'effranger (*faux col*).
fray[2] [~] bagarre *f.*
fraz·zle *surt. Am.* F ['fræzl] **1.** état *m* usé; *beat to a* ~ battre (*q.*) à plates coutures; **2.** (s')érailler.
freak [fri:k] caprice *m*; tour *m*; F excentrique *mf*, *un* drôle de type; F mordu *m*, fana *mf*; *a film* ~ un mordu du film; ~ *of nature* monstre *m*; phénomène *m*; **'freak·ish** □ capricieux (-euse *f*); fantasque; **freak out** *sl.* se défoncer.
freck·le ['frekl] **1.** tache *f* de rousseur; *fig.* point *m*; **2.** marquer *ou* se couvrir de taches de rousseur.
free [fri:] **1.** □ libre; en liberté; franc(he *f*); gratuit; exempt, débarrassé, affranchi (de *from, of*); prodigue (de, *with*); ✝ franco; ~ *of debt etc.* exempt ou quitte de dettes *etc.*; *he is* ~ *to* (*inf.*) il lui est permis de (*inf.*); ~ *and easy* sans gêne; ✝ ~ *enterprise* libre entreprise *f*; ~ *fight* mêlée *f* générale; bagarre *f*; ~ *port* port *m* franc; ~ *trade* libre échange *m*; ~ *wheel* roue *f* libre; *make* ~ prendre des libertés (avec q., *with s.o.*); *make* ~ *to* (*inf.*) se permettre de (*inf.*); *make* ~ *with s.th.* se servir de qch. sans se gêner; *make s.o.* ~ *of a city* créer q. citoyen d'honneur; ⊕ *run* ~ marcher à vide; *set* ~ libérer; **2.** (*from, of*) libérer (de); dégager (de); débarrasser (de); exempter (de), affranchir (*un esclave*); **'~·boot·er** flibustier; F maraudeur *m*; **'free·dom** liberté *f*; indépendance *f*; franchise *f*; facilité *f*; familiarité *f*; ~ *of a city* citoyenneté *f* d'honneur d'une ville; ~ *of a company* maîtrise *f* d'une corporation; ~ *of the press* liberté *f* de la presse; ~ *of speech* franc-parler *m*; ~ *of worship* liberté *f* religieuse.
free...: **'~·hold** ⚖ propriété *f* foncière (perpétuelle et libre); **'~·hold·er** propriétaire *m* foncier; **'~-kick** *foot.* coup *m* franc; **'~·man** homme *m* libre; citoyen *m* (d'honneur); **'~·ma·son** franc-maçon (*pl.* francs-maçons) *m*; **'~·ma·son·ry** franc-maçonnerie *f*; **'~-stone** grès *m*; **'~·style** nage *f* libre; **'~-'think·er** libre penseur (-euse *f*) *m*; **'~-'think·ing, '~-thought** libre pensée *f*; **'~·way** *Am. mot.* autoroute *f.*
freeze [fri:z] [*irr.*] **1.** *v/i.* (se) geler; se figer; ~ *to death* mourir de froid; *v/t.* (con)geler; glacer; bloquer (*les prix, les fonds*); geler (*des capitaux*); *sl.* ~ *out* évincer; **2.** gel *m* (*a. fig., a.* ✝ *des crédits*); gelée *f*; ✝ *etc. a.* blocage *m*; *price* (*wage*) ~ blocage *m* des prix (des salaires); **'~-dry** lyophiliser; **'freez·er** congélateur *m*; sorbetière *f*; **'freez·ing** □ réfrigérant; glacial (-als *m/pl.*); ~ *of prices* blocage *m* des prix; ~ *compartment* congélateur *m*, compartiment *m* de congélation; ~-*mixture phys.* mélange *m* réfrigérant; ~-*point* point *m* de congélation.
freight [freit] **1.** fret *m* (*a. prix*); cargaison *f*; *attr. Am.* de marchandises; ~ *out* (*home*) fret *m* de sortie (de retour); ~ *plane* avion-cargo *m* (*pl.* avions-cargo); *Am.* ~ *train* train *m* de marchandises; ~ *yard* dépôt des marchandises; **2.** (af)fréter; **'freight·age** *see freight 1*; **'freight-car** *Am.* 🚂 wagon *m* de marchandises; **'freight·er** affréteur *m*; navire *m* de charge; *Am.* consignateur (-trice *f*) *m*; *Am.* convoi *m*; *Am. see freight-car.*
French [frentʃ] **1.** français; ~ *beans*

haricots *m/pl.* verts; *cuis.* ~ *dressing* vinaigrette *f*; *cuis.* ~ *fried potatoes*, *Am. a.* ~ *fries* (pommes *f/pl.* [de terre]) frites *f/pl.*; *take* ~ *leave* filer à l'anglaise; ~ *window* portefenêtre (*pl.* portes-fenêtres) *f*; **2.** *ling.* français *m*, langue *f* française; *the* ~ *pl.* les Français *m/pl.*; **'~·man** Français *m*; **'~-wom·an** Française *f*.

fren·zied ['frenzid] forcené; fou (fol *devant une voyelle ou un h muet*; folle *f*); **'fren·zy** frénésie *f*; *fig.* transport *m*; ⚕ délire *m*.

fre·quen·cy ['fri:kwənsi] fréquence *f* (*a.* ⚡); **fre·quent 1.** □ ['~kwənt] fréquent; très répandu; **2.** [~'kwent] fréquenter; hanter; **fre·quen'ta·tion** fréquentation *f* (de, *of*); **fre'quent·er** habitué(e *f*) *m*; familier (-ère *f*) *m*.

fres·co ['freskou], *pl.* **-co(e)s** ['~kouz] (peinture *f* à) fresque *f*.

fresh [freʃ] **1.** □ frais (fraîche *f*); récent; nouveau (-el *devant une voyelle ou un h muet*; -elle *f*; -eaux *m/pl.*); éveillé; *Am. sl.* effronté; ~ *water* eau *f* fraîche; eau *f* douce (= *non salée*); **2.** fraîcheur *f* (*du matin etc.*); crue *f*; **'fresh·en** *vt/i.* rafraîchir; **'fresh·er** *Brit. sl. pour freshman*; **fresh·et** ['~it] courant *m* d'eau douce; inondation *f*; **'fresh-fro·zen** frais (fraîche *f*) frigorifié; **'fresh·man** *univ.* étudiant(e *f*) *m* de première année; **'fresh·ness** fraîcheur *f*; nouveauté *f*; **'fresh wa·ter** d'eau douce; *Am.* ~ *college* petit collège *m* de province.

fret¹ [fret] **1.** agitation *f*; irritation *f*; **2.** (se) ronger; (se) frotter; (s')irriter, (s')inquiéter; *v/i.* s'agiter (*eau*); *v/t.* érailler (*un cordage*); ~ *away*, ~ *out* éroder.

fret² [~] **1.** △ frette *f*; **2.** sculpter; *fig.* bigarrer.

fret³ [~] ♪ touche(tte) *f*; ~*ted instrument* instrument *m* à touchettes.

fret·ful □ ['fretful] chagrin.

fret-saw ['fretsɔ:] scie *f* à découper.

fret·work ['fretwɔ:k] ouvrage *m* à claire-voie; découpage *m*.

Freud·i·an ['frɔidjən] freudien(ne *f*); ~ *slip* lapsus *m*.

fri·a·bil·i·ty [fraiə'biliti] friabilité *f*; **'fri·a·ble** friable.

fri·ar ['fraiə] moine *m*, frère *m*; **'fri·ar·y** monastère *m*; couvent *m*.

frib·ble ['fribl] **1.** baguenauder; gaspiller (*de l'argent*); **2.** frivolité *f*; *personne*: baguenaudier *m*.

fric·as·see [frikə'si:] **1.** fricassée *f*; **2.** fricasser.

fric·tion ['frikʃn] friction *f* (⚕, *a. fig.*); frottement *m*; *Am.* ~ *tape* chatterton *m*, ruban *m* isolant; **'fric·tion·al** à *ou* de frottement *ou* friction; **'fric·tion·less** □ sans frottement.

Fri·day ['fraidi] vendredi *m*.

fridge *Brit.* F [fridʒ] frigo *m*.

friend [frend] ami(e *f*) *m*; connaissance *f*; ♀ Quaker(esse *f*) *m*; *his* ~*s pl. souv.* ses connaissances *f/pl.*; *make* ~*s with* se lier d'amitié avec; **'friend·less** sans ami(s); abandonné; **'friend·ly** amical (-aux *m/pl.*); ami; bienveillant; *fig.* intime; ♀ *Society Brit.* société *f* de secours mutuel; **'friend·ship** amitié *f*.

frieze [fri:z] frise *f* (*tex.*, *a.* △).

frig·ate ⚓ ['frigit] frégate *f*.

fright [frait] peur *f*, effroi *m*, épouvante *f*; F épouvantail *m*; **'fright·en** effrayer, faire peur à; *be* ~*ed at* (*ou of*) avoir peur de; **fright·ful** □ ['~ful] affreux (-euse *f*); **'fright·ful·ness** horreur *f*.

frig·id □ ['fridʒid] glacial (-als *m/pl.*); froid (*a. fig.*); **fri'gid·i·ty** frigidité *f*; (grande) froideur *f*.

frill [fril] **1.** ruche *f*; jabot *m*; F *fig. put on* ~*s* faire des façons; **2.** plisser, rucher.

fringe [frindʒ] **1.** frange *f*; bord (-ure *f*) *m*; *forêt*: lisière *f*; *a.* ~*s pl.* cheveux *m/pl.* à la chien; ~ *benefits pl.* avantages *m/pl.* supplémentaires; ~ *group* groupe *m* marginal; **2.** franger; border.

frip·per·y ['fripəri] **1.** camelote *f*; faste *m*; **2.** sans valeur; de camelote.

frisk [frisk] **1.** gambade *f*, cabriole *f*; **2.** gambader; **'frisk·i·ness** vivacité *f*; **'frisk·y** □ vif (vive *f*); fringant (*cheval*); animé.

frith [friθ] *see firth*.

frit·ter ['fritə] **1.** beignet *m*; **2.** ~ *away* gaspiller.

fri·vol·i·ty [fri'vɔliti] frivolité *f*; légèreté *f* d'esprit; **friv·o·lous** □ ['frivələs] frivole; léger (-ère *f*); futile, vain; évaporé (*personne*).

frizz [friz] frisotter; *cuis.* faire frire; *a. see frizzle* 2; **friz·zle** ['~l] **1.** cheveux *m/pl.* crêpelés; **2.** (*a.* ~ *up*) frisotter; *v/t. cuis.* griller (*qch.*); *v/i.* grésiller; ˈ**friz·z(l)y** crêpelé, frisotté.

fro [frou]: *to and* ~ çà et là, de long en large.

frock [frɔk] *moine*: froc *m*; (*usu.* ~*-coat*) *femme, enfant*: robe *f*; redingote *f*; ⚔ tunique *f* de petite tenue.

frog [frɔg] grenouille *f*; *cost.* soutache *f*; 🚂 (cœur *m* de) croisement *m*; ⚔ porte-épée *m/inv.*; ˈ~**·man** homme-grenouille (*pl.* hommes-grenouilles) *m.*

frol·ic [ˈfrɔlik] **1.** gambades *f/pl.*; ébats *m/pl.*, jeu *m*; escapade *f*; divertissement *m*; **2.** folâtrer, gambader; **frol·ic·some** □ [ˈ~səm] folâtre, gai, joyeux (-euse *f*).

from [frɔm; frəm] *prp.* de; depuis; à partir de; par suite de; de la part de; par; *defend* ~ protéger contre; *draw* ~ *nature* dessiner d'après nature; *drink* ~ boire dans; *hide* ~ cacher à; *remove* ~ enlever à; ~ *above* d'en haut; ~ *amidst* d'entre; ~ *before* dès avant.

front [frʌnt] **1.** devant *m*; premier rang *m*; façade *f*; *boutique*: devanture *f*; promenade *f* (*au bord de la mer*); ⚔ front *m*; *chemise*: plastron *m*; F prête-nom *m* (*pl.* prête-noms), façade *f*; *in* ~ *of* devant, en face de; *two-pair* ~ chambre *f* sur le devant au deuxième; *fig. come to the* ~ se faire connaître; arriver au premier rang; **2.** antérieur, de devant; ⚔ *u. fig.* ~ *line* front *m*, première ligne *f*, ligne *f* de contact; *mot.* ~ *wheel drive* traction *f* avant; ~ *yard Am.* jardin *m* de devant; **3.** *v/t.* (*a.* ~ *on, towards*) faire face à; donner sur; braver; *Am.* F prêter son nom à, agir en homme de paille pour; *v/i.* faire front; ˈ**front·age** ⚠ façade *f*; ˈ**fron·tal 1.** frontal (-aux *m/pl.*); de face; de front; **2.** ⚠ façade *f*; *eccl.* devant *m* d'autel; **fron·tier** [ˈ~jə] frontière *f*; *surt. Am. hist.* frontière *f* des États occidentaux; ˈ**fron·tier·run·ner** passeur *m* de frontière; **fron·tiers·man** [ˈ~jezmən] frontalier *m*; *hist. Am.* broussard *m*; **fron·tis·piece** [ˈ~ispi:s] ⚠, *a. typ.* frontispice *m*; **front·let** [ˈ~lit] *cost.* bandeau *m*; **front page** *journ.* première page *f*; ˈ**front-page** en première page.

frost [frɔst] **1.** (*a. hoar* ~, *white* ~) gelée *f* blanche, givre *m*; F fiasco *m*, déception *f*; *black* ~ froid *m* noir; **2.** geler; saupoudrer; givrer; dépolir (*un verre*); ⊕ glacer (*le métal*); ~*ed glass* verre *m* dépoli; ˈ~**-bite** gelure *f*; ˈ**frost-bit·ten** gelé; ⚕ brûlé par le froid; ˈ**frost·i·ness** froid *m* glacial; *fig.* froideur *f*; ˈ**frost·y** □ gelé; glacial (-als *m/pl.*) (*a. fig.*); couvert de givre.

froth [frɔθ] **1.** écume *f*; mousse *f*; *fig.* paroles *f/pl.* creuses; **2.** écumer, mousser; moutonner (*mer*); ˈ**froth·i·ness** état *m* écumeux *etc.*; *fig.* manque *m* de substance; ˈ**froth·y** □ écumeux (-euse *f*); moutonneux (-euse *f*) (*mer*); vide, creux (creuse *f*).

frown [fraun] **1.** froncement *m* de sourcils; air *m* désapprobateur; **2.** *v/t.* ~ *down* imposer le silence à (*q.*) d'un regard sévère; *v/i.* froncer les sourcils; se renfrogner; avoir l'air menaçant (*montagne etc.*); ~ *at*, ~ (*up*)*on* regarder en fronçant les sourcils; *fig.* désapprouver.

frowst F [fraust] odeur *f* de renfermé; atmosphère *f* qui sent le renfermé; ˈ**frowst·y** □, **frowz·y** [ˈfrauzi] qui sent le renfermé; mal tenu, sale.

froze [frouz] *prét. de freeze*; ˈ**frozen 1.** *p.p. de freeze*; **2.** *a. adj.* gelé; frigorifié; bloqué (*capital*); ~ *locker Am.* chambre *f* frigorifique; ~ *meat* viande *f* frigorifiée.

fruc·ti·fi·ca·tion [frʌktifiˈkeiʃn] fructification *f*; **fruc·ti·fy** [ˈ~fai] *v/t.* féconder; *v/i.* fructifier (*a. fig.*).

fru·gal □ [ˈfru:gəl] frugal (-aux *m/pl.*); économe; simple; **fru·gal·i·ty** [fruˈgæliti] frugalité *f*; sobriété *f*.

fruit [fru:t] **1.** fruit *m* (*a. fig.* = *résultat*); *coll.* fruits *m/pl.*; ~ *cocktail* macedoine *f* de fruits; ~ *cup* coupe *f* de fruits rafraîchis; ~ *knife* couteau *m* à fruits; **2.** porter des fruits; ˈ**fruit·age** fructification *f*; *coll.* fruits *m/pl.*; **frui·ta·ri·an** [fru:ˈtɛərjən] fruitarien(ne *f*) *m*; ˈ**fruit·cake** cake *m*, gâteau *m* de fruits confits; ˈ**fruit·er** arbre *m* fruitier; ˈ**fruit·er·er** fruitier (-ère *f*) *m*; **fruit·ful** □ [ˈ~ful] fructueux (-euse *f*); (*a. fig.* = *profitable*); fécond, fertile (en *of, in*); **fru·i·tion** [fruˈiʃn] *projet etc.*: réalisation *f*;

come to ~ porter fruit; ˈ**fruit·less** □ stérile; *fig.* vain; ˈ**fruit·y** de fruit; fruité; *fig.* corsé.
frump [frʌmp] *fig.* femme *f* fagotée; ˈ**frump·ish,** ˈ**frump·y** mal attifée (*femme*).
frus·trate [frʌsˈtreit] frustrer; déjouer; **frusˈtra·tion** frustration *f*; anéantissement *m*.
fry [frai] **1.** *cuis.* friture *f*; **2.** frai *m*, fretin *m*; F *small* ~ petites gens *f/pl.*; gosses *m/pl.*; **3.** (faire) frire; *see egg*; *fried potatoes* (pommes *f/pl.* de terre) frites *f/pl.*; ˈ**fry·ing-pan** poêle *f*; *get out of the* ~ *into the fire* sauter de la poêle sur la braise.
fuch·sia ⚘ [ˈfjuːʃə] fuchsia *m*.
fuck V [fʌk] **1.** baiser; **2.** merde (de la merde)!, putain!
fud·dle [ˈfʌdl] **1.** *v/t.* griser; hébéter; *v/i.* riboter; F se pocharder; **2.** ribote *f*.
fudge F [fʌdʒ] **1.** bousiller; cuisiner (*les comptes*); **2.** bousillage *m*; *bonbon*: fondant *m*; ~! quelle blague!
fu·el [ˈfjuəl] **1.** combustible *m*; carburant *m*; *mot.* essence *f*; *mot.* ~ *ga(u)ge* jauge *f* d'essence; ~ *oil* fueloil *m*; mazout *m*; ~ *tank* réservoir *m* d'essence; **2.** *v/t.* pourvoir de combustibles; *v/i.* obtenir du combustible; *mot.* s'approvisionner en essence.
fug [fʌg] **1.** touffeur *f*; forte odeur *f* de renfermé; **2.** rester enfermé.
fu·ga·cious [fjuːˈgeiʃəs] fugace; éphémère.
fu·gi·tive [ˈfjuːdʒitiv] **1.** fugitif (-ive *f*) (*a. fig.*); **2.** fugitif (-ive *f*) *m*; exilé(e *f*) *m*.
fu·gle·man ⚔ [ˈfjuːglmæn] chef *m* de file; *fig.* chef *m*; porte-parole *m/inv.*
fugue ♪ [fjuːg] fugue *f*.
ful·crum [ˈfʌlkrəm], *pl.* **-cra** [ˈ~krə] ⊕ pivot *m*; *fig.* point *m* d'appui.
ful·fil [fulˈfil] remplir; accomplir; s'acquitter de; réaliser; **fulˈfill·er** celui (celle *f*) *m* qui remplit *etc.*; **fulˈfil·ment** accomplissement *m*.
ful·gent *poét.* [ˈfʌldʒənt] resplendissant.
full[1] [ful] **1.** *adj.* □ plein; rempli; entier (-ère *f*); complet (-ète *f*); comble; *cost.* large, ample; *at* ~ *length* tout au long; ~ *employment* plein-emploi *m*; *of* ~*age* majeur; ~ *stop gramm.* point *m*; **2.** *adv.* tout à fait; en plein; précisément; parfaitement; bien; ~ *nigh* tout près; F ~ *up* au complet, comble; **3.** *su.* plein *m*; cœur *m*, fort *m*; apogée *f*; *in* ~ intégralement; in extenso; en toutes lettres; *pay in* ~ payer intégralement; *to the* ~ complètement, tout à fait.
full[2] ⊕ [~] (re)fouler.
full...: ˈ~-ˈ**blown** épanoui; ˈ~-ˈ**bodied** corsé (*vin*); ~ **dress** grande tenue *f*; ˈ~-**dress** de cérémonie; solennel(le *f*); ~ *rehearsal* répétition *f* générale *ou* des couturières.
full·er ⊕ [ˈfulə] fouleur (-euse *f*) *m*.
full-fledged [ˈfulˈfledʒd] qui a toutes ses plumes (*oiseau*); *fig.* qualifié, achevé.
full·ing-mill [ˈfuliŋmil] foulon *m*.
full-length [ˈfulˈleŋθ] (portrait *m*) en pied; ~ *film* film *m* principal.
ful(l)·ness [ˈfulnis] plénitude *f*.
full...: ˈ~-**orbed** dans son plein (*lune*); ˈ~-**time** de toute la journée; à pleines journées; à temps plein.
ful·mi·nate [ˈfʌlmineit] fulminer (*a. fig.* contre, *against*); faire explosion; **ful·miˈna·tion** fulmination *f* (*a. fig.*); **ful·mi·na·to·ry** [ˈ~ətəri] fulminatoire.
ful·some □ [ˈfulsəm] excessif (-ive *f*); répugnant (*flatterie*).
fum·ble [ˈfʌmbl] fouiller, tâtonner; ˈ**fum·bler** maladroit(e *f*) *m*.
fume [fjuːm] **1.** fumée *f*, vapeur *f*; *in a* ~ en rage, furieux (-euse *f*); **2.** *v/i.* fumer (*a. fig.*); s'exhaler; *v/t.* exposer à la fumée.
fu·mi·gate [ˈfjuːmigeit] fumiger; désinfecter; **fu·miˈga·tion** fumigation *f*.
fum·ing □ [ˈfjuːmiŋ] *fig.* enragé, bouillonnant de colère.
fun [fʌn] amusement *m*, gaieté *f*; *have* ~ s'amuser; *make* ~ *of* se moquer de; *for* ~, *in* ~ pour rire, par plaisanterie, pour s'amuser.
func·tion [ˈfʌŋkʃn] **1.** fonction *f* (*a. physiol., a.* ⚗); réception *f*, soirée *f*; cérémonie *f*; **2.** fonctionner; ˈ**func·tion·al** □ fonctionnel(le *f*); ˈ**func·tion·ar·y** fonctionnaire *m*.
fund [fʌnd] **1.** fonds *m*; *fig.* trésors *m/pl.*; ~*s pl.* fonds *m(pl.)*; capital *m*; ressources *f/pl.* pécuniaires; *banque*: provision *f*; **2.** consolider (*une dette*);

placer (*de l'argent*) dans les fonds publics.

fun·da·ment [ˈfʌndəmənt] fondement *m*; **fun·da·men·tal 1.** □ [~ˈmentl] fondamental (-aux *m/pl.*); essentiel(le *f*); **2.** ~*s pl.* principe *m*; premiers principes *m/pl.*

fu·ner·al [ˈfjuːnərəl] **1.** funérailles *f/pl.*, obsèques *f/pl.*; **2.** funèbre; des morts; ~ *pile* bûcher *m* funéraire; **fu·ne·re·al** □ [~ˈniəriəl] funéraire; *fig.* lugubre, funèbre.

fun-fair [ˈfʌnfɛə] foire *f* aux plaisirs; parc *m* d'attractions.

fun·gous [ˈfʌŋgəs] fongueux (-euse *f*); **fun·gus** [~], *pl.* **-gi** [ˈ~gai] ⚘ champignon *m* mycète; ⚕ fongus *m.*

fu·nic·u·lar [fjuˈnikjulə] **1.** funiculaire; ~ *railway* = **2.** funiculaire *m.*

funk *sl.* [fʌŋk] **1.** frousse *f*, trac *m*; *personne*: caneur (-euse *f*) *m*; *blue* ~ peur *f* bleue; **2.** caner; avoir peur de (*qch.*); ˈ**funk·y** *sl.* froussard.

fun·nel [ˈfʌnl] entonnoir *m*; ⊕ trémie *f*; ⚓, 🚂 cheminée *f*.

fun·ny □ [ˈfʌni] **1.** drôle, comique; curieux (-euse *f*); **2.** *funnies pl. see comics*; ˈ**~-bone** ⚕ F petit juif *m.*

fur [fəː] **1.** fourrure *f*; *lapin*: pelage *m*; *bouilloire*: dépôt *m*; *langue*: enduit *m*; ~*s pl.* peaux *f/pl.*; ~ *coat* manteau *m* de fourrure; **2.** à *ou* en *ou* de fourrure; **3.** ⊕ (s')incruster; *v/t.* fourrer, garnir de fourrure; ~*red tongue* langue *f* chargée.

fur·be·low [ˈfəːbilou] falbala *m*; *usu.* ~*s pl. iro.* fanfreluches *f/pl.*

fur·bish [ˈfəːbiʃ] polir, nettoyer; mettre à neuf.

fur·ca·tion [fəːˈkeiʃn] bifurcation *f*.

fu·ri·ous □ [ˈfjuəriəs] furieux (-euse *f*).

furl [fəːl] *v/t.* ferler (*une voile*); rouler (*un parapluie*); replier (*les ailes*); *v/i.* se rouler.

fur·long [ˈfəːlɔŋ] *mesure*: furlong *m* (*201 mètres*).

fur·lough [ˈfəːlou] **1.** permission *f*, congé *m*; **2.** ⚔ envoyer (*q.*) en permission; *Am.* accorder un congé à.

fur·nace [ˈfəːnis] four(neau) *m*; *chaudière*: foyer *m*; *fig.* brasier *m.*

fur·nish [ˈfəːniʃ] fournir, munir, pourvoir (de, *with*); meubler, garnir (*une maison*); ~*ed rooms* meublé *m*; ˈ**fur·nish·er** fournisseur *m*; marchand *m* d'ameublement; ˈ**fur·nish·ing** fourniture *f*; provision *f*; ~*s pl.* ameublement *m.*

fur·ni·ture [ˈfəːnitʃə] meubles *m/pl.*; ameublement *m*; mobilier *m*; *typ.* garniture *f*; ⚓ matériel *m.*

fur·ri·er [ˈfʌriə] pelletier *m*; ˈ**fur·ri·er·y** pelleterie *f*.

fur·row [ˈfʌrou] **1.** sillon *m* (*a. fig.*); ⊕ cannelure *f*; **2.** labourer; sillonner; ⊕ canneler; rider profondément.

fur·ry [ˈfəːri] qui ressemble à (de) la fourrure.

fur·ther [ˈfəːðə] **1.** *adj. et adv.* plus éloigné; *see furthermore*; **2.** avancer; servir; ˈ**fur·ther·ance** avancement *m*; appui *m*; ˈ**fur·ther·er** celui (celle *f*) *m* qui aide à l'avancement (*de qch.*); ˈ**fur·therˈmore** en outre, de plus, d'autre part; ˈ**fur·ther·most** le plus lointain, le plus éloigné.

fur·thest [ˈfəːðist] *see furthermost*; *at* (*the*) ~ au plus tard.

fur·tive □ [ˈfəːtiv] furtif (-ive *f*).

fu·ry [ˈfjuəri] furie *f*, fureur *f*; acharnement *m.*

furze ⚘ [fəːz] ajonc *m*, genêt *m* épineux.

fuse [fjuːz] **1.** (se) fondre; (se) réunir par fusion; *v/t.* pourvoir d'une fusée; *v/i.* ⚡ sauter (*plombs*); **2.** ⚡ plomb *m*; fusible *m*; ⚔ fusée *f*.

fu·see [fjuːˈziː] *montre etc.*: fusée *f*; tison *m.*

fu·se·lage [ˈfjuːzilɑːʒ] ✈ fuselage *m.*

fu·si·bil·i·ty [fjuːzəˈbiliti] fusibilité *f*; **fu·si·ble** [ˈfjuːzəbl] fusible.

fu·sil·ier ⚔ [fjuːziˈliə] fusilier *m.*

fu·sil·lade [fjuːziˈleid] fusillade *f*.

fu·sion [ˈfjuːʒn] fusion *f*; fonte *f*.

fuss F [fʌs] **1.** agitation *f*, F potin *m*; façons *f/pl.*; *kick up a* ~ faire un tas d'histoires; **2.** *v/t.* tracasser, agiter; *v/i.* se tracasser (de, *over*); faire des histoires; faire l'empressé; ˈ**~·pot** F enquiquineur (-euse *f*) *m*; coupeur (-euse *f*) *m* de chevaux en quatre; ˈ**fuss·y** □ F tracassier (-ère *f*) tatillon(ne *f*).

fus·tian [ˈfʌstiən] ✝ futaine *f*; *fig.* emphase *f*.

fust·i·ness [ˈfʌstinis] odeur *f* de renfermé; *fig.* caractère *m* démodé; ˈ**fust·y** □ qui sent le renfermé *ou* moisi; *fig.* démodé.

fu·tile □ [ˈfjuːtail] futile; vain; pué-

ril; **fu·til·i·ty** [fju'tiliti] futilité *f*; vanité *f*; puérilité *f*.
fu·ture ['fjuːtʃə] **1.** futur; à venir; **2.** avenir *m*; *in the* ~ à l'avenir; ⚕ ~*s pl.* livraisons *f/pl.* à terme; '**fu·tur·ism** *peint.* futurisme *m*; **fu·tu·ri·ty** [fju'tjuəriti] avenir *m*.
fuzz [fʌz] **1.** duvet *m*; *a* ~ *of hair* des cheveux bouffants; *sl. the* ~ les flics *m/pl.*, la flicaille; **2.** (faire) bouffer; (faire) frisotter; '**fuzz·y** □ bouffant; frisotté; flou (*a. phot.*).

G

G, g [dʒiː] G *m*, g *m*.

gab F [gæb] faconde *f*; *the gift of the ~* la langue bien pendue.

gab·ble [ˈgæbl] **1.** bredouillement *m*; caquet *m*; **2.** bredouiller; caqueter; **ˈgab·bler** bredouilleur (-euse *f*) *m*; caquetage *m*.

gab·by [ˈgæbi] bavard.

gab·er·dine [ˈgæbədiːn] *tex.* gabardine *f*.

ga·ble [ˈgeibl] (*a. ~-end*) pignon *m*.

ga·by [ˈgeibi] nigaud *m*, benêt *m*.

gad [gæd]: *~ about* courir (le monde *etc.*); ⚘ *poét.* errer; **ˈgad·a·bout** F coureur (-euse *f*) *m*.

gad·fly *zo.* [ˈgædflai] taon *m*; œstre *m*.

gadg·et F [ˈgædʒit] dispositif *m*; machin *m*, truc *m*.

Gael·ic [ˈgeilik] gaélique (*a. ling. su./m*).

gaff [gæf] gaffe *f*; ⚓ corne *f*; *sl.* théâtre *m* de bas étage; *blow the ~ sl.* vendre la mèche.

gaffe F [gæf] bêtise *f*; faux pas *m*.

gaf·fer F [ˈgæfə] † ancien *m*; contremaître *m*; patron *m*.

gag [gæg] **1.** bâillon *m* (*a. fig.*); *parl.* clôture *f*; *théâ.* improvisation *f*; plaisanterie; F blague *f*; *sl. what's the ~?* à quoi vise tout cela?; **2.** *v/t.* bâillonner (*a. fig. la presse*); *pol.* clôturer (*un débat*); *v/i. théâ.* improviser; plaisanter.

gage [geidʒ] gage *m*, garantie *f*; F défi *m*.

gai·e·ty [ˈgeiəti] gaieté *f*; réjouissances *f/pl*.

gai·ly [ˈgeili] *adv. de gay.*

gain [gein] **1.** gain *m*; *surt.* ⚚ *~s pl.* profit *m*; **2.** gagner, profiter; *~ on* gagner sur; *~ s.o. over* gagner q. à sa cause; **ˈgain·er** gagnant(e *f*) *m*; gagneur (-euse *f*) *m* (*d'argent*); **gain·ful** □ [ˈ~ful] profitable; *~ employment* travail *m* rémunéré; *be ~ly occupied* avoir un travail rémunéré; **gain·ings** [ˈ~iŋz] *pl.* gain *m*, -s *m/pl.*; profit *m*.

gain·say † [geinˈsei] contredire; nier (*qch.*).

gait [geit] allure *f*; *cheval*: train *m*.

gai·ter [ˈgeitə] guêtre *f*.

gal *Am. sl.* [gæl] jeune fille *f*.

ga·la [ˈgɑːlə] fête *f*, gala *m*.

gal·ax·y [ˈgæləksi] *astr.* voie *f* lactée; *fig.* essaim *m*; constellation *f*.

gale [geil] grand vent *m*; tempête *f*.

gall[1] [gɔːl] fiel *m* (*a. fig.*); *surt. Am. sl.* audace *f*; toupet *m*; *~ bladder* vésicule *f* biliaire; *~ stone* calcul *m* biliaire.

gall[2] ⚘ [~] galle *f*.

gall[3] [~] **1.** écorchure *f*; *fig.* blessure *f*; **2.** écorcher; *fig.* froisser, blesser; irriter;

gal·lant [ˈgælənt] **1.** □ vaillant; superbe; galant; **2.** galant *m*; *péj.* coureur *m* de femmes; **3.** faire le galant; **ˈgal·lant·ry** vaillance *f*; galanterie *f* (auprès des femmes).

gal·ler·y [ˈgæləri] galerie *f* (*a.* ⚒).

gal·ley [ˈgæli] ⚓ † galère *f*; ⚓ cuisine *f*; *typ.* galée *f*; **ˈ~-proof** *typ.* placard *m*.

Gal·lic [ˈgælik] gaulois; **Gal·li·can** [ˈ~kən] *eccl.* gallican.

gal·li·vant [gæliˈvænt] courailler.

gall-nut ⚘ [ˈgɔːlnʌt] noix *f* de galle.

gal·lon [ˈgælən] gallon *m* (*4,54 litres, Am. 3,78 litres*).

gal·loon [gəˈluːn] galon *m*.

gal·lop [ˈgæləp] **1.** galop *m*; **2.** (faire) aller au galop.

gal·lows [ˈgælouz] *usu. sg.* potence *f*.

ga·lore [gəˈlɔː] à foison.

ga·losh [gəˈlɔʃ] galoche *f*; *~s pl.* caoutchoucs *m/pl*.

gal·van·ic [gælˈvænik] (*~ally*) galvanique; **gal·va·nism** [ˈgælvənizm] galvanisme *m*; **ˈgal·va·nize** galvaniser (*a. fig.*); **gal·va·no·plas·tic** [gælvənoˈplæstik] galvanoplastique.

gam·ble [ˈgæmbl] **1.** *v/i.* jouer de l'argent; *v/t. ~ away* perdre (*qch.*) au jeu; **2.** F jeu *m* de hasard; *fig.* affaire *f* de chance; **ˈgam·bler** joueur (-euse *f*) *m*; ⚚ spéculateur (-trice *f*) *m*; **ˈgam·bling-house** maison *f* de jeu.

gam·boge ⚘ [gæmˈbuːʒ] gomme-gutte (*pl.* gommes-guttes) *f*.

gam·bol [ˈgæmbl] **1.** cabriole *f*; **2.** cabrioler; s'ébattre.
game [geim] **1.** jeu *m*; amusement *m*; *cartes*: partie *f*; *péj.* manège *m*; *cuis. etc.* gibier *m*; *play the ~* jouer franc jeu; *fig.* agir loyalement; **2.** F courageux (-euse *f*); *die ~* mourir crânement; **3.** jouer; **ˈ~-cock** coq *m* de combat; **ˈ~·keep·er** garde-chasse (*pl.* gardes-chasse[s]) *m*; **ˈ~-li·cence** permis *m* de chasse; **game·ster** [ˈ~stə] joueur (-euse *f*) *m*.
gam·mer [ˈgæmə] vieille *f*.
gam·mon[1] [ˈgæmən] **1.** quartier *m* de lard fumé; jambon *m* fumé; **2.** saler et fumer.
gam·mon[2] [~] **1.** bredouille *f* (*au jeu*); blague *f*; *sl.* *~!* quelle bêtise!; **2.** blaguer.
gam·my F [ˈgæmi] estropié; boiteux (-euse *f*).
gam·ut ♪ [ˈgæmət] gamme *f* (*a. fig.*).
gam·y [ˈgeimi] giboyeux (-euse *f*); *cuis.* faisandé.
gan·der [ˈgændə] jars *m*; *Am. sl.* coup *m* d'œil.
gang [gæŋ] **1.** groupe *m*; troupe *f*; bande *f*; équipe *f*; *péj.* clique *f*; **2.** *~ up* se liguer (contre *against, on*); **ˈ~-board** ⚓ planche *f* à débarquer; **gang·er** [ˈgæŋə] chef *m* d'équipe.
gan·grene ⚕ [ˈgæŋgriːn] gangrène *f*, mortification *f*.
gang·ster *Am.* [ˈgæŋstə] bandit *m*, gangster *m*.
gang·way [ˈgæŋwei] passage *m*, couloir *m*; ⚓ passerelle *f* de service; ⚓ coupée *f*.
gaol [dʒeil] *see jail*.
gap [gæp] trou *m* (*a. fig.*); ouverture *f*; brèche *f*; interstice *m*.
gape [geip] rester bouche bée (devant, *at*); s'ouvrir tout grand (*abîme*).
ga·rage [ˈgærɑːʒ; ˈgæridʒ] **1.** garage *m*; **2.** *mot.* garer.
garb [gɑːb] costume *m*, vêtement *m*.
gar·bage *surt. Am.* [ˈgɑːbidʒ] ordures *f/pl.*; immondices *f/pl.*; *~ can* boîte *f* aux ordures; *~ collector* (é)boueur *m*, boueux *m*; *~ pail* poubelle *f*.
gar·ble [ˈgɑːbl] fausser; tronquer.
gar·den [ˈgɑːdn] **1.** jardin *m*; **2.** *v/i.* jardiner, faire du jardinage; *v/t.* entretenir; **ˈgar·den·er** jardinier *m*; **ˈgar·den·ing** jardinage *m*; horticulture *f*.
gar·gan·tu·an [gɑːˈgæntjuən] gargantuesque.
gar·gle [ˈgɑːgl] **1.** se gargariser; **2.** gargarisme *m*.
gar·goyle ⚠ [ˈgɑːgɔil] gargouille *f*.
gar·ish □ [ˈgɛəriʃ] voyant; cru (*lumière*).
gar·land [ˈgɑːlənd] **1.** guirlande *f*, couronne *f*; **2.** (en)guirlander.
gar·lic ⚘ [ˈgɑːlik] ail (*pl.* aulx, ails) *m*.
gar·ment [ˈgɑːmənt] vêtement *m*.
gar·ner [ˈgɑːnə] **1.** grenier *m*; *fig.* recueil *m*; **2.** mettre en grenier.
gar·net *min.* [ˈgɑːnit] grenat *m*.
gar·nish [ˈgɑːniʃ] garnir, orner, embellir (de, *with*); **ˈgar·nish·ing** garnissage *m*; *cuis.* garniture *f*.
gar·ni·ture [ˈgɑːnitʃə] garniture *f*.
gar·ret [ˈgærit] mansarde *f*.
gar·ri·son ⚔ [ˈgærisn] **1.** garnison *f*; **2.** mettre une garnison dans; mettre (*des troupes*) en garnison; garnir; *be ~ed* être en garnison.
gar·ru·li·ty [gæˈruːliti] loquacité *f*; *style*: verbosité *f*; **gar·ru·lous** □ [ˈgæruləs] loquace; verbeux (-euse *f*).
gar·ter [ˈgɑːtə] jarretière *f*; *Am.* jarretelles *f/pl.*; *Order of the ♀* Ordre *m* de la jarretière.
gas [gæs] **1.** gaz *m*; F bavardage *m*; *Am. see gasoline*; *mot. step on the ~* appuyer sur le champignon; *fig.* se dépêcher; **2.** asphyxier; ⚔ gazer; F jaser; **ˈ~-bag** ✈ enveloppe *f* à gaz; F grand parleur *m*; phraseur *m*; **~ brack·et** applique *f* à gaz; **ˈ~-burn·er** bec *m* de gaz; **ˈ~-cook·er** cuisinière *f* à gaz; **gas·e·lier** [~əˈliə] lustre *m* à gaz; **ˈgas-en·gine** moteur *m* à gaz; **gas·e·ous** [ˈgeiziəs] gazeux (-euse *f*); **ˈgas-fit·ter** gazier *m*; poseur *m* d'appareils à gaz; **ˈgas-fit·tings** *pl.* appareillage *m* pour le gaz.
gash [gæʃ] **1.** entaille *f* (*dans la chair*); taillade *f*; balafre *f* (*dans la figure*); coup *m* de couteau *etc.*; **2.** entailler.
gas·ket [ˈgæskit] ⚓ garcette *f*; ⊕ joint *m* en étoupe *etc.*
gas...: **ˈ~-light** lumière *f* du gaz; **ˈ~-light·er** allume-gaz *m/inv.*; **ˈ~-man·tle** manchon *m*; **ˈ~-mask** masque *m* à gaz; **ˈ~-me·ter** compteur *m* (à gaz); **gas·o·line** *Am. mot.* [ˈgæsəliːn] essence *f*; **gas·om·e·ter** [gæˈsɔmitə] gazomètre *m*, réservoir

m à gaz; ˈ**gas-ov·en** four *m* à gaz.
gasp [gɑːsp] **1.** sursaut *m*; *fig.* souffle *m*; **2.** sursauter; (*ou* ~ *for breath*) suffoquer.
gas-proof [ˈgæsˈpruːf] à l'épreuve du *ou* des gaz; ˈ**gas-range** cuisinière *f* à gaz; **gassed** [gæst] asphyxié; ⚔ gazé; ˈ**gas-sta·tion** *Am.* poste *m* d'essence, station *f* service; ˈ**gas-stove** four *m ou* réchaud *m* à gaz; F radiateur *m* à gaz; ˈ**gas·sy** gazeux (-euse *f*); mousseux (-euse *f*) (*vin*); *fig.* bavard.
gas·tric ⚕ [ˈgæstrik] gastrique; **gas·tri·tis** [gæsˈtraitis] gastrite *f*.
gas·tron·o·mist [gæsˈtrɔnəmist] gastronome *m*; **gasˈtron·o·my** gastronomie *f*.
gas-works [ˈgæswəːks] *usu. sg.* usine *f* à gaz.
gate [geit] porte *f* (*a. fig.*); barrière *f*; grille *f*; *sp.* public *m*; *see* ~*-money*; ˈ~**-crash·er** *sl.* intrus(e *f*) *m*; ˈ~**·keep·er** portier *m* (-ière *f*); ˈ~**·leg**(**ged**) **ta·ble** table *f* à abattants; ˈ~**·man** 🚂 garde-barrière (*pl.* gardes-barrière[s]) *m*; ˈ~**-mon·ey** *sp.* recette *f*; ˈ~**·way** entrée *f*, porte *f*.
gath·er ˈgæðə] **1.** *v/t.* (r)assembler; ramasser; (re)cueillir; retrousser (*ses jupes*); percevoir (*des impôts*); conclure; *cost.* froncer; *see information*; ~ *speed* prendre de la vitesse; *v/i.* se rassembler; se réunir; s'accumuler; se préparer (*orage*); ⚕ abcéder; (⚕ *a.* ~ *to a head*) mûrir (*a. fig.*); **2.** ~*s pl.* fronces *f/pl.*; ˈ**gath·er·ing** rassemblement *m*; cueillette *f*; accumulation *f*; froncement *m*; assemblée *f*.
gaud·y [ˈgɔːdi] **1.** □ voyant, criard; fastueux (-euse *f*); **2.** *univ.* banquet *m* anniversaire.
gauge [geidʒ] **1.** calibre *m*; jauge *f*; vérificateur *m*; indicateur *m*; 🚂 largeur *f* de la voie; ⚓ tirant *m* d'eau; **2.** calibrer; mesurer; *fig.* estimer; ˈ**gaug·er** jaugeur *m*, mesureur *m*.
Gaul [gɔːl] Gaulois(e *f*) *m*; *pays*: la Gaule *f*.
gaunt □ [gɔːnt] décharné; désolé.
gaunt·let [ˈgɔːntlit] gant *m* à crispins; *fig.* gant *m*; *run the* ~ ⚔ passer par les bretelles; *fig.* soutenir un feu roulant (de, *of*).
gauze [gɔːz] gaze *f*; *wire* ~ tissu *m* métallique; ˈ**gauz·y** diaphane.
gave [geiv] *prét. de give* **1, 2.**
gav·el *Am.* [ˈgævl] marteau *m* (*du commissaire-priseur*).
gawk F [gɔːk] godiche *mf*; personne *f* gauche; ˈ**gawk·y** gauche; godiche.
gay □ [gei] gai, allègre; brillant; F homo; *Am. sl.* effronté.
gaze [geiz] **1.** regard *m* (fixe); **2.** regarder fixement; ~ *at* (*ou on*) contempler, considérer.
ga·zelle *zo.* [gəˈzel] gazelle *f*.
gaz·er [ˈgeizə] contemplateur (-trice *f*) *m*; curieux (-euse *f*) *m*.
ga·zette [gəˈzet] **1.** journal *m* officiel; **2.** publier dans un journal officiel; *be* ~*d* être publié à l'Officiel;
gaz·et·teer [gæziˈtiə] répertoire *m* géographique.
gear [giə] **1.** accoutrement *m*; effets *m/pl.* personnels; ustensiles *m/pl.*; attirail *m*, appareil *m*; harnais *m*; ⊕ transmission *f*, commande *f*; *mot.* (*low* première, *high* grande) vitesse *f*; *top* ~ prise *f* directe; *in* ~ en jeu; *mot.* engrené; *out of* ~ hors d'action; *mot.* débrayé, désengrené; **2.** *v/t.* gréer; engrener; ⊕ ~ *up* (*down*) multiplier (démultiplier); ~ *into* engrener (*qch.*) dans; *v/i.* s'engrener; ~ *with* (s')engrener dans; ˈ~**-box**, ˈ~**-case** ⊕ carter *m*; *mot.* boîte *f* de vitesses; ˈ**gear·ing** ⊕ engrenage *m*; transmission *f*; *cycl.* développement *m*; ˈ**gear-le·ver,** *surt. Am.* ˈ**gear-shift** levier *m* de(s) vitesse(s).
gee [dʒiː] hue!, huhau!; *Am.* sapristi!; sans blague!
geese [giːs] *pl. de goose.*
gee·zer *sl.* [ˈgiːzə] bonhomme *m*; vieille taupe *f*.
gei·sha [ˈgeiʃə] geisha *f*.
gel·a·tin(**e**) [ˈdʒelətiːn] gélatine *f*;
ge·lat·i·nize [dʒiˈlætinaiz] (se) gélatiniser; **geˈlat·i·nous** gélatineux (-euse *f*).
geld [geld] [*irr.*] hongrer (*un cheval*); châtrer; ˈ**geld·ing** (cheval *m*) hongre *m*.
gel·id [ˈdʒelid] glacial (-als *m/pl.*).
gelt [gelt] *prét. et p.p. de geld.*
gem [dʒem] **1.** pierre *f* précieuse; gemme *f*; joyau *m* (*a. fig.*); **2.** orner de pierres précieuses.
Gem·i·ni *astr.* [ˈdʒeminai] *pl.* les Gémaux *m/pl.*
gen *Brit. sl.* [dʒen] **1.** informations *f/pl.*, renseignements *m/pl.*; **2.** ~ *up* renseigner, F rancarder.

gen·der *gramm.* [ˈdʒendə] genre *m*; F sexe *m*.
gen·e·a·log·i·cal □ [dʒiːniəˈlɔdʒikl] généalogique; **gen·e·al·o·gy** [dʒiːniˈælədʒi] généalogie *f*.
gen·er·a [ˈdʒenərə] *pl. de genus.*
gen·er·al [ˈdʒenərəl] **1.** □ général (-aux *m/pl.*); commun; grand (*public etc.*); en chef; ⚕ ~ *an(a)esthetic* anesthésie *f* générale; ~ *election* élections *f/pl.* générales; ~ *practitioner* médecin *m* de médecine générale, (médecin *m*) généraliste; médecin *m* de famille; ⚔ ~ *staff* état-major *m* (*pl.* états-majors); *Am.* ~ *store* magasin *m* qui vend de tout; **2.** ⚔ général *m*; **gen·er·al·i·ty** [~ˈræliti] généralité *f*; *la* plupart; **gen·er·al·i·za·tion** [~rəlaiˈzeiʃn] généralisation *f*; ˈ**gen·er·al·i·ze** généraliser; populariser; ˈ**gen·er·al·ly** généralement; universellement; F pour la plupart; ˈ**gen·er·al-ˈpur·pose** universel(le *f*); ˈ**gen·er·al·ship** ⚔ généralat *m*; stratégie *f*.
gen·er·ate [ˈdʒenəreit] engendrer; produire; *generating station* station *f* génératrice; **gen·erˈa·tion** génération *f*; ⚲ engendrement *m*; ˈ**gen·er·a·tive** [~ətiv] générateur (-trice *f*); producteur (-trice *f*); ˈ**gen·er·a·tor** [ˈ~eitə] générateur (-trice *f*) *m*; ⊕ générateur *m*; *surt. mot. Am.* dynamo *f* d'éclairage.
ge·ner·ic [dʒiˈnerik] générique.
gen·er·os·i·ty [dʒenəˈrɔsiti] générosité *f*; libéralité *f*; ˈ**gen·er·ous** □ généreux (-euse *f*) (*a. vin*); libéral (-aux *m/pl.*); magnanime; riche.
gen·e·sis [ˈdʒenisis] genèse *f*; origine *f*; *bibl.* ♀ (la) Genèse; **ge·net·ic** [dʒiˈnetik] **1.** (~*ally*) génétique; génésique (*instinct*); F *see generative*; **2.** ~*s sg.* génétique *f*.
gen·ial □ [ˈdʒiːnjəl] doux (douce *f*) (*climat*); propice; génial (-aux *m/pl.*) (*talent*); jovial (-als *ou* -aux *m/pl.*) (*personne*); **ge·ni·al·i·ty** [~niˈæliti] douceur *f*; bienveillance *f*.
gen·i·tals *anat.* [ˈdʒenitlz] *pl.* organes *m/pl.* génitaux.
gen·i·tive *gramm.* [ˈdʒenitiv] (*ou* ~ *case*) génitif *m*.
gen·ius [ˈdʒiːnjəs] génie *m*; *pl.* **gen·i·i** [ˈ~niai] démon *m*, esprit *m*; *pl.* ~**ius·es** [ˈ~jəsiz] génie *m*; F don *m*, aptitudes *f/pl.* naturelles.
gen·o·cide [ˈdʒenousaid] extermination *f* d'une race.
gent F [dʒent] homme *m*, monsieur *m*.
gen·teel □ *sl. ou iro.* [dʒenˈtiːl] comme il faut; maniéré.
gen·tian ⚘ [ˈdʒenʃiən] gentiane *f*.
gen·tile [ˈdʒentail] **1.** gentil *m*; **2.** païen(ne *f*); *Am.* non mormon.
gen·til·i·ty *souv. iro.* [dʒenˈtiliti] prétention *f* au bon ton; haute bourgeoisie *f*.
gen·tle □ [ˈdʒentl] *usu.* doux (douce *f*); modéré; léger (-ère *f*); cher (chère *f*) (*lecteur*); *co.* noble; † bien né; bon(ne *f*) (*naissance*); ˈ~**·folk(s)** personnes *f/pl.* de bonne famille; ˈ~**·man** monsieur (*pl.* messieurs) *m*; homme *m* comme il faut; ⚖ rentier *m*; *sp.* amateur *m*; *bal*: cavalier *m*; † gentilhomme (*pl.* gentilshommes) *m*; *gentlemen!* messieurs!; ~'*s agreement* convention *f* verbale (*qui n'engage que la parole d'honneur des partis*); ˈ~**·man·like,** ˈ~**·man·ly** comme il faut; bien élevé; ˈ**gen·tle·ness** douceur *f*; ˈ**gen·tle·wom·an** dame *f ou* demoiselle *f* bien née.
gen·try [ˈdʒentri] petite noblesse *f*; *péj.* individus *m/pl.*
gen·u·flec·tion, gen·u·flex·ion [dʒenjuˈflekʃn] génuflexion *f*.
gen·u·ine □ [ˈdʒenjuin] authentique; véritable; franc(he *f*); sincère.
ge·nus [ˈdʒiːnəs] (*pl. genera*) genre *m* (*a. fig.*).
ge·od·e·sy [dʒiˈɔdisi] géodésie *f*.
ge·og·ra·pher [dʒiˈɔgrəfə] géographe *m*; **ge·o·graph·i·cal** □ [dʒiəˈgræfikl] géographique; **ge·og·ra·phy** [~ˈɔgrəfi] géographie *f*.
ge·o·log·ic, ge·o·log·i·cal □ [dʒiəˈlɔdʒik(l)] géologique; **ge·ol·o·gist** [dʒiˈɔlədʒist] géologue *mf*; **geˈol·o·gy** géologie *f*.
ge·om·e·ter [dʒiˈɔmitə] géomètre *m*; **ge·o·met·ric, ge·o·met·ri·cal** □ [dʒiəˈmetrik(l)] géométrique; **ge·om·e·try** [~ˈɔmitri] géométrie *f*.
ge·o·phys·ics [dʒiəˈfiziks] *usu. sg.* géophysique *f*.
ge·ra·ni·um ⚘ [dʒiˈreinjəm] géranium *m*.
germ [dʒəːm] **1.** germe *m*; **2.** germer.
Ger·man[1] [ˈdʒəːmən] **1.** allemand; ⚕ ~ *measles* rubéole *f*; ~ *Ocean* mer *f* du Nord; ⊕ ~ *silver* argentan *m*, maillechort *m*; ~ *steel* acier *m* brut; ~ *text* caractères *m/pl.* gothi-

ques; ~ *toys pl.* jouets *m/pl.* de Nuremberg; **2.** *ling.* allemand *m*; Allemand(e *f*) *m*.

ger·man[2] [~]: *brother etc.* ~ frère *m etc.* germain; **ger·mane** [dʒəːˈmein] (*to*) approprié (à); se rapportant (à).

Ger·man·ic [dʒəːˈmænik] allemand; *hist.* germanique.

germ-car·ri·er [ˈdʒəːmkæriə] porteur *m* de bacilles.

ger·mi·nal [ˈdʒəːminl] germinal (-aux *m/pl.*); *fig.* en germe; **ger·mi·nate** [ˈ~neit] (faire) germer; **ger·miˈna·tion** germination *f*.

germ-proof [ˈdʒəːmpruːf] aseptique.

ger·ry·man·der *pol.* [ˈdʒerimændə] truquage *m* électoral.

ger·und *gramm.* [ˈdʒerənd] gérondif *m*.

ges·ta·tion ⚕, *vet.* [dʒesˈteiʃn] gestation *f*.

ges·tic·u·late [dʒesˈtikjuleit] *v/i.* gesticuler; *v/t.* exprimer par des gestes; **ges·tic·uˈla·tion** gesticulation *f*.

ges·ture [ˈdʒestʃə] geste *m*; signe *m*.

get [get] [*irr.*] **1.** *v/t.* obtenir, procurer; gagner; prendre; se faire (*une réputation etc.*); recevoir; aller chercher; attraper (*un coup, une maladie*); faire parvenir; faire (*inf., p.p.*); *Am.* F saisir; ~ *a wife* prendre femme; *have got* avoir; F *you have got to obey* il faut que vous obéissiez; ~ *one's hair cut* se faire couper les cheveux; ~ *me the book!* allez me chercher le livre!; ~ *by heart* apprendre par cœur; ~ *with child* faire un enfant à; ~ *away* arracher; éloigner; ~ *down* descendre (*qch.*); avaler (*une pilule etc.*); mettre (*qch.*) par écrit; ~ *in* rentrer; placer (*un mot*); donner (*un coup*); ~ *off* ôter (*un vêtement*); expédier (*une lettre*); ~ *on* mettre (*qch.*); ~ *out* arracher, tirer; (faire) sortir; ~ *over* faire passer (*qch.*) par-dessus; en finir avec (*qch.*); ~ *through* terminer; assurer le succès de; *parl.* faire adopter; ~ *up* faire monter; organiser; préparer; F (*se*) faire beau (belle); ~ *up steam* faire monter la pression; chauffer; **2.** *v/i.* devenir, se faire; aller, se rendre (à, *to*); en arriver (à *inf.*, *to inf.*); se mettre; ~ *ready* se préparer; ~ *about* circuler; être sur pied; ~ *abroad* se répandre; ~ *ahead* prendre de l'avance; ~ *along* s'avancer; faire du chemin; ~ *along with* s'accorder avec, s'entendre bien avec; ~ *around to* en venir à, trouver le temps de; ~ *at* atteindre; parvenir à; ~ *away* partir; s'échapper; ~ *away with it* réussir; faire accepter la chose; ~ *down to* descendre jusqu'à; *fig.* en venir à; F se mettre à; ~ *in* rentrer; placer (*un coup*); ~ *into* entrer *ou* monter dans; mettre (*une robe etc.*); ~ *off* descendre (*de qch.*); se tirer d'affaire; F attraper un mari; ✈ décoller; ~ *off with* faire la conquête de; ~ *on* monter sur; s'avancer (vers *qch.*); s'approcher (de, *to*); prendre de l'âge; s'entendre (bien), s'accommoder (avec, *with*); ~ *out* (*of, from*) sortir (de); s'échapper (de); se soustraire (à); ~ *over* franchir; passer par-dessus; *fig.* guérir de (*une maladie*); ~ *it over with* en finir avec; ~ *through* passer; *téléph.* obtenir la communication; ~ *to hear* (*ou know ou learn*) apprendre; ~ *up* se lever; grossir (*mer*); monter; s'élever (*prix etc.*); **get-at-a·ble** [getˈætəbl] accessible; d'accès facile; **get-a·way** [ˈgetəwei] *sp.* départ *m*; démarrage *m*; *Am.* fuite *f*; *make one's* ~ s'échapper; **ˈget·ter** acquéreur *m*; *zo.* reproducteur *m*; **ˈget·ting** acquisition *f*; mise *f*; ⚒ extraction *f*; **ˈget-to·geth·er** F réunion *f*; **get-ˈup** tenue *f*; ✝ habillage *m*; *Am.* F entrain *m*; esprit *m* entreprenant.

gew·gaw [ˈgjuːgɔː] babiole *f*, bagatelle *f*; ~*s pl.* afféteries *m/pl.*

gey·ser [ˈgaizə] *géog.* geyser *m*; [ˈgiːzə] chauffe-bain *m*; chauffe-eau *m/inv.* à gaz.

ghast·li·ness [ˈgɑːstlinis] horreur *f*; pâleur *f* mortelle; **ˈghast·ly** horrible; affreux (-euse *f*); blême.

gher·kin [ˈgəːkin] cornichon *m*.

ghost [goust] fantôme *m*, spectre *m*, revenant *m*; F nègre *m* (*d'un auteur*); *Holy* ♀ Saint-Esprit *m*; **ˈghost·like, ˈghost·ly** spectral (-aux *m/pl.*); **ˈghost·write** *Am.* écrire un article *etc.* qui paraîtra sous la signature d'autrui.

gi·ant [ˈdʒaiənt] géant (*a. su./m*).

gib·ber [ˈdʒibə] baragouiner; **ˈgib·ber·ish** baragouin *m*, charabia *m*.

gib·bet [ˈdʒibit] **1.** gibet *m*; ⊕

flèche *f* de grue; **2.** pendre; *fig.* clouer au pilori.

gib·bos·i·ty [gi'bɔsiti] gibbosité *f*, bosse *f*; **gib·bous** ['gibəs] gibbeux (-euse *f*); bossu (*personne*).

gibe [dʒaib] **1.** railler (q., *at s.o.*); se moquer (de q., *at s.o.*); **2.** raillerie *f*; moquerie *f*; brocard *m*.

gib·lets ['dʒiblits] *pl.* abatis *m*.

gid·di·ness ['gidinis] vertige *m*; *fig.* étourderie *f*; frivolité *f*; '**gid·dy** □ pris de vertige (*personne*); étourdi (*a. fig.*); *fig.* frivole; vertigineux (-euse *f*), qui donne le vertige.

gift [gift] **1.** don *m*; cadeau *m*, présent *m*; ⚜ prime *f* (*à un acheteur*); *deed of* ~ (acte *m* de) donation *f* entre vifs; ~ *shop surt. Am.* magasin *m* de nouveautés; *never look a* ~ *horse in the mouth* à cheval donné on ne regarde pas la bride; **2.** douer (de, *with*); donner en présent; '**gift·ed** bien doué; de talent.

gig [gig] cabriolet *m*; ⚓ petit canot *m*.

gi·gan·tic [dʒai'gæntik] (~*ally*) géant, gigantesque.

gig·gle ['gigl] **1.** rire nerveusement; **2.** petit rire *m* nerveux.

gild [gild] [*irr.*] dorer; '**gild·er** doreur (-euse *f*) *m*; '**gild·ing** dorure *f*.

gill[1] [dʒil] (*approx.*) huitième *m* de litre.

gill[2] [gil] *icht.* ouie *f*; *fig. usu.* ~*s pl.* bajoue *f*, -s *f/pl.*; *champignon*: lame *f*; *tex.* peigne *m*; ⊕ ailette *f*.

gill[3] [dʒil] jeune fille *f*; bonne amie *f*.

gilt [gilt] **1.** *prét. et p.p. de gild*; **2.** dorure *f*; doré *m*; '~**-edged** doré sur tranche; ⚜ de premier ordre; ⚜~ *securities* (*ou shares ou stock*) valeurs *f/pl.* de tout repos.

gim·crack ['dʒimkræk] **1.** article *m* de pacotille *ou* en toc; **2.** de pacotille (*meuble*); en toc (*bijou*); de carton (*maison*).

gim·let ⊕ ['gimlit] vrille *f*.

gim·mick *Am. sl.* ['gimik] truc *m*; tour *m*.

gin[1] [dʒin] genièvre *m*.

gin[2] [~] **1.** piège *m*, trébuchet *m*; ⊕ chèvre *f*; **2.** ⊕ égrener.

gin·ger ['dʒindʒə] **1.** gingembre *m*; F entrain *m*, énergie *f*; **2.** F (*souv.* ~ *up*) secouer; mettre du cœur au ventre de; **3.** roux (rousse *f*) (*cheveux*); ~ **ale**, ~ **beer** boisson *f* gazeuse au gingembre; '~**·bread** pain *m* d'épice; ~ **group** *pol.* groupe *m* de pression; '**gin·ger·ly** **1.** *adj.* délicat; **2.** *adv.* délicatement; '**ginger-nut** biscuit *m* au gingembre.

gip·sy ['dʒipsi] bohémien(ne *f*) *m*.

gi·raffe *zo.* [dʒi'rɑːf] girafe *f*.

gir·an·dole ['dʒirəndoul] girandole *f*.

gird[1] [gəːd] **1.** raillerie *f*; brocard *m*; **2.** railler (q., *at s.o.*); se moquer (de, *at*).

gird[2] [~] [*irr.*] ceindre (de, *with*); encercler (de, *with*).

gird·er ⊕ ['gəːdə] poutre *f*.

gir·dle ['gəːdl] **1.** ceinture *f*; gaine *f*; **2.** entourer, ceindre.

girl [gəːl] jeune fille *f*; F employée *f*; domestique *f*; ~ *Friday* aide *f* de bureau; *Brit.* ~ *guide*, *Am.* ~ *scout* éclaireuse *f*; **girl·hood** ['~hud] jeunesse *f*; adolescence *f*; '**girl·ish** □ de jeune *ou* petite fille; '**girl·ishness** air *m* de petite fille; '**girl·y** *Am.* F magazine *m* (*de beautés légèrement vêtues*).

girt [gəːt] **1.** *prét. et p.p. de gird*[2]; **2.** ⊕ circonférence *f*.

girth [gəːθ] **1.** sangle *f* (de selle); circonférence *f*; **2.** sangler (*un cheval*).

gist [dʒist] ⚖ principal motif *m*; F essence *f*; point *m* essentiel; fond *m*.

give [giv] **1.** [*irr.*] *v/t. usu.* donner; remettre; causer; faire (*attention, aumône, peine, plaisir, saut, etc.*); pousser (*un soupir etc.*); présenter (*des compliments*) porter (*un coup*); prononcer (*un arrêt*); céder (*une place*); ~ *attention to* faire attention à; ~ *battle* donner bataille; ~ *birth to* donner le jour à; donner naissance à (*a. fig.*); ~ *chase to* donner la chasse à; ~ *credit to* ajouter foi à; ~ *ear to* prêter l'oreille à; ~ *one's mind to* s'appliquer à; ~ *it to s.o.* rosser q.; semoncer vertement q.; ~ *away* donner; F trahir; ~ *away the bride* conduire la mariée à l'autel; ~ *back* rendre; ~ *forth* émettre; dégager; ~ *in* donner; remettre; ~ *out* distribuer; annoncer; exhaler (*une odeur etc.*); émettre; ~ *over* abandonner; remettre; ~ *up* rendre (*une proie*); abandonner (*affaire, malade, prétention*); ~ *o.s. up* se livrer (à, *to*); se constituer prisonnier; **2.** [*irr.*] *v/i.* ~ (*in*) céder;

se rendre; ~ *into*, ~ (*up*)*on* donner sur (*la rue etc.*); ~ *out* manquer; faire défaut; être à bout; s'épuiser; ~ *over* finir; **3.** *su.* élasticité *f*; **give-and-take** ['givən'teik] concessions *f/pl.* mutuelles; **give-a·way** ['givə-'wei] F trahison *f*; *radio, télév., surt. Am.* ~ *show* (*ou program*) audition *f* où on décerne des prix à des concurrents; '**giv·en** *p.p. de give*; ~ *name Am.* nom *m* de baptême; ~ *to* adonné à; ~ (*that*) étant donné (que); '**giv·er** donneur (-euse *f*) *m*; ⚜ *lettre de change*: tireur *m*.

giz·zard ['gizəd] gésier *m*.

gla·cé ['glæsei] glacé.

gla·ci·al □ ['gleisiəl] glacial (-als *m/pl.*); *géol.* glaciaire; ⚗ cristallisé; **gla·cier** ['glæsjə] glacier *m*; **gla·cis** ⚔ ['glæsis] glacis *m*.

glad □ [glæd] heureux (-euse *f*), content, bien aise (de *of, at, to*); joyeux (-euse *f*); ~*ly* volontiers, avec plaisir; F *give s.o. the* ~ *eye* lancer des œillades à q.; **glad·den** ['~dn] réjouir.

glade [gleid] clairière *f*; *Am.* région *f* marécageuse.

glad·i·a·tor ['glædieitə] gladiateur *m*.

glad·ness ['glædnis] joie *f*; **glad·some** ['~səm] heureux (-euse *f*), joyeux (-euse *f*).

Glad·stone ['glædstən] (*a.* ~ *bag*) sac *m* américain.

glair [glɛə] **1.** glaire *f*; **2.** glairer.

glam·or·ize ['glæməraiz] faire apparaître sous de belles couleurs; glorifier, magnifier; embellir; **glam·or·ous** ['~əs] magnifique; brillant; enchanteur (-eresse *f*); *fig.* éblouissant; **glam·o(u)r** ['~mə] **1.** charme *m*, enchantement *m*; ~ *girl* jeune beauté *f* fascinante; **2.** fasciner.

glance [glɑːns] **1.** ricochet *m*; regard *m*; coup *m* d'œil; **2.** jeter un regard (sur, *at*); lancer un coup d'œil (à, *at*); refléter; ~ *aside* (*ou off*) ricocher, dévier; ~ *over* parcourir, examiner rapidement.

gland *anat.*, ⚘ [glænd] glande *f*; **glan·dered** *vét.* ['~əd] morveux (-euse *f*); **glan·ders** *vét.* ['~əz] *sg.* morve *f*; **glan·du·lar** ['~julə] glandulaire.

glare [glɛə] **1.** éclat *m*, clarté *f*; éblouissement *m*; regard *m* fixe et furieux; **2.** briller d'un éclat éblouissant; lancer un regard furieux (à, *at*); **glar·ing** □ ['~riŋ] éblouissant, aveuglant; *fig.* manifeste; flagrant.

glass [glɑːs] **1.** verre *m*; miroir *m*, glace *f*; (*a. reading-*~) loupe *f*; baromètre *m*; *coll.* verrerie *f*; (*a pair of*) ~*es pl.* (*des*) lunettes *f/pl.*; **2.** de *ou* en verre; **3.** vitrer; '~**-blow·er** souffleur *m* de verre; verrier *m*; **glass·ful** ['~ful] (plein) verre *m*; '**glass·i·ness** aspect *m* vitreux.

glass...: '~**-roofed court** cour *f* vitrée; '~**-shade** cloche *f*; '~**-works** ⊕ *usu. sg.* verrerie *f*; '**glass·y** □ vitreux (-euse *f*).

glaze [gleiz] **1.** vernis *m*; *cuis.* glace *f*; *peint.* glacis *m*; **2.** (se) glacer; *v/t.* vitrer; vernir; lisser; *v/i.* devenir vitreux (*œil*); ~*d paper* papier *m* brillant; ~*d veranda* véranda *f* vitrée; **gla·zier** ['~iə] vitrier *m*; '**glaz·ing** pose *f* des vitres; vernissage *m*; vitrerie *f*; '**glaz·y** glacé.

gleam [gliːm] **1.** lueur *f* (*a. fig.*); reflet *m*; **2.** (re)luire; miroiter (*eau*).

glean [gliːn] *v/t.* glaner; *v/i.* faire la glane; '**glean·er** glaneur (-euse *f*) *m*; **glean·ings** ['~iŋz] *pl.* glanure *f*, -s *f/pl.*

glebe [gliːb] terre *f* assignée à un bénéfice; *poét.* terrain *m*, glèbe *f*.

glee [gliː] joie *f*, allégresse *f*; ♪ petit chant *m* (à 3 *ou* 4 parties) sans accompagnement; (*male*) ~ *club* chorale *f*; **glee·ful** □ ['~ful] allègre, joyeux (-euse *f*).

glen [glen] vallon *m*.

glib □ [glib] † glissant; *péj.* spécieux (-euse *f*); beau parleur (*personne*); '**glib·ness** spéciosité *f*; faconde *f*.

glide [glaid] **1.** glissement *m*; *danse*: glissade *f*; ✈ vol *m* plané; *gramm.* son *m* transitoire; **2.** (faire) glisser, couler; *v/i.* ✈ faire du vol plané; '**glid·er** planeur *m*, glisseur *m*; ~ *pilot* pilote *m* de planeur; '**glid·ing** glissement *m*; vol *m* plané.

glim·mer ['glimə] **1.** faible lueur *f*; miroitement *m*; *min.* mica *m*; **2.** entreluire, jeter une faible lueur; miroiter (*eau*).

glimpse [glimps] **1.** vision *f* momentanée; **2.** entrevoir; ~ *at* avoir la vision fugitive de; jeter un rapide coup d'œil sur.

glint [glint] **1.** étinceler, entreluire; **2.** éclair *m*, reflet *m*.
glis·sade *alp.* [gli'sɑ:d] **1.** faire une descente en glissade; **2.** glissade *f*.
glis·ten ['glisn], **glit·ter** ['glitə] étinceler, (re)luire; scintiller; *fig.* briller.
gloam·ing ['gloumiŋ] crépuscule *m*.
gloat [glout] ([*up*]*on*, *over*) savourer (*qch.*); se réjouir (de); triompher (de).
glob·al ['gloubl] global (-aux *m/pl.*); mondial (-aux *m/pl.*); universel(le *f*); **globe** [gloub] globe *m* (*a. anat.*); sphère *f*; terre *f*; '**globe-trot·ter** globe-trotter *m*; **glo·bose** ['~ous] ⚘ globeux (-euse *f*); **glo-bos·i·ty** [~'bɔsiti] caractère *m* globuleux *etc.*; **glob·u·lar** □ ['glɔbjulə] globuleux (-euse *f*); globulaire; **glob·ule** ['~ju:l] globule *m*.
gloom [glu:m] **1.** obscurité *f*, ténèbres *f/pl.*; mélancolie *f*; **2.** *v/i.* se renfrogner; s'assombrir; *v/t.* obscurcir; assombrir; '**gloom·i·ness** obscurité *f*; mélancolie *f*, tristesse *f*; '**gloom·y** □ sombre, obscur, ténébreux (-euse *f*); morne.
glo·ri·fi·ca·tion [glɔ:rifi'keiʃn] glorification *f*; **glo·ri·fy** ['~fai] glorifier; '**glo·ri·ous** □ glorieux (-euse *f*); resplendissant; *fig.* magnifique.
glo·ry ['glɔ:ri] **1.** gloire *f*; renommée *f*; splendeur *f*, éclat *m*; *Am.* F *Old* ⚲ drapeau *m* des É.-U.; **2.** (*in*) se glorifier (de); être fier (-ère *f*) (de); F se réjouir (de).
gloss[1] [glɔs] **1.** glose *f*; commentaire *m*; **2.** gloser sur; F expliquer.
gloss[2] [~] **1.** vernis *m*, lustre *m*; *high* ~ *painting* ripolin *m*; **2.** lustrer, glacer; ~ *over* glisser sur, farder.
glos·sa·ry ['glɔsəri] glossaire *m*, lexique *m*.
gloss·i·ness ['glɔsinis] vernis *m*, lustre *m*; '**gloss·y** □ lustré, brillant, glacé.
glot·tis *anat.* ['glɔtis] glotte *f*.
glove [glʌv] gant *m*; *see hand* 1; *mot.* ~ *compartment* boîte *f* à gants; '**glov·er** gantier (-ère *f*) *m*.
glow [glou] **1.** lueur *f*; chaleur *f*; **2.** rayonner; rougir; '**~-worm** ver *m* luisant; luciole *f*.
gloze [glouz] (*usu.* ~ *over*) glisser sur, pallier.
glu·cose ⚗ ['glu:kous] glucose *m*.
glue [glu:] **1.** colle *f*; **2.** coller (*a. fig.*); ~ *one's eyes on* ne pas quitter (*qch.*) des yeux; '**glue·y** gluant, poisseux (-euse *f*).
glum □ [glʌm] renfrogné, maussade, morne.
glut [glʌt] **1.** excès *m*; surabondance *f*; ⚓ encombrement *m* (du marché); **2.** inonder, encombrer; ~ *o.s.* se rassasier.
glu·ten ⚘ ['glu:tən] gluten *m*; **glu-ti·nous** □ ['glu:tinəs] glutineux (-euse *f*).
glut·ton ['glʌtn] gourmand(e *f*) *m*; glouton(ne *f*) *m*, goulu(e *f*) *m*; *zo.* glouton *m*; ~ *for work* bourreau *m* de travail; '**glut·ton·ous** □ glouton(ne *f*); '**glut·ton·y** gourmandise *f*.
G-man *Am.* ['dʒi:mæn] agent *m* armé du F.B.I.
gnarl [nɑ:l] nœud *m*, loupe *f*; **gnarled**, *a.* '**gnarl·y** noueux (-euse *f*); tordu.
gnash [næʃ] grincer (*les dents*).
gnat [næt] moustique *m*, moucheron *m*.
gnaw [nɔ:] ronger; '**gnaw·er** rongeur *m*.
gnome[1] ['noumi:] maxime *f*, aphorisme *m*.
gnome[2] [noum] gnome *m*; gobelin *m*; '**gnom·ish** de gnome.
go [gou] **1.** [*irr.*] aller; se rendre; faire une promenade *ou* un voyage; marcher (*machine, cœur, affaire*); visiter (qch., *to s.th.*); sonner (*cloche*); passer (*temps*); aboutir (*affaire, guerre*); partir (de, *from*); s'en aller; disparaître; se casser; s'épuiser; *avec adj.*: devenir; se rendre; s'étendre (jusqu'à, *to*); adjuger (à, *for*) (*lot*); ~ *bad* se gâter; *see mad, sick*; (*this dog etc.*) *must* ~ il faut absolument qu'on se débarrasse de (*ce chien etc.*); *the story* ~*es that* on dit que; *sl. here* ~*es!* allons-y!; *sl.* ~ *it!* vas-y!; allez-y!; *as men etc.* ~ étant donné les hommes *etc.*; *let* ~ lâcher; laisser aller; ~ *shares* partager; ~ *to* (*ou and*) see aller voir; *just* ~ *and try!* essayez toujours!; ~ *about* circuler, aller çà et là; se mettre à (*une tâche*); ~ *abroad* voyager à l'étranger; émigrer; ~ *ahead* avancer; faire des progrès; persister; ~ *at* s'attaquer à; ~ *back* rentrer; re-

tourner; ~ *back from* (*ou* F *on*) revenir sur (*une promesse*); ~ *before fig.* devancer; ~ *behind* revenir sur (*qch.*); ~ *between* servir de médiateur entre (... *et* ...); passer entre; ~ *by* (*adv.*) passer; (*prp.*) se régler sur; ~ *by the name of* être connu sous le nom de; ~ *down* descendre; F prendre (avec, *with*), être (*bien ou mal*) reçu (de, *with*); ~ *for* aller chercher; F tomber sur; F s'en prendre à (*q.*); ~ *for* (aller) faire (*une promenade, un voyage, etc.*); ~ *in* entrer, rentrer; se cacher (*soleil*); ~ *in for* se mêler de, s'adonner à; ~ *in for an examination* se présenter à *ou* passer un examen; ~ *into* entrer dans; examiner (*une question*); ⅍ diviser; ~ *off* partir (*a. fusil etc.*), s'en aller; s'écarter; se passer; se détériorer; passer (*beauté*); tourner (*lait*); ~ *on* continuer sa route; continuer (de *inf., gér.*); marcher; passer (à, *to*); F se passer; F se conduire; ~ *on!* avancez!; *iro.* allons donc!; ~ *out* sortir; disparaître; baisser (*marée*); s'éteindre (*feu*); *pol.* quitter le pouvoir; ~ *over* passer (à, *to*) (*un parti etc.*); traverser; examiner; ~ *through* passer par; traverser; remplir; subir (*une épreuve*); examiner; ~ *through with* aller jusqu'au bout de; ~ *to* aller à; ~ *to expense* se mettre en dépense; ~ *up* monter; sauter; ⚕ subir une hausse; ~ *up to town* aller à la ville; ~ *with* accompagner; s'accorder avec; ~ *without* se passer de; **2.** F aller *m*; entrain *m*, coup *m*, essai *m*; F ⚕ accès *m*; *sl.* dernier cri *m*; *sl.* affaire *f*; *univ. sl. little* ~ premier examen *m*; *great* ~ examen *m* final; *on the* ~ à courir, remuant; *it is no* ~ ça ne prend pas; *is it a* ~? entendu?; *in one* ~ d'un seul coup; *have a* ~ essayer (de *inf., at gér.*).

goad [goud] **1.** aiguillon *m* (*a. fig.*); **2.** aiguillonner, piquer (*a. fig.*).

go-a·head F [ˈgouəhed] **1.** entreprenant; actif (-ive *f*); **2.** *surt. Am.* F esprit *m* entreprenant; *Am. sl.* voie *f* libre.

goal [goul] but *m* (*a. sp., a. foot.*); ˈ**~-ar·e·a** *foot.* surface *f* de but; **goal·ie** F [ˈgəuli] = ˈ**~-keep·er** *foot.* gardien *m* de but; F goal *m*; ~ **kick** *foot.* coup *m* de pied de but.

goat [gout] *zo.* chèvre *f*; *he-*~ bouc *m*; *fig.* imbécile *m*; *sl.* get *s.o.'s* ~ irriter q.; **goat**ˈ**ee** barbiche *f*; bouc *m*; ˈ**goat·ish** de bouc; lascif.

gob [gɔb] *sl.* crachat *m*; ⚒ remblai *m*; *Am.* F marin *m*; **gob·bet** [ˈ~it] grosse bouchée *f*.

gob·ble [ˈgɔbl] dévorer; glouglouter (*dindon*); **gob·ble·dy·gook** *Am. sl.* [ˈgɔbldiguk] style *m* ampoulé; jargon *m* (*des fonctionnaires*); ˈ**gob·bler** avaleur (-euse *f*) *m*; dindon *m*.

go-be·tween [ˈgoubitwi:n] intermédiaire *mf*.

gob·lin [ˈgɔblin] gobelin *m*, lutin *m*.

go-by [ˈgoubai]: *give s.o. the* ~ éviter q.; se dérober à q.

go-cart [ˈgoukɑ:t] poussette *f*, charrette *f* (*pour bébés*).

god [gɔd] *eccl.* ♀ dieu *m*; *fig.* idole *f*; ˈ**god·child** filleul(e *f*) *m*; ˈ**god·dess** déesse *f*; ˈ**god·fa·ther** parrain *m*; ˈ**god·for·sak·en** perdu (*endroit*); ˈ**god·head** divinité *f*; ˈ**god·less** impie; athée; ˈ**god·like** de dieu; divin; ˈ**god·li·ness** piété *f*; ˈ**god·ly** saint; pieux (-euse *f*), dévot; ˈ**god·moth·er** marraine *f*; ˈ**god·send** aubaine *f*; bienfait *m* du ciel; ˈ**god**ˈ**speed** bon voyage *m*, adieu *m*.

go·er [ˈgouə] passant *m*; *play*~ habitué(e *f*) *m* du cinéma *ou* théâtre; *cheval*: marcheur *m*; F homme *m* énergique.

gof·fer [ˈgoufə] gaufrer; tuyauter.

go-get·ter *Am. sl.* [ˈgouˈgetə] arriviste *mf*; homme *m* d'affaires *etc.* énergique.

gog·gle [ˈgɔgl] **1.** (*a.* ~ *one's eyes*) rouler de gros yeux; **2.** (*a pair of*) ~*s pl.* lunettes *f/pl.*; ˈ**~-box** *sl.* télé *f*.

go·ing [ˈgouiŋ] **1.** qui marche; qui va (sur); qui soit; F actuel(le *f*); *be* ~ *to* (*inf.*) être sur le point de (*inf.*); aller (*inf.*); avoir l'intention de (*inf.*); *keep* ~ aller toujours; *set* (*a-*)~ mettre en train; *a* ~ *concern* une affaire *etc.* en pleine activité; ~, ~, *gone!* une fois, deux fois, adjugé!; **2.** allée *f*; départ *m*; recours *m*; *sp.* état *m* du sol; *be heavy* ~ être difficile; ˈ**go·ings-**ˈ**on** *pl.* F conduite *f*.

goi·tre ⚕ [ˈgɔitə] goitre *m*; **goi·trous** [ˈgɔitrəs] goitreux (-euse *f*).

gold [gould] **1.** or *m*; **2.** d'or; *sl.* ~ *brick* escroquerie *f*; attrape-nigaud *m*; *Am. sl.* ~*brick* se défiler,

tirer au flanc; **'~-dig·ger** *Am.* chercheur *m* d'or; *sl.* maîtresse *f* coûteuse; **'gold·en** † d'or; *fig.* précieux (-euse *f*); **'gold·finch** *orn.* chardonneret *m*; **'gold-plat-ed** plaqué or; **'gold·smith** orfèvre *m*.
golf [gɔlf] *sp.* golf *m*; **'~·ball** balle *f* de golf; **'~-club** club *m* de golf; crosse *f* de golf; **'golf·er** golfeur (-euse *f*) *m*; joueur (-euse *f*) *m* de golf; **'golf-links** *pl.* terrain *m* de golf.
gol·li·wog(g) ['gɔliwɔg] poupée *f* grotesque; *fig.* objet *m* d'épouvante.
go·losh [gə'lɔʃ] caoutchouc *m*.
gon·do·la ⚓, ✈ ['gɔndələ] gondole *f*.
gone [gɔn] **1.** *p.p. de go 1*; **2.** *adj.* absent; mort; F épris, amoureux (-euse *f*) (de, *on*); F désespéré; *be ~! get you ~!* allez-vous-en!; *sl.* filez!; *sl.* *~ on* épris de (*q.*), emballé sur (*q.*); **'gon·er** *sl.* homme *m* fichu *ou* mort.
gong [gɔŋ] gong *m*.
good [gud] **1.** *usu.* bon(ne *f*); valable (*excuse*); excellent; avantageux (-euse *f*) (*mariage, prix, etc.*); *~ and Am.* très, tout à fait; *♀ Friday* (le) Vendredi *m* saint; *the ~ Samaritan* le bon Samaritain; *~ at* bon *ou* fort en; *in ~ earnest* pour (tout) de bon; *~ afternoon* bonjour!; *plus tard*: bonsoir!; *~ evening* bonsoir!; *~ morning* bonjour!; *~ night* bonne nuit!; **2.** bien *m*; *~s pl.* articles *m/pl.*; marchandises *f/pl.*; ⚖ biens *m/pl.*; *Am.* F avantage *m* (sur, *on*); *that's no ~* cela ne vaut rien; *it is no ~ talking* inutile de parler; *for ~* pour de bon; *~s station* (*train*) gare *f* (train *m*) de marchandises; *~s in process* produits *m/pl.* semi-fabriqués; *~s in short supply* marchandises *f/pl.* qui manquent; **~-bye 1.** [gud'bai] adieu *m*; **2.** ['gud'bai] au revoir!, adieu!; **'~-for-noth·ing 1.** bon(ne *f*) à rien; sans valeur; **2.** bon(ne *f*) *m* à rien; vaurien(ne *f*) *m*; **'good-hu·mo(u)red** de bonne humeur; jovial, bonhomme; **'good·li·ness** beauté *f*; **'good-look·ing** joli; **'good·ly** beau (bel *devant une voyelle ou un h muet*; belle *f*; beaux *m/pl.*); ample; considérable; **'good-'na·tured** bon(ne *f*); au bon naturel; **'good·ness** bonté *f*; bonne qualité *f*; *int.* dieu *m*!; *see gracious*; **'good-sized** assez grand; **'good·wife** maîtresse *f* de la maison; **'good'will** bonne volonté *f*; bienveillance *f* (envers, pour *towards*); ✝ clientèle *f*; ✝ achalandage *m*.
good·y[1] ['gudi] bonbon *m*.
good·y[2] [~] **1.** *adj.* édifiant; d'une piété affectée; **2.** *int. Am.* F chouette!
goo·ey F ['gu:i] gluant; sentimental.
goof F [gu:f] **1.** idiot(e *f*) *m*; gaffe *f*; **2.** *a. ~ up* saloper, gâcher, bousiller; **'goof·y** F idiot, toqué.
goon *Am. sl.* [gu:n] voyou *m*.
goose [gu:s] (*pl.* geese) oie *f*; *fig.* sot(te *f*) *m*; (*pl.* gooses) carreau *m* (*à repasser*).
goose·ber·ry ['guzbəri] groseille *f* verte; *buisson*: groseillier *m*; F *play ~* se trouver en tiers; *sl.* faire sandwich.
goose...: **'~-flesh,** *surt. Am.* **'~-pim·ples** *pl. fig.* chair *f* de poule; **'~-step** pas *m* de l'oie; **'goos·ey, 'goos·ie** F oison *m*.
go·pher *surt. Am.* ['goufə] saccophore *m*; chien *m* de prairie.
Gor·di·an ['gɔ:diən] gordien; *fig.* difficile, compliqué.
gore[1] [gɔ:] sang *m* coagulé.
gore[2] [~] **1.** *cost.* godet *m*; soufflet *m*; ⚓ pointe *f*; **2.** blesser avec les cornes; découdre; *cost.* faire goder.
gorge [gɔ:dʒ] **1.** gorge *f* (*a. géog.*); gosier *m*; *my ~ rises at it* j'en ai des nausées; **2.** (se) rassasier; (se) gorger.
gor·geous □ ['gɔ:dʒəs] magnifique; superbe; **'gor·geous·ness** splendeur *f*.
gor·get ⚔ ['gɔ:dʒit] hausse-col *m*.
gor·mand·ize ['gɔ:məndaiz] *vt/i.* bâfrer; *v/i.* goinfrer.
gorm·less *Brit.* F ['gɔ:mlis] bête; lourdaud; bouché.
gorse ⚘ [gɔ:s] genêt *m* épineux.
gor·y □ ['gɔ:ri] ensanglanté.
gosh F [gɔʃ] sapristi!
gos·hawk *orn.* ['gɔshɔ:k] autour *m*.
gos·ling ['gɔzliŋ] oison *m*.
gos·pel ['gɔspl] évangile *m*.
go-slow [gou'slou] grève *f* perlée; travail *m* au ralenti.
gos·sa·mer ['gɔsəmə] filandres *f/pl.*; ✝ gaze *f* légère.
gos·sip ['gɔsip] **1.** causerie *f*; *péj.* cancans *m/pl.*; *personne*: bavard(e *f*) *m*; *journ.* *~ column* échos *m/pl.*; **2.**

bavarder; faire des cancans (sur, *about*).

got [gɔt] *prét. et p.p. de get.*

Goth [gɔθ] *hist.* Goth *m* (*a. fig.*); *fig.* vandale *m*; ˈ**Goth·ic** gothique.

got·ten † *ou Am.* [ˈgɔtn] *p.p. de get.*

gouge [gaudʒ] **1.** ⊕ gouge *f*; **2.** (*usu.* ~ *out*) creuser à la gouge; *fig.* faire sauter (un œil à *q.*); *Am.* F duper, refaire.

gourd ⚘ [ˈguəd] courge *f*; gourde *f* (*a. bouteille*).

gout ⚕ [gaut] goutte *f*; podagre *f*; ˈ**gout·y** □ goutteux (-euse *f*); podagre.

gov·ern [ˈgʌvən] *v/t.* gouverner, régir (*a. gramm.*); *fig.* maîtriser; *v/i.* gouverner; ~*ing body* conseil *m* d'administration; ˈ**gov·ern·a·ble** □ gouvernable; ˈ**gov·ern·ess** gouvernante *f*; institutrice *f*; ˈ**gov·ern·ment** gouvernement *m*; régime *m*; ministère *m*; *Am.* conseil *m* municipal; *attr.* public, d'État, gouvernemental (-aux *m/pl.*); **gov·ern·men·tal** [~ˈmentl] gouvernemental (-aux *m/pl.*); ˈ**gov·er·nor** gouverneur *m* (*Am. d'un État des É.-U.*); F patron *m*; F vieux *m*; ⊕ régulateur *m*.

gown [gaun] **1.** robe *f*; *univ.*, ⚖ toge *f*; **2.** *v/t.* revêtir d'une robe; *v/i.* revêtir sa robe; **gowns·man** [ˈ~zmən] étudiant *m*; civil *m*.

grab F [græb] **1.** *v/t.* saisir, empoigner; *v/i.* ~ *at* s'agripper à; **2.** mouvement *m* vif de la main (*pour saisir q. etc.*); ⊕ benne *f* preneuse; *surt. Am.* ~*-bag* sac *m* à surprise; ˈ**grab·ber** accapareur (-euse *f*) *m*.

grace [greis] **1.** grâce *f*; bénédicité *m*; ⚓ délai *m*; *style*: aménité *f*; ~*s pl.* † agréments *m/pl.*; ♪ ~*-note* note *f* d'agrément; *myth.* *the* ♀*s pl.* les Grâces *f/pl.*; *act of* ~ faveur *f*; *with (a) good (bad)* ~ avec bonne (mauvaise) grâce; *Your* ♀ votre Grandeur *f*; *good* ~*s pl.* bonnes grâces *f/pl.*; **2.** embellir, orner; honorer (de, *with*); **grace·ful** □ [ˈ~ful] gracieux (-euse *f*); ˈ**grace·ful·ness** élégance *f*, grâce *f*; ˈ**grace·less** □ impie; F effronté; inélégant.

gra·cious □ [ˈgreiʃəs] gracieux (-euse *f*); bienveillant; miséricordieux (-euse *f*); *good(ness)* ~! bonté divine!; mon Dieu!; ˈ**gra·cious·ness** grâce *f*; bienveillance *f*.

gra·da·tion [grəˈdeiʃn] gradation *f*.

grade [greid] **1.** grade *m*, rang *m*, degré *m*; qualité *f*; *surt. Am. see gradient*; *Am.* classe *f*; *Am. make the* ~ arriver; surmonter les difficultés; *surt. Am.* ~ *crossing* passage *m* à niveau; *surt. Am.* ~*(d) school* école *f* primaire; **2.** classer; graduer; 🚂 ménager la pente de; améliorer (*le bétail*) par le métissage.

gra·di·ent [ˈgreidiənt] 🚂 *etc.* rampe *f*, pente *f*.

grad·u·al □ [ˈgrædjuəl] progressif (-ive *f*); graduel(le *f*); doux (douce *f*); **grad·u·ate 1.** [ˈ~eit] *v/t.* graduer; *v/i. Am.* recevoir son diplôme; *univ.* passer sa licence; prendre ses grades; **2.** [ˈ~it] *univ.* gradué(e *f*) *m*; **grad·u·a·tion** [~ˈeiʃn] gradation *f*; ⚗, ⚕ graduation *f*; *Am.* remise *f* d'un diplôme; *univ.* réception *f* d'un grade.

graft[1] [grɑːft] **1.** ✂ greffe *f*; **2.** ✂ greffer (*a.* ⚕), enter (*a. fig.*) (sur *in, upon*).

graft[2] *Am.* [~] **1.** corruption *f*, gratte *f*; rabiot *m*; **2.** F rabioter, gratter; ˈ**graft·er** F *surt. pol.* rapineur *m*, F tripoteur *m*.

grail, *a.* ♀ [greil] (Saint-)Graal *m*.

grain [grein] grain *m* (*a. fig., a. mesure, a. bois*); *coll.* grains *m/pl.*, céréales *f/pl.*; *fig.* brin *m*; *in* ~ invétéré, fieffé; *dyed in the* ~ (teint) grand teint; *against the* ~ contre le fil; *fig.* à contrecœur.

gram·i·na·ceous ⚘ [greimiˈneiʃəs] graminé.

gram·ma·logue [ˈgræməlɔg] sténogramme *m*.

gram·mar [ˈgræmə] grammaire *f* (*a. livre*); ~*-school* école *f* secondaire, collège *m*, lycée *m*; *Am.* école *f* primaire; **gram·mar·i·an** [grəˈmɛəriən] grammairien *m*; **gram·mat·i·cal** □ [grəˈmætikl] grammatical (-aux *m/pl.*).

gram(me) [græm] gramme *m*.

gram·o·phone [ˈgræməfoun] phonographe *m*; ~ *pick-up* pick-up *m/inv.*; ~ *record* disque *m*.

gran·a·ry [ˈgrænəri] grenier *m*.

grand □ [grænd] **1.** *fig.* grand; grandiose, magnifique; principal (-aux *m/pl.*); F excellent; ♀ *Duchess* grande-duchesse (*pl.* grandes-duchesses) *f*; ≗ *Duke* grand-duc (*pl.* grands-ducs) *m*; *Am.* ≗ *Old Party* parti *m* républicain; *sp.* ~ *stand* grande *f* tribune; **2.** ♪ (*a.* ~ *piano*) piano *m* à queue; *Am. sl.* mille dollars *m/pl.*; *miniature* ~ piano *m* demi-queue; **gran·dam(e)** [ˈ~dæm] † grand-mère (*pl.* grand[s]-mères) *f*; ˈ**grand·child** petit-fils (*pl.* petits-fils) *m*; petite-fille (*pl.* petites-filles) *f*; ~*ren pl.* petits-enfants *m/pl.*; **gran(d)·dad** F [ˈgrændæd] bon-papa (*pl.* bons-papas) *m*, grand-papa (*pl.* grands-papas) *m*; ˈ**grand-daugh·ter** petite-fille (*pl.* petites-filles) *f*; **gran·dee** [grænˈdiː] grand *m* (*d'Espagne*); *fig.* grand personnage *m*.

gran·deur [ˈgrændʒə] grandeur *f*; noblesse *f*; splendeur *f*; ˈ**grand-fa·ther** grand-père (*pl.* grands-pères) *m*; ~'*s clock* horloge *f* de parquet.

gran·dil·o·quence [grænˈdiləkwəns] emphase *f*; **granˈdil·o·quent** □ grandiloquent; emphatique.

gran·di·ose □ [ˈgrændious] grandiose, magnifique; pompeux (-euse *f*); **gran·di·os·i·ty** [~ˈɔsiti] grandiose *m*; caractère *m* pompeux.

grand·moth·er [ˈgrænmʌðə] grand-mère (*pl.* grand[s]-mères) *f*; ˈ**grand-ness** *see grandeur*.

grand...: ˈ**~-par·ents** *pl.* grands-parents *m/pl.*; **~·sire** [ˈ~saiə] † *ou animal*: grand-père (*pl.* grands-pères) *m*, aïeul (*pl.* -eux) *m*; ˈ**~·son** petit-fils (*pl.* petits-fils) *m*; ˈ**~·stand** tribune *f*.

grange [greindʒ] manoir *m*, château *m*; *Am.* fédération *f* agricole.

gran·ite [ˈgrænit] granit *m*; **gra·nit·ic** [græˈnitik] granitique, graniteux (-euse *f*).

gran·ny F [ˈgræni] bonne-maman (*pl.* bonnes-mamans) *f*.

grant [grɑːnt] **1.** concession *f*; subvention *f* (*pécuniaire*); ⚖ don *m*, cession *f*; **2.** accorder; céder; admettre; ⚖ faire cession de; *take for* ~*ed* prendre pour avéré, présupposer; ~*ing this* (*to*) *be so* admettant qu'il en soit ainsi; ceci posé; *God* ~...! Dieu veuille ...!; **granˈtee** ⚖ cessionnaire *mf*; donataire *mf*; **grant-in-aid** [ˈgrɑːntinˈeid] subvention *f* de l'État; **grant·or** ⚖ [~ˈtɔː] donateur (-trice *f*) *m*.

gran·u·lar [ˈgrænjulə] granuleux (-euse *f*); **gran·u·late** [ˈleit] (se) cristalliser; (se) grenailler; **gran·u·ˈla·tion** granulation *f*; **gran·ule** [ˈ~juːl] granule *m*; **gran·u·lous** [ˈ~juləs] granuleux (-euse *f*), granulaire.

grape [greip] (grain *m* de) raisin *m*; *unfermented* ~ *juice* jus *m* de raisin (*infermenté*); ˈ**~·fruit** ⚘ pamplemousse *m ou f*; ✝ grape-fruit *m*; ˈ**~-sug·ar** sucre *m* de raisin; ˈ**~-vine** vigne *f*; rumeur *f* publique; *hear s.th. through ou on the* ~ apprendre qch. par le téléphone arabe.

graph [græf] graphique *m*, courbe *f*; ˈ**graph·ic**, ˈ**graph·i·cal** □ graphique; *fig.* pittoresque, vivant; ~ *arts pl.* graphique *f*; **graph·ite** *min.* [ˈ~fait] graphite *m*; **graph·ol·o·gy** [~ˈfɔlədʒi] graphologie *f*.

grap·nel [ˈgræpnəl] ⚓ grappin *m*; ✈ ancre *f*.

grap·ple [ˈgræpl] **1.** ⚓ grappin *m*; ⊕ araignée *f*; **2.** *v/t.* accrocher; *v/i. fig.* en venir aux prises (avec, *with*), s'attaquer (à, *with*).

grasp [grɑːsp] **1.** poigne *f*; prise *f*; étreinte *f*; *fig.* compréhension *f*; **2.** *v/t.* saisir; empoigner; *fig.* comprendre; *v/i.*: ~ *at* chercher à saisir (*qch.*); saisir avidement (*une offre etc.*); ˈ**grasp·ing** □ tenace; F avare.

grass [grɑːs] herbe *f*; pâture *f*; gazon *m*; *sl.* herbe *f* (*marijuana*); *at* ~ au vert (*a. fig.* = *en congé*); *send to* ~ F étendre (*q.*) par terre; ˈ**~·hop·per** sauterelle *f*; ˈ**~·plot** pelouse *f*; ˈ**~-roots 1.** émanant du peuple, populaire; **2.** *pol. etc.* base *f*; *fig. les* faits *m/pl.* fondamentaux; ˈ**~-wid·ow** F veuve *f* temporaire; femme *f* séparée (de son mari); ˈ**~-ˈwid·ow·er** F veuf *m* temporaire; homme *m* séparé (de sa femme); ˈ**grass·y** herbeux (-euse *f*), herbu.

grate[1] [greit] grille *f* (*du foyer, a.* ⊕); âtre *m*; *fig.* foyer *m*.

grate[2] [~] *v/t.* râper; grincer de (*ses dents*); *v/i.* grincer, crier; ~ (*up*)*on fig.* choquer (*les oreilles*), agacer (*les nerfs*).

grate·ful □ [ˈgreitful] reconnaissant; agréable (*chose*); bienfaisant.

grat·er [ˈgreitə] râpe *f*.

grat·i·fi·ca·tion [grætifiˈkeiʃn] satisfaction *f*, plaisir *m*; **grat·i·fy** [ˈ~fai] satisfaire; faire plaisir à;

ˈ**grat·i·fy·ing** flatteur (-euse *f*), agréable.
grat·ing [ˈgreitiŋ] **1.** □ grinçant, discordant; **2.** treillis *m*; grillage *m*; grincement *m*.
gra·tis [ˈgreitis] gratuit, gratis.
grat·i·tude [ˈgrætitjuːd] reconnaissance *f*, gratitude *f* (envers, *to*).
gra·tu·i·tous □ [grəˈtjuːitəs] gratuit; sans motif; bénévole; injustifié; **graˈtu·i·ty** gratification *f*; F pourboire *m*.
gra·va·men ⚖ [grəˈveimen] fond [*m*, fondement *m*.]
grave[1] □ [greiv] grave; sérieux (-euse *f*); *gramm.* ~ *accent* accent *m* grave.
grave[2] [~] **1.** tombe(au *m*) *f*; **2.** [*irr.*] *usu. fig.* graver; ˈ**~-dig·ger** fossoyeur *m*.
grav·el [ˈgrævl] **1.** gravier *m*; ⚕ gravelle *f*; **2.** graveler; sabler; F réduire (*q.*) à quia; ˈ**grav·el·ly** graveleux (-euse *f*).
grav·en [ˈgreivən] *p.p. de grave*[2] **2.**
grav·er ⊕ [ˈgreivə] échoppe *f*.
grave...: ˈ**~·side**: *at his* ~ au bord de son tombeau; ˈ**~·stone** pierre *f* tombale; ˈ**~·yard** cimetière *m*.
grav·ing dock ⚓ [ˈgreiviŋˈdɔk] cale *f* sèche; bassin *m* de radoub.
grav·i·tate [ˈgræviteit] graviter (vers, *to*[*wards*]); **grav·iˈta·tion** gravitation *f*; **grav·iˈta·tion·al** [~ʃənl] de gravitation (*force etc.*); *phys.* ~ *pull* gravitation *f*.
grav·i·ty [ˈgræviti] gravité *f* (*phys.*, *a. fig.*); *fig.* sérieux *m*; *centre of* ~ centre *m* de gravité; *phys. specific* ~ poids *m* spécifique.
gra·vy [ˈgreivi] jus *m*; sauce *f* au jus; ˈ**~-boat** saucière *f*.
gray [grei] gris; blême (*teint*); *Am.* F moyen(ne *f*); *see a. grey*.
graze[1] [greiz] **1.** *vt/i.* paître; *v/t. vaches*: pâturer (*un champ*).
graze[2] [~] **1.** écorcher; *fig.* raser; **2.** écorchure *f*.
gra·zier [ˈgreiziə] éleveur *m*.
grease 1. [griːz] graisser; **2.** [griːs] graisse *f*; *wool* ~ suint *m*; ˈ**~-cup** *mot.* graisseur *m*; ˈ**~-gun** *mot.* pompe *f* à graisse; ˈ**~-pa·per** papier *m* parcheminé; papier *m* jambon; ˈ**~-proof** parcheminé; **greas·er** *Am. sl.* [ˈgriːzə] Mexicain *m*, Américain *m* du Sud; **greas·y** □ [ˈgriːzi] graisseux (-euse *f*); taché de graisse; gras(se *f*).

great □ [greit] **1.** *usu.* grand; *qqfois* magnifique; important; F fameux (-euse *f*); ~ *grandchild* arrière-petit-fils *m*, arrière-petite-fille *f* (*pl.* ~*grandchildren* arrière-petits-enfants *m/pl.*) ~ *grandfather* arrière-grand-père (*pl.* arrière-grands-pères) *m*; *see deal, many*; **2.** *the* ~ *pl.* les grands (hommes) *m/pl.*, les célébrités *f/pl.*; *Am. no* ~ nullement; ˈ**~-coat** pardessus *m*; ˈ**great·ly** beaucoup, fortement; ˈ**great·ness** grandeur *f*; importance *f*.
greave [griːv] jambière *f*.
greaves [griːvz] *pl. cuis.* cretons [*m/pl.*]
Gre·cian [ˈgriːʃn] grec(que *f*).
greed [griːd], ˈ**greed·i·ness** cupidité *f*; gourmandise *f*; ˈ**greed·y** □ avide (de *of, for*); gourmand.
Greek [griːk] **1.** grec(que *f*); **2.** *ling.* grec *m*; Grec(que *f*) *m*; *that is* ~ *to me* c'est de l'hébreu pour moi.
green [griːn] **1.** □ vert (*a.* ⊕); inexpérimenté, jeune; naïf (-ïve *f*); frais (fraîche *f*); blême (*teint*); **2.** vert *m*; gazon *m*, pelouse *f*; *fig.* première jeunesse *f*; ~*s pl.* légumes *m/pl.* verts; ˈ**~·back** *Am.* billet *m* d'un dollar *m*; ˈ**~·baize ta·ble** tapis *m* vert, table *f* de jeu; ˈ**green·er·y** verdure *f*, feuillage *m*.
green...: ˈ**~ˈgage** ⚘ reine-claude (*pl.* reines-claudes) *f*; ˈ**~·gro·cer** marchand(e *f*) *m* de légumes; fruitier (-ère *f*) *m*; ˈ**~·gro·cer·y** commerce *m* de légumes; légumes *m/pl.* et fruits *m/pl.*; ˈ**~·horn** F blanc-bec (*pl.* blancs-becs) *m*, bleu *m*; ˈ**~·house** serre *f* (chaude); ˈ**green·ish** verdâtre.
Green·land·er [ˈgriːnləndə] Groenlandais(e *f*) *m*; **Green·land·man** ⚓ [ˈ~ləndmən] baleinière *f* (*des pêcheries du Groenland*).
green light F voie *f* libre; *fig.* permission *f*; ˈ**green·ness** verdeur *f*; verdure *f*; immaturité *f*; naïveté *f*.
green...: ˈ**~-room** *théâ.* foyer *m* des artistes; ˈ**~·sick·ness** ⚕ chlorose *f*; ˈ**~·sward** gazon *m*.
greet [griːt] saluer; accueillir; ˈ**greet·ing** salut(ation *f*) *m*; accueil *m*; ~*s card* carte *f* de vœux.
gre·gar·i·ous □ [greˈgɛəriəs] grégaire.
gre·nade ⚔ [griˈneid] grenade *f* (à main, extinctrice); **gren·a·dier** [grenəˈdiə] grenadier *m*.

grew [gru:] *prét. de grow.*

grey □ [grei] **1.** gris; *fig.* ~ *area* zone *f* sombre; ♀ *Friar* frère *m* mineur; Franciscain *m*; ~ *matter anat.* substance *f* grise (du cerveau); *fig.* intelligence *f*; **2.** gris *m*; cheval *m* gris; **3.** grisailler; *v/i.* grisonner (*cheveux*); **'~·haired** aux cheveux gris, grisonnant; **'~·hound** lévrier *m*, levrette *f*; **'grey·ish** grisâtre; grisonnant (*cheveux*).

grid [grid] grille *f*, grillage *m*; réseau *m*; treillis *m*; *national* ~ caisse *f* nationale de l'énergie; *foot. Am.* (*a.* ~ *iron*) terrain *m* de rugby; *see a. gridiron*; **'grid·i·ron** *cuis.* gril *m*; *cycl.* F bicyclette *f*.

grief [gri:f] douleur *f*, chagrin *m*; *fig.* accident *m*.

griev·ance ['gri:vəns] grief *m*; injustice *f*; **grieve** [gri:v] (s')affliger; (se) chagriner; **'griev·ous** □ pénible; cruel(le *f*); grave; **'griev·ous·ness** gravité *f*.

grif·fin ['grifin] *myth.* griffon *m* (*a. chien*).

grig [grig] petite anguille *f*; grillon *m*.

grill [gril] **1.** griller; *v/t. sl.* cuisiner (*q.*); **2.** gril *m*; *cuis.* grillade *f*; **'~-room** grill-room *m*.

grim □ [grim] sinistre; sévère; farouche; ~ *facts* faits *m/pl.* brutaux; ~ *humo(u)r* humour *m* macabre.

gri·mace [gri'meis] **1.** grimace *f*; **2.** grimacer.

gri·mal·kin [gri'mælkin] mistigri *m*; *femme*: mégère *f*.

grime [graim] **1.** saleté *f*; poussière *f* de charbon *etc.*; **2.** noircir, salir; **'grim·y** □ noirci, sale; barbouillé.

grin [grin] **1.** large sourire *m*; **2.** sourire d'une oreille à l'autre; ~ *at* adresser un large sourire à (*q.*).

grind [graind] **1.** [*irr.*] *v/t.* moudre; broyer; dépolir (*un verre*); ⊕ meuler; aiguiser (*une lame*); *fig.* opprimer; *Am. sl.* faire enrager; *sl.* faire travailler; ~ *one's teeth* grincer des dents; ~ *out* tourner (*un air*); dire entre les dents; *v/i.* grincer, crisser; *sl.* potasser; bûcher; **2.** grincement *m*; *sl.* turbin *m*; **'grind·er** pileur (-euse *f*) *m*; (dent *f*) molaire *f*; moulin *m* (à café); ⊕ rectifieuse *f*; *sl.* joueur *m* d'orgue de Barbarie; **'grind·ing** *fig.* déchirant, rongeur (-euse *f*); ⊕ à roder; **'grind·stone** meule *f* à aiguiser; *keep s.o.'s nose to the* ~ faire travailler q. sans relâche.

grip [grip] **1.** empoigner; saisir (*a. fig.*); *fig.* ~*ping* passionnant; **2.** prise *f*, serrement *m*; poignée *f* (*a. cycl.*); *Am. see gripsack*; *get to* ~*s with* en venir aux prises avec.

gripe [graip] **1.** saisissement *m*; étreinte *f*; poignée *f*; ~*s pl.* colique *f*; *surt. Am.* plaintes *f/pl.*; **2.** *v/t.* saisir, empoigner; donner la colique à; *v/i. surt. Am.* F rouspéter, se plaindre.

grip·sack *Am.* ['gripsæk] petite valise *f* à main.

gris·ly ['grizli] affreux (-euse *f*); effrayant.

grist [grist] blé *m* moulu *ou* à moudre; *fig. bring* ~ *to the mill* faire venir l'eau au moulin.

gris·tle ['grisl] cartilage *m*; **'gris·tly** cartilagineux (-euse *f*).

grit [grit] **1.** grès *m*; sable *m*; *pierre*: grain *m*; ⊕ impuretés *f/pl.*; F courage *m*; **2.** ~ *one's teeth* grincer des dents; **'grit·ty** sablonneux (-euse *f*); graveleux (-euse *f*) (*a. poire*); *Am. sl.* qui a du cran.

griz·zle F ['grizl] grognonner; pleurnicher; **'griz·zled** *see grizzly 1*; **'griz·zly** **1.** grisonnant (*cheveux etc.*); ~ *bear* = **2.** ours *m* grizzlé.

groan [groun] **1.** gémissement *m*, plainte *f*; **2.** gémir; pousser des gémissements; † ~ *for* languir après.

groat [grout]: *not worth a* ~ qui ne vaut pas un liard.

groats [grouts] *pl.* gruau *m* d'avoine *ou* de froment.

gro·cer ['grousə] épicier (-ère *f*) *m*; **'gro·cer·y** épicerie *f*; *Am.* boutique *f* d'épicier; *Am.* débit *m* de boissons; *groceries pl.* (articles *m/pl.* d')épicerie *f*.

grog [grɔg] grog *m*; **'grog·gy** chancelant; soûl.

groin [grɔin] **1.** *anat.* aine *f*; ⚠ arête *f*; nervure *f*; **2.** ⚠ fournir d'arêtes; tailler les nervures sur.

groom [grum] **1.** valet *m* (*du roi etc*); valet *m* d'écurie; laquais *m*; *see bridegroom*; **2.** panser (*un cheval*); *Am. pol.* dresser (*un candidat*); *well* ~*ed* bien entretenu; élégant, bien soigné (*personne*); **grooms·man** ['~zmən] garçon *m* d'honneur.

groove [gru:v] **1.** rainure *f*; cannelure *f*; *vis*: creux *m*; *disque*: sillon *m*; *fig.* routine *f*; ~*s pl. canon etc.*: rayures *f/pl.*; *fig. in the* ~ rangé;

dans la bonne voie; **2.** rainer, canneler; rayer.

grope [group] tâtonner.

gross [grous] **1.** □ gros(se *f*); gras (-se *f*); grossier (-ère *f*); global (-aux *m/pl.*); ⚜ brut; ⚜ ~ *national product* revenu *m* national brut; **2.** grosse *f* (*12 douzaines*); *Am.* recette *f* brute; *in the* ~ à tout prendre; ˈ**gross·ness** grossièreté *f*; énormité *f*.

gro·tesque □ [grouˈtesk] grotesque.

grot·to [ˈgrɔtou] grotte *f*.

grouch *Am.* F [grautʃ] **1.** rouspéter; ronchonner; **2.** maussaderie *f*; plainte *f*; *personne*: grogneur (-euse *f*) *m*; ˈ**grouch·y** grognon(ne *f*).

ground[1] [graund] *prét. et p.p. de grind*[1]; ~ *glass* verre *m* dépoli; *phot.* (châssis *m* à) glace *f* dépolie.

ground[2] [~] **1.** fond *m*; terre *f*; terrain *m* (*a. sp.*); raison *f*, cause *f*; base *f*; sol *m*; ⚡ terre *f*, masse *f*; ~*s pl.* parc *m*, terrains *m/pl.*; motifs *m/pl.*; raisons *f/pl.*; marc *m* de café; *on the* ~(*s*) *of* pour *ou* en raison de; *fall to the* ~ tomber par *ou* à terre; *fig.* ne pas aboutir; *give* ~ lâcher pied; *stand one's* ~ tenir bon; **2.** *v/t.* fonder, baser; enseigner à fond; ⊕ donner la première couche de peinture à, préparer; ⚡ mettre à la terre *ou* masse; ⚓ jeter à la côte; *v/i.* ⚓ (s')échouer; *well* ~*ed* bien fondé; ˈ**ground·age** ⚓ droits *m/pl.* de mouillage *ou* d'ancrage.

ground...: ˈ**~-con·nex·ion** ⚡ prise *f* de terre; *mot.* mise *f* à la masse; ˈ**~-ˈfloor** rez-de-chaussée *m/inv.*; ˈ**~-hog** *surt. Am.* marmotte *f* d'Amérique; ˈ**~·less** □ sans fondement; ˈ**~-nut** arachide *f*; ˈ**~-ˈplan** plan *m* de fondation.

ground·sel [ˈgraunsl] séneçon *m*.

ground...: ˈ**~·sheet** tapis *m* de sol; ˈ**~s·man** gardien *m* de stade; ~ **staff** ✈ personnel *m* rampant *ou* non-navigant; ~ **swell** houle *f* de fond; ~ **wire** ⚡ fil *m* de terre *ou* masse; ˈ**~·work** fond(ement) *m*; *poét.* canevas *m*.

group [gruːp] **1.** groupe *m*; peloton *m*; *psych.* ~ *therapy* thérapie *f* de groupe; **2.** (se) grouper.

grouse[1] *orn.* [graus] tétras *m*; lagopède *m* rouge.

grouse[2] F [~] ronchonner, grogner (contre *at, about*).

grout [graut] **1.** ⚠ coulis *m*; **2.** jointoyer (avec du mortier liquide).

grove [grouv] bosquet *m*, bocage *m*.

grov·el [ˈgrɔvl] *usu. fig.* ramper; ˈ**grov·el·(l)er** *usu. fig.* flagorneur (-euse *f*) *m*; ˈ**grov·el·(l)ing** **1.** rampant (*usu. fig.*); *fig.* abject; **2.** rampement *m*; *fig.* aplatissement *m*.

grow [grou] [*irr.*] *v/i.* croître, pousser; devenir; grandir (*personne*); ~ *in* s'incarner (*ongle*); ~ *into fashion* devenir de mode; ~ *out of use* se perdre; être abandonné; ~ (*up*)*on s.o.* plaire à q. de plus en plus; ~ *up* grandir; *fig.* naître, se répandre; *v/t.* cultiver; faire venir; laisser pousser; ˈ**grow·er** cultivateur (-trice *f*) *m*; planteur *m*.

growl [graul] **1.** grondement *m*, grognement *m*; **2.** gronder, grogner.

growl·er [ˈgraulə] *fig.* grognon(ne *f*) *m*; *Am. sl.* cruche *f* à bière.

grown [groun] **1.** *p.p. de grow*; **2.** *adj.* (*a.* ~-*up*) grand, fait; (*a.* ~-*over*) (re)couvert; **growth** [grouθ] croissance *f*; accroissement *m*; augmentation *f*; extension *f*; poussée *f*; ⚕ tumeur *f*; *of one's own* ~ indigène; qu'on a cultivé soi-même.

grub [grʌb] **1.** larve *f*; ver *m*; *péj.* gratte-papier *m/inv.*; *sl.* mangeaille *f*; **2.** *v/i.* (*a.* ~ *away*) fouiller (pour trouver qch., *for s.th.*); *sl.* bouffer (= *manger*); *v/t.* ~ *up* essarter; déraciner; (*usu.* ~ *out*) arracher; ˈ**grub·by** malpropre; ˈ**grub·stake** *Am.* avances *f/pl.*; équipement *m* (*que fournit un commanditaire à un prospecteur*); fonds *m/pl.* (*fournis à un entrepreneur*).

grudge [grʌdʒ] **1.** rancune *f*; *bear s.o. a* ~ garder rancune à q.; avoir une dent contre q.; **2.** accorder à contrecœur; voir d'un mauvais œil; ~ *no pains* ne pas marchander sa peine; ˈ**grudg·er** envieux (-euse *f*) *m*; **grudg·ing·ly** [ˈ~iŋli] à contrecœur, en rechignant.

gru·el [ˈgruəl] gruau *m* (d'avoine); *sl. get* (*ou have*) *one's* ~ avaler sa médecine; ˈ**gru·el·(l)ing** éreintant.

grue·some □ [ˈgruːsəm] macabre.

gruff □ [grʌf] bourru, revêche, rude.

grum·ble [ˈgrʌmbl] grommeler; grogner; gronder (*tonnerre*); ˈ**grumbler** *fig.* mécontent(e *f*) *m*.

grump·y □ F [ˈgrʌmpi] maussade; grincheux (-euse *f*).
grunt [grʌnt] **1.** grognement *m*; **2.** grogner; ˈ**grunt·er** porc *m*.
guar·an·tee [gærənˈtiː] **1.** garant(e*f*) *m*, caution *f*; garanti(e *f*) *m*; *see guaranty*; **2.** garantir; se porter caution pour; **guar·an·tor** [~ˈtɔː] garant(e *f*) *m*; ˈ**guar·an·ty** garantie *f*; caution *f*, gage *m*.
guard [gɑːd] **1.** garde *f* (*a.* ⚔); ⊕ protecteur *m* (*d'une machine*), carter *m* (*d'engrenages*); 🚃 chef *m* de train; ⚔ 2s *pl.* Garde *f*; be off ~ être pris au dépourvu; ~ of honour haie *f* d'honneur; ⚔ mount ~ monter la garde; ⚔ relieve ~ relever la garde; **2.** *v/t.* protéger (*a.* ⊕); garder (de from, against); *v/i.* se garder (de, against); ˈ**guard·ed** □ prudent, réservé, mesuré; ˈ**guard·i·an** gardien(ne *f*) *m*; ⚖ tuteur (-trice *f*) *m*; *attr.* tutélaire; ~ of the poor administrateur (-trice *f*) *m* de l'Assistance publique; ˈ**guard·i·an·ship** garde *f*; tutelle *f*; ˈ**guard·rail** barrière *f* de sécurité; **guards·man** ⚔ [ˈgɑːdzmən] officier *m ou* soldat *m* de la Garde.
gudg·eon [ˈgʌdʒən] *icht.*, ⊕ goujon *m*; *fig.* benêt *m*.
guer·don *poét.* [ˈgəːdən] **1.** récompense *f*; **2.** récompenser.
gue(r)·ril·la [gəˈrilə] (*souv.* ~ war) guerre *f* d'embuscades *ou* de partisans.
guess [ges] **1.** conjecture *f*; **2.** *v/t.* deviner; *surt. Am.* croire, supposer; *v/i.* deviner; estimer (qch., at s.th.); ˈ**guess·work** conjecture *f*, estime *f*.
guest [gest] invité(e *f*) *m*; pensionnaire *mf*; ˈ**~·house** pension *f* de famille; ˈ**~·room** chambre *f* d'amis.
guf·faw [gʌˈfɔː] **1.** gros rire *m*; **2.** pouffer de rire.
guid·a·ble [ˈgaidəbl] dirigeable; **guid·ance** [ˈgaidəns] conduite *f*; gouverne *f*; direction *f*; orientation *f*.
guide [gaid] **1.** guide *m* (*a.* ⊕); *see* ~book; *attr.* directeur (-trice *f*); **2.** guider; conduire; diriger; guiding principle principe *m* directeur, gouverne *f*; ˈ**~·book** guide *m*; ~ **dog** chien *m* d'aveugle; ˈ**~·lines** *pl.* directives *f/pl.*; ˈ**~·post** poteau *m* indicateur; ˈ**~·rope** ✈ guiderope *m*.
gui·don ⚔ [ˈgaidən] guidon *m*.
guild [gild] association *f*; corps *m* (*de métier*); *hist.* corporation *f*; ˈ**Guild**ˈ**hall** hôtel *m* de ville.
guile [gail] ruse *f*, astuce *f*; **guile·ful** □ [ˈ~ful] rusé; ˈ**guile·less** □ candide; franc(he *f*); ˈ**guile·less·ness** candeur *f*; franchise *f*.
guil·lo·tine [giləˈtiːn] guillotine *f*; ⊕ presse *f* à rogner.
guilt [gilt], *a.* ˈ**guilt·i·ness** culpabilité *f*; ˈ**guilt·less** □ innocent (de, of); *fig.* vierge (de, of); ˈ**guilt·y** □ coupable; plead ~ s'avouer coupable.
guin·ea [ˈgini] guinée *f* (*21 shillings*); ˈ**~-fowl** pintade *f*; ˈ**~-pig** cobaye *m*, cochon *m* d'Inde.
guise [gaiz] † costume *m*; forme *f*; apparence *f* (*a. fig.*).
gui·tar ♪ [giˈtɑː] guitare *f*.
gulch *Am.* [gʌltʃ] ravin *m* étroit.
gulf [gʌlf] *géog.* golfe *m*; abysse *m* (*de la mer*); abîme *m*, gouffre *m*.
gull[1] *orn.* [gʌl] mouette *f*, goéland *m*.
gull[2] [~] **1.** jobard *m*, dupe *f*; **2.** jobarder, duper; amener (*q.*) par ruse (à *inf.*, into *gér.*).
gul·let [ˈgʌlit] œsophage *m*; F gosier *m*; † ravin *m*.
gul·li·bil·i·ty [gʌliˈbiliti] crédulité *f*; **gul·li·ble** □ [ˈ~əbl] crédule; facile à duper.
gul·ly [ˈgʌli] ravine *f*; *ruisseau*: ru *m*; ⊕ caniveau *m*; (*a.* ~-hole) bouche *f* d'égout.
gulp [gʌlp] **1.** coup *m* (de gosier); **2.** avaler (à pleine gorge).
gum[1] [gʌm] *usu.* ~s *pl.* gencive *f*.
gum[2] [~] **1.** gomme *f*; colle *f*; *Am.* gomme *f* à mâcher; ~s *pl. Am.* caoutchoucs *m/pl.*, bottes *f/pl.* de caoutchouc; **2.** gommer; coller.
gum·boil [ˈgʌmbɔil] abcès *m* à la gencive, ⚕ parulie *f*.
gum·my [ˈgʌmi] gommeux (-euse *f*); gluant; chassieux (-euse *f*) (*yeux*).
gump·tion [ˈgʌmpʃn] jugeotte *f*; sens *m* pratique.
gun [gʌn] **1.** canon *m*; fusil *m* (de chasse); ⊕ injecteur *m* (à graisse); *peint.* pistolet *m*; *surt. Am.* revolver *m*, pistolet *m*; *Am. mot. sl.* accélérateur *m*; F big (*ou* great) ~ grand personnage *m*; **2.** *Am.* chasser au tir; *fig.* pourchasser; ˈ**~·boat** (chaloupe *f*) canonnière *f*; ˈ**~-carriage** ⚔ affût *m*; ˈ**~-cot·ton** coton *m* azotique; **~li·cence** *Am.* permis *m* de port d'armes; ˈ**~·man** *surt. Am.*

bandit *m*, gangster *m*, terroriste *m*; **'gun·ner** ⚔, ⚓ canonnier *m*.

gun...: **'~·pow·der** poudre *f* (*à canon*); **'~-run·ning** contrebande *f* d'armes; **'~·shot** coup *m* de fusil *ou* de feu; portée *f* de fusil; **'~-shy** qui a peur du coup de fusil; **'~·smith** armurier *m*; *Am. sl.* professeur *m* de vol à la tire; **'~-stock** fût *m* (*de fusil*); **'~-tur·ret** tourelle *f*.

gur·gle ['gəːgl] glouglouter.

gush [gʌʃ] **1.** jaillissement *m*; jet *m*; débordement *m* (sentimental); **2.** jaillir (de, *from*); bouillonner; *fig.* sortir à flots; *fig.* faire de la sensiblerie; **'gush·er** *fig.* personne *f* expansive; puits *m* jaillissant; **'gush·ing, gush·y** □ exubérant, expansif (-ive *f*).

gus·set ['gʌsit] *cost.* soufflet *m*; gousset *m*.

gust [gʌst] rafale *f*, bourrasque *f*, coup *m* de vent; bouffée *f* (*de colère*).

gus·ta·to·ry ['gʌstətəri] gustatif (-ive *f*).

gus·to ['gʌstou] délectation *f*; entrain *m*.

gus·ty ['gʌsti] à rafales; venteux (-euse *f*).

gut [gʌt] **1.** boyau *m*, intestin *m*; ♪ corde *f* de boyau; *fig.* passage *m* étroit; ~*s pl. sl.* cran *m* (= *courage*); **2.** vider (*un poisson*); *fig.* résumer; *incendie*: ne laisser que les murs de (*une maison*); piller; **'gut·less** F mou (molle *f*), lâche, qui manque de cran; **'guts·y** F qui a du cran; qui a du punch.

gut·ter ['gʌtə] **1.** gouttière *f* (*d'un toit*); *rue*: ruisseau *m*; *chaussee*: caniveau *m*; **2.** *v/t.* sillonner, raviner; rainer (*une tôle etc.*); *v/i.* couler (*bougie*); **~ press** bas-fonds *m/pl.* du journalisme; **'~-snipe** gavroche *m*; gamin(e *f*) *m* des rues.

gut·tur·al *anat, a. gramm.* ['gʌtərəl] **1.** □ guttural (-aux *m/pl.*); **2.** gutturale *f*.

guy[1] [gai] **1.** F épouvantail *m*; *surt. Am.* F type *m*, individu *m*; **2.** se moquer de; travestir.

guy[2] [~] retenue *f*; ⚓ étai *m*, hauban *m*.

guz·zle ['gʌzl] boire avidement; *v/t.* bouffer; *v/i.* goinfrer.

gym *sl.* [dʒim] *abr. de gymnasium, gymnastics*.

gym·kha·na [dʒim'kɑːnə] gymkhana *m*.

gym·na·si·um [dʒim'neizjəm] gymnase *m*; **gym·nast** ['dʒimnæst] gymnaste *m*; **gym'nas·tic 1.** (~*ally*) gymnastique; ~ *competition* concours *m* de gymnastique; **2.** ~*s pl.* gymnastique *f*; éducation *f* physique; *heavy* ~*s pl.* gymnastique *f* aux agrès; *light* ~*s* callisthénie *f*.

gyn·ae·col·o·gist ⚕ [gaini'kɔlədʒist] gynécologiste *m*; **gyn·ae'col·o·gy** gynécologie *f*.

gyp *sl.* [dʒip] *Am.* voler; tromper.

gyp·se·ous ['dʒipsiəs] gypseux (-euse *f*).

gyp·sum *min.* ['dʒipsəm] gypse *m*.

gy·rate [dʒaiə'reit] tourn(oy)er; **gy'ra·tion** giration *f*, révolution *f*; **gy·ra·to·ry** ['dʒaiərətəri] giratoire.

gy·ro-com·pass *phys.* ['gaiəro-'kʌmpəs] gyrocompas *m*; **gy·ro·scope** ['gaiərəskoup] gyroscope *m*; **gy·ro·scop·ic sta·bi·liz·er** [gaiərəs'kɔpik'steibilaizə] gyrostat *m* (*de bateau*); toupie *f* gyroscopique.

gyve *poét.* [dʒaiv] **1.**: ~*s pl.* fers *m/pl.*, chaînes *f/pl.*; **2.** enchaîner, mettre les fers à.

H

H, h [eitʃ] H *m*, h *m*; *drop one's hs* ne pas aspirer les h.

ha [hɑː] ha!; ah!

ha·be·as cor·pus ⚖ [ˈheibjəsˈkɔːpəs] (*a. writ of* ~) habeas corpus *m*.

hab·er·dash·er [ˈhæbədæʃə] mercier (-ère *f*) *m*; *surt. Am.* chemisier *m*; **ˈhab·er·dash·er·y** mercerie *f*; *surt. Am.* chemiserie *f*.

ha·bil·i·ments [həˈbilimənts] *pl.* vêtements *m/pl.* de cérémonie.

hab·it [ˈhæbit] **1.** habitude *f*; disposition *f* (*d'esprit*); habit *m* (*de moine*); *be in the* ~ *of* (*gér.*) avoir l'habitude de (*inf.*); *see riding*-~; **2.** vêtir; **ˈhab·it·a·ble** habitable; **hab·i·tat** ⚘, *zo.* [ˈ~tæt] habitat *m*; aire *f* d'habitation; **hab·iˈta·tion** habitation *f*; demeure *f*.

ha·bit·u·al □ [həˈbitjuəl] habituel(le *f*); invétéré; **haˈbit·u·ate** [~eit] habituer (à, *to*); **hab·i·tude** [ˈhæbitjuːd] habitude *f*.

hack[1] [hæk] **1.** ⊕ pic *m*, pioche *f*; taillade *f*; *foot.* coup *m* de pied; **2.** hacher; couper; *foot.* (*ou v/i.* ~ *at*) donner à (*q.*) un coup de pied sur le tibia; ~*ing cough* toux *f* sèche.

hack[2] [~] **1.** cheval *m* de louage *ou* de selle à toutes fins; *fig.* homme *m* de peine; (*souv.* ~ *writer*) nègre *m*; **2.** à la tâche; *fig.* banal (-als *m/pl.*); **3.** banaliser.

hack·le [ˈhækl] **1.** ⊕ peigne *m*; *orn.* plume *f* de cou *ou* de dos; **2.** (se) taillader; *v/t.* peigner.

hack·ney [ˈhækni] *see hack*[2]; ~ *coach* voiture *f* de louage; **ˈhack·neyed** banal (-als *m/pl.*).

hack·saw [ˈhæksɔː] scie *f* à métaux.

had [hæd, həd] *prét. et p.p. de have 1, 2.*

had·dock *icht.* [ˈhædək] aiglefin *m*; *finnan* ~ haddock *m*.

hae·mal ⚕ [ˈhiːml] hémal (-aux *m/pl.*); **haemo...** [hiːmo] hém(o)-.

haem·or·rhage [ˈhemərid͡ʒ] hémorragie *f*; **haem·or·rhoids** [ˈ~rɔidz] *pl.* hémorroïdes *f/pl.*

haft [hɑːft] manche *m*, poignée *f*.

hag [hæg] sorcière *f*; *fig. sl.* vieille taupe *f*.

hag·gard □ [ˈhægəd] hagard; hâve.

hag·gle [ˈhægl] marchander; chicaner (sur, *over*).

hag-rid·den [ˈhægridn] tourmenté par les cauchemars.

hail[1] [heil] **1.** grêle *f*; **2.** *v/impers.* grêler; *v/t. fig.* faire pleuvoir.

hail[2] [~] **1.** *v/t.* saluer; héler; *v/i.*: ~ *from* venir de; être originaire de; **2.** appel *m*; ~*!* salut!; *within* ~ à portée de (la) voix.

hail-fel·low [ˈheilfelou] très gentil pour *ou* avec tous.

hail·stone [ˈheilstoun] grêlon *m*; **ˈhail·storm** abat *m* de grêle.

hair [hɛə] cheveu *m*, -x *m/pl.* (*sur la tête*); poil *m*; *sl. keep your* ~ *on!* calmez-vous!; ~*'s breadth* = **ˈ~-breadth** épaisseur *f* d'un cheveu; *by* (*ou within*) *a* ~ à un cheveu (de), à deux doigts (de); **~ cream** crème *f* à coiffer; **ˈ~·cut** taille *f* (de cheveux); *have a* ~ se faire couper les cheveux; **ˈ~-do** F coiffure *f*; **ˈ~·dress·er** coiffeur (-euse *f*) *m*; **ˈ~ dry·er** sèche-cheveux *m/inv.*; séchoir *m*; **ˈ~·dye** teinture *f* pour les cheveux; **ˈhaired** aux cheveux ...; à pelage ...; **ˈhair·i·ness** aspect *m* hirsute.

hair...: **ˈ~·less** sans cheveux, chauve; **ˈ~·line** naissance *f* des cheveux; *écriture*: délié *m*; ~ *crack* fissure *f* fine; **ˈ~·piece** postiche *m*; **ˈ~·pin** épingle *f* à cheveux; ~ *bend* lacet *m*; **ˈ~-rais·ing** horripilant, horrifique; **ˈ~-re·mov·er** dépilatoire *m*; **ˈ~-reˈstor·er** régénérateur *m* des cheveux; **ˈ~-split·ting** ergotage *m*; **ˈ~·spray** laque *f* (en aérosol); **ˈ~·style** coiffure *f*; **~ ˈstyl·ist** coiffeur *m* (-euse *f*); **ˈhair·y** chevelu; poilu, velu.

hake [heik] *icht.* merluche *f*; F [colin *m*.]

ha·la·tion *phot.* [həˈleiʃn] halo *m*.

hal·berd ⚔ *hist.* [ˈhælbəd] hallebarde *f*.

hal·cy·on [ˈhælsiən] **1.** *orn.* alcyon *m*; martin-pêcheur (*pl.* martins-pêcheurs) *m*; **2.** *fig.* calme, serein.
hale [heil] vigoureux (-euse *f*); robuste; ~ *and hearty* frais et gaillard.
half [hɑːf] **1.** demi; *adv.* à moitié; ~ *a crown* une demi-couronne *f*; *a pound and a* ~ une livre et demie; F *not* ~ et comment!; *it isn't* ~ *bad* ce n'est pas mauvais du tout; **2.** moitié *f*; ♪ demi *m*; *see* ~*-year*; ⚖ parti *m*; *too clever by* ~ beaucoup trop malin; *by halves* à demi; *go halves* se mettre de moitié (avec q., *with s.o.*), partager; **~-back** [ˈ~ˈbæk] *foot.* demi(-arrière) *m*; **~-baked** [ˈ~ˈbeikt] *fig.* inexpérimenté; niais; incomplet (-ète *f*); ˈ**~-bind·ing** demi-reliure *f* à petits coins; ˈ**~-blood** parenté *f* d'un seul côté; ˈ**~-ˈbound** en demi-reliure à petits coins; ˈ**~-bred** demi-sang *m/inv.*; ˈ**~-breed** métis(se *f*) *m*; ˈ**~-broth·er** demi-frère *m*; ˈ**~-caste** métis(se *f*) *m*; ˈ**~-court line** *tennis*: ligne *f* médiane; ˈ**~-ˈcrown** demi-couronne *f*; ˈ**~-ˈfare 1.** demi-tarif *m*; **2.** à demi-tarif; ˈ**~-ˈheart·ed** □ tiède; hésitant; ˈ**~-ˈlength** (*a.* ~ *portrait*) portrait *m* en buste; ˈ**~-ˈmast**: (*at*) ~ à mimât; en berne (*pavillon*); ˈ**~-ˈmoon** demi-lune *f*; ˈ**~-ˈmourn·ing** demi-deuil *m*; ~ **note** ♪ blanche *f*; ˈ**~-ˈpay** demi-solde *f*; **~·pen·ny** [ˈheipni] **1.** demi-penny *m*; F sou *m*; **2.** à un sou; ˈ**~-ˈprice**: *at* ~ à moitié prix; **~-seas·o·ver** F [ˈhɑːfsiːzˈouvə] à moitié ivre; ˈ**~-ˈtime** *sp.* mi-temps *f*; ˈ**~-tone proc·ess** ⊕ simili(gravure) *f* (tramée); ˈ**~-truth** demi-vérité *f*; ˈ**~-ˈway** à mi-chemin; ~ *house* maison *f* à demi-étape; *fig.* compromis *m*; ˈ**~-wit** simple *mf*, faible *mf* d'esprit; ˈ**~-ˈwit·ted** simple; niais; ˈ**~-ˈyear** semestre *m*.
hal·i·but *icht.* [ˈhælibət] flétan *m*.
hal·i·to·sis [hæliˈtəusis] mauvaise haleine *f*.
hall [hɔːl] grande salle *f*; vestibule *m*; hall *m* (*hôtel*); château *m*; *univ.* maison *f* estudiantine, foyer *m*; réfectoire *m*; *see guild-*~, *music-*~.
hal·le·lu·jah [hæliˈluːjə] alléluia *m*.
hall...: ˈ**~-ˈmark 1.** contrôle *m*; *fig.* cachet *m*, empreinte *f*; **2.** contrôler; ˈ**~-ˈstand** porte-parapluies *m/inv.*
hal·loo [həˈluː] **1.** holà!; **2.** ohé *m*; *chasse*: huée *f*; **3.** *v/i.* crier (taïaut); *v/t.* encourager.
hal·low [ˈhælou] sanctifier, consacrer; **Hal·low·mas** [ˈ~mæs] la Toussaint *f*.
hal·lu·ci·na·tion [həluːsiˈneiʃn] hallucination *f*, illusion *f*.
halm [hɑːm] *see haulm.*
ha·lo [ˈheilou] *astr.*, *anat.* halo *m*; auréole *f* (*a. eccl.*, *a. fig.*).
halt [hɔːlt] **1.** halte *f* (*a.* 🚂), arrêt *m*; **2.** faire halte; s'arrêter; *fig.* hésiter, balancer; **3.** boiteux (-euse *f*).
hal·ter [ˈhɔːltə] *cheval*: licou *m*; corde *f* (*au cou*).
halve [hɑːv] diviser en deux; **halves** [~z] *pl. de half.*
hal·yard ⚓ [ˈhæljəd] drisse *f*.
ham [hæm] jambon *m*; *Am. sl.* (*a.* ~ *actor ou fatter*) cabotin *m*; (*souv.* radio) amateur *m*.
ham·burg·er [ˈhæmbəːgə] hamburger *m*, bifteck *m* haché; viande *f* de bœuf hachée.
ham-fist·ed [ˈhæmfistid], **ham-hand·ed** [ˈ~hændid] gauche, maladroit.
ham·let [ˈhæmlit] hameau *m*.
ham·mer [ˈhæmə] **1.** marteau *m*; *armes à feu*: chien *m*; F ~ *and tongs* tant qu'on peut; **2.** *v/t.* marteler, battre au marteau; *bourse*: exécuter (*un agent*); F critiquer; ~ *out* gironner; F forger; *v/i.* ~ *at* heurter à; s'acharner à.
ham·mock [ˈhæmək] hamac *m*; ~ **chair** transatlantique *m*.
ham·per [ˈhæmpə] **1.** panier *m*, banne *f*; **2.** embarrasser, gêner; entraver.
ham·string [ˈhæmstriŋ] **1.** *anat.* tendon *m* du jarret; **2.** couper le jarret à; *fig.* couper les moyens à.
hand [hænd] **1.** main *f* (*a. zo.*, *a. fig.* = *aide*, *autorité*, *possession*, *protection*); *montre*: aiguille *f*; ouvrier (-ère *f*) *m*; ⚓ matelot *m*; côté *m*; *cartes*: joueur (-euse *f*) *m*; *cartes*: jeu *m*; *mesure*: paume *f*; écriture *f*; signature *f*; *typ.* index *m*; *baromètre etc.*: indicateur *m*; ⚘ régime *m* (*de fruits*); *at* ~ sous la main; à portée de la main; tout près; *at first* ~ de première main; *a good* (*poor*) ~ *at* bon (piètre) joueur de; fort à (faible en); *be* ~ *and glove* être d'intelligence (avec, *with*); être comme les deux doigts de la main;

by ~ à la main; *change* ~*s* changer de propriétaire *ou* de mains; *get out of* ~ s'indiscipliner, devenir impossible; *have a* ~ *in* prendre part à; *in* ~ en main; au poing; à la main; en question; en préparation; *sp.* de retard; ☤ en caisse; en magasin; *lay* ~*s on* faire violence à; s'emparer de; mettre les mains sur; *lend a* ~ aider; donner un coup de main (à); *off* ~ brusque; tout de suite; ~*s off!* n'y touchez pas!; *on* ~ en main; ☤ en magasin; *surt. Am.* tout près; prêt; *on one's* ~*s* à sa charge; *on all* ~*s* de tous les côtés; de toutes parts; *on the one* ~ d'une part; *on the other* ~ d'autre part; par contre; *have one's* ~ *out* avoir perdu l'habitude; *out of* ~ sur-le-champ; indiscipliné; ~ *over fist* main sur main; rapidement; *take a* ~ *at* faire une partie de (*bridge etc.*); *to* (*one's*) ~ sous la main; ~ *to* ~ corps à corps; *come to* ~ parvenir, arriver; *put one's* ~ *to* entreprendre; *he can turn his* ~ *to anything* c'est un homme à toute main; ~*s up!* haut les mains!; *see high* 1; **2.** passer; ~ *about* faire circuler; ~ *down* descendre (*qch.*); transmettre; ~ *in* remettre; présenter (*une demande*); ~ *out* distribuer; tendre; ~ *over* remettre; céder; **ˈ~-bag** sac *m* à main; **ˈ~-bar·row** brancard *m*, civière *f*; **ˈ~·bell** sonnette *f*; **ˈ~·bill** affiche *f* à la main; ☤ prospectus *m*; **ˈ~-brake** ⊕ frein *m* à main; **ˈ~·cuff** **1.**: ~*s pl.* menottes *f/pl.*; **2.** mettre les menottes à (*q.*); **ˈhand·ed** à mains; aux mains ...; **hand·ful** [ˈ~ful] poignée *f*; F enfant *mf* terrible; **ˈhand-glass** loupe *f* à main; miroir *m* à main.

hand·i·cap [ˈhændikæp] **1.** *sp.* handicap *m*; *fig.* désavantage *m*; **2.** *sp.* handicaper; *fig.* gêner; *fig.* désavantager; **ˈhand·i·capped** **1.** handicapé; **2.**: *the* (*mentally ou physically*) ~ les handicapés (mentaux *ou* physiques); **ˈhand·i·cap·per** *sp.* handicapeur *m*.

hand·i·craft [ˈhændikrɑːft] travail *m* manuel; métier *m* manuel; **ˈhand·i·crafts·man** artisan *m*, ouvrier *m*; **ˈhand·i·ness** commodité *f*; adresse *f*, dextérité *f*; **ˈhand·i·work** travail *m* manuel; ouvrage *m* (*a. fig.*).

hand·ker·chief [ˈhæŋkətʃif] mouchoir *m*; foulard *m* (*pour le cou*).

han·dle [ˈhændl] **1.** *épée, porte*: poignée *f*; *outil*: manche *m*; *seau, cruche*: anse *f*; *pompe*: balancier *m*; *Am.* F *fly off the* ~ s'emporter; *sl.* sortir de ses gonds; **2.** manier; manœuvrer (*un navire*); traiter; prendre en main; **ˈ~-bar** *cycl.* guidon *m*; *dropped* ~ guidon *m* course.

hand...: **ˈ~-ˈmade pa·per** papier *m* à la cuve; **ˈ~-maid** *fig.* servante *f*; **ˈ~-me-downs** *Am.* F *pl.* costume *m* de confection; décrochez-moi-ça *m/inv.*; **ˈ~-out** *Am.* F aumône *f*; **ˈ~-rail** main *f* courante; garde-fou *m*; **ˈ~·saw** scie *f* à main; égoïne *f*; **hand·sel** [ˈhænsl] **1.** étrenne *f*; ☤ première vente *f*; arrhes *f/pl.*; **2.** donner des étrennes à; ☤ donner des arrhes à; inaugurer; **ˈhand-shake** poignée *f* de main; **hand-some** □ [ˈhænsəm] beau (bel *devant une voyelle ou un h muet*; belle *f*; beaux *m/pl.*); élégant; noble; riche.

hand...: **ˈ~·spike** ⊕ levier *m* de manœuvre; **ˈ~·work** travail *m* à la main; **ˈ~·writ·ing** écriture *f*; **ˈhand·y** □ adroit; habile; commode (*chose*); maniable; ~*man* homme *m* à tout faire; factotum *m*, bricoleur *m*; F débrouillard *m*.

hang [hæŋ] **1.** [*irr.*] *v/t.* (sus)pendre (à *from, on*); tapisser (de, *with*); accrocher (à *from, on*); coller (*un papier à tapisser*); (*usu. prét. et p.p.* ~*ed*) pendre; F *I'll be* ~*ed if* ... que le diable m'emporte si ...; F ~ *it!* zut alors!; F ~ *fire* traîner; ~ *out vt/i.* pendre au dehors; ~ *up* accrocher, pendre; *téléph.* raccrocher (*le récepteur*); *fig.* ajourner; *v/i.* pendre, être suspendu (à, *on*); *fig.* planer (sur, *over*); ~ *about* flâner; rôder; ~ *back* rester en arrière; *fig.* hésiter; ~ *on* s'accrocher, se cramponner (à, *to*); *fig.* tenir bon; *téléph.* ~ *up* raccrocher; **2.** pente *f*; *cost.* ajustement *m*; F façon *f*; F *get the* ~ *of* comprendre, saisir le truc de (*qch.*); *sl. I don't care a* ~ je m'en moque pas mal.

hang·ar [ˈhæŋə] hangar *m*.

hang-dog [ˈhæŋdɔg] **1.** F gibier *m* de potence; **2.** patibulaire (*mine*).

hang·er [ˈhæŋə] *personne*: tendeur *m*; crochet *m*; porte-vêtements *m/inv.*; ⊕ suspenseur *m*; *Am.*

pancarte *f*; **~-on** ['~r'ɔn], *pl.* '**~s-'on** *fig.* parasite *m*; dépendant *m*.
hang-glid·ing ['hæŋglaidiŋ] vol *m* libre.
hang·ing ['hæŋiŋ] **1.** suspendu; tombant; *peint.* ~ *committee* jury *m* d'admission (des tableaux); **2.**: ~*s pl.* tenture *f*, tapisserie *f*; rideaux *m/pl.*
hang·man ['hæŋmən] bourreau *m*.
hang-nail ⚕ ['hæŋneil] envie *f*.
hang·out *Am. sl.* ['hæŋ'aut] repaire *m*, nid *m* (*de gangsters etc.*).
hang-over *sl.* ['hæŋouvə] gueule *f* de bois.
hang·up *sl.* ['hæŋʌp] problème *m*; complexe *m*.
hank [hæŋk] écheveau *m*; ⚓ anneau *m*.
han·ker ['hæŋkə]: ~ *after* soupirer après, désirer vivement; être assoiffé de; '**han·ker·ing** vif désir *m*, soif *f*.
Han·o·ve·ri·an [hæno'viəriən] **1.** hanovrien(ne *f*); **2.** Hanovrien(ne *f*) *m*.
Han·sard ['hænsəd] compte *m* rendu officiel des débats parlementaires.
han·som ['hænsəm], (*a.* ~-*cab*) cab *m*; hansom *m*.
hap † [hæp] hasard *m* (malencontreux); destin *m*; '**hap'haz·ard** **1.** hasard *m*; *at* ~ au petit bonheur; **2.** fortuit; ~ *chaos* tohu-bohu *m*; '**hap·less** □ infortuné, malheureux (-euse *f*).
ha'p'orth F ['heipəθ] (valeur *f* d')un sou *m*; *a* ~ *of* ... ... pour un sou.
hap·pen ['hæpən] arriver, se passer; *he* ~*ed to be at home* il se trouvait chez lui; ~ (*up*)*on* tomber sur; rencontrer par hasard; *Am.* F ~, ~ *in*(*to*) entrer en passant; '**hap·pen·ing** événement *m*.
hap·pi·ness ['hæpinis] bonheur *m*; félicité *f* (*a. d'expression*).
hap·py □ ['hæpi] *usu.* heureux (-euse *f*); content; joyeux (-euse *f*); F un peu parti *ou* gris; '**~-go-luck·y** F insouciant.
ha·rangue [hə'ræŋ] **1.** harangue *f*; **2.** *v/t.* haranguer; *v/i.* prononcer une harangue.
har·ass ['hærəs] harceler; tourmenter (de, *with*); tracasser; accabler (de dettes, *with debt*); '**har·ass·ment** harcèlement *m*; tracassement *m*.
har·bin·ger ['hɑːbindʒə] **1.** *fig.* avant-coureur *m*; **2.** annoncer.
har·bo(u)r ['hɑːbə] **1.** port *m*; *fig.* asile *m*; **2.** *v/t.* héberger; receler (*un criminel*); entretenir (*un soupçon*); garder (*une rancune etc.*); *v/i.* se réfugier; '**har·bo(u)r·age** abri *m*, asile *m*; ⚓ mouillage *m*.
hard [hɑːd] **1.** *adj. usu.* dur; sévère; fort (*gelée*); rigoureux (-euse *f*) (*temps*); pénible; cruel(le *f*); rude; difficile; *surt. Am.* incorrigible; *surt. Am.* riche (en alcool); ferme (*rendez-vous*); ~ *cash* espèces *f/pl.* sonnantes; ~ *coal* anthracite *m*; ~ *core* noyau *m* dur; *tennis*: ~ *courts pl.* terrains *m/pl.* de tennis; ~ *currency* devises *f/pl.* fortes; ~ *drink* (*ou liquor*) alcool *m* fort; *the* ~ *facts* les faits brutaux; ~ *hat* casque *m*; *pol.* ~ *line* ligne *f* dure; F ~ *luck* déveine *f*, malchance *f*; ~ *sell* promotion *f* de vente agressive; *mot.* ~ *shoulder* accotement *m* stabilisé; ~ *of hearing* dur d'oreille; ~ *to deal with* peu commode; intraitable; *be* ~ (*up*)*on s.o.* être sévère envers q.; traiter q. sévèrement; *give s.o. a* ~ *time* donner du mal à q.; faire passer un mauvais quart d'heure à q.; faire la vie dure à q.; **2.** *adv.* fort; dur; durement; avec peine; ~ *by* tout près; ~ *up* sans moyens; dans la gêne; à court (de, *for*); *be* ~ *put to it* avoir beaucoup de mal (à *to*); *ride* ~ chevaucher à toute vitesse; **3.** F travaux *m/pl.* forcés; ~*s pl.* gêne *f*; '**~-'bit·ten** F tenace; dur à cuire; '**~-'boiled** dur (*œuf*); tenace; *surt. Am.* expérimenté, dur à cuire; '**hard·en** (se) durcir; (s')endurcir; rendre *ou* devenir dur; *v/i.* ✝, *bourse*: se raffermir; *v/t.* ⊕ tremper (*l'acier*); '**hard·en·ing** durcissement *m*.
hard...: '**~-'fea·tured** aux traits durs *ou* sévères; '**~-'fist·ed** dur à la détente; '**~-'head·ed** pratique; positif (-ive *f*); '**~-'heart·ed** □ au cœur dur; **har·di·hood** ['~ihud] hardiesse *f*; '**har·di·ness** vigueur *f*, robustesse *f*; '**hard·lin·er** partisan *m* d'une ligne dure; '**hard-'luck-stor·y** F récit *m* de misères; '**hard·ly** durement; avec difficulté; à peine; ne ... guère; '**hard'mouthed** dur de bouche; '**hard·ness** dureté *f*, difficulté *f* (*a. fig.*); rudesse *f*; *temps*: rigueur *f*; *acier*: trempe *f*.
hard...: '**~·pan** *Am.* sol *m* résistant;

'~-'**set** fort gêné; affamé; durci; '~·**shell** à carapace dure; à coque dure; *fig.* dur à cuire; '**hard·ship** privation *f*; gêne *f*; épreuve *f*, tribulation *f*; '**hard·ware** quincaillerie *f*; *ordinateur*: hardware *m*, matériel *m*; '**har·dy** □ robuste, endurci; hardi; ⚘ de pleine terre.

hare [hɛə] lièvre *m*; '~·**bell** jacinthe *f* des prés; clochette *f*; '~-**brained** étourdi, écervelé; '~'**lip** *anat.* bec-de-lièvre (*pl.* becs-de-lièvre) *m*.

ha·rem ['hɛərem] harem *m*.

har·i·cot ['hærikou] *cuis.* haricot *m* (*de mouton*); ⚘ (*a.* ~ *bean*) haricot *m*.

hark [hɑːk] (*to*) écouter; prêter l'oreille (à); ~! écoutez!; ~ *back chasse*: prendre le contre-pied; *fig.* en revenir (à, sur *to*).

har·lot ['hɑːlət] prostituée *f*; '**har·lot·ry** prostitution *f*.

harm [hɑːm] **1.** mal *m*; tort *m*; danger *m*; **2.** faire du mal *ou* tort à; nuire à; **harm·ful** □ ['~ful] nuisible; '**harm·less** □ inoffensif (-ive *f*); innocent.

har·mon·ic [hɑː'mɔnik] (~*ally*) harmonique; **har'mon·i·ca** [~ikə] harmonica *m*; **har·mo·ni·ous** □ [hɑː'mounjəs] harmonieux (-euse *f*) (*a. fig.*); **har·mo·nize** ['hɑːmənaiz] *v/t.* harmoniser (*a.* ♪); faire accorder; *v/i.* s'harmoniser; s'assortir; '**har·mo·ny** harmonie *f*.

har·ness ['hɑːnis] **1.** harnais *m*; attelage *m*; *die in* ~ mourir à la besogne; **2.** harnacher; atteler; *fig.* aménager; '~-**mak·er** sellier *m*, bourrelier *m*.

harp ♪ [hɑːp] **1.** harpe *f*; **2.** jouer de la harpe; ~ (*up*)*on* rabâcher (*qch.*); *be always* ~*ing on the same string* réciter toujours la même litanie; '**harp·er**, '**harp·ist** harpiste *mf*.

har·poon [hɑː'puːn] **1.** harpon *m*; **2.** harponner.

har·py ['hɑːpi] *myth.* harpie *f* (*a. fig.* = *vieille mégère*); *fig.* personne *f* rapace.

har·ri·dan ['hæridən] vieille mégère *f*.

har·ri·er ['hæriə] *chasse*: braque *m*; *sp.* coureur *m*.

har·row ⚒ ['hærou] **1.** herse *f*; **2.** herser; *fig.* ravager, piller.

har·ry ['hæri] ravager, piller, mettre à sac; *fig.* harceler, tourmenter.

harsh □ [hɑːʃ] rude; âpre (*goût*); rauque; discordant (*son*); rigoureux (-euse *f*); dur; '**harsh·ness** rudesse *f*; âpreté *f*; rigueur *f*; sévérité *f*.

hart *zo.* [hɑːt] cerf *m*.

har·um-scar·um F ['hɛərəm'skɛərəm] **1.** étourdi, écervelé (*a. su./mf*); **2.** étourneau *m*; hurluberlu *m*.

har·vest ['hɑːvist] **1.** moisson *f* (*a. fig.*); récolte *f*; ~ *festival* actions *f/pl.* de grâces pour la récolte; **2.** *v/t.* moissonner; récolter; *v/i.* rentrer la moisson; '**har·vest·er** moissonneur (-euse *f*, *a. machine*) *m*; **har·vest-home** ['~'houm] fête *f* de la moisson.

has [hæz, həz] (*il, elle*) a; '~-**been** F vieux ramollot *m*; homme *m etc.* fini.

hash[1] [hæʃ] **1.** hachis *m*; *Am.* F mangeaille *f*, boulot *m*; *fig.* gâchis *m*; *fig.* réchauffé *m*; F *make a* ~ *of* faire un joli gâchis de; **2.** hacher (*de la viande*).

hash[2] *sl.* [~] hachich *m*, hash *m*.

hash·ish ['hæʃiːʃ] hachich *m*.

hasp [hɑːsp] **1.** moraillon *m*; loquet *m*; fermoir *m*; **2.** cadenasser.

has·sle F ['hæsl] chamaillerie *f*; affaire *f*, histoire *f*.

has·sock ['hæsək] touffe *f* d'herbe; *eccl.* coussin *m*.

hast † [hæst] (*tu*) as.

haste [heist] hâte *f*; diligence *f*; *make* ~ se dépêcher, se hâter; *more* ~ *less speed, make* ~ *slowly* hâtez-vous lentement; **has·ten** ['heisn] (se) hâter, (se) presser; *v/t.* avancer (*qch.*); **hast·i·ness** ['heistinis] précipitation *f*, hâte *f*; emportement *m* (*de colère etc.*); '**hast·y** □ précipité; fait à la hâte; irréfléchi; emporté; rapide.

hat [hæt] chapeau *m*; *sl. my* ~! pigez-moi ça!; F *hang up one's* ~ *with s.o.* s'introniser chez q.; *talk through one's* ~ extravaguer; exagérer.

hatch[1] [hætʃ] **1.** *poussins*: couvée *f*; demi-porte *f*; ⚓, ✈ panneau *m*, écoutille *f*; *serving* ~ passe-plats *m*; *under* ~*es* dans la cale; *fig.* mort et enterré; **2.** (faire) éclore; *v/t. fig.* tramer, ourdir.

hatch[2] [~] hach(ur)er.

hatch·back *mot.* ['hætʃbæk] (voiture *f* à) hayon *m* arrière.

hat·check girl *Am.* ['hætʃek'gəːl] dame *f* du vestiaire.

hatch·et [ˈhætʃit] hachette *f*; *bury the* ~ enterrer la hache de guerre; ˈ**~-face** visage *m* en lame de couteau.
hatch·way ⚓ [ˈhætʃwei] écoutille *f*.
hate [heit] **1.** *poét.* haine *f* (de, contre *to*[*wards*]); **2.** détester, haïr; **hate·ful** □ [ˈ~ful] odieux (-euse *f*), détestable; ˈ**hat·er** haïsseur (-euse *f*) *m*; **ha·tred** [ˈheitrid] haine *f* (de, contre *of*).
hat·ter [ˈhætə] chapelier (-ère *f*) *m*.
haugh·ti·ness [ˈhɔːtinis] arrogance *f*, morgue *f*; ˈ**haugh·ty** □ arrogant, hautain.
haul [hɔːl] **1.** amenée *f*; effort *m*; *pêche*: coup *m* de filet; prise *f*; *Am.* trajet *m*; *a. fig. long* ~ long voyage *m*, longue route *f*; **2.** *v/t.* tirer (sur, *at*); traîner; ⚓ haler sur; transporter par camion(s); ⚒ hercher; ⚓ repiquer dans (*le vent*); *v/i.* haler (*vent*); ˈ**haul·age** traction *f*; (frais *m/pl.* de) roulage *m*, (frais *m/pl.* de) transport *m*; ⚒ herchage *m*; ~ *contractor* entrepreneur *m* de transports.
haulm [hɔːm] fane *f* (*de légume*); *coll.* chaume *m*.
haunch [hɔːnʃ] hanche *f*; *cuis.* cuissot *m*, quartier *m*; ⩓ *voûte*: rein *m*.
haunt [hɔːnt] **1.** lieu *m* fréquenté; repaire *m*; **2.** fréquenter; hanter (*a. revenants*); *fig.* obséder, troubler; *the house is* ~*ed* il y a des revenants dans la maison; ~*ed house* maison *f* hantée; ˈ**haunt·er** *fig.* habitué(e *f*) *m*.
haut·boy ♪ [ˈoubɔi] hautbois *m*.
Ha·van·a [həˈvænə] (*ou* ~ *cigar*) havane *m*.
have [hæv; həv] **1.** [*irr.*] *v/t.* avoir, posséder; tenir; prendre (*un bain, un repas*); faire (*une promenade etc.*); obtenir; affirmer; F rouler; ~ *to* (*inf.*) être obligé de (*inf.*); *I* ~ *my hair cut* je me fais couper les cheveux; *he had his leg broken* il s'est cassé la jambe; *I would* ~ *you know that* … sachez que …; *he will* ~ *it that* … il soutient que …; *I had as well* (*inf.*) j'aurais pu aussi bien (*inf.*); *I had better* (*best*) (*inf.*) je ferai(s) mieux de (*inf.*); *I had rather* (*inf.*) j'aime(rais) mieux (*inf.*); *let s.o.* ~ *s.th.* céder qch. à q.; ~ *about one* avoir sur soi; ~ *on* porter; ~ *it out with* s'expliquer avec; F ~ *s.o. up* citer q. en justice (pour, *for*); *v/i.* ~ *at him!* à l'attaque; **2.** [*irr.*] *v/aux.* avoir; *qqfois* être; ~ *come* être venu; **3.** riche *m*.
ha·ven [ˈheivn] havre *m*, port *m*; *fig.* asile *m*, abri *m*.
have-not [ˈhævnɔt] pauvre *m*.
haven't [ˈhævnt] = *have not*.
hav·er·sack [ˈhævəsæk] ⚔ musette *f*; *touriste etc.*: havresac *m*.
hav·ing [ˈhæviŋ] (*souv.* ~*s pl.*) possession *f*; *pl. a.* biens *m/pl.*
hav·oc [ˈhævək] dévastation *f*, dégâts *m/pl.*, ravage *m*; *make* ~ *of*, *play* ~ *with* (*ou among*) faire de grands dégâts dans; massacrer.
haw[1] ⚘ [hɔː] cenelle *f*.
haw[2] [~] **1.** toussoter, bredouiller; **2.** hem *m* (*a. int.*).
haw-haw [ˈhɔːˈhɔː] rire bruyamment.
hawk[1] [hɔːk] **1.** *orn.* faucon *m*; *fig.* vautour *m*; *attr. fig.* d'aigle (*yeux*); **2.** chasser au faucon; ~ *at* fondre sur.
hawk[2] [~] graillonner.
hawk[3] [~] colporter, cameloter; **hawk·er** [ˈhɔːkə] colporteur *m*; marchand(e *f*) *m* ambulant(e *f*).
hawk·ing [ˈhɔːkiŋ] chasse *f* au faucon.
hawse ⚓ [hɔːz] (*a.* ~*-hole*) écubier *m*.
haw·ser ⚓ [ˈhɔːzə] (h)aussière *f*; amarre *f*.
haw·thorn ⚘ [ˈhɔːθɔːn] aubépine *f*.
hay [hei] **1.** foin *m*; ~ *fever* rhume *m* des foins; *make* ~ *of* faire un gâchis de; démolir; **2.** faire les foins; ˈ**~-box** (*ou* ~ *cooker*) marmite *f* norvégienne; ˈ**~·cock** meulon *m ou* meule *f* de foin; ˈ**~·fe·ver** rhume *m* des foins; ˈ**~·loft** grenier *m* à foin; ˈ**~·mak·er** *sl.* coup *m* de poing balancé; ˈ**~·mak·ing** fenaison *f*; ˈ**~·rick** *see* ~*cock*; ˈ**~·seed** graine *f* de foin; *fig. Am.* paysan *m*; ˈ**~·stack** *see* ~*cock*; ˈ**~·wire** *Am. sl.*: *go* ~ ne tourner plus rond; avorter (*projet*).
haz·ard [ˈhæzəd] **1.** hasard *m*; risque *m*; *golf*: accident *m* de terrain; *tennis*: trou *m* gagnant; jeu *m* de hasard; *run a* ~ courir un risque; **2.** hasarder; risquer; ˈ**haz·ard·ous** □ risqué; hasardeux (-euse *f*).
haze[1] [heiz] brume *f* légère; *fig.* obscurité *f*.
haze[2] [~] ⚓ harasser (*q.*) de corvées; *Am.* brimer.

ha·zel ['heizl] **1.** ⚘ noisetier *m*; **2.** couleur noisette; '**~-nut** noisette *f*.

ha·zy □ ['heizi] brumeux (-euse *f*), embrumé; estompé (*contour etc.*); *fig.* vague, nébuleux (-euse *f*).

H-bomb ['eitʃbɔm] bombe *f* H.

he [hiː] **1.** il, *accentué*: lui; ~ (*who*) celui qui; **2.** *attr.* mâle.

head [hed] **1.** *anat., cuis., sp., arbre, chasse, cortège, fleur, furoncle, humérus, intelligence, légume, liste, sculpture, violon, volcan, etc.*: tête *f*; *chasse*: bois *m*; ⚓ *voile*: envergure *f*; *torpille*: cône *m*; nez *m*, avant *m*, *navire*: cap *m*; ⚒, *mine*: carreau *m*; *puits de mine*: gueule *f*; *mot.* capote *f*; ⊕ *eau*: charge *f*, *vapeur*: volant *m*; ⊕ culasse *f*; *asperge*: pointe *f*; *céleri*: pied *m*; *blé*: épi *m*; *chou*: pomme *f*; *escalier, page*: haut *m*; *lit*: chevet *m*; *table*: haut bout *m*; *bière*: mousse *f*; *rivière*: source *f*; *tambour*: peau *f*; *géog.* cap *m*; *personne*: chef *m*; ⚕, *école*: directeur (-trice *f*) *m*; patron(ne *f*) *m*; *fig.* cervelle *f*, esprit *m*, entendement *m*, mémoire *f*; *fig.* crise *f*; *fig.* point *m*, rubrique *f*; ~ *restraint mot.* appui-tête *m* (*pl.* appuis-tête); ~ *and shoulders above the rest* dépassant les autres de la tête; *bring to a* ~ faire aboutir (*a. fig.*); *come to a* ~ aboutir (*abcès*); mûrir; *gather* ~ monter en pression; augmenter; prendre de l'importance; *get it into one's* ~ *that* se mettre dans la *ou* en tête que; ~(*s*) *or tail*(*s*)*?* pile ou face?; ~ *over heels* à la renverse; *over* ~ *and ears* surchargé, débordé; *make* ~ *against* faire tête à; *I can't make* ~ *or tail of it* je n'y comprends rien, je m'y perds; *take the* ~ prendre la tête; **2.** premier (-ère *f*); principal (-aux *m/pl.*); ... en chef; ~ *office* bureau *m ou* siège *m* central; ~ *start sp.* avance *f*; ~ *waiter* maître *m* d'hôtel; **3.** *v/t.* mener, être en tête de; être à la tête de; conduire; mettre une tête à; mettre *ou* porter en tête (de); *foot.* jouer de la tête; *be* ~*ed* se diriger (vers, *for*); ~ *off* intercepter; *v/i.* ⚓ avoir le cap (sur, *for*); *Am.* prendre sa source (à, *at*); *fig.* ~ *for* se diriger vers; '**head·ache** mal *m ou* maux *m/pl.* de tête; '**head·ach·y** sujet(te *f*) aux maux de tête, migraineux (-euse *f*); '**head-dress** coiffure *f*; garniture *f* de tête; '**head·ed** à ... tête(s); aux cheveux; '**head·er** ⚠ boutisse *f*; F plongeon *m*; *foot.* coup *m* de tête; '**head-gear** garniture *f* de tête; coiffure *f*; chapeau *m*; '**head-hunt·er** chasseur *m* de têtes; '**head-i·ness** emportement *m*, impétuosité *f*; *vin*: qualité *f* capiteuse; '**head·ing** entête *m*; rubrique *f*; manchette *f*; titre *m*; ⚒ (galerie *f* d')avancement *m*; *sp.* (jeu *m* de) tête *f*; '**head·land** cap *m*, promontoire *m*; '**head·less** sans tête; *fig.* sans chef.

head...: '**~·light** 🚗 feu *m* d'avant; *mot.* phare *m*; '**~-line** titre *m*; manchette *f*; *typ.* titre *m* courant, en-tête *m*; F *he hits the* ~*s* il est en vedette; il défraye la chronique; '**~-long** *adj.* précipité; impétueux (-euse *f*); *adv.* la tête la première; '**~·man** chef *m*; '**~'mas·ter** directeur *m*; *lycée*: proviseur *m*; '**~'mis·tress** directrice *f*; '**~·most** au premier rang; '**~-'on** de front; frontal (-aux *m/pl.*); '**~-phone** *radio*: écouteur *m*; casque *m*; '**~-piece** casque *m* (*a. radio*); F tête *f*; *typ.* fleuron *m* de tête; en-tête *m*; '**~-'quar·ters** *pl.* ⚔ quartier *m* général; ⚕ *etc.* siège *m* (social); '**~·rest** appui-tête *m* (*pl.* appuis-tête); '**~-set** *radio*: casque *m*; '**head·ship** première place *f*; direction *f*; '**head-shrink·er** F psy(chiatre) *m*; '**heads·man** bourreau *m*; ⚓ patron *m*.

head...: '**~·strong** entêté; obstiné; '**~·wa·ters** *pl.* cours *m* supérieur d'une rivière; '**~·way** progrès *m*; *make* ~ avancer, faire des progrès; '**~·wind** vent *m* contraire; '**~·work** travail *m* intellectuel; *foot.* jeu *m* de tête; '**head·y** □ capiteux (-euse *f*) (*vin etc.*); emporté (*personne*).

heal [hiːl] guérir (de, *of*); ~ *up* (se) guérir, se cicatriser; '**~-all** panacée *f*; '**heal·ing 1.** □ curatif (-ive *f*); cicatrisant; *fig.* calmant; **2.** guérison *f*; cicatrisation *f*.

health [helθ] santé *f* (*a. toast*); *Board of* ♀ Ministère *m* de la santé publique; ~ *certificate* certificat *m* médical; ~ *food*(*s pl.*) aliments *m/pl.* naturels; ~ *food shop ou store* magasin *m* diététique; ~ *hazard* risque *m* pour la santé; ~ *service* (Service *m* de Santé de la) Sécurité *f* Sociale; **health·ful** □ ['~ful] salubre; salutaire; '**health-i·ness** salubrité *f*; '**health-re·sort** station *f* estivale *ou* thermale;

ˈhealth·y □ en bonne santé; *see healthful.*
heap [hiːp] **1.** tas *m* (*a. fig.*), monceau *m*; F *~s pl.* beaucoup (de, *of*); *sl.* F *struck all of a ~* stupéfait; **2.** (*a. ~ up*) entasser, mettre en tas; accabler (de, *with*); *~ed spoon* cuiller *f* à dos d'âne.
hear [hiə] [*irr.*] entendre; écouter; recevoir des nouvelles (de, *from*); apprendre; faire répéter (*une leçon etc.*); *~ of* entendre parler de; *~ that* entendre dire que; **heard** [həːd] *prét. et p.p. de hear*; **hear·er** [ˈhiərə] auditeur (-trice *f*) *m*; **ˈhear·ing** *sens*: ouïe *f*; audition *f* (*a.* ⚖, *a.* ♪); ⚖ audience *f*; *~ aid* appareil *m* acoustique, audiophone *m*; **heark·en** [ˈhɑːkən] écouter (qch., *to s.th.*); **hear·say** [ˈhiəsei] ouï-dire *m/inv.*
hearse [həːs] corbillard *m.*
heart [hɑːt] cœur *m* (*fig.* = *courage, enthousiasme, etc.*); fond *m*; *cartes*: *~s pl.* cœur *m*; (*a. dear ~*) *see sweetheart*; *~ and soul* corps et âme, de tout son cœur; *I have a matter at ~* j'ai qch. à cœur; *by ~* par cœur; *in good ~* bien entretenu (*sol*); en train (*personne*); *in his ~* (*of ~s*) au plus profond de son cœur; *out of ~* effrité (*sol*); découragé (*personne*); *with all my ~* de tout mon cœur; *lose ~* perdre courage; *take ~* prendre courage; *take* (*ou lay*) *to ~* prendre (*qch.*) à cœur; **ˈ~·ache** chagrin *m*; **ˈ~-beat** battement *m* du cœur; **ˈ~-break** déchirement *m* de cœur; **ˈ~-break·ing** □ navrant; **ˈ~-bro·ken** le cœur brisé, navré; **ˈ~·burn** ⚕ aigreurs *f/pl.*; **ˈ~-burn·ing** rancune *f*; jalousie *f*; **ˈ~-com·plaint, ˈ~-dis·ease** maladie *f* de cœur; **...-ˈheart·ed** au cœur ...; **ˈheart·en** *v/t.* encourager; *v/i.* reprendre courage; **ˈheart-fail·ure** arrêt *m* du cœur; **ˈheart·felt** sincère; profond.
hearth [hɑːθ] foyer *m*, âtre *m*; **ˈ~-rug** tapis *m* de foyer; **ˈ~-stone** foyer *m*; pierre *f* de la cheminée.
heart·i·ness [ˈhɑːtinis] cordialité *f*; chaleur *f*; vigueur *f*; **ˈheart·less** □ insensible; cruel(le *f*); **ˈheart-rend·ing** navrant.
heart...: **ˈ~-sick** *fig.* découragé; désolé; **ˈ~-strings** *pl. fig.* sensibilité *f*, cœur *m*; **ˈ~·throb** F idole *f*; **~ trans·plant** ⚕ greffe *f* du cœur; **~ troub·le** troubles *m/pl.* cardiaques; *have ~ a.* être cardiaque, souffrir du cœur; **ˈ~-whole** au cœur libre; *fig.* sincère; *fig.* aucunement ébranlé; **ˈheart·y 1.** □ cordial (-aux *m/pl.*); sincère; vigoureux (-euse *f*), robuste; gaillard; *~ eater* gros mangeur *m*, belle fourchette *f*; **2.** ⚓ brave *m*; *univ.* sportif *m.*
heat [hiːt] **1.** chaleur *f*; *phys. a.* calorique *m*; ardeur *f*; *fig.* colère *f*; *animal*: rut *m*; *sp.* épreuve *f*, manche *f*; *dead ~* manche *f* nulle; course *f* à égalité; **2.** (s')échauffer (*a. fig.*); *v/t.* chauffer (*de l'eau etc.*); **ˈheat·ed** □ chauffé; chaud (*a. fig.*); **ˈheat·er** ⊕ bouilleur *m*; four *m*; radiateur *m*; *Am. sl.* revolver *m.*
heath [hiːθ] bruyère *f*, brande *f* (*a.* ⚘); **ˈ~-cock** petit coq *m* de bruyère.
hea·then [ˈhiːðən] païen(ne *f*) (*a. su./mf*); **ˈhea·then·dom** paganisme *m*; **ˈhea·then·ish** □ *usu. fig.* barbare, grossier (-ère *f*); **ˈhea·then·ism** paganisme *m*; barbarie *f.*
heath·er ⚘ [ˈheðə] bruyère *f*, brande *f*; **ˈ~-bell** ⚘ cloche *f* de bruyère.
heat·ing [ˈhiːtiŋ] chauffage *m*; *attr.* de chaleur; *~ battery* batterie *f* de four *etc.*; *~ cushion, ~ pad* coussin *m* chauffant *ou* électrique.
heat...: **~ light·ning** *Am.* éclairs *m/pl.* de chaleur; **ˈ~-re·sist·ant** résistant à la chaleur; **ˈ~-stroke** ⚕ coup *m* de chaleur; **~ treat·ment** ⚕ thermothérapie *f*; **ˈ~-val·ue** pouvoir *m* calorifique; **ˈ~-wave** *phys.* onde *f* calorifique; *météor.* vague *f* de chaleur.
heave [hiːv] **1.** soulèvement *m*; effort *m*; palpitation *f* (*du sein*); ⚓ houle *f*; **2.** [*irr.*] *v/t.* (sou)lever; lancer, jeter; pousser (*un soupir*); *~ the anchor* déraper; ⚓ *~ down* caréner; ⚓ *~ out* déferler; *v/i.* se soulever (*a. vagues, poitrine*); haleter; s'agiter (*mer*); palpiter (*sein*); avoir des haut-le-cœur; *~ for breath* panteler; ⚓ *~ at* haler sur; ⚓ *~ in sight* paraître; ⚓ *~ to* se mettre à la cape.
heav·en [ˈhevn] ciel *m*, cieux *m/pl.*; *~s pl.* ciel *m*; *~!* juste ciel!; **ˈheav·en·ly** céleste; divin; **heav·en·ward**(s) [ˈ~wəd(z)] vers le ciel.
heav·er [ˈhiːvə] (dé)chargeur *m*; ⊕ levier *m* de manœuvre.
heav·i·ness [ˈhevinis] pesanteur *f*, lourdeur *f*; *fig.* tristesse *f*, abatte-

ment *m*; *mot.* mauvais état *m* (*des routes*).

heav·y □ ['hevi] *usu.* lourd; pesant; gros(se *f*) (*cœur, pluie, rhume, etc.*); triste; violent; pénible; profond; gras(se *f*) (*sol*); ⚔ lourd, de gros calibre, gros(se *f*); ⚡ ~ *current* courant *m* fort; '~-**du·ty** ⊕ à grande puissance; très résistant; '~-**hand·ed** qui a la main lourde; gauche, maladroit; '~-**heart·ed** qui a la cœur gros, accablé; '~-**lad·en** lourdement chargé; *fig.* chargé de soucis; '~-**weight** *box.* poids *m* lourd.

heb·dom·a·dal □ [heb'dɔmədl], **heb'dom·a·da·ry** hebdomadaire.

He·bra·ic [hi'breiik] (~*ally*) hébraïque.

He·brew ['hi:bru:] **1.** hébraïque, israélite; **2.** *ling.* hébreu *m*; *bibl.* Hébreu(e *f*) *m*; Israélite *mf*.

hec·a·tomb ['hekətoum] hécatombe *f*.

heck·le ['hekl] *see hackle*; *pol.* interrompre par des questions embarrassantes.

hec·tic ⚕ ['hektik] **1.** hectique; *fig.* fiévreux (-euse *f*); **2.** rougeur *f*; (*usu.* ~ *fever*) fièvre *f* hectique.

hec·tor ['hektə] *v/t.* rudoyer, dragonner; *v/i.* prendre un ton autoritaire; faire de l'esbroufe.

hedge [hedʒ] **1.** haie *f*; *attr. souv.* ignorant, interlope (*p.ex.* ~-*priest*); **2.** *v/t.* entourer d'une haie; enfermer; ~ *off* séparer par une haie; ~ *up* clore d'une haie; ~ *a bet* parier pour et contre; *v/i.* éviter de se compromettre; '~-**bill** serpe *f*; '~-**hog** *zo.* hérisson *m*; *Am.* porc-épic *m*; '~-**hop** *sl.* ✈ voler en rase-mottes; '~-**row** bordure *f* de haies; haie *f*; '~-'**spar·row** *orn.* fauvette *f*.

heed [hi:d] **1.** attention *f* (à, *to*), soin *m*; compte *m* (de, *to*); *take* ~ *of* tenir compte de, prendre garde à; *take no* ~ *of* ne tenir aucun compte de; **2.** faire attention à, observer; tenir compte de; **heed·ful** □ ['~ful] attentif (-ive *f*) (à, *of*); '**heed·less** □ insouciant.

hee-haw ['hi:'hɔ:] **1.** hi-han *m*; *fig.* ricanement *m*; **2.** braire; *fig.* ricaner.

heel[1] ⚓ [hi:l] *v/i.* se coucher sur le flanc; avoir de la bande.

heel[2] [~] **1.** talon *m*; *surt. Am. sl.* gouape *f*; *be at* (*on*) *s.o.'s* ~*s* être aux trousses de q.; marcher sur les talons de q.; *down at* ~ éculé; *fig.* minable, de pauvre apparence; *take to one's* ~*s* prendre ses jambes à son cou; s'enfuir; **2.** mettre un talon à; *foot.* ~ *out* talonner le ballon (*pour le sortir de la mêlée*); '**heeled** *Am.* F pourvu d'argent; muni d'un revolver; '**heel·er** *pol. Am. sl.* partisan *m* servile.

heel-tap ['hi:ltæp] ⊕ rondelle *f* de hausse; ~*s pl.* fonds *m/pl.* de verre; *no* ~! vidons les verres.

heft [heft] **1.** poids *m*; effort *m*; *Am.* F gros *m* (de la récolte); **2.** *Am.* soupeser; '**heft·y** F solide; *Am.* lourd.

he·gem·o·ny [hi:'geməni] hégémonie *f*.

he-goat ['hi:gout] bouc *m*.

heif·er ['hefə] génisse *f*.

heigh-ho [hei'hou] ah!

height [hait] hauteur *f*, élévation *f*; comble *m*, apogée *m*; *personne*: taille *f*; altitude *f*; cœur *m* (*d'été*); '**height·en** augmenter (*a. fig.*); rehausser; *fig.* relever.

hei·nous □ ['heinəs] atroce; odieux (-euse *f*); '**hei·nous·ness** énormité *f*.

heir [ɛə] héritier (-ère *f*) *m* (de, *to*); ~ *apparent* héritier *m* présomptif; ~-*at-law* héritier *m* légitime; '**heir·dom** droit *m* de succession; † héritage *m*; '**heir·ess** héritière *f*; '**heir·less** sans héritier; **heir·loom** ['~lu:m] meuble *m ou* bijou *m* de famille; *fig.* apanage *m*; '**heir·ship** qualité *f* d'héritier.

held [held] *prét. et p.p. de hold* **2.**

hel·i·bus *Am.* F ['helibʌs] hélicoptère *m qui fait le service de communication entre l'aéroport et la ville.*

hel·i·cal ⊕ ['helikl] en spirale.

hel·i·cop·ter ['helikɔptə] hélicoptère *m*.

helio... [hi:liou] hélio-; **he·li·o·graph** ['~ogra:f] héliographe *m* (*a. phot.*); héliogravure *f*; **he·li·o·graph·ic** [~'græfik] héliographique; ~ *calking* (reproduction *f* par) héliogravure *f*; **he·li·o·gra·vure** ['hi:liougrəvjuə] héliogravure *f*; **he·li·o·trope** ['heljətroup] ⚘ héliotrope *m* (*a. couleur*).

hel·i·port ['helipɔ:t] héliport *m*.

he·lix ['hi:liks], *pl. usu.* **hel·i·ces** ['helisi:z] ⚗, ⊕, *zo.* hélice *f*; △ spirale *f*, volute *f*; *anat.* hélix *m*, ourlet *m*.

hell [hel] enfer *m*; *attr.* de l'enfer; *like* ~ infernal (-aux *m/pl.*); *oh* ~*!* diable!; sapristi!; *go to* ~ aller en enfer; F *what the* ~ ...? que diable...?; *a* ~ *of a noise* un bruit infernal; *raise* ~ faire un bruit infernal; faire une scène; *ride* ~ *for leather* aller au triple galop; '**~-'bent** *Am. sl.* résolu; acharné; '**~-cat** *fig.* mégère *f*.

hel·le·bore ⚘ ['helibɔ:] ellébore *m*.

Hel·lene ['heli:n] Hellène *mf*.

hell·ish □ ['heliʃ] infernal (-aux *m/pl.*); diabolique.

hel·lo [he'lou] holà!; *téléph.* allô!

helm ⚓ [helm] (barre *f* du) gouvernail *m*; timon *m* (*a. fig.* de l'État); *fig.* direction *f*.

hel·met ['helmit] casque; '**hel·met·ed** casqué.

helms·man ⚓ ['helmzmən] homme *m* de barre; timonier *m*.

hel·ot *hist.* ['helət] ilote *m*; *fig.* esclave *m*.

help [help] **1.** aide *f*; secours *m*; remède *m*; *surt. Am.* domestique *mf*; *lady* ~ dame *f* (de bonne maison) qui aide aux soins du ménage; *mother's* ~ jeune fille *f* qui aide dans le soin des enfants; *by the* ~ *of* à l'aide de; **2.** *v/t.* aider; secourir; prêter son concours à; faciliter; *à table*: servir (q., *s.o.*; qch., *s.th.*; qch. à q., *s.o. to s.th.*); ~ *o.s.* se servir (de, *to*); s'aider; *I could not* ~ *laughing* je ne pouvais m'empêcher de rire; *v/i.* aider, servir, contribuer (à, *to*); '**help·er** aide *mf*; assistant(e *f*) *m*; ⚙ machine *f* de secours; **help·ful** □ ['~ful] utile; salutaire; serviable (*personne*); '**help·ing** portion *f*; '**help·less** □ sans ressource; impuissant; '**help·less·ness** faiblesse *f*; '**help·mate**, '**help·meet** aide *mf*; compagnon *m*, compagne *f*.

hel·ter-skel·ter ['heltə'skeltə] *adv.* pêle-mêle; à la débandade.

helve [helv] manche *m*.

Hel·ve·tian [hel'vi:ʃiən] **1.** helvétien (-ne *f*), suisse; **2.** Helvétien(ne *f*) *m*, Suisse *mf*.

hem[1] [hem] **1.** *cost.* bord *m*; ourlet *m*; **2.** border; ourler; ~ *in* entourer.

hem[2] [~] **1.** toussoter; **2.** hem!

he-man *Am. sl.* ['hi:mæn] homme *m* viril.

hem·i·sphere ['hemisfiə] hémisphère *m*.

hem·lock ⚘ ['hemlɔk] ciguë *f*.

hemo... [hi:mo] *see haemo...*

hemp [hemp] chanvre *m*; '**hemp·en** de chanvre.

hem·stitch ['hemstitʃ] **1.** ourlet *m* à jour; **2.** ourler à jour.

hen [hen] poule *f*; femelle *f* (*d'oiseau*); ~*'s egg* œuf *m* de poule.

hen·bane ['henbein] jusquiame *f*.

hence [hens] (*souv. from* ~) d'ici; à partir d'aujourd'hui, désormais; de là, ce qui explique...; ~*!* hors d'ici!; va-t'en d'ici!; *a year* ~ dans un an; '**~'forth**, '**~'for·ward** désormais, à l'avenir.

hench·man ['hentʃmən] F partisan *m*; homme *m* de confiance.

hen...: '**~-'par·ty** F assemblée *f* de jupes; '**~·pecked** dominé par sa femme; '**~-roost** juchoir *m*.

hep *Am. sl.* [hep]: *be* ~ être dans le vent; '**~·cat** *Am. sl.* fanatique *mf* du jazz.

he·pat·ic *anat.* [hi'pætik] hépatique.

hepta... [heptə] hepta-; **hep·ta·gon** ['~gən] heptagone *m*.

her [hə:; hə] **1.** *accusatif*: la; *datif*: lui; à elle; se, soi; celle; **2.** son, sa, ses.

her·ald ['herəld] **1.** héraut *m*; *fig.* avant-coureur *m*; **2.** annoncer; ~ *in* introduire; **he·ral·dic** [he'rældik] (~*ally*) héraldique; **her·ald·ry** ['herəldri] blason *m*.

herb [hə:b] herbe *f*; **her·ba·ceous** [~'beiʃəs] herbacé; '**herb·age** herbage *m*; herbes *f/pl.*; ⚖ droit *m* de pacage; '**herb·al** **1.** d'herbes; **2.** herbier *m*; '**herb·al·ist** botaniste *m*; guérisseur *m*; ⚕ herboriste *mf*; **her·bar·i·um** [~'bɛəriəm] herbier *m*; **her·biv·o·rous** [~'bivərəs] herbivore; **her·bo·rize** ['~bəraiz] herboriser.

Her·cu·le·an [hə:kju'li:ən] herculéen(ne *f*); d'Hercule.

herd [hə:d] **1.** troupeau *m* (*a. fig.*); **2.** *v/t.* assembler; *v/i.* (*a.* ~ *together*) s'assembler en troupeau; s'attrouper; '**herds·man** bouvier *m*.

here [hiə] ici; ~ *is* voici; ~*'s to ...!* à la santé de...!

here-a-bout(s) ['hiərəbaut(s)] près d'ici; **here·aft·er** [hiər'ɑ:ftə] **1.** dorénavant; **2.** avenir *m*; *l'au-delà m*, *la* vie *f* à venir; '**here'by** par là; ⚖ par les présentes.

her·e·dit·a·ment ⚖ [heri'ditəmənt] bien *m* transmissible par héritage; *fig.* patrimoine *m*; **he·red·i·tar·y** [hi'reditəri] héréditaire; **he'red·i·ty** hérédité *f.*

here·in ['hiər'in] ici; en ceci; **here-in·be'fore** ci-dessus; **here·of** [hiər-'ɔv] de ceci.

her·e·sy ['herəsi] hérésie *f.*

her·e·tic ['herətik] **1.** (*usu.* **he·ret·i·cal** □ [hi'retikl]) hérétique; **2.** hérétique *mf.*

here·to·fore ['hiətu'fɔː] jusqu'ici; **here·up·on** ['hiərə'pɔn] là-dessus; sur ce; **'here'with** avec ceci; ci-joint.

her·it·a·ble ['heritəbl] héréditaire; héritable (*propriété*); **'her·it·age** héritage *m*, patrimoine *m.*

her·maph·ro·dite ⚕, *zo.* [həː'mæfrədait] hermaphrodite (*a. su./m*).

her·met·ic, her·met·i·cal □ [həː-'metik(l)] hermétique.

her·mit ['həːmit] ermite *m*; **'her-mit·age** ermitage *m.*

her·ni·a ⚕ ['həːnjə] hernie *f*; **'her-ni·al** herniaire.

he·ro ['hiərou], *pl.* **-roes** ['~z] héros *m*; **he·ro·ic** [hi'rouik] (*~ally*) héroïque; épique; **her·o·ine** ['herouin] héroïne *f*; **'her·o·ism** héroïsme *m.*

her·on *orn.* ['herən] héron *m.*

her·ring *icht.* ['heriŋ] hareng *m*; **'her·ing-bone** arête *f* de hareng; point *m* de chausson.

hers [həːz] le sien, la sienne, les siens, les siennes; à elle.

her·self [həː'self] elle-même; *réfléchi*: se, *accentué*: soi.

hes·i·tance, hes·i·tan·cy ['hezitəns(i)] hésitation *f*, irrésolution *f*; **hes-i·tate** ['~teit] hésiter (à, *to*; sur *about*, *over*; entre, *between*); **hes·i-'ta·tion** hésitation *f.*

het·er·o·dox ['hetərədɔks] hétérodoxe; **'het·er·o·dox·y** hétérodoxie *f*; **het·er·o·dyne** ['~dain] *radio*: hétérodyne (*a. su./m*); **het·er·o·ge-ne·i·ty** [~rodʒi'niːiti] hétérogénéité *f*; **het·er·o·ge·ne·ous** □ ['~ro'dʒiːnjəs] hétérogène; F disparate.

het up F [het'ʌp] excité, agité, nerveux (-euse *f*).

hew [hjuː] [*irr.*] couper; tailler (*a.* ⊕); ⊕ abattre; ⊕ dresser; **'hew·er** tailleur *m*; abatteur *m* (*d'arbres*); ⚒ piqueur *m*; **hewn** [hjuːn] *p.p. de hew.*

hexa... [heksə] hex(a)-; **hex·a·gon** ['~gən] hexagone *m*; **hex·ag·o·nal** □ [hek'sægənl] hexagonal (-aux *m/pl.*); **hex·am·e·ter** [hek'sæmitə] hexamètre *m.*

hey [hei] hé!; holà!; hein?

hey·day ['heidei] **1.** tiens!; **2.** *fig.* apogée *m*; fleur *f* de l'âge; beaux jours *m/pl.*

hi [hai] hé!; holà!; ohé!

hi·a·tus [hai'eitəs] ⚕, *gramm.* hiatus *m*; lacune *f.*

hi·ber·nate ['haibəːneit] hiberner; hiverner (*a. personne*); **hi·ber'na-tion** hibernation *f.*

hic·cup, *a.* **hic·cough** ['hikʌp] **1.** hoquet *m*; **2.** avoir le hoquet; hoqueter.

hick F [hik] paysan *m*, rustaud *m*; *attr.* de province.

hick·o·ry ['hikəri] noyer *m* d'Amérique.

hid [hid] *prét. et p.p. de hide*²; **hid-den** ['hidn] *p.p. de hide*².

hide¹ [haid] **1.** peau *f*; ✝ cuir *m*; **2.** F tanner le cuir à (*q.*).

hide² [~] [*irr.*] (se) cacher (à, *from*); (se) dérober (à, *from*); **'hide-and-'seek** cache-cache *m*; *play* (*at*) ~ jouer au cache-cache; **'hide·a·way** F cachette *f*, F planque *f.*

hide·bound *fig.* ['haidbaund] aux vues étroites; rigide.

hid·e·ous □ ['hidiəs] affreux (-euse *f*); horrible; **'hid·e·ous·ness** laideur *f*, horreur *f.*

hide·out ['haidaut] cachette *f.*

hid·ing¹ F ['haidiŋ] rossée *f*; tripotée *f.*

hid·ing² [~]: *go into* ~ se cacher; *in* ~ caché; **'~-place** cachette *f.*

hie *poét.* [hai] (*p.pr. hying*) se rendre (à la hâte).

hi·er·arch·y ['haiərɑːki] *admin.*, *eccl.*, *etc.* hiérarchie *f.*

hi·er·o·glyph ['haiəroglif] hiéroglyphe *m*; **hi·er·o'glyph·ic** (*a.* **hi-er·o'glyph·i·cal** □) hiéroglyphique; **hi·er·o'glyph·ics** *pl.* hiéroglyphes *m/pl.*

hi-fi *Am.* ['hai'fai] (*abr. de high fidelity*) de haute fidélité (*reproduction*).

hig·gle ['higl] marchander.

hig·gle·dy-pig·gle·dy F ['higldi-'pigldi] en pagaïe, sans ordre.

high [hai] **1.** *adj.* □ (*see a.* ~*ly*) *usu.* haut; élevé; fort, violent (*vent*); grand (*vitesse*); faisandé (*gibier*); avancé (*viande*); fort (*beurre*); *attr.* de fête; solennel(le *f*); F *ivre*: parti, *par la drogue*: drogué, camé; F *get* ~ se défoncer; ~*est bidder le* plus offrant *m*; *with a* ~ *hand* arbitrairement; tyranniquement; de façon cavalière; ~ *spirits pl.* gaieté *f*, entrain *m*; ♀ *Church* haute Église *f* (anglicane); ~ *colo(u)r* vivacité *f* de teint (*d'une personne*); couleur *f* vive; ~ *dive* plongeon *m* de haut vol; ↯ ~ *frequency* haute fréquence *f*; *surt. Am. sl.* ~*-hat* gommeux *m*; *v/t.* traiter d'une manière hautaine; *v/i.* se donner de grands airs; ~ *life la* vie *f* mondaine; ~ *noon* plein midi; ~ *street* grand-rue *f*, rue *f* principale; *see tea*; ↯ ~ *tension* haute tension *f*; *it is* ~ *time* il est grand temps; ~ *treason* lèse-majesté *f*; haute trahison *f*; ~ *water* marée *f* haute; ~ *wind* gros vent *m*; ~ *words* paroles *f/pl.* dures; **2.** *su. météor.* aire *f* anticyclonique; *surt. Am.* ♀ *see High School*; ~ *and low* les grands et les petits; *on* ~ en haut; **3.** *adv.* haut; en haut; fort(ement); **ˈ~-ˈbacked** à grand dossier; **ˈ~·ball** *Am.* whisky *m* et soda *m*; **ˈ~-born** de haute naissance; **ˈ~·boy** *Am.* commode *f*; **ˈ~-bred** de race; **ˈ~-brow** F **1.** intellectuel(le *f*) *m*; **2.** *iro.* prétendu intellectuel(le *f*); **ˈ~-class** de première classe *ou* qualité; **ˈ~-day** jour *m* de fête; **ˈ~-exˈplo·sive** brisant; à haut explosif; ~ **fa·lu·tin(g)** [ˈ~fəˈluːtin, -iŋ] **1.** prétentieux (-euse *f*); **2.** discours *m* pompeux; **ˈ~-flown** ampoulé; ambitieux (-euse *f*); **ˈ~-grade** de qualité supérieure; **ˈ~-ˈhand·ed** arbitraire; ~ **jump** saut *m* en hauteur; **ˈ~·land·er** montagnard *m* écossais; soldat *m* d'un régiment écossais; **ˈ~·lands** hautes terres *f/pl.*; **ˈ~-lev·el** *adj.*: *alp.* ~ *climb* ascension *f* à haute altitude; **ˈ~·light 1.** *peinture*: rehaut; reflet *m*; *fig.* point *m* marquant, F clou *m*; **2.** mettre en lumière, mettre en vedette; souligner; **ˈ~-ˈliv·ing** bonne chère *f*; **ˈhigh·ly** fort(ement); très; bien; extrêmement; *speak* ~ *of* parler en termes très flatteurs de; vanter; ~ *descended* de haute naissance; **ˈhigh-ˈmind·ed** magnanime; généreux (-euse *f*); **ˈhigh·ness** élévation *f*; *fig.* grandeur *f*; ♀ *titre*: Altesse *f*.

high...: **ˈ~ oc·tane pet·rol** essence *f* à haut indice d'octane; **ˈ~ˈpitched** aigu(ë *f*) (*ton etc.*); à forte inclinaison (*toit etc.*); **ˈ~-pow·er**: ~ *station* station *f* génératrice de haute puissance; ~ *radio station* poste *m* de grande portée; **ˈ~-priced** coûteux (-euse *f*), chèr; **ˈ~-rank·ing** haut, de haut rang; **ˈ~·rise** tour *f* d'habitation; **ˈ~-ˈroad** grand-route *f*; grand chemin *m*; **ˈ~-speed** à grande vitesse; ⊕ à marche rapide; **ˈ~-ˈspir·it·ed** plein d'ardeur; fougueux (-euse *f*); **ˈ~-ˈstep·ping** qui trousse (*cheval*); *Am. sl.* noceur (-euse *f*); **ˈ~-ˈstrung** (au tempérament) nerveux; **ˈ~-ˈtoned** *surt. Am.* F chic, élégant; ~ **wa·ter** marée *f* haute; **ˈ~·way** grand-route *f*; grand chemin *m*; *fig.* bonne voie *f*; chemin *m*; **ˈ~·way·man** voleur *m* de grand chemin.

hi·jack [ˈhaidʒæk] **1.** détourner (*un avion*); **2.** détournement (*d'un avion*); **ˈhi·jack·er** pirate *m* (de l'air).

hike F [haik] **1.** faire du footing; **2.** excursion *f* à pied; *surt. Am.* F hausse *f* (*des prix*); **ˈhik·er** excursionniste *mf* à pied.

hi·lar·i·ous □ [hiˈlɛəriəs] joyeux (-euse *f*).

hi·lar·i·ty [hiˈlæriti] hilarité *f*.

Hil·a·ry [ˈhiləri]: ⚖, *a. univ.* ~ *Term* session *f* de la Saint-Hilaire (*janvier à mars*).

hill [hil] colline *f*, coteau *m*; côte *f*; ~**·bil·ly** *Am.* F [ˈ~bili] montagnard *m*; **ˈ~-climb·ing** *mot.* montée *f* des côtes; ~ *contest* course *f* de côte; **ˈhill·i·ness** nature *f* accidentée (*d'une région*); **hill·ock** [ˈ~ək] petite colline *f*; **ˈhill·y** montueux (-euse *f*); accidenté (*terrain*).

hilt [hilt] *épée*: poignée *f*; *up to the* ~ jusqu'à la garde; *fig.* complètement, sans réserve.

him [him] *accusatif*: le; *datif*: lui; se, soi; celui.

him·self [himˈself] lui-même; *réfléchi*: se, *accentué*: soi; *of* ~ de lui-même; de son propre choix; *by* ~ tout seul.

hind[1] *zo.* [haind] biche *f*.

hind[2] [~] valet *m* de ferme; paysan *m*.

hind[3] [~]: ~ *leg* jambe *f ou* patte *f* derrière; = **ˈhind·er** de derrière; postérieur; arrière-...

hin·der [ˈhində] *v/t.* empêcher (*q.*) (de, *from*); gêner; retarder.
hind·most [ˈhaindmoust] dernier (-ère *f*); **hind·quar·ters** [ˈhaind-kwɔːtəz] *pl.* arrière-train *m* (*pl.* arrière-trains).
hin·drance [ˈhindrəns] empêchement *m*; obstacle *m*.
hind·sight [ˈhaindsait] sagesse *f* (d')après coup; *with* ~ (en réfléchissant) après coup.
Hin·du, *a.* **Hin·doo** [ˈhinˈduː] **1.** hindou; **2.** Hindou(e *f*) *m*.
Hin·du·sta·ni *ling.* [hinduˈstæni] hindoustani *m*.
hinge [hindʒ] **1.** gond *m*; charnière *f*; *fig.* pivot *m*; *off the* ~*s* hors de ses gonds; **2.** ~ *upon fig.* dépendre de; ~*d lid* couvercle *m* à charnière(s).
hin·ny *zo.* [ˈhini] bardot *m*.
hint [hint] **1.** avis *m*; allusion *f*; signe *m*; **2.** suggérer, insinuer; faire allusion (à, *at*).
hip[1] [hip] **1.** hanche *f*; ~ *bath* bain *m* de siège; ~ *flask* flacon *m* plat; **2.** coxal (-aux *m/pl.*); de la hanche; sur les hanches.
hip[2] ⚘ [~] cynorrhodon *m*; F gratte-cul *m/inv.*
hip[3] [~] **1.** mélancolie *f*; **2.** attrister; F donner le cafard à.
hip[4] [~]: *int.* ~, ~, *hurra(h)!* hip! hip! hourra!
hipped F [hipt] mélancolique; *Am. sl.* obsédé.
hip·po F [ˈhipou] = **hip·po·pot·a·mus** [hipəˈpɔtəməs], *pl. a.* ~**mi** [~mai] hippopotame *m*.
hip-roof ⩓ [ˈhipruːf] toit *m* en croupe.
hip-shot [ˈhipʃɔt] (d)éhanché.
hire [ˈhaiə] **1.** louage *m*; *maison*: location *f*; gages *m/pl.*; ~ *charge* prix *m* de (la) location; *on* ~ en location; à louer; à louage; *for* ~ libre (*taxi*); **2.** louer; arrêter; engager (*un domestique*); ~ *out* louer; *Am.* entrer en service; **hire·ling** *péj.* [ˈ~liŋ] mercenaire (*a. su./m*); **ˈhire-ˈpur·chase** vente *f* à tempérament; *on the* ~ *system* à tempérament.
hir·sute [ˈhəːsjuːt] hirsute, velu; *fig.* grossier (-ère *f*).
his [hiz] **1.** son, sa, ses; **2.** le sien, la sienne, les siens, les siennes; à lui.
hiss [his] **1.** sifflement *m*; **2.** *v/i.* siffler; chuinter (*vapeur etc.*); *v/t.* siffler; ~ *off* chasser à coups de sifflets.
hist [sːt] chut; *pour attirer l'attention*: pst!
his·to·ri·an [hisˈtɔːriən] historien *m*; **his·tor·ic, his·tor·i·cal** □ [~ˈtɔrik(l)] historique; de l'histoire; **his·to·ri·og·ra·pher** [~tɔːriˈɔgrəfə] historiographe *m*; **his·to·ry** [ˈ~təri] histoire *f*; manuel *m* d'histoire; *théâ.* drame *m* historique.
his·tri·on·ic [histriˈɔnik] théâtral (-aux *m/pl.*); *péj.* histrionique.
hit [hit] **1.** coup *m*; touche *f*; trait *m* satirique, coup *m* de patte; *théâ.* (pièce *f* à) succès *m*; ♪ succès *m*; **2.** [*irr.*] *v/t.* frapper; heurter; atteindre (*un but*); porter (*un coup*); trouver (*le mot juste*); *Am.* F arriver à; ~ *it off with* s'accorder avec; ~ *off* imiter exactement; ~ *one's head against* se cogner la tête contre; ~ *s.o. a blow* porter un coup à q.; *v/i.* ~ *at* décocher un coup à; ~ *or miss* à tout hasard; ~ *out* détacher des coups (*à, at*); ~ *(up)on* découvrir; trouver; tomber sur; **ˈ~-and-ˈrun driv·er** *mot.* chauffard *m*.
hitch [hitʃ] **1.** saccade *f*; ⚓ nœud *m*, clef *f*; *fig.* empêchement *m* soudain; accroc *m*; *radio etc.*: *technical* ~ incident *m* technique; **2.** remuer par saccades; accrocher; nouer; attacher (*un cheval etc.*); ⚓ amarrer; ~ *up* remonter (*le pantalon*); *Am.* atteler (*des chevaux*); *Am. sl. get* ~*ed* se marier; **ˈ~-hike** *Am.* F faire de l'auto-stop; **ˈ~-hik·ing** *Am.* F auto-stop *m*.
hith·er *poét.* [ˈhiðə] ici; le plus rapproché; **hith·er·to** [ˈ~ˈtuː] jusqu'ici.
hive [haiv] **1.** ruche *f* (*a. fig.*); essaim *m*; *fig.* fourmilière *f*; ⚕ ~*s pl.* urticaire *f*; varicelle *f* pustuleuse; croup *m*; **2.** *v/t.* mettre dans une ruche; ~ *up* accumuler; *v/i.* entrer dans la ruche; *fig.* vivre ensemble.
ho [hou] ho!; hé!; ⚓ en vue!
hoar [hɔː] **1.** *see hoarfrost*; **2.** chenu (*personne*).
hoard [hɔːd] **1.** amas *m*; accumulation *f* secrète; F *argent*: magot *m*; **2.** (*a.* ~ *up*) amasser; accumuler; thésauriser (*de l'argent*).
hoard·ing[1] [ˈhɔːdiŋ] resserre *f*; accumulation *f*; thésaurisation *f*.
hoard·ing[2] [~] clôture *f* de bois; panneau *m* d'affichage.

hoar·frost [ˈhɔːˈfrɔst] gelée *f* blanche, givre *m*.
hoar·i·ness [ˈhɔːrinis] blancheur *f*; vieillesse *f*.
hoarse □ [hɔːs] rauque, enroué; ˈ**hoarse·ness** enrouement *m*.
hoar·y [ˈhɔːri] blanchi (*cheveux*); chenu (*personne*); *fig.* séculaire.
hoax [houks] **1.** tour *m*, mystification *f*, farce *f*; supercherie *f*; *journ.* canard *m*; **2.** attraper, jouer un tour à, mystifier.
hob[1] [hɔb] *cheminée*: plaque *f* de côté; fiche *f* de but (*au jeu de palets*).
hob[2] [~] *see hobgoblin*; *surt. Am.* F *raise* ~ faire du raffut; rouspéter fort.
hob·ble [ˈhɔbl] **1.** clochement *m*, boitillement *m*; F embarras *m*; **2.** *v/i.* clocher, boitiller, clopiner; *v/t.* entraver; F embarrasser.
hob·ble·de·hoy F [ˈhɔbldiˈhɔi] jeune homme *m* gauche; F grand dadais *m*.
hob·by [ˈhɔbi] *fig.* marotte *f*, dada *m*; ˈ**~-horse** † petit cheval *m* de selle; cheval *m* de bois; dada *m*.
hob·gob·lin [ˈhɔbgɔblin] lutin *m*.
hob·nail [ˈhɔbneil] clou *m* à ferrer; caboche *f*.
hob·nob [ˈhɔbnɔb]: ~ *with* être à tu et à toi avec (*q.*); fréquenter (*q.*).
ho·bo *Am.* [ˈhoubou] ouvrier *m* ambulant; F chemineau *m*.
hock[1] [hɔk] **1.** *zo.* jarret *m*; **2.** couper le jarret à.
hock[2] [~] vin *m* du Rhin.
hock[3] *sl.* [~] **1.** gage *m*; prison *f*; **2.** engager.
hock·ey *sp.* [ˈhɔki] hockey *m*.
hock-shop [ˈhɔkʃɔp] mont *m* de piété; F ma tante *f*.
ho·cus [ˈhoukəs] duper; droguer (*q.*, *qch.*); narcotiser (*une boisson*); **~-po·cus** [ˈ~ˈpoukəs] **1.** (tour *m* de) passe-passe *m/inv.*; tromperie *f*; **2.** *v/i.* faire des tours de passe-passe; *v/t.* mystifier; escamoter (*qch.*).
hod [hɔd] oiseau *m* (*de maçon*); seau *m* à charbon.
hodge-podge [ˈhɔdʒpɔdʒ] *see hotchpotch.*
hod·man [ˈhɔdmən] aide-maçon (*pl.* aides-maçons) *m*.
hoe ⚒ [hou] **1.** houe *f*; **2.** houer.
hog [hɔg] **1.** porc *m* (châtré); *fig.* goinfre *m*; *sl.* go *the whole* ~ aller jusqu'au bout; **2.** F accaparer, monopoliser; *mot.* ~ *the road* tenir toute la route; **hogged** [hɔgd] fortement bombé; en brosse; **hog·get** [ˈhɔgit] agneau *m* antenais; **hog·gish** □ [ˈ~iʃ] de cochon; grossier (-ère *f*); ˈ**hog·gish·ness** grossièreté *f*; gloutonnerie *f*; **hogs·head** [ˈ~zhed] tonneau *m*; *mesure*: fût *m* (*240 litres*); *Am. grosse balle f de tabac* (*de 750 à 1200 livres*); ˈ**hog·skin** peau *f* de porc; ˈ**hog·wash** eaux *f/pl.* grasses; F lavasse *f*.
hoi(c)k [hɔik] ✈ (faire) monter en chandelle; F lever d'un coup sec.
hoist [hɔist] **1.** (coup *m* de) treuil *m*; **2.** hisser; guinder.
hoi·ty-toi·ty [ˈhɔitiˈtɔiti] **1.** susceptible; qui fait l'important; **2.** taratata!
ho·kum *Am. sl.* [ˈhoukəm] balivernes *f/pl.*; absurdité *f*, fumisterie *f*.
hold [hould] **1.** *su.* prise *f*; appui *m*; empire *m*, pouvoir *m*; influence *f*; *box.* tenu *m*; tanière *f* (*d'une bête fauve*); ⚓ cale *f*; *catch* (*ou get ou lay ou take*) ~ *of* saisir, s'emparer de; *have a* ~ *of* (*ou on*) tenir; *keep* ~ *of* ne pas lâcher (*qch.*); **2.** [*irr.*] *v/t. usu.* tenir; retenir (*l'attention, l'haleine, dans la mémoire*); contenir; maintenir; détenir; tenir pour; professer (*une opinion*); avoir (*une idée*); arrêter; célébrer (*une fête*); tenir (*une séance*); faire (*une enquête*); ⚖ décider (que, *that*); *surt. Am.* ~ *down a job* occuper un emploi; se montrer à la hauteur d'un emploi; ~ *one's own* tenir bon; défendre sa position; *téléph.* ~ *the line* ne pas quitter; ~ *water* être étanche; *fig.* tenir debout; ~ *off* tenir à distance; ✈ intercepter; ~ *on* maintenir; tenir (*qch.*) en place; ~ *out* tendre; offrir; ~ *over* remettre à plus tard; ~ *up* lever en l'air; soutenir; relever (*la tête*); offrir (*comme modèle*); arrêter; entraver; tourner (*en ridicule*); exposer; **3.** [*irr.*] *v/i.* tenir (bon); se maintenir; persister; être vrai; ~ *forth* pérorer, disserter (sur, *on*); ~ *good* (*ou true*) être valable; ne pas se démentir; F ~ *hard!* arrêtez!; halte là!; ⚓ baste!; ~ *in* se maîtriser; ~ *off* se tenir à distance; ⚓ tenir le large; ~ *on* se cramponner (à, *to*); ne pas lâcher; F ~ *on!* tenez ferme!; attendez

un instant!; *téléph.* ne quittez pas!; ~ *to* s'en tenir à; ~ *up* se maintenir; se soutenir; ˈ**hold-all** fourre-tout *m/inv.*; ˈ**hold·er** *maison*: possesseur *m*; locataire *mf*; *médaille, poste*: titulaire *mf*; *sp.*, ⚕ détenteur (-trice *f*) *m*; ~ *of shares* actionnaire *mf*; ˈ**hold·fast** crampon *m* (*a.* ⚘); serre-joint *m*; ˈ**hold·ing** tenue *f*; possession *f*; ⊕ serrage *m*; ⚕ portefeuille *m* effets, dossier *m*; *small* ~ petite propriété *f*; ~ *company* société *f* de portefeuille; ˈ**hold-o·ver** *Am.* survivance *f*, restant *m*; ˈ**hold-up** *Am.* F coup *m* à main armée; hold-up *m*; *mot.* embouteillage *m*, bouchon *m*.

hole [houl] **1.** trou *m* (*a. fig.*); ouverture *f*; F *fig.* embarras *m*, difficulté *f*; *pick* ~*s in* critiquer; **2.** trouer, percer, faire un trou dans; *golf*: poter; *billard*: blouser; ˈ**~-and-ˈcor·ner** clandestin, secret (-ète *f*); obscur.

hol·i·day [ˈhɔlədi] jour *m* de fête; congé *m*; ~*s pl.* vancances *f/pl.*; *on* ~ vacances; ˈ**~-mak·er** vacancier (-ère *f*) *m*.

ho·li·ness [ˈhoulinis] sainteté *f*.

hol·la [ˈhɔlə], **hol·lo(a)** [ˈhɔlou] **1.** holà!; tiens!; *souv.* bonjour!; **2.** crier holà.

hol·land [ˈhɔlənd] (*a. brown* ~) toile *f* de Hollande, toile *f* écrue.

hol·ler *Am.* F [ˈhɔlə] **1.** crier (à tue-tête); **2.** grand cri *m*.

hol·low [ˈhɔlou] **1.** *adj.* □ creux (creuse *f*); vide; faux (fausse *f*); sourd (*bruit*); **2.** F *adv.* (*a. all* ~) complètement; (*sonner*) creux; **3.** *su.* creux *m*, cavité *f*; *terrain*: dénivellation *f*, enfoncement *m*; ⊕ évidure *f*; **4.** *v/t.* creuser, évider; ˈ**hol·low·ness** creux *m*; *fig.* fausseté *f*.

hol·ly ⚘ [ˈhɔli] houx *m*.

hol·ly·hock ⚘ [ˈhɔlihɔk] rose *f* trémière.

holm [houm] îlot *m*; rive *f* plate; ⚘ yeuse *f*.

hol·o·caust [ˈhɔləkɔːst] holocauste *m*; *fig.* massacre *m*.

hol·ster [ˈhoulstə] étui *m* de revolver.

ho·ly [ˈhouli] saint; pieux (-euse *f*); ⁓ *of Holies le* saint *m* des saints; ⁓ *Thursday le* jeudi *m* saint; ~ *water* eau *f* bénite; ⁓ *Week la* semaine *f* sainte.

hom·age [ˈhɔmidʒ] hommage *m*; *do* (*ou pay ou render*) ~ rendre hommage (à, *to*).

home [houm] **1.** *su.* foyer *m*; maison *f*, demeure *f*; asile *m*; patrie *f*; *at* ~ chez moi (lui, elle, *etc.*); **2.** *adj.* domestique, de famille; qui porte (*coup*); bien senti (*vérité*); ~ *affairs pl.* affaires *f/pl.* intérieures; ~ *help* aide *f* ménagère; ⁓ *Office* Ministère *m* de l'Intérieur; ~ *rule* autonomie *f*; ⁓ *Secretary* Ministre *m* de l'Intérieur; ~ *straight*, ~ *stretch sp.* dernière ligne droite *f*; *fig.* phase *f* finale; ~ *trade* commerce *m* intérieur; F *tell s.o. a few* ~ *truths* dire ses quatre verités à q.; **3.** *adv.* à la maison, chez moi *etc.*; à son pays; à la patrie; à fond; ~ *delivery* livraison *f* à domicile; *be* ~ être chez soi; être de retour; *bring* (*ou press*) *s.th.* ~ *to s.o.* faire sentir qch. à q.; convaincre q. de qch.; *come* ~ retourner au pays; rentrer; *it came* ~ *to her fig.* elle s'en rendit compte; *hit* (*ou strike*) ~ frapper juste; **4.** *v/i.* revenir au foyer (*pigeon*: au colombier); ˈ**~-ˈbaked** de ménage; fait à la maison; ˈ**~ˈbred** indigène; *fig.* naturel(le *f*); ˈ**~·com·ing** retour *m* (au foyer *ou* au pays); rentrée *f*; ˈ**~·croft** petite ferme *f*; ~ **e·coˈnom·ics** *sg. Am.* économie *f* domestique; ˈ**~-felt** dans son for intérieur; profond; ˈ**~-ˈgrown** indigène, du cru (*vin*); ˈ**home·less** sans foyer, sans asile; ˈ**home·like** qui rappelle le foyer; intime; ˈ**home·li·ness** simplicité *f*; *Am.* manque *m* de beauté; ˈ**home·ly** □ *fig.* simple, modeste, ordinaire; *Am.* sans beauté.

home...: ˈ**~-made** fait à la maison; du pays; ˈ**~·mak·er** mère *f* de famille, ménagère *f*; ˈ**~·sick** nostalgique; ˈ**~·sick·ness** nostalgie *f*; ˈ**~·spun 1.** filé à la maison; *fig.* simple, rude; **2.** gros drap *m*; ˈ**~·stead** ferme *f* avec dépendances; *Am.* bien *m* de famille; ˈ**~·town** ville *f* natale; ˈ**~·ward 1.** *adv.* (*ou* ˈ**~·wards**) vers la maison; vers son pays; **2.** *adj.* de retour; ˈ**~-work** travail *m* fait à la maison; *école*: devoirs *m/pl.*; *do one's* ~ faire ses devoirs; *fig.* se bien préparer.

hom·i·cide [ˈhɔmisaid] homicide *m*; meurtre *m*; *personne*: homicide *mf*.

hom·i·ly [ˈhɔmili] homélie *f*.

hom·ing ['houmiŋ] retour *m* à la maison; ✈ retour *m* par radioguidage; ~ *instinct* instinct *m* qui ramène au foyer; ~ *pigeon* pigeon *m* voyageur.

hom·i·ny ['hɔmini] semoule *f* de maïs.

ho·mo F ['houmou] homo *m*, pédé *m*.

ho·moe·o·path ['houmiopæθ] homéopathe *mf*; **ho·moe·o'path·ic** (~*ally*) homéopathique; homéopathe (*médecin*); **ho·moe·op·a·thist** [~'ɔpəθist] homéopathe *mf*; **ho·moe'op·a·thy** homéopathie *f*.

ho·mo·ge·ne·i·ty [hɔmodʒe'ni:iti] homogénéité *f*; **ho·mo·ge·ne·ous** □ [~'dʒi:njəs] homogène; **ho·mog·en·ized** [hə'mɔdʒənaizd] homogénéisé; **ho·mol·o·gous** [hɔ'mɔləgəs] homologue; **ho'mol·o·gy** [~dʒi] homologie *f*; **hom·o·nym** ['hɔmənim] homonyme *m*; **ho·mo·sex·u·al** ['houmou'seksjuəl] homosexuel(le *f*).

hom·y F ['houmi] *see homelike*.

hone ⊕ [houn] **1.** pierre *f* à aiguiser; **2.** aiguiser; repasser (*un rasoir*).

hon·est □ ['ɔnist] honnête, sincère, loyal (-aux *m/pl.*); intègre; ~ *truth* exacte vérité *f*; '**hon·es·ty** honnêteté *f*, probité *f*, loyauté *f*.

hon·ey ['hʌni] miel *m*; *my* ~*!* chéri(e *f*)!; '~**·comb** rayon *m* de miel; '~**·combed** alvéolé; criblé; **hon·eyed** ['hʌnid] emmiellé; *fig.* mielleux (-euse *f*); '**hon·ey·moon** **1.** lune *f* de miel; **2.** passer la lune de miel; **hon·ey·suck·le** ⚘ ['~sʌkl] chèvrefeuille *m*.

honk *mot.* [hɔŋk] **1.** cornement *m*; **2.** corner, klaxonner.

honk·y-tonk *Am. sl.* ['hɔŋkitɔŋk] beuglant *m*.

hon·o·rar·i·um [ɔnə'rɛəriəm] honoraires *m/pl.*; **hon·or·ar·y** ['ɔnərəri] honoraire, d'honneur.

hon·o(u)r ['ɔnə] **1.** honneur *m*; distinction *f* honorifique; *fig.* gloire *f*; ~*s pl.* honneurs *m/pl.*; distinctions *f/pl.*; *your* ♀ Monsieur le juge; *in* ~ *of s.o.* en honneur de q., à la gloire de q.; *do the* ~*s of the house* faire les honneurs de sa (*etc.*) maison; **2.** honorer; faire honneur à (*a.* ✝).

hon·o(u)r·a·ble □ ['ɔnərəbl] honorable; *Right* ♀ (le) très honorable; '**hon·o(u)r·a·ble·ness** honorabilité *f*; caractère *m* honorable.

hooch *Am. sl.* [hu:tʃ] gnôle *f*.

hood [hud] capuchon *m*; ⚡ cloche *f*; ⊕ *forge etc.*: hotte *f*; *univ.* chaperon *m*; *mot.* capote *f*; *Am. mot.* capot *m* (*du moteur*); '**hood·ed** encapuchonné (*personne*), ⚘ capuchonné; *cost.* à capuchon; *fig.* couvert.

hood·lum *Am.* F ['hu:dləm] voyou *m*; gangster *m*; galapiat *m*.

hoo·doo *surt. Am.* ['hu:du:] **1.** déveine *f*, guigne *f*; porte-malheur *m/inv.*; **2.** porter la guigne à; jeter un sort sur.

hood·wink ['hudwiŋk] † bander les yeux à; *fig.* tromper.

hoo·ey *Am. sl.* ['hu:i] bêtise *f*.

hoof [hu:f] sabot *m*; F pied *m*; **hoofed** [hu:ft] à sabots.

hook [huk] **1.** croc(het) *m*; *robe*: agrafe *f*; *vestiaire*: patère *f*; *pêche*: hameçon *m*; ~*s and eyes* agrafes et œillets; *by* ~ *or by crook* coûte que coûte; *Am.* F ~, *line and sinker* sans exception, totalement; sans réserve; **2.** *v/t.* accrocher; agrafer (*une robe*); prendre (*un poisson*); courber (*le doigt*); *fig.* crocher (*le bras*); *sl.* voler à la tire; attraper; *sl.* ~ *it* attraper; ficher le camp; ~ *up* agrafer (*une robe*); suspendre; *v/i.* (*a.* ~ *on*) s'accrocher; **hooked** [~t] crochu (*a. nez*); muni de crochets *etc.*; *sl.* toxicomane; '**hook·er** ⚓ hourque *f*; *Am. sl.* pouffiasse *f* (= *prostituée*); '**hook-up** combinaison *f*, alliance *f*; *radio*: relais *m* radiophonique; postes *m/pl.* conjugués; '**hook·y**: *Am. play* ~ faire l'école buissonnière.

hoo·li·gan ['hu:ligən] gouape *f*, voyou *m*.

hoop [hu:p] **1.** *tonneau*: cercle *m*; ⊕ *roue*: jante *f*; *cost.* panier *m*; cerceau *m* (*d'enfant*); *Am. sl.* bague *f*; **2.** cercler; garnir de jantes; '**hoop·er** tonnelier *m*, cerclier *m*.

hoop·ing-cough ['hu:piŋkɔf] coqueluche *f*.

hoo·poe *orn.* ['hu:pu:] huppe *f*.

hoose·gow *Am. sl.* ['hu:sgau] prison *f*; cabinets *m/pl.*

hoot [hu:t] **1.** *su. hibou*: ululement *m*; *personne*: huée *f*; *mot.* cornement *m*; coup *m* de sifflet; **2.** *v/i.* ululer; huer; *mot.* klaxonner; *théâ.* siffler; *v/t.* huer; (*a.* ~ *at*, ~ *out*, ~ *away*) chasser (*q.*) par des huées; '**hoot·er**

sirène *f*; avertisseur *m*; *mot.* klaxon *m*.

hop[1] [hɔp] **1.** *su.* ⚘ houblon *m*; ~*s pl.* houblon *m*; **2.** *v/t.* houblonner (*la bière*); *v/i.* cueillir le houblon.

hop[2] [~] **1.** saut *m*; gambade *f*; ✈ étape *f*; *sl.* sauterie *f* (= *bal*); **2.** sauter; *v/t. sl.* ~ *it* ficher le camp, filer; se débiner; *v/i.* sautiller; ✈ ~ *off* décoller, partir.

hope [houp] **1.** espoir *m* (de, *of*); espérance *f*; *of great* ~*s* qui promet; **2.** espérer (qch., *for s.th.*); ~ *in* mettre son espoir en; **hope·ful** □ [ˈ~ful] plein d'espoir; qui promet; *be* ~ *that* avoir bon espoir que; ˈ**hope·ful·ly** *surt. Am.* on espère (que); ˈ**hope·less** □ désespéré; sans espoir; incorrigible; inutile.

hop-o'-my-thumb [ˈhɔpəmiˈθʌm] *le* Petit Poucet; *fig.* petit bout *m* d'homme.

hop·per [ˈhɔpə] ⊕ *moulin*: trémie *f*, huche *f*; ✓ semoir *m*; ⚓ marie-salope (*pl.* maries-salopes) *f*.

horde [hɔːd] horde *f*.

ho·ri·zon [həˈraizn] horizon *m*; *on the* ~ à l'horizon; **hor·i·zon·tal** □ [hɔriˈzɔntl] horizontal (-aux *m/pl.*).

hor·mone *biol.* [ˈhɔːmoun] hormone *f*.

horn [hɔːn] *usu.* corne *f*; *zo.* antenne *f*; *hibou*: aigrette *f*; ♪ cor *m*; ♪ F instrument *m* à vent; *radio etc.*: pavillon *m*; † corne *f* à boire; *mot.* klaxon *m*; trompe *f*; (*stag's*) ~*s pl.* bois *m*; ~ *of plenty* corne *f* d'abondance; **horned** [ˈ~id; hɔːnd] à … cornes, cornu.

hor·net *zo.* [ˈhɔːnit] frelon *m*.

horn·less [ˈhɔːnlis] sans cornes; ˈ**horn·pipe** (*a. sailor's* ~) *danse*: matelote *f*; **horn·swog·gle** *Am. sl.* [ˈ~swɔgl] escroquer, tromper (*q.*); ˈ**horn·y** □ corné; de *ou* en corne; calleux (-euse *f*) (*main*); V excité, en chaleur.

hor·o·loge [ˈhɔrəlɔdʒ] horloge *f*; **hor·o·scope** [ˈ~skoup] horoscope *m*; *cast s.o.'s* ~ dresser l'horoscope de q.

hor·ren·dous [həˈrendəs] terrible, horrible.

hor·ri·ble □ [ˈhɔrəbl] horrible, affreux (-euse *f*); **hor·rid** □ [ˈhɔrid] horrible, affreux (-euse *f*); **hor·rif·ic** [hɔˈrifik] horrifique; **hor·ri·fy** [ˈ~fai] horrifier; *fig.* scandaliser; **hor·ror** [ˈhɔrə] horreur *f* (de, *of*); ĉhose *f* horrible; F *the* ~*s pl.* delirium *m* tremens.

horse [hɔːs] **1.** *su.* cheval *m*; *coll.* cavalerie *f*; séchoir *m*; *take* ~ monter à cheval; ~ *artillery* artillerie *f* montée; **2.** *v/t.* fournir des chevaux à; mettre des chevaux à; *v/i.* chevaucher; ˈ~**·back**: *on* ~ à cheval; sur un cheval; *be* (*ou go*) *on* ~ aller à cheval; *get on* ~ monter à cheval; ˈ~**-bean** féverole *f*; ˈ~**-box** 🚃 wagon *m* à chevaux; fourgon *m* pour le transport des chevaux; ˈ~**-break·er** dresseur *m* de chevaux; ˈ~**-deal·er** marchand *m* de chevaux; ♀ **Guards** *pl. la* cavalerie de la Garde; ˈ~**·hair** crin *m* (de cheval); ˈ~**-laugh** F gros rire *m* bruyant; ˈ~**·man** cavalier *m*; ˈ~**·man·ship** manège *m*, équitation *f*; ~ **op·er·a** *Am.* Western *m*; ˈ~**-play** jeu *m* de main(s), jeu *m* brutal; ˈ~**-pond** abreuvoir *m*; ˈ~**-pow·er** *mesure*: cheval-vapeur (*pl.* chevaux-vapeur) *m*; ˈ~**-race** course *f* de chevaux; ˈ~**-rad·ish** ⚘ raifort *m*; ˈ~**-sense** gros bon sens *m*; ˈ~**·shoe** fer *m* à cheval; ˈ~**-whip** cravache *f*; ˈ~**·wom·an** amazone *f*, cavalière *f*.

hors·y [ˈhɔːsi] chevalin; hippomane (*personne*).

hor·ta·tive □ [ˈhɔːtətiv], **hor·ta·to·ry** [ˈ~təri] exhortatif (-ive *f*).

hor·ti·cul·tur·al [hɔːtiˈkʌltʃərəl] d'horticulture; ˈ**hor·ti·cul·ture** horticulture *f*; **hor·tiˈcul·tur·ist** horticulteur *m*.

hose [houz] **1.** ✝ bas *m/pl.*; *jardin*: tuyau *m*; manche *f* à eau; **2.** *v/t.* arroser au tuyau.

ho·sier ✝ [ˈhouʒə] bonnetier (-ère *f*) *m*; ˈ**ho·sier·y** ✝ bonneterie *f*.

hos·pice [ˈhɔspis] hospice *m*.

hos·pi·ta·ble □ [ˈhɔspitəbl] hospitalier (-ère *f*).

hos·pi·tal [ˈhɔspitl] hôpital *m*; hospice *m*; ♀ *Sunday* dimanche *m* de quête pour les hôpitaux; **hos·pi·tal·i·ty** [~ˈtæliti] hospitalité *f*; **hos·pi·tal·ize** [ˈ~-təlaiz] hospitaliser; envoyer à l'hôpital; **hos·pi·tal·(l)er** [ˈ~tlə] hospitalier *m*; *qqfois* aumônier *m*; ˈ**hos·pi·tal-train** ⚔ train *m* sanitaire.

host[1] [houst] hôte *m* (*a. zo.*, ⚘); hôtelier *m*, aubergiste *m*; *radio*, *télév.* présentateur (-trice *f*) *m*.

host² [~] *fig.* foule *f*, multitude *f*; *bibl. Lord of* ≈*s* le Dieu des armées.
host³ *eccl.* [~] hostie *f*.
hos·tage [ˈhɔstidʒ] otage *m*.
hos·tel [ˈhɔstəl] † hôtellerie *f*; *univ.* foyer *m*; *youth* ~ auberge *f* de la jeunesse.
host·ess [ˈhoustis] hôtesse *f*.
hos·tile [ˈhɔstail] hostile, ennemi; **hos·til·i·ty** [hɔsˈtiliti] hostilité *f* (contre, *to*); animosité *f*.
hos·tler [ˈɔslə] valet *m* d'écurie.
hot [hɔt] **1.** chaud; brûlant, cuisant; violent (*colère*); piquant (*sauce*); *sl.* volé; *Am.* remarquable; *Am. sl.* radio-actif (-ive *f*); F ~ *air* discours *m/pl.* vides; *Am.* F ~ *dog* petit pain *m* fourré d'une saucisse chaude; *go* (*ou sell*) *like* ~ *cakes* se vendre comme des petits pains; *pol.* ~ *line* téléphone *m* rouge; ~ *spot* point *m* névralgique; boîte *f* de nuit; *sl.* ~ *stuff* as *m*; viveur *m*; marchandise *f* récemment volée; **2.** F chauffer; ˈ**hot·bed** couche *f* à *ou* de fumier; *fig.* foyer *m*.
hotch·potch [ˈhɔtʃpɔtʃ] salmigondis *m*; hochepot *m*; *fig.* méli-mélo (*pl.* mélis-mélos) *m*.
ho·tel [houˈtel] hôtel *m*.
hot...: ˈ~**·foot 1.** à toute vitesse; **2.** F se dépêcher; ˈ~**·head** tête *f* chaude, impétueux (-euse *f*) *m*; ˈ~**-house** serre *f* chaude; ˈ**hot·ness** chaleur *f*; violence *f*; *moutarde etc.*: force *f*.
hot...: ˈ~**-plate** chauffe-assiettes *m/inv.*, réchaud *m*; ˈ~**-pot** hochepot *m*, (*sorte de*) ragoût *m*; ˈ~**-press** satiner (*le papier*), *tex.* calandrer; ~ **rod** *mot. Am. sl.* bolide *m*; ˈ~**·spur** cerveau *m* brûlé; tête *f* chaude; ˈ~**-ˈwa·ter**: ~ *bottle* bouillotte *f*.
hough [hɔk] *see hock¹*.
hound [haund] **1.** chien *m* (*usu.* de chasse); *fig.* (sale) type *m*; **2.** chasser; *fig.* s'acharner après; exciter (contre *at*, *on s.th.*).
hour [ˈauə] heure *f*; *fig. a.* moment *m*; ~*s pl.* heures *f/pl.* de bureau *etc.*; *eccl.* heures *f/pl.*; ˈ~**-glass** sablier *m*; ˈ~**-hand** petite aiguille *f*; ˈ**hour·ly** (*adj.* de) toutes les heures; d'heure en heure.
house 1. *su.* [haus], *pl.* **hous·es** [ˈhauziz] maison *f*, habitation *f*, demeure *f*; ⚘ maison *f* (de commerce); *parl.* Chambre *f*; *théâ.* salle *f*; *fig.* ~ *of cards* château *m* de cartes; *fig. put ones* ~ *in order* mettre de l'ordre dans ses affaires; **2.** [hauz] *v/t.* loger; mettre à l'abri; *v/i.* habiter, loger; ~**-a·gent** [ˈhaus~] agent *m* de location; ~ **ar·rest** assignation *f* à domicile; *put s.o. under* ~ assigner q. à domicile; ˈ~**-boat** barge *f* de parade; ˈ~**·break·er** voleur *m* avec effraction, cambrioleur *m*; démolisseur *m*; ˈ~**·bro·ken** *Am.* propre (*animal*); docile, obéissant (*personne*); ˈ~**-check** perquisition *f* à domicile; ˈ~**-fly** mouche *f* commune; ˈ~**·hold** ménage *m*, famille *f*; domestiques *m/pl.*; *attr.* domestique, de *ou* du ménage; *King's* ~ Maison *f* du roi; ~ *troops pl. la* Garde *f*; ~ *word* mot *m* d'usage courant; ˈ~**·hold·er** propriétaire *m*, locataire *m*; chef *m* de famille; ˈ~**-hunt·ing** F recherche *f* d'un appartement *ou* d'une maison; ˈ~**·keep·er** ménagère *f*; gouvernante *f*; ˈ~**·keep·ing 1.** ménage *m*; **2.** du ménage; ˈ~**·less** sans domicile *ou* abri; ˈ~**-maid** bonne *f*; fille *f* de service; ˈ~**·mas·ter** *école*: professeur *m* directeur (*d'une pension officielle*); ˈ~**-paint·er** peintre *m* décorateur; ˈ~**·proud**: *be* ~ être (une) ménagère très méticuleuse; ˈ~**-room** logement *m*, place *f*; *give s.o.* ~ loger q.; ˈ~**-toˈhouse**: ~ *collection etc.* quête *f etc.* à domicile; ˈ~**-trained** *Brit. see housebroken*; ˈ~**-warm·ing** (*ou* ~*party*) pendaison *f* de la crémaillère; ~**·wife** [ˈ~waif] ménagère *f*, maîtresse *f* de maison; [ˈhʌzif] trousse *f* de couture; ~**·wife·ly** [ˈ~waifli] ménager (-ère *f*); de *ou* du ménage; ~**·wif·er·y** [~ˈwifəri] économie *f* domestique; travaux *m/pl.* domestiques; ˈ~**-wreck·er** démolisseur *m*.
hous·ing¹ [ˈhauziŋ] logement *m*; *récolte, moutons, etc.*: rentrée *f*; ⚘ emmagasinage *m*; ~ *conditions pl.* état *m* du logement; ~ *estate* (*ou project ou scheme*) cité *f*, grand ensemble *m*; ~ *shortage* crise *f* du logement.
hous·ing² [~] caparaçon *m*.
hove [houv] *prét. et p.p. de heave* 2.
hov·el [ˈhɔvl] taudis *m*, masure *f*.
hov·er [ˈhɔvə] planer, se balancer; *fig.* hésiter.
how [hau] comment; ~ *much* (*ou many*) combien (de); ~ *large a room!* que la pièce est grande!; ~ *about ...?* et ...?; si on ...?; ~**-d'ye-do** *sl.* [ˈ~djəˈduː] affaire *f*;

pétrin *m*; ~-ˈ**ev·er** **1.** *adv.* de quelque manière que (*sbj.*); *devant adj. ou adv.*: quelque ... que (*sbj.*), tout ... que (*ind.*); F comment diable?; **2.** *conj.* cependant, toutefois, pourtant.

how·itz·er ⚔ [ˈhauitsə] obusier *m.*

howl [haul] **1.** hurler; **2.** hurlement *m*; mugissement *m*; huée *f*; *radio*: réaction *f* dans l'antenne; ˈ**howl·er** hurleur (-euse *f*) *m*; *sl.* gaffe *f*, perle *f*; ˈ**howl·ing** **1.** hurlant; F énorme; **2.** hurlement *m.*

hoy [hɔi] **1.** hé!; holà!; **2.** ⚓ bugalet *m* (= *petit vaisseau côtier*).

hoy·den [ˈhɔidn] jeune fille *f* garçonnière.

hub [hʌb] moyeu *m*; *fig.* centre *m.*

hub·ble-bub·ble [ˈhʌblbʌbl] glouglou *m*; bruit *m* confus de voix, brouhaha *m.*

hub·bub [ˈhʌbʌb] brouhaha *m*, vacarme *m*, tohu-bohu *m.*

hub(**·by**) F [ˈhʌb(i)] mari *m.*

huck·a·back ✝ [ˈhʌkəbæk] toile *f* grain d'orge; toile *f* ouvrée.

huck·le [ˈhʌkl] hanche *f*; ˈ~**·ber·ry** ⚘ airelle *f* myrtille; ˈ~**-bone** os *m* de la hanche; jointure *f* du doigt.

huck·ster [ˈhʌkstə] **1.** *su.* regrattier (-ère *f*) *m*; **2.** *v/t.* colporter; *v/i.* marchander; trafiquer; regratter.

hud·dle [ˈhʌdl] **1.** *v/t.* entasser (pêle-mêle); *v/i.* (*a.* ~ *together*, ~ *up*) s'entasser, s'empiler; ~ *on* mettre à la hâte; **2.** *su.* tas *m* confus; méli-mélo (*pl.* mélis-mélos) *m*; *Am.* conclave *m*, conférence *f* confidentielle.

hue[1] [hjuː] teinte *f*, couleur *f.*

hue[2] [~]: ~ *and cry* clameur *f* de haro; clameur *f* publique.

huff [hʌf] **1.** *su.*: *take* (*the*) ~ se froisser; **2.** *v/t.* froisser; *dames*: souffler (*un pion*); *v/i.* † haleter; se fâcher; *dames*: souffler; ˈ**huff·ish** □ irascible; susceptible; ˈ**huff·i·ness**, ˈ**huff·ish·ness** mauvaise humeur *f*; susceptibilité *f*; ˈ**huff·y** □ irascible; susceptible; fâché.

hug [hʌg] **1.** étreinte *f*; **2.** étreindre, embrasser; serrer dans ses bras; tenir à, ne pas démordre de; chérir; serrer (*le trottoir, un mur*); ~ *o.s.* se féliciter (de *inf.*, *on gér.*).

huge □ [hjuːdʒ] immense, énorme, vaste; ˈ**huge·ness** immensité *f.*

hug·ger-mug·ger F [ˈhʌgəmʌgə] **1.** *adj.* sans ordre; en désordre (*a. adv.*); **2.** *v/t.* (*a.* ~ *up*) étouffer, supprimer; *v/i.* patauger; agir sans méthode; vivre sans ordre; **3.** *su.* confusion *f*, pagaïe *f.*

Hu·gue·not *hist.* [ˈhjuːgənɔt] huguenot(e *f*) *m* (*a. adj.*).

hulk ⚓ [hʌlk] ponton *m* (*carcasse de navire*); *fig.* lourdaud *m*, gros pataud *m*; ˈ**hulk·ing** lourd, gros(se *f*).

hull [hʌl] **1.** ⚘ cosse *f*; *fig.* enveloppe *f*; ⚓, ✈ coque *f*; **2.** écosser (*des pois*), décortiquer (*de l'orge, du riz*), monder (*de l'orge*); ⚓ percer la coque de.

hul·la·ba·loo [hʌləbəˈluː] vacarme *m*, brouhaha *m.*

hul·lo [ˈhʌˈlou] ohé!; tiens!; *téléph.* allô!

hum [hʌm] **1.** bourdonnement *m* (*des abeilles ou fig.*); ronflement *m*; murmure *m*; F supercherie *f*; **2.** hmm!; **3.** *v/i.* bourdonner; ronfler; fredonner; ~ *and ha* bredouiller; tourner autour du pot; F *make things* ~ faire ronfler les choses; *v/t.* fredonner (*un air*).

hu·man [ˈhjuːmən] **1.** □ humain; ~*ly* en être humain; ~*ly possible* possible à l'homme; ~*ly speaking* humainement parlant; ~ *rights pl.* droits *m/pl.* de l'homme; **2.** F être *m* humain; **hu·mane** □ [hjuːˈmein] humain, compatissant; humanitaire; ~ *learning* humanités *f/pl.*; **hu·man·ism** [ˈhjuːmənizm] humanisme *m*; ˈ**hu·man·ist** humaniste (*a. su./m*); **hu·man·i·tar·i·an** [hjumæniˈtɛəriən] humanitaire (*a. su./mf*); **huˈman·i·ty** humanité *f*; nature *f* humaine; genre *m* humain, hommes *m/pl.*; *humanities pl.* humanités *f/pl.*, lettres *f/pl.*; **hu·man·i·za·tion** [hjuːmənaiˈzeiʃn] humanisation *f*; ˈ**hu·man·ize** (s')humaniser; **hu·man·kind** [ˈhjuːmənˈkaind] le genre *m* humain, les hommes *m/pl.*

hum·ble [ˈhʌmbl] **1.** □ humble; modeste; *in my* ~ *opinion* à mon humble avis; *your* ~ *servant* votre humble serviteur *m*; *eat* ~ *pie* s'humilier, se rétracter; **2.** humilier; rabaisser.

hum·ble-bee [ˈhʌmblbiː] bourdon *m.*

hum·ble·ness [ˈhʌmblnis] humilité *f.*

hum·bug [ˈhʌmbʌg] **1.** charlatan

(-isme) *m*; blagues *f/pl.*; *personne*: blagueur (-euse *f*) *m*; bonbon *m* glacé à la menthe; **2.** mystifier; conter des blagues à; enjôler (*q.*).

hum·drum [ˈhʌmdrʌm] **1.** monotone; banal (-aux *m/pl.*); ennuyeux (-euse *f*); **2.** monotonie *f*.

hu·mer·al *anat.* [ˈhjuːmərəl] huméral (-aux *m/pl.*).

hu·mid [ˈhjuːmid] humide; moite (*peau, chaleur*); **huˈmid·i·ty** humidité *f*.

hu·mil·i·ate [hjuˈmilieit] humilier; mortifier; **hu·mil·iˈa·tion** humiliation *f*; affront *m*.

hu·mil·i·ty [hjuˈmiliti] humilité *f*.

hum·mer [ˈhʌmə] *surt. téléph.* appel *m* vibré; sonnerie *f*; *sl.* brasseur *m* d'affaires; personne *f* très active.

hum·ming F [ˈhʌmiŋ] bourdonnant; vrombissant; ˈ**~-bird** *orn.* colibri *m*, oiseau-mouche (*pl.* oiseaux-mouches) *m*; ˈ**~-top** toupie *f* d'Allemagne.

hum·mock [ˈhʌmək] mamelon *m*, coteau *m*; *glace*: monticule *m*.

hu·mor·ist [ˈhjuːmərist] humoriste *m*; comique *m*; farceur (-euse *f*) *m*.

hu·mor·ous □ [ˈhjuːmərəs] comique, drôle; facétieux (-euse *f*); ˈ**hu·mor·ous·ness** drôlerie *f*; humeur *f* facétieuse.

hu·mo(u)r [ˈhjuːmə] **1.** *usu.* humeur *f*; plaisanterie *f*; caractère *m*; *out of ~* mécontent (de, *with*); **2.** complaire à (*q.*); laisser faire (*q.*); flatter les caprices de; ˈ**hu·mo(u)r·less** froid, austère; **hu·mo(u)r·some** □ [ˈ~səm] capricieux (-euse *f*).

hump [hʌmp] **1.** bosse *f*; *sl.* cafard *m*; *give s.o. the ~* embêter q.; **2.** courber, arquer; F embêter (*q.*); *Am. sl. ~ o.s.* se fouler; ˈ**hump·back(ed)** *see hunchback(ed)*.

humph [mm] hmm!

Hum·phrey [ˈhʌmfri]: *dine with Duke ~* dîner par cœur.

hump·ty-dump·ty F [ˈhʌmptiˈdʌmpti] petite personne *f* boulotte.

hump·y [ˈhʌmpi] couvert de protubérances.

hunch [hʌntʃ] **1.** *see hump*; gros morceau *m*; *pain*: quignon *m*; *Am.* F pressentiment *m*; **2.** (*a. ~ out, ~ up*) voûter; ˈ**hunch·back** bossu(e *f*) *m*; ˈ**hunch·backed** bossu.

hun·dred [ˈhʌndrəd] **1.** cent; **2.** cent *m*; centaine *f* (de); *admin.* canton *m*; ˈ**hun·dred·fold** centuple; **hun·dredth** [ˈ~θ] centième (*a. su./m*); ˈ**hun·dred·weight** quintal *m* (*50,802 kg, Am. 45,359 kg*).

hung [hʌŋ] **1.** *prét. et p.p. de hang 1*; **2.** *adj.* faisandé (*gibier, viande*).

Hun·gar·i·an [hʌŋˈgɛəriən] **1.** hongrois; **2.** Hongrois(e *f*) *m*; *ling.* hongrois *m*.

hun·ger [ˈhʌŋgə] **1.** *su.* faim *f*; *fig.* ardent désir *m* (de, *for*); **2.** *v/i.* avoir faim; *fig.* avoir soif (de *for, after*); *v/t.* affamer; contraindre par la faim (à *inf.*, *into gér.*); **~ strike** grève *f* de la faim; *go on (a) ~* faire la grève de la faim.

hun·gry □ [ˈhʌŋgri] affamé (de *for, after*); avide (*œil*); maigre (*sol*).

hunk F [hʌŋk] gros morceau *m*; *pain*: quignon *m*; ˈ**hun·kers** *pl.*: *on one's ~* à croupetons.

hunks F [hʌŋks] grippe-sou *m*, avare *m*.

hunk·y(-do·ry) *Am. sl.* [ˈhʌŋki (-ˈdɔːri)] parfait; d'accord.

hunt [hʌnt] **1.** *su.* chasse *f*; terrain *m* de chasse; recherche *f* (de, *for*); vénerie *f*; **2.** *v/t.* chasser; poursuivre; *~ out, ~ up* déterrer; découvrir; *v/i.* chasser (au chien courant *ou* à courre); aller à la recherche (de *for, after*); ˈ**hunt·er** chasseur *m*; tueur *m* (*de lions etc.*); chien *m* de chasse; ˈ**hunt·ing** **1.** chasse *f*; poursuite *f*; vénerie *f*; **2.** de chasse; ˈ**hunt·ing-box** pavillon *m* de chasse; muette *f*; ˈ**hunt·ing-ground** terrain *m* de chasse; ˈ**hunt·ress** chasseuse *f*; ˈ**hunts·man** chasseur *m* (à courre).

hur·dle [ˈhəːdl] claie *f*, clôture *f*; *sp.* haie *f*; ˈ**hur·dler** *sp.* sauteur *m* de haies; ˈ**hur·dle-race** *sp.*, *turf*: course *f* de haies; steeple-chase *m*.

hur·dy-gur·dy [ˈhəːdigəːdi] † vielle *f*.

hurl [həːl] **1.** lancement *m*; **2.** lancer (*a. fig.*), jeter.

hurl·y-burl·y [ˈhəːlibəːli] brouhaha *m*, tintamarre *m*.

hur·ra(h) *int.* [huˈrɑː] hourra! (*a. su./m*).

hur·ri·cane [ˈhʌrikən] ouragan *m*; [⚓ tempête *f*.]

hur·ried □ [ˈhʌrid] pressé, précipité.

hur·ry [ˈhʌri] **1.** hâte *f*; précipitation *f*; empressement *m*; *in a* ~ à la hâte; *be in a* ~ être pressé; *is there any* ~? est-ce que cela presse?; F *not ... in a* ~ ne ... pas de sitôt; **2.** *v/t.* hâter, presser; ~ *on*, ~ *up* faire hâter le pas à; pousser; *v/i.* (*a.* ~ *up*) se hâter, se dépêcher; presser le pas; ~ *over s.th.* expédier qch.; faire qch. à la hâte; **ˈ~-scur·ry** **1.** désordre *m*; débandade *f*; **2.** à la débandade; pêle-mêle.

hurt [hɔːt] **1.** *su.* mal *m*; blessure *f*; tort *m*; **2.** [*irr.*] *v/t.* faire du mal à; *fig.* nuire à; blesser (*a. les sentiments*); faire de la peine à; gâter, abîmer; *v/i.* faire mal; offenser; F s'abîmer; **hurt·ful** □ [ˈ~ful] (*to*) nuisible (à); préjudiciable (à).

hur·tle [ˈhɔːtl] *v/t.* heurter; *v/i.* se précipiter.

hus·band [ˈhʌzbənd] **1.** mari *m*, époux *m*; **2.** ménager; ⚒ cultiver; **ˈhus·band·man** cultivateur *m*; laboureur *m*; **ˈhus·band·ry** agronomie *f*; industrie *f* agricole; *good* ~ bonne gestion *f*; *bad* ~ gaspillage *m*.

hush [hʌʃ] **1.** *int.* silence!; chut!; **2.** *su.* silence *m*; **3.** *v/t.* calmer; faire taire; étouffer (*un bruit*); ~ *up* étouffer; *v/i.* se taire; **ˈ~-mon·ey** prix *m* du silence (*de q.*).

husk [hʌsk] **1.** ⚘ cosse *f*, gousse *f*; brou *m*; *fig.* carcasse *f*; **2.** écosser (*des pois*); décortiquer; **ˈhusk·i·ness** enrouement *m*, raucité *f*.

husk·y[1] □ [ˈhʌski] cossu (*pois*); enroué (*voix*); altéré par l'émotion (*voix*); F fort, costaud.

hus·ky[2] [~] Esquimau *mf*; chien *m* esquimau.

hus·sar ⚔ [huˈzɑː] hussard *m*.

hus·sy [ˈhʌsi] coquine *f*; garce *f*.

hus·tings *hist.* [ˈhʌstiŋz] *pl.* estrade *f*, tribune *f*; élection *f*.

hus·tle [ˈhʌsl] **1.** *v/t.* bousculer; pousser; *v/i.* se dépêcher, se presser; **2.** *su.* bousculade *f*; hâte *f*; activité *f* énergique; ~ *and bustle* animation *f*; remue-ménage *m/inv.*; **ˈhus·tler** homme *m* d'expédition.

hut [hʌt] **1.** hutte *f*, cabane *f*; ⚔ baraquement *m*; **2.** (se) baraquer; loger.

hutch [hʌtʃ] coffre *m*, huche *f*; cage *f* (*à lapins*); *fig.* logis *m* étroit; pétrin *m*.

hut·ment ⚔ [ˈhʌtmənt] (camp *m* de) baraques *f/pl.*; baraquements *m/pl.*

huz·za *int.* [huˈzɑː] hourra!; vivat! (*a. su./m*).

hy·a·cinth ⚘ [ˈhaiəsinθ] jacinthe *f*.

hy·a(e)·na *zo.* [haiˈiːnə] hyène *f*.

hy·brid [ˈhaibrid] **1.** *biol.* hybride *m*; *personne*: métis(se *f*) *m*; **2.** hybride; hétérogène; **ˈhy·brid·ism** hybridité *f*; **ˈhy·brid·ize** (s')hybrider.

hy·drant [ˈhaidrənt] prise *f* d'eau;

hy·drate ⚗ [ˈhaidreit] hydrate *m*.

hy·drau·lic [haiˈdrɔːlik] **1.** (~*ally*) hydraulique; **2.** ~*s pl.* hydraulique *f*, hydromécanique *f*.

hydro... [haidro] hydr(o)-; **ˈ~-ˈa·er·o·plane** hydravion *m*; **ˈ~ˈcar·bon** ⚗ hydrocarbure *m*; **ˈ~ˈchlo·ric ac·id** acide *m* chlorhydrique; **ˈ~-dyˈnam·ics** *pl.* hydrodynamique *f*; **ˈ~-eˈlec·tric** hydroélectrique; ~ *generating station* centrale *f* hydroélectrique; **ˈ~·foil** hydrofoil *m*; **hy·dro·gen** ⚗ [ˈhaidridʒən] hydrogène *m*; **hy·dro·gen·at·ed** [haiˈdrɔdʒineitid] hydrogéné; **hyˈdrog·e·nous** hydrogénique; **hyˈdrog·ra·phy** [~grəfi] hydrographie *f*; **hy·dro·path·ic** [ˈhaidroˈpæθik] **1.** hydrothérapique; hydropathe (*personne*); **2.** (*a.* ~ *establishment*) établissement *m* hydrothérapique; **hy·drop·a·thy** [haiˈdrɔpəθi] hydropathie *f*.

hydro...: **~ˈpho·bi·a** hydrophobie *f*; **ˈ~·plane** hydravion *m*; bateau *m* glisseur; **~ˈstat·ic** **1.** hydrostatique; ~ *press* presse *f* hydraulique; **2.** ~*s pl.* hydrostatique *f*.

hy·giene [ˈhaidʒiːn] hygiène *f*; **hyˈgien·ic** **1.** (~*ally*) hygiénique; **2.** ~*s pl. see hygiene.*

hy·grom·e·ter *phys.* [haiˈgrɔmitə] hygromètre *m*.

Hy·men [ˈhaimen] *myth.* Hymen *m*.

hymn [him] **1.** *eccl.* hymne *f*, cantique *m*; hymne *m* (*national, de guerre, etc.*); **2.** glorifier, louer; **hym·nal** [ˈ~nəl] **1.** qui se rapporte à un cantique; **2.** (*ou* **ˈhymn-book**) recueil *m* d'hymnes.

hy·per·bo·la ⟁ [haiˈpəːbələ] hyperbole *f*; **hyˈper·bo·le** [~li] *rhétorique*: hyperbole *f*; **hy·per·bol·ic** ⟁ [~ˈbɔlik] hyperbolique; **hy·per·bol·i·cal** □ hyperbolique; **hy·per·crit·i·cal** □ [ˈ~ˈkritikl] hypercritique; difficile; **hyˈper·tro·phy** [~trəfi] hypertrophie *f*.

hy·phen [ˈhaifən] **1.** trait *m* d'union;

typ. division *f*; **2.** écrire avec un trait d'union; **hy·phen·ate** [ˈ~eit] mettre un trait d'union à; ~*d Americans pl.* étrangers *m/pl.* naturalisés (*qui conservent leur sympathie pour leur pays d'origine*).

hyp·no·sis [hipˈnousis], *pl.* **-ses** [~siːz] hypnose *f*.

hyp·not·ic [hipˈnɔtik] **1.** (~*ally*) hypnotique; **2.** narcotique *m*; **hyp·no·tism** [ˈ~nətizm] hypnotisme *m*; **ˈhyp·no·tist** hypnotiste *mf*; **hyp·no·tize** [ˈ~taiz] hypnotiser.

hy·po·chon·dri·a [haipoˈkɔndriə] hypocondrie *f*; F spleen *m*; **hy·poˈchon·dri·ac** [~driæk] **1.** hypocondriaque; **2.** hypocondre *mf*; **hy·poc·ri·sy** [hiˈpɔkrəsi] hypocrisie *f*; **hyp·o·crite** [ˈhipokrit] hypocrite *mf*; F *homme*: tartufe *m*, *femme*: sainte nitouche *f*; **hyp·oˈcrit·i·cal** □ hypocrite; **hy·po·der·mic** [haipoˈdəːmik] **1.** sous-cutané (*injection*); ~ *needle* canule *f*; **2.** seringue *f* hypodermique; **hy·pot·e·nuse** ⩓ [haiˈpɔtinjuːz] hypoténuse *f*; **hyˈpoth·e·car·y** [~θikəri] ⚖ hypothécaire; **hyˈpoth·e·cate** [~θikeit] hypothéquer; **hyˈpoth·e·sis** [~θisis], *pl.* **-ses** [~siːz] hypothèse *f*; **hy·po·thet·ic, hy·po·thet·i·cal** □ [~poˈθetik(l)] hypothétique, supposé.

hys·te·ri·a ⚕ [hisˈtiəriə] hystérie *f*; F crise *f* de nerfs; **hys·ter·ic,** *usu.* **hys·ter·i·cal** □ [hisˈterik(l)] hystérique; **hysˈter·ics** *pl.* crise *f ou* attaque *f* de nerfs; *go into* ~ avoir une crise de nerfs.

I

I, i [ai] I *m*, i *m*.
I [ai] je; *accentué*: moi.
i·am·bic [aiˈæmbik] **1.** iambique; **2.** (*ou* ˈ**i·amb, i**ˈ**am·bus** [~bəs]) iambe *m*.
i·bex *zo*. [ˈaibeks] bouquetin *m*.
ice [ais] **1.** glace *f* (*a. cuis.*); F *cut no* ~ ne faire aucune impression (sur, *with*); F ne pas compter; *fig. skate on thin* ~ être *ou* s'engager dans une situation dangereuse; **2.** (con)geler; *v/i.* être pris dans les glaces; *v/t.* ✈ (*a.* ~ *up*) givrer; *cuis.* glacer (*un gâteau*); frapper (*le vin*); ˈ**~-age** période *f* glaciaire; ˈ**~-axe** piolet *m*; **ice·berg** [ˈ~bəːg] iceberg *m*.
ice...: ˈ**~-bound** fermé *ou* retenu par les glaces; ˈ**~-box,** *surt. Am.* ˈ**~-chest** glacière *f*; sorbetière *f*; ˈ**~-**ˈ**cream** (crème *f* à la) glace *f*; ˈ**~-cube** glaçon *m*, cube *m* de glace; ˈ**~-**ˈ**hock·ey** hockey *m* sur glace.
Ice·land·er [ˈaisləndə] Islandais(e *f*) *m*.
ice...: ˈ**~-pack** embâcle *m* (de glaçons); ˈ**~-rink** patinoire *f*; ˈ**~-show** spectacle *m* sur glace; ˈ**~-skate 1.** patinage *m* (sur glace); **2.** patiner, faire du patinage (sur glace).
ich·thy·ol·o·gy [ikθiˈɔlədʒi] ichtyologie *f*.
i·ci·cle [ˈaisikl] glaçon *m*.
i·ci·ness [ˈaisinis] froid *m* glacial; *fig.* froideur *f* glaciale.
ic·ing [ˈaisiŋ] glaçage *m*; glacé *m* (*de sucre*); ✈ givrage *m*; ~ *sugar* sucre *m* glace.
i·con·o·clast [aiˈkɔnəklæst] iconoclaste *mf*.
i·cy □ [ˈaisi] glacial (-als *m/pl.*).
i·de·a [aiˈdiə] idée *f*; notion *f*; intention *f*; *form an* ~ *of* se faire une idée de; **i**ˈ**de·al 1.** □ idéal (-als, -aux *m/pl.*); optimum; *le* meilleur; F parfait; **2.** idéal (*pl.* -als, -aux) *m*; **i**ˈ**de·al·ism** idéalisme *m*; **i**ˈ**de·al·ist** idéaliste *mf*; **i·de·al**ˈ**is·tic** (~*ally*) idéaliste; **i**ˈ**de·al·ize** [~aiz] idéaliser.
i·den·ti·cal □ [aiˈdentikl] identique (à, *with*), même; **i**ˈ**den·ti·cal·ness** *see identity*; **i·den·ti·fi·ca·tion** [~fiˈkeiʃn] identification *f*; ~ *card* carte *f* d'identité; ~ *mark* ✝ estampille *f*; **i**ˈ**den·ti·fy** [~fai] identifier; établir *ou* constater l'identité de; reconnaître (pour, *as*); F découvrir; **i**ˈ**den·ti·kit** [~kit] portrait-robot *m* (*pl.* portraits-robots); **i**ˈ**den·ti·ty** identité *f*; ~ *card* carte *f* d'identité; ⚔ ~ *disk* plaque *f* d'identité.
id·e·o·log·i·cal □ [aidiəˈlɔdʒikl] idéologique; **id·e·ol·o·gy** [~ˈɔlədʒi] idéologie *f*.
id·i·o·cy [ˈidiəsi] idiotie *f*; idiotisme *m*; *fig.* bêtise *f*.
id·i·om [ˈidiəm] idiotisme *m*; *région*: idiome *m*; locution *f*; style *m*; ♪, *peint.* manière *f* de s'exprimer; **id·i·o·mat·ic** [idiəˈmætik] (~*ally*) idiomatique.
id·i·o·syn·cra·sy [idiəˈsiŋkrəsi] ⚕ idiosyncrasie *f*; *fig.* petite manie *f*.
id·i·ot [ˈidiət] ⚕ idiot(e *f*) *m*, imbécile *mf* (*a.* F); **id·i·ot·ic** [idiˈɔtik] (~*ally*) idiot; inepte; stupide, bête.
i·dle [ˈaidl] **1.** □ paresseux (-euse *f*); inoccupé; en chômage; *fig.* inutile, vain, sans fondement; dormant (*capital, fonds*); ⊕ arrêté (*machine*), parasite (*roue*); ~ *hours pl.* heures *f/pl.* perdues; ~ *motion mot.* mouvement *m* perdu; ⊕ *run* ~ marcher à vide; **2.** *v/t.* (*usu.* ~ *away*) perdre; *v/i.* fainéanter; muser; ˈ**i·dle·ness** paresse *f*; oisiveté *f*; chômage *m*; *fig.* inutilité *f*; ˈ**i·dler** fainéant(e *f*) *m*; flâneur (-euse *f*) *m*.
i·dol [ˈaidl] idole *f* (*a. fig.*); **i·dol·a·ter** [aiˈdɔlətə] idolâtre *m*; **i**ˈ**dol·a·tress** idolâtre *f*; **i**ˈ**dol·a·trous** □ idolâtre; **i**ˈ**dol·a·try** idolâtrie *f*; **i·dol·ize** [ˈaidəlaiz] idolâtrer.
i·dyl(l) [ˈidil] idylle *f*; **i**ˈ**dyl·lic** (~*ally*) idyllique.
if [if] **1.** si; *even* ~ quand même; ~ *not* sinon; ~ *so* s'il en est ainsi; *as* ~ *to say* comme pour dire; **2.** si *m/inv.*; ˈ**if·fy** *Am.* F plein de si, douteux (-euse *f*).

ig·ne·ous ['igniəs] igné.
ig·nis fat·u·us ['ignis'fætjuəs] feu *m* follet.
ig·nit·a·ble [ig'naitəbl] inflammable; **ig'nite** *v/t.* mettre le feu à, allumer; ⚗ enflammer; *v/i.* prendre feu; **ig·ni·tion** [~'niʃn] ignition *f*; ⚡, *mot.* allumage *m*; *attr.* d'allumage; *mot.* ~ *key* clef *f* de contact.
ig·no·ble □ [ig'noubl] ignoble; vil, infâme; de basse naissance.
ig·no·min·i·ous □ [ignə'miniəs] ignominieux (-euse *f*); méprisable; '**ig·no·min·y** ignominie *f*, honte *f*; infamie *f*.
ig·no·ra·mus F [ignə'reiməs] ignorant(e *f*) *m*; F bourrique *f*; **ig·no·rance** ['ignərəns] ignorance *f*; '**ig·no·rant** ignorant (de, *of*); étranger (à, *of*); **ig·nore** [ig'nɔː] ne tenir aucun compte de; feindre de ne pas voir; ⚖ rejeter (*une plainte*).
Il·i·ad ['iliəd] Iliade *f* (*a. fig.*).
ill [il] **1.** *adj.* mauvais; malade, souffrant; *see ease*; **2.** *adv.* mal; **3.** *su.* mal (*pl.* maux) *m*; malheur *m*; dommage *m*; tort *m*.
I'll [ail] = *I will, shall.*
ill...: '**~-ad'vised** impolitique; malavisé (*personne*); '**~-'bred** mal élevé; '**~-con'di·tioned** en mauvais état; de mauvaise mine (*personne*); méchant; '**~-dis'posed** malintentionné; mal disposé (envers, *to*).
il·le·gal □ [i'liːgəl] illégal (-aux *m/pl.*); **il·le·gal·i·ty** [ili'gæliti] illégalité *f*.
il·leg·i·ble □ [i'ledʒəbl] illisible.
il·le·git·i·ma·cy [ili'dʒitiməsi] illégitimité *f*; **il·le'git·i·mate** □ [~mit] illégitime (*a. enfant*); non autorisé; bâtard (*enfant*).
ill...: '**~-'fat·ed** malheureux (-euse *f*); infortuné; '**~-'fa·vo(u)red** laid; '**~-'feel·ing** ressentiment *m*, rancune *f*; '**~-'got·ten** mal acquis; '**~-'hu·mo(u)red** de mauvaise humeur; maussade.
il·lib·er·al □ [i'libərəl] grossier (-ère *f*); illibéral (-aux *m/pl.*); borné (*esprit*); **il·lib·er·al·i·ty** [ilibə'ræliti] illibéralité *f*; petitesse *f*; manque *m* de générosité.
il·lic·it □ [i'lisit] illicite; clandestin.
il·lim·it·a·ble □ [i'limitəbl] illimité; illimitable.
il·lit·er·ate □ [i'litərit] **1.** illettré; ignorant; **2.** analphabète *mf*.
ill...: '**~-'judged** malavisé; peu sage; '**~-'man·nered** malappris, mal élevé; '**~-'na·tured** □ méchant; désagréable.
ill·ness ['ilnis] maladie *f*.
il·log·i·cal □ [i'lɔdʒikl] illogique.
ill...: **~-o·mened** ['il'oumend] de mauvais augure; '**~-'starred** malheureux (-euse *f*); '**~-'tem·pered** de mauvaise humeur; de méchant caractère (*a. animal*); '**~-'timed** mal à propos; '**~-'treat** maltraiter.
il·lu·mi·nant [i'ljuːminənt] illuminant, éclairant (*a. su./m*); **il'lu·mi·nate** [~neit] éclairer (*a. fig.*); illuminer (*de dehors*); enluminer (*un manuscrit etc.*); *fig.* embellir (*une action*); **~d** *advertising* enseigne *f* lumineuse, enseignes *f/pl.* lumineuses; **il'lu·mi·nat·ing** lumineux (-euse *f*); qui éclaire (*a. fig.*); **il·lu·mi'na·tion** éclairage *m*; illumination *f* (*de dehors*); *manuscrit*: enluminure *f*; **il'lu·mi·na·tive** [~nətiv] éclairant; d'éclairage; **il'lu·mi·na·tor** [~neitə] illuminateur (-trice *f*) *m*; enlumineur (-euse *f*) *m*; dispositif *m* d'éclairage; **il'lu·mine** [~min] *see illuminate.*
ill-use ['il'juːz] maltraiter.
il·lu·sion [i'luːʒn] illusion *f*, tromperie *f*; **il'lu·sive** □ [~siv], **il'lu·so·ry** □ [~səri] illusoire, trompeur (-euse *f*).
il·lus·trate ['iləstreit] expliquer; éclairer; illustrer; **il·lus'tra·tion** exemple *m*; explication *f*; '**il·lus·tra·tive** □ qui sert d'exemple; *be* ~ *of* expliquer; éclaircir; '**il·lus·tra·tor** illustrateur *m*.
il·lus·tri·ous □ [i'lʌstriəs] illustre; célèbre.
ill will ['il'wil] rancune *f*, malveillance *f*.
I'm [aim] = *I am.*
im·age ['imidʒ] **1.** *tous les sens*: image *f*; idole *f*; portrait *m*; idée *f*; **2.** représenter par une image; tracer le portrait de; *be* **~d** se refléter; '**im·age·ry** idoles *f/pl.*; images *f/pl.*; langage *m* figuré.
im·ag·i·na·ble □ [i'mædʒinəbl] imaginable; **im'ag·i·nar·y** imaginaire, de pure fantaisie; **im·ag·i·na·tion** [~'neiʃn] imagination *f*; **im'ag·i·na·tive** □ [~nətiv] d'ima-

gination; imaginatif (-ive *f*) (*personne*); **im'ag·ine** [~dʒin] imaginer; concevoir; se figurer.
im·be·cile □ ['imbisi:l] imbécile (*a. su./mf*); **im·be·cil·i·ty** [~'siliti] imbécillité *f*; faiblesse *f* (d'esprit).
im·bibe [im'baib] boire; absorber (*a. fig.*); *fig.* s'imprégner de.
im·bro·glio [im'brouliou] imbroglio *m.*
im·brue [im'bru:] tremper (dans [*in, with*]).
im·bue [im'bju:] imbiber; imprégner; *fig.* pénétrer (de, *with*).
im·i·ta·ble ['imitəbl] imitable; **im·i·tate** ['~teit] imiter; copier (*a.* ⊕); singer (*q.*); **im·i'ta·tion** imitation *f*; copie *f*; ⊕ contrefaçon *f*; *attr.* simili-; factice; artificiel(le *f*); ~ *leather* similicuir *m*; **im·i·ta·tive** □ ['~tətiv] imitatif (-ive *f*); imitateur (-trice *f*) (*personne*); ~ *of* qui imite; **im·i·ta·tor** ['~teitə] imitateur (-trice *f*) *m*; ⚖ contrefacteur *m.*
im·mac·u·late □ [i'mækjulit] immaculé; impeccable.
im·ma·nent ['imənənt] immanent.
im·ma·te·ri·al □ [imə'tiəriəl] immatériel(le *f*); peu important; sans conséquence; indifférent (à, *to*).
im·ma·ture [imə'tjuə] pas mûr(i); **im·ma'tu·ri·ty** immaturité *f*.
im·meas·ur·a·ble □ [i'meʒərəbl] immesurable; infini.
im·me·di·ate □ [i'mi:djət] immédiat; sans intermédiaire; instantané; urgent; **im'me·di·ate·ly 1.** *adv.* tout de suite, immédiatement; **2.** *cj.* dès que.
im·me·mo·ri·al □ [imi'mɔ:riəl] immémorial (-aux *m/pl.*).
im·mense □ [i'mens] immense; vaste; *sl.* magnifique; **im'men·si·ty** immensité *f*.
im·merse [i'mə:s] immerger, plonger; *fig.* ~ *o.s. in* se plonger dans; ~*d in* plongé dans (*un livre*); accablé de (*dettes*); **im'mer·sion** immersion *f*; submersion *f*; *fig.* absorption *f*; ~ *heater* thermo-plongeur *m.*
im·mi·grant ['imigrənt] immigrant(e *f*) *m*, -gré(e *f*) *m*; **im·mi·grate** ['~greit] *v/i.* immigrer; *v/t.* introduire des étrangers (dans, [*in*]*to*); **im·mi'gra·tion** immigration *f*.
im·mi·nence ['iminəns] imminence *f*, proximité *f*; **'im·mi·nent** □ imminent, proche.
im·mit·i·ga·ble □ [i'mitigəbl] que l'on ne saurait adoucir; implacable.
im·mo·bile [i'moubail] immobile; fixe; **im·mo·bil·i·ty** [imo'biliti] immobilité *f*; fixité *f*; **im·mo·bi·lize** [i'moubilaiz] immobiliser (*a. des espèces monnayées*); rendre indisponible (*un capital*).
im·mod·er·ate □ [i'mɔdərit] immodéré, excessif (-ive *f*).
im·mod·est □ [i'mɔdist] immodeste; † impudent; **im'mod·es·ty** immodestie *f*; † impudence *f*.
im·mo·late ['imoleit] immoler; **im·mo'la·tion** immolation *f*; **'im·mo·la·tor** immolateur *m.*
im·mor·al □ [i'mɔrəl] immoral (-aux *m/pl.*); **im·mo·ral·i·ty** [imo'ræliti] immoralité *f*.
im·mor·tal □ [i'mɔ:tl] immortel(le *f*); **im·mor·tal·i·ty** [~'tæliti] immortalité *f*; **im'mor·tal·ize** [~təlaiz] immortaliser; perpétuer.
im·mov·a·ble [i'mu:vəbl] **1.** □ immobile; inébranlable; **2.** ~*s pl.* biens *m/pl.* immeubles.
im·mune [i'mju:n] à l'abri (de) (*a.* ⚕); inaccessible (à, *from*); ⚕ immunisé (contre *from, against*); **im'mu·ni·ty** exemption *f* (de, *from*); ⚕ immunité *f* (contre); **im·mu·nize** ['~aiz] ⚕ immuniser.
im·mure [i'mjuə] enfermer.
im·mu·ta·bil·i·ty [imju:tə'biliti] immu(t)abilité *f*; **im'mu·ta·ble** □ immuable; inaltérable.
imp [imp] diablotin *m*; petit démon *m*; lutin *m*; petit(e *f*) espiègle *m*(*f*).
im·pact ['impækt] choc *m*; impact *m*; collision *f*.
im·pair [im'pɛə] altérer; endommager; diminuer; affaiblir (*la santé*).
im·pale [im'peil] empaler (*un criminel*); enclore d'une palissade; *fig.* fixer.
im·pal·pa·ble □ [im'pælpəbl] impalpable; *fig.* insaisissable; subtil.
im·pan·(n)el [im'pænl] *see empanel.*
im·part [im'pa:t] communiquer; annoncer; donner.
im·par·tial □ [im'pa:ʃl] impartial (-aux *m/pl.*); **im·par·ti·al·i·ty** ['~ʃi'æliti] impartialité *f* (envers, *to*).
im·pass·a·ble □ [im'pa:səbl] infranchissable (*rivière*); impraticable (*chemin*).
im·passe [æm'pa:s] impasse *f*.

im·pas·si·ble □ [im'pæsibl] impassible; insensible (à, *to*).
im·pas·sion [im'pæʃn] passionner; exalter; enivrer (*de passion*).
im·pas·sive □ [im'pæsiv] impassible; insensible (aux émotions); **im'pas·sive·ness** impassibilité *f*; insensibilité *f*.
im·pa·tience [im'peiʃns] impatience *f*; intolérance *f* (de *of, with*); **im'pa·tient** □ impatient; intolérant (de *at, of, with*); avide (de, *for*); *be ~ of* (*inf.*) être impatient de (*inf.*); F brûler de (*inf.*).
im·peach [im'pi:tʃ] accuser (de *of, with*); attaquer; dénoncer; mettre (*qch.*) en doute; **im'peach·a·ble** accusable; blâmable; récusable (*témoin*); **im'peach·ment** accusation *f*; dénigrement *m*; ⚖ mise *f* en accusation.
im·pec·ca·bil·i·ty [impekə'biliti] impeccabilité *f*; **im'pec·ca·ble** □ impeccable, irréprochable.
im·pe·cu·ni·ous [impi'kju:njəs] impécunieux (-euse *f*), besogneux (-euse *f*).
im·pede [im'pi:d] empêcher, entraver.
im·ped·i·ment [im'pedimənt] empêchement *m* (à, *to*); *~ in one's speech* empêchement *m* de la langue; **im·ped·i·men·ta** ⚔ [~'mentə] *pl.* impedimenta *m/pl.*; attirail *m*; F bagages *m/pl.*
im·pel [im'pel] pousser (à, *to*); **im'pel·lent** **1.** moteur (-trice *f*); impulsif (-ive *f*); **2.** moteur *m*; force *f* motrice.
im·pend [im'pend] être suspendu (sur, *over*); *fig.* menacer (q., *over s.o.*); être imminent; **im'pend·ence** imminence *f*; proximité *f*; **im'pend·ent** imminent; menaçant.
im·pen·e·tra·bil·i·ty [impenitrə'biliti] impénétrabilité *f* (*a. fig.*); **im'pen·e·tra·ble** □ impénétrable (à *to, by*); *fig.* insondable.
im·pen·i·tence [im'penitəns] impénitence *f*; **im'pen·i·tent** □ impénitent.
im·per·a·tive [im'perətiv] **1.** □ péremptoire; impérieux (-euse *f*); urgent; impératif (-ive *f*); *~ mood* = **2.** *gramm.* (mode *m*) impératif *m*.
im·per·cep·ti·ble □ [impə'septəbl] imperceptible; *fig.* insensible.
im·per·fect [im'pə:fikt] **1.** □ imparfait, défectueux (-euse *f*); ⚠ surbaissé; *~ tense* = **2.** *gramm.* (temps *m*) imparfait *m*; *in the ~* à l'imparfait; **im·per·fec·tion** [~pə'fekʃn] imperfection *f*; *fig. a.* faiblesse *f*.
im·pe·ri·al [im'piəriəl] **1.** □ impérial (-aux *m/pl.*); *fig.* majestueux (-euse *f*); **2.** impériale *f*; *papier*: grand jésus *m*; **im'pe·ri·al·ism** impérialisme *m*; césarisme *m*; *pol.* colonialisme *m*; **im'pe·ri·al·ist** impérialiste *m*; césariste *m*; *pol.* colonialiste *m*; **im·pe·ri·al'is·tic** impérialiste.
im·per·il [im'peril] mettre en péril.
im·pe·ri·ous □ [im'piəriəs] impérieux (-euse *f*); arrogant; péremptoire.
im·per·ish·a·ble □ [im'periʃəbl] impérissable.
im·per·me·a·ble □ [im'pə:mjəbl] imperméable.
im·per·son·al □ [im'pə:snl] impersonnel(le *f*); **im·per·son·al·i·ty** [~sə'næliti] impersonnalité *f*.
im·per·son·ate [im'pə:səneit] personnifier; se faire passer pour; *théâ.* représenter; **im·per·son·'a·tion** personnification *f*; *théâ.* interprétation *f*; ⚖ supposition *f* de personne.
im·per·ti·nence [im'pə:tinəns] impertinence *f*; insolence *f*; **im'per·ti·nent** □ impertinent (*a.* ⚖); insolent.
im·per·turb·a·bil·i·ty ['impətə:bə'biliti] imperturbabilité *f*; flegme *m*; **im·per'turb·a·ble** □ imperturbable, flegmatique.
im·per·vi·ous □ [im'pə:vjəs] inaccessible (à, *to*) (*a. fig.*); imperméable (à).
im·pet·u·os·i·ty [impetju'ɔsiti] impétuosité *f*; **im'pet·u·ous** □ impétueux (-euse *f*); emporté; **im·pe·tus** ['~pitəs] élan *m*, poussée *f*; *fig.* impulsion *f*.
im·pi·e·ty [im'paiəti] impiété *f*.
im·pinge [im'pindʒ] entrer en collision (avec [*up*]*on, against*); empiéter (sur, *on*) (*a.* ⚖); **im'pinge·ment** heurt *m*; collision *f* (avec [*up*]*on, against*); empiètement *m* (sur, *on*) (*a. fig., a.* ⚖).
im·pi·ous □ ['impiəs] impie.
imp·ish □ ['impiʃ] de démon; (d')espiègle.
im·pla·ca·bil·i·ty [implækə'biliti]

implacabilité *f*; **im·pla·ca·ble** □ [~ˈplækəbl] implacable (à, pour *towards*).

im·plant [imˈplɑːnt] *usu. fig.* implanter (dans, *in*); inculquer (à, *in*).

im·plau·si·ble [imˈplɔːzəbl] peu plausible.

im·ple·ment 1. [ˈimplimənt] instrument *m*, outil *m*; **2.** [ˈ~ment] exécuter (*un contrat, une promesse*); accomplir; suppléer à; **im·ple·menˈta·tion** [~ˈteiʃn] exécution *f*; mise *f* en œuvre.

im·pli·cate [ˈimplikeit] impliquer, mêler (dans, *in*); compromettre; **im·pliˈca·tion** implication *f*; insinuation *f*; ~*s pl.* portée *f*.

im·plic·it □ [imˈplisit] implicite; tacite; *fig.* aveugle, parfait.

im·plied □ [imˈplaid] implicite; sous-entendu.

im·plore [imˈplɔː] implorer; supplier; **imˈplor·ing** [~riŋ] suppliant.

im·ply [imˈplai] impliquer; emporter; signifier, vouloir dire.

im·pol·i·cy [imˈpɔlisi] mauvaise politique *f*; *fig.* maladresse *f*.

im·po·lite □ [impəˈlait] impoli.

im·pol·i·tic □ [imˈpɔlitik] impolitique.

im·pon·der·a·ble [imˈpɔndərəbl] **1.** impondérable; **2.** ~*s pl.* impondérables *m/pl.*

im·port 1. [ˈimpɔːt] ⚕ importation *f*; signification *f*, sens *m*; portée *f*; importance *f*; ⚕ ~*s pl.* marchandises *f/pl. ou* articles *m/pl.* d'importation, importations *f/pl.*; ~ *duty* droits *m/pl.* d'importation; **2.** [imˈpɔːt] importer (*des marchandises*); signifier, indiquer; déclarer; **imˈpor·tance** importance *f*; F conséquence; **imˈpor·tant** □ important; **im·por·ta·tion** [~ˈteiʃn] importation *f*; **imˈport·er** importateur (-trice *f*) *m*.

im·por·tu·nate □ [imˈpɔːtjunit] importun; ennuyeux (-euse *f*); **im·por·tune** [~ˈpɔːtjuːn] importuner; presser; **im·porˈtu·ni·ty** importunité *f*.

im·pose [imˈpouz] *v/t.* imposer (à, [*up*]*on*); *v/i.* ~ *upon* en imposer à; tromper; abuser de; **imˈpos·ing** □ imposant; grandiose; **im·po·si·tion** [~pəˈziʃn] *eccl., typ.* imposition *f*; impôt *m*; tromperie *f*, imposture *f*; *école*: pensum *m*.

im·pos·si·bil·i·ty [impɔsəˈbiliti] impossibilité *f*; **imˈpos·si·ble** □ impossible.

im·post [ˈimpoust] impôt *m*; taxe *f*; tribut *m*; **im·pos·tor** [imˈpɔstə] imposteur *m*; **imˈpos·ture** [~tʃə] imposture *f*, supercherie *f*.

im·po·tence [ˈimpətəns] impuissance *f* (*a. physiol.*); faiblesse *f*; **ˈim·po·tent** impuissant; faible.

im·pound [imˈpaund] confisquer; enfermer; mettre en fourrière (*une auto, un animal*).

im·pov·er·ish [imˈpɔvəriʃ] appauvrir; dégraisser (*le sol*).

im·prac·ti·ca·bil·i·ty [impræktikəˈbiliti] impraticabilité *f*, impossibilité *f*; **imˈprac·ti·ca·ble** □ impraticable; infaisable; intraitable (*personne*).

im·pre·cate [ˈimprikeit] lancer des imprécations (contre, *upon*); **im·preˈca·tion** imprécation *f*, malédiction *f*; **im·pre·ca·to·ry** [ˈ~keitəri] imprécatoire.

im·preg·na·bil·i·ty [impregnəˈbiliti] caractère *m* imprenable *ou* F invincible; **imˈpreg·na·ble** □ imprenable; F invincible; **im·preg·nate** [ˈ~neit] **1.** ⚘, ⚗, *biol.* imprégner; imbiber, saturer; pénétrer (*a. fig.*); **2.** [imˈpregnit] imprégné, fécondé; **im·pregˈna·tion** fécondation *f*; imprégnation *f*; ⊕ injection *f*.

im·pre·sa·ri·o [impreˈsɑːriou] imprésario *m*.

im·pre·scrip·ti·ble [imprisˈkriptəbl] imprescriptible.

im·press 1. [ˈimpres] impression *f*; empreinte *f*; *fig.* marque *f*, cachet *m*; **2.** [imˈpres] imprimer (à, *on*); graver (dans la mémoire, *on the memory*); inculquer (*une idée*) (à, *on*); faire bien comprendre (qch. à q. *s.th. on s.o., s.o. with s.th.*); ⊕ empreindre (qch. sur qch. *s.th. on s.th., s.th. with s.th.*); *fig.* impressionner, en imposer à; ⚓ † presser (*les marins*); *fig.* réquisitionner; **imˈpress·i·ble** susceptible de recevoir une empreinte; *a. see impressionable*; **imˈpres·sion** [~ʃn] impression *f* (*a. fig.*); ⊕, *a. typ. caractères*: empreinte *f*; *livre*: impression *f*; *be under the* ~ *that* avoir l'impression que; **imˈpres·sion·a·ble** impressionnable, susceptible, sensible; **imˈpres·sive** □

impressionnant; **im'press·ment** ⚓ † *marines*: presse *f*.

im·print 1. [im'print] imprimer (sur, *on*); *fig.* graver (dans *on, in*); **2.** ['imprint] empreinte *f* (*a. fig.*); *typ.* nom *m* (*de l'imprimeur*); rubrique *f* (*de l'éditeur*).

im·pris·on [im'prizn] emprisonner; mettre en prison; enfermer; **im'pris·on·ment** emprisonnement *m*.

im·prob·a·bil·i·ty [imprɔbə'biliti] improbabilité *f*; invraisemblance *f*; **im'prob·a·ble** □ improbable; invraisemblable.

im·pro·bi·ty [im'proubiti] improbité *f*; manque *m* d'honnêteté.

im·promp·tu [im'prɔmtjuː] **1.** *adv.* (à l')impromptu; **2.** *adj.* impromptu; **3.** *su.* (discours *m etc.*) impromptu *m*.

im·prop·er □ [im'prɔpə] incorrect; malséant, malhonnête, indécent; déplacé; ⅍ ~ *fraction* expression *f* fractionnaire; **im·pro·pri·e·ty** [imprə'praiəti] impropriété *f*; inexactitude *f*; inconvenance *f*, indécence *f*.

im·prov·a·ble □ [im'pruːvəbl] améliorable; bonifiable (*sol*).

im·prove [im'pruːv] *v/t.* améliorer; perfectionner; cultiver (*l'esprit*); bonifier (*le sol*); *v/i.* s'améliorer; faire des progrès; ~ *upon* surpasser; enchérir sur; **im'prove·ment** amélioration *f*; perfectionnement *m*; culture *f* (*de l'esprit*); progrès *m* (*pl.*); supériorité *f* (à, [*up*]*on*); **im'prov·er** réformateur (-trice *f*) *m*; ⊕ apprenti(e *f*) *m*; *cost.* petite main *f*.

im·prov·i·dence [im'prɔvidəns] imprévoyance *f*; **im'prov·i·dent** □ imprévoyant; prodigue.

im·pro·vi·sa·tion [imprəvai'zeiʃn] improvisation *f*; **im·pro·vise** ['~vaiz] improviser; '**im·pro·vised** improvisé; impromptu *inv.*

im·pru·dence [im'pruːdəns] imprudence *f*; **im'pru·dent** □ imprudent.

im·pu·dence ['impjudəns] impudence *f*, insolence *f*; '**im·pu·dent** □ effronté, insolent.

im·pugn [im'pjuːn] attaquer, contester; **im'pugn·a·ble** contestable.

im·pulse ['impʌls], **im'pul·sion** impulsion *f*; choc *m* propulsif; *fig.* mouvement *m* (spontané); **im'pul·sive** □ impulsif (-ive *f*); *fig.* irréfléchi, spontané, involontaire.

im·pu·ni·ty [im'pjuːniti] impunité *f*; *with* ~ impunément.

im·pure □ [im'pjuə] impur (*a. fig.*); **im'pu·ri·ty** [~riti] impureté *f*.

im·put·a·ble [im'pjuːtəbl] imputable, attribuable (à, *to*); **im·pu·ta·tion** [~'teiʃn] imputation *f*; **im·pute** [~'pjuːt] imputer, attribuer.

in [in] **1.** *prp.* dans (*les circonstances, la foule, la maison, la rue, l'eau*); en (*un mot, soie, anglais, Europe, juin, été, réponse*); à (*l'église, la main de q., la campagne, le crayon*); au (*lit, Canada, désespoir, soleil, printemps*); de (*cette manière*); par (*groupes, soi-même, ce temps, écrit*); sur (*un ton*); sous (*le règne de*); chez (*les Anglais, Corneille*); pendant (*l'hiver de 1812, la journée*); comme; ~ *a few words* en peu de mots; ~ *all probability* selon toutes probabilités; ~ *crossing the road* en traversant la rue; *the thing* ~ *itself* la chose en elle-même *ou phls.* en soi; *trust* ~ *s.o.* avoir confiance en q., se fier à q.; *professor* ~ *the university* professeur à l'université; *wound* ~ *the head* blessure à la tête; *engaged* ~ (*gér.*) occupé à (*inf.*); ~ *a ... voice* d'une voix ...; *blind* ~ *one eye* borgne; ~ *length* de long; ~ *our time* de nos jours; *at two (o'clock)* ~ *the morning* à deux heures du matin; ~ *the rain* à *ou* sous la pluie; ~ *the paper* dans le journal; *one* ~ *ten* un sur dix; ~ *the firm of* sous firme de; ~ *the press* sous presse; ~ *excuse of* comme excuse de; ~ *1966* en 1966; *two days* ~ *three* deux jours sur trois; *there is nothing* ~ *it* il est sans fondement; F cela n'a pas d'importance; l'un vaut l'autre; *it is not* ~ *her to* (*inf.*) il n'est pas de sa nature de (*inf.*); *he hasn't it* ~ *him* il n'en est pas capable; ~ *that* puisque, vu que; **2.** *adv.* dedans; au dedans; rentré; au pouvoir; *be* ~ être chez soi, être à la maison, y être; être élu; être au pouvoir; *sport, train*: être arrivé; brûler encore (*feu*); *be* ~ *for* en avoir pour (*qch.*); être inscrit pour (*un examen etc.*); F *be* ~ *with* avoir de belles relations avec, être en bons termes avec; **3.** *adj.* intérieur; F en vogue, à la mode, dans le vent; **4.** *su. parl. the*

~*s pl.* le parti au pouvoir; ~*s and outs* méandres *m/pl.*, coins *m/pl.* et recoins *m/pl.*; tous les détails *m/pl.*

in·a·bil·i·ty [inə'biliti] impuissance *f* (à, *to*), incapacité *f* (de, *to*).

in·ac·ces·si·bil·i·ty ['inæksesə'biliti] inaccessibilité *f*; **in·ac'ces·si·ble** □ inaccessible.

in·ac·cu·ra·cy [in'ækjurəsi] inexactitude *f*; **in'ac·cu·rate** □ [~rit] inexact; incorrect.

in·ac·tion [in'ækʃn] inaction *f*.

in·ac·tive □ [in'æktiv] inactif (-ive *f*); ✝ en chômage; ⚗ inerte; **in·ac'tiv·i·ty** inactivité *f*; inertie *f*.

in·ad·e·qua·cy [in'ædikwəsi] insuffisance *f*; imperfection *f*; **in'ad·e·quate** □ [~kwit] insuffisant; incomplet (-ète *f*).

in·ad·mis·si·bil·i·ty ['inədmisə'biliti] inadmissibilité *f*; **in·ad'mis·si·ble** □ inadmissible; ⚖ irrecevable.

in·ad·vert·ence, in·ad·vert·en·cy [inəd'və:təns(i)] inadvertance *f*; étourderie *f*; mégarde *f*; **in·ad'vert·ent** inattentif (-ive *f*); négligent; involontaire; ~*ly* par inadvertance.

in·al·ien·a·ble □ [in'eiljənəbl] inaliénable; indisponible.

in·al·ter·a·ble □ [in'ɔ:ltərəbl] immuable; inaltérable (*couleur*).

in·am·o·ra·ta [inæmə'rɑ:tə] amante *f*; amoureuse *f*; **in·a·mo'ra·to** [~tou] amant *m*, amoureux *m*.

in·ane □ [i'nein] *usu. fig.* stupide, inepte, bête, niais.

in·an·i·mate □ [in'ænimit] inanimé, sans vie (*a. fig.*).

in·a·ni·tion [inə'niʃn] ⚕ inanition *f*.

in·an·i·ty [i'næniti] inanité *f*, niaiserie *f*.

in·ap·pli·ca·bil·i·ty ['inæplikə'biliti] inapplicabilité *f*; **in'ap·pli·ca·ble** inapplicable (à, *to*); étranger (-ère *f*) (à).

in·ap·po·site □ [in'æpəsit] sans rapport (avec, *to*); hors de propos; inapplicable (à, *to*).

in·ap·pre·ci·a·ble □ [inə'pri:ʃəbl] inappréciable.

in·ap·pre·hen·si·ble □ [inæpri'hensəbl] insaisissable, incompréhensible.

in·ap·proach·a·ble [inə'proutʃəbl] inabordable; incomparable.

in·ap·pro·pri·ate □ [inə'proupriit] peu approprié; déplacé.

in·apt □ [in'æpt] inapte; incapable; inhabile; peu approprié; **in'apt·i·tude** [~itju:d], **in'apt·ness** inaptitude *f* (à, *for*); incapacité *f*.

in·ar·tic·u·late □ [inɑ:'tikjulit] muet(te *f*); bégayant (de, *with*); *zo.* inarticulé; **in·ar'tic·u·late·ness** mutisme *m*; défaut *m* d'articulation.

in·as·much [inəz'mʌtʃ] *adv.*: ~ *as* vu que, puisque; † dans la mesure que.

in·at·ten·tion [inə'tenʃn] inattention *f*; **in·at'ten·tive** □ inattentif (-ive *f*) (à, *to*); négligent (de); peu attentionné (pour, *to[wards]*).

in·au·di·ble □ [in'ɔ:dəbl] imperceptible; faible (*voix*).

in·au·gu·ral [i'nɔ:gjurəl] inaugural (-aux *m/pl.*); **in'au·gu·rate** [~reit] inaugurer; commencer; mettre en vigueur; **in·au·gu'ra·tion** inauguration *f*; commencement *m*; ♀ *Day Am.* entrée *f* en fonction du nouveau président des É.-U.

in·aus·pi·cious □ [inɔ:s'piʃəs] peu propice; fâcheux (-euse *f*).

in·board ⚓ ['inbɔ:d] **1.** *adj.* intérieur; **2.** *adv.* en abord; **3.** *prp.* en abord de.

in·born ['in'bɔ:n] inné.

in·breathe ['in'bri:ð] inspirer (à, *into*).

in·bred [in'bred] inné; consanguin (*chevaux etc.*).

in·breed·ing ['in'bri:diŋ] consanguinité *f*.

in·cal·cul·a·ble □ [in'kælkjuləbl] incalculable.

in·can·des·cence [inkæn'desns] incandescence *f*; *métall.* chaleur *f* blanche; **in·can'des·cent** incandescent; ~ *light* lumière *f* à incandescence; ~ *mantle* manchon *m* (à incandescence).

in·can·ta·tion [inkæn'teiʃn] incantation *f*; charme *m*.

in·ca·pa·bil·i·ty [inkeipə'biliti] incapacité *f*; ⚖ inéligibilité *f*; **in'ca·pa·ble** □ incapable (de, *of*); non susceptible (de, *of*); ⚖ inéligible; en état d'ivresse manifeste; **in·ca·pac·i·tate** [inkə'pæsiteit] rendre incapable (de *for*, *from*); ⚖ frapper d'incapacité; **in·ca'pac·i·ty** incapacité *f* (de *for*, *to*).

in·car·cer·ate [in'kɑ:səreit] incarcérer; **in·car·cer'a·tion** incarcération *f*.

in·car·nate 1. [in'kɑ:nit] fait chair; incarné (*a. fig.*); **2.** ['inkɑ:neit] incarner; **in·car'na·tion** incarnation *f* (*a. fig.*).

in·case [in'keis] *see encase*.

in·cau·tious □ [in'kɔ:ʃəs] imprudent; inconsidéré.

in·cen·di·ar·y [in'sendjəri] **1.** incendiaire (*a. fig.*); ~ *bomb* bombe *f* incendiaire; **2.** incendiaire *m*; auteur *m* d'un incendie; F *see* ~ *bomb*.

in·cense[1] ['insens] **1.** encens *m*; **2.** encenser; *fig.* embaumer.

in·cense[2] [in'sens] exaspérer, courroucer, irriter (contre, *with*).

in·cen·tive [in'sentiv] **1.** provocant; stimulant; **2.** stimulant *m*, encouragement *m*.

in·cep·tion [in'sepʃn] commencement *m*; **in'cep·tive** initial (-aux *m/pl.*); *gramm.* inchoatif (-ive *f*) (*a. su./m*).

in·cer·ti·tude [in'sə:titju:d] incertitude *f*.

in·ces·sant □ [in'sesnt] incessant, continuel(le *f*).

in·cest ['insest] inceste *m*; **in·ces·tu·ous** □ [in'sestjuəs] incestueux (-euse *f*).

inch [intʃ] pouce *m* (*2,54 cm*); *fig.* pas *m*; ~*es pl. a.* taille *f*; *by* ~*es* peu à peu, petit à petit; **inched** [~t] de ... pouces.

in·cho·a·tive ['inkoueitiv] initial (-aux *m/pl.*); *gramm.* inchoatif (-ive *f*).

in·ci·dence ['insidəns] incidence *f*; *angle of* ~ angle *m* d'incidence; **'in·ci·dent 1.** (à, *to*) qui arrive; qui appartient; qui tient; **2.** incident *m*; événement *m*; *pièce, roman*: épisode *m*; ⚖ servitude *f ou* privilège *m* attachés à une tenure; **in·ci·den·tal** □ [~'dentl] accidentel(le *f*), fortuit; inséparable (de, *to*); *be* ~ *to* résulter de, appartenir à; ~*ly* incidemment.

in·cin·er·ate [in'sinəreit] incinérer (*a. Am. un mort*); réduire en cendres; **in·cin·er'a·tion** incinération *f*; **in'cin·er·a·tor** incinérateur *m*; *Am.* four *m* crématoire.

in·cip·i·ence [in'sipiəns] commencement *m*; **in'cip·i·ent** naissant, qui commence.

in·cise [in'saiz] inciser (*a.* ⚕), faire une incision dans; **in·ci·sion** [~'siʒn] incision *f* (*a.* ⚕); ⚘ enture *f*; **in·ci·sive** □ [~'saisiv] incisif (-ive *f*); mordant; pénétrant; **in'ci·sor** [~zə] (dent *f*) incisive *f*.

in·ci·ta·tion [insai'teiʃn] *see incitement*; **in'cite** inciter; pousser; animer (à, *to*); **in'cite·ment** incitation *f*, encouragement *m*; stimulant *m*, aiguillon *m*; mobile *m*.

in·ci·vil·i·ty [insi'viliti] incivilité *f*.

in·clem·en·cy [in'klemənsi] inclémence *f*, rigueur *f*; *temps*: intempérie *f*; **in'clem·ent** inclément; rigoureux (-euse *f*).

in·cli·na·tion [inkli'neiʃn] *tête, a. fig.*: inclination *f*; inclinaison *f*, pente *f*; *fig.* penchant *m*; **in·cline** [~'klain] **1.** *v/i.* s'incliner, se pencher (*personne*); incliner, pencher (*chose*); *fig.* avoir un penchant (pour qch., *to s.th.*; à *inf.*, *to inf.*); être disposé (à, *to*); incliner (à, *to*); *v/t.* (faire) pencher; *fig.* disposer; ~*d plane* plan *m* incliné; **2.** pente *f*, déclivité *f*; ⚔ oblique *f*.

in·close [in'klouz] *see enclose*.

in·clude [in'klu:d] renfermer; comprendre.

in·clu·sion [in'klu:ʒn] inclusion *f*; **in'clu·sive** □ qui renferme; qui comprend; tout compris; *be* ~ *of* comprendre, renfermer (*qch.*); ~ *terms* prix tout compris.

in·cog F [in'kɔg], **in'cog·ni·to** [~nitou] **1.** incognito, sous un autre nom; **2.** incognito *m*.

in·co·her·ence, in·co·her·en·cy [inkou'hiərəns(i)] incohérence *f*; manque *m* de suite; **in·co'her·ent** □ incohérent; sans suite; décousu.

in·com·bus·ti·ble □ [inkəm'bʌstəbl] incombustible.

in·come ['inkəm] revenu *m*; **in·com·er** ['inkʌmə] entrant *m*; immigrant(e *f*) *m*; ⚖ successeur *m*; **in·come-tax** ['inkəmtæks] impôt *m* sur le revenu; ~ *form* feuille *f* d'impôts.

in·com·ing ['inkʌmiŋ] **1.** entrée *f*; ~*s pl.* recettes *f/pl.*, revenus *m/pl.*; ⚓ rentrées *f/pl.*; **2.** qui entre, qui arrive.

in·com·men·su·ra·bil·i·ty ['inkəmenʃərə'biliti] incommensurabilité *f*; **in·com'men·su·ra·ble** □ incommensurable.

in·com·mode [inkə'moud] incommoder, gêner, déranger; **in·com'mo·di·ous** □ [~jəs] incommode; peu confortable.

in·com·mu·ni·ca·bil·i·ty ['inkəmju:nikə'biliti] incommunicabilité *f*; **in·com'mu·ni·ca·ble** □ incommunicable; **in·com·mu·ni·ca·do** *surt. Am.* [inkəmjuni'kɑ:dou] sans contact avec l'extérieur; **in·com'mu·ni·ca·tive** □ [~kətiv] taciturne; peu communicatif (-ive *f*).
in·com·mut·a·ble □ [inkə'mju:təbl] non-interchangeable; immuable.
in·com·pa·ra·ble □ [in'kɔmpərəbl] incomparable.
in·com·pat·i·bil·i·ty ['inkəmpætə'biliti] incompatibilité *f*; inconciliabilité *f*; **in·com'pat·i·ble** □ incompatible, inconciliable.
in·com·pe·tence, in·com·pe·ten·cy [in'kɔmpitəns(i)] incompétence *f* (*a.* ⚖); insuffisance *f*; **in'com·pe·tent** □ incompétent (*a.* ⚖); incapable; ⚖ inhabile.
in·com·plete □ [inkəm'pli:t] incomplet (-ète *f*); inachevé; imparfait.
in·com·pre·hen·si·bil·i·ty [inkɔmprihensə'biliti] incompréhensibilité *f*; **in·com·pre'hen·sible** □ incompréhensible.
in·com·press·i·bil·i·ty ['inkəmpresə'biliti] incompressibilité *f*; **in·com'press·i·ble** incompressible.
in·con·ceiv·a·ble □ [inkən'si:vəbl] inconcevable.
in·con·clu·sive □ [inkən'klu:siv] peu *ou* non concluant.
in·con·gru·i·ty [inkɔŋ'gruiti] incongruité *f*, absurdité *f*; désaccord *m*; inconséquence *f*; inconvenance *f*; **in'con·gru·ous** □ incongru, absurde; qui ne s'accorde pas (avec, *with*); sans rapport (avec *to*, *with*).
in·con·se·quence [in'kɔnsikwəns] inconséquence *f*; manque *m* de logique; **in·con·se·quen·tial** [~'kwenʃl] sans importance; illogique.
in·con·sid·er·a·ble □ [inkən'sidərəbl] insignifiant; **in·con'sid·er·ate** □ [~rit] irréfléchi, inconsidéré; sans égards (pour, *towards*); **in·con'sid·er·ate·ness** irréflexion *f*, imprudence *f*; manque *m* d'égards.
in·con·sist·en·cy [inkən'sistənsi] inconséquence *f*; inconsistance *f*; incompatibilité *f*; **in·con'sist·ent** □ incompatible; contradictoire (à, *with*); en désaccord (avec, *with*); illogique, inconséquent (*personne*).
in·con·sol·a·ble □ [inkən'souləbl] inconsolable (de, *for*).
in·con·so·nant [in'kɔnsənənt] en désaccord (avec, *with*).
in·con·spic·u·ous □ [inkən'spikjuəs] discret (-ète *f*); insignifiant; peu frappant.
in·con·stan·cy [in'kɔnstənsi] inconstance *f*; instabilité *f*; **in'con·stant** □ inconstant, variable.
in·con·test·a·ble □ [inkən'testəbl] incontestable; irrécusable.
in·con·ti·nence [in'kɔntinəns] incontinence *f*; ⚕ ~ *of urine* incontinence *f* d'urine; **in'con·ti·nent** □ incontinent; ⚕ qui ne peut retenir son urine; ~ *of speech* bavard; ~*ly* sur-le-champ, incontinent; incontinemment.
in·con·tro·vert·i·ble □ ['inkɔntrə'və:təbl] indisputable.
in·con·ven·ience [inkən'vi:njəns] **1.** inconvénient *m*; embarras *m*; incommodité *f*; **2.** incommoder, gêner, déranger; **in·con'ven·ient** □ incommode; inopportun; gênant.
in·con·vert·i·bil·i·ty ['inkənvə:tə'biliti] (*a.* ⚚) non-convertibilité *f*; **in·con'vert·i·ble** □ inconvertible; ⚚ *a.* non convertible.
in·con·vin·ci·ble □ [inkən'vinsəbl] impossible à convaincre.
in·cor·po·rate 1. [in'kɔ:pəreit] *v/t.* incorporer (à *in*[*to*], *with*; avec, *with*); mêler, unir (à, avec *with*); ériger (*une ville*) en municipalité; ⚖ constituer en société commerciale; *v/i.* s'incorporer (en, *in*; à, avec *with*); **2.** [~rit] incorporé; faisant corps; **in'cor·po·rat·ed** [~reitid] *see incorporate* 2; ~ *company* société *f* constituée, *Am.* société *f* anonyme (*abbr.* S.A.); **in·cor·po'ra·tion** incorporation *f* (à, avec, dans *in*[*to*], *with*); incorporation *f* communale; constitution *f* en société commerciale.
in·cor·po·re·al □ [inkɔ:'pɔ:riəl] incorporel(le *f*).
in·cor·rect □ [inkə'rekt] incorrect; inexact; défectueux (-euse *f*); **in·cor'rect·ness** incorrection *f*; inexactitude *f*.
in·cor·ri·gi·bil·i·ty [inkɔridʒə'biliti] incorrigibilité *f*; **in'cor·ri·gi·ble** □ incorrigible.

in·cor·rupt·i·bil·i·ty [ˈinkərʌptəˈbiliti] incorruptibilité *f*; **in·cor·ˈrupt·i·ble** □ incorruptible; **in·corˈrupt·ness** incorruption *f*.

in·crease 1. [inˈkri:s] *v/i.* augmenter (de, *in*); s'augmenter; grandir; croître, s'accroître; grossir; se multiplier; *v/t.* augmenter; agrandir; accroître; grossir; **2.** [ˈinkri:s] augmentation *f*; accroissement *m*; *effort*: redoublement *m*; multiplication *f*.

in·cred·i·bil·i·ty [inkrediˈbiliti] incrédibilité *f*; **inˈcred·i·ble** □ incroyable.

in·cre·du·li·ty [inkriˈdju:liti] incrédulité *f*; **in·cred·u·lous** □ [inˈkredjuləs] incrédule.

in·cre·ment [ˈinkrimənt] *see increase* 2; profit *m*; ~ *value* plus-value *f*.

in·crim·i·nate [inˈkrimineit] incriminer; impliquer; **inˈcrim·i·na·to·ry** [~əri] tendant à incriminer.

in·crust [inˈkrʌst] *see encrust*; **in·crusˈta·tion** incrustation *f*; ⊕ *chaudière*: entartrage *m*, tartre *m*.

in·cu·bate [ˈinkjubeit] *v/t.* couver (*a. fig.*); *v/i.* être soumis à l'incubation; ⚕ couver; **in·cuˈba·tion** incubation *f* (*a. biol., a.* ⚕); ~ *period* période *f* d'incubation; **ˈin·cu·ba·tor** incubateur *m*, couveuse *f*; **in·cu·bus** [ˈ~bəs] *myth.* incube *m*; F fardeau *m*; cauchemar *m*.

in·cul·cate [ˈinkʌlkeit] inculquer (à q., *upon s.o.*; dans l'esprit, *in the mind*); **in·culˈca·tion** inculcation *f*.

in·cul·pate [ˈinkʌlpeit] inculper, incriminer; mêler à une affaire; **in·culˈpa·tion** inculpation *f*; **inˈcul·pa·to·ry** [~pətəri] tendant à inculper; accusateur (-trice *f*).

in·cum·ben·cy [inˈkʌmbənsi] *eccl.* charge *f*; période *f* d'exercice d'une charge; **inˈcum·bent 1.** étendu, appuyé; *be ~ on s.o.* incomber à q.; **2.** *eccl.* titulaire *m* d'une charge.

in·cu·nab·u·la [inkjuˈnæbjulə] *pl.* incunables *m/pl.*

in·cur [inˈkə:] encourir, s'attirer; contracter (*une dette*); courir (*un risque*); faire (*des dépenses*).

in·cur·a·bil·i·ty [inkjuərəˈbiliti] incurabilité *f*; **inˈcur·a·ble 1.** □ inguérissable; **2.** incurable *mf*.

in·cu·ri·ous □ [inˈkjuəriəs] sans curiosité, indifférent.

in·cur·sion [inˈkə:ʃn] incursion *f*; descente *f* (dans, *into*).

in·cur·va·tion [inkə:ˈveiʃn] incurvation *f*; courbure *f*; **ˈinˈcurve** s'incurver, se courber en dedans.

in·debt·ed [inˈdetid] endetté; *fig.* redevable (à q. de qch., *to s.o. for s.th.*); **inˈdebt·ed·ness** dette *f* (*a. fig.*), dettes *f/pl.*

in·de·cen·cy [inˈdi:snsi] indécence *f*; ⚖ attentat *m* aux mœurs; **inˈde·cent** □ indécent, peu décent; ~ *assault* attentat *m* à la pudeur.

in·de·ci·pher·a·ble [indiˈsaifərəbl] indéchiffrable.

in·de·ci·sion [indiˈsiʒn] indécision *f*, irrésolution *f*; **in·de·ci·sive** □ [~ˈsaisiv] peu concluant; indécis (*personne, a. bataille*), irrésolu.

in·de·clin·a·ble *gramm.* [indiˈklainəbl] indéclinable.

in·dec·o·rous □ [inˈdekərəs] malséant; inconvenant; **inˈdec·o·rous·ness,** *a.* **in·de·co·rum** [indiˈkɔ:rəm] inconvenance *f*; manque *m* de maintien.

in·deed [inˈdi:d] **1.** *adv.* en effet; en vérité; même, à vrai dire; **2.** *int.* effectivement!; vraiment?

in·de·fat·i·ga·ble □ [indiˈfætigəbl] infatigable, inlassable.

in·de·fea·si·ble □ [indiˈfi:zəbl] irrévocable; ⚖ indestructible (*intérêt*).

in·de·fect·i·ble □ [indiˈfektəbl] indéfectible; impeccable.

in·de·fen·si·ble □ [indiˈfensəbl] ⚔ indéfendable; *fig.* insoutenable.

in·de·fin·a·ble □ [indiˈfainəbl] indéfinissable; *fig.* vague.

in·def·i·nite □ [inˈdefinit] indéfini (*a. gramm.*); imprécis.

in·del·i·ble □ [inˈdelibl] ineffaçable, indélébile; ~ *ink* encre *f* indélébile; ~ *pencil* crayon *m* à copier.

in·del·i·ca·cy [inˈdelikəsi] indélicatesse *f*; manque *m* de délicatesse; grossièreté *f*, inconvenance *f*; **inˈdel·i·cate** □ [~kit] peu délicat; indélicat; inconvenant; risqué; qui manque de tact.

in·dem·ni·fi·ca·tion [indemnifiˈkeiʃn] indemnisation *f*; indemnité *f*; **inˈdem·ni·fy** [~fai] indemniser, dédommager (de, *for*); garantir (contre *against, from*); compenser; **inˈdem·ni·ty** garantie *f*, assurance *f*; indemnité *f*, dédommage-

ment *m*; *act of* ~ bill *m* d'indemnité.
in·dent [in'dent] **1.** denteler; découper; ⊕ adenter; *typ.* faire un alinéa; ⚖ passer (*un contrat etc.*) en partie double; ⚓ passer une commande pour; ~ *upon s.o. for s.th.* réquisitionner qch. de q.; **2.** dentelure *f*; découpure *f*; *littoral*: échancrure *f*; ⚓ ordre *m* d'achat; ⚔ ordre *m* de réquisition; *see indenture*; **in·den'ta·tion** découpage *m*; impression *f*; dentelure *f*; découpure *f*; *littoral*: échancrure *f*; **in'den·tion** *typ.* renfoncement *m*; **in'den·ture** [~tʃə] **1.** contrat *m* bilatéral; ~*s pl.* contrat *m* d'apprentissage; **2.** lier par contrat; engager par un contrat d'apprentissage.
in·de·pend·ence [indi'pendəns] indépendance *f* (à l'égard de, *of*); *État*: autonomie *f*; *Am.* ♀ *Day* le 4 juillet; **in·de'pend·ent** □ **1.** indépendant; autonome (*État*); ~ *means* fortune *f* personnelle; rentes *f*/*pl*; **2.** indépendant *m*.
in-depth [in'depθ] en profondeur.
in·de·scrib·a·ble □ [indis'kraibəbl] indescriptible; indicible.
in·de·struct·i·ble □ [indis'trʌktəbl] indestructible.
in·de·ter·mi·na·ble □ [indi'tə:minəbl] indéterminable; interminable (*dispute*); **in·de'ter·mi·nate** □ [~nit] indéterminé; *fig.* imprécis; **in·de'ter·mi·nate·ness, in·de·ter·mi·na·tion** ['~'neiʃn] indétermination *f*; *fig.* irrésolution *f*.
in·dex ['indeks] **1.** (*pl. a. indices*) *eccl.*, *volume*: index *m*; *cadran etc.*: aiguille *f*; indice *m*, signe *m*; 𝔄 exposant *m*; *opt.* indice *m*; (*ou* ~ *finger*) index *m*; (*ou* ~ *number*) coefficient *m*; ~ *card* fiche *f*; ~ *figure* indice *m*; **2.** dresser l'index de (*un volume*); classer; répertorier.
In·di·a ['indjə] Inde *f*; ~ *paper* papier *m* indien, papier *m* bible; ~ *rubber* gomme *f* (à effacer); caoutchouc *m*; '**In·di·a·man** ⚓ long-courrier *m* des Indes.
In·di·an ['indjən] **1.** indien(ne *f*); de l'Inde; des Indes; *gymn.* ~ *club* bouteille *f* en bois; ~ *corn* maïs *m*; *in* ~ *file* en file indienne; *Am.* F ~ *giver* personne *f* qui fait un cadeau dans l'intention d'en demander à son tour; ~ *ink* encre *f* de Chine; *surt. Am.* ~ *summer* été *m* de la Saint-Martin; **2.** Indien(ne *f*) *m*; F Hindou(e *f*) *m*; (*usu. Red* ~) *a.* Peau-Rouge (*pl.* Peaux-Rouges) *m*.
in·di·cate ['indikeit] indiquer; signaler; montrer; témoigner; faire savoir; **in·di'ca·tion** indication *f*; indice *m*, signe *m*; **in·dic·a·tive** [in'dikətiv] **1.** □ indicatif (-ive *f*) (de, *of*); *be* ~ *of* dénoter; ~ *mood* = **2.** *gramm.* indicatif *m*; **in·di·ca·tor** ['~keitə] indicateur (-trice *f*) *m* (*a.* ⊕, *tél. su.*/*m*); aiguille *f*; **in'di·ca·to·ry** [~kətəri] indicateur (-trice *f*) (de, *of*).
in·di·ces ['indisi:z] *pl. de index 1.*
in·dict [in'dait] inculper (de *for*, *on a charge of*); **in'dict·a·ble** inculpable; ~ *offence* délit *m*; **in'dict·ment** inculpation *f*; *document*: acte *m* d'accusation.
in·dif·fer·ence [in'difrəns] indifférence *f* (pour, à l'égard de *to*, *towards*); **in'dif·fer·ent** □ indifférent (à, *to*); médiocre, passable; † impartial (-aux *m*/*pl.*); ⚗ neutre.
in·di·gence ['indidʒəns] indigence *f*; F misère *f*.
in·di·gene ['indidʒi:n] indigène *mf*; **in·dig·e·nous** [in'didʒinəs] indigène (à, *to*); du pays.
in·di·gent □ ['indidʒənt] indigent; nécessiteux (-euse *f*).
in·di·gest·ed [indi'dʒestid] mal digéré; **in·di'gest·i·ble** □ indigeste (*a. fig.*); **in·di'ges·tion** dyspepsie *f*; indigestion *f*.
in·dig·nant □ [in'dignənt] indigné (de, *at*); d'indignation; **in·dig'na·tion** indignation *f* (contre *with*, *against*); ~ *meeting* meeting *m* de protestation; **in'dig·ni·ty** [~niti] indignité *f*; affront *m*; honte *f*.
in·di·rect □ [indi'rekt] indirect (*a. gramm.*); détourné (*moyen*).
in·dis·cern·i·ble [indi'sə:nəbl] indiscernable; imperceptible.
in·dis·creet □ [indis'kri:t] indiscret (-ète *f*); imprudent, peu judicieux (-euse *f*); inconsidéré; **in·dis·cre·tion** [~'kreʃn] indiscrétion *f*; manque *m* de discrétion; imprudence *f*; F faux pas *m*.
in·dis·crim·i·nate □ [indis'kriminit] au hasard, à tort et à travers; (*a.* **in·dis'crim·i·nat·ing** □ [~neitiŋ], **in·dis'crim·i·na·tive** [~nətiv]) sans discernement; *fig.* aveugle;

ˈ**in·dis·crim·iˈna·tion** manque *m* de discernement.
in·dis·pen·sa·ble □ [indisˈpensəbl] obligatoire; indispensable (à, *to*).
in·dis·pose [indisˈpouz] indisposer, prévenir (contre, *towards*); détourner (de, *from*); rendre peu propre (à qch., *for s.th.*); rendre incapable (de *inf.*, *for gér.*); rendre peu disposé (à *inf.*, *to inf.*); **in·dis·po·si·tion** [indispəˈziʃn] indisposition *f* (à l'égard de, *to[wards]*); aversion *f* (pour); malaise *f*, indisposition *f*.
in·dis·pu·ta·ble □ [ˈindisˈpjuːtəbl] incontestable; hors de controverse.
in·dis·so·lu·bil·i·ty [ˈindisɔljuˈbiliti] indissolubilité *f*; ⚗ insolubilité *f*;
in·dis·so·lu·ble □ [~ˈsɔljubl] indissoluble.
in·dis·tinct □ [indisˈtiŋkt] indistinct, vague, confus; **in·disˈtinct·ness** indistinction *f*, vague *m*.
in·dis·tin·guish·a·ble □ [indisˈtiŋgwiʃəbl] indistinguible; imperceptible; insaisissable.
in·dite [inˈdait] composer (*un poème*); rédiger (*une lettre*).
in·di·vid·u·al [indiˈvidjuəl] **1.** □ individuel(le *f*); particulier (-ère *f*); ~ *drive* commande *f* séparée; **2.** individu *m*; **in·di·vid·u·al·i·ty** [~ˈæliti] individualité *f*; personnalité *f*; **in·diˈvid·u·al·ize** [~əlaiz] individualiser.
in·di·vis·i·bil·i·ty [ˈindiviziˈbiliti] indivisibilité *f*; **in·diˈvis·i·ble** □ indivisible; Ꜳ insécable.
Indo... [indou] indo-; Indo-.
in·doc·ile [inˈdousail] indocile; **in·do·cil·i·ty** [~doˈsiliti] indocilité *f*.
in·doc·tri·nate [inˈdɔktrineit] instruire; endoctriner; ~ *s.o. with s.th.* inculquer qch. à q.
in·do·lence [ˈindələns] indolence *f* (*a.* ⚕); paresse *f*; ˈ**in·do·lent** □ indolent (*a.* ⚕); paresseux (-euse *f*).
in·dom·i·ta·ble □ [inˈdɔmitəbl] indomptable.
in·door [ˈindɔː] de maison; d'intérieur; intérieur; *sp.* de salle, de salon; ~ *aerial* antenne *f* d'appartement; ~ *game* jeu *m* de salle *ou* de salon *ou* de société; ~ *plant* plante *f* d'appartement; ~ *relief* assistance *f* des pauvres hospitalisés; ~ *swimming-bath* piscine *f*; **in·doors** [ˈinˈdɔːz] à la maison; à l'intérieur.
in·dorse *etc.* [inˈdɔːs] *see endorse.*
in·du·bi·ta·ble □ [inˈdjuːbitəbl] indubitable, incontestable.
in·duce [inˈdjuːs] persuader (à q., *s.o.*); amener; occasionner, produire; ⚡ amorcer, induire; ⚡ ~*d current* courant *m* induit *ou* d'induction; **inˈduce·ment** motif *m*; attrait *m*; raison *f*.
in·duct *eccl.* [inˈdʌkt] installer; **inˈduct·ance** ⚡ inductance *f*; ~*-coil* (bobine *f* de) self *f*; bobine *f* d'inductance; **inˈduc·tion** *eccl., fonctionnaire*: installation *f*; Ꜳ, *phls., phys.* induction *f*; ⚕ production *f*; **inˈduc·tive** □ qui induit (à, *to*); Ꜳ, *phls.* inductif (-ive *f*) (*a.* ⚡ *charge*); ⚡ inducteur (-trice *f*).
in·dulge [inˈdʌldʒ] *v/t.* gâter (*q.*), avoir de l'indulgence pour (*q.*); se livrer à, s'adonner à; donner libre cours à (*ses passions, ses caprices*); F boire; ~ *s.o. with s.th.* accorder qch. à q.; ~ *o.s. in* se livrer à, s'adonner à (*qch.*); *v/i.* se permettre (à, *in*); se livrer, s'adonner (à, *in*); **inˈdul·gence** indulgence *f* (*a. eccl.*); complaisance *f* (envers, *to*); assouvissement *m* (de *of, in*); abandon *m* (à, *in*); ✝ délai *m* de paiement; **inˈdul·gent** □ indulgent (envers, à, pour *to*); faible.
in·du·rate [ˈindjuəreit] (s')endurcir; durcir; ⚕ (s')indurer; **in·duˈra·tion** (*fig.* en)durcissement *m*; ⚕ induration *f*.
in·dus·tri·al [inˈdʌstriəl] **1.** □ industriel(le *f*); professionnel(le *f*); de l'industrie; ~ *art* art *m* mécanique; ~ *court* tribunal *m* industriel; ~ *disease* maladie *f* professionnelle; ~ *espionage* espionnage *m* industriel; ~ *school* école *f* des arts et métiers; école *f* professionnelle de rééducation; ~ *tribunal* conseil *m* de prud'hommes; **2.** *see industrialist*; ~*s pl.* ✝ valeurs *f/pl.* industrielles; **inˈdus·tri·al·ist** industriel *m*, industrialiste *m*; **inˈdus·tri·al·ize** [~aiz] industrialiser; *become* ~*d* s'industrialiser; **inˈdus·tri·ous** □ travailleur (-euse *f*), laborieux (-euse *f*), assidu.
in·dus·try [ˈindəstri] assiduité *f* au travail, diligence *f*; travail *m*; ⊕ industrie *f*; *heavy industries pl.* industries *f/pl.* lourdes.
in·dwell [ˈinˈdwel] [*irr.* (*dwell*)] de-

meurer dans; habiter (*un lieu*); *fig.* reposer dans.
in·e·bri·ate **1.** [iˈniːbrieit] enivrer; **2.** [iˈniːbriit] ivre, enivré; **3.** ivrogne *mf*; **in·e·briˈa·tion, in·e·bri·e·ty** [iniːˈbraiəti] ivresse *f*; alcoolisme *m*; enivrement *m*.
in·ed·i·ble [inˈedibl] immangeable.
in·ed·it·ed [inˈeditid] inédit; publié sans notes.
in·ef·fa·ble □ [inˈefəbl] ineffable, indicible.
in·ef·face·a·ble □ [iniˈfeisəbl] ineffaçable.
in·ef·fec·tive [iniˈfektiv], **in·efˈfec·tu·al** □ [~tjuəl] inefficace, sans effet, sans résultat; ⚔ inapte au service.
in·ef·fi·ca·cious □ [inefiˈkeiʃəs] inefficace; **inˈef·fi·ca·cy** [~kəsi] inefficacité *f*.
in·ef·fi·cien·cy [iniˈfiʃənsi] incapacité *f*; incompétence *f*; inefficacité *f*; **in·efˈfi·cient** incapable; incompétent; inefficace.
in·el·e·gance [inˈeligəns] inélégance *f*; **inˈel·e·gant** □ sans élégance (*personne*); inélégant (*style*).
in·el·i·gi·bil·i·ty [inelidʒəˈbiliti] inéligibilité *f*; caractère *m* peu acceptable; **inˈel·i·gi·ble** □ inéligible; indigne d'être choisi; *fig.* peu acceptable; ⚔ inapte.
in·ept □ [iˈnept] inepte; déplacé; mal à propos; ⚖ de nul effet; **inˈept·i·tude** [~itjuːd], **inˈept·ness** manque *m* d'à-propos *ou* de justesse; inaptitude *f*; sottise *f*.
in·e·qual·i·ty [iniˈkwɔliti] inégalité *f*; *sol, bois*: rugosité *f*; irrégularité *f*.
in·eq·ui·ta·ble □ [inˈekwitəbl] inéquitable, injuste; **inˈeq·ui·ty** injustice *f*.
in·e·rad·i·ca·ble □ [iniˈrædikəbl] indéracinable.
in·ert □ [iˈnəːt] inerte; **in·er·tia** [iˈnəːʃjə], **inˈert·ness** inertie *f*.
in·es·cap·a·ble [inisˈkeipəbl] inévitable, inéluctable.
in·es·sen·tial [ˈiniˈsenʃl] négligeable; non essentiel(le *f*) (à, *to*).
in·es·ti·ma·ble □ [inˈestiməbl] inestimable; incalculable.
in·ev·i·ta·ble □ [inˈevitəbl] inévitable, inéluctable; immanquable; fatal (-als *m/pl.*); **inˈev·i·ta·ble·ness** inévitabilité *f*.

in·ex·act □ [inigˈzækt] inexact; **in·exˈact·i·tude** [~itjuːd], **in·exˈact·ness** inexactitude *f*.
in·ex·cus·a·ble □ [iniksˈkjuːzəbl] inexcusable, sans excuse.
in·ex·haust·i·bil·i·ty [ˈinigzɔːstəˈbiliti] nature *f* inépuisable; **in·exˈhaust·i·ble** □ inépuisable; intarissable (*source*).
in·ex·o·ra·bil·i·ty [ineksərəˈbiliti] inexorabilité *f*; caractère *m* implacable; **inˈex·o·ra·ble** □ inexorable, implacable.
in·ex·pe·di·en·cy [iniksˈpiːdiənsi] inopportunité *f*; **in·exˈpe·di·ent** □ inopportun, malavisé.
in·ex·pen·sive □ [iniksˈpensiv] bon marché; peu coûteux (-euse *f*); pas cher (chère *f*).
in·ex·pe·ri·ence [iniksˈpiəriəns] inexpérience *f*; **in·exˈpe·ri·enced** inexpérimenté, sans expérience.
in·ex·pert □ [ineksˈpəːt] inexpert; peu habile (à, *in*).
in·ex·pi·a·ble □ [inˈekspiəbl] inexpiable; † impitoyable.
in·ex·pli·ca·ble □ [inˈeksplikəbl] inexplicable; inconcevable.
in·ex·press·i·ble [iniksˈpresəbl] **1.** □ inexprimable; indicible; **2.** *co. ou* † ~*s pl.* pantalon *m*, culotte *f*.
in·ex·pres·sive □ [iniksˈpresiv] inexpressif (-ive *f*); sans expression.
in·ex·pug·na·ble □ [iniksˈpʌgnəbl] inexpugnable; *fig.* inattaquable.
in·ex·tin·guish·a·ble □ [iniksˈtiŋgwiʃəbl] inextinguible.
in·ex·tri·ca·ble □ [inˈekstrikəbl] inextricable.
in·fal·li·bil·i·ty [infæləˈbiliti] infaillibilité *f*; **inˈfal·li·ble** □ infaillible; sûr.
in·fa·mous □ [ˈinfəməs] infâme; mal famé; abominable; **in·fa·my** [ˈ~mi] (note *f* d')infamie *f*.
in·fan·cy [ˈinfənsi] première enfance *f*; ⚖ minorité *f*; **in·fant** [ˈ~fənt] **1.** enfant *mf*; ⚖ mineur(e *f*) *m*; ~ *school* école *f* maternelle *ou* enfantine; ~ *welfare* puériculture *f* sociale; **2.** d'enfance; enfantin.
in·fan·ta [inˈfæntə] infante *f*; **inˈfan·te** [~ti] infant *m*.
in·fan·ti·cide [inˈfæntisaid] infanticide *m*; *personne*: infanticide *mf*;
in·fan·tile [ˈinfəntail] d'enfant; ⚕ infantile; *péj.* enfantin; ~ *paralysis*

poliomyélite *f*; **in·fan·tine** [ˈ~tain] *see infantile.*

in·fan·try ⚔ [ˈinfəntri] infanterie *f*; ˈ**in·fan·try·man** soldat *m* d'infanterie; fantassin *m*.

in·fat·u·ate [inˈfætjueit] infatuer, affoler; enticher; **in·fat·uˈa·tion** infatuation *f*, engouement *m*; béguin *m* (pour, *for*).

in·fect [inˈfekt] infecter; ⚕ contaminer; *fig.* inculquer (qch. à q., *s.o. with s.th.*); *become* ~*ed* se contagionner; **inˈfec·tion** ⚕, *fig.* infection *f*, contagion *f*; contamination *f*; **inˈfec·tious** □, **inˈfec·tive** ⚕ infectieux (-euse *f*); *fig.* contagieux (-euse *f*).

in·fe·lic·i·tous [infiˈlisitəs] malheureux (-euse *f*); mal trouvé; **in·feˈlic·i·ty** infélicité *f*; manque *m* de justesse; gaffe *f*.

in·fer [inˈfəː] déduire, conclure (de, *from*); impliquer; **inˈfer·a·ble** qu'on peut inférer; qu'on peut déduire; **in·fer·ence** [ˈinfərəns] inférence *f*, conclusion *f*; **in·fer·en·tial** □ [~ˈrenʃl] déductif (-ive *f*); obtenu par déduction; ~*ly* par déduction.

in·fe·ri·or [inˈfiəriə] **1.** inférieur (à, *to*); ⚘ infère; **2.** inférieur *m*; subordonné(e *f*) *m*; **in·fe·ri·or·i·ty** [~riˈɔriti] infériorité *f* (par rapport à, *to*); ~ *complex* complexe *m* d'infériorité.

in·fer·nal □ [inˈfəːnl] infernal (-aux *m/pl.*); des enfers; de l'enfer; F diabolique, infernal (-aux *m/pl.*); ~ *machine* machine *f* infernale.

in·fer·tile [inˈfəːtail] stérile; **in·fer·til·i·ty** [~ˈtiliti] stérilité *f*, infertilité *f*.

in·fest [inˈfest] infester (de, *with*) (*fig.*); **in·fesˈta·tion** infestation *f*.

in·fi·del [ˈinfidəl] infidèle (*a. su./mf*); *péj.* incroyant(e *f*) (*a. su.*); **in·fi·del·i·ty** [~ˈdeliti] infidélité *f*.

in·fight(·**ing**) [ˈinfait(iŋ)] *box.* corps à corps *m*; *fig.* guerre *f* intestine.

in·fil·trate [ˈinfiltreit] *v/t.* infiltrer; imprégner; pénétrer dans; *v/i.* s'infiltrer (dans, *into*; à travers, *through*); **in·filˈtra·tion** infiltration *f*.

in·fi·nite □ [ˈinfinit] infini; illimité; *astr.* sans nombre; **inˈfin·i·tive** (*a.* ~ *mood*) *gramm.* infinitif *m*; **inˈfin·i·tude** [~tjuːd], **inˈfin·i·ty** infinité *f*, infinitude *f*; ⚹ infini *m*.

in·firm □ [inˈfəːm] débile, infirme, faible; (*a.* ~ *of purpose*) irrésolu, flottant; **inˈfir·ma·ry** infirmerie *f*; hôpital *m*; **inˈfir·mi·ty** [~iti] infirmité *f*; faiblesse *f* (*a. fig.*).

in·fix [inˈfiks] implanter; *gramm.* infixer; *fig.* inculquer.

in·flame [inˈfleim] (s')enflammer (*a. fig.*, *a.* ⚕); (s')allumer (*a. fig.*); *v/t.* mettre le feu à; *v/i.* prendre feu.

in·flam·ma·bil·i·ty [inflæməˈbiliti] inflammabilité *f*; **inˈflam·ma·ble** **1.** □ inflammable; **2.** ~*s pl.* substances *f/pl.* inflammables; **in·flam·ma·tion** [infləˈmeiʃn] inflammation *f*; **in·flam·ma·to·ry** [inˈflæmətəri] incendiaire; ⚕ inflammatoire.

in·flate [inˈfleit] gonfler (*a. fig.*); ⚕ grossir; ⚕ hausser (*le prix*); **inˈflat·ed** gonflé, enflé; ⚕ exagéré; ampoulé (*style*); **inˈfla·tion** gonflement *m*; ⚕, ⚕ inflation *f*; ⚕ *prix*: hausse *f*; *fig.* enflure *f*; **inˈfla·tion·ar·y** d'inflation, inflationniste.

in·flect [inˈflekt] fléchir; moduler (*la voix*); ♪ altérer; *gramm.* conjuguer (*un verbe*), décliner (*un substantif*); **inˈflec·tion** *see inflexion.*

in·flex·i·bil·i·ty [infleksəˈbiliti] inflexibilité *f* (*a. fig.*); **inˈflex·i·ble** □ inflexible (*a. fig.*); **inˈflex·ion** [~ʃn] inflexion *f*; *voix*: modulation *f*; *gramm.* flexion *f*.

in·flict [inˈflikt] donner (*un coup*) (à, *on*); infliger (*une punition*) (à, *on*); ~ *o.s.* (*ou one's company*) *on* imposer sa compagnie à; **inˈflic·tion** infliction *f*; châtiment *m*, peine *f*; *fig.* vexation *f*.

in·flo·res·cence ⚘ [infloˈresns] inflorescence *f*; floraison *f*.

in·flow [ˈinflou] *see influx.*

in·flu·ence [ˈinfluəns] **1.** influence *f* (sur, [*up*]*on*; auprès de, *with*); **2.** influencer; influer sur; **in·flu·en·tial** □ [~ˈenʃl] influent.

in·flu·en·za ⚕ [influˈenzə] grippe *f*.

in·flux [ˈinflʌks] affluence *f*, entrée *f*; *fig.* invasion *f*, inondation *f*.

in·form [inˈfɔːm] *v/t.* informer (de, *of*); renseigner (sur, *about*); avertir; faire part à; mettre au courant; *well* ~*ed* bien renseigné; *keep s.o.* ~*ed* tenir q. au courant (de, *of*); *v/i.* dénoncer (q., *against s.o.*).

inˈfor·mal □ [inˈfɔːml] sans cérémonie; officieux (-euse *f*); irrégulier (-ère *f*); **in·for·mal·i·ty** [~'mæliti] absence *f* de cérémonie; irrégularité *f*.

in·form·ant [in'fɔːmənt] informateur (-trice *f*) *m*; ⚖ déclarant(e *f*) *m*; *see informer*; **in·for·ma·tion** [infə'meiʃn] renseignements *m/pl.*, informations *f/pl.*; instruction *f*; ⚖ dénonciation *f* (contre, *against*); ~ *film* documentaire *m*; ~ *science* informatique *f*; *gather* ~ recueillir des renseignements (sur, *about*); **in·form·a·tive** [in'fɔːmətiv] instructif (-ive *f*); **in'form·er** dénonciateur (-trice *f*), F mouchard *m*.

in·frac·tion [in'frækʃn] infraction *f*; contravention *f*.

in·fra...: ~ **dig** F au-dessous de la dignité (de q.), déshonorant; '~**·red** *phys.* infrarouge; '~**·struc·ture** infrastructure *f*.

in·fre·quen·cy [in'friːkwənsi] rareté *f*; **in'fre·quent** □ rare, infréquent.

in·fringe [in'frindʒ] *v/t.* enfreindre, violer (*la loi, un serment*); *v/i.* empiéter (sur, *upon*) (*un brevet etc.*); **in'fringe·ment** infraction *f*; contrefaçon *f*.

in·fu·ri·ate [in'fjuərieit] rendre furieux (-euse *f*).

in·fuse [in'fjuːz] infuser (*du thé*) (à, *into*); faire infuser (*le thé*); inspirer (qch. à q., *s.o. with s.th.*); *pharm.* macérer; **in'fu·sion** [~ʒn] infusion *f* (*a. fig.*); **in·fu·so·ri·a** *zo.* [infjuː'sɔːriə] *pl.* infusoires *m/pl.*

in·gath·er·ing ['ingæðəriŋ] rentrée *f*; récolte *f*.

in·gen·ious □ [in'dʒiːnjəs] ingénieux (-euse *f*); **in·ge·nu·i·ty** [indʒi'njuiti] ingéniosité *f*; **in·gen·u·ous** □ [in'dʒenjuəs] ingénu, naïf (-ïve *f*); franc(he *f*).

in·gle ['iŋgl] foyer *m*; feu *m*.

in·glo·ri·ous □ [in'glɔːriəs] honteux (-euse *f*); ignominieux (-euse *f*); humble, obscur.

in·go·ing ['ingouiŋ] **1.** entrée *f*; **2.** qui entre, entrant; nouveau (nouvel *devant une voyelle ou un h muet*; -elle *f*; -eaux *m/pl.*) (*locataire*).

in·got ['iŋgət] lingot *m*; *étain*: saumon *m*; '~**-steel** acier *m* en lingots.

in·grain ['in'grein] teindre grand teint; '**in'grained** *fig.* imprégné; invétéré (*personne*).

in·gra·ti·ate [in'greiʃieit]: ~ *o.s.* s'insinuer (dans les bonnes grâces de, *with*); **in·grat·i·tude** [~'grætitjuːd] ingratitude *f*.

in·gre·di·ent [in'griːdiənt] ingrédient *m*; ⚗ principe *m*.

in·gress ['ingres] entrée *f*; droit *m* d'accès.

in·gui·nal *anat.* ['iŋgwinl] inguinal (-aux *m/pl.*).

in·gur·gi·tate [in'gəːdʒiteit] ingurgiter, avaler.

in·hab·it [in'hæbit] habiter; **in'hab·it·a·ble** habitable; **in'hab·it·an·cy** habitation *f*; résidence *f*; **in'hab·it·ant** habitant(e *f*) *m*.

in·ha·la·tion [inhə'leiʃn] aspiration *f*; ⚕ inhalation *f*; **in·hale** [~'heil] aspirer; respirer; ⚕ inhaler; **in'hal·er** ⚕ inhalateur *m*.

in·har·mo·ni·ous □ [inhɑː'mounjəs] inharmonieux (-euse *f*).

in·here [in'hiə] (*in*) être inhérent (à); appartenir (à); exister (dans); **in'her·ence, in'her·en·cy** [~rəns(i)] inhérence *f* (à, *in*); **in'her·ent** □ inhérent, propre (à, *in*).

in·her·it [in'herit] hériter de (*qch.*); succéder à; tenir (de, *from*); **in'her·it·a·ble** □ dont on peut hériter; transmissible (*a.* ⚕); **in'her·it·ance** succession *f*; héritage *m*; *biol.* hérédité *f*; **in'her·i·tor** héritier *m*; **in'her·i·tress** héritière *f*.

in·hib·it [in'hibit] empêcher (q. de, *s.o. from*); défendre (à q. de *inf.*, *s.o. from gér.*); *psych.* inhiber; **in·hi·bi·tion** [~'biʃn] défense *f* expresse; *eccl.* interdit *m*; *psych.* inhibition *f*; **in'hib·i·to·ry** [~təri] prohibitif (-ive *f*); *physiol.*, *psych.* inhibiteur (-trice *f*).

in·hos·pi·ta·ble □ [in'hɔspitəbl] inhospitalier (-ère *f*); **in·hos·pi·tal·i·ty** ['~'tæliti] inhospitalité *f*.

in·hu·man □ [in'hjuːmən] inhumain; barbare; **in·hu·mane** □ [~'mein] inhumain, cruel(le *f*); **in·hu·man·i·ty** [~'mæniti] inhumanité *f*; cruauté *f*.

in·hu·ma·tion [inhjuː'meiʃn] inhumation *f*; enterrement *m*; **in·hume** [in'hjuːm] inhumer, enterrer.

in·im·i·cal □ [i'nimikl] ennemi, hostile; contraire (à, *to*).

in·im·i·ta·ble □ [i'nimitəbl] inimitable.

in·iq·ui·tous □ [i'nikwitəs] inique; **in'iq·ui·ty** iniquité *f*.

in·i·tial [i'niʃl] **1.** □ initial (-aux *m/pl.*); premier (-ère *f*); du début; ~ *payment* acompte *m*; ~ *salary* salaire *m* initial *ou* du début; **2.** initiale *f*; paraphe *m*; **3.** parafer; viser; **in·i·ti·ate 1.** [i'niʃiit] initié(e *f*) (*a. su.*); **2.** [i'niʃieit] commencer; lancer (*une entreprise etc.*); inaugurer; initier (à, *into*); **in·i·ti'a·tion** début *m*; commencement *m*; inauguration *f*; initiation *f*; *surt. Am. société*: ~ *fee* droits *m/pl.* d'admission; **in'i·ti·a·tive** [~ətiv] **1.** préliminaire, préparatoire; **2.** initiative *f*; *on one's own* ~ de sa propre initiative; *take the* ~ prendre l'initiative (pour *inf.*, *in gér.*); **in'i·ti·a·tor** [~eitə] initiateur (-trice *f*) *m*; lanceur *m* (*d'une mode etc.*); **in'i·ti·a·to·ry** [~ətəri] préliminaire, préparatoire, premier (-ère *f*).

in·ject [in'dʒekt] injecter (dans, *into*; de, *with*); **in'jec·tion** injection *f*.

in·ju·di·cious □ [indʒu'diʃəs] malavisé, peu judicieux (-euse *f*).

in·junc·tion [in'dʒʌŋkʃn] injonction *f*, ordre *m*.

in·jure ['indʒə] nuire à, faire du mal à, faire du tort à; gâter; endommager; **in·ju·ri·ous** □ [in'dʒuəriəs] nuisible, préjudiciable (à, *to*); injurieux (-euse *f*) (*langage*); **in·ju·ry** ['indʒəri] tort *m*; mal *m*; dommage *m*; blessure *f*.

in·jus·tice [in'dʒʌstis] injustice *f*.

ink [iŋk] **1.** encre *f*; (*usu. printer's* ~) noir *m* d'imprimerie; *attr.* à encre, d'encre; **2.** noircir d'encre; *typ.* encrer.

ink·ling ['iŋkliŋ] soupçon *m* (*a. fig.*).

ink...: '**~·pot** encrier *m*; '**~·stand** grand encrier *m*; '**ink·y** taché *ou* barbouillé d'encre.

in·land ['inlənd] **1.** du pays, intérieur (*commerce etc.*); ♀ *Revenue* fisc *m*; **2.** intérieur *m*; **3.** [in'lænd] dans les terres; vers l'intérieur; **in·land·er** ['inləndə] habitant(e *f*) *m* de l'intérieur.

in-laws ['inlɔːz] *pl.* parents *m/pl.* par alliance; beaux-parents *m/pl.*

in·lay ['in'lei] **1.** [*irr.* (*lay*)] incruster (de, *with*); marqueter (*une table*); parqueter (*un plancher*) en mosaïque; **2.** incrustation *f*; marqueterie *f*; *livre*: encartage *m*.

in·let ['inlet] entrée *f*; bras *m* de mer; crique *f*; ⊕ arrivée *f*, admission *f*.

in·mate ['inmeit] habitant(e *f*) *m*; *aliéné*: pensionnaire *mf*; *hospice etc.*: hôte *m*.

in·most ['inmoust] le plus profond.

inn [in] auberge *f*; *ville*: hôtellerie *f*; ♀*s pl. of Court* écoles *f/pl.* de droit (*Londres*).

in·nate □ ['i'neit] inné.

in·ner ['inə] intérieur; interne, de dedans; intime; *cycl.*, *mot.* ~ *tube* chambre *f* à air, boudin *m* d'air; '**in·ner·most** le plus profond *ou* intime.

in·ner·vate ['inəːveit] *physiol.* innerver.

in·nings ['iniŋz] *pl. ou sg. sp.* tour *m* de batte; tournée *f*; *have one's* ~ être au guichet, *fig.* être au pouvoir, prendre son tour.

inn·keep·er ['inkiːpə] aubergiste *mf*; hôtelier (-ère *f*) *m*.

in·no·cence ['inəsns] innocence *f*; naïveté *f*, candeur *f*; '**in·no·cent 1.** □ innocent (de, *of*); dépourvu (de); pur, sans péché; F ~ *of* sans; **2.** innocent(e *f*) *m*; naïf (-ïve *f*) *m*; idiot(e *f*) *m*.

in·noc·u·ous □ [i'nɔkjuəs] inoffensif (-ive *f*).

in·nom·i·nate [i'nɔminit] *anat.* innominé; ⚖ innomé.

in·no·vate ['inoveit] innover; **in·no'va·tion** innovation *f*; nouveauté *f*; '**in·no·va·tor** (in)novateur (-trice *f*) *m*.

in·nox·ious □ [i'nɔkʃəs] inoffensif (-ive *f*).

in·nu·en·do [inju'endou] insinuation *f*; allusion *f*.

in·nu·mer·a·ble □ [i'njuːmərəbl] innombrable.

in·nu·tri·tious [inju'triʃəs] peu nourrissant; peu nutritif (-ive *f*).

in·ob·serv·ance [inəb'zəːvəns] (*of*) inobservance *f* (de); *promesse*: inobservation *f* (de); inattention *f* (à).

in·oc·u·late [i'nɔkjuleit] ✓ greffer; ⚕ inoculer (qch. à q. *s.o. with s.th.*, *s.th. into s.o.*; contre, *against*); **in·oc·u'la·tion** ✓ greffe *f*; ⚕ inoculation *f*; **in'oc·u·la·tor** inoculateur (-trice *f*) *m*.

in·o·dor·ous [in'oudərəs] sans odeur, inodore.

in·of·fen·sive □ [inə'fensiv] inoffensif (-ive *f*).

in·of·fi·cial [inə'fiʃl] inofficieux (-euse *f*).

in·op·er·a·tive [in'ɔpərətiv] inopérant.

in·op·por·tune □ [in'ɔpətju:n] inopportun; hors de saison.

in·or·di·nate □ [i'nɔ:dinit] démesuré, immodéré; effréné.

in·or·gan·ic [inɔ:'gænik] inorganique.

in-pa·tient ['inpeiʃənt] hospitalisé(e *f*) *m*.

in·put ⊕, *surt*. ⚡ ['input] puissance *f*; entrée *f* de courant.

in·quest ⚖ ['inkwest] enquête *f* (sur, *on*); *coroner's* ~ enquête *f* judiciaire après mort d'homme.

in·qui·e·tude [in'kwaiitju:d] agitation *f*, inquiétude *f*.

in·quire [in'kwaiə] demander (qch., *for s.th.*); se renseigner (sur *about*, *after*), s'informer (de qch.); ~ *into* faire des recherches *ou* une enquête sur; **in'quir·er** investigateur (-trice *f*) *m*; **in'quir·ing** □ curieux (-euse *f*); interrogateur (-trice *f*); **in'quir·y** enquête *f*, investigation *f*; demande *f* (*a*. ☤); *make inquiries* prendre des renseignements (sur *about*, *on*); s'informer (auprès de, *of*); **in'quir·y-of·fice** bureau *m* de renseignements; Service *m* des renseignements.

in·qui·si·tion [inkwi'ziʃn] investigation *f*; ⚖ enquête *f*; *hist*. ♀ Inquisition *f*; **in'quis·i·tive** □ questionneur (-euse *f*); curieux (-euse *f*); **in'quis·i·tive·ness** curiosité *f* (indiscrète); **in'quis·i·tor** enquêteur *m*; *hist*. Inquisiteur *m*; **in·quis·i·to·ri·al** □ [~'tɔ:riəl] inquisitorial (-aux *m/pl*.).

in·road ['inroud] ⚔ incursion *f*, irruption *f*; *fig*. empiétement *m* (sur, *upon*); *make ~s upon* (*ou in*) ébrécher, harceler.

in·sa·lu·bri·ous [insə'lu:briəs] malsain; insalubre.

in·sane [in'sein] fou (fol *devant une voyelle ou un h muet*; folle *f*); insensé; **in·san·i·tar·y** □ [~'sænitəri] insalubre; malsain; **in'san·i·ty** folie *f*, démence *f*.

in·sa·ti·a·bil·i·ty [inseiʃjə'biliti] insatiabilité *f*; **in'sa·ti·a·ble** □, **in'sa·ti·ate** [~ʃiit] inassouvissable; insatiable (de, *of*).

in·scribe [in'skraib] inscrire (*a*. ⩘, *a*. ☤ *actions*); graver (un nom sur qch., *s.th. with a name*); *fig*. inscrire (sur, *on*; dans, *in*); dédier.

in·scrip·tion [in'skripʃn] inscription *f* (☤ au grand livre); *fig*. dédicace *f*.

in·scru·ta·bil·i·ty [inskru:tə'biliti] inscrutabilité *f*; **in'scru·ta·ble** □ inscrutable, impénétrable; fermé (*visage*).

in·sect ['insekt] insecte *m*; **in'sec·ti·cide** [~isaid] insecticide (*a*. *su*./*m*); **in·sec·tiv·o·rous** [~'tivərəs] insectivore.

in·se·cure □ [insi'kjuə] peu sûr; incertain; **in·se'cu·ri·ty** [~riti] insécurité *f*; danger *m*.

in·sen·sate [in'senseit] insensé; insensible (*matière*); **in·sen·si·bil·i·ty** [~sə'biliti] défaillance *f*; insensibilité *f* (à, *to*); indifférence *f* (pour, *to*); **in'sen·si·ble** □ insensible (à *of*, *to*); indifférent (à *of*, *to*); évanoui, sans connaissance; **in'sen·si·tive** insensible (à, *to*).

in·sen·ti·ent [in'senʃiənt] insensible.

in·sep·a·ra·bil·i·ty [insepərə'biliti] inséparabilité *f*; **in'sep·a·ra·ble** □ inséparable.

in·sert 1. [in'sə:t] *usu*. insérer (dans, *in*[*to*]); introduire; intercaler (*une ligne*, *un mot*); **2.** ['insə:t] insertion *f*; pièce *f* rapportée; **in'ser·tion** insertion *f*, introduction *f*; *cost*. incrustation *f*; *dentelle*: entre-deux *m/inv*.

in·set ['inset] *typ*. encart *m*; feuillet *m*; hors-texte *m/inv*.; médaillon *m*; *attr*. en médaillon.

in·shore ⚓ ['in'ʃɔ:] **1.** *adj*. côtier (-ère *f*); **2.** *adv*. près de terre.

in·side ['in'said] **1.** *su*. dedans *m*, intérieur *m*; F entrailles *f/pl*.; **2.** *adj*. (d')intérieur; interne; *mot*. ~ *drive* conduite *f* intérieure; *sp*. ~ *lane* piste *f* intérieure; *foot*. ~ *left* intérieur *m* gauche; **3.** *adv*. en dedans; *Am*. *a*. ~ *of* en moins de (*temps*); **4.** *prp*. à l'intérieur de; **'in'sid·er** initié(e *f*) *m*. [(-euse *f*).]

in·sid·i·ous □ [in'sidiəs] insidieux

in·sight ['insait] perspicacité *f*; *fig*. aperçu *m* (de, *into*).

in·sig·ni·a [in'signiə] *pl*. insignes *m/pl*.; signes *m/pl*. *etc*. distinctifs.

in·sig·nif·i·cance, *a*. **in·sig·nif·i·can·cy** [insig'nifikəns(i)] insignifiance *f*; **in·sig'nif·i·cant** insignifiant; sans importance.

in·sin·cere □ [insinˈsiə] peu sincère; faux (fausse *f*); **in·sinˈcer·i·ty** [~ˈseriti] manque *m* de sincérité; fausseté *f*.
in·sin·u·ate [inˈsinjueit] insinuer; laisser entendre; donner à entendre; glisser (dans, *into*); ~ *o.s. into* s'insinuer dans; **inˈsin·u·at·ing** □ insinuant; suggestif (-ive *f*) (*propos etc.*); **in·sin·uˈa·tion** insinuation *f* (*a. fig.*); introduction *f*.
in·sip·id □ [inˈsipid] insipide, fade; **in·siˈpid·i·ty** insipidité *f*; fadeur *f*.
in·sist [inˈsist] insister; ~ (*up*)*on* insister sur, appuyer sur; revendiquer (*un droit*); insister pour (*inf.*); vouloir (*qch.*) absolument; ~ *that* insister pour que (*sbj.*), exiger que (*sbj.*); **inˈsist·ence** insistance *f*; protestations *f/pl.* (de, *on*); *at his* ~ devant son insistance; puisqu'il insistait; **inˈsist·ent** □ qui insiste (sur, [*up*]*on*); instant; importun.
in·so·bri·e·ty [insoˈbraiəti] intempérance *f*.
in(·)so(·)far as [insəˈfɑːrəz] tant que, dans la mesure où.
in·so·la·tion [insoˈleiʃn] insolation *f* (⚕, *a. phot.*); ⚕ coup *m* de soleil.
in·so·lence [ˈinsələns] insolence *f*, effronterie *f* (envers, *to*); **ˈin·so·lent** □ insolent (envers, *to*).
in·sol·u·bil·i·ty [insɔljuˈbiliti] insolubilité *f*; **inˈsol·u·ble** □ [~jubl] insoluble (*a. fig.*).
in·sol·ven·cy [inˈsɔlvənsi] insolvabilité *f*; faillite *f*; **inˈsol·vent** **1.** insolvable; en faillite; **2.** débiteur *m* insolvable; failli *m*.
in·som·ni·a [inˈsɔmniə] insomnie *f*.
in·so·much [insouˈmʌtʃ]: ~ *that* au point que; tellement que.
in·spect [inˈspekt] examiner; contrôler; **inˈspec·tion** inspection *f*; examen *m*; contrôle *m*; visite *f*; ✝ *for* ~ à l'essai; **inˈspec·tor** inspecteur *m*; surveillant *m*; **inˈspec·tor·ate** [~tərit] *office*: inspectorat *m*; corps *m* d'inspecteurs.
in·spi·ra·tion [inspəˈreiʃn] inspiration *f*; **in·spire** [~ˈspaiə] aspirer, inspirer; *fig.* inspirer (qch. à q. *s.th. in*[*to*] *s.o.*, *s.o. with s.th.*); aiguillonner (*q.*); **in·spir·it** [~ˈspirit] animer, encourager.
in·spis·sate [inˈspiseit] (s')épaissir.
in·sta·bil·i·ty [instəˈbiliti] instabilité *f*; manque *m* de solidité; *fig.* inconstance *f*.
in·stall [inˈstɔːl] installer (dans, *in*) (*a.* ⊕); ⊕ monter (*un atelier, une machine*); **in·stal·la·tion** [instəˈleiʃn] installation *f* (*a.* ⚡); ⊕, *radio*: montage *m*; poste *m* (*de T.S.F.*).
in·stal(l)·ment [inˈstɔːlmənt] ✝ fraction *f*; acompte *m*; versement *m*; *ouvrage*: fascicule *m*; *monthly* ~ mensualité *f*; *by* ~*s* par paiements à termes; *fig.* peu à peu; ~ **plan** ✝ système *m* de crédit; *buy s.th. on the* ~ acheter qch. à tempérament.
in·stance [ˈinstəns] **1.** instance *f* (*a.* ⚖); exemple *m*, cas *m*; *for* ~ par exemple; *in the first* ~ en premier lieu; *at the* ~ *of* à la démande de; sur l'instance de; **2.** citer (*qch.*) en exemple.
in·stant □ [ˈinstənt] **1.** instant, urgent, pressant; immédiat; *on the 10th* ~ le 10 courant; **2.** instant *m*, moment *m*; *in an* ~, *on the* ~ sur-le-champ, tout de suite; *the* ~ *you come* dès que vous viendrez; **in·stan·ta·ne·ous** □ [~ˈteinjəs] instantané; **in·stan·ter** [inˈstæntə], **in·stant·ly** [ˈinstəntli] immédiatement, sur-le-champ.
in·state [inˈsteit] établir (dans, *in*).
in·stead [inˈsted] au lieu de cela; ~ *of* (*gér.*) au lieu de (*inf.*).
in·step [ˈinstep] cou-de-pied (*pl.* cous-de-pied) *m*; *soulier*: cambrure *f*.
in·sti·gate [ˈinstigeit] exciter, inciter, provoquer (à, *to*); **in·stiˈga·tion** instigation *f*; **ˈin·sti·ga·tor** instigateur (-trice *f*) *m*; auteur *m* (*d'une révolte*).
in·stil(l) [inˈstil] instiller; *fig.* inculquer (à, *into*), inspirer (à, *into*); **in·stil·la·tion** [instiˈleiʃn], **inˈstil(l)·ment** instillation *f*; inspiration *f*; inculcation *f*.
in·stinct **1.** [ˈinstiŋkt] instinct *m*; **2.** [inˈstiŋkt] plein; ~ *with life* plein *ou* doué de vie; **inˈstinc·tive** □ instinctif (-ive *f*).
in·sti·tute [ˈinstitjuːt] **1.** institut *m*; cercle *m*; † institution *f*; ♀ *of Justinian* Institutes *f/pl.* de Justinien; **2.** instituer, établir (*q.*); fonder; intenter (*un procès*); investir (*q.*) (de, [*in*]*to*), ⚖ instituer (*q.*) (héritier, *as heir*); **in·stiˈtu·tion** institution *f*,

établissement *m* (*a. édifice*); commencement *m*; association *f* (*d'ingénieurs etc.*); hospice *m* (*de charité*); *eccl.* investiture *f*; ⚖ institution *f*; **in·sti'tu·tion·al·ize** [~əlaiz] faire une institution de (*qch.*); **'in·sti·tu·tor** fondateur (-trice *f*) *m*; auteur *m*.

in·struct [in'strʌkt] instruire; enseigner (*qch. à q., s.o. in s.th.*); charger (de, *to*); **in'struc·tion** instruction *f*, enseignement *m*; ordre *m*; **in'struc·tion·al** d'instruction; ⚔ ~ *school* école *f* d'application; **in'struc·tive** □ instructif (-ive *f*); **in'struc·tor** maître *m*; précepteur *m*; ✈ moniteur *m*; *Am. univ.* chargé *m* de cours; **in'struc·tress** maîtresse *f*, préceptrice *f*.

in·stru·ment ['instrumənt] (⚕, ♪, ⚖, *a. fig.*) instrument *m*; appareil *m*; ⚖ *a.* acte *m* juridique; ✈, *mot.* ~ *board ou panel* tablier *m* des instruments; ✈ *fly on* ~*s* voler en P.S.V.; **in·stru·men·tal** □ [~'mentl] contributif (-ive *f*), qui contribue (à, *in*); *gramm.*, *a.* ♪ instrumental (-aux *m/pl.*); *be* ~ *to* contribuer à (*qch. ou inf.*); **in·stru·men·tal·i·ty** [~'tæliti] moyen *m*, concours *m*, intermédiaire *m*.

in·sub·or·di·nate [insə'bɔːdnit] insubordonné; mutin; **'in·sub·or·di'na·tion** insubordination *f*, insoumission *f*.

in·suf·fer·a·ble □ [in'sʌfərəbl] insupportable, intolérable.

in·suf·fi·cien·cy [insə'fiʃənsi] insuffisance *f*; **in·suf'fi·cient** □ insuffisant.

in·su·lar □ ['insjulə] insulaire; *fig.* borné, étroit; **in·su·lar·i·ty** [~'læriti] insularité *f*; *fig.* esprit *m* borné, étroitesse *f* de vues; **in·su·late** ['~leit] faire une île de; ⚡, *a. fig.* isoler; *phys.* calorifuger, protéger (contre, *against*); **'in·su·lat·ing** isolant; ~ *tape* chatterton *m*; **in·su'la·tion** isolement *m* (*a. phys.*); *a.* = **'in·su·la·tor** *phys.* isolant *m*.

in·sult 1. ['insʌlt] insulte *f*, affront *m*; **2.** [in'sʌlt] insulter, affronter.

in·su·per·a·bil·i·ty [insjuːpərə'biliti] caractère *m ou* nature *f* insurmontable; **in'su·per·a·ble** □ insurmontable; infranchissable.

in·sup·port·a·ble □ [insə'pɔːtəbl] insupportable, intolérable.

in·sup·press·i·ble [insə'presəbl] irrépressible.

in·sur·ance [in'ʃuərəns] assurance *f*; *attr.* d'assurance; ~ *fraud* escroquerie *f* à l'assurance; **in'sur·ant** assuré(e *f*) *m*; **in·sure** [in'ʃuə] (faire) assurer; *fig. a.* garantir; **in'sured** assuré(e *f*) *m*; **in'sur·er** assureur *m*.

in·sur·gent [in'səːdʒənt] insurgé, révolté (*a. su./mf*).

in·sur·mount·a·ble □ [insə'mauntəbl] insurmontable (*a. fig.*).

in·sur·rec·tion [insə'rekʃn] insurrection *f*, soulèvement *m*; **in·sur'rec·tion·al** insurrectionnel(le *f*); **in·sur'rec·tion·ist** [~ʃnist] insurgé(e *f*) *m*.

in·sus·cep·ti·ble [insə'septəbl] non susceptible (de, *of*), inaccessible (à, *of*); insensible (à, *to*).

in·tact [in'tækt] intact, indemne.

in·take ['inteik] prise *f* (*d'eau etc.*); ⊕ ~ *valve* soupape *f* d'admission.

in·tan·gi·bil·i·ty [intændʒə'biliti] intangibilité *f*; *traité*: inviolabilité *f*; **in'tan·gi·ble** □ [~dʒəbl] intangible; immatériel(le *f*); *fig.* impondérable.

in·te·ger ['intidʒə] totalité *f*; ⅋ nombre *m* entier; **in·te·gral** ['~grəl] **1.** □ intégrant; total; entier (-ère *f*); ⅋ intégral; **2.** ⅋ intégrale *f*; **in·te·grant** ['~grənt] intégrant; **in·te·grate** ['~greit] rendre entier; ⅋ intégrer; *be* ~*d into* s'intégrer dans; ⚡ ~*d circuit* circuit *m* intégré; **in·te'gra·tion** intégration *f*; **in·teg·ri·ty** [~'tegriti] intégrité *f*; probité *f*; totalité *f*.

in·teg·u·ment [in'tegjumənt] (in)tégument *m*, enveloppe *f* (*a.* ⚘).

in·tel·lect ['intilekt] intelligence *f*, esprit *m*, intellect *m*; **in·tel'lec·tu·al** [~tjuəl] **1.** □ intellectuel(le *f*); **2.** intellectuel(le *f*) *m*; **in·tel·lec·tu·al·i·ty** ['~'æliti] intellectualité *f*.

in·tel·li·gence [in'telidʒəns] intelligence *f*; esprit *m*; renseignements *m/pl.*, nouvelles *f/pl.*; informations *f/pl.*; ~ *department*, ⚔, ⚓ *a.* ~ *service* service *m* des renseignements; **in'tel·li·genc·er** informateur (-trice *f*) *m*; espion *m*.

in·tel·li·gent □ [in'telidʒənt] intelligent; avisé; † ~ *of* au courant de; **in·tel·li·gent·si·a** [~'dʒentsiə] *la* classe *f* des intellectuels *m/pl.*; élite *f* intellectuelle; **in·tel·li·gi·bil·i·ty**

[~dʒəˈbiliti] intelligibilité *f*; **inˈtel·li·gi·ble** □ intelligible.

in·tem·per·ance [inˈtempərəns] intempérance *f*; alcoolisme *m*; **inˈtem·per·ate** □ [~rit] immodéré, intempérant; adonné à la boisson.

in·tend [inˈtend] avoir l'intention de, se proposer de, compter; entendre (par, *by*); ~ *for* destiner à; **inˈtend·ant** intendant *m*; **inˈtend·ed** **1.** projeté; intentionnel(le *f*); ~ *husband* fiancé *m*, prétendu *m*; **2.** F fiancé(e *f*) *m*, prétendu(e *f*) *m*, futur(e *f*) *m*.

in·tense □ [inˈtens] intense; vif (vive *f*) (*a. couleur*); fort; **inˈtense·ness** intensité *f*; violence *f*; force *f*.

in·ten·si·fi·ca·tion [intensifiˈkeiʃn] renforcement *m* (*a. phot.*); **inˈten·si·fy** [~fai] (s')augmenter; (s')intensifier; *v/t. phot.* renforcer.

in·ten·sion [inˈtenʃn] tension *f* (*d'esprit*); *phls.* compréhension *f*; **inˈten·si·ty** *see intenseness*; **inˈten·sive** □ *see intense*; intensif (-ive *f*); ⚕ ~ *care unit* service *m* de réanimation *ou* de soins intensifs.

in·tent [inˈtent] **1.** □ tout entier (-ère *f*) (à, *on*); acharné (à, *on*); fixe (*regard*); **2.** intention *f*, but *m*, dessein *m*; *to all ~s and purpose* à toutes fins utiles; *with ~ to kill* dans l'intention de tuer; **inˈten·tion** intention *f*; dessein *m*; but *m*; **inˈten·tion·al** □ [~ʃnl] voulu, intentionnel (-le *f*); fait exprès; **inˈten·tioned** (*bien ou mal*) intentionné; **inˈtent·ness** application *f*; tension *f* d'esprit; attention *f* soutenue (*du regard*).

in·ter [inˈtəː] enterrer, ensevelir.

inter... [intə] entre-; inter-; réciproque.

in·ter·act **1.** [ˈintərækt] *théâ.* entracte *m*; intermède *m*; **2.** [~ˈækt] agir l'un sur l'autre; **in·terˈac·tion** action *f* réciproque.

in·ter·breed [ˈintəˈbriːd] [*irr.* (*breed*)] (s')entrecroiser; *v/t.* accoupler (*des animaux*).

in·ter·ca·lar·y [inˈtəːkələri] intercalaire; *géol.* intercalé (*couche*); **inˈter·ca·late** [~leit] intercaler; **in·ter·caˈla·tion** intercalation *f*.

in·ter·cede [intəˈsiːd] intercéder, plaider (auprès de, *with*); **in·terˈced·er** intercesseur *m*; médiateur (-trice *f*) *m*.

in·ter·cept [intəˈsept] intercepter (*une lettre, un navire, un message*); couper (*la retraite*); ⚘ comprendre (*un espace*); **in·terˈcep·tion** interception *f*; *téléph. etc.* captation *f*; **interˈcep·tor** celui (celle *f*) *m* qui intercepte; ⚔ ~ *fighter* intercepteur *m*.

in·ter·ces·sion [intəˈseʃn] intercession *f*; médiation *f*; **in·ter·ces·sor** [~ˈsesə] intercesseur *m*; médiateur (-trice *f*) *m*.

in·ter·change **1.** [intəˈtʃeindʒ] *v/t.* échanger; mettre (*qch.*) à la place de (*qch. d'autre*); *v/i.* s'interchanger; **2.** [ˈ~tʃeindʒ] échange *m*; alternance *f*; ⚡ interversion *f*; **in·terˈchange·a·ble** interchangeable, permutable.

in·ter·com·mu·ni·cate [intəkəˈmjuːnikeit] communiquer (entre eux *ou* elles); **ˈin·ter·com·mu·niˈca·tion** communication *f* réciproque; rapports *m/pl.*; 🚃 intercirculation *f*; **in·ter·comˈmun·ion** [~jən] rapports *m/pl.* intimes; *eccl.* intercommunion *f*.

in·ter·con·nect [ˈintəkəˈnekt] communiquer (réciproquement).

in·ter·con·ti·nen·tal [ˈintəkontiˈnentl] intercontinental (-aux *m/pl.*).

in·ter·course [ˈintəkɔːs] commerce *m*, relations *f/pl*.

in·ter·de·nom·i·na·tion·al [intədinɔmiˈneiʃənl] interconfessionnel(le *f*).

in·ter·de·pend·ent [intədiˈpendənt] solidaire (de, *with*).

in·ter·dict **1.** [intəˈdikt] interdire (qch. à q., *s.th. to s.o.*; à q. de *inf.*, *s.o. from gér.*); prohiber; **2.** [ˈintədikt], **in·terˈdic·tion** interdiction *f*, défense *f*; *eccl.* interdit *m*.

in·ter·est [ˈintrist] **1.** *usu.* intérêt *m*; participation *f* (à, *in*); *fig.* groupe *m*, parti *m*, monde *m*; profit *m*, avantage *m*; † influence *f*, crédit *m* (auprès de, *with*); ⚜ intérêt *m*; revenu *m*; *be of ~ to* intéresser (*q.*); *take an ~ in* s'intéresser à; **2.** *usu.* intéresser (dans, *in*); éveiller l'intérêt de (*q.*); *be ~ed in* s'intéresser à; s'occuper de; ⚜ être intéressé dans; ~ *o.s.* s'intéresser (à, *in*); **ˈin·ter·est·ed** □ intéressé; d'intérêt (*regard*); **ˈin·ter·est-free** ⚜ sans intérêts; **ˈin·ter·est·ing** □ intéressant.

in·ter·fere [intəˈfiə] se mêler (de,

with); toucher (à, *with*); intervenir (dans, *in*); gêner, déranger (qch., *with s.th.*); **in·ter'fer·ence** intervention *f*, ingérence *f* (dans, *in*); *phys.* interférence *f*; *radio*: interférences *f/pl.*; ~ *elimination radio*: filtrage *m* à interférences; ~ *suppressor* antiparasite *m*.

in·ter·flow [intə'flou] se mélanger.

in·ter·flu·ent [in'tə:fluənt] se mélangeant; mêlant leurs eaux.

in·ter·fuse [intə'fju:z] (se) mélanger, (se) confondre.

in·ter·im ['intərim] **1.** *su.* intérim *m*; *ad* ~ par intérim; *in the* ~ sur ces entrefaites; **2.** *adv.* en attendant, entretemps; **3.** *adj.* intérimaire.

in·te·ri·or [in'tiəriə] **1.** □ (de l')intérieur; *fig.* intime; ⚓ interne; **2.** intérieur *m* (*tous les sens*); ~ *decorator* ensemblier *m*, artiste *mf* décorateur (-trice *f*).

in·ter·ja·cent [intə'dʒeisənt] intermédiaire, interjacent.

in·ter·ject [intə'dʒekt] interrompre; faire (*une remarque*); **in·ter'jec·tion** interjection *f*; **in·ter'jec·tion·al** □ interjectionnel(le *f*).

in·ter·lace [intə'leis] (s')entrelacer, (s')entrecroiser, (s')entremêler.

in·ter·lard [intə'lɑ:d] *fig.* piquer (de, *with*).

in·ter·leave [intə'li:v] interfolier (*un livre*).

in·ter·line [intə'lain] écrire (*qch.*) entre les lignes; *typ.* interligner; **in·ter·lin·e·ar** [intə'liniə] (à traduction) interlinéaire; **in·ter·lin·e·a·tion** ['~lini'eiʃn] interlinéation *f*, entre-ligne *m*; intercalation *f* de mots *etc.* dans un texte.

in·ter·lock [intə'lɔk] (s')emboîter; ⚙ (s')enclencher; (s')engrener.

in·ter·lo·cu·tion [intəlo'kju:ʃn] interlocution *f*; **in·ter·loc·u·tor** [~'lɔkjutə] interlocuteur *m*; **in·ter'loc·u·to·ry** en forme de dialogue; ⚖ interlocutoire.

in·ter·lope [intə'loup] faire intrusion; ✝ vendre sans autorisation; **'in·ter·lop·er** intrus(e *f*) *m*; ✝ commerçant *m* marron.

in·ter·lude ['intəlu:d] intermède *m*.

in·ter·mar·riage [intə'mæridʒ] intermariage *m*; **'in·ter'mar·ry** se marier entre parents *ou* entre membres de races *etc.* différentes.

in·ter·med·dle [intə'medl] s'ingérer (dans *with*, *in*); **in·ter'med·dler** *fig.* officieux (-euse *f*) *m*.

in·ter·me·di·ar·y [intə'mi:diəri] intermédiaire (*a. su./m*); **in·ter·me·di·ate** □ [~'mi:diət] intermédiaire; intermédiat; moyen(ne *f*); ✈ ~ *landing* escale *f*; *Am.* ~ *school* école *f* secondaire; ~ *trade* commerce *m* intermédiaire.

in·ter·ment [in'tə:mənt] enterrement *m*.

in·ter·mi·na·ble □ [in'tə:minəbl] sans fin, interminable.

in·ter·min·gle [intə'miŋgl] (s')entremêler.

in·ter·mis·sion [intə'miʃn] interruption *f*, intervalle *m*; pause *f*; *Am. théâ.* entracte *m*.

in·ter·mit [intə'mit] (s')interrompre; *v/t.* suspendre; **in·ter'mit·tent** **1.** □ intermittent; ~ *fever* = **2.** ⚕ fièvre *f* intermittente; **in·ter'mit·ting·ly** par intervalles.

in·ter·mix [intə'miks] (s')entremêler, (se) mélanger; **in·ter'mix·ture** [~tʃə] mélange *m*; mixtion *f*.

in·tern [in'tə:n] interner.

in·tern(e) ['intə:n] interne *m* (*des hôpitaux*).

in·ter·nal □ [in'tə:nl] interne; intérieur; intime, secret (-ète *f*); *Am.* ✝ ~ *revenue* revenu *m* fiscal; *le* fisc *m*; ~-**com'bus·tion en·gine** moteur *m* à combustion interne.

in·ter·na·tion·al [intə'næʃnəl] **1.** □ international (-aux *m/pl.*); ~ *data line* ligne *f* de changement de date; ✈ ~ *departures pl.* départ *m* vols internationaux; ~ *exhibition* exposition *f* internationale; ✈ ~ *flight* vol *m* international; ~ *law* droit *m* international *ou* des gens; **2.** *pol.* F Internationale *f*; *sp.* international(e *f*) *m*; **in·ter·na·tion·al·i·ty** [~'næliti] internationalité *f*; **in·ter'na·tion·al·ize** [~əlaiz] internationaliser.

in·ter·ne·cine war [intə'ni:sain'wɔ:] guerre *f* d'extermination réciproque.

in·tern·ee [intə:'ni:] interné(e *f*) *m*; **in'tern·ment** internement *m*; ~ *camp* camp *m* d'internement.

in·ter·pel·late [in'tə:peleit] interpeller; **in·ter·pel'la·tion** interpellation *f*.

in·ter·phone ['intəfoun] téléphone *m* privé; ✈ téléphonie *f* de bord.

in·ter·plan·e·tar·y [intə'plænitəri] interplanétaire.

in·ter·play [ˈintəˈplei] effet *m* réciproque; jeu *m*.

in·ter·po·late [inˈtə:poleit] interpoler; intercaler; **in·ter·poˈla·tion** interpolation *f*.

in·ter·pose [intəˈpouz] *v/t.* interposer; faire (*une observation*); *v/i.* s'interposer, intervenir; **in·ter·po·si·tion** [intə:pəˈziʃn] interposition *f*; intervention *f*.

in·ter·pret [inˈtə:prit] interpréter; **in·ter·preˈta·tion** interprétation *f*; **inˈter·pre·ta·tive** [~tətiv] interprétatif (-ive *f*); qui explique (qch., *of s.th.*); **inˈter·pret·er** interprète *mf*.

in·ter·ro·gate [inˈterogeit] interroger, questionner; **in·ter·roˈga·tion** interrogation *f*; *police*: interrogatoire *m*; question *f*; *note* (*ou mark ou point*) *of* ~ point *m* d'interrogation; **in·ter·rog·a·tive** [~təˈrɔgətiv] **1.** □ interrogateur (-trice *f*); *gramm.* interrogatif (-ive *f*); **2.** *gramm.* pronom *m* interrogatif; **in·terˈrog·a·to·ry** [~təri] **1.** interrogateur (-trice *f*); **2.** ⚖ question *f*; interrogatoire *m*.

in·ter·rupt [intəˈrʌpt] interrompre; **in·terˈrupt·ed·ly** de façon interrompue; **in·terˈrupt·er** interrupteur (-trice *f*) *m*; ⚡ interrupteur *m*, *a.* coupe-circuit *m/inv.*; **in·terˈrup·tion** interruption *f*.

in·ter·sect [intəˈsekt] (s')entrecouper, (s')entrecroiser; & (se) couper; **in·terˈsec·tion** intersection *f* (🚂 *de voies*); *chemins*: carrefour *m*.

in·ter·space [ˈintəˈspeis] espacement *m*; *temps*: intervalle *m*.

in·ter·sperse [intəˈspə:s] entremêler (de, *with*); parsemer (de, *with*).

in·ter·state *Am.* [ˈintəˈsteit] entre États.

in·ter·stel·lar [intəˈstelə] interstellaire.

in·ter·stice [inˈtə:stis] interstice *m*; **in·ter·sti·tial** □ [intəˈstiʃl] interstitiel(le *f*).

in·ter·twine [intəˈtwain], **in·ter·twist** [intəˈtwist] (s')entrelacer.

in·ter·val [ˈintəvəl] intervalle *m* (*a. de temps, a.* ♪); distance *f*; *sp.* mi-temps *f*; *théâ.* entracte *m*; *école*: récréation *f*.

in·ter·vene [intəˈvi:n] intervenir, s'interposer; s'écouler (*années*); séparer; arriver, survenir; **in·ter·ven·tion** [~ˈvenʃn] intervention *f*; interposition *f*.

in·ter·view [ˈintəvju:] **1.** entrevue *f*; *journ.* interview *f*; **2.** avoir une entrevue avec; *journ.* interviewer; **in·ter·view·ee** [~i:] personne *f* interviewée, interviewé(e *f*) *m*; **ˈin·ter·view·er** interviewer *m*.

in·ter·weave [intəˈwi:v] [*irr.* (*weave*)] (s')entrelacer; *fig.* (s')entremêler.

in·tes·ta·cy ⚖ [inˈtestəsi] absence *f* de testament; **inˈtes·tate** ⚖ [~tit] intestat (*usu. su./m*); ~ *succession* succession *f* ab intestat.

in·tes·ti·nal *anat.* [inˈtestinl] intestinal (-aux *m/pl.*); **inˈtes·tine** [~tin] intestin (*a. su./m*).

in·ti·ma·cy [ˈintiməsi] intimité *f*; *péj.* accointances *f/pl.*; ⚖ relations *f/pl.* charnelles; **in·ti·mate 1.** [ˈ~meit] signifier; indiquer, suggérer; intimer (*un ordre*); **2.** [ˈ~mit] □ intime; *fig.* approfondi; **3.** [ˈ~mit] intime *mf*; **in·ti·ma·tion** [~ˈmeiʃn] avis *m*; indication *f*; suggestion *f*.

in·tim·i·date [inˈtimideit] intimider; **in·tim·iˈda·tion** intimidation *f*; ⚖ menaces *f/pl.*

in·tim·i·ty [inˈtimiti] intimité *f*.

in·to [ˈintu; ˈintə] *prp.* dans, en; à; entre (*les mains*).

in·tol·er·a·ble □ [inˈtɔlərəbl] intolérable, insupportable; **inˈtol·er·ance** intolérance *f*; **inˈtol·er·ant** □ intolérant.

in·to·na·tion [intoˈneiʃn] ♪, *voix*: intonation *f*; *eccl.* psalmodie *f*; cadence *f*, *voix*: ton *m*; **in·to·nate** [ˈ~neit], **in·tone** [inˈtoun] psalmodier; entonner.

in·tox·i·cant [inˈtɔksikənt] **1.** enivrant; **2.** boisson *f* alcoolique; **inˈtox·i·cate** [~keit] enivrer; **in·tox·iˈca·tion** ivresse *f*; *fig.* enivrement *m*; ⚕ *poison*: intoxication *f*.

in·trac·ta·bil·i·ty [intræktəˈbiliti] indocilité *f*; *terrain*: nature *f* incultivable; **inˈtrac·ta·ble** □ intraitable, obstiné, difficile; incultivable; ingrat.

in·tra·mu·ral [ˈintrəˈmjuərəl] dans l'intérieur de la ville.

in·tran·si·gent *pol.* [inˈtrænsidʒənt] intransigeant(e *f*) (*a. su.*).

in·tran·si·tive □ [inˈtrænsitiv] intransitif (-ive *f*).

in·tra·state *Am.* [intrəˈsteit] intérieur de l'État; qui ne concerne que l'État.

in·tra·ve·nous ⚕ [intrəˈvi:nəs] intraveineux (-euse *f*).

in·trep·id □ [inˈtrepid] intrépide, courageux (-euse *f*); **in·tre·pid·i·ty** [intriˈpiditi] intrépidité *f*, courage *m*.
in·tri·ca·cy [ˈintrikəsi] complication *f*; complexité *f*; **in·tri·cate** □ [ˈ~kit] compliqué; confus; embrouillé.
in·trigue [inˈtri:g] **1.** intrigue *f* (*a. théâ.*); liaison *f* (*amoureuse*); cabale *f*; **2.** *v/i.* intriguer (*a. v/t.*); mener des intrigues; *v/t. fig.* piquer la curiosité de (*q.*); **inˈtri·guer** intrigant(e *f*) *m*.
in·trin·sic, in·trin·si·cal □ [inˈtrinsik(l)] intrinsèque.
in·tro·duce [intrəˈdju:s] introduire, faire entrer; présenter (q. à q., *s.o. to s.o.*; *a. parl. un projet de loi*); faire connaître (*un livre*); initier (q. à qch., *s.o. to s.th.*); établir; commencer (*une phrase*); **in·tro·duc·tion** [~ˈdʌkʃn] introduction *f*; présentation *f*; avant-propos *m/inv.*; *letter of* ~ lettre *f* de recommandation; **in·troˈduc·to·ry** [~təri] préliminaire; de recommandation (*lettre*); ✝ ~ *price* prix *m* de lancement.
in·tro·spec·tion [introˈspekʃn] introspection *f*; **in·troˈspec·tive** □ introspectif (-ive *f*).
in·tro·vert **1.** [introˈvə:t] ⚕ retourner, introvertir (*a. psych.*); **2.** [ˈintrovə:t] caractère *m* introverti.
in·trude [inˈtru:d] *v/t.* introduire de force (dans, *into*); imposer (à, [*up*]*on*); *v/i.* faire intrusion (auprès de, [*up*]*on*); empiéter (sur, *on*); être importun; **inˈtrud·er** intrus(e *f*) *m*; importun(e *f*) *m*; F resquilleur (-euse *f*) *m* (*à une soirée*).
in·tru·sion [inˈtru:ʒn] intrusion *f*, empiétement *m*.
in·tru·sive □ [inˈtru:siv] importun (*personne*); *géol.* d'intrusion; *gramm.* intrusif (-ive *f*).
in·trust [inˈtrʌst] *see entrust*.
in·tu·it [inˈtju:it] savoir intuitivement; **in·tu·i·tion** [intjuˈiʃn] intuition *f*; **in·tu·i·tive** □ [~ˈtjuitiv] intuitif (-ive *f*).
in·un·date [ˈinʌndeit] inonder (de, *with*); **in·unˈda·tion** inondation *f*.
in·ure [iˈnjuə] habituer (à, *to*); **inˈure·ment** habitude *f* (de, *to*); endurcissement *m* (à, *to*).
in·u·til·i·ty [injuˈtiliti] inutilité *f*.
in·vade [inˈveid] envahir; faire une invasion dans (*un pays*); *fig.* violer; empiéter sur (*un droit*); **inˈvad·er** envahisseur *m*; *fig.* intrus(e *f*) *m*; transgresseur *m* (*d'un droit*).
in·val·id[1] [inˈvælid] invalide; nul (-le *f*).
in·val·id[2] [ˈinvəli:d] **1.** malade (*a. su./mf*); infirme (*a. su./mf*); **2.** ⚔, ⚓ invalide *m*; **3.** *v/t.* rendre malade *ou* infirme; ⚔, ⚓ réformer; *v/i.* être réformé.
in·val·i·date [inˈvælideit] rendre nul, invalider; ⚖ casser (*un jugement*); **in·val·iˈda·tion** invalidation *f*; cassation *f*.
in·va·lid·i·ty [invəˈliditi] invalidité *f*.
in·val·u·a·ble □ [inˈvæljuəbl] inestimable.
in·var·i·a·ble □ [inˈvɛəriəbl] invariable.
in·va·sion [inˈveiʒn] invasion *f* (*a.* ⚕), envahissement *m*; *fig.* violation *f* (*a.* ⚖) (de, *of*); ⚖ empiètement *m* (sur, *of*); **inˈva·sive** [~siv] envahissant; d'invasion.
in·vec·tive [inˈvektiv] invective *f*, injures *f/pl.*
in·veigh [inˈvei]: ~ *against* déclamer *ou* fulminer contre, maudire (*qch.*).
in·vei·gle [inˈvi:gl] séduire; attirer (dans, *into*); **inˈvei·gle·ment** séduction *f*; leurre *m*.
in·vent [inˈvent] inventer; **inˈven·tion** invention *f* (*a. fig.*); *fig.* mensonge *m*; **inˈven·tive** □ inventif (-ive *f*); **inˈven·tive·ness** fécondité *f* d'invention; imagination *f*; **inˈven·tor** inventeur (-trice *f*) *m*; **in·ven·to·ry** [ˈinvəntri] **1.** inventaire *m*; **2.** inventorier; dresser l'inventaire de.
in·verse □ [ˈinˈvə:s] inverse; **in·ver·sion** [inˈvə:ʃn] renversement *m*; *gramm.*, ⚡, ⚗, *etc.* inversion *f*.
in·vert **1.** [inˈvə:t] renverser; invertir; ⚗ intervertir; ~*ed commas pl.* guillemets *m/pl.*; ✈ ~*ed flight* vol *m* renversé *ou* sur le dos; **2.** [ˈinvə:t] inverti(e *f*) *m*.
in·ver·te·brate [inˈvə:tibrit] **1.** invertébré; *fig.* flasque, faible; **2.** *zo.* invertébré *m*; *fig.* personne *f* qui manque de caractère.
in·vest [inˈvest] *v/t.* revêtir (de *with*, *in*); *fig.* investir (q. de qch., *s.o. with s.th.*; *a. de l'argent*); prêter (qch. à q., *s.o. with s.th.*); ⚔ inves-

tir, cerner; ✝ investir, placer (*des fonds*) (dans, *in*); *v/i.* ✝ placer de l'argent (dans, *in*); F ~ *in s.th.* acheter qch., se payer qch.

in·ves·ti·gate [in'vestigeit] examiner, étudier, rechercher; *investigating committee* commission *f* d'enquête; **in·ves·ti'ga·tion** investigation *f*, recherches *f/pl.*; **in'ves·ti·ga·tor** [~tə] investigateur (-trice *f*) *m*.

in·ves·ti·ture [in'vestitʃə] remise *f* de décorations; *eccl.* investiture *f*; *poét.* (re)vêtement *m*; **in'vest·ment** placement *m* (*de fonds*); ⚔ investissement *m*; **in'vest·or** capitaliste *mf*; spéculateur *m*; *small* ~ petit rentier *m*.

in·vet·er·a·cy [in'vetərəsi] caractère *m* invétéré; **in'vet·er·ate** □ [~rit] invétéré, enraciné (*chose*); acharné (*personne*).

in·vid·i·ous □ [in'vidiəs] odieux (-euse *f*), haïssable; qui excite la haine *ou* l'envie *ou* la jalousie.

in·vig·or·ate [in'vigəreit] *v/t.* fortifier, donner de la vigueur à; **in·vig·or'a·tion** invigoration *f*.

in·vin·ci·bil·i·ty [invinsi'biliti] invincibilité *f*; **in'vin·ci·ble** □ invincible.

in·vi·o·la·bil·i·ty [invaiələ'biliti] inviolabilité *f*; **in'vi·o·la·ble** □ inviolable; **in'vi·o·late** [~lit] inviolé.

in·vis·i·bil·i·ty [invizə'biliti] invisibilité *f*; **in'vis·i·ble** □ invisible.

in·vi·ta·tion [invi'teiʃn] invitation *f*; **in·vite** [in'vait] **1.** inviter (q. à *inf.*, *s.o. to inf.*); convier (*a. à dîner*); solliciter (*qch.*); provoquer (*une critique, un danger, etc.*); **2.** F invitation *f*.

in·vo·ca·tion [invo'keiʃn] invocation *f*; **in·voc·a·to·ry** [in'vɔkətəri] invocatoire.

in·voice ✝ ['invɔis] **1.** facture *f*; **2.** facturer.

in·voke [in'vouk] invoquer (*Dieu, la mémoire, un esprit*); appeler.

in·vol·un·tar·y □ [in'vɔləntəri] involontaire.

in·vo·lute ['invəlu:t] **1.** ⚘ involuté; ⟁ de *ou* à développante; **2.** ⟁ développante *f*; **in·vo'lu·tion** complication *f*; enchevêtrement *m*; ⚘, ⟁, *biol.* involution *f*.

in·volve [in'vɔlv] envelopper (dans, *in*); embarrasser; impliquer (dans, *in*); engager (dans, *in*); entraîner; comprendre; **in'volve·ment** implication *f*; confusion *f*; embarras *m/pl.* pécuniaires.

in·vul·ner·a·bil·i·ty [invʌlnərə'biliti] invulnérabilité *f*; **in'vul·ner·a·ble** □ invulnérable.

in·ward ['inwəd] **1.** *adj.* intérieur (*a. fig.*); interne; vers l'intérieur; **2.** *adv.* (*usu.* **in·wards** ['~z]) vers l'intérieur; ✝ pour l'importation; *fig.* dans l'âme; **3.** *su. fig.* ~*s pl.* entrailles *f/pl.*, ventre *m*; '**in·ward·ly** intérieurement (*a. fig.*); dans *ou* vers l'intérieur; '**in·ward·ness** essence *f*, signification *f* intime; spiritualité *f*.

in·weave ['in'wi:v] [*irr.* (*weave*)] brocher (de, *with*); tisser (dans, *into*).

in·wrought ['in'rɔ:t] broché, ouvragé (de, *with*; dans, *into*).

i·od·ic ⚗ [ai'ɔdik] iodique; **i·o·dide** ['aiədaid] iodure *m*; **i·o·dine** ['~di:n] iode *m*; **i·o·do·form** ⚗ [ai'ɔdəfɔ:m] iodoforme *m*.

i·on *phys.* ['aiən] ion *m*.

I·o·ni·an [ai'ounjən] **1.** ionien(ne *f*); **2.** Ionien(ne *f*) *m*.

I·on·ic[1] [ai'ɔnik] ⌂ ionique; ♪, *ling.* ionien(ne *f*).

i·on·ic[2] *phys.* [~] ionique; **i·on·ize** *phys.* ['aiənaiz] (s')ioniser.

i·o·ta [ai'outə] iota *m* (*a. fig.*).

I O U ['aiou'ju:] (*abr. de I owe you*) reconnaissance *f* de dette.

ip·e·cac·u·an·ha ⚘ [ipikækju'ænə] ipécacuana *m*, *abr.* ipéca *m*.

I·ra·ni·an [ai'reinjən] **1.** iranien(ne *f*); **2.** Iranien(ne *f*) *m*.

i·ras·ci·bil·i·ty [iræsi'biliti] irascibilité *f*; tempérament *m* colérique; **i'ras·ci·ble** □ [~sibl] irascible; colérique (*tempérament*).

i·rate [ai'reit] en colère, furieux (-euse *f*).

ire *poét.* ['aiə] colère *f*; courroux *m*.

ire·ful □ ['aiəful] plein de colère.

ir·i·des·cence [iri'desns] irisation *f*; *plumage etc.*: chatoiement *m*; **ir·i'des·cent** irisé; chatoyant.

I·ris ['aiəris] *myth.* Iris *f*; ♀ ⚘, *anat.*, *cin.*, *opt.* iris *m*; *phot.* ~ *diaphragm* diaphragme *m* iris.

I·rish ['aiəriʃ] **1.** irlandais; d'Irlande; **2.** *ling.* irlandais *m*; *the* ~ les Irlandais *m/pl.*; '**I·rish·ism** locution *f* irlandaise; '**I·rish·man** Irlandais *m*; '**I·rish·wom·an** Irlandaise *f*.

irk † [ə:k] ennuyer; en coûter à (*q.*).

irk·some □ [ˈəːksəm] ennuyeux (-euse *f*); ingrat; ˈ**irk·some·ness** caractère *m* ingrat; ennui *m*.

i·ron [ˈaiən] **1.** fer *m* (*a. fig.*); *fig. souv.* airain *m*; *cast* ~ fonte *f*; (*qqfois flat*-~) fer *m* à repasser; ~*s pl.* fers *m/pl.*; **2.** de fer (*a. fig.*); en fer; ⊕ de fonte; **3.** repasser; donner un coup de fer à; garnir de fer; mettre (*q.*) aux fers; ˈ**~-bound** cerclé de fer; *fig.* sévère, inflexible; à pic (*côte*); ˈ**~·clad** cuirassé (*a. su./m*); ˈ**i·ron·er** repasseur (-euse *f*) *m*; ˈ**i·ron-found·ry** fonderie *f* de fonte; ˈ**i·ron-heart·ed** *fig.* dur, sans pitié.

i·ron·ic, i·ron·i·cal □ [aiˈrɔnik(l)] ironique.

i·ron·ing [ˈaiəniŋ] **1.** repassage *m*; **2.** à repasser.

i·ron...: ~ **lung** ⚕ poumon *m* d'acier; ˈ**~·mas·ter** maître *m* de forges; ˈ**~·mon·ger** quincaillier (-ère *f*) *m*; ˈ**~·mon·ger·y** quincaillerie *f*; ˈ**~-mould** tache *f* de rouille; ˈ**~-willed** à la volonté de fer; ˈ**~·work** construction *f* en fer; serrurerie *f*; ~*s usu. sg.* ⊕ fonderie *f* (de fonte).

i·ro·ny[1] [ˈaiəni] de *ou* en fer; qui ressemble au fer.

i·ro·ny[2] [ˈaiərəni] ironie *f*.

ir·ra·di·ance, ir·ra·di·an·cy [iˈreidiəns(i)] rayonnement *m*; éclat *m* (*a. fig.*); **ir**ˈ**ra·di·ant** rayonnant (de, *with*).

ir·ra·di·ate [iˈreidieit] irradier; *v/i.* rayonner (de, *with*); *v/t.* rayonner sur; *a.* éclairer; illuminer; faire rayonner; **ir·ra·di**ˈ**a·tion** rayonnement *m*, éclat *m* (*a. fig.*); *phys.* irradiation *f*; *fig.* illumination *f*.

ir·ra·tion·al □ [iˈræʃnəl] déraisonnable; dépourvu de raison; ⅍ irrationnel(le *f*); **ir·ra·tion·al·i·ty** [~ʃəˈnæliti] déraison *f*; absurdité *f*.

ir·re·claim·a·ble □ [iriˈkleiməbl] incorrigible; ⚘ incultivable.

ir·rec·og·niz·a·ble □ [iˈrekəgnaizəbl] méconnaissable.

ir·rec·on·cil·a·ble □ [iˈrekənsailəbl] incompatible (avec, *with*); implacable (*haine etc.*).

ir·re·cov·er·a·ble □ [iriˈkʌvərəbl] irrécouvrable; irréparable (*perte*).

ir·re·deem·a·ble □ [iriˈdiːməbl] irrachetable (*faute, fonds*); irrémédiable (*désastre etc.*); ✝ non amortissable; incorrigible (*coquin*).

ir·re·duc·i·ble [iriˈdjuːsəbl] irréductible.

ir·ref·ra·ga·bil·i·ty [irefrəgəˈbiliti] caractère *m* irréfragable *etc.*; **ir**ˈ**ref·ra·ga·ble** □ irréfragable; irréfutable.

ir·ref·u·ta·ble □ [iˈrefjutəbl] irréfutable; irrécusable.

ir·reg·u·lar [iˈregjulə] **1.** □ irrégulier (-ère *f*); anormal (-aux *m/pl.*); inégal (-aux *m/pl.*); saccadé (*mouvement etc.*); **2.** ~*s pl.* troupes *f/pl.* irrégulières, irréguliers *m/pl.*; **ir·reg·u·lar·i·ty** [~ˈlæriti] irrégularité *f*.

ir·rel·a·tive [iˈrelətiv] sans rapport (avec, *to*), étranger (-ère *f*) (à, *to*).

ir·rel·e·vance, ir·rel·e·van·cy [iˈrelivəns(i)] inconséquence *f*; inapplicabilité *f*; **ir**ˈ**rel·e·vant** □ hors de propos; étranger (-ère *f*) (à, *to*).

ir·re·li·gion [iriˈlidʒn] irréligion *f*, indévotion *f*; **ir·re**ˈ**li·gious** □ [~dʒəs] irréligieux (-euse *f*).

ir·re·me·di·a·ble □ [iriˈmiːdjəbl] irrémédiable; sans remède.

ir·re·mis·si·ble □ [iriˈmisəbl] impardonnable; irrémissible.

ir·re·mov·a·ble □ [iriˈmuːvəbl] inébranlable; bien ancré; inamovible (*juge etc.*).

ir·rep·a·ra·ble □ [iˈrepərəbl] irréparable; irrémédiable.

ir·re·press·i·ble □ [iriˈpresəbl] irrésistible; irrépressible.

ir·re·proach·a·ble □ [iriˈproutʃəbl] irréprochable; **ir·re**ˈ**proach·a·ble·ness** caractère *m* irréprochable.

ir·re·sist·i·bil·i·ty [ˈirizistəˈbiliti] irrésistibilité *f*; **ir·re**ˈ**sist·i·ble** □ irrésistible.

ir·res·o·lute □ [iˈrezəluːt] irrésolu; indécis; hésitant; **ir**ˈ**res·o·lute·ness, ir·res·o**ˈ**lu·tion** irrésolution *f*; indécision *f*.

ir·re·solv·a·ble [iriˈzɔlvəbl] insoluble; indécomposable.

ir·re·spec·tive □ [irisˈpektiv] (*of*) indépendant (de); *adv.* sans tenir compte (de).

ir·re·spon·si·bil·i·ty [ˈirispɔnsəˈbiliti] étourderie *f*; ⚖ irresponsabilité *f*; **ir·re**ˈ**spon·si·ble** □ étourdi, irréfléchi; ⚖ irresponsable.

ir·re·triev·a·ble □ [iriˈtriːvəbl] irréparable, irrémédiable.

ir·rev·er·ence [iˈrevərəns] irrévérence *f*; manque *m* de respect (pour,

envers *towards*); **ir'rev·er·ent** ☐ irrévérent; irrévérencieux (-euse *f*).
ir·re·vers·i·ble ☐ [iri'vəːsəbl] irrévocable; *mot.* irréversible.
ir·rev·o·ca·bil·i·ty [irevəkə'biliti] irrévocabilité *f*; **ir'rev·o·ca·ble** ☐ irrévocable.
ir·ri·gate ['irigeit] arroser; ⚘, ⚕ irriguer; **ir·ri'ga·tion** arrosage *m*; ⚘, ⚕ irrigation *f*.
ir·ri·ta·bil·i·ty [iritə'biliti] irritabilité *f*; **'ir·ri·ta·ble** ☐ irritable; **'ir·ri·tant** irritant (*a. su./m*); **ir·ri·tate** ['~teit] irriter; agacer; **'ir·ri·tat·ing** ☐ irritant; agaçant; **ir·ri'ta·tion** irritation *f*; *biol.* stimulation *f*.
ir·rup·tion [i'rʌpʃn] irruption *f*.
is [iz] *il, elle, etc.* est.
i·sin·glass ['aiziŋglɑːs] ichtyocolle *f*; gélatine *f*.
Is·lam ['izlɑːm] Islam *m*.
is·land ['ailənd] île *f*; îlot *m* (*a. fig.*); (*a. traffic-~*) refuge *m*; **'is·land·er** insulaire *mf*.
isle [ail] *poét. ou géogr. devant npr.* île *f*; **is·let** ['ailit] îlot *m*.
ism *usu. péj.* [izm] théorie *f*, doctrine *f*.
isn't ['iznt] = *is not.*
iso... [aiso] *préf.* is(o)-.
i·so·late ['aisəleit] isoler; ⚡, ⚗ dégager; **i·so'la·tion** isolement *m*; ~ *hospital* hôpital *m* de contagieux; **i·so'la·tion·ist** *Am. pol.* isolationniste (*a. su./mf*).
i·so·met·rics [aisou'metriks] *pl.* exercices *f/pl.* isométriques.
i·so·tope ⚗ ['aisotoup] isotope *m*.
Is·ra·el·ite ['izriəlait] Israélite *mf*; **'Is·ra·el·it·ish** israélite.
is·sue ['isjuː; 'iʃuː] **1.** sortie *f*; *fleuve*: embouchure *f*; résultat *m*, dénouement *m*, fin *f*; perte *f*, *sang*: épanchement *m*; ⚖ progéniture *f*, postérité *f*; ⚖ cause *f*; question *f*; distribution *f* (*de vivres etc.*); ⚚ émission *f* (*des billets de banque etc.*); publication *f* (*d'un livre*; *a.* ⚔, ⚓ *d'ordres*); numéro *m*, *journal*: édition *f*; *prospectus*: lancement *m*; *passeport etc.*: délivrance *f*; ~ *of fact* question *f* de fait; ~ *of law* question *f* de droit; *force an* ~ forcer une décision; amener une crise; *join* (*the*) ~ différer d'opinion; F relever le gant; *join* ~ *with s.o.* contredire q., discuter l'opinion de q.; *be at* ~ être en débat (sur, *on*); être en question; **2.** *v/i.* sortir, jaillir (de, *from*); provenir (de, *from*); se terminer (par, *in*); *v/t.* publier (*a. des livres*); distribuer (qch. à q., *s.o. with s.th.*); lancer (*un mandat d'arrêt*); donner (*un ordre*); ⚚ émettre (*des billets de banque*); **'~-de·part·ment** section *f* émettrice (*de la Banque d'Angleterre*); **'is·sue·less** sans enfants.
isth·mus ['isməs] isthme *m*.
it [it] **1.** *pron.* il, *accentué*: lui; elle (*a. accentué*); ce, *accentué*: cela; *accusatif*: le, la; *datif*: lui; *of* (*ou from*) ~ en; *to* (*ou at*) ~ y; *how is* ~ *with?* comment va *etc.*?; *see lord* 2, *foot* 2; F *go* ~ aller grand train; *sl. go* ~! vas-y!; allez-y!; *we had a very good time of* ~ nous nous sommes bien amusés; **2.** *adj. préd.* F épatant; **3.** *su.* F quelque chose; F *abr. de Italian vermouth.*
I·tal·ian [i'tæljən] **1.** italien(ne *f*); ~ *warehouse* magasin *m* de comestibles, épicerie *f*; **2.** *ling.* italien *m*; Italien(ne *f*) *m*.
i·tal·ics *typ.* [i'tæliks] italiques *m/pl.*
itch [itʃ] **1.** ⚕ gale *f*; démangeaison *f* (*a. fig.*, de *inf. for, to inf.*); **2.** démanger; *personne*: éprouver des démangeaisons; *fig.* avoir une démangeaison (de *inf. for, to inf.*); *be* ~*ing to* (*inf.*) brûler de (*inf.*); **'itch·ing** ⚕ prurit *m*; démangeaison *f* (*a. fig.*); *fig.* grande envie *f*; **'itch·y** ⚕ galeux (-euse *f*).
i·tem ['aitem] **1.** item; de plus; **2.** article *m*, détail *m*; question *f*; *journ.* fait *m* divers; ⚚ poste *m*; **3.** noter; **i·tem·ize** ['aitəmaiz] *surt. Am.* détailler, donner les détails de.
it·er·ate ['itəreit] réitérer; **it·er'a·tion** réitération *f*, répétition *f*; **it·er·a·tive** ☐ ['itərətiv] itératif (-ive *f*).
i·tin·er·ant ☐ [i'tinərənt] ambulant; **i·tin·er·ar·y** [ai'tinərəri] itinéraire (*a. su./m*); **i·tin·er·ate** [i'tinəreit] voyager (de lieu en lieu).
its [its] son, sa; ses.
it's F [its] = *it is*; *it has.*
it·self [it'self] lui-même, elle-même; *réfléchi*: se, *accentué*: soi; *of* ~ tout seul; de lui-même, d'elle-même; *in* ~ en lui-même *etc.*; en soi, de soi; *by* ~ à part; tout seul.
I've F [aiv] = *I have.*

i·vied [ˈaivid] couvert de lierre.
i·vo·ry [ˈaivəri] **1.** ivoire *m*; F *ivories* *pl.* touches *f/pl.* de piano; ♪ *tickle the ivories* jouer du piano; **2.** en ivoire; d'ivoire; *fig.* ~ *tower* tour *f* d'ivoire.
i·vy ⚘ [ˈaivi] lierre *m.*

J

J, j [dʒei] J *m*, j *m*.

jab F [dʒæb] **1.** piquer (*q.*, *qch.*) du bout (de qch., *with s.th.*); *box.* lancer un coup sec à; **2.** coup *m* de pointe; *box.* coup *m* sec.

jab·ber [ˈdʒæbə] **1.** *vt/i.* baragouiner; *v/i.* jacasser; **2.** baragouinage *m*; jacasserie *f*.

Jack [dʒæk] Jean *m*; ~ *Frost* bonhomme *m* Hiver; ~ *and Jill* Jeannot et Colette; ~ *Ketch* le bourreau; ~ *Pudding* bouffon *m*; ~ *Rake* noceur *m*, roué *m*; ~ *Sprat* nabot *m*; ⚓ ~ *Tar* matelot *m*; F mathurin *m*.

jack [dʒæk] **1.** *cartes*: valet *m*; ⚓ pavillon *m* de beaupré; *mot.* cric *m*; tournebroche *m*; *icht.* brocheton *m*; *boules*: cochonnet *m*; *horloge*: jaquemart *m*; tire-botte *m*; *Am. sl.* argent *m*, *sl.* fric *m*; *zo.* ~ *rabbit* gros lièvre *m*; **2.** soulever (avec un cric); *sl.* ~ *up* abandonner; *surt. Am.* F augmenter rapidement (*les prix*).

jack·al [ˈdʒækɔːl] *zo.* chacal (*pl.* -als) *m* (*a. fig.*).

jack·a·napes [ˈdʒækəneips] petit(*e f*) vaurien(ne *f*) *m*; impertinent *m*; **ˈjack·ass** baudet *m*; *fig.* imbécile *m*; **ˈjack·boots** bottes *f/pl.* de cavalier; **ˈjack·daw** *orn.* choucas *m*.

jack·et [ˈdʒækit] veston *m* (*d'homme*); jaquette *f* (*de femme*); veste *f* (*d'un garçon de café*); ⊕ chemise *f* (*a. de documents*); *livre*: couverture *f*; *potatoes in their* ~*s* pommes *f/pl.* de terre en robe de chambre.

jack...: **ˈ~-in-of·fice** bureaucrate *m*; **ˈ~-in-the-box** diable *m* à ressort; **ˈ~-knife** couteau *m* pliant; **ˈ~-of-ˈall-trades** maître Jacques *m*; **ˈ~-of-ˈall-work** factotum *m*; **ˈ~-o'-ˈlan·tern** feu *m* follet; **ˈ~·pot** *poker*: pot *m*; *Am.* F *hit the* ~ décrocher la timbale; **ˈ~-ˈtow·el** essuie-mains *m/inv.* à rouleau.

Jac·o·bin *hist.* [ˈdʒækobin] jacobin(*e f*) *m*; **Jac·o·bite** *hist.* [ˈ~bait] jacobite *mf*.

jade[1] [dʒeid] **1.** rosse *f*, haridelle *f*; *péj.* drôlesse *f*; *fickle* ~ oiseau *m* volage; **2.** *v/t.* éreinter; fatiguer; *v/i.* languir.

jade[2] *min.* [~] jade *m*.

jag [dʒæg] **1.** pointe *f*, saillie *f*; *sl.* bombe *f*, noce *f*, ivresse *f*; **2.** déchiqueter; **jag·ged** □ [ˈ~id] *surt. Am. sl.* soûl, gris; **ˈjag·gy** déchiqueté, ébréché.

jail [dʒeil] **1.** prison *f*; **2.** mettre en prison; **ˈ~-bird** F gibier *m* de potence; **ˈ~·break** évasion *f* de prison; **jail·er** [ˈdʒeilə] gardien *m* de prison.

ja·lop·(p)y *mot. surt. Am.* F [dʒəˈlɔpi] bagnole *f*; ✈ avion *m* de transport.

jam[1] [dʒæm] confiture *f*.

jam[2] [~] **1.** presse *f*, foule *f*; ⊕ arrêt *m* (de fonctionnement); *radio*: brouillage *m*; *traffic* ~ embouteillage *m*; *sl. be in a* ~ être en difficulté; ~ *session* séance *f* de jazz improvisé; **2.** *v/t.* serrer, presser; enfoncer de force; obstruer (*un passage*); *radio*: brouiller; ⊕ coincer; ~ *the brakes* freiner brusquement; *v/i.* s'enrayer (*fusil*); se caler (*roue*); ⊕ se coincer.

Ja·mai·ca [dʒəˈmeikə] (*a.* ~ *rum*) rhum *m* de la Jamaïque.

jamb [dʒæm] chambranle *m*.

jam·bo·ree [dʒæmbəˈri] *sl.* bombance *f*; congrès *m* bruyant; *boy-scouts*: jamboree *m*.

jam·my *Brt. sl.* [ˈdʒæmi] facile comme tout; veinard, verni; ~ *fellow* veinard *m*.

jam-packed F [ˈdʒæmpækt] plein à craquer, bondé.

jan·gle [ˈdʒæŋgl] **1.** (faire) rendre des sons discordants (à qch.); *v/i.* s'entrechoquer; *v/t.* (faire) entrechoquer; (*a.* ~ *upon*) agacer; **2.** sons *m/pl.* discordants; cliquetis *m*; **ˈjan·gling** cacophonique, discordant.

jan·i·tor [ˈdʒænitə] concierge *m*.

Jan·u·ar·y [ˈdʒænjuəri] janvier *m*.

Jap F *péj.* [dʒæp] Japonais(e *f*) *m*.

ja·pan [dʒəˈpæn] **1.** laque *m*; vernis *m* japonais; **2.** du Japon; **3.** laquer; vernir (*du cuir*).

Jap·a·nese [dʒæpəˈniːz] **1.** japonais; **2.** *ling.* japonais *m*; Japonais(e *f*) *m*; *the* ~ *pl.* les Japonais *m/pl.*
ja·pan·ner [dʒəˈpænə] vernisseur *m.*
jar¹ [dʒɑː] pot *m* (*pour la moutarde etc.*); bocal *m*; récipient *m*; ⚡ verre *m*; *phys.* Leyden ~ bouteille *f* de Leyde.
jar² [~] **1.** choc *m*; secousse *f*; discorde *f*; **2.** heurter, cogner; vibrer; être en désaccord; ♪ détonner (*note*); ~ upon choquer, agacer; taper sur (*les nerfs*); ~ with jurer avec.
jar³ F [~]: on the ~ *see ajar.*
jar·gon [ˈdʒɑːgən] jargon *m*; *péj.* charabia *m.*
jas·min(e) ⚘ [ˈdʒæsmin] jasmin *m.*
jas·per *min.* [ˈdʒæspə] jaspe *m.*
jaun·dice [ˈdʒɔːndis] jaunisse *f*; *fig.* prévention *f*; ˈ**jaun·diced** ictérique; *fig.* prévenu; *fig.* ~ eye regard *m* envieux.
jaunt [dʒɔːnt] **1.** balade *f*, randonnée *f*, sortie *f*; **2.** faire une petite excursion; ˈ**jaun·ti·ness** désinvolture *f*; air *m* effronté; ˈ**jaun·ty** □ désinvolte, insouciant; vif (vive *f*); effronté.
jave·lin [ˈdʒævlin] javeline *f*; javelot *m* (*a. sp.*); throwing the ~ lancement *m* du javelot.
jaw [dʒɔː] **1.** mâchoire *f*; F caquet *m*; F sermon *m*; ~s *pl.* mâchoire *f*, -s *f/pl.*; *fig.* bras *m/pl.* (*de la mort*); ⊕ *étau*: mors *m*; *clef anglaise*: bec *m*; **2.** *v/i.* F caqueter; *v/t.* F chapitrer (*q.*); ˈ**~-bone** os *m* maxillaire; mâchoire *f*; ˈ**~-break·er** F mot *m* à vous décrocher la mâchoire.
jay [dʒei] *orn.* geai *m*; F jobard *m*; gogo *m*; ˈ**~·walk** traverser (la rue) sans regarder; ˈ**~·walk·er** badaud *m*; piéton *m* imprudent.
jazz [dʒæz] **1.** ♪ jazz *m*; **2.** F bariolé; discordant; tapageur (-euse *f*); **3.** jouer *ou* danser le jazz; F ~ up animer, égayer, mettre de l'animation dans (*qch.*); rajeunir (*une robe etc.*); ˈ~-ˈ**band** jazz-band *m.*
jeal·ous □ [ˈdʒeləs] jaloux (-ouse *f*) (de, of); ˈ**jeal·ous·y** jalousie *f.*
jeep ⚔, *mot. Am.* [dʒiːp] jeep *f.*
jeer [dʒiə] **1.** huée *f*; raillerie *f*; **2.** se moquer (de, at), se railler (de qch., at s.th.); railler (q., at s.o.); huer; ˈ**jeer·er** railleur (-euse *f*) *m*, moqueur (-euse *f*) *m*; ˈ**jeer·ing** □ railleur (-euse *f*), moqueur (-euse *f*).
je·june □ [dʒiˈdʒuːn] stérile, aride; *a.* maigre (*sol*).
jell [dʒel] *cuis.* épaissir, prendre; F *fig.* prendre forme, se réaliser, réussir.
jel·ly [ˈdʒeli] **1.** gelée *f*; **2.** *v/t.* faire prendre en gelée; *v/i.* se prendre en gelée; ˈ**~-fish** *zo.* méduse *f.*
jem·my [ˈdʒemi] pince-monseigneur (*pl.* pinces-monseigneur) *f* (*du cambrioleur*), rossignol *m.*
jen·ny ⊕ [ˈdʒeni] machine *f* à filer; chariot *m* de roulement.
jeop·ard·ize [ˈdʒepədaiz] mettre en péril, exposer au danger; ˈ**jeop·ard·y** danger *m*, péril *m.*
jer·e·mi·ad [dʒeriˈmaiəd] jérémiade *f.*
jerk [dʒəːk] **1.** *su.* saccade *f*, secousse *f*; ⚕ réflexe *m* tendineux; tic *m*; *Am. sl.* nigaud *m*; by ~s par à-coups; *sl.* put a ~ in it! mets-y-en!; dépêchez-vous!; **2.** *v/t.* donner une secousse *ou* une saccade à; tirer d'un coup sec; *v/i.* se mouvoir brusquement; *avec adv. ou prp.*: lever, arracher; ˈ**~·wa·ter** *Am.* **1.** petit train *m*, tortillard *m*; **2.** F petit, de province, sans importance; ˈ**jerk·y 1.** □ saccadé; **2.** *Am.* viande *f* conservée; charqui *f*; *sl.* singe *m.*
jer·ry-build·ing [ˈdʒeribildiŋ] construction *f* de maisons de pacotille; ˈ**jer·ry-built** de pacotille, de boue et de crachat (*maison*).
jer·sey [ˈdʒəːzi] jersey *m*; chandail *m*; *foot.* maillot *m.*
jes·sa·mine ⚘ [ˈdʒesəmin] jasmin *m.*
jest [dʒest] **1.** plaisanterie *f*, badinage *m*; **2.** plaisanter (sur, about); badiner; ˈ**jest·er** railleur (-euse *f*) *m*; *hist.* bouffon *m.*
Jes·u·it [ˈdʒezjuit] jésuite *m*; **Jes·u·ˈit·ic, Jes·u·ˈit·i·cal** □ *péj.* jésuitique.
jet¹ *min.* [dʒet] jais *m.*
jet² [~] **1.** jet *m* (*d'eau etc.*); bec *m* (*de gaz*); ⊕ gicleur *m*; ⊕ brûleur *m*; ~ age époque *f* des avions à réaction; ⚔ ~ fighter chasseur *m* à réaction; ~ lag (troubles *m/pl.* dus au) décalage *m* horaire; ~ propulsion propulsion *f* par réaction; ~ set jet-set *m*; **2.** (faire) s'élancer en jet.
jet-black [ˈdʒetˈblæk] noir comme du jais.

jet...: ˈ**~-plane** avion *m* à réaction, jet *m*; ˈ**~-pro·pelled** à réaction.

jet·sam [ˈdʒetsəm] épaves *f/pl.* jetées à la côte; marchandise *f* jetée à la mer.

jet·ti·son [ˈdʒetisn] **1.** jet *m* (de marchandises) à la mer; **2.** jeter à la mer; se délester de (*a. fig.*).

jet·ty ⚓ [ˈdʒeti] jetée *f*, digue *f*; estacade *f*.

Jew [dʒuː] juif *m*; *attr.* juif (-ive *f*), des juifs; *~'s harp* guimbarde *f*.

jew·el [ˈdʒuːəl] **1.** bijou (*pl.* -x) *m*, joyau (*pl.* -x) *m*; *horloge*: rubis *m*; *fig. personne*: perle *f*; **2.** orner de bijoux; monter (*un horloge*) sur rubis; ˈ**jew·el·(l)er** bijoutier *m*; ˈ**jew·el·ry**, ˈ**jew·el·ler·y** bijouterie *f*.

Jew·ess [ˈdʒuːis] juive *f*; ˈ**Jew·ish** juif (-ive *f*); **Jew·ry** [ˈdʒuəri] Juiverie *f*.

jib [dʒib] **1.** ⚓ foc *m*; ⊕ volée *f* (de grue); *~ door* porte *f* dérobée; **2.** *vt/i.* gambier, coiffer (*voile*); regimber (devant, *at*); ˈ**jib·ber** cheval *m* rétif; *fig.* récalcitrant(e *f*) *m*; ˈ**jib-**ˈ**boom** ⚓ bout-dehors (*pl.* bouts-dehors) *m* de foc.

jibe *Am.* F [dʒaib] s'accorder, F coller.

jif·fy F [ˈdʒifi] instant *m*, clin *m* d'œil; *in a ~* en un clin d'œil; F en cinq sec.

jig [dʒig] **1.** ♪ gigue *f*; **2.** danser la gigue; *fig.* se trémousser.

jig·ger *Am.* [ˈdʒigə] **1.** machin *m*, truc *m*; petite mesure *f* (*pour spiritueux*); **2.** *sl.* sautiller (= *danser*).

jig·gered F [ˈdʒigəd]: *I'm ~ if ...* du diable si ...

jig·gle F [ˈdʒigl] *v/t.* sécouer légèrement; *v/i.* sautiller.

jig-saw [ˈdʒigsɔː] scie *f* à chantourner; *~ puzzle* puzzle *m*.

jilt [dʒilt] **1.** coquette *f*; **2.** laisser là (*un amoureux*).

Jim Crow [dʒimˈkrou] *Am. sl.* nègre *m* (*a. attr.*); discrimination *f* (entre races blanche et noire).

jim·my [ˈdʒimi] *see jemmy*.

jimp *sl.* [dʒimp] diable *m*.

jin·gle [ˈdʒiŋgl] **1.** cliquetis *m*; *grelot*: tintement *m*; **2.** (faire) tinter *ou* cliqueter.

jin·go [ˈdʒiŋgou], *pl.* **-goes** [ˈ~z] chauvin(e *f*) *m*; patriotard *m*; F *by ~!* nom de nom!; ˈ**jin·go·ism** chauvinisme *m*.

jinks [dʒiŋks] *pl.*: F *high ~* ébats *m/pl.* bruyants.

jinx *Am. sl.* [~] porte-malheur *m/inv.*

jit·ney *Am. sl.* [ˈdʒitni] pièce *f* de 5 cents; tacot *m*.

jit·ter F [ˈdʒitə] **1.** frétiller (de nervosité), être nerveux (-euse *f*); **2.** *sl.* *~s pl.* nervosité *f*, crise *f* nerveuse; **~·bug** [ˈ~bʌg] **1.** fanatique *m* du swing; *danse*: swing *m*; paniquard *m*; **2.** faire du *jitterbug*; ˈ**jit·ter·y** *sl.* nerveux (-euse *f*) à l'excès.

jiu-jit·su [dʒuːˈdʒitsuː] jiu-jitsu *m*.

jive *Am. sl.* [dʒaiv] hot jazz *m*; jargon *m* des musiciens swing.

Job[1] [dʒoub]: *~'s comforter* consolateur *m* pessimiste, ami *m* de Job; *~'s news* nouvelle *f* fatale.

job[2] [dʒɔb] **1.** tâche *f*, travail (*pl.* -aux) *m*, besogne *f*; F emploi *m*; *sl.* chose *f*, article *m*; ☤ soldes *m/pl.*, marchandise *f* d'occasion; *péj.* intrigue *f*; *typ.* travail (*pl.* -aux) *m* de ville; *~ analysis* analyse *f* des tâches *ou* des postes de travail; *by the ~* à la pièce, à forfait; *make a (good) ~ of s.th.* bien faire qch., réussir à qch.; *a bad ~* une mauvaise *ou* triste affaire, un malheur; *odd ~s pl.* petits travaux *m/pl.*; métiers *m/pl.* à part; *~ horse* cheval *m* loué; *~ lot* soldes *m/pl.*; *on the ~ training* apprentissage *m ou* formation *f* sur le tas; *~ printer* imprimeur *m* à façon, imprimeur *m* de travaux de ville; *~ work* travail (*pl.* -aux) *m* à la pièce *ou* tâche; **2.** *v/t.* louer (*un cheval etc.*); ☤ marchander; donner *ou* prendre à forfait (*un travail*); *v/i.* faire des petits travaux, bricoler; travailler à la tâche; ☤ agioter.

job·ber [ˈdʒɔbə] ouvrier (-ère *f*) *m* à la tâche; intermédiaire *m* revendeur; *péj.* tripoteur (-euse *f*) *m*; ☤ marchand *m* de titres; ˈ**job·ber·y** tripotages *m/pl.*; ☤ *a.* agiotage *m*; *a piece of ~* une affaire maquignonnée; ˈ**job·bing** ouvrage *m* à la tâche; ☤ courtage *m*; ☤ vente *f* en demi-gros; *see jobbery*; ˈ**job-hunting** chasse *f* à l'emploi; ˈ**job·less** sans emploi, en chômage, chômeur (-euse *f*).

jock·ey [ˈdʒɔki] **1.** *su.* jockey *m*; **2.** *v/t.* tromper, duper; *v/i.* manœuvrer; intriguer.

jock·strap ['dʒɔkstræp] suspensoir *m*.

jo·cose □ [dʒə'kous] facétieux (-euse *f*); jovial (-aux *m/pl.*); **jo'cose·ness** jocosité *f*; humeur *f* joviale.

joc·u·lar ['dʒɔkjulə], **joc·u·lar·i·ty** [~'læriti] *see jocose(ness)*.

joc·und □ ['dʒɔkənd] gai; jovial (-als *ou* -aux *m/pl.*).

Joe [dʒou]: ~ *Miller* vieille plaisanterie *f*; plaisanterie *f* usée.

jog [dʒɔg] **1.** *su.* secousse *f*, cahot *m*; coup *m* de coude; petit trot *m*; **2.** *v/t.* pousser le coude à; donner un coup de coude à; *fig.* rafraîchir (*la mémoire à q.*); secouer; *v/i.* (*usu.* ~ *along*, ~ *on*) aller son petit train; aller au petit trot; *be ~ging* se (re)mettre en route.

jog·gle ['dʒɔgl] **1.** secouer (*qch.*); branler; ⊕ goujonner; **2.** petite secousse *f*; ⊕ (joint *m* à) goujon *m*.

jog-trot ['dʒɔg'trɔt] **1.** petit trot *m*; *fig.* train-train *m*; **2.** routinier (-ère *f*); monotone.

John [dʒɔ:n]: ~ *Bull l'Anglais*; *Am.* ~ *Hancock* signature *f* (*de q.*); ♀ *Am.* F cabinets *m/pl.*, toilette *f*.

john·ny F ['dʒɔni] type *m*, individu *m*; *surt. Am.* ~ *cake* galette *f* de farine de maïs.

join [dʒɔin] **1.** *v/t.* joindre (*a.* ⊕), (ré)unir; (re)nouer; se joindre à, rejoindre; ajouter; ⊕ raboutir; ⚔, ⚓ rallier; s'affilier à; s'enrôler dans; *v/i.* s'unir, se (re)joindre (à, *with*); (*a.* ~ *together*) se réunir; ~ *battle* livrer bataille (à, *with*); ~ *company* se joindre (à, *with*); ~ *hands* se donner la main; *fig.* se joindre (*à, with*); ~ *a ship* rallier le bord; ~ *in* prendre part à; se mettre de la partie; s'associer à; ~ *up* s'engager dans l'armée; *I* ~ *with you* je me joins avec *ou* à vous (pour *inf.*, *in gér.*); **2.** *su.* joint *m*, jointure *f*; ligne *f* de jonction.

join·er ['dʒɔinə] menuisier *m*; '**join·er·y** menuiserie *f* (*travail, a. endroit*).

joint [dʒɔint] **1.** joint *m* (*a. du genou*), jointure *f*; ⊕ assemblage *m*; *livre*: mors *m*; *anat.* articulation *f*; *doigt*: phalange *f*; *cuis.* quartier *m*, rôti *m*; ⚘ nœud *m*; *Am. sl.* boîte *f*, bistrot *m*; *put out of* ~ disloquer; *fig. out of* ~ détraqué; **2.** □ (en) commun; combiné; collectif (-ive *f*); co-; ~ *heir* cohéritier *m*; ~ *ownership* copropriété *f*; ~ *production* coproduction *f*; ~ *venture* entreprise *f* commune; **3.** joindre, assembler (*a.* ⊕); *cuis.* découper; *anat.* (s')articuler; '**joint·ed** articulé (*a. zo.*, *a.* ⚘); ~ *doll* poupée *f* articulée; '**joint-stock**: ~ *company* société *f* par actions; **join·ture** ⚖ ['~tʃə] douaire *m*.

joist [dʒɔist] **1.** solive *f*, poutre *f*; **2.** poser le solivage de; assujettir (*les ais*) sur le solivage.

joke [dʒouk] **1.** *su.* plaisanterie *f*; farce *f*; **2.** *v/i.* plaisanter, badiner; *v/t.* railler; '**jok·er** farceur (-euse *f*) *m*; *cartes*: joker *m*; F type *m*; *Am. sl.* clause *f* ambiguë; '**jok·y** □ facétieux (-euse *f*).

jol·li·fi·ca·tion F [dʒɔlifi'keiʃn] partie *f* de plaisir; '**jol·li·ness**, '**jol·li·ty** gaieté *f*.

jol·ly ['dʒɔli] **1.** □ gai, joyeux (-euse *f*); F fameux (-euse *f*); **2.** F *adv.* rudement; **3.** F railler; flatter.

jol·ly-boat ⚓ ['dʒɔlibout] canot *m*.

jolt [dʒoult] **1.** cahoter; *v/t.* secouer. **2.** cahot *m*, secousse *f*; '**jolt·y** cahotant; cahoteux (-euse *f*) (*chemin*).

Jon·a·than ['dʒɔnəθən]: *Brother* ~ *l'Américain*.

jon·quil ⚘ ['dʒɔŋkwil] jonquille *f*.

jo·rum ['dʒɔ:rəm] bol(ée *f*) *m*.

josh *Am. sl.* [dʒɔʃ] **1.** blague *f*; **2.** blaguer; taquiner.

joss [dʒɔs] idole *f* chinoise; ~ *stick* bâton *m* d'encens.

jos·tle ['dʒɔsl] **1.** *v/t.* coudoyer; *v/i.* jouer des coudes; **2.** *su.* bousculade *f*; coudoiement *m*.

jot [dʒɔt] **1.** iota *m*; atome *m*; **2.** ~ *down* prendre note de; '**jot·ting** note *f*.

jour·nal ['dʒə:nl] journal *m*; revue *f*; ☨ (livre *m*) journal *m*; ⚓ journal *m* de bord; ⊕ tourillon *m*; ⊕ fusée *f*; **jour·nal·ese** F ['~nə'li:z] style *m* de journaliste; '**jour·nal·ism** journalisme *m*; '**jour·nal·ist** journaliste *mf*; **jour·nal·'is·tic** (*~ally*) journalistique; '**jour·nal·ize** tenir un journal de; ☨ porter au journal.

jour·ney ['dʒə:ni] **1.** voyage *m*; trajet *m* (*d'autobus etc.*); parcours *m*; **2.** voyager; '**~·man** compagnon

m; ouvrier *m*; '~-**work** travail (*pl.* -aux) *m* à la journée; *fig.* dure besogne *f*.
joust [dʒaust] **1.** joute *f*; **2.** jouter.
Jove [dʒouv]: *by* ~! parbleu!
jo·vi·al □ ['dʒouviəl] jovial (-als *ou* -aux *m/pl.*); enjoué; **jo·vi·al·i·ty** [~'æliti] jovialité *f*; bonne humeur *f*.
jowl [dʒaul] mâchoire *f*; joue *f*; *cheek by* ~ côte à côte.
joy [dʒɔi] joie *f*, allégresse *f*; **joy·ful** □ ['~ful] joyeux (-euse *f*); heureux (-euse *f*); enjoué; '**joy·ful·ness** joie *f*; '**joy·less** □ triste, sans joie; '**joy·ous** □ joyeux (-euse *f*), heureux (-euse *f*); '**joy-ride** *mot.* F balade *f* en auto (*souv.* à l'insu du propriétaire); '**joy-rid·er** baladeur (-euse *f*) *m*; '**joy-stick** ✈ *sl.* manche *m* à balai.
ju·bi·lant ['dʒu:bilənt] joyeux (-euse *f*); réjoui, exultant (*personne*); **ju·bi·late** ['~leit] se réjouir, exulter; **ju·bi'la·tion** allégresse *f*; **ju·bi·lee** ['~li:] jubilé *m*; cinquantenaire *m*.
Ju·da·ism ['dʒu:deiizm] judaïsme *m*.
Ju·das ['dʒu:dəs] *fig.* Judas *m*; traître *m*; '♀(-**hole**) judas *m*.
judge [dʒʌdʒ] **1.** *su.* juge *m* (*a. fig.*, *a. sp.*); président *m* du tribunal; *fig.* connaisseur (-euse *f*) *m*; *Am.* magistrat *m*; *sp.* arbitre *m*; *commercial* ~ juge *m* préposé au tribunal commercial; **2.** *v/i.* juger (d'après, par *from, by*; de, *of*); estimer; *v/t.* juger (par, *by*); estimer; arbitrer (à qch., *s.th.*).
judg(e)·ment ['dʒʌdʒmənt] jugement *m*; arrêt *m*, décision *f* judiciaire; *fig.* avis *m*; *fig.* discernement *m*; *in my* ~ à mon avis; *pronounce* ~ rendre un arrêt; *sit in* ~ juger; *eccl.* ~-*day* jugement *m* dernier.
judge·ship ['dʒʌdʒʃip] fonctions *f/pl.* de juge.
ju·di·ca·ture ['dʒu:dikətʃə] judicature *f*; (cour *f* de) justice *f*; *coll.* magistrature *f*.
ju·di·cial □ [dʒu'diʃl] judiciaire; de juge; de bonne justice; légal (-aux *m/pl.*); *fig.* impartial (-aux *m/pl.*); ~ *murder* assassinat *m* judiciaire; ~ *system* système *m* judiciaire.
ju·di·cious □ [dʒu'diʃəs] judicieux (-euse *f*), sensé; **ju'di·cious·ness** discernement *m*.

jug [dʒʌg] **1.** cruche *f*; pot *m*; *sl.* prison *f*; **2.** étuver; ~*ged hare* civet *m* de lièvre.
Jug·ger·naut ['dʒʌgənɔ:t] *fig.* poids *m* écrasant; roues *f/pl.* meurtrières.
jug·gins F ['dʒʌginz] niais *m*.
jug·gle ['dʒʌgl] **1.** jonglerie *f*; tour *m* de passe-passe; *fig.* supercherie *f*; **2.** jongler; faire des tours de passe-passe; escamoter (à q., *out of s.o.*); '**jug·gler** jongleur (-euse *f*) *m*; prestidigitateur *m*; escamoteur (-euse *f*) *m*; '**jug·gler·y** jonglerie *f*; prestidigitation *f*; *fig.* supercherie *f*.
Ju·go·slav ['ju:gou'slɑ:v] **1.** Yougoslave *mf*; **2.** yougoslave.
jug·u·lar *anat.* ['dʒʌgjulə] jugulaire; ~ *vein* (veine *f*) jugulaire *f*; **ju·gu·late** ['~leit] *fig.* étrangler; supprimer.
juice [dʒu:s] jus *m* (*a. mot. sl.*, *a.* ⚡ F); *mot. sl.* essence *f*; ⚡ courant *m*; **juic·i·ness** ['~inis] succulence *f*; '**juic·y** □ succulent; F savoureux (-euse *f*).
ju·jube ['dʒu:dʒu:b] ♀ jujube *f*; *pharm.* boule *f* de gomme.
juke-box *Am.* F ['dʒu:kbɔks] pick-up *m/inv.* à sous.
ju·lep ['dʒu:lep] ⚕ julep *m*; *surt. Am.* boisson *f* alcoolique glacée.
Ju·ly [dʒu'lai] juillet *m*.
jum·ble ['dʒʌmbl] **1.** *su.* méli-mélo (*pl.* mélis-mélos) *m*; fatras *m*; **2.** *v/t.* (*a.* ~ *up*) brouiller, mêler; *v/i.* se brouiller; ~ *along* avancer en cahotant; '~-**sale** vente *f* d'objets usagés.
jum·bo ['dʒʌmbou] *fig.* éléphant *m*; *attr.* (*a.* ~-*sized*) géant.
jump [dʒʌmp] **1.** *su.* saut *m* (*a. sp.*); bond *m*; sursaut *m*; *sp.* obstacle *m*; *surt. Am.* F *get* (*ou have*) *the* ~ *on* devancer; *give a* ~ sursauter (*q.*); faire un saut; **2.** *v/i.* sauter, bondir; sursauter; *poét.* être d'accord; ~ *at fig.* saisir, sauter sur; ~ *to conclusions* conclure à la légère, juger trop vite; *v/t.* franchir, sauter; faire sauter (*un cheval etc.*); saisir à l'improviste; 🚂 quitter (*les rails*); *Am.* F usurper; voler; ~ *the gun sp.* partir avant le départ; F *fig.* (ré)agir prématurément; *mot.* ~ *the lights* brûler le feu (rouge), passer au rouge; ~ *the queue* (*Am. line*) passer avant son tour; ~ *a train* sauter dans un train en marche;

ˈjump·er sauteur (-euse *f*) *m* (*a.* = *cheval, insecte*); ⚓ chemise *f*; (*a. knitted* ~) casaque *f*, jumper *m* (*de femme*); barre *f* à mine; **ˈjump·ing-board** tremplin *m*; **ˈjump·ing-ˈoff** *fig.* départ *m*; **ˈjump·seat** strapontin *m*; **ˈjump·y** nerveux (-euse *f*), agité.

junc·tion [ˈdʒʌŋkʃn] jonction *f*; bifurcation *f*; *rivières*: confluent *m*; 🚂 gare *f* d'embranchement; ⚡ ~ *box* boîte *f* de dérivation; **junc·ture** [ˈ~tʃə] jointure *f*; jonction *f* (*de rivières*); conjoncture *f* (*de circonstances*); *at this* ~ *of things* à ce moment critique.

June [dʒuːn] juin *m*.

jun·gle [ˈdʒʌŋgl] jungle *f*; *fig.* confusion *f*.

jun·ior [ˈdʒuːnjə] **1.** cadet(te *f*); plus jeune (que, *to*); second; *univ. Am.* de troisième année (*étudiant*); *Am.* ~ *high school* (*sorte d'*)école *f* secondaire (*moyennes classes*); ~ *partner* second associé *m*, associé *m* en second; **2.** cadet(te *f*) *m*; *rang*: subalterne *m*, second associé *m*; *Am.* élève *mf* de troisième année dans un *collège*; F le jeune *m*; *he is my* ~ *by four years, he is four years my* ~ il est plus jeune que moi de quatre ans; **jun·ior·i·ty** [dʒuːniˈɔriti] infériorité *f* d'âge; position *f* moins élevée.

ju·ni·per ⚘ [ˈdʒuːnipə] genièvre *m*; *arbuste*: genévrier *m*.

junk[1] ⚓ [dʒʌŋk] jonque *f*.

junk[2] [~] ⚓ vieux cordages *m/pl.*; ⚓ bœuf *m* salé; ✝ rossignol *m*, camelote *f*; déchets *m/pl.*; *fig.* bêtises *f/pl.*; *pej.* pacotille *f*; *sl.* came *f*, drogue *f*; ~ *heap* dépotoir *m*.

jun·ket [ˈdʒʌŋkit] **1.** lait *m* caillé; festin *m*, banquet *m*; *Am.* partie *f* de plaisir; voyage *m* d'agrément aux frais de l'État *ou* du gouvernement; **2.** faire bombance; festoyer; F ~*ing party* pique-nique *m*.

junk·ie *sl.* [ˈdʒʌŋki] camé(e *f*) *m*, drogué(e *f*) *m*.

junk·yard [ˈdʒʌŋkjɑːd] dépotoir *m*.

jun·ta [ˈdʒʌntə] junte *f*; (*a.* **jun·to** [ˈ~tou]) cabale *f*.

ju·rid·i·cal □ [dʒuəˈridikl] juridique, judiciaire.

ju·ris·dic·tion [dʒuərisˈdikʃn] juridiction *f*; compétence *f*, ressort *m*;

ju·ris·pru·dence [ˈ~pruːdəns] jurisprudence *f*; **ˈju·ris·pru·dent** légiste *m*.

ju·rist [ˈdʒuːrist] juriste *m*; *Am.* avocat *m*.

ju·ror ⚖ [ˈdʒuərə] membre *m* du jury.

ju·ry ⚖ [ˈdʒuəri] jury *m*; jurés *m/pl.*; **ˈ~-box** banc *m* du jury; **ˈ~·man** membre *m* du jury.

ju·ry-mast ⚓ [ˈdʒuərimɑːst] mât *m* de fortune.

just □ [dʒʌst] **1.** *adj.* juste, équitable; légitime; impartial (-aux *m/pl.*); exact; **2.** *adv.* juste; précisément, justement; tout près (de, *by*); tout à fait; seulement; ~ *as* au moment où; ~ *as ... so ...* de même que ... de même ...; *be* ~ (*p.pr.*) être en train de (*inf.*); *have* ~ (*p.p.*) venir de (*inf.*); ~ *now* actuellement; tout à l'heure; ~ *over* (*below*) juste au-dessus (au-dessous) (de qch., *s.th.*); ~ *let me see!* faites(-moi) voir!; *it's* ~ *splendid!* c'est vraiment magnifique!

jus·tice [ˈdʒʌstis] justice *f*; *personne*: juge *m*; magistrat *m*; ♀ *of the Peace* juge *m* de paix; *court of* ~ tribunal *m*, cour *f* de justice; *do* ~ *to* rendre justice à (*q.*); **ˈjus·tice·ship** fonctions *f/pl.* de juge; magistrature *f*.

jus·ti·fi·a·bil·i·ty [dʒʌstifaiəˈbiliti] caractère *m* justifiable; justice *f*; **ˈjus·ti·fi·a·ble** □ justifiable; légitime.

jus·ti·fi·ca·tion [dʒʌstifiˈkeiʃn] justification *f*; **jus·ti·fi·ca·to·ry** [ˈ~təri] justificatif (-ive *f*); justificateur (-trice *f*).

jus·ti·fi·er *typ.* [ˈdʒʌstifaiə] justificateur *m*; **jus·ti·fy** [ˈ~fai] justifier (*a. typ. une ligne*); *typ.* parangonner (*les caractères*).

just·ly [ˈdʒʌstli] avec justice *ou* justesse.

just·ness [ˈdʒʌstnis] justice *f* (*d'une cause*); justesse *f* (*d'une observation*).

jut [dʒʌt] **1.** (*a.* ~*out*) être en *ou* faire saillie; **2.** saillie *f*.

Jute[1] [dʒuːt] Jute *mf*.

jute[2] ⚘, ✝ [~] jute *m*.

ju·ve·nes·cence [dʒuːviˈnesns] adolescence *f*; jeunesse *f*; **ju·veˈnes·cent** adolescent; **ju·ve·nile** [ˈ~nail] **1.** juvénile; de (la) jeunesse; pour enfants; ⁓ *Court* tribunal *m* pour enfants; ⁓ *delinquent* mineur(e *f*) *m* délinquant(e); *théâ.* ⁓ *lead* jeune premier *m*; **2.** jeune *mf*; ⁓*s pl.* livres *m/pl.* pour enfants *ou* pour la jeunesse; **ju·ve·nil·i·ty** [⁓ˈniliti] jeunesse *f*, juvénilité *f*.

jux·ta·pose [dʒʌkstəˈpouz] juxtaposer; **jux·ta·po·si·tion** [⁓pəˈziʃən] juxtaposition *f*.

K

K, k [kei] K *m*, k *m*.

Kaf·(f)ir ['kæfə] Cafre *mf*.

kale [keil] chou (*pl.* -x) *m* (frisé); *Am. sl.* argent *m*, pognon *m*; *Scotch* ~ chou *m* rouge.

ka·lei·do·scope *opt.* [kə'leidəskoup] kaléidoscope *m*.

kan·ga·roo *zo.* [kæŋgə'ru:] kangourou *m*.

ka·o·lin *min.* ['keiəlin] kaolin *m*.

ka·put *sl.* [kə'pu:t] fichu, foutu.

keck [kek] avoir des haut-le-cœur; ~ *at* F rejeter avec dégoût.

kedge ⚓ [kedʒ] **1.** ancre *f* de touée; ancre *f* à jet; **2.** haler sur une ancre à jet.

keel ⚓ [ki:l] **1.** quille *f*; *on an even* ~ sans différence de calaison; *fig.* symétrique(ment); **2.** ~ *over* chavirer; F s'évanouir; '**keel·age** ⚓ droits *m/pl.* de mouillage; '**keeled** ⚘ caréné; **keel·haul** ⚓ ['~hɔ:l] † donner la grande cale à; **keel·son** ⚓ ['kelsn] carlingue *f*.

keen □ [ki:n] aiguisé; perçant (*froid, œil, vent, etc.*); vif (vive *f*) (*froid, plaisir, vent, etc.*); mordant (*satire*); zélé, ardent; vorace (*appétit*); *be* ~ *on hunting* être chasseur enthousiaste, avoir la passion de la chasse; **~-edged** ['~edʒd] tranchant, bien affilé; '**keen·ness** acuité *f*, finesse *f*; *froid*: âpreté *f*; *fig.* zèle *m*, ardeur *f*.

keep [ki:p] **1.** *su.* frais *m/pl.* de subsistance; nourriture *f*; *hist.* donjon *m*, réduit *m*; F *surt. Am. for* ~*s* pour de bon; **2.** [*irr.*] *v/t. usu.* tenir (*p.ex. boutique, comptes, école, journal, promesse, scène, a. devant adj.*); garder (*sp. but, lit, provisions, qch. pour q.*); avoir (*une auto*); (*a.* ~ *up*) maintenir (*la discipline, l'ordre*); contenir; conserver (*sa sveltesse etc.*); préserver (de, *from*); retenir (*q. à dîner, en prison; l'attention*); suivre (*une règle*); célébrer, observer (*une fête*); subvenir aux besoins de; cacher (qch. à q., *s.th. from s.o.*); ~ *s.o. company* tenir compagnie à q.; ~ *company with* sortir avec; ~ *silence* garder le silence; ~ *one's temper* se contenir; ~ *time* être exact (*montre*); ♪ suivre la mesure; ⚔ être au pas; ~ *watch* monter la garde, veiller; ~ *s.o. waiting* faire attendre q.; ~ *away* tenir éloigné; ~ *down* empêcher de monter; réprimer; maintenir (*les prix*) bas; ~ *s.o. from* (*gér.*) empêcher q. de (*inf.*); préserver q. de; ~ *in* retenir; contenir (*la colère*); consigner, mettre en retenue (*un élève*); entretenir (*un feu*); ~ *s.o. in money* fournir de l'argent à q.; ~ *in view* ne pas perdre de vue; ~ *off* éloigner; ~ *on* garder; ~ *out* empêcher d'entrer; se garantir de (*le froid, la pluie*); ~ *up* soutenir; tenir haut; maintenir (*un prix etc.*); entretenir (*la correspondance*); sauver (*les apparences*); **3.** [*irr.*] *v/i.* rester, se tenir; se conserver (*fruit etc.*); continuer; F ne rien perdre (pour attendre); ~ *clear of* éviter, rester à distance de; ~ *doing* ne pas cesser de faire, continuer de faire; ~ *away* se tenir éloigné *ou* à l'écart; ~ *from* s'abstenir de; ~ *in with* rester bien avec, cultiver; ~ *off* se tenir éloigné; ~ *on* (*gér.*) continuer de (*inf.*), s'obstiner à (*inf.*); ~ *to* s'en tenir à; observer; suivre; ~ *up* se maintenir; ~ *up with* aller de pair avec; *fig.* se maintenir au niveau de.

keep·er ['ki:pə] garde *m*, gardien (-ne *f*) *m*, surveillant(e *f*) *m*; *musée*: conservateur *m*; *troupeaux*: gardeur (-euse *f*) *m*; '**keep·ing** observation *f*; célébration *f*; garde *f*; *be in* (*out of*) ~ *with* (ne pas) être en accord avec; **keep·sake** ['~seik] souvenir *m* (*cadeau etc.*).

keg [keg] *harengs*: caque *f*; *alcool*: barillet *m*.

kel·son ⚓ ['kelsn] *see keelson*.

ken [ken] connaissance *f*, -s *f/pl.*

ken·nel[1] ['kenl] ruisseau *m* (*de rue*).

ken·nel[2] [~] **1.** niche *f* (*de chien*); *chien de chasse*: chenil *m*; *chasse*: *la* meute *f*; **2.** *fig.* enfermer.

kept [kept] *prét. et p.p.* de *keep 2.*
kerb(·stone) [ˈkəːb(stoun)] *see curb* (*-stone*).
ker·chief [ˈkəːtʃif] fanchon *f*, mouchoir *m* de tête; fichu *m*.
kerf [kəːf] trait *m ou* voie *f* de scie; bout *m* coupé (*d'un arbre abattu*).
ker·nel [ˈkəːnl] *noisette etc.*: amande *f*; *céréales*: grain *m*; *fig.* fond *m*, essentiel *m*.
ker·o·sene [ˈkerəsiːn] kérosène *m*, pétrole *m* lampant.
kes·trel *orn.* [ˈkestrəl] émouchet *m*.
ketch·up [ˈketʃəp] sauce *f* tomate très relevée.
ket·tle [ˈketl] bouilloire *f*; ˈ**~-drum** ♪ timbale *f*; *Am.* F thé *m ou* réception *f* sans cérémonie.
key [kiː] **1.** clé *f*, clef *f* (*a. fig.*); ⊕ clavette *f*, coin *m*, cale *f*; *machine à écrire, piano*: touche *f*; *flûte etc.*: clef *f*; ⚡ fiche *f*; ♪ ton *m* (*a. fig.*); *école*: corrigé *m*; *pendule etc.*: remontoir *m*; ♪ **~s** *pl.* instruments *m/pl.* à clavier *ou* à touches; ~ *industry* industrie *f* clef; ~ *money* pas *m* de porte; ~ *punch* poinçonneuse *f*; ♪ ~ *signature* armature *f*; ⊕ ~ *saw* scie *f* à guichet; **2.** claveter; coincer; adenter (*une planche*); ♪ accorder; ~ *up* ✝ hausser; *fig.* stimuler; *be* ~*ed up* être tendu; ˈ**~-bit** panneton *m* de clef; ˈ**~·board** clavier *m*; porte-clefs *m/inv.*; ˈ**~-bu·gle** ♪ bugle *m*; ˈ**~·hole** trou *m* de serrure; ˈ**~·less** sans clef; ~ *watch* montre *f* à remontoir; ˈ**~-man** pivot *m*; ˈ**~-note** tonique *f*; *fig.* note *f* dominante; ˈ**~·stone** clef *f* de voûte.
khak·i [ˈkɑːki] *tex.*, *a. couleur*: kaki *m* (*a. adj./inv.*).
kib·butz [kiˈbuts], *pl.* **-but·zim** [~ˈbutsim] kibboutz (*pl.* kibboutzim) *m*.
kibe [kaib] gerçure *f*.
kib·itz·er *Am.* F [ˈkibitsə] je sais tout *m* (*qui donne des conseils à des joueurs aux cartes sans qu'on les lui demande*).
ki·bosh *sl.* [ˈkaibɔʃ] bêtises *f/pl.*; *put the* ~ *on* faire son affaire à (*q.*); bousiller (*qch.*).
kick [kik] **1.** coup *m* de pied; *arme à feu*: recul *m*, réaction *f*; F vigueur *f*, énergie *f*; résistance *f*; *surt. Am.* F plaintes *f/pl.*, protestation *f*; *foot.* see ~*er*; F *do s.th. for* ~*s* faire qch. pour le plaisir *ou* pour s'amuser; F *get a* ~ *out of* éprouver du plaisir à; *sl. it's got a* ~ *to it* ça vous remonte; **2.** *v/t.* donner des coups *ou* un coup de pied à; F congédier (*q.*); F ~ *s.o. around* maltraiter q.; *sl.* ~ *the bucket* casser sa pipe (= *mourir*); ~ *s.o. downstairs* faire dégringoler l'escalier à q.; F ~ *one's heels* faire le pied de grue (= *attendre*); F ~ *out* ficher à la porte; *sl.* ~ *up a row* faire du chahut; *fig.* faire un scandale; *v/i.* donner un coup de pied; reculer (*arme à feu*); ruer (*animal*); rechigner (à *against, at*); *sl.* rouspéter; F ~ *around ou about* traîner (*quelque part*); *Am. sl.* ~ *in with* contribuer (*de l'argent*); ˈ**kick-back** *surt. Am.* F réaction *f* violente; *Am. sl.* ristourne *f*; ˈ**kick·er** cheval *m* qui rue; *sp.* joueur *m*; *Am. sl.* rouspéteur (-euse *f*) *m*; ˈ**kick-ˈoff** *foot.* coup *m* d'envoi; commencement *m*; **kick-shaw** [ˈkikʃɔː] bagatelle *f*; *cuis.* friandise *f*; ˈ**kick-ˈup** *sl.* boucan *m*.
kid [kid] **1.** chevreau (-ette *f*) *m*; (peau *f* de) chevreau *m*; *sl.* gosse *mf*; ~ *glove* gant *m* de chevreau; gant *m* glacé; **2.** mettre bas (*v/t. un chevreau*); *v/i. sl.* plaisanter, taquiner; *v/t.* en conter à; tromper; ˈ**kid·dy** F gosse *mf*, petit(e *f*) *m*.
kid·nap [ˈkidnæp] kidnapper, enlever (*surt. un enfant*); ⚔, ⚓ prendre par la presse; enlever; ˈ**kid-nap·(p)er** ravisseur (-euse *f*) *m* (d'enfant), kidnappeur *m*.
kid·ney [ˈkidni] *anat.* rein *m*; *cuis.* rognon *m*; F genre *m*; ~ *bean* ⚘ haricot *m* nain; ⚕ ~ *machine* rein *m* artificiel.
kike *Am. sl. péj.* [kaik] juif *m*.
kill [kil] tuer, faire mourir; abattre (*une bête*); amortir (*un son*); *fig.* supprimer; *parl.* couler (*un projet de loi*); ~ *off* exterminer; ~ *time* tuer le temps; ˈ**kill·er** tueur (-euse *f*) *m*; meurtrier(-ère *f*) *m*; ˈ**kill·ing 1.** meurtrier (-ère *f*); écrasant (*travail etc.*); F tordant; **2.** *Am.* F opération *f* lucrative; succès *m* (*financier*); ˈ**kill-joy** rabat-joie *m/inv.*
kiln [kiln] four *m*; séchoir *m*, étuve *f*; meule *f* (*de charbon de bois*); ˈ**~-dry** sécher (*qch.*) au four *etc.*
kil·o·cy·cle *phys.* [ˈkilosaikl] kilocycle *m*; **kil·o·gram(me)** [ˈ~əgræm] kilogramme *m*; F kilo *m*; **kil·o·me·ter, kil·o·me·tre** [ˈ~miːtə] kilomètre *m*.
kilt [kilt] **1.** *écoss.* kilt *m* (*jupe courte*

et plissée); **2.** plisser; retrousser (*ses jupes*).

kin [kin] **1.** parents *m/pl.*; *the next of* ~ le parent le plus proche; F la famille; **2.** apparenté (avec, *to*).

kind [kaind] **1.** □ bon(ne *f*) (pour, *to*); aimable (à, *of*); **2.** espèce *f*; sorte *f*; genre *m*; nature *f*; *people of all* ~*s* monde *m* de tous les genres; des gens de toutes sortes; *different in* ~ qui diffère(nt) en nature; *pay in* ~ payer en nature; *fig.* payer de la même monnaie; F *I* ~ *of expected it* je m'en doutais presque.

kin·der·gar·ten ['kindəgɑːtn] jardin *m* d'enfants; école *f* maternelle; ~ *teacher* jardinière *f* d'enfants; institutrice *f* d'école maternelle.

kind-heart·ed ['kaind'hɑːtid] bienveillant, bon(ne *f*).

kin·dle ['kindl] (s')allumer; (s')enflammer; *fig.* susciter.

kind·li·ness ['kaindlinis] bonté *f*, bienveillance *f*.

kin·dling ['kindliŋ], *a.* ~*s pl.* petit bois *m*; bois *m* d'allumage.

kind·ly ['kaindli] **1.** *adj.* bienveillant, bon(ne *f*); doux (douce *f*) (*climat*); **2.** *adv.* avec bonté; ~ *do s.th.* avoir la bonté de faire qch.

kind·ness ['kaindnis] bonté *f* (pour, *to*); bienveillance *f*; amabilité *f* (envers, *to*).

kin·dred ['kindrid] **1.** analogue; de la même nature; **2.** parenté *f*; *coll.* parents *m/pl.*; affinité *f* (avec, *with*).

ki·net·ic *phys.* [kai'netik] **1.** cinétique; **2.** ~*s pl.* cinétique *f*.

king [kiŋ] roi *m*; *jeu de dames*: dame *f*; ♀'*s English* anglais *m* correct; ⚕ ~'*s evil* scrofule *f*; écrouelles *f/pl.*; '**king·craft** art *m* de régner; '**king·cup** ♀ bouton *m* d'or; '**king·dom** royaume *m*; *surt.* ♀, *zo.* règne *m*; '**king·fish·er** martin-pêcheur (*pl.* martins-pêcheurs) *m*; **king·let** ['~lit] roitelet *m*; '**king·like** royal (-aux *m/pl.*), de roi; '**king·li·ness** prestance *f* royale; noblesse *f*; '**king·ly** royal (-aux *m/pl.*), de roi; '**king·post** ⚠ poinçon *m*, aiguille *f*; '**king·ship** royauté *f*; '**king-size** F de taille *etc.* exceptionnelle.

kink [kiŋk] **1.** *corde etc.*: tortillement *m*, nœud *m*; *fil de fer*: faux pli *m*; *tex.* boucle *f*; *fig.* lubie *f*, point *m* faible; F *have a* ~ être un peu toqué; **2.** (se) nouer, tortiller; '**kink·y** crépu (*cheveux*); F bizarre, excentrique.

kins·folk ['kinzfouk] *pl.* parenté *f*, famille *f*; '**kin·ship** parenté *f*; '**kins·man** ['~zmən] parent *m*; allié *m*; '**kins·wom·an** parente *f*; alliée *f*.

ki·osk [ki'ɔsk] kiosque *m*.

kip *Brit. sl.* [kip] **1.** roupillon *m* (= *sommeil*); pieu *m* (= *lit*); *have a* ~ piquer un roupillon; **2.** coucher; roupiller (*dormir*); ~ *down* se pieuter (= *se coucher*).

kip·per ['kipə] **1.** hareng *m* fumé *ou* doux; *sl.* jeune personne *f*; **2.** saurer, saler et fumer (*des harengs*).

kirk [kəːk] *écoss.* église *f*.

kiss [kis] **1.** baiser *m*; *fig.* frôlement *m*; **2.** (s')embrasser; '~**-proof** indélébile.

kit [kit] seau *m*; ⚔, ⚓ petit équipement *m*; ⚔ bagage *m*; ⚓ sac *m*; ⊕ trousse(au *m*) *f*; F effets *m/pl.*; '~**-bag** ⚔ musette *f*; sac *m* (de voyage); ⊕ trousse *f* d'outils.

kitch·en ['kitʃin] cuisine *f*; '**kitch·en·er** cuisinière *f*; **kitch·en·ette** [~'net] cuisine *f* miniature.

kitch·en...: ~ **gar·den** (jardin *m*) potager *m*; '~**-maid** fille *f* de cuisine; '~**-range** cuisinière *f* anglaise; '~**-sink** évier *m*.

kite [kait] *orn.* milan *m*; *fig.* vautour *m*; cerf-volant (*pl.* cerfs-volants) *m*; *fig.* ballon *m* d'essai; ⚚ *sl.* traite *f* de complaisance; ⚔ ~ *balloon* ballon *m* captif.

kith [kiθ]: ~ *and kin* amis et parents.

kit·ten ['kitn] **1.** chaton *m*, petit(e *f*) chat(te *f*) *m*; **2.** *chatte*: mettre bas (*v/t. des petits*); '**kit·ten·ish** coquet(te *f*); enjoué.

kit·tle ['kitl] *fig.* difficile (à manier); ~ *cattle* gens *m/pl.* difficiles à manier.

Klans·man *Am.* ['klænzmən] membre *m* du Ku-Klux-Klan.

klax·on *mot.* ['klæksn] klaxon *m*.

klep·to·ma·ni·a [klepto'meinjə] kleptomanie *f*; **klep·to'ma·ni·ac** [~niæk] kleptomane (*a. su./mf*).

knack [næk] tour *m* de main; F truc *m*; *get the* ~ *of* (*gér.*) attraper le chic pour (*inf.*).

knack·er ['nækə] *Brit.* équarrisseur *m*; entrepreneur *m* de démolitions; '**knack·ered** *Brit. sl.* éreinté; '**knack·er·y** *Brit.* abattoir *m* de chevaux.

knack·y ['næki] adroit, habile.

knag [næg] nœud *m*; '**knag·gy** noueux (-euse *f*).

knap·sack ['næpsæk] (havre)sac *m*; ⚔ sac *m* d'ordonnance.

knar [nɑː] nœud *m* saillant.

knave [neiv] fripon *m*; *cartes*: valet *m*; **knav·er·y** ['~əri] friponnerie *f*, fourberie *f*; '**knav·ish** □ fourbe; '**knav·ish·ness** fourberie *f*.

knead [niːd] pétrir (*a.* ⚕); travailler (*la pâte etc.*).

knee [niː] **1.** genou (*pl.* -x) *m* (*a.* ⊕); **2.** pousser du genou; F fatiguer (*un pantalon*) aux genoux; '**~-cap**, '**~-pan** rotule *f*; '**~-joint** articulation *f* du genou; ⊕ rotule *f*; **kneel** [niːl] [*irr.*] s'agenouiller, se mettre à genoux (devant, *to*); '**kneel·er** personne *f* à genoux.

knell [nel] glas *m*.

knelt [nelt] *prét. et p.p. de kneel.*

knew [njuː] *prét. de know 1.*

knick·er·bock·ers ['nikəbɔkəz] *pl.* culotte *f* (bouffante); '**knick·ers** F *pl.* culotte *f*, pantalon *m* (*de femme*); *see knickerbockers.*

knick·knack ['niknæk] babiole *f*, bibelot *m*; *~s pl.* afféteries *f/pl.*

knife [naif] **1.** (*pl. knives*) couteau *m*; **2.** poignarder; '**~-bat·tle** rixe *f* entre gens armés de poignards; '**~-grind·er** repasseur *m* de couteaux.

knight [nait] **1.** chevalier *m*; *échecs*: cavalier *m*; **2.** créer chevalier; '**knight·age** corps *m* des chevaliers; **knight er·rant** ['nait'erənt], *pl.* **knights er·rant** chevalier *m* errant; **knight·hood** ['~hud] chevalerie *f*; titre *m* de chevalier; '**knight·li·ness** caractère *m* chevaleresque; air *m* de chevalier; '**knight·ly** chevaleresque, de chevalier.

knit [nit] [*irr.*] *v/t.* tricoter; joindre; *v/i.* se nouer; *~ the brows* froncer les sourcils; '**knit·ter** tricoteur (-euse *f*) *m*; '**knit·ting 1.** tricot *m*; *action*: tricotage *m*; soudure *f* (*d'os*); **2.** à tricoter; *~-needle* aiguille *f* à tricoter; '**knit·wear** tricot *m*.

knives [naivz] *pl. de knife 1.*

knob [nɔb] bosse *f*; *tiroir, porte*: bouton *m*; *canne*: pomme *f*; *charbon, sucre, etc.*: morceau *m*; '**knob·by** plein de bosses; loupeux (-euse *f*) (*arbre*); '**knob·stick** canne *f* à pommeau; gourdin *m*; ⚒ F jaune *m*.

knock [nɔk] **1.** coup *m*, heurt *m*, choc *m*; **2.** *v/i.* frapper; taper (sur, *at*); *mot.* cogner, taper; F se heurter (à, *against*); F *~ about* se balader, flâner; *~ off sl.* cesser le travail; *~ under* se rendre; *v/t.* frapper, cogner, heurter; *Am. sl.* critiquer; *~ down* renverser, abattre; *vente aux enchères*: adjuger; ⊕ démonter; *be ~ed down* être renversé par une auto; *~ off* faire tomber de; rabattre (*qch. du prix*); F voler, chiper; *box.* *~ out* knockouter, F endormir; *~ up* faire sauter (en l'air); construire à la hâte; réveiller; *fig.* éreinter, épuiser; '**~·a·bout 1.** violent; vagabond; de tous les jours (*habits*); *théâ.* de bateleur, de clown; **2.** *Am.* rixe *m*; '**~-'down** de réclame, minimum (*prix*); '**knock·er** frappeur (-euse *f*) *m*; marteau *m* (*de porte*); *Am. sl.* critique *m* impitoyable; *Brit. sl.* *~s pl.* nénés *f/pl.* (= *seins*); '**knock-kneed** cagneux (-euse *f*); panard (*cheval*); '**knock-'out** *box.* (*a.* *~ blow*) knock-out *m*; *sl.* chose *f* ou personne *f* épatante.

knoll[1] [noul] tertre *m*, butte *f*.

knoll[2] [~] † sonner; tinter.

knot [nɔt] **1.** nœud *m* (*a. fig., a.* ⚘, ⚓); *gens*: groupe *m*; *cheveux*: chignon *m*; *sailor's ~* nœud *m* régate; F *be tied up in ~s* ne savoir plus que faire ou dire; **2.** (se) nouer; *v/t.* froncer (*les sourcils*); '**~·hole** trou *m* (*provenant d'un nœud d'arbre*); '**knot·ti·ness** nodosité *f*; *bois*: caractère *m* noueux; *fig.* complexité *f*; '**knot·ty** plein de nœuds; noueux (-euse *f*) (*bois*); *fig.* épineux (-euse *f*); '**knot·work** *couture*: macramé *m*.

knout [naut] **1.** knout *m*; **2.** knouter.

know [nou] **1.** [*irr.*] savoir (*un fait*); connaître (*q., un endroit*); reconnaître; distinguer (de, d'avec *from*); *~ French* connaître ou parler le francais; *come to ~* apprendre; **2.** F *be in the ~* être au courant (de l'affaire); être dans le secret; **know·a·ble** ['nouəbl] (re)connaissable; '**know-all 1.** omniscient; **2.** je sais tout *m*; '**know-how** savoir-faire *m/inv.*; connaissances *f/pl.* techniques; '**know·ing 1.** □ instruit; intelligent; habile; rusé, malin (-igne *f*); F chic *inv. en genre*; **2.** connaissance *f*, compréhension *f*; **knowl·edge**

['nɔlidʒ] connaissance *f*; savoir *m*, connaissances *f/pl.*; *to my* ~ autant que je sache; à mon vu et su; **known** [noun] *p.p. de know 1*; *come to be* ~ se répandre (*bruit*); se faire connaître; se savoir; *make* ~ faire connaître; signaler.

knuck·le ['nʌkl] **1.** (*a.* ~*-bone*) articulation *f* du doigt; *veau*: jarret *m*; **2.** ~ *down* (*ou under*) se soumettre; céder; '**~-dust·er** coup-de-poing (*pl.* coups-de-poing) *m* américain.

knur [nəː] nœud *m*.

knut F [(k)nʌt] gommeux *m*.

ko·dak *phot.* ['koudæk] **1.** kodak *m*; **2.** photographier avec un kodak.

Ko·ran [kɔ'rɑːn] Koran *m*, Coran *m*.

ko·tow ['kou'tau] **1.** prosternation *f* (à la chinoise); **2.** saluer à la chinoise; *fig.* faire des courbettes (devant, *to*).

krem·lin ['kremlin] Kremlin *m*.

ku·dos *co.* ['kjuːdɔs] gloriole *f*.

Ku-Klux-Klan *Am.* ['kjuː'klʌks'klæn] *association secrète de l'Amérique du Nord, hostile aux Noirs.*

L

L, l [el] L *m*, l *m*.

lab F [læb] laboratoire *m*.

la·bel [ˈleibl] **1.** étiquette *f*; *fig.* désignation *f*, titre *m*; ⚖ queue *f*; ⚠ larmier *m*; **2.** étiqueter; adresser; attacher une étiquette à; ✝ marquer le prix de; *fig.* qualifier (du nom de, *as*).

la·bi·al [ˈleibjəl] **1.** labial (-aux *m/pl.*); **2.** labiale *f*.

lab·o·ra·to·ry [ləˈbɔrətəri] laboratoire *m*; ~ *assistant* préparateur (-trice *f*) *m*.

la·bo·ri·ous □ [ləˈbɔːriəs] laborieux (-euse *f*); pénible; travailleur (-euse *f*).

la·bo(u)r [ˈleibə] **1.** travail (*pl.* -aux) *m*, peine *f*, labeur *m*; main-d'œuvre (*pl.* mains-d'œuvre) *f*, travailleurs *m/pl.*; *pol.* les travaillistes *m/pl.*; ⚕ couches *f/pl.*; *Ministry of* ♀ Ministère *m* du Travail; *hard* ~ travail *m* forcé; travaux *m/pl.* forcés; **2.** travailliste (*parti*); du travail; ♀ *Day* fête *f* du travail; ~ *dispute* conflit *m* social *ou* du travail; ~ *Exchange* Bourse *f* du Travail; ~ *force les* employés *m/pl.*, *le* personnel *m*; ♀ *Office* bureau *m* de placement; *surt. Am.* ~ *union* syndicat *m* ouvrier; **3.** *v/i.* travailler; peiner (*a. fig.*); ~ *under* être courbé sous; avoir à lutter contre; ~ *under a delusion* être victime d'une illusion; *v/t.* travailler; **ˈla·bo(u)r·age** paie *f*; **ˈla·bo(u)r-cre·a·tion** création *f* des emplois; **ˈla·bo(u)red** travaillé (*style*); pénible (*respiration*); **ˈla·bo(u)r·er** travailleur *m*; manœuvre *m*; *heavy manual* ~ travailleur *m* de force; **ˈla·bo(u)r·ing** ouvrier (-ère *f*); haletant (*poitrine*); palpitant (*cœur*); ~ *force* effectif *m* de la main-d'œuvre; **la·bo(u)r·ist** [ˈ~rist], **la·bo(u)r·ite** [ˈ~rait] membre *m* du parti travailliste.

la·bur·num ⚘ [ləˈbəːnəm] cytise *m*.

lab·y·rinth [ˈlæbərinθ] labyrinthe *m*, dédale *m*; **lab·y·rin·thi·an** [~ˈrinθiən], *usu.* **lab·y·rin·thine** [~ˈrinθain] labyrinthique.

lac [læk] (gomme *f*) laque *f*; (*souv.* ~ *of rupees*) lack *m*; 100 000 de roupies.

lace [leis] **1.** lacet *m*; cordon *m*; *tex.* dentelle *f*; **2.** lacer (*un soulier*); entrelacer (de, avec *with*); arroser (*une boisson*) (à, *with*); garnir de dentelle(s); *fig.* (*a.* ~ *into s.o.*) rosser, battre; **ˈ~-ˈpil·low** coussin(et) *m* à dentelle.

lac·er·ate 1. [ˈlæsəreit] lacérer; *fig.* déchirer; **2.** [ˈ~rit] lacéré; **lac·erˈa·tion** lacération *f*; déchirement *m* (*a. fig.*); ⚕ déchirure *f*.

lach·ry·mal *anat.* [ˈlækriml] lacrymal (-aux *m/pl.*); **lach·ry·ma·to·ry** [ˈ~mətəri] lacrymatoire; lacrymogène (*gaz*); **lach·ry·mose** [ˈ~mous] larmoyant.

lack [læk] **1.** *su.* manque *m*, défaut *m*, absence *f*; **2.** *v/t.* manquer de; ne pas avoir; *he ~s money* il n'a pas d'argent, l'argent lui fait défaut; *v/i. be ~ing* manquer, faire défaut; *be ~ing in* … manquer de …

lack·a·dai·si·cal □ [lækəˈdeizikl] apathique; affecté.

lack·ey [ˈlæki] **1.** laquais *m*; **2.** *fig.* faire le plat valet auprès de (*q.*).

lack…: **ˈ~·land** sans terre (*a. su./m/inv.*); **ˈ~·lus·ter, ˈ~·lus·tre** terne.

la·con·ic [ləˈkɔnik] (*~ally*) laconique, bref (brève *f*).

lac·quer [ˈlækə] **1.** vernis *m* du Japon; laque *m*; **2.** laquer; F vernir.

lac·ta·tion [lækˈteiʃn] lactation *f*.

lac·te·al [ˈlæktiəl] lacté; laiteux (-euse *f*) (*suc*).

la·cu·na [ləˈkjuːnə] lacune *f*, hiatus *m*.

lac·y [ˈleisi] de dentelle; fin comme de la dentelle.

lad [læd] garçon *m*; jeune homme *m*.

lad·der [ˈlædə] **1.** échelle *f* (*a. fig.*, *a.* ⚓); *bas*: maille *f* qui file, éraillure *f*; **2.** se démailler; **ˈ~-proof** indémaillable (*bas etc.*).

lade [leid] [*irr.*] charger (de, *with*); puiser de l'eau (à, *from*); **ˈlad·en** chargé.

lad·ing ['leidiŋ] chargement *m*; embarquement *m*.

la·dle ['leidl] **1.** cuiller *f* à pot; poche *f* (*a. métall.*); ⊕ puisoir *m*; **2.** servir (avec une louche); *métall.* couler; ⊕ (*a.* ~ *out*) pucher.

la·dy ['leidi] dame *f*; *titre*: Lady, F milady, madame de ...; *my* ~ madame; *ladies!* mesdames!; *young* ~ demoiselle *f*; jeune dame *f* (*mariée*); ♀ *Day* (fête *f* de) l'Annonciation *f* (*le 25 mars*); ~ *doctor* femme *f* docteur, doctoresse *f*; ~*'s maid* femme *f* de chambre; ~*'s* (*ou ladies'*) *man* galant *m*; '~**-bird** coccinelle *f*, F bête *f* à bon Dieu; '~**-kill·er** bourreau *m* des cœurs; don Juan *m*; '~**·like** distingué; *péj.* efféminé; '~**-love** bien-aimée *f*; '~**·ship**: *her* ~, *Your* ♀ madame (la comtesse *etc.*).

lag[1] [læg] **1.** traîner; (*a.* ~ *behind*) rester en arrière; **2.** retard *m*.

lag[2] *sl.* [~] **1.** forçat *m*; **2.** condamner aux travaux forcés.

lag[3] [~] garnir d'un calorifuge.

la·ger (**beer**) ['lɑ:gə (biə)] bière *f* blonde.

lag·gard ['lægəd] **1.** lent, paresseux (-euse *f*); **2.** traînard *m*.

la·goon [lə'gu:n] *atoll*: lagon *m*; *Adriatique*: lagune *f*.

la·ic ['leiik] **1.** *a.* '**la·i·cal** □ laïque; **2.** laïque *mf*; **la·i·cize** ['laiəsaiz] laïciser.

laid [leid] *prét. et p.p. de lay*[4] 2; ~ *up* alité, au lit; ~ *paper* papier *m* vergé.

lain [lein] *p.p de lie*[2] 2.

lair [lɛə] tanière *f*, repaire *m* (*d'une bête fauve*).

laird *écoss.* [lɛəd] propriétaire *m* foncier; F châtelain *m*.

la·i·ty ['leiiti] laïques *m/pl.*

lake[1] [leik] lac *m*; *ornamental* ~ bassin *m*.

lake[2] [~] *peint.* laque *f*.

lake-dwel·lings ['leikdweliŋz] *pl.* habitations *f* lacustres.

lam *sl.* [læm] *v/t.* (*a.* ~ *into*) rosser, étriller; *v/i.* s'évader, s'enfuir.

lamb [læm] **1.** agneau *m*; ~ *chop* côtelette *f* d'agneau; **2.** agneler.

lam·baste *sl.* [læm'beist] donner une râclée à.

lam·bent ['læmbənt] blafard (*yeux, étoile*); chatoyant (*style, esprit*).

lamb·kin ['læmkin] agnelet *m*; '**lamb·like** doux (douce *f*) comme un agneau; '**lamb·skin** peau *f* d'agneau; *fourrure*: agnelin *m*; '**lambs-wool** laine *f* d'agneau.

lame [leim] **1.** □ boiteux (-euse *f*); estropié; *fig.* faible, piètre (*excuse etc.*); ~ *duck fig.* faible *mf*; ✝ failli *m*; *Am.* député *m* non réélu; **2.** rendre boiteux (-euse *f*); estropier; '**lame-ness** boitement *m*; *cheval*: boiterie *f*; *fig.* faiblesse *f*.

la·ment [lə'mənt] **1.** lamentation *f*; **2.** se lamenter (sur, *for*), pleurer (q., *for s.o.*); **lam·en·ta·ble** □ ['læmən-təbl] lamentable, déplorable; **lam-en'ta·tion** lamentation *f*.

lam·i·na ['læminə], *pl.* **-nae** ['~ni:] lam(ell)e *f*; ⚡ feuillet *m*; ⚘ limbe *m*; '**lam·i·nar** laminaire; **lam·i·nate** ['~nit], **lam·i·nat·ed** ['~neitid] à feuilles; contre-plaqué (*bois*).

lamp [læmp] lampe *f*; *mot.* lanterne *f*; *head* ~ phare *m*; '~**-chim·ney** verre *m* de lampe; '~**·light** lumière *f* de la (*ou* d'une) lampe; '~**·light·er** allumeur *m* de réverbères, lampiste *m*.

lam·poon [læm'pu:n] **1.** satire *f*, libelle *m*, brocard *m*; **2.** lancer des libelles *etc.* contre; chansonner (*q.*); **lam'poon·er, lam'poon·ist** libelliste *m*, satiriste *m*.

lamp-post ['læmppoust] (poteau *m* de) réverbère *m*.

lam·prey *icht.* ['læmpri] lamproie *f*.

lamp·shade ['læmpʃeid] abat-jour *m/inv.*

lance [lɑ:ns] **1.** lance *f*; ⚕ bistouri *m*; *free* ~ soldat *m* mercenaire; *parl.* politique *m* indépendant; *journ.* journaliste *m* indépendant; *couch a* ~ mettre une lance en arrêt; **2.** percer (*a.* ⚕); '~-'**cor·po·ral** ⚔ caporal *m*; **lan·ce·o·late** *surt.* ⚘ ['lænsiəlit] lancéolé; **lanc·er** ['lɑ:nsə] ⚔ lancier *m*; ~*s pl. danse anglaise*: lanciers *m/pl.*

lan·cet ['lɑ:nsit] bistouri *m*, lancette *f*; ~ **arch** ⚠ arc *m* à lancette.

land [lænd] **1.** terre *f*; sol *m*; terrain *m*; pays *m*; propriété *f* foncière; ~*s pl.* terres *f/pl.*, terrains *m/pl.*; ~ *reclamation* mise *f* en valeur (*des marais*); défrichement *m* (*d'un terrain*); ~ *reform* réforme *f* agraire; ~ *register* cadastre *m*; *fig. see how the* ~ *lies* prendre le vent, tâter le terrain; **2.** *v/t.* mettre à terre; ⚓ débarquer (*a. v/t.*); ✈ atterrir (*a. v/i.*); F porter (*un coup*); F remporter (*un *prix*); amener à terre (*un poisson*); ˈ~**-a·gent** intendant *m* (*d'un domaine*); courtier *m* en immeubles; ˈ**land·ed** foncier (-ère *f*) (*propriété*); terrien(ne *f*) (*personne*).

land...: ˈ~**·fall** ⚓ atterrissage *m*; ˈ~**-forc·es** *pl.* armée *f* de terre; ˈ~**-grab·ber** accapareur *m* de terre; ˈ~**·grave** landgrave *m*; ˈ~**·hold·er** propriétaire *m* foncier.

land·ing [ˈlændiŋ] débarquement *m*; ⚔, ⚓ descente *f*; ✈ atterrissage *m*; amerrissage *m*; ✈ ~ *gear* train *m* d'atterrissage; ~ *ground* terrain *m* d'atterrissage; ✈ ~ *run* distance *f* d'atterrissage; ˈ~**-net** épuisette *f*; ˈ~**-stage** débarcadère *m*, embarcadère *m*.

land...: ˈ~**·la·dy** propriétaire *f*; *pension etc.*: logeuse *f*; aubergiste *f*, F patronne *f*; ˈ~**-locked** entouré de terre; intérieur (*lac etc.*); ˈ~**·lop·er** vagabond *m*; ˈ~**·lord** propriétaire *m*; *pension etc.*: logeur *m*; aubergiste *m*, F patron *m*; ˈ~**·lord·ism** landlordisme *m*; ˈ~**·lub·ber** ⚓ *péj.* marin *m* d'eau douce; terrien *m*; ˈ~**·mark** *surt.* ⚓ indice *m*; point *m* coté (*sur une carte*); borne *f* limite; *fig.* point *m* de repère; *fig.* événement *m* marquant; ˈ~**·own·er** propriètaire *mf* foncier (-ère *f*); ~**·scape** [ˈlænskeip] paysage *m*; ~ *architecture ou design* architecture *f* de paysage; ~ *gardener* jardinier *m* paysagiste; ~ *gardening* jardinage *m* paysagiste; ˈ~**·slide** éboulement *m* (de terrain); *fig.* catastrophe *f*; *pol.* débâcle *f*, *Am.* victoire *f* écrasante; ˈ~**·slip** éboulement *m* (de terrain); ~**s·man** ⚓ [ˈ~zmən] terrien *m*; ˈ~**-sur·vey·or** arpenteur *m*; ˈ~**-tax** impôt *m* foncier; ~**·ward** [ˈ~wəd] vers la terre; du côté de la terre.

lane [lein] chemin *m* (vicinal); *ville*: ruelle *f*, passage *m*; ⚓ route *f* de navigation; *mot.* voie *f*.

lang syne *écoss.* [ˈlæŋˈsain] **1.** jadis; **2.** le temps *m* jadis; les jours *m/pl.* d'autrefois.

lan·guage [ˈlæŋgwidʒ] langue *f*; langage *m*; ~ *laboratory* laboratoire *m* de langues; *bad* ~ langage *m* grossier; *strong* ~ langage *m* violent; injures *f/pl.*

lan·guid □ [ˈlæŋgwid] languissant, langoureux (-euse *f*); mou (mol *devant une voyelle ou un h muet*; molle *f*); faible; ˈ**lan·guid·ness** langueur *f*, faiblesse *f*.

lan·guish [ˈlæŋgwiʃ] languir (après, pour *for*); dépérir; ⚘ s'étioler; ⚕ traîner (*affaires*); ˈ**lan·guish·ing** □ languissant, langoureux (-euse *f*); ⚕ faible.

lan·guor [ˈlæŋgə] langueur *f*; ˈ**lan·guor·ous** langoureux (-euse *f*).

lank □ [læŋk] maigre; sec (sèche *f*); efflanqué (*personne, a. bête*); plat (*cheveux*); ˈ**lank·y** □ grand et maigre.

lans·que·net ⚔ [ˈlænskinet] lansquenet *m* (*a. cartes*).

lan·tern [ˈlæntən] lanterne *f*; ⚓ fanal *m*; △ lanterne(au *m*) *f*; *dark* ~ lanterne *f* sourde; ˈ~**-jawed** aux joues creuses; ˈ~**-slide** (diapositive *f* de) projection *f*; ~ *lecture* conférence *f* avec projections.

lan·yard ⚓ [ˈlænjəd] aiguillette *f*.

lap[1] [læp] **1.** *su. cost.* pan *m*; genoux *m/pl.*; ⊕ recouvrement *m*; *corde etc.*: tour *m*; *sp.* tour *m*, circuit *m*; ⚡ guipage *m*; *sp.* ~ *of hono(u)r* tour *m* d'honneur; **2.** *v/t.* enrouler; entourer, envelopper (q. de qch. *s.o. about with s.th., s.th. round s.o.*); ⊕ enchevaucher (*des planches*); ⚡ guiper; *v/i.* (*usu.* ~ *over*) dépasser, chevaucher.

lap[2] [~] **1.** gorgée *f*; coup *m* de langue; *vagues*: clapotis *m*; **2.** laper; *fig.* avaler; clapoter (*vagues*).

lap-dog [ˈlæpdɔg] chien *m* de manchon.

la·pel *cost.* [ləˈpel] revers *m*.

lap·i·dar·y [ˈlæpidəri] lapidaire (*a. su./m*).

lap·pet [ˈlæpit] *cost.* pan *m*; revers *m*; *oreille*: lobe *m*.

lapse [læps] **1.** erreur *f*; faux pas *m*; laps *m* (de temps); délai *m* (*de temps*); défaillance *f* (*de la mémoire*); ⚖ déchéance *f*; *eccl.* apostasie *f*; chute *f*; **2.** déchoir; *au sens moral*: tomber (dans, *into*); manquer à ses devoirs; ⚕ cesser d'être en vigueur; *fig.* rentrer (dans le silence, *into silence*); ⚖ tomber en désuétude; s'abroger (*loi*).

lap·wing *orn.* [ˈlæpwiŋ] vanneau *m*.

lar·ce·ny ⚖ [ˈlɑːsni] larcin *m*, vol *m* insignifiant; *grand* ~ vol *m*; *petty* ~ vol *m* simple.

larch ⚘ [lɑːtʃ] mélèze *m*.

lard [lɑːd] **1.** saindoux *m*, graisse *f* de porc; **2.** larder (de, *with*) (*a.*

fig.); ˈ**lard·er** garde-manger *m/inv.*; ˈ**lard·ing-nee·dle,** ˈ**lard·ing-pin** lardoire *f*; ˈ**lard·y** lardeux (-euse *f*).
large □ [lɑːdʒ] grand; gros(se *f*); fort; nombreux (-euse *f*); large; ~ *farmer* gros fermier *m*; *at* ~ en liberté, libre; en général; en détail; *talk at* ~ parler au hasard; parler longuement (sur qch.); *in* ~ en grand; ˈ**large·ly** en grande partie; pour la plupart; pour une grande part; ˈ**large·ness** grandeur *f*; grosseur *f*; *fig.* largeur *f*; ˈ**large-ˈmind·ed** à l'esprit large; tolérant; ˈ**large-ˈscale** de grande envergure; ˈ**large-ˈsized** de grandes dimensions.
lar·gess(e) *poét.* [ˈlɑːdʒes] largesse *f*.
lark[1] *orn.* [lɑːk] alouette *f*.
lark[2] [~] **1.** farce *f*, blaque *f*; **2.** rigoler, faire des farces; **lark·some** [ˈ~səm] *see larky.*
lark·spur ⚘ [ˈlɑːkspəː] pied *m* d'alouette.
lark·y F [ˈlɑːki] espiègle; folichon(ne *f*).
lar·va *zo.* [ˈlɑːvə], *pl.* **-vae** [ˈ~viː] larve *f*; **lar·val** [ˈ~vl] larvaire; ⚕ latent.
lar·ynx [ˈlæriŋks] larynx *m*.
las·civ·i·ous □ [ləˈsiviəs] lascif (-ive *f*).
la·ser [ˈleizə] laser *m*; ~ *beam* rayon *m* laser.
lash [læʃ] **1.** coup *m* de fouet; lanière *f*; *fig.* supplice *m* du fouet; *œil*: cil *m*; **2.** fouailler; cingler (*a. pluie*); fouetter; *fig.* flageller, cingler; attacher, lier (à, *to*); ⚓ amarrer; ~ *out* ruer (*cheval*); *fig.* se livrer (à, *into*); ~ *out at* lâcher un coup à.
lass [læs] jeune fille *f*; **las·sie** [ˈ~i] fillette *f*.
las·si·tude [ˈlæsitjuːd] lassitude *f*.
last[1] [lɑːst] **1.** *adj.* dernier (-ère *f*); ~ *but one* avant-dernier (-ère *f*); ~ *night* hier soir; la nuit dernière; *the* ~ *two* les deux derniers (-ères *f*); **2.** *su.* dernier (-ère *f*) *m*; bout *m*; fin *f* (= *mort*); *my* ~ ma dernière lettre; mon dernier *m*, ma dernière *f* (*enfant*); *at* ~ enfin; à la fin; *at long* ~ enfin; à la fin (des fins); *breathe one's* ~ rendre le dernier soupir; **3.** *adv.* la dernière fois; le (la) dernier (-ère *f*); ~, *but not least* et mieux encore ..., le dernier, mais non le moindre.

last[2] [~] durer, se maintenir; (*a.* ~ *out*) aller (*comestibles etc.*); faire (*robe etc.*); soutenir (*une allure*).
last[3] [~] forme *f* (*à chaussures*).
last[4] ⚓ [~] *mesure*: last(e) *m*.
last-ditch [lɑːstˈditʃ] ultime, désespéré (*efforts etc.*); **last-ditch·er** jusqu'auboutiste *mf*.
last·ing [ˈlɑːstiŋ] **1.** □ durable; résistant; **2.** *tex.* lasting *m*; ˈ**last·ing·ness** durabilité *f*, permanence *f*.
last·ly [ˈlɑːstli] en dernier lieu; pour finir.
last-min·ute [lɑːstˈminit] de dernière minute *ou* heure.
latch [lætʃ] **1.** loquet *m*; serrure *f* de sûreté; *on the* ~ au loquet; fermé à demi-tour; **2.** fermer au loquet *ou* à demi-tour; ˈ**~-key** clef *f* de maison; passe-partout *m/inv.*
late [leit] en retard; retardé; tard; tardif (-ive *f*) (*fruit etc.*); ancien(ne *f*), ex-; feu (= *mort*); récent; *at (the)* ~*st* au plus tard; tout au plus; *as* ~ *as* pas plus tard que; *of* ~ récemment; *of* ~ *years* ces dernières années; depuis quelques années; ~*r on* plus tard; *be* ~ être en retard; 🚂 avoir du retard *ou* un retard de ...; *keep* ~ *hours* se coucher tard; rentrer tard; ˈ**~-com·er** retardataire *mf*; tard-venu(e *f*) *m*; ˈ**late·ly** dernièrement, récemment; depuis peu.
la·ten·cy [ˈleitənsi] état *m* latent.
late·ness [ˈleitnis] arrivée *f* tardive; date *f* récente; heure *f* avancée; *fruit etc.*: tardiveté *f*.
la·tent □ [ˈleitənt] caché; latent.
lat·er·al □ [ˈlætərəl] latéral (-aux *m/pl.*).
lath [lɑːθ] **1.** latte *f*; *toit*: volige *f*; *jalousie*: lame *f*; **2.** latter; voliger (*un toit*).
lathe [leið] ⊕ tour *m*; *tex., métier*: battant *m*.
lath·er [ˈlɑːðə] **1.** *su.* mousse *f* de savon; écume *f*; **2.** *v/t.* savonner; F rosser (*q.*), fouailler (*un cheval*); *v/i.* mousser (*savon*); jeter de l'écume (*cheval*).
lath·y [ˈlɑːθi] latté; *fig.* long et mince.
Lat·in [ˈlætin] **1.** latin; **2.** Latin(e *f*) *m*; *ling.* latin *m*; ~ **A·mer·i·ca** Amérique *f* latine; ˈ**Lat·in·ism** latinisme m, tournure *f* latine.
lat·i·tude [ˈlætitjuːd] latitude *f* (*a.*

fig., *géog.*, *astr.*); *fig. a.* étendue *f*; liberté *f* d'action; ~*s pl.* latitudes *f/pl.*, F parages *m*; **lat·i'tu·di·nal** [~inl] latitudinal (-aux *m/pl.*); **lat·i·tu·di·nar·i·an** ['~'nɛəriən] **1.** latitudinaire (*a. su./mf*); **2.** partisan(e *f*) *m* du tolérantisme.

lat·ter ['lætə]: *the* ~ le dernier *m*, la dernière *f*; celui-ci *m* (celle-ci *f*, ceux-ci *m/pl.*, celles-ci *f/pl.*); ~ *end* fin *f*; '~**-day** récent, moderne; '**lat·ter·ly** dans les derniers temps; dans la suite; récemment.

lat·tice ['lætis] **1.** (*a.* ~*-work*) treillage *m*, treillis *m*; **2.** treillager, treillisser.

Lat·vi·an ['lætviən] **1.** lettonien(ne *f*); **2.** Lettonien(ne *f*) *m*.

laud [lɔːd] louer, chanter les louanges de; **laud·a'bil·i·ty** caractère *m* louable; '**laud·a·ble** □ louable, digne d'éloges; **lau'da·tion** louange *f*; **laud·a·to·ry** □ ['~ətəri] élogieux (-euse *f*).

laugh [lɑːf] **1.** rire *m*; **2.** (*at*) rire (de); se moquer (de); ~ *off* traiter (*qch.*) en plaisanterie; ~ *out of* faire renoncer à force de plaisanteries; *see sleeve*; '**laugh·a·ble** □ risible, ridicule; '**laugh·er** rieur (-euse *f*) *m*; '**laugh·ing 1.** rires *m/pl.*; **2.** □ riant; rieur (-euse *f*); '**laugh·ing-stock** objet *m* de risée; '**laugh·ter** rire *m*, -s *m/pl*.

launch [lɔːntʃ] **1.** ⚓ lancement *m*; chaloupe *f*; *motor* ~ vedette *f*; **2.** *v/t.* lancer (*a. un navire, une fusée*); débarquer (*un canot*); ⚔ déclencher; *fig.* mettre en train, lancer; *v/i.* ~ *out* lancer un coup (à *at, against*); ⚓ mettre à la mer; ~ (*out*) *into* se lancer dans; '**launch·ing 1.** lancement *m*; **2.** ~ *pad* (*site etc.*) rampe *f* (aire *f etc.*) de lancement.

laun·dress ['lɔːndris] blanchisseuse *f*; '**laun·dry** blanchisserie *f*; lessive *f*.

lau·re·ate ['lɔːriit] **1.** lauréat; *poet* ~ = **2.** poète *m* lauréat.

lau·rel ⚘ ['lɔrl] laurier *m*; *fig. win* ~*s* cueillir des lauriers; '**lau·relled** couronné (de lauriers).

la·va ['lɑːvə] lave *f*.

lav·a·to·ry ['lævətəri] lavabo *m*; cabinet *m* de toilette; *public* ~ cabinets *m/pl*.

lave [leiv] *usu. poét.* laver; ⚕ bassiner.

lav·en·der ⚘ ['lævində] lavande *f*.

lav·ish ['læviʃ] **1.** □ prodigue (de *in, of*); abondant; **2.** prodiguer; '**lav·ish·ness** prodigalité *f*.

law [lɔː] loi *f*; droit *m*; code *m*; législation *f*; justice *f*; règle *f*; *at* ~ en justice, en procès; *go to* ~ avoir recours à la justice; *have the* ~ *of s.o.* faire un procès à q., poursuivre q. en justice; *necessity knows no* ~ nécessité n'a point de loi; *lay down the* ~ expliquer la loi; F dogmatiser; *practise* ~ exercer le droit; '~**-a·bid·ing** ⚖ ami de l'ordre; '~**-court** cour *f* de justice; tribunal *m*; '**law·ful** □ légal (-aux *m/pl.*); licite, permis; légitime; juste; valide (*contrat etc.*); '**law·giv·er** législateur *m*; '**law·less** □ sans loi; désordonné.

lawn[1] [lɔːn] *tex.* batiste *f*; linon *m*.

lawn[2] [~] pelouse *f*; gazon *m*; '~**-mow·er** tondeuse *f*; '~**-'sprin·kler** arrosoir *m* de pelouse; ~ **ten·nis** (lawn-)tennis *m*.

law·suit ['lɔːsjuːt] procès *m*; **law·yer** ['~jə] homme *m* de loi; juriste *m*; jurisconsulte *m*; *see a. solicitor, barrister*.

lax □ [læks] mou (mol *devant une voyelle ou un h muet*; molle *f*); flasque; relâché; négligent; facile (*morale*); **lax·a·tive** ['~ətiv] **1.** laxatif (-ive *f*); **2.** laxatif *m*; '**lax·i·ty**, '**lax·ness** mollesse *f*; relâchement *m*; inexactitude *f*.

lay[1] [lei] *prét. de lie*[2] 2.

lay[2] [~] lai *m*, chanson *f*; *poét.* poème *m*.

lay[3] [~] laïque, lai.

lay[4] [lei] **1.** *su. cordage*: commettage *m*; *terrain*: configuration *f*; *sl.* spécialité *f*; **2.** [*irr.*] *v/t.* coucher; abattre (*q., la poussière*); exorciser (*un fantôme*); mettre (*couvert, qch. sur qch., enjeu, impôt, nappe*); parier (*une somme, fig.* que, *that*); faire (*un pari*); pondre (*un œuf*); porter (*une plainte*); poser (*des fondements, un tapis, qch. sur qch.*); ~ *bare* mettre à nu; dévoiler; découvrir; ~ *before* exposer, présenter à (*q.*); ~ *by* mettre de côté; ~ *down* déposer; rendre (*les armes*); résigner (*un office*); donner (*la vie*); étaler (*les cartes*); poser (*qch., voie, câble, principe*); imposer (*une condition*); formuler (*un principe*); ~ *in* s'approvisionner de; ✝ emmagasiner; ~

in stock s'approvisionner; ~ *low* étendre, abattre; ~ *off* congédier; *peint.* lisser avec la brisse; faire la contre-partie de (*un pari*); *Am. sl.* en finir avec (*q., qch.*), laisser (*tranquille*); ~ *on* imposer; étendre (*un enduit*); ne pas ménager (*des couleurs*); appliquer; porter (*des coups*); amener (*de l'eau*); installer (*le gaz etc.*); *fig.* ~ *it on* (*thick*) flatter (grossièrement); ~ *open* exposer; ~ (*o.s.*) *open to* (s')exposer à (*qch.*); ~ *out* arranger, étaler (*devant les yeux*); disposer (*le jardin*); dépenser (*l'argent*); F aplatir (*q.*); ~ *o.s. out* faire de son mieux (pour *for, to*); ~ *up* accumuler, amasser (*de l'argent, des provisions*); amasser (*des connaissances*); mettre (*qch.*) en réserve; mettre (*la terre*) en jachère; ⚓ mettre en rade; ⚓ désarmer; ~ *with* coucher avec; **3.** [*irr.*] *v/i.* pondre (des œufs); (*a.* ~ *a wager*) parier; ⚓ être (à l'ancre); mettre la table (pour, *for*); ~ *about one* frapper de tous côtés; *sl.* ~ *into* rosser (*q.*); F ~ (*it*) *on* porter des coups.

lay...: **'~·a·bout** *Brit.* F fainéant(e *f*) *m*, paresseux (-euse *f*) *m*; **'~-by** *Brit. mot.* petite aire *f* de stationnement.

lay·er 1. *su.* ['leiə] poseur *m*; parieur *m*; *poule*: pondeuse *f*; *peint. etc.* couche *f*; *géol.* assise *f*, strate *f*; **2.** *v/t.* ⚘ ['lɛə] marcotter; *v/i.* se coucher (*blé*).

lay·ette [lei'et] layette *f*.

lay fig·ure mannequin *m*.

lay·ing ['leiiŋ] *câble, rail, tuyau, etc.*: pose *f*; *fondements*: assise *f*; *œufs*: ponte *f*.

lay·man ['leimən] profane *m*; *eccl.* laïque *m*.

lay...: **'~-off** *Am.* période *f* de chômage; vacances *f/pl.* (*d'un ouvrier*); **'~-out** disposition *f*; tracé *m*.

laz·a·ret, *usu.* **laz·a·ret·to** [læzə'ret(ou)] léproserie *f*; ⚓ lazaret *m*.

laze F [leiz] fainéanter; baguenauder; **'la·zy 1.** paresseux (-euse *f*), fainéant; **2.** = **'la·zy-bones** fainéant(e *f*) *m*, F flémard(e *f*) *m*.

lea *poét.* [li:] prairie *f*.

leach [li:tʃ] *vt/i.* filtrer.

lead[1] [led] **1.** plomb *m*; ⚓ (plomb *m* de) sonde *f*; *typ.* interligne *f*; *crayon*: mine *f*; ~*s pl.* plombs *m/pl.*; ~ *pencil* crayon *m* (à la mine de plomb); **2.** plomber; garnir de plomb; *typ.* interligner.

lead[2] [li:d] **1.** *su.* conduite *f*, exemple *m*; tête *f*; *théâ.* premier rôle *m*, vedette *f*; *cartes*: main *f*, couleur *f*; ⚡ câble *m*, connexion *f*; *chien*: laisse *f*; *journ.* ~ *story* article *m* de tête; *cartes*: *it's my* ~ à moi de jouer; *take the* ~ prendre la tête; *fig.* gagner les devants (sur *of, over*); **2.** [*irr.*] *v/t.* mener, conduire (à, *to*); amener; induire (en, *into*); guider; entamer de (*cartes*); ~ *on* entraîner; *fig.* encourager (à parler); *v/i.* mener, conduire; ~ *to* produire; ~ *off* commencer (par, *with*); *sp.* jouer le premier; ~ *up to* donner accès à; *fig.* introduire, amener.

lead·en ['ledn] de plomb (*a. fig.*).

lead·er ['li:də] chef *m* (*a.* ⚔); conducteur (-trice *f*) *m*; guide *m*; ♪ chef *m* d'attaque; *journ.* article *m* de fond; *cin.* bande *f* amorce; **lead·er·ette** [~'ret] article *m* de fond succinct; **'lead·er·ship** conduite *f*; ⚔ commandement *m*; direction *f*.

lead·ing ['li:diŋ] **1.** premier (-ère *f*), principal (-aux *m/pl.*); de tête; ~ *article* article *f* de fond; ⚕ spécialité *f* de réclame; ⚖ ~ *case* cas *m* d'espèce qui fait autorité; *théâ.* ~ *man* (*lady*) vedette *f*, premier rôle *m*; ⚖ ~ *question* question *f* tendancieuse; **2.** conduite *f*, direction *f*; ⚔ commandement *m*; **'~-strings** *pl.* lisière *f*.

leaf [li:f] (*pl.* *leaves*) ⚘ feuille *f* (*a. or etc., papier*); *fleur*: F pétale *m*; *livre*: feuillet *m*; *porte, table*: battant *m*; *table*: rallonge *f*; **'leaf·age** feuillage *m*; **'leaf·less** sans *ou* dépourvu de feuilles; **leaf·let** ['~lit] feuillet *m*; feuille *f* volante; papillon *m* (*de publicité*); ⚘ foliole *f*; **'leaf·y** feuillu; couvert de feuilles; de feuillage.

league[1] [li:g] lieue *f* (marine) (= *4,8 km.*).

league[2] [~] **1.** ligue *f*; *sp.* ♀ *match* match *m* de championnat; ♀ *of Nations* Société *f* des Nations; **2.** se liguer; **'lea·guer** ligueur (-euse *f*) *m*.

leak [li:k] **1.** écoulement *m*; ⚓ voie *f* d'eau; **2.** couler, fuir; se perdre; ⚓ faire eau; ~ *out* couler; *fig.* s'ébruiter; transpirer; **'leak·age** fuite *f*, perte *f*; ⚕ coulage *m*; *fig.* *secrets*:

fuite *f*; ˈ**leak·y** qui coule; qui prend l'eau; *fig.* peu fidèle, peu discret (-ète *f*).

lean[1] [liːn] maigre (*a. su./m*).

lean[2] [~] **1.** [*irr.*] *v/t.* appuyer (contre, *against*); *v/i.* s'appuyer (sur, *on*; contre, *against*); s'adosser (à, contre *against*); s'accouder; se pencher (sur, *over*; vers, *towards*); pencher (*mur etc.*), incliner (*a. fig.*); **2.** inclinaison *f*; *fig.* (*a.* ˈ**lean·ing**) penchant *m* (pour, *to* [*wards*]); tendance *f* (à, *to*[*wards*]).

lean·ness [ˈliːnnis] maigreur *f*.

leant [lent] *prét. et p.p. de lean*[2] *1*.

lean-to [ˈliːnˈtuː] appentis *m*.

leap [liːp] **1.** *su.* saut *m*, bond *m*; *by ~s and bounds* par bonds et par sauts; **2.** [*irr.*] *v/i.* sauter (*a. fig.*); jaillir (*flamme etc.*); *v/t.* franchir d'un saut; sauter; ˈ**~-frog 1.** saute-mouton *m*; **2.** sauter comme à saute-mouton; **leapt** [lept] *prét. et p.p. de leap 2*; ˈ**leap-year** année *f* bissextile.

learn [ləːn] [*irr.*] apprendre; *~ from* mettre (*qch.*) à profit; **learn·ed** □ [ˈ~id] instruit, savant; ˈ**learn·er-driv·er** conducteur *m* novice; ˈ**learn·ing** étude *f*; action *f* d'apprendre; érudition *f*; **learnt** [ləːnt] *prét. et p.p. de learn*.

lease [liːs] **1.** bail (*pl.* baux) *m*; *terre*: bail *m* à ferme; *fig.* concession *f*; *let* (*out*) *on ~* louer à bail; *a new ~ of life* un renouveau *m* de vie; **2.** donner *ou* prendre à bail; louer; affermer (*une terre*); ˈ**~·hold** tenure *f ou* propriété *f* à bail; *attr.* tenu à bail; ˈ**~·hold·er** bailleur *m*.

leash [liːʃ] **1.** laisse *f*, attache *f*; *chasse*: harde *f* (= *3 chiens*); **2.** mettre à l'attache.

least [liːst] **1.** *adj.* le (*la*) moindre; le (*la*) plus petit(e); **2.** *adv.* (le) moins; *not ~* pas le moindre; **3.** *su.*: *at* (*the*) *~* au moins; du moins; *at the very ~* tout au moins; *not in the ~* pas du tout; *to say the ~* pour ne pas dire plus.

leath·er [ˈleðə] **1.** cuir *m*; F *foot.* ballon *m*; *~s pl.* culotte *f ou* guêtres *f/pl.* de cuir; **2.** de *ou* en cuir; **3.** garnir de cuir; F tanner le cuir à, rosser; **leath·er·ette** [~ˈret] similicuir *m*; **leath·ern** [ˈleðən] de cuir, en cuir; ˈ**leath·er·y** qui ressemble au cuir; coriace (*viande*).

leave [liːv] **1.** permission *f*, autorisation *f*; (*a. ~ of absence*) *mois*: congé *m*, *jours*: permission *f*; *by your ~* si vous le voulez bien; **2.** [*irr.*] *v/t.* laisser; abandonner; déposer (à la consigne); léguer (*une fortune etc.*); quitter (*un endroit*); sortir de; F *~ it at that* en demeurer là; *see call*; *~ behind* laisser (*a. des traces*), oublier; devancer, distancer; *~ off* cesser; renoncer à (*une habitude*); cesser de porter (*un vêtement*); *v/i.* partir (pour, *for*).

leaved [liːvd] aux feuilles ...; feuillu; à ... battants (*porte*); à ... rallonges (*table*).

leav·en [ˈlevn] **1.** levain *m*; **2.** faire lever; *fig.* modifier (par, *with*); ˈ**leav·en·ing** ferment *m*; *fig.* addition *f*, nombre *m*.

leaves [liːvz] *pl. de leaf*.

leav·ings [ˈliːviŋz] *pl.* restes *m/pl.*

lec·tern *eccl.* [ˈlektən] lutrin *m*.

lec·ture [ˈlektʃə] **1.** conférence *f* (sur, *on*); leçon *f* (de, *on*); *give a ~* faire une conférence; *attend ~s* suivre un cours; *see curtain ~*; *read s.o. a ~* faire une semonce à q.; **2.** *v/i.* faire une conférence (sur, *on*); faire un cours (de, *on*); *v/t.* F semoncer, sermonner; ˈ**lec·tur·er** conférencier (-ère *f*) *m*; *univ.* maître *m* de conférences; chargé *m* de cours; professeur *m*; ˈ**lec·ture·ship** poste *m* de conférencier (-ère *f*); *univ.* maîtrise *f* de conférences.

led [led] *prét. et p.p. de lead*[2] *2*.

ledge [ledʒ] rebord *m*; saillie *f*; corniche *f*; banc *m* de récifs.

ledg·er [ˈledʒə] † grand livre *m*; *Am.* registre *m*; ⊕ *échafaudage*: filière *f*.

lee ⚓ [liː] côté *m* sous le vent.

leech [liːtʃ] *zo.* sangsue *f* (*a. fig.*); *fig.* crampon *m*.

leek ⚘ [liːk] poireau *m*.

leer [liə] **1.** œillade *f* en dessous; regard *m* paillard; **2.** *~ at* lorgner d'un air méchant; lancer des œillades à; ˈ**leer·y** □ *sl.* malin (-igne *f*), rusé; soupçonneux (-euse *f*).

lees [liːz] *pl.* lie *f* (*a. fig.*).

lee·ward ⚓ [ˈliːwəd] sous le vent.

lee·way ⚓ [ˈliːwei] dérive *f*; *make ~* dériver; *fig.* traîner; *fig. make up ~* rattraper le temps perdu.

left[1] [left] *prét. et p.p. de leave 2*; *be ~* rester.

left² [~] *adj.* gauche; **2.** *adv.* à gauche; **3.** *su.* gauche *f*; **'~-'hand** de *ou* à gauche; *mot.* ~ *drive* conduite *f* à gauche; **'~-'hand·ed** □ gaucher (-ère *f*) (*personne*); *fig.* gauche; douteux (-euse *f*) (*compliment*); ⊕ à gauche.

left·ist *pol.* ['leftist] gauchiste (*adj.*, *mf*).

left...: **'~-'lug·gage lock·er** casier *m* à consigne automatique; **'~-'lug·gage of·fice** consigne *f*; **'~-o·vers** *pl.* restes *m/pl.*

Left-Wing *pol.* ['left'wiŋ] de gauche.

leg [leg] jambe *f*; *chien, oiseau, etc.*: patte *f*; *table*: pied *m*; ⚒ branche *f*; *course*: étape *f*; ~ *of mutton* gigot *m*; *give s.o. a* ~ *up* faire la courte échelle à q.; F donner un coup d'épaule à q.; F *be on one's last* ~*s* être à bout de ses ressources; *pull s.o.'s* ~ se payer la tête de q., faire marcher q.

leg·a·cy ['legəsi] legs *m*; **'~-'hunt·er** coureur (-euse *f*) *m* d'héritages.

le·gal □ ['li:gəl] légal (-aux *m/pl.*); juridique; judiciaire; de droit; de loi; ~ *adviser* conseiller *m* juridique; ~ *aid* assistance *f* judiciaire; ~ *capacity* capacité *f* de contracter; ~ *costs pl.* dépens *m/pl.*, frais *m/pl.* de justice; ⚕ ~ *department* service *m* du contentieux; ~ *dispute* litige *m*, procès *m*; ~ *entity* personne *f* morale; ~ *remedy* voie *f* de recours; ~ *status* capacité *f* juridique; *see tender² 1*; **le·gal·i·ty** [li'gæliti] légalité *f*; **le·gal·i·za·tion** [li:gəlai'zeiʃn] légalisation *f*; **'le·gal·ize** rendre légal; autoriser; authentiquer (*un document*).

leg·ate ['legit] légat *m* (*du pape*).

leg·a·tee ⚖ [legə'ti:] légataire *mf.*

le·ga·tion [li'geiʃn] légation *f*.

leg-bail ['leg'beil]: *give* ~ F s'évader; filer à l'anglaise.

leg·end ['ledʒənd] légende *f* (*a.* = *inscription*); explication *f*; **'leg·end·ar·y** légendaire.

leg·er·de·main ['ledʒədə'mein] passe-passe *m/inv.*; prestidigitation *f*.

legged [legd] à *ou* aux jambes; *short-*~ aux jambes courtes; **leg·gings** ['~z] *pl.* guêtres *f/pl.*; **'leg·gy** aux longues jambes.

leg·horn [le'gɔ:n] chapeau *m* de paille d'Italie; *poule*: leghorn *f*.

leg·i·bil·i·ty [ledʒi'biliti] lisibilité *f*; **leg·i·ble** ['ledʒəbl] □ lisible.

le·gion ['li:dʒən] légion *f* (*a. fig.*); **'le·gion·ar·y** légionnaire (*a. su./m*).

leg·is·late ['ledʒisleit] faire des lois; **leg·is'la·tion** législation *f*; **'leg·is·la·tive** □ législatif (-ive *f*); **'leg·is·la·tor** législateur *m*; **leg·is·la·ture** ['~tʃə] législature *f*; corps *m* législatif.

le·git·i·ma·cy [li'dʒitiməsi] *enfant, opinion, etc.*: légitimité *f*; **le'git·i·mate 1.** [~mit] □ légitime; F vrai; **2.** [~meit] (*a.* **le'git·i·mize**) légitimer; **le·git·i'ma·tion** légitimation *f*; légalisation *f*.

leg·room ['legrum] place *f* pour les jambes.

leg·ume ['legju:m] fruit *m* d'une légumineuse; **le'gu·mi·nous** légumineux (-euse *f*).

lei·sure ['leʒə] loisir *m*, -s *m/pl.*; ~ *activities pl.* loisirs *m/pl.*; ~ *time* temps *m* libre, loisir *m*; ~ *wear* tenue *f* de détente; *be at* ~ être de loisir; *at your* ~ à (votre) loisir; **'lei·sured** de loisir; désœuvré; **'lei·sure·ly 1.** *adj.* posé, tranquille; qui n'est pas pressé; **2.** *adv.* posément; à loisir.

lem·on ['lemən] **1.** citron *m*; *sl.* saloperie *f*; **2.** jaune citron *adj./inv.*; **lem·on·ade** [~'neid] limonade *f*; **lem·on squash** citron *m* pressé; citronnade *f*; **'lem·on-squeez·er** presse-citron *m/inv.*

lend [lend] [*irr.*] prêter (*a. secours*); ~ *out* louer; ~ *o.s. to* se prêter à; ~*ing library* bibliothèque *f* de prêt; **'~-'Lease Act** loi *f* prêt-bail (*américaine*); **'lend·er** prêteur (-euse *f*) *m*.

length [leŋθ] longueur *f*; morceau *m*; pièce *f*; *temps*: durée *f*; *at* ~ enfin, à la fin; *at (great)* ~ d'un bout à l'autre; *go all* ~*s* aller jusqu'au bout; *go (to) great* ~*s* se donner bien de la peine (pour, *to*); *he goes the* ~ *of saying* il va jusqu'à dire; **'length·en** (s')allonger; (se) prolonger; *v/i.* augmenter; **'length·ways**, **'length·wise** □ en longueur, en long; **'length·y** assez long; plein de longueurs (*discours etc.*).

le·ni·ence, **le·ni·en·cy** ['li:njəns(i)], **len·i·ty** ['leniti] clémence *f*; douceur *f*; **le·ni·ent** □ ['li:njənt] clément, indulgent (pour, envers *to* [-*wards*]); **'len·i·tive** ⚕ **1.** lénitif (-ive *f*); **2.** lénitif *m*.

lens [lenz] loupe *f*; *opt.* lentille *f*,

verre *m*; *phot.* objectif *m*; *phot.* ~ *system* objectif *m*.

lent[1] [lent] *prét. et p.p. de lend.*

Lent[2] [~] carême *m*.

Lent·en ['lentən] de carême (*a. fig.*).

len·tic·u·lar □ [len'tikjulə] lentiforme, lenticulaire.

len·til ⚘ ['lentil] lentille *f*.

Leo *astr.* ['li:ou] le Lion.

leop·ard ['lepəd] léopard *m*.

le·o·tard ['li:ətɑ:d] collant *m*, maillot *m*.

lep·er ['lepə] lépreux (-euse *f*) *m*.

lep·ro·sy ⚕ ['leprəsi] lèpre *f*; '**lep·rous** lépreux (-euse *f*).

les·bi·an ['lezbiən] **1.** lesbien; **2.** lesbienne *f*; '**les·bi·an·ism** lesbianisme *m*.

lese-maj·es·ty ⚖ ['li:z'mædʒisti] lèse-majesté *f*.

le·sion ⚖, ⚕ ['li:ʒən] lésion *f*.

less [les] **1.** *adj.* moindre; plus petit; moins de; inférieur; † moins important, mineur; *no* ~ *a person than* ne ... rien moins que; **2.** *adv.* moins; **3.** *prp.* ℞ moins; † sans; **4.** *su.* moins *m*; *no* ~ *than* ne ... rien moins que; autant que.

les·see [le'si:] locataire *mf*; concessionnaire *mf*.

less·en ['lesn] *v/t.* amoindrir, diminuer; ralentir; raccourcir; *fig.* atténuer; *v/i.* diminuer, s'amoindrir; *fig.* s'atténuer.

less·er ['lesə] petit; moindre.

les·son ['lesn] **1.** leçon *f* (*a. eccl.*, *a. fig.*); exemple *m*; ~*s pl.* leçons *f/pl.*; cours *m*; **2.** faire la leçon à, enseigner.

les·sor ⚖ [le'sɔ:] bailleur (-eresse *f*) *m*.

lest [lest] de peur *ou* de crainte que ... ne (*sbj.*) *ou* de (*inf.*).

let[1] [let] [*irr.*] *v/t.* permettre, laisser; faire (*inf.*); louer (*une maison etc.*); ~ *alone* laisser tranquille *ou* en paix; laisser (*q.*) faire; ne pas se mêler de (*qch.*); *adv.* sans parler de ...; ~ *down* baisser; F laisser (*q.*) en panne; ~ *s.o. down gently* refuser qch. à q. *ou* corriger q. avec tact; ~ *fly* lancer; lâcher; ~ *go* lâcher; ⚓ mouiller (*l'ancre*); ~ *into* laisser entrer; *cost.* incruster; mettre (dans un secret, *into a secret*); ~ *loose* lâcher; ~ *off* tirer; décocher (*a. fig. une épigramme*); *fig.* dispenser (de *inf.*, *from gér.*); *see steam*; ~ *out* laisser sortir; laisser échapper; *cost.* rélargir; (*a.* ~ *on hire*) louer; *v/i.* se louer (à *at*, *for*); ~ *on* rapporter, trahir; ~ *up* diminuer; cesser.

let[2] [~] *tennis*: (*a.* ~ *ball*) balle *f* de filet; *without* ~ *or hindrance* sans entrave, en toute liberté.

let·down F ['letdaun] déception *f*.

le·thal □ ['li:θl] mortel(le *f*).

le·thar·gic, le·thar·gi·cal □ [le'θɑ:dʒik(l)] léthargique (*a. fig.*); **leth·ar·gy** ['leθədʒi] léthargie *f*; *fig.* inaction *f*, inertie *f*.

let·ter ['letə] **1.** lettre *f*; caractère *m*; missive *f*; ~*s pl.* (belles-)lettres *f/pl.*; littérature *f*; *by* ~ par lettre, par correspondance; *man of* ~*s* homme *m* de lettres, littérateur *m*; *to the* ~ au pied de la lettre; **2.** marquer avec des lettres; ⚖, † coter; mettre le titre à (*un livre*); '~**-bal·ance** pèse-lettre *m*; '~**-box** boîte *f* aux lettres; '~**-car·ri·er** *Am.* facteur *m*; '~**-case** portefeuille *m*; '~**-cov·er** enveloppe *f*; '**let·tered** marqué avec des lettres; *fig.* lettré; '**let·ter-file** classeur *m* de lettres; relieur *m*; '**let·ter·found·er** fondeur *m* typographe; **let·ter·gram** *Am.* ['~græm] télégramme *m* à tarif réduit; '**let·ter·head** en-tête *m* (*pl.* en-têtes); '**let·ter·ing** lettrage *m*; inscription *f*.

let·ter...: '~-'**o·pen·er** ouvre-lettres *m/inv.*; '~**-pa·per** papier *m* à lettres; '~'**per·fect** *théâ.*: *be* ~ savoir son rôle par cœur; '~**·press** *typ.* impression *f* typographique; texte *m*; ~ *printing* typographie *f*; '~**-press** presse *f* à copier; '~**-weight** presse-papiers *m/inv.*

let·tuce ⚘ ['letis] laitue *f*.

let·up F ['letʌp] relâchement *m*, diminution *f*; arrêt *m*; *without* (*a*) ~ *a.* sans s'arrêter, d'affilé.

leuco... [lju:ko] leuco-; **leu·co·cyte** ['~sait] leucocyte *m*.

le·vant [li'vænt] F décamper sans payer.

lev·ee[1] ['levi] réception *f* royale; *hist.* lever *m*.

lev·ee[2] *Am.* [~] digue *f*, endiguement *m*, levée *f* (*d'une rivière*).

lev·el ['levl] **1.** *adj.* égal (-aux *m/pl.*); à *ou* de niveau; *fig.* équilibré; ~ *with* à fleur de; *my* ~ *best* tout mon possible; 🚂 ~ *crossing* passage *m* à niveau; *cuis.* *a* ~ *spoonful* une cuillerée rase; **2.** *su.* niveau *m* (*a.* ⊕, *a. fig.*); terrain *m ou* surface *f* de niveau; hauteur *f*; 🚂, *mot.* palier *m*; ⚒ galerie *f* (de niveau); ~ *of the sea* niveau *m* de la mer; *on a* ~ *with* de niveau avec, à la hauteur de; *fig.* au niveau de (*q.*); *dead* ~ franc niveau *m*, 🚂 palier *m* absolu; *fig.* uniformité *f*; *on the* ~ loyal (-aux *m/pl.*); tout à fait sincère; **3.** *v/t.* niveler, aplatir, égaliser; *surv.* déniveler; pointer (*un fusil*); braquer (*un canon*); *fig.* raser (*une ville*); *fig.* lancer (contre, *at*); ~ *with* (*ou to*) *the ground* raser (*qch.*); ~ *down* araser; *fig.* abaisser à son niveau; ~ *up* élever (*qch.*) au niveau (de qch., *to s.th.*); *v/i.* ~ *at* (*ou against*) viser; ~ *off* cesser de monter, se raffermir (*prix*); **ˈ~-ˈhead·ed** à la tête bien équilibrée; (à l'esprit) rassis; **ˈlev·el·(l)er** *surv.* niveleuse *f* de route; *personne*: niveleur (-euse *f*) *m*; *pol.* égalitaire *mf*; **ˈlev·el·(l)ing** de nivellement.

le·ver [ˈliːvə] **1.** *su.* levier *m*; **2.** *v/t.* soulever au moyen d'un levier; *v/i.* manœuvrer un levier; **ˈle·ver·age** force *f* de levier; *fig.* prise *f*.

lev·er·et [ˈlevərit] levraut *m*.

le·vi·a·than [liˈvaiəθən] *bibl.* Léviathan *m*; *fig.* navire *m* monstre.

lev·i·gate *pharm.* [ˈlevigeit] réduire en poudre; délayer (avec, *with*).

lev·i·tate [ˈleviteit] *spiritisme*: (se) soulever (par lévitation).

lev·i·ty [ˈleviti] légèreté *f*, manque *m* de sérieux.

lev·y [ˈlevi] **1.** *impôt, a.* ⚔ *troupes*: levée *f*; ⚔ *chevaux*: réquisition *f*; impôt *m*, contribution *f*; *capital* ~ prélèvement *m* sur le capital; **2.** lever, percevoir (*un impôt*); imposer (*une amende*); ⚔ lever (*des troupes*); réquisitionner; faire (*la guerre, du chantage*).

lewd □ [luːd] lascif (-ive *f*); impudique; **ˈlewd·ness** impudicité *f*; débauche *f*.

lex·i·cal □ [ˈleksikl] lexicologique.

lex·i·cog·ra·pher [leksiˈkɔgrəfə] lexicographe *mf*; **lex·i·co·graph·i·cal** □ [~koˈgræfikl] lexicographique; **lex·i·cog·ra·phy** [~ˈkɔgrəfi] lexicographie *f*.

li·a·bil·i·ty [laiəˈbiliti] responsabilité *f* (*a.* ⚖); risque *m* (de, *to*); *fig.* disposition *f*, tendance *f* (à, *to*); *liabilities pl.* engagements *m/pl.*; ⚕ ensemble *m* des dettes; passif *m*.

li·a·ble □ [ˈlaiəbl] ⚖ responsable (de, *for*); passible (de, *for*) (*une amende, un impôt*); sujet(te *f*), apte (à, *to*); susceptible (de *inf.*, *to inf.*); *Am.* probable; *be* ~ *to* avoir une disposition à; être sujet(te *f*) à; ~ *to duty* assujetti à un impôt; ~ *to punishment* punissable.

li·aise F [liˈeiz] entrer *ou* rester en liaison; **li·ai·son** [liˈeizɔ̃ːŋ] liaison *f* (*a.* ⚔); *attr.* de liaison.

li·ar [ˈlaiə] menteur (-euse *f*) *m*.

li·bel [ˈlaibl] **1.** diffamation *f*, calomnie *f* (contre, *on*); ⚖ écrit *m* diffamatoire; **2.** calomnier; ⚖ diffamer (par écrit); **ˈli·bel·(l)ous** □ diffamatoire; *fig.* peu flatteur (-euse *f*).

lib·er·al [ˈlibərəl] **1.** □ libéral (-aux *m/pl.*) (*a. pol.*); généreux (-euse *f*); prodigue (de, *of*); abondant; **2.** *pol.* libéral (-aux *pl.*) *m*; **ˈlib·er·al·ism** libéralisme *m*; **lib·er·al·i·ty** [~ˈræliti] libéralité *f*; générosité *f*.

lib·er·ate [ˈlibəreit] libérer (*a.* ⚗); mettre en liberté; délivrer (de, *from*); affranchir (*un esclave*); **lib·erˈa·tion** libération *f*; **ˈlib·er·a·tor** libérateur (-trice *f*) *m*; **ˈlib·er·a·to·ry** libératoire.

lib·er·tar·i·an [libəˈtɛəriən] libertaire *mf*.

lib·er·tine [ˈlibətain] **1.** libertin, débauché (*a. su./m*); **2.** libre penseur *m*; **lib·er·tin·ism** [ˈ~tinizm] libertinage *m*, débauche *f*.

lib·er·ty [ˈlibəti] liberté *f*; permission *f*; *take liberties* prendre des libertés (avec, *with*); *be at* ~ être libre (de, *to*).

li·bid·i·nous □ [liˈbidinəs] libidineux (-euse *f*), lascif (-ive *f*); **li·bi·do** [liˈbiːdou] libido *f*.

li·brar·i·an [laiˈbrɛəriən] bibliothécaire *m*; **li·brar·y** [ˈlaibrəri] bibliothèque *f*; ~ *science* bibliothéconomie *f*.

lice [lais] *pl. de louse 1*.

li·cence [ˈlaisəns] *admin.* permis *m*, autorisation *f*, patente *f*; permission *f*; *fig.* licence *f* (*a. morale, a. univ.*); *driving* ~ permis *m* de conduire; *mot.* ~ *number* numéro *m* d'immatriculation; *mot.* ~ *plate* plaque *f* d'immatriculation *ou* minéralogique.

li·cense [~] **1.** *see licence*; **2.** accorder un permis à; ⚕ patenter (*q.*); autoriser la parution de (*un livre, une pièce de théâtre, etc.*); *Brit.* (*fully*) *~d* autorisé à vendre des boissons alcooliques; **li·cen·see** [~ˈsiː] patenté(e *f*) *m*; concessionnaire *mf*; **ˈli·cens·er** concesseur *m*; *théâ. etc.*: censeur *m*.
li·cen·ti·ate *univ.* [laiˈsenʃiit] licence *f*; *personne*: licencié(e *f*) *m*.
li·cen·tious □ [laiˈsenʃəs] licencieux (-euse *f*); dévergondé.
li·chen ⚘, *a.* ⚕ [ˈlaiken] lichen *m*.
lich-gate [ˈlitʃgeit] porche *m* (couvert) de cimetière.
lick [lik] **1.** coup *m* de langue; *Am.* terrain *m* salifère; *sl.* † coup *m*; F vitesse *f*; **2.** lécher; F battre, rosser; *~ the dust* mordre la poussière; *~ into shape* façonner; mettre au point; **ˈlick·er** celui *m* (celle *f*) qui lèche; ⊕ lécheur *m*; **ˈlick·er·ish** friand; gourmand, avide (de, *after*); **ˈlick·ing** lèchement *m*; F raclée *f*; F défaite *f*; **ˈlick·spit·tle** flagorneur *m*.
lic·o·rice ⚘ *Am.* [ˈlikəris] réglisse *f*.
lid [lid] couvercle *m*; *sl.* chapeau *m*; paupière *f*.
lie[1] [lai] **1.** mensonge *m*; *give s.o. the ~* donner un démenti à q.; *tell a ~* mentir; *white ~* mensonge *m* innocent; **2.** mentir.
lie[2] [~] **1.** (dis)position *f*; ⚓, *géol.* gisement *m*; **2.** [*irr.*] être couché; se tenir, rester; se trouver; ⚖ être recevable; *~ by* rester inactif (-ive *f*); être en réserve; se tenir à l'écart; *~ down* se coucher; *take it lying down* se laisser faire, ne pas dire mot; *~ in* (*adv.*) être en couches; (*prp.*) être situé dans; *~ in wait for* se tenir à l'affût de (*q.*); ⚕ *~ over* différer l'échéance de; ⚓ *~ to* être à la cape; *~ under* être dominé par; encourir (*un déplaisir*); être sous le coup de (*une accusation*); *~ up* rentrer dans l'inactivité; garder le lit; *it ~s with you* il vous incombe (de *inf.*, *to inf.*).
lie-a·bed [ˈlaiəbed] grand(e *f*) dormeur (-euse *f*) *m*; paresseux (-euse *f*) *m*.
liege [liːdʒ] *hist.* **1.** lige; **2.** (*a. ~lord*) suzerain *m*; (*a. ~man*) vassal *m*.
li·en ⚖ [ˈliːən] privilège *m*.
lieu [ljuː]: *in ~ of* au lieu de.
lieu·ten·an·cy [lefˈtenənsi; ⚓ leˈt-; *Am.* luːˈtenənsi] grade *m* de lieutenant (⚓ de vaisseau); *hist.* lieutenance *f*.
lieu·ten·ant [lefˈtenənt; ⚓ leˈt-; *Am.* luːˈtenənt] lieutenant *m* (⚓ de vaisseau); *fig.* délégué *m*, premier adjoint *m*; **ˈ~-ˈcolo·nel** lieutenant-colonel (*pl.* lieutenants-colonels) *m*; **ˈ~-comˈmand·er** capitaine *m* de corvette; lieutenant *m* de vaisseau; **ˈ~-ˈgen·er·al** général *m* de division; *Am.* † commandant *m* en chef; **ˈ~-ˈgov·er·nor** sous-gouverneur *m*; vice-gouverneur *m* (*d'un État des É.-U.*).
life [laif] (*pl. lives*) vie *f*; vivant *m*; biographie *f*; *~ and limb* corps et âme; *for ~* à vie, à perpétuité; *for one's* (*ou for dear*) *~* de toutes ses (*etc.*) forces; *to the ~* naturel(le *f*); *~* **an·nu·i·ty** rente *f* viagère; **ˈ~-as·sur·ance** assurance *f* sur la vie, assurance-vie (*pl.* assurances-vie) *f*; **ˈ~·belt** ceinture *f* de sauvetage; **ˈ~-blood** sang *m*; *fig.* âme *f*; **ˈ~·boat** canot *m* de sauvetage; **ˈ~·buoy** bouée *f* de sauvetage; *~* **ex·pect·an·cy** espérance *f* de vie; **ˈ~-guard** garde *f* du corps; **ˈ~·guard** *Am.* sauveteur *m* (*à la plage*); *~* **in·sur·ance** *see life assurance*; *~* **in·ter·est** usufruit *m* (de, *in*); **ˈ~-ˈjack·et** ⚓ brassière *f* de sauvetage; **ˈ~·less** □ sans vie; mort; *fig.* sans vigueur, inanimé; **ˈ~·less·ness** absence *f* de vie; manque *m* d'animation; **ˈ~·like** vivant; **ˈ~·line** ligne *f* de sauvetage; *à bord*: sauvegarde *f*; **ˈ~·long** de toute la vie; **ˈ~-pre·serv·er** ⚓ appareil *m* de sauvetage; canne *f* plombée; casse-tête *m/inv.*; *~* **raft** radeau *m* de sauvetage; *~* **sen·tence** ⚕ condamnation *f* à vie; **ˈ~-ˈsize** de grandeur naturelle; **ˈ~·span** (durée *f* de) vie *f*; **ˈ~-strings** *pl.* ce qui est nécessaire à l'existence; **ˈ~·time** vie *f*, vivant *m*.
lift [lift] **1.** *su.* haussement *m*; levée *f* (*a.* ⊕); ⊕ hauteur *f* de levage; ✈ poussée *f*; *fig.* élévation *f*; ascenseur *m*; *give s.o. a ~* donner un coup de main à q.; *mot.* conduire q. un bout; **2.** *v/t.* (*souv. ~ up*) *usu.* lever; soulever; redresser; relever; élever (*la voix*); *sl.* plagier; *sl.* voler; *v/i.* s'élever; ✈ décoller; **ˈ~-at·tend·ant** liftier (-ère *f*) *m*; **ˈlift·er**

souleveur *m*; ⊕ came *f*; ˈ**lift·ing** ⊕ de levée; de levage; de suspension; ˈ**lift-off** décollage *m*.

lig·a·ment *anat*. [ˈligəmənt] ligament *m*.

lig·a·ture [ˈligətʃuə] **1.** ⚕, *typ*. ligature *f*; ♪ liaison *f*; **2.** ⚕ ligaturer; lier.

light[1] [lait] **1.** *su*. lumière *f*; jour *m* (*a. fig*.); lampe *f*; feu *m*, phare *m*; fenêtre *f*; éclairage *m*; *fig*. ~*s pl*. lumières *f/pl*.; *phot*. ~ *meter* photomètre *m*; ~ *wave* onde *f* lumineuse; ~ *year* année-lumière *f* (*pl*. années-lumière); *in the* ~ *of* à la lumière de (*a. fig*.); *bring to* ~ mettre à jour; *come to* ~ se révéler; *will you give me a* ~ voudriez-vous bien me donner du feu?; *put a* ~ *to* allumer; *see the* ~ voir le jour (= *naître*); *fig*. comprendre, *Am*. être convaincu; **2.** *adj*. clair; éclairé; blond; ~ *blue* bleu clair *inv*.; **3.** [*irr*.] *v/t*. (*souv*. ~ *up*) allumer; éclairer; illuminer (*la rue*, *un visage*, *etc*.); ~ *up to* éclairer (*q*.) jusqu'à (en); *v/i*. (*usu*. ~ *up*) s'allumer; s'éclairer; *Am. sl*. ~ *out* détaler, ficher le camp.

light[2] [~] **1.** □ *usu*. léger (-ère *f*); frivole; amusant; facile; ~ *car* voiturette *f*; ~ *reading* lecture *f* distrayante; *make* ~ *of* faire peu de cas de; prendre à la légère; **2.** *see lights*; **3.** ~ *on* s'abattre sur (*a. oiseau*); tomber sur (*a. fig*.); rencontrer; trouver par hasard.

light·en[1] [ˈlaitn] (s')éclairer; *v/i*. faire des éclairs.

light·en[2] [~] *v/t*. alléger (*a. fig*.); réduire le poids de; *v/i*. être soulagé.

light·er[1] [ˈlaitə] *personne*: allumeur (-euse *f*) *m*; (*a. petrol*-~) briquet *m*.

light·er[2] ⚓ [~] péniche *f*, chaland *m*.

light...: ˈ~-ˈ**fin·gered** aux doigts agiles; ˈ~-**fit·ting** plafonnier *m*; *mur*: applique *f*; ˈ~-ˈ**foot·ed** au pied léger, leste; ˈ~-ˈ**head·ed** étourdi; *feel* ~ avoir le cerveau vide; ˈ~-ˈ**heart·ed** □ allègre; au cœur léger; ~-ˈ**heav·y weight** *sp*. (poids *m*) mi-lourd *m*; ˈ~·**house** phare *m*.

light·ing [ˈlaitiŋ] *mot*. (*a*. ~-*up*), *a. bâtiment*: éclairage *m*; ⚡ ~ *point* prise *f* de courant (d'éclairage).

light·less [ˈlaitlis] sans lumière.

light·ly [ˈlaitli] *adv*. légèrement; à la légère; à bon marché; ˈ**light-ˈmind·ed** frivole, étourdi; ˈ**light·ness** légèreté *f*.

light·ning [ˈlaitniŋ] **1.** éclairs *m/pl*., foudre *f*; **2.** de paratonnerre; *fig*. foudroyant, rapide; ˈ~-**arˈrest·er** parafoudre *m*; ˈ~-**con·duc·tor**, ˈ~-**rod** (tige *f* de) paratonnerre *m*; ˈ~-**strike** grève *f* surprise.

lights [laits] *pl*. mou *m* (*de veau etc*.).

light·ship [ˈlaitʃip] bateau-feu (*pl*. bateaux-feux) *m*; ˈ**light-treat·ment** ⚕ photothérapie *f*.

light weight *sp*. [ˈlaitˈweit] poids *m* léger; ˈ**light-weight** *sp*. léger (-ère *f*).

lig·ne·ous [ˈligniəs] ligneux (-euse *f*); **lig·nite** [ˈlignait] lignite *m*.

like [laik] **1.** *adj*., *adv*. pareil(le *f*), semblable, tel(le *f*); ~ *a man* digne de l'homme; qui ressemble à un homme; F *he is* ~ *to die* il est en cas de mourir; *such* ~ similaire, de la sorte; F *feel* ~ (*gér*.) se sentir d'humeur à (*inf*.); avoir envie de (*inf*.); *s.th*. ~ qch. d'approchant à; environ (*2 mois*, *100 francs*); ~ *that* de la sorte; *what is he* ~? comment est-il?; *that's more* ~ *it* à la bonne heure!; cela en approche plus; cela laisse moins à désirer; **2.** *su*. semblable *mf*, pareil(le *f*) *m*; ~*s pl*. préférences *f/pl*.; sympathies *f/pl*.; *his* ~ ses congénères; *the* ~ chose *f* pareille; F *the* ~(*s*) *of* des personnes *ou* choses comme; **3.** *v/t*. aimer; avoir de la sympathie pour; souhaiter, vouloir; *how do you* ~ *London*? comment trouvez-vous Londres?, vous vous plaisez à Londres?; *I should* ~ *time* il me faut du temps; *I should* ~ *to know* je voudrais bien savoir.

lik(**e**)·**a·ble** [ˈlaikəbl] sympathique, agréable.

like·li·hood [ˈlaiklihud] probabilité *f*; ˈ**like·ly** probable; susceptible (de, *to*); *be* ~ *to* (*inf*.) être en cas de (*inf*.).

like...: ˈ~-ˈ**mind·ed** du même avis; ˈ**lik·en** comparer (à, avec *to*); ˈ**like·ness** ressemblance *f*; apparence *f*; image *f*, portrait *m*; *have one's* ~ *taken* se faire peindre *ou* photographier; ˈ**like·wise** de plus, aussi.

lik·ing [ˈlaikiŋ] (*for*) goût *m* (de), penchant *m* (pour); *to one's* ~ à souhait; à son gré.

li·lac [ˈlailək] **1.** lilas *adj./inv*.; **2.** ⚘ lilas *m*.

lilt [lilt] **1.** chanter gaiement; **2.** rythme *m*, cadence *f*; chant *m* gai.

lil·y ⚘ ['lili] lis *m*; ~ *of the valley* muguet *m*; *gild the* ~ orner la beauté même.
limb[1] [lim] membre *m* (*du corps*); ⚘ branche *f*; F suppôt *m*.
limb[2] *astr.*, ⚘ [~] limbe *m*, bord *m*; *fig. go out on a* ~ aller jusqu'au bout.
limbed [limd] aux membres ...
lim·ber[1] ['limbə] souple, agile.
lim·ber[2] ⚔ [~] **1.** avant-train *m*; **2.** atteler à l'avant-train; ~ *up* mettre l'avant-train.
lim·bo ['limbou] limbes *m/pl.*; *sl.* prison *f*; *fig.* oubli *m*.
lime[1] [laim] **1.** chaux *f*; (*a. bird*~) glu *f*; **2.** ⚒ chauler; gluer (*des ramilles*).
lime[2] ⚘ [~] lime *f*; (*a.* ~*-tree*) tilleul *m*. [*m* de limon.]
lime[3] ⚘ [~] limon *m*; '~**-juice** jus
lime...: '~**-kiln** four *m* à chaux; '~**-light** lumière *f* oxhydrique; *théâ.* rampe *f*; *fig. in the* ~ très en vue.
lim·er·ick ['limərik] (*sorte de*) petit poème *m* comique (*en 5 vers*).
lime·stone *géol.* ['laimstoun] calcaire *m*.
lim·it ['limit] **1.** limite *f*, borne *f*; *in* (*off*) ~*s* accès *m* permis (interdit); F *that is the* ~! ça, c'est le comble!; ça, c'est trop fort!; *Am.* F *go the* ~ aller jusqu'au bout; risquer le tout; **2.** limiter, borner (à, *to*); '**lim·i·tar·y** qui sert de limite (à, *of*); **lim·i'ta·tion** restriction *f*, limitation *f*; entrave *f*; ⚖ prescription *f*; '**lim·it·ed** limité, restreint (à, *to*); ~ (*liability*) *company* (*abbr. Co.Ltd.*) société *f* à responsabilité limitée; société *f* anonyme; ~ *in time* à terme; de durée restreinte; *surt. Am.* ~ (*express train*) rapide *m*; train *m* de luxe; '**lim·it·less** □ illimité, sans bornes.
limn [lim] dessiner, peindre.
lim·ou·sine ['limu(ː)ziːn] limousine *f*.
limp[1] [limp] **1.** boiter (*a. fig.*); **2.** boitement *m*, clochement *m*.
limp[2] [~] flasque; mou (mol *devant une voyelle ou un h muet*; molle *f*); *fig.* sans énergie.
lim·pet ['limpit] *zo.* patelle *f*; *fig.* crampon *m*; fonctionnaire *m* ancré dans son poste.
lim·pid □ ['limpid] limpide, clair; **lim'pid·i·ty**, '**lim·pid·ness** limpidité *f*, clarté *f*.
lim·y ['laimi] gluant; ⚒ calcaire.
lin·age *journ.* ['lainidʒ] nombre *m* de lignes; paiement *m* à la ligne.
linch·pin ['lintʃpin] esse *f*; cheville *f* d'essieu.
lin·den ⚘ ['lindən] (*a.* ~*-tree*) tilleul *m*.
line[1] [lain] **1.** *su.* ⚓, ✈, 🚂, *armes, démarcation, dessin, pêche, personne, téléph., télév., tennis, typ., phys.* (*de force*): ligne *f*; △ alignement *m*; ✝ articles *m/pl.*; ⚔, ⚓ ligne *f* de bataille; 🚂 voie *f*; *téléph.* fil *m*; *peint.* cimaise *f*; *surv.* cordeau *m*; *dessin, phys.* (*du spectre*): raie *f*; *dessin, visage*: trait *m*; *front*: ride *f*; *véhicules*: file *f*, colonne *f*; *objets, personnes*: rangée *f*; *fig.* emploi *m*; *fig.* mot *m*; *Am. fig.* tuyaux *m/pl.*; F mesure *f*; ~*s pl.* modèle *m*; (*bonne, mauvaise*) voie *f*; formes *f/pl.*; F acte *m* de mariage; ⚔ rangs *m/pl.*; ~ *of battle* ligne *f* de bataille; ~ *of business* genre *m* d'affaires; ~ *of conduct* ligne *f* de conduite; ~ *of danger* zone *f* dangereuse; *ship of the* ~ vaisseau *m* de ligne; *hard* ~*s pl.* mauvaise chance *f*; *all down the* ~ sur toute la ligne; *in* ~ *with* d'accord avec; *position*: de pair avec; *that is not in my* ~ ce n'est pas mon métier; *stand in* ~ se tenir en ligne; *fall into* ~ s'aligner; *fig.* se conformer (à, *with*); **2.** *v/t.* ligner, régler; rayer; border (*allée, chemin, rive, etc.*); ~ *the streets* faire la haie; ~ *out* ⚒ repiquer; tracer; ~ *through* biffer, rayer; *v/i. sp.* ~ *out* se mettre en lignes parallèles pour la touche; ~ *up* s'aligner; faire la queue.
line[2] [~] *cost. etc.* doubler; *fig.* ~ *one's pocket* faire sa pelote.
lin·e·age ['liniidʒ] lignée *f*; F famille *f*; **lin·e·al** □ ['liniəl] linéal (-aux *m/pl.*); direct; **lin·e·a·ment** ['~iəmənt] trait *m*, linéament *m*; **lin·e·ar** ['~iə] linéaire.
lin·en ['linin] **1.** toile *f* (de lin); linge *m*; **2.** de *ou* en toile; de lin (*fil*); '~**-bas·ket** panier *m* à linge; '~**-clos·et**, '~**-cup·board** lingerie *f*; armoire *f* à linge; '~**-drap·er** marchand(e *f*) *m* de toiles.
lin·er ['lainə] paquebot *m* (de ligne); grand avion *m* de transport; *personne*: traceur *m* de filets; *cost.* doubleur (-euse *f*) *m*; **lines·man** ['lainzmən] ⚔ soldat *m* de la ligne; 🚂

garde-ligne *m*; *sp.* arbitre *m* de ligne; ˈ**line-ˈup** mise *f* en rang; *sp.* rassemblement *m*; *sp. Am.* composition *f* d'une équipe.
ling[1] *icht.* [liŋ] morue *f* longue.
ling[2] ⚘ [~] bruyère *f* commune.
lin·ger [ˈliŋgə] tarder; s'attarder (sur, over [up]on); traîner (*a. maladie*); flâner (*dans la rue*); subsister (*doute*); ~ at (ou about) s'attarder sur *ou* à (*qch.*) *ou* dans (*un endroit*).
lin·ge·rie ✝ [ˈlɛ̃:nʒəri] lingerie *f* (de dame).
lin·ger·ing □ [ˈliŋgəriŋ] prolongé; persistent (*espoir*); qui traîne (*a. maladie*).
lin·go [ˈliŋgou] jargon *m*.
lin·gual [ˈliŋgwəl] lingual (-aux *m/pl.*).
lin·guist [ˈliŋgwist] linguiste *mf*; **linˈguis·tic** (~ally) linguistique; **linˈguis·tics** *usu. sg.* linguistique *f*.
lin·i·ment ⚕ [ˈlinimənt] liniment *m*.
lin·ing [ˈlainiŋ] *vêtement*: doublage *m*; *robe*: doublure *f*; *mur*: incrustation *f*; ⊕ *fourneau, cylindre*: chemise *f*.
link [liŋk] **1.** *su* chaînon *m*; *chaîne*: anneau *m*; *fig.* lien *m*; cuff-~ bouton *m* de manchette; **2.** (se) joindre; *v/t. a.* relier, enchaîner.
links [liŋks] *pl.* dunes *f/pl.*; lande *f* sablonneuse; (*a.* golf-~) terrain *m* de golf.
link·up [ˈliŋkʌp] connexion *f*; lien *m*, rapport *m*; jonction *f*.
lin·net *orn.* [ˈlinit] linot(te *f*) *m*.
lin·o·type *typ.* [ˈlainotaip] linotype *f*.
lin·seed [ˈlinsi:d] graine *f* de lin; ~ oil huile *f* de lin.
lin·sey-wool·sey ✝ [ˈlinziˈwulzi] tiretaine *f*.
lint ⚕ [lint] charpie *f* anglaise; lint *m*.
lin·tel ⚠ [ˈlintl] linteau *m*.
lin·y [ˈlaini] strié de lignes; ridé.
li·on [ˈlaiən] lion *m* (*zo., astr. a. fig.*); F ~s pl. of a place curiosités *f/pl.* d'un endroit; ˈ**li·on·ess** lionne *f*; ˈ**li·on·ize** visiter les curiosités de (*un endroit*); faire une célébrité de (*q.*).
lip [lip] lèvre *f* (*a.* ⚘, *a. plaie*); *animal*: babine *f*; *tasse*: (re)bord *m*, saillie *f*; F insolence *f*; ˈ**~-read** lire sur les lèvres; ˈ**~-serv·ice** hommages *m/pl.* peu sincères; ˈ**~-stick** rouge *m* à lèvres, bâton *m* de rouge.
liq·ue·fac·tion [likwiˈfækʃn] liquéfaction *f*; **liq·ue·fi·a·ble** [~ˈfaiəbl] liquéfiable; **liq·ue·fy** [ˈ~fai] (se) liquéfier.
li·queur [liˈkjuə] liqueur *f*; ˈ**~-choc·o·late** chocolat *m* aux liqueurs.
liq·uid [ˈlikwid] **1.** □ liquide (*a. gramm.*); doux (douce *f*) (*son*); ✝ disponible; limpide (*œil etc.*); **2.** liquide *m*; *gramm.* liquide *f*.
liq·ui·date [ˈlikwideit] ✝ liquider (*une dette*); mobiliser (*des capitaux*); **liq·uiˈda·tion** liquidation *f*; ˈ**liq·ui·da·tor** liquidateur *m*; ˈ**liq·uid·iz·er** *cuis.* centrifugeuse *f*.
liq·uor [ˈlikə] **1.** ⚗, *pharm.* solution *f*; boisson *f* alcoolique; *in* ~ ivre; **2.** *sl. v/i.* chopiner; *v/t.* (*a.* ~ *up*) enivrer.
liq·uo·rice ⚘ [ˈlikəris] réglisse *f*.
lisp [lisp] **1.** zézayement *m*; **2.** zézayer.
lis·som(e) [ˈlisəm] souple, agile.
list[1] [list] **1.** *su.* ⚠ lisière *f* (*a. tex.*); liste *f*, répertoire *m*; carte *f* (*des vins*); **2.** enregistrer; inscrire (*des noms*); dresser la liste de; cataloguer; ~*ed a.* classé, historique (*édifice*).
list[2] ⚓ [~] **1.** bande *f*, gîte *f*; **2.** donner de la bande; prendre de la gîte.
lis·ten [ˈlisn] (*to*) écouter; prêter l'oreille (à); faire attention (à); ~ *in radio*: se mettre à l'écoute; écouter (qch., *to s.th.*); ˈ**lis·ten·er** auditeur (-trice *f*) *m*; ⚔ *a. péj.* écouteur *m*; *radio*: ~s' requests disques *m/pl.* des auditeurs; ˈ**lis·ten·er-ˈin** (*pl.* ˈ**lis·ten·ers-ˈin**) *radio*: auditeur (-trice *f*) *m*.
lis·ten·ing [ˈlisniŋ] d'écoute; ~ apparatus appareil *m* d'écoute; ˈ**~-ˈin** *radio*: écoute *f*; ˈ**~-post** poste *m* d'écoute.
list·less □ [ˈlistlis] apathique, sans énergie; indifférent; ˈ**list·less·ness** apathie *f*, manque *m* d'énergie; indifférence *f*.
lists [lists] *pl.* lice *f*.
lit [lit] *prét. et p.p. de light*[1] *3*; ~ *up sl.* ivre, soûl.
lit·a·ny *eccl.* [ˈlitəni] litanie *f*.
lit·er·al □ [ˈlitərəl] littéral (-aux *m/pl.*) (*a.* ✍); propre (*sens*); sans imagination (*personne*); ˈ**lit·er·al·ism**, ˈ**lit·er·al·ness** littéralité *f*.
lit·er·ar·y □ [ˈlitərəri] littéraire; de lettres; **lit·er·ate** [ˈ~it] **1.** qui sait lire et écrire; lettré; **2.** lettré *m*; *eccl.* prêtre *m* sans grade universitaire; **lit·e·ra·ti** [litəˈrɑ:ti:] *pl.* hom-

mes *m/pl.* de lettres, littérateurs *m/pl.*; **lit·e·ra·tim** [~ˈrɑːtim] mot à mot; **lit·er·a·ture** [ˈlitəritʃə] littérature *f*; écrits *m/pl.*; ✝ prospectus *m/pl.*
lithe(**·some**) [ˈlaið(səm)] souple, agile, leste.
lith·o·graph [ˈliθəgrɑːf] **1.** lithographie *f*; **2.** lithographier; **li·thog·ra·pher** [liˈθɔgrəfə] lithographe *m*; **lith·o·graph·ic** [liθəˈgræfik] (~*ally*) lithographique; **li·thog·ra·phy** [liˈθɔgrəfi] lithographie *f*, procédés *m/pl.* lithographiques.
Lith·u·a·ni·an [liθjuˈeinjən] **1.** lituanien(ne *f*); **2.** Lituanien(ne *f*) *m.*
lit·i·gant ⚖ [ˈlitigənt] **1.** plaidant; **2.** plaideur (-euse *f*) *m*; **lit·i·gate** [ˈ~geit] *v/i.* plaider; être en procès; *v/t.* contester; **lit·iˈga·tion** litige *m*, procès *m*; **li·ti·gious** □ [liˈtidʒəs] litigieux (-euse *f*) (*cas, a. personne*).
lit·mus ⚗ [ˈlitməs] tournesol *m.*
lit·ter [ˈlitə] **1.** litière *f* (*véhicule, a. de paille*); civière *f*; désordre *m*; ordures *f/pl.*; *zo.* portée *f*; **2.** mettre en désordre; joncher (de, *with*); *zo.* mettre bas; (*a.* ~ *down*) faire la litière à; joncher (*qch.*) de paille; ˈ~**·bag** *Am.*, ˈ~**·bas·ket,** ˈ~**·bin** boîte *f* à ordures.
lit·tle [ˈlitl] **1.** *adj.* petit; peu de ...; mesquin (*esprit*); *a* ~ *one* un(e *f*) petit(e *f*) (*enfant*); F *my* ~ *Mary* mon estomac *m*; *his* ~ *ways* ses petites manies *f/pl.*; ~ *people les* fées *f/pl.*; **2.** *adv.* peu; *a* ~ *red* un *ou* quelque peu rouge; **3.** *su.* peu *m* (de chose); ~ *by* ~, *by* ~ *and* ~ peu à peu; petit à petit; *for a* ~ pendant un certain temps; *not a* ~ beaucoup; ˈ**lit·tle·ness** petitesse *f.*
lit·to·ral [ˈlitərəl] **1.** du littoral; **2.** littoral *m.*
lit·ur·gy *eccl.* [ˈlitə(ː)dʒi] liturgie *f.*
liv·a·ble [ˈlivəbl] F habitable (*maison etc.*); supportable (*vie*); F (*usu.* ~*with*) accommodant, sociable (*personne*).
live 1. [liv] vivre (de, *on*); se nourrir (de, [*up*]*on*); demeurer, habiter; durer; *v/t.* mener (*une vie*); ~ *to see* vivre assez longtemps pour voir (*qch.*); ~ *down* faire oublier; surmonter; ~ *off one's capital* manger son capital; ~ *out* passer; durer (jusqu'à la fin de); ~ *up to one's promise* remplir sa promesse; ~ *up to a standard* atteindre un niveau *etc.*; **2.** [laiv] vivant, en vie; ardent (*charbon*); *fig.* actuel(le *f*); utile (*poids*); ⚔ chargé (*cartouche etc.*); ⚡ sous tension; *télév.*, *radio*: en direct; *fig.* ~ *wire* homme *m etc.* très entreprenant; ˈ**live·a·ble** *see livable*;
lived [livd]: *short-*~ éphémère;
live·li·hood [ˈlaivlihud] vie *f*; gagne-pain *m/inv.*; **live·li·ness** [ˈ~linis] vivacité *f*, entrain *m*; **live-long** *poét.* [ˈlivlɔŋ]: ~ *day* toute la (sainte) journée; **live·ly** [ˈlaivli] vif (vive *f*); animé; vivant.
liv·en [ˈlaivn] *souv.* ~ *up v/t.* animer, égayer; *v/i.* s'aminer; s'activer.
liv·er[1] [ˈlivə] vivant *m*; celui *m* (celle *f*) qui vit; *fast* ~ viveur (-euse *f*) *m*; débauché(e *f*) *m*; *good* ~ amateur *m* de bonne chère.
liv·er[2] [~] foie *m.*
liv·er·y [ˈlivəri] ⚖ mise *f* en possession; (*a.* ~ *company*) corporation *f* d'un corps de métier; *cost.* livrée *f*; *at* ~ en pension (*cheval*); ˈ~**·man** membre *m* d'une corporation (*see livery company*); ~ **sta·ble** écuries *f/pl.* de louage.
lives [laivz] *pl. de life*; ˈ**live·stock** bétail *m*, bestiaux *m/pl.*; ˈ**live-weight** poids *m* utile.
liv·id [ˈlivid] blême, livide; plombé (*ciel*); **liˈvid·i·ty** lividité *f.*
liv·ing [ˈliviŋ] **1.** □ vivant; vif (vive *f*); ardent (*charbon*); *within* ~ *memory* de mémoire d'homme; **2.** vie *f*; séjour *m*; train *m ou* niveau *m* de vie; *eccl.* bénéfice *m*, cure *f*; ˈ~**-room** salle *f* de séjour; ~ **space** espace *m* vital; ~ ˈ**stan·dard** niveau *m* de vie.
Li·vo·ni·an [liˈvounjən] **1.** livonien (-ne *f*); **2.** Livonien(ne *f*) *m.*
liz·ard [ˈlizəd] lézard *m.*
Liz·zie *Am. co.* [ˈlizi] (*a. tin* ~) vieille Ford *f.*
lla·ma *zo.* [ˈlɑːmə] lama *m.*
Lloyd's [lɔidz] la Société *f* Lloyd; *approx.* le Véritas *m.*
load [loud] **1.** *su.* fardeau *m* (*a. fig.*); ⊕, *a. armes*: charge *f*; *test* ~ charge *f* d'essai; **2.** *v/t.* charger (de, *with*); *fig.* combler (de, *with*); *v/i.* (*a.* ~ *up*) prendre charge; ˈ**load·ed** plombé (*canne etc.*); ~ *dice pl.* dés *m/pl.* pipés; *fig.* ~ *question* question-piège *f* (*pl.* questions-piège); ˈ**load·er** chargeuse *f*; *personne*: chargeur *m*; ˈ**load·ing**

1. de chargement; 2. chargement *m*; '**load-line** ⚓ ligne *f* de charge; '**load·star** étoile *f* polaire; *fig.* point *m* de mire; '**load·stone** pierre *f* d'aimant; aimant *m* naturel.

loaf[1] [louf] (*pl. loaves*) pain *m* (*a. de sucre*); miche *f* (*de pain*).

loaf[2] [~] fainéanter, flâner.

loaf·er ['loufə] flâneur *m*; voyou *m*.

loaf·sug·ar ['loufʃugə] sucre *m* en pain.

loam [loum] ⚒ terre *f* grasse; *métall.* glaise *f*; '**loam·y** ⚒ gras(se *f*); *métall.* argileux (-euse *f*).

loan [loun] **1.** prêt *m*; avance *f*; emprunt *m*; *on* ~ à titre d'emprunt; détaché (auprès de, *to*) (*personne*); *ask s.o. for the ~ of s.th.* demander à emprunter qch. à q.; *put out to* ~ prêter; **2.** *surt. Am.* prêter; '**~·word** mot *m* d'emprunt.

loath □ [louθ] peu disposé; *be ~ for s.o. to do s.th.* ne pas vouloir que q. fasse qch.; *nothing* ~ très volontiers; **loathe** [louð] détester; abhorrer; **loath·ing** ['~ðiŋ] aversion *f*, répugnance *f* (pour *for, of*); **loath·some** ['~səm] dégoûtant; '**loath·some·ness** caractère *m ou* nature *f* dégoûtant(e).

loaves [louvz] *pl. de loaf*[1].

lob [lɔb] *tennis*: **1.** lob *m*; **2.** lober (*la balle*).

lob·by ['lɔbi] **1.** vestibule *m* (*a. parl.*); *parl.* salle *f* des pas perdus; *théâ.* foyer *m*, entrée *f*; *parl. Am.* groupe *m* d'intrigants; **2.** *surt. Am. parl.* faire les couloirs; influencer certains députés *etc.*; '**lob·by·ist** *parl. surt. Am.* faiseur *m* des couloirs.

lobe *anat.*, ⚘ [loub] lobe *m*; ⊕ nez *m*; F oreille *f*.

lob·ster ['lɔbstə] homard *m*.

lo·cal □ ['loukəl] **1.** local (-aux *m/pl.*), régional (-aux *m/pl.*); de la localité, du pays; *see branch*; ⚕ ~ *an(a)esthetic* anesthésique *m* local; *téléph.* ~ *call* communication *f* interurbaine *ou* locale; ~ *colour* couleur *f* locale; ~ *elections* (élections *f/pl.*) municipales *f/pl.*; ~ *government* administration *f* décentralisée; **2.** *journ.* nouvelles *f/pl.* de la région; 🚂 (*a. ~ train*) train *m* d'intérêt local; F tortillard *m*; *~s pl.* habitants *m/pl.* de l'endroit; **lo·cale** [lou'kɑ:l] scène *f* (*des événements*); **lo·cal·i·ty** [~'kæliti] localité *f*; région *f*; **lo·cal·ize** ['~kəlaiz] localiser.

lo·cate [lou'keit] *v/t.* localiser; déterminer la situation de; établir; repérer (*une épave etc.*); *Am.* fixer l'emplacement de; *be ~d* être situé; *it was ~d* on le trouva; *v/i. Am.* s'établir; **lo'ca·tion** situation *f*, emplacement *m*; établissement *m*; ⚖ location *f*; *Am.* concession *f* minière; *cin.* extérieurs *m/pl.*

loch *écoss.* [lɔx] lac *m*; bras *m* de mer.

lock[1] [lɔk] **1.** *su. porte etc.*: serrure *f*, fermeture *f*; *fusil*: platine *f*; écluse *f*; ⊕ *roue*: enrayure *f*; verrou *m* (*a. fig.*); *sp. lutte*: clef *f*; *mot.* (*a. steering* ~) angle *m* de braquage; **2.** *v/t.* fermer à clef; (*a. ~ up*) enfermer; ⊕ enrayer (*une roue*); écluser (*un bateau*); verrouiller (*des armes*); *fig.* serrer; ~ *the door against* fermer sa porte à (*q.*); ~ *in* enfermer à clef; mettre sous clef; ~ *out* fermer la porte à *ou* sur; ⊕ lock-outer; ~ *up* bloquer, immobiliser (*des capitaux*); *v/i.* se fermer à clef; s'enrayer (*roues*); s'enclencher (*pièces d'un mécanisme*).

lock[2] [~] *cheveux*: boucle *f*; *laine*: flocon *m*.

lock·age ['lɔkidʒ] éclusage *m*; droit *m* d'écluse; '**lock·er** armoire *f*, coffre *m* (*fermant à clef*); ⚓ caisson *m*; ⚓ soute *f*; **lock·et** ['~it] médaillon *m*.

lock...: '**~-'gate** porte *f* d'écluse; '**~-jaw** ⚕ trisme *m*; F tétanos *m*; '**~-keep·er** gardien *m* d'écluse, éclusier *m*; '**~-nut** ⊕ contre-écrou *m*; '**~-out** lock-out *m/inv.*; '**~-smith** serrurier *m*; '**~·stitch** point *m* de navette; '**~-up 1.** *su. surt. école*: fermeture *f* des portes; hangar *m ou* magasin *m etc.* fermant à clef; F poste *m* de police; ✝ immobilisation *f* (de capital); **2.** *adj.* fermant à clef.

lo·co *Am. sl.* ['loukou] toqué, fou (fol *devant une voyelle ou un h muet*; folle *f*).

lo·co·mo·tion [loukə'mouʃn] locomotion *f*; **lo·co·mo·tive** ['~tiv] **1.** locomotif (-ive *f*); *co.* voyageur (-euse *f*); **2.** 🚂 (*ou ~ engine*) locomotive *f*.

lo·cum-ten·ens ['loukəm'ti:nenz] remplaçant(e *f*) *m*; **lo·cus** ['loukəs], *pl.* **-ci** [~sai] ⩓ lieu *m* géométrique.

lo·cust [ˈloukəst] *zo.* grande sauterelle *f*; ⚘ caroube *f*; *~-tree* caroubier *m*; faux acacia *m*.
lo·cu·tion [loˈkjuːʃn] locution *f*.
lode ⚒ [loud] veine *f*.
lodge [lɔdʒ] **1.** *su.* pavillon (*de chasse, d'entrée*); *concierge, francs-maçons*: loge *f*; maison *f* (de garde-chasse); **2.** *v/t.* loger (*q., une balle*); avoir (*q.*) comme locataire; *v/i.* (*usu.* se) loger; demeurer (chez, *with*); être en pension (chez, *with*); ˈ**lodge·ment** *see lodgment*; ˈ**lodg·er** locataire *mf*; pensionnaire *mf*; ˈ**lodg·ing** hébergement *m*; *argent etc.*: dépôt *m*; *~s pl.* logement *m*, logis *m*, appartement *m* meublé; *souv.* chambre *f*; ˈ**lodg·ing-house** hôtel *m* garni; pension *f*; ˈ**lodg·ment** prise *f*; ⚔ logement *m*; ⚖ dépôt *m*, remise *f*.
loft [lɔft] grenier *m*; *église etc.*: galerie *f*; ⊕ atelier *m*; colombier *m*; **loft·i·ness** [ˈ~inis] hauteur *f* (*a. fig.*); élévation *f* (*a. du style, des sentiments, etc.*); ˈ**loft·y** □ haut, élevé; hautain (*personne, a. air*).
log [lɔg] (grosse) bûche *f*; ⚓ loch *m*; *see a. log-book*.
log·a·rithm & [ˈlɔgəriθm] logarithme *m*.
log...: ˈ*~*-**book** ⚓ livre *m* de loch; journal *m* de bord; *mot.* carnet *m* de route; ✈ livre *m* de vol; *~* **cab·in** cabane *f* de bois; **logged** [lɔgd] imbibé (d'eau); **log·ger** [ˈlɔgə] bûcheron *m*; **log·ger·head** [ˈlɔgəhed]: *be at ~s* être en bisbille (avec, *with*); ˈ**log-house,** ˈ**log-hut** cabane *f* de bois.
log·ic [ˈlɔdʒik] logique *f*; ˈ**log·i·cal** □ logique; **lo·gi·cian** [loˈdʒiʃən] logicien(ne *f*) *m*.
lo·gom·a·chy *poét.* [lɔˈgɔməki] logomachie *f*, dispute *f* de mots.
log·roll *pol. surt. Am.* [ˈlɔgroul] échanger des faveurs, se prêter une entraide intéressée; **log·roll·ing** échange *m* de faveurs mutuelles.
log·wood [ˈlɔgwud] bois *m* de campêche.
loin [lɔin] *cuis.* filet *m* (*de mouton ou de veau*), aloyau *m* (*de bœuf*), longe *f* (*de veau*); *~s pl.* reins *m/pl.*; *anat.* lombes *m/pl.*
loi·ter [ˈlɔitə] traîner, flâner; ⚖ rôder; *~ away one's time* perdre son temps à flâner; ˈ**loi·ter·er** flâneur (-euse *f*) *m*; ⚖ rôdeur *m*.
loll [lɔl] *v/t.* pencher; laisser pendre; *v/i.* pendre; être étendu (*personne*); se renverser nonchalamment; *~ about* fainéanter, flâner; *~ out* (*v/t.* laisser) pendre (*langue*).
lol·li·pop F [ˈlɔlipɔp] sucette *f*; *usu. ~s pl.* bonbons *m/pl.*; sucreries *f/pl.*
lol·lop F [ˈlɔləp] se traîner; marcher lourdement.
lol·ly *Brit.* F *see lollipop*; *sl.* fric *m* (= *argent*).
Lom·bard [ˈlɔmbəd] Lombard(e *f*) *m*; *~ Street centre des opérations de banque à Londres.*
Lon·don [ˈlʌndən] de Londres; ˈ**Lon·don·er** Londonien(ne *f*) *m*, habitant(e *f*) *m* de Londres.
lone *poét.* [loun] solitaire, seul; *~ wolf* solitaire *mf*; ˈ**lone·li·ness** solitude *f*, isolement *m*; ˈ**lone·ly** □ *see lonesome*; ˈ**lon·er** solitaire *mf*; **lone·some** □ [ˈ~səm] solitaire, isolé.
long[1] [lɔŋ] **1.** *su.* longueur *f*; F *~s pl. les* grandes vacances *f/pl.*; *before ~* sous peu; avant peu; *for ~* pendant longtemps; *take ~ = be ~* (*see ~ 2*); *the ~ and the short of it* le fort et le fin de l'affaire; en un mot comme en mille; **2.** *adj.* long(ue *f*); F *see tall*; ✝ *~ figure* gros chiffre *m*; *~ firm* bande *f* noire; F *~ johns* caleçon *m* long; *sp. ~ jump* saut *m* en longueur; *~ price* prix *m* élevé; *radio*: *~ waves* grandes ondes *f/pl.*; ✝ *at ~ date* à longue échéance; *in the ~ run* à la longue; avec le temps; en fin de compte; *be ~* prendre du temps (*chose*); tarder (à *inf.*, *to inf.*; [*in*] *gér.*) (*personne*); **3.** *adv.* longtemps; depuis longtemps; *as ~ ago as 1900* dès 1900; *I have ~ sought* je cherche depuis longtemps, voilà longtemps que je cherche; *~er* plus longtemps; *no ~er* ne ... plus; *no ~er ago than* ... pas plus tard que ...
long[2] [~] désirer ardemment (qch., *for s.th.*); brûler (de, *to*).
long...: ˈ*~*-**chair** chaise *f* longue; ˈ*~*-ˈ**dat·ed** à longue échéance; ˈ*~*-ˈ**dis·tance** à longue distance; *sp.* de fond (*coureur, course*); *~ flight* raid *m*; *radio*: *~ reception* réception *f* à longue distance; **lon·gev·i·ty** [lɔnˈdʒeviti] longévité *f*; ˈ**long·hair** *Am.* F amateur *m* de la musique classique; adversaire *mf* du jazz *etc.*; intellectuel(le *f*) *m*; ˈ**long·hand** écriture *f* courante.
long·ing [ˈlɔŋiŋ] **1.** □ impatient, avide; **2.** désir *m* ardent, grande envie *f* (de, *for*).

long·ish [ˈlɔŋiʃ] assez *ou* plutôt long.
lon·gi·tude *géog.* [ˈlɔndʒitjuːd] longitude *f*; **lon·giˈtu·di·nal** □ [~inl] en long; longitudinal (-aux *m/pl.*).
long...: ˈ**~-ˈrange** à longue *ou* grande portée (*a.* ⚔); ✈ à grand rayon d'action; ˈ**~·shore·man** débardeur *m*; docker *m*; **~ shot** *cin.* plan *m* lointain; ˈ**~-ˈsight·ed** presbyte; *fig.* prévoyant; ˈ**~-ˈsuf·fer·ing 1.** patient; longanime; **2.** patience *f*; longanimité *f*; ˈ**~-ˈterm** à long terme; ~ *memory* mémoire *f* à long terme; ˈ**~-ˈways** en long(ueur); ˈ**~·wind·ed** □ interminable; diffus, intarissable (*personne*).
loo [luː] *cartes*: mouche *f*.
loo·by [ˈluːbi] nigaud *m*.
look [luk] **1.** *su.* regard *m*; air *m*, aspect *m*; (*usu.* ~*s pl.*) mine *f*; *new* ~ nouvelle mode *f*; *have a* ~ *at s.th.* jeter un coup d'œil sur qch., regarder qch.; *I like the* ~ *of him* sa figure me revient; **2.** *v/i.* regarder (qch., *at s.th.*; par, *out of*); avoir l'air (*malade etc.*); sembler (*que ...*); paraître; porter la mine (de qch., [*like*] *s.th.*); *it* ~*s like rain* on dirait qu'il va pleuvoir; *he* ~*s like winning* on dirait qu'il va gagner; ~ *about* chercher (q., *for s.o.*) des yeux; regarder autour de soi; ~ *after* soigner; s'occuper de; ~ *at* regarder; examiner; ~ *for* chercher; ~ *forward to* s'attendre à, attendre; ~ *in* faire une petite visite (à, *on*), entrer en passant (chez, *on*); *télév.* recevoir une émission, regarder; ~ *into* examiner, étudier; ~ *out!* attention!; ~ *out for* être à la recherche de; guetter; ~ *over* jeter un coup d'œil sur (*qch.*); ~ *to* voir à, s'occuper de; compter sur; ~ *to s.o. to* (*inf.*) compter sur q. pour (*inf.*); ~ *up* regarder en haut, lever les yeux, s'améliorer (*affaires, prix, etc.*); F ~ *up to* respecter; *fig.* ~ (*up*)*on* regarder, envisager (comme, *as*); **3.** *v/t.*: ~ *s.o. in the face* regarder q. en face; ~ *one's age* paraître *ou* accuser son âge; ~ *disdain* lancer un regard dédaigneux; ~ *over* revoir (*qch.*); jeter un coup d'œil sur; parcourir; ~ *up* (re)chercher; consulter; F aller voir (*q.*).
look-a·like [ˈlukəlaik] double *m*.
look·er-on [ˈlukərˈɔn] spectateur (-trice *f*) *m* (de, *at*); assistant *m* (à, *at*).
look·ing-glass [ˈlukiŋglɑːs] miroir *m*, glace *f*.
look...: ˈ**~·out** guet *m*, surveillance *f*; ⚔ guetteur *m*; ⚓ vigie *f*; *fig.* qui-vive *m/inv.*; ⚓ *keep a* ~ être en vigie; *be on the* ~ ⚓ être de veille; *fig.* être sur ses gardes; *that is my* ~ ça c'est mon affaire; ˈ**~-o·ver** F examen *m* superficiel; coup *m* d'œil; *give s.th. a* ~ examiner qch. rapidement; jeter un coup d'œil à qch.
loom[1] [luːm] métier *m* (à tisser).
loom[2] [~] se dessiner, s'estomper; se dresser; surgir (*du brouillard*).
loon[1] *écoss.* [luːn] garçon *m*; vaurien *m*; lourdaud *m*.
loon[2] *orn.* [~] grand plongeon *m*.
loon·y *sl.* [ˈluːni] dingue (= *fou*) (*adj., mf*); ~ *bin* maison *f* de fous.
loop [luːp] **1.** *su.* boucle *f*; œil *m*, ganse *f*; *rideau*: embrasse *f*; sinuosité *f*; 🚂 boucle *f* d'évitement; *radio*: ~ *aerial* antenne *f* en cadre; **2.** *v/t.* boucler; enrouler; ~ *up* retrousser, relever (*les cheveux, la robe*); retenir (*un rideau*) avec une embrasse; ✈ ~ *the* ~ boucler la boucle; *v/i.* faire une boucle, boucler; ˈ**~·hole** trou *m*, ouverture *f*; *fig.* échappatoire *f* (à, *for*); ⚔ meurtrière *f*; ˈ**~-line** 🚂 voie *f* de dérivation; *tél.* ligne *f* dérivée.
loose [luːs] **1.** □ branlant; détaché; défait; échappé; libre; mobile; ⚕ en vrac; mou (mol *devant une voyelle ou un h muet*; molle *f*); lâche; meuble (*terre*); vague (*terme etc.*); débauché; dissolu; ⚡ ~ *connection* contact *m* intermittent; *at a* ~ *end* désœuvré; **2.** *v/t.* défaire (*un nœud etc.*); dénouer (*les cheveux, une ficelle, etc.*); détacher; ⚓ larguer; (*a.* ~ *off*) décocher, tirer; lâcher (*une prise*); ~ *one's hold on* lâcher (*qch.*); *v/i.* tirer (sur q., *at s.o.*); **3.** *su.*: *give* (*a*) ~ *to* donner libre cours à; ˈ**~-leaf**: ~ *book* album *m* à feuilles mobiles;
loos·en [ˈluːsn] (se) défaire, délier; (se) relâcher; (se) desserrer; ˈ**loose·ness** état *m* branlant; jeu *m*; *robe etc.*: ampleur *f*; relâchement *m* (*a.* ⚕); *sol*: inconsistance *f*; imprécision *f*; *morale*: licence *f*.
loot [luːt] **1.** piller; voler; **2.** pillage *m*; butin *m*.
lop[1] [lɔp] tailler, émonder (*un arbre*); (*usu.* ~ *away ou off*) élaguer, couper.
lop[2] [~] pendre flasque; retomber.

lope [loup]: ~ *along* courir à petits bonds.

lop...: ˈ**~-ears** *pl.* oreilles *f/pl.* pendantes; ˈ**~-ˈsid·ed** de guingois; déjeté; qui manque de symétrie.

lo·qua·cious [loˈkweiʃəs] loquace; **lo·quac·i·ty** [loˈkwæsiti] loquacité *f.*

lord [lɔːd] **1.** seigneur *m*, maître *m*; *titre*: lord *m*; *the* ♀ le Seigneur (= *Dieu*); *my* ~ monsieur le baron *etc.*; *parl. the* (*House of*) ♀*s* la Chambre des Lords; ♀ *Mayor* maire *m*; *the* ♀*'s Prayer* l'oraison *f* dominicale, le Pater *m*; *the* ♀*'s Supper* la Cène *f*; **2.** ~ *it* faire l'important; ~ *it over* en imposer à (*q.*); ˈ**lord·li·ness** dignité *f*; *péj.* orgueil *m*; ˈ**lord·ling** petit seigneur *m*; ˈ**lord·ly** de grand seigneur; magnifique; majestueux (-euse *f*); *péj.* hautain; ˈ**lord·ship** suzeraineté *f* (de, *over*); *titre*: seigneurie *f.*

lore [lɔː] science *f*, savoir *m.*

lor·ry [ˈlɔri] 🚂 lorry *m*; *motor* ~ camion *m.*

lose [luːz] [*irr.*] *v/t. usu.* perdre; égarer; gaspiller (*le temps*); *montre*: retarder de (*cinq minutes*); manquer (*le train*); coûter; ~ *o.s.* s'égarer, se perdre; *fig.* s'absorber; ~ *sight of s.th.* perdre qch. de vue; *v/i.* subir une perte, perdre; retarder (*montre*); *Am.* ~ *out* échouer; perdre; ˈ**los·er** battu(e *f*) *m*, vaincu(e *f*) *m*; celui *m* (celle *f*) qui perd; *sp.* perdant(e *f*) *m*; *come off a* ~ échouer; ˈ**los·ing** perdant; de vaincu.

loss [lɔs] perte *f*; ⚕ ~ *leader* article-réclame *m* (*pl.* articles-réclame); *at a* ~ désorienté; embarrassé (pour *inf.*, *to inf.*); ⚕ à perte; *be at a* ~ *for* ne savoir trouver (*qch.*); *be at a* ~ *what to say* ne savoir que dire.

lost [lɔst] *prét. et p.p. de lose*; *be* ~ être perdu (*a. fig.*); être désorienté; *sl. get* ~*!* fiche le camp!; *this won't be* ~ *on me* j'en prendrai bonne note; je comprends; *be* ~ *upon s.o.* être en pure perte en ce qui concerne q.; ˈ~-ˈ**prop·er·ty of·fice** (service *m* des) objets *m/pl.* trouvés.

lot [lɔt] **1.** sort *m* (*a. fig.*); *fig.* destin *m*, destinée *f*, fortune *f*; ⚕ lot *m*; partie *f*; F quantité *f*; monde *m*; beaucoup; *Am.* terrain *m*; *cin. Am.* terrain *m* de studio; F *a* ~ (*ou* ~*s pl.*) *of* beaucoup de; bien des; *draw* ~*s for s.th.* tirer qch. au sort; *fall to s.o.'s* ~ revenir à q. (de, *to*); tomber en partage à q.; *throw in one's* ~ *with* unir sa destinée à celle de; s'attacher à la fortune de; **2.** (*usu.* ~ *out*) lotir; *Am.* ~ *upon* compter sur.

lo·tion [ˈlouʃn] lotion *f.*

lot·ter·y [ˈlɔtəri] loterie *f.*

loud □ [laud] bruyant; retentissant; criard (*couleur*); haut (*a. adv.*); ˈ**~·mouth** gueulard(e *f*) *m*, grande gueule *f*; ˈ**loud·ness** caractère *m* bruyant; grand bruit *m*; force *f*; *radio*: volume *m*; ˈ**loud·speak·er** *radio*: haut-parleur *m* (*pl.* haut-parleurs).

lounge [laundʒ] **1.** flâner; s'étendre à son aise; s'étaler; **2.** flânerie *f*; *maison*: salon *m*; *hôtel*: hall *m*; *théâ.* foyer *m*; promenoir *m*; (*a.* ~ *chair*) chaise *f* longue; *sl.* ~*-lizard* gigolo *m*, greluchon *m*; ~ *suit* complet *m* veston; ~ *coat* veston *m*; ˈ**loung·er** flâneur (-euse *f*) *m.*

lour [ˈlauə] se renfrogner (*personne*); menacer (*orage*); s'assombrir (*ciel*); ˈ**lour·ing** □ renfrogné; menaçant.

louse 1. [laus] (*pl. lice*) pou (*pl.* -x) *m*; **2.** [lauz] † épouiller; **lous·y** [ˈlauzi] pouilleux (-euse *f*); plein de poux; F sale.

lout [laut] rustre *m*, lourdaud *m*; ˈ**lout·ish** rustre, lourdaud.

lou·vre, *Am.* **lou·ver** [ˈluːvə] persienne *f.*

lov·a·ble □ [ˈlʌvəbl] aimable; digne d'être aimé.

love [lʌv] **1.** amour *m* (de, pour, envers *of, for, to*[*wards*]); tendresse *f*; *personne*: ami(e *f*) *m*; Amour *m*, Cupidon *m*; *sp.* rien *m*, zéro *m*; *attr.* d'amour; F *a* ~ *of a dress* un amour de robe; *for the* ~ *of God* pour l'amour de Dieu; *play for* ~ jouer pour l'honneur; *sp. four* (*to*) ~ quatre à zéro; *give* (*ou send*) *one's* ~ *to* envoyer son affectueux souvenir *ou* ses meilleures amitiés à (*q.*); *in* ~ *with* amoureux (-euse *f*) de; *make* ~ *to* faire la cour à; *neither for* ~ *nor money* à aucun prix; **2.** aimer (d'amour), affectionner; ~ *to do* aimer à faire; ˈ**~-af·fair** affaire *f* de cœur; intrigue *f* galante; ˈ**~-bird** psittacule *m*, inséparable *m*; ˈ**~-child** enfant *m* naturel; **~ game** *sp.* jeu *m* blanc; ˈ**love·less** sans amour; ˈ**love-let·ter** billet *m* doux; ˈ**love·li·ness** beauté *f*; ˈ**love·lock** accroche-cœur *m*; ˈ**love·ly** beau (bel *devant une voyelle ou un h muet*; belle *f*; beaux *m/pl.*); ravissant; F charmant; ˈ**love-mak·ing** cour *f* (amoureuse); ˈ**love-match** mariage *m* d'amour; ˈ**love-po·tion** philtre *m*; ˈ**lov·er** amoureux *m*; fiancé *m*; amant *m*; *fig.* ami(e *f*) *m*; *pair of* ~*s* deux amoureux *m/pl.*; ˈ**love·set** *sp.* six jeux *m/pl.* à zéro; ˈ**love·sick** féru d'amour; qui languit d'amour; ˈ**love·to·ken** gage *m* d'amour.

lov·ing □ [ˈlʌviŋ] affectueux (-euse *f*).

low[1] (□ †) [lou] **1.** bas(se *f*), peu élevé; petit (*classe, vitesse, etc.*); lent (*fièvre*); grave (*son*); décolleté (*robe*); (*a. in* ~ *spirits*) abattu; *fig.* bas(se *f*), vil; *adv.* bas; ~*est bidder le* moins disant *m*; *in a* ~ *voice* à voix basse, doucement; *bring* ~ abattre; humilier; *lie* ~ se tapir; se tenir coi; **2.** *météor.* aire *f* de basses pressions; *surt. Am.* niveau *m* le plus bas.

low[2] [~] **1.** meugler (*vache*); **2.** meuglement *m*.

low...: ˈ**~-brow** **1.** peu intellectuel (-le *f*), terre à terre; **2.** homme *m etc.* terre à terre; *péj.* philistin(e *f*) *m*; ˈ**~-cost** (à) bon marché; ˈ**~-ˈdown** *sl.* **1.** bas(se *f*); ignoble; **2.** [ˈ~] tuyau *m*, renseignement *m*; substance *f*, fond *m*.

low·er[1] [ˈlouə] **1.** *adj.* plus bas(se *f*) *etc.* (*see low*[1] *1*); inférieur; d'en bas *inv.*; **2.** *v/t.* baisser; abaisser (*chapeau, paupières, voile, etc.*); rabaisser (*le prix, q.*); diminuer; (faire) descendre; *v/i.* descendre, s'abaisser; baisser (*prix etc.*).

low·er[2] [ˈlauə] *see lour*.

low·er·most [ˈlouəmoust] le (la) plus bas(se *f*); ˈ**low-in·come** à revenus modérés; ˈ**low-key(ed)** discret (-ète *f*), retenu, modéré; ˈ**low·land** plaine *f* basse; pays *m* plat; ˈ**low·li·ness** humilité *f*; ˈ**low·ly** *adj.*, † *adv.* humble, sans prétention, modeste; ˈ**low-ˈnecked** décolleté (*robe*); ˈ**low·ness** manque *m* de hauteur; petitesse *f*; *son*: gravité *f*; *conduite*: bassesse *f*; ~ *of spirits* abattement *m*, découragement *m*; ˈ**low-ˈpres·sure** basse pression *f*; ˈ**low-shoe** soulier *m*; ˈ**low-ˈspir·it·ed** abattu, découragé; ˈ**low-ˈwa·ter** basse mer *f ou* marée *f*.

loy·al □ [ˈlɔiəl] (*to*) loyal (-aux *m/pl.*) (envers); fidèle (à); ˈ**loy·al·ist** loyaliste *mf*; ˈ**loy·al·ty** fidélité *f*; loyauté *f*.

loz·enge [ˈlɔzindʒ] losange *m*; *pharm.* pastille *f*, tablette *f*.

lub·ber [ˈlʌbə] lourdaud *m*; ⚓ maladroit *m*; ˈ**lub·ber·ly** lourdaud; gauche.

lu·bri·cant [ˈlu:brikənt] lubrifiant (*a. su./m*); **lu·bri·cate** [ˈ~keit] graisser; **lu·briˈca·tion** lubrification *f*, ⊕ graissage *m*; ˈ**lu·bri·ca·tor** ⊕ graisseur *m*; **lu·bric·i·ty** [lu:ˈbrisiti] onctuosité *f*; *fig.* lubricité *f*.

lu·cid □ [ˈlu:sid] lucide, clair; ⚘ luisant; *poét.* brillant; *poét.* transparent; ⚕ ~ *interval* intervalle *m* de lucidité; **luˈcid·i·ty**, ˈ**lu·cid·ness** lucidité *f*.

Lu·ci·fer [ˈlu:sifə] Lucifer *m* (*a. bibl.*); *astr. a.* Vénus *f*; ♀ allumette *f*.

luck [lʌk] hasard *m*, fortune *f*, chance *f*; *good* ~ bonne chance *f*; *bad* (*ou hard ou ill*) ~ mauvaise fortune *f*, malheur *m*; *be down on one's* ~ avoir de la déveine; ˈ**luck·i·ly** par bonheur; ˈ**luck·i·ness** bonheur *m*; chance *f*; ˈ**luck·less** infortuné; malencontreux (-euse *f*) (*jour etc.*); ˈ**luck·y** □ fortuné; heureux (-euse *f*); ~ *hit* (*ou break*) coup *m* de bonheur; ˈ**luck·y-bag**, ˈ**luck·y-dip** boîte *f* à surprises.

lu·cra·tive □ [ˈlu:krətiv] lucratif (-ive *f*); **lu·cre** [ˈlu:kə] lucre *m*.

lu·cu·bra·tion [lu:kjuˈbreiʃn] *usu.* ~*s pl.* élucubration *f*, -s *f/pl.*

lu·di·crous □ [ˈlu:dikrəs] grotesque, risible.

lu·do [ˈlu:dou] jeu *m* des petits chevaux.

luff ⚓ [lʌf] **1.** *su.* lof *m*; ralingue *f* du vent; **2.** *v/i.* lofer; *v/t.* (*a.* ~ *up*) faire lofer.

lug [lʌg] **1.** traîner, tirer; *fig.* ~ *in* amener (*qch.*) à toute force; **2.** ⊕ *a.* F oreille *f*; *casquette*: oreillette *f*.

luge [lu:ʒ] **1.** luge *f*; **2.** luger; faire de la luge.

lug·gage [ˈlʌgidʒ] bagage *m*, -s *m/pl.*; ˈ**~-car·ri·er** *cycl., mot.* porte-bagages *m/inv.*; ˈ**~-grid** *mot.* porte-bagages *m/inv.*; ˈ**~-of·fice** 🚂 consigne *f*; ˈ**~-rack** filet *m* (à bagages); ˈ**~-van** 🚂 fourgon *m* aux bagages.

lug·ger ⚓ [ˈlʌgə] lougre *m*.

lu·gu·bri·ous □ [lu:ˈgju:briəs] lugubre.

luke·warm [ˈluːkwɔːm] tiède (*a. fig.*); ˈ**luke·warm·ness** tiédeur *f.*

lull [lʌl] **1.** *v/t.* endormir (*a. fig.*); calmer; bercer; *v/i.* se calmer; s'apaiser; tomber (*vent etc.*); **2.** *su.* moment *m* de calme; ⚓ accalmie *f.*

lull·a·by [ˈlʌləbai] berceuse *f.*

lum·ba·go ⚕ [lʌmˈbeigou] lumbago *m.*

lum·ber [ˈlʌmbə] **1.** *su.* fatras *m*; vieux meubles *m/pl.*; *surt. Am.* bois *m* de charpente; **2.** *v/t.* (*usu.* ~ *up*) encombrer; *v/i.* aller lourdement *ou* à pas pesants; *Am.* débiter (le bois); ˈ**lum·ber·er,** ˈ**lum·ber·man** bûcheron *m*; ˈ**lum·ber·ing** lourd; ˈ**lum·ber·jack** bûcheron *m*; ˈ**lum·ber·room** fourre-tout *m/inv.*

lu·mi·nar·y [ˈluːminəri] corps *m* lumineux; astre *m*; *fig.* lumière *f*; ˈ**lu·mi·nous** □ lumineux (-euse *f*) (*a. fig.*); *fig.* illuminant; ~ *clock* horloge *f* à cadran lumineux; ~ *dial* cadran *m* lumineux; ~ *paint* peinture *f* lumineuse.

lump [lʌmp] **1.** *su. pierre, sucre, etc.*: morceau *m*; bloc *m*; masse *f*; bosse *f* (*au front etc.*); *fig. personne*: lourdaud *m*, empoté *m*; *in the* ~ en bloc; en gros; ~ *sugar* sucre *m* en morceaux; ~ *sum* somme *f* globale; **2.** *v/t.* mettre en bloc *ou* en tas; *fig.* réunir; ~ *together* réunir, considérer en bloc; *v/i.* former des mottes; *sl.* ~ *it* s'arranger; ˈ**lump·er** ⚓ déchargeur *m*, débardeur *m*; ˈ**lump·ing** F énorme; gros(se *f*); ˈ**lump·ish** (ba)lourd; à l'esprit lent; ˈ**lump·y** □ rempli de mottes; couvert de bosses; grumeleux (-euse *f*) (*sauce*); houleux (-euse *f*) (*mer*).

lu·na·cy [ˈluːnəsi] folie *f*; ⚖ démence *f.*

lu·nar [ˈluːnə] de (la) lune; lunaire; ⚗ ~ *caustic* caustique *m* lunaire; ~ *landing* alunissage *m*; ~ *module* module *m* lunaire.

lu·na·tic [ˈluːnətik] **1.** de fou(s); fou (fol *devant une voyelle ou un h muet*; folle *f*); ~ *asylum* maison *f* d'aliénés; F *pol.* ~ *fringe les* outranciers *m/pl.*, *les* ultras *m/pl.*; 2. fou (folle *f*) *m*; aliéné(e *f*) *m.*

lunch [lʌntʃ] **1.** (*abr. de* **lunch·eon** [ˈ~ən]) *su.* déjeuner *m*; *Am. a.* casse-croûte *m/inv.*; ~ *basket, packed* ~ panier-repas *m* (*pl.* paniers-repas); **2.** *v/i.* déjeuner; *Am.* prendre un petit repas; *v/t.* offrir un déjeuner à (*q.*); ~ **hour,** ˈ~**time** heure *f* du déjeuner.

lung [lʌŋ] poumon *m*; *animal tué*: mou *m*; ⚕ *iron* ~ poumon *m* d'acier.

lunge [lʌndʒ] **1.** *su. escrime*: botte *f*; *fig.* mouvement *m* en avant; **2.** *v/i.* lancer un coup (à, *at*); *escrime*: porter une botte (à, *at*), se fendre; *fig.* se précipiter; *v/t.* darder, lancer.

lung·er *sl.* [ˈlʌŋə] tuberculeux (-euse *f*) *m.*

lu·pin(e) ⚘ [ˈluːpin] lupin *m.*

lurch[1] [ləːtʃ] **1.** ⚓ embardée *f*; *fig.* pas *m* titubant; **2.** ⚓ embarder (*a.* F); *fig.* marcher en titubant.

lurch[2] [~]: *leave in the* ~ laisser (*q.*) dans l'embarras; planter là (*q.*).

lurch·er [ˈləːtʃə] chien *m* croisé d'un lévrier avec un chien de berger.

lure [ljuə] **1.** leurre *m*; *fig.* piège *m*; *fig.* attrait *m*; **2.** leurrer; *fig.* séduire.

lu·rid [ˈljuərid] blafard; *fig.* corsé; haut en couleur (*langage*).

lurk [ləːk] se cacher; rester tapi; ˈ**lurk·ing-place** cachette *f.*

lus·cious □ [ˈlʌʃəs] succulent; *péj.* trop sucré *ou* fleuri; ˈ**lus·cious·ness** succulence *f*; douceur *f* extrême.

lush [lʌʃ] plein de sève; luxuriant.

lust *poét.* [lʌst] **1.** appétit *m*; luxure *f*; *fig.* soif *f*; **2.** ~ *after* convoiter; avoir soif de; ˈ**lust·ful** □ lubrique, lascif (-ive *f*); plein de convoitise.

lust·i·ness [ˈlʌstinis] vigueur *f.*

lus·tra·tion *eccl.* [lʌsˈtreiʃn] lustration *f.*

lus·tre, *Am.* **lus·ter** [ˈlʌstə] éclat *m*, brillant *m*; lustre *m* (*a. fig.*); ˈ**lus·tre·less** terne (*a. fig.*); *fig.* sans éclat.

lus·trine [ˈlʌstrin] lustrine *f.*

lus·trous □ [ˈlʌstrəs] brillant; *tex.* lustré.

lust·y □ [ˈlʌsti] vigoureux (-euse *f*), robuste; *fig.* puissant.

lu·ta·nist, lut·ist [ˈluːt(ən)ist] joueur (-euse *f*) *m* de luth, luthiste *mf.*

lute[1] ♪ [luːt] luth *m.*

lute[2] [~] **1.** lut *m*, mastic *m*; **2.** luter, mastiquer; *métall.* brasquer.

lute·string [ˈluːtstriŋ] *see lustrine.*

Lu·ther·an [ˈluːθərən] luthérien(ne *f*) (*a. su./mf*); ˈ**Lu·ther·an·ism** luthéranisme *m.*

lux·ate ⚕ [ˈlʌkseit] luxer; déboîter

lux·u·ri·ance [lʌgˈzjuəriəns] exubérance *f*; **luxˈu·ri·ant** □ exubérant; **luxˈu·ri·ate** [~rieit] croître avec exubérance; *fig.* jouir avec délices (de, *in*); vivre (dans, *in*); **luxˈu·ri·ous** □ [~riəs] luxueux (-euse *f*); F voluptueux (-euse *f*); **luxˈu·ri·ous·ness** somptuosité *f*; luxe *m*; **lux·u·ry** [ˈlʌkʃəri] luxe *m*; objet *m* de luxe.

ly·ce·um [laiˈsiəm] Lycée *m*.

lye ⚗ [lai] lessive *f*.

ly·ing [ˈlaiiŋ] **1.** *p.pr. de lie*[1] *et lie*[2]; **2.** *adj.* menteur (-euse *f*); ˈ~-ˈ**in** couches *f/pl.*, accouchement *m*; ~ *hospital* maternité *f*.

lymph ⚕ [limf] vaccin *m*; lymphe *f*; **lym·phat·ic** [~ˈfætik] **1.** (~*ally*) lymphatique; **2.** ~*s pl.* (vaisseaux *m/pl.*) lymphatiques *m/pl.*

lynch [lintʃ] lyncher; ~ **law** loi *f* de Lynch; lynchage *m*.

lynx *zo.* [liŋks] lynx *m*; loup-cervier (*pl.* loups-cerviers) *m*.

lyre [laiə] lyre *f*; *orn.* ~-*bird* ménure *m*.

lyr·ic [ˈlirik] **1.** lyrique; **2.** poème *m* lyrique; chanson *f*; ~*s pl.* lyrisme *m*; ˈ**lyr·i·cal** □ lyrique.

ly·sol *pharm.* [ˈlaisɔl] lysol *m*.

M

M, m [em] M *m*, m *m*.
ma F [mɑː] maman *f*.
ma'am [mæm; *sl.* məm] *see madam*.
mac·ad·am [məˈkædəm] macadam *m*; **macˈad·am·ize** macadamiser.
mac·a·ro·ni [mækəˈrouni] macaroni *m/inv*.
mac·a·roon [mækəˈruːn] macaron *m*.
mace[1] [meis] *hist.* masse *f* d'armes; masse *f* (*portée devant un fonctionnaire*).
mace[2] [~] ⚘ fleur *f* de muscade.
mac·er·ate [ˈmæsəreit] (faire) macérer; **mac·erˈa·tion** macération *f*.
mach·i·na·tion [mækiˈneiʃn] complot *m*, intrigue *f*; ~*s pl.* agissements *m/pl.*, intrigues *f/pl.*; **mach·i·na·tor** [ˈ~tə] machinateur (-trice *f*) *m*; intrigant(e *f*) *m*; **ma·chine** [məˈʃiːn] **1.** machine *f*; appareil *m* (*a.* = *avion*); bicyclette *f*; *fig.* automate *m*; *pol.* organisation *f*; *attr.* des machines, à la machine; ~ *fitter* assembleur *m*, ajusteur *m*; ⚔ ~-*gun* mitrailleuse *f*; ~ *translation* traduction *f* automatique; **2.** façonner; usiner; coudre à la machine; **maˈchine·made** fait à la machine; **maˈchin·er·y** mécanisme *m*; machines *f/pl.*; appareil *m*, -s *m/pl.*; **maˈchine-shop** atelier *m* de construction mécanique; atelier *m* d'usinage; **maˈchine-tool** machine-outil (*pl.* machines-outils) *f*; **maˈchine-wash·a·ble** lavable en machine; **maˈchin·ist** machiniste *m*; mécanicien(ne *f*) *m*.
mack·er·el *icht.* [ˈmækrəl] maquereau *m*; ~ **sky** ciel *m* pommelé.
mack·i·naw *Am.* [ˈmækinɔː] couverture *f* épaisse.
mack·in·tosh [ˈmækintɔʃ] imperméable *m*; caoutchouc *m*.
macro... [mækro] macro-; **~·bi·ot·ic** [~baiˈɔtik] macrobiotique; **~·biˈot·ics** *sg.* macrobiotisme *m*; **~·cosm** [ˈ~kɔzəm] macrocosme *m*.
mac·u·lat·ed [ˈmækjuleitid] maculé.
mad □ [mæd] fou (fol *devant une voyelle ou un h muet*; folle *f*) (*a. fig.*), aliéné; enragé (*a. chiens etc.*); *fig.* éperdu, affolé, ivre (de *about, with, on*); *Am.* fâché (contre, *with*); F furieux (-euse *f*), furibond; *go* ~ devenir fou; *drive* ~ rendre fou; affoler (*a. fig.*).
mad·am [ˈmædəm] madame *f*; mademoiselle *f*.
mad·cap [ˈmædkæp] écervelé (*a. su./mf*); **mad·den** [ˈmædn] rendre fou, exaspérer; *it is* ~*ing* c'est exaspérant.
mad·der ⚘, ⊕ [ˈmædə] garance *f*.
made [meid] *prét. et p.p. de make* 1, 2.
made-to-meas·ure [ˈmeidtəˈmeʒə] fait sur mesure; **made-to-ord·er** [ˈ~ˈɔːdə] fait sur commande.
made-up [ˈmeidˈʌp] assemblé; artificiel(le *f*); tout fait (*vêtement*); maquillé (*femme*); faux (fausse *f*), inventé (*histoire etc.*).
mad·house [ˈmædhaus] maison *f* de fous; asile *m* d'aliénés; **ˈmad·man** fou *m*, aliéné *m*, insensé *m*; **ˈmad·ness** folie *f*; démence *f*; *vét.* rage *f*; hydrophobie *f*; *Am.* colère *f*; rage *f*; **ˈmad·wom·an** folle *f*, aliénée *f*, insensée *f*.
mael·strom [ˈmeilstroum] *géog. le* Malstrom *m*; *fig.* tourbillon *m*.
mag·a·zine [mægəˈziːn] *fusil*: magasin *m*; ⚔ magasin *m* d'armes, de vivres, *etc.*; ⚔ dépôt *m* de munitions; (revue *f*) périodique *m*; magazine *m* (*illustré*).
mag·da·len [ˈmægdəlin] fille *f* repentie.
mag·got [ˈmægət] asticot *m*; *fig.* lubie *f*; F ver *m*; **ˈmag·got·y** plein de vers; *fig.* capricieux (-euse *f*).
Ma·gi [ˈmeidʒai] *pl.*: *the* ~ les Rois *m/pl.* Mages.
mag·ic [ˈmædʒik] **1.** (*a.* **ˈmag·i·cal** □) magique, enchanté; **2.** magie *f*, enchantement *m*; **ma·gi·cian** [məˈdʒiʃn] magicien(ne *f*) *m*.
mag·is·te·ri·al □ [mædʒisˈtiəriəl] magistral (-aux *m/pl.*); *a. péj.* de

maître; de magistrat; **mag·is·tra·cy** ['~trəsi] magistrature *f*; les magistrats *m/pl.*; **mag·is·trate** ['~trit] magistrat *m*, juge *m*; *usu.* juge *m* de paix.

mag·na·nim·i·ty [mægnə'nimiti] magnanimité *f*; **mag·nan·i·mous** □ [~'næniməs] magnanime.

mag·nate ['mægneit] magnat *m*.

mag·ne·sia ⚗ [mæg'ni:ʃə] magnésie *f*.

mag·net ['mægnit] aimant *m*; **mag·net·ic** [~'netik] (*~ally*) magnétique; aimanté; *~ field* (*pole*) champ *m* (pôle *m*) magnétique; **mag·net·ism** ['~nitizm] magnétisme *m*; **mag·net·i·za·tion** [~tai'zeiʃn] aimantation *f*; '**mag·net·ize** aimanter; F magnétiser; '**mag·net·iz·er** *phys.* dispositif *m* d'aimantation; *personne*: magnétiseur *m*; **mag·ne·to** [mæg'ni:tou] ⊕ *etc.* magnéto *m*.

mag·nif·i·cence [mæg'nifisns] magnificence *f*; **mag'nif·i·cent** magnifique; somptueux (-euse *f*); **mag·ni·fi·er** ['mægnifaiə] loupe *f*, verre *m* grossissant; **mag·ni·fy** ['~fai] *v/t.* grossir (*a. fig.*); *~ing glass* loupe *f*, verre *m* grossissant; **mag·nil·o·quence** [mæg'nilokwəns] emphase *f*, grandiloquence *f*; **mag'nil·o·quent** □ emphatique, grandiloquent; **mag·ni·tude** ['~tju:d] grandeur *f*; *star of the first ~* étoile *f* de première magnitude.

mag·pie *orn.* ['mægpai] pie *f*; *a. fig.* bavard(e *f*) *m*.

mahl·stick *peint.* ['mɔ:lstik] appui(e)-main (*pl.* appuis-main, appuie-main) *m*.

ma·hog·a·ny [mə'hɔgəni] acajou *m*; *attr.* en acajou.

maid [meid] †, *co.* pucelle *f*; † demoiselle *f*; † jeune fille *f*; (*ou ~-servant*) bonne *f*, domestique *f*, servante *f*; *old ~* vieille fille *f*; *~ of all work* bonne *f* à tout faire; *~ of hono(u)r* fille *f* d'honneur; *Am.* première demoiselle *f* d'honneur.

maid·en ['meidn] **1.** *prov.*, *co. see maid*; **2.** de jeune fille; non mariée; *fig.* premier; de début; *~ name* nom *m* de jeune fille; *~ speech* discours *m* de début; *~ voyage* ⚓ premier voyage *m*; ✈ premier vol *m*; '**~hair** ⚘ capillaire *m*; '**~head,** '**~hood** virginité *f*; célibat *m* (*de fille*); '**~like,** '**maid·en·ly** virginal (-aux *m/pl.*); modeste.

mail¹ [meil] mailles *f/pl.*

mail² [~] **1.** *poste*: courrier *m*; poste *f*; départ *m* du courrier; **2.** envoyer par la poste; expédier; *~ing list* liste *f* d'adresses; '**mail·a·ble** *Am.* transmissible par la poste.

mail...: '**~-bag** sac *m* de dépêches *ou* de poste; '**~-boat** courrier *m* postal; paquebot *m*; '**~-box** *surt. Am.* boîte *f* aux lettres; '**~-car·ri·er** *Am.* facteur *m*; '**~-clad** revêtu de mailles; '**~-coach,** *Brit.* '**~-cart** wagon-poste (*pl.* wagons-poste) *m*; '**~-man** *Am.* facteur *m*; **~ or·der firm,** *surt. Am.* '**~-or·der house** maison *f* qui vend par correspondance; '**~-train** train-poste (*pl.* trains-poste[s]) *m*.

maim [meim] estropier, mutiler [(*a. fig.*).

main [mein] **1.** principal (-aux *m/pl.*); premier (-ère *f*), essentiel(le *f*); grand (*route*); *~ chance* son propre intérêt; *téléph. ~ station* table *f* (principale); *by ~ force* de vive force; ✈ *~ plane* voilure *f*; **2.** vigueur *f*; ⊕ canalisation *f* maîtresse; ⚡ conducteur *m* principal; *poét.* océan *m*; *~s pl.* ⚡ secteur *m*; ⚡ *rising ~* conducteur *m* principal montant; *~s aerial* antenne *f* secteur; *~s receiving set* poste *m* secteur; *in the ~* en général, à tout prendre; '**~·land** terre *f* ferme; continent *m*; '**main·ly** surtout.

main...: **~·mast** ['~mɑ:st; ⚓ '~məst] grand mât *m*; **~·sail** ['~seil; ⚓ '~sl] grand-voile *f*; '**~·spring** ressort *m* moteur; *fig.* mobile *m* essentiel; '**~·stay** ⚓ étai *m* de grand mât; *fig.* soutien *m* principal; '**~·stream** *fig.* tendance *f* principale; **2-Street** *Am.* grand-rue *f*; habitants *m/pl.* d'une petite ville.

main·tain [men'tein] maintenir; soutenir (*opinion, famille, conversation, cause, guerre*); entretenir (*famille, correspondance, route, relations*); défendre (*ses droits, une cause*); conserver (*l'allure, la santé*); garder (*l'attitude, l'avantage*); *~ that* affirmer *ou* maintenir que; **main'tain·a·ble** (sou)tenable.

main·te·nance ['meintinəns] maintien *m*; entretien *m*; défense *f*; appui *m*; subsistance *f*; *~ costs pl.* frais *m/pl.* d'entretien.

main·top ⚓ [ˈmeintɔp] grand-hune *f.*
maize ⚘ [meiz] maïs *m.*
ma·jes·tic [məˈdʒestik] (~*ally*) majestueux (-euse *f*); **ma·jes·ty** [ˈmædʒisti] majesté *f.*
ma·jor [ˈmeidʒə] **1.** majeur(e *f*); le plus grand; *mot.* de priorité (*route*); principal (-aux *m/pl.*) (*a. couleurs aux cartes*); ♪ A ~ la *m* majeur; ♪ ~ *third* tierce *f* majeure; ♪ ~ *key* ton *m* majeur; *Am. baseball*: ~ *league* ligue *f* majeure; **2.** ⚔ commandant *m*; ⚔ chef *m* de bataillon (*infanterie*) *ou* d'escadron (*cavalerie*); *personne*: majeur(e *f*) *m*; *phls.* majeure *f*; *Am. univ.* sujet *m* principal; **3.** *Am.* (*in*) se spécialiser (en) (*un sujet*); être reçu à l'examen supérieur (de); ˈ~-ˈ**gen·er·al** général *m* de brigade; **ma·jor·i·ty** [məˈdʒɔriti] majorité *f* (*a. âge*); le plus grand nombre; la plus grande partie; ⚔ (*a.* **ma·jor·ship** [ˈmeidʒəʃip]) grade *m* de commandant; ~ *decision* décision *f* prise à la majorité; *pol.* ~ *rule* gouvernement *m* majoritaire *ou* de la majorité; *join the* ~ mourir, s'en aller ad patres.
make [meik] **1.** [*irr.*] *v/t.* faire (*qch., distinction, amis, paix, guerre, discours, testament, thé, bruit, faute, fortune, etc.*); construire; fabriquer; confectionner (*des vêtements*); conclure (*un marché*); fixer (*les conditions*); établir (*une règle*); subir (*une perte*); conclure (*la paix, un traité*); battre (*les cartes*); ⚡ fermer (*le circuit*); nommer (*un juge, un professeur, etc.*); ~ *the best of it* en prendre son parti; ~ *capital out of* tirer parti de; ~ *good* réparer (*un tort*), tenir (*sa parole*), établir (*son droit à qch.*); *Am.* F ~ *it* réussir (*à qch.*); arriver à temps; ⚓ ~ *the land* atterrir; ~ *or mar s.o.* faire la fortune ou la ruine de q.; ~ *one* joindre, unir; *do you* ~ *one of us?* êtes-vous des nôtres?; ⚓ ~ *a port* arriver à un port; ~ *shift* s'accommoder (*de qch.*); ~ *sure of* s'assurer de (*un fait*); s'assurer (*une place etc.*); ~ *sure that* s'assurer que; F être persuadé que; ~ *way* faire du chemin; ~ *way for* faire place à (*q.*) (*a. fig.*); ~ *into* transformer en; ~ *out* dresser (*une liste, un compte*); faire (*un chèque*); prouver; discerner; démêler (*les raisons de q.*); déchiffrer (*une écriture*); F feindre; ~ *over* céder; transférer; ~ *up* compléter; combler (*un déficit*); faire (*un paquet*); préparer; façonner (*une robe etc.*); dresser (*une liste, un compte*); établir (*un compte*); inventer (*une excuse, une histoire*); composer (*un ensemble*); accommoder (*un différend*); *made up of* composé de; *see* ~ *up for* (*v/i.*); ~ *up one's mind* se décider (à, *to*; pour *for*, *in favo[u]r of*); prendre son parti; **2.** [*irr.*] *v/i.* ⚡ se fermer (*circuit*); monter (*marée*); ~ *as if* faire mine de; faire semblant de; ~ *after* s'élancer sur *ou* après; ~ *against* s'opposer à; ~ *at* se ruer sur (*q.*); ~ *away* s'éloigner; ~ *away with* enlever; détruire; dérober (*de l'argent*); ~ *for* se diriger vers; s'élancer sur; ⚓, ✈ mettre le cap sur; favoriser; ~ *off* se sauver; décamper; ~ *up* compenser; se réconcilier; se maquiller; ~ *up for* réparer; se rattraper de (*une perte*); suppléer à (*un manque*); compenser; ~ *up to* s'approcher de; F faire la cour à; **3.** fabrication *f*; façon *f*; taille *f* (*de q.*); ⚚ marque *f*; ⚡ *circuit*: fermeture *f*; *our own* ~ de notre marque; *of poor* ~ de qualité inférieure; ˈ**~-be·lieve 1.** semblant *m*; feinte *f*; trompe-l'œil *m/inv.*; **2.** fictif (-ive *f*), imaginaire, feint; ˈ**mak·er** faiseur (-euse *f*) *m*; ⚚ fabricant *m*; constructeur *m*; *the* ♀ le Créateur *m* (= *Dieu*).
make...: ˈ**~·shift 1.** pis-aller *m/inv.*; **2.** de fortune; ˈ**~-up** *see make 3*; composition *f*; maquillage *m*; invention *f*; ~ *charge* façon *f*; ˈ**~-weight** complément *m* de poids; *fig.* supplément *m.*
mak·ing [ˈmeikiŋ] fabrication *f*; création *f*; F ~*s pl.* recettes *f/pl.*; petits profits *m/pl.*; *in the* ~ en train de se faire; *have the* ~*s of* avoir ce qu'il faut pour.
mal·a·chite *min.* [ˈmæləkait] malachite *f*; cendre *f* verte.
mal·ad·just·ment [ˈmæləˈdʒʌstmənt] ajustement *m* défectueux; dérèglement *m.*
mal·ad·min·is·tra·tion [ˈmælədminisˈtreiʃn] mauvaise administration *f ou* gestion *f.*
mal·a·droit [ˈmæləˈdrɔit] maladroit.
mal·a·dy [ˈmælədi] maladie *f.*
mal·ap·ro·pos [ˈmælˈæprəpou] **1.**

adv. mal à propos; **2.** *adj.* inopportun.

ma·lar·i·a ⚕ [məˈlɛəriə] malaria *f*, paludisme *m*; **maˈlar·i·al** paludéen(ne *f*).

ma·lar·key *Am.* F [məˈlɑːki] baliverne(s) *f*/(*pl.*), blague(s) *f*/(*pl.*), baratin *m*.

mal·con·tent [ˈmælkəntent] mécontent (*a. su.*/*mf*).

male [meil] **1.** mâle; ~ *child* enfant *m* mâle; ~ *screw* vis *f* mâle *ou* pleine; **2.** mâle *m*; homme *m*.

mal·e·dic·tion [mæliˈdikʃn] malédiction *f*; anathème *m*.

mal·e·fac·tor [ˈmælifæktə] malfaiteur (-trice *f*) *m*.

ma·lef·i·cence [məˈlefisns] malfaisance *f*; **maˈlef·i·cent** malfaisant (envers, *to*); criminel(le *f*).

ma·lev·o·lence [məˈlevələns] malveillance *f* (envers, *to*[*wards*]); **maˈlev·o·lent** □ malveillant (envers, *to*[*wards*]).

mal·for·ma·tion [ˈmælfɔːˈmeiʃn] malformation *f*; défaut *m* de conformation.

mal·func·tion [mælˈfʌŋkʃən] **1.** fonctionnement *m* défectueux, dérèglement *m*; **2.** fonctionner mal.

mal·ice [ˈmælis] malice *f*; malveillance *f*; méchanceté *f*; ⚖ intention *f* criminelle; *bear s.o.* ~ vouloir du mal à q., en vouloir à q.; ⚖ *with* ~ *aforethought* avec intention criminelle.

ma·li·cious □ [məˈliʃəs] méchant; malveillant; ⚖ avec intention criminelle; **maˈli·cious·ness** malice *f etc.*

ma·lign [məˈlain] **1.** □ pernicieux (-euse *f*), nuisible; ⚕ malin (-igne *f*); **2.** calomnier, diffamer; **ma·lig·nan·cy** [məˈlignənsi] malignité *f* (*a.* ⚕); virulence *f*; **maˈlig·nant** □ **1.** malin (-igne *f*) (*a.* ⚕); méchant; **2.** *hist.* ~*s pl.* dissidents *m*/*pl.*; **maˈlig·ni·ty** malignité *f*; méchanceté *f*; *souv.* ⚕ malignité *f*.

ma·lin·ger [məˈliŋgə] faire le malade; **maˈlin·ger·er** faux malade *m*, fausse malade *f*.

mall *Am.* [mɔːl] centre *m* commercial.

mal·lard *orn.* [ˈmæləd] malard *m*; canard *m* sauvage.

mal·le·a·bil·i·ty [mæliəˈbiliti] malléabilité *f*; *fig.* souplesse *f*; **ˈmal·le·a·ble** malléable; *fig.* complaisant.

mal·let [ˈmælit] maillet *m*.

mal·low ⚘ [ˈmælou] mauve *f*.

malm·sey [ˈmɑːmzi] Malvoisie *f*.

mal·nu·tri·tion [ˈmælnjuːˈtriʃn] sous-alimentation *f*; alimentation *f* défectueuse.

mal·o·dor·ous □ [mæˈloudərəs] malodorant.

mal·prac·tice [ˈmælˈpræktis] méfait *m*; ⚕ négligence *f*; ⚖ malversation *f*.

malt [mɔːlt] **1.** malt *m*; ~ *liquor* bière *f*; **2.** (se) convertir en malt; *v*/*t*. malter.

Mal·tese [ˈmɔːlˈtiːz] **1.** maltais; **2.** Maltais(e *f*) *m*.

malt·ing [ˈmɔːltiŋ] maltage *m*.

mal·treat [mælˈtriːt] maltraiter, malmener; **malˈtreat·ment** mauvais traitement *m*.

malt·ster [ˈmɔːltstə] malteur *m*.

mal·ver·sa·tion [mælvəːˈseiʃn] malversation *f*; mauvaise administration *f*.

ma(m)·ma [məˈmɑː] maman *f*.

mam·mal [ˈmæməl] mammifère *m*; **mam·ma·li·an** [məˈmeiljən] mammifère (*a. su.*/*m*).

mam·mon [ˈmæmən] Mammon *m*.

mam·moth [ˈmæməθ] **1.** *zo.* mammouth *m*; **2.** géant, monstre.

mam·my F [ˈmæmi] maman *f*; *Am.* nourrice *f* noire.

man [mæn; *mots composés*: -mən] **1.** (*pl. men*) homme *m* (*a.* ⚔); domestique *m*, valet *m*; ouvrier *m*; F mari *m*; *échecs*: pièce *f*; *dames*: pion *m*; *attr.* d'homme(s); *to a* ~ jusqu'au dernier; ⚔ ~ *on leave* permissionnaire *m*; **2.** ⚔, ⚓ garnir d'hommes; armer, équiper; ~ *o.s.* faire appel à tout son courage.

man·a·cle [ˈmænəkl] **1.** menotte *f*; **2.** mettre les menottes à (*q.*).

man·age [ˈmænidʒ] *v*/*t*. manier (*un outil*); conduire (*une auto, une entreprise*); régir (*une propriété*); gérer (*une banque, une affaire*); manœuvrer (*un navire*); gouverner (*une banque*); maîtriser (*un animal*); venir à bout de (*qch.*); *v*/*i*. s'arranger; se débrouiller; ~ *to* (*inf.*) venir à bout de (*inf.*); réussir à (*inf.*); ~ *without s.th.* se passer de qch.; **ˈman·age·a·ble** □ maniable; traitable (*personne*); **ˈman·age·ment** maniement *m*; direction *f*; conduite *f*; gestion *f*; savoir-faire *m/inv.*; administrateurs *m/pl.*; **ˈman·ag·er** directeur *m*; régisseur *m*; gérant *m*; chef *m* (*du service etc.*); *journal*: administrateur *m*; *théâ.* impresario *m*; *departmental* ~ chef *m* de rayon; chef *m* de service; *sales* ~ directeur *m* commercial; *she is a good* (*bad*) ~ elle est bonne (mauvaise) ménagère *f*; **ˈman·ag·er·ess** directrice *f*, gérante *f*; **man·a·ge·ri·al** □ [~əˈdʒiəriəl] directorial (-aux *m/pl.*).

man·ag·ing [ˈmænidʒiŋ] **1.** directeur (-trice *f*); gérant; *fig.* entreprenant; F autoritaire; ~ *clerk* chef *m* de bureau; ⚖ premier clerc *m*; **2.** direction *f*; conduite *f*; gestion *f*.

man·da·mus ⚖ [mænˈdeiməs] commandement *m* (*à une cour inférieure*).

man·da·rin [ˈmændərin] mandarin *m*; ⚘ (*ou* **ˈman·da·rine** [~]) mandarine *f*.

man·da·tar·y ⚖ [ˈmændətəri] mandataire *mf*; **man·date** [ˈ~deit] **1.** *pol.* mandat *m*; *poét.* commandement *m*, ordre *m*; **2.** attribuer sous mandat; **manˈda·tor** mandant *m*; **man·da·to·ry** [ˈ~dətəri] **1.** mandataire; **2.** état *m* mandataire.

man·di·ble [ˈmændibl] mandibule *f*; *anat.* mâchoire *f* inférieure.

man·do·lin(e) ♪ [ˈmændəlin] mandoline *f*.

man·drake ⚘ [ˈmændreik] mandragore *f*.

man·drel ⊕ [ˈmændril] mandrin *m*.

man·drill *zo.* [ˈmændril] mandrill *m*.

mane [mein] crinière *f*.

man-eat·er [ˈmæni:tə] mangeur *m* d'hommes; *personne*: cannibale *m*.

ma·nes [ˈmeini:z] *pl. antiquité romaine*: mânes *m/pl.*

ma·neu·ver [məˈnu:və] *Am. see manœuvre.*

man·ful □ [ˈmænful] viril; hardi; **ˈman·ful·ness** virilité *f*; vaillance *f*.

man·ga·nese ⚗ [mæŋgəˈni:z] manganèse *m*; **man·gan·ic** [~ˈgænik] manganique.

mange *vét.* [meindʒ] gale *f*; F rogne *f*.

man·ger [ˈmeindʒə] crèche *f*; F *dog in the* ~ chien *m* du jardinier.

man·gle[1] [ˈmæŋgl] **1.** calandre *f*; **2.** calandrer; cylindrer.

man·gle[2] [~] déchirer; mutiler (*a. fig.*); *fig.* massacrer.

man·gler [ˈmæŋglə] machine *f* à calandrer.

man·gy [ˈmeindʒi] galeux (-euse *f*); *fig.* minable.

man...: ˈ**~-han·dle** manutentionner, transporter à force de bras; *sl.* malmener; bousculer; ˈ**~-hat·er** misanthrope *m*; ˈ**~·hole** ⊕ trou *m* de regard; bouche *f* d'accès; ˈ**~-hood** humanité *f*; âge *m* viril, âge *m* d'homme; ˈ**~-ˈhours** *pl.* heures *f/pl.* de travail (par homme).

ma·ni·a [ˈmeinjə] manie *f*; folie *f*; F passion *f*; *suffixe*: -manie *f*; **ma·ni·ac** [ˈ~iæk] **1.** fou (folle *f*) *m* enragé(e *f*) *m*; **2.** (*a.* **ma·ni·a·cal** □ [məˈnaiəkl]) de fou (folle *f*); furieux (-euse *f*).

man·i·cure [ˈmænikjuə] **1.** soin *m* des mains; toilette *f* des ongles; **2.** soigner les mains; ˈ**~-case** trousse *f* de manucure.

man·i·cur·ist [ˈmænikjuərist] *personne*: manucure *mf*.

man·i·fest [ˈmænifest] **1.** □ manifeste, évident, clair; **2.** ⚓ manifeste *m* (de sortie); **3.** *v/t.* manifester, témoigner; ⚓ déclarer (*qch.*) en douane; *v/i.* manifester; **man·i·fesˈtation** manifestation *f*; **man·i·fes·to** [~ˈfestou] *pol. etc.* manifeste *m*.

man·i·fold □ [ˈmænifould] **1.** divers, varié; nombreux (-euse *f*); **2.** *mot.* *intake ou inlet* (*exhaust*) ~ collecteur *m* d'admission (d'échappement); **3.** polycopier; ~ **writ·er** appareil *m* à polycopier.

man·i·kin [ˈmænikin] petit homme *m*; homoncule *m*.

ma·nip·u·late [məˈnipjuleit] manipuler (*qch.*); ⊕ manœuvrer; agir sur (*une pédale*, ✝ *le marché*); **ma·nip·uˈla·tion** manipulation *f*; ⊕ manœuvre *f*; tripotages *m/pl.* en Bourse; ⚕ exploration *f*; **maˈnip·u·la·tive** de manipulation; **maˈnip·u·la·tor** manipulateur *m*; ✝ agioteur *m*.

man·kind [mænˈkaind] le genre *m* humain; [ˈmænkaind] les hommes *m/pl.*; ˈ**man·like** *see manly*; *mannish*; ˈ**man·li·ness** caractère *m* viril; virilité *f*; ˈ**man·ly** viril, d'homme; ˈ**man-made** artificiel(le *f*); ~ *fibre* fibre *f* synthétique.

man·ne·quin [ˈmænikin] mannequin *m*; ~ *parade* défilé *m* de mannequins.

man·ner [ˈmænə] manière *f* (*a. art*,

a. littérature); façon *f*; *peinture*: style *m*; *~s pl.* mœurs *f/pl.*, usages *m/pl.*; manières *f/pl.*; tenue *f*; *no ~ of doubt* aucune espèce de doute; *in a ~* d'une façon; *in such a ~ that* de manière que, de sorte que; **ˈman·nered** aux manières ...; *littérature, art*: maniéré; recherché; **ˈman·ner·ism** maniérisme *m*; particularité *f*; **ˈman·ner·li·ness** courtoisie *f*, politesse *f*; **ˈman·ner·ly** courtois, poli.

man·nish [ˈmæniʃ] d'homme; hommasse (*femme*).

ma·nœu·vra·ble, *Am. a.* **ma·neu·ver·a·ble** [məˈnuːvrəbl] manœuvrable, maniable; **maˈnœu·vre**, *Am. a.* **maˈneu·ver** [~və] **1.** manœuvre *f* (*a. fig.*); *fig.* *~s pl.* F intrigues *f/pl.*; **2.** (faire) manœuvrer.

man-of-war [ˈmænəvˈwɔː] vaisseau *m* de guerre *ou* de ligne.

ma·nom·e·ter ⊕, *phys.* [məˈnɔmitə] manomètre *m*.

man·or [ˈmænə] seigneurie *f*; *see ~-house*; *lord of the ~* seigneur *m*; châtelain *m*; **ˈ~-house** château *m* seigneurial; manoir *m*; **ma·no·ri·al** [məˈnɔːriəl] seigneurial (-aux *m/pl.*); de seigneur.

man-pow·er [ˈmænpauə] ⊕ force *f* des bras; main-d'œuvre (*pl.* mains-d'œuvre) *f*; ⚔ effectifs *m/pl.*

manse *écoss.* [mæns] presbytère *m*.

man-serv·ant [ˈmænsəːvənt] domestique *m*, valet *m*.

man·sion [ˈmænʃn] château *m*; hôtel *m* particulier (*en ville*); *~s pl.* maison *f* de rapport.

man·slaugh·ter [ˈmænslɔːtə] homicide *m* par imprudence.

man·tel [ˈmæntl] manteau *m* de cheminée; *~piece*, *~shelf* dessus *m* de cheminée; F cheminée *f*.

man·tel·et [ˈmæntlit] mantelet *m*; ⚔ pare-balles *m/inv.*

man·til·la [mænˈtilə] mantille *f*.

man·tle [ˈmæntl] **1.** manteau *m* (*a.* △, *anat.*, *zo.*); △ parement *m* (*d'un mur*); *fig.* voile *m*, manteau *m*; (*a. incandescent ~*) manchon *m*; **2.** *v/t.* vêtir d'un manteau; *fig.* couvrir; revêtir; *~ on* recouvrir; *v/i.* rougir (*joues*); se couvrir (de, *with*).

mant·let [ˈmæntlit] *see mantelet*.

man·trap [ˈmæntræp] piège *m* à hommes *ou* à loups.

man·u·al [ˈmænjuəl] **1.** □ manuel (-le *f*); fait à la main; ⚔ *~ exercise* maniement *m* des armes; *sign ~* seing *m*; **2.** manuel *m*; aide-mémoire *m/inv.*; *orgue*: clavier *m*; *instruction ~* manuel *m* d'entretion.

man·u·fac·to·ry [mænjuˈfæktəri] fabrique *f*, usine *f*.

man·u·fac·ture [mænjuˈfæktʃə] **1.** fabrication *f*; confection *f*; *p.ext.* industrie *f*; **2.** fabriquer; confectionner; *~d article* produit *m* industriel; *~d goods pl.* produits *m/pl.* fabriqués; **man·uˈfac·tur·er** fabricant *m*; industriel *m*; **man·uˈfac·tur·ing** manufacturier (-ère *f*); industriel(le *f*).

ma·nure [məˈnjuə] **1.** engrais *m*; **2.** fumer, engraisser.

man·u·script [ˈmænjuskript] **1.** manuscrit *m*; **2.** manuscrit, écrit à la main.

Manx [mæŋks] **1.** manxois, mannois; **2.** *ling.* mannois *m*; Mannois(e *f*) *m*; *the Manx pl.* les Mannois *m/pl.*

man·y [ˈmeni] **1.** beaucoup de; bien des; plusieurs; *~ a* maint(e *f*); bien des; *~ a one* bien des gens; *one too ~* un(e) de trop; **2.** beaucoup (de gens); un grand nombre; *a good ~* pas mal de; un assez grand nombre (de gens); *a great ~* un grand nombre (*de personnes*); **ˈ~-ˈsid·ed** *fig.* complexe, divers.

map [mæp] **1.** *géog.* carte *f*; *ville*: plan *m*; F *off the ~* ne plus de saison; *on the ~* d'actualité; **2.** dresser une carte *etc.* (de qch., *s.th.*); *~ out* dresser.

ma·ple ⚘ [ˈmeipl] érable *m*.

map·per [ˈmæpə] cartographe *m*.

mar [mɑː] gâter; déparer; troubler (*la joie*); ruiner.

mar·a·bou *orn.* [ˈmærəbuː] marabout *m*.

Mar·a·thon [ˈmærəθən] *sp.* (*a. ~ race*) marathon *m*.

ma·raud [məˈrɔːd] marauder; **maˈraud·er** maraudeur *m*.

mar·ble [ˈmɑːbl] **1.** marbre *m*; *jeu*: bille *f*; **2.** de marbre; *fig.* dur; **3.** marbrer.

March[1] [mɑːtʃ] mars *m*.

march[2] [~] **1.** marche *f* (*a.* ♪, *événements*); *civilisation, événements*: progrès *m*; ⚔ *~ past* défilé *m*; **2.** *v/i.* marcher; *fig.* avancer; faire des progrès; *v/t.* faire marcher; ⚔ *~ off* *v/t.* emmener (*un prisonnier*); *v/i.* se mettre en marche; ~ *past* défiler.

march[3] [~] **1.** *hist.* marche *f*; *usu.* ~*es pl.* pays *m* limitrophe; **2.** confiner (à, *with*).

march·ing [ˈmɑːtʃiŋ] **1.** marche *f*; ~ *order* tenue *f* de route; ~ *orders pl.* feuille *f* de route; *fig.* congé *m*; *in heavy* ~ *order* en tenue de campagne; **2.** ~ *past* défilé *m*.

mar·chion·ess [ˈmɑːʃənis] marquise *f*.

march·pane [ˈmɑːtʃpein] massepain *m*.

mare [mɛə] jument *f*; *fig.* ~*'s nest* canard *m*, découverte *f* illusoire.

mar·ga·rine [mɑːdʒəˈriːn] margarine *f*.

mar·gin [ˈmɑːdʒin] marge *f*; *bois*: lisière *f*; *rivière*: rive *f*; écart *m*; ~ *of error* tolérance *f*; ~ *of profit* bénéfice *m*, marge *f*; *safety* ~, ~ *of safety* marge *f* de sécurité; ˈ**mar·gin·al** □ marginal (-aux *m/pl.*); en marge.

mar·grave [ˈmɑːgreiv] margrave *m*; **mar·gra·vine** [ˈ~grəviːn] margrave *f*, margravine *f*.

Ma·ri·a [məˈraiə]: F *Black* ~ panier *m* à salade (= *voiture cellulaire*).

mar·i·gold ⚘ [ˈmærigould] souci *m*.

mar·i·jua·na [mɑːriˈhwɑːnə] marihuana *f*.

ma·ri·nade [mæriˈneid] **1.** marinade *f*; **2.** mariner.

ma·rine [məˈriːn] **1.** marin; de mer; de (la) marine; **2.** soldat *m* de l'infanterie de marine; marine *f* (*a. peint.*); *tell that to the* ~*s!* allez conter ça ailleurs!; **mar·i·ner** *usu.* ⚓ [ˈmærinə] marin *m*.

mar·i·o·nette [mæriəˈnet] marionnette *f*.

mar·i·tal □ [məˈraitl] marital (-aux *m/pl.*); matrimonial (-aux *m/pl.*); ~ *status* état *m* familial.

mar·i·time [ˈmæritaim] maritime; naval (-als *m/pl.*); ~ *affairs pl.* affaires *f/pl.* maritimes.

mar·jo·ram ⚘ [ˈmɑːdʒərəm] origan *m*, marjolaine *f*.

mark[1] [mɑːk] *monnaie*: mark *m*.

mark[2] [~] **1.** marque *f*; but *m*; signe *m*; *école*: note *f*; *école*: point *m* (*a. ponctuation*); *sp.* ligne *f* de départ; croix *f* (*au lieu de signature*); ⚕ cote *f* (*d'une valeur*); marque *f* (*d'un produit*); *vét.* marque *f*; *a man of* ~ un homme *m* marquant; *fig. up to the* ~ à la hauteur; dans son assiette (*santé*); *hit the* ~ frapper juste; *make one's* ~ se faire une réputation; *miss the* ~ manquer le but; *we are not far from the* ~ *in saying that* nous ne sommes pas loin de compte en disant que; **2.** *v/t.* (*a.* ~ *out*) tracer; estampiller (*des marchandises*); marquer ([*les points de*] *un jeu*); ⚕ marquer; chiffrer; mettre le prix à; piquer (*les cartes*); coter (*un devoir*); indiquer; témoigner (*son approbation etc.*); guetter; observer; ~ *down* baisser de prix; repérer (*le gibier, un point*); ~ *off* séparer; mesurer (*une distance*); ~ *out* délimiter, tracer; borner (*un champ*); jalonner; ⚔ ~ *time* marquer le pas; **marked** [mɑːkt], **mark·ed·ly** *adv.* [ˈmɑːkidli] marqué; *fig.* sensible; accusé (*accent*); ˈ**mark·er** *billard*: marqueur *m*; pointeur *m*.

mar·ket [ˈmɑːkit] **1.** marché *m*; place *f* du marché; halle *f*, -s *f/pl.*; débouché *m* (pour, *for*); *Bourse*: cours *m/pl.*; *be in the* ~ être au marché; être acheteur; *come into the* ~ être mis en vente; *condition of the* ~ le marché; ~ *gardener* maraîcher (-ère *f*) *m*; *Am. sl. play the* ~ spéculer (*à la Bourse*); **2.** *v/t.* lancer (*qch.*) sur le marché; trouver des débouchés pour (*qch.*); *v/i.* faire son marché *ou* ses emplettes; ˈ**mar·ket·a·ble** □ vendable; marchand (*valeur etc.*); **mar·ket·eer** [~ˈtiə] *see black 1*; ˈ**mar·ket·ing** achat *m ou* vente *f* au marché; ˈ**mar·ket-val·ue** valeur *f* marchande; cours *m*.

mark·ing [ˈmɑːkiŋ] marquage *m*; *usu.* -s *pl.* marque *f*, tache *f*; rayure *f*; ˈ~**-ink** encre *f* à marquer.

marks·man [ˈmɑːksmən] bon tireur *m*; ˈ**marks·man·ship** adresse *f* au tir.

marl [mɑːl] **1.** *géol.* caillasse *f*; ⛏ marne *f*; **2.** ⛏ marner.

mar·ma·lade [ˈmɑːməleid] confiture *f* d'oranges.

mar·mo·re·al □ *poét.* [mɑːˈmɔːriəl] marmoréen(ne *f*).

mar·mot *zo.* [ˈmɑːmət] marmotte *f*.

ma·roon[1] [məˈruːn] marron pourpré *inv.*; châtain.

ma·roon[2] [~] **1.** nègre *m* marron, négresse *f* marronne; **2.** abandonner (*q.*) sur une île déserte.

mar·plot [ˈmɑːplɔt] brouille-tout *m/inv.*

mar·quee [mɑːˈkiː] (tente-)marquise *f.*

mar·quess [ˈmɑːkwis], *usu.* **marquis** [ˈmɑːkwis] marquis *m.*

mar·que·try [ˈmɑːkitri] marqueterie *f.*

mar·riage [ˈmæridʒ] mariage *m*; *fig.* union *f*; *civil* ~ mariage *m* civil; *by* ~ par alliance; *related by* ~ allié de près; *take in* ~ épouser (*q.*); prendre (*q.*) en mariage; ~*-guidance* guidance *f* de mariage; ~ *counsellor* raccommodeur *m* de ménages; ˈ**mar·riage·a·ble** nubile; à marier; d'âge à se marier; ~ *person* parti *m.*

mar·riage...: ˈ**~-lines** *pl.* acte *m* de mariage; ˈ**~-**ˈ**mar·ket**: *in the* ~ mariable; ˈ**~-**ˈ**por·tion** dot *f* (*de la femme*).

mar·ried [ˈmærid] marié (*personne*); conjugal (-aux *m/pl.*) (*vie*); ~ *couple* ménage *m.*

mar·row [ˈmærou] moelle *f* (*a. fig.*); *fig.* essence *f*; ⚘ *vegetable* ~ courge *f* à la moelle; ˈ**~·bone** os *m* à moelle; ~*s pl. co.* genoux *m/pl.*; ˈ**mar·row·y** plein de moelle (*a. fig.*).

mar·ry [ˈmæri] *v/t.* marier (q. à **q.**, *s.o. to s.o.*); se marier avec, épouser (*q.*); *v/i.* se marier (à, *to*).

marsh [mɑːʃ] **1.** marais *m*, marécage *m*; **2.** des marais; ~*-fever* paludisme *m*, fièvre *f* paludéenne; ~ *gas* gaz *m* des marais.

mar·shal [ˈmɑːʃəl] **1.** maréchal *m*; ✈ général *m*; maître *m* des cérémonies; *Am.* chef *m* de (la) police (*d'un comté*); **2.** placer en ordre; ranger (*les troupes*); 🚃 classer, trier (*des wagons*); ˈ**mar·shal·ship** maréchalat *m.*

marsh·i·ness [ˈmɑːʃinis] état *m* marécageux (*du terrain*); **marsh mal·low** ⚘ guimauve *f*, althée *f*; bonbon *m* à la guimauve; **marsh mar·i·gold** souci *m* d'eau; ˈ**marsh·y** marécageux (-euse *f*).

mar·su·pi·al *zo.* [mɑːˈsjuːpiəl] marsupial (-aux *m/pl.*) (*a. su./m*).

mart [mɑːt] marché *m*; salle *f* de vente; centre *m* de commerce.

mar·ten *zo.* [ˈmɑːtin] mart(r)e *f.*

mar·tial □ [ˈmɑːʃəl] martial (-aux *m/pl.*); guerrier (-ère *f*); ~ *law* loi *f* martiale; *state of* ~ *law* état *m* de siège; ~ *music* musique *f* militaire.

mar·tin[1] *zo.* [ˈmɑːtin] martinet *m.*

Mar·tin[2] [~]: *St.* ~*'s summer* été *m* de la Saint-Martin.

mar·ti·net [mɑːtiˈnet] F exploiteur *m*; F gendarme *m*; garde-chiourme (*pl.* gardes-chiourme) *m.*

Mar·tin·mas [ˈmɑːtinməs] la Saint-Martin *f* (*le 11 novembre*).

mar·tyr [ˈmɑːtə] **1.** martyr(e *f*) *m*; **2.** martyriser; ˈ**mar·tyr·dom** martyre *m*; ˈ**mar·tyr·ize** martyriser.

mar·vel [ˈmɑːvəl] **1.** merveille *f*; **2.** ~ *at* s'émerveiller de; s'étonner de.

mar·vel·(l)ous □ [ˈmɑːviləs] merveilleux (-euse *f*), étonnant; ˈ**mar·vel·(l)ous·ness** merveilleux *m.*

Marx·ism [ˈmɑːksizm] marxisme *m*; **Marx·ist** marxiste (*adj.*, *fm*).

mas·cot [ˈmæskət] mascotte *f*; porte-bonheur *m/inv.*

mas·cu·line [ˈmɑːskjulin] **1.** □ masculin; mâle; **2.** *gramm.* masculin *m.*

mash [mæʃ] **1.** mélange *m*; pâte *f*; *brassage*: fardeau *m*; ⚒ *chevaux*: mâche *f*; *chiens, volaille*: pâtée *f*; **2.** écraser; brasser; démêler (*le moût*); F faire infuser (*le thé*); ~*ed potatoes pl.* purée *f* (de pommes de terre); *sl. be* ~*ed on* avoir un béguin pour (*q.*); ˈ**mash·er** broyeur *m*; *pommes de terre*: presse-purée *m/inv.*; *sl.* dandy *m*; gommeux *m*; ˈ**mash(·ing)-tub** cuve-matière (*pl.* cuves-matière) *f*; ⚒ barbotière *f.*

mask [mɑːsk] **1.** masque *m*; *renard*: face *f*; *see masque*; **2.** masquer; *fig.* cacher, déguiser; **masked** masqué; caché; ~ *ball* bal *m* masqué; ˈ**mask·er** *personne*: masque *m.*

ma·son [ˈmeisn] maçon *m*; franc-maçon (*pl.* francs-maçons) *m*; **ma·son·ic** [məˈsɔnik] des francs-maçons; ˈ**ma·son·ry** maçonnerie *f.*

masque [mɑːsk] † masque *m*; **mas·quer·ade** [mæskəˈreid] **1.** mascarade *f*; bal *m* masqué; F déguisement *m*; **2.** *fig.* se déguiser (en, *as*).

mass[1] *eccl.* [mæs] messe *f*; *High* ♀ grand-messe *f*; *Low* ♀ messe *f* basse.

mass[2] [~] **1.** masse *f*, amas *m*; ~ *meeting* réunion *f* en masse; ~ *production* fabrication *f* en série; **2.** (se) masser.

mas·sa·cre [ˈmæsəkə] **1.** massacre *m*; **2.** massacrer.

mas·sage [ˈmæsɑːʒ] **1.** massage *m*; **2.** masser (*le corps*); malaxer (*les muscles*).

mas·seur [mæˈsəː] masseur *m*; **masseuse** [~ˈsəːz] masseuse *f.*

mas·sive □ [ˈmæsiv] massif (-ive *f*); énorme; solide; ˈ**mas·sive·ness** massiveté *f*; aspect *m* massif.

mass...: ~ **me·dia** *pl.* media *m/pl.*; ~ **psy·chol·o·gy** psychologie *f* des foules; ~ **so·ci·e·ty** société *f* de masse.

mas·sy [ˈmæsi] massif (-ive *f*); solide; lourd.

mast[1] ⚓ [mɑːst] **1.** mât *m*; *radio*: pylône *m*; **2.** mâter.

mast[2] [~] faines *f/pl.*; glands *m/pl.*

mas·ter[1] [ˈmɑːstə] **1.** maître *m* (*a. art, propriété, navire de commerce, a. peint., a. fig.*); patron *m* (*d'employés, d'un navire de commerce*); *école*: instituteur *m*; *lycée*: professeur *m*; *univ.* (di)recteur *m*; *titre*: monsieur *m*; ♀ *of Arts* maître *m* ès arts, agrégé *m* des lettres; ♀ *of Ceremonies* maître *m* des cérémonies; ~ *copy* original *m*; *be one's own* ~ ne dépendre que de soi; **2.** maître; de maître; *fig.* magistral (-aux *m/pl.*), supérieur, dominant; **3.** dompter, maîtriser; régir (*une maison etc.*).

mas·ter[2] ⚓ [~] à mât(s); *three-*~ trois-mâts *m/inv.*

mas·ter-at·arms ⚓ [ˈmɑːstərətˈɑːmz] capitaine *m* d'armes; ˈ**master-ˈbuild·er** entrepreneur *m* de bâtiments; **mas·ter·ful** □ [ˈ~ful] impérieux (-euse *f*); autoritaire; ˈ**mas·ter-key** passe-partout *m/inv.*; ˈ**mas·ter·less** sans maître; indiscipliné; ˈ**mas·ter·li·ness** domination *f*, autorité *f*; caractère *m* magistral; ˈ**mas·ter·ly** magistral (-aux *m/pl.*), de maître; ˈ**~·mind 1.** *fig.* cerveau *m* (*d'une entreprise etc.*); **2.** organiser, diriger.

mas·ter...: ˈ**~·piece** chef-d'œuvre (*pl.* chefs-d'œuvre) *m*; ˈ**~·ship** maîtrise *f* (de *over, of*); autorité *f* (sur, *over*); poste *m* de professeur *ou* de maître; ˈ**~-stroke** coup *m* de maître; ˈ**mas·ter·y** maîtrise *f* (de *over, of*); domination *f* (sur *over, of*); dessus *m*; connaissance *f* approfondie (*d'une langue etc.*).

mas·tic [ˈmæstik] mastic *m*; ⚘ lentisque *m*.

mas·ti·cate [ˈmæstikeit] mastiquer; **mas·tiˈca·tion** mastication *f*; **mas·ti·ca·to·ry** [ˈ~təri] masticateur (-trice *f*).

mas·tiff [ˈmæstif] mâtin *m*; dogue *m* anglais.

mat[1] [mæt] **1.** *paille*: natte *f*; *laine etc.*: tapis *m*; **2.** (s')emmêler (*cheveux*); *v/t.* natter.

mat[2] ⊕ [~] mat; mati.

mat[3] ⊕ *sl.* [~] matrice *f.*

match[1] [mætʃ] allumette *f*; *min.* canette *f*; mèche *f*.

match[2] [~] **1.** égal(e *f*) *m*, pareil(le *f*) *m*; *couleurs*: assortiment *m*; mariage *m*, alliance *f*; *sp.* partie *f*, match (*pl.* matchs, matches) *m*; *personne*: parti *m*; *be a ~ for* pouvoir le disputer à (*q.*); *meet one's ~* trouver à qui parler; trouver son homme; **2.** *v/t.* égaler (*q.*); rivaliser avec (*q.*); assortir (*des couleurs*); apparier (*des gants*); unir (*q.*) (à, *with*); *sp.* matcher (*des adversaires*); ⊕ bouveter (*des planches*); ~ *s.o. against* opposer q. à (*q.*); *well ~ed* bien assorti; *v/i.* s'assortir, s'harmoniser; ~ *with* aller avec; *to ~* à l'avenant; assorti.

match-box [ˈmætʃbɔks] boîte *f* à *ou* d'allumettes.

match·less □ [ˈmætʃlis] incomparable; sans pareil; ˈ**match-mak·er** marieur (-euse *f*) *m*.

match·wood [ˈmætʃwud] bois *m* d'allumettes; *fig.* miettes *f/pl.*

mate[1] [meit] faire échec et mat (*échecs*); mater.

mate[2] [~] **1.** camarade *mf*; compagnon *m*, compagne *f*; *oiseau*: mâle *m*, femelle *f*; *personne*: époux *m*, épouse *f*; *école*: condisciple *m*, camarade *mf*; ⚓ second maître *m*; *marine marchande*: officier *m*; **2.** (s')accoupler; (s')unir (*personne*); ˈ**mate·less** seul, sans compagnon.

ma·te·ri·al □ [məˈtiəriəl] **1.** matériel(le *f*); grossier (-ère *f*); essentiel(le *f*) (pour, *to*); pertinent (*fait*); sensible (*service*); **2.** matière *f*; étoffe *f*, tissu *m*; matériaux *m/pl.* (*a. fig.*); ⚔ matériel *m*; ~*s pl.* fournitures *f/pl.*; *working* ~ matière *f* première de base; *writing ~s pl.* de quoi écrire; **maˈte·ri·al·ism** matérialisme *m*; **maˈte·ri·al·ist** matérialiste *mf*; **ma·te·ri·alˈis·tic** (*~ally*) matérialiste; matériel(le *f*) (*plaisirs*); **ma·te·ri·al·i·ty** [~riˈæliti] matérialité *f*; ⚖ pertinence *f*; **ma·te·ri·al·i·za·tion** [~riəlaiˈzeiʃn] matérialisation *f*; *projet etc.*: aboutissement *m*; **maˈte·ri·al·ize** (se) matérialiser; *v/i.* F se réaliser; aboutir (*projet etc.*).

ma·ter·nal □ [məˈtəːnl] maternel

(-le *f*); de mère; d'une mère; **ma'ter·ni·ty** [~niti] maternité *f*; (*a.* ~ *hospital*) maternité *f*; ~ *benefit* allocation *f* de maternité; ~ *dress* robe *f* pour futures mamans; ~ *ward* salle *f* des accouchées.

math·e·mat·i·cal □ [mæθi'mætikl] mathématique; **math·e·ma·ti·cian** [~mə'tiʃn] mathématicien(ne *f*) *m*; **math·e·mat·ics** [~'mætiks] *usu. sg.* mathématiques *f/pl.*

mat·in ['mætin] **1.** *poét.* matinal (-aux *m/pl.*), de grand matin; **2.** *eccl.* ~s *pl.* matines *f/pl.*; *poét. a.* ~s *pl.* chant *m* des oiseaux au point du jour.

mat·i·née ['mætinei] matinée *f*.

mat·ing *biol.* ['meitiŋ] accouplement *m*; ~ *season* saison *f* des amours.

ma·tri·cide ['meitrisaid] matricide *m*; *personne*: matricide *mf*.

ma·tric·u·late [mə'trikjuleit] *v/t.* immatriculer; *v/i.* prendre ses inscriptions; **ma·tric·u'la·tion** inscription *f*.

mat·ri·mo·ni·al □ [mætri'mounjəl] matrimonial (-aux *m/pl.*); conjugal (-aux *m/pl.*); **mat·ri·mo·ny** ['mætriməni] mariage *m*; vie *f* conjugale.

ma·trix ['meitriks] *anat.*, *géol.* matrice *f*; ⊕ (*a.* ['mætriks]) matrice *f*, moule *m*.

ma·tron ['meitrən] matrone *f*; mère *f* de famille; *institution*: intendante *f*; *hôpital*: infirmière *f* en chef; **'ma·tron·ly** matronal (-aux *m/pl.*); de matrone; domestique; *fig.* brave; **ma·tron-of-hon·o(u)r** dame *f* d'honneur.

mat·ter ['mætə] **1.** matière *f*; substance *f*; sujet *m*; chose *f*, affaire *f*; ⚕ matière *f* purulente; *typ.* copie *f*; *printed* ~ imprimés *m/pl.*; *in the* ~ *of* quant à; *what's the* ~? qu'est-ce qu'il y a?; *what's the* ~ *with you?* qu'est-ce que vous avez?; *no* ~ n'importe; cela ne fait rien; *no* ~ *who* qui que ce soit; *as a* ~ *of course* comme de raison; *for that* ~ quant à cela; d'ailleurs; ~ *of fact* question *f* de(s) fait(s); *as a* ~ *of fact* en effet; à vrai dire; ~ *in hand* chose *f* en question; **2.** avoir de l'importance; importer (à, *to*); *it does not* ~ n'importe; cela ne fait rien; **'~-of-'course** de raison, naturel(le *f*); **'~-of-'fact** pratique; prosaïque.

mat·ting ['mætiŋ] natte *f*, -s *f/pl.*; paillassons *m/pl.*

mat·tock ['mætək] hoyau *m*; pioche *f*.

mat·tress ['mætris] matelas *m*.

ma·ture [mə'tjuə] **1.** □ mûr; d'âge mûr; ⚚ échu (*traite etc.*); **2.** mûrir; affiner (*vin*, *fromage*); ⚚ échoir; **ma'tu·ri·ty** maturité *f*; ⚚ échéance *f*.

ma·tu·ti·nal □ [mætju'tainl] ma(tu)tinal (-aux *m/pl.*); du matin.

maud·lin □ ['mɔːdlin] larmoyant, pleurard (*souv. état d'ivresse*).

maul [mɔːl] meurtrir, malmener; *usu.* ~ *about* tirer de ci de là.

maul·stick ['mɔːlstik] *see mahlstick*.

maun·der ['mɔːndə] radoter, divaguer; flâner; se trimbaler.

Maun·dy Thurs·day ['mɔːndi'θəːzdi] jeudi *m* saint.

mau·so·le·um [mɔːsə'liːəm] mausolée *m*.

mauve [mouv] **1.** mauve *m*; **2.** mauve.

mav·er·ick *Am.* ['mævərik] bouvillon *m* errant sans marque de propriétaire; *pol.* indépendant(e *f*) *m*.

maw [mɔː] caillette *f* (*de ruminant*); jabot *m* (*d'oiseau*); gueule *f* (*de lion*); *co.* panse *f*.

mawk·ish □ ['mɔːkiʃ] insipide; sentimental (-aux *m/pl.*); **'mawk·ish·ness** fadeur *f*; fausse sentimentalité *f*.

maw·worm ['mɔːwəːm] ver *m* intestinal, ascaride *m*.

max·il·lar·y [mæk'siləri] maxillaire.

max·im ['mæksim] maxime *f*, dicton *m*; **'max·i·mal** □ ['~əl] maximal; **'max·i·mize** ['~aiz] maxim(al)iser, porter (*qch.*) ou maximum; **max·i·mum** ['~əm] **1.** *pl. usu.* **-ma** [~mə] maximum (*pl. a.* -ma) *m*; **2.** maximum; limite; ~ *wages* salaire *m* maximum.

May[1] [mei] **1.** mai *m*; ♀ ⚘ aubépine *f*; **2.** *go* ♀*ing* fêter le premier mai.

may[2] [~] [*irr.*] *v/aux.* (*défectif*) je peux *etc.*; il se peut que.

may·be ['meibiː] peut-être.

May·day ['meidei] le premier mai; ♀ mayday *m*, S.O.S. *m*.

may·hem ['meihem] *Am.* ⚖ mutilation *f*; F chaos *m*, tohu-bohu *m*, grabuge *m*.

may·or [mɛə] maire *m*; **'may·or·al** de maire, du maire; **'may·or·al·ty** mairie *f*; (temps *m* d')exercice *m* des fonctions de maire; **'may·or·ess** femme *f* du maire; mairesse *f*.

may·pole ['meipoul] mai *m*.

maze [meiz] **1.** labyrinthe *m*, dédale *m*; *fig.* enchevêtrement *m*; *be in a* ~ ne savoir où donner de la tête; **2.** embarasser, désorienter; *be* ~*d* être désorienté; '**ma·zy** labyrinthique; sinueux (-euse *f*); *fig.* compliqué.

Mc Coy *Am. sl.* [mə'kɔi]: *the real* ~ authentique.

me [mi:; mi] *accusatif*: me; *datif*: moi.

mead[1] [mi:d] hydromel *m*.

mead[2] [~] *poét. see meadow*.

mead·ow ['medou] pré *m*, prairie *f*; '~-'**saf·fron** ⚘ safran *m* des prés; '**mead·ow·y** de prairie; herbu; herbeux (-euse *f*).

mea·ger, mea·gre □ ['mi:gə] maigre (*a. fig.*); peu copieux (-euse *f*); *fig.* pauvre; '**mea·ger·ness,** '**mea·gre·ness** maigreur *f*; pauvreté *f*.

meal[1] [mi:l] repas *m*; ~*s pl. on wheels* repas *m/pl.* livrés à domicile.

meal[2] [~] farine *f* d'avoine, d'orge *etc.*; **meal·ies** ['~iz] *usu. pl.* maïs *m*.

meal-time ['mi:ltaim] heure *f* du repas.

meal·y ['mi:li] farineux (-euse *f*); ~-**mouthed** doucereux (-euse *f*), patelin.

mean[1] □ [mi:n] misérable; mesquin, bas(se *f*), méprisable; méchant; avare; pauvre.

mean[2] [~] **1.** moyen(ne *f*); *in the* ~ *time see* ~*time*; **2.** milieu *m*; moyen terme *m*; ⩘ moyenne *f*; ~*s pl.* moyens *m/pl.*, ressources *f/pl.*; ~*s sg.* voie *f*, moyen *m*, -s *m/pl.* (*de faire qch.*); *a* ~*s of* (*gér.*) *ou to* (*inf.*) un moyen (de *inf.*); *by all* (*manner of*) ~*s* par tous les moyens; mais certainement!; *by no* (*manner of*) ~*s* en aucune façon; *by this* ~*s sg.* par ce moyen; ainsi; *by* ~*s of* au moyen de.

mean[3] [~] [*irr.*] avoir l'intention (de *inf.*, *to inf.*); se proposer (de *inf.*, *to inf.*); vouloir; vouloir dire; entendre (par, *by*); destiner (pour, *for*); ~ *well* (*ill*) vouloir du bien (mal) (à, *by*).

me·an·der [mi'ændə] **1.** méandre *m*, repli *m*; sinuosité *f*; **2.** serpenter.

mean·ing ['mi:niŋ] **1.** □ significatif (-ive *f*); d'intelligence (*sourire*); *well*-~ bien intentionné; **2.** sens *m*, acception *f*; *astr.* signification *f*; '**mean·ing·less** dénué de sens; qui ne signifie rien.

mean·ness ['mi:nnis] médiocrité *f*, pauvreté *f*, bassesse *f*; avarice *f*; *see mean*[1].

meant [ment] *prét. et p.p. de mean*[3].

mean·time ['mi:ntaim], **mean·while** ['min:wail] en attendant, dans l'intervalle.

mea·sle F ['mi:zl] être atteint de rougeole; '**mea·sled** *vét.* ladre; '**mea·sles** *pl.* ⚕ rougeole *f*; *vét.* ladrerie *f*; *German* ♀ rubéole *f*; '**mea·sly** rougeoleux (-euse *f*); *vét.* ladre; *sl.* misérable.

meas·ur·a·ble □['meʒərəbl] me(n)surable.

meas·ure ['meʒə] **1.** mesure *f* (*a.* ♪, *a. fig.*); *fig.* limite *f*; ~ *of capacity* mesure *f* de capacité; *beyond* ~ outre mesure; *in some* ~ jusqu'à un certain point; *in a great* ~ en grande partie; *made to* ~ fait sur mesure; *take s.o.'s* ~ prendre les mesures de q.; *fig.* prendre la mesure de q. **2.** mesurer (pour, *for*); métrer (*un mur*); faire l'arpentage de (*un terrain*); *Am.* ~ *up to s.th.* se montrer à la hauteur de qch.; '**mea·sure·less** □ infini, illimité; '**meas·ure·ment** mesurage *m*; mesure *f*; tour *m* (*de tête, de hanches*); ⚓ tonnage *m*.

meas·ur·ing ['meʒəriŋ] de mesure; d'arpentage.

meat [mi:t] viande *f*; †, *prov.* nourriture *f*; *fig.* moelle *f*; *butcher's* ~ grosse viande *f*; *cold* ~ rôti *m* froid; *fresh-killed* ~ viande *f* fraîche; *preserved* ~ viande *f* de conserve; *green* ~ fourrages *m/pl.* verts; *roast* ~ viande *f* rôtie; rôti *m*; ~ *tea* thé *m* de viande; bouillon *m*; '~·**ball** boulette *f* de viande; '~·**fly** mouche *f* à viande; '~·**head** *Am. sl.* idiot(e *f*) *m*; '~-**safe** garde-manger *m/inv.*; '**meat·y** charnu; *fig.* étoffé.

mec·ca·no [me'kɑ:nou] jeu *m* mécanique (*pour enfants*).

me·chan·ic [mi'kænik] artisan *m*, ouvrier *m*; ⊕ mécanicien *m*; **me'chan·i·cal** □ mécanique; *fig.* machinal (-aux *m/pl.*), automatique; ~ *engineering* construction *f* mécanique; **me'chan·i·cal·ness** caractère *m* machinal; **mech·a·ni·cian** [mekə'niʃn] mécanicien *m*; **me·chan·ics** [mi'kæniks] *usu. sg.* mécanique *f*.

mech·a·nism ['mekənizm] mécanisme *m*; *biol.*, *pol.* machinisme *m*;

mech·a·nize [ˈ⁓naiz] mécaniser (*a.* ⚔); ⚔ motoriser.
med·al [ˈmedl] médaille *f*; décoration *f*; ˈ**med·al(l)ed** medaillé; décoré; **me·dal·lion** [miˈdæljən] médaillon *m*; **med·al·(l)ist** [ˈmedlist] médailliste *mf*; *graveur*: médailleur *m*; médaillé(e *f*) *m*.
med·dle [ˈmedl] (*with, in*) se mêler (de); s'immiscer (dans); toucher (à); ˈ**med·dler** officieux (-euse *f*) *m*; intrigant(e *f*) *m*; touche-à-tout *m/inv.*; **med·dle·some** [ˈ⁓səm] □ officieux (-euse *f*), intrigant; qui touche à tout; ˈ**med·dle·some·ness** tendance *f* à se mêler des affaires d'autrui.
me·di·a [ˈmi:djə] *pl. les* media *m/pl.*
me·di·ae·val [mediˈi:vəl] *see* *medieval*.
me·di·al □ [ˈmi:djəl], ˈ**me·di·an** **1.** médial (-als, -aux *m/pl.*); médian; **2.** médiale *f*; médiane *f*.
me·di·an strip *Am. mot.* [ˈmi:djənˈstrip] bande *f* médiane.
me·di·ate **1.** □ [ˈmi:diit] intermédiaire; **2.** [ˈ⁓eit] s'interposer; agir en médiateur; **me·diˈa·tion** médiation *f*; **me·di·a·tor** [ˈ⁓tə] médiateur (-trice *f*) *m* (*a. école*); **me·di·a·to·ri·al** □ [⁓əˈtɔ:riəl], **me·di·a·to·ry** [ˈ⁓təri] médiateur (-trice *f*); **me·di·a·trix** [ˈ⁓eitriks] médiatrice *f*.
med·ic F [ˈmedik] *étudiant*: carabin *m*; *médecin*: toubib *m*.
Med·ic·aid *Am.* [ˈmedikeid] assistance *f* medicale aux économiquement faibles.
med·i·cal □ [ˈmedikəl] médical (-aux *m/pl.*); de médecine; ⁓ *board* conseil *m* de santé; ⁓ *certificate* attestation *f* de médicin; ⁓ *evidence* témoignage *m* des médecins; ⁓ *jurisprudence* médecine *f* légale; ⁓ *man* médecin *m*; ⁓ *officer* médecin *m* militaire; ⁓ *specialist* spécialiste *mf*; ⁓ *student* étudiant *m* en médecine; ♎ *Superintendent* médecin *m* en chef; **meˈdic·a·ment** médicament *m*.
Med·i·care *Am.* [ˈmedikɛə] assistance *f* medicale aux personnes agées.
med·i·cate [ˈmedikeit] médicamenter; traiter; rendre médicamenteux (*du vin*); **med·iˈca·tion** médication *f*; emploi *m* de medicaments; **med·i·ca·tive** [ˈmedikətiv] médicateur (-trice *f*).
me·dic·i·nal □ [meˈdisinl] médicinal (-aux *m/pl.*) (*bains etc.*); médicamenteux (-euse *f*) (*vin etc.*);
med·i·cine [ˈmedsin] *art, profession, médicament*: médecine *f*; médicament *m*, remède *m*; F drogue *f*; ⁓*-chest* (coffret *m* de) pharmacie *f*.
me·di·e·val □ [mediˈi:vəl] médiéval (-aux *m/pl.*); du Moyen Âge; **me·diˈe·val·ism** médiévisme *m*; culture *f* médiévale; **me·diˈe·val·ist** médiéviste *mf*.
me·di·o·cre [ˈmi:dioukə] médiocre;
me·di·oc·ri·ty [⁓ˈɔkriti] médiocrité *f*.
med·i·tate [ˈmediteit] *v/i.* méditer (sur, [*up*]*on*); se recueillir; *v/t.* méditer (qch.; de faire qch., *doing s.th.*); projeter; avoir l'intention (de faire qch., *doing s.th.*); **med·iˈta·tion** méditation *f*; recueillement *m*; (profondes) pensées *f/pl.*; **med·i·ta·tive** □ [ˈ⁓tətiv] méditatif (-ive *f*).
me·di·um [ˈmi:diəm] **1.** *pl.* **-di·a** [⁓djə], **-di·ums** milieu *m*; ambiance *f* (*sociale*); intermédiaire *m*; moyen *m*; *phys.* milieu *m*, véhicule *m*; ⚗ agent *m*; *biol.* bouillon *m*; *spiritisme*: médium *m*; *élément*: milieu *m*; **2.** moyen(ne *f*); *radio*: ⁓ *wave* onde *f* moyenne; ˈ⁓-ˈ**sized** de grandeur *ou* de taille moyenne.
med·lar ⚘ [ˈmedlə] nèfle *f*; *arbre*: néflier *m*.
med·ley [ˈmedli] mélange *m*; *couleurs etc.*: bigarrure *f*; *péj. idées etc.*: bariolage *m*; ♪ pot-pourri (*pl.* pots-pourris) *m*.
me·dul·la [meˈdʌlə] *épinière*: moelle *f*; **medˈul·lar·y** médullaire.
meed *poét.* [mi:d] récompense *f*.
meek □ [mi:k] doux (douce *f*); humble; soumis; ˈ**meek·ness** humilité *f*; soumission *f*.
meer·schaum [ˈmiəʃəm] (pipe *f* en) écume *f* de mer.
meet[1] [mi:t] † convenable; séant.
meet[2] [⁓] **1.** [*irr.*] *v/t.* rencontrer, aller à la rencontre de; faire la connaissance de; fréquenter; croiser (*dans la rue*); aller chercher (*q. à la gare*); se conformer à (*des opinions*); satisfaire à, répondre à (*des désirs, des besoins*); faire face à (*des demandes, des besoins, la mort*); trouver (*la mort*); faire honneur à (*ses engagements*); prévenir (*une objection*); subvenir à (*des frais*);

rivières: confluer avec; *fig.* ~ *s.o. half-way* faire la moitié des avances; *come* (*go, run*) *to* ~ *s.o.* venir (aller, courir) à la rencontre de q.; *they are well met* ils sont bien assortis; ils font la paire; *v/i.* se rencontrer; se voir; se réunir (*société, gens*); se joindre; confluer (*rivières*); ~ *with* rencontrer, éprouver (*des difficultés*); essuyer (*un refus*); faire (*des pertes*); trouver (*un accueil*); être victime de (*un accident*); *make both ends* ~ joindre les deux bouts, arriver à boucler son budget; **2.** *sp.* réunion *f*; assemblée *f* de chasseurs.

meet·ing [ˈmiːtiŋ] rencontre *f*; réunion *f*; assemblée *f*; *rivières*: confluent *m*; *pol.*, *sp.* meeting *m*; ˈ**~-place** rendez-vous *m*; lieu *m* de réunion.

meg·a·fog [ˈmegəfɔg] très fort signal *m* de brume; **meg·a·lo·ma·ni·a** [ˈ~louˈmeinjə] ⚕ mégalomanie *f*; **meg·a·lop·o·lis** [~ˈlɔpəlis] conurbation *f*; **meg·a·phone** [ˈ~foun] portevoix *m/inv.*; *sp.* mégaphone *m*; **meg·a·ton** [ˈ~tʌn] mégatonne *f*.

me·grim [ˈmiːgrim] migraine *f*; ~**s** *pl.* vapeurs *f/pl.*; spleen *m*.

mel·an·chol·ic [melənˈkɔlik] mélancolique; **mel·an·chol·y** [ˈ~kəli] **1.** mélancolie *f*; tristesse *f*; **2.** mélancolique; triste.

mê·lée [ˈmelei] mêlée *f*; bagarre *f*.

mel·io·rate [ˈmiːljəreit] (s')améliorer.

mel·lif·lu·ent [meˈlifluənt], *usu.* **melˈlif·lu·ous** mielleux (-euse *f*); melliflu (*éloquence*).

mel·low [ˈmelou] **1.** □ mûr (*a. esprit, caractère*); moelleux (-euse *f*); doux (douce *f*) (*ton, lumière, vin*); velouté (*vin*); *fig.* doux (douce *f*), tendre (*couleur*); débonnaire (*personne*); *sl.* un peu gris *ou* ivre; **2.** (faire) mûrir; (s')adoucir (*personne*); *v/i.* prendre de la patine; ˈ**mel·low·ness** *fruit, sol*: maturité *f*; *vin, voix*: moelleux *m*; *caractère*: douceur *f*.

me·lo·di·ous □ [miˈloudjəs] mélodieux (-euse *f*), harmonieux (-euse *f*); **meˈlo·di·ous·ness** mélodie *f*; **mel·o·dist** [ˈmelədist] mélodiste *mf*; ˈ**mel·o·dize** rendre mélodieux (-euse *f*); mettre en musique; *v/i.* chanter; faire des mélodies; **mel·o·dra·ma** [ˈ~drɑːmə] mélodrame *m*; ˈ**mel·o·dy** mélodie *f*, chant *m*, air *m*.

mel·on ⚘ [ˈmelən] melon *m*; *water-*~ melon *m* d'eau; pastèque *f*.

melt [melt] fondre; *fig.* (se) dissoudre; *v/t.* attendrir (*le cœur*); *v/i.*: ~ *away* fondre complètement; *fig.* se dissiper; ~ *down* fondre; ~ *into tears* fondre en larmes.

melt·ing □ [ˈmeltiŋ] fondant; *fig.* attendri (*voix*); ˈ**~-point** point *m* de fusion; ˈ**~-pot** creuset *m*; *be in the* ~ tout remettre en question.

mem·ber [ˈmembə] membre *m* (*a. gramm.*); organe *m*; ⊕ pièce *f*; député *m*; membre *m* de la Chambre des Communes; *make s.o. a* ~ élire q. membre (de, *of*); ˈ**mem·ber·ship** qualité *f* de membre; nombre *m* des membres; ~ *card* carte *f* de membre; ~ *fee* cotisation *f*.

mem·brane [ˈmembrein] membrane *f*; enveloppe *f* (*d'un organe*); **memˈbra·nous, memˈbra·ne·ous** [~jəs] membraneux (-euse *f*).

me·men·to [miˈmentou] souvenir *m*, mémento *m*.

mem·oir [ˈmemwɑː] mémoire *m*; notice *f* biographique; ~**s** *pl.* mémoires *m/pl.*; mémorial *m*; autobiographie *f*.

mem·o·ra·ble □ [ˈmemərəbl] mémorable.

mem·o·ran·dum [meməˈrændəm] mémorandum *m* (*a. pol.*); acte *m* (*de société*); *pol.* note *f* (diplomatique).

me·mo·ri·al [miˈmɔːriəl] **1.** mémoratif (-ive *f*); commémoratif (-ive *f*) (*monument*); *Am.* ♀ *Day* jour *m* des morts au champ d'honneur; **2.** monument *m* (*commémoratif*); pétition *f*; **meˈmo·ri·al·ist** pétitionnaire *mf*; auteur *m* de mémoires; **meˈmo·ri·al·ize** commémorer; pétitionner.

mem·o·rize [ˈmeməraiz] apprendre par cœur.

mem·o·ry [ˈmeməri] mémoire *f* (*a. ordinateur*); souvenir *m*; *commit to* ~ apprendre par cœur; se mettre dans la mémoire; *beyond the* ~ *of man* de temps immémorial; *within the* ~ *of man* de mémoire d'homme; *in* ~ *of* à la mémoire de; en souvenir de.

men [men] (*pl. de man*) hommes *m/pl.*; l'homme *m*, le genre *m* humain, l'humanité *f*; *sp.* ~*'s doubles pl.* double *m* messieurs.

men·ace ['menəs] **1.** menacer; **2.** *póet.* menace *f.*

me·nag·er·ie [mi'nædʒəri] ménagerie *f.*

mend [mend] **1.** *v/t.* raccommoder (*un vêtement*); réparer (*un outil, une machine*); rectifier, corriger; hâter (*le pas*); ~ *the fire* arranger le feu; ~ *one's ways* changer de conduite, se corriger; *v/i.* se corriger; s'améliorer; **2.** raccommodage *m*; amélioration *f*; *on the* ~ en voie de guérison, en train de se remettre.

men·da·cious □ [men'deiʃəs] menteur (-euse *f*), mensonger (-ère *f*); **men·dac·i·ty** [~'dæsiti] penchant *m* au mensonge; fausseté *f.*

mend·er ['mendə] raccommodeur (-euse *f*) *m*; *invisible* ~ stoppeur (-euse *f*) *m.*

men·di·can·cy ['mendikənsi] mendicité *f*; '**men·di·cant** mendiant (*a. su./m*); **men'dic·i·ty** [~siti] mendicité *f.*

men·folk F ['menfouk] hommes *m/pl.* (*de la famille*).

men·hir ['menhiə] menhir *m.*

me·ni·al *usu. péj.* ['mi:njəl] **1.** □ servile, bas(se *f*); **2.** domestique *mf*; laquais *m.*

men·in·gi·tis ⚕ [menin'dʒaitis] méningite *f.*

men·o·pause ['menoupɔ:z] ménopause *f.*

men·ses ['mensi:z] *pl.* menstrues *f/pl.*, époques *f/pl.*; *see menstruation*; **men·stru·al** ['~struəl] menstruel(le *f*); '**men·stru·ate** ['~strueit] avoir ses règles; **men·stru'a·tion** menstruation *f*; règles *f/pl.*, époques *f/pl.*

men·su·ra·tion [mensjuə'reiʃn] mesurage *m*; ⚘ mensuration *f.*

men·tal □ ['mentl] mental (-aux *m/pl.*); de l'esprit; ~ *arithmetic* calcul *m* de tête; ~ *home* (*ou hospital ou institution*) hôpital *m ou* clinique *f* psychiatrique; maison *f* de santé; ~*ly ill* aliéné; **men·tal·i·ty** [~'tæliti] mentalité *f*; esprit *m.*

men·thol *pharm.* ['menθɔl] menthol *m.*

men·tion ['menʃn] **1.** mention *f*; allusion *f*; **2.** mentionner, faire allusion à, citer; *don't* ~ *it!* je vous en prie!; il n'y a pas de quoi!; *not to* ~ sans parler de; sans compter; '**men·tion·a·ble** digne de mention; dont on peut parler.

men·tor ['mentɔ:] mentor *m*, guide *m.*

men·u ['menju:] menu *m*; carte *f.*

me·phit·ic [me'fitik] méphitique; **me·phi·tis** [~'faitis] méphitisme *m.*

mer·can·tile ['mə:kəntail] mercantile, marchand; commercial (-aux *m/pl.*), de commerce; commerçant.

mer·ce·nar·y ['mə:sinəri] **1.** □ mercenaire, intéressé; **2.** ⚔ mercenaire *m.*

mer·cer ['mə:sə] marchand(e *f*) *m* de soieries; † mercier (-ère *f*) *m*; '**mer·cer·ize** merceriser; '**mer·cer·y** (commerce *m* des) soieries *f/pl.*; † mercerie *f.*

mer·chan·dise ['mə:tʃəndaiz] **1.** marchandise *f*, -s *f/pl.*; **2.** *Am.* commercer.

mer·chant ['mə:tʃənt] **1.** négociant *m*; commerçant *m*; *Am.* marchand(e *f*) *m*; boutiquier (-ère *f*) *m*; **2.** marchand; de *ou* du commerce; ~ *bank* banque *f* de commerce; *law* ~ droit *m* commercial; *Am.* ~ *marine*, *Brit.* ~ *navy* marine *f* marchande; '**mer·chant·a·ble** vendable; négociable; '**mer·chant·man** navire *m* marchand *ou* de commerce.

mer·ci·ful □ ['mə:siful] miséricordieux (-euse *f*) (pour, *to*); clément (envers, *to*); '**mer·ci·ful·ness** miséricorde *f*; clémence *f*; pitié *f.*

mer·ci·less □ ['mə:silis] impitoyable, sans pitié; '**mer·ci·less·ness** caractère *m* impitoyable; manque *m* de pitié.

mer·cu·ri·al [mə:'kjuəriəl] *astr.* de Mercure; ⚗ mercuriel(le *f*); *fig.* vif (vive *f*); inconstant, changeant.

Mer·cu·ry ['mə:kjuri] *astr.* Mercure; *fig.* messager *m*; ⚗ ☿ mercure *m.*

mer·cy ['mə:si] miséricorde *f*; clémence *f*; pitié *f*; *be at s.o.'s* ~ être à la merci de q.; *at the* ~ *of the waves* au gré des flots; *it is a* ~ *that* c'est un bonheur que; *for* ~*'s sake* par pitié; *poét., co. have* ~ *(up)on* avoir pitié de; ~ *killing* euthanasie *f.*

mere □ [miə] simple, seul, pur; ~*(st) nonsense* extravagance *f* pure et simple; ~ *words* vaines paroles *f/pl.*; rien que des mots; ~*ly* simplement; tout bonnement.

mer·e·tri·cious □ [meri'triʃəs] de courtisane; *fig.* factice; d'un éclat criard.

merge [mə:dʒ] (*in*) *v/t.* fondre (dans); amalgamer (avec); *v/i.* se fondre, se perdre (dans); s'amalgamer; *mot.* s'enfiler; '**merg·er** fusion *f.*

me·rid·i·an [mə'ridiən] **1.** méridien(ne *f*); *fig.* culminant, le plus haut; **2.** *géog.* méridien *m*; *fig.* point *m* culminant, apogée *m*; **me'rid·i·o·nal** □ [~iənl] méridional(-aux *m/pl.*); du midi.

me·ringue [mə'ræŋ] meringue *f.*

mer·it ['merit] **1.** mérite *m*; valeur *f*; *usu.* ⚖ ~*s pl.* bien-fondé *m*; le pour et le contre (*de qch.*); *on the ~s of the case* (*juger qch.*) au fond; *on its* (*own*) *~s* selon ses mérites; *make a ~ of* se faire un mérite de; **2.** *fig.* mériter; **mer·i·to·ri·ous** □ [~'tɔ:riəs] méritoire; méritant (*personne*).

mer·maid ['mə:meid] sirène *f.*

mer·ri·ment ['merimənt] gaieté *f*, réjouissance *f.*

mer·ry □ ['meri] joyeux (-euse *f*), gai; jovial (-als, -aux *m/pl.*); *make ~* se réjouir; se divertir; **~ an·drew** paillasse *m*, bouffon *m*; '**~-go-round** carrousel *m*; chevaux *m/pl.* de bois; '**~-mak·ing** réjouissances *f/pl.*, fête *f*; '**~-thought** lunette *f* (*d'une volaille*).

mes·en·ter·y *anat.* ['mesəntəri] mésentère *m.*

mesh [meʃ] **1.** maille *f*; *fig. usu.* ~*es pl.* réseau *m*; ⊕ *be in ~* être en prise (avec, *with*); **2.** *fig.* (s')engrener; **meshed** [~t] à … mailles; '**mesh-work** réseau *m*; treillis *m.*

mes·mer·ism ['mezmərizm] mesmérisme *m*, hypnotisme *m*; '**mes·mer·ize** hypnotiser; magnétiser.

mess[1] [mes] **1.** désordre *m*; gâchis *m*, fouillis *m*; saleté *f*; F *a fine ~ of things* du joli, une belle équipée, un chef-d'œuvre; F *look a ~* être dans un état épouvantable; *make a ~ of* gâcher, bousiller; **2.** *v/t. a. ~ up* gâcher, galvauder, abîmer; salir; *v/i.* F *~ about* patauger (*dans la boue*); gaspiller son temps.

mess[2] [~] **1.** † plat *m*, mets *m*; ⚔, ⚓ *officiers*: mess *m*, table *f*; ⚔ *hommes*: ordinaire *m*, ⚓ plat *m*; **2.** manger à la même table.

mes·sage ['mesidʒ] message *m*; commission *f*; F *get the ~* comprendre, F piger; *give s.o. the ~* faire la commission à q.; *take a ~* faire la commission.

mes·sen·ger ['mesindʒə] messager (-ère *f*) *m*; *~ boy hôtel*: chasseur *m*, *télégraphes*: facteur *m.*

Mes·si·ah [mi'saiə] Messie *m.*

Mes·sieurs, *usu.* **Messrs.** ['mesəz] ✝ Messieurs *m/pl.*; maison *f.*

mess-room ['mesrum] ⚔ salle *f* de mess; ⚓ carré *m* (des officiers); '**mess-tin** ⚔ gamelle *f*, ⚓ quart *m.*

mess-up F ['mesʌp] gâchis *m*; pagaille; embrouillement *m*, embrouillamini *m*; malentendu *m*; **mess·y** ['mesi] embrouillé, en désordre; sale, malpropre.

met [met] *prét. et p.p. de meet*[2] *1.*

met·a·bol·ic [metə'bɔlik] métabolique; **me·tab·o·lism** *physiol.* [me'tæbəlizm] métabolisme *m.*

met·age ['mi:tidʒ] mesurage *m.*

met·al ['metl] **1.** métal *m*; ⊕ empierrement *m*; *route*: cailloutis *m*, pierraille *f*; 🚂 F ~*s pl.* rails *m/pl.*; **2.** empierrer, caillouter; **me·tal·lic** [mi'tælik] (*~ally*) métallique; métallin; de métal; **met·al·lif·er·ous** [metə'lifərəs] métallifère; **met·al·line** ['metəlain] métallin; '**met·al·lize** métalliser; vulcaniser (*le caoutchouc*); **met·al·log·ra·phy** [~'lɔgrəfi] métallographie *f*; **met·al·lur·gic, met·al·lur·gi·cal** □ [~'lə:dʒik(l)] métallurgique; '**met·al·lur·gy** métallurgie *f.*

met·a·mor·phose [metə'mɔ:fouz] métamorphoser, transformer (en, [*in*]*to*); **met·a'mor·pho·sis** [~fəsis], *pl.* **-ses** [~si:z] métamorphose *f.*

met·a·phor ['metəfə] métaphore *f*; image *f*; **met·a·phor·ic,** *usu.* **met·a·phor·i·cal** □ [~'fɔrik(l)] métaphorique.

met·a·phys·ic [metə'fizik] **1.** (*usu.* **met·a'phys·i·cal** □) métaphysique; **2.** ~*s souv. sg.* métaphysique *f*; ontologie *f.*

mete [mi:t] *litt.* mesurer; (*usu. ~ out*) assigner; décerner, distribuer.

me·te·or ['mi:tjə] météore *m* (*a. fig.*); **me·te·or·ic** [mi:ti'ɔrik] météorique; *fig.* rapide; **me·te·or·ite** ['mi:tjərait] météorite *mf*; aérolithe *m*; **me·te·or·o·log·i·cal** □ [mi:tjərə'lɔdʒikl] météorologique, aérologique; **me·te·or·ol·o·gist** [~'rɔ-

lədʒist] météorologiste *mf*, -logue *mf*; **me·te·or'ol·o·gy** météorologie *f*, aérologie *f*.
me·ter ['miːtə] (*a. gas* ~) compteur *m*; jaugeur *m*; '**~·maid** *Am.* F contractuelle *f*.
me·thinks [mi'θiŋks] (*prét. methought*) il me semble.
meth·od ['meθəd] méthode *f*; système *m*; manière *f*; procédé *m* (pour *for, of*); **me·thod·ic, me·thod·i·cal** □ [mi'θɔdik(l)] méthodique; **Meth·od·ism** *eccl.* ['meθədizm] méthodisme *m*; '**meth·od·ist** *péj.* qui a le souci exagéré de la méthode; *eccl.* ♀ méthodiste *mf*; '**meth·od·ize** ordonner, régler.
meth·yl ⚗ ['meθil] méthyle *m*; **meth·yl·at·ed spir·it** ['meθileitid 'spirit] alcool *m* à brûler.
me·tic·u·lous □ [mi'tikjuləs] méticuleux (-euse *f*).
me·tre ['miːtə] mètre *m*, mesure *f*; mètre *m* (*39,37 inches*).
met·ric ['metrik] (*~ally*) métrique; '**met·ri·cal** □ métrique; en vers; '**met·rics** *sg.* métrique *f*.
me·trop·o·lis [mi'trɔpəlis] métropole *f*; **me·tro·pol·i·tan** [metrə'pɔlitən] **1.** métropolitain; ♀ *Railway* chemin *m* de fer métropolitain; **2.** métropolitain *m*, archevêque *m*.
met·tle ['metl] *personne*: ardeur *f*, courage *m*, feu *m*; tempérament *m*, caractère *m*; *cheval*: fougue *f*; *be on one's* ~ se piquer d'honneur; faire de son mieux; *put s.o. on his* ~ piquer q. d'honneur; stimuler le zèle de q.; *horse of* ~ cheval *m* fougueux; '**met·tled, met·tle·some** ['~səm] fougueux (-euse *f*) (*cheval*); ardent (*personne*).
mew[1] *poét.* [mjuː] mouette *f*.
mew[2] [~] **1.** miaulement *m*; **2.** miauler.
mew[3] [~] **1.** mue *f*, cage *f* (*pour les faucons*); **2.** *v/i.* se cloîtrer; *v/t.* (*usu.* ~ *up*) renfermer.
mewl [mjuːl] vagir, piailler; F miauler.
mews [mjuːz] *sg.*, † *pl.* écuries *f/pl.*; *Londres*: impasse *f*, ruelle *f*.
Mex·i·can ['meksikən] **1.** mexicain; **2.** Mexicain(e *f*) *m*.
mi·aow [mi'au] **1.** miaulement *m*, miaou *m*; **2.** miauler.
mi·as·ma [mi'æzmə], *pl.* **-ma·ta** [~mətə], **-mas** miasme *m*; **mi'as·mal** □ miasmatique.
mi·aul [mi'ɔːl] miauler.
mi·ca *min.* ['maikə] mica *m*; **mi·ca·ce·ous** [~'keiʃəs] micacé.
mice [mais] *pl. de mouse 1*.
Mich·ael·mas ['miklməs] la Saint-Michel *f* (*le 29 septembre*).
mick·ey *sl.* ['miki] (*a.* ~ *finn*) boisson *f* droguée; *take the* ~ *out of s.o.* se payer la tête de q.
micro... [maikro] micro-.
mi·crobe ['maikroub] microbe *m*; **mi'cro·bi·al** [~iəl] microbien(ne *f*).
mi·cro·cosm ['maikrəkɔzəm] microcosme *m*; **mi·crom·e·ter** [mai'krɔmitə] micromètre *m*; **mi·cro·phone** ['maikrəfoun] microphone *m*; F micro *m*; **mi·cro·pro·ces·sor** ['~prə'sesə] microprocesseur *m*, chip *m*; **mi·cro·scope** ['~skoup] microscope *m*; **mi·cro·scop·ic, mi·cro·scop·i·cal** □ [~s'kɔpik(l)] microscopique; au microscope (*examen*); F minuscule, très petit; **mi·cro·wave** ⚡ ['maikrɔweiv] micro-onde *f*.
mid [mid] *see middle* 2; mi-; *poét. see amid*; **~-'air**: *in* ~ entre ciel et terre; '**~-course**: *in* ~ en pleine carrière; '**~·day 1.** midi *m*; **2.** de midi, méridien(ne *f*).
mid·den ['midn] (tas *m* de) fumier *m*.
mid·dle ['midl] **1.** milieu *m*, centre *m*; *fig.* taille *f*, ceinture *f*; ⚓ *~s pl.* qualité *f* moyenne; **2.** ordinaire; bon(ne *f*); du milieu, central (-aux *m/pl.*); moyen(ne *f*), intermédiaire; ♀ *Ages pl.* Moyen Âge *m*; ~ *class(es pl.)* classe *f* moyenne; bourgeoisie *f*; '**~-'aged** F entre deux âges; '**~-'class** bourgeois; '**~·man** F entremetteur *m*; ⚓ intermédiaire *m*; '**~·most** central (-aux *m/pl.*); le plus au milieu; '**~-sized** de grandeur *ou* taille moyenne; '**~-weight** *box.* poids *m* moyen.
mid·dling ['midliŋ] **1.** *adj.* médiocre; passable, assez bon(ne *f*); moyen(ne *f*); ⚓ de qualité moyenne; **2.** *adv.* (*a. ~ly*) passablement, assez bien; **3.** *su.* ⚓ *~s pl.* marchandises *f/pl.* de qualité moyenne.
mid·dy F ['midi] *see midshipman*.
midge [midʒ] moucheron *m*; **midg·et** ['~it] nain(e *f*) *m*; nabot(e *f*) *m*.
mid·land ['midlənd] **1.** entouré de terre; intérieur (*mer*); **2.** *the* ♀*s pl.*

les Midlands *m/pl.*; ˈ**mid·most** central (-aux *m/pl.*); le plus près du milieu; ˈ**mid·night 1.** minuit *m*; **2.** de minuit; **mid·riff** [ˈ~rif] diaphragme *m*; ˈ**mid·ship·man** ⚓ aspirant *m*; *Am.* enseigne *m*; ˈ**midships** ⚓ par le travers; **midst** [midst] **1.** *su.* milieu *m*; *in the ~ of* au milieu de; parmi; *in our ~* au milieu de nous, parmi nous; **2.** *prp. poét. see amidst*; ˈ**mid·sum·mer** milieu *m* de l'été; solstice *m* d'été; ♀ *Day* la Saint-Jean *f*; *~ holidays pl.* vacances *f/pl.* d'été; ˈ**mid·way 1.** *su. Am.* allée *f* centrale (*d'une exposition*); **2.** *adj.* du milieu, central (-aux *m/pl.*), intermédiaire; **3.** *adv.* à mi-chemin; ˈ**mid·wife** sage-femme (*pl.* sages-femmes) *f*; **mid·wife·ry** [ˈmidwifri] obstétrique *f*; ˈ**mid·win·ter** milieu *m* de l'hiver; solstice *m* d'hiver.

mien *poét.* [mi:n] mine *f*, air *m*.

miff F [mif] boutade *f*; accès *m* d'humeur.

might [mait] **1.** puissance *f*, force *f*, -s *f/pl.*; *with ~ and main* de toutes mes (*etc.*) forces; **2.** *prét. de may*[2]; **might·i·ness** [ˈ~inis] puissance *f*, force *f*, grandeur *f*; ˈ**might·y** (□ †) **1.** *adj.* puissant, fort; vaste; F considérable; **2.** F *adv.* très, extrêmement.

mi·grant [ˈmaigrənt] **1.** *see migratory*; **2.** (*ou ~ bird*) migrateur (-trice *f*) *m*.

mi·grate [maiˈgreit] émigrer; passer; **miˈgra·tion** migration *f*, émigration *f*; **mi·gra·to·ry** [ˈ~grətəri] migrateur (-trice *f*) (*personne, a. oiseau*); nomade (*personne*); de passage (*oiseau*).

mike *sl.* [maik] microphone *m*, F micro *m*.

Mil·an·ese [miləˈni:z] **1.** milanais; **2.** Milanais(e *f*) *m*.

milch [miltʃ] à lait, laitière (*vache*).

mild □ [maild] doux (douce *f*); tempéré (*climat*); peu sévère; peu rigoureux (-euse *f*); bénin (-igne *f*); *to put it ~ly* pour m'exprimer avec modération.

mil·dew [ˈmildju:] **1.** *pain etc.*: chancissure *f*; *froment etc.*: rouille *f*; *vignes etc.*: mildiou *m*; moisissure *f*; **2.** chancir (*le pain*); rouiller, moisir (*la plante etc.*); piquer (*le papier etc.*).

mild·ness [ˈmaildnis] douceur *f*; *maladie*: bénignité *f*.

mile [mail] mille *m* (anglais) (*1609,33 m*).

mil(e)**·age** [ˈmailidʒ] distance *f ou* vitesse *f* en milles; *fig.* parcours *m*.

mile·stone [ˈmailstoun] borne *f* milliaire *ou* kilométrique.

mil·foil ⚘ [ˈmilfɔil] mille-feuille *f*.

mil·i·tan·cy [ˈmilitənsi] esprit *m* militant; *pol.* activisme *m*; ˈ**mil·i·tant** □ militant; activiste; **mil·i·tar·i·ness** [ˈmilitərinis] caractère *m* militaire; **mil·i·ta·rism** [ˈ~rizəm] militarisme *m*; ˈ**mil·i·tar·y 1.** □ militaire; de guerre; de soldat; *~ college* école *f* militaire; ♀ *Government* gouvernement *m* militaire; *~ map* carte *f* d'état-major; *~ service* service *m* militaire; *of ~ age* en âge de servir; **2.** *les* militaires *m/pl.*; l'armée *f*; **mil·i·tate** [ˈ~teit]: *~ in favo(u)r of* (*against*) militer en faveur de (contre); **mi·li·tia** [miˈliʃə] milice *f*; garde *f* nationale.

milk [milk] **1.** lait *m*; *powdered* (*whole*) *~* lait *m* en poudre (non écrémé); *Brit. ~ float* voiture *f* de laitier; *~ tooth* dent *f* de lait; **2.** traire; *fig.* dépouiller; ⚡, *a. tél.* capter; ˈ**milk-and-ˈwa·ter** F insipide, fade; ˈ**milk·er** *personne*: trayeur (-euse *f*) *m*; *vache*: laitière *f*; *machine*: trayeuse *f*; **milk·i·ness** [ˈ~inis] lactescence *f*; couleur *f* laiteuse; *fig.* douceur *f*.

milk...: ˈ**~·maid** laitière *f*, crémière *f*; trayeuse *f*; ˈ**~·man** laitier *m*, crémier *m*; ˈ**~-ˈshake** shake *m* (*mélange de lait, crème glacée et sirop battus ensemble*); ˈ**~·sop** F poule *f* mouillée; peureux (-euse *f*) *m*; ˈ**milk·y** laiteux (-euse *f*), lactescent; *fig.* blanchâtre; *astr.* ♀ *Way* Voie *f* lactée.

mill[1] [mil] **1.** moulin *m*; usine *f*; fabrique *f*; filature *f*; *sl.* combat *m* à coups de poings; **2.** *v/t.* moudre; ⊕ fraiser; créneler (*la monnaie*); fouler (*un drap*); mousser (*une crème*); broyer (*le minerai*); *sl.* rouer de coups; F *v/i.* fourmiller.

mill[2] *Am.* [~] millième *m* (*de dollar*).

mill·board [ˈmilbɔ:d] carton-pâte (*pl.* cartons-pâtes) *m*; carton *m* épais; ˈ**mill-dam** barrage *m* de moulin.

mil·le·nar·i·an [miliˈnɛəriən], **mil-**

len·ni·al [mi'leniəl] millénaire; **mil·le·nar·y** ['~əri] millénaire (*a. su./m*); **mil'len·ni·um** [~iəm] *eccl.* millénium *m*; mille ans *m/pl.*

mil·le·pede *zo.* ['milipi:d] mille-pieds *m/inv.*; mille-pattes *m/inv.*

mill·er ['milə] meunier *m*; ⊕ fraiseur *m*; *machine*: fraiseuse *f*.

mil·les·i·mal [mi'lesiməl] millième (*a. su./mf*).

mil·let ⚘ ['milit] millet *m*.

mill-hand ['milhænd] ouvrier (-ère *f*) *m* d'usine.

mil·li·ard ['miljɑ:d] milliard *m*.

mil·li·gram ['miligræm] milligramme *m*.

mil·li·me·tre ['milimi:tə] millimètre *m*.

mil·li·ner ['milinə] modiste *f*; '**mil·li·ner·y** (articles *m/pl.* de) modes *f/pl.*

mill·ing ['miliŋ] meunerie *f*; moulage *m*; broyage *m*; foulage *m*; ⊕ ~ *cutter* fraise *f*, fraiseuse *f*; ~ *plant* moulin *m*; laminerie *f*; ~ *machine* machine *f* à fraiser; ~ *product* produit *m* de moulin.

mil·lion ['miljən] million *m*; **mil·lion·aire** [~'nɛə] millionnaire *mf*; **mil·lionth** ['miljənθ] millionième (*a. su./m*).

mill...: '**~-pond** réservoir *m* de moulin; '**~-race** bief *m* de moulin; '**~·stone** meule *f*; F *see through a* ~ voir à travers les murs; '**~·wright** constructeur *m* de moulins.

milt[1] [milt] laitance *f* (*des poissons*).

milt[2] [~] rate *f*.

milt·er *icht.* ['miltə] poisson *m* } [laité.

mime [maim] **1.** mime *m*; **2.** mimer.

mim·e·o·graph ['mimiəgrɑ:f] **1.** autocopiste *m*, machine *f* à polycopier; **2.** polycopier.

mim·ic ['mimik] **1.** mimique; imitateur (-trice *f*); **2.** mime *m*; imitateur (-trice *f*) *m*; **3.** imiter; contrefaire; F singer (*q.*); '**mim·ic·ry** mimique *f*, imitation *f*; *zo.* mimétisme *m*.

min·a·to·ry ['minətəri] menaçant.

mince [mins] **1.** *v/t.* hacher; *he does not* ~ *matters* il ne mâche pas ses mots; ~ *one's words* minauder, parler du bout des lèvres; ~*d meat* hachis *m*; *v/i.* marcher *etc.* d'un air affecté; **2.** hachis *m*; '**~·meat** compôte *f* de raisins secs, de pommes, d'amandes *etc.*; *make* ~ *of* F réduire (*q.*) en chair à pâté; ~ **pie** petite tarte *f* au *mincemeat*; '**minc·er** hachoir *m*.

minc·ing □ ['minsiŋ] affecté, minaudier (-ère *f*); '**~-ma·chine** hachoir *m*.

mind [maind] **1.** esprit *m*, âme *f*; pensée *f*, idée *f*, avis *m*; mémoire *f*, souvenir *m*; raison *f*; *to my* ~ à mon avis, selon moi, à ce que je pense; ~*'s eye* idée *f*, imagination *f*; *out of one's* ~ hors de son bon sens; insensé; *time out of* ~ de temps immémorial; *change one's* ~ changer d'avis; se raviser; *bear s.th. in* ~ se rappeler qch.; tenir compte de qch.; F *blow s.o.'s* ~ bouleverser q., renverser q.; *have* (*half*) *a* ~ *to* avoir (bonne) envie de; *have s.th. on one's* ~ avoir qch. sur sa conscience; *have in* ~ avoir (*qch.*) en vue; (*not*) *know one's own* ~ (ne pas) savoir ce qu'on veut; *make up one's* ~ se décider, prender son parti; *put s.o. in* ~ *of* rappeler (*qch. ou q.*) à q.; **2.** faire attention à; s'occuper de; ne pas manquer de (*inf.*); prendre garde à (*qch.*); soigner (*un enfant*), garder (*un chien etc.*); ~! attention!; *never* ~! n'importe!; ne vous inquiétez pas!; ~ *the step!* attention à la marche!; *I don't* ~ (*it*) cela m'est égal; peu (m')importe; *do you* ~ *smoking?* la fumée ne vous gêne pas?; *would you* ~ *taking off your hat?* voudriez-vous bien ôter votre chapeau?; ~ *your own business!* mêlez-vous de ce qui vous regarde!; '**~·bend·ing** F halluzinant; '**~·blow·ing** F renversant, bouleversant; halluzinant; '**~·bog·gling** F inimaginable, inconcevable; '**mind·ed** disposé, enclin; à l'esprit...; sensibilisé à *ou* sur ...; '**mind·er** surveillant(e *f*) *m*; gardeur (-euse *f*) *m* (*d'animaux*); '**mind·ful** □ (*of*) attentif (-ive *f*) (à); soigneux (-euse *f*) (de); '**mind·ful·ness** attention *f* (à, *of*); soin *m* (de, *of*); '**mind·less** □ sans esprit; insouciant (de, *of*); indifférent (à, *of*); oublieux (-euse *f*) (de, *of*); '**mind-read·er** liseur (-euse *f*) *m* de pensées.

mine[1] [main] **1.** le mien, la mienne, les miens, les miennes; à moi; **2.** les miens *m/pl.*

mine[2] [~] **1.** ⚒, *a.* ⚔ mine *f*; *fig.* trésor *m*, bureau *m*; **2.** *v/i.* fouiller (sous) la terre; *v/t.* miner, saper; ⚒ exploiter (*le charbon*); creuser; ⚔ miner, saper; ⚓ miner, semer des mines dans; ˈ**~·lay·er** ⚓, ⚔ poseur *m ou* mouilleur *m* de mines; ˈ**min·er** mineur *m* (*a.* ⚔).

min·er·al [ˈminərəl] **1.** minerai *m*; *~s pl.* eaux *f/pl.* minérales; F boissons *f/pl.* gazeuses; **2.** minéral (-aux *m/pl.*); *~ jelly* vaseline *f*; ˈ**min·er·al·ize** minéraliser; **min·er·al·o·gist** [~ˈrælədʒist] minéralogiste *m*; **min·erˈal·o·gy** minéralogie *f*.

mine·sweep·er ⚓ [ˈmainswiːpə] dragueur *m* de mines.

min·gle [ˈmiŋgl] (se) mêler (avec, à *with*); (se) mélanger (avec, *with*).

min·i... [mini] mini-.

min·i·a·ture [ˈminjətʃə] **1.** miniature *f*; **2.** en miniature, en raccourci; petit modèle; minuscule; *~ camera* appareil *m* de petit format; *~ grand* piano *m* à queue écourtée; *~ rifle shooting* tir *m* au fusil de petit calibre.

min·i·bus [ˈminibʌs] minibus *m*.

min·i·kin [ˈminikin] **1.** mignon(ne *f*); affecté; **2.** homuncule *m*.

min·im [ˈminim] ♪ blanche *f*; *mesure*: goutte *f*; F bout *m* d'homme; ˈ**min·i·mize** réduire au minimum; *fig.* mettre au minimum l'importance de (*qch.*); **min·i·mum** [ˈ~məm] **1.** *pl.* **-ma** [~mə] minimum (*pl.* -s, -ma) *m*; **2.** minimum (*qqfois* -ma *f*).

min·ing [ˈmainiŋ] **1.** minier (-ère *f*); de mine(s); ⚒ de mine; ⚔, ⚓ de mouilleur de mines; **2.** exploitation *f* des mines, travaux *m/pl.* de mines; ⚔ sape *f*; ⚓ pose *f* de mines.

min·ion [ˈminjən] favori(te *f*) *m*; *typ.* mignonne *f*; F *~ of the law* sbire *m*.

mini-skirt [ˈminiskəːt] mini-jupe *f*.

min·is·ter [ˈministə] **1.** ministre *m* (*a. pol., a. eccl.*); *eccl.* pasteur *m* (*protestant*); **2.** *v/t.* † fournir; *v/i. ~ to* soigner (*q.*); subvenir aux besoins de (*q.*); aider à (*qch.*); **min·is·te·ri·al** □ [~ˈtiəriəl] accessoire; *pol.* ministériel(le *f*); exécutif (-ive *f*); gouvernemental (-aux *m/pl.*); *eccl.* sacerdotal (-aux *m/pl.*); **min·isˈte·ri·al·ist** ministériel *m*.

min·is·trant [ˈministrənt] **1.** qui subvient à (*q.*); **2.** *eccl.* officiant *m*; **min·isˈtra·tion** service *m*; ministère *m*; *eccl.* saint ministère *m*, sacerdoce *m*; ˈ**min·is·try** ministère *m*; *pol. a.* gouvernement *m*.

min·i·ver [ˈminivə] petit-gris (*pl.* petits-gris) *m* (*a. fourrure*).

mink *zo.* [miŋk] vison *m*.

min·now *icht.* [ˈminou] vairon *m*.

mi·nor [ˈmainə] **1.** petit, mineur; peu important; d'importance secondaire; ♪ mineur; A *~* la *m* mineur; *~ third* tierce *f* mineure; *~ key* mineur *m*; **2.** mineur(e *f*) *m*; le plus jeune (*de deux frères*); *phls.* mineure *f*, petit terme *m*; *Am. univ.* sujet *m* (d'étude) secondaire; **mi·nor·i·ty** [maiˈnɔriti] minorité *f* (*a.* ⚖); *~ government* gouvernement *m* minoritaire.

min·ster [ˈminstə] cathédrale *f*; église *f* abbatiale.

min·strel [ˈminstrəl] ménestrel *m*; F musicien *m*; *~s pl.* (troupe *f* de) chanteurs *m/pl.* déguisés en nègres; **min·strel·sy** [ˈ~si] chants *m/pl.* *ou* art *m* des ménestrels.

mint[1] ⚘ [mint] menthe *f*; *~ sauce* vinaigrette *f* à la menthe.

mint[2] [~] **1.** Hôtel *m* de la Monnaie; source *f*; *a ~ of money* une somme *f* fabuleuse; **2.** (à l'état) neuf (neuve *f*) (*volume etc.*); *fig.* intrinsèque; **3.** monnayer; battre monnaie; ˈ**mint·age** monnayage *m*; fabrication *f*; espèces *f/pl.* monnayées; empreinte *f*.

min·u·et ♪ [minjuˈet] menuet *m*.

mi·nus [ˈmainəs] **1.** *prp.* moins; F sans; **2.** *adj.* négatif (-ive *f*).

min·ute[1] [ˈminit] **1.** minute *f*; *fig.* moment *m*; instant *m*; projet *m*; note *f*; *~s pl.* procès-verbal (*pl.* procès-verbaux) *m*; *~-hand* grande aiguille *f*; *just a ~!* minute!; **2.** faire la minute de (*un contrat*); prendre note de; dresser le procès-verbal de.

mi·nute[2] □ [maiˈnjuːt] tout petit; minuscule; détaillé; *~ly* dans ses moindres détails; **miˈnute·ness** petitesse *f*; exactitude *f* minutieuse.

mi·nu·ti·a [maiˈnjuːʃiə], *pl.* **-ti·ae** [~ʃiiː] petits détails *m/pl.*

minx [miŋks] friponne *f*, coquine *f*.

mir·a·cle [ˈmirəkl] miracle *m*; F prodige *m*; *to a ~* à merveille; **mi·rac·u·lous** □ [miˈrækjuləs] miraculeux (-euse *f*); F merveilleux (-euse *f*); **miˈrac·u·lous·ness** miraculeux *m*.

mi·rage [ˈmirɑːʒ] mirage *m*.

mire [ˈmaiə] **1.** boue *f*, fange *f*; bourbier *m*; vase *f* (*de fleuve*); **2.** *be* ~*d* s'embourber; F s'avilir.
mir·ror [ˈmirə] **1.** miroir *m*, glace *f*; **2.** refléter (*a. fig.*).
mirth [məːθ] gaieté *f*; hilarité *f*; **mirth·ful** □ [ˈ~ful] gai, joyeux (-euse *f*); ˈ**mirth·less** □ triste.
mir·y [ˈmaiəri] bourbeux (-euse *f*), fangeux (-euse *f*); vaseux (-euse *f*).
mis... [mis] mé-, més-, mal-, mauvais ...; faux (fausse *f*).
mis·ad·ven·ture [ˈmisədˈventʃə] mésaventure *f*, contretemps *m*; ⚖ accident *m*.
mis·al·li·ance [misəˈlaiəns] mésalliance *f*.
mis·an·thrope [ˈmizənθroup] misanthrope *m*; **mis·an·throp·ic, mis·an·throp·i·cal** □ [~ˈθrɔpik(l)] misanthrope (*personne*), misanthropique (*humeur*); **mis·an·thro·pist** [miˈzænθrəpist] misanthrope *m*; **misˈan·thro·py** misanthropie *f*.
mis·ap·pli·ca·tion [ˈmisæpliˈkeiʃn] mauvaise application *f*; mauvais usage *m*; détournement *m* (*de fonds*); **mis·ap·ply** [ˈ~əˈplai] mal appliquer; détourner (*des fonds*).
mis·ap·pre·hend [ˈmisæpriˈhend] mal comprendre; ˈ**mis·ap·preˈhen·sion** malentendu *m*, méprise *f*.
mis·ap·pro·pri·ate [ˈmisəˈprouprieit] détourner, distraire (*des fonds*); ˈ**mis·ap·pro·priˈa·tion** détournement *m*, distraction *f* (*de fonds*).
mis·be·come [ˈmisbiˈkʌm] messeoir à (*q.*), mal convenir à (*q.*); ˈ**mis·beˈcom·ing** malséant.
mis·be·got(·ten) [ˈmisbiˈgɔt(n)] illégitime, bâtard; F misérable.
mis·be·have [ˈmisbiˈheiv] se conduire mal; ˈ**mis·beˈhav·io(u)r** [~jə] mauvaise conduite *f*, inconduite *f*.
mis·be·lief [ˈmisbiˈliːf] fausse croyance *f*; opinion *f* erronée; **mis·be·lieve** [ˈ~ˈliːv] être infidèle; ˈ**mis·beˈliev·er** infidèle *mf*.
mis·cal·cu·late [ˈmisˈkælkjuleit] *v/t.* mal calculer; *v/i.* se tromper (sur, *about*); ˈ**mis·cal·cuˈla·tion** faux calcul *m*; mécompte *m*.
mis·car·riage [misˈkæridʒ] *lettre*: perte *f*; avortement *m*; ⚕ fausse couche *f*; ~ *of justice* erreur *f* judiciaire; **misˈcar·ry** avorter; échouer; s'égarer (*lettre*); ⚕ faire une fausse couche.
mis·cel·la·ne·ous □ [misiˈleinjəs] mélangé, varié, divers; **mis·celˈla·ne·ous·ness** variété *f*, diversité *f*.
mis·cel·la·ny [miˈseləni] mélange *m*; collection *f* d'objets variés; *miscellanies pl.* mélanges *m/pl.*
mis·chance [misˈtʃɑːns] malchance *f*; malheur *m*, accident *m*.
mis·chief [ˈmistʃif] mal *m*, dommage *m*, dégât *m*; F discorde *f*, trouble *m*; malice *f*; bêtises *f/pl.* (*d'un enfant*); *personne*: fripon(ne *f*) *m* *what etc. the* ~ ...? que *etc.* diantre ...?; ˈ**~-mak·er** brandon *m* de discorde.
mis·chie·vous □ [ˈmistʃivəs] méchant, espiègle, malin (-igne *f*) (*personne*); mauvais, nuisible; ˈ**mis·chie·vous·ness** méchanceté *f*; espièglerie *f*, malice *f*; caractère *m* nuisible (*de qch.*).
mis·con·ceive [ˈmiskənˈsiːv] mal concevoir; mal comprendre; **mis·con·cep·tion** [ˈ~ˈsepʃn] idée *f* fausse; malentendu *m*.
mis·con·duct 1. [ˈmisˈkɔndəkt] mauvaise conduite *f* (*d'une personne*); mauvaise gestion *f ou* administration *f* (*d'une affaire*); **2.** [ˈ~kənˈdʌkt] mal diriger *ou* gérer; ~ *o.s.* se conduire mal.
mis·con·struc·tion [ˈmiskənˈstrʌkʃn] fausse interprétation *f*; **mis·con·strue** [ˈ~ˈstruː] mal interpréter.
mis·count [ˈmisˈkaunt] **1.** mal compter; se tromper; **2.** faux calcul *m*; erreur *f* d'addition.
mis·cre·ant [ˈmiskriənt] scélérat (*a. su./m*); misérable (*a. su./mf*).
mis·date [ˈmisˈdeit] **1.** erreur *f* de date; **2.** mal dater.
mis·deal [ˈmisˈdiːl] *cartes* **1.** [*irr.* (*deal*)] faire maldonne; **2.** maldonne *f*.
mis·deed [ˈmisˈdiːd] méfait *m*.
mis·de·mean·ant ⚖ [ˈmisdiːmiːnənt] délinquant(e *f*) *m*; **mis·deˈmean·o(u)r** ⚖ [~nə] délit *m* correctionnel.
mis·di·rect [ˈmisdiˈrekt] mal diriger; mal adresser (*une lettre*); ˈ**mis·diˈrec·tion** renseignement *m* erroné; fausse adresse *f*.
mis·do·ing [ˈmisˈduːiŋ] méfait *m*.
mis·doubt [ˈmisˈdaut] se douter de (*qch.*, *q.*); soupçonner.
mi·ser [ˈmaizə] avare *mf*.

mis·er·a·ble □ [ˈmizərəbl] malheureux (-euse *f*); triste; misérable; déplorable; ˈ**mis·er·a·ble·ness** état *m* malheureux *ou* misérable.
mi·ser·ly [ˈmaizəli] avare; sordide.
mis·er·y [ˈmizəri] souffrance *f*; misère *f*, détresse *f*.
mis·fea·sance ⚖ [ˈmisˈfiːzəns] infraction *f* à la loi; abus *m* d'autorité.
mis·fire [ˈmisˈfaiə] **1.** *fusil*: raté *m*; *mot.* raté *m* d'allumage; **2.** rater (*a. mot.*).
mis·fit [ˈmisˈfit] vêtement *m ou* soulier *m* manqué; F inapte *mf*.
mis·for·tune [misˈfɔːtʃn] malheur *m*, infortune *f*, calamité *f*.
mis·give [misˈgiv] [*irr.* (*give*)] avoir des inquiétudes; *my heart misgave me* j'avais de mauvais pressentiments; misˈ**giv·ing** pressentiment *m*, doute *m*, crainte *f*.
mis·gov·ern [ˈmisˈgʌvən] mal gouverner; ˈ**misˈgov·ern·ment** mauvais gouvernement *m*; mauvaise administration *f*.
mis·guide [ˈmisˈgaid] mal guider *ou* conseiller.
mis·han·dle [ˈmisˈhændl] malmener, maltraiter (*q.*); traiter mal (*un sujet*).
mis·hap [ˈmishæp] mésaventure *f*; *mot.* panne *f*.
mis·hear [misˈhiə] [*irr.* (*hear*)] mal entendre; mal comprendre.
mish·mash [ˈmiʃmæʃ] fatras *m*.
mis·in·form [ˈmisinˈfɔːm] mal renseigner; ˈ**mis·in·forˈma·tion** faux renseignement *m*, -s *m/pl.*
mis·in·ter·pret [ˈmisinˈtəːprit] mal interpréter; mal comprendre; ˈ**mis·in·ter·preˈta·tion** fausse interprétation *f*.
mis·judge [ˈmisˈdʒʌdʒ] mal juger; se tromper sur; ˈ**misˈjudg(e)·ment** jugement *m* erroné.
mis·lay [misˈlei] [*irr.* (*lay*)] égarer.
mis·lead [misˈliːd] [*irr.* (*lead*)] tromper, induire en erreur; fourvoyer.
mis·man·age [ˈmisˈmænidʒ] mal administrer; mal conduire; ˈ**misˈman·age·ment** mauvaise administration *f ou* gestion *f*.
mis·no·mer [ˈmisˈnoumə] faux nom *m*; erreur *f* de nom.
mi·sog·y·nist [maiˈsɔdʒinist] misogyne *m*; **miˈsog·y·ny** misogynie *f*.
mis·place [ˈmisˈpleis] déplacer (*qch.*); mal placer (*sa confiance*); ˈ**misˈplace·ment** déplacement *m*.
mis·print 1. [misˈprint] imprimer incorrectement; **2.** [ˈmisˈprint] faute *f* d'impression.
mis·pri·sion ⚖ [misˈpriʒn] non-révélation *f* (*d'un crime*); négligence *f* (coupable).
mis·pro·nounce [ˈmisprəˈnauns] mal prononcer; **mis·pro·nun·ci·a·tion** [ˈ~prənʌnsiˈeiʃn] mauvaise prononciation *f*.
mis·quo·ta·tion [ˈmiskwouˈteiʃn] citation *f* inexacte; fausse citation *f*; ˈ**misˈquote** citer inexactement.
mis·read [ˈmisˈriːd] [*irr.* (*read*)] mal lire *ou* interpréter.
mis·rep·re·sent [ˈmisrepriˈzent] mal représenter; dénaturer (*les faits*); ˈ**mis·rep·re·senˈta·tion** faux rapport *m*; ⚖ fausse déclaration *f*; ⚖ réticence *f*.
mis·rule [ˈmisˈruːl] **1.** confusion *f*, désordre *m*; mauvaise administration *f*; **2.** mal gouverner.
miss[1] [mis] mademoiselle (*pl.* mesdemoiselles) *f*; *co.* demoiselle *f*; adolescente *f*.
miss[2] [~] **1.** coup *m* manqué, perdu *ou* raté; **2.** *v/t.* manquer; F rater (*le but, une occasion, le train*); ne pas trouver; ne pas saisir; se tromper de (*chemin*); ne pas avoir; sauter; remarquer *ou* regretter l'absence de; (*gér.*) faillir (*inf.*); *~ one's footing* poser le pied à faux; *~ one's hold* lâcher prise; ne pas saisir; *v/i.* manquer le coup; frapper à vide; *~ out on s.th.* louper qch., rater qch.
mis·sal *eccl.* [ˈmisəl] missel *m*.
mis·shap·en [ˈmisˈʃeipən] difforme, contrefait; déformé (*chapeau etc.*).
mis·sile [ˈmisail] projectil *m*; *~ site* base *f* de lancement; *ballistic ~* engin *m* balistique.
miss·ing [ˈmisiŋ] absent, perdu; *surt.* ⚔ disparu; *be ~* manquer; être égaré *ou* perdu.
mis·sion [ˈmiʃn] mission *f* (*a. eccl., a. fig.*); ˈ**mis·sion·ar·y 1.** missionnaire *m*; **2.** missionnaire; de missionnaires; des missions.
mis·sis F [ˈmisiz] femme *f*, dame *f*.
mis·sive [ˈmisiv] lettre *f*, missive *f*.
mis·spell [ˈmisˈspel] [*irr.* (*spell*)] mal épeler *ou* écrire (*un mot*).
mis·spend [ˈmisˈspend] [*irr.* (*spend*)]

mal employer (*son temps*, *son argent*).

mis·state ['mis'steit] exposer incorrectement; altérer (*des faits*); '**mis'state·ment** exposé *m* inexact; erreur *f* de fait.

mis·sus F ['misəz] femme *f*, dame *f*.

miss·y F ['misi] mademoiselle (*pl.* mesdemoiselles) *f*.

mist [mist] **1.** brume *f*; buée *f* (*sur une glace*); *fig. in a* ~ désorienté, perdu; **2.** (se) couvrir de buée (*glace*); *v/i.* disparaître sous la brume.

mis·tak·a·ble [mis'teikəbl] sujet(te *f*) à méprise; facile à confondre; **mis·take** [~'teik] **1.** [*irr.* (*take*)] *v/t.* se tromper de; se méprendre sur; mal comprendre; confondre (avec, *for*); *be* ~*n* se tromper; *v/i.* se tromper; **2.** erreur *f*, méprise *f*, faute *f*; *by* ~ par méprise; *and no* ~ décidément; **mis'tak·en** □ erroné; mal compris; ~ *identity* erreur *f* sur la personne.

mis·ter ['mistə] (*abr.* **Mr.**) monsieur (*pl.* messieurs) *m*.

mis·time ['mis'taim] mal calculer; faire (*qch.*) mal à propos; '**mis'timed** inopportun.

mist·i·ness ['mistinis] état *m* brumeux; brouillard *m*; obscurité *f* (*a. fig.*).

mis·tle·toe ⚘ ['misltou] gui *m*.

mis·trans·late ['mistræns'leit] mal traduire; '**mis·trans'la·tion** traduction *f* inexacte; contresens *m*.

mis·tress ['mistris] maîtresse *f*; patronne *f*; *lycée*: professeur *m*; *école primaire*: institutrice *f*; (*abr.* **Mrs.** ['misiz]) madame (*pl.* mesdames) *f*.

mis·trust ['mis'trʌst] **1.** se méfier de; **2.** méfiance *f*, défiance *f* (de *in*, *of*); '**mis'trust·ful** □ [~ful] méfiant, soupçonneux (-euse *f*) (à l'endroit de, *of*).

mist·y □ ['misti] brumeux (-euse *f*); *fig.* vague, confus.

mis·un·der·stand ['misʌndə'stænd] [*irr.* (*stand*)] mal comprendre *ou* interpréter; '**mis·un·der'stand·ing** malentendu *m*; mésentente *f*.

mis·use 1. ['mis'ju:z] faire mauvais emploi *ou* usage de; maltraiter; **2.** ['~'ju:s] abus *m*; mauvais emploi *m ou* usage *m*.

mite[1] *zo.* [mait] mite *f*; acarien *m*.

mite[2] [~] denier *m*, obole *f*; *personne*: mioche *mf*; petit(e *f*) *m*; *a* ~ *of a child* un(e *f*) enfant haut(e *f*) comme ma botte.

mit·i·gate ['mitigeit] adoucir, atténuer (*a. fig.*); **mit·i'ga·tion** adoucissement *m*, atténuation *f*.

mi·tre, mi·ter ['maitə] **1.** *eccl.* mitre *f*; ⊕ onglet *m*; **2.** *eccl.* mitrer; ⊕ tailler *ou* assembler à onglet; '~-**wheel** ⊕ roue *f* dentée conique.

mitt [mit] mitaine *f*; *baseball*: gant *m*; *sl.* patte *f* (= *main*).

mit·ten ['mitn] mitaine *f*; F *get the* ~ recevoir son congé.

mix [miks] (se) mêler (à, avec *with*); (se) mélanger; (s')allier (*couleurs*); *v/i.*: ~ *in society* fréquenter la société; ~*ed* mêlé, mélangé, mixte; confus (*a. fig.*); ~*ed bathing* bains *m/pl.* mixtes; ~*ed marriage* mariage *m* mixte; ~*ed mathematics* mathématiques *f/pl.* appliquées; ~*ed pickles pl.* variantes *f/pl.*; pickles *m/pl.* assortis; ~ *up* mêler; confondre; embrouiller; ~*ed up with* mêlé à, engagé dans (*une affaire*); ~*ed with* accointé avec; impliqué dans; '**mix·er** ⊕ brasseur *m*; garçon *m* de bar (*qui prépare des cocktails*), F barman *m*; *cuis.* mixe(u)r *m*; *radio*: opérateur *m* des sons, *machine*: mélangeur *m* des sons; *be a good* (*bad*) ~ (ne pas) savoir s'adapter à son entourage; **mix·ture** ['~tʃə] mélange *m* (*a. fig.*), *pharm.* mixtion *f*, mixture *f*; '**mix-'up** confusion *f*; embrouillement *m*.

miz·(z)en ⚓ ['mizn] artimon *m*; *attr.* d'artimon; de fougue (*perroquet*).

miz·zle ['mizl] bruiner, crachiner.

mne·mon·ic [ni'mɔnik] **1.** (~*ally*) mnémonique; **2.** ~*s pl.* mnémonique *f*, mnémotechnie *f*.

moan [moun] **1.** gémissement *m*; **2.** gémir; se lamenter.

moat [mout] fossé *m*; douve *f*; '**moat·ed** entouré d'un fossé.

mob [mɔb] **1.** foule *f*, ameutement *m*; populace *f*; **2.** *v/t.* assiéger; *v/i.* s'attrouper; '**mob·bish** de la populace; canaille; tumultueux (-euse *f*).

mob-cap ['mɔbkæp] petite coiffe *f*; cornette *f*; F charlotte *f*.

mo·bile ['moubail] mobile (*a.* ⚔); changeant; ~ *police* (policiers *m/pl.* de la) brigade *f* mobile; *télév.* ~ *unit* motard *m*; **mo·bil·i·ty** [mo'biliti] mobilité *f*; **mo·bi·li·za·tion** [mou-

bilai'zeiʃn] mobilisation *f*; '**mo·bi·lize** ⚔ mobiliser.
mob-law ['mɔblɔ:] loi *f* de la populace; loi *f* de Lynch.
mob·oc·ra·cy [mɔ'bɔkrəsi] F voyoucratie *f*.
moc·ca·sin ['mɔkəsin] mocassin *m*.
mock [mɔk] **1.** dérision *f*; (sujet *m* de) moquerie *f*; **2.** faux (fausse *f*); contrefait; d'imitation; ~ *fight* simulacre *m* de combat; **3.** *v/t.* imiter, singer; tromper; *v/i.* se moquer (de, *at*); '**mock·er** moqueur (-euse *f*) *m*; '**mock·er·y** raillerie *f*; (sujet *m* de) moquerie *f*; objet *m* de risée; simulacre *m*; '**mock-he'ro·ic** héroï-comique; burslesque.
mock·ing ['mɔkiŋ] **1.** raillerie *f*, moquerie *f*; **2.** □ moqueur (-euse *f*); '**~-bird** *orn.* moqueur *m*.
mock...: '**~-king** roi *m* pour rire; '**~-'tur·tle soup** potage *m* (à la) fausse tortue; '**~-up** ⊕ maquette *f*.
mod·al □ ['moudl] modal (-aux *m/pl.*); ⚖ conditionnel(le *f*); **mo·dal·i·ty** [mou'dæliti] modalité *f*.
mode [moud] méthode *f*, manière *f*, façon *f*, mode *m* (*a.* ♪, *gramm.*, *phls.*); mode *f* (= *coutume*).
mod·el ['mɔdl] **1.** modèle *m* (*a. fig.*); maquette *f*; figurine *f* (*de cire*); *personne*: mannequin *m*, modèle *mf*; *attr.* modèle; *act as a* ~ servir de modèle; **2.** modeler (sur *after*, [*up*]*on*) (*a. fig.*); **mod·el·(l)er** ['mɔdlə] modeleur (-euse *f*) *m*.
mod·er·ate 1. □ ['mɔdərit] modéré; raisonnable; moyen(ne *f*); médiocre; **2.** ['~reit] (se) modérer; *v/t.* tempérer; **mod·er·ate·ness** ['~ritnis] modération *f*; *prix*: modicité *f*; médiocrité *f*; **mod·er·a·tion** [~'reiʃn] modération *f*, mesure *f*; *langage*: sobriété *f*; *in* ~ modérément; frugalement; *univ.* ♀*s pl.* premier examen *m* pour le B.A. (*Oxford*); '**mod·er·a·tor** *assemblée, jury, etc.*: président *m*; *univ.* examinateur *m* (*Oxford*); *phys.* modérateur *m*.
mod·ern ['mɔdən] **1.** moderne; **2.** *the* ~*s pl.* les modernes *m/pl.*; '**mod·ern·ism** modernité *f*; goût *m* du moderne; *eccl.* modernisme *m*; *gramm.* néologisme *m*; **mo·der·ni·ty** [mɔ'də:niti] modernité *f*; '**mod·ern·ize** moderniser.
mod·est □ ['mɔdist] modeste; sans prétentions; honnête, chaste; '**mod·es·ty** modestie *f*; modération *f*; simplicité *f*; honnêteté *f*.
mod·i·cum ['mɔdikəm] faible quantité *f*.
mod·i·fi·a·ble ['mɔdifaiəbl] modifiable; **mod·i·fi·ca·tion** [~fi'keiʃn] modification *f*; atténuation *f*; **mod·i·fy** ['~fai] modifier (*a. gramm.*); apporter des modifications à; atténuer.
mod·u·late ['mɔdjuleit] moduler (*v/i. a.* ♪); ajuster; **modu'la·tion** modulation *f*; '**mod·u·la·tor** modulateur (-trice *f*) *m*; ~ *of tonality cin.* modulateur *m* de tonalité.
Mo·gul [mo'gʌl]: *the Great* (*ou Grand*) ~ le Grand Mogol *m*.
mo·hair ['mouhεə] mohair *m*.
Mo·ham·med·an [mo'hæmidən] **1.** Mahométan(e *f*) *m*; **2.** mahométan.
moi·e·ty ['mɔiəti] moitié *f*; part *f*.
moil [mɔil] peiner.
moire [mwɑ:] moire *f*; ~ *crêpe* crêpe *m* ondé.
moi·ré ['mwɑ:rei] moiré (*a. su./m*).
moist [mɔist] humide; moite; **mois·ten** ['mɔisn] (se) mouiller, (s')humecter; '**moist·ness, mois·ture** ['~tʃə] humidité *f*; *peau*: moiteur *f*; **mois·tur·ize** ['~tʃəraiz] humidifier (*air*); hydrater (*peau*); **mois·tur·iz·ing cream** crème *f* hydratante.
moke *sl.* [mouk] âne *m*; bourrique *f*.
mo·lar ['moulə] (*ou* ~ *tooth*) molaire *f*.
mold [mould] *see mould etc.*
mo·las·ses [mə'læsiz] mélasse *f*.
mole[1] *zo.* [moul] taupe *f*.
mole[2] [~] grain *m* de beauté; nævus (*pl.* -vi) *m*.
mole[3] [~] mole *m*; brise-lames *m/inv.*
mo·lec·u·lar [mo'lekjulə] moléculaire; **mol·e·cule** *phys.* ['mɔlikju:l] molécule *f*.
mole·hill ['moulhil] taupinière *f*; '**mole·skin** (peau *f* de) taupe *f*; ✝ velours *m* de coton.
mo·lest [mo'lest] rudoyer; ⚖ molester; **mo·les·ta·tion** [moules'teiʃn] molestation *f*; voies *f/pl.* de fait.
moll F [mɔl] catin *f*.
mol·li·fy ['mɔlifai] adoucir; apaiser.
mol·lusc *zo.* ['mɔləsk] mollusque *m*;
mol·lus·cous [mɔ'lʌskəs] de(s) mollusque(s); *fig.* mollasse.

mol·ly·cod·dle [ˈmɔlikɔdl] **1.** douillet *m*; petit chéri *m* à sa maman; **2.** dorloter.
mol·ten [ˈmoultən] en fusion; fondu.
mom *Am.* F [mɔm] maman *f*; *~-and-pop store* épicerie *f* du coin.
mo·ment [ˈmoumənt] moment *m*; instant *m*; *see momentum*; *at* (*ou for*) *the ~* pour le moment; en ce moment; *of ~* important; **ˈmo·men·tar·y** □ momentané, passager (-ère *f*); **ˈmo·ment·ly** *adv.* d'un moment à l'autre; momentanément; **mo·men·tous** □ [~ˈmentəs] important; grave; **moˈmen·tum** *phys.* [~təm] force *f* vive; vitesse *f* acquise.
mon·a·chism [ˈmɔnekizm] monachisme *m*.
mon·arch [ˈmɔnək] monarque *m*; **mo·nar·chic, mo·nar·chi·cal** □ [mɔˈnɑːkik(l)] monarchique; **mon·arch·y** [ˈmɔnəki] monarchie *f*.
mon·as·ter·y [ˈmɔnəstri] monastère *m*; **mo·nas·tic, mo·nas·ti·cal** □ [mɔˈnæstik(l)] monastique; monacal (-aux *m/pl.*).
Mon·day [ˈmʌndi] lundi *m*.
mon·e·tar·y [ˈmʌnitəri] monétaire.
mon·ey [ˈmʌni] argent *m*; monnaie *f*; *~ matters pl.* affaires *f/pl.* financières; *ready ~* argent *m* comptant; F *out of ~* à sec; *keep s.o. out of his ~* frustrer q. de son argent; *make ~* faire de l'argent; **ˈ~-box** caisse *f*, cassette *f*; **ˈ~-chang·er** changeur *m*, cambiste *m*; **mon·eyed** [ˈmʌnid] riche; qui a de l'argent.
mon·ey...: **ˈ~-grub·ber** grippe-sou (*pl.* grippe-sou[s]) *m*; **ˈ~-of·fice** caisse *f*; **ˈ~-ˈor·der** mandat-poste (*pl.* mandats-poste) *m*; **ˈ~'s-worth**: *get one's ~* en avoir pour son argent.
mon·ger [ˈmʌŋgə] marchand(e *f*) *m* (de).
Mon·gol [ˈmɔŋgɔl], **Mon·go·lian** [~ˈgouljən] **1.** mongol; mongolique; ⚕ idiot; **2.** Mongol(e *f*) *m*.
mon·grel [ˈmʌŋgrəl] **1.** métis(se *f*) *m*; bâtard(e *f*) *m*; **2.** métis(se *f*).
mo·ni·tion [moˈniʃn] avertissement *m*; **mon·i·tor** [ˈmɔnitə] moniteur (-trice *f*) *m*; ⚓ monitor *m*; *radio*: contrôleur *m* d'enregistrement; *télév.* moniteur *m*, écran *m* de contrôle; **ˈmon·i·tor·ing** monitoring *m*; service *m* d'écoute; **ˈmon·i·to·ry** d'avertissement, d'admonition; monitoire.
monk [mʌŋk] moine *m*, religieux *m*; **ˈmonk·er·y** *usu. péj.* moinerie *f*.
mon·key [ˈmʌŋki] **1.** singe *m*; *fig.* polisson *m*, espiègle *mf*; ⊕ mouton *m*; *sl. monnaie*: cinq cents livres *f/pl.* ou *Am.* dollars *m/pl.*; *sl. ~'s allowance* plus de coups que de pain; F *put s.o.'s ~ up* mettre q. en colère; F *~ business*, *~ tricks pl.* affaire *f* peu loyale; procédé *m* irrégulier; fumisterie *f*; **2.** F faire des tours de singe; *~ about with* tripoter (*qch.*); **ˈ~-en·gine** ⊕ (*sorte de*) sonnette *f* (à mouton); **ˈ~-puz·zle** araucaria *m*; **ˈ~-wrench** ⊕ clé *f* anglaise; *Am. sl. throw a ~ in s.th.* saboter une affaire.
monk·hood [ˈmʌŋkhud] monachisme *m*; moinerie *f*; **ˈmonk·ish** *usu. péj.* de moine, monacal (-aux *m/pl.*).
mon·o F [ˈmɔnou] **1.** mono(phonique); **2.** (*in ~* en) monophonie *f*; F disque *m* mono.
mono- [mɔno] mon(o)-; **mon·o·cle** [ˈmɔnɔkl] monocle *m*; **moˈnoc·u·lar** [~kjulə] monoculaire; **moˈnog·a·my** [~gəmi] monogamie *f*; **mon·o·gram** [ˈmɔnəgræm] monogramme *m*; **mon·o·graph** [ˈ~grɑːf] monographie *f*; **mon·o·lith** [ˈmɔnoliθ] monolithe *m*; **mon·o·lith·ic** monolithe; *a. fig.* monolithique; gigantesque; **mon·o·logue** [ˈmɔnəlɔg] monologue *m*; **mon·o·ma·ni·a** [ˈmɔnoˈmeinjə] monomanie *f*; **mon·oˈma·ni·ac** [~niæk] monomane *mf*; **mon·o·plane** ✈ [ˈmɔnəplein] monoplan *m*; **mo·nop·o·list** [məˈnɔpəlist] accapareur (-euse *f*)*m*; **moˈnop·o·lize** [~laiz] monopoliser; *fig.* s'emparer de; **moˈnop·o·ly** monopole *m* (de, *of*); **mon·o·syl·lab·ic** [ˈmɔnəsiˈlæbik] (*~ally*) monosyllabe, monosyllabique; **mon·o·syl·la·ble** [ˈ~ləbl] monosyllabe *m*; **mon·o·the·ism** [ˈmɔnoθiːizm] monothéisme *m*; **mon·o·tone** [ˈmɔnətoun] **1.** débit *m* monotone; *in ~* d'une voix uniforme ou monotone; **2.** chanter sur le même ton; **mo·not·o·nous** □ [məˈnɔtənəs] monotone; *fig.* fastidieux (-euse *f*); **moˈnot·o·ny** [~təni] monotonie *f*; **mon·o·type** *typ.* [ˈmɔnətaip] monotype *f*.
mon·soon [mɔnˈsuːn] mousson *f*.
mon·ster [ˈmɔnstə] **1.** monstre *m* (*a. fig.*); monstruosité *f*; avorton *m*; F

géant(e *f*) *m*; **2.** F monstre; colossal (-aux *m/pl.*).
mon·strance *eccl.* [ˈmɔnstrəns] ostensoir *m*.
mon·stros·i·ty [mɔnsˈtrɔsiti] monstruosité *f*; **ˈmon·strous** □ monstrueux (-euse *f*); colossal (-aux *m/pl.*).
mon·tage *cin.*, *phot.* [mɔnˈtɑːʒ] montage *m*.
month [mʌnθ] mois *m*; **ˈmonth·ly** **1.** mensuel(le *f*); ~ *season ticket* (carte *f* d')abonnement *m* (*valable pour un mois*); **2.** revue *f* mensuelle.
mon·u·ment [ˈmɔnjumənt] monument *m*; pierre *f* tombale; **mon·u·men·tal** □ [~ˈmentl] monumental (-aux *m/pl.*); F colossal (-aux *m/pl.*), prodigieux (-euse *f*).
moo [muː] **1.** meuglement *m*, beuglement *m*; **2.** meugler, beugler.
mooch F [muːtʃ]: *v/i.* ~ *about* flâner; ~ *along* traîner.
mood[1] *gramm.*, *a.* ♪ [muːd] mode *m*.
mood[2] [~] humeur *f*, disposition *f*.
mood·i·ness [ˈmuːdinis] morosité *f*; humeur *f* changeante; **ˈmood·y** □ maussade; mal luné.
moon [muːn] **1.** lune *f*; *poét.* mois *m*; F *once in a blue* ~ tous les trente-six du mois; F *be over the* ~ être aux anges; *cry for the* ~ demander la lune; *promise s.o. the* ~ promettre la lune *ou* monts et merveilles à q.; **2.** (*usu.* ~ *about*) F muser; **ˈmoon·less** sans lune; **ˈmoon·light** clair *m* de lune; clarté *f* de la lune; **ˈmoon·light·ing** travail *m* noir; **ˈmoon·lit** éclairé par la lune.
moon...: **ˈ~·shine** clair *m* de lune; F balivernes *f/pl.*; alcool *m* de contrebande; **ˈ~·shin·er** *Am.* F contrebandier *m* de boissons alcooliques; bouilleur *m* de contrebande; **ˈ~·struck** halluciné; F hébété; **moon·y** □ de *ou* dans la lune; F rêveur (-euse *f*); vague.
Moor[1] [muə] Maure *m*, Mauresque *f*.
moor[2] [~] lande *f*, bruyère *f*; † *ou prov.* terrain *m* marécageux.
moor[3] ⚓ [~] (s')amarrer; **moor·age** [ˈmuəridʒ] amarrage *m*, mouillage *m*.
moor-game [ˈmuəgeim] lagopède *m* rouge d'Écosse.
moor·ing-mast [ˈmuəriŋmɑːst] mât *m* d'amarrage.
moor·ings ⚓ [ˈmuəriŋz] *pl.* amarres *f/pl.*; corps-morts *m/pl.*
Moor·ish [ˈmuəriʃ] mauresque.
moose *zo.* [muːs] (*a.* ~-*deer*) élan *m*, orignal *m*.
moot [muːt] **1.** *hist.* assemblée *f* du peuple; **2.** ~ *case* (*ou point*) point *m* litigieux; **3.** soulever (*une question*).
mop [mɔp] **1.** balai *m* à franges; *cheveux*: tignasse *f*; **2.** essuyer, (*a.* ~*up*) éponger (*de l'eau*); engloutir (*les bénéfices*); ⚔ F nettoyer; *sl.* aplatir (*q.*).
mope [moup] **1.** *fig.* cafardeux (-euse *f*) *m*; ~*s pl.* idées *f/pl.* noires; F cafard *m*; **2.** *v/i.* voir tout en noir, s'ennuyer; *v/t.* ~ *o.s.*, *be* ~*d* languir.
mo·ped [ˈmouped] cyclomoteur *m*, mobylette *f* (*TM*).
mop·ing □ [ˈmoupiŋ], **ˈmop·ish** □ morose, mélancolique, triste.
mo·raine *géol.* [mɔˈrein] moraine *f*.
mor·al [ˈmɔrəl] **1.** □ moral (-aux *m/pl.*); conforme aux bonnes mœurs; **2.** morale *f*; moralité *f* (*d'un conte*); ~*s pl.* mœurs *f/pl.*; conduite *f*; **mo·rale** [mɔˈrɑːl] *usu.* ⚔ moral *m*; **mor·al·ist** [ˈmɔrəlist] moraliste *mf*; **mo·ral·i·ty** [məˈræliti] moralité *f*; sens *m* moral; probité *f*; bonnes mœurs *f/pl.*; *péj.* sermon *m*; *théâ. hist.* moralité *f*;
mor·al·ize [ˈmɔrəlaiz] *v/i.* faire de la morale (sur, [*up*]*on*); *v/t.* moraliser (*q.*); indiquer la morale de.
mo·rass [məˈræs] marais *m*, marécage *m*; *fig.* bourbier *m*.
mor·bid □ [ˈmɔːbid] morbide; malsain; **morˈbid·i·ty**, **ˈmor·bid·ness** morbidité *f*; état *m* maladif.
mor·dant [ˈmɔːdənt] **1.** mordant; **2.** mordant *m*.
more [mɔː] **1.** *adj.* plus (de); **2.** *adv.* plus, davantage; *once* ~ encore une fois; de nouveau; *two* ~ deux de plus; *so much* (*ou all*) *the* ~ d'autant plus; à plus forte raison; *no* ~ ne ... plus; ~ *and* ~ de plus en plus; **3.** *su.* plus *m*.
mo·rel ⚘ [mɔˈrel] morelle *f*.
more·o·ver [mɔːˈrouvə] d'ailleurs, du reste.
Mo·resque [mɔˈresk] **1.** mauresque; **2.** Mauresque *f*; arabesque *f*.
mor·ga·nat·ic [mɔːgəˈnætik] (~*ally*) morganatique.
morgue [mɔːg] morgue *f*; dépôt *m* mortuaire.

mor·i·bund [ˈmɔribʌnd] moribond.
Mor·mon [ˈmɔːmən] mormon(e *f*) *m*.
morn *poét.* [mɔːn] matin *m*.
morn·ing [ˈmɔːniŋ] **1.** matin *m*; matinée *f*; *in the* ~ le matin; du matin; *tomorrow* ~ demain matin; **2.** du matin; matinal (-aux *m/pl.*); ~ *coat* jaquette *f*; ~ *dress* tenue *f* de ville; *femmes*: négligé *m*; ~ *performance* matinée *f*.
Mo·roc·can [məˈrɔkən] marocain.
mo·roc·co [məˈrɔkou] (*ou* ~ *leather*) maroquin *m*.
mo·ron [ˈmɔːrɔn] faible *mf* d'esprit; F idiot(e *f*) *m*.
mo·rose □ [məˈrous] morose, chagrin; **moˈrose·ness** morosité *f*.
mor·phi·a [ˈmɔːfjə], **mor·phine** [ˈmɔːfiːn] morphine *f*.
mor·pho·log·i·cal [mɔːfəˈlɔdʒikl] morphologique.
mor·row [ˈmɔrou] *usu. poét.* lendemain *m*; *good* ~! bonjour!
mor·sel [ˈmɔːsəl] (petit) morceau *m*; *terre*: lopin *m*.
mor·tal [ˈmɔːtl] **1.** *adj.* □ mortel(le *f*); *fig.* funeste, fatal (-s *m/pl.*); à outrance (*combat*); **2.** *adv.* F très; **3.** *su.* mortel(le *f*) *m*, être *m* humain; **mor·tal·i·ty** [mɔːˈtæliti] mortalité *f*; les mortels *m/pl.*
mor·tar [ˈmɔːtə] mortier *m* (*a.* ⚔); enduit *m*.
mort·gage [ˈmɔːgidʒ] **1.** hypothèque *f*; (*a.* ~*-deed*) contrat *m* hypothécaire; **2.** hypothéquer; **mort·ga·gee** [~gəˈdʒiː] créancier *m* hypothécaire; **mort·ga·gor** [~ˈdʒɔː] débiteur *m* hypothécaire.
mor·tice [ˈmɔːtis] *see mortise*.
mor·ti·cian *Am.* [mɔːˈtiʃn] entrepreneur *m* de pompes funèbres.
mor·ti·fi·ca·tion [mɔːtifiˈkeiʃn] ⚕ mortification *f*; gangrène *f*; déconvenue *f*, mortification *f*; humiliation *f*; **mor·ti·fy** [ˈ~fai] *v/t.* mortifier; humilier; ⚕ gangrener; *v/i.* se gangrener.
mor·tise ⊕ [ˈmɔːtis] **1.** mortaise *f*; serrure *f* encastrée; **2.** mortaiser.
mort·main ⚖ [ˈmɔːtmein] mainmorte *f*.
mor·tu·ar·y [ˈmɔːtjuəri] **1.** mortuaire; **2.** dépôt *m* mortuaire; morgue *f*.
mo·sa·ic[1] [məˈzeiik] mosaïque *f*.
Mo·sa·ic[2] [~] mosaïque, de Moïse.
mo·selle [məˈzel] vin *m* de Moselle, moselle *m*.
Mos·lem [ˈmɔzlem] musulman (*a. su.*); mahométan (*a. su.*).
mosque [mɔsk] mosquée *f*.
mos·qui·to *zo.* [məsˈkiːtou], *pl.* **-toes** [~touz] moustique *m*.
moss [mɔs] ⚘ mousse *f*; tourbière *f*; **ˈmoss·y** moussu.
most [moust] **1.** *adj.* □ le plus de; la plupart de; *for the* ~ *part* pour la plupart; **2.** *adv.* le plus; surtout; très, fort, bien; **3.** *su.* le plus; la plupart d'entre eux (elles); *at* (*the*) ~ tout au plus; *make the* ~ *of* tirer le meilleur parti possible de; faire valoir.
most·ly [ˈmoustli] pour la plupart; le plus souvent.
mote [mout] atome *m* de poussière; *bibl.* paille *f*.
mo·tel [ˈmoutel] motel *m*.
mo·tet ♪ [mouˈtet] motet *m*.
moth [mɔθ] mite *f*, teigne *f* des draps; papillon *m* de nuit; **ˈ~-eat·en** rongé des mites.
moth·er [ˈmʌðə] **1.** mère *f*; ♀'s *Day* la fête des Mères; **2.** servir de mère à; *fig.* dorloter; **moth·er·hood** [ˈ~hud] maternité *f*; **ˈmoth·er-in-law** belle-mère (*pl.* belles-mères) *f*; **ˈmoth·er·less** sans mère; **ˈmoth·er·li·ness** affection *f* maternelle; **ˈmoth·er·ly** maternel(le *f*).
moth·er...: ~ **of pearl** nacre *f*; **ˈ~-of-pearl** en *ou* de nacre; **ˈ~-ship** *Brit.* ravitailleur *m*; navire-atelier (*pl.* navires-ateliers) *m*; **ˈ~-tongue** langue *f* maternelle.
moth·y [ˈmɔθi] mité.
mo·tif [mouˈtiːf] motif *m*.
mo·tion [ˈmouʃn] **1.** mouvement *m*, marche *f* (*a.* ⊕); signe *m*; *parl.* proposition *f*, motion *f*; ⚕ selle *f*; *parl. bring forward* (*agree upon*) *a* ~ présenter (adopter) une motion; *set in* ~ mettre en train; **2.** *v/t.* faire signe à (*q.*) (de *inf.*, *to inf.*); *v/i.* faire un signe *ou* geste; **ˈmo·tion·less** immobile; **ˈmo·tion-pic·ture** *Am.* film *m*; ~*s pl.* films *m/pl.*; projection *f* animée; *attr.* ciné...
mo·ti·vate [ˈmoutiveit] motiver; **mo·tiˈva·tion** motivation *f*.
mo·tive [ˈmoutiv] **1.** moteur (-trice *f*); **2.** motif *m*; mobile *m*; **3.** motiver; **ˈmo·tive·less** immotivé.

mo·tiv·i·ty [mo'tiviti] motilité *f*.
mot·ley ['mɔtli] bariolé; bigarré.
mo·tor ['moutə] **1.** moteur *m*; mécanisme *m*; *see* ~*-car*; **2.** moteur (-trice *f*); à *ou* par moteur; d'automobile; ~ *ambulance* auto-ambulance *f*; *Am.* ~ *court see* ~ *park*; ~ *goggles pl.* lunettes *f/pl.* d'automobiliste; ~ *mechanic* (*ou fitter*) mécanicien *m* automobiliste; ~ *park Am. usu.* stationnement *m*; garage *m* pour autos; ~ *school* auto-école *f*; **3.** *v/i.* voyager *ou* aller en auto; *v/t.* conduire (*q.*) en auto; ~ **bi·cy·cle** motocyclette *f*; '~'**boat** canot *m* automobile; vedette *f* à moteur; '~-'**bus** autobus *m*; ~ **cab** autotaxi *m*; '~**·cade** *Am.* ['~keid] défilé *m* d'automobiles; '~**-car** auto(mobile) *f*; voiture *f*; ~ **cy·cle** motocyclette *f*; ~ **cy·clist** motocycliste *mf*; **mo·to·ri·al** [mo'tɔːriəl] moteur (-trice *f*); **mo·tor·ing** ['moutəriŋ] automobilisme *m*; tourisme *m* en auto; '**mo·tor·ist** automobiliste *mf*; **mo·tor·i·za·tion** [~rai'zeiʃn] motorisation *f*; '**mo·tor·ize** motoriser; '**mo·tor-launch** vedette *f*; bateau *m* automobile; '**mo·tor·less** sans moteur.
mo·tor...: '~-'**lor·ry** (auto-)camion *m*; '~**-man** *Am.* wattman (*pl.* -men) *m*; '~**-plough** charrue *f* automobile; '~**-pool** autos *f/pl.* communes; '~**-road** autostrade *f*; ~ **scoot·er** scooter *m*; '~**·truck** *Am.* (auto-)camion *m*; '~**·way** autoroute *f*.
mot·tled ['mɔtld] marbré; pommelé; madré (*bois*, *savon*).
mot·to ['mɔtou], *pl.* **-toes** ['~touz] devise *f*; ▨ mot *m*.
mo(u)ld[1] [mould] terre *f* végétale; terreau *m*.
mo(u)ld[2] [~] **1.** moule *m* (*a. fig.*); *typ.* matrice *f*; *cuis.* crème *f* renversée; ⚠ moulure *f*; **2.** mouler, façonner (sur, [*up*]*on*); pétrir (*le pain*).
mo(u)ld·er[1] ['mouldə] mouleur *m*; façonneur *m*.
mo(u)ld·er[2] [~] s'effriter; (*a.* ~ *away*) tomber en poussière.
mo(u)ld·i·ness ['mouldinis] (état *m*) moisi *m*.
mo(u)ld·ing ['mouldiŋ] moulage *m*; moulure *f*; Ⅎ formation *f*; ⚠ *square* ~ baguette *f*; *plain* ~ bandeau *m*; *grooved* ~ moulure *f* à gorge; *attr.* de mouleur; à moulurer *etc.*
mo(u)ld·y ['mouldi] moisi; chanci (*pain*, *confiture*).
moult [moult] **1.** mue *f*; **2.** *v/i.* muer; *vt/i. fig.* perdre (ses cheveux).
mound [maund] tertre *m*; monceau *m*, tas *m*.
mount [maunt] **1.** montagne *f*; *poét.*, *a. géog.* mont *m*; (carton *m* de) montage *m*; monture *f* (= *cheval*); ⊕ *machine*: armement *m*; **2.** *v/i.* monter; monter à cheval, se mettre en selle; s'élever (à, *to*); (*usu.* ~ *up*) augmenter; *v/t.* monter sur (*un banc*, *un cheval*); monter, gravir (*une colline etc.*); ⚔ affûter (*une pièce*); ⊕ installer; entoiler, coller (*un tableau*); monter (*un bijou*); *théâ.* mettre à la scène; *see guard* 1.
moun·tain ['mauntin] **1.** montagne *f*; *make a* ~ *out of a molehill* (se) faire d'une mouche un éléphant; **2.** des montagnes; montagneux (-euse *f*);
moun·tain·eer [~'niə] montagnard(e *f*) *m*; alpiniste *mf*; **moun·tain'eer·ing** **1.** alpinisme *m*; **2.** alpin; '**moun·tain·ous** montagneux (-euse *f*); **moun·tain rail·way** chemin *m* de fer de montagne; **moun·tain range** chaîne *f* de montagnes; **moun·tain sick·ness** mal *m* des montagnes.
moun·te·bank ['mauntibæŋk] saltimbanque *m*; *fig.* charlatan *m*.
mount·ing ⊕ ['mauntiŋ] montage *m*; entoilage *m*.
mourn [mɔːn] (se) lamenter; *v/i.* porter le deuil; *v/t.* (*ou* ~ *for*, *over*) pleurer (*q.*), déplorer (*qch.*); '**mourn·er** affligé(e *f*) *m*; **mourn·ful** □ ['~ful] lugubre; mélancolique; '**mourn·ful·ness** aspect *m* lugubre; air *m* désolé; tristesse *f*.
mourn·ing ['mɔːniŋ] **1.** □ de deuil; en deuil; qui pleure; **2.** deuil *m*, affliction *f*; '~**-bor·der**, '~**-edge** bordure *f* noire; '~**-pa·per** papier *m* deuil.
mouse **1.** [maus] (*pl. mice*) souris *f*; **2.** [mauz] chasser les souris.
mous·tache [məs'tɑːʃ] moustache *f*, -s *f/pl.*
mous·y ['mausi] gris souris; de souris; effacé, timide (*personne*); *péj.* peu distingué.
mouth [mauθ] **1.** *pl.* **mouths** [mauðz] bouche *f*; *chien*, *four*, *sac*:

gueule *f*; *fleuve*, *clarinette*: embouchure *f*; *bouteille*: goulot *m*; *port*, *tunnel*, *trou*: entrée *f*; *entonnoir*: pavillon *m*; *fig.* grimace *f*; *by word of* ~ de vive voix; *down in the* ~ déprimé; *keep one's* ~ *shut* ne pas souffler mot, rester bouche cousue; *shut your* ~!, *keep your* ~ *shut!* ferme ta bouche!, F la ferme!; *stop s.o.'s* ~ faire taire q.; fermer la bouche à q.; **2.** [mauð] *vt/i.* déclamer (des phrases); *v/i.* faire des grimaces; **mouthed** [mauðd] embouché (*cheval*); *clean-*~ au langage honnête; **mouth·ful** [ˈ~ful] bouchée *f*; F mot *m* long d'une aune.

mouth...: ˈ**~-or·gan** harmonica *m*; ˈ**~·piece** ♪ bec *m*, embouchure *f*; *porte-voix*: embout *m*; *fig.* porte-parole *m/inv.*; ˈ**~-wash** (eau *f*) dentifrice *m*; ˈ**~-wa·ter·ing** qui fait venir l'eau à la bouche, appétissant.

move [mu:v] **1.** *v/t.* déplacer (*qch.*); bouger (*qch.*); remuer (*la tête etc.*); émouvoir (*q.*); toucher (*q.*); exciter (*la pitié*); faire changer d'avis à (*q.*); proposer (*une motion*); mouvoir; ~ *on* faire circuler; *v/i.* se déplacer, se mouvoir; circuler; faire un mouvement, bouger; s'avancer; déménager; marcher (*échecs*); ~ *for s.th.* demander qch.; ~ *in* entrer; emménager; ~ *on* avancer, continuer son chemin; **2.** mouvement *m*; déménagement *m*; *échecs*: coup *m*; *fig.* démarche *f*, pas *m*; *on the* ~ en marche; F *get a* ~ *on* se dépêcher, se presser; *make a* ~ faire un mouvement (*vers qch.*); F partir, prendre congé; **mov(e)·a·ble** [ˈmu:vəbl] **1.** mobile; **2.** ~*s pl.* mobilier *m*; biens *m/pl.* mobiliers; ˈ**mov(e)·a·ble·ness** mobilité *f*; ˈ**move·ment** mouvement *m* (*a.* ♪); geste *m*; ⊕ mécanisme *m*; ⚕ selle *f*; ˈ**mov·er** moteur *m*; mobile *m*; inspirateur (-trice *f*) *m*; auteur *m*.

mov·ie F [ˈmu:vi] **1.** de ciné(ma); de vues; **2.** ~*s pl.* ciné(ma) *m*; films *m/pl.*; ˈ**~·go·er** amateur *m* de cinéma, cinéphile *mf*.

mov·ing □ [ˈmu:viŋ] en mouvement; en marche; mobile; moteur (-trice *f*); *fig.* émouvant; ~*-band production* travail *m* à la chaîne; ~ *pictures pl. see motion-pictures*; ~ *staircase* escalier *m* roulant.

mow[1] [mau] meule *f* (*de foin*); tas *m* (*de blé*) (*en grange*).

mow[2] [mou] [*irr.*] faucher; ˈ**mow·er** faucheur (-euse *f*) *m*; tondeuse *f* (*de gazon*); ˈ**mow·ing** fauchage *m*; *gazon*: tondaison *f*; fauchée *f*; ˈ**mow·ing-ma·chine** faucheuse *f*; *gazon*: tondeuse *f*; **mown** *p.p. de mow*[2].

much [mʌtʃ] **1.** *adj.* beaucoup de, bien du (*etc.*); **2.** *adv.* beaucoup, bien, fort; *as* ~ *more* (*ou again*) encore autant; *as* ~ *as* autant que; *not so* ~ *as* ne ... pas (au)tant que; ne ... pas même; *nothing* ~ peu de chose; F pas fameux; ~ *less* moins encore; bien moins; ~ *as I would like* pour autant que je désire *ou* veuille; *I thought as* ~ je m'y attendais; *make* ~ *of* faire grand cas de; *I am not* ~ *of a dancer* F je ne suis pas fameux comme danseur; ˈ**much·ness** F grandeur *f*; *much of a* ~ c'est bonnet blanc et blanc bonnet.

mu·ci·lage [ˈmju:silidʒ] mucilage *m*; *surt. Am.* colle *f*, gomme *f*; **mu·ci·lag·i·nous** [~ˈlædʒinəs] mucilagineux (-euse *f*).

muck *sl.* [mʌk] **1.** fange *f*; fumier *m*; saletés *f/pl.* (*a. fig.*); **2.** souiller; (*usu.* ~ *up*) F gâcher; ˈ**muck·er** *sl.* culbute *f*; *come* (*ou go*) *a* ~ faire la culbute; **muck-rake** [ˈ~reik] râteau *m* à fumier; racloir *m* à boue; ˈ**muck·rake** *Am.* déterrer des scandales; ˈ**muck·rak·er** *Am.* déterreur *m* de scandales; ˈ**muck·y** sale, crotté.

mu·cous ⚕ [ˈmju:kəs] muqueux (-euse *f*); ~ *membrane* ⚕ muqueuse *f*.

mu·cus [~] mucus *m*, glaire *f*.

mud [mʌd] boue *f*, bourbe *f*; *fleuve*: vase *f*; ˈ**mud·di·ness** saleté *f*; *liquide*: turbidité *f*; **mud·dle** [ˈmʌdl] **1.** *v/t.* brouiller; emmêler; (*a.* ~ *up, together*) embrouiller; *v/i.* s'embrouiller; F lambiner; **2.** confusion *f*, embrouillement *m*; F pagaille *f*; *get into a* ~ s'embrouiller; ˈ**mud·dle-head·ed** à l'esprit confus; brouillon(ne *f*); ˈ**mud·dy** **1.** □ boueux (-euse *f*); fangeux (-euse *f*); vaseux (-euse *f*) (*fleuve*); trouble (*liquide*); brouillé (*teint*); **2.** crotter; troubler; (em)brouiller (*l'esprit*).

mud...: **ˈ~-guard** garde-boue *m/inv.*; pare-boue *m/inv.*; **ˈ~·lark** F gamin *m* des rues; **ˈ~·sling·er** F médisant(e *f*) *m*, calomniateur (-trice *f*) *m*; **ˈ~-sling·ing** F médisance *f*; calomnies *f/pl.*

muff[1] [mʌf] **1.** F empoté *m*; *sl.* andouille *f*; *sp.* coup *m* raté; **2.** F rater, manquer.

muff[2] [~] manchon *m*; **muf·fe·tee** [mʌfiˈtiː] miton *m*.

muf·fin [ˈmʌfin] *petit pain mollet qui se mange beurré à l'heure du thé*; **muf·fin·eer** [~ˈniə] saupoudroir *m*.

muf·fle [ˈmʌfl] **1.** ⊕ moufle *m*; **2.** (*souv.* ~ *up*) (s')emmitoufler; amortir (*un son*); assourdir (*les avirons, un tambour*); *tapis*: étouffer (*le bruit*); **ˈmuf·fler** cache-nez *m/inv.*; F moufle *f*; ♪ étouffoir *m*; *mot.* pot *m* d'échappement, silencieux *m*.

muf·ti [ˈmʌfti] costume *m* de ville; *in* ~ en civil.

mug [mʌg] **1.** chope *f*, pot *m*; *sl.* binette *f* (= *visage*); *sl.* nigaud *m*, dupe *f*; **2.** agresser; **ˈmug·ger** agresseur *m*; **ˈmug·ging** (vol *m* avec) agression *f*.

mug·gy [ˈmʌgi] chaud et humide, lourd.

mug·wump *Am. iro.* [ˈmʌgwʌmp] personnage *m* important, gros bonnet *m*; *pol.* indépendant *m*; *sl.* rouspéteur *m*.

mu·lat·to [mjuˈlætou] mulâtre(sse *f*) *m*.

mul·ber·ry [ˈmʌlbəri] mûre *f*; *arbre*: mûrier *m*.

mulct [mʌlkt] **1.** amende *f*; **2.** frapper d'une amende; imposer une amende (de, *in*); priver (de, *of*).

mule [mjuːl] mulet *m*, mule *f*; métis(se *f*) *m*; (*a.* ~*-jenny*) mule-jenny *f*; **mu·le·teer** [~liˈtiə] muletier *m*; **ˈmule-track** piste *f* muletière.

mul·ish □ [ˈmjuːliʃ] de mulet; *fig.* [têtu, entêté.]

mull[1] ✝ [mʌl] mousseline *f*.

mull[2] F [~] **1.** F bousiller; rater; *Am.* ~ *over* ruminer; **2.** gâchis *m*; *make a* ~ *of* gâcher, F bousiller.

mulled [mʌld] chaud (et) épicé (*bière, vin*).

mul·le(i)n ⚘ [ˈmʌlin] molène *f*.

mul·let *icht.* [ˈmʌlit] muge *m*; *grey* ~ mulet *m*; *red* ~ rouget *m*.

mul·li·gan *Am.* F [ˈmʌligən] ratatouille *f*; **mul·li·ga·taw·ny** [mʌligəˈtɔːni] potage *m* au curry.

mul·li·grubs *sl.* [ˈmʌligrʌbz] *pl.* cafard *m*; colique *f*.

mul·lion ⚠ [ˈmʌljən] meneau *m*; **ˈmul·lioned** à meneau(x).

mul·ti·far·i·ous □ [mʌltiˈfɛəriəs] varié; multiple; **mul·ti·form** [ˈ~-fɔːm] multiforme; **mul·ti·lat·er·al** □ [~ˈlætərəl] multilatéral (-aux *m/pl.*); complexe; **mul·ti-mil·lion·aire** [ˈ~miljəˈnɛə] milliardaire *mf*; **mul·ti·na·tion·al** [ˈ~ˈnæʃənl] multinationale *f*; **mul·ti·ple** [ˈmʌltipl] **1.** multiple; ~ *firm* maison *f* à succursales multiples; ~ *shop* succursale *f*; ⚡ ~ *switchboard* commutateur *m* (multiple); **2.** multiple *m*; **mul·ti·plex** [ˈ~pleks] multiplex; **mul·ti·pli·cand** ⅋ [~ˈkænd] multiplicande *m*; **mul·ti·pli'ca·tion** multiplication *f*; *compound* (*simple*) ~ multiplication *f* de nombres complexes (de chiffres); ~ *table* table *f* de multiplication; **mul·ti·plic·i·ty** [~ˈplisiti] multiplicité *f*; **mul·ti·pli·er** [ˈ~plaiə] multiplicateur *m*; **mul·ti·pur·pose** [ˈ~ˈpəːpəs] universel(le *f*), à usages multiples, multi-usages *inv.*; **mul·ti·ply** [ˈ~plai] (se) multiplier; **mul·ti·ra·cial** [ˈ~ˈreiʃəl] multiracial; **mul·ti·tude** [ˈ~tjuːd] multitude *f*; foule *f*; multiplicité *f*; **mul·ti'tu·di·nous** [~dinəs] □ innombrable; de toutes sortes.

mum[1] [mʌm] **1.** silencieux (-euse *f*); **2.** chut!; **3.** mimer.

mum[2] F [~] maman *f*.

mum·ble [ˈmʌmbl] *v/t.* marmotter; *v/i.* manger ses mots.

mum·mer *péj.* [ˈmʌmə] cabotin(e *f*) *m*; **ˈmum·mer·y** *péj.* momerie *f*; † pantomime *f*.

mum·mied [ˈmʌmid] momifié.

mum·mi·fi·ca·tion [mʌmifiˈkeiʃn] momification *f*; **mum·mi·fy** [ˈ~fai] momifier.

mum·my[1] [ˈmʌmi] momie *f*; F *beat to a* ~ battre (*q.*) comme plâtre.

mum·my[2] F [~] maman *f*.

mump [mʌmp] mendier; **ˈmump·ish** maussade; **mumps** [mʌmps] *sg.* ⚕ oreillons *m/pl.*; parotidite *f* épidémique.

munch [mʌntʃ] mâcher, mâchonner.

mun·dane □ [ˈmʌndein] mondain; terrestre.

mu·nic·i·pal □ [mjuː'nisipl] municipal (-aux *m/pl.*); de (la) ville; interne (*droit*); **mu·nic·i·pal·i·ty** [~'pæliti] municipalité *f*; administration *f* municipale; **mu'nic·i·pal·ize** [~pəlaiz] municipaliser.
mu·nif·i·cence [mjuː'nifisns] munificence *f*; **mu'nif·i·cent** □ munificent, généreux (-euse *f*).
mu·ni·ments ['mjuːnimənts] *pl.* titres *m/pl.*; chartes *f/pl.*
mu·ni·tion [mjuː'niʃn] **1.** de munitions de guerre; **2.** ~*s pl.* munitions *f/pl.*; armements *m/pl.*
mu·ral ['mjuərəl] **1.** mural (-aux *m/pl.*); **2.** peinture *f* murale.
mur·der ['məːdə] **1.** assassinat *m*, meurtre *m*; F *fig. get away with (blue)* ~ pouvoir faire n'importe quoi impunément; **2.** assassiner; *fig.* massacrer; écorcher; **'mur·der·er** assassin *m*, meurtrier *m*; **'mur·der·ess** assassine *f*, meurtrière *f*; **'mur·der·ous** meurtrier (-ère *f*); *fig.* sanguinaire.
mure [mjuə] (*usu.* ~ *up*) murer.
mu·ri·at·ic ac·id ⚗ [mjuəri'ætik'æsid] acide *m* chlorhydrique.
murk·y □ ['məːki] ténébreux (-euse *f*); obscur.
mur·mur ['məːmə] **1.** murmure *m* (*a.* ⚕); bruissement *m*; **2.** murmurer (contre *at, against*); bruire (*ruisseau*); **'mur·mur·ous** □ murmurant.
mur·rain ['mʌrin] † peste *f*; *vét.* épizootie *f*.
mus·ca·dine ['mʌskədin], **mus·cat** ['~kət], **mus·ca·tel** [~'tel] muscat *m*.
mus·cle ['mʌsl] **1.** muscle *m*; **2.** *Am. sl.* ~ *in* s'immiscer dans (*usu. dans la spécialité d'un escroc*); **mus·cu·lar** ['mʌskjulə] musculaire; musculeux (-euse *f*), musclé (*personne*).
Muse[1] [mjuːz] Muse *f*.
muse[2] [~] méditer (sur, [*up*]*on*); **'mus·er** rêveur (-euse *f*) *m*; rêvasseur (-euse *f*) *m*.
mu·se·um [mju'ziəm] musée *m*.
mush *surt. Am.* [mʌʃ] bouillie *f* de farine de maïs; *fig.* sottises *f/pl.*
mush·room ['mʌʃrum] **1.** champignon *m*; *fig.* parvenu(e *f*) *m*; **2.** de champignons, à champignon, à tête de champignon; *fig.* parvenu; champignon *inv.* (*ville*); **3.** F (s')aplatir (*balle de fusil, cigarette, etc.*); *v/i.* faire champignon; se répandre (*flammes etc.*).
mu·sic ['mjuːzik] musique *f*, harmonie *f* (*a. fig.*); *set to* ~ mettre en musique; F *face the* ~ affronter la tempête; **'mu·si·cal 1.** □ musical (-aux *m/pl.*); musicien(ne *f*) (*personne*); *fig.* harmonieux (-euse *f*); ~ *box* boîte *f* à musique; ~ *clock* horloge *f etc.* à carillon; ~ *instrument* instrument *m* de musique; **2.** (*ou* ~ *comedy*) comédie *f* musicale.
mu·sic...: **'~-book** cahier *m* de musique; **'~-box** boîte *f* à musique; **'~-hall** music-hall *m*.
mu·si·cian [mju'ziʃn] musicien(ne *f*) *m*; **~·ship** sens *m* de la musique.
mu·si·col·o·gy [mjuːzi'kɔlədʒi] musicologie *f*.
mu·sic...: **'~-pa·per** papier *m* à *ou* de musique; **'~-stand** pupitre *m* à musique; **'~-stool** tabouret *m* de piano.
musk [mʌsk] musc *m* (*a.* ⚘); (*a.* ~*-deer*) *zo.* porte-musc *m/inv.*
mus·ket ['mʌskit] mousquet *m*; **mus·ket·eer** *hist.* [~'tiə] mousquetaire *m*; **'mus·ket·ry** ⚔ mousqueterie *f*; tir *m*; mousquets *m/pl.*
musk·y ['mʌski] musqué, de musc.
Mus·lim ['mʌzlim] *see Moslem.*
mus·lin ✝ ['mʌzlin] mousseline *f*.
mus·quash ['mʌskwɔʃ] *zo.* rat *m* musqué; ✝ castor *m* du Canada.
muss *surt. Am.* F [mʌs] **1.** désordre *m*; **2.** déranger; *fig.* confondre.
mus·sel ['mʌsl] moule *f*.
Mus·sul·man ['mʌslmən] musulman (*a. su.*).
must[1] [mʌst; məst] **1.** *v/aux.* (*défectif*): *I* ~ (*inf.*) je dois *etc.*, il faut que je (*sbj.*), il est nécessaire que je (*sbj.*); *I* ~ *not* (*inf.*) il ne faut pas que je (*sbj.*); **2.** impératif *m*; nécessité *f* absolue.
must[2] [~] moût *m*, vin *m* doux.
must[3] [~] moisi *m*; moisissure *f*.
mus·tache *Am.* [məs'tæʃ] *see moustache.*
mus·tard ['mʌstəd] moutarde *f*.
mus·ter ['mʌstə] **1.** ⚔ revue *f*; ⚓ appel *m*; rassemblement *m*; inspection *f*; ⚔ (*usu.* ~*-roll*) contrôles *m/pl.*; *fig.* assemblée *f*, réunion *f*; *pass* ~ être passable, passer; **2.** *v/t.* ⚔ passer en revue; ⚓ faire l'appel de; (*fig. usu.* ~ *up*) rassembler; ~ *in* compter; *v/i.* se rassembler.
mus·ti·ness ['mʌstinis] goût *m ou* odeur *f* de moisi; moisi *m*; relent *m*;

ˈmus·ty de moisi; *be* ~ sentir le renfermé.

mu·ta·bil·i·ty [mjuːtəˈbiliti] mutabilité *f*; inconstance *f*; **ˈmu·ta·ble** □ muable, variable; **muˈta·tion** mutation *f* (*a. gramm.*).

mute [mjuːt] **1.** □ muet(te *f*); **2.** muet(te *f*) *m*; *théâ.* personnage *m* muet; ♪ sourdine *f*; *gramm.* consonne *f* sourde; **3.** *surt.* ♪ assourdir.

mu·ti·late [ˈmjuːtileit] mutiler (*a. fig.*); **mu·tiˈla·tion** mutilation *f*.

mu·ti·neer [mjuːtiˈniə] révolté; **ˈmu·ti·nous** □ rebelle, mutin; **ˈmu·ti·ny 1.** révolte *f*; **2.** se révolter.

mutt *sl.* [mʌt] nigaud *m*.

mut·ter [ˈmʌtə] **1.** murmure *m*; **2.** marmotter; murmurer (contre, *against*).

mut·ton [ˈmʌtn] mouton *m*; *leg of* ~ gigot *m*; **ˈ~-ˈchop** côtelette *f* de mouton; ~*s pl.*, ~ *whiskers pl.* favoris *m/pl.* en côtelette.

mu·tu·al □ [ˈmjuːtjuəl] mutuel(le *f*), réciproque; commun; ~ *insurance company* (compagnie *f* d'assurance) mutuelle *f*; *Am.* ~ *fund* société *f* d'investissement; *by* ~ *consent* par consentement mutuel; **mu·tu·al·i·ty** [~ˈæliti] mutualité *f*, réciprocité *f*.

muz·zle [ˈmʌzl] **1.** *animal*: museau *m*; *chien*: muselière *f*; *arme à feu*: bouche *f*; **2.** museler (*a. fig.*); **ˈ~-load·er** ⚔ pièce *f* se chargeant par la bouche.

muz·zy □ [ˈmʌzi] estompé; confus (*idées*); brumeux (-euse *f*) (*temps*).

my [mai; *a.* mi] mon, ma, mes.

my·ope ⚕ [ˈmaioup] myope *mf*; **my·op·ic** [~ˈɔpik] (~*ally*) (de) myope; **my·o·pi·a** [~ˈoupjə], **my·o·py** [ˈ~əpi] myopie *f*.

myr·i·ad [ˈmiriəd] **1.** myriade *f*; **2.** innombrable.

myr·mi·don [ˈməːmidən] myrmidon *m*; F assassin *m* à gages; ~*s pl. of the law* sbires *m/pl.*

myrrh ⚘ [məː] myrrhe *f*.

myr·tle ⚘ [ˈməːtl] myrte *m*.

my·self [maiˈself] moi-même; *réfléchi*: me, *accentué*: moi.

mys·te·ri·ous □ [misˈtiəriəs] mystérieux (-euse *f*); *fig. a.* incompréhensible; **mysˈte·ri·ous·ness** mystère *m*; caractère *m* mystérieux.

mys·ter·y [ˈmistəri] mystère *m* (*a. eccl.*); *hist.* (*a.* ~-*play*) mystère *m*; *Am.* (*ou* ~ *story*) roman *m* policier; *mysteries pl.* arcanes *m/pl.*; **ˈ~-ship** piège *m* à sous-marin(s).

mys·tic [ˈmistik] **1.** (*a.* **ˈmys·ti·cal** □) mystique; ésotérique (*rite*); occulte; **2.** *eccl.* mystique *mf*; initié(e *f*) *m*; **mys·ti·cism** [ˈ~sizm] mysticisme *m*; **mys·ti·fi·ca·tion** [~fiˈkeiʃn] mystification *f*; embrouillement *m*; **mys·ti·fy** [ˈ~fai] mystifier; désorienter; *fig.* intriguer.

myth [miθ] mythe *m*; **myth·ic, myth·i·cal** □ [ˈ~ik(l)] mythique.

myth·o·log·ic, myth·o·log·i·cal □ [miθəˈlɔdʒik(l)] mythologique; **my·thol·o·gy** [~ˈθɔlədʒi] mythologie *f*.

N

N, n [en] N *m*, n *m*.
nab *sl.* [næb] saisir, arrêter.
na·bob [ˈneibɔb] nabab *m*; *fig.* richard *m*.
na·celle ✈ [nəˈsel] nacelle *f*.
na·cre [ˈneikə] nacre *f*; **na·cre·ous** [ˈ~kriəs] nacré.
na·dir [ˈneidiə] *astr.* nadir *m*; *fig.* stade *m* le plus bas.
nag[1] F [næg] petit cheval *m*, bidet *m*.
nag[2] [~] *v/i.* chamailler; criailler (contre, *at*); *v/t.* harceler (*q.*); ˈ**~ging** criailleries *f/pl.*; harcèlement *m*.
nail [neil] **1.** *doigt, orteil*: ongle *m*; ⊕ clou *m*; ~ *clippers pl.* pince *f* à ongles; ~ *file* lime *f* à ongles; *Am.* ~ *polish* vernis *m* à ongles; ~ *scissors pl.* ciseaux *m/pl.* à ongles; ~ *varnish* vernis *m* à ongles; *fig. hit the* ~ *on the head* frapper juste; **2.** clouer (*a. les yeux sur q.*); clouter (*la porte, les chaussures*); *fig.* attraper; ~ *down* clouer; *fig.* ~ *s.o. down to* ne pas laisser à q. le moyen d'échapper à (*qch.*); ~ *to the counter* démontrer la fausseté de; ˈ**nail·er** cloutier *m*; *sl.* bon type *m*; passé maître *m* (en, *at*); ˈ**nail·er·y** clouterie *f*; ˈ**nail·ing 1.** clou(t)age *m*; **2.** *sl.* (*souv.* ~ *good*) épatant.
na·ïve □ [nɑːˈiːv], **na·ive** □ [neiv] naïf (-ïve *f*); ingénu; **na·ïve·té** [nɑːˈiːvtei], **na·ive·ty** [ˈneivti] naïveté *f*.
na·ked □ [ˈneikid] nu; sans vêtements; dénudé (*pays etc.*); dépouillé (*arbre*); *fig.* découvert; *poét.* sans protection; ~ *facts pl.* faits *m/pl.* bruts; *with the* ~ *eye* à l'œil nu; ˈ**na·ked·ness** nudité *f*; F pauvreté *f*.
nam·by-pam·by [ˈnæmbiˈpæmbi] **1.** maniéré; fade; **2.** F pouille *f* mouillée.
name [neim] **1.** nom *m*; *navire*: devise *f*; *fig.* réputation *f*; *of* (*ou* F *by*) *the* ~ *of* du nom de, nommé; *Christian* ~ prénom *m*; *call s.o.* ~*s* injurier q.; *know s.o. by* ~ connaître q. de nom; **2.** nommer; désigner par son nom; dénommer; citer; fixer (*un jour*); ˈ**name-day** fête *m*; ˈ**name·less** □ sans nom; inconnu; anonyme; *fig.* indicible; ˈ**name·ly** (*abr. viz.*) c'est-à-dire; ˈ**name-plate** plaque *f*; écusson *m*; ˈ**name-sake** homonyme *m*.
nan·keen [næŋˈkiːn] nankin *m*; ~**s** *pl.* pantalon *m* de nankin.
nan·ny [ˈnæni] nounou *f*; bonne *f* (d'enfant); ˈ**~-goat** chèvre *f*, bique *f*.
nap[1] [næp] *velours etc.*: poil *m*.
nap[2] [~] **1.** petit somme *m*; **2.** sommeiller; *catch s.o.* ~*ping* surprendre la vigilance de q.; surprendre q. en faute.
nap[3] [~] *cartes*: *go* ~ jouer son vatout.
nape [neip] (*usu.* ~ *of the neck*) nuque *f*.
naph·tha ⚗ [ˈnæfθə] naphte *m*.
nap·kin [ˈnæpkin] (*souv. table-*~) serviette *f*; (*a. baby's* ~) couche *f*; ˈ**~-ring** rond *m* de serviette.
na·poo(h) *sl.* [nɑːˈpuː] épuisé; inutile; mort; fini; *sl.* fichu.
nar·co·sis ⚕ [nɑːˈkousis] narcose *f*.
nar·cot·ic [nɑːˈkɔtik] **1.** (~*ally*) narcotique; **2.** stupéfiant *m*; narcotique *m*; **nar·co·tize** [ˈnɑːkətaiz] narcotiser.
nard [nɑːd] nard *m*.
nar·rate [næˈreit] raconter; **narˈra·tion** narration *f*; récit *m*; **nar·ra·tive** [ˈ~rətiv] **1.** □ narratif (-ive *f*); **2.** récit *m*; **nar·ra·tor** [~ˈreitə] narrateur (-trice *f*) *m*.
nar·row [ˈnærou] **1.** □ étroit; encaissé (*vallon*); borné (*esprit*); faible (*majorité*); *see escape*; **2.** ~**s** *pl.* passe *f* étroite; *port*: goulet *m*; **3.** *v/t.* resserrer; rétrécir; restreindre; limiter; *v/i.* devenir plus étroit; se resserrer; se rétrécir; ˈ**~-ˈchest·ed** à poitrine étroite; ˈ**~-gauge** 🚂 à voie étroite; ˈ**~-ˈmind·ed** □ borné; ˈ**nar·row·ness** étroitesse *f* (*a. fig.*); petitesse *f*; limitation *f*.

nar·whal *zo.* [ˈnɑːwəl] narwal (*pl.* -s) *m.*
na·sal [ˈneizl] **1.** □ nasal (-aux *m/pl.*); nasillard (*accent*); **2.** *gramm.* nasale *f*; **na·sal·i·ty** [~ˈzæliti] nasalité *f*; **na·sal·ize** [ˈ~zəlaiz] nasaliser; *v/i.* parler du nez; nasiller.
nas·cent [ˈnæsnt] naissant.
nas·ti·ness [ˈnɑːstinis] goût *m ou* odeur *f* désagréable; méchanceté *f* (*d'une personne*); *fig.* saleté *f*; ˈ**nas·ty** □ désagréable; dégoûtant; sale; méchant, désagréable (*personne*); *fig.* malpropre.
na·tal [ˈneitl] natal (-als *m/pl.*); **na·tal·i·ty** [nəˈtæliti] natalité *f*.
na·ta·tion [neiˈteiʃn] natation *f*.
na·tion [ˈneiʃn] nation *f*, peuple *m*; *member* ~ État *m* membre.
na·tion·al [ˈnæʃənl] **1.** □ national (-aux *m/pl.*); de l'État; ~ *grid* caisse *f* nationale de l'énergie; **2.** national (-e *f*) *m*; ˈ**na·tion·al·ism** nationalisme *m*; ˈ**na·tion·al·ist** nationaliste *mf*; **na·tion·al·i·ty** [næʃəˈnæliti] nationalité *f*; caractère *m ou* esprit *m* national; **na·tion·al·ize** [ˈnæʃnəlaiz] nationaliser; naturaliser; ~*d undertakings* entreprises *f/pl.* nationalisées.
na·tion-wide [ˈneiʃnwaid] répandu par tout le pays; *souv.* général (-aux *m/pl.*).
na·tive [ˈneitiv] **1.** □ indigène, originaire (de, *to*) (*personne, plante*); naturel(le *f*), inné (*qualité*); de naissance, natal (-als *m/pl.*) (*lieu*); à l'état natif (*métaux*); ~ *language* langue *f* maternelle; **2.** natif (-ive *f*) *m*; indigène *mf*; *a* ~ *of Ireland* Irlandais *m* de naissance.
na·tiv·i·ty [nəˈtiviti] nativité *f*; horoscope *m*.
na·tron ⚗ [ˈneitrən] natron *m*.
nat·ty □ [ˈnæti] coquet(te *f*); pimpant; bien ménagé.
na·tu·ral [ˈnætʃrəl] **1.** □ naturel(le *f*); de la nature; inné, natif (-ive *f*); illégitime, naturel(le *f*) (*enfant*); ~ *disaster* catastrophe *f* naturelle; ~ *gas* gaz *m* naturel; ~ *history* histoire *f* naturelle; ♪ ~ *note* note *f* naturelle; ~ *philosopher* physicien *m*; ~ *philosophy* physique *f*; ~ *reserve* réserve *f* naturelle; ~ *science* sciences *f/pl.* naturelles; **2.** idiot(e *f*) *m*; ♪ bécarre *m*; ˈ**nat·u·ral·ism** naturalisme *m*; *arts*: naturisme *m*; ˈ**nat·u·ral·ist** naturaliste *mf*; naturiste *mf*; **nat·u·ral·i·za·tion** [~laiˈzeiʃn] naturalisation *f*; ˈ**nat·u·ral·ize** naturaliser; ⚘, *zo.* acclimater; ˈ**nat·u·ral·ness** naturel *m*.
na·ture [ˈneitʃə] nature *f*; caractère *m*, essence *f*; naturel *m*, tempérament *m*; espèce *f*, genre *m*; *by* ~ de *ou* par nature; ˈ**na·tured** au cœur ...; de caractère ...
na·tur·ism [ˈneitʃərizəm] naturisme *m*; ˈ**na·tur·ist** naturiste *mf*.
naught [nɔːt] rien *m*, néant *m*; *bring to* ~ faire échouer; *come to* ~ échouer, n'aboutir à rien; *set at* ~ ne tenir aucun compte de; **naugh·ti·ness** [ˈ~tinis] mauvaise tenue *f*; désobéissance *f*; ˈ**naugh·ty** □ méchant, vilain.
nau·se·a [ˈnɔːsiə] nausée *f*; mal *m* de mer; *fig.* dégoût *m*; **nau·se·ate** [ˈ~sieit] *v/i.* avoir la nausée (de, *at*); *v/t.* dégoûter; donner des nausées à (*q.*); **nau·se·ous** □ [ˈ~siəs] dégoûtant.
nau·ti·cal □ [ˈnɔːtikl] nautique, marin; de marine; ~ *mile* mille *m* marin.
na·val [ˈneivəl] naval (-als *m/pl.*); de marine; ~ *architect* ingénieur *m* des constructions navales; ~ *base* port *m* de guerre; base *f* navale; ~ *staff* officiers *m/pl.* de l'état-major; ˈ**na·val·ly** au point de vue naval.
nave[1] ⚠ [neiv] nef *f*, vaisseau *m*.
nave[2] [~] *roue*: moyeu *m*.
na·vel [ˈneivəl] nombril *m*; *fig.* centre *m*; ~ *orange* (orange *f*) navel *f*; *anat.* ~ *string* cordon *m* ombilical.
nav·i·ga·ble □ [ˈnævigəbl] navigable; ~ *balloon* ballon *m* dirigeable;
nav·i·gate [ˈ~geit] *v/i.* naviguer; *v/t.* naviguer sur (*la mer*); gouverner (*un navire*); **nav·iˈga·tion** navigation *f*; *ballon, navire*: conduite *f*; ˈ**nav·i·ga·tor** navigateur *m*.
nav·vy [ˈnævi] terrassier *m*; (*a. steam-*~) piocheuse *f*.
na·vy [ˈneivi] marine *f* de guerre; marine *f* de l'État; ˈ~-ˈ**blue** bleu *m* marine *inv.*
nay [nei] **1.** † *ou prov.* non; pour mieux dire; **2.** non *m*; refus *m*.
Naz·a·rene [næzəˈriːn] Nazaréen (-ne *f*) *m*.
naze [neiz] cap *m*, promontoire *m*.
neap [niːp] (*a.* ~-*tide*) marée *f* de morte-eau; ˈ**neaped** ⚓: *be* ~ être amorti.

Ne·a·pol·i·tan [niəˈpɔlitən] **1.** napolitain; **2.** Napolitain(e *f*) *m*.

near [niə] **1.** *adj.* proche; voisin; à peu près juste; intime (*ami*); (le plus) court (*chemin*); chiche (*personne*); serré (*traduction*); *mot.* gauche (*côté*); montoir (*cheval*); *have* (*ou be*) *a* ~ *escape* l'échapper belle; ~ *at hand* tout près; ~ *beer* bière *f* faible; ~ *horse* cheval *m* de gauche (*Am.* de droite); *it was a* ~ *miss* (*ou thing*) il s'en est fallu de peu, le coup est passé très près; **2.** *adv.* près, proche; **3.** *prp.* (*a.* ~ *to*) (au)près de; **4.** *v/t.* (s')approcher de; **near·by** [ˈ~bai] tout près (de), tout proche (de); **ˈnear·ly** (de) près; presque; à peu près; près de; **ˈnear·ness** proximité *f*; fidélité *f*; parcimonie *f*; **ˈnear-ˈsight·ed** myope.

neat[1] □ [ni:t] bien rangé *ou* tenu; soigné; élégant; pur, sans eau, sec (sèche *f*) (*boisson*); net(te *f*) (*écriture*).

neat[2] † [~] bête *f* bovine; **ˈ~'s-foot** de pied de bœuf; **ˈ~'s-leath·er** cuir *m* de vache; **ˈ~'s-tongue** langue *f* de bœuf.

neat·ness [ˈni:tnis] bon ordre *m*; simplicité *f*; bon goût *m*; adresse *f*.

neb·u·la *astr.* [ˈnebjulə], *pl.* **-lae** [ˈ~li:] nébuleuse *f*; **ˈneb·u·lar** nébulaire; **neb·u·los·i·ty** [~ˈlɔsiti] nébulosité *f*; **ˈneb·u·lous** nébuleux (-euse *f*) (*a. fig.*).

nec·es·sar·y □ [ˈnesisəri] **1.** nécessaire, indispensable (à, *for*); inévitable (*résultat*); **2.** nécessaire *m*; *usu. necessaries pl.* nécéssités *f/pl.*; **ne·ces·si·tate** [niˈsesiteit] nécessiter (*qch.*); rendre (*qch.*) nécessaire; **neˈces·si·tous** nécessiteux (-euse *f*); **neˈces·si·ty** nécessité *f*; obligation *f*; besoin *m*; *usu. necessities pl.* nécessaire *m*; nécessités *f/pl.*; *the bare necessities pl.* (*of life*) les choses *f/pl.* essentielles à la vie; *of* ~ de toute nécessité.

neck [nek] **1.** cou *m*; *cuis.* collier *m* (*de bœuf*), collet *m* (*de mouton*); *bouteille*: goulot *m*; *robe*: encolure *f*; ~ *of land* langue *f* de terre; ~ *and* ~ à égalité; F ~ *and crop* tout entier; à corps perdu; F ~ *or nothing* à corps perdu; (*jouer*) le tout pour le tout; F *be up to one's* ~ *in s.th.* être dans qch. jusqu'au cou; *be up to one's* ~ *in work a.* avoir du travail par-dessus la tête; *sl. get it in the* ~ en prendre pour son compte; F *stick one's* ~ *out* prendre des risques, s'avancer; se compromettre; **2.** *Am. sl.* (se) caresser; *v/t.* peloter; **ˈ~·band** col *m*; encolure *f*; **neck·er·chief** [ˈnekətʃif] foulard *m*; **neck·lace** [ˈ~lis] collier *m*; **neck·let** [ˈ~lit] *see necklace*; tour *m* de cou (*en fourrure*); **ˈneck·line** encolure *f*; **ˈneck·tie** cravate *f*.

ne·crol·o·gy [neˈkrɔlədʒi] nécrologe *m* (*d'une église etc.*); nécrologie *f*; **nec·ro·man·cy** [ˈnekromænsi] nécromancie *f*.

nec·tar [ˈnektə] nectar *m*.

née [nei]: *Mrs. X,* ~ *Y* Mme X, née Y.

need [ni:d] **1.** besoin *m*, nécessité *f* (de *of, for*); adversité *f*; indigence *f*; *one's own* ~*s pl.* son (propre) compte *m*; *if* ~ *be* au besoin; le cas échéant; *be* (*ou stand*) *in* ~ *of* avoir besoin de; **2.** avoir besoin de; réclamer, demander (*qch.*); être obligé de; **need·ful** [ˈ~ful] **1.** □ nécessaire; **2.** F nécessaire *m*, *souv.* argent *m* nécessaire; **ˈneed·i·ness** indigence *f*, nécessité *f*.

nee·dle [ˈni:dl] **1.** aiguille *f*; **2.** *surt. Am.* irriter, agacer; F ajouter de l'alcool à, renforcer (*une consommation*); **ˈ~-case** étui *m* à aiguilles; **ˈ~-craft** couture *f*; **ˈ~-gun** fusil *m* à aiguille; **ˈ~-mak·ing** aiguillerie *f*.

need·less □ [ˈni:dlis] inutile; ~*ly* inutilement, sans raison; **ˈneed·less·ness** inutilité *f*.

nee·dle...: **ˈ~-tel·e·graph** télégraphe *m* à cadran; **ˈ~·wom·an** couturière *f*; **ˈ~·work** travail (*pl.* -aux) *m* à l'aiguille.

needs [ni:dz] *adv.* de nécessité; *I must* ~ (*inf.*) force m'est de (*inf.*); **ˈneed·y** □ nécessiteux (-euse *f*).

ne'er [nɛə] = *never*; **~-do-well** [ˈ~du:wel] propre-à-rien *mf* (*pl.* propres-à-rien), vaurien(ne *f*) *m*.

ne·far·i·ous □ [niˈfɛəriəs] infâme, scélérat.

ne·gate [niˈgeit] nier; **neˈga·tion** négation *f*; **neg·a·tive** [ˈnegətiv] **1.** □ négatif (-ive *f*); **2.** négative *f*; *gramm.* négation *f*; *phot.* négatif *m*, cliché *m*; *answer in the* ~ répondre par la négative; **3.** rejeter, s'opposer à; nier; annuler; neutraliser.

neg·lect [niˈglekt] **1.** manque *m* de soin; mauvais entretien *m*; négligence *f*; **2.** négliger; manquer de soins pour; laisser échapper (*une occasion*); **neg'lect·ful** □ [~ful] négligent; insoucieux (-euse *f*) (de, *of*).

neg·li·gence ['neglidʒəns] incurie *f*; négligence *f*; '**neg·li·gent** □ négligent; ~ *of* insoucieux (-euse *f*) de; ~ *attire* tenue *f* négligée.

neg·li·gi·ble ['neglidʒəbl] négligeable.

ne·go·ti·a·bil·i·ty [nigouʃiə'biliti] négociabilité *f*, commercialité *f*; **ne'go·ti·a·ble** □ négociable, commerciable; franchissable (*montagne*); praticable (*chemin*); *not* ~ *cheque* chèque *m* barré; **ne'go·ti·ate** [~eit] *v/t.* négocier (*affaire, effet, traité*); prendre (*un virage*); franchir (*une montagne*); *fig.* surmonter; *v/i.* traiter (avec q. de *ou* pour, *with s.o. for*); **ne'go·ti·at·ing ta·ble** table *f* de conférence; *at the* ~ par des négotiations, par voie de négotiations; **ne·go·ti'a·tion** *effets, traite*: négociation *f*; pourparlers *m/pl.*; *fig.* franchissement *m*; *under* ~ en négociation; **ne'go·ti·a·tor** négociateur (-trice *f*) *m*.

ne·gress ['ni:gris] négresse *f*; **ne·gro** ['ni:grou], *pl.* **-groes** [~z] nègre *m*; **ne·groid** ['ni:grɔid] négroïde.

ne·gus ['ni:gəs] vin *m* chaud et épicé.

neigh [nei] **1.** hennissement *m*; **2.** hennir.

neigh·bo(u)r ['neibə] **1.** voisin(e *f*) *m*; *bibl.* prochain *m*; **2.** être le voisin de (*personne*); avoisiner (*terrain*); '**neigh·bo(u)r·hood** voisinage *m*; '**neigh·bo(u)r·ing** avoisinant, voisin, proche; '**neigh·bo(u)r·ly** de bon voisinage; obligeant.

nei·ther ['naiðə] **1.** *adj. ou pron.* ni l'un(e) ni l'autre; aucun(e *f*); **2.** *adv.* ~ ... *nor* ... ni ... ni ...; *not* ... ~ (ne ... pas) ... ne ... pas non plus.

ne·ol·o·gism [ni'ɔlədʒism] néologisme *m*.

ne·on ⚗ ['ni:ən] néon *m*; ~ *lamp* lampe *f* au néon; ~ *light(ing)* éclairage *m* au néon; ~ *sign* enseigne *m* au néon.

ne·o·phyte ['ni(:)oufait] néophyte *mf*; *fig.* débutant(e *f*) *m*.

neph·ew ['nevju(:)] neveu *m*.

nep·o·tism ['nepətizm] népotisme *m*.

nerve [nə:v] **1.** nerf *m*; ⚘, ⚠ nervure *f*; *fig.* courage *m*, sang-froid *m*; *fig.* vigueur *f*; F audace *f*, aplomb *m*; F *be all* ~*s* être un paquet de nerfs; F *have the* ~ *do to s.th.* avoir le toupet de faire qch.; *lose one's* ~*s* perdre son sang-froid *ou* son calme; **2.** fortifier; donner du courage à (*q.*); ~ *o.s.* s'armer de courage (pour, *to*); '**nerved** ⚘ nervé; '**nerve·less** □ inerte, sans force; '**nerve'rack·ing** énervant.

nerv·ine ⚕ ['nə:vain] nervin (*a. su./m.*).

nerv·ous □ ['nə:vəs] timide, peureux (-euse *f*); inquiet (-ète *f*); excitable; *anat.* nerveux (-euse *f*), des nerfs; ⚕ ~ *breakdown* dépression *f* nerveuse; ~ *system* système *m* nerveux; '**nerv·ous·ness** timidité *f*; état *m* nerveux.

nerv·y *sl.* ['nə:vi] irritable; énervé; nerveux (-euse *f*), saccadé (*mouvement*).

nes·ci·ence ['nesiəns] ignorance *f*; '**nes·ci·ent** ignorant.

ness [nes] promontoire *m*, cap *m*.

nest [nest] **1.** nid *m* (*a. fig.*); nichée *f* (*d'oiseaux*); *fig.* série *f*; **2.** (se) nicher; '**nest·ed** niché; emboîté (*caisses etc.*); '**nest-egg** nichet *m*; argent *m* mis de côté; gentille petite somme *f*; **nes·tle** ['nesl] *v/i.* se nicher; *fig.* se blottir; se serrer (contre, [*up*] *to*); *v/t.* serrer; **nest·ling** ['nesliŋ] oisillon *m*.

net[1] [net] **1.** filet *m* (*a. fig.*); *tex.* tulle *m*; mousseline *f*; ~ *courtains pl.* voilage *m*; **2.** prendre (*qch.*) au filet.

net[2] [~] **1.** net(te *f*); sans déduction; **2.** rapporter *ou* toucher net.

neth·er ['neðə] inférieur; '**~·most** le plus profond, le plus bas.

net·ting ['netiŋ] pêche *f* au filet; pose *f* de filets; *tex.* tulle *m*; *fig.* réseau *m*.

net·tle ['netl] **1.** ⚘ ortie *f*; **2.** † fustiger avec des orties; *fig.* piquer, irriter; '**~-rash** ⚕ urticaire *f*.

net·work ['netwə:k] réseau *m* (*a. fig.*); ouvrage *m* en filet; *national* ~ réseau *m* national.

neu·ral·gia ⚕ [njuə'rældʒə] névralgie *f*; *facial* ~ tic *m* douloureux; **neu·ras·the·ni·a** [njuərəs'θi:njə] ⚕ neurasthénie *f*; **neu·ras·then·ic** [~'θenik] neurasthénique (*a. su/mf*); **neu·ri·tis** ⚕ [njuə'raitis] névrite *f*;

neu·rol·o·gy ⚕ [~ˈrɔlədʒi] neurologie *f*, névrologie *f*; **neu·ron** [ˈnjuərɔn] neurone *m*; **neu·ro·path·ic** [njuəroˈpæθik] **1.** névropathique; **2.** névropathe *mf*; **neu·ro·sis** ⚕ [~ˈrousis] névrose *f*; **neu·rot·ic** [~ˈrɔtik] névrosé (*a. su.*/*mf.*).

neu·ter [ˈnjuːtə] **1.** neutre; **2.** animal *m* châtré; abeille *f etc.* asexuée; *gramm.* neutre *m*.

neu·tral [ˈnjuːtrəl] **1.** □ neutre (*a.* ⚗); indéterminé, moyen(ne *f*); **2.** neutre *m*; **neu·tral·i·ty** [nju(ː)ˈtræliti] neutralité *f*; **neu·tral·i·za·tion** [njuːtrəlaiˈzeiʃn] neutralisation *f* (*a.* ⚗); ˈ**neu·tral·ize** neutraliser (*a.* ⚗); rendre inutile *ou* inoffensif (-ive *f*).

neu·tron *phys.* [ˈnjuːtrɔn] neutron *m*; ⚔ ~ *bomb* bombe *f* à neutrons.

né·vé *géol.* [ˈnevei] névé *m*.

nev·er [ˈnevə] ne ... jamais; jamais (de la vie); ~ *so* quelque (*adj.*) que (*sbj.*); ˈ~ˈ**more** (ne ...) plus jamais; (ne ...) jamais plus; ~·**the·less** [~ðəˈles] néanmoins, quand même, pourtant.

new [njuː] nouveau (-el *devant une voyelle ou un h muet*; -elle *f*; -eaux *m/pl.*); neuf (neuve *f*); frais (fraîche *f*); ˈ**new**ˈ**com·er** nouveau venu *m*; nouvel arrivé *m*; **new·fan·gled** [ˈ~fæŋgld] *péj.* d'une modernité outrée; ˈ**new·ly** récemment, nouvellement; ˈ**new·ness** nouveauté *f*; état *m* neuf; inexpérience *f*.

news *pl. ou sg.* [njuːz] nouvelle *f*, -s *f/pl.*; *what's the ~?* quelles nouvelles?; F quoi de neuf?; *break the (bad) ~ to s.o.* annoncer les nouvelles à q. (avec ménagement); F *he is much in the ~* il défraye la chronique; ˈ~-**a·gen·cy** agence *f* d'informations; ˈ~-**a·gent** marchand *m* de journaux; ˈ~·**boy** vendeur *m* de journaux; ˈ~·**butch·er** 🚂 *Am.* vendeur *m* ambulant de journaux; ˈ~·**cast** (bulletin *m* d')informations *f/pl.*; ˈ~·**cast·er** speaker(ine *f*) *m*; ~ **flash** *radio*: flash *m*; ~ **let·ter** bulletin *m*, circulaire *m*; ~ **mag·a·zine** revue *f*; ˈ~·**mon·ger** débiteur (-euse *f*) *m* de nouvelles; ˈ~·**pa·per** journal *m*; *attr.* de journaux; ˈ~-**print** papier *m* de journal; *Brit.* ~ **read·er** speaker(ine *f*) *m*; ˈ~-**reel** film *m* d'actualité; actualités *f/pl.*; ˈ~-**room** salle *f* des journaux; *journ. Am.* salle *f* de rédaction; ˈ~-**stall**, *Am.* ˈ~-**stand** étalage *m* de marchand de journaux; *France*: kiosque *m* (à journaux); ˈ~-**ven·dor** vendeur *m* de journaux; **news·y** [ˈnjuːzi] F plein de nouvelles.

newt *zo.* [njuːt] triton *m*, F lézard *m* d'eau.

new-year, *usu.* **New year** [ˈnjuːˈjəː] nouvel an *m*; nouvelle année *f*; *~'s day* le jour de l'an; *~'s eve* la Saint-Sylvestre *f*; *~'s gift* étrennes *f/pl.*

next [nekst] **1.** *adj.* prochain; voisin; *le* plus proche; suivant; *~ but one le* deuxième; *~-door* voisin; *~ door* maison *f* d'à côté; *fig. ~ door to* approchant de; *the ~ of kin* la famille; ⚖ le(s) parent(s) le(s) plus proche(s); *~ to* contigu(ë *f*) à *ou* avec; à côté de; *~ to nothing* ne ... presque rien; *what ~?* et ensuite?; F par exemple!; **2.** *adv.* ensuite, après.

nex·us [ˈneksəs] lien *m*, rapport *m*.

nib [nib] **1.** bec *m* (de plume); **2.** mettre une plume à (*un porte-plume*).

nib·ble [ˈnibl] *v/t.* grignoter (*qch.*); mordiller; *mouton*: brouter; *v/i. ~ at* grignoter (*qch.*); mordre à (*a. fig.*); *fig.* être attiré par.

nice □ [nais] aimable, gentil(le *f*), sympathique (*naturel*); délicat (*question, oreille*); juste, sensible (*oreille, œil*); fin, subtil (*distinction*); joli (*repas, montre, etc.*); difficile (pour, *about*); scrupuleux (-euse *f*) (quant à, *about*); *~ and warm* bien (au) chaud; ˈ**nice·ness** gentillesse *f*, amabilité *f*; délicatesse *f*; finesse *f*; justesse *f*; **nice·ty** [ˈ~iti] exactitude *f*; subtilité *f*; délicatesse *f* exagérée; méticulosité *f*; *to a ~* à merveille; exactement; *stand upon niceties* faire des façons.

niche [nitʃ] niche *f*.

Nick[1] [nik]: F *Old ~* le diable *m*.

nick[2] [~] **1.** entaille *f*; fente *f*; *in the (very) ~ of time* juste à temps; à pic; **2.** entailler; *sl.* choper.

nick·el [ˈnikl] **1.** *min.* nickel *m* (*Am. a. pièce de 5 cents*); *Am. ~-in-the-slot machine* distributeur *m* automatique; **2.** nickeler.

nick·el·o·de·on *Am.* [niklˈoudiən] pick-up *m/inv.* à sous.

nick-nack [ˈniknæk] *see knickknack*.

nick·name [ˈnikneim] **1.** surnom *m*;

sobriquet *m*; **2.** surnommer; donner un sobriquet à.

nic·o·tine [ˈnikətiːn] nicotine *f*.

nid-nod [ˈnidnɔd] dodeliner (de) la tête.

niece [niːs] nièce *f*.

niffed F [nift] offensé.

nif·ty *Am.* [ˈnifti] **1.** élégant; pimpant; **2.** remarque *f* bien à propos.

nig·gard [ˈnigəd] **1.** grippe-sou *m*; pingre *m*, avare *mf*; **2.** avare, parcimonieux (-euse *f*); ˈ**nig·gard·li·ness** pingrerie *f*; parcimonie *f*; ˈ**nig·gard·ly** *adj*. (*a. adv.*) chiche (-ment); mesquin(ement).

nig·ger F *usu. péj.* [ˈnigə] nègre *m*, négresse *f*; *Am. sl.* *that's the ~ in the woodpile* il y a anguille sous roche!

nig·gle [ˈnigl] vétiller; ˈ**nig·gling** insignifiant; fignolé (*travail*); tatillon(ne *f*) (*personne*).

nigh † *ou prov.* [nai] *see near 1, 2, 3.*

night [nait] nuit *f*, soir *m*; obscurité *f*; *by ~* de nuit; *in the ~* (pendant) la nuit; *at ~* la nuit; *~ out* soir *m* de sortie; *make a ~ of it* faire la noce toute la nuit; ˈ**~·cap** bonnet *m* de nuit; *fig.* grog *m* (avant de se coucher); ˈ**~-club** boîte *f* de nuit; ˈ**~-dress** chemise *f* de nuit (*de femme*); ˈ**~·fall** tombée *f* de la nuit; ˈ**~-gown** *see night-dress*; **night·in·gale** *orn.* [ˈ~iŋgeil] rossignol *m*; ˈ**night·ly** de nuit, nocturne; (de) tous les soirs.

night...: ˈ**~·mare** cauchemar *m*; ˈ**~-school** classe *f* du soir; ˈ**~·shade** ⚘ morelle *f* noire; *deadly ~* belladone *f*; **~ shift** équipe *f* de nuit; poste *m* de nuit; *be on ~* être (au poste) de nuit; ˈ**~-shirt** chemise *f* de nuit (*d'homme*); ˈ**~·spot** *Am.* F boîte *f* de nuit; ˈ**~·time** nuit *f*; **~ watch·man** gardien *m* de nuit.

ni·hil·ism [ˈnaiilizm] nihilisme *m*; ˈ**ni·hil·ist** nihiliste *mf*.

nil [nil] rien *m*; *sp.* zéro *m*; *~ return* état *m* néant.

nim·ble □ [ˈnimbl] agile, leste; délié (*esprit*); ˈ**nim·ble·ness** agilité *f*; vivacité *f* (*d'esprit*); ˈ**nim·ble-wit·ted** à l'esprit vif; qui a la réplique facile, qui a de la repartie.

nim·bus [ˈnimbəs], *pl.* **-bi** [~bai], **-bus·es** nimbe *m*, auréole *f*; *météor.* nimbus *m*.

nim·i·ny pim·i·ny [ˈniminiˈpimini] maniéré; mignard.

nin·com·poop F [ˈninkəmpuːp] nigaud *m*, benêt *m*, niais *m*.

nine [nain] **1.** neuf; *~ days' wonder* merveille *f* d'un jour; **2.** neuf *m*; ˈ**~·fold** nonuple, neuf fois; ˈ**~·pins** *pl.* quilles *f/pl.*; **nine·teen** [ˈ~ˈtiːn] dix-neuf (*a. su./m*); ˈ**nine**ˈ**teenth** [~θ] dix-neuvième; **nine·tieth** [ˈ~tiiθ] quatre-vingt-dixième (*a. su./m*); ˈ**nine·ty** quatre-vingt-dix.

nin·ny F [ˈnini] niais(e *f*) *m*.

ninth [nainθ] **1.** neuvième; **2.** neuvième *m*; ♪ neuvième *f*; ˈ**ninth·ly** en neuvième lieu.

nip[1] [nip] **1.** pincement *m*; morsure *f*; ⚘ coup *m* de gelée; **2.** pincer; piquer, mordre (*froid*); brûler (*gelée*); *~ in the bud* tuer dans l'œuf; faire avorter (*un complot*).

nip[2] [~] **1.** goutte *f*, doigt *m* (*d'alcool*); **2.** boire la *ou* une goutte.

nip[3] *sl.* [~] chiper, choper, refaire.

nip·per [ˈnipə] F gamin *m*, gosse *m*; *homard etc.*: pince *f*; (*a pair of*) *~s pl.* (une) pince *f*; (des) tenailles *f/pl.*

nip·ple [ˈnipl] mamelon *m*; bout *m* de sein; ⊕ raccord *m*.

nip·py F [ˈnipi] vif (vive *f*); âpre; piquant.

Ni·sei *Am.* [ˈniˈsei] (*a. pl.*) japonais *m* (*né aux É.-U.*).

nit [nit] œuf *m* de pou; ˈ**~·pick·ing** F qui coupe les cheveux en quatre.

ni·tre, ni·ter ⚗ [ˈnaitə] nitre *m*, salpêtre *m*.

ni·tric ac·id ⚗ [ˈnaitrikˈæsid] acide *m* nitrique *ou* azotique.

ni·tro·gen ⚗ [ˈnaitrədʒən] azote *m*; **ni·trog·e·nous** [~ˈtrɔdʒinəs] azoté.

ni·tro·gly·ce·rin(e) [ˈnaitrouglisəˈriːn] nitroglycérine *f*.

ni·trous ⚗ [ˈnaitrəs] azoteux (-euse *f*).

nit·ty-grit·ty *sl.* [ˈnitigriti]: *the ~* l'essentiel; *come* (*ou get down*) *to the ~* en venir au fait; en venir au fond.

nit·wit F [nitwit] imbécile *mf*.

nix *sl.* [niks] **1.** rien *m* (du tout), F peau *f* de balle; **2.** non!; rien à faire!; **3.** dire non à (*qch.*).

no [nou] **1.** *adj.* aucun, pas de; *in ~ time* en un clin d'œil; *~ man's land* zone *f* neutre; *~ one* personne (… ne); **2.** *adv.* peu; non; *avec comp.*: pas (plus); **3.** non *m/inv.*; **noes** [nouz] *pl. les* non *m/pl.*; voix *f/pl.* contre.

nob¹ *sl.* [nɔb] caboche *f* (= *tête*); ⊕ bouton *m*. [rupins *m/pl.*]
nob² *sl.* [~] aristo *m*; *the* ~*s pl.* les
nob·ble *sl.* [ˈnɔbl] écloper (*un cheval*); soudoyer (*q.*); pincer (*un criminel*); filouter (*de l'argent*).
nob·by *sl.* [ˈnɔbi] élégant, chic.
No·bel prize [nouˈbelˈpraiz] Prix *m* Nobel; *Nobel peace prize* Prix *m* Nobel de la paix; ~ *winner* (lauréat *m* du) Prix Nobel *m*.
no·bil·i·ar·y [nouˈbiliəri] nobiliaire.
no·bil·i·ty [nouˈbiliti] noblesse *f* (*a. fig.*).
no·ble [ˈnoubl] **1.** □ noble (*a. sentiment, métal, joyau*); sublime; grand (*vin, âme, etc.*); admirable; **2.** noble *mf*, aristocrate *mf*; ˈ**~·man** noble *m*, gentilhomme (*pl.* gentilshommes) *m*; ˈ**~-ˈmind·ed** à l'âme noble; généreux (-euse *f*); ˈ**no·ble·ness** noblesse *f* (*a. fig.*); ˈ**no·ble·wom·an** noble *f*, aristocrate *f*.
no·bod·y [ˈnoubədi] **1.** personne, aucun (… ne); **2.** zéro *m*, nullité *f*.
nock [nɔk] (en)coche *f*.
no-claims bo·nus [ˈnouˈkleimz bounəs] *assurance*: bonification *f* pour non-sinistre.
noc·tur·nal [nɔkˈtəːnl] nocturne.
nod [nɔd] **1.** *v/i.* faire signe que oui; incliner la tête; dodeliner de la tête; somnoler; *fig.* danser; *have a* ~*ding acquaintance* se connaître vaguement; ~ *off* somnoler; *v/t.* incliner (*la tête*); ~ *s.o. out* faire sortir q. d'un signe de la tête; **2.** signe *m* de (la) tête; penchement *m* de tête (*au sommeil*).
nod·dle F [ˈnɔdl] caboche *f* (= *tête*).
nod·dy F [ˈnɔdi] niais(e *f*) *m*.
node [noud] nœud *m* (*a.* ♀, *a. astr.*); ⚕ nodosité *f*.
nod·u·lar [ˈnɔdjulə] nodulaire.
nod·ule [ˈnɔdjuːl] nodule *m*.
nog [nɔg] cheville *f* de bois; **nog·gin** [ˈ~in] (petit) pot *m* (*en étain etc.*); **nog·ging** ⚠ [ˈ~iŋ] hourdage *m*.
no·how F [ˈnouhau] en aucune façon.
noil [nɔil] *tex.* blousse *f*.
noise [nɔiz] **1.** bruit *m*, tapage *m*, fracas *m*, vacarme *m*; son *m*; ~ *abatement* lutte *f* anti-bruit *ou* contre le bruit; ~ *level* niveau *m* des bruits; *surt. Am.* F *big* ~ gros bonnet *m*; **2.** ~ *about*, ~ *abroad* ébruiter; crier sur les toits.
noise·less □ [ˈ~lis] sans bruit; silencieux (-euse *f*); ˈ**noise·less·ness** silence *m*, absence *f* de bruit.
nois·i·ness [ˈnɔizinis] caractère *m* bruyant; tintamarre *m*.
noi·some [ˈnɔisəm] fétide, infect; *fig.* désagréable; ˈ**noi·some·ness** fétidité *f*, puanteur *f*.
nois·y □ [ˈnɔizi] bruyant, tapageur (-euse *f*); turbulent (*enfant*).
no·mad [ˈnɔməd] nomade *mf*; **no·mad·ic** [noˈmædik] (~*ally*) nomade; **no·mad·ize** [ˈnɔmədaiz] *v/t.* nomadiser; *v/i.* vivre en nomade(s).
no·men·cla·ture [nouˈmenklətʃə] nomenclature *f*; recueil *m* de noms propres.
nom·i·nal □ [ˈnɔminl] nominal (-aux *m/pl.*); fictif (-ive *f*) (*prix, valeur*); ⚔ nominatif (-ive *f*); ~ *value* valeur *f* fictive *ou* nominale;
nom·i·nate [ˈ~neit] nommer, désigner; proposer; **nom·iˈna·tion** nomination *f*; présentation *f* (*d'un candidat*); *in* ~ nommé; proposé;
nom·i·na·tive *gramm.* [ˈ~nətiv] (*a.* ~ *case*) nominatif *m*, cas *m* sujet;
nom·i·na·tor [ˈ~neitə] présentateur *m*; **nom·i·nee** [~ˈniː] candidat *m* désigné *ou* choisi.
non … [nɔn] non-; in-; sans …
non-ac·cept·ance [ˈnɔnəkˈseptəns] non-acceptation *f*.
non·age [ˈnounidʒ] minorité *f*.
non·a·ge·nar·i·an [nounədʒiˈnɛəriən] nonagénaire (*a. su./mf*).
non-ag·gres·sion [ˈnɔnəˈgreʃn]: ~ *pact* pacte *m* de non-agression.
non-al·co·hol·ic [ˈnɔnælkəˈhɔlik] sans alcool; non alcoolique.
non-a·ligned [ˈnɔnəˈlaind] neutraliste, non aligné; ˈ**non·aˈlign·ment** neutralisme *m*, non-alignement *m*.
non-ap·pear·ance ⚖ [ˈnɔnəˈpiərəns] non-comparution *f*; *souv.* défaut *m*.
non-at·tend·ance ⚖ [ˈnɔnəˈtendəns] absence *f*.
nonce [nɔns]: *for the* ~ pour l'occasion; ~ *word* mot *m* de circonstance.
non·cha·lance [ˈnɔnʃələns] nonchalance *f*, indifférence *f*; ˈ**non·cha·lant** □ nonchalant, indifférent.
non-com·mis·sioned [ˈnɔnkəˈmiʃənd] sans brevet; ⚔ ~ *officer* sous-officier *m* gradé.
non-com·mit·tal [ˈnɔnkəˈmitl] diplomatique; qui n'engage à rien.

non-com·pli·ance [ˈnɔnkəmˈplaiəns] refus *m* d'obéissance (à, *with*).
non com·pos men·tis ⚖ [nɔn ˈkɔmpɔs ˈmentis] aliéné, fou (fol *devant une voyelle ou un h muet*; folle *f*).
non-con·duc·tor ⚡ [ˈnɔnkənˈdʌktə] inconducteur *m*; *phys.* non-conducteur *m*.
non·con·form·ist [ˈnɔnkənˈfɔːmist] non-conformiste *mf*; dissident(e *f*) *m*; ˈ**non·con**ˈ**form·i·ty** non-conformisme *m* (*a. eccl.*).
non-creas·ing [ˈnɔnˈkriːsiŋ] infroissable.
non-de·nom·i·na·tion·al [ˈnɔndinəmiˈneiʃnl] laïque (*école*).
non·de·script [ˈnɔndiskript] **1.** inclassable; **2.** *fig.* personne *f ou* chose *f* indéfinissable.
none [nʌn] **1.** aucun; pas de; **2.** aucunement; ~ *the less* cependant, pourtant, quand même.
non·en·ti·ty [nɔˈnentiti] personne *f* insignifiante; *fig.* non-valeur *f*; nullité *f*.
non-es·sen·tial [ˈnɔniˈsenʃəl] **1.** non essentiel(le *f*); **2.** accessoire *m*.
non-ex·ist·ence [ˈnɔnigˈzistəns] non-être *m*.
non-fic·tion [ˈnɔnˈfikʃn] ouvrages *m/pl.* autres que les romans.
non-in·ter·ven·tion [ˈnɔnintə(ː)ˈvenʃn] non-intervention *f*.
non-i·ron [ˈnɔnˈaiən] ne pas repasser.
non-lad·der·ing [ˈnɔnˈlædəriŋ] indémaillable.
non-ob·serv·ance [ˈnɔnəbˈzəːvəns] inobservance *f*.
non·pa·reil [ˈnɔnpərel] **1.** nonpareil(le *f*); **2.** personne *f ou* chose *f* sans pareille; *typ.* nonpareille *f*.
non-par·ti·san [nɔnˈpɑːtizæn] impartial.
non-par·ty *pol.* [ˈnɔnˈpɑːti] non partisan; impartial (-aux *m/pl.*).
non-pay·ment [ˈnɔnˈpeimənt] non-paiement *m*; défaut *m* de paiement.
non-per·form·ance ⚖ [ˈnɔnpəˈfɔːməns] non-exécution *f*.
non·plus [ˈnɔnˈplʌs] **1.** embarras *m*, perplexité *f*; *at a* ~ à quia; **2.** confondre, réduire à quia; ~*sed* désemparé; interdit.
non-prof·it-mak·ing [ˈnɔnˈprɔfitmeikiŋ] sans but lucratif.
non-pro·lif·er·a·tion [ˈnɔnproulifəˈreiʃən] non-prolifération *f* (des armes nucléaires); ~ *treaty* traité *m* de non-prolifération.
non-res·i·dent [ˈnɔnˈrezidənt] externe; forain; non-résident (*a. su./mf*).
non·sense [ˈnɔnsəns] absurdité *f*; bêtise *f*, -s *f/pl.*; **non·sen·si·cal** □ [~ˈsensikl] absurde; bête.
non-skid [ˈnɔnˈskid] antidérapant.
non-smok·er [ˈnɔnˈsmoukə] non-fumeur *m*.
non·start·er [ˈnɔnˈstɑːtə] nonvaleur *f*; projet *m* fichu d'avance.
non-stick [ˈnɔnˈstick] qui n'attache pas (*casserole etc.*).
non-stop [ˈnɔnˈstɔp] 🚂, ✈ direct; sans arrêt; ✈ sans escale.
non·such [ˈnʌnsʌtʃ] personne *f ou* chose *f* sans pareille.
non·suit ⚖ [ˈnɔnˈsjuːt] débouté *m*, rejet *m* de la demande.
non-un·ion [nɔnˈjuːnjən] non-syndiqué (*ouvrier*).
noo·dle[1] [ˈnuːdl] F niais(e *f*) *m*.
noo·dle[2] [~] *usu.* ~*s pl.* nouilles *f/pl.*
nook [nuk] (re)coin *m*.
noon [nuːn] **1.** (*a.* ˈ**~·day**, ˈ**~·tide**) midi *m*; **2.** de midi.
noose [nuːs] **1.** nœud *m* coulant; corde *f* (de potence); *fig.* piège *m*; **2.** prendre au lacet; attraper au lasso.
nope *Am.* F [noup] non!
nor [nɔː] *précédé de neither*: ni; *début de la phrase*: ne … pas non plus; ~ *do I* (ni) moi non plus.
norm [nɔːm] norme *f*; règle *f*; ˈ**normal** □ **1.** normal (-aux *m/pl.*) (*a.* ⊿); ⊿ perpendiculaire; ~ *school* école *f* normale; **2.** condition *f* normale; ⊿ normale *f*, perpendiculaire *f*; ˈ**nor·mal·ize** rendre normal; régulariser.
Nor·man [ˈnɔːmən] **1.** normand; **2.** Normand(e *f*) *m*.
north [nɔːθ] **1.** *su.* nord *m*; **2.** *adj.* du nord; septentrional (-aux *m/pl.*); ˈ**~·bound** en direction du nord, allant vers le nord; ˈ~-ˈ**east 1.** nord-est *m*; **2.** (*a.* ˈ~ˈ**east·ern**) du nord-est; **north·er·ly** [ˈ~ðəli] du *ou* au nord; **north·ern** [ˈ~ən] du nord; septentrional (-aux *m/pl.*); ˈ**north·ern·er** habitant(e *f*) *m* du nord; *Am.* ♀ nordiste *mf*; ˈ**north·ern·most** le plus au nord; **north·ing** ⚓ [ˈ~θiŋ] chemin *m* nord; *astr.* mouvement *m* vers le nord; **north·ward** [ˈ~wəd] **1.** *adj.* au *ou* du nord; **2.** *adv.* (*a.* **north·wards** [ˈ~dz]) vers le nord.

north...: ˈ~-**west** **1.** nord-ouest *m*; ⚓ *a.* norois *m*; **2.** (*a.* ˈ~-ˈ**west·ern**, ˈ~-ˈ**west·er·ly**) (du) nord-ouest *inv.*
Nor·we·gian [nɔːˈwiːdʒən] **1.** norvégien(ne *f*); **2.** Norvégien(ne *f*) *m.*
nose [nouz] **1.** nez *m* (*a.* = *flair*); odorat *m*; *outil*: bec *m*; *tuyau*: ajutage *m*; ⚔ *balle*: pointe *f*; ⚓ *torpille*: cône *m* de choc; **2.** *v/t.* (*a.* ~ *out*) sentir, flairer; ~ *out* découvrir; ~ *one's way* s'avancer avec précautions; *v/i.* chercher (qch., *after* [*ou for*] *s.th.*); ~ *ahead of* aller un peu en avant de (*qch.*); ˈ~·**bag** musette *f*; ˈ~·**band** muserolle *f*; **nosed** au nez ...
nose...: ˈ~·**dive** ✈ (vol *m*) piqué *m*; ˈ~·**gay** bouquet *m* de fleurs; ˈ~-**heav·y** ✈ lourd de l'avant.
no-show F [ˈnouˈʃou] personne qui ne se présente pas à l'heure convenue.
nos·ing ⚠ [ˈnouziŋ] arête *f* (de moulure); *marche d'escalier*: nez *m.*
nos·tal·gi·a [nɔsˈtældʒiə] nostalgie *f*; **nosˈtal·gic** [~dʒik] nostalgique.
nos·tril [ˈnɔstril] narine *f*; *cheval, bœuf*: naseau *m.*
nos·trum [ˈnɔstrəm] panacée *f*; remède *m* de charlatan.
nos·y [ˈnouzi] parfumé; *péj.* curieux (-euse *f*); F fouinard, indiscret (-ète *f*); ♀ *Parker* indiscret *m*; F fouinard *m.*
not [nɔt] (ne) pas, (ne) point.
no·ta·bil·i·ty [noutəˈbiliti] notabilité *f*; caractère *m* notable (*d'un événement*); *see notable* 2; **no·ta·ble** [ˈnoutəbl] **1.** □ notable, insigne, considérable; sensible; perceptible (*quantité*); éminent (*personne*); **2.** *personne*: notable *m*, notabilité *f*; ˈ**no·ta·bly** **1.** remarquablement; **2.** notamment.
no·tar·i·al □ [nouˈtɛəriəl] de notaire; notarié (*document*); notarial (-aux *m/pl.*) (*sceau*); **no·ta·ry** [ˈnoutəri] (*a.* ~ *public*) notaire *m.*
no·ta·tion [noˈteiʃn] *surt.* ⅍, *a.* ♪ notation *f.*
notch [nɔtʃ] **1.** encoche *f*; ⊕ cran *m*; *Am.* défilé *m*, gorge *f*; **2.** entailler, encocher; denteler (*une roue*).
note [nout] **1.** note *f* (*a.* ⚕, ♪, *pol.*); F ton *m* (*de la voix*); ♪ son *m*; ♪ *piano*: touche *f*; marque *f*, signe *m*; *pol.* mémorandum *m*; ⚕ billet *m*, lettre *f*; *banque*: billet *m*; *texte*: annotation *f*; renom *m*; *take* ~*s of* prendre des notes de; **2.** noter; constater, remarquer; relever (*une erreur*); faire attention à; (*a.* ~ *down*) inscrire, prendre note de; ˈ~·**book** carnet *m*; *sténographie*: bloc-notes (*pl.* blocs-notes) *m*; ˈ**not·ed** distingué, éminent (*personne*); célèbre (par, *for*), connu (pour, *for*) (*chose*); ~*ly* surtout; nettement; ˈ**note·pa·per** papier *m* à lettres; ˈ**note·wor·thy** remarquable; digne d'attention.
noth·ing [ˈnʌθiŋ] **1.** rien (de *adj.*) (*su./m*); ⅍ zéro *m*; néant *m*; *fig.* bagatelle *f*; *for* ~ gratis; *good for* ~ bon à rien, inutile; *bring to* ~ faire échouer; *come to* ~ ne pas aboutir; *make* ~ *of* ne faire aucun cas de; *I can make* ~ *of it* je n'y comprends rien; **2.** *adv.* aucunement; pas du tout; ˈ**noth·ing·ness** néant *m*; *fig.* nullité *f.*
no·tice [ˈnoutis] **1.** avis *m*; avertissement *m*; convocation *f* (*d'une réunion*); ⚕ délai *m*; *bourse*: terme *m*; affiche *f*; écriteau *m*; annonce *f*, *journ.* notice *f*; revue *f* (*d'un ouvrage*); *fig.* attention *f*; congé *m*; *at short* ~ à bref délai; *give* ~ *of departure* annoncer son départ; *give* ~ *that* prévenir que; *give s.o. a week's* ~ donner ses huit jours à q.; *take* ~ *of* faire attention à; *until further* ~ jusqu'à nouvel ordre; *without* ~ sans avis préalable; **2.** remarquer, observer; s'apercevoir de *ou* que; prendre garde à; faire le compte rendu de (*un ouvrage*); faire attention à; ˈ**no·tice·a·ble** □ sensible, perceptible; digne d'attention; ˈ**no·tice-board** écriteau *m*; porte-affiches *m/inv.*; panneau *m* indicateur.
no·ti·fi·a·ble ⚕ [ˈnoutifaiəbl] dont la déclaration est obligatoire (*maladie*); **no·ti·fi·ca·tion** [~fiˈkeiʃn] avis *m*; avertissement *f*; annonce *f*; déclaration *f*; notification *f.*
no·ti·fy [ˈnoutifai] annoncer; avertir; déclarer; aviser, notifier.
no·tion [ˈnouʃn] notion *f*, idée *f*; pensée *f*; *fig.* caprice *m*; *Am.* ~*s pl.* petites inventions *f/pl.* bon marché; (*petits*) articles *m/pl.* ingénieux; ˈ**no·tion·al** □ spéculatif (-ive *f*) (*connaissances etc.*); imaginaire; *surt. Am.* F capricieux (-euse *f*); fantasque.

no·to·ri·e·ty [noutəˈraiəti] notoriété *f*; *personne*: notabilité *f*; **no·to·ri·ous** □ [nouˈtɔːriəs] notoire, (re-)connu; *péj.* d'une triste notoriété; fameux (-euse *f*).

not·with·stand·ing [nɔtwiθˈstændiŋ] **1.** *prp.* malgré, en dépit de; **2.** *adv.* pourtant; tout de même; **3.** *cj.* ~ *that* quoique (*sbj.*), bien que (*sbj.*).

nought *surt.* ♃ [nɔːt] zéro *m*; F rien *m*; *come to* ~ échouer, tomber à l'eau.

noun *gramm.* [naun] nom *m*, substantif *m*.

nour·ish [ˈnʌriʃ] nourrir (*a. fig.*); alimenter; ˈ**nour·ish·ing** nourrissant, nutritif (-ive *f*); ˈ**nour·ish·ment** nourriture *f*; alimentation *f*.

nov·el [ˈnɔvl] **1.** nouveau (-el *devant une voyelle ou un h* muet; -elle *f*), original (-aux *m/pl.*); **2.** roman *m*; *short* ~ = **nov·el·ette** [nɔvəˈlet] nouvelle *f*; ˈ**nov·el·ist** romancier (-ère *f*) *m*; **nov·el·ty** [ˈnɔvlti] nouveauté *f* (*a.* ✝).

No·vem·ber [noˈvembə] novembre *m*.

nov·ice [ˈnɔvis] novice *mf* (*a. eccl.*); débutant(e *f*) *m*.

no·vi·ci·ate, no·vi·ti·ate [noˈviʃiit] noviciat *m* (*a. eccl.*); apprentissage *m*.

now [nau] **1.** *adv.* maintenant; en ce moment; tout de suite; *avec vbe. passé*: alors, à ce moment-là; *just* ~ tout à l'heure; *before* ~ déjà; jusqu'ici; ~ *and again* de temps à autre; ~ *and then* de temps en temps; **2.** *cj.* (*a.* ~ *that*) maintenant que; or; **3.** *su.* présent *m*.

now·a·day [ˈnauədei] d'aujourd'hui; **now·a·days** [ˈ~z] de nos jours.

no·way(s) F [ˈnouwei(z)] en aucune façon.

no·where [ˈnouwɛə] nulle part.

no·wise [ˈnouwaiz] *see noway*(s).

nox·ious □ [ˈnɔkʃəs] nuisible.

noz·zle [ˈnɔzl] ⊕ ajutage *m*; jet *m*.

nub [nʌb] (petit) morceau *m*; *Am.* F essentiel *m* (*d'une affaire*).

nu·cle·ar [ˈnjuːkliə] nucléaire; ~ *deterrent* force *f* de dissuasion nucléaire; ~ *disintegration* désintégration *f* nucléaire; ~ *energy* énergie *f* nucléaire; ~ *physics* physique *f* nucléaire; ~ *pile* pile *f* nucléaire; ~ *power* énergie *f* nucléaire; ~ *power plant* centrale *f* (électro-)nucléaire; ~ *reactor* bouilleur *m* atomique; ~ *research* recherches *f/pl.* nucléaires; ~ *submarine* sous-marin *m* atomique; ~ *warfare* guerre *f* nucléaire *ou* atomique; ~ *warhead* ogive *f* nucléaire; **nu·cle·on** *phys.* [ˈ~kliən] nucléon *m*; **nu·cle·us** [ˈ~kliəs], *pl.* **-i** [~ai] noyau *m*.

nude [njuːd] **1.** nu; **2.** figure *f* nue; *peint.* nu *m*; nudité *f*; *study from the* ~ nu *m*.

nudge F [nʌdʒ] **1.** pousser (*q.*) du coude; **2.** coup *m* de coude.

nud·ism [ˈnjuːdizm] nudisme *m*; ˈ**nud·ist** nudiste *mf*; ˈ**nu·di·ty** nudité *f*; figure *f* nue.

nu·ga·to·ry [ˈnjuːgətəri] futile, sans valeur; inefficace.

nug·get [ˈnʌgit] pépite *f* (*d'or*).

nui·sance [ˈnjuːsns] dommage *m*; *fig. personne*: peste *f*, gêneur (-euse *f*) *m*; *chose*: ennui *m*; *what a* ~! quel ennui!; F quelle scie!; *commit no* ~! défense de déposer des immondices!; défense d'uriner; *make o.s.* (*ou be*) *a* ~ être assommant.

nuke *Am. sl.* [nuːk] **1.** arme *f* nucléaire; **2.** attaquer avec des armes nucléaires.

null [nʌl] ⚖, *a. fig.* nul(le *f*); *fig.* inefficace, insignifiant; ~ *and void* nul et sans effet; **nul·li·fiˈca·tion** annulation *f*, infirmation *f*; **nul·li·fy** [ˈ~ifai] annuler; nullifier; infirmer; ˈ**nul·li·ty** nullité *f*, invalidité *f*; *fig.* homme *m* nul, nonvaleur *f*.

numb [nʌm] **1.** engourdi (par, *with*); transi; **2.** engourdir (*a. fig.*).

num·ber [ˈnʌmbə] **1.** ♃, *gramm., personnes*: nombre *m*; chiffre *m* (*écrit*); numéro *m* (*de maison, auto, journal, programme, etc.*); *poét.* ~s *pl.* vers *m/pl.*; ♪ accords *m/pl.*; **2.** compter; numéroter; ~ *among*, ~ *in*, ~ *with* (se) compter parmi; ˈ**num·ber·less** sans nombre; innombrable; ˈ**num·ber-plate** *mot.* plaque *f* matricule.

numb·ness [ˈnʌmnis] engourdissement *m*; *fig.* torpeur *f*.

nu·mer·a·ble [ˈnjuːmərəbl] (dé-)nombrable; ˈ**nu·mer·al 1.** numéral (-aux *m/pl.*); **2.** nombre *m*, chiffre *m*; nom *m* de nombre; ~s *pl.* numéraux *m/pl.*; **nu·merˈa·tion** numération *f*; ˈ**nu·mer·a·tor** ⚔ numérateur *m* (*d'une fraction*).

nu·mer·i·cal □ [njuˈmerikl] numérique.

nu·mer·ous □ [ˈnju:mərəs] nombreux (-euse *f*); *vers*: cadencé; ˈ**nu·mer·ous·ness** (grand) nombre *m*; abondance *f*.

nu·mis·mat·ic [nju:mizˈmætik] (~*ally*) numismatique; **nu·misˈmat·ics** *usu. sg.* numismatique *f*; **nu·mis·ma·tist** [nju(:)ˈmizmətist] numismat(ist)e *m*.

num·skull F [ˈnʌmskʌl] nigaud(e *f*) *m*; idiot(e *f*) *m*.

nun [nʌn] religieuse *f*; *orn.* mésange *f* bleue, *a.* pigeon *m* nonnain.

nun·ci·a·ture *eccl.* [ˈnʌnʃiətʃə] nonciature *f*; **nun·ci·o** *eccl.* [ˈ~ʃiou] nonce *m*.

nun·ner·y [ˈnʌnəri] couvent *m* (de religieuses).

nup·tial [ˈnʌpʃəl] **1.** nuptial (-aux *m/pl.*); **2.** ~*s pl.* noces *f/pl.*

nurse [nə:s] **1.** (*souv.* wet-~) nourrice *f*; bonne *f* d'enfants; garde-malade (*pl.* gardes-malades) *f*; *hôpital*: infirmière *f*; *at* ~ en nourrice; *put s.o. out to* ~ mettre q. en nourrice; **2.** allaiter (*un bébé*); soigner (*malade, plante, popularité, rhume*); entretenir (*un espoir, un sentiment*); mijoter (*un projet*); cultiver (*des électeurs, une relation, etc.*); ˈ**~-maid** bonne *f* d'enfants.

nurs·er·y [ˈnə:sri] chambre *f* des enfants; garderie *f*; ⚘ pépinière *f* (*a. fig.*); ~ *school* maternelle *f*; ~ **gov·ern·ess** gouvernante *f* (pour jeunes enfants); ˈ**~·man** pépiniériste *m*; ~ **rhyme** chanson *f* de nourrice; poésie *f* enfantine.

nurs·ing [ˈnə:siŋ] allaitement *m*; soins *m/pl.*; profession *f* de garde-malade; ~ *home* maison de santé *ou* de convalescence *ou* de repos *ou* de retraite; *Brit. a.* clinique *f* privée; ~ *bottle* biberon *m*.

nurs·ling [ˈnə:sliŋ] nourrisson *m*.

nur·ture [ˈnə:tʃə] **1.** nourriture *f*; aliments *m/pl.*; soins *m/pl.*, éducation *f*; **2.** nourrir (de, *on*) (*a. fig.*); élever; instruire.

nut [nʌt] **1.** noix *f*; ⊕ écrou *m*; *sl.* problème *m ou* personne *f* difficile; *sl.* boule *f* (= *tête*); ♪ *violon*: sillet *m*, *archet*: hausse *f*; *sl.* insensé(e *f*) *m*; ~*s pl. charbon*: gailletin *m*; **2.** *sl.* ~*s* toqué; *sl. that is* ~*s to* (*ou for*) *him* c'est un plaisir pour lui; *be* ~*s on* raffoler de; *sl. drive s.o.* ~*s* affoler q.; *go* ~*s* être toqué, déménager; **3.**: *go* ~*ting* aller aux noisettes.

nu·ta·tion [nju:ˈteiʃn] nutation *f*.

nut·crack·er [ˈnʌtkrækə] *usu.* (*a pair of*) ~*s pl.* (des) casse-noisettes *m/inv.*; ˈ**nut-gall** noix *f* de galle; **nut·meg** [ˈ~meg] (noix *f* de) muscade *f*.

nu·tri·ent [ˈnju:triənt] **1.** nourrissant, nutritif (-ive *f*); **2.** substance *f* nutritive; ˈ**nu·tri·ment** nourriture *f*; aliments *m/pl.* nourrissants.

nu·tri·tion [nju:ˈtriʃn] nutrition *f*; **nuˈtri·tion·al** □ [~əl] alimentaire; nutritif (-ive *f*); ~ *value see nutritiousness*; **nuˈtri·tious** □ nourrissant, nutritif (-ive *f*); **nuˈtri·tious·ness** nutritivité *f*, valeur *f* nutritive.

nu·tri·tive □ [ˈnju:tritiv] *see nutritious*.

nut·shell [ˈnʌtʃel] coquille *f* de noix; *in a* ~ en peu de mots; **nut·ty** [ˈnʌti] abondant en noix *ou* en noisettes; ayant un goût de noisette; plein de saveur (*conte*); *sl.* entiché (de, *on*), timbré, un peu fou (fol *devant une voyelle ou un h muet*; folle *f*).

nuz·zle [ˈnʌzl] (contre, *against*) fouiller avec le groin (*cochon etc.*); fourrer son nez; *personne*: se blottir, se serrer.

ny·lon [ˈnailən] *tex.* nylon *m*; ~*s pl.* bas *m/pl.* nylon.

nymph [nimf] nymphe *f*.

O

O, o [ou] O *m*, o *m*.

o [ou] **1.** ⚇ (= *nought*) zéro *m*; **2.** *int.* O, ô, oh; ~ *for ...!* que ne donnerais-je pas pour ...!

oaf [ouf] idiot(e *f*) *m*; lourdaud(e *f*) *m*; **ˈoaf·ish** lourdaud.

oak [ouk] **1.** ⚘ chêne *m*; *univ.* F porte *f* extérieure; *see sport* 2; **2.** de *ou* en chêne; **ˈ~-ap·ple, ˈ~-gall** noix *f* de galle; **ˈoak·en** † de *ou* en chêne; **oak·let** [ˈ~lit], **ˈoak·ling** chêneau *m*.

oa·kum [ˈoukəm] étoupe *f*.

oar [ɔː] **1.** aviron *m*, rame *f*; *fig.* rameur (-euse *f*) *m*; *fig. put one's ~ in* intervenir, s'en mêler; F *rest on one's ~s* dormir sur ses lauriers; **2.** *v/i.* ramer; *v/t.* faire avancer à la rame; **oared** [ɔːd] à rames; **oars·man** [ˈɔːzmən] rameur *m*; **ˈoars·wom·an** rameuse *f*.

o·a·sis [oˈeisis], *pl.* **-ses** [~siːz] oasis *f* (*a. fig.*).

oast [oust] séchoir *m* (à houblon).

oat [out] *usu.* ~*s pl.* avoine *f*; F *fig. feel one's ~s* se sentir gaillard; *Am. a.* se donner des airs; *sow one's wild ~s* faire des fredaines.

oath [ouθ], *pl.* **oaths** [ouðz] serment *m*; *péj.* juron *m*, gros mot *m*; *administer* (*ou tender*) *an ~ to* faire prêter serment à, assermenter (*q.*); *bind s.o. by ~* lier par serment; *on ~* sous (la foi du) serment; *put s.o. on his ~* assermenter q.; *take an ~* prêter serment (sur, *on*); jurer (sur, *on*; de *inf.*, *to inf.*).

oat·meal [ˈoutmiːl] farine *f* d'avoine.

ob·du·ra·cy [ˈɔbdjurəsi] opiniâtreté *f*; inflexibilité *f*; **ob·du·rate** □ [ˈ~rit] obstiné; inflexible.

o·be·di·ence [oˈbiːdjəns] obéissance *f*; *eccl.* obédience *f*; ⚓ *in ~ to* conformément à; **oˈbe·di·ent** □ obéissant.

o·bei·sance [oˈbeisns] hommage *m*; † révérence *f*; *do* (*ou make ou pay*) ~ (à, *to*) rendre hommage; prêter obéissance (*au roi etc.*).

ob·e·lisk [ˈɔbilisk] obélisque *m*; *typ.* croix *f*, obèle *m*.

o·bese □ [oˈbiːs] obèse; **oˈbese·ness, oˈbes·i·ty** obésité *f*.

o·bey [oˈbei] *v/t.* obéir à (*q.*, *un ordre*); *v/i.* obéir.

ob·fus·cate [ˈɔbfʌskeit] *fig.* obscurcir; F griser.

o·bit·u·ar·y [oˈbitjuəri] **1.** registre *m* des morts; nécrologe *m*; **2.** nécrologique; *journ.* ~ *column* nécrologie *f*.

ob·ject 1. [ˈɔbdʒikt] objet *m* (*a. fig.*); chose *f*; *fig.* but *m*; *gramm.* complément *m*, régime *m*; *salary no ~* les appointements importent peu; **2.** [əbˈdʒekt] *v/t.* objecter (qch. à q., *s.th. to s.o.*); *v/i.* protester (contre, *to*); ~ *to* (*gér.*) s'opposer à (*inf.*); se refuser à (*inf.*); désapprouver (*inf.*); **~-glass** *opt.* [ˈɔbdʒiktglɑːs] objectif *m*.

ob·jec·tion [əbˈdʒekʃn] objection *f*; *fig.* aversion *f*; *there is no ~* (*to it*) il n'y a aucun inconvénient; **obˈjec·tion·a·ble** □ répréhensible; désagréable; choquant.

ob·jec·tive [ɔbˈdʒektiv] **1.** □ objectif (-ive *f*); **2.** objectif *m* (*a.* ⚔, *opt.*); but *m*; *gramm.* régime *m*; **obˈjec·tive·ness, ob·jecˈtiv·i·ty** objectivité *f*.

ob·ject...: **ˈ~-lens** *opt.* objectif *m*; **ˈ~less** □ sans but, sans objet; **ˈ~-les·son** leçon *f* de choses; *fig.* exemple *m*.

ob·jec·tor [əbˈdʒektə] réclameur *m*; contradicteur *m*; *see conscientious*.

ob·jur·gate [ˈɔbdʒəːgeit] accabler (*q.*) de reproches; **ob·jurˈga·tion** réprimande *f*; **obˈjur·ga·to·ry** [~gətəri] objurgatoire.

ob·late □ [ˈɔbleit] **1.** ⚗ aplati (aux pôles); **2.** *eccl.* oblat(e *f*) *m*; **ˈob·late·ness** ⚗ aplatissement *m*.

ob·la·tion *eccl.* [oˈbleiʃn] oblation *f*.

ob·li·ga·tion [ɔbliˈgeiʃn] obligation *f* (*a.* ⚓); devoir *m*; ⚓ engagement *m*; dette *f* de reconnaissance; *be under* (*an*) ~ *to s.o.* avoir des obligations envers q.; devoir de la reconnaissance à q.; *be under* ~ *to* (*inf.*) être dans l'obligation de (*inf.*), être tenu de (*inf.*); **ob·lig·a·to·ry** ['~gətəri] obligatoire (à q., *on s.o.*); de rigueur.

o·blige [ə'blaidʒ] *v/t.* obliger (*a.* ⚖); astreindre; rendre service à (*q.*); ~ *the company with a song* avoir l'amabilité de chanter; *much* ~*d* bien reconnaissant; *v/i.* F ~ *with a song etc.* avoir l'amabilité de chanter *etc.*; *please* ~ *with an early reply* prière de bien vouloir répondre sous peu; **ob·li·gee** [ɔbli'dʒiː] ⚖ obligatoire *m*, créancier *m*; F obligé(e *f*) *m*; **o·blig·ing** □ [ə'blaidʒiŋ] obligeant, serviable, complaisant; **o'blig·ing·ness** obligeance *f*, complaisance *f*; **ob·li·gor** ⚖ [ɔbli'gɔː] obligé(e *f*) *m*.

ob·lique □ [ə'bliːk] &, ⚘, ♪, ⚓, ⚔, *anat.*, *astr.*, *gramm.* oblique; indirect (*discours*, *a. fig.*); de biais (*regard*); **ob'lique·ness, ob'liq·ui·ty** [~kwiti] obliquité *f*.

ob·lit·er·ate [o'blitəreit] effacer, faire disparaître; *fig.* passer l'éponge sur; ⚕, *anat.*, *poste*: oblitérer; **ob·lit·er'a·tion** effaçage *m*; rature *f*; ⚕, *anat.*, *timbre*: oblitération *f*.

ob·liv·i·on [o'bliviən] oubli *m*; *pol.* amnistie *f*; *fall* (*ou sink*) *into* ~ tomber dans l'oubli; **ob'liv·i·ous** □ oublieux (-euse *f*); *be* ~ *of* oublier complètement; F ignorer tout à fait.

ob·long ['ɔblɔŋ] **1.** oblong(ue *f*); **2.** rectangle *m*.

ob·lo·quy ['ɔbləkwi] blâme *m*, calomnie *f*; opprobre *m*, honte *f*.

ob·nox·ious □ [əb'nɔkʃəs] odieux (-euse *f*); désagréable; détesté (par, *to*); **ob'nox·ious·ness** caractère *m* odieux.

o·boe ♪ ['oubou] hautbois *m*; *personne*: hautboïste *mf*.

ob·scene □ [ɔb'siːn] obscène; *fig.* répugnant; **ob'scen·i·ty** [~iti] obscénité *f*; *langage*: grossièreté *f*.

ob·scur·ant [ɔb'skjuərənt] obscurantiste *mf*; **ob·scu·ra·tion** [~skju'reiʃn] obscurcissement *m*; *astr.* obscuration *f*, éclipse *f*; **ob·scure** [əb'skjuə] **1.** □ obscur (*a. fig.*); sombre; **2.** *v/t.* obscurcir (*a. fig.*); masquer (*la lumière*); *fig.* éclipser; **ob'scu·ri·ty** obscurité *f* (*a. fig.*).

ob·se·quies ['ɔbsikwiz] *pl.* obsèques *f/pl.*, funérailles *f/pl.*

ob·se·qui·ous □ [əb'siːkwiəs] obséquieux (-euse *f*); **ob'se·qui·ous·ness** obséquiosité *f*, servilité *f*.

ob·serv·a·ble □ [əb'zəːvəbl] visible; sensible; remarquable; **ob'serv·ance** *eccl.*, *dimanche*, *loi*, *ordre*: observance *f*; pratique *f*; **ob'serv·ant** □ observateur (-trice *f*) (de, *of*); attentif (-ive *f*) (à, *of*); **ob·ser·va·tion** [ɔbzəː'veiʃn] observation *f*; surveillance *f*; remarque *f*; *attr.* d'observation; 🚃 ~ *car* wagon *m* d'observation; ⚕ ~ *ward* salle *f* des malades en observation; **ob·serv·a·to·ry** [əb'zəːvətri] observatoire *m*; **ob'serve** *v/t.* observer (*a. fig.*); regarder; remarquer, apercevoir; dire; *v/i.* ~ *on* commenter (*qch.*); **ob'serv·er** observateur (-trice *f*) *m*.

ob·sess [əb'ses] obséder; ~*ed by* (*ou with*) obsédé par, hanté par; en proie à; **ob'ses·sion** obsession *f*.

ob·so·les·cence [ɔbsə'lesns] vieillissement *m*; *biol.* atrophie *f*; **ob·so'les·cent** qui tombe en désuétude; *biol.* atrophié.

ob·so·lete ['ɔbsəliːt] désuet (-ète *f*); hors d'usage; démodé; *zo.* obsolète.

ob·sta·cle ['ɔbstəkl] obstacle *m*.

ob·ste·tri·cian ⚕ [ɔbste'triʃn] accoucheur *m*; **ob'stet·rics** [~riks] *usu. sg.* obstétrique *f*.

ob·sti·na·cy ['ɔbstinəsi] obstination *f*, opiniâtreté *f*; ⚕ persistance *f*; **ob·sti·nate** □ ['~nit] obstiné (*a.* ⚕), opiniâtre; acharné; rebelle (*fièvre*).

ob·strep·er·ous □ [əb'strepərəs] bruyant; rebelle; indiscipliné.

ob·struct [əb'strʌkt] *v/t.* obstruer (*a.* ⚕); encombrer; gêner; empêcher; **ob'struc·tion** ⊕ engorgement *m*; ⚕, *parl.* obstruction *f*; obstacle *m*; *fig.* empêchement *m*; encombrement *m*; **ob'struc·tive** □ ⚕ obstructif (-ive *f*); d'obstruction; *be* ~ *of* gêner.

ob·tain [əb'tein] *v/t.* obtenir, se procurer; gagner; *v/i.* régner, exister; **ob'tain·a·ble** procurable; trouvable; **ob'tain·ment** obtention *f*.

ob·trude [əb'truːd] (s')imposer (*on*, à); **ob'tru·sion** importunité *f*, intrusion *f*; **ob'tru·sive** □ [~siv] importun; indiscret (-ète *f*).

ob·tu·rate ['ɔbtjuəreit] boucher, obturer; '**ob·tu·ra·tor** obturateur *m*.

ob·tuse □ [əb'tjuːs] &, *angle*, *esprit*, *pointe*: obtus; *fig.* émoussé, sourd;

fig. stupide; **ob'tuse·ness** manque *m* de pointe; *fig.* stupidité *f.*

ob·verse ['ɔbvəːs] obvers *m*; *médaille, monnaie*: face *f*; *fig.* opposé *m.*

ob·vi·ate ['ɔbvieit] *fig.* obvier à, éviter; prévenir.

ob·vi·ous □ ['ɔbviəs] évident, manifeste, clair; *fig.* voyant; '**ob·vi·ous·ness** évidence *f.*

oc·ca·sion [ə'keiʒn] **1.** occasion *f*, cause *f*; sujet *m*; besoin *m*; fois *f*; ~s *pl.* affaires *f/pl.*; *on* ~ de temps à autre; *on several* ~s à plusieurs reprises; *on all* ~s en toute occasion; *on the* ~ *of* à l'occasion de; *have no* ~ *for* n'avoir aucun sujet de; *rise to the* ~ être *ou* se montrer à la hauteur de la situation; **2.** occasionner, donner lieu à; **oc'ca·sion·al** □ ... de temps en temps; épars; ~ *furniture* meuble *m* volant.

oc·ci·dent *poét.* ['ɔksidənt] occident *m*, ouest *m*; **oc·ci·den·tal** □ [~'dentl] occidental (-aux *m/pl.*); de l'ouest.

oc·cult □ [ɔ'kʌlt] occulte, secret (-ète *f*); **oc·cul'ta·tion** *astr.* occultation *f*; **oc·cult·ism** ['ɔkəltizm] occultisme *m*; '**oc·cult·ist** occultiste *mf*; **oc·cult·ness** [ɔ'kʌltnis] caractère *m* occulte.

oc·cu·pan·cy ['ɔkjupənsi] occupation *f*, habitation *f* (de, *of*); *emploi*: possession *f*; '**oc·cu·pant** *terre*: occupant(e *f*) *m*; *maison*: locataire *mf*; *emploi*: titulaire *mf*; **oc·cu'pa·tion** occupation *f* (*a.* ⚔); emploi *m*, métier *m*, profession *f*; *be in* ~ *of* occuper; *employed in an* ~ employé; **oc·cu'pa·tion·al** de métier; professionnel(le *f*); ~ *disease* maladie *f* professionnelle; ~ *hazard* risque *m* du métier; ~ *therapy* thérapeutique *f* occupationnelle; **oc·cu·pi·er** ['~paiə] *see occupant*; **oc·cu·py** ['~pai] occuper (*q., qch., a.* ⚔ *une ville*); habiter (*une maison*); remplir (*l'espace, le temps, un emploi*); occuper (*la place, le temps*); passer (*le temps*); ⚔ s'emparer de (*un point stratégique*), garnir (*une place de guerre*); donner du travail à; ~ *o.s.* (*ou be occupied*) *with* (*ou in*) être occupé à, s'occuper à.

oc·cur [ə'kəː] avoir lieu; arriver; se produire; se trouver; venir à l'esprit (à q., *to s.o.*); **oc·cur·rence** [ə'kʌrəns] événement *m*; occurrence *f*; *min.* venue *f.*

o·cean ['ouʃn] océan *m*; mer *f*; F ~s *pl. of* un tas *m* de; '~**·go·ing** ⚓ de haute mer (*bateau*); **o·ce·an·ic** [ouʃi'ænik] océanique; de l'océan.

o·chre *min.* ['oukə] ocre *f.*

o'clock [ə'klɔk]: *five* ~ cinq heures.

oc·ta·gon ['ɔktəgən] octogone *m*; **oc·tag·o·nal** [ɔk'tægənl] octogonal (-aux *m/pl.*).

oc·tane ⚗ ['ɔktein] octane *m.*

oc·tave ♪ ['ɔktiv] octave *f*; **oc·ta·vo** [~'teivou] in-octavo *inv.* (*a. su./m*).

Oc·to·ber [ɔk'toubə] octobre *m.*

oc·to·ge·nar·i·an ['ɔktoudʒi'nɛəriən] octogénaire (*a. su./mf*).

oc·to·pus *zo.* ['ɔktəpəs] poulpe *m*; *surt.* pieuvre *f* (*a. fig.*).

oc·u·lar □ ['ɔkjulə] oculaire, des yeux, de l'œil; ~ *demonstration* démonstration *f* oculaire; ~*ly* oculairement, des yeux; '**oc·u·list** oculiste *m.*

odd □ [ɔd] impair (*nombre*); dépareillé; déparié (*de deux*); qui ne vont pas ensemble; *fig.* quelconque; *40* ~ une quarantaine; quelque quarante ...; *12 pounds* ~ 12 livres et quelques shillings; *there is still some* ~ *money* il reste encore quelque argent (de surplus); *at* ~ *times* par-ci par-là; *be* ~ *man* rester en surnombre; ~*ly enough* curieusement, chose curieuse; *see a. odds*; '~**·ball** *Am.* F drôle de type *m*; **Odd·fel·lows** ['ɔdfelouz] *pl. une société de secours mutuels*; '**odd·i·ty** singularité *f*, bizarrerie *f*; F original(e *f*) *m*; '**odd·ments** *pl.* restes *m/pl.*; ✝ fins *f/pl.* de série; fonds *m/pl.* de boutique; **odds** [ɔdz] *pl., a. sg.* chances *f/pl.*; avantage *m*; différence *f*; *courses*: cote *f*; *Am. a.* faveurs *f/pl.*; *at* ~ brouillé, en désaccord; ~ *and ends* bribes *f/pl.* et morceaux *m/pl.*; petits bouts *m/pl.*; *nourriture*: restes *m/pl.*; *sp. give s.o.* ~ concéder des points à q.; *what's the* ~*?* qu'est-ce que ça fait?; *it makes no* ~ ça ne fait rien; cela n'a pas d'importance; *the* ~ *are for* (*against*) *him* les chances sont pour (contre) lui.

ode [oud] ode *f.*

o·di·ous □ ['oudiəs] odieux (-euse *f*); détestable; répugnant; **o·di·um** ['oudiəm] détestation *f*; réprobation *f*; haine *f.*

o·dom·e·ter *mot.* [o'dɔmitə] odomètre *m*; compteur *m* enregistreur.
o·don·to·lo·gy ⚕ [ɔdɔn'tɔlədʒi] odontologie *f*.
o·dor·if·er·ous □ [oudə'rifərəs], **'o·dor·ous** □ odorant; parfumé; *péj.* puant.
o·do(u)r ['oudə] parfum *m*; odeur *f* (*a. fig.*); *fig.* faveur *f*; **'o·do(u)r·less** sans odeur, inodore.
œconom... *see* econom...
œc·u·men·i·cal *eccl.* □ [i:kju:'menikl] œcuménique; F universel(le *f*).
œ·de·ma ⚕ [i:'di:mə] œdème *m*.
o'er [oə] *see* over.
œ·soph·a·gus *anat.* [i:'sɔfəgəs] [œsophage *m*.]
of [ɔv; əv] *prp. possession, dépendance*: de (*mon père*); *origine*: de (*bonne famille*); *cause*: de (*joie, faim, etc.*); *qualité, quantité, action, distance*: de; *lieu de bataille, etc.*: de; *titre de nobilité*: de; *matière*: de, en (*soie, or, etc.*); *titre universitaire*: en (*philosophie, droit, etc.*), ès (*lettres, sciences*); parmi, (d')entre (*un groupe*); *après certains verbes comme priver, ôter, etc.*: de; *génitif de déscription*: *a man* ~ *honour* un homme d'honneur; *the city* ~ *London* la cité de Londres; *génitif subjectif*: *the love* ~ *a mother* l'amour d'une mère; *génitif objectif*: *the love* ~ *God* l'amour de Dieu; *a hatred* ~ *cruelty* une haine de la cruauté; *article partitif*: *a glass* ~ *wine* un verre de vin; *pour of après verbe ou adjectif voir le verbe simple ou l'adjectif*; *die* ~ *cancer* mourir de cancer; *enough* ~ assez de; *loved* ~ *all* aimé de tous; *north* ~ *Paris* au nord de Paris; *Duke* ~ *Kent* Duc de Kent; *get rid* ~ se débarasser de; *cheat s.o.* ~ *s.th.* frustrer q. de qch.; *rob s.o.* ~ *s.th.* voler qch. à q.; *think* ~ penser à; *fig.* juger de; *be afraid* (*ashamed*) ~ avoir peur (honte) de; *desirous* (*proud*) ~ désireux (fier) de; *it is very kind* ~ *you* c'est très aimable à vous; *the best* ~ *my friends* le meilleur de mes amis; ~ *late* récemment; ~ *old* de jadis; *the 2nd* ~ *May* le 2 mai; *it smells* ~ *roses* cela sent les roses; *the remedy* ~ *remedies* le remède par excellence; *this world* ~ *ours* ce monde terrestre; *he* ~ *all men* lui entre tous; F ~ *an evening* le soir.
off [ɔ:f; ɔf] **1.** *adv. usu. avec verbe, voir le verbe simple*; ⚓ au large; *3 miles* ~ à 3 milles de distance; *5 months* ~ à 5 mois d'ici *ou* de là; ~ *and on* par intervalles; *be* ~ partir, s'en aller; *fig.* être fermé (*gaz etc.*); être coupé (*allumage etc.*); être épuisé (*plat*); être abandonné (*jeu*); être avancé (*viande etc.*); ne plus pondre (*poule*); *be* ~ *with* en avoir fini avec (*q.*); *have one's shoes* ~ avoir ôté ses souliers; *be well* (*badly*) ~ être dans l'aisance (dans la gêne *ou* misère, mal loti); **2.** *prp. usu.* de; *après certains verbes comme prendre, ôter, emprunter, etc.*: à; *distance*: éloigné de, écarté de; dégoûté de (*la nourriture*); ⚓ au large de; *a street* ~ *the Strand* une rue aboutissant au Strand; **3.** *adj.* de dehors; extérieur; droit (*Am.* gauche); *cheval*: de sous-verge; côté hors montoir (*cheval*); latéral (-aux *m/pl.*) (*rue*); subsidiaire (*importance*); ~ *chance* chance *f* douteuse; possibilité *f*; *on the* ~ *chance* au cas où; à tout hasard; dans le vague espoir (de *that*, *of gér.*); *be* (*ou feel*) ~ *colo(u)r* ne pas être en forme *ou* dans son assiette; ~ *day* jour *m* où l'on n'est pas en train; **4.** *su. cricket*: *to the* ~ en avant à droite; **5.** *int.* filez!; allez-vous-en!
of·fal ['ɔfəl] déchets *m/pl.*, rebut *m*; ~*s pl. boucherie*: déchets *m/pl.* d'abattage; abats *m/pl.*
off...: **'~·beat** F excentrique; **'~·cast** **1.** rebut *m*; **2.** de rebut; **'~·cen·tre**, *Am.* **'~·cen·ter** décentré, désaxé, en porte-à-faux; **~'col·o(u)r** scabreux (-euse *f*) (*histoire*).
off-du·ty hours ['ɔ:fdju:ti'auəz] *pl.* loisirs *m/pl.*, (heures *f/pl.* de) liberté *f*, congé *m*.
of·fence [ə'fens] offense *f*, faute *f*; sujet *m* de déplaisir; ⚖ crime *m*, délit *m*; *minor* ~ contravention *f*; *no* ~! pardonnez-moi!; je ne veux offenser personne!; *give* ~ offenser, froisser, blesser (q., *to s.o.*); *take* ~ se froisser (de, *at*).
of·fend [ə'fend] *v/t.* offenser, froisser, blesser; *v/i.* pécher (contre, *against*); violer (la loi, *against the law*); déplaire; **of'fend·er** délinquant(e *f*) *m*; coupable *mf*; offenseur *m*; pécheur (-eresse *f*) *m*; *first* ~ délinquant(e *f*) *m* primaire.
of·fense [ə'fens] *Am. see* offence.

of·fen·sive [ə'fensiv] **1.** □ offensif (-ive *f*); choquant, offensant; désagréable; **2.** offensive *f*.
of·fer ['ɔfə] **1.** offre *f*; demande *f* (*en mariage*); *on* ~ en vente; **2.** *v/t.* offrir (*qch.*, *prix*, ⚜, *occasion*, *etc.*); présenter (*spectacle*, *difficulté*, *excuses*); inviter (*un combat*); faire (*opposition*, *résistance*, *insulte*); avancer (*une opinion*); adresser (*des prières*); essayer (de, *to*); ~ *violence* faire violence (à, *to*); *v/i.* s'offrir, se présenter; '**of·fer·ing** *action*, *chose*: offre *f*; *eccl.* offrande *f*.
of·fer·to·ry *eccl.* ['ɔfətəri] oblation *f*; *argent*: (montant *m* de la) quête *f*.
off-hand F ['ɔːf'hænd] sans préparation; à première vue; cavalièrement; brusque(ment); improvisé; sans gêne.
of·fice ['ɔfis] service *m*; office *m* (*a. eccl.*); emploi *m*, charge *f*, fonctions *f/pl.*; dignité *f*; bureau *m*; ♀ ministère *m*; portefeuille *m*; *good* ~*s pl.* bons offices *m/pl.*; *in* ~ au pouvoir (*gouvernement*, *parti*); *Insurance* ♀ compagnie *f* d'assurance(s); *sl. give s.o. the* ~ avertir q.; F passer la consigne à q.; ~ *appliances pl.* articles *m/pl.* de bureau; ~ *bearer* fonctionnaire *m*; ⚜ membre *m* du comité *m* directeur; ~ *boy* garçon *m* de bureau; ~ *holder* employé(e *f*) *m* de l'État; ~ *hours pl.* heures *f/pl.* de bureau.
of·fi·cer ['ɔfisə] fonctionnaire *m*; officier *m* (*a.* ⚔); '**of·fi·cered** (*by*) commandé (par); sous le commandement (de).
of·fi·cial □ [ə'fiʃl] **1.** officiel(le *f*); titulaire; de service; *see officinal*; ~ *agency* agence *f*; *poste*: ~ *business* en franchise; service *m* de l'État; ~ *channel* filière *f*, voie *f* hiérarchique; ~ *clerk* employé *m*; fonctionnaire *m*; ~ *hours pl.* heures *f/pl.* de bureau; **2.** fonctionnaire *m*; employé *m*; **of'fi·cial·dom, of'fi·cial·ism** [~ʃəlizm] bureaucratie *f*, fonctionnarisme *m*.
of·fi·ci·ate [ə'fiʃieit] officier; *fig. a.* exercer les fonctions d'hôte.
of·fic·i·nal ⚕ [ɔfi'sainl] officinal (-aux *m/pl.*).
of·fi·cious □ [ə'fiʃəs] trop zélé; officieux (-euse *f*); empressé.
off·ing ⚓ ['ɔfiŋ] large *m*, pleine mer *f*; *in the* ~ au large, *fig.* en perspective; '**off·ish** F distant, réservé.
off...: '~**·key** ♪ faux (fausse *f*); '~**-peak**: ~*charges pl.* tarif *m* réduit (aux heures creuses); ~ *hours pl.* heures *f/pl.* creuses; '~**-print** tirage *m* à part; '~**-put·ting** peu engageant, rebutant, répugnant; '~**·scour·ings** *pl.*, '~**·scum** rebut *m*; *fig.* lie *f*; '~**-sea·son 1.** morte-saison *f*; **2.** hors-saison (*tarif etc.*); '~**·set 1.** compensation *f*; ⚠ saillie *f*; ⚠ retrait *m* (*d'un mur*); ⊕ *tuyau*: double coude *m*; *piston*: rebord *m*; *typ.* maculage *m*; *phot.* offset *m*; *see off-shoot*; *set-off*; **2.** compenser; '~**·shoot** rejeton *m*; F ramification *f*; '~**'shore** côtier, littoral; '~**-side** *sp.* hors jeu; '~**·spring** descendants *m/pl.*; progéniture *f*; *fig.* produit *m*; '~**'stage** *théâ.* dans la coulisse; *fig.* dans la vie privée; '~**-the-cuff** impromptu, au pied levé; '~**-the-peg** *cost.* de confection, prêt à porter; '~**-the-rec·ord** confidentiel(le *f*); '~**·time** temps *m* (de) libre; loisirs *m/pl.*; ~**-white** blanc cassé *inv.*
of·ten ['ɔːfn], †, *poét. ou mots composés* **oft** [ɔːft] souvent, fréquemment.
o·gee ⚠ ['oudʒiː] doucine *f*, cimaise *f*.
o·gi·val [ou'dʒaivəl] ogival (-aux *m/pl.*); en ogive; **o·give** ['oudʒaiv] ⚠ ogive *f*.
o·gle ['ougl] lancer des œillades (à).
o·gre ['ougə] ogre *m*; '**o·gress** ogresse *f*.
oh [ou] O!, ô!
oil [ɔil] **1.** huile *f*; *sens restreint*: pétrole *m*; F *souv.* ~*s pl. see* ~*-colo(u)r*; ~ *dash-pot* frein *m* à huile; ~ (*level*) *gauge* jauge *f* de niveau d'huile; ~ *slick* nappe *f* de pétrole; **2.** graisser (*a. fig.*); ~ *up* (s')encrasser; '~**-change** *mot.* vidange *m*; '~**·cloth** toile *f* cirée; linoléum *m* imprimé; '~**-col·o(u)r** couleur *f* à l'huile; '**oil·er** *personne*: graisseur *m*; *chose*: burette *f* de graissage; '**oil·field** gisement *m ou* champ *m* pétrolifère; '**oil·i·ness** état *m ou* aspect *m* graisseux; onctuosité *f* (*a. fig.*); '**oil-paint·ing** peinture *f* à l'huile; '**oil-pro·duc·ing coun·tries** *pl.* pays *m/pl.* producteurs de pétrole; **oil-rig** plate-forme *f* pétrolière; '**oil·skin** toile *f* cirée *ou* huilée; ~*s pl.* ciré *m*; cirage *m*; '**oil·y** □ huileux (-euse *f*); graisseux (-euse *f*); gras(se *f*) (*a. voix*); *fig.* onctueux (-euse *f*), mielleux (-euse *f*).

oint·ment ['ɔintmənt] onguent *m*, pommade *f*.

O.K., o·kay, o·keh ['ou'kei] **1.** parfait!; d'accord!; *écrit*: vu et approuvé; **2.** approuver; contresigner (*un ordre*).

old [ould] vieux (vieil *devant une voyelle ou un h muet*; vieille *f*; vieux *m/pl.*) (*a.* = *expérimenté, rebattu, du temps ancien*); ancien(ne *f*) (*devant su.* = *qui n'est plus en fonctions*); du temps ancien, de jadis; F ce cher ..., ce bon vieux ...; *of* ~ d'autrefois, de jadis; depuis longtemps; *in times of* ~ jadis, autrefois; *a friend of* ~ un vieux camarade; ~ *age* vieillesse *f*; *an* ~ *boy* un ancien élève; *surt. Am.* ♀ *Glory* la bannière étoilée; F *my* ~ *man* mon homme; F *my* ~ *woman* ma femme; '**~-age**: ~ *pension* retraite *f*, pension *f* vieillesse; ~ *pensioner* retraité(e *f*) *m*; '**old·en** † *ou poét.* (de) jadis; vieux (vieil *devant une voyelle ou un h muet*; vieille *f*; vieux *m/pl.*); '**old-'fash·ioned** démodé; à l'ancienne mode; '**old·ish** vieillot(te *f*); '**old-'maid·ish** de vieille fille; **old·ster** ['~stə] F vieillard(e *f*) *m*; **old wives' tale** conte *m* de bonne femme.

o·le·ag·i·nous [ouli'ædʒinəs] oléagineux (-euse *f*), huileux (-euse *f*).

ol·fac·to·ry *anat.* [ɔl'fæktəri] olfactif (-ive *f*).

ol·i·garch·y ['ɔligɑːki] oligarchie *f*.

o·li·o ['ouliou] F pot-pourri (*pl.* pots-pourris) *m*.

ol·ive ['ɔliv] **1.** ⚘ olive *f*; *a. see* ~*-tree*; **2.** olive *adj./inv.*; '**~-branch** (rameau *m* d')olivier *m* (*a. fig.*); '**~-tree** olivier *m*.

O·lym·pi·ad [o'limpiæd] olympiade *f*.

O·lym·pi·an [o'limpiən] olympien (-ne *f*); de l'Olympe; **O'lym·pic games** *pl.* jeux *m/pl.* Olympiques.

om·buds·man ['ɔmbudzmən] médiateur *m*, protecteur *m* du citoyen.

om·e·let(te) ['ɔmlit] omelette *f*.

o·men ['oumen] présage *m*, augure *m*; **om·i·nous** □ ['ɔminəs] de mauvais augure.

o·mis·si·ble [o'misibl] négligeable; **o'mis·sion** omission *f*; négligence *f*; *fig.* oubli *m*; *eccl. sin of* ~ péché *m ou* faute *f* d'omission.

o·mit [o'mit] omettre (*qch.*; de, *to*); oublier (de, *to*); passer sous silence.

om·ni·bus ['ɔmnibəs] **1.** autobus *m*; **2.** embrassant (*des choses*) diverses; 🚂 ~ *train* train *m* omnibus.

om·nip·o·tence [ɔm'nipətəns] toute-puissance *f*; **om'nip·o·tent** tout-puissant (toute-puissante *f*).

om·ni·pres·ence ['ɔmni'prezəns] omniprésence *f*; '**om·ni'pres·ent** □ omniprésent.

om·nis·cience [ɔm'nisiəns] *eccl.* omniscience *f*; **om'nis·cient** □ omniscient.

om·niv·o·rous [ɔm'nivərəs] omnivore; *fig.* insatiable.

on [ɔn] **1.** *prp. usu.* sur; à (*la Bourse, cheval, l'arrivée de, pied, l'occasion de*); en (*vacances, route, perce, vente*); après; avec (*une pension, un salaire de*); de (*ce côté-ci*); pour; dans (*le train*); sous (*peine de*); *direction*: vers; ~ *the shore* sur le rivage; ~ *shore* à terre; ~ *the death of* à la mort de; ~ *examination* après considération; ~ *both sides* des deux côtés; ~ *all sides* de tous côtés; ~ *business* pour affaires; *be* ~ *a committee* faire partie d'un comité; ~ *Friday* vendredi; ~ *Fridays* le(s) vendredi(s); ~ *the 5th of April* le 5 avril; ~ *the left* (*right*) à gauche (droite); *surt. Am. get* ~ *a train* monter en voiture; *turn one's back* ~ montrer le dos à (*q.*); ~ *these conditions* dans ces conditions; ~ *the model of* à l'imitation de; ~ *hearing it* lorsque je (*etc.*) l'entendis; *pour on après verbe, voir le verbe simple*; **2.** *adv.* (en) avant; *souv. ne se traduit pas* (*p.ex. put* ~ mettre) *ou s'exprime tout autrement* (*p.ex. théâ. be* ~ être en scène; *have one's shoes* ~ être chaussé *etc.*) *ou se traduit par l'idée verbale de* continuer (*qch.*; à *inf.*); *and so* ~ et ainsi de suite; ~ *and* ~ sans fin; ~ *to* sur, à; *from that day* ~ dès ce jour, à partir de ce jour; *be* ~ se trouver sur (*qch.*); faire partie de; se passer; être ouvert (*robinet, électricité*); *théâ.* être en scène; *sl. be a bit* ~ être quelque peu pompette (= *ivre*); F *what's* ~? qu'est-ce qui arrive?; *théâ.* qu'est-ce qui se joue?; **3.** *int.* en avant!, allez(-y)!

once [wʌns] **1.** *adv.* une (seule) fois; autrefois; jadis; *at* ~ tout de suite; sur-le-champ; à l'instant; *all at* ~ tout d'un coup, soudain; ~ *again* encore une fois, une fois de plus; ~

for all une fois pour toutes; *for* ~ pour une fois; ~ *in a while* (une fois) de temps en temps; *this* ~ cette fois-ci; ~ *more* une fois de plus, encore une fois; *contes etc.*: ~ *upon a time there was* ... il était une fois; **2.** *cj.* (*a.* ~ *that*) dès que; pour peu que.

once-o·ver *Am.* F ['wʌnsouvə]: *give s.o. a* ~ jeter un coup *m* d'œil rapide sur q.

on·com·ing ['ɔnkʌmiŋ] **1.** imminent; qui approche; ~ *traffic* circulation *f* en sens inverse; **2.** arrivée *f*; approche *f*.

one [wʌn] **1.** un(e *f*); unique, seul; seul et même; celui *m* (celle *f*; ceux *m/pl.*); *pron. sujet indéfini*: on; *his* ~ *care* son seul souci; ~ *day* un jour; ~ *of these days* un de ces jours; ~ *Mr. Miller* un certain M. Miller, un nommé M.; *see any*~, *every*~, *no 1*; *give* ~*'s view* donner son avis; *a large dog and a little* ~ un grand chien et un petit; *for* ~ *thing* entre autres raisons, en premier lieu; **2.** un(e *f*) *m*; ~ (*o'clock*) une heure; *the little* ~*s* les petit(e)s; ~ *another* l'un(e) l'autre, les un(e)s les autres; *at* ~ d'accord; ~ *by* ~, ~ *after another* un(e) à un(e), l'un(e) après l'autre; *it is all* ~ (*to me*) cela m'est égal; *I for* ~ ... quant à moi, je ...; pour ma part, je ...; '~-'**horse** à un cheval; *fig. sl.* insignifiant; '**one·ness** unité *f*; identité *f*; accord *m*; '**one-night stand** *théâ.* soirée unique.

on·er·ous □ ['ɔnərəs] onéreux (-euse *f*); pénible.

one...: ~'**self** soi-même; *réfléchi*: se, *accentué*: soi; *by* ~ tout seul; '~-'**sid·ed** □ inégal (-aux *m/pl.*), injuste; asymétrique (*forme*); '~-**time** ancien(ne *f*); ~-'**up·man·ship** art *m* de faire mieux que les autres; '~-**way**: ~ *street* (rue *f* à) sens *m* unique; ~ *fare* (prix *m* du) billet *m* simple.

on·fall ['ɔnfɔːl] assaut *m*.

on-go·ings ['ɔngouiŋz] *pl.* F manège *m*.

on·ion ['ʌnjən] oignon *m*.

on·look·er ['ɔnlukə] spectateur (-trice *f*) *m*.

on·ly ['ounli] **1.** *adj.* seul, unique; **2.** *adv.* seulement, ne ... que; rien que; ~ *yesterday* pas plus tard qu'hier; ~ *just* à peine; tout juste; ~ *think!* imaginez un peu!; **3.** *cj.* mais; ~ *that* si ce n'est *ou* était que.

on·rush ['ɔnrʌʃ] ruée *f*.

on·set ['ɔnset], **on·slaught** ['ɔnslɔːt] assaut *m*; attaque *f* (*a. fig.*); *fig. at the onset* de prime abord.

on·shore ['on'ʃɔː] à terre; du large (*vent*).

o·nus ['ounəs] (*pas de pl.*) *fig.* responsabilité *f*, charge *f*.

on·ward ['ɔnwəd] **1.** *adj.* en avant, progressif (-ive *f*); **2.** *adv.* (*a.* **onwards** ['~z]) en avant; plus loin.

oo·dles F ['uːdlz] *pl.* un tas *m* (de, *of*).

oof *sl.* [uːf] galette *f* (= *argent*).

oomph *sl.* [uːmf] énergie *f*, allant *m*, entraîn *m*.

ooze [uːz] **1.** vase *f*; boue *f*; ⊕ jus(ée *f*) *m*; **2.** suinter; (*a.* ~ *out*) dégoutter; ~ *away* s'écouler, disparaître; *Am. sl.* ~ *out* (se dé)filer.

oo·zy □ ['uːzi] vaseux (-euse *f*); suintant.

o·pac·i·ty [o'pæsiti] opacité *f*; *fig. intelligence*: lourdeur *f*.

o·pal *min.* ['oupəl] opale *f*; **o·pal·es·cent** [~'lesnt] opalescent.

o·paque □ [ou'peik] opaque; *fig.* obtus, peu intelligent.

o·pen ['oupən] **1.** *adj.* □ *usu.* ouvert; plein (*air, campagne, mer*); grand (*air*); débouché (*bouteille*); courant (*compte*); non barré (*chèque*); nu (*feu*); public (-ique *f*) (*jugement*); haut (*mer*); défait (*paquet*); béant (*plaie*); discutable (*question*); déclaré (*rival*); manifeste (*sentiment*); franc(he *f*); doux (douce *f*) (*temps*); découvert (*voiture*); ~ *to* accessible à; exposé à; ~ *to conviction* accessible à la conviction; *in the* ~ *air* en plein air, au grand air; ⚒ ~-*cast*, ~-*cut* à ciel ouvert (*exploitation*); *in* ~ *court* en plein tribunal; *sp.* ~ *race* omnium *m*; *Am.* ~ *shop* atelier *m etc.* qui admet les ouvriers non-syndiqués; ♀ *University* (Centre *m* de) Téléenseignement *m* universitaire; *leave o.s.* ~ *to* s'exposer à; **2.** *su. bring into the* ~ exposer au grand jour; **3.** *v/t. usu.* ouvrir; inaugurer; écarter; révéler, exposer; commencer, entamer; ~ *up* ouvrir; *v/i.* s'ouvrir; s'épanouir; s'étendre (*vue*); commencer; ~ *into* donner dans, communiquer avec; ~ *on to* donner sur, ouvrir sur; '~-'**air** en *ou* de plein air; '~-'**end**(**ed**) sans limite de durée; illimité; ✝ flexible (*offre*); '**o·pen·er**

['oupnə] *personne*: ouvreur (-euse *f*) *m*; **'o·pen'hand·ed** libéral (-aux *m/pl.*); **'o·pen·ing 1.** ouverture *f*; inauguration *f*; commencement *m*, début *m*; trou *m*; éclaircie *f* (*dans les nuages*); *mur, forêt*: percée *f*; clairière *f* (*dans un bois*); **2.** d'ouverture, inaugural (-aux *m/pl.*); *théâ.* ~ *night* première *f*; ~ *time* heure *f* d'ouverture; **'o·pen'mind·ed** *fig.* impartial (-aux *m/pl.*); qui a l'esprit large; **'o·pen-'mouthed** bouche *f* bée; **o·pen·ness** ['oupnnis] aspect *m* découvert, situation *f* exposée; *fig.* franchise *f*; **'o·pen-plan** sans cloisons, à aire ouverte (*bureau etc.*); **'o·pen·work 1.** ouvrage *m* àjouré; (a)jours *m/pl.*; **2.** àjouré; à claire-voie.

op·er·a ['ɔpərə] opéra *m*.

op·e·ra·ble ['ɔpərəbl] ⚕ opérable; praticable.

op·er·a...: **'~-'danc·er** danseur (-euse *f*) *m* d'opéra; ballerine *f*; **'~glass(es** *pl.*) jumelle *f*, -s *f/pl.*; **'~hat** (chapeau *m*) claque *m*; **'~house** opéra *m*.

op·er·ate ['ɔpəreit] *v/t.* opérer, effectuer (*a.* ✝, ⚕, ⚔); ✝ exploiter; *Am.* actionner; faire manœuvrer (*une machine*); gérer, diriger (*une entreprise*); *v/i.* ⚕ opérer (q., *on s.o.*); *Am.* fonctionner; ✝ faire des opérations, spéculer; entrer en vigueur, jouer; *be operating* fonctionner; **op·er·at·ic** [~'rætik] d'opéra; ~ *singer* chanteur (-euse *f*) *m* dramatique d'opéra; **op·er·at·ing** ['ɔpəreitiŋ] qui opère; ⚕ opérateur (*chirurgien*); d'exploitation; d'opération; ~ *expenses pl.* dépenses *f/pl.* courantes; ~ *instructions pl.* indications *f/pl.* du mode d'emploi; ⚕ ~ *room* (*ou theatre, theater*) salle *f* d'opération; **op·er'a·tion** fonctionnement *m*, action *f*; ⚕, ⚔, ✝ opération *f*; *be in* ~ fonctionner, jouer; être en vigueur; *come into* ~ entrer en vigueur; **op·er'a·tion·al** d'opération; d'exploitation; **op·er·a·tive** ['~rətiv] **1.** □ actif (-ive *f*), opératif (-ive *f*); pratique; *fig.* essentiel(le *f*); ⚕ opératoire; **2.** ouvrier (-ère *f*) *m*; **op·er·a·tor** ['~reitə] opérateur (-trice *f*) *m* (*a.* ⊕); ⚕ opérateur *m* (*a. cin.*, *a.* ✝); téléphoniste *mf*; ✝ joueur *m*; ouvrier (-ère *f*) *m*; *Am. mot.* conducteur *m*.

op·er·et·ta [ɔpə'retə] opérette *f*.

oph·thal·mi·a ⚕ [ɔf'θælmiə] ophtalmie *f*; **oph'thal·mic** ophtalmique; ~ *hospital* hôpital *m* ophtalmologique.

o·pi·ate *pharm.* **1.** ['oupiit] opiat *m*, opiacé *m*, narcotique *m*; **2.** ['~ieit] opiacer (*un médicament*).

o·pine [o'pain] *v/t.* être d'avis (que); *v/i.* opiner; **op·in·ion** [ə'pinjən] opinion *f*, avis *m*; ⚕ consultation *f*; ~ *poll* sondage *m* (d'opinion); *counsel's* ~ avis *m* motivé; *be of* ~ estimer, être d'avis (que, *that*); *in my* ~ à mon avis; **o'pin·ion·at·ed** [~eitid] opiniâtre; imbu de ses opinions.

o·pi·um *pharm.* ['oupjəm] opium *m*; ~ *addict* opiomane *mf*; ~ *den* fumerie *f* d'opium.

o·pos·sum *surt. Am.* [ə'pɔsəm] opossum *m*; sarigue *f*, *a. m.*

op·po·nent [ə'pounənt] **1.** adversaire *mf*; **2.** opposé; *anat.* opposant.

op·por·tune □ ['ɔpətju:n] opportun, commode; à propos; **'op·por·tun·ism** opportunisme *m*; **'op·por·tun·ist** opportuniste *mf*; **op·por'tu·ni·ty** occasion *f* (favorable) (pour *inf. of gér.*, *to inf.*); facilités *f/pl.* (de, *for*).

op·pose [ə'pouz] opposer (*deux choses*); s'opposer à (*q.*, *qch.*); résister à (*q.*, *qch.*); parler contre (*une proposition*); **op'posed** opposé, contraire, hostile; *be* ~ *to* être le rebours de; aller au contraire de; **op·po·site** ['ɔpəzit] **1.** *adj.* □ (*to*) opposé (à); en face (de); vis-à-vis (de); contraire (à); ~ *number* correspondant *m* en grade, F similaire *m*; **2.** *prp.* en face de, vis-à-vis de; **3.** *adv.* en face, vis-à-vis; **4.** *su.* opposé *m*; contre-pied *m*; **op·po'si·tion** opposition *f* (*a. parl.*, *a. astr.*); résistance *f*; camp *m* adverse; ✝ concurrence *f*.

op·press [ə'pres] opprimer; *fig. a.* accabler, oppresser; **op·pres·sion** [ə'preʃn] oppression *f*; *fig.* accablement *m*; ⚖ abus *m* d'autorité; **op'pres·sive** □ [~siv] oppressif (-ive *f*), tyrannique; *fig.* lourd (*temps*); **op'pres·sive·ness** caractère *m* oppressif; *fig. temps*: lourdeur *f*; **op'pres·sor** oppresseur *m*.

op·pro·bri·ous □ [ə'proubriəs] outrageant, injurieux (-euse *f*); **op'pro·bri·um** [~briəm] opprobre *m*.

opt [ɔpt] opter (pour, *for*; entre, *between*).

op·tic [ˈɔptik] optique, de l'œil; de vision; (*ou* ˈ**op·ti·cal** □) optique; **op·ti·cian** [opˈtiʃn] opticien *m*; ˈ**op·tics** *sg*. optique *f*.

op·ti·mism [ˈɔptimizm] optimisme *m*; ˈ**op·ti·mist** optimiste *mf*; **op·tiˈmis·tic** (~*ally*) optimiste; ~*ally* avec optimisme; **op·ti·mize** [ˈ~maiz] optimiser.

op·tion [ˈɔpʃn] choix *m*, option *f*; faculté *f*; ✝ (marché *m* à) prime *f*; ~ *right* option *f*; ˈ**op·tion·al** □ facultatif (-ive *f*).

op·u·lence [ˈɔpjuləns] opulence *f*, richesse *f*; ˈ**op·u·lent** □ opulent, très riche.

o·pus [ˈoupəs] opus *m*; *magnum* ~ œuvre *f* maîtresse.

or [ɔː] ou; *either* ... ~ ou ... ou; soit ... soit; ~ *else* ou bien; sinon.

or·a·cle [ˈɔrəkl] oracle *m*; F *work the* ~ arriver à ses fins; faire agir certaines influences; **o·rac·u·lar** [ɔˈrækjulə] (en style) d'oracle; *fig*. équivoque, obscur.

o·ral □ [ˈɔːrəl] oral (-aux *m/pl*.); buccal (-aux *m/pl*.).

or·ange [ˈɔrindʒ] **1.** orange *f*; *arbre*: oranger *m*; *couleur*: orange *m*; orangé *m*; **2.** orangé; orange *adj./inv*.; **or·ange·ade** [ˈ~ˈeid] orangeade *f*; **or·ange·ry** [ˈ~əri] orangerie *f*.

o·rate *co*. [ɔːˈreit] pérorer; **oˈra·tion** allocution *f*, discours *m*; *co*., *péj*. harangue *f*; **or·a·tor** [ˈɔrətə] orateur *m*; **or·a·tor·i·cal** □ [ɔrəˈtɔrikl] oratoire; ampoulé (*discours*); phraseur (-euse *f*) (*personne*); **or·a·to·ri·o** ♪ [~ˈtɔːriou] oratorio *m*; **or·a·to·ry** [ˈɔrətəri] éloquence *f*; art *m* oratoire.

orb [ɔːb] orbe *m*; globe *m*; *poét*. astre *m*; **orbed** [ɔːbd; *usu*. *poét*. ˈɔːbid] rond, sphérique; **or·bic·u·lar** □ [ɔːˈbikjulə], **orˈbic·u·late** [~lit] orbiculaire, sphérique; **or·bit** [ˈɔːbit] *anat*., *a*. *astr*. orbite *f*; *put* (*go*) *into* ~ (se) placer sur son orbite.

or·chard [ˈɔːtʃəd] verger *m*; ˈ**or·chard·ing** fructiculture *f*; *Am*. terrains *m/pl*. aménagés en vergers.

or·ches·tra ♪ [ˈɔːkistrə] orchestre *m*; ~ *pit théâ*. fosse *f* d'orchestre; **or·ches·tral** [ɔːˈkestrl] orchestral (-aux *m/pl*.); **or·ches·trate** ♪ [ˈɔːkistreit] orchestrer, instrumenter.

or·chid ⚘ [ˈɔːkid] orchidée *f*.

or·dain [ɔːˈdein] ordonner (*a*. *un diacre*); conférer les ordres à (*un prêtre*); fixer, destiner; prescrire.

or·deal [ɔːˈdiːl] épreuve *f*; *hist*. jugement *m* de Dieu, ordalie *f*.

or·der [ˈɔːdə] **1.** ordre *m* (*a*. *moines*, *chevalerie*, *fig*., ✝, ⚠, ⚔ [*de bataille*], ⚓ [*tactique*]); ✝ commande *f*; ordonnance *f* (*de paiement*); *parl*. rappel *m* à l'ordre; *admin*. arrêt(é) *m*; ⚔, ⚓ consigne *f*; *poste*: mandat *m*; ⊕ état *m* de fonctionnement; instruction *f*; suite *f*, succession *f*; classe *f* (*sociale*); ✝ ~ *blank* (*ou form*) billet *m* de commande; ✝ ~ *book* carnet *m* de commandes; *by* ~ par ordre; ~ *of the day* ordre *m* du jour (*a*. *fig*.); *take* (*holy*) ~*s* prendre les ordres; *in* ~ dans les règles; *put in* ~ mettre en règle; *in* ~ *to* (*inf*.) pour (*inf*.), afin de (*inf*.); *in* ~ *that* pour que (*sbj*.), afin que (*sbj*.); *a*. *see in* ~ *to*; *on the* ~*s of* sur les ordres de; ✝ *be on* ~ être commandé; *make to* ~ faire sur commande; faire sur mesure (*un habit*); *parl*. *rise to* ~ se lever pour demander le rappel à l'ordre; *parl*. *standing* ~*s pl*. ordres *m/pl*. permanents; ✝, *pol*. règlement *m*, -s *m/pl*.; *to* (*the*) ~ *of* ✝ à l'ordre de (*q*.); **2.** (ar)ranger; ordonner; régler; ⚕ prescrire; ✝ commander; ⚔ ~ *arms!* reposez armes!; ~ *about* faire marcher (*q*.); ~ *s.o. down* (*up*) ordonner à q. de descendre (monter); ˈ**or·der·er** ordonnateur (-trice *f*) *m*; ˈ**or·der·li·ness** bon ordre *m*; discipline *f*; bonne conduite *f*; ˈ**or·der·ly** **1.** méthodique; réglé (*vie etc*.); discipliné (*foule etc*.); ⚔ ~ *officer* officier *m* de service *ou* de semaine; ~ *room* salle *f* de rapport; **2.** ⚔ planton *m*; (*medical*) ~ infirmier *m*.

or·di·nal [ˈɔːdinl] ordinal (-aux *m/pl*.) (*a*. *su*./*m*).

or·di·nance [ˈɔːdinəns] ordonnance *f*, décret *m*, règlement *m*; *eccl*. rite *m*.

or·di·nar·y [ˈɔːdnri] **1.** □ ordinaire; coutumier (-ère *f*); *péj*. quelconque; ✝ ~ *debts pl*. dettes *f/pl*. compte; ⚓ ~ *seaman* matelot *m* de troisième classe; *see share* **1**; **2.** *eccl*. ordinaire *m*; table *f* d'hôte; *Am*. auberge *f*; commun *m*; *in* ~ ordinaire; ⚓ en réserve (*navire*).

or·di·nate ⩓ [ˈɔːdnit] ordonnée *f*.

or·di·na·tion [ɔːdiˈneiʃn] *eccl.* ordination *f*; arrangement *m*.
ord·nance ⚔, ⚓ [ˈɔːdnəns] artillerie *f*; ⚔ service *m* du matériel; ~ *map* carte *f* d'état-major; ~ *survey* service *m* cartographique.
or·dure [ˈɔːdjuə] ordure *f*; immondice *f*.
or·e [ɔː] minerai *m*; *poét.* métal *m*.
or·gan [ˈɔːgən] ♪ orgue *m* (*f/pl.* -s); organe *m* (*ouïe, vue, etc., admin., a. = journal*); bulletin *m*, porte-parole *m/inv.*; ˈ**~·grind·er** joueur *m* d'orgue de Barbarie; **or·gan·ic** [ɔːˈgænik] (~*ally*) organique; organisé (*êtres, croissance*); **or·gan·ism** [ˈɔːgənizm] organisme *m*; ˈ**or·gan·ist** organiste *mf*; **or·gan·i·za·tion** [~naiˈzeiʃn] organisation *f*; *pol.* organisme *m*; œuvre *f* (*de charité*); ˈ**or·gan·ize** organiser; arranger; ~*d* constitué; *biol., pol.* organisé; ˈ**or·gan·iz·er** organisateur (-trice *f*) *m*.
or·gasm [ˈɔːgæzəm] orgasme *m*.
or·gy [ˈɔːdʒi] orgie *f* (*a. fig.*); *fig.* profusion *f*.
o·ri·el ⚠ [ˈɔːriəl] fenêtre *f* en saillie.
o·ri·ent [ˈɔːriənt] **1.** oriental (-aux *m/pl.*); de l'orient; **2.** orient *m* (*a. = éclat d'une perle*); *Am.* Asie *f*; **3.** [ˈ~ent] orienter; **o·ri·en·tal** [~ˈentl] **1.** □ oriental (-aux *m/pl.*); d'Orient; **2.** Oriental(e *f*) *m*; indigène *mf* de l'Orient; **o·ri·en·tate** [ˈɔːrienteit] orienter; **o·ri·enˈta·tion** orientation *f*.
or·i·fice [ˈɔrifis] orifice *m*, ouverture *f*.
or·i·gin [ˈɔridʒin] origine *f*, génèse *f*; provenance *f*.
o·rig·i·nal [əˈridʒənl] **1.** □ originaire; premier (-ère *f*); original (-aux *m/pl.*) (*livre, style, idée, etc.*); inédit; *see share*; ~ *capital* capital *m* d'apport; ~ *sin* péché *m* original; **2.** original *m*; *personne*: original(e *f*) *m*; **o·rig·i·nal·i·ty** [~ˈnæliti] originalité *f*.
o·rig·i·nate [əˈridʒineit] *v/t.* faire naître, donner naissance à, être l'auteur de; *v/i.* (*from, in*) tirer son origine, dériver (de); avoir son origine (dans); **o·rig·iˈna·tion** source *f*, origine *f*; naissance *f*; invention *f*; création *f*; **oˈrig·i·na·tive** □ créateur (-trice *f*); **oˈrig·i·na·tor** auteur *m*; initiateur (-trice *f*) *m*.
o·ri·ole *orn.* [ˈɔːrioul] loriot *m*.
or·mo·lu [ˈɔːmoluː] or *m* moulu; similor *m*.
or·na·ment **1.** [ˈɔːnəmənt] ornement *m* (*a. fig.*); parure *f*; **2.** [ˈ~ment] orner, parer; agrémenter (*une robe*); **or·naˈmen·tal** ornemental (-aux *m/pl.*); d'ornement; d'agrément.
or·nate □ [ɔːˈneit] orné; *fig.* fleuri.
or·ni·tho·log·i·cal □ [ɔːniθəˈlɔdʒikl] ornithologique; **or·ni·thol·o·gist** [~ˈθɔlədʒist] ornithologue *mf*, -logiste *mf*; **or·niˈthol·o·gy** ornithologie *f*.
o·rog·ra·phy [ɔˈrɔgrəfi] orographie *f*.
o·ro·tund [ˈɔrotʌnd] sonore.
or·phan [ˈɔːfən] **1.** orphelin(e *f*) *m*; **2.** (*a.* ˈ**or·phaned**) orphelin(e *f*); **or·phan·age** [ˈ~idʒ], ˈ**or·phan·aˈsy·lum** orphelinat *m*.
or·rer·y [ˈɔrəri] planétaire *m*.
or·tho·dox □ [ˈɔːθədɔks] orthodoxe; *fig.* classique; bien pensant (*personne*); ˈ**or·tho·dox·y** orthodoxie *f*.
or·tho·graph·ic, or·tho·graph·i·cal □ [ɔːθəˈgræfik(l)] orthographique, d'orthographe; **or·thog·ra·phy** [ɔːˈθɔgrəfi] orthographe *f*; ⚒ coupe *f* perpendiculaire
or·tho·pae·dic [ɔːθoˈpiːdik] (~*ally*) orthopédique; **or·thoˈpae·dist** orthopédiste *mf*; ˈ**or·tho·pae·dy** orthopédie *f*.
Os·car [ˈɔskə] *surt. cin. Am.* oscar *m*; *p.ext.* récompense *f*.
os·cil·late [ˈɔsileit] osciller (*a. fig.*); *fig.* hésiter, balancer; *mot.* *oscillating axle* essieu *m* orientable; **os·cilˈla·tion** oscillation *f*; **os·cil·la·to·ry** [ˈ~lətəri] oscillatoire; **os·cil·lo·graph** [ɔˈsilougrɑːf] oscillographe *m*.
os·cu·late *co.* [ˈɔskjuleit] s'embrasser.
o·sier ⚘ [ˈouʒə] osier *m*.
os·prey [ˈɔspri] *orn.* orfraie *f*; ✝ aigrette *f*.
os·se·ous [ˈɔsiəs] osseux (-euse *f*);
os·si·fi·ca·tion [ɔsifiˈkeiʃn] ossification *f*; **os·si·fy** [ˈ~fai] (s')ossifier;
os·su·ar·y [ˈɔsjuəri] ossuaire *m*.
os·ten·si·ble □ [ɔsˈtensəbl] prétendu.
os·ten·ta·tion [ɔstenˈteiʃn] ostentation *f*; faste *m*; parade *f*; **os·ten-**

'**ta·tious** □ fastueux (-euse *f*); plein d'ostentation.

os·te·ol·o·gy *anat.* [ɔsti'ɔlədʒi] ostéologie *f*.

ost·ler ['ɔslə] valet *m* d'écurie.

os·tra·cism ['ɔstrəsizm] ostracisme *m*; **os·tra·cize** ['~saiz] bannir; ostraciser (*a. fig.*).

os·trich *orn.* ['ɔstritʃ] autruche *f*.

oth·er ['ʌðə] autre (*than, from* que); *the ~ day* l'autre jour, récemment; *the ~ morning* l'autre matin; *every ~ day* tous les deux jours; *each ~* l'un(e) l'autre, les un(e)s les autres; *somebody or ~* je ne sais qui; *péj.* quelque individu; '**~·wise** autrement.

o·ti·ose □ ['ouʃious] superflu; oiseux (-euse *f*); **o·ti·os·i·ty** [ouʃi'ɔsiti] superfluité *f*.

ot·ter *zo.* ['ɔtə] loutre *f* (*a. peau*).

Ot·to·man ['ɔtəmən] **1.** ottoman, turc (turque *f*); **2.** Ottoman(e *f*) *m*; ♀ divan *m*, ottomane *f*.

ought[1] [ɔ:t] *see aught.*

ought[2] [~] *v/aux.* (*défectif*): *I ~ to* (*inf.*) je dois *ou* devrais (*inf.*); *you ~ to have done it* vous auriez dû le faire.

ounce[1] [auns] once *f* (*28,35 g*); *by the ~* à l'once; au poids.

ounce[2] *zo.* [~] once *f*; léopard *m* des neiges.

our ['auə] notre, nos; **ours** ['auəz] le (la) nôtre, les nôtres; à nous; *a ... of ~* un(e) de nos ...; **our'self** nous-même; *réfléchi*: nous (*a. accentué*); **our'selves** nous-mêmes; *réfléchi*: nous (*a. accentué*).

oust [aust] évincer; supplanter; déloger (*d'un poste*).

out [aut] **1.** *adv.* (au, en) dehors; au clair, découvert; sorti; éteint; au bout, à la fin; *be ~* être sorti; sortir; se tromper; être bas(se *f*) (*marée*); être démodé (*vêtement*); faire la grève, être en grève (*ouvrier*); être épanoui *ou* en fleur; être paru (*livre*); être éventé (*secret*); avoir fait son entrée dans le monde (*jeune fille*); être luxé (*épaule etc.*); être sur pied (*troupes*); être achevé *ou* à bout (*patience, mois, etc.*); *pol.* n'être plus au pouvoir; être connu *ou* publié (*nouvelle etc.*); *sp.* être hors jeu *ou* éliminé *ou* knock-out; avoir perdu connaissance; *sl. be ~ for s.th.* être à la recherche de qch.; *be ~ to* (*inf.*) avoir entrepris de (*inf.*); avoir pour but de (*inf.*); *be ~ with* être fâché avec; *hear s.th. ~* entendre qch. jusqu'au bout; *~ and ~* complètement; *~-and-~* achevé, convaincu; *~ and about* (de nouveau) sur pied; levé; *~ and away* de beaucoup; *see elbow*; *come ~ théâ.* débuter; débuter, faire son entrée dans le monde (*jeune fille*); *have it ~ with* vider une querelle avec (*q.*), s'expliquer avec (*q.*); *voyage ~* aller *m*; *way ~* sortie *f*; *her Sunday ~* son dimanche de sortie; *~ upon him!* fi de lui!; *~ with him!* à la porte!; **2.** *su. typ.* bourdon *m*; *Am.* F excuse *f*; *parl. the ~s pl.* l'opposition *f*; **3.** *adj.* aller (*match*); exceptionel(le *f*) (*taille*); hors série; **4.** *prp. ~ of* hors de, au *ou* en dehors de; par (*la fenêtre*); *choix*: parmi, d'entre; démuni de; *drink ~ of* boire dans (*un verre*), à (*la bouteille*); *3 ~ of 10* 3 sur 10; *~ of respect* par respect; *see date*[2] *1*; *laugh 2*; *money*; **5.** *v/t.* F rendre ivre mort; *box.* mettre knock-out.

out...: **~-and-'out·er** *sl.* outrancier (-ère *f*) *m*; intransigeant(e *f*) *m*; chef-d'œuvre (*pl.* chefs-d'œuvre) *m*; **~'bal·ance** l'emporter sur; **~'bid** [*irr.* (*bid*)] renchérir sur; '**~·board** hors bord; extérieur; **~'brave** braver; surpasser (*q.*) en bravoure; '**~·break** éruption *f*; début *m*; '**~·build·ing** bâtiment *m* extérieur; '**~·burst** explosion *f*, éruption *f*; '**~·cast** expulsé(e *f*) (*a. su.*); *fig.* réprouvé(e *f*) (*a. su.*); **~'class** *sp.* surclasser; '**~-col·lege** externe (*étudiant*[*e*]); '**~-come** issue *f*, conséquence *f*; '**~·crop** ⚒, *géol.* affleurement *m*; *fig.* épidémie *f*; '**~·cry** cri *m*; clameur *f*; **~-'dat·ed** vieilli, démodé; **~'dis·tance** dépasser, distancer; **~'do** [*irr.* (*do*)] surpasser; '**~·door** *adj.*, '**~'doors** *adv.* au dehors; en plein air; au grand air.

out·er ['autə] extérieur; externe; '**~·most** le plus en dehors; extrême.

out...: **~'face** dévisager (*q.*); faire baisser les yeux à (*q.*); '**~·fall** *égout*: déversoir *m*; *rivière*: embouchure *f*; '**~·fit** équipement *m*; trousse *f*; ⚓ armement *m*; *habits*: trousseau *m*; *Am.* équipe *f* d'ouvriers; ⚔ F compagnie *f*, bataillon *m*; '**~·fit·ter** fournisseur (-euse *f*) *m*; marchand *m* de confections; ~ˈ**flank** ⚔ déborder; ˈ~·**flow** *gaz, eau, etc.*: dépense *f*; *égout*: décharge *f*; ~ˈ**go** **1.** [*irr.* (*go*)] surpasser; dépasser; **2.** [ˈ~] dépenses *f/pl.*; ˈ~·**go·ing** **1.** sortant; **2.** sortie *f*; dépenses *f/pl.*; ~ˈ**grow** [*irr.* (*grow*)] devenir plus grand que (*q.*); devenir trop grand pour (*qch.*); *fig.* se défaire de; ˈ~·**growth** excroissance *f*; conséquence *f* naturelle; ˈ~·**house** dépendance *f*; appentis *m*; *Am.* water *m* extérieur.

out·ing [ˈautiŋ] promenade *f*; partie *f* de plaisir; excursion *f*, sortie *f*.

out...: ~ˈ**land·ish** baroque, bizarre; barbare (*langue*); retiré (*endroit*); ~ˈ**last** survivre à; ˈ~·**law** **1.** hors-la-loi *m/inv.*; proscrit(e *f*) *m*; **2.** proscrire; ˈ~·**law·ry** proscription *f*; ˈ~·**lay** dépenses *f/pl.*; frais *m/pl.*; ˈ~·**let** sortie *f*, départ *m*; issue *f*; *tuyau, a.* ⚕ débouché *m*; *fig.* issue *f*, déversoir *m*; ˈ~·**line** **1.** silhouette *f*; profil *m*; tracé *m*; *roman, pièce de théâ.*: canevas *m*; **2.** silhouetter; ébaucher; esquisser; ~*d* dessiné, profilé (sur, *against*); ~ˈ**live** survivre à; ˈ~·**look** guet *m*; vue *f*; perspective *f* (*a. fig.*); *pol.* horizon *m*; ˈ~·**ly·ing** éloigné, écarté; ⚓ qui déborde (*appareil*); ~·**maˈnœu·vre** l'emporter sur (*q.*) en tactique; F déjouer; ~ˈ**march** devancer; ~-ˈ**mod·ed** démodé; ˈ~·**most** le plus en dehors; extrême; ~ˈ**num·ber** surpasser en nombre; ˈ~-**of-door**(**s**) *see outdoor*(*s*); ˈ~-**of-the-ˈway** écarté (*lieu*); *fig.* insolite; ˈ~-**of-ˈwork pay** indemnité *f* de chômage; ~ˈ**pace** distancer; gagner de vitesse; ˈ~-**pa·tient** malade *mf* qui va consulter à la clinique; ˈ~-**post** poste *m* avancé; ˈ~·**pour·ing** épanchement *m* (*a. fig.*); ˈ~·**put** rendement *m*; *mine*: production *f*; ⊕ débit *m*; *ordinateur*: sortie *f*.

out·rage [ˈautreidʒ] **1.** atteinte *f*; outrage *m* (à *on, against*); attentat *m* (à, *on*); *fig.* indignité *f*; **2.** outrager, faire outrage à; violenter (*une femme*); *fig.* aller à l'encontre de; **outˈra·geous** □ immodéré; outrageux (-euse *f*); atroce.

out...: ~ˈ**reach** tendre la main plus loin que; *fig.* prendre de l'avance sur; ˈ~-**re·lief** secours *m/pl.* à domicile; ~ˈ**ride** [*irr.* (*ride*)] dépasser *ou* devancer à cheval; ⚓ étaler (*une tempête*); ˈ~·**rid·er** piqueur *m*; F avant-coureur *m*; ˈ~·**rig·ger** ⚓ *prao*: balancier *m*; outrigger *m*; espar *m* en saillie; ~·**right** **1.** *adj.* [ˈautrait] à forfait; franc(he *f*); **2.** *adv.* [autˈrait] complètement; à forfait; sur le coup; carrément; ~ˈ**ri·val** surpasser; l'emporter sur (*q.*); ~ˈ**run** [*irr.* (*run*)] dépasser (*le but etc.*); distancer (*un concurrent*); *fig.* l'emporter sur; ˈ~·**run·ner** *see outrider*; ~ˈ**sail** ⚓ dépasser (*un navire*); ˈ~·**set** commencement *m*, début *m*; ~ˈ**shine** [*irr.* (*shine*)] éclipser; surpasser en éclat; ˈ~ˈ**side** **1.** *su.* extérieur *m*, dehors *m*; *autobus*: impériale *f*; *fig.* maximum *m*; *at the* ~ tout au plus; **2.** *adj.* extérieur; du dehors; de l'impériale (*d'un autobus*); du bout (*d'une place ou chaise*); maximum (*prix*); *foot.*: ~ *right* (*left*) ailier *m* droit (gauche); **3.** *adv.* (en) dehors; à l'extérieur; ~ *of* = **4.** *prp.* en dehors de; à l'extérieur de; hors de; ˈ~ˈ**sid·er** F étranger (-ère *f*) *m*; profane *mf*; ~ˈ**sit** [*irr.* (*sit*)] rester plus longtemps que; ˈ~·**size** ⚕ taille *f* exceptionnelle; ˈ~·**skirts** *pl.* *ville*: faubourgs *m/pl.*, banlieue *f*; *forêt*: lisière *f*; abords *m/pl.*; ~ˈ**smart** *Am.* F surpasser en finesse; déjouer; ~ˈ**spo·ken** □ carré; franc(he *f*); ~ˈ**stand·ing** saillant; marquant, *fig.* éminent; en suspens (*affaire*); ⚕ dû (due *f*); échu (*intérêt*); ~ˈ**stay** rester plus longtemps que; ~ *one's welcome* lasser l'amabilité de ses hôtes; ~ˈ**step** *fig.* outrepasser; ~ˈ**stretch** étendre, déployer; ~ˈ**strip** dépasser, gagner de vitesse; *fig.* surpasser; ˈ~·**turn** rendement *m* net; ~ˈ**val·ue** surpasser en valeur; ~ˈ**vote** obtenir une majorité sur; mettre (*q.*) en minorité; ˈ~·**vot·er** électeur (-trice *f*) *m* qui ne réside pas dans la circonscription.

out·ward [ˈautwəd] **1.** *adj.* en dehors; extérieur, de dehors; d'aller (*billet*); ⚓ pour l'étranger; **2.** *adv.* (*usu.* **out·wards** [ˈ~dz]) au dehors; vers l'extérieur; ˈ**out·ward·ness** extériorité *f*; *fig.* objectivité *f*.

out...: ~ˈ**wear** [*irr.* (*wear*)] user complètement; durer plus longtemps que; se défaire de (*une habitude etc.*); ~ˈ**weigh** dépasser en poids; *fig.* l'emporter sur; ~ˈ**wit** déjouer les menées de; ˈ~·**work** ⚔ ouvrage *m* avancé; ⊕ travail (*pl.* -aux) *m* fait à domicile; ˈ~·**work·er** ouvrier (-ère *f*) *m* à domicile.

ou·zel *orn.* [ˈuːzl] merle *m*.

o·val [ˈouvl] **1.** (en) ovale; **2.** ovale *m*.

o·va·ry [ˈouvəri] *anat.*, *a.* ⚘ ovaire *m*.

o·va·tion [ouˈveiʃn] ovation *f*.

ov·en [ˈʌvn] four *m*; ⊕ étuve *f*; ~ *cloth* poignée *f*; ˈ~·**proof** allant au four; ˈ~·**read·y** prêt à rôtir.

o·ver [ˈouvə] **1.** *adv.* par-dessus (*qch.*); en plus; fini, achevé; à la renverse; *avec adj. ou adv.*: trop; *avec verbe*: sur-, trop; *avec su.*: excès *m* de; ~ *and above* en outre; (*all*) ~ *again* d'un bout à l'autre; de nouveau; ~ *against* vis-à-vis de; *all* ~ partout; ~ *and* ~ (*again*) maintes et maintes fois; à plusieurs reprises; *fifty times* ~ cinquante fois de suite; F *get s.th.* ~ (*and done*) *with* venir à bout de qch.; en finir avec qch.; *make* ~ transférer; *Am.* refaçonner; *read* ~ lire (*qch.*) en entier; parcourir; **2.** *prp.* sur, (par-)dessus; au-dessus de; au-delà de; *all* ~ *the town* partout dans la ville, dans toute la ville; ~ *night* pendant la nuit; ~ *a glass of wine* en prenant un verre de vin; ~ *the way* en face.

over...: ˈ~ˈ**act** exagérer; ˈ~·**all** tablier *m* blouse; *école*: blouse *f*; sarrau (*pl.* -s, -x) *m*; ~*s pl.* salopette *f* (*a. d'enfant*); F bleus *m/pl.*; ~ˈ**arch** former un arc au-dessus de (*qch.*); ~ˈ**awe** intimider; ~ˈ**bal·ance 1.** excédent *m*; **2.** (se) renverser; *v/t.* peser plus que; *v/i.* perdre l'équilibre (*personne*); ~ˈ**bear** [*irr.* (*bear*)] l'emporter sur; ~ˈ**bear·ing** □ arrogant; ~ˈ**bid** [*irr.* (*bid*)] enchérir sur; ˈ~ˈ**blown** trop épanoui; ˈ~·**board** ⚓ par-dessus bord; à la mer (*homme*); ˈ~ˈ**brim** déborder; ˈ~ˈ**build** [*irr.* (*build*)] trop construire dans (*une localité*); ~ˈ**burden** surcharger (de, *with*); ˈ~ˈ**cast 1.** [*irr.* (*cast*)] obscurcir; ~ *a seam* faire un surjet; **2.** obscurci, couvert; ~ *seam* surjet *m*; ~·**charge 1.** [ˈouvəˈtʃɑːdʒ] surcharger; survendre (*des marchandises*); faire payer (*qch.*) trop cher à (*q.*); **2.** [ˈouvətʃɑːdʒ] surcharge *f*; prix *m* surfait; ~ˈ**cloud** (se) couvrir de nuages; (s')assombrir; ˈ~·**coat** pardessus *m*; ~ˈ**come** [*irr.* (*come*)] vaincre; maîtriser; ˈ~-ˈ**con·fi·dent** □ trop confiant; suffisant; ~ˈ**crowd** trop remplir; ~ˈ**do** [*irr.* (*do*)] outrer; charger (*un rôle*); *fig.* exagérer; *cuis.* trop cuire; ~·**done** [ouvəˈdʌn] outré, excessif (-ive *f*); F éreinté; exagéré; [ˈouvəˈdʌn] trop cuit; ˈ~·**dose** dose *f* trop forte *ou* excessive; ˈ~·**draft** ✝ découvert *m*; ˈ~ˈ**draw** [*irr.* (*draw*)] charger, exagérer; ✝ mettre à découvert; ˈ~ˈ**dress** faire trop de toilette; (s)habiller avec trop de recherche; ˈ~ˈ**drink** [*irr.* (*drink*)]: ~ *o.s.* se soûler; ˈ~·**drive** *mot.* surmultiplication *f*; ˈ~ˈ**due** en retard (*a.* 🚂); ✝ arriéré, échu; ˈ~ˈ**eat** [*irr.* (*eat*)]: ~ *o.s.* trop manger; ˈ~ˈ**es·ti·mate** surestimer; ˈ~·**exˈpose** *phot.* surexposer; ˈ~-**exˈpo·sure** *phot.* surexposition *f*; ˈ~·**faˈtigue 1.** surmener; **2.** surmenage *m*; ˈ~ˈ**feed** [*irr.* (*feed*)] *v/t.* suralimenter; *v/i.* trop manger; ~·**flow 1.** [ouvəˈflou] [*irr.* (*flow*)] *v/t.* déborder de; inonder; *v/i.* déborder; **2.** [ˈouvəflou] débordement *m*; inondation *f*; trop-plein *m*; ˈ~·**freight** surcharge *f*; ˈ~·**ground** (qui voyage) par voie de terre; ˈ~ˈ**grow** [*irr.* (*grow*)] (re)couvrir; envahir; ˈ~-**growth** surcroissance *f*; couverture *f* (*de ronces etc.*); ~·**hang 1.** [ouvəˈhæŋ] [*irr.* (*hang*)] surplomber; faire saillie (au-dessus de qch., *s.th.*); **2.** [ˈouvəhæŋ] saillie *f*; ~ˈ**haul** examiner en détail; réparer; ~·**head 1.** [ouvəˈhed] *adv.* en haut; *works* ~*!* attention, travaux (en haut)!; **2.** [ˈouvəhed] *adj.* ✝ général (-aux *m/pl.*) (*frais, dépenses, etc.*); ~ *railway* ⊕ pont *m* roulant; 🚂 chemin *m* de fer aérien; ⊕ ~ *wire* câble *m* aérien; **3.** *su.* ✝ ~*s pl.* frais *m/pl.* généraux; ~ˈ**hear** [*irr.* (*hear*)] surprendre (*q., une conversation*); ˈ~ˈ**heat** ⊕ surchauffer; ⊕ ~ *o.s.* s'échauffer; ˈ~·**house** *radio*: d'extérieur (*antenne*); ˈ~·**inˈdulge** montrer trop d'indulgeance envers (*q.*), gâter (*q.*); céder trop facilement à (*un vice*); ~ *in* faire abus de (*qch.*); ˈ~·**inˈdul·gence** indulgeance *f* excessive; ~ˈ**is·sue** faire une surémission de (*billets de banque*); ~ˈ**joy** ravir; *be* ~*ed a.* être aux anges, être au comble (de la joie); '~·kill ⚔ (capacité *f* de) surextermination *f*; ~·land 1. ['ouvəlænd] *adj.* qui voyage par voie de terre; 2. [ouvə'lænd] *adv.* par voie de terre; ~'lap *v/t.* recouvrir (partiellement); dépasser; faire double emploi avec; *v/i.* (se) chevaucher; ~·lay 1. [ouvə'lei] [*irr.* (*lay*)] (re)couvrir (de, *with*); ⊕ mettre des hausses sur; 2. ['ouvəlei]: ~ *mattress* matelas *m*; couvre-lit *m*; '~'leaf au verso; ~·load 1. ['ouvəloud] surcharge *f*; 2. [ouvə'loud] surcharger; ~'look avoir vue sur; dominer; surveiller (*un travail*); *fig.* oublier; négliger; fermer les yeux sur; laisser passer; '~·lord suzerain *m*.

o·ver·ly ['ouvəli] trop, excessivement, à l'excès.

o·ver...: ~'manned ayant trop de personnel; '~·man·tel étagère *f* de cheminée; ~'mas·ter subjuguer; '~'much (par) trop; '~'night 1. (pendant) la nuit; jusqu'au lendemain; du jour au lendemain; 2. d'une nuit; de nuit; *fig.* soudain; ~ *bag* sac *m* de voyage; ~ *stay* séjour *m* d'une nuit; ~ *stop* arrêt *m* pour la nuit; '~'pay [*irr.* (*pay*)] trop payer; surpayer; ~'peo·pled surpeuplé; '~'play exagérer; *fig.* ~ *one's hand* essayer de faire qch. au-dessus de ses moyens; '~·plus surplus *m*; ~'pow·er maîtriser; *fig.* accabler; '~'pres·sure surpression *f*; surmenage *m* (*de l'esprit*); '~'print *phot.* trop pousser; '~'rate surestimer; ~'reach dépasser; ~ *o.s.* être victime de sa propre fourberie; '~·re'act réagir excessivement *ou* trop vivement (à, *to*); ~'ride [*irr.* (*ride*)] outrepasser (*un ordre*); fouler aux pieds (*des droits*); surmener (*un cheval*); avoir plus d'importance que; ~'riding primordial (-aux *m/pl.*); ~'rule décider contre; ⚖ annuler; rejeter; ~'run [*irr.* (*run*)] envahir; dépasser (*les bornes*); surmener (*une machine*); *typ.* reporter à la ligne *ou* page suivante; '~'seas d'outre-mer, à l'étranger; *adj. a.* étranger (-ère *f*); ~ *aid* aide *f* aux pays étrangers; ~ *trade* commerce *m* extérieur; '~'see [*irr.* (*see*)] surveiller; '~·se·er surveillant(e *f*) *m*; ⊕ chef *m* d'atelier; ~ *of the poor* directeur *m* du Bureau de bienfaisance; ~'set [*irr.* (*set*)] *v/t.* renverser; *fig.* bouleverser; *v/i.* se renverser; '~·sew [*irr.* (*sew*)] surjeter; ~'shad·ow ombrager; éclipser (*q.*); '~·shoe galoche *f*; '~'shoot [*irr.* (*shoot*)] dépasser; dépeupler (*une chasse*); ~ *o.s.* aller trop loin; '~'shot à augets (*roue*); '~·sight oubli *m*; surveillance *f*; '~·sim·pli·fi'ca·tion simplisme *m*; '~'sleep [*irr.* (*sleep*)] (*a.* ~ *o.s.*) dormir trop longtemps; '~·sleeve fausse manche *f*; '~·spill excédent *m* (*surt.* de la population); ~'spread [*irr.* (*spread*)] couvrir (de, *with*); inonder (*qch.*); s'étendre sur; ~'staffed avec trop de personnel; '~'state exagérer; '~'step outrepasser; '~'stock constituer un cheptel trop important pour (*une ferme*); † encombrer (*le marché*); ~·strain 1. ['ouvə'strein] surtendre; *fig.* surmener; 2. ['ouvəstrein] tension *f* excessive; *fig.* surmenage *m*; ~·strung ['ouvə'strʌŋ] surexcité; ['ouvəstrʌŋ] oblique (*piano*); '~·sub'scribe † surpasser (*une émission*); '~·sup'ply provision *f* excessive; excès *m*.

o·vert ['ouvə:t] patent, évident.

over...: ~'take [*irr.* (*take*)] dépasser (*qch.*); doubler (*une auto*); rattraper (*q.*); *fig.* arriver à, surprendre; '~'tax pressurer (*le peuple*); *fig.* trop exiger de (*q.*); surmener; ~·throw 1. [ouvə'θrou] [*irr.* (*throw*)] renverser (*a. fig.*); vaincre; 2. ['ouvəθrou] renversement *m*; défaite *f* (*a. fig.*, *a.* ⚔); '~·time heures *f/pl.* supplémentaires; '~'tire surmener; '~·tone ♪ harmonique *m*; *fig.* sous-entendu *m*, note *f*, nuance *f*, accent *m*; '~'top dépasser en hauteur; ~'train (s')épuiser par un entraînement trop sévère; '~·trump surcouper.

o·ver·ture ['ouvətjuə] ouverture *f* (*a.* ♪); offre *f*.

over...: ~·turn 1. ['ouvətə:n] renversement *m*; 2. [ouvə'tə:n] (se) renverser; *mot.* (faire) capoter; ⚓ (faire) chavirer; '~'val·ue faire trop de cas de; † surestimer; ~'ween·ing outrecuidant; ~·weight 1. ['ouvəweit] *poids, bagages, etc.*: excédent *m*; 2. ['ouvə'weit] surcharger (de, *with*); ~'whelm accabler (*a. fig.*); submerger; combler; ~'whelm·ing □ accablant; écrasant; '~'wise □ prétentieux (-euse *f*); ~·work 1. ['ouvəwə:k] travail (*pl.* -aux) *m* en plus; ['ouvə'wə:k] *fig.* surmenage *m*; **2.** [~] [*irr.* (*work*)] (se) surmener; ˈ~ˈ**wrought** surmené; excédé de fatigue *etc.*; surexcité.

o·vi·form [ˈouvifɔːm] ovoïde, oviforme; **o·vip·a·rous** *biol.* [ouˈvipərəs] ovipare.

owe [ou] devoir (*de l'argent*, *de l'obéissance*, *etc.*); *sp.* rendre (*des points*); ~ *s.o. a grudge* en vouloir à q.

ow·ing [ˈouiŋ] dû (due *f*); ~ *to* par suite de; à cause de; *be* ~ *to* (provenir de.

owl *orn.* [aul] hibou (*pl.* -x) *m*; chouette *f*; **owl·et** [ˈaulit] jeune hibou *m*; ˈ**owl·ish** □ de hibou.

own [oun] **1.** propre; à moi (toi *etc.*); le mien (tien *etc.*); *my* ~ *self* moi-même; ~ *brother to* frère germain de (*q.*); **2.** *my* ~ le mien (la mienne *etc.*); *a house of one's* ~ une maison à soi; *come into one's* ~ entrer en possession de son bien; F *get one's* ~ *back* se venger, prendre sa revanche (sur, *on*); *hold one's* ~ tenir ferme; maintenir sa position; F *on one's* ~ (tout) seul; **3.** posséder; avoir; (*a.* ~ *to*) reconnaître; avouer; convenir de; F ~ *up* (*to*) faire l'aveu (de); avouer (*avoir fait qch.*).

own·er [ˈounə] propriétaire *mf*; ˈ~-ˈ**driv·er** conducteur *m* propriétaire; ˈ~·**less** sans propriétaire; ˈ**own·er·ship** (droit *m* de) propriété *f*; possession *f*.

ox [ɔks], *pl.* **ox·en** [ˈ~ən] bœuf *m*.

ox·al·ic ac·id ⚗ [ɔkˈsælikˈæsid] acide *m* oxalique.

Ox·ford shoes [ˈɔksfədˈʃuːz] *pl.* souliers *m*/*pl.* de ville.

ox·i·da·tion [ɔksiˈdeiʃən] ⚗ oxydation *f*; *métall.* calcination *f*; **ox·ide** ⚗ [ˈɔksaid] oxyde *m*; **ox·i·dize** [ˈɔksidaiz] (s')oxyder; *v*/*t.* *métall.* calciner.

Ox·o·ni·an [ɔkˈsounjən] **1.** oxonien (-ne *f*); **2.** membre *m* de l'Université d'Oxford.

ox·tail soup [ˈɔksteilˈsuːp] soupe *f* à la queue de bœuf.

ox·y·a·cet·y·lene [ɔksiəˈsetiliːn]: ~ *burner* (*ou lamp ou torch*) chalumeau *m* oxycétylénique, oxycoupeur *m*.

ox·y·gen ⚗ [ˈɔksidʒən] oxygène *m*; **ox·y·gen·ate** [ɔkˈsidʒineit] oxygéner, oxyder.

o·yer ⚖ [ˈɔiə] audition *f*.

oys·ter [ˈɔistə] huître *f*; *attr.* à huîtres, d'huître(s); ˈ~-**bed** huîtrière *f*.

o·zone ⚗ [ˈouzoun] ozone *m*.

P

P, p [piː] P *m*, p *m*; *mind one's Ps and Qs* se surveiller; faire bien attention.

pa F [pɑː] papa *m*.

pab·u·lum [ˈpæbjuləm] nourriture *f*.

pace [peis] **1.** pas *m* (*a. mesure*); vitesse *f*; allure *f*; *équitation*: amble *m*; *keep* ~ *with* marcher de pair avec; *put s.o. through his* ~*s* mettre q. à l'épreuve; *sp. set the* ~ donner l'allure; **2.** *v/t.* mesurer (*qch.*) au pas; arpenter; *sp.* entraîner (*q.*); *v/i.* marcher à pas mesurés; aller au pas; aller l'amble (*cheval*); **ˈpace-mak·er** *sp.* entraîneur *m*; meneur *m* de train; ⚕ stimulateur *m* cardiaque; **ˈpac·er** cheval *m* ambleur; *see pace-maker*.

pach·y·derm *zo.* [ˈpækidəːm] pachyderme *m*.

pa·cif·ic [pəˈsifik] (~*ally*) pacifique; paisible; ♀ *Ocean* l'océan *m* Pacifique, le Pacifique *m*; **pac·i·fi·ca·tion** [pæsifiˈkeiʃn] apaisement *m*; pacification *f*.

pac·i·fi·er [ˈpæsifaiə] pacificateur (-trice *f*) *m*; *Am.* sucette *f*; **ˈpac·i·fism** pacifisme *m*; **ˈpac·i·fist** pacifiste *mf*.

pac·i·fy [ˈpæsifai] pacifier (*la foule, un pays*); calmer, apaiser.

pack [pæk] **1.** paquet *m*; ballot *m*; bande *f*; ⚔ paquetage *m*; *cartes*: jeu *m*, paquet *m*; ⚕ enveloppement *m*; *sp. rugby*: pack *m*; *a* ~ *of nonsense* un tas *m* de sottises; ~ *animal* bête *f* de somme; *Am.* ~ *train* convoi *m* de bêtes de somme; **2.** *v/t.* tasser; remplir, bourrer; (*souv.* ~ *up*) emballer, empaqueter, envelopper (*a.* ⚕); (*a.* ~ *off*) envoyer (au lit, promener, *etc.*); F faire (*une malle*); conserver en boîtes (*la viande etc.*); *fig.* serrer, combler; ⊕ garnir (*le piston, le gland*); *v/i.* (*usu.* ~ *up*) faire sa malle; plier bagage; s'attrouper (*personne*); se tasser; ~ *s.o. off, send s.o.* ~*ing* envoyer q. à la balançoire; **ˈpack·age** empaquetage *m*, emballage *m*; *surt. Am.* paquet *m*, colis *m*; ⚚ ~ *deal* marché *m ou* contrat *m* global; achat *m* forfaitaire; panier *m*; ~ *holiday* vacances *f/pl.* organisées; ~ *tour* voyage *m* organisé à prix forfaitaire; **ˈpack·er** emballeur *m*; *Am.* fabricant *m* de conserves en boîtes; **pack·et** [ˈ~it] paquet *m*; colis *m*; (*a.* ~*-boat*) paquebot *m*; **ˈpack·horse** cheval *m* de bât (*a. fig.*), sommier *m*.

pack·ing [ˈpækiŋ] emballage *m*; *viande etc.*: conservation *f*; tassement *m*; matière *f* pour emballage; ⊕ garniture *f*; *attr.* d'emballage; **ˈ~-box** 🚂 presse-étoupe *m/inv.*; ~ **house** *Am. usu.* fabrique *f* de conserves.

pack·thread [ˈpækθred] fil *m* [d'emballage; ficelle *f*.]

pact [pækt] pacte *m*, contrat *m*.

pad¹ *sl.* [pæd] (*a.* ~ *it*) aller à pied, trimarder.

pad² [~] **1.** bourrelet *m*, coussinet *m*; *ouate, encreur, etc.*: tampon *m*; bloc *m*; bloc-notes (*pl.* blocs-notes) *m*; *lapin etc.*: patte *f*; *doigt etc.*: pulpe *f*; *sp.* jambière *f*; **2.** rembourrer; ouater; *fig.* ~ *out* délayer; ajouter du remplissage à; ~*ded cell* cellule *f* matelassée; **ˈpad·ding** remplissage *m* (*a. fig.*); rembourrage *m*; ouate *f*; bourre *f*.

pad·dle [ˈpædl] **1.** aube *f*, palette *f*; *tortue etc.*: nageoire *f*; pagaie *f*; ⚓ roue *f* à aubes; **2.** pagayer; *fig.* barboter; patauger; *Am.* F fesser; **ˈ~-box** ⚓ caisse *f* de roue; **ˈ~-steamer** ⚓ vapeur *m* à aubes; **ˈ~-wheel** roue *f* à aubes.

pad·dock [ˈpædək] enclos *m* (*pour chevaux*); *sp.* paddock *m*, pesage *m*.

pad·dy¹ [ˈpædi] paddy *m* (= *riz non décortiqué*).

pad·dy² F [~] colère *f*.

pad·dy wag·on *Am. sl.* [ˈpædiwægən] panier *m* à salade.

pad·lock [ˈpædlɔk] cadenas *m*.

pa·gan [ˈpeigən] païen(ne *f*) (*a. su.*); **ˈpa·gan·ism** paganisme *m*.

page¹ [peidʒ] **1.** page *m* (*d'un roi etc.*); (*a.* ~*-boy*) *hôtel*: chasseur *m*,

groom *m*; *Am.* huissier *m*; **2.** *Am.* envoyer chercher (*q.*) par un chasseur.
page² [~] **1.** *livre*: page *f*; **2.** numéroter; paginer; *typ.* mettre en pages.
pag·eant [ˈpædʒənt] spectacle *m* historique; fête *f*; (*a.* ˈ**pag·eant·ry**) pompe *f*; spectacle *m* pompeux.
pag·i·nate [ˈpædʒineit] *see page²* 2; **pag·iˈna·tion** pagination *f*; numérotage *m* (*des pages*).
paid [peid] *prét. et p.p. de pay* 2.
pail [peil] seau *m*.
pail·lasse [pælˈjæs] paillasse *f*.
pain [pein] **1.** douleur *f*, souffrance *f*, peine *f* (*morale*); douleur *f* (*physique*); ~*s pl.* douleurs *f/pl.*; *fig.* peine *f*; soins *m/pl.*; (*up*)*on* ~ *of* sous peine de; F *be a* ~ *in the neck* être casse-pieds; *be in* ~ souffrir; *be at* ~*s* (*of gér.*, *to inf.*), *take* ~*s* (*to inf.*) prendre *ou* se donner de la peine (pour *inf.*); **2.** faire souffrir (*q.*); faire de la peine à (*q.*); **pain·ful** □ [ˈ~ful] douloureux (-euse *f*); *fig.* pénible; ˈ**pain-kill·er** anodin *m*; ˈ**pain·less** □ sans douleur; ˈ**pains·tak·ing 1.** □ assidu; appliqué (*élève*); soigné (*travail*); **2.** application *f*; assiduité *f*.
paint [peint] **1.** peinture *f*; couleur *f*; *visage*: fard *m*; wet ~! attention à la peinture!; **2.** peindre; (se) farder; *v/t.* peinturer; ⚕, *co.* badigeonner; † *fig.* dépeindre; ~ *out* effacer (au moyen d'une couche de peinture); *v/i.* faire de la peinture; ˈ**~-brush** pinceau *m*.
paint·er¹ [ˈpeintə] (artiste-)peintre *m*; *a.* peintre *m* en bâtiments.
paint·er² ⚓ [ˈpeintə] amarre *f*.
paint·ing [ˈpeintiŋ] peinture *f*; tableau *m*; ˈ**paint·ress** femme *f* peintre; ˈ**paint·y** de peinture.
pair [pɛə] **1.** paire *f*; *a* ~ *of scissors* une paire *f* de ciseaux; *a carriage and* ~ une voiture *f* à deux chevaux; *go up three* ~ *of stairs* monter trois étages; *three* ~ *front* au troisième sur la rue; **2.** (s')apparier; *v/i.* faire la paire (avec, *with*); (*a.* ~ *off*) s'en aller deux par deux.
pa·ja·mas *pl. usu. Am.* [pəˈdʒɑːməz] *see pyjamas.*
pal *sl.* [pæl] **1.** camarade *mf*; *sl.* copain *m*, copine *f*; **2.** ~ *up* se lier d'amitié (avec, *with*).
pal·ace [ˈpælis] palais *m*.
pal·at·a·ble □ [ˈpælətəbl] agréable (au palais); ˈ**pal·at·a·ble·ness** goût *m* agréable; caractère *m* agréable.
pal·a·tal ⚕ [ˈpælətl] **1.** palatal (-aux *m/pl.*); **2.** *gramm.* palatale *f*.
pal·ate [ˈpælit] palais *m* (*a. fig.*); *soft* ~ voile *m* du palais.
pa·la·tial □ [pəˈleiʃəl] grandiose.
pa·lat·i·nate [pəˈlætinit] palatinat *m*; *the* ≈ le Palatinat *m*.
pal·a·tine [ˈpælətain] palatin; *Count* ≈ comte *m* palatin.
pa·lav·er [pəˈlɑːvə] **1.** palabre *f*, conférence *f*; *sl.* flagornerie *f*, *sl.* chichis *m/pl.*; **2.** palabrer.
pale¹ [peil] **1.** □ pâle (*a. couleur*), blême; ~ *blue* bleu pâle; ~ *ale* bière *f* blonde, pale-ale *m*; **2.** *v/t.* (faire) pâlir; *v/i.* pâlir, blêmir.
pale² [~] pieu *m*; *fig.* limites *f/pl.*
pale·face [ˈpeilfeis] visage pâle *mf*.
pale·ness [ˈpeilnis] pâleur *f*.
Pal·es·tin·i·an [pælesˈtiniən] palestinien(ne *f*).
pal·ette *peint.* [ˈpælit] palette *f*; ˈ**~-knife** couteau *m* à palette.
pal·frey [ˈpɔːlfri] palefroi *m*.
pal·ing [ˈpeiliŋ] clôture *f* à claire-voie; palissade *f*.
pal·i·sade [pæliˈseid] **1.** palissade *f*; **2.** palissader.
pall¹ [pɔːl] **1.** *eccl.* poêle *m*; *fig.* manteau *m*, voile *m*; **2.** couvrir d'un poêle.
pall² [~] s'affadir; devenir insipide (pour q., [*up*]*on s.o.*).
pal·la·di·um ⚗, *myth.* [pəˈleidiəm] palladium *m*.
pal·let¹ [ˈpælit] paillasse *f*; grabat *m*.
pal·let² ⊕ [~] cliquet *m*; *horloge etc.*: palette *f*.
pal·liasse [pælˈjæs] paillasse *f*.
pal·li·ate [ˈpælieit] pallier; atténuer; **pal·liˈa·tion** palliation *f*; atténuation *f*; **pal·li·a·tive** [ˈpæliətiv] **1.** palliatif (-ive *f*); lénitif (-ive *f*); **2.** palliatif *m*; lénitif *m*; anodin *m*.
pal·lid □ [ˈpælid] décoloré; blafard (*lumière*); blême (*visage*); ˈ**pal·lid·ness, pal·lor** [ˈpælə] pâleur *f*.
pal·ly F [ˈpæli]: *be* ~ *with s.o.* être copain (copine *f*) avec q.
palm [pɑːm] **1.** *main*: paume *f*; *ancre*: oreille *f*; *bois de cerf*: empaumure *f*; ⚘ *arbre*: palmier *m*; *branche*: palme *f*; *eccl.* rameau *m*; **2.** empalmer; cacher dans la main; ~ *off on s.o.* F refiler (*qch.*) à q.; **palmar** [ˈpælmə] palmaire; **pal·mate**

['pælmit], **pal·mat·ed** ['\~meitid] palmé; **pal·mer** ['pɑːmə] pèlerin *m*; **palm·is·try** ['\~istri] chiromancie *f*; '**palm-oil** huile *f* de palme; *co. use \~ on s.o.* graisser la patte à q.; **Palm Sun·day** (dimanche *m* des) Rameaux *m/pl.*; '**palm-tree** palmier *m*; '**palm·y** F heureux (-euse *f*), florissant.

pal·pa·bil·i·ty [pælpə'biliti] palpabilité *f*; *fig.* évidence *f*; '**pal·pa·ble** □ palpable; *fig.* évident, manifeste; '**pal·pa·ble·ness** *see palpability*.

pal·pi·tate ['pælpiteit] palpiter; **pal·pi'ta·tion** palpitation *f*.

pal·sied ['pɔːlzid] paralysé, paralytique.

pal·sy ['pɔːlzi] **1.** paralysie *f*; *fig.* évanouissement *m*; **2.** paralyser.

pal·ter ['pɔːltə] (*with*) biaiser (avec); transiger (avec, sur).

pal·tri·ness ['pɔːltrinis] mesquinerie *f*; '**pal·try** □ mesquin, misérable.

pam·per ['pæmpə] choyer, dorloter.

pam·phlet ['pæmflit] brochure *f*; opuscule *m*; *péj.* pamphlet *m*; **pam·phlet·eer** [\~'tiə] auteur *m* de brochures; *péj.* pamphlétaire *m*.

pan [pæn] **1.** casserole *f*; *balance*: plateau *m*; **2.** *Am.* F *v/t.* décrier, rabaisser; \~ *out* laver (*le gravier*); *v/i.* \~ *out* réussir.

pan... [\~] pan-.

pan·a·ce·a [pænə'siə] panacée *f*; remède *m* universel.

pan·cake ['pænkeik] crêpe *f*; ✈ \~ *landing* descente *f* à plat.

pan·da ['pændə] panda *m*; *Brit.* \~ *car* voiture *f* pie (de la police); *Brit.* \~ *crossing* passage *m* pour piétons.

pan·de·mo·ni·um *fig.* [pændi'mouniəm] bruit *m* infernal.

pan·der ['pændə] **1.** se prêter à (*un vice*); servir de proxénète à (*q.*); **2.** entremetteur (-euse *f*) *m*.

pane [pein] vitre *f*, carreau *m*; ⊕ pan *m*.

pan·e·gyr·ic [pæni'dʒirik] panégyrique *m*; **pan·e'gyr·ist** panégyriste *m*.

pan·el ['pænl] **1.** ⚠ entre-deux *m/inv.*; panneau *m*; *porte*: placard *m*; *plafond*: caisson *m*; panneau *m* (*de lambris, de robe*); tableau *m* (⚖ *du jury, a. mot. de manœuvre*); ⚖ *le* jury *m*; *peint.* panneau *m*; vantail (*pl.* -aux) *m*; \~ *discussion* réunion-débat *f* (*pl.* réunions-débats); \~ *doctor* médecin *m* conventionné; **2.** diviser en *ou* recouvrir de panneaux; lambrisser (*un paroi*); '**pan·el·ist** membre *m* d'un jury; '**pan·el·(l)ing,** *a.* '**pan·el-work** lambris(sage *m*) *m/pl.*

pang [pæŋ] angoisse *f* subite; douleur *f*; *fig.* blessure *f*, tournements *m/pl.*; \~ *of hunger* tiraillement *m* d'estomac.

pan·han·dle ['pænhændl] **1.** *Am. langue de terre d'un État, encaissée entre deux autres États*; **2.** *Am.* F mendigoter; '**pan·han·dler** *Am.* F mendigot *m*.

pan·ic ['pænik] **1.** de panique; **2.** panique *f*; affolement *m*; **3.** (s')affoler; remplir *ou* être pris de panique; '**pan·ick·y** F sujet à *ou* dicté par la panique; alarmiste; '**pan·ic-mon·ger** semeur (-euse *f*) *m* de panique.

pan·nier ['pæniə] panier *m*.

pan·ni·kin ['pænikin] écuelle *f ou* gobelet *m* en fer blanc.

pan·o·ply ['pænəpli] *fig.* panoplie *f*.

pan·o·ra·ma [pænə'rɑːmə] panorama *m*; **pan·o·ram·ic** [\~'ræmik] (\~*ally*) panoramique.

pan·sy ['pænzi] ⚘ pensée *f*; *sl.* homme *m* efféminé.

pant [pænt] haleter; panteler; chercher à reprendre haleine; palpiter (*cœur*); *fig.* \~ *for* (*ou after*) soupirer après; \~ *out* dire (*qch.*) en haletant.

Pan·ta·loon [pæntə'luːn] Pantalon *m*; 2*s pl.* pantalon *m* (*see pants*).

pan·tech·ni·con [pæn'teknikən] garde-meuble *m*; (*a.* \~ *van*) voiture *f* de déménagement.

pan·the·ism ['pænθiizm] panthéisme *m*; **pan·the'is·tic** (\~*ally*) panthéiste.

pan·ther *zo.* ['pænθə] panthère *f*.

pant·ies *Am.* ['pæntiz] *pl.*: (*a pair of*) \~ (une) culotte *f* collante (*de femme*).

pan·tile ['pæntail] tuile *f* flamande; panne *f*.

pan·to·mime ['pæntəmaim] pantomime *f*; spectacle *m* traditionnel de Noël, fondé sur un conte de fée; **pan·to·mim·ic** [\~'mimik] (\~*ally*) pantomimique; de féerie.

pan·try ['pæntri] garde-manger *m/inv.*; dépense *f*; (*souv. butler's ou housemaid's* \~) office *f*.

pants *surt. Am.* F [pænts] *pl.*: *(a pair of)* ~ (un) pantalon *m*; (un) caleçon *m*; ~ *suit* tailleur-pantalon *m* (*pl.* tailleurs-pantalons).

pan·ty hose *Am.* [ˈpæntiˈhəus] collant *m*.

pap [pæp] bouillie *f*.

pa·pa [pəˈpɑː] papa *m*.

pa·pa·cy [ˈpeipəsi] papauté *f*.

pa·pal □ [ˈpeipəl] papal (-aux *m/pl.*); du Pape.

pa·per [ˈpeipə] **1.** papier *m*; (*ou news*~) journal *m*; carte *f* (*d'épingles etc.*); document *m*; (*ou wall-*~) tenture *f*, papier *m* peint; étude *f*, mémoire *m*; *école*: composition *f*, épreuve *f*; ⚕ papier *m* négociable; billets *m/pl.* de banque; papiers-valeurs *m/pl.*; ~*s pl.* papiers *m/pl.*; journaux *m/pl.*; *pol., a.* ⚖ documents *m/pl.*; communiqués *m/pl.*; *read a* ~ *on* faire une conférence sur; **2.** de papier; en carton; papetier (-ère *f*); à papier; ~ *war* guerre *f* de plume; **3.** tapisser; *sl. théâ.* remplir de billets de faveur; ˈ**~·back** livre *m* broché; ˈ**~-bag** sac *m* de *ou* en papier; ˈ**~-chase** rallye-paper *m*; ˈ**~-clip** agrafe *f*, pince *f*; ˈ**~-ˈcred·it** ⚕ dettes *f/pl.* compte; ˈ**~-fast·en·er** attache *f* métallique; ˈ**~-hang·er** colleur *m* de papiers peints; ˈ**~-hang·ings** *pl.* papier *m* peint, papiers *m/pl.* peints; ˈ**~-mill** papeterie *f*; ˈ**~-ˈstain·er** imprimeur *m* de papiers peints; ˈ**~·thin** extrêmement fin; ˈ**~-weight** presse-papiers *m/inv.*; ˈ**~·work** écriture(s) *f(pl.)*; paperasserie *f*; **pa·per·y** [ˈ~ri] semblable au papier; tout mince.

pa·pier mâ·ché [ˈpæpjeiˈmɑːʃei] carton-pâte (*pl.* cartons-pâtes) *m*.

pa·pil·la *anat.* [pəˈpilə], *pl.* **-lae** [~liː] papille *f*.

pa·pist [ˈpeipist] papiste *mf*; **pa·pis·tic, pa·pis·ti·cal** □ [pəˈpistik(l)] *péj.* papiste; **pa·pis·try** [ˈpeipistri] *péj.* papisme *m*.

pap·py [ˈpæpi] pâteux (-euse *f*); *fig.* flasque.

pa·py·rus [pəˈpairəs], *pl.* **-ri** [~rai] papyrus *m*.

par [pɑː] égalité *f*; pair *m* (*a.* ⚕); *above, (below)* ~ au-dessus (*au-dessous*) du pair; *at* ~ au pair, à (la) parité; *be on a* ~ *with* être l'égal *ou* au niveau de; *put on a* ~ *with* mettre au même niveau que; ne faire aucune distinction entre.

par·a·ble [ˈpærəbl] parabole *f*.

pa·rab·o·la ⩘ [pəˈræbələ] parabole *f*; **par·a·bol·ic, par·a·bol·i·cal** □ [pærəˈbɔlik(l)] parabolique (*a.* ⩘).

par·a·chute [ˈpærəʃuːt] parachute *m*; ~ *jump* saut *m* en parachute; parachutage *m*; ˈ**par·a·chut·ist** parachutiste *mf*.

pa·rade [pəˈreid] **1.** parade *m*; *fig.* étalage *m*; ⚔ défilé *m*; ⚔ exercice *m*; ⚔ (*ou* ~*-ground*) place *f* d'armes; esplanade *f*; défilé *m* (*de mannequins*); *make a* ~ *of* faire parade de; **2.** *v/t.* faire parade de; ⚔ faire défiler; faire l'inspection de; *v/i.* défiler; parader (pour, *for*).

par·a·digm *gramm.* [ˈpærədaim] paradigme *m*.

par·a·dise [ˈpærədais] paradis *m*.

par·a·dis·i·ac [pærəˈdisiæk], **par·a·di·si·a·cal** □ [pærədiˈsaiəkəl] paradisiaque.

par·a·dox [ˈpærədɔks] paradoxe *m*; **par·aˈdox·i·cal** □ paradoxal (-aux *m/pl.*).

par·af·fin ⚗ [ˈpærəfin] paraffine *f*; F pétrole *m* (lampant).

par·a·gon [ˈpærəgən] parangon *m*; modèle *m* (*a. fig.*).

par·a·graph [ˈpærəgrɑːf] paragraphe *m*; alinéa *m*; *journal*: entrefilet *m*; *typ.* † pied *m* de mouche.

par·a·keet *orn.* [ˈpærəkiːt] perruche *f*.

par·al·lel [ˈpærəlel] **1.** parallèle (à *to, with*); *fig.* pareil(le *f*), semblable; analogue; ~ *bars pl.* barres *f/pl.* parallèles; **2.** *ligne, a. tranchée*: parallèle *f*; *géog.* parallèle *m*; *fig.* parallèle *m*, comparaison *f*, pareil(le *f*) *m*; cas *m* analogue; ⚡ *connect* (*ou join*) *in* ~ coupler en parallèle; *have no* ~ être sans pareil(le *f*); *without* ~ incomparable, sans égal (-aux *m/pl.*); **3.** égaler (*qch.*); être égal (*ou* pareil) à (*qch.*); mettre (*deux choses*) en parallèle; ⚡ synchroniser; ˈ**par·al·lel·ism** parallélisme *m*; **par·alˈlel·o·gram** ⩘ [~əgræm] parallélogramme *m*.

par·a·lyse [ˈpærəlaiz] paralyser (*a. fig.*); *fig.* transir; **pa·ral·y·sis** ⚕ [pəˈrælisis] paralysie *f*; **par·a·lyt·ic** [pærəˈlitik] **1.** (~*ally*) paralytique; **2.** paralytique *mf*.

par·a·mil·i·tar·y [ˈpærəˈmilitəri] paramilitaire.

par·a·mount [ˈpærəmaunt] **1.** souverain, éminent; suprême (*impor-*

tance); *be* ~ (*to*) l'emporter (sur); **2.** suzerain(e *f*) *m*; **ˈpar·a·mount·cy** suzeraineté *f*; primauté *f*.

par·a·mour [ˈpærəmuə] amant(e *f*) *m*; maîtresse *f*.

par·a·noi·a [pærəˈnɔiə] paranoïa *f*; **par·a·noi·ac** [~ˈnɔiək] paranoïque *mf*.

par·a·pet [ˈpærəpit] ⚔ parapet *m*; *pont*: garde-corps *m/inv*.

par·a·pher·na·li·a [pærəfəˈneiljə] *pl*. F affaires *f/pl*., bataclan *m*; attirail *m*, appareil *m*.

par·a·phrase [ˈpærəfreiz] **1.** paraphrase *f*; **2.** paraphraser, résumer.

par·a·ple·gi·a [pærəˈpli:dʒə] paraplégie *f*; **par·aˈple·gic** paraplégique (*adj*., *mf*).

par·a·site [ˈpærəsait] parasite *m*; *fig*. écornifleur (-euse *f*) *m*; **par·a·sit·ic, par·a·sit·i·cal** □ [~ˈsitik(l)] parasite (de, *on*).

par·a·sol [pærəˈsɔl] ombrelle *f*.

par·a·troop·er ⚔ [ˈpærətru:pə] parachutiste *m*; **par·a·troops** [ˈ~tru:ps] *pl*. *les* parachutistes *m/pl*.

par·a·ty·phoid ⚕ [ˈpærəˈtaifɔid] paratyphoïde *f*.

par·boil [ˈpɑ:bɔil] faire bouillir à demi; *fig*. étourdir (*la viande*).

par·buck·le ⚓ [ˈpɑ:bʌkl] **1.** trévire *f*; **2.** trévirer.

par·cel [ˈpɑ:sl] **1.** paquet *m*, colis *m*; ⚘ lot *m*, envoi *m*; *péj*. tas *m*; parcelle *f* (*de terrain*); ~*s office* bureau *m* de(s) messageries; **2.** empaqueter; emballer; (*usu*. ~ *out*) parceler, lotir, morceler (*un terrain*); ~ **post** service *m* des colis postaux.

parch [pɑ:tʃ] (se des)sécher; *v/t*. rôtir, griller; ~*ing heat* chaleur *f* brûlante.

parch·ment [ˈpɑ:tʃmənt] parchemin *m*.

par·don [ˈpɑ:dn] **1.** pardon *m*; ⚖ grâce *f*; *eccl*. indulgence *f*; **2.** pardonner (qch. à q., *s.o. s.th.*); ⚖ faire grâce à; gracier; **ˈpar·don·a·ble** □ pardonnable; graciable; **ˈpar·don·er** *hist*. vendeur *m* d'indulgences.

pare [pɛə] rogner (*les ongles etc.*); peler (*une pomme etc.*); éplucher; (*a*. ~ *away*, ~ *down*) *fig*. rogner.

par·ent [ˈpɛərənt] père *m*, mère *f*; *fig*. mère *f*, source *f*; ~*s pl*. parents *m/pl*., les père et mère; ~*-teacher association* association *f* des parents d'élèves et des professeurs; **ˈpar·ent·age** naissance *f*, parentage *m*; extraction *f*; **pa·ren·tal** □ [pəˈrentl] paternel(le *f*).

pa·ren·the·sis [pəˈrenθisis], *pl*. **-ses** [~si:z] parenthèse *f* (*a. typ.*); *fig*. intervalle *m*; **paˈren·the·size** mettre entre parenthèses (*a. typ.*); intercaler; **par·en·thet·ic, par·en·thet·i·cal** □ [pærənˈθetik(l)] entre parenthèses.

par·ent·less [ˈpɛərəntlis] orphelin, sans mère ni père.

par·get [ˈpɑ:dʒit] recouvrir (*un mur*) d'une couche de plâtre; crépir.

pa·ri·ah [ˈpæriə] paria *m*, réprouvé (-e *f*) *m*.

pa·ri·e·tal [pəˈraiitl] pariétal (-aux *m/pl*.); *anat*. ~ *bone* pariétal *m*.

par·ing [ˈpɛəriŋ] rognage *m*; épluchage *m*; ~*s pl*. rognures *f/pl*.; pelures *f/pl*.; *métal*: cisaille *f*; ~*-knife* ⊕ rognoir *m*; *souliers etc.*: tranchet *m*.

par·ish [ˈpæriʃ] **1.** paroisse *f*; (*a. civil* ~) commune *f*; *go on the* ~ tomber à la charge de la commune; **2.** paroissial (-aux *m/pl*.); municipal (-aux *m/pl*.); ~ *clerk* clerc *m* de paroisse; ~ *council* conseil *m* municipal; ~ *register* registre *m* paroissial; **pa·rish·ion·er** [pəˈriʃənə] paroissien(ne *f*) *m*; habitant(e *f*) *m* de la commune.

Pa·ri·sian [pəˈrizjən] **1.** parisien (-ne *f*); de Paris; **2.** Parisien(ne *f*) *m*.

par·i·ty [ˈpæriti] égalité *f*; parité *f* (*a. Bourse*).

park [pɑ:k] **1.** parc *m* (*a.* ⚔); *chasse*: réserve *f*; *château*: dépendances *f/pl*.; *mot*. (parc *m* de) stationnement *m*; ~ *keeper* gardien(ne *f*) *m* de parc; **2.** *v/t*. enfermer dans un parc; ⚔ mettre en parc; *mot*. parquer, garer; *v/i*. *mot*. stationner; **ˈpark·ing** *mot*. parcage *m*; *attr*. de stationnement; ~ *brake* frein *m* à main; ~ *fee* tarif *m ou* droit *m* de stationnement; ~ *light* feu *m* de position; ~ *meter Am*. compteur *m* de stationnement; ~ *place* parc *m ou* endroit *m* de stationnement *m*; ~ *space* créneau *m*; ~ *ticket Am*. *parcage*: contravention *f*.

par·ka [ˈpɑ:kə] anorak *m*.

par·lance [ˈpɑ:ləns] langage *m*, parler *m*.

par·ley [ˈpɑ:li] **1.** conférence *f*; ⚔

pourparlers *m/pl.*; **2.** *v/i.* entrer en pourparlers; parlementer; ⚔ entamer des négociations; *v/t. co.* parler.

par·lia·ment [ˈpɑːləmənt] parlement *m*; Chambres *f/pl.* (*en France*); **par·lia·men·tar·i·an** [~menˈtɛəriən] parlementaire (*a. su./mf*); **par·lia·men·ta·ry** □ [~ˈmentəri] parlementaire; législatif (-ive *f*); 🚃 ~ *train* train *m* omnibus.

par·lo(u)r [ˈpɑːlə] petit salon *m*; *couvent*: parloir *m*; *Am.* salon *m* (*de coiffure etc.*), cabinet *m* (*de dentiste etc.*); *Am.* ~ *car* 🚃 wagon-salon (*pl.* wagons-salons) *m*; ˈ**~-maid** bonne *f*.

Par·me·san cheese [pɑːmiˈzænˈtʃiːz] parmesan *m*.

pa·ro·chi·al □ [pəˈroukjəl] *eccl.* paroissial (-aux *m/pl.*), de la paroisse; communal (-aux *m/pl.*); *fig.* de clocher, borné; ~ *politics pl.* politique *f* de clocher.

par·o·dist [ˈpærədist] parodiste *mf*; pasticheur (-euse *f*) *m*; ˈ**par·o·dy 1.** parodie *f*, pastiche *m*; *fig.* travestissement *m*; **2.** parodier, pasticher; *fig.* travestir.

pa·role [pəˈroul] **1.** ⚔ parole *f* (d'honneur); *put on* ~ *see 3*; **2.** ⚖ *adj.* verbal (-aux *m/pl.*); **3.** ⚖ *surt. Am.* libérer sur parole *ou* conditionnellement.

par·ox·ysm [ˈpærəksizm] paroxysme *m*; F crise *f*; accès *m* (*de fureur*).

par·quet [ˈpɑːkei] parquet(age) *m*; *Am. théâ.* orchestre *m*; **par·quet·ed** [ˈ~kitid] parqueté, en parquetage; ˈ**par·quet·ry** parquetage *m*, parqueterie *f*.

par·ri·cid·al [pæriˈsaidl] parricide; ˈ**par·ri·cide** parricide *m*; *personne*: parricide *mf*.

par·rot [ˈpærət] **1.** *orn.* perroquet *m*; **2.** répéter *ou* parler comme un perroquet.

par·ry *sp.* [ˈpæri] **1.** parade *f*; **2.** parer (*a. fig.*).

parse *gramm.* [pɑːz] faire l'analyse de.

par·si·mo·ni·ous □ [pɑːsiˈmounjəs] parcimonieux (-euse *f*); *péj.* pingre; **par·siˈmo·ni·ous·ness, par·si·mo·ny** [ˈpɑːsiməni] parcimonie *f*; *péj.* pingrerie *f*.

pars·ley ⚘ [ˈpɑːsli] persil *m*.

pars·nip ⚘ [ˈpɑːsnip] panais *m*.

par·son [ˈpɑːsn] curé *m* (*catholique*); pasteur *m* (*protestant*); F ~*'s nose* croupion *m*; ˈ**par·son·age** presbytère *m*; cure *f*.

part [pɑːt] **1.** *su.* partie *f* (*a. gramm., a.* ♪) (de, *of*); part *f* (à, *in*); *théâ., fig.* rôle *m*; *fig.* comédie *f*; *publication*: fascicule *m*, livraison *f*; ⊕ pièce *f*, organe *m*, élément *m*; parti *m*; 𝄞 ~*s pl.* (*usu. private ou privy* ~*s pl.*) parties *f/pl.*; parages *m/pl.*, pays *m/pl.*, endroit *m*; facultés *f/pl.*; *gramm.* ~*s pl. of speech* parties *f/pl.* du discours; ~ *and parcel of* partie *f* intégrante de; *a man of* ~*s* homme *m* bien doué; *have neither* ~ *nor lot in* n'avoir aucune part dans; *in foreign* ~*s* à l'étranger *take s.o.'s* ~ prendre parti pour q.; *take* ~ *in s.th.* participer à qch., prendre part à qch.; *take in good* (*bad*) ~ prendre en bonne (mauvaise) part; *for my* (*own*) ~ pour ma part, pour ce qui est de moi, quant à moi; *for the most* ~ pour la plupart; *in* ~ en partie; partiellement; *do one's* ~ faire son devoir; *on the* ~ *of* de la part de; *on my* ~ de ma part; **2.** *adv.* en partie, mi-, moitié ...; **3.** *v/t.* séparer (en deux); fendre; ~ *one's hair* se faire une raie; ~ *company* se séparer (de, *with*), *fig.* n'être plus d'accord (avec, *with*); *v/i.* se diviser; se quitter; se rompre; se séparer (de, *from*); ~ *with* céder (*qch.*); se départir de; ⚖ aliéner; *fig.* dépenser (*de l'argent*).

par·take [pɑːˈteik] [*irr.* (*take*)] participer, prendre part (à *in, of*); ~ *of* prendre (*un repas*); partager (*le repas*) (de, *with*); goûter (*un mets*); *fig.* tenir de; *eccl.* s'approcher de (*les sacrements*); **parˈtak·er** participant(e *f*) *m* (à, *in*); partageant(e *f*) *m* (de, *in*).

par·terre ⚘, *théâ.* [pɑːˈtɛə] parterre *m*.

par·tial □ [ˈpɑːʃl] partiel(le *f*), en partie; partial (-aux *m/pl.*) (*personne*); *be* ~ *to* avoir un faible pour; **par·ti·al·i·ty** [pɑːʃiˈæliti] partialité *f* (pour, envers *for, to*); prédilection *f* (pour, *for*); injustice *f*.

par·tic·i·pant [pɑːˈtisipənt] participant(e *f*) *m* (à, *in*); **parˈtic·i·pate** [~peit] participer, prendre part (à, *in*); **par·tic·iˈpa·tion** participation *f* (à, *in*); **par·ti·cip·i·al** □ *gramm.* [~ˈsipiəl] participial (-aux *m/pl.*);

par·ti·ci·ple *gramm.* [ˈpɑːtsipl] participe *m.*

par·ti·cle [ˈpɑːtikl] particule *f* (*a. gramm.*); *métal*: paillette *f*; *fig.* ombre *f*, trace *f*, grain *m*; *nobiliary* ~ particule *f* nobiliaire.

par·ti-col·oured [ˈpɑːtikʌləd] mi-parti; bigarré.

par·tic·u·lar [pəˈtikjulə] **1.** □ particulier (-ère *f*); spécial (-aux *m/pl.*); détaillé; méticuleux (-euse *f*); pointilleux (-euse *f*); exigeant (sur *about, as to*); délicat (sur *on, about*); ~*ly* en particulier; **2.** détail *m*, particularité *f*; ~*s pl.* détails *m/pl.*; plus amples renseignements *m/pl.*; *in* ~ en particulier; **par·tic·u·lar·i·ty** [~ˈlæriti] particularité *f*; méticulosité *f*; minutie *f*; **parˈtic·u·lar·ize** [~ləraiz] particulariser; entrer dans les détails.

part·ing [ˈpɑːtiŋ] séparation *f*; départ *m*; rupture *f*; *cheveux*: raie *f*; ~ *of the ways surt. fig.* carrefour *m.*

par·ti·san[1] *hist.* [ˈpɑːtizn] pertuisane *f.*

par·ti·san[2] [pɑːtiˈzæn] **1.** partisan *m* (*a.* ⚔); **2.** de parti; sectaire; **par·tiˈsan·ship** esprit *m* de parti; partialité *f*; appartenance *f* à un parti.

par·ti·tion [pɑːˈtiʃn] **1.** partage *m*; *terre*: morcellement *m*; cloison(nage *m*) *f*; ~ *wall* paroi *f*, cloison *f*; mur *m* de refend; **2.** morceler; démembrer; cloisonner (*une pièce*).

par·ti·tive *gramm.* [ˈpɑːtitiv] □ partitif (-ive *f*) (*a. su./m*).

part·ly [ˈpɑːtli] en partie, partiellement.

part·ner [ˈpɑːtnə] **1.** associé(e *f*) *m* (*a.* ⚚); *sp.* partenaire *mf*; danseur (-euse *f*) *m*, cavalier *m*, dame *f*; **2.** s'associer à, être associé à; *sp.* être le partenaire de; *danse*: mener (*une dame*); *be* ~*ed by s.o.* avoir q. pour associé *etc.*; **ˈpart·ner·ship** association *f* (*a.* ⚚); ⚚ société *f*; *limited* ~ société *f* en commandite; *enter into* ~ *with* s'associer avec.

part...: **ˈ~-own·er** copropriétaire *mf*; **ˈ~-pay·ment** versement *m* à compte; acompte *m.*

par·tridge *orn.* [ˈpɑːtridʒ] perdrix *f.*

part...: **ˈ~-song** chant *m* à plusieurs voix *ou* parties; **ˈ~-time** chômage *m* partiel; *attr.* pour une partie de la journée *ou* de la semaine; ~ *school* école *f* du soir; ~ *worker* employé(e *f*) *m* à l'heure; travailleur (-euse *f*) *m* pour une partie de la journée *etc.*; *have a* ~ *job, work* ~ travailler à temps partiel.

par·ty [ˈpɑːti] partie *f* (*de plaisir, a.* ⚖); ⚖ personne *f*; *pol.* parti *m*; soirée *f*, réception *f*; bande *f*, groupe *m*; équipe *f*; ⚔ détachement *m*; *fig.* complice *mf*; F individu *m*, monsieur *m*, dame *f*; *be a* ~ *to* prendre part à; ~ *boss* chef *m* de parti; ~ *line téléph.* poste *m* groupé; *Am. parl.* directive *f* du parti; *follow the* ~ *line parl.* observer (à la lettre) les directives de son parti; ~ *liner Am. péj.* politicien *m* qui observe à la lettre les directives de son parti; ~ *meeting* (*ou* ~ *rally*) rassemblement *m* politique (*organisé par un parti*); ~ *status* qualité *f* de membre d'un parti politique; ~ *ticket Am.* liste *f* des candidats (*d'un parti politique*); ~*-wall* mur *m* mitoyen.

par·ve·nu [ˈpɑːvənjuː] parvenu *m*; nouveau riche *m.*

pas·chal [ˈpɑːskəl] pascal (-als, -aux *m/pl.*); de Pâques *ou* Pâque.

pass [pɑːs] **1.** *su. géog.* col *m*, défilé *m*; ⚓, *sp., escrime, prestidigitation*: passe *f*; *univ.* mention *f* passable; diplôme *m* sans spécialisation; *théâ.* (*usu. free* ~) billet *m* de faveur; 🚂 carte *f* de circulation; coupe-file *m/inv.*; **2.** *v/i.* passer (de ... à *ou* en, *from ... to*); s'écouler, passer (*temps*); disparaître; avoir lieu, arriver; avoir cours (*monnaie*); être voté (*loi etc.*); être reçu (*à un examen*); *escrime, a. foot.* faire une passe; *cartes*: passer (parole); être approuvé (*action*); *bring to* ~ amener, faire arriver; *come to* ~ avoir lieu, arriver; ~ *as* passer pour; ~ *away* disparaître; trépasser (= *mourir*); ~ *by* passer, défiler (devant); ~ *by the name of G.* être connu sous le nom de G.; ~ *for* passer pour; ~ *into* entrer dans; devenir; ~ *into law* passer en loi; ~ *off* disparaître; (se) passer; *surt. Am.* passer pour (un) blanc (*nègre à peau blanche*); ~ *on* continuer sa route; passer (à, *to*); F trépasser; ~ *out* sortir; *sl.* s'évanouir; ~ *through s.th.* passer par qch. (*a. fig.*); *fig.* traverser (*une crise*); ~ *under s.o.'s control* être soumis au contrôle *ou* à la direction de q.; **3.** *v/t.* passer devant *ou* près de; dépasser; croiser; ne pas s'arrêter à; franchir (*le seuil, la frontière*); outrepasser (*les bornes*); surpasser (*q.*); rattraper (*q.*); *sp.* devancer; refiler (*de la fausse monnaie*); passer (*qch. en revue, le temps, l'été, sa main entre qch., d'un endroit à un autre*); laisser passer (*q.*); transmettre, faire circuler; subir (*une épreuve*) avec succès; réussir à, être reçu à (*un examen*); recevoir (*un candidat*); approuver (*une facture etc.*); voter (*une loi*); prononcer (*un jugement*); ~ *one's hand over* passer sa main sur; *the bill has not yet* ~*ed the house* le projet (de loi) n'a pas encore été adopté *ou* voté; ~ *one's opinion upon* dire *ou* émettre son opinion sur; ☤ ~ *to account* porter en compte; ~ *water* uriner, F faire de l'eau; ~ *one's word* donner sa parole; ~ *by* (*ou over*) *s.th.* franchir qch.; passer sur qch. (*a. fig.*); ~ *off as* faire passer pour; ~ *on* transmettre, (faire) passer; ~ *round* faire circuler; ~ *a rope round s.th.* passer une corde autour de qch.; ~ *s.th. through s.th.* passer qch. à travers qch.; ~ *s.th. up* donner qch., monter qch.; ~ *s.o. up* négliger q.; *surt. Am.* ~ *up* négliger; refuser; **ˈpass·a·ble** traversable; praticable (*chemin*); passable, assez bon; ayant cours (*monnaie*); **ˈpass·a·bly** passablement, assez; F plutôt.

pas·sage [ˈpæsidʒ] passage *m* (*a. d'un texte*); ruelle *f*, passage *m*; couloir *m*, corridor *m*; ⊕ conduit *m*; adoption *f* (*d'un projet de loi*); ♪ trait *m*; ~*s pl. texte*: morceaux *m/pl.*; *fig.* relations *f/pl.* intimes; ~ *of* (*ou at*) *arms* passe *f* d'armes; échange *m* de mots vifs; *bird of* ~ oiseau *m* passager; **ˈ~-boat** paquebot *m*; **ˈ~-mon·ey** prix *m* du passage *ou* de la traversée; **ˈ~way** passage *m*, ruelle *f*; *Am.* couloir *m*, corridor *m*.

pass...: **ˈ~-book** ☤ carnet *m* de banque; *mot.* carnet *m* de passage en douane; **ˈ~-check** *théâ.* contremarque *f*.

pas·sen·ger [ˈpæsindʒə] ⚓, ✈ passager (-ère *f*) *m*; voyageur (-euse *f*) *m*; 🚂 ~ *coach* wagon *m* à voyageurs; **ˈ~ train** 🚂 train *m* de voyageurs *ou* de grande vitesse.

passe-par·tout [ˈpæspɑːˈtuː] (clef *f*) passe-partout *m/inv.*; *phot.* bande *f* gommée.

pass·er-by [ˈpɑːsəˈbai], *pl.* **pass·ers-by** passant(e *f*) *m*.

pass·ing [ˈpɑːsiŋ] **1.** passage *m*; *oiseaux*: passe *f*; *mot.* doublement *m*; *loi*: adoption *f*; *fig.* mort *f*, trépas *m*; *in* ~ en passant; **2.** passant; passager (-ère *f*); éphémère; **ˈ~-bell** glas *m*; **ˈpass·ing·ly** en passant; fugitivement.

pas·sion [ˈpæʃn] passion *f*, amour *m*; colère *f*; crise *f* (*de larmes*); ♀ Passion *f*; *be in a* ~ être furieux (-euse *f*); ⚖ *in* ~ dans la chaleur du moment; ♀ *Week* semaine *f* de la Passion; semaine *f* sainte; **pas·sion·ate** □ [ˈ~ʃənit] passionné; véhément; **ˈpas·sion·ate·ness** passion *f*, ardeur *f*; véhémence *f*; **ˈpas·sion-flow·er** ⚘ fleur *f* de la Passion, passiflore *f*; **ˈpas·sion·less** □ impassible; sans passion; **ˈpas·sion-play** mystère *m* de la Passion.

pas·sive □ [ˈpæsiv] **1.** passif (-ive *f*); ~ *voice* = **2.** *gramm.* passif *m*; **ˈpas·sive·ness, pas·siv·i·ty** [~ˈsiviti] passivité *f*, inertie *f*.

pass-key [ˈpɑːskiː] (clef *f*) passe-partout *m/inv.* [♀ agneau *m* pascal.]

Pass·o·ver [pɑːsouvə] Pâque *f*;

pass·port [ˈpɑːspɔːt] passeport *m*.

pass·word ⚔ [ˈpɑːswəːd] mot *m* de passe.

past [pɑːst] **1.** *adj.* passé (*a. gramm.*); ancien(ne *f*); de jadis; *fig.* ~ *master* expert *m* (dans, *at*), maître *m* passé (en, *at*; dans l'art de *inf.*, *at gér.*); *for some time* ~ depuis quelque temps; **2.** *adv. see verbe simple*; *rush* ~ passer en courant; **3.** *prp.* au-delà de; plus de; *half* ~ *two* deux heures et demie; *be* ~ *comprehension* être hors de toute compréhension; ~ *cure* inguérissable; ~ *endurance* insupportable; ~ *hope* perdu sans retour; *I would not put it* ~ *her* je ne l'en crois pas incapable; **4.** *su.* passé *m*.

paste [peist] **1.** pâte *f* (*a. cuis.*); colle *f*; faux brillants *m/pl.*; **2.** coller; *sl.* battre; **ˈ~board** planche *f* à pâte; carton *m*: *sl.* carte *f*; *attr.* de *ou* en carton.

pas·tel [ˈpæstəl] ⚘ pastel *m*, guède *f*; *peint.* (crayon *m*) pastel *m*; **ˈpas·tel·(l)ist** pastelliste *mf*.

pas·tern *vét.* ['pæstə:n] paturon *m*; '~**-joint** boulet *m*.
pas·teur·ize ['pæstəraiz] pasteuriser; stériliser.
pas·tille [pæs'ti:l] pastille *f*.
pas·time ['pɑ:staim] passe-temps *m/inv.*; distraction *f*.
pas·tor ['pɑ:stə] pasteur *m*, ministre *m*; *Am.* prêtre *m*; '**pas·to·ral** **1.** □ pastoral (-aux *m/pl.*); ~ *staff* bâton *m* pastoral; crosse *f*; **2.** poème *m* pastoral; *peint.* scène *f* pastorale; *poésie, a.* ♪ pastourelle *f*; *eccl.* lettre *f* pastorale.
pas·try ['peistri] pâtisserie *f*; pâte *f* (*non cuite*); '~**-cook** pâtissier (-ère *f*) *m*.
pas·tur·age ['pɑ:stjuridʒ] pâturage *m*, pacage *m*.
pas·ture ['pɑ:stʃə] **1.** (lieu *m* de) pâture *f*; pré *m*; pâturage *m*; ~ *ground* lieu *m* de pâturage; **2.** *v/t.* (faire) paître; *v/i.* paître.
past·y **1.** ['peisti] pâteux (-euse *f*); *fig.* terreux (-euse *f*) (*visage*); **2.** ['pæsti] pâté *m* (*sans terrine*).
pat [pæt] **1.** coup *m* léger; petite tape *f*; caresse *f*; *beurre*: rondelle *f*; **2.** tap(ot)er; caresser; **3.** apte; à propos (*a. adv.*); prêt; ~ *answer* réponse *f* toute prête; *answer* ~ répondre sur-le-champ; *have* (*ou know*) *s.th.* (*off*) ~ savoir qch. sur le bout du doigt.
patch [pætʃ] **1.** pièce *f*; *mot. boudin d'air*: pastille *f*, *pneu*: guêtre *f*; *couleur*: tache *f*; *fig.* pâté *m*; *légumes*: carré *m*; *terre*: parcelle *f*; ~ *pocket cost.* poche *f* appliquée; **2.** rapiécer, raccommoder; poser une pastille à; mettre une pièce à (*un pneu*); ~ *up* rapetasser; ⊕ rafistoler; *fig.* arranger, ajuster; '**patch·er** raccommodeur (-euse *f*) *m*; *fig.* rapetasseur (-euse *f*) *m*.
patch·ou·li ['pætʃuli] patchouli *m*.
patch·work ['pætʃwə:k] rapiéçage *m*; '**patch·y** inégal (-aux *m/pl.*) (*a. fig.*).
pate *sl.* [peit] tête *f*, caboche *f*.
pat·en *eccl.* ['pætən] patène *f*.
pat·ent **1.** ['peitnt; ⚖, *Am.* 'pætnt] manifeste, patent; *letters* ~ ['pætnt] *pl.* lettres *f/pl.* patentes; ~ *article* article *m* breveté; ~ *fastener* bouton-pression (*pl.* boutons-pression) *m*; attache *f* à fermoir; ~ *fuel* boulets *m/pl.*, briquettes *f/pl.*; ~ *leather* cuir *m* verni; ~ *leather shoes* souliers *m/pl.* vernis; **2.** ['pætnt] brevet *m* d'invention; lettres *f/pl.* patentes; ⚖ ~ *pending* brevet *m* pendant; ~ *agent* agent *m* en brevets; ~ *office* bureau *m* des brevets; **3.** [~] faire breveter; **pat·ent·ee** [peitən'ti:] breveté *m*; concessionnaire *m* du brevet.
pa·ter·nal □ [pə'tə:nl] paternel(le *f*); **pa'ter·ni·ty** paternité *f*; *fig. a.* origine *f*.
path [pɑ:θ], *pl.* **paths** [pɑ:ðz] chemin *m*; sentier *m*; *jardin*: allée *f*; *fig.* route *f*; *sp.* piste *f*.
pa·thet·ic [pə'θetik] (~*ally*) pathétique; attendrissant.
path·less ['pɑ:θlis] sans chemin frayé.
path·o·log·i·cal □ [pæθə'lɔdʒikl] pathologique; **pa·thol·o·gist** [pə'θɔlədʒist] pathologiste *mf*; **pa·thol·o·gy** [pə'θɔlədʒi] pathologie *f*.
pa·thos ['peiθɔs] pathétique *m*.
path·way ['pɑ:θwei] sentier *m*; *rue*: trottoir *m*.
path·y ⚕ *Am. co., a. péj.* ['pæθi] système *m* de traitement.
pa·tience ['peiʃns] patience *f*; *cartes*: réussite *f*, -s *f/pl.*; *be out of* ~ (*ou have no* ~) *with* être à bout de patience avec; '**pa·tient** **1.** □ patient, endurant; *be* ~ *of* avoir de la patience avec; *fig.* savoir supporter (*qch.*); **2.** malade *mf*.
pa·ti·o *Am.* ['pætiou] patio *m*.
pa·tri·arch ['peitriɑ:k] patriarche *m*; **pa·tri'ar·chal** □ patriarcal (-aux *m/pl.*).
pa·tri·cian [pə'triʃn] patricien(ne *f*) *m* (*a. su.*).
pat·ri·mo·ny ['pætriməni] patrimoine *m*; *eccl.* biens-fonds *m/pl.*
pa·tri·ot ['pætriət] patriote *mf*; **pa·tri·ot·eer** *Am. sl.* [~'tiə] faux patriote *m*; **pa·tri·ot·ic** [~'ɔtik] (~*ally*) patriotique (*discours etc.*); patriote (*personne*); **pa·tri·ot·ism** ['~ətizm] patriotisme *m*.
pa·trol ⚔ [pə'troul] **1.** patrouille *f*; ronde *f*; *police*: secteur *m*; *Am.* ~ *wagon* voiture *f* de police; F panier *m* à salade; **2.** *v/t.* faire la patrouille dans; *v/i.* patrouiller; ~**·man** *Am.* ['~mæn] patrouilleur *m*; agent *m* de police.
pa·tron ['peitrən] protecteur *m*; *eccl.* patron(ne *f*) *m*; ✝ client(e *f*)

m; *charité*: patron *m*; **pa·tron·age** [ˈpætrənidʒ] protection *f*; patronage *m*; clientèle *f*; *eccl.* droit *m* de présentation; *péj.* air *m* protecteur; **pa·tron·ess** [ˈpeitrənis] protectrice *f*; *charité*: patronnesse *f*; **pa·tron·ize** [ˈpætrənaiz] protéger; patronner; ✝ accorder sa clientèle à; *péj.* traiter d'un air protecteur; ˈ**pa·tron·iz·er** protecteur (-trice *f*) *m*; client(e *f*) *m*.

pat·ten [ˈpætn] socque *m*.

pat·ter [ˈpætə] **1.** *v/i.* sonner par petits coups; crépiter (*pluie etc.*); caqueter; *v/t.* bredouiller; parler tant bien que mal; **2.** petit bruit *m*; fouettement *m*; boniment *m*.

pat·tern [ˈpætən] **1.** modèle *m*, exemple *m* (*a. fig.*); type *m*; dessin *m*; patron *m* (*en papier*); échantillon *m*; *by* ~ *post* échantillon sans valeur; *télév.* test ~ mire *f*; **2.** modeler (sur *after*, *on*); ˈ**~-mak·er** ⊕ modeleur *m* (-euse *f*) *m*.

pat·ty [ˈpæti] petit pâté *m*; bouchée *f* à la reine.

pau·ci·ty [ˈpɔːsiti] disette *f*, manque *m*.

Paul·ine [ˈpɔːlain] paulinien(ne *f*).

paunch [pɔːntʃ] panse *f*, ventre *m*; ˈ**paunch·y** pansu.

pau·per [ˈpɔːpə] **1.** indigent(e *f*) *m*; pauvre(sse *f*) *m*; **2.** assisté, pauvre; ˈ**pau·per·ism** paupérisme *m*; ˈ**pau·per·ize** réduire à l'indigence.

pause [pɔːz] **1.** pause *f*, arrêt *m*; hésitation *f*; ♪ point *m* d'orgue; **2.** faire une pause; hésiter; s'arrêter (sur, [*up*]*on*).

pave [peiv] paver; *fig.* préparer; ˈ**pave·ment** pavé *m*; dallage *m*; trottoir *m*; ~ *artist* artiste *mf* de trottoir.

pa·vil·ion [pəˈviljən] pavillon *m*.

pav·ing-stone [ˈpeiviŋstoun] pavé *m*; pierre *f* à paver.

pav·io(u)r [ˈpeivjə] paveur *m*; dalleur *m*; carreleur *m*.

paw [pɔː] **1.** patte *f* (*sl. a.* = *main*); **2.** donner des coups de patte à; piaffer (*cheval*); F tripoter.

pawn[1] [pɔːn] *échecs*: pion *m*; *fig.* jouet *m*.

pawn[2] [~] **1.** gage *m*; *in* (*ou at*) ~ en gage; **2.** mettre en gage, engager; ˈ**~·bro·ker** prêteur (-euse *f*) *m* sur gage(s); **pawn·ee** [~ˈniː] créancier (-ère *f*) *m* sur gage; ˈ**pawn·er** emprunteur (-euse *f*) *m* sur gage; ˈ**pawn·shop** maison *f* de prêt; ˈ**pawn-tick·et** reconnaissance *f* (de prêt sur gage).

pay [pei] **1.** salaire *m*; gages *m/pl.*; traitement *m*; ⚔, ⚓ solde *f*; **2.** [*irr.*] *v/t.* payer; régler (*un compte*); acquitter (*des droits*); présenter (*ses respects à q.*); faire (*honneur à q.*, *une visite à q.*); ~*-as-you-earn Am.* retenue *f* des impôts à la source; ~ *attention* (*ou heed*) *to* faire attention à; tenir compte de; ~ *away* dépenser; ⚓ laisser filer (*un câble*); ~ *down* payer comptant; ~ *in* donner (*qch.*) à l'encaissement; ~ *off* régler (*qch.*); rembourser (*un créancier*); congédier (*un employé*); ~ *out* payer, débourser; F se venger sur (*q.*); ⚓ (laisser) filer; ~ *up* se libérer de (*dettes*); rembourser intégralement; *v/i.* payer; rapporter; ~ *for* payer (*qch.*); rémunérer (*q.*, *qch.*); *fig.* expier; ˈ**pay·a·ble** payable (*a.* ✝); acquittable; ⚒ exploitable; ˈ**pay-day** jour *m* de paye; **pay-dirt** *Am.* alluvion *f* exploitable; *fig.* source *f* d'argent; **pay·ee** ✝ [~ˈiː] preneur (-euse *f*) *m*; porteur *m* (*d'un effet*); ˈ**pay-en·ve·lope** sachet *m* de paie; ˈ**pay·er** payant(e *f*) *m*; ✝ tiré *m*, accepteur *m*; **pay freeze** blocage *m* des salaires; ˈ**pay·ing** payant; profitable; rémunérateur (-trice *f*); avantageux (-euse *f*); ˈ**pay·ing-ˈin slip** bordereau *m* de versement; ˈ**pay-load** charge *f* payante; ✈ poids *m* utile; ˈ**pay·mas·ter** trésorier *m* (*a.* ⚔); ⚓ commissaire *m*; ˈ**pay·ment** paiement *m*, versement *m*; rémunération *f*; *additional* ~ supplément *m*; *on* ~ *of* moyennant paiement de.

pay...: ˈ**~-off** règlement *m*; remboursement *m*; *Am.* F comble *m*; F bakchich *m*; ˈ**~-of·fice** caisse *f*, guichet *m*; ˈ**~-pack·et** sachet *m* de paie; ˈ**~-roll** feuille *f* de paie; ~ **sta·tion** *Am.* téléphone *m* public.

pea ⚘ [piː] (petit) pois *m*; *attr.* de pois; aux petits pois.

peace [piːs] paix *f*; tranquillité *f*; ordre *m*; traité *m* de paix; ~ *movement* mouvement *m* pacifiste; ~ *offering* cadeau *m* de réconciliation; ~ *pipe* calumet *m* de la paix; ~ *talks pl.* pourparlers *m/pl.* de paix; ~ *treaty* traité *m* de paix; *the* (*King's*) ~ l'ordre *m* public; *at* ~ en paix, paisible; *break* *the* ~ troubler l'ordre public; *keep the* ~ veiller à *ou* ne pas troubler l'ordre public; '**peace·a·ble** □ pacifique; en paix; paisible; '**peace-break·er** violateur (-trice *f*) *m* de l'ordre public; **peace·ful** □ ['~ful] paisible, tranquille; pacifique; '**peace-keeping force** forces *f/pl.* de maintien de la paix; '**peace·mak·er** conciliateur (-trice *f*) *m*; '**peace of·fi·cer** agent *m* de la sûreté.

peach[1] ⚘ [pi:tʃ] pêche *f*; *arbre*: pêcher *m*; F vrai bijou *m*.

peach[2] *sl.* [~]: ~ *(up)on* moucharder; dénoncer.

pea-chick ['pi:tʃik] paonneau *m*.

peach·y ['pi:tʃi] velouté (*peau etc.*); *couleur*: fleur de pêcher *adj./inv.*; *sl.* épatant; délicieux (-euse *f*).

pea·cock ['pi:kɔk] paon *m*; '**pea-fowl** paon(ne *f*) *m*; '**pea'hen** paonne *f*.

pea-jack·et ⚓ ['pi:dʒækit] vareuse *f*.

peak [pi:k] **1.** pic *m*, cime *f*, sommet *m*; *casquette*: visière *f*; *attr.* de pic; de pointe; maximum; ~ *load* charge *f* maximum; ~ *power* débit *m* maximum; ~ *season* pleine saison *f*; **2.** F dépérir; tomber en langueur; **peaked** [pi:kt] en pointe; ~ *cap* casquette *f* à visière; '**peak·y** F pâlot, malingre; hâve.

peal [pi:l] **1.** carillon *m*; *tonnerre*: grondement *m*; retentissement *m*; ~ *of laughter* éclat *m* de rire; **2.** *v/t.* sonner à toute volée; carillonner; *v/i.* carillonner; retentir; gronder (*tonnerre*).

pea·nut ['pi:nʌt] ⚘ arachide *f*, ✝ cacahouette *f*; *fig.* gnognote *f*; *Am. sl.* ~ *politics* politicailleries *f/pl.*

pear ⚘ [pɛə] poire *f*; *arbre*: poirier *m*.

pearl [pə:l] **1.** perle *f* (*a. fig.*); *typ.* parisienne *f*; *attr.* de perles; **2.** perler; '**pearl·y** perlé, nacré.

pear-tree ['pɛətri:] poirier *m*.

peas·ant ['pezənt] **1.** paysan(ne *f*) *m*; **2.** campagnard; '**peas·ant·ry** paysannerie *f*; paysannat *m*.

pea-shoot·er ['pi:ʃu:tə] petite sarbacane *f* de poche.

pea-soup ['pi:'su:p] potage *m* aux pois, potage *m* St.-Germain; '**pea-'soup·y** jaune et épais (*brouillard*).

peat [pi:t] tourbe *f*; '**~-moss** tourbière *f*.

peb·ble ['pebl] caillou (*pl.* -x) *m*; *plage*: galet *m*; agate *f*; '**peb·bly** caillouteux (-euse *f*); à galets (*plage*).

pec·ca·ble ['pekəbl] peccable; **peccant** ⚕ ['pekənt] peccant.

peck[1] [pek] (*approx.*) boisseau *m* (*9,087 litres*); *fig.* grande quantité *f*; *a* ~ *of* beaucoup de.

peck[2] [~] picoter (qch., *at s.th.*); picorer; ~ *at* chipoter (*un plat*); ~ *at one's food* manger son repas du bout des dents; '**peck·er** *sl.* courage *m*; nez *m*; '**peck·ish** F: *be* ~ avoir faim.

pec·to·ral ['pektərəl] pectoral (-aux *m/pl.*) (*a. su./m*).

pec·u·late ['pekjuleit] détourner des fonds; **pec·u'la·tion** détournement *m* de fonds; péculat *m*; '**pec·u·la·tor** dilapidateur *m* des deniers publics.

pe·cul·iar □ [pi'kju:ljə] bizarre, singulier (-ère *f*); étrange; particulier (-ère *f*); **pe·cu·li·ar·i·ty** [~li'æriti] particularité *f*; trait *m* distinctif; singularité *f*.

pe·cu·ni·ar·y [pi'kju:njəri] pécuniaire; d'argent.

ped·a·gog·ic, ped·a·gog·i·cal □ [pedə'gɔdʒik(l)] pédagogique; **ped·a'gog·ics** *usu. sg.* pédagogie *f*; **ped·a·gogue** ['~gɔg] pédagogue *m*; **ped·a·go·gy** ['~gi] pédagogie *f*.

ped·al ['pedl] **1.** pédale *f*; **2.** du pied; **3.** *cycl.* pédaler; ♪ mettre la pédale.

ped·ant ['pedənt] pédant(e *f*) *m*; **pe·dan·tic** [pi'dæntik] (*~ally*) pédant(esque); **ped·ant·ry** ['pedəntri] pédantisme *m*.

ped·dle ['pedl] *v/t.* colporter; *v/i.* faire le colportage; '**ped·dling** colportage *m*; '**ped·dler** *Am. see pedlar*.

ped·es·tal ['pedistl] piédestal *m* (*a. fig.*); socle *m*.

pe·des·tri·an [pi'destriən] **1.** pédestre; à pied; prosaïque; **2.** piéton *m*; voyageur (-euse *f*) *m* à pied.

ped·i·cure ['pedikjuə] chirurgie *f* pédicure; *personne*: pédicure *mf*; **ped·i·cur·ist** ['~kjuərist] pédicure *mf*.

ped·i·gree ['pedigri:] **1.** arbre *m* généalogique; généalogie *f*; **2.** (*a.* **ped·i·greed** ['~d]) de race, de bonne souche.

ped·i·ment ⚠ ['pedimənt] fronton *m*.

ped·lar [ˈpedlə] colporteur *m*; ˈ**ped·lar·y** colportage *m*; marchandise *f* de balle.

pe·dom·e·ter [piˈdɔmitə] compte-pas *m/inv.*

pee F [pi:] faire pipi, pisser.

peek [pi:k] **1.** jeter un coup d'œil furtif (sur, *at*); **2.** coup *m* d'œil rapide *ou* furtif; **peek·a·boo** *Am.* [ˈpi:kəbu:] **1.** en dentelle; **2.** *Am.* cache-cache *m.*

peel [pi:l] **1.** pelure *f*; peau *f*; *citron*: zeste *m*; **2.** (*a.* ~ *off*) *v/t.* peler; se dépouiller de (*les vêtements*); *v/i.* peler; s'écailler; *sl.* se déshabiller.

peel·er *sl.* [ˈpi:lə] agent *m* de police; F flic *m.*

peel·ing [ˈpi:liŋ] épluchure *f*; *action*: épluchage *m*; (*a.* ~ *off*) écaillement *m.*

peep[1] *orn.* [pi:p] **1.** pépiement *m*; **2.** pépier.

peep[2] [~] **1.** coup *m* d'œil rapide *ou* furtif; point *m* (*du jour*); **2.** regarder à la dérobée; jeter un coup *m* d'œil rapide (sur, *at*); *fig.* (*a.* ~ *out*) percer; se laisser entrevoir; ˈ**peep·er** curieux (-euse *f*) *m*; indiscret (-ète *f*) *m*; *sl.* œil; ˈ**peep-hole** judas *m*; ˈ**peep·ing Tom** voyeur *m*; ˈ**peep-show** optique *f.*

peer[1] [piə] risquer un coup d'œil; ~ *at* scruter du regard; ~ *into s.o.'s face* dévisager q.

peer[2] [~] pair *m*; ˈ**peer·age** pairie *f*; pairs *m/pl.*; ˈ**peer·ess** pairesse *f*; ˈ**peer·less** □ sans pair; sans pareil(le *f*).

peeved F [pi:vd] irrité.

pee·vish □ [ˈpi:viʃ] irritable; maussade; ˈ**pee·vish·ness** mauvaise humeur *f*; humeur *f* maussade.

peg [peg] **1.** cheville *f* (*a.* ♪); fiche *f*; *toupie*: pointe *f*; *whisky*: doigt *m*; (*a. clothes-*~) *vêtements*: patère *f*; pince *f*; *fig. take s.o. down a* ~ *or two* remettre q. à sa place; *be a round* ~ *in a square hole* ne pas être dans son emploi; **2.** cheviller; (*a.* ~ *out*) piqueter (*une concession*); stabiliser, maintenir (*le prix, les gages, etc.*); F ~ *away* (*a.* ~ *along*) travailler ferme (à, *at*); *sl.* ~ *out sl.* casser sa pipe (= *mourir*).

peg-top [ˈpegtɔp] toupie *f.*

peign·oir [ˈpeinwɑ:] peignoir *m.*

pe·jo·ra·tive [ˈpi:dʒərətiv] péjoratif (-ive *f*).

pe·kin·ese [pi:kiˈni:z] pékinois *m.*

pelf *péj.* [pelf] richesses *f/pl.*

pel·i·can *orn.* [ˈpelikən] pélican *m.*

pe·lisse [peˈli:s] pelisse *f.*

pel·let [ˈpelit] boulette *f*; *pharm.* pilule *f*; grain *m* de plomb.

pel·li·cle [ˈpelikl] pellicule *f*; membrane *f.*

pell-mell [ˈpelˈmel] **1.** pêle-mêle; en désordre; **2.** confusion *f.*

pel·lu·cid [peˈlju:sid] transparent; clair.

pelt[1] ✝ [pelt] fourrure *f*, peau *f.*

pelt[2] [~] **1.** *v/t.* (*a.* ~ *at*) lancer (une volée de pierres) à; *v/i.* tomber à verse; F courir à toutes jambes; **2.** grêle *f.*

pelt·ry [ˈpeltri] peaux *f/pl.*; pelleterie *f.*

pel·vis *anat.* [ˈpelvis] bassin *m.*

pen[1] [pen] **1.** plume *f*; *Brit.* ~ *friend*, *Am.* ~ *pal* correspondant(e *f*) *m*; ~ *pusher* gratte-papier *m/inv.*; **2.** écrire; composer.

pen[2] [~] **1.** enclos *m*; **2.** [*irr.*] parquer; (*usu.* ~ *up*, ~ *in*) renfermer.

pe·nal □ [ˈpi:nl] pénal (-aux *m/pl.*) (*loi, code*); qui entraîne une pénalité; ~ *servitude* travaux *m/pl.* forcés; **pe·nal·ize** [ˈ~nəlaiz] sanctionner (*qch.*) d'une peine; *sp.* pénaliser; *fig.* punir; **pen·al·ty** [ˈpenlti] peine *f*; pénalité *f* (*a. sp.*); *foot.* ~ *area* surface *f* de réparation; ~ *kick* penalty *m*; *under* ~ *of* sous peine de.

pen·ance [ˈpenəns] pénitence *f.*

pen...: ˈ**~-and-ˈink draw·ing** dessin *m* à la plume; ˈ**~-case** plumier *m.*

pence [pens] *pl. de penny.*

pen·cil [ˈpensl] **1.** crayon *m*; *sl.* pinceau *m*; *opt.* faisceau *m*; **2.** marquer (*ou* dessiner) au crayon; crayonner (*une lettre*); se faire (*les sourcils*) au crayon; ˈ**pen·cil(l)ed** écrit *ou* tracé au crayon; *opt.* en faisceau lumineux; ˈ**pen·cil-sharp·en·er** taille-crayon *m/inv.*

pend·ant [ˈpendənt] *collier*: pendentif *m*; *lustre*: pendeloque *f*; *tableau*: pendant *m*; ⚓ *drapeau*: flamme *f*; ⚠ cul-de-lampe (*pl.* culs-de-lampe) *m.*

pend·ent [~] pendant; retombant.

pend·ing [ˈpendiŋ] **1.** *adj.* ⚖ pendant; en instance; **2.** *prp.* pendant; en attendant.

pen·du·lous [ˈpendjuləs] pendant; oscillant; **pen·du·lum** [ˈ~ləm] pendule *m*, balancier *m.*

pen·e·tra·bil·i·ty [penitrə'biliti] pénétrabilité *f*; **pen·e·tra·ble** □ ['~trəbl] pénétrable; **pen·e·tra·li·a** F [peni'treiliə] *pl.* sanctuaire *m*; **pen·e·trate** ['~treit] *v/t.* percer; pénétrer (de, *with*) (*a. fig., un secret etc.*); *v/i.* pénétrer (jusqu'à *to, as far as*); **pen·e'tra·tion** pénétration *f* (*a. fig. = perspicacité*); '**pen·e·tra·tive** □ pénétrant; perçant (*a. fig.*); ~ *effect* effet *m* marqué.

pen-feath·er ['penfeðə] penne *f*.

pen·guin *orn.* ['peŋgwin] pingouin *m*; manchot *m*.

pen·hold·er ['penhouldə] porte-plume *m/inv*.

pen·i·cil·lin *pharm.* [peni'silin] pénicilline *f*.

pen·in·su·la [pi'ninsjulə] presqu'île *f*; péninsule *f*; **pen'in·su·lar** péninsulaire.

pen·i·tence ['penitəns] pénitence *f*; contrition *f*; '**pen·i·tent 1.** □ pénitent, contrit; **2.** pénitent(e *f*) *m*; **pen·i·ten·tial** □ [~'tenʃl] pénitentiel(le *f*); de pénitent; **pen·i·ten·tia·ry** [~'tenʃəri] maison *f* de correction; *Am.* prison *f*; *eccl.* (*ou* ~ *priest*) pénitencier *m*.

pen·man ['penmən] écrivain *m*; auteur *m*; '**pen·man·ship** art *m* d'écrire; calligraphie *f*.

pen-name ['penneim] nom *m* de plume; *journ.* nom *m* de guerre.

pen·nant ['penənt] ⚓ flamme *f*; *surt. Am.* fanion *m* (*usu. de championnat, sp.*).

pen·ni·less □ ['penilis] sans ressources; sans le sou.

pen·non ['penən] ⚔ flamme *f*, banderole *f*; *sp.* fanion *m*.

pen·ny ['peni], *pl. valeur*: **pence** [pens], *pièces*: **pen·nies** penny *m* ($^1/_{100}$ *pound*); gros sou *m*; *Am.* cent *m*, F sou *m*; '**~-a-'lin·er** journaliste *m* à deux sous la ligne; écrivaillon *m*; '**~-'dread·ful** roman *m* à deux sous; feuilleton *m* à gros effets; '**~-in-the-'slot** automatique; ~ *machine* distributeur *m* automatique; '**~·wise** lésineur (-euse *f*); **~·worth** ['penəθ] valeur *f* de deux sous; *fig.* miette *f*; *a* ~ *of tobacco* deux sous de tabac.

pen·sion 1. ['penʃn] pension *f*; retraite *f* de vieillesse; ⚔ (solde *f* de) retraite *f*; ~ *scheme* caisse *f* de retraite; ['pɑ̃:ŋsiɔ̃:ŋ] pension *f* de famille; **2.** ['penʃn] *usu.* ~ *off* mettre (*q.*) à la retraite; pensionner (*q.*); **pen·sion·ar·y** ['penʃənəri] '**pen·sion·er** titulaire *mf* d'une pension; pensionnaire *mf* (*de l'État*); ⚔ retraité *m*; invalide *m*; *be s.o.'s* ~ *péj.* être à la solde de q.

pen·sive □ ['pensiv] pensif (-ive *f*); songeur (-euse *f*); rêveur (-euse *f*); '**pen·sive·ness** air *m* pensif.

pent [pent] *prét. et p.p. de pen*[2] 2; ~-*up* contenu, refoulé (*colère etc.*).

pen·ta·gon ['pentəgən] pentagone *m*; *Am. the* ♀ Ministère *m* de la Défense Nationale (*à Washington*); **pen·tag·o·nal** [~'tægənl] pentagonal (-aux *m/pl.*), pentagone.

pen·tath·lon *sp.* [pen'tæθlɔn] pentathlon *m*.

Pen·te·cost ['pentikɔst] la Pentecôte *f*; **pen·te'cos·tal** de la Pentecôte.

pent·house ['penthaus] appentis *m*; auvent *m*; *Am.* appartement *m* (*construit sur le toit d'un bâtiment élevé*).

pent-up ['pent'ʌp] enfermé; refoulé (*sentiment etc.*), réprimé.

pe·nul·ti·mate [pi'nʌltimit] pénultième, avant-dernier (-ière *f*).

pe·num·bra [pi'nʌmbrə] pénombre *f*.

pe·nu·ri·ous □ [pi'njuəriəs] pauvre; mesquin; parcimonieux (-euse *f*); **pe'nu·ri·ous·ness** avarice *f*; mesquinerie *f*.

pen·u·ry ['penjuri] pénurie *f*; indigence *f*; manque *m* (de, *of*).

pen-wip·er ['penwaipə] essuie-plume *m*.

pe·o·ny ⚘ ['piəni] pivoine *f*.

peo·ple ['pi:pl] **1.** *sg.* peuple *m*; nation *f*; *pl. coll.* peuple *m*, habitants *m/pl.*; *pol.* citoyens *m/pl.*; gens *m/pl.*; les gens *m/pl.*, on; ~ *pl. say* on dit; *English* ~ *pl.* des *ou* les Anglais *m/pl.*; *many* ~ *pl.* beaucoup de monde; F *my* ~ *pl.* mes parents *m/pl.*; ma famille *f*; *the* ~ *pl.* le grand public *m*, le peuple *m*; *pol.* ~'*s republic* république *f* populaire; **2.** peupler (de, *with*).

pep *Am. sl.* [pep] **1.** vigueur *f*, vitalité *f*; entrain *m*; F ~ *pill* excitant *m*; F ~ *talk* mots *m/pl.* d'encouragement; **2.** ~ *up* ragaillardir (*q.*); donner de l'entrain à (*qch.*).

pep·per ['pepə] **1.** poivre *m*; ~ *pot* poivrière *f*; **2.** poivrer; F cribler; '~-

and-ˈsalt poivre et sel (*cheveux*); *cost.* marengo *inv.*; ˈ~·corn grain *m* de poivre; ˈ~·mint ⚘ menthe *f* poivrée; (*a.* ~ *lozenge*) pastille *f* de menthe; ˈ**pep·per·y** □ poivré; *fig.* irascible.

pep·tic [ˈpeptik] gastrique, digestif (-ive *f*); ~ *ulcer* ulcère *m* de l'estomac.

per [pəː] par; suivant; d'après; par l'entremise de; ~ *cent* pour cent (⁰/₀).

per·ad·ven·ture [pərədˈventʃə] **1.** peut-être; par hasard; **2.** doute *m*; *beyond* (*ou without*) ~ à n'en pas douter.

per·am·bu·late [pəˈræmbjuleit] se promener dans (*qch.*); parcourir (*qch.*); **per·am·buˈla·tion** promenade *f*; inspection *f*; **per·am·bu·la·tor** [ˈpræmbjuleitə] voiture *f* d'enfant.

per·ceive [pəˈsiːv] (a)percevoir; s'apercevoir de; voir; comprendre.

per·cent·age [pəˈsentidʒ] pourcentage *m*; proportion *f*; guelte *f*; tantième *m*, -s *m/pl.*

per·cep·ti·ble □ [pəˈseptəbl] perceptible; sensible; **perˈcep·tion** perception *f*; sensibilité *f*; **perˈcep·tive** □ perceptif (-ive *f*); **perˈcep·tive·ness, per·cepˈtiv·i·ty** perceptivité *f*.

perch[1] *icht.* [pəːtʃ] perche *f*.

perch[2] [~] **1.** perche *f* (= *5,029 m*); *oiseau*: perchoir *m*; F *fig.* trône *m*; *carrosse*: flèche *f*; **2.** (se) percher, (se) jucher; ~*ed fig.* perché; ˈ**perch·er** *orn.* percheur *m*.

per·cip·i·ent [pəˈsipiənt] **1.** percepteur (-trice *f*); conscient; **2.** sujet *m* télépathique.

per·co·late [ˈpəːkəleit] *v/t.* passer (*le café*); *v/i.* s'infiltrer; filtrer (*café*); ˈ**per·co·la·tor** filtre *m*.

per·cus·sion [pəːˈkʌʃn] choc *m*; percussion *f* (*a.* ⚕); ~ *cap* capsule *f* de fulminate; ♪ ~ *instruments pl.* instruments *m/pl.* de *ou* à percussion; **per·cus·sive** [pəːˈkʌsiv] percutant.

per·di·tion [pəːˈdiʃn] perte *f*, ruine *f*.

per·du(e) ⚔ [pəːˈdjuː] caché.

per·e·gri·nate [ˈperigrineit] voyager, pérégriner; **per·e·griˈna·tion** voyage *m*, pérégrination *f*.

per·emp·to·ri·ness [pəˈremtərinis] intransigeance *f*; ton *m ou* caractère *m* absolu; **perˈemp·to·ry** □ péremptoire; décisif (-ive *f*); absolu; tranchant (*ton*).

per·en·ni·al [pəˈrenjəl] **1.** □ éternel (-le *f*); ⚘ vivace, persistant; **2.** ⚘ plante *f* vivace.

per·fect [ˈpəːfikt] **1.** □ parfait; achevé (*ouvrage*); complet (-ète *f*); ♪ juste; ♪ ~ *pitch* l'oreille *f* absolue; **2.** *gramm.* (*ou* ~ *tense*) parfait *m*; **3.** [pəˈfekt] (par)achever; rendre parfait, parfaire; **per·fect·i·bil·i·ty** [~iˈbiliti] perfectibilité *f*; **perˈfect·i·ble** [~təbl] perfectible; **perˈfec·tion** perfection *f*, *a.* **per·fect·ness** [ˈpəːfiktnis] achèvement *m*, accomplissement *m*; perfectionnement *m*; *fig. be the* ~ *of* ... être ... même.

per·fid·i·ous □ [pəˈfidiəs] perfide; traître(sse *f*); **perˈfid·i·ous·ness, per·fi·dy** [ˈpəːfidi] perfidie *f*, traîtrise *f*.

per·fo·rate [ˈpəːfəreit] *v/t.* perforer, percer; *v/i.* pénétrer (dans, *into*); **per·foˈra·tion** perforation *f* (*a. coll.*); percement *m*; (petit) trou *m*; ˈ**per·fo·ra·tor** perforateur *m*; ⚒ perforatrice *f*.

per·force [pəˈfɔːs] forcément.

per·form [pəˈfɔːm] *v/t.* accomplir; célébrer (*un rite*); s'acquitter de (*un devoir*); exécuter (*un mouvement, a.* ♪ *un morceau*); ♪, *théâ.* jouer; *théâ.* représenter; *v/i.* jouer; ♪ ~ *on* jouer de; **perˈform·ance** exécution *f*; exploit *m*; *théâ.* représentation *f*; *sp., mot.* performance *f*; *cin.* séance *f*; ⊕ fonctionnement *m*, marche *f*; **perˈform·er** artiste *mf*; *théâ.* acteur (-trice *f*) *m*; ♪ exécutant(e *f*) *m*; **perˈform·ing** savant (*animal*).

per·fume 1. [ˈpəːfjuːm] parfum *m*; odeur *f*; **2.** [pəˈfjuːm] parfumer; **perˈfum·er** parfumeur (-euse *f*) *m*; **perˈfum·er·y** parfumerie *f*; parfums *m/pl.*

per·func·to·ry □ [pəˈfʌŋktəri] superficiel(le *f*); peu zélé; négligent.

per·haps [pəˈhæps; præps] peut-être.

per·i·car·di·um *anat.* [periˈkɑːdjəm] péricarde *m*.

per·i·gee *astr.* [ˈperidʒiː] périgée *m*.

per·il [ˈperil] **1.** péril *m*; danger *m*; *at my* ~ à mes risques et périls; **2.** mettre en péril; ˈ**per·il·ous** □ périlleux (-euse *f*).

pe·ri·od [ˈpiəriəd] période *f*; durée *f*; délai *m*; époque *f*, âge *m*; *école*:

leçon *f*; *rhétorique*: période *f*; *gramm.* point *m*; ⚘ ~*s pl.* règles *f/pl.*; *a girl of the* ~ une jeune fille moderne; ~ *furniture* mobilier *m* de style; **per·i·od·ic** [~'ɔdik] périodique; **pe·ri'od·i·cal 1.** □ périodique; **2.** (publication *f*) périodique *m*.
per·i·pa·tet·ic [peripə'tetik] (~*ally*) F ambulant.
pe·riph·er·y [pə'rifəri] pourtour *m*.
pe·riph·ra·sis [pə'rifrəsis], *pl.* **-ses** [~siːz] périphrase *f*; circonlocution *f*; **per·i·phras·tic** [peri'fræstik] (~*ally*) périphrastique.
per·i·scope ⚓, ⚔ ['periskoup] périscope *m*.
per·ish ['periʃ] (faire) périr *ou* mourir; (se) détériorer; *be* ~*ed with* mourir de (*froid etc.*); '**per·ish·a·ble 1.** □ périssable; *fig.* éphémère; **2.** ~*s pl.* marchandises *f/pl.* périssables; '**per·ish·ing** □ transitoire; destructif (-ive *f*); F sacré.
per·i·style ['peristail] péristyle *m*.
per·i·to·ne·um *anat.* [peritou'niːəm] péritoine *m*.
per·i·wig ['periwig] perruque *f*.
per·i·win·kle ['periwiŋkl] **1.** ⚘ pervenche *f*; **2.** *zo.* bigorneau *m*.
per·jure ['pəːdʒə]: ~ *o.s.* se parjurer; '**per·jured** parjure; '**per·jur·er** parjure *mf*; '**per·ju·ry** parjure *m*; ⚖ faux témoignage *m*.
perk F [pəːk] **1.** (*usu.* ~ *up*) *v/i.* se ranimer; redresser la tête; *v/t.* redresser; requinquer (*q.*); **2.** *see* ~*y*; **perk·i·ness** ['~inis] air *m* alerte *ou* éveillé.
perks F [pəːks] *pl. see perquisites.*
perk·y □ ['pəːki] alerte, éveillé; désinvolte.
perm F [pəːm] (ondulation *f*) permanente *f*, indéfrisable *f*; *have a* ~ se faire faire une permanente.
per·ma·nence ['pəːmənəns] permanence *f*; stabilité *f*; '**per·ma·nen·cy** *see permanence*; emploi *m* permanent; '**perma·nent** □ permanent; fixe; inamovible (*place*); ~ *wave* ondulation *f* permanente; 🚂 ~ *way* voie *f* ferrée.
per·me·a·bil·i·ty [pəːmiə'biliti] perméabilité *f*; '**per·me·a·ble** □ perméable; **per·me·ate** ['~mieit] *v/t.* filtrer à travers; *v/i.* pénétrer; s'infiltrer (dans *into, among*).
permed F [pəːmd] ondulé; *have one's hair* ~ se faire faire une permanente.
per·mis·si·ble □ [pə'misəbl] permis, tolérable; **per·mis·sion** [~'miʃn] permission *f*; autorisation *f*; **per·mis·sive** □ [~'misiv] qui permet; facultatif (-ive *f*); permis.
per·mit 1. [pə'mit] (*a.* ~ *of*) permettre; souffrir; *weather* ~*ting* si le temps s'y prête; **2.** ['pəːmit] autorisation *f*, permis *m*; ⚓ passavant *m*.
per·ni·cious □ [pəː'niʃəs] pernicieux (-euse *f*); délétère.
per·nick·et·y F [pə'nikiti] pointilleux (-euse *f*); difficile.
per·o·ra·tion [perə'reiʃn] péroraison *f*.
per·ox·ide ⚗ [pə'rɔksaid] peroxyde *m*; ~ *of hydrogen* eau *f* oxygénée.
per·pen·dic·u·lar [pəːpən'dikjulə] **1.** □ vertical (-aux *m/pl.*); perpendiculaire (*a.* ⚠ *style*); **2.** perpendiculaire *m*; aplomb *m*; fil *m* à plomb.
per·pe·trate ['pəːpitreit] perpétrer; commettre (F *a. un jeu de mots etc.*); **per·pe'tra·tion** perpétration *f*; péché *m*; '**per·pe·tra·tor** auteur *m*.
per·pet·u·al □ [pə'petjuəl] perpétuel(le *f*), éternel(le *f*); F sans fin; **per'pet·u·ate** [~eit] perpétuer; **per·pet·u'a·tion** perpétuation *f*; préservation *f*; **per·pe·tu·i·ty** [pəːpi'tjuiti] perpétuité *f*; rente *f* perpétuelle; *in* ~ à perpétuité.
per·plex [pə'pleks] embarrasser; troubler l'esprit de; **per'plexed** □ perplexe; confus; **per'plex·i·ty** perplexité *f*; embarras *m*; confusion *f*.
per·qui·sites ['pəːkwizits] *pl.* petits profits *m/pl.*; *sl.* gratte *f*.
per·se·cute ['pəːsikjuːt] persécuter; *fig.* tourmenter; **per·se'cu·tion** persécution *f*; ~ *mania* délire *m* de (la) persécution; **per·se·cu·tor** ['~tə] persécuteur (-trice *f*) *m*.
per·se·ver·ance [pəːsi'viərəns] persévérance *f*; constance *f*; **per·se·vere** [~'viə] persévérer (dans *in, with*; à *inf.*, *in gér.*); **per·se'ver·ing** □ assidu (à, *in*), constant (dans, *in*).
Per·sian ['pəːʃn] **1.** persan; de Perse; **2.** *ling.* persan *m*; Persan(e *f*) *m*.
per·sist [pə'sist] persister, s'obstiner (dans, *in*; à *inf.*, *in gér.*); **per·sist·ence, per·sist·en·cy** [pə'sistəns(i)] persistance *f*; obstination *f*; **per'sist·ent** □ persistant; continu.

per·son [ˈpɔːsn] personne *f*; individu *m*; *théâ.* personnage *m*; *a* ~ quelqu'un(e); *no* ~ personne ... ne; *in* ~ en (propre) personne; *téléph.* ~-*to*-~ *call* communication *f* (téléphonique) avec préavis; **ˈper·son·a·ble** bien de sa personne; beau (bel *devant une voyelle ou un h muet*; belle *f*); **ˈper·son·age** personnage *m* (*a. théâ.*); personnalité *f*; **ˈper·son·al 1.** □ personnel(le *f*) (*a. gramm.*); individuel(le *f*); particulier (-ère *f*); *be* ~ faire des personnalités; ⚖ ~ *property* (*ou estate*) *see personalty*; **2.** ~*s pl. Am.* F *journ.* chronique *f* mondaine; échos *m/pl.*; **per·son·al·i·ty** [~səˈnæliti] personnalité *f*; caractère *m* propre; **per·son·al·ty** ⚖ [ˈ~snlti] biens *m/pl.* meubles; fortune *f* mobilière; **per·son·ate** [ˈ~səneit] se faire passer pour; *théâ.* jouer; **per·sonˈa·tion** usurpation *f* de nom *etc.*; *théâ.* représentation *f*; **per·son·i·fi·ca·tion** [~sɔnifiˈkeiʃn] personnification *f*; **per·son·i·fy** [~ˈsɔnifai] personnifier; **per·son·nel** [~səˈnel] personnel *m*.

per·spec·tive [pəˈspektiv] **1.** □ perspectif (-ive *f*), en perspective; **2.** perspective *f*.

per·spi·ca·cious □ [pɔːspiˈkeiʃəs] perspicace; **per·spi·cac·i·ty** [~ˈkæsiti] perspicacité *f*; **per·spi·cu·i·ty** [~ˈkjuiti] clarté *f*, netteté *f*; **per·spic·u·ous** [pəˈspikjuəs] □ clair, lucide.

per·spi·ra·tion [pɔːspəˈreiʃn] transpiration *f*; sueur *f*; **per·spire** [pəsˈpaiə] transpirer; suer.

per·suade [pəˈsweid] persuader (de, *of*; que, *that*; à q. de *inf. s.o. into gér., s.o. to inf.*); convaincre; **perˈsuad·er** *sl.* éperon *m*; arrosage *m* (= *paiement illicite*).

per·sua·sion [pəˈsweiʒən] persuasion *f*; religion *f*; F *co.* race *f*, genre *m*; *powers pl. of* ~ force *f* persuasive; art *m* de persuader.

per·sua·sive □ [pəˈsweisiv] persuasif (-ive *f*); persuadant; **perˈsua·sive·ness** (force *f* de) persuasion *f*.

pert □ [pɔːt] effronté; mutin; *Am.* gaillard.

per·tain [pɔːˈtein] (*to*) appartenir (à); avoir rapport (à); être le propre (de).

per·ti·na·cious □ [pɔːtiˈneiʃəs] obstiné, entêté; **per·ti·nac·i·ty** [~ˈnæsiti] obstination *f*; opiniâtreté *f* (à, *in*).

per·ti·nence, per·ti·nen·cy [ˈpɔːtinəns(i)] pertinence *f*; justesse *f*, à-propos *m*; **ˈper·ti·nent** □ pertinent, juste, à propos; ~ *to* ayant rapport à.

pert·ness [ˈpɔːtnis] effronterie *f*.

per·turb [pəˈtəːb] troubler; agiter; **per·tur·ba·tion** [pɔːtəːˈbeiʃn] trouble *m*; agitation *f*; inquiétude *f*.

pe·ruke † [pəˈruːk] perruque *f*.

pe·rus·al [pəˈruːzl] lecture *f*; examen *m*; **pe·ruse** [pəˈruːz] lire attentivement; *fig.* examiner.

Pe·ru·vi·an [pəˈruːviən] **1.** péruvien (-ne *f*); ⚘ ~ *bark* quinquina *m*; **2.** Péruvien(ne *f*) *m*.

per·vade [pɔːˈveid] s'infiltrer dans; *fig.* animer; **perˈva·sion** [~ʒn] infiltration *f*, pénétration *f*; **perˈva·sive** [~siv] pénétrant.

per·verse □ [pəˈvɔːs] pervers; méchant; revêche; contrariant; entêté dans le mal; ⚕ rebelle; **perˈverse·ness** *see perversity*; **perˈver·sion** perversion *f*; *fig.* travestissement *m*; **perˈver·si·ty** perversité *f*; esprit *m* contraire; caractère *m* revêche; ⚕ dépravation *f*; **perˈver·sive** malsain, dépravant.

per·vert 1. [pəˈvɔːt] pervertir; dépraver; fausser; détourner; **2.** [ˈpɔːvɔːt] apostat *m*; ⚕ perverti(e *f*) *m*; (*a. sexual* ~) inverti(e *f*) *m*; **perˈvert·er** pervertisseur (-euse *f*) *m*.

per·vi·ous [ˈpɔːviəs] perméable (à, *to*); *fig.* accessible (à, *to*).

pes·ky □ *surt. Am.* F [ˈpeski] maudit, sacré.

pes·sa·ry [ˈpesəri] passaire *m*.

pes·si·mism [ˈpesimizm] pessimisme *m*; **ˈpes·si·mist** pessimiste *mf*; **pes·siˈmis·tic** (~*ally*) pessimiste.

pest [pest] animal *m ou* insecte *m* nuisible; *fig.* fléau *m*; peste *f*; ~ *control* lutte *f* antiparasitaire; **ˈpes·ter** importuner; tourmenter; *fig.* infester.

pest·i·cide [ˈpestisaid] pesticide *m*; insecticide *m*.

pes·tif·er·ous □ [pesˈtifərəs] pestifère; nuisible; **pes·ti·lence** [ˈpestiləns] peste *f*; **ˈpes·ti·lent** *co.* assommant; **pes·ti·len·tial** □ [~ˈlenʃl] pestilentiel(le *f*); contagieux (-euse *f*); infecte.

pes·tle [ˈpesl] pilon *m*.
pet[1] [pet] accès *m* de mauvaise humeur; *in a* ~ de mauvaise humeur.
pet[2] [~] **1.** animal *m* favori; *fig.* enfant *mf* gâté(e), benjamin(e *f*) *m*, F chouchou(te *f*) *m*; **2.** favori(te *f*); de prédilection; ~ *dog* chien *m* favori *ou* de salon; ~ *name* diminutif *m*; ~ *subject* dada *m*; *co. it is my* ~ *aversion* il est mon cauchemar; **3.** choyer, F chouchouter; câliner; F (se) peloter; *Am.* F *petting party* réunion *f* intime (*entre jeunes gens des deux sexes*).
pet·al ⚘ [ˈpetl] pétale *m*.
pe·tard [piˈtɑːd] † pétard *m* (*a. pyrotechnie*).
pe·ter F [ˈpiːtə]: ~ *out* s'épuiser; disparaître; *mot.* s'arrêter.
pe·ti·tion [piˈtiʃn] **1.** pétition *f*; supplique *f*; requête *f*; *eccl.* prière *f*; ⚖ ~ *in bankruptcy* demande *f* d'ouverture de la faillite; ~ *for divorce* demande *f* en divorce; **2.** adresser une pétition *etc.* à; réclamer (qch. à q., *s.o. for s.th.*); **peˈti·tion·er** solliciteur (-euse *f*) *m*; ⚖ requérant(e *f*) *m*.
pet·rel *orn.* [ˈpetrəl] pétrel *m*; *stormy* ~ oiseau *m* des tempêtes; *fig.* émissaire *m* de discorde.
pet·ri·fac·tion [petriˈfækʃn] pétrifaction *f*.
pet·ri·fy [ˈpetrifai] (se) pétrifier.
pet·rol *mot. Brit.* [ˈpetrəl] essence *f*; ~ *engine* moteur *m* à essence; ~ *station* poste *m* d'essence; ~ *tank* réservoir *m* à essence.
pe·tro·le·um [piˈtrouljəm] pétrole *m*, huile *f* minérale *ou* de roche; ~ *jelly* vaseline *f*.
pe·trol·o·gy [peˈtrɔlədʒi] pétrologie *f*.
pet·ti·coat [ˈpetikout] jupon *m* (*a. fig.*), jupe *f* de dessous; *attr. fig.* de cotillons; ~ *government* régime *m* de cotillons.
pet·ti·fog·ger [ˈpetifɔgə] avocassier *m*; chicanier *m*; **ˈpet·ti·fog·ging** chicanier (-ère *f*).
pet·ti·ness [ˈpetinis] mesquinerie *f*, petitesse *f*.
pet·ting F [ˈpetiŋ] pelotage *m*; *heavy* ~ pelotage *m* poussé.
pet·tish □ [ˈpetiʃ] irritable; de mauvaise humeur; **ˈpet·tish·ness** irritabilité *f*; mauvaise humeur *f*.
pet·ty □ [ˈpeti] insignifiant, petit; mesquin; ~ *bourgeoisie les* petits bourgeois; ⚓ ~ *cash* petite caisse *f*; ⚓ ~ *officer* contremaître *m*; ⚖ ~ *sessions pl.* session *f* de juges de paix.
pet·u·lance [ˈpetjuləns] *see pettishness*; **pet·u·lant** [ˈ~lənt] *see pettish*.
pew [pjuː] banc *m* d'église; *sl.* siège *m*, place *f*.
pe·wit *orn.* [ˈpiːwit] vanneau *m* (huppé).
pew·ter [ˈpjuːtə] **1.** étain *m*, potin *m*; **2.** d'étain; **ˈpew·ter·er** potier *m* d'étain.
pha·e·ton [ˈfeitn] phaéton *m*; *mot. Am.* torpédo *f*.
pha·lanx [ˈfælæŋks] phalange *f*.
phan·tasm [ˈfæntæzm] chimère *f*; ⚕ phantasme *m*; **phan·tas·ma·go·ri·a** [~məˈgɔːriə] fantasmagorie *f*.
phan·tom [ˈfæntəm] **1.** fantôme *m*, spectre *m*; **2.** fantôme.
Phar·i·sa·ic, Phar·i·sa·i·cal □ [færiˈseiik(l)] pharisaïque.
Phar·i·see [ˈfærisiː] pharisien *m* (*a. fig.*).
phar·ma·ceu·ti·cal □ [fɑːməˈsjuːtikl] pharmaceutique; **pharmaˈceu·tics** *sg.* pharmacie *f*; **phar·ma·cist** [ˈfɑːməsist] pharmacien(ne *f*) *m*; **phar·ma·col·o·gy** [~ˈkɔlədʒi] pharmacologie *f*; **ˈphar·ma·cy** pharmacie *f*.
phar·ynx *anat.* [ˈfæriŋks] pharynx *m*.
phase [feiz] phase *f*.
pheas·ant *orn.* [ˈfeznt] faisan([d]e *f*) *m*; **ˈpheas·ant·ry** faisanderie *f*.
phe·nom·e·nal □ [fiˈnɔminl] phénoménal (-aux *m/pl.*); *fig.* prodigieux (-euse *f*); **pheˈnom·e·non** [~nən], *pl.* **-na** [~nə] phénomène *m* (*a. fig.*); *fig. personne*: prodige *m*.
phew [fjuː] pouf!; pouah! (*dégoût*).
phi·al [ˈfaiəl] flacon *m*, fiole *f*.
Phi Be·ta Kap·pa *Am.* [ˈfai ˈbiːtə ˈkæpə] *la plus ancienne association d'étudiants universitaires*.
phi·lan·der [fiˈlændə] flirter; **phiˈlan·der·er** coureur *m* de jupons.
phil·an·throp·ic [filənˈθrɔpik] (~*ally*) philanthropique; philanthrope (*personne*); **phi·lan·thro·pist** [fiˈlænθrəpist] philanthrope *mf*; **phiˈlan·thro·py** philanthropie *f*.
phi·lat·e·list [fiˈlætəlist] philatéliste *mf*; **phiˈlat·e·ly** philatélie *f*.
phi·lip·pic [fiˈlipik] philippique *f*.
Phi·lis·tine [ˈfilistain] philistin *m* (*a. fig.*).

phil·o·log·i·cal □ [filə'lɔdʒikl] philologique; **phi·lol·o·gist** [fi'lɔlədʒist] philologue *mf*; **phi'lol·o·gy** philologie *f*.

phi·los·o·pher [fi'lɔsəfə] philosophe *mf*; *~s' stone* pierre *f* philosophale; **phil·o·soph·ic, phil·o·soph·i·cal** □ [filə'sɔfik(l)] philosophique; **phi·los·o·phize** [fi'lɔsəfaiz] philosopher; **phi'los·o·phy** philosophie *f*; *~ of life* conception *f* de la vie.

phil·tre, phil·ter ['filtə] philtre *m*.

phiz F *co.* [fiz] visage *m*, F binette *f*.

phle·bi·tis ⚕ [fli'baitis] phlébite *f*.

phlegm [flem] flegme *m* (*a.* ⚕), calme *m*; **phleg·mat·ic** [fleg'mætik] (*~ally*) flegmatique.

pho·bi·a ['foubiə] phobie *f*.

Phoe·ni·cian [fi'niʃiən] **1.** phénicien(ne *f*) *m*; **2.** *ling.* phénicien *m*; Phénicien(ne *f*) *m*.

ph(o)e·nix ['fi:niks] phénix *m*.

phone F [foun] *see telephone*; *~ call* coup *m* de fil; **'~-in** *radio, télév.* programme *m* à ligne ouverte.

pho·net·ic [fo'netik] **1.** (*~ally*) phonétique; *~ spelling* écriture *f* phonétique; **2.** *~s pl.* phonétique *f*; **pho·ne·ti·cian** [founi'tiʃn] phonéticien *m*.

pho·no·graph ['founəgrɑ:f] phonographe *m*; **pho·no·graph·ic** [~'græfik] (*~ally*) phonographique.

pho·nol·o·gy [fo'nɔlədʒi] phonologie *f*.

pho·n(e)y ['founi] **1.** *Am. sl.* escroc *m*; **2.** *Am.* F faux (fausse *f*); factice; en toc; *~ flash* renseignement *m* inexact; nouvelle *f* inexacte; *~ war* drôle de guerre.

phos·phate ⚗ ['fɔsfeit] phosphate *m*.

phos·pho·resce [fɔsfə'res] être phosphorescent; **phos·pho'res·cent** phosphorescent; **phos·phor·ic** ⚗ [~'fɔrik] phosphorique; **phos·pho·rous** ⚗ ['~fərəs] phosphoreux (-euse *f*); **phos·pho·rus** ⚗ ['~rəs] phosphore *m*.

pho·to F ['foutou] *see ~graph*; **'~·cop·i·er** machine *f* à photocopier, photocopieur *m*; **'~·cop·y 1.** photocopie *f*; **2.** photocopier; **~·e'lec·tric cell** cellule *f* photoélectrique; **~-en·grav·ing** [~in'greiviŋ] photogravure *f* industrielle; **'~'fin·ish** décision *f* par photo, photo *f* à l'arrivée; **'~-flash** flash (*pl.* flashes) *m* (à ampoule); **~·gram·me·try** [~'græmitri] photogrammétrie *f*.

pho·to·graph ['foutəgrɑ:f] **1.** photographie *f*; **2.** photographier; prendre une photographie de; **pho·tog·ra·pher** [fə'tɔgrəfə] photographe *m*; **pho·to·graph·ic** [foutə'græfik] (*~ally*) photographique; *~ library* archives *f/pl.* photographiques, photothèque *f*; **pho·tog·ra·phy** [fə'tɔgrəfi] photographie *f*; prise *f* de vues.

pho·to·gra·vure [foutəgrə'vjuə] photogravure *f*, héliogravure *f*; **pho·tom·e·ter** [fo'tɔmitə] photomètre *m*; **pho·to-play** ['foutəplei] film *m* dramatique; **pho·to·sen·si·tive** ['foutou'sensitiv] photosensible; **pho·to·stat** ['foutəstæt], **pho·to·stat·ic** [~'stætik]: *~ copy* photocopie *f*; **pho·to·te·leg·ra·phy** [foutəti'legrəfi] téléphotographie *f*; **pho·to·type** ['~taip] phototype *m*.

phrase [freiz] **1.** locution *f*; tour *m* de phrase; expression *f*; *gramm.* membre *m* de phrase; ♪ phrase *f*, période *f*; **2.** exprimer (*une pensée*), rédiger; ♪ phraser; **'~·book** recueil *m* d'expressions; **'~-mon·ger** phraseur (-euse *f*) *m*; **phra·se·ol·o·gy** [~zi'ɔlədʒi] phraséologie *f*.

phre·net·ic [fri'netik] (*~ally*) affolé; frénétique.

phre·nol·o·gy [fri'nɔlədʒi] phrénologie *f*.

phthis·i·cal ['θaisikl] phtisique; **phthi·sis** ['~sis] phtisie *f*.

phut *sl.* [fʌt]: *go ~* claquer.

phys·ic ['fizik] **1.** médecine *f*; F drogues *f/pl.*; *~s sg.* physique *f*; **2.** *sl.* médicamenter (*q.*); **'phys·i·cal** □ physique; corporel(le *f*); matériel(le *f*); *~ condition* état *m* physique; *~ culture* culture *f* physique; *~ test* visite *f* médicale; **phy·si·cian** [fi'ziʃn] médecin *m*; **phys·i·cist** ['~sist] physicien(ne *f*) *m*.

phys·i·og·no·my [fizi'ɔnəmi] physionomie *f*; **phys·i·og·ra·phy** [~'ɔgrəfi] physiographie *f*; géographie *f* physique; **phys·i·ol·o·gy** [~'ɔlədʒi] physiologie *f*.

phys·i·o·ther·a·pist [fiziou'θerəpist] kinésithérapeute *mf*; **phys·i·o·ther·a·py** [~'θerəpi] kinésithérapie *f*.

phy·sique [fi'zi:k] physique *m*.

pi·an·ist ['pjænist; ♪ 'piənist] pianiste *mf*.

pi·a·no[1] ♪ ['pjɑ:nou] *adv.* piano.

pi·an·o[2] [ˈpjænou; ♪ ˈpjɑːnou] piano *m*; *cottage* ~ petit droit *m*; *grand* ~ piano *m* à queue.

pi·an·o·for·te [pjænoˈfɔːti] *see piano*[2].

pi·az·za [piˈædzə] place *f*; *Am.* véranda *f*.

pi·broch [ˈpiːbrɔk] pibroch *m* (= *air de cornemuse*).

pic·a·roon [pikəˈruːn] corsaire *m*.

pic·a·yune *Am.* [pikəˈjuːn] **1.** *usu. fig.* sou *m*; bagatelle *f*; **2.** mesquin.

pic·ca·nin·ny *co.* [ˈpikənini] **1.** négrillon(ne *f*) *m*; *Am.* F mioche *mf*; **2.** enfantin.

pick [pik] **1.** pic *m*, pioche *f*; ⚒ rivelaine *f*; (*ou tooth*~) cure-dent *m*; élite *f*, choix *m*; **2.** *v/t.* piocher (*la terre*); se curer (*les dents*); ronger (*un os*); plumer (*la volaille*); cueillir (*une fleur, un fruit*); trier (*du minerai*); effilocher (*des chiffons*); éplucher (*de la laine*); *Am.* jouer de (*le banjo*); crocheter (*la serrure*); choisir; F (*a.* ~ *at*) pignocher (*sa nourriture*); ~ *one's way* marcher avec précaution; ~ *pockets* voler à la tire; ~ *a quarrel with* chercher querelle à; *see bone 1*; *crow 1*; ~ *out* choisir; enlever; trouver; reconnaître; *peint.* échampir; *v/i.* picoter, picorer (*oiseau*); F manger du bout des dents; *surt. Am.* F ~ *at* (*ou on*) chercher noise à (*q.*); critiquer; ~ *up v/t.* prendre; ramasser, relever; (re)trouver; apprendre; aller chercher (*q.*); repérer (*un avion*); faire la connaissance de (*q.*); capter (⚡ *le courant*; *un message*); *radio*: avoir (*un poste*); *v/i.* se rétablir; *mot.* reprendre; **~-a-back** [ˈ~əbæk] sur le dos; **ˈ~·axe** pioche *f*; **picked** choisi, de choix; **ˈpick·er** cueilleur (-euse *f*) *m etc.*; ⊕ machine *f* à éplucher.

pick·et [ˈpikit] **1.** piquet *m* (*a.* ⚔, *a. de grève*); **2.** *v/t.* mettre (*un cheval*) au(x) piquet(s); palissader; ⚔ détacher en grand-garde; ⊕ installer des piquets de grève; *v/i.* être gréviste en faction.

pick·ing [ˈpikiŋ] piochage *m etc.* (*see pick*); choix *m*; ~*s pl.* restes *m/pl.*, *fig. sl.* gratte *f*.

pick·le [ˈpikl] **1.** marinade *f*; saumure *f*; conserve *f* au vinaigre; F enfant *mf* terrible; F pétrin *m*; *see mix*; **2.** mariner, conserver; ~*d herring* hareng *m* salé.

pick...: **ˈ~·lock** crochet *m*; *personne*: crocheteur *m* de serrures; **ˈ~-me-up** F cordial *m*; remontant *m*; **ˈ~·pock·et** voleur (-euse *f*) *m* à la tire; **ˈ~-up 1.** ramassement *m*; chose *f* ramassée; *phonographe*: pick-up *m/inv.*; ✝ (*ou* ~ *in prices*) hausse *f*; *Am. radio, télév.* pick-up *m/inv.*; **2.** F hâtivement rassemblé (*équipe, formation, etc.*); improvisé; ~ *dinner* repas *m* fait de restes.

pick·y [ˈpiki] difficile, délicat.

pic·nic [ˈpiknik] **1.** pique-nique *m*; partie *f* de plaisir; dînette *f* sur l'herbe; **2.** faire un pique-nique; dîner sur l'herbe.

pic·to·ri·al [pikˈtɔːriəl] **1.** □ en images; pittoresque; illustré; **2.** périodique *m ou* journal *m* illustré.

pic·ture [ˈpiktʃə] **1.** tableau *m*; image *f*; peinture *f*; gravure *f*; portrait *m*; ~*s pl.* cinéma *m*; films *m/pl.*; *attr.* d'images; du cinéma; ~-*palace* cinéma *m*; ~ (*post*)*card* carte *f* postale illustrée; ~ *puzzle* rébus *m*; **2.** dépeindre; représenter; se figurer (*qch.*); s'imaginer (*qch.*); **ˈ~-book** album *m*; livre *m* d'images; **ˈ~-go·er** *Brit.* habitué(e *f*) *m* du cinéma.

pic·tur·esque □ [piktʃəˈresk] pittoresque.

pidg·in Eng·lish [ˈpidʒinˈiŋgliʃ] jargon *m* commercial anglo-chinois; *fig.* F petit nègre *m*.

pie[1] [pai] *viande etc.*: pâté *m*; *fruits*: tourte *f*; *typ.* pâte *f*, pâté *m*; *see finger 1.*

pie[2] *orn.* [~] pie *f*; **ˈ~·bald** pie; *fig.* bigarré.

piece [piːs] **1.** pièce *f* (*a. théâ., échecs, monnaie,* ✝); fragment *m*; morceau *m* (*a.* ♪); partie *f*; ~ *of advice* conseil *m*; ~ *of jewellery* bijou (*pl.* -x) *m*; ~ *of news* nouvelle *f*; *by the* ~ à la pièce *f*; *in* ~*s* en morceaux; *of a* ~ uniforme; *all of a* ~ tout d'une pièce; *break* (*ou go*) *to* ~*s* se désagréger; tomber en lambeaux (*robe etc.*); *give s.o. a* ~ *of one's mind* parler carrément à q.; *take to* ~*s* défaire; ⊕ démonter; **2.** raccommoder, rapiécer; ~ *out* rallonger; augmenter; ~ *together* joindre, unir; coordonner; ~ *up* raccommoder; **ˈ~-goods** *pl.* marchandises *f/pl.* à la pièce; **ˈ~·meal** pièce à pièce, peu à peu; **ˈ~-work** travail (*pl.* -aux) *m* à la tâche.

pied [paid] mi-parti; bigarré.

pie-eyed *sl.* [ˈpaiaid] soûl, rond, plein.

pie·plant *Am.* [ˈpaiplɑːnt] rhubarbe *f*.

pier [piə] jetée *f*, digue *f*; quai *m*; △ pilastre *m*; pilier *m*; ˈ**pier·age** ⚓ droits *m/pl.* de jetée.

pierce [piəs] *v/t.* percer (*a. fig.*); transpercer (*le cœur*); *v/i.* percer; *fig.* pénétrer; ˈ**pierc·er** ⊕ perçoir *m*, poinçon *m*; ˈ**pierc·ing** □ pénétrant (*a. fig.*).

pier-glass [ˈpiəglɑːs] trumeau *m*.

pi·e·tism [ˈpaiətizm] piétisme *m*.

pi·e·ty [ˈpaiəti] piété *f*.

pif·fle *sl.* [ˈpifl] **1.** balivernes *f/pl.*; futilités *f/pl.*; **2.** dire des sottises.

pig [pig] **1.** porc *m*, cochon *m*; *métall.* gueuse *f* (*de fonte*); saumon *m* (*de plomb*); *buy a ~ in a poke* acheter chat en poche; **2.** cochonner; F vivre comme dans une étable.

pi·geon [ˈpidʒin]; *zo.* pigeon *m*; F pigeon *m*, dupe *f*; *sl.* affaire *f*; ˈ**~-hole 1.** case *f*; **2.** caser (*des papiers*); *admin.* classer; F faire rester dans les cartons; ˈ**pi·geon·ry** colombier *m*.

pig·ger·y [ˈpigəri] porcherie *f*.

pig·gish □ [ˈpigiʃ] malpropre; entêté.

pig·head·ed [ˈpigˈhedid] obstiné, têtu.

pig-i·ron [ˈpigaiən] fonte *f* en gueuse.

pig·let [ˈpiglit] petit cochon *m*.

pig·ment [ˈpigmənt] pigment *m*, colorant *m*.

pig·my *see pygmy*.

pig...: ˈ**~·nut** gland *m* de terre; ˈ**~·skin** peau *f* de porc; *Am. sl.* ballon *m* de football; **~·sty** [ˈ~stai] porcherie *f*; *fig.* taudis *m*; ˈ**~·tail** queue *f* (*de cheveux*); ˈ**~·wash** pâtée *f* pour les porcs.

pike [paik] ⚔ pique *f*; *géog.* pic *m*; *icht.* brochet *m*; ˈ**pik·er** *Am. sl.* boursicoteur *m*; lâcheur *m*; ˈ**pike-staff**: *as plain as a ~* clair comme le jour.

pil·chard *icht.* [ˈpiltʃəd] sardine *f*.

pile[1] [pail] **1.** tas *m*; ⚔ *armes*: faisceau *m*; △ masse *f*; édifice *m*; *fig.* fortune *f*; ⚡ pile *f* de Volta; *phys.* (*ou atomic ~*) pile *f* atomique; **2.** *v/i.* (*a. ~ up*) s'entasser, s'amonceler; *v/t.* (*a. ~ up*) entasser, empiler; amasser (*une fortune*); ⚔ *~ arms* former les faisceaux; *fig. ~ it on* exagérer.

pile[2] [~] pieu *m*.

pile[3] [~] *tex.* poil *m*.

pile-driv·er ⊕ [ˈpaildraivə] sonnette *f*; ˈ**pile-dwell·ing** habitation *f* lacustre *ou* sur pilotis.

piles ⚕ [pailz] *pl.* hémorroïdes *f/pl.*

pile-up F [ˈpailʌp] carambolage *m ou* téléscopage *m* (en série).

pil·fer [ˈpilfə] *v/t.* chiper; *v/i.* faire de petits vols.

pil·grim [ˈpilgrim] pèlerin(e *f*) *m*; ♀ Père *m* pèlerin; ˈ**pil·grim·age** pèlerinage *m*.

pill [pil] pilule *f*; F personne *f* embêtante, casse-pieds *mf inv.*

pil·lage [ˈpilidʒ] **1.** pillage *m*; **2.** piller, saccager.

pil·lar [ˈpilə] pilier *m*, colonne *f*; ˈ**~-box** boîte *f* aux lettres; borne *f* postale; **pil·lared** [ˈ~ləd] à piliers, à colonnes; en pilier *etc.*

pil·lion [ˈpiljən] coussinet *m* de cheval; *mot.* siège *m* arrière; *ride ~* monter derrière.

pil·lo·ry [ˈpiləri] **1.** pilori *m*; *in the ~* au pilori; **2.** mettre au pilori; *fig.* exposer au ridicule.

pil·low [ˈpilou] **1.** oreiller *m*; coussin *m*; ⊕ coussinet *m*; **2.** reposer sa tête (sur, *on*); ˈ**~-case**, ✝ ˈ**~-slip** taie *f* d'oreiller.

pi·lot [ˈpailət] **1.** pilote *m* (*a.* ⚓, ✈); *fig.* guide *m*; *~ instructor* professeur *m* de pilotage; ♀ *Officer* sous-lieutenant *m* aviateur; *~ plant* installation *f* d'essai; *~ project* projet *m* d'essai, projet-pilote *m* (*pl.* projets-pilotes); **2.** piloter; conduire; ˈ**pi·lot·age** (frais *m/pl.* de) pilotage *m*; ˈ**pi·lot-bal**ˈ**loon** ballon *m* d'essai.

pil·ule [ˈpiljuːl] petite pilule *f*.

pi·men·to [piˈmentou] piment *m*.

pimp [pimp] **1.** entremetteur (-euse *f*) *m*; **2.** exercer le métier de proxénète.

pim·ple [ˈpimpl] bouton *m*, bourgeon *m*; ˈ**pim·pled**, ˈ**pim·ply** boutonneux (-euse *f*); pustuleux (-euse *f*).

pin [pin] **1.** épingle *f*; ⊕ goupille *f*, cheville *f*; *jeu*: quille *f*; clou *m*; *cuis.* rouleau *m* (*à pâte*); *Am.* insigne *m* (*d'une association estudiantine etc.*); *~s pl. sl.* quilles *f/pl.* (= *jambes*); **2.** épingler; attacher avec des épingles; clouer; *sl. fig.*

obliger (*q.*) à reconnaître les faits; (*souv.* ~ *down*) obliger (à, *to*); ~ *one's hopes on* mettre toutes ses espérances dans.
pin·a·fore [ˈpinəfɔː] tablier *m.*
pin·ball ma·chine [ˈpinbɔːlmaˈʃiːn] flipper *m.*
pin·cers [ˈpinsəz] *pl.*: (*a pair of*) ~ (une) pince *f*, (des) tenailles *f/pl.*
pinch [pintʃ] **1.** pinçade *f*; *tabac*: prise *f*; *sel etc.*: pincée *f*; *fig.* morsure *f*; *fig.* besoin *m*; **2.** *v/t.* pincer; gêner; *sl.* chiper (=*voler*); arrêter (*q.*); *v/i.* (se res)serrer; faire des petites économies; se priver; **pinched** étroit; gêné; *fig.* hâve.
pinch·beck [ˈpintʃbek] **1.** ⊕ chrysocale *m*, similor *m*; *fig.* trompe-l'œil *m/inv.*; **2.** d'occasion.
pinch-hit *Am.* [ˈpintʃhit] suppléer, remplacer (q., *for s.o.*).
pin·cush·ion [ˈpinkuʃin] pelote *f* à aiguilles.
pine[1] ⚘ [pain] pin *m*; bois *m* de pin.
pine[2] [~] languir (après, pour *for*); ~ *away* dépérir; mourir de langueur.
pine...: ˈ~**·ap·ple** ⚘ ananas *m*; ˈ~**-cone** pomme *f* de pin.
pin·er·y [ˈpainəri] serre *f* à ananas; (*a.* ˈ**pine·wood**) pineraie *f.*
pin-feath·er [ˈpinfeðə] plume *f* naissante.
pin·fold [ˈpinfould] parc *m* (*à moutons etc.*); fourrière *f.*
ping [piŋ] cingler, fouetter.
ping-pong [ˈpiŋpɔŋ] ping-pong *m.*
pin·ion [ˈpinjən] **1.** aileron *m*; *poét.* aile *f*; (*a.* ~*-feather*) penne *f*; ⊕ pignon *m*; **2.** rogner les ailes à; *fig.* lier les bras à.
pink[1] [piŋk] **1.** ⚘ œillet *m*; *couleur*: rose *m*; *chasse*: rouge *m*; *fig.* modèle *m*; comble *m*; *sl. in the* ~ florissant, en parfaite santé; **2.** *v/t.* teindre en rose; *v/i.* rougir.
pink[2] [~] toucher; denteler les bords de (*une robe*); *fig.* orner; ~*ing shears pl.* ciseaux *m/pl.* à denteler.
pink[3] *mot.* [~] cliqueter.
pink·ish [ˈpiŋkiʃ] rosâtre.
pin-mon·ey [ˈpinmʌni] argent *m* de poche (*d'une femme ou jeune fille*).
pin·nace ⚓ [ˈpinis] grand canot *m*, pinasse *f.*
pin·na·cle [ˈpinəkl] ⩓ pinacle *m*; *montagne*: cime *f*; *fig.* faîte *m*, apogée *m.*
pin·nate ⚘ [ˈpinit] penné.
pi·noc(h)·le *Am.* [ˈpiːnʌkl] (*sorte de*) belote *f.*
pin...: ˈ~**·point** localiser précisément; bien définir; mettre le doigt sur (*un problème*); ˈ~**·prick** piqûre *f* d'épingle; ˈ~**-stripe** *tex.* filet *m.*
pint [paint] pinte *f* (*0,57, Am. 0,47 litre*).
pin·tle ⊕ [ˈpintl] pivot *m* central; *mot.* cheville *f* ouvrière.
pin·to *Am.* [ˈpintou] **1.** *pl.* **-tos** cheval *m* pie; **2.** pie.
pin-up (**girl**) [ˈpinʌp(ˈgəːl)] pin-up *f/inv.*; beauté *f.*
pi·o·neer [paiəˈniə] **1.** ⚔, *fig.* pionnier *m*; *fig.* défricheur (-euse *f*) *m*; **2.** frayer (le chemin).
pi·ous □ [ˈpaiəs] pieux (-euse *f*); pie (*œuvre*).
pip[1] [pip] *vét.* pépie *f*; *sl. have the* ~ avoir le cafard.
pip[2] [~] *fruit*: pépin *m*; *carte, dé, etc.*: point *m*; ⚔ *grades*: étoile *f.*
pip[3] *sl.* [~] *v/t.* refuser (*un candidat*); vaincre; *v/i.* ~ *out* mourir.
pipe [paip] **1.** tuyau *m* (*a. gaz*); tube *m* (*a. anat.*); pipe *f* (*tabac, a. mesure de vin*: *572,4 litres*); ♪ chalumeau *m*; *oiseau etc.*: chant *m*; **2.** canaliser; amener *etc.* par un pipe-line; jouer (*un air*); lisérer (*une robe etc.*); ⚓ siffler, donner un coup de sifflet; F ~ *one's eye(s)* pleurnicher; *piped music* musique *f* de fond enregistrée; ˈ~**·clay 1.** terre *f* de pipe; blanc *m* de terre à pipe; **2.** astiquer au blanc de terre à pipe; ~ **dream** *fig.* château *m* en Espagne; ˈ~**-lay·er** poseur *m* de tuyaux; *Am. pol.* intrigant *m*; ˈ~**·line** pipeline *m*; ˈ**pip·er** joueur *m* de chalumeau *etc.*; F *pay the* ~ payer les violons.
pip·ing [ˈpaipiŋ] **1.** sifflant; heureux (-euse *f*) (*époque*); ~ *hot* tout chaud; **2.** canalisation *f*; tuyauterie *f*; *oiseaux*: gazouillement *m*; *robe*: lisérage *m*; *cost.* passepoil *m.*
pip·it *orn.* [ˈpipit] pipit *m.*
pip·kin [ˈpipkin] poêlon *m.*
pip·pin ⚘ [ˈpipin] reinette *f*; *sl. it's a* ~ il est remarquable.
pip·squeak F [ˈpipskwiːk] rien du tout *mf* (*pl.* riens du tout *ou inv.*).
pi·quan·cy [ˈpiːkənsi] (goût *m*) piquant *m.*
pi·quant □ [ˈpiːkənt] piquant.
pique [piːk] **1.** pique *f*, ressentiment

m; **2.** piquer; exciter (*la curiosité*); *~ o.s. upon* se piquer de.

pi·ra·cy [ˈpaiərəsi] piraterie *f*; contrefaçon *f* (*d'un livre*); plagiat *m*; **pi·rate** [ˈ~rit] **1.** *homme ou navire*: pirate *m*; contrefacteur *m*; plagiaire *m*; *radio ~, ~ listener* auditeur (-trice *f*) *m* illicite; *~ station* radio *f* pirate; **2.** pirater; contrefaire; plagier; **pi·rat·i·cal** □ [paiˈrætikl] de pirate *etc.*

Pis·ces *astr.* [ˈpaisi:z] les Poissons *m/pl.*

pis·ci·cul·ture [ˈpisikʌltʃə] pisciculture *f.*

pish [piʃ] bah!; pouah!

piss V [pis] **1.** pisse *f*, urine *f*; **2.** pisser, uriner; *~ off!* fous le camp!; *~ed* soûl, plein; *be ~ed off* en avoir marre, en avoir ras le bol.

pis·ta·chi·o [piˈstɑ:ʃiou] pistache *f.*

pis·til ⚘ [ˈpistil] pistil *m.*

pis·tol [ˈpistl] pistolet *m*; **ˈ~-whip** *Am.* F frapper d'un pistolet.

pis·ton ⊕ [ˈpistən] piston *m*; *pompe*: sabot *m*; *~ displacement* cylindrée *f*; *~ ring* segment *m* de piston; *~ rod* tige *f* de piston; *~ stroke* coup *m* de *ou* course *f* du piston.

pit [pit] **1.** fosse *f*, trou *m*; *anat.* creux *m*; *théâ.* parterre *m*; *Am.* bourse *f* de commerce, parquet *m*; *mot.* fosse *f*; mine *f* (*de charbon*); *petite vérole*: cicatrice *f*; piège *m* (*à animaux*); **2.** piquer, trouer; marquer; ⚒ ensiler; *~ against* mettre (*q.*) aux prises avec; *~ted with smallpox* marqué de la petite vérole.

pit-(a-)pat [ˈpit(ə)ˈpæt] tic-tac.

pitch[1] [pitʃ] **1.** poix *f*; brai *m*; **2.** enduire de brai; ⚓ calfater.

pitch[2] [~] **1.** lancement *m*; ♪ *son*: hauteur *f*; *instrument*: diapason *m*; ⊕ pas *m*; *scie*: angle *m* des dents; ⚓ tangage *m*; † *marché*: place *f*, *camelot*: place *f* habituelle; *cricket*: terrain *m*; *fig.* degré *m*; *~ and toss* jeu *m* de pile ou face; **2.** *v/t.* lancer; mettre; paver (*la chaussée*); charger (*le foin etc.*); dresser (*une tente*); établir (*un camp*); poser (*une échelle*); ♪ *~ higher (lower)* hausser (baisser) (*le ton*); ♪ jouer dans une clef donnée; *fig.* arrêter, déterminer; *~ed battle* bataille *f* rangée; *~ one's hope too high* viser trop haut; *v/i.* ⚔ camper; tomber; ⚓ tanguer; *~ upon* arrêter son choix sur; F *~ into* taper sur; dire son fait à.

pitch·er[1] [ˈpitʃə] lanceur *m* (*de la balle*).

pitch·er[2] [~] cruche *f*; broc *m.*

pitch·fork [ˈpitʃfɔ:k] **1.** fourche *f* à foin *etc.*; ♪ diapason *m*; **2.** lancer avec la fourche; *fig.* bombarder (q. dans un poste, *s.o. into a job*).

pitch-pine ⚘ [ˈpitʃpain] faux sapin *m.*

pitch·y [ˈpitʃi] poisseux (-euse *f*); noir comme poix.

pit-coal ⚒ [ˈpitkoul] houille *f.*

pit·e·ous □ [ˈpitiəs] pitoyable, piteux (-euse *f*).

pit·fall [ˈpitfɔ:l] trappe *f*; piège *m.*

pith [piθ] moelle *f* (*a. fig.*); *orange*: peau *f* blanche; sève *f*, ardeur *f.*

pit-head ⚒ [ˈpithed] carreau *m.*

pith·i·ness [ˈpiθinis] concision *f*; **ˈpith·less** □ mou (mol *devant une voyelle ou un h muet*; molle *f*).

pith·y □ [ˈpiθi] moelleux (-euse *f*); concis.

pit·i·a·ble □ [ˈpitiəbl] pitoyable.

pit·i·ful □ [ˈpitiful] compatissant; pitoyable; lamentable (*a. péj.*).

pit·i·less □ [ˈpitilis] impitoyable.

pit·man [ˈpitmən] mineur *m*; houilleur *m.*

pit-props ⚒ [ˈpitprɔps] *pl.* bois *m* de soutènement.

pit·tance [ˈpitəns] maigre salaire *m*; gages *m/pl.* dérisoires; † aumône *f.*

pi·tu·i·tar·y *anat.* [piˈtju:itəri] pituitaire.

pit·wood ⚒ [ˈpitwud] bois *m* de mine.

pit·y [ˈpiti] **1.** pitié *f*, compassion *f* (de *on, for*); *for ~'s sake!* par pitié!; de grâce!; *it is a ~* c'est dommage; *it is a thousand pities* c'est mille fois *ou* bien dommage; **2.** plaindre; avoir pitié de; *I ~ him* il me fait pitié.

piv·ot [ˈpivət] **1.** ⊕, ⚔ pivot *m*; ⊕ tourillon *m*; *fig.* axe *m*, pivot *m*; **2.** *v/i.* pivoter (sur, [*up*]*on*); *v/t.* faire pivoter; **ˈpiv·o·tal** pivotal (-aux *m/pl.*); à pivot.

pix·ie [ˈpiksi] lutin *m*; fee *f.*

pix·i·lat·ed *Am.* [ˈpiksəleitid] loufoque; dingo *inv.*

pix·y [ˈpiksi] *see pixie*.

pla·ca·bil·i·ty [pleikəˈbiliti] douceur *f*; **ˈpla·ca·ble** doux (douce *f*); facile à apaiser.

pla·card [ˈplækɑ:d] **1.** écriteau *m*, affiche *f*; **2.** afficher; couvrir (*qch.*) d'affiches.

pla·cate [plə'keit] apaiser, calmer.
place [pleis] **1.** lieu *m*, endroit *m*, localité *f*; station *f*; place *f*; rang *m*; emploi *m*, poste *m*, situation *f*; ~ *of delivery* destination *f*; ~ *of employment usu.* travail (*pl.* -aux) *m*, emploi *m*, bureau *m etc.*; *give* ~ *to* faire place à (*qch.*); *in* ~ en place; *in* ~ *of* au lieu de; *in his* ~ à sa place; *in the first* ~ d'abord; *out of* ~ déplacé; **2.** placer (*a. de l'argent*); (re)mettre; ⚔ mettre en faction (*la sentinelle*); ☨ passer (*une commande*), mettre en vente; faire accepter (*un article à un éditeur etc.*); ~ *a child under s.o.'s care* mettre un enfant sous la garde de q.; ~ **mat** set *m*, napperon *m* individuel; '~**-name** nom *m* de lieu.
plac·id □ ['plæsid] calme; serein; **pla'cid·i·ty** calme *m*, tranquillité *f*.
plack·et ['plækit] fente *f* (*de jupe*).
pla·gi·a·rism ['pleidʒiərizm] plagiat *m*; '**pla·gi·a·rist** plagiaire *m*; démarqueur *m*; '**pla·gi·a·rize** plagier.
plague [pleig] **1.** peste *f*; fléau *m*; **2.** tourmenter, harceler; '~**-spot** *usu. fig.* foyer *m* d'infection.
pla·guy F ['pleigi] assommant; *adv.* rudement.
plaice *icht.* [pleis] plie *f*.
plaid [plæd] *tex.* tartan *m*; plaid *m* (écossais).
plain [plein] **1.** *adj.* □ évident, clair; simple; *tricot*: endroit *inv.*; lisse; carré, franc(he *f*); sans beauté; *cuis.* au naturel, bourgeois; *in* ~ *English* en bon anglais; ~ *chocolate* chocolat *m* à craquer; ~ *fare* cuisine *f* bourgeoise; ~ *knitting* tricot *m* à l'endroit; ~ *paper* papier *m* non réglé; ~ *sewing* couture *f* simple; **2.** *adv.* clairement; carrément; **3.** *su.* plaine *f*; *surt. Am. attr.* des champs; '~**-clothes man** agent *m* en civil; agent *m* de la sûreté; ~ **deal·ing 1.** franchise *f*, loyauté *f*; **2.** franc(he *f*) et loyal(e *f*); '**plain·ness** simplicité *f*; franchise *f*; clarté *f*; netteté *f*; manque *m* de beauté.
plaint ⚖ [pleint] plainte *f*; **plain·tiff** ⚖ ['~if] demandeur (-eresse *f*) *m*; '**plain·tive** □ plaintif (-ive *f*).
plait [plæt] **1.** *chevaux*: tresse *f*, natte *f*; *see pleat 1*; **2.** tresser; *see pleat 2*.
plan [plæn] **1.** plan *m*; projet *m*, dessein *m*; levé *m* (*d'un terrain*); **2.** tracer le plan de; *fig.* projeter, se proposer (qch., *s.th.*; de *inf.*, *to inf.*); méditer; ~*ned economy* économie *f* planifiée; ~*ning board* conseil *m* de planification.
plane[1] [plein] **1.** uni; plat; égal (-aux *m/pl.*); **2.** ⟁ plan *m*; ✈ plan *m*, aile *f*; *fig.* niveau *m*; F avion *m*; ⊕ rabot *m*; *elevating* (*depressing*) ~ ✈ gouvernail *m* d'altitude (de profondeur); **3.** planer, dresser; aplanir; raboter; ✈ voyager en avion; planer.
plane[2] ⚘ [~] (*a.* ~*-tree*) platane *m*.
plan·et *astr.* ['plænit] planète *f*.
plane-ta·ble *surv.* ['pleinteibl] planchette *f*.
plan·e·tar·i·um [plæni'tɛəriəm] planétaire *m*; **plan·e·tar·y** ['~təri] planétaire; terrestre; *fig.* errant.
pla·nim·e·try ⟁ [plæ'nimitri] planimétrie *f*.
plan·ish ⊕ ['plæniʃ] aplanir; polir.
plank [plæŋk] **1.** planche *f*; madrier *m*; *Am. parl.* point *m* d'un programme électoral; **2.** planchéier; couvrir de planches; *sl.*, *Am.* F ~ *down* (*out*) payer, allonger (*l'argent*); ~ *bed* lit *m* de camp; couchette *f* en bois; '**plank·ing** planchéiage *m*; revêtement *m*.
plant [plɑːnt] **1.** plante *f*; pose *f*; installation *f*; machines *f/pl.*; *sl.* coup *m* monté, escroquerie *f*; *Am. sl. a.* cachette *f*; **2.** planter (*a.* ⚒, *a. fig.*); implanter (*une idée*) (dans l'esprit de q., *into s.o.'s. mind*); loger; poser; enterrer (*des légumes*); F appliquer (*un coup de poing*); *sl.* monter (*un coup*) (contre, *on*); ~ *o.s.* se planter (devant, *in front of*).
plan·tain[1] ⚘ ['plæntin] plantain *m*.
plan·tain[2] ⚘ [~] banane *f* (des Antilles).
plan·ta·tion [plæn'teiʃn] plantation *f*; bosquet *m*; **plant·er** ['plɑːntə] planteur *m*; '**plant-louse** puceron *m*, aphis *m*.
plaque [plɑːk] plaque *f*; ⚕ *dental* ~ plaque *f*.
plash[1] [plæʃ] **1.** clapotis *m*; flac *m*; flaque *f* d'eau; **2.** flac!; floc!; **3.** *v/t.* plonger en faisant flac; *v/i.* clapoter; faire flac.
plash[2] [~] entrelacer (*les branches d'une haie*).
plash·y ['plæʃi] bourbeux (-euse *f*); couvert de flaques d'eau.

plasm, plas·ma *biol.* ['plæzm(ə)] (proto)plasma *m.*

plas·ter ['plɑːstə] **1.** *pharm.* emplâtre *m*; sparadrap *m*; ⊕ plâtre *m*; enduit *m*; (*usu.* ~ *of Paris*) plâtre *m* de moulage; ~ *cast* moulage *m* au plâtre; **2.** ⚕ mettre un emplâtre sur; plâtrer; enduire; *fig.* recouvrir (de, *with*); '**plas·ter·er** plâtrier *m.*

plas·tic ['plæstik] **1.** (~*ally*) plastique; (*synthetic*) ~ *material* = **2.** (matière *f*) plastique *m*; **plas·ti·cine** ['~tiːn] plasticine *f*; **plas·tic·i·ty** [~'tisiti] plasticité *f.*

plas·tron ['plæstrən] plastron *m.*

plat [plæt] *see plait*; *plot*[1].

plate [pleit] **1.** *usu.* plaque *f* (*a. mot., photo, radio, a. de porte*); *métal*: lame *f*; *typ.* cliché *m*; *livre*: planche *f*, gravure *f*; assiette *f*; *course*: coupe *f*; (*a.* ~ *iron*) tôle *f*; *Am. baseball*: point *m* de départ du batteur; limite *f* du batteur; (*a. dental* ~) dentier *m*; *radio*: anode *f*; ⊕ *machine*: plateau *m*; **2.** plaquer; métalliser; ⚔ blinder; ⚓ border en acier *etc.*

pla·teau *géog.* ['plætou] plateau *m.*

plate-bas·ket ['pleitbɑːskit] ramasse-couverts *m/inv.*; **plate·ful** ['~ful] assiettée *f.*

plate...: '~**-glass** glace *f* de vitrage; '~**-hold·er** *phot.* châssis *m*; '~**-lay·er** 🚂 poseur *m* de rails; ouvrier *m* de la voie.

plat·en ['plætn] *typ.* platine *f*; *machine à écrire*: cylindre *m.*

plat·er ['pleitə] ⊕ plaqueur *m*; *sp.* cheval *m* à réclamer.

plat·form ['plætfɔːm] terrasse *f*; estrade *f*; *géog.* plate-forme (*pl.* plates-formes) *f*; 🚂 quai *m*, trottoir *m*; *Am. surt.* plate-forme (*pl.* plates-formes) *f* de wagon; *pol.* programme *m* (*Am. souv.* électoral).

plat·i·num *min.* ['plætinəm] platine *m.*

plat·i·tude *fig.* ['plætitjuːd] platitude *f.*

pla·toon ⚔ [plə'tuːn] section *f.*

plat·ter ['plætə] écuelle *f.*

plau·dit ['plɔːdit] *usu.* ~*s pl.* applaudissements *m/pl.*

plau·si·bil·i·ty [plɔːzə'biliti] plausibilité *f*; vraisemblance *f.*

plau·si·ble □ ['plɔːzəbl] plausible; vraisemblable; spécieux (-euse *f*).

play [plei] **1.** jeu *m* (*a.* ⊕, *lumière, amusement*); *théâ.* pièce *f*; spectacle *m*; ⊕ liberté *f*; ⊕ fonctionnement *m*; *fair* (*foul*) ~ jeu *m* loyal (déloyal); ~ *on words* jeu *m* de mots; calembour *m*; *bring into* ~ mettre en jeu *ou* en œuvre; *make great* ~ *with* attacher beaucoup d'importance à; souligner; **2.** *v/i.* jouer (*a. fig.*); s'amuser; folâtrer; ⊕ fonctionner librement, jouer; ~ *fast and loose with* jouer double jeu avec; *sp.* ~ *at football* (*at cards*) jouer au football (aux cartes); ~ *for time* temporiser; *théâ.* ~ *to the gallery* jouer pour la galerie; ~ *up* jouer de son mieux; F ~ *up to* flatter; ~ *upon* abuser de; agir sur; *v/t. sp.* jouer à; ♪ jouer de (*un instrument*); *théâ.* jouer (*un rôle*); *fig.* se conduire en; ~ *the deuce with* ruiner; faire un mal du diable à; ~ *down* minimiser; ~ *off* opposer (q. à q., *s.o. against s.o.*); ~*ed out* à bout de forces; épuisé; F ~ *up* chahuter (*q.*); '~**·act** *fig.* faire du théâtre, jouer la comédie; ~**·act·ing** *fig.* (pure) comédie *f*, cinéma *m*; '~**·back** lecture *f* sonore; play-back *m*; '~**-bill** affiche *f* de théâtre; '~**-book** *théâ.* recueil *m* de pièces; '~**-boy** viveur *m*; '**play·er** joueur (-euse *f*) *m*; acteur (-trice *f*) *m*; ♪ exécutant(e *f*) *m*; *sp.* équipier *m*; '**play·er-pi·an·o** piano *m* mécanique; '**play-fel·low** camarade *mf* de jeu; **play·ful** □ ['~ful] badin, enjoué; '**play·ful·ness** badinage *m*; enjouement *m.*

play...: '~**·go·er** amateur (-trice *f*) *m* du théâtre; '~**·ground** terrain *m* de jeu(x); cour *f* de récréation; '~**·house** théâtre *m*; *Am.* maison *f* de poupée.

play·ing...: '~**·card** carte *f* (à jouer); '~**-field** terrain *m* de jeu(x) *ou* de sports.

play...: '~**·mate** *see playfellow*; '~**-off** match *m* décisif (*après match nul*); '~**·pen** parc *m* pour bébés; '~**·thing** jouet *m*; '~**·wright** auteur *m* dramatique; '~**-writ·er** auteur *m* de pièces.

plea [pliː] ⚖ défense *f*; excuse *f*, prétexte *m*; F prière *f*; *make a* ~ alléguer; *on the* ~ *of* (*ou that*) sous prétexte de *ou* que.

plead [pliːd] *v/i.* plaider (pour, en faveur de *for*) (*q., qch.*); ~ *for mercy* demander grâce; *see guilty*; *v/t.* plaider; alléguer, invoquer (*une excuse*); prétexter (*qch.*);

ˈ**plead·a·ble** plaidable; invocable; ˈ**plead·er** ⚖ avocat *m*; défenseur *m*; ˈ**plead·ing** ⚖ plaidoirie *f*; *fig.* intercession *f*; *special* ~ F argument *m* spécieux; ~*s pl.* dossier *m*; débats *m/pl.*

pleas·ant □ [ˈpleznt] agréable, charmant, doux (douce *f*); affable; ˈ**pleas·ant·ness** charme *m*; affabilité *f*; ˈ**pleas·ant·ry** plaisanterie *f*; gaieté *f*.

please [pli:z] *v/i.* plaire; être agréable; *if you* ~ s'il vous plaît; je vous en prie; ~ *come in!* veuillez entrer; *v/t.* plaire à, faire plaisir à; ~ *o.s.* agir à sa guise; *be* ~*d to do s.th.* faire qch. avec plaisir; *be* ~*d with* être (très) content de; ˈ**pleased** content, satisfait.

pleas·ing □ [ˈpli:ziŋ] agréable; doux (douce *f*).

pleas·ur·a·ble □ [ˈpleʒərəbl] agréable.

pleas·ure [ˈpleʒə] **1.** plaisir *m*; volonté *f*; *attr.* d'agrément; ~ *boat* bateau *m* de plaisance; *at* ~ à volonté *f*; *give s.o.* ~ faire plaisir à q.; *take (a)* ~ éprouver du plaisir (à *inf.*, *in gér.*) prendre (du) plaisir (à qch. *in s.th.*); **2.** *v/i.* prendre plaisir (à *inf.*, *in gér.*); *v/t.* † faire plaisir à; ˈ~**·ground** jardin *m ou* parc *m* d'agrément.

pleat [pli:t] **1.** pli *m*; *unpressed* ~*s pl.* plis *m/pl.* non repassés; **2.** plisser.

ple·be·ian [pliˈbi:ən] **1.** du peuple; plébéien(ne *f*); **2.** plébéien(ne *f*) *m*.

pleb·i·scite [ˈplebisit] plébiscite *m*.

pledge [pledʒ] **1.** gage *m*, nantissement *m*; promesse *f*, vœu *m*; toast *m*; *put in* ~ engager; *take out of* ~ dégager; **2.** engager, mettre en gage; porter un toast à (*q.*); *he* ~*d himself* il promit, il engagea sa parole; **pledgˈee** gagiste *m*; ˈ**pledg·er** gageur *m*.

Ple·iad *ou pl.* **Ple·ia·des** [ˈplaiəd (-i:z)] Pléiade *f*.

ple·na·ry [ˈpli:nəri] complet (-ète *f*), entier (-ère *f*); plénier (-ère *f*).

plen·i·po·ten·ti·ar·y [plenipəˈtenʃəri] plénipotentiaire (*a. su./m*).

plen·i·tude [ˈplenitju:d] plénitude *f*.

plen·te·ous □ *poét.* [ˈplentjəs] abondant; riche (en, *in*); ˈ**plen·te·ous·ness** abondance *f*.

plen·ti·ful □ [ˈplentiful] abondant.

plen·ty [ˈplenti] **1.** abondance *f*; ~ *of* beaucoup de; en abondance; assez de; *horn of* ~ corne *f* d'abondance; **2.** F beaucoup de; *Am.* F très.

ple·o·nasm [ˈpli:ənæzm] pléonasme *m*.

pleth·o·ra [ˈpleθərə] pléthore *f*; *fig.* surabondance *f*; **ple·thor·ic** [pleˈθɔrik] (~*ally*) pléthorique.

pleu·ri·sy ⚕ [ˈpluərisi] pleurésie *f*.

pli·a·bil·i·ty [plaiəˈbiliti] souplesse *f*.

pli·a·ble □ [ˈplaiəbl] pliant; souple (*a. fig.*); *fig.* docile.

pli·an·cy [ˈplaiənsi] souplesse *f*.

pli·ant □ [ˈplaiənt] *see pliable*.

pli·ers [ˈplaiəz] *pl.*: *(a pair of)* ~ (une) pince *f*, (des) tenailles *f/pl.*

plight[1] [plait] **1.** engager (*sa foi, sa parole*); **2.** *poét.* engagement *m*.

plight[2] [~] condition *f*, état *m*.

plim·soll [ˈplimsəl] (chaussure *f* de) tennis *m*.

plinth ⚠ [plinθ] socle *m*.

plod [plɔd] (*a.* ~ *along, on*) marcher lourdement *ou* péniblement; ˈ**plod·ding** □ persévérant; lourd, pesant (*pas*).

plonk F [plɔŋk] vin *m* ordinaire, F pinard *m*.

plop [plɔp] **1.** flac (*a. su./m*); **2.** faire flac; tomber en faisant flac *ou* pouf.

plot[1] [plɔt] (parcelle *f ou* lot *m* de) terrain *m*.

plot[2] [~] **1.** complot *m*, conspiration *f*; action *f*, intrigue *f*, *roman etc.*; plan *m*; **2.** *v/t.* (*a.* ~ *down*) tracer; relever, dresser le plan de (*un terrain, un diagramme, etc.*); *péj.* combiner, comploter; *v/i.* comploter, conspirer; ˈ**plot·ter** traceur *m*; conspirateur (-trice *f*) *m*.

plough [plau] **1.** charrue *f*; ⊕ guimbarde *f*; *astr. the* ♀ le Chariot; *univ. sl.* retoquage *m*; **2.** labourer; creuser (*un sillon*); *fig.* sillonner; *univ. sl. be* ~*ed* être refusé *ou* collé; ˈ~**·man** laboureur *m*; ˈ~**·share** soc *m* de charrue; ˈ~**·tail** mancheron *m* de charrue.

plov·er [ˈplʌvə] *orn.* pluvier *m*; *a. cuis.* F vanneau *m*.

plow *surt. Am.* [plau] *see plough*.

ploy F [plɔi] stratagème *m*, truc *m*.

pluck [plʌk] **1.** arrachage *m*; *poulet etc.*: plumage *m*; *guitare*: pincement *m*; F courage *m*, cran *m*; **2.** arracher; plumer (*un poulet etc., a.*

fig.); épiler (*les sourcils*); détacher (de, *from*); pincer (*la guitare*); *univ. sl.* refuser, recaler; ~ *at* tirer; ~ *up courage* s'armer de courage.

pluck·y □ [ˈplʌki] courageux (-euse *f*); F crâne.

plug [plʌg] **1.** tampon *m* (⚕ d'ouate); bouchon *m*; ⚡ fiche *f*; ⚡ prise *f*; *tabac*: chique *f*; *W.-C.*: chasse *f* d'eau; *W.-C.*: chaînette *f*; bouche *f* d'incendie; *radio Am.* publicité *f*; réclame *f*; *Am.* vieux cheval *m*; ~ *socket* douille *f*; prise *f*; **2.** *v/t.* boucher; tamponner; plomber (*une dent*); *sl.* flanquer un coup à; *Am.* F faire de la publicité en faveur de; ⚡ ~ *in* brancher; *v/i. sl.* ~ *away* turbiner (= *travailler dur*); ˈ**plug-ˈug·ly** *Am. sl.* pugiliste *m*; voyou *m*.

plum [plʌm] prune *f*; † raisin *m* sec; *fig.* morceau *m* de choix; *fig. la* meilleure situation *f*; ⚓ £ 100000.

plum·age [ˈplu:midʒ] plumage *m*.

plumb [plʌm] **1.** d'aplomb; vertical (-aux *m/pl.*); droit; **2.** plomb *m*; ⚓ sonde *f*; aplomb *m*; **3.** *v/t.* sonder (*la mer*); plomber (*la canalisation*); vérifier l'aplomb de; *fig.* sonder; F installer les tuyaux dans (*une maison*); *v/i.* F être plombier; **plum·ba·go** [~ˈbeigou] plombagine *f*; **plumb·er** [ˈ~mə] plombier *m*; **plum·bic** [ˈ~mbik] ⚗ plombique; **plumb·ing** [ˈ~miŋ] plomberie *f*; tuyauterie *f*; ˈ**plumb-line** ⊕ fil *m* à plomb; ⚓ ligne *f* de sonde; ˈ**plumb-rule** niveau *m* vertical.

plume [plu:m] **1.** panache *m*; *poét.* plume *f*; **2.** orner (*qch.*) de plumes; ~ *itself* se lisser les plumes (*oiseau*); ~ *o.s. on* se glorifier de.

plum·met [ˈplʌmit] plomb *m*; ⚓ sonde *f*.

plum·my F [ˈplʌmi] délicieux (-euse *f*); excellent.

plu·mose ⚘, *zo.* [ˈplu:mous] plumeux (-euse *f*).

plump[1] [plʌmp] **1.** rebondi, dodu, grassouillet(te *f*); **2.** rendre *ou* devenir dodu; engraisser.

plump[2] [~] **1.** *v/i.* tomber lourdement; *v/t.* flanquer; *parl.* donner tous ses votes (à, *for*); **2.** *su.* plouf *m*; **3.** F *adv.* plouf; avec un floc; carrément; **4.** F *adj.* □ catégorique.

plump·er [ˈplʌmpə] *sl.* gros mensonge *m*; *parl.* vote *m* donné à un seul candidat; électeur *m* qui donne tous ses votes à un seul candidat.

plump·ness [ˈplʌmpnis] rondeur *f* (*a.* F *d'une réponse*), embonpoint *m*.

plum-pud·ding [ˈplʌmˈpudiŋ] plum-pudding *m*.

plum·y [ˈplu:mi] plumeux (-euse *f*); empanaché (*casque*).

plun·der [ˈplʌndə] **1.** pillage *m* (*d'une ville*); butin *m*; **2.** piller, dépouiller; ˈ**plun·der·er** pillard *m*; pilleur *m*.

plunge [plʌndʒ] **1.** plongeon *m*; *cheval etc.*: course *f* précipitée; F risque *m*; F *make* (*ou take*) *the* ~ sauter le pas; **2.** *v/t.* plonger, immerger (dans, *in*[*to*]); *v/i.* plonger, s'enfoncer (dans, *into*); ruer (*cheval*); ⚓ tanguer; risquer de grosses sommes (*à la Bourse*).

plung·er [ˈplʌndʒə] plongeur *m*; *sl.* risque-tout *m/inv.*

plunk [plʌŋk] *v/t.* pincer (*la guitare etc.*); *v/i.* tomber raide; *Am.* F lancer, tirer (*sur*, *at*).

plu·per·fect *gramm.* [ˈplu:ˈpə:fikt] plus-que-parfait *m*.

plu·ral *gramm.* [ˈpluərəl] (*a.* ~ *number*) pluriel *m*; *in the* ~ au pluriel; **plu·ral·i·ty** [~ˈræliti] pluralité *f*; cumul *m*; ~ *of wives* polygamie *f*.

plus [plʌs] **1.** *prp.* plus; **2.** *adj.* positif (-ive *f*); **3.** *su.* plus *m*; **~-fours** F [ˈ~ˈfɔ:z] *pl.* culotte *f* de golf.

plush [plʌʃ] peluche *f*.

plush·y [ˈplʌʃi] pelucheux (-euse *f*).

plu·toc·ra·cy [plu:ˈtɔkrəsi] ploutocratie *f*; **plu·to·crat** [ˈ~təkræt] ploutocrate *m*.

plu·to·ni·um ⚗ [plu:ˈtouniəm] plutonium *m*.

plu·vi·al [ˈplu:viəl], ˈ**plu·vi·ous** pluvial (-aux *m/pl.*); **plu·vi·om·e·ter** [~ˈɔmitə] pluviomètre *m*.

ply [plai] **1.** pli *m* (*a. fig.*); *three-*~ laine *f* trois fils; *bois*: contre-plaqué *m* à trois épaisseurs; **2.** *v/t.* manier vigoureusement; exercer (*un métier*); faire courir (*l'aiguille*); presser (*q. de questions*); ~ *with drink* faire boire (*q.*) sans arrêt; *v/i.* faire le service; ~ *for hire* prendre des voyageurs.

ply-wood [ˈplaiwud] contre-plaqué *m*.

pneu·mat·ic [njuˈmætik] **1.** (~*ally*) pneumatique; ~ *hammer* frappeur

m pneumatique; ~ *post* tube *m* pneumatique; ~ *tire* = **2.** pneu *m*.
pneu·mo·ni·a ⚕ [nju'mounjə] pneumonie *f*.
poach¹ [poutʃ] braconner.
poach² [~] (*a.* ~ *up*) labourer (*la terre*).
poach³ [~]: ~*ed eggs* œufs *m/pl.* pochés.
poach·er ['poutʃə] braconnier *m*.
PO Box [piː'ou'bɔks] boîte *f* postale.
po·chette [po'ʃet] pochette *f*.
pock ⚕ [pɔk] pustule *f*.
pock·et ['pɔkit] **1.** poche *f* (*a. géol.*); *laine, houblon, a. géol. minerai*: sac *m*; ✈ trou *m* d'air; **2.** mettre dans sa poche (*a. orgueil*); *péj.* chiper; refouler (*la colère*); avaler (*un affront*); *Am. pol.* ne pas signer, mettre un veto à (*une loi*); **3.** de poche; ~ *calculator* calculatrice *f* de poche; ~ *edition* édition *f* de poche; ~ *lighter* briquet *m*; ~ *lamp* torche *f*; '~**·book** carnet *m* de poche, calepin *m*; *Am.* sac *m* à main; *Am.* livre *m* de poche; *surt. Am.* porte-billets *m/inv.*
pod [pɔd] **1.** ♀ cosse *f*; *pois*: écale *f*; *sl.* ventre *m*; **2.** *v/t.* écosser, écaler; *v/i.* former des cosses.
po·dag·ra ⚕ [pə'dægrə] podagre *f*, goutte *f*.
podg·y F ['pɔdʒi] boulot(te *f*); rondelet(te *f*).
po·di·um ['poudiəm] podium *m*.
po·em ['pouim] poème *m*.
po·e·sy ['pouizi] poésie *f*.
po·et ['pouit] poète *m*; **po·et·as·ter** [~'tæstə] rimailleur *m*; '**po·et·ess** femme *f* poète, poétesse *f*; **po·et·ic, po·et·i·cal** □ [pou'etik(l)] poétique; **po'et·ics** *sg.* art *m* poétique; **po·et·ize** ['~itaiz] *v/i.* faire des vers; *v/t.* poétiser; '**po·et·ry** poésie *f*; vers *m/pl.*
poign·an·cy ['pɔinənsi] piquant *m*; âpreté *f*; *fig.* violence *f*; acuité *f*; '**poign·ant** □ piquant, âpre; *fig.* vif (vive *f*).
point [pɔint] **1.** point *m* (*a.* ✗, ☦, *astr.*, *sp.*, *typ.*, *cartes, dés*); détail *m* (*a. fig.*); question *f* (*a. gramm.*); ⊕, *couteau, barbe, géog.* pointe *f*; extrémité *f*; aire *f* (*de vent*); *plume à écrire*: bec *m*; piquant *m* (*d'une plaisanterie*); *gramm.* point *m* (*de ponctuation*); ✗ (*a. decimal* ~) virgule *f*; *phys. thermomètre*: division *f*; *chien*: arrêt *m*; ⚡ contact *m*; ⚡ prise *f* de courant; ⚓ quart *m*; *fig.* cas *m* (*de conscience*), point *m* (*d'honneur*); *fig.* caractère *m*; *see* ~-*lace*; 🚂 ~*s pl.* aiguillage *m*; ~*s pl. chasse*: cors *m/pl.* (*cerf*); ~ *of view* point *m* de vue; *the* ~ *is that* ce dont il s'agit c'est que; *there is no* ~ *in* (*gér.*) il est inutile de (*inf.*); *make a* ~ faire ressortir un argument; *make a* ~ *of* ne pas manquer de (*inf.*); tenir à; *make the* ~ *that* faire remarquer que; *stretch a* ~ faire une concession; *in* ~ *of* sous le rapport de; *in* ~ *of fact* au *ou* en fait; *off* (*ou beyond*) *the* ~ hors de propos; *differ on many* ~*s* ne pas être d'accord sur bien des détails; *be on the* ~ *of* (*gér.*) être sur le point de (*inf.*); *win on* ~*s* gagner aux points; *to the* ~ à propos, bien dit; *stick to the* ~ ne pas s'écarter de la question; **2.** *v/t.* marquer de points; aiguiser; *opt.* braquer (*une jumelle etc.*); ⚠ jointoyer; (*souv.* ~ *out*) indiquer; inculquer (*la morale*); ~ *at* braquer (*une arme*) sur; *v/i. chasse*: tomber en arrêt; ~ *at* montrer du doigt; ~ *to* faire ressortir; marquer (*l'heure*); signaler; '~-'**blank** **1.** *adj.* direct; net(te *f*) (*refus*); de but en blanc (*question*); **2.** *adv.* à bout portant; *fig.* carrément; ~ *shot* coup *m* de feu à bout portant; '~-**du·ty** service *m* à poste fixe; *policeman on* ~ agent-vigie (*pl.* agents-vigies) *m*; '**point·ed** □ pointu, à pointe; *fig.* mordant, peu voilé; '**point·ed·ness** mordant *m*; caractère *m* peu voilé; '**point·er** aiguille *f*, index *m*; baguette *f*; *chasse*: chien *m* d'arrêt; F tuyau *m*; '**point-'lace** guipure *f*; '**point·less** émoussé; *fig.* sans sel; *fig.* inutile; '**points·man** 🚂 aiguilleur *m*; '**point-to-'point race** course *f* au clocher.
poise [pɔiz] **1.** équilibre *m*, aplomb *m*; port *m* (*du corps etc.*); **2.** *v/t.* équilibrer, balancer; tenir (*la tête etc.*); *v/i.* (*a. be* ~*d*) être en équilibre.
poi·son ['pɔizn] **1.** poison *m*; ~-*pen letter* lettre *f* anonyme venimeuse; **2.** empoisonner; *fig.* corrompre; '**poi·son·er** empoisonneur (-euse *f*) *m*; '**poi·son·ous** □ toxique; vénimeux (-euse *f*) (*animal*); vénéneux (-euse *f*) (*plante*); *fig.* pernicieux (-euse *f*); F empoisonnant.
poke [pouk] **1.** poussée *f*; coup *m* de

coude; **2.** *v/t.* pousser du coude *etc.*; (*a.* ~ *up*) attiser (*le feu*); fourrer (*a. fig.* son nez); passer, avancer (*la tête*); ~ *fun at* se moquer de; *v/i.* (*a.* ~ *about*) fouiller; fourrer (dans, *in*[*to*]).
pok·er[1] [ˈpoukə] tisonnier *m*.
po·ker[2] [~] *cartes*: poker *m*; *fig.* ~-*face* visage *m* impassible.
pok·er-work [ˈpoukəwəːk] pyrogravure *f*.
pok·y [ˈpouki] misérable; mesquin.
po·lar [ˈpoulə] polaire; du pôle; ~ *bear* ours *m* blanc; **po·lar·i·ty** *phys.* [poˈlæriti] polarité *f*; **po·lar·i·za·tion** *phys.* [poulərai'zeiʃn] polarisation *f*; *phot.* ~ *filter* filtre *m* de polarisation; ˈ**po·lar·ize** *phys.* (se) polariser.
Pole[1] [poul] Polonais(e *f*) *m*.
pole[2] [~] *géog.*, *astr.*, *fig.* pôle *m*; ⚡ électrode *f*.
pole[3] [~] **1.** perche *f* (*a. sp.*); mât *m*; hampe *f* (*de drapeau*); *voiture*: timon *m*; *mesure*: perche *f* (*5,029 m*); **2.** pousser *ou* conduire à la perche; ˈ**~-ax(e)** ⚔ hache *f* d'armes; ⚓ hache *f* d'abordage; assommoir *m*; ˈ**~-cat** *zo.* putois *m*; *Am.* putois *m* d'Amérique; ˈ**~-jump**, ˈ**~-vault** saut *m* à la perche.
po·lem·ic [poˈlemik] **1.** (*a.* **poˈlem·i·cal** □) polémique; **2.** polémique *f*; **poˈlem·ics** *sg.* polémique *f*.
pole-star [ˈpoulstɑː] (étoile *f*) polaire *f*; *fig.* point *m* de mire.
po·lice [pəˈliːs] **1.** police *f*; *two* ~ deux agents *m/pl.* (de police); ~ *force la* police, *les* forces *f/pl.* de l'ordre; ~ *record* casier *m* judiciaire; **2.** policer; **poˈlice·man** agent *m* de police; gardien *m* de la paix; **poˈlice-of·fice** préfecture *f* de police; **poˈlice-sta·tion** poste *m* de police; **poˈlice-sur·veil·lance** surveillance *f* de police; **poˈlice-trap** zone *f* de contrôle de vitesse.
pol·i·cy[1] [ˈpɔlisi] politique *f*; diplomatique *f*.
pol·i·cy[2] [~] police *f*; *Am.* loterie *f* clandestine.
po·li·o(·my·e·li·tis) [ˈpɔliou(maiəˈlaitis)] poliomyélite *f*.
Pol·ish[1] [ˈpouliʃ] polonais.
pol·ish[2] [ˈpɔliʃ] **1.** poli *m*; brillant *m*; *fig.* vernis *m*; *floor* ~ encaustique *f*; *boot* ~ cirage *m*; **2.** *v/t.* polir (*a. fig.*); brunir (*le métal*); cirer; F ~ *off* expédier; ~ *up* polir; *v/i.* prendre bien le poli, la cire *etc.*; ˈ**pol·ish·ing 1.** polissage *m*; cirage *m*; **2.** à polir.
po·lite □ [pəˈlait] poli, courtois, civil; cultivé; **poˈlite·ness** politesse *f*.
pol·i·tic □ [ˈpɔlitik] politique; adroit; *body* ~ corps *m* politique; **po·lit·i·cal** □ [pəˈlitikl] politique; ~ *science* sciences *f/pl.* politiques; ~ *scientist* politologue *mf*; **pol·i·ti·cian** [pɔliˈtiʃn] homme *m* politique; *péj.* politicien *m*; **pol·i·tics** [ˈpɔlitiks] *pl.*, *souv. sg.* politique *f*.
pol·i·ty [ˈpɔliti] administration *f* politique; état *m*; régime *m*.
pol·ka-dot *Am. tex.* [ˈpɔlkəˈdɔt] pois *m*.
poll[1] [poul] **1.** *prov. ou co.* tête *f*; sommet *m*, haut *m*; vote *m* (par bulletins); scrutin *m*; *go to the* ~*s* prendre part au vote; se rendre aux urnes; **2.** *v/t.* † tondre; étêter (*un arbre*); réunir (*tant de voix*); *v/i.* voter (pour, *for*).
poll[2] [pɔl] perroquet *m*; *npr.* Tacquot *m*.
pol·lard [ˈpɔləd] arbre *m* étêté; animal *m* sans cornes; *farine*: repasse *f*.
poll-book [ˈpoulbuk] liste *f* électorale.
pol·len ⚘ [ˈpɔlin] pollen *m*.
poll·ing...: ˈ**~-booth** bureau *m* de scrutin; isoloir *m*; ˈ**~-dis·trict** section *f* de vote; ˈ**~-place**, ˈ**~-sta·tion** poste *m* (de section de vote).
pollˈster [ˈpoulstə] sondeur (-euse *f*) *m*.
poll-tax [ˈpoultæks] capitation *f*.
pol·lut·ant [pəˈluːtənt] agent *m* de pollution; **pol·lute** [pəˈluːt] polluer; souiller; corrompre (*a. fig.*); profaner; **polˈlu·tion** pollution *f*; profanation *f*.
po·lo *sp.* [ˈpoulou] polo *m*; ~ **neck** (chandail *m* à) col *m* roulé.
po·lo·ny [pəˈlouni] cervelas *m*.
pol·troon [pɔlˈtruːn] poltron *m*; **polˈtroon·er·y** poltronnerie *f*.
po·lyg·a·my [pɔˈligəmi] polygamie *f*; **pol·y·glot** [ˈpɔliglɔt] polyglotte (*a. su./mf*); **pol·y·gon** [ˈ~gən] polygone *m*; **po·lyg·o·nal** [pɔˈligənl] polygonal (-aux *m/pl.*); **pol·y·phon·ic** ♪ [~ˈfɔnik] polyphonique; **pol·yp** *zo.* [ˈ~ip], **pol·y·pus** ⚕ [ˈ~pəs], *pl.* **-pi** [~pai] polype *m*; **pol·y·sty·rene** [pɔliˈstaiəriːn] polystyrène *m*; **pol-**

y·syl·lab·ic [ˈpɔlisiˈlæbik] polysyllab(iqu)e; **pol·y·syl·la·ble** [ˈ~silɔbl] polysyllabe *m*; **pol·y·tech·nic** [~ˈteknik] **1.** polytechnique; **2.** école *f* des arts et métiers; **pol·y·the·ism** [ˈ~θiizm] polythéisme *m*; **pol·y·thene** [ˈ~θiːn] polyéthylène *m*; ~ *bag* sac *m* en plastique.

po·made [pəˈmɑːd], **po·ma·tum** [pəˈmeitəm] pommade *f*.

pome·gran·ate ⚘ [ˈpɔmgrænit] grenade *f*; *arbre*: grenadier *m*.

Pom·er·a·nian [pɔməˈreinjən] poméranien(ne *f*); ~ (*dog*) loulou *m* de Poméranie.

pom·mel [ˈpʌml] **1.** *épée*, *selle*: pommeau *m*; **2.** bourrer (*q.*) de coups.

pomp [pɔmp] pompe *f*, apparat *m*.

pom-pom [ˈpɔmpɔm] canon-revolver (*pl.* canons-revolvers) *m*.

pom·pos·i·ty [pɔmˈpɔsiti] emphase *f*, suffisance *f*; ˈ**pomp·ous** □ pompeux (-euse *f*); suffisant (*personne*).

ponce *Brit. sl.* [pɔns] souteneur *m*, maquereau *m*; pédé *m*, tapette *f*.

pond [pɔnd] étang *m*; mare *f*; réservoir *m*; ˈ**pond·age** accumulation *f* de l'eau; capacité *f*.

pon·der [ˈpɔndə] méditer (sur *on*, *over*); **pon·der·a·bil·i·ty** [~rəˈbiliti] pondérabilité *f*; ˈ**pon·der·a·ble** pondérable; **pon·der·os·i·ty** [~ˈrɔsiti] lourdeur *f* (*a. de style*); *fig.* importance *f*; ˈ**pon·der·ous** □ lourd; massif (-ive *f*); laborieux (-euse *f*); *fig.* important; ˈ**pon·der·ous·ness** *see ponderosity*.

pone *Am.* [poun] pain *m* de maïs.

pong *Brit. sl.* [pɔŋ] **1.** puanteur *f*; **2.** puer.

pon·iard [ˈpɔnjəd] **1.** poignard *m*; **2.** poignarder.

pon·tiff [ˈpɔntif] pontife *m*; prélat *m*; **ponˈtif·i·cal** pontifical (-aux *m/pl.*); épiscopal (-aux *m/pl.*); **ponˈtif·i·cate 1.** [~kit] pontificat *m*; **2.** [~keit] pontifier.

pon·toon ⚔ [pɔnˈtuːn] ponton *m*; **ponˈtoon-bridge** pont *m* de bateaux.

po·ny [ˈpouni] poney *m*; F *fig.* baudet *m*; *Am.* F traduction *f*; *sl.* 25 livres sterling; *Am.* F petit verre *m* d'alcool; *Am. attr.* petit; ˈ**~-ˈen·gine** 🚂 locomotive *f* de manœuvre.

pooch *Am. sl.* [puːtʃ] cabot *m*, chien *m*.

poo·dle [ˈpuːdl] caniche *mf*.

poof *Brit. sl.* [puːf] tapette *f*, tante *f*.

pooh [puː] bah!; peuh!

pooh-pooh [puːˈpuː] ridiculiser; faire peu de cas de (*qch.*); faire fi de (*conseils etc.*).

pool[1] [puːl] flaque *f* d'eau; mare *f*; fontaine *f*.

pool[2] [~] **1.** cagnotte *f*; poule *f* (*a. billard*); concours *m* de pronostics; (*sorte de*) jeu *m* de billard; ✝ syndicat *m*; fonds *m/pl.* communs; *Brit. the ~s* les pronostics *m/pl.* (sur les matchs de football); *Am.* ~ *room* salle *f* de billard; *Am.* ~ *table* billard *m*; **2.** mettre en commun; ✝ mettre en syndicat.

poop ⚓ [puːp] **1.** poupe *f*; dunette *f*; **2.** balayer la poupe de; embarquer par l'arrière; *Am.* ~*ed* exténué.

poor □ [puə] *usu.* pauvre; malheureux (-euse *f*); médiocre; de piètre qualité; maigre (*sol*); ~ *me!* pauvre de moi!; *make but a ~ shift's* accommoder mal de (*qch.*); *a ~ dinner* un mauvais dîner; ~ *health* santé *f* débile; ˈ**~-box** tronc *m* pour les pauvres; ˈ**~-house** asile *m* de pauvres; ˈ**~-law** assistance *f* judiciaire; ˈ**poor·ly 1.** *adj. prédicatif* souffrant; **2.** *adv.* pauvrement; ˈ**poor·ness** pauvreté *f*, insuffisance *f*; infériorité *f*; ˈ**poor-rate** taxe *f* des pauvres; ˈ**poor-ˈspir·it·ed** pusillanime.

pop[1] [pɔp] **1.** bruit *m* sec; F boisson *f* pétillante; limonade *f* gazeuse; **2.** *v/t.* crever; faire sauter; F mettre en gage; *Am.* faire éclater (*le maïs*); F fourrer vite; F ~ *the question* faire la demande en mariage; *v/i.* eclater, sauter; crever; ~ *in* entrer pour un instant (*chez q.*); ~ *up* se lever vivement; apparaître; **3.** inattendu; **4.** crac!; pan!

pop[2] F [~] concert *m* populaire; chanson *f* populaire.

pop[3] *Am.* F [~] papa *m*; pépère *m*, pépe *m*.

pop·corn *usu. Am.* [ˈpɔpkɔːn] maïs *m* grillé et éclaté.

pope [poup] pape *m*; Saint-Père *m*; **pope·dom** [ˈ~dəm] papauté *f*; **pop·er·y** *péj.* [ˈ~əri] papisme *m*.

pop-eyed [ˈpɔpaid] aux yeux en boules de loto.

pop·gun [ˈpɔpgʌn] pétoire *f*.

pop·in·jay *fig.* [ˈpɔpindʒei] fat *m*.

pop·ish □ *péj.* [ˈpoupiʃ] papiste.

pop·lar ⚘ [ˈpɔplə] peuplier *m*.

pop·lin *tex.* [ˈpɔplin] popeline *f.*

pop·per *surt. Brt.* [ˈpɔpə] bouton-pression *m* (*pl.* boutons-pression).

pop·pet [ˈpɔpit] ⚓ colombier *m*; ⊕ poupée *f*; *see puppet.*

pop·py ⚘ [ˈpɔpi] pavot *m*; ˈ**~·cock** *Am.* F fadaises *f/pl.*, bêtises *f/pl.*

pop·u·lace [ˈpɔpjuləs] peuple *m*; *péj.* populace *f.*

pop·u·lar □ [ˈpɔpjulə] populaire; du peuple; goûté du public; ✝ à la portée de tous; **pop·u·lar·i·ty** [~ˈlæriti] popularité *f*; **pop·u·lar·ize** [ˈ~ləraiz] populariser, vulgariser; rendre populaire; ˈ**pop·u·lar·ly** populairement; communément.

pop·u·late [ˈpɔpjuleit] peupler; **pop·u·la·tion** population *f*; **~** *explosion* explosion *f* démographique.

pop·u·lous □ [ˈpɔpjuləs] très peuplé; ˈ**pop·u·lous·ness** densité *f* de (la) population.

por·ce·lain [ˈpɔːslin] porcelaine *f.*

porch [pɔːtʃ] porche *m*; portique *m*; *Am.* véranda *f.*

por·cu·pine *zo.* [ˈpɔːkjupain] porc-épic (*pl.* porcs-épics) *m.*

pore[1] [pɔː] pore *m.*

pore[2] [~] être plongé (dans *over, on*), méditer (qch. *over, on s.th.*).

pork [pɔːk] porc *m*; *Am.* F **~** *barrel* fonds *m/pl.* publics; trésor *m* public; **~** *butcher* charcutier *m*; **~** *chop* côtelette *f* de porc; ˈ**pork·er** goret *m*; porc *m*; ˈ**pork·y 1.** F gras(se *f*), obèse; **2.** *Am.* F *see porcupine.*

por·nog·ra·phy [pɔːˈnɔgrəfi] pornographie *f.*

po·ros·i·ty [pɔːˈrɔsiti], **po·rous·ness** [ˈpɔːrəsnis] porosité *f.*

po·rous □ [ˈpɔːrəs] poreux (-euse *f*).

por·phy·ry *min.* [ˈpɔːfiri] porphyre *m.*

por·poise *zo.* [ˈpɔːpəs] marsouin *m*; phocène *f.*

por·ridge [ˈpɔridʒ] bouillie *f* d'avoine; **por·rin·ger** [ˈpɔrindʒə] écuelle *f.*

port[1] [pɔːt] port *m*; **~** *of call* port *m* d'escale; **~** *of destination* port *m* de destination; **~** *of transhipment* port *m* de transbordement.

port[2] ⚓ [~] sabord *m.*

port[3] [~] **1.** ⚔ présenter (*les armes*); **2.** maintien *m*, port *m.*

port[4] ⚓ [~] **1.** *côté*: bâbord *m*; **2.** *v/t.* mettre à babord; *v/i.* venir sur bâbord.

port[5] [~] porto *m.*

port·a·ble [ˈpɔːtəbl] portatif (-ive *f*); mobile; **~** *gramophone* (*typewriter, radio*) phonographe *m* (machine *f* à écrire, poste *m*) transportable; **~** *railway* chemin *m* de fer à voie démontable.

por·tage [ˈpɔːtidʒ] portage *m*; *see porterage.*

por·tal [ˈpɔːtl] portail *m*; portique *m*; *fig.* (porte *f* d')entrée *f*; ˈ**por·tal-to-**ˈ**por·tal pay** paye *f* pour le temps d'aller de la porte (*de l'usine etc.*) à son travail et retour.

port·cul·lis ⚔ *hist.* [pɔːtˈkʌlis] herse *f.*

por·tend [pɔːˈtend] présager.

por·tent [ˈpɔːtent] présage *m* de malheur; prodige *m*; **por**ˈ**ten·tous** □ sinistre; de mauvais augure; prodigieux (-euse *f*); *co.* lugubre.

por·ter[1] [ˈpɔːtə] concierge *m.*

por·ter[2] [~] portefaix *m*; *hôtel*: garçon *m*; 🚂 porteur *m*; bière *f* brune; **por·ter·age** [ˈ~ridʒ] (prix *m* de) transport *m*; factage *m*; ˈ**por·ter·house** taverne *f*; *Am.* **~** *steak* aloyau *m*, châteaubriant *m.*

port·fire [ˈpɔːtfaiə] boutefeu *m*; étoupille *f.*

port·fo·li·o [pɔːtˈfouljou] serviette *f*; chemise *f* (*de carton*); portefeuille *m* (*d'un ministre*).

port-hole ⚓ [ˈpɔːthoul] sabord *m.*

por·ti·co △ [ˈpɔːtikou] portique *m.*

por·tion [ˈpɔːʃn] **1.** part *f*, partie *f*; portion *f*, *viande*: ration *f*; *gâteau*: quartier *m*; *terre*: lot *m*; *mariage*: dot *m*; *fig.* sort *m*; **2.** partager, répartir; doter; ˈ**por·tion·less** sans dot.

port·li·ness [ˈpɔːtlinis] prestance *f*; embonpoint *m*; ˈ**port·ly** majestueux (-euse *f*); corpulent.

port·man·teau [pɔːtˈmæntou] valise *f*; *gramm.* **~** *word* mot *m* fantaisiste (*fait de mots télescopés*).

por·trait [ˈpɔːtrit] portrait *m*; ˈ**por·trait·ist** portraitiste *mf*; **por·trai·ture** [ˈ~tʃə] portrait *m*; l'art *m* du portrait; *fig.* description *f.*

por·tray [pɔːˈtrei] (dé)peindre; décrire; **por**ˈ**tray·al** peinture *f*, représentation *f.*

Por·tu·guese [pɔːtjuˈgiːz] **1.** portugais; **2.** *ling.* portugais *m*; Portugais (-e *f*) *m.*

pose [pouz] **1.** pose *f*; **2.** *v/i.* se

poser; se faire passer (pour, *as*); *v/t.* poser (*une question*); énoncer; ˈ**pos·er** question *f* embarrassante; F colle *f*.

posh *sl.* [pɔʃ] chic *inv.* *en genre*, chouette.

po·si·tion [pəˈziʃn] position *f* (*a. fig.*, ⚔, *posture*); situation *f*; place *f*; emploi *m*; état *m*; *fig.* attitude *f*; *fig.* point *m* de vue; ⚓ lieu *m*, point *m*; ⚓ poste *m*; ~ *light* feu *m* de position; *be in a* ~ *to do* être à même de faire.

pos·i·tive [ˈpɔzətiv] **1.** □ positif (-ive *f*); formel(le *f*); vrai; sûr, certain, convaincu; ⚗, ⚡, *phls.*, *phys.*, *phot.* positif (-ive *f*); **2.** positif *m*; ˈ**pos·i·tive·ness** certitude *f*; ton *m* décisif.

pos·se [ˈpɔsi] troupe *f*, foule *f*; ~ **co·mi·ta·tus** [~ kɔmiˈteitəs] détachement *m* de police.

pos·sess [pəˈzes] avoir, posséder (*fig.* de, *with*); *fig.* pénétrer (de, *with*); ~*ed* possédé; *be* ~*ed of* posséder; ~ *o.s. of* s'emparer de (*qch.*); **pos·ses·sion** [pəˈzeʃn] possession *f* (*a. fig.*); jouissance *f* (de, *of*); colonie *f*; *in* ~ *of* en possession de; **pos·ses·sive** *gramm.* [pəˈzesiv] **1.** □ possessif (-ive *f*); ~ *case* (cas *m*) possessif *m*; **2.** possessif *m*; **pos·ˈses·sor** possesseur *m*; **posˈses·so·ry** possessoire.

pos·set [ˈpɔsit] posset *m*.

pos·si·bil·i·ty [pɔsəˈbiliti] possibilité *f*; ˈ**pos·si·ble 1.** possible; **2.** *sp.* maximum *m*; ˈ**pos·si·bly** peut-être; *if I* ~ *can* s'il y a moyen; *how can I* ~ *do it?* comment pourrais-je le faire?; *I cannot* ~ *do it* il m'est impossible de le faire.

pos·sum F [ˈpɔsəm] *see opossum*.

post[1] [poust] **1.** poteau *m*; pieu *m*; **2.** (*usu.* ~ *up*) afficher, placarder.

post[2] [~] **1.** ⚔ *sentinelle etc.*: poste *m*, garnison *f*; ⚚ station *f* (de commerce); situation *f*, poste *m*; † malle-poste (*pl.* malles-poste) *f*; *poste*: courrier *m*, poste *f*; papier *m* écu; ⚔ *at one's* ~ à son poste; *by (the)* ~ par la poste; ⚔ *last* ~ sonnerie *f* aux morts; retraite *f*; *Am.* ~ *exchange* magasin *m*, cantine *f*; **2.** *v/t.* ⚔ poster, mettre en faction (*une sentinelle*); ⚓ nommer (*q. capitaine*); ⚚ (*souv.* ~ *up*) mettre au courant (*le grand-livre*); mettre à la poste; envoyer par la poste; F (*souv.* ~ *up ou keep s.o.* ~*ed*) mettre (*q.*) au courant, documenter (*q.*); *well* ~*ed* bien renseigné; ⚚ ~ *an entry* passer écriture d'un article; *v/i.* F aller un train de poste.

post·age [ˈpoustidʒ] port *m*, affranchissement *m*; ... ~ ... pour frais d'envoi; ~ *due* surtaxe *f* postale; ~ **stamp** timbre-poste (*pl.* timbres-poste) *m*.

post·al □ [ˈpoustəl] postal (-aux *m/pl.*); *Am.* ~ (*card*) carte *f* postale; ~ *cheque* chèque *m* postal; ~ *order* mandat-poste (*pl.* mandats-poste) *m*, mandat *m* postal; ♀ *Union* Union *f* postale.

post...: ˈ~**·card** carte *f* postale; ˈ~**·code** code *m* postal.

post·date [ˈpoustˈdeit] postdater.

post·er [ˈpoustə] affiche *f*; placard *m*.

pos·te·ri·or F [pɔsˈtiəriə] **1.** □ postérieur (à, *to*); derrière; **2.** (*a.* ~*s pl.*) postérieur *m*, derrière *m*.

pos·ter·i·ty [pɔsˈteriti] postérité *f*.

pos·tern [ˈpoustəːn] porte *f* de derrière.

post-free [ˈpoustˈfriː] franco *inv.*

post-grad·u·ate [ˈpoustˈgrædjuit] **1.** postscolaire; **2.** candidat *m* à un diplôme supérieur (*doctorat etc.*).

post-haste [ˈpoustˈheist] en toute hâte.

post·hu·mous □ [ˈpɔstjuməs] posthume.

pos·til·(l)ion [pəsˈtiljən] postillon *m*.

post...: ˈ~**·man** facteur *m*; ˈ~**·mark 1.** cachet *m* de la poste; timbre *m* (d'oblitération); **2.** timbrer; ˈ~**·mas·ter** receveur *m* des postes; ♀ *General* ministre *m* des Postes et Télécommunications.

post·me·rid·i·an [ˈpoustməˈridiən] de l'après-midi, du soir; **post-mor·tem** [ˈ~ˈmɔːtəm] **1.** après décès; **2.** (*a.* ~ *examination*) autopsie *f*; **post-o·bit** [~ˈɔbit] exécutoire après le décès d'un tiers.

post...: ˈ~**-of·fice**, *surt.* ~ **of·fice** bureau *m* de poste; *Am.* (*sorte de*) jeu *m* avec embrassades; *general* ~ bureau *m* central; ~ *box* boîte *f* postale; ~ *clerk* employé(e *f*) *m* des postes; ~ *counter* (*ou window*) guichet *m*; ~ *order* mandat *m* postal; ~ *savings-bank* caisse *f* d'épargne postale; ˈ~**-paid** franco *inv.*, affranchi.

post·pone [poustˈpoun] ajourner,

remettre, renvoyer à plus tard; **post'pone·ment** ajournement *m*; remise *f* à plus tard.

post·pran·di·al □ *co.* [poust'prændiəl] après dîner, après le repas.

post·script ['pousskript] post-scriptum *m/inv.* (*abbr.* P.-S.); postface *f* (*d'un livre*).

pos·tu·lant ['pɔstjulənt] postulant (-e *f*) *m*; **pos·tu·late 1.** ['~lit] postulat *m*; **2.** ['~leit] postuler (*a. v/i.*); poser (*qch.*) en postulat; **pos·tu'la·tion** sollicitation *f*; *phls.* supposition *f*, postulat *m*.

pos·ture ['pɔstʃə] **1.** posture *f*, *corps*: attitude *f*; position *f*; **2.** *v/t.* poser; *v/i.* prendre une pose; se poser en.

post-war ['poust'wɔː] d'après-guerre.

po·sy[1] ['pouzi] devise *f*.

po·sy[2] [~] bouquet *m* (de fleurs).

pot [pɔt] **1.** pot *m*; marmite *f*; *sp.* coupe *f*; F *a ~ of money* des tas *m/pl.* d'argent; **2.** *v/t.* mettre en pot (*cuis. a. des plantes*); blouser (*au billard*); abattre (*du gibier*); *v/i.*: *~ at* lâcher un coup de fusil à (*q.*); tirer sur.

po·ta·ble ['poutəbl] potable, buvable.

pot·ash ⚗ ['pɔtæʃ] potasse *f*.

po·tas·si·um ⚗ [pə'tæsiəm] potassium *m*.

po·ta·tion [pou'teiʃn] gorgée *f*; (*usu. pl.* ~s) libation *f*.

po·ta·to [pə'teitou], *pl.* **po'ta·toes** [~z] pomme *f* de terre; *~ bug* doryphore *m*; *Am.* *~ chips pl.*, *Brit.* *~ crisps pl.* pommes *f/pl.* chips; *~ masher* presse-purée *m/inv.*; *~ omelette* omelette *f* parmentière; *fig. hot ~* sujet *m* brûlant, affaire *f* épineuse; *cuis. mashed ~s* purée *f* (de pommes de terre), pommes *f/pl.* mousseline.

pot...: '**~-bel·ly** panse *f*; '**~-boil·er** littérature *f* alimentaire; besognes *f/pl.* alimentaires; écrivain *m etc.* qui travaille pour faire bouillir sa marmite; '**~-boy** garçon *m* de cabaret.

po·ten·cy ['poutənsi] puissance *f*; force *f*; '**po·tent** □ puissant; fort; **po·ten·tate** ['~teit] potentat *m*; **po·ten·tial** [pə'tenʃl] **1.** latent, virtuel (-le *f*); potentiel(le *f*) (*a. phys.*); **2.** *gramm.* (*a. ~ mood*) potentiel *m*; *phys.* (*souv. ~ function*) fonction *f* potentielle; *p.ext.* rendement *m* maximum; **po·ten·ti·al·i·ty** [~ʃi'æliti] potentialité *f*; potentiel *m* (*militaire etc.*); *fig.* promesse *f*.

poth·er ['pɔðə] **1.** nuage *m* de fumée *etc.*; confusion *f*; tumulte *m*; **2.** (se) tourmenter; *v/i.* faire des histoires (à propos de, *about*).

pot...: '**~-herb** herbe *f* potagère; '**~-hole** *mot.* nid-de-poule (*pl.* nids-de-poule) *m*; *géol.* marmite *f* torrentielle; '**~-hol·er** spéléologue *mf*; '**~-hook** crémaillière *f*; *~s pl.* bâtons *m/pl.*; '**~-house** cabaret *m*, taverne *f*.

po·tion ['pouʃn] potion *f*; ⚕ dose *f*.

pot-luck ['pɔt'lʌk]: *take ~ with s.o.* manger chez q. à la fortune du pot.

pot·ter[1] ['pɔtə] s'amuser (à, *at*); s'occuper en amateur (de, *at*); flâner.

pot·ter[2] [~] potier *m*; *~'s wheel* tour *m* de potier; disque *m*; '**pot·ter·y** poterie *f*.

pot·ty *sl.* ['pɔti] insignifiant; simple; toqué.

pouch [pautʃ] **1.** petit sac *m*; bourse *f*; *yeux*: poche *f*; blague *f*; *zo.* poche *f* ventrale; *singe*: abajoue *f*; **2.** *v/t.* empocher; faire bouffer (*une robe*); avaler (*un poisson*); *v/i.* bouffer; **pouched** à poche; à abajoue.

poul·ter·er ['poultərə] marchand *m* de volaille.

poul·tice ⚕ ['poultis] cataplasme *m*.

poul·try ['poultri] volaille *f*.

pounce[1] [pauns] **1.** (poudre *f* de) sandaraque *f*; ponce *f*; **2.** polir à la ponce; poncer (*a. un dessin*).

pounce[2] [~] **1.** *oiseau*: serre *f*; saut *m*; **2.** *v/t.* (*ou ~ upon*) *oiseau:* s'abattre sur (*sa proie*); *v/i.*: *fig.* ~[*up*]*on* se jeter sur.

pound[1] [paund] livre *f* (*abr. lb.*) (*453,6 g*); *~* (*sterling*) livre *f* (sterling) (*abr.* £).

pound[2] [~] **1.** parc *m* (à moutons *etc.*); fourrière *f*; **2.** mettre en fourrière.

pound[3] [~] *v/t.* broyer, piler; bourrer de coups de poing; ⚔ pilonner; *sl. Bourse*: faire baisser (*les prix*); *v/i.*: *~ along* avancer d'un pas lourd; *~ away* frapper *ou* cogner dur (sur, *at*).

pound·age ['paundidʒ] remise *f ou* taux *m* de tant par livre.

pound·er ['paundə] de ... livres.

pour [pɔː] *v/t.* (*a. ~ out*) verser; *~ out* répandre; décharger (*son cœur*); *v/i.*

tombér à verse (*pluie*); sortir à flots *ou* en foule.

pout [paut] **1.** moue *f*; **2.** (*a.* ~ *the lips*) faire la moue; bouder.

pov·er·ty ['pɔvəti] pauvreté *f*; pénurie *f*.

pow·der ['paudə] **1.** poudre *f*; **2.** pulvériser; poudrer (*le visage*); saupoudrer (de, *with*); '**~-box** boîte *f* à poudre; ~ **keg** *fig.* poudrière *f*; '**~-puff** houpette *f* (à poudre); ~ **room** toilettes *f/pl.* pour dames; '**pow·der·y** poudreux (-euse *f*); friable.

pow·er ['pauə] *m* pouvoir (*a.* ⚖, *pol. exécutif etc.*); puissance *f* (*a.* ⊕, ⚗, *pol.* = *pays, influence*); vigueur *f*; ⚡ énergie *f* (*électrique*); *aimant*: force *f*; *admin.* autorité *f*; ⚖ mandat *m*; F quantité *f*, foule *f*; *be in* ~ être au pouvoir; *Western* ~*s pl. pol.* puissances *f/pl.* occidentales; '**~·as·sist·ed** ⊕ assisté; ~ **break** servofrein *m*; '**~-cur·rent** courant *m* à haute intensité; ~ **cut** ⚡ coupure *f* de courant; ~ **fail·ure** panne *f* de courant; **pow·er·ful** ['~ful] □ puissant, fort; '**pow·er·house** centrale *f* électrique; '**pow·er·less** impuissant; inefficace; '**pow·er line** ligne *f* à haute tension; '**pow·er-plant** groupe *m* générateur; *Am.* centrale *f* électrique; ~ **point** *Brit.* prise *f* de courant; ~ **saw** scie *f* à moteur; '**pow·er sta·tion** centrale *f* électrique; *long-distance* ~ centrale *f* interurbaine; ~ **steer·ing** servodirection *f*; ~ **strug·gle** *pol. etc.* lutte *f* pour le pouvoir.

pow·wow ['pau'wau] sorcier *m* guérisseur; *Am.* F conférence *f* (politique); palabre *f*.

pox V [pɔks] syphilis *f*.

pra(a)m ⚓ [prɑːm] prame *f*.

prac·ti·ca·bil·i·ty [præktikə'biliti] praticabilité *f*; '**prac·ti·ca·ble** □ praticable; faisable; '**prac·ti·cal** □ pratique; appliqué (*science*); quasi; ~ *joke* mystification *f*; mauvais tour *m*; brimade *f*; attrape *f*; ~ *chemistry* chimie *f* appliquée; **prac·ti·cal·i·ty** [~'kæliti] caractère *m* pratique; esprit *m* pratique; **prac·ti·cal·ly** ['~kli] pratiquement; en pratique; presque.

prac·tice ['præktis] **1.** pratique *f*; exercice *m* (*d'un métier*); habitude *f*, coutume *f*, usage *m*; *sp.* entraînement *m*; clientèle *f*; *usu.* ~*s pl.* menés *f/pl.*, intrigue *f*; *be out of* ~ avoir perdu l'habitude; *put into* ~ mettre en pratique *ou* en action; **2.** *Am. see practise*.

prac·tise [~] *v/t.* mettre en pratique *ou* en action; pratiquer; exercer (*une profession*); s'exercer (*au piano etc., sur la flûte*); entraîner (*q.*); *v/i.* exercer (*médecin*); *sp.*, ♪ s'exercer; répéter; ~ [*up*]*on* exploiter (*q.*), abuser de (*la faiblesse de q.*); '**prac·tised** expérimenté; versé (dans *at*, *in*).

prac·ti·tion·er [præk'tiʃnə] praticien *m*; *qqfois* médecin *m*; *general* ~ médecin *m* ordinaire, médecin *m* de médecine générale.

prag·mat·ic [præg'mætik] (~*ally*) pragmatique; (*souv.* **prag'mat·i·cal**) suffisant; dogmatique.

prai·rie *Am.* ['prɛəri] prairie *f*; savane *f*; *Am.* ~ *schooner* voiture *f* couverte (*des pionniers*).

praise [preiz] **1.** éloge *m*; louange *f*; **2.** louer, faire l'éloge de; F vanter.

praise·wor·thi·ness ['preizwəːðinis] caractère *m* estimable; mérite *m*; '**praise·wor·thy** □ digne d'éloges; méritoire.

pra·line ['prɑːliːn] praline *f*.

pram F [præm] *see perambulator*.

prance [prɑːns] piaffer (*cheval*); se pavaner (*personne*); *fig.* trépigner (de, *with*).

pran·di·al □ ['prændiəl] *co.* de *ou* du dîner; de table.

prang ⚔ *Brit. sl.* [præŋ] raid *m* sévère.

prank [præŋk] **1.** escapade *f*; tour *m*; **2.** (*a.* ~ *up*) parer (de, *with*).

prate [preit] **1.** riens *m/pl.*; jaserie *f*; **2.** dire des riens; jaser; '**prat·er** babillard(e *f*) *m*; '**prat·ing 1.** □ babillard, jaseur (-euse *f*); **2.** jaserie *f*.

prat·tle ['prætl] *see prate*.

prawn *zo.* [prɔːn] crevette *f* rouge.

pray [prei] *v/i.* prier (q., *to s.o.*; de *inf.*, *to inf.*; pour q., *for s.o.*); ~ *for s.th.* prier Dieu qu'il (nous) accorde qch.; ~ je vous en prie, veuillez (*inf.*); ~ *for s.o.'s soul* prier pour l'âme de q.; *v/t.* prier, implorer; demander.

pray·er ['prɛə] prière *f*, oraison *f*; demande *f*; *souv.* ~*s pl.* dévotions *f/pl.*; *Lord's* ♀ oraison *f* dominicale;

pater *m*; *Book of Common* ♀ rituel *m* de l'Église anglicane; '~**-book** livre *m* de prières; **pray·er·ful** □ ['~ful] pieux (-euse *f*).

pre... [pri:; pri] pré-; avant; antérieur à.

preach [pri:tʃ] prêcher; '**preach·er** prédicateur (-trice *f*) *m*; '**preach·ing** prédication *f*, sermon *m*; '**preach·ment** *péj.* sermon *m*.

pre·am·ble [pri:'æmbl] préambule *m*.

preb·end *eccl.* ['prebənd] prébende *f*; '**pre·ben·dar·y** prébendier *m*, chanoine *m*.

pre·car·i·ous □ [pri'kɛəriəs] précaire, incertain; **pre'car·i·ous·ness** incertitude *f*; situation *f* précaire.

pre·cau·tion [pri'kɔ:ʃn] précaution *f*; **pre'cau·tion·ar·y** de précaution; d'avertissement.

pre·cede [pri'si:d] (faire) précéder; préfacer; *fig.* avoir le pas sur; **pre'ced·ence, pre'ced·en·cy** [~dəns(i)] priorité *f*; préséance *f*; **prec·e·dent** ['presidənt] précédent *m* (*a.* ⚖).

pre·cen·tor *eccl.* [pri'sentə] premier chantre *m*; maître *m* de chapelle.

pre·cept ['pri:sept] précepte *m*; règle *f*; ⚖ mandat *m*; **pre·cep·tor** [pri'septə] précepteur *m*; **pre'cep·tress** [~tris] préceptrice *f*.

pre·cinct ['pri:siŋkt] enceinte *f*, enclos *m*; *surt. Am.* circonscription *f* électorale; *Am.* poste *m* de police d'une circonscription; *a.* ~*s pl.* pourtour *m*.

pre·cious ['preʃəs] **1.** *adj.* □ précieux (-euse *f*); F *a. iro.* fameux (-euse *f*); **2.** F *adv.* particulièrement, joliment; '**pre·cious·ness** haute valeur *f*.

prec·i·pice ['presipis] précipice *m*;

pre·cip·i·tance, pre·cip·i·tan·cy [pri'sipitəns(i)] précipitation *f*; empressement *m*; **pre'cip·i·tate** **1.** [~teit] *v/t.* précipiter (*a.* ⚗); accélérer; *météor.* condenser; *v/i.* se précipiter; **2.** [~tit] □ précipité (⚗ *a. su./m*); fait à la hâte; irréfléchi; **pre·cip·i·ta·tion** [~'teiʃn] précipitation *f* (*a.* ⚗); **pre'cip·i·tous** □ à pic; escarpé; abrupt.

pré·cis ['preisi:], *pl.* **-cis** [~si:z] précis *m*, résumé *m*, abrégé *m*.

pre·cise □ [pri'sais] exact; précis; méticuleux (-euse *f*); ~*ly!* précisément!; **pre'cise·ness** précision *f*; méticulosité *f*.

pre·ci·sion [pri'siʒn] précision *f*; *attr.* de précision.

pre·clude [pri'klu:d] prévenir, empêcher; ~ *s.o. from* (*gér.*) mettre q. dans l'impossibilité de (*inf.*).

pre·co·cious □ [pri'kouʃəs] précoce; **pre'co·cious·ness, pre·coc·i·ty** [pri'kɔsiti] précocité *f*.

pre·con·ceive ['pri:kən'si:v] préconcevoir; ~*d* préconçu (*idée*).

pre·con·cep·tion ['pri:kən'sepʃn] préconception *f*; préjugé *m*.

pre·con·cert·ed ['pri:kən'sə:tid] convenu *ou* arrangé d'avance.

pre-con·di·tion ['pri:kən'diʃn] condition *f* préliminaire.

pre-cool ⊕ ['pri:'ku:l] préréfrigérer.

pre·cur·sor [pri:'kə:sə] précurseur *m*, avant-coureur *m*; **pre'cur·so·ry** précurseur; préliminaire.

pre·date ['pri:'deit] antidater; venir avant.

pred·a·to·ry ['predətəri] rapace; de proie (*bête*).

pre·de·cease ['pri:di'si:s] mourir avant (*q.*).

pre·de·ces·sor ['pri:disesə] prédécesseur *m*.

pre·des·ti·nate [pri'destineit] prédestiner; **pre·des·ti'na·tion** *eccl.* prédestination *f*; **pre'des·tined** prédestiné.

pre·de·ter·mine ['pri:di'tə:min] déterminer d'avance; *eccl.* préordonner.

pred·i·ca·ble ['predikəbl] prédicable.

pre·dic·a·ment [pri'dikəmənt] *phls.* catégorie *f*; *fig.* situation *f* difficile.

pred·i·cate **1.** ['predikeit] affirmer; **2.** ['~kit] *gramm.* attribut *m*; *phls.* prédicat *m*; **pred·i'ca·tion** assertion *f*; **pred·i·ca·tive** [pri'dikətiv] □ affirmatif (-ive *f*); *gramm.* prédicatif (-ive *f*).

pre·dict [pri'dikt] prédire; **pre·dic·tion** [~'dikʃn] prédiction *f*.

pre·di·lec·tion [pri:di'lekʃn] prédilection *f* (pour, *for*).

pre·dis·pose ['pri:dis'pouz] prédisposer (à, *to*); **pre·dis·po·si·tion** ['~dispə'ziʃn] prédisposition *f* (à, *to*).

pre·dom·i·nance [pri'dɔminəns] prédominance *f*; ascendant *m* (sur, *over*); **pre'dom·i·nant** □ prédominant; **pre'dom·i·nate** [~neit] prédominer; l'emporter par le nombre *etc.* (sur, *over*).

pre·em·i·nence [priːˈeminəns] prééminence *f*; primat *m*; **pre-ˈem·i·nent** □ prééminent; remarquable (par, *in*).
pre-emp·tion [priːˈempʃn] (droit *m* de) préemption *f*; **pre-ˈemp·tive** [~tiv] ⚕ de préemption (*droit*); *fig.* préventif (-ive); ⚔ ~ *first strike* attaque *f* préventive.
preen [priːn] lisser (*les plumes*).
pre-en·gage [ˈpriːinˈgeidʒ] retenir *ou* engager d'avance; ˈ**pre-en-ˈgage·ment** engagement *m* préalable.
pre-ex·ist [ˈpriːigˈzist] préexister; ˈ**pre-exˈist·ence** préexistence *f*; ˈ**pre-exˈist·ent** préexistant.
pre·fab [ˈpriːˈfæb] **1.** préfabriqué; **2.** maison *f* préfabriquée; ˈ**preˈfab·ri·cate** [~rikeit] préfabriquer.
pref·ace [ˈprefis] **1.** préface *f*; avant-propos *m/inv.*; **2.** préfacer; préluder à.
pref·a·to·ry □ [ˈprefətəri] préliminaire.
pre·fect [ˈpriːfekt] préfet *m*; *école*: élève *mf* surveillant(e *f*).
pre·fer [priˈfəː] préférer (à, *to*), aimer mieux (que *sbj.*, *to inf.*); nommer (*q. à un emploi*); déposer (*une plainte*); intenter (*une action*); émettre (*une prétention*); *see share 1*; **pref·er·a·ble** □ [ˈprefərəbl] préférable (à, *to*); ˈ**pref·er·a·bly** de préférence (à, *to*); préférablement; ˈ**pref·er·ence** préférence *f* (pour, *for*); (*surt.* ⚕) droit *m* de priorité; *douane*: tarif *m* de préférence; *see share 1*; **pref·er·en·tial** □ [~ˈrenʃl] préférentiel(le *f*); de préférence; **pref·erˈen·tial·ly** de préférence; **pre·fer·ment** [priˈfəːmənt] avancement *m*; promotion *f*.
pre·fix 1. [ˈpriːfiks] préfixe *m*; titre *m*; **2.** [priːˈfiks] mettre comme introduction; *gramm.* préfixer.
preg·nan·cy [ˈpregnənsi] grossesse *f*; *animal*: gestation *f*; *fig.* grande portée *f*; fécondité *f*; ˈ**preg·nant** □ ⚕ enceinte (*femme*); gravide (*animal*); *fig.* gros(se *f*), fertile (en, *with*).
pre-heat ⊕ [ˈpriːˈhiːt] réchauffer d'avance.
pre·hen·sile [priˈhensail] préhensile.
pre·his·tor·ic [ˈpriːhisˈtɔrik] préhistorique.
pre-ig·ni·tion *mot.* [ˈpriːigˈniʃn] auto-allumage *m*; allumage *m* prématuré.
pre·judge [ˈpriːˈdʒʌdʒ] préjuger.
prej·u·dice [ˈpredʒudis] **1.** préjugé *m*, prévention *f*; préjudice *m*, dommage *m*; *without ~ to* réservation faite de; **2.** prévenir, prédisposer; porter préjudice à; *~d* prévenu; à préjugés.
prej·u·di·cial □ [predʒuˈdiʃl] préjudiciable, nuisible (à, *to*).
prel·a·cy [ˈpreləsi] épiscopat *m*; prélats *m/pl.*
prel·ate [ˈprelit] prélat *m*.
pre·lec·tion [priˈlekʃn] conférence *f*; **preˈlec·tor** conférencier *m*; *univ.* maître *m* de conférences.
pre·lim·i·nar·y [priˈliminəri] **1.** □ préliminaire; préalable; **2.** prélude *m*; *preliminaries pl.* préliminaires *m/pl.*
prel·ude [ˈpreljuːd] **1.** prélude *m* (*a.* ♪); **2.** *v/i.* ♪ préluder; *v/t.* précéder; préluder à.
pre·mar·i·tal [priːˈmæritl] prématrimonial (-aux *m/pl.*), avant le mariage.
pre·ma·ture [preməˈtjuə] *fig.* prématuré; *~ delivery* accouchement *m* avant terme; **pre·maˈture·ness, pre·maˈtu·ri·ty** [~riti] *fig.* prématurité *f*.
pre·med·i·tate [priˈmediteit] préméditer; **pre·med·iˈta·tion** préméditation *f*.
pre·mi·er [ˈpremjə] **1.** premier (-ère *f*); **2.** premier ministre *m*; président *m* du conseil; *Am.* ministre *m* des Affaires étrangères; ˈ**pre·mi·er·ship** fonctions *f/pl.* de premier ministre; *Am.* Ministère *m* des Affaires étrangères.
pre·mise 1. [ˈpremis] prémisse *f*; *~s pl.* local *m*; immeuble *m*; ⚖ intitulé *m*; *licensed ~s pl.* débit *m* de boissons; *on the ~s* sur les lieux; dans l'établissement; **2.** [priˈmaiz] poser en prémisse; faire remarquer.
pre·mi·um [ˈpriːmjəm] prix *m*; prime *f* (*a.* ⚕); indemnité *f*; *au début d'un bail*: droit *m*; ⚕ agio *m*; *at a ~* à prime.
pre·mo·ni·tion [priːməˈniʃn] prémonition *f*; pressentiment *m*; **pre·mon·i·to·ry** □ [priˈmɔnitəri] prémonitoire; précurseur.
pre·na·tal [ˈpriːˈneitl] prénatal (-als, -aux *m/pl.*).
pre·oc·cu·pan·cy [priːˈɔkjupənsi] *fig.* absorption *f* (par, *in*); **pre·oc-**

cu·pa·tion [priːɔkjuˈpeiʃn] préoccupation *f*; absorption *f* (par, *with*); souci *m*; préjugé *m*; **pre·oc·cu·pied** [~ˈɔkjupaid] préoccupé; absorbé; **preˈoc·cu·py** [~pai] préoccuper, absorber; occuper par avance.

pre·or·dain [ˈpriːɔːˈdein] régler d'avance; préordonner.

prep F [prep] *see preparation*; *preparatory school*.

prep·a·ra·tion [prepəˈreiʃn] préparation *f*; préparatifs *m/pl.*; *école*: étude *f* (du soir); **pre·par·a·tive** [priˈpærətiv] *usu.* *~s pl.* préparatifs *m/pl.*; **preˈpar·a·to·ry** [~təri] **1.** □ préparatoire; ~ *school* école *f* préparatoire; **2.** *adv.* ~ *to* préalablement à.

pre·pare [priˈpɛə] *v/t.* préparer; dresser; confectionner (*un mets*); *v/i.* se préparer, s'apprêter (à, *for*; à *inf.*, *to inf.*); **preˈpared** □ préparé; sur le qui-vive; ~ *for* prêt à (*qch.*) *ou* pour (*inf.*).

pre·pay [ˈpriːˈpei] [*irr.* (*pay*)] payer d'avance; affranchir (*une lettre*); **ˈpreˈpay·ment** paiement *m* d'avance; *lettre*: affranchissement *m*.

pre·pense □ [priˈpens] prémédité; *with malice* ~ avec intention criminelle.

pre·pon·der·ance [priˈpɔndərəns] prépondérance *f*; **preˈpon·der·ant** □ prépondérant; **preˈpon·der·ate** [~reit] peser davantage; *fig.* l'emporter (sur, *over*).

prep·o·si·tion *gramm.* [prepəˈziʃn] préposition *f*; **prep·oˈsi·tion·al** □ prépositionnel(le *f*).

pre·pos·sess [priːpəˈzes] imprégner, pénétrer (*l'esprit*) (de, *with*); prévenir (*q.*) (en faveur de, *in favour of*; contre, *against*); **pre·posˈsess·ing** □ prévenant; agréable; **pre·pos·ses·sion** [~ˈzeʃn] prévention *f*, préjugé *m*.

pre·pos·ter·ous [priˈpɔstərəs] absurde; déraisonnable; contraire au bon sens.

pre·puce *anat.* [ˈpriːpjuːs] prépuce *m*.

pre·req·ui·site [ˈpriːˈrekwizit] nécessité *f* préalable; condition *f* préalable.

pre·rog·a·tive [priˈrɔgətiv] prérogative *f*; privilège *m*.

pres·age [ˈpresidʒ] **1.** présage *m*; pressentiment *m*; **2.** présager, annoncer; prédire.

pres·by·ter [ˈprezbitə] prêtre *m*; ancien *m*; **Pres·by·te·ri·an** [~ˈtiəriən] **1.** presbytérien(ne *f*); **2.** Presbytérien(ne *f*) *m*; **pres·by·ter·y** [ˈ~təri] ⚠ sanctuaire *m*; *eccl.* presbytère *m*, consistoire *m*.

pre·sci·ence [ˈpresiəns] prescience *f*, prévision *f*; **ˈpre·sci·ent** prescient, prévoyant.

pre·scribe [prisˈkraib] *v/t.* prescrire, ordonner (*a.* ⚕); *v/i.*: ~ *for* prescrire à, ordonner à (*q.*); ⚕ indiquer un traitement pour (*q.*); ⚖ (*ou* ~ *to*) prescrire, acquérir (*un droit*) par prescription.

pre·script [ˈpriːskript] prescription *f*, précepte *m*; **pre·scrip·tion** [prisˈkripʃn] prescription *f* (*a.* ⚖); ordre *m*; ⚕ ordonnance *f*; ⚖ coutume *f*; droit *m* consacré par l'usage; *Brit.* ~ *charge* somme *f* fixe à payer lors de l'exécution d'une ordonnance; **preˈscrip·tive** □ consacré par l'usage; ordonnateur (-trice *f*).

pres·ence [ˈprezns] présence *f*; mine *f*, air *m*, maintien *m*; *in the ~ of* en présence de (*q.*); ~ *of mind* présence *f* d'esprit; **ˈ~·cham·ber** salle *f* d'audience.

pres·ent[1] [ˈpreznt] **1.** □ présent; actuel(le *f*); courant (*année etc.*); ~ *record holder* recordman *m* de l'heure; *gramm.* ~ *tense* (temps *m*) présent *m*; ~ *value* valeur *f* actuelle; *~!* présent!; **2.** présent *m* (*a. gramm.*); temps *m* présent; ⚚ *by the ~*, ⚖ *by these ~s* par la présente; *at* ~ à présent, actuellement; *for the* ~ pour le moment.

pre·sent[2] [priˈzent] présenter (*a.* qch. à q., *s.o. with s.th.*); ˈdonner; offrir; faire cadeau de (*qch.*); ~ *o.s.* se présenter; s'offrir; ~ *one's compliments to s.o.* présenter ses compliments à q.

pres·ent[3] [ˈpreznt] cadeau *m*; *make s.o. a ~ of s.th.* faire cadeau de qch. à q.

pre·sent·a·ble [priˈzentəbl] présentable; portable (*robe etc.*).

pres·en·ta·tion [prezənˈteiʃn] présentation *f*; ⚚ remise *f*; *théâ.* (re)présentation *f*; souvenir *m*; ~ *copy* spécimen *m* gratuit; exemplaire *m* offert à titre d'hommage.

pres·ent-day [ˈprezntdei] d'aujourd'hui, actuel(le *f*).
pre·sen·ti·ment [priˈzentimənt] pressentiment *m*.
pres·ent·ly [ˈprezntli] bientôt; tout à l'heure; F actuellement.
pre·sent·ment [priˈzentmənt] *see presentation*; ⚖ déclaration *f* émanant du jury; *théâ.* représentation *f*.
pres·er·va·tion [prezəˈveiʃn] conservation *f*; préservation *f* (de, *from*); maintien *m*; ~ *of natural beauty* préservation *f* des beautés de la nature; *in good* ~ en bon état de conservation *f*; **pre·serv·a·tive** [priˈzəːvətiv] **1.** préservateur (-trice *f*); **2.** préservatif *m*; antiseptique *m*.
pre·serve [priˈzəːv] **1.** préserver, garantir (de, *from*); conserver; mettre en conserve; maintenir; garder (*le silence, la chasse*); ⚘ naturaliser; élever (*du gibier*) dans une réserve; **2.** chasse *f* gardée; réserve *f*; *poisson*: vivier *m*; confiture *f*; **preˈserv·er** préservateur (-trice *f*) *m*; sauveur *m*; propriétaire *m* d'une chasse gardée *ou* d'un vivier; conservateur (-trice *f*) *m*; agent *m* de conservation.
pre·side [priˈzaid] présider (qch., à qch. *over s.th.*); occuper le fauteuil présidentiel; ~ *over an assembly* présider une assemblée.
pres·i·den·cy [ˈprezidənsi] présidence *f*; *école*: directorat *m*, rectorat *m*; ˈ**pres·i·dent** président(e *f*) *m*; *école*: (di)recteur *m*; ✝ *Am.* directeur *m* général; **pres·i·den·tial** [~ˈdenʃl] présidentiel(le *f*).
press [pres] **1.** pression *f* (*sur qch.*); presse *f* (*hydraulique, à copier, de journaux, fig. des affaires, a. typ.*); *typ.* imprimerie *f*; **2.** *v/t.* presser; appuyer sur; serrer (*a.* ⚔); donner un coup de fer à (*une robe etc.*); *fig.* poursuivre (*un avantage*); forcer à accepter; réclamer (*une dette, une réponse*); imposer (*une opinion*); ~ *the button* appuyer sur le bouton; ~ *the point that* insister sur le fait que; *be* ~*ed for time* être très pressé *ou* à court de temps; *v/i.* se serrer, se presser; ~ *for* insister pour obtenir *ou* pour que (*sbj.*); ~ *on* presser le pas, forcer le pas, se dépêcher; ~ (*up*)*on* peser à (*q.*); ~ **a·gen·cy** agence *f* d'informations; ~ **a·gent** agent *m* de publicité; ~ **bar·on** magnat *m* de la presse; ~ **but·ton** bouton *m* à pression; *gant*: bouton *m* fermoir; ~ **clip·ping** *see press cutting*; ~ **con·fer·ence** conférence *f* de presse; ~ **cor·rec·tor** *typ.* correcteur *m* (-trice *f*); ~ **cut·ting** coupure *f* de journal; ˈ**press·er** presse *f* (*à viande*); pressoir *m* (*aux raisins*); presseur (-euse *f*) *m* (*personne*); ˈ**press-gal·le·ry** tribune *f* de la presse; ˈ**press-gang**: F ~ *s.o. into doing s.th.* faire pression sur q. pour qu'il fasse qch.; ˈ**press·ing** □ pressant; urgent, pressé; ~ **lord** *see press baron*; ˈ**press·man** ⊕ presseur *m*; journaliste *m*; ˈ**press-mark** *bibliothèque*: numéro *m* de classement; **press re·lease** communiqué *m* de presse; ˈ**press-stud** bouton-pression *m* (*pl.* boutons-pression), pression *f*; ˈ**press-up**: *do* ~*s* faire des tractions *ou* des pompes; **pres·sure** [ˈpreʃə] pression *f* (*a. fig.*); ⚡, ⚕ tension *f*; ~ *group* groupe *m* de pression; **pres·sure-cook·er** marmite *f* à pression; ˈ**pres·sure-gauge** ⊕ manomètre *m*; **pres·sur·ize** [ˈ~raiz] ✈ pressuriser; ˈ**press-work** *typ.* impression *f*.
pres·ti·dig·i·ta·tion [ˈprestididʒiˈteiʃn] prestidigitation *f*.
pres·tige [presˈtiːʒ] prestige *m*; crédit *m*; **pres·ti·gious** [~ˈtidʒəs] prestigieux.
pre·sum·a·ble □ [priˈzjuːməbl] présumable (de la part de q., *of s.o.*); **preˈsum·ab·ly** [~i] probablement; **preˈsume** *v/t.* présumer, supporter; *v/i.* présumer; prendre des libertés; se permettre (de, *to*); prendre la liberté (de, *to*); ~ (*up*)*on* abuser de; se prévaloir de; **preˈsum·ed·ly** [~idli] probablement; **preˈsum·ing** □ présomptueux (-euse *f*); indiscret (-ète *f*).
pre·sump·tion [priˈzʌmpʃn] présomption *f*; arrogance *f*; préjugé *m*; *qqfois* conclusion *f*; **preˈsump·tive** □ par présomption; *heir* ~ héritier *m* présomptif; **preˈsump·tu·ous** □ [~tjuəs] présomptueux (-euse *f*), outrecuidant.
pre·sup·pose [priːsəˈpouz] présupposer; **pre·sup·po·si·tion** [priːsʌpəˈziʃn] présupposition *f*.
pre·tence, *Am.* **pre·tense** [priˈtens] (faux) semblant *m*; prétexte

m; prétention *f* (à, *to*); *false* ~ fraude *f*; faux semblant *m*.

pre·tend [pri'tend] feindre, simuler; prétendre (*inf.*, *to inf.*; à qch., *to s.th.*); faire semblant (de *inf.*, *to inf.*); **pre'tend·ed** □ feint, faux (fausse *f*); soi-disant (*personne*); prétendu; **pre'tend·er** simulateur (-trice *f*) *m*; prétendant *m* (*au trône*).

pre·ten·sion [pri'tenʃn] prétention *f*; droit *m*, titre *m*.

pre·ten·tious [pri'tenʃəs] prétentieux (-euse *f*); **pre'ten·tious·ness** prétention *f*.

pret·er·it(e) *gramm.* ['pretərit] prétérit *m*, passé *m*.

pre·ter·mis·sion [pri:tə'miʃn] omission *f*; interruption *f*.

pre·ter·mit [pri:tə'mit] omettre; interrompre; négliger (de *inf.*).

pre·ter·nat·u·ral □ [pri:tə'nætʃrəl] surnaturel(le *f*).

pre·text ['pri:tekst] prétexte *m*, excuse *f*.

pret·ti·ness ['pritinis] gentillesse *f* (*a. style*).

pret·ty ['priti] **1.** *adj.* □ joli, beau (bel *devant une voyelle ou un h muet*; belle *f*); gentil(le *f*); *my* ~! ma mignonne!; **2.** *adv.* assez, passablement; ~ *near* à peu près; ~ *close to perfect* presque parfait; ~ *much the same thing* à peu près la même chose; *a* ~ *large number* un assez grand nombre.

pre·vail [pri'veil] prédominer; régner; prévaloir (sur, *over*; contre, *against*); l'emporter (sur *over*, *against*); ~ (*up*)*on s.o. to* (*inf.*) amener *ou* déterminer q. à (*inf.*); **pre'vail·ing** □ courant; en vogue; dominant.

prev·a·lence ['prevələns] prédominance *f*; généralité *f*; fréquence *f*; **'prev·a·lent** □ (pré)dominant; répandu, général (-aux *m/pl.*).

pre·var·i·cate [pri'værikeit] équivoquer; mentir; **pre·var·i'ca·tion** équivoques *f/pl.*; mensonge *m*; **pre'var·i·ca·tor** barguigneur (-euse *f*) *m*; menteur (-euse *f*) *m*.

pre·vent [pri'vent] empêcher (de, *from*); mettre obstacle à (*qch.*); prévenir (*un malheur etc.*); **pre'vent·a·ble** évitable; **pre'vent·a·tive** [~tətiv] *see preventive*; **pre'vent·er** empêcheur (-euse *f*) *m*; ⚓ faux étai *m*; **pre'ven·tion** empêchement *m*; protection *f* (contre, *of*); **pre'ven·tive 1.** □ préventif (-ive *f*); ~ *custody* détention *f* préventive; ~ *detention* emprisonnement *m* à titre préventif; ~ *medicine* médecine *f* préventive; **2.** empêchement *m*; médicament *m* préventif; mesure *f* préventive (contre, *of*).

pre·view ['pri:vju:] exhibition *f* préalable; *cin.* avant-première *f*.

pre·vi·ous □ ['pri:viəs] antérieur, antécédent (à, *to*); préalable; F trop pressé; ~ *conviction* condamnation *f* antérieure; ~ *to a.* avant; ~*ly* auparavant; préalablement.

pre·vi·sion [pri:'viʒn] prévision *f*.

pre·vo·ca·tion·al train·ing [pri:vo'keiʃnl'treiniŋ] enseignement *m* professionnel.

pre-war ['pri:'wɔ:] d'avant-guerre.

prey [prei] **1.** proie *f*; *beast* (*bird*) *of* ~ bête *f* (oiseau *m*) de proie; **2.**: ~ (*up*)*on* faire sa proie de; piller, ravager; *fig.* ronger.

price [prais] **1.** prix *m*; *course*: cote *f*; *bourse*: cours *m*; *at any* ~ coûte que coûte; **2.** mettre un prix à; estimer, évaluer; demander le prix de; ~ *s.o. out* chasser q. du marché en demandant des prix plus bas que celui-ci; ~ *o.s. out* (*of the market*) perdre un marché en demandant des prix trop élevés; ~ **brack·et** *see price range*; **pric·ey** F couteux (-euse *f*), F cherot; **'price·less** inestimable; *sl.* impayable; **price range** éventeil *m ou* gamme *f* des prix; *within my* ~ dans mes prix; *in the medium* ~ dans les prix moyens; **price tick·et, price tag** étiquette *f* (de prix); *fig.* prix *m*; *have a heavy* ~ coûter cher.

prick [prik] **1.** piqûre *f*; *fig.* picoterie *f*; *conscience*: remords *m*; **2.** *v/t.* piquer; crever (*une ampoule*); ⚓ pointer (*une carte*); (*a.* ~ *out*) tracer un dessin en le piquant; 🖍 ~ *out* repiquer; ~ *up one's ears* dresser l'oreille; *v/i.* picoter; fourmiller (*membre*); ~ *up* se dresser; **'prick·er** poinçon *m*, pointe *f*; **prick·le** ['~l] piquant *m*, épine *f*; **'prick·ly** épineux (-euse *f*); ⚕ ~ *heat* bouton *m* de chaleur; ⚘ ~ *pear* figuier *m ou* figue *f* de Barbarie.

pride [praid] **1.** orgueil *m*; *péj.* vanité *f*; faste *m*; *saison etc.*: apogée *m*; ~ *of place* priorité *f*;

take ~ *in* être fier (fière *f*) de; **2.**: ~ *o.s.* se piquer, se faire gloire, tirer vanité (de, [*up*]*on*).

pri·er ['praiə] curieux (-euse *f*) *m*.

priest [priːst] prêtre *m*; '**~craft** *péj.* cléricalisme *m*; intrigues *f*/*pl.* sacerdotales; '**priest·ess** prêtresse *f*; **priest·hood** ['~hud] le clergé *m*; sacerdoce *m*; '**priest·ly** sacerdotal (-aux *m*/*pl.*).

prig [prig] **1.** poseur *m* à la vertu; *sl.* chipeur (-euse *f*) *m*; **2.** *sl.* chiper; '**prig·gish** □ suffisant; collet monté *adj.*/*inv.*

prim □ [prim] guindé, compassé; collet monté *adj.*/*inv.* (*personne*).

pri·ma·cy ['praiməsi] primauté *f*; *eccl.* primatie *f*; **pri·ma·ri·ly** ['~rili] principalement; '**pri·ma·ry** □ principal (-aux *m*/*pl.*); primitif (-ive *f*); premier (-ère *f*) (*a. importance*); ⚡, ⚕, *astr.*, *couleur*, *école*: primaire; *Am.* ~ (*meeting*) élection *f* primaire directe; *see share*; **pri·mate** *eccl.* ['~mit] primat *m*.

prime [praim] **1.** □ premier (-ère *f*); de premier ordre; principal (-aux *m*/*pl.*); de surchoix (*viande*); † ~ *cost* prix *m* coûtant, prix *m* d'achat; ♀ *Minister* président *m* du Conseil; premier ministre *m*; ~ *number* nombre *m* premier; *radio, télév.* ~ *time* heure(s) *f*(*pl.*) d'écoute maximum; **2.** *fig.* perfection *f*; fleur *f* de l'âge; choix *m*; premiers jours *m*/*pl.*; *eccl.* prime *f*; **3.** *v*/*t.* amorcer (*une arme, un obus, une pompe*); *peint.* apprêter; *fig.* faire la leçon à; abreuver (*q. d'alcool*); *v*/*i.* ⊕ primer.

prim·er[1] ['praimə] premier cours *m* *ou* livre *m* de lecture; premiers éléments *m*/*pl.*; *typ.* ['primə]: *great* ~ gros romain *m*; corps 16; *long* ~ philosophie *f*; corps 10.

prim·er[2] ['praimə] amorceur *m*; apprêteur *m*; *peint.* couche *f* d'impression.

pri·me·val [prai'miːvəl] primordial (-aux *m*/*pl.*).

prim·ing ['praimiŋ] *peint.* apprêtage *m*; couche *f* d'impression; ⚔ amorce *f*; amorçage *m*.

prim·i·tive ['primitiv] **1.** □ primitif (-ive *f*), primaire; rude, grossier (-ère *f*); **2.** *gramm.* mot *m* primitif; *peint.* primitif *m*; '**prim·i·tive·ness** caractère *m* primitif; *peuple*: rudesse *f*.

prim·ness ['primnis] air *m* collet monté; *chambre etc.*: ordre *m* parfait.

pri·mo·gen·i·ture [praimo'dʒenitʃə] primogéniture *f*; droit *m* d'aînesse.

pri·mor·di·al □ [prai'mɔːdiəl] primordial (-aux *m*/*pl.*).

prim·rose ⚘ ['primrouz] primevère *f* (à grandes fleurs); *fig.* ~ *path* chemin *m* de velours.

prince [prins] prince *m*; '**prince-like** princier (-ère *f*); '**prince·ly** princier (-ère *f*); royal (-aux *m*/*pl.*) (*a. fig.*); *fig.* magnifique; **prin·cess** [prin'ses; *devant npr.* 'prinses] princesse *f*.

prin·ci·pal ['prinsəpəl] **1.** □ principal (-aux *m*/*pl.*); en chef; premier (-ère *f*); *gramm.* ~ *parts pl.* temps *m*/*pl.* principaux (*du verbe.*); **2.** directeur *m*; chef *m*; patron *m*; † employeur *m*; ⚖ *crime*: auteur *m*; † capital *m*; *univ.* recteur *m*; **prin·ci·pal·i·ty** [prinsi'pæliti] principauté *f*.

prin·ci·ple ['prinsəpl] principe *m* (*a.* ⚗); *in* ~ en principe; *on* ~ par principe; *on a* ~ d'après un principe.

prink F [priŋk] (s')attifer.

print [print] **1.** empreinte *f* (*digitale*); impression *f*; moule *m*; trace *f*; gravure *f*, estampe *f*; *typ.* matière *f* imprimée; caractères *m*/*pl.*; *phot.* copie *f*, épreuve *f*; ⊕ dessin; *usu. Am.* journal *m*; feuille *f* imprimée; † *tex.* indienne *f*, cotonnade *f*; *out of* ~ épuisé; *in cold* ~ à la lecture, par écrit; *please* ~ écrire en lettres d'imprimerie; **2.** *v*/*t.* imprimer; marquer d'une empreinte; *phot.* tirer une épreuve de; *fig.* ~ *o.s.* se graver (dans, *on*); ~*ed form* imprimé; ~*ed matter* imprimés *m*/*pl.*; *v*/*i.* être à l'impression; '**print·er** imprimeur *m*; ouvrier *m* typographe; ~'*s devil* apprenti *m* imprimeur; ~'*s flower* fleuron *m*; ~'*s ink* encre *f* d'impression.

print·ing ['printiŋ] impression *f*; *art*: imprimerie *f*; *phot.* tirage *m*; *attr.* à imprimer; d'impression; '**~-frame** châssis *m* (*positif*); '**~-ink** noir *m* d'imprimerie; '**~-of·fice** imprimerie *f*; '**~-pa·per** *phot.*

papier *m* photographique; papier *m* sensible; **ˈ~-press** presse *f* d'imprimerie.

print-out [ˈprintaut] *ordinateur*: listage *m*.

pri·or [ˈpraiə] **1.** *adj*. préalable; antérieur (à, *to*); **2.** *adv*.: ~ *to* antérieurement à; **3.** *su. eccl.* prieur *m*; **ˈpri·or·ess** *eccl.* prieure *f*; **pri·or·i·ty** [ˈ~riti] priorité *f* (sur, *over*); antériorité *f*; *give s.th.* (*top*) ~ donner la priorité (absolue) à qch.; *have* (*ou take*) ~ *over s.th.* avoir la priorité sur qch., primer qch.; *get one's priorities right* décider de ce qui est le plus important pour q.; *see share*; **pri·o·ry** *eccl.* [ˈ~əri] prieuré *m*.

prism [ˈprizm] prisme *m*; ~ *binoculars pl.* jumelles *f/pl.* à prismes; **pris·mat·ic** [prizˈmætik] (~*ally*) prismatique.

pris·on [ˈprizn] **1.** prison *f*; **2.** *poét.* emprisonner; **ˈpris·on·er** prisonnier (-ère *f*) *m*; ⚖ accusé(e *f*) *m*, prévenu(e *f*) *m*; détenu(e *f*) *m*; *fig. be a* ~ *to* être cloué à; *take s.o.* ~ faire q. prisonnier (-ère *f*); ~*'s bars* (*ou base*) (jeu *m* de) barres *f/pl.*

pris·sy *Am.* F [ˈprisi] chichiteux (-euse *f*).

pris·tine [ˈpristain] premier (-ère *f*), primitif (-ive *f*).

pri·va·cy [ˈpraivəsi] intimité *f*; secret *m*; *in the* ~ *of* retiré dans.

pri·vate [ˈpraivit] **1.** □ privé; particulier (-ère *f*); personnel(le *f*); secret (-ète *f*); réservé; retiré (*endroit*); ~ *company* société *f* en nom collectif; ~ *gentleman* rentier *m*; *parl.* ~ *member* simple député *m*; ~ *lessons pl.* leçons *f/pl.* particulières; ~ *theatricals* comédie *f* de salon; ~ *view exposition*: avant-première *f*; ~ *sale* vente *f* à l'amiable; **2.** ⚔ (*ou* ~ *soldier*) simple soldat *m*; ~*s pl.* (*usu.* ~ *parts pl.*) parties *f/pl.* sexuelles; *in* ~ en séance privée; sans témoins; dans l'intimité; en famille.

pri·va·teer ⚓ [praiviˈtiə] *vaisseau, a. personne*: corsaire *m*; **pri·vaˈteer·ing** course *f*; *attr.* de course.

pri·va·tion [praiˈveiʃn] privation *f* (*a. fig.*).

pri·va·tive □ [ˈprivətiv] négatif (-ive *f*); *gramm.* privatif (-ive *f*).

priv·et ⚘ [ˈprivit] troène *m*.

priv·i·lege [ˈprivilidʒ] **1.** privilège *m*, prérogative *f*; **2.** privilégier (*q.*), accorder le privilège à (*q.*) (de *inf.*, *to inf.*); ~*d* privilégié.

priv·i·ty ⚖ [ˈpriviti] obligation *f*; lien *m* de droit.

priv·y [ˈprivi] **1.** □: ~ *to* instruit de; ⚖ intéressé dans, trempé dans; ♀ *Council* Conseil *m* privé; ♀ *Councillor* conseiller *m* privé; ~ *parts pl.* parties *f/pl.* sexuelles; ~ *purse* cassette *f* du roi; ♀ *Seal* petit Sceau *m*; *Lord* ♀ *Seal* Garde *m* du petit Sceau; **2.** ⚖ partie *f* intéressée; complice *mf*; F lieux *m/pl.* d'aisance.

prize[1] [praiz] **1.** prix *m*; *loterie*: lot *m*; ⚓ prise *f*, capture *f*; *first* ~ *loterie*: le gros lot; **2.** couronné; médaillé; de prix; ⚓ de prise; ~ *competition* concours *m* pour un prix; **3.** estimer, priser; ⚓ capturer.

prize[2] [~] **1.** (*a.* ~ *open*) forcer avec un levier; **2.** force *f* de levier.

prize...: **ˈ~-fight·er** boxeur *m* professionnel; **ˈ~-list** palmarès *m*; **ˈ~·man, ˈ~-win·ner** lauréat(e *f*) *m*; gagnant(e *f*) *m* du prix.

pro[1] [prou] pour; *see con*[3].

pro[2] [~] professionnel(le *f*) *m*, F pro *mf*.

prob·a·bil·i·ty [prɔbəˈbiliti] probabilité *f*; **ˈprob·a·ble** □ probable.

pro·bate ⚖ [ˈproubit] homologation *f* (d'un testament).

pro·ba·tion [prəˈbeiʃn] épreuve *f*, stage *m*; *eccl.* probation *f*; ⚖ liberté *f* surveillée; *on* ~ en stage; ⚖ en liberté sous surveillance; **proˈba·tion·ar·y**: ⚖ ~ *period* période *f* de liberté surveillée; **proˈba·tion·er** stagiaire *mf*; *eccl.* novice *mf*; ⚖ condamné(e *f*) *m* mis(e *f*) en liberté sous surveillance.

pro·ba·tive ⚖ [ˈproubətiv] probant, probatoire.

probe ⚕ [proub] **1.** sonde *f*, poinçon *m*; *surt. Am. parl., pol.* enquête *f*; **2.** (*a.* ~ *into*) sonder; **ˈ~-scis·sors** *pl.* (*sorte de*) ciseaux *m/pl.* de chirurgie, ciseaux *m/pl.* boutonnés.

prob·i·ty [ˈprɔbiti] probité *f*.

prob·lem [ˈprɔbləm] problème *m* (*a.* ♞); question *f*; ~ *child* enfant *mf* difficile; ~ *play* pièce *f* à thèse; **prob·lem·at·ic, prob·lem·at·i·cal** □ [~bliˈmætik(l)] problématique; *fig.* douteux (-euse *f*).

pro·bos·cis *zo.* [prəˈbɔsis] trompe *f*.

pro·ce·dur·al [prəˈsiːdʒərəl] de procédure; **proˈce·dure** [~dʒə] procédure *f*; procédé *m*.

pro·ceed [prəˈsiːd] continuer son chemin; aller (*a. fig.*); marcher (*a. fig.*); continuer (qch., *with s.th.*); agir; se mettre (à *inf.*, *to inf.*); se poursuivre; ⚖ poursuivre (q., *against s.o.*); *univ.* prendre le grade de; ~ *from* sortir de; ~ *on one's journey* poursuivre sa route; **proˈceed·ing** procédé *m*; façon *f* d'agir; ~*s pl.* ⚖ procès *m*, poursuites *f/pl.* judiciaires; *société*: transactions *f/pl.*, débats *m/pl.*; cérémonie *f*, séance *f*; ⚖ *take* ~*s against* intenter un procès à; **pro·ceeds** [ˈprousiːdz] *pl.* produit *m*, montant *m* (de, *from*); *net* ~ produit *m* net.

pro·cess[1] [prəˈses] aller en procession.

proc·ess[2] [ˈprouses] **1.** processus *m* (*a. anat.*); procédé *m*; progrès *m*, marche *f*, cours *m*; méthode *f*; ⚖, *a. anat.* procès *m*; ⚗ réaction *f*, mode *m* (*humide, sec*); ⚘ proéminence *f*; *in* ~ en voie; en train; *in* ~ *of construction* en voie *ou* cours de construction; *in the* ~ *of* au cours de; **2.** ⊕ faire subir une opération à; apprêter; ~ *into* transformer en; **proˈcess·ing** ⊕ traitement *m* (*d'une matière première*).

pro·ces·sion [prəˈseʃn] cortège *m*; défilé *m*; procession *f*.

pro·claim [prəˈkleim] proclamer; déclarer (*a. la guerre*); publier (*les bans*); faire annoncer; *fig.* crier.

proc·la·ma·tion [prɔkləˈmeiʃn] proclamation *f*; déclaration *f*; publication *f*.

pro·cliv·i·ty [prəˈkliviti] penchant (à, *to*).

pro·cras·ti·nate [proˈkræstineit] remettre (qch.) à plus tard; temporiser; **pro·cras·tiˈna·tion** remise *f* à plus tard; temporisation *f*.

pro·cre·ate [ˈproukrieit] engendrer; **pro·creˈa·tion** procréation *f*; **ˈpro·cre·a·tive** procréateur (-trice *f*).

proc·tor [ˈprɔktə] ⚖ procureur *m* (*devant une cour*); *univ.* censeur *m*; *sl.* ~*'s* (*bull*)*dog* appariteur *m* du censeur; **ˈproc·tor·ize** *univ.* réprimander; infliger une amende à.

pro·cum·bent [prouˈkʌmbənt] couché sur le ventre; ⚘ rampant.

pro·cur·a·ble [prəˈkjuərəbl] procurable.

proc·u·ra·tion [prɔkjuˈreiʃn] procuration *f*; ✝ commandement *m*; *by* ~ en vertu d'un commandement; **ˈproc·u·ra·tor** fondé *m* de pouvoir; procureur *m*.

pro·cure [prəˈkjuə] *v/t.* obtenir; procurer (qch. à q. *s.o. s.th.*, *s.th. for s.o.*); *v/i.* faire le métier de proxénète; **proˈcure·ment** obtention *f*; proxénétisme *m*; **proˈcur·er** acquéreur (-euse *f*) *m*; entremetteur *m*; **proˈcur·ess** entremetteuse *f*, procureuse *f*.

prod [prɔd] **1.** coup *m* de coude *etc.*; *fig.* aiguillon *m*; **2.** pousser (*du bout d'un bâton etc.*); *fig.* aiguillonner.

prod·i·gal □ [ˈprɔdigəl] **1.** prodigue (de, *of*); *the* ♀ *Son* l'enfant prodigue; **2.** prodigue *mf*; **prod·i·gal·i·ty** [~ˈgæliti] prodigalité *f*.

pro·di·gious □ [prəˈdidʒəs] prodigieux (-euse *f*); **prod·i·gy** [ˈprɔdidʒi] prodige *m*; *fig.* merveille *f*; (*souv. infant* ~) enfant *m* prodige.

prod·uce[1] [ˈprɔdjuːs] *champ*: rendement *m*; produit *m*; *coll.* denrées *f/pl.*, produits *m/pl.*

pro·duce[2] [prəˈdjuːs] produire; créer; ⚖, *théâ.* représenter; ⚡ engendrer (*du courant*); causer, provoquer; ⊕ fabriquer; *théâ.* mettre en scène; ⩘ prolonger; *cin.* éditer, diriger; **proˈduc·er** producteur (-trice *f*) *m*; *théâ.* metteur *m* en scène; *cin.* directeur *m* de productions; *surt. Am.* tenancier *m* d'un théâtre; *gas-*~ gazogène *m*; **proˈduc·i·ble** productible; **proˈduc·ing** producteur (-trice *f*); productif (-ive *f*).

prod·uct [ˈprɔdəkt] produit *m* (*a.* ⩘), résultat *m*; **pro·duc·tion** [prəˈdʌkʃn] production *f* (*a. d'un livre*); *théâ.* mise *f* en scène; ⚖, *théâ.* représentation *f*; ⊕ fabrication *f*, fabrique *f*; produit *m*, -s *m/pl.*; ⩘ prolongement *m*; *be in good* ~ être fabriqué en grand nombre; ⊕ *flow* ~ travail (*pl.* -aux) *m* à la chaîne; **proˈduc·tive** □ productif (-ive *f*), générateur (-trice *f*) (de, *of*); fécond (*sol*); en rapport (*capital, arbre, usine, etc.*); **proˈduc·tive·ness, pro·duc·tiv·i·ty** [prɔdʌkˈtiviti] productivité *f*.

prof *Am.* F [prɔf] professeur *m*, F prof *m*.

prof·a·na·tion [prɔfəˈneiʃn] profanation *f*; **pro·fane** [prəˈfein] **1.** □ profane; impie; blasphématoire; non initié; **2.** profaner; polluer; *fig.* violer; **pro·fan·i·ty** [prəˈfæniti] impiété *f*; blasphème *m*, -s *m/pl.*

pro·fess [prəˈfes] déclarer; professer (*la foi, école: un sujet*); faire profession de; exercer (*un métier*); prétendre; ~ *to be s.th.* passer pour qch.; **proˈfessed** □ prétendu; soi-disant; *fig.* déclaré; *eccl.* profès (-esse *f*); **proˈfess·ed·ly** [~idli] de son propre aveu.

pro·fes·sion [prəˈfeʃn] profession *f*, métier *m*; déclaration *f*; **proˈfes·sion·al 1.** □ professionnel(le *f*); expert; du *ou* de métier; *the ~ classes* les membres *m/pl.* des professions libérales; **2.** expert *m*; *sp.* professionnel(le *f*) *m*; **proˈfes·sion·al·ism** [~əlizm] professionnalisme *m*.

pro·fes·sor [prəˈfesə] professeur *m*; **proˈfes·sor·ship** professorat *m*; chaire *f*.

prof·fer [ˈprɔfə] **1.** offrir; **2.** offre *f*.

pro·fi·cien·cy [prəˈfiʃənsi] compétence *f*, capacité *f* (en, *in*); **proˈfi·cient 1.** □ compétent; versé (dans *in, at*); **2.** expert *m* (en, *in*).

pro·file [ˈproufail] profil *m* (*a.* ⚠); silhouette *f*; ⚠ coupe *f* perpendiculaire.

prof·it [ˈprɔfit] **1.** profit *m*; avantage *m*; ✝ *souv.* ~s *pl.* bénéfice *m*; ✝ ~ *margin* marge *f* bénéficiaire; *excess* ~ bénéfices *m/pl.* extraordinaires; **2.** *v/t.* profiter à (*q.*); *v/i.*: ~ *by* profiter de; mettre (*qch.*) à profit; **prof·it·a·ˈbil·i·ty** rentabilité *f*; **ˈprof·it·a·ble** □ profitable; avantageux (-euse *f*); rémunérateur (-trice *f*), rentable; **ˈprof·it·a·ble·ness** nature *f* avantageuse; profit *m*, avantage *m*; **prof·it·eer** [~ˈtiə] **1.** faire des bénéfices excessifs; **2.** profiteur (-euse *f*) *m*, mercanti *m* (*surt. de guerre*); **prof·it·ˈeer·ing** mercantilisme *m*; **ˈprof·it·less** □ sans profit; **prof·it-shar·ing** [ˈ~ʃɛəriŋ] participation *f* aux bénéfices.

prof·li·ga·cy [ˈprɔfligəsi] débauche *f*; prodigalité *f*; **prof·li·gate** [ˈ~git] **1.** □ débauché, libertin; prodigue; **2.** débauché(e *f*) *m*, libertin(e *f*) *m*.

pro·found □ [prəˈfaund] profond (*a. fig.*); *fig.* absolu; **proˈfound·ness, pro·fun·di·ty** [~ˈfʌnditi] profondeur *f* (*a. fig.*).

pro·fuse □ [prəˈfjuːs] prodigue (de *in, of*); abondant, excessif (-ive *f*); **proˈfuse·ness, pro·fu·sion** [~ˈfjuːʒn] profusion *f*, abondance *f*.

prog *sl.* [prɔg] boustifaille *f*.

pro·gen·i·tor [prouˈdʒenitə] aïeul *m*, ancêtre *m*; **proˈgen·i·tress** aïeule *f*; **prog·e·ny** [ˈprɔdʒini] progéniture *f*; descendants *m/pl.*; *fig.* conséquence *f*.

prog·no·sis ⚕ [prɔgˈnousis], *pl.* **-ses** [~siːz] pronostic *m*; *science*: prognose *f*.

prog·nos·tic [prəgˈnɔstik] **1.** pronostique; *be ~ of* prédire (*qch.*); **2.** pronostique *m*; symptôme *m*; **progˈnos·ti·cate** [~keit] pronostiquer; prédire; **prog·nos·tiˈca·tion** pronostication *f*.

pro·gram(**me**) [ˈprougræm] **1.** programme *m* (*a. traitement de l'information*); **2.** programmer; **ˈpro·gram·mer** *radio*: programmateur *m*; *traitement de l'information*: *personne*: programmeur (-euse *f*) *m*, *machine*: programmateur *m*; **ˈpro·gram·ming** *radio, traitement de l'information*: programmation *f*.

prog·ress[1] [ˈprougres] progrès *m*; avancement *m*; marche *f* (*a.* ⚔); étapes *f/pl.* successives; *in ~* en cours (d'exécution).

pro·gress[2] [prəˈgres] s'avancer; faire des progrès; **proˈgres·sion** [~ʃn] progression *f* (*a.* ⅍); ♪ marche *f*; **proˈgress·ist** *pol.* progressiste (*a. su./mf*); **proˈgres·sive** □ progressif (-ive *f*); du progrès; *pol.* progressiste (*a. su./mf*).

pro·hib·it [prəˈhibit] défendre, interdire (qch., *s.th.*; à q. de *inf.*, *s.o. from gér.*); empêcher (q. de *inf.*, *s.o. from gér.*); **pro·hi·bi·tion** [prouiˈbiʃn] prohibition *f*, défense *f*; *Am.* régime *m* sec; **pro·hiˈbi·tion·ist** prohibitionniste *mf*; *surt. Am.* partisan *m* du régime sec; **pro·hib·i·tive** □ [prəˈhibitiv], **proˈhib·i·to·ry** □ [~təri] prohibitif (-ive *f*); *prohibitive duty* droits *m/pl.* prohibitifs.

proj·ect[1] [ˈprɔdʒekt] projet *m*.

pro·ject[2] [prəˈdʒekt] *v/t.* projeter (*a.* ⅍); lancer; avancer; ~ *o.s. into* se transporter dans; *v/i.* faire saillie;

pro·jec·tile [prəˈdʒektail] projectile (*a. su./m*); **proˈjec·tion** ⚔, *cin.*, *lumière*, *cartes*: projection *f*; lancement *m*; △ (partie *f* qui fait) saillie *f*; *fig.* image *f*; prolongement *m*; **proˈjec·tor** projecteur (-euse *f*) *m*; ⚕ fondateur (-trice *f*) *m*; *opt.* projecteur *m*, appareil *m* de projection.

pro·le·tar·i·an [prouleˈtɛəriən] prolétaire (*a. su./mf*); prolétarien(ne *f*); **pro·leˈtar·i·at(e)** [~riət] prolétariat *m*.

pro·lif·e·rate [prouˈlifəreit] proliférer; se multiplier; **pro·lif·eˈra·tion** prolifération *f*; **pro·lif·ic** [prəˈlifik] (*~ally*) prolifique; fécond (en *of*, *in*).

pro·lix □ [ˈprouliks] prolixe, diffus; **proˈlix·i·ty** prolixité *f*.

pro·logue, *Am. a.* **pro·log** [ˈproulɔg] prologue *m* (de, *to*).

pro·long [prəˈlɔŋ] prolonger; ⚕ proroger; ♪ allonger (*un coup d'archet*); **pro·lon·ga·tion** [proulɔŋˈgeiʃn] prolongation *f*, prolongement *m*.

prom·e·nade [prɔmiˈnɑːd] **1.** promenade *f*; esplanade *f*; *théâ.* promenoir *m*; **2.** *v/i.* se promener (dans, *in*); parader; *v/t.* promener (*q.*).

prom·i·nence [ˈprɔminəns] éminence *f*; importance *f*; protubérance *f*, saillie *f*; relief *m*; **ˈprom·i·nent** □ éminent; remarquable; saillant, prononcé.

prom·is·cu·i·ty [prɔmisˈkjuːiti] promiscuité *f*; **pro·mis·cu·ous** □ [prəˈmiskjuəs] mêlé, confus; mixte; sans distinction de sexe; F dévergondé.

prom·ise [ˈprɔmis] **1.** promesse *f*; *fig.* espérance *f*; *of great ~* plein de promesses, d'un grand avenir; **2.** *v/t.* promettre; *fig.* annoncer, laisser prévoir; F *I ~ you* je vous le promets; *v/i.* promettre; s'annoncer (*bien*, *mal*); **ˈprom·is·ing** □ plein de promesses, encourageant; **prom·is·so·ry** [ˈ~səri] promissoire; ⚕ *~ note* billet *m* à ordre.

prom·on·to·ry ⛰, *géog.* [ˈprɔməntri] promontoire *m*.

pro·mote [prəˈmout] promouvoir (*q.*); nommer (*q.*); *surt. Am. école*: faire passer; *parl.* prendre l'initiative de (*un projet de loi*); ⚕ fonder, lancer (*une compagnie*); *surt. Am.* faire de la réclame pour (*un produit*); **proˈmot·er** instigateur (-trice *f*) *m*; ⚕ fondateur *m*; monteur *m* (*d'affaires*); **proˈmo·tion** avancement *m*, promotion *f*; ⚕ lancement *m* (*d'un article*); ⚕ (*a. sales ~*) promotion *f* de la vente; *~ prospects pl.* possibilités *f/pl.* d'avancement *ou* de développement.

prompt [prɔmpt] **1.** □ prompt; rapide; immédiat; **2.** promptement; **3.** inciter, pousser (à, *to*); suggérer (qch. à. q., *s.o. to s.th.*); inspirer (*un sentiment*), donner (*une idée*); *théâ.* souffler; **4.** ⚕ délai *m* de paiement; **ˈ~-box** *théâ.* trou *m* du souffleur; **ˈprompt·er** instigateur (-trice *f*) *m*; *théâ.* souffleur (-euse *f*) *m*; **promp·ti·tude**[ˈ~itjuːd],**ˈprompt·ness** promptitude *f*, empressement *m*.

pro·mul·gate [ˈprɔməlgeit] promulguer (*une loi*); répandre; **pro·mulˈga·tion** *loi*: promulgation *f*; *idee*: dissémination *f*; proclamation *f*.

prone □ [proun] couché sur le ventre; en pente (*terrain*); escarpé; *fig.* *~ to* porté à; prédisposé à; **ˈprone·ness** disposition *f* (à, *to*).

prong [prɔŋ] fourchon *m*, *fourche*: dent *f*; pointe *f*; *Am. rivière*: embranchement *m*; **pronged** à fourchons, à dents.

pro·nom·i·nal □ *gramm.* [prəˈnɔminl] pronominal (-aux *m/pl.*).

pro·noun *gramm.* [ˈprounaun] pronom *m*.

pro·nounce [prəˈnauns] *v/t.* déclarer; prononcer, articuler; *v/i.* prononcer (sur, *on*); se déclarer (pour, *in favour of*); **proˈnounced** □ prononcé; marqué; **proˈnounc·ed·ly** [~idli] de façon prononcée; **proˈnounce·ment** déclaration *f*.

pro·nounc·ing [prəˈnaunsiŋ] qui indique la prononciation.

pron·to *Am.* F [ˈprɔntou] sur-le-champ.

pro·nun·ci·a·tion [prənʌnsiˈeiʃn] prononciation *f*.

proof [pruːf] **1.** preuve *f* (*a. fig.*, *a.* ⚗ *alcool*); *typ.*, *phot.* épreuve *f*; *a. see test 1*; confirmation *f*; *in ~ of* pour *ou* en preuve de; **2.** résistant (à *against*, *to*); à l'abri (de, *against*); **ˈ~-read** *typ.* corriger les épreuves (de); **ˈ~-read·er** *typ.* correcteur

(-trice *f*) *m*; '~-**sheet** *typ.* épreuve *f*; '~-**spir·it** ⚗ trois-six *m.*

prop [prɔp] **1.** appui *m* (*a. fig.*); *théâ. sl.* accessoire *m*; *Am. sl.* épingle *f* de cravate; **2.** (*ou* ~ *up*) appuyer, soutenir.

prop·a·gan·da [prɔpə'gændə] propagande *f*; **prop·a'gan·dist** propagandiste *mf*; **prop·a·gate** ['prɔpəgeit] (se) propager (*a. fig.*); *fig.* (se) répandre; **prop·a'ga·tion** propagation *f*; dissémination *f*; '**prop·a·ga·tor** propagateur (-trice *f*) *m*; semeur (-euse *f*) *m.*

pro·pel [prə'pel] pousser en avant; mouvoir (*une machine*); **pro'pel·lant** propulseur *m*; **pro'pel·lent** propulseur (*a. su./m*); propulsif (-ive *f*); **pro'pel·ler** propulseur *m*; ⚓, ✈ hélice *f*; ~-*shaft* ⚓ arbre *m* porte-hélice; ✈ arbre *m* à cardan; *mot.* arbre *m* de transmission; **pro'pel·ling** moteur (-trice *f*); ~ *pencil* porte-mine *m/inv.*

pro·pen·si·ty [prə'pensiti] penchant *m*, tendance *f* (à, vers **to, for**).

prop·er □ ['prɔpə] propre; (*souv. après le su.*) proprement dit; particulier (-ère *f*) (à, **to**); juste, vrai; convenable (à, **for**); comme il faut; F parfait, dans toute l'acception du mot; ~ *name* nom *m* propre; '**prop·er·ty** (droit *m* de) propriété *f* (*a.* ⚖, *a. fig.*); biens *m/pl.*; immeuble *m*, -s *m/pl.*; *fig. a.* qualité *f*; *théâ.* accessoire *m*; *théâ. properties pl. a.* réserve *f* de décors *etc.*; '**prop·er·ty tax** impôt *m* foncier.

proph·e·cy ['prɔfisi] prophétie *f*; **proph·e·sy** ['~sai] *vt/i.* prophétiser; *v/t. a.* prédire.

proph·et ['prɔfit] prophète *m*; '**proph·et·ess** prophétesse *f*; **pro·phet·ic, pro·phet·i·cal** □ [prɔ'fetik(l)] prophétique.

pro·phy·lac·tic [prɔfi'læktik] (~*ally*) prophylactique (*a. su./m*).

pro·pin·qui·ty [prə'piŋkwiti] proximité *f*; voisinage *m*; parenté *f.*

pro·pi·ti·ate [prə'piʃieit] apaiser; rendre favorable; **pro·pi·ti'a·tion** apaisement *m*; propitiation *f*; expiation *f*; **pro'pi·ti·a·tor** [~tə] propitiateur (-trice *f*) *m*; **pro'pi·ti·a·to·ry** □ [~ʃiətəri] propitiatoire; expiatoire.

pro·pi·tious □ [prə'piʃəs] propice, favorable; **pro'pi·tious·ness** nature *f* propice *ou* favorable (*a. fig.*).

pro·po·nent [prə'pounənt] partisan(e *f*) *m*, défenseur (-euse *f*) *m.*

pro·por·tion [prə'pɔːʃn] **1.** partie *f*; part *f*; portion *f*; proportion *f* (*a.* [architecture symbol], [mathematics symbol], ⚗); [mathematics symbol] proportionnalité *f*; ~*s pl.* dimensions *f/pl.*, proportions *f/pl.*; **2.** proportionner (à, **to**); ⊕ déterminer les dimensions de; coter (*un dessin*); **pro'por·tion·al 1.** □ proportionnel(le *f*); en proportion (de, **to**); *see proportionate*; **2.** [mathematics symbol] proportionnelle *f*; **pro'por·tion·ate** □ [~it] proportionné (à, **to**).

pro·pos·al [prə'pouzəl] proposition *f*, offre *f*; demande *f* en mariage; projet *m*; **pro'pose** *v/t.* proposer; suggérer; porter (*un toast*); ~ *s.o.'s health* boire à la santé de q., porter un toast à q.; ~ *to o.s.* se proposer; *v/i.* faire la demande en mariage; demander sa main (à, **to**); **pro'pos·er** proposeur (-euse *f*) *m*;

pro·po·si·tion [prɔpə'ziʃn] proposition *f* (*a. phls.*, [mathematics symbol]); *sl.* affaire *f.*

pro·pound [prə'paund] (pro)poser (*une question etc.*); exposer (*un programme*).

pro·pri·e·tar·y [prə'praiətəri] **1.** de propriété; de propriétaire; privé; possédant (*classe etc.*); ~ *article* spécialité *f*; **2.** (droit *m* de) propriété *f*; **pro'pri·e·tor** propriétaire *mf*; patron(ne *f*) *m*; **pro'pri·e·tress** propriétaire *f*; patronne *f*; **pro'pri·e·ty** propriété *f*, justesse *f*; bienséance *f*; *the proprieties pl.* les convenances *f/pl.*, la décence *f.*

pro·pul·sion ⊕ [prə'pʌlʃn] propulsion *f*; **pro'pul·sive** [~siv] propulsif (-ive *f*); de propulsion.

pro·rate *Am.* [prou'reit] évaluer au pro rata.

pro·ro·ga·tion *parl.* [prourə'geiʃn] prorogation *f*; **pro·rogue** *parl.* [prə'roug] proroger.

pro·sa·ic [prou'zeiik] (~*ally*) *fig.* prosaïque (= *banal*).

pro·scribe [pro'skraib] proscrire.

pro·scrip·tion [pros'kripʃn] proscription *f*; interdiction *f.*

prose [prouz] **1.** prose *f*; **2.** en prose; **3.** *v/t.* mettre en prose; *v/i.* F tenir des discours ennuyeux.

pros·e·cute ['prɔsikjuːt] poursuivre (*a. en justice*); ⚖ intenter (*une action*); exercer (*un métier*); effectuer (*un voyage*); **pros·e'cu·tion** continuation *f*; exercice *m*; ⚖ poursuites *f/pl.* (judiciaires); accusation *f*; *in* ~ *of* conformément à; ⚖ *the* ♀ le Ministère public; *witness for the* ~ témoin *m* à charge; **'pros·e·cu·tor** ⚖ plaignant *m*; poursuivant *m*; *public* ~ Ministère *m* public; procureur *m*.

pros·e·lyte *eccl.* ['prɔsilait] prosélyte *mf*; **pros·e·lyt·ism** ['~litizm] prosélytisme *m*; **'pros·e·lyt·ize** *v/t.* convertir; *v/i.* faire des prosélytes.

pros·er ['prouzə] conteur *m* ennuyeux; F raseur *m*.

pros·o·dy ['prɔsədi] prosodie *f*, métrique *f*.

pros·pect 1. ['prɔspekt] vue *f*; perspective *f* (*a. fig.*); paysage *m*; ~*s pl.* espérances *f/pl.*, avenir *m*; ☤ *Am.* client *m* possible; ⚒ prélèvement *m* d'essai; *have in* ~ avoir (*qch.*) en vue; *hold out a* ~ *of* offrir des espérances de (*qch.*); **2.** [prəs'pekt] ⚒ prospecter; ~ *for* chercher; **pro'spec·tive** □ à venir; futur; ~ *buyer* client *m* éventuel; **pro'spec·tor** ⚒ chercheur *m* (*d'or*); **pro'spec·tus** [~təs] prospectus *m*.

pros·per ['prɔspə] (faire) réussir; *v/t.* prospérer; **pros·per·i·ty** [prɔs'periti] prospérité *f*; **pros·per·ous** □ ['~pərəs] prospère, florissant; *fig.* propice; favorable (*vent etc.*).

pros·tate *anat.* ['prɔsteit] (*a.* ~ *gland*) prostate *f*.

pros·ti·tute ['prɔstitju:t] **1.** prostituée *f*; *sl.* poule *f*; **2.** prostituer (*a. fig.*); **pros·ti'tu·tion** prostitution *f* (*a. fig.*).

pros·trate 1. ['prɔstreit] prosterné, étendu; ⚕ prostré; *fig.* accablé, abattu; **2.** [prɔs'treit] ⚕ abattre; *fig.* ~ *o.s.* se prosterner (*devant, before*); **pros'tra·tion** prosternation *f*; ⚕ prostration *f*; *fig.* abattement *m*.

pros·y □ *fig.* ['prouzi] prosaïque; verbeux (-euse *f*) (*personne*); ennuyeux (-euse *f*).

pro·tag·o·nist *théâ., a. fig.* [prou'tægənist] protagoniste *m*.

pro·tect [prə'tekt] protéger (contre, *from*); abriter (de, *from*); ☤ faire provision pour; **pro'tec·tion** protection *f*; défense *f*; sauvegarde *f*; patronage *m*; abri *m*; **pro'tec·tion·ist** protectionniste (*a. su./mf*); **pro'tec·tive** protecteur (-trice *f*); de sûreté; ~ *custody* détention *f* préventive; ~ *duty* droit *m* protecteur; **pro'tec·tor** protecteur *m* (*a.* ⊕); *fig.* patron *m*; -~ protège- *m*; **pro'tec·tor·ate** [~tərit] protectorat *m*; **pro'tec·to·ry** asile *m* des enfants abandonnés; **pro'tec·tress** protectrice *f*; *fig.* patronne *f*.

pro·te·in ⚗ ['prouti:n] protéine *f*.

pro·test 1. ['proutest] protestation *f*; ☤ protêt *m*; *in* ~ *against* pour protester contre; *enter* (*ou make*) *a* ~ élever des protestations, faire une protestation; **2.** [prə'test] *v/t.* protester (*a.* ☤); *Am.* protester contre; *v/i.* protester, réclamer (contre, *against*).

Prot·es·tant ['prɔtistənt] protestant (*a. su.*); **'Prot·es·tant·ism** protestantisme *m*.

prot·es·ta·tion [proutes'teiʃn] protestation *f*; **pro·test·er** [prə'testə] protestateur (-trice *f*) *m*; protestataire *mf*; ☤ débiteur *m* qui a fait protester un effet.

pro·to·col ['proutəkɔl] **1.** protocole *m*; **2.** dresser un protocole.

pro·ton *phys.* ['proutɔn] proton *m*.

pro·to·plasm *biol.* ['proutəplæzm] protoplasme *m*, protoplasma *m*.

pro·to·type ['proutətaip] prototype *m*, archétype *m*.

pro·tract [prə'trækt] prolonger; traîner (*qch.*) en longueur; *surv.* relever (*un terrain*); **pro'trac·tion** prolongation *f*; *surv.* relevé *m*; **pro'trac·tor** ⚖ rapporteur *m*.

pro·trude [prə'tru:d] *v/t.* faire sortir; *v/i.* faire saillie, s'avancer; **pro'tru·sion** [~ʒn] saillie *f*; protubérance *f*.

pro·tu·ber·ance [prə'tju:bərəns] protubérance *f*; **pro'tu·ber·ant** protubérant.

proud □ [praud] fier (fière *f*) (de *of, to*); orgueilleux (-euse *f*); ⚕ fongueux (-euse *f*) (*chair*).

prov·a·ble □ ['pru:vəbl] démontrable, prouvable; **prove** [pru:v] *v/t.* prouver, démontrer; vérifier (*un calcul*); ⊕ éprouver (*a. fig.*), essayer; *v/i.* se montrer, être, se trouver; ~ *true* (*false*) se révéler comme étant vrai (faux).

prov·e·nance ['prɔvinəns] origine *f*, provenance *f*.

prov·en·der ['prɔvində] *bêtes*: fourrage *m*, provende *f*; F, *a. co.* nourriture *f*.

prov·erb ['prɔvəb] proverbe *m*; *be a* ~ être proverbial (-aux *m/pl.*); *péj.* être d'une triste notoriété; *he is a* ~ *for generosity* sa générosité est passée en proverbe; **pro·ver·bi·al** □ [prə'vəːbiəl] proverbial (-aux *m/pl.*).

pro·vide [prə'vaid] *v/t.* pourvoir, fournir, munir (*q.*) (de, *with*); fournir (qch. à q., *s.o. with s.th.*); stipuler (que, *that*); ~*d school* école *f* communale; *v/i.* venir en aide (à q., *for s.o.*); ~ *against* parer à; se pourvoir contre; ~ *for* pourvoir aux besoins de; prévoir; ⚘ faire provision pour; ~*d that* pourvu que (*sbj.*); à condition que (*ind. ou sbj.*).

prov·i·dence ['prɔvidəns] prévoyance *f*; prudence *f*; providence *f* (*divine*); épargne *f*; '**prov·i·dent** □ prévoyant; économe; frugal (-aux *m/pl.*); ~ *society* société *f* de prévoyance; **prov·i·den·tial** □ [~'denʃl] providentiel(le *f*); F heureux (-euse *f*).

pro·vid·er [prə'vaidə] pourvoyeur (-euse *f*) *m*; fournisseur (-euse *f*) *m*.

prov·ince ['prɔvins] province *f*; ⚖, *a. fig.* juridiction *f*, ressort *m*, compétence *f*.

pro·vin·cial [prə'vinʃl] **1.** provincial (-aux *m/pl.*); de province; **2.** provincial(e *f*) *m*; *péj.* rustre *m*; **pro'vin·cial·ism** provincialisme *m* (*souv.* = *locution provinciale*); esprit *m* de clocher.

pro·vi·sion [prə'viʒn] **1.** disposition *f*; fourniture *f*; ⚘ réserve *f*, provision *f*; *fig.* stipulation *f*, clause *f*; ~*s pl.* comestibles *m/pl.*, vivres *m/pl.*; *make* ~ *for* pourvoir aux besoins de; prévoir; pourvoir à; ~-*merchant* marchand *m* de comestibles; **2.** approvisionner, ravitailler; **pro'vi·sion·al** □ provisoire.

pro·vi·so [prə'vaizou] condition *f*; *with the* ~ *that* à condition que; **pro'vi·so·ry** [~zəri] conditionnel (-le *f*); provisoire (*gouvernement etc.*).

prov·o·ca·tion [prɔvə'keiʃn] provocation *f*; **pro·voc·a·tive** [prə'vɔkətiv] **1.** provocateur (-trice *f*); provocant; **2.** stimulant *m*.

pro·voke [prə'vouk] provoquer, inciter (à, *to*); exaspérer, irriter; faire naître, exciter; **pro'vok·ing** □ exaspérant, irritant, agaçant.

prov·ost ['prɔvəst] prévôt *m*; *écoss.* maire *m*; *univ.* principal *m*; ⚔ [prə'vou]: ~ *marshal* grand prévôt *m*.

prow ⚓ [prau] proue *f*.

prow·ess ['prauis] prouesse *f*, vaillance *f*; exploit *m*, -s *m/pl.*

prowl [praul] **1.** *v/i.* rôder (en quête de proie); *v/t.* rôder; **2.** action *f* de rôder; *fig. be on the* ~ rôder; *Am.* ~ *car police*: voiture *f* de patrouille; '**prowl·er** rôdeur (-euse *f*) *m*.

prox·i·mate □ ['prɔksimit] proche, prochain, immédiat; approximatif (-ive *f*); **prox'im·i·ty** proximité *f*; *in the* ~ *of* à proximité de; **prox·i·mo** ⚘ ['~mou] (du mois) prochain.

prox·y ['prɔksi] procuration *f*; mandat *m*, pourvoir *m*; *personne*: mandataire *mf*, fondé *m* de pouvoir(s); délégué(e *f*) *m*; *by* ~ par procuration.

prude [pruːd] prude *f*; F bégueule *f*.

pru·dence ['pruːdəns] prudence *f*, sagesse *f*; '**pru·dent** □ prudent, sage, judicieux (-euse *f*); **pru·den·tial** □ [pru'denʃl] prudent; dicté par la prudence.

prud·er·y ['pruːdəri] pruderie *f*; F pudibonderie *f*; '**prud·ish** □ prude; F pudibond.

prune[1] [pruːn] pruneau *m*.

prune[2] [~] émonder (*un arbre*); tailler (*un rosier etc.*); (*a.* ~ *away, off*) élaguer (*a. fig.*).

prun·ing...: '**~-hook** émondoir *m*; '**~-knife** serpette *f*.

pru·ri·ence, pru·ri·en·cy ['pruəriəns(i)] lasciveté *f*; curiosité *f* (de, *after*); '**pru·ri·ent** □ lascif (-ive *f*).

Prus·sian ['prʌʃn] **1.** prussien(ne *f*); ~ *blue* bleu *m* de Prusse; **2.** Prussien (-ne *f*) *m*.

prus·sic ac·id ⚗ ['prʌsik'æsid] acide *m* prussique.

pry[1] [prai] fureter; fouiller; ~ *into* chercher à pénétrer (*qch.*); F fourrer le nez dans; '**pry·ing** □ curieux (-euse *f*).

pry[2] [~] **1.**: ~ *open* forcer la serrure de; forcer avec un levier; ~ *up* soulever à l'aide d'un levier; **2.** levier *m*.

psalm [sɑːm] psaume *m*; '**psalm·ist** psalmiste *m*; **psal·mody** ['sælmədi] psalmodie *f*.

Psal·ter ['sɔːltə] psautier *m*.
pse·phol·o·gy [pse'fɔlədʒi] étude *f* des élections.
pseudo... [psjuːdou] pseud(o)-; faux (fausse *f*); **pseu·do·nym** ['~dənim] pseudonyme *m*; **pseu·don·y·mous** □ [~'dɔniməs] pseudonyme.
pshaw [pʃɔː] peuh!; allons donc!
pso·ri·a·sis ⚕ [psɔ'raiəsis] psoriasis *m*.
psy·chi·a·trist [sai'kaiətrist] psychiatre *m*; **psy'chi·a·try** psychiatrie *f*.
psy·chic ['saikik] **1.** (*ou* '**psy·chi·cal** □) psychique; **2.** *~s sg.* métapsychique *f*; métapsychisme *m*.
psy·cho-a·nal·y·sis [saikouə'næləsis] psychanalyse *f*; **psy·cho-an·a·lyst** [~'ænəlist] psychanalyste *m*.
psy·cho·log·i·cal □ [saikə'lɔdʒikl] psychologique; **psy·chol·o·gist** [sai'kɔlədʒist] psychologue *m*; **psy'chol·o·gy** psychologie *f*.
psy·cho·sis [sai'kousis] psychose *f*.
pto·maine ⚗ ['toumein] ptomaïne *f*.
pub F [pʌb] cabaret *m*; *sl.* bistrot *m*.
pu·ber·ty ['pjuːbəti] puberté *f*.
pu·bes·cence [pju'besns] puberté *f*; ⚘ pubescence *f*; **pu'bes·cent** pubère; ⚘ pubescent; velu.
pub·lic ['pʌblik] **1.** □ public (-ique *f*); ~ *address system* (batterie *f* de) haut-parleurs *m/pl.*; ~ *enemy* ennemi *m* universel *ou* F public; ♀ *Health* hygiène *f*; santé *f* publique; ~ *holiday* jour *m* férié; ~ *house* cabaret *m*; bistrot *m*; ~ *law* droit *m* public; ~ *library* bibliothèque *f* municipale *ou* communale; ~ *man* homme *m* public *ou* très en vue; ✝ ~ *relations pl.* relations *f/pl.* publiques; ~ *spirit* civisme *m*, patriotisme *m*; *see school, utility, works*; **2.** *sg.*, *a. pl.* (grand) public *m*; F cabaret *m*; bistrot *m*; *in* ~ en public, publiquement; **pub·li·can** ['~kən] aubergiste *m*; débitant *m* de boissons; *hist.* publicain *m*; **pub·li'ca·tion** publication *f*; apparition *f* (*d'un livre*); *loi*: promulgation *f*; ouvrage *m* (publié); *monthly* ~ revue *f etc.* mensuelle; **pub·li·cist** ['~sist] publiciste *m*; journaliste *m*; **pub'lic·i·ty** [~siti] publicité *f*; réclame *f*; propagande *f*; service *m* de presse; ~ *agent* agent *m* de publicité; **pub·li·cize** ['~saiz] faire connaître au public; '**pub·lic-'pri·vate** mixte (*économie*); '**pub·lic-'spir·it·ed** □ dévoué au bien public, soucieux (-euse *f*) du bien public.
pub·lish ['pʌbliʃ] *usu.* publier; éditer; promulguer (*une loi*); révéler, répandre; '**pub·lish·er** éditeur *m*; libraire-éditeur (*pl.* libraires-éditeurs) *m*; *Am.* propriétaire *m* d'un journal; '**pub·lish·ing** publication *f*; mise *f* en vente; *attr.* d'édition; ~ *house* maison *f* d'édition.
puck [pʌk] puck *m*; lutin *m*; *hockey sur glace*: palet *m* en caoutchouc.
puck·er ['pʌkə] **1.** godet *m*, faux pli *m*; *visage*: ride *f*; F embarras *m*; **2.** *v/t.* froncer; faire goder; rider (*le visage*); *v/i.* (*a.* ~ *up*) se crisper; froncer, goder, grigner; se contracter.
puck·ish □ ['pʌkiʃ] de lutin; malicieux (-euse *f*).
pud·ding ['pudiŋ] pudding *m*, pouding *m*; *black* ~ boudin *m*; *white* ~ boudin *m* blanc.
pud·dle ['pʌdl] **1.** flaque *f* (d'eau); ⊕ braye *f* (d'argile); **2.** *v/t.* ⊕ corroyer (*l'argile, le fer*); puddler (*le fer*); damer (*la terre*); *v/i.* barboter; '**pud·dler** ⊕ brasseur *m* mécanique; *personne*: puddleur *m*; '**pud·dling-fur·nace** ⊕ four *m* à puddler.
pu·den·cy ['pjuːdənsi] pudicité *f*; **pu·den·da** [pjuː'dendə] *pl.* parties *f/pl.* génitales; '**pu·dent** pudique.
pudg·y F ['pʌdʒi] boulot(te *f*).
pu·er·ile □ ['pjuərail] puéril; *péj. a.* enfantin; **pu·er·il·i·ty** [~'riliti] puérilité *f*.
puff [pʌf] **1.** *air, respiration*: souffle *m*; *vapeur*: échappement *m* soudain; *fumée, tabac*: bouffée *f*; *robe*: bouillon *m*, *manche*: bouffant *m*; houppe(tte) *f* (*à poudre*); *fig.* (gâteau *m*) feuilleté *m*; tourtelet *m*; réclame *f*; F haleine *f*; **2.** *v/t.* lancer, émettre (*une bouffée de fumée etc.*); (*a.* ~ *out, up*) gonfler (*les joues etc.*); faire balloner (*une manche*); (*a.* ~ *at*) tirer sur (*une pipe*), fumer; (*a.* ~ *up*) vanter; ~ *up* augmenter (*le prix*); ~*ed eyes* yeux *m/pl.* gonflés; ~*ed sleeve* manche *f* bouffante; *v/i.* souffler, lancer des bouffées (*de fumée*); ~ *out* bouffer (*jupe*); '**puff·er** ✝ renchérisseur *m*, allumeur *m*; ✝ réclamiste *m*; '**puff·er·y** art *m* du puffisme; réclame *f* tapageuse; **puff·i·ness** ['~inis] boursouflure *f*; '**puff-**

ing ✝ puffisme *m*; réclame *f* tapageuse; ˈ**puff-ˈpaste** pâte *f* feuilletée; ˈ**puff·y** qui souffle par bouffées (*vent*); à l'haleine courte; gonflé; boursouflé; bouffant (*manche*).

pug[1] [pʌg] (*ou* ~-*dog*) carlin *m*; petit dogue *m*.

pug[2] ⊕ [~] corroyer (*a. un bassin*); pétrir (*l'argile*).

pu·gil·ism [ˈpju:dʒilizm] pugilat *m*, boxe *f*; ˈ**pu·gil·ist** pugiliste *m*, boxeur *m*.

pug·na·cious [pʌgˈneiʃəs] batailleur (-euse *f*); querelleur (-euse *f*); **pug·nac·i·ty** [~ˈnæsiti] caractère *m* batailleur *ou* querelleur; attitude *f* batailleuse *ou* querelleuse.

pug-nose [ˈpʌgnouz] nez *m* troussé.

puis·ne ⚖ [ˈpju:ni] subalterne (*juge*).

puke *sl.* [pju:k] dégobiller (= *vomir*).

pule [pju:l] piauler, piailler.

pull [pul] **1.** (effort *m* de) traction *f*; tirage *m*; force *f* d'attraction (*d'un aimant*); *fig.* attrait *m*; *golf*: coup *m* tiré; *rame*: coup *m* d'aviron; *typ.* première épreuve *f*; F gorgée *f* (*de bière etc.*); *sl.* avantage *m*, *sl.* piston *m*; *sl.* ~ *at the bottle* coup *m* à même la bouteille; ~-*fastener* fermeture *f* éclair; **2.** *v/t.* tirer (*a. typ.*, *a. sp. un cheval*); traîner; cueillir (*un fruit*); *fig.* attirer; ⚓ manier (*un aviron*); ⚓ ramer; ⚓ souquer; ~ *the trigger* presser la détente; F ~ *one's weight* y mettre du sien; ~ *down* faire descendre; baisser; démolir; ~ *in* retenir (*un cheval*); ~ *off* arracher; ôter; remporter (*un prix*); ~ *through* tirer (*q.*) d'affaire; ~ *up* (re)monter; relever; arracher (*une plante*); arrêter (*un cheval, une voiture, etc.*); *fig.* réprimander; *v/i.* tirer (sur, *at*); *mot.* peiner; ⚓ ramer; 🚂 ~ *out* sortir de la gare; partir; ~ *through* se tirer d'affaire; ~ *up* s'arrêter.

pul·let [ˈpulit] poulette *f*; *fattened* ~ poularde *f*.

pul·ley ⊕ [ˈpuli] poulie *f*; *set of* ~*s pl.* palan *m*, moufle *f*.

Pull·man car 🚂 [ˈpulmənˈkɑ:] voiture *f* Pullman; *Am.* wagon-salon (*pl.* wagons-salons) *m*.

pull...: ˈ~-**out** **1.** supplément *m* détachable; **2.** détachable; rétractable; ˈ~-**o·ver** pull-over *m*, F pull *m*; ˈ~-ˈ**up** arrêt *m*; auberge *f* (*etc. pour automobilistes*).

pul·mo·nar·y ⚕ [ˈpʌlmənəri] pulmonaire, des poumons; poitrinaire (*personne*).

pulp [pʌlp] **1.** *dents etc.*: pulpe *f*; *fruits*: chair *f*; ⊕ pâte *f* à papier; *Am.* (*a.* ~ *magazine*) revue *f etc.* à bon marché; **2.** réduire en pulpe *ou* pâte; mettre (*des livres*) au pilon.

pul·pit [ˈpulpit] chaire *f*.

pulp·y □ [ˈpʌlpi] pulpeux (-euse *f*), charnu; F flasque.

pul·sate [pʌlˈseit] palpiter; vibrer; battre (*cœur*); **pul·sa·tile** ♪ [ˈ~sətail] de percussion; **pulˈsa·tion** pulsation *f*; battement *m*.

pulse[1] [pʌls] **1.** pouls *m*; battement *m*; **2.** palpiter; vibrer; battre.

pulse[2] [~] légumineuses *f/pl.*

pul·ver·i·za·tion [pʌlvəraiˈzeiʃn] pulvérisation *f*; ˈ**pul·ver·ize** *v/t.* pulvériser; réduire en poudre; *fig.* démolir; atomiser; *v/i.* tomber en poussière; se vaporiser; ˈ**pul·ver·iz·er** pulvérisateur *m*; vaporisateur *m*.

pum·ice [ˈpʌmis] (*a.* ~-*stone*) (pierre *f*) ponce *f*.

pum·mel [ˈpʌml] bourrer de coups de poings.

pump[1] [pʌmp] **1.** pompe *f*; *attr.* de pompe; **2.** *v/t.* pomper de l'eau; refouler (dans, *into*); F sonder (*q.*), faire parler (*q.*); *sl.* épuiser; *v/i.* pomper.

pump[2] [~] escarpin *m*; soulier *m* de bal.

pump·kin ♀ [ˈpʌmpkin] citrouille *f*; potiron *m*.

pump-room [ˈpʌmprum] *station thermale*: buvette *f*; Pavillon *m*.

pun [pʌn] **1.** jeu *m* de mots, calembour *m*; **2.** faire des jeux de mots *etc.*

Punch[1] [pʌntʃ] polichinelle *m*; guignol *m*; *as pleased as* ~ heureux (-euse *f*) comme un roi; ~ *and Judy* [ˈdʒu:di] *show* guignol *m*.

punch[2] ⊕ [~] **1.** pointeau *m*; chasse-clou *m*; perçoir *m*; poinçon *m* (*a.* 🚂); emporte-pièce *m/inv.*; **2.** percer; poinçonner; découper; estamper; ~*ed card see punch card.*

punch[3] F [~] **1.** coup *m* de poing; F force *f*; **2.** donner un coup de poing à; cogner sur; *Am.* conduire *ou* garder (*des bœufs*).

punch[4] [~] *boisson*: punch *m*.

punch[5] F [~] *cheval*, *homme*: trapu

m; *sl.* *pull no ~es* parler carrément; ne faire de quartier à personne.
punch card [ˈpʌntʃkɑːd] carte *f* perforée.
punch-drunk [ˈpʌntʃdrʌŋk] abruti (par les coups).
punch·er [ˈpʌntʃə] poinçonneur *m*; perceur *m*; estampeur *m*; *outil*: poinçonneuse *f*; découpeuse *f*; F pugiliste *m*; *Am.* cowboy *m*; ˈ**punch**(**·ing**)**-ball** *boxe*: punching-ball *m*.
punch line [ˈpʌntʃlain] pointe *f* (*d'une plaisanterie*).
punch-up F [ˈpʌntʃʌp] bagarre *f*.
punc·til·i·o [pʌŋkˈtiliou] point *m* d'étiquette; *see punctiliousness*.
punc·til·i·ous [pʌŋkˈtiliəs] méticuleux (-euse *f*), pointilleux (-euse *f*); très soucieux (-euse *f*) du protocole; **puncˈtil·i·ous·ness** souci *m* du protocole; formalisme *m*; scrupule *m* des détails.
punc·tu·al □ [ˈpʌŋktjuəl] exact; **punc·tu·al·i·ty** [~ˈæliti] exactitude *f*, ponctualité *f*.
punc·tu·ate [ˈpʌŋktjueit] ponctuer (*a. fig.*); **punc·tuˈa·tion** ponctuation *f*.
punc·ture [ˈpʌŋktʃə] **1.** crevaison *f*; ⚕ ponction *f*; *mot. etc.* piqûre *f* de clou, crevaison *f*; **2.** *v/t.* ⚕ ponctionner; *mot.* crever (*a. v/i.*).
pun·dit [ˈpʌndit] pandit *m*; F pontife *m*.
pun·gen·cy [ˈpʌndʒənsi] goût *m* piquant; odeur *f* piquante; *fig.* aigreur *f*; mordant *m*; saveur *f*; ˈ**pun·gent** aigu (-uë *f*); poignant (*chagrin*); âcre (*odeur*); mordant (*paroles etc.*).
pu·ni·ness [ˈpjuːninis] chétiveté *f*.
pun·ish [ˈpʌniʃ] punir, châtier; F *fig.* taper dur sur (*q.*); ne pas épargner; ˈ**pun·ish·a·ble** □ punissable; ⚖ délictueux (-euse *f*); ˈ**pun·ish·er** punisseur (-euse *f*) *m*; ˈ**pun·ish·ment** punition *f*; châtiment *m*.
pu·ni·tive [ˈpjuːnitiv] punitif (-ive *f*), répressif (-ive *f*).
punk *Am.* [pʌŋk] **1.** amadou *m*; *fig.* sottises *f/pl.*; **2.** mauvais, sans valeur.
pun·ster [ˈpʌnstə] faiseur *m* de calembours.
punt[1] ⚓ [pʌnt] **1.** bateau *m* plat (*conduit à la perche*); bachot *m*; **2.** conduire à la perche; transporter dans un bateau plat.
punt[2] [~] *turf*: parier; *cartes*: ponter.
pu·ny □ [ˈpjuːni] menu; mesquin; chétif (-ive *f*).
pup [pʌp] **1.** *see puppy*; **2.** *zo.* mettre bas (des petits).
pu·pil [ˈpjuːpl] *anat.* pupille *f* (*a.* ⚖ *mf*); élève *mf*, écolier (-ère *f*) *m*; **pu·pil·(l)age** [ˈ~pilidʒ] état *m* d'élève; ⚖ minorité *f*.
pup·pet [ˈpʌpit] marionnette *f*; *fig.* pantin *m*; ˈ**~-show** théâtre *m* ou spectacle *m* de marionnettes.
pup·py [ˈpʌpi] jeune chien(ne *f*) *m*; *fig.* freluquet *m*.
pur·blind [ˈpəːblaind] presque aveugle; *fig.* obtus.
pur·chase [ˈpəːtʃəs] **1.** achat *m*; emplette *f*; acquisition *f*; ⊕ force *f* mécanique; ⊕ prise *f*; ⚖ loyer *m*; *fig.* (point *m* d')appui *m*; *make ~s* faire des emplettes; *at twenty years' ~* moyennant vingt années de loyer; *his life is not worth an hour's ~* on ne lui donne(rait) pas une heure à vivre; ✝ *~ permit* ordre *m* d'achat; **2.** acheter, acquérir (*a. fig.*); ⚓ lever à l'aide du cabestan; ˈ**pur·chas·er** acheteur (-euse *f*) *m*; ✝ preneur (-euse *f*) *m*.
pure □ [pjuə] pur; ˈ**~·bred** *Am.* de race pure; ˈ**pure·ness** pureté *f*.
pur·ga·tion *usu. fig.* [pəːˈgeiʃn] purgation *f* (*a.* ⚕); **pur·ga·tive** ⚕ [ˈ~gətiv] purgatif (-ive *f*) (*a. su./m*); ˈ**pur·ga·to·ry** *eccl.* purgatoire *m* (*a. fig.*).
purge [pəːdʒ] **1.** ⚕ purgatif *m*; purgation *f*; *pol.* épuration *f*; **2.** *fig.* nettoyer; épurer; purger (de *of*, *from*) (*a.* ⚖); ⚖ faire amende honorable pour; *pol.* épurer, purger.
pu·ri·fi·ca·tion [pjuərifiˈkeiʃn] purification *f*; épuration *f*; **pu·ri·fi·er** [ˈ~faiə] épurateur *m* (*de gaz etc.*); *personne*: purificateur (-trice *f*) *m*;
pu·ri·fy [ˈ~fai] purifier; ⊕, *a. fig.* épurer.
Pu·ri·tan [ˈpjuəritən] puritain(e *f*) (*a. su.*); **pu·ri·tan·ic** [~ˈtænik] (*~ally*) (de) puritain; **Pu·ri·tan·ism** [ˈ~tənizm] puritanisme *m*.
pu·ri·ty [ˈpjuəriti] pureté *f* (*a. fig.*).
purl[1] [pəːl] cannetille *f* (*à broder*); picot *m* (*de dentelle*); (*a. ~ stitch*) maille *f* à l'envers.
purl[2] [~] **1.** *ruisseau*: (*doux*) murmure *m*; **2.** murmurer.
purl·er F [ˈpəːlə] chute *f* la tête la première; *sl.* billet *m* de parterre.

pur·lieus [ˈpəːljuːz] *pl.* bornes *f/pl.*; alentours *m/pl.*

pur·loin [pəːˈlɔin] détourner; voler; **purˈloin·er** détourneur *m*; voleur (-euse *f*) *m*; *fig.* plagiaire *m*.

pur·ple [ˈpəːpl] **1.** violet(te *f*); **2.** pourpre *f*; violet *m*; **3.** (s')empourprer.

pur·port [ˈpəːpət] **1.** sens *m*, signification *f*; portée *f* (*d'un mot*); **2.** avoir la prétention (de *inf.*, *to inf.*); † indiquer, vouloir dire.

pur·pose [ˈpəːpəs] **1.** dessein *m*; but *m*, intention *f*; fin *f*; résolution *f*; *for the ~ of* pour; dans le but de; *on ~* exprès, de propos délibéré; *to the ~* à propos; *to no ~* en vain, inutilement; *novel with a ~* roman *m* à thèse; *strenght of ~* détermination *f*; résolution *f*; **2.** avoir l'intention (de *inf.*, *gér.* ou *to inf.*), se proposer (qch., *s.th.*; de *inf.*, *gér.* ou *to inf.*); **ˈ~-built** construit spécialement; fonctionnalisé; **pur·pose·ful** □ [ˈ~ful] réfléchi; tenace, avisé (*personne*); **ˈpur·pose·less** □ inutile, sans but; **ˈpur·pose·ly** *adv.* à dessein; exprès.

purr [pəː] **1.** ronronner (*chat*, *moteur*); **2.** ronron *m*.

purse [pəːs] **1.** bourse *f*, porte-monnaie *m/inv.*; *fig.* bourse *f*; *sp.* prix *m* (*d'argent*); *public ~* Trésor *m*; finances *f/pl.* de l'État; **2.** (*souv. ~ up*) pincer (*les lèvres*); plisser (*le front*); froncer (*les sourcils*); **ˈ~-proud** orgueilleux (-euse *f*) de sa fortune; **ˈpurs·er** ⚓ commissaire *m*; **ˈpurse-strings** *pl.*: *hold the ~* tenir les cordons de la bourse.

pur·si·ness [ˈpəːsinis] peine *f* à respirer; essoufflement *m*.

purs·lane ⚘ [ˈpəːslin] pourpier *m*.

pur·su·ance [pəˈsjuːəns] poursuite *f*; *in ~ of* par suite de, en vertu de, conformément à; **purˈsu·ant** □: *~ to* conformément à, par suite de.

pur·sue [pəˈsjuː] *v/t.* poursuivre; *fig.* rechercher (*le plaisir*); *fig.* courir après; suivre (*le chemin*, *une ligne de conduite*, *une profession*, *etc.*); *v/i.* suivre, continuer; *~ after* poursuivre; **purˈsu·er** poursuivant(e *f*) *m*; **pur·suit** [~ˈsjuːt] poursuite *f*; recherche *f* (de, *of*); occupation *f*; *usu. ~s pl.* travaux *m/pl.*; carrière *f*; *qqfois* passe-temps *m/inv.*; *~ plane* chasseur *m*.

pur·sy¹ [ˈpəːsi] à l'haleine courte; gros(se *f*), corpulent.

pur·sy² [~] pincé (*bouche*, *lèvres*); riche; orgueilleux (-euse *f*) de sa fortune.

pu·ru·lent □ ⚕ [ˈpjuərulənt] purulent.

pur·vey [pəːˈvei] *v/t.* fournir (*des provisions*); *v/i.* être (le) fournisseur (de, *for*); **purˈvey·ance** fourniture *f* de provisions; approvisionnement *m*; **purˈvey·or** fournisseur (-euse *f*) *m* (*surt. de provisions*).

pur·view [ˈpəːvjuː] portée *f*, limites *f/pl.*; ⚖ *statut*: corps *m*.

pus ⚕ [pʌs] pus *m*; sanie *f*; *abcès*: boue *f*.

push [puʃ] **1.** poussée *f*, impulsion *f*; coup *m*; effort *m*; ⚔ attaque *f* en masse; F énergie *f*; F hardiesse *f*; *last ~* effort *m* suprême; *sl. get the ~* se faire dégommer (= *recevoir son congé*); *give s.o. the ~* flanquer q. à la porte; donner son congé à q.; **2.** *v/t.* pousser; bousculer; appuyer sur (*un bouton*); enfoncer (dans, *in*[*to*]); pousser la vente de; importuner; (*a. ~ through*) faire accepter; faire passer (à travers, *through*); revendiquer (*un droit*); (*a. ~ ahead* ou *forward* ou *on*) (faire) avancer ou pousser (en avant); *~ s.th.* (*up*)*on s.o.* imposer qch. à q.; *~ one's way* se frayer un chemin (à travers, *through*); *~ed* pressé; à court (d'argent, *for money*); fort embarrassé; *v/i.* avancer; pousser; *~ on* se presser, se hâter; se remettre en route; *~ off* ⚓ pousser au large; F *fig.* se mettre en route; **ˈ~-ball** *sp.* (*sorte de*) jeu *m* de ballon; **ˈ~-bike** bicyclette *f*; **ˈ~-but·ton** ⚡ bouton *m* à pression; poussoir *m*; **ˈ~-cart** charrette *f* à bras; **ˈ~-chair** poussette *f*; **ˈpush·er** personne *f* qui pousse; arriviste *mf*; avion *m* à hélice propulsive; 🚂 *Am.* locomotive *f* de renfort; **push·ful** □ [ˈ~ful], **ˈpush·ing** □ débrouillard, entreprenant; *péj.* ambitieux (-euse *f*), trop accostant; **ˈpushˈoff** ⚓ poussée *f* au large; *fig.* impulsion *f*; **ˈpush·o·ver** *surt. Am.* chose *f* facile à obtenir; tâche *f* facile à faire; victoire *f* facile; personne *f* crédule; *a ~* la facilité même; *be a ~ for* ne pas pouvoir résister à; **ˈpush-up:** *do ~s* faire des tractions ou des pompes; **push·y** arriviste, qui se met trop en avant.

pu·sil·la·nim·i·ty [pjuːsiləˈnimiti]

pusillanimité *f*; **pu·sil·lan·i·mous** □ [~ˈlænimәs] pusillanime.

puss(·y) [ˈpus(i)] minet(te *f*) *m*; *fig.* coquine *f*; *fig.* chipie *f*; *Am. sl.* visage *m*; ⚘ *bouleau*: chaton *m*; **ˈpuss·y-foot** *Am.* F **1.** personne *f* furtive; fin Normand *m*; **2.** F aller furtivement; ne pas se compromettre.

pus·tule ⚕ [ˈpʌstjuːl] pustule *f*.

put [put] [*irr.*] **1.** *v/t.* mettre, poser (*a. une question*), placer; présenter (à, *to*); lancer (*un cheval*) (sur, *at*); exposer (*une condition, la situation, etc.*); exprimer; parler; estimer (à, *at*); ~ *it* s'exprimer; ~ *about* faire circuler, répandre; ⚓ virer de bord; F mettre (*q.*) en émoi, inquiéter; déranger; ~ *across* réussir dans (*une entreprise*); ~ *away* serrer; remiser (*son auto*); écarter; mettre de côté; *fig.* tuer; ~ *back* remettre; retarder (*une horloge, l'arrivée, etc.*); ~ *by* mettre de côté; mettre en réserve; ~ *down* (dé)poser; noter; supprimer; mettre fin à; fermer (*le parapluie*); juger; attribuer (à, *to*); inscrire (q. pour, *s.o. for*); débarquer (*les voyageurs*); ~ *forth* émettre; avancer; publier (*un livre etc.*); déployer, exercer; pousser (*des feuilles etc.*); ~ *forward* avancer (*l'heure, la montre, une opinion, etc.*); émettre; faire valoir (*une proposition, une théorie, etc.*); ~ *o.s. forward* se mettre en avant; s'imposer; se donner (pour, *as*); ~ *in* introduire dans; mettre, insérer dans (*un journal*); placer (*un mot*); ⚒ planter; présenter (*un document, un témoin; a. q. à un examen*); ⚖ installer (*un huissier*); F faire (*des heures de travail*), passer (*le temps*); ~ *off* enlever, ôter, retirer (*un vêtement, le chapeau*); remettre (*un rendez-vous, l'heure, une tâche*); ajourner; renvoyer (*q.*); déconcerter, dérouter (*q.*); décourager (*q.*) (de, *from*); ~ *on* mettre (*a. la lumière, la vapeur, des vêtements*); prendre (*un air, du poids, de la vitesse*); gagner (*du poids*); ✝ augmenter (*le prix*); ajouter à; allumer (*le gaz etc.*); avancer (*la pendule*); *théâ.* monter (*une pièce*); confier (*une tâche*) (à q., *to s.o.*); *école*: demander à (*un élève*) (de, *to*); 🚂 mettre en service; ajouter (*des voitures à un train*); *mot.* serrer (*le frein*); *sp.* miser (*un pari*); *sp.* ~ *on* (*a score of*) *thirty* marquer trente points; F ~ *the screw on s.o.* forcer la main à q.; *he is* ~*ting it on* il fait l'important; il fait du chiqué; *fig.* ~ *it on thick* exagérer; flatter grossièrement; ~ *on airs* se donner des airs; ~ *s.o. on* (*gér.*) mettre q. à (*inf.*); ~ *out* mettre dehors; tendre (*la main*); étendre (*les bras*); tirer (*la langue*); sortir (*la tête*); mettre à l'eau (*un canot*); placer (*de l'argent*) (à intérêt, *to interest*); émettre (*un document etc.*); publier (*une revue etc.*); crever (l'œil à q., *s.o.'s eye*); éteindre (*le feu, le gaz, etc.*); lancer (*une histoire*); *fig.* déconcerter; *fig.* contrarier; *fig.* gêner; ~ *s.o. out* expulser q., chasser q. (de, *of*); ~ *out of action* mettre hors de combat; ⊕ détraquer; ~ *over* faire réussir; ~ *s.th. over on s.o.* faire accepter qch. à q.; ~ *through téléph.* mettre en communication (avec, *to*); F mener à bien; ~ *to* attacher; atteler (*un cheval*); ~ *s.o. to it* donner du mal à q.; contraindre q. (à, *to*); ~ *to expense* faire faire des dépenses à (*q.*); ~ *to death* mettre (*q.*) à mort; exécuter (*q.*); ~ *to the rack* (*ou torture*) mettre (*q.*) à la question *ou* torture; ~ *up* construire; ériger; installer; lever (*la fenêtre, une glace de wagon*); accrocher (*un tableau*); ouvrir (*le parapluie, a. qqfois la fenêtre*); augmenter, hausser (*le prix*); (faire) lever (*du gibier*); mettre (*en vente, aux enchères*); regainer (*l'épée*); relever (*les cheveux, le col*); afficher (*un avis*), coller (*une affiche*); poser (*le rideau*); fournir (*de l'argent*); faire, offrir (*une prière, une résistance*); proposer (*un candidat*); faire un paquet de (*sandwiches etc.*); loger (*q.*), donner à coucher à (*q.*); ✝ présenter (en, *in*); *sp.* F faire courir; *jeu*: se caver de; ~ *s.o. up to* mettre q. au courant de; inciter q. à; ~ *upon* en imposer à; ~ *it upon* laisser (*à q.*) le soin de; **2.** *v/i.* ⚓ ~ *in* entrer dans; faire escale dans (*un port*); ⚓ ~ *off* (*ou out ou to sea*) démarrer, pousser au large, quitter la côte *etc.*; ~ *up at* loger à *ou* chez (*q.*); descendre à *ou* chez (*q.*); ~ *up for* poser sa candidature à; ~ *up with* s'arranger de; tolérer; se résigner à; F ~ *upon* exploiter (*q.*); abuser de (*q.*); *be* ~ *upon* s'en laisser imposer.

pu·ta·tive [ˈpjuːtətiv] putatif (-ive *f*).
put·lock, put·log ⊕ [ˈpʌtlɔk; ˈ~lɔg] boulin *m*.
put-on F [ˈputɔn] **1.** affecté, feint, simulé, faux (fausse *f*); **2.** manière(s) *f*(*pl.*) affectée(s); mystification *f*, farce *f*.
pu·tre·fac·tion [pjuːtriˈfækʃn] putréfaction *f*; **pu·treˈfac·tive** putréfactif (-ive *f*); putride; de putréfaction.
pu·tre·fy [ˈpjuːtrifai] *v/i.* se putréfier; pourrir; ⚕ suppurer; *v/t.* putréfier, pourrir.
pu·tres·cence [pjuːˈtresns] putrescence *f*; **puˈtres·cent** putrescent; en putréfaction.
pu·trid □ [ˈpjuːtrid] putride; en putréfaction; infect; *sl.* moche; **puˈtrid·i·ty** pourriture *f*.
put·tee [ˈpʌti] bande *f* molletière.
put·ty [ˈpʌti] **1.** (*a. glaziers'* ~) mastic *m* (*à vitres*); (*a. plasterers'* ~) pâte *f* de chaux; (*a. jewellers'* ~) potée *f* (d'étain); **2.** mastiquer.
put-up job [ˈputʌpˈdʒɔb] coup *m* monté; affaire *f* machinée à l'avance.
puz·zle [ˈpʌzl] **1.** énigme *m*; problème *m*; devinette *f*; *picture* ~ rébus *m*; **2.** *v/t.* intriguer; embarrasser; ~ *out* débrouiller; déchiffrer; *v/i.* (*souv.* ~ *one's brains*) se creuser la tête (pour comprendre qch., *over s.th.*); ˈ**~-head·ed** confus; ˈ**~-lock** serrure *f* à combinaisons; cadenas *m* à secret; ˈ**puz·zler** question *f* embarrassante; F colle *f*.
pyg·m(a)e·an [pigˈmiːən] pygméen (-ne *f*); **pyg·my** [ˈpigmi] pygmée *m*; *attr.* pygméen(ne *f*). [*m*.]
py·ja·mas [pəˈdʒɑːməz] *pl.* pyjama
py·lo·rus *anat.* [paiˈlɔːrəs] pylore *m*.
py·or·rh(o)e·a [paiəˈriə] pyorrhée *f*.
pyr·a·mid [ˈpirəmid] pyramide *f*; **py·ram·i·dal** □ [piˈræmidl] pyramidal (-aux *m/pl.*).
pyre [ˈpaiə] bûcher *m* (funéraire).
py·ret·ic [paiˈretik] pyrétique.
pyro... [ˈpairou] pyr(o)-; **py·rog·ra·phy** [paiˈrɔgrəfi] pyrogravure *f*; ˈ**py·roˈscope** pyroscope *m*; **py·ro·tech·nic, py·ro·tech·ni·cal** [pairouˈteknik(l)] pyrotechnique; **py·roˈtech·nics** *pl.* pyrotechnique *f*; **py·roˈtech·nist** pyrotechnicien *m*; artificier *m*.
Pyr·rhic vic·to·ry [ˈpirikˈviktəri] victoire *f* à la Pyrrhus.
Py·thag·o·re·an [paiθægəˈriːən] **1.** pythagoricien(ne *f*); de Pythagore; **2.** pythagoricien *m*.
Pyth·i·an [ˈpiθiən] pythien(ne *f*).
py·thon [ˈpaiθən] python *m*.
pyx [piks] **1.** *eccl.* ciboire *m*; **2.** boîte *f* des monnaies destinées au contrôle; *trial of the* ~ essai *m* des monnaies.

Q

Q, q [kju:] Q *m*, q *m*.
Q-boat ⚓ [ˈkju:bout] piège *m* à sous-marins.
quack[1] [kwæk] **1.** coin-coin *m*; **2.** crier, faire coin-coin.
quack[2] [~] **1.** charlatan *m*; † guérisseur *m*; **2.** de charlatan; **3.** F faire le charlatan; ~ *up* vanter; rafistoler (*qch. d'usagé*); **quack·er·y** [ˈ~əri] charlatanisme *m*; hâblerie *f*.
quad [kwɔd] *see quadrangle*; *quadrat*.
quad·ra·ge·nar·i·an [kwɔdrədʒiˈnɛəriən] quadragénaire (*a. su./mf*).
quad·ran·gle [ˈkwɔdræŋgl] ⩓ quadrilatère *m*; *école etc.*: cour *f*.
quad·rant [ˈkwɔdrənt] ⚓, ⊕ secteur *m*; ⩓ quart *m* de cercle.
quad·ra·phon·ic [kwɔdrəˈfɔnik] quadriphonique; *in* ~ *sound* en quadriphonie.
quad·rat *typ*. [ˈkwɔdrit] cadrat *m*; **quad·rat·ic** ⩓ [kwəˈdrætik] **1.** du second degré; **2.** (*a.* ~ *equation*) équation *f* du second degré; **quad·ra·ture** [ˈkwɔdrətʃə] quadrature *f*.
quad·ren·ni·al □ [kwɔˈdrenjəl] quadriennal (-aux *m/pl.*); qui a lieu tous les quatre ans.
quad·ri·lat·er·al ⩓ [kwɔdriˈlætərəl] **1.** quadrilatéral (-aux *m/pl.*); **2.** quadrilatère *m*.
qua·drille [kwəˈdril] quadrille *m*.
quad·ri·par·tite [kwɔdriˈpɑ:tait] quadripartite.
quad·ru·ped [ˈkwɔdruped] **1.** quadrupède *m*; **2.** (*a.* **quad·ru·pe·dal** [kwɔˈdru:pidl]) quadrupède; **quad·ru·ple** [ˈkwɔdrupl] **1.** □ quadruple; (*a.* ~ *to ou of*) au quadruple de; **2.** quadruple *m*; **3.** (se) quadrupler; **quad·ru·plet** [ˈ~plit] quadruplé(e *f*) *m*; **quad·ru·pli·cate** [kwɔˈdru:plikit] **1.** quadruplé, quadruple; **2.** quatre exemplaires *m/pl.*; **3.** [~keit] quadrupler.
quaff *poét.* [kwɑ:f] boire à plein verre; ~ *off* vider d'un trait.
quag [kwæg] *see* ~*mire*; ˈ**quag·gy** marécageux (-euse *f*); **quag·mire** [ˈ~maiə] marécage *m*; fondrière *f*; *fig.* embarras *m*.
quail[1] *orn.* [kweil] caille *f*.
quail[2] [~] fléchir, faiblir (devant, *before*).
quaint □ [kweint] bizarre; singulier (-ère *f*); pittoresque; ˈ**quaint·ness** bizarrerie *f*; pittoresque *m*.
quake [kweik] trembler (de, *with*; pour, *for*); frémir (de, *with*).
Quak·er [ˈkweikə] quaker *m*; ˈ**Quak·er·ism** quakerisme *m*.
qual·i·fi·ca·tion [kwɔlifiˈkeiʃn] titre *m* (à un emploi, *for a post*); aptitude *f*, capacité *f*; réserve *f*; **qual·i·fied** [ˈ~faid] qui a les qualités requises *ou* titres requis; diplômé; compétent; autorisé; restreint, modéré; sous condition; **qual·i·fy** [ˈ~fai] *v/t.* qualifier (*a. gramm.*) (de, *as*); rendre apte à; modifier; apporter des réserves à; couper (*une boisson*); *v/i.* se qualifier (pour, *for*), acquérir les titres requis *ou* connaissances requises; être reçu; ~*ing examination* examen *m* pour certificat d'aptitude; examen *m* d'entrée; **qual·i·ta·tive** □ [ˈ~tətiv] qualitatif (-ive *f*); ˈ**qual·i·ty** *usu.* qualité *f*; valeur *f*; pouvoir *m*; caractère *m*; *son*: timbre *m*.
qualm [kwɔ:m] nausée *f*; scrupule *m*, remords *m*; pressentiment *m* de malheur; hésitation *f*; ˈ**qualm·ish** □ sujet(te *f*) aux nausées; mal à l'aise.
quan·da·ry [ˈkwɔndəri] embarras *m*; impasse *f*.
quan·ti·ta·tive □ [ˈkwɔntitətiv] quantitatif (-ive *f*); ˈ**quan·ti·ty** quantité *f* (*a.* ⚡, ⩓, *prosodie*); somme *f*; *bill of quantities* devis *m*; ⩓ *unknown* ~ inconnue *f* (*a. fig.*).
quan·tum [ˈkwɔntəm], *pl.* **-ta** [~tə] quantum *m*; part *f*; *phys.* ~ *theory* théorie *f* des quanta.
quar·an·tine [ˈkwɔrənti:n] **1.** quarantaine *f*; *place in* ~ = **2.** mettre en quarantaine.
quar·rel [ˈkwɔrəl] **1.** querelle *f*,

dispute *f*; **2.** se quereller, se disputer (avec, *with*; à propos de *about, over*); *fig.* se plaindre (de, *with*); **quar·rel·some** [ˈ~səm] □ querelleur (-euse *f*), batailleur (-euse *f*).

quar·ry[1] [ˈkwɔri] **1.** carrière *f*; *fig.* mine *f*; **2.** *v/t.* extraire (*des pierres*) de la carrière; creuser une carrière dans; *v/i.* exploiter une carrière; *fig.* puiser (qch., *for s.th.*).

quar·ry[2] [~] *chasse*: proie *f*.

quar·ry·man [ˈkwɔrimən], *a.* **quar·ri·er** [ˈ~iə] carrier *m*.

quart [kwɔːt] quart *m* (*de gallon, = approx. 1 litre*); *escrime*: [kɑːt] quarte *f*.

quar·tan ⚕ [ˈkwɔːtn] (fièvre *f*) quarte.

quar·ter [ˈkwɔːtə] **1.** quart *m* (*a. cercle, heure, pomme, siècle, etc.*); terme *m* de loyer; région *f*, partie *f*; *ciel*: coin *m*; *Am.* quart *m* de dollar (*25 cents*); ▨, *cuis., lune, ville*: quartier *m*; ⚓ hanche *f*; ⚓ quart *m* de brasse; ⚓ (quart *m* d')aire *f* de vent; côté *m*, direction *f*; *orange*: tranche *f*; *mesure*: quart *m* (de livre), quarter *m* (*2,909 hl*); ⚔, *a. fig.* cantonnement *m*, quartier *m*; *fig.* milieu *m*; ~s *pl.* appartements *m/pl.*; résidence *f*; ⚔ quartier *m*, -s *m/pl.*; logement *m*; *in this* ~ ici, de ce côté-ci; *from all* ~s de toutes parts, de tous côtés; *free* ~s droit *m* au logement; **2.** diviser en quatre; équarrir (*un bœuf*); *hist.* écarteler (*un condamné, a.* ▨); ⚔ cantonner; *be* ~*ed (up)on (ou at)* loger chez; ˈ**~-day** jour *m* du terme; ˈ**~-deck** ⚓ plage *f* arrière; *coll.* officiers *m/pl.*; ˈ**quar·ter·ly 1.** trimestriel(le *f*); **2.** publication *f* trimestrielle; ˈ**quar·ter·mas·ter** ⚔ intendant *m* militaire; ⚓ second maître *m*; **quar·tern** [ˈ~ən] quart *m* (de pinte); (*a.* ~ *loaf*) pain *m* de quatre livres.

quar·tet(te) ♪ [kwɔːˈtet] quatuor *m*.

quar·to [ˈkwɔːtou] in-quarto *m/inv.* (*a. adj.*).

quartz *min.* [kwɔːts] quarts *m*.

quash [kwɔʃ] ⚖ casser, annuler; *fig.* étouffer.

qua·si [ˈkwɑːzi] quasi-, presque.

qua·ter·na·ry ⚗, ♏, *géol.* [kwəˈtəːnəri] quaternaire.

qua·ver [ˈkweivə] **1.** tremblement *m*; ♪ croche *f*; ♪ trille *m*; **2.** chevroter, (*a.* ~ *out*) trembloter (*voix*); ♪ faire des trilles; ˈ**qua·ver·y** tremblotant.

quay [kiː] quai *m*; **quay·age** [ˈ~idʒ] droit *m*, -s *m/pl.* de quai; quais *m/pl.*

quea·si·ness [ˈkwiːzinis] malaise *f*; nausées *f/pl.*; scrupules *m/pl.* de conscience; ˈ**quea·sy** □ sujet(te *f*) à des nausées; délicat (*estomac*); scrupuleux (-euse *f*); dégoûtant (*mets*); *I feel* ~ j'ai mal au cœur; F j'ai le cœur fade.

queen [kwiːn] **1.** reine *f*; *cartes*: dame *f*; *échecs*: dame *f*, reine *f*; *sl.* (*homosexuel*) tante *f*, tapette *f*; ~ *bee* reine *f*, abeille *f* mère; ~'s *metal* métal *m* blanc; ~'s-*ware* faïence *f* crème; **2.** *échecs*: *v/t.* damer; *v/i.* aller à dame; ~ *it* faire la reine; ˈ**queen·like,** ˈ**queen·ly** de reine, digne d'une reine; majestueux (-euse *f*).

queer [kwiə] **1.** bizarre; singulier (-ère *f*); étrange; suspect; F tout patraque (*malade*); **2.** *Am. sl.* homosexuel *m*; **3.** *vb.*: *sl.* ~ *the pitch for* contrecarrer (*q.*); faire échouer les projets de (*q.*).

quell *poét.* [kwel] apaiser; étouffer.

quench [kwentʃ] *fig.* apaiser (*la soif etc.*); étouffer, réprimer (*un désir, a.* ⚡); éteindre; ˈ**quencher** F boisson *f*, consommation *f*; ˈ**quench·less** □ inextinguible; inassouvissable.

que·rist [ˈkwiərist] questionneur (-euse *f*) *m*.

quern [kwəːn] moulin *m* à bras.

quer·u·lous □ [ˈkweruləs] plaintif (-ive *f*); grognon(ne *f*).

que·ry [ˈkwiəri] **1.** reste à savoir (si, *if*); **2.** question *f*; *typ.* point *m* d'interrogation; **3.** *v/t.* mettre *ou* révoquer en doute; *v/i.* s'informer (si, *whether*).

quest [kwest] **1.** recherche *f*; *chasse*: quête *f*; *in* ~ *of* à la recherche de; en quête de; **2.** rechercher; *chasse*: quêter.

ques·tion [ˈkwestʃn] **1.** question *f*; (mise *f* en) doute *m*; affaire *f*; sujet *m*; ~ *mark* point *m* d'interrogation; *radio, télév.* ~ *master* animateur *m*; *parl.* ~ *time* heure *f* réservée aux questions orales; *parl.* ~! au fait!; *beyond (all)* ~ sans aucun doute; incontestable(ment); *in* ~ en question, dont il s'agit; en doute; *come into* ~ arriver sur le tapis; *call in* ~ révoquer en doute; *beg the* ~ faire une pétition de principe, supposer vrai ce qui est en question; *the* ~ *is whether* il s'agit de savoir si; *that is out of the* ~ c'est impossible; *there is no* ~ il n'est pas question (de qch., *of s.th.*; que *sbj.*, *of ger.*); **2.** interroger; révoquer en doute; **'ques·tion·a·ble** □ contestable, discutable; *péj.* équivoque; **'ques·tion·a·ble·ness** caractère *m* douteux *ou* équivoque (de, *of*); **ques·tion·naire** [kwestiə'nɛə] questionnaire *m*; **'ques·tion·er** interrogateur (-trice *f*) *m*.

queue [kju:] **1.** queue *f* (*de personnes, de voitures, de cheveux, etc.*); **2.** (*usu.* ~ *up*) prendre la file (*voitures*); faire la queue; ~ *on* s'attacher à la queue.

quib·ble ['kwibl] **1.** chicane *f* (de mots); argutie *f*; † calembour *m*; **2.** *fig.* chicaner (sur les mots); **'quib·bler** chicaneur (-euse *f*) *m*; ergoteur (-euse *f*) *m*.

quick [kwik] **1.** vif (vive *f*) (*a. esprit, haie, œil*); fin (*oreille etc.*); † vivant; rapide, prompt; éveillé (*enfant, esprit, a.* ♪); ~ *to* prompt à; ⚔ ~ *march* pas *m* cadencé *ou* accéléré; ~ *step* pas *m* rapide *ou* pressé; *double* ~ *step* pas *m* gymnastique; **2.** vif *m*, chair *f* vive; *the* ~ les vivants *m/pl.*; *to the* ~ jusqu'au vif; *fig.* au vif, au cœur; jusqu'à la moelle des os; *cut s.o. to the* ~ piquer q. au vif; **3.** *see* ~*ly*; **'~-change ac·tor** acteur *m* à transformations rapides; **'quick·en** *v/t.* (r)animer; accélérer (*a.* ⚕); presser; *v/i.* s'animer, se ranimer; devenir plus rapide; **'quick-fir·ing** ⚔ à tir rapide; **'quick·fro·zen** surgelé; **quick·ie** F ['~i] chose *f* faite à la va-vite; **'quick·lime** chaux *f* vive; **'quick·ly** vite; vivement; rapidement; **'quick·match** mèche *f* d'artilleur; **'quick·mo·tion pic·ture** *cin.* accéléré *m*; **'quick·ness** vitesse *f*, rapidité *f*; vivacité *f*, promptitude *f* (*d'esprit*); finesse *f* (*d'oreille*); acuité *f* (*de vision*).

quick...: **'~·sand** sable *m* mouvant; lise *f*; **'~·set** ⚘ *aubépine etc.*: bouture *f*; (*a.* ~ *hedge*) haie *f* vive; **'~-'sight·ed** aux yeux vifs; perspicace; **'~·sil·ver** *min.* vif-argent *m* (*a. fig.*), mercure *m*; **'~-tem·pered** irascible; **'~-'wit·ted** éveillé; à l'esprit prompt; adroit.

quid[1] [kwid] *tabac*: chique *f*.

quid[2] *sl.* [~] livre *f* (sterling).

quid·di·ty ['kwiditi] *phls.* quiddité *f*, essence *f*; F chicane *f*.

quid·nunc F ['kwidnʌŋk] nouvelliste *mf*; curieux (-euse *f*) *m*.

quid pro quo ['kwid prou 'kwou] pareille *f*, équivalent *m*, compensation *f*.

qui·es·cence [kwai'esns] repos *m*; tranquillité *f*; **qui'es·cent** □ en repos; tranquille (*a. fig.*).

qui·et ['kwaiət] **1.** □ tranquille, calme; silencieux (-euse *f*); paisible; discret (-ète *f*) (*couleur etc.*); simple; voilé; **2.** repos *m*; tranquillité *f*; calme *m*; F *on the* ~ en douce; **3.** (s')apaiser; **'qui·et·en**: ~ *down* (s')apaiser; **'qui·et·ism** *eccl.* quiétisme *m*; **'qui·et·ist** quiétiste *mf*; **'qui·et·ness, qui·e·tude** ['~tju:d] tranquillité *f*, calme *m*; *fig.* sobriété *f*.

qui·e·tus F [kwai'i:təs] coup *m* de grâce.

quill [kwil] **1.** *orn.* tuyau *m* (de plume); *porc-épic*: piquant *m*; (*a.* ~*-feather*) penne *f*; (*a.* ~ *pen*) plume *f* d'oie; **2.** tuyauter, rucher; **'~-driv·er** F gratte-papier *m/inv.*; **'quill·ing** tuyautage *m*; ruche *f*; **quill pen** plume *f* d'oie (*pour écrire*).

quilt [kwilt] **1.** édredon *m* piqué; **2.** piquer; ouater (*une robe*); **'quilt·ing** piquage *m*; piqué *m*.

quince ⚘ [kwins] coing *m*; *arbre*: cognassier *m*.

qui·nine *pharm.* [kwi'ni:n; *Am.* 'kwainain] quinine *f*; ~ *wine* quinquina *m*.

quin·qua·ge·nar·i·an [kwiŋkwədʒi'nɛəriən] quinquagénaire (*a. su./mf*).

quin·quen·ni·al □ [kwiŋ'kwenjəl] quinquennal (-aux *m/pl.*).

quins F [kwinz] *pl.* quintuplés *m/pl.*

quin·sy ⚕ ['kwinzi] esquinancie *f*.

quin·tal ['kwintl] quintal *m* (métrique).

quint·es·sence [kwin'tesns] quintessence *f*; F moelle *f* (*d'un livre*).

quin·tu·ple ['kwintjupl] **1.** quintuple (*a. su./m*); **2.** *vt/i.* quintupler; **quin·tu·plets** ['~plits] *pl.* quintuplés *m/pl.*

quip [kwip] mot *m* piquant; bon mot *m*; sarcasme *m*; raillerie *f*.
quire [ˈkwaiə] main *f* (*de papier*); *in* ~*s* en feuilles.
quirk [kwəːk] sarcasme *m*; bon mot *m*; repartie *f*; équivoque *f*; ⚠ gorge *f*.
quis·ling *pol.* F [ˈkwizliŋ] collaborateur *m*.
quit [kwit] **1.** *v/t.* quitter; lâcher (*la prise*); déménager; *Am.* cesser; † récompenser; † ~ *o.s.* se comporter; *v/i. usu. Am.* démissionner; céder; **2.** quitte, libéré; débarrassé (de, *of*).
quite [kwait] tout à fait; entièrement; parfaitement; véritable; bien; ~ *a hero* un véritable *ou* vrai héros; F ~ *a* pas mal de; ~ (*so*)! (*ou that!*) parfaitement!; ~ *the go* le dernier cri; le grand chic.
quits [kwits] quitte (*with*, avec); *let's call it* ~ restons-en là; *we'll cry* ~ nous voilà quittes.
quit·tance [ˈkwitəns] acquit *m*; quittance *f*.
quit·ter *Am.* F [ˈkwitə] lâcheur (-euse *f*) *m*; *he is no* ~ *a.* il n'abandonne pas facilement la partie.
quiv·er[1] [ˈkwivə] **1.** tremblement *m*; frémissement *m*; frisson *m*; *paupière*: battement *m*; *cœur*: palpitation *f*; **2.** trembl(ot)er; tressaillir, frémir.
quiv·er[2] [~] carquois *m*.
quix·ot·ic [kwikˈsɔtik] (~*ally*) de Don Quichotte; visionnaire; par trop chevaleresque.
quiz [kwiz] **1.** plaisanterie *f*, farce *f*; attrape *f*; *souv. Am.* F colle *f*, examen *m* oral; ~ *program*(*me*), ~ *show* quiz *m*; **2.** railler; lorgner; *souv. Am.* examiner; poser des colles à; **ˈquiz·zi·cal** □ railleur (-euse *f*), moqueur (-euse *f*); risible.
quod *sl.* [kwɔd] boîte *f*, bloc *m* (= *prison*).
quoin [kɔin] pierre *f* d'angle; ⊕, *a. typ.* coin *m*.
quoit [kɔit] (*a. jeu*: ~*s sg.*) palet *m*.
quon·dam [ˈkwɔndæm] d'autrefois.
quo·rum *parl.* [ˈkwɔːrəm] quorum *m*; nombre *m* suffisant; *be a* ~ être en nombre.
quo·ta [ˈkwoutə] quote-part *f*; contingent *m*.
quo·ta·tion [kwouˈteiʃn] citation *f*; *typ.* cadrat *m* creux; ✝ cours *m*, prix *m*; *familiar* ~*s pl.* citations *f/pl.* très connues; **quoˈta·tion-marks** *pl.* guillemets *m/pl.*
quote [kwout] *v/t.* citer; *typ.* guillemeter; *à la Bourse*: coter (à, *at*); ✝ faire un prix (pour, *for*; à, *to*); *v/i.* citer; faire un prix (pour, *for*; à, *to*).
quoth † [kwouθ]: ~ *I* dis-je; ~ *he* dit-il.
quo·tid·i·an [kwɔˈtidiən] quotidien(ne *f*); de tous les jours; banal (-als *m/pl.*).
quo·tient ⅍ [ˈkwouʃənt] quotient [*m*.]

R

R, r [ɑː] R *m*, r *m*.

rab·bet ⊕ [ˈræbit] **1.** feuillure *f*, rainure *f*; **2.** faire une feuillure *ou* rainure à.

rab·bi [ˈræbai] rabbin *m*; *titre*: rabbi *m*.

rab·bit [ˈræbit] lapin *m*; *Welsh* ~ toast *m* au fromage fondu.

rab·ble [ˈræbl] cohue *f*; *the* ~ la canaille *f*; **ˈ~-rous·er** agitateur *m*; **ˈ~-rous·ing** qui incite à la violence.

rab·id □ [ˈræbid] féroce, acharné; *fig.* à outrance; *vét.* enragé (*chien etc.*); **ˈrab·id·ness** violence *f*; rage *f*.

ra·bies *vét.* [ˈreibiːz] rage *f*, hydrophobie *f*.

ra(c)·coon *zo.* [rəˈkuːn] raton *m* laveur.

race¹ [reis] race *f*; lignée *f*; sang *m*; ~ *riot* bagarre *f* raciale.

race² [~] course *f* (*a. fig.*); *soleil*: cours *m*; *courant*: ras *m*; *fig.* carrière *f*; ~ *against the clock* course *f* contre la montre; ~*s pl.* course *f*, -s *f/pl.* (*de bateaux, de chevaux*); **2.** lutter de vitesse (avec, *with*); courir à toute vitesse; ⊕ s'emballer; battre la fièvre (*pouls*); *v/t.* ⊕ emballer à vide (*le moteur*); **ˈ~-course** champ *m* de courses; piste *f*; **ˈ~-crew** *course à l'aviron*: équipe *f* de canot.

race-ha·tred [ˈreisˈheitrid] racisme *m*.

race·horse [ˈreishɔːs] cheval *m* de course.

rac·er [ˈreisə] coureur (-euse *f*) *m*; cheval *m* de course; *mot.* coureur *m*; yacht *m ou* bicyclette *f etc.* de course.

ra·cial [ˈreiʃl] de (la) race; ~ *discrimination* discrimination *f* raciale; **ra·cial·ism** [ˈ~ʃəlizm] racisme *m*.

rac·i·ness [ˈreisinis] verve *f*, piquant *m*; *vin etc.*: goût *m* de terroir.

rac·ing [ˈreisiŋ] courses *f/pl.*; *attr.* de course(s), de piste; ~ *(bi)cyclist* routier *m*; ~ *motorist* coureur *m*, racer *m*; ~ *car* automobile *f* de course.

ra·cism [ˈreisizəm] racisme *m*; **ˈra·cist** raciste (*adj.*, *mf*).

rack¹ [ræk] **1.** *écurie, armes, etc.*: râtelier *m*; portemanteau *m*; ♪ classeur *m* (à musique); ⊕ crémaillère *f*; ✈ *bomb* ~ lance-bombes *m/inv.*; 🚂 *luggage* ~ porte-bagages *m/inv.*; filet *m* (à bagages); **2.** *hist.* faire subir le supplice du chevalet à; *fig.* tourmenter, torturer; extorquer (*un loyer*); pressurer (*un locataire*); étirer (*les peaux*); épuiser (*le sol*); détraquer (*une machine*); ~ *one's brains* se creuser la cervelle.

rack² [~] **1.** légers nuages *m/pl.* traînants; cumulus *m*; **2.** se traîner (*nuages*).

rack³ [~]: *go to* ~ *and ruin* tomber en ruine; se délabrer (*maison*).

rack⁴ [~] (*a.* ~ *off*) soutirer (*le vin etc.*).

rack·et¹ [ˈrækit] *tennis etc.*: raquette *f*; *jeu*: ~*s souv. sg. la* raquette *f*.

rack·et² [~] **1.** vacarme *m*, tapage *m*; *fig.* epreuve *f*; *fig.* dépenses *f/pl.*; gaieté *f*; F spécialité *f*; entreprise *f* (*de gangster*); chantage *m*; **2.** faire du tapage; *sl.* faire la noce; **rack·et·eer** *surt. Am. sl.* [~ˈtiə] gangster *m*; combinard *m*; bandit *m*; **rack·etˈeer·ing** *surt. Am.* banditisme *m* au chantage; **ˈrack·et·y** tapageur (-euse *f*); *fig.* noceur (-euse *f*).

rack-rail·way [ˈrækˈreilwei] chemin *m* de fer à crémaillère.

rack-rent [ˈrækrent] **1.** loyer *m* exorbitant; **2.** imposer un loyer exorbitant à (*q.*).

rac·y □ [ˈreisi] qui sent le terroir (*vin*); vif (vive *f*), piquant (*personne*); *fig.* plein de verve; *fig.* savoureux (-euse *f*) (*histoire*); *be* ~ *of the soil* sentir le terroir.

rad *pol.* F [ræd] radical *m*.

ra·dar [ˈreidɑː] radar *m*; ~ *set* (appareil *m* de) radar *m*.

rad·dle [ˈrædl] **1.** ocre *f* rouge; **2.** marquer à l'ocre; *fig.* farder.

ra·di·al □ [ˈreidjəl] ⊕, *a. anat.*

radial (-aux *m/pl.*); centrifuge (*force*); ⚛ du radium; ~ *engine* moteur *m* en étoile; ~ *tyre*, *Am.* ~ *tire* pneu *m* à carcasse radiale.

ra·di·ance, ra·di·an·cy ['reidjəns(i)] rayonnement *m*; splendeur *f*; '**ra·di·ant** □ rayonnant (*a. fig.*); radieux (-euse *f*) (*a. fig.*).

ra·di·ate 1. ['reidieit] *v/i.* rayonner; émettre des rayons; *v/t.* émettre; répandre; **2.** ['~it] *zo. etc.* radié, rayonné; **ra·di'a·tion** rayonnement *m*; *radium etc.*: radiation *f*; **ra·di·a·tor** ['~eitə] radiateur *m* (*a. mot.*); ~ *mascot* bouchon *m* enjoliveur.

rad·i·cal ['rædikəl] **1.** □ radical (-aux *m/pl.*) (*a. pol.*); fondamental (-aux *m/pl.*); ✿ ~ *sign* (signe *m*) radical *m*; **2.** ⚗, ✿, *gramm.* radical *m*; *pol.* radical(e *f*) *m*; '**rad·i·cal·ism** radicalisme *m*.

ra·di·o ['reidiou] **1.** radio *f*, télégraphie *f* sans fil, T.S.F. *f*; ⚛ radiographie *f*; ⚛ radiologie *f*; (*a.* ~-*telegram*) radio *m*; ~ *drama* (*ou play*) pièce *f* radiophonique; ~ *engineer* ingénieur *m* radio; ~ *fan* sans-filiste *mf*; ~ *operator* (opérateur *m*) radio *m*; ~ set poste *m* (récepteur); ~ *studio* studio *m* d'émission; auditorium *m*; **2.** envoyer (*qch.*) par la radio; radiotélégraphier; ⚛ radiographier; ⚛ traiter au radium; '~-'**ac·tive** radioactif (-ive *f*); rayonnant (*matière*); ~ *waste* déchets *m/pl.* radioactifs; '~-**ac'tiv·i·ty** radio-activité *f*; **ra·di·o·gram** ['~græm] radiogramme *m*; radiographie *f*; *a. abr. de* '**ra·di·o-'gram·o·phone** radiophono *m*; **ra·di·o·graph** ⚛ ['~grɑːf] **1.** radiographie *f*, radiogramme *m*; **2.** radiographier; '**ra·di·o·lo'ca·tion** radiorepérage *m*; **ra·di·ol·o·gist** [reidi'ɔlədʒist] radiologue *mf*; **ra·di·ol·o·gy** *phys.* [reidi'ɔlədʒi] radiologie *f*; **ra·di·os·co·py** [~'ɔskəpi] radioscopie *f*; '**ra·di·o'tel·e·gram** radiotélégramme *m*; '**ra·di·o-'tel·e·scope** radiotélescope *m*; '**ra·di·o-'ther·a·py** ⚛ radiothérapie *f*.

rad·ish ⚘ ['rædiʃ] radis *m*.

ra·di·um ['reidjəm] radium *m*.

ra·di·us ['reidjəs], *pl.* **~di·i** ['~diai] ✿, ⚘, *mot.*, *a. fig.* rayon *m*; *anat.* radius *m*; ⊕ *grue*: portée *f*; *fig. a.* circonscription *f*.

raff·ish ['ræfiʃ] bravache; canaille [(*air*).]

raf·fle ['ræfl] **1.** *v/t.* mettre en tombola; *v/i.* prendre part à une tombola; prendre un billet (pour, *for*); **2.** tombola *f*, loterie *f*.

raft [rɑːft] **1.** radeau *m*; **2.** transporter *etc.* sur un radeau; '**raft·er** (*a.* **rafts·man** ['~smən]) flotteur *m*; ⚠ chevron *m*.

rag[1] [ræg] chiffon *m*; lambeau *m*; *journ. péj.* feuille *f* de chou; ~*s pl.* haillons *m/pl.*, guenilles *f/pl.*; F *chew the* ~ tailler une bavette.

rag[2] *min.* [~] calcaire *m* oolithique.

rag[3] *sl.* [~] **1.** *v/t.* chahuter; brimer; *v/i.* faire du chahut, chahuter; **2.** brimade *f*; chahut *m*.

rag·a·muf·fin ['rægəmʌfin] gueux *m*; gamin *m* des rues; '**rag-and-'bone man** chiffonnier *m*; '**rag-bag** sac *m* aux chiffons; '**rag-book** livre *m* d'images sur toile.

rage [reidʒ] **1.** rage *f*, fureur *f* (*a. du vent*), emportement *m*; manie *f* (de, *for*); *it is all the* ~ cela fait fureur, c'est le grand chic; **2.** être furieux (-euse *f*) (*personne*); faire rage (*vent*); *fig.* tempêter (contre, *against*); sévir (*peste*).

rag-fair ['rægfɛə] marché *m* aux vieux habits; F marché *m* aux puces.

rag·ged □ ['rægid] déguenillé, en haillons (*personne*); en lambeaux, ébréché (*rocher*); désordonné (⚔ *feu*); déchiqueté (*contour*).

rag·man ['rægmən] chiffonnier *m*.

ra·gout ['rægu:] ragoût *m*.

rag...: '**~·tag** canaille *f*; '**~·time** ♪ musique *f* de jazz (nègre).

raid [reid] **1.** descente *f* (*inattendue*); ⚔, ✈ raid *m*; *police*: rafle *f*; *bandits*: razzia *f*; **2.** *v/i.* faire une descente *ou* une rafle *etc.*; *v/t. a.* marauder, razzier.

rail[1] [reil] **1.** barre(au *m*) *f*; *chaise*: bâton *m*; *charrette*: ridelle *f*; (*a.* ~*s pl.*) palissade *f* (*en bois*), grille *f* (*en fer*); 🚂 rail *m*; F chemin *m* de fer, train *m*; ⚓ lisse *f*; ⚒ ~*s pl.* les chemins *m/pl.* de fer; ~ *strike* grève *f* des cheminots; *get* (*ou run*) *off the* ~*s* dérailler (*a. fig.*); **2.** (*a.* ~ *in ou off*) entourer d'une grille, griller, palissader; envoyer *ou* transporter par (le) chemin de fer.

rail[2] [~] crier, se répandre en invectives (contre *at*, *against*).

rail[3] *orn.* [~] râle *m*.

rail·er ['reilə] criailleur (-euse *f*) *m*; mauvaise langue *f*.
rail·ing ['reiliŋ] (*a.* ~*s pl.*) palissade *f* (*en bois*), grille *f* (*en fer*).
rail·ler·y ['reiləri] raillerie *f*.
rail-mo·tor ['reil'moutə] autorail *m*.
rail·road ['reilroud] **1.** *surt. Am.*, (*Brit.* = **rail·way** ['reilwei]) chemin *m* de fer; ~ *carriage* voiture *f*, wagon *m*; **2.** *v/t. pol. Am.* faire voter avec vitesse; *Am. sl.* emprisonner après un jugement précipité.
rail·way·man ['reilweimən] employé *m* de chemin de fer, cheminot *m*.
rai·ment *poét.* ['reimənt] habillement *m*, vêtement *m*, -s *m/pl*.
rain [rein] **1.** pluie *f*; **2.** pleuvoir; '~**·bow** arc-en-ciel (*pl.* arcs-en-ciel) *m*; '~**·coat** imperméable *m*; '~**·fall** averse *f*; chute *f* de pluie; pluviosité *f*; ~**-gauge** ['~geidʒ] pluviomètre *m*; **rain·i·ness** ['~inis] pluviosité *f*; temps *m* pluvieux; '**rain-lack·ing** dépourvu de pluie, sans pluie; sec (sèche *f*); '**rain-proof** imperméable (*a. su./m*); '**rain·y** □ pluvieux (-euse *f*); de pluie.
raise [reiz] (*souv.* ~ *up*) dresser, mettre debout; *fig.* exciter (*la foule, le peuple*); relever (*courage, navire, store, tarif*); lever (*armée, bras, camp, gibier, impôt, siège, verre, yeux, etc.*); (re)hausser (*le prix*); bâtir; élever (*bétail, édifice, famille, prix, q., voix, etc.*); ériger (*une statue*); cultiver (*des plantes*); produire (*un sourire, de la vapeur, etc.*); faire naître (*une espérance*); soulever (*objection, peuple, poids, question*); mettre sur pied (*une armée*); se procurer, emprunter (*de l'argent*); évoquer (*un esprit, le souvenir*); ressusciter (*un mort*); pousser (*un cri*); augmenter (*le salaire*); revendiquer (*des droits*); '**rais·er** souleveur *m*; éleveur *m*.
rai·sin ['reizn] raisin *m* sec.
ra·ja(h) ['rɑːdʒə] rajah *m*.
rake[1] [reik] **1.** râteau *m*; (*a. fire-*~) fourgon *m*; **2.** *v/t.* (*usu.* ~ *together*) râteler, ratisser; gratter (*la surface*); *fig.* fouiller; (*a.* ~ *up ou over*) revenir sur; ⚔, ⚓ enfiler; *fig.* dominer, embrasser du regard; ~ *off* (*ou away*) enlever au râteau; *v/i.* scruter; fouiller (pour trouver qch., *for s.th.*); '~**-off** *Am. sl.* gratte *f*, ristourne *f*.
rake[2] ⚓ [~] **1.** inclinaison *f*; **2.** *v/i.* être incliné; *v/t.* incliner vers l'arrière.
rake[3] [~] roué *m*, noceur *m*.
rak·ish[1] ⚓ *etc.* ['reikiʃ] élancé; en pente. [bravache (*air*).]
rak·ish[2] □ [~] libertin, dissolu; *fig.*
ral·ly[1] ['ræli] **1.** ralliement *m*; réunion *f*; *sp. fig.* retour *m* d'énergie; reprise *f* des forces *ou* ⚔ en main; ⚕ reprise *f*; *tennis*: échange *m* de balles; **2.** *v/i.* se rallier; se reprendre; se grouper; *v/t.* rassembler, réunir; ranimer.
ral·ly[2] [~] se gausser de (*q.*); railler (*q.*) (de, *on*).
ram [ræm] **1.** ⚔, *zo., astr.* bélier *m*; ⊕ piston *m* plongeur; ⚓ éperon *m*; **2.** battre, tasser (*le sol*); heurter; *mot.* tamponner (*une voiture*); ⚓ éperonner; ~ *up* boucher (*un trou*); bourrer.
ram·ble ['ræmbl] **1.** promenade *f*, F balade *f*; **2.** errer à l'aventure; faire une excursion à pied; *fig.* parler sans suite; '**ram·bler** excursionniste *mf*; promeneur *m*; *fig.* radoteur *m*; ⚘ rosier *m* grimpant; '**ram·bling 1.** □ vagabond; *fig.* décousu, sans suite; ⚘ grimpant, rampant; *fig.* tortueux (-euse *f*); **2.** vagabondage *m*; excursions *f/pl.* à pied; *fig.* radotages *m/pl*.
ram·i·fi·ca·tion [ræmifi'keiʃn] ramification *f*; **ram·i·fy** ['~fai] (se) ramifier.
ram·jet ['ræmdʒet] (*a.* ~ *engine*) statoréacteur *m*.
ram·mer ⊕ ['ræmə] pilon *m*.
ramp[1] *sl.* [ræmp] supercherie *f*.
ramp[2] [~] **1.** rampe *f*; pont *m* élévateur; **2.** *v/t.* construire (*qch.*) en rampe; *v/i.* ⚠ ramper; *fig.* rager;
ram'page *co.* **1.** rager, tempêter; se conduire comme un fou furieux; **2.**: *be on the* ~ en avoir après tout le monde; '**ramp·an·cy** violence *f*; exubérance *f*; *fig.* extension *f*; '**ramp·ant** □ violent; exubérant; *fig.* effréné; ▨, *a.* ⚠ rampant.
ram·part ['ræmpɑːt] rempart *m*.
ram·rod ['ræmrɔd] *fusil*: baguette *f*; *straight as a* ~ droit comme un i.
ram·shack·le ['ræmʃækl] délabré.
ran [ræn] *prét. de run* 1, 2.
ranch [rɑːntʃ; *surt. Am.* ræntʃ]

ferme *f* ou prairie *f* d'élevage; ranch *m*.
ran·cid □ ['rænsid] rance, ranci; **ran'cid·i·ty, 'ran·cid·ness** rancidité *f*.
ran·cor·ous □ ['ræŋkərəs] rancunier (-ère *f*).
ran·co(u)r ['ræŋkə] rancune *f*, ressentiment *m*.
ran·dom ['rændəm] **1.**: *at* ~ au hasard; à l'aveuglette; **2.** fait au hasard; de passage; ~ *sample* échantillon *m* prélevé au hasard; ~ *shot* coup *m* tiré au hasard; coup *m* perdu.
rand·y *sl.* ['rændi] excité, aguiché.
rang [ræŋ] *prét. de ring*² 2.
range [reindʒ] **1.** rangée *f*; chaîne *f* (*de montagnes*); ✝ assortiment *m*; série *f*; étendue *f*, portée *f* (*a. d'une arme à feu*); direction *f*; champ *m* libre; *sp.* distance *f*; *Am.* prairie *f*; fourneau *m* (de cuisine); (*a. shooting-*~) champ *m* de tir; *fig.* libre essor *m*; *fig.* variété *f*; *take the* ~ estimer ou régler le tir; **2.** *v/t.* aligner, ranger; disposer; parcourir (*une région*); braquer (*un télescope*); ⚓ longer (*la côte*); *v/i.* errer, courir; s'étendre (*a. fig.*); varier; ⚔ régler le tir; ~ *along* longer; ~ *over* parcourir; *canon*: avoir une portée (de six milles, *over six miles*); '~**-find·er** télémètre *m*; '**rang·er** † vagabond(e *f*) *m*; grand maître *m* des parcs royaux; *Indes*: garde-général (*pl.* gardes-généraux) *m* adjoint; ♀*s pl.* gendarmes *m/pl.* à cheval; ⚔ *Am.* soldats *m/pl.* de commando spécial.
rank¹ [ræŋk] **1.** rang *m* (*social*, ⚔, *a. fig.*); ligne *f*; classe *f*; ⚔, ⚓ grade *m*; stationnement *m* (*pour taxis*); *the* ~*s pl.* (*ou and file*) (les hommes *m/pl.* de) troupe *f*; *fig. le* commun *m* des hommes; *join the* ~*s* devenir soldat; entrer dans les rangs; *rise from the* ~*s* de simple soldat passer officier, sortir du rang; **2.** *v/t.* ranger, compter; classer (avec, *with*); *v/i.* se ranger, être classé (avec, *with*; parmi, *among*); compter (parmi, *among*); occuper un rang (supérieur à, *above*); ~ *next to* occuper le premier rang après; ~ *as* avoir qualité de; compter pour.
rank² □ [~] luxuriant; exubérant (*plante*); riche, gras(se *f*) (*sol, terrain*); rance, fort, fétide; *fig. péj.* complet (-ète *f*), pur, parfait.
rank·er ⚔ ['ræŋkə] simple soldat *m*; officier *m* sorti des rangs.
ran·kle *fig.* ['ræŋkl] rester sur le cœur (de q., *with s.o.*).
rank·ness ['ræŋknis] luxuriance *f*; odeur *f etc.* forte; *fig.* grossièreté *f*.
ran·sack ['rænsæk] fouiller (dans); saccager.
ran·som ['rænsəm] **1.** rançon *f*; rachat *m* (*eccl., a. d'un captif*); **2.** mettre à rançon, rançonner; racheter.
rant [rænt] **1.** rodomontades *f/pl.*; **2.** déclamer avec extravagance; F tempêter; '**rant·er** déclamateur (-trice *f*) *m*; énergumène *mf*.
ra·nun·cu·lus ⚘ [rə'nʌŋkjuləs], *pl.* **-lus·es, -li** [~lai] renoncule *f*.
rap¹ [ræp] **1.** petit coup *m* (sec); **2.** frapper (à, *at*); *fig.* ~ *s.o.'s fingers* (*ou knuckles*) donner sur les doigts à q.; F remettre q. à sa place; ~ *out* lâcher; dire (*qch.*) d'un ton sec.
rap² *fig.* [~] sou *m*, liard *m*; *not care a* ~ s'en ficher.
ra·pa·cious □ [rə'peiʃəs] rapace; **ra·pac·i·ty** [rə'pæsiti] rapacité *f*.
rape¹ [reip] **1.** rapt *m*; enlèvement *m*; ⚖ viol *m*; **2.** ravir; ⚖ violer.
rape² ⚘ [~] colza *m*; navette *f*; '~**-oil** huile *f* de colza ou de navette; '~**-seed** graine *f* de colza.
rap·id ['ræpid] **1.** □ rapide; ~ *fire* feu *m* continu ou accéléré; **2.** ~*s pl.* rapide *m*; **ra·pid·i·ty** [rə'piditi] rapidité *f*.
ra·pi·er ['reipjə] *escrime*: rapière *f*.
rap·ine *poét.* ['ræpain] rapine *f*.
rap·ist ['reipist] violeur *m*.
rap·proche·ment *pol.* [ræ'prɔʃmɑ̃:ŋ] rapprochement *m*.
rapt *fig.* [ræpt] ravi, extasié (par *by, with*); absorbé (dans, *in*); profond.
rap·to·ri·al *zo.* [ræp'tɔ:riəl] de proie.
rap·ture ['ræptʃə] (*a.* ~*s pl.*) extase *m*, ravissement *m*; *in* ~*s* ravi, enchanté; *go into* ~*s* s'extasier (sur, *over*); '**rap·tur·ous** □ d'extase, de ravissement; enthousiaste.
rare □ [rɛə] rare (*a. phys. etc., a. fig.*); F fameux (-euse *f*), riche; *surt. Am.* saignant (*bifteck*).
rare·bit ['rɛəbit]: *Welsh* ~ toast *m* au fromage fondu.
rar·e·fac·tion *phys.* [rɛəri'fækʃn] raréfaction *f*; **rar·e·fy** ['~fai] *v/t.* raréfier; affiner (*le goût*); subtiliser (*une idée*); *v/i.* se raréfier;

ˈ**rare·ness,** ˈ**rar·i·ty** rareté *f*; F excellence *f*.
ras·cal [ˈrɑːskəl] coquin(e *f*) *m* (*a. fig.*); fripon *m*; gredin *m*; **ras·cal·i·ty** [~ˈkæliti] coquinerie *f*, gredinerie *f*; **ras·cal·ly** *adj. a. adv.* [ˈ~kəli] de coquin; méchant; retors; ignoble.
rase † [reiz] raser (*une ville etc.*).
rash[1] □ [ræʃ] irréfléchi, inconsidéré; téméraire; impétueux (-euse *f*).
rash[2] ⚕ [~] éruption *f*.
rash·er [ˈræʃə] tranche *f* de lard.
rash·ness [ˈræʃnis] témérité *f*; étourderie *f*.
rasp [rɑːsp] **1.** râpe *f*; grincement *m*; **2.** *v/t.* râper; racler (*le gosier, une surface, etc.*); *v/i.* grincer, crisser.
rasp·ber·ry ⚘ [ˈrɑːzbəri] framboise *f*; *sl. get the* ~ se faire rabrouer.
rasp·er [ˈrɑːspə] râpeur (-euse *f*) *m*; râpe *f*.
rasp·ing [ˈrɑːspiŋ] râpage *m*; grincement *m*; ~*s pl.* râpure *f*, -s *f/pl.*
rat [ræt] **1.** *zo.* rat *m*; *pol.* renégat *m*, transfuge *m*; *sl.* jaune *m*, faux frère *m*; *fig.* ~ *race* foire *f* d'empoigne; *smell a* ~ soupçonner anguille sous roche; **2.** attraper des rats; *pol.* tourner casaque; *sl.* faire le jaune; F ~ *on* trahir (*q.*), vendre (*q.*).
rat·a·bil·i·ty [reitəˈbiliti] caractère *m* imposable; ˈ**rat·a·ble** □ évaluable; imposable.
ratch ⊕ [rætʃ] encliquetage *m* à dents; *horloge*: cliquet *m*.
ratch·et ⊕ [ˈrætʃit] encliquetage *m* à dents; cliquet *m*; ˈ**~-wheel** roue *f* à cliquet.
rate[1] [reit] **1.** quantité *f* proportionnelle; taux *m*; raison *f*, degré *m*; tarif *m*, cours *m*; droit *m*; prix *m*; impôt *m* local; taxe *f* municipale; *fig.* évaluation *f*; vitesse *f*, allure *f*, train *m*; † classe *f*, rang *m*; *at the* ~ *of* au taux de, à raison de; sur le pied de; *mot.* à la vitesse de; ⚚ *at a cheap* ~ à un prix *ou* taux réduit; *at any* ~ de toute façon, en tout cas; ⚚ à n'importe quel prix; ~ *of exchange* cours *m* du change; ~ *of interest* taux *m* d'intérêt; ~ *of taxation* taux *m* de l'imposition; ~ *of wages* taux *m* du salaire; **2.** *v/t.* estimer; *Am.* mériter; considérer; classer (*a.* ⚓); taxer (à raison de, *at*); *v/i.* être classé.
rate[2] [~] *v/t.* semoncer (de *for, about*); *v/i.* gronder, crier (contre, *at*).
rate-pay·er [ˈreitpeiə] contribuable *mf*.
rath·er [ˈrɑːðə] plutôt; quelque *ou* un peu; assez; pour mieux dire; F ~! bien sûr!, pour sûr!; *I had* (*ou would*) ~ (*inf.*) j'aime mieux (*inf.*); *I* ~ *expected it* je m'en doutais, je m'y attendais.
rat·i·fi·ca·tion [rætifiˈkeiʃn] ratification *f*; **rat·i·fy** [ˈ~fai] ratifier, approuver.
rat·ing[1] [ˈreitiŋ] évaluation *f*; répartition *f* des impôts locaux; ⚓ classe *f* (*d'un homme*); ⚓ classement *m* (*d'un navire*); ⚓ matelot *m*; *télév.* (*a. popularity* ~) indice *m* de popularité, taux *m* d'écoute.
rat·ing[2] [~] semonce *f*.
ra·tio [ˈreiʃiou] raison *f*, rapport *m*.
ra·tion [ˈræʃn] **1.** ration *f*; ~ *card* carte *f* alimentaire; (*a.* ~ *ticket*) tickets *m/pl.* (*de pain etc.*); *off the* ~ *see* ~*-free*; **2.** rationner; mettre (*q.*) à la ration.
ra·tion·al □ [ˈræʃnəl] raisonnable; doué de raison; raisonné; ⅄ rationnel(le *f*) (*a. croyance*); **ra·tion·al·ism** [ˈ~nəlizm] rationalisme *m*; ˈ**ra·tion·al·ist** rationaliste (*a. su./mf*); **ra·tion·al·i·ty** [~ˈnæliti] rationalité *f*; faculté *f* de raisonner; **ra·tion·al·i·za·tion** [ˈ~laiˈzeiʃn] rationalisation *f* (*a.* ⚚); ˈ**ra·tion·al·ize** rationaliser; organiser de façon rationnelle.
ra·tion-free [ˈræʃnfriː] sans tickets, en vente libre.
rats·bane † [ˈrætsbein] mort-aux-rats *f*.
rat-tat [ˈrætˈtæt] toc-toc *m*.
rat·ten ⊕ [ˈrætn] *v/t.* saboter; *v/i.* saboter l'outillage *ou* le matériel; ˈ**rat·ten·ing** sabotage *m*.
rat·tle [ˈrætl] **1.** bruit *m*; *fusillade*: crépitement *m*; *machine à écrire*: tapotis *m*; crécelle *f*; *enfant*: hochet *m*; *fig.* caquetage *m*; ⚕ râle *m*; ~*s pl. serpent*: sonnettes *f/pl.*; **2.** *v/i.* branler; crépiter; cliqueter; faire du bruit; ⚕ râler; *v/t.* faire sonner; faire cliqueter; agiter; F consterner; ~ *off* (*ou out*) expédier; réciter rapidement; ˈ**~-brained,** ˈ**~-pat·ed** écervelé, étourdi; ˈ**rat·tler** ⚓ klaxon *m* d'alarme; F coup *m* dur; *sl.* personne *f ou* chose *f* épatante; *Am. sl.* tramway *m*; *Am. sl.* tacot *m*; *Am.*

F = ˈ**rat·tle·snake** serpent *m* à sonnettes; ˈ**rat·tle·trap 1.** délabré; **2.** guimbarde *f*, tapecul *m*.
rat·tling [ˈrætliŋ] **1.** □ bruyant; crépitant; F vif (vive *f*); **2.** *adv.* rudement; *at a* ~ *pace* au grand trot, très rapidement.
rat·ty [ˈræti] infesté de rats; en queue de rat (*natte*); *sl.* grincheux (-euse *f*); fâché.
rau·cous □ [ˈrɔːkəs] rauque.
rav·age [ˈrævidʒ] **1.** ravage *m*, -s *m/pl.*, dévastation *f*; **2.** *v/t.* ravager, dévaster; *v/i.* faire des ravages.
rave [reiv] être en délire; *fig.* pester (contre, *at*); s'extasier (sur *about, of*).
rav·el [ˈrævl] *v/t.* embrouiller; (*a.* ~ *out*) effilocher; *v/i.* s'embrouiller, s'enchevêtrer; (*a.* ~ *out*) s'effilocher.
rav·en[1] [ˈreivn] (grand) corbeau *m*.
rav·en[2] [ˈrævn] **1.** *see ravin*; **2.** faire des ravages; chercher sa proie; être affamé (de, *for*); ˈ**rav·en·ous** □ vorace; affamé; ˈ**rav·en·ous·ness** voracité *f*; faim *f* de loup.
rav·in [ˈrævin] rapine *f*; butin *m*.
ra·vine [rəˈviːn] ravin *m*.
rav·ings *pl.* [ˈreiviŋz] délires *m/pl.*; paroles *f/pl.* incohérentes.
rav·ish [ˈræviʃ] violer (*une femme*); *fig.* enchanter, ravir; † enlever de force, ravir; ˈ**rav·ish·er** ravisseur *m*; ˈ**rav·ish·ing** □ ravissant; ˈ**rav·ish·ment** rapt *m*; enlèvement *m*; viol *m* (*d'une femme*); *fig.* ravissement *m*.
raw □ [rɔː] **1.** cru (= *pas cuit*; *a. couleur, peau, histoire*); brut, premier (-ère *f*); vert (*cuir*); inexpérimenté (*personne*); âpre (*temps*); vif (vive *f*) (*plaie*); ~ *material* matériaux *m/pl.* bruts; matières *f/pl.* premières; F *he got a* ~ *deal* on le traita avec peu de générosité; **2.** vif *m*; endroit *m* sensible; ˈ**~-boned** décharné; efflanqué (*cheval*); ˈ**~-hide** cuir *m* vert; ˈ**raw·ness** crudité *f*; écorchure *f*; *temps*: âpreté *f*; *fig.* inexpérience *f*.
ray[1] *icht.* [rei] raie *f*.
ray[2] [~] **1.** ⚘, *phys., zo., etc.* rayon *m*; *fig.* lueur *f* (*d'espoir*); ⚕ ~ *treatment* radiothérapie *f*; **2.** (*v/t.* faire) rayonner; ˈ**~·less** sans rayons.
ray·on *tex.* [ˈreiɔn] rayonne *f*, soie *f* artificielle.
raze [reiz] (*a.* ~ *to the ground*) raser; ⚠ receper (*un mur*); *fig.* effacer.
ra·zor [ˈreizə] rasoir *m*; ˈ**~-blade** lame *f* de rasoir; *be on the* ~*'s edge* être sur la corde raide; ˈ**~-strop** cuir *m* à rasoir.
razz *Am. sl.* [ræz] **1.** ridicule *m*; **2.** taquiner, se moquer de, se payer la tête de.
raz·zi·a [ˈræziə] *police*: razzia *f*.
raz·zle-daz·zle *sl.* [ˈræzldæzl] bombe *f*, noce *f*; ivresse *f*; *usu. Am. sl.* fatras *m*.
re [riː] ⚖ (en l')affaire; ✝ relativement à; *en-tête d'une lettre*: objet …
re… [~] re-, r-, ré-; de nouveau; à nouveau.
reach [riːtʃ] **1.** extension *f* (*de la main*), *box.* allonge *f*; portée *f*; étendue *f* (*a. fig.*); partie *f* droite (*d'un fleuve*) entre deux coudes; *beyond* ~, *out of* ~ hors de portée; *within easy* ~ à proximité (de, *of*); tout près; à peu de distance; **2.** *v/i.* (*a.* ~ *out*) tendre la main (pour, *for*); s'étendre ([jusqu']à, *to*); (*a.* ~ *to*) atteindre; *v/t.* arriver à, parvenir à; (*souv.* ~ *out*) (é)tendre; atteindre.
reach-me-down F [ˈriːtʃmiˈdaun] costume *m* de confection, F décrochez-moi-ça *m/inv.*
re·act [riˈækt] réagir (sur, *upon*; contre, *against*); réactionner (*prix*).
re·ac·tion [riˈækʃn] réaction *f* (*a.* ⚡, ⚗, *physiol., pol.*); contrecoup *m*; reˈ**ac·tion·ar·y** *surt. pol.* **1.** réactionnaire; **2.** (*a.* reˈ**ac·tion·ist**) réactionnaire *mf*.
re·ac·tive □ [riˈæktiv] réactif (-ive *f*); de réaction (*a. pol.*); reˈ**ac·tor** *phys.* réacteur *m*; ⚡ bobine *f* de réactance.
read 1. [riːd] [*irr.*] *v/t.* lire (*un livre, un thermomètre, etc.*); (*a.* ~ *up*) étudier; déchiffrer; *fig.* interpréter; ~ *off* lire sans hésiter; ~ *out* lire à haute voix; donner lecture (de); ~ *to* faire la lecture à (*q.*); *v/i.* lire; être conçu; marquer (*thermomètre*); ~ *for* préparer (*un examen*); ~ *like* faire l'effet de; ~ *well* se laisser lire; **2.** [red] *prét. et p.p. de 1*; **3.** [red] *adj.* instruit (en, *in*); versé (dans, *in*).
read·a·ble □ [ˈriːdəbl] lisible.
read·er [ˈriːdə] lecteur (-trice *f*) *m* (*a. eccl.*); *typ.* correcteur *m* d'épreuves; lecteur *m* de manuscrits; *univ.*

maître *m* de conférences, chargé(e*f*) *m* de cours; livre *m* de lecture; ˈ**read·er·ship** *journal etc.*: (nombre *m* de) lecteurs *m/pl.*; *univ.* maîtrise *f* de conférences; charge *f* de cours.

read·i·ly [ˈredili] *adv.* volontiers, avec empressement; ˈ**read·i·ness** alacrité *f*, empressement *m*; bonne volonté *f*; facilité *f*; ~ *of mind* (*ou wit*) vivacité *f* d'esprit.

read·ing [ˈriːdiŋ] **1.** lecture *f* (*a. d'un instrument de précision*); *compteur:* relevé *m*; observation *f*; cote *f*; hauteur *f* (*barométrique*); interprétation *f*; leçon *f*, variante *f*; *parl. second* ~ prise *f* en considération; **2.** de lecture; ~ *matter* lecture(s) *f* (*pl.*), de quoi lire.

re·ad·just [ˈriːəˈdʒʌst] rajuster; remettre à point (*un instrument*); ˈ**re·adˈjust·ment** rajustement *m*, rectification *f*; ⚓ régulation *f*.

re·ad·mis·sion [ˈriːədˈmiʃn] réadmission *f*.

re·ad·mit [ˈriːədˈmit] réadmettre; réintégrer; ˈ**re·adˈmit·tance** réadmission *f*.

read·y [ˈredi] **1.** *adj.* □ prêt (à *inf.*, *to inf.*); sous la main; disposé, sur le point (de *inf.*, *to inf.*); facile; prompt (à, *with*); ✝ comptant (*argent*); ⚓ paré; ~ *reckoner* barème *m* (de comptes); ⚔ ~ *for action* prêt au combat; ~ *for use* prêt à l'usage; *make* (*ou get*) ~ (se) préparer; (s')apprêter; **2.** *adv.* tout, toute; *readier* plus promptement; *readiest* le plus promptement; **3.** *su.*: *at the* ~ paré à faire feu; ˈ**~-made** tout fait; de confection (*vêtement*); ˈ**~-to-ˈwear** prêt à porter.

re·af·firm [ˈriːəˈfəːm] réaffirmer.

re·a·gent ⚗ [riˈeidʒənt] réactif *m*.

re·al □ [riəl] **1.** vrai; véritable; réel (-le *f*); ~ *property* (*ou estate*) propriété *f* immobilière; biens-fonds *m/pl.*; **2.** *surt. Am.* F vraiment; très, F rudement, vachement; **3.** *surt. Am.* F *for* ~ sérieusement, F pour de vrai; sérieux (-euse *f*); ˈ**re·al·ism** réalisme *m*; **re·alˈis·tic** (~*ally*) réaliste; ~*ally* avec réalisme; **re·al·i·ty** [riˈæliti] réalité *f*; réel *m*; *fig.* vérité *f*, réalisme *m*; **re·al·iz·a·ble** □ [ˈriəlaizəbl] réalisable; imaginable; **re·al·iˈza·tion** réalisation *f* (*projet, a.* ✝ *placement*); *fig.* perception *f*; idée *f*; ✝ conversion *f* en espèces; ˈ**re·al·ize** réaliser (*un projet, a.* ✝ *un placement*); concevoir nettement, bien comprendre; se rendre compte de; rapporter (*un prix*); ✝ convertir en espèces; gagner (*une fortune*); ˈ**re·al·ly** vraiment, en effet; à vrai dire; réellement.

realm [relm] royaume *m*; *fig.* domaine *m*; *peer of the* ~ pair *m* du Royaume.

re·al·tor *Am.* [ˈriəltə] agent *m* immobilier; courtier *m* en immeubles; ˈ**re·al·ty** ⚖ biens *m/pl.* immobiliers.

ream[1] [riːm] *papier*: rame *f*; *papier à lettres*: ramette *f*.

ream[2] ⊕ [~] fraiser (*un trou*); (*usu.* ~ *out*) aléser; ˈ**ream·er** alésoir *m*.

re·an·i·mate [riˈænimeit] ranimer; **re·an·iˈma·tion** retour *m* à la vie; *fig.* reprise *f* (*des affaires*).

reap [riːp] moissonner (*le blé, un champ*); (re)cueillir (*un fruit, a. fig.*); *fig.* récolter; ˈ**reap·er** moissonneuse *f*; *personne*: moissonneur (-euse *f*) *m*; ˈ**reap·ing** moisson *f*; ˈ**reap·ing·hook** faucille *f*.

re·ap·pear [ˈriːəˈpiə] reparaître; ˈ**re·apˈpear·ance** réapparition *f*; *théâ.* rentrée *f*.

re·ap·pli·ca·tion [ˈriːæpliˈkeiʃn] nouvelle application *f*.

re·ap·point [ˈriːəˈpɔint] réintégrer (dans ses fonctions); renommer.

rear[1] [riə] *v/t.* élever; ériger; dresser; ⚘ cultiver; *v/i.* se dresser; se cabrer (*cheval*).

rear[2] [~] **1.** arrière *m* (*a.* ⚔), derrière *m*; queue *f*; dernier rang *m*; ⚔ arrière-garde *f*; *bring up the* ~ venir en queue, ⚔ fermer la marche; *at the* ~ *of*, *in* (*the*) ~ *of* derrière, en queue de; **2.** (d')arrière; de derrière; dernier (-ère *f*); ~ *exit* sortie *f* de derrière; *mot.* ~*-vision* (*ou* ~*-view*) *mirror* rétroviseur *m*; ~ *wheel* roue *f* arrière; *mot.* ~*-wheel drive* traction *f* arrière; *mot.* ~ *window* glace *f* arrière; ˈ**~-ˈad·mi·ral** ⚓ contre-amiral *m*; ˈ**~-guard** ⚔ arrière-garde *f*; ˈ**~-lamp** *mot.* feu *m* arrière.

re-arm [ˈriːˈɑːm] réarmer; ˈ**re-ˈar·ma·ment** [~məmənt] réarmement *m*.

rear·most [ˈriəmoust] dernier (-ère *f*), de queue.

re·ar·range [ˈriːəˈreindʒ] rarranger; remettre en ordre.

rear·ward [ˈriəwəd] **1.** *adj.* à l'arrière; en arrière; **2.** *adv.* (*a.* ˈ**rear-**

wards [~z]) à *ou* vers l'arrière; (par) derrière.

re·as·cend [ˈriːəˈsend] remonter.

rea·son [ˈriːzn] **1.** raison *f*, cause *f*; motif *m*; bon sens *m*; *by ~ of* à cause de, en raison de; *for this ~* pour cette raison; *listen to ~* entendre raison; *it stands to ~ that* il est de toute évidence que; **2.** *v/i.* raisonner (sur, *about*); *~ whether* discuter pour savoir si; *v/t.* (*a. ~ out*) arguer, déduire; *~ away* prouver le contraire de (*qch.*) par le raisonnement; *~ s.o. into* (*out of*) *doing s.th.* amener q. à (dissuader q. de) faire qch.; *~ed* raisonné; logique; ˈ**rea·son·a·ble** □ raisonnable (*a. fig.*); équitable; juste; bien fondé; ˈ**rea·son·a·bly** raisonnablement; ˈ**rea·son·er** raisonneur (-euse *f*) *m*; ˈ**rea·son·ing** raisonnement *m*; dialectique *f*; *attr.* doué de raison.

re·as·sem·ble [ˈriːəˈsembl] (se) rassembler; remonter (*une machine*).

re·as·sert [ˈriːəˈsəːt] réaffirmer; insister.

re·as·sur·ance [ˈriːəˈʃuərəns] action *f* de rassurer; nouvelle affirmation *f*; *give s.o. a ~ about* rassurer q. sur; ⚕ réassurer; **re·as·sure** [ˈ~ˈʃuə] tranquilliser (sur, *about*); ⚕ réassurer.

re·bap·tize [ˈriːbæpˈtaiz] rebaptiser.

re·bate¹ ⚕ [ˈriːbeit] rabais *m*, escompte *m*; remboursement *m*.

re·bate² ⊕ [ˈræbit] **1.** feuillure *f*; **2.** faire une feuillure à; assembler (*deux planches*) à feuillure.

re·bel [ˈrebl] **1.** rebelle *mf*, insurgé(e *f*) *m*, révolté(e *f*) *m*; **2.** insurgé; *fig.* (*a.* **re·bel·lious** [riˈbeljəs]) rebelle; **3.** [riˈbel] se révolter, se soulever (contre, *against*); **reˈbel·lion** [~jən] rébellion *f*, révolte *f*.

re·birth [ˈriːˈbəːθ] renaissance *f*.

re·bound [riˈbaund] **1.** rebondir; **2.** rebondissement *m*; *balle etc.*: ricochet *m*; *fig.* moment *m* de détente.

re·buff [riˈbʌf] **1.** échec *m*; refus *m*; **2.** repousser, rebuter.

re·build [ˈriːˈbild] [*irr.* (*build*)] rebâtir, reconstruire.

re·buke [riˈbjuːk] **1.** réprimande *f*, blâme *m*; **2.** réprimander; reprocher (qch. à q., *s.o. for s.th.*).

re·bus [ˈriːbəs] rébus *m*.

re·but [riˈbʌt] réfuter; repousser; **reˈbut·tal** réfutation *f*.

re·cal·ci·trant [riˈkælsitrənt] récalcitrant, rebelle.

re·call [riˈkɔːl] **1.** rappel *m*; révocation *f*; rappel *m* d'un souvenir, évocation *f*; *total ~* capacité *f* de se souvenir de tout détail; *théâ. give a ~* rappeler (*un acteur*); *beyond* (*ou past*) *~* irrémédiable; irrévocable; **2.** rappeler (*un ambassadeur etc.*; *fig.* qch. à q., *s.th. to s.o.*['s *mind*]); se rappeler, se souvenir de; revoir; retirer (*une parole*); rétracter, revenir sur (*une promesse*); ⚖ annuler; révoquer (*un décret*, ⚕ *un ordre*); *~ that* se rappeler que; *until ~ed* jusqu'à nouvel ordre.

re·cant [riˈkænt] (se) rétracter; abjurer; **re·can·ta·tion** [riːkænˈteiʃn] rétractation *f*, abjuration *f*.

re·cap¹ F [ˈriːkæp] **1.** récapituler; résumer; **2.** récapitulation *f*; résumé *m*.

re·cap² [~] **1.** rechaper (*un pneu*); **2.** pneu *m* rechapé.

re·ca·pit·u·late [riːkəˈpitjuleit] récapituler; résumer; ˈ**re·ca·pit·uˈla·tion** récapitulation *f*; résumé *m*.

re·cap·ture [ˈriːˈkæptʃə] **1.** reprise *f*; **2.** reprendre; *fig.* revivre (*le passé*).

re·cast [ˈriːˈkɑːst] **1.** [*irr.* (*cast*)] ⊕ refondre; remanier (*un roman etc.*); reconstruire; refaire le calcul de; *théâ.* faire une nouvelle distribution des rôles de; **2.** refonte *f*; nouveau calcul *m etc.*

re·cede [riˈsiːd] s'éloigner, reculer (de, *from*); fuir (*front*); ⚔ se retirer (de, *from*); *fig. ~ from* abandonner (*une opinion*).

re·ceipt [riˈsiːt] **1.** réception *f*; reçu *m*; accusé *m* de réception; ⚕ récépissé *m*, quittance *f*; ⚕ recette *f* (*a. cuis.*); **2.** acquitter.

reˈceiv·a·ble [riˈsiːvəbl] recevable; ⚕ à recevoir; **reˈceive** *v/t. usu.* recevoir; accepter; accueillir; essuyer (*un refus*), subir (*une défaite*); toucher (*un salaire*); *radio*: capter; ⚖ receler (*des objets volés*); ⚖ être condamné à; *v/i.* recevoir; **reˈceived** reçu; admis; ⚕ *sur facture*: pour acquit; **reˈceiv·er** personne *f* qui reçoit; *lettre*: destinataire *mf*; *tél., téléph.* récepteur *m*; *radio*: poste *m* (récepteur); ⚕ réceptionnaire *m*; (*a. ~ of stolen goods*) receleur (-euse *f*) *m*; ⚖ (*official ~*) administrateur *m* judiciaire, (*en France*) syndic *m* de faillite; ♏, *phys.* récipient *m*, ballon *m*; *téléph.* *lift the* ~ décrocher; **re'ceiv·ing** **1.** réception *f*; ⚖ recel *m*; **2.** récepteur (-trice *f*); ~ *set* poste *m* récepteur.

re·cen·cy ['riːsnsi] caractère *m* récent.

re·cen·sion [ri'senʃn] révision *f*; texte *m* révisé.

re·cent □ ['riːsnt] récent; de fraîche date; nouveau (-el *devant une voyelle ou un h muet*; -elle *f*; -eaux *m/pl.*); **'re·cent·ly** récemment, dernièrement; **'re·cent·ness** caractère *m* récent.

re·cep·ta·cle [ri'septəkl] récipient *m*; ⚘ (*a. floral* ~) réceptacle *m* (*a. fig.*).

re·cep·tion [ri'sepʃn] réception *f* (*a. radio*); accueil *m*; acceptation *f* (*d'une théorie*); **re'cep·tion·ist** réceptionniste *mf*; **re'cep·tion-room** salle *f* de réception, salon *m*.

re·cep·tive □ [ri'septiv] réceptif (-ive *f*); sensible (à, *of*); **re·cep'tiv·i·ty** réceptivité *f*.

re·cess [ri'ses] vacances *f/pl.* (*a.* ⚖, *a. parl.*); *Am. école*: récréation *f*; recoin *m*; enfoncement *m*; niche *f*; embrasure *f*; ~*es pl. fig.* replis *m/pl.*

re·ces·sion [ri'seʃn] retraite *f*, recul *m*; ⚕ récession *f*; **re'ces·sion·al** **1.** *eccl.* de sortie; *parl.* pendant les vacances; **2.** *eccl.* (*a.* ~ *hymn*) hymne *m* de sortie du clergé.

re·chris·ten ['riː'krisn] rebaptiser.

rec·i·pe ['resipi] *cuis.* recette *f* (*a. fig.*); ⚕ ordonnance *f*; *pharm.* formule *f*; ~ *book* livre *m* de cuisine.

re·cip·i·ent [ri'sipiənt] personne *f* qui reçoit; destinataire *mf*; ⚗ récipient *m*.

re·cip·ro·cal [ri'siprəkəl] **1.** □ réciproque (*a. gramm.*, *phls.*, *a.* ⩓ *figure*); ⩓ inverse (*fonction, raison*); mutuel(le *f*); **2.** ⩓ réciproque *f*, inverse *m*; **re'cip·ro·cate** [~keit] *v/i.* retourner le compliment; ⊕ avoir un mouvement alternatif; *v/t.* échanger; répondre à; **re·cip·ro'ca·tion** (action *f* de payer de) retour *m*; ⊕ va-et-vient *m/inv.*; **rec·i·proc·i·ty** [resi'prɔsiti] réciprocité *f*.

re·cit·al [ri'saitl] récit *m*, narration *f*; ⚖ exposé *m* (*des faits*); ♪ récital (*pl.* -s) *m*; audition *f*; **rec·i·ta·tion** [resi'teiʃn] récitation *f*; **rec·i·ta·tive** ♪ [~tə'tiːv] récitatif *m*; **re·cite** [ri'sait] réciter (un poème); déclamer; énumérer; ⚖ exposer (*les faits*); **re'cit·er** récitateur (-trice *f*) *m*; livre *m* de récitations.

reck·less □ ['reklis] téméraire; ~ *of* insouciant de; **'reck·less·ness** témérité *f*, imprudence *f*; insouciance *f*.

reck·on ['rekn] *v/t.* compter (parmi *among, with*); calculer; juger, estimer; considérer (comme *for, as*); ~ *up* calculer, additionner; *v/i.* compter (sur, [*up*]*on*), calculer; ~ *with* faire rendre compte à; compter avec (*q., a. des difficultés etc.*); **'reck·on·er** calculateur (-trice *f*) *m*; barème *m*; **'reck·on·ing** compte *m*, calcul *m*; estimation *f*; ⚕ règlement *m*; note *f*; addition *f*; *fig. be out in* (*ou of*) *one's* ~ s'être trompé dans son calcul; être loin de compte.

re·claim [ri'kleim] *fig.* tirer (de, *from*); corriger (*q.*), réformer (*q.*); civiliser; ramener (à, *to*); défricher, rendre cultivable, gagner sur l'eau (*du terrain*); assécher (*un marais*); ⊕ récupérer; régénérer (*l'huile etc.*); **re'claim·a·ble** corrigible (*personne*); amendable (*terrain*); asséchable (*marais*); ⊕ récupérable.

rec·la·ma·tion [reklə'meiʃn] réforme *f*; défrichement *m*, mise *f* en valeur; récupération *f*; réclamation *f*.

re·cline [ri'klain] *v/t.* reposer; coucher; *v/i.* être couché; se reposer; ~ *upon* s'étendre sur; *fig.* être appuyé sur; **re'clin·ing chair** confortable *m*; fauteuil *m*.

re·cluse [ri'kluːs] **1.** retiré du monde; reclus; **2.** reclus(e *f*) *m*; anachorète *m*; solitaire *mf*.

rec·og·ni·tion [rekəg'niʃn] reconnaissance *f*; **rec·og·niz·a·ble** □ ['~naizəbl] reconnaissable; **re·cog·ni·zance** ⚖ [ri'kɔgnizəns] caution *f* personnelle; engagement *m*; **rec·og·nize** ['rekəgnaiz] reconnaître (*a. fig.*) (à, *by*); saluer (*dans la rue*).

re·coil [ri'kɔil] **1.** se détendre; reculer (devant, *from*) (*personne, arme à feu*); *fig.* rejaillir (sur, *on*); **2.** rebondissement *m*; détente *f*; ⚔ recul *m*; mouvement *m* de dégout.

re·coin [riː'kɔin] refrapper.

rec·ol·lect **1.** [rekə'lekt] se souvenir de; se rappeler (*qch.*); **2.** ['riːkə-

ˈlekt] réunir de nouveau; **rec·ol·lec·tion** [rekəˈlekʃn] souvenir *m*, mémoire *f*; *fig.* recueillement *m* (*de l'âme*).

re·com·mence [ˈriːkəˈmens] recommencer.

rec·om·mend [rekəˈmend] recommander; **rec·omˈmend·a·ble** recommandable; **rec·om·menˈda·tion** recommandation *f*; **rec·omˈmend·a·to·ry** [‿ətəri] de recommandation.

re·com·mis·sion [ˈriːkəˈmiʃn] réarmer (*un navire*); réintégrer dans les cadres (*un officier*).

re·com·mit [ˈriːkəˈmit] *parl.* renvoyer à une commission; commettre de nouveau; ~ *to prison* renvoyer en prison.

rec·om·pense [ˈrekəmpens] **1.** récompense *f* (de, *for*); compensation *f* (de, pour *for*); dédommagement *m* (de, *for*); **2.** récompenser (q. de qch., *s.o. for s.th.*); réparer (*un mal*); dédommager (q. de qch., *s.o. for s.th.*).

re·com·pose [ˈriːkəmˈpouz] rarranger; calmer de nouveau; ⚒ recomposer; ~ *o.s. to* se disposer de nouveau à.

rec·on·cil·a·ble [ˈrekənsailəbl] conciliable, accordable (avec, *with*); **ˈrec·on·cile** réconcilier (avec *with*, *to*); faire accorder; faire accepter (qch. à q., *s.o. to s.th.*); ajuster (*une querelle*); ~ *o.s. to* se résigner à; **ˈrec·on·cil·er** réconciliateur (-trice *f*) *m*; **rec·on·cil·i·a·tion** [‿siliˈeiʃn] réconciliation *f*; conciliation *f* (*d'opinions contraires*).

rec·on·dite □ *fig.* [riˈkɔndait] abstrus; obscur.

re·con·di·tion [ˈriːkənˈdiʃn] rénover, remettre à neuf.

re·con·nais·sance ⚔ [riˈkɔnisəns] reconnaissance *f*.

rec·on·noi·ter, rec·on·noi·tre ⚔ [rekəˈnɔitə] *v/t.* reconnaître; *v/i.* faire une reconnaissance.

re·con·quer [ˈriːˈkɔŋkə] reconquérir; **ˈreˈcon·quest** ⚔ [‿kwest] reprise *f*.

re·con·sid·er [ˈriːkənˈsidə] examiner de nouveau; revoir; revenir sur (*une décision*); **ˈre·con·sid·erˈa·tion** examen *m* de nouveau; révision *f*.

re·con·sti·tute [ˈriːˈkɔnstitjuːt] reconstituer; **ˈre·con·stiˈtu·tion** reconstitution *f*.

re·con·struct [ˈriːkənsˈtrʌkt] reconstruire; reconstituer (*un crime*); **re·conˈstruc·tion** reconstruction *f*; *crime*: reconstitution *f*.

re·con·ver·sion ✝ [ˈriːkənˈvəːʃn] reconversion *f* (*en industries de paix*); **ˈre·conˈvert** reconvertir; transformer.

rec·ord 1. [ˈrekɔːd] mémoire *m*; ⚖ enregistement *m*; ⚖ feuille *f* d'audience; ⚖ procès-verbal *m* de témoignage; minute *f*; note *f*; dossier *m*; (*a. police-*~) casier *m* judiciaire; registre *m*; monument *m*; ♪ disque *m*, *a.* enregistrement *m*; *sp. etc.* record *m*; ~ *breaker* personne *f* ou chose *f* qui bat le record; ~ *holder* recordman (*pl.* -men) *m*, recordwoman (*pl.* -men) *f*; ~ *time* temps *m* record; *it is left* (*ou stands*) *on* ~ *that* il est rapporté que; *place on* ~ prendre acte de; consigner par écrit; *beat* (*ou break*) *the* ~ battre le record; *set up* (*ou establish*) *a* ~ établir un record; ≈ *Office les* Archives *f/pl.*; *surt. Am. off the* ~ non officiel(le *f*); confidentiel(le *f*); *on the* ~ authentique; **2.** [riˈkɔːd] enregistrer; consigner par écrit; rapporter, relater; *by* ~*ed delivery* en recommandé; ~*ing apparatus* appareil *m* enregistreur; (*a. tape-*~*er*) magnétophone *m*; **reˈcord·er** personne *f* qui enregistre; ⚖ (*sorte de*) juge *m* municipal (= *avocat chargé de remplir certaines fonctions de juge*); appareil *m* enregistreur; ♪ flûte *f* à bec.

re·count[1] [riˈkaunt] raconter.

re·count[2] [ˈriːˈkaunt] recompter.

re·coup [riˈkuːp] (se) dédommager; indemniser; ⚖ défalquer.

re·course [riˈkɔːs] recours *m*; expédient *m*; *have* ~ *to* avoir recours à, recourir à.

re·cov·er[1] [riˈkʌvə] *v/t.* retrouver, recouvrer (*a. la santé*); regagner; rentrer en possession de; reprendre (*haleine*); rattraper (*de l'argent, le temps perdu*); obtenir; ⊕ récupérer; *be* ~*ed* être remis (*malade*); *v/i.* guérir; (*a.* ~ *o.s.*) se remettre; ⚖ se faire dédommager (*par q.*).

re-cov·er[2] [ˈriːˈkʌvə] recouvrir; regarnir (*un fauteuil*).

re·cov·er·a·ble [riˈkʌvərəbl] recouvrable, récupérable; guérissable (*personne*); **reˈcov·er·y** recouvre-

ment *m*; ⊕ récupération *f*; rétablissement *m* (*a. fig.*), guérison *f*; ✝ reprise *f*; redressement *m* (*économique*); ⚖ obtention *f* (*de dommages-intérêts*); *mot.* ~ *vehicle* dépanneuse *f*.
rec·re·an·cy [ˈrekriənsi] lâcheté *f*; apostasie *f*; ˈ**rec·re·ant 1.** □ lâche; infidèle, apostat; **2.** lâche *m*; renégat *m*.
re-cre·ate¹ [ˈriːkriˈeit] recréer.
rec·re·ate² [ˈrekrieit] *v/t.* divertir; *v/i.* (*a.* ~ o.s.) se divertir; **rec·re·ˈa·tion** récréation *f*, divertissement *m*; délassement *m*; ~ *centre* (*Am. center*) centre *m* de loisirs; ~ *ground* terrain *m* de jeux; *école*: cour *f* de récréation; ˈ**rec·re·a·tive** divertissant, récréatif (-ive *f*).
re·crim·i·nate [riˈkrimineit] récriminer; **re·crim·iˈna·tion** récrimination *f*.
re·cru·desce [riːkruːˈdes] s'enflammer de nouveau (*plaie*); reprendre (*maladie, a. fig.*); **re·cru·ˈdes·cence** recrudescence *f* (*a. fig.*).
re·cruit [riˈkruːt] **1.** recrue *f* (*a. fig.*); **2.** *v/t.* ⚔ recruter (*a. pol.*); ⚔ *hist.* racoler (*des hommes pour l'armée*); *fig.* apporter *ou* faire des recrues; *fig.* restaurer (*la santé*); *v/i.* faire des recrues; se remettre (*malade*); **reˈcruit·ment** recrutement *m*; racolage *m*; *santé*: rétablissement *m*.
rec·tan·gle [ˈrektæŋgl] rectangle *m*; **recˈtan·gu·lar** □ [~gjulə] rectangulaire.
rec·ti·fi·a·ble [ˈrektifaiəbl] rectifiable; **rec·ti·fi·ca·tion** [~fiˈkeiʃn] rectification *f* (*a.* ⚗, ⚙, ⚡); ⚡ redressement *m*; **rec·ti·fi·er** [ˈ~faiə] rectificateur (-trice *f*) *m*; ⚙ rectificateur *m*; ⚡, *radio*: redresseur *m*; **rec·ti·fy** [ˈ~fai] rectifier (*a.* ⚗, ⚙); corriger (*a.* ⚗); ⚡, *radio*: redresser; **rec·ti·lin·e·al** [rektiˈlinjəl], **rec·tiˈlin·e·ar** □ [~njə] rectiligne; **rec·ti·tude** [ˈ~tjuːd] rectitude *f*; *caractère*: droiture *f*.
rec·tor [ˈrektə] curé *m*; *univ.* recteur *m*; *écoss.* directeur *m* (*d'une école*); **rec·tor·ate** [ˈ~rit], ˈ**rec·tor·ship** rectorat *m*; ˈ**rec·to·ry** presbytère *m*; cure *f*.
rec·tum *anat.* [ˈrektəm] rectum *m*.
re·cum·bent □ [riˈkʌmbənt] couché, étendu.
re·cu·per·ate [riˈkjuːpəreit] *v/i.* se remettre, se rétablir; *v/t.* ⊕ récupérer; **re·cu·perˈa·tion** rétablissement *m*; ⊕ recupération *f*; *power of* ~ = **reˈcu·per·a·tive pow·er** [~rətiv ˈpauə] pouvoir *m* de rétablissement.
re·cur [riˈkəː] revenir (*à la memoire, sur un sujet*); se renouveler; se reproduire (*a.* ⚗); ~ *to s.o.'s mind* revenir à la mémoire de q.; ⚗ ~*ring decimal* fraction *f* décimale périodique; **re·cur·rence** [riˈkʌrəns] renouvellement *m*, réapparition *f*; ⚕ récidive *f*; ~ *to* retour *m* à; **reˈcur·rent** □ périodique (*a.* ⚕ *fièvre*); *anat.* récurrent.
re·curve [riːˈkəːv] (se) recourber.
rec·u·sant [ˈrekjuzənt] **1.** réfractaire (à, *against*); dissident; **2.** réfractaire *mf*; *eccl.* récusant(e *f*) *m*.
re·cy·cle [riːˈsaikl] recycler, retraiter; **reˈcy·cling** recyclage *m*, retraitement *m*.
red [red] **1.** rouge (*a. pol.*); roux (rousse *f*) (*cheveux, feuille*); ♀ *Cross* Croix-Rouge *f*; ⚘ ~ *currant* groseille *f* rouge; *zo.* ~ *deer* cerf *m* commun; ⊕ ~ *heat* chaude *f* rouge; ~ *herring* hareng *m* saur; *fig. draw* ~ *herrings* brouiller la piste; *min.* ~ *lead* minium *m*; ~ *man see redskin*; *sl. paint the town* ~ faire la nouba, faire la bringue; **2.** rouge *m* (*a. pol. mf*); *billard*: bille *f* rouge; *surt. Am.* F sou *m* (de bronze); see ~ voir rouge; *Am.* F *be in the* ~ avoir débit en banque; F *in the* ~ en déficit.
re·dact [riˈdækt] rédiger, mettre au point; **reˈdac·tion** rédaction *f*; mise *f* au point; révision *f*.
red·breast [ˈredbrest] (*souv. robin* ~) *see robin*; ˈ**red·cap** 🚂 *Am.* porteur *m*; *Angl.* soldat *m* de la police militaire; **red·den** [ˈredn] *vt/i.* rougir; *v/i.* roussir (*feuille*); rougeoyer (*ciel*); ˈ**red·dish** rougeâtre; roussâtre; **red·dle** [ˈ~l] ocre *f* rouge.
re·dec·o·rate [ˈriːˈdekəreit] peindre (et tapisser) à nouveau (*une chambre etc.*); ˈ**re·dec·oˈra·tion** nouvelle décoration *f*; nouveau décor *m*.
re·deem [riˈdiːm] racheter (*eccl., obligation, défaut, esclave, temps, etc.*); amortir (*une dette*); purger (*une hypothèque*); dégager, retirer (*une montre etc.*); honorer (*une traite*); libérer (*un esclave*); tenir (*une

promesse); F réparer (*le temps perdu*); *fig.* arracher (à, *from*); *fig.* ~ing *feature* qualité *f* qui rachète les défauts (*de q.*), *le* seul bon côté (*de q.*); **re'deem·a·ble** ✝ rachetable, amortissable; **Re'deem·er** Rédempteur *m*, Sauveur *m*.

re·de·liv·er ['ri:di'livə] remettre de nouveau (*une lettre*); répéter.

re·demp·tion [ri'dempʃn] *eccl.* rédemption *f*; *crime, esclave, etc., a.* ✝: rachat *m*; ✝ amortissement *m*; dégagement *m*; purge *f*; **re'demp·tive** rédempteur (-trice *f*).

re·de·ploy ['ri:di:plɔi] réorganiser; ⚔ redéployer; **re·de'ploy·ment** réorganisation *f*; ⚔ redéploiement *m*.

re·de·vel·op ['ri:di:veləp] *urbanisme*: (re)mettre en valeur; **re·de'vel·op·ment** (re)mise *f* en valeur.

red...: '~'**faced** rougeaud, rubicond; rougissant (*de colère, gêne etc.*); '~'**haired** roux (rousse *f*), rouquin; '~-'**hand·ed** *fig. catch s.o.* (*be caught*) ~ prendre q. (être pris) en flagrant délit *ou* les mains dans le sac; '~-**head** F rouquin(e *f*) *m*; '~·**head·ed** F rouquin; '~-'**hot** (chauffé au) rouge; *fig.* ardent, enthousiaste; *fig.* tout chaud, (de) denière heure.

red·in·te·grate [re'dintigreit] rétablir (*qch.*) dans son intégrité; réintégrer (*q.*) dans ses possessions; **red·in·te'gra·tion** rétablissement *m* intégral; réintégration *f*.

re·di·rect ['ri:di'rekt] faire suivre, adresser de nouveau (*une lettre etc.*).

re·dis·cov·er ['ri:dis'kʌvə] retrouver; redécouvrir.

re·dis·trib·ute [ri:dis'tribju:t] redistribuer; répartir de nouveau.

red-let·ter day ['redletə'dei] jour *m* de fête; *fig.* jour *m* de bonheur.

red-light dis·trict *Am.* ['redlait-'distrikt] quartier *m* réservé *ou* malfamé.

red·ness ['rednis] rougeur *f*; *cheveux, feuille*: rousseur *f*.

re·do ['ri:'du:] [*irr.* (*do*)] refaire.

red·o·lence ['redoləns] odeur *f*; parfum *m*; '**red·o·lent** parfumé; qui a une forte odeur (de, *of*); *fig.* *be* ~ *of* sentir (*qch.*).

re·dou·ble [ri'dʌbl] redoubler.

re·doubt ⚔ [ri'daut] réduit *m*, redoute *f*; **re'doubt·a·ble** *poét.* redoutable.

re·dound [ri'daund]: ~ *to* contribuer à; résulter (*de qch.*) pour; ~ (*up*)*on* rejaillir sur.

re·draft ['ri:'drɑ:ft] **1.** nouvelle rédaction *f*; ✝ retraite *f*; **2.** (*ou* **re·draw** ['ri:'drɔ:] [*irr.* (*draw*)] rédiger; ✝ faire retraite (sur, *on*).

re·dress [ri'dres] **1.** redressement *m*; remède *m*; réforme *f*; réparation *f* (*a* ⚖); **2.** redresser; réparer; rétablir (*l'équilibre*).

red...: '~·**skin** Peau-Rouge (*pl.* Peaux-Rouges) *m*; '~·**start** *orn.* rouge-queue (*pl.* rouges-queues) *m*; ~ **tape** ['~'teip], ~-**tap·ism** ['~-'teipizm] bureaucratie *f*, F paperasserie *f*; '~-'**tap·ist** bureaucrate *m*; paperassier (-ère *f*) *m*.

re·duce [ri'dju:s] *fig.* réduire (*a.* ⚕, ⚗, ⚒, ⚔ *une ville*) (en, *to*); ⚕, *a. fig.* ramener (à, *to*); abaisser (⚡, *la tension, la température*); (ra)baisser, diminuer (*le prix*); affaiblir (*a. phot.*; *q.*); ⚔ casser; amincir (*une planche*); ralentir (*la marche*); atténuer (*un contraste*); *fig.* ~ *to* ériger en; ~ *to writing* coucher *ou* consigner par écrit; **re'duc·i·ble** réductible (à, *to*); **re·duc·tion** [ri-'dʌkʃn] réduction *f* (*a.* ✝, ⚔ *une ville*, ⚒, ⚗); diminution *f*; ⚔ rétrogradation *f* (*d'un sous-officier*), cassation *f*; ✝ rabais *m*; ✝ remise *f* (sur, *on*); baisse *f* (*de température*); rapetissement *m* (*d'un dessin etc.*); *phot.* atténuation *f*; ⚖ relaxation *f*.

re·dun·dance, re·dun·dan·cy [ri-'dʌndəns(i)] surplus *m*; surabondance *f*; **re'dun·dant** □ superflu; surabondant; *poét.* redondant.

re·du·pli·cate [ri'dju:plikeit] redoubler; répéter; **re·du·pli'ca·tion** redoublement *m*.

re·dye ['ri:'dai] (faire) reteindre.

re·ech·o [ri:'ekou] *v/t.* répéter; *v/i.* résonner.

reed [ri:d] roseau *m*; *poét.* chalumeau *m*; ♪ *hautbois etc.*: anche *f*.

re-ed·it ['ri:'edit] rééditer.

re-ed·u·ca·tion ['ri:edju'keiʃn] rééducation *f*.

reed·y ['ri:di] couvert de *ou* abondant en roseaux; grinçant (*voix*); nasillard (*timbre*).

reef[1] [ri:f] récif *m* (*de corail etc.*).

reef[2] ⚓ [~] **1.** ris *m*; ~-*knot* nœud *m* plat; **2.** prendre un ris dans (*la voile*); rentrer (*le beaupré etc.*).

reef·er[1] [ˈriːfə] veste *f* quartier-maître, caban *m*.

reef·er[2] *Am. sl.* [~] cigarette *f* à marijuana.

reek [riːk] **1.** odeur *f* forte; atmosphère *f* fétide; *écoss.* vapeur *f*; fumée *f*; **2.** exhaler une mauvaise odeur *ou* des vapeurs; *fig.* puer (qch., *of s.th.*); *écoss.* fumer; ˈ**reek·y** enfumé.

reel [riːl] **1.** *tex.*, *papier*, *cin. a. film* ~: bobine *f*; *tél.* moulinet *m* (*a. canne à pêche*); *phot.*, *a.* ⊕ rouleau *m*; *cin.* bande *f*; titubation *f*, chancellement *m*; *danse*: branle *m* écossais; **2.** *v/t.* bobiner; dévider; ~ *in* remonter; ~ *off* dévider; *fig.* réciter d'un trait; *v/i.* tournoyer; chanceler; tituber.

re-e·lect [ˈriːiˈlekt] réélire.

re-el·i·gi·ble [ˈriːˈelidʒəbl] rééligible.

re-en·act [ˈriːiˈnækt] remettre en vigueur; *théâ.* reproduire.

re-en·gage [ˈriːinˈgeidʒ] ⚔ rengager; réintégrer (*un employé*); rengrener (*une roue dentée*); *mot.* ~ *the clutch* rembrayer.

re-en·list ⚔ [ˈriːinˈlist] (se) rengager.

re-en·ter [ˈriːˈentə] *v/t.* rentrer dans; ⚚ inscrire de nouveau; *v/i.* rentrer; se présenter de nouveau (*à un examen*); ˈ**re-ˈent·er·ing, re-en·trant** [riːˈentrənt] rentrant; ˈ**re-ˈen·try** rentrée *f*.

re-es·tab·lish [ˈriːisˈtæbliʃ] rétablir; ˈ**re-esˈtab·lish·ment** rétablissement *m*.

reeve ⚓ [riːv] [*irr.*] passer (*un cordage dans une poulie*).

re-ex·am·i·na·tion [ˈriːigzæmiˈneiʃn] nouvel examen *m ou* ⚖ interrogatoire *m*; ˈ**re-exˈam·ine** [~min] examiner *ou* ⚖ interroger de nouveau.

re-ex·change [ˈriːiksˈtʃeindʒ] nouvel échange *m*; ⚚ rechange *m*; ⚚ retraite *f*.

re·fec·tion [riˈfekʃn] rafraîchissement *m*; **reˈfec·to·ry** [~təri] réfectoire *m*.

re·fer [riˈfəː] *v/t.* rapporter; rattacher (*a. une plante à sa famille*); soumettre (*à un tribunal*); s'en référer (à q. de qch., *s.th. to s.o.*); renvoyer (q. à q., *s.o. to s.o.*); *fig.* attribuer; *école*: ajourner (*un candidat*); ⚚ refuser d'honorer (*un chèque*); *v/i.* (to) se rapporter (à); se reporter (à) (*un document*); se référer (à) (*une autorité*); faire allusion (à), faire mention (de); reparler (de); **refˈer·a·ble**: ~ *to* attribuable à; qui relève de; **ref·er·ee** [refəˈriː] **1.** répondant *m*; *sp.* arbitre *m*; ⚖ arbitre *m* expert; **2.** *sp.* arbitrer; **ref·er·ence** [ˈrefrəns] renvoi *m*, référence *f* (*à une autorité*); rapport *m*; mention *f*, allusion *f*; ⚖ compétence *f*; *cartographie*: point *m* coté; (*a. foot-note* ~) appel *m* de note; *typ.* (*ou* ~ *mark*) renvoi *m*; *accompagnant une demande d'emploi*: référence *f*; *in* (*ou with*) ~ *to* comme suite à, me (*etc.*) référant à; *terms pl. of* ~ mandat *m*, compétence *f*; *work of* ~, ~ *book* ouvrage *m* à consulter; ~ *library* bibliothèque *f* de consultation sur place; ~ *number* cote *f*; ⚚ numéro *m* de commande; ~ *point* point *m* de repère; *make* ~ *to* signaler, faire mention de.

ref·er·en·dum [refəˈrendəm] (*a. people's ou national* ~) référendum *m*, plébiscite *m*.

re·fill [ˈriːˈfil] **1.** objet *m* de remplacement; pile *f ou* feuilles *f/pl. ou* mine *f* de rechange; **2.** *v/t.* remplir (de nouveau); *v/i.mot.* faire le plein.

re·fine [riˈfain] *v/t. fig.* épurer; raffiner; *v/i.* se raffiner (*a.* ⊕, *a. fig.*); ~ (*up*)*on* renchérir sur; **reˈfine·ment** (r)affinage *m*; *fig. cruauté, goût, pensée*: raffinement *m*; **reˈfin·er** raffineur *m* (*a. fig.*); ⊕ affineur *m*; **reˈfin·er·y** ⊕ (r)affinerie *f*; *fer*: finerie *f*.

re·fit [ˈriːˈfit] **1.** *v/t.* ⚓ radouber; réarmer; ⊕ rajuster; remonter (*une usine*); *v/i.* réparer ses avaries; réarmer; **2.** (*a.* ˈ**reˈfit·ment**) ⚓ radoub *m*, réparation *f*; réarmement *m*; ⊕ rajustement *m*; remontage *m*.

re·flect [riˈflekt] *v/t.* réfléchir, refléter; renvoyer; *fig.* être le reflet de; *v/i.* ~ (*up*)*on* réfléchir sur *ou* à; méditer sur; *fig.* faire du tort à; *fig.* critiquer; **reˈflec·tion** réflexion *f* (*a. fig.*); reflet *m* (*a. fig.*), image *f*; pensée *f*; blâme *m* (de, *on*); **reˈflec·tive** □ réfléchissant; de réflexion; réfléchi (*esprit, personne*); **reˈflec·tor** réflecteur *m*; *cycl. rear* ~ catadioptre *m*.

re·flex [ˈriːfleks] **1.** reflété; réfléchi (*a.* ⚘); *physiol.* réflexe; *fig.* indirect; *physiol.* ~ *action* (mouvement *m*) réflexe *m*; *phot.* ~ *camera* (appareil *m*) reflex *m*; **2.** reflet *m*; *physiol.* réflexe *m*; **re·flex·ive** □ [ri'fleksiv] réfléchi (*a. gramm.*).

ref·lu·ent ['refluənt] qui reflue.

re·flux ['ri:flʌks] reflux *m*; jusant *m* (*marée*).

re·for·est·a·tion ['ri:fɔris'teiʃn] reboisement *m*.

re·form[1] [ri'fɔ:m] **1.** réforme *f*; **2.** (se) réformer, corriger; apporter des réformes à.

re·form[2] ['ri:fɔ:m] (se) reformer.

ref·or·ma·tion [refə'meiʃn] réformation *f*; réforme *f* (*a. eccl.* ♀); **re·form·a·to·ry** [ri'fɔ:mətəri] **1.** de réforme; de correction; **2.** maison *f* de correction; **re'formed** réformé (*a. eccl.*); **re'form·er** réformateur (-trice *f*) *m*; **re'form·ist** réformiste.

re·found [ri:'faund] refondre.

re·fract [ri'frækt] réfracter, briser (*un rayon de lumière*); ~*ing telescope* lunette *f* d'approche; **re'frac·tion** réfraction *f*; **re'frac·tive** *opt.* réfractif (-ive *f*); à réfraction; **re'frac·tor** *opt.* milieu *m* ou dispositif *m* réfringent; **re'frac·to·ri·ness** indocilité *f*; ⚕ *fièvre etc.*: opiniâtreté *f*; ⚒ nature *f* réfractaire; **re'frac·to·ry** **1.** □ réfractaire (*a.* ⚒, ⊕ à l'épreuve du feu); indocile, récalcitrant; ⊕ rebelle (*minerai*); ⚕ opiniâtre (*fièvre etc.*); **2.** ⊕ substance *f* réfractaire.

re·frain[1] [ri'frein] *v/t.* † refréner (*ses passions*); *v/i.* se retenir, s'abstenir (de, *from*).

re·frain[2] [~] refrain *m*.

re·fran·gi·ble *phys.* [ri'frændʒəbl] réfrangible.

re·fresh [ri'freʃ] (se) rafraîchir; (se) reposer; ranimer; **re'fresh·er** F rafraîchissement *m*; ⚖ honoraires *m/pl.* supplémentaires; **re'fresh·ment** rafraîchissement *m* (*a. cuis.*); délassement *m*; ~ *room* buffet *m*.

re·frig·er·ant [ri'fridʒərənt] ⚕, ⊕ réfrigérant (*a. su./m*); **re'frig·er·ate** [~reit] (se) réfrigérer; *v/t. a.* frigorifier; **re'frig·er·at·ing** réfrigérant, frigorifique; **re·frig·er'a·tion** réfrigération *f*, frigorification *f*; **re'frig·er·a·tor** réfrigérateur *m*, glacière *f*, chambre *f* frigorifique; ~ *van* wagon *m* frigorifique.

re·fu·el ✈, *mot.* [ri:'fjuəl] faire le plein (d'essence).

ref·uge ['refju:dʒ] refuge *m*, abri *m*; (lieu *m* d')asile *m*; *alp.* refuge *m*; *take* ~ *in* se réfugier dans (*a. fig.*); **ref·u·gee** [~'dʒi:] réfugié(e *f*) *m*.

re·ful·gence [ri'fʌldʒəns] splendeur *f*; **re'ful·gent** □ resplendissant.

re·fund [ri:'fʌnd] rembourser.

re·fur·bish ['ri:'fə:biʃ] remettre à neuf.

re·fur·nish ['ri:'fə:niʃ] meubler de neuf.

re·fus·al [ri'fju:zl] refus *m*; droit *m* de refuser.

re·fuse[1] [ri'fju:z] refuser; *sp.* refuser de sauter (*cheval*); repousser, rejeter.

ref·use[2] ['refju:s] **1.** de rebut; à ordures; de décharge; ⊕ ~ *water* eaux *f/pl.* vannes; **2.** rebut *m*; déchets *m/pl.*; ordures *f/pl.* (*a. fig.*).

ref·u·ta·ble □ ['refjutəbl] réfutable; **ref·u'ta·tion** réfutation *f*; **re·fute** [ri'fju:t] réfuter.

re·gain [ri'gein] regagner, reprendre.

re·gal □ ['ri:gəl] royal (-aux *m/pl.*).

re·gale [ri'geil] *v/t.* régaler (de, *with*); *v/i.* se régaler (de *on*, *with*).

re·ga·li·a [ri'geiljə] *pl.* insignes *m/pl.*; joyaux *m/pl.* de la Couronne.

re·gard [ri'gɑ:d] **1.** † regard *m*; égard *m*; attention *f*; estime *f*, respect *m*; *have* ~ *to* tenir compte de; avoir égard à, faire attention à; *with* ~ *to* quant à; pour ce qui concerne; *with kind* ~*s* avec les sincères amitiés (de, *from*); **2.** regarder (comme, *as*); prendre garde à; concerner; *as* ~*s* en ce qui concerne; **re'gard·ful** □ [~ful] plein d'égards (pour q., *of s.o.*); attentif (-ive *f*) (à, *of*), soigneux (-euse *f*) (de, *of*); **re'gard·ing** à l'égard de; quant à, en ce qui concerne; **re'gard·less** □ inattentif (-ive *f*) (à, *of*); peu soigneux (-euse *f*) (de, *of*); ~ *of* sans regarder à.

regat·ta [ri'gætə] régate *f*, -s *f/pl.*

re·ge·late ['ri:dʒəleit] se regeler.

re·gen·cy ['ri:dʒənsi] régence *f*.

re·gen·er·ate **1.** [ri'dʒenəreit] (se) régénérer; **2.** [~rit] régéneré; **re·gen·er'a·tion** régénération *f* (*a. fig.*); *fig.* amélioration *f*; ⊕ *huile*: épuration *f*; **re'gen·er·a·tive** [~rətiv] régénérateur (-trice *f*).

re·gent ['ri:dʒənt] **1.** régent; **2.** régent(e *f*) *m*; *Am.* membre *m* du conseil d'administration; ˈ**re·gent·ship** régence *f*.

reg·i·cide [ˈredʒisaid] régicide *mf*; *crime*: régicide *m*.

reg·i·men [ˈredʒimen] ⚕, *gramm.*, *etc.* régime *m*.

reg·i·ment ⚔ **1.** [ˈredʒimənt] régiment *m*; *fig.* légion *f*; **2.** [ˈ~ment] enrégimenter; organiser; **reg·i·ˈmen·tal** ⚔ de *ou* du régiment; **reg·iˈmen·tal·ly** [~təli] par régiment; **reg·iˈmen·tals** ⚔ [~tlz] *pl.* (grand) uniforme *m*; **reg·i·menˈta·tion** enrégimentation *f*.

re·gion [ˈriːdʒən] région *f*; *fig.* domaine *m*; ˈ**re·gion·al** □ régional (-aux *m/pl.*); *radio*: (*a.* ~ *station*) poste *m* régional.

reg·is·ter [ˈredʒistə] **1.** registre *m* (*a.* ⚚, ♪, ⊕ *fourneau*); matricule *f*; liste *f* (*électorale*); ⊕ *cheminée*: rideau *m*; ⚓ lettre *f* de mer; ♪ *voix*: étendue *f*; compteur *m* (*kilométrique*); ~ *office* bureau *m* d'enregistrement *ou* de l'état civil *ou* de placement; ⚓ *net* ~ *ton* tonne *f* de jauge nette; **2.** *v/t.* enregistrer (*a. bagages*, *a. Am. émotion*); inscrire; immatriculer (*une auto*, *un étudiant*); *thermomètre*: marquer (*les degrés*); ⚚ déposer (*une marque*), recommander (*une lettre etc.*); *typ.* mettre en registre; *v/i.* ⊕ coïncider exactement; *typ.* être en registre; s'inscrire (*personne*); ˈ**reg·is·tered** enregistré, inscrit, immatriculé; recommandé (*lettre etc.*); ~ *design* modèle *m* déposé; ⚚ ~ *share* (*ou Am. stock*) action *f* nominative.

reg·is·trar [redʒisˈtrɑː] teneur *m* des registres; officier *m* de l'état civil; ⚖ greffier *m*; *univ.* secrétaire *m*; *get married before the* ~ se marier civilement; **reg·is·tra·tion** [~ˈtreiʃn] enregistrement *m*, inscription *f*; *auto etc.*: immatriculation *f*; *marque*: dépôt *m*; ~ *fee* droit *m* d'inscription; *lettre etc.*: taxe *f* de recommandation; ˈ**reg·is·try** enregistrement *m*; *admin.* greffe *m*; (*a.* ~ *office*) bureau *m* d'enregistrement *ou* de l'état civil *ou* de placement; *servants'* ~ agence *f* de placement.

reg·nant [ˈregnənt] régnant.

re·gress 1. [ˈriːgres] retour *m* en arrière; *fig.* déclin *m*; **2.** [riˈgres] retourner en arrière, reculer; *biol. etc.* rétrograder; **re·gres·sion** [riˈgreʃn] rétrogression *f*; *biol.* régression *f*; ⛩ rebroussement *m*; **re·gres·sive** □ [riˈgresiv] régressif (-ive *f*).

re·gret [riˈgret] **1.** regret *m* (de *at*, *for*); **2.** regretter (de *inf.*, *gér. ou to inf.*); **reˈgret·ful** □ [~ful] plein de regrets; ~*ly* avec *ou* à regret; **reˈgret·ta·ble** □ regrettable; à regretter.

re·group [ˈriːˈgruːp] (se) regrouper; **reˈgroup·ment** regroupement *m*.

reg·u·lar [ˈregjulə] **1.** □ régulier (-ère *f*) (*a.* ⚔, *eccl.*, *etc.*); habituel (-le *f*); ordinaire, normal (-aux *m/pl.*); réglé; réglementaire, dans les règles; *Am.* ~ *gas*, *Brit.* ~ *petrol* essence *f* ordinaire; **2.** *eccl.* régulier *m*, religieux *m*; ⚔ soldat *m* de carrière; **reg·u·lar·i·ty** [~ˈlæriti] régularité *f*.

reg·u·late [ˈregjuleit] régler (*a.* ⊕, *a. fig.*); diriger; ⊕ ajuster; ˈ**reg·u·lat·ing** ⊕ régulateur (-trice *f*); réglant; **reg·uˈla·tion 1.** règlement *m*; ⊕ réglage *m*; ⚚ direction *f*; **2.** réglementaire; d'ordonnance (*revolver*); ˈ**reg·u·la·tive** □ régulateur (-trice *f*); ˈ**reg·u·la·tor** régulateur (-trice *f*) *m*; ⊕ régulateur *m*; ⊕ ~ *lever* registre *m*.

re·gur·gi·tate [riːˈgəːdʒiteit] *v/t.* régurgiter, regorger; *v/i.* refluer, regorger.

re·ha·bil·i·tate [riːəˈbiliteit] réhabiliter; **re·ha·bil·iˈta·tion** réhabilitation *f*; *finances*: assainissement *m*.

re·hash *fig.* [ˈriːˈhæʃ] réchauffer.

re·hears·al [riˈhəːsl] récit *m* détaillé; ♪, *théâ.* répétition *f*; **re·hearse** [riˈhəːs] énumérer; raconter (tout au long); ♪, *théâ.* répéter.

re·heat [ˈriːˈhiːt] réchauffer.

reign [rein] **1.** règne *m* (*a. fig.*); *in the* ~ *of* sous le règne de; **2.** régner (sur, *over*) (*a. fig.*).

re·im·burse [ˈriːimˈbəːs] rembourser (*a.* ⚚) (q. de qch., s.o. [*for*] *s.th.*); ˈ**re·imˈburse·ment** remboursement *m*.

rein [rein] **1.** rêne *f*; guide *f*; *fig.* *give* ~ *to* lâcher la bride à; **2.**: ~ *in ou up ou back* retenir.

rein·deer *zo.* [ˈreindiə] renne *m*.

re·in·force [riːinˈfɔːs] **1.** renforcer; affermir (*la santé*); ⊕ ~*d concrete* béton *m* armé; **2.** ⊕ armature *f*; *canon*: renfort *m*; ˈ**re·inˈforce·ments** ⚔ *pl.* renfort *m*, -s *m/pl.*

re·in·sert ['ri:in'sə:t] réinsérer; remettre en place.
re·in·stall ['ri:in'stɔ:l] réinstaller; '**re·in**'**stal(l)·ment** réinstallation *f*.
re·in·state ['ri:in'steit] réintégrer (*dans ses fonctions*); rétablir; '**re·in**'**state·ment** réintégration *f*; rétablissement *m*.
re·in·sur·ance ['ri:in'ʃuərəns] réassurance *f*; contre-assurance *f*; **re·in·sure** ['~'ʃuə] réassurer.
re·in·vest ['ri:in'vest] investir *etc.* de nouveau (*see invest*).
re·is·sue ['ri:'isju:; *surt. Am.* 'ri:'iʃu:] **1.** rééditer (*un livre*); ☤ émettre de nouveau; **2.** nouvelle édition *f ou* ☤ émission *f*.
re·it·er·ate [ri:'itəreit] réitérer, répéter; **re·it·er**'**a·tion** réitération *f*, répétition *f*.
re·ject [ri'dʒekt] rejeter; refuser; repousser; ⊕ mettre au rebut; **re**'**jec·tion** rejet *m*; refus *m*; repoussement *m*; ~**s** *pl.* rebuts *m/pl.*, pièces *f/pl.* de rebut; **re**'**jec·tor cir·cuit** *radio*: filtre *m*.
re·joice [ri'dʒɔis] *v/t.* réjouir (*q.*); ~**d** heureux (-euse *f*) (de *at, by*); *v/i.* se réjouir (de *at, in*); **re**'**joic·ing 1.** □ réjouissant; plein de joie (*personne*); **2.** (*souv.* ~**s** *pl.*) réjouissances *f/pl.*, fête *f*.
re·join¹ ['ri:'dʒɔin] (se) rejoindre, réunir (à *to, with*).
re·join² [ri'dʒɔin] répliquer; **re**'**join·der** ⚖ réplique *f*; repartie *f*.
re·ju·ve·nate [ri'dʒu:vineit] *vt/i.* rajeunir; **re·ju·ve**'**na·tion, re·ju·ve·nes·cence** [~'nesns] rajeunissement *m*.
re·kin·dle ['ri:'kindl] (se) rallumer.
re·lapse [ri'læps] **1.** ⚕, *a. fig.* rechute *f*; **2.** retomber; ⚕ faire une rechute.
re·late [ri'leit] *v/t.* (ra)conter; rattacher (à *to, with*); *v/i.* se rapporter, avoir rapport (à, *to*); **re**'**lat·ed** ayant rapport (à, *to*); apparenté (à, *to*) (*personne*); allié (à, *to*); **re**'**lat·er** conteur (-euse *f*) *m*, narrateur (-trice *f*) *m*.
re·la·tion [ri'leiʃn] récit *m*, relation *f*; rapport *m* (à *to, with*); parent(e *f*) *m*; *in* ~ *to* par rapport à; **re**'**la·tion·ship** rapport *m*; lien *m*; relations *f/pl.*, rapports *m/pl.*; (liens *m/pl.* de) parenté *f*; *have a good* ~ *with s.o.* être en bons rapports avec q.; s'entendre bien avec q.
rel·a·tive ['relətiv] **1.** □ relatif (-ive *f*) (*a. gramm.*); qui se rapporte (à, *to*); **2.** *adv.*: ~ *to* au sujet de; **3.** *su. gramm.* pronom *m* relatif; **rel·a**'**tiv·i·ty** relativité *f*.
re·lax [ri'læks] *v/t.* relâcher; détendre; desserrer (*une étreinte*); mitiger (*un jugement etc.*); ⚕ enflammer (*la gorge*); ⚕ relâcher (*le ventre*); *v/i.* se relâcher; se détendre; diminuer; se délasser; **re·lax**'**a·tion** relâchement *m*; détente *f*, repos *m*, délassement *m*; mitigation *f*.
re·lay¹ [ri'lei] **1.** relais *m* (*a.* ⚡); ⚡ contacteur *m*; relève *f* (*d'ouvriers*); radiodiffusion *f* relayée; *sp.* ~-*race* course *f* de *ou* à relais; **2.** *radio*: relayer; ~*ed by* (*ou from*) en relais de.
re·lay² ['ri:'lei] poser de nouveau; remettre.
re·lease [ri'li:s] **1.** délivrance *f*; *fig.* libération *f*; élargissement *m*; ☤ mise *f* en vente; ☤ acquit *m*; *cin.* (*souv. first* ~) mise *f* en circulation; ⚖ relaxation *f* (*d'un prisonnier*); ⚖ cession *f* (*de terres*); ⊕ mise *f* en marche; ⊕ dégagement *m*; *phot.* déclencheur *m*; **2.** relâcher; libérer (de *from*); lâcher; renoncer à (*un droit*); faire la remise de (*une dette*); céder (*des terres*); ☤ mettre en vente; *cin.* mettre en circulation; émettre, dégager (*la fumée etc.*); ⊕, *phot.* déclencher; ⊕ décliquer; ⊕ mettre en marche.
rel·e·gate ['religeit] reléguer (à, *to*); renvoyer (à, *to*); bannir (*q.*); *sp. be* ~*d* être relégué (à la division inférieure); **rel·e**'**ga·tion** relégation *f*; mise *f* à l'écart; renvoi *m* (*sp. à la division inférieure*).
re·lent [ri'lent] s'adoucir; se laisser attendrir; **re**'**lent·less** □ implacable; impitoyable.
rel·e·vance, rel·e·van·cy ['relivəns(i)] pertinence *f*; applicabilité *f* (à, *to*); rapport *m* (avec, *to*); '**rel·e·vant** (à, *to*) pertinent; applicable; qui se rapporte.
re·li·a·bil·i·ty [rilaiə'biliti] sûreté *f*; véracité *f*; **re**'**li·a·ble** □ sûr; digne de foi (*source*) *ou* de confiance (*personne*).
re·li·ance [ri'laiəns] confiance *f*; *place* ~ *on* se fier à; **re**'**li·ant**: *be* ~ *on* compter sur; se fier à.
rel·ic ['relik] relique *f* (*a. eccl.*); *fig.*

vestige *m*; ~*s pl.* restes *m/pl.*; **relict** † ['~kt] veuve *f*.

re·lief [ri'li:f] soulagement *m*; décharge *f*; *détresse*: allégement *m*; ⚔ *endroit*: délivrance *f*; *garde etc.*: relève *f*; ⚖ *tort*: réparation *f*, redressement *m*; secours *m* (*a.* aux pauvres), aide *f*; ⚠ relief *m*; *fig.* agrément *m*; *fig.* détente *f*; ⊕ dégagement *m*; *be on* ~ être un pauvre assisté; *poor* ~ secours *m* aux pauvres; ~ *work* secours *m* aux sinistrés; ~ *works pl.* travaux *m/pl.* publics organisés pour aider les chômeurs; *in* ~ *against* découpé sur; qui se détache sur.

re·lieve [ri'li:v] soulager (*a.* ⚠ *une poutre*); alléger (*la détresse*); secourir, aider (*les pauvres etc.*); ⚔ dégager (*un endroit, a.* ⊕); ⚔ relever (*les troupes etc.*); *peint. etc.* mettre en relief, donner du relief à; *fig.* faire ressortir; *cost.* agrémenter (de *with, by*); débarrasser (de, *of*); *fig.* tranquilliser (*l'esprit*), dissiper (*l'ennui*); F ~ *nature* faire ses besoins.

re·lie·vo [ri'li:vou] relief *m*.

re·li·gion [ri'lidʒən] religion *f*.

re·li·gious □ [ri'lidʒəs] religieux (-euse *f*) (*a. fig., a. eccl.*); dévot; pieux (-euse *f*); de piété; **re'li·gious·ness** piété *f*; F *fig.* religiosité *f*.

re·lin·quish [ri'liŋkwiʃ] renoncer à (*une idée, un projet, etc.*); abandonner; ⚖ délaisser; lâcher (*qch.*); **re'lin·quish·ment** abandon *m* (de, *of*); renonciation *f* (à, *of*).

rel·i·quar·y ['relikwəri] reliquaire *m*.

rel·ish ['reliʃ] **1.** goût *m*, saveur *f*; *fig.* attrait *m*; *cuis. piment*: soupçon *m*, pointe *f*; assaisonnement *m*; *with* ~ très volontiers; **2.** *v/t.* relever le goût de; savourer, goûter; *fig.* trouver du plaisir à, avoir le goût de; *did you* ~ *your dinner?* votre dîner vous a-t-il plu?; *v/i.* sentir (qch., *of s.th.*), avoir un léger goût (de, *of*).

re·lo·cate ['ri:lou'keit] transférer, déplacer; **'re·lo'ca·tion** transfert *m*, déplacement *m*.

re·luc·tance [ri'lʌktəns] répugnance *f* (à *inf.*, *to inf.*); *phys.* reluctance *f*; **re'luc·tant** □ qui résiste; fait *ou* donné à contrecœur; *be* ~ *to* (*inf.*) être peu disposé à (*inf.*), hésiter à (*inf.*).

re·ly [ri'lai]: ~ (*up*)*on* compter sur, s'en rapporter à.

re·main [ri'mein] **1.** rester; demeurer; persister; **2.** ~*s pl.* restes *m/pl.*; vestiges *m/pl.*; **re'main·der** reste *m*, restant *m*; *livres*: solde *m* d'édition; ⚖ réversion *f* (sur, *to*).

re·make ['ri:meik] *film*: nouvelle version *f ou* réalisation *f*, remake *m*.

re·mand [ri'mɑ:nd] **1.** ⚖ renvoyer (*un prévenu*) à une autre audience; **2.**: *on* ~ renvoyé à une autre audience; *prisoner on* ~ préventionnaire *mf*.

re·mark [ri'mɑ:k] **1.** remarque *f*; observation *f*; **2.** *v/t.* remarquer, observer; faire la remarque (que, *that*); *v/i.* (sur, [*up*]*on*) faire des remarques; commenter; **re'mark·a·ble** □ remarquable (par, *for*); frappant; singulier (-ère *f*); **re'mark·a·ble·ness** ce qu'il y a de remarquable (dans, *of*); mérite *m*.

re·mar·ry ['ri:'mæri] *v/t.* se remarier à (*q.*); remarier (*des divorcés*); *v/i.* se remarier.

re·me·di·a·ble □ [ri'mi:djəbl] réparable; remédiable; **re·me·di·al** □ [ri'mi:djəl] réparateur (-trice *f*); ⚕ curatif (-ive *f*); ~ *teaching* cours *m/pl.* de rattrapage.

rem·e·dy ['remidi] **1.** remède *m*; ⚖ réparation *f*; **2.** porter remède à, remédier.

re·mem·ber [ri'membə] se rappeler (*qch.*), se souvenir de (*qch.*); ne pas oublier (*a.* = *donner qch. à* [*q.*]); ~ *me to him!* dites-lui bien des choses de ma part!; rappelez-moi à son bon souvenir!; **re'mem·brance** souvenir *m*, mémoire *f*; *give my kind* ~*s to him!* dites-lui bien des choses de ma part!

re·mind [ri'maind] rappeler (qch. à q., *s.o. of s.th.*); ~ *o.s. that* se rappeler que; **re'mind·er** mémento *m*; ⚘ rappel *m* de compte.

rem·i·nisce [remi'nis] remonter dans le passé, parler de *ou* évoquer ses souvenirs; **rem·i·nis·cence** [~'nisns] réminiscence *f*; souvenir *m*; **rem·i'nis·cent** □ qui se souvient (de, *of*); *be* ~ *of* rappeler, faire penser à (*qch.*).

re·miss □ [ri'mis] négligent, insouciant; nonchalant; **re'mis·si·ble** [~əbl] rémissible; **re·mis·sion** [~'miʃn] *dette, peine*: remise *f*; ⚕, *eccl.* rémission *f*; *eccl.* pardon *m*;

relâchement *m*; **re'miss·ness** négligence *f*.

re·mit [ri'mit] *v/t.* remettre (*une dette, une peine*, ⚚, *a. eccl.*); *eccl.* pardonner; relâcher; ⚖ renvoyer; *v/i.* diminuer d'intensité; *please* ~ prière de nous couvrir; **re'mit·tance** ⚚ remise *f*; ⚚ envoi *m* de fonds; **re·mit'tee** destinataire *mf*; **re'mit·tent** ⚕ rémittent; **re'mit·ter** ⚚ remetteur (-euse *f*) *m*; envoyeur (-euse *f*) *m* (de fonds).

rem·nant ['remnənt] reste *m*, restant *m*; ⚚ coupon *m* (*d'étoffe*); ~*s pl.* soldes *m/pl.*

re·mod·el ['riː'mɔdl] remodeler; remanier; ⊕ transformer.

re·mon·strance [ri'mɔnstrəns] remontrance *f*; **re'mon·strant 1.** de remontrance; qui proteste (*personne*); **2.** remontreur (-euse *f*) *m*; **re'mon·strate** [~streit] faire des représentations (à q., *with s.o.*; au sujet de, [*up*]*on*); protester (que, *that*).

re·morse [ri'mɔːs] remords *m* (pour, *for*; de, *at*); **re'morse·ful** □ [~ful] plein de remords; **re'morse·less** □ sans remords; impitoyable.

re·mote □ [ri'mout] écarté; éloigné; reculé; lointain; *fig.* vague; ~ **control** ⊕ **1.** commande *f* à distance; **2.** télécommandé; **re'mote·ness** éloignement *m*; degré *m* éloigné; *fig.* faible degré (*de ressemblance*).

re·mount 1. [riː'maunt] *v/t.* remonter (*a.* ⚔); *v/i.* remonter (*a.* à cheval); **2.** ⚔ ['riːmaunt] (cheval *m* de) remonte *f*; *army* ~*s pl.* chevaux *m/pl.* de troupe.

re·mov·a·ble [ri'muːvəbl] détachable; extirpable (*mal*); transportable; révocable; **re'mov·al** [~vəl] *tache etc.*: enlèvement *m*; *mot. pneu*: démontage *m*; ⚕ *pansement*: levée *f*; déplacement *m*; transport *m*; *fonctionnaire*: révocation *f*; *abus, mal*: suppression *f*; déménagement *m*; ~ *expenses* frais *m/pl.* de déplacement; ~ *service* entreprise *f* de déménagements; ~ *van* voiture *f* de déménagement; **re·move** [~'muːv] **1.** *v/t.* enlever, ôter; écarter; chasser; déplacer; éloigner; révoquer (*un fonctionnaire*); assassiner; supprimer; ~ *furniture* déménager; *v/i.* se déplacer; déménager; **2.** distance *f*; degré *m*; *école anglaise*: classe *f* intermédiaire; *école*: passage *m* à une classe supérieure; **re'mov·er** déménageur *m*; ⚗ dissolvant *m*; *pour taches*: détachant *m*; *pour vernis etc.*: décapant *m*.

re·mu·ner·ate [ri'mjuːnəreit] rémunérer (de, *for*); **re·mu·ner'a·tion** rémunération *f*; **re'mu·ner·a·tive** □ [~rətiv] rémunérateur (-trice *f*).

ren·ais·sance [rə'neisəns] Renaissance *f*.

re·nal *anat.* ['riːnl] des reins, rénal (-aux *m/pl.*).

re·nas·cence [ri'næsns] retour *m* à la vie; Renaissance *f*; **re'nas·cent** renaissant.

rend [rend] [*irr.*] déchirer; *fig. a.* fendre.

ren·der ['rendə] rendre (*a. compte, forteresse, grâce, hommage, service*, ♪ *phrase, a.* = *faire devenir*); faire (*honneur*); traduire (en, *into*); ⚚ remettre (un compte à q., *s.o. an account*); △ enduire (de, *with*); ♪ interpréter (*un morceau*); *cuis.* clarifier, fondre; **'ren·der·ing** ⚔ reddition *f*; ♪ interprétation *f*; traduction *f*; *cuis.* clarification *f*, fonte *f*; △ enduit *m*.

ren·dez·vous ['rɔndivuː] rendez-vous *m*.

ren·di·tion [ren'diʃn] ⚔ reddition *f*; *Am.* interprétation *f*; traduction *f*.

ren·e·gade ['renigeid] renégat(e *f*) *m*.

re·new [ri'njuː] renouveler; **re'new·al** [~əl] renouvellement *m*; remplacement *m*.

ren·net ['renit] présure *f*; *pomme*: reinette *f*.

re·nounce [ri'nauns] *v/t.* renoncer à, abandonner; répudier; *v/i. cartes*: renoncer.

ren·o·vate ['renoveit] renouveler; remettre à neuf; **ren·o'va·tion** renouvellement *m*; rénovation *f*; **'ren·o·va·tor** rénovateur (-trice *f*) *m*.

re·nown [ri'naun] renom(mée *f*) *m*; **re'nowned** (*for*) renommé (pour), célèbre (par).

rent[1] [rent] **1.** *prét. et p.p. de rend*; **2.** déchirure *f*; *terrain*: fissure *f*.

rent[2] [~] **1.** loyer *m*; location *f*; **2.** louer; affermer (*une terre*); **'rent·a·ble** qui peut se louer; affermable (*terre*); **'rent-a-'car** (**serv·ice**) location *f* de voitures; **'rent·al** (montant *m* du) loyer *m*; *Am.* location *f* (*d'une auto etc.*); ~ *value* valeur *f* locative; ˈ**rent-charge** servitude *f* de rente (*à faire à un tiers*); ˈ**rent·er** locataire *mf*; *cin.* distributeur *m*; ˈ**rent**ˈ**free 1.** *adj.* exempt de loyer; **2.** *adv.* sans payer de loyer.

re·num·ber [riˈnʌmbə] renuméroter, numéroter de nouveau; **re**ˈ**num·ber·ing** renumérotage *m*.

re·nun·ci·a·tion [rinʌnsiˈeiʃn] (*of*) renoncement *m* (à); reniement *m* (de); ⚖ répudiation *f* (de).

re·oc·cu·pa·tion [riɔkjuˈpeiʃn] réoccupation *f* (*d'un pays, d'un territoire, etc.*); **re**ˈ**oc·cu·py** réoccuper (*un pays, un territoire, etc.*).

re·o·pen [ˈriːˈoupn] *v/t.* rouvrir; recommencer; *v/i.* se rouvrir (*plaie*); rentrer (*école*); *théâ.* rouvrir; **re**ˈ**o·pen·ing** réouverture *f*.

re·or·ga·ni·za·tion [ˈriːɔːgənaiˈzeiʃn] réorganisation *f*; ⚕ assainissement *m*; **re**ˈ**or·gan·ize** (se) réorganiser; ⚕ assainir.

rep ⚕ [rep] reps *m.* [*se*); remballer.}

re·pack [ˈriːˈpæk] refaire (*une vali-*}

re·paint [ˈriːˈpeint] repeindre.

re·pair[1] [riˈpɛə] **1.** réparation *f*; rétablissement *m* (*d'une maison etc.*); ⚓ radoub *m*; ~*s pl.* réparations *f/pl.*; réfection *f* (*d'une route*); ~ *kit* trousse *f* de réparation; ~ *man* réparateur *m*; ~ *shop* atelier *m* de réparations; (*damaged*) *beyond* ~ irréparable; *in* (*good*) ~ en bon état; *out of* ~ en mauvais état; '*road* ~*s*' 'chantier' *m*; *under* ~ en réparation; **2.** réparer (*a. fig.*); raccommoder (*un vêtement*); remettre en état (*une machine*); ⚓ radouber; rétablir (*la santé*).

re·pair[2] [~] se rendre (à, *to*).

re·pa·ra·ble [ˈrepərəbl] réparable; **rep·a**ˈ**ra·tion** réparation *f* (*a. pol., a. fig.*); *pol. make* ~*s* réparer.

rep·ar·tee [repɑːˈtiː] repartie *f*, réplique *f* spirituelle; *be good at* ~ avoir de la repartie; avoir la repartie facile; savoir répondre du tac au tac.

re·par·ti·tion [riːpɑːˈtiʃn] répartition *f*; nouveau partage *m*.

re·pass [ˈriːˈpɑːs] *v/i.* passer de nouveau; repasser; *v/i.* repasser (devant); *parl.* voter de nouveau.

re·past [riˈpɑːst] repas *m*.

re·pa·tri·ate 1. [riːˈpætrieit] rapatrier; **2.** [~iit] rapatrié(e *f*) *m*; ˈ**re·pa·tri**ˈ**a·tion** rapatriement *m*.

re·pay [riːˈpei] [*irr.* (*pay*)] rembourser; récompenser; rendre (*de l'argent*); *fig.* se venger de; s'acquitter (de qch., *s.th.*; envers q., *s.o.*); *fig.* payer (de, *with*); **re**ˈ**pay·a·ble** remboursable; **re**ˈ**pay·ment** remboursement *m*; récompense *f*.

re·peal [riˈpiːl] **1.** abrogation *f*; ⚖ annulation *f*; **2.** abroger; révoquer; annuler.

re·peat [riˈpiːt] **1.** *v/t.* répéter; réitérer; recommencer; ⚕ ~ *an order* renouveler une commande (de qch., *for s.th.*); *v/i.* (*a.* ~ *o.s.*) se répéter; revenir (*nourriture*); être à répétition (*montre, fusil*); **2.** ♪ reprise *f*; renvoi *m*; ⚕ (*souv.* ~ *order*) commande *f* renouvelée; **re**ˈ**peat·ed** □ réitéré; **re**ˈ**peat·er** rediseur (-euse *f*) *m*; ⅍ fraction *f* périodique; montre *f ou* fusil *m* à répétition; *tél.* répétiteur *m*.

re·pel [riˈpel] repousser (*a. fig.*); rebuter; inspirer de la répulsion à; **re**ˈ**pel·lent** répulsif (-ive *f*).

re·pent [riˈpent] (*a.* ~ *of*) se repentir de.

re·pent·ance [riˈpentəns] repentir *m*; **re**ˈ**pent·ant** repenti.

re·peo·ple [ˈriːˈpiːpl] repeupler.

re·per·cus·sion [riːpəːˈkʌʃn] répercussion *f* (*a. fig.*); contrecoup *m*.

rep·er·to·ry ♪, *théâ., a. fig.* [ˈrepətəri] répertoire *m*.

rep·e·ti·tion [repiˈtiʃn] répétition *f*; recommencement *m*; *tél.* collationnement *m*; ♪ reprise *f*; ⚕ ~ *order* commande *f* renouvelée.

re·pine [riˈpain] se chagriner, se plaindre (de, *at*); **re**ˈ**pin·ing** □ mécontent; chagrin.

re·place [riːˈpleis] replacer, remettre en place; remplacer (par, *by*); *téléph.* raccrocher (*le récepteur*); **re**ˈ**place·ment** remise *f* en place; remplacement *m*; ⊕ pièce *f* de rechange.

re·plant [ˈriːˈplɑːnt] replanter.

re·play *sp.* [ˈriːplei] match *m* rejoué.

re·plen·ish [riˈpleniʃ] remplir; se réapprovisionner (de, en *with*); **re**ˈ**plen·ish·ment** remplissage *m*; ravitaillement *m*.

re·plete [riˈpliːt] rempli, plein (de, *with*); **re**ˈ**ple·tion** réplétion *f*; *eat to* ~ manger jusqu'à satiété.

rep·li·ca [ˈreplikə] *peint. etc.* réplique *f*, double *m* (*a. fig.*); *fig.* copie *f*.

rep·li·ca·tion [repli'keiʃn] ⚖ réplique *f*; repartie *f*; *fig.* copie *f*; répercussion *f*.

re·ply [ri'plai] **1.** (à, *to*) répondre; répliquer (*a.* ⚖); **2.** réponse *f*; ⚖ réplique *f*; ~ *postcard* carte *f* postale avec réponse payée.

re·port [ri'pɔːt] **1.** rapport *m* (sur, *on*); *journ.* reportage *m*; *école*, *a. météor.* bulletin *m*; *fig.* nouvelle *f*; rumeur *f*; *arme à feu*: détonation *f*; *fusil*: coup *m*; réputation *f*; *école*: ~ *card* bulletin *m* (scolaire); **2.** *v/t.* rapporter (*a. parl.*); faire un rapport sur; faire le compte rendu de; dire; signaler; *v/i. journ.* faire des reportages; faire un rapport (sur, [*up*]*on*); (*a.* ~ *o.s.*) se présenter (à, devant *to*); *gramm.* ~*ed speech* discours *m ou* style *m* indirect; **re'port·er** journaliste *m*, reporter *m*.

re·pose [ri'pouz] **1.** repos *m*; sommeil *m*; calme *m*; **2.** *v/t.* reposer (*q.*, *sa tête*, *etc.*); ~ *trust etc. in* mettre sa confiance *etc.* en; *v/i.* se reposer; dormir; se délasser; *fig.* reposer (sur, [*up*]*on*); **re·pos·i·to·ry** [ri'pɔzitəri] dépôt *m*, entrepôt *m*; dépositaire *mf* (*personne*); *fig.* répertoire *m*.

re·pos·sess ['riːpə'zes]: ~ *o.s. of* reprendre possession de (*qch.*).

rep·re·hend [repri'hend] blâmer, réprimander; **rep·re'hen·si·ble** □ répréhensible; **rep·re'hen·sion** réprimande *f*.

rep·re·sent [repri'zent] représenter (*a.* ⚕, *a. théâ. une pièce*); *théâ.* jouer (*un personnage*); symboliser; signaler (qch. à q., *s.th. to s.o.*); **rep·re·sen'ta·tion** représentation *f* (*a.* ⚕, ⚖, *pol.*, *fig.*, *théâ. pièce*); *théâ.* interprétation *f* (*d'un rôle*); *coll.* représentants *m/pl.*; *fig.* ~*s pl.* remontrance *f* courtoise; **rep·re'sent·a·tive** □ [~tətiv] **1.** représentatif (-ive *f*); *parl. a.* par députés; typique; *be* ~ *of* représenter (*qch.*); ~ *of* représentant (*qch.*); **2.** représentant(e *f*) *m*; *pol.* député *m*; *parl. Am. House of* ~*s* Chambre *f* des Représentants.

re·press [ri'pres] réprimer; retenir; étouffer; *psych.* refouler; **re·pres·sion** [ri'preʃn] (*a. psych. conscious* ~) répression *f*; *psych.* (*a. unconscious* ~) refoulement *m*; **re'pres·sive** □ répressif (-ive *f*), réprimant.

re·prieve [ri'priːv] **1.** surséance *f* (à, *from*); ⚖ commutation *f* de la peine capitale; **2.** accorder un délai à; ⚖ accorder une commutation de la peine capitale à (*q.*).

rep·ri·mand ['reprimɑːnd] **1.** réprimande *f*; ⚖ blâme *m*; **2.** réprimander; ⚖ blâmer publiquement.

re·print ['riː'print] **1.** réimprimer; **2.** nouveau tirage *m*; réimpression *f*.

re·pris·als [ri'praizlz] *pl.* représailles *f/pl.*

re·proach [ri'proutʃ] **1.** reproche *m*, blâme *m*; **2.** reprocher (qch. à q., *s.o. with s.th.*); faire des reproches (à q. au sujet de qch., *s.o. with s.th.*); **re'proach·ful** □ [~ful] réprobateur (-trice *f*).

rep·ro·bate ['reprobeit] **1.** vil, bas(se *f*); **2.** *eccl.* réprouvé(e *f*) *m*; F vaurien *m*; **3.** réprouver; **rep·ro'ba·tion** réprobation *f*.

re·pro·cess ['riː'prouses] retraiter, recycler; ~*ing plant* usine *f* de retraitement *ou* de recyclage.

re·pro·duce [riːprə'djuːs] (se) reproduire; (se) multiplier; **re·pro·duc·tion** [~'dʌkʃn] reproduction *f* (*a. physiol.*, *cin.*, ⚕); copie *f*, imitation *f*; **re·pro'duc·tive** □ reproducteur (-trice *f*).

re·proof [ri'pruːf] reproche *m*, blâme *m*; réprimande *f*.

re·prov·al [ri'pruːvl] reproche *m*, blâme *m*; **re·prove** [~'pruːv] condamner; réprimander, reprendre.

rep·tile ['reptail] **1.** reptile *m* (*a. fig.*); *fig. a.* chien *m* couchant; **2.** rampant.

re·pub·lic [ri'pʌblik] république *f*; **re'pub·li·can** républicain (*a. su./mf*); **re'pub·li·can·ism** républicanisme *m*.

re·pub·li·ca·tion ['riːpʌbli'keiʃn] nouvelle publication *f*, *livre*: nouvelle édition *f*.

re·pub·lish ['riː'pʌbliʃ] republier; [(*une loi*); rééditer.]

re·pu·di·ate [ri'pjuːdieit] répudier (*femme*, *dette*, *doctrine*, *etc.*); **re·pu·di'a·tion** répudiation *f*; *dette*: reniement *m*.

re·pug·nance [ri'pʌgnəns] répugnance *f*, antipathie *f* (pour *to*, *against*); **re'pug·nant** □ répugnant (à, *to*); incompatible (avec *to*, *with*); contraire (à *to*, *with*).

re·pulse [riˈpʌls] **1.** échec *m*; défaite *f*; rebuffade *f*; **2.** repousser (*a. fig.*); **reˈpul·sion** *phys.*, *a. fig.* répulsion *f*; *fig. a.* aversion *f*; **reˈpul·sive** □ *phys.*, *a. fig.* répulsif (-ive *f*); *fig.* froid, distant (*personne*).

re·pur·chase [riˈpəːtʃəs] **1.** rachat *m*; ⚖ réméré *m*; **2.** racheter.

rep·u·ta·ble □ [ˈrepjutəbl] honorable (*personne*, *a. emploi*); estimé; **rep·u·ta·tion** [~ˈteiʃn] réputation *f*, renom *m*; **re·pute** [riˈpjuːt] **1.** réputation *f*; *by* ~ de réputation; **2.** tenir pour; *be ~d to be* (*ou as*) passer pour; *be well* (*ill*) *~d* avoir une belle (mauvaise) réputation; **reˈput·ed** réputé; supposé; ⚖ putatif (-ive *f*); **reˈput·ed·ly** suivant l'opinion commune.

re·quest [riˈkwest] **1.** demande *f* (*a.* ✝); requête *f*; recherche *f*; *at s.o.'s* ~ à *ou* sur la demande de q.; *by* ~ sur demande; facultatif (-ive *f*) (*arrêt*); *in* (*great*) ~ (très) recherché, demandé; ~ *stop* arrêt *m* facultatif; (*musical*) ~ *programme* disques *m/pl. etc. ou* programme *m* des auditeurs; **2.** demander (qch. à q., *s.th. of s.o.*; à q. de *inf.*, *s.o. to inf.*); prier (q. de *inf.*, *s.o. to inf.*).

re·qui·em [ˈrekwiem] requiem *m/inv.*, messe *f* pour les morts.

re·quire [riˈkwaiə] exiger (qch. de q., *s.th. of s.o.*); réclamer (qch. à q., *s.th. of s.o.*); avoir besoin de (*qch.*); ~ (*of*) *s.o. to* (*inf.*) *a.* vouloir que q. (*sbj.*); **reˈquired** exigé; voulu; **reˈquire·ment** demande *f*; *fig.* exigence *f*; condition *f* requise.

req·ui·site [ˈrekwizit] **1.** requis (pour, *to*); nécessaire (à, *to*); voulu; **2.** condition *f* requise (pour, *for*); chose *f* nécessaire; *toilet ~s pl.* accessoires *m/pl.* de toilette; **req·uiˈsi·tion 1.** demande *f*; ⚔ réquisition *f*; **2.** avoir recours à; ⚔ réquisitionner; mettre (*qch.*) en réquisition; faire des réquisitions dans (*un endroit*).

re·quit·al [riˈkwaitl] récompense *f*; revanche *f*; **reˈquite** [~kwait] récompenser; ~ *s.o.'s love* répondre à l'amour de q.

re-read [ˈriːˈriːd] [*irr.* (*read*)] relire.

re·run 1. [ˈriːˈrʌn] repasser, passer (*un film*) de nouveau; **2.** [ˈriːrʌn] reprise *f*.

re·sale [ˈriːˈseil] revente *f*; ~ *price* prix *m* de revente; ~ *value* valeur *f* à la revente.

re·scind [riˈsind] abroger (*une loi*); rétracter (*un arrêt*); annuler (*un contrat*, *une décision*, *un vote*, *etc.*); casser (*un jugement*).

re·scis·sion [riˈsiʒn] rescision *f*, abrogation *f etc.*, *see rescind*.

re·script [ˈriːskript] rescrit *m*; transcription *f*.

res·cue [ˈreskjuː] **1.** sauvetage *m*; secours *m*; délivrance *f*; ~ *operation* opérations *f/pl.* de sauvetage; ~ *party* équipe *f* de sauvetage *ou* de secours; *come* (*ou go*) *to s.o.'s* ~ venir en aide à q., aller à la rescousse de q.; **2.** sauver; secourir, porter secours à; délivrer; ~ *s.o. from danger* arracher q. à un danger; **ˈres·cu·er** sauveteur (-euse *f*) *m*; secoureur (-euse *f*) *m*; libérateur (-euse *f*) *m*.

re·search [riˈsəːtʃ] recherche *f* (de *for*, *after*); recherches *f/pl.* (*savantes*); ~ *establishment* institut *m* de recherches (*scientifiques etc.*); *marketing* (*motivation*) ~ étude *f* du marché (de motivation); ~ *work* recherches *f/pl.*; ~ *worker* chercheur (-euse *f*) *m*; **reˈsearch·er** chercheur (-euse *f*) *m*.

re·seat [ˈriːˈsiːt] (faire) rasseoir; remettre un fond à (*une chaise*); ⊕ roder le siège de.

re·se·da [riˈsiːdə] réséda *m*.

re·sell [ˈriːˈsel] [*irr.* (*sell*)] revendre; **ˈreˈsell·er** revendeur (-euse *f*) *m*.

re·sem·blance [riˈzembləns] ressemblance *f* (à, avec *to*; entre, *between*); **reˈsem·ble** [~bl] ressembler à.

re·sent [riˈzent] s'offenser de; être froissé de; **reˈsent·ful** □ [~ful] rancunier (-ère *f*); plein de ressentiment; froissé, irrité (de, *of*); **reˈsent·ment** ressentiment *m*; rancune *f*.

res·er·va·tion [rezəˈveiʃn] ⚖ réservation *f*; *Am.* terrain *m* réservé, réserves *f/pl.* indiennes; *fig. a. places*: réserve *f*; *Am.* place *f* retenue.

re·serve [riˈzəːv] **1.** *usu.* réserve *f*; terrain *m* réservé; restriction *f*; ~ *price* prix *m* minimum; *in* ~ en réserve; *with certain ~s* avec quel-

ques réserves; **2.** réserver; retenir (*une chambre, une place, etc.*); mettre (*qch.*) en réserve; **re'served** □ renfermé, réservé; *fig.* froid; ~ *seat* place *f* réservée.
re·serv·ist ⚔ [ri'sə:vist] réserviste *m.*
res·er·voir ['rezəvwɑ:] réservoir *m* (*a. fig.*); (bassin *m* de) retenue *f.*
re·set ['ri:'set] [*irr.* (set)] remettre en place; ⊕ raffûter (*un outil*); *typ.* recomposer.
re·set·tle ['ri:'setl] (se) réinstaller; (se) rasseoir; se reposer (*vin*); '**re'set·tle·ment** nouvelle colonisation *f*; *vin etc.*: nouveau dépôt *m.*
re·ship ['ri:'ʃip] rembarquer; remonter (*l'hélice etc.*).
re·shuf·fle ['ri:'ʃʌfl] **1.** rebattre (*des cartes*); *fig.* remanier; **2.** nouveau battement *m*; *fig.* remaniement *m.*
re·side [ri'zaid] résider (à, *at*; dans, *in*) (*a. fig.*); demeurer; **res·i·dence** ['rezidəns] résidence *f*; demeure *f*; séjour *m*; maison *f*; habitation *f*; ~ *permit* permis *m ou* carte *f* de séjour; '**res·i·dent 1.** résidant, qui réside; à demeure (*maître d'école etc.*); en résidence; ⚕ ~ *physician* interne *m*; **2.** habitant(e *f*) *m*; (ministre) résident *m*; **res·i·den·tial** [~'denʃl] d'habitation; résidentiel(le *f*).
re·sid·u·al [ri'zidjuəl] résiduel(le *f*); **re'sid·u·ar·y** résiduaire; qui reste; ⚖ ~ *legatee* légataire *m* universel; **res·i·due** ['rezidju:] ⚗, ⚖ résidu *m*; reste *m*, -s *m/pl.*; ⚖ reliquat *m*; **re·sid·u·um** [ri'zidjuəm] *surt.* ⚗ résidu *m*; reste *m.*
re·sign [ri'zain] *v/t.* résigner; donner sa démission de (*son emploi*); abandonner; ~ *o.s. to* se résigner à; s'abandonner à; *v/i.* démissionner; **res·ig·na·tion** [rezig'neiʃn] démission *f*; abandon *m*; résignation *f* (à, *to*); **re·signed** □ [ri'zaind] résigné.
re·sil·i·ence [ri'ziliəns] ⊕ résilience *f*; *personne, a. peau*: élasticité *f*; rebondissement *m*; **re'sil·i·ent** rebondissant, élastique; *fig.* plein de ressort.
res·in ['rezin] **1.** résine *f*; colophane *f*; **2.** résiner; '**res·in·ous** résineux (-euse *f*).
re·sist [ri'zist] *v/t.* résister à (*qch.*, *q.*); s'opposer à; repousser; *v/i.* résister; **re'sist·ance** résistance *f* (*a. phys.*, ⚡) (à, *to*); **re'sist·ant** résistant; **re'sis·tor** ⚡ résistance *f*, rhéostat *m.*
re·sole ['ri:'soul] ressemeler.
re·sol·u·ble ['ri'zɔljubl] qu'on peut résoudre; résoluble (*problème*); ⚗ décomposable.
res·o·lute □ ['rezəlu:t] résolu; ferme; '**res·o·lute·ness** résolution *f.*
res·o·lu·tion [rezə'lu:ʃn] ⚗, ⚖, ♪, *parl.*, *phys.*, *fig.* résolution *f*; détermination *f*; *fig. a.* fermeté *f.*
re·solv·a·ble [ri'zɔlvəbl] résoluble; réductible.
re·solve [ri'zɔlv] **1.** *v/t.* ⚗, ♪, ⚕, *admin.*, *fig.* résoudre; ⊕ décomposer; *personne*: se résoudre à (*qch.*); *fig.* dissiper (*un doute*); *parl.* *the House ~s itself into a committee* la Chambre se constitue en commission; *v/i.* (*a.* ~ *o.s.*) se résoudre; ~ (*up*)*on* se résoudre à; **2.** résolution *f*; **re'solved** □ résolu, décidé.
res·o·nance ['reznəns] résonance *f*; '**res·o·nant** □ résonnant; sonore (*voix*).
re·sorp·tion *physiol.* [ri'sɔ:pʃn] résorption *f.*
re·sort [ri'zɔ:t] **1.** recours *m*; ressource *f*; affluence *f*; lieu *m* de séjour; *health* ~ station *f* thermale; *seaside* ~ plage *f*; station *f* balnéaire; *summer* ~ station *f* d'été; *in the last* ~ en dernier ressort; en fin de compte; **2.**: ~ *to* avoir recours à; fréquenter (*un lieu*); se rendre à (*un endroit*).
re·sound [ri'zaund] (faire) résonner, retentir (de, *with*).
re·source [ri'sɔ:s] ressource *f*; expédient *m*; distraction *f*; **re'source·ful** □ [~ful] fertile en ressources; F débrouillard.
re·spect [ris'pekt] **1.** rapport *m* (à, *to*; de, *of*); égard *m*; respect *m* (pour, *for*); considération *f* (pour, envers *for*); ~*s pl.* hommages *m/pl.*; *with* ~ *to* quant à; en *ou* pour ce qui concerne; *out of* ~ *for* pour respect de; ✝ au compte de; *pay one's ~s to* présenter ses hommages à, rendre ses respects à (*q.*); **2.** *v/t.* respecter honorer; avoir égard à; concerner, avoir rapport à; **re·spect·a'bil·i·ty** respectabilité *f*; ✝ *a.* solidité *f*; **re'spect·a·ble** □ respectable; convenable; honorable; passable; ✝

solide; **re'spect·ful** □ [~ful] respectueux (-euse *f*) (envers, pour *to*[*wards*]); *Yours ~ly* je vous prie d'agréer mes salutations très respectueuses; **re'spect·ful·ness** respect *m*; **re'spect·ing** en ce qui concerne; touchant; quant à; **re'spec·tive** □ respectif (-ive *f*); *we went to our ~ places* nous sommes allés chacun à notre place.

res·pi·ra·tion [respə'reiʃn] respiration *f*.

res·pi·ra·tor ['respəreitə] respirateur *m* (*a.* ⚕); ⚔ masque *m* à gaz; **re·spir·a·to·ry** [ris'paiərətəri] respiratoire.

re·spire [ris'paiə] respirer.

res·pite ['respait] **1.** ⚖ sursis *m*, délai *m*; répit *m*; **2.** accorder un sursis à; remettre.

re·splend·ence, re·splend·en·cy [ris'plendəns(i)] splendeur *f*, éclat *m* (*a. fig.*); **re'splend·ent** □ resplendissant.

re·spond [ris'pɔnd] répondre (*a. fig.*); *eccl.* réciter les répons; *~ to* obéir à; être sensible à; **re'spond·ent 1.** ⚖ défendeur (-eresse *f*); *~ to* sensible à, qui réagit à; **2.** ⚖ défendeur (-eresse *f*) *m*; *cour de cassation*: intimé(e *f*) *m*.

re·sponse [ris'pɔns] réponse *f* (*a. fig.*), réplique *f*; *eccl.* répons *m*.

re·spon·si·bil·i·ty [rispɔnsə'biliti] responsabilité *f* (de *for*, *of*); ✝ solidité *f*; **re'spon·si·ble** responsable (de, *for*; envers, *to*); chargé (de, *for*); capable; qui comporte des responsabilités (*poste*); sérieux (-euse *f*) (*personne*); *be ~ for* être maître de; être comptable de; être coupable de; **re'spon·sive** □ sensible (à, *to*); impressionnable; *be ~ to* répondre à, obéir à.

rest[1] [rest] **1.** repos *m* (*a. fig.*); sommeil *m*; *fig.* mort *f*; ♪ silence *m*; abri *m*; support *m*; ⚕ *~ cure* cure *f* de repos; *~ home* maison *f* de repos; *Am. ~ room* toilettes *f*/*pl.*; *at ~* en repos; *set at ~* calmer; régler; **2.** *v*/*i.* se reposer; avoir *ou* prendre du repos; s'appuyer (sur, *on*); *fig. ~ (up)on* reposer sur; peser sur (*q.*) (*responsabilité*); *~ with s.o. fig.* dépendre de (*q.*); *v*/*t.* (faire) reposer; appuyer; déposer (*un fardeau*).

rest[2] [~] **1.** reste *m*, restant *m*; *les autres m*/*pl.*; ✝ (fonds *m* de) réserve *f*; *for the ~* quant au reste; **2.** rester, demeurer; *~ assured* être assuré (que, *that*).

re·state·ment ['ri:'steitmənt] révision *f* (*d'un texte*); nouvel énoncé *m*.

res·tau·rant ['restərɔ̃:ŋ] restaurant *m*.

rest·ing-place ['restiŋpleis] abri *m*; (lieu *m* de) repos *m*; *last ~* dernière demeure *f*.

rest·i·tu·tion [resti'tju:ʃn] restitution *f*; réintégration *f* (*du domicile conjugal*); *make ~ of* restituer qch.

res·tive □ ['restiv] nerveux (-euse *f*); rétif (-ive *f*) (*cheval*, F *personne*); **'res·tive·ness** humeur *f* rétive *ou* inquiète; nervosité *f*.

rest·less ['restlis] sans repos; agité; inquiet (-ète *f*); **'rest·less·ness** agitation *f*; turbulence *f*; mouvement *m* incessant; nervosité *f*.

re·stock ['ri:'stɔk] ✝ réapprovisionner (en, *with*); repeupler (*un étang*).

res·to·ra·tion [resto'reiʃn] restitution *f*; restauration *f* (*d'un bâtiment*, *a. pol.*); réintégration *f* (dans une fonction, *to a post*); **re·stor·a·tive** □ [ris'tɔrətiv] fortifiant (*a. su.*/*m*); cordial (-aux *m*/*pl.*) (*a. su.*/*m*).

re·store [ris'tɔ:] restituer, rendre; restaurer; réintégrer; rétablir; ramener (à la vie, *to life*); *~ s.th. to its place* remettre qch. en place; *~ s.o. to liberty* rendre q. à la liberté; mettre q. en liberté; *~ to health* rétablir la santé de q.; **re'stor·er** restaurateur (-trice *f*) *m*; *meubles*: rénovateur *m*; *hair ~* régénérateur *m* des cheveux.

re·strain [ris'trein] retenir, empêcher (de, *from*); refréner; contenir; **re'strained** tempéré; contenu (*colère*); sobre; **re'strain·ed·ly** [~idli] avec retenue *ou* contrainte; **re'straint** contrainte *f* (*a. fig.*); frein *m*; *fig.* réserve *f*; sobriété *f*; internement *m* (*d'un aliéné*).

re·strict [ris'trikt] restreindre; réduire; **re'stric·tion** restriction *f*; réduction *f* (de *of*, *on*); **re'stric·tive** □ restrictif (-ive *f*).

re·sult [ri'zʌlt] **1.** résultat *m*; aboutissement *m*; **2.** résulter, provenir (de, *from*); *~ in* mener à, produire; avoir pour résultat; **re'sult·ant 1.** résultant; **2.** ⚗, *phys.* (force *f*) résultante *f*.

ré·su·mé [ˈrezju:mei] résumé *m.*

re·sume [riˈzju:m] reprendre, regagner; se remettre à; **re·sump·tion** [riˈzʌmpʃn] reprise *f.*

re·sur·gence [riˈsə:dʒəns] résurrection *f*; **reˈsur·gent** qui resurgit.

res·ur·rect [rezəˈrekt] *vt/i.* ressusciter; **res·urˈrec·tion** résurrection *f*; **res·urˈrec·tion·ist,** *a.* **res·ur·rec·tion man** déterreur *m* de cadavres.

re·sus·ci·tate [riˈsʌsiteit] *vt/i.* ressusciter; *v/t.* rappeler à la vie; *v/i.* revenir à la vie; **re·sus·ciˈta·tion** ressuscitation *f.*

re·tail [ˈri:teil] **1.** *su.* (vente *f* au) détail *m*; *by* ~ au détail; ~ *bookseller* libraire *m*; ~ *price* prix *m* de détail; **2.** *adj.* au détail; de détail; **3.** *adv.* au détail; **4.** [ri:ˈteil] (se) vendre au détail; (se) détailler; *v/t. fig.* colporter (*des nouvelles*); *be* ~*ed* se vendre au détail (à, *at*); **reˈtail·er** marchand(e *f*) *m* au détail; *fig.* colporteur *m.*

re·tain [riˈtein] retenir (*un avocat, qch., fig. a. dans son souvenir*); maintenir (*en position*); conserver (*qch., coutume, faculté, etc.*); engager (*un domestique etc.*); **reˈtain·er** *hist.* serviteur *m*, suivant *m*; (*usu. retaining fee*) avance *f*; honoraires *m/pl.* (*versés à un avocat pour retenir ses services*); *old* ~ vieux serviteur *m.*

re·take [ˈri:ˈteik] [*irr.* (*take*)] reprendre; *cin.* tourner à nouveau.

re·tal·i·ate [riˈtælieit] *v/t.* user de représailles (envers, *on*); retourner (*une accusation*) (contre, *upon*); *v/i.* rendre la pareille (à, *on*); **re·tal·iˈa·tion** représailles *f/pl.*; **reˈtal·i·a·to·ry** [~iətəri] de représailles.

re·tard [riˈtɑ:d] *v/t.* retarder; *v/i.* tarder (*personne*); retarder (*chose*); *mot.* ~*ed ignition* retard *m* à l'allumage; ~*ed child* enfant *m* arriéré;

re·tar·da·tion [ri:tɑ:ˈdeiʃn] retard(ement) *m*; *phys.* retardation *f*; ♪ *mesure*: ralentissement *m.*

retch ⚕ [ri:tʃ] avoir des haut-le-cœur.

re·tell [ˈri:ˈtel] [*irr.* (*tell*)] répéter; raconter de nouveau.

re·ten·tion [riˈtenʃn] conservation *f*; maintien *m*; ⚕, *a. psych.* rétention *f*; **reˈten·tive** □ gardeur (-euse *f*) (de, *of*); fidèle, tenace (*mémoire*); *anat.* rétentif (-ive *f*); contentif (-ive *f*) (*bandage*).

re·think [ˈri:ˈθiŋk] [*irr.* (*think*)] réfléchir encore sur; repenser à.

ret·i·cence [ˈretisəns] réticence *f*; *fig.* réserve *f*; **ˈret·i·cent** taciturne; réservé; peu communicatif (-ive *f*).

re·tic·u·late □ [riˈtikjulit], **reˈtic·u·lat·ed** □ [~leitid] réticulé; rétiforme; **ret·i·cule** [ˈretikju:l] réticule *m* (*a. opt.*); sac *m* à main.

ret·i·na *anat.* [ˈretinə] rétine *f.*

ret·i·nue [ˈretinju:] suite *f* (*d'un noble*).

re·tire [riˈtaiə] *v/t.* mettre à la retraite; † retirer (*un effet*); *v/i.* se retirer (dans, *to*); s'éloigner; se coucher; se démettre; prendre sa retraite; ⚔ se replier; *sp.* se retirer (de, *from*); **reˈtired** □ retiré (*endroit, vie*); retraité; mis à la retraite; ~ *pay* pension *f* de retraite; **reˈtire·ment** retraite *f* (*a.* ⚔); † retrait *m* (*d'un effet*); ⚔ repliement *m*; *sp.* abandon *m* (de la partie); *early* ~ préretraite *f*; **reˈtir·ing** □ sortant; réservé; farouche; ~ *pension* pension *f* de retraite.

re·tort [riˈtɔ:t] **1.** réplique *f*; riposte *f*; ⚗ cornue *f*; **2.** *vt./i.* répliquer, riposter; relancer (à, [*up*]*on*).

re·touch [ˈri:ˈtʌtʃ] retoucher (*a. phot.*).

re·trace [riˈtreis] retracer (*un dessin*); remonter à l'origine de; *fig.* ~ *one's steps* revenir sur ses pas.

re·tract [riˈtrækt] (se) rétracter; *vt/i.* rentrer; ⊕ (se) contracter; ✈ escamoter, rentrer; **reˈtract·a·ble** *zo.* rétractile; ✈ rentrant, escamotable; **re·tracˈta·tion** rétractation *f*; **reˈtrac·tion** retrait *m*; rétraction *f* (*a.* ⚕); *gramm.* recul *m.*

re·train [ˈri:trein] (se) recycler.

re·trans·late [ˈri:trænsˈleit] retraduire; **ˈre·transˈla·tion** nouvelle traduction *f.*

re-trans·mit [ˈri:trænzˈmit] *télév.*, *a. radio*: retransmettre.

re·tread [ˈri:ˈtred] **1.** rechaper (*un pneu*); **2.** pneu *m* rechapé.

re·treat [riˈtri:t] **1.** retraite *f* (*a.* ⚔, *a. fig.*); *glacier*: décrue *f*; *fig.* asile *m*; repaire *m* (*de brigands*); **2.** *v/t.* ramener; *v/i.* se retirer, s'éloigner; ⚔ battre en retraite; *box. etc.* rompre.

re·trench [ri'trentʃ] *v/t.* restreindre; réformer; supprimer (*un mot etc.*); ⚔ retrancher; *v/i.* faire des économies; restreindre sa dépense; **re'trench·ment** réduction *f*; économies *f/pl.*; suppression *f*; ⚔ retranchement *m.*

re·tri·al ⚖ ['ri:'traiəl] procédure *f* de révision.

ret·ri·bu·tion [retri'bju:ʃn] châtiment *m*; **re·trib·u·tive** □ [ri'tribjutiv] vengeur (-eresse *f*).

re·triev·a·ble [ri'tri:vəbl] recouvrable (*argent*); réparable (*erreur etc.*); récupérable (*matière etc.*); **re'triev·al** recouvrement *m*; réparation *f*; récupération *f*; *beyond* (*ou past*) ~ irréparable, irrémediable; (definitivement) perdu; **re·trieve** [ri'tri:v] recouvrer; retrouver; rétablir; récupérer; arracher (à, *from*); réparer; *chasse*: rapporter; **re'triev·er** *chasse*: chien *m* rapporteur; *race*: retriever *m.*

retro- [retrou] rétro...; **~'ac·tive** rétroactif (-ive *f*); **~'cede** reculer; **~'ces·sion** recul *m*; mouvement *m* rétrograde; **~·gra'da·tion** *astr.* rétrogradation *f*; *biol.* régression *f*; **'~·grade 1.** rétrograde; **2.** rétrograder (*a. fig.*); *fig. a.* dégénérer.

ret·ro·gres·sion [retrou'greʃn] rétrogression *f*; *fig.* dégénérescence *f*; **ret·ro·spect** ['~spekt] coup *m* d'œil rétrospectif; *consider in* ~ jeter un coup d'œil rétrospectif sur; **ret·ro'spec·tion** examen *m* rétrospectif; **ret·ro'spec·tive** □ rétrospectif (-ive *f*) (*vue etc.*); vers l'arrière; ⚖ à effet rétroactif (*loi*).

re·try ⚖ ['ri:'trai] juger à nouveau (*q., un procès*).

re·turn [ri'tə:n] **1.** retour *m* (*a.* ⚕, ⚜, *marchandises*, ⚠ *mur*); recrudescence *f* (*a.* ⚕); ⚡ circuit *m* de retour; *parl.* élection *f*; ⚜ (*souv.* ~*s pl.*) recettes *f/pl.*, rendement *m*, profit *m*; remboursement *m* (*d'un capital*); déclaration *f* (*de revenu*); *Banque*: situation *f*; rapport *m*, relevé *m* (*officiel*); *balle, son, etc.*: renvoi *m*; ⊕ rappel *m*; ⚜ ~*s pl.* rendus *m/pl.*; restitution *f*; *fig.* récompense *f*; *fig.* échangé *m*; ~*s pl.* relevé *m*; statistique *f*; *attr.* de retour; *many happy* ~*s of the day* mes meilleurs vœux pour votre anniversaire, joyeux anniversaire; *in* ~ en retour; en échange (de, *for*); *by* ~ (*of post*) par retour de courrier; ~ *match* match *m* retour; ~ *ticket* billet *m* d'aller et retour; *pay a* ~ *visit* rendre une visite (à *q.*); **2.** *v/i.* revenir; rentrer; retourner; *fig.* ~ *to* revenir à (*un sujet etc.*); retomber dans (*une habitude*); *v/t.* rendre; renvoyer (*accusation, balle, lumière*); adresser (*des remerciements*); *fig.* répliquer, répondre; ⚜ rapporter (*un bénéfice, a. admin.*); faire une déclaration de (*revenu*); ⚖ déclarer (*q. coupable*), rendre, prononcer (*un verdict*); *parl.* élire; *cartes*: rejouer; **re'turn·a·ble** restituable; **re'turn·er** personne *f* qui revient *ou* qui rend; **re·turn·ing of·fi·cer** directeur *m* du scrutin; *deputy* ~ scrutateur *m.*

re·un·ion ['ri:'ju:njən] réunion *f*; assemblée *f*; **re·u·nite** ['ri:ju:'nait] (se) réunir; (se) réconcilier.

rev *mot.* F [rev] **1.** tour *m*; **2.** (*a.* ~ *up*) (faire) s'emballer.

re·val·or·i·za·tion [ri:vælərai'zeiʃn] revalorisation *f*; **re'val·or·ize** [~aiz] revaloriser; **re·val·u·a·tion** [~vælju'eiʃn] réévaluation *f*; réestimation *f*; **re·val·ue** [~'vælju:] réévaluer; réestimer.

re·vamp ⊕ ['ri:'væmp] remplacer l'empeigne de (*un soulier*); *Am.* rafraîchir, renflouer.

re·veal [ri'vi:l] révéler, découvrir; faire connaître *ou* voir; dévoiler (*un mystère*); **re'veal·ing** révélateur (-trice *f*).

re·veil·le ⚔ [ri'væli] réveil *m.*

rev·el ['revl] **1.** réjouissances *f/pl.*; divertissement *m*, -s *m/pl.*; *péj.* orgie *f*; **2.** se divertir; faire bombance; se délecter (à, *in*).

rev·e·la·tion [revi'leiʃn] révélation *f*; *bibl.* ♀ l'Apocalypse *f.*

rev·el·(l)er ['revlə] noceur (-euse *f*) *m*; joyeux convive *m*; **'rev·el·ry** divertissements *m/pl.*; *péj.* orgie *f.*

re·venge [ri'vendʒ] **1.** vengeance *f*; *jeux*: revanche *f*; **2.** *v/i.* se venger (de *qch.*, sur *q.* *on*); *v/t.* venger (*q., qch.*); ~ *o.s.* (*ou be* ~*d*) *on* se venger de (*qch.*) *ou* sur (*q.*); **re'venge·ful** □ [~ful] vindicatif (-ive *f*); vengeur (-eresse *f*); **re'venge·ful·ness** esprit *m* de vengeance; caractère *m* vindicatif; **re'veng·er** vengeur (-eresse *f*) *m.*

rev·e·nue ['revinju:] (*a.* ~*s* *pl.*) revenu *m*; rapport *m*; rentes *f/pl.*; ~ *board* (*ou office*) (bureau *m* de) perception *f*; ~ *cutter* cotre *m* de la douane; ~ *officer* employé *m* de la douane; ~ *stamp* timbre *m* fiscal.

re·ver·ber·ate [ri'və:bəreit] *v/t.* renvoyer (*un son*); réfléchir (*la lumière etc.*); *v/i.* résonner (*son*); réverbérer (*chaleur, lumière*); **re·ver·ber'a·tion** renvoi *m*; réverbération *f*; **re'ver·ber·a·tor** réflecteur *m*; **re'ver·ber·a·to·ry fur·nace** *métall.* [~ətəri] four *m* à réverbère.

re·vere [ri'viə] vénérer; **rev·er·ence** ['revərəns] **1.** vénération *f*; révérence *f*; respect *m* (religieux); F *Your* ♀ monsieur l'abbé; *co. saving your* ~ sauf révérence; **2.** révérer; **'rev·er·end** **1.** vénérable; *eccl.* révérend; *Right* ♀ très révérend; **2.** *the Right* ~ *X* le révérend *m* X.

rev·er·ent □ ['revərənt], **rev·er·en·tial** □ [~'renʃl] révérenciel(le *f*); plein de vénération.

rev·er·ie ['revəri] rêverie *f*.

re·ver·sal [ri'və:səl] renversement *m* (*a.* ⊕, *a. opt.*); revirement *m* (*d'une opinion*); ⚖ réforme *f*, annulation *f*; ⊕ ~ *of stroke* changement *m* de course; **re·verse** [~'və:s] **1.** contraire *m*, inverse *m*; ⚔, *a. fig.* revers *m*; *mot.* (*a.* ~ *gear*) marche *f* arrière; *feuillet*: verso *m*; *in* ~ en ordre inverse; en marche arrière; ⚔ à revers; **2.** □ contraire, inverse; ~ *side tissu*: envers *m*; **3.** renverser (*a.* ⚔); invertir (*un ordre, a. phot.*); *cost.* retourner; ⚖ réformer, révoquer; *mot. a. v/i.* faire (marche arrière); **re'vers·i·ble** réversible (*procès*); *phot.* inversible; à deux endroits (*tissu*); à double face (*manteau*); **re'vers·ing** ⊕ de renvoi.

re·ver·sion [ri'və:ʃn] ⚖ retour *m* (*a. fig.*), réversion *f* (*a. biol.*); substitution *f*; survivance *f*; *phot.* inversion *f*; *in* ~ grevé d'une réversion; réversible (*rente*); **re'ver·sion·ar·y** ⚖ de réversion; réversible; **re'ver·sion·er** ⚖ détenteur (-trice *f*) *m* d'un droit de réversion *ou* substitution.

re·vert [ri'və:t] (*to*) revenir (à) (*a.* ⚖, *biol., fig.*); *a. biens*: faire retour (à *q.*).

rev·er·y *see reverie.*

re·vet·ment ⊕ [ri'vetmənt] revêtement *m*.

re·view [ri'vju:] **1.** ⚖ révision *f*; ⚔, ⚓, *périodique, fig.*: revue *f*; examen *m*; compte rendu *m*; *year under* ~ année *f* de rapport; **2.** *v/t.* ⚖ réviser; ⚔, ⚓, *fig.* passer en revue; *fig.* revoir, examiner; faire le compte rendu de; *v/i.* faire de la critique littéraire *etc.*; **re'view·er** critique *m* (littéraire); ~*'s copy* exemplaire *m* de service de presse.

re·vile [ri'vail] injurier (*q.*).

re·vis·al [ri'vaizl] révision *f*.

re·vise [ri'vaiz] **1.** revoir, relire (*un livre etc.*); corriger (*des épreuves*); réviser (*une loi*); **2.** *typ.* épreuve *f* de révision; seconde *f*; **re'vis·er** réviseur *m*; *typ.* correcteur *m*.

re·vi·sion [ri'viʒn] révision *f*; **re'vi·sion·ism** [~izəm] révisionisme *m*.

re·vis·it ['ri:'vizit] visiter de nouveau.

re·vi·so·ry [ri'vaizəri] de révision.

re·vi·tal·ize ['ri:'vaitəlaiz] revivifier.

re·viv·al [ri'vaivl] ⚕ retour *m* des forces, retour *m* à la vie; reprise *f* des sens; *théâ., a.* ⚘ reprise *f*; *fig.* renaissance *f*; renouveau *m*; **re·vive** [~'vaiv] *v/t.* ressusciter; rappeler à la vie; ranimer; réveiller; renouveler; *v/i.* reprendre connaissance; se ranimer; ⚘ *etc.* reprendre; **re'viv·er** ressusciteur *m*; personne *f* qui ranime; F verre *m* (*de cognac etc.*); **re·viv·i·fy** [~'vivifai] revivifier.

rev·o·ca·ble □ ['revəkəbl] révocable; **rev·o·ca·tion** [~'keiʃn] révocation *f*; abrogation *f*.

re·voke [ri'vouk] *v/t.* révoquer; retirer; *v/i. cartes*: renoncer à faux.

re·volt [ri'voult] **1.** révolte *f*; **2.** *v/i.* se révolter (*a. fig.*), se soulever (contre *against, from*); *v/t. fig.* dégoûter; indigner (*q.*).

rev·o·lu·tion [revə'lu:ʃn] ⊕, *pol., astr., fig.* révolution *f*; ⊕ tour *m*; rotation *f*; ~*s per minute* tours *m/pl.* à la minute; **rev·o'lu·tion·ar·y** **1.** révolutionnaire; **2.** (*a.* **rev·o'lu·tion·ist**) révolutionnaire *mf*; **rev·o'lu·tion·ize** révolutionner.

re·volve [ri'volv] *v/i.* tourner (sur, *on*; autour de, *round*); revenir (*saisons*); *v/t.* faire tourner; *fig.* ruminer, retourner; **re'volv·er** revolver *m*; **re'volv·ing** tournant; ~

stage scène *f* tournante; ~ *door* porte *f* tournante *ou* pivotante; ~ *pencil* porte-mine *m/inv.*

re·vue *théâ.* [ri'vjuː] revue *f.*

re·vul·sion [ri'vʌlʃn] *fig.* revirement *m* (*des sentiments*); nausée *f*; ⚕ révulsion *f*; **re'vul·sive** □ ⚕ révulsif (-ive *f*) (*a. su./m*).

re·ward [ri'wɔːd] **1.** récompense *f*; **2.** récompenser, rémunérer (de, *for*); *fig.* payer (qch., *for s.th.*).

re·word ['riː'wəːd] rédiger à nouveau.

re·write ['riː'rait] [*irr.* (*write*)] récrire; remanier, recomposer.

rhap·so·dist ['ræpsədist] rhapsodiste *m*; '**rhap·so·dize** s'extasier (sur, *over*); '**rhap·so·dy** rhapsodie *f*; *fig.* transports *m/pl.*

rhe·o·stat ⚡ ['riːostæt] rhéostat *m.*

rhet·o·ric ['retərik] rhétorique *f* (*a. péj.*); éloquence *f*; **rhe·tor·i·cal** □ [ri'tɔrikl] de rhétorique; *péj.* ampoulé; **rhet·o·ri·cian** [retə'riʃn] rhétoricien *m*; *hist.*,*a. péj.* rhéteur *m.*

rheu·mat·ic ⚕ [ruː'mætik] (~*ally*) rhumatismal (-aux *m/pl.*); rhumatisant (*a. su./mf*) (*personne*); **rheu'mat·ics** F *pl.*, **rheu·ma·tism** ⚕ ['ruːmətizm] rhumatisme *m.*

rhi·no[1] *sl.* ['rainou] galette *f* (= *argent*).

rhi·no[2] [~], **rhi·noc·er·os** *zo.* [rai'nɔsərəs] rhinocéros *m.*

rhomb, rhom·bus ⚗ ['rɔm(bəs)], *pl.* **-bus·es, -bi** [~bai] losange *m*, † rhombe *m.*

rhu·barb ⚘ ['ruːbɑːb] rhubarbe *f.*

rhumb ⚓ [rʌm] rhumb *m.*

rhyme [raim] **1.** rime *f* (à, *to*); poésie *f*, vers *m/pl.*; *without* ~ *or reason* sans rime ni raison; **2.** (faire) rimer (avec, *with*); '**rhyme·less** □ sans rime; '**rhym·er, rhyme·ster** ['~stə] versificateur *m*; *péj.* rimailleur *m.*

rhythm [riðm] rythme *m*; '**rhyth·mic,** '**rhyth·mi·cal** □ rythmique, cadencé.

Ri·al·to *Am.* [ri'æltou] quartier *m* des théâtres (*de Broadway*).

rib [rib] **1.** côte *f*; ⚘, ⚠ nervure *f*; *parapluie*: baleine *f*; ~ *cage* cage *f* thoracique; **2.** garnir de côtes *ou* de nervures; *Am. sl.* taquiner (*q.*).

rib·ald ['ribəld] **1.** paillard; licencieux (-euse *f*); **2.** paillard(e *f*) *m*; homme *m* éhonté; '**rib·ald·ry** paillardises *f/pl.*; propos *m/pl.* grossiers.

rib·and ⊕ ['ribənd] ruban *m.*

ribbed [ribd] ⚘ à nervures (*a. plafond*); *tex.* à côtes.

rib·bon ['ribən] ruban *m* (*a. décoration, machine à écrire,* ⊕ *etc.*); *ordre*: cordon *m*; bande *f*; ~*s pl.* lambeaux *m/pl.*; *sl.* guides *f/pl.*; ~ *building ou development* alignement *m* de maisons en bordure de route; ⊕ ~*work* travail (*pl.* -aux) *m* à la chaîne; '**rib·boned** orné de rubans; *zo.* rubané.

rice [rais] riz *m*; ~ *pudding* riz *m* au lait; *ground* ~ farine *f* de riz.

rich □ [ritʃ] riche (en, *in*) (*personne, terre, couleur, style, a. fig.*); fertile, gras(se *f*); somptueux (-euse *f*); de luxe; superbe; corsé (*vin*); ample, plein (*voix etc.*); F impayable, épatant; ~ *in meaning* significatif (-ive *f*); *gramm.* ayant beaucoup d'acceptions; ~ *milk* lait *m* non écrémé; **rich·es** ['~iz] *pl.* richesses *f/pl.*; '**rich·ness** richesse *f*; abondance *f*; luxe *m*; *couleur*: éclat *m*; *voix*: ampleur *f.*

rick[1] ⚒ [rik] **1.** meule *f* (*de foin*); **2.** mettre en meule(s).

rick[2] [~] *see wrick.*

rick·ets ⚕ ['rikits] *sg. ou pl.* rachitisme *m*; '**rick·et·y** rachitique; F branlant, bancal (*m/pl.* -als), chancelant.

rid [rid] [*irr.*] débarrasser (de, *of*); *get* ~ *of* se débarrasser de; ⚗ éliminer; '**rid·dance** débarras *m*; *he is a good* ~ bon débarras!

rid·den ['ridn] *p.p. de ride* 2; *gang*-~ infesté de gangsters; *family*-~ tyrannisé par sa famille.

rid·dle[1] ['ridl] **1.** énigme *f* (*a. fig.*), devinette *f*; **2.** *v/t.* trouver la clef de; *v/i.* parler par énigmes; ~ *me* donnez-moi le mot de (*cette énigme*).

rid·dle[2] [~] **1.** crible *m*, claie *f*; **2.** cribler (*a. fig.*) (de, *with*); passer au crible.

rid·dling □ ['ridliŋ] énigmatique.

ride [raid] **1.** promenade *f*; voyage *m*; course *f*; *autobus etc.*: trajet *m*; **2.** [*irr.*] *v/i.* se promener, aller (*à cheval, en auto, à bicyclette*); voyager; chevaucher; *fig.* voguer; remonter; ⚓ ~ *at anchor* être mouillé; ~ *for a fall* aller en casse-cou; *fig.*

courir à un échec, aller au-devant de la défaite; *v/t.* monter (*un cheval etc.*); aller à (*une bicyclette etc.*); parcourir (*le pays*) (à cheval); diriger (*son cheval*); opprimer; voguer sur (*les vagues*); ~ (*on*) *a bicycle* aller à bicyclette; ⚓ ~ *out* étaler (*une tempête*); *fig.* surmonter (*une crise*); ˈ**rid·er** cavalier (-ère *f*) *m*; *course*: jockey *m*; *cirque*: écuyer (-ère *f*) *m*; clause *f* additionnelle; annexe *f*; ⅄ exercice *m* d'application (*d'un théorème*); ⊕ cavalier *m*.

ridge [ridʒ] **1.** *montagne*: arête *f*, crête *f*; faîte *m* (*a.* ▲); *sable*: ride *f*; *rochers*: banc *m*; *coteaux*: chaîne *f*; ✓ billon *m*, butte *f*; **2.** *v/t.* ▲ enfaîter; ✓ disposer en billons; sillonner; *v/i.* former des crêtes; se rider; ~ **way** route *f* des crêtes, chemin *m* de faîte.

rid·i·cule [ˈridikjuːl] **1.** moquerie *f*, raillerie *f*; dérision *f*; ridicule *m*; **2.** se moquer de; ridiculiser; **ri**ˈ**dic·u·lous** □ [~juləs] ridicule; **ri**ˈ**dic·u·lous·ness** ridicule *m*.

rid·ing [ˈraidiŋ] **1.** équitation *f*; **2.** d'équitation; de cavalier (-ère *f*); ˈ**~-breech·es** *pl.* culotte *f* de cheval; ˈ**~-hab·it** *cost.* amazone *f*; ~ **mas·ter** professeur *m* d'équitation; ~ **school** manège *m*, école *f* d'équitation; ~ **stable**(*s pl.*) centre *m* d'équitation, manège *m*; écurie *f*; ~ **whip** cravache *f*.

rife □ [raif] abondant (en, *with*); nombreux (-euse *f*); *be* ~ régner; abonder (en, *with*).

riff-raff [ˈrifræf] canaille *f*.

ri·fle[1] [ˈraifl] piller.

ri·fle[2] [~] **1.** fusil *m* (*rayé*); rayure *f* (*d'un fusil*); ⚔ ~*s pl.* fusiliers *m/pl.*; **2.** rayer (*un fusil*); ˈ**~·man** ⚔ fusilier *m*; chasseur *m* à pied; ~ **range** stand *m ou* champ *m* de tir; *within* ~ à portée de fusil; ~ **shot** coup *m* de fusil; *within* ~ à portée de fusil.

ri·fling ⊕ [ˈraifliŋ] rayage *m*; *coll.* rayure *f*, -s *f/pl.*

rift [rift] fente *f*, fissure *f*; *fig.* [fêlure *f.*]

rig[1] F [rig] **1.** farce *f*; coup *m* monté; **2.** travailler (*le marché*); tripoter sur; truquer.

rig[2] [~] **1.** ⚓ gréement *m*; F *fig.* équipement *m*; F toilette *f*; *Am.* F attelage *m*; **2.** (*a.* ~ *out ou up*) gréer; F *fig.* accoutrer; ~ *up* monter; ˈ**rigger** ⚓ gréeur *m*; ✈ monteur-régleur (*pl.* monteurs-régleurs) *m*; ˈ**rig·ging** ⚓ gréage *m*; ✈ gréement *m*.

right [rait] **1.** □ droit (*a.* = *contraire de gauche*); bon(ne *f*); honnête; correct, exact, juste; bien placé; ⅄ ~ *angle* angle *m* droit; *pol.* ~ *wing* (aile *f*) droite *f*; *be* ~ avoir raison; être à l'heure (*montre*); convenir (à, *for*); *be* ~ *to* (*inf.*) avoir raison de (*inf.*); bien faire de (*inf.*); être fondé à (*inf.*); *all* ~! entendu!; parfait!; très bien!; allez-y!; c'est bon!; *be on the* ~ *side of 40* avoir moins de 40 ans; *put* (*ou set*) ~ ajuster; réparer; corriger; désabuser (*q.*); réconcilier (avec, *with*); **2.** *adv.* droit; tout ...; bien; fort, très; correctement; à droite; *dans un titre*: très; F *send to the* ~*-about* envoyer promener (*q.*); ~ *away* tout de suite; sur-le-champ; ~ *in the middle* au beau milieu; ~ *on* tout droit; **3.** *su.* droit *m*, titre *m*; bien *m*; justice *f*; côté *m* droit, droite *f* (*a. pol.*); *box.* coup *m* du droit; ~ *of way* priorité *f*; *in his* (*ou her*) *own* ~ de son propre chef; en propre; *the* ~*s pl. of a story* la vraie histoire; *by* ~(*s*) en toute justice; *by* ~ *of* par droit de; à titre de; à cause de; *set* (*ou put*) *to* ~*s* mettre en ordre; arranger; *on* (*ou to*) *the* ~ à droite; **4.** *v/t.* redresser (*qch.*, *un tort*); rendre justice à; corriger; ⚓ (*v/i.* se) redresser; **~-an·gled** ⅄ [ˈ~ˈæŋgld] à angle droit; rectangle (*triangle*); **right·eous** □ [ˈ~ʃəs] juste (*a.* = *justifié*); vertueux (-euse *f*); ˈ**right·eous·ness** droiture *f*, vertu *f*; **right·ful** □ [ˈ~ful] légitime; équitable (*conduite*); ˈ**right-hand** à *ou* de droite; *mot.* ~ *drive* conduite *f* à droite; *fig.* ~ *man le* bras droit (*de q.*); ˈ**right-**ˈ**hand·ed** droitier (-ère *f*) (*personne*); ⊕ pour la main droite; à droite (*vis etc.*); ˈ**right·ist** *pol.* **1.** homme *m* de droite; **2.** de droite; ˈ**right-**ˈ**mind·ed** bien pensant; ˈ**right·ness** droiture *f*; *décision etc.*: justesse *f*; ˈ**right-**ˈ**wing** *pol.* de droite; ˈ**right-**ˈ**wing·er** *pol.* homme *m* de droite; *sp.* ailier *m* droit.

rig·id □ [ˈridʒid] raide, rigide; *fig.* strict, sévère; **ri**ˈ**gid·i·ty** raideur *f*, rigidité *f*; *fig.* sévérité *f*; intransigeance *f*.

rig·ma·role [ˈrigməroul] discours *m* sans suite; F litanie *f*.

rig·or ⚕ [ˈraigɔː] frissons *m/pl.*; ~ **mor·tis** [~ˈmɔːtis] rigidité *f* cadavé-

rique; **rig·or·ous** □ [ˈrigərəs] rigoureux (-euse *f*).
rig·o(u)r [ˈrigə] rigueur *f*, sévérité *f*; *fig.* austérité *f*; *preuve*: exactitude *f*; ~*s pl. a.* âpreté *f* du temps.
rile F [rail] agacer, exaspérer.
rill [ril] petit ruisseau *m*.
rim [rim] bord *m*; *lunettes*: monture *f*; *roue*: jante *f*.
rime[1] [raim] rime *f*.
rime[2] *poét.* [~] givre *m*, gelée *f* blanche; ˈ**rim·y** couvert de givre; givré.
rind [raind] écorce *f*, peau *f* (*a. d'un fruit*); *fromage*: croûte *f*; *lard*: couenne *f*.
ring[1] [riŋ] **1.** anneau *m*; bague *f*; rond *m* (*de serviette*); ⊕ segment *m*; *personnes*: groupe *m*, cercle *m*; ⚕ cartel *m*; *cirque*: arène *f*; *box.* ring *m*; *lune*: auréole *f*; ~ *binder* classeur *m* à anneaux; ~ *road* route *f* de ceinture; (boulevard *m*) périphérique *m*; **2.** boucler (*un taureau*); baguer (*un pigeon*); (*usu.* ~ *in ou round ou about*) entourer, encercler.
ring[2] [~] **1.** son(nerie *f*) *m*; tintement *m*; coup *m* de sonnette; F coup *m* de téléphone; **2.** [*irr.*] *v/i.* sonner; tinter (*a. oreilles*); (*souv.* ~ *out*) résonner, retentir (de, *with*); ~ *again* sonner de nouveau; *téléph.* ~ *off* raccrocher; *the bell is* ~*ing* on sonne; *v/t.* (faire) sonner; ~ *the bell* agiter la sonnette; sonner; *fig.* réussir le coup; ~ *up* sonner pour faire lever (*qch.*); *téléph.* donner un coup de téléphone à (*q.*); ˈ**ring·er** sonneur *m*; ˈ**ring·ing** □ qui résonne; retentissant; ˈ**ring·lead·er** □ meneur *m*; chef *m* de bande; **ring·let** [ˈ~lit] *cheveux*: boucle *f*; ˈ**ring·worm** ⚕ teigne *f* tonsurante.
rink [riŋk] patinoire *f*; skating *m*.
rinse [rins] **1.** (*souv.* ~ *out*) rincer; **2.** = ˈ**rins·ing** rinçage *m*; ~*s pl.* rinçure *f*, -s *f/pl.*
ri·ot [ˈraiət] **1.** émeute *f*, F bagarre *f*; *fig.* orgie *f*; ~ *squad* police *f* secours; *run* ~ pulluler; se déchaîner; **2.** provoquer une émeute; s'ameuter; faire du vacarme; *fig.* se livrer sans frein (à, *in*); ˈ**ri·ot·er** émeutier *m*; séditieux *m*; *fig.* noceur *m*; ˈ**ri·ot·ous** □ tumultueux (-euse *f*); séditieux (-euse *f*); tapageur (-euse *f*) (*personne*); dissolu (*vie*).

rip[1] [rip] **1.** déchirure *f*; fente *f*; ✈ ~ *cord* corde *f* de déchirure (*d'un ballon*), tirette *f* (*d'un parachute*); **2.** *v/t.* déchirer; fendre; ~ *off* arracher; *sl.* estamper; *sl.* voler, chiper; ~ *up* découdre; déchirer; *v/i.* se déchirer; se fendre; *mot.* F filer.
rip[2] F [~] mauvais garnement *m*; *personne*: gaillard *m*.
ri·par·i·an [raiˈpɛəriən] riverain(e *f*) *m*, *adj.*
ripe □ [raip] mûr; fait (*fromage*); ˈ**rip·en** *vt/i.* mûrir; ˈ**ripe·ness** maturité *f*.
rip-off *sl.* [ˈripɔf] estampage *m*; vol *m*.
ri·poste [riˈpoust] **1.** *escrime*: riposte *f* (*a. fig.*); **2.** riposter.
rip·per [ˈripə] fendoir *m* (*pour ardoises*); burin *m* à défoncer; scie *f* à refendre; *sl.* type *m* épatant; chose *f* épatante; ˈ**rip·ping** □ *sl.* fameux (-euse *f*), épatant.
rip·ple [ˈripl] **1.** ride *f*; *cheveux*: ondulation *f*; *ruisseau*: gazouillement *m*; murmure *m*; **2.** (se) rider; *v/i.* onduler; murmurer.
rise [raiz] **1.** *eau*, *route*: montée *f*; côte *f*; rampe *f*; *terrain*: éminence *f*; ascension *f*; hausse *f* (*a.* ⚕, ♪); *soleil*, *théâ. rideau*: lever *m*; *eaux*: crue *f*; ⚠ flèche *f*; *prix etc.*: augmentation *f*; *emploi*, *rang*: avancement *m*; *fleuve*, *a. fig.*: source *f*; *give* ~ *to* engendrer; provoquer; *take (one's)* ~ prendre sa source, avoir son origine (dans, *in*); **2.** [*irr.*] se lever (*gibier*, *personne*, *soleil*, *etc.*); se dresser (*cheval*, *montagne*, *monument*); se relever (*personne*); s'élever (*bâtiment*, *terrain*); monter (*mer*, *terrain*, *à la surface*, *à un rang*); lever (*pain*); se révolter, se soulever (contre, *against*); ressusciter (*des morts*); *parl.* s'ajourner; ⚕ être à la hausse (*a. baromètre*); ⚔ sortir (*du rang*); prendre sa source (dans, *in*; à, *at*); ~ *to the occasion* se montrer à la hauteur de la situation; ~ *to the bait* monter à la mouche; mordre; **ris·en** [ˈrizn] *p.p. de rise* 2; ˈ**ris·er** ⚠ contremarche *f*; *early* ~ personne *f* matinale.
ris·i·bil·i·ty [riziˈbiliti] faculté *f* de rire; ˈ**ris·i·ble** □ risible, dérisoire; † rieur (-euse *f*) (*personne*).
ris·ing [ˈraiziŋ] **1.** lever *m*; *chasse*: envol *m*; *prix*, *baromètre*: hausse *f*;

eaux: crue *f*; soulèvement *m*, ameutement *m*; résurrection *f*; **2.** d'avenir; nouveau (-el *devant une voyelle ou un h muet*; -elle *f*; -eaux *m/pl.*); ~ *ground* élévation *f* de terrain.

risk [risk] **1.** risque *m* (*a.* ⚕), péril *m*; *at the* ~ *of* (*gér.*) au risque de (*inf.*); *run a* (*ou the*) ~ courir un *ou* le risque; **2.** risquer; ˈ**risk·y** □ hasardeux (-euse *f*); scabreux (-euse *f*).

ris·sole *cuis.* [ˈrisoul] rissole *f*.

rite [rait] rite *m*; **rit·u·al** [ˈritjuəl] **1.** □ rituel(le *f*); **2.** rites *m/pl.*; *livre*: rituel *m*.

ri·val [ˈraivl] **1.** rival(e *f*) *m*; émule *mf*; concurrent(e *f*) *m*; **2.** rival(e *f*; -aux *m/pl.*); ⚕ concurrent; **3.** *vt/i.* rivaliser (avec); *v/t.* être l'émule de; ˈ**ri·val·ry** rivalité *f*; concurrence *f*; émulation *f*.

rive [raiv] [*irr.*] (se) fendre.

riv·en [ˈrivn] *p.p de rive*.

riv·er [ˈrivə] fleuve *m*; rivière *f*; *fig.* flot *m*; ~ *basin* bassin *m* fluvial; ˈ**~·bank** rive *f*; ˈ**~·bed** lit *m* de rivière; ˈ**~·horse** hippopotame *m*; ˈ**~·side** rive *f*; bord *m* de l'eau; *attr.* situé au bord de la rivière.

riv·et [ˈrivit] **1.** ⊕ rivet *m*; **2.** rive(te)r; *fig.* fixer, river (à, *to*; sur, [*up*]*on*); ˈ**riv·et·ing** à river.

riv·u·let [ˈrivjulit] ruisseau *m*.

roach *icht.* [routʃ] gardon *m*.

road [roud] route *f*; rue *f*; chemin *m* (*a. fig.*); voie *f* (*a. fig.*); *Am. see railroad* 1; ~ *map* carte *f* routière; ~ *works* travaux *m/pl.*; *by* ~ par route; en auto (*personne*); ⚓ *usu.* ~*s pl.* (*a.* ˈ**~·stead**) rade *f*; *on the* ~ en route; F *hit the* ~ se mettre en route; ˈ**~·house** relais *m*, hostellerie *f*; ~ **hog** *mot.* chauffard *m*; ˈ**~·man,** ˈ**~·mend·er** cantonnier *m*; ˈ**~-race** course *f* sur route; ˈ**~-sense** *surt. mot.* sens *m* pratique de la conduite sur route; **road·ster** [ˈ~stə] cheval *m* de fatigue; *mot. etc.* voiture *f ou* bicyclette *f* de route; ˈ**road·way** chaussée *f*; voie *f*; ˈ**road·wor·thy** en état de marche (*voiture*).

roam [roum] *v/i.* errer, rôder; *v/t.* parcourir; ˈ**roam·er** vagabond *m*; nomade *m*.

roan [roun] **1.** rouan(ne *f*); **2.** (cheval *m*) rouan *m*; vache *f* rouanne; ⊕ basane *f*.

roar [rɔː] **1.** *vt/i.* hurler, vociférer; *v/i.* rugir; mugir (*mer, taureau*); tonner, gronder; ronfler (*auto, feu*); *v/t.* beugler (*un refrain*); **2.** hurlement *m*; rugissement *m*; éclat *m* (*de rires*); mugissement *m*; grondement *m*; **roar·ing** [ˈ~riŋ] **1.** *see roar* 2; **2.** □ rugissant; mugissant; grondant; ⚕ gros(se *f*); F superbe.

roast [roust] **1.** *v/t.* (faire) rôtir; *sl.* passer un savon à (*q.*); *v/i.* rôtir; *vt/i.* griller; **2.** rôti; ~ *beef* rôti *m* de bœuf, rosbif *m*; ~ *meat* viande *f* rôtie; *see rule* 2; ˈ**roast·er** *personne*: rôtisseur (-euse *f*) *m*; *cuis.* rôtissoire *f*; volaille *f* à rôtir; ˈ**roast·ing-jack** tournebroche *m*.

rob [rɔb] voler; ˈ**rob·ber** voleur (-euse *f*) *m*; ˈ**rob·ber·y** vol *m*.

robe [roub] **1.** robe *f* (*d'office, de cérémonie,* ⚖); vêtement *m*; maillot *m* anglais (*pour bébés*); ~*s pl.* robe *f*, -s *f/pl.*; *gentlemen of the* ~ gens *m/pl.* de robe; **2.** *v/t.* revêtir (*q.*) d'une robe (*ou univ.* de sa toge); *fig.* recouvrir; *v/i.* revêtir sa robe *ou* toge.

rob·in *orn.* [ˈrɔbin] rouge-gorge (*pl.* rouges-gorges) *m*.

ro·bot [ˈroubɔt] automate *m*; *attr.* automatique.

ro·bust □ [rəˈbʌst] robuste; vigoureux (-euse *f*); **ro**ˈ**bust·ness** nature *f ou* caractère *m* robuste; vigueur *f*.

rock[1] [rɔk] rocher *m*; roc *m*; roche *f*; *Am.* pierre *f*, diamant *m*; *get down to* ~ *bottom* être au plus bas; toucher le fin fond; ~*-crystal* cristal *m* de roche; ~*-salt* sel *m* gemme.

rock[2] [~] *v/t.* bercer; basculer; *v/i.* osciller; *vt/i.* balancer.

rock-bot·tom F [ˈrɔkˈbɔtəm] le plus bas (*prix*).

rock·er [ˈrɔkə] *berceau etc.*: bascule *f*; *see rocking-chair*; *sl. be off one's* ~ être un peu toqué.

rock·er·y [ˈrɔkəri] jardin *m* de rocaille.

rock·et[1] [ˈrɔkit] **1.** fusée *f*; ~ *plane* avion-fusée (*pl.* avions-fusées) *m*; ~ *propulsion* propulsion *f* par fusée; **2.** passer en trombe; (*a.* ~ *up*) monter en flèche.

rock·et[2] ⚘ [~] roquette *f*.

rock·et...: ˈ**~-**ˈ**launch·ing site** base *f* de lancement (de fusées); ˈ**~·pow·ered** propulsé par réaction.

rock...: ˈ**~·fall** éboulement *m* de rocher; ˈ**~-gar·den** jardin *m* de rocaille.

rock·ing... [ˈrɔkiŋ]: ˈ**~-chair** rocking-chair *m*; ˈ**~-horse** cheval *m* à bascule.

rock·y [ˈrɔki] rocailleux (-euse *f*); rocheux (-euse *f*); de roche.

ro·co·co [rəˈkoukou] rococo *inv.* (*a. su.*/*m*).

rod [rɔd] verge *f*; baguette *f*; *rideau, escalier*: tringle *f*; ⊕ tige *f*; *surv.* mire *f*; *mesure*: perche *f* ($5^1/_2$ *yards*); *Am. sl.* revolver *m*, pistolet *m*; *Black* ♀ Huissier *m* de la Verge noire (*haut fonctionnaire de la Chambre des Lords et de l'Ordre de la Jarretière*).

rode [roud] *prét. de ride 2.*

ro·dent [ˈroudənt] rongeur *m*.

ro·de·o *Am.* [rouˈdeiou] rassemblement *m* du bétail; concours *m* d'équitation (*des cowboys*).

rod·o·mon·tade [rɔdəmɔnˈteid] rodomontade *f*.

roe[1] [rou] (*a. hard* ~) œufs *m*/*pl.* (*de poisson*); *soft* ~ laite *f*, laitance *f*.

roe[2] [~] chevreuil *m*, chevrette *f*; ˈ**~·buck** chevreuil *m* (mâle).

ro·ga·tion *eccl.* [rouˈgeiʃn] Rogation *f*; ♀ *Sunday* dimanche *m* des Rogations.

rogue [roug] fripon(ne *f*) *m*; coquin (-e *f*) *m*; *éléphant*: solitaire *m*; ~*s' gallery* musée *m ou* album *m* de portraits *ou* photos de criminels; ˈ**ro·guer·y** fourberie *f*; coquinerie*f*; ˈ**ro·guish** □ coquin; fripon(ne *f*) (*a. fig.*).

roist·er [ˈrɔistə] faire du tapage; ˈ**roist·er·er** tapageur (-euse *f*) *m*; fêtard(e *f*) *m*.

role *théâ.* [roul] rôle *m* (*a. fig.*).

roll [roul] **1.** ⊕, *tex., étoffe, papier, tabac*: rouleau *m*; ⊕ *a.* cylindre *m*; ✝ *étoffe*: pièce *f*; *Am. billets*: liasse*f*; *typ., phot.* bobine *f*; *admin.* contrôle *m*; *beurre*: coquille *f*; petit pain*m*; *tambour, tonnerre*: roulement *m*; ⚓ (coup *m* de) roulis *m*; **2.** *v*/*t.* rouler; cylindrer; ⊕ laminer; ~ *out* étendre (au rouleau); ~ *up* (en)rouler; ⊕ ~*ed gold* doublé *m*; *v*/*i.* rouler; couler (*larmes*); gronder (*tonnerre*); ⚓ rouler, avoir du roulis; ~ *up* s'enrouler; F arriver; ˈ**~-call** appel *m* (nominal) (*a.* ⚔); ˈ**roll·er** rouleau *m*; cylindre *m*; *tex., papier*: calandre *f*; ⚕ (*usu.* ~ *bandage*) bande *f* roulée; ⚓ lame *f* de houle; *Am.* ~ *coaster* montagnes *f*/*pl.* russes; ~ *towel* essuie-mains *m*/*inv.* à rouleau; ˈ**roll·er-skate 1.** patiner sur roulettes; **2.** patin *m* à roulettes; ˈ**roll·film** *phot.* pellicule *f* en bobine.

rol·lick [ˈrɔlik] faire la bombe; rigoler; ˈ**rol·lick·ing** joyeux (-euse *f*); rigoleur (-euse *f*).

roll·ing [ˈrouliŋ] **1.** roulant; ⚓ houleux (-euse *f*); ondulé; ⊕ de laminage; **2.** roulement *m*; ⊕ laminage *m*; ~ *pin* rouleau *m* (à pâtisserie); ⊕ ~ *mill* usine *f* de laminage; laminoir *m*; *typ.* ~ *press* presse *f* à cylindres; ˈ**~-stock** 🚂 matériel *m* roulant.

roll...: ˈ**~-neck** col *m* roulé; ˈ**~-top desk** bureau *m* américain *ou* à cylindre.

ro·ly-po·ly [ˈrouliˈpouli] **1.** pouding *m* en rouleau aux confitures; **2.** F boulot(te *f*).

Ro·man [ˈroumən] **1.** romain; **2.** Romain(e *f*) *m*; *typ.* (*usu.* ♀) (caractère *m*) romain *m*; ~-ˈ**Cath·o·lic** catholique *mf*, *adj.*

ro·mance [rəˈmæns] **1.** † roman *m*; conte *m* bleu; *fig.* fable *f*; ♪ romance *f*; *fig.* affaire *f*, amour *m*; romanesque *m*; *ling.* ♀ roman *m*, langue *f* romane; **2.** *fig.* inventer à plaisir; **3.** *ling.* ♀ roman; **ro**ˈ**manc·er** † romancier (-ère *f*) *m*; brodeur (-euse *f*) *m*; menteur (-euse *f*) *m*.

Ro·man·esque [roumәˈnesk] roman (*a. su.*/*m*).

Ro·man·ic [rouˈmænik] romain; *ling.* roman; *surt.* ~ *peoples pl.* Romains *m*/*pl.*

ro·man·tic [rəˈmæntik] **1.** (~*ally*) romantique; **2.** (*usu.* **ro**ˈ**man·ti·cist** [~tisist]) romantique *mf*; **ro**ˈ**man·ti·cism** romantisme *m*; idées *f*/*pl.* romanesques.

Ro·ma·ny [ˈroumәni] **1.** romanichel(le *f*) *m*; *ling.* le romanichel; **2.** de bohémien.

Rom·ish *usu. péj.* [ˈroumiʃ] catholique.

romp [rɔmp] **1.** gambades *f*/*pl.*; enfant *mf* turbulent(e *f*); gamine *f*; **2.** s'ébattre; F ~ *home* gagner haut la main; ˈ**romp·ers** *pl.* barboteuse *f* (*pour enfants*).

rönt·gen·ize [ˈrɔntgənaiz] radiographier.

rönt·gen·o·gram [rɔntˈgenəgræm] radiogramme *m*; **rönt·gen·og·ra·phy** [~gəˈnɔgrəfi] radiographie *f*;

rönt·gen·ol·o·gist [~'ɔlədʒist] radiographe *m*; **rönt·gen'ol·o·gy** [~dʒi] radiologie *f*; **rönt·gen'os·co·py** [~skəpi] radioscopie *f*.

rood [ru:d] crucifix *m*; *mesure*: quart *m* d'arpent (*10,117 ares*); '**~-screen** ⚠ jubé *m*.

roof [ru:f] **1.** toit(ure *f*) *m*; voûte *f*; *mot.* ~ *rack* galerie *f*; ~ *of the mouth* (dôme *m* du) palais *m*; **2.** (*souv.* ~ *in ou over*) recouvrir d'un toit; '**roof·ing** toiture *f*; pose *f* de la toiture; *attr.* de toits; ~ *felt* carton-pierre (*pl.* cartons-pierres) *m*.

rook[1] [ruk] **1.** *orn.* freux *m*; *fig.* escroc *m*; **2.** refaire (*q.*); filouter (son argent à q., *s.o. of his money*).

rook[2] [~] *échecs*: tour *f*.

rook·er·y ['rukəri] colonie *f* de freux; *fig.* colonie *f*, rookerie *f*.

rook·ie *sl.* ['ruki] ⚔ recrue *f*, bleu *m*; *fig.* débutant *m*.

room [rum] pièce *f*; salle *f*; (*a. bed*~) chambre *f*; place *f*, espace *m*; *fig.* lieu *m*; ~*s pl.* appartement *m*; ~ *and board* pension *f* (complète); *in my* ~ à ma place; *make* ~ faire place (à, *for*); **-roomed** [rumd] de ... pièces; '**room·er** *surt. Am.* sous-locataire *mf*; '**room·ing-house** *surt. Am.* hôtel *m* garni, maison *f* meublée; '**room-mate** compagnon *m* (compagne *f*) de chambre; '**room·y** □ spacieux (-euse *f*); ample.

roor·back *Am.* ['ru:rbæk] fausse nouvelle *f* (*répandue pour nuire à un parti politique*).

roost [ru:st] **1.** juchoir *m*, perchoir *m*; *see rule* 2; **2.** se jucher, se percher pour la nuit; '**roost·er** coq *m*.

root[1] [ru:t] **1.** racine *f* (*a.* ⚘, *anat.*, *ling.*); *fig.* source *f*; ♪ base *f*; *take* ~, *strike* ~ prendre racine; ~*idea* idée *f* fondamentale; **2.** (s')enraciner; ~ *out* arracher; *fig.* extirper; '**root·ed** enraciné (*a. fig.*); *fig.* (*a.* ~ *in*) fondé sur.

root[2] [~] *v/t.* fouiller; (*a.* ~ *up*) trouver en fouillant; *fig.* ~ *out*, ~ *up* dénicher; *v/i.* fouiller avec le groin; *Am. sl.* ~ *for* appuyer; encourager par des cris; '**root·er** *Am. sl.* spectateur *m etc.* qui encourage par des cris; fanatique *mf* (de, *for*).

root·let ['ru:tlit] petite racine *f*.

rope [roup] **1.** corde *f* (*a. à pendre un criminel*); cordage *m*; câble *m* (*métallique*); *perles*: grand collier *m*; *sonnette*: cordon *m*; *Am. sl.* cigare *m* bon marché; *alp. on the* ~ en cordée; *alp.* ~ *team* cordée *f*; F *be at the end of one's* ~ être à *ou* au bout de ses ressources; *know the* ~*s* connaître son affaire; *show s.o. the* ~*s* mettre q. au courant; **2.** *v/t.* corder; (*usu.* ~ *in ou off ou out*) entourer de cordes; *Am.* prendre au lasso; *alp.* encorder; ~ *down* immobiliser au moyen d'une corde; *v/i.* devenir graisseux (-euse *f*); '**~-danc·er** funambule *mf*; '**~-lad·der** échelle *f* de corde; '**~-mak·er** cordier *m*; '**rop·er·y** corderie *f*; '**rope-walk** corderie *f*.

rop·i·ness ['roupinis] viscosité *f*; graisse *f*; '**rop·y** visqueux (-euse *f*); gras(se *f*), graisseux (-euse *f*).

ro·sa·ry ['rouzəri] *eccl.* rosaire *m*; chapelet *m*; ⚒ roseraie *f*.

rose[1] [rouz] ⚘ rose *f*; *couleur*: rose *m* (*a. adj.*); rosette *f* (*chapeau etc.*); ⚠, ⚡, *fenêtre*: rosace *f*; *arrosoir*: pomme *f*.

rose[2] [~] *prét. de rise* 2.

ro·se·ate ['rouziit] rosé.

rose ...: '**~·bud** bouton *m* de rose; '**~·bush** rosier *m*; '**~'col·o(u)red** rose, couleur de rose *inv.*; *see things* (*ou the world*) *through* ~ *glasses* (*ou spectacles*) voir tout *ou* la vie en rose; '**~·hip** gratte-cul *inv.*; **~·mar·y** ['rouzməri] romarin *m*.

ro·se·ry ['rouzəri] roseraie *f*.

ro·sette [rou'zet] rosette *f*; *ruban*: chou (*pl.* -x) *m*.

ros·in ['rɔzin] **1.** colophane *f*; **2.** frotter de colophane.

ros·ter ⚔ ['rɔstə] tableau *m* de service; liste *f*.

ros·trum ['rɔstrəm] tribune *f*.

ros·y □ ['rouzi] (de) rose; vermeil (-le *f*) (*teint*).

rot [rɔt] **1.** pourriture *f*; ⚕ carie *f*; *fig.* démoralisation *f*; *sl.* blague *f*; **2.** *v/t.* (faire) pourrir; *sl.* railler, blaguer (*q.*); gâcher (*un projet*); *v/i.* (se) pourrir; se décomposer.

ro·ta·ry ['routəri] rotatoire, rotatif (-ive *f*); de rotation; ⊕ ~ *press* rotative *f*; ⚡ ~ *switch* commutateur *m* rotatif; **ro·tate** [rou'teit] (faire) tourner; (faire) basculer; *v/t.* alterner (*les cultures*); **ro'ta·tion** rotation *f*; basculage *m*; *fig.* succession *f* tour à tour; *fig.* roulement *m*; ⚘ ~ *of crops* assolement *m*; **ro·ta·to·ry** ['~tətəri] *see rotary*; ~ *door* (*ou gate*) porte *f* tournante; ~ *stage* plateau *m* tournant.

rote [rout] routine *f*; *by* ~ par cœur, mécaniquement.

ro·tor ['routə] ⊕, ⚡, ✈ *hélicoptère*: rotor *m*.

rot·ten □ ['rɔtn] pourri (*a. fig.*); gâté; ⚕ carié; *sl.* moche, sale, mauvais; '**rot·ten·ness** (état *m* de) pourriture *f*.

rot·ter *sl.* ['rɔtə] sale type *m*.

ro·tund □ [rou'tʌnd] rond, arrondi; ampoulé (*style*); **ro'tun·da** △ [~də] rotonde *f*; **ro'tun·di·ty** rondeur *f*; *style*: grandiloquence *f*.

rou·ble ['ru:bl] rouble *m*.

rouge [ru:ʒ] **1.** rouge *m*, fard *m*; **2.** (se) farder; mettre du rouge.

rough [rʌf] **1.** □ rude (*chemin, parler, peau, surface, vin, voix*); rêche, rugueux (-euse *f*) (*peau, surface, voix*); grossier (-ère *f*); dépoli (*verre*); inégal (-aux *m/pl.*) (*terrain*); brutal (-aux *m/pl.*), violent; fruste (*conduite, style*); agité (*mer*); âpre (*vin*); ⊕ brut; approximatif (-ive *f*); ~ *draft* brouillon *m*; ~ *and ready* exécuté grossièrement; *fig.* de fortune; *fig.* primitif (-ive *f*); sans façon (*personne*); *be* ~ *on s.o. évènement etc.*: être un coup dur pour q.; *be* ~ *with s.o., give s.o. a* ~ *time* (*of it*) être dur ave q.; *cut up* ~ réagir avec violence; **2.** état *m* brut; terrain *m* accidenté; *golf*: herbe *f* longue; *personne*: voyou *m*; **3.** ébouriffer; (faire) acierer les fers (*d'un cheval*); ~ *it* vivre à la dure; '**rough·age** détritus *m/pl.*; '**rough·cast 1.** ⊕ pièce *f* brute de fonderie; **2.** △ crépi; ⊕ brut de fonte; **3.** ⊕ crépir (*un mur*); *fig.* ébaucher (*un plan*); '**rough·en** rendre *ou* devenir rude *etc.*

rough...: **~-hewn** ['~'hju:n] taillé à coups de hache; dégrossi; *fig.* ébauché; **~ house** *sl.* chahut *m*; '**~-house** *v/i.* chahuter; *v/t.* malmener; '**~-neck** *Am. sl.* canaille *f*, voyou *m*; '**rough·ness** rudesse *f*; rugosité *f*; grossièreté *f*; '**rough-rid·er** dresseur *m* de chevaux; F casse-cou *m/inv.*; ⚔ *hist.* cavalier *m* d'un corps irrégulier; '**rough-shod**: *ride* ~ *over* fouler (*q.*) aux pieds; traiter cavalièrement.

Rou·ma·nia(n) *see Rumania(n)*.

round [raund] **1.** □ rond (*a. fig.*); circulaire; plein; gros(se *f*) (*juron etc.*); voûté (*épaules*); ~ *game* jeu *m* en commun; ~ *hand* (écriture *f*) ronde *f*; ~ *trip* aller *m* et retour *m*; **2.** *adv.* (tout) autour; (*souv.* ~ *about*) à l'entour; *all* ~ tout autour; tout à l'entour; *fig.* dans l'ensemble; sans exception; *all the year* ~ (pendant) toute l'année; *10 inches* ~ dix pouces de tour; **3.** *prp.* (*souv.* ~ *about*) autour de; vers (*trois heures*); environ; *go* ~ *the shops* faire le tour des magasins; **4.** *su.* cercle *m*, rond *m* (*a.* △); *cartes, tennis, voyage, etc.*: tour *m*; *bière, facteur, médecin*: tournée *f*; ⚔ ronde *f* (*d'un officier*); *sp.* circuit *m*; *box.* round *m*; *fig.* train *m*; ⚔ *fusillade, fig. applaudissements*: salve *f*; ⚔ *munitions*: cartouche *f*; ♪ canon *m*; ⚔ *100* ~*s* cent cartouches; **5.** (s')arrondir; contourner (*une colline, un obstacle*); ⚓ doubler (*un cap*); ~ *off* arrondir; *fig.* achever; F ~ *on* dénoncer (*q.*); ~ *up* rassembler; rafler (*des voleurs*).

round·a·bout ['raundəbaut] **1.** indirect, détourné; ~ *system* (*of traffic*) sens *m* giratoire; **2.** détour *m*; clôture *f* circulaire; carrousel *m*; *mot.* F sens *m* gyro.

roun·del ['raundl] rondeau *m*; ♪ ronde *f*; **roun·de·lay** ['~dilei] chanson *f* à refrain; *danse*: ronde *f*.

round·ers ['raundəz] *pl.* balle *f* au camp; '**round·head** *hist.* tête *f* ronde; '**round·ish** presque rond; '**round·ness** rondeur *f*; **rounds·man** ⚚ ['~zmən] livreur *m*; '**round-ta·ble con·fer·ence** réunion *f* paritaire; '**round-'up** rassemblement *m*; rafle *f* (*de voleurs etc.*).

roup *vét.* [ru:p] diphtérie *f* des poules.

rouse [rauz] *v/t.* (*a.* ~ *up*) (r)éveiller; faire lever (*le gibier*); susciter; mettre en colère; remuer; *v/i.* se réveiller; (*a.* ~ *o.s.*) se secouer; '**rous·ing** qui excite; enlevant (*discours*); chaleureux (-euse *f*) (*applaudissements*).

roust·a·bout *Am.* ['raustə'baut] débardeur *m*; manœuvre *m*.

rout[1] [raut] bande *f*; ⚖ attroupement *m*; *a. see riot 1*; † soirée *f*.

rout[2] [~] **1.** ⚔ déroute *f*; débandade *f*; *put to* ~ = **2.** mettre en déroute.
rout[3] [~] *see root*[2].
route [ruːt; ⚔ raut] route *f* (*a.* ⚔); itinéraire *m*; **ˈ~-march** marche *f* d'entraînement.
rou·tine [ruːˈtiːn] **1.** routine *f*; ⚔, ⚓ emploi *m* du temps; *fig.* train-train *m* (journalier); **2.** courant; ordinaire.
rove [rouv] *v/i.* rôder; vagabonder, errer; *v/t.* parcourir; **ˈrov·er** coureur *m*, vagabond *m*; éclaireur *m*.
row[1] [rou] rang *m* (*a. théâ.*), rangée *f*; file *f* (*de voitures*); ligne *f* (*de maisons etc.*); *Am. a hard* ~ *to hoe* une tâche *f* difficile.
row[2] [~] **1.** ramer; faire du canotage; **2.** promenade *f* en canot.
row[3] F [rau] **1.** vacarme *m*, tapage *m*; chahut *m*; dispute *f*, rixe *f*; F réprimande *f*; *what's the* ~? qu'est-ce qui se passe?; **2.** *v/t.* semoncer (*q.*); *v/i.* se quereller (avec, *with*).
row·an ⚘ [ˈrauən] sorbier *m* commun; **ˈ~·ber·ry** sorbe *f*.
row-boat [ˈroubout] bateau *m* à rames, canot *m*.
row·dy [ˈraudi] **1.** chahuteur *m*; voyou *m*; **2.** tapageur (-euse *f*).
row·el [ˈrauəl] **1.** molette *f* (*d'éperon*); **2.** éperonner.
row·er [ˈrouə] rameur (-euse *f*) *m*.
row·house *Am.* [ˈrouhaus] maison *f* attenante aux maisons voisines.
row·ing-boat [ˈrouiŋbout] *see row-boat*.
row·lock ⚓ [ˈrɔlək] tolet *m*, dame *f*.
roy·al [ˈrɔiəl] **1.** □ royal (-aux *m/pl.*); *fig.* princier (-ère *f*); **2.** ⚓ cacatois *m*; (*a.* ~ *stag*) cerf *m* à douze andouillers; F *the* ~*s pl.* la famille *f* royale; **ˈroy·al·ism** royalisme *m*; **ˈroy·al·ist** royaliste (*a. su./mf*); **ˈroy·al·ty** royauté *f*; personnage *m* royal; *royalties pl.* droits *m/pl.* d'auteur; redevance *f* (*à un inventeur*).
rub [rʌb] **1.** frottement *m*; friction *f*; coup *m* de torchon; F *there is the* ~ c'est là le diable; **2.** *v/t.* frotter; frictionner; ~ *down* frictionner; ⊕ adoucir; panser (*un cheval*); ~ *in* frictionner (*q.* à *qch.*); F *don't* ~ *it in!* n'insiste(z) pas!; ~ *off* enlever par le frottement; ~ *out* effacer; ~ *up* astiquer; faire reluire; rafraîchir sa mémoire de; *v/i.* (*personne*: se) frotter (contre *against, on*); *fig.* ~ *along* (*ou on ou through*) se débrouiller.
rub-a-dub [ˈrʌbədʌb] *tambour*: rataplan *m*.
rub·ber [ˈrʌbə] caoutchouc *m*; gomme *f* à effacer; *personne*: frotteur (-euse *f*) *m*; ⊕ frottoir *m*; torchon *m*; ⊕ (*a.* ~ *file*) carreau *m*; *cartes*: robre *m*; *Am.* ~*s pl.* caoutchoucs *m/pl.*; *attr.* de *ou* en caoutchouc; à gomme (*arbre*); *Am. sl.* ~ *check* chèque *m* sans provision; ~ *solution* dissolution *f* de caoutchouc; **ˈ~·neck** *Am. sl.* **1.** badaud(e *f*) *m*; touriste *mf*; **2.** badauder; ~ **stamp** timbre *m* (en) caoutchouc; tampon *m*; *fig. Am.* F fonctionnaire *m* qui exécute aveuglément les ordres de ses supérieurs.
rub·bish [ˈrʌbiʃ] *Brit.* ordures *f/pl.*, immondices *f/pl.*, détritus *m/pl.*; ⊕ rebuts *m/pl.*; *fig.* fatras *m*; *fig.* camelote *f*; *fig.* bêtises *f/pl.*; *Brit.* ~ *bin* poubelle *f*; *Brit.* ~ *chute* vide-ordures *m/inv.*; *Brit.* ~ *dump* décharge *f*, dépotoir *m*; *Brit.* ~ *heap* monceau *m* de détritus, tas *m* d'ordures. **ˈrub·bish·y** sans valeur; de camelote.
rub·ble [ˈrʌbl] moellons *m/pl.* (bruts); (*a.* ~*-work*) moellonage *m*.
rube *Am. sl.* [ruːb] croquant *m*; nigaud *m*.
ru·be·fa·cient ⚕ [ruːbiˈfeiʃjənt] rubéfiant (*a. su./m*).
ru·bi·cund [ˈruːbikənd] rubicond, rougeaud.
ru·bric *typ., eccl.* [ˈruːbrik] rubrique *f*; **ru·bri·cate** [ˈ~keit] rubriquer.
ru·by [ˈruːbi] **1.** *min.* rubis *m*; couleur *f* de rubis; *typ.* corps *m* $5^1/_2$; **2.** rouge, vermeil(le *f*).
ruck [rʌk] *courses*: *the* ~ les coureurs *m/pl.*; *fig.* le commun *m* (du peuple); *cost.* fronçure *f*.
ruck(·le) [ˈrʌk(l)] (se) froisser; *v/i.* se rider; goder.
ruck·sack [ˈruksæk] sac *m* à dos.
ruc·tion *sl.* [ˈrʌkʃn] bagarre *f*, scène *f*.
rud·der ⚓, *a.* ✈ [ˈrʌdə] gouvernail *m*.
rud·di·ness [ˈrʌdinis] rougeur *f*; coloration *f* du teint; **rud·dle** [ˈrʌdl] **1.** ocre *f* rouge; **2.** frotter d'ocre rouge; marquer *ou* passer (*qch.*) à l'ocre rouge; **ˈrud·dy** rouge; rougeâtre; coloré (*teint*); *sl.* sacré.

rude □ [ruːd] primitif (-ive *f*) (*dessin, outil, peuple, temps, etc.*); grossier (-ère *f*) (*langage, méthode, outil, personne*); rudimentaire; fruste (*style etc.*); *fig.* violent; mal élevé, impoli (*personne*); ⊕ brut (*minerai*); robuste (*santé*).

ru·di·ment *biol.* [ˈruːdimənt] rudiment *m* (de, *of*) (*a. fig.*); ~s *pl. a.* éléments *m/pl.*; **ru·di·men·ta·ry** [~ˈmentəri] rudimentaire.

rue¹ ⚘ [ruː] rue *f.*

rue² [~] se repentir de, regretter amèrement.

rue·ful □ [ˈruːful] triste, lugubre; ˈ**rue·ful·ness** tristesse *f*; air *m* triste *ou* lugubre; ton *m* triste.

ruff¹ [rʌf] fraise *f*, collerette *f*; *orn., zo.* collier *m*, cravate *f*; *orn.* pigeon *m* à cravate; *orn.* paon *m* de mer.

ruff² [~] *whist*: **1.** coupe *f*; **2.** couper (*avec un atout*).

ruf·fi·an [ˈrʌfjən] bandit *m*, apache *m*; F *enfant*: polisson *m*; ˈ**ruf·fi·an·ly** de bandit, de brute; brutal (-aux *m/pl.*).

ruf·fle [ˈrʌfl] **1.** manchette *f* en dentelle; rides *f/pl.* (*sur l'eau*); *fig.* ennui *m*; agitation *f*; ~ *collar* fraise *f*; **2.** *v/t.* ébouriffer; agiter; hérisser (*les plumes*); irriter, froisser (*q.*); *cost.* rucher; plisser; froisser (*une robe*); *v/i.* s'ébouriffer; s'agiter; se hérisser (*oiseau*).

rug [rʌg] couverture *f*; (*a. floor* ~) carpette *f*; descente *f* de lit.

Rug·by (foot·ball) [ˈrʌgbi (ˈfutbɔːl)] *le* rugby *m.*

rug·ged □ [ˈrʌgid] raboteux (-euse *f*) (*terrain, style*); rugueux (-euse *f*); rude (*traits, tempérament*); ˈ**rugged·ness** nature *f* raboteuse; rudesse *f.*

ru·in [ˈruːin] **1.** ruine *f*; *usu.* ~s *pl.* ruine *f*, -s *f/pl.*; *lay in* ~s détruire de fond en comble; **2.** ruiner; abîmer; gâcher; séduire (*une femme*); **ru·inˈa·tion** F ruine *f*, perte *f*; ˈ**ru·in·ous** □ délabré, en ruines; *fig.* ruineux (-euse *f*) (*dépenses etc.*).

rule [ruːl] **1.** règle *f* (*a. eccl.*); règlement *m*; (*a. standing* ~) règle *f* fixe; empire *m*, autorité *f*; ⚖ ordonnance *f*, décision *f*; ⊕ mètre *m*; *typ.* filet *m*; *as a* ~ en règle générale; ⚖ ~(*s*) *of court* directive *f* de procédure; décision *f* du tribunal; *mot.* ~ *of the road* code *m* de la route; ⚓ règles *f/pl.* de route; ⅍ ~ *of three* règle *f* de trois; ~ *of thumb* méthode *f* empirique; procédé *m* mécanique; *make it a* ~ se faire une règle (de *inf.*, *to inf.*); *work to* ~ faire la grève du règlement; **2.** *v/t.* gouverner; (*a.* ~ *over*) régner sur; commander à; ⚖ décider, déclarer; régler (*du papier*); tracer à la règle (*une ligne*); ~ *the roost* (*ou roast*) être le maître; ~ *out* rayer; éliminer; *v/i.* régner; ✝ rester, se pratiquer (*prix*); ˈ**rul·er** souverain(e *f*) *m*; règle *f*, mètre *m*; ˈ**rul·ing** **1.** *surt.* ⚖ ordonnance *f*, décision *f*; **2.** ✝ ~ *price* prix *m* du jour.

rum¹ [rʌm] rhum *m*; *Am.* spiritueux *m.*

rum² *sl.* [~] □ bizarre.

Ru·ma·nian [ruːˈmeinjən] **1.** roumain; **2.** *ling.* roumain *m*; Roumain(e *f*) *m.*

rum·ble¹ [ˈrʌmbl] **1.** roulement *m*; *tonnerre*: grondement *m*; grouillement *m*; *surt. mot.* siège *m* de derrière; (*Am.* ~-*seat*) spider *m*; *Am.* F bagarre *f* entre deux bandes d'adolescents; **2.** rouler; gronder (*tonnerre*); grouiller (*ventre*).

rum·ble² *sl.* [~] pénétrer les intentions de (*q.*) *ou* le secret de (*qch.*).

rum·bus·tious □ F [rʌmˈbʌstiəs] exubérant.

ru·mi·nant [ˈruːminənt] ruminant (*a. su./m*); **ru·mi·nate** [ˈ~neit] ruminer (*a. fig.*); *fig. a.* méditer; **ru·miˈna·tion** rumination *f*; méditation *f.*

rum·mage [ˈrʌmidʒ] **1.** fouille *f*, recherches *f/pl.*; ✝ (*usu.* ~ *goods pl.*) choses *f/pl.* de rebut; ~ *sale* vente *f* d'objets usagés; **2.** *v/t.* (far)fouiller; *v/i.* fouiller (pour trouver, *for*).

rum·mer [ˈrʌmə] verre *m* à vin du Rhin.

rum·my¹ *sl.* □ [ˈrʌmi] bizarre.

rum·my² [~] *sorte de jeu de cartes.*

ru·mo(u)r [ˈruːmə] **1.** rumeur *f*, bruit *m*; **2.** répandre (*une nouvelle*); *it is* ~*ed that* le bruit court que; ˈ**~-mon·ger** colporteur *m* de faux bruits.

rump *anat.* [rʌmp] croupe *f*, *orn.* croupion *m* (*a.* F *co. d'un homme*); *cuis.* culotte *f* (*de bœuf*).

rum·ple [ˈrʌmpl] *v/t.* froisser, chiffonner; *fig.* contrarier, vexer.

rump·steak ['rʌmpsteik] romsteck *m.*

rum·pus F ['rʌmpəs] chahut *m*; fracas *m*; *Am.* ~ *room* salle *f* de jeux.

rum-run·ner *Am.* ['rʌmrʌnə] contrebandier *m* de spiritueux.

run [rʌn] **1.** [*irr.*] *v/i.* courir (*personne, animal, bruit, sp.,* ⚓, *fig., etc.*); *mot.* aller, rouler, marcher (*a.* ⊕); ⚓ faire route; ⚓ faire la traversée; 🚂 faire le service (entre Londres et la côte, *between London and the coast*); ⊕ fonctionner, être en marche; ⊕ tourner (*roue*); remonter les rivières (*saumon*); (s'en)fuir, se sauver; s'écouler (*temps*); couler (*rivière, plume,* ⊕ *pièce, a. couleur au lavage*); s'étendre (*encre, tache*); ⚕ suppurer (*ulcère*); *théâ.* tenir l'affiche, se jouer; se démailler (*bas*); *journ. Am.* paraître (*annonce*); ~ *across s.o.* rencontrer q. par hasard; ~ *after* courir après; ~ *away* s'enfuir; *fig.* enlever (q., *with s.o.*); ~ *down* descendre en courant; s'arrêter (*montre etc.*); *fig.* décliner; ~ *dry* se dessécher, s'épuiser; F ~ *for* courir après; *parl.* se porter candidat à *ou* pour; ~ *high* être gros(se *f*) (*mer*); s'échauffer (*sentiments*); *that* ~*s in the blood* (*ou family*) cela tient de famille; ~ *into* tomber dans; entrer en collision avec; rencontrer (*q.*) par hasard; s'élever à; ~ *low* s'abaisser; ~ *mad* perdre la tête; ~ *off* (s'en)fuir; ~ *on* continuer sa course; s'écouler (*temps*); suivre son cours; continuer à parler; ~ *out* sortir en courant; couler; s'épuiser; *I have* ~ *out of tobacco* je n'ai plus de tabac; ~ *over* parcourir; passer en revue; écraser (*q.*); ~ *short of* venir à bout de (*qch.*); ~ *through* traverser (en courant); parcourir du regard; dissiper (*une fortune*); ~ *to* se monter à, s'élever à; être de l'ordre de; F durer; F être suffisant pour (*inf.*); ~ *up* monter en courant; accourir; s'élever (*somme*); ~ *up to* s'élever à; ~ (*up*)*on* se ruer sur; rencontrer par hasard; ~ *with* ruisseler de; **2.** [*irr.*] *v/t.* courir (*une distance, une course*); mettre au galop (*un cheval*); *équit.* faire courir; chasser (*un renard*); diriger (*un navire, un train*) (sur, *to*); assurer le service de (*un navire, un autobus*); ⊕ faire fonctionner; ⊕ couler, jeter (*du métal*); *fig.* entretenir (*une auto*); avoir (*une auto, la fièvre*); diriger (*affaire, ferme, hôtel, magasin, théâtre, etc.*); tenir (*hôtel, magasin, ménage*); éditer (*un journal etc.*); exploiter (*une usine*); (faire) passer; tracer (*une ligne*); ⚚ vendre; F appuyer (*un candidat*); ~ *the blockade* forcer le blocus; ~ *down* renverser (*q.*); *mot.* écraser (*q.*); ⚓ couler; *fig.* dénigrer, éreinter; F attraper, dépister; *be* ~ *down* être à plat; être épuisé; ~ *errands* faire des courses *ou* commissions; ~ *s.o. hard* presser q.; ~ *in mot. etc.* roder; F arrêter (*un criminel*), conduire au poste (de police); *mot.* s'emboutir contre; ~ *off* faire écouler (*un liquide*); réciter tout d'une haleine; faire (*qch.*) en moins de rien *ou* à la hâte; ~ *out* chasser; filer (*une corde*); ~ *over* passer sur le corps à, écraser (*q.*); parcourir (*un texte*); ~ *s.o. through* transpercer q.; ~ *up* hisser (*un pavillon*); faire monter (*le prix*); bâtir à la va-vite (*un bâtiment*); confectionner à la hâte (*une robe*); laisser grossir (*un compte*); laisser monter (*une dette*); **3.** action *f* de courir; course *f*; *mot.* tour *m*, promenade *f*; ⚓ traversée *f*, parcours *m*; 🚂 trajet *m*; ⊕ marche *f*; *fig.* cours *m*, marche *f*; suite *f*; *théâ.* durée *f*; ♪ roulade *f*; ⚚ ruée *f*, descente *f* (sur, [*up*]*on*); *Am.* petit ruisseau *m*; *surt. Am. bas de dames*: échelle *f*; ⚚ catégorie *f*; *cartes*: séquence *f*; *fig.* libre accès *m*; élan *m*; *the common* ~ le commun, l'ordinaire; *théâ. a* ~ *of 50 nights* 50 représentations; ~ (*up*)*on a bank* descente *f* sur une banque; *be in the* ~(*ning*) avoir des chances (d'arriver); *in the long* ~ à la longue, en fin de compte; *in the short* ~ ne songeant qu'au présent; *on the* ~ sans le temps de s'asseoir; en fuite.

run...: **~·a·bout** *mot.* ['rʌnəbaut] voiturette *f*; (*a.* ~ *car*) petite auto *f*; **~·a·way** ['rʌnəwei] fugitif (-ive *f*) *m*; cheval *m* emballé.

run-down 1. [rʌn'daun] épuisé; surmené; ruiné; délabré; **2.** F ['rʌndaun] compte *m* rendu minutieux.

rune [ru:n] rune *f*.

rung[1] [rʌŋ] *p.p.* de *ring*[2] 2.

rung[2] [~] échelon *m*; *échelle*: traverse *f*.
run·ic [ˈruːnik] runique.
run-in F [ˈrʌnˈin] querelle *f*, altercation *f*.
run·let [ˈrʌnlit], **run·nel** [ˈrʌnl] ruisseau *m*; rigole *f*.
run·ner [ˈrʌnə] coureur (-euse *f*) *m*; ⚔ courrier *m*; *traîneau*: patin *m*; *lit, tiroir, etc.*: coulisseau *m*; ⚘ coulant *m*; ⚘ traînée *f* (*du fraisier*); *courses*: partant *m*; ⊕ poulie *f* fixe; ⊕ roue *f* mobile; chariot *m* ou galet *m* de roulement; *métall.* jet *m* (de coulée); ~**-up** *sp.* [ˈ~ərˈʌp] bon second *m*; deuxième *m*.
run·ning [ˈrʌniŋ] **1.** courant; *two days* ~ deux jours de suite; ⚔ ~ *fight* combat *m* de retraite; ⚔ ~ *fire* feu *m* roulant *ou* continu; ~ *hand* écriture *f* cursive; *sp.* ~ *start* départ *m* lancé; ~ *stitch* point *m* devant; **2.** course *f*, -s *f/pl.*; ˈ~-**board** *mot.*, 🚂 marchepied *m*; 🚂 tablier *m*.
run-of-the-mill [rʌnovðəˈmil] ordinaire; banal (-als *m/pl.*); médiocre.
runt [rʌnt] *zo.* bœuf *m ou* vache *f* de petite race; *fig.* nain *m*.
run-up [ˈrʌnʌp] période *f* préparatoire.
run·way [ˈrʌnwei] ✈ piste *f* d'envol; *chasse*: coulée *f*; ⊕ chemin *m* de roulement.
ru·pee [ruːˈpiː] roupie *f*.
rup·ture [ˈrʌptʃə] **1.** rupture *f*; ⚕ *a.* hernie *f*; **2.** (se) rompre; *be* ~*d* avoir une hernie.
ru·ral □ [ˈruərəl] rural (-aux *m/pl.*); champêtre; des champs; ˈ**ru·ral·ize** *v/t.* rendre rural; *v/i.* vivre à la campagne.
rush[1] ⚘ [rʌʃ] jonc *m*.
rush[2] [~] **1.** course *f* précipitée; élan *m*, bond *m*; hâte *f*; bouffée *f* (*d'air*); ⚔ bond *m*; ⚔, ☤ demande *f* considérable; torrent *m* (*d'eau*); ~ *hours pl.* heures *f/pl.* d'affluence; ☤ coup *m* de feu; ☤ ~ *order* commande *f* urgente; **2.** *v/i.* se précipiter, s'élancer (sur, *at*); se jeter; ~ *into extremes* se porter aux dernières extrémités; ~ *into print* publier à la légère; F ~ *to conclusions* conclure trop hâtivement; *v/t.* pousser *etc.* violemment; chasser; faire faire au galop; ⚔ prendre d'assaut; *fig.* envahir; dépêcher (*un travail*); exécuter à la hâte *ou* d'urgence; *sl.* faire payer (*qch.* à *q.*); *parl.* ~ *through* faire passer à la hâte; ˈ**rush·ing** □ tumultueux (-euse *f*).
rush·y [ˈrʌʃi] plein de joncs; fait de jonc.
rusk [rʌsk] biscotte *f*.
rus·set [ˈrʌsit] **1.** roussâtre; **2.** couleur *f* roussâtre; † drap *m* de bure.
Rus·sia leath·er [ˈrʌʃəˈleðə] cuir *m* de Russie; ˈ**Rus·sian** **1.** russe; **2.** *ling.* russe *m*; Russe *mf*.
rust [rʌst] **1.** rouille *f*; **2.** (se) rouiller (*a. fig.*).
rus·tic [ˈrʌstik] **1.** (~*ally*) rustique; agreste; paysan(ne *f*); **2.** paysan(ne *f*) *m*, campagnard(e *f*) *m*; rustaud(e *f*) *m*; **rus·ti·cate** [ˈ~keit] *v/t. univ.* renvoyer pendant un temps; *v/i.* habiter la campagne; **rus·tiˈca·tion** vie *f* à la campagne; *univ.* renvoi *m* temporaire; **rus·tic·i·ty** [~ˈtisiti] rusticité *f*.
rus·tle [ˈrʌsl] **1.** (faire) bruire, froufrouter; *v/t. a.* froisser; *Am.* F ramasser, réunir; voler (*du bétail*); **2.** bruissement *m*; frou-frou *m*; froissement *m*.
rust...: ˈ~**less** sans rouille; ☤ inoxydable; ˈ~-ˈ**proof**, ˈ~**-re·sist·ant** antirouille; inoxydable; ˈ**rust·y** rouillé (*a. fig.*); couleur de rouille, rouilleux (-euse *f*).
rut[1] *zo.* [rʌt] **1.** rut *m*; **2.** être en rut.
rut[2] [~] ornière *f* (*a. fig.*); *fig. a.* routine *f*.
ruth·less □ [ˈruːθlis] impitoyable; brutal (-aux *m/pl.*) (*acte, vérité*); ˈ**ruth·less·ness** nature *f ou* caractère *m* impitoyable.
rut·ted [ˈrʌtid] coupé d'ornières [(*chemin*).]
rut·ting *zo.* [ˈrʌtiŋ] du rut; en rut; ~ *season* saison *f* du rut.
rut·ty [ˈrʌti] coupé d'ornières (*chemin*).
rye [rai] ⚘ seigle *m*; *Am. sorte de whisky*.

S

S, s [es] S *m*, s *m*.
sab·bath [ˈsæbəθ] *bibl.* sabbat *m*; *eccl.* dimanche *m*.
sab·bat·ic, sab·bat·i·cal □ [səˈbætik(l)] sabbatique; *univ.* *sabbatical year* année *f* de congé.
sa·ble [ˈseibl] **1.** *zo.* zibeline *f* (*a. fourrure*); noir *m*; ▨ sable *m*; **2.** noir; *poét.* de deuil.
sab·o·tage [ˈsæbətɑːʒ] **1.** sabotage *m*; **2.** saboter (*a. fig.*).
sa·bre [ˈseibə] **1.** sabre *m*; **2.** sabrer; **sa·bre·tache** ⚔ [ˈsæbətæʃ] sabretache *f*.
sac·cha·rin(e) ⚗ [ˈsækərin] saccharine *f*; **sac·cha·rine** [ˈ~rain] saccharin.
sac·er·do·tal □ [sæsəˈdoutl] sacerdotal (-aux *m/pl.*); de prêtre.
sack[1] [sæk] **1.** sac *m*; (*a.* ~ *coat*) vareuse *f* de sport, pardessus *m* sac; F *get the* ~ recevoir son congé; *give s.o. the* ~ donner son congé à q.; F *hit the* ~ se pieuter, aller au pieu (= *se coucher*); **2.** mettre en sac; F congédier (*q.*), mettre (*q.*) à pied.
sack[2] [~] **1.** sac *m*, pillage *m*; **2.** (*a. put to* ~) mettre à sac *ou* au pillage.
sack·cloth [ˈsækklɔθ], ˈ**sack·ing** toile *f* à sacs; *sackcloth and ashes* le sac et la cendre; **sack·ful** [ˈ~ful] plein sac *m*, sachée *f*.
sac·ra·ment *eccl.* [ˈsækrəmənt] sacrement *m*; **sac·ra·men·tal** □ [~ˈmentl] sacramentel(le *f*).
sa·cred □ [ˈseikrid] sacré; saint (*histoire*); religieux (-euse *f*) (*musique etc.*); ˈ**sa·cred·ness** caractère *m* sacré; *serment*: inviolabilité *f*.
sac·ri·fice [ˈsækrifais] **1.** sacrifice *m*; ☤ *at a* ~ à perte; **2.** sacrifier; ☤ *a.* vendre à perte; ˈ**sac·ri·fic·er** sacrificateur (-trice *f*) *m*.
sac·ri·fi·cial [sækriˈfiʃl] sacrificatoire; ☤ à perte (*vente*).
sac·ri·lege [ˈsækrilidʒ] sacrilège *m*; **sac·ri·le·gious** □ [~ˈlidʒəs] sacrilège.
sa·crist [ˈseikrist], **sac·ris·tan** *eccl.* [ˈsækristən] sacristain *m*.
sac·ris·ty *eccl.* [ˈsækristi] sacristie *f*.
sad □ [sæd] triste; déplorable; malheureux (-euse *f*); cruel(le *f*); fâcheux (-euse *f*); terne (*couleur*).
sad·den [ˈsædn] (s')affliger; *v/t.* attrister.
sad·dle [ˈsædl] **1.** selle *f*; **2.** (*a.* ~ *up*) seller; *fig.* charger (q. de qch. *s.o. with s.th.*, *s.th. on s.o.*); F encombler (de, *with*); ˈ**~-backed** ensellé (*cheval*); ˈ**~-bag** sacoche *f* de selle; ˈ**~-cloth** tapis *m* de selle; housse *f* de cheval; ˈ**sad·dler** sellier *m*; *Am.* cheval *m* de selle; ˈ**sad·dler·y** sellerie *f*.
sad·ism [ˈsædizm] sadisme *m*; ˈ**sad·ist** sadique *mf*; **sa·dis·tic** [sæˈdistik] sadique; *~ally* avec sadisme.
sad·ness [ˈsædnis] tristesse *f*, mélancolie *f*.
sa·fa·ri [səˈfɑːri] expédition *f* de chasse.
safe [seif] **1.** □ en sûreté (contre, *from*), à l'abri (de, *from*); sûr; sans risque; hors de danger; ~ *and sound* sain et sauf; *be on the* ~ *side* être du bon côte; **2.** coffre-fort (*pl.* coffres-forts) *m*; ⚓ caisse *f* du bord; *cuis.* garde-manger *m/inv.*; ~ *deposit* dépôt *m* en coffre-fort; ˈ**~·break·er,** ˈ**~-crack·er** *Am.* crocheteur *m* de coffres-forts; ˈ**~-con·duct** sauf-conduit *m*; ˈ**~·guard 1.** sauvegarde *f*; **2.** sauvegarder, protéger; *~ing duty* tarif *m* de sauvegarde; ˈ**safe·ness** sûreté *f*; sécurité *f*.
safe·ty [ˈseifti] **1.** sûreté *f*; sécurité *f*; **2.** de sûreté; ~ *belt* ceinture *f* de sécurité; *théâ.* ~ *curtain* rideau *m* de fer; ~ *glass* verre *m* Sécurit (*TM*); ~ *island* refuge *m*; ~ *lamp* lampe *f* de mineur; ~ *match* allumette de sûreté; ~ *lock* serrure *f* de sûreté; ~ *pin* épingle *f* de nourrice; ~ *razor* rasoir *m* de sûreté.
saf·fron [ˈsæfrən] **1.** safran *m* (*a. couleur*); **2.** safran *inv.*

sag [sæg] **1.** fléchir (*a.* ✝); s'affaisser; ⊕ pencher d'un côté; se relâcher (*corde*); pendre; **2.** affaissement *m* (*a.* ⊕); ⚓ dérive *f*; ✝ baisse *f*.
sa·ga [ˈsɑːgə] saga *f*.
sa·ga·cious □ [səˈgeiʃəs] sagace, avisé, rusé.
sa·gac·i·ty [səˈgæsiti] sagacité *f*.
sage¹ [seidʒ] **1.** □ sage, prudent; **2.** sage *m*.
sage² ⚘ [~] sauge *f*.
Sa·git·tar·i·us *astr.* [sædʒiˈtɛəriəs] le Sagittaire *m*.
sa·go [ˈseigou] sagou *m*.
said [sed] *prét. et p.p. de say 1.*
sail [seil] **1.** voile *f*; *coll.* toile *f*; promenade *f* à voile; *10 ~* dix navires *m/pl.*; **2.** *v/i.* naviguer; faire route; partir; *fig.* planer, voler; *v/t.* naviguer sur; conduire (*un vaisseau*); ˈ**~-boat** canot *m* à voiles; ˈ**~-cloth** toile *f* à voile, canevas *m*; ˈ**sail·er** *bateau*: voilier *m*; ˈ**sail·ing-ship**, ˈ**sail·ing·ves·sel** voilier *m*; navire *m* à voiles; ˈ**sail·or** marin *m*; matelot *m*; *cost.* *~ blouse* marinière *f*; *~'s knot* nœud *m* régate; *be a good (bad) ~* (ne pas) avoir le pied marin; ˈ**sail-plane** planeur *m*.
sain-foin ⚘ [ˈseinfɔin] sainfoin *m*; F éparcette *f*.
saint [seint; *devant npr.* sənt] **1.** saint(e *f*) *m*; *the ~s pl.* les fidèles *m/pl.* trépassés; **2.** *v/t.* canoniser; *v/i.* F *~ (it)* faire le saint; ˈ**saint·ed** saint; ˈ**saint·li·ness** sainteté *f*; ˈ**saint·ly** *adj.* (de) saint.
sake [seik]: *for the ~ of* à cause de; pour l'amour de; dans l'intérêt de; *for my ~* pour moi, pour me faire plaisi[illegible] *God's ~* pour l'amour de [illegible]
sal [illegible]l] sel *m*; *~ ammoniac* sel *m* [illegible]niac; *~ volatile* sels *m/pl.* [illegible]atils).
[illegible]**·a·ble** [ˈseiləbl] vendable.
sa·la·cious □ [səˈleiʃəs] lubrique.
sal·ad [ˈsæləd] salade *f*.
sal·a·man·der [ˈsæləmændə] *zo.* salamandre *f*; *cuis.* couvercle *m* à braiser.
sa·la·me, sa·la·mi [səˈlɑːmi] salami *m*.
sal·a·ried [ˈsælərid] rétribué; aux appointements (*personne*); ˈ**sal·a·ry** **1.** traitement *m*, appointements *m/pl.*; **2.** payer des appointements à; ˈ**sal·a·ry-earn·er** salarié(e *f*) *m*.
sale [seil] vente *f* (✝ de réclame); (*a. public ~*) vente *f* aux enchères; *for (ou on) ~* en vente; à vendre; *private ~* vente *f* à l'amiable; ˈ**sale·a·ble** vendable; de vente facile.
sale...: ˈ**~-note** bordereau *m* de vente; ˈ**~-room** salle *f* de(s) vente(s).
sales... [seilz]: **~ clerk** *Am.* vendeur (-euse *f*)*m*; **~ com·mis·sion** commission *f* (pour la vente); ˈ**~·man** vendeur *m*; ˈ**~·girl**, ˈ**~·wom·an** vendeuse *f*; **~ room** salle *f* des ventes; **~ talk** *Am.* boniment *m*.
sa·li·ence [ˈseiliəns] projection *f*; saillie *f*; ˈ**sa·li·ent** □ saillant (*a. fig.*); en saillie; *fig.* frappant.
sa·line 1. [ˈseilain] salin (*a.* ⚕), salé; **2.** [səˈlain] salin *m*; ⚕ sel *m* purgatif.
sa·li·va [səˈlaivə] salive *f*; **sal·i·var·y** [ˈsælivəri] salivaire; **sal·i·ˈva·tion** salivation *f*.
sal·low¹ ⚘ [ˈsælou] saule *m*.
sal·low² [~] jaunâtre, olivâtre; ˈ**sal·low·ness** *teint*: ton *m* jaunâtre.
sal·ly [ˈsæli] **1.** ⚔ sortie *f*; *effort, esprit, etc.*: saillie *f*; **2.** ⚔ (*a. ~ out*) faire une sortie; *~ forth (ou out)* se mettre en route; ˈ**~-port** ⚔ poterne *f* (de sortie).
sal·ma·gun·di [sælməˈgʌndi] salmigondis *m*; *fig.* méli-mélo (*pl.* mélis-mélos) *m*.
salm·on [ˈsæmən] **1.** saumon *m* (*a. couleur*); **2.** saumon *inv.*
sa·loon [səˈluːn] salon *m* (*a. de paquebot*); salle *f*; première classe *f* (*en bateau*); *Am.* cabaret *m*; **saˈloon-car** 🚃 wagon-salon (*pl.* wagons-salons) *m*; *mot.* (voiture *f* à) conduite *f* intérieure, limousine *f*.
salt [sɔːlt] sel *m* (*a. fig.*); *fig.* piquant *m*; *old ~* loup *m* de mer (= *vieux matelot*); *above (below) the ~* au haut (bas) bout de la table; **2.** salé (*a. fig.*); salin; salifère; **3.** saler; *sl.* *~ away* mettre de côté, économiser.
sal·ta·tion [sælˈteiʃn] saltation *f*; *biol.* mutation *f*.
salt...: ˈ**~·cel·lar** salière *f*; ˈ**salt·ed** F immunisé; *fig.* endurci; ˈ**salt·er** saleur (-euse *f*) *m*; saunier *m*; fabricant *m* de sel; ˈ**salt·free** sans sel; ˈ**salt·ness** salure *f*, salinité *f*; **salt·pe·tre** [ˈ~-piːtə] salpêtre *m*, nitre *m*; ˈ**salt·shak·er** *Am.* salière *f*; ˈ**salt·works**

saunerie *f*, saline *f*; ˈ**salt·y** salé (*a. fig.*); de sel.
sa·lu·bri·ous □ [səˈluːbriəs] salubre, sain; saˈ**lu·bri·ty** salubrité *f*; **sal·u·tar·i·ness** [ˈsæljutərinis] caractère *m* salutaire; ˈ**sal·u·tar·y** □ salutaire (à, *to*).
sal·u·ta·tion [sæljuˈteiʃn] salutation *f*; **sa·lu·ta·to·ry** [səlˈjuːtətəri] de salutation; de bienvenue; **salute** [səˈluːt] **1.** salut(ation *f*) *m*; *co.* baiser *m*; ⚔, ⚓ salut *m*; **2.** saluer (*a.* ⚔, ⚓).
sal·vage [ˈsælvidʒ] **1.** (indemnité *f* de) sauvetage *m*; objets *m/pl.* sauvés; **2.** récupérer; ⚓ effectuer le sauvetage de.
sal·va·tion [sælˈveiʃn] salut *m* (*a. fig.*); ♀ *Army* Armée *f* du Salut; salˈ**va·tion·ist** salutiste *mf*.
salve[1] [sælv] sauver; effectuer le sauvetage de.
salve[2] [sɑːv] **1.** *usu. fig.* baume *m*; **2.** *usu. fig.* adoucir; calmer.
sal·ver [ˈsælvə] plateau *m*.
sal·vo [ˈsælvou], *pl.* **-voes** [ˈ~vouz] ⚔ salve *f* (*a. fig.*); ✈ ~ *release* bombardement *m* en traînée; lâchage *m* par salves; **sal·vor** ⚓ [ˈ~və] sauveteur *m*.
Sa·mar·i·tan [səˈmæritn] **1.** samaritain; **2.** Samaritain(e *f*) *m*.
sam·ba [ˈsæmbə] samba *f*.
same [seim]: *the* ~ le (la) même; les mêmes *pl.*; *all the* ~ tout de même; *it is all the* ~ *to me* ça m'est égal; cela ne me fait rien; ˈ**sameness** identité *f* (avec, *with*); ressemblance *f* (à, *with*); monotonie *f*.
samp *Am.* [sæmp] gruau *m* de maïs.
sam·ple [ˈsɑːmpl] **1.** *surt.* ✝ échantillon *m*; *sang, minerai, etc.*: prélèvement *m*; **2.** échantillonner; *fig.* essayer, goûter; ˈ**sam·pler** modèle *m* de broderie; ˈ**sam·pling** échantillonnage *m*.
san·a·tive [ˈsænətiv] guérisseur (-euse *f*); **san·a·to·ri·um** [~ˈtɔːriəm] sanatorium *m*; *école*: infirmerie *f*; **san·a·to·ry** [ˈ~təri] guérisseur (-euse *f*), curatif (-ive *f*).
sanc·ti·fi·ca·tion [sæŋktifiˈkeiʃn] sanctification *f*; **sanc·ti·fy** [ˈ~fai] sanctifier; consacrer; **sanc·ti·mo·ni·ous** □ [~ˈmounjəs] bigot(te *f*), papelard; **sanc·tion** [ˈsæŋkʃn] **1.** sanction *f*; autorisation *f*; **2.** sanctionner; *fig.* approuver; **sanc·ti·ty** [ˈ~titi] sainteté *f*; caractère *m* sacré; **sanc·tu·ar·y** [ˈ~tjuəri] sanctuaire *m*; asile *m*; **sanc·tum** [ˈ~təm] sanctuaire *m*; *fig.* F turne *f*.
sand [sænd] **1.** sable *m*; *Am. sl.* cran *m*, étoffe *f*; *fig. rope of* ~ de vagues liens *m/pl.*; **2.** sabler; répandre du sable sur.
san·dal[1] [ˈsændl] sandale *f*. [-s) *m*.]
san·dal[2] [~] (*ou* ~*-wood*) santal (*pl.*
sand...: ˈ~**·bag** ⚔ sac *m* à terre; *porte, fenêtre*: boudin *m*; ˈ~**-blast** ⊕ jet *m* de sable; *appareil*: sableuse *f*; ˈ~**-glass** sablier *m*; horloge *f* de sable; ˈ~**·pit** tas *m* de sable (*pour enfants*); *carrière*: sablonnière *f*; ˈ~**-shoes** espadrilles *f/pl.*
sand·wich [ˈsænwidʒ] **1.** sandwich *m*; *Brit.* ~ *course* cours *m* intercalaire (de promotion professionnelle); **2.** (*a.* ~ *in*) serrer; ˈ~**-man** homme-sandwich (*pl.* hommes-sandwichs) *m*.
sand·y [ˈsændi] sabl(onn)eux (-euse *f*); sablé (*allée etc.*); blond roux (*cheveux*) *inv.*
sane [sein] sain d'esprit; sensé; sain (*jugement*).
San·for·ize *Am.* [ˈsænfəraiz] rendre irrétrécissable.
sang [sæŋ] *prét. de sing.*
san·gui·nary □ [ˈsæŋgwinəri] sanguinaire; altéré de sang; **san·guine** [ˈ~gwin] sanguin; confiant, optimiste; d'un rouge sanguin; **san**ˈ**guin·e·ous** [~niəs] de sang; *see sanguine.*
san·i·tari·an [sæniˈtɛəriən] hygiéniste (*a. su.*); **san·i·tar·y** □ [ˈ~-təri] hygiénique (*a.* ⊕); sanitaire (*a.* ⚔, ⚓); ~ *towel, Am.* ~ *napkin* serviette *f* hygiénique.
san·i·ta·tion [sæniˈteiʃn] hygiène *f*; système *m* sanitaire; salubrité *f* publique; ˈ**san·i·ty** santé *f* d'esprit; jugement *m* sain; bon sens *m*; modération *f*.
sank [sæŋk] *prét. de sink* **1.**
San·skrit [ˈsænskrit] sanscrit *m*.
San·ta Claus [sæntəˈklɔːz] Père *m* *ou* bonhomme *m* Noël.
sap[1] [sæp] ⚘ sève *f* (*a. fig.*); *sl.* niais *m*.
sap[2] [~] **1.** ⚔ sape *f*; F piocheur (-euse *f*) *m*; *sl.* boulot *m*; **2.** *v/i.* saper; *sl.* piocher, bûcher; *v/t.* saper, miner (*a. fig.*).

sap·id [ˈsæpid] savoureux (-euse *f*); **sa·pid·i·ty** [səˈpiditi] sapidité *f*.
sa·pi·ence *usu. iro.* [ˈseipjəns] sagesse *f*; **ˈsa·pi·ent** *usu. iro.* □ savant, sage.
sap·less [ˈsæplis] sans sève; sans vigueur (*personne*).
sap·ling [ˈsæpliŋ] jeune arbre *m*; *fig.* jeune homme *m*.
sap·o·na·ceous [sæpoˈneiʃəs] saponacé; *fig.* onctueux (-euse *f*).
sap·per ⚔ [ˈsæpə] sapeur *m*.
sap·phire *min.* [ˈsæfaiə] saphir *m*.
sap·pi·ness [ˈsæpinis] abondance *f* de sève.
sap·py [ˈsæpi] plein de sève (*a. fig.*); vert (*arbre*); *sl.* nigaud.
Sar·a·cen [ˈsærəsn] Sarrasin(e *f*) *m*.
sar·casm [ˈsɑːkæzm] ironie *f*; sarcasme *m*; **sarˈcas·tic, sarˈcas·ti·cal** □ sarcastique, mordant.
sar·coph·a·gus [sɑːˈkɔfəgəs], *pl.* **-gi** [~dʒai] sarcophage *m*.
sar·dine *icht.* [sɑːˈdiːn] sardine *f*.
Sar·din·i·an [sɑːˈdinjən] **1.** sarde; **2.** *ling.* sarde *m*; Sarde *mf*.
sar·don·ic [sɑːˈdɔnik] (*~ally*) sardonique (*rire*); ⚕ sardonien(ne *f*).
sar·to·ri·al [sɑːˈtɔːriəl] de tailleur; vestimentaire.
sash[1] [sæʃ] châssis *m* (*de fenêtre à guillotine*).
sash[2] [~] ceinture *f*; ⚔ *a.* écharpe *f*.
sa·shay *Am.* F [sæˈʃei] marcher d'un pas vif; danser.
sash-win·dow fenêtre *f* à guillotine.
sas·sy *Am.* [ˈsæsi] *see saucy*.
sat [sæt] *prét. et p.p. de sit*.
Sa·tan [ˈseitən] Satan *m*.
sa·tan·ic [səˈtænik] (*~ally*) satanique, diabolique.
satch·el [ˈsætʃl] sacoche *f*; *école*: carton *m*.
sate [seit] *see satiate*.
sa·teen [sæˈtiːn] satinette *f*.
sat·el·lite [ˈsætəlait] satellite *m* (*a. fig.*); (*a. ~ town*) ville *f* satellite; *~ country* pays *m* satellite.
sa·ti·ate [ˈseiʃieit] rassasier (de, *with*); **sa·tiˈa·tion** rassasiement *m*; satiété *f*; **sa·ti·e·ty** [səˈtaiəti] satiété *f*.
sat·in [ˈsætin] *tex.* satin *m*; **sat·i·net** [ˈsætinet], *usu.* **sat·i·nette** [~ˈnet] satinette *f*; *soie*: satinade *f*.
sat·ire [ˈsætaiə] satire *f* (contre, [*up*]*on*); **sa·tir·ic, sa·tir·i·cal** □ [səˈtirik(l)] satirique; ironique; **sat·i·rist** [ˈsætərist] satirique *m*; **ˈsat·i·rize** satiriser.
sat·is·fac·tion [sætisˈfækʃn] satisfaction *f*, contentement *m* (de *at*, *with*); acquittement *m*, paiement *m*; *promesse*: exécution *f*; réparation *f* (*d'une offense*).
sat·is·fac·to·ri·ness [sætisˈfæktərinis] caractère *m* satisfaisant; **sat·isˈfac·to·ry** □ satisfaisant; *eccl.* expiatoire.
sat·is·fied □ [ˈsætisfaid] satisfait, content (de, *with*; que, *that*); **sat·is·fy** [ˈ~fai] satisfaire; contenter; payer, liquider (*une dette*); exécuter (*une promesse*); remplir (*une condition*); éclaircir (*un doute*).
sa·trap [ˈsætrəp] satrape *m*.
sat·u·rate ⚗, *a. fig.* [ˈsætʃəreit] saturer (de, *with*); **sat·uˈra·tion** saturation *f*; imprégnation *f*; *~ point* point *m* de saturation.
Sat·ur·day [ˈsætədi] samedi *m*.
sat·ur·nine [ˈsætənain] taciturne, sombre.
sat·yr [ˈsætə] satyre *m*.
sauce [sɔːs] **1.** sauce *f*; *fig.* assaisonnement *m*; F impertinence *f*; **2.** assaisonner; F dire des impertinences à (*q.*); **ˈ~-boat** saucière *f*; **ˈ~·pan** casserole *f*; **ˈsauc·er** soucoupe *f*.
sau·ci·ness F [ˈsɔːsinis] impertinence *f*; chic *m* (*d'un chapeau*).
sau·cy □ F [ˈsɔːsi] gamin; effronté, impertinent; chic *inv. en genre*, coquet(te *f*).
sau·na [ˈsɔːnə] sauna *m* ou *f*.
saun·ter [ˈsɔːntə] **1.** flânerie *f*; promenade *f* (faite à loisir); **2.** flâner; se balader; **ˈsaun·ter·er** flâneur (-euse *f*) *m*.
sau·ri·an *zo.* [ˈsɔːriən] saurien *m*.
sau·sage [ˈsɔsidʒ] saucisse *f*; saucisson *m*.
sav·age [ˈsævidʒ] **1.** □ sauvage; féroce; brutal (-aux *m/pl.*) (*coup*); F furieux (-euse *f*); **2.** sauvage *mf*; *fig.* barbare *mf*; **3.** attaquer, mordre (*chien*); **ˈsav·age·ness, ˈsav·age·ry** sauvagerie *f*, barbarie *f*; férocité *f*.
sa·van·na(h) [səˈvænə] savane *f*.
save [seiv] **1.** *v/t.* sauver; économiser, épargner; gagner (*du temps*); mettre de côté; garder; éviter; *v/i.* faire des économies, économiser; **2.** *prp.* excepté, sauf; **3.** *cj.* *~ that*

excepté que, hormis que; ~ *for* sauf; si ce n'était ...
sav·e·loy ['sævilɔi] cervelas *m*.
sav·er ['seivə] libérateur (-trice *f*) *m*; sauveteur *m*; ⊕ économiseur *m*; personne *f* économe.
sav·ing ['seiviŋ] **1.** □ économique; économe (*personne*); ⚖ ~ *clause* clause *f* de sauvegarde; réservation *f*; **2.** épargne *f*; *fig.* salut *m*; sauvetage *m*; ~s *pl.* économies *f/pl.*
sav·ings... ['seiviŋz]: ~ **ac·count** compte *m* d'épargne; '~**-bank** caisse *f* d'épargne; '~**-de·pos·it** dépôt *m* à la caisse d'épargne.
sav·io(u)r ['seivjə] sauveur *m*; *eccl. the* ♀ le Sauveur *m*.
sa·vor·y ⚘ ['seivəri] sarriette *f*.
sa·vo(u)r ['seivə] **1.** saveur *f*; goût *m* (*a. fig.*); *fig.* trace *f*; **2.** *v/i. fig.* ~ *of* sentir (*qch.*), tenir de (*qch.*); *v/t. fig.* savourer; **sa·vo(u)r·i·ness** ['~rinis] saveur *f*, succulence *f*; '**sa·vo(u)r·less** fade, insipide; sans saveur; '**sa·vo(u)r·y** □ savoureux (-euse *f*), succulent, appétissant; piquant, salé.
sa·voy [sə'vɔi] chou *m* frisé *ou* de Milan.
sav·vy *sl.* ['sævi] **1.** jugeote *f*; **2.** comprendre.
saw[1] [sɔ:] *prét. de* see.
saw[2] [~] adage *m*; dicton *m*.
saw[3] [~] **1.** scie *f*; **2.** [*irr.*] scier; '~**·buck** *Am. sl.* billet *m* de dix dollars; '~**·dust** sciure *f*; '~**-horse** chevalet *m* de scieur; '~**·mill** scierie *f*; **sawn** [sɔ:n] *p.p. de saw*[3] 2; **saw·yer** ['~jə] scieur *m* (de long).
Sax·on ['sæksn] **1.** saxon(ne *f*); **2.** *ling.* saxon *m*; Saxon(ne *f*) *m*.
sax·o·phone ♪ ['sæksəfoun] saxophone *m*.
say [sei] **1.** [*irr.*] dire; avouer; affirmer; réciter; ~ *no* refuser; ~ *grace* dire le bénédicité; ~ *mass* dire la messe; *that is to* ~ c'est-à-dire; *do you* ~ *so?* vous croyez ?, vous trouvez ?; *you don't* ~ *so!* pas possible!, vraiment!; *I* ~*!* dites donc!; pas possible!; *he is said to be rich* on dit qu'il est riche; on le dit riche; *no sooner said than done* sitôt dit, sitôt fait; **2.** dire *m*, mot *m*, parole *f*; *it is my* ~ *now* maintenant à moi la parole; *let him have his* ~ laissez-le parler; F *have a* (*no*) ~ *in s.th.* (ne pas) avoir voix au chapitre;
'**say·ing** dicton *m*, proverbe *m*; dit *m*; récitation *f*; *it goes without* ~ cela va sans dire.
scab [skæb] *plaie*: croûte *f*; *vét. etc.* gale *f*; *sl.* jaune *m*; *sl.* sale type *m*.
scab·bard ['skæbəd] *épée*: fourreau *m*; *poignard*: gaine *f*.
scab·by □ ['skæbi] croûteux (-euse *f*); galeux (-euse *f*); ⊕ dartreux (-euse *f*); *sl.* méprisable.
sca·bi·es ⚕ ['skeibii:z] gale *f*.
sca·bi·ous ⚘ ['skeibiəs] scabieuse *f*.
sca·brous ['skeibrəs] rugueux (-euse *f*); scabreux (-euse *f*) (*conte etc.*).
scaf·fold ['skæfəld] ⚖ échafaud *m*; ⚠ échafaudage *m*; '**scaf·fold·ing** échafaudage *m*; ~ *pole* écoperche *f*.
scald [skɔ:ld] **1.** échaudure *f*; **2.** (*a.* ~ *out*) échauder; faire chauffer (*le lait*) sans qu'il entre en ébullition.
scale[1] [skeil] **1.** ⚕, *peau, poisson, reptile*; *a. de fer*: écaille *f*; ⊕, ⚕ dartre *f*; ⊕, ⚕ *dents*: tartre *m*; **2.** *v/t.* écailler; ⊕ piquer; ⊕ détarter (*a. dents*); ⊕ entartrer (= *incruster*); *v/i.* s'écailler; s'exfolier (*arbre*); se déplâtrer (*mur etc.*); ⚕ se desquamer; ⊕ (*souv.* ~ *off*) s'entartrer.
scale[2] [~] **1.** plat(eau) *m*; (*a pair of*) ~*s pl.* (une) balance *f*; *astr.* Balance *f*; **2.** peser.
scale[3] [~] **1.** échelle *f*; ♪, ⚕ gamme *f*; ⚕ tarif *m*; *fig.* étendue *f*, envergure *f*; *on a large* (*small*) ~ en grand (petit); ~ *model* maquette *f*; *on a national* ~ à l'échelon national; **2.** escalader (*un mur etc.*); tracer (*q.*) à l'échelle; ~ *up* (*down*) augmenter (réduire) (*les gages etc.*) à l'échelle.
scaled [skeild] écaillé; écailleux (-euse *f*).
scale·less ['skeillis] sans écailles.
scal·ing-lad·der ['skeiliŋlædə] ⚔ † échelle *f* d'escalade.
scal·lion ⚘ ['skæljən] ciboule *f*.
scal·lop ['skɔləp] **1.** *zo.* pétoncle *m*; *cuis.* coquille *f*; *cost.* feston *m*; dentelure *f*; **2.** découper, denteler; festonner; faire cuire en coquille(s).
scalp [skælp] **1.** épicrâne *m*; cuir *m* chevelu; *Peaux-Rouges*: scalpe *m*; **2.** scalper; ⚕ ruginer.
scal·pel ⚕ ['skælpəl] scalpel *m*.
scal·y [skeili] écailleux (-euse *f*); squameux (-euse *f*); *sl.* mesquin.
scamp [skæmp] **1.** vaurien *m*; *enfant*: coquin *m*; **2.** bâcler; '**scamp·er 1.** courir allégrement; ~ *off* déta-

ler; **2.** *fig.* course *f* folâtre *ou* rapide.

scan [skæn] *v/t.* scander (*des vers*); examiner, scruter; *v/i.* se scander.

scan·dal ['skændl] scandale *m*; honte *f*; médisance *f*; ⚖ diffamation *f*; '**scan·dal·ize** scandaliser; *be* ~*d at* (*ou by*) être choqué de *ou* scandalisé par; '**scan·dal-mon·ger** médisant(e *f*) *m*; cancanier (-ère *f*) *m*; '**scan·dal·ous** □ scandaleux (-euse *f*), infâme; honteux (-euse *f*); diffamatoire; '**scan·dal·ous·ness** infamie *f*; caractère *m* scandaleux *etc.*

Scan·di·na·vi·an [skændi'neivjən] **1.** scandinave; **2.** Scandinave *mf.*

scant [skænt] rare, insuffisant.

scant·i·ness ['skæntinis] rareté *f*, insuffisance *f.*

scant·ling ['skæntliŋ] volige *f*; bois *m* équarri; échantillon *m* (*de construction*); équarrissage *m*; *fig.* très petite quantité *f.*

scant·y □ ['skænti] rare, insuffisant, peu abondant; maigre.

scape·goat ['skeipgout] souffre-douleur *m/inv.*

scape·grace ['skeipgreis] polisson *m*; petit(e) écervelé(e) *m*(*f*).

scap·u·lar ['skæpjulə] **1.** *anat.* scapulaire; **2.** *eccl.* scapulaire *m.*

scar[1] [skɑ:] **1.** cicatrice *f* (*a.* ⚕, *a. fig.*); balafre *f* (*le long de la figure*); **2.** *v/t.* balafrer; *v/i.* se cicatriser.

scar[2] [~] rocher *m* escarpé.

scar·ab *zo.* ['skærəb] scarabée *m.*

scarce [skɛəs] rare; peu abondant; F *make o.s.* ~ s'éclipser, déguerpir; '**scarce·ly** à peine; (ne) guère; '**scar·ci·ty** rareté *f*; manque *m*, disette *f* (de, *of*).

scare [skɛə] **1.** effrayer; faire peur à (*q.*); épouvanter; ~*d* épouvanté; apeuré; *be* ~*d* (*of*) avoir peur (de); *be* ~*d to death* avoir une peur bleue; **2.** panique *f*; '~**·crow** épouvantail *m* (*a. fig.*); '~**·head** *journ. Am.* manchette *f* sensationnelle; '~**·mon·ger** alarmiste *mf*; *sl.* paniquard *m.*

scarf[1] [skɑ:f] ⚔, *a. femme*: écharpe *f*; *homme*: cache-nez *m/inv.*; *soie*: foulard *m*; *eccl.* étole *f*; † cravate *f.*

scarf[2] ⊕ [~] **1.** assemblage *m* à mi-bois; enture *f*; *métal*: chanfrein *m* de soudure; **2.** ⚓ enter; ⊕ amorcer.

scarf...: '~**-pin** épingle *f* de cravate; '~**-skin** épiderme *m.*

scar·i·fi·ca·tion [skɛərifi'keiʃn] ⚕ scarification *f*; **scar·i·fy** ['~fai] scarifier (*a.* ✓); *fig.* éreinter (*un auteur*).

scar·la·ti·na [skɑ:lə'ti:nə] (fièvre *f*) [scarlatine *f.*]

scar·let ['skɑ:lit] écarlate (*a. su.*/*f*); ~ *fever* (fièvre *f*) scarlatine *f*; ⚘ ~ *runner* haricot *m* d'Espagne.

scarp [skɑ:p] **1.** escarper; ~*ed* à pic; **2.** escarpement *m*; versant *m* abrupt.

scarred [skɑ:d] balafré; portant des cicatrices.

scarves [skɑ:vz] *pl.* de *scarf*[1].

scar·y F ['skɛəri] timide; épouvantable.

scathe [skeið]: *without* ~ indemne; '**scath·ing** *fig.* mordant, cinglant, caustique.

scat·ter ['skætə] (se) disperser, (s')éparpiller; (se) répandre; *v/t.* dissiper; ~*ed a.* épars, clairsemé; '~**-brain** écervelé(e *f*) *m*, étourdi(e *f*) *m.*

scav·enge ['skævindʒ] balayer, nettoyer; '**scav·en·ger** éboueur *m*, balayeur *m* (des rues); '**scav·eng·ing** balayage *m* (des rues); ébouage *m.*

sce·nar·i·o *cin.*, *théâ.* [si'nɑ:riou] scénario *m*; '~**-writ·er**, *a.* **sce·nar·ist** ['si:nərist] scénariste *m.*

scene [si:n] scène *f* (*a. théâ.*); *fig. a.* théâtre *m*, lieu *m*; vue *f*, paysage *m*; spectacle *m*; *see* ~*ry*; ~*s pl.* coulisse *f*, -s *f/pl.*; '~**-paint·er** peintre *m* de *ou* en décors; **scen·er·y** ['~əri] décors *m/pl.*, (mise *f* en) scène *f*; paysage *m*, vue *f.*

sce·nic, sce·ni·cal ['si:nik(l)] scénique; théâtral (-aux *m/pl.*) (*a. fig.*); *scenic railway* montagnes *f/pl.* russes; ~ *road* route *f* pittoresque.

scent [sent] **1.** parfum *m*; odeur *f* (agréable); *chasse*: vent *m*; voie *f*, piste *f*; *chien*: flair *m*, nez *m*; **2.** parfumer, embaumer; *chasse*: (*souv.* ~ *out*) flairer (*a. fig.*), sentir; '**scent·ed** parfumé (de, *with*); odorant; '**scent·less** inodore, sans odeur; *chasse*: sans fumet.

scep·tic ['skeptik] sceptique *mf*; '**scep·ti·cal** □ sceptique; *be* ~ *about* douter de; **scep·ti·cism** ['~sizm] scepticisme *m.*

scep·tre ['septə] sceptre *m.*

sched·ule ['ʃedju:l; *Am.* 'skedju:l] **1.** inventaire *m*; cahier *m*; liste *f*;

impôts: cédule *f*; ⚖ annexe *f*; *surt. Am.* horaire *m*; *surt. Am.* plan *m*; *on* ~ à l'heure; *fig.* selon les prévisions; **2.** inscrire sur l'inventaire *etc.*; ⚖ ajouter comme annexe; *Am.* dresser un plan de; *Am.* marquer sur l'horaire; *be* ~*d for* devoir arriver *ou* partir *etc.* à; ~*d flight* vol *m* de ligne, vol *m* régulier.

scheme [ski:m] **1.** plan *m*, projet *m*; arrangement *m*; *péj.* intrigue *f*; **2.** *v/t.* projeter; *v/i. péj.* intriguer (pour, *to*); comploter; combiner (de, *to*); ˈ**schem·er** faiseur (-euse *f*) *m* de projets; *péj.* intrigant(e *f*) *m*.

schism [ˈsizm] schisme *m*; *fig.* division *f*; **schis·mat·ic** [sizˈmætik] **1.** (*a.* **schisˈmat·i·cal** □) schismatique; **2.** schismatique *mf*.

schist *min.* [ʃist] schiste *m*.

schol·ar [ˈskɔlə] élève *mf*; écolier (-ère *f*) *m*; érudit(e *f*) *m*; *univ.* boursier (-ère *f*) *m*; *he is an apt* ~ il apprend vite; ˈ**schol·ar·ly** *adj.* savant; érudit; ˈ**schol·ar·ship** érudition *f*, science *f*; *souv.* humanisme *m*; *univ.* bourse *f* (d'études).

scho·las·tic [skəˈlæstik] (~*ally*) scolaire; *fig.* pédant; *phls.* scolastique (*a. su./m*).

school[1] [sku:l] *see shoal*[1].

school[2] [~] **1.** école *f* (*a. fig. de pensée etc.*); académie *f*; *at* ~ à l'école; *grammar* ~ lycée *m*, collège *m*; *high* ~ *Angl.* lycée *m* (*souv.* de jeunes filles); *Am. et écoss.* collège *m*, école *f* secondaire; *primary* ~ école *f* primaire; *public* ~ *Angl.* grande école *f* d'enseignement secondaire; *Am. et écoss.* école *f* communale; *secondary modern* ~ collège *m* moderne; *technical* ~ école *f* des arts et métiers; *see a. board*-~; *put to* ~ envoyer à l'école; **2.** instruire; habituer; discipliner; ˈ~**·boy** écolier *m*, élève *m*; ˈ~**·fel·low**, ˈ~**·mate** camarade *mf* de classe; ˈ~**·girl** élève *f*, écolière *f*; ˈ**school·ing** instruction *f*, éducation *f*.

school...: ˈ~**-leav·er** jeune *mf* qui a terminé ses études scolaires; ˈ~**·man** scolastique *m*; *Am.* professeur *m*; ˈ~**·mas·ter** *école primaire*: instituteur *m*; *lycée, collège*: professeur *m*; ˈ~**·mis·tress** institutrice *f*; professeur *m*; ˈ~**·room** (salle *f* de) classe *f*.

schoon·er [ˈsku:nə] schooner *m*; goélette *f*; *Am.* chope *f*, verre *m* de bière.

sci·at·i·ca ⚕ [saiˈætikə] sciatique *f*.

sci·ence [ˈsaiəns] science *f*, -s *f/pl.* (*a.* † = *savoir*); ˈ~**-fic·tion** science-fiction *f*.

sci·en·tif·ic [saiənˈtifik] (~*ally*) scientifique; *box.* qui possède la science du combat; ~ *man* homme *m* de science.

sci·en·tist [ˈsaiəntist] homme *m* de science; scientifique *mf*; ♀ *Am.* Scientiste *m* (chrétien).

scin·til·late [ˈsintileit] scintiller, étinceler; **scin·tilˈla·tion** scintillement *m*.

sci·on [ˈsaiən] ✎ scion *m*; *fig.* rejeton *m*, descendant *m*.

scis·sion [ˈsiʒn] cisaillage *m*; *fig.* scission *f*, division *f*; **scis·sors** [ˈsizəz] *pl.*: (*a pair of*) ~ (des) ciseaux *m/pl.*; ˈ**scis·sor-tooth** *zo.* dent *f* carnassière.

scle·ro·sis ⚕ [skliəˈrousis] sclérose *f*.

scoff [skɔf] **1.** sarcasme *m*; **2.** se moquer; ~ *at s.o.* railler q., se moquer de q.; ˈ**scoff·er** moqueur (-euse *f*) *m*, gausseur (-euse *f*) *m*.

scold [skould] **1.** mégère *f*; **2.** gronder, crier (contre, *at*); ˈ**scold·ing** réprimande *f*, semonce *f*.

scol·lop [ˈskɔləp] *see scallop*.

sconce[1] F [skɔns] tête *f*; jugeote *f*.

sconce[2] [~] bougeoir *m*; bobèche *f*; applique *f*; flambeau *m* (*de piano*).

sconce[3] *univ.* [~] mettre à l'amende.

scon(e) *cuis.* [skɔn] galette *f* au lait.

scoop [sku:p] **1.** pelle *f* à main; ⚓ épuisette *f*; ⊕, 🚂 cuiller *f*; ⚕ curette *f*; *sl.* rafle *f*, coup *m*; *sl.* (primeur *f* d'une) nouvelle *f* sensationnelle; **2.** (*usu.* ~ *out*) écoper (*l'eau*); excaver; évider; *sl.* publier une nouvelle à sensation avant (*un autre journal etc.*); *sl.* ~ *a large profit* faire une belle rafle.

scoot·er [ˈsku:tə] *enfants*: trottinette *f*, patinette *f*; *mot.* scooter *m*; motoscooter *m*.

scope [skoup] étendue *f*, portée *f*; liberté *f*, jeu *m*; espace *m*; but *m*; *have free* ~ avoir toute liberté (pour, *to*).

scorch [skɔ:tʃ] *v/t.* roussir, brûler; *v/i.* F *mot.* brûler le pavé; ˈ**scorch·er** F journée *f* torride; *mot.* chauffard *m*; *cycl.* cycliste *m* casse-cou.

score [skɔ:] **1.** (en)coche *f*; *peau*:

éraflure *f*; (trait *m* de) repère *m*; vingtaine *f*; *sp.* points *m/pl.*, total *m*; *foot.* score *m*; *fig.* sujet *m*, point *m*, raison *f*; ♪ partition *f*; *sl.* aubaine *f*, coup *m* de fortune; *three* ~ soixante; *run up a* ~ contracter une dette; *on the* ~ *of* pour cause de; à titre de; *what's the* ~? où en est le jeu?; *get the* ~ faire le nombre de points voulu; **2.** *v/t.* entailler; (*a.* ~ *up*) inscrire, enregistrer; *sp.* compter, marquer (*les points*); gagner (*une partie, a. fig.*); remporter (*un succès*); ♪ noter (*un air*), orchestrer, arranger; souligner (*une erreur, un passage*); *Am.* F réprimander (*q.*), laver la tête à (*q.*); ~ *out* rayer; *v/i.* gagner; *sp., a. cartes*: faire *ou* marquer des points; *foot.* enregistrer un but; *sl.* remporter un succès; *sl.* ~ *off s.o.* faire pièce à q.; **'scor·er** *sp.* marqueur (-euse *f*) *m* (*foot.* d'un but).

sco·ri·a ['skɔːriə], *pl.* **-ri·ae** ['~rii:] scorie *f*.

scorn [skɔːn] **1.** mépris *m*, dédain *m*; **2.** mépriser, dédaigner; **'scorn·er** contempteur (-trice *f*) *m*; **scorn·ful** □ ['~ful] méprisant.

Scor·pi·o *astr.* ['skɔːpiou] le Scorpion *m*.

scor·pi·on *zo.* ['skɔːpjən] scorpion *m*.

Scot[1] [skɔt] Écossais(e *f*) *m*; *hist.* Scot *m*.

scot[2] [~] *hist.* écot *m*; compte *m*; ~ *and lot* taxes *f/pl.* communales.

Scotch[1] [skɔtʃ] **1.** écossais; **2.** *ling.* écossais *m*; F whisky *m*; *the* ~ *pl.* les Écossais *m/pl.*

scotch[2] [~] **1.** entaille *f*; *sp.* ligne *f* de limite; **2.** mettre hors de combat *ou* hors d'état de nuire.

scotch[3] [~] **1.** cale *f*; taquet *m* d'arrêt; **2.** caler (*une roue*); *fig.* faire casser.

Scotch·man ['skɔtʃmən] Écossais *m*.

scot-free ['skɔt'friː] indemne.

Scots *écoss.* [skɔts], **'Scots·man** *see Scotch(man)*.

Scot·tish ['skɔtiʃ] écossais.

scoun·drel ['skaundrəl] scélérat *m*; vaurien *m*; **'scoun·drel·ly** *adj.* scélérat, vil.

scour[1] ['skauə] nettoyer; frotter; curer (*un fossé, un port*); décaper (*une surface métallique*).

scour[2] [~] *v/i.* ~ *about* battre la campagne; *v/t.* parcourir; écumer (*les mers*).

scourge [skəːdʒ] **1.** fléau *m* (*a. fig.*); *eccl.* discipline *f*; **2.** fouetter; *fig.* affliger.

scout[1] [skaut] **1.** éclaireur *m*, avant-coureur *m*; ⚔ reconnaissance *f*; ⚓ vedette *f*, croiseur *m*, éclaireur *m*; ✈ avion *m* de reconnaissance; *univ.* garçon *m* de service; *Boy* ♀*s pl.* (boys-)scouts *m/pl.*; ⚔ ~ *party* reconnaissance *f*; **2.** aller en reconnaissance.

scout[2] [~] repousser avec mépris.

scow ⚓ [skau] chaland *m*; (*a. ferry*-~) toue *f*.

scowl [skaul] **1.** air *m* renfrogné; **2.** se renfrogner, F regarder noir.

scrab·ble ['skræbl] jouer des pieds et des mains; chercher à quatre pattes (qch., *for s.th.*); gratter çà et là.

scrag [skræg] **1.** *fig.* personne *f ou* bête *f* décharnée; ~(-*end*) (*of mutton*) collet *m* (de mouton); **2.** *sl.* garrotter; **scrag·gi·ness** ['~inis] maigreur *f*; **'scrag·gy** □ maigre, décharné.

scram *Am. sl.* [skræm] fiche-moi le camp!

scram·ble ['skræmbl] **1.** monter *etc.* à quatre pattes; se bousculer (pour avoir qch., *for s.th.*); jouer des pieds et des mains (*a. fig.*); ~*d eggs pl.* œufs *m/pl.* brouillés; **2.** marche *f etc.* difficile; lutte *f*, mêlée *f*.

scrap [skræp] **1.** petit morceau *m*; bout *m*; *terrain*: parcelle *f* (*a. fig.*); *journal*: coupure *f*; *pain, étoffe*: bribe *f*; ⊕ déchets *m/pl.*; *sl.* rixe *f*, querelle *f*; *box.* match (*pl.* match[e]s) *m*; ~*s pl.* restes *m/pl.*; débris *m/pl.*; *péj.* ~ *of paper* chiffon *m* de papier; **2.** mettre au rebut; mettre hors service; *fig.* mettre au rancart; **'~-book** album *m* (de découpures).

scrape [skreip] **1.** coup *m* de grattoir; grincement *m*; *fig.* mince couche *f*; F embarras *m*, mauvais pas *m*; **2.** *v/t.* gratter, racler; écorcher (*la peau*); décrotter (*les souliers*); ~ *together* (*ou up*) amasser peu à peu; ~ *acquaintance with* faire connaissance casuellement avec (*q.*); *v/i.* gratter; s'érafler; grincer (*violon*); **'scrap·er** grattoir *m*, racloir *m*; *souliers*: décrottoir *m*; *personne*: racleur *m*; **'scrap·ing** raclage *m*; ~*s pl.* raclures *f/pl.*; grattures *f/pl.*; bribes *f/pl.*, restes *m/pl.*; *fig.* sous *m/pl.* amassés un à un.

scrap...: ˈ~**-heap** (tas *m* de) ferraille *f*; *a. fig. throw on the* ~ mettre au rancart, jeter au rebut; ˈ~**-i·ron** ferraille *f*; débris *m/pl.* de fer; ˈ**scrap·py** F □ hétérogène; *fig.* décousu; *Am. a.* batailleur (-euse *f*), querelleur (-euse *f*); ˈ**scrap·yard** chantier *m* de ferraille; *pour voitures*: cimetière *m* de voitures.

scratch [skrætʃ] **1.** coup *m* d'ongle *ou* de griffe; égratignure *f*; grattement *m*; *surface polie*: rayure *f*; *sp.* zéro *m*; *sp.* scratch *m*; *plume etc.*: grincement *m*; *come up to the* ~ se mettre en ligne; *fig.* se montrer à la hauteur de l'occasion; **2.** improvisé; *sp.* mixte, sans homogénéité (*équipe*); *parl.* par surprise; **3.** *v/t.* gratter, égratigner; donner un coup de griffe à; *sp.* scratcher; *sp.* décommander; ~ *out* rayer, biffer; gratter; *v/i.* gratter; grincer; *sp.* déclarer forfait; griffer (*chat*); ˈ**scratch·y** qui gratte; grinçant; inégal (-aux *m/pl.*), peu assuré; *see scratch 2.*

scrawl [skrɔːl] **1.** griffonner; **2.** (*a.* ˈ**scrawl·ing**) griffonnage *m.*

scraw·ny *Am.* F [ˈskrɔːni] décharné.

scream [skriːm] **1.** cri *m* perçant; F *he is a* ~ il est tordant; **2.** (*souv.* ~ *out*) pousser un cri perçant *ou* d'angoisse; ˈ**scream·ing** □ perçant; sifflant; criard (*personne, a. couleur*); F tordant; à mourir de rire; ˈ**scream·y** F aigu(ë *f*); criard.

scree [skriː] éboulis *m*, pierraille *f.*

screech [skriːtʃ] *see scream*; ˈ~**-owl** *orn.* chouette *f* (des clochers).

screed [skriːd] longue liste *f*; longue lettre *f*; jérémiade *f.*

screen [skriːn] **1.** ⚔, *phot., cin., radar, a. meuble*: écran *m*; (*a. draught-*~) paravent *m*; scrible *m*; sas *m*; *mot.* rideaux *m/pl.* de côté; *fig.* rideau *m*; *on the* ~ à l'écran; ~ *advertising* publicité *f* à l'écran; *phot. focussing* ~ verre *m* dépoli; *cin.* ~ *record* film *m* de reportage; *cin.* ~ *test* essai *m* à l'écran; *mot.* ~ *wiper* essuie-glace *m*; **2.** abriter, protéger; ⚔ dérober (à, *from*); voier (*le soleil etc.*); cacher; *cin.* mettre à l'écran; passer au crible; tamiser; *fig.* couvrir (*q.*); ˈ~**·play** *cin.* scénario *m.*

screw [skruː] **1.** vis *f*; tour *m* de vis; *tabac, papier, bonbons*: cornet *m*; *fig.* rigueur *f*; *sl.* paie *f*, salaire *m*, appointements *m/pl.*; ⚓ hélice *f*; F avare *m*; F *he has a* ~ *loose* il est timbré *ou sl.* maboul; **2.** *v/t.* visser; *fig.* tordre; *fig.* opprimer; *fig.* rappeler (*tout son courage*); *v/i.* tourner; ~ *round* tordre (le cou, *one's head*); ~ *up* visser; tortiller; plisser (*les yeux*); pincer (*les lèvres*); ~ *up one's face* faire une grimace; ˈ~**·ball** *Am. sl.* type *m* excentrique *ou* dingo; ˈ~**-driv·er** tournevis *m*; ˈ~**-jack** cric *m* (*menuisier*: à vis); viole *f*; ˈ~**-pro**ˈ**pel·ler** hélice *f*; ˈ~**-steam·er** navire *m* à hélice.

scrib·ble [ˈskribl] **1.** griffonnage *m*; écriture *f* illisible; **2.** *v/t.* griffonner; ~ *over* rendre illisible (*au moyen du griffonnage*); *v/i.* F écrivailler; ˈ**scrib·bler** griffonneur (-euse *f*) *m*; F écrivailleur (-euse *f*) *m*, gratte-papier *m/inv.*

scribe [skraib] *bibl. ou co.* scribe *m*; *péj.* plumitif *m*; ⊕ pointe *f* à tracer.

scrim·mage [ˈskrimidʒ] mêlée *f* (*a. sp.*); escarmouche *f.*

scrimp [skrimp] **1.** *v/t.* être parcimonieux (-euse *f*) de, ménager (-ère *f*) outre mesure; *v/i.* lésiner sur tout; économiser outre mesure; **2.** chiche (*personne*); (*a.* ˈ**scrimp·y**) insuffisant.

scrip ✝ [skrip] titres *m/pl.*; certificat *m ou* titre *m* provisoire.

script [skript] écriture *f*; manuscrit *m*; *cin.* scénario *m*; ~*s pl. école etc.*: copies *f/pl.* d'examen.

Scrip·tur·al [ˈskriptʃərəl] scriptural (-aux *m/pl.*); biblique; **Scrip·ture** [ˈ~tʃə] Écriture *f* sainte.

scrof·u·la ⚕ [ˈskrɔfjulə] scrofule *f*, strume *f*; ˈ**scrof·u·lous** □ scrofuleux (-euse *f*), strumeux (-euse *f*).

scroll [skroul] *papier*: rouleau *m*; banderole *f* à inscription; *écriture*: arabesque *f*; ⚠ spirale *f*; volute *f* (*a. violon*).

scro·tum *anat.* [ˈskroutəm] scrotum *m.*

scrounge [skraundʒ] chiper; écornifler (*un repas etc.*); ⚔ *sl.* récupérer.

scrub[1] [skrʌb] broussailles *f/pl.*; arbuste *m* rabougri; F personne *f* rabougrie.

scrub[2] [~] **1.** nettoyer; récurer; **2.** *sp. Am.* équipe *f* numéro deux.

scrub·bing-brush [ˈskrʌbiŋbrʌʃ] brosse *f* en chiendent *ou* de cuisine.

scrub·by [ˈskrʌbi] rabougri; insignifiant; couvert de broussailles.

scrub·wom·an *Am.* ['skrʌbwumən] femme *f* de ménage.
scruff of the neck ['skrʌfəvðə'nek] peau *f* de la nuque *ou* du cou.
scrum·mage ['skrʌmidʒ] mêlée *f* (*a. sp.*); escarmouche *f*.
scrump·tious *sl.* **['skrʌmpʃəs] exquis, épatant, délicieux (-euse *f*).**
scrunch [skrʌntʃ] *v/t.* **croquer;** *v/i.* craquer.
scrup·le [skru:pl] **1.** scrupule *m* (*20 grains = 1,296 g*) (*a. = conscience*); *make no* ~ *to* (*inf.*) ne pas hésiter à (*inf.*); **2.** avoir des scrupules (à *inf.*, *to inf.*); **scru·pu·lous** □ ['~julǝs] scrupuleux (-euse *f*) (sur *about, over*); *a.* méticuleux (-euse *f*) (*travail etc.*).
scru·ti·neer [skru:ti'niə] scrutateur *m*; '**scru·ti·nize** scruter; pointer (*des suffrages etc.*); '**scru·ti·ny** examen *m* minutieux *ou* attentif *ou* rigoureux; *suffrages*: vérification *f*.
scu·ba ['skju:bə] scaphandre *m* autonome; ~ *diving* plongée *f* sous-marine autonome.
scud [skʌd] **1.** fuite *f*, course *f* rapide; *nuages*: diablotins *m/pl.*; rafale *f*; embrun *m*; **2.** courir, fuir; ⚓ fuir devant le temps.
scuff [skʌf] *v/t.* effleurer; érafler; user; ~ *up* soulever; *v/i.* traîner les pieds; s'érafler (*cuir*).
scuf·fle ['skʌfl] **1.** rixe *f*, mêlée *f*; bagarre *f*; **2.** se bousculer; traîner les pieds.
scull ⚓ [skʌl] **1.** aviron *m* de couple; godille *f*; **2.** ramer en couple; godiller.
scul·ler·y ['skʌləri] arrière-cuisine *f*; ~*-maid* laveuse *f* de vaisselle.
sculp·tor ['skʌlptə] sculpteur *m*.
sculp·ture ['skʌlptʃə] **1.** sculpture *f*; **2.** sculpter; orner de sculptures; '**sculp·tur·ing** sculpture *f*, sculptage *m*.
scum [skʌm] écume *f*; ⊕ scories *f/pl.*; *fig.* lie *f*, rebut *m*.
scup·per ⚓ ['skʌpə] dalot *m*.
scurf [skə:f] pellicules *f/pl.* (*du cuir chevelu*); ⊕ instruction *f*; '**scurf·y** □ pelliculeux (-euse *f*); ⚕ ~ *affection* dartre *f*.
scur·ril·i·ty [skʌ'riliti] goujaterie *f*; grossièreté *f*; *action, personne*: bassesse *f*; '**scur·ril·ous** grossier (-ère *f*); bas(se *f*); ignoble.
scur·ry ['skʌri] **1.** *v/i.* se hâter; aller à pas précipités; ~ *through s.th.* expédier qch.; **2.** débandade *f*; bousculade *f*.
scur·vy[1] ⚕ ['skə:vi] scorbut *m*.
scur·vy[2] [~] vil(ain), bas(se *f*).
scut [skʌt] *lapin, lièvre, etc.*: couette *f*.
scutch·eon ['skʌtʃn] *see escutcheon.*
scut·tle[1] ['skʌtl] seau *m* à charbon.
scut·tle[2] [~] **1.** écoutillon *m*; hublot *m*; *mot.* bouclier *m* avant; *Am. toit etc.*: trappe *f*; **2.** saborder (*un navire*).
scut·tle[3] [~] **1.** fuite *f*; *pol.* F lâchage *m*; **2.** décamper, filer; débouler; *pol.* F lâcher.
scythe ⚒ [saið] **1.** faux *f*; **2.** faucher.
sea [si:] mer *f*; *fig.* océan *m*; lame *f*, houle *f*; *at* ~ en mer; *fig.* dérouté; *go to* ~ se faire marin; *see put 2*; '**~board** littoral *m*; rivage *m*; **~ captain** capitaine *m* de la marine; '**~·far·ing** de mer; ~ *man* marin *m*; '**~·food** *Am. a.* ~*s pl.* fruits *m/pl.* de mer (= *coquillages, crustacés et poissons*); '**~·front** bord *m* de (la) mer; digue *f*, esplanade *f*; '**~·go·ing** de haute mer; de long cours; maritime (*commerce*).
seal[1] *zo.* [si:l] phoque *m*.
seal[2] [~] **1.** *bouteille, distinction, a. lettre*: cachet *m*; *document*: sceau *m*; plomb *m*; ⊕ joint *m* étanche; *great* (*ou broad*) ~ grand sceau *m*; **2.** cacheter; sceller; (*a.* ~ *up*) fermer; *fig.* décider; *fig.* fixer; *fig.* ~ *off* boucher, fermer; ~ *up* fermer hermétiquement; ~ (*with lead*) plomber.
seal·er ⊕ ['si:lə] pince *f* à plomber.
sea-lev·el ['si:levl] niveau *m* de la mer.
seal·ing ['si:liŋ] scellage *m*; cachetage *m*; plombage *m*; fermeture *f*.
seal·ing-wax ['si:liŋwæks] cire *f* à cacheter.
seal·skin ['si:lskin] peau *f* de phoque; ✝ phoque *f*.
seam [si:m] **1.** couture *f* (*a. métall.*); ⊕ joint *m*; *géol.* couche *f*, veine *f*; *fig. visage*: ride *f*; *fig. burst at the* ~*s* craquer, crever; **2.** faire une couture à; ⊕ agrafer; couturer (*un visage*).
sea·man ['si:mən] marin *m*, matelot *m*; '**sea·man·ship** manœuvre *f*.
sea·mew ['si:mju:] mouette *f*, goéland *m*.
seam·less □ ['si:mlis] sans couture; ⊕ sans soudure.

seam·stress [ˈsemstris] (ouvrière *f*) couturière *f*.
seam·y [ˈsi:mi] qui montre les coutures; *fig.* ~ *side* dessous *m/pl.*, mauvais côté *m*.
sea...: ˈ**~-piece** *peint.* marine *f*; ˈ**~-plane** hydravion *m*; ˈ**~·port** port *m* de mer; ˈ**~·pow·er** *pol.* puissance *f* navale.
sear [siə] dessécher (*a. fig.*); faner (*les feuilles*); ⚕ cautériser; *fig.* endurcir.
search [sə:tʃ] **1.** recherche *f* (de, *for*); *admin.* visite *f*; *police*: perquisition *f*; fouille *f*; *in* ~ *of* à la recherche de; **2.** *v/t.* chercher dans (*qch.*); fouiller dans; visiter; ⚖ faire une perquisition dans; ⚕ sonder; *fig.* scruter; ~ *out* dénicher; découvrir; *v/i.* faire des recherches; ~ *for* chercher (*qch.*); ~ *into* rechercher; ˈ**search·er** (re)chercheur (-euse *f*) *m*; douanier *m*; ⚖ perquisiteur *m*; ⚕ sonde *f*; ˈ**search·ing** □ minutieux (-euse *f*); pénétrant (*regard*, *vent*); ˈ**search·light** projection *f* électrique; ⚓ *etc.* projecteur *m*; ˈ**search-war·rant** ⚖ ordre *m* de perquisition.
sea...: **~·scape** [ˈsi:skeip] *see sea-piece*; ˈ**~-ˈser·pent** serpent *m* de mer; ˈ**~-ˈshore** rivage *m*; côte *f*; plage *f*; ˈ**~·sick**: *be* ~ avoir le mal de mer; ˈ**~·sick·ness** mal *m* de mer; ˈ**~ˈside** bord *m* de la mer; ~ *resort* plage *f*; bains *m/pl.* de mer; *go to the* ~ aller au bord de la mer.
sea·son [ˈsi:zn] **1.** saison *f*; période *f*, temps *m*; époque *f*; *vét.* rut *m*; F abonnement *m*; *height of the* ~ (pleine) saison *f*; *in* (*good ou due*) ~ en temps voulu; *cherries are in* ~ c'est la saison des cerises; *out of* ~ hors de saison; ne pas (*être*) de saison; *for a* ~ pendant un *ou* quelque temps; *with the compliments of the* ~ meilleurs souhaits de nouvel an *etc.*; **2.** *v/t.* mûrir; dessécher (*le bois*); assaisonner (*a. fig.*), relever (de, *with*); *fig.* acclimater; *fig.* tempérer; *v/i.* se sécher (*bois*); mûrir; **sea·son·a·ble** □ de (la) saison; opportun; ˈ**sea·son·a·ble·ness** opportunité *f*; **sea·son·al** □ [ˈsi:znl] des saisons; ⚘, ⚕ saisonnier (-ère *f*); embauché pour les travaux de saison (*ouvrier*); ˈ**sea·son·ing** dessèchement *m*; *cuis.* assaisonnement *m*, condiment *m*; ˈ**sea·son-ˈtick·et** carte *f* d'abonnement.
seat [si:t] **1.** siège *m* (*a.* ⚕, ⊕); *théâ.*, *autobus*: place *f*; chaise *f*; banc *m*; (*a. country* ~) château *m*; *pantalon*: fond *m*; assiette *f* (*à cheval*); (*a. pilot's* ~) baquet *m*; ~ *of war* théâtre *m* de la guerre; **2.** (faire) asseoir; établir (*sur un trône etc.*); placer; fournir de chaises; poser; ⚡ caler; ⊕ faire reposer sur son siège; ~ *o.s.* s'asseoir; *be* ~*ed* être assis; avoir son siège (dans, *in*); ˈ**~·belt** ceinture *f* de sécurité; ˈ**seat·ed** assis; **-seat·er** *surt. mot.*, ✈: *two-*~ voiture *f* à deux places; appareil *m* biplace.
sea-ur·chin *zo.* [ˈsi:ˈə:tʃin] oursin *m*; **sea·ward** [ˈ~wəd] **1.** *adj.* qui porte au large; du large (*brise*); **2.** *adv.* (*a.* **sea·wards** [ˈ~z]) vers le large *ou* la mer.
sea...: ˈ**~·weed** ⚘ algue *f*; varech *m*; ˈ**~·wor·thy** navigable; qui tient la mer.
se·ba·ceous ⚕ [siˈbeiʃəs] sébacé.
se·cant ⩘ [ˈsi:kənt] **1.** sécant; **2.** sécante *f*.
séc·a·teur ✂ [ˈsekətə:] *usu.* (*a pair of*) ~*s pl.* (un) sécateur *m*.
se·cede [siˈsi:d] se séparer, faire scission (de, *from*); **seˈced·er** séparatiste *mf*; *eccl.* dissident(e *f*) *m*.
se·ces·sion [siˈseʃn] scission *f*; sécession *f*; *eccl.* dissidence *f*; **seˈces·sion·ist** sécessioniste *mf*.
se·clude [siˈklu:d] tenir éloigné; **seˈclu·sion** [~ʒn] solitude *f*, isolement *m*.
sec·ond [ˈsekənd] **1.** □ second; deuxième; autre; *he is* ~ *to none* il ne le cède à personne (pour, *in*); *on* ~ *thoughts* toute réflexion faite; *the* ~ *of May* le deux Mai; *Charles the* ♀ Charles Deux; **2.** *temps*: seconde *f*; le (la) second(e *f*) *m ou* deuxième *mf*; *box.* second *m*; *duel*: témoin *m*; ⚘ ~*s pl.* articles *m/pl.* de deuxième qualité; ⚘ ~ *of exchange* seconde *f* de change; **3.** seconder; appuyer (*des débats*, *des troupes*); ⚔ [siˈkɔnd] mettre (*un officier*) en disponibilité; détacher; **sec·ond·ar·i·ness** [ˈsekəndərinis] caractère *m* secondaire *ou* peu important; ˈ**sec·ond·ar·y** □ secondaire; auxiliaire; peu *ou* moins important; *see school*[2] *1*; ˈ**sec·ond-ˈbest** numéro deux; deuxième; F *come off* ~ être battu; ˈ**sec·ond·er**

parl. deuxième parrain *m*; *be the ~ of a motion* appuyer une proposition; **sec·ond-hand 1.** [ˈsekəndˈhænd] d'occasion; *~ bookseller* bouquiniste *mf*; *~ bookshop* librairie *f* d'occasion; **2.** [ˈsekəndhænd] aiguille *f* des secondes; trotteuse *f*; ˈ**sec·ond·ly** en second lieu; deuxièmement; ˈ**sec·ond**ˈ**rate** inférieur(e *f*); de qualité inférieure; ⚘ *~ quality* seconde qualité *f*.

se·cre·cy [ˈsiːkrisi] discrétion *f*; secret *m*; **se·cret** [ˈ~krit] **1.** □ secret (-ète *f*); caché; retiré, isolé; discret (-ète *f*); **2.** secret *m*; *in ~* en secret; *be in the ~* être du *ou* dans le secret.

sec·re·tar·i·at(**e**) [sekriˈtɛəriət] secrétariat *m*.

sec·re·tar·y [ˈsekrətri] secrétaire *mf*; dactylo *f*; ♀ *of State* ministre *m*; *Am.* ministre *m* des Affaires étrangères; ˈ**sec·re·tar·y·ship** secrétariat *m*; fonction *f* de secrétaire; *pol.* ministère *m*.

se·crete [siˈkriːt] cacher; ⚖ recéler; *physiol.* sécréter; **se**ˈ**cre·tion** *physiol.* sécrétion *f*; ⚖ recel *m*; **se**ˈ**cre·tive** *fig.* réservé, F cachottier (-ère *f*).

sect [sekt] secte *f*; **sec·tar·i·an** [~ˈtɛəriən] sectaire (*a. su./m*).

sec·tion [ˈsekʃn] section *f* (*a.* ⚕, ⚒, ⚠, ⚔, *typ.*, *zo.*); ⚔ groupe *m* de combat; *microscope etc.*: lame *f* mince; ⚠ coupe *f*, profil *m*; *typ.* paragraphe *m*, alinéa *m*; division *f*; tranche *f* (*a. d'oranges*); 🚆 secteur *m*, *Am.* compartiment *m*; *Am. ville*: quartier *m*; ˈ**sec·tion·al** □ de classe *ou* parti; en profil, en coupe; ⊕ démontable; ⊕ sectionnel(le *f*); ˈ**sec·tion-mark** paragraphe *m*.

sec·tor [ˈsektə] ⚔, ⚒, ⊕, *admin.*, *astr.*, *cin.* secteur *m*; ⚒ compas *m* de proportion.

sec·u·lar □ [ˈsekjulə] séculier (-ère *f*); laïque; très ancien(ne *f*); **sec·u·lar·i·ty** [~ˈlæriti] mondanité *f*; laïcité *f*; *clergé*: sécularité *f*; ˈ**sec·u·lar·ize** séculariser; laïciser (*une école*); désaffecter (*une église*).

se·cure [siˈkjuə] **1.** □ sûr; assuré; en sûreté; à l'abri (de *against*, *from*); ferme; **2.** mettre en sûreté *ou* à l'abri (de *from*, *against*); assurer, fixer, retenir; se procurer; s'emparer de; garantir (*une dette*); nantir (*un prêteur*); ⚔ fortifier.

se·cu·ri·ty [siˈkjuəriti] sécurité *f*; sûreté *f*; solidité *f*; caution *f*, garantie *f*; *securities pl.* titres *m/pl.*, valeurs *f/pl.*; *public securities pl.* fonds *m/pl.* d'État; ♀ *Council* Conseil *m* de sécurité; ♀ *Forces* forces *f/pl.* de sécurité; *be a ~ risk* constituer un risque pour la sécurité, ne pas être sûr.

se·dan [siˈdæn] (voiture *f* à) conduite intérieure, limousine *f*; (*a. ~ chair*) chaise *f* à porteur.

se·date □ [siˈdeit] (re)posé; calme; **se**ˈ**date·ness** calme *m*; manière *f* posée.

se·da·tion ⚕ [siˈdeiʃən] sédation *f*.

sed·a·tive *usu.* ⚕ [ˈsedətiv] calmant (*a. su./m*).

sed·en·tar·i·ness [ˈsedntərinis] sédentarité *f*; vie *f* sédentaire; ˈ**sed·en·tar·y** □ sédentaire (*emploi*, *oiseau*, *troupes*, *vie*); assis.

sedge [sedʒ] ⚘ carex *m*; F joncs *m/pl.*

sed·i·ment [ˈsedimənt] sédiment *m*; *vin*: lie *f*; ⚗ résidu *m*; *géol.* atterrissement *m*; **sed·i·men·ta·ry** *géol.* [~ˈmentəri] sédimentaire.

se·di·tion [siˈdiʃn] sédition *f*; **se**ˈ**di·tious** □ [~ʃəs] séditieux (-euse *f*).

se·duce [siˈdjuːs] séduire; **se**ˈ**duc·er** séducteur (-trice *f*) *m*; **se·duc·tion** [~ˈdʌkʃn] séduction *f*; **se**ˈ**duc·tive** □ séduisant.

sed·u·lous □ [ˈsedjuləs] assidu.

see[1] [siː] [*irr.*] *v/i.* voir; *fig.* comprendre; *I ~* je comprends; *~ about* s'occuper de (*qch.*); *~ through* pénétrer les intentions de (*q.*), pénétrer (*qch.*); *~ to* s'occuper de; veiller à; *v/t.* voir; s'assurer (que, *that*); visiter; accompagner; remarquer; consulter (*le médecin*); comprendre; *~ s.th. done* veiller à ce que qch. soit faite *ou* se fasse; *go to ~ s.o.* aller voir q.; rendre visite à q.; *~ s.o. home* accompagner q. chez lui; *~ off* reconduire, conduire (*un hôte, une visite à la gare etc.*); *~ out* accompagner (*q.*) jusqu'à la porte; mener (*qch.*) à bonne fin; *~ through* assister jusqu'au bout à (*qch.*); soutenir (*q.*) jusqu'au bout; *live to ~* vivre assez longtemps pour voir.

see[2] [~] évêché *m*; archevêché *m*; *Holy* ♀ Saint-Siège *m*.

seed [siːd] **1.** grain(e *f*) *m*; *coll.*, *a. fig.* semence *f*; † lignée *f*; *go* (*ou run*) *to ~* s'affricher (*terrain*); monter en graine (*plante*); *fig.* se décatir; **2.** *v/t.* semer; enlever la graine de (*un fruit*); *sp.* trier (*les joueurs*); *~ed players* têtes *f/pl.* de série; *v/i.* venir à graine; monter en graine; s'égrener; **ˈ~·bed** *see seed-plot*; **seed·i·ness** [ˈ~inis] état *m* râpé *ou* misérable; F (état *m* de) malaise *f*; **ˈseed·ling** ⚘ (jeune) plant *m*; **ˈseed-plot** ⚘ germoir *m*; **seeds·man** [ˈ~zmən] grainetier *m*; **ˈseed·y** râpé, usé; F indisposé, souffrant.

see·ing [ˈsiːiŋ] **1.** *su.* vue *f*, vision *f*; *worth ~* qui vaut la peine d'être vu; **2.** *cj.*: *~ that* puisque, étant donné que.

seek [siːk] [*irr.*] (*a. ~ after, for*) (re)chercher; poursuivre; *be to ~ fig.* être peu clair; **ˈseek·er** chercheur (-euse *f*) *m.*

seem [siːm] sembler; paraître; **ˈseem·ing 1.** □ apparent; soi-disant; **2.** apparence *f*; **ˈseem·li·ness** bienséance *f*, décence *f*; beauté *f*; **ˈseem·ly** convenable; agréable à voir.

seen [siːn] *p.p. de* see[1].

seep [siːp] (s'in)filtrer; suinter; **ˈseep·age** suintement *m*, infiltration *f*.

seer [ˈsiːə] voyant(e *f*) *m*, prophète *m.*

see·saw [ˈsiːˈsɔː] **1.** bascule *f*; balançoire *f*; **2.** basculer; *fig.* balancer (*personne*).

seethe [siːð] bouillonner; s'agiter (*a. fig.*); *fig.* grouiller (de, *with*).

seg·ment [ˈsegmənt] ⩓ *etc.* segment *m*; *orange*: tranche *f*.

seg·re·gate [ˈsegrigeit] (se) séparer; **seg·re·ga·tion** séparation *f*; *pol.* ségrégation *f*; **seg·re·ga·tion·ist** ségrégationniste *mf*, *adj.*

seine [sein] *filet*: seine *f*.

sei·sin ⚖ [ˈsiːzin] saisine *f*.

seis·mic [ˈsaizmik] sismique; **seis·mo·graph** [ˈsaizməgrɑːf] sismographe *m*; **seis·mol·o·gy** [~ˈmɔlədʒi] sismologie *f*.

seize [siːz] *v/t.* saisir (*a.* = *comprendre*); s'emparer de; ⚓ amarrer (*des cordages*), velter (*un espar*); ⚖, *admin.* confisquer; *v/i.* ⊕ gripper; (se) caler; *~ upon* saisir (*a. fig.*); **ˈseiz·ing** saisie *f*; empoignement *m*; ⊕ grippage *m*; ⚓ amarrage *m*; **sei·zure** [ˈ~ʒə] saisie *f* (*a.* ⚖); ⚕ (attaque *f* d')apoplexie *f*.

sel·dom *adv.* [ˈseldəm] peu souvent, rarement.

se·lect [siˈlekt] **1.** choisir; sélectionner; trier; **2.** choisi; d'élite; très fermé (*cercle*); **seˈlec·tion** choix *m*; ⚘, *zo.* sélection *f*; ♪ sélection *f* (sur, *from*; emprunté à q., *from s.o.*); morceaux *m/pl.* choisis (de, *from*); **seˈlec·tive** □ de sélection; *radio*: sélecteur (-trice *f*); sélectif (-ive *f*); **se·lec·tiv·i·ty** [~ˈtiviti] *radio*: sélectivité *f*; **seˈlect·man** *Am.* membre *m* du conseil municipal (*Nouvelle-Angleterre*); **seˈlec·tor** *radio*: sélecteur *m.*

self [self] **1.** *pron.* même; ✝ *ou* F *see myself*; **2.** *adj.* automatique; de même; non mélangé; ⚘ de couleur uniforme; **3.** *su.* (*pl.* **selves** [selvz]) personnalité *f*; moi *m*; *my poor ~* ma pauvre (petite) personne *f*; **ˈ~-aˈbase·ment** humiliation *f* de soi-même; **ˈ~-ˈact·ing** automatique; **ˈ~-adˈhe·sive** auto-adhésif (-ive *f*); **ˈ~-asˈser·tion** caractère *m* impérieux; autoritarisme *m*; **ˈ~-asˈser·tive** impérieux (-euse *f*); autoritaire; **ˈ~-asˈsur·ance** confiance *f* en soi; assurance *f*; **ˈ~-asˈsured** sûr de soi; plein d'assurance; **ˈ~-ˈcen·tred,** *Am.* **ˈ~-ˈcen·tered** égocentrique; **ˈ~-comˈmand** maîtrise *f* de soi; sang-froid *m*; **ˈ~-conˈceit** suffisance *f*, vanité *f*; **ˈ~-conˈceit·ed** suffisant, vaniteux (-euse *f*); **ˈ~-ˈcon·fi·dence** confiance *f* en soi; **ˈ~-ˈcon·fi·dent** sûr de soi, plein de confiance en soi; **ˈ~-ˈcon·scious** gêné; contraint; **~-con·tained** [ˈ~kənˈteind] indépendant; réservé (*personne*); *~ country* pays *m* qui se suffit à lui-même; *~ flat* appartement *m* indépendant; **ˈ~-conˈtrol** maîtrise *f* de soi; possession *f* de soi-même; **ˈ~-deˈfence** défense *f* personnelle; *in ~* en légitime défense; **ˈ~-deˈni·al** abnégation *f* (de soi); **ˈ~-de·ter·miˈna·tion** libre disposition *f* de soi-même; **ˈ~-ˈed·u·cat·ed** autodidacte; **ˈ~-esˈteem** respect *m* de soi; **ˈ~-ˈev·i·dent** évident en soi; **ˈ~-exˈplan·a·to·ry** évident (en soi), qui s'explique de soi-même; **ˈ~-ˈgov·ern·ing** autonome; **ˈ~-imˈport·ance** suffisance *f*, présomption *f*; **ˈ~-imˈport·ant** suffisant, présomptueux (-euse *f*); **ˈ~-ˈin·ter·est** intérêt *m* personnel; **ˈself·ish** □ égoïste,

intéressé; ˈ**self·ish·ness** égoïsme *m*.
self...: ˈ**~·less** altruiste, désintéressé; ˈ**~-ˈmade**: ~ *man* fils *m* de ses œuvres; parvenu *m*; ˈ**~-oˈpin·ion·at·ed** entêté, opiniâtre; ˈ**~-ˈpit·y** apitoiement *m* sur soi-même; ˈ**~-ˈpor·trait** autoportrait *m*; ˈ**~-posˈsessed** calme, qui a du sang-froid; ˈ**~-posˈses·sion** aplomb *m*, sang-froid *m*; ˈ**~-pre·serˈva·tion** conservation *f* de soi-même; ˈ**~-proˈpelled** autopropulsé; ˈ**~-reˈgard** respect *m* de soi; ˈ**~-reˈli·ance** indépendance *f*; ˈ**~-reˈli·ant** indépendant; ˈ**~-reˈspect** respect *m* de soi; ˈ**~-reˈspec·ting** qui se respecte; ˈ**~-ˈright·eous** pharisaïque; ˈ**~·same** *poét*. identique; ˈ**~-ˈseek·ing** intéressé, égoïste; ˈ**~-ˈserv·ice res·tau·rant** restaurant *m* libre-service, self-service *m*; ˈ**~-ˈstart·er** *mot*. (auto-) démarreur *m*; ˈ**~-sufˈfi·cien·cy** indépendance *f*; suffisance *f*; ˈ**~-ˈwill** obstination *f*, opiniâtreté *f*; ˈ**~-ˈwilled** obstiné, opiniâtre; ˈ**~-ˈwind·ing** (à remontage) automatique.
sell [sel] [*irr*.] **1.** *v/t*. vendre (*a. fig*.); F tromper; *Am*. F convaincre, persuader; F ~ (*out*) vendre tout son stock de (*qch*); ✝ ~ *off* solder; liquider; ~ *up* vendre (*q*.); *v/i*. se vendre; être en vente; ✝ ~ *off* (*ou out*) liquider; tout vendre; **2.** F déception *f*; *sl*. blague *f*; ˈ**sell·er** vendeur (-euse *f*) *m*; ✝ *good etc*. ~ article *m* de bonne *etc*. vente; *best* ~ livre *m* à (gros) succès, best-seller *m*; ˈ**sell·out** F succès *m* énorme, pièce *f etc*. pour laquelle tous les billets sont vendus; trahison *f*; capitulation *f*.
selt·zer [ˈseltsə] (*a*. ~ *water*) eau *f* de Seltz.
sel·vage, sel·vedge [ˈselvidʒ] *tex*. lisière *f*; *géol*. salbande *f*.
se·man·tics [siˈmæntiks] *sg*. sémantique *f*.
sem·a·phore [ˈseməfɔː] **1.** sémaphore *m*; signal *m* à bras; **2.** transmettre par sémaphore *ou* par signaux à bras.
sem·blance [ˈsembləns] semblant *m*, apparence *f*.
sem·i... [semi] semi-; demi-; à moitié; mi-; ˈ**~·breve** ♪ ronde *f*; ˈ**~·cir·cle** demi-cercle *m*; ˈ**~ˈco·lon** point-virgule (*pl*. points-virgules) *m*; ˈ**~·conˈduc·tor** ⚡ semi-conducteur *m*; ˈ**~-ˈfi·nal** *sp*. demi-finale *f*; ˈ**~·man·uˈfac·tured** semi-ouvré.
sem·i·nal [ˈsiːminl] séminal (-aux *m/pl*.); *fig*. embryonnaire.
sem·i·nar [ˈseminɑː] *univ*. séminaire *m*.
sem·i·nar·y [ˈseminəri] *fig*. pensionnat *m* (*de jeunes filles*); *eccl*. séminaire *m*.
sem·i-of·fi·cial [ˈsemiəˈfiʃl] officieux (-euse *f*), semi-officiel(le *f*).
sem·i·prec·ious [ˈsemiˈpreʃəs]: ~ *stone* pierre *f* fine *ou* sémi-précieuse.
sem·i·qua·ver ♪ [ˈsemikweivə] double croche *f*.
Sem·ite [ˈsiːmait] Sémite *mf*; **Se·mit·ic** [siˈmitik] sémitique.
sem·i·tone ♪ [ˈsemitoun] demi-ton *m*, semi-ton *m*.
sem·i·vow·el [ˈsemiˈvauəl] semi-[voyelle *f*.]
sem·o·li·na [seməˈliːnə] semoule *f*.
sem·pi·ter·nal □ *poét*. [sempiˈtəːnl] éternel(le *f*).
semp·stress [ˈsempstris] (ouvrière *f*) couturière *f*.
sen·ate [ˈsenit] sénat *m*; *univ*. conseil *m* de l'université.
sen·a·tor [ˈsenətə] sénateur *m*; **sen·a·to·ri·al** □ [~ˈtɔːriəl] sénatorial (-aux *m/pl*.).
send [send] [*irr*.] *v/t*. envoyer; expédier; diriger (*un coup, une balle*); remettre (*de l'argent*); rendre (*fou etc*.); ~ *s.o.* (*gér*.) faire q. (*inf*.); *see pack* 2; ~ *forth* envoyer (dehors); répandre; émettre; lancer; ⚘ pousser; ~ *in* faire (r)entrer; envoyer; ~ *in one's name* se faire annoncer; ~ *off* expédier; faire partir; envoyer; ~ *up* faire monter (*a. fig*.); ~ *word to s.o.* envoyer un mot à q.; *v/i*.: ~ *for* faire venir, envoyer chercher; ˈ**send·er** envoyeur (-euse *f*) *m*; *lettre, télégramme*: expéditeur (-trice *f*) *m*; *tél*. transmetteur *m*; ˈ**send-ˈoff** fête *f* d'adieu; *sl*. recommandation *f*, début *m*.
se·nile [ˈsiːnail] sénile; **se·nil·i·ty** [siˈniliti] sénilité *f*.
sen·ior [ˈsiːnjə] **1.** aîné; plus âgé (que, *to*); supérieur (à, *to*); premier (-ère *f*) (*commis etc*.); ~ *citizens pl*. personnes *f/pl*. âgées; ✝ ~ *partner* associé *m* principal; **2.** aîné(e *f*) *m*; le (la) plus ancien(ne *f*) *m*; supérieur(e *f*) *m*; *Am. univ*. étudiant(e *f*) *m* de quatrième année; *he is my ~ by a year, he is a year my* ~ il est mon aîné d'un an;

sen·ior·i·ty [siːniˈɔriti] priorité *f* d'âge; *grade*: ancienneté *f*.
sen·sa·tion [senˈseiʃn] sensation *f* (*a. fig.* = *effet sensationnel*); sentiment *m*, impression *f*; **senˈsa·tion·al** □ sensationnel(le *f*); à sensation (*roman etc.*); **senˈsa·tion·al·ism** recherche *f* du sensationnel.
sense [sens] **1.** sens *m*; sentiment *m*; sensation *f*; intelligence *f*; signification *f*; ~ *of direction* sens *m* de l'orientation; ~ *of duty* sentiment *m* du devoir; ~ *of humo(u)r* (sens *m* de l')humour *m*; ~ *of time* notion *f* de l'heure; *common* (*ou good*) ~ sens *m* commun; bon sens *m*; *in one's* ~*s* sain d'esprit; *be out of one's* ~*s* avoir perdu le sens *ou* la tête; *bring s.o. to his* ~*s* remener q. à la raison; *make* ~ être compréhensible; *make* ~ *of* arriver à comprendre; *talk* ~ parler raison; **2.** sentir; *Am.* comprendre.
sense·less □ [ˈsenslis] insensé, déraisonnable, stupide; sans connaissance, inanimé; **ˈsense·less·ness** stupidité *f*, absurdité *f*; insensibilité *f*.
sen·si·bil·i·ty [sensiˈbiliti] sensibilité *f* (à, *to*); conscience *f* (de *to, of*); ~ *to light* sensibilité *f* à la lumière.
sen·si·ble □ [ˈsensəbl] sensible, perceptible; appréciable; conscient (de, *of*); raisonnable, sensé; *fig.* pratique; *be* ~ *of* se rendre compte de (*qch.*); avoir conscience de (*qch.*); **ˈsen·si·ble·ness** bon sens *m*; intelligence *f*; raison *f*.
sen·si·tive □ [ˈsensitiv] sensible (à, *to*); susceptible; ombrageux (-euse *f*) (à l'endroit de, *with regard to*); ⚕ instable (*marché*); *phot.* sensible (*papier*), impressionnable (*plaque*); **ˈsen·si·tive·ness, sen·si·tiv·i·ty** [~ˈtiviti] sensibilité *f* (à, *to*).
sen·si·tize *phot.* [ˈsensitaiz] rendre sensible.
sen·so·ri·al [senˈsɔːriəl], **sen·so·ry** [ˈ~səri] sensoriel(le *f*); des sens.
sen·su·al □ [ˈsensjuəl] sensuel(le *f*); **ˈsen·su·al·ism** sensualité *f*; *phls.* sensualisme *m*; **ˈsen·su·al·ist** sensualiste *mf*; voluptueux (-euse *f*); **sen·su·al·i·ty** [~ˈæliti] sensualité *f*.
sen·su·ous □ [ˈsensjuəs] qui provient des sens; voluptueux (-euse *f*).
sent [sent] *prét. et p.p. de send.*
sen·tence [ˈsentəns] **1.** ⚖ jugement *m*; condamnation *f*; peine *f*; *gramm.* phrase *f*; *serve one's* ~ subir sa peine; *see life*; **2.** condamner (à, *to*).
sen·ten·tious [senˈtenʃəs] □ sentencieux (-euse *f*); **senˈten·tious·ness** caractère *m ou* ton *m* sentencieux.
sen·tient [ˈsenʃnt] sensible.
sen·ti·ment [ˈsentimənt] sentiment *m*; opinion *f*; sentimentalité *f*; toast *m*; *see* ~*ality*; **sen·ti·men·tal** □ [~ˈmentl] sentimental (-aux *m/pl.*); ~ *value* valeur *f* affective; **sen·timen·tal·i·ty** [~ˈtæliti] sentimentalité *f*; sensiblerie *f*.
sen·ti·nel [ˈsentinl], **sen·try** [ˈsentri] ⚔ sentinelle *f*; factionnaire *m*.
sen·try...: ˈ**~-box** guérite *f*; ˈ**~-go** faction *f*.
se·pal ⚘ [ˈsiːpəl] sépale *m*.
sep·a·ra·bil·i·ty [sepərəˈbiliti] séparabilité *f*; **ˈsep·a·ra·ble** □ séparable; **sep·a·rate 1.** □ [ˈseprit] séparé, détaché; indépendant; particulier (-ère *f*); ~ *property* biens *m/pl.* réservés; **2.** [ˈ~əreit] (se) séparer; (se) détacher; (se) désunir; *v/t.*: ~ *o.s. from* se séparer de; rompre avec; **sep·aˈra·tion** séparation *f* (d'avec q., *from s.o.*); *opt. etc.* écart *m*; **sep·a·ra·tist** [ˈ~ərətist] *pol.*, *a. eccl.* séparatiste *mf*; **sep·a·ra·tor** [ˈ~reitə] séparateur *m*; classeur *m*; (*a. cream-*~) écrémeuse *f*.
se·pi·a *icht.*, *a. peint.* [ˈsiːpjə] sépia *f*.
se·poy [ˈsiːpɔi] cipaye *m* (= *soldat de l'Inde anglaise*).
sep·sis ⚕ [ˈsepsis] septicémie *f*; putréfaction *f*.
Sep·tem·ber [sepˈtembə] septembre *m*.
sep·ten·ni·al □ [sepˈtenjəl] septennal (-aux *m/pl.*); ~*ly* tous les sept ans.
sep·tic ⚕ [ˈseptik] septique.
sep·tu·a·ge·nar·i·an [ˈseptjuedʒiˈnɛəriən] septuagénaire (*a. su.*).
se·pul·chral [siˈpʌlkrəl] sépulcral (-aux *m/pl.*); **sep·ul·chre** *poét.* [ˈsepəlkə] **1.** sépulcre *m*, tombeau *m*; **2.** ensevelir; servir de tombe(au) à; **sep·ul·ture** [ˈsepəltʃə] sépulture *f*.
se·quel [ˈsiːkwəl] suite *f*; *fig. a.* conséquence *f*; *in the* ~ par la suite.
se·quence [ˈsiːkwəns] suite *f*; suc-

cession *f*; ordre *m*; ♪, *cartes*, *cin.*: séquence *f*; *cin.* F scène *f*; *gramm.* ~ *of tenses* concordance *f* des temps; ˈ**se·quent** conséquent; consécutif (-ive *f*) (à [*up*]*on*, *to*); qui suit.

se·ques·ter [siˈkwestə] *see sequestrate*; ~ *o.s.* se retirer (de, *from*); ~*ed* retiré, isolé; ⚖ en séquestre.

se·ques·trate ⚖ [siˈkwestreit] séquestrer (*des biens*), mettre en séquestre; confisquer; **se·ques·tra·tion** [si:kwesˈtreiʃn] retraite *f*; confiscation *f*; ⚖ séquestration *f*; ˈ**se·ques·tra·tor** ⚖ séquestre *m*.

se·quin [ˈsi:kwin] paillette *f*.

se·quoi·a ⚘ [siˈkwɔiə] séquoia *m*.

se·ragl·io [seˈrɑ:liou] sérail *m*.

ser·aph [ˈserəf], *pl. a.* **-a·phim** [ˈ~fim] séraphin *m*; **se·raph·ic** [seˈræfik] (~*ally*) séraphique.

Serb [sə:b], **Ser·bi·an** [ˈ~jən] **1.** serbe; **2.** *ling.* serbe *m*; Serbe *mf*.

sere *poét.* [siə] flétri, desséché.

ser·e·nade [seriˈneid] **1.** ♪ sérénade *f*; **2.** donner une sérénade à.

se·rene □ [siˈri:n] serein, calme, paisible; *titre*: ≈ sérénissime; *Your* ≈ *Highness* votre Altesse *f* sérénissime; **se·ren·i·ty** [siˈreniti] sérénité *f* (*a. titre*); calme *m*.

serf [sə:f] serf (serve *f*) *m*; ˈ**serf·age**, ˈ**serf·dom** servage *m*.

serge [sə:dʒ] serge *f*; *cotton* ~ sergé *m*.

ser·geant ⚔ [ˈsɑ:dʒnt] sergent *m*; (*a. police* ~) brigadier *m*; ˈ~-ˈ**ma·jor** ⚔ adjudant *m*.

se·ri·al □ [ˈsiəriəl] **1.** de série; en série; de reproduction en feuilleton (*droit*); ~*ly* en série, par série; en feuilleton; **2.** roman-feuilleton (*pl.* romans-feuilletons) *m*; **se·ri·al·ize** publier *ou* adapter en feuilleton *ou* épisodes (*un roman etc.*).

se·ries [ˈsiəri:z] *sg.*, *a. pl.* série *f*, suite *f* (*a.* ♘); ⚡ *connect* (*ou join*) *in* ~ grouper en série; ~ *connexion* montage *m* en série.

se·ri·ous □ [ˈsiəriəs] sérieux (-euse *f*) (= *grave*; *réfléchi*; *sincère*; *gros*, *etc.*); *be* ~ ne pas plaisanter; ˈ**se·ri·ous·ness** gravité *f*; sérieux *m*.

ser·jeant *hist.* [ˈsɑ:dʒnt] (*a.* ~ *at law*) avocat *m* (supérieur); *Common* ≈ magistrat *m* de la corporation de Londres; *parl.* ≈-*at-arms* commandant *m* militaire du Parlement.

ser·mon [ˈsə:mən] sermon *m* (*a. fig.*); *catholique*: prône *m*, *protestant*: prêche *m*; ˈ**ser·mon·ize** *v/i.* prêcher; *v/t.* chapitrer; faire la morale à.

se·rol·o·gy ⚕ [siəˈrɔlədʒi] sérologie *f*.

se·rous [ˈsiərəs] séreux (-euse *f*).

ser·pent [ˈsə:pənt] serpent *m*; **ser·pen·tine** [ˈ~ain] **1.** serpentin; serpentant; tortueux (-euse *f*); **2.** *min.* serpentine *f*.

ser·rate [ˈserit], **ser·rat·ed** [seˈreitid] dentelé; denté (en scie); **serˈra·tion** dent(el)ure *f*; *anat.* engrenure *f*.

ser·ried [ˈserid] serré.

se·rum [ˈsiərəm] sérum *m*.

serv·ant [ˈsə:vənt] serviteur *m*; domestique *mf*; employé(e *f*) *m*; (*a.* ~-*girl ou* ~-*maid*) servante *f*, bonne *f*; *see civil*; ~*s pl.* domestiques *m/pl.*; personnel *m*; ~*s' hall* office *f*; salle *f* commune des domestiques.

serve [sə:v] **1.** *v/t.* servir (*a.* ⚔, ⚒, *eccl.*, *tennis*, [*a.* ~ *up*] *un mets*); être utile à; contenter; 🚂, *compagnie de gaz*, *etc.*: desservir, traiter (*q.*) (*bien ou mal*); subir, purger (*une peine*); ⚖ ~ *a writ on s.o.*, ~ *s.o. with a writ* délivrer une assignation à q.; (*it*) ~*s him right* cela lui apprendra; *see sentence 1*; ~ *out* distribuer (*qch.*); F faire payer (qch. à q., *s.o. s.th.*); *v/i.* servir (à, *for*; de, *as*); ⚔ servir dans l'armée; ⚔ faire la guerre (sous, *under*); être favorable (*temps*); ~ *at table* servir à table; ~ *on a jury* être du jury; **2.** *tennis*: service *m*; ˈ**server** *tennis*: serveur (-euse *f*) *m*; *eccl.* acolyte *m*.

serv·ice [ˈsə:vis] **1.** service *m* (*a.* ⚔, 🚂, *domestique*, *mets*, *tennis*, *a. fig.*); *eau*, *électricité*, *gaz*: distribution *f*; entretien *m*; *mot.* entretien *m* et dépannage *m*; *fonctionnaire*: emploi *m*; disposition *f*; (*a. divine* ~) office *m*, *protestantisme*: service *m*, culte *m*; ⚓ *cordage*: fourrure *f*; ⚖ délivrance *f*, signification *f*; 🚂 *etc.* parcours *m*, ligne *f*; *fig.* utilité *f*; garniture *f* (*de toilette*); *the* (*army*) ~*s pl.* l'armée *f*; *public* ~*s pl.* services *m/pl.* publics; ⚔ *Army* ≈ *Corps* service *m* de l'Intendance, F *le* Train *m*; *see civil*; *be at s.o.'s* ~ être à la disposition de q.; **2.** entretenir et réparer (*les automobiles etc.*); soigner l'entretien de; ˈ**serv·ice·a·ble** □ utile, pratique; durable, avantageux (-euse *f*); en état de fonctionner; utilisable; serviable; ˈ**serv·ice-a·ble·ness** utilité *f*; état *m* satisfaisant; solidité *f*.

serv·ice...: ~ **ar·e·a** *mot.* aire *f* de service; ˈ~**-ball** *tennis*: balle *f* de service; ~ **charge** service *m*; ˈ~**-line** *tennis*: ligne *f* de service *ou* fond; ~ **pipe** ⊕ branchement *m*; ~ **sta·tion** station-service (*pl.* stations-service) *f*; ˈ~**-tree** ⚘ cormier *m*.

ser·vile □ [ˈsəːvail] servile (*a. fig.*); d'esclave; bas(se *f*) (*personne*); vil; **ser·vil·i·ty** [~ˈviliti] servilité *f* (*a. d'une personne*); bassesse *f*; *copie*: exactitude *f* trop étroite.

ser·vi·tude [ˈsəːvitjuːd] servitude *f* (*a.* ⚖); asservissement *m*, esclavage *m*; *see penal*.

ses·a·me ⚘, *a. fig.* [ˈsesəmi] sésame *m*.

ses·qui·pe·da·li·an [ˈseskwipiˈdeiljən] sesquipédale; *fig.* ampoulé, pédant (*personne*).

ses·sion [ˈseʃn] session *f* (*a.* ⚖); séance *f*; *univ.* année *f* universitaire; *be in* ~ siéger; ⚖ être en session; ˈ**ses·sion·al** de (la) session; annuel(le *f*).

set [set] **1.** [*irr.*] *v/t.* mettre (*a. le couvert*), poser (*a. un problème, une question*), placer; imposer (*une tâche*); régler (*la montre, a.* ⊕); mettre (*le réveille-matin*) (sur, *for*); dresser (*un piège*); donner (*un exemple*); fixer (*un jour, la mode*); ⚘ planter; lancer (*un chien*) (contre *at, on*); ajuster; ⊕ redresser (*une lime*); affiler (*un outil*); affûter (*une scie*); monter (*une pierre précieuse*; *théâ. le décor*); déployer (*la voile*); mettre en plis (*les cheveux*); ⚕ remettre; ~ *s.o. laughing* provoquer les rires de q., faire rire q.; ~ *the fashion* lancer la mode; fixer *ou* mener la mode; ~ *sail* faire voile, prendre la mer; ~ *one's teeth* serrer les dents; ~ *against* animer *ou* prévenir contre; *see apart*; ~ *aside* mettre de côté; *fig.* rejeter, laisser de côté; écarter; ⚖ casser; ~ *at defiance* défier (*q.*); ~ *at ease* mettre à son aise; ~ *at liberty* mettre en liberté; ~ *at rest* calmer; décider (*une question*); ~ *store by* attacher grand prix à; ~ *down* (dé)poser; consigner par écrit; attribuer (à, *to*); prendre (*q.*) (pour, *for*); ~ *forth* énoncer; exposer; formuler; ~ *off* compenser (par, *against*); faire ressortir, rehausser; faire partir (*une fusée*); ~ *on* inciter à attaquer; acharner (contre, *on*); lancer (contre, *on*); mettre (à *inf.*, *to inf.*); ~ *out* arranger, disposer; étaler; équiper (*q.*); orner (*q.*); mettre dehors; ~ *up* monter, dresser; fixer; relever; organiser; fonder; monter (*un magasin*); occasionner; afficher (*des prétentions*); mettre en avant; pousser (*une clameur*); rétablir (*la santé*); *typ.* ~ *up in type* composer; **2.** [*irr.*] *v/i.* se coucher (*soleil etc.*); (se) prendre; se figer (*gelée etc.*); prendre racine (*plante*); tomber (*robe etc.*); devenir fixe; ⚘ se nouer (*a. fruit*); souffler (*vent*); porter (*marée*); *chasse*: tomber en arrêt; ~ *about* se mettre à (*qch.*); attaquer (*q.*); ~ *forth* partir; ~ *forward* se mettre en route; ~ *in* commencer; ~ *off* se mettre en route; partir; ~ *out* se mettre en route; faire voile; partir; commencer à descendre (*marée*); ~ *to* se mettre au travail; F en venir aux coups; ~ *up* se poser (en, *as*); s'établir (qch., *as s.th.*); ~ *up for* poser pour; se donner des airs de; ~ (*up*)*on* attaquer; † se mettre à; **3.** fixe; résolu; pris; noué, immobile, assigné; prescrit; ~ (*up*)*on* déterminé à; résolu à; ~ *with* orné de; ~ *fair* (au) beau (fixe) (*baromètre*); *hard* ~ fort embarrassé; *peint. etc.* ~ *piece* pièce *f* montée; *théâ.* ferme *f*; ~ *speech* discours *m* étudié; **4.** ensemble *m*; collection *f*; série *f* (*a.* ⚚); garniture *f* (*de boutons etc.*; *a. de toilette etc.*); *porcelaine, linge*: service *m*; *lingerie, pierres précieuses*: parure *f*; *casseroles etc.*: batterie *f*; *échecs, outils, etc.*: jeu *m*; coterie *f*, monde *m*, bande *f*; groupe *m* (*a.* ⚚); *scie*: voie *f*; *cheveux*: mise *f* en plis; *radio*: poste *m*; ⚘ plançon *m*; *tennis*: set *m*; ⚓ *voiles*: orientation *f*; *poét. soleil*: coucher *m*; *fig.* attaque *f*; *théâ.* décor *m* (monté); (*a.* ~ *scene*) mise *f* en scène; ~ *of teeth* denture *f*; ~ *of false teeth* dentier *m*.

set·back [ˈsetˈbæk] *fig.* échec *m*; ⚚ recul *m*; mur *m* en retrait; ˈ**set-ˈdown** humiliation *f*; ˈ**set-ˈoff** contraste *m*; ⚚ compensation *f*; ⚖ reconvention *f*; △ saillie *f*; *voyage*:

départ *m*; ˈ**set-ˈsquare** ⚒ équerre *f* à dessin.

set·tee [seˈtiː] canapé *m*.

set·ter [ˈsetə] *typ.* compositeur *m*; poseur *m*; monteur *m etc.*; *see set 1*; *chasse*: chien *m* d'arrêt, setter *m*.

set·ting [ˈsetiŋ] mise *f* (*a.* en musique, *to music*; *a. scie*: en voie; *cheveux*: en plis); arrangement *m* (*a.* ♪); ♪ ton *m*; *astr.* coucher *m*; monture *f* (*d'une pierre précieuse*); *spécimen*: montage *m*; *fig.* encadrement *m*; *théâ.* mise *f* en scène; *typ.* composition *f*; ⊕ calage *m*; ⊕ installation *f*; ⊕ *outil*: aiguisage *m*; *ciment, gelée*: prise *f*; ⚕ *os brisé*: recollement *m*; *fracture*: réduction *f*; ˈ**~-lo·tion** *cheveux*: fixatif *m*.

set·tle [ˈsetl] **1.** banc *m* à dossier; **2.** *v/t.* fixer; établir; installer; calmer (*un enfant*); régler (*un compte*); arranger (*une dispute*, ⚖ *un procès*); résoudre (*une question*); décider; ⚖ assigner (à, *on*); clarifier (*un liquide*); coloniser (*un pays*); *v/i.* (*souv.* ~ *down*) s'établir (*p.ex. à Paris*); se calmer (*enfant, passion*); (*a.* ~ *o.s.*) s'installer; se poser (*oiseau*); se tasser (*maison, sol*); ⚓ s'enfoncer; se remettre au beau (*temps*); (*a.* ~ *up*) s'acquitter (envers, *with*); se clarifier (*liquide*); se rasseoir (*vin*); se décider (pour, *on*); se ranger (*conduite, personne*); se mettre (à, *to*); *it is settling for a frost* le temps est à la gelée.

set·tled [ˈsetld] sûr (*a. temps*); ⚓ établi (*temps, brise*); enraciné (*idée etc.*); rangé (*personne*); ✝ réglé; ✝ ~*!* pour acquit.

set·tle·ment [ˈsetlmənt] établissement *m*; installation *f*; *sol etc.*: tassement *m*; arrangement *m*; *problème*: solution *f*; colonie *f*; ⚖ constitution *f* de rente (en faveur de, *on*); ⚖ contrat *m*; *fig.* accord *m*; ✝ règlement *m*; liquidation *f*; ✝ *for* ~ à terme.

set·tler [ˈsetlə] colon *m*; F coup *m* décisif.

set·tling [ˈsetliŋ] établissement *m etc.*; *see settle 2*; ✝ règlement *m*.

set...: ˈ**~-ˈto** dispute *f*; lutte *f*; prise *f* de bec; ˈ**~-ˈup** organisation *f*; *Am. sl.* affaire *f* bricolée (*surt. match de boxe*).

sev·en [ˈsevn] sept (*a. su./m*); ˈ**sev·en·fold 1.** *adj.* septuple; **2.** *adv.* sept fois autant; **sev·en·teen**(**th**) [ˈ~ˈtiːn(θ)] dix-sept(ième) (*a. su./m*); **sev·enth** [ˈ~θ] **1.** □ septième; **2.** septième *m*, ♪ *f*; **sev·en·ti·eth** [ˈ~tiiθ] soixante-dixième (*a. su./m*); ˈ**sev·en·ty** soixante-dix (*a. su./m*).

sev·er [ˈsevə] (se) séparer, rompre; *v/t.* couper; désunir.

sev·er·al □ [ˈsevrəl] plusieurs; quelques; divers; séparé, différent; individuel(le *f*) (*surt.* ⚖); ⚖ *joint and* ~ solidaire; ˈ**sev·er·al·ly** séparément; chacun à soi.

sev·er·ance [ˈsevərəns] séparation *f*; disjonction *f* (*a.* ⚖).

se·vere □ [siˈviə] sévère (*beauté, personne, regard, style, etc.*); vif (vive *f*) (*douleur*); grave (*blessure, maladie*); intense, violent; rigoureux (-euse *f*) (*personne, sentence, climat, hiver, temps, etc.*); dur; **se·ver·i·ty** [~ˈveriti] sévérité *f*; violence *f*; gravité *f*; rigueur *f*.

sew [sou] [*irr.*] coudre; brocher (*un livre*); ~ *up* coudre; faire un point à (*une robe etc.*).

sew·age [ˈsjuːidʒ] eaux *f/pl.* d'égouts; ~ *farm* champs *m/pl.* d'épandage.

sew·er[1] [ˈsouə] couseur (-euse *f*) *m*; *livres*: brocheur (-euse *f*) *m*.

sew·er[2] [ˈsjuə] égout *m*; ˈ**sew·er·age** système *m* d'égouts.

sew·ing [ˈsouiŋ] couture *f*; *livres*: brochage *m*; ouvrage *m* à l'aiguille; *attr.* à coudre.

sewn [soun] *p.p. de sew*.

sex [seks] sexe *m*; *attr.* sexuel(le *f*); ~ *appeal* sex-appeal *m*; attrait *m*; ~ *education* enseignement *m* de la biologie humaine; F *have* ~ *with* coucher avec.

sex·a·ge·nar·i·an [seksədʒiˈnɛəriən] sexagénaire (*a. su.*); **sex·en·ni·al** □ [sekˈsenjəl] sexennal (-aux *m/pl.*); **sex·tant** [ˈsekstənt] sextant *m*.

sex·ton [ˈsekstən] sacristain *m*; F fossoyeur *m*; F sonneur *m* (*du glas*).

sex·tu·ple [ˈsekstjupl] sextuple (*a. su./m*).

sex·u·al □ [ˈseksjuəl] sexuel(le *f*); ~ *desire* désir *m* sexuel; ~ *intercourse* rapports *m/pl.* sexuels; ~ *urge* instinct *m* sexuel, pulsion *f* sexuelle; **sex·u·al·i·ty** [~ˈæliti] sexualité *f*; **sex·y** F [ˈseksi] qui a du sex-appeal, F sexy *inv.*

shab·bi·ness [ˈʃæbinis] état *m* râpé;

pauvreté *f*; mesquinerie *f*; 'shab·by □ râpé, usé; pauvre; *fig.* mesquin, vilain; *fig.* parcimonieux (-euse *f*).

shack *surt. Am.* [ʃæk] cabane *f*.

shack·le ['ʃækl] **1.** fer *m* (*fig. usu.* ~*s pl.*), entraves *f/pl.*, contrainte *f*; ⚓ maillon *m* (*de chaîne*); ⊕ maillon *m* de liaison; **2.** entraver (*a. fig.*); ⊕ maniller; ⚓ étalinguer (*une ancre*).

shad *icht.* [ʃæd] alose *f*.

shade [ʃeid] **1.** ombre *f*; *fig.* obscurité *f*; *lampe*: abat-jour *m/inv.*; *yeux*: garde-vue *m/inv.*; *couleur, opinion*: nuance *f*; teinte *f*; *Am. fenêtre*: store *m*; *fig.* soupçon *m*, nuance *f*; **2.** *v/t.* ombrager; obscurcir (*a. fig.*); *fig.* assombrir; voiler, masquer (*la lumière*); abriter (de, *from*); *tex. etc.* nuancer; *peint.* ombrer; *dessin etc.*: hachurer; ~ *one's eyes with* mettre (*qch.*) en abat-jour (sur les yeux); ~ *away* (*ou off*) estomper; *v/i.* (*ou* ~ *off*) se fondre (en, *qqfois* dans *into*); **shades** [ʃeidz] *pl.* F lunettes *f/pl.* de soleil.

shad·i·ness ['ʃeidinis] ombre *f*, ombrage *m*; F aspect *m* louche; réputation *f* louche.

shad·ow ['ʃædou] **1.** ombre *f* (*a. fig.*); *peint., phot.* noir *m*; *see shade*; *police*: filateur (-trice *f*) *m*; *fig.* mauvaise foi *f*; ~ *boxing* boxe *f* à vide; *pol. Brit.* ~ *cabinet* cabinet *m* fantôme; **2.** ombrager; *tex.* chiner; *police*: filer (*q.*); (*usu.* ~ *forth, out*) faire pressentir, symboliser; '**shad·ow·y** ombragé; obscur, ténébreux (-euse *f*); indécis, faible.

shad·y ['ʃeidi] ombragé, à l'ombre; frais (fraîche *f*); F louche; F *be on the* ~ *side of forty* avoir dépassé la quarantaine.

shaft [ʃɑːft] flèche *f* (*a. fig.*); manche *m*; *lance*: hampe *f*; *poét. lumière*: trait *m*; ⊕ arbre *m*; *voitures*: brancard *m*; ⚒ puits *m*.

shag [ʃæg] **1.** ✝ peluche *f*; tabac *m* fort coupé fin; broussaille *f*; † poil *m* touffu; **2.** ébouriffer (*les cheveux*).

shag·gy ['ʃægi] ébouriffé (*cheveux*); touffu (*barbe*); en broussailles (*sourcils*); ⚘ poilu.

sha·green [ʃə'griːn] (peau *f* de) chagrin *m*.

Shah [ʃɑː] s(c)hah *m*.

shake [ʃeik] **1.** [*irr.*] *v/t.* secouer; agiter; ébranler; *fig.* bouleverser; *fig.* effrayer; ~ *down* faire tomber (*qch.*) en secouant; tasser (*qch.*) en le secouant; *Am. sl.* ~ *s.o. down for* faire cracher (*une somme*) à q.; ~ *hands* serrer la main (à, *with*); ~ *up* secouer (*a.* F *fig.*); agiter; *v/i.* trembler (de, *with*; devant, *at*); chanceler; branler (*tête*); ♪ faire des trilles; ~ *down* s'habituer (à, [*in*]*to*); s'installer; **2.** secousse *f*; tremblement *m* (*Am.* de terre); ♪ trille *m*; hochement *m* (*de tête*); F rien *m* de temps; ~ *of the hand see* ~*-hands*; F *no great* ~*s* bien médiocre, bien peu de chose; '~'**down** lit *m* improvisé; *Am. sl.* extorsion *f*; ⚓ *Am.* ~ *cruise* voyage *m* d'essai; '~**-hands** serrement *m* ou poignée *f* de main; '**shak·en** **1.** *p.p. de shake* **1**; **2.** secoué, ébranlé; '**shak·er** secoueur (-euse *f*) *m*; ⊕ secoueur *m*; shaker *m*; *eccl.* ♀ Trembleur (-euse *f*) *m*.

shake-up *Am.* F ['ʃeik'ʌp] remaniement *m*; chose *f* improvisée.

shak·i·ness ['ʃeikinis] manque *m* de solidité; tremblement *m*; *voix*: chevrotement *m*; '**shak·y** □ peu solide; chancelant; tremblant; *fig.* véreux (-euse *f*) (*cas, compagnie, etc.*).

shall [ʃæl] [*irr.*] *v/aux.* (*défectif*) *usité pour former le fut.*; *qqfois je* veux *etc., je* dois *etc.*; *promesse, menace*: *se traduit par le fut.*

shal·lot ⚘ [ʃə'lɔt] échalote *f*.

shal·low ['ʃælou] **1.** peu profond; *fig.* superficiel(le *f*); **2.** bas-fond *m*; **3.** *v/t.* rendre *ou v/i.* devenir moins profond; '**shal·low·ness** peu *m* de profondeur; *fig.* superficialité *f*.

shalt † [ʃælt] 2ᵉ *personne du sg. de shall*.

sham [ʃæm] **1.** faux (fausse *f*), simulé; feint; **2.** feinte *f*, *sl.* chiqué *m*; *personne*: imposteur *m*; **3.** *v/t.* feindre, simuler; faire; *v/i.* faire semblant; jouer une comédie; ~ *ill* faire le malade.

sham·ble ['ʃæmbl] aller à pas traînants.

sham·bles ['ʃæmblz] *sg.* abattoir *m*; *fig.* scène *f* de carnage.

sham·bling □ ['ʃæmbliŋ] traînant.

shame [ʃeim] **1.** honte *f*; (*for*) ~! quelle honte!; vous n'avez pas honte!; *cry* ~ *upon* se récrier contre; *put to* ~ faire honte à; **2.** faire honte à; humilier; couvrir de honte.

shame·faced □ ['ʃeimfeist] honteux

(-euse *f*); embarrassé; ˈ**shame-faced·ness** embarras *m*; timidité *f*.

shame·ful □ [ˈʃeimful] honteux (-euse *f*); ˈ**shame·ful·ness** honte *f*, indignité *f*.

shame·less □ [ˈʃeimlis] sans honte, éhonté; ˈ**shame·less·ness** effronterie *f*; immodestie *f*.

sham·my [ˈʃæmi] (peau *f* de) chamois *m*.

sham·poo [ʃæmˈpu:] **1.** (se) dégraisser (*les cheveux*); *v/t.* faire un shampooing à (*q.*); frictionner; **2.** *a.* = **shamˈpoo·ing** shampooing *m*; *dry* ~ friction *f*; ~ *and set* shampooing *m* (et) mise *f* en plis; *have a* ~ *and set* se faire faire un shampooing (et) mise en plis.

sham·rock [ˈʃæmrɔk] ⚘ trèfle *m* d'Irlande (*a. emblème national irlandais*).

shan·dy *Brit.* [ˈʃændi] panaché *m*.

shang·hai ⚓ *sl.* [ʃæŋˈhai] embarquer un homme pour l'engager après l'avoir enivré.

shank [ʃæŋk] tige *f*; ⚓ verge *f* (*d'ancre*); queue *f* (*de bouton*); *cuis.* jarret *m* (*de bœuf*), manche *m* (*de gigot de mouton*); jambe *f*; *ride* ♀*s's mare* (*ou pony*) prendre le train onze; **shanked**: *short*-~ aux jambes courtes (*personne*).

shan't [ʃɑ:nt] = *shall not*.

shan·ty [ˈʃænti] cabane *f*, hutte *f*.

shape [ʃeip] **1.** forme *f*; *cost.* coupe *f*; *personne*: taille *f*; *cuis.* moule *m*; crème *f*; *in bad* ~ en mauvais état; **2.** *v/t.* façonner, former; tailler; ajuster (à, *to*); ~ *one's course* ⚓ faire (une) route; *fig.* se diriger (vers, *for*); *v/i.* se développer; promettre; **shaped** façonné; en forme de; ˈ**shape·less** informe; difforme; ˈ**shape·li·ness** beauté *f* de forme; ˈ**shape·ly** bien fait; beau (bel *devant une voyelle ou un h muet*; belle *f*; beaux *m/pl.*).

share [ʃɛə] **1.** part *f*, portion *f*; contribution *f*; ⚜ action *f*, titre *m*, valeur *f*; *charrue*: soc *m*; ⚜ *original* (*ou ordinary ou primary*) ~ action *f* ordinaire; ⚜ *preference* (*ou preferred ou priority*) ~ action *f* privilégiée; *have a* ~ *in* avoir part à; *go* ~*s* partager (qch. avec q., *in s.th. with s.o.*); ~ *and* ~ *alike* en partageant également; **2.** *v/t.* partager (entre, *among*[*st*]; avec, *with*); avoir part à (*qch.*); *v/i.* prendre part (à, *in*), participer (à, *in*); ˈ~**·crop·per** *Am.* métayer (-ère *f*) *m*; ˈ~**·hold·er** ⚜ actionnaire *mf*; ˈ**shar·er** participant(e *f*) *m*.

shark [ʃɑ:k] **1.** *icht.* requin *m*; *fig. a.* escroc *m*; *Am. sl.* as *m* (= *expert*); **2.** *v/i.* écornifler.

sharp [ʃɑ:p] **1.** *adj.* □ tranchant (*couteau etc.*); aigu(ë *f*) (*pointe*); vif (vive *f*) (*froid*); *fig.* éveillé; *fig.* rusé; aigre (*fruit*); violent (*douleur*); vert (*vin, réprimande*); perçant (*cri, œil*); pénétrant (*regard*); fin (*oreille, esprit*); net(te *f*) (*profil*); piquant (*goût, sauce*); saillant (*angle*); raide (*pente*); prononcé (*courbe*); fort (*averse, gelée*); F élégant, chic *inv.* (*vêtement, voiture, personne etc.*); *péj.* peu honnête; ♪ dièse; ♪ *C*~ do *m* dièse; **2.** *adv.* ♪ trop haut, en diésant; F ponctuellement; *look* ~! dépêchez-vous!; faites vite!; **3.** *su.* ♪ dièse *m*; F escroc *m*; *Am. sl.* as *m*; ˈ**sharp·en** aiguiser (*a. fig. l'appétit*); tailler (*un crayon*); accentuer (*un trait, un contraste*); ♪ diéser; **sharp·en·er** fusil *m* (à aiguiser); taille-crayon *m/inv.*; ˈ**sharp·er** escroc *m*; *cartes*: tricheur (-euse *f*) *m*; ˈ**sharp-ˈeyed** à la vue perçante; à qui n'échappe rien; ˈ**sharp·ness** tranchant *m*; pointe *f*; acuité *f*; violence *f*; acidité *f*; *fig.* rigueur *f*.

sharp...: ˈ~-ˈ**set** en grand appétit, affamé; *be* ~ *on* avoir un vif désir de; ˈ~**-shoot·er** tirailleur *m*; ˈ~-ˈ**sight·ed** à la vue perçante; *fig.* perspicace; ˈ~-ˈ**wit·ted** éveillé.

shat·ter [ˈʃætə] (se) fracasser; (se) briser (en éclats); *v/t.* détraquer (*les nerfs, la santé*); briser (*les espérances*); ˈ~**·proof**: ~ *glass* verre *m* Sécurit (*TM*).

shave [ʃeiv] **1.** [*irr.*] *v/t.* raser; planer (*le bois*); friser, effleurer; *fig.* rogner; *v/i.* se raser; ~ *through* se faufiler entre (*les voitures etc.*); **2.** coup *m* à fleur de peau; *give s.o. a* ~ faire la barbe à q.; *have a* ~ se (faire) raser; *by a* ~ d'un iota; tout juste; *to have a close* (*ou narrow*) ~ l'échapper belle; ˈ**shav·en** rasé; *a* ~ *head* une tête *f* rasée; ˈ**shav·er** barbier *m*; rasoir *m* électrique; F *young* ~ gamin *m*.

Sha·vi·an [ˈʃeivjən] de G.B. Shaw; à la G.B. Shaw.

shav·ing [ˈʃeiviŋ] **1.** action *f* de (se) raser; ~*s pl. bois*: copeaux *m/pl.*; *métal*: rognures *f/pl.*; **2.** à barbe; ~ *brush* blaireau *m*; ~ *cream* crème *f* à raser; ~ *mug* plat *m* à barbe; ~ *soap* savon *m* à barbe; ~ *stick* bâton *m* de savon à barbe.

shawl [ʃɔ:l] châle *m*; fichu *m*.

shawm ♪ [ʃɔ:m] chalumeau *m*.

she [ʃi:] **1.** elle (*a. accentué*); **2.** femelle *f*; femme *f*; **she-** femelle *f* (*d'un animal*).

sheaf [ʃi:f] (*pl. sheaves*) *blé*: gerbe *f*; *papiers*: liasse *f*.

shear [ʃiə] **1.** [*irr.*] tondre; couper; *métall.* cisailler (*une tôle*); *fig.* dépouiller; **2.** (*a pair of*) ~*s pl.* (des) cisailles *f/pl.*; ˈ**shear·ing** coupage *m*; *moutons*: tonte *f*; *drap*: tondage *m*; ~*s pl.* tontes *f/pl.* (*de laine*).

sheath [ʃi:θ] gaine *f* (*a.* ⚘, *a. anat.*); *épée*: fourreau *m*; *phot.* châssis *m*; **sheathe** [ʃi:ð] mettre au fourreau; rengainer; ⊕, *a. fig.* revêtir, recouvrir (de, *with*); ˈ**sheath·ing** ⊕ revêtement *m*; enveloppe *f*; chemise *f*; *câble*: gaine *f*.

sheave ⊕ [ʃi:v] rouet *m*; plateau *m* d'excentrique.

sheaves [ʃi:vz] *pl. de sheaf*.

she·bang *Am. sl.* [ʃəˈbæŋ] hutte *f*; cabaret *m*, bar *m*; carriole *f*; *the whole* ~ tout le bazar.

she-bear [ˈʃi:ˈbɛə] ourse *f*.

shed[1] [ʃed] [*irr.*] perdre (*ses feuilles, ses dents*); verser (*des larmes, du sang*); répandre (*du sang, de la lumière, a. fig.*); F ~ *light on* jeter le jour dans.

shed[2] [~] hangar *m*; ⚓ tente *f* à marchandises.

shed·der [ˈʃedə] personne *f* qui répand (*qch.*).

sheen [ʃi:n] *étoffe etc.*: brillant *m*; reflet *m*; chatoiement *m*; ˈ**sheen·y** luisant, brillant.

sheep [ʃi:p] mouton *m*; brebis *f* (*a. fig.*); *coll.* moutons *m/pl.*; *fig.* ~'*s eyes pl.* yeux *m/pl.* doux; ˈ~**-cot** *see sheep-fold*; ˈ~**-dog** chien *m* de berger; ˈ~**-fold** parc *m* à moutons; ˈ**sheep·ish** □ timide; penaud; ˈ**sheep·ish·ness** timidité *f*; air *m* penaud.

sheep...: ˈ~**·man** *Am.* éleveur *m* de moutons; ˈ~**-run** *see sheep-walk*; ˈ~**·skin** peau *f* de mouton; *Am. sl.* diplôme *m*; (*a.* ~ *leather*) basane *f*; ˈ~**-walk** pâturage *m* pour moutons.

sheer[1] [ʃiə] **1.** *adj.* pur, vrai, véritable; à pic (*a. adv.*), escarpé, abrupt; **2.** *adv.* tout à fait; abruptement; à plomb.

sheer[2] [~] **1.** ⚓ embarder; ~ *off* ⚓ prendre le large; *fig.* s'écarter, s'éloigner; **2.** ⚓ embardée *f*.

sheet [ʃi:t] **1.** *métal, papier, verre, etc.*: feuille *f*; *eau etc.*: nappe *f*; *neige*: couche *f*; *lit*: drap *m*; ⚓ écoute *f*; ~ *copper* (*iron*) cuivre *m* (fer *m*) en feuilles; ~ *glass* verre *m* à vitres; ~ *steel* tôle *f* d'acier; **2.** couvrir d'un drap; *fig.* recouvrir; ˈ~**-an·chor** ⚓ ancre *f* de veille (*fig.* de salut); ˈ**sheet·ing** *tex.* toile *f* pour draps; ⊕ tôles *f/pl.*; ˈ**sheet-light·ning** éclairs *m/pl.* en nappe *ou* de chaleur.

sheik(h) [ʃeik] cheik *m*.

shelf [ʃelf] (*pl. shelves*) rayon *m*; planche *f*; *four, a. géog.*: plateau *m*; rebord *m*; écueil *m*; banc *m* de sable; ✝ ~ *life* durée *f* de conservation avant vente; *fig. on the* ~ au rancart; en passe de devenir vieille fille; *fig. get on the* ~ coiffer sainte Catherine (*femme*).

shell [ʃel] **1.** coquille *f* (*vide*); *œuf*: coque *f*; *huîtres*: écaille *f*; *homard etc.*: carapace *f*; *pois*: cosse *f*; ⊕ paroi *f*; *métall.* manteau *m*; ⚔ obus *m*; classe *f* intermédiaire; cercueil *m*; *maison*: carcasse *f*; **2.** écaler; écosser; ⚔ bombarder; *sl.* ~ *out* débourser; payer (*la note etc.*).

shel·lac [ʃeˈlæk] gomme *f* laque.

shell-cra·ter [ˈʃelkreitə] cratère *m*, entonnoir *m*; **shelled** [ʃeld] à coquille *etc.*

shell...: ˈ~**-fire** tir *m* à obus; ˈ~**-fish** coquillage *m*; crustacé *m*; ˈ~**-proof** à l'épreuve des obus; blindé; ˈ~**-work** coquillages *m/pl.*

shel·ter [ˈʃeltə] **1.** abri *m*; asile *m*; *fig.* protection *f*; *in the* (*ou under*) ~ *of* à l'abri de; **2.** *v/t.* abriter; donner asile à; *v/i.* (*a.* ~ *o.s.*) s'abriter; ˈ**shel·ter·less** sans abri *etc.*

shelve[1] [ʃelv] garnir de rayons; mettre sur un rayon; *fig.* remettre, ajourner; *fig.* mettre au rancart, remiser (*q.*); F classer (*une question*).

shelve[2] [~] aller en pente douce.

shelves [ʃelvz] *pl. de shelf*.

shelv·ing [ˈʃelviŋ] **1.** rayons *m/pl.*; **2.** en pente.

she·nan·i·gan *Am.* F [ʃiˈnænigən] mystification *f.*
shep·herd [ˈʃepəd] **1.** berger *m*; **2.** garder (*des moutons*); ˈ**shep·herd·ess** bergère *f.*
sher·bet [ˈʃəːbət] sorbet *m* (= *sorte de boisson à demi glacée*); (*a.* ~-*powder*) limonade *f* (sèche).
sher·iff [ˈʃerif] *Angl.* chérif *m* (= *préfet*); *Am.* chef *m* de la police.
sher·ry [ˈʃeri] vin *m* de Xérès, cherry *m.*
shew † [ʃou] *see show 1.*
shib·bo·leth *fig.* [ˈʃibəleθ] doctrine *f*; mot *m* d'ordre.
shield [ʃiːld] **1.** bouclier *m*; *fig.* défense *f*; ⊠ écu *m*; **2.** protéger (contre *from, against*); ˈ**shield·less** sans bouclier; *fig.* sans défense.
shift [ʃift] **1.** changement *m*; moyen *m*; expédient *m*; échappatoire *f*; ⊕ équipe *f*; ⊕ journée *f* (de travail); † chemise *f* (*de femme*); *make* ~ s'arranger (pour *inf.*, *to inf.*; avec, *with*); trouver moyen (de, *to*); *make* ~ *without* se passer de; *make* ~ *to live* arriver à vivre; **2.** *v/t.* changer (de place *etc.*); ⚓ changer (*une voile*); déplacer (*a.* ⚓ *la cargaison*); *v/i. Am. mot.* changer de vitesse; changer de place; bouger, se déplacer; changer (*scène*); tourner (*vent*); ⚓ se désarrimer (*cargaison*); F (*a.* ~ *for o.s.*) se débrouiller; ˈ**shift·ing** □ qui se déplace; mobile; ~ *sands pl.* sables *m/pl.* mouvants; ˈ**shift·less** □ sans ressources; peu débrouillard; *fig.* futile; ˈ**shift·y** □ sournois, peu franc(he *f*); fuyant (*yeux*); louche; † peu solide.
shil·ling [ˈʃiliŋ] shilling *m*; *take the King's* ~ s'engager; *fig. cut s.o. off with a* ~ déshériter q.
shil·ly-shal·ly [ˈʃiliʃæli] **1.** barguignage *m*; **2.** barguigner.
shim·mer [ˈʃimə] miroiter, chatoyer.
shim·my[1] [ˈʃimi] **1.** *danse*: shimmy *m*; **2.** osciller, vibrer.
shim·my[2] F [~] chemise *f* (de femme).
shin [ʃin] **1.** (*ou* ~-*bone*) tibia *m*; **2.**: ~ *up* grimper à.
shin·dy F [ˈʃindi] chahut *m*, tapage *m.*
shine [ʃain] **1.** éclat *m*; brillant *m*; F *take the* ~ *out of s.o.* éclipser q.; *Am. sl. take a* ~ *to* s'enticher de; **2.** [*irr.*] *v/i.* briller (*a. fig.*); (re)luire; ~ *on* éclairer; *v/t.* (*a.* ~ *up*) polir; cirer.
shin·er *sl.* [ˈʃainə] pièce *f* d'or; œil *m* poché.
shin·gle[1] [ˈʃiŋgl] **1.** ⚠ bardeau *m*; *cheveux*: coupe *f* à la garçonne; *Am.* petite enseigne *f*; **2.** couvrir de bardeaux; couper à la garçonne.
shin·gle[2] [~] galets *m/pl.*; plage *f* à galets.
shin·gles ⚕ [ˈʃiŋglz] *pl.* zona *m*, F ceinture *f.*
shin·gly [ˈʃiŋgli] couvert de galets.
shin·y □ [ˈʃaini] brillant, luisant.
ship [ʃip] **1.** (*usu. f*) navire *m*; vaisseau *m*; ~'*s company* équipage *m*; **2.** *v/t.* embarquer; ✝ (*souv.* ~ *off*) mettre à bord, expédier; ⚓ mettre en place, monter; ⚓ rentrer (*les avirons*); recruter (*des marins*); ~ *a sea* embarquer un coup de mer; *v/i.* s'embarquer; armer (sur, *on* [*board*]) (*marin*); ˈ~·**board**: ⚓ *on* ~ à bord; ˈ~·**build·er** constructeur *m* de navires; ˈ~·**build·ing** construction *f* navale; ˈ~-**ca·nal** canal *m* maritime; ˈ~-ˈ**chan·dler** fournisseur *m* de navires; ˈ~-ˈ**chan·dler·y** fournitures *f/pl.* de navires; ˈ**ship·ment** embarquement *m*, mise *f* à bord; envoi *m* par mer; chargement *m* (= *choses embarquées*); ˈ**ship·own·er** armateur *m*; ˈ**ship·per** affréteur *m*; expéditeur *m*; ˈ**ship·ping 1.** embarquement *m*; navires *m/pl.*; marine *f* marchande; **2.** d'embarquement; maritime; de navigation; d'expédition.
ship...: ˈ~·**shape** bien tenu (*a. fig.*); en bon ordre; ˈ~·**wreck 1.** naufrage *m*; **2.** *v/t.* faire naufrager; *v/i.* (*a. be* ~*ed*) faire naufrage; ˈ~·**wrecked** naufragé; ˈ~·**wright** charpentier *m* de navires; ˈ~·**yard** chantier *m* de constructions navales.
shire [ˈʃaiə; *mots composés* ʃiə] compté *m*; ~ *horse* cheval *m* de gros trait.
shirk [ʃəːk] *v/t.* se dérober à, négliger, esquiver; *v/i.* négliger son devoir; ˈ**shirk·er** carotteur (-euse *f*) *m.*
shirt [ʃəːt] chemise *f* (*d'homme, a.* ⊕); (*a.* ~-*blouse*) chemisier *m*; *Am. sl. keep one's* ~ *on* ne pas se fâcher *ou* s'emballer; ˈ**shirt·ing** ✝ shirting *m* (*toile pour chemises*); ˈ**shirt-sleeve 1.** manche *f* de chemise; **2.** en bras de chemise; *fig.* sans cérémonie; *surt. Am.* ~

diplomacy diplomatie *f* franche et honnête; ˈ**shirt·y** *sl.* irritable.

shit V [ʃit] **1.** merde *f*; **2.** chier.

shiv·er¹ [ˈʃivə] **1.** fragment *m*; *break to* ~*s* = **2.** (se) briser en éclats.

shiv·er² [~] **1.** frisson *m*; F *the* ~*s pl.* la tremblote *f*; *it gives me the* ~*s* ça me donne le frisson, ça me fait trembler; **2.** frissonner; grelotter; *have a* ~*ing fit* être pris de frissons; ˈ**shiv·er·y** tremblant; fiévreux (-euse *f*).

shoal¹ [ʃoul] **1.** *poissons*: banc *m* voyageur; *fig.* multitude *f*; **2.** se réunir en *ou* aller par bancs.

shoal² [~] **1.** haut-fond (*pl.* hauts-fonds) *m*; **2.** diminuer de fond; **3.** (*a.* ˈ**shoal·y**) plein de hauts-fonds.

shock¹ ⚒ [ʃɔk] moyette *f*.

shock² [~] **1.** choc *m* (*a.* ⚕, ⊕, ⚔); ⚔ assaut *m*; secousse *f* (*a.* ⚡); coup *m*; *mot. road* ~*s pl.* cahots *m/pl.*; **2.** *fig.* choquer, scandaliser; bouleverser; offenser; ~*ed at* choqué de; scandalisé par.

shock³ [~]: ~ *of hair* tignasse *f*.

shock-ab·sorb·er *mot.* [ˈʃɔkəbsɔːbə] amortisseur *m* (de chocs); pare-chocs *m/inv.*

shock·er *sl.* [ˈʃɔkə] (*qqfois shilling* ~) roman *m* à gros effets.

shock·ing □ [ˈʃɔkiŋ] choquant; affreux (-euse *f*); abominable.

shock...: ˈ~·**proof** anti-choc *inv.*; ~ **ther·a·py** thérapeutique *f* de choc; ~ **treat·ment** traitement *m* (de) choc; *electric* ~ traitement *m* par électrochocs; ~ **wave** onde *f* de choc.

shod [ʃɔd] *prét. et p.p. de shoe* 2.

shod·dy [ˈʃɔdi] **1.** *tex.* drap *m* de laine d'effilochage; *fig.* camelote *f*; pacotille *f*; **2.** d'effilochage; de camelote; de pacotille; *surt. Am.* ~ *aristocracy* parvenus *m/pl.*

shoe [ʃuː] **1.** chaussure *f*, soulier *m*; *cheval*: fer *m*; ⊕ sabot *m*; *traîneau, piston*: patin *m*; **2.** [*irr.*] chausser); ferrer; garnir d'un patin *etc.*; ˈ~·**black** cireur *m* (de chaussures); ˈ~·**black·ing** cirage *m ou* crème *f* pour chaussures; ˈ~·**horn** chausse-pied *m*; corne *f*; ˈ~-**lace** lacet *m*; ˈ~·**mak·er** cordonnier *m*; ~ **pol·ish** cirage *m ou* crème pour chaussures; ˈ~·**shine** cirage *m* (de chaussures); (*a.* ~ *boy*) cireur *m* (de chaussures); ˈ~·**string** *Am.* lacet *m*; *surt. Am.* F minces capitaux *m/pl.*

shone [ʃɔn] *prét. et p.p. de shine* 2.

shoo [ʃuː] chasser (*des oiseaux*).

shook [ʃuk] *prét. de shake* 1.

shoot [ʃuːt] **1.** *rivière*: rapide *m*; ⚘ rejeton *m*, pousse *f*; partie *f* de chasse; chasse *f* gardée; ⚔ (concours *m* de) tir *m*; *tex.* duite *f*; ⚒ couloir *m*; *fig.* jaillissement *m*; **2.** [*irr.*] *v/t.* tirer (*une arme à feu, les manchettes*); fusiller; tuer; chasser (*le gibier*); *fig.* passer rapidement sous (*un pont*); darder (*des rayons, fig. un regard*); décharger; (*a.* ~ *out*) ⚘ pousser; pousser (*le verrou*); *phot.* prendre un instantané de; tourner (*un film*); *sp.* marquer (*un but*); *sp.* shooter; *mot.* brûler (*les feux*); franchir (*un rapide*); *v/i.* tirer (sur, *at*); viser; *fig.* se précipiter, s'élancer; élancer (*douleur*); (*a.* ~ *forth*) pousser; ~ *ahead* aller rapidement en avant; ~ *ahead of* devancer (*q.*) rapidement.

shoot·er [ˈʃuːtə] tireur (-euse *f*) *m*; *sp.* marqueur *m* de but.

shoot·ing [ˈʃuːtiŋ] **1.** tir *m*; chasse *f*; fusillade *f*; ~-*ground* (*ou* ~-*range*) champ *m* de tir; *go* ~ aller à la chasse; ~ *of a film* prise *f* de vue; tournage *m*; **2.** lancinant (*douleur*); ~ *star* étoile *f* filante; ˈ~-**box** pavillon *m* de chasse; muette *f*; ˈ~-**brake** canadienne *f*.

shoot-out F [ˈʃuːtaut] échange *m* de coups de feu.

shop [ʃɔp] **1.** boutique *f*; magasin *m*; bureau *m* (*de tabac*); F métier *m*, affaires *f/pl.*; ~ *floor les* ouvriers *m/pl.*; *talk* ~ parler boutique; **2.** (*usu.* F *go* ~*ping*) faire des achats; ˈ~·**keeper** boutiquier (-ère *f*) *m*; marchand(e *f*) *m*; ˈ~-**lift·er** voleur (-euse *f*) *m* à l'étalage; ˈ~·**man** commis *m* de magasin; ⊕ homme *m* d'atelier; ˈ**shopping** achats *m/pl.*; emplettes *f/pl.*; ~ *centre* quartier *m* commerçant; *Christmas* ~ emplettes *f/pl.* de Noël; ˈ**shop·py** F qui sent la boutique; à l'esprit boutiquier.

shop...: ˈ~-**soiled** ✝ défraîchi; ˈ~-**stew·ard** délégué *m* (syndical) d'atelier; ˈ~·**walk·er** chef *m* de rayon; inspecteur (-trice *f*) *m*; ˈ~-ˈ**win·dow** vitrine *f*; devanture *f*.

shore¹ [ʃɔː] rivage *m*, bord *m*; côte *f*; ⚓ terre *f*; *on* ~ à terre.

shore[2] [~] **1.** étai *m*, appui *m*; **2.**: ~ *up* étayer; buter.

shorn [ʃɔːn] *p.p. de shear 1*; *fig.* ~ *of* dépouillé de (*qch.*).

short [ʃɔːt] **1.** *adj.* court; de petite taille; bref (brève *f*); insuffisant; *fig.* brusque, cassant; *cuis.* croquant; aigre (*métal*); revêche (*fer*); *see circuit*; *Brit.* ~ *list* liste *f* des candidats sélectionnés; ~ *time* chômage *m* partiel; ~ *waves pl.* petites ondes *f/pl.*; *radio*: ondes *f/pl.* courtes; *by a* ~ *head turf*: de justesse; *fig.* tout juste; *nothing* ~ *of* ni plus ni moins; *come* (*ou fall*) ~ *of* rester au-dessous de (*qch.*); manquer à; ne pas être à la hauteur de (*q.*); ne pas atteindre; *fall* (*ou run*) ~ manquer; s'épuiser (*provisions*); *go* ~ *of* se priver de; **2.** *adv.* court; brusquement; ~ *of* sauf; à moins de; ~ *of London* à quelque distance de Londres; ~ *of lying* à moins de mentir; *cut* ~ couper la parole à (*q.*); *stop* ~ *of* s'arrêter au seuil de; ne pas aller jusqu'à; **3.** *su. gramm.* voyelle *f* brève; *cin.* court métrage *m*; ⚡ court-circuit (*pl.* courts-circuits) *m*; F ~*s pl.* culotte *f* de sport; short *m*; *in* ~ bref, en un mot; **4.** *v/t. see* ~*-circuit*; **ˈshort·age** manque *m*, insuffisance *f*; disette *f*; *admin.* crise *f*; ⚜ déficit *m*.

short...: **ˈ~·cake** sablé *m*; **ˈ~-ˈchange** tromper (*q.*) sur la monnaie; rouler (*q.*); **ˈ~-ˈcir·cuit** ⚡ court-circuiter; **~-ˈcom·ing** défaut *m*, imperfection *f*; manque *m*; **~ cut** chemin *m* de traverse; raccourci *m*; **ˈ~-ˈdat·ed** ⚜ à courte échéance; **ˈshort·en** *v/t.* raccourcir; abréger; *v/i.* (se) raccourcir; se reserrer; diminuer; **ˈshort·en·ing** raccourcissement *m*; abrègement *m*; *cuis.* matière *f* grasse.

short...: **ˈ~·fall** déficit *m*; **ˈ~·hand** sténographie *f*; ~ *writer* sténographe *mf*; **ˈ~-ˈhand·ed** à court de personnel; **ˈ~-haul** à courte distance; **ˈ~-list** mettre (*q.*) sur la liste des candidats sélectionnés; **ˈ~-ˈlived** qui vit peu de temps; passager (-ère *f*), éphémère; **ˈshort·ly** *adv.* brièvement; bientôt; brusquement; **ˈshort·ness** brièveté *f*; *taille*: petitesse *f*; brusquerie *f*; manque *m*.

short...: **ˈ~-range** à courte portée (*fusil etc.*); à court terme (*projet etc.*); à court rayon d'action (*avion etc.*); **ˈ~-run** de courte durée; **ˈ~-ˈsight·ed** myope; *fig.* imprévoyant; **ˈ~-ˈtem·pered** irascible; vif (vive *f*); **ˈ~-term** ⚜ à court terme; ~ *memory* mémoire *f* immediate; **ˈ~-ˈtime work·ing** chômage *m* partiel; **ˈ~-wave** *radio*: sur ondes courtes; **ˈ~-ˈwind·ed** à l'haleine courte.

shot[1] [ʃɔt] **1.** *prét. et p.p. de shoot 2*; **2.** chatoyant (*soie*).

shot[2] [~] coup *m* (*a. fig.*, *a. sp.*); *revolver*: coup *m* de feu; (*usu.* ~*pl.*) plomb *m*; F tireur (-euse *f*) *m*; chasseur *m*; *sp.* shot *m*; *phot.* prise *f* de vue; *cin.* plan *m*; ⚕ piqûre *f*; *sl. alcool*: goutte *f*; *fig.* essai *m*; *have a* ~ *at* essayer (*qch.*); F *not by a long* ~ tant s'en faut; pas à beaucoup près; *within* (*out of*) ~ à (hors de) portée; F *like a* ~ comme un trait; avec empressement; F *fig. big* ~ grosse légume *f* (= *personnage important*); *make a bad* ~ rater son coup; *fig.* deviner faux; **ˈ~-gun** fusil *m* de chasse; F ~ *marriage* mariage *m* forcé; **ˈ~-proof** à l'épreuve des balles; **ˈ~-put** *sp.* lancer *m* du poids.

shot·ten her·ring [ˈʃɔtnˈheriŋ] hareng *m* guais.

should [ʃud] *prét. de shall* (*a. usité pour former le cond.*).

shoul·der [ˈʃouldə] **1.** épaule *f*; ⊕ épaulement *m*; *give s.o. the cold* ~ battre froid à q., tourner le dos à q.; *put one's* ~ *to the wheel* se mettre à l'œuvre; donner un coup d'épaule; *rub* ~*s with* s'associer avec, côtoyer; ~ *to* ~ côte à côte; **2.** pousser avec *ou* de l'épaule; mettre sur l'épaule; *fig.* endosser; ⚔ porter (*l'arme*); **ˈ~-bag** sac *m* à bandoulière; **ˈ~-blade** *anat.* omoplate *f*; **ˈ~-knot** nœud *m* d'épaule (*a.* ⚔); **ˈ~-strap** bretelle *f*; *dames*, *a.* ⚔: patte *f* d'épaule; ⚔ *uniforme*: attente *f*.

shout [ʃaut] **1.** cri *m*; clameur *f*; *rire*: éclat *m*; *sl. boisson*: tournée *f*; **2.** *v/i.* pousser des cris, crier; hurler (*de douleur*); *v/t.* ~ *down* huer (*q.*).

shove [ʃʌv] **1.** poussée *f*, coup *m* d'épaule; **2.** pousser; bousculer; fourrer (qch. dans qch., *s.th. in*[*to*] *s.th.*).

shov·el [ˈʃʌvl] **1.** pelle *f*; **2.** pelleter; **ˈ~-board** jeu *m* de galets.

show [ʃou] **1.** [*irr.*] *v/t.* montrer, faire voir; manifester; faire (*miséricorde à q.*); témoigner (de); laisser paraître; indiquer; représenter; *cin.* présenter; prouver; exposer (*des peintures, des raisons, etc.*); ~ *forth* proclamer; ~ *in* introduire; faire entrer; ~ *off* faire valoir *ou* ressortir; faire parade de; ~ *out* reconduire; ~ *up* faire monter; révéler; faire ressortir; démasquer; *v/i.* (*a.* ~ *up ou forth*) ressortir, se détacher; se montrer, se laisser voir; ~ *off* parader; se donner des airs; *sl.* faire de l'épate; **2.** spectacle *m*; étalage *m*; exposition *f*; concours *m*; *mot.* salon *m*; parade *f*, ostentation *f*; semblant *m*; *sl.* affaire *f*; ~ *of hands* vote *m* à mains levées; *dumb* ~ pantomime *f*; jeu *m* muet; *on* ~ exposé; *sl. run the* ~ diriger l'affaire; être le manitou de l'affaire; '**~biz** F ['ʃoubiz], **~ busi·ness** le monde *m ou* l'industrie *f* du spectacle; '**~-card** pancarte *f*; étiquette *f*; '**~-case** montre *f*, vitrine *f*; '**~-down** *cartes*: étalement *m* de son jeu; *fig.* mise *f* au jour de ses projets *etc.*; *come to a* ~ en venir au fait et au prendre.

show·er ['ʃauə] **1.** averse *f*; ondée *f*; *grêle, neige*: giboulée *f*; *fig.* volée *f*, pluie *f*; **2.** *v/t.* verser; *fig.* accabler (de, *with*), combler (de, *with*); *v/i.* pleuvoir; '**~-bath** ['~bɑːθ] bain-douche (*pl.* bains-douches) *m*; douche *f*; '**show·er·y** de giboulées; pluvieux (-euse *f*).

show·i·ness ['ʃouinis] prétention *f*; ostentation *f*; '**show·man** montreur *m* de curiosités; forain *m*; F passé maître *m* pour la mise en scène; '**show·man·ship** art *m* de la mise *f* en scène; **shown** [ʃoun] *p.p. de show 1*; '**show·piece** pièce *f ou* objet *m* exemplaire, modèle *m* du genre; '**show-room** salon *m* d'exposition; '**show-win·dow** *surt. Am.* vitrine *f*; étalage *m*; devanture *f*; '**show·y** □ fastueux (-euse *f*); prétentieux (-euse *f*); voyant.

shrank [ʃræŋk] *prét. de shrink.*

shrap·nel ⚔ ['ʃræpnl] shrapnel *m*.

shred [ʃred] **1.** brin *m*; lambeau *m*; petit morceau *m*; *fig.* parcelle *f*, grain *m*; **2.** [*irr.*] déchirer en lambeaux *ou* en morceaux.

shrew [ʃruː] *zo.* (*a.* ~*-mouse*) musaraigne *f*; *personne*: mégère *f*, femme *f* criarde.

shrewd □ [ʃruːd] pénétrant, sagace; fin; *have a* ~ *idea* être porté à croire (que, *that*); '**shrewd·ness** perspicacité *f*; pénétration *f*.

shrew·ish □ ['ʃruːiʃ] acariâtre.

shriek [ʃriːk] **1.** cri *m* perçant; éclat *m* (*de rire*); **2.** pousser un cri aigu.

shriev·al·ty ['ʃriːvəlti] fonctions *f/pl.* de shérif.

shrift [ʃrift]: *give short* ~ expédier vite.

shrill [ʃril] **1.** □ aigu(ë *f*), perçant; **2.** *v/i.* pousser un son aigu; *v/t.* (*a.* ~ *out*) chanter *ou* crier (*qch.*) d'une voix aiguë.

shrimp [ʃrimp] *zo.* crevette *f*; *fig.* petit bout *m* d'homme.

shrine [ʃrain] châsse *f*; reliquaire *m*; tombeau *m* (de saint[e]).

shrink [ʃriŋk] [*irr.*] *v/i.* se contracter; se rétrécir (*tissu*); se rapetisser; (*a.* ~ *back*) reculer (devant qch., *from s.th.*; à *inf.*, *from gér.*); *v/t.* contracter (*un métal*); (faire) rétrécir (*un tissu*); ~ *with age* se tasser; '**shrink·age** rétrécissement *m*; contraction *f* (*a. cin.*); *fig.* diminution *f*.

shriv·el ['ʃrivl] (*a.* ~ *up*) (se) ratatiner; *fig.* (se) dessécher.

shroud[1] [ʃraud] **1.** linceul *m*; *fig.* voile *m*; ⊕ blindage *m*; ⊕ bandage *m*; **2.** ensevelir; *fig.* envelopper.

shroud[2] ⚓ [~] hauban *m*.

Shrove·tide ['ʃrouvtaid] jours *m/pl.* gras; **Shrove Tues·day** mardi *m* gras.

shrub [ʃrʌb] arbrisseau *m*; arbuste *m*; **shrub·ber·y** ['~əri] bosquet *m*; plantation *f* d'arbustes; '**shrub·by** ressemblant à un arbuste.

shrug [ʃrʌg] **1.** hausser (les épaules); **2.** haussement *m* d'épaules.

shrunk [ʃrʌŋk] *p.p. de shrink*; '**shrunk·en** *adj.* contracté; rétréci; ratatiné (*figure etc.*).

shud·der ['ʃʌdə] **1.** frissonner, frémir (de, *with*); **2.** frisson *m*, frémissement *m*.

shuf·fle ['ʃʌfl] **1.** *v/t.* traîner (*les pieds*); brouiller; battre (*les cartes*); ~ *away* faire disparaître (*qch.*); ~ *off* se débarrasser de; rejeter (*qch.*) (sur *upon, on, to*); ôter (*qch.*) à la hâte; *v/i.* traîner les pieds; avancer en traînant les pieds; *fig.* équivoquer, tergiverser; ~ *through* faire un travail tant bien que mal; **2.** pas *m/pl.* traînants; marche *f* traînante; *cartes*: battement *m*; *fig.* équivocation *f*; faux-fuyant *m*; ˈ**shuf·fler** personne *f* qui bat les cartes; *fig.* tergiversateur (-trice *f*) *m*; ˈ**shuf·fling** □ traînant (*pas*); *fig.* équivoque; *fig.* tergiversateur (-trice *f*).

shun [ʃʌn] fuir, éviter.

shunt [ʃʌnt] **1.** 🚂 garage *m*; 🚂 changement *m* de voie; ⚡ shunt *m*; **2.** *v/t.* 🚂 manœuvrer, garer; *fig.* détourner; ⚡ shunter; ~ *with care* défense de tamponner!; *v/i.* 🚂 se garer; *fig.* s'esquiver; ˈ**shunt·er** 🚂 gareur *m*; *sl.* pousseur (-euse *f*) *m*; ˈ**shunt·ing yard** 🚂 chantier *m* de voies de garage et de triage.

shut [ʃʌt] [*irr.*] *v/t.* fermer; ~ *one's eyes to* fermer les yeux sur; se refuser à; ~ *down* fermer (*une usine*); couper (*la vapeur*); arrêter (*le moteur*); ~ *in* enfermer; entourer (de, *by*); se pincer (*le doigt*) dans; ~ *into* enfermer dans; ~ *out* exclure; ~ *up* enfermer; F faire taire (*q.*); ~ *up shop sl.* fermer boutique; *v/i.* (se) fermer; F ~ *up!* taisez-vous!, *sl.* la ferme!; ˈ**~-down** fermeture *f*, chômage *m*; **~ˈout** *sp. Am.* victoire *f* écrasante; ˈ**shut·ter** volet *m*; *phot.* obturateur *m*; *instantaneous* ~ obturateur *m* instantané; *phot.* ~ *speed* vitesse *f* d'obturation.

shut·tle [ˈʃʌtl] **1.** *tex.*, *a.* 🚂 navette *f*; ~ *service* (service *m* de) navette *f*; ~ *train* train *m* qui fait la navette; **2.** faire la navette; ˈ**~·cock** volant *m*.

shy[1] [ʃai] **1.** □ timide; farouche (*animal*); ombrageux (-euse *f*) (*cheval*); *be* (F *fight*) ~ *of* (*gér.*) hésiter à (*inf.*); *sl. I'm* ~ *ten pounds* il me manque dix livres; je suis en perte de dix livres; **2.** prendre ombrage (de, *at*) (*a. fig.*); faire un écart.

shy[2] F [~] **1.** lancer (une pierre); **2.** jet *m*; tentative *f* (pour faire qch., *at s.th.*); *have a* ~ *at* s'essayer à.

shy·ness [ˈʃainis] timidité *f*.

shy·ster *sl.*, *surt. Am.* [ˈʃaistə] homme *m* d'affaires véreux; avocassier *m*.

Si·a·mese [saiəˈmiːz] **1.** siamois; **2.** *ling.* siamois *m*; Siamois(e *f*) *m*.

Si·be·ri·an [saiˈbiəriən] **1.** sibérien(ne *f*), de Sibérie; **2.** Sibérien(ne *f*) *m*.

sib·i·lant [ˈsibilənt] **1.** □ sifflant; ⚕ sibilant; **2.** *gramm.* sifflante *f*.

sib·ling [ˈsibliŋ] frère *m*; sœur *f*.

sib·yl·line [siˈbilain] sybillin.

Si·cil·ian [siˈsiljən] **1.** sicilien(ne *f*); **2.** Sicilien(ne *f*) *m*.

sick [sik] malade (de *of*, *with*); *fig.* las(se *f*), dégoûté (de, *of*); malsain; macabre; *be* ~ vomir; *fig. be* ~ (*and tired*) *of* (en) avoir assez de, F en avoir marre de; *feel* ~ avoir mal au cœur; *go* ~ se faire porter malade; ˈ**~-bed** lit *m* de malade; ˈ**~-cer·tif·i·cate** attestation *f* de médecin; ˈ**sick·en** *v/i.* tomber malade; languir (*plante*); *fig.* se lasser (de qch., *of s.th.*); ~ *at* être écœuré à la vue de *ou* de voir; *v/t.* rendre malade; dégoûter; ˈ**sick-fund** caisse *f* de maladie; ˈ**~-in·sur·ance** assurance-maladie *f*.

sick·le [ˈsikl] faucille *f*.

sick-leave [ˈsikliːv] congé *m* de maladie; ˈ**sick·li·ness** mauvaise santé *f*, état *m* maladif; pâleur *f*; *odeur etc.*: caractère *m* écœurant; *climat*: insalubrité *f*; ˈ**sick·ly** maladif (-ive *f*); étiolé (*plante*); pâle; fade; écœurant (*odeur etc.*); malsain, insalubre (*climat*); ˈ**sick·ness** maladie *f*; mal *m*; nausées *f/pl.*; *Brit.* ~ *benefit* prestations *f/pl.* d'assurance maladie; ~ **pay** indemnité *f* de maladie.

side [said] **1.** *usu.* côté *m*; flanc *m*; pente *f*; bord *m*; *sp.* camp *m*, équipe *f*; *pol. etc.* parti *m*; ~ *by* ~ côte à côte, ⚓ bord à bord; *fig.* en plus (de, *with*); ~ *by* ~ *with* à côté de; *at* (*ou by*) *s.o.'s* ~ à côté de q.; *Am on the* ~ par-dessus le marché; **2.** latéral (-aux *m/pl.*), de côté; secondaire; ~ *effect* effet *m* secondaire; ~ *street* rue *f* transversale; **3.** prendre parti (pour, *with*); se ranger du côté (de, *with*); ˈ**~·arms** *pl.* ⚔ armes *f/pl.* blanches; ˈ**~·board** buffet *m*; *Brit.* ~*s pl.* = ˈ**~·burns** *pl. Am.* favoris *m/pl.*, pattes *f/pl.*; ˈ**~-car** *mot.* side-car *m*; ˈ**sid·ed**: *four-*~ à quatre faces.

side...: ˈ**~-face** profil *m*; *attr.* de profil; ˈ**~·kick** *surt. Am.* F copain *m*, copine *f*; sous-fifre *m*; ˈ**~-light** fenêtre *f* latérale; *mot.* feu *m* de côté; *fig.* aperçu *m* indirect; ˈ**~-line** 🚂 voie *f* secondaire; *fig.* occupation *f* secondaire; ˈ**~·long 1.** *adv.* de côté; obliquement; **2.** *adj.* de côté, en coulisse (*a. fig.*); ˈ**~-path** sentier *m* de côté; chemin *m* de traverse.

si·de·re·al *astr.* [saiˈdiəriəl] sidéral (-aux *m/pl.*).

side...: ˈ**~-sad·dle** selle *f* de dame; ˈ**~-slip** ✈ glisser sur l'aile; *mot.*, *a.*

cycl. déraper; '~-**split·ting** homérique (*rire*), F désopilant; '~-**step** 1. pas *m* de côté; 2. *v/i.* faire un pas de côté; *v/t. fig.* éviter; '~-**stroke** nage *f* sur le côté; '~-**track** 1. 🚂 voie *f* secondaire *ou* de service; 2. garer (*un train*); aiguiller (*un train*) sur une voie de service; *souv. Am. fig.* détourner; '~-**walk** *surt. Am.* trottoir *m*; **side·ward** ['~wəd] 1. *adj.* latéral (-aux *m/pl.*), de côté; 2. *adv.* (*a.* **side·wards** ['~z], '**side·ways** ['~weiz], '**side·wise**) de côté.

sid·ing 🚂 ['saidiŋ] voie *f* de garage *ou* de service; embranchement *m.*

si·dle ['saidl] s'avancer *etc.* de guingois *ou* de côté.

siege [si:dʒ] siège *m*; *lay* ~ *to* assiéger.

sieve [siv] crible *m*; tamis *m.*

sift [sift] *v/t.* passer au crible *ou* au tamis; *fig.* examiner en détail; ~ *out fig.* démêler; *v/i. fig.* filtrer; '**sift·er** cribleur (-euse *f*) *m*; tamiseur (-euse *f*) *m*; crible *m*; tamis *m.*

sigh [sai] 1. soupir *m*; 2. soupirer (pour, *for*; après, *after*).

sight [sait] 1. vue *f*; *fig.* spectacle *m*; portée *f* de la vue; visée *f*; bouton *m* de mire, guidon *m* (*d'une arme à feu*); ⚜ vue *f*; F beaucoup; *a* ~ *of* énormément de; *a* ~ *too big* de beaucoup trop grand; ~*s pl.* monuments *m/pl.*, curiosités *f/pl.* (*d'une ville*); beautés *f/pl.* naturelles; *second* ~ seconde vue *f*; voyance *f*; *at* (*ou on*) ~ à vue (*a.* ⚜, *a.* ♪); du premier coup; *by* ~ de vue; *catch* ~ *of* apercevoir, entrevoir; *lose* ~ *of* perdre de vue; *out of* ~ caché aux regards, hors de vue; *take* ~ viser; *within* ~ en vue, à portée de la vue; 2. *v/t.* apercevoir; viser; pointer (*une arme à feu*); ⚜ voir (*un effet*); *v/i.* viser; '**sight·ed** à la vue; qui voit; '**sight·ing-line** ligne *f* de visée; '**sight·less** aveugle; '**sight·li·ness** beauté *f*, grâce *f*, charme *m*; '**sight·ly** charmant, avenant.

sight...: '~-'**read** [*irr.* (*read*)] ♪ jouer *ou* chanter à première vue; '~-**see·ing** visite *f* (de la ville); tourisme *m*; '~-**se·er** excursionniste *mf*; curieux (-euse *f*) *m*; '~-**sing·ing** ♪ chant *m* à vue.

sign [sain] 1. signe *m*; réclame *f*; *auberge etc.*: enseigne *f*; *fig.* trace *f*; indice *m*; ~ *manual* signature *f*; seing *m*; *in* (*ou as a*) ~ *of* en signe de; 2. *v/i.* signer; faire signe; *v/t.* signer; ~ *on v/t.* embaucher, engager; *v/i.* s'embaucher.

sig·nal ['signl] 1. signal *m*; signe *m*; ⚔ *Brit.* ~*s pl.* sapeurs-télégraphistes *m/pl.*; *téléph. busy* ~ signal *m* de ligne occupée; 2. □ insigne; remarquable; 3. *vt/i.* signaler; *v/t.* donner un signal à; '~-**box** 🚂 cabine *f* à signaux *ou* d'aiguillage; **sig·nal·ize** ['~nəlaiz] signaler, marquer; *see signal 3*; '**sig·nal·man** signaleur *m.*

sig·na·to·ry ['signətəri] signataire (*a. su./mf*); ~ *powers pl. to an agreement* pays *m/pl. ou* puissances *f/pl.* signataires d'une convention *ou* d'un accord.

sig·na·ture ['signitʃə] ⚜, *typ.* signature *f*; *admin.* visa *m*; ♪ armature *f*, armure *f*; ~ *tune radio*: indicatif *m* musical.

sign·board ['sainbɔ:d] *boutique etc.*: enseigne *f*; écriteau *m* indicateur; '**sign·er** signataire *mf.*

sig·net ['signit] sceau *m*, cachet *m*; '~-**ring** chevalière *f*; † anneau *m* à cachet.

sig·nif·i·cance, **sig·nif·i·can·cy** [sig'nifikəns(i)] signification *f*; importance *f*; **sig'nif·i·cant** □ significatif (-ive *f*); ~ *of* qui accuse *ou* trahit; **sig·ni·fi'ca·tion** signification *f*, sens *m*; **sig'nif·i·ca·tive** [~kətiv] significatif (-ive *f*) (de, *of*).

sig·ni·fy ['signifai] *v/t.* signifier; être (le) signe de; faire connaître; vouloir dire; *v/i.* importer; *it does not* ~ cela ne fait rien.

sign...: '~-**paint·er** peintre *m* d'enseignes; '~-**post** poteau *m* indicateur.

si·lence ['sailəns] 1. silence *m*; ~! silence!, taisez-vous!; 2. faire taire; réduire au silence; '**si·lenc·er** ⊕ amortisseur *m* de son; *mot.* pot *m* d'échappement.

si·lent □ ['sailənt] silencieux (-euse *f*); muet(te *f*) (*a. lettre*); *fig.* taciturne; ~ *film* film *m* muet; *surt. Am.* ⚜ ~ *partner* commanditaire *m.*

sil·hou·ette [silu:'et] 1. silhouette *f*; 2.: *be* ~*d against* se silhouetter contre.

sil·i·cate ⚗ ['silikit] silicate *m*; **sil·i·cat·ed** ['~keitid] silicat(is)é; **si·li·ceous** [si'liʃəs] siliceux (-euse *f*); boueux (-euse *f*) (*sources*).

silk [silk] **1.** soie *f*; *p.ext.* fil *m* de soie, rayonne *f*; ⚖ conseiller *m* du roi; **2.** de soie; en soie; à soie; ˈ**silk·en** de *ou* en soie; soyeux (-euse *f*); *fig.* mielleux (-euse *f*); *see silky*; ˈ**silk·i·ness** nature *f* soyeuse; *fig. voix*: moelleux *m*; ˈ**silk-**ˈ**stock·ing** *Am.* distingué; ˈ**silk·worm** ver *m* à soie; ˈ**silk·y** □ soyeux (-euse *f*); *fig. péj.* mielleux (-euse *f*).
sill [sil] seuil *m*; rebord *m* (de fenêtre).
sil·li·ness [ˈsilinis] sottise *f*.
sil·ly □ [ˈsili] sot(te *f*), niais; stupide; *journ.* ~ *season* l'époque *f* où la politique chôme.
si·lo [ˈsailou] silo *m*.
silt [silt] **1.** vase *f*, limon *m*; **2.** (*usu.* ~ *up*) *v/t.* envaser, ensabler; *v/i.* s'ensabler.
sil·ver [ˈsilvə] **1.** argent *m*; argenterie *f*; pièce *f ou* pièces *f/pl.* d'argent; **2.** d'argent, en argent; *fig.* argenté; **3.** (*ou* ⊕ ~-*plate*) argenter (*a. fig.*); étamer (*un miroir*); ˈ**sil·ver·y** argenté (*a. zo., a.* ⚘); d'argent; argentin (*ton, rire, voix*).
sim·i·lar □ [ˈsimilə] pareil(le *f*), semblable; Ⱥ *qqfois* similaire; **sim·i·lar·i·ty** [~ˈlæriti] ressemblance *f*; similitude *f* (*a.* Ⱥ).
sim·i·le [ˈsimili] comparaison *f*, image *f*.
si·mil·i·tude [siˈmilitju:d] similitude *f*, ressemblance *f*; allégorie *f*.
sim·mer [ˈsimə] *v/i.* frémir; mijoter (*a. fig.*); *fig.* fermenter, être près d'éclater; *v/t.* faire mijoter.
Si·mon [ˈsaimən] Simon *m*; F *the real* ~ *Pure* l'objet *m* authentique; la véritable personne *f*; F *simple* ~ nicodème *m*.
si·moom [siˈmu:m] simoun *m*.
sim·per [ˈsimpə] **1.** sourire *m* minaudier; **2.** minauder; faire des grimaces.
sim·ple □ [ˈsimpl] simple; naïf (-ïve *f*); crédule; ˈ**~-**ˈ**heart·ed**, ˈ**~-mind·ed** simple, naïf (-ïve *f*), ingénu; **sim·ple·ton** [ˈ~tən] nigaud(e *f*) *m*.
sim·plic·i·ty [simˈplisiti] candeur *f*; naïveté *f*; simplicité *f*; **sim·pli·fi·ca·tion** [~fiˈkeiʃn] simplification *f*; **sim·pli·fy** [ˈ~fai] simplifier.
sim·ply [ˈsimpli] *adv.* simplement *etc.*; *see simple*; absolument; uniquement.
sim·u·late [ˈsimjuleit] simuler, feindre; se faire passer pour; **sim·u·ˈla·tion** simulation *f*, feinte *f*.
si·mul·ta·ne·i·ty [siməltəˈniəti] simultanéité *f*.
si·mul·ta·ne·ous □ [siməlˈteinjəs] simultané; qui arrive en même temps (que, *with*); **si·mulˈta·ne·ous·ness** simultanéité *f*.
sin [sin] **1.** péché *m*; **2.** pécher; *fig.* ~ *against* blesser (*qch.*).
since [sins] **1.** *prp.* depuis; **2.** *adv.* depuis; *long* ~ depuis *ou* il y a longtemps; *how long* ~? il y a combien de cela?; *a short time* ~ il y a peu de temps; **3.** *cj.* depuis que; puisque; que.
sin·cere □ [sinˈsiə] sincère; franc(he *f*); *yours* ~*ly* votre tout(e) dévoué(e *f*); cordialement à vous; **sin·cer·i·ty** [~ˈseriti] sincérité *f*, bonne foi *f*.
sine Ⱥ [sain] sinus *m*.
si·ne·cure [ˈsainikjuə] sinécure *f*.
sin·ew [ˈsinju:] tendon *m*; *cuis.* croquant *m*; *fig. usu.* ~*s pl.* nerf *m*, force *f*; ˈ**sin·ew·y** musclé, nerveux (-euse *f*); *cuis.* tendineux (-euse *f*).
sin·ful □ [ˈsinful] pécheur (-eresse *f*); coupable; F scandaleux (-euse *f*); ˈ**sin·ful·ness** culpabilité *f*; péché *m*.
sing [siŋ] [*irr.*] *v/t.* chanter (*fig.* = *raconter, célébrer*); célébrer; *v/i.* chanter (*bouilloire*); siffler (*vent etc.*); tinter, bourdonner (*oreilles*); *Am. sl.* se mettre à table, moucharder; F ~ *out* crier; F ~ *small* déchanter; se dégonfler, filer doux; ~ *another song* (*ou tune*) chanter une autre chanson; F changer de ton.
singe [sindʒ] brûler légèrement; roussir (*le drap*); *coiffeur*: brûler (*la pointe des cheveux*).
sing·er [ˈsiŋə] chanteur (-euse *f*) *m*; *eccl., a. poét.* chantre *m*; cantatrice *f* (*de profession*).
sing·ing [ˈsiŋiŋ] chant *m*; ~-*bird* oiseau *m* chanteur.
sin·gle [ˈsiŋgl] **1.** □ seul; simple; unique; individuel(le *f*); célibataire, pas marié; ☤ ~ *bill* billet *m* à ordre; ~ *combat* combat *m* singulier; *bookkeeping by* ~ *entry* comptabilité *f* en partie simple; *in* ~ *file* en file indienne; **2.** 🚂 aller *m* (simple); *théâ. etc.* place *f* séparée *ou* isolée; ♪ *disque*: 45 tours *m/inv.*; (*a.* ~ *game*) *tennis*: (partie *f*) simple *m*; **3.**

(*usu.* ~ *out*) choisir; distinguer; ˈ~-ˈ**breast·ed** droit (*veston etc.*); ˈ~-ˈ**en·gin·ed** ✈ à un moteur; ˈ~-ˈ**hand·ed** sans aide, seul; ˈ~-ˈ**heart·ed** □, ˈ~-ˈ**mind·ed** □ sincère, loyal (-aux *m/pl.*), honnête; ˈ~-ˈ**line** à voie unique; ˈ**sin·gle·ness** sincérité *f*, honnêteté *f*; célibat *m*; unicité *f*; ˈ**sin·gle-seat·er** ✈, *mot.* monoplace *m*; ˈ**sin·gle·stick** canne *f*; **sin·glet** † [ˈ~it] gilet *m* de corps; *sp.* maillot *m* fin; **sin·gle·ton** [ˈ~tən] *cartes*: singleton *m*; ˈ**sin·gle-**ˈ**track** à une voie, à voie unique.

sing·song [ˈsiŋsɔŋ] chant *m* monotone; *fig.* concert *m* improvisé.

sin·gu·lar [ˈsiŋgjulə] **1.** □ seul; singulier (-ère *f*) (*a. gramm.*); remarquable, rare; bizarre; **2.** *gramm.* (*a.* ~ *number*) singulier *m*; **sin·gu·lar·i·ty** [~ˈlæriti] singularité *f*.

Sin·ha·lese [sinhəˈliːz] **1.** cingalais; **2.** *ling.* cingalais *m*; Cingalais(e *f*)*m*.

sin·is·ter □ [ˈsinistə] sinistre; menaçant; ⊘ sénestre.

sink [siŋk] **1.** [*irr.*] *v/i.* ⚓ sombrer, couler; descendre; s'enfoncer (dans, *into*); tomber (dans, *into*); se tasser (*édifice*); se renverser (*dans un fauteuil*); succomber, se plier (sous *beneath, under*); baisser; se serrer (*cœur*); *v/t.* enfoncer; baisser; ⚓ couler, faire sombrer; ⚒ mouiller; creuser, foncer (*un puits*); amortir (*une dette*); placer (*de l'argent*); renoncer provisoirement à (*un nom*); supprimer (*une objection*); **2.** évier *m* (*de cuisine*); †, *a. fig.* cloaque *m*; ˈ**sink·er** ⚒ fonceur *m* de puits, puisatier *m*; *ligne de pêche*: plomb *m*; ˈ**sink·ing** foncement *m*; ⚓ naufrage *m*, torpillage *m*; tassement *m*; *fig.* défaillance *f*; ⚕ affaiblissement *m*; ~ *fund* caisse *f* d'amortissement.

sin·less [ˈsinlis] sans péché, pur.

sin·ner [ˈsinə] pécheur (-eresse *f*) *m*.

Sinn Fein [ˈʃinˈfein] (= *nous-mêmes*) *mouvement nationaliste irlandais*.

Sino... [sino] sino...

sin·u·os·i·ty [sinjuˈɔsiti] sinuosité *f*; *route*: lacet *m*; ˈ**sin·u·ous** □ sinueux (-euse *f*), tortueux (-euse *f*), onduleux (-euse *f*); agile (*personne*).

si·nus *anat.* [ˈsainəs] sinus *m*; **si·nus·i·tis** ⚕ [~ˈsaitis] sinusite *f*.

sip [sip] **1.** petite gorgée *f*, F goutte *f*; **2.** boire à petits coups, siroter.

si·phon [ˈsaifən] **1.** siphon *m* (à eau de seltz); **2.** *v/t.* siphonner; *v/i.* se transvaser.

sir [səː] monsieur (*pl.* messieurs) *m*; ♀ *titre de chevalerie, suivi du prénom*: Sir.

sire [ˈsaiə] **1.** *poét.* père *m*; *titre donné à un souverain*: sire *m*; *zo.* père *m*, *souv.* étalon *m*; **2.** *zo.* engendrer.

si·ren [ˈsaiərin] sirène *f* (*a.* = *trompe d'alarme*).

sir·loin [ˈsəːlɔin] aloyau *m*.

sis·kin *orn.* [ˈsiskin] tarin *m*.

sis·sy *Am.* [ˈsisi] mollasson *m*.

sis·ter [ˈsistə] sœur *f* (*a. eccl.*); *eccl.* religieuse *f*; (*a. ward-*~) infirmière *f* en chef; ~ *of charity* (*ou mercy*) sœur *f* de Charité; **sis·ter·hood** [ˈ~hud] communauté *f* religieuse; ˈ**sis·ter-in-law** belle-sœur (*pl.* belles-sœurs) *f*; ˈ**sis·ter·ly** de sœur.

sit [sit] [*irr.*] *v/i.* s'asseoir; être assis; siéger (*assemblée*); couver (*poule*); se présenter (à, *for*); poser (pour, *for*); ~ *down* s'asseoir; *fig.* ~ (*up*)*on s.o.* remettre q. à sa place; *sl.* moucher q.; ~ *up* veiller tard, se coucher tard; se redresser (*sur sa chaise*); F *make s.o.* ~ *up* étonner q.; *v/t.* asseoir; ~ *a horse well* se tenir bien à cheval; ~ *s.th. out* rester jusqu'à la fin de qch.; ~ *s.o. out* rester jusqu'après le départ de q.; ˈ~-**down strike** grève *f* sur le tas.

site [sait] **1.** emplacement *m*; site *m*; terrain *m* à bâtir; **2.** situer, placer.

sit·ter [ˈsitə] personne *f* assise; personne *f* qui pose; *poule*: couveuse *f*; *Am. see baby-sitter*; *sl.* affaire *f* sûre.

sit·ting [ˈsitiŋ] séance *f*; ⚖ session *f*; ˈ~-**room** petit salon *m*.

sit·u·at·ed [ˈsitjueitid] situé; *thus* ~ dans cette situation; ainsi situé;

sit·uˈ**a·tion** situation *f*, position *f*; emploi *m*, place *f*.

six [siks] six (*a. su./m*); *be at* ~*es and sevens* être sens dessus dessous; manquer d'ensemble; *two and* ~ deux shillings *m/pl.* et six pence *m/pl.*; ˈ~**fold** **1.** *adj.* sextuple; **2.** *adv.* six fois autant; **six·teen** [ˈ~ˈtiːn] seize (*a. su./m*); ˈ**six**ˈ**teenth** [~θ] seizième (*a. su./m*); **sixth** [~θ] sixième (*a. su./m*); ˈ**sixth·ly** sixièmement; **six·ti·eth** [ˈ~tiiθ] soixantième (*a.* *su.*/*m*); ˈ**six·ty** soixante (*a.* *su.*/*m*).

size[1] [saiz] **1.** grandeur *f*; grosseur *f*; *personne*: taille *f*; *papier etc.*: format *m*; *souliers etc.*: pointure *f*; *chemise*: encolure *f*; numéro *m*; **2.** classer par grosseur *etc.*; ~ *s.o. up* juger q., prendre la mesure de q.; *large-~d* de grande taille.

size[2] [~] **1.** colle *f*; *tex.* empois *m*; **2.** apprêter, (en)coller; *tex.* parer.

siz(e)·a·ble □ [ˈsaizəbl] assez grand; d'une belle taille.

siz·zle [ˈsizl] grésillement *m*; *radio*: friture *f*.

skate[1] [skeit] *icht.* raie *f*.

skate[2] [~] **1.** patin *m*; (*ou roller-~*) patin *m* à roulettes; **2.** patiner (*a.* sur roulettes); ˈ**skat·er** patineur (-euse *f*) *m*; ˈ**skat·ing-rink** skating *m*; patinoire *f*.

ske·dad·dle F [skiˈdædl] se sauver; décamper, filer.

skee·sicks *Am.* F [ˈskiːziks] vaurien *m*.

skein [skein] *laine etc.*: écheveau *m*.

skel·e·ton [ˈskelitn] **1.** squelette *m*, *homme, bâtiment, etc.*: ossature *f*; charpente *f*; carcasse *f* (*a. d'un parapluie*); *roman etc.*: esquisse *f*; ⚔ personnel *m* réduit; ⚔ cadre *m*; *fig.* ~ *in the cupboard* (*Am. closet*) secret *m* honteux (de la famille); **2.** réduit; esquisse *f* de; ⊕ à clairevoie, à jour; ⚔ -cadre; ~ *crew* équipage *m ou* personnel *m* réduit; ~ *key* passe-partout *m*/*inv.*; *sl.* rossignol *m* (*de cambrioleur*); ~ *map* carte *f* muette.

skep·tic *Am.* [ˈskeptik] *see sceptic*.

sketch [sketʃ] **1.** esquisse *f*, croquis *m*; *théâ.* sketch *m*, saynète *f*; *fig.* aperçu *m*, plan *m*; **2.** esquisser; faire un *ou* des croquis de; ˈ**sketch·y** □ imprécis; rudimentaire.

skew [skjuː] (de) biais.

skew·er [ˈskuə] **1.** brochette *f*; **2.** brocheter.

ski [ʃiː] **1.** *pl.* **ski(s)** ski *m*; *attr.* de ski; à ski; ~ *platform* plate-forme (*pl.* plates-formes) *f*; tremplin *m*; ~ *run* piste *f* de ski; **2.** faire du ski.

skid [skid] **1.** sabot *m ou* patin *m* d'enrayage; ✈ patin *m*; *mot.* dérapage *m*, embardée *f*; *mot.* ~ *mark* trace *f* de dérapage; **2.** *v*/*t.* ensaboter, enrayer; mettre sur traîneau; *v*/*i.* déraper, glisser; *mot.* faire une embardée; ✈ glisser sur l'aile; ~ **row** *Am.* quartier *m* de(s) clochards; *be on* ~ être clochard.

ski·er [ˈʃiːə] skieur (-euse *f*) *m*.

skiff ⚓ [skif] esquif *m*; youyou *m* (*de bateau de commerce*); *canotage*: skiff *m*.

ski·ing [ˈʃiːiŋ] ski *m*; ˈ**ski-jump** tremplin *m* de ski; (*a.* ˈ**ski·jump·ing**) saut *m* à skis; ˈ**ski-lift** (re)monte-pente *m*.

skil(l)·ful □ [ˈskilful] adroit, habile; ˈ**skil(l)·ful·ness, skill** [skil] adresse *f*, habileté *f*.

skilled [skild] habile; spécialisé (*ouvrier etc.*); expérimenté (en *at, in*).

skim [skim] **1.** *v*/*t.* (*souv.* ~ *off*) écumer; dégraisser (*la soupe*); écrémer (*le lait*); *fig.* effleurer (*la surface*); ~ *through* feuilleter, parcourir rapidement; *v*/*i.* glisser (sur, *over*); **2.**: ~ *milk* lait *m* écrémé; ˈ**skim·mer** écumoire *f*; écrémoir *m*.

skimp [skimp] ménager outre mesure; mesurer (qch. à q., *s.o. in s.th.*); lésiner sur tout; F bâcler (*un ouvrage*); ˈ**skimp·y** □ maigre, insuffisant; chiche, parcimonieux (-euse *f*) (*personne*).

skin [skin] **1.** peau *f* (*a. d'un animal, d'orange*); cuir *m*; pelure *f* (*de banane*); *café, lait, raisin*: pellicule *f*; *saucisson*: robe *f*; outre *f* (*à vin*); ⚓ *navire*: coque *f*, *voile*: chemise *f*; ⊕ *fonte*: croûte *f*; *by* (*ou with*) *the* ~ *of one's teeth* tout juste; à peine; *Am.* F *have got s.o. under one's* ~ ne pouvoir oublier *ou* se débarrasser de q.; **2.** *v*/*t.* écorcher; peler, éplucher (*un fruit*); *sl.* tondre (*q.*), dépouiller (*q.*) (*au jeu*); *keep one's eyes ~ned* avoir l'œil américain; F ~ *off* enlever (*les bas etc.*); *v*/*i.* (*a.* ~ *over*) se recouvrir de peau; ˈ~-ˈ**deep** à fleur de peau, peu profond; ˈ~-ˈ**dive** faire de la plongée sous-marine; ˈ~-**div·ing** plongée *f* sous-marine; ˈ~**·flick** *surt. Am. sl.* film *m* porno; ˈ~**-flint** grippe-sou (*pl.* grippe-sou[s]) *m*; ˈ~-**graft·ing** ⚕ greffe *f* épidermique; ˈ**skin·ner** écorcheur *m*; pelletier *m*; ˈ**skin·ny** décharné, maigre; efflanqué (*cheval*); F chiche, avare.

skint *Brit. sl.* [skint] fauché, sans le rond.

skin·tight [ˈskintait] collant.

skip [skip] **1.** saut *m*; gambade *f*; ⚒ benne *f*; **2.** *v*/*i.* sauter, gambader;

v/t. (*a.* ~ over) sauter (*qch.*); ˈ**~-jack** poussah *m*; *zo.* scarabée *m* à ressort.
skip·per[1] [ˈskipə] sauteur (-euse *f*) *m*.
skip·per[2] [~] patron *m*, capitaine *m*; *sp.* chef *m* d'équipe.
skip·ping-rope [ˈskipiŋroup] corde *f* à sauter.
skir·mish ⚔ [ˈskəːmiʃ] **1.** escarmouche *f*; **2.** escarmoucher; tirailler (contre, *with*); ˈ**skir·mish·er** tirailleur *m*.
skirt [skəːt] **1.** *cost.* jupe *f*; *pardessus etc.*: pans *m/pl.*; *souv.* ~s *pl.* bord *m*; *forêt*: lisière *f*; **2.** *v/t.* border; *vt/i.* (*a.* ~ *along*) longer, contourner, côtoyer; ˈ**skirt·ing-board** ⊕ plinthe *f*; bas *m* de lambris.
skit[1] F [skit] *usu.* ~s *pl.* tas *m/pl.*
skit[2] [~] pièce *f* satirique; satire *f* (de, *on*); ˈ**skit·tish** □ ombrageux (-euse *f*) (*cheval*); volage, capricieux (-euse *f*) (*personne*).
skit·tle [ˈskitl] quille *f*; *play* (*at*) ~s jouer aux quilles; ˈ**~-al·ley** jeu *m* de quilles.
skive *Brit. sl.* [skaiv] tirer au flanc; **skiv·er** tire-au-flanc *mf/inv.*
skiv·vy F *péj.* [ˈskivi] bonniche *f* (= *bonne à tout faire*).
skul·dug·ger·y *Am.* F [skʌlˈdʌgəri] fourberie *f*, ruse *f*.
skulk [skʌlk] se tenir caché; se cacher; rôder furtivement; ˈ**skulk·er** carotteur (-euse *f*) *m*.
skull [skʌl] crâne *m*.
skunk [skʌŋk] *zo.* mouffette *f*; *fourrure*: skunks *m*; F mufle *m*; ladre *m*.
sky [skai] *souv. skies pl.* ciel (*pl.* cieux, ciels) *m*; ˈ**~-ˈblue** bleu ciel *adj./inv.* (*a. su./m/inv.*); ˈ**~·div·ing** parachutisme *m* en chute libre; ˈ**~·lark** **1.** *orn.* alouette *f* des champs; **2.** rigoler; ˈ**~·light** jour *m* d'en haut; lucarne *f*; ˈ**~·line** ligne *f* d'horizon; profil *m* (de l'horizon); ~ *advertising* publicité *f* dessinée en silhouette sur le ciel; ˈ**~-rock·et** *Am.* F augmenter rapidement; monter en flèche (*prix*); ˈ**~-scrap·er** gratte-ciel *m/inv.*; **sky·ward**(**s**) [ˈ~wəd(z)] vers le ciel; ˈ**sky-writ·ing** ✈ publicité *f* aérienne.
slab [slæb] *pierre*: dalle *f*; *ardoise*: table *f*; *métal, marbre, etc.*: plaque *f*; *chocolat*: tablette *f*; ⊕ *bois*: dosse *f*.
slack [slæk] **1.** lâche; faible (*a.* ⚚); négligent (*personne*); ⚚ *a.* peu vif (vive *f*); ⚓ ~ *water*, ~ *tide* mer *f* étale; **2.** ⚓ *cable etc.*: mou *m*; ⚚ accalmie *f*; ⊕ jeu *m*; ~s *pl.* pantalon *m*; **3.** *see* ~*en*; *see slake*; F flémarder; ˈ**slack·en** (se) relâcher; (se) ralentir; diminuer (de); *v/t.* détendre; ⊕ donner du jeu à; *v/i.* devenir négligent; prendre du mou (*cordage, câble*); ⚚ s'alanguir; ˈ**slack·er** F paresseux (-euse *f*), F flémard(e *f*) *m*; ⚔ tireur *m* au flanc; ˈ**slack·ness** relâchement *m*; négligence *f*; lenteur *f*; paresse *f*; ⚚ stagnation *f*.
slag [slæg] scories *f/pl.*; ˈ**slag·gy** scoriacé.
slain [slein] *p.p. de slay*.
slake [sleik] étancher (*la soif*); éteindre (*le chaux*).
slam [slæm] **1.** *porte*: claquement *m*; *bridge*: chelem *m*; **2.** *v/t.* (faire) claquer; fermer avec violence; *v/i.* claquer.
slan·der [ˈslɑːndə] **1.** calomnie *f*; **2.** calomnier, diffamer; ˈ**slan·der·er** calomniateur (-trice *f*) *m*; ⚖ diffamateur (-trice *f*) *m*; ˈ**slan·der·ous** □ calomnieux (-euse *f*); ⚖ diffamatoire.
slang [slæŋ] **1.** argot *m*; **2.** F réprimander vivement; injurier; ~*ing match* prise *f* de bec; ˈ**slang·y** □ argotier (-ère *f*); argotique.
slant [slɑːnt] **1.** pente *f*, inclinaison *f*; biais *m*; *Am.* F point *m* de vue; **2.** *v/t.* incliner; *v/i.* (s')incliner, être en pente; être oblique; ˈ**slant·ing** □ *adj.*, ˈ**slant·wise** *adv.* en biais, de biais; oblique(ment *adv.*).
slap [slæp] **1.** coup *m*, tape *f*; claquement *m* (*d'un piston*); ~ *in the face* gifle *f*, soufflet *m*; *fig.* affront *m*; **2.** claquer; gifler; donner une tape à; **3.** pan!; ˈ**~-bang** de but en blanc; ˈ**~-dash** sans soin; à la six-quatre-deux; ˈ**~·jack** *Am.* crêpe *f*; ˈ**~·stick** *théâ.* batte *f* (d'Arlequin); ~ *comedy* pièce *f etc.* burlesque; arlequinades *f/pl.*; ˈ**~-up** F fameux (-euse *f*), de premier ordre.
slash [slæʃ] **1.** balafre *f*; entaille *f*; *cost.* taillade *f*; **2.** *v/t.* balafrer; taillader; cingler (*a. fig.*); F éreinter (*un livre etc.*); *cost.* faire des taillades dans; F réduire (*le prix etc.*); *v/i.* frapper à droite et à gauche; cingler; ˈ**slash·ing** □ cinglant (*a. fig.*); *fig. a.* mordant; *sl.* épatant.

slat [slæt] **1.** *jalousie*: lame(lle) *f*; *lit*: traverse *f*; **2.** battre, frapper sur.
slate [sleit] **1.** ardoise *f*; *surt. Am.* liste *f* provisoire des candidats; **2.** couvrir d'ardoises *ou* en ardoise; F tancer; F éreinter; *be* ~*d for* être un candidat sérieux à (*un poste*); ˈ~-ˈ**pen·cil** crayon *m* d'ardoise; ˈ**slat·er** couvreur *m* (en ardoises).
slat·tern [ˈslætə:n] **1.** souillon *f*; **2.** (*a.* ˈ**slat·tern·ly**) mal soigné (*femme*).
slat·y □ [ˈsleiti] ardoiseux (-euse *f*), schisteux (-euse *f*); ardoisé (*couleur*).
slaugh·ter [ˈslɔ:tə] **1.** *bêtes*: abattage *m*; *gibier*: abattis *m*; *fig.* massacre *m*, carnage *m*; **2.** abattre; massacrer; ˈ**slaugh·ter·er** abatteur *m*; *fig.* tueur *m*; ˈ**slaugh·ter-house** abattoir *m*; ˈ**slaugh·ter·ous** □ *poét.* meurtrier (-ère *f*).
Slav [slɑ:v] **1.** slave; **2.** Slave *mf*.
slave [sleiv] **1.** esclave *mf*; *attr.* d'esclaves, des esclaves; *a. fig.* ~ *driver* négrier *m*; **2.** travailler comme un nègre; peiner.
slav·er[1] [ˈsleivə] négrier *m*; *personne*: marchand *m* d'esclaves.
slav·er[2] [ˈslævə] **1.** bave *f*, salive *f*; **2.** baver (sur, *over*).
slav·er·y [ˈsleivəri] esclavage *m*; *fig.* asservissement *m*.
slav·ey *sl.* [ˈslævi] bonniche *f*.
Slav·ic [ˈslɑ:vik] **1.** slave; **2.** *ling.* slave *m*.
slav·ish □ [ˈsleiviʃ] servile, d'esclave; ˈ**slav·ish·ness** servilité *f*.
slaw *Am.* [slɔ:] salade *f* de choux.
slay *poét.* [slei] [*irr.*] tuer, mettre à mort; assassiner; ˈ**slay·er** meurtrier (-ère *f*) *m*; tueur (-euse *f*) *m*; assassin *m*.
slea·zy [ˈsli:zi] usé; miteux (-euse *f*), minable.
sled [sled] *see sledge*[1].
sledge[1] [sledʒ] **1.** traîneau *m*; **2.** *v/t.* transporter en traîneau; *v/i.* aller en traîneau.
sledge[2] [~] (*a.* ~*-hammer*) marteau *m* de forgeron; masse *f* (*de pierres*).
sleek [sli:k] **1.** □ lisse; luisant; *fig.* doucereux (-euse *f*), mielleux (-euse *f*); **2.** lisser; planer; ˈ**sleek·ness** luisant *m*; *fig.* douceur *f*, onctuosité *f*.
sleep [sli:p] **1.** [*irr.*] *v/i.* dormir (*a. toupie*); coucher; ~ *(up)on* (*ou over*) *it* remettre cela jusqu'au lendemain; consulter son chevet; *v/t.* coucher (*q.*); ~ *the hours away* passer les heures en dormant; ~ *off* faire passer (*une migraine*) en dormant; **2.** sommeil *m*; *go to* ~ s'endormir; *put* (*ou send*) *to* ~ endormir; (faire) piquer (*un animal*); ˈ**sleep·er** dormeur (-euse *f*) *m*; 🚃 wagon-lit (*pl.* wagons-lits) *m*; couchette *f*; *be a light* ~ avoir le sommeil léger; ˈ**sleep·i·ness** assoupissement *m*.
sleep·ing [ˈsli:piŋ]: ♀ *Beauty* Belle *f* au bois dormant; ✝ ~ *partner* commanditaire *m*; ˈ~**-bag** sac *m* de couchage; ˈ~**-car**, ˈ~-ˈ**car·riage** 🚃 wagon-lit (*pl.* wagons-lits) *m*; ˈ~**-draught** narcotique *m*, somnifère *m*; ~ **pill** (comprimé *m*) somnifère *m*; ˈ~-ˈ**sick·ness** maladie *f* du sommeil.
sleep·less □ [ˈsli:plis] sans sommeil; *fig.* inlassable; ˈ**sleep·less·ness** insomnie *f*.
sleep·walk·er [ˈsli:pwɔ:kə] somnambule *mf*.
sleep·y □ [ˈsli:pi] somnolent; *fig.* endormi; blet(te *f*) (*fruit*); *be* ~ avoir sommeil; ~ *sickness* encéphalite *f* léthargique; ˈ~**·head** F *fig.* endormi(e *f*) *m*.
sleet [sli:t] **1.** neige *f* à moitié fondue; **2.**: *it is* ~*ing* la pluie tourne à la neige; ˈ**sleet·y** de pluie et de neige, de grésil.
sleeve [sli:v] **1.** manche *f*; ⊕ fourreau *m*; *attr.* à manches; de manchette; ⊕ de manchon, à manchon; *have something up one's* ~ avoir qch. en réserve, avoir qch. dans son sac; *laugh up* (*ou in*) *one's* ~ rire sous cape; **2.** mettre des manches à; **sleeved** à manches; ˈ**sleeve·less** sans manches; ˈ**sleeve-link** bouton *m* de manchette.
sleigh [slei] **1.** traîneau *m*; **2.** *v/t.* transporter en traîneau; *v/i.* aller en traîneau.
sleight [slait] (*usu.* ~ *of hand*) adresse *f*; prestidigitation *f*.
slen·der □ [ˈslendə] mince, ténu; svelte (*personne*); faible (*espoir*); maigre; modeste, exigu(ë *f*); ˈ**slen·der·ness** minceur *f*; sveltesse *f*; faiblesse *f*; exiguïté *f*.
slept [slept] *prét. et p.p. de sleep 1.*
sleuth [slu:θ] (*a.* ~*-hound*) limier *m*; F détective *m*.
slew[1] [slu:] *prét. de slay*.

slew[2] [~] (*a.* ~ *round*) (faire) pivoter.

slice [slais] **1.** tranche *f*; tartine *f* (*de beurre etc.*); *fig.* part *f*; *cuis.* truelle *f* (*à poisson*); ~ *of luck* coup *m* de veine; **2.** découper en tranches; (*a.* ~ *off*) trancher, couper; *tennis*: choper; *golf*: faire dévier la balle à droite; **ˈslic·er** machine *f* à couper; coupe-jambon *m/inv.*

slick F [slik] **1.** *adj.* (*a. adv.*) habile (-ment *adv.*), adroit(ement *adv.*); **2.** (*a.* ~ *paper*) *Am. sl.* magazine *m* de luxe.

slick·er *Am.* [ˈslikə] F escroc *m* (adroit); imperméable *m*.

slid [slid] *prét. et p.p. de slide 1.*

slide [slaid] **1.** [*irr.*] *v/i.* glisser (dans, *into*), couler; faire des glissades (*personne*); *let things* ~ laisser tout aller à vau-l'eau; *v/t.* faire glisser; **2.** glissade *f*; coulisse *f*; *cheveux*: barrette *f*; *phot.* châssis *m*; ⊕ glissoir *m*; projection *f*; **ˈslid·er** glisseur (-euse *f*) *m*; ⊕ coulisseau *m*; **ˈslide-rule** règle *f* à calcul.

slid·ing [ˈslaidiŋ] **1.** glissement *m*; **2.** glissant, coulant; *mot.* ~ *roof* toit *m* décapotable; ~ *rule* règle *f* à calcul; ~ *scale* échelle *f* mobile; ~ *seat mot.* siège *m* amovible; *canot*: banc *m* à glissières; ~ *table* table *f* à rallonges.

slight [slait] **1.** □ léger (-ère *f*); mince; frêle; svelte; peu important; insignifiant; **2.** affront *m*; manque *m* d'égards (pour, *on*); **3.** manquer d'égards pour; faire un affront à; **ˈslight·ing** □ de mépris; dédaigneux (-euse *f*); **ˈslight·ness** légèreté *f*; minceur *f*; insignifiance *f*.

slim [slim] **1.** □ svelte, mince, élancé; *sl.* mince, léger (-ère *f*); **2.** (s')amincir; *v/i.* suivre un régime amaigrissant; *~ming line* ligne *f* qui amincit.

slime [slaim] limon *m*, vase *f*; *limace*: bave *f*; *liquide*: bitume *m*.

slim·i·ness [ˈslaiminis] état *m* vaseux *ou* boueux; *fig.* obséquiosité *f*.

slim·ness [ˈslimnis] sveltesse *f*.

slim·y □ [ˈslaimi] vaseux (-euse *f*), boueux (-euse *f*); *fig.* obséquieux (-euse *f*).

sling [sliŋ] **1.** fronde *f*; *barriques*: élingue *f*; suspenseur *m* (*de câble*); ⚕ écharpe *f*; **2.** [*irr.*] lancer (avec une fronde); élinguer (*un fardeau*); F ~ *over* jeter sur; ~ *up* hisser.

slink [sliŋk] [*irr.*]: ~ *in* (*out*) entrer (sortir) furtivement; ~ *away a.* s'éclipser.

slip [slip] **1.** [*irr.*] *v/i.* glisser; couler (*nœud*); F aller (vite); (*souv.* ~ *away*) s'esquiver, *fig.* s'écouler; se tromper; *v/t.* glisser, couler; filer (*un câble*); s'échapper de; se dégager de; ~ *in v/t.* introduire; *v/i.* se faufiler, entrer discrètement; ~ *into* se glisser dans; ~ *on* enfiler, passer (*une robe etc.*); ~ *off* enlever, ôter (*une robe etc.*); **2.** glissade *f*; erreur *f*; écart *m* de conduite; faux pas *m*; *oreiller*: taie *f*; *chien*: laisse *f*; *géol.* éboulement *m*; (*a.* ~ *of paper*) feuille *f*, fiche *f*; ✓ bouture *f*; *fig.* rejeton *m*; *cost.* combinaison *f*; fond *m* de robe; ⚓ cale *f*; chantier *m*; *~s pl. sp.* slip *m*; caleçon *m* de bain; *théâ.* coulisses *f/pl.*; F *a* ~ *of a girl* une jeune fille *f* fluette; ~ *of the pen* lapsus *m* calami; ~ *of the tongue* lapsus *m* linguae, faux pas *m*; *give s.o. the* ~ se dérober à q., planter q. là; **ˈ~-knot** nœud *m* coulant; **ˈ~-on** robe *f etc.* à enfiler; **ˈslip·per** pantoufle *f*; ⊕ patin *m*; **ˈslip·per·y** □ glissant; incertain; *fig.* matois; **slip·shod** [ˈ~ʃɔd] en savates; *fig.* négligé, bâclé; **slip·slop** [ˈ~ˈslɔp] bouillons *m/pl.*; lavasse *f*; *fig.* sensiblerie *f*; **slipt** *prét. et p.p. de slip 1*; **ˈslip-up** F gaffe *f*; contretemps *m*; fiasco *m*.

slit [slit] **1.** fente *f*; ajour *m*; *boîte aux lettres*: guichet *m*; incision *f*; **2.** [*irr.*] (se) fendre; *v/t.* éventrer; faire une incision dans.

slith·er F [ˈsliðə] *v/i.* glisser; *v/t.* traîner (*les pieds etc.*).

sliv·er [ˈslivə] **1.** tranche *f*; *bois*: éclat *m*; *tex.* ruban *m*; **2.** *v/t.* couper en tranches; établir les rubans de; *v/i.* éclater.

slob F [slɔb] rustaud *m*, goujat *m*.

slob·ber [ˈslɔbə] **1.** bave *f*; boue *f*; *fig.* sentimentalité *f* excessive; **2.** baver; *fig.* s'attendrir (sur, *over*); **ˈslob·ber·y** baveux (-euse *f*); négligé.

sloe ⚘ [slou] prunelle *f*; *arbre*: prunellier *m*.

slog F [slɔg] **1.** cogner; travailler avec acharnement; **2.** coup *m* violent; corvée *f*, *sl.* boulot *m*.

slo·gan [ˈslougən] *écoss.* cri *m* de

guerre (*a. fig.*); *pol.* mot *m* d'ordre; ⚕ devise *f*; slogan *m*; **slo·gan·eer·ing** *Am.* F [slougəˈniəriŋ] emploi *m* des mots d'ordre *ou* des cris de guerre.

sloop ⚓ [slu:p] sloop *m*; *marine*: aviso *m*.

slop[1] [slɔp] **1.** gâchis *m*; ~*s pl.* lavasse *f*; eaux *f/pl.* ménagères; **2.** (*a.* ~ *over*) *v/t.* répandre; *v/i.* déborder; *fig.* faire de la sensiblerie.

slop[2] [~] blouse *f*; vêtements *m/pl.* de confection; hardes *f/pl.*; ⚓ frusques *f/pl.*

slop-ba·sin [ˈslɔpbeisn] bol *m* à rinçures (de thé).

slope [sloup] **1.** pente *f*, inclinaison *f*; talus *m*; *montagne*: versant *m*; **2.** *v/t.* couper en pente; taluter; ⊕ biseauter; ⚔ ~ *arms!* l'arme sur l'épaule droite!; *v/i.* être en pente; incliner; aller en pente; *sl.* ~ *off* décamper, filer; ˈ**slop·ing** □ en pente, incliné.

slop-pail [ˈslɔppeil] seau *m* de ménage; seau *m* de toilette; ˈ**slop·py** □ fangeux (-euse *f*); encore mouillé; *cost.* mal ajusté, trop large; mou (mol *devant une voyelle ou un h muet*; molle *f*) (*personne*); *fig.* par trop sentimental (-aux *m/pl.*).

slop-shop [ˈslɔpʃɔp] magasin *m* de confections.

slosh F [slɔʃ] flanquer un coup; ˈ**sloshed** F soûl, bourré.

slot [slɔt] *chasse*: erres *f/pl.*; fente *f* (*d'un distributeur*); ⊕ entaille *f*.

sloth [slouθ] paresse *f*; *zo.* paresseux *m*; **sloth·ful** [ˈ~ful] paresseux (-euse *f*); indolent.

slot-ma·chine [ˈslɔtməʃi:n] *chocolat, cigarettes*: distributeur *m* automatique; *jeu de hasard*: appareil *m* à jetons.

slouch [slautʃ] **1.** *v/i.* manquer de tenue; traîner en marchant; (*a.* ~ *about*) rôder; *v/t.* rabattre le bord de (*un chapeau*); ~*ed* rabattu; mollasse (*allure*); aux épaules arrondies (*personne*); **2.** démarche *f ou* allure *f* mollasse; fainéant *m*; ~ *hat* chapeau *m* rabattu.

slough[1] [slau] bourbier *m* (*a. fig.*).

slough[2] [slʌf] **1.** *zo.* dépouille *f*; ⚕ escarre *f*; *plaie*: croûte *f*; **2.** *v/i.* se dépouiller; ⚕ se couvrir d'une escarre; ⚕ se détacher (*croûte*); *v/t.* jeter; *fig.* (*a.* ~ *off*) se dépouiller de.

slough·y [ˈslaui] bourbeux (-euse *f*).

Slo·vak [ˈslouvæk] **1.** *ling.* slovaque *m*; Slovaque *mf*; **2.** (*ou* **Sloˈva·ki·an** [~iən]) slovaque.

slov·en [ˈslʌvn] souillon *f*; bousilleur (-euse *f*) *m*; ˈ**slov·en·li·ness** négligence *f*; ˈ**slov·en·ly** mal soigné, malpropre; négligent; débraillé (*style, tenue*); déhanché (*allure*).

slow [slou] **1.** □ lent (à *of, to*); en retard (*pendule*); lourd (*esprit*); 🚂 omnibus; petit (*vitesse*); ennuyeux (-euse *f*) (*spectacle etc.*); *sp.* qui ne rend pas; *mot.* ~ *lane* voie *f* pour véhicules lents; 🚂 ~ *train* train *m* omnibus; *be* ~ *to* (*inf.*) être lent à (*inf.*); *my watch is ten minutes* ~ ma montre retarde de dix minutes; **2.** *adv.* lentement; **3.** (*souv.* ~ *down, up, off*) *v/t.* ralentir; *v/i.* ralentir; diminuer de vitesse; ˈ**~-coach** F lambin(e *f*) *m*; ˈ**~-match** corde *f* à feu; ˈ**-ˈmo·tion pic·ture** film *m* tourné au ralenti; ˈ**slow·ness** lenteur *f*; *montre*: retard *m*; ˈ**slow-worm** *zo.* orvet *m*.

sludge [slʌdʒ] fange *f*; ⊕ boue *f*; ⚒ schlamm *m*.

slue [slu:] (*a.* ~ *round*) (faire) pivoter.

slug[1] [slʌg] lingot *m* (*a. typ.*); *linotype*: ligne-bloc (*pl.* lignes-blocs) *f*.

slug[2] *zo.* [~] limace *f*.

slug[3] *Am.* F [~] **1.** coup *m* (violent); coup *m* (*de whisky etc.*); **2.** cogner, frapper; ~ *it out* se rentrer dedans, se taper dessus.

slug·gard [ˈslʌgəd] paresseux (-euse *f*) *m*; fainéant(e *f*) *m*; ˈ**slug·gish** □ paresseux (-euse *f*).

sluice [slu:s] **1.** écluse *f*; **2.** *v/t.* vanner; (*a.* ~ *out*) laisser échapper; laver à grande eau; *v/i.* ~ *out* couler à flots; ˈ**~-gate** porte *f* d'écluse; vanne *f*; ˈ**~-way** canal *m* à vannes.

slum [slʌm] bas quartier *m*.

slum·ber [ˈslʌmbə] **1.** *a.* ~*s pl.* sommeil *m*; **2.** sommeiller, dormir; **slum·brous** [ˈ~brəs], **slum·ber·ous** [ˈ~bərəs] assoupi, somnolent.

slump [slʌmp] *à la Bourse*: **1.** baisse *f* soudaine; marasme *m*; F crise *f*; **2.** baisser tout à coup; s'effondrer.

slung [slʌŋ] *prét. et p.p. de sling* 2.

slunk [slʌŋk] *prét. et p.p. de slink*.

slur [slə:] **1.** tache *f*; *fig.* affront *m*, insulte *f*; mauvaise articulation *f*; ♪ liaison *f*; **2.** *v/t.* (*a.* ~ *over*) glisser sur; ♪ lier (*deux notes*), couler (*un*

passage); bredouiller; *v/i.* s'estomper.
slush [slʌʃ] neige *f* à demi fondue; fange *f*; F lavasse *f*; F sensiblerie *f*; ˈ**slush·y** détrempé par la neige; boueux (-euse *f*); F fadasse.
slut [slʌt] souillon *f*; F *co.* coquine *f*; ˈ**slut·tish** malpropre.
sly □ [slai] sournois, rusé, matois; *on the* ~ en cachette; ˈ**~·boots** F sournois(e *f*) *m*; espiègle *mf*; ˈ**sly·ness** sournoiserie *f*, finesse *f*; espièglerie *f*.
smack[1] [smæk] **1.** léger goût *m*; soupçon *m* (*a. fig.*); *fig.* grain *m*; **2.**: ~ *of* avoir un goût de; sentir (*qch.*) (*a. fig.*).
smack[2] [~] **1.** *main*: claque *f*; *fouet*: claquement *m*; F gros baiser *m*; F essai *m*; **2.** *v/i.* claquer; *v/t.* faire claquer (*a. un baiser*); frapper, taper (avec, *with*); **3.** *int.* paf!, vlan!
smack[3] ⚓ [~] bateau *m* de pêche.
smack·er *Am. sl.* [ˈsmækə] dollar *m*.
small [smɔːl] **1.** *usu.* petit; de petite taille; faible (*pouls, ressources*); peu important; menu (*bétail, gibier, plomb*); court (*durée etc.*); léger (-ère *f*) (*progrès*); maigre (*récolte*); fluet(te *f*) (*voix*); bas(se *f*) (*carte*); *une* demi-mesure *f* de (*alcool*); *une* demi-tasse *f* de (*café*); *make s.o. feel* ~ humilier q., ravaler q.; ~ *fry le* menu fretin *m*; *les* gosses *m/pl.*; ~ *game* menu gibier *m*; ~ *holder* petit propriétaire *m*; ~ *holding* petite propriété *f*; *in the* ~ *hours pl.* fort avant dans la nuit; *surt. Am.* F *fig.* ~ *potatoes* bien peu de chose, insignifiant; ~ *print les* petits caractères *m/pl.*; *l'*important du bas de la page; ⚕ ~ *wares pl.* mercerie *f*; **2.** partie *f* mince; *charbon*: menu *m*; *jambe*: bas *m*; *anat.* ~ *of the back* creux *m* des reins; ˈ**~-arms** *pl.* armes *f/pl.* portatives; ˈ**small·ish** assez petit; ˈ**small·ness** petitesse *f*; mesquinerie *f*; ˈ**small·pox** ⚕ *pl.* petite vérole *f*; **small talk** banalités *f/pl.*; menus propos *m/pl.*; ˈ**small·time** insignifiant, petit, piètre.
smalt ⊕ [smɔːlt] smalt *m*; émail (*pl.* -aux) *m* de cobalt.
smarm·y F [ˈsmɑːmi] mielleux (-euse *f*), flagorneur (-euse *f*).
smart [smɑːt] **1.** □ vif (vive *f*) (*allure, attaque, etc.*) (à *inf.*, *in gér.*); cuisant (*douleur etc.*); vert (*réprimande*); ⚔ chaud (*affaire*); habile, adroit; intelligent; éveillé, débrouillard; *péj.* malin (-igne *f*); bien entretenu, soigné; chic *inv.* *en genre*, élégant, coquet(te *f*); *Am.* ~ *aleck* finaud *m*; *un* je sais tout *m*; **2.** douleur *f* cuisante; **3.** cuire; souffrir (*personne*); *you shall* ~ *for it* il vous en cuira; ˈ**smart·en** *v/t.* donner du chic à; *v/i.* prendre du chic; se faire beau; ˈ**smart-mon·ey** pension *f* pour blessure; ⚕ forfait *m*; ˈ**smart·ness** finesse *f*; intelligence *f*; élégance *f*, chic *m*; *esprit*: vivacité *f*.
smash [smæʃ] **1.** *v/t.* briser (en morceaux), (*souv.* ~ *up*) casser; *fig.* détruire; écraser (*a. tennis*); ~ *against* (*ou on*) heurter contre; *v/i.* se briser (contre *against, on*); éclater en morceaux; *fig.* échouer; ⚕ F (*a.* ~ *up*) faire faillite; **2.** mise *f* en morceaux; fracas *m*; collision *f*; 🚂 désastre *m*; ⚕ débâcle *f*, faillite *f*; *tennis*: smash *m*; F ~ *hit* succès *m* fou; *all to* ~ en miettes; ˈ**~-and-ˈgrab raid** vol *m* après bris de devanture; ˈ**smash·er** *sl.* coup *m* écrasant; critique *f* mordante; ˈ**smash·ing** écrasant; F formidable; ˈ**smash-up** destruction *f* complète; collision *f*; ⚕ faillite *f*.
smat·ter·er [ˈsmætərə] demi-savant *m*; ˈ**smat·ter·ing** légère connaissance *f*.
smear [smiə] **1.** salir (de, *with*); barbouiller (de, *with*) (*a. une page écrite*); enduire (de graisse, *with grease*); **2.** tache *f*, macule *f*; ⚕ frottis *m* (*de sang*).
smell [smel] **1.** senteur *f*, parfum *m*; (*a. sense of* ~) odorat *m*; **2.** [*irr.*] *v/i.* sentir (*qch.*, *of s.th.*); avoir un parfum; *v/t.* sentir, flairer; (*a.* ~ *at*) sentir (*une fleur*).
smelt[1] [smelt] *prét. et p.p. de smell 2.*
smelt[2] *icht.* [~] éperlan *m*.
smelt[3] [~] fondre; extraire par fusion; ˈ**smelt·er** ⊕ fondeur *m*; métallurgiste *m*; ˈ**smelt·ing-ˈfur·nace** fourneau *m* de fusion *ou* de fonte.
smile [smail] **1.** sourire *m*; **2.** sourire (à *at, on*).
smirch *poét.* [sməːtʃ] tacher; *fig.* souiller.
smirk [sməːk] **1.** minauder, mignarder; **2.** sourire *m* affecté; minauderie *f*.

smite [smait] [*irr.*] *poét. ou co.* frapper; abattre; ~ *upon* frapper sur; *fig.* frapper (*p.ex. l'oreille*).
smith [smiθ] forgeron *m*.
smith·er·eens F ['smiðə'ri:nz] *pl.* miettes *f/pl.*; morceaux *m/pl.*; *smash to* ~ briser en mille morceaux.
smith·y ['smiði] forge *f*.
smit·ten ['smitn] **1.** *p.p. de smite*; **2.** frappé, pris (de, *with*); *fig.* épris, amoureux (-euse *f*) (de, *with*).
smock [smɔk] **1.** orner de smocks (= *fronces*); **2.** (*ou* ~-*frock*) blouse *f*, sarrau *m*.
smog [smɔg] brouillard *m* enfumé.
smoke [smouk] **1.** fumée *f*; F action *f* de fumer; F cigare *m*, cigarette *f*; ~-*consumer* (appareil *m*) fumivore *m*; *have a* ~ fumer; **2.** *v/i.* fumer; *v/t.* fumer (*du jambon, du tabac*); enfumer (*une plante*); noircir de fumée (*le plafond etc.*); ⚔ enfumer; '~-**dried** fumé; '~-**hel·met** casque *m* à fumée; '**smoke·less** □ sans fumée; fumivore (*foyer*); '**smok·er** fumeur (-euse *f*) *m*; *see smoking-compartment*; '**smoke-screen** ⚔ rideau *m* de fumée; brume *f* artificielle; '**smoke·stack** 🚂, *a.* ⚓ cheminée *f*.
smok·ing ['smoukiŋ] **1.** émission *f* de fumée; *jambon*: fumage *m*; *no* ~! défense *f* de fumer; **2.** fumant; '~-**com·part·ment** 🚂 compartiment *m* de fumeurs, F fumeur *m*; '~-**con·cert** concert *m* où il est permis de fumer; '~-**room** fumoir *m*.
smok·y □ ['smouki] fumeux (-euse *f*); plein de fumée; noirci par la fumée.
smol·der *Am.* ['smouldə] *see smoulder*.
smooth [smu:ð] **1.** □ lisse; uni; poli; calme (*mer*); doux (douce *f*); *fig.* doucereux (-euse *f*); *Am.* F chic *inv. en genre*; **2.** (*souv.* ~ *out, down*) lisser; (*a.* ~ *over, away*) aplanir (*le bois*; *fig. une difficulté*); *fig.* calmer; adoucir (*une courbe*); ~ *down* (se) calmer, (s')apaiser; '**smooth·ing** **1.** lissage *m*; aplanissement *m*; **2.** à repasser; '**smooth·ness** égalité *f*; douceur *f* (*fig.* feinte); calme *m*; '**smooth-tongued** mielleux (-euse *f*), enjôleur (-euse *f*).
smote [smout] *pret. de smite*.
smoth·er ['smʌðə] **1.** fumée *f* épaisse; nuage *m* épais de poussière; **2.** (*a.* ~ *up*) étouffer (*a. fig.*); *fig.* couvrir.
smoul·der ['smouldə] brûler lentement; *fig.* couver.
smudge [smʌdʒ] **1.** *v/t.* souiller; barbouiller, maculer; *v/i.* baver (*plume*); s'estomper (*silhouette*); **2.** tache *f*; *encre*: pâté *m*; '**smudg·y** □ taché; barbouillé; estompé (*silhouette*); illisible.
smug [smʌg] suffisant, satisfait de soi-même; glabre (*visage*).
smug·gle ['smʌgl] *v/t.* (faire) passer (*qch.*) en contrebande; *v/i.* faire la contrebande; '**smug·gler** contrebandier *m*; fraudeur *m*; '**smug·gling** contrebande *f*.
smut [smʌt] **1.** noir *m*; flocon *m ou* tache *f* de suie; ⚘ *céréales*: charbon *m*; *coll.* saletés *f/pl.*; **2.** noircir, salir; *v/i.* ⚘ être atteint du charbon.
smutch [smʌtʃ] **1.** tacher; souiller; **2.** tache *f*.
smut·ty □ ['smʌti] noirci; sale; *fig.* malpropre; ⚘ piqué.
snack [snæk] casse-croûte *m/inv.*; F *go* ~*s* partager (qch. avec q., *in s.th. with s.o.*); '~-**bar** bar *m*, casse-croûte *m/inv.*
snaf·fle[1] ['snæfl] (*a.* ~-*bit*) filet *m*.
snaf·fle[2] *Angl. sl.* [~] chiper (= *voler*).
sna·fu *Am. sl.* ⚔ [snæ'fu:] **1.** en désarroi; en pagaille; **2.** pagaille *f*.
snag [snæg] *arbre, dent*: chicot *m*; saillie *f*, protubérance *f*; *fig.* obstacle *m*, F cheveu *m*, pépin *m*; *bas, robe*: accroc *m*; *Am.* chicot *m* submergé; souche *f* au ras d'eau; **snag·ged** ['~id], '**snag·gy** épineux (-euse *f*); semé d'obstacles submergés.
snail *zo.* [sneil] limaçon *m*; escargot *m* (comestible).
snake *zo.* [sneik] serpent *m*; '~-**weed** ⚘ bistorte *f*.
snak·y □ ['sneiki] de serpent; infesté de serpents; *fig.* perfide; *fig.* serpentant (*chemin*).
snap [snæp] **1.** coup *m* de dents *ou* de ciseaux *ou* de froid; coup *m* sec, claquement *m*; *fig.* énergie *f*, entrain *m*; *collier, valise*: fermoir *m*; *gant*: fermoir *m* pression; rupture *f* soudaine; *cartes*: (*sorte de*) *jeu enfantin*; *phot.* instantané *m*; *cuis.* croquet *m* au gingembre; *cold* ~

froid *m* soudain; **2.** *v/i.* happer; tâcher de saisir (q., qch. *at s.o.*, *at s.th.*); claquer (*dents, fouet, etc.*); se casser (avec un bruit sec); *fig.* ~ *at* saisir (*une occasion*); F ~ *at s.o.* parler à q. d'un ton sec; *Am.* F ~ *into* (*ou out of*) *it* secouez-vous!; grouillez-vous!; *v/t.* happer; saisir d'un coup de dents; faire claquer; casser, rompre; *phot.* prendre un instantané de, F prendre; F ~ *one's fingers at* narguer (*q.*); se moquer de; ~ *out* dire d'un ton sec; ~ *up* saisir (*a. fig.*); happer; enlever (vite); **3.** crac!; '**~-drag·on** ⚘ gueule-de-loup (*pl.* gueules-de-loup) *f*; *a. jeu qui consiste à happer des raisins secs dans du cognac flambant*; '**~-fas·ten·er** *gant, robe*: fermoir (pression) *m*; '**snap·per** personne *f* hargneuse; '**snap·pish** ☐ hargneux (-euse *f*); irritable; '**snap·pish-ness** humeur *f* hargneuse; irritabilité *f*; mauvaise humeur *f*; '**snap-py** *see snappish*; F vif (vive *f*); F *make it* ~! dépêchez-vous!, *sl.* grouillez-vous!; '**snap·shot 1.** coup *m* lâché sans viser; *phot.* instantané *m*; **2.** prendre un instantané de.

snare [snɛə] **1.** piège *m*; lacet *m*; **2.** prendre au lacet *ou* au piège (*a. fig.*); attraper; '**snar·er** tendeur *m* de lacets.

snarl [snɑːl] **1.** *v/i.* grogner, gronder; *tex.* vriller; *Am.* s'emmêler; *v/t.* emmêler; **2.** grognement *m*, grondement *m*; *tex.* vrillage *m*; *Am.* enchevêtrement *m*; '**~-up** pagaïe *f*; embouteillage *m* (*de voitures*).

snatch [snætʃ] **1.** mouvement *m* pour saisir; morceau *m*; courte période *f*; *by* ~*es* par boutades; par courts intervalles; **2.** saisir; se saisir de; empoigner; ~ *at* tâcher de saisir; arracher (qch. à q., *s.th. from s.o.*); ~ *up* saisir.

sneak [sniːk] **1.** *v/i.* se glisser furtivement (dans, *in*[*to*]; hors de, *out of*); *école*: moucharder (q., *on s.o.*); *v/t.* F chipper; **2.** pied *m* plat; *école*: mouchard *m*; '**sneak·ers** *pl. Am.* F (chaussures *m/pl.* de) tennis *m/pl.*; '**sneak·ing** ☐ furtif (-ive *f*); servile; dissimulé, inavoué; '**sneak-'thief** chapardeur (-euse *f*) *m*; '**sneak·y** F sournois.

sneer [sniə] **1.** ricanement *m*, rire *m* moqueur; sarcasme *m*; **2.** ricaner; se moquer (de, *at*); dénigrer (qch., *at s.th.*); '**sneer·er** moqueur (-euse *f*) *m*; '**sneer·ing** ☐ ricaneur (-euse *f*); sarcastique.

sneeze [sniːz] **1.** éternuer; **2.** éternuement *m*.

snib [snib] *porte*: loquet *m*; arrêt *m* de sûreté.

snick·er ['snikə] *see snigger*; hennir (*cheval*).

sniff [snif] **1.** *v/i.* renifler (sur, *at*); flairer (qch., [*at*] *s.th.*); *v/t.* renifler; humer; flairer; **2.** reniflement *m*; '**sniff·les** F ['sniflz] *pl.* petit rhume *m*; *have the* ~ être (légèrement) enrhumé; '**sniff·y** F malodorant; dédaigneux (-euse *f*); de mauvaise humeur.

snig·ger ['snigə] rire sous cape (de, *at*); ricaner tout bas.

snip [snip] **1.** coup *m* de ciseaux; petit bout *m*; petite entaille *f*; *sl.* certitude *f*; **2.** couper; détacher (*d'un coup de ciseaux*); poinçonner (*un billet*).

snipe [snaip] **1.** *orn.* bécassine *f*; *coll.* bécassines *f/pl.*; **2.** ⚔ tirailler contre; '**snip·er** ⚔ canardeur *m*.

snip·pets ['snipits] *pl.* bouts *m/pl.*; *livre*: extraits *m/pl.*; '**snip·py** F fragmentaire; hargneux (-euse *f*).

snitch *sl.* [snitʃ]: ~ *on s.o.* dénoncer q.

sniv·el ['snivl] avoir le nez qui coule; *fig.* pleurnicher; '**sniv·el·(l)ing** qui coule; morveux (-euse *f*) (*personne*); *fig.* pleurnicheur (-euse *f*).

snob [snɔb] snob *m*, parvenu(e *f*) *m*, poseur (-euse *f*) *m*; '**snob·ber·y** snobisme *m*, morgue *f*; '**snob·bish** ☐ poseur (-euse *f*); snob *adj./inv.*

snog F [snɔg] se peloter.

snoop *Am. sl.* [snuːp] **1.** *fig.* ~ *on* épier (*q.*); **2.** inquisiteur (-euse *f*) *m*; personne *f* indiscrète *ou* curieuse.

snoot·y *Am.* F ['snuːti] arrogant; suffisant.

snooze F [snuːz] **1.** petit somme *m*; **2.** sommeiller; faire un petit somme.

snore [snɔː] **1.** ronflement *m*; **2.** ronfler.

snort [snɔːt] **1.** reniflement *m* (*a. fig.* de dégoût); ⊕ ronflement *m*; *cheval*: ébrouement *m*; **2.** renifler; s'ébrouer (*cheval*); *v/t.* grogner (*une réponse*).

snot *sl.* [snɔt] morve *f*; '**snot·ty** *sl.* morveux (-euse *f*); *fig.* maussade.

snout [snaut] museau *m*; *porc*: groin *m*.

snow [snou] **1.** neige *f*; *sl.* cocaïne *f*; **2.**

v/i. neiger; *v/t.* saupoudrer (de, *with*); *sl.* en imposer à (*q.*), impressionner (*q.*); *surt. Am.* F *fig. be ~ed under* être accablé (de, *with*); *~ed in* (*ou up*) pris *ou* bloqué par la neige; '**~·ball** **1.** boule *f* de neige; **2.** lancer des boules de neige; *fig.* faire boule de neige; '**~-drift** amas *m* de neige, congère *f*; '**~·drop** ⚘ perce-neige *f/inv.*; '**~-gog·gles** *pl.* (*a pair of*) ~ (des) lunettes *f/pl.* d'alpiniste; **~·mo·bile** ['~məbi:l] autoneige *f*; '**~-'plough**, *Am.* '**~·plow** chasse-neige *m/inv.*; '**~-'white** blanc(he *f*) comme la neige; '**snow·y** □ neigeux (-euse *f*), de neige.

snub [snʌb] **1.** remettre (*q.*) à sa place; rembarrer; **2.** rebuffade *f*; mortification *f*; '**snub·ber** *mot.* amortisseur *m* à courroie; '**snub-nose** nez *m* retroussé; '**snub-nosed** (au nez) camus.

snuff [snʌf] **1.** *chandelle*: mouchure *f*; tabac *m* (à priser); F *up to* ~ degourdi, à la coule; F *give s.o.* ~ laver la tête à q.; **2.** (*a. take* ~) priser; moucher; '**~-box** tabatière *f*; '**snuff·er** priseur (-euse *f*) *m*; (*a pair of*) *~s pl.* (des) mouchettes *f/pl.*; **snuf·fle** ['~l] renifler; nasiller; ~ *at* flairer (*qch.*); '**snuff·y** au linge tacheté de tabac; au nez barbouillé de tabac; F *fig.* peu soigné.

snug □ [snʌg] confortable; bien au chaud; gentil(le *f*); ⚓ paré; '**snug·ger·y** petite pièce *f* confortable; petit fumoir *m*; *sl.* turne *f*; **snug·gle** ['~l] (se) serrer; *v/i.* se pelotonner (contre *up to, into*); ~ *down* se blottir (dans, *in*).

so [sou] ainsi; par conséquent; si, tellement; donc; *I hope* ~ je l'espère bien; *are you tired?* ~ *I am* êtes-vous fatigué?; je le suis en effet; *you are tired,* ~ *am I* vous êtes fatigué, (et) moi aussi; *a mile or* ~ un mille à peu près; ~ *as to* pour *ou* afin de (*inf.*), pour *ou* afin que (*sbj.*); de sorte que (*sbj.*); de façon à (*inf.*); ~ *far* jusqu'ici; ~ *far as I know* autant que je sache.

soak [souk] **1.** *v/t.* tremper (dans, *in*); imbiber (de, *in*); F faire payer; ~ *up* (*ou in*) absorber; *v/i.* tremper, s'imbiber (dans, *into*); F boire comme une éponge; **2.** trempe *f*; F bain *m*; F ivrogne *m*, biberon(ne *f*) *m*; F tombée *f*, *pluie*: arrosage *m*.

so-and-so ['souənsou] machin *m*, chose *m*; *Mr.* ♀ Monsieur *m* un tel.

soap [soup] **1.** savon *m*; F ~ *opera* mélodrame *m* radiodiffuse *ou* télévisé; *soft* ~ savon *m* vert; F flatterie *f*, flagornerie *f*; **2.** savonner; '**~-boil·er** chaudière *f* à savon; *personne*: savonnier (-ère *f*) *m*; '**~-box** caisse *f* à savon; ~ *orator* orateur *m* de carrefour; '**~-dish** plateau *m* à savon; '**~-suds** *pl.*, *a. sg.* eau *f* de savon; '**soap·y** □ savonneux (-euse *f*); qui sent le savon.

soar [sɔ:] prendre son essor; s'élever (*a. fig.*); ✈ faire du vol à voile; '**soar·ing** **1.** qui s'élève; plané (*vol*); **2.** essor *m*; hausse *f*; vol *m* plané.

sob [sɔb] **1.** sanglot *m*; **2.** sangloter.

so·ber ['soubə] **1.** □ sobre, modéré; grave; sérieux (-euse *f*); pas ivre; **2.** (*souv.* ~ *down*) (se) dégrisser; '**so·ber·ness**, **so·bri·e·ty** [sou'braiəti] sobriété *f*; sérieux *m*.

sob-stuff F ['sɔbstʌf] sensiblerie *f*, histoire *f* larmoyante.

so-called ['sou'kɔ:ld] prétendu, ce qu'on est convenu d'appeler.

soc·cer *sp.* ['sɔkə] football *m* association.

so·cia·bil·i·ty [souʃə'biliti] sociabilité *f*; '**so·cia·ble** □ **1.** sociable; *zo.* sociétaire; **2.** *véhicule*: sociable *m*; *meuble*: causeuse *f*; *Am.* soirée *f* amicale.

so·cial ['souʃl] **1.** □ social (-aux *m/pl.*); ~ *activities pl.* mondanités *f/pl.*; ~ *insurance* assurance *f ou* prévoyance *f* sociale; ~ *insurance stamp* timbre *m* de sécurité sociale; ~ *science* science *f* sociale; ~ *security* aide *f* sociale; *be on* ~ *security* recevoir l'aide sociale; ~ *services pl.* institutions *f/pl.* sociales; **2.** F soirée *f*; réunion *f*; '**so·cial·ism** socialisme *m*; '**so·cial·ist** socialiste (*a. su./mf*); **so·cial·ite** F ['souʃəlait] mondain(e *f*) *m*; '**so·cial·ize** rendre social; réunir en société; *pol.* socialiser.

so·ci·e·ty [sə'saiəti] société *f*; association *f*; beau monde *m*.

so·ci·o·log·i·cal □ [sousiə'lɔdʒikl] sociologique; **so·ci·ol·o·gist** [~'ɔlədʒist] sociologue *m*; **so·ci'ol·o·gy** sociologie *f*.

sock[1] [sɔk] chaussette *f*; semelle *f* intérieure.

sock[2] *sl.* [~] **1.** coup *m*, beigne *f*;

give s.o. ~(*s pl.*) = **2.** flanquer une beigne à (*q.*).

sock·dol·a·ger *Am. sl.* [sɔkˈdɔlədʒə] coup *m* violent, gnon *m*; argument *m* décisif.

sock·er F [ˈsɔkə] *see soccer.*

sock·et [ˈsɔkit] emboîture *f* (*a. os*); douille *f* (*a.* ⚡); *œil*: orbite *f*; *dent*: alvéole *m*; ⊕ godet *m*; ⚡ socle *m*; cavité *f*; *chandelle*: bobèche *f*.

so·cle [ˈsɔkl] socle *m*.

sod [sɔd] **1.** gazon *m*; motte *f*; *poét.* terre *f*; **2.** gazonner.

so·da ⚗ [ˈsoudə] soude *f*; ˈ**~-foun·tain** siphon *m*; *Am.* bar *m*, débit *m* (*de boissons non alcoolisées*).

sod·den [ˈsɔdn] détrempé; pâteux (-euse *f*) (*pain etc.*); (trop longtemps) bouilli; *fig.* abruti (*par la boisson*).

so·di·um ⚗ [ˈsoudjəm] sodium *m*; *attr.* de soude.

so·ev·er [souˈevə] que ce soi(en)t.

so·fa [ˈsoufə] canapé *m*.

sof·fit ⚠ [ˈsɔfit] soffite *m*; cintre *m*.

soft [sɔft] **1.** □ mou (mol *devant une consonne ou un h muet*; molle *f*); doux (douce *f*); tendre; flasque; F facile; F nigaud; F ~ *drink* boisson *f* non alcoolisée; F *a* ~ *thing* une bonne affaire *f*; *see soap*; **2.** *adv.* doucement; sans bruit; **3.** F nigaud(e *f*) *m*; **soft·en** [ˈsɔfn] (s')amollir; (s')adoucir (*a. couleurs, a.* ⊕ *acier*); (s')attendrir; (se) radoucir (*ton, voix, etc.*); *v/t.* atténuer (*des couleurs, la lumière, a. phot. les contours*); **soft·ness** [ˈsɔftnis] douceur *f* (*a. fig.*); *caractère*: mollesse *f*; F niaiserie *f*; ˈ**soft-soap** F passer de la pommade à (*q.*), flatter; ˈ**soft-ˈspok·en** à la voix douce; ˈ**soft·ware** logiciel *m*, software *m*; ˈ**soft·y** F nigaud(e *f*) *m*, niais(e *f*) *m*.

sog·gy [ˈsɔgi] détrempé; lourd (*temps*); pâteux (-euse *f*).

soil[1] [sɔil] sol *m*, terre *f*, terroir *m*.

soil[2] [~] **1.** souillure *f*; tache *f*; **2.** (se) salir; *v/t.* souiller; ˈ**~-pipe** descente *f* (*de W.-C.*).

so·journ [ˈsɔdʒəːn] **1.** séjour *m*; **2.** séjourner; ˈ**so·journ·er** personne *f* de passage; hôte(sse *f*) *m*.

sol·ace [ˈsɔləs] **1.** consolation *f*; **2.** consoler.

so·lar [ˈsoulə] solaire; ~ *battery* batterie *f* solaire, photopile *f*; ~ *cell* cellule *f* photovoltaïque; ~ *eclipse* éclipse *f* du soleil; *anat.* ~ *plexus* plexus *m* solaire; ~ *system* système *m* solaire, planétaire *m*.

sold [sould] *prét. et p.p. de sell.*

sol·der ⊕ [ˈsɔldə] **1.** soudure *f*; **2.** (res)souder; **sol·der·ing-i·ron** [ˈ~riŋaiən] fer *m* à souder.

sol·dier [ˈsouldʒə] **1.** soldat *m*; **2.** (*a. go* ~*ing*) faire le métier de soldat; ˈ**sol·dier·like,** ˈ**sol·dier·ly** de soldat; militaire; **sol·dier·ship** [ˈ~ʃip] aptitude *f* militaire; ˈ**sol·dier·y** militaires *m/pl.*; *péj.* soldatesque *f*.

sole[1] □ [soul] seul, unique; ~ *agent* agent *m* exclusif.

sole[2] [~] **1.** semelle *f*; *pied*: plante *f*; **2.** ressemeler.

sole[3] *icht.* [~] sole *f*.

sol·e·cism [ˈsɔlisizm] solécisme *m*; faute *f* de grammaire.

sol·emn □ [ˈsɔləm] solennel(le *f*); sérieux (-euse *f*); grave; **so·lem·ni·ty** [səˈlemniti] solennité *f* (*a.* = *fête*); gravité *f*; **sol·em·ni·za·tion** [sɔləmnaiˈzeiʃn] célébration *f*, solennisation *f*; ˈ**sol·em·nize** célébrer (*un mariage*); solenniser (*une fête*); rendre grave.

so·lic·it [səˈlisit] solliciter (qch. de q. *s.o. for s.th., s.th. from s.o.*); *prostituée*: raccrocher (*un homme*); **so·lic·iˈta·tion** sollicitation *f*; *votes*: brigue *f*; *prostituée*: racolage *m*; **soˈlic·i·tor** ⚖ avoué *m*, *Brit.* solicitor *m*; *Am.* ✝ placier *m*; ♀ *General* conseiller *m* juridique de la Couronne; **soˈlic·it·ous** □ préoccupé (de, *about*); soucieux (-euse *f*) (de, *of*; de *inf.*, *to inf.*); *be* ~ *about* s'inquiéter de; *be* ~ *for* avoir (*qch.*) à cœur; **soˈlic·i·tude** [~tjuːd] sollicitude *f*; souci *m*.

sol·id [ˈsɔlid] **1.** □ solide (*a. fig.*, ⩘ *angle*); plein (*acajou, mur, pneu, volume*); vif (vive *f*) (*pierre*); massif (-ive *f*) (*argent*); épais(se *f*); de volume (*mesures*); ⊕ solidaire (de, *with*); *fig.* bon(ne *f*); *fig.* ininterrompu; *fig.* unanime; *surt. Am.* F *make o.s.* ~ *with* être bien avec, se mettre sur un bon pied avec; *a* ~ *hour* une bonne heure, une pleine heure; ⩘ ~ *geometry* géométrie *f* dans l'espace; ~ *leather* cuir *m* à semelles; ~ *rubber* caoutchouc *m* plein; **2.** solide *m*; **sol·i·dar·i·ty** [~ˈdæriti] solidarité *f*; **soˈlid·i·fy**

[~fai] (se) solidifier; *v/i.* se figer; **so'lid·i·ty** solidité *f*; ⚖ solidarité *f*.

so·lil·o·quize [sə'liləkwaiz] se parler à soi-même; faire un soliloque; **so'lil·o·quy** soliloque *m*, monologue *m*.

sol·i·taire [sɔli'tɛə] *diamant, a. jeu*: solitaire *m*; *cartes*: jeu *m* de patience; **sol·i·tar·y** □ ['~təri] solitaire, isolé; retiré; ~ *confinement* prison *f* cellulaire; **sol·i·tude** ['~tju:d] solitude *f*.

so·lo ['soulou] ♪ solo *m*; *cartes*: whist *m* de Gand; ✈ vol *m* solo; **'so·lo·ist** ♪ soliste *mf*.

sol·stice ['sɔlstis] solstice *m*.

sol·u·bil·i·ty [sɔlju'biliti] solubilité *f*; *problème*: résolubilité *f*; **sol·u·ble** ['sɔljubl] soluble; résoluble.

so·lu·tion [sə'lu:ʃn] solution *f* (*a.* ⚗, ⚕, ✂); ⊕ (dis)solution *f*.

solv·a·ble ['sɔlvəbl] soluble; ⚗ *a.* résoluble; **solve** [sɔlv] résoudre; trouver la solution de; éclaircir (*un mystère etc.*); **sol·ven·cy** ['~vənsi] solvabilité *f*; **'sol·vent 1.** dissolvant; ⚜ solvable; **2.** (dis)solvant *m*.

som·ber, som·bre □ ['sɔmbə] sombre; morne.

some [sʌm, səm] **1.** *pron. indéf.* certains; quelques-uns, quelques-unes; un peu, en; *I need* ~ j'en ai besoin; **2.** *adj.* quelque, quelconque; un certain, une certaine; du, de la, des, quelques; ~ *bread* du pain; ~ *few* quelques-uns, quelques-unes; ~ *20 miles* une vingtaine de milles; *in* ~ *degree, to* ~ *extent* quelque peu; jusqu'à un certain point; *that was* ~ *meal!* c'était un chouette repas!; **3.** *adv.* quelque, environ; *sl.* pas mal; *he was annoyed* ~ il n'était pas mal fâché; **'~·bod·y, '~·one** quelqu'un; **'~·how** de façon *ou* d'autre; ~ *or other* d'une manière ou d'une autre.

som·er·sault ['sʌməsɔ:lt], **som·er·set** ['~set] *gymn.* saut *m* périlleux; culbute *f*; cabriole *f*; *turn* ~*s* faire le saut périlleux; faire des cabrioles.

some...: **~·thing** ['sʌmθiŋ] quelque chose (*a. su./m*); *adv.* quelque peu; *that is* ~ c'est déjà quelque chose; ~ *like* en forme de; F un vrai ...; **'~·time 1.** *adv.* autrefois; jadis; **2.** *adj.* ancien(ne *f*) (*devant su.*); **~·times** ['~z] parfois, quelquefois; **'~·what** quelque peu, un peu; assez; **'~·where** quelque part.

som·nam·bu·lism [sɔm'næmbjulizm] somnambulisme *m*, noctambulisme *m*; **som'nam·bu·list** somnambule *mf*, noctambule *mf*.

som·nif·er·ous □ [sɔm'nifərəs] somnifère, endormant.

som·no·lence ['sɔmnoləns] somnolence *f*, assoupissement *m*; **'som·no·lent** somnolent, assoupi.

son [sʌn] fils *m*.

so·nant *gramm.* ['sounənt] (consonne *f*) sonore.

so·na·ta ♪ [sə'nɑ:tə] sonate *f*.

song [sɔŋ] chant *m*; chanson *f*; *eccl.* cantique *m*; F *for a mere* (*ou an old*) ~ pour une bagatelle, pour rien; **'~-bird** oiseau *m* chanteur; **'~-book** recueil *m* de chansons; **'~-hit** succès *m*; **'song·ster** oiseau *m* chanteur; chanteur *m*; **'song·stress** chanteuse *f*.

son·ic ['sɔnik] sonique (*vitesse*); ~ *bang* (*ou boom*) bang *m ou* détonation *f* supersonique; ~ *barrier* mur *m* du son.

son-in-law ['sʌninlɔ:], *pl.* **sons-in-law** gendre *m*.

son·net ['sɔnit] sonnet *m*.

son·ny F ['sʌni] (mon) petit *m*.

so·nor·i·ty [sə'nɔriti] sonorité *f*; **so·no·rous** □ [sə'nɔ:rəs] sonore; **so'no·rous·ness** sonorité *f*.

soon [su:n] bientôt; tôt; vite; de bonne heure; *as* (*ou so*) ~ *as* dès que, aussitôt que; **'soon·er** plus tôt; plutôt; *no* ~ ... *than* à peine... que; *no* ~ *said than done* sitôt dit, sitôt fait.

soot [sut] **1.** suie *f*; **2.** couvrir de suie; calaminer (*les bougies*).

sooth [su:θ]: † *in* ~ en vérité, vraiment; ~ *to say* à vrai dire; **soothe** [su:ð] calmer, apaiser; **sooth·say·er** ['su:θseiə] devin(eresse *f*) *m*.

soot·y □ ['suti] couvert de suie; (noir) de suie; fuligineux (-euse *f*).

sop [sɔp] **1.** morceau *m* (*de pain etc.*) trempé; *fig.* don *m* propitiatoire; **2.** tremper; ~ *up* éponger.

soph·ism ['sɔfizm] sophisme *m*.

soph·ist ['sɔfist] sophiste *m*; **so·phis·tic, so·phis·ti·cal** □ [sə'fistik(l)] sophist(iqu)e; captieux (-euse *f*) (*argument*); **so'phis·ti·cate** [~keit] sophistiquer; falsifier; **so'phis·ti·cat·ed** sophistiqué, fal-

sifié; blasé; aux goûts compliqués; **soph·ist·ry** [ˈsɔfistri] sophistique *f*; sophistication *f*; sophismes *m/pl.*
soph·o·more *Am.* [ˈsɔfəmɔː] étudiant(e *f*) *m* de seconde année.
so·po·rif·ic [soupəˈrifik] (*~ally*) soporifique (*a. su./m*), somnifère (*a. su./m*).
sop·ping [ˈsɔpiŋ] (*a. ~ wet*) trempé; trempé jusqu'aux os (*personne*); ˈ**sop·py** détrempé; *fig.* mou (mol *devant une voyelle ou un h muet*; molle *f*); F fadasse.
so·pran·o ♪ [səˈprɑːnou] soprano *m.*
sor·cer·er [ˈsɔːsərə] sorcier *m*; ˈ**sor·cer·ess** sorcière *f*; ˈ**sor·cer·y** sorcellerie *f.*
sor·did □ [ˈsɔːdid] sordide (*souv. fig.* = *sale, vil*); ⚕ infect; ˈ**sor·did·ness** sordidité *f*; saleté *f*; bassesse *f.*
sore [sɔː] **1.** □ douloureux (-euse *f*); irrité, enflammé; ulcéré; *fig.* cruel(le *f*); chagriné (*personne*), *Am.* F fâché; *~ throat* mal *m* de gorge; **2.** plaie *f* (*a. fig.*); écorchure *f*; ulcère *m*; ˈ**sore·head** *Am.* F *fig.* rouspéteur *m*; ˈ**sore·ly** *adv.* gravement, vivement; ˈ**sore·ness** sensibilité *f*; *fig.* chagrin *m.*
so·ror·i·ty [səˈrɔriti] communauté *f* religieuse; *univ. Am.* cercle *m* d'étudiantes.
sor·rel[1] [ˈsɔrəl] **1.** saure, alezan (*cheval*); **2.** alezan *m.*
sor·rel[2] ⚘ [~] oseille *f.*
sor·row [ˈsɔrou] **1.** douleur *f*, tristesse *f*, chagrin *m*; **2.** s'attrister; être affligé; **sor·row·ful** □ [ˈ~ful] triste, attristé; pénible.
sor·ry □ [ˈsɔri] désolé, fâché, peiné (de *to, at*); *fig.* misérable, pauvre; (*I am*) (*so*) *~!* pardon!; *I am ~ for you* je vous plains; *we are ~ to say* nous regrettons d'avoir à dire...
sort [sɔːt] **1.** sorte *f*, genre *m*, espèce *f*; classe *f*; façon *f*; *people of all ~s* des gens de toutes sortes; *something of the ~, that ~ of thing* quelque chose de pareil(le *f*); *in some ~ I like it*, F *I ~ of like it* jusqu'à un certain point je l'aime; *out of ~s* indisposé; de mauvaise humeur; F *he is a good ~* c'est un brave type; (*a*) *~ of peace* une paix telle quelle; **2.** trier, assortir; ⚚ classifier, classer, lotir; *~ out* séparer (de, d'avec *from*).
sor·tie ⚔ [ˈsɔːtiː] sortie *f.*
sot [sɔt] ivrogne(sse *f*) *m*; *sl.* soûlard(e *f*) *m*; **sot·tish** □ [ˈsɔtiʃ] d'ivrogne; abruti par l'alcool.
sough [sau] **1.** murmure *m*, susurrement *m*; **2.** murmurer, susurrer.
sought [sɔːt] *prét. et p.p. de seek*; ˈ**~-ˈaft·er** recherché.
soul [soul] âme *f*; F *the ~ of* le premier mobile (*d'une entreprise*); ˈ**soul·less** □ sans âme; (*a.* ˈ**soul-de·stroy·ing**) abrutissant.
sound[1] □ [saund] sain; en bon état; bon(ne *f*); *fig., a.* ⚠ solide; droit; profond (*sommeil*); ⚚ bon(ne *f*); ⚖ valable, légal (-aux *m/pl.*).
sound[2] [~] **1.** son *m*, bruit *m*; *phys.* acoustique *f*; *~ barrier* mur *m* du son; *~ effects pl.* bruitage *m*; *~ film* film *m* sonore; *~ wave* onde *f* sonore; **2.** *v/i.* (ré)sonner; retentir; paraître; avoir le son de; *v/t.* sonner; faire retentir; prononcer (*les R etc.*); chanter (*des louanges*); ⚕ ausculter (*la poitrine*); ⚔ *~ the retreat* sonner la retraite.
sound[3] [~] *géog.* détroit *m*; bras *m* de mer; *icht.* vessie *f* natatoire; *géog. the* ♀ le Sund *m.*
sound[4] [~] **1.** ⚕ sonde *f*; **2.** ⚕ sonder (*a. fig., a.* ⚓); *~ s.o. out* sonder q. (relativement à, *about*).
sound·ing ⚓ [ˈsaundiŋ] sondage *m*; *~s pl.* sondes *f/pl.*, fonds *m/pl.*
sound(·ing)-board [ˈsaund(iŋ)bɔːd] *chaire etc.*: abat-voix *m/inv.*; ♪ *orgue*: tamis *m*; *piano*: table *f* d'harmonie.
sound·less □ [ˈsaundlis] muet(te *f*).
sound·ness [ˈsaundnis] bon état *m*; solidité *f* (*a. fig.*).
sound...: ˈ**~·proof 1.** insonorisé, insonore; **2.** insonoriser; ˈ**~·track** piste *f ou* bande *f* sonore.
soup[1] [suːp] potage *m*; soupe *f.*
soup[2] *Am. sl.* [~] **1.** cheval-vapeur (*pl.* chevaux-vapeur) *m*; **2.**: *~ up* doper; *mot. ~ed up engine* moteur *m* comprimé.
sour [ˈsauə] **1.** □ aigre, acide; vert (*fruit*); *fig.* revêche; aigre; acariâtre; **2.** *v/t.* aigrir (*a. fig.*); *v/i.* surir; (s')aigrir (*a. fig.*).
source [sɔːs] source *f*; *fig.* origine *f*; *~ language* langue *f* de départ.
sour·dough *Am.* [ˈsauədou] vétéran *m* (*des placers d'Alaska*).
sour·ish □ [ˈsauəriʃ] aigrelet(te *f*); ˈ**sour·ness** aigreur *f* (*a. fig.*); *fig.* humeur *f* revêche; ˈ**sour·puss** [ˈsauəpus] grincheux (-euse *f*) *m.*

souse [saus] **1.** *v/t.* plonger; tremper (d'eau, *with water*); *cuis.* faire mariner; *v/i.* mariner; faire un plongeon; *~d sl.* ivre, F gris, parti; **2.** immersion *f*; plongon *m*; trempée *f*; *cuis.* marinade *f*; *Am.* ivrogne *m*; **3.** plouf!, floc!

south [sauθ] **1.** *su.* sud *m*; midi *m*; **2.** *adj.* du sud; méridional (-aux *m/pl.*); **3.** *adv.* au sud, vers le sud; **'~bound** en direction du Sud, allant vers le Sud.

south-east ['sauθ'iːst] **1.** sud-est *m*; **2.** (*a.* **south-'east·ern**) du sud-est.

south·er·ly ['sʌðəli], **south·ern** ['~ən] (du) sud; du midi; méridional (-aux *m/pl.*); **'south·ern·er** habitant(e *f*) *m* du sud; *Am.* ♀ sudiste *mf*.

south·ern·most ['sʌðənmoust] le plus au sud.

south·ing ['sauðiŋ] ⚓ chemin *m* sud; *astr.* passage *m* au méridien.

south·paw *Am.* ['sauθpɔː] *baseball*: gaucher *m*.

south·ward ['sauθwəd] **1.** *adj.* au *ou* du sud; **2.** *adv.* (*a.* **south·wards** ['~dz]) vers le sud.

south...: **'~-'west 1.** *su.* sud-ouest *m*; **2.** *adv.* vers le sud-ouest; **3.** *adj.* (*a.* **~-'west·er·ly, ~-'west·ern**) (du) sud-ouest; **'~-'west·er** (vent *m* du) sud-ouest *m*; ⚓ suroît *m* (= *chapeau imperméable*).

sou·ve·nir ['suːvəniə] souvenir *m*, mémento *m*.

sov·er·eign ['sɔvrin] **1.** □ souverain (*a. fig.*), suprême; **2.** souverain(e *f*) *m*; monarque *m*; *monnaie anglaise*: souverain *m* (= *pièce de 20 shillings*); **'sov·er·eign·ty** souveraineté *f*.

so·vi·et ['souviət] Soviet *m*; *attr.* soviétique.

sow[1] [sau] *zo.* truie *f*; ⊕ gueuse *f* des mères; (*a.* *~-channel*) mère-gueuse (*pl.* mères-gueuses) *f*.

sow[2] [sou] [*irr.*] semer (de, *with*); ensemencer (*la terre*) (en blé, *with wheat*); **'sow·er** semeur (-euse *f*) *m* (*a. fig.*); **sown** [soun] *p.p. de sow*[2].

sox [sɔks] *pl. see sock*[1].

so·y(a) ⚘ ['sɔi(ə)] (*a.* *~ bean*) soya *m*.

spa [spɑː] source *f* minérale; ville *f* d'eau.

space [speis] **1.** espace *m*, *typ.* *f*; intervalle *m* (*a. temps*); étendue *f*, surface *f*; F place *f*; **2.** (*a.* *~ out*) espacer (*a. typ*); échelonner (*des troupes, des versements*); **3.** spatial (-aux *m/pl.*), interplanétaire; *~ flight* vol *m* spatial; vols *m/pl.* spatiaux; *~ lab* laboratoire *m* spatial; *~ shuttle* navette *f*; *~ travel* voyages *m/pl.* spatiaux *ou* dans l'espace; *~ weapons pl.* armes *f/pl.* spatiales; **'~·craft, '~·ship** vaisseau *m* spatial.

spa·cious □ ['speiʃəs] spacieux (-euse *f*), vaste; ample.

spade [speid] **1.** bêche *f*; *call a ~ a ~* appeler les choses par leur nom; *usu.* *~s pl. cartes*: pique *m*; **2.** bêcher; **'~-work** travaux *m/pl.* à la bêche *ou fig.* préliminaires.

span[1] [spæn] **1.** *main*: empan *m*; court espace *m* de temps; ⚠ portée *f*, largeur *f*; *bras, ailes, a.* ✈ envergure *f*; *Am.* paire *f*; **2.** franchir, enjamber; *fig.* embrasser; mesurer à l'empan.

span[2] [~] *prét. de spin 1.*

span·gle ['spæŋgl] **1.** paillette *f*; **2.** pailleter (de, *with*); *fig.* parsemer (de, *with*).

Span·iard ['spænjəd] Espagnol(e *f*) *m*.

span·iel ['spænjəl] épagneul *m*.

Span·ish ['spæniʃ] **1.** espagnol; d'Espagne; **2.** *ling.* espagnol *m*; *the ~ pl.* les Espagnols *m/pl.*

spank F [spæŋk] **1.** *v/t.* fesser; *v/i.* *~ along* aller bon train; **2.** claque *f* sur le derrière; **'spank·er** ⚓ brigantine *f*; **'spank·ing 1.** □ qui va bon train; vigoureux (-euse *f*); F de premier ordre; *sl.* épatant; **2.** F fessée *f*.

span·ner ⊕ ['spænə] clef *f* (à écrous); *fig.* *throw a ~ in the works* mettre des bâtons dans les roues.

spar[1] [spɑː] ⚓ espar *m*; ✈ longeron *m*.

spar[2] [~] faire mine de vouloir boxer (q., *at s.o.*); boxer amicalement; se battre (*coqs*); *fig.* argumenter (avec, *with*); *box.* *~ring partner* sparring-partner *m*, partenaire *m* d'entraînement.

spar[3] *min.* [~] spath *m*.

spare [spɛə] **1.** □ frugal (-aux *m/pl.*); maigre; sec (sèche *f*) (*personne*); disponible, de reste; de réserve, de rechange, de secours; *~ hours* (heures *f/pl.* de) loisir *m*; *~ room* chambre *f* d'ami; *~ time* temps *m* disponible; **2.** ⊕ pièce *f* de rechange; **3.** *v/t.* épargner, ménager;

se passer de; prêter, donner; faire grâce à (*q.*); respecter; *enough and to* ~ plus qu'il n'en faut (de, *of*); *v/i.* épargner, faire des économies; ˈ**spare·ness** minceur *f*; maigreur *f*; frugalité *f*; **spare·rib** *cuis.* [ˈ~rib] côte *f* de porc.

spar·ing □ [ˈspɛəriŋ] ménager (-ère *f*) (de *in, of*); économe; frugal (-aux *m/pl.*); limité (*emploi*); ˈ**spar·ing·ness** épargne *f*; frugalité *f*.

spark[1] [spɑ:k] **1.** étincelle *f* (*a. fig.*); F ♀s radiotélégraphiste *m*; **2.** *v/i.* émettre des étincelles; cracher (*dynamo*); *v/t.* faire éclater avec une étincelle électrique.

spark[2] [~] élégant *m*; beau cavalier *m*; joyeux compagnon *m*.

spark(·ing)-plug *mot.* [ˈspɑ:k(iŋ)-plʌg] bougie *f*.

spar·kle [ˈspɑ:kl] **1.** étincelle *f*; éclat *m*; *fig.* vivacité *f* d'esprit; **2.** étinceler, scintiller; chatoyer (*bijou*); pétiller (*esprit, feu, yeux, vin*); *sparkling wine* vin *m* mousseux; **spar·klet** [ˈ~it] petite étincelle *f*; *eau de seltz*: sparklet *m*.

spar·row *orn.* [ˈspærou] moineau *m*, passereau *m*; ˈ**~-hawk** *orn.* épervier *m*.

sparse □ [spɑ:s] épars, clairsemé.

spasm ⚕ [ˈspæzm] spasme *m*; *fig.* accès *m*; **spas·mod·ic, spas·mod·i·cal** □ [~ˈmɔdik(l)] spasmodique; involontaire; *fig.* par saccades; **spas·tic** [ˈspæstik] **1.** (*~ally*) spasmodique; **2.** paraplégique (spasmodique) *mf*.

spat[1] [spæt] *huîtres*: frai *m*.

spat[2] [~] guêtre *f* de ville.

spat[3] [~] *prét. et p.p.* de *spit*[2] 2.

spatch·cock [ˈspætʃkɔk] *cuis.* faire cuire à la crapaudine; *fig.* faire une intervention dans (*une dépêche*) (à la dernière minute).

spate [speit] crue *f*; *fig.* déluge *m*.

spa·tial □ [ˈspeiʃl] spatial (-aux *m/pl.*).

spat·ter [ˈspætə] éclabousser (de, *with*); **spat·ter·dash** † [ˈ~dæʃ] guêtre *f*.

spat·u·la [ˈspætjulə] spatule *f*; *cuis.* gâche *f*.

spav·in *vét.* [ˈspævin] éparvin *m*.

spawn [spɔ:n] **1.** frai *m*, œufs *m/pl.*; *fig. usu. péj.* progéniture *f*; **2.** *v/i.* frayer; *péj.* se multiplier; naître (de, *from*); *v/t. péj.* donner naissance à; ˈ**spawn·er** poisson *m* qui fraye; ˈ**spawn·ing** (acte *m ou* époque *f* du) frai *m*.

speak [spi:k] [*irr.*] *v/i.* parler (*a. fig.* = *retentir*); faire un discours; ♪ sonner; *téléph. Brown ~ing!* ici Brown!; ~ *out* parler à haute voix; parler franchement; ~ *to* parler à *ou* avec; ~ *up* parler plus fort *ou* haut; ~ *up!* (parlez) plus fort!; *that ~s well for him* cela est tout à son honneur; ~ *well for* faire honneur à; *v/t.* dire (*qch.*); parler (*une langue*); exprimer; faire (*un éloge*); témoigner de; ˈ**~-eas·y** *Am. sl.* bar *m* clandestin; ˈ**speak·er** parleur (-euse *f*) *m*; interlocuteur (-trice *f*) *m*; orateur *m*; *radio*: haut-parleur *m*; *parl.* Président *m*.

speak·ing [ˈspi:kiŋ] parlant (*a. fig. portrait*); expressif (-ive *f*); *be on ~ terms with* se connaître assez pour se parler; ˈ**~-trum·pet** porte-voix *m/inv.*

spear [spiə] **1.** lance *f*; *chasse*: épieu *m*; javelot *m*; *fig.* ~*side* côté *m* paternel *ou* mâle; **2.** frapper *ou* tuer d'un coup de lance (*ou une bête*: d'épieu); ˈ**~·head** pointe *f* de lance; *fig.* pointe *f*.

spec ✝ *sl.* [spek] spéculation *f*.

spe·cial [ˈspeʃl] **1.** □ spécial (-aux *m/pl.*); particulier (-ère *f*); *journ.* ~ *correspondent* envoyé(e *f*) *m* spécial(e); **2.** (*ou* ~ *constable*) agent *m* de police suppléant (= *citoyen assermenté*); (*ou* ~ *edition*) édition *f* spéciale; (*ou* ~ *train*) train *m* spécial; *Am. magasin*: ordre *m* exprès; *Am.* plat *m* du jour; *restaurant*: spécialité *f* de la maison; **spe·cial·ist** [ˈ~ʃəlist] spécialiste *mf*; **spe·ci·al·i·ty** [speʃiˈæliti] spécialité *f* (*a.* ✝); particularité *f*, caractéristique *f*; **spe·cial·ize** [ˈspeʃəlaiz] *v/t.* particulariser; désigner *ou* adapter à un but spécial; *v/i.* se spécialiser (dans, *in*); *biol.* se différencier; **spe·cial·ty** [ˈ~ʃlti] *see speciality*; ⚖ contrat *m* formel sous seing privé.

spe·cie [ˈspi:ʃi:] monnaie *f* métallique; espèces *f/pl.* (sonnantes).

spe·cies [ˈspi:ʃi:z] *sg. ou. pl.* espèce *f* (*a. eccl.*); genre *m*, sorte *f*.

spe·cif·ic [spiˈsifik] **1.** (*~ally*) spécifique; précis; *phys.* ~ *gravity* pesanteur *f* spécifique; ⚖ ~ *performance contrat*: exécution *f* intégrale; **2.** ⚕ spécifique *m* (contre, *for*).

spec·i·fi·ca·tion [spesifiˈkeiʃn] spécification *f*; ⚠ cahier *m* des charges; ⚖ description *f* (*de brevet*); **spec·i·fy** [ˈ~fai] spécifier, déterminer; préciser.

spec·i·men [ˈspesimin] exemple *m*, spécimen *m*; échantillon *m*.

spe·cious ☐ [ˈspiːʃəs] spécieux (-euse *f*); trompeur (-euse *f*); **ˈspe·cious·ness** spéciosité *f*; apparence *f* trompeuse.

speck [spek] **1.** graine *f*; point *m*; tache *f*; *fig.* brin *m*; **2.** moucheter, tacheter; **speck·le** [ˈ~kl] **1.** moucheture *f*; *see speck 1*; **2.** *see speck* 2.

specs F [speks] *pl.* lunettes *f/pl.*

spec·ta·cle [ˈspektəkl] spectacle *m*; (*a pair of*) ~*s pl.* (des) lunettes *f/pl.*; **ˈspec·ta·cled** qui porte des lunettes; à lunettes.

spec·tac·u·lar ☐ [spekˈtækjulə] **1.** spectaculaire; impressionnant; **2.** *Am.* F revue *f* à grand spectacle.

spec·ta·tor [spekˈteitə] spectateur (-trice *f*) *m*.

spec·tral ☐ [ˈspektrəl] spectral (-aux *m/pl.*) (*a. opt.*); **spec·ter,** *Brit.* **spec·tre** [ˈ~tə] fantôme *m*, spectre *m*; **spec·trum** *opt.* [ˈ~trəm] spectre *m*.

spec·u·late [ˈspekjuleit] spéculer (*a.* ⚚), méditer (sur, [*up*]*on*); ⚚ *a.* jouer; **spec·uˈla·tion** spéculation *f* (*a.* ⚚), méditation *f* (sur, [*up*]*on*); entreprise *f* spéculative; **spec·u·la·tive** ☐ [ˈ~lətiv] spéculatif (-ive *f*) (*a.* ⚚); contemplatif (-ive *f*); théorique; **ˈspec·u·la·tor** penseur *m*; ⚚ spéculateur *m*; ⚚ agioteur *m*.

spec·u·lum [ˈspekjuləm] ⚕ spéculum *m*; *opt.* miroir *m*.

sped [sped] *prét. et p.p. de speed* 2.

speech [spiːtʃ] parole *f*, -s *f/pl.*; langue *f*; discours *m*; ~ *defect* défaut *m* d'élocution; **ˈ~-day** *école*: distribution *f* des prix; **speech·i·fy** *péj.* [ˈ~ifai] pérorer, *sl.* laïusser; **ˈspeech·less** ☐ muet(te *f*).

speed [spiːd] **1.** vitesse *f* (*a.* ⊕, *mot.*, *etc.*); marche *f*; hâte *f*; ~ *control* réglage *m* de la vitesse; ~ *trap* piège *m* de police (pour contrôle de vitesse); *good* ~! bonne chance!; **2.** [*irr.*] *v/i.* se hâter, se presser; aller *etc.* vite; † *a. poét.* réussir; *no* ~*ing!* vitesse *f* limitée!; *v/t.* hâter, accélérer; † expédier, souhaiter le bon voyage à; ~ *up* accélérer; *mot.* mettre en vitesse; **ˈ~-boat** hors-bord *m/inv.*; **ˈ~-cop** motard *m*; **ˈspeed·i·ness** rapidité *f*; promptitude *f*; **speed lim·it** vitesse *f* maxima; vitesse *f* limitée; **ˈspeed-mer·chant** *mot.* chauffard *m*; **speed·om·e·ter** *mot.* [spiˈdɔmitə] compteur *m*, indicateur *m* de vitesse; **ˈspeed·way** *Am.* autostrade *f*; *Am. sp.* (piste *f* d')autodrome *m*; **ˈspeed-well** ⚘ véronique *f*; **ˈspeed·y** ☐ rapide, prompt.

spell¹ [spel] temps *m*, période *f*; ⊕ tour *m* (de travail).

spell² [~] **1.** charme *m*, incantation *f*; **2.** [*irr.*] épeler (*de vive voix*); écrire, orthographier; *fig.* signifier; ~ *out* lire péniblement; épeler; **ˈ~·bind·er** *Am.* beau diseur *m*; **ˈ~·bound** *fig.* fasciné, charmé; **ˈspell·er**: *he is a bad* ~ il ne sait pas l'orthographe.

spell·ing [ˈspeliŋ] épellation *f*; orthographe *f*; **ˈ~-bee** *surt. Am.* concours *m* d'orthographe; **ˈ~-book** syllabaire *m*.

spelt¹ [spelt] *prét. et p.p. de spell*² 2.

spelt² ⚘ épeautre *m*.

spel·ter [ˈspeltə] zinc *m*.

spen·cer [ˈspensə] *cost.* spencer *m*.

spend [spend] [*irr.*] *v/t.* dépenser (*de l'argent*) (en, à, pour *on*), *péj.* dissiper (pour, *on*); employer, passer (*le temps*), *péj.* perdre; épuiser (*des forces*); ~ *o.s.* s'épuiser; ~*ing money* argent *m* de poche; *v/i.* dépenser de l'argent; **ˈspend·er** personne *f* qui dépense; *péj.* dépensier (-ère *f*) *m*.

spend·thrift [ˈspendθrift] dépensier (-ère *f*) *m* (*a. attr.*).

spent [spent] **1.** *prét. et p.p. de spend*; **2.** épuisé (*personne, a.* ⚗ *acide*); mort (*balle*), vide (*cartouche*); écoulé (*jour*); apaisé (*orage*).

sperm *physiol.* [spəːm] semence *f* (*des mâles*); **sper·ma·ce·ti** [~əˈseti] spermacéti *m*; blanc *m* de baleine; **sper·ma·to·zo·on** *biol.* [~ətoˈzouɔn], *pl.* **-zo·a** [~ˈzouə] spermatozoïde *m*.

spew *sl.* [spjuː] *vt/i.* vomir.

sphere [sfiə] sphère *f* (*a. fig. d'activité, d'influence, etc.*); *fig.* domaine *m*; *fig.* milieu *m*; **spher·i·cal** ☐ [ˈsferikl] sphérique, en forme de sphère.

sphinc·ter *anat.* ['sfiŋktə] sphincter *m*, orbiculaire *m*.

spice [spais] **1.** épice *f*; *fig.* soupçon *m*, grain *m*, nuance *f*; **2.** épicer (*a. fig.*); **spic·er·y** ['~əri] épices *f/pl.* [épicé; *fig.* piquant *m.*]

spic·i·ness ['spaisinis] goût *m*

spick and span ['spikən'spæn] propre comme un sou neuf; tiré à quatre épingles (*personne*).

spic·y □ ['spaisi] épicé (*a. fig.*); aromatique; *fig.* piquant.

spi·der *zo.* ['spaidə] araignée *f*; *~'s web* toile *f* d'araignée.

spiel *Am. sl.* [spi:l] discours *m*, allocution *f*; *sl.* laïus *m*.

spiff·y *sl.* ['spifi] élégant; pimpant.

spig·ot ['spigət] *tonneau*: fausset *m*; *robinet*: clef *f*.

spike [spaik] **1.** pointe *f*; *fil barbelé*: piquant *m*; clou *m* à large tête; ⚘ *blé*: épi *m*; ⚘ (*a. ~-lavender*) spic *m*; **2.** clouer; ⚔ enclouer (*un canon*); F *fig.* damer le pion à (*q.*); armer de pointes; **spike·nard** ['~nɑ:d] nard *m* (indien); '**spik·y** □ à pointe(s) aiguë(s); armé de pointes.

spill [spil] **1.** [*irr.*] *v/t.* répandre (*a. le sang*); renverser; F désarçonner (*un cavalier*); *Am.* dire; *v/i.* se répandre; s'écouler; **2.** F culbute *f*, chute *f* (*de cheval etc.*).

spill·way ['spilwei] passe-déversoir (*pl.* passes-déversoirs) *f*.

spilt [spilt] *prét. et p.p. de spill 1*; *cry over ~ milk* lamenter ce qu'on ne pourrait changer.

spin [spin] **1.** [*irr.*] *v/t.* filer; faire tourner (*a. une toupie*); *fig.* raconter (*une histoire*); ⊕ centrifuger (*le métal*); *v/i.* tourner; (*a. ~ round*) tournoyer; ✈ faire la vrille; *~ along* filer; *~ (a)round* se retourner vivement (*personne*); *send s.o. ~ning* faire chanceler q.; **2.** tournoiement *m*, ✈ vrille *f*; *cricket*: effet *m*; F *go for a ~* se balader en auto.

spin·ach ⚘ ['spinidʒ] épinard *m*; *cuis.* épinards *m/pl.*

spi·nal ['spainl] vertébral (-aux *m/pl.*); *~ column* colonne *f* vertébrale; *~ cord* (*ou marrow*) moelle *f* épinière; *~ curvature* déviation *f* de la colonne vertébrale.

spin·dle ['spindl] fuseau *m*; ⊕ arbre *m*; '**spin·dly** long(ue *f*) et grêle.

spin·drift ['spindrift] *courant*: embruns *m/pl.*

spin-dry ['spindrai] essorer à la machine.

spine [spain] épine *f*; *homme*: épine *f* dorsale; *géog.* arête *f*; *livre*: dos *m*; '**spine·less** sans épines; *fig.* mou (mol *devant une voyelle ou h muet*; molle *f*).

spin·ner ['spinə] fileur (-euse *f*) *m*; machine *f ou* métier *m* à filer.

spin·ney ['spini] bosquet *m*, petit bois *m*.

spin·ning...: *~-jen·ny* ⊕ ['spiniŋ-'dʒeni] machine *f* à filer; '*~-mill* filature *f*; '*~-wheel* rouet *m*.

spin-off ['spinɔf] sous-produit *m*; avantage *m* supplémentaire.

spin·ster ['spinstə] fille *f* (non mariée); *p.ext.* vieille fille *f*; *admin.* célibataire *f*.

spin·y ['spaini] épineux (-euse *f*); ⚘ spinifère.

spi·ra·cle ['spaiərəkl] évent *m*.

spi·rae·a ⚘ [spai'riə] spirée *f*.

spi·ral ['spaiərəl] **1.** □ spiral (-aux *m/pl.*); spiralé; en spirale; spiroïdal (-aux *m/pl.*) (*mouvement*); en boudin (*ressort*); *zo.* cochléaire; **2.** spirale *f*, hélice *f*; tour *m ou* ✈ montée *f etc.* en spirale; *fig. prix*: montée *f* en flèche; **3.** former une spirale; monter *ou* descendre en spirale.

spire ['spaiə] *église, arbre*: flèche *f*.

spir·it ['spirit] **1.** esprit *m*, âme *f*; *fig.* élan *m*, entrain *m*, ardeur *f*; courage *m*; alcool *m*; ⚗ *hist.* esprit *m*; *mot.* essence *f*; *~s pl.* spiritueux *m/pl.*; liqueurs *f/pl.* fortes; *pharm.* alcoolat *m*; *~ of wine* esprit *m* de vin; *in (high) ~s* en train; en verve; *in low ~s* abattu; accablé; tout triste; **2.**: *~ away* (*ou off*) enlever, faire disparaître; F escamoter; *~ up* encourager.

spir·i·ted □ ['spiritid] animé, vif (vive *f*); plein d'entrain; fougueux (-euse *f*); *low-~* abattu; '**spir·it·ed·ness** ardeur *f*, feu *m*; *cheval*: fougue *f*.

spir·it·ism ['spiritizm] *métapsychisme*: spiritisme *m*; '**spir·it·ist** spirite *mf* (*a. adj.*).

spir·it·less □ ['spiritlis] abattu; inanimé; sans vie (*a. fig.*); mou (mol *devant une voyelle ou un h muet*; molle *f*).

spir·it·u·al ['spiritjuəl] **1.** □ spirituel(le *f*); immatériel(le *f*); **2.** chant *m* religieux (*des nègres aux É.-U.*);

ˈ**spir·it·u·al·ism** *phls.* spiritualisme *m*; *métapsychisme*: spiritisme *m*; **spir·it·u·al·i·ty** [~ˈæliti] spiritualité *f*; **spir·it·u·al·ize** [ˈ~əlaiz] spiritualiser.

spir·it·u·ous [ˈspiritjuəs] spiritueux (-euse *f*), alcoolique.

spirt [spəːt] **1.** *v/t.* faire jaillir; *v/i.* jaillir, gicler; *see spurt 1*; **2.** (re)jaillissement *m*; jet *m*; *see spurt 2.*

spit[1] [spit] **1.** *cuis.* broche *f*; *géog.* langue *f* de sable, pointe *f* de terre; **2.** embrocher (*a. fig.*).

spit[2] [~] **1.** crachat *m*; salive *f*; F *be the very ~ of s.o.* être q. tout craché; **2.** [*irr.*] *v/i.* cracher (*a. chat, plume*); (*a. ~ with rain*) crachiner; *~ at* (*ou upon*) cracher sur; *v/t.* (*a. ~ out*) cracher.

spit[3] [~] profondeur *f* de fer de bêche; bêche *f* pleine.

spite [spait] **1.** dépit *m*, pique *f*; rancune *f*; *in ~ of* malgré; **2.** contrarier, vexer; **spite·ful** □ [ˈ~ful] rancunier (-ère *f*); méchant; ˈ**spite·ful·ness** rancune *f*; méchanceté *f*.

spit·fire [ˈspitfaiə] rageur (-euse *f*) *m*.

spit·tle [ˈspitl] salive *f*, crachat *m*.

spit·toon [spiˈtuːn] crachoir *m*.

spiv *sl.* [spiv] parasite *m*; profiteur *m*.

splash [splæʃ] **1.** éclaboussement *m*; éclaboussure *f*; *vague*: clapotement *m*; *sl.* esbroufe *f*; F *make a ~* faire sensation; **2.** *v/t.* éclabousser (de, *with*); tacher (de, *with*); *v/i.* jaillir; clapoter; barboter; cracher (*robinet*); ˈ**~-board** garde-boue *m/inv.*; *métall.* parapluie *m*; plongeur *m* (*de tête de bielle*); ˈ**~-down** amerissage *m*; ˈ**splash-leath·er** pare-boue *m/inv.*; ˈ**splash·y** □ bourbeux (-euse *f*); barbouillé (*dessin etc.*).

splay [splei] **1.** évasement *m*; **2.** évasé; tourné en dehors (*pied*); **3.** *v/t.* évaser; ⊕ chanfreiner; tourner en dehors; *v/i.* s'évaser.

splay·foot [ˈspleifut] pied *m* plat.

spleen [spliːn] *anat.* rate *f*; *fig.* spleen *m*, humeur *f* noire; **spleen·ful** [ˈ~ful], ˈ**spleen·y** atrabilaire; de mauvaise humeur.

splen·did □ [ˈsplendid], **splen·dif·er·ous** [~ˈdifərəs] splendide, magnifique; F épatant; **splen·do(u)r** [ˈ~də] splendeur *f*; éclat *m*.

sple·net·ic [spliˈnetik] **1.** (*a.* **sple·ˈnet·i·cal** □ [~kl]) splénique (*a.* ⚕), atrabilaire; **2.** hypocondriaque *mf*.

splice [splais] **1.** ligature *f*; ⊕ enture *f* (*cricket: du manche de la batte*); **2.** ⊕ enter; *cin.* réparer; épisser; *sl.* marier.

splint ⚕ [splint] **1.** éclisse *f*; **2.** éclisser.

splin·ter [ˈsplintə] **1.** éclat *m*; *os*: esquille *f*; **2.** *v/t.* briser; *v/i.* voler en éclats; se fendre; ˈ**~-bone** *anat.* péroné *m*; ˈ**splin·ter·less** se brisant sans éclats (*verre*).

split [split] **1.** fente *f*, fissure *f*; *fig.* scission *f*; F *do the ~s* faire le grand écart; **2.** fendu; **3.** [*irr.*] *v/t.* fendre; déchirer; partager; couper en deux; *~ hairs* couper un cheveu en quatre; *~ one's sides with laughing* se tordre de rire; *~ up* fractionner; *v/i.* se fendre; éclater; *fig.* se diviser; *sl.* filer, ficher le camp (= *s'en aller*); *sl.* *~ on* dénoncer (*q.*); F cafarder; ˈ**split·ting** qui (se) fend; F fou (fol *devant une voyelle ou un h muet*; folle *f*), affreux (-euse *f*).

splotch [splɔtʃ] tache *f*.

splurge [spləːdʒ] *Am.* épate *f*; esbroufe *f*; grosse averse *f*.

splut·ter [ˈsplʌtə] *see sputter*; *v/i.* bredouiller; cracher; ✈ bafouiller (*moteur*).

spoil [spɔil] **1.** *souv. ~s pl.* butin *m* (*a. fig.*); *fig.* profit *m*; *surt. Am. pol. ~s system* octroi *m* des places à ses adhérents (*en arrivant au pouvoir*); **2.** [*irr.*] *v/t.* gâter (*a. un enfant*); piller; dépouiller (de, *of*); abîmer; couper (*l'appétit*); *v/i.* se gâter; s'altérer; *~ for a fight* brûler du désir de se battre; ˈ**spoil·er** spoliateur (-trice *f*) *m*; gâcheur (-euse *f*) *m*; **spoils·man** *Am. pol.* [ˈ~zmən] chacal (*pl.* -s) *m*; ˈ**spoil·sport** trouble-fête *mf/inv.*

spoilt [spɔilt] *prét. et p.p. de spoil 2.*

spoke[1] [spouk] *prét. de speak.*

spoke[2] [~] rayon *m*; *échelle*: échelon *m*; bâton *m* (*a. fig.*); ⚓ poignée *f*.

spo·ken [ˈspoukən] *p.p. de speak.*

spokes·man [ˈspouksmən] porte-parole *m/inv.*; orateur *m*.

spo·li·a·tion [spouliˈeiʃn] spoliation *f*, dépouillement *m*; pillage *m*.

spon·dee [ˈspɔndiː] spondée *m*.

sponge [spʌndʒ] **1.** éponge *f*; *cuis.* pâte *f* molle; *throw up the ~ box.* jeter l'éponge; *fig.* abandonner (la partie); **2.** *v/t.* nettoyer *ou* laver avec une éponge; ~ *up* éponger; *v/i.* vivre aux crochets (de q., *on s.o.*); F écornifler; ˈ**~-bag** sac *m* de toilette; ˈ**~-ˈcake** gâteau *m* de Savoie; baba *m* (*au rhum etc.*); ˈ**spong·er** *fig.* écornifleur (-euse *f*) *m*; parasite *m*.

spon·gi·ness [ˈspʌndʒinis] spongiosité *f*; ˈ**spon·gy** spongieux (-euse *f*).

spon·sor [ˈspɔnsə] **1.** garant *m*, caution *f*; *eccl.*, *club*: parrain *m*, marraine *f*; *be a ~ to radio*: offrir (*un programme*); **2.** être le garant de; prendre en charge; *radio*: offrir (*un programme*); financer; **spon·sor·ship** [ˈ~ʃip] parrainage *m*.

spon·ta·ne·i·ty [spɔntəˈni:iti] spontanéité *f*; **spon·ta·ne·ous** □ [~ˈteinjəs] spontané; volontaire; automatique; ⚘ qui pousse à l'état sauvage; ~ *combustion* inflammation *f* spontanée; auto-allumage *m*.

spoof F [spu:f] **1.** mystification *f*; blague(s) *f*(*pl.*); **2.** mystifier; raconter des blagues (à); faire marcher.

spook F [spu:k] **1.** revenant *m*; **2.** hanter; effrayer; ˈ**spook·y** F de spectres, de revenants (*histoire*); qui donne le frisson; lugubre.

spool [spu:l] **1.** bobine *f*; **2.** bobiner.

spoon [spu:n] **1.** cuiller *f*, cuillère *f*; F amoureux *m* d'une sentimentalité exagérée; *golf*: spoon *m*; *sl. be ~s on* avoir un béguin pour (*q.*); **2.** manger *ou* ramasser *ou* servir *etc.* avec une cuiller; *sl.* faire le galant auprès de (*q.*); ˈ**~-drift** embrun *m*; ˈ**spoon·er·ism** contrepèterie *f*; ˈ**spoon-feed** *fig.* mâcher la besogne à; **spoon·ful** [ˈ~ful] cuillerée *f*; ˈ**spoon-meat** aliment *m* liquide; ˈ**spoon·y** □ F amoureux (-euse *f*) (de, *on*).

spo·rad·ic [spəˈrædik] (*~ally*) *fig.* isolé, rare; ⚕, *zo.* sporadique.

spore ⚘ [spɔ:] spore *f*.

sport [spɔ:t] **1.** sport *m*; jeu *m*; divertissement *m*; *fig.* jouet *m*; *fig.* moquerie *f*; ⚘, *biol.* type *m* anormal; *sl.* (*a. good ~*) chic type *m*; **2.** *v/i.* jouer; se divertir; ⚘, *biol.* produire une variété anormale; *v/t.* F porter; étaler; *univ. sl. ~ one's oak* défendre sa porte; s'enfermer à double porte; ˈ**sport·ing** □ de sport; sportif (-ive *f*); amateur de la chasse; ˈ**spor·tive** □ folâtre, badin, enjoué; **sports-ground** [ˈ~sgraund] terrain *m* de jeux; stade *m*; **sports·man** [ˈ~smən] amateur *m* du sport, sportsman (*pl.* sportsmen) *m*; sportif *m*; chasseur *m*; ˈ**sports·man·like** de sportsman; digne d'un sportsman; ˈ**sports-wear** costume *m* de sport; ˈ**sports·wom·an** femme *f* amateur du sport *ou* de la chasse *etc.*; sportive *f*.

spot [spɔt] **1.** tache *f*; *cravate*, *étoffe*: pois *m*; endroit *m*, lieu *m*; *figure*: bouton *m*; *sl. vin*: goutte *f*, petit verre *m*; *théâ. etc.* projecteur *m*; *radio*: spot *m*; *Am.* F *ten ~* billet *m* de dix dollars; ✝ *~s pl.* marchandises *f/pl.* payées comptant; F *a ~ of* un peu de; *on the ~* sur place; *adv.* immédiatement; *be on the ~* être là; arriver sur les lieux; **2.** ✝ (au) comptant, (du) disponible; fait au hasard; *~ check* contrôle *m ou* vérification *f* fait(e) au hasard, sondage *m*; **3.** *v/t.* tacher; tacheter, moucheter; F apercevoir; F repérer; F reconnaître; *v/i.* se tacher; F commencer à pleuvoir; ˈ**~·check** contrôler au hasard *ou* à l'impoviste; ˈ**spot·less** □ sans tache; immaculé; pur; ˈ**spot·less·ness** netteté *f*; propreté *f*; pureté *f*; ˈ**spot·light** *théâ.* projecteur *m*, spot *m*; *mot.* projecteur *m* orientable; *fig. in the ~* en vedette; sous les feux de la rampe; ˈ**spot-ˈon** *Brit.* F exact(ement), précis(ément), F en plein dans le mille; ˈ**spot·ted** tacheté, moucheté; *tex.* à pois; *zo.* taché; ⚕ *~ fever* méningite *f* cérébro-spinale; ˈ**spot·ter** ✈ avion *m* de réglage de tir; *personne*: observateur *m*; *Am.* détective *m* privé; *Am.* 🚂 inspecteur *m* en civil; **spot·ti·ness** [ˈ~inis] caractère *m* tacheté *ou* boutonneux; ˈ**spot·ty** moucheté; couvert de boutons (*figure*).

spouse [spauz] époux (-ouse *f*) *m*.

spout [spaut] **1.** *théière etc.*: bec *m*; *arrosoir*: goulot *m*; *pompe*: jet *m*; ⚠ tuyau *m* de décharge; ⚠ gargouille *f*; gouttière *f*; **2.** (faire) jaillir; *v/t.* F déclamer.

sprain [sprein] **1.** entorse *f*, foulure *f*; **2.** se fouler (la cheville, *one's ankle*).

sprang [spræŋ] *prét. de spring* 2.

sprat *icht.* [spræt] sprat *m*.

sprawl [sprɔ:l] *v/i.* s'étendre, s'étaler (*a. fig.*); ⚘ traîner, ramper; *v/t.* étendre (*les jambes*).

spray[1] [sprei] brin *m*, brindille *f*; *fleurs*: branche *f*.

spray[2] [~] **1.** poussière *f* d'eau; écume *f*, embrun *m*; jet *m*; (*a.* ~ *can*) *see* ~*er*; **2.** vaporiser (*un liquide*); arroser; passer (*un arbre*) au vaporisateur; ˈ**spray·er** aérosol *m*, bombe *f*; atomiseur *m*, vaporisateur *m*; *foam* ~ extincteur *m* à mousse.

spread [spred] **1.** [*irr.*] *v/t.* (*a.* ~ *out*) étendre; tendre (*le filet*); répandre (*un bruit, une nouvelle, une terreur*); propager (*une maladie*); tartiner (*une tranche de pain*); faire circuler, faire connaître; ~ *the table* mettre le couvert; *v/i.* s'étendre, s'étaler; **2.** *prét. et p.p. de 1*; ▨ ~ *eagle* aigle *f* éployée; **3.** étendue *f*; *ailes*: envergure *f*; diffusion *f*, propagation *f*; *Am.* dessus *m* de lit; *sandwich etc.*: pâte *f*; *sl.* régal *m*, festin *m*; ˈ**~-ea·gle** F grandiloquent; chauviniste; ˈ**spread·er** étaleur (-euse *f*) *m*; semeur (-euse *f*) *m*; ˈ**spread·ing** étendu; rameux (-euse *f*) (*arbre*).

spree F [spriː] bombe *f*, noce *f*; bringue *f*; *go on the* ~ faire la bringue *etc.*

sprig [sprig] **1.** brin *m*, brindille *f*; petite branche *f*; *fig.* rejeton *m*; ⊕ clou *m* (*de vitrier*); pointe *f* (de Paris); **2.**: ~ *on* (*ou down*) cheviller; ~*ged* à ramages (*tissu*).

spright·li·ness [ˈspraitlinis] vivacité *f*, sémillance *f*; ˈ**spright·ly** éveillé; vif (vive *f*).

spring [spriŋ] **1.** saut *m*, bond *m*; ressort *m*; *auto*: suspension *f*; source *f* (*a. fig.*); *fig.* origine *f*; *saison*: printemps *m*; **2.** [*irr.*] *v/t.* faire sauter; faire jouer (*un piège*); suspendre (*l'auto*); munir de ressorts; franchir; (faire) lever (*le gibier*); proposer *ou* présenter (*un projet etc.*) à l'improviste, faire (*une surprise*) (à q., [*up*]*on s.o.*); ⚓ ~ *a leak* faire une voie d'eau; *v/i.* sauter, bondir; jaillir, sourdre (de, *from*); ⚘ pousser; *fig.* sortir, descendre (de, *from*); ~ *up* sauter en l'air; ⚘ pousser; se lever; se former (*idée*); ~ *into existence* naître, (ap)paraître; ˈ**~-ˈbal·ance** balance *f ou* peson *m* à ressort; ˈ**~-board** tremplin *m*; ˈ**~-bolt** ⊕ verrou *m* à ressort; *serrure*: pêne *m* coulant; ˈ**~-ˈclean·ing** grand nettoyage *m* de printemps.

springe [sprindʒ] *oiseaux*: lacet *m*; *lapins*: collet *m*.

spring-gun [ˈspriŋgʌn] piège *m* à fusil; ˈ**spring·i·ness** élasticité *f*; ressort *m*.

spring...: ˈ**~-mat·tress** sommier *m* élastique; ˈ**~·tide** grande marée *f*; *poét.* printemps *m*; ˈ**~·time** printemps *m*; ˈ**spring·y** □ élastique; flexible; *fig.* moelleux (-euse *f*).

sprin·kle [ˈspriŋkl] *v/t.* (*with*, de) répandre; arroser; *eccl.* asperger; saupoudrer; *fig.* semer; *v/i.* tomber en pluie fine; ˈ**sprin·kler** arrosoir *m*; extincteur *m* (*d'incendie*); *eccl.* goupillon *m*; ˈ**sprin·kling** aspersion *f*; légère couche *f*; *fig. a* ~ *of* quelques bribes *f/pl.* de (*une science etc.*).

sprint [sprint] **1.** *sp.* course *f* de vitesse, sprint *m*; **2.** de vitesse; **3.** faire une course de vitesse, sprinter; ˈ**sprint·er** *sp.* coureur (-euse *f*) *m* de vitesse; sprinter *m*.

sprit ⚓ [sprit] livarde *f*.

sprite [sprait] lutin *m*, farfadet *m*; esprit *m*.

sprock·et-wheel ⊕ [ˈsprɔkitwiːl] pignon *m* de chaîne.

sprout [spraut] **1.** (laisser) pousser; **2.** ⚘ pousse *f*; bourgeon *m*; *Brussels* ~*s pl.* choux *m/pl.* de Bruxelles.

spruce[1] □ [spruːs] soigné; pimpant.

spruce[2] ⚘ [~] (*a.* ~ *fir*) sapin *m*, épinette *f*.

sprung [sprʌŋ] *p.p. de spring 2.*

spry [sprai] vif (vive *f*), éveillé.

spud [spʌd] sarcloir *m*; *sl.* patate (= *pomme de terre*); F personne *f* trapue.

spume *poét.* [spjuːm] écume *f*; ˈ**spu·mous**, ˈ**spum·y** □ écumeux (-euse *f*).

spun [spʌn] *prét. et p.p. de spin 1.*

spunk [spʌŋk] amadou *m*; *fig.* courage *m*; *Am.* irritation *f*.

spur [spəː] **1.** éperon *m* (*a. géog.*, ⚘, †, ⚓); *coq, seigle*: ergot *m*; *fig.* aiguillon *m*; *act on the* ~ *of the moment* agir sous l'inspiration du moment; *put* (*ou set*) ~*s to* éperonner, donner de l'éperon à (*un cheval*); *fig.* stimuler; *win one's* ~*s* F faire ses preuves; *hist.* gagner ses éperons; ⊕ ~-*gear* engrenage *m* droit; **2.** *v/t.* (*a.* ~ *on*) éperonner;

fig. aiguillonner, pousser; *v/i. poét.* aller au galop, piquer des deux.

spurge ⚘ [spəːdʒ] euphorbe *f.*

spu·ri·ous □ [ˈspjuəriəs] faux (fausse *f*); ˈ**spu·ri·ous·ness** fausseté *f.*

spurn [spəːn] repousser du pied; rejeter *ou* traiter avec mépris.

spurred [spəːd] éperonné; ergoté (*seigle, a. orn.*); ⚘ calcarifère.

spurt [spəːt] **1.** (re)jaillir; *sp.* démarrer, faire un emballage; *see spirt 1*; **2.** effort *m* soudain; *sp.* effort *m* de vitesse, emballage *m*, rush *m*; *see spirt 2.*

sput·ter [ˈspʌtə] **1.** bredouillement *m*; *bois, feu*: pétillement *m*; **2.** *v/i.* bredouiller (*a.* qch. à q., *s.th. at s.o.*); cracher (*plume*); *v/t.* (*a.* ~ *out*) débiter en bredouillant.

spy [spai] **1.** espion(ne *f*) *m*; F mouchard *m*; **2.** *v/i.* espionner; *v/t.* apercevoir; ~ *out* explorer (*un terrain*); ~ (*up*)*on s.o.* épier, guetter q.; ˈ**~·glass** lunette *f* d'approche; ˈ**~·hole** *porte*: judas *m*; *rideau etc.*: trou *m.*

squab [skwɔb] boulot(te *f*) *m*; courtaud(e *f*) *m*; *orn.* pigeonneau *m* sans plumes; *Am. sl. jeune fille*: typesse *f*; *mot.* coussin *m*; ottomane *f*; pouf *m* (*a. adv.*).

squab·ble [ˈskwɔbl] **1.** querelle *f*, dispute *f*; prise *f* de bec; chamaille *f*; **2.** se chamailler (avec, *with*); ˈ**squab·bler** chamaillard *m*; querelleur (-euse *f*) *m.*

squad [skwɔd] escouade *f*; peloton *m*; *police*: brigade *f*; *Am. sp.* équipe *f*; **squad·ron** [ˈ~rən] ⚔ escadron *m*; ✈ escadrille *f*; ⚓ escadre *f.*

squal·id □ [ˈskwɔlid] sordide, crasseux (-euse *f*).

squall[1] [skwɔːl] **1.** cri *m* rauque; **2.** *vt/i.* brailler, crier.

squall[2] ⚓ [~] grain *m*, coup *m* de vent; ˈ**squall·y** ⚓ à grains, à rafales (*temps*); orageux (-euse *f*).

squa·lor [ˈskwɔlə] misère *f*; caractère *m* sordide.

squa·mous [ˈskweiməs] squameux (-euse *f*).

squan·der [ˈskwɔndə] gaspiller; ˈ**~ˈma·ni·a** prodigalité *f.*

square [skwɛə] **1.** □ carré; *fig.* honnête; en bon ordre; solide (*repas etc.*); catégorique (*refus*); ⊕ plat; ~ *measure* mesure *f* de surface; ~ *mile* mille *m* carré; 𝒜 *take a* ~ *root* extraire la racine carrée; ⚓ ~ *sail* voile *f* carrée; *Am.* F ~ *shooter* homme *m* loyal *ou* qui agit loyalement; ~ *with* (*ou to*) d'équerre avec; **2.** carré *m* (*a.* 𝒜, ⚔); carreau *m*; *échiquier etc.*: case *f*; *surv.* équerre *f*; place *f*; *Am.* bloc *m* de maisons; *silk* ~ foulard *m*; **3.** *v/t.* carrer; équarrir (*le bois, un bloc de marbre*); *fig.* accorder (avec, *with*); mettre en croix (*les vergues*); ⚒ régler, balancer; *sl.* graisser la patte à (*q.*); F arranger; *v/i.* se carrer, se raccorder; *fig.* cadrer (avec, *with*); s'accorder (avec, *with*); ˈ**~-ˈbuilt** bâti en carré; aux épaules carrées (*personne*); ˈ**~-ˈrigged** ⚓ gréé en carré; ˈ**~-toes** *sg.* F pédant *m*; rigoriste *m* de l'ancienne mode.

squash[1] [skwɔʃ] **1.** écrasement *m*; F cohue *f*, presse *f*; *sp.* jeu *m* de balle au mur; *lemon* ~ citronnade *f*; **2.** (s')écraser; *fig.* (se) serrer.

squash[2] ⚘ [~] gourde *f*; *Am.* courge *f.*

squat [skwɔt] **1.** accroupi; trapu; **2.** s'accroupir, se tapir; s'approprier une maison; ˈ**squat·ter** *surt. Am. et Australie*: squatter *m.*

squaw [skwɔː] femme *f* peau-rouge.

squawk [skwɔːk] **1.** pousser des cris rauques; **2.** cri *m* rauque.

squeak [skwiːk] **1.** *v/i.* pousser des cris aigus; grincer; F *v/t.* crier d'une voix aiguë; **2.** cri *m* aigu; grincement *m*; ˈ**squeak·y** □ criard; aigu(ë *f*).

squeal [skwiːl] pousser des cris aigus; F ~ *on s.o.* dénoncer q.; *see squeak 1.*

squeam·ish □ [ˈskwiːmiʃ] sujet(te *f*) aux nausées; délicat, difficile, dégoûté; ˈ**squeam·ish·ness** disposition *f* aux nausées; délicatesse *f.*

squee·gee [ˈskwiːˈdʒiː] rabot *m* en caoutchouc; *phot.* raclette *f.*

squeez·a·ble [ˈskwiːzəbl] compressible, comprimable.

squeeze [skwiːz] **1.** *v/t.* serrer; presser; exercer une pression sur; *fig.* extorquer (à, *from*); ~ *into* faire entrer (de force); ~ *out* exprimer; *v/i.*: ~ *into* s'introduire dans; ~ *together* (*ou up*) se serrer; **2.** étreinte *f*, compression *f*; *main*: serrement *m*; F exaction *f*; ˈ**squeez·er** machine *f* à compression; presse-citron *m/inv.*; F extorqueur *m.*

squelch F [skweltʃ] *v/t.* aplatir; réprimer; *v/i.* gicler; gargouiller.
squib [skwib] pétard *m*; *fig.* brocard *m.*
squid *zo.* [skwid] calmar *m.*
squif·fy *sl.* [ˈskwifi] gris, pompette.
squig·gle F [ˈskwigl] gribouillis *m.*
squill ⚘ [skwil] scille *f.*
squint [skwint] **1.** loucher; **2.** strabisme *m*; regard *m* louche; F coup *m* d'œil.
squire [ˈskwaiə] **1.** propriétaire *m* terrien; seigneur *m* du village; *Am.* juge *m* de paix; *hist.* écuyer *m*; *co.* cavalier *m* servant; **2.** escorter (*une dame*).
squir(e)·arch·y [ˈskwaiərɑːki] corps *m* des propriétaires fonciers; tyrannie *f* terrienne.
squirm F [skwəːm] se tortiller; *fig.* se crisper (sous un reproche, *under a rebuke*).
squir·rel *zo.* [ˈskwirəl] écureuil *m*; (*a.* ~*fur*) petit-gris (*pl.* petits-gris) *m.*
squirt [skwəːt] **1.** seringue *f*; jet *m* (*d'eau etc.*); F petit fat *m*; **2.** (faire) jaillir; *v/i.* gicler.
squish F [skwiʃ] giclement *m.*
stab [stæb] **1.** coup *m* de poignard *ou* de couteau; **2.** *v/t.* poignarder; *v/i.* porter un coup de poignard *etc.* (à, *at*).
sta·bil·i·ty [stəˈbiliti] stabilité *f* (*a.* ✈); fermeté *f*, constance *f.*
sta·bi·li·za·tion [steibilaiˈzeiʃn] stabilisation *f* (*a.* ⚕).
sta·bi·lize [ˈsteibilaiz] stabiliser; **ˈsta·bi·liz·er** ✈ plan *m* fixe horizontal; ⚓ stabilisateur *m.*
sta·ble[1] ☐ [ˈsteibl] stable; solide, fixe; ferme, constant.
sta·ble[2] [~] **1.** écurie *f*; **2.** mettre à l'écurie; mettre dans une écurie; **sta·ble·boy** palefrenier *m.*
sta·bling [ˈsteibliŋ] logement *m* à l'écurie; *coll.* écuries *f/pl.*
stack [stæk] **1.** ⚒ *foin etc.*: meule *f*; tas *m*, pile *f*; *cheminée*: souche *f*; ⚔ faisceau *m*; 🚂 cheminée *f*; ~*s pl.* magasin *m* de livres; F ~*s pl.* un tas *m*; *Am.* F *blow one's* ~ sortir de ses gonds; se mettre en rogne; **2.** mettre en meule; *fig.* entasser; ⚔ mettre en faisceaux.
sta·di·um *sp.* [ˈsteidiəm], *pl.* **-di·a** [ˈ~diə] stade *m.*
staff [stɑːf] **1.** bâton *m*; mât *m*; ♪ (*pl. staves* [steivz]) portée *f*; ⚔ état-major (*pl.* états-majors) *m*; ⚕ personnel *m* (*école, univ.*: enseignant); *ecole*: ~ *room* salle *f* des professeurs; **2.** fournir de personnel.
stag [stæg] **1.** *zo.* cerf *m*; F homme *m* non accompagné d'une dame; ⚕ loup *m*; **2.** ⚕ acheter pour revendre à prime.
stage [steidʒ] **1.** estrade *f*; échafaudage *m*; *théâ.* scène *f*; *fig.* théâtre *m*; période *f*; étape *f*; phase *f*; (*a. landing-*~) débarcadère *m*; *go on the* ~ se faire acteur (-trice *f*); *fare* ~ *autobus etc.*: section *f* itinéraire; **2.** mettre sur la scène; monter; **ˈ~-ˈbox** loge *f* d'avant-scène; **ˈ~-coach** diligence *f*; **~ di·rec·tion** indication *f* scénique; **~ fright** trac *m*; **~ hand** machiniste *m*; **~ man·ag·er** régisseur *m*; **ˈstag·er**: *old* ~ vieux routier *m*; **ˈstage·struck** fou (folle *f*) du théâtre; **stage whis·per** aparté *m*; **ˈstage·y** *see stagy.*
stag·ger [ˈstægə] **1.** *v/i.* chanceler, tituber; *fig.* hésiter; *v/t.* faire chanceler; ⊕ disposer en quinconce; étager; *fig.* échelonner; F confondre; **2.** chancellement *m*; allure *f* chancelante; ⊕ disposition *f* en quinconce; *fig.* échelonnement *m*; ~*s pl. vét. mouton*: lourd vertige *m*; *cheval*: vertigo *m*; F vertige *m*; **ˈstag·ger·ing** renversant.
stag·nan·cy [ˈstægnənsi] stagnation *f*; **ˈstag·nant** ☐ stagnant (*a.* ⚕); ⚕ en stagnation; dormant; **stag·nate** [ˈ~neit] être *ou* devenir stagnant; croupir (*eau*); **stagˈna·tion** stagnation *f*; ⚕ *a.* marasme *m.*
stag-par·ty F [ˈstægpɑːti] réunion *f* d'hommes.
stag·y ☐ [ˈsteidʒi] théâtral (-aux *m/pl.*).
staid ☐ [steid] posé, sérieux (-euse *f*); **ˈstaid·ness** caractère *m ou* air *m* posé *ou* sérieux.
stain [stein] **1.** tache *f* (*a. fig.*); ⊕ couleur *f* (*pour bois*); **2.** *v/t.* tacher (*a. fig.*); ⊕ teindre, mettre en couleur; *v/i.* se tacher; se teindre; ~*ed glass* verre *m* de couleur; ~*ed glass* (*window*) vitrail (*pl.* -aux) *m*; **ˈstain·less** ☐ sans tache; immaculé; ⊕ inoxydable (*acier*); inrouillable.
stair [stɛə] marche *f*, degré *m*; ~*s pl.* escalier *m*; *flight of* ~*s pl.* (volée *f* d')escalier *m*; **ˈ~-car·pet** tapis *m*

d'escalier; '**~·case** (cage *f* d')escalier *m*; *moving* ~ escalier *m* roulant, escalator *m*; '**~-rod** tringle *f* d'escalier; *Am.* '**~·way** *see staircase.*

stake [steik] **1.** pieu *m*; poteau *m*; *jeu*: enjeu *m*; jeu *m* (*a. fig.*); bûcher *m* (*d'un martyr*); ~*s pl. turf*: prix *m/pl.*; *surt. Am. pull up* ~*s* partir, ficher le camp; *be at* ~ être en jeu; *place one's* ~ *on* parier sur; **2.** garnir de *ou* soutenir avec des pieux; mettre en jeu; jouer, parier; hasarder; ~ *out* (*ou off*) jalonner.

stale[1] □ [steil] **1.** vieux (vieil *devant une voyelle ou un h muet*; vieille *f*; vieux *m/pl.*); rassis (*pain etc.*); éventé (*bière etc.*); défraîchi (*article, nouvelle*); vicié (*air*); de renfermé (*odeur*); rance; usé, rebattu (*plaisanterie etc.*); **2.** *v/i.* s'éventer (*bière*); perdre son intérêt.

stale[2] [~] **1.** uriner (*cheval etc.*); **2.** urine *f*.

stale·mate ['steil'meit] **1.** *échecs*: pat *m*; *fig.* impasse *f*; **2.** faire pat (*q.*).

stalk[1] [stɔːk] tige *f*; *chou*: trognon *m*; *verre*: pied *m*.

stalk[2] [~] **1.** *v/i.* marcher à grandes enjambées; se pavaner; chasser sans chiens; *v/t.* traquer d'affût; **2.** chasse *f* à l'affût; '**stalk·er** chasseur *m* à l'affût; '**stalk·ing-horse** *fig.* masque *m*, prétexte *m*.

stall [stɔːl] **1.** *cheval*: stalle *f*; *bœuf*: case *f*; *porc*: loge *f*; *marché*: étalage *m*; *théâ.* fauteuil *m* d'orchestre; *eccl.* stalle *f*; **2.** *v/t.* mettre à l'étable *ou* l'écurie; ✈ mettre en perte de vitesse; *mot.* caler; *v/i. mot.* (se) caler; ✈ s'engager; '**~-feed·ing** nourrissage *m* à l'étable.

stal·lion ['stæljən] étalon *m*.

stal·wart ['stɔːlwət] **1.** □ robuste, vigoureux (-euse *f*); *fig.* ferme; **2.** *pol.* tenant *m*; partisan *m*.

sta·men ⚘ ['steimen] étamine *f*; **stam·i·na** ['stæminə] vigueur *f*, résistance *f*.

stam·mer ['stæmə] **1.** bégayer, balbutier; **2.** bégaiement *m*; '**stam·mer·er** bègue *mf*.

stamp [stæmp] **1.** battement *m* (*a.* bruit *m*) de pied; ⊕ estampeuse *f*; ⊕ emboutisseuse *f*; empreinte *f* (*a. fig.*); *fig.* trempe *f*; timbre (-poste) *m*; coin *m*; ⚜ estampille *f*; ~ *pad* tampon *m* (encreur); *see date*-~; **2.** *v/t.* frapper (du pied, *one's foot*); estamper; ⚜ estampiller; ⚜ contrôler; marquer (*a. fig.*); timbrer (*un document*); affranchir (*une lettre*); ~ *on the memory* (se) graver dans la mémoire, imprimer sur l'esprit; ~ *out* étouffer; ⊕ découper à la presse; *v/i.* frapper du pied; piétiner; '**~-al·bum** album *m* de timbres-poste; '**~-du·ty** droit *m* de timbre.

stam·pede [stæm'piːd] **1.** panique *f*; débandade *f*; ruée *f*; **2.** *v/t.* mettre en fuite; *v/i.* fuir en désordre; se précipiter (vers, sur *for, towards*).

stamp·er ['stæmpə] estampeuse *f*; *personne*: timbreur (-euse *f*), estampeur (-euse *f*) *m*, frappeur (-euse *f*) *m* de monnaie; '**stamp(·ing)-mill** *métall.* (moulin *m* à) bocard(s *pl.*) *m*.

stanch [stɑːntʃ] **1.** étancher (*le sang*); **2.** *adj. see staunch 1*; **stan·chion** ['stɑːnʃn] étançon *m*; colonnette *f* de soutien.

stand [stænd] **1.** [*irr.*] *v/i.* se tenir (debout); être; se trouver; rester; se maintenir; se porter candidat; (*usu.* ~ *still*) s'arrêter; se lever; ~ *against* s'adosser à; résister à, combattre; ~ *aside* se tenir à l'écart; s'écarter; *fig.* se désister (*en faveur de q.*); ~ *at* être à; marquer (*les degrés*); ~ *back* se tenir en arrière; (se) reculer; être écarté (de, *from*); ~ *by* se tenir prêt; ⚓ se tenir paré; ⚔ être consigné; se tenir à côté de; *fig.* soutenir; *fig.* rester fidèle à; *radio*: ne pas quitter l'écoute; ~ *for* tenir lieu de; se présenter comme candidat à; soutenir; vouloir dire; représenter; F supporter, tolérer; ⚓ ~ *in* courir (vers, à *to*); ~ *in with* s'associer à; ~ *off* se tenir éloigné *ou* à l'écart; s'éloigner; ⊕ chômer; ⚓ courir au large; avoir le cap au large; ~ *off!* tenez-vous à distance!; ~ *on* se tenir sur (*a. fig.*); insister sur; ~ *out* être en *ou* faire saillie, avancer; *fig.* se détacher (sur, *against*); se profiler (sur, *against*); se tenir à l'écart; résister (à, *against*); tenir bon (contre, *against*); insister (sur, *for*); ⚓ se tenir au large; courir au large; ~ *over* rester en suspens; se pencher sur; *Am.* F ~ *pat* tenir ferme, ne pas en démordre; ~ *to* ne pas démordre de, en tenir pour; s'en tenir à; ⚓ avoir le cap à; *see reason 1*; ⚔ ~ *to!* aux armes!; ~ *up* se lever; se dresser; ~ *up for* soutenir, prendre le parti de; ~ *up to* résister à; ~ *upon* se tenir sur (*a. fig.*); insister sur; **2.** [*irr.*] *v/t.* poser, mettre; supporter, endurer; soutenir (*un combat, un choc,* ⚔ *le feu*); *see ground*[2] *1*; F ~ *s.o. a dinner* payer un dîner à q.; ~ *treat* régaler; **3.** position *f*, place *f*; station(nement *m*) *f*; estrade *f*, tribune *f*; étalage *m*; socle *m*, dessous *m*; *surt. Am.* barre *f* des témoins; arrêt *m*; (*a. wash-*~) lavabo *m*; *fig.* résistance *f*; *composés*: -~ porte- *m*; *umbrella-*~ porte-parapluies *m/inv.*; ⚔ ~ *of arms* armement *m* (*d'un soldat*); *make a* (*ou one's*) ~ *against* s'opposer résolument à.

stand·ard ['stændəd] **1.** ⚔ étendard *m*; ⚓ pavillon *m* (*a.* ⚘); *mesure*: étalon *m*, type *m*; ✝ échantillon *m*; modèle *m*, norme *f*; niveau *m* (*a. école, fig.*); qualité *f*; degré *m* (d'excellence); hauteur *f*; *or, argent, a.* ⚗: titre *m*; *école primaire*: classe *f*; ⊕ pied *m*; ✓ arbre *m* de plein vent; *above* ~ au-dessus de la moyenne; ~ *lamp* torchère *f*, lampadaire *m*; *the* ~ *is high* le niveau est élevé; ~ *of living* niveau *m* de vie; ~ *of value* prix *m* régulateur; **2.** standard *adj./inv.*; -étalon; type; classique; normal (-aux *m/pl.*); courant; ~-**gauge** 🚂 ['~geidʒ] voie *f* normale; **stan·ard·i·za·tion** ['~ai'zeiʃn] étalonnage *m*; unification *f*; ⊕, *cin.* standardisation *f*; ⚗ titrage *m*; '**stand·ard·ize** étalonner, unifier; normaliser; ⊕, *cin.* standardiser; ⚗ titrer.

stand-by ['stændbai] **1.** expédient *m*; réserve *f*; **2.** de réserve, de secours.

stand·ee *Am.* F [stæn'di:] spectateur (-trice *f*) *m* debout.

stand·er-by ['stændə'bai], *pl.* '**stand·ers-'by** spectateur (-trice *f*) *m*; assistant(e *f*) *m*, temoin *m*.

stand-in *cin.* ['stænd'in] doublure *f*.

stand·ing ['stændiŋ] **1.** □ debout *inv.*; dormant (*eau*); permanent; ordinaire; fixe; ~ *jump* saut *m* à pieds joints; *parl.* ~ *orders pl.* règlement *m*, -s *m/pl.*; **2.** position *f*; rang *m*; importance *f*; durée *f*; date *f*; *of long* ~ d'ancienne date; '~-**room** place *f*, -s *f/pl.* debout.

stand...: '~-**off** *Am.* raideur *f*, réserve *f*, morgue *f*; '~-'**off·ish** distant; raide; ~'**pat·ter** *Am. pol.* immobiliste *m*; '~-**pipe** réservoir *m* cylindrique; '~·**point** point *m* de vue; '~·**still** arrêt *m*; *be at a* ~ n'avancer plus; *come to a* ~ s'arrêter; '~-**up**: ~ *collar* col *m* droit; ~ *fight* bataille *f* rangée; combat *m* en règle.

stank [stæŋk] *prét. de stink 2.*

stan·nic ⚗ ['stænik] stannique.

stan·za ['stænzə] strophe *f*, stance *f*.

sta·ple[1] ['steipl] **1.** matière *f* première; *fig.* fond *m*; produit *m* principal; marché *m* aux laines; **2.** principal (-aux *m/pl.*).

sta·ple[2] [~] crampon *m*, crampillon *m*; clou *m* à deux pointes; *serrure*: gâche *f*.

star [stɑ:] **1.** étoile *f* (*a. fig.*); astre *m*; *théâ.* vedette *f*; *Am.* ~*s and Stripes pl.* bannière *f* étoilée; **2.** étoiler; marquer d'un astérisque; *théâ.* figurer en vedette, tenir le premier rôle; ~ (*it*) briller; *théâ.* figurer en vedette de la semaine *etc.*

star·board ⚓ ['stɑ:bəd] **1.** tribord *m*; **2.** *v/t.* mettre la barre à tribord; *v/i.* venir sur tribord.

starch [stɑ:tʃ] **1.** amidon *m*; *pâte*: empois *m*; *fig.* raideur *f*; **2.** empesé; *fig.* ~*ed* guindé, raide; '**starch·i·ness** manières *f/pl.* empesées, raideur *f*; '**starch·y** □ **1.** féculent; *fig.* guindé; **2.** (*ou* ~ *food*) féculent *m*.

star·dom ['stɑ:dəm] célébrité *f*; *rise to* ~ devenir unc vcdette.

stare [stɛə] **1.** regard *m* fixe; **2.** regarder fixement (qch., *at s.th.*); ouvrir de grands yeux; ~ *s.o. out* dévisager q.

star·fish *zo.* ['stɑ:fiʃ] étoile *f* de mer.

star·ing □ ['stɛəriŋ] fixe (*regard*); effrayé; criard.

stark [stɑ:k] raide; *poét.* fort; ~ *naked* tout nu; nu comme un ver.

star·ling[1] *orn.* ['stɑ:liŋ] étourneau *m*.

star·ling[2] [~] brise-glace *m/inv.*

star·lit [stɑ:lit] étoilé.

star·ring *théâ.* ['stɑ:riŋ] présentant... (en vedette).

star·ry ['stɑ:ri] étoilé (*a.* ⚘); *fig.* brillant; '~-**eyed** rêveur (-euse); extasié; peu réaliste.

star-span·gled ['stɑ:spæŋgld] constellé d'étoiles; *Am. Star-Spangled Banner* bannière *f* étoilée.

start [stɑ:t] **1.** départ *m* (*a. sp.*); commencement *m*; *sp.* envolée *f*; *sp.* avance *f*; *fig.* sursaut *m*, tressaillement *m*; *get the* ~ *of s.o.* devancer q.; *sp. give s.o. a* ~ donner de l'avance à q.; laisser q. partir le premier; **2.** *v/i.* partir, se mettre en route; commencer (*a. qch.*, *on s.th.*; *a.* à *inf.*, *on gér.*); *mot.* démarrer; ✈ prendre son vol; *fig.* tressaillir, (sur)sauter (de, *with*; à *at*, *with*); faire un écart brusque (*cheval*); jaillir (de, *from*) (*larmes*); ~ *up* se lever brusquement; *v/t.* faire partir (*a. le gibier*); mettre (*une machine*) en marche; *sp.* donner le signal du départ à; lever (*un lièvre*); lancer (*une personne*, *une affaire*, *etc.*); commencer (*un travail*, *une lutte*, *etc.*); entamer (*une conversation*, *un sujet*, *etc.*); soulever (*une question*); ~ *s.o.* (*gér.*) mettre q. à (*inf.*).

start·er [ˈstɑːtə] auteur *m*; *sp.* starter *m*; *sp.* partant *m* (= *concurrent*); *mot. etc.* démarreur *m*; *fig.* lanceur (-euse *f*) *m*.

start·ing [ˈstɑːtiŋ] **1.** départ *m*; commencement *m etc.*; **2.** de départ; de début; initial; *sp.* ~ *block* bloc *m* de départ; *sp.* ~ *line* ligne *f* de départ; ~ *phase* phase *f* initiale; ~ *place* (*ou point*) point *m* de départ; ~ *salary* salaire *m* initial *ou* de début.

star·tle [ˈstɑːtl] effrayer; ˈ**star·tler** F chose *f* sensationnelle; ˈ**star·tling** □ effrayant; étonnant.

star·va·tion [stɑːˈveiʃn] faim *f*; ⚕ inanition *f*; *attr.* de famine; (*be on a*) ~ *diet* (suivre un) régime *m* draconien; **starve** [stɑːv] (faire) mourir de faim; *fig. v/t.* priver (de, *of*); **starve·ling** [ˈ~liŋ] affamé(e *f*) (*a. su./mf*); famélique (*a. su./mf*); *a.* de famine.

state [steit] **1.** état *m*, condition *f*; pompe *f*, apparat *m*; *pol. usu.* ♀ État *m*; *hist.* ♀*s pl.* états *m/pl.*, ordres *m/pl.*; ~ *of life* rang *m*; *in* ~ en grand apparat *ou* gala; *lie in* ~ être exposé solennellement (*mort*); F *be in a* ~ être très agité; **2.** d'État; national (-aux *m/pl.*); d'apparat; *see department*; ~ *funeral* obsèques *f/pl.* nationales; *Am.* ♀ *house* palais *m* du gouvernement; **3.** énoncer, déclarer, affirmer; poser (*un problème*); fixer (*une date etc.*); ☤ spécifier (*un compte*); ˈ**state·less** sans patrie; ˈ**state·li·ness** majesté *f*; grandeur *f*; ˈ**state·ly** majestueux (-euse *f*); imposant; noble; ˈ**state·ment** déclaration *f*; exposition *f*, énoncé *m*; affirmation *f*; ☤ état *m* (de compte, *of account*); ☤ bilan *m*; ˈ**state·room** salle *f* de réception; ⚓ cabine *f* de luxe; ˈ**state·side** *Am.* aux *ou* des États-Unis; F *go* ~ rentrer.

states·man [ˈsteitsmən] homme *m* d'État; ˈ**states·man·like** d'homme d'État; F magistral (-aux *m/pl.*); ˈ**states·man·ship** science *f* du gouvernement; politique *f*.

State(s') **rights** *Am.* [ˈsteit(s)raits] droits *m/pl.* fondamentaux des États fédérés.

stat·ic [ˈstætik] statique; ˈ**stat·ics** *pl. ou sg. phys.* statique *f*; *pl. radio*: parasites *m/pl.*

sta·tion [ˈsteiʃn] **1.** position *f*, place *f*; poste *m* (*a.* ⚔, ⚓, *radio*); *sauvetage etc.*: station *f*; ⚘, *zo.* habitat *m*; 🚂 gare *f*; *métro*: station *f*; rang *m*, situation *f* sociale; **2.** placer; poster; ˈ**sta·tion·ar·y** □ immobile; stationnaire; fixe; ~ *engine* moteur *m* fixe; ˈ**sta·tion·er** papetier *m*; ♀*s' Hall* Hôtel *m* de la Corporation des libraires (*à Londres*); ˈ**sta·tion·er·y** papeterie *f*; ˈ**sta·tion-mas·ter** 🚂 chef *m* de gare; **sta·tion wag·on** *Am. mot.* canadienne *f*.

sta·tis·ti·cal □ [stəˈtistikl] statistique; **stat·is·ti·cian** [stætisˈtiʃn] statisticien(ne *f*) *m*; **sta·tis·tics** [stəˈtistiks] *pl.*, *comme science sg.* statistique *f*.

stat·u·ar·y [ˈstætjuəri] **1.** statuaire; **2.** statuaire *f*, art *m* statuaire; *personne*: statuaire *mf*; *coll.* statues *f/pl.*; **stat·ue** [ˈ~tjuː] statue *f*; **stat·u·esque** □ [~tjuˈesk] plastique; sculptural (-aux *m/pl.*); **stat·u·ette** [~tjuˈet] statuette *f*.

stat·ure [ˈstætʃə] taille *f*; stature *f*.

sta·tus [ˈsteitəs] statut *m* légal; situation *f*; état *m* (*a.* ⚕); rang *m*; ~ *seeker* ambitieux (-euse *f*) *m*; ~ *symbol* marque *f* de standing.

stat·ute [ˈstætjuːt] loi *f*, ordonnance *f*; ~*s pl.* statuts *m/pl.*; ~ *law* droit *m* écrit; ˈ~**-book** code *m* des lois.

stat·u·to·ry □ [ˈstætjutəri] établi par la loi; statuaire.

staunch [stɔːntʃ] **1.** □ ferme; sûr, dévoué; étanche (*navire*); **2.** étancher.

stave [steiv] **1.** douve *f*; bâton *m*; strophe *f*; ♪ mesure *f*; **2.** [*irr.*] (*usu.* ~ *in*) défoncer, enfoncer; ~ *off* prévenir, parer à.

staves [steivz] *pl. de staff 1.*
stay [stei] **1.** ⚓ *mât*: accore *m*, étai *m*; hauban *m*; *fig.* soutien *m*; séjour *m*; ⚖ suspension *f*; ⚖ sursis *m*; (*a pair of*) ~*s pl.* (un) corset *m*; **2.** *v/t.* arrêter; remettre; étayer; ~ *one's stomach* tromper la faim; *v/i.* rester, demeurer; se tenir; séjourner; *sp.* soutenir l'allure; ~ *away* s'absenter; ~ *for* attendre; ~ *in* rester à *ou* garder la maison; ~ *put* rester en place; *sl.* ne plus changer; ~ *up* veiller; rester debout; ~*ing power* fond *m*, résistance *f*; '**~-at-home** casanier (-ère *f*) *m*; '**stay·er** *sp. personne*: stayer *m*; cheval *m* de longue haleine.
stead [sted] place *f*; *in his* ~ à sa place; *stand s.o. in good* ~ être fort utile à q.
stead·fast □ ['stedfəst] ferme, stable; solide; inébranlable; constant; '**stead·fast·ness** fermeté *f*, constance *f*.
stead·i·ness ['stedinis] persévérance *f*; ✝ stabilité *f*; *a. see steadfastness.*
stead·y ['stedi] **1.** □ ferme; solide (*a.* ✝); constant; soutenu; sûr; régulier (-ère *f*); *walk a* ~ *2 miles* aller deux bons milles; **2.** *v/t.* (r)affermir; assurer; calmer; stabiliser; *v/i.* se raffermir; reprendre son aplomb *ou* équilibre; **3.** *Am.* F ami(e *f*) *m* attitré(e *f*); **4.** F *go* ~ sortir ensemble, être de bons amis; F *go* ~ *with s.o.* sortir avec q.
steak [steik] tranche *f*; bifteck *m*; *fillet* ~ tournedos *m*.
steal [sti:l] **1.** [*irr.*] *v/t.* voler, dérober; (*a.* ~ *away*) séduire (le cœur de q., *s.o.'s heart*); ~ *a glance* jeter un coup d'œil furtif (à, *at*); ~ *a march on s.o.* devancer q.; *v/i.* marcher à pas furtifs; ~ *into* se faufiler dans; **2.** *Am.* filouterie *f*; transaction *f* malhonnête.
stealth [stelθ]: *by* ~ à la dérobée; furtivement; '**stealth·i·ness** caractère *m* furtif; '**stealth·y** □ furtif (-ive *f*).
steam [sti:m] **1.** vapeur *f*; buée *f*; *let off* ~ ⊕ lâcher la vapeur; *fig.* donner libre cours à ses sentiments; dépenser son superflu d'énergie; **2.** de *ou* à vapeur; **3.** *v/i.* fumer; jeter de la vapeur; *v/t.* cuire à la vapeur; vaporiser (*du drap*); '**~-boil·er** chaudière *f* à vapeur; **steamed** couvert de buée (*fenêtre*); '**steam-en·gine** machine *f* à vapeur; '**steam·er** ⚓ vapeur *m*; *cuis.* marmite *f* à l'étuvée; '**steam·i·ness** *climat*: humidité *f*; '**steam-roll·er** rouleau *m* compresseur; **steam tug** ⚓ remorqueur *m* à vapeur; '**steam·y** □ couvert de buée (*fenêtre*); humide (*climat etc.*).
ste·a·rin ⚗ ['stiərin] stéarine *f*.
steed *poét.* [sti:d] destrier *m*.
steel [sti:l] **1.** acier *m*; *poét.* épée *f*; *cuis.* affiloir *m*; **2.** d'acier; ~*-works usu. sg.* aciérie *f*; ~ *engraving* gravure *f* sur acier; **3.** aciérer; ~ *o.s.* s'endurcir; '**~-clad** revêtu d'acier; '**steel·y** *usu. fig.* d'acier; '**steel-yard** romaine *f*.
steep[1] [sti:p] **1.** raide, escarpé; F fort, raide; incroyable; **2.** *poét.* escarpement *m*.
steep[2] [~] **1.** trempage *m*; mouillage *m*; **2.** baigner, tremper; *fig.* ~ *o.s.* se noyer (dans, *in*).
steep·en *fig.* ['sti:pən] *vt/i.* augmenter.
stee·ple ['sti:pl] clocher *m*; '**~·chase** steeple(-chase) *m*.
steep·ness ['sti:pnis] raideur *f*; pente *f* rapide.
steer[1] [stiə] jeune bœuf *m*, bouvillon *m*; *Am.* bœuf *m*.
steer[2] [~] diriger, conduire; '**steer·a·ble** dirigeable.
steer·age ⚓ ['stiəridʒ] † manœuvre *f* de la barre; entrepont *m*; troisième classe *f*; '**~-way** ⚓: *have good* ~ sentir la barre.
steer·ing... ['stiəriŋ]: '**~-arm** *mot.* levier *m* d'attaque de (la) direction; ~ **com·mit·tee** comité *m* d'organisation; '**~-wheel** ⚓ roue *f* du gouvernail; *mot.* volant *m*.
steers·man ⚓ ['stiəzmən] timonier *m*.
stein [stain] chope *f*, pot *m*.
stel·lar ['stelə] stellaire.
stem[1] [stem] **1.** *plante, fleur*: tige *f*; *fruit*: queue *f*; *arbre*: souche *f*, tronc *m*; *bananes*: régime *m*; *verre*: pied *m*; *pipe*: tuyau *m*; *mot*: radical *m*; **2.** *v/t.* enlever les queues de; égrapper (*des raisins*); *v/i. Am.* être issu (de, *from*).
stem[2] [~] **1.** ⚓ avant *m*; *poét.* proue *f*; **2.** *v/t.* contenir, refouler; arrêter; résister à; *v/i. ski*: se ralentir en

faisant un angle aigu; ~(*ming*) *turn* stemmbogen *m*.

stench [stentʃ] odeur *f* infecte; puanteur *f*.

sten·cil [ˈstensl] **1.** patron *m*; *machine à écrire*: cliché *m*; **2.** peindre *etc.* au patron; polycopier.

ste·nog·ra·pher [steˈnɔgrəfə] sténographe *mf*; **sten·o·graph·ic** [stenəˈgræfik] (~*ally*) sténographique; **ste·nog·ra·phy** [steˈnɔgrəfi] sténographie *f*.

step¹ [step] **1.** pas *m* (*a. fig.*); marche *f* (*a. autel*); échelon *m*; *auto etc.*: marchepied *m*; *maison*: seuil *m*; démarche *f*, mesure *f*; (*a pair ou set of*) ~*s pl.*, (*a*) ~*-ladder* (une) échelle *f* double, (un) escabeau *m*; *in* ~ *with* au pas avec; **2.** *v/i.* faire un pas; marcher; ~ *down* descendre; *fig.* donner sa démission, se retirer; ~ *in* entrer; ~ *on it! sl.* dépêchez-vous!; dégrouillez-vous!; ~ *out* sortir; allonger le pas; *v/t.* (*a.* ~ *off, out*) mesurer (*une distance*) au pas; ~ *up* rehausser le niveau de; ⚡ survolter.

step² [~] *mots composés*: beau- (belle *f*); ˈ**~-fa·ther** beau-père (*pl.* beaux-pères) *m*.

steppe [step] steppe *f*.

step·ping-stone [ˈstepiŋstoun] pierre *f* de gué (*dans une rivière*); *fig.* marchepied *m*; tremplin *m*.

ster·eo... [ˈsteriə] stéreo...

ster·eo [ˈsteriou] **1.** (*a.* ~ *sound*) stéréophonie *f*, F stéréo *f*; (*a.* ~ *set*) appareil *m* stéréo; phonographe *m* stéréo; *typ.* cliché *m*; **2.** stéréophonique, F stéréo *inv.*; **~·scope** [ˈ~skoup] stéréoscope *m*; ˈ**~·type 1.** cliché *m*; **2.** stéréotyper.

ster·ile [ˈsterail] stérile; ⚘ acarpe; **ste·ril·i·ty** [~ˈriliti] stérilité *f*; **ster·i·lize** [ˈ~rilaiz] stériliser.

ster·ling [ˈstəːliŋ] de bon aloi (*a. fig.*); ✝ sterling; *a pound* ~ une livre sterling.

stern¹ □ [stəːn] sévère, dur; austère.

stern² ⚓ [~] arrière *m*; derrière *m*.

stern·ness [ˈstəːnnis] sévérité *f*, dureté *f*; austérité *f*.

stern-post ⚓ [ˈstəːnpoust] étambot *m*.

ster·num *anat.* [ˈstəːnəm] sternum *m*.

steth·o·scope ⚕ [ˈsteθəskoup] stéthoscope *m*.

ste·ve·dore ⚓ [ˈstiːvidɔː] arrimeur *m*; entrepreneur *m* d'arrimage.

stew [stjuː] **1.** *v/t.* fricasser, mettre en ragoût; faire une compote de (*fruit*); ~*ed fruit* compote *f*; *v/i.* mijoter; cuire à la casserole; **2.** ragoût *m*; F émoi *m*.

stew·ard [ˈstjuəd] économe *m*; *maison*: maître *m* d'hôtel; ⚓ garçon *m*, steward *m*; *sp.*, *a. bal*: commissaire *m*; ˈ**stew·ard·ess** ✈ hôtesse *f* de l'air; ⚓ stewardess *f*.

stew...: ˈ**~-pan**, ˈ**~-pot** casserole *f*; cocotte *f*.

stick¹ [stik] **1.** bâton *m* (*a. cire à cacheter*); canne *f*; baguette *f*; *vigne*: échalas *m*; *balai*: manche *m*; ✈ manche *m* à balai; ✈ *bombes*: chapelet *m*; *sp.* crosse *f*; *fig.* F type *m*; ~*s pl. du* menu bois *m*; **2.** ⚒ ramer; mettre des tuteurs à.

stick² [~] [*irr.*] *v/i.* se piquer; tenir (à, *to*); se coller; se coincer (*porte*); hésiter (devant, *at*); ~ *at nothing* n'être retenu par rien; ~ *out* faire saillie; F persister; F s'obstiner (à demander qch., *for s.th.*); ~ *up* se dresser; F résister (à, *to*); *fig.* ~ *to* persévérer dans; rester fidèle à; F ~ *up for s.o.* prendre la défense de q.; *v/t.* piquer; attacher; fixer; coller; percer; ramer (*des pois*); *sl.* supporter (*q.*); ~ *up* afficher; *sl.* attaquer à main armée; ˈ**stick·er** couteau *m*; colleur *m*; *Am.* affiche *f*; ˈ**stick·i·ness** viscosité *f*; ˈ**stick·ing-plas·ter** sparadrap *m*; taffetas *m* anglais; ˈ**stick-in-the-mud** F mal dégourdi; routinier (-ère *f*) *m*.

stick·le [ˈstikl] (se) disputer; ˈ**stick·le·back** *icht.* épinoche *f*; ˈ**stick·ler** rigoriste *mf* (à l'égard de, *for*).

stick-up [ˈstikʌp] F (*a.* ~ *collar*) col *m* droit; *Am. sl.* bandit *m*.

stick·y □ [ˈstiki] collant; *fig.* pâteux (-euse *f*); *sl.* difficile; peu accommodant.

stiff □ [stif] **1.** raide, rigide; guindé, gêné; ferme; fort (*boisson, vent*); difficile; **2.** *sl.* cadavre *m*; *Am. sl.* nigaud *m*, bêta (-asse *f*) *m*; ˈ**stiff·en** *v/t.* raidir (*a.* ⚕); renforcer; empeser (*un plastron*); lier (*une sauce*); corser (*une boisson*); *v/i.* (se) raidir; devenir ferme; ˈ**stiff·en·er** renfort *m*; F verre *m* qui ravigote; ˈ**stiff-ˈnecked** *fig.* intraitable, obstiné.

sti·fle¹ *vét.* [ˈstaifl] (affection *f* du) grasset *m*.

sti·fle² [~] étouffer (*a. fig.*).

stig·ma [ˈstigmə] stigmate *m*; *fig.* *a.* flétrissure *f*; ˈ**stig·ma·tize** marquer de stigmates; *fig.* stigmatiser.
stile [stail] échalier *m*, échalis *m*; ⊕ *porte etc.*: montant *m*.
sti·let·to [stiˈletou] stylet *m*; *couture*: poinçon *m*; ~ *heel* talon *m* aiguille.
still[1] [stil] **1.** *adj.* tranquille; silencieux (-euse *f*); calme; ~ *wine* vin *m* non mousseux; **2.** *su. cin.* photographie *f*; **3.** *adv.* encore; **4.** *cj.* cependant, pourtant; encore; **5.** (se) calmer; *v/t.* tranquilliser, apaiser.
still[2] [~] alambic *m*; appareil *m* de distillation.
still...: ˈ**~·birth** enfant *mf* mort-né(e); mort *f* à la naissance; ˈ**~·born** mort-né(e *f*); ˈ**~-hunt** *Am.* traquer d'affût; ˈ**~-hunt·ing** *Am.* chasse *f* d'affût; ~ **life** nature *f* morte; ˈ**still·ness** calme *m*; silence *m*.
still-room ♠ [ˈstilrum] office *f*.
still·y *poét.* [ˈstili] *adj.* calme, tranquille; **stil·ly** [~] *adv.* silencieusement.
stilt [stilt] échasse *f*; ˈ**stilt·ed** *fig.* guindé, tendu.
stim·u·lant [ˈstimjulənt] **1.** ⚕ stimulant; **2.** ⚕ surexcitant *m*; stimulant *m*; **stim·u·late** [ˈ~leit] stimuler (*a.* ⚕); *fig. a.* encourager (à *inf.*, *to inf.*); **stim·uˈla·tion** stimulation *f*; **stim·u·la·tive** [ˈ~lətiv] stimulateur (-trice *f*); **stim·u·lus** [ˈ~ləs], *pl.* **-li** [ˈ~lai] stimulant *m*, F aiguillon *m* (de, *to*); ⚘ stimule *m*; *physiol.* stimulus *m*.
sting [stiŋ] **1.** *insecte*: aiguillon *m*; piqûre *f*; ⚘ dard *m*; *fig.* pointe *f*, mordant *m*; **2.** [*irr.*] *v/t.* piquer (*fig.* au vif); *v/i.* cuire; *sl.* *be stung for s.th.* payer qch. à un prix exorbitant; ˈ**sting·er** F coup *m* raide *ou* douloureux; **stin·gi·ness** [ˈstindʒinis] mesquinerie *f*, ladrerie *f*; **sting(ing)-net·tle** ⚘ [ˈstiŋ(iŋ)netl] ortie *f* brûlante; **stin·gy** □ [ˈstindʒi] mesquin, chiche.
stink [stiŋk] **1.** puanteur *f*; **2.** [*irr.*] *v/i.* puer (qch., *of s.th.*); *sl. a. fig.* ~ *of* trahir, accuser; *v/t.* enfumer (*un renard*); *fig.* sentir (*qch.*); **stink·er** F salaud *m*; salope *f*; vacherie *f*, saloperie *f*; lettre *f* d'engueulade.
stint [stint] **1.** restriction *f*; besogne *f* assignée; travail *m* exigé; **2.** imposer des restrictions à; priver (*q.*), être chiche de (*qch.*).
sti·pend [ˈstaipend] traitement *m* (*surt. eccl.*); **stiˈpen·di·ar·y** [~jəri] **1.** appointé; **2.** *Angl.* juge *m* d'un tribunal de simple police.
stip·ple *peint.* [ˈstipl] pointiller.
stip·u·late [ˈstipjuleit] (*a.* ~ *for*) stipuler; convenir (de, *for*); **stip·uˈla·tion** ⚖ stipulation *f*; condition *f*.
stir[1] [stəː] **1.** remuement *m*; mouvement *m* (*a. fig.*); *fig.* vie *f*; agitation *f*; **2.** *v/t.* remuer; tourner; agiter; *fig.* exciter; ~ *up* exciter; pousser; susciter; *v/i.* remuer, bouger.
stir[2] *sl.* [~] prison *f*.
stir·rup [ˈstirəp] étrier *m*.
stitch [stitʃ] **1.** point *m*, piqûre *f*; ⚕ suture *f*; ⚕ point *m* de côté; *he has not a dry ~ on him* il est complètement trempé; **2.** coudre; piquer (*le cuir, deux étoffes*); brocher (*un livre*); ⚕ suturer.
stoat *zo.* [stout] hermine *f* (d'été).
stock [stɔk] **1.** *arbre*: tronc *m*; souche *f*; *outil*: manche *m*; *fusil*: fût *m*; *fig.* race *f*, famille *f*; ⚘ (*a.* *~-gilly-flower*) matthiole *f*, giroflée *f* des jardins; ⚔ col *m* droit; provision *f*; ⚜ marchandises *f/pl.*, stock *m*; ⚜ *a.* *~s pl.* fonds *m/pl.*, valeurs *f/pl.*, *fig.* actions *f/pl.*; (*a. live ~*) bétail *m*, bestiaux *m/pl.*; (*a. dead ~*) matériel *m*; *cost.* cravate *f*; *eccl.* plastron *m* en soie noire; *cuis.* consommé *m*, bouillon *m*; *~s pl. a. hist.* pilori *m*; ⚓ chantier *m*; ~ *building* ⚜ stockage *m*; approvisionnement *m*; ~ *in hand* marchandises *f/pl.* en magasin; 🚂 *rolling ~* matériel *m* roulant; *take ~ of* ⚜ dresser l'inventaire de; *fig.* scruter, examiner attentivement; **2.** courant; de série; classique; consacré; *théâ.* ~ *company* troupe *f* à demeure; ~ *play* pièce *f* de *ou* du répertoire; **3.** *v/t.* (*a.* ~ *up*) approvisionner, fournir (de, *with*); ⚜ avoir en magasin, tenir; *v/i.* se monter (en, *with*), s'approvisionner (de, *with*).
stock·ade [stɔˈkeid] **1.** palissade *f*; *Am.* prison *f*; **2.** palissader.
stock...: ˈ**~-book** livre *m* de magasin; ˈ**~-breed·er** éleveur *m*; ˈ**~-brok·er** agent *m* de change; courtier *m* de bourse; ~ **ex·change** bourse *f* (des valeurs); ˈ**~·hold·er** actionnaire *mf*; porteur *m* de titres.
stock·i·net [ˈstɔkinet] tricot *m*.

stock·ing [ˈstɔkiŋ] bas *m*; ˈ**~-loom** métier *m* à bas.

stock·ist ✝ [ˈstɔkist] stockiste *m*.

stock...: ˈ**~·job·ber** marchand *m* de titres; ˈ**~·job·bing** courtage *m*; *péj.* agiotage *m*; ˈ**~-pile** *vt/i.* stocker; amonceler; ˈ**~-pot** pot-au-feu *m/inv.*; ˈ**~-ˈstill** (complètement) immobile; sans bouger; ˈ**~·tak·ing** inventaire *m*; ~ *sale* solde *m* avant *ou* après inventaire; ˈ**stock·y** trapu; ragot (*a. cheval*).

stodge *sl.* [stɔdʒ] se bourrer (*de nourriture*); ˈ**stodg·y** □ lourd; qui bourre.

sto·gy, sto·gie *Am.* [ˈstougi] cigare *m* long et fort (à bouts coupés).

sto·ic [ˈstouik] stoïcien(ne *f*) (*a. su.*); stoïque; ˈ**sto·i·cal** □ *fig.* stoïque.

stoke [stouk] charger; chauffer; ˈ**stok·er** chauffeur *m*; chargeur *m*.

stole[1] [stoul] *cost.* écharpe *f*; étole *f* (*a. eccl.*).

stole[2] [~] *prét.*, ˈ**sto·len** *p.p. de steal 1.*

stol·id □ [ˈstɔlid] impassible, lourd, lent; flegmatique; **sto·lid·i·ty** [~ˈliditi] flegme *m*; impassibilité *f*.

stom·ach [ˈstʌmək] **1.** estomac *m*; *fig.* appétit *m*; goût *m* (de, *for*); *euphémisme*: ventre *m*; **2.** *fig.* supporter, tolérer, digérer; ˈ**~·ache** mal *m* à l'estomach; **sto·mach·ic** [stoˈmækik] (~*ally*) stomachique (*a. su./m*); stomacal (-aux *m/pl.*).

stomp *Am.* [stɔmp] marcher à pas bruyants.

stone [stoun] **1.** pierre *f*; *fruit*: noyau *m*; *a. mesure*: *6,348 kg*; ⚕ calcul *m*; **2.** de *ou* en pierre; de *ou* en grès; **3.** lapider; ôter les noyaux de (*un fruit*); ˈ**~-ˈblind** complètement aveugle; ˈ**~·coal** anthracite *m*.

stoned *sl.* [stound] soûl; drogué, F défonce.

stone...: ˈ**~-ˈdead** raide mort; ˈ**~-ˈdeaf** complètement sourd; ˈ**~-fruit** fruit *m* à noyau; ˈ**~-ma·son** maçon *m*; ˈ**~-pit** carrière *f* de pierre; ˈ**~-ˈwall·ing** *fig.* jeu *m* prudent; *pol.* obstructionnisme *m*; ˈ**~·ware** (poterie *f* de) grès *m*.

ston·i·ness [ˈstouninis] nature *f* pierreuse; *fig.* dureté *f*.

ston·y [ˈstouni] pierreux (-euse *f*); de pierre (*a. fig.*); *fig.* dur; F *~-broke* à sec, sans le sou, fauché.

stood [stud] *prét. et p.p. de stand 1, 2.*

stooge *Am. sl.* [stuːdʒ] *théâ.* nègre *m*; *fig.* souffre-douleur *mf/inv.*

stool [stuːl] tabouret *m*; (*a. three-legged* ~) escabeau *m*; ⚕ selle *f*; ⚘ plante *f* mère; ⚘ talle *f*; ˈ**~-pi·geon** *surt. Am. sl.* mouchard *m*.

stoop [stuːp] **1.** *v/i.* se pencher, se baisser; *fig.* s'abaisser, descendre ([jusqu']à, *to*); être voûté; *v/t.* incliner (*la tête*); **2.** penchement *m* en avant; dos *m* voûté; *Am.* véranda *f*; *Am.* terrasse *f* surélevée.

stop [stɔp] **1.** *v/t.* (*a.* ~ *up*) boucher; arrêter; bloquer (*un chèque*; *a. box., foot.*); retenir (*les gages*); plomber (*une dent*); étancher (*le sang*); *mot.* stopper; interrompre (*la circulation*); fermer, barrer (*la route etc.*); couper (*l'électricité, la respiration*); suspendre (*le paiement, une procédure,* ⚔ *les permissions*); cesser; mettre fin à, supprimer; parer à (*un coup*); empêcher; ♪ presser (*une corde*), *flûte*: boucher (*des trous*); *gramm.* ponctuer; *v/i.* s'arrêter; cesser; rester, demeurer; attendre; descendre (à, *at*) (*un hôtel*); ~ *by*, ~ *in* faire une petite visite, s'arrêter un moment; ~ *off* faire étape; ~ *over* faire une halte, faire étape; **2.** arrêt *m* (*a.* ⊕); halte *f*; interruption *f*; ⊕ butoir *m*; ⊕ crochet *m*; *porte*: butée *f*; *machine à écrire*: margeur *m*; ♪ jeu *m*, *orgue*: registre *m*, *clarinette*: clé *f*, *violon etc.*: barré *m*; *guitare*: touche *f*; *gramm.* (*a. full* ~) point *m*; *ling.* occlusive *f*; ˈ**~·cock** ⊕ robinet *m* d'arrêt; ˈ**~·gap** bouche-trou *m*; ˈ**~·light** *Am.* feu *m* rouge; *auto*: stop *m*; ˈ**~·off**, ˈ**~·o·ver** *surt. Am.* court séjour *m*, courte visite *f*, étape *f*; faculté *f* d'arrêt; ˈ**stop·page** obstruction *f* (*a.* ⚕); arrêt *m*; *gages*: retenue *f*; *paiements etc.*: suspension *f*; *travail*: chômage *m*; *travail*: interruption *f*; ⊕ à-coup *m*; ⚡ ~ *of current* coupure *f* du courant; ˈ**stop·per 1.** bouchon *m*; ⊕ taquet *m*; ⚓ bosse *f*; **2.** boucher; ⚓ bosser; ˈ**stop·ping** *dent*: plombage *m*; bouchon *m*; *a. see stoppage*; ˈ**stop·ping train** 🚂 train *m* omnibus; ˈ**stop-press news** *pl.* informations *f/pl.* de dernière heure; ˈ**stop-watch** *sp.* montre *f* à arrêt.

stor·age [ˈstɔːridʒ] emmagasinage *m*; entrepôts *m/pl.*; frais *m/pl.* d'entrepôt; ~ *battery* accumulateur *m*, F accu *m*.

store [stɔː] **1.** (*fig.* bonne) provision *f*; *fig. a.* ~*s pl.* abondance *f*; *a.* ~*s pl.* magasin *m*; *fig.* fonds *m* (*de connaissances*); *fig.* prix *m*; *Am.* boutique *f*; ~*s pl.* entrepôt *m*; ⚔, ⚓ magasin *m*; vivres *m/pl.*; *in* ~ en réserve; *be in* ~ *for* attendre (*q.*); *have in* ~ *for* ménager (*qch.*) à; *set great* ~ *by* faire grand cas de; **2.** (*a.* ~ *up*) amasser; emmagasiner; mettre en dépôt (*des meubles*); approvisionner (de, *with*); garnir (*la mémoire*); **'~·house** magasin *m*, entrepôt *m*; *fig.* mine *f*; ⚔ manutention *f*; **'~·keep·er** garde-magasin (*pl.* gardes-magasin[s]) *m*; *Am.* boutiquier (-ère *f*) *m*, marchand(e *f*) *m*; **'~-room** office *f*, *maison*: dépense *f*; ⚓ magasin *m*; ⊕ halle *f* de dépôt.

sto·rey(ed) *see story*²; *storied*².

sto·ried¹ ['stɔːrid] historié; † célébré dans la légende *ou* histoire.

sto·ried² [~]: *four-*~ à quatre étages.

stork [stɔːk] cigogne *f*.

storm [stɔːm] **1.** orage *m*; tempête *f* (*a. fig.*); ⚔ assaut *m*; *fig.* pluie *f*; *take by* ~ emporter (*a. fig.*), prendre d'assaut; **2.** *v/i.* se déchaîner; *fig.* tempêter; s'emporter (contre, *at*); *v/t.* ⚔ livrer l'assaut à; prendre d'assaut; **'storm·y** □ tempétueux (-euse *f*); orageux (-euse *f*), d'orange; ~ *petrel orn.* pétrél *m*; *fig.* enfant *m* terrible.

sto·ry¹ ['stɔːri] histoire *f*, récit *m*; conte *m* (*a.* F = *mensonge*); *pièce*, *roman*: intrigue *f*; anecdote *f*; *short* ~ nouvelle *f*.

sto·ry² [~] étage *m*.

sto·ry-tell·er ['stɔːritelə] conteur (-euse *f*) *m*; F menteur (-euse *f*) *m*.

stout [staut] **1.** □ gros(se *f*); fort, vigoureux (-euse *f*); résolu, intrépide; solide; **2.** bière *f* brune forte; **'~'heart·ed** vaillant; **'stout·ness** embonpoint *m*, corpulence *f*; *sp.* persévérance *f*.

stove [stouv] **1.** poêle *m*; ⊕ four *m*; ⚘ serre *f* chaude; **2.** ⊕ étuver (*a. des vêtements*); ⚘ élever en serre chaude; **3.** *prét. et p.p. de stave* 2; **'~·pipe** tuyau *m* de poêle; *Am.* F cylindre *m*, chapeau *m* haut de forme.

stow [stou] ranger, serrer; ⚓ arrimer; **'stow·age** magasinage *m*; ⚓ (frais *m/pl.* d')arrimage *m*; **'stow·a·way** ⚓ passager *m* clandestin.

stra·bis·mus [strə'bisməs] strabisme *m*.

strad·dle ['strædl] *v/t.* se mettre à califourchon sur; enfourcher; ⚔ être à cheval sur; écarter (*les jambes*); *v/i.* écarter les jambes; marcher *ou* se tenir les jambes écartées; *Am.* éviter de se compromettre.

strafe [strɑːf] ⚔ bombarder; F marmiter.

strag·gle ['strægl] marcher sans ordre; ⚔ rester en arrière, traîner (*a.* ⚘); *fig.* s'éparpiller; **'strag·gler** celui (celle *f*) *m* qui reste en arrière; ⚔ traînard *m*; ⚓ retardataire *m*; **'strag·gling** □ épars, éparpillé.

straight [streit] **1.** *adj.* droit (*a. fig.*); d'aplomb; en ordre; *fig.* honnête; *Am.* sec (sèche *f*) (*whisky etc.*); *Am. pol.* bon teint, vrai; *put* ~ (r)ajuster; arranger, remettre de l'ordre dans; **2.** *su. the* ~ *turf*: la ligne droite; **3.** *adv.* droit; directement; ~ *ahead* tout droit; ~ *away*, ~ *off* immédiatement, aussitôt, tout de suite; du premier coup, d'emblée; ~ *on* tout droit; ~ *out* carrément, franchement; **'straight·en** redresser; ranger; ~ *out* mettre en ordre; arranger; **straight·for·ward** □ [~'fɔːwəd] franc(he *f*); honnête; loyal (-aux *m/pl.*); **'straight-'out** direct, franc(he *f*), droit; *Am.* F *a.* vrai, véritable, à cent pour cent.

strain¹ [strein] **1.** ⊕ tension *f* (de, *on*); effort *m*, fatigue *f*; ⊕ déformation *f*; *fig.* ton *m*, *discours*: sens *m*; *esprit*: surmenage *m*; ⚕ entorse *f*; ♪ *usu.* ~*s pl.* accents *m/pl.*; *musique*: sons *m/pl.*; *put a great* ~ *on* beaucoup exiger de; mettre à l'épreuve; **2.** *v/t.* tendre; *fig.* forcer (*a.* ⊕), pousser trop loin; ⊕ déformer; ⊕ filtrer; *fig.* fatiguer; serrer; ⚕ fouler, forcer; *cuis.* égoutter; *v/i.* faire un (grand) effort; peiner; tirer (sur, *at*); ⊕ déformer; ~ *after s.th.* faire tous ses efforts pour atteindre qch.

strain² [~] qualité *f* (héritée); tendance *f*; race *f*, lignée *f*.

strain·er ['streinə] ⊕ tendeur *m*; *cuis.* passoire *f*; tamis *m*; filtre *m*; (*a. tea-*~) passe-thé *m/inv.*

strait [streit] **1.** (*noms propres, géog.* ≗*s pl.*) détroit *m*; ~*s pl.* embarras *m*, gêne *f*; **2.**: ~ *jacket* (*ou waistcoat*) camisole *f* de force; **'strait·en** † rétrécir; † resserrer; ~*ed* pauvre; *in*

~ed circumstances dans la gêne; **strait-laced** ['~leist] collet monté *inv.*; prude; '**strait·ness** rigueur *f*; gêne *f*, besoin *m*; † étroitesse *f*.

strand[1] [strænd] **1.** plage *f*, rive *f*; **2.** *v/t.* jeter à la côte; *fig.* laisser (*q.*) en plan; *~ed* échoué; *fig.* à bout de ressources; *fig.* abandonné; *mot.* resté en panne; *v/i.* (s')échouer.

strand[2] [~] toron *m*, *cordage*: brin *m*; *tissu*, *a. fig.*: fil *m*; *cheveux*: tresse *f*.

strange □ [streindʒ] étrange; singulier (-ère *f*); curieux (-euse *f*); inconnu; † étranger (-ère *f*); '**strange·ness** singularité *f*; étrangeté *f*; '**stran·ger** inconnu(e *f*) *m*; étranger (-ère *f*) *m* (à, *to*); ⚖ tiers *m*.

stran·gle ['stræŋgl] étrangler (*a. la presse*); *fig.* étouffer; '**~·hold** *fig.* étau *m*; *have a ~ on s.o.* tenir q. par la gorge.

stran·gu·late ⚕ ['stræŋgjuleit] étrangler; **stran·gu'la·tion** étranglement *m* (*a.* ⚕).

strap [stræp] **1.** courroie *f*; *cuir*, *toile*: bande *f*; *soulier*: barrette *f*; ⊕ *frein*: bande *f*; bride *f*; *soutien-gorge*: bretelle *f*; **2.** attacher *ou* lier avec une courroie; boucler (*une malle*); ⚕ mettre des bandelettes à, maintenir au moyen de bandages; bander; '**~·hang·er** F voyageur (-euse *f*) *m* debout (*dans l'autobus etc.*); '**strap·ping 1.** robuste, bien découplé; **2.** ⚕ emplâtre *m* adhésif.

strat·a·gem ['strætidʒəm] ruse *f* (de guerre), stratagème *m*.

stra·te·gic [strə'ti:dʒik] (*~ally*) stratégique; **strat·e·gist** ['strætidʒist] stratégiste *m*; stratège *m*; '**strat·e·gy** stratégie *f*.

strat·i·fy ['strætifai] (se) stratifier.

stra·to·cruis·er ['strætoukru:zə] avion *m* stratosphérique.

strat·o·sphere *phys.* ['strætousfiə] stratosphère *f*.

stra·tum ['streitəm], *pl.* **-ta** ['~tə] *géol.* strate *f*; couche *f* (*a. fig.*); *fig.* étage *m*, rang *m* social.

straw [strɔ:] **1.** paille *f*; chalumeau *m*; *fig.* brin *m* d'herbe; *fig.* indication *f*; (*usu. ~ hat*) chapeau *m* de paille; *surt. Am. ~ man* homme *m* de paille; F *I don't care a ~* je m'en fiche; *the last ~* le comble *m*; **2.** de paille; paille *adj./inv.* (*couleur*); *Am. pol. ~ vote* vote *m* d'essai; '**~·ber·ry** fraise *f*; *plante*: fraisier *m*; '**straw·y** de paille; paille *adj./inv.*, jaunâtre.

stray [strei] **1.** s'égarer, s'écarter (de, *from*); errer (*a. fig.*); *fig.* sortir (d'un sujet, *from a subject*); **2.** (*a. ~ed*) égaré (*a. fig.*), errant; **3.** bête *f* perdue *ou* ⚖ épave; enfant *m* abandonné; *~s pl. radio*: parasites *m/pl.*; crachements *m/pl.*; '**stray·er** égaré(e *f*) *m*.

streak [stri:k] **1.** raie *f*, bande *f*; *fig.* trace *f*; *aube*: lueur *f*; *Am.* F *talk a blue ~* parler à n'en plus finir; **2.** rayer (de, *with*); '**streak·y** □ rayé, bariolé; en raies *ou* bandes; *tex.* vergé; entrelardé (*lard etc.*).

stream [stri:m] **1.** cours *m* d'eau, ruisseau *m*; courant *m*; torrent *m* (*a. fig.*); **2.** *v/i.* ruisseler, couler à flots (*a. yeux*); flotter (au vent) (*cheveux, drapeau, etc.*); *~ in* (*out*) entrer (sortir) à flots; *v/t.* verser à flots; laisser couler; ⚓ mouiller; '**stream·er** banderole *f*; *papier*: serpentin *m*; *journ.* manchette *f*; *météor. ~s pl.* lumière *f* polaire; **stream·let** ['~lit] petit ruisseau *m*, ru *m*.

stream·line ['stri:mlain] **1.** fil *m* de l'eau; courant *m* naturel; *carrosserie*: ligne *f* aérodynamique; **2.** (*a. stream-lined*) profilé, caréné, fuselé; **3.** *v/t.* caréner (*une auto etc.*); *fig.* rénover, alléger.

street [stri:t] rue *f*; *Am. ~ floor* rez-de-chaussée *m/inv.*; *the man in the ~* l'homme *m* moyen; F *not in the same ~ as* ne pas de taille avec; '**~-car** *surt. Am.* tramway *m*; '**~·walk·er** fille *f* de trottoir.

strength [streŋθ] force *f* (*a. fig.*); solidité *f*; *fig.* fermeté *f*; ⊕ résistance *f*; ⚔, ⚓ effectif *m*, -s *m/pl.*; contrôles *m/pl.*; *on the ~ of* sur la foi de, s'appuyant sur; de par; '**strength·en** *v/t.* affermir, renforcer; fortifier (*la santé*); *v/i.* s'affermir *etc.*; (re)prendre des forces.

stren·u·ous □ ['strenjuəs] énergique, actif (-ive *f*); ardu (*travail*); tendu (*effort*); acharné (*lutte etc.*); '**stren·u·ous·ness** ardeur *f*; acharnement *m*.

stress [stres] **1.** force *f*; insistance *f*; *circonstances*: pression *f*; *gramm.* accent *m*; appui *m* de la voix (sur, *on*); violence *f* (*du temps*); ⊕ tension *f*, effort *m*; *lay ~ (up)on* insister sur, attacher de l'importance à; **2.** insister sur, appuyer sur; ⊕ faire travailler, fatiguer.

stretch [stretʃ] **1.** *v/t.* (*usu.* ~ *out*) tendre (*a. la main*); étendre; allonger; prolonger; déployer (*les ailes*); *fig.* exagérer; ~ *one's legs* se dégourdir les jambes; ~ *a point* faire une exception (en faveur de, *for*); ~ *words* forcer le sens des mots; *v/i.* (*souv.* ~ *out*) s'étendre; s'élargir; prêter (*étoffe*); *fig.* aller, suffire; **2.** étendue *f*; extension *f*; élasticité *f*; ⊕ tension *f*, effort *m*; *sl. do a* ~ faire de la prison; *at a* ~ (tout) d'un trait; sans arrêt; *on the* ~ tendu; ˈ**stretch·er** ⊕ tendeur *m* (*a. pour chaussures*); brancard *m* (*pour malades*); *tente*: traverse *f*; ⚠ panneresse *f*.

strew [struː] [*irr.*] répandre, semer (de, *with*); **strewn** [struːn] *p.p. de strew.*

stri·ate [ˈstraiit], **stri·at·ed** [straiˈeitid] strié.

strick·en [ˈstrikən] frappé, *fig.* accablé (de, *with*); *(well)* ~ *in years* chargé d'années.

strict [strikt] sévère, rigoureux (-euse *f*); précis, exact; ~*ly speaking* à proprement parler; ˈ**strict·ness** rigueur *f*; exactitude *f*; **stric·ture** [ˈ~tʃə] ⚕ rétrécissement *m*; *intestin*: étranglement *m*; *usu.* ~*s pl.* critique *f* (sur, *on*).

strid·den [ˈstridn] *p.p. de stride 1.*

stride [straid] **1.** [*irr.*] *v/t.* enjamber; se tenir à califourchon sur; enfourcher (*un cheval*); *v/i.* marcher à grands pas; **2.** (grand) pas *m*; enjambée *f*; *get into one's* ~ prendre son allure normale; être lancé.

stri·dent □ [ˈstraidnt] strident; ~*ly* stridemment.

strife [straif] conflit *m*, lutte *f*.

strike [straik] **1.** coup *m*; grève *f*; *Am.* F *fig.* rencontre *f*; coup *m* de veine; *Am. baseball*: coup *m* (du batteur); ~ *ballot* référendum *m*; ~ *pay* salaire *m* de gréviste; *be on* ~ être en *ou* faire grève; *go on* ~ se mettre en grève, F débrayer; **2.** [*irr.*] *v/t.* frapper (*a. une médaille*, ♪, *a. fig.*) (de, *with*); heurter, cogner; porter (*un coup*); ⚓ rentrer (*le pavillon*); amener (*la voile*); plier (*une tente*), lever (*le camp*); former (*une commission*); faire (*le marché*); allumer (*une allumette*); faire jaillir (*une étincelle*); prendre (*une attitude, la moyenne, la racine*); ♪ toucher de (*la harpe*); sonner (*l'heure*); bouturer (*une plante*); ⚓ donner sur (*les écueils*); *fig.* faire une impression sur; impressionner; rencontrer; découvrir, tomber sur; *fig.* paraître; ~ *a balance* établir une balance; dresser le bilan; ~ *oil* rencontrer le pétrole, *fig.* avoir du succès, trouver le filon; ~ *work* se mettre en grève; ~ *off* abattre; rayer; ~ *out* rayer; ouvrir (*une route*); ~ *up* commencer à jouer *ou* à chanter; lier (*une connaissance*); *v/i.* porter un coup, frapper (à, *at*); ⚓ (*ou* ~ [*the*] *bottom*) toucher le fond; ⚓, ⚔ rentrer son pavillon; ⊕ se mettre en grève, F débrayer; sonner (l'heure); prendre feu (*allumette*); prendre racine; ~ *home* frapper juste; porter (*coup*); ~ *in* s'enfoncer; intervenir (*personne*); ~ *into* pénétrer dans; ♪ ~ *up* commencer à jouer *ou* à chanter; ~ *upon the ear* frapper l'oreille; ˈ**~-break·er** briseur *m* de grève, F jaune *m*; ˈ**strik·er** frappeur (-euse *f*) *m*; *pendule*: marteau *m*; *fusée*: rugueux *m*; *arme à feu*: percuteur *m*; ⊕ gréviste *mf*; *foot.* buteur *m*.

strik·ing □ [ˈstraikiŋ] à sonnerie; *fig.* frappant; saillant; impressionnant.

string [striŋ] **1.** ficelle *f* (*a. fig.*); corde *f* (*a.* ♪, *arc*, *raquette*); cordon *m*; ⚘ fibre *f*, filament *m*; *eccl.*, *a. oignons, outils*: chapelet *m*; *fig.* condition *f*; *Am.* F prise *f*; *fig.* lisière *f*; *fig.* procession *f*, série *f*; F ⚕ ligature *f*; ~ *of horses* écurie *f*; ~ *of pearls* collier *m*; ♪ ~*s pl.* instruments *m/pl.* à cordes; *have two* ~*s to one's bow* avoir deux cordes à son arc, avoir un pied dans deux chaussures; *pull the* ~*s* tirer les ficelles, tenir les fils; **2.** [*irr.*] bander (*un arc*); ficeler (*un paquet*); *fig.* (*a.* ~ *up*) tendre (*les nerfs*); enfiler (*des perles, a. fig.*); corder (*une raquette*); monter (*un violon*), monter les cordes de (*un piano*); effiler (*des haricots*); *Am. sl.* faire marcher (*q.*); F ~ *along v/t.* payer (*q.*) de promesses, faire marcher (*q.*); *v/i.* suivre; ~ *along with s.o.* suivre q., accompagner q.; venir *ou* aller avec q.; *fig.* se ranger à l'avis de q.; ~ *up* suspendre; ~ *s.o. up* pendre q. haut et court; ~ **band** ♪ orchestre *m* à cordes; ~ **bean** *Am.* haricot *m* vert; **stringed** ♪ à cordes.

strin·gen·cy [ˈstrindʒənsi] rigueur *f*; puissance *f*, force *f*; ⚜ resserrement *m*; ˈ**strin·gent** □ rigoureux (-euse *f*), strict; convaincant; ✝ serré (*argent*); tendu (*marché*).

string·y [ˈstriŋi] filandreux (-euse *f*); visqueux (-euse *f*) (*liquide*).

strip [strip] **1.** *v/t.* dépouiller (de, *of*) (*a.* ⚡, *a. fig.*); ⚡, *a. fig.* dénuder (de, *of*); *fig.* dégarnir (*une maison*); ⊕ démonter (*une machine*); *métall.* démouler; ⚓ déshabiller, dégréer; (*a.* ~ *off*) ôter, enlever; *v/i.* F se déshabiller; *sl.* se mettre à poil; **2.** bande(lette) *f*.

stripe [straip] **1.** *couleur*: raie *f*; *pantalon*: bande *f*; ⚔ galon *m*; (*a. long-service* ~) chevron *m*; 2. rayer.

strip·ling [ˈstripliŋ] adolescent *m*, tout jeune homme *m*.

strive [straiv] [*irr.*] s'efforcer (de, *to*; d'obtenir qch. *after s.th.*, *for s.th.*); tâcher (de, *to*); lutter (contre, *against*); **striv·en** [ˈstrivn] *p.p. de strive*.

strode [stroud] *prét. de stride 1.*

stroke [strouk] **1.** *usu.* coup *m*; ⚕ congestion *f* cérébrale, apoplexie *f*; ⊕ *piston*: course *f*; *peint.* coup *m* de pinceau; *fig.* retouche *f*; trait *m* (de plume, *a. fig.*); coup *m* (*d'horloge*); *canotage*: nage *f*, *personne*: chef *m* de nage; *nage*: brassée *f*; ~ *of genius* trait *m* de génie; ~ *of luck* coup *m* de bonheur; **2.** caresser; être chef de nage de (*un canot*); ~ *32* nager à 32 coups par minute.

stroll [stroul] **1.** *v/i.* flâner; se promener à l'aventure; F se balader; *v/t.* se promener dans (*les rues*); **2.** petit tour *m*; flânerie *f*; F balade *f*; ˈ**stroll·er**, ˈ**stroll·ing ac·tor** comédien(ne *f*) *m* ambulant(e *f*).

strong □ [strɔŋ] *usu.* fort (*a. gramm.*), solide; ferme (*a.* ✝ *marché*); vif (vive *f*) (*souvenir*); bon(ne *f*) (*mémoire*); robuste (*foi, santé*); ardent (*partisan*); sérieux (-euse *f*) (*candidat*); énergique (*mesure*); accusé (*trait*); *cartes*: long(ue *f*) (*couleur*); *see language*; *feel* ~(*ly*) *about* attacher une grande importance à; F *go it* ~ dépasser les bornes; F *going* ~ vigoureux (-euse *f*); solide; *30* ~ au nombre de 30; ˈ**~-box** coffre-fort (*pl.* coffres-forts) *m*; ˈ**~·hold** forteresse *f*; *fig.* citadelle *f*; ˈ~-ˈ**mind·ed** à l'esprit décidé; ˈ**~-room** chambre *f* blindée; cave *f* forte.

strop [strɔp] **1.** cuir *m* (*à rasoir*); ⚓ estrope *f*; **2.** repasser (*un rasoir*) sur le cuir.

stro·phe [ˈstroufi] strophe *f*.

strop·py *Brit.* F [ˈstrɔpi] de mauvaise humeur.

strove [strouv] *prét. de strive*.

struck [strʌk] *prét. et p.p. de strike 2.*

struc·tur·al □ [ˈstrʌktʃərəl] de structure, structural (-aux *m/pl.*); ⊕ de construction; **struc·ture** [ˈ~tʃə] structure *f*; édifice *m* (*a. fig.*); *péj.* bâtisse *f*.

strug·gle [ˈstrʌgl] **1.** lutter (contre, *against*; avec, *with*); se débattre; faire de grands efforts (pour, *to*); **2.** lutte *f* (*a. fig.*); combat *m*; ˈ**strug·gler** lutteur *m*.

strum [strʌm] tapoter (du piano); gratter (de la guitare *etc.*); *fig.* pianoter.

strum·pet *poét.*, F [ˈstrʌmpit] prostituée *f*; catin *f*.

strung [strʌŋ] *prét. et p.p. de string 2.*

strut [strʌt] **1.** *v/i.* se pavaner; *v/t.* ⊕ entretoiser; contreficher; **2.** démarche *f* fière; ⊕ entretoise *f*; arc-boutant (*pl.* arcs-boutants) *m*; ⛏ pilier *m*, traverse *f*; ˈ**strut·ting-piece** ⊕ entretoise *f*, lierne *f*.

strych·nine ⚗ [ˈstrikniːn] strychnine *f*.

stub [stʌb] **1.** *arbre*: souche *f*; *cigarette*: bout *m*; *Am. chèque*: souche *f*, talon *m*; **2.** (*usu.* ~ *up*) arracher; essoucher (*un champ*); cogner (*le pied*); ~ *out* éteindre (*une cigarette*) en l' écrasant par le bout.

stub·ble [ˈstʌbl] chaume *m*.

stub·bly [ˈstʌbli] couvert de chaume; court et raide (*barbe, cheveux*).

stub·born □ [ˈstʌbən] obstiné, opiniâtre, entêté; rebelle, réfractaire; ingrat (*sol, terre*); ˈ**stub·born·ness** opiniâtreté *f*, entêtement *m*.

stub·by [ˈstʌbi] trapu (*personne*); tronqué (*arbre etc.*).

stuc·co [ˈstʌkou] **1.** stuc *m*; **2.** stuquer; recouvrir de stuc(age).

stuck [stʌk] *prét. et p.p. de stick*[2]; *Am.* F ~ *on* amoureux (-euse *f*) de (*q.*); F ˈ**~-ˈup** hautain; prétentieux (-euse *f*).

stud[1] [stʌd] **1.** clou *m* à grosse tête; clou *m* (*sur une robe, a. d'un passage clouté*); *chemise etc.*: bouton *m*; *foot.*

crampon *m*; ⚠ poteau *m*; **2.** clouter; orner (de, *with*); *fig.* parsemer (de, *with*).
stud[2] [~] écurie *f*; (*a.* ~ *farm*) haras *m*; '**~-book** livre *m* d'origines, studbook *m*; '**~-horse** étalon *m*.
stud·ding ⚠ ['stʌdiŋ] lattage *m*; lattis *m*.
stu·dent ['stju:dənt] étudiant(e *f*) *m*; boursier (-ère *f*) *m*; amateur *m* de livres; investigateur (-trice *f*) *m*; ~ *hostel* foyer *m* d'étudiants; '**stu·dent·ship** bourse *f* d'études.
stud·ied □ ['stʌdid] instruit (*personne*) (dans, *in*); étudié, recherché (*toilette etc.*); voulu, prémédité (*geste, insulte, etc.*).
stu·di·o ['stju:diou] atelier *m*; *radio*: studio *m*; ~ *couch* divan *m*.
stu·di·ous □ ['stju:djəs] appliqué, studieux (-euse *f*); attentif (-ive *f*) (à qch., *of s.th.*; à *inf. of gér.*, *to inf.*); soigneux (-euse *f*) (de *inf.*, *to inf.*); '**stu·di·ous·ness** amour *m* de l'étude; *fig.* attention *f*, zèle *m* (à *inf.*, *in gér.*).
stud·y ['stʌdi] **1.** étude *f* (*a.* ♪, *a. peint.*); cabinet *m* de travail; bureau *m*; soins *m/pl.*; *fig.* rêverie *f*; **2.** *v/i.* préparer (un examen, *for an examination*); étudier; *v/t.* étudier; observer; s'occuper de (*a. fig.*).
stuff [stʌf] **1.** matière *f*, substance *f*; étoffe *f* (*a. fig.*), tissu *m*; *péj.* camelote *f*; *fig.* F sottises *f/pl.*; **2.** *v/t.* bourrer (de, *with*); remplir (de, *with*); fourrer (dans, *into*); gaver; *cuis.* farcir; ~ *up* boucher; *Am. sl.* ~*ed shirt* collet *m* monté; *v/i.* manger avec excès; *fig. sl.* se les caler; '**stuff·ing** (rem)bourrage *m*; *oie etc.*: gavage *m*; *cuis.* farce *f*, farcissure *f*; matelassure *f* (*de crin*); ⊕ étoupe *f*; '**stuff·y** □ mal aéré; qui sent le renfermé; F collet monté *adj./inv.*; sans goût; F *Am.* fâché.
stul·ti·fi·ca·tion [stʌltifi'keiʃn] action *f* de rendre sans effet (*un décret etc.*) *ou* ridicule (*q.*); **stul·ti·fy** ['~fai] infirmer, rendre nul *ou* vain *ou* sans effet; rendre ridicule.
stum·ble ['stʌmbl] **1.** trébuchement *m*, faux pas *m*; *cheval*: bronchade *f*; **2.** trébucher; faire un faux pas; broncher (*cheval*); se heurter (contre, *against*); hésiter (*en parlant*); '**stum·bling-block** *fig.* pierre *f* d'achoppement.
stump [stʌmp] **1.** tronçon *m*, souche *f*; *crayon, cigare*: bout *m*; *dessin*: estompe *f*; *dent*: chicot *m*; *cricket*: piquet *m*; moignon *m* (*d'un membre coupé*); F propagande *f* electorale; F ~*s pl.* quilles *f/pl.* (= *jambes*); ~ *speaker* (*ou orator*) orateur *m* de carrefour; orateur *m* de réunion électorale; **2.** *v/t. cricket*: mettre hors jeu en abattant le guichet avec la balle tenue à la main; F coller, embarrasser; *Am.* F défier; *sl.* ~ *up* cracher (= *payer*); ~ *the country* faire une tournée électorale; ~*ed for* embarrassé pour; *v/i.* clopiner; harangueur *m*; '**stump·y** □ écourté; trapu (*personne*).
stun [stʌn] étourdir; *fig.* abasourdir.
stung [stʌŋ] *prét. et p.p. de sting* 2.
stunk [stʌŋk] *prét. et p.p. de stink* 2.
stun·ner F ['stʌnə] type *m* épatant, chose *f* épatante; '**stun·ning** □ F épatant, étourdissant.
stunt[1] [stʌnt] **1.** tour *m* de force; F coup *m* d'épate; F nouvelle *f* sensationnelle; ✈ acrobaties *f/pl.* aériennes, vol *m* de virtuosité; **2.** faire des acrobaties.
stunt[2] [~] rabougrir; empêcher de croître; '**stunt·ed** rabougri; noué (*esprit*).
stupe ⚕ [stju:p] **1.** compresse *f* (pour fomentation); **2.** fomenter.
stu·pe·fac·tion [stju:pi'fækʃn] stupéfaction *f*; ahurissement *m*.
stu·pe·fy ['stju:pifai] *fig.* hébéter (par la douleur, *by grief*); stupéfier, abasourdir.
stu·pen·dous □ [stju:'pendəs] prodigieux (-euse *f*).
stu·pid □ ['stju:pid] stupide, sot(te *f*); F bête; insupportable; **stu·pid·i·ty** [stju:'piditi] stupidité *f*; lourdeur *f* d'esprit; sottise *f*, bêtise *f*.
stu·por ['stju:pə] stupeur *f*.
stur·di·ness ['stə:dinis] vigueur *f*; résolution *f*; '**stur·dy** vigoureux (-euse *f*); robuste; hardi.
stur·geon *icht.* ['stə:dʒən] esturgeon *m*.
stut·ter ['stʌtə] **1.** bégayer; **2.** bégaiement *m*; '**stut·ter·er** bègue *mf*.
sty[1] [stai] étable *f* (à porcs); porcherie *f*.
sty[2] [~] *œil*: orgelet *m*.
style [stail] **1.** style *m* (*pour écrire*,

pour graver, ⚠, ✈, *cadran*, *peint.*, *a.* = *manière*); façon *f*, manière *f*; *cost.* mode *f*; ton *m*, chic *m*; titre *m*; élégance *f*; ⚕ raison *f* sociale; *in* ~ grand train; *in the* ~ *of* dans le style *ou* goût de; ⚕ *under the* ~ *of* sous la raison de; **2.** appeler, dénommer; qualifier (*q.*) de.

styl·ish □ ['stailiʃ] élégant; chic *inv.* *en genre*; à la mode; **'styl·ish·ness** élégance *f*, chic *m*.

styl·ist ['stailist] styliste *mf*.

sty·lo F ['stailou], **sty·lo·graph** ['stailəgrɑːf], *a.* **sty·lo·graph·ic pen** [~'græfik'pen] stylographe *m*, F stylo *m*.

styp·tic ['stiptik] styptique (*a. su.*/*m*), astringent (*a. su.*/*m*).

sua·sion ['sweiʒn] persuasion *f*.

suave □ [sweiv] suave; affable; doux (douce *f*) (*vin*); *péj.* doucereux (-euse *f*); **suav·i·ty** ['swæviti] suavité *f*; douceur *f*; *péj.* politesse *f* mielleuse.

sub F [sʌb] *abr. de subordinate* 2; *subscription*; *substitute* 2; *submarine*.

sub...: *usu.* sous-; *qqfois* sub-; presque.

sub·ac·id ['sʌb'æsid] aigrelet(te *f*); *fig.* aigre-doux (-douce *f*).

sub·al·tern ['sʌbltən] **1.** subalterne (*a. su.*/*m*); **2.** ⚔ (sous-)lieutenant *m*.

sub·com·mit·tee ['sʌbkəmiti] sous-comité *m*; sous-commission *f*.

sub·con·scious □ ['sʌb'kɔnʃəs] subconscient (*psych. a. su.*/*m*); ~*ly* inconsciemment.

sub·con·tract [sʌb'kɔntrækt] sous-traité *m*.

sub·cu·ta·ne·ous □ ['sʌbkjuː'teinjəs] sous-cutané; ⚕ ~ *injection* injection *f* sous-cutanée.

sub·dean ['sʌb'diːn] sous-doyen *m*.

sub·di·vide ['sʌbdi'vaid] (se) subdiviser.

sub·di·vi·sion ['sʌbdiviʒn] subdivision *f*; sectionnement *m*; sous-division *f*; *biol.* sous-classe *f*; ⚓ section *f*.

sub·due [səb'djuː] subjuguer; dompter; maîtriser; réprimer; adoucir; baisser (*la lumière*).

sub·head(·ing) ['sʌbhed(iŋ)] sous-titre *m*.

sub·ja·cent [sʌb'dʒeisənt] sous-jacent, subjacent.

sub·ject ['sʌbdʒikt] **1.** *adj.* assujetti, soumis; sujet(te *f*), exposé; porté (à, *to*); *fig.* ~ *to* passible de (*droit*, *courtage*); sous réserve de (*une ratification*); sauf; ~ *to a fee* (*ou duty*) sujet(te *f*) à une taxe *ou* à un droit; **2.** *adv.*: ~ *to* sous (la) réserve de; ~ *to change without notice* sauf modifications sans avis préalable; **3.** *su.* sujet(te *f*) *m* (*d'un roi etc.*); ⚕, ♪, *gramm.*, *conversation*, *peint. tableau*: sujet *m*; (*a.* ~-*matter*) *livre etc.*: sujet *m*, thème *m*; question *f*; ⚕ malade *mf*; matière *f*; *lettre*: contenu *m*; *peint. paysage*: motif *m*; *contrat réel*, *méditation*: objet *m*; **4.** *v*/*t.* [səb'dʒekt] assujettir, subjuguer; ~ *to* soumettre à (*un examen etc.*); exposer à (*un danger etc.*); **sub'jec·tion** sujétion *f*; asservissement *m*; **sub·jec·tive** □ [sʌb'dʒektiv] subjectif (-ive *f*).

sub·join ['sʌb'dʒɔin] adjoindre, ajouter.

sub·ju·gate ['sʌbdʒugeit] subjuguer; **sub·ju'ga·tion** subjugation *f*, assujettissement *m*.

sub·junc·tive *gramm.* [səb'dʒʌŋktiv] (*a.* ~ *mood*) subjonctif *m*; *in the* ~ au subjonctif.

sub·lease ['sʌb'liːs], **sub·let** ['~'let] [*irr.* (*let*)] donner *ou* prendre en sous-location *ou* à sous-ferme; sous-louer.

sub·li·mate ⚗ **1.** ['sʌblimit] sublimé *m*; **2.** ['~meit] sublimer; **sub·li'ma·tion** sublimation *f* (*a. psych.*); **sub·lime** [sə'blaim] **1.** □ sublime; **2.**: *the* ~ le sublime *m*; **3.** ⚗ (se) sublimer; *v*/*t. fig.* idéaliser; **sub·lim·i·nal** [səb'liminəl] □ subliminal (-aux *m*/*pl.*); ~ *advertising* publicité *f* insidieuse; **sub·lim·i·ty** [sə'blimiti] sublimité *f*.

sub-ma·chine gun ['sʌbmə'ʃiːn'gʌn] mitraillette *f*.

sub·ma·rine ['sʌbməriːn] sous-marin (*a.* ⚓ *su.*/*m*).

sub·merge [səb'məːdʒ] *v*/*t.* submerger; noyer, inonder; *v*/*i.* plonger; **sub·mers·i·bil·i·ty** [səbməːsə'biliti] caractère *m* submersible; **sub'mer·sion** submersion *f*, plongée *f*.

sub·mis·sion [səb'miʃn] soumission *f* (*a. fig.*), résignation *f* (à, *to*); ⚖ plaidoirie *f*; thèse *f*; **sub·mis·sive** □ [~'misiv] soumis (*air etc.*); docile (*personne*).

sub·mit [sʌbˈmit] *v/t.* soumettre; présenter; poser en thèse (que, *that*); *v/i.* (*a.* ~ *o.s.*) se soumettre (à, *to*); *fig.* se résigner (à, *to*); s'astreindre (à la discipline, *to discipline*).

sub·nor·mal [səbˈnɔːməl] au-dessous de la normale; faible d'esprit, arriéré.

sub·or·di·nate 1. □ [səˈbɔːdnit] subordonné; inférieur; secondaire; *gramm.* ~ *clause* proposition *f* subordonnée; **2.** [~] subalterne *mf*, subordonné(e *f*) *m*; **3.** [~ˈbɔːdineit] subordonner (à, *to*); **sub·or·diˈna·tion** subordination *f* (à, *to*); soumission *f* (à, *to*).

sub·orn ⚖ [sʌˈbɔːn] suborner, séduire; **sub·orˈna·tion** subornation *f*, corruption *f*.

sub·p(o)e·na ⚖ [səbˈpiːnə] **1.** assignation *f*; **2.** assigner, faire une assignation à.

sub·scribe [səbˈskraib] *v/t.* souscrire (*un nom, une obligation, etc.*; pour une somme, *a sum*); *v/i.* souscrire (à, *to*, *for*; pour une somme, *for a sum*; *a.* à une opinion, *to an opinion*); s'abonner (à, *to*) (*un journal*); **subˈscrib·er** signataire *mf* (de, *to*); *fig.* adhérent(e *f*) *m*; souscripteur *m*, cotisant *m*; *journal, a. téléph.* abonné(e *f*) *m*.

sub·scrip·tion [səbˈskripʃn] souscription *f*; *fig.* adhésion *f*; *société, club, etc.*: cotisation *f*; *journal*: abonnement *m*.

sub·se·quence [ˈsʌbsikwəns] conséquence *f*; postériorité *f*; **ˈsub·se·quent** □ conséquent, ultérieur; postérieur, consécutif (-ive *f*) (à, *to*); **~ly** plus tard; postérieurement (à, *to*); par la suite.

sub·serve [səbˈsəːv] favoriser, aider à; **subˈser·vi·ence** [~viəns] soumission *f*; utilité *f*; servilité *f*; **subˈser·vi·ent** □ servile, obséquieux (-euse *f*); utile; subordonné.

sub·side [səbˈsaid] baisser; s'affaisser, se tasser (*sol, maison*); s'apaiser, tomber (*orage, fièvre, etc.*); F se taire; ~ *into* se changer en; **sub·sid·i·ary** [~ˈsidjəri] **1.** □ subsidiaire (à, *to*), auxiliaire; ~ *company* filiale *f*; **2.** filiale *f*; **sub·si·dize** [ˈsʌbsidaiz] subventionner; primer (*une industrie*); fournir des subsides à; **ˈsub·si·dy** subvention *f*; *industrie*: prime *f*.

sub·sist [səbˈsist] *v/i.* subsister; persister; vivre (de *on*, *by*); *v/t.* entretenir; **subˈsist·ence** existence *f*; subsistance *f*; ~ *money* acompte *m*.

sub·soil [ˈsʌbsɔil] sous-sol *m*.

sub·son·ic [səbˈsɔnik] subsonique.

sub·stance [ˈsʌbstəns] substance *f* (*a. eccl.*, *a. fig.*), matière *f*; *fig.* essentiel *m*, fond *m*; corps *m*, solidité *f*; fortune *f*, biens *m/pl.*

sub·stan·dard [səbˈstændəd] de qualité inférieure; au-dessous de la moyenne.

sub·stan·tial □ [səbˈstænʃl] substantiel(le *f*), réel(le *f*); solide; riche; considérable (*somme, prix, etc.*); **sub·stan·ti·al·i·ty** [~ʃiˈæliti] solidité *f*; *phls.* substantialité *f*.

sub·stan·ti·ate [səbˈstænʃieit] justifier, établir, prouver.

sub·stan·ti·val □ *gramm.* [sʌbstənˈtaivl] substantival (-aux *m/pl.*); **ˈsub·stan·tive 1.** □ réel(le *f*), autonome, indépendant; positif (-ive *f*) (*droit*); formel(le *f*) (*résolution*); *gramm.* substantival (-aux *m/pl.*); **2.** *gramm.* substantif *m*, nom *m*.

sub·sti·tute [ˈsʌbstitjuːt] **1.** *v/t.* substituer (à, *for*); remplacer (par, *by*); *v/i.* ~ *for s.o.* remplacer q., suppléer q.; **2.** *personne*: remplaçant(e *f*) *m* (*a. sp.*), suppléant(e *f*) *m*; *nourriture etc.*: succédané *m*, factice *m*; **sub·stiˈtu·tion** substitution *f*, remplacement *m*; ⚖ subrogation *f*; *créance*: novation *f*.

sub·stra·tum [ˈsʌbˈstrɑːtəm], *pl.* **-ta** [ˈ~tə] couche *f* inférieure; sous-couche *f*; *phls.* substrat(um) *m*; *fig.* fond *m*.

sub·struc·ture [ˈsʌbstrʌktʃə] *édifice*: fondement *m*; *route, pont roulant*: infrastructure *f*.

sub·ten·ant [ˈsʌbˈtenənt] sous-locataire *mf*.

sub·ter·fuge [ˈsʌbtəfjuːdʒ] subterfuge *m*.

sub·ter·ra·ne·an □ [sʌbtəˈreinjən] souterrain.

sub·til·ize [ˈsʌtilaiz] *v/t.* subtiliser; raffiner (*son style*), *péj.* alambiquer; *v/i.* subtiliser, raffiner.

sub·ti·tle [ˈsʌbtaitl] *livre, cin.*: sous-titre *m*.

sub·tle □ [ˈsʌtl] subtil, fin; raffiné;

rusé, astucieux (-euse *f*); ˈ**sub·tle·ty** subtilité *f*; finesse *f*; ruse *f*.
sub·tract [səbˈtrækt] soustraire; **subˈtrac·tion** soustraction *f*.
sub·urb [ˈsʌbəːb] faubourg *m*; *in the* ~*s* dans la *ou* en banlieue; **sub·ur·ban** [səˈbəːbən] de banlieue (*a. péj.*); suburbain; **Sub·ur·bi·a** F [səˈbəːbiə] la banlieue.
sub·ven·tion [səbˈvenʃn] subvention *f*; *industrie*: prime *f*; octroi *m* d'une subvention.
sub·ver·sion [sʌbˈvəːʃn] subversion *f*; **subˈver·sive** [~siv] subversif (-ve *f*) (de, *of*).
sub·vert [sʌbˈvəːt] renverser, subvertir.
sub·way [ˈsʌbwei] (passage *m ou* couloir *m*) souterrain *m*; *Am.* métro *m*; chemin *m* de fer souterrain.
sub-ze·ro [ˈsʌbˈziərou] au-dessous de zéro.
suc·ceed [səkˈsiːd] *v/t.* succéder (à q., à qch., [*to*] *s.o.*, *s.th.*); suivre; *v/i.* réussir; arriver, aboutir; ~ *to* prendre la succession *ou* la suite de; hériter (de) (*biens etc.*); *he* ~*s in* (*gér.*) il réussit *ou* parvient à (*inf.*).
suc·cess [səkˈses] succès *m*, réussite *f*; (bonne) chance *f*; *he was a great* ~ il a eu un grand succès; **sucˈcess·ful** □ [~ful] heureux (-euse *f*), réussi; couronné de succès; *be* ~ réussir; avoir du succès; **suc·ces·sion** [~ˈseʃn] succession *f*, suite *f*; *récoltes*: rotation *f*; héritage *m*; lignée *f*, descendants *m/pl.*; ~ *to the throne* avènement *m*; *in* ~ successivement, tour à tour; ~ *duty* droits *m/pl.* de succession; **sucˈces·sive** [~siv] □ successif (-ive *f*), consécutif (-ive *f*); **sucˈces·sor** successeur *m* (de *of*, *to*); ~ *to the throne* successeur *m* à la couronne.
suc·cinct □ [səkˈsiŋkt] succint, concis.
suc·co·ry ⚘ [ˈsʌkəri] chicorée *f*.
suc·co·tash *Am.* [ˈsʌkətæʃ] purée *f* de maïs et de fèves.
suc·co(u)r [ˈsʌkə] **1.** secours *m*, aide *f*; ⚔ renforts *m/pl.*; **2.** secourir; aider, venir en aide à, venir à l'aide de; ⚔ renforcer.
suc·cu·lence [ˈsʌkjuləns] succulence *f*; ˈ**suc·cu·lent** □ succulent (*a. fig.*).
suc·cumb [səˈkʌm] succomber, céder.
such [sʌtʃ] **1.** *adj.* tel(le *f*); pareil(le *f*); semblable; ~ *a man* un tel homme; *see another*; *there is no* ~ *thing* cela n'existe pas; *no* ~ *thing!* il n'en est rien!; ~ *as* tel que; ~ *and* ~ tel et tel; F ~ *a naughty dog* un chien si méchant; ~ *is life* c'est la vie; **2.** *pron.* tel(le *f*); ceux (celles *f/pl.*) *m/pl.*; ˈ**such·like** de ce genre, de la sorte.
suck [sʌk] **1.** (*v/t. a.* ~ *out*) sucer; **2.** action *f* de sucer; *pompe*: succion *f*; *give* ~ donner la tétée *ou* le sein; ˈ**suck·er** suceur (-euse *f*) *m*; ⊕ *pompe*: piston *m*; ⚘ *arbre*: surgeon *m*, *plante*: rejeton *m*; *Am.* blanc-bec (*pl.* blancs-becs) *m*; niais *m*; ˈ**suck·ing** à la mamelle (*enfant*); qui tette (*animal*); ~ *pig* cochon *m* de lait;
suck·le [ˈ~l] allaiter, nourrir; donner le sein à; ˈ**suck·ling** allaitement *m*; nourrisson m.
suc·tion [ˈsʌkʃn] **1.** succion *f*; aspiration *f*; **2.** aspirant, d'aspiration; à succion; ~-*cleaner* (*ou sweeper*) aspirateur *m*.
sud·den □ [ˈsʌdn] soudain, brusque; *on a* ~, (*all*) *of a* ~ soudain, tout à coup; ˈ**sud·den·ness** soudaineté *f*; brusquerie *f*.
su·dor·if·ic [sjuːdəˈrifik] sudorifique (*a. su./m*).
suds [sʌdz] *pl.* eau *f* de savon; lessive *f*; ˈ**suds·y** *Am.* plein *ou* couvert d'eau de savon.
sue [sjuː] *v/t.* poursuivre; (*usu.* ~ *out*) obtenir à la suite d'une requête; *v/i.* solliciter (de q., *to s.o.*; qch., *for s.th.*); demander (qch., *for s.th.*).
suède [sweid] (peau *f* de) suède *m*; *chaussures*: daim *m*.
su·et [ˈsjuit] graisse *f* de rognon *ou* de bœuf; ˈ**su·et·y** graisseux (-euse *f*).
suf·fer [ˈsʌfə] *v/i.* souffrir (de, *from*); être affligé (de, *from*); *v/t.* souffrir, éprouver; subir (*une peine, une défaite, une dépréciation*); ressentir (*une douleur*); tolérer, supporter; ˈ**suf·fer·ance** tolérance *f*; *on* ~ par tolérance; ˈ**suf·fer·er** victime *f*; ⚕ malade *mf*; ˈ**suf·fer·ing** souffrance *f*.
suf·fice [səˈfais] *v/i.* suffire (à, *to*); *v/t.* suffire à.
suf·fi·cien·cy [səˈfiʃənsi] suffisance *f*; quantité *f* suffisante; *a* ~ *of money* l'aisance *f*; **sufˈfi·cient** □

assez de; suffisant; *I am not ~ of a naturalist* je ne suis pas assez naturaliste.

suf·fix *gramm.* [ˈsʌfiks] **1.** suffixer; **2.** suffixe *m*.

suf·fo·cate [ˈsʌfəkeit] *vt/i.* étouffer, suffoquer; **suf·foˈca·tion** suffocation *f*; étouffement *m*; **ˈsuf·fo·ca·tive** □ qui suffoque; suffocant.

suf·fra·gan *eccl.* [ˈsʌfrəgən] *évêque*: suffragant *m*; **ˈsuf·frage** suffrage *m*; (droit *m* de) vote *m*; voix *f*; **suf·fra·gette** [~əˈdʒet] suffragette *f*; **suf·fra·gist** [ˈ~dʒist] partisan *m* du droit de vote (*surt.* des femmes).

suf·fuse [səˈfjuːz] inonder; se répandre sur; **sufˈfu·sion** [~ʒn] épanchement *m*; rougeur *f*; ⚕ suffusion *f*.

su·gar [ˈʃugə] **1.** sucre *m*; **2.** sucrer; saupoudrer (*un gâteau*) de sucre; **ˈ~-ba·sin**, *Am.* **ˈ~-bowl** sucrier *m*; **ˈ~-cane** canne *f* à sucre; **ˈ~-coat** revêtir de sucre; *fig.* sucrer; **ˈ~-free** sans sucre; **ˈ~-loaf** pain *m* de sucre; **ˈ~-lump** morceau *m* de sucre; **ˈ~-plum** dragée *f*, bonbon *m*; **ˈsug·ar·y** sucré (*a. fig.*); *fig.* mielleux (-euse *f*).

sug·gest [səˈdʒest] suggérer (*a.* ⚕, *a. psych.*); proposer; inspirer; évoquer, donner l'idée de *ou* que; insinuer; **sugˈges·tion** suggestion *f*; conseil *m*; *fig.* trace *f*, nuance *f*.

sug·ges·tive □ [səˈdʒestiv] suggestif (-ive *f*); évocateur (-trice *f*); *péj.* grivois; *be ~ of s.th.* évoquer qch.; **sugˈges·tive·ness** caractère *m* suggestif.

su·i·cid·al □ [sjuiˈsaidl] de suicide; *~ maniac* suicidomane *mf*; **su·i·cide** [ˈ~said] **1.** suicide *m*; *personne*: suicidé(e *f*) *m*; **2.** *Am.* se suicider.

suit [sjuːt] **1.** requête *f*; demande *f*; (*a. ~ of clothes*) *homme*: complet *m*; *femme*: ensemble *m*; *cartes*: couleur *f*; ⚖ procès *m*; *fig. follow ~* en faire autant; **2.** *v/t.* adapter, accommoder (à *to, with*); convenir à, aller à; être l'affaire de; être fait pour; être apte à; accommoder (*q.*); *~ed* fait (pour *to, for*); satisfait; *be ~ed* avoir trouvé (*qch.*) qui convient; être satisfait; *v/i.* aller, convenir; **suit·aˈbil·i·ty** convenance *f*; accord *m*; aptitude *f* (à, *for*); **ˈsuit·a·ble** □ convenable, qui convient; bon, adapté (à *to, for*); **ˈsuit·a·ble·ness** *see suitability*; **ˈsuit·case** mallette *f*, valise *f*; **suite** [swiːt] *prince, a.* ♪: suite *f*; *pièces*: appartement *m*; ameublement *m*; ensemble *m*; *salon*: mobilier *m*; *bedroom ~* chambre *f* à coucher; **suit·ing** ✝ [ˈsjuːtiŋ] tissu *m ou* étoffe *f* pour complets; **ˈsuit·or** soupirant *m*; ⚖ plaideur (-euse *f*) *m*.

sulk [sʌlk] **1.** (*a. be in the ~s*) bouder, faire la mine; **2.** *~s pl.* (*ou* **ˈsulk·i·ness**) bouderie *f*; **ˈsulk·y 1.** □ boudeur (-euse *f*), maussade; **2.** *sp.* sulky *m*.

sul·lage [ˈsʌlidʒ] eaux *f/pl.* d'égout; limon *m*; ⊕ scories *f/pl.*

sul·len □ [ˈsʌlən] maussade, morose (*personne*); morne, lugubre (*chose*); obstiné (*silence*); rétif (-ive *f*).

sul·phate ⚗ [ˈsʌlfeit] sulfate *m*; **sul·phide** ⚗ [ˈ~faid] sulfure *m*; **sul·phon·a·mide** [~ˈfɔnəmaid] sulfamide *m*.

sul·phur ⚗ [ˈsʌlfə] **1.** soufre *m*; **2.** soufrer; **sul·phu·re·ous** [sʌlˈfjuəriəs] sulfureux (-euse *f*); **sul·phu·ret·ted hy·dro·gen** [ˈ~fjuretid ˈhaidridʒən] hydrogène *m* sulfuré, sulfure *m* d'hydrogène; **sul·phu·ric** [~ˈfjuərik] sulfurique, F vitriolique; *~ acid* acide *m* sulfurique; **ˈsul·phu·rize** ⊕ sulfurer (*un métal*); soufrer (*la laine*).

sul·tan [ˈsʌltən] sultan *m*; **sul·tan·a** [sʌlˈtɑːnə] sultane *f*; [səlˈtɑːnə] (*a. ~ raisin*) raisin *m* sec.

sul·tri·ness [ˈsʌltrinis] lourdeur *f*.

sul·try □ [ˈsʌltri] étouffant, lourd; *fig.* chaud; *fig.* épicé.

sum [sʌm] **1.** somme *f*, total *m*; *fig.* fond *m*, essence *f*; F problème *m*; F *~s pl.* calcul *m*; **2.** (*usu. ~ up*) additionner, faire la somme de; *fig.* résumer, récapituler.

sum·ma·rize [ˈsʌməraiz] résumer; **ˈsum·ma·ry 1.** □ sommaire (*a.* ⚖); succinct; en peu de mots; récapitulatif (-ive *f*); **2.** résumé *m*, sommaire *m*; récapitulation *f*.

sum·mer[1] [ˈsʌmə] **1.** été *m*; *~-house* pavillon *m*, kiosque *m* de jardin; *~ resort* station *f* estivale; **2.** *vt/i.* estiver; *v/i. a.* passer l'été.

sum·mer[2] △ [~] poutre *f* de plancher; poitrail *m*; linteau *m* de baie.

sum·mer·like [ˈsʌməlaik], **ˈsum·mer·ly, ˈsum·mer·y** d'été; estival (-aux *m/pl.*).

sum·mit [ˈsʌmit] sommet *m* (*a. pol.*),

faîte *m* (*a. fig.*); cime *f*; *fig.* comble *m*; ~ *conference* conférence *f* au sommet.

sum·mon ['sʌmən] appeler; convoquer; sommer (⚖ de comparaître); *fig.* (*usu* ~ *up*) faire appel à; '**sum·mon·er** convocateur *m*; † huissier *m*; **sum·mons** ['~z] appel *m*; ⚖ citation *f*, assignation *f*; ⚕ convocation *f*; ⚔ ~ *to surrender* sommation *f*.

sump *mot.* [sʌmp] (fond *m* de) carter *m*.

sump·ter ['sʌmptə] (*usu.* ~-*horse*, ~-*mule*) cheval *m* *ou* mulet *m* de somme.

sump·tu·ar·y ['sʌmptjuəri] somptuaire.

sump·tu·ous □ ['sʌmptjuəs] somptueux (-euse *f*), fastueux (-euse *f*); '**sump·tu·ous·ness** faste *m*; richesse *f*; somptuosité *f*.

sun [sʌn] **1.** soleil *m*; **2.** du *ou* au *ou* de soleil, par le soleil; **3.** *v/t.* exposer au soleil; ~ *o.s.* se chauffer au soleil; prendre le soleil; '~·**baked** brûlé par le soleil; ~·**beam** ['sʌnbi:m] rayon *m* de soleil.

sun·burn ['sʌnbə:n] hâle *m*; ⚕ coup *m* de soleil; '**sun·burnt** basané; brûlé par le soleil.

sun·dae *Am.* ['sʌnd(e)i] glace *f* aux fruits.

Sun·day ['sʌndi] dimanche *m*.

sun·der *poét.* ['sʌndə] (se) séparer; *v/t.* fendre en deux.

sun-di·al ['sʌndaiəl] cadran *m* solaire, gnomon *m*.

sun·down ['sʌndaun] coucher *m* du soleil; *Am.* occident *m*; *Am.* chapeau *m* à larges bords; '**sun·down·er** petit verre *m* pris au coucher du soleil.

sun·dry ['sʌndri] **1.** divers; **2.** *sundries pl. surt.* ⚕ articles *m/pl.* divers; frais *m/pl.* divers.

sung [sʌŋ] † *prét. et p.p. de sing*.

sun...: '~-**glass·es** *pl.* (*a. a pair of* ~) (des) lunettes *f/pl.* fumées *ou* solaires; '~-'**hel·met** casque *m* colonial.

sunk [sʌŋk] *p.p.*, *a. prét. de sink 1*.

sunk·en ['sʌŋkən] sombré; *fig.* creux (creuse *f*) (*joues, yeux*); ⊕ enterré.

sun·lamp *cin.* ['sʌnlæmp] grand réflecteur *m*.

sun·lit ['sʌnlit] ensoleillé; éclairé par le soleil.

sun·ni·ness ['sʌninis] caractère *m* ensoleillé; *fig.* gaieté *f*; '**sun·ny** □ ensoleillé; de soleil; *fig.* rayonnant; *fig.* heureux (-euse *f*).

sun...: '~·**rise** lever *m* du soleil; '~-**room** solarium *m*; '~·**set** coucher *m* du soleil; '~·**shade** ombrelle *f*; ⊕, *a. mot.* pare-soleil *m/inv.*; '~·**shine** (lumière *f* du) soleil *m*; *mot.* ~ *roof* toit *m* découvrable *ou* ouvrant; '~-**shin·y** ensoleillé, de soleil; '~-**spot** *astr.* tache *f* solaire; '~·**stroke** ⚕ coup *m* de soleil; insolation *f*; '~-**up** lever *m* du soleil.

sup [sʌp] *v/i.* souper (de *off, on*); *v/t.* donner à souper à (*q.*).

su·per[1] ['sju:pə] **1.** *théâ., a. cin.* F figurant(e *f*) *m*; **2.** F *mesure*: carré; ⚕ surfin.

su·per-[2] [~] super-; plus que; sus-.

su·per...: ~·**a'bound** surabonder (de, en *in, with*); foisonner (de *in, with*); ~·**a'bun·dant** □ surabondant; ~*ly* surabondamment; '~'**add** surajouter; ~·**an·nu·ate** [~'rænjueit] mettre à la retraite; *fig.* mettre au rancart; ~*d* suranné; démodé; en retraite (*personne*); ~·**an·nu'a·tion** mise *f* en retraite; ~ *fund* caisse *f* des retraites.

su·perb □ [sju:'pə:b] superbe, magnifique.

su·per·car·go ⚓ ['sju:pəka:gou] subrécargue *m*; '**su·per·charg·er** *mot.* (sur)compresseur *m*; **su·per·cil·i·ous** □ [~'siliəs] hautain, dédaigneux (-euse *f*); **su·per'cil·i·ous·ness** hauteur *f*; arrogance *f*; **su·per-'dread·nought** super-dreadnought *m* (= *grand cuirassé*); **su·per·er·o·ga·tion** ['~rero'geiʃn] surérogation *f*; **su·per·e·rog·a·to·ry** □ ['~re'rɔgətəri] surérogatoire; **su·per·fi·cial** □ [~'fiʃl] superficiel(le *f*); **su·per·fi·ci·al·i·ty** [~fiʃi'æliti] superficialité *f*; **su·per·fi·ci·es** [~'fiʃi:z] superficie *f*; '**su·per'fine** superfin; ⚕ surfin; *fig.* raffiné; **su·per·flu·i·ty** [~'fluiti] superfluité *f*; embarras *m* (de, *of*); **su·per·flu·ous** □ [sju'pə:fluəs] superflu; **su·per'heat** ⊕ surchauffer; **su·per·het** ['~'het] *radio*: superhétérodyne *m*.

su·per...: ~·**hu·man** □ [~'hjumən] surhumain; ~·**in·duce** ['~rin'dju:s] surajouter (à, [*up*]*on*); superposer (sur, [*up*]*on*); ~·**in·tend** [~prin'tend] surveiller, diriger; présider à; ~·**in-**

ˈ**tend·ence** direction *f*, surveillance *f*; **~·inˈtend·ent 1.** surveillant(e *f*) *m*; directeur (-trice *f*) *m*; **2.** surveillant.

su·pe·ri·or [sjuːˈpiəriə] **1.** □ supérieur (à, *to*); *fig.* arrogant, de supériorité; *fig.* au-dessus (de, *to*); **2.** supérieur(e *f*) *m* (*a. eccl.*); (*Lady*) ♀ mère *f* abbesse; **su·pe·ri·or·i·ty** [~ˈɔriti] supériorité *f*.

su·per·la·tive [sjuːˈpəːlətiv] **1.** □ suprême; F *a. gramm.* superlatif (-ive *f*); **2.** *gramm.* (a. ~ *degree*) superlatif *m*; ˈ**su·per·man** surhomme *m*; ˈ**su·per·mar·ket** supermarché *m*; ˈ**su·perˈnat·u·ral** □ surnaturel (-le *f*); **su·per·nu·mer·ar·y** [~ˈnjuːmərəri] **1.** surnuméraire (*a. su./m*); **2.** *théâ.* figurant(e *f*) *m*; ˈ**su·perˈpose** superposer (à, [*up*]*on*); ˈ**su·per·poˈsi·tion** superposition *f*; *géol.* disposition *f* en couches; stratification *f*; ˈ**su·per·pow·er** *pol.* superpuissance *f*; ˈ**su·perˈscribe** mettre une inscription sur; mettre l'adresse sur; **su·perˈscrip·tion** inscription *f*; adresse *f*; **su·per·sede** [~ˈsiːd] remplacer; *fig.* démonter; *fig.* supplanter; **su·perˈses·sion** remplacement *m*; évincement *m*; **su·per·son·ic** *phys.* [~ˈsɔnik] ultrasonore; supersonique; **su·per·sti·tion** [~ˈstiʃn] superstition *f*; **su·perˈsti·tious** □ [~ʃəs] superstitieux (-euse *f*); **su·per·struc·ture** [ˈ~strʌktʃə] superstructure *f*; **su·per·vene** [~ˈviːn] survenir; arriver (à la suite de, [*up*]*on*); **su·per·ven·tion** [~ˈvenʃn] survenance *f*, survenue *f*; **su·per·vise** [ˈ~vaiz] surveiller, diriger; **su·per·vi·sion** [~ˈviʒn] surveillance *f*; direction *f*; **su·per·vi·sor** [ˈ~vaizə] surveillant(e *f*) *m*; directeur (-trice *f*) *m*.

su·pine 1. *gramm.* [ˈsjuːpain] supin *m*; **2.** □ [~ˈpain] couché *ou* étendu sur le dos; *fig.* indolent; mou (mol *devant une voyelle ou un h muet*; molle *f*); nonchalant; **suˈpine·ness** indolence *f*, mollesse *f*, inertie *f*.

sup·per [ˈsʌpə] souper *m*; *the* (*Lord's*) ♀ la Cène *f*.

sup·plant [səˈplɑːnt] supplanter; remplacer; évincer (*q.*); F dégommer.

sup·ple [ˈsʌpl] **1.** □ souple; complaisant; **2.** assouplir.

sup·ple·ment 1. [ˈsʌplimənt] supplément *m*; annexe *f*, appendice *m*; **2.** [ˈ~ment] ajouter à, compléter; **sup·pleˈmen·tal** □, **sup·pleˈmen·ta·ry** supplémentaire (de, *to*); additionnel(le *f*) (à, *to*); ~ *benefit* allocation *f* supplémentaire; ⚕ ~ *order* commande *f* renouvelle; *take a* ~ *ticket* prendre un billet supplémentaire.

sup·ple·ness [ˈsʌplnis] souplesse *f* (*a. fig.*); *fig.* complaisance *f*.

sup·pli·ant [ˈsʌpliənt] **1.** □ suppliant; de supplication; **2.** suppliant(e *f*) *m*.

sup·pli·cate [ˈsʌplikeit] supplier (pour obtenir, *for*; de *inf.*, *to inf.*); prier avec instance; **sup·pliˈca·tion** supplication *f*; supplique *f*; **sup·pli·ca·to·ry** [ˈ~kətəri] supplicatoire, de supplication.

sup·pli·er [səˈplaiə] fournisseur (-euse *f*) *m* (*a.* ⚕); pourvoyeur (-euse *f*) *m*.

sup·ply [səˈplai] **1.** fournir, approvisionner, munir (de, *with*); combler (*une lacune*); réparer (*une omission*); remplir; répondre à (*un besoin*); remplacer (*q.*); **2.** fourniture *f*; approvisionnement *m*; ravitaillement *m* (*a. en munitions*); provision *f*; service *m* de (*gaz etc.*); ⚕ offre *f*; *usu. supplies pl.* ⚕ fournitures *f/pl.*; *parl.* budget *m*; crédits *m/pl.*; ⚔ vivres *m/pl.*; approvisionnements *m/pl.*; ravitaillement *m* en munitions; *be in short* ~ manquer; *on* ~ par intérim; ~ *teacher* (professeur *mf*) suppléant(e *f*) *m*; *parl. Committee of* ♀ commission *f* du budget.

sup·port [səˈpɔːt] **1.** appui *m*, soutien *m* (*a.* ⊕, *a. fig.*); ⊕ soutènement *m*; maintien *m*, entretien *m*; ressources *f/pl.*; ⚔ (troupes *f/pl.* de) soutien *m*; **2.** appuyer (*a. fig.*); soutenir (*a. parl. une motion*, *a. théâ. un rôle*); maintenir; entretenir; subvenir aux besoins de (*une famille*); venir à l'appui de (*une opinion etc.*); tolérer (*une injure*); entourer (*un président etc.*); *théâ.* donner la réplique à (*le premier rôle*); seconder; *théâ.* ~*ing part* rôle *m* secondaire; *cin.* ~*ing programme* film *m ou -s m/pl.* d'importance secondaire; △ ~*ing wall* mur *m* d'appui; **supˈport·a·ble** □ tolérable, supportable; soutenable (*opinion*); **sup'port·er** adhérent(e *f*) *m*; partisan (-e *f*) *m*; *sp.* supporter *m*; défenseur *m* (*d'une opinion*); ▨ support *m*; *appareil*: soutien *m*.

sup·pose [sə'pouz] supposer, s'imaginer; croire; *he is* ~*d to* (*inf.*) il est censé (*inf.*); ~ (*that*), *supposing* (*that*) admettons que (*sbj.*), supposé que (*sbj.*); F ~ *we do so* eh bien! et puis après?; *he is rich, I* ~ je suppose qu'il est riche.

sup·posed □ [sə'pouzd] supposé, prétendu; soi-disant; **sup'pos·ed·ly** [~idli] probablement.

sup·po·si·tion [sʌpə'ziʃn] supposition *f*; hypothèse *f*; **sup·pos·i·ti·tious** □ [səpɔzi'tiʃəs] faux (fausse *f*), supposé; **sup'pos·i·to·ry** ⚕ [~təri] suppositoire *m*.

sup·press [sə'pres] supprimer; réprimer; **sup·pres·sion** [sə'preʃn] suppression *f*; répression *f*; étouffement *m*; **sup·pres·sive** □ [sə'presiv] suppressif (-ive *f*), répressif (-ive *f*); **sup'pres·sor** personne *f* qui supprime *ou* réprime; *radio*: grille *f* de freinage; *télév.* antiparasite *m*.

sup·pu·rate ['sʌpjureit] suppurer; **sup·pu'ra·tion** suppuration *f*.

su·prem·a·cy [sju'preməsi] suprématie *f* (sur, *over*); **su·preme** □ [sju'pri:m] suprême (*a. poét. heure*); souverain.

sur·charge 1. [sə:'tʃɑ:dʒ] surcharger (de, *with*; *a. un timbre-poste*); surtaxer; **2.** ['~] surcharge *f* (*a. timbre-poste*); charge *f* excessive; *lettre*: surtaxe *f*.

surd ⅍ [sə:d] **1.** incommensurable; irrationnel(le *f*); **2.** quantité *f* incommensurable; racine *f* irrationnelle.

sure □ [ʃuə] sûr, certain; *to be* ~*!*, F ~ *enough!*, *Am.* ~*!* vraiment!, en effet!, bien sûr; *Am.* F ~ *fire* infaillible; absolument sûr; *Am.* F ~ *thing!* bien sûr!; mais oui!; *it's a* ~ *thing* c'est une certitude, c'est sûr et certain; *I'm* ~ *I don't know* je ne sais vraiment pas; *he is* ~ *to return* il reviendra sûrement *ou* à coup sûr; *make* ~ s'assurer (de, *of*); prendre les dispositions nécessaires (pour *inf.*, *to inf.*); *be* ~ *to write* ne manquez pas d'écrire; **'sure·ly** assurément; certainement; **'sure·ness** sûreté *f*; certitude *f*; **'sure·ty** caution *f*, garant(e *f*) *m*; † garantie *f*.

surf [sə:f] **1.** ressac *m*; brisants *m/pl.*; **2.** (*a.* ~*ride, go* ~*ing*) surfer, faire du surfing; ~ *board* planche *f* de surf.

sur·face ['sə:fis] **1.** surface *f*; *fig.* dehors *m*; ✈ *supporting* (*ou lifting*) ~ aile *f* voilure; ✈ *control* ~ gouverne *f*; **2.** *v/i.* revenir en *ou* faire surface; **'~·man** 🚂 cheminot *m*.

sur·feit ['sə:fit] **1.** excès *m*, surabondance *f*; *fig.* dégoût *m*; **2.** (se) gorger (de *on*, *with*) (*a. fig.*).

surf-rid·ing ['sə:fraidiŋ] *sp.* planking *m*; sport *m* de l'aquaplane.

surge [sə:dʒ] **1.** houle *f*; vague *f* (*a.* ⚡ de courant); lame *f* de fond; **2.** se soulever; être *ou* devenir houleux; *fig.* se répandre en flots.

sur·geon ['sə:dʒən] chirurgien(ne *f*) *m*; ⚓, ⚔ médecin *m* (militaire); **sur·ger·y** ['sə:dʒəri] chirurgie *f*; médecine *f* opératoire; *endroit*: cabinet *m* de consultation; dispensaire *m*.

sur·gi·cal □ ['sə:dʒikl] chirurgical (-aux *m/pl.*), de chirurgie.

sur·li·ness ['sə:linis] maussaderie *f*; caractère *m* hargneux; air *m* bourru; **'sur·ly** □ maussade; hargneux (-euse *f*); bourru.

sur·mise 1. ['sə:maiz] conjecture *f*, supposition *f*; **2.** [~'maiz] conjecturer; soupçonner.

sur·mount [sə:'maunt] surmonter (*a. fig.*); *fig.* triompher de (*qch.*); ~*ed by* (*ou with*) surmonté *ou* couronné de; **sur'mount·a·ble** surmontable.

sur·name ['sə:neim] **1.** nom *m* (de famille); **2.** donner un nom de famille à; ~*d* surnommé.

sur·pass *fig.* [sə:'pɑ:s] surpasser; dépasser; **sur'pass·ing** □ sans égal (-aux *m/pl.*); prééminent.

sur·plice *eccl.* ['sə:pləs] surplis *m*.

sur·plus ['sə:pləs] **1.** surplus *m*, excédent *m*; **2.** d'excédent; surplus de; **'sur·plus·age** *see surplus 1*; surabondance *f*; ⚖ redondance *f*.

sur·prise [sə'praiz] **1.** surprise *f*; étonnement *m*; ⚔ coup *m* de main; *take by* ~ prendre au dépourvu, surprendre; **2.** à l'improviste; **3.** étonner; surprendre (*a.* ⚔); **sur'pris·ing** □ étonnant, surprenant.

sur·re·al·ism [sə'riəlizm] *art*: sur-

réalisme *m*; **sur're·al·ist** surréaliste (*a. su.*/*mf*).
sur·ren·der [sə'rendə] **1.** ⚔ reddition *f*; abandon *m*; **2.** *v/t.* abandonner (*a. fig.*); ⚔ rendre; *v/i.* (*a.* ~ *o.s.*) se rendre.
sur·rep·ti·tious □ [sʌrəp'tiʃəs] clandestin, subreptice.
sur·ro·gate ['sʌrəgit] suppléant(e *f*) *m*; ⚖, *eccl.* subrogé(e *f*) *m*.
sur·round [sə'raund] entourer (*a.* ⚔); cerner; investir (*une ville*); **sur'round·ing 1.** environnant, d'alentour; **2.** ~*s pl.* environnement *m*; milieu *m*; entourage *m*.
sur·tax ['sə:tæks] surtaxe *f*.
sur·veil·lance [sə:'veiləns] surveillance *f*.
sur·vey 1. [sə:'vei] contempler, promener ses regards sur; examiner attentivement; *surv.* arpenter (*un terrain*); faire le levé du plan de; **2.** ['sə:vei] vue *f* générale, aperçu *m*; étude *f* (*de la situation*); inspection *f*, visite *f*; *surv. terrain*: arpentage *m*; levé *m* (des plans); **sur'vey·or** arpenteur *m*, géomètre *m* expert; *admin.* inspecteur (-trice *f*) *m*; contrôleur (-euse *f*) *m*.
sur·viv·al [sə'vaivl] survivance *f*; restant *m*; ⚖ survie *f*; **sur·vive** [~'vaiv] *v/t.* survivre à; *v/i.* survivre; demeurer en vie; subsister; **sur'vi·vor** survivant(e *f*) *m*.
sus·cep·ti·bil·i·ty [səseptə'biliti] prédisposition *f* (à, *to*), susceptibilité *f*; *souv. susceptibilities pl.* sensibilité *f*; **sus'cep·ti·ble** □, **sus'cep·tive** sensible, prédisposé (à *of, to*); *be* ~ *of* se prêter à (*qch.*); être susceptible de.
sus·pect 1. [səs'pekt] soupçonner; avoir idée (que, *that*); se douter de (*qch.*); **2.** ['sʌspekt] suspect(e *f*) *m*; **3.** [~] (*a.* ~*ed*) suspect.
sus·pend [səs'pend] pendre; suspendre (*fonctionnaire, jugement, paiements, poursuite, travail, etc.*); cesser; ⚔ mettre (*un officier*) en non-activité; *parl.* exclure temporairement; ⚖ surseoir à (*un jugement*); *sp.* exécuter (*un joueur*), mettre (*un jockey*) à pied; ~*ed* suspendu; interrompu; ~*ed animation* syncope *f*; *fig.* suspens *m*; **sus'pend·er** suspensoir *m*; *surt. Am.* ~*s pl.* bretelles *f/pl.*; jarretelles *f/pl*; fixe-chaussettes *m/inv.*
sus·pense [səs'pens] suspens *m*; incertitude *f*; *in* ~ pendant(e *f*); † ~ *account* compte *m* d'ordre; **sus·pen·sion** [~'penʃn] suspension *f*; ⚖ *jugement*: surséance *f*; *parl. député*: exclusion *f* temporaire; *sp.* exécution *f*; mise *f* à pied (*d'un jockey*); ~*-bridge* pont *m* suspendu; ~ *railway* chemin *m* de fer suspendu; **sus'pen·sive** □ suspensif (-ive *f*); **sus·pen·so·ry** [~'pensəri] **1.** suspensif (-ive *f*); **2.** *anat.* suspenseur *m*; ⚕ ~ *bandage* suspensoir *m*.
sus·pi·cion [səs'piʃn] soupçon *m* (*a. fig.*); *fig. sourire*: ébauche *f*.
sus·pi·cious □ [səs'piʃəs] suspect; équivoque; louche; méfiant; **sus'pi·ciuos·ness** caractère *m* suspect *etc.*; méfiance *f*.
sus·tain [səs'tein] *usu.* soutenir (*a. fig.*); entretenir (*la vie*); appuyer (*des témoignages*); essuyer (*une perte*); **sus'tain·a·ble** soutenable; **sus'tained** soutenu, nourri (*a. fig.*); continu.
sus·te·nance ['sʌstinəns] sustentation *f*; subsistance *f*; nourriture *f*.
sut·ler ⚔ ['sʌtlə] cantinier (-ère *f*) *m*; *sl.* mercanti *m*.
su·ture ['sju:tʃə] **1.** ⚘, ⚕, *anat.* suture *f*; **2.** suturer.
su·ze·rain ['su:zərein] suzerain *m*; **'su·ze·rain·ty** suzeraineté *f*.
swab [swɔb] **1.** torchon *m*; ⚓ faubert *m*; ⚕ tampon *m* d'ouate; ⚕ prélèvement *m* (dans, *of*); *sl.* andouille *f*; *sl.* ⚓ marin *m* d'eau douce; **2.** (*a.* ~ *down*) nettoyer; ⚓ fauberter.
swad·dle ['swɔdl] **1.** emmailloter (de, *with*); *swaddling clothes pl.* maillot *m*; F *fig.* langes *m/pl.*; **2.** lange *m*; bande *f*.
swag·ger ['swægə] **1.** crâner, se pavaner, se donner des airs; fanfaronner; **2.** F ultra-chic *inv. en genre*; élégant; **3.** air *m* avantageux; rodomontades *f/pl.*; '~**-cane** ⚔ jonc *m* d'officier; jonc *m* de tenue de sortie.
swain [swein] † berger *m*; *poét., a. co.* soupirant *m*.
swal·low[1] *orn.* ['swɔlou] hirondelle *f*.
swal·low[2] [~] **1.** gosier *m*; gorgée *f*; **2.** *v/t.* avaler (*a. fig. une histoire, un affront*); gober (*une huître, a. fig.* [*qqfois* ~ *up*] *une histoire*); *fig.*

ravaler (*ses paroles*); mettre dans sa poche (*son orgueil*); *v/i.* avaler.

swam [swæm] *prét. de swim 1.*

swamp [swɔmp] **1.** marais *m*, marécage *m*; **2.** inonder (*a. fig.*); ⚓ remplir d'eau, submerger; *fig.* déborder (de, *with*); écraser; ˈ**swamp·y** marécageux (-euse *f*).

swan [swɔn] cygne *m*.

swank *sl.* [swæŋk] **1.** prétention *f*, épate *f*; **2.** prétentieux (-euse *f*); snob *adj./inv.*; **3.** crâner, faire de l'épate.

swan-neck [ˈswɔnnek] ⊕ cou *m* de cygne; ⚓ *gui*: aiguillot *m*; **swan·ner·y** [ˈ~əri] endroit *m* où on élève des cygnes; ˈ**swan-song** chant *m* du cygne (*a. fig.*).

swap F [swɔp] troquer, échanger.

sward [swɔːd] gazon *m*; pelouse *f*.

swarm[1] [swɔːm] **1.** essaim *m*; *sauterelles*: vol *m*; *fig.* foule *f*, troupe *f*; **2.** essaimer; *fig.* fourmiller (de, *with*).

swarm[2] [~] (*usu.* ~ *up*) escalader; monter à.

swarth·i·ness [ˈswɔːθinis] teint *m* basané; ˈ**swarth·y** □ basané, noiraud, brun.

swash [swɔʃ] **1.** *v/i.* clapoter; *v/t.* clapoter contre; faire jaillir; **2.** clapotis *m*, *vagues*: clapotage *m*; **~-buck·ler** [ˈ~bʌklə] rodomont *m*, fanfaron *m*.

swas·ti·ka [ˈswɔstikə] svastika *m*; croix *f* gammée.

swat [swɔt] **1.** frapper; écraser (*une mouche*); **2.** coup *m*.

swath ⸙ [swɔːθ] andain *m*, fauchée *f*.

swathe [sweið] **1.** bandage *m*, bande *f*; *see swath*; **2.** emmailloter, envelopper; rouler.

sway [swei] **1.** balancement *m*; oscillation *f*; *mot.* roulis *m*; empire *m*, domination *f*; **2.** *v/t.* balancer; influencer; gouverner; *v/i.* osciller, se balancer; *fig.* incliner, pencher.

swear [swɛə] **1.** [*irr.*] *v/i.* jurer (qch., *by s.th.*); prêter serment; sacrer, blasphémer; ~ *to* attester (*qch.*) sous serment; ~ *at* maudire; *fig.* ~ *by* se fier à; *v/t.* jurer (de, *to*); faire (*un serment*); faire jurer (*q.*); ~ *s.o.* faire prêter serment à q.; *be sworn* (*in*) prêter serment; ~ *off* jurer de renoncer à; **2.** F (*a.* ~*-word*) juron *m*.

sweat [swet] **1.** sueur *f*, transpiration *f*; ⊕ ressuage *m*; *sl.* corvée *f*; ⚔ F *old* ~ vieux troupier *m*; *by the* ~ *of one's brow* à la sueur de son front; **2.** [*irr.*] *v/i.* suer, transpirer; *v/t.* (faire) suer; ⚕ faire transpirer; exploiter (*un ouvrier*); ⊕ souder (*un câble*) à l'étain; ˈ**sweat·ed** fait à la sueur des ouvriers (-ères *f*); ˈ**sweat·er** chandail *m*; tricot *m*; F pull *m*; **~-shirt** sweat-shirt *m*; ˈ**~-shop** atelier *m* où les ouvriers sont exploités; ˈ**sweat·y** en sueur; imprégné de sueur; d'une chaleur humide.

Swede [swiːd] Suédois(e *f*) *m*; ⸙ ♀ navet *m* de Suède, chou-navet (*pl.* choux-navets) *m*.

Swedish [ˈswiːdiʃ] **1.** suédois; **2.** *ling.* suédois *m*; *the* ~ *pl.* les Suédois *m/pl.*

sweep [swiːp] **1.** [*irr.*] *v/t.* balayer (*une pièce, a. fig. une robe, les mers, etc.*); *fig.* parcourir; *fig.* (*souv. avec adv.*) entraîner; ramoner (*la cheminée*); *fig.* effleurer (*les cordes d'une harpe*); ⚔ enfiler; *fig.* embrasser du regard; tracer (*une courbe*); *v/i.* s'étaler, s'étendre; *fig.* (*usu. avec adv.*) avancer rapidement; envahir, parcourir; entrer *etc.* d'un air majestueux; ~ *for mines* draguer des mines; ~ *in* entrer vivement ou majestueusement; **2.** coup *m* de balai *ou* de pinceau *ou* de faux; geste *m* large; mouvement *m* circulaire; courbe *f*; ligne *f* ininterrompue; *fig.* mouvement *m* majestueux; ♪ *harpe*: effleurement *m*; *mot.* virage *m*; *fleuve*: course *f* rapide; *maison*: allée *f*; *télév.* balayage *m*; étendue *f*, envergure *f*; ⚔ *etc.* portée *f* (*a. fig.*); ⊕ zone *f* de jeu; *formes d'un navire*: courbure *f*; *colline*: versant *m*; ramoneur *m* (*de cheminées*); *embarcation etc.*: aviron *m* de queue; *pompe etc.*: balancier *m*; F sweepstake *m*; *make a clean* ~ faire table rase (de, *of*); *jeu*: faire rafle; *fig. at one* ~ d'un seul coup; ˈ**sweep·er** balayeur *m* (*de rues*); *machine*: balayeuse *f*; ˈ**sweep·ing 1.** □ rapide; entier (-ère *f*); par trop absolu (*affirmation*); allongé, élancé (*lignes*); **2.** ~*s pl.* ordures *f/pl.*, balayures *f/pl.*; **sweep·stake** [ˈ~steik] sweepstake *m*, poule *f*.

sweet [swiːt] **1.** □ doux (douce *f*); sucré; mélodieux (-euse *f*); gentil(le *f*) (*personne*); odorant; agréable; sain (*haleine, sol, etc.*); ~ *oil* huile *f* douce; *souv.* huile *f* d'olive; ⚘ ~ *pea* pois *m* de senteur; ⚘ ~-*william* œillet *m* de poète; *have a* ~ *tooth* aimer les douceurs; **2.** chérie *f*; bonbon *m*; *cuis.* entremets *m* (sucré); ~*s pl.* confiseries *f*/*pl.*; friandises *f*/*pl.*; *fig.* délices *f*/*pl.*; ˈ~**·bread** ris *m* de veau *ou qqfois* d'agneau; ˈ**sweet·en** sucrer; adoucir (*a. fig.*); assainir (*l'air, le sol, etc.*); ˈ**sweet·en·er** édulcorant *m*; *fig.* pot-de-vin *m* (*pl.* pots-de-vin); ˈ**sweet·heart** bien-aimé(e *f*) *m*; chéri(e *f*) *m*; ˈ**sweet·ish** assez doux (douce *f*); ˈ**sweet·meat** bonbon *m*; ~*s pl.* confiserie *f*, sucreries *f*/*pl.*; ˈ**sweet·ness** douceur *f* (*a. fig.*); *fig.* gentillesse *f*; *air etc.*: fraîcheur *f*; ˈ**sweet·shop** confiserie *f*.

swell [swel] **1.** [*irr.*] *v*/*i.* se gonfler (*a. voiles*); s'enfler (*a. fig.* jusqu'à devenir qch., *into s.th.*); grossir; se soulever (*mer*); *fig.* augmenter; *v*/*t.* gonfler, enfler; augmenter; **2.** F élégant, chic *inv. en genre*; *sl.* bath; **3.** bosse *f*; *terrain*: ondulation *f*; gonflement *m*; ♪ *orgue*: soufflet *m*, crescendo *m* (et diminuendo *m*); ⚓ houle *f*; F élégant(e *f*) *m*; *the* ~*s pl.* le gratin *m*; ˈ**swell·ing 1.** enflure *f*; tumeur *f*; gonflement *m*; *vagues*: soulèvement *m*; *mot. etc.* hernie *f*; **2.** □ qui s'enfle *ou* se gonfle; enflé, gonflé; boursouflé (*style*).

swel·ter [ˈsweltə] étouffer; être en nage.

swept [swept] *prét. et p.p. de sweep 1.*

swerve [swəːv] *v*/*i.* faire un écart; *mot.* faire une embardée; dévier; *foot.* crocheter; *v*/*t.* faire écarter; *mot.* faire faire une embardée; faire dévier (*la balle*).

swift [swift] **1.** □ rapide; prompt; **2.** *orn.* martinet *m*; ˈ**swift·ness** vitesse *f*; promptitude *f*.

swig F [swig] **1.** gorgée *f*; grand coup *m*; **2.** boire à grands coups; lamper.

swill [swil] **1.** lavage *m* à grande eau; pâtée *f* pour les porcs; F *péj.* rinçure *f*, mauvaise boisson *f*; **2.** *v*/*t.* laver à grande eau; *v*/*i.* avaler; boire comme une éponge.

swim [swim] **1.** [*irr.*] *v*/*i.* nager; être inondé (de, *with*); *my head* ~*s* la tête me tourne; *v*/*t.* traverser à la nage; faire (*une distance etc.*) à la nage; faire nager (*un cheval*); **2.** action *f* de nager; *be in the* ~ être à la page; être lancé.

swim·ming [ˈswimiŋ] **1.** nage *f*; natation *f*; **2.** □ de natation; ~*ly* F à merveille; ~ *pool* piscine *f*; ~ *trunks pl.* (*a pair of* ~ *trunks* un) caleçon de bain.

swim·suit [ˈswimsjuːt] maillot *m* (de bain).

swin·dle [ˈswindl] **1.** *v*/*t.* escroquer (qch. à q., *s.o. out of s.th.*); *v*/*i.* faire de l'escroquerie; **2.** escroquerie *f*, filouterie *f*; ˈ**swin·dler** escroc *m*, filou *m*; *sl.* floueur (-euse *f*) *m*.

swine *poét., zo., fig. péj.* [swain], *pl.* **swine** cochon *m*; *sl.* salaud *m*; ˈ**swine·herd** porcher *m*.

swing [swiŋ] **1.** [*irr.*] *v*/*i.* se balancer, osciller, tournoyer, pivoter; ⚓ éviter (*sur l'ancre*); être pendu; ⚔ faire une conversion (vers, *to*); ~ *along* avancer en scandant le pas; ~ *into motion* se mettre en mouvement; ~ *to* se refermer (*porte*); *v*/*t.* (faire) balancer, faire osciller; faire pivoter; pendre; brandir; **2.** balancement *m*; coup *m* balancé; va-et-vient *m*/*inv.*; balançoire *f* (*d'enfant*); mouvement *m* rythmé; ⚓ évitage *m*; *fig.* entrain *m*, marche *f*; ♪, *a. box.* swing *m*; *in full* ~ en pleine marche; ~ **bridge** pont *m* tournant; ~ **door** porte *f* battante, porte *f* à bascule.

swinge·ing □ F [ˈswindʒiŋ] énorme; écrasant.

swing·ing □ F [ˈswiŋiŋ] balançant, oscillant; à bascule; *fig.* cadencé; *fig.* entraînant; *Am.* ~ *door see swing door*; ⚕ ~ *temperature* température *f* variable.

swin·gle ⊕ [ˈswiŋgl] **1.** teiller, écanguer (*le lin, le chanvre*); **2.** écang *m*; ˈ~**·tree** palonnier *m*.

swin·ish □ [ˈswainiʃ] de cochon; bestial (-aux *m*/*pl.*).

swipe [swaip] **1.** frapper à toute volée; F donner une taloche à; *Am. sl.* chipper; **2.** F taloche *f*; ~*s pl.* petite bière *f*, bibine *f*.

swirl [swəːl] **1.** (faire) tournoyer *ou* tourbillonner; **2.** remous *m*; tourbillon(nement) *m*.

swish [swiʃ] **1.** *v*/*i.* bruire; siffler; *v*/*t.* fouetter; faire siffler; **2.** bruissement *m*; sifflement *m*; frou(-)frou *m*; **3.** F chic *inv. en genre*, élégant.

Swiss [swis] **1.** suisse; **2.** Suisse(sse *f*) *m*; the ~ *pl.* les Suisses *m/pl.*

switch [switʃ] **1.** badine *f*; houssine *f* (*a. de cavalier*); 🚂 aiguille *f*; ⚡ interrupteur *m*, commutateur *m*; *cheveux*: postiche *m*; **2.** cingler; housser; 🚂 aiguiller (*a. fig.*); manœuvrer (*un train*); ⚡ (*souv.* ~ *over*) commuter (*le courant*); ⚡ ~ *on* (*off*) allumer (éteindre); '**~-back** montagnes *f/pl.* russes; '**~-board** ⚡ panneau *m ou* tableau *m* de distribution; *telephone* ~ standard *m* téléphonique; '**~-box** caisson *m* d'interrupteur, boîte *f* de distribution; '**~-le·ver** 🚂 levier *m* d'aiguille.

swiv·el ⊕ ['swivl] émerillon *m*; pivot *m*; *attr.* tournant, pivotant; à pivot.

swol·len ['swouln] *p.p. de swell 1.*

swoon [swu:n] **1.** évanouissement *m*; ⚕ syncope *f*; **2.** s'évanouir.

swoop [swu:p] **1.** (*usu.* ~ *down*) s'abattre, foncer (sur, [*up*]*on*); **2.** descente *f* rapide; attaque *f* inattendue.

swop F [swɔp] troquer.

sword [sɔ:d] épée *f*; *cavalry* ~ sabre *m* de cavalerie; '**~-cane** canne *f* à épée; '**~-knot** dragonne *f*.

swords·man ['sɔ:dzmən] épéiste *m*, escrimeur *m*, F lame *f*; '**swords·man·ship** escrime *f*.

swore [swɔ:] *prét. de swear 1.*

sworn [swɔ:n] *p.p. de swear 1*; ⚖ juré, assermenté.

swot *école sl.* [swɔt] **1.** travail *m* intense, *sl.* turbin *m*; *personne*: bûcheur (-euse *f*) *m*; **2.** bûcher, piocher, potasser.

swum [swʌm] *p.p. de swim 1.*

swung [swʌŋ] *prét. et p.p. de swing 1.*

syb·a·rite ['sibərait] sybarite (*a. su./mf*).

syc·o·phant ['sikəfənt] sycophante *m*; flagorneur (-euse *f*) *m*; adulateur (-trice *f*) *m*; **syc·o·phan·tic** [sikə'fæntik] (*~ally*) adulateur (-trice *f*); *~ally* bassement.

syl·lab·ic [si'læbik] (*~ally*) syllabique; **syl·la·ble** ['siləbl] syllabe *f*.

syl·la·bus ['siləbəs] *cours, études*: programme *m*; *eccl.* syllabus *m*.

syl·lo·gism *phls.* ['silədʒizm] syllogisme *m*.

sylph [silf] sylphe *m*; sylphide *f* (*a. fig.*).

sym·bi·o·sis *biol.* [simbai'ousis] symbiose *f*.

sym·bol ['simbəl] symbole *m* (*a.* ⚗); signe *m*; attribut *m*; **sym·bol·ic, sym·bol·i·cal** □ [~'bɔlik(l)] symbolique; **sym·bol·ism** ['~bəlizm] symbolisme *m*; '**sym·bol·ize** symboliser.

sym·met·ri·cal □ [si'metrikl] symétrique; **sym·me·try** ['simitri] symétrie *f*.

sym·pa·thet·ic [simpə'θetik] (*~ally*) sympathique (*a. nerf, encre*); de sympathie; compatissant; bien disposé; ~ *strike* grève *f* de solidarité;

sym·pa·thize ['~θaiz] sympathiser (avec, *with*); compatir (à, *with*); s'associer (à, *with*); **sym·pa·thy** ['~θi] sympathie *f*; compassion *f*; *in* ~ par solidarité (*grève*); par contrecoup (*hausse de prix*); *letter of* ~ lettre *f* de condoléances.

sym·phon·ic ♪ [sim'fɔnik] symphonique; **sym·pho·ny** ♪ ['simfəni] symphonie *f*.

symp·tom ['simptəm] symptôme *m*; indice *m*; **symp·to·mat·ic** [~'mætik] (*~ally*) symptomatique; qui est un symptôme (de, *of*); *be* ~ *of* caractériser (*qch.*).

syn·a·gogue ['sinəgɔg] synagogue *f*.

sync(h) F [siŋk] synchronisation *f*; synchronisme *m*; *out of* ~ mal synchronisé, pas en synchronisme.

syn·chro·mesh gear *mot.* ['siŋkromeʃ'giə] boîte *f* de vitesses synchronisée.

syn·chro·nism ['siŋkrənizm] synchronisme *m*; ⚡ *in* ~ en phase; *télév. irregular* ~ drapeau *m*; '**syn·chro·nize** *v/i.* marquer la même heure; arriver simultanément; *v/t.* synchroniser (*a. cin.*); ⚡ coupler en phase; *cin.* repérer; '**syn·chro·nous** □ synchrone; ⚡ en phase.

syn·co·pate ['siŋkəpeit] syncoper; **syn·co·pe** ⚕, ♪, *a. gramm.* ['~pi] syncope *f*.

syn·dic ['sindik] syndic *m*; **syn·di·cate 1.** ['~kit] syndicat *m*; conseil *m* de syndics; **2.** ['~keit] (se) syndiquer; '**syn·di·cat·ed** publié simultanément dans plusieurs journaux.

syn·drome ['sindroum] syndrome *m*.

syn·od *eccl.* ['sinəd] synode *m*, concile *m*; **syn·od·al** [ˈ~dl], **syn·od·ic, syn·od·i·cal** □ *eccl.* [siˈnɔdik(l)] synodal (-aux *m/pl.*).

syn·o·nym [ˈsinənim] synonyme *m*; **syn·on·y·mous** □ [siˈnɔniməs] synonyme (de, *with*).

syn·op·sis [siˈnɔpsis], *pl.* **-ses** [~si:z] résumé *m*, abrégé *m*; tableau *m* synoptique; *bibl.* synopse *f*; *école*: aide-mémoire *m/inv.*

syn·op·tic, syn·op·ti·cal □ [siˈnɔptik(l)] synoptique.

syn·tac·tic, syn·tac·ti·cal □ *gramm.* [sinˈtæktik(l)] syntaxique; **syn·tax** *gramm.* [ˈsintæks] syntaxe *f*.

syn·the·sis [ˈsinθisis], *pl.* **-ses** [ˈ~si:z] synthèse *f*; **syn·the·size** ⊕ [ˈ~saiz] synthétiser; faire la synthèse de.

syn·thet·ic, syn·thet·i·cal □ [sinˈθetik(l)] synthétique; de synthèse.

syn·to·nize [ˈsintənaiz] *radio*: syntoniser, accorder; **syn·to·ny** [ˈ~ni] syntonie *f*, accord *m*.

syph·i·lis ⚕ [ˈsifilis] syphilis *f*.

syph·i·lit·ic ⚕ [sifiˈlitik] syphilitique.

sy·phon [ˈsaifən] *see siphon.*

Syr·i·an [ˈsiriən] **1.** syrien(ne *f*); **2.** Syrien(ne *f*) *m*.

sy·rin·ga ⚘ [siˈriŋgə] seringa(t) *m*; jasmin *m* en arbre.

syr·inge [ˈsirindʒ] **1.** seringue *f*; **2.** seringuer; ⚕ laver avec une seringue.

syr·up [ˈsirəp] sirop *m*.

sys·tem [ˈsistim] système *m*; *pol.* régime *m*; méthode *f*; **sys·tem·at·ic** [~ˈmætik] (*~ally*) systématique, méthodique.

T

T, t [tiː] T *m*, t *m*; F *to a T* à merveille.
tab [tæb] patte *f*; étiquette *f*; *cordon de soulier*: ferret *m*; *manteau etc.*: attache *f*; *fichier*: touche *f*; ⚔ patte *f* du collet; *Am. pick up the* ~ payer (la note); F *keep* ~(*s*) *on* ne pas perdre (*q.*) de vue.
tab·ard *hist.* [ˈtæbəd] tabar(d) *m*.
tab·by [ˈtæbi] **1.** soie *f* moirée; (*usu.* ~ *cat*) chat *m* tigré; F chatte *f*; F vieille chipie *f*; **2.** *tex.* de *ou* en tabis; rayé.
tab·er·nac·le [ˈtæbənækl] tabernacle *m*; *Am.* temple *m*.
ta·ble [ˈteibl] **1.** table *f* (*a. fig.* = *bonne chère*; *a.* ⩕); ⊕ plaque *f*; ⊕ banc *m* (*d'une machine à percer*); ⩕ table *f* de multiplication; *occasional* ~ guéridon *m*; *nest of* ~*s* table *f* gigogne; ~ *of contents* table *f* des matières; *turn the* ~*s* renverser les rôles; reprendre l'avantage (sur, *on*); **2.** mettre sur la table; *p.ext. parl.* saisir la Chambre de (*un projet de loi*); *Am.* ajourner (*usu. un projet de loi*); ˈ**~-cloth** nappe *f*; ˈ**~-lin·en** linge *m* de table; **~ nap·kin** serviette *f*; ˈ**~-spoon** cuiller (cuillère) *f* à bouche *ou* à soupe.
tab·let [ˈtæblit] tablette *f* (*de chocolat*, ⩓, *pharm.*, *pour écrire*, *etc.*); plaque *f*; *savon*: pain *m*; *pharm.* comprimé *m*.
table...: **~ ten·nis** ping-pong *m*; ˈ**~-top** dessus *m* de table; ˈ**~·ware** vaisselle *f*; **~ wine** vin *m* de table.
tab·loid [ˈtæblɔid] *pharm.* comprimé *m*; pastille *f*; petit journal *m* qui vise à la sensation.
ta·boo [təˈbuː] **1.** tabou; F interdit; **2.** tabou *m*; **3.** tabouer; F interdire.
tab·u·lar □ [ˈtæbjulə] tabulaire; disposé en lamelles; **tab·u·late** [ˈ~leit] disposer en forme de tables *ou* tableaux; classifier.
tac·it □ [ˈtæsit] tacite; **tac·i·turn** □ [ˈ~təːn] taciturne; **tac·iˈtur·ni·ty** taciturnité *f*.
tack [tæk] **1.** petit clou *m*; pointe *f*; (*a. tin* ~) semence *f*; *couture*: point *m* de bâti; ⚓ bord(ée *f*) *m* (en louvoyant); *fig.* voie *f*; tactique *f*; *on the wrong* ~ sur la mauvaise voie; fourvoyé; **2.** *v/t.* clouer; faufiler (*un vêtement*); *fig.* attacher, annexer (à *to*, *on*); *v/i.* ⚓ louvoyer; virer (*a. fig.*).
tack·le [ˈtækl] **1.** appareil *m*, ustensiles *m/pl.*; ⚓ apparaux *m/pl.*, palan *m*; ⊕ appareil *m* de levage; *sp.* arrêt *m*; **2.** saisir à bras-le-corps; essayer, entreprendre; *sp.* plaquer.
tack·y [ˈtæki] collant; *Am.* F minable.
tact [tækt] tact *m*, savoir-faire *m/inv.*;
tact·ful □ [ˈ~ful] (plein) de tact.
tac·ti·cal □ ⚔ [ˈtæktikl] tactique;
tac·ti·cian [~ˈtiʃn] tacticien *m*;
tac·tics *pl. ou sg.* [ˈ~iks] tactique *f*.
tac·tile [ˈtæktail] tactile.
tact·less □ [ˈtæktlis] dépourvu de tact.
tad·pole *zo.* [ˈtædpoul] têtard *m*.
taf·fe·ta [ˈtæfitə] taffetas *m*.
taf·fy [ˈtæfi] caramel *m* au beurre; *Am.* F flagornerie *f*.
tag [tæg] **1.** morceau *m* qui pend, bout *m*; étiquette *f*, attache *f*; ferret *m*; *fig.* cliché *m*; **2.** ferrer; *fig.* attacher (à *on*, *to*); *Am.* attacher une fiche à; F ~ *along* suivre, traîner derrière.
tag-rag [ˈtægræg]: ~ (*and bobtail*) canaille *f*.
tail [teil] **1.** queue *f* (*a. de jupe*, *a. fig. d'une classe*, *etc.*); F *chemise*: pan *m*; (*usu.* ~*s pl.*) *monnaie*: pile *f*; *page*: pied *m*; *charrue*: manche *f*; *voiture*: arrière *m*; ✈ empennage *m*; adhérents *m/pl.* (*d'un parti*); F ~*s pl.* habit *m* à queue; *fig.* ~*s up* en train; de bonne humeur; ✈ ~ *unit* empennage *m*; **2.** *v/t.* mettre une queue à; *fig.* être *ou* se mettre à la queue de; couper la queue à (*un animal*); enlever les queues de (*les groseilles etc.*); *Am.* F filer (*q.*); *v/i.* suivre de près; ~ *off* s'espacer; s'allonger; s'éteindre (*voix*); ˈ**~·back** bouchon *m* (de voitu-

res), retenue *f*; ˈ~·**board** layon *m*; ˈ~-ˈ**coat** habit *m* à queue; **tailed** à queue; *zo.* caudifère; ˈ~·**gate** *mot.* **1.** hayon *m* arrière; **2.** coller (*voiture*); ˈ**tail·less** sans queue; ˈ**tail·light** *mot.* feu *m* arrière *ou* rouge.

tai·lor [ˈteilə] **1.** tailleur *m*; **2.** *v/t.* faire (*un complet etc.*); habiller (*q.*); *well* ~*ed* bien habillé (*personne*); ˈ~-**made 1.** tailleur (*vêtement*); **2.** (*a.* ~ *suit*) tailleur *m.*

tail...: ˈ~·**piece** *typ.* cul-de-lampe (*pl.* culs-de-lampe) *m*; vignette *f*; ˈ~-**pipe** *mot.* tuyau *m* d'échappement; ~ **plane** ✈ plan *m* fixe; ~ **skid** ✈ béquille *f*; ~ **wind** vent *m* arrière.

taint [teint] **1.** tache *f*; infection *f*, corruption *f*; trace *f*; tare *f* héréditaire; **2.** *v/t.* infecter; (se) corrompre; (se) gâter.

take [teik] **1.** [*irr.*] *v/t.* prendre (*a. livraison, maladie, nourriture, poison, repas, temps; a. bien ou mal*); saisir; s'emparer de; emprunter (à, *from*); conduire, (em)mener (à, *to*); louer (*une maison, une voiture*); faire (*phot., promenade, repas, vœu, voyage, etc.*); produire (*un effet*); tirer (*une épreuve*); passer (*un examen*); tourner (*un film*); acheter régulièrement (*un journal*); franchir (*un obstacle*); profiter de, saisir (*une occasion*); attraper (*un poisson etc.*); remporter (*le prix*); F comprendre; F tenir, prendre (pour, *for*); *the devil* ~ *it!* que le diable l'emporte!; *I* ~ *it that* je suppose que; ~ *air* se faire connaître; se répandre (*nouvelle*); ~ *the air* prendre l'air; ✈ s'envoler, prendre son vol; ~ (*a deep*) *breath* respirer (profondément); ~ *comfort* se consoler; ~ *compassion* avoir compassion *ou* pitié (de, *on*); ~ *counsel* prendre conseil (de, *with*); ~ *a drive* faire une promenade (en auto); ~ *fire* prendre feu; ~ *in hand* entreprendre; ~ *a hedge* franchir une haie; ~ *hold of* s'emparer de, saisir; ~ *an oath* prêter serment; ~ *offence* se froisser (de, *at*); ~ *pity on* prendre pitié de; ~ *place* avoir lieu; se passer; ~ *rest* se donner du repos; ~ *a rest* se reposer; ⚔ faire la pause; ~ *a seat* s'asseoir; ~ *ship* (s')embarquer; ~ *a view of* envisager (*qch.*), avoir une opinion de; ~ *a walk* faire une promenade; ~ *my word for it* croyez-m'en; ~ *s.o. about* faire visiter (*qch.*) à q.; ~ *down* démonter (*une machine etc.*); descendre (*qch.*); avaler; prendre note de, écrire; ~ *for* prendre pour; ~ *from* prendre, enlever à; ~ *in* faire entrer (*q.*); acheter régulièrement (*un journal*); recevoir (*un locataire etc.*); recueillir (*un réfugié etc.*); accepter (*un travail*); comprendre; F tromper; F rouler; ~ *in sail* diminuer de voile(s); ~ *off* enlever; quitter (*ses vêtements*); emmener (*q.*); rabattre (*sur un prix*); supprimer (*un train*); F imiter, singer; ~ *on* entreprendre; accepter; engager; prendre; ~ *out* sortir (*qch.*); arracher (*une dent*); ôter (*une tache*); faire sortir (*q.*), emmener (*un enfant*) en promenade; retirer (*ses bagages*); contracter (*une assurance*); obtenir (*un brevet*); F ~ *it out of* se venger de (*q.*); épuiser (*q.*); ~ *to pieces* démonter (*une machine*); défaire; *fig.* démolir; ~ *up* relever (*a. un défi*); ramasser; prendre (*les armes*); embrasser (*une carrière*); ⚕ honorer (*un effet*), lever (*une prime*); occuper (*une place*); fixer (*sa résidence*); *cost.* raccourcir; 🚂 embarquer; absorber (*de l'eau, le temps*); adopter (*une idée*); faire (*une promenade, un saut, un prisonnier*); ~ *upon o.s.* prendre sur soi (de, *to*); *see consideration; decision; effect* 1; *exercise* 1; *heart; liberty; note* 1; *notice* 1; *rise* 1; **2.** [*irr.*] *v/i.* prendre; réussir; avoir du succès; *phot. he* ~*s well* il est photogénique; il fait un bel effet sur une photographie; ~ *after* tenir de; ressembler à; ~ *from* diminuer (*qch.*); ~ *off* prendre son élan *ou* son essor; ✈ s'envoler; décoller; F ~ *on* laisser éclater son chagrin; avoir du succès *ou* de la vogue; F ~ *on with* s'embaucher chez; ~ *over* prendre le pouvoir; assumer la responsabilité; ~ *to* s'adonner à; prendre goût à; prendre (*la fuite*); prendre (*q.*) en amitié; ~ *to* (*gér.*) se mettre à (*inf.*); ~ *up with* se lier d'amitié avec; s'associer à; *that won't* ~ *with me* ça ne prend pas avec moi; **3.** action *f* de prendre; prise *f*; *cin.* prise *f* de vues.

take...: ˈ~·**a·way 1.** à emporter; **2.** restaurant *m* qui vend des repas à emporter; '~-'**home pay** gages *m/pl.* nets; salaire *m* net; '~-'**in** F attrape *f*; leurre *m*; '**tak·en** *p.p.* de *take 1, 2*; *be* ~ être pris; *be* ~ *with* être épris de; *be* ~ *ill* tomber malade; F *be* ~ *in* se laisser attraper; *be* ~ *up with* être occupé de, être tout à; '**take'off** caricature *f*; élan *m*; ✈ décollage *m*; '**tak·er** preneur (-euse *f*) *m*; *pari*: tenant *m*.

tak·ing ['teikiŋ] **1.** □ F attrayant, charmant; **2.** prise *f*; † état *m* nerveux; ✝ ~*s pl.* recettes *f/pl.*

talc *min.* [tælk] talc *m*.

tale [teil] conte *m*, récit *m*, histoire *f*; *tell* ~*s* (*out of school*) rapporter; trahir un secret; '~-**bear·er** ['~-bɛərə] rapporteur (-euse *f*) *m*; mauvaise langue *f*.

tal·ent ['tælənt] talent *m*; aptitude *f*; don *m*; ~ *scout* (*ou spotter*) dénicheur (-euse *f*) *m* de futures vedettes; '**tal·ent·ed** doué; de talent.

ta·les ⚖ ['teili:z] *sg.* jurés *m/pl.* suppléants.

tal·is·man ['tælizmən] talisman *m*.

talk [tɔ:k] **1.** conversation *f*; causerie *f*; discours *m*; bruit *m*; bavardage *m*; **2.** parler (de *of*, *about*); causer (avec, *to*); bavarder; ~ *back* répondre d'une manière impertinente, répliquer; ~ *down* faire taire, réduire (*q.*) au silence; ~ *down to s.o.* parler à q. avec condescence; **talk·a·tive** □ ['~ətiv] bavard; causeur (-euse *f*); **talk·ee-talk·ee** F ['tɔ:ki'tɔ:ki] pur bavardage *m*; † jargon *m* petit-nègre; '**talk·er** causeur (-euse *f*) *m*, parleur (-euse *f*) *m*; **talk·ie** F ['~i] film *m* parlant *ou* parlé; '**talk·ing** conversation *f*; bavardage *m*; **talk·ing-to** F ['~tu:] semonce *f*.

tall [tɔ:l] grand, de haute taille; haut, élevé (*bâtiment etc.*); *sl.* ~ *order* grosse affaire *f*; demande *f* exagérée; *sl.* ~ *story*, *Am. a.* ~ *tale* histoire *f* dure à avaler; F craque *f*; '**tall·boy** commode *f*; '**tall·ness** grandeur *f*; hauteur *f*, grande taille *f*.

tal·low ['tælou] suif *m*; '**tal·low·y** suiffeux (-euse *f*); *fig.* terreux (-euse *f*) (*teint etc.*).

tal·ly ['tæli] **1.** taille *f*; pointage *m* (de, *of*); étiquette *f* (*plantes etc.*); contre-partie *f*; **2.** s'accorder (avec, *with*).

tal·ly-ho ['tæli'hou] *chasse*: **1.** taïaut!; **2.** taïaut *m*; **3.** crier taïaut.

tal·on *orn.* ['tælən] serre *f*; griffe *f*.

ta·lus[1] ['teiləs] talus *m* (*a. géol.*).

ta·lus[2] *anat.* [~] astragale *m*.

tam·a·ble ['teiməbl] apprivoisable.

tam·a·rind ⚘ ['tæmərind] (fruit *m* du) tamarinier *m*.

tam·bour ['tæmbuə] **1.** *usu.* tambour *m*; ♪ grosse caisse *f*; **2.** broder au tambour; **tam·bou·rine** ♪ [~bə'ri:n] tambour *m* de basque; *sans grelots*: tambourin *m*.

tame [teim] **1.** □ apprivoisé; domestique; soumis, dompté (*personne*); fade, insipide (*style*); **2.** apprivoiser; domestiquer; dompter; '**tame·ness** docilité *f*, soumission *f*; fadeur *f*; '**tam·er** dompteur (-euse *f*) *m*; apprivoiseur (-euse *f*) *m*.

Tam·ma·ny *Am.* ['tæməni] parti *m* démocrate de New York.

tam-o'-shan·ter [tæmə'ʃæntə] béret *m* écossais.

tamp [tæmp] ⚒ bourrer; ⊕ refouler, damer.

tam·per ['tæmpə]: ~ *with* toucher à; se mêler à; falsifier (*un registre*); suborner (*un témoin*); altérer (*un document*).

tam·pon ⚕ ['tæmpən] tampon *m*.

tan [tæn] **1.** tan *m*; couleur *f* du tan; (*a. sun* ~) brunissage *m*; **2.** tanné; tan *adj./inv.*; jaune (*soulier*); **3.** *v/t.* tanner; *fig.* bronzer (*le teint*); rosser (*q.*).

tan·dem ['tændem] tandem *m*; ⚡ ~ *connexion* accouplement *m* en série; *drive* ~ conduire en tandem; *cycl.* se promener en tandem; *in* ~ en collaboration, en tandem.

tang[1] [tæŋ] soie *f* (*d'un ciseau, couteau, etc.*); *fig.* goût *m* vif; *épice etc.*: montant *m*; *air marin*: salure *f*.

tang[2] [~] **1.** son *m* aigu; tintement *m*; **2.** (faire) retentir; rendre un son aigu.

tan·gent ⩚ ['tændʒənt] tangente *f*; *go* (*ou fly*) *off at a* ~ changer brusquement de sujet, s'échapper par la tangente; **tan·gen·tial** □ ⩚ [~'dʒenʃl] tangentiel(le *f*); de tangence (*point*).

tan·gi·bil·i·ty [tændʒi'biliti] tangibilité *f*, réalité *f*; **tan·gi·ble** □ ['tændʒəbl] tangible, palpable; *fig.* réel(le *f*).

tan·gle ['tæŋgl] **1.** enchevêtrement *m*; nœud *m*; *fig.* embarras *m*;

2. (s')embrouiller, emmêler; F ~ *with s.o.* se disputer avec q., avoir une prise de bec avec q.; se colleter avec q.; *be* ~*d with s.th.* se trouver impliqué dans qch.
tan·go [ˈtæŋgou] tango *m* (*danse*).
tank [tæŋk] **1.** réservoir *m* (*a.* ⊕); *phot.* cuve *f*; ⚔ char *m* d'assaut; ~ *car* (*ou truck*) camion-citerne (*pl.* camions-citernes) *m*; 🚃 wagon-citerne (*pl.* wagons-citernes) *m*; **2.** faire le plein d'essence; *Am. sl.* s'alcooliser; ˈ**tank·age** capacité *f* d'un réservoir.
tank·ard [ˈtæŋkəd] pot *m* (*surt.* de ou à bière); *en étain*: chope *f*.
tank·er ⚓ [ˈtæŋkə] pétrolier *m*.
tan·ner[1] [ˈtænə] tanneur *m*.
tan·ner[2] *sl.* [~] (pièce *f* de) six pence.
tan·ner·y [ˈtænəri] tannerie *f*.
tan·nic ac·id ⚗ [ˈtænikˈæsid] acide *m* tannique.
tan·nin ⚗ [ˈtænin] tan(n)in *m*.
tan·noy (*TM*) *Brit.* [ˈtænɔi] système *m* de haut-parleurs.
tan·ta·lize [ˈtæntəlaiz] tourmenter.
tan·ta·mount [ˈtæntəmaunt] équivalent (à, *to*).
tan·trum F [ˈtæntrəm] accès *m* de colère.
tap[1] [tæp] **1.** tape *f*, petit coup *m*; **2.** taper, toucher, frapper doucement.
tap[2] [~] **1.** *fût*: fausset *m*; *eau*: robinet *m*; F boisson *f*, *usu.* bière *f*; ⊕ taraud *m*; *Brit.* ~ *water* eau *f* du robinet; F *see* ~*room*; *on* ~ en perce; **2.** percer; mettre en perce; ⚡ ~ *the wire(s)* faire une prise sur un fil télégraphique; *téléph.* capter un message télégraphique.
tap-dance [ˈtæpdɑːns] danse *f* à claquettes.
tape [teip] ruban *m*; *sp.* bande *f* d'arrivée; *tél.* bande *f* du récepteur; *fig. red* ~ bureaucratie *f*, paperasserie *f*; ˈ~**-meas·ure** mètre *m* à ruban; centimètre *m*; ˈ~-ˈ**re·cord** enregistrer sur bande; ˈ~**-re·cord·er** magnétophone *m*; ˈ~**-re·cord·ing** enregistrement *m* sur magnétophone.
ta·per [teipə] **1.** bougie *f* filée; *eccl.* cierge *m*; ⊕ cône *m*; **2.** *adj.* effilé; ⊕ conique; **3.** *v/i.* s'effiler; diminuer; ~*ing see* ~ 2; *v/t.* effiler; tailler en pointe.
tap·es·tried [ˈtæpistrid] tendu de tapisseries; tapissé; ˈ**tap·es·try** tapisserie *f*.
tape·worm [ˈteipwəːm] ver *m* solitaire.
tap·pet ⊕ [ˈtæpit] came *f*; taquet *m*.
tap·room [ˈtæprum] buvette *f*, estaminet *m*.
tap-root ⚘ [ˈtæpruːt] pivot *m*.
taps *Am.* ⚔ [tæps] *pl.* extinction *f* des feux.
tap·ster [ˈtæpstə] cabaretier *m*; garçon *m* de cabaret.
tar [tɑː] **1.** goudron *m*; F *Jack* ♀ mathurin *m*; **2.** goudronner.
ta·ran·tu·la *zo.* [təˈræntjulə] tarentule *f*.
tar-board [ˈtɑːbɔːd] carton *m* bitumé.
tar·di·ness [ˈtɑːdinis] lenteur *f*; *Am.* retard *m*; ˈ**tar·dy** □ lent; peu empressé; tardif (-ive *f*); *Am.* en retard.
tare[1] ⚘ [tɛə] (*usu.* ~*s pl.*) vesce *f*.
tare[2] ✝ [~] **1.** tare *f*; **2.** tarer.
tar·get [ˈtɑːgit] cible *f*; but *m*, objectif *m* (*a. fig.*); *fig.* butte *f*; ~ *date* date *f* limite; ~ *language* langue *f* d'arrivée; ~ *practice* tir *m* à la cible.
tar·iff [ˈtærif] tarif *m* (*souv.* douanier).
tarn [tɑːn] laquet *m*.
tar·nish [ˈtɑːniʃ] **1.** *v/t.* ⊕ ternir (*a. fig.*); *v/i.* se ternir; se dédorer (*dorure*); **2.** ternissure *f*.
tar·pau·lin [tɑːˈpɔːlin] ⚓ toile *f* goudronnée; bâche *f*; ⚓ prélart *m*.
tar·ra·gon [ˈtærəgən] estragon *m*.
tar·ry[1] *poét.* [ˈtæri] tarder; attendre; rester.
tar·ry[2] [ˈtɑːri] goudronneux (-euse *f*).
tart [tɑːt] **1.** □ âpre, aigre; *fig.* mordant; **2.** tourte *f*; tarte *f*; *sl.* poule *f* (= *prostituée*).
tar·tan [ˈtɑːtən] tartan *m*; ⚓ tartane *f*; ~ *plaid* plaid *m* en tartan.
Tar·tar[1] [ˈtɑːtə] Tartare *m*; *fig.* homme *m* intraitable; *femme*: mégère *f*; *catch a* ~ trouver son maître.
tar·tar[2] ⚗ [~] tartre *m* (*a. dent*).
task [tɑːsk] **1.** tâche *f*; besogne *f*, ouvrage *m*; *école*: devoir *m*; *take to* ~ réprimander (pour avoir fait, *for having done*); **2.** assigner une tâche à; ⚓ mettre à l'épreuve (*les bordages etc.*); ~ **force** ⚔ *Am.* détachement *m* spécial des forces de terre, de l'air et de mer; ˈ~**·mas·ter** surveillant *m*; chef *m* de corvée; *fig.* tyran *m*.

tas·sel ['tæsl] **1.** gland *m*, houppe *f*; **2.** garnir de glands *etc.*

taste [teist] **1.** goût *m* (de *of*, *for*; pour, *for*); *fig.* *a.* prédilection *f* (pour, *for*); *to* ~ à volonté, selon son goût; *season to* ~ goûtez et rectifiez l'assaisonnement; **2.** *v/t.* goûter (*a. fig.*); déguster; *v/i.* sentir (qch., *of s.th.*); avoir un goût (de, *of*); **taste·ful** □ ['~ful] de bon goût; élégant; de goût (*personne*).

taste·less □ ['teistlis] sans goût, insipide, fade; '**taste·less·ness** insipidité *f*; manque *m* de goût.

tas·ter ['teistə] dégustateur (-trice *f*) *m* (*de thé, vins, etc.*).

tast·y □ F ['teisti] savoureux (-euse *f*).

tat[1] [tæt] *see tit*[1].

tat[2] [~] *couture*: faire de la frivolité.

ta-ta ['tæ'tɑː] *enf.*, *a. co.* au revoir!

tat·ter ['tætə] lambeau *m*, loque *f*; **tat·ter·de·mal·ion** [~də'meiljən] loqueteux (-euse *f*) *m*; **tat·tered** ['~əd] en lambeaux; déguenillé (*personne*).

tat·tle ['tætl] **1.** bavarder, babiller; *péj.* cancaner; **2.** bavardage *m*; *péj.* cancans *m/pl.*; '**tat·tler** bavard(e *f*) *m*; *péj.* cancanier (-ère *f*) *m*.

tat·too[1] [tə'tuː] **1.** ⚔ retraite *f* du soir; *fig. beat the devil's* ~ tambouriner (*sur la table*); **2.** *fig.* tambouriner.

tat·too[2] [~] **1.** *v/t.* tatouer; **2.** tatouage *m*.

tat·ty F ['tæti] défraîchi, miteux (-euse *f*).

taught [tɔːt] *prét. et p.p. de teach.*

taunt [tɔːnt] **1.** reproche *m*; brocard *m*; sarcasme *m*; **2.** accabler de sarcasmes; reprocher (qch. à q., *s.o. with s.th.*); '**taunt·ing** □ de sarcasme, sarcastique.

Tau·rus *astr.* ['tɔːrəs] le Taureau.

taut ⚓ [tɔːt] raide, tendu; étarque (*voile*); '**taut·en** (se) raidir; (s')étarquer (*voile*).

tav·ern ['tævən] taverne *f*, cabaret *m*.

taw[1] ⊕ [tɔː] mégir.

taw[2] [~] grosse bille *f* de verre.

taw·dri·ness ['tɔːdrinis] clinquant *m*, faux brillant *m*; '**taw·dry** □ d'un mauvais goût; voyant.

taw·ny ['tɔːni] fauve; basané (*teint*).

tax [tæks] **1.** impôt *m* (sur, *on*), contribution *f*; droit *m*, taxe *f* (sur, *on*); *fig.* charge *f* (à, *on*), fardeau *m*; ~ *allowances pl.* sommes *f/pl.* déductibles; ~ *bracket* catégorie *f* d'imposition; ~ *dodger*, ~ *evader* fraudeur (-euse *f*) *m* fiscal(e); ~ *evasion* fraude *f* fiscale; ~ *haven* refuge *m* fiscal; ~ *relief* allègement *m* fiscal; ~ *return* déclaration *f* d'impôts; **2.** taxer; frapper d'un impôt; *fig.* mettre à l'épreuve; ⚖ taxer (*les dépens*, *q. de qch.*, *a. fig.*); reprocher (qch. à q., *s.o. with s.th.*); ~ *s.o. with s.th. a.* accuser q. de qch.; '**tax·a·ble** □ imposable; **tax'a·tion** imposition *f*; prélèvement *m* fiscal; impôts *m/pl.*; *surt.* ⚖ taxation *f*; '**tax col·lec·tor** percepteur *m* des contributions (*directes*); receveur *m*; '**tax-de'duct·i·ble** déductible (de l'impôt); '**tax-'free** exempt d'impôts.

tax·i ['tæksi] **1.** (*ou* ~-*cab*) taxi *m*; **2.** aller en taxi; ✈ rouler sur le sol; hydroplaner; '**~-danc·er**, '**~-girl** *Am.* entraîneuse *f*; '**~-driv·er** chauffeur *m* de taxi; '**~-me·ter** taximètre *m*; '**~-rank**, '**~-stand** station *f* de taxis.

tax·pay·er ['tækspeiə] contribuable *mf*.

tea [tiː] thé *m*; goûter *m*, five-o'clock *m*; *high* (*ou meat*) ~ repas *m* à la fourchette; '**~·bag** sachet *m* de thé; ~ **break** pause-thé *f* (*pl.* pauses-thé); '**~-cad·dy** *see caddy*.

teach [tiːtʃ] [*irr.*] enseigner; apprendre (qch. à q., *s.o. s.th.*; à *inf.*, *to inf.*); '**teach·a·ble** □ enseignable; à l'intelligence ouverte (*personne*); '**teach·er** instituteur (-trice *f*) *m*; maître(sse *f*) *m*; professeur *mf*; '**teach·er-'train·ing col·lege** école *f* normale; '**teach·ing** *école*: enseignement *m*; *phls. etc.* doctrine *f*.

tea...: '**~-co·sy** couvre-théière *m*; '**~·cup** tasse *f* à thé; *fig. storm in a* ~ tempête *f* dans un verre d'eau; '**~-gown** déshabillé *m*, robe *f* d'intérieur.

teak ⚘ [tiːk] (bois *m* de) te(c)k *m*.

team [tiːm] attelage *m*; *surt. sp.* équipe *f*; *by a* ~ *effort* tous ensemble; '**~-'spir·it** esprit *m* d'équipe; **team·ster** ['~stə] conducteur *m* (*d'attelage*); charretier *m*; '**team-work** ⊕, *sp.* travail *m* d'équipe, jeu *m* d'ensemble; *fig.* collaboration *f*.

tea·pot ['tiːpɔt] théière *f*.

tear[1] [tɛə] **1.** [*irr.*] *v/t.* déchirer; arracher (*les cheveux*); *v/i.* se déchirer; F *avec adv. ou prp.* aller *etc.* à toute vitesse; **2.** déchirure *f*; *see wear2.*

tear[2] [tiə] larme *f*; **ˈ~·drop** larme *f*.

tear·ful □ [ˈtiəful] larmoyant, en pleurs.

tear-gas [ˈtiəˈgæs] gaz *m* lacrymogène.

tear·ing [ˈtɛəriŋ] *fig.* rapide; déchirant.

tear·jerk·er F [ˈtiədʒəːkə] film *ou* histoire *etc.* larmoyant(e).

tear·less □ [ˈtiəlis] sans larmes, sec (*œil*).

tear-off cal·en·dar [ˈtɛərɔf ˈkælində] éphéméride *f*.

tease [tiːz] **1.** démêler (*de la laine*); carder (*la laine etc.*); effil(och)er (*un tissu*); *fig.* taquiner; **2.** F taquin(e *f*) *m*; **tea·sel** [ˈ~l] ⚘ cardère *f*; ⊕ carde *f*; **ˈteas·er** F *fig.* colle *f* (= *problème difficile*).

teat [tiːt] bout *m* de sein; mamelon *m*; *vache*: tette *f*; *biberon*: tétine *f*; ⊕ *vis*: téton *m*.

tea...: **ˈ~·things** *pl.* F service *m* à thé; **ˈ~·time** l'heure *f* du thé; **~ tow·el** *Brit.* torchon *m* à vaisselle; **~ tray** plateau *m* (à thé); **~ trol·ley, ~ wag·on** table *f* roulante; **~ urn** fontaine *f* à thé.

tech·nic [ˈteknik] (*a.* *~s pl. ou sg.*) *see technique*; **ˈtech·ni·cal** □ technique; ⚔ spécial (-aux *m/pl.*); ⚖ de procédure; professionnel(le *f*); *~ hitch* incident *m* technique; **tech·ni·cal·i·ty** [~ˈkæliti] détail *m* *ou* terme *m* technique; considération *f* d'ordre technique; **tech·ni·cian** [tekˈniʃn] technicien *m*.

tech·ni·col·or [ˈteknikʌlə] **1.** en couleurs; **2.** film *m* en couleurs; *cin.* technicolor *m*.

tech·nique [tekˈniːk] technique *f*; mécanique *f*.

tech·nol·o·gy [tekˈnɔlədʒi] technologie *f*; *school of ~* école *f* de technologie, école *f* technique.

tech·y [ˈtetʃi] *see testy.*

ted·der [ˈtedə] faneuse *f*; *personne*: faneur (-euse *f*) *m*.

te·di·ous □ [ˈtiːdjəs] ennuyeux (-euse *f*); fatigant; assommant; **ˈte·di·ous·ness** ennui *m*; manque *m* d'intérêt.

te·di·um [ˈtiːdiəm] ennui *m*.

tee [tiː] **1.** *sp. curling*: but *m*; *golf*: dé *m*, tee *m*; **2.**: *~ off* jouer sa balle; placer la balle sur le dé.

teem [tiːm] (*with*) abonder (en), fourmiller (de).

teen-ag·er [ˈtiːneidʒə] adolescent(e *f*) *m* (*entre 13 et 19 ans*).

teens [tiːnz] *pl.* années *f/pl.* entre 13 et 19 ans; adolescence *f*; *in one's ~* n'ayant pas encore vingt ans.

teen·(s)y [tiːn(z)i], **teen·(s)y-ween·(s)y** [ˈtiːn(z)iˈwiːn(z)i] tout petit, minuscule.

tee·ter F [ˈtiːtə] se balancer; chanceler.

teeth [tiːθ] *pl. de tooth.*

teethe [tiːð] faire ses dents; **teeth·ing** [ˈ~iŋ] dentition *f*.

tee·to·tal [tiːˈtoutl] antialcoolique; qui ne prend pas de boissons alcooliques; **teeˈto·tal·(l)er** néphaliste *mf*; abstinent(e *f*) *m*.

tee·to·tum [ˈtiːtouˈtʌm] toton *m*.

tel·e·com·mu·ni·ca·tions [ˈtelikəmjuːniˈkeiʃənz] *pl.* télécommunication *f*.

tel·e·course *Am.* [ˈtelikɔːs] cours *m* (de leçons) télévisé.

tel·e·gram [ˈteligræm] télégramme *m*, dépêche *f*.

tel·e·graph [ˈteligrɑːf] **1.** télégraphe *m*; ⚓ transmetteur *m* d'ordres; **2.** télégraphique; de télégramme; **3.** télégraphier, envoyer un télégramme; **tel·e·graph·ic** [~ˈgræfik] (*~ally*) télégraphique (*a. style*); **te·leg·ra·phist** [tiˈlegrəfist] télégraphiste *mf*; **teˈleg·ra·phy** télégraphie *f*.

tel·e·phone [ˈtelifoun] **1.** téléphone *m*; *~ book* (*ou directory*) annuaire *m* (des téléphones); *~ booth* (*ou box*) cabine *f* téléphonique; *~ call* appel *m* téléphonique, F coup de fil; *~ charges pl.* taxe *f* téléphonique; *~ kiosk* cabine *f* téléphonique; *~ line* ligne *f* téléphonique; *~ number* numéro *m* de téléphone; *~ subcriber* abonné(e *f*) *m* au téléphone; *at the ~* au téléphone; *by ~* par téléphone; *on the ~* téléphoniquement; par téléphone; *be on the ~* avoir le téléphone; être à l'appareil; **2.** téléphoner (à q., [*to*] *s.o.*); **tel·e·phon·ic** [~ˈfɔnik] (*~ally*) téléphonique; **te·leph·o·nist** [tiˈlefənist] téléphoniste *mf*; standardiste *f*; **teˈleph·o·ny** téléphonie *f*.

tel·e·pho·to *phot.* [ˈteliˈfoutou] téléphotographie *f*; *~ lens* téléobjectif *m*.

tel·e·print·er [ˈteliprintə] téléscripteur *m*.

tel·e·scope [ˈteliskoup] **1.** *opt.* télescope *m*; lunette *f*; **2.** (se) télescoper; **tel·e·scop·ic** [~ˈkɔpik] télescopique; à coulisse (*échelle etc.*); *phot.* ~ *lens* téléobjectif *m*; ~ *sight* lunette *f* de visée.

tel·e·type [ˈteliˈtaip] télétype *m*; *postes*: télex *m*.

tel·e·view·er [ˈtelivjuːə] téléspectateur (-trice *f*) *m*.

tel·e·vise [ˈtelivaiz] téléviser; **tel·e·vi·sion** [ˈ~viʒn] télévision *f*; ~ *set* appareil *m* de télévision; ~ *channel* chaîne *f* de télévision.

tel·ex [ˈteleks] **1.** télex *m*; **2.** envoyer (*un message*) par télex.

tell [tel] [*irr.*] *v/t.* dire; raconter; apprendre; exprimer; savoir; reconnaître (à, *by*); compter; annoncer; ~ *s.o. to do s.th.* dire *ou* ordonner à q. de faire qch.; *I have been told that* on m'a dit que; j'ai appris que; *fig.* ~ *a story* en dire long; ~ *off* désigner (pour qch., *for s.th.*); F dire son fait à (*q.*); rembarrer (*q.*); *Am. sl.* ~ *the world* faire savoir partout; publier à son de trompe; produire son effet; porter; ~ *of* (*ou about*) annoncer, révéler, accuser; ~ *on* se faire sentir à, influer sur; peser sur; *sl.* cafarder; dénoncer (*q.*); ˈ**tell·er** raconteur (-euse *f*) *m*; *parl. etc.* scrutateur *m*; *banque*: caissier *m*; ˈ**tell·ing** □ efficace; impressionnant; qui porte; ˈ**tell·ing-off**: F *give s.o. a* ~ gronder q., passer un savon à q.; **tell·tale** [ˈ~teil] **1.** indicateur (-trice *f*); révélateur (-trice *f*); *fig.* qui en dit long; **2.** rapporteur (-euse *f*) *m*; *école*: cafard(e *f*) *m*; ⊕ indicateur *m*; ~ *clock* horloge *f* enregistreuse.

tel·pher [ˈtelfə] ⊕ de téléphérage; ~ *line* téléphérique *m*; ligne *f* de téléphérage.

te·mer·i·ty [tiˈmeriti] témérité *f*, audace *f*.

temp F [temp] intérimaire *mf*.

tem·per [ˈtempə] **1.** tempérer; modérer; *fig.* retenir; ♪ accorder par tempérament; broyer (*les couleurs, le mortier, l'encre, etc.*); donner la trempe à (*l'acier*); adoucir (*le métal*); **2.** ⊕ trempe *f*; *métall.* coefficient *m* de dureté; humeur *f*; colère *f*; caractère *m*, tempérament *m*; *lose one's* ~ se mettre en colère; perdre son sang-froid; s'emporter; **tem·per·a·ment** [ˈ~rəmənt] tempérament *m* (*a.* ♪); humeur *f*; **tem·per·a·men·tal** □ [~ˈmentl] du tempérament; capricieux (-euse *f*) (*personne*); ˈ**tem·per·ance** **1.** tempérance *f*, modération *f*; antialcoolisme *m*; **2.** antialcoolique (*hôtel*); **tem·per·ate** □ [ˈ~rit] tempéré (*climat, a.* ♪); sobre (*personne*); modéré; **tem·per·a·ture** [ˈtempritʃə] température *f*; ~ *chart* feuille *f* de température; **tem·pered** [ˈtempəd]: *bad-*~ de mauvaise humeur.

tem·pest [ˈtempist] tempête *f*, tourmente *f*; **tem·pes·tu·ous** □ [~ˈpestjuəs] de tempête; fougueux (-euse *f*), turbulent (*personne, humeur*); orageux (-euse *f*) (*réunion etc.*).

Tem·plar [ˈtemplə] *hist.* templier *m*; *univ.* étudiant(e *f*) *m* en droit du *Temple* (*à Londres*).

tem·ple[1] [ˈtempl] temple *m*; ♀ *deux écoles de droit* (= *Inns of Court*) *à Londres*.

tem·ple[2] *anat.* [~] tempe *f*.

tem·po·ral □ [ˈtempərəl] temporel (-le *f*); **tem·po·ral·i·ties** [~ˈrælitiz] *pl.* possessions *f/pl.* *ou* revenus *m/pl.* ecclésiastiques; **tem·po·ra·ri·ness** [ˈ~pərərinis] caractère *m* temporaire *ou* provisoire; ˈ**tem·po·rar·y** □ temporaire, provisoire; momentané; passager (-ère *f*); ~ *bridge* pont *m* provisoire; ~ *work* situation *f* intérimaire; ˈ**tem·po·rize** temporiser; ~ *with* transiger provisoirement avec (*q.*).

tempt [tempt] tenter; induire (q. à *inf.*, *s.o. to inf.*); **tempˈta·tion** tentation *f*; ˈ**tempt·er** tentateur *m*; ˈ**tempt·ing** □ tentant; séduisant, attrayant; ˈ**tempt·ress** tentatrice *f*.

ten [ten] dix (*a. su./m*).

ten·a·ble [ˈtenəbl] **tenable;** *fig.* **soutenable.**

te·na·cious □ [tiˈneiʃəs] tenace; attaché (à, *of*); obstiné, opiniâtre; **te·nac·i·ty** [tiˈnæsiti] ténacité *f*; sûreté *f* (*de la mémoire*); attachement *m* (à, *of*); obstination *f*.

ten·an·cy [ˈtenənsi] location *f*.

ten·ant [ˈtenənt] **1.** locataire *mf*; *fig.* habitant(e *f*) *m*; pensionnaire *mf*; ~ *right* droits *m/pl.* du tenancier; **2.** habiter comme locataire; occuper; ˈ**ten·ant·ry** locataires *m/pl.*; fermiers *m/pl.*

tench *icht.* [tenʃ] tanche *f.*

tend[1] [tend] **1.** tendre, se diriger (vers, *towards*); tourner; *fig.* pencher (vers, *towards*), tirer (sur, *to*); tendre (à, *to*); être susceptible (de *inf.*, *to inf.*); être enclin (à, *to*); ~ *from* s'écarter de.

tend[2] [~] soigner (*un malade*); garder (*les bêtes*); surveiller (*une machine etc.*); *Am.* tenir (*une boutique*); ˈ**tend·ance** † soin *m*; serviteurs *m/pl.*

tend·en·cy [ˈtendənsi] tendance *f*, disposition *f*, penchant *m* (à, *to*); **ten·den·tious** [~ˈdenʃəs] tendanciel(le *f*), tendancieux (-euse *f*); à tendance (*livre*).

ten·der[1] □ [ˈtendə] *usu.* tendre; sensible (*au toucher*); délicat (*sujet*); affectueux (-euse *f*) (*lettre*); jeune; soigneux (-euse *f*) (de, *of*); *of* ~ *years* en bas âge.

ten·der[2] [~] **1.** offre *f* (*de paiement etc.*); *contrat*: soumission *f*; *legal* ~ cours *m* légal; **2.** offrir; ⚕ soumissionner ([pour], *for*); présenter.

ten·der[3] [~] gardien *m*; 🚂, ⚓ tender *m*; ⚓ bateau *m* annexe; *bar-*~ garçon *m* de comptoir.

ten·der·foot *Am.* F [ˈtendəfut] nouveau débarqué *m*; cow-boy *m* d'opérette; ˈ**ten·der·ize** attendrir (*viande*); **ten·der·loin** [ˈ~lɔin] *surt. Am.* filet *m*; *Am.* quartier *m* malfamé; ˈ**ten·der·ness** tendresse *f*; sensibilité *f*; *fig.* douceur *f*; *cuis.* tendreté *f.*

ten·don *anat.* [ˈtendən] tendon *m.*

ten·dril ⊕ [ˈtendril] vrille *f.*

ten·e·ment [ˈtenimənt] † habitation *f*; appartement *m*; ⚖ fonds *m* de terre; tenure *f*; ~ *house* maison *f* de rapport.

ten·et [ˈti:net] doctrine *f*, principe *m.*

ten·fold [ˈtenfould] **1.** *adj.* décuple; **2.** *adv.* dix fois (autant).

ten·nis [ˈtenis] tennis *m*; ˈ**~-court** terrain *m* de tennis, court *m.*

ten·on ⊕ [ˈtenən] tenon *m*; ˈ**~-saw** ⊕ scie *f* à tenon.

ten·or [ˈtenə] cours *m*, progrès *m*; teneur *f*; sens *m* général; ♪ ténor *m.*

tense[1] *gramm.* [tens] temps *m.*

tense[2] □ [~] tendu (*a. fig.*); raide; ˈ**tense·ness** tension *f* (*a. fig.*); **tensile** [ˈtensail] extensible; de tension, de traction; ~ *strength* résistance *f* à la tension; **ten·sion** [ˈ~ʃn] tension *f*; ⚡ *high* ~ circuit *m* de haute tension; ~ *test* essai *m* de traction.

tent[1] [tent] tente *f.*

tent[2] ⚕ [~] mèche *f.*

ten·ta·cle *zo.* [ˈtentəkl] tentacule *m*; cir(r)e *m.*

ten·ta·tive [ˈtentətiv] **1.** □ expérimental (-aux *m/pl.*); sujet(te *f*) à révision; hésitant; ~*ly* à titre d'essai; **2.** tentative *f*, essai *m.*

ten·ter *tex.* [ˈtentə] élargisseur *m*; ˈ**~-hook** crochet *m*; *fig. be on* ~*s* être sur des charbons ardents.

tenth [tenθ] **1.** dixième; **2.** dixième *m*, ♪ *f*; *eccl.* dîme *f*; ˈ**tenth·ly** en dixième lieu.

tent-peg [ˈtentpeg] piquet *m* de tente.

ten·u·i·ty [teˈnjuiti] *usu.* ténuité *f*; finesse *f*; faiblesse *f*; **ten·u·ous** □ [ˈtenjuəs] ténu; effilé; mince; grêle (*voix*); raréfié (*gaz*).

ten·ure [ˈtenjuə] tenure *f*; (période *f* de) jouissance *f*; *office etc.*: occupation *f.*

tep·id □ [ˈtepid] tiède; dégourdi (*eau*); **teˈpid·i·ty**, ˈ**tep·id·ness** tiédeur *f.*

ter·cen·te·nar·y [tə:senˈti:nəri], **ter·cen·ten·ni·al** [~ˈtenjəl] tricentenaire (*a. su./m*).

ter·gi·ver·sa·tion [tə:dʒivə:ˈseiʃn] tergiversation *f.*

term [tə:m] **1.** temps *m*, durée *f*, limite *f*; terme *m* (*a.* ⚒, *phls.*, *ling.*); *ling. a.* mot *m*, expression *f*; ⚖ session *f*; *univ.*, *école*: trimestre *m*; ⚕ échéance *f*; délai *m* (*de congé*, *du droit d'auteur*, *de paiement*, *etc.*); *beginning of* ~ rentrée *f*; ~*s pl.* conditions *f/pl.*, termes *m/pl.*; prix *m/pl.*; relations *f/pl.*, rapports *m/pl.*; ⚒ énoncé *m* (*d'un problème*); *in* ~*s of* en fonction de; *be on good* (*bad*) ~*s* être bien (mal) (avec, *with*); *come to* (*ou make*) ~*s with* s'arranger, prendre un arrangement avec; ⚔ partiser; **2.** appeler, nommer; qualifier (de qch., *s.th.*).

ter·ma·gant [ˈtə:məgənt] **1.** □ revêche, acariâtre; **2.** mégère *f*; dragon *m* (= *femme*).

ter·mi·na·ble □ [ˈtə:minəbl] terminable; résiliable (*contrat*); ˈ**ter·mi·nal 1.** □ extrême; dernier (-ère *f*); final; *école*: trimestriel(le *f*); terminal (-aux *m/pl.*); ~*ly* par trimestre;

2. bout *m*; ⚡ borne *f*; *gramm.* terminaison *f*; 🚆 *Am.* terminus *m*; *ordinateur*: terminal *m*; **ter·mi·nate** [ˈ~neit] (se) terminer; finir; **ter·mi·ˈna·tion** fin *f*, conclusion *f*; terminaison *f* (*a. gramm.*); ⚖ extinction *f*.
ter·mi·nol·o·gy [təːmiˈnɔlədʒi] terminologie *f*.
ter·mi·nus [ˈtəːminəs], *pl.* **-ni** [~nai] terminus *m*, tête *f* de ligne (*a.* 🚆).
ter·mite *zo.* [ˈtəːmait] termite *m*.
tern *orn.* [təːn] sterne *f*, hirondelle *f* de mer.
ter·na·ry [ˈtəːnəri] ternaire.
ter·race [ˈterəs] terrasse *f*; rangée *f* de maisons; ˈ**ter·raced** en terrasse; en rangée (*maisons*).
ter·rain [ˈterein] terrain *m*.
ter·rene □ [teˈriːn] terreux (-euse *f*); terrestre.
ter·res·tri·al □ [tiˈrestriəl] terrestre.
ter·ri·ble □ [ˈterəbl] terrible; affreux (-euse *f*); ˈ**ter·ri·ble·ness** horreur *f*.
ter·ri·er *zo.* [ˈteriə] terrier *m*.
ter·rif·ic [təˈrifik] (*~ally*) épouvantable; terrible; colossal (-aux *m/pl.*); **ter·ri·fy** [ˈterifai] *v/t.* épouvanter, terrifier.
ter·ri·to·ri·al [teriˈtɔːriəl] **1.** □ territorial (-aux *m/pl.*); terrien(ne *f*), foncier (-ère *f*); *~ waters* eaux *f/pl.* territoriales; ⚔ ⁀ *Army* (*ou* F *Force*) territoriale *f*; **2.** ⚔ territorial *m*; **ter·ri·to·ry** [ˈ~təri] territoire *m*; *Am.* ⁀ territoire *m* des É.-U.
ter·ror [ˈterə] terreur *f* (*a. fig.*), effroi *m*, épouvante *f*; ˈ**ter·ror·ism** terrorisme *m*; ˈ**ter·ror·ist** terroriste *mf*; ˈ**ter·ror·ize** terroriser.
ter·ry(·cloth) [ˈteri(klɔθ)] tissu *m* éponge.
terse □ [təːs] concis; net(te *f*); ˈ**terse·ness** concision *f*.
ter·tian ⚕ [ˈtəːʃn] (fièvre *f*) tierce; **ter·ti·ar·y** [ˈ~ʃəri] tertiaire.
tes·sel·lat·ed [ˈtesileitid] en mosaïque (*pavé*).
test [test] **1.** épreuve *f*, essai *m* (*a.* ⚗); *psych.*, ⊕ test *m*; ⚗ réactif *m* (de, *for*); examen *m*; *fig.* épreuve *f*, critérium *m*; *put to the ~* mettre à l'épreuve *ou* l'essai; **2.** *v/t.* éprouver, mettre à l'épreuve; examiner; essayer; *v/i.* ⚗ faire la réaction (de, *for*).
tes·ta·ceous *zo.* [tesˈteiʃəs] testacé.
tes·ta·ment *bibl.*, †, ⚖ [ˈtestəmənt] testament *m*; **tes·ta·men·ta·ry** [~ˈmentəri] testamentaire.
tes·ta·tor [tesˈteitə] testateur *m*.
tes·ta·trix [tesˈteitriks] testatrice *f*.
test...: *~* **ban** (**treat·y**) (traité *m* d')interdiction *f* d'essais nucléaires; *~* **case** ⚖ cas *m* qui fait jurisprudence, précédent *m*; *~* **drive** *mot.* essai sur *ou* de route; ˈ**~-drive** faire faire un essai de route à (*une voiture*).
test·er [ˈtestə] essayeur (-euse *f*) *m*; vérificateur (-trice *f*) *m*; *outil*: vérificateur *m*.
tes·ti·cle *anat.* [ˈtestikl] testicule *m*.
tes·ti·fi·er [ˈtestifaiə] témoin *m* (de, *to*); **tes·ti·fy** [ˈ~fai] *v/t.* témoigner (*a. fig.*); déposer; *v/i.* attester (qch., *to s.th.*), témoigner (de, *to*).
tes·ti·mo·ni·al [testiˈmounjəl] certificat *m*, attestation *f*; recommandation *f*; témoignage *m* d'estime; **tes·ti·mo·ny** [ˈ~məni] témoignage *m* (de, *to*); ⚖ *témoin*: déposition *f*.
tes·ti·ness [ˈtestinis] irritabilité *f*.
test...: ˈ**~-pa·per** ⚗ papier *m* réactif; *école*: composition *f*, épreuve *f*; ˈ**~-pi·lot** ✈ pilote *m* d'essai; ˈ**~-print** *phot.* épreuve *f* témoin; *~* **run** course *f* d'essai; essai *m* (de bon fonctionnement); ˈ**~-tube** ⚗ éprouvette *f*; *~ baby* bébé-éprouvette *m* (*pl.* bébés-éprouvettes).
tes·ty □ [ˈtesti], **tetch·y** □ [ˈtetʃi] irascible, irritable; bilieux (-euse *f*).
teth·er [ˈteðə] **1.** attache *f*, longe *f*; *fig.* ressources *f/pl.*; **2.** mettre au piquet, attacher.
tet·ra·gon & [ˈtetrəgən] quadrilatère *m*; **te·trag·o·nal** [~ˈtrægənl] tétragone.
tet·ter ⚕ [ˈtetə] dartre *f*.
Teu·ton [ˈtjuːtən] Teuton(ne *f*) *m*; **Teu·ton·ic** [~ˈtɔnik] teuton(ne *f*), teutonique; *~ Order l'*ordre *m* Teutonique.
text [tekst] texte *m*; *fig.* sujet *m*; *typ.* *~ hand* grosse (écriture) *f*; ˈ**~·book** manuel *m*, livre *m* de classe.
tex·tile [ˈtekstail] **1.** textile; **2.** *~s pl.* tissus *m/pl.*; textiles *m/pl.*
tex·tu·al □ [ˈtekstjuəl] textuel(le *f*).
tex·ture [ˈtekstʃə] texture *f* (*a. fig.*); tissu *m*; *bois, peau*: grain *m*.
tha·lid·o·mide [θəˈlidəmaid] thalidomide *f*; *~ baby*, *~ child* (bébé *m*) victime *f* de la thalidomide.

than [ðæn; ðən] *après comp.* que; *devant nombres*: de.
thank [θæŋk] **1.** remercier (de *inf.*, *for gér.*); ~ *you* merci; *I will* ~ *you for* je vous saurais bien gré de (*me donner etc.*); *iro.* ~ *you for nothing* merci de rien; **2.** ~*s pl.* remerciements *m/pl.*; ~*s to* grâce à; **thank·ful** □ [ˈ~ful] reconnaissant; ˈ**thank·less** □ ingrat; **thanks·giv·ing** [~sˈgiviŋ] action *f* de grâce(s); *surt. Am.* ♀ (*Day*) *le* jour *m* d'action de grâces (*le dernier jeudi de novembre*); ˈ**thank·wor·thy** † digne de reconnaissance.
that [ðæt] **1.** *cj.* [*usu.* ðət] que; **2.** *pron. dém.* (*pl. those*) celui-là (*pl.* ceux-là), celle-là (*pl.* celles-là); celui (*pl.* ceux), celle (*pl.* celles); cela, F ça; ce; *so* ~*'s* ~*!* et voilà!; *and ... at* ~ et encore ..., et ... pardessus le marché; *with* ~ là-dessus; **3.** *pron. rel.* [*a.* ðət] qui, que; lequel, laquelle, lesquels, lesquelles; **4.** *adj.* ce (cet *devant une voyelle ou un h muet*; *pl.* ces), cette (*pl.* ces); ce (cet, cette, *pl.* ces) ...-là; **5.** *adv.* F (aus)si; ~ *far* si loin.
thatch [θætʃ] **1.** chaume *m*; **2.** couvrir de chaume.
thaw [θɔː] **1.** dégel *m*; **2.** *v/i.* fondre (*neige etc.*); *v/t.* décongeler (*de la viande*); *mot.* dégeler (*le radiateur*).
the [ðiː; *devant une voyelle* ði, *devant une consonne* ðə] **1.** *art.* le, la, les; **2.** *adv.* ~ *richer he is* ~ *more arrogant he seems* plus il est riche, plus il semble arrogant.
the·a·tre, *Am.* **the·a·ter** [ˈθiətə] théâtre *m* (*a. fig.*); **the·at·ric, the·at·ri·cal** □ [θiˈætrik(l)] théâtral (-aux *m/pl.*) (*a. fig.*); spectaculaire; d'acteur(s); **theˈat·ri·cals** [~klz] *pl.* (*usu. amateur* ~) spectacle *m* d'amateurs, comédie *f* de société.
thee *bibl., poét.* [ðiː] *accusatif*: te; *datif*: toi.
theft [θeft] vol *m*.
their [ðɛə] leur, leurs; **theirs** [~z] le (la) leur, les leurs; à eux, à elles.
the·ism [ˈθiːizm] théisme *m*.
them [ðem; ðəm] *accusatif*: les; *datif*: leur; à eux, à elles.
theme [θiːm] thème *m* (*a.* ♪, *a. gramm.*); sujet *m*; *gramm.* radical (-aux *pl.*) *m*; *école*: dissertation *f*, *Am.* thème *m*; ~ **song** leitmotiv (*pl.* -ve) *m*.
them·selves [ðəmˈselvz] eux-mêmes, elles-mêmes; *réfléchi*: se.
then [ðen] **1.** *adv.* alors; en ce temps-là; puis; ensuite; aussi; d'ailleurs; *every now and* ~ de temps en temps; de temps à autre; *there and* ~ sur-le-champ; *now* ~ allons, voyons; **2.** *cj.* donc, alors, en ce cas; **3.** *adj.* de ce temps-là, d'alors.
thence *poét.* [ðens] par conséquent; *temps*: dès lors; ˈ~ˈ**forth** *poét.* depuis ce temps-là; dès lors, à partir de ce jour.
the·oc·ra·cy [θiˈɔkrəsi] théocratie *f*; **the·o·crat·ic** [θioˈkrætik] (~*ally*) théocratique.
the·o·lo·gi·an [θiəˈloudʒjən] théologien *m*; **the·o·log·i·cal** [~ˈlɔdʒikl] théologique; **the·ol·o·gy** [θiˈɔlədʒi] théologie *f*.
the·o·rem [ˈθiərəm] théorème *m*;
the·o·ret·ic, the·o·ret·i·cal □ [~ˈretik(l)] théorique; ˈ**the·o·rist** théoricien(ne *f*) *m*; théoriste *mf*; ˈ**the·o·rize** théoriser; ˈ**the·o·ry** théorie *f*.
the·os·o·phy [θiˈɔsəfi] théosophie *f*.
ther·a·peu·tics [θerəˈpjuːtiks] *usu. sg.* thérapeutique *f*; ˈ**ther·a·py** thérapie *f*; *see occupational*; ˈ**ther·a·pist** thérapeute *mf*; *mental*~ psychothérapeute *m*.
there [ðɛə] **1.** *adv.* là; y; là-bas; F ce, cette, ces, cettes ...-là; *the man* ~ cet homme-là; ~ *is*, ~ *are* il y a; ~*'s a good fellow!* vous serez bien gentil!; ~ *you are!* vous voilà!; ça y est!; **2.** *int.* voilà!
there...: ˈ~·**a·bout**(s) près de là, par là; à peu près; ~ˈ**aft·er** après cela, ensuite; ˈ~ˈ**by** par là, de cette façon; ˈ~·**fore** donc, par conséquent; aussi (*avec inversion*); ~ˈ**in** là-dedans; à cet égard, en cela; ~ˈ**of** en; de cela; ˈ~·**upˈon** là-dessus; ~ˈ**with** avec cela.
ther·mal □ [ˈθəːməl] thermal (-aux *m/pl.*); *phys. a.* thermique, calorifique; ~ *value* pouvoir *m* calorifique; **ther·mic** [ˈ~mik] (~*ally*) thermique; **therm·i·on·ic** [~miˈɔnik]: ~ *valve radio*: lampe *f* thermoïonique.
ther·mo-e·lec·tric cou·ple *phys.* [ˈθəːmoiˈlektrik ˈkʌpl] élément *m* thermo-électrique; **ther·mom·e·ter** [θəˈmɔmitə] thermomètre *m*; **ther·mo·met·ric, ther·mo·met·ri·cal** □ [θəːməˈmetrik(l)] thermo-

métrique; **ther·mo-nu·cle·ar** *phys.* ['~'nju:kliə] thermonucléaire; **ther·mo·pile** *phys.* ['~mopail] thermopile *f*; **Ther·mos** ['~mɔs] (*ou* ~ *flask*, ~ *bottle*) bouteille *f* Thermos; **ther·mo·stat** ['~mostæt] thermostat *m*.

the·sau·rus [θi'sɔ:rəs], *pl.* **-ri** [~rai] thésaurus *m*; trésor *m*.

these [ði:z] *pl. de this 1, 2*; ~ *three years* depuis trois ans; *in* ~ *days* à notre époque.

the·sis ['θi:sis], *pl.* **-ses** [~si:z] thèse *f*, dissertation *f*.

they [ðei] ils, *accentué*: eux; elles (*a. accentué*); *a.* on; ~ *who* ceux *ou* celles qui.

thick [θik] **1.** □ *usu.* épais(se *f*) (*brouillard, liquide, etc.*); dense (*brouillard, foule*); abondant, dru (*cheveux*); trouble (*eau, vin*); crème (*potage*); empâté (*voix*); serré (*foule*); profond (*ténèbres*); F (*souv. as* ~ *as thieves*) très lié, intime; ~ *with* très lié avec; *sl. that's a bit* ~! ça c'est un peu fort!; **2.** partie *f* épaisse; gras *m*; fort *m*; *in the* ~ *of* au plus fort de; au beau milieu de; '**thick·en** *v/t.* épaissir; *cuis.* lier; *v/i.* s'épaissir; se lier; se compliquer; s'échauffer; **thick·et** ['~it] fourré *m*, bosquet *m*; '**thick-'head·ed** lourdaud; obtus; '**thick-ness** épaisseur *f* (*a.* ⊕); grosseur *f*; abondance *f*; état *m* trouble; empâtement *m*; ⚒ couche *f*; '**thick-'set** ⚘ dru; épais(se *f*); trapu (*personne*); '**thick-'skinned** *fig.* peu sensible.

thief [θi:f], *pl.* **thieves** [θi:vz] voleur (-euse *f*) *m*; F moucheron *m* (*de chandelle*); **thieve** [θi:v] voler; **thiev·er·y** ['~vəri] vol(erie *f*) *m*.

thiev·ish □ ['θi:viʃ] voleur (-euse *f*); '**thiev·ish·ness** habitude *f* du vol; penchant *m* au vol.

thigh [θai] cuisse *f*; '**~·bone** fémur *m*.

thill [θil] limon *m*, brancard *m*.

thim·ble ['θimbl] dé *m*; ⊕ bague *f*; ⚓ cosse *f*; **thim·ble·ful** ['~ful] plein un dé (de, *of*); **thim·ble·rig** ['~rig] F *vt/i.* frauder.

thin [θin] **1.** □ *usu.* mince; peu épais (-se *f*); maigre; pauvre (*sol etc.*); clair (*liquide, tissu*); grêle (*voix*); ténu; rare, clairsemé; sans corps (*vin*); *fig.* peu convaincant; *théâ. a* ~ *house* un auditoire peu nombreux; **2.** *v/t.* amincir; diminuer; (*a.* ~ *out*) éclaircir; *cuis.* délayer; *v/i.* s'amincir, maigrir; s'éclaircir.

thine *bibl., poét.* [ðain] le tien, la tienne, les tiens, les tiennes; à toi.

thing [θiŋ] chose *f*, objet *m*, affaire *f*; être *m* (= *personne*); ~*s pl.* effets *m/pl.*; vêtements *f/pl.*; affaires *f/pl.*; choses *f/pl.*; F *be the* ~ être l'usage *ou* correct *ou* ce qu'il faut; F *know a* ~ *or two* être malin (-igne *f*); en savoir plus d'un(e); *above all* ~*s* avant tout; ~*s are going better* les affaires vont mieux.

thing·um(·a)·bob F ['θiŋəm(i)bɔb], **thing·um·my** F ['~əmi] chose *m*; truc *m*.

think [θiŋk] [*irr.*] *v/i.* penser; réfléchir (sur *about, over*); compter (*inf., to inf.*); s'attendre (à *inf., to inf.*); ~*of* penser à, envisager; penser (*bien, mal*) de; considérer; ~*of* (*gér.*) penser à (*inf.*); *v/t.* croire; penser; s'imaginer; juger, trouver; tenir pour; ~ *much etc. of* avoir une bonne *etc.* opinion de; ~ *out* imaginer (*qch.*); arriver à la solution de (*qch.*); ~ *s.th. over* réfléchir sur qch.; '**think·a·ble** concevable; '**think·er** penseur (-euse *f*) *m*; '**think·ing** pensant; qui pense.

thin·ness ['θinnis] minceur *f*; peu *m* d'épaisseur; légèreté *f*; maigreur *f*.

third [θə:d] **1.** troisième; *date, roi*: trois; *surt. Am.* F ~ *degree* passage *m* à tabac; troisième degré *m*; *the* ♀ *World* le Tiers-Monde; **2.** tiers *m*; troisième *mf*; ♪ tierce *f*; '**third·ly** en troisième lieu; '**third-'par·ty in-sur·ance** assurance *f* aux tiers; '**third-'rate** de qualité très inférieure.

thirst [θə:st] **1.** soif *f* (*a. fig.*); **2.** avoir soif (de *for, after*); '**thirst·y** □ altéré (de, *for*) (*a. fig.*); desséché (*sol*); F *it is* ~ *work* cela vous sèche le gosier.

thir·teen ['θə:'ti:n] treize; '**thir-'teenth** [~θ] treizième; **thir·ti·eth** ['~tiiθ] trentième; '**thir·ty** trente.

this [ðis] **1.** *pron. dém.* (*pl. these*) celui-ci (*pl.* ceux-ci), celle-ci (*pl.* celles-ci); celui (*pl.* ceux), celle (*pl.* celles); ceci; ce; **2.** *adj. dém.* (*pl. these*) ce (cet *devant une voyelle ou un h muet*; *pl.* ces), cette (*pl.* ces); ce (cet, cette, *pl.* ces) ...-ci; *in this country* chez nous; ~ *day week* aujourd'hui en huit; **3.** *adv.* F comme ceci; ~ *big* grand comme ça.

this·tle ⚘ [ˈθisl] chardon *m.*
thith·er *poét.* [ˈðiðə] là; y.
thole ⚓ [θoul] (*a.* ~-*pin*) tolet *m.*
thong [θɔŋ] lanière *f* (*souv. de fouet*).
tho·rax *anat., zo.* [ˈθɔːræks] thorax *m.*
thorn ⚘ [θɔːn] épine *f*; ˈ**thorn·y** épineux (-euse *f*) (*a. fig.*); ⚘ spinifère.
thor·ough □ [ˈθʌrə] complet (-ète *f*); profond; minutieux (-euse *f*); parfait; vrai; achevé (*coquin*); ~**ly** *a.* tout à fait; ˈ~-ˈ**bass** ♪ basse *f* continue; ˈ~·**bred** **1.** pur sang *inv.*; de race; **2.** cheval *m* pur sang; chien *m etc.* de race; ˈ~·**fare** voie *f* de communication; passage *m*; ˈ~·**go·ing** achevé; consciencieux (-euse *f*); ˈ**thor·ough·ness** perfection *f*; sincérité *f*; ˈ**thor·ough-paced** achevé; parfait; enragé.
those [ðouz] **1.** *pl. de that*; *are* ~ *your parents?* sont-ce là vos parents?; **2.** *adj.* ces (…-là).
thou *bibl., poét.* [ðau] tu, *accentué*: toi.
though [ðou] quoique, bien que (*sbj.*); F (*usu. à la fin de la phrase*) pourtant, cependant; *int.* vraiment!; *as* ~ comme si.
thought [θɔːt] **1.** *prét. et p.p. de think*; **2.** pensée *f*; idée *f*; souci *m*; intention *f*; *give* ~ *to* penser à; *on second* ~*s* réflexion faite; *take* ~ *for* songer à.
thought·ful □ [ˈθɔːtful] pensif (-ive *f*); rêveur (-euse *f*); réfléchi; soucieux (-euse *f*) (de, *of*); prévenant (pour, *of*); ˈ**thought·ful·ness** méditation *f*; prévenance *f*, égards *m/pl.*; souci *m.*
thought·less □ [ˈθɔːtlis] étourdi, irréfléchi, négligent (de, *of*); ˈ**thought·less·ness** irréflexion *f*; inattention *f*; insouciance *f*; négligence *f.*
thought-read·ing [ˈθɔːtriːdiŋ] lecture *f* de pensée.
thou·sand [ˈθauzənd] **1.** mille; *dates a.* mil; **2.** mille *m/inv.*; millier *m*; **thou·sandth** [ˈ~zənθ] millième (*a. su./m*).
thrall *poét.* [θrɔːl] esclave *m* (de *of*, *to*); *a.* = **thral(l)·dom** [ˈθrɔːldəm] esclavage *m*; asservissement *m* (*a. fig.*).
thrash [θræʃ] *v/t.* battre; rosser; *sl.* vaincre; ~ *out* débattre; *v/i.* battre, clapoter; ⊕ vibrer; ⚓ se frayer un chemin; *qqfois* bourlinguer; *see thresh*; ˈ**thrash·ing** battage *m*; rossée *f*; F défaite *f*; *see threshing.*
thread [θred] **1.** fil *m* (*a. fig.*); filament *m*; ⊕ *vis*: filet *m*; **2.** enfiler; *fig.* s'insinuer, se faufiler; ⊕ fileter; ˈ~·**bare** râpé; *fig.* usé; ˈ**thread·y** fibreux (-euse *f*); plein de fils; ténu (*voix*).
threat [θret] menace *f*; ˈ**threat·en** *vt/i.* menacer (de qch., [*with*] *s.th.*).
three [θriː] trois (*a. su./m*); ˈ~-ˈ**col·o(u)r** trichrome; ˈ~·**fold** triple; ~**pence** [ˈθrepəns] pièce *f* de trois pence; ˈ~·**pen·ny** coûtant trois pence; *fig.* mesquin; ~-**phase cur·rent** ⚡ [ˈθriːfeizˈkʌrənt] courant *m* triphasé; ˈ~-**piece** en trois pièces; ~ *suit* trois-pièces *m/inv.*; ˈ~ˈ**score** soixante; ˈ~-ˈ**valve re·ceiv·er** *radio*: poste *m* à trois lampes.
thresh [θreʃ] battre (*le blé*); *see thrash*; *fig.* ~ *out* discuter (*une question*) à fond.
thresh·ing [ˈθreʃiŋ] battage *m*; ˈ~-**floor** aire *f*; ˈ~-**ma·chine** batteuse *f*, machine *f* à battre.
thresh·old [ˈθreʃhould] seuil *m.*
threw [θruː] *prét. de throw* **1.**
thrice † [θrais] trois fois.
thrift(·i·ness) [ˈθrift(inis)] économie *f*, épargne *f*, ⚘ statice *m*; ˈ**thrift·less** □ prodigue; imprévoyant; ˈ**thrift·y** □ économe, ménager (-ère *f*); *poét., a. Am.* florissant.
thrill [θril] **1.** (*v/t.* faire) frisonner, frémir (de, *with*); *v/t. fig.* troubler; émotionner; **2.** frisson *m*; vive émotion *f*; ˈ**thrill·er** F roman *m* sensationnel; pièce *f* à gros effets; ˈ**thrill·ing** saisissant, émouvant; sensationnel(le *f*).
thrive [θraiv] [*irr.*] se développer; réussir; *fig.* prospérer; **thriv·en** [ˈθrivn] *p.p. de thrive*; **thriv·ing** □ [ˈθraiviŋ] vigoureux (-euse *f*); florissant.
throat [θrout] gorge *f* (*a. géog.*); ⚓ *ancre*: collet *m*; ⊕ *rabot*: lumière *f*; *fourneau*: gueulard *m*; *clear one's* ~ s'éclaircir le gosier; ˈ**throat·y** □ guttural (-aux *m/pl.*).
throb [θrɔb] **1.** battre (*cœur etc.*);

lanciner (*doigt*); **2.** battement *m*, pulsation *f*; ⊕ vrombissement *m*.

throe [θrou] convulsion *f*; ~s *pl.* douleurs *f/pl.*; affres *f/pl.*; *fig.* tourments *m/pl.*

throm·bo·sis ⚕ [θrɔm'bousis] thrombose *f*.

throne [θroun] **1.** trône *m*; **2.** *v/t.* mettre sur le trône; *v/i.* trôner.

throng [θrɔŋ] **1.** foule *f*; cohue *f*; presse *f*; **2.** *v/i.* se presser, affluer; *v/t.* encombrer; presser.

throt·tle ['θrɔtl] **1.** étrangler (*a.* ⊕ *le moteur etc.*); ⊕ mettre (*une machine*) au ralenti; **2.** = '**~-valve** soupape *f* de réglage; étrangleur *m*.

through [θru:] **1.** *prp.* à travers; au travers de; au moyen de, par; à cause de; pendant (*un temps*); **2.** *adj.* direct (*train, vol etc.*); *Am.* ~ *street* rue *f* prioritaire; ~ *traffic* transit *m*; ~'**out** **1.** *prp.* d'un bout à l'autre de; dans tout; pendant tout (*un temps*); **2.** *adv.* partout; d'un bout à l'autre; '**~·way** *see thruway*.

throve [θrouv] *prét.* de *thrive*.

throw [θrou] **1.** [*irr.*] *v/t.* *usu.* jeter (*a. fig.*); lancer; projeter (*de l'eau, une image, etc.*); désarçonner (*un cavalier*); *tex.* jeter, tordre (*la soie*); tournasser (*un pot*); envoyer (*un baiser*); rejeter (*une faute*); *zo.* mettre bas (*des petits*); *Am.* F terrasser (*un adversaire*); ~ *away* (re)jeter; gaspiller; ne pas profiter de; ~ *in* jeter dedans; ajouter; placer (*un mot*); ~ *off* jeter; ôter (*un vêtement*); se défaire de; se dépouiller de; *fig.* dépister; ~ *out* jeter dehors; émettre; *fig.* faire ressortir; *fig.* lancer (*une insinuation etc.*); *surt. parl.* rejeter; ⊕ désaccoupler; ~ *over* abandonner; ⊕ renverser (*un levier*); ~ *up* jeter en l'air; lever; abandonner (*un poste*); vomir; construire à la hâte; ~ *up the cards* donner gagné à q.; *see sponge* **1**; *v/i.* *zo.* mettre bas des petits; jeter les dés; ~ *off fig.* débuter; ~ *up* vomir; **2.** jet *m*; coup *m*; coup *m* de dé; ⊕ déviation *f*, écart *m*; '**~-'back** *surt. biol.* régression *f*; **thrown** [θroun] *p.p. de throw* **1**; '**throw-'off** *chasse*: lancé *m*; *p.ext.* mise *f* en train.

thru *Am.* [θru:] *see through*.

thrum[1] [θrʌm] *tex.* penne *f*, -s *f/pl.*; bout *m*, -s *m/pl.*; ⚓ ~s *pl.* lardage *m*.

thrum[2] [~] (*a.* ~ *on*) tapoter (*le piano*); pincer de (*la guitare*).

thrush[1] *orn.* [θrʌʃ] grive *f*.

thrush[2] [~] ⚕ aphtes *m/pl.*; *vét.* teigne *f*.

thrust [θrʌst] **1.** poussée *f* (*a.* ⊕); ⚔, *a. fig.* assaut *m*; *escrime*: botte *f*; coup *m* de pointe (*d'épée*); **2.** [*irr.*] *vi/t.* pousser; *v/i.* porter un coup (à, *at*); ~ *o.s. into* s'enfoncer dans; ~ *out* mettre dehors, chasser; tirer (*sa langue*); ~ *s.th. upon s.o.* forcer q. à accepter qch.; imposer qch. à q.; ~ *o.s. upon* s'imposer à.

thru·way *Am.* ['θru:wei] autoroute *f* (à péage); rue *f* prioritaire.

thud [θʌd] **1.** résonner sourdement; tomber *etc.* avec un bruit sourd; **2.** bruit *m* sourd; son *m* mat.

thug [θʌg] thug *m*; *fig.* bandit *m*.

thumb [θʌm] **1.** pouce *m*; *Tom* ♀ le petit Poucet *m*; **2.** feuilleter (*un livre*); manier; *Am.* ~ *one's nose* faire un pied de nez (à q., *to s.o.*); ~ *a lift* (*ou a ride*) faire de l'auto-stop; arrêter une voiture (pour se faire emmener); ~ **in·dex** onglets *m/pl.* (d'un livre); '**~·nail** ongle *m* du pouce; ~ *sketch* petit croquis *m* (hâtif); '**~-print** marque *f* de pouce; '**~·screw** *torture*: poucettes *f/pl.*; ⊕ vis *f* ailée; '**~-stall** poucier *m*; ⚕ doigtier *m* pour pouce, F pouce *m*; '**~·tack** *Am.* punaise *f*.

thump [θʌmp] **1.** coup *m* de poing; bruit *m* sourd; **2.** *v/t.* cogner (sur, *on*), donner un coup de poing à; *v/i.* sonner sourdement; battre fort (*cœur*); '**thump·er** *sl.* chose *f* énorme; *sl.* mensonge *m*; '**thump·ing** *sl.* colossal (-aux *m/pl.*).

thun·der ['θʌndə] **1.** tonnerre *m* (*a. fig.*); F *steal s.o.'s* ~ anticiper q.; **2.** tonner; '**~·bolt** foudre *f* (*poét. a. m*); '**~·clap** coup *m* de tonnerre *ou fig.* de foudre; '**~·cloud** nuage *m* orageux; '**~·head** partie *f* supérieure d'un cumulus; *fig.* menace *f*; '**thun·der·ing** *sl.* **1.** *adj.* colossal (-aux *m/pl.*), formidable; **2.** *adv.* joliment, rudement; '**thun·der·ous** □ orageux (-euse *f*); *fig.* menaçant; à tout rompre; de tonnerre (*bruit etc.*); '**thun·der·storm** orage *m*; '**thun·der·struck** foudroyé, abasourdi; '**thun·der·y** orageux (-euse *f*).

Thurs·day ['θə:zdi] jeudi *m*.

thus [ðʌs] ainsi; de cette manière; donc.
thwack [θwæk] *see whack*.
thwart [θwɔːt] **1.** contrarier; frustrer, déjouer; **2.** ⚓ banc *m* de nage.
thy *bibl., poét.* [ðai] ton, ta, tes.
thyme ⚘ [taim] thym *m*.
thy·roid *anat.* [ˈθairɔid] **1.** thyroïde; ~ *extract* extrait *m* thyroïde; ~ *gland* = **2.** glande *f* thyroïde.
thy·self *bibl., poét.* [ðaiˈself] toi-même; *réfléchi*: te.
ti·a·ra [tiˈɑːrə] tiare *f*.
tib·i·a *anat.* [ˈtibiə], *pl.* **-ae** [~iː] tibia *m*.
tic ⚕ [tik] tic *m*.
tick[1] *zo.* [tik] tique *f*.
tick[2] [~] toile *f* à matelas.
tick[3] F [~]: *on* ~ à crédit.
tick[4] [~] **1.** tic-tac *m/inv.*; F instant *m*, moment *m*; marque *f*; *to the* ~ à l'heure sonnante; **2.** *v/i.* faire tic-tac; battre; *mot.* ~ *over* tourner au ralenti; *v/t.* pointer, faire une marque à; ~ *off* pointer; vérifier; *sl.* rembarrer (*q.*).
tick·er [ˈtikə] téléscripteur *m*; télé-imprimeur *m*; F tocante (= *montre*); F palpitant *m* (= *cœur*); **ˈ~ˈtape** bande *f* de téléscripteur; serpentin *m*.
tick·et [ˈtikit] **1.** 🚂 *théâ., loterie*: billet *m*; *métro, consigne, place réservée, etc.*: ticket *m*; coupon *m*; (*a. price-~*) étiquette *f*; bon *m* (*de soupe*); *mot. Am.* F contravention *f*; *parl. Am.* liste *f* des candidats; F programme *m*; F *the* ~ ce qu'il faut, correct; ~ *of leave* (bulletin *m* de) libération *f* conditionelle; *on* ~ *of leave* libéré conditionellement; **2.** étiqueter, marquer; ~ **a·gen·cy** agence *f* de voyages; *théâ. etc.* agence *f* de spectacles; **ˈ~-col·lec·tor** 🚂 contrôleur *m* des billets; **ˈ~-in·spec·tor** *autobus*: contrôleur *m*; **ˈ~ of·fice**, **ˈ~ win·dow** *surt. Am.* guichet *m*; **ˈ~-punch** poinçon *m* de contrôleur.
tick·ing [ˈtikiŋ] toile *f* à matelas.
tick·le [ˈtikl] chatouiller; *fig.* amuser; flatter; **tick·ler** (*ou* ~ *coil*) *radio*: bobine *f* de réaction; **ˈtick·lish** ☐ chatouilleux (-euse *f*); délicat; *fig.* susceptible (*personne*).
tid·al ☐ [ˈtaidl] de marée; à marée; ~ *wave* raz *m* de marée; flot *m* de la marée; *fig.* vague *f*.
tid·bit *Am.* [ˈtidbit] *see titbit*.

tide [taid] **1.** marée *f*; *fig.* vague *f*; ⚓ flot *m*; *low* (*high*) ~ marée *f* basse (haute); *fig.* fortune *f*; † saison *f*, temps *m*; *turn of the* ~ étale *m*; *fig.* tournure *f* (*des affaires*); **2.** porter (par la marée); *fig.* ~ *over* venir à bout de; s'en tirer; ~ *s.o. over* dépanner q., aider q. à s'en tirer, tirer q. d'embarras; **ˈ~·mark** ligne *f* de marée haute; F ligne crasse (*au cou, dans une baignoire etc.*).
ti·di·ness [ˈtaidinis] (bon) ordre *m*; propreté *f*; *habillement*: bonne tenue *f*.
ti·dings *pl. ou sg.* [ˈtaidiŋz] nouvelle *f*, -s *f/pl.*
ti·dy [ˈtaidi] **1.** bien rangé; bien tenu, *fig.* passable, F joli; **2.** voile *m* (*sur un fauteuil etc.*); récipient *m* (*pour peignures*); corbeille *f* (*à ordures*); **3.** (*a.* ~ *up*) ranger; mettre de l'ordre dans, arranger (*une chambre etc.*).
tie [tai] **1.** lien *m* (*a. fig.*); attache *f*; (*a. neck-~*) cravate *f*; nœud *m*; ♪ liaison *f*; ⚠ chaîne *f*, ancre *f*; *fig.* entrave *f*; *soulier*: cordon *m*; *sp.* match *m* à égalité, partie *f* nulle; *sp.* match *m* de championnat; *parl.* nombre *m* égal de suffrages; **2.** *v/t.* lier; nouer (*la cravate*); ficeler; ⚠ chaîner; *v/i. sp.* être à égalité; ~ *down fig.* assujettir (à *une condition etc., to*); asservir (*q.*) (à, *to*); ~ *up* attacher; ficeler; ⚓ amarrer; *fig.* immobiliser; F marier; *Am.* F gêner.
tier [tiə] rangée *f*; étage *m*; *théâ.* balcon *m*.
tierce [tiəs] *escrime, cartes*: tierce *f*.
tie-up [ˈtaiˈʌp] cordon *m*; association *f*; impasse *f*; *surt. Am.* grève *f*; *Am.* arrêt *m* (*de la circulation etc.*).
tiff F [tif] **1.** petite querelle *f*; boutade *f*; **2.** bouder.
tif·fin [ˈtifin] *anglo-indien*: déjeuner *m* (de midi).
ti·ger [ˈtaigə] tigre *m*; *fig.* as *m*; *fig.* homme *m* féroce; *Am.* F *three cheers and a ~!* trois hourras et encore un hourra!; **ˈti·ger·ish** ☐ *fig.* cruel(le *f*); féroce; de tigre.
tight ☐ [tait] serré; tendu, raide; collant, étroit, juste (*vêtements*); bien fermé, imperméable, resserré, rare (*argent*); F ivre, gris; F *fig. it was a ~ place* (*ou squeeze*) on tenait tout

juste; *it was a ~ squeeze to get through* il y avait à peine la place de passer; *hold ~* tenir serré; *in a ~ corner* en mauvaise passe; *in a ~ squeeze* dans l'embarras; ˈ**tight·en** *v/t.* (res)serrer (*sa ceinture, une vis*); retendre (*une courroie*); tendre, remonter (*un ressort*); *v/i.* se (res)serrer; se bander (*ressort*); ˈ**~-ˈfist·ed** F dur à la détente; ˈ**~-ˈlaced** serré dans son corset; *fig.* collet monté *inv.*, prude; ˈ**~-ˈlipped** qui ne déserre pas les lèvres, taciturne; à l'air pincé; ˈ**tight·ness** tension *f*; raideur *f*; étroitesse *f*; ˈ**tight-rope** corde *f* tendue; **tights** [~s] *pl. théâ.* maillot *m*; ˈ**tight·wad** *Am. sl.* grippe-sou *m*; pingre *m.*

ti·gress [ˈtaigris] tigresse *f.*

tile [tail[**1.** *toit*: tuile *f*; *plancher*: carreau *m*; *sl.* chapeau *m*; **2.** couvrir de tuiles; carreler; ˈ**~-lay·er**, ˈ**til·er** couvreur *m*; carreleur *m.*

till[1] [til] tiroir-caisse (*pl.* tiroirs-caisses) *m*; caisse *f.*

till[2] [~] **1.** *prp.* jusqu'(à); **2.** *cj.* jusqu'à ce que (*sbj.*).

till[3] ⚒ [~] labourer; cultiver; ˈ**till·age** labour(age) *m*; (agri)culture *f*; terre *f* en labour.

till·er ⚓ [ˈtilə] barre *f* franche.

tilt[1] [tilt] bâche *f*, banne *f*; ⚓ tendelet *m.*

tilt[2] [~] **1.** pente *f*, inclinaison *f*; † tournoi *m*; † coup *m* de lance; *fig.* coup *m* de patte, attaque *f*; *full ~* tête baissée; *on the ~* incliné, penché; **2.** *v/t.* pencher, incliner; *v/i.* pencher, s'incliner; courir une lance (contre, *at*); *fig.* donner un coup de patte (à, *at*); *~ against* attaquer; *~ up* basculer; ˈ**tilt·ing** incliné, penché; à bascule.

tilth *poét.* [tilθ] *see tillage.*

tim·ber [ˈtimbə] **1.** bois *m* (*d'œuvre, de charpente, de construction*); *piece of ~* poutre *f*; ⚓ couple *m*; *Am. fig.* qualité *f*; **2.** boiser; *~ed* en bois; boisé (*terrain*); ˈ**~-line** limite *f* de la végétation arborescente; ˈ**~·work** charpente *f*; construction *f* en bois; ˈ**~-yard** chantier *m.*

time [taim] **1.** temps *m*; fois *f*; heure *f*; moment *m*; saison *f*; époque *f*; terme *m*; *gymn. etc.*: pas *m*; ♪ mesure *f*, tempo *m*; *~, gentlemen, please!* on ferme!; *~ and again* à maintes reprises; *at ~s* de temps en temps; parfois; *at a* (*ou at the same*) *~* à la fois; *at the same ~* en même temps; *before* (*one's*) *~* en avance; prématurément; *behind* (*one's*) *~* en retard; *behind the ~s* arriéré; *by that ~* à l'heure qu'il était; à ce moment-là; alors; *for the ~ being* pour le moment; provisoirement; actuellement; *have a good ~* s'amuser (bien); *in ~* à temps, à l'heure; *in good ~* de bonne heure; *see mean*[2] *1*; *on ~* à temps, à l'heure; *out of ~* mal à propos; à contretemps (*a.* ♪); *beat* (*the*) *~* battre la mesure; *see keep* 2; **2.** *v/t.* faire (*qch.*) à propos; fixer l'heure de; choisir le moment de; régler (sur, *by*); *sp.* chronométrer; calculer la durée de; (*a. take the ~ of*) mesurer le temps de; *the train is ~d to leave at 7* le train doit partir à 7 heures; *v/i.* faire coïncider (avec *with, to*); ˈ**~-and-ˈmo·tion stud·y** ✝ étude *f* des cadences; ˈ**~-bar·gain** ✝ marché *m* à terme; **~ bomb** bombe *f* à retardement; ˈ**~-clock** enregistreur *m* de temps; ˈ**~-con·sum·ing** qui prend beaucoup de temps; ˈ**~-ex·po·sure** *phot.* pose *f*; ˈ**~-hon·o(u)red** séculaire, vénérable; ˈ**~-keep·er** chronomètre *m*, *surt.* montre *f*; *see timer*; contrôleur *m* (de présence); **~ lag** retard *m*; ˈ**~-ˈlim·it** limite *f* de temps; délai *m*; durée *f*; ˈ**time·ly** opportun, à propos; ˈ**time-out** *Am.* pause *f*; ˈ**time-piece** pendule *f*; montre *f*; ˈ**tim·er** chronométreur *m.*

time...: **~-serv·er** [ˈtaimsəːvə] opportuniste *mf*; ˈ**~-sheet** feuille *f* de présence; semainier *m*; ˈ**~-ˈsig·nal** *surt. radio*: signal *m* horaire; ˈ**~-ta·ble** horaire *m*; 🚂 indicateur *m*; *école*: emploi *m* du temps; **~ zone** fuseau *m* horaire.

tim·id ☐ [ˈtimid] timide, peureux (-euse *f*); **ti·mid·i·ty** [tiˈmiditi] timidité *f.*

tim·ing [ˈtaimiŋ] ⊕ *mot.* réglage *m*; *sp.* chronométrage *m*; *fig.* choix *m* du moment.

tim·or·ous ☐ [ˈtimərəs] *see timid.*

tin [tin] **1.** étain *m*; fer-blanc (*pl.* fers-blancs) *m*; boîte *f* (*de conserves*); bidon *m* (*à essence*); *sl.* galette *f* (= *argent*); *Brit. ~ opener* ouvre-boites *m/inv.*; **2.** en *ou* d'étain; en fer-blanc; de plomb (*soldat*); *fig. péj.* en toc; *~ can* boîte *f* (en fer-blanc); F *~ god*

(faux) idole *m*; F ~ *hat* casque *m*; **3.** étamer; mettre en boîtes; ~*ned meat* viande *f* de conserve; F ~*ned music* musique *f* enregistrée.
tinc·ture [ˈtiŋktʃə] **1.** teinte *f*; ▨, *pharm., a. fig.* teinture *f*; **2.** teindre, colorer.
tin·der [ˈtində] amadou *m*.
tine [tain] dent *f*; fourchon *m*; *zo.* cor *m*, branche *f*.
tin·foil [ˈtinˈfɔil] feuille *f* d'étain; papier *m* (d')étain.
ting F [tiŋ] *see tinkle*.
tinge [tindʒ] **1.** teinte *f*; nuance *f* (*a. fig.*); **2.** teinter (*a. fig.*), colorer (de, *with*); *be* ~*d with* avoir une teinte de.
tin·gle [ˈtiŋgl] tinter; picoter; cuire; *fig.* avoir grande envie (de *inf.*, *to inf.*).
tink·er [ˈtiŋkə] **1.** chaudronnier *m*; **2.** *v/t.* rafistoler; *v/i.* bricoler (dans, *about*); ~ *at* rafistoler; ~ *up* faire des réparations de fortune; ~ *with* retaper.
tin·kle [ˈtiŋkl] **1.** (faire) tinter; **2.** tintement *m*; F coup *m* de téléphone.
tin·man [ˈtinmən] étameur *m*; ferblantier *m*; ˈ**tin·ny** métallique (*son*); ˈ**tin-o·pen·er** ouvre-boîtes *m/inv.*; ˈ**tin·plate** fer-blanc (*pl.* fers-blancs) *m*; ferblanterie *f*.
tin·sel [ˈtinsl] **1.** lamé *m*, paillettes *f/pl.*; clinquant *m* (*a. fig.*); *fig. a.* faux éclat *m*; **2.** de paillettes; *fig.* de clinquant, faux (fausse *f*); **3.** garnir de paillettes; clinquanter; *fig.* donner un faux éclat à.
tin·smith [ˈtinsmiθ] *see tinman*.
tint [tint] **1.** teinte *f*, nuance *f*; *peint.* ton *m*; **2.** teinter, colorer; ~*ed paper* papier *m* teinté.
tin-tack [ˈtintæk] broquette *f*; ~*s pl.* semence *f*.
tin·tin·nab·u·la·tion [ˈtintinæbjuˈleiʃn] tintement *m*.
tin·ware [ˈtinwɛə] ferblanterie *f*.
ti·ny □ [ˈtaini] tout petit.
tip [tip] **1.** pointe *f*; *cigarette*: bout *m*; extrémité *f*; F pourboire *m*; F tuyau *m*; pente *f*; F coup *m* léger; *give s.th. a* ~ faire pencher qch.; **2.** *v/t.* mettre un bout à; ferrer, embouter (*une canne*); *fig.* dorer; F donner un pourboire à (*q.*); F (*a.* ~ *off*) tuyauter, avertir (*q.*); ~ *over* renverser; *v/i.* se renverser; ˈ~-**cart** tombereau *m* à bascule; ˈ~·**cat** bâtonnet *m* (*sorte de jeu d'enfants*); ˈ~-**off** tuyau *m*.
tip·pet [ˈtipit] pèlerine *f*; écharpe *f* en fourrure.
tip·ple [ˈtipl] **1.** se livrer à la boisson; F lever le coude; **2.** boisson *f*; ˈ**tip·pler** ivrogne *m*; buveur (-euse *f*) *m*.
tip·si·ness [ˈtipsinis] ivresse *f*.
tip·staff [ˈtipstɑːf] huissier *m*.
tip·ster [ˈtipstə] tuyauteur *m*.
tip·sy [ˈtipsi] gris, ivre; F pompette.
tip·toe [ˈtiptou]: *on* ~ sur la pointe des pieds.
tip·top F [ˈtipˈtɔp] **1.** le plus haut point *m*; **2.** de premier ordre; extra; F chic *inv.*
tip-up seat [ˈtipʌpˈsiːt] strapontin *m*.
ti·rade [taiˈreid] tirade *f*, diatribe *f*.
tire[1] [ˈtaiə] pneu(matique) *m*.
tire[2] [~] (se) lasser, ennuyer (de *of*, *with*).
tired □ [ˈtaiəd] fatigué (*fig.* de, *of*); ˈ**tired·ness** lassitude *f*, fatigue *f*.
tire·less □ [ˈtaiəlis] infatigable.
tire·some □ [ˈtaiəsəm] ennuyeux (-euse *f*); F exaspérant.
tire-valve [ˈtaiəvælv] valve *f* de pneumatique.
ti·ro [ˈtaiərou] novice *mf*.
tis·sue [ˈtisjuː] tissu *m*; étoffe *f*; ˈ~-ˈ**pa·per** papier *m* de soie; ✝ papier *m* pelure.
tit[1] [tit]: ~ *for tat* à bon chat bon rat; un prêté pour un rendu.
tit[2] *Am.* [~] *see teat*.
tit[3] *orn.* [~] mésange *f*.
Ti·tan [ˈtaitən] Titan *m*; ˈ**Ti·tan·ess** femme *f* titanesque; **ti·ta·nic** [~ˈtænik] (~*ally*) titanique, titanesque; géant.
tit·bit [ˈtitbit] friandise *f*; bon morceau *m*; *fig.* quelque chose de piquant.
tithe [taið] **1.** dîme *f*; *usu. fig.* dixième *m*; **2.** payer la dîme sur; dîmer sur.
tit·il·late [ˈtitileit] chatouiller; **tit·il·ˈla·tion** chatouillement *m*.
tit·i·vate F [ˈtitiveit] (se) faire beau (belle *f*).
ti·tle [ˈtaitl] **1.** titre *m*; nom *m*; ⚖ droit *m* (à, *to*); **2.** intituler (*un livre*); titrer (*un film*); ˈ~-**deed** ⚖ titre *m* de propriété; acte *m*; ˈ~·**hold·er** *surt. sp. record, coupe*: détenteur (-trice *f*) *m*; *championnat*: tenant(e *f*) *m*; ~ **role** *théâ.* rôle *m* principal.

tit·mouse *orn.* ['titmaus], *pl.* **-mice** [~mais] mésange *f.*

ti·trate ⚗ ['taitreit] titrer, doser; **ti'tra·tion** dosage *m*; analyse *f* volumétrique.

tits V [tits] nénés *m/pl.* (= *seins*).

tit·ter ['titə] **1.** avoir un petit rire étouffé; **2.** rire *m* étouffé.

tit·tle ['titl] point *m*; *fig.* la moindre partie; *to a* ~ trait pour trait; **'~-tat·tle 1.** cancans *m/pl.*; bavardage *m*; **2.** cancaner; bavarder.

tit·tup ['titəp] F aller au petit galop.

tit·u·lar □ ['titjulə] titulaire; nominal (-aux *m/pl.*).

to [tu:; tu; tə] **1.** *prp. usu.* à; *direction*: à; vers (*Paris, la maison*); en (*France*); chez (*moi, ma tante*); *sentiment*: envers, pour (*q.*); *distance*: jusqu'à; *parenté, hérédité*: de; *pour indiquer le datif*: à; ~ *my father* à mon père; ~ me *accentué*: à moi, *inaccentué*: me; *it happened* ~ *me* cela m'arriva; ~ *the United States* aux États-Unis; ~ *Japan* au Japon; *I bet 10* ~ *1* je parie 10 contre 1; *the train (road)* ~ *London* le train (la route) de Londres; *a quarter (ten)* ~ *six* six heures moins le quart (dix); *alive* ~ sensible à (*qch.*); *cousin* ~ cousin(e *f*) de; *heir* ~ héritier (-ère *f*) de; *secretary* ~ secrétaire de; *here's* ~ *you!* à votre santé!, F à la vôtre!; **2.** *adv.* [tu:]: ~ *and fro* de long en large; *go* ~ *and fro* aller et venir; *come* ~ revenir à soi; *pull the door* ~ fermer la porte; **3.** *pour indiquer l'inf.*: ~ *take* prendre; *I am going* ~ (*inf.*) je vais (*inf.*); *souvent on supprime l'inf.*: *I worked hard, I had* ~ (*sc. work hard*) je travaillais dûr, il le fallut bien; *avec inf., remplaçant une proposition subordonnée*: *I weep* ~ *think of it* quand j'y pense, je pleure.

toad *zo.* [toud] crapaud *m*; **'~·stool** champignon *m* vénéneux.

toad·y ['toudi] **1.** sycophante *m*, flagorneur (-euse *f*) *m*; **2.** lécher les bottes à (*q.*); flagorner (*q.*); **'toad·y·ism** flagornerie *f.*

to-and-fro F ['tu:ən'frou] allées et venues *f/pl.*

toast [toust] **1.** toast *m* (*a. fig.*); pain *m* grillé; **2.** griller, rôtir; *fig.* chauffer; *fig.* porter un toast à.

to·bac·co [tə'bækou] tabac *m*; **to'bac·co·nist** [~kənist] marchand *m* de tabac.

to·bog·gan [tə'bɔgən] **1.** toboggan *m*; luge *f* (suisse); **2.** faire du toboggan.

to·by ['toubi] (*ou* ~ *jug*) pot *m* à bière (de fantaisie); ~ *collar* collerette *f* plissée.

to·co *sl.* ['toukou] châtiment *m* corporel; raclée *f.*

toc·sin ['tɔksin] tocsin *m.*

tod F [tɔd]: *on one's* ~ tout(e) seul(e).

to·day [tə'dei] aujourd'hui.

tod·dle ['tɔdl] **1.** marcher à petits pas; trottiner; F ~ *off* se trotter; **2.** F pas *m/pl.* chancelants (*d'un petit enfant*); F balade *f*; **'tod·dler** tout(e) petit(e) enfant *m*(*f*).

tod·dy ['tɔdi] grog *m* chaud.

to-do F [tə'du:] affaire *f*; scène *f*; façons *f/pl.*

toe [tou] **1.** *anat.* doigt *m* de pied; orteil *m*; *chaussettes*: bout *m*; **2.** botter (*a. sp.*); mettre un bout à (*un soulier*); ~ *the line* s'aligner; *fig.* ~ *the (party) line* obéir (aux ordres de son parti); s'aligner (avec son parti).

-toed [toud]: *three* ~ à trois orteils.

toff *sl.* [tɔf] rupin(e *f*) *m*; dandy *m.*

tof·fee, tof·fy ['tɔfi] caramel *m* au beurre; **'tof·fee-nosed** F bêcheur (-euse *f*).

to·geth·er [tə'geðə] ensemble; en même temps; ~ *with* avec; *all* ~ tous ensemble.

tog·ger·y F ['tɔgəri] nippes *f/pl.*, frusques *f/pl.*

tog·gle ['tɔgl] **1.** ⚓ cabillot *m*; ⊕ clef *f*; ⚡ ~ *switch* interrupteur *m* à bascule; **2.** ⚓ fixer avec *ou* munir d'un cabillot.

togs *sl.* [tɔgz] *pl.* nippes *f/pl.*, frusques *f/pl.*

toil [tɔil] **1.** travail (*pl.* -aux) *m*, peine *f*; **2.** travailler (dur); **'toil·er** travailleur (-euse *f*) *m.*

toi·let ['tɔilit] toilette *f*; ⚕ détersion *f*; *les* cabinets *m/pl.*; *make one's* ~ faire sa toilette; **'~-bag** trousse *f* de toilette; **'~-pa·per** papier *m* hygiénique; **'~-set** garniture *f* de toilette; **'~-ta·ble** table *f* de toilette.

toils [tɔilz] *pl.* filet *m*, lacs *m*, *a. m/pl.* (*a. fig.*).

toil·some □ ['tɔilsəm] fatigant.

toil-worn ['tɔilwɔ:n] usé par le travail; marqué par la fatigue (*visage*).

to·ken ['toukən] signe *m*, marque *f*; jeton *m*; bon *m* (*de livres*); ~ *money* monnaie *f* fiduciaire; ~ *payment* paiement *m* symbolique; ~ *strike* grève *f* d'avertissement; *in* ~ *of* en signe *ou* témoignage de.

told [tould] *prét. et p.p. de tell*; *all* ~ tout compris; tout compte fait.

tol·er·a·ble □ ['tɔlərəbl] supportable, tolérable; assez bon(ne *f*); '**tol·er·ance** tolérance *f* (*a.* ⚕, ⊕); '**tol·er·ant** □ tolérant (à l'égard de, *of*); **tol·er·ate** ['~reit] tolérer, supporter; **tol·er'a·tion** tolérance *f*.

toll[1] [toul] droit *m* de passage; *marché*: droit *m* de place; *téléph.* (*a.* ~-*call*) conversation *f* interurbaine; ~ *of the road la* mortalité *f* sur routes; *take* ~ *of* faire payer le droit de passage à; *fig.* retrancher une bonne partie de; ~ *bar*, ~ *gate* barrière *f* (de péage); ~ *road* route *f* à péage.

toll[2] [~] **1.** tintement *m*; *souv.* glas *m*; **2.** tinter; sonner (*souv.* le glas).

tom [tɔm] mâle *m* (*animal*); ~ *cat* matou *m*.

tom·a·hawk ['tɔməhɔ:k] **1.** hache *f* de guerre, tomahawk *m*; **2.** assommer; frapper avec un tomahawk.

to·ma·to ⚘ [tə'mɑ:tou; *Am.* tə'meitou], *pl.* **-toes** [~touz] tomate *f*.

tomb [tu:m] tombe(au *m*) *f*; ~*stone* pierre *f* tombale.

tom·boy ['tɔmbɔi] fillette *f* d'allures garçonnières; garçon *m* manqué.

tome [toum] tome *m*, livre *m*.

tom·fool ['tɔm'fu:l] **1.** niais *m*; *attr.* insensé; stupide; **2.** faire *ou* dire des sottises; **tom'fool·er·y** niaiserie *f*, -s *f/pl.*

tom·my *sl.* ['tɔmi] simple soldat *m anglais*; mangeaille *f*; ~-*gun* mitraillette *f*; ~ *rot* bêtises *f/pl.*

to·mor·row [tə'mɔrou] demain; ~ *week* de demain en huit.

tom·tom ['tɔmtɔm] tam-tam *m*.

ton [tʌn] tonne *f*; F ~*s pl.* tas *m/pl.*

to·nal·i·ty ♪, *a. peint.* [to'næliti] tonalité *f*.

tone [toun] **1.** ton *m* (*a. ling.*, ♪, *peint.*, *fig.*); son *m*; accent *m*; voix *f*; *fig.* atmosphère *f*; ⚕ tonicité *f*; *out of* ~ désaccordé; **2.** *v/t.* teinter; ♪ accorder; *peint.* adoucir les tons de; *phot.* virer; *v/i.* s'harmoniser (avec, *with*); *phot.* virer; ~ *down* s'adoucir.

tongs [tɔŋz] *pl.*: (*a pair of*) ~ (des) pincettes *f/pl.*; ⊕ (des) tenailles *f/pl.*

tongue [tʌŋ] *usu.* langue *f* (*a. fig.*, *ling.*); *soulier, bois, hautbois*: languette *f*; *cloche*: battant *m*; *give* ~ donner de la voix, aboyer (*chien*); *hold one's* ~ se taire; *speak with one's* ~ *in one's cheek* parler ironiquement; blaguer; '**tongue·less** sans langue; *fig.* muet(te *f*); **tongue-tied** qui a la langue liée; *fig.* interdit; muet(te *f*).

ton·ic ['tɔnik] **1.** (~*ally*) ♪, ⚕, *gramm.* tonique; ♪ ~ *chord* accord *m* naturel; **2.** ♪ tonique *f*; ⚕ tonique *m*, réconfortant *m*.

to·night [tə'nait] ce soir; cette nuit.

ton·ing so·lu·tion *phot.* ['touniŋ sə'lu:ʃn] (bain *m* de) virage *m*.

ton·nage ⚓ ['tʌnidʒ] tonnage *m*, jauge *f*; *hist.* droit *m* de tonnage.

-ton·ner ⚓ ['tʌnə]: *four-hundred* ~ vaisseau *m* de quatre cent tonneaux.

ton·sil *anat.* ['tɔnsl] amygdale *f*; **ton·sil·li·tis** [~si'laitis] amygdalite *f*, inflammation *f* des amygdales.

ton·sure ['tɔnʃə] **1.** tonsure *f*; **2.** tonsurer.

ton·y *Am. sl.* ['touni] chic, élégant.

too [tu:] (par) trop; aussi; d'ailleurs.

took [tuk] *prét. de take* 1, 2.

tool [tu:l] **1.** outil *m*; ustensile *m*; instrument *m* (*a. fig.*); **2.** ciseler (*le cuir, un livre*); bretteler (*une pierre*); ⊕ travailler; '**~-bag**, '**~-kit** sac *m* à outils; *mot.* sacoche *f*; **~ shed** cabane *f* à outils.

toot [tu:t] **1.** sonner; *mot.* (*a.* ~ *the horn*) corner; klaxonner; **2.** cornement *m*; coup *m* de klaxon.

tooth [tu:θ] (*pl. teeth*) dent *f*; '**~·ache** mal *m* de dents; '**~-brush** brosse *f* à dents; **toothed** [~θt] à ... dents; aux dents ...; ⊕ denté; '**tooth·ing** ⊕ *scie*: taille *f* des dents; *roue*: dents *f/pl.*; '**tooth·less** □ sans dents; '**tooth-paste** (pâte *f*) dentifrice *m*; '**tooth·pick** cure-dent *m*.

tooth·some □ ['tu:θsəm] savoureux (-euse *f*); '**tooth·some·ness** succulence *f*; goût *m* agréable.

too·tle ['tu:tl] flûter; *mot.* corner; F ~ *along* aller son petit bonhomme de chemin.

toot·sie, toot·sy F ['tu(:)tsi] peton *m* (*pied*); *surt. Am.* nana *f* (= *fille*); *surt. Am.* chéri(e *f*) *m*.

top[1] [tɔp] **1.** sommet *m*, cime *f*; *tête*: haut *m*; *arbre*, *toit*: faîte *m*; *maison*: toit *m*; *page*: tête *f*; *eau*, *terre*: surface *f*; *cheminée*, *table*, *soulier*: dessus *m*; *table*: haut bout *m*; *bas*, *botte*: revers *m*; *boîte*: couvercle *m*; *autobus etc.*: impériale *f*; *fig.* chef *m*, tête *f* (*de rang*); *fig.* comble *m*; *mot. Am.* capote *f*; ⚓ hune *f*; *at the* ~ (*of*) au sommet (de), en haut (de); *at the* ~ *of one's speed* à toutes jambes, à toute vitesse; *at the* ~ *of one's voice* à pleine gorge, (*crier*) de toutes ses forces; *on* ~ sur le dessus; en haut; *on* ~ *of* sur, en haut de; et aussi, immédiatement après; F *blow one'* ~ sortir de ses gonds; se mettre en rogne; **2.** supérieur; d'en haut; *the* ~ *floor* le plus haut étage; ~ *speed* vitesse maximum; plafond *m*; ~ *coat* pardessus *m*, manteau *m*; *the* ~ *earners pl.* les gros salaires; *sl.* ~ *banana* la personne la plus importante; *sl. be* ~ *dog* être celui qui commande; **3.** surmonter, couronner; dépasser, surpasser; atteindre le sommet de; être à la tête de (*une classe*, *une liste*, *etc.*); ⚘ écimer (*un arbre*); pincer (*l'extrémité d'une plante*); *golf*: topper; F ~ *up*, ~ *off* remplir.

top[2] [~] toupie *f*.

to·paz *min.* [ˈtoupæz] topaze *f*.

top-boots [ˈtɔpˈbu:ts] *pl.* bottes *f*/*pl.* à revers.

to·pee [ˈtoupi] casque *m* colonial.

top·er [ˈtoupə] ivrogne *m*.

top...: ˈ**~·flight** F de premier ordre; **~·gal·lant** ⚓ [ˈ~ˈgælənt; ⚓ təˈgælənt] **1.** de perroquet; **2.** (*ou* ~ *sail*) voile *f* de perroquet; ˈ**~ˈhat** *chapeau*: haut-de-forme (*pl.* hauts-de-forme) *m*; ˈ**~-ˈheav·y** trop lourd du haut; ⚓ jaloux (-se *f*); ˈ**~ˈhole** *sl.* excellent, épatant.

top·ic [ˈtɔpik] sujet *m*, thème *m*; question *f*; matière *f*; ˈ**top·i·cal** □ topique, local (-aux *m*/*pl.*) (*a.* ⚕); d'actualité.

top·knot [ˈtɔpnɔt] chignon *m*; *orn.* huppe *f*.

top·less [ˈtɔplis] en monokini; aux seins nus, torse nu.

top...: ˈ**~·mast** ⚓ mât *m* de hune; ˈ**~·most** le plus haut *ou* élevé; ˈ**~-ˈnotch** F de premier ordre.

to·pog·ra·pher [təˈpɔgrəfə] topographe *m*; **top·o·graph·ic, top·o·graph·i·cal** □ [tɔpəˈgræfik(l)] topographique; **to·pog·ra·phy** [təˈpɔgrəfi] topographie *f*; anatomie *f* topographique.

top·per *sl.* [ˈtɔpə] type *m* épatant; *see tophat*; ˈ**top·ping** F excellent, chouette, chic.

top·ple [ˈtɔpl] (*usu.* ~ *over ou down*) (faire) écrouler, dégringoler.

tops *sl.* [tɔps] **1.** fantastique, le (la *f*) meilleur(e); **2.** *be the* ~ être champion.

top·sail ⚓ [ˈtɔpsl] hunier *m*.

top-se·cret [ˈtɔpˈsi:krət] ultra-secret (-ète *f*).

top·sy·tur·vy □ [ˈtɔpsiˈtə:vi] sens dessus dessous; en désarroi.

tor [tɔ:] pic *m*, massif *m* de roche.

torch [tɔ:tʃ] torche *f*, flambeau *m*; *electric* ~ lampe *f* électrique de poche; torche *f* électrique; ~ *battery* pile *f*; *Am.* ~ *song* chanson *f* d'amour non partagé; ˈ**~·light** lumière *f* de(s) torches; ~ *procession* défilé *m* aux flambeaux.

tore [tɔ:] *prét. de tear*[1] *1*.

tor·ment 1. [ˈtɔ:mənt] tourment *m*, torture *f*, supplice *m*; **2.** [tɔ:ˈment] tourmenter, torturer; harceler; *fig.* taquiner; **torˈmen·tor** tourmenteur (-euse *f*) *m*; harceleur (-euse *f*) *m*.

torn [tɔ:n] *p.p. de tear*[1] *1*.

tor·na·do [tɔ:ˈneidou], *pl.* **-does** [~douz] tornade *f*; ouragan *m* (*a. fig.*).

tor·pe·do [tɔ:ˈpi:dou], *pl.* **-does** [~douz] **1.** ⚓, ⚔, *icht.* torpille *f*; *Am. sl.* homme *m* de main; **2.** ⚓ torpiller (*a. fig. un projet*); **~-boat** ⚓ torpilleur *m*.

tor·pid □ [ˈtɔ:pid] inerte, engourdi (*a. fig.*), torpide; *fig.* lent, léthargique; **torˈpid·i·ty**, ˈ**tor·pid·ness**, **tor·por** [ˈtɔ:pə] engourdissement *m*, torpeur *f*; *fig.* léthargie *f*.

torque ⊕ [tɔ:k] moment *m* de torsion.

tor·rent [ˈtɔrənt] torrent *m* (*a. fig.*); *fig.* déluge *m*; *in* ~*s* à torrents; **tor·ren·tial** □ [tɔˈrenʃl] torrentiel(le *f*).

tor·rid [ˈtɔrid] torride.

tor·sion [ˈtɔ:ʃn] torsion *f*; ˈ**tor·sion·al** de torsion.

tort ⚖ [tɔ:t] acte *m* dommageable; préjudice *m*.

tor·toise *zo.* [ˈtɔ:təs] tortue *f*;

~-shell ['~təʃel] écaille *f* (de tortue).
tor·tu·os·i·ty [tɔːtju'ɔsiti] tortuosité *f*; '**tor·tu·ous** □ tortueux (-euse *f*); sinueux (-euse *f*); tortu (*esprit*); ⚼ gauche (*courbe*).
tor·ture ['tɔːtʃə] **1.** torture *f*, question *f*; supplice *m*; **2.** mettre (*q.*) à la question; torturer; '**tor·tur·er** bourreau *m*; harceleur *m*.
To·ry ['tɔːri] tory *m* (*membre du parti conservateur anglais*) (*a. adj.*); '**To·ry·ism** torysme *m*.
tosh *sl.* [tɔʃ] bêtises *f/pl.*
toss [tɔs] **1.** jet *m*, coup *m*; mouvement *m* (*de tête*) dédaigneux; *équit.* chute *f* de cheval; (*a.* ~*up*) coup *m* de pile ou face; *it is a* ~*-up* les chances sont égales; *win the* ~ gagner (*à pile ou face*); **2.** *v/t.* agiter, (*a.* ~ *about*) secouer; démonter (*un cavalier*); ~ *aside* jeter de côté; lancer; faner (*le foin*); *cuis.* sauter; (*a.* ~ *up*) lancer en l'air; ~ (*up*) *a coin* jouer à pile ou face; hocher (*la tête*); ~ *off* (*ou down*) avaler d'un trait (*du vin etc.*); ⚓ ~ *the oars* mâter les avirons; *v/i.* s'agiter; tanguer (*navire*); être ballotté; ~ (*up*) choisir à pile ou face (qch., *for s.th.*).
tot[1] F [tɔt] tout(e) petit(e) enfant *mf*; petit verre *m*.
tot[2] F [~] **1.** addition *f*; **2.**: ~ *up v/t.* additionner; *v/i.* s'élever (à, *to*).
to·tal ['toutl] **1.** □ total (-aux *m/pl.*); entier (-ère *f*); complet (-ète *f*); **2.** total *m*, montant *m*; *grand* ~ total *m* global, somme *f* globale; **3.** *v/t.* additionner; *v/i.* s'élever (à, *up to*); **to·tal·i·tar·i·an** [toutæli'tɛəriən] totalitaire; **to·tal·i'tar·i·an·ism** totalitarisme *m*; **to'tal·i·ty** totalité *f*; **to·tal·i·za·tor** ['~təlaizeitə] totalisateur *m*; **to·tal·ize** ['~aiz] totaliser, additionner.
tote *Am.* [tout] (trans)porter.
tot·ter ['tɔtə] chanceler (*a. fig.*); tituber (*ivrogne*); '**tot·ter·ing** □, '**tot·ter·y** chancelant; titubant (*ivrogne*).
touch [tʌtʃ] **1.** *v/t.* toucher (de, *with*); émouvoir; effleurer (*une surface*, ♪ *les cordes de la harpe*); trinquer (*des verres*); toucher à (= *déranger*); *fig.* atteindre; F taper (de, *for*); rehausser (*un dessin*); ~ *one's hat* saluer (q., *to s.o.*); porter la main à son chapeau; F *a bit* (*ou a little*) ~*ed* un peu toqué; *sl.* ~ *s.o. for a pound* taper q. d'une livre; ~ *off* ébaucher; faire partir (*une mine*); ~ *up* rafraîchir; repolir; *phot.* faire des retouches à; *v/i.* se toucher; être en contact; ⚓ ~ *at* toucher à; faire escale à; ~ *on* toucher (*qch.*) (= *traiter*, *mentionner*); **2.** toucher *m* (♪, *a. sens*); contact *m*; attouchement *m*; léger coup *m*; *cuis.*, *maladie*, *etc.*: soupçon *m*; *peint.* (coup *m* de) pinceau *m*; *sp.*, *peint.* touche *f*; *dactylographe*: frappe *f*; *fig.* nuance *f*, pointe *f*; ~ *of bronchitis* pointe *f* de bronchite; *get in*(*to*) ~ (avec, *with*) se mettre en communication, prendre contact; '**~-and-'go 1.** affaire *f* hasardeuse; *it is* ~ ça reste en balance; **2.** très incertain; hasardeux (-euse *f*); '**~·down** ✈ atterrissage *m*; amerrissage *m*; '**~·hole** *canon*: lumière *f*; '**touch·i·ness** susceptibilité *f*; '**touch·ing 1.** □ touchant, émouvant; **2.** *prp.* touchant, concernant; '**touch-line** *foot.* ligne *f* de touche; '**touch·stone** pierre *f* de touche (*a. fig.*); **touch-type** taper au toucher; '**touch·y** □ susceptible; *see testy*.
tough [tʌf] **1.** dur, résistant; *fig.* fort; rude; inflexible (*personne*); *Am.* dur; brutal (-aux *m/pl.*); de bandit; **2.** *surt. Am.* apache *m*, bandit *m*; '**tough·en** *vt/i.* durcir; (s')endurcir (*personne*); '**tough·ness** dureté *f*; résistance *f* (à la fatigue); *fig.* difficulté *f*.
tour [tuə] **1.** tour *m*; excursion *f*; tournée *f*; ~ *operator* organisateur *m* de voyage; **2.** faire le tour de; voyager; visiter en touriste; '**tour·ing** en tournée; de touristes; *mot.* ~ *car* voiture *f* de tourisme; '**tour·ism** tourisme *m*; '**tour·ist** touriste *mf*; voyageur (-euse *f*) *m*; ~ *agency* (*ou office ou bureau*) bureau *m* de tourisme; ~ *industry* tourisme *m*; ~ *season la* saison *f*; ~ *ticket* billet *m* circulaire.
tour·na·ment ['tuənəmənt], **tour·ney** ['~ni] tournoi *m*.
tou·sle ['tauzl] houspiller; chiffonner (*une femme, une robe*); ébouriffer (*les cheveux*).
tout [taut] **1.** pisteur *m*, racoleur *m*; (*a. racing* ~) tout *m*; **2.**: ~ *for* pister, racoler; *Am.* solliciter.
tow[1] ⚓ [tou] **1.** (câble *m* de) remorque *f*; ~ *car* voiture *f* remorqueuse; *take*

in ~ prendre à la remorque; **2.** remorquer; haler (*un chaland*).
tow² [~] étoupe *f* (blanche).
tow·age ⚓ [ˈtouidʒ] remorquage *m*; *chaland*: halage *m*.
to·ward(**s**) [təˈwɔːd(z)] vers, du côté de; *sentiment*: pour, envers.
tow·el [ˈtauəl] **1.** serviette *f*; essuie-mains *m/inv.*; **2.** frotter avec une serviette; *sl.* donner une raclée à (*q.*); ˈ**~-horse,** ˈ**~-rack** porte-serviettes *m/inv.*
tow·er [ˈtauə] **1.** tour *f*; ⊕ pylône *m*; *église*: clocher *m*; *fig. a ~ of strength* un puissant appui; *Brit. ~ block* immeuble-tour *m* (*pl.* immeubles-tours); **2.** (*a. ~ over*) dominer; monter très haut; ˈ**tow·ered** surmonté *ou* flanqué d'une tour *ou* de tours; ˈ**tow·er·ing** □ très élevé, qui domine; *fig.* violent, sans bornes.
tow(**·ing**)... [ˈtou(iŋ)]: ˈ**~-line** (câble *m* de) remorque *f*; ˈ**~-path** chemin *m ou* banquette *f* de halage; **~ truck** dépanneuse *f*.
town [taun] **1.** ville *f*; cité *f*; *county ~* chef-lieu (*pl.* chefs-lieux) *m*; **2.** municipal (-aux *m/pl.*); de la ville; à la ville; *~ clerk* secrétaire *m* de mairie; *~ council* conseil *m* municipal; *~ hall* hôtel *m* de ville; mairie *f*; *surt. Am.* (*Nouvelle-Angleterre*): *~ meeting* réunion *f* des électeurs de la ville; ˈ**~-ˈplan·ning** urbanification *f*; **~·scape** [ˈ~skeip] panorama *m* de la ville.
towns·folk [ˈtaunzfouk] *pl.*, ˈ**towns·peo·ple** *pl.* citadins *m/pl.*; bourgeois *m/pl.*; concitoyens *m/pl.*
town·ship [ˈtaunʃip] commune *f*.
towns·man [ˈtaunzmən] citadin *m*; bourgeois *m* (*a. univ.*); (*ou fellow ~*) concitoyen *m*.
tow-rope ⚓ [ˈtouroup] (câble *m* de) remorque *f*; *chaland*: corde *f* de halage.
tox·ic, tox·i·cal □ [ˈtɔksik(l)] toxique; intoxicant; ˈ**tox·in** toxine *f*.
toy [tɔi] **1.** jouet *m*; F joujou(x *pl.*) *m*; *attr.* d'enfant; de jouets; tout petit; pour rire; **2.** jouer, s'amuser (avec, *with*); *fig.* faire (*qch.*) en amateur; ˈ**~-book** livre *m* d'images; ˈ**~-box** boîte *f* à joujoux; ˈ**~·shop** magasin *m* de jouets.
trace¹ [treis] **1.** trace *f*; vestige *m* (*a. fig.*); *fig.* ombre *f*; **2.** tracer (*a. un plan*); calquer (*un dessin*); *fig.* esquisser; suivre la piste de; suivre à la trace; recouvrer; retrouver les vestiges de; suivre (*un chemin*); *~ back* faire remonter (à, *to*); *~ out* tracer; esquisser; *surv.* faire le tracé de; *~ to* (faire) remonter à.
trace² [~] trait *m*; *~-horse* cheval *m* de renfort.
trace·a·ble □ [ˈtreisəbl] que l'on peut tracer *ou* décalquer; facile à suivre; ˈ**trac·er**: *radio-active ~* traceur *m* radio-actif; *~ bullet* balle *f* traçante; ˈ**trac·er·y** ⚠ réseau *m*; tympan *m* (*de fenêtre gothique*).
tra·che·a ⚕ [trəˈkiːə] trachée-artère (*pl.* trachées-artères) *f*.
trac·ing [ˈtreisiŋ] tracé *m*; traçage *m*; calquage *m*; calque *m*; ˈ**~-pa·per** papier *m* à calquer.
track [træk] **1.** trace *f*; piste *f* (*a. sp., chasse,* ⊕); voie *f* (*a.* 🚂, *chasse*); sentier *m*; chemin *m* (*a.* ⊕); *tracteur*: chenille *f*; *Am.* 🚂 rail *m*; *surt. Am. ~athletics pl.* l'athlétisme *m* (sur piste); la course, le saut, et le lancement du poids; *~ events pl.* épreuves *f/pl.* d'athlétisme; **2.** *v/t.* suivre à la trace *ou* à la piste; traquer (*un malfaiteur*); *~ down* (*ou out*) dépister; retrouver les traces de; *v/i.* être en alignement; ˈ**~-and-ˈfield sports** *pl.* l'athlétisme (sur piste); ˈ**track·er** *usu. chasse*: traqueur *m*; ˈ**track·less** sans traces; sans chemin; ⊕ sans rails, sans voie.
tract¹ [trækt] étendue *f*; région *f*; *anat.* appareil *m*.
tract² [~] brochure *f*.
trac·ta·bil·i·ty [træktəˈbiliti], ˈ**trac·ta·ble·ness** docilité *f*; humeur *f* traitable; ˈ**trac·ta·ble** □ docile, traitable.
trac·tion [ˈtrækʃn] traction *f*; *~engine* machine *f* routière; remorqueur *m*; ˈ**trac·tive** tractif (-ive *f*); de traction; ˈ**trac·tor** ⊕ tracteur *m*; *caterpillar ~* autochenille *f*; *Am. ~-trailer* tracteur *m* à remorque.
trade [treid] **1.** commerce *m*, affaires *f/pl.*; métier *m*, emploi *m*; état *m*; *Am.* marché *m*, vente *f* en reprise; *Board of* ♀ Ministère *m* du Commerce; *free ~* libre échange *m*; *do a good ~* faire de bonnes affaires, vendre beaucoup; **2.** *v/i.* faire des affaires (avec, *with*); faire le commerce (de, *in*), trafiquer (en, *in*); *~ in* échanger (contre, *for*); donner (*une vieille voi-*

ture) en reprise; *v/t.* échanger (contre, *for*); **'~-fair** ⚜ foire *f*; **'~-'in** reprise; objet *m* donné en reprise; ~ *price* (*value*) prix *m* (valeur *f*) à la reprise; *take s.th. as a* ~ prendre qch. en reprise; **'~·mark** marque *f* de fabrique; *souv.* marque *f* déposée; ~ **name** raison *f* de commerce; nom *m* commercial, appellation *f* (*d'un article*); ~ **price** prix *m* marchand; **'trad·er** commerçant(e *f*) *m*, négociant(e *f*) *m*; marchand(e *f*) *m*; **trade re·la·tions** *pl.* relations *f/pl.* commerciales; **'trade school** école *f* industrielle; **'trades·man** marchand *m*; fournisseur *m*; *prov.* artisan *m*; **'trades·peo·ple** *pl.* commerçants *m/pl.*

trade(s)...: ~ **un·ion** syndicat *m* ouvrier; **~-'un·ion·ism** syndicalisme *m*; mouvement *m* syndical; **~'un·ion·ist 1.** syndiqué(e *f*) *m*; **2.** syndical (-aux *m/pl.*).

trade...: ~ **war** guerre *f* économique; ~ **wind** (vent *m*) alizé *m*.

trad·ing ['treidiŋ] de commerce; commercial (-aux *m/pl.*); commerçant (*ville*).

tra·di·tion [trə'diʃn] tradition *f* (*a.* ⚖); **tra'di·tion·al** □, **tra'di·tion·ar·y** □ traditionnel(le *f*); de tradition.

traf·fic ['træfik] **1.** commerce *m*, trafic *m* (de, *in*) (*a. péj.*); *rue*: circulation *f*; ~ *census* recensement *m* de la circulation; ~ *jam* embouteillage *m*; ~ *lights pl.* feux *m/pl.* (de circulation); ~ *news pl.* radioguidage *m*; ~ *sign* poteau *m* de signalisation; ~ *warden* contractuel(le *f*) *m*; **2.** *v/i.* trafiquer; faire le commerce (de, *in*); *v/t. usu. péj.* trafiquer de; ~ *away* vendre; **traf·fi·ca·tor** *mot.* ['træfikeitə] flèche *f* mobile; **'traf·fick·er** trafiquant *m* (de, en *in*) (*a. péj.*).

tra·ge·di·an [trə'dʒiːdjən] (auteur *m*) tragique *m*; *théâ.* tragédien(ne *f*) *m*; **trag·e·dy** ['trædʒidi] tragédie *f* (*a. fig.*); *fig.* drame *m*.

trag·ic, trag·i·cal □ ['trædʒik(l)] tragique (*a. fig.*).

trag·i·com·e·dy ['trædʒi'kɔmidi] tragi-comédie *f*; **'trag·i'com·ic** (*~ally*) tragi-comique.

trail [treil] **1.** *fig.* traînée *f*; sillon *m*; queue *f*; *chasse*: voie *f*, piste *f*; sentier *m*; **2.** *v/t.* traîner; *chasse*: suivre à la piste, traquer (*a. un criminel*); F suivre; *v/i.* traîner; se traîner (*personne*); ⚘ grimper; ramper; ~ **blazer** *Am.* pionnier *m*; précurseur *m*; **'trail·er** ⚘ plante *f* grimpante *ou* rampante; *chasse*: traqueur *m*; *véhicule*: remorque *f*; baladeuse *f*; *mot. Am.* roulotte *f*; *cin.* film-annonce *m*.

train [trein] **1.** suite *f*, cortège *m*; train *m* (*a.* 🚂); *animaux, bateaux, wagons*: file *f*; *poudre*: traînée *f*; *cost.* queue *f*; *fig.* chaîne *f*; ⚔ rame *f* (*de bennes, a. du Métro*); *by* ~ par le train; *in* ~ en train; *set in* ~ mettre en train; ~ *journey* voyage *m* en *ou* par chemin de fer; **2.** *v/t.* former; dresser (*un animal*); élever (*un enfant*); diriger (*une plante*); *sp.* entraîner; braquer (*une arme à feu*); *v/i.* s'exercer; *sp.* s'entraîner; F ~ (*it*) voyager en *ou* par chemin de fer; **'~-ac·ci·dent, '~-dis·as·ter** accident *m* de chemin de fer; **train'ee** apprenti *m*; *box.* poulain *m*; **'train·er** dresseur *m* (*d'animaux*); *sp.* entraîneur *m*; **'train-'fer·ry** bac *m* transbordeur.

train·ing ['treiniŋ] éducation *f*; ⚔ dressage *m* (*a. d'animaux*); *sp.* entraînement *m*; ~ *of horses* manège *m*; *physical* ~ éducation *f* physique; *go into light* ~ effectuer un léger entraînement; **'~-col·lege** école *f* normale; **'~-ship** navire-école (*pl.* navires-écoles) *m*.

train-oil ['treinɔil] huile *f* de baleine.

trait [treit] trait *m* (*de caractère etc.*).

trai·tor ['treitə] traître *m*; **'trai·tor·ous** □ traître(sse *f*).

trai·tress ['treitris] traîtresse *f*.

tra·jec·to·ry *phys.* ['trædʒiktəri] trajectoire *f*.

tram [træm] *see ~-car, ~way*; **'~-car** (voiture *f* de) tramway *m*.

tram·mel ['træml] **1.** ⚓ tramail *m*; *fig. ~s pl.* entraves *f/pl.*; **2.** entraver, empêtrer (de, *with*).

tramp [træmp] **1.** promenade *f* à pied; pas *m* lourd, bruit *m* des pas; *personne*: vagabond *m*, chemineau *m*; ⚓ (*souv. ocean* ~) cargo *m* sans ligne régulière; F *on the* ~ sur le trimard; *be on the* ~ courir les routes; **2.** *v/i.* marcher lourdement; voyager à pied; *v/t.* battre (*le pavé*); courir (*le pays*); **tram·ple** ['~l] piétiner, fouler (*qch.*) aux pieds.

tram·way ['træmwei] (voie *f* de) tramway *m*.
trance [trɑːns] transe *f*; extase *f*.
tran·ny *sl*. ['træni] transistor *m*.
tran·quil □ ['træŋkwil] tranquille, calme; **tran'quil·(l)i·ty** tranquillité *f*, calme *m*; **tran·quil·(l)i·za·tion** [~lai'zeiʃn] apaisement *m*; **'tran·quil·(l)ize** calmer, apaiser; **'tran·quil·(l)iz·er** ⚕ tranquillisant *m*.
trans·act [træn'zækt] négocier; ~ *business* faire des affaires; **trans'ac·tion** conduite *f*; opération *f*; affaire *f*; ~*s pl. péj.* commerce *m*; comptes-rendus *m/pl.* (des séances); **trans'ac·tor** négociateur (-trice *f*) *m*.
trans·al·pine ['trænz'ælpain] transalpin.
trans·at·lan·tic ['trænzət'læntik] transatlantique.
tran·scend [træn'send] outrepasser; dépasser; surpasser (*q*.); **tran'scend·ence, tran'scend·en·cy** [~dəns(i)] transcendance *f* (*a. phls*);. **tran'scend·ent** □ transcendant; *a*. = **tran·scen·den·tal** □ [~'dentl] ⩓ transcendant; *phls*. transcendantal (-aux *m/pl*.); F vague.
tran·scribe [træns'kraib] transcrire (*a*. ♪); traduire (*des notes sténographiques*); *radio*: enregistrer.
tran·script ['trænskript] copie *f*, transcription *f*; traduction *f* (*de notes sténographiques*); **tran'scrip·tion** transcription *f* (*a*. ♪); *radio*: enregistrement *m*; *see a. transcript*.
tran·sept ⩓ ['trænsept] transept *m*.
trans·fer 1. [træns'fəː] *v/t*. transférer; transporter; ⚖ transmettre, céder; (dé)calquer (*un dessin, une image*); *banque*: virer (*une somme*); *comptabilité*: contre-passer, ristourner; 🚂 déclasser; *v/i*. changer de train *etc*.; **2.** ['trænsfə] transport *m*; ⚖ transmission *f*, acte *m* de cession; ✝ transfert *m*; déclassement *m* (🚂 de voyageurs); ⚖ mutation *f* (*de biens*); *banque*: virement *m*; ristourne *f*; décalque *m*; ~-*picture* décalcomanie *f*; ✝ ~ *ticket* transfert *m*; *Am*. billet *m* de correspondance; **trans'fer·a·ble** transmissible; ⚖ cessible; **trans·fer·ee** ⚖, ✝ [~fə'riː] cessionnaire *mf*; **trans·fer·ence** ['~fərəns] transfèrement *m*; *psych*. transfert *m* affectif; **'trans·fer·or** ⚖ cédant(e *f*) *m*.
trans·fig·u·ra·tion [trænsfigjuə'reiʃn] transfiguration *f*; **trans·fig·ure** [~'figə] transfigurer.
trans·fix [træns'fiks] transpercer; *fig*. ~*ed* cloué au sol (par, *with*).
trans·form [træns'fɔːm] transformer, convertir (en, *into*); **trans·for·ma·tion** [~fə'meiʃn] transformation *f*; conversion *f*; *fig*. métamorphose *f*; faux toupet *m*; **trans·form·er** ⚡ [~'fɔːmə] transformateur *m*.
trans·fuse [træns'fjuːz] transfuser (*a*. ⚕ *du sang*); ⚕ faire une transfusion de sang à (*un malade*); *fig*. pénétrer (de, *with*); *fig*. inspirer (qch. à q., *s.o. with s.th*.); **trans'fu·sion** [~ʒn] transfusion *f* (*surt*. ⚕ *de sang*).
trans·gress [træns'gres] *v/t*. transgresser, violer, enfreindre; *v/i*. pécher; **trans·gres·sion** [~'greʃn] transgression *f*; péché *m*, faute *f*; **trans·gres·sor** [~'gresə] transgresseur *m*; pécheur (-eresse *f*) *m*.
tran·ship(·ment) [træn'ʃip(mənt)] *see transship(ment)*.
tran·sience, tran·sien·cy ['trænziəns(i)] caractère *m* passager; courte durée *f*.
tran·sient ['trænziənt] **1.** passager (-ère *f*), transitoire; éphémère; momentané; ♪ de transition; **2.** *Am*. voyageur *m ou* client *m* de passage; ~ *camp* camp *m* de passage; **'transient·ness** caractère *m* passager; courte durée *f*.
tran·sis·tor [træn'sistə] transistor *m*; **tran'sis·tor·ize** [~raiz] transistoriser.
trans·it ['trænsit] passage *m*.
tran·si·tion [træn'siʒn] transition *f*; passage *m*; **tran'si·tion·al** □ de transition; transitionnel(le *f*).
tran·si·tive □ *gramm*. ['trænsitiv] transitif (-ive *f*).
tran·si·to·ri·ness ['trænsitərinis] caractère *m* transitoire *ou* passager; courte durée *f*; **'tran·si·to·ry** □ transitoire, passager (-ère *f*); de courte durée.
trans·lat·a·ble [træns'leitəbl] traduisible; **trans·late** [~'leit] traduire (*un livre etc*.); déchiffrer; *fig*. prendre pour; convertir (en, *into*); transférer (*un évêque*); **trans'la-**

tion traduction *f*; déchiffrement *m*; *école*: version *f*; *eccl.* translation *f*; **trans'la·tor** traducteur (-trice *f*) *m*.

trans·lu·cence, trans·lu·cen·cy [trænz'lu:sns(i)] translucidité *f*; **trans'lu·cent** translucide; *fig.* clair.

trans·ma·rine [trænzmə'ri:n] d'outre-mer.

trans·mi·grant ['trænzmigrənt] émigrant *m* de passage; **trans·mi·grate** ['trænzmaigreit] transmigrer (*a. fig.*); **trans·mi'gra·tion** transmigration *f* (*a. des âmes*); *fig.* métempsycose *f*.

trans·mis·si·ble [trænz'misəbl] transmissible; **trans·mis·sion** [~-'miʃn] transmission *f* (*a.* ⊕, *biol.*, *phys.*, *radio*); *radio a.* émission *f*.

trans·mit [trænz'mit] transmettre (*a. biol.*, *phys.*, *radio*); ⚡ transporter (*la force*); *radio a.* émettre; communiquer (*un mouvement*); **trans'mit·ter** celui (celle *f*) *m* qui transmet; *tél.* transmetteur *m*; *radio*: (poste *m*) émetteur *m*; **trans'mit·ting** transmetteur (-trice *f*); *radio*: émetteur (-trice *f*); d'émission; ~ *station* poste *m* émetteur.

trans·mog·ri·fy F [trænz'mɔgrifai] transformer (en, *into*).

trans·mut·a·ble □ [trænz'mju:təbl] transmu(t)able (en, *into*); **trans·mu'ta·tion** transmutation *f*; ⚖ mutation *f*; **trans·mute** [~'mju:t] transformer, convertir (en, *into*).

trans·o·ce·an·ic ['trænzouʃi'ænik] transocéanien(ne *f*).

tran·som ⊕ ['trænsəm] traverse *f*; meneau *m* horizontal; *surt. Am.* vasistas *m*.

trans·par·en·cy [træns'pεərənsi] transparence *f*; limpidité *f*; *phot.* diapositif *m*; **trans'par·ent** □ transparent; limpide; *fig.* évident.

tran·spi·ra·tion [trænspi'reiʃn] transpiration *f* (*a. fig.*); **tran·spire** [~'paiə] transpirer (*a. fig.*); V se passer.

trans·plant [træns'plɑ:nt] transplanter; **trans·plan'ta·tion** transplantation *f*.

trans·port 1. [træns'pɔ:t] transporter (*a. fig.*); *fig.* enlever; **2.** ['trænspɔ:t] transport *m* (*a. fig.*); *coll.* ⚔ charrois *m/pl.*; *road* ~ transport *m* routier; ~ *undertaking* (*ou firm*) entreprise *f* de transport; *Minister of* ~ ministre *m* des transports; *in* ~*s* transporté (*de joie, de colère*); **trans'port·a·ble** transportable; **trans·por'ta·tion** transport *m*; déportation *f* (*d'un criminel*); 🚃 *Am.* billet *m*.

trans·pose [træns'pouz] transposer (*a.* ♪); **trans·po·si·tion** [~pə'ziʃn] transposition *f*; A permutation *f*.

trans·ship ⚓, 🚃 [træns'ʃip] *v/t.* transborder; *v/i.* changer de vaisseau; **trans'ship·ment** transbordement *m*.

tran·sub·stan·ti·ate [trænsəb'stænʃieit] transsubstantier; **'tran·sub·stan·ti'a·tion** transsubstantiation *f*.

tran·sude *physiol.* [træn'sju:d] *vt/i.* transsuder.

trans·ver·sal [trænz'və:sl] **1.** □ transversal (-aux *m/pl.*); **2.** A transversale *f*; *anat.* transversal *m*; **trans·verse** ['~və:s] transversal (-aux *m/pl.*); en travers; ~ *section* section *f* transversale; ⊕ ~ *strength* résistance *f* à la flexion.

trans·ves·tite [træns'vestait] travesti(e *f*) *m*.

trap[1] [træp] **1.** piège *m* (*a. fig.*); trappe *f* (*a. théâ.*, *a. de colombier*); *sp.* ball-trap *m* (*pour pigeons artificiels*); boîte *f* de lancement (*pour pigeons vivants*); ⊕ collecteur *m* (*d'eau etc.*); *see* ~*door*; F carriole *f*; **2.** prendre au piège (*a. fig.*); *foot.* bloquer; ⊕ mettre un collecteur dans.

trap[2] *min.* [~] trapp *m*.

trap·door *théâ.* ['træp'dɔ:] trappe *f*; abattant *m*.

trapes F [treips] se balader (dans).

tra·peze [trə'pi:z] *cirque*: trapèze *m*; **tra'pe·zi·um** A [~ziəm] trapèze *m*; **trap·e·zoid** A ['træpizɔid] quadrilatère *m* irrégulier.

trap·per ['træpə] piégeur *m*; *Am.* trappeur *m*.

trap·pings ['træpiŋz] *pl. cheval*: harnachement *m*; caparaçon *m*; *fig.* apparat *m*.

trap·py F ['træpi] plein de traquenards.

traps F [træps] *pl.* effets *m/pl.* (personnels).

trash [træʃ] *surt. Am.* ordures *f/pl.*; déchets *m/pl.*; rebut *m*; camelote *f*; *fig.* sottises *f/pl.*; vauriens *m/pl.*; *Am.* ~ *can* poubelle *f*; **'trash·y** □ sans valeur, de rebut, de camelote.

trau·ma [ˈtrɔːmə] trauma *m*; **trau·mat·ic** [~ˈmætik] traumatique; ~ *experience* traumatisme *m*.

trav·el [ˈtrævl] **1.** *v/i.* voyager; faire des voyages; ✝ être voyageur de commerce, représenter une maison de commerce; *fig.* se propager, se répandre; ⊕ se déplacer; F aller à toute vitesse; *v/t.* parcourir; faire (*une distance*); **2.** voyage *m*, -s *m/pl.*; ⊕ parcours *m*; ~ *agency*, ~ *agent's*, ~ *bureau* agence *f* de voyages; ~ *allowance* indemnité *f* de déplacement; **ˈtrav·el(l)ed** qui a beaucoup voyagé; **ˈtrav·el·(l)er** voyageur (-euse *f*) *m*; ✝ commis *m* voyageur; ⊕ grue *f* roulante; pont *m* roulant; ~*'s cheque* chèque *m* de voyage; **ˈtrav·el·(l)ing** voyageur (-euse *f*); ambulant; de voyage; ⊕ roulant; ~ *salesman* représentant *m ou* voyageur *m* de commerce.

trav·e·log(ue) *Am.* [ˈtrævəloug] conférence *f* avec projections décrivant un voyage.

trav·erse [ˈtrævəːs] **1.** traversée *f* (*a. alp.*); passage *m* à travers; ⚔, *alp.* traverse *f*; ⚖ dénégation *f*; ⚔ pare-éclats *m/inv.*; ⊕ *chariot de tour*: translation *f* latérale; **2.** *v/t.* traverser (*a. fig.*), passer à travers; *fig.* passer en revue; *fig.* contrarier; ⚖ nier; ⚔ pointer en direction (*un canon*); *v/i. alp.* prendre une traverse.

trav·es·ty [ˈtrævisti] **1.** parodie *f*; *fig. péj.* travestissement *m*; **2.** parodier; travestir.

trawl ⚓ [trɔːl] **1.** chalut *m*; câble *m* balayeur; **2.** pêcher au chalut; **ˈtrawl·er** *personne, a. bateau*: chalutier *m*.

tray [trei] plateau *m*; cuvette *f*; *malle, caisse*: compartiment *m*.

treach·er·ous □ [ˈtretʃərəs] traître (-sse *f*) (*a. fig.*); déloyal (-aux *m/pl.*); perfide; **ˈtreach·er·ous·ness, ˈtreach·er·y** perfidie *f*, trahison *f*; caractère *m* dangereux (*de la glace*).

trea·cle [ˈtriːkl] mélasse *f*.

tread [tred] **1.** [*irr.*] *v/i.* marcher, aller, avancer (sur, [*up*]*on*); *v/t.* marcher sur; fouler; † danser; *coq*: côcher; ~ *water* nager debout; **2.** pas *m*; bruit *m* des pas; *coq*: accouplement *m*; *escalier*: marche *f*; *soulier, roue*: semelle *f*; **trea·dle** [ˈ~l] **1.** pédale *f*; **2.** *v/i.* pédaler; **ˈtread·mill** † moulin *m* de discipline; *fig.* besogne *f* ingrate.

trea·son [ˈtriːzn] trahison *f*; **ˈtrea·son·a·ble** □ traître(sse *f*); de trahison.

treas·ure [ˈtreʒə] **1.** trésor *m*; ~*s of the soil* richesses *f/pl.* du (sous-)sol; ~ *hunt* chasse *f* au trésor; ⚖ ~ *trove* trésor *m*; **2.** priser; (*usu.* ~ *up*) conserver précieusement; **ˈtreas·ur·er** trésorier (-ère *f*) *m*; économe *m*.

treas·ur·y [ˈtreʒəri] trésorerie *f*; caisse *f* centrale; Trésor *m* public; *Am.* ♀ *Department* ministère *m* des Finances; *parl.* ♀ *Bench* banc *m* ministériel; ~ *bill* billet *m* du Trésor; ~ *bond* bon *m* du Trésor; ~ *note* coupure *f* émise par le Trésor.

treat [triːt] **1.** *v/t.* traiter; régaler (*q.*); payer à voir à; *v/i.* traiter (de, *of*; avec q. pour avoir qch., *with s.o. for s.th.*); **2.** régal (s *pl.*) *m*, festin *m*, plaisir *m*; F *it is my* ~ c'est moi qui régale, c'est ma tournée; *see stand* 2; **ˈtreat·er** négociateur (-trice *f*) *m*; celui (celle *f*) *m* qui paye à boire; **trea·tise** [ˈ~iz] traité *m*; **ˈtreat·ment** traitement *m*; **ˈtrea·ty** traité *m*; convention *f*; contrat *m*; *be in* ~ *with* être en pourparlers avec; ~ *port* port *m* ouvert au commerce étranger.

tre·ble [ˈtrebl] **1.** □ triple; ♪ de soprano; ♪ ~ *clef* clef *f* de sol; **2.** triple *m*; ♪ dessus *m*; *personne, voix*: soprano *m*; **3.** *adv.* trois fois autant; **4.** *vt/i.* tripler.

tree [triː] **1.** arbre *m*; *souliers*: embauchoir *m*; poutre *f*; *see family* 2; F *up a* ~ dans le pétrin; **2.** (forcer à) se réfugier dans un arbre; F réduire à quia.

tre·foil ♀, ⚠ [ˈtrefɔil] trèfle *m*.

trek [trek] *Afrique du Sud*: **1.** voyager en chariot (à bœufs); F faire route; **2.** (étape *f* d'un) voyage *m* en chariot.

trel·lis [ˈtrelis] **1.** treillis *m*; ✓ treille *f*; **2.** treillisser (*une fenêtre*); ✓ échalasser (*une vigne*).

trem·ble [ˈtrembl] **1.** trembler (devant, *at*; de, *with*); **2.** trembl(ot)ement *m*.

tre·men·dous □ [triˈmendəs] épouvantable, terrible; F énorme, immense.

trem·or [ˈtremə] tremblement *m*, frémissement *m*.

trem·u·lous □ [ˈtremjuləs] trembl(ot)ant; frémissant; ˈ**trem·u·lous·ness** tremblotement *m*; timidité *f*.

trench [trentʃ] **1.** tranchée *f* (*a.* ⚔); fossé *m*; ~ *warfare* guerre *f* de tranchées; **2.** *v/t.* creuser une tranchée *ou* un fossé dans; ⛏ défoncer (*un terrain*); planter (*le céleri*) dans une rigole; *v/i.* ⚔ creuser des tranchées; empiéter (sur, [*up*]*on*); *fig.* friser; ˈ**trench·ant** □ tranchant (*surt. fig.*); *fig.* incisif (-ive *f*); **trench coat** (manteau *m*) imperméable *m*.

trench·er [ˈtrentʃə] tranchoir *m*; *fig.* table *m*; ~ **cap** toque *f* universitaire.

trench...: ˈ~**-jack·et** blouson *m*; ˈ~**-plough**, *Am.* ˈ~**-plow 1.** rigoleuse *f*; **2.** rigoler.

trend [trend] **1.** direction *f*; *fig.* cours *m*; *fig.* marche *f*, tendance *f*; **2.** tendre, se diriger (vers, *to* [*-wards*]; ˈ~**-setter** lanceur (-euse *f*) *m* de modes; personne *f* qui donne le ton; ˈ**trend·y** F à la (dernière) mode, dernier cri; dans le vent; *the trendies pl.* les gens *m/pl.* dans le vent.

tre·pan [triˈpæn] **1.** ⚕ trépan *m*; **2.** ⚕, *a.* ⊕ trépaner.

trep·i·da·tion [trepiˈdeiʃn] trépidation *f*; émoi *m*.

tres·pass [ˈtrespəs] **1.** transgression *f*; délit *m*; ⚖ violation *f* (*des droits de q.*); *eccl.* offense *f*; F empiétement *m* (sur, [*up*]*on*); abus *m* (de, [*up*]*on*); **2.** violer *ou* enfreindre les droits; empiéter sans autorisation sur la propriété de q.; ~ *against* violer, enfreindre (*les droits etc.*); *fig.* ~ (*up*)*on* empiéter sur, abuser de; ˈ**tres·pass·er** violateur *m* des droits d'autrui; intrus(e *f*) *m*; ~*s will be prosecuted* défense d'entrer sous peine d'amende.

tress [tres] tresse *f*, boucle *f* (*de cheveux*).

tres·tle [ˈtresl] tréteau *m*, chevalet *m*; ~*-bridge* pont *m* de chevalets; ponton *m* à chevalets.

trey [trei] *cartes, a. dés*: trois *m*.

tri·ad [ˈtraiəd] triade *f*; *phls., eccl.* unité *f* composée de trois personnes; ♪ accord *m* en tierce; ⚗ élément *m* trivalent.

tri·al [ˈtraiəl] essai *m*, épreuve *f* (de, *of*); *fig.* adversité *f*, épreuve *f*; ⚖ procès *m*, cause *f*, jugement *m*; ~ *marriage* mariage *m* à l'essai; *sp.* ~ *match* match *m* de sélection; ~ *offer* offre *f* à l'essai; ~ *period* période *f* d'essai; *on* ~ à l'essai; ⚖ en jugement; *prisoner on* ~ prévenu(e *f*) *m*; ~ *of strength* essai *m* de force; *bring to* ~ mettre en jugement; *give s.th. a* ~ faire l'essai de qch.; *send s.o. for* ~ renvoyer q. en jugement; ⚖ *stand* ~ comparaître devant le tribunal; passer en jugement, être jugé (pour, *for*).

tri·an·gle [ˈtraiæŋgl] triangle *m* (*a.* ♪); **tri·an·gu·lar** □ [~ˈæŋgjulə] triangulaire; en triangle; **triˈan·gu·late** *surv.* [~leit] trianguler.

trib·al □ [ˈtraibl] de tribu; qui appartient à la tribu; tribal; **tribe** [traib] tribu *f* (*a. zo.*); ⚘, *zo.* classe *f*, genre *m*; *péj.* clan *m*; **tribes·man** [ˈ~zmən] membre *m* d'une *ou* de la tribu.

tri·bu·nal [traiˈbjuːnl] tribunal (-aux *pl.*) *m*; cour *f* (de justice); **trib·une** [ˈtribjuːn] tribun *m*; tribune *f* (*d'orateur*).

trib·u·tar·y [ˈtribjutəri] **1.** □ tributaire; **2.** tributaire *m* (*a. géog.*); *géog.* affluent *m*; **trib·ute** [ˈ~bjuːt] tribut *m*; *fig.* hommage *m*; (*a. floral* ~) couronne *f*.

tri·car [ˈtraikɑː] tricar *m*.

trice [trais]: *in a* ~ en un clin d'œil.

tri·chi·na *zo.* [triˈkainə], *pl.* **-nae** [~niː] trichine *f*.

trick [trik] **1.** tour *m*; tour *m* d'adresse; ruse *f*; truc *m*; espièglerie *f*; habitude *f*; *cartes*: levée *f*; ~ *film* film *m* à truquages; **2.** duper, attraper; ~ *into* (*gér.*) amener par ruse à (*inf.*); ~ *s.o. out of s.th.* escroquer qch. à q.; *fig.* ~ *out* (*ou up*) attifer (de *in*, *with*); ˈ**trick·er, trick·ster** [ˈ~stə] escroc *m*, fourbe *m*; ˈ**trick·er·y** fourberie *f*, tromperie *f*; ˈ**trick·ish** □ trompeur (-euse *f*), fourbe; compliqué.

trick·le [ˈtrikl] **1.** couler goutte à goutte; suinter; F *fig.* se répandre peu à peu; passer un à un; **2.** filet *m* (d'eau); quelques gouttes *f/pl.*; petits groupes *m/pl.* (*d'hommes etc.*).

trick·si·ness [ˈtriksinis] humeur *f* capricieuse; espièglerie *f*; ˈ**trick·sy** □ capricieux (-euse *f*); espiègle; = ˈ**trick·y** □ astucieux (-euse *f*); F délicat, compliqué.

tri·col·o(u)r [ˈtrikələ] **1.** tricolore; **2.** drapeau *m* tricolore.

tri·cy·cle [ˈtraisikl] tricycle *m*.

tri·dent [ˈtraidənt] trident *m* (*a*. ⩚).

tri·en·ni·al □ [traiˈenjəl] trisannuel (-le *f*); triennal (-aux *m/pl*.), qui dure trois ans.

tri·er [ˈtraiə] juge *m*; F celui (celle *f*) *m* qui ne se laisse pas décourager.

tri·fle [ˈtraifl] **1.** bagatelle *f*; *fig*. un tout petit peu *m*; *cuis*. charlotte *f* russe; **2.** *v/i*. jouer, badiner (avec, *with*); *v/t*. ~ *away* gaspiller (*son argent*); ˈ**tri·fler** personne *f* frivole; amuseur (-euse *f*) *m*.

tri·fling [ˈtraifliŋ] **1.** manque *m* de sérieux; badinage *m*; futilités *f/pl*.; **2.** □ insignifiant; léger (-ère *f*); ˈ**tri·fling·ness** insignifiance *f*.

trig[1] [trig] **1.** caler; enrayer; **2.** cale *f*; sabot *m* d'enrayage.

trig[2] [~] soigné; net(te *f*).

trig·ger [ˈtrigə] poussoir *m* à ressort; *arme à feu*: détente *f*; *phot*. déclencheur *m*; ˈ~-ˈ**hap·py** prêt à tirer pour un rien; *fig*. prêt à déclencher la guerre pour un rien.

trig·o·no·met·ric, trig·o·no·met·ri·cal □ ⩚ [trigənəˈmetrik(l)] trigonométrique; **trig·o·nom·e·try** [~ˈɔmitri] trigonométrie *f*.

tri·lat·er·al □ ⩚ [ˈtraiˈlætərəl] trilatéral (-aux *m/pl*.).

tril·by [ˈtrilbi] chapeau *m* mou.

tri·lin·gual □ [ˈtraiˈliŋgwəl] trilingue.

trill [tril] **1.** trille *m*; *oiseau*: chant *m* perlé; R *m* roulé; **2.** *v/t*. triller; rouler (*les R*); *v/i*. faire des trilles; perler son chant (*oiseau*).

tril·lion [ˈtriljən] trillion *m*; *Am*. billion *m*.

tril·o·gy [ˈtrilədʒi] trilogie *f*.

trim [trim] **1.** □ en bon ordre; soigné; coquet(te *f*); bien tourné; ⚓ bien voilé; étarque (*voile*); **2.** bon ordre *m*; parfait état *m*; ⚓ assiette *f*, arrimage *m*; *voiles*: orientation *f*; ✈ équilibrage *m*; *cheveux*: coupe *f*; *just a* ~! simplement rafraîchir!; **3.** *v/t*. mettre en ordre; arranger (*a. une lampe*); (*a*. ~ *up*) rafraîchir (*la barbe, les cheveux*); *cost*. garnir (de, *with*); tailler, tondre (*une haie etc*.); orner (de, *with*); F plumer (*q*.); *cuis*. parer (*la viande*); ⚓ redresser (*un navire*), orienter (*les voiles*); *v/i*. *fig*. tergiverser, nager entre deux eaux; ˈ**trim·mer** garnisseur (-euse *f*) *m*; ⊕ *personne*: pareur (-euse *f*) *m*; ⊕ machine *f* à trancher; ⚓ arrimeur *m*; *pol*. opportuniste *m*; *coal*-~ soutier *m*; ˈ**trim·ming** ornement *m*; taille *f*; *usu*. ~*s pl*. passementerie *f*; *cuis*. garniture *f*; ⊕ rognures *f/pl*.; ˈ**trim·ness** air *m* soigné *ou* coquet; élégance *f*.

tri·mo·tor [ˈtraimoutə] trimoteur *m*; ˈ**tri·mo·tored** trimoteur.

Trin·i·ty [ˈtriniti] Trinité *f*.

trin·ket [ˈtriŋkit] petit bijou *m*, colifichet *m*; bibelot *m*; ~*s pl*. affiquets *m/pl*.; *péj*. camelote *f*.

tri·o ♪ [ˈtri:ou] trio *m*.

trip [trip] **1.** excursion *f*, voyage *m* d'agrément; randonnée *f*; *fig*. faux pas *m*; croc-en-jambe (*pl*. crocs-en-jambe) *m*; ⊕ déclic *m*; déclenche *f*; ⊕ ~ *dog* (*ou pin*) déclic *m*; **2.** *v/i*. trébucher; faire un faux pas (*a. fig*.); ~ *along* aller d'un pas léger; *catch s.o.* ~*ping* prendre q. en défaut; *v/t*. (*usu*. ~ *up*) donner un croc-en-jambe à; faire trébucher (*q*.); surprendre (*un témoin etc*.) en contradiction.

tri·par·tite [ˈtraiˈpɑ:tait] tripartite; triple; trilatéral (-aux *m/pl*.).

tripe [traip] *cuis*. tripe *f*, -s *f/pl*.; *sl*. bêtises *f/pl*., fatras *m*.

tri·phase ⚡ [ˈtraiˈfeiz] triphasé (*courant*).

tri·ple □ [ˈtripl] triple; *sp*. ~ *jump* triple saut *m*.

tri·plet [ˈtriplit] trio *m*; *prosodie*: tercet *m*; ♠, ♣ triplet *m*; ♪ triolet *m*.

tri·plex [ˈtripleks] se brisant sans éclats (*verre*), triplex (*TM*).

trip·li·cate **1.** [ˈtriplikit] triplé; triple (*a. su./m*); **2.** [ˈ~keit] tripler; rédiger en triple exemplaire.

tri·pod [ˈtraipɔd] trépied *m*; pied *m* (à trois branches).

tri·pos [ˈtraipɔs] examen *m* supérieur (*pour honours à Cambridge*).

trip·per F [ˈtripə] excursionniste *mf*; ˈ**trip·ping** **1.** □ léger (-ère *f*) (*pas*), leste; **2.** pas *m* léger; faux pas *m*; ⊕ déclenchement *m*.

tri·sect [traiˈsekt] diviser *ou* couper en trois.

tris·yl·lab·ic [ˈtraisiˈlæbik] (~*ally*) trisyllab(iqu)e; **tri·syl·la·ble** [ˈ~siləbl] trisyllabe *m*.

trite □ [trait] banal (-als *ou* -aux *m/pl*.); rebattu.

trit·u·rate ['tritjureit] triturer.

tri·umph ['traiəmf] **1.** triomphe *m* (*a. fig.*) (sur, *over*); **2.** triompher (*a. fig.*) (de, *over*); **tri·um·phal** [~'ʌmfəl] de triomphe, triomphal (-aux *m/pl.*); ~ *arch* arc *m* de triomphe; ~ *procession* cortège *m* triomphal; **tri'um·phant** □ triomphant.

tri·une ['traiju:n] d'une unité triple.

triv·et ['trivit] trépied *m* (*pour bouilloire etc.*); F *as right as a* ~ en excellente santé; en parfait état.

triv·i·al □ ['triviəl] insignifiant, sans importance; frivole (*personne*); banal (-als *ou* -aux *m/pl.*); † de tous les jours; **triv·i·al·i·ty** [~'æliti] insignifiance *f*; banalité *f*.

tro·chee ['trouki:] trochée *m*.

trod [trɔd] *prét.*, **trod·den** ['~n] *p.p. de tread 1.*

trog·lo·dyte ['trɔglədait] troglodyte *m*.

Tro·jan ['troudʒn] **1.** de Troie; troyen(ne *f*); **2.** Troyen(ne *f*) *m*; F *like a* ~ en vaillant homme; (*travailler*) comme un nègre.

troll [troul] pêcher à la cuiller.

trol·l(e)y ['trɔli] **1.** 🚃 chariot *m* à bagages; fardier *m*; diable *m*; ⊕ moufle *mf*; chariot *m* (*de pont roulant*); ⚡ trolley *m*; (*a. dinner* ~) serveuse *f*; *Am.* (*a.* ~ *car*) tramway *m* à trolley; **2.** charrier; '**~-bus** trolleybus *m*.

trol·lop *péj.* ['trɔləp] **1.** souillon *f*; traînée *f*; **2.** rôder; traîner la savate.

trom·bone ♪ [trɔm'boun] trombone *m*.

troop [tru:p] **1.** troupe *f*, bande *f*; foule *f*; peloton *m* (*de cavalerie*); **2.** s'assembler; ~ *along* avancer en foule; ~ *away*, ~ *off* partir en bande; ⚔ ~*ing the colo(u)r(s)* parade *f* du drapeau; '**~-car·ri·er** ✈ avion *m* de transport; ⚓ transport *m*; '**troop·er** cavalier *m*; soldat *m ou* F cheval *m* de cavalerie; *Am.* membre *m* de la police montée; ⚓ transport *m*; *péj. old* ~ soudard *m*; '**troop-horse** cheval *m* de cavalerie.

trope [troup] trope *m*.

tro·phy ['troufi] trophée *m*; *sp. a.* coupe *f*.

trop·ic ['trɔpik] **1.** tropique *m*; **2.** *a.* '**trop·i·cal** □ tropique; tropical (-aux *m/pl.*).

trot [trɔt] **1.** trot *m*; F petit(e) enfant *m*(*f*); *Am. sl. école*: traduction *f* juxtalinéaire; **2.** (faire) trotter; F ~ *out* sortir; présenter.

trot·ter ['trɔtə] trotteur (-euse *f*) *m*; ~*s pl.* pieds *m/pl.* de cochon; F *co.* pieds *m/pl.*

trouble ['trʌbl] **1.** trouble *m* (*a.* ⚕, ⊕); peine *f*; chagrin *m*; ennui *m*; inquiétude *f*; ⊕ conflits *m/pl.*; difficultés *f/pl.*; ~ *spot* point *m* de conflit, foyer *m* de troubles; *be in* ~ avoir des ennuis; avoir des soucis (d'argent); *look for* ~ se préparer des ennuis; *make* ~ semer la discorde; *take* (*the*) ~ se donner de la peine (de, *to*); se déranger (pour, *to*); **2.** *v/t.* affliger, chagriner (de, *with*); inquiéter; déranger; ennuyer; donner de la peine à; *may I* ~ *you for the salt?* voudriez-vous bien me passer le sel?; *v/i.* F se déranger; '**~·man,** '**~·shoot·er** *Am.* F dépanneur *m*; **trou·ble·some** □ ['~səm] ennuyeux (-euse *f*); gênant.

trough [trɔf] auge *f*; (*a. drinking* ~) abreuvoir *m*; pétrin *m* (*pour le pain*); caniveau *m*; ⛏ cuve(tte) *f*; ⚗, *phys.*, *a. fig.* creux *m*; *météor.* dépression *f*.

trounce F [trauns] rosser (*q.*).

troupe [tru:p] *théâ. etc.*: troupe *f*.

trou·sered ['trauzəd] portant un pantalon; '**trou·ser·ing** étoffe *f* pour pantalon(s); **trou·sers** ['~z] *pl.* (*a pair of* ~ un) pantalon *m*; **trou·ser suit** tailleur-pantalon *m* (*pl.* tailleurs-pantalons).

trous·seau ['tru:sou] trousseau *m*.

trout *icht.* [traut] truite *f*.

tro·ver ⚖ ['trouvə] appropriation *f* (*d'une chose perdue*); *action of* ~ action *f* en restitution.

trow·el ['trauəl] truelle *f*; ✎ déplantoir *m*.

troy (**weight**) [trɔi(weit)] poids *m* troy (*pour peser de l'or etc.*).

tru·an·cy ['tru:ənsi] absence *f* de l'école sans permission; '**tru·ant** **1.** absent; *fig.* vagabond; **2.** absent *m*; *fig.* vagabond *m*; *play* ~ faire l'école buissonnière; *fig.* vagabonder.

truce [tru:s] trêve *f* (*a. fig.*) (de, *to*); *political* ~ trêve *f* (*des partis*).

truck[1] [trʌk] **1.** *surt. Am.* camion *m*; chariot *m* (à bagages); 🚃 wagon *m* (à marchandises); (*a. bogie-*~) boggie *m*; ~ *driver* camionneur *m*, routier *m*; ~ *stop* relais *m* des routiers; ~ *trailer* remorque *f*; **2.** transporter par camion, camionner.

truck[2] [~] **1.** *vt/i.* troquer; *v/i.* ~ *in* faire le commerce de, trafiquer en; **2.** troc *m*, échange *m*; (*usu.* ~ *system*) paiement *m* des ouvriers en nature; *fig.* relations *f/pl.*; *péj.* camelote *f*; *Am.* légumes *m/pl.*; *attr.* maraîcher (-ère *f*); *Am.* ~ *farm* jardin *m* maraîcher.

truck·le[1] [ˈtrʌkl] s'abaisser, ramper (devant, *to*).

truck·le[2] [~] poulie *f*; † *meuble*: roulette *f*; ~**-bed** grabat *m*, lit *m* de fortune.

truck·man [ˈtrʌkmən] camionneur *m*, routier *m*.

truc·u·lence, truc·u·len·cy [ˈtrʌkjuləns(i)] férocité *f*; ˈ**truc·u·lent** □ féroce, farouche; brutal (-aux *m/pl.*).

trudge [trʌdʒ] marcher lourdement *ou* péniblement.

true [tru:] (*adv.* *truly*) vrai; véritable; sincère, fidèle, honnête; exact; d'aplomb, juste; *be* ~ *of* en être de même pour; *it is* ~ il est vrai (que, *that*); c'est vrai; *come* ~ se réaliser; ~ *to life* (*ou nature*) tout à fait naturel; pris sur le vif; vécu (*roman*); *prove* ~ se vérifier; se réaliser; ˈ~ˈ**blue** *fig.* loyal (-aux *m/pl.*), fidèle; ˈ~**-bred** pur sang *inv.*; de bonne race; ˈ~**-love** bien-aimé(e *f*) *m*; ˈ**true·ness** vérité *f*; sincérité *f*; justesse *f*.

truf·fle ⚘ [ˈtrʌfl] truffe *f*.

tru·ism [ˈtru:izm] truisme *m*, axiome *m*.

tru·ly [ˈtru:li] vraiment, véritablement, justement; sincèrement; loyalement; *yours* ~ agréez, Monsieur (Madame), l'expression de mes sentiments les plus distingués.

trump [trʌmp] **1.** *cartes*: atout *m*; F brave garçon (fille *f*) *m*; **2.** *v/i.* jouer atout; *v/t.* couper (*une carte*); ~ *up* forger, inventer; **trump·er·y** [ˈ~əri] friperie *f*, camelote *f*; farce *f*; *attr.* de camelote; ridicule.

trum·pet [ˈtrʌmpit] **1.** trompette *f* (*a.* ⚘, ⚔, *orgues*); ⚔ *personne*: trompette *m*; ⚕ cornet *m* acoustique; *see* *ear-~*, *speaking-~*; **2.** *v/i.* sonner de la trompette; barrir (*éléphant*); *v/t.* *fig.* (*a.* ~ *forth*) proclamer, publier à son de trompe; ˈ**trum·pet·er** ♪, *orn.* trompette *m*.

trun·cate [ˈtrʌŋkeit] tronquer; **trun**ˈ**ca·tion** troncature *f*.

trun·cheon [ˈtrʌnʃn] bâton *m* (*d'un agent de police*); casse-tête *m/inv.*, matraque *f*.

trun·dle [ˈtrʌndl] **1.** roulette *f* (*pour meubles*); **2.** (faire) rouler; *v/t.* passer.

trunk [trʌŋk] tronc *m* (*d'arbre*, *a. de corps*); torse *f*; *éléphant*: trompe *f*; malle *f*; *Am.* ~*s pl.* caleçon *m* de bain; slip *m*; *téléph.* ~*s, please!* l'inter, s.v.p.; *see* ~*-line*; ˈ~**-call** *téléph.* communication *f* interurbaine; ~ **ex·change** *téléph.* (service *m*) interurbain *m*; ˈ~**-line** 🚂 grande ligne *f*; *téléph.* ligne *f* interurbaine; ˈ~**-road** route *f* nationale.

trun·nion ⊕ [ˈtrʌnjən] tourillon *m*.

truss [trʌs] **1.** botte *f*; *fleurs*: touffe *f*; ⚕ bandage *m* herniaire; ⚠ armature *f*; ferme *f*; cintre *m*; **2.** mettre en bottes; lier; trousser (*une poule*); ⚠ renforcer; ˈ~**-bridge** ⊕ pont *m* à poutres en treillis métallique.

trust [trʌst] **1.** confiance *f* (en, *in*); espérance *f*, espoir *m*; charge *f*, responsabilité *f*; ⚚ crédit *m*; ⚖ fidéicommis *m*; ⚚ trust *m*, syndicat *m*; ~ *company institution de gestion*: trust-company *f*; *in* ~ par fidéicommis; en dépôt; *on* ~ en dépôt; ⚚ à crédit; *position of* ~ poste *m* de confiance; **2.** *v/t.* se fier à; mettre sa confiance en; confier (qch. à q. *s.o. with s.th.*, *s.th. to s.o.*); ⚚ F faire crédit à (de qch., *with s.th.*); *fig.* espérer (que, *that*); ~ *s.o. to do s.th.* se fier à q. pour qu'il fasse qch.; *v/i.* se fier (à *in*, *to*); se confier (en *in*, *to*).

trus·tee [trʌsˈti:] dépositaire *m*, consignataire *m*; ⚚, *admin.* administrateur *m*; ⚖ fidéicommissaire *m*, fiduciaire *m*; curateur (-trice *f*) *m*; ~ *securities pl.* (*ou stock*) valeurs *f/pl.* de tout repos; **trus**ˈ**tee·ship** fidéicommis *m*; curatelle *f*, administration *f*; *pol.* tutelle *f*.

trust·ful □ [ˈtrʌstful], ˈ**trust·ing** □ [confiant.]

trust·wor·thi·ness [ˈtrʌstwə:ðinis] loyauté *f*, fidélité *f*; crédibilité *f* (*d'une nouvelle*); ˈ**trust·wor·thy** digne de confiance, loyal (-aux *m/pl.*); digne de foi.

truth [tru:θ, *pl.* ~ðz] vérité *f*; véracité *f*; *home* ~*s pl.* vérités *f/pl.* bien senties; ~ *to life* fidélité *f*, exactitude *f*.

truth·ful □ [ˈtruːθful] vrai; véridique; fidèle; ˈ**truth·ful·ness** véracité *f*, fidélité *f*.

try [trai] **1.** *v/t.* essayer (de, *to*); tâcher (de, *to*); fatiguer (*les yeux*); *fig.* vexer; ⚖ juger, mettre en jugement, *Am.* plaider (*une cause*); éprouver, mettre à l'épreuve; ⊕ vérifier; *cuis.* goûter (*un mets*); ~ *on* essayer (*une robe etc.*); ~ *one's hand at* s'essayer à; *v/i.* faire un effort; essayer; ~ *for* tâcher d'obtenir (*qch.*); se porter candidat pour; F ~ *and read!* essayez de lire!; **2.** essai *m* (*a. rugby*); tentative *f*; *have a* ~ essayer; faire un effort; ˈ**try·ing** □ difficile, vexant, ennuyeux (-euse *f*); ˈ**try-ˈon** ballon *m* d'essai; tentative *f* de déception, F de bluff; ˈ**try-ˈout** essai *m* à fond; *sp.* (jeu d')essai *m*; **try-sail** ⚓ [ˈtraisl] voile *f* goélette.

tryst *écoss.* [traist] **1.** rendez-vous *m*; **2.** donner rendez-vous à (*q.*).

Tsar [zɑː] tsar *m*, czar *m*.

T-square [ˈtiːskwɛə] équerre *f* en T.

tub [tʌb] **1.** cuve *f*, baquet *m*; tonneau *m*; (*a. bath-*~) tub *m*; F bain *m*; ⚒ benne *f*; F *co.* coque *f*, baille *f*; F *co.* ventre *m*, panse *f*; **2.** *v/t.* encaisser (*une plante*); ⚒ boiser (*un puits*); donner un tub à; *v/i.* prendre un tub; s'exercer dans un canot d'entraînement; ˈ**tub·by** rond comme un tonneau.

tube [tjuːb] tube *m* (*a. radio*), tuyau *m*; *mot.* chambre *f* à air; F métro *m*, chemin *m* de fer souterrain (*à Londres*); ˈ**tube·less** sans chambre à air (*pneu*).

tu·ber ⚘ [ˈtjuːbə] tubercule *m*; truffe *f*; **tu·ber·cle** *anat.*, *zo.*, *a.* ⚕ [ˈtjuːbəːkl] tubercule *m*; **tu·ber·cu·lo·sis** ⚕ [tjubəːkjuˈlousis] tuberculose *f*; **tuˈber·cu·lous** ⚕ tuberculeux (-euse *f*); **tu·ber·ous** ⚘ [ˈtjuːbərəs] tubéreux (-euse *f*).

tub·ing [ˈtjuːbiŋ] tuyautage *m*; tuyau *m* en caoutchouc.

tub-thump·er [ˈtʌbθʌmpə] orateur *m* démagogue.

tu·bu·lar □ [ˈtjuːbjulə] tubulaire.

tuck [tʌk] **1.** petit pli *m*, rempli *m*; *sl.* mangeaille *f*; **2.** remplier; serrer; (*avec adv. ou prp.*) mettre; ~ *up* relever, retrousser; border (*q.*) (*dans son lit.*).

tuck·er [ˈtʌkə] **1.** *sl.* (*Australie*) mangeaille *f*; **2.** *Am.* F fatiguer, lasser.

Tues·day [ˈtjuːzdi] mardi *m*; *Shrove* ~ mardi *m* gras.

tu·fa *min.* [ˈtjuːfə], **tuff** [tʌf] tuf *m* calcaire *ou* volcanique.

tuft [tʌft] *herbe, cheveux, plumes*: touffe *f*; *oiseau, laine*: houppe *f*; *brosse*: loquet *m*; *cheveux*: toupet *m*; ˈ**~-hunt·er** sycophante *m*; ˈ**tuft·y** □ touffu.

tug [tʌg] **1.** secousse *f*; saccade *f*; ⚓ remorqueur *m*; *fig.* effort *m*; *sp.* ~ *of war* lutte *f* à la corde (de traction); *fig.* course *f* au poteau; **2.** tirer (sur, *at*); ⚓ remorquer; *fig.* se mettre en peine; ˈ**~·boat** remorqueur *m*.

tu·i·tion [tjuˈiʃn] instruction *f*.

tu·lip ⚘ [ˈtjuːlip] tulipe *f*.

tulle [tjuːl] tulle *m*.

tum·ble [ˈtʌmbl] **1.** *v/i.* tomber; faire la culbute; *v/t.* bouleverser; déranger; chiffonner; **2.** chute *f*; culbute *f*; désordre *m*; ˈ**~·down** en ruines, délabré; croulant; ˈ**~-ˈdrier** séchoir *m* (à linge) à air chaud; ˈ**tum·bler** acrobate *mf*, jongleur *m*; *orn.* culbutant *m*; verre *m* sans pied; ⊕ gorge *f*, *serrure*: arrêt *m*; *arme à feu*: noix *f* (*de platine*).

tum·brel [ˈtʌmbrəl], **tum·bril** [ˈ~bril] tombereau *m*.

tu·mid □ [ˈtjuːmid] ⚕ enflé, gonflé; *zo.* protubérant; *fig.* boursouflé; **tuˈmid·i·ty** enflure *f* (*a. fig.*).

tum·my F [ˈtʌmi] estomac *m*, ventre *m*; bedaine *f*.

tu·mo(u)r ⚕ [ˈtjuːmə] tumeur *f*.

tu·mult [ˈtjuːmʌlt] tumulte *m* (*a. fig.*); fracas *m*; *fig.* trouble *m*, émoi *m*; **tu·mul·tu·ous** □ [tjuˈmʌltjuəs] tumultueux (-euse *f*); orageux (-euse *f*).

tun [tʌn] **1.** tonneau *m*, fût *m*; cuve *f* (*de fermentation*); **2.** mettre en tonneaux.

tu·na *icht.* [ˈtjuːnə] thon *m*.

tune [tjuːn] ♪ air *m*; harmonie *f*; accord *m*; *fig.* ton *m*; *fig.* humeur *f*; *in* ~ d'accord; *fig.* en bon accord (avec, *with*); *out of* ~ désaccordé, faux (fausse *f*); *fig.* en désaccord (avec, *with*); F *to the* ~ *of £ 100* pour la somme de 100 livres; à la cadence de 100 livres; *fig. change one's* ~ changer de ton; **2.** accorder; *fig.* incliner; ~ *in radio*: accorder (sur, to), capter (un poste, *to a station*); ~ *out radio*: éliminer; ~ *up* ♪ *v/i.* s'accorder; *v/t. fig. mot., a.* ⊕ mettre au point; *fig.* (se) tonifier; *v/t.* ♪ accorder; **tune·ful** □ ['~ful] mélodieux (-euse *f*), harmonieux (-euse *f*); '**tune·less** □ discordant; '**tuner** ♪ accordeur *m*; *radio*: syntonisateur *m*.

tung·sten ⚗ ['tʌŋstən] tungstène *m*.

tu·nic *cost.*, ⚔, *anat.*, *eccl.*, *a.* ⚘ ['tju:nik] tunique *f*.

tun·ing...: '**~-coil** *radio*: bobine *f* syntonisatrice; self *f* d'accord; '**~-fork** ♪ diapason *m*.

tun·nel ['tʌnl] **1.** tunnel *m* (*a.* 🚂); ⚒ galerie *f* à flanc de coteau; **2.** percer un tunnel (à travers, dans, sous).

tun·ny *icht.* ['tʌni] thon *m*.

tun·y F ['tju:ni] mélodieux (-euse *f*).

tur·ban ['tə:bən] turban *m*.

tur·bid ['tə:bid] trouble (*a. fig.*); bourbeux (-euse *f*); confus; '**turbid·ness** état *m* trouble; turbidité *f*.

tur·bine ⊕ ['tə:bain] turbine *f*; '**~-'pow·ered** à turbines.

tur·bo-prop ['tə:bou'prɔp] à turbopropulseur (*avion*); **tur·bo·su·percharg·er** ['tə:bou'sjupətʃɑ:dʒə] turbocompresseur *m* de suralimentation.

tur·bot *icht.* ['tə:bət] turbot *m*.

tur·bu·lence ['tə:bjuləns] turbulence *f*; tumulte *m*; indiscipline *f*; '**tur·bu·lent** □ turbulent; orageux (-euse *f*); à remous (*vent*); insubordonné.

turd V [tə:d] merde *f*; salaud *m*, salope *f*.

tu·reen [tə'ri:n] soupière *f*; saucière *f*.

turf [tə:f] **1.** gazon *m*; pelouse *f*; tourbe *f*; turf *m*, courses *f/pl.* de chevaux; **2.** gazonner; *sl.* ~ *out* flanquer (*q.*) dehors; **turf·ite** ['~ait] turfiste *m*; '**turf·y** gazonné, couvert de gazon; tourbeux (-euse *f*); F du turf.

tur·gid □ ['tə:dʒid] enflé, gonflé; *fig.* boursouflé; **tur'gid·i·ty** enflure *f* (*a. fig.*).

Turk [tə:k] Turc (Turque *f*) *m*; *fig.* tyran *m*; homme *m* indiscipliné.

tur·key ['tə:ki]: ♀ *carpet* tapis *m* d'Orient *ou* de Turquie; *orn.* dindon *m*, dinde *f*; *cuis.* dindonneau *m*; *théâ.*, *cin. Am. sl.* navet *m*; *sl. talk* ~ ne pas ménager ses mots.

Turk·ish ['tə:kiʃ] turc (turque *f*), de Turquie; ~ *bath* bain *m* turc; ~ *delight* rahat-lokoum *m*; ~ *towel* serviette-éponge (*pl.* serviettes-éponges) *f*.

tur·moil ['tə:mɔil] trouble *m*, agitation *f*, tumulte *m*.

turn [tə:n] **1.** *v/t.* tourner; faire tourner; retourner; rendre; changer, transformer (en, *into*); traduire (en anglais, *into English*); diriger; ⊕ tourner, façonner au tour; *fig.* tourner (*une phrase, des vers, etc.*); F *he has* ~*ed* (*ou is* ~*ed* [*of*]) *50* il a passé la cinquantaine; il a 50 ans passés; ~ *colo(u)r* pâlir *ou* rougir; changer de couleur; ~ *a corner* tourner un coin; ~ *the enemy's flanks* tourner le flanc de l'ennemi; *he can* ~ *his hand to anything* c'est un homme à toute main; F ~ *tail* prendre la fuite; ~ *s.o.'s argument against himself* rétorquer un argument contre q.; ~ *aside* détourner; écarter; ~ *away* détourner; *théâ.* refuser; ~ *down* rabattre; retourner (*une carte*); corner (*une page*); baisser (*le gaz etc.*); faire (*la couverture d'un lit*), ouvrir (*le lit*); F refuser (*une invitation etc.*); ~ *in* tourner en dedans; replier (*le bord*); F quitter (*un emploi*); renvoyer; 🚂 garer (*des wagons*); fermer (*l'eau, le gaz*); ~ *off* (*on*) fermer, (ouvrir) (*un robinet*); ~ *out* faire sortir; mettre dehors; vider (*les poches etc.*); nettoyer à fond; fabriquer, produire (*des marchandises*); éteindre, couper (*le gaz*); ~ *over* renverser; feuilleter, tourner (*les pages*); *fig.* transférer, remettre; ⛏ retourner (*le sol*); ⚓ faire; ~ *over a new leaf* revenir de ses erreurs; ~ *up* retourner (*a. des cartes, a.* ⛏); relever (*un col, un pantalon*); retrousser (*les manches*); donner (*tout le gaz etc.*); remonter (*une mèche*); chercher, trouver (*dans le dictionnaire etc.*); F ~ *one's nose at* faire le dédaigneux devant; renifler sur; **2.** *v/i.* tourner; se (re)tourner; se diriger; se transformer (en, *into*); changer (*marée, temps*); tourner (*au froid etc.*); se faire, devenir (*chrétien, soldat, etc.*); se colorer en (*rouge etc.*); prendre une teinte (*bleue etc.*); (*a.* ~ *sour*) tourner (*lait*); ~ *about* se (re)tourner; ⚔ faire demi-tour; ~ *away* se détourner (de, *from*); ~ *back* rebrousser chemin; regarder en arrière; faire demi-tour; ~ *in* se tourner en dedans; F se coucher; *his toes* ~ *in* il a les pieds tournés en dedans; ~ *off* prendre (*à gauche, à droite*); bifurquer; faire le coin avec; ~ *on* se retourner contre, attaquer; *see* ~ *upon*; ~ *out* sortir; se tourner en dehors (*pieds*); se mettre en grève; tourner (*mal, bien*); aboutir; devenir; se passer; arriver; se trouver; se mettre (*à la pluie, au beau, etc.*); F se lever, sortir du lit; ⚔ sortir; ~ *over* se (re)tourner; *mot. etc.* capoter; se renverser; ~ *round* tourner; tournoyer; ~ *to* se mettre à; tourner à; devenir; F ~ *to* (*adv.*) se mettre au travail; ~ *up* se relever; se retrousser (*nez*); arriver, se présenter; ~ *upon* rouler sur (*a. fig.*); attaquer; **3.** *su.* tour *m* (*de corde, de jeu, de roue*; *théâ.*; *a.* = *promenade, a.* = *disposition d'esprit*); *roue*: révolution *f*; changement *m* de direction, *mot.* virage *m*, ⚓ giration *f*; *chemin*: tournant *m*; *typ.* caractère *m* retourné; fin *f* (*du mois*); allure *f*, tournure *f* (*des affaires*); disposition *f* (pour, *for*); *théâ.* numéro *m*; *fig.* choc *m*, coup *m*; crise *f*; *fig.* service *m*; *fig.* but *m*; *at every* ~ à tout propos, à tout moment; *by* (*ou in* ~*s*) à tour de rôle, tour à tour; *in my* ~ à mon tour; *it is my* ~ c'est à moi (de, *to*); *take a* ~ faire un tour; *take a* ~ *at s.th.* faire qch. à son tour; *take one's* ~ prendre son tour; *take* ~*s* alterner (pour *inf. at, in gér.*); *to a* ~ à point; *a friendly* ~ un service *m* d'ami; *do s.o. a good* ~ rendre un service à q.; *does it serve your* ~? est-ce que cela fera votre affaire?; **ˈ~-a·bout** demi-tour *m*; **ˈ~-buck·le** ⊕ lanterne *f* de serrage; **ˈ~·coat** renégat *m*; apostat(e *f*) *m*; **ˈ~·down 1.** refus *m*; (tendance *f* à la) baisse *f*; **2.** à rabattre; ~ *collar* col *m* rabattu; **ˈturn·er** tourneur *m*; **ˈturn·er·y** travail (*pl.* -aux) *m* au tour, tournage *m*; articles *m/pl.* tournés; atelier *m* de tourneur.

turn·ing [ˈtəːniŋ] action *f* de tourner; giration *f*; changement *m* de direction; *mot.* virage *m*; tournant *m* (*du chemin*); retournage *m* (*d'un vêtement*); *typ.* blocage *m*; ⊕ tournage *m*; **ˈ~-lathe** ⊕ tour *m*; **ˈ~-point** *fig.* moment *m* critique, point *m* décisif.

tur·nip ⚘ [ˈtəːnip] navet *m*.

turn·key [ˈtəːnkiː] porte-clefs *m/inv.*; geôlier *m*; *admin.* fontainier *m*; **ˈturn-off** *Am.* sortie *f* (d'autoroute); embranchement *m*; **ˈturn-out** tenue *f*, uniforme *m*; équipage *m*; assemblée *f*; assistance *f*, gens *m/pl.*; grève *f*; ✝ production *f*, produits *m/pl.*; 🚂 aiguillage *m*; voie *f* de garage; changement *m* de voie; **ˈturn·o·ver** chausson *m* (*aux pommes etc.*); ✝ chiffre *m* d'affaires; ~ *tax* impôt *m* sur le chiffre d'affaires; **ˈturn·pike** (route *f* à) barrière *f* de péage; tourniquet *m* d'entrée; **ˈturn·screw** tournevis *m*; **ˈturn-spit** tournebroche *m*; **ˈturn·stile** tourniquet *m* (*d'entrée*); **ˈturn·ta·ble** 🚂 plaque *f* tournante; *phonographe*: tourne-disque *m*, plateau *m*; **ˈturnˈup 1.** pliant (*lit.*); à bords relevés; **2.** *pantalon*: revers *m*; F rixe *f*, bagarre *f*; F affaire *f* de chance.

tur·pen·tine ⚗ [ˈtəːpəntain] térébenthine *f*.

tur·pi·tude [ˈtəːpitjuːd] turpitude *f*.

tur·quoise *min.* [ˈtəːkwɑːz] turquoise *f*.

tur·ret [ˈtʌrit] tourelle *f* (*a.* ⚔, ⚓, ⊕); *a.* revolver *m*; ⊕ ~ *lathe* tour *m* à revolver; **ˈtur·ret·ed** surmonté *ou* garni de tourelles; *zo.* turriculé (*conque*).

tur·tle[1] *zo.* [ˈtəːtl] tortue *f* de mer; *turn* ~ chavirer; *canot, mot.*: capoter.

tur·tle[2] *orn.* [~] (*usu.* ~*-dove*) tourterelle *f*, tourtereau *m*.

tur·tle·neck *surt. Am.* [ˈtəːtlnek] (pullover *m* à) col *m* roulé.

Tus·can [ˈtʌskən] **1.** toscan; **2.** *ling.* toscan *m*; Toscan(e *f*) *m*.

tusk [tʌsk] *éléphant*: défense *f*; ~*s pl. sanglier*: broches *f/pl.*

tus·sle [ˈtʌsl] **1.** mêlée *f*, lutte *f*; *fig.* passe *f* d'armes; **2.** lutter.

tus·sock [ˈtʌsək] touffe *f* d'herbe.

tut [tʌt] allons donc!; zut!

tu·te·lage [ˈtjuːtilidʒ] tutelle *f*.

tu·te·lar·y [ˈtjuːtiləri] tutélaire.

tu·tor [ˈtjuːtə] (*a. private* ~) précepteur (-trice *f*) *m*; *école, univ.* directeur (-trice *f*) *m* d'études; *univ. a.* répétiteur (-trice *f*) *m*; *Am.*

univ. chargé *m* de cours; ⚖ tuteur (-trice *f*) *m*; **2.** instruire; donner des leçons particulières à; diriger les études de; **tu·to·ri·al** [tju-ˈtɔːriəl] **1.** d'instruction; de répétiteur *etc.*; **2.** cours *m* individuel; travaux *m/pl.* pratiques; **tu·tor·ship** [ˈtjuːtəʃip] emploi *m* de répétiteur *etc.*; *private* ~ préceptorat *m.*

tux·e·do *Am.* [tʌkˈsiːdou] smoking *m.*

twad·dle [ˈtwɔdl] **1.** fadaises *f/pl.*, sottises *f/pl.*; **2.** dire des sottises.

twang [twæŋ] **1.** bruit *m* sec; (*usu. nasal* ~) accent *m* nasillard; **2.** (faire) résonner; nasiller (*personne*).

tweak [twiːk] pincer.

tweed [twiːd] cheviote *f* écossaise; tweed *m* (= *étoffe de laine*).

'tween [twiːn] *see between.*

tween·y [ˈtwiːni] (*a.* ~ *maid*) *see between-maid.*

tweez·ers [ˈtwiːzəz] *pl.*: (*a pair of*) ~ (une) petite pince *f*; (des) pinces *f/pl.* à épiler.

twelfth [twelfθ] douzième (*a. su./mf*; *a.* ♬ *su./m*); ♀-*cake* galette *f* des Rois; ˈ♀-**night** veille *f* des Rois.

twelve [twelv] douze (*a. su./m*); ~ *o'clock* midi *m*; minuit *m*; ~**·fold** [ˈ~fould] douze fois autant.

twen·ti·eth [ˈtwentiiθ] vingtième (*a. su./mf*; *a.* ♬ *su./m*).

twen·ty [ˈtwenti] vingt (*a. su./m*); ~**·fold** [ˈ~fould] **1.** *adj.* vingtuple; **2.** *adv.* vingt fois autant.

twerp *sl.* [twəːp] cruche *f* (= *imbécile*).

twice [twais] deux fois; ~ *as much* deux fois autant; ~ *as many books* deux fois plus de livres.

twid·dle [ˈtwidl] **1.** jouer (avec); *v/t.* tripoter (*qch.*); **2.** enjolivure *f*; ornement *m.*

twig[1] [twig] brindille *f*; *hydroscopie*: baguette *f* (*de coudrier*).

twig[2] *sl.* [~] observer (*q.*); comprendre, saisir (*qch.*).

twi·light [ˈtwailait] **1.** crépuscule *m* (*a. fig.*); **2.** crépusculaire, du crépuscule; ⚕ ~ *sleep* demi-sommeil *m* provoqué.

twin [twin] **1.** jumeau (-elle *f*); jumelé; géminé; ~ *beds pl.* lits *m/pl.* jumeaux; **2.** jumeau (-elle *f*) *m*; ~**-en·gined** ✈ [ˈ~endʒind] bimoteur; ˈ~**·jet** biréacteur *m.*

twine [twain] **1.** ficelle *f*; fil *m* retors; *fig.* sinuosité *f*, repli *m*; **2.** *v/t.* tordre, tortiller; entrelacer (*les doigts etc.*); *fig.* entourer (de, *with*); (en)rouler (autour de *about, round*); *v/i.* (*a.* ~ *o.s.*) se tordre, se tortiller, s'enrouler; serpenter.

twinge [twindʒ] élancement *m*; légère atteinte *f*; *fig.* remords *m* (*de conscience*).

twin·kle [ˈtwiŋkl] **1.** scintiller, étinceler; pétiller (*feu, a. fig.* de, *with*); **2.** (*a.* ˈ**twin·kling**) scintillement *m*, clignotement *m*; *in a* ~ (*ou the twinkling of an eye*) en un clin d'œil.

twirl [twəːl] **1.** tournoiement *m*; *moustache*: tortillement *m*; pirouette *f*; *fumée*: volute *f*; enjolivure *f*; **2.** (faire) tourn(oy)er; ˈ**twirl·ing-stick** *cuis.* agitateur *m.*

twist [twist] **1.** (fil *m*) retors *m*; torsion *f*; *chemin*: coude *m*; *soie*: tordage *m*; *cheveux*: torsade *f*; *tabac*: carotte *f*, rouleau *m*; *papier*: papillote *f*; contorsion *f* (*du visage*); *sp.* tour *m* de poignet; *mot. cornet*: spire *f*; *fig.* déformation *f*; *fig.* tournure *f*, prédisposition *f* (*de l'esprit*); *fig.* repli *m* (*du serpent*); F appétit *m*; **2.** *v/t.* tordre (*a. le visage, le bras, etc.*), tortiller; *tex.* retordre; torquer (*le tabac*); entortiller; enrouler; dénaturer, fausser; donner de l'effet à (*une balle*); *v/i.* se tordre, se tortiller; *fig.* tourner, serpenter; ˈ**twist·er** tordeur (-euse *f*) *m*; *tex.* retordeur (-euse *f*) *m*; *sp.* balle *f* qui a de l'effet; *sl.* ficelle *f* (= *ricaneur*); *Am.* tornade *f*, ouragan *m.*

twit[1] [twit]: ~ *s.o. with s.th.* railler q. de qch.; reprocher qch. à q.

twit[2] *sl.* [~] idiot(e *f*) *m.*

twitch [twitʃ] **1.** *v/t.* tirer brusquement; *v/i.* se crisper, se contracter (de, *with*); **2.** saccade *f*, coup *m* sec; contraction *f*, tic *m* (*de visage*); *see twinge*; *vét.* serre-nez *m/inv.*

twit·ter [ˈtwitə] **1.** gazouiller; **2.** gazouillement *m*; *be in a* ~ être agité *ou* en émoi.

two [tuː] deux (*a. su./m*); *in* ~ en deux; *fig. put* ~ *and* ~ *together* tirer ses conclusions; raisonner juste; ˈ~**-bit** *Am.* F sans importance, infime; bon marché; ˈ~**-edged** à deux tranchants (*a. fig.*); ˈ~-ˈ**faced** hypocrite; ˈ~-ˈ**fist·ed** costaud; ˈ~**·fold** double; ˈ~-**hand·ed** à deux mains; ambidextre;

qui se joue à deux; ˈ~-ˈ**job man** F cumulard *m*; ~**·pence** [ˈtʌpəns] deux pence *m*; ~**·pen·ny** [ˈtʌpni] à *ou* de deux pence; *fig.* de quatre sous; ˈ~**-phase** ⚡ biphasé, diphasé; ˈ~-ˈ**pin plug** ⚡ fiche *f* à deux broches; ˈ~**-ply** à deux brins (*cordage*); à deux épaisseurs (*contre-plaqué*); ˈ~-ˈ**seat·er** *mot.* voiture *f* à deux places; ˈ~**·some** couple *m*; jeu *m ou* partie *f* à deux; ˈ~-ˈ**step** two-step *m* (*danse*); ˈ~ˈ**sto·rey** à deux étages; ˈ~-ˈ**stroke** *mot.* à deux temps; ˈ~-ˈ**time** tromper, tricher; ˈ~-ˈ**valve re·ceiv·er** *radio*: poste *m* à deux lampes; ˈ~-**way** ⊕ à deux voies; ⚡ ~ *adapter* bouchon *m* de raccord.

ty·coon *Am.* F [taiˈkuːn] chef *m* de l'industrie; baron *m* de l'industrie.

tyke [taik] vilain chien *m*; rustre *m*.

tym·pa·num *anat.*, *a.* ⚠ [ˈtimpənəm], *pl.* **-na** [~nə] tympan *m*.

type [taip] **1.** type *m*; genre *m*; modèle *m*; *typ.* caractère *m*, type *m*, *coll.* caractères *m/pl.*; *typ. in* ~ composé; ~ *area* surface *f* imprimée; *true to* ~ conforme au type ancestral; *typ. set in* ~ composer; **2.** = ~*write*; ˈ~**-found·er** fondeur *m* typographe; ˈ~**-script** manuscrit *m* dactylographié; ˈ~**-set·ter** *typ.* compositeur *m*; ˈ~**·write** [*irr.* (*write*)] écrire à la machine; F taper (à la machine); ˈ~**·writ·er** machine *f* à écrire; † dactylographe *mf*, F dactylo *mf*; ~ *ribbon* ruban *m* encreur.

ty·phoid ⚕ [ˈtaifɔid] **1.** typhoïde; ~ *fever* = **2.** (fièvre *f*) typhoïde *f*.

ty·phoon *météor.* [taiˈfuːn] typhon *m*.

ty·phus ⚕ [ˈtaifəs] typhus *m*.

typ·i·cal □ [ˈtipikl] typique; caractéristique (de, *of*); *it's* ~ *of him* c'est bien lui; **typ·i·fy** [ˈ~fai] être caractéristique de; être le type de (*l'officier militaire*); symboliser.

typ·ing [ˈtaipiŋ] dactylo(graphie) *f*; ~ *pool* bureau *m* des dactylos, F dactylo *f*; *be good at* ~ taper bien (à la machine); **typ·ist** [ˈtaipist] dactylographe *mf*, F dactylo *mf*; *shorthand* ~ sténodactylographe *mf*, F sténodactylo *mf*.

ty·pog·ra·pher [taiˈpɔgrəfə] typographe *m*, F typo *m*; **ty·po·graph·ic, ty·po·graph·i·cal** □ [~pəˈgræfik(l)] typographique; **ty·pog·ra·phy** [~ˈpɔgrəfi] typographie *f*.

ty·ran·nic, ty·ran·ni·cal □ [tiˈrænik(l)] tyrannique; **tyˈran·ni·cide** [~said] *personne*: tyrannicide *mf*; *crime*: tyrannicide *m*; **tyr·an·nize** [ˈtirənaiz] faire le tyran; ~ *over* tyranniser (*q.*); ˈ**tyr·an·nous** □ tyrannique; *fig.* violent; ˈ**tyr·an·ny** tyrannie *f*.

ty·rant [ˈtaiərənt] tyran *m* (*a. orn.*).

tyre [ˈtaiə] *see tire*[1].

ty·ro [ˈtaiərou] *see tiro*.

Tyr·o·lese [tirəˈliːz] **1.** tyrolien(ne *f*); **2.** Tyrolien(ne *f*) *m*.

Tzar [zɑː] *see Tsar*.

U

U, u [juː] U *m*, u *m*.
u·biq·ui·tous □ [juˈbikwitəs] qui se trouve *ou* que l'on rencontre partout; **uˈbiq·ui·ty** ubiquité *f*.
ud·der [ˈʌdə] mamelle *f*.
ugh [uh; əːh] brrr!
ug·li·fy F [ˈʌglifai] enlaidir.
ug·li·ness [ˈʌglinis] laideur *f*.
ug·ly □ [ˈʌgli] laid; vilain (*blessure, aspect, etc.*); mauvais (*temps*).
U·krain·i·an [juːˈkreinjən] **1.** ukrainien(ne *f*); **2.** Ukrainien(ne *f*) *m*.
u·ku·le·le ♪ [juːkəˈleili] ukulélé *m*.
ul·cer ⚕ [ˈʌlsə] ulcère *m*; **ul·cer·ate** [ˈ~reit] (s')ulcérer; **ul·cerˈa·tion** ulcération *f*; **ˈul·cer·ous** ulcéreux (-euse *f*).
ul·lage ⚓ [ˈʌlidʒ] coulage *m*; *douanes*: manquant *m*.
ul·na *anat*. [ˈʌlnə], *pl*. **~nae** [~niː] cubitus *m*.
ul·ster [ˈʌlstə] *manteau*: ulster *m*.
ul·te·ri·or □ [ʌlˈtiəriə] ultérieur; *fig*. caché, secret (-ète *f*); ~ *motive* arrière-pensée *f*; motif *m* secret.
ul·ti·mate □ [ˈʌltimit] final (-als *m/pl*.); dernier (-ère *f*); fondamental (-aux *m/pl*.); *phys*. ~ *stress* résistance *f* de rupture; **~ly** en fin de compte, à la fin.
ul·ti·ma·tum [ʌltiˈmeitəm], *pl*. *a*. **~ta** [~tə] ultimatum *m*.
ul·ti·mo ⚓ [ˈʌltimou] du mois dernier.
ultra- [ʌltrə] ultra-; extrêmement; **ˈ~ˈfash·ion·a·ble** ultra-chic; **ˈ~-high fre·quen·cy** *radio*: très haute fréquence; **~·maˈrine 1.** d'outremer; **2.** ⚗, *peint*. (bleu *m* d')outremer *m/inv*.; **~·mon·tane** *eccl*., *pol*. [~ˈmɔntein] ultramontain(e *f*) (*a. su*.); **ˈ~-ˈred** infrarouge; **ˈ~-ˈshort wave** onde *f* ultracourte; **ˈ~-ˈvi·o·let** ultraviolet(te *f*).
ul·u·late [ˈjuːljuleit] ululer; hurler.
um·bel ⚘ [ˈʌmbl] ombelle *f*.
um·ber *min*., *peint*. [ˈʌmbə] terre *f* d'ombre; *couleur*: ombre *f*.
um·bil·i·cal □ [ʌmˈbilikl; ⚕ ~ˈlaikl] ombilical (-aux *m/pl*.); ~ *cord* cordon *m* ombilical.
um·brage [ˈʌmbridʒ] ressentiment *m*; ombrage *m* (*a. poét*.); **um·bra·geous** □ [~ˈbreidʒəs] ombragé; ombrageux (-euse *f*) (*a. fig*.).
um·brel·la [ʌmˈbrelə] parapluie *m*; *pol*. compromis *m*; ⚔ protection *f*; ~ *organization* organisation *f* de tête; ~ *stand* porte-parapluies *m/inv*.
um·pire [ˈʌmpaiə] **1.** arbitre *m*; **2.** *v/t*. arbitrer; *v/i*. servir d'arbitre.
ump·teen [ˈʌmtiːn], **ˈump·ty** F je ne sais combien.
un- [ʌn] non; in-; dé(s)-; ne ... pas; peu; sans.
un·a·bashed [ˈʌnəˈbæʃt] sans se déconcerter; aucunement ébranlé.
un·a·ble [ˈʌnˈeibl] incapable (de, *to*); impuissant (à, *to*).
un·a·bridged [ˈʌnəˈbridʒd] non abrégé; intégral (-aux *m/pl*.).
un·ac·cent·ed [ˈʌnækˈsentid] inaccentué; *gramm*. atone.
un·ac·cept·able [ˈʌnəkˈseptəbl] inacceptable.
un·ac·com·mo·dat·ing [ˈʌnəˈkɔmədeitiŋ] peu commode; peu accommodant (*personne*).
un·ac·count·a·ble □ [ˈʌnəˈkauntəbl] inexplicable; bizarre.
un·ac·cus·tomed [ˈʌnəˈkʌstəmd] inaccoutumé (à, *to*) (*a. personne*); peu habitué (à, *to*) (*personne*).
un·ac·knowl·edged [ˈʌnəkˈnɔlidʒd] non avoué; demeuré sans réponse (*lettre*).
un·ac·quaint·ed [ˈʌnəˈkweintid]: *be ~ with* ne pas connaître (*q*.); ignorer (*qch*.).
un·a·dorned [ˈʌnədɔːnd] sans ornements, naturel(le *f*); *fig*. sans fard.
un·a·dul·ter·at·ed □ [ˈʌnəˈdʌltəreitid] pur, sans mélange.
un·ad·vis·a·ble □ [ˈʌnədˈvaizəbl] imprudent; peu sage; **ˈun·adˈvised** □ [*adv*. ~zidli] imprudent; sans prendre conseil.
un·af·fect·ed □ [ˈʌnəˈfektid] qui n'est pas atteint; *fig*. sincère; sans affectation *ou* pose.
un·aid·ed [ˈʌnˈeidid] sans aide;

(tout) seul; inassisté (*pauvre*); nu (*œil*).

un·al·loyed [ˈʌnəˈlɔid] sans alliage; *fig.* pur, sans mélange.

un·al·ter·a·ble □ [ʌnˈɔːltərəbl] invariable, immuable.

un·am·big·u·ous □ [ˈʌnæmˈbigjuəs] non équivoque, sans ambiguïté.

un·am·bi·tious □ [ˈʌnæmˈbiʃəs] sans prétention; sans ambition (*personne*).

un·a·me·na·ble [ˈʌnəˈmiːnəbl] rebelle, réfractaire (à, *to*).

un·a·mi·a·ble □ [ʌnˈeimjəbl] peu aimable.

u·na·nim·i·ty [juːnəˈnimiti] unanimité *f*; **u·nan·i·mous** □ [juˈnæniməs] unanime.

un·an·swer·a·ble [ʌnˈɑːnsərəbl] sans réplique; incontestable.

un·ap·palled [ˈʌnəˈpɔːld] peu effrayé.

un·ap·peal·a·ble ⚖ [ˈʌnəˈpiːləbl] sans appel.

un·ap·peas·a·ble □ [ˈʌnəˈpiːzəbl] insatiable; implacable.

un·ap·proach·a·ble □ [ˈʌnəˈproutʃəbl] inaccessible; inabordable (*a. personne*); *fig.* incomparable.

un·ap·pro·pri·at·ed [ˈʌnəˈproupri-eitid] disponible; libre.

un·apt □ [ˈʌnˈæpt] peu juste; mal approprié; inapte (à, *for*), peu disposé (à *inf.*, *to inf.*); *be* ~ *to* (*inf.*) avoir beaucoup de mal à (*inf.*).

un·a·shamed □ [ˈʌnəˈʃeimd; *adv.* ~midli] sans honte *ou* pudeur.

un·asked [ˈʌnˈɑːskt] non invité; spontané(ment *adv.*).

un·as·sail·a·ble □ [ʌnəˈseiləbl] inattaquable; irréfutable.

un·as·sist·ed □ [ˈʌnəˈsistid] tout seul, sans aide.

un·as·sum·ing [ˈʌnəˈsjuːmiŋ] sans prétentions; modeste.

un·at·tached [ˈʌnəˈtætʃt] non attaché; indépendant (de, *to*); *univ.* qui ne dépend d'aucun collège; ⚔ en disponibilité; isolé; ⚖ sans propriétaire.

un·at·tain·a·ble □ [ˈʌnəˈteinəbl] inaccessible (de, *by*).

un·at·tend·ed [ˈʌnəˈtendid] seul; sans escorte; dépourvu (de, *by*); (*usu.* ~ *to*) négligé.

un·at·trac·tive □ [ˈʌnəˈtræktiv] peu attrayant; peu sympathique (*personne*).

un·au·thor·ized [ˈʌnˈɔːθəraizd] sans autorisation; illicite; *admin.* sans mandat.

un·a·vail·a·ble [ˈʌnəˈveiləbl] non disponible; inutilisable; ˈ**un·aˈvail·ing** □ vain; inutile.

un·a·void·a·ble □ [ˈʌnəˈvɔidəbl] inévitable.

un·a·ware [ˈʌnəˈwɛə] ignorant; *be* ~ ignorer (qch., *of s.th.*; que, *that*); ˈ**un·aˈwares** au dépourvu; sans s'en rendre compte.

un·backed [ˈʌnˈbækt] *fig.* sans appui; non endossé (*a.* ⚕); *turf*: sur lequel personne n'a parié.

un·bal·ance [ˈʌnˈbæləns] défaut *m* d'équilibrage; balourd *m*; ˈ**unˈbal·anced** mal équilibré (*a. fig.*); ⊕ non compensé; ⚕ non soldé; *phys.* en équilibre instable.

un·bap·tized [ˈʌnbæpˈtaizd] non baptisé.

un·bar [ˈʌnˈbɑː] débarrer, *fig.* ouvrir; dessaisir (*un sabord*).

un·bear·a·ble □ [ʌnˈbɛərəbl] insupportable, intolérable.

un·beat·en [ˈʌnˈbiːtn] invaincu; non frayé (*chemin*).

un·be·com·ing □ [ˈʌnbiˈkʌmiŋ] peu seyant (*robe*); peu convenable; déplacé (chez *q. of, to, for*).

un·be·friend·ed [ˈʌnbiˈfrendid] sans amis; délaissé.

un·be·known [ˈʌnbiˈnoun] **1.** *adj.* inconnu (de, *to*); **2.** *adv.* à l'insu (de q., *to s.o.*).

un·be·lief [ˈʌnbiˈliːf] incrédulité *f*; *eccl.* incroyance *f*; **un·beˈliev·a·ble** □ incroyable; ˈ**un·beˈliev·er** incrédule *mf*; *eccl.* incroyant(e *f*) *m*; ˈ**un·beˈliev·ing** □ incrédule.

un·be·loved [ˈʌnbiˈlʌvd] peu aimé.

un·bend [ˈʌnˈbend] [*irr.* (*bend*)] *v/t.* détendre (*a. fig.*); redresser (*q., a.* ⊕); *v/i.* se détendre; *fig.* se déraidir; se détordre (*ressort*); se redresser; se déplier (*jambe*); ˈ**unˈbend·ing** □ inflexible; *fig. a.* raide.

un·bi·as(s)ed □ [ˈʌnˈbaiəst] *fig.* impartial (-aux *m/pl.*), sans parti pris.

un·bid, un·bid·den [ˈʌnˈbid(n)] non invité; spontané.

un·bind [ˈʌnˈbaind] [*irr.* (*bind*)] dénouer (*les cheveux*); délier (*a. fig.*).

un·bleached *tex.* [ˈʌnˈbliːtʃt] écru.

un·blem·ished [ʌnˈblemiʃt] sans tache (*a. fig.*).

un·blush·ing □ [ʌnˈblʌʃiŋ] qui ne rougit pas; sans vergogne.

un·bolt [ˈʌnˈboult] déverrouiller; dévisser (*un rail etc.*); ˈ**unˈbolt·ed** déverrouillé; ⊕ déboulonné; dévissé (*rail*); non bluté (*farine*).
un·born [ˈʌnˈbɔːn] à naître; qui n'est pas encore né; *fig.* futur.
un·bos·om [ʌnˈbuzm] révéler; ~ *o.s.* ouvrir son cœur (à q., *to s.o.*).
un·bound [ˈʌnˈbaund] délié; dénoué (*cheveux*); broché (*livre*).
un·bound·ed □ [ʌnˈbaundid] sans bornes; illimité; démesuré (*ambition etc.*).
un·bowed [ˈʌnˈbaud] invaincu.
un·brace [ˈʌnˈbreis] défaire; détendre (*les nerfs*); énerver (*q.*).
un·break·a·ble [ˈʌnˈbreikəbl] incassable.
un·bri·dled [ʌnˈbraidld] débridé (*a. fig.*); sans bride; *fig.* déchaîné.
un·bro·ken [ˈʌnˈbroukn] intact; non brisé; inviolé; imbattu (*record*); non dressé (*cheval*); *fig.* insoumis.
un·buck·le [ˈʌnˈbʌkl] déboucler.
un·bur·den [ˈʌnˈbəːdn] décharger; *fig.* alléger; ~ *o.s.* (*ou one's heart*) se délester (le cœur).
un·bur·ied [ˈʌnˈberid] déterré; sans sépulture.
un·busi·ness·like [ˈʌnˈbiznislaik] peu commerçant; *fig.* irrégulier (-ère *f*).
un·but·ton [ˈʌnˈbʌtn] déboutonner.
un·called [ʌnˈkɔːld] non appelé (*a.* ✝); **unˈcalled-for** injustifié; déplacé (*remarque*); spontané.
un·can·ny □ [ʌnˈkæni] sinistre; mystérieux (-euse *f*).
un·cared-for [ˈʌnˈkɛədfɔː] mal *ou* peu soigné; abandonné; négligé (*air*).
un·ceas·ing □ [ʌnˈsiːsiŋ] incessant; continu; soutenu.
un·cer·e·mo·ni·ous □ [ˈʌnseriˈmounjəs] peu cérémonieux (-euse *f*); sans gêne (*personne*).
un·cer·tain □ [ʌnˈsəːtn] incertain; douteux (-euse *f*); irrésolu; peu sûr; *be* ~ ne pas savoir au juste (si, *whether*); **unˈcer·tain·ty** incertitude *f*.
un·chain [ˈʌnˈtʃein] déchaîner; *fig.* donner libre cours à.
un·chal·lenge·a·ble [ˈʌnˈtʃælindʒəbl] incontestable; ˈ**unˈchal·lenged** incontesté.
un·change·a·ble □ [ʌnˈtʃeindʒəbl], **unˈchang·ing** □ immuable, invariable; éternel(le *f*).
un·char·i·ta·ble □ [ʌnˈtʃæritəbl] peu charitable.
un·chaste □ [ˈʌnˈtʃeist] impudique; **un·chas·ti·ty** [ˈʌnˈtʃæstiti] impudicité *f*; infidélité *f* (*d'une femme*).
un·checked [ˈʌnˈtʃekt] libre(ment *adv.*); ✝ non vérifié.
un·chris·tian □ [ˈʌnˈkristjən] peu chrétien(ne *f*); païen(ne *f*).
un·civ·il □ [ˈʌnˈsivl] impoli; ˈ**unˈciv·i·lized** [~vilaizd] barbare, incivilisé.
un·claimed [ˈʌnˈkleimd] non réclamé; épave (*chien etc.*); de rebut (*lettre*).
un·clasp [ˈʌnˈklɑːsp] défaire, dégrafer; (se) desserrer (*poing*); laisser échapper.
un·clas·si·fied [ˈʌnˈklæsifaid] non classé; non secret (-ète) (*information*).
un·cle [ˈʌŋkl] oncle *m*; *sl. at my* ~*'s* chez ma tante, au clou.
un·clean □ [ˈʌnˈkliːn] sale; *fig.*, *eccl.* immonde, impur.
un·clench [ˈʌnˈklentʃ] (se) desserrer.
un·cloak [ˈʌnˈklouk] ôter le manteau de; *fig.* dévoiler.
un·close [ˈʌnˈklouz] (s')ouvrir.
un·clothe [ˈʌnˈklouð] (se) déshabiller.
un·cloud·ed [ˈʌnˈklaudid] sans nuage; clair (*a. fig.*).
un·coil [ˈʌnˈkɔil] (se) dérouler.
un·col·lect·ed [ˈʌnkəˈlektid] non recueilli; *fig.* confus.
un·col·o(u)red [ˈʌnˈkʌləd] non coloré; incolore; *fig.* non influencé.
un·come·ly [ˈʌnˈkʌmli] peu gracieux (-euse *f*).
un·com·fort·a·ble □ [ʌnˈkʌmfətəbl] peu confortable; désagréable; peu à son aise (*personne*).
un·com·mon □ [ʌnˈkɔmən] (*a.* F *adv.*) peu commun; singulier (-ère *f*); rare.
un·com·mu·ni·ca·tive [ˈʌnkəˈmjuːnikeitiv] réservé, taciturne; peu communicatif (-ive *f*).
un·com·plain·ing □ [ˈʌnkəmˈpleiniŋ] patient; sans plainte; ˈ**un·comˈplain·ing·ness** patience *f*, résignation *f*.
un·com·pro·mis·ing □ [ˈʌnˈkɔmprəmaiziŋ] intransigeant; sans compromis; *fig.* raide; absolu.
un·con·cern [ˈʌnkənˈsəːn] indifférence *f*; insouciance *f*; ˈ**un·con-**

ˈ**cerned** □ [*adv.* ~idli] insouciant; indifférent (à, *about*); étranger (-ère *f*) (à *with, in*).
un·con·di·tion·al □ [ˈʌnkənˈdiʃnl] absolu; sans réserve.
un·con·fined □ [ˈʌnkənˈfaind] illimité, sans bornes; libre.
un·con·firmed [ˈʌnkənˈfəːmd] non confirmé *ou* avéré; *eccl.* qui n'a pas reçu la confirmation.
un·con·gen·ial [ˈʌnkənˈdʒiːnjəl] peu agréable; peu favorable; peu sympathique (*personne*).
un·con·nect·ed □ [ˈʌnkəˈnektid] sans lien *ou* rapport; décousu (*idées*).
un·con·quer·a·ble □ [ʌnˈkɔŋkərəbl] invincible; *fig.* insurmontable.
un·con·sci·en·tious □ [ˈʌnkɔnʃiˈenʃəs] peu consciencieux (-euse *f*).
un·con·scion·a·ble □ [ʌnˈkɔnʃənəbl] peu scrupuleux (-euse *f*); déraisonnable (*a. fig.*); exorbitant.
un·con·scious □ [ʌnˈkɔnʃəs] **1.** inconscient; sans connaissance (= *évanoui*); *be ~ of* ne pas avoir conscience de; **2.** *psych. the ~* l'inconscient *m*; **unˈcon·scious·ness** inconscience *f*; évanouissement *m*.
un·con·sid·ered [ˈʌnkənˈsidəd] irréfléchi, inconsidéré; sans valeur.
un·con·sti·tu·tion·al □ [ˈʌnkɔnstiˈtjuːʃənl] in-, anticonstitutionnel(le *f*).
un·con·strained □ [ˈʌnkənˈstreind] sans contrainte; aisé.
un·con·test·ed □ [ˈʌnkənˈtestid] incontesté; *pol.* qui n'est pas disputé.
un·con·tra·dict·ed [ˈʌnkɔntrəˈdiktid] non contredit.
un·con·trol·la·ble □ [ʌnkənˈtrouləbl] ingouvernable; irrésistible; absolu.
un·con·ven·tion·al □ [ˈʌnkənˈvenʃnl] qui va à l'encontre des conventions; original (-aux *m/pl.*).
un·con·vert·ed [ˈʌnkənˈvəːtid] inconverti (*a. eccl.*); ⚘ *a.* non converti.
un·con·vinced [ˈʌnkənˈvinst] sceptique (à l'égard de, *of*).
un·cork [ˈʌnˈkɔːk] déboucher.
un·cor·rupt·ed □ [ˈʌnkəˈrʌptid] intègre; incorrompu.
un·count·a·ble [ˈʌnˈkauntəbl] incomptable.
un·cou·ple [ˈʌnˈkʌpl] découpler.
un·couth □ [ʌnˈkuːθ] grossier (-ère *f*), rude; gauche, agreste.
un·cov·er [ʌnˈkʌvə] découvrir (⚔, *a. une partie du corps*); démasquer.
un·crit·i·cal □ [ˈʌnˈkritikl] sans discernement; peu difficile.
un·crowned [ˈʌnˈkraund] non couronné; découronné.
un·crush·a·ble *tex.* [ʌnˈkrʌʃəbl] infroissable.
unc·tion [ˈʌŋkʃn] onction *f* (*a. fig.*); *poét.* onguent *m*; *eccl. extreme ~* extrême-onction *f*; **unc·tu·ous** □ [ˈʌŋktjuəs] onctueux (-euse *f*) (*a. fig.*); graisseux (-euse *f*); *péj.* patelin.
un·cul·ti·vat·ed [ˈʌnˈkʌltiveitid] inculte; en friche (*terre*); *fig.* sans culture; ⚘ à l'état sauvage.
un·cured [ˈʌnˈkjuəd] ⚕ non guéri; *cuis.* frais (*hareng*).
un·curl [ˈʌnˈkəːl] (se) défriser (*cheveux*); (se) dérouler.
un·cut [ˈʌnˈkʌt] intact; sur pied (*blé etc.*); non coupé (*haie, livre*); non rogné (*livre*).
un·dam·aged [ˈʌnˈdæmidʒd] en bon état.
un·damped [ˈʌnˈdæmpt] sec (sèche *f*); *fig.* non découragé.
un·dat·ed [ˈʌnˈdeitid] sans date.
un·daunt·ed □ [ʌnˈdɔːntid] intrépide; non intimidé.
un·de·ceive [ˈʌndiˈsiːv] désabuser (de, *of*); dessiller les yeux à (*q.*).
un·de·cid·ed □ [ˈʌndiˈsaidid] indécis.
un·de·ci·pher·a·ble [ˈʌndiˈsaifərəbl] indéchiffrable.
un·de·fend·ed [ˈʌndiˈfendid] sans protection.
un·de·filed [ˈʌndiˈfaild] sans tache, pur.
un·de·fined □ [ˈʌndiˈfaind; *adv.* ~nidli] non défini; vague.
un·de·mon·stra·tive □ [ˈʌndiˈmɔnstrətiv] réservé.
un·de·ni·a·ble □ [ˈʌndiˈnaiəbl] incontestable; qu'on ne peut nier.
un·de·nom·i·na·tion·al □ [ˈʌndinɔmiˈneiʃənl] non confessionnel(le *f*); laïque (*école*).
un·der [ˈʌndə] **1.** *adv.* (au-)dessous; en *ou* dans la soumission; **2.** *prp.* sous; au-dessous de; *from ~* de sous; de dessous; *~ sentence of* condamné à; **3.** *mots composés*: trop peu; insuffisamment; inférieur; sous-; ˈ**~-ˈage** mineur; de mineurs; ˈ**~ˈbid** [*irr.* (*bid*)] demander moins

cher que; ˈ~ˈ**bred** mal élevé; qui n'a pas de race (*cheval*); ˈ~·**brush** broussailles *f/pl.*; sousbois *m*; ˈ~·**car·riage,** ˈ~-**cart** ✈ train *m* d'atterrissage; ˈ~·**cloth·ing** linge *m* de corps; lingerie *f* (*pour dames*); ˈ~-**cur·rent** courant *m* de fond *ou* sous-marin; *fig.* fond *m*; ˈ~ˈ**cut** [*irr.* (*cut*)] vendre moins cher que; ˈ~·**deˈvel·oped** sous-développé; ˈ~·**dog** perdant *m*; *fig. the* ~(*s pl.*) les opprimés *m/pl.*; ˈ~ˈ**done** pas assez cuit; saignant (*viande*); ˈ~ˈ**dress** (s')habiller trop simplement; ˈ~·**emˈploy·ment** sous-emploi *m*; ˈ~ˈ**es·ti·mate** sous-estimer; ˈ~-**exˈpose** sous-exposer; ˈ~ˈ**fed** mal nourri; ˈ~ˈ**feed·ing** sous-alimentation *f*; ˈ~·**felt** assise *f* de feutre; ˈ~ˈ**foot** sous les pieds; ˈ~ˈ**gar·ments** *pl.* sous-vêtements *m/pl.*; ~ˈ**go** [*irr.* (*go*)] subir; supporter; ~ˈ**grad·u·ate** *univ.* étudiant(e *f*) *m*; ˈ~·**ground 1.** souterrain; sous terre; ~ *engineering* construction *f* souterraine; ~ *mouvement* mouvement *m* clandestin; ⚔ résistance *f*; ~ *water* eaux *f/pl.* souterraines; ~ *railway* = **2.** métro *m*; chemin *m* de fer souterrain; ˈ~-**growth** broussailles *f/pl.*; ˈ~·**hand** clandestin; sournois (*a. personne*); ~ *service tennis*: service *m* par en dessous; ˈ~ˈ**hung** ⚙ prognathe; coulissant (*porte*); ~·**lay 1.** [ʌndəˈlei] [*irr.* (*lay*)]: ~ *s.th. with s.th.* mettre qch. sous qch.; **2.** [ˈʌndəlei] assise *f* de feutre; *géol.* inclinaison *f*; ˈ~ˈ**let** [*irr.* (*let*)] sous-louer; louer à trop bas prix; ⚓ sous-fréter; ~ˈ**lie** [*irr.* (*lie*)] être en dessous *ou* au-dessous *ou fig.* à la base de; ~·**line 1.** [ʌndəˈlain] souligner; **2.** [ˈʌndəlain] légende *f* (*d'une illustration*).

un·der·ling [ˈʌndəliŋ] subordonné (-e *f*) *m*; sous-ordre *m*; **un·der·manned** [ˈ~ˈmænd] à court de personnel *ou* ⚓ d'équipage; ˈ**un·der·ˈmen·tioned** (cité) ci-dessous; **un·derˈmine** miner, saper (*a. fig.*); ˈ**un·der·most 1.** *adj.* le (la) plus bas(se *f*); le plus en dessous; **2.** *adv.* en dessous; **un·der·neath** [~ˈni:θ] **1.** *prp.* au-dessous de, sous; **2.** *adv.* au-dessous; par-dessous.

under...: ˈ~ˈ**nour·ished** mal nourri; ˈ~·**pants** *pl.* (*a pair of* ~ un) caleçon *ou* slip; ˈ~·**pass** *Am.* passage *m* souterrain; ˈ~ˈ**pay** [*irr.* (*pay*)] rétribuer mal; ~ˈ**pin** ⊕ étayer (*un mur*); *fig.* soutenir; ~ˈ**pin·ning** ⊕ étayage *m*; étais *m/pl.*; soutènement *m*; ˈ~ˈ**play** minimiser; ~ *one's hand* dissimuler ses intentions, cacher son jeu; ˈ~·**plot** intrigue *f* secondaire; ˈ~ˈ**print** *phot.* tirer (*une épreuve*) trop claire; ˈ~ˈ**priv·i·leged** déshérité (*a. su.*); ~ˈ**rate** sous-estimer; mésestimer; ~ˈ**score** souligner; ˈ~-ˈ**sec·re·tar·y** sous-secrétaire *mf*; ˈ~ˈ**sell** ✝ [*irr.*(*sell*)] vendre moins cher que (*q.*); vendre (*qch.*) au-dessous de sa valeur; ˈ~·**shot** en dessous, à aubes (*roue*); ˈ~·**signed** soussigné(e *f*) *m*; ˈ~ˈ**sized** trop petit; rabougri; ~ˈ**slung** *mot.* à châssis surbaissé; ~ˈ**staffed** à court de personnel; ~ˈ**stand** [*irr.* (*stand*)] comprendre (*a. fig.*); s'entendre à; se rendre compte de; *gramm.* sous-entendre; *fig. a.* écouter bien; *make o.s. understood* se faire comprendre; *it is understood that* il est (bien) entendu que; *that is understood* cela va sans dire; *an understood thing* chose *f* convenue; ~ˈ**stand·a·ble** compréhensible; ~ˈ**stand·ing 1.** entendement *m*, compréhension *f*; entente *f*, accord *m*; *on the* ~ *that* à condition que; **2.** intelligent; ˈ~ˈ**state** rester au-dessous de la vérité; amoindrir (*les faits*); ˈ~ˈ**state·ment** affirmation *f* qui reste au-dessous de la vérité; amoindrissement *m* (*des faits*).

under...: ˈ~·**strap·per** *see underling*; ˈ~·**stud·y** *théâ.* **1.** doublure *f*; **2.** doubler; ~ˈ**take** [*irr.* (*take*)] entreprendre; se charger de; ~ *that* F promettre que; ˈ~·**tak·er** entrepreneur *m* de pompes funèbres; ~ˈ**tak·ing** [ʌndəˈteikiŋ] entreprise *f* (*a.* ✝); promesse *f*; ˈ~·**tak·ing** [ˈʌndəteikiŋ] entreprise *f* de pompes funèbres; ˈ~ˈ**ten·ant** sous-locataire *mf*; ˈ~-**the-coun·ter** clandestin(ement); ˈ~-**tone** *fig.* fond *m*; *in an* ~ à demi-voix, à voix basse; ˈ~ˈ**val·ue** sous-estimer; mésestimer; ˈ~·**wear** linge *m* de corps; lingerie *f* (*pour dames*); ˈ~·**weight** manque *m* de poids; ˈ~·**wood** broussailles *f/pl.*; sous-bois *m*; ˈ~·**world** *les* enfers *m/pl.*; *les* bas-fonds *m/pl.* de la société; ˈ~·**write** ✝ [*irr.*(*write*)] souscrire (*une émission, un risque*); garantir; ˈ~·**writ·er** assureur *m*; membre *m* d'un syndicat de garantie.

un·de·served □ [ˈʌndiˈzəːvd; *adv.* ∼vidli] immérité; injuste; **ˈun·deˈserv·ing** peu méritoire; sans mérite (*personne*).
un·de·signed □ [ˈʌndiˈzaind; *adv.* ∼nidli] imprévu; involontaire.
un·de·sir·a·ble □ [ˈʌndiˈzaiərəbl] peu désirable; indésirable (*a. su./mf*).
un·de·terred [ˈʌndiˈtəːd] aucunement découragé.
un·de·vel·oped [ˈʌndiˈveləpt] non développé; inexploité (*terrain*).
un·de·vi·a·ting □ [ʌnˈdiːvieitiŋ] constant; droit.
un·di·gest·ed [ˈʌndiˈdʒestid] mal digéré.
un·dig·ni·fied □ [ʌnˈdignifaid] qui manque de dignité; peu digne.
un·dis·cerned □ [ˈʌndiˈsəːnd] inaperçu; **ˈun·disˈcern·ing** sans discernement.
un·dis·charged [ˈʌndisˈtʃɑːdʒd] inaccompli (*tâche etc.*); inacquitté (*dette*); non réhabilité (*failli*).
un·dis·ci·plined [ʌnˈdisiplind] indiscipliné.
un·dis·crim·i·nat·ing □ [ˈʌndisˈkrimineitiŋ] sans discernement.
un·dis·guised □ [ˈʌndisˈgaizd] non déguisé; franc(he *f*).
un·dis·posed [ˈʌndisˈpouzd] peu disposé (*à, to*); (*usu.* ∼*of*) qui reste; ⚕ non vendu.
un·dis·put·ed □ [ˈʌndisˈpjuːtid] incontesté.
un·dis·turbed □ [ˈʌndisˈtəːbd] tranquille; calme; non dérangé.
un·di·vid·ed □ [ˈʌndiˈvaidid] indivisé; non partagé; tout.
un·do [ˈʌnˈduː] [*irr.* (*do*)] défaire (= *ouvrir*); dénouer; annuler; réparer (*un mal*); † ruiner; † tuer; **ˈunˈdo·ing** action *f* de défaire *etc.*; ruine *f*, perte *f*; **un·done** [ˈʌnˈdʌn] défait *etc.*; inachevé; non accompli; *he is* ∼ c'en est fait de lui; *come* ∼ se défaire.
un·doubt·ed □ [ʌnˈdautid] indubitable; incontestable.
un·dreamt-of [ʌnˈdremtɔv] inattendu; inimaginé.
un·dress [ˈʌnˈdres] **1.** (se) déshabiller *ou* dévêtir; **2.** déshabillé *m*, négligé *m*; ⚔ petite tenue *f*; **ˈunˈdressed** déshabillé; en déshabillé; brut (*pierre*); inapprêté (*cuir etc.*); non pansé (*blessure*); *cuis.* non garni *ou* habillé.
un·due [ˈʌnˈdjuː] (*adv. unduly*) inexigible; ⚕ non échu; injuste; exagéré; illégitime.
un·du·late [ˈʌndjuleit] *vt/i.* onduler; *v/i.* ondoyer; **ˈun·du·lat·ing** □ ondulé; vallonné (*terrain*); ondoyant (*blé*); **un·duˈla·tion** ondulation *f*; pli *m* de terrain; **un·du·la·to·ry** [ˈ∼lətəri] ondulatoire; ondulé.
un·dy·ing □ [ʌnˈdaiiŋ] immortel(le *f*); éternel(le *f*).
un·earned [ˈʌnˈəːnd] immérité; ∼ *income* rente *f*, -s *f/pl.*
un·earth [ˈʌnˈəːθ] déterrer; *chasse*: faire sortir de son trou; *fig.* découvrir, F dénicher; **unˈearth·ly** sublime; surnaturel(le *f*); F abominable.
un·eas·i·ness [ʌnˈiːzinis] gêne *f*; inquiétude *f*; **unˈeas·y** □ gêné; mal à l'aise; inquiet (-ète *f*) (au sujet de, *about*).
un·eat·a·ble [ˈʌnˈiːtəbl] immangeable.
un·e·co·nom·ic, un·e·co·nom·i·cal □ [ˈʌniːkəˈnɔmik(l)] non économique; non rémunérateur (-trice *f*) (*travail etc.*).
un·ed·u·cat·ed [ˈʌnˈedjukeitid] sans éducation; ignorant; vulgaire (*langage*).
un·em·bar·rassed [ˈʌnimˈbærəst] peu gêné, désinvolte.
un·e·mo·tion·al □ [ˈʌniˈmouʃnl] peu émotif (-ive *f*); peu impressionnable.
un·em·ployed [ˈʌnimˈplɔid] **1.** désœuvré, inoccupé; sans travail; ⚔ en non-activité; ⚕ inemployé; **2.**: *the* ∼ *pl.* les chômeurs *m/pl.*; *Welfare Work for the* ♀ assistance *f* sociale contre le chômage; **ˈun·emˈploy·ment** chômage *m*; manque *m* de travail; ∼ *benefit* secours *m* de chômage; allocation *f* de chômage.
un·end·ing □ [ˈʌnˈendiŋ] sans fin; interminable; éternel(le *f*).
un·en·dur·a·ble [ˈʌninˈdjuərəbl] insupportable.
un·en·gaged [ˈʌninˈgeidʒd] libre; disponible; non fiancé.
un-English [ˈʌnˈiŋgliʃ] peu anglais.
un·en·light·ened *fig.* [ˈʌninˈlaitnd] non éclairé.
un·en·ter·pris·ing [ˈʌnˈentəpraiziŋ] peu entreprenant.

un·en·vi·a·ble □ [ˈʌnˈenviəbl] peu enviable.

un·e·qual □ [ˈʌnˈiːkwəl] inégal (-aux *m/pl.*); irrégulier (-ère *f*); *~ to* au-dessous de; *be ~ to* (*inf.*) ne pas être de taille à (*inf.*); ˈ**unˈe·qual(l)ed** sans égal (-aux *m/pl.*); sans pareil(le *f*).

un·e·qui·vo·cal □ [ˈʌniˈkwivəkl] clair; franc(he *f*); sans équivoque.

un·err·ing □ [ˈʌnˈəːriŋ] infaillible.

un·es·sen·tial □ [ˈʌniˈsenʃl] non essentiel(le *f*); accessoire.

un·e·ven □ [ˈʌnˈiːvn] inégal (-aux *m/pl.*) (*a. humeur, souffle*); accidenté (*terrain*); raboteux (-euse *f*) (*chemin*); rugueux (-euse *f*); impair (*nombre*); irrégulier (-ère *f*).

un·e·vent·ful □ [ˈʌniˈventful] calme; sans incidents.

un·ex·am·pled [ˈʌnigˈzɑːmpld] unique; sans pareil(le *f*).

un·ex·cep·tion·a·ble □ [ˈʌnikˈsepʃənəbl] irréprochable; irrécusable (*témoignage*).

un·ex·cep·tion·al [ˈʌnikˈsepʃənl] ordinaire, banal (-als *m/pl.*), qui ne sort pas de l'ordinaire.

un·ex·pect·ed □ [ˈʌniksˈpektid] imprévu; inattendu.

un·ex·plored [ˈʌniksˈplɔːd] encore inconnu; ⚕ insondé.

un·ex·posed *phot.* [ˈʌniksˈpouzd] vierge.

un·ex·pressed [ˈʌniksˈprest] inexprimé; sousentendu (*a. gramm.*).

un·fad·ing □ [ʌnˈfeidiŋ] bon teint *inv.*; *fig.* impérissable.

un·fail·ing □ [ʌnˈfeiliŋ] sûr, infaillible; qui ne se dément jamais; inépuisable.

un·fair □ [ˈʌnˈfɛə] inéquitable; injuste, partial (-aux *m/pl.*) (*personne*); déloyal (-aux *m/pl.*) (*jeu etc.*); ˈ**unˈfair·ness** injustice *f*; partialité *f*; déloyauté *f*.

un·faith·ful □ [ˈʌnˈfeiθful] infidèle; inexact; déloyal (-aux *m/pl.*) (envers, *to*); ˈ**unˈfaith·ful·ness** infidélité *f*.

un·fal·ter·ing □ [ʌnˈfɔːltəriŋ] ferme; assuré.

un·fa·mil·iar [ˈʌnfəˈmiljə] étranger (-ère *f*); peu connu *ou* familier (-ère *f*).

un·fash·ion·a·ble □ [ˈʌnˈfæʃnəbl] démodé.

un·fas·ten [ˈʌnˈfɑːsn] délier; détacher; ouvrir; défaire.

un·fath·om·a·ble □ [ʌnˈfæðəməbl] insondable.

un·fa·vo(u)r·a·ble □ [ˈʌnˈfeivərəbl] défavorable.

un·feel·ing □ [ʌnˈfiːliŋ] insensible.

un·feigned □ [ʌnˈfeind; *adv.* ~nidli] sincère, réel(le *f*), vrai.

un·felt [ˈʌnˈfelt] insensible.

un·fer·ment·ed [ˈʌnfəːˈmentid] non fermenté.

un·fet·ter [ˈʌnˈfetə] désenchaîner; briser les fers de; *fig.* affranchir.

un·fil·i·al □ [ˈʌnˈfiljəl] indigne d'un fils.

un·fin·ished [ˈʌnˈfiniʃt] inachevé; imparfait; ⊕ brut.

un·fit 1. □ [ˈʌnˈfit] peu propre, qui ne convient pas (à *inf.*, *to inf.*; à qch., *for s.th.*); inapte (à, *for*); **2.** [ʌnˈfit] rendre inapte *ou* impropre (à, *for*); ˈ**unˈfit·ness** inaptitude *f*; mauvaise santé *f*; **unˈfit·ted** (*to, for*) impropre (à); incapable (de); indigne (de).

un·fix [ˈʌnˈfiks] (se) détacher, défaire; ˈ**unˈfixed** mobile; instable (*personne*); flottant; *phot.* non fixé.

un·flag·ging □ [ʌnˈflægiŋ] infatigable; soutenu (*intérêt*).

un·flat·ter·ing □ [ˈʌnˈflætəriŋ] peu flatteur (-euse *f*) (pour, *to*).

un·fledged [ˈʌnˈfledʒd] sans plumes; *fig.* sans expérience.

un·flinch·ing □ [ʌnˈflintʃiŋ] ferme, qui ne bronche pas; stoïque; impassible.

un·fold [ˈʌnˈfould] (se) déployer; (se) dérouler; *v/t.* [~ˈfould] révéler; développer.

un·forced □ [ˈʌnˈfɔːst; *adv.* ~sidli] libre; volontaire; naturel(le *f*).

un·fore·see·a·ble [ˈʌnfɔːˈsiːəbl] imprévisible.

un·fore·seen [ˈʌnfɔːˈsiːn] imprévu, inattendu.

un·for·get·ta·ble □ [ˈʌnfəˈgetəbl] inoubliable.

un·for·giv·a·ble [ˈʌnfəˈgivəbl] impardonnable; ˈ**un·forˈgiv·ing** implacable; rancunier (-ère *f*).

un·for·got·ten [ˈʌnfəˈgɔtn] inoublié.

un·for·ti·fied [ˈʌnˈfɔːtifaid] sans défenses; ouvert (*ville etc.*).

un·for·tu·nate [ʌnˈfɔːtʃənit] **1.** □ malheureux (-euse *f*) (*a. su.*); défavorable; *~ly* malheureusement, par malheur.

un·found·ed □ [ˈʌnˈfaundid] sans fondement; gratuit; non fondé.
un·fre·quent·ed [ˈʌnfriˈkwentid] peu fréquenté.
un·friend·ly [ˈʌnˈfrendli] inamical (-aux *m/pl.*); hostile.
un·fruit·ful □ [ˈʌnˈfruːtful] infécond (*arbre*); improductif (-ive *f*).
un·ful·filled [ˈʌnfulˈfild] inaccompli; inassouvi (*désir*); inexaucé (*vœu*).
un·furl [ʌnˈfəːl] (se) déferler (*voile, drapeau*); (se) dérouler; (se) déplier.
un·fur·nished [ˈʌnˈfəːniʃt] dégarni; dépourvu (de, *with*); non meublé (*appartement etc.*).
un·gain·li·ness [ʌnˈgeinlinis] gaucherie *f*; air *m* gauche; **unˈgain·ly** gauche; dégingandé (*marche*).
un·gear ⊕ [ˈʌnˈgiə] débrayer.
un·gen·er·ous □ [ˈʌnˈdʒenərəs] peu généreux (-euse *f*); ingrat (*sol*).
un·gen·tle □ [ˈʌnˈdʒentl] rude, dur.
un·gen·tle·man·ly [ʌnˈdʒentlmənli] mal élevé; impoli.
un·glazed [ˈʌnˈgleizd] sans vitres; non glacé (*papier*).
un·gloved [ˈʌnˈglʌvd] déganté.
un·god·li·ness [ʌnˈgɔdlinis] impiété *f*; **unˈgod·ly** □ impie; F abominable.
un·gov·ern·a·ble □ [ʌnˈgʌvənəbl] irrésistible; effréné; ingouvernable (*enfant, pays*); ˈ**unˈgov·erned** effréné; sans gouvernement (*pays, peuple*); désordonné.
un·grace·ful □ [ˈʌnˈgreisful] gauche; disgracieux (-euse *f*).
un·gra·cious □ [ˈʌnˈgreiʃəs] désagréable; peu aimable (*personne*); peu cordial (-aux *m/pl.*) (*accueil etc.*).
un·grate·ful □ [ʌnˈgreitful] ingrat; peu reconnaissant.
un·ground·ed [ˈʌnˈgraundid] sans fondement; ⚡ non (relié) à la terre.
un·grudg·ing □ [ˈʌnˈgrʌdʒiŋ] accordé de bon cœur; généreux (-euse *f*).
un·gual *anat.* [ˈʌŋgwəl] unguéal [(-aux *m/pl.*); ongulé.]
un·guard·ed □ [ˈʌnˈgɑːdid] non gardé; sans garde; sans défense (*ville*); ⊕ sans dispositif protecteur; *fig.* imprudent.
un·guent [ˈʌŋgwənt] onguent *m*.
un·guid·ed □ [ˈʌnˈgaidid] sans guide.
un·gu·late [ˈʌŋgjuleit] (*ou* ~ *animal*) ongulé *m*.
un·hal·lowed [ʌnˈhæloud] profane; imbéni; *fig.* impie.
un·ham·pered [ˈʌnˈhæmpəd] libre.
un·hand·some □ [ʌnˈhænsəm] laid (*action*); vilain.
un·hand·y □ [ʌnˈhændi] incommode; maladroit, gauche (*personne*).
un·hap·pi·ness [ʌnˈhæpinis] chagrin *m*; inopportunité *f*; **unˈhap·py** □ triste, malheureux (-euse *f*); *fig.* peu heureux (-euse *f*).
un·harmed [ˈʌnˈhɑːmd] sain et sauf (-ve *f*).
un·har·ness [ˈʌnˈhɑːnis] dételer.
un·health·y □ [ʌnˈhelθi] malsain (*a. fig.*); maladif (-ive *f*) (*personne*).
un·heard [ˈʌnˈhəːd] non entendu; ~**-of** [ʌnˈhəːdɔv] inouï; inconnu.
un·heed·ed [ˈʌnˈhiːdid] négligé; inaperçu.
un·hes·i·tat·ing □ [ʌnˈheziteitiŋ] ferme, résolu; prompt.
un·hinge [ʌnˈhindʒ] enlever (*une porte*) de ses gonds; *fig.* déranger, détraquer.
un·his·tor·i·cal □ [ˈʌnhisˈtɔrikl] contraire à l'histoire; légendaire.
un·ho·ly [ʌnˈhouli] profane; impie (*personne*); F invraisemblable.
un·hon·o(u)red [ˈʌnˈɔnəd] qui n'est pas honoré; dédaigné; ✝ impayé (*chèque etc.*).
un·hook [ˈʌnˈhuk] (se) décrocher; (se) dégrafer.
un·hoped-for [ʌnˈhouptfɔː] inespéré; inattendu; **unˈhope·ful** [~ful] peu optimiste; désespérant.
un·horse [ˈʌnˈhɔːs] désarçonner; dételer (*une voiture*).
un·house [ˈʌnˈhauz] déloger; laisser sans abri.
un·hurt [ˈʌnˈhəːt] intact; sans blessure (*personne*); indemne.
u·ni·corn [ˈjuːnikɔːn] licorne *f*.
u·ni·den·ti·fied [ˈʌnaiˈdentifaid] non identifié; ~ *flying object* objet *m* volant non identifié.
u·ni·fi·ca·tion [juːnifiˈkeiʃn] unification *f*.
u·ni·form [ˈjuːnifɔːm] **1.** □ uniforme; constant; ~ *price* prix *m* unique; **2.** uniforme *m*; ⚔ *a.* habit *m* d'ordonnance; **3.** vêtir d'un uniforme; ~*d* en uniforme; **u·niˈform-**

i·ty uniformité *f*; régularité *f*; *eccl.* conformisme *m*.

u·ni·fy [ˈjuːnifai] unifier.

u·ni·lat·er·al [ˈjuːniˈlætərəl] unilatéral (-aux *m/pl.*).

un·im·ag·i·na·ble □ [ʌniˈmædʒinəbl] inconcevable; **ˈun·imˈag·i·na·tive** □ [~nətiv] prosaïque.

un·im·paired [ˈʌnimˈpɛəd] intact; non diminué; non affaibli.

un·im·peach·a·ble □ [ʌnimˈpiːtʃəbl] inattaquable; irréprochable (*conduite*).

un·im·por·tant □ [ˈʌnimˈpɔːtənt] sans importance; insignifiant.

un·im·proved [ˈʌnimˈpruːvd] non amélioré; ⚒, *fig.* inculte.

un·in·flu·enced [ˈʌnˈinfluənst] libre de toute prévention; non influencé.

un·in·formed [ˈʌninˈfɔːmd] ignorant; non averti.

un·in·hab·it·a·ble [ˈʌninˈhæbitəbl] inhabitable; **ˈun·inˈhab·it·ed** inhabité; désert.

un·in·jured [ˈʌnˈindʒəd] intact; sain et sauf (-ve *f*) (*personne*); indemne.

un·in·struct·ed [ˈʌninˈstrʌktid] ignorant; sans instruction.

un·in·tel·li·gi·bil·i·ty [ˈʌnintelidʒəˈbiliti] inintelligibilité *f*; **ˈun·inˈtel·li·gi·ble** inintelligible.

un·in·ten·tion·al □ [ˈʌninˈtenʃənl] involontaire; non voulu.

un·in·ter·est·ing □ [ˈʌnˈintristiŋ] sans intérêt; peu intéressant.

un·in·ter·rupt·ed □ [ˈʌnintəˈrʌptid] ininterrompu; ~ *working-hours* heures *f/pl.* de travail d'affilée.

un·in·vit·ed [ˈʌninˈvaitid] sans être invité; intrus; **ˈun·inˈvit·ing** □ peu attrayant.

un·ion [ˈjuːnjən] union *f* (*a.* ⊕, *pol. etc.*); réunion *f*; *pol.* syndicat *m*; association *f*; asile *m* des pauvres; *fig.* concorde *f*; ⚒ soudure *f*; ⊕ raccord *m*; ♀ *Jack* pavillon *m* britannique; ~ *member* syndiqué(e *f*) *m*; ~ *shop* atelier *m* d'ouvriers syndiqués; ~ *suit Am.* combinaison *f*; **ˈun·ion·ism** *pol. etc.* unionisme *m*; syndicalisme *m*; **ˈun·ion·ist** *pol. etc.* unioniste *mf*; syndiqué(e *f*) *m*; syndicaliste *mf*.

u·nique [juːˈniːk] **1.** □ unique; seul en son genre; **2.** chose *f* unique.

u·ni·son ♪, *a. fig.* [ˈjuːnizn] unisson *m*; *in* ~ à l'unisson (de, *with*); *fig.* de concert (avec, *with*).

u·nit [ˈjuːnit] unité *f* (*a.* ⚔, ⚗, ⚕, *mesure*); élément *m*; ⊕ bloc *m*; **U·ni·tar·i·an** [juːniˈtɛəriən] **1.** unita(i)rien(ne *f*) *m*; unitaire *mf*; **2.** = **u·ni·tar·y** [ˈ~təri] unitaire; **u·nite** [juːˈnait] (s')unir; (se)réunir; (se) joindre (à, *with*); ♀*d Kingdom* Royaume-Uni *m*; ♀*d Nations Organisation* Organisation *f* des Nations Unies; ♀*d States pl.* États-Unis *m/pl.* (d'Amérique); **u·ni·ty** [ˈ~niti] unité *f*.

u·ni·ver·sal □ [juːniˈvəːsəl] universel(le *f*); ~ *legatee* légataire *m* universel; ⊕ ~ *joint* joint *m* brisé *ou* de cardan; ~ *language* langue *f* universelle; ♀ *Postal Union* Union *f* Postale Universelle; ~ *suffrage* suffrage *m* universel; **u·ni·ver·sal·i·ty** [~ˈsæliti] universalité *f*; **u·ni·verse** [ˈ~vəːs] univers *m*; **u·ni·ver·si·ty** [~ˈvəːsiti] université *f*.

un·just □ [ˈʌnˈdʒʌst] injuste (avec, envers, pour *to*); **un·jus·ti·fi·a·ble** □ [ʌnˈdʒʌstifaiəbl] injustifiable; inexcusable.

un·kempt [ˈʌnˈkempt] mal peigné; *fig.* mal *ou* peu soigné; mal tenu.

un·kind □ [ʌnˈkaind] dur, cruel (-le *f*); peu aimable.

un·knot [ˈʌnˈnɔt] dénouer.

un·know·ing □ [ˈʌnˈnouiŋ] ignorant; inconscient (de, *of*); **ˈunˈknown 1.** inconnu (de, à *to*); *adv.* ~ *to me* à mon insu; **2.** inconnu *m*; *personne*: inconnu(e *f*) *m*; ⚗ inconnue *f*.

un·lace [ˈʌnˈleis] délacer, défaire.

un·lade [ˈʌnˈleid] [*irr.* (*lade*)] décharger (*a.* ⚓); *fig.* délester.

un·la·dy·like [ˈʌnˈleidilaik] peu distingué; vulgaire.

un·laid [ˈʌnˈleid] détordu (*câble*); non posé (*tapis*); non mis (*couvert, table*).

un·la·ment·ed [ˈʌnləˈmentid] non regretté.

un·latch [ˈʌnˈlætʃ] lever le loquet de; ouvrir.

un·law·ful □ [ˈʌnˈlɔːful] illégal (-aux *m/pl.*); contraire à la loi; illicite; *p.ext.* illégitime.

un·learn [ˈʌnˈləːn] désapprendre; **ˈunˈlearn·ed** □ [~id] ignorant; illettré; peu versé (dans, *in*).

un·leash [ˈʌnˈliːʃ] découpler, lâcher; *fig.* déchaîner; détacher.

un·leav·ened [ˈʌnˈlevnd] sans levain, azyme.

un·less [ənˈles] **1.** *cj.* à moins que (*sbj.*); à moins de (*inf.*); si ... ne ... pas; **2.** *prp.* sauf, excepté.

un·let·tered [ˈʌnˈletəd] illettré.

un·li·censed [ˈʌnˈlaisənst] non autorisé; sans brevet.

un·like □ [ˈʌnˈlaik] différent (de q., [*to*] *s.o.*); dissemblable; à la différence de; **unˈlike·li·hood** improbabilité *f*; **unˈlike·ly** invraisemblable, improbable.

un·lim·it·ed [ʌnˈlimitid] illimité; sans bornes (*a. fig.*).

un·link [ˈʌnˈliŋk] défaire, détacher; ~ *hands* se lâcher.

un·load [ˈʌnˈloud] décharger (*un bateau, une voiture, une cargaison; a. une arme à feu; a. phot.*); ✝ se décharger de; *fig.* ~ *one's heart* épancher son cœur, se soulager.

un·lock [ˈʌnˈlɔk] ouvrir; tourner la clef dans; débloquer (*une roue*); *mot.* déverrouiller (*la direction*).

un·looked-for [ʌnˈluktfɔː] imprévu; inattendu.

un·loose(**n**) [ˈʌnˈluːs(n)] lâcher; défaire.

un·lov·a·ble [ˈʌnˈlʌvəbl] peu aimable *ou* sympathique; ˈ**unˈlove·ly** sans charme; laid; ˈ**unˈlov·ing** □ froid; peu affectueux (-euse *f*).

un·luck·y □ [ʌnˈlʌki] malheureux (-euse *f*).

un·make [ˈʌnˈmeik] [*irr.* (*make*)] défaire (*qch., un roi, etc.*); perdre (*q.*), causer la ruine de (*q.*).

un·man [ˈʌnˈmæn] amollir (*une nation*); attendrir; *fig.* décourager.

un·man·age·a·ble □ [ʌnˈmænidʒəbl] intraitable; indocile; difficile à manier; difficile à diriger (*entreprise*).

un·man·ly [ˈʌnˈmænli] efféminé; indigne d'un homme.

un·man·ner·ly [ʌnˈmænəli] sans savoir-vivre; impoli, mal élevé.

un·mar·ried [ˈʌnˈmærid] célibataire; non marié.

un·mask [ˈʌnˈmɑːsk] (se) démasquer; *v/t. fig.* dévoiler.

un·matched [ˈʌnˈmætʃt] incomparable; désassorti.

un·mean·ing □ [ʌnˈmiːniŋ] vide de sens; **un·meant** [ˈʌnˈment] involontaire; fait sans intention.

un·meas·ured [ʌnˈmeʒəd] non mesuré; *fig.* infini.

un·men·tion·a·ble [ʌnˈmenʃnəbl] **1.** dont il ne faut pas parler; qu'il ne faut pas prononcer; **2.** F *the* ~*s pl.* le pantalon *m*.

un·mer·ci·ful □ [ʌnˈməːsiful] impitoyable.

un·mer·it·ed [ˈʌnˈmeritid] immérité.

un·mind·ful □ [ʌnˈmaindful] négligent (*personne*); ~ *of* oublieux (-euse *f*) de; sans penser à.

un·mis·tak·a·ble □ [ˈʌnmisˈteikəbl] clair; qui ne prête à aucune erreur; facilement reconnaissable.

un·mit·i·gat·ed [ʌnˈmitigeitid] non mitigé; *fig.* parfait; véritable.

un·mo·lest·ed [ˈʌnmoˈlestid] sans être molesté; sans empêchement.

un·moor [ˈʌnˈmuə] dé(sa)marrer; désaffourcher.

un·mort·gaged [ˈʌnˈmɔːgidʒd] libre d'hypothèques.

un·mount·ed [ˈʌnˈmauntid] non monté; non serti (*pierre précieuse*); non encadré (*photo etc.*); ⚔ à pied.

un·moved □ [ˈʌnˈmuːvd] toujours en place; *fig.* impassible.

un·mu·si·cal □ [ˈʌnˈmjuːzikl] peu mélodieux (-euse *f*); peu musical (-aux *m/pl.*); qui n'aime pas la musique (*personne*).

un·muz·zle [ˈʌnˈmʌzl] démuseler (*a. fig.*); ~*d a.* sans muselière.

un·named [ˈʌnˈneimd] anonyme.

un·nat·u·ral □ [ʌnˈnætʃrl] non naturel(le *f*); anormal (-aux *m/pl.*); forcé; dénaturé (*père etc.*).

un·nec·es·sar·y □ [ʌnˈnesisəri] superflu.

un·neigh·bo(u)r·ly [ˈʌnˈneibəli] de mauvais voisin; peu obligeant.

un·nerve [ˈʌnˈnəːv] effrayer; faire perdre son courage (*etc.*) à (*q.*).

un·no·ticed [ˈʌnˈnoutist] inaperçu.

un·num·bered [ˈʌnˈnʌmbəd] non numéroté; *poét.* innombrable.

un·ob·jec·tion·a·ble □ [ˈʌnəbˈdʒekʃnəbl] irréprochable.

un·ob·serv·ant □ [ˈʌnəbˈzəːvənt] peu observateur (-trice *f*); *be* ~ *of* ne pas faire attention à; faire peu de cas de; ˈ**un·obˈserved** □ inaperçu, inobservé.

un·ob·tru·sive □ [ˈʌnəbˈtruːsiv] modeste; discret (-ète *f*).

un·oc·cu·pied [ˈʌnˈɔkjupaid] inoccupé; oisif (-ive *f*); inhabité; libre.

un·of·fend·ing [ˈʌnəˈfendiŋ] innocent.
un·of·fi·cial □ [ˈʌnəˈfiʃl] officieux (-euse *f*); non confirmé.
un·op·posed [ˈʌnəˈpouzd] sans opposition; *pol.* unique (*candidat*).
un·os·ten·ta·tious □ [ˈʌnɔstənˈteiʃəs] simple; modeste; sans faste.
un·pack [ˈʌnˈpæk] déballer; défaire (*v/i.* sa valise *etc.*).
un·paid [ˈʌnˈpeid] impayé; sans traitement; ✝ non acquitté; non affranchi (*lettre*).
un·pal·at·a·ble [ʌnˈpælətəbl] désagréable (*au goût, a. fig.*).
un·par·al·leled [ʌnˈpærəleld] incomparable; sans égal (-aux *m/pl.*); sans précédent.
un·par·don·a·ble □ [ʌnˈpɑːdnəbl] impardonnable.
un·par·lia·men·ta·ry □ [ˈʌnpɑːləˈmentəri] antiparlementaire; F grossier (-ère *f*).
un·pa·tri·ot·ic [ˈʌnpætriˈɔtik] (~*ally*) peu patriotique; peu patriote (*personne*).
un·paved [ˈʌnˈpeivd] non pavé.
un·peo·ple [ˈʌnˈpiːpl] dépeupler.
un·per·ceived □ [ˈʌnpəˈsiːvd] inaperçu; non ressenti.
un·per·formed [ˈʌnpəˈfɔːmd] inexécuté (*a.* ♪); ♪, *théâ.* non joué.
un·phil·o·soph·i·cal □ [ˈʌnfiləˈsɔfikl] peu philosophique.
un·picked [ˈʌnˈpikt] non trié; non cueilli (*fruit*).
un·pin [ˈʌnˈpin] enlever les épingles de; défaire; ⊕ dégoupiller.
un·pit·ied [ˈʌnˈpitid] sans être plaint; que personne ne plaint.
un·placed [ˈʌnˈpleist] sans place; *turf*: non placé; non classé.
un·pleas·ant □ [ʌnˈpleznt] désagréable; fâcheux (-euse *f*); **unˈpleas·ant·ness** caractère *m* désagréable; *fig.* ennui *m*.
un·plumbed [ˈʌnˈplʌmd] insondé.
un·po·et·ic, un·po·et·i·cal □ [ˈʌnpouˈetik(l)] peu poétique.
un·po·lished [ˈʌnˈpɔliʃt] non poli; non verni; *fig.* fruste.
un·pol·lut·ed [ˈʌnpəˈluːtid] impollué; pur.
un·pop·u·lar □ [ˈʌnˈpɔpjulə] impopulaire; mal vu; **un·pop·u·lar·i·ty** [ˈ~ˈlæriti] impopularité *f*.
un·prac·ti·cal □ [ˈʌnˈpræktikl] impraticable; peu pratique (*personne*);
ˈ**unˈprac·ticed, ˈunˈprac·tised** [~tist] (*in*) inexercé (à, dans); peu versé (dans).
un·prec·e·dent·ed □ [ʌnˈpresidəntid] sans précédent; inouï.
un·prej·u·diced □ [ˈʌnˈpredʒudist] sans préjugé; impartial (-aux *m/pl.*).
un·pre·med·i·tat·ed □ [ˈʌnpriˈmediteitid] impromptu; spontané; ⚖ non prémédité.
un·pre·pared □ [ˈʌnpriˈpɛəd; *adv.* ~ridli] non préparé; au dépourvu; improvisé (*discours*).
un·pre·pos·sess·ing [ˈʌnpriːpəˈzesiŋ] peu engageant.
un·pre·sent·a·ble [ˈʌnpriˈzentəbl] peu présentable.
un·pre·tend·ing □ [ˈʌnpriˈtendiŋ], ˈ**un·preˈten·tious** □ sans prétention.
un·prin·ci·pled [ˈʌnˈprinsəpld] sans principes; improbe.
un·pro·duc·tive □ [ˈʌnprəˈdʌktiv] improductif (-ive *f*); stérile; ✝ dormant (*capital*); *be* ~ *of* ne pas produire (*qch.*).
un·pro·fes·sion·al □ [ˈʌnprəˈfeʃənl] contraire aux usages du métier; *sp.* amateur.
un·prof·it·a·ble □ [ʌnˈprɔfitəbl] improfitable; inutile; ingrat; **unˈprof·it·a·ble·ness** inutilité *f*.
un·prom·is·ing □ [ˈʌnˈprɔmisiŋ] qui promet peu; qui s'annonce mal (*temps*).
un·pro·nounce·a·ble □ [ˈʌnprəˈnaunsəbl] imprononçable.
un·pro·pi·tious □ [ˈʌnprəˈpiʃəs] impropice; peu favorable (à, *to*).
un·pro·tect·ed □ [ˈʌnprəˈtektid] sans défense; ⊕ exposé.
un·proved [ˈʌnˈpruːvd] non prouvé.
un·pro·vid·ed [ˈʌnprəˈvaidid] non fourni; dépourvu (de, *with*); ˈ**unproˈvid·ed-for** imprévu; non prévu; (laissé) sans ressources (*personne*).
un·pro·voked □ [ˈʌnprəˈvoukt] non provoqué; gratuit.
un·pub·lished [ˈʌnˈpʌbliʃt] non publié; inédit.
un·punc·tual □ [ˈʌnˈpʌŋktjuəl] inexact; en retard; **un·punc·tu·al·i·ty** [ˈ~ˈæliti] inexactitude *f*.
un·pun·ished [ˈʌnˈpʌniʃt] impuni; *go* ~ rester impuni; échapper à la punition (*personne*).

un·qual·i·fied □ [ʌnˈkwɔlifaid] incompétent; sans diplôme; *fig.* absolu, sans réserve; F achevé, fieffé (*menteur etc.*).
un·quench·a·ble □ [ʌnˈkwentʃəbl] inextinguible; *fig.* inassouvissable.
un·ques·tion·a·ble □ [ʌnˈkwestʃənəbl] incontestable; indiscutable; **unˈques·tioned** incontesté; indiscuté; **unˈques·tion·ing** □ *fig.* aveugle.
un·quote [ˈʌnˈkwout] fermer les guillemets; **unˈquot·ed** *Bourse*: non coté.
un·rav·el [ʌnˈrævl] (s')effiler; (se) défaire; (s')éclaircir; *v/t.* dénouer (*une intrigue*).
un·read [ˈʌnˈred] non lu; illettré (*personne*); **un·read·a·ble** [ˈʌnˈriːdəbl] illisible.
un·read·i·ness [ˈʌnˈredinis] manque *m* de préparation *ou* promptitude; **ˈunˈread·y** □: *be* ~ ne pas être prêt *ou* prompt, être peu disposé (à qch., *for s.th.*; à *inf.*, *to inf.*); *attr.* hésitant.
un·re·al □ [ˈʌnˈriəl] irréel(le *f*); **un·re·al·is·tic** [ˈʌnriəˈlistik] peu réaliste; peu pratique.
un·rea·son [ˈʌnˈriːzn] déraison *f*; **unˈrea·son·a·ble** □ déraisonnable; exorbitant; indu; *a.* exigeant (*personne*).
un·re·claimed [ˈʌnriˈkleimd] non réformé; indéfriché (*terrain*).
un·rec·og·niz·a·ble □ [ˈʌnˈrekəgnaizəbl] méconnaissable; **ˈunˈrec·og·nized** non reconnu; méconnu (*génie etc.*).
un·rec·on·ciled [ˈʌnˈrekənsaild] irréconcilié.
un·re·cord·ed [ˈʌnriˈkɔːdid] non enregistré (*a.* ♪).
un·re·deemed □ [ˈʌnriˈdiːmd] non racheté *ou* récompensé (par, *by*); inaccompli (*promesse*); ⚕ non remboursé *ou* amorti.
un·re·dressed [ˈʌnriˈdrest] non redressé.
un·reel [ˈʌnˈriːl] (se) découler.
un·re·fined [ˈʌnriˈfaind] non raffiné; brut; *fig.* grossier (-ère *f*); fruste.
un·re·formed [ˈʌnriˈfɔːmd] non réformé; qui ne s'est pas corrigé.
un·re·gard·ed [ˈʌnriˈgɑːdid] négligé; **ˈun·reˈgard·ful** [~ful] (*of*) négligent (de); peu soigneux (-euse *f*) (de); inattentif (-ive *f*) (à).
un·reg·is·tered [ˈʌnˈredʒistəd] non enregistré, non inscrit; non déposé (*marque*); non recommandé (*lettre*).
un·re·gret·ted [ˈʌnriˈgretid] (*mourir*) sans laisser de regrets.
un·re·lat·ed [ˈʌnriˈleitid] sans rapport (avec, *to*); non apparenté (*personne*).
un·re·lent·ing □ [ˈʌnriˈlentiŋ] implacable; acharné.
un·re·li·a·ble [ˈʌnriˈlaiəbl] sur lequel on ne peut pas compter.
un·re·lieved □ [ˈʌnriˈliːvd] non soulagé; sans secours; monotone.
un·re·mit·ting □ [ˈʌnriˈmitiŋ] ininterrompu; soutenu.
un·re·mu·ner·a·tive □ [ˈʌnriˈmjuːnərətiv] peu rémunérateur (-trice *f*).
un·re·pealed [ˈʌnriˈpiːld] irrévoqué; encore en vigueur; non abrogé.
un·re·pent·ed [ˈʌnriˈpentid] non regretté.
un·re·quit·ed □ [ˈʌnriˈkwaitid] non récompensé; non partagé (*sentiment*).
un·re·sent·ed [ˈʌnriˈzentid] dont on ne se froisse pas.
un·re·served □ [ˈʌnriˈzəːvd; *adv.* ~vidli] sans réserve; franc(he *f*); entier (-ère *f*); non réservé (*place*).
un·re·sist·ing □ [ˈʌnriˈzistiŋ] docile; qui ne résiste pas; mou (mol *devant une voyelle ou un h muet*; molle *f*); souple.
un·re·spon·sive [ˈʌnrisˈpɔnsiv] froid; peu sensible (à, *to*).
un·rest [ˈʌnˈrest] inquiétude *f*; malaise *m*; *pol.* agitation *f*; *pol. etc.* mécontentement *m*.
un·re·strained □ [ˈʌnrisˈtreind] non restreint; effréné; immodéré.
un·re·strict·ed □ [ˈʌnrisˈtriktid] absolu; sans restriction.
un·re·vealed [ˈʌnriˈviːld] non divulgué; caché.
un·re·ward·ed [ˈʌnriˈwɔːdid] sans récompense; non récompensé.
un·rhymed [ˈʌnˈraimd] sans rime(s); ~ *verse* vers *m/pl.* blancs.
un·rid·dle [ˈʌnˈridl] résoudre.
un·rig ⚓ [ˈʌnˈrig] dégréer; dégarnir.
un·right·eous □ [ʌnˈraitʃəs] impie; injuste.
un·rip [ˈʌnˈrip] découdre; ouvrir en déchirant.
un·ripe [ˈʌnˈraip] vert; *fig.* pas encore mûr.

un·ri·val(l)ed [ʌn'raivəld] sans pareil(le *f*); incomparable.
un·roll ['ʌn'roul] (se) dérouler.
un·rope *alp.* ['ʌn'roup] détacher la corde.
un·ruf·fled ['ʌn'rʌfld] calme (*personne, mer*); serein (*a. personne*).
un·ruled ['ʌn'ru:ld] non gouverné; *fig.* sans frein; sans lignes (*papier*).
un·rul·y [ʌn'ru:li] indiscipliné, mutin; *fig.* déréglé; fougueux (-euse *f*) (*cheval*).
un·sad·dle ['ʌn'sædl] desseller (*un cheval*); désarçonner (*un cavalier*).
un·safe □ ['ʌn'seif] dangereux (-euse *f*); ✝ véreux (-euse *f*).
un·said ['ʌn'sed] non prononcé; *leave* ~ passer sous silence.
un·sal·a·ried ['ʌn'sælərid] non rémunéré.
un·sal(e)·a·ble ['ʌn'seiləbl] invendable.
un·sanc·tioned ['ʌn'sæŋkʃnd] non autorisé; non ratifié.
un·san·i·tar·y ['ʌn'sænitəri] non hygiénique; insalubre.
un·sat·is·fac·to·ry □ ['ʌnsætis'fæktəri], **'un'sat·is·fy·ing** □ [~faiiŋ] peu satisfaisant; défectueux (-euse *f*).
un·sa·vo(u)r·y □ ['ʌn'seivəri] désagréable; *fig.* répugnant; vilain.
un·say ['ʌn'sei] [*irr.* (*say*)] rétracter, se dédire de.
un·scathed ['ʌn'skeiðd] indemne; sans dommage *ou* blessure.
un·schooled ['ʌn'sku:ld] illettré; spontané; peu habitué (à, *to*).
un·sci·en·tif·ic ['ʌnsaiən'tifik] (~*ally*) peu *ou* non scientifique.
un·screw ['ʌn'skru:] (se) dévisser.
un·scru·pu·lous □ [ʌn'skru:pjuləs] sans scrupules.
un·seal ['ʌn'si:l] décacheter (*une lettre*); *fig.* dessiller (les yeux à q., *s.o.'s eyes*).
un·search·a·ble □ [ʌn'sə:tʃəbl] inscrutable.
un·sea·son·a·ble □ [ʌn'si:znəbl] hors de saison; *fig.* inopportun; ~ *weather* temps *m* qui n'est pas de saison; **'un'sea·soned** vert (*bois*); *cuis.* non assaisonné; *fig.* non acclimaté.
un·seat ['ʌn'si:t] désarçonner (*un cavalier*); *parl.* faire perdre son siège à; invalider; **'un'seat·ed** sans chaise; *parl.* non réélu.
un·sea·wor·thy ⚓ ['ʌn'si:wə:ði] incapable de tenir la mer; ⚖ innavigable.
un·see·ing *fig.* ['ʌn'si:iŋ] aveugle.
un·seem·li·ness [ʌn'si:mlinis] inconvenance *f*; **un'seem·ly** *adj.* inconvenant; peu convenable.
un·seen ['ʌn'si:n] **1.** inaperçu, invisible; **2.** *l'*autre monde *m*; *le* surnaturel *m*; *école*: (*a.* ~ *translation*) version *f* à livre ouvert.
un·self·ish □ ['ʌn'selfiʃ] sans égoïsme; désintéressé; dévoué.
un·sen·ti·men·tal ['ʌnsenti'mentl] peu sentimental (-aux *m/pl.*).
un·serv·ice·a·ble □ ['ʌn'sə:visəbl] inutilisable; peu pratique.
un·set·tle ['ʌn'setl] déranger; troubler le repos de (*q.*); ébranler (*les convictions*); **'un'set·tled** dérangé; troublé (*pays etc.*); variable (*temps*); incertain; inquiet (-ète *f*) (*esprit*); ✝ non réglé, impayé; indécis (*question, esprit*); sans domicile fixe; non colonisé (*pays*).
un·shack·le ['ʌn'ʃækl] ôter les fers à; ⚓ détalinguer (*l'ancre*).
un·shak(e)·a·ble ['ʌn'ʃeikəbl] inébranlable.
un·shak·en ['ʌn'ʃeikn] ferme; constant.
un·shape·ly ['ʌn'ʃeipli] difforme; informe.
un·shav·en ['ʌn'ʃeivn] non rasé.
un·sheathe ['ʌn'ʃi:ð] dégainer.
un·ship ['ʌn'ʃip] décharger (*a.* F *fig.*).
un·shod ['ʌn'ʃɔd] nu-pieds *adj./inv.*; sans fers, déferré (*cheval*).
un·shorn ['ʌn'ʃɔ:n] non tondu; *poét.* non coupé, non rasé.
un·shrink·a·ble *tex.* ['ʌn'ʃriŋkəbl] irrétrécissable; **'un'shrink·ing** □ qui ne bronche pas.
un·sight·ed ['ʌn'saitid] inaperçu; sans hausse (*arme à feu*); **un'sight·ly** laid.
un·signed ['ʌn'saind] sans signature.
un·sized ['ʌn'saizd] sans colle (*papier*).
un·skil(l)·ful □ [ʌn'skilful] inhabile (à *at, in*); **'un'skilled** inexpérimenté (à, *in*); ~ *work* main-d'œuvre (*pl.* mains-d'œuvre) *f* non spécialisée; ~ *worker* manœuvre *m*.
un·skimmed ['ʌn'skimd] non écrémé.

un·so·cia·ble [ʌn'souʃəbl] farouche; sauvage; **un'so·cial** [~ʃl] insocial (-aux *m/pl.*); *a. see unsociable.*
un·sold ['ʌn'sould] invendu.
un·sol·dier·ly ['ʌn'souldʒəli] *adj.* peu militaire.
un·so·lic·it·ed ['ʌnsə'lisitid] spontané; non sollicité.
un·solv·a·ble ['ʌn'sɔlvəbl] insoluble; '**un'solved** non résolu.
un·so·phis·ti·cat·ed ['ʌnsə'fistikeitid] pur; non adultéré; candide, ingénu (*personne*).
un·sought ['ʌn'sɔːt] **1.** *adj.* non (re)cherché; **2.** *adv.* spontanément.
un·sound □ ['ʌn'saund] peu solide; véreux (-euse *f*); malsain (*personne*); taré (*cheval*); gâté (*pomme etc.*); défectueux (-euse *f*); faux (fausse *f*) (*opinion, doctrine, etc.*); *of ~ mind* non sain d'esprit.
un·spar·ing □ ['ʌn'spɛəriŋ] libéral (-aux *m/pl.*); prodigue (de *of, in*); impitoyable (pour q., *of s.o.*).
un·speak·a·ble □ [ʌn'spiːkəbl] indicible; inexprimable; F *fig.* ignoble.
un·spec·i·fied ['ʌn'spesifaid] non spécifié.
un·spent ['ʌn'spent] non dépensé; *fig.* inépuisé.
un·spo·ken ['ʌn'spoukn] non dit; (*a.* '**un'spo·ken-of**) dont on ne fait pas mention.
un·sports·man·like ['ʌn'spɔːtsmənlaik] indigne d'un sportsman; peu loyal (-aux *m/pl.*).
un·spot·ted ['ʌn'spɔtid] non tacheté; *fig.* sans tache.
un·sta·ble □ ['ʌn'steibl] instable; peu sûr; inconstant; ⚘ peu solide.
un·stamped ['ʌn'stæmpt] non estampé (*papier*); sans timbre, non affranchi (*lettre*).
un·stead·y □ ['ʌn'stedi] peu stable; peu solide; irrésolu; chancelant (*pas*); mal assuré (*voix*); *fig.* déréglé (*personne*); irrégulier (-ère *f*).
un·stint·ed [ʌn'stintid] abondant; à discrétion.
un·stitch ['ʌn'stitʃ] découdre.
un·stop ['ʌn'stɔp] déboucher.
un·strained ['ʌnstreind] non filtré (*liquide*); non tendu (*corde etc.*); *fig.* non forcé, naturel(le *f*).
un·stressed ['ʌn'strest] inaccentué; *gramm.* atone.
un·string ['ʌn'striŋ] [*irr.* (*string*)] déficeler; détraquer (*les nerfs*); dé(sen)filer (*des perles etc.*).

un·stud·ied ['ʌn'stʌdid] naturel(le *f*); ignorant (de, *in*).
un·sub·mis·sive □ ['ʌnsəb'misiv] insoumis, indocile.
un·sub·stan·tial □ ['ʌnsəb'stænʃl] insubstantiel(le *f*); immatériel(le *f*); sans substance; chimérique.
un·suc·cess·ful □ ['ʌnsək'sesful] non réussi; qui n'a pas réussi (*personne*); *pol.* non élu.
un·suit·a·ble □ ['ʌn'sjuːtəbl] impropre (à *for, to*); déplacé; mal assorti (*mariage*); peu fait (pour *for, to*) (*personne*); '**un'suit·ed** (*for, to*) mal adapté (à); peu fait (pour) (*personne*).
un·sul·lied ['ʌn'sʌlid] immaculé.
un·sure ['ʌn'ʃuə] peu sûr; peu solide.
un·sus·pect·ed ['ʌnsəs'pektid] insoupçonné (de, *by*); non suspect; '**un·sus'pect·ing** qui ne se doute de rien; sans soupçons; sans défiance.
un·sus·pi·cious □ ['ʌnsəs'piʃəs] qui ne suscite pas de soupçons; *be ~ of* ne pas se douter de.
un·swerv·ing □ ['ʌn'swəːviŋ] constant.
un·sworn ['ʌn'swɔːn] qui n'a pas prêté serment.
un·taint·ed □ ['ʌn'teintid] pur, non corrompu (*a. fig.*); *fig.* sans tache (*réputation*).
un·tam(e)·a·ble ['ʌn'teiməbl] inapprivoisable; *fig.* indomptable; '**un'tamed** inapprivoisé; *fig.* indompté.
un·tar·nished ['ʌn'tɑːniʃt] non terni (*a. fig.*); sans tache.
un·tast·ed ['ʌn'teistid] non goûté.
un·taught ['ʌn'tɔːt] illettré (*personne*); naturel(le *f*); non enseigné.
un·taxed ['ʌn'tækst] exempt(é) d'impôts *ou* de taxes.
un·teach·a·ble ['ʌn'tiːtʃəbl] incapable d'apprendre (*personne*); non enseignable (*chose*).
un·tem·pered ['ʌn'tempəd] ⊕ détrempé; *fig.* non adouci (de, *with*).
un·ten·a·ble ['ʌn'tenəbl] intenable (*position*); insoutenable (*opinion etc.*).
un·ten·ant·ed ['ʌn'tenəntid] inoccupé; vide; sans locataire.
un·thank·ful □ ['ʌn'θæŋkful] ingrat.
un·think·a·ble [ʌn'θiŋkəbl] incon-

cevable; unˈ**think·ing** □ irréfléchi; étourdi.

un·thought [ˈʌnˈθɔːt], **unˈthought-of** oublié; imprévu (*événement*).

un·thread [ˈʌnˈθred] dé(sen)filer; *fig.* trouver la sortie de.

un·thrift·y □ [ˈʌnˈθrifti] dépensier (-ère *f*); malvenant (*arbre*).

un·ti·dy □ [ʌnˈtaidi] en désordre; négligé; mal peigné (*cheveux*).

un·tie [ˈʌnˈtai] dénouer; délier (*q., qch., un nœud*).

un·til [ənˈtil] **1.** *prp.* jusqu'à; **2.** *cj.* jusqu'à ce que; jusqu'au moment où.

un·tilled [ˈʌntild] inculte; en friche.

un·time·ly [ʌnˈtaimli] prématuré; inopportun; mal à propos.

un·tir·ing □ [ʌnˈtaiəriŋ] infatigable.

un·to [ˈʌntu] *see to 1.*

un·told [ˈʌnˈtould] non raconté (*incident etc.*); non computé; *fig.* immense.

un·touched [ˈʌnˈtʌtʃt] non manié; *fig.* intact; *fig.* indifférent; *phot.* non retouché.

un·trained [ˈʌnˈtreind] inexpérimenté; inexpert; non dressé (*chien etc.*); non formé.

un·trans·fer·a·ble [ˈʌntrænsˈfəːrəbl] intransférable; strictement personnel(le *f*) (*billet*); ⚖ inaliénable.

un·trans·lat·a·ble [ˈʌntrænsˈleitəbl] intraduisible.

un·trav·el(l)ed [ˈʌnˈtrævld] inexploré; qui n'a jamais voyagé (*personne*).

un·tried [ˈʌnˈtraid] inessayé; jamais mis à l'épreuve; ⚖ pas encore jugé (*cause*); pas encore passé en jugement (*détenu*).

un·trimmed [ˈʌnˈtrimd] non arrangé; non taillé (*haie*); ⊕, *a. cuis.* non paré; sans garniture (*robe etc.*).

un·trod·den [ˈʌnˈtrɔdn] non frayé; inexploré.

un·trou·bled [ˈʌnˈtrʌbld] non troublé; calme.

un·true □ [ˈʌnˈtruː] faux (fausse *f*); infidèle (*personne*).

un·trust·wor·thy □ [ˈʌnˈtrʌstwəːði] douteux (-euse *f*); faux (fausse *f*).

un·truth [ˈʌnˈtruːθ] fausseté *f*; mensonge *m*.

un·tu·tored [ˈʌnˈtjuːtəd] illettré; naturel(le *f*).

un·twine [ˈʌnˈtwain], **un·twist** [ˈʌnˈtwist] (se) détordre, détortiller.

un·used [ˈʌnˈjuːzd] inutilisé; neuf (neuve *f*); [ˈʌnˈjuːst] peu habitué (à, *to*); **un·u·su·al** □ [ʌnˈjuːʒuəl] extraordinaire; peu commun.

un·ut·ter·a·ble □ [ʌnˈʌtərəbl] indicible; imprononçable (*mot*).

un·val·ued [ˈʌnˈvæljuːd] non *ou* peu estimé (*personne*).

un·var·ied [ʌnˈvɛərid] peu varié; uniforme.

un·var·nished [ˈʌnˈvɑːniʃt] non verni; *fig.* simple.

un·var·y·ing □ [ʌnˈvɛəriiŋ] invariable.

un·veil [ˈʌnˈveil] (se) dévoiler.

un·versed [ˈʌnˈvəːst] ignorant (de, *in*); peu versé (dans, *in*).

un·voiced [ˈʌnˈvɔist] non exprimé; *gramm.* sourd (*consonne etc.*), muet(te *f*).

un·vouched [ˈʌnˈvautʃt], *usu.* **un-vouched-for** [ʌnˈvautʃtfɔː] non garanti.

un·want·ed [ˈʌnˈwɔntid] non voulu; superflu.

un·war·i·ness [ʌnˈwɛərinis] imprudence *f*.

un·war·rant·a·ble □ [ʌnˈwɔrəntəbl] inexcusable; ˈ**unˈwar·rant·ed** injustifié; sans garantie.

un·war·y □ [ˈʌnˈwɛəri] imprudent.

un·wa·tered [ˈʌnˈwɔːtəd] sans eau; non arrosé (*jardin*); non dilué (*capital*).

un·wa·ver·ing [ʌnˈweivəriŋ] constant; inébranlable.

un·wea·ry·ing □ [ʌnˈwiəriiŋ] infatigable.

un·wel·come [ʌnˈwelkəm] importun; *fig.* fâcheux (-euse *f*).

un·well [ˈʌnˈwel] indisposé.

un·whole·some [ˈʌnˈhoulsəm] malsain (*a. fig.*); insalubre.

un·wield·y □ [ʌnˈwiːldi] peu maniable; encombrant (*colis*).

un·will·ing □ [ˈʌnˈwiliŋ] rétif (-ive *f*); fait *etc.* à contre-cœur; *be* ~ *to* (*inf.*) ne pas vouloir (*inf.*); *be* ~ *for s.th. to be done* ne pas vouloir que qch. soit faite.

un·wind [ˈʌnˈwaind] [*irr.* (*wind*)] (se) dérouler; ⚓ *vt/i.* dévirer.

un·wis·dom [ˈʌnˈwizdəm] imprudence *f*; stupidité *f*; **un·wise** □ [ˈʌnˈwaiz] imprudent; peu sage.

un·wished [ˈʌnˈwiʃt], *usu.* **un-wished-for** [ʌnˈwiʃtfɔː] peu désiré.

un·wit·ting □ [ʌnˈwitiŋ] inconscient.

un·wom·an·ly [ʌnˈwumənli] peu digne d'une femme.
un·wont·ed □ [ʌnˈwountid] inaccoutumé (à *inf.*, *to inf.*); insolite.
un·work·a·ble [ˈʌnˈwəːkəbl] impraticable; ⚓ immaniable; ⊕ rebelle; inexploitable.
un·wor·thy □ [ʌnˈwəːði] indigne.
un·wound·ed [ˈʌnˈwuːndid] non blessé; sans blessure.
un·wrap [ˈʌnˈræp] enlever l'enveloppe de; défaire (*un paquet*).
un·wrin·kle [ˈʌnˈriŋkl] (se) dérider.
un·writ·ten [ˈʌnˈritn] non écrit; coutumier (-ère *f*), oral (-aux *m/pl.*) (*droit*); blanc(he *f*) (*page*).
un·wrought [ˈʌnˈrɔːt] non travaillé; brut.
un·yield·ing □ [ʌnˈjiːldiŋ] qui ne cède pas; ferme.
un·yoke [ˈʌnˈjouk] dételer; découpler.
un·zip [ˈʌnˈzip] ouvrir la fermeture éclair de.
up [ʌp] **1.** *adv.* vers le haut; en montant; haut; en haut; en dessus; en l'air; debout; levé (*a. soleil etc.*); fini (*temps*); fermé (*fenêtre etc.*); ouvert (*fenêtre à guillotine, stores, etc.*); *Am. baseball*: à la batte; *sl. be hard* ~ être fauché (= *être à court d'argent*); *be* ~ *against a task* être aux prises avec une tâche; ~ *to* jusque, jusqu'à; *see date*² *1*; *be* ~ *to s.th.* être à la hauteur de qch.; être capable de qch.; être occupé à faire qch.; *it is* ~ *to me to* (*inf.*) c'est à moi de (*inf.*); *see mark*² *1*; *what are you* ~ *to there?* qu'est-ce que vous faites *ou* mijotez?; *sl. what's* ~*?* qu'est-ce qu'il y a?; qu'est-ce qui se passe?; ~ *with* au niveau de; *it's all* ~ *with him* c'en est fait de lui; *sl.* il est fichu; **2.** *int.* en haut!; **3.** *prp.* au haut de; sans *ou* vers le haut de; ~ *the hill* en montant *ou* en haut de la colline; **4.** *adj.* ~ *train* train *m* en direction de la capitale; F train *m* de retour; **5.** *su.*: *Am.* F *on the* ~ *and* ~ honnête, en règle, loyal (-aux *m/pl.*); en bonne voie, en train de monter *ou* de s'améliorer; ~*s pl. and downs pl.* ondulations *f/pl.*; *fig.* vicissitudes *f/pl.* (*de la vie*); **6.** F *v/i.* se lever; *v/t.* (*a.* ~ *with*) lever.
up-and-com·ing *Am.* F [ˈʌpənˈkʌmiŋ] ambitieux (-euse *f*); qui promet; qui a de l'avenir.
up·beat ♪ [ˈʌpbiːt] levé *m.*
up·braid [ʌpˈbreid] reprocher (qch. à q., *s.o. with ou for s.th.*).
up·bring·ing [ˈʌpbriŋiŋ] éducation *f.*
up·cast [ˈʌpkɑːst] relèvement *m*; ⚒ (*a.* ~ *shaft*) puits *m* de retour.
up·com·ing *Am.* [ˈʌpkʌmiŋ] imminent.
up-coun·try 1. [ˈʌpˈkʌntri] *adj.* de l'intérieur du pays; **2.** *adv.* [ʌpˈkʌntri] à l'intérieur du pays.
up-cur·rent ✈ [ˈʌpkʌrənt] courant *m* d'air ascendant.
up·date [ʌpˈdeit] mettre à jour; moderniser.
up·end [ʌpˈend] mettre debout; *fig.* renverser (*l'adversaire etc.*).
up-grade [ˈʌpgreid] montée *f*; *on the* ~ *fig.* en bonne voie; ⚕ à la hausse.
up·heav·al [ʌpˈhiːvl] *géol.* soulèvement *m*; *fig.* bouleversement *m*, agitation *f.*
up·hill [ˈʌpˈhil] montant; *fig.* ardu.
up·hold [ʌpˈhould] [*irr.* (*hold*)] soutenir, maintenir; **upˈhold·er** partisan(e *f*) *m.*
up·hol·ster [ʌpˈhoulstə] tapisser, couvrir (*un meuble*) (de *in, with*); garnir (*une pièce*); **upˈhol·ster·er** tapissier *m*; **upˈhol·ster·y** tapisserie *f* d'ameublement; *meuble*: capitonnage *m*; *mot.* garniture *f*; *métier*: tapisserie *f.*
up·keep [ˈʌpkiːp] (frais *m/pl.* d')entretien *m.*
up·land [ˈʌplənd] **1.** *usu.* ~*s pl.* hautes terres *f/pl.*; **2.** des montagnes.
up·lift 1. [ʌpˈlift] soulever; élever (*a. fig.*); **2.** [ˈʌplift] élévation *f* (*a. fig.*); *géol.* soulèvement *m*; ⚕ reprise *f.*
up·on [əˈpɔn] *see on.*
up·per [ˈʌpə] **1.** plus haut; supérieur; *the* ~ *class*(*es pl.*) la haute société; F *the* ~ *crust* le gratin; *get the* ~ *hand* (*of*) prendre le dessus (sur); *get the* ~ *hand of a.* avoir raison de, venir à bout de; *have the* ~ *hand* avoir le dessus; *the* ~ *ten* (*thousand*) la haute société; **2.** *usu.* ~*s pl.* empeignes *f/pl.*; *bottes*: tiges *f/pl.*; **ˈ~-ˈcase let·ter** *typ.* majuscule *m*; **ˈ~-ˈclass** aristocratique; **ˈ~·cut** *box.* uppercut *m*; **ˈ~·most** le plus haut; principal.
up·pish □ [ˈʌpiʃ] arrogant.

up·pi·ty *Am.* F ['ʌpiti] suffisant; arrogant.
up·raise [ʌp'reiz] (sou)lever, élever.
up·rear [ʌp'riə] dresser.
up·right 1. □ ['ʌp'rait] vertical (-aux *m/pl.*); droit (*a. fig.*); debout; *fig.* ['ʌprait] juste, intègre; **2.** [~] montant *m*; piano *m* droit; *out of* ~ hors d'aplomb.
up·ris·ing [ʌp'raiziŋ] lever *m*; insurrection *f*.
up·roar ['ʌprɔ:] *fig.* tapage *m*, vacarme *m*; tumulte *m*; **up'roar·i·ous** □ tumultueux (-euse *f*); tapageur (-euse *f*).
up·root [ʌp'ru:t] déraciner; arracher.
up·set [ʌp'set] **1.** [*irr.* (*set*)] renverser; bouleverser (*a. fig.*); déranger; *fig.* mettre (*q.*) en émoi; ⚕ indisposer, déranger; ⊕ refouler; **2.**: ~ *price* mise *f* à prix, prix *m* de départ; **3.** renversement *m*; bouleversement *m*; désordre *m*.
up·shot ['ʌpʃɔt] résultat *m*, dénouement *m*; *in the* ~ à la fin.
up·side *adv.* ['ʌpsaid]: ~ *down* sens dessus dessous; à l'envers; *fig.* en désordre; *turn* ~ *down* renverser; *fig.* bouleverser.
up·stage F ['ʌp'steidʒ] **1.** orgueilleux (-euse *f*), arrogant, hautain; **2.** éclipser (q.); remettre (q.) à sa place.
up·stairs ['ʌp'stɛəz] **1.** *adv.* en haut; jusqu'en haut; **2.** *adj.* d'en haut.
up·start ['ʌpstɑ:t] **1.** parvenu(e *f*) *m*; **2.** se lever brusquement.
up·state *Am.* ['ʌp'steit] région *f* éloignée; *surt.* État *m* de New-York.
up·stream ['ʌp'stri:m] **1.** *adv.* en amont; en remontant le courant; **2.** *adj.* d'amont.
up·stroke ['ʌpstrouk] *écriture*: délié *m*.
up·surge ['ʌpsə:dʒ] soulèvement *m*; accès *m* (*de colère etc.*); poussée *f*.
up·swing ['ʌp'swiŋ] essor *m*; montée *f*.
up·take ['ʌpteik] entendement *m*; F *be slow* (*quick*) *in* (*ou on*) *the* ~ avoir la compréhension difficile (facile), saisir mal (vite).
up·throw ['ʌpθrou] rejet *m* en haut.
up·tight F ['ʌptait] crispé, tendu; nerveux (-euse *f*).
up-to-date ['ʌptə'deit] moderne; au courant, à jour; à la page.
up-to-the-min·ute ['ʌptəðə'minit] le (la *f*) plus moderne; très récent; de dernière heure, dernier (-ière *f*).
up·town ['ʌp'taun] **1.** *adv. Am.* dans le quartier résidentiel de la ville; **2.** *adj.* du quartier bourgeois.
up·turn [ʌp'tə:n] **1.** lever; retourner; **2.** *Am.* reprise *f* des affaires.
up·ward ['ʌpwəd] **1.** *adj.* montant; vers le haut; **2.** *adv.* (*ou* **up·wards** ['~z]) de bas en haut; vers le haut; en dessus, au-dessus; ~ *of* plus de.
u·ra·ni·um ⚗ [juə'reinjəm] uranium *m*.
ur·ban ['ə:bən] urbain; **ur·bane** □ [ə:'bein] courtois, poli; **ur·ban·i·ty** [ə:'bæniti] urbanité *f*; courtoisie *f*; politesse *f*; **ur·ban·i·za·tion** [ə:bənai'zeiʃn] aménagement *m* des agglomérations urbaines; **'ur·ban·ize** urbaniser.
ur·chin ['ə:tʃin] gamin *m*; gosse *mf*.
urge [ə:dʒ] **1.** pousser (q. à *inf.*, *s.o. to inf.*; *qch.*); (*souv.* ~ *on*) encourager; hâter; *fig.* insister sur; mettre en avant; recommander (qch. à q., *s.th. on s.o.*); **2.** impulsion *f*; forte envie *f*; **ur·gen·cy** ['~ənsi] urgence *f*; besoin *m* pressant; **'ur·gent** □ urgent, pressant; *be* ~ *with s.o. to* (*inf.*) insister pour que q. (*sbj.*).
u·ric ⚗ ['juərik] urique.
u·ri·nal ['juərinl] urinoir *m*; ⚕ urinal *m*; **'u·ri·nar·y** urinaire; **u·ri·nate** ['~neit] uriner; **u·rine** ['~rin] urine *f*.
urn [ə:n] urne *f*; (*usu. tea-*~) samovar *m*.
us [ʌs; əs] *accusatif, datif*: nous.
us·a·ble ['ju:zəbl] utilisable.
us·age ['ju:zidʒ] usage *m* (⚚ de commerce); coutume *f*; emploi *m*; traitement *m*.
us·ance ⚚ ['ju:zəns] usance *f*; *bill at* ~ effet *m* à usance.
use **1.** [ju:s] emploi *m* (*a.* ⚕); usage *m*; *fig.*, *a.* ⚖ jouissance *f*; coutume *f*, habitude *f*; utilité *f*; service *m*; *be of* ~ être utile (à *for*, *to*); *it is* (*of*) *no* ~ (*gér.*, *to inf.*) il est inutile (que *sbj.*); inutile (de *inf.*); *have no* ~ *for* ne savoir que faire de (*qch.*); F ne pas pouvoir voir (*q.*); *put s.th. to* ~ profiter de qch.; faire bon (mauvais) usage de qch.; **2.** [ju:z] employer; se servir de; ~ *up* user, épuiser; *I* ~*d* ['ju:s(t)] *to do* je faisais; j'avais l'habitude de faire; **used** ['ju:st] habitué (à, *to*); ['ju:zd] usé, usagé; usité; *a.* sale (*linge*); ~

car auto *f* d'occasion; **useful** □ [ˈjuːsful] utile (*a.* ⊕); pratique; ~ *capacity*, ~ *efficiency* rendement *m ou* effet *m* utile; ~ *load* charge *f* utile; **ˈuse·ful·ness** utilité *f*; **ˈuse·less** □ inutile; inefficace; vain; **us·er** [ˈjuːzə] usager (-ère *f*) *m*.

ush·er [ˈʌʃə] **1.** huissier *m*; introducteur *m*; ⚖ audiencier *m*; *péj.* sous-maître *m*; maître *m* d'étude; **2.** (*usu.* ~ *in*) faire entrer, introduire; **ush·er·ette** *cin.* [~ˈret] ouvreuse *f*.

u·su·al □ [ˈjuːʒuəl] ordinaire; habituel(le *f*); ~ *in* (*the*) *trade* d'usage dans le métier.

u·su·fruct ⚖ [ˈjuːsjufrʌkt] usufruit *m*; **u·suˈfruc·tu·ar·y** [~juəri] **1.** usufruitier (-ère *f*) *m*; **2.** *adj.* usufructuaire (*droit*).

u·su·rer [ˈjuːʒərə] usurier *m*; **u·su·ri·ous** □ [juːˈzjuəriəs] usuraire; usurier (-ère *f*) (*personne*).

u·surp [juːˈzəːp] *vt/i.* usurper (sur *from*, *on*); *v/t.* voler (à, *from*); **u·surˈpa·tion** usurpation *f*; **uˈsurp·ing** □ usurpateur (-trice *f*).

u·su·ry [ˈjuːʒuri] usure *f*.

u·ten·sil [juːˈtensl] ustensil *m*; outil *m*; ~*s pl.* articles *m/pl.*, ustensiles *m/pl.*

u·tèr·ine [ˈjuːtərain] utérin; ~ *brother* frère *m* utérin *ou* de mère; **u·ter·us** *anat.* [ˈ~rəs], *pl.* **u·ter·i** [ˈ~tərai] utérus *m*, matrice *f*.

u·til·i·tar·i·an [juːtiliˈtɛəriən] utilitaire (*a. su./mf*); **uˈtil·i·ty 1.** utilité *f*; *public* ~ (entreprise *f* de) service *m* public; **2.** à toutes fins (*chariot etc.*).

u·ti·li·za·tion [juːtilaiˈzeiʃn] utilisation *f*; exploitation *f*; emploi *m*; **ˈu·ti·lize** utiliser, se servir de; tirer parti de, profiter de.

ut·most [ˈʌtmoust] **1.** extrême; **2.** dernier degré *m*.

U·to·pi·an [juːˈtoupjən] **1.** d'utopie; **2.** utopiste *mf*; idéaliste *mf*.

u·tri·cle *biol.* [ˈjuːtrikl] utricule *m*.

ut·ter [ˈʌtə] **1.** □ *fig.* absolu; extrême; complet (-ète *f*); **2.** dire, exprimer; pousser (*un gémissement etc.*); émettre (*de la monnaie*); **ˈut·ter·ance** expression *f*; émission *f*; prononciation *f*; ~*s pl.* propos *m/pl.*; *give* ~ *to* exprimer; **ˈut·ter·er** diseur (-euse *f*) *m*; débiteur (-euse *f*) *m* (*de nouvelles etc.*); émetteur *m* (*de monnaie*); **ut·ter·most** [ˈ~moust] extrême; dernier (~ère *f*).

U-turn [ˈjuːtəːn] *mot.* demi-tour *m*; *fig.* revirement *m*, volte-face *f/inv.*; *mot.* '*no* ~*s*' 'défense de faire demi-tour'.

u·vu·la *anat.* [ˈjuːvjulə] luette *f*; uvule *f*; **u·vu·lar** [~] uvulaire; ~ *R* R *m* vélaire.

ux·o·ri·ous [ʌkˈsɔːriəs] (extrêmement) dévoué à sa femme (*mari*).

V

V, v [viː] V *m*, v *m*.
va·can·cy [ˈveikənsi] vide *m*; vacance *f*, poste *m* vacant; chambre *f* à louer; espace *m* vide; ~ *for* on cherche (*employé etc.*); *no vacancies travail*: pas d'embauche; *hotel*: complet; *gaze into* ~ regarder dans l'espace; **va·cant** □ [ˈ~kənt] vacant, libre; hébété (*air*); inoccupé (*esprit*).
va·cate [vəˈkeit] quitter (*un emploi, un hôtel, un siège, etc.*); évacuer (*un appartement*); laisser libre; *v/i. Am. sl.* ficher le camp; **vaˈca·tion** 1. *école, a. Am.*: vacances *f/pl.*; ⚖ vacations *f/pl.*; 2. *surt. Am.* prendre des *ou* être en vacances; **vaˈca·tion·ist** *Am.* vacancier *m*; estivant(e *f*) *m*.
vac·ci·nate [ˈvæksineit] vacciner; **vac·ciˈna·tion** vaccination *f*; **ˈvac·ci·na·tor** vaccinateur *m*; **vac·cine** [ˈ~siːn] 1. vaccinal (-aux *m/pl.*); ~ *matter* = 2. vaccin *m*.
vac·il·late [ˈvæsileit] vaciller; hésiter; **vac·ilˈla·tion** vacillation *f*; hésitation *f*.
va·cu·i·ty [væˈkjuiti] vacuité *f*; vide *m* (*a. fig.*); **vac·u·ous** □ [ˈ~kjuəs] vide; *fig. usu.* bête; **vac·u·um** [ˈ~əm] *phys.* 1. vide *m*, vacuum *m*; ~ *brake* frein *m* à vide; ~ *cleaner* aspirateur *m*; ~ *flask*, ~ *bottle* (bouteille *f*) Thermos *f*; ~ *tube* tube *m* à vide; *radio*: audion *m*; 2. F nettoyer à l'aspirateur; **vac·u·um-packed** emballé sous vide.
va·de-me·cum [ˈveidiˈmiːkəm] vade-mecum *m/inv.*
vag·a·bond [ˈvægəbənd] 1. vagabond, errant; 2. chemineau *m*; vagabond(e *f*) *m*; F vaurien *m*; **vag·a·bond·age** [ˈ~bɔndidʒ] vagabondage *m*.
va·gar·y [ˈveigəri] caprice *m*; fantaisie *f*.
va·gi·na *anat.* [vəˈdʒainə] vagin *m*.
va·gran·cy [ˈveigrənsi] vie *f* de vagabond; ⚖ vagabondage *m*; **ˈva·grant** 1. errant, vagabond (*a. fig.*); 2. *see vagabond* 2.
vague □ [veig] vague; imprécis; estompé; indécis; *be* ~ ne rien préciser (*personne*).
vain □ [vein] vain; fier (-ère *f*) (de, *of*); inutile; mensonger (-ère *f*); vaniteux (-euse *f*); *in* ~ en vain; *do s.th. in* ~ avoir beau faire qch.; **~·glo·ri·ous** □ [~ˈglɔːriəs] vaniteux (-euse *f*); **~ˈglo·ry** vaine gloire *f*.
val·ance [ˈvæləns] frange *f ou* tour *m* de lit.
vale [veil] *poét., a. dans les noms propres*: vallée *f*, vallon *m*.
val·e·dic·tion [væliˈdikʃn] adieu *m*, -x *m/pl.*; **val·eˈdic·to·ry** [~təri] 1. d'adieu; 2. discours *m* d'adieu.
va·lence ⚗ [ˈveiləns] valence *f*.
val·en·tine [ˈvæləntain] carte *f* de salutations (envoyée à la Saint-Valentin) (*le 14 février*); *fig. personne*: valentin(e *f*) *m*, amour *m*.
va·le·ri·an ⚘ [vəˈliəriən] valériane *f*.
val·et [ˈvælit] 1. valet *m* de chambre; 2. servir (*q.*) comme valet de chambre; remettre (*un costume*) en état.
val·e·tu·di·nar·i·an [ˈvælitjuːdiˈnɛəriən] valétudinaire (*a. su./mf*).
val·iant □ [ˈvæljənt] vaillant.
val·id □ [ˈvælid] valable, valide; bon (pour, *for*); irréfutable; **val·i·date** [ˈ~deit] rendre valable, valider; **va·lid·i·ty** [vəˈliditi] validité *f*; justesse *f* (*d'un argument*).
val·ley [ˈvæli] vallée *f*; vallon *m*; ▲ cornière *f*.
val·or·i·za·tion [vælərai'zeiʃn] valorisation *f*; **ˈval·or·ize** valoriser.
val·or·ous □ *poét.* [ˈvælərəs] vaillant.
val·o(u)r *poét.* [ˈvælə] vaillance *f*.
val·u·a·ble [ˈvæljuəbl] 1. □ précieux (-euse *f*); 2. ~*s pl.* objets *m/pl.* de valeur.
val·u·a·tion [væljuˈeiʃn] évaluation *f*; valeur *f* estimée; inventaire *m*; **ˈval·u·a·tor** estimateur *m*.
val·ue [ˈvæljuː] 1. valeur *f*; prix *m* (*a. fig.*); ~ *judgement* jugement *m* de valeur; † *get good* ~ (*for one's money*) en avoir pour son argent; 2. évaluer;

estimer, priser (*a. fig.*); ˈ**val·ue·less** sans valeur; ˈ**val·u·er** estimateur (-euse *f*) *m*; expert *m*; commissaire-priseur *m* (*pl.* commissaires-priseurs).
valve [vælv] soupape *f*; *mot. pneu*: valve *f*; *anat.* valvule *f*; *radio*: lampe *f*; *radio*: ~ *amplifier, amplifying* ~ lampe *f* amplificatrice; ~ set poste *m* à lampes.
va·moose *Am. sl.* [vəˈmu:s] filer; ficher le camp; décamper.
vamp[1] [væmp] **1.** *souliers*: empeigne *f*; ♪ accompagnement *m* improvisé; **2.** *v/t.* remonter (*un soulier*); mettre une empeigne à; *v/i.* ♪ improviser; tapoter au piano.
vamp[2] F [~] **1.** vamp *f*; femme *f* fatale; flirteuse *f*; **2.** *v/t.* ensorceler; enjôler; *v/i.* flirter.
vam·pire [ˈvæmpaiə] vampire *m*.
van[1] [væn] fourgon *m* (de déménagement *etc.*); 🚃 wagon *m*; fourgon *m* à bagages.
van[2] ⚔ *ou fig.* [~] avant-garde *f*.
Van·dal [ˈvændl] **1.** vandale *m*; **2.** (*a.* **Van·dal·ic** [~ˈdælik]) vandalique; **van·dal·ism** [ˈ~dəlizm] vandalisme *m*; **van·dal·ize** [ˈ~dəlaiz] saccager, mutiler.
van·dyke [vænˈdaik] barbe *f* à la Van Dyck; pointe *f* (*de col à la Van Dyck*); *attr.* 2 à la Van Dyck.
vane [vein] (*a. weather-~, wind-~*) girouette *f*; ⊕ ailette *f*; *radio*: lamette *f*; *surv.* viseur *m* (*de compas*).
van·guard ⚔ [ˈvængɑ:d] (tête *f* d')avant-garde *f*.
va·nil·la ⚘ [vəˈnilə] vanille *f*.
van·ish [ˈvæniʃ] disparaître; s'évanouir; *~ing cream* crème *f* de jour.
van·i·ty [ˈvæniti] vanité *f*; orgueil *m*; ~ *bag* sac(oche *f*) *m* de dame; ~ *case* pochette-poudrier *f*.
van·quish *poét.* [ˈvæŋkwiʃ] vaincre; triompher de.
van·tage [ˈvɑ:ntidʒ] *tennis*: avantage *m*; ˈ**~-ground** position *f* avantageuse.
vap·id □ [ˈvæpid] insipide; fade [(*conversation*).
va·po(u)r·ize [ˈveipəraiz] (se) vaporiser; (se) pulvériser; ˈ**va·po(u)r·iz·er** ⊕ vaporisateur *m* (*a.* ⚕).
va·por·ous □ [ˈveipərəs] vaporeux (-euse *f*) (*a. fig.*); *fig. a.* vague, nuageux (-euse *f*).
va·po(u)r [ˈveipə] **1.** vapeur *f* (*a. fig.*); ~ *bath* bain *m* de vapeur; ~ *trail* traînée *f* de condensation; **2.** s'évaporer; *fig.* débiter des fadaises; ˈ**va·po(u)r·y** *see vaporous*.
var·i·a·bil·i·ty [vɛəriəˈbiliti] variabilité *f*, inconstance *f*; ˈ**var·i·a·ble** □ variable, inconstant; ˈ**var·i·ance** variation *f*; divergence *f*; discorde *f*; *be at* ~ être en désaccord; avoir un différend; *set at* ~ mettre en désaccord; ˈ**var·i·ant 1.** différent (de, *from*); **2.** variante *f*; **var·iˈa·tion** variation *f* (*a.* ♪); changement *m*; différence *f*, écart *m*; ⊕ ~ *of load* fluctuation *f* de charge.
var·i·cose ⚕ [ˈværikous] variqueux (-euse *f*); ~ *vein* varice *f*.
var·ied □ [ˈvɛərid] varié, divers;
var·i·e·gate [ˈ~rigeit] varier; barioler; ˈ**var·i·e·gat·ed** varié; bariolé, bigarré; ⚘ *etc.* panaché; **var·i·eˈga·tion** diversité *f* de couleurs; ⚘ panachure *f*; **va·ri·e·ty** [vəˈraiəti] diversité *f*; variété *f* (*a. biol.*); † assortiment *m*; *théâ.* F music-hall *m*; ~ *show* attractions *f/pl.*; (spectacle *m* de) music-hall *m*; ~ *theatre* théâtre *m* de variétés.
va·ri·o·la ⚕ [vəˈraiələ] variole *f*.
var·i·ous □ [ˈvɛəriəs] varié, divers; différent; plusieurs.
var·mint [ˈvɑ:mint] *sl.* petit polisson *m*; *chasse*: renard *m*; vermine *f*.
var·nish [ˈvɑ:niʃ] **1.** vernis *m* (*a. fig.*); vernissage *m*; **2.** vernir; vernisser; *fig.* farder, glisser sur.
var·si·ty F [ˈvɑ:siti] université *f*.
var·y [ˈvɛəri] *v/t.* (faire) varier; diversifier; ♪ varier (*un air*); *v/i.* varier, changer; être variable; s'écarter (de, *from*).
vas·cu·lar ⚘, *anat.* [ˈvæskjulə] vasculaire.
vase [vɑ:z] vase *m*.
vas·sal [ˈvæsl] vassal (-aux *m/pl.*) (*a. su.*); ˈ**vas·sal·age** vassalité *f*, vasselage *m*; *fig.* sujétion *f*.
vast □ [vɑ:st] vaste, immense; ˈ**vast·ness** immensité *f*; vaste étendue *f*.
vat [væt] **1.** cuve *f*; (*petit*) cuveau *m*; bain *m*; **2.** mettre en cuve; encuver.
vat·ted [ˈvætid] mis en cuve (*vin etc.*); en fût (*vin*).
vault[1] [vɔ:lt] **1.** voûte *f* (*a. fig.*); *banque*: souterrain *m*; cave *f* (*à vin*); tombeau *m* (*de famille etc.*); **2.** (se) voûter.

vault[2] [~] **1.** *v/i.* sauter; *v/t.* (*ou* ~ *over*) sauter (*qch.*); **2.** saut *m.*
vault·ing ⚠ [ˈvɔːltiŋ] (construction *f* de) voûtes *f/pl.*
vault·ing-horse [ˈvɔːltiŋhɔːs] *gymn.* cheval *m* de bois.
vaunt *poét.* [vɔːnt] **1.** (se) vanter (de); **2.** vanterie *f*; ˈ**vaunt·ing** □ vantard.
veal [viːl] veau *m*; *roast* ~ rôti *m* de veau.
ve·dette ⚔ [viˈdet] vedette *f.*
veer [viə] **1.** (faire) virer; *v/i.* tourner; **2.** (*a.* ~ *round*) changement *m* de direction.
veg F *Brit.* [vedʒ] légume(s) *m* (*pl.*).
veg·e·ta·ble [ˈvedʒitəbl] **1.** végétal (-aux *m/pl.*); ~ *garden* (jardin *m*) potager *m*; ~ *soup* soupe *f* de légumes; **2.** légume *m*; ⚘ végétal (*pl.* -aux) *m*; **veg·e·tar·i·an** [~ˈtɛəriən] végétarien(ne *f*) (*a. su.*); **veg·e·tate** [ˈ~teit] végéter; **veg·eˈta·tion** végétation *f*; **veg·e·ta·tive** □ [ˈ~tətiv] végétatif (-ive *f*).
ve·he·mence [ˈviːiməns] véhémence *f*; impétuosité *f*; ˈ**ve·he·ment** □ véhément; passionné; violent.
ve·hi·cle [ˈviːikl] voiture *f*; véhicule *m* (*a. fig., pharm., peint.*); *pharm.* excipient *m*; **ve·hi·cu·lar** □ [viˈhikjulə] des voitures; véhiculaire (*a. langue*).
veil [veil] **1.** voile *m* (*a. fig.*); *phot.* voile *m* faible; **2.** (se) voiler (*a. fig.*); *v/t. fig. a.* cacher; ˈ**veil·ing** action *f* de voiler; *phot.* voile *m* faible; voile *m*, -s *m/pl.* (*a.* ✝).
vein [vein] veine *f* (*a. fig.*) (de *inf.*, *for gér.*); ⚘ nervure *f* (*a. d'aile*); *in the same* ~ dans le même esprit; **veined** veiné; ⚘ nervuré; ˈ**vein·ing** veinage *m*; veines *f/pl.*; ⚘ nervures *f/pl.*
vel·le·i·ty [veˈliːiti] velléité *f.*
vel·lum [ˈveləm] vélin *m*; ~ *paper* papier *m* vélin.
ve·loc·i·ty [viˈlɔsiti] vitesse *f.*
vel·vet [ˈvelvit] **1.** velours *m*; *bois de cerf*: peau *f* velue; F *fig. on* ~ sur le velours; **2.** de velours; velouté; **vel·vet·een** [~ˈtiːn] velours *m* de coton; ~*s pl.* pantalon *m* en velours de chasse; ˈ**vel·vet·y** velouté.
ve·nal [ˈviːnl] vénal (-aux *m/pl.*); mercenaire; **ve·nal·i·ty** [viːˈnæliti] vénalité *f.*
vend [vend] vendre; ˈ**vend·er**, ˈ**ven·dor** vendeur (-euse *f*) *m*; marchand(e *f*) *m*; ˈ**vend·i·ble** vendable; ˈ**vend·ing ma·chine** distributeur *m* (automatique).
ve·neer [viˈniə] **1.** (bois *m* de) placage *m*; F vernis *m*, masque *m*; **2.** plaquer; *fig.* cacher (*qch.*) sous un vernis.
ven·er·a·ble □ [ˈvenərəbl] vénérable; **ven·er·ate** [ˈ~reit] vénérer; **ven·erˈa·tion** vénération *f*; ˈ**ven·er·a·tor** vénérateur (-trice *f*) *m.*
ve·ne·re·al [viˈniəriəl] vénérien(ne *f*); ~ *disease* maladie *f* vénérienne.
Ve·ne·tian [viˈniːʃn] **1.** de Venise; vénitien(ne *f*); ~ *blind* jalousie *f*; **2.** Vénitien(ne *f*) *m.*
venge·ance [ˈvendʒəns] vengeance *f*; F *with a* (*ou for*) ~ pas d'erreur!; pour de bon!; furieusement.
venge·ful □ [ˈvendʒful] vengeur (-eresse *f*).
ve·ni·al □ [ˈviːnjəl] pardonnable; véniel(le *f*) (*péché*).
ven·i·son [ˈvenzn] venaison *f.*
ven·om [ˈvenəm] venin *m* (*souv. fig.*); ˈ**ven·om·ous** □ venimeux (-euse *f*) (*animal, a. fig.*); vénéneux (-euse *f*) (*plante*).
ve·nous [ˈviːnəs] veineux (-euse *f*).
vent [vent] **1.** trou *m*, orifice *m*, passage *m*; soupirail (-aux *pl.*) *m*; *orn., icht.* ouverture *f* anale; *give* ~ *to* donner libre cours à (*sa colère etc.*); *find* ~ s'échapper (en, *in*); **2.** *fig.* décharger, épancher (sur, *on*).
ven·ti·late [ˈventileit] ventiler; aérer; *fig.* faire connaître, agiter (*une question*); **ven·tiˈla·tion** aération *f*; ventilation *f*, aérage *m* (*a.* ⚒); *fig.* mise *f* en discussion publique; ˈ**ven·ti·la·tor** ventilateur *m*; soupirail (-aux *pl.*) *m*; *porte, fenêtre*: vasistas *m.*
vent·peg [ˈventpeg] fausset *m.*
ven·tral ⚕, *zo.* [ˈventrəl] ventral (-aux *m/pl.*).
ven·tri·cle *anat.* [ˈventrikl] ventricule *m.*
ven·tril·o·quist [venˈtriləkwist] ventriloque *mf*; **venˈtril·o·quize** [~kwaiz] faire de la ventriloquie.
ven·ture [ˈventʃə] **1.** risque *m*; aventure *f*; entreprise *f*; ✝ opération *f*, affaire *f*; *at a* ~ au hasard; **2.** *v/t.* risquer, hasarder; *v/i.*: ~ *to* (*inf.*) se risquer à (*inf.*), oser (*inf.*); *I* ~ *to say* je me permets de dire; ~ (*up*)*on* s'aventurer dans (*un endroit*);

ven·ture·some □ [ˈ~səm], ˈ**ven·tur·ous** □ risqué, hasardeux (-euse *f*); aventureux (-euse *f*) (*personne*).
ven·ue [ˈvenjuː] ⚖ lieu *m* du jugement; *fig.* scène *f*; F rendez-vous *m*.
ve·ra·cious □ [vəˈreiʃəs] véridique; **ve·rac·i·ty** [~ˈræsiti] véracité *f*.
verb *gramm.* [vəːb] verbe *m*; ˈ**ver·bal** □ verbal (-aux *m/pl.*); de mots; littéral (-aux *m/pl.*); (*ou* **ver·ba·tim** [~ˈbeitim]) mot pour mot; ˈ**ver·bal·ize** verbaliser, rendre par des mots; **ver·bi·age** [ˈ~biidʒ] verbiage *m*; **ver·bose** □ [~ˈbous] verbeux (-euse *f*), prolixe; **ver·bos·i·ty** [~ˈbɔsiti] verbosité *f*, prolixité *f*.
ver·dan·cy [ˈvəːdənsi] verdure *f*; F *fig.* inexpérience *f*; ˈ**ver·dant** □ vert; F *fig.* inexpérimenté.
ver·dict [ˈvəːdikt] ⚖ verdict *m* (*du jury*); *fig.* jugement *m* (sur, *on*); *bring in* (*ou return*) *a* ~ (*of guilty etc.*) rendre un verdict (de culpabilité *etc.*).
ver·di·gris [ˈvəːdigris] vert-de-gris *m*.
ver·dure [ˈvəːdʒə] verdure *f*.
verge[1] [vəːdʒ] *eccl.* verge *f*.
verge[2] [~] **1.** *usu. fig.* bord *m*; seuil *m*; *on the* ~ au seuil (de, *of*); à deux doigts (de, *of*); sur le point (de *inf.*, *of gér.*); **2.** baisser; approcher (de, *towards*); ~ (*up*)*on* côtoyer (*qch.*); friser; être voisin de, toucher à.
ver·i·fi·a·ble [ˈverifaiəbl] vérifiable; facile à vérifier; **ver·i·fi·ca·tion** [~fiˈkeiʃn] vérification *f*, contrôle *m*; ⚖ confirmation *f*; **ver·i·fy** [ˈ~fai] prouver; confirmer; contrôler, vérifier; **ver·i·si·mil·i·tude** [~siˈmilitjuːd] vraisemblance *f*; ˈ**ver·i·ta·ble** □ véritable; ˈ**ver·i·ty** vérité *f*.
ver·juice *usu. fig.* [ˈvəːdʒuːs] verjus *m*.
ver·mi·cel·li [vəːmiˈseli] vermicelle *m*; **ver·mi·cide** *pharm.* [ˈ~said] vermicide *m*; **ver·mic·u·lar** [~ˈmikjulə] vermiculaire; vermoulu; **ver·mi·form** [ˈ~fɔːm] vermiforme; **ver·mi·fuge** *pharm.* [ˈ~fjuːdʒ] vermifuge *m*.
ver·mil·ion [vəˈmiljən] **1.** vermillon *m*; **2.** vermeil(le *f*); (de) vermillon *adj./inv.*
ver·min [ˈvəːmin] vermine *f* (*a. fig.*); *chasse*: bêtes *f/pl.* puantes; ˈ**~-ˈkill·er** *personne*: preneur *m* de vermine; insecticide *m*; mort-aux-rats *f*; ˈ**ver·min·ous** couvert de vermine; ⚕ vermineux (-euse *f*).
ver·m(o)uth [ˈvəːməθ] vermouth *m*.
ver·nac·u·lar □ [vəˈnækjulə] **1.** indigène; du pays; vulgaire (*langue*); **2.** langue *f* du pays; idiome *m* national; langue *f* vulgaire; langage *m* (*d'un métier*).
ver·nal [ˈvəːnl] printanier (-ère *f*); ⚘, *astr.* vernal (-aux *m/pl.*).
ver·ni·er [ˈvəːnjə] ⚒, *surv.* vernier *m*; ⊕ ~ *cal(l)iper* jauge *f* micrométrique.
ver·sa·tile □ [ˈvəːsətail] aux talents variés; souple; ⚘, *zo.* versatile; **ver·sa·til·i·ty** [~ˈtiliti] souplesse *f*; ⚘, *zo.* versatilité *f*; adaptation *f*.
verse [vəːs] vers *m*; strophe *f*; *coll.* vers *m/pl.*, poésie *f*; ♪ *motet*: solo *m*; **versed** versé (en, dans *in*).
ver·si·fi·ca·tion [vəːsifiˈkeiʃn] versification *f*; métrique *f* (*d'un auteur*); **ver·si·fy** [ˈ~fai] *vt/i.* versifier; *v/t.* mettre (*qch.*) en vers; *v/i.* faire des vers.
ver·sion [ˈvəːʃn] version *f*; traduction *f*.
ver·so [ˈvəːsou] verso *m*.
ver·sus *surt.* ⚖ [ˈvəːsəs] contre.
vert F *eccl.* [vəːt] se convertir.
ver·te·bra *anat.* [ˈvəːtibrə], *pl.* **-brae** [~briː] vertèbre *f*; **ver·te·bral** [ˈ~brəl] vertébral (-aux *m/pl.*); **ver·te·brate** [ˈ~brit] **1.** vertébré; ~ *animal* = **2.** vertébré *m*.
ver·tex [ˈvəːteks], *pl. usu.* **-ti·ces** [~tisiːz] sommet *m*; *astr.* zénith *m*; ˈ**ver·ti·cal 1.** □ vertical (-aux *m/pl.*); à pic (*falaise*); ⚒ ~ *angles* angles *m/pl.* opposés par le sommet; ~ *takeoff aircraft* avion *m* à décollage vertical; **2.** verticale *f*; *astr.* vertical *m*.
ver·tig·i·nous □ [vəːˈtidʒinəs] vertigineux (-euse *f*); **ver·ti·go** [ˈ~tigou] vertige *m*.
verve [vɛəv] verve *f*.
ver·y [ˈveri] **1.** *adv.* très; fort; bien; *the* ~ *best* tout ce qu'il y a de mieux; **2.** *adj.* vrai, véritable, … même; *the* ~ *same* le (la *etc.*) … même(s *pl.*); *in the* ~ *act* sur le fait; *to the* ~ *bone* jusqu'aux os; jusqu'à l'os même; *the* ~ *thing* ce qu'il faut; *the* ~ *thought* la seule pensée; *the* ~ *stones* les pierres mêmes; *the veriest baby* (même) le plus petit enfant; *the veriest rascal* le plus

parfait coquin; *radio*: ~ *high frequency* très haute fréquence *f*.

ves·i·ca·to·ry [ˈvesikeitəri] vésicatoire (*a. su./m*); **ves·i·cle** [ˈ~kl] vésicule *f*; *géol.* vacuole *f*.

ves·pers *eccl.* [ˈvespəz] *pl.* vêpres *f/pl.*

ves·sel [ˈvesl] vaisseau *m* (*a.* ⚘, *anat.*, *fig.*); ⚓ *a.* navire *m*, bâtiment *m*.

vest [vest] **1.** gilet *m*; † gilet *m* de dessous; *sp.* maillot *m*; **2.** *v/t. usu. fig.* revêtir, investir (de, *with*); assigner (qch. à q., *s.th. in s.o.*); *v/i.* être dévolu (à q., *in s.o.*); ~*ed rights pl.* droits *m/pl.* acquis.

ves·ta [ˈvestə] (*a.* ~ *match, wax* ~) allumette-bougie (*pl.* allumettes-bougies) *f*; *astr.* ♀ vesta *f*.

ves·tal [ˈvestl] **1.** de(s) vestale(s); **2.** vestale *f*.

ves·ti·bule [ˈvestibjuːl] vestibule *m* (*a. anat.*); salle *f* des pas perdus; 🚂 *surt. Am.* soufflet *m* (*entre deux wagons*); ~ *train* train *m* à soufflets.

ves·tige [ˈvestidʒ] vestige *m*, trace *f*; **vesˈtig·i·al** à l'état rudimentaire.

vest·ment [ˈvestmənt] vêtement *m* (*a. eccl.*).

vest·pock·et [ˈvestˈpɔkit] de petites dimensions.

ves·try [ˈvestri] *eccl.* sacristie *f*; (réunion *f* du) conseil *m* d'administration de la paroisse; salle *f* de patronage; ˈ~**·man** marquillier *m*.

ves·ture *poét.* [ˈvestʃə] **1.** vêtement *m*; **2.** revêtir.

vet [vet] **1.** vétérinaire *m*; *Am.* ancien combattant *m*; **2.** traiter (*un animal*); *fig.* examiner médicalement; revoir, corriger; *fig.* mettre au point.

vetch ⚘ [vetʃ] vesce *f*.

vet·er·an [ˈvetərən] **1.** expérimenté; ancien(ne *f*); de(s) vétéran(s); vieux (vieil *devant une voyelle ou un h muet*; vieille *f*); *mot.* ~ *car* vétéran *m*; **2.** vétéran *m*; ancien *m*; ancien combattant *m*.

vet·er·i·nar·i·an *Am.* [vetəriˈnɛəriən] vétérinaire *mf*; **vet·er·i·nar·y** [ˈvetərinəri] **1.** vétérinaire; ~ *surgeon* = **2.** vétérinaire *mf*.

ve·to [ˈviːtou] **1.** *pl.* **-toes** [~touz] veto *m*; *put a* (*ou one's*) ~ (*up*)*on* = **2.** mettre son veto à.

vex [veks] vexer (*a.* ⚖); fâcher, contrarier; **vexˈa·tion** vexation *f*, tourment *m*; désagrément *m*; dépit *m*; **vexˈa·tious** □ ennuyeux (-euse *f*); fâcheux (-euse *f*); ⚖ vexatoire; ˈ**vexed** □ fâché, vexé (de qch., *at s.th.*; contre q., *with s.o.*); ~ *question* question *f* très débattue; ˈ**vex·ing** □ agaçant; ennuyeux (-euse *f*).

vi·a [ˈvaiə] par; *poste*: voie.

vi·a·ble *biol.* [ˈvaiəbl] viable.

vi·a·duct [ˈvaiədʌkt] viaduc *m*.

vi·al [ˈvaiəl] fiole *f*.

vi·ands *poét.* [ˈvaiəndz] *pl.* aliments *m/pl.*

vi·at·i·cum *eccl.* [vaiˈætikəm] viatique *m*.

vibes F [vaibz] *sg.* ♪ vibraphone *m*; *pl.* vibrations *f/pl.*

vi·brant [ˈvaibrənt] vibrant; *fig.* palpitant (de, *with*).

vi·bra·phone ♪ [ˈvaibrəfoun] vibraphone *m*.

vi·brate [vaiˈbreit] (faire) vibrer *ou* osciller; **viˈbra·tion** vibration *f*; **vi·bra·to·ry** [ˈ~brətəri] vibratoire.

vi·car *eccl.* [ˈvikə] curé *m*; ~ *general* vicaire *m* général; ˈ**vic·ar·age** presbytère *m*; cure *f*; **vi·car·i·ous** □ [vaiˈkɛəriəs] délégué; fait *ou* souffert pour *ou* par un autre.

vice[1] [vais] vice *m*; *fig.* défaut *m*.

vice[2] ⊕ [~] étau *m*.

vice[3] **1.** [ˈvaisi] *prp.* à la place de; **2.** [vais] *adj.* vice-; sous-; ˈ~**-ˈad·mi·ral** vice-amiral *m*; ˈ~**-ˈchair·man** vice-président(e *f*) *m*; ˈ~**-ˈchan·cel·lor** vice-chancelier *m*; *univ.* recteur *m*; ˈ~**-ˈcon·sul** vice-consul *m*; ~**·ge·rent** [ˈ~ˈdʒerənt] représentant *m*; ˈ~**-ˈpres·i·dent** vice-président(e *f*) *m*; ˈ~**-ˈre·gal** de *ou* du vice-roi; ~**·reine** [ˈ~ˈrein] vice-reine *f*; ~**·roy** [ˈ~rɔi] vice-roi *m*.

vi·ce ver·sa [ˈvaisiˈvəːsə] vice versa, réciproquement.

vic·i·nage [ˈvisinidʒ], **viˈcin·i·ty** environs *m/pl.* (de, *of*); proximité *f* (de *to, with*); *in the* ~ *of 40* environ 40.

vi·cious □ [ˈviʃəs] vicieux (-euse *f*); dépravé (*a. personne*); *fig.* méchant (*a. cheval*); *phls.* ~ *circle* cercle *m* vicieux; argument *m* circulaire.

vi·cis·si·tude [viˈsisitjuːd] *usu.* ~*s pl.* vicissitudes *f/pl.*

vic·tim [ˈviktim] victime *f*; ˈ**vic·tim·ize** prendre comme victime; ⚔, *pol.* exercer des représailles contre; *fig.* duper.

vic·tor [ˈviktə] vainqueur *m*; **Vic·to·ri·an** *hist.* [vikˈtɔːriən] victorien (-ne *f*) (*a. su.*); **vicˈto·ri·ous** □ victorieux (-euse *f*); de victoire; **vic·to·ry** [ˈ~təri] victoire *f*.

vict·ual [ˈvitl] **1.** (s')approvisionner; ⚔, ⚓ (se) ravitailler; *v/i.* F bâfrer (= *manger*); **2.** *usu.* ~*s pl.* provisions *f/pl.*; vivres *m/pl.*; **vict·ual·(l)er** [ˈvitlə] fournisseur *m* de vivres; *licensed* ~ débitant *m* de boissons.

vi·de [ˈvaidi] voir.

vi·de·li·cet [viˈdiːliset] (*abr. viz.*) à savoir; c'est-à-dire.

vid·e·o [ˈvidiou] **1.** vidéo *f*; *Am.* F télévision *f*; **2.** vidéo *inv.*; ~ **cart·ridge,** ~ **cas·sette** vidéo(-)cassette *f*; ~ **disc** vidéo(-)disque *m*; ˈ~**·phone** vidéophone *m*; ~ **re·cord·er** magnétoscope *m*; ~ **tape** bande *f* vidéo; ˈ~ **tape** enregistrer sur bande *f* vidéo, magnétoscoper; ˈ~**·tel·e·phone** vidéotéléphone *m*.

vie [vai] le disputer (à, *with*); rivaliser (avec, *with*).

Vi·en·nese [vieˈniːz] **1.** viennois; **2.** Viennois(e *f*) *m*.

view [vjuː] **1.** vue *f*, coup *m* d'œil; regard *m*; scène *f*; perspective *f*; aperçu *m*; *fig.* intention *f*; *fig.* idée *f*, opinion *f*, avis *m*; *field of* ~ champ *m*; *at first* ~ à première vue; *in* ~ en vue, sous les regards; *in* ~ *of* en vue de; *fig.* en raison *ou* considération de; étant donné; *in my* ~ à mon avis; *on* ~ exposé; ouvert au public; *on the long* ~ à la longue, envisageant les choses de loin; *out of* ~ hors de vue; caché aux regards; *with a* ~ *to* (*gér.*), *with the* ~ *of* (*gér.*) dans le but de (*inf.*), en vue de (*inf.*); dans l'intention de (*inf.*); *have in* ~ avoir en vue; *keep in* ~ ne pas perdre de vue; **2.** regarder (*a. télév.*); contempler; voir; apercevoir; *fig.* envisager; ˈ**view·er** (*télév.* télé)spectateur (-trice *f*) *m*; ˈ**view-find·er** *phot.* viseur *m*; ˈ**view·phone** vidéophone *m*; ˈ**view·point** point *m* de vue; belvédère *m* (*dans le paysage*); ˈ**view·y** □ F visionnaire.

vig·il [ˈvidʒil] veille *f*; *eccl.* vigile *f*; ˈ**vig·i·lance** vigilance *f*; ~ *committee Am.* comité *m* de surveillance (des mœurs *ou* de l'ordre); ˈ**vig·i·lant** □ vigilant, éveillé; **vig·i·lan·te** *Am.* [~ˈlænti] membre *m* du comité de surveillance.

vi·gnette [viˈnjet] **1.** *typ.* vignette *f*; *phot.* cache *m* dégradé; **2.** *phot.* dégrader (*un portrait etc.*).

vig·or·ous □ [ˈvigərəs] vigoureux (-euse *f*), robuste; *phot.* à contrastes; corsé (*couleur*); ˈ**vig·o(u)r** vigueur *f* (*a. fig.*); énergie *f*; ♪ brio *m*.

vile □ [vail] vil; infâme; F sale.

vil·i·fi·ca·tion [vilifiˈkeiʃn] dénigrement *m*, détraction *f*; **vil·i·fy** [ˈ~fai] diffamer, dénigrer; médire de (*q.*).

vil·la [ˈvilə] villa *f*, maison *f* de campagne.

vil·lage [ˈvilidʒ] village *m*; ˈ**vil·lag·er** villageois(e *f*) *m*.

vil·lain [ˈvilən] scélérat *m*; bandit *m*; misérable *m*; F *a. co.* coquin(e *f*) *m*; ˈ**vil·lain·ous** □ infâme, vil; scélérat; F sale; ˈ**vil·lain·y** infamie *f*; vilenie *f*.

vil·lein *hist.* [ˈvilin] vilain *m*; serf *m*.

vim F [vim] énergie *f*, vigueur *f*.

vin·di·cate [ˈvindikeit] défendre (contre, *from*); justifier; revendiquer (*ses droits*); **vin·diˈca·tion** défense *f*; revendication *f*; **vin·di·ca·to·ry** □ [ˈ~keitəri] vindicatif (-ive *f*); vengeur (-eresse *f*).

vin·dic·tive □ [vinˈdiktiv] vindicatif (-ive *f*); *a.* rancunier (-ère *f*) (*personne*).

vine ⚘ [vain] vigne *f*; *houblon etc.*: sarment *m*; *Am.* plante *f* grimpante; ˈ~**-dres·ser** vigneron(ne *f*) *m*; **vin·e·gar** [ˈvinigə] **1.** vinaigre *m*; **2.** vinaigrer; ˈ**vine-grow·er** viticulteur *m*; vigneron(ne *f*) *m*; ˈ**vine-grow·ing** viticulture *f*; *attr.* vignoble; ˈ**vine-louse** phylloxéra *m*; **vine·yard** [ˈvinjəd] vigne *f*; clos *m* de vigne; vignoble *m*.

vi·nous [ˈvainəs] vineux (-euse *f*); F ivrogne.

vin·tage [ˈvintidʒ] vendange *f*; cru *m*; *fig.* modèle *m*; ~ *year* grande année *f*; ˈ**vin·tag·er** vendangeur (-euse *f*) *m*.

vi·o·la[1] ♪ [viˈoulə] alto *m*.

vi·o·la[2] ⚘ [ˈvaiələ] pensée *f*.

vi·o·la·ble □ [ˈvaiələbl] qui peut être violé.

vi·o·late [ˈvaiəleit] violer (*un serment, une femme*); outrager (*une femme*); profaner (*une église*); **vi·oˈla·tion** violation *f*; viol *m* (*d'une* *femme*); profanation *f*; ˈ**vi·o·la·tor** violateur (-trice *f*) *m*.

vi·o·lence [ˈvaiələns] violence *f*; *do* (*ou offer*) ~ *to* faire violence à; ˈ**vi·o·lent** □ violent; vif (vive *f*); criard (*couleur*).

vi·o·let [ˈvaiəlit] **1.** ⚘ violette *f*; *couleur*: violet *m*; **2.** violet(te *f*).

vi·o·lin ♪ [vaiəˈlin] violon *m*; ˈ**vi·o·lin·ist** violoniste *mf*.

vi·o·lon·cel·list ♪ [vaiələnˈtʃelist] violoncelliste *mf*; **vi·o·lon**ˈ**cel·lo** [~lou] violoncelle *m*.

vi·per *zo*. [ˈvaipə] vipère *f* (*a. fig.*); ▨ guivre *f*; **vi·per·ine** [ˈ~rain], **vi·per·ous** □ [ˈ~rəs] *usu. fig.* vipérin.

vi·ra·go [viˈrɑːgou] vrai gendarme *m*; mégère *f*.

vir·gin [ˈvəːdʒin] **1.** vierge *f*; **2.** vierge (*a*. ⊕, *a. fig.*); = ˈ**vir·gin·al** □ virginal (-aux *m/pl.*); de vierge; **Vir·gin·ia** [vəˈdʒinjə] (*ou* ~ *tobacco*) tabac *m* de Virginie, virginie *f*; ~ *creeper* vigne *f* vierge; **vir·gin·i·ty** [vəːˈdʒiniti] virginité *f*.

Vir·go *astr*. [ˈvəːgou] la Vierge.

vir·ile [ˈvirail] viril, mâle; **vi·ril·i·ty** [viˈriliti] virilité *f*.

vir·tu [vəːˈtuː] goût *m* des objets d'art; *article of* ~ objet *m* d'art; **vir·tu·al** □ [ˈ~tjuəl] de fait; véritable; ⊕ virtuel(le *f*); **vir·tue** [ˈ~tjuː] vertu *f*; *fig.* qualité *f*; avantage *m*; efficacité *f*; propriété *f*; *in* (*ou by*) ~ *of* en raison *ou* vertu de; **vir·tu·os·i·ty** [~tjuˈɔsiti] ♪ *etc.* virtuosité *f*; **vir·tu·o·so** [~ˈouzou] *surt.* ♪ virtuose *mf*; amateur *m* des arts; amateur *m* de curiosités *etc.*; ˈ**vir·tu·ous** □ vertueux (-euse *f*).

vir·u·lence [ˈviruləns] virulence *f*; *fig.* venin *m*; ˈ**vir·u·lent** □ virulent (*a. fig.*); *fig. a.* venimeux (-euse *f*).

vi·rus ⚕ [ˈvaiərəs] virus *m*; *fig.* poison *m*.

vi·sa [ˈviːzə] *see visé*.

vis·age *poét.* [ˈvizidʒ] visage *m*.

vis·cer·a [ˈvisərə] *pl.* viscères *m/pl.*

vis·cid □ [ˈvisid] *see viscous*.

vis·cose ⚗ [ˈviskous] viscose *f*; ~ *silk* soie *f* artificielle; **vis·cos·i·ty** [~ˈkɔsiti] viscosité *f*.

vis·count [ˈvaikaunt] vicomte *m*; ˈ**vis·count·ess** vicomtesse *f*.

vis·cous □ [ˈviskəs] visqueux (-euse *f*); gluant; pâteux (-euse *f*).

vi·sé [ˈviːzei] **1.** visa *m*; **2.** apposer un visa à (*un passeport*); viser.

vis·i·bil·i·ty [viziˈbiliti] visibilité *f*; *good* ~ vue *f* dégagée; **vis·i·ble** □ [ˈvizəbl] visible; *fig.* évident; *be* ~ se montrer (*chose*); être visible (*personne*).

vi·sion [ˈviʒn] vision *f*, vue *f*; *fig.* pénétration *f*; imagination *f*; fantôme *m*, apparition *f*.

vi·sion·ar·y [ˈviʒnəri] chimérique; rêveur (-euse *f*) (*personne*) (*a. su./mf*); visionnaire (*a. su./mf*).

vis·it [ˈvizit] **1.** *v/t.* faire (une) visite à, rendre visite à; aller voir; visiter (*un endroit*); ⚕ passer chez; *fig.* causer avec; ~ *s.th. on* faire retomber qch. sur (*q.*); *v/i.* faire des visites; *Am.* F causer (avec, *with*); **2.** visite *f*; ˈ**vis·it·ant** visiteur (-euse *f*) *m*; apparition *f*; *orn.* oiseau *m* de passage; **vis·it·**ˈ**a·tion** visite *f*; tournée *f* d'inspection; *fig.* affliction *f*; calamité *f*; apparition *f*; **vis·it·a·to·ri·al** [~təˈtɔːriəl] de visite; d'inspection; ˈ**vis·it·ing** en visite; de visite; ~ *card* carte *f* de visite; ~ *hours* heures *f/pl.* de visite; *sp.* ~ *team les* visiteurs *m/pl.*; ˈ**vis·i·tor** visiteur (-euse *f*) *m* (de, *to*); *hôtel*: client(e *f*) *m*; *admin.* inspecteur *m*; *they have* ~*s* ils ont du monde; ~*s' book* livre *m ou* registre *m* des voyageurs.

vi·sor [ˈvaizə] visière *f* (*de casque*, *Am. de casquette*); *mot.* pare-soleil *m/inv.*

vis·ta [ˈvistə] perspective *f* (*a. fig.*); *forêt*: éclaircie *f*.

vis·u·al □ [ˈvizjuəl] visuel(le *f*); *anat.* optique; ˈ**vis·u·al·ize** se représenter (*qch.*), se faire une image de (*qch.*).

vi·tal □ [ˈvaitl] **1.** vital (-aux *m/pl.*); essentiel(le *f*); mortel(le *f*) (*blessure*); ~ *parts pl.* = **2.** ~*s pl.* organes *m/pl.* vitaux; **vi·tal·i·ty** [~ˈtæliti] vitalité *f*; vie *f*, vigueur *f*; **vi·tal·ize** [ˈ~təlaiz] vivifier, animer.

vi·ta·min [ˈvitəmin], **vi·ta·mine** [ˈ~miːn] vitamine *f*; **vi·ta·mi·nized** [ˈ~minaizd] enrichi de vitamines.

vi·ti·ate [ˈviʃieit] vicier (*a.* ⚖); corrompre; gâter.

vit·i·cul·ture [ˈvitikʌltʃə] viticulture *f*.
vit·re·ous □ [ˈvitriəs] vitreux (-euse *f*); ⚡, *a. anat.* vitré.
vit·ri·fac·tion [vitriˈfækʃn] vitrification *f*; **vit·ri·fy** [ˈ~fai] (se) vitrifier.
vit·ri·ol ⚗ [ˈvitriəl] vitriol *m*; **vit·ri·ol·ic** [vitriˈɔlik] ⚗ vitriolique; *fig.* mordant.
vi·tu·per·ate [viˈtjuːpəreit] injurier; outrager, insulter, vilipender; **vi·tu·perˈa·tion** injures *f/pl.*; invectives *f/pl.*; **viˈtu·per·a·tive** □ [~reitiv] injurieux (-euse *f*); mal embouché.
Vi·tus [ˈvaitəs]: ⚕ *St.* ~'(s) *dance* chorée *f*; danse *f* de Saint-Guy.
vi·va (vo·ce) [ˈvaivə (ˈvousi)] **1.** *adv.* de vive voix; **2.** *adj.* oral (-aux *m/pl.*); **3.** *su.* oral *m*.
vi·va·cious □ [viˈveiʃəs] animé, enjoué; vif (vive *f*); **vi·vac·i·ty** [~ˈvæsiti] vivacité *f*; verve *f*; enjouement *m*.
viv·id □ [ˈvivid] vif (vive *f*); éclatant, frappant; ˈ**viv·id·ness** éclat *m*.
viv·i·fy [ˈvivifai] (s')animer; **vi·vip·a·rous** □ [~ˈvipərəs] vivipare; **viv·i·sec·tion** [~ˈsekʃn] vivisection *f*.
vix·en [ˈviksn] renarde *f*; F mégère *f*.
vi·zor [ˈvaizə] *see visor*.
vo·cab·u·lar·y [vəˈkæbjuləri] vocabulaire *m*; glossaire *m*.
vo·cal □ [ˈvoukl] vocal (-aux *m/pl.*) (♪, *son*, *prière*); sonore, bruyant; doué de voix; *gramm.* voisé; sonore; *anat.* ~ *c(h)ords pl.* cordes *ou* bandes *f/pl.* vocales; ~ *part* partie *f* chantée; ˈ**vo·cal·ist** chanteur *m*; cantatrice *f*; ˈ**vo·cal·ize** *v/t.* chanter; *gramm.* voiser, sonoriser; *v/i.* vocaliser; F chanter; ˈ**vo·cal·ly** *adv.* à l'aide du chant; oralement.
vo·ca·tion [vouˈkeiʃn] vocation *f* (*a. au sacerdoce etc.*); profession *f*, métier *m*; **voˈca·tion·al** □ professionnel(le *f*); ~ *guidance* orientation *f* professionnelle.
voc·a·tive *gramm.* [ˈvɔkətiv] (*a.* ~ *case*) vocatif *m*.
vo·cif·er·ate [vouˈsifəreit] *vt/i.* vociférer, crier (contre, *against*); **vo·cif·erˈa·tion** (*a.* ~*s pl.*) vociférations *f/pl.*; cri *m*, -s *m/pl.*; **voˈcif·er·ous** □ vociférant, bruyant.
vogue [voug] vogue *f*, mode *f*.
voice [vɔis] **1.** voix *f*; *gramm. active* ~ actif *m*; *passive* ~ passif *m*; *in (good)* ~ en voix; *give* ~ *to* exprimer (*qch.*); **2.** exprimer, énoncer; *gramm.* voiser, sonoriser; ♪ harmoniser; **voiced** *gramm.* voisé, sonore; *low-*~ à voix basse; ˈ**voice·less** □ *surt. gramm.* sans voix, sourd.
void [vɔid] **1.** vide; ⚖ nul(le *f*); ~ *of* dépourvu *ou* libre de, sans; **2.** vide *m*; **3.** ⚖ annuler, résilier; ˈ**void·ness** vide *m*; ⚖ nullité *f*.
vol·a·tile ⚗ [ˈvɔlətail] volatil; *fig.* gai; *fig.* volage; **vol·a·til·i·ty** [~ˈtiliti] ⚗ volatilité *f*; *fig.* inconstance *f*; ˈ**vol·a·til·ize** (se) volatiliser.
vol·can·ic [vɔlˈkænik] (~*ally*) volcanique (*a. fig.*); **vol·ca·no** [~ˈkeinou], *pl.* **-noes** [~nouz] volcan *m*.
vole *zo.* [voul] campagnol *m*.
vo·li·tion [vouˈliʃn] volonté *f*, volition *f*; *on one's own* ~ de son propre gré.
vol·ley [ˈvɔli] **1.** volée *f*, salve *f* (*a. fig.*); *pierres, coups*: grêle *f*; *tennis*: volée *f*; **2.** *v/t.* lancer une volée *ou* grêle de; (*usu.* ~ *out*) lâcher une bordée de; reprendre (*la balle*) de volée; *v/i.* partir ensemble (*canons*); *fig.* tonner; ˈ**vol·ley-ball** *sp.* volley-ball *m*.
vol·plane ✈ [ˈvɔlˈplein] **1.** vol *m* plané; **2.** planer; descendre en vol plané.
volt ⚡ [voult] volt *m*; ˈ**volt·age** ⚡ voltage *m*, tension *f*; **vol·ta·ic** ⚡ [vɔlˈteiik] voltaïque.
volte-face *fig.* [ˈvɔltˈfɑːs] volte-face *f/inv.*; changement *m* d'opinion.
volt·me·ter ⚡ [ˈvoultmiːtə] voltmètre *m*.
vol·u·bil·i·ty [vɔljuˈbiliti] volubilité *f*; **vol·u·ble** □ [ˈ~bl] facile; grand parleur; coulant.
vol·ume [ˈvɔljum] livre *m*; volume *m* (*a. phys., voix, fig., etc.*); *fig. a.* ampleur *f*; ~ *of sound radio*: volume *m*; ~ *control*, ~ *regulator* volume-contrôle *m*; **vo·lu·mi·nous** □ [vəlˈjuːminəs] volumineux (-euse *f*).
vol·un·tar·y □ [ˈvɔləntəri] **1.** volontaire (*a. physiol.*); spontané; **2.** ♪ prélude *m*; improvisation *f*; **vol-**

un·teer [~ˈtiə] **1.** volontaire *m*; *attr.* de volontaires; **2.** *v/i.* s'offrir; ⚔ s'engager comme volontaire; *v/t.* offrir spontanément.

vo·lup·tu·ar·y [vəˈlʌptjuəri] voluptueux (-euse *f*) *m*; **voˈlup·tu·ous** □ sensuel(le *f*); voluptueux (-euse *f*); **voˈlup·tu·ous·ness** sensualité *f*.

vo·lute ⚠ [vəˈljuːt] volute *f*; **voˈlut·ed** voluté; à volutes.

vom·it [ˈvɔmit] **1.** *vt/i.* vomir (*a. fig.*); *v/t.* rendre; **2.** vomissement *m*; matières *f/pl.* vomies.

voo·doo [ˈvuːduː] **1.** vaudou *m*; **2.** envoûter.

vo·ra·cious □ [vəˈreiʃəs] vorace, dévorant; **voˈra·cious·ness, vo·rac·i·ty** [vɔˈræsiti] voracité *f*.

vor·tex [ˈvɔːteks], *pl. usu.* **-ti·ces** [~tisiːz] tourbillon (*a. fig.*).

vo·ta·ry [ˈvoutəri] dévot(e *f*) *m* (à, *of*); adorateur (-trice *f*) *m* (de, *of*); *fig.* suppôt *m* (de, *of*).

vote [vout] **1.** vote *m*; scrutin *m*; voix *f*; droit *m* de vote(r), suffrage *m*; *parl.* crédit *m*; résolution *f*; ~ *of (no) confidence* vote *m* de confiance (défiance); *cast a* ~ donner sa voix *ou* son vote; *put to the* ~ procéder au scrutin; mettre (*qch.*) aux voix; *take a* ~ procéder au scrutin; **2.** *v/t.* voter; F déclarer; *v/i.* voter; donner sa voix (pour, *for*); F être d'avis (de *inf.*, *for gér.*); être en faveur (de qch. *for s.th.*); F ~ *that* proposer que; **ˈvot·er** votant(e *f*) *m*; électeur (-trice *f*) *m*.

vot·ing [ˈvoutiŋ] vote *m*, scrutin *m*; ~ *booth* isoloir *m*; ~ *box* urne *f* de scrutin; ~ *machine* machine *f* pour enregistrer les votes; ~ *paper* bulletin *m* de vote.

vo·tive [ˈvoutiv] votif (-ive *f*).

vouch [vautʃ] *v/t.* garantir, affirmer; *v/i.* répondre (de, *for*); ~ *that* affirmer que; **ˈvouch·er** pièce *f* justificative; ✝ bon *m*; ✝ fiche *f*; *théâ. etc.* contremarque *f*; *personne*: garant(e *f*) *m*; **vouchˈsafe** *v/t.* accorder; *v/i.*: ~ *to* (*inf.*) daigner (*inf.*).

vow [vau] **1.** vœu *m*; serment *m*; **2.** *v/t.* vouer, jurer.

vow·el [ˈvauəl] voyelle *f*.

voy·age [vɔidʒ] **1.** voyage *m* (sur mer; ✈ *Am.* par air); traversée *f*; **2.** *v/i.* voyager (sur *ou* par mer); *v/t.* parcourir (*la mer*).

vul·can·ite [ˈvʌlkənait] vulcanite *f*, caoutchouc *m* vulcanisé; **vul·can·iˈza·tion** ⊕ vulcanisation *f*; **ˈvul·can·ize** ⊕ (se) vulcaniser.

vul·gar [ˈvʌlgə] **1.** □ du peuple; vulgaire (*a. péj.*); commun; ~ *tongue* langue *f* vulgaire; **2.** *the* ~ le vulgaire *m*; le commun *m* des hommes; **ˈvul·gar·ism** vulgarisme *m*; (*usu.* **vul·gar·i·ty** [~ˈgæriti]) vulgarité *f*, trivialité *f*; **ˈvul·gar·ize** vulgariser.

vul·ner·a·bil·i·ty[vʌlnərəˈbiliti]vulnérabilité *f*; **ˈvul·ner·a·ble** □ vulnérable; ~ *spot fig.* défaut *m* dans la cuirasse; **ˈvul·ner·ar·y** vulnéraire (*a. su./m*).

vul·pine [ˈvʌlpain] de renard; qui a rapport au renard; *fig.* rusé.

vul·ture *orn.* [ˈvʌltʃə] vautour *m*; **vul·tur·ine** [ˈ~tʃurain] de(s) vautour(s).

vy·ing [ˈvaiiŋ] **1.** *p.pr. de* vie; **2.** rivalité *f*.

W

W, w [ˈdʌbljuː] W *m*, w *m*.
wab·ble [ˈwɔbl] *see wobble.*
wack·y *Am. sl.* [ˈwæki] fou (fol *devant une voyelle ou un h muet*; folle *f*); toqué.
wad [wɔd] **1.** *ouate etc.*: tampon *m*, pelote *f*; ⚔ *cartouche etc.*: bourre *f*; *surt. Am.* F *billets de banque*: liasse *f*; **2.** ouater; cotonner; bourrer (*une arme à feu*); *Am.* rouler en liasse; ˈ**wad·ding** ouate *f*; bourre *f*; ouatage *m*.
wad·dle [ˈwɔdl] se dandiner.
wade [weid] *v/i.* marcher dans l'eau; *fig.* (s')avancer péniblement; *v/t.* (faire) passer à gué; ˈ**wad·er** (oiseau *m*) échassier *m*; ∼*s pl.* grandes bottes *f/pl.* imperméables.
wa·fer [weifə] **1.** gaufrette *f*; pain *m* à cacheter; *eccl. consecrated* ∼ hostie *f*; **2.** apposer un cachet à.
waf·fle [ˈwɔfl] gaufre *f* (américaine).
waft [wɑːft] **1.** *v/t.* porter; faire avancer; *v/i.* flotter dans l'air; **2.** souffle *m*.
wag¹ [wæg] **1.** agiter, remuer (*le bras, la queue, etc.*) ∼ *one's tongue* jacasser; **2.** agitation *f*; hochement *m* (*de la tête*).
wag² [∼] moqueur (-euse *f*) *m*; blagueur *m*; *sl. play* ∼ faire l'école buissonnière.
wage [weidʒ] **1.**: ∼ *war* faire la guerre (à *on, against*); **2.** *souv.* ∼*s pl.* salaire *m*, paye *f*; gages *m/pl.*; ∼(*s*) *claim*, ∼ *demands* revendication(s) *f(pl.)* de salaire(s); ∼ *dispute* conflit *m* salarial; ∼ *earner* salarié(e *f*)*m*; soutien *m* de (la) famille; ∼ *increase* augmentation *f* de salaire(s); ∼ *packet* enveloppe *f* de paye; ∼ *scale* échelle *f* des salaires; ∼ *slip* fiche *f* de paye; ∼(*s*) *sheet* feuille *f* des salaires.
wa·ger *poét.* [ˈweidʒə] **1.** pari *m*, gageure *f*; **2.** parier, gager (sur, *on*).
wag·ger·y [ˈwægəri] facétie *f*, -s *f/pl.*, plaisanterie *f*; ˈ**wag·gish** □ plaisant, espiègle, blagueur (-euse *f*).
wag·gle F [ˈwægl] *see wag¹ 1*; ˈ**wag·gly** F qui branle; serpentant.
wag·(g)on [ˈwægən] charrette *f*; camion *m*; ⚔ fourgon *m*; 🚂 wagon *m* (découvert); *Am.* F *be* (*go*) *on the* ∼ s'abstenir de boissons alcooliques; ˈ**wag·(g)on·er** roulier *m*; camionneur *m*; **wag·(g)on·ette** [∼ˈnet] wagonnette *f*.
wag·tail *orn.* [ˈwægteil] bergeronnette *f*.
waif [weif] ⚖, *a. fig.* épave *f*; ∼*s and strays* enfants *m/pl.* abandonnés; épaves *f/pl.*
wail [weil] **1.** plainte *f*; gémissement *m*; **2.** *v/t.* lamenter sur, pleurer; *v/i.* gémir, se lamenter.
wain *poét.* [wein] *see wag(g)on*; *astr. Charles's* ♀, *the* ♀ le Chariot *m*.
wain·scot [ˈweinskət] **1.** lambris *m*; *salle*: boiserie *f*; **2.** lambrisser, boiser (de, *with*).
waist [weist] taille *f*, ceinture *f*; ⚓ embelle *f*; ˈ∼**-belt** ceinturon *m*; ∼**·coat** [ˈweiskout] gilet *m*; ˈ∼ˈ**deep** jusqu'à la ceinture; ˈ**waist·ed** *cost.* cintré; *high-*∼ (*low-*∼) à taille haute (basse); *slim-*∼ qui a la taille fine, à la taille fine; ˈ∼**·line** taille *f*; ligne *f*.
wait [weit] **1.** *v/i.* attendre; (*souv.* ∼ *at table*) servir; F ∼ *about* faire le pied de grue; ∼ *for* attendre (*qch., q.*); ∼ (*up*)*on* servir (*q.*); être aux ordres de (*q.*); être la conséquence de (*qch.*); *keep s.o.* ∼*ing* faire attendre q.; ∼ *and see* attendre voir; ∼ *in line* faire la queue; *play a* ∼*ing game* attendre son heure; *v/t.* attendre; différer (*un repas*) (jusqu'a l'arrivée de q., *for s.o.*); **2.** attente *f*; ∼*s pl.* chanteurs *m/pl.* de noëls; *have a long* ∼ devoir attendre longtemps; *be in* ∼ être à l'affût (de, *for*); ˈ**wait·er** *restaurant*: garçon *m*; *fig.* plateau *m*.
wait·ing [ˈweitiŋ] attente *f*; service *m*; *in* ∼ de service; ∼ *list* liste *f* d'attente; ∼ *room* salle *f* d'attente; antichambre *f*.
wait·ress [ˈweitris] fille *f* de service; ∼! mademoiselle!

waive [weiv] ne pas insister sur, ⚖ renoncer à; ˈ**waiv·er** ⚖ abandon *m*.
wake[1] [weik] ⚓ sillage *m* (*a. fig.*); *fig.* suite *f*; ✈ remous *m* d'air.
wake[2] [~] **1.** [*irr.*] *v/i.* veiller; (*fig.* ~ *up*) se réveiller, s'éveiller; *v/t.* réveiller; ~ *a corpse* veiller un mort; **2.** veillée *f* de corps; fête *f* annuelle; **wake·ful** □ [ˈ~ful] éveillé; sans sommeil; ˈ**wak·en** (se) réveiller; (s')éveiller (*a. fig.*).
wale [weil] marque *f*; ⊕ *drap*: côté *f*; *palplanches*: moise *f*; ⚓ platbord (*pl.* plats-bords) *m*.
walk [wɔːk] **1.** *v/i.* marcher, se promener; aller à pied; cheminer; aller au pas (*cheval*); revenir (*spectre*); ~ *about* se promener, circuler; *sl.* ~ *into* se heurter à (*qch.*); *Am.* ~ *out* se mettre en grève; *Am.* F ~ *out on* laisser *ou* planter là (*q.*); *v/t.* faire marcher; courir (*les rues*); faire (*une distance*); conduire *ou* mettre un cheval au pas; ~ *the hospitals* faire les hôpitaux; assister aux leçons cliniques; ⚔ ~ *the rounds* faire sa faction; ~ *s.o. off* emmener q.; **2.** marche *f*; promenade *f*; tour(née *f*) *m*; allée *f*, avenue *f*; démarche *f*; pas *m*; ~ *of life* position *f* sociale; métier *m*; ˈ**~·a·bout**: *go on a* ~ prendre un bain de foule; ˈ**~·a·way** *surt. Am.* victoire *f* facile; ˈ**walk·er** marcheur (-euse *f*) *m*; piéton *m*; *sp.* amateur *m* du footing; *be a good* ~ être bon marcheur; ˈ**walk·er-ˈon** *sl.* figurant(e *f*) *m*.
walk·ie-talk·ie [ˈwɔːkiˈtɔːki] appareil *m* d'émission et réception radiophonique, walkie-talkie *m*.
walk·ing [ˈwɔːkiŋ] **1.** marche *f*; promenade *f* à pied; *sp.* footing *m*; **2.** ambulant; de marche; *Am.* F ~ *papers pl.* congé *m*; ~ *tour* excursion *f* à pied; ˈ**~-stick** canne *f*.
walk...: ˈ**~-out** *Am.* grève *f*; ˈ**~-o·ver** *sp.* walk-over *m*; *fig.* victoire *f* facile; ˈ**~-up** *Am.* sans ascenseur (*appartement*).
wall [wɔːl] **1.** mur *m*; muraille *f*; (*a. side*~) paroi *f* (*a.* ⊕); *give s.o. the* ~ donner à q. le haut du pavé; *fig. go to the* ~ être ruiné *ou* mis à l'écart; **2.** entourer de murs; murer; *fig.* emmurer; ~ *up* murer.
wal·la·by *zo.* [ˈwɔləbi] petit kangourou *m*, wallaby *m*.
wal·let [ˈwɔlit] portefeuille *m*; sac *m*, sacoche *f*.
wall...: ˈ**~-eye** *vét.* œil *m* vairon; ˈ**~-ˈeyed** *vét.* vairon; qui louche, à strabisme divergent; ˈ**~·flow·er** ⚘ giroflée *f* (jaune); *fig. be a* ~ faire tapisserie; ˈ**~-fruit** fruit *m* d'espalier; ˈ**~-map** carte *f* murale.
Wal·loon [wɔˈluːn] **1.** wallon(ne *f*); **2.** *ling.* wallon *m*; Wallon(ne *f*) *m*.
wal·lop F [ˈwɔləp] **1.** rosser (*q.*), tanner le cuir à (*q.*); **2.** gros coup *m*; *sl.* bière *f*; ˈ**wal·lop·ing** F énorme.
wal·low [ˈwɔlou] **1.** se vautrer; *fig.* se plonger (dans, *in*), nager (dans, in); **2.** fange *f*; *chasse*: souille *f*; *have a* ~ se vautrer.
wall...: ˈ**~-pa·per** papier *m* peint *ou* à tapisser; ˈ**~-sock·et** ⚡ prise *f* de courant; ˈ**~-to-wall car·pet**(**ing**) moquette *f*.
wal·nut ⚘ [ˈwɔːlnʌt] noix *f*; *arbre*: noyer *m*; (bois *m* de) noyer *m*.
wal·rus *zo.* [ˈwɔːlrəs] morse *m*.
waltz [wɔːls] **1.** valse *f*; **2.** valser.
wan □ [wɔn] blême, pâle; blafard.
wand [wɔnd] baguette *f*; bâton *m* (*de commandement*); verge *f* (*d'huissier*).
wan·der [ˈwɔndə] errer; (*a.* ~ *about*) se promener au hasard, aller à l'aventure; *fig.* s'écarter (de, *from*); *fig.* divaguer (*personne*); ˈ**wan·der·er** vagabond(e *f*) *m*; ˈ**wan·der·ing** **1.** □ errant; vagabond (*a. fig.*); *fig.* distrait; **2.** vagabondage *m*; ⚕ délire *m*; *fig.* rêverie *f*; ˈ**wan·der·lust** envie *f* de voyager.
wane [wein] **1.** décroître (*lune*); *fig.* s'affaiblir; **2.** déclin *m*; *on the* ~ sur *ou* à son déclin.
wan·gle *sl.* [ˈwæŋgl] employer le système D; carotter (*qch.*); ˈ**wangler** carotteur (-euse *f*) *m*.
wan·ness [ˈwɔnnis] pâleur *f*.
want [wɔnt] **1.** manque *m*, défaut *m* (de, *of*); besoin *m*; gêne *f*; *for* ~ *of* faute de; *Am.* ~ *ad* demande *f* d'emploi (*dans les petites annonces*); **2.** *v/i. be* ~*ing* faire défaut, manquer (*chose*); *be* ~*ing* manquer (de, *in*) (*personne*); *be* ~*ing to* ne pas être à la hauteur de (*une tâche etc.*); *he does not* ~ *for talent* les talents ne lui font pas défaut; *v/t.* vouloir, désirer; manquer de; avoir besoin de; falloir; *it* ~*s five minutes of eight o'clock* il est huit heures moins cinq; *it* ~*s two days to* il y a encore deux jours à; *he* ~*s energy* il manque

d'énergie; *you* ~ *to be careful* il faut faire attention; ~ *s.o. to* (*inf.*) vouloir que q. (*sbj.*); ~*ed* recherché (par la police).

wan·ton ['wɔntən] **1.** □ impudique; licencieux (-euse *f*); folâtre; *poét.* luxuriant; gratuit; **2.** voluptueux (-euse *f*) *m*; femme *f* impudique; **3.** folâtrer; '**wan·ton·ness** libertinage *m*; gaieté *f* de cœur.

war [wɔ:] **1.** guerre *f*; *attr.* de guerre; guerrier (-ère *f*); ~ *of nerves* guerre *f* des nerfs; *at* ~ en guerre (avec, contre *with*); *make* ~ faire la guerre (à, contre [*up*]*on*); **2.** *poét.* lutter; mener une campagne; *fig.* faire la guerre (à, *against*).

war·ble ['wɔ:bl] **1.** *vt/i.* chanter (en gazouillant); *v/i.* gazouiller; **2.** gazouillement *m*; *ruisseau*: murmure *m*; '**war·bler** oiseau *m* chanteur; fauvette *f*.

war-blind·ed ['wɔ:blaindid] aveugle de guerre.

ward [wɔ:d] **1.** garde *f*; † tutelle *f*; *personne*: pupille *mf*; *escrime*: garde *f*, parade *f*; quartier *m* (*d'une prison*); salle *f* (*d'hôpital*); *admin.* arrondissement *m*; circonscription *f* électorale; ~*s pl.* dents *f/pl.*, bouterolles *f/pl.* (*d'une clef*); *casual* ~ asile *m* de nuit; *in* ~ en tutelle; sous la tutelle (de, *to*); *Am.* F *pol.* ~ *heeler* politicien *m* à la manque; **2.** faire entrer (*à l'hôpital etc.*); ~ *off* écarter; '**ward·en** directeur (-trice *f*) *m*; recteur *m*; '**ward·er** gardien *m* de prison; '**ward·robe** garde-robe *f*; *meuble*: armoire *f*; ~ *dealer* marchand(e *f*) *m* de toilette; ~ *trunk* malle-armoire (*pl.* malles-armoires) *f*; '**ward·room** ⚓ carré *m* des officiers; '**ward·ship** tutelle *f*.

ware [weə] marchandise *f*; ustensiles *m/pl.*

ware·house 1. ['weəhaus] entrepôt *m*; magasin *m*; **2.** ['~hauz] emmagasiner; *douane*: entreposer; **~·man** ['~hausmən] emmagasineur *m*; *douane*: entreposeur *m*; garçon *m* de magasin; *Italian* ~ épicier *m*.

war...: '**~·fare** la guerre *f*; '**~-grave** sépulture *f* militaire; '**~·head** *torpille etc.*: cône *m* (de charge).

war·i·ness ['weərinis] circonspection *f*; prudence *f*; défiance *f*.

war...: '**~·like** guerrier (-ère *f*); martial (-aux *m/pl.*); '**~-loan** emprunt *m* de guerre.

warm [wɔ:m] **1.** □ chaud (*a. fig.*); *fig.* chaleureux (-euse *f*), vif (vive *f*); F riche; *be* ~ avoir chaud (*personne*); être chaud (*chose*); **2.** F action *f* de (se) chauffer; **3.** *v/t.* chauffer; *fig.* (r)échauffer; *sl.* flanquer une tripotée à; ~ *up* (ré)chauffer; *v/i.* (*a.* ~ *up*) s'échauffer, se (ré)chauffer; s'animer; ~ *to* se sentir attiré vers (*q.*); '~-'**heart·ed** affectueux (-euse *f*), chaleureux (-euse *f*); '**warm·ing** *sl.* rossée *f*.

war-mon·ger ['wɔ:mʌŋgə] belliciste *m*; '**war-mon·ger·ing,** '**war-mon·ger·y** propagande *f* de guerre.

warmth [wɔ:mθ] chaleur *f*.

warm-up ['wɔ:mʌp] mise *f* en train.

warn [wɔ:n] avertir (de *of*, *against*); prévenir; (*ou* ~ *off*) détourner; conseiller (de *inf.*, *to inf.*); alerter; '**warn·ing** avertissement *m*; avis *m*; *turf*: exécution *f*; congé *m* (*d'un employé etc.*); alerte *f*; *take* ~ *from* profiter de l'exemple de; tirer une leçon de.

warp [wɔ:p] **1.** *tex.* chaîne *f*; *tapisserie*: lisse *f*; ⚓ amarre *f*; voilure *f* (*d'une planche*); *fig.* perversion *f*; **2.** *v/i.* se voiler (*bois*); ⚓ (*usu.* ~ *out*) déhaler; *v/t.* (faire) voiler, déverser (*du bois etc.*); ✈ gauchir (*les ailes*); *tex.* ourdir (*une étoffe*), empeigner (*un métier*); ⚓ haler, touer; *fig.* fausser (*les sens*); pervertir (*l'esprit*).

war...: '**~·paint** peinture *f* de guerre (*des Peaux-Rouges*); F *fig.* grande tenue *f*; gros maquillage *m*; '**~·path** (*be on the* ~ être sur le) sentier *m* de la guerre.

warp·ing ✈ ['wɔ:piŋ] gauchissement *m* des ailes.

war...: '**~-plane** avion *m* de guerre; '**~-prof·it'eer** mercanti *m* de guerre.

war·rant ['wɔrənt] **1.** garantie *f*; *fig.* garant *m*; justification *f*; ⚖ mandat *m*; pouvoir *m*; ⚔ feuille *f* (*de route*); ⚔ ordonnance *f* (*de paiement*); ✝ warrant *m*; ~ (*of apprehension*) mandat *m* d'amener; ~ *of arrest* mandat *m* d'arrêt; **2.** garantir (*a.* ✝); certifier; attester; répondre de (*qch.*); justifier; '**war·rant·a·ble** □ légitime; justifiable; que l'on peut garantir; *chasse*: courable; '**war·rant·ed** garanti; **war·ran·tee** ⚖ [~'ti:] receveur (-euse *f*) *m* d'une garantie; '**war·rant-of·fi·cer** ⚓

premier maître *m*; ⚔ sous-officier *m* breveté; **war·ran·tor** ⚖ [ˈ~tɔː] répondant *m*; ˈ**war·ran·ty** garantie *f*; autorisation *f*.

war·ren [ˈwɔrin] garenne *f*, lapinière *f*.

war·ri·or [ˈwɔriə] guerrier *m*; *the Unknown* ♀ le Soldat inconnu.

war·ship [ˈwɔːʃip] vaisseau *m* de guerre.

wart [wɔːt] verrue *f*; ⚘ excroissance *f*; ˈ**wart·y** verruqueux (-euse *f*).

war...: ˈ**~·time** temps *m* de guerre.

war·y □ [ˈwɛəri] circonspect, prudent; défiant; précautionneux (-euse *f*).

was [wɔz; wəz] *prét. de* be; *he ~ to have come* il devait venir.

wash [wɔʃ] **1.** *v/t.* laver; blanchir (*le linge*); *fig.* baigner; *~ed out* délavé; décoloré; F flapi; *~ up* faire la vaisselle; ⚓ rejeter sur le rivage; *sl. ~ed up* fini, fichu; *v/i.* se laver; *~ against the cliff* baigner la falaise; ⚓ *~ over* balayer (*le pont*); **2.** lessive *f*, blanchissage *m*; toilette *f*; remous *m*; ⚓ sillage *m*; ✈ souffle *m* (*de l'hélice*); *peint.* lavis *m*; (*a. colo[u]r ~*) badigeon *m*; *péj.* lavasse *f*; ⚕, *pharm.*, *vét.* lotion *f*; ˈ**wash·a·ble** lavable; ˈ**wash**(-)**and**(-)**wear** 'ne pas repasser'; ˈ**wash-ba·sin** cuvette *f*, lavabo *m*; ˈ**wash-cloth** torchon *m*; ˈ**washed-**ˈ**out** F épuisé, F lessivé; ˈ**washed-**ˈ**up** F fichu, ruiné; épuisé, F lessivé.

wash·er [ˈwɔʃə] laveur (-euse *f*) *m*; *machine*: laveuse *f*; ⊕ cylindre *m* à laver; ˈ**~-wom·an** blanchisseuse *f*.

wash·i·ness F [ˈwɔʃinis] fadeur *f*, insipidité *f*.

wash·ing [ˈwɔʃiŋ] **1.** lavage *m*; ablution *f*; lessive *f*, blanchissage *m*; ⊕ lavée *f* (*de laine, de minerai*); *~s pl.* produits *m/pl.* de lavage; ⊕ chantier *m* de lavage; **2.** de lessive; *~ machine* machine *f* à laver; *~ powder* lessive *f*; ˈ**~-silk** soie *f* lavable; ˈ**~-**ˈ**up** (lavage *m* de la) vaisselle *f*; *~ basin* cuvette *f*; *~ water* eau *f* de vaisselle; *do the ~* faire la vaisselle.

wash...: ˈ**~-**ˈ**out** *sl.* fiasco *m*; ratage *m*; raté(e *f*) *m* (*personne*); ˈ**~·rag** *surt. Am.* lavette *f*, gant *m* de toilette; ˈ**~-stand** lavabo *m*; ˈ**wash·y** délavé (*couleur*); *fig.* fade, insipide.

wasp [wɔsp] guêpe *f*; ˈ**wasp·ish** □ méchant (*a. fig.*); acerbe; acariâtre (*femme*).

wast·age [ˈweistidʒ] déperdition *f*, perte *f*; gaspillage *m*; *coll.* déchets *m/pl.*

waste [weist] **1.** désert, inculte; perdu (*temps*); ⊕ de rebut; *lay ~* dévaster, ravager; *~ heat* chaleur *f* perdue; *~ paper* vieux papiers *m/pl.*; papier *m* de rebut; *~ products pl.* déchets *m/pl.*; *~ steam* vapeur *f* perdue; *~ water* eaux *f/pl.* ménagères; ⊕ eaux-vannes *f/pl.*; **2.** perte *f*; gaspillage *m*; rebut *m*; déchet *m*; région *f* inculte; *go* (*ou run*) *to ~* se perdre, se dissiper; s'affricher (*terrain*); **3.** *v/t.* user, consumer, gaspiller; perdre (*son temps*); *v/i.* se perdre; s'user; maigrir (*malade*); **waste·ful** □ [ˈ~ful] gaspilleur (-euse *f*); prodigue; inutile; ruineux (-euse *f*); ˈ**waste·land** terre *f* en friche; ˈ**waste-pa·per bas·ket** corbeille *f* à papier; ˈ**waste·pipe** trop-plein *m*; *baignoire*: écoulement *m*; ˈ**wast·er** gaspilleur (-euse *f*) *m*; *see wastrel*.

wast·rel [ˈweistrəl] vaurien *m*; mauvais sujet *m*.

watch [wɔtʃ] **1.** garde *f*; † veille *f*; † *personne*: garde *m*; ⚓ quart *m*; montre *f*; *be on the ~ for* épier, guetter; être à l'affût de; ♀ *Committee* comité *m* municipal qui veille au maintien de l'ordre; **2.** *v/i.* veiller (sur, *over*); *~ for* attendre (*q.*, *qch.*); guetter (*q.*); *v/t.* veiller sur, regarder; assister à; guetter (*l'occasion*); ˈ**~·boat** ⚓ (bateau *m*) patrouilleur *m*; ˈ**~-brace·let** montre-bracelet (*pl.* montres-bracelets) *f*; ˈ**~-case** boîte *f* de montre; ˈ**~·dog** chien *m* de garde; ˈ**watch·er** veilleur (-euse *f*) *m*; observateur (-trice *f*) *m*; **watch·ful** □ [ˈ~ful] vigilant, attentif (-ive *f*).

watch...: ˈ**~-mak·er** horloger *m*; ˈ**~·man** gardien *m*; veilleur *m* (de nuit); ˈ**~-tow·er** tour *f* de guet; ˈ**~·word** *pol. etc.* mot *m* d'ordre.

wa·ter [ˈwɔːtə] **1.** eau *f*; *~ supply* (provision *f* d')eau *f*; service *m* des eaux; *high* (*low*) *~* marée *f* haute (basse); *by ~* en bateau, par eau; *drink* (*ou take*) *the ~s* prendre les eaux; *of the first ~* de première eau (*diamant*); *fig.* de premier ordre; F *be in hot ~* être dans le pétrin; avoir des ennuis; F *be in low ~* être dans la gêne; **2.** *v/t.* arroser (*terre, route, plante, région*); abreuver (*les bêtes*); *fig.* atténuer, affaiblir; (*souv.* ~ *down*) mouiller, diluer; ⊕ alimenter en eau (*une machine*); *tex.* moirer; *v/i.* pleurer (*yeux*); faire provision d'eau; s'abreuver (*bêtes*); ⊕, ⚓, *mot.* faire de l'eau; *make s.o.'s mouth* ~ faire venir l'eau à la bouche de q.; **ˈ~-blis·ter** ⚕ cloque *f*; **ˈ~-borne** flottant; transporté par voie d'eau; ~ **can·non** lance-eau *m/inv.*; **ˈ~-cart** arroseuse *f* (*dans les rues*); **ˈ~-clos·et** (*usu. écrit* W.C.) cabinets *m/pl.*, F waters *m/pl.*; **ˈ~-col·o(u)r** aquarelle *f*; couleur *f* à l'eau; **ˈ~-cooled** refroidi à eau; **ˈ~-cool·ing** refroidissement *m* à eau; **ˈ~-course** cours *m* d'eau; conduit *m*; conduite *f* d'eau; **ˈ~-cress** ⚘ cresson *m* (de fontaine); **ˈ~-fall** chute *f* d'eau; **ˈ~-fowl** gibier *m*, *coll.* ~s *m/pl.* d'eau; **ˈ~-front** *surt. Am.* quai *m*, bord *m* de l'eau; **ˈ~-gauge** ⊕ hydromètre *m*; (indicateur *m* de) niveau *m* d'eau; **ˈ~-hose** tuyau *m* d'arrosage; *qqfois* manche *f* à feu; **ˈwa·ter·i·ness** aquosité *f*; ⚕ sérosité *f*; *fig.* fadeur *f*.

wa·ter·ing [ˈwɔːtəriŋ] arrosage *m*; irrigation *f*; abreuvage *m* (*des bêtes*); **ˈ~-can, ˈ~-pot** arrosoir *m*; **ˈ~-place** abreuvoir *m*; ville *f* d'eau; plage *f*, bains *m/pl.* de mer.

wa·ter...: **ˈ~-jack·et** ⊕ chemise *f* d'eau; **ˈ~-lev·el** niveau *m* d'eau (*a.* ⊕); **ˈ~-lil·y** ⚘ nénuphar *m*; **ˈ~-logged** imbibé d'eau; ⚓ plein d'eau; **ˈ~-main** conduite *f* (principale) d'eau; **ˈ~-man** batelier *m*, marinier *m*; **ˈ~-mark** niveau *m* des eaux; ⚓ laisse *f*; *papier*: filigrane *m*; **ˈ~-part·ing** ligne *f* de partage des eaux; **ˈ~-pipe** conduite *f* d'eau; **ˈ~-plane** hydravion *m*; ~ **pol·lu·tion** pollution *f* de l'eau; **ˈ~-po·lo** water-polo *m*; **ˈ~-pow·er** force *f ou* énergie *f* hydraulique; ~ *station* centrale *f* hydraulique; **ˈ~-proof 1.** imperméable (*a. su./m*); **2.** rendre imperméable; caoutchouter; **ˈ~-reˈpel·lent wool** laine *f* cirée; **ˈ~-shed** *see water-parting*; *p. ext.* bassin *m*; **~ˈside 1.** riverain; **2.** bord *m* de l'eau; **ˈ~-spout** descente *f* d'eau; gouttière *f*; *météor.* trombe *f*; **ˈ~-ta·ble** niveau *m* hydrostatique; **ˈ~-tap** robinet *m*; **ˈ~-tight** étanche; *fig.* sans échappatoire, inattaquable; *fig. in* ~ *compartments* séparé(s) par des cloisons étanches; **ˈ~-wave 1.** *cheveux*: mise *f* en plis; **2.** mettre (*les cheveux*) en plis; **ˈ~-way** voie *f* d'eau; ⚓ gouttière *f*; **ˈ~-works** *usu. sg.* usine *f* de distribution d'eau; **ˈwa·ter·y** aqueux (-euse *f*); larmoyant (*yeux*); *fig.* noyé *ou* plein d'eau; *fig.* peu épais (-se *f*).

watt ⚡ [wɔt] watt *m*.

wat·tle [ˈwɔtl] **1.** clayonnage *m*; claie *f*; *dindon*: caroncule *f*; **2.** clayonner; tresser (*l'osier*).

waul [wɔːl] miauler.

wave [weiv] **1.** vague *f* (*a. fig.*); *phys.* onde *f*; *cheveux*: ondulation *f*; geste *m*, signe *m* (de la main); **2.** *v/t.* agiter; brandir; onduler (*les cheveux*); faire signe de (*la main*); ~ *s.o. aside* écarter q. d'un geste; *v/i.* s'agiter; flotter; onduler; faire signe (à q., *to s.o.*); **ˈ~-length** ⚡ *radio*: longueur *f* d'onde; F *fig. be on the same* ~ être sur la même longueur d'onde(s); **ˈ~-me·ter** ondemètre *m*.

wa·ver [ˈweivə] hésiter; vaciller (*a. fig.*); ⚔ *etc.* fléchir.

wave...: **ˈ~-range** *radio*: gamme *f* de longueur d'onde; **ˈ~-trap** *radio*: ondemètre *m* d'absorption.

wav·y [ˈweivi] onduleux (-euse *f*); ondulé; tremblé (*ligne*).

wax[1] [wæks] **1.** cire *f*; *oreilles*: cérumen *m*; ~ *candle* bougie *f* de cire; *eccl.* cierge *m*; ~ *doll* poupée *f* de cire; **2.** cirer; mettre (*le cuir*) en cire; empoisser (*le fil*).

wax[2] [~] croître (*lune*); *co. devant adj.*: devenir.

wax·en [ˈwæksn] de *ou* en cire; *fig. a.* cireux (-euse *f*); **ˈwax·work** figure *f* de cire; ~*s pl.*, ~ *show* figures *f/pl.* de cire; **ˈwax·y** □ cireux (-euse *f*).

way [wei] **1.** chemin *m*, route *f*, voie *f*; direction *f*, côté *m*; façon *f*, manière *f*; genre *m*; moyen *m*; marche *f*; progrès *m*; état *m*; habitude *f*; idée *f*, guise *f*; ~ *in* entrée *f*; ~ *out* sortie *f*; *admin.* ~*s and means* voies *f/pl.* et moyens *m/pl.*; *parl. Committee of* ꝍ*s and Means* Commission *f* du Budget; *right of* ~ ⚖ servitude *f ou* droit *m* de passage; *surt. mot.* priorité *f* de passage; *this* ~ par ici; *in some* (*ou a*) ~ en quelque sorte; *in no* ~ ne … aucunement *ou* d'aucune façon; *go a great* (*ou some*) ~ *towards* (*gér.*), *go a long* (*ou some*) ~ *to* (*inf.*) contribuer de beaucoup *ou* quelque peu à (*inf.*); *by the* ~ en passant, à propos; *by* ~ *of* par la voie de; en guise de, à titre de; *by* ~ *of excuse* en guise d'excuse; *on the* (*ou one's*) ~ en route (pour, *to*); chemin faisant; *out of the* ~ écarté, isolé; *fig.* peu ordinaire; *under* ~ en marche (*a.* ⚓); *give* ~ céder, lâcher pied; faire place; *have one's* ~ agir à sa guise; *if I had my* ~ si on me laissait faire; *have a* ~ *with* se faire bien voir de (*q.*); *lead the* ~ marcher en tête; montrer le chemin; *see make 1*; *pay one's* ~ joindre les deux bouts; se suffire; *see one's* ~ *to* juger possible de; trouver moyen de; *Am.* ~ *station* petite gare *f*; *Am.* ~ *train* train *m* omnibus; **2.** *adv. Am.* loin; là-bas; ˈ**~-bill** feuille *f* de route; lettre *f* de voiture; ˈ**~·far·er** voyageur (-euse *f*) *m*; **~**ˈ**lay** [*irr.* (*lay*)] guetter (au passage); ˈ**~-leave** droit *m* de passage *ou* de survol; ˈ**~·side 1.** bord *m* de la route; *by the* ~ au bord de la route; **2.** au bord de la route, en bordure de route.

way·ward □ [ˈweiwəd] capricieux (-euse *f*); entêté, rebelle; ˈ**way·ward·ness** entêtement *m*; caractère *m* difficile.

we [wiː; wi] nous (*a. accentué*).

weak □ [wiːk] faible; léger (-ère *f*) (*thé*); ˈ**weak·en** (s')affaiblir; ˈ**weak·ling** personne *f* faible; ˈ**weak·ly 1.** *adj.* faible; **2.** *adv.* faiblement; sans résolution; ˈ**weak-**ˈ**mind·ed** faible d'esprit; qui manque de résolution; ˈ**weak·ness** faiblesse *f*.

weal[1] [wiːl] **1.** bien(-être) *m*.

weal[2] [~] marque *f*.

wealth [welθ] richesse *f*, -s *f/pl.*; *fig.* abondance *f*; ˈ**wealth·y** □ riche, opulent.

wean [wiːn] sevrer (*un enfant*); *fig.* détourner (*q.*) (de *from*, *of*).

weap·on [ˈwepən] arme *f*; ˈ**weap·on·less** sans armes, désarmé; ˈ**weap·on·ry** armes *f/pl.*; armement(s) *m* (*pl.*).

wear [wɛə] [*irr.*] **1.** *v/t.* porter (*un vêtement etc.*); (*a.* ~ *away, down, off, out*) user, effacer; épuiser, lasser (*la patience*); *v/i.* faire bon usage; se conserver (*bien etc.*) (*personne*); ~ *away* s'user; s'effacer; passer; ~ *off* disparaître (*a. fig.*), s'effacer; ~ *on* s'écouler (*temps*); s'avancer; ~ *out* s'user; s'épuiser; **2.** usage *m*; mode *f*; vêtements *m/pl.*; fatigue *f*; (*a.* ~ *and tear*) usure *f*; *gentlemen's* ~ vêtements *m/pl.* pour hommes; *for hard* ~ d'un bon usage; *be the* ~ être à la mode *ou* de mise; *the worse for* ~ usé; *there is plenty of* ~ *in it yet* il est encore portable; ˈ**wear·a·ble** portable (*vêtement*).

wea·ri·ness [ˈwiərinis] fatigue *f*; lassitude *f*; *fig.* dégoût *m*.

wea·ri·some □ [ˈwiərisəm] ennuyeux (-euse *f*); *fig.* ingrat, F assommant; ˈ**wea·ri·some·ness** ennui *m*.

wea·ry [ˈwiəri] **1.** □ las(se *f*), fatigué (de, *with*); *fig.* dégoûté (de, *of*); fatigant, fastidieux (-euse *f*); **2.** (se) lasser, fatiguer.

wea·sel *zo.* [ˈwiːzl] belette *f*.

weath·er [ˈweðə] **1.** temps *m*; *see permit 1*; **2.** météorologique; ⚓ du côté du vent, au vent; **3.** *v/t.* altérer (par les intempéries); ⚓ passer au vent de; doubler (*un cap*); (*a.* ~ *out*) étaler (*une tempête etc.*), *fig.* survivre à; ~*ed* altéré par le temps *ou* les intempéries; *v/i.* s'altérer; prendre la patine (*cuivre etc.*); ˈ**~-beat·en** battu par les tempêtes; basané (*figure etc.*); ˈ**~-board** *fenêtre*: reverseau *m*; *toit etc.*: planche *f* à recouvrement; ˈ**~-board·ing** planches *f/pl.* à recouvrement; ˈ**~-bound** retenu par le mauvais temps; ˈ**~-bu·reau** bureau *m* météorologique; ˈ**~-chart** carte *f* météorologique; ˈ**~·cock** girouette *f*; ˈ**~-fore·cast** bulletin *m* météorologique; prévisions *f/pl.* du temps; ˈ**~-proof**, ˈ**~-tight** imperméable; étanche; ˈ**~-sta·tion** station *f* météorologique; ˈ**~-strip** bourrelet *m* étanche; *mot.* gouttière *f* d'étanchéité; ˈ**~-vane** girouette *f*; ˈ**~-worn** rongé par les intempéries.

weave [wiːv] **1.** [*irr.*] tisser; *fig.* tramer; **2.** armure *f*; tissage *m*; ˈ**weav·er** tisserand(e *f*) *m*; ˈ**weav·ing** tissage *m*; entrelacement *m*; *route*: zigzags *m/pl.*; *attr.* à tisser.

wea·zen [ˈwiːzn] ratatiné, desséché.

web [web] tissu *m* (*a. fig.*); toile *f* (*d'araignée*); *orn. plume*: lame *f*; *pattes*: palmure *f*; ⊕ rouleau *m* (*d'étoffe, de papier*); **webbed** palmé, membrané; ˈ**web·bing** (toile *f* à) sangles *f/pl.*; ˈ**web-foot·ed** palmipède, aux pieds palmés.

wed [wed] *v/t.* épouser, se marier avec (*q.*); marier (*un couple*); *fig.* unir (à *to, with*); *v/i.* se marier; ˈ**wed·ded** conjugal (-aux *m/pl.*); marié; ˈ**wed·ding 1.** mariage *m*; noce *f*, -s *f/pl.*; **2.** de noce(s); de mariage; nuptial (-aux *m/pl.*); ~ *anniversary* anniversaire *m* de mariage; ~ *ring* alliance *f*.

wedge [wedʒ] **1.** coin *m*; *fig. the thin end of the* ~ le premier pas, un pied de pris; **2.** coincer; (*a.* ~ *in*) enclaver, insérer; ˈ**~-shaped** en forme de coin; cunéiforme (*caractères, os*).

wed·lock [ˈwedlɔk] mariage *m*.

Wednes·day [ˈwenzdi] mercredi *m*.

wee *écoss.*, F [wiː] (tout) petit.

weed [wiːd] **1.** mauvaise herbe *f*; F tabac *m*; F personne *f* étique; **2.** sarcler; (*a.* ~ *up, out*) arracher les mauvaises herbes; *fig.* éliminer; ˈ**weed·er** sarcleur (-euse *f*) *m*; *outil*: sarcloir *m*; extirpateur *m*.

weeds [wiːdz] *pl.* (*usu. widow's* ~) (vêtements *m/pl.* de) deuil *m*.

weed·y [ˈwiːdi] plein de mauvaises herbes; F *fig.* étique; maigre.

week [wiːk] semaine *f*; *short working* ~ semaine *f* courte; *by the* ~ à la semaine; *this day* ~ d'aujourd'hui en huit; ˈ**~-day** jour *m* de semaine; jour *m* ouvrable; ˈ**~-ˈend 1.** fin *f* de semaine; week-end *m*; ~ *ticket* billet *m* valable du samedi au lundi; **2.** passer le week-end; ˈ**~-ˈend·er** touriste *mf* de fin de semaine; ˈ**week·ly 1.** hebdomadaire; **2.** (*a.* ~ *paper*) hebdomadaire *m*.

wee·ny F [ˈwiːni] tout petit, minuscule.

weep [wiːp] [*irr.*] pleurer (de *joie etc., for*; qch. *for, over s.th.*); verser des larmes; ˈ**weep·er** pleureur (-euse *f*) *m*; ~*s pl.* manchettes *f/pl.* de deuil; ˈ**weep·ing 1.** qui pleure; humide; ⚘ ~ *willow* saule *m* pleureur; **2.** larmes *f/pl.*, pleurs *m/pl.*

wee·vil [ˈwiːvil] charançon *m* (*du blé etc.*).

weft [weft] *tex.* trame *f*; *fig.* traînée *f* (*d'un nuage etc.*).

weigh [wei] **1.** *v/t.* peser (*a. fig. le pour et le contre*); *fig.* (*a.* ~ *up*) jauger; ⚓ ~ *anchor* lever l'ancre; ~ *down* peser plus que; ~*ed down* surchargé, *fig.* accablé (de, *with*); *v/i.* peser (*a. fig.*); *fig.* avoir du poids (pour, *with*); ~ (*up*)*on* peser (lourd) sur; **2.** ⚓ *get under* ~ (*ou way*) se mettre en route; ˈ**weigh·a·ble** pesable; ˈ**weigh·bridge** (pont *m* à) bascule *f*; ˈ**weigh·er** peseur (-euse *f*) *m*; ˈ**weigh·ing-ma·chine** bascule *f*; appareil *m* de pesage.

weight [weit] **1.** poids *m*; pesanteur *f*, lourdeur *f*; force *f* (*d'un coup*); *fig.* importance *f*; *fig. carry great* ~ avoir beaucoup d'influence; avoir de l'autorité; *sp. putting the* ~ lancement *m* du poids; **2.** alourdir; attacher un poids à; *fig.* affecter d'un coefficient; ˈ**weight·i·ness** pesanteur *f*; *fig.* importance *f*; ˈ**weight·less** qui ne pèse rien; en état d'apesanteur; ˈ**weight·less·ness** apesanteur *f*; ˈ**weight·y** □ pesant, lourd; grave; sérieux (-euse *f*).

weir [wiə] barrage *m*; *étang*: déversoir *m*.

weird [wiəd] étrange; mystérieux (-euse *f*); F singulier (-ère *f*).

wel·come [ˈwelkəm] **1.** □ bienvenu; agréable; *you are* ~ *to* (*inf.*) libre à vous de (*inf.*); *you are* ~ *to it* c'est à votre service; *iro.* grand bien vous fasse!; (*you are*) ~! soyez le bienvenu!; il n'y a pas de quoi!; **2.** bienvenue *f*; **3.** souhaiter la bienvenue à; accueillir (*a. fig.*).

weld ⊕ [weld] **1.** (se) souder; (se) corroyer (*acier*); ~ *into* fondre en; **2.** (*a.* ~*ing seam*) (joint *m* de) soudure *f*; ˈ**weld·ing** ⊕ soudage *m*, soudure *f*; *attr.* soudant; à souder.

wel·fare [ˈwelfɛə] bien-être *m*; ~ *centre* dispensaire *m*; ~ *work* assistance *f* sociale; ~ *worker* assistant (-e *f*) *m* social(e).

well[1] [wel] **1.** puits *m*; *fig.* source *f*; ⊕ *haut fourneau*: creuset *m*; (*a. ink-*~) encrier *m*; *ascenseur*: cage *f*; *hôtel*: cour *f*; **2.** jaillir, sourdre.

well[2] [~] **1.** *adv.* bien; *see as 1*; ~ *off* aisé, riche; bien fourni (de, *for*); *be* ~ *past fifty* avoir largement dépassé la cinquantaine; *beat s.o.* ~ battre q. à plate couture; **2.** *adj. préd.* en bonne santé; bon; bien; *I am not* ~ je ne me porte pas bien; *all's well* tout va bien; **3.** *int.* eh bien!; F ça alors!; ˈ**~-adˈvised** sage; bien avisé (*personne*); ˈ**~-ˈbal·anced**

(bien) equilibré; ˈ~-ˈ**be·ing** bien-être *m*; ˈ~-ˈ**born** de bonne famille; bien né; ˈ~-ˈ**bred** bien élevé; ˈ~-**disˈposed** bien disposé (envers, *to*[*wards*]); ˈ~-ˈ**fa·vo(u)red** beau (bel *devant une voyelle ou un h muet*; belle *f*); de bonne mine; ˈ~-**inˈformed** bien renseigné.

Wel·ling·tons [ˈweliŋtənz] *pl.* bottes *f/pl.* en caoutchouc.

well...: ˈ~-**inˈten·tioned** bien intentionné; ˈ~-ˈ**judged** bien calculé; judicieux (-euse *f*); ˈ~-ˈ**knit** bien bâti; solide; ˈ~-ˈ**made** de coupe soignée (*habit*); bien découplé; ˈ~-ˈ**man·nered** bien élevé; ˈ~-ˈ**mean·ing** bien intentionné; ˈ~-ˈ**meant** fait avec de bonnes intentions; amical (-aux *m/pl.*) (*conseil etc.*); ˈ~-**nigh** presque; ˈ~-ˈ**off** bien *inv.*; (*a.* ~ *for money*) aisé, (bien) nanti; ˈ~-**preˈserved** bien conservé; ˈ~-ˈ**read** lettré, érudit; instruit; cultivé; ˈ~-ˈ**spok·en** qui soigne son élocution; cultivé; ˈ~-ˈ**thought-of** (bien) considéré; estimé; ˈ~-ˈ**timed** opportun, à propos; bien calculé; ~-**to-do** aisé; prospère; ~ **turned** *fig.* bien tourné; ˈ~-ˈ**wish·er** ami(e *f*) *m* sincère, partisan *m*; ˈ~-ˈ**worn** usé; *fig.* rebattu.

Welsh[1] [welʃ] **1.** gallois; **2.** *ling.* gallois *m*; *the* ~ les Gallois *m/pl.*

welsh[2] [~] *turf*: décamper avec les enjeux des parieurs; ˈ**welsh·er** bookmaker *m* marron; *p.ext.* escroc *m.*

Welsh...: ˈ~·**man** Gallois *m*; ˈ~·**wom·an** Galloise *f.*

welt [welt] **1.** ⊕ *semelle*: trépointe *f*; *chaussette*, *gant*: bordure *f*; couvre-joint *m*; **2.** mettre des trépointes à (*des souliers*); bordurer; F rosser; ~*ed* à trépointes (*soulier*).

wel·ter [ˈweltə] **1.** se rouler, se vautrer; *fig.* ~ *in* nager dans (*son sang etc.*); **2.** désordre *m*; ˈ~-**weight** *box.* poids *m* mi-moyen.

wen ⚕ [wen] kyste *m* sébacé; F goitre *m.*

wench [wentʃ] jeune fille *f ou* femme *f.*

wend [wend]: ~ *one's way* (vers, *to*) diriger ses pas; se diriger.

went went *prét.* de *go 1.*

wept [wept] *prét. et p.p. de weep.*

were [wəː; wə] *prét. et sbj. prét. de be.*

west [west] **1.** *su.* ouest *m*; **2.** *adj.* de l'ouest; occidental (-aux *m/pl.*); **3.** *adv.* à *ou* vers l'ouest; *sl.* go ~ casser sa pipe (= *mourir*); ˈ~·**bound** en direction de l'ouest; allant vers l'ouest.

west·er·ly [ˈwestəli] de *ou* à l'ouest;

west·ern [ˈwestən] **1.** de l'ouest; occidental (-aux *m/pl.*); **2.** *see westerner*; *Am.* ♀ film *m ou* roman *m* de cowboys; western *m*; ˈ**west·ern·er** occidental(e *f*) *m*; habitant(e *f*) *m* de l'ouest; ˈ**west·ern·most** le plus à l'ouest.

west·ing ⚓ [ˈwestiŋ] route *f* vers l'ouest; départ *m* pour l'ouest.

west·ward [ˈwestwəd] **1.** *adj.* à *ou* de l'ouest; **2.** *adv.* (*a.* **west·wards** [ˈ~dz]) vers l'ouest.

wet [wet] **1.** mouillé; humide; *Am.* qui permet la vente de l'alcool; *see blanket 1*; ⚡ ~ *cell* pile *f* à l'élément humide; ⊕ ~ *process* voie *f* humide; ~ *steam* vapeur *f* mouillée; ~ *through* trempé (jusqu'aux os); F *with a* ~ *finger* à souhait; **2.** pluie *f*; humidité *f*; **3.** [*irr.*] mouiller; tremper; F pleuvoir; F arroser (*une affaire*); ~ *through* tremper (jusqu'aux os).

wet·back *Am. sl.* [ˈwetbæk] immigrant *m* mexicain illégal.

weth·er [ˈweðə] bélier *m* châtré.

wet-nurse [ˈwetnəːs] nourrice *f.*

whack F [wæk] **1.** battre; **2.** coup *m*; claque *f*; (grand) morceau *m*; *have* (*ou take*) *a* ~ *at* (*gér.*) essayer de (*inf.*); ˈ**whack·er** F chose *f ou* personne *f* énorme; gros mensonge *m*; ˈ**whack·ing** F **1.** rossée *f*, fessée *f*; **2.** colossal (-aux *m/pl.*).

whale [weil] baleine *f*; F *a* ~ *of a castle* un château magnifique; F *a* ~ *at* un as à; ˈ~·**bone** baleine *f*; ˈ~-**fish·er**, ˈ~·**man**, *usu.* ˈ**whal·er** baleinier *m*; ˈ**whale-oil** huile *f* de baleine.

whal·ing [ˈweiliŋ] pêche *f* à la baleine.

whang F [wæŋ] **1.** coup *m* retentissant; **2.** retentir.

wharf [wɔːf] **1.** (*pl. a.* **wharves** [wɔːvz]) quai *m*; entrepôt *m* (*pour marchandises*); **2.** débarquer; déposer sur le quai; **wharf·age** [ˈ~idʒ] débarquement *m*; mise *f* en entrepôt; quayage *m*; **wharf·in·ger** [ˈ~indʒə] propriétaire *m* d'un quai.

what [wɔt] **1.** *pron. interr.* que, quoi; qu'est-ce qui; qu'est-ce que; ~ *about* ...? et ...?; ~ *about* (*gér.*)? que pensez-vous de (*inf.*)?; ~ *for?* pourquoi donc?; ~ *of it?* et alors?; ~ *if ...?* et si ...?; ~ *though ...?* qu'importe que (*sbj.*)?; F ~*-d'ye-call-him (-her, -it, -'em)*, ~*'s-his-name (-her-name, -its-name)*, *Am.* ~*-is-it* machin *m*, chose *mf*; ~ *next?* et ensuite?; *iro.* par exemple!; et quoi encore?; **2.** *pron. rel.* ce qui, ce que; *know* ~*'s* ~ en savoir long; savoir son monde; *and* ~ *not* et ainsi de suite; ~ *with ...* ~ *with ...* entre ... et ...; **3.** *adj. interr.* quel, quelle, quels, quelles; ~ *time is it?* quelle heure est-il?; ~ *a blessing!* quel bonheur!; ~ *impudence!* quelle audace!, F quel toupet!; (*of*) ~ *use is it?* à quoi sert-il (de, *inf.*, *to inf.*)?; **4.** *adj. rel.* que, qui; ~ *money I had* l'argent dont je disposais; '**what-not** étagère *f*; **what**(**·so**)'**ev·er** **1.** *pron.* tout ce qui, tout ce que, quoi qui (*sbj.*), quoi que (*sbj.*); **2.** *adj.* quelque ... qui *ou* que (*sbj.*); aucun; quelconque.

wheat ⚘ [wi:t] blé *m*; '**wheat·en** de blé, de froment.

whee·dle ['wi:dl] cajoler; ~ *s.o. into* (*gér.*) amener q. à (*inf.*) à force de cajoleries; ~ *money out of s.o.* soutirer de l'argent à q.

wheel [wi:l] **1.** roue *f*; (*a. steering-*~) volant *m*; *Am.* F bicyclette *f*; ⊕ (*a. grinding-*~) meule *f*; *see potter*²; ⚓ barre *f*; ⚔ conversion *f*; **2.** *v/t.* rouler, tourner; promener; *v/i.* tourn(oy)er; se retourner (*personne*); ⚔ faire une conversion; *Am.* aller à bicyclette; '~**·bar·row** brouette *f*; ~ **base** ⊕ empattement *m*; ~ **chair** fauteuil *m* roulant; '**wheeled** à roues; roulant; '**wheel·ing and** '**deal·ing** F affaires *f/pl.* louches, manigances *f/pl.*; '**wheel·man** F cycliste *m*; '**wheel-spi·der** ⊕ croisillon *m* (de roue); '**wheel·wright** charron *m*.

wheeze [wi:z] **1.** *v/i.* siffler; respirer péniblement; corner (*cheval*); *v/t.* F seriner (*un air*); **2.** sifflement *m*, respiration *f* asthmatique; *cheval*: cornage *m*; *théâ. sl.* trouvaille *f*; *sl.* truc *m*; '**wheez·y** □ asthmatique; cornard (*cheval*).

whelp [welp] **1.** *see puppy*; petit *m* (*d'un fauve*); **2.** mettre bas.

when [wen] **1.** *adv.* quand?; **2.** *cj.* quand, lorsque; et alors; (*le jour*) où; (*un jour*) que.

whence [wens] d'où.

when(**·so**)**·ev·er** [wen(so)'evə] chaque fois que, toutes les fois que; quand.

where [wɛə] **1.** *adv.* où?; **2.** *cj.* (là) où; ~**·a·bout** ['wɛərə'baut] **1.** où (donc); **2.** (*usu.* '~**·a·bouts** [~s]): *the* ~ *of* le lieu *m* où (*q.*, *qch.*) se trouve; ~'**as** puisque, vu que, attendu que; tandis que, alors que; ⚖ considérant que; ~'**at** sur *ou* à *ou* de quoi; ~'**by** par où; par quoi; par lequel (*etc.*); '~**·fore** **1.** *adv.* pourquoi?; **2.** *cj.* c'est pourquoi; ~'**in** en quoi; où; dans lequel (*etc.*); ~'**of** dont, de quoi; duquel *etc.*; ~'**on** où; sur quoi; sur lequel (*etc.*); ~**·so**'**ev·er** partout où; ~**·up**'**on** sur quoi; sur lequel (*etc.*); **wher**'**ev·er** partout où; **where·with·al** **1.** [wɛəwi'ðɔ:l] avec quoi; avec lequel (*etc.*); **2.** F ['~] nécessaire *m*; moyens *m/pl.*; fonds *m/pl.*

wher·ry ['weri] bachot *m*; esquif *m*.

whet [wet] **1.** aiguiser, affiler; *fig.* stimuler; **2.** affilage *m*; *fig.* stimulation *f*; F stimulant *m*; petit verre *m*.

wheth·er ['weðə] si; ~ ... *or no* que ... (*sbj.*) ou non.

whet·stone ['wetstoun] pierre *f* à aiguiser.

whew [hwu:] ouf!; *int. par surprise*: fichtre!

whey [wei] petit lait *m*.

which [witʃ] **1.** *pron. interr.* lequel, laquelle, lesquels, lesquelles; **2.** *pron. rel.* qui, que; *all* ~ toutes choses qui *ou* que; *in* (*by*) ~ en (par) quoi; **3.** *adj. interr.* quel, quelle, quels, quelles; **4.** *adj. rel.* lequel, laquelle, lesquels, lesquelles; ~'**ev·er** **1.** *pron. rel.* celui qui, celui que; n'importe lequel (*etc.*); **2.** *adj.* le ... que, n'importe quel (*etc.*); quelque ... que (*sbj.*).

whiff [wif] **1.** *air, fumée, vent*: bouffée *f*; petit cigare *m*; ⚓ skiff *m*; **2.** émettre des bouffées (*v/t.* de *fumée etc.*).

whif·fle·tree ⊕ ['wifltri:] palonnier *m*.

Whig *hist. Brit.* [wig] **1.** whig *m* (*membre d'un parti libéral*); **2.** des whigs; whig (*parti*); '**Whig·gism** whiggisme *m*.

while [wail] **1.** temps *m*; espace *m*; *for a* ~ pendant quelque temps; F *be worth* ~ valoir la peine; **2.** (*usu.*

~ *away*) faire passer, tuer (*le temps*); **3.** (*a.* **whilst** [wailst]) pendant que, tandis que, en (*gér.*).

whim [wim] caprice *m*; lubie *f*; ⊕ triqueballe *m*.

whim·per [ˈwimpə] **1.** *v/i.* pleurnicher; pousser des petits cris plaintifs (*chien*); *v/t.* dire (*qch.*) en pleurnichant; **2.** pleurnicherie *f*; plainte *f*; petit cri *m* plaintif.

whim·si·cal □ [ˈwimzikl] bizarre; capricieux (-euse *f*) (*personne*); fantasque; **whim·si·cal·i·ty** [~ˈkæliti], **whim·si·cal·ness** [ˈ~klnis] bizarrerie *f*; caractère *m* fantasque.

whim·s(e)y [ˈwimzi] caprice *m*; boutade *f*.

whin ⚘ [win] ajonc *m*.

whine [wain] **1.** *v/i.* se plaindre; gémir; *v/t.* dire (*qch.*) d'un ton dolent; **2.** plainte *f*; cri *m* dolent.

whin·ny [ˈwini] hennir.

whip [wip] **1.** *v/t.* fouetter (*q., qch., de la crème*); *fig.* corriger; *fig. pluie*: cingler (*le visage etc.*); *fig. surt. Am.* vaincre; battre (*des œufs*); *cost.* surjeter; ⚓ surlier (*un cordage*); *avec adv. ou prp.*: mouvoir (*qch.*) vivement *ou* brusquement; ~ *away* chasser à coups de fouet; enlever vivement (à, *from*); *parl.* ~ *in* appeler; ~ *off* chasser; enlever (*qch.*) vivement; ~ *on* faire avancer à coups de fouet; *cost.* attacher à points roulés; ~ *up* stimuler; saisir vivement; *parl.* faire passer un appel urgent à (*q.*); *cuis.* ~*ped cream* crème *f* Chantilly; *v/i.* fouetter; ~ *round* se retourner vivement; **2.** fouet *m*; cocher *m*; *parl.* chef *m* de file; *parl.* appel *m* aux membres du parti; ˈ**~·cord** mèche *f* de fouet; corde *f* à fouet; ˈ**~-ˈhand** main *f* droite (*du cocher*); *have the ~ of* avoir la haute main sur (*q.*).

whip·per [ˈwipə] fouetteur (-euse *f*) *m*; ˈ**~-ˈin** *chasse*: piqueur *m*; *parl.* chef *m* de file; ˈ**~-snap·per** freluquet *m*; moucheron *m*.

whip·pet *zo.* [ˈwipit] *lévrier de course*: whippet *m*; ⚔ char *m* léger.

whip·ping [ˈwipiŋ] fouettage *m*; fouettement *m*; fouettée *f*; ˈ**~-boy** F tête *f* de Turc; ˈ**~-top** *jouet*: sabot *m*.

whip-round *Brit.* F [ˈwipraund]: *have a ~* faire une collecte.

whip-saw ⊕ [ˈwipsɔː] scie *f* à chantourner, scie *f* de long.

whirl [wəːl] **1.** (faire) tournoyer; *v/i.* tourbillonner; **2.** tourbillon(nement) *m*; **whirl·i·gig** [ˈ~igig] tourniquet *m*; manège *m* de chevaux de bois; *fig.* tourbillon *m* (*d'eau*); ˈ**whirl·pool** tourbillon *m*; gouffre *m*; **whirl-wind** [ˈ~wind] trombe *f*, tourbillon *m* (*de vent*); **whirl·y·bird** [ˈ~iˈbəːd] *Am.* F hélicoptère *m*, F banane *f*.

whir(r) [wəː] **1.** tourner en ronronnant; vrombir; siffler; **2.** bruissement *m* (*des ailes*); ronflement *m*; vrombissement *m*; sifflement *m*.

whisk [wisk] **1.** époussette *f*; verge(tte) *f*; *cuis.* fouet *m*; **2.** *v/t.* épousseter; agiter; *cuis.* fouetter, battre; ~ *away* enlever d'un geste rapide; *v/i.* aller comme un trait *ou* à toute vitesse; ˈ**whisk·er** *zo.* moustache *f*; *usu.* (*a pair of*) ~*s pl.* (des) favoris *m/pl.*

whis·k(e)y [ˈwiski] whisky *m*.

whis·per [ˈwispə] **1.** *vt/i.* chuchoter; *v/i.* parler bas; murmurer; susurrer; **2.** chuchotement *m*; *fig.* bruit *m*; ˈ**whis·per·er** chuchoteur (-euse *f*) *m*.

whist[1] [wist] chut!

whist[2] [~] *jeu de cartes*: whist *m*.

whis·tle [ˈwisl] **1.** siffler; **2.** sifflement *m*; sifflet *m*; F gorge *f*; ˈ**~-stop** *Am.* petite station *f*.

whit[1] *poét.* [wit] brin *m*; *not a ~* ne ... aucunement.

Whit[2] [~] de la Pentecôte.

white [wait] **1.** blanc(he *f*); blême, pâle; F pur, innocent; *Am.* loyal (-aux *m/pl.*); ⚔ ~ *arms pl.* armes *f/pl.* blanches; ⊕ ~ *bronze* métal *m* blanc; ~ *coffee* café *m* crème *ou* au lait; ~ *heat* chaude *f ou* chaleur *f* blanche; ~ *lead* blanc *m* de plomb; ~ *lie* mensonge *m* innocent; ~ *meat* viande *f* blanche; ✝ ~ *sale* exposition *f* de blanc; ~ *war* guerre *f* économique; *Am.* ~ *way* rue *f* commerçante éclairée à giorno; **2.** blanc *m*; couleur *f* blanche; *typ.* ligne *f* de blanc; ˈ**~·bait** *icht.* blanchaille *f*; ~ **book** *pol.* livre *m* blanc; ˈ**white-col·lar** d'employé de bureau; ~ *job* emploi *m* dans un bureau; ~ *worker* col *m* blanc; ˈ**~-ˈhot** chauffé à blanc; ˈ**~-liv·ered** pusillanime; ˈ**whit·en** *v/t.* blanchir (*a. fig.*); blanchir à la chaux; ⊕ étamer (*du métal*); *v/i.* blanchir;

pâlir (*personne*); ˈ**whit·en·er** blanchisseur *m*; ˈ**white·ness** blancheur *f*; pâleur *f*; ˈ**whit·en·ing** blanchiment *m*; *cheveux*: blanchissement *m*; *métal*: étamage *m*.

white...: ˈ**~·smith** ferblantier *m*; serrurier *m*; ˈ**~·wash 1.** blanc *m* de chaux; badigeon *m* blanc; **2.** blanchir à la chaux; *fig.* blanchir; ˈ**~-wash·er** badigeonneur *m*; *fig.* apologiste *m*.

whith·er *poét.* [ˈwiðə] où.

whit·ing [ˈwaitiŋ] blanc *m* d'Espagne; *icht.* merlan *m*.

whit·ish [ˈwaitiʃ] blanchâtre.

whit·low ⚕ [ˈwitlou] panaris *m*.

Whit·sun [ˈwitsn] de la Pentecôte; **~·day** [ˈwitˈsʌndi] dimanche *m* de la Pentecôte; **~·tide** [ˈwitsntaid] (fête *f* de) la Pentecôte *f*.

whit·tle [ˈwitl] amenuiser; *fig.* ~ *away* (*ou down*) rogner, réduire petit à petit.

whit·y-brown [ˈwaitiˈbraun] gris-brun; *fig.* terne.

whiz(z) [wiz] **1.** siffler; ~ *past* passer à toute vitesse; **2.** sifflement *m*.

who [huː] **1.** *pron. interr.* qui (est-ce qui); quelle personne; lequel, laquelle, lesquels, lesquelles; *Who's Who* le Bottin mondain (=*annuaire des notabilités*); **2.** *pron. rel.* [*a.* hu] qui; lequel, laquelle, lesquels, lesquelles; celui (celle, ceux *pl.*) qui.

whoa [wou] ho!

who·dun·(n)it *sl.* [huːˈdʌnit] roman *m ou* film *m* policier.

who·ev·er [huːˈevə] celui qui; quiconque; qui que (*sbj.*).

whole [houl] **1.** □ entier (-ère *f*); complet (-ète *f*); tout (tous *m/pl.*); *Am.* F *made out of ~ cloth* inventé de toutes pièces; *Am. sl. go the ~ hog* aller jusqu'au bout; *pol.* *~-hogger* jusqu'au-boutiste *m*; ~ *milk* lait *m* entier; **2.** tout *m*, ensemble *m*; *the ~ of London* le tout Londres; (*up*)*on the ~* à tout prendre; somme toute; ˈ**~-ˈbound** relié pleine peau; ˈ**~-ˈheart·ed** □ sincère, qui vient du cœur; ˈ**~-ˈlength** (*a. ~ portrait*) portrait *m* en pied; ˈ**~-meal** complet (-ète *f*) (*pain*); ˈ**~·sale 1.** (*usu. ~ trade*) (vente *f* en) gros *m*; **2.** en gros; de gros; F *fig.* en masse; ˈ**~-sal·er** grossiste *mf*; **whole·some** □ [ˈ~-səm] sain, salubre; ˈ**whole-time** de toute la journée; pour toute la semaine.

whol·ly [ˈhoulli] *adv.* tout à fait, complètement; intégralement.

whom [huːm; hum] *accusatif de* who.

whoop [huːp] **1.** houp *m/inv.*; cri *m*; ⚕ quinte *f*; **2.** pousser des houp *ou* cris; *Am. sl. ~ it up for* faire de la réclame pour, louer jusqu'aux astres; **whoop·ee** *Am.* F [ˈwupiː] bombe *f*, noce *f*; *make ~* faire la bombe; faire du chahut; **whoop-ing-cough** ⚕ [ˈhuːpiŋkɔf] coqueluche *f*.

whop *sl.* [wɔp] rosser; battre; ˈ**whop·per** *sl.* personne *f ou* chose *f* énorme; *surt.* gros mensonge *m*; ˈ**whop·ping** *sl.* colossal (-aux *m/pl.*), énorme.

whore V [hɔː] prostituée *f*, putain *f*.

whorl [wəːl] ⊕ *fuseau*: volant *m*; ⚘ verticille *m*; *zo.* volute *f*.

whor·tle·ber·ry ⚘ [ˈwəːtlberi] airelle *f*; *red ~* airelle *f* rouge.

whose [huːz] *génitif de who*; **who·so·ev·er** [huːsouˈevə] celui qui; quiconque; qui que (*sbj.*).

why [wai] **1.** pourquoi?; pour quelle raison?; ~ *so?* pourquoi cela?; **2.** tiens!; eh bien; vraiment.

wick [wik] mèche *f*.

wick·ed □ [ˈwikid] mauvais, méchant; *co.* fripon(ne *f*); ˈ**wick·ed·ness** méchanceté *f*.

wick·er [ˈwikə] en *ou* d'osier; ~ *basket* panier *m* d'osier; ~ *chair* fauteuil *m* en osier; ~ *furniture* meubles *m/pl.* en osier; ˈ**~·work 1.** vannerie *f*; **2.** *see wicker*.

wick·et [ˈwikit] guichet *m* (*a. cricket*); barrière *f* (*d'un jardin*).

wide [waid] **1.** *adj.* (*a.* □) large; étendu, ample, vaste; répandu (*influence*); grand (*différence etc.*); loin (de, *of*); *cricket*: écarté; *3 feet ~* large de 3 pieds; **2.** *adv.* loin; à de grands intervalles; largement; *~-awake* tout éveillé; ˈ**~-an·gle** *phot.*: *~ lense* (objectif *m*) grand angulaire *m*; **~-a·wake** F **1.** [ˈwaidəˈweik] averti, malin (-igne *f*); **2.** [ˈwaidəweik] chapeau *m* (en feutre) à larges bords; **wid·en** [ˈwaidn] (s')élargir; (s')agrandir; ˈ**wide·ness** largeur *f*; ˈ**wide-ˈo·pen** grand ouvert; écarté (*jambes*); *Am. sl.* qui manque de discipline *ou* fermeté; ˈ**wide-spread** répandu.

wid·ow [ˈwidou] veuve *f*; ˈ**wid-owed** veuf (veuve *f*); *fig.* privé (de, of); ˈ**wid·ow·er** veuf *m*; **wid·ow-hood** [ˈ~hud] veuvage *m*.
width [widθ] largeur *f*; ampleur *f*.
wield *poét.* [wi:ld] manier (*l'épée, la plume*); tenir (*le sceptre*); *fig.* exercer (*le contrôle etc.*).
wife [waif] (*pl.* wives) femme *f*; épouse *f*; ˈ**wife·ly** d'épouse.
wig[1] [wig] perruque *f*; postiche *m*; *attr.* à perruque; de perruques.
wig[2] F [~] **1.** (*ou* ˈ**wig·ging**) verte semonce *f*; **2.** laver la tête à (*q.*).
wig·gle [ˈwigl] agiter, remuer.
wight *co.* [wait] personne *f*, individu *m*.
wig·wam [ˈwigwæm] wigwam *m*.
wild [waild] **1.** □ sauvage; *p.ext.* insensé, fou (fol *devant une voyelle ou un h muet*; folle *f*); orageux (-euse *f*); effaré (*air, yeux*); run ~ courir en liberté; vagabonder; se dissiper; ⚘ retourner à l'état sauvage; s'étendre de tous côtés; ~ talk propos *m/pl.* en l'air; *fig.* ~ for (*ou* about) passionné pour (*qch.*); **2.** (*ou* ~s *pl.*) *see* wilderness; ˈ**wild·cat 1.** *zo.* chat *m* sauvage; *Am.* entreprise *f* risquée; *surt. Am.* (*ou* ˈ**wild·cat·ting**) forage *m* dans un champ (*de pétrole*) non encore exploré; **2.** *fig.* risqué; hors horaire (*train*); illégal (-aux *m/pl.*); ~ strike grève *f* sauvage; **wil·der·ness** [ˈwildənis] désert *m*; pays *m* inculte; **wild·fire** [ˈwaildfaiə]: like ~ comme l'éclair; ˈ**wild·goose chase** *fig.* poursuite *f* vaine; ˈ**wild·ing** ⚘ plante *f* sauvage; ˈ**wild·ness** état *m* sauvage; férocité *f*; folie *f*; air *m* égaré.
wile [wail] **1.** artifice *m*; *usu.* ~s *pl.* ruses *f/pl.*; **2.** séduire; ~ away *see* while 2.
wil·ful □ [ˈwilful] obstiné, entêté.
wil·i·ness [ˈwailinis] astuce *f*.
will [wil] **1.** volonté *f*; gré *m*; testament *m*; at ~ à volonté; at one's own free ~ selon son bon plaisir; with a ~ de bon cœur; **2.** [*irr.*] *v/aux.* (*défectif*) *usité pour former le fut.*; he ~ come il viendra; il viendra avec plaisir; il veut bien venir; I ~ do it je le ferai; je veux bien le faire; **3.** *prét. et. p.p.* **willed** *v/t.* † *Dieu, souverain*: vouloir, ordonner (*qch.*); ⚖ léguer; **willed** disposé (à *inf.*, to *inf.*); strong-~ de forte volonté.
will·ing □ [ˈwiliŋ] de bonne volonté; bien disposé, prêt (à, to); I am ~ to believe je veux bien croire; ~ly *adv.* volontiers; de bon cœur; ˈ**will·ing·ness** bonne volonté *f*; empressement *m*; complaisance *f*.
will-o'-the-wisp [ˈwiləðwisp] feu *m* follet.
wil·low [ˈwilou] ⚘ saule *m*; F *cricket*: batte *f*; ⊕ effilocheuse *f*; ˈ**~-herb** ⚘ épilobe *m* à épi, F osier *m* fleuri; ˈ**wil·low·y** couvert *ou* bordé de saules; *fig.* svelte, souple, élancé.
will·pow·er [ˈwilpauə] volonté *f*.
wil·ly-nil·ly [ˈwiliˈnili] bon gré mal gré.
wilt[1] † [wilt] *2me personne du sg. de* will 2.
wilt[2] [~] (se) flétrir; *v/i.* se faner; *fig.* languir; *sl.* se dégonfler.
Wil·ton car·pet [ˈwiltnˈkɑ:pit] tapis *m* Wilton (=*tapis de haute laine*).
wily □ [ˈwaili] astucieux (-euse *f*), rusé.
wim·ple [ˈwimpl] guimpe *f* (*de religieuse*).
win [win] **1.** [*irr.*] *v/t.* gagner; remporter (*un prix, une victoire*); acquérir; ⚔ *sl.* récupérer; amener (*q.*) (à *inf.*, to *inf.*); ~ s.o. over attirer q. à son parti; convertir q.; *v/i.* gagner; remporter la victoire; ~ through parvenir (à, to); **2.** *sp.* victoire *f*.
wince [wins] **1.** faire une grimace de douleur; sourciller; **2.** crispation *f*.
winch [wintʃ] manivelle *f*; treuil *m* (de hissage).
wind[1] [wind, *poét. a.* waind] **1.** vent *m* (*a.* ⚕); *fig.* haleine *f*, souffle *m*; ♪ instruments *m/pl.* à vent; be in the ~ se préparer; have a long ~ avoir du souffle; *fig.* throw to the ~s abandonner; F raise the ~ se procurer de l'argent; *sl.* get the ~ up avoir la frousse; it's an ill ~ that blows nobody good à quelque chose malheur est bon; **2.** *chasse*: flairer (*le gibier*); faire perdre le souffle à (*q.*); essouffler; be ~ed être à bout de souffle; ♪ [waind] sonner du cor.
wind[2] [waind] [*irr.*] *v/t.* tourner; enrouler; ~ up enrouler; remonter (*un horloge, un ressort etc.*); *fig.* terminer, finir; ⚓ liquider; clôturer

(*un compte*); *v/i.* tourner; (*a.* ~ *o.s.*, ~ *one's way*) serpenter; *fig.* ~ *up* se terminer, s'achever.

wind... [wind]: '**~·bag** *péj.* moulin *m* à paroles; '**~·bound** ⚓ retardé par le vent; retenu par le vent; '**~-cheat·er** *cost.* anorak *m*; '**~·fall** fruit *m* abattu par le vent; *fig.* aubaine *f*; '**~-gauge** indicateur *m* de pression du vent; '**wind·i·ness** temps *m* venteux; F verbosité *f*; *sl.* frousse *f*.

wind·ing ['waindiŋ] **1.** mouvement *m ou* cours *m* sinueux; replis *m/pl.*; *tex.* bobinage *m*; ⚡ enroulement *m*; ⊕ gauchissement *m*; **2.** □ sinueux (-euse *f*); qui serpente; ~ *staircase* (*ou stairs pl.*) escalier *m* tournant; '**~-sheet** linceul *m*; '**~-'up** remontage *m*; *fig.* fin *f*; ⚕ liquidation *f*.

wind-in·stru·ment ♪ ['windinstrumənt] instrument *m* à vent.

wind-jam·mer ['winddʒæmə] ⚓ *sl.* voilier *m*.

wind·lass ['windləs] ⊕ treuil *m*; ⚓ guindeau *m*.

wind·mill ['windmil] moulin *m* à vent; ~ *plane* autogire *m*.

win·dow ['windou] fenêtre *f*; ⚕ vitrine *f*, devanture *f*; *mot. etc.* glace *f*; *théâ. etc.* guichet *m*; ~ *display* étalage *m*; ~ *goods* articles *m/pl.* en devanture; '**~-dress·ing** art *m* de l'étalage; arrangement *m* de la vitrine; *fig.* façade *f*, camouflage *m*, trompe-l'œil *m/inv.*, décor *m* de théâtre; '**win·dowed** à fenêtre(s).

win·dow...: ~ **en·ve·lope** enveloppe *f* à fenêtre; '**~-frame** châssis *m* de fenêtre; '**~-shade** *Am.* store *m*; '**~-shop** = *go* ~*ping* faire du lèche-vitrines; '**~-shut·ter** volet *m*; '**~-sill** rebord *m* de fenêtre.

wind... [wind]: '**~·pipe** *anat.* trachée-artère (*pl.* trachées-artères) *f*; '**~-screen,** *Am.* '**~-shield** pare-brise *m/inv.*; ~ *wiper* essuie-glace *m*; '**~-tun·nel** ✈ tunnel *m* aérodynamique.

wind·ward ['windwəd] **1.** au vent; **2.** côté *m* au vent.

wind·y □ ['windi] venteux (-euse *f*) (*a.* ⚕); exposé au vent; *fig.* vain; *sl.* qui a le trac.

wine [wain] vin *m*; '**~-grow·er** viticulteur *m*; vigneron *m*; '**~-mer·chant** négociant *m* en vins; '**~-press** pressoir *m*; '**~-vault** cave *f*, caveau *m*.

wing [wiŋ] **1.** aile *f* (*a. fig.*, ⚔, ⚓, ⛺, ✈, *mot.*, *sp.*); vol *m*, essor *m*; F *co.* bras *m*; *foot. personne*: ailier *m*; *porte*: battant *m*; ⊕ oreille *f* (*d'un écrou*); ~*s pl.* coulisse *f*; *take* ~ s'envoler; prendre son vol; *be on the* ~ voler; *fig.* partir; **2.** *v/t.* empenner; voler; blesser à l'aile *ou fig.* au bras; *v/i.* voler; '**~-case,** '**~-sheath** *zo.* élytre *m*; '**~-chair** fauteuil *m* à oreillettes; **winged** [~d] ailé; blessé à l'aile *ou fig.* au bras; ~ *word* parole *f* ailée; '**wing·span,** '**wing·spread** envergure *f*.

wink [wiŋk] **1.** clignement *m* d'œil; clin *m* d'œil; F *not get a* ~ *of sleep* ne pas fermer l'œil de toute la nuit; F *tip s.o. the* ~ faire signe de l'œil à q., prévenir q.; **2.** *v/i.* cligner les yeux; clignoter (*lumière*); *v/t.* cligner de (*l'œil*); signifier (*qch.*) par un clin d'œil; ~ *at* cligner de l'œil à (*q.*); fermer les yeux sur (*qch.*).

win·ner ['winə] gagnant(e *f*) *m*; *sp.* vainqueur *m* (=*homme ou femme*).

win·ning ['winiŋ] **1.** □ gagnant; *fig.* engageant; **2.**: ~*s pl.* gains *m/pl.* (*au jeu etc.*); '**~-post** *sp.* poteau *m* d'arrivée.

win·now ['winou] vanner (*le grain*); *fig.* examiner minutieusement.

win·ter ['wintə] **1.** hiver *m*; ~ *sports pl.* sports *m/pl.* d'hiver; **2.** hiverner; **win·ter·ize** ['~təraiz] préparer pour l'hiver; **win·try** ['wintri] d'hiver; *fig.* glacial (-als *m/pl.*).

wipe [waip] **1.** essuyer; nettoyer; ~ *off* essuyer, enlever; liquider (*une dette*); ~ *out* essuyer; *fig.* effacer; exterminer; **2.** coup *m* de torchon *etc.*; F taloche *f* (= *coup*); '**wip·er** essuyeur (-euse *f*) *m*; torchon *m*.

wire ['waiə] **1.** fil *m* (de fer); *Am.* F dépêche *f*; *attr.* en *ou* de fil de fer; **2.** *v/t.* munir d'un fil métallique; ⚡ équiper (*une maison*); (*a. v/i.*) *tél.* télégraphier; '**~-drawn** tréfilé (*métal*); trait (*or etc.*); '**~-gauge** ⊕ jauge *f* pour fils métalliques; '**~-haired** à poil dur (*chien*); '**wire·less 1.** □ sans fil; de T.S.F., de radio; *on the* ~ à la radio; ~ *control* radioguidage *m*; ~ (*message ou telegram*) radiogramme *m*; ~ (*telegraphy*) radiotélégraphie *f*; télégraphie *f* sans fil; (*air*) ~ *operator* sansfiliste *mf*; opérateur *m* de T.S.F.; ~ *pirate radio*: auditeur *m* illicite; ~

(set) poste *m* (de radio); ~ *station* poste *m* émetteur; **2.** radiotélégraphier; ˈ**wire-ˈnet·ting** treillis *m* métallique; grillage *m*; ˈ**wire-pull·er** *fig.* intrigant(e *f*) *m*; ˈ**wire-ˈtap·ping** *téléph.* mise *f* sur écoute.

wir·ing [ˈwaiəriŋ] grillage *m* métallique; ⚡ câblage *m*; pose *f* des fils; *radio*: montage *m*; ✈ croisillonnage *m*; ⚡ ~ *diagram* plan *m* de pose; ˈ**wir·y** ☐ raide (*cheveux*); sec (sèche *f*) et nerveux (-euse *f*) (*personne*).

wis·dom [ˈwizdəm] sagesse *f*; ~ *tooth* dent *f* de sagesse.

wise[1] ☐ [waiz] sage; prudent; ~ *crack Am.* F bon mot *m*, saillie *f*; *Am. sl.* ~ *guy* finaud *m*, monsieur *m* je-sais-tout; *Am. put s.o.* ~ mettre q. à la page; avertir q. (de *to, on*).

wise[2] † [~] façon *f*; guise *f*.

wise·a·cre [ˈwaizeikə] prétendu sage *m*; pédant(e *f*) *m*; ˈ**wise-crack** *Am.* F faire de l'esprit.

wish [wiʃ] **1.** vouloir, désirer; souhaiter; ~ *s.o. joy* féliciter q. (de, *of*); ~ *for* désirer, vouloir, souhaiter (*qch.*); ~ *s.o. well* (*ill*) vouloir du bien (mal) à q.; **2.** vœu *m*, souhait *m*; désir *m*; *good* ~*es pl.* souhaits *m/pl.*, meilleurs vœux *m/pl.*; **wish·ful** ☐ [ˈ~ful] désireux (-euse *f*) (de *of, to*); ˈ**wish(·ing)-bone** *volaille*: lunette *f*.

wish-wash F [ˈwiʃwɔʃ] lavasse *f*; ˈ**wish·y-wash·y** F fade, insipide.

wisp [wisp] bouchon *m* (*de paille*); mèche *f* folle (*de cheveux*).

wist·ful ☐ [ˈwistful] pensif (-ive *f*); d'envie; désenchanté.

wit [wit] **1.** (*a.* ~*s pl.*) esprit *m*; ~*s pl.* raison *f*, intelligence *f*; *personne*: homme *m ou* femme *f* d'esprit; *be at one's* ~*'s end* ne plus savoir que faire; *have one's* ~*s about one* avoir toute sa présence d'esprit; *live by one's* ~*s* vivre d'expédients *ou* d'industrie; *be out of one's* ~*s* avoir perdu la raison; **2.**: *to* ~ à savoir; c'est-à-dire.

witch [witʃ] sorcière *f*; *fig.* jeune charmeuse *f*; ˈ**~·craft**, ˈ**witch·er·y** sorcellerie *f*; *fig.* magie *f*; ˈ**witch-hunt** *pol. Am. fig.* chasse *f* aux sorcières.

with [wið] avec; de; à; par; malgré; *sl.* ~ *it* dans le vent; *it is just so* ~ *me* il en va de même pour moi.

with·al † [wiˈðɔːl] **1.** *adv.* aussi, de plus; **2.** *prp.* avec *etc.*

with·draw [wiðˈdrɔː] [*irr.* (*draw*)] (se) retirer (de, *from*); **withˈdraw·al** retraite *f*; rappel *m*; ⚔ repli(ement) *m*; retrait *m* (*d'argent*).

withe [wiθ] brin *m ou* branche *f* d'osier.

with·er [ˈwiðə] (*souv.* ~ *up, away*) (se) flétrir; (se) dessécher; *v/i.* dépérir (*personne*); ˈ**with·er·ing** ☐ *fig.* foudroyant, écrasant.

with·ers [ˈwiðəz] *pl.* garrot *m*.

with·hold [wiðˈhould] [*irr.* (*hold*)] retenir, empêcher (q. de *inf.*, *s.o. from gér.*); cacher, refuser (à q., *from s.o.*); *Am.* ~*ing tax* retenue *f ou* impôt *m* retenu à la source; **withˈin** *poét.* **1.** *adv.* à l'intérieur, au dedans; à la maison; *from* ~ de l'intérieur; **2.** *prp.* à l'intérieur de, en dedans de; ~ *doors* à la maison; ~ *10 minutes* en moins de dix minutes; ~ *a mile* à moins d'un mille (de, *of*); dans un rayon d'un mille; ~ *call* (*ou hearing*) à (la) portée de la voix *ou* d'oreille; ~ *sight* en vue; **withˈout 1.** *adv. poét.* à l'extérieur, au dehors; *from* ~ de l'extérieur, du dehors; **2.** *prp.* sans; *poét.* en dehors de; **withˈstand** [*irr.* (*stand*)] résister à; supporter.

with·y [ˈwiði] *see withe*.

wit·less ☐ [ˈwitlis] sot(te *f*); faible d'esprit; sans intelligence.

wit·ling *péj.* [ˈwitliŋ] petit *ou iro.* bel esprit *m*.

wit·ness [ˈwitnis] **1.** témoignage *m*; *personne*: témoin *m*; *bear* ~ témoigner, porter témoignage (de *to, of*); *in* ~ *of* en témoignage de; **2.** *v/t.* être témoin de; assister à; attester (*un acte etc.*); témoigner de; *v/i.* témoigner; ~ *for* (*against*) témoigner en faveur de (contre); ˈ**~-box,** *Am.* **~ stand** barre *f* des témoins.

wit·ted [ˈwitid]: *quick-*~ à l'esprit vif; **wit·ti·cism** [ˈ~tisizm] trait *m* d'esprit, bon mot *m*; ˈ**wit·ti·ness** esprit *m*; ˈ**wit·ting·ly** à dessein; en connaissance de cause; ˈ**wit·ty** ☐ spirituel(le *f*).

wives [waivz] *pl. de wife*.

wiz *Am. sl.* [wiz], **wiz·ard** [ˈ~əd] **1.** sorcier *m*, magicien *m*; **2.** *fig. sl.* magnifique; **wiz·ard·ry** sorcellerie *f*, magie *f*.

wiz·en(·ed) [ˈwizn(d)] tatatiné; parcheminé (*visage etc.*).

wo(**a**) [wou] ho!
woad ⚘,⊕ [woud] guède *f*.
wob·ble [ˈwɔbl] ballotter; trembler; chevroter (*voix*); ⊕ branler; *mot. wheel that* ~*s* roue *f* dévoyée.
woe *poét. ou co.* [wou] chagrin *m*; malheur *m*; ~ *is me!* pauvre de moi!; ˈ~**-be·gone** triste, désolé; **woe·ful** □ *poét. ou co.* [ˈ~ful] triste, affligé; de malheur; ˈ**woe·ful·ness** tristesse *f*; malheur *m*.
wog *sl.* [wɔg] métèque *m*.
woke [wouk] *prét. et p.p.* de *wake*[2] *1*.
wold [would] plaine *f* vallonnée.
wolf [wulf] **1.** (*pl. wolves*) *zo.* loup *m*; *sl.* coureur *m* de cotillons, tombeur *m* de femmes; ~ *call*, ~ *whistle* sifflement *m* admiratif (*au passage d'une femme attractive*); *cry* ~ crier au loup; **2.** F dévorer; ˈ**wolf·ish** □ de loup; F *fig.* rapace.
wolf·ram *min.* [ˈwulfrəm] wolfram *m*; tungstène *m*.
wolves [wulvz] *pl. de wolf 1*.
wom·an [ˈwumən] (*pl. women*) femme *f*; *young* ~ jeune femme *f ou* fille *f*; ~*'s* (*ou women's*) *rights pl.* droits *m/pl.* de la femme; *attr.* femme ...; de femme(s); ~ *doctor* femme *f* médecin; ~ *student* étudiante *f*; ˈ~**-hat·er** misogyne *m*; **wom·an·hood** [ˈ~hud] état *m* de femme; *coll.* les femmes *f/pl.*; *reach* ~ devenir femme; ˈ**wom·an·ish** □ féminin; efféminé (*homme*); ˈ**wom·an·kind** les femmes *f/pl.*; ˈ**wom·an·like 1.** *adj.* de femme; **2.** *adv.* en femme; ˈ**wom·an·ly** féminin.
womb [wu:m] *anat.* matrice *f*; *fig.* sein *m*.
wom·en [ˈwimin] *pl. de woman*; *votes pl. for* ~ suffrage *m* féminin; ~*'s lib movement m* de libération de la femme; ~*'s rights pl.* droits *m/pl.* de la femme; *sp.* ~*'s team* équipe *f* féminine; ~*'s single tennis*: simple *m* dames; **wom·en·folk** [ˈ~fouk] *pl.*, ˈ**wom·en·kind** les femmes *f/pl.* (*surt. d'une famille*).
won [wʌn] *prét. et p.p. de win 1*.
won·der [ˈwʌndə] **1.** merveille *f*, prodige *m*; étonnement *m*; **2.** s'étonner, s'émerveiller (de, *at*); se demander (si *whether, if*); **won·der·ful** □ [ˈ~ful] merveilleux (-euse *f*), étonnant; admirable; ˈ**won·der·ing 1.** □ émerveillé, étonné; **2.** étonnement *m*; ˈ**won·der-struck** émerveillé; ˈ**won·der-work·er** faiseur (-euse *f*) *m* de prodiges.
won·drous □ *poét.* [ˈwʌndrəs] merveilleux (-euse *f*), étonnant.
won·ky *sl.* [ˈwɔŋki] patraque (= *branlant*).
won't [wount] = *will not*.
wont [wount] **1.** *préd.* habitué; *be* ~ *to* (*inf.*) avoir l'habitude de (*inf.*); **2.** coutume *f*, habitude *f*; ˈ**wont·ed** accoutumé.
woo [wu:] faire la cour à; courtiser (*a. fig.*); solliciter (de *inf.*, *to inf.*).
wood [wud] bois *m*; fût *m*, tonneau *m*; ♪ bois *m/pl.*; *sp.* ~*s pl.* boules *f/pl.*; F *touch* ~! touchez du bois!; **2.** *attr. souv.* des bois; ~**·bine**, *a.* ~**-bind** ⚘ [ˈ~bain(d)] chèvrefeuille *m* des bois; *Am.* vigne *f* vierge; ˈ~**-carv·ing** sculpture *f* sur bois; ˈ~**·cock** *orn.* (*pl. usu.* ~) bécasse *f*; ˈ~**·craft** connaissance *f* de la chasse à courre *ou* de la forêt; ˈ~**·cut** gravure *f* sur bois; ˈ~**·cut·ter** bûcheron *m*; graveur *m* sur bois; ˈ**wood·ed** boisé; ˈ**wood·en** en bois; de bois (*a. fig.*); *fig.* raide; ˈ**wood-en·grav·er** graveur *m* sur bois; ˈ**wood-en·grav·ing** gravure *f* sur bois (=*objet et art*); ˈ**wood·i·ness** caractère *m* ligneux.
wood...: ˈ~**·land 1.** bois *m*, pays *m* boisé; **2.** sylvestre; des bois; ˈ~**·lark** *orn.* alouette *f* des bois; ˈ~**-louse** *zo.* cloporte *m*; ˈ~**·man** garde *m* forestier; bûcheron *m*; † trappeur *m*; ˈ~**·peck·er** *orn.* pic *m*; ˈ~**·pile** tas *m* de bois; ˈ~**-pulp** pâte *f* de bois; ˈ~**-ruff** ⚘ aspérule *f* odorante; ˈ~**-shav·ings** *pl.* copeaux *m/pl.* de bois; ˈ~**-shed** bûcher *m*; ~**-wind** ♪ [ˈ~wind] (*ou* ~ *instruments pl.*) bois *m/pl.*; ˈ~**-work** (*surt.* △) boiserie *f*, charpente *f*; menuiserie *f*; travail (*pl.* -aux) *m* du bois; ˈ~**-work·ing ma·chine** machine *f* à bois; ˈ**wood·y** boisé; couvert de bois; des bois; sylvestre; ⚘ ligneux (-euse *f*); *fig.* sourd, mat; ˈ**wood·yard** chantier *m* (de bois à brûler).
woo·er [ˈwu:ə] prétendant *m*.
woof [wu:f] *see weft*.
wool [wul] laine *f* (*fig. co.* = *cheveux crépus*); *dyed in the* ~ teint en laine; *fig.* convaincu; pur sang *adj./inv.*; ˈ~**-gath·er·ing 1.** F rêvasserie *f*; *go* ~ avoir l'esprit absent, être distrait; **2.** distrait; ˈ**wool·**(**l**)**en 1.** de laine;

2.: ~*s pl.* laines *f/pl.*; draps *m/pl.*; tissus *m/pl.* de laine; ˈ**wool·(l)y** **1.** laineux (-euse *f*); de laine; cotonneux (-euse *f*) (*fruit*); *peint.* flou; *fig.* mou (mol *devant une voyelle ou un h muet*; molle *f*); *fig.* imprécis (*idée*); **2.** *woollies pl.* (vêtements *m/pl.* en) tricot *m*; lainages *m/pl.*

wool...: ˈ**~·sack** *parl.* siège *m* du *ou* dignité *f* de Lord Chancelier; ˈ**~-sta·pler** négociant *m* en laine; ˈ**~·work** tapisserie *f*.

wop *Am. sl.* [wɔp] immigrant(e *f*) *m* italien(ne); Italien(ne *f*) *m*.

word [wəːd] **1.** *usu.* mot *m*; parole *f* (*a. fig.*); ordre *m*; ⚔ mot *m* d'ordre; ~*s pl.* paroles *f/pl.*; *fig.* termes *m/pl.*; *opéra*: livret *m*; *chanson*: paroles *f/pl.*; *gramm.* ~ *order* ordre des mots; ~ *processing* traitement des mots; *by* ~ *of mouth* de vive voix; *eat one's* ~*s* se rétracter; *have* ~*s* se disputer (avec, *with*); *leave* ~ *that* faire dire que; *send* (*bring*) *s.o.* ~ *of s.th.* faire (venir) dire qch. à q.; *be as good as one's* ~ tenir sa parole; *take s.o. at his* ~ prendre q. au mot; **2.** rédiger; formuler par écrit; ~*ed as follows* ainsi conçu; ˈ**~-book** vocabulaire *m*, lexique *m*; ˈ**word·i·ness** verbosité *f*; ˈ**word·ing** rédaction *f*; langage *m*, termes *m/pl.*; ˈ**word-ˈper·fect** *théâ.* qui connaît parfaitement son rôle (*école*: sa leçon); ˈ**word-split·ting** ergotage *m*.

word·y □ [ˈwəːdi] verbeux (-euse *f*), diffus.

wore [wɔː] *prét. de wear 1.*

work [wəːk] **1.** travail *m*; tâche *f*, besogne *f*; ouvrage *m* (*a. littérature, couture, etc.*); emploi *m*; œuvre *f*; ⊕ ~*s usu. sg.* usine *f*, atelier *m*; *horloge*: mouvement *m*; *public* ~*s pl.* travaux *m/pl.* publics; ~ *of art* œuvre *f* d'art; ~*s pl. of Keats* l'œuvre *m* de Keats; *at* ~ au travail; en marche; *fig.* en jeu; *be in* ~ avoir du travail; *be out of* ~ chômer, être sans travail; *make sad* ~ *of* s'acquitter peu brillamment de; *make short* ~ *of* expédier (*qch.*); *put s.o. out of* ~ priver q. de travail; *set to* ~ se mettre au travail; *set s.o. to* ~ faire travailler q.; ~*s council* comité *m* de directeurs et de délégués syndicaux; **2.** [*irr.*] *v/i.* travailler; fonctionner, aller (*machine*); *fig.* réussir; se crisper (*bouche*); ~ *at* travailler (à); ~ *out* sortir peu à peu; s'élever (à, *at*); aboutir; *v/t.* faire travailler; faire fonctionner *ou* marcher (*une machine*); diriger (*un projet*); opérer, amener; broder (*un dessin etc.*); ouvrer (*du métal*); façonner (*du bois*); faire (*un calcul*); résoudre (*un problème*); exploiter (*une mine*); ~ *mischief* semer le mal *ou* la discorde; ~ *off* se dégager de; cuver (*sa colère*); ✝ écouler (*un stock*); ~ *one's way* se frayer un chemin; ~ *out* mener à bien; élaborer, développer; résoudre; ~ *up* développer; se faire (*une clientèle*); exciter, émouvoir; élaborer (*une idée, un sujet*); *phot.* retoucher; préparer.

work·a·ble □ [ˈwəːkəbl] réalisable (*projet*); ouvrable (*bois etc.*); exploitable (*mine*); ˈ**work·a·day** de tous les jours; *fig.* prosaïque; **work·a·hol·ic** F [ˈwəːkəˈhɔlik] bourreau *m* de travail; ˈ**work·bench** établi *m*; ˈ**work·day** jour *m* ouvrable; ˈ**work·er** travailleur (-euse *f*) *m*; ouvrier (-ère *f*) *m*; ~*s pl.* classes *f/pl.* laborieuses; ouvriers *m/pl.*; *social* ~ assistante *f* sociale; ˈ**work·force** main-d'œuvre *f*, *les* ouvriers *m/pl.*; ˈ**work·house** hospice *m*, asile *m* des pauvres; *Am.* maison *f* de correction; ˈ**work·ing** **1.** fonctionnement *m*; manœuvre *f*; exploitation *f*; ~*s pl.* mécanisme *m*; **2.** qui travaille; qui fonctionne; de travail; *in* ~ *order* en état de service; ~ *association* (*ou cooperation*) groupe *m* de travailleurs; ✝ ~ *capital* capital *m* d'exploitation; ~ *class* classe *f* ouvrière; ~ *committee* (*ou party*) commission *f* d'enquête; ~ *condition* état *m* de fonctionnement; ~ *day* jour *m* ouvrable; journée *f*; ~ *expenses pl.* frais *m/pl.* généraux; ~ *process* mode *m* d'opération; ~ *student* étudiant *m* qui travaille pour gagner sa vie.

work·man [ˈwəːkmən] ouvrier *m*, artisan *m*; ˈ**~·like** bien travaillé, bien fait; compétent; ˈ**work·man·ship** exécution *f*; fini *m*; construction *f*; travail (*pl.* -aux) *m*.

work...: **~·out** *Am.* F [ˈwəːkaut] *usu. sp.* entraînement *m* (préliminaire); ˈ**~·shop** atelier *m*; ~ *place* établi *m*; ˈ**~-ˈshy** **1.** qui renâcle à la besogne; paresseux (-euse *f*); **2.** fainéant *m*; **~-to-ˈrule** grève *f* du zèle; ˈ**~·wom·an** ouvrière *f*.

world [wəːld] monde *m*; *fig.* *a* ~ *of* beaucoup de; *in the* ~ au monde; *what in the* ~? que diable?; *bring* (*come*) *into the* ~ mettre (venir) au monde; *be for all the* ~ *like* avoir exactement l'air de (*qch.*, *inf.*); *a* ~ *too wide* de beaucoup trop large; *think the* ~ *of* avoir une très haute opinion de; *man of the* ~ homme *m* qui connaît la vie; mondain *m*; ~ *champion* champion *m* du monde; ~ *championship* championnat *m* du monde; ~ *record* record *m* mondial; ~ *record holder* recordman *m* du monde; *Am.* ~ *series baseball*: matches *m/pl.* entre les champions de deux ligues professionnelles; ˈ**world·li·ness** mondanité *f*; ˈ**world·ling** mondain(e *f*) *m*.
world·ly [ˈwəːldli] du monde, de ce monde; mondain; ~ *innocence* candeur *f*; naïveté *f*; ~ *wisdom* sagesse *f* du siècle; ˈ~-ˈ**wise** qui connaît la vie.
world...: ˈ~-**pow·er** *pol.* puissance *f* mondiale; ˈ~-ˈ**wide** universel(le *f*); mondial (-aux *m/pl.*).
worm [wəːm] **1.** ver *m* (*a. fig.*); ⊕ *alambic*: serpentin *m*; vis *f* sans fin; ⊕ spirale *f*; **2.**: ~ *a secret out of s.o.* tirer un secret de q.; ~ *o.s.* se glisser; *fig.* s'insinuer (dans, *into*); ˈ~-**drive** ⊕ transmission *f* par vis sans fin; ˈ~-**eat·en** rongé des vers; vermoulu (*bois*); ˈ~-**gear** ⊕ engrenage *m* à vis sans fin; (*ou* ˈ~-**wheel**) ⊕ roue *f* hélicoïdale; ˈ~-**wood** armoise *f* amère; *fig.* *be* ~ *to* n'être qu'absinthe pour (*q.*); ˈ**worm·y** plein de vers.
worn [wɔːn] *p.p. de wear 1*; ˈ~-ˈ**out** usé; râpé (*vêtement*); épuisé (*personne*).
wor·ri·ment F [ˈwʌrimənt] souci *m*; **wor·rit** V [ˈwʌrit] (se) tourmenter, (se) tracasser; ˈ**wor·ry 1.** *fig.* (se) tourmenter, (se) tracasser, (s')inquiéter; *v/t.* harceler; piller (*des moutons*); **2.** ennui *m*, souci *m*, tracasserie *f*.
worse [wəːs] **1.** *adj.* pire; plus mauvais; ⚕ plus malade; *adv.* pis; plus mal; (*all*) *the* ~ *adv.* encore pis; *adj.* (encore) pire; ~ *luck!* tant pis!; *he is none the* ~ *for it* il ne s'en trouve pas plus mal; **2.** quelque chose *m* de pire; le pire; *from bad to* ~ de mal en pis; ˈ**wors·en** empirer; (s')aggraver.
wor·ship [ˈwəːʃip] **1.** culte *m*, adoration *f*; *your* ♀ monsieur le maire *ou* juge; *place of* ~ église *f*; *religion protestante*: temple *m*; **2.** adorer; **wor·ship·ful** □ [ˈ~ful] *titre*: honorable; ˈ**wor·ship·(p)er** adorateur (-trice *f*) *m*; *eccl.* fidèle *mf*.
worst [wəːst] **1.** *adj.* (*le*) pire; (*le*) plus mauvais; **2.** *adv.* (le) pis, (le) plus mal; **3.** *su.* *le* pire *m*; *at* (*the*) ~ au pire; en tout cas; *do your* ~! faites du pis que vous pourrez!; *get the* ~ *of it* avoir le dessous; *if the* ~ *comes to the* ~ en mettant les choses au pis; **4.** *v/t.* vaincre, battre.
wor·sted [ˈwustid] laine *f* peignée; (*a.* ~ *yarn*) laine *f* à tricoter; tissu *m* de laine peignée; ~ *stockings pl.* bas *m/pl.* en laine peignée.
wort[1] ⚘ [wəːt] plante *f*, herbe *f*.
wort[2] [~] moût *m* (*de bière*).
worth [wəːθ] **1.** valant; *he is* ~ *a million* £ il est riche d'un million de livres; ~ *reading* qui mérite d'être lu; **2.** valeur *f*; **wor·thi·ness** [ˈ~ðinis] mérite *m*; **worth·less** □ [ˈ~θlis] sans valeur, de nulle valeur; ˈ**worth-**ˈ**while** F *be* ~ valoir la peine; **wor·thy** □ [ˈwəːði] **1.** digne (de, *of*); de mérite; **2.** personnage *m* (éminent).
would [wud] *prét. de will 2* (*a. usité pour former le cond.*).
would-be F [ˈwudbiː] prétendu; soi-disant; affecté; ~ *buyer* acheteur *m* éventuel; personne *f* qui voudrait acheter; ~ *painter* personne *f* qui cherche à se faire peintre; ~ *poet* poète *m* à la manque; ~ *wit* prétendu bel esprit *m*; ~ *worker* personne *f* qui voudrait avoir du travail.
wouldn't [ˈwudnt] = *would not.*
wound[1] [wuːnd] **1.** blessure *f* (*a. fig.*); plaie *f*; **2.** blesser (*a. fig.*).
wound[2] [waund] *prét. et p.p. de wind*[2].
wove [wouv] *prét.*, **wo·ven** [ˈ-vn] [*p.p. de weave 1.*]
wow *Am.* [wau] *théâ. sl.* grand succès *m*; *p.ext.* chose *f* épatante.
wrack[1] ⚘ [ræk] varech *m*.
wrack[2] [~] *see rack*[3].
wraith [reiθ] apparition *f*.
wran·gle [ˈræŋgl] **1.** se chamailler, se disputer, se quereller; **2.** dispute *f*, querelle *f*, chamaille(rie) *f*; ˈ**wran·gler** querelleur (-euse *f*) *m*, chamailleur (-euse *f*) *m*; *Am.* (*a. horse* ~) cowboy *m*.

wrap [ræp] **1.** *v/t.* (*souv.* ~ *up*) envelopper (de, *in*) (*a.fig.*); *fig.* *be* ~*ped up in* être plongé dans; *v/i.* ~ *up* s'envelopper (dans, *in*); **2.** couverture *f*; *p.ext.* pardessus *m*, châle *m*; manteau *m*; ˈ**wrap·per** couverture *f*; *documents*: chemise *f*; papier *m* d'emballage; *cigare*: robe *f*; *cost.* robe *f* de chambre; (*ou postal* ~) bande *f*; ˈ**wrap·ping** enveloppe (-ment *m*) *f*; (*a.* ~ *paper*) papier *m* d'emballage; ˈ**wrap-ˈup** *Am.* F résumé *m*.

wrath *poét. ou co.* [rɔːθ] colère *f*; courroux *m*; **wrath·ful** □ [ˈ~ful] courroucé; irrité.

wreak [riːk] assouvir (*sa haine, sa colère, sa vengeance*) (sur, [*up*]*on*).

wreath [riːθ], *pl.* **wreaths** [~ðz] *fleurs*: couronne *f*, guirlande *f*; (*a. artificial* ~) couronne *f* de perles; spirale *f*, volute *f* (*de fumée*); *écoss.* amoncellement *m* (de neige); **wreathe** [riːð] [*irr.*] *v/t.* couronner; enguirlander; tresser (*des fleurs etc.*); *v/i.* tourbillonner; s'enrouler.

wreck [rek] **1.** ⚓ naufrage *m* (*a. fig.*); *fig.* ruine *f*; navire *m* naufragé; **2.** causer le naufrage de; faire dérailler (*un train*); *fig.* faire échouer; ⚓ *be* ~*ed* faire naufrage; ˈ**wreck·age** débris *m/pl.*; *fig.* naufrage *m*; **wrecked** naufragé; *fig.* ruiné; ˈ**wreck·er** démolisseur *m* (*a. de bâtiments*); ⚓ sauveteur *m* (*d'épaves*); *mot. Am.* dépanneuse *f*, camion-grue *m* (*pl.* camions-grues); *Am.* marchand *m* de voitures délabrées; † ⚓ pilleur *m* d'épaves; ˈ**wreck·ing** démolition *f*; *Am.* ~ *company* entreprise *f* de démolitions; *mot.* ~ *service* (service de) dépannage *m*.

wren *orn.* [ren] roitelet *m*.

wrench [rentʃ] **1.** tordre; arracher (violemment) (à, *from*); forcer (*l'épaule, le sens*); ~ *open* forcer (*un couvercle etc.*); ~ *out* arracher; **2.** mouvement *m ou* effort *m* de torsion; effort *m* violent; *fig.* déchirement *m* de cœur; *fig.* violente douleur *f*; ⊕ clef *f* à écrous.

wrest [rest] arracher (à, *from*); fausser (*le sens*); **wres·tle** [ˈresl] **1.** *v/i.* lutter; *v/t.* lutter avec *ou* contre; **2.** (*ou* ˈ**wres·tling**) lutte *f*; ˈ**wrestler** lutteur *m*.

wretch [retʃ] malheureux (-euse *f*) *m*; infortuné(e *f*) *m*; scélérat(e *f*) *m*; *co.* fripon(ne *f*) *m*; type *m*; *poor* ~ pauvre diable *m*.

wretch·ed □ [ˈretʃid] misérable; malheureux (-euse *f*); lamentable; F diable de ..., sacré; ˈ**wretch·edness** malheur *m*; misère *f*.

wrick [rik] **1.** fouler (*une cheville*); ~ *one's neck* se donner le torticolis; **2.** ⚕ effort *m*; ~ *in the neck* torticolis *m*.

wrig·gle [ˈrigl] (se) tortiller, (s')agiter, (se) remuer; ~ *out of* se tirer de.

wright [rait] *mots composés*: ouvrier *m*, artisan *m*.

wring [riŋ] [*irr.*] **1.** tordre (*les mains, le linge, le cou à une volaille*); étreindre (*la main de q.*); déchirer (*le cœur*); ~ *s.th. from s.o.* arracher qch. à q.; ~*ing wet* mouillé à tordre; trempé jusqu'aux os (*personne*); **2.** torsion *f*; ˈ**wring·er**, ˈ**wring·ing-ma·chine** essoreuse *f*.

wrin·kle[1] [ˈriŋkl] **1.** *figure, eau*: ride *f*; *robe*: pli *m*; rugosité *f*; **2.** (se) rider; (se) froisser.

wrin·kle[2] F [~] tuyau *m*; bonne idée *f*; ruse *f*.

wrist [rist] poignet *m*; ~ *watch* montre-bracelet (*pl.* montres-bracelets) *f*; ˈ**wrist·band** poignet *m*, manchette *f*; (*ou* **wrist·let** [ˈristlit]) bracelet *m*; *sp.* bracelet *m* de force; ~*s pl.* menottes *f/pl.*; ~ *watch see wrist watch*.

writ [rit] mandat *m*, ordonnance *f*; acte *m* judiciaire; assignation *f*; *Holy* ♀ Écriture *f* sainte; ~ *for an election* ordonnance *f* de procéder à une élection; ⚖ ~ *of attachment* ordre *m* de saisie; ~ *of execution* exécutoire *m*.

write [rait] [*irr.*] *v/t.* écrire; rédiger (*un article*); ~ *down* coucher par écrit; noter; inscrire (*un nom*); ~ *off* écrire (*une lettre etc.*) d'un trait; † défalquer (*une dette*), réduire (*un capital*); ~ *out* transcrire; écrire en toutes lettres; remplir (*un chèque*); ~ *up* rédiger; écrire; *fig.* prôner; ajouter à; mettre au courant; *v/i.* écrire; être écrivain; ~ *for* faire venir, commander; ~ *off to* écrire à (*q.*); F *nothing to* ~ *home about* rien d'étonnant; ˈ~**-off** annulation *f* par écrit.

writ·er [ˈraitə] écrivain *m*; auteur *m*; femme *f* écrivain *ou* auteur;

écoss. ~ *to the signet* notaire *m*; ~*'s cramp* (*ou palsy*) crampe *f* des écrivains.

write-up *Am.* F [ˈraitˈʌp] éloge *m* exagéré; compte *m* rendu.

writhe [raið] se tordre; se crisper.

writ·ing [ˈraitiŋ] écriture *f*; écrit *m*; ouvrage *m* littéraire; art *m* d'écrire; métier *m* d'écrivain; *attr.* d'écriture; à écrire; *in* ~ par écrit; ~ *desk* bureau *m*, secrétaire *m*; ~ *pad* sous-main *m* (*pl.* sous-mains); bloc-notes (*pl.* blocs-notes); ~ *paper* papier *m* à écrire *ou* à lettres.

writ·ten [ˈritn] 1. *p.p. de write*; 2. [(fait par) écrit.]

wrong [rɔŋ] 1. □ mauvais; faux (fausse *f*); inexact; erroné; *be* ~ être faux; être mal (de *inf.*, *to inf.*); ne pas être à l'heure (*montre*); avoir tort (*personne*); *go* ~ se tromper (*a.* de chemin); *fig.* tomber dans le vice; ⊕ se détraquer; *there is something* ~ il y a quelque chose qui ne va pas *ou* qui cloche; F *what's* ~ *with him?* qu'est-ce qu'il a?; *on the* ~ *side of sixty* qui a dépassé la soixantaine; 2. mal *m*; tort *m*; ⚖ dommage *m*; *be in the* ~ avoir tort, être dans son tort; *put s.o. in the* ~ mettre q. dans son tort; 3. faire tort à; être injuste envers; **ˈ~ˈdo·er** méchant *m*; ⚖ délinquant(e *f*) *m*; **ˈ~ˈdo·ing** mal *m*; méfaits *m/pl.*; ⚖ infraction *f* à la loi; **wrong·ful** □ [ˈ~ful] injuste; injustifié; préjudiciable; illégal (-aux *m/pl.*); **ˈwrong-ˈhead·ed** (qui a l'esprit) pervers; **ˈwrong·ness** erreur *f*; inexactitude *f*; mal *m*.

wrote [rout] *prét. de write*.

wroth *poét.* [rouθ] courroucé.

wrought [rɔːt] *prét. et p.p. de work* 2; ~ *goods* produits *m/pl.* ouvrés; articles *m/pl.* apprêtés; ⊕ ~ *iron* fer *m* forgé *ou* ouvré.

wrung [rʌŋ] *prét. et p.p. de wring* 1.

wry □ [rai] tordu; de travers; *pull a* ~ *face* faire la grimace.

X

X, x [eks] X *m*, x *m*; ⚗, *a. fig.* X X *m* (= *l'inconnue*); x(-certificate) film film *m* interdit aux moins de 18 ans.

xen·o·pho·bi·a [zenəˈfoubiə] xénophobie *f*

xe·rog·ra·phy [ziəˈrɔgrəfi] xérographie *f.*

xe·rox (*TM*) [ˈziərɔks] **1.** photocopie *f*; **2.** photocopier.

X·mas F [ˈeksməs, ˈkrisməs] Noël *m*; *see a.* Christmas.

X-ray [ˈeksˈrei] **1.**: ∼s *pl.* rayons *m/pl.* X; **2.** radiologique; **3.** radiographier.

xy·log·ra·pher [zaiˈlɔgrəfə] xylographe *m* (= *graveur sur bois*); **xy·lo·graph·ic, xy·lo·graph·i·cal** [∼ləˈgræfik(l)] xylographique; **xy·log·ra·phy** [∼ˈlɔgrəfi] xylographie *f* (= *gravure sur bois*).

xy·lo·phone ♪ [ˈzailəfoun] xylophone *m*.

Y

Y, y [wai] Y *m*, y *m*.

yacht ⚓ [jɔt] **1.** yacht *m*; **2.** faire du yachting; ˈ**yacht·er, yachts·man** [ˈ~smən] yachtman (*pl.* yachtmen) *m*; ˈ**yacht·ing** yachting *m*; *attr.* en yacht; de yachtman.

ya·hoo [jəˈhuː] F brute *f*; *Am. sl.* petzouille *m*.

yam ⚘ [jæm] igname *f*.

yank[1] [jæŋk] **1.** *v/t.* tirer (d'un coup sec); arracher; *v/i.* se mouvoir brusquement; **2.** coup *m* sec; secousse *f*.

Yank[2] *sl.* [~] *see Yankee.*

Yan·kee F [ˈjæŋki] Yankee *m*; Américain(e *f*) *m* (*des É.-U.*); ~ *Doodle chanson populaire des É.-U.*

yap [jæp] **1.** japper; F criailler; **2.** jappement *m*; *sl.* gueule *f*; *sl.* fadaises *f/pl.*; *sl.* rustre *m*.

yard[1] [jɑːd] *mesure*: yard *m* (= *0,914 m*); ⚓ vergue *f*; ⚚ ~ *goods pl.* étoffes *f/pl.*, nouveautés *f/pl.*; mercerie *f*.

yard[2] [~] cour *f*; chantier *m* (*de travail*); dépôt *m* (*de charbon, a.* 🚃); (*ou railway* ~) gare *f* de triage.

yard...: ˈ**~-arm** ⚓ bout *m* de vergue; ˈ**~·man** manœuvre *m* de chantier; garçon *m* d'écurie; 🚃 gareur *m* de trains; ˈ**~·stick** yard *m*; *fig.* étalon *m*; *fig.* aune *f*.

yarn [jɑːn] **1.** *tex.* fil(é) *m*; ⚓ fil *m* de caret; *spin a* ~ débiter une histoire *ou* des histoires.

yar·row ⚘ [ˈjærou] mille-feuille *f*, achillée *f*.

yaw [jɔː] ⚓ faire des embardées; ✈ faire un mouvement de lacet.

yawl ⚓ [jɔːl] yole *f*.

yawn [jɔːn] **1.** bâiller; **2.** bâillement *m*.

ye † *ou poét. ou co.* [jiː] vous.

yea † *ou prov.* [jei] **1.** oui; voire; **2.** oui *m*.

year [jəː] an *m*; année *f*; ~ *of grace* an(née *f*) *m* de grâce; *he bears his* ~*s well* il porte bien son âge; ˈ**~·book** annuaire *m*, almanach *m*; **year·ling** [ˈjəːliŋ] animal *m* d'un an; ˈ**year-long** qui dure un an, d'un an; ˈ**year·ly 1.** *adj.* annuel(le *f*); **2.** *adv.* tous les ans; une fois par an.

yearn [jəːn] languir (pour, *for*; après, *after*); brûler (de *inf.*, *to inf.*); ˈ**yearn·ing 1.** envie *f* (de, *for*); désir *m* ardent; **2.** □ ardent; plein d'envie.

yeast [jiːst] levure *f*; levain *m* (*a. fig.*); ˈ**yeast·y** □ de levure; écumant (*mer etc.*); *fig.* enflé (*style*); emphatique (*personne*).

yegg(·man) *Am. sl.* [ˈjeg(mən)] cambrioleur *m*.

yell [jel] **1.** *vt/i.* hurler; *v/i.* crier à tue-tête; **2.** hurlement *m*; cri *m* aigu.

yel·low [ˈjelou] **1.** jaune; F lâche, poltron(ne *f*); F sensationel(le *f*), à sensation, à effet; ⊕ ~ *brass* cuivre *m* jaune, laiton *m*; *Am.* ~ *dog* roquet *m*; *fig.* sale type *m*; *attr.* contraire aux règlements syndicaux; ~ *fever*, F ~ *Jack* fièvre *f* jaune; *zo. Am.* ~ *jacket* petite guêpe *f*; ~ *jaundice* jaunisse *f*, ictère *m*; *téléph.* ~ *pages pl.* pages *f/pl.* jaunes; ~ *press* presse *f* sensationelle, journaux *m/pl.* à sensation; **2.** jaune *m*; **3.** *vt/i.* jaunir; ~**ed** jauni; ˈ**~·back** livre *m* broché; roman *m* bon marché; ˈ**~-(h)am·mer** *orn.* bruant *m* jaune; ˈ**yel·low·ish** jaunâtre.

yelp [jelp] **1.** jappement *m*; **2.** japper.

yen *Am. sl.* [jen] désir *m* (ardent).

yeo·man [ˈjoumən] yeoman (*pl.* yeomen) *m*, franc tenancier *m*; petit propriétaire *m*; ⚓ *Am.* sous-officier *m* aux écritures; ⚔ ~ *of the guard* soldat *m* de la Garde du corps; ˈ**yeo·man·ry** francs tenanciers *m/pl.*; ⚔ garde *f* montée.

yep *Am.* F [jep] oui.

yes [jes] **1.** oui; **2.** oui *m*; **~-man** *sl.* [ˈ~mæn] flagorneur *m*; béni-oui-oui *m*.

yes·ter·day [ˈjestədi] hier (*a. su./m*); ˈ**yes·terˈyear** l'an *m* dernier.

yet [jet] **1.** *adv.* encore; jusqu'ici; jusque-là; déjà; malgré tout; *as* ~ jusqu'à présent; *not* ~ pas encore; **2.** *cj.* (et) cependant; tout de même.

yew ⚘ [juː] if *m*; *attr.* en bois d'if.
Yid·dish [ˈjidiʃ] yiddish *m*, *adj.*
yield [jiːld] **1.** *v/t.* rendre; donner; produire; céder (*un terrain, une ville, etc.*); rapporter (*a.* ⚒ *un profit*); *v/i. surt.* ⚔ rendre; céder (à to, beneath); se rendre (*personne*); **2.** rapport *m*; rendement *m*; production *f*; *planche etc.*: fléchissement *m*; ˈ**yield·ing** □ peu résistant; mou (mol *devant une voyelle ou un h muet*; molle *f*); *fig.* accommodant (*personne*).
yip *Am.* F [jip] aboyer; rouspéter.
yo·del, yo·dle [ˈjoudl] **1.** ioulement *m*; tyrolienne *f*; **2.** iouler; chanter à la tyrolienne.
yo·ga [ˈjougə] yoga *m.*
yog·hourt, yog·(h)urt [ˈjɔgət] yaourt *m.*
yo-ho [jouˈhou] oh, hisse!
yoicks! [jɔiks] taïaut!
yoke [jouk] **1.** joug *m* (*a. fig.*); couple *f* (*de bœufs*); palanche *f* (*pour seaux*); *cost.* empiècement *m*; **2.** accoupler; atteler; *fig.* unir (à, to); ˈ**~-fel·low** compagnon (compagne *f*) *m* de travail; F époux (-ouse *f*) *m*.
yo·kel F [ˈjoukl] rustre *m*.
yolk [jouk] jaune *m* (d'œuf); suint *m* (*de laines*).
yon † *ou poét.* [jɔn], **yon·der** *poét.* [ˈ~də] **1.** *adj.* ce (cette *f*, ces *pl.*) -là; **2.** *adv.* là-bas.
yore [jɔː]: of ~ (d')autrefois.
you [juː] **1.** tu; *accentué et datif*: toi; *accusatif*: te; *a.* on; **2.** vous.
young [jʌŋ] **1.** jeune; petit (*animal*); fils; *fig.* peu avancé (*nuit etc.*); **2.** jeunesse *f*, jeunes gens *m/pl.*; with ~ pleine *f* (*animal*); ˈ**young·ish** assez jeune; **young·ster** F [ˈjʌŋstə] jeune homme *m*; petit(e *f*) *m*.
your [jɔː; jə] **1.** ton, ta, tes; **2.** votre, vos; **yours 1.** le tien, la tienne, les tiens, les tiennes; à toi; **2.** le (la) vôtre, les vôtres; à vous; **yourˈself** toi-même; *réfléchi*: te, *accentué*: toi; **yourˈselves** *pl.* [~ˈselvz] vous-mêmes; *réfléchi*: vous (*a. accentué*).
youth [juːθ] jeunesse *f*; *coll.* jeunes gens *m/pl.*; (*pl.* **youths** [juːðz]) jeune homme *m*, adolescent *m*; ~ hostel auberge *f* de la jeunesse; **youth·ful** [ˈ~ful] jeune; de jeunesse; ˈ**youth·ful·ness** (air *m* de) jeunesse *f*.
Yu·go·slav [ˈjuːgouˈslɑːv] **1.** yougoslave; **2.** *ling.* yougoslave *m*; Yougoslave *mf*.
Yule *poét.* [juːl] Noël *usu. f*; ~ log bûche *f* de Noël.

Z

Z, z [zed; *Am.* ziː] Z *m*, z *m*.

za·ny [ˈzeini] **1.** bouffon *m*; **2.** burlesque; loufoque.

zap *sl.* [zæp] **1.** *v/t.* descendre (*q.*); agresser, assommer; (*a.* ~ *up*) faire à la hâte; *v/i.* filer (à toute allure); **2.** vigueur *f*, énergie *f*, entrain *m*.

zeal [ziːl] zèle *m*; **zeal·ot** [ˈzelət] zélateur (-trice *f*) *m* (*a. eccl.*) (de, *for*); **ˈzeal·ot·ry** fanatisme *m*; *eccl.* zélotisme *m*; **ˈzeal·ous** □ zélé; zélateur (-trice *f*) (de, *for*); plein de zèle (pour, *for*); fanatique.

ze·bra *zo.* [ˈziːbrə] zèbre *m*; ~ *crossing* passage *m* clouté.

ze·bu *zo.* [ˈziːbuː] zébu *m*, bœuf *m* à bosse.

ze·nith [ˈzeniθ] zénith *m*; *fig. a.* apogée *m*.

zeph·yr [ˈzefə] zéphyr *m*; ✝ laine *f* zéphire; *sp.* maillot *m*.

ze·ro [ˈziərou] **1.** zéro *m* (*a. fig.*); **2.** zéro *inv.*, nul(le *f*); ~ *growth* croissance *f* zéro; ~ *hour* ⚔ l'heure *f* H; *fig.* le moment décisif; ~ *option* option *f* zéro; ✈ ~ *point* point *m* zéro, *a. fig.* origine *f*; **3.** ~ *in on* ⚔ régler le tir sur; *fig.* diriger son attention sur; *fig.* piquer droit sur.

zest [zest] **1.** † zeste *m*; saveur *f*, goût *m*; enthousiasme *m* (pour, *for*); élan *m*; verve *f*; ~ *for life* entrain *m*; **2.** épicer.

zig·zag [ˈzigzæg] **1.** zigzag *m*; **2.** en zigzag; en lacets; **3.** zigzaguer, faire des zigzags.

zinc [ziŋk] **1.** *min.* zinc *m*; **2.** zinguer.

zi·on [ˈzaiən] Sion *m*; **ˈzi·on·ism** sionisme *m*; **ˈzi·on·ist** sioniste (*a. su./mf*).

zip [zip] **1.** sifflement *m*; F énergie *f*, allant *m*, vigueur *f*; (*a.* ~ *fastener*) fermeture *f* éclair *inv.* (*TM*) *ou* à glissière; *Am.* ~ *code* code *m* postal; **2.** siffler; fermer; **ˈzip·per 1.** fermeture *f* éclair *inv.* (*TM*) *ou* à glissière; **2.** fermer (avec une fermeture éclair); **ˈzip·py** F plein d'allant, vif (vive *f*); dynamique.

zith·er ♪ [ˈziθə] cithare *f*.

zo·di·ac *astr.* [ˈzoudiæk] zodiaque *m*; **zo·di·a·cal** [zouˈdaiəkl] zodiacal (-aux *m/pl.*).

zon·al □ [ˈzounl] zonal (-aux *m/pl.*); **zone** [zoun] zone *f*; ⚘ couche *f* (*annuelle*); *fig.* ceinture *f*.

zoo F [zuː] zoo *m* (= *jardin zoologique*).

zo·o·log·i·cal □ [zouəˈlɔdʒikl] zoologique; ~ **gar·den**(**s** *pl.*) [zuˈlɔdʒiklˈgɑːdn(z)] jardin *m* zoologique, F zoo *m*; **zo·ol·o·gist** [zouˈɔlədʒist] zoologiste *m*; **zoˈol·o·gy** zoologie *f*.

zoom *sl.* [zuːm] **1.** ✈ monter en chandelle; filer (à toute allure); vrombir, bourdonner; *fig.* (*a.* ~ *up*) monter en flèche; **2.** ✈ (montée *f* en) chandelle *f*; vrombissement *m*, bourdonnement *m*; *phot.* (*a.* ~ *lens*) zoom *m*.

zoot suit *Am.* [ˈzuːt ˈsjuːt] complet *m* zazou.

Zu·lu [ˈzuːluː] zoulou *m*; femme *f* zoulou.

zy·mot·ic *biol.* [zaiˈmɔtik] zymotique.

Appendix

Annexes

Proper names with pronunciation and explanation

Noms propres avec leur prononciation et notes explicatives

A

Ab·er·deen [æbəˈdiːn] *ville d'Écosse.*
A·bra·ham [ˈeibrəhæm] Abraham *m.*
Ab·ys·sin·i·a [æbiˈsinjə] l'Abyssinie *f* (*ancien nom d'Éthiopie*).
A·chil·les [əˈkiliːz] Achille *m* (*héros grec*).
Ad·am [ˈædəm] Adam *m.*
Ad·di·son [ˈædisn] *auteur anglais.*
Ad·e·laide [ˈædəleid] Adélaïde *f*; [ˈ~lid] Adélaïde (*ville d'Australie*).
A·den [ˈeidn] *ville et port d'Arabie.*
Ad·i·ron·dacks [ædiˈrɔndæks] *région montagneuse de l'État de New York* (*É.-U.*).
Ad·olf [ˈædɔlf], **A·dol·phus** [əˈdɔlfəs] Adolphe *m.*
A·dri·at·ic (Sea) [eidriˈætik(ˈsiː)] (mer *f*) Adriatique *f.*
Ae·sop [ˈiːsɔp] Ésope *m* (*fabuliste grec*).
Af·ghan·i·stan [æfˈgænistæn] l'Afghanistan *m.*
Af·ri·ca [ˈæfrikə] l'Afrique *f.*
Ag·a·tha [ˈægəθə] Agathe *f.*
Al·a·bam·a [æləˈbɑːmə; *Am.* æləˈbæmə] *État des É.-U.*
A·las·ka [əˈlæskə] *État des É.-U.*
Al·ba·ni·a [ælˈbeinjə] l'Albanie *f.*
Al·ba·ny [ˈɔːlbəni] *capitale de l'État de New York* (*É.-U*).
Al·bert [ˈælbət] Albert *m.*
Al·ber·ta [ælˈbəːtə] *province du Canada.*
Al·bi·on *poét.* [ˈælbjən] Albion *f*, la Grande-Bretagne *f.*
Al·der·ney [ˈɔːldəni] Aurigny *f* (*île Anglo-Normande*).
Al·ex·an·der [æligˈzɑːndə] Alexandre *m.*
Al·ex·an·dra [æligˈzɑːndrə] Alexandra *f.*
Al·fred [ˈælfrid] Alfred *m.*
Al·ge·ri·a [ælˈdʒiəriə] l'Algérie *f.*
Al·ger·non [ˈældʒənən] *prénom masculin.*
Al·giers [ælˈdʒiəz] Alger *m.*
Al·ice [ˈælis] Alice *f.*
Al·le·ghe·ny [ˈæligeini] *chaîne de montagnes des É.-U.; rivière des É.-U.*
Al·len [ˈælin] Alain *m.*
Alps [ælps] *pl. les* Alpes *f/pl.*
Al·sace [ælˈsæs] l'Alsace *f.*
A·me·lia [əˈmiːljə] Amélie *f.*
A·mer·i·ca [əˈmerikə] l'Amérique *f.*
A·my [ˈeimi] Aimée *f.*
An·chor·age [ˈæŋkəridʒ] *ville de l'Alaska* (*É.-U.*).
An·des [ˈændiːz] *pl. la* Cordillère *f* des Andes, *les* Andes *f/pl.*
An·dor·ra [ænˈdɔrə] Andorre *f.*
An·drew [ˈændruː] André *m.*
An·gle·sey [ˈæŋglsi] *comté du Pays de Galles.*
An·nap·o·lis [əˈnæpəlis] *capitale du Maryland* (*É.-U.*), *école navale.*
Ann(e) [æn] Anne *f.*
An·tho·ny [ˈæntəni] Antoine *m.*
An·til·les [ænˈtiliːz] *pl. les* Antilles *f/pl.* (*archipel entre l'Amérique du Nord et l'Amérique du Sud*).
An·to·ni·a [ænˈtounjə] Antoinette *f.*
An·to·ny [ˈæntəni] Antoine *m.*
Ap·en·nines [ˈæpinainz] *pl. les* Apennins *m/pl.*
Ap·pa·lach·i·ans [æpəˈleitʃiənz] *pl. les* Appalaches *m/pl.*
Ar·chi·bald [ˈɑːtʃibəld] Archambaud *m.*
Ar·chi·me·des [ɑːkiˈmiːdiːz] Archimède *m* (*savant grec*).

Ar·den [ˈɑːdn] *nom de famille anglais.*
Ar·gen·ti·na [ɑːdʒənˈtiːnə], **the Ar·gen·tine** [ðiˈɑːdʒəntain] l'Argentine *f.*
Ar·gyll(·shire) [ɑːˈgail(ʃiə)] *comté d'Écosse.*
Ar·is·tot·le [ˈæristɔtl] Aristote *m* (*philosophe grec*).
Ar·i·zo·na [æriˈzounə] *État des É.-U.*
Ar·kan·sas [ˈɑːkənsɔː] *État des É.-U.*; *fleuve des É.-U.*
Ar·ling·ton [ˈɑːliŋtən] *cimetière national des É.-U. près de Washington.*
Ar·thur [ˈɑːθə] Arthur *m*; King ~ le roi Arthur (*ou* Artus).
As·cot [ˈæskət] *ville et champ de courses d'Angleterre.*
A·sia [ˈeiʃə] l'Asie *f*; ~ Minor l'Asie *f* Mineure.
Ath·ens [ˈæθinz] Athènes *f.*
At·kins [ˈætkinz]: *Tommy ~ sobriquet du soldat britannique.*
At·lan·tic [ətˈlæntik] *m* l'Atlantique *m.*
Auck·land [ˈɔːklənd] *ville et port de la Nouvelle-Zélande.*
Au·drey [ˈɔːdri] *prénom féminin.*
Au·gus·tus [ɔːˈgʌstəs] Auguste *m.*
Aus·ten [ˈɔːstin] *femme écrivain anglaise.*
Aus·tin [~] *capitale du Texas* (*É.-U.*).
Aus·tra·lia [ɔːsˈtreiljə] l'Australie *f.*
Aus·tri·a [ˈɔːstriə] l'Autriche *f.*
A·von [ˈeivən] *rivière d'Angleterre.*
Ax·min·ster [ˈæksminstə] *ville d'Angleterre.*
Ayr [ɛə] *ville d'Écosse*; *a.* **Ayr·shire** [ˈ~ʃiə] *comté d'Écosse.*
A·zores [əˈzɔːz] *pl. les* Açores *f/pl.*

B

Bac·chus *myth.* [ˈbækəs] Bacchus *m* (*dieu grec du vin*).
Ba·con [ˈbeikən] *homme d'État et philosophe anglais.*
Ba·den-Pow·ell [ˈbeidnˈpouel] *fondateur du scoutisme.*
Ba·ha·mas [bəˈhɑːməz] *pl. les* Bahamas *f/pl.* (*archipel de l'Atlantique*).
Bai·le A·tha Cli·ath [blɔːˈkliː] *nom gaélique de Dublin.*
Bald·win [ˈbɔːldwin] Baudouin *m.*
Bal·mor·al [bælˈmɔrəl] *château royal en Écosse.*
Bal·ti·more [ˈbɔːltimɔː] *ville et port des É.-U.*
Bar·thol·o·mew [bɑːˈθɔləmjuː] Barthélemy *m.*
Bath [bɑːθ] *station thermale d'Angleterre.*
Ba·ton Rouge [ˈbætnˈruːʒ] *capitale de la Louisiane* (*É.-U.*).
Ba·var·ia [bəˈvɛəriə] la Bavière *f.*
Bea·cons·field [ˈbiːkənzfiːld] *titre de noblesse de Disraeli.*
Beards·ley [ˈbiədzli] *dessinateur et illustrateur anglais.*
Beck·ett [ˈbekit] *poète et dramaturge irlandais.*
Beck·y [ˈbeki] *diminutif de Rebecca.*
Bed·ford [ˈbedfəd] *ville d'Angleterre*; *a.* **Bed·ford·shire** [ˈ~ʃiə] *comté d'Angleterre.*
Bel·fast [ˈbelfɑːst] *capitale de l'Irlande du Nord.*
Bel·gium [ˈbeldʒəm] la Belgique *f.*
Bel·grade [belˈgreid] *capitale de la Yougoslavie.*
Bel·gra·vi·a [belˈgreivjə] *quartier résidentiel de Londres.*
Ben [ben] *diminutif de Benjamin.*
Ben·e·dict [ˈbenidikt; ˈbenit] Benoît *m.*
Ben·gal [beŋˈgɔːl] le Bengale *m.*
Ben·ja·min [ˈbendʒəmin] Benjamin *m.*
Ben Ne·vis [benˈniːvis] *point culminant de la Grande-Bretagne.*
Berke·ley [ˈbɑːkli] *philosophe irlandais*; [ˈbəːkli] *ville des É.-U.* (*Californie*).
Berk·shire [ˈbɑːkʃiə] *comté d'Angleterre*; ~ **Hills** [ˈbəːkʃiəˈhilz] *pl. chaîne de montagnes du Massachusetts* (*É.-U.*).
Ber·lin [bəːˈlin] Berlin.
Ber·mu·das [bəːˈmjuːdəz] *pl. les* Bermudes *f/pl.* (*archipel de l'Atlantique*).
Ber·nard [ˈbəːnəd] Bernard *m.*
Bern(e) [bəːn] Berne.
Ber·tha [ˈbəːθə] Berthe *f.*
Ber·trand [ˈbəːtrənd] Bertram *m.*
Ber·yl [ˈberil] *prénom féminin.*
Bess, Bes·sy [ˈbes(i)], **Bet·s(e)y** [ˈbetsi], **Bet·ty** [ˈbeti] Babette *f.*
Bill, Bil·ly [ˈbil(i)] *diminutif de William.*
Bir·ken·head [ˈbəːkənhed] *port et ville industrielle d'Angleterre.*
Bir·ming·ham [ˈbəːmiŋəm] *ville industrielle d'Angleterre*; [ˈ~hæm] *ville des É.-U.* (*Alabama*).

Bis·kay [ˈbiskei]: *the Bay of* ~ le golfe *m* de Gascogne.
Blooms·bur·y [ˈblu:mzbri] *quartier d'artistes de Londres.*
Bob [bɔb] *diminutif de Robert.*
Bo·he·mia [bəuˈhi:mjə] la Bohême *f.*
Boi·se [ˈbɔisi] *capitale de l'Idaho (É.-U.).*
Bol·eyn [ˈbulin]: *Anne* ~ Anne Boleyn *(femme de Henri VIII d'Angleterre).*
Bo·liv·i·a [bəˈliviə] la Bolivie *f.*
Bom·bay [bɔmˈbei] *ville et port de l'Inde.*
Bonn [bɔn] *capitale de la République fédérale d'Allemagne.*
Bos·ton [ˈbɔstən] *capitale du Massachusetts (É.-U.).*
Bourne·mouth [ˈbɔ:nməθ] *station balnéaire d'Angleterre.*
Brad·ford [ˈbrædfəd] *ville industrielle d'Angleterre.*
Bra·zil [brəˈzil] le Brésil *m.*
Breck·nock(·shire) [ˈbreknɔk(ʃiə)] *comté du Pays de Galles.*
Bri·an [ˈbraiən] *prénom masculin.*
Bridg·et [ˈbridʒit] Brigitte *f.*
Brigh·ton [ˈbraitn] *station balnéaire d'Angleterre.*
Bris·tol [ˈbristl] *ville et port d'Angleterre.*
Bri·tan·ni·a *poét.* [briˈtænjə] la Grande-Bretagne *f.*
Brit·ta·ny [ˈbritəni] la Bretagne *f.*
Brit·ten [ˈbritn] *compositeur anglais.*
Broad·way [ˈbrɔ:dwei] *rue principale de New York (É.-U.).*
Brontë [ˈbrɔnti] *nom de trois femmes de lettres anglaises.*
Brook·lyn [ˈbruklin] *quartier de New York (É.-U.).*
Brus·sels [ˈbrʌslz] Bruxelles.
Bu·cha·rest [ˈbju:kərest] Bucarest.
Buck [bʌk] *femme écrivain américaine.*
Buck·ing·ham [ˈbʌkiŋəm] *comté d'Angleterre;* ~ *Palace palais des rois de Grande-Bretagne;* **Buck·ing·ham·shire** [ˈbʌkiŋəmʃiə] *see Buckingham.*
Bu·da·pest [ˈbju:dəˈpest] *capitale de la Hongrie.*
Bud·dha [ˈbudə] Bouddha.
Bul·gar·i·a [bʌlˈgɛəriə] la Bulgarie *f.*
Bul·wer [ˈbulwə] *auteur anglais.*
Bur·ma [ˈbə:mə] la Birmanie *f.*
Burns [bə:nz] *poète écossais.*
By·ron [ˈbaiərən] *poète anglais.*

C

Cae·sar [ˈsi:zə] (Jules) César *m (général et dictateur romain).*
Cai·ro [ˈkaiərou] Le Caire *m.*
Cal·cut·ta [kælˈkʌtə] *capitale de l'État de Bengale-Occidental.*
Cal·i·for·nia [kæliˈfɔ:njə] la Californie *f (État des É.-U.).*
Cam·bridge [ˈkeimbridʒ] *ville universitaire anglaise; ville des É.-U. (Massachusetts), siège de l'université Harvard; a.* **Cam·bridge·shire** [ˈ~ʃiə] *comté d'Angleterre.*
Camp·bell [ˈkæmbl] *nom de famille.*
Can·a·da [ˈkænədə] le Canada *m.*
Ca·nar·y Is·lands [kəˈnɛəriˈailəndz] *les* îles *f/pl.* Canaries, *les* Canaries *f/pl.*
Can·ber·ra [ˈkænbərə] *capitale de l'Australie.*
Can·ter·bur·y [ˈkæntəbəri] Cantorbéry *f (ville d'Angleterre).*
Cape Town, Cape·town [ˈkeiptaun] le Cap *m.*
Ca·pote [kəˈpouti] *écrivain américain.*
Car·diff [ˈkɑ:dif] *capitale du Pays de Galles.*
Car·di·gan(·shire) [ˈkɑ:digən(ʃiə)] *comté du Pays de Galles.*
Car·lisle [kɑ:ˈlail] *ville d'Angleterre.*
Car·lyle [kɑ:ˈlail] *auteur anglais.*
Car·mar·then(·shire) [kəˈmɑ:ðən(-ʃiə)] *comté du Pays de Galles.*
Car·nar·von(·shire) [kəˈnɑ:vən(-ʃiə)] *comté du Pays de Galles.*
Car·neg·ie [ˈkɑ:negi] *industriel américain.*
Car·o·li·na [kærəˈlainə]: (*North* ~, *South* ~) la Caroline *f* (du Nord, du Sud) *(États des É.-U.).*
Car·o·line [ˈkærəlain] Caroline *f.*
Car·pa·thi·ans [kɑ:ˈpeiθjənz] *pl. les* Karpates *f/pl.*
Car·rie [ˈkæri] *diminutif de Caroline.*
Cath·e·rine [ˈkæθərin] Catherine *f.*
Cau·ca·sus [ˈkɔ:kəsəs] Caucase *m.*
Cec·il [ˈsesl; ˈsisl] *prénom masculin.*
Ce·cil·i·a [siˈsiljə], **Cec·i·ly** [ˈsisili] Cécile *f.*
Cey·lon [siˈlɔn] Ceylan *m.*
Cham·ber·lain [ˈtʃeimbəlin] *nom de plusieurs hommes d'État britanniques.*
Chan·nel [ˈtʃænl]: *the English* ~ la Manche *f.*
Char·ing Cross [ˈtʃæriŋˈkrɔs] *carrefour de Londres.*
Charles [tʃɑ:lz] Charles *m.*

Charles·ton [ˈtʃɑːlstən] *capitale de la Virginie Occidentale (É.-U.).*
Char·lotte [ˈʃɑːlət] Charlotte *f.*
Chat·ham [ˈtʃætəm] *ville et port d'Angleterre.*
Chau·cer [ˈtʃɔːsə] *poète anglais.*
Chel·sea [ˈtʃelsi] *quartier de Londres.*
Chesh·ire [ˈtʃeʃə] *comté d'Angleterre.*
Ches·ter·field [ˈtʃestəfiːld] *ville industrielle d'Angleterre.*
Chev·i·ot Hills [ˈtʃeviətˈhilz] *pl. chaîne de montagnes qui sépare l'Écosse de l'Angleterre.*
Chi·ca·go [ʃiˈkɑːgou; *Am. souv.* ʃiˈkɔːgou] *ville des États de la Prairie (É.-U.).*
Chil·e, Chil·i [ˈtʃili] le Chili *m.*
Chi·na [ˈtʃainə] la Chine *f.*
Chlo·e [ˈkləui] *prénom féminin.*
Chris·ti·na [krisˈtiːnə] Christine *f.*
Chris·to·pher [ˈkristəfə] Christophe *m.*
Chrys·ler [ˈkraislə] *industriel américain.*
Church·ill [ˈtʃəːtʃil] *homme d'État britannique.*
Cin·cin·nat·i [sinsiˈnæti] *ville des É.-U.*
Cis·sie [ˈsisi] *diminutif de Cecilia.*
Clar·a [ˈklɛərə], **Clare** [klɛə] Claire *f.*
Clar·en·don [ˈklærəndən] *nom de plusieurs hommes d'État britanniques.*
Cle·o·pa·tra [kliəˈpætrə] Cléopâtre *f (reine d'Égypte).*
Cleve·land [ˈkliːvlənd] *ville industrielle et port des É.-U.*
Clive [klaiv] *général qui fonda la puissance britannique dans l'Inde.*
Clyde [klaid] *fleuve d'Écosse.*
Cole·ridge [ˈkoulridʒ] *poète anglais.*
Col·in [ˈkɔlin] *prénom masculin.*
Co·lom·bi·a [kəˈlɔmbiə] la Colombie *f.*
Col·o·ra·do [kɔləˈrɑːdou] *État des É.-U.; nom de deux fleuves des É.-U.*
Co·lum·bi·a [kəˈlʌmbiə] *fleuve des É.-U.; district fédéral des É.-U. (capitale Washington); capitale de la Caroline du Sud (É.-U.).*
Con·cord [ˈkɔŋkəd] *capitale du New Hampshire (É.-U.).*
Con·nacht [ˈkɔnət], **Con·naught** [ˈkɔnɔːt] *province de la République d'Irlande.*
Con·nect·i·cut [kəˈnetikət] *fleuve des É.-U.; État des É.-U.*
Con·stance [ˈkɔnstəns] Constance *mf.*
Coo·per [ˈkuːpə] *auteur américain.*
Co·pen·ha·gen [koupnˈheign] Copenhague.
Cor·dil·le·ras [kɔːdiˈljɛərəz] *pl. see* Andes.
Cor·ne·lia [kɔːˈniːljə] Cornélie *f.*
Corn·wall [ˈkɔːnwəl] la Cornouailles *f (comté d'Angleterre).*
Cos·ta Ri·ca [ˈkɔstəˈriːkə] le Costa Rica *m.*
Cov·ent Gar·den [ˈkɔvəntˈgɑːdn] *l'opéra de Londres.*
Cov·en·try [ˈkɔvəntri] *ville industrielle d'Angleterre.*
Craig [kreig] *prénom.*
Crete [kriːt] la Crète *f.*
Cri·me·a [kraiˈmiə] la Crimée *f.*
Crom·well [ˈkrɔmwəl] *homme d'État anglais.*
Croy·don [ˈkrɔidn] *ancien aéroport de Londres.*
Cu·ba [ˈkjuːbə] (île *f* de) Cuba *m.*
Cum·ber·land [ˈkʌmbələnd] *comté d'Angleterre.*
Cu·pid *myth.* [ˈkjuːpid] Cupidon *m (dieu romain de l'Amour).*
Cyn·thi·a [ˈsinθia] *prénom féminin.*
Cy·prus [ˈsaiprəs] Chypre *f.*
Cy·rus [ˈsairəs] Cyrus *m.*
Czech·o-Slo·va·ki·a [ˈtʃekouslouˈvækiə] la Tchécoslovaquie *f.*

D

Da·ko·ta [dəˈkoutə]: (*North* ~, *South* ~) le Dakota *m* (du Nord, du Sud) *(États de É.-U.).*
Dan·iel [ˈdænjəl] Daniel *m.*
Dan·ube [ˈdænjuːb] *le* Danube *m.*
Daph·ne [ˈdæfni] Daphne *f.*
Dar·da·nelles [dɑːdəˈnelz] *pl.* les Dardanelles *f/pl.*
Dar·jee·ling [dɑːˈdʒiːliŋ] *ville de l'Inde.*
Dart·moor [ˈdɑːtmuə] *massif cristallin d'Angleterre; prison.*
Dar·win [ˈdɑːwin] *naturaliste anglais.*
Da·vid [ˈdeivid] David *m.*
Dee [diː] *fleuve d'Angleterre et d'Écosse.*
De·foe [diˈfou] *auteur anglais.*
Deir·dre [ˈdiədri] *prénom féminin.*
Del·a·ware [ˈdeləwɛə] *fleuve des É.-U.; État des É.-U.*
Den·bigh(·shire) [ˈdenbi(ʃiə)] *comté du Pays de Galles.*
Den·mark [ˈdenmɑːk] le Danemark *m.*

Den·ver [ˈdenvə] *capitale du Colorado (É.-U.).*
Der·by(·shire) [ˈdɑːbi(ʃiə)] *comté d'Angleterre.*
Des Moines [dəˈmɔin] *capitale de l'Iowa (É.-U.).*
De·troit [diˈtrɔit] *ville industrielle des É.-U.*
De Va·le·ra [dəvəˈliərə] *homme d'État irlandais.*
Dev·on(·shire) [ˈdevn(ʃiə)] *comté d'Angleterre.*
Dew·ey [ˈdjuːi] *philosophe américain.*
Di·an·a [daiˈænə] Diane *f.*
Dick [dik] *diminutif de* Richard.
Dick·ens [ˈdikinz] *auteur anglais.*
Dick·in·son [ˈdikinsn] *femme poète américaine.*
Dis·rae·li [dizˈreili] *homme d'État britannique.*
Dol·ly [ˈdɔli] *diminutif de* Dorothy.
Do·min·i·can Re·pub·lic [dəˈminikən riˈpʌblik] *la* République *f* Dominicaine.
Don·ald [ˈdɔnld] *prénom masculin.*
Don Quix·ote [dɔnˈkwiksət] Don Quichotte *m.*
Dor·o·the·a [dɔrəˈθiə], **Dor·o·thy** [ˈdɔrəθi] Dorothée *f.*
Dor·set(·shire) [ˈdɔːsit(ʃiə)] *comté d'Angleterre.*
Dos Pas·sos [dəsˈpæsəs] *écrivain américain.*
Doug [dʌg] *diminutif de* Douglas.
Doug·las [ˈdʌgləs] *puissante famille écossaise; prénom masculin.*
Do·ver [ˈdouvə] Douvres (*port d'Angleterre, sur la Manche*); *capitale du Delaware (É.-U.).*
Down·ing Street [ˈdauniŋˈstriːt] *rue de Londres, résidence officielle du premier ministre.*
Drei·ser [ˈdraisə] *auteur américain.*
Dry·den [ˈdraidn] *poète anglais.*
Dub·lin [ˈdʌblin] *capitale de la République d'Irlande.*
Du·luth [dəˈluːθ] *ville des É.-U. (Minnesota).*
Dun·kirk [dʌnˈkəːk] Dunkerque *m.*
Dur·ham [ˈdʌrəm] *comté d'Angleterre.*

E

Ec·ua·dor [ekwəˈdɔː] Équateur *m.*
Ed·die [ˈedi] *diminutif de* Edmund, Edward.
E·den [ˈiːdn] Eden *m,* le paradis *m* terrestre.
Ed·in·burgh [ˈedinbərə] Édimbourg.
Ed·i·son [ˈedisn] *inventeur américain.*
Ed·mund [ˈedmənd] Edmond *m.*
Ed·ward [ˈedwəd] Édouard *m.*
E·gypt [ˈiːdʒipt] l'Égypte *f.*
Ei·leen [ˈailiːn] *prénom féminin.*
Ei·re [ˈɛərə] *ancien nom de la République d'Irlande.*
Ei·sen·how·er [ˈaizənhauə] *général et 34*[e] *président des É.-U.*
E·laine [iˈlein] *prénom féminin.*
El·ea·nor [ˈelinə] Eléonore *f.*
E·li·as [iˈlaiəs] Élie *m.*
El·i·nor [ˈelinə] Éléonore *f.*
El·i·ot [ˈeljət] *femme écrivain anglaise; poète anglais, né aux É.-U.*
E·li·za [iˈlaizə] *diminutif de* Elizabeth.
E·liz·a·beth [iˈlizəbəθ] Elisabeth *f.*
El·lis Is·land [ˈelisˈailənd] *île de la baie de New York (É.-U.).*
El Sal·va·dor [elˈsælvədɔː] El Salvador *m.*
Em·er·son [ˈeməsn] *philosophie et poète américain.*
Em·i·ly [ˈemili] Émilie *f.*
Eng·land [ˈiŋglənd] l'Angleterre *f.*
E·noch [ˈiːnɔk] Énoch *m.*
Ep·som [ˈepsəm] *ville d'Angleterre, célèbre course de chevaux.*
E·rie [ˈiəri]: Lake ~ le lac *m* Érie (*un des cinq grands lacs de l'Amérique du Nord*).
Er·nest [ˈəːnist] Ernest *m.*
Es·sex [ˈesiks] *comté d'Angleterre.*
Eth·el [ˈeθl] *prénom féminin.*
E·thi·o·pi·a [iːθiˈoupjə] l'Éthiopie *f.*
E·ton [ˈiːtn] *collège et ville d'Angleterre.*
Eu·clid [ˈjuːklid] Euclide (*mathématicien grec*).
Eu·gene [ˈjuːdʒiːn] Eugène *m.*
Eu·ge·ni·a [juːˈdʒiːniə] Eugénie *f.*
Eu·phra·tes [juːˈfreitiːz] l'Euphrate *m.*
Eu·rope [ˈjuərəp] l'Europe *f.*
Eus·tace [ˈjuːstəs] Eustache *m.*
Ev·ans [ˈevənz] *nom de famille anglais et gallois.*
Eve [iːv] Ève *f.*
Ev·e·lyn [ˈiːvlin] Éveline *f.*

F

Falk·land Is·lands [ˈfɔːkləndˈailəndz] *pl. les* îles *f/pl.* Falkland (*archipel de l'Atlantique*).

Faulk·ner [ˈfɔːknə] *auteur américain.*
Fawkes [fɔːks] *nom de famille anglais; chef de la Conspiration des Poudres (1605).*
Fe·li·ci·a [fiˈlisiə] *prénom féminin.*
Fe·lix [ˈfiːliks] Félix *m.*
Fin·land [ˈfinlənd] la Finlande *f.*
Fitz·ger·ald [fitsˈdʒerəld] *nom de famille.*
Flan·ders [ˈflɑːndəz] la Flandre *f.*
Flint·shire [ˈflintʃiə] *comté du Pays de Galles.*
Flor·ence [ˈflɔrəns] Florence *f (prénom).*
Flor·i·da [ˈflɔridə] la Floride *f (État des É.-U.).*
Flush·ing [ˈflʌʃiŋ] Flessingue.
Folke·stone [ˈfoukstən] *ville et port d'Angleterre sur la Manche.*
Ford [fɔːd] *industriel américain.*
France [frɑːns] la France *f.*
Fran·ces [ˈfrɑːnsis] Françoise *f.*
Fran·cis [~] François *m.*
Frank·fort [ˈfræŋkfət] *capitale du Kentucky (É.-U.).*
Frank·lin [ˈfræŋklin] *homme d'État et auteur américain.*
Fred(·dy) [ˈfred(i)] *diminutif de* Alfred, Frederic(k).
Fred·er·ic(k) [ˈfredrik] Frédéric *m.*
Ful·bright [ˈfulbrait] *homme politique américain.*
Ful·ton [ˈfultən] *inventeur américain.*

G

Gains·bor·ough [ˈgeinzbərə] *peintre anglais.*
Gals·wor·thy [ˈgælzwəːði] *auteur anglais.*
Gan·ges [ˈgændʒiːz] *le* Gange *m.*
Gaul [gɔːl] la Gaule *f.*
Ge·ne·va [dʒiˈniːvə] Genève.
Geof·frey [ˈdʒefri] Geoffroi *m.*
George [dʒɔːdʒ] Georges *m.*
Geor·gia [ˈdʒɔːdʒiə] la Georgie *f (État des É.-U.).*
Ger·ald [ˈdʒerəld] Gérard *m.*
Ger·al·dine [ˈdʒerəldiːn] *prénom féminin.*
Ger·ma·ny [ˈdʒəːməni] l'Allemagne *f.*
Gersh·win [ˈgəːʃwin] *compositeur américain.*
Ger·trude [ˈgəːtruːd] Gertrude *f.*
Get·tys·burg [ˈgetizbəːg] *ville des É.-U.*
Gha·na [ˈgɑːnə] le Ghana *m.*
Gi·bral·tar [dʒiˈbrɔːltə] Gibraltar *m.*
Giles [dʒailz] Gilles *m.*
Gill [gil] Julie *f.*
Glad·ys [ˈglædis] *prénom féminin.*
Glad·stone [ˈglædstən] *homme d'État britannique.*
Gla·mor·gan(·shire) [gləˈmɔːgən (-ʃiə)] *comté du Pays de Galles.*
Glas·gow [ˈglɑːsgou] *ville et port d'Écosse.*
Glouces·ter [ˈglɔstə] *ville d'Angleterre; a.* **Glouces·ter·shire** [ˈ~ʃiə] *comté d'Angleterre.*
Gold·smith [ˈgouldsmiθ] *auteur anglais.*
Gor·don [ˈgɔːdn] *nom de famille anglais.*
Go·tham [ˈgɔtəm] *village d'Angleterre.*
Gra·ham [ˈgreiəm] *nom de famille et prénom masculin anglais.*
Grand Can·yon [grændˈkæniən] *nom des gorges du Colorado (É.-U.).*
Great Brit·ain [ˈgreitˈbritən] la Grande-Bretagne *f.*
Great Di·vide [ˈgreitdiˈvaid] *les montagnes Rocheuses (É.-U.).*
Greece [griːs] la Grèce *f.*
Greene [griːn] *auteur anglais.*
Green·land [ˈgriːnlənd] le Groenland *m.*
Green·wich [ˈgrinidʒ] *faubourg de Londres;* ~ Village *quartier d'artistes de New York.*
Greg·o·ry [ˈgregəri] Grégoire *m.*
Gros·ve·nor [ˈgrouvnə] *place et rue de Londres.*
Gua·te·ma·la [gwætiˈmɑːlə] le Guatemala *m.*
Guern·sey [ˈgəːnzi] Guernesey *f (île Anglo-Normande).*
Gui·a·na [giˈɑːnə] la Guyane *f.*
Guin·ea [ˈgini] la Guinée *f.*
Guin·ness [ˈginis; giˈnes] *nom de famille, surt. irlandais.*
Guy [gai] Gui *m*, Guy *m.*
Gwen·do·len, Gwen·do·lyn [ˈgwendəlin] *prénom féminin.*

H

Hai·ti [ˈheiti] la Haïti *f.*
Hague [heig]: *the* ~ La Haye.
Hal·i·fax [ˈhælifæks] *ville du Canada et d'Angleterre.*

Ham·il·ton [ˈhæmiltən] *nom de famille anglais.*
Hamp·shire [ˈhæmpʃiə] *comté d'Angleterre.*
Hamp·stead [ˈhæmpstid] *faubourg de Londres.*
Han·o·ver [ˈhænəvə] Hanovre *m.*
Har·lem [ˈhɑːləm] *quartier de New York, habité surtout par des noirs.*
Har·ri·et [ˈhæriət] Henriette *f.*
Har·ris·burg [ˈhærisbəːg] *capitale de la Pennsylvanie (É.-U.).*
Har·row [ˈhærou] *collège et ville d'Angleterre.*
Har·ry [ˈhæri] *diminutif de* Henry.
Har·vard U·ni·ver·si·ty [ˈhɑːvəd juːniˈvəːsiti] *université américaine.*
Har·wich [ˈhæridʒ] *ville et port d'Angleterre.*
Has·tings [ˈheistiŋz] *ville d'Angleterre; homme d'État, gouverneur de l'Inde anglaise.*
Ha·wai·i [hɑːˈwaii] *pl.* les Hawaii *f/pl.* (*archipel de la Polynésie, État des É.-U.*).
Heb·ri·des [ˈhebridiːz] *pl. les* Hébrides *f/pl.* (*îles d'Écosse*).
Hel·en [ˈhelin] Hélène *f.*
Hel·sin·ki [ˈhelsiŋki] *capitale de la Finlande.*
Hem·ing·way [ˈhemiŋwei] *auteur américain.*
Hen·ley [ˈhenli] *ville d'Angleterre sur la Tamise; régates célèbres.*
Hen·ry [ˈhenri] Henri *m.*
Her·cu·les [ˈhəːkjuliːz] Hercule *m.*
Her·e·ford(·shire) [ˈherifəd(ʃiə)] *comté d'Angleterre.*
Hert·ford(·shire) [ˈhɑːfəd(ʃiə)] *comté d'Angleterre.*
Hil·a·ry [ˈhiləri] Hilaire *f.*
Hi·ma·la·ya [himəˈleiə] *l'*Himalaya *m.*
Hin·du·stan [hinduˈstæn] l'Hindoustan *m.*
Ho·garth [ˈhougɑːθ] *peintre anglais.*
Hol·born [ˈhoubən] *quartier de Londres.*
Hol·land [ˈhɔlənd] la Hollande *f.*
Hol·ly·wood [ˈhɔliwud] *centre de l'industrie cinématographique américaine.*
Home [hjuːm]: Sir Alec Douglas-~ *homme politique anglais.*
Ho·mer [ˈhoumə] Homère *m* (*poète grec*).
Hon·du·ras [hɔnˈdjuərəs] le Honduras *m.*
Ho·no·lu·lu [hɔnəˈluːlu] *capitale des Hawaii (É.-U.).*
Hoo·ver [ˈhuːvə] *31ᵉ président des É.-U.*
Hous·ton [ˈ(h)juːstən] *ville des É.-U. (Texas).*
Hud·son [ˈhʌdsn] *fleuve des É.-U., avec New York à l'embouchure; vaste golfe au nord de l'Amérique.*
Hugh [hjuː] Hugues *m.*
Hughes [hjuːz] *nom de famille.*
Hull [hʌl] *ville et port d'Angleterre.*
Hume [hjuːm] *philosophe anglais.*
Hum·phr(e)y [ˈhʌmfri] *prénom masculin.*
Hun·ga·ry [ˈhʌŋgəri] la Hongrie *f.*
Hun·ting·don(·shire) [ˈhʌntiŋdən (-ʃiə)] *comté d'Angleterre.*
Hu·ron [ˈhjuərən]: Lake ~ le lac *m* Huron (*un des cinq grands lacs de l'Amérique du Nord*).
Hux·ley [ˈhʌksli] *naturaliste anglais; zoologiste anglais; auteur anglais.*
Hyde Park [ˈhaidˈpɑːk] *Parc de Londres.*

I

I·an [ˈiːən, iən] Jean *m.*
Ice·land [ˈaislənd] l'Islande *f.*
I·da·ho [ˈaidəhou] *État des É.-U.*
I·dle·wild [ˈaidlwaild] *ancien nom de* Kennedy Airport.
Il·li·nois [iliˈnɔi(z)] *rivière des É.-U.; État des É.-U.*
In·di·a [ˈindjə] l'Inde *f.*
In·di·an·a [indiˈænə] *État des É.-U.*
In·di·an Ocean [ˈindjənˈouʃən] océan *m* Indien.
In·dies [ˈindiz] *pl.*: the (East, West) ~ les Indes *f/pl.* (orientales, occidentales).
In·dus [ˈindəs] *l'*Indus *m.*
I·o·wa [ˈaiouə] *État des É.-U.*
I·rak, I·raq [iˈrɑːk] l'Irak *m*, l'Iraq *m.*
I·ran [iəˈrɑːn] l'Iran *m.*
Ire·land [ˈaiələnd] l'Irlande *f.*
I·re·ne [aiˈriːni; ˈairiːn] Irène *f.*
I·ris [ˈaiəris] *prénom féminin.*
Ir·ving [ˈəːviŋ] *auteur américain.*
I·saac [ˈaizək] Isaac *m.*
Is·a·bel [ˈizəbəl] Isabelle *f.*
Isle of Man [ailəvˈmæn] Isle *f* de

Man (*île de la mer d'Irlande*).
Is·ra·el [ˈizreiəl] l'Israël *m.*
It·a·ly [ˈitəli] l'Italie *f.*
I·vy [ˈaivi] *prénom féminin.*

J

Jack [dʒæk] Jean(not) *m* (*see Jack au dictionnaire*).
Ja·mai·ca [dʒəˈmeikə] la Jamaïque *f.*
James [dʒeimz] Jacques *m.*
Jane [dʒein] Jeanne *f.*
Ja·net [ˈdʒænit] Jeanette *f.*
Ja·pan [dʒəˈpæn] le Japon *m.*
Jean [dʒiːn] Jeanne *f.*
Jef·fer·son [ˈdʒefəsn] *3ᵉ président des É.-U., auteur de la Déclaration d'Indépendance*; ~ *City capitale du Missouri* (*É.-U.*).
Jen·ny [ˈdʒeni] Jeanneton *f*, Jeannette *f.*
Jer·e·my [ˈdʒerimi] Jérémie *m.*
Jer·sey [ˈdʒəːzi] *île Anglo-Normande*; ~ *City ville des É.-U.*
Je·ru·sa·lem [dʒəˈruːsələm] Jérusalem.
Jes·si·ca [ˈdʒesikə] Jessica *f.*
Je·sus (Christ) [ˈdʒiːzəs (ˈkraist)] Jésus(-Christ) *m.*
Jill [dʒil] Julie *f*; *Jack and* ~ Jeannot et Colette.
Jim(·my) [ˈdʒim(i)] *diminutif de James.*
Joan [dʒoun] Jeanne *f.*
Joc·e·lin(e), Joc·e·lyn [ˈdʒɔslin] *prénom féminin.*
Jo(e) [dʒou] *diminutif de Joseph.*
John [dʒɔn] Jean *m.*
John·ny [ˈdʒɔni] Jeannot *m.*
John·son [ˈdʒɔnsn] *36ᵉ président des É.-U.*; *auteur anglais.*
Jo·nah [ˈdʒounə] Jonas *m.*
Jon·a·than [ˈdʒɔnəθən] Jonathas *m.*
Jor·dan [ˈdʒɔːdn] la Jordanie *f.*
Jo·seph [ˈdʒouzif] Joseph *m.*
Josh·u·a [ˈdʒɔʃwə] Josué *m.*
Joyce [dʒois] *écrivain irlandais.*
Ju·go·sla·vi·a [ˈjuːgouˈslɑːviə] la Yougoslavie *f.*
Jul·ia [ˈdʒuːljə], **Ju·li·et** [ˈ~t] Julie(tte) *f.*
Jul·ian [ˈdʒuːliən] *prénom masculin.*
Jul·ius [ˈdʒuːljəs] Jules *m.*
Ju·neau [ˈdʒuːnou] *capitale de l'Alaska* (*É.-U.*).

K

Kam·pu·che·a [kæmpuˈtʃiə] Cambodge *m.*
Kan·sas [ˈkænzəs] *rivière des É.-U.*; *État des É.-U.*
Kash·mir [kæʃˈmiə] le Cachemire *m* (*ancien État de l'Inde*).
Kate [keit] *diminutif de Catherine, Katharine, Katherine, Kathleen.*
Kath·a·rine, Kath·er·ine [ˈkæθərin] Catherine *f.*
Kath·leen [ˈkæθliːn] Catherine *f.*
Keats [kiːts] *poète anglais.*
Keith [kiːθ] *prénom masculin.*
Ken·ne·dy [ˈkenidi] *35ᵉ président des É.-U.*; *Cape* ~ *cap de la côte de Floride* (*lancement d'engins téléguidés et de satellites artificiels*; ~ *airport aéroport international de New York.*
Ken·neth [ˈkeniθ] *prénom masculin.*
Ken·sing·ton [ˈkenziŋtən] *quartier de Londres.*
Kent [kent] *comté d'Angleterre.*
Ken·tuck·y [kenˈtʌki] *rivière des É.-U.*; *État des É.-U.*
Ken·ya [ˈkiːnjə; ˈkenjə] le Kenya *m.*
Kip·ling [ˈkipliŋ] *poète anglais.*
Kit·ty [ˈkiti] *diminutif de Catherine.*
Klon·dike [ˈklɔndaik] *rivière et région du Canada.*
Knox [nɔks] *réformateur écossais.*
Krem·lin [ˈkremlin] *le* Kremlin *m.*
Ku·wait [kuˈweit] Koweït *m.*

L

Lab·ra·dor [ˈlæbrədɔː] *péninsule de l'Amérique du Nord.*
Lan·ca·shire [ˈlæŋkəʃiə] *comté d'Angleterre.*
Lan·cas·ter [ˈlæŋkəstə] Lancastre *f* (*ville d'Angleterre*; *ville des É.-U.*); *see Lancashire.*
Lau·rence, Law·rence [ˈlɔːrəns] Laurent *m.*
Leb·a·non [ˈlebənən] le Liban *m.*
Leeds [liːdz] *ville industrielle d'Angleterre.*
Leg·horn [ˈlegˈhɔːn] Livourne.
Leices·ter [ˈlestə] *ville d'Angleterre*; *a.* **Leices·ter·shire** [ˈ~ʃiə] *comté d'Angleterre.*
Leigh [liː; lai] *ville industrielle d'Angleterre*; *nom de famille anglais.*
Leix [liːʃ] *comté d'Irlande.*

Le·man [ˈlemən]: *Lake* ~ le lac *m* Léman.
Leon·ard [ˈlenəd] Léonard *m*.
Les·lie [ˈlezli] *prénom masculin*.
Lew·is [ˈluːis] Louis *m*; *auteur américain*; *poète anglais*.
Lil·i·an [ˈliliən] *prénom féminin*.
Lim·er·ick [ˈlimərik] *comté d'Irlande*.
Lin·coln [ˈliŋkən] *16ᵉ président des É.-U.*; *capitale du Nébraska* (*É.-U.*); *ville d'Angleterre*; *a.* **Lin·coln·shire** [ˈ~ʃiə] *comté d'Angleterre*.
Li·o·nel [ˈlaiənl] *prénom masculin*.
Lis·bon [ˈlizbən] Lisbonne *f*.
Lit·tle Rock [ˈlitlˈrɔk] *capitale de l'Arkansas* (*É.-U.*).
Liv·er·pool [ˈlivəpuːl] *ville industrielle et port d'Angleterre*.
Liz·zie [ˈlizi] Lisette *f*.
Lloyd [lɔid] *prénom masculin*.
Locke [lɔk] *philosophe anglais*.
Lon·don [ˈlʌndən] Londres.
Long·fel·low [ˈlɔŋfelou] *poète américain*.
Lor·raine [lɔˈrein] la Lorraine *f*.
Los An·ge·les [lɔsˈændʒiliːz; *Am. a.* ˈæŋgələs] *ville et port des É.-U.*
Lou·i·sa [luːˈiːzə] Louise *f*.
Lou·i·si·an·a [luːiːziˈænə] la Louisiane *f* (*État des É.-U.*).
Lu·cia [ˈluːsiə] Lucie *f*.
Lu·cius [ˈluːsiəs] Lucien *m*.
Lu·cy [ˈluːsi] Lucie *f*.
Luke [luːk] Luc *m*.
Lux·em·b(o)urg [ˈlʌksəmbəːg] Luxembourg *m*.
Lyd·i·a [ˈlidiə] Lydie *f*.

M

Mab [mæb] *reine des fées*.
Ma·bel [ˈmeibl] *prénom féminin*.
Ma·cau·lay [məˈkɔːli] *historien et homme politique anglais*; *femme écrivain anglaise*.
Mac·Don·ald [məkˈdɔnld] *homme d'État britannique*.
Mac·Gee [məˈgiː] *nom de famille*.
Mac·ken·zie [məˈkenzi] *fleuve du Canada*.
Ma·dei·ra [məˈdiərə] Madère *f*.
Madge [mædʒ] Margot *f*.
Mad·i·son [ˈmædisn] *4ᵉ président des É.-U.*; *capitale du Wisconsin* (*É.-U.*).
Ma·dras [məˈdrɑːs] *ville et port de l'Inde*.
Ma·drid [məˈdrid] *capitale de l'Espagne*.
Mag·da·len [ˈmægdəlin] Madeleine *f*.
Mag·gie [ˈmægi] Margot *f*.
Ma·hom·et [meˈhɔmit] Mahomet *m*.
Maine [mein] *État des É.-U.*
Ma·lay·sia [məˈleiʒə]: *the Federation of* ~ la Fédération *f* de Malaisie.
Mal·colm [ˈmælkəm] *prénom masculin*.
Mal·ta [ˈmɔːltə] Malte *f*.
Man·ches·ter [ˈmæntʃistə] *ville industrielle d'Angleterre*.
Man·hat·tan [mænˈhætn] *île et quartier de New York* (*É.-U.*).
Man·i·to·ba [mæniˈtoubə] *province du Canada*.
Mar·ga·ret [ˈmɑːgərit] Marguerite *f*.
Mar·jo·rie [ˈmɑːdʒəri] *prénom féminin*.
Mark [mɑːk] Marc *m*.
Marl·bor·ough [ˈmɔːlbərə] *général anglais*.
Mar·tha [ˈmɑːθə] Marthe *f*.
Mar·y [ˈmɛəri] Marie *f*.
Mar·y·land [ˈmɛərilænd; *Am.* ˈmerilənd] *État des É.-U.*
Mas·sa·chu·setts [mæsəˈtʃuːsets] *État des É.-U.*
Ma(t)·thew [ˈmæθjuː] Mat(t)hieu *m*.
Maud [mɔːd] Mathilde *f*.
Maugham [mɔːm] *auteur anglais*.
Mau·reen [mɔˈriːn] *prénom féminin*.
Mau·rice [ˈmɔris] Maurice *m*.
May [mei] Mariette *f*, Manon *f*.
Meath [miːð, miːθ] *comté d'Irlande*.
Mel·bourne [ˈmelbən] *ville et port d'Australie*.
Mel·ville [ˈmelvil] *auteur américain*.
Mer·e·dith [ˈmerədiθ] *auteur anglais*.
Mer·i·on·eth(·shire) [meriˈɔniθ (-ʃiə)] *comté du Pays de Galles*.
Mex·i·co [ˈmeksikou] le Mexique *m*.
Mi·am·i [maiˈæmi] *station balnéaire de la Floride* (*É.-U.*).
Mi·chael [ˈmaikl] Michel *m*.
Mich·i·gan [ˈmiʃigən] *État des É.-U.*; *Lake* ~ le lac *m* Michigan (*un des cinq grands lacs de l'Amérique du Nord*).
Mid·dle·sex [ˈmidlseks] *comté d'Angleterre*.
Mid·west [ˈmidˈwest] *les* États *m/pl.* de la Prairie (*É.-U.*).
Mil·dred [ˈmildrid] *prénom féminin*.
Mil·li·cent [ˈmilisnt] *prénom féminin*.

Mil·ton [ˈmiltən] *poète anglais.*
Mil·wau·kee [milˈwɔːkiː] *ville des É.-U.*
Min·ne·ap·o·lis [miniˈæpəlis] *ville des É.-U.*
Min·ne·so·ta [miniˈsoutə] *État des É.-U.*
Mis·sis·sip·pi [misiˈsipi] *État des É.-U.; fleuve des E.-U.*
Mis·sou·ri [miˈsuəri; *Am.* miˈzuəri] *rivière des É.-U.; État des É.-U.*
Mitch·ell [ˈmitʃl] *prénom; nom de famille.*
Mo·ham·med [mouˈhæmed] Mohammed *m*; *islam*: Mahomet *m*.
Moll [mɔl] Mariette *f*, Manon *f*.
Mo·na·co [ˈmɔnəkou] Monaco *m*.
Mon·mouth(·shire) [ˈmʌnməθ(ʃiə)] *comté de' Angleterre.*
Mon·roe [mənˈrou] *5e président des É.-U.*
Mon·tan·a [mɔnˈtænə] *État des É.-U.*
Mont·gom·er·y [məntˈgʌməri] *maréchal britannique; a.* **Montˈgom·er·y·shire** [~ʃiə] *comté du Pays de Galles.*
Mont·re·al [mɔntriˈɔːl] Montréal *m* (*ville du Canada*).
Moore [muə] *sculpteur anglais.*
Mo·roc·co [məˈrɔkou] le Maroc *m*.
Mos·cow [ˈmɔskou] Moscou.
Mu·ri·el [ˈmjuəriəl] *prénom féminin.*
Mur·ray [ˈmʌri] *fleuve d'Australie.*
My·ra [ˈmaiərə] *prénom féminin.*

N

Nan·cy [ˈnænsi] Nanette *f*, Annette *f*.
Na·ples [ˈneiplz] Naples.
Na·tal [nəˈtæl] le Natal *m*.
Ne·bras·ka [niˈbræskə] *État des É.-U.*
Neil(l) [niːl] *prénom; nom de famille.*
Nell, Nel·ly [ˈnel(i)] *diminutif de Eleanor, Helen.*
Nel·son [ˈnelsn] *amiral britannique.*
Ne·pal [niˈpɔːl] le Népal *m*.
Neth·er·lands [ˈneðələndz] *pl.* les Pays-Bas *m/pl.*
Ne·vad·a [neˈvɑːdə] *État des É.-U.*
New Bruns·wick [njuːˈbrʌnzwik] *province du Canada.*
New·cas·tle [ˈnjuːkɑːsl] *ville et port d'Angleterre.*
New Del·hi [ˈnjuːˈdeli] *capitale de l'Inde.*
New Eng·land [ˈnjuːˈiŋglənd] la Nouvelle-Angleterre *f* (*États des É.-U.*).
New·found·land [njuːˈfaundlənd; *surt.* ⚓ njuːfəndˈlænd] Terre-Neuve *f* (*province du Canada*).
New Hamp·shire [njuːˈhæmpʃiə] *État des É.-U.*
New Jer·sey [njuːˈdʒəːzi] *État des É.-U.*
New Guin·ea [njuːˈgini] la Nouvelle-Guinée *f*.
New Mex·i·co [njuːˈmeksikou] le Nouveau-Mexique *m* (*État des É.-U.*).
New Or·le·ans [njuːˈɔːliənz] la Nouvelle-Orléans *f* (*ville des É.-U.*).
New·ton [ˈnjuːtn] *physicien et philosophe anglais.*
New York [ˈnjuːˈjɔːk] New York *f* (*ville des É.-U.*); New York *m* (*État des É.-U.*).
New Zea·land [njuːˈziːlənd] la Nouvelle-Zélande *f*.
Ni·ag·a·ra [naiˈægərə] *le* Niagara *m* (*rivière de l'Amérique du Nord, unissant les lacs Erie et Ontario*).
Nich·o·las [ˈnikələs] Nicolas *m*.
Ni·ger [ˈnaidʒə] *le* Niger *m*.
Ni·ge·ri·a [naiˈdʒiəriə] le (*ou* la) Nigeria *m(f)*.
Nile [nail] *le* Nil *m*.
Nix·on [ˈniksn] *37e président des É.-U.*
No·el [ˈnouəl] *prénom masculin.*
Nor·folk [ˈnɔːfək] *comté d'Angleterre; ville et port des É.-U.*
North·amp·ton [nɔːˈθæmptən] *ville d'Angleterre; a.* **Northˈamp·ton·shire** [~ʃiə] *comté d'Angleterre.*
North·ern Ire·land [nɔːðənˈaiələnd] *l'Irlande du Nord.*
North Sea [ˈnɔːθˈsiː] mer *f* du Nord.
North·um·ber·land [nɔːˈθʌmbələnd] *comté d'Angleterre.*
Nor·way [ˈnɔːwei] la Norvège *f*.
Not·ting·ham [ˈnɔtiŋəm] *ville d'Angleterre; a.* **Not·ting·ham·shire** [ˈ~ʃiə] *comté d'Angleterre.*
No·va Sco·tia [ˈnouvəˈskouʃə] la Nouvelle-Écosse *f* (*province du Canada*).

O

Oak Ridge [ˈoukˈridʒ] *ville des É.-U.; centre de recherches nucléaires.*
O'Ca·sey [ouˈkeisi] *dramaturge irlandais.*

O·ce·an·i·a [ouʃiˈeiniə] l'Océanie *f.*
O'Fla·her·ty [ouˈflæ(h)əti] *écrivain irlandais.*
O'Har·a [əuˈhɑːrə] *nom de famille.*
O.Hen·ry [əuˈhenri] *écrivain américain.*
O·hi·o [ouˈhaiou] *rivière des É.-U.; État des É.-U.*
O·kla·ho·ma [oukləˈhoumə] *État des É.-U.;* ~ *City capitale de l'Oklahoma (É.-U.).*
Ol·i·ver [ˈɔlivə] Olivier *m.*
O·liv·i·a [oˈliviə] Olivia *f*, Olivie *f.*
O·ma·ha [ˈouməhɑː] *ville des É.-U.*
O'Neill [ouˈniːl] *auteur américain.*
On·tar·i·o [ɔnˈtɛəriou] *province du Canada;* Lake ~ le lac *m* Ontario *(un des cinq grands lacs de l'Amérique du Nord).*
Or·ange [ˈɔrindʒ] *l'*Orange *m (fleuve de l'Afrique australe).*
Or·e·gon [ˈɔrigən] *État des É.-U.*
Ork·ney Is·lands [ˈɔːkniˈailəndz] *pl. les* Orcades *f/pl. (comté d'Écosse).*
Or·well [ˈɔːwəl] *auteur anglais.*
Os·borne [ˈɔzbən] *auteur anglais.*
Os·lo [ˈɔzlou] *capitale de la Norvège.*
Ost·end [ɔsˈtend] Ostende *f.*
O'Sul·li·van [əuˈsʌlivən] *nom de famille.*
Ot·ta·wa [ˈɔtəwə] *capitale du Canada.*
Ouse [uːz] *nom de deux rivières d'Angleterre.*
Ox·ford [ˈɔksfəd] *ville universitaire d'Angleterre; a.* **Ox·ford·shire** [ˈ~ʃiə] *comté d'Angleterre.*
O·zark Moun·tains [ˈouzɑːkˈmauntinz] *pl. les* Ozark *m/pl. (massif des É.-U.).*

P

Pa·cif·ic [pəˈsifik] *le* Pacifique *m.*
Pad·dy [ˈpædi] *diminutif de* Patrick; *sobriquet de l'Irlandais.*
Pak·i·stan [pɑːkisˈtɑːn] le Pakistan *m.*
Pall Mall [ˈpelˈmel] *rue des Londres.*
Palm Beach [ˈpɑːmˈbiːtʃ] *station balnéaire de la Floride (É.-U.).*
Pal·mer [ˈpɑː(l)mə] *nom de famille.*
Pan·a·ma [pænəˈmɑː, ˈpænəmɑː] le Panama *m.*
Par·a·guay [ˈpærəgwai] le Paraguay *m.*
Par·is [ˈpæris] Paris *m.*
Pa·tri·cia [pəˈtriʃə] *prénom féminin.*
Pat·rick [ˈpætrik] Patrice *m*, Patrick *m (patron de l'Irlande).*
Paul [pɔːl] Paul *m.*
Pau·line [pɔːˈliːn; ˈ~] Pauline *f.*
Pearl Har·bor [ˈpəːlˈhɑːbə] *port des îles Hawaii.*
Peg(·gy) [ˈpeg(i)] Margot *m.*
Pe·kin(g) [ˈpiːkin (~kiŋ)] Pékin.
Pem·broke(·shire) [ˈpembruk(ʃiə)] *comté du Pays de Galles.*
Penn·syl·va·nia [pensilˈveinjə] la Pennsylvanie *f (État des É.-U.).*
Per·cy [ˈpɔːsi] *prénom masculin.*
Pe·ru [pəˈruː] le Pérou *m.*
Pe·ter [ˈpiːtə] Pierre *m.*
Phil·a·del·phi·a [filəˈdelfjə] Philadelphie *f (ville des É.-U.).*
Phil·ip [ˈfilip] Philippe *m.*
Phil·ip·pines [ˈfilipiːnz] *pl. archipel de la mer de Chine.*
Phoe·be [ˈfiːbi] *prénom féminin.*
Phoe·nix [ˈfiːniks] *capitale de l'Arizona (É.-U).*
Pic·ca·dil·ly [pikəˈdili] *rue de Londres.*
Pierce [piəs] *prénom: nom de famille.*
Pin·ter [ˈpintə] *dramatiste anglais.*
Pitts·burgh [ˈpitsbəːg] *ville des É.-U.*
Pla·to [ˈpleitou] Platon *m (philosophe grec).*
Plym·outh [ˈpliməθ] *ville et port d'Angleterre; ville des É.-U.*
Poe [pou] *auteur américain.*
Po·land [ˈpoulənd] la Pologne *f.*
Poll [pɔl] Mariette *f*, Manon *f.*
Port·land [ˈpɔːtlənd] *ville et port des É.-U. (Maine); ville des É.-U. (Oregon).*
Ports·mouth [ˈpɔːtsməθ] *ville et port d'Angleterre.*
Por·tu·gal [ˈpɔːtugəl] le Portugal *m.*
Po·to·mac [pəˈtoumæk] *fleuve des É.-U.*
Pow·ell [ˈpauəl] *nom de famille; prénom.*
Prague [prɑːg] *capitale de la Tchécoslovaquie.*
Prus·sia [ˈprʌʃə] la Prussie *f.*
Pul·itz·er [ˈpulitsə] *journaliste américain.*
Pun·jab [pʌnˈdʒɑːb] le Pendjab *m.*
Pur·cell [ˈpəːsl] *compositeur anglais.*

Q

Que·bec [kwiˈbek] Québec *m (ville et province du Canada).*

Queens [kwi:nz] *quartier de New York.*
Quin·c(e)y [ˈkwinsi] *nom de famille; prénom.*

R

Ra·chel [ˈreitʃəl] Rachel *f.*
Rad·nor(·shire) [ˈrædnə(ʃiə)] *comté du Pays de Galles.*
Rae [rei] *prénom.*
Ra·leigh [ˈrɔ:li; ˈrɑ:li; ˈræli] *navigateur anglais; capitale de la Caroline du Nord (É.-U.).*
Ralph [reif; rælf] Raoul *m.*
Ra·wal·pin·di [rɔ:lˈpindi] *capitale du Pakistan.*
Ray [rei] *prénom.*
Ray·mond [ˈreimənd] Raymond *m.*
Read·ing [ˈrediŋ] *ville industrielle d'Angleterre; ville des É.-U.*
Rea·gan [ˈregən] *40ᵉ président des É.-U.*
Re·bec·ca [riˈbekə] Rébecca *f.*
Reg·i·nald [ˈredʒinld] Renaud *m.*
Rey·kja·vik [ˈreikjəvi:k] *capitale de l'Islande.*
Rhine [rain] *le* Rhin *m.*
Rhode Is·land [roudˈailənd] *État des É.-U.*
Rhodes [roudz] Rhodes *f.*
Rho·de·sia [rouˈdi:ziə] la Rhodésie *f.*
Rich·ard [ˈritʃəd] Richard *m.*
Rich·mond [ˈritʃmənd] *capitale de la Virginie (É.-U.); district de New York; faubourg de Londres.*
Rob·ert [ˈrɔbət] Robert *m.*
Rob·in [ˈrɔbin] *diminutif de Robert.*
Rock·e·fel·ler [ˈrɔkifelə] *industriel américain.*
Rock·y Moun·tains [ˈrɔkiˈmauntinz] *pl. les* (montagnes *f/pl.*) Rocheuses *f/pl.*
Rog·er [ˈrɔdʒə] Roger *m.*
Rome [roum] Rome *f.*
Roo·se·velt [*Am.* ˈrouzəvelt; *angl. usu.* ˈru:svelt] *nom de deux présidents des É.-U.*
Rud·yard [ˈrʌdjəd] *prénom masculin.*
Rug·by [ˈrʌgbi] *collège et ville d'Angleterre.*
Ru·ma·ni·a [ru:ˈmeinjə] la Roumanie *f.*
Rus·sel [rʌsl] *nom de famille anglais.*
Rus·sia [ˈrʌʃə] la Russie *f.*
Rut·land(·shire) [ˈrʌtlənd(ʃiə)] *comté de' Angleterre.*

S

Sac·ra·men·to [sækrəˈmentou] *capitale de la Californie (É.-U.).*
Salis·bur·y [ˈsɔ:lzbəri] *ville d'Angleterre.*
Sal·ly [ˈsæli] *diminutif de Sarah.*
Salt Lake Cit·y [ˈsɔ:ltˈleikˈsiti] *capitale de l'Utah (É.-U.).*
Sam [sæm] *diminutif de Samuel;* Uncle ~ *les États-Unis; sobriquet de l'Américain.*
Sam·u·el [ˈsæmjuəl] Samuel *m.*
San Fran·cis·co [sænfrənˈsiskou] *ville et port des É.-U.*
San Ma·ri·no [sænməˈri:nou] Saint-Marin *m.*
Sar·ah [ˈsɛərə] Sarah *f.*
Sas·katch·e·wan [səsˈkætʃiwən] *rivière et province du Canada.*
Sa·u·di A·ra·bi·a [sɑˈudiəˈreibjə] l'Arabie *f* Saoudite.
Say·ers [ˈseiəz] *femme écrivain anglaise.*
Scan·di·na·vi·a [skændiˈneivjə] la Scandinavie *f.*
Sche·nec·ta·dy [skiˈnektədi] *ville des É.-U.*
Scot·land [ˈskɔtlənd] l'Écosse *f;* ~ *Yard siège de la police londonienne.*
Sean [ʃɔ:n] Jean *m.*
Scott [skɔt] *nom de famille et prénom anglais; auteur anglais.*
Se·at·tle [siˈætl] *ville et port des É.-U.*
Sev·ern [ˈsevə:n] *fleuve d'Angleterre.*
Sey·mour [ˈsi:mɔ:, ˈseimɔ:] *prénom; nom de famille.*
Shake·speare [ˈʃeikspiə] *poète anglais.*
Shaw [ʃɔ:] *auteur anglo-irlandais.*
Shef·field [ˈʃefi:ld] *ville industrielle d'Angleterre.*
Shei·la [ˈʃi:lə] *prénom féminin.*
Shel·ley [ˈʃeli] *poète anglais.*
Shir·ley [ˈʃə:li] *prénom féminin.*
Sher·lock [ˈʃə:lɔk] *prénom masculin.*
Shet·land Is·lands [ˈʃetləndˈailəndz] *pl. les* îles *f/pl.* (de) Shetland (*comté d'Écosse*).
Shrop·shire [ˈʃrɔpʃiə] *comté d'Angleterre.*
Sib·yl [ˈsibil] Sibylle *f.*
Sic·i·ly [ˈsisili] la Sicile *f.*
Sid·ney [ˈsidni] *prénom et nom de famille anglais.*
Sin·clair [ˈsiŋklɛə] *prénom masculin; auteur américain.*

Sin·ga·pore [siŋgəˈpɔː] Singapour *f.*
Sing-Sing [ˈsiŋsiŋ] *prison de l'État de New York* (*É.-U.*).
Snow·don [ˈsnoudn] *montagne du Pays de Galles.*
So·fia [ˈsoufjə] Sofia, *capitale de la Bulgarie.*
Sol·o·mon [ˈsɔləmən] Salomon *m.*
Som·er·set(·shire) [ˈsʌməsit(ʃiə)] *comté d'Angleterre.*
So·phi·a [soˈfaiə], **So·phy** [ˈsoufi] Sophie *f.*
Sou·dan [suːˈdæn] *see* Sudan.
South·amp·ton [sauˈθæmtən] *ville et port d'Angleterre.*
South·wark [ˈsʌðək; ˈsauθwək] *quartier de Londres.*
Spain [spein] l'Espagne *f.*
Staf·ford(·shire) [ˈstæfəd(ʃiə)] *comté d'Angleterre.*
Stat·en Is·land [stætnˈailənd] *quartier de New York* (*situé dans une île*).
Stein·beck [ˈstainbek] *auteur américain.*
Ste·phen, Ste·ven [ˈstiːvn] Stéphan *m.*
Ste·ven·son [ˈstiːvnsn] *auteur anglais.*
Stew·art [ˈst(j)uːət] *prénom masculin; nom de famille.*
St. Law·rence [sntˈlɔːrəns] *le* Saint-Laurent *m.*
St. Lou·is [sntˈluːis] *ville des É.-U.*
Stock·holm [ˈstɔkhoum] Stockholm, *capitale de la Suède.*
Strat·ford on A·von [ˈstrætfədɔnˈeivən] *patrie de Shakespeare.*
Stu·art [ˈstjuət] *famille royale d'Écosse et d'Angleterre.*
Su·dan [su(ː)ˈdɑːn] le Soudan *m.*
Sue [sjuː, suː] Suzanne *f.*
Su·ez [ˈsuːiz] Suez *m.*
Suf·folk [ˈsʌfək] *comté d'Angleterre.*
Su·pe·ri·or [sjuːˈpiəriə]: Lake ~ le lac *m* Supérieur (*un des cinq grands lacs de l'Amérique du Nord*).
Sur·rey [ˈsʌri] *comté d'Angleterre.*
Su·san [ˈsuːzn] Suzanne *f.*
Sus·que·han·na [sʌskwəˈhænə] *fleuve des É.-U.*
Sus·sex [ˈsʌsiks] *comté d'Angleterre.*
Swan·sea [ˈswɔnzi] *ville et port du Pays de Galles.*
Swe·den [ˈswiːdn] la Suède *f.*
Swift [swift] *auteur irlandais.*
Swit·zer·land [ˈswitsələnd] la Suisse *f.*
Syd·ney [ˈsidni] *capitale de la Nouvelle-Galles du Sud* (*Australie*).
Synge [siŋ] *poète et dramaturge irlandais.*
Syr·i·a [ˈsiriə] la Syrie *f.*

T

Ta·hi·ti [tɑːˈhiːti] Tahiti *f.*
Tal·la·has·see [tæləˈhæsi] *capitale de la Floride* (*É.-U.*).
Tan·gier [tænˈdʒiə] Tanger *f.*
Tay·lor [ˈteilə] *nom de famille.*
Ted(·dy) [ˈted(i)] *diminutif de* Edward, Edmund, Theodore.
Ten·nes·see [teneˈsiː] *rivière des É.-U.; État des É.-U.*
Ten·ny·son [ˈtenisn] *poète anglais.*
Ter·ence [ˈterəns] *prénom masculin.*
Tex·as [ˈteksəs] *État des É.-U.*
Thack·er·ay [ˈθækəri] *auteur anglais.*
Thames [temz] *la* Tamise *f.*
The·o·dore [ˈθiədɔː] Théodore *m.*
The·re·sa [tiˈriːzə] Thérèse *f.*
Thom·as [ˈtɔməs] Thomas *m.*
Tho·reau [ˈθɔːrou] *philosophe américain.*
Ti·gris [ˈtaigris] *le* Tigre *m.*
Tim [tim] *diminutif de* Timothy.
Tim·o·thy [ˈtiməθi] Timothée *m.*
Ti·ra·na [tiˈrɑːnə] *capitale de l'Albanie.*
To·bi·as [təˈbaiəs] Tobie *m.*
To·by [ˈtoubi] *diminutif de* Tobias.
To·kyo [ˈtoukjou] Tokyo.
Tol·kien [ˈtɔlkiːn] *écrivain et philologue anglais.*
Tom(·my) [ˈtɔm(i)] *diminutif de* Thomas.
To·pe·ka [toˈpiːkə] *capitale du Kansas* (*É.-U.*).
To·ron·to [təˈrɔntou] *ville du Canada.*
Tow·er [ˈtauə]: the ~ of London la Tour de Londres.
Tra·fal·gar [trəˈfælgə] *cap de la côte d'Espagne.*
Trent [trent] *rivière d'Angleterre.*
Trol·lope [ˈtrɔləp] *auteur anglais.*
Tru·man [ˈtruːmən] *33ᵉ président des É.-U.*
Tu·dor [ˈtjuːdə] *famille royale anglaise.*
Tu·ni·si·a [tjuːˈniziə] la Tunisie *f.*
Tur·key [ˈtəːki] la Turquie *f.*
Twain [twein] *auteur américain.*

U

Ul·ster [ˈʌlstə] l'Ulster *m* (*province d'Irlande*).
U·nit·ed Ar·ab Re·pub·lic [juːˈnaitidˈærəbriˈpʌblik] République *f* arabe unie.
U·nit·ed States of A·mer·i·ca [juːˈnaitidˈsteitsəvəˈmerikə] *les* États-Unis *m/pl.* d'Amérique.
Up·dike [ˈʌpdaik] *écrivain américain.*
U·ri·ah [juəˈraiə] *prénom masculin.*
U·ru·guay [ˈurugwai] l'Uruguay *m.*
U·tah [ˈjuːtɑː] *État des É.-U.*

V

Val·en·tine [ˈvæləntain] Valentin *m*; Valentine *f.*
Van·cou·ver [vænˈkuːvə] *ville et port du Canada.*
Vat·i·can [ˈvætikən] *le* Vatican *m.*
Vaux·hall [ˈvɔksˈhɔːl] *district de Londres.*
Ven·e·zue·la [veneˈzweilə] le Venezuela *m.*
Ven·ice [ˈvenis] Venise *f.*
Ver·mont [vəːˈmɔnt] *État des É.-U.*
Ver·non [ˈvəːnən] *prénom masculin.*
Vic·to·ri·a [vikˈtɔːriə] Victoire *f.*
Vi·en·na [viˈenə] Vienne *f.*
Vir·gin·ia [vəˈdʒinjə] la Virginie *f* (*État des É.-U.*).
Vi·tus [ˈvaitəs] Guy *m*, Gui *m.*
Viv·i·an [ˈviviən] Vivien *m*; Vivienne *f.*

W

Wa·bash [ˈwɔːbæʃ] *rivière des É.-U.*
Wales [weilz] le Pays *m* de Galles.
Wal·lace [ˈwɔləs] *auteur anglais*; *auteur américain.*
Wall Street [ˈwɔːlstriːt] *rue de New York*; *siège de la Bourse.*
Wal·pole [ˈwɔːlpoul] *nom de deux écrivains anglais.*
Wal·ter [ˈwɔːltə] Gauthier *m.*
War·hol [ˈwɑːhɔːl, ˈwɑːhoul] *artiste pop américain.*
War·saw [ˈwɔːsɔː] Varsovie.
War·wick(·shire) [ˈwɔrik(ʃiə)] *comté d'Angleterre.*
Wash·ing·ton [ˈwɔʃiŋtən] *1er président des É.-U.*; *État des É.-U.*; *capitale et siège du gouvernement des É.-U.*
Wa·ter·loo [wɔːtəˈluː] *commune de Belgique.*
Watt [wɔt] *inventeur anglais.*
Waugh [wɔː] *écrivain anglais.*
Wayne [wein] *nom de famille*; *acteur américain.*
Wedg·wood [ˈwedʒwud] *céramiste anglais.*
Wel·ling·ton [ˈweliŋtən] *général et homme d'État anglais*; *capitale de la Nouvelle-Zélande.*
Wells [welz] *auteur anglais.*
West·min·ster [ˈwestminstə] *quartier de Londres, siège du parlement britannique.*
West·mor·land [ˈwestmələnd] *comté d'Angleterre.*
West Vir·gin·ia [ˈwestvəˈdʒinjə] la Virginie Occidentale *f* (*État des É.-U.*).
Whit·acker, Whit·a·ker [ˈwitəkə] *nom de famille.*
White·hall [ˈwaitˈhɔːl] *rue de Londres, quartier des Ministères.*
White House [ˈwaitˈhaus] *la* Maison-Blanche *f* (*résidence du président des É.-U. à Washington*).
Wight [wait]: Isle of ~ *île anglaise de la Manche.*
Wilde [waild] *écrivain et poète anglais.*
Will [wil], **Wil·liam** [ˈwiljəm] Guillaume *m.*
Wil·son [ˈwilsn] *homme politique britannique*; *28e président des É.-U.*
Wilt·shire [ˈwiltʃiə] *comté d'Angleterre.*
Wim·ble·don [ˈwimbldən] *faubourg de Londres* (*championnat international de tennis*).
Win·ni·peg [ˈwinipeg] *ville du Canada.*
Win·ston [ˈwinstən] *prénom masculin.*
Wis·con·sin [wisˈkɔnsin] *rivière des É.-U.*; *État des É.-U.*
Wolfe [wulf] *auteur américain.*
Wol·sey [ˈwulzi] *cardinal et homme d'État anglais.*
Woolf [wulf] *femme écrivain anglaise.*
Worces·ter [ˈwustə] *ville industrielle d'Angleterre et des É.-U.*; *a.* **Worces·ter·shire** [ˈ~ʃiə] *comté d'Angleterre.*
Words·worth [ˈwəːdzwə(ː)θ] *poète anglais.*
Wren [ren] *architecte anglais.*
Wright [rait] *nom de famille*; *nom de*

deux pionniers de l'aviation américains.

Wyc·lif(fe) [ˈwiklif] *réformateur religieux anglais.*

Wy·o·ming [waiˈoumiŋ] *État des É.-U.*

York [jɔːk] *ville d'Angleterre*; *a.* **York·shire** [ˈ~ʃiə] *comté d'Angleterre.*

Yo·sem·i·te [jouˈsemiti] *parc national des É.-U.*

Yu·go·sla·vi·a [ˈjuːgouˈslɑːviə] la Yougoslavie *f.*

Y

Yale U·ni·ver·si·ty [ˈjeiljuːniˈvəːsiti] *université américaine.*

Yeats [jeits] *poète irlandais.*

Yel·low·stone [ˈjeloustoun] *rivière des É.-U.*; *parc national.*

Yem·en [ˈjemən] *le* Yémen *m.*

Z

Zach·a·ri·ah [zækəˈraiə], **Zach·a·ry** [ˈzækəri] Zacharie *m.*

Zam·be·zi [zæmˈbiːzi] *le* Zambèze *m.*

Zim·ba·bwe [zimˈbɑːbwi] Zimbabwe *m.*

Zoe [ˈzoui] Zoë *f.*

Common British and American Abbreviations

Abréviations usuelles, britanniques et américaines

A

a *acre* acre *f*.

A.A. *anti-aircraft* A.A., antiaérien; *Brit. Automobile Association* Automobile Club *m*; Alcoholics Anonymous.

A.A.A. *Brit. Amateur Athletic Association* Association *f* d'athlétisme amateur; *Am. American Automobile Association* Automobile Club *m* américaine.

A.B. *able-bodied seaman* matelot *m* (de deuxième classe); *see B.A.*

abbr. *abbreviated* abrégé; *abbreviation* abréviation *f*.

abr. *abridged* abrégé; *abridg(e)ment* abrégé *m*; réduction *f*.

A.B.C. *American Broadcasting Company* radiodiffusion-télévision *f* américaine.

A.B.M. *anti-ballistic missile* missile *m* anti-balistique.

a/c *account (current)* C.C., compte *m* (courant).

A.C. *alternating current* C.A., courant *m* alternatif.

acc(t). *account* compte *m*, note *f*.

A.D. *Anno Domini* (*latin = in the year of our Lord*) après J.-C., en l'an du Seigneur *ou* de grâce.

A.D.A. *Brit. Atom Development Administration* Commission *f* pour le développement de l'énergie atomique.

Adm. *Admiral* amiral *m*; *admiralty* amirauté *f*.

advt. *advertisement* annonce *f*.

AEC *Atomic Energy Commission* CEA, Commission *f* de l'énergie atomique.

A.E.F. *American Expeditionary Forces* corps *m* expéditionnaire américain.

AFL-CIO *American Federation of Labor & Congress of Industrial Organizations* (*fédération américaine du travail*).

A.F.N. *American Forces Network* (*radiodiffusion-télévison des forces armées américaines*).

AIDS *acquired immunity deficiency syndrome* S.I.D.A., syndrome *m* immuno-déficitaire acquis.

Ala. *Alabama* (*État des É.-U.*).

Alas. *Alaska* (*État des É.-U.*).

Am. *America* Amérique *f*; *American* américain.

a.m. *ante meridiem* (*latin = before noon*) avant midi.

A.M. *amplitude modulation* modulation *f* d'amplitude; *see M.A.*

A/P *account purchase* achat *m* porté sur un compte courant.

A.P. *Associated Press* (*agence d'informations américaine*).

A.P.O. *Am. Army Post Office* poste *f* aux armées.

A.R.C. *American Red Cross* Croix-Rouge *f* américaine.

Ariz. *Arizona* (*État des É.-U.*).

Ark. *Arkansas* (*État des É.-U*).

A.R.P. *air-raid precautions* D.A., défense *f* aérienne.

arr. *arrival* arrivée *f*.

A/S *account sales* compte *m* de vente.

ASA *American Standards Association* association *f* américaine de normalisation.

av. *average* moyenne *f*; avaries *f/pl*.

avdp. *avoirdupois* poids *m* du commerce.

A.W.O.L. *Am. absent without leave* absent sans permission.

B

b. *born* né(e *f*).
BA *British Airways* (*compagnie aérienne britannique*).
B.A. *Bachelor of Arts* (*approx.*) L. ès L., licencié(e *f*) *m* ès lettres.
B.A.O.R. *British Army of the Rhine* armée *f* britannique du Rhin.
Bart. *Baronet* Baronet *m* (*titre de noblesse*).
B.B.C. *British Broadcasting Corporation* radiodiffusion-télévision *f* britannique.
bbl. *barrel* tonneau *m*.
B.C. *before Christ* av. J.-C., avant Jésus-Christ.
B.D. *Bachelor of Divinity* (*approx.*) licencié(e *f*) *m* en théologie.
B.E. *Bachelor of Education* (*approx.*) licencié(e *f*) *m* en pédagogie; *Bachelor of Engineering* (*approx.*) ingénieur *m* diplômé.
B/E *Bill of Exchange* lettre *f* de change.
B.E.A. *British European Airways* (*compagnie aérienne britannique*).
Beds. *Bedfordshire* (*comté d'Angleterre*).
Benelux ['beneˡl ks] *Belgium, Netherlands, Luxemburg* Bénélux *m*, Belgique-Nederland-Luxembourg.
Berks. *Berkshire* (*comté d'Angleterre*).
b/f *brought forward* à reporter; report *m*.
B.F.A. *British Football Association* association *f* britannique du football.
B.F.N. *British Forces Network* (*radiodiffusion-télévision des forces armées britanniques*).
bl. *barrel* tonneau *m*.
B.L. *Bachelor of Law* (*approx.*) bachelier (-ère *f*) *m* en droit.
B/L *bill of lading* connaissement *m* (maritime).
bls. *bales* balles *f/pl.*, ballots *m/pl.*; *barrels* tonneaux *m/pl.*
B.M. *Bachelor of Medicine* (*approx.*) bachelier (-ère *f*) *m* en médecine.
B.M.A. *British Medical Association* association *f* médicale britannique.
B/O *Branch Office* filiale *f*.
B.O.A.C. *British Overseas Airways Corporation* (*compagnie aérienne britannique*).
bot. *bought* acheté; *bottle* bouteille *f*.
B.O.T. *Brit. Board of Trade* Ministère *m* du Commerce.
B.R. *British Railways* (*réseau national du chemin de fer britannique*).
B/R *bills receivable* effets *m/pl.* à recevoir.
B.R.C.S. *British Red Cross Society* Croix-Rouge *f* britannique.
Br(it). *Britain* la Grande-Bretagne *f*; *British* britannique.
Bros. *brothers* frères *m/pl.* (*dans un nom de société*).
B/S *bill of sale* acte *m* (*ou* contrat *m*) de vente; *Am.* facture *f*; bulletin *m* de livraison.
B.Sc. *Bachelor of Science* (*approx.*) L. ès Sc., licencié(e *f*) *m* ès sciences naturelles.
B.Sc.Econ. *Bachelor of Economic Science* (*approx.*) licencié(e *f*) *m* en économie politique.
bsh., bu. *bushel* boisseau *m*.
Bucks. *Buckinghamshire* (*comté d'Angleterre*).
B.U.P. *British United Press* (*agence d'informations britannique*).
bus(h). *bushel(s)* boisseau(x *pl.*) *m*.

C

c. *cent(s)* cent(s *pl.*) *m*; *circa* environ; *cubic* cubique, au cube; *century* siècle *m*.
C. *thermomètre*: *Celsius, centigrade* C, Celsius, cgr, centigrade.
C.A. *Brit. chartered accountant* expert *m* comptable.
C/A *current account* C.C., compte *m* courant.
c.a.d. *cash against documents* paiement *m* contre documents.
Cal(if). *California* (*État des É.-U*).
Cambs. *Cambridgeshire* (*comté d'Angleterre*).
Can. *Canada* Canada *m*; *Canadian* canadien.
Capt. *Captain* capitaine *m*.
C.B. (*a.* **C/B**) *cash book* livre *m* de caisse; *Companion of the Bath* Compagnon *m* de l'ordre du Bain; *Confinement to barracks* consigné au quartier.
C.B.C. *Canadian Broadcasting Corporation* radiodiffusion-télévision *f* canadienne.
C.B.I. *Confederation of British Industry* confédération *f* des industries britanniques.
C.C. *Brit. County Council* Conseil *m* de

Comté; *continuous current* C.C., courant *m* continu.
C.E. *Church of England* Église *f* Anglicane; *Civil Engineer* ingénieur *m* civil.
cert. *certificate* certificat *m*.
CET *Central European Time* H.E.C., heure *f* de l'Europe Centrale.
cf. *confer* Cf., conférez.
ch. *chain* (*approx.*) double décamètre *m*; *chapter* chapitre *m*.
Ches. *Cheshire* (*comté d'Angleterre*).
CIA *Am. Central Intelligence Agency* S.C.E., service *m* contre-espionnage.
C.I.D. *Brit. Criminal Investigation Department* (*police judiciaire*).
c.i.f. *cost, insurance, freight* C.A.F., coût, assurance, fret.
C. in C., CINC *Commander-in-Chief* commandant *m* en chef.
cl. *class* classe *f*.
Co. *Company* compagnie *f*, société *f*; *county* comté *m*.
C.O. *Commanding Officer* officier *m* commandant.
c/o *care of* aux bons soins de, chez.
C.O.D., c.o.d. *cash* (*Am. a. collect*) *on delivery* RB, (envoi *m*) contre remboursement.
Col. *Colorado* (*État des É.-U.*); *Colonel* Col., colonel *m*.
Colo. *Colorado* (*État des É.-U.*).
Conn. *Connecticut* (*État des É.-U.*).
Cons. *Conservative* conservateur *m*.
Corn. *Cornwall* (*comté d'Angleterre*).
Corp. *corporation* compagnie *f* (commerciale); *Corporal* caporal *m*.
cp. *compare* comparer.
C.P. *Canadian Press* (*agence d'informations canadienne*).
C.P.A. *Am. Certified Public Accountant* expert *m* comptable.
ct(s). *cent(s)* cent(s *pl.*) *m*.
cu(b). *cubic* cubique, au cube.
Cum(b). *Cumberland* (*comté d'Angleterre*).
c.w.o. *cash with order* payable à la commande.
cwt. *hundredweight* quintal *m*.

D

d. *penny, pence* (*pièce de monnaie britannique*); *died* m., mort.
D.A. *deposit account* compte *m* de dépôts; *Am. District Attorney approx.* procureur *m* de la République.
D.A.R. *Am. Daughters of the American Revolution* Filles *f/pl.* de la révolution américaine (*union patriotique féminine*).
D.B. *Day Book* (livre *m*) journal *m*.
D.C. *direct current* courant *m* continu; *District of Columbia* (*district fédéral des É.-U., capitale Washington*).
D.C.L. *Doctor of Civil Law* Docteur *m* en droit civil.
d-d *damned* s..., sacré ...!
D.D. *Doctor of Divinity* Docteur *m* en théologie.
DDD *Am. direct distance dialing* service *m* automatique interurbain.
DDT *dichloro-diphenyl-trichloroethane* D.D.T., dichlorodiphényltrichloréthane *m* (*insecticide*).
dec. *deceased* déc(édé).
Del. *Delaware* (*État des É.-U.*).
dep. *departure* depart *m*.
dept. *department* dép., département *m*.
Derby. *Derbyshire* (*comté d'Angleterre*).
Devon. *Devonshire* (*comté d'Angleterre*).
dft. *draft* traite *f*.
disc. *discount* escompte *m*.
div. *dividend* div., dividende *m*.
D.I.Y. *do-it-yourself* de bricolage (*magasin etc.*).
D.J. *disc jockey*.
do. *ditto* do., dito.
doc. *document* document *m*.
Dors. *Dorsetshire* (*comté d'Angleterre*).
doz. *dozen(s)* Dzne, douzaine(s *pl.*) *f*.
d/p *documents against payment* documents *m/pl.* contre paiement.
dpt. *department* dép., département *m*.
dr. *dra(ch)m* (*poids*); *drawer* tireur *m*.
Dr. *Doctor* D^r^., docteur *m*; *debtor* débiteur *m*.
d.s., d/s *days after sight traite*: jours *m/pl.* de vue.
Dur(h). *Durhamshire* (*comté d'Angleterre*).
dwt. *pennyweight* (*poids*).
dz. *dozen(s)* Dzne, douzain(s *pl.*) *f*.

E

E. *east* E., est *m*; *eastern* (de l')est; *English* anglais.
E. & O.E. *errors and omissions excepted* S.E. ou O., sauf erreur ou omission.

E.C. *East Central* (*district postal de Londres*).

ECE *Economic Commission for Europe* CEE, Commission *f* économique pour l'Europe.

ECOSOC *Economic and Social Council* CES, Conseil *m* Économique et Social.

ECSC *European Coal and Steel Community* CECA, Communauté *f* européenne du charbon et de l'acier.

Ed., ed. *edition* édition *f*; *editor* éditeur *m*.

EDP *electronic data processing* informatique *f*.

EE., E./E. *errors excepted* sauf erreur.

EEC *European Economic Community* CEE, Communauté *f* économique européenne.

EFTA *European Free Trade Association* AELE, Association *f* européenne de libre échange.

e.g. *exempli gratia* (*latin* = *for instance*) p.ex., par exemple.

EMA *European Monetary Agreement* A.M.E., Accord *m* monétaire européen.

enc(l). *enclosure*(s) pièce(s *pl.*) *f* jointe(s).

Eng(l). *England* l'Angleterre *f*; *English* anglais.

EPU *European Payments Union* UEP, Union *f* européenne de paiements.

Esq. *Esquire* Monsieur *m* (*titre de politesse*).

ESRO *European Space-Research Organization* Organisation *f* européenne de recherches spatiales.

Ess. *Essex* (*comté d'Angleterre*).

E.T.A. *estimated time of arrival* heure *f* probable d'arrivée.

etc., &c. *et cetera, and so on* etc., et cætera, et ainsi de suite.

E.T.D. *estimated time of departure* heure *f* probable de départ.

EUCOM *Am. European Command* commandement *m* des troupes en Europe.

EURATOM *European Atomic Energy Community* EURATOM, Communauté *f* européenne de l'énergie atomique.

exam. *examination* examen *m*.

excl. *exclusive, excluding* non compris.

ex div. *ex dividend* ex D., ex-dividende.

ex int. *ex interest* sans intérêt.

F

f. *fathom* brasse *f*; *feminine* f., féminin; *foot* (*feet*) pied(s *pl.*) *m*; *following* suivant.

F. *thermomètre*: *Fahrenheit* F, Fahrenheit; *Fellow* agrégé(e *f*) *m*, membre *m* (*d'une société savante*).

F.A. *Football Association* Association *f* du football.

f.a.a. *free of all average* franc de toute avarie.

Fahr. *thermomètre*: *Fahrenheit* F, Fahrenheit.

FAO *Food and Agriculture Organization* OAA, Organisation *f* pour l'alimentation et l'agriculture.

f.a.s. *free alongside ship* F.A.S., franco à quai.

FBI *Federal Bureau of Investigation* (*service du département de la Justice des É.-U. qui est à la charge de la police fédérale*).

F.B.I. *Federation of British Industries* féderation *f* des industries britanniques.

F.C.C. *Am. Federal Communications Commission* Comité *m* fédéral des communications.

fig. *figure*(s) figure(s) *f*/(*pl.*).

Fla. *Florida* (*État des É.-U.*).

fm. *fathom* brasse *f*.

F.M. *frequency modulation* F.M., fréquence *f* modulée, modulation *f* de fréquence.

F.O. *Foreign Office* Ministère *m* britannique des Affaires étrangères.

f.o.b. *free on board* F.A.B., franco à bord.

fo(l). *folio* folio *m*, feuillet *m*.

f.o.q. *free on quay* F.O.Q., franco à quai.

f.o.r. *free on rail* F.O.R., franco sur rail.

f.o.t. *free on truck* F.O.T., franco en wagon.

f.o.w. *free on waggon* F.O.W., franco en wagon.

F.P. *fire-plug* bouche *f* d'incendie; *freezing point* point *m* de congélation.

fr. *franc*(s) franc(s) *m*/(*pl.*).

Fr. *France* la France *f*; *French* français.

Fri. *Friday* vendredi *m*.

ft. *foot* (*feet*) pied(s *pl.*) *m*.

FTC *Am. Federal Trade Commission* commission *f* du commerce fédéral.

fur. *furlong* (*mesure*).

G

g. *gauge* mesure-étalon *f*; 🚂 écartement *m*; *gramme* gr., gramme *m*; *guinea* guinée *f* (*unité monétaire anglaise*); *grain* grain *m* (*poids*).

G *Am. cin. general audiences* pour tout le monde.

Ga. *Georgia* (*État des É.-U.*).

G.A. *General Agent* agent *m* d'affaires; *General Assembly* assemblée *f* générale.

gal. *gallon* gallon *m*.

GATT *General Agreement on Tariffs and Trade* Accord *m* Général sur les Tarifs Douaniers et le Commerce.

G.B. *Great Britain* la Grande-Bretagne *f*.

G.B.S. *George Bernard Shaw*.

G.C.B. (*Knight*) *Grand Cross of the Bath* (Chevalier *m*) Grand-croix *f* de l'ordre du Bain.

GCE *Brit. General Certificate of Education* Certificat *m* général d'éducation.

GDR *German Democratic Republic* RDA, République *f* démocratique allemande.

gen. *generally* généralement.

Gen. *General* Gal, général *m*.

GFR *German Federal Republic* RFA, République *f* fédérale d'Allemagne.

gi. *gill* gill *m*.

G.I. *government issue* fourni par le gouvernement; *fig. le* soldat américain.

gl. *gill* gill *m*.

G.L.C. *Greater London Council* (*conseil municipal de Londres*).

Glos. *Gloucestershire* (*comté d'Angleterre*).

G.M.T. *Greenwich mean time* T.U., temps universel.

GNP *gross national product* PNB, produit *m* national brut.

gns. *guineas* guinées *f/pl.* (*unité monétaire anglaise*).

G.O.P. *Am. Grand Old Party* (*le parti républicain*).

Gov(t). *Government* gouvernement *m*.

G.P. *general practitioner* médecin *m* de médecine générale.

G.P.O. *General Post Office* bureau *m* central des postes.

gr. *grain* grain *m* (*poids*); *gross* brut; grosse *f*.

gr.wt. *gross weight* poids *m* brut.

gs. *guineas* guinées *f/pl.* (*unité monétaire anglaise*).

Gt.Br. *Great Britain* la Grande-Bretagne *f*.

guar. *guaranteed* avec garantie.

H

h. *hour(s)* h., heure(s *pl.*) *f*.

Hants. *Hampshire* (*comté d'Angleterre*).

H.B.M. *His* (*Her*) *Britannic Majesty* Sa Majesté *f* britannique.

H.C. *House of Commons* Chambre *f* des Communes.

H.C.J. *Brit. High Court of Justice* Haute Cour *f* de Justice.

H.E. *high explosive* explosif *m* puissant; très explosif; *His Excellency* Son Excellence *f*.

Heref. *Herefordshire* (*comté d'Angleterre*).

Herts. *Hertfordshire* (*comté d'Angleterre*).

hf. *half* demi.

H.F. *high frequency* H.F., haute fréquence *f*.

HGV *Brit. heavy goods vehicle* poids lourds *m*.

hhd. *hogshead* fût *m*.

H.I. *Hawaiian Islands les* Hawaii *f/pl.* (*État des É.-U.*).

H.L. *House of Lords* Chambre *f* des Lords.

H.M. *His* (*Her*) *Majesty* S.M., Sa Majesté *f*.

H.M.S. *His* (*Her*) *Majesty's Service* service *m* de Sa Majesté (*marque des administrations nationales, surt. pour la franchise postale*); *His* (*Her*) *Majesty's Ship* le navire *m* de guerre ...

H.O. *Head Office* bureau *m or* siège *m* central, agence *f* centrale; *Home Office* Ministère *m* britannique de l'Intérieur.

Hon. *Honorary* honoraire; *Honourable* l'honorable (*titre de politesse ou de noblesse*).

H.P., h.p. *horse-power* ch, c.v., cheval-vapeur *m*; *high pressure* haute pression *f*; *hire purchase* achat *m or* vente *f* à tempérament.

H.Q., Hq. *Headquarters* quartier *m* général, état-major *m*.

H.R. *Am. House of Representatives* Chambre *f* des Représentants.

H.R.H. *His (Her) Royal Highness* S.A.R., Son Altesse *f* Royale.
hrs. *hours* heures *f/pl.*
H.T., h.t. *high tension* haute tension *f.*
ht *height* hauteur *f.*
Hunts. *Huntingdonshire* (*comté d'Angleterre*).

I

I. *Island*, *Isle* île *f*; *Idaho* (*État des É.-U.*).
Ia. *Iowa* (*État des É.-U.*).
IAAF *International Amateur Athletic Federation* FIAA, Fédération *f* internationale d'athlétisme amateur.
IATA *International Air Transport Association* Association *f* internationale des transports aériens.
I.B. *Invoice Book* livre *m* des achats.
ib(id). *ibidem* (*latin* = *in the same place*) ibid., ibidem.
IC *integrated circuit* circuit *m* intégré.
ICAO *International Civil Aviation Organization* OACI, Organisation *f* de l'aviation civile internationale.
I.C.B.M. *intercontinental ballistic missile* missile *m* balistique intercontinental.
ICFTU *International Confederation of Free Trade Unions* CISL, Confédération *f* internationale des syndicats libres.
ICPO *International Criminal Police Organization* OIPC, INTERPOL, Organisation *f* internationale de police criminelle.
ICRC *International Committee of the Red Cross* CICR, Comité *m* international de la Croix-Rouge.
id. *idem* (*latin* = *the same author ou word*) id., idem.
I.D. *Intelligence Department* service *m* des renseignements.
Id(a). *Idaho* (*État des É.-U.*).
ID card *identification or identity card* carte *f* d'identité.
i.e. *id est* (*latin* = *that is to say*) c.-à-d., c'est-à-dire.
IFT *International Federation of Translators* FIT, Fédération *f* internationale des traducteurs.
I.H.P., i.h.p. *indicated horse-power* chevaux *m/pl.* indiqués.
Ill. *Illinois* (*État des É.-U.*).
ILO *International Labo(u)r Organization* OIT, Organisation *f* internationale du travail.
IMF *International Monetary Fund* FMI, Fonds *m* monétaire international.
in. *inch*(*es*) pouce(s *pl.*) *m.*
Inc. *Incorporated* associés *m/pl.* (*après un nom de société*), *Am.* S.A., société *f* anonyme; *inclosure* pièce *f* jointe.
incl. *inclusive*, *including* inclusivement; y compris; ... compris.
incog. *incognito* incognito.
Ind. *Indiana* (*État des É.-U.*).
ins. *inches* pouces *m/pl.*
I.N.S. *International News Service* agence *f* d'informations internationale.
inst. *instant* c[t], courant, de ce mois.
IOC *International Olympic Committee* CIO, Comité *m* international olympique.
I.of.M. *Isle of Man* (*île anglaise*).
I.of.W. *Isle of Wight* (*île anglaise*).
I.O.U. *I owe you* reconnaissance *f* de dette.
IPA *International Phonetic Association* API, Association *f* phonétique internationale.
I.Q. *intelligence quotient* quotient *m* intellectuel.
Ir. *Ireland* l'Irlande *f*; *Irish* irlandais.
I.R.A. *Irish Republican Army* Armée *f* républicaine d'Irlande.
IRC *International Red Cross* CRI, Croix-Rouge *f* internationale.
IRO *International Refugee Organization* OIR, Organisation *f* internationale pour les refugiés.
ISBN *international standard book number* ISBN.
ISO *International Organization for Standardization* OIN, Organisation *f* internationale de normalisation.
ITO *International Trade Organization* OIC, Organisation *f* internationale du commerce.
IUS *International Union of Students* UIE, Union *f* internationale des étudiants.
IUSY *International Union of Socialist Youth* UIJS, Union *f* internationale de la jeunesse socialiste.
IVS(P.) *International Voluntary Service* (*for peace*) SCI, Service *m* civil international (pour la paix).
I.W.W. *Industrial Workers of the World* Confédération *f* mondiale des ouvriers industriels.
IYHF *International Youth Hostel Fede-*

ration FIAJ, Fédération *f* internationale des auberges de la jeunesse.

J

J. *judge* juge *m*; *justice* justice *f*; juge *m*.
J.C. *Jesus Christ* J.-C., Jésus-Christ.
J.I.B. *Brit. Joint Intelligence Bureau* (*service de renseignements et de sécurité*).
J.P. *Justice of the Peace* juge *m* de paix.
Jr. *junior* (*latin = the younger*) cadet; fils; jeune.
Jun(r). *junior* (*latin = the younger*) cadet; fils.

K

Kan(s). *Kansas* (*État des É.-U.*).
K.C. *Knight Commander* Chevalier *m* Commandeur; *Brit. King's Counsel* conseiller *m* du Roi (*approx. avocat général*).
K.C.B. *Knight Commander of the Bath* Chevalier *m* Commandeur de l'ordre du Bain.
kg. *kilogramme* kg, kilogramme *m*.
K.G.B. *Russian secret police* (*police secrète russe*).
K.K.K. *Ku Klux Klan* (*association secrète de l'Amérique du Nord hostile aux Noirs*).
km. *kilometre* km, kilomètre *m*.
k.o., KO *knock*(*ed*) *out* K.-O., knock-out.
k.v. *kilovolt* kV, kilovolt *m*.
k.w. *kilowatt* kW, kilowatt *m*.
Ky. *Kentucky* (*État des É.-U.*).

L

l. *left* gauche; *line* ligne *f*; vers *m*; *link* (*mesure*); *litre* l, litre *m*.
£ *pound sterling* livre *f* sterling (*unité monétaire britannique*).
La. *Louisiana* (*État des É.-U.*).
LA *Los Angeles* (*ville des É.-U.*).
Lancs. *Lancashire* (*comté d'Angleterre*).
lat. *latitude* lat., latitude *f*.
lb. *pound* livre *f* (*poids*).
L.C. *letter of credit* lettre *f* de crédit.
l.c. *loco citato* (*latin = at the place cited*) loc. cit., loco citato.
L.C.J. *Lord Chief Justice* président *m* du Tribunal du Banc de la Reine.
Leics. *Leicestershire* (*comté d'Angleterre*).
Lincs. *Lincolnshire* (*comté d'Angleterre*).
ll. *lines* v.v., vers *m/pl.*, ll., lignes *f/pl.*
LL.D. *legum doctor* (*latin = Doctor of Laws*) Docteur *m* en Droit.
LMT *local mean time* heure *f* locale.
loc.cit. *loco citato* (*latin = at the place cited*) loc. cit., loco citato.
L of N *League of Nations* SDN, Société *f* des Nations.
lon(g). *longitude* longitude *f*.
l.p. *low pressure* BP, basse pression *f*.
L.P. *Labour Party* Parti *m* Travailliste.
LP *long-playing record, long-player* (disque *m*) microsillon *m*.
LSD *lysergic acid diethylamide* diéthylamide *m* de l'acide lysergique (*hallucinogène*).
L.S.S. *Life Saving Service* service *m* américain de sauvetage.
Lt. *Lieutenant* Lt, Lieut., lieutenant *m*.
L.T., l.t. *low tension* BT, basse tension *f*.
Lt.-Col. *Lieutenant-Colonel* Lt-Col., lieutenant-colonel *m*.
Ltd. *limited* à responsabilité limitée (*après un nom de société*).
Lt.-Gen. *Lieutenant-General* général *m* de corps d'armée.

M

m *minim* (*mesure*).
m. *masculin* m., masculin; *metre* m, mètre *m*; *mile* mille *m*; *minute* mn, minute *f*.
M.A. *Master of Arts* Maître *m* ès Arts; diplômé(e *f*) *m* d'études supérieures.
Maj. *Major* commandant *m*.
Maj.-Gen. *Major-General* général *m* de brigade.
Man. *Manitoba* (*État des É.-U.*).
Mass. *Massachusetts* (*État des É.-U.*).
M.C. *Master of Ceremonies* maître *m* des cérémonies; *Am. Member of Congress* membre *m* du Congrès.
MCH *Maternal and Child Health* PMI, Protection *f* maternelle et infantile.
M.D. *medicinae doctor* (*latin = Doctor of Medicine*) Docteur *m* en Médecine; *Managing Director* Président *m* directeur général.
Md. *Maryland* (*État des É.-U.*).
Me. *Maine* (*État des É.-U.*).
mg. *milligramme* mg, milligramme *m*.

mi. *mile* mille *m.*
MI 5 (6) *Military Intelligence, section five (six)* (*service contre-espionnage*).
Mich. *Michigan* (*État des É.-U.*).
min. *minute(s)* mn, minute(s) *f*/(*pl.*); *minimum* minimum *m.*
Minn. *Minnesota* (*État des É.-U.*).
Miss. *Mississippi* (*État des É.-U.*).
mm. *millimetre* mm, millimètre *m.*
Mo. *Missouri* (*État des É.-U.*).
M.O. *money order* mandat-poste *m*; *mail order* achat *m or* vente *f* par correspondence.
Mon. *Monday* lundi *m.*
Mont. *Montana* (*État des É.-U.*).
MP, M.P. *Member of Parliament* membre *m* de la Chambre des Communes; *Military Police* P.M., police *f* militaire.
m.p.g. *miles per gallon approx.* litres au cent (kilomètres).
m.p.h. *miles per hour* milles *m*/*pl.* à l'heure (*vitesse horaire*).
Mr. *Mister* M., Monsieur *m.*
Mrs. *Mistress* Mme, Madame *f.*
MS. *manuscript* ms, manuscrit *m.*
Ms. [miz] = *Miss or Mrs.* Madame.
M.S. *motorship* M/S, navire *m* à moteur Diesel.
MSA *Mutual Security Agency* organisation *f* américaine de sécurité mutuelle.
MSS *manuscripts* mss, manuscrits *m*/*pl.*
mt. *megaton* mégatonne *f.*
Mt. *Mount* mont *m.*

N

N. *north* N., nord *m*; *northern* (du) nord.
N.A.A.F.I. *Navy, Army and Air Force Institutes* (*cantines organisées à l'intention des troupes britanniques*).
NASA *Am. National Aeronautics and Space Administration* administration *f* des questions aéronautiques et spatiales.
NATO *North Atlantic Treaty Organization* OTAN, Organisation *f* du traité de l'Atlantique Nord.
n.b., N.B. *nota bene* (*latin = note well*) N.B., notez bien.
N.B.C. *National Broadcasting Corporation* (*radiodiffusion-télévision américaine*).
N.C. *North Carolina* (*État des É.-U.*).
N.C.B. *Brit. National Coal Board* Office *m* national du charbon.
n.d. *no date* s.d., sans date.
N.D(ak). *North Dakota* (*État des É.-U.*).
N.E. *northeast* N.E., nord-est *m*; *northeastern* (du) nord-est.
Neb(r). *Nebraska* (*État des É.-U.*).
Nev. *Nevada* (*État des É.-U.*).
N.F., n/f. *no funds* défaut *m* de provision.
N.H. *New Hampshire* (*État des É.-U.*).
N.H.S. *Brit. National Health Service* (*service de santé national*; *sécurité sociale*).
N.J. *New Jersey* (*État des É.-U.*).
N.M(ex). *New Mexico* (*État des É.-U.*).
No. (*a.* **no.**) *numero* N°, n°, numéro *m*; *number* nombre *m*; *north* N., nord *m.*
Norf. *Norfolk* (*comté d'Angleterre*).
Northants. *Northamptonshire* (*comté d'Angleterre*).
Northumb. *Northumberland* (*comté d'Angleterre*).
Notts. *Nottinghamshire* (*comté d'Angleterre*).
n.p. or d. *no place or date* s.l.n.d., sans lieu ni date.
N.S.P.C.A. *Brit. National Society for the Prevention of Cruelty to animals* S.P.A., Société *f* protectrice des animaux.
N.S.P.C.C. *National Society for the Prevention of Cruelty to Children* Société *f* nationale protectrice des enfants.
Nt.wt. *net weight* poids *m* net.
N.U.M. *Brit. National Union of Mineworkers* Syndicat *m* national des mineurs.
N.W. *northwest* N.O., N.W., nord-ouest; *northwestern* (du) nordouest.
N.Y. *New York* (*État des É.-U.*).
N.Y.C. *New York City* ville *f* de New York.
N.Z. *New Zealand* la Nouvelle-Zélande *f.*

O

O. *Ohio* (*État des É.-U.*); *order* ordre *m.*
o/a *on account* P.C., Pour-compte.
OAP *old-age-pensioner* retraité(e *f*) *m.*
O.A.S. *Organization of American States* O.E.A., Organisation *f* des États américains.
ob. *obiit* (*latin = died*) décédé.

OECD *Organization for Economic Co-operation and Development* OCED, Organisation *f* de coopération économique et de développement.

OEEC *Organization for European Economic Cooperation* OECE, Organisation *f* européenne de coopération économique.

O.H. *on hand* en magasin.

O.H.M.S. *On His (Her) Majesty's Service* (pour le) service *m* de Sa Majesté (*marque des administrations nationales, surt. pour la franchise postale*).

O.K. (*peut-être de*) *all correct* très bien, d'accord.

Okla. *Oklahoma* (*État des É.-U.*).

O.N.A. *Overseas News Agency* (*agence d'informations américaine*).

O.N.S. *Overseas News Service* (*agence d'informations britannique*).

OPEC *Organization of Petroleum Exporting Countries* OPEP, Organisation *f* des pays exportateurs de pétrole.

o.r. *owner's risk* aux risques et périls du propriétaire.

Ore(g). *Oregon* (*État des É.-U.*).

Oxon. *Oxfordshire* (*comté d'Angleterre*).

oz. *ounce(s)* once(s *pl.*) *f*.

P

p (*new*) *penny*, (*new*) *pence* (*pièce de monnaie britannique*).

p. *page* page *f*; *part* partie *f*.

p.a. *per annum* (*latin = yearly*) par an.

Pa. *Pennsylvania* (*État des É.-U.*).

P.A. *public address (system)* sonorisation *f*; *personal assistant* assistant(e *f*) *m* personnel(le).

Panam *Pan American Airways* (*compagnie aérienne américaine*).

par. *paragraph* paragraphe *m*, alinéa *m*.

P.A.Y.E. *Brit. pay as you earn* impôt *m* retenu à la source.

P.C. *post-card* carte *f* postale; *police constable* gardien *m* de la paix, policeman *m*; *Personal Computer* ordinateur *m* personnel.

p.c. *per cent* P.C., pour-cent.

p/c *price current* P.C., prix *m* courant.

pd *paid* payé.

P.D. *Police Department* police *f*; *a.* **p.d.** *per diem* (*latin = by the day*) par jour.

P.E.N. *usu.* **PEN Club** *Poets, Playwrights, Editors, Essayists and Novelists* Union *f* internationale PEN (*fédération internationale d'écrivains*).

Penn(a). *Pennsylvania* (*État des É.-U.*).

per pro(c). *per procurationem* (*latin = by proxy*) par procuration.

P.f.c. *Am. private first class* caporal *m*.

PG *cin. parental guidance (suggested)* (*contient des scènes qui nécessitent l'explication des parents*).

Ph.D. *Philosophiae Doctor* (*latin = Doctor of Philosophy*) Docteur *m* en Philosophie.

pk. *peck* (*mesure*).

P./L. *profit and loss* profits et pertes.

PLC *public limited company* S.A., société *f* anonyme.

PLO *Palestine Liberation Organization* O.L.P., Organisation *f* de libération de la Palestine.

p.m. *post meridiem* (*latin = after noon*) de l'après-midi.

P.M. *Prime Minister* Premier ministre.

P.O. *Post Office* bureau *m* de poste; (*a.* **p.o.**) *postal order* mandat-poste *m*.

P.O.B. *Post Office Box* boîte *f* postale.

p.o.d. *pay on delivery* contre remboursement.

P.O.O. *Post Office Order* mandat-poste *m*.

P.O.S.B. *Post Office Savings Bank* caisse *f* d'épargne postale.

P.O.W. *Prisoner of War* P.G., prisonnier *m* de guerre.

p.p. *per procurationem* (*latin = by proxy*) par procuration.

P.R. *public relations* relations *f/pl.* publiques.

Pres. *President* président(e *f*) *m*.

Prof. *Professor* professeur *m*.

prox. *proximo* (*latin = next month*) du mois prochain.

P.S. *postscript* P.-S., post-scriptum *m*; *Passenger Steamer* paquebot *m*.

pt. *pint* pinte *f*.

P.T.A. *Parent-Teacher Association* Association *f* professeurs-parents.

Pte. *Private* soldat *m* de 1ère *ou* de 2ème classe.

P.T.O., p.t.o. *please turn over* T.S.V.P., tournez, s'il vous plaît.

PVC *polyvinyl chloride* chlorure *f* de polyvinyle.

Pvt. *Private* soldat *m* de 1ère *ou* de 2ème classe.

P.W. *Prisoner of War* P.G., prisonnier *m* de guerre.

PX *Post Exchange* (*cantines de l'armée américaine*).

Q

q. *query* question *f*.

Q.C. *Brit. Queen's Counsel* conseiller *m* de la Reine (*approx. avocat général*).

qr. *quarter* quarter *m*.

qt. *quart* (*approx.*) litre *m*.

qu. *query* question *f*.

quot. *quotation* cours *m*.

qy. *query* question *f*.

R

R *Am. cin. restricted* (*les mineurs doivent être accompagnés de leurs parents*).

R. *River* rivière *f*; fl., fleuve *m*; *Road* r., rue *f*; *thermomètre*: *Réaumur* R, Réaumur.

r. *right* dr., droit, à droite.

R.A. *Royal Academy* Acadèmie *f* royale.

R.A.C. *Brit. Royal Automobile Club* Automobile Club *m* royal.

RADWAR *Am. radiological warfare* guerre *f* atomique.

R.A.F. *Royal Air Force* armée *f* de l'air britannique.

R.C. *Red Cross* C.R., Croix-Rouge *f*; *Roman Catholic* catholique.

rd. *rod* (*mesure*).

Rd. *Road* r., rue *f*.

recd. *received* reçu.

ref(c). (*In*) *reference* (*to*) faisant suite à; mention *f*.

regd. *registered* déposé; *poste*: recommandé.

reg.tn. *register(ed) tonnage* tonnage *m* enregistré.

res. *residence* résidence *f*; *research* recherche(s) *f*/(*pl.*).

resp. *respective(ly)* respectif (respectivement).

ret. *retired* retraité, à la retraite.

Rev. *Reverend* Révd., Révérend.

R.I. *Rhode Island* (*État des É.-U.*).

R.L.O. *Brit. Returned Letter Office* retour *m* à l'envoyeur.

rm *room* pièce *f*, chambre *f*.

R.N. *Royal Navy* Marine *f* britannique.

R.P. *reply paid* R.P., réponse *f* payée.

r.p.m. *revolutions per minute* t.p.m., tours *m*/*pl.* par minute.

R.R. *Am. Railroad* ch.d.f., chemin *m* de fer.

R.S. *Brit. Royal Society* Société *f* royale.

R.S.V.P. répondez s'il vous plaît.

Rt.Hon. *Right Honourable le* très honorable.

Ry. *Brit. Railway* Ch.d.f., chemin *m* de fer.

S

S. *South* S., sud *m*; *Southern* (du) sud.

s. *second* s, seconde *f*; *shilling* shilling *m*.

S.A. *South Africa* l'Afrique *f* du Sud; *South America* l'Amérique *f* du Sud; *Salvation Army* Armée *f* du Salut.

SACEUR *Supreme Allied Commander Europe* Commandant *m* Suprême des Forces Alliées en Europe.

SACLANT *Supreme Allied Commander Atlantic* Commandant *m* Suprême des Forces Alliées de l'Atlantique.

s.a.e. *stamped addressed envelope* enveloppe *f* munie de timbre et d'adresse.

Salop. *Shropshire* (*comté d'Angleterre*).

Sask. *Saskatchewan* (*province du Canada*).

S.B. *Sales Book* livre *m* de(s) vente(s).

S.C. *South Carolina* (*État des É.-U.*); *Security Council* Conseil *m* de Sécurité.

S.D(ak). *South Dakota* (*État des É.-U.*).

S.E. *Southeast* S.E., sud-est *m*; *southeastern* (du) sud-est; *Stock Exchange* Bourse *f*.

SEATO *South East Asia* (*Collective Defense*) *Treaty Organisation* O.T.A.S.E., Organisation *f* du traité de (défense collective pour) l'Asie du Sud-Est.

sec. *second* s, seconde *f*.

Sec. *Secretary* secrétaire *m*; ministre *m*.

SF *science fiction* science-fiction *f*.

SG *Secretary General* SG, Secrétaire *m* général.

sen(r). *senior* (*latin* = *the elder*) aîné, père.

S(er)gt. *Sergeant* Sgt, sergent *m*.

sh. *shilling* shilling *m*; ⚕ *share* action *f*.

SHAPE *Supreme Headquarters Allied Powers Europe* Quartiers *m*/*pl.* Généraux des Forces Alliées en Europe.

S.M. *Sergeant-Major* Sergent-major *m*.

S.N. *shipping note* note *f* d'expédition.

Soc. *society* société *f*, association *f*; *Socialist* socialiste (*a. su.*).

Som(s). *Somersetshire* (*comté d'Angleterre*).

SOS *S.O.S.* (*signal de détresse*).

sov. *sovereign* souverain *m* (*pièce de monnaie britannique*).

sp.gr. *specific gravity* gravité *f* spécifique.

S.P.Q.R. *small profits, quick returns* à petits bénéfices, vente rapide.

sq. *square* ... carré.

Sq. *Square* place *f*.

Sr. *senior* (*latin* = *the elder*) aîné, père.

S.R.N. *Brit. State Registered Nurse* infirmière *f* diplômée d'État.

S.S. *steamship* S/S, navire *m* à vapeur.

st. *stone* (*poids*).

St. *Saint* St(e *f*), saint(e *f*); *Street* r., rue *f*; *Station* gare *f*.

Sta. *station* gare *f*.

Staffs. *Staffordshire* (*comté d'Angleterre*).

S.T.D. *Brit. subscriber trunk dialling* service *m* automatique interurbain.

St. Ex. *Stock Exchange* Bourse *f*.

stg. *sterling* sterling *m* (*unité monétaire britannique*).

sub. *substitute* succédané *m*.

Suff. *Suffolk* (*comté d'Angleterre*).

Sun. *Sunday* dimanche *m*.

suppl. *supplement* supplément *m*.

Suss. *Sussex* (*comté d'Angleterre*).

S.W. *southwest* S.-O., sud-ouest; *southwestern* (du) sud-ouest.

Sy. *Surrey* (*comté d'Angleterre*).

T

t. *ton* tonne *f*.

TB *tuberculosis* TB, tuberculose *f*.

TC *Trusteeship Council of the United Nations* Conseil *m* de tutelle des Nations Unies.

T.D. *Treasury Department* Ministère *m* américain des Finances.

tel. *telephone* téléphone *m*.

Tenn. *Tennessee* (*État des É.-U.*).

Tex. *Texas* (*État des É.-U.*).

tgm. *telegram* télégramme *m*.

T.G.W.U. *Brit. Transport General Workers' Union* Confédération *f* des employés d'entreprises de transport.

Thur(s). *Thursday* jeudi *m*.

T.M.O. *telegraph money order* mandat *m* télégraphique.

tn *ton*(s) tonne(s) *f*/(*pl.*).

TNT *trinitrotoluene* trinitrotoluène *m*.

T.O. *Telegraph* (*Telephone*) *Office* bureau *m* télégraphique (téléphonique).

t.o. *turnover* chiffre *m* d'affaires.

T.P.O. *Travelling Post Office* poste *f* ambulante.

TT *teetotal*(*ler*) abstinent (*a. su.*).

T.U. *Trade*(s) *Union*(s) syndicat(s *pl.*) *m* ouvrier(s).

T.U.C. *Brit. Trade*(s) *Union Congress* (*approx.*) C.G.T., Confédération *f* générale du travail.

Tue(s). *Tuesday* mardi *m*.

TV. *television* T.V., télévision *f*.

T.V.A. *Tennessee Valley Authority* (*organisation pour l'exploitation de la vallée de la rivière Tennessee*).

T.W.A. *Trans World Airlines* (*compagnie aérienne américaine*).

U

U *Brit. cin. universal* pour tout le monde.

UFO *unidentified flying object* OVNI *m*, objet *m* volant non identifié.

U.H.F. *ultra-high frequency* UHF, ultra haute fréquence *f*.

U.K. *United Kingdom* Royaume-Uni *m*.

ult. *ultimo* (*latin* = *last day of the month*) dernier, du mois dernier.

UMW *Am. United Mine Workers* Syndicat *m* des mineurs.

U.N. *United Nations* Nations *f*/*pl.* Unies.

UNESCO *United Nations Educational, Scientific, and Cultural Organization* UNESCO, Organisation *f* des Nations Unies pour l'Éducation, la Science et la Culture.

UNICEF *United Nations International Children's Emergency Fund* FISE, Fonds *m* International de Secours aux Enfants.

UNO *United Nations Organization* O.N.U., Organisation *f* des Nations Unies.

U.N.S.C. *United Nations Security Council* Conseil *m* de Sécurité des Nations Unies.

UPI *United Press International* (*agence d'informations américaine*).

U.S.(A.) *United States* (*of America*) É.-U., États-Unis *m*/*pl.* (d'Amérique).

USAF(E) *United States Air Force (Europe)* armée *f* de l'air des É.-U. (en Europe).
U.S.S.R. *Union of Socialist Soviet Republics* U.R.S.S., Union *f* des Républiques Socialistes Soviétiques.
Ut. *Utah* (*État des É.-U.*).

V

v. *verse* v., vers *m*, verset *m*; *versus* (*latin* = *against*) contre; *vide* (*latin* = *see*) v., voir, voyez.
V *volt* V, volt *m*.
Va. *Virginia* (*État des É.-U.*).
V.A.T. *value-added tax* T.V.A., taxe *f* à la valeur ajoutée.
V.D. *venereal disease* M.V., maladie *f* vénérienne.
VHF *very high frequency* OTC, onde *f* très courte.
V.I.P. *very important person* personnage *m* important.
Vis. *viscount*(*ess*) vicomte(sse *f*) *m*.
viz. *videlicet* (*latin* = *namely*) à savoir; c.-à-d., c'est-à-dire.
vol. *volume* t., tome *m*, vol., volume *m*.
vols. *volumes* tomes *m*/*pl.*, volumes *m*/*pl.*
V.P., V.Pres. *Vice-President* vice-président(e *f*) *m*.
V.S. *veterinary surgeon* vétérinaire *m*.
V.S.O.P. *very superior old pale* (*cognac de qualité supérieure*).
Vt. *Vermont* (*État des É.-U.*).
V.T.O.(L.) *vertical take-off* (*and landing*) (*aircraft*) A.D.A.V., avion *m* à décollage et atterrissage vertical.
v.v *vice versa* (*latin* = *conversely*) vice versa, réciproquement.

W

W *watt* W, watt *m*.
W. *west* O., W., ouest *m*; *western* (de l')ouest.
War. *Warwickshire* (*comté d'Angleterre*).
Wash. *Washington* (*État des É.-U.*).
W.C. *West Central* (*district postal de Londres*); *water-closet* W.-C., water-closet *m*.
WCC *World Council of Churches* COE, Conseil *m* œcuménique des églises.
Wed(s). *Wednesday* mercredi *m*.
WFPA *World Federation for the Protection of Animals* FMPA, Fédération *f* mondiale pour la protection des animaux.
WFTU *World Federation of Trade Unions* F.S.M., Fédération *f* syndicale mondiale.
WHO *World Health Organization* OMS, Organisation *f* mondiale de la Santé.
W. I. *West Indies* Indes *f*/*pl.* occidentales.
Wilts. *Wiltshire* (*comté d'Angleterre*).
Wis. *Wisconsin* (*État des É.-U.*).
wk *week* semaine *f*.
wkly *weekly* hebdomadaire; par semaine.
wks *weeks* semaines *f*/*pl.*
W/L., w.l. *wave length* longueur *f* d'onde.
w/o *without* sans.
W.O.M.A.N. *World Organization of Mothers of All Nations* Organisation *f* mondiale des mères de famille.
Worcs. *Worcestershire* (*comté d'Angleterre*).
W.P. *weather permitting* si le temps le permet.
W.S.R. *World Students' Relief* service *m* international de secours aux étudiants.
W/T *wireless telegraphy* (*telephony*) T.S.F., Télégraphie *f* (Téléphonie *f*) sans Fil.
wt. *weight* poids *m*.
W. Va. *West Virginia* (*État des É.-U.*).
WW *World War* guerre *f* mondiale.
Wyo. *Wyoming* (*État des É.-U.*).

X

X *cin. adults only* interdit aux mineurs.
x.-d. *ex dividend* ex D., ex-dividende.
x.-i. *ex interest* sans intérêt.
Xmas *Christmas* Noël *f*.
Xn *christian* chrétien.
Xroads *cross roads* carrefour *m*.
Xt. *Christ* le Christ, Jésus-Christ *m*.

Y

yd. *yard*(*s*) yard(s *pl.*) *m*.
YMCA *Young Men's Christian Association* UCJG, Union *f* chrétienne de jeunes gens.
Yorks. *Yorkshire* (*comté d'Angleterre*).
yr(s.) *year*(*s*) an(s) *m*/(*pl.*).
YWCA *Young Women's Christian Association* Union *f* chrétienne féminine.

Numerals

Nombres

Cardinal Numbers — Nombres cardinaux

0 nought, zero, cipher *zéro*
1 one *un, une*
2 two *deux*
3 three *trois*
4 four *quatre*
5 five *cinq*
6 six *six*
7 seven *sept*
8 eight *huit*
9 nine *neuf*
10 ten *dix*
11 eleven *onze*
12 twelve *douze*
13 thirteen *treize*
14 fourteen *quatorze*
15 fifteen *quinze*
16 sixteen *seize*
17 seventeen *dix-sept*
18 eighteen *dix-huit*
19 nineteen *dix-neuf*
20 twenty *vingt*
21 twenty-one *vingt et un*
22 twenty-two *vingt-deux*
30 thirty *trente*
40 forty *quarante*
50 fifty *cinquante*
60 sixty *soixante*
70 seventy *soixante-dix*
71 seventy-one *soixante et onze*
72 seventy-two *soixante-douze*
80 eighty *quatre-vingts*
81 eighty-one *quatre-vingt-un*
90 ninety *quatre-vingt-dix*
91 ninety-one *quatre-vingt-onze*
100 a *ou* one hundred *cent*
101 one hundred and one *cent un*
200 two hundred *deux cents*
211 two hundred and eleven *deux cent onze*
1000 a *ou* one thousand *mille*
1001 one thousand and one *mille un*
1100 eleven hundred *onze cents*
1967 nineteen hundred and sixty-seven *dix-neuf cent soixante-sept*
2000 two thousand *deux mille*
1 000 000 a *ou* one million *un million*
2 000 000 two million *deux millions*
1 000 000 000 a *ou* one milliard, *Am.* one billion *un milliard*

Ordinal Numbers — Nombres ordinaux

1. first *le premier, la première*
2. second *le* ou *la deuxième, le second, la seconde*
3. third *troisième*
4. fourth *quatrième*
5. fifth *cinquième*
6. sixth *sixième*
7. seventh *septième*
8. eighth *huitième*
9. ninth *neuvième*
10. tenth *dixième*
11. eleventh *onzième*
12. twelfth *douzième*
13. thirteenth *treizième*
14. fourteenth *quatorzième*
15. fifteenth *quinzième*
16. sixteenth *seizième*
17. seventeenth *dix-septième*
18. eighteenth *dix-huitième*
19. nineteenth *dix-neuvième*
20. twentieth *vingtième*
21. twenty-first *vingt et unième*
22. twenty-second *vingt-deuxième*
30. thirticth *trentième*
31. thirty-first *trente et unième*
40. fortieth *quarantième*
41. forty-first *quarante et unième*
50. fiftieth *cinquantième*
51. fifty-first *cinquante et unième*
60. sixtieth *soixantième*
61. sixty-first *soixante et unième*
70. seventieth *soixante-dixième*
71. seventy-first *soixante et onzième*

72. seventy-second *soixante-douzième*
80. eightieth *quatre-vingtième*
81. eighty-first *quatre-vingt-unième*
90. ninetieth *quatre-vingt-dixième*
91. ninety-first *quatre-vingt-onzième*
100. (one) hundredth *centième*
101. hundred and first *cent unième*
200. two-hundredth *deux centième*
1000. (one) thousandth *millième*

Fractions — Fractions

½ one half (*un*) *demi*; (the) half *la moitié*
1½ one and a half *un et demi*
⅓ one third *un tiers*
⅔ two thirds *deux tiers*
¼ one quarter *un quart*
¾ three quarters (*les*) *trois quarts*
⅕ one fifth *un cinquième*
⅝ five eights (*les*) *cinq huitièmes*
9/10 nine tenths (*les*) *neuf dixièmes*
0.45 point four five *zéro, virgule, quarante-cinq*
17.38 seventeen point three eight *dix-sept, virgule, trente-huit*

British and American weights and measures

Mesures britanniques et américaines

Linear Measures — Mesures de longueur

1 inch (in.)
= 2,54 cm
1 foot (ft.)
= 12 inches = 30,48 cm
1 yard (yd.)
= 3 feet = 91,44 cm
1 link (l.)
= 7.92 inches = 20,12 cm

1 rod (rd.), pole *ou* perch (p.)
= 25 links = 5,03 m
1 chain (ch.)
= 4 rods = 20,12 m
1 furlong (fur.)
= 10 chains = 201,17 m
1 (statute) mile (mi.)
= 8 furlongs = 1609,34 m

Nautical Measures — Mesures nautiques

1 fathom (fm.)
= 6 feet = 1,83 m
1 cable's length
= 100 fathoms = 183 m

Am. 120 fathoms
= 219 m
1 nautical mile (n.m.)
= 10 cables' length = 1852 m

Square Measures — Mesures de surface

1 square inch (sq. in.)
= 6,45 cm²
1 square foot (sq. ft.)
= 144 square inches
= 929,03 cm²
1 square yard (sq. yd.)
= 9 square feet = 0,836 m²

1 square rod (sq. rd.)
= 30.25 square yards = 25,29 m²
1 rood (ro.)
= 40 square rods = 10,12 ares
1 acre (a.)
= 4 rods = 40,47 ares
1 square mile (sq. mi.)
= 640 acres = 2,59 km²

Cubic Measures — Mesures de volume

1 cubic inch (cu. in.)
= 16,387 cm³

1 cubic foot (cu. ft.)
= 1728 cubic inches
= 0,028 m³

1 cubic yard (cu. yd.)
= 27 cubic feet = 0,765 m³

1 register ton (reg. tn.)
= 100 cubic feet
= 2,832 m³

British Measures of Capacity — Mesures de capacité britanniques

1 gill (gi., gl.)
= 0,142 l

1 pint (pt.)
= 4 gills = 0,568 l

1 peck (pk.)
= 2 gallons = 9,092 l

1 bushel (bu., bsh.)
= 4 pecks = 36,36 l

1 quart (qt.)
= 2 pints = 1,136 l

1 gallon (gal.)
= 4 quarts = 4,546 l

1 quarter (qr.)
= 8 bushels = 290,94 l

1 barrel (bbl., bl.)
= 36 gallons = 1,636 hl

U.S. Measures of Capacity — Mesures de capacité américaines

1 dry pint
= 0,550 l

1 dry quart
= 2 dry pints = 1,1 l

1 peck
= 8 dry quarts = 8,81 l

1 bushel
= 4 pecks = 35,24 l

1 liquid gill
= 0,118 l

1 liquid pint
= 4 liquid gills = 0,473 l

1 liquid quart
= 2 liquid pints = 0,946 l

1 gallon
= 4 liquid quarts = 3,785 l

1 barrel
= 31.50 gallons = 119 l

1 barrel petroleum
= 42 gallons = 158,97 l

Apothecaries' Fluid Measures — Mesures pharmaceutiques

1 minim (min., m.)
= 0,0006 dl

1 fluid drachm, ***Am.*** **dram (dr. fl.)**
= 60 minims = 0,0355 dl

1 fluid ounce (oz. fl.)
= 8 fluid drachms = 0,284 dl

1 pint (pt.)
Brit. = 20 fluid ounces = 0,586 l
Am. = 16 fluid ounces = 0,473 l

Avoirdupois Weight – Poids (système avoirdupois)

1 **grain (gr.)**
= 0,0684 g

1 **drachm,** *Am.* **dram (dr. av.)**
= 27.34 grains = 1,77 g

1 **ounce (oz. av.)**
= 16 drachms = 28,35 g

1 **pound (lb. av.)**
= 16 ounces = 0,453 kg

1 **stone (st.)**
= 14 pounds = 6,35 kg

1 **quarter (qr.)**
Brit. = 28 pounds = 12,70 kg
Am. = 25 pounds = 11,34 kg

1 **hundredweight (cwt.)**
Brit. = 112 pounds = 50,80 kg
Am. = 100 pounds = 45,36 kg

1 **long ton (tn. l.)**
Brit. = 20 hundredweights
= 1016 kg

1 **short ton (tn. sh.)**
Am. = 20 hundredweights
= 907,18 kg

Troy and Apothecaries' Weight – Poids (système troy) et poids pharmaceutiques

1 **grain (gr.)**
= 0,0684 g

1 **scruple (s. ap.)**
= 20 grains = 1,296 g

1 **pennyweight (dwt.)**
= 24 grains = 1,555 g

1 **drachm,** *Am.* **dram (dr. t., dr. ap.)**
= 3 scruples = 3,888 g

1 **ounce (oz. ap.)**
= 8 drachms = 31,104 g

1 **pound (lb. t., lb. ap.)**
= 12 ounces = 0,373 kg

Conjugations of English verbs

Conjugaisons des verbes anglais

a) Conjugaison régulière faible

L'actif du présent de l'indicatif a la forme de l'infinitif. La 3e personne du singulier se termine par **...s**. Après une consonne sonore, cet **s** se sonorise; p.ex. *he sends* [sendz]; après une consonne sourde, il est sourd; p.ex. *he paints* [peints]; après une sifflante, suivie d'un **e** muet ou non, elle se termine par **...es**, prononcé [iz]; p.ex. *he catches* [ˈkætʃiz], *wishes* [ˈwiʃiz], *passes* [ˈpɑːsiz], *judges* [ˈdʒʌdʒiz], *rises* [ˈraiziz]. Les verbes terminés par **...o** précédé d'une consonne la forment en **...es**, prononcé [z]; p.ex. *he goes* [gouz].

Le prétérit et le participe passé se forment en ajoutant **...ed**, ou, après **e**, **...d** seulement, à l'infinitif; p.ex. *fetched* [fetʃt], mais *agreed* [əˈgriːd], *judged* [dʒʌdʒd]. La terminaison **...ed** se prononce [d] après un radical sonore; p.ex. *arrived* [əˈraivd], *judged* [dʒʌdʒd]. Ajoutée à la fin d'un radical sourd, elle se prononce [t]; p.ex. *liked* [laikt]. Après les verbes se terminant par **...d, ...de, ...t** et **...te** cet **...ed** se prononce [id]; p.ex. *mended* [ˈmendid], *glided* [ˈglaidid], *painted* [ˈpeintid], *hated* [ˈheitid].

La terminaison du participe présent et du gérondif se rend par **...ing**. Les verbes terminés par **...ie** les forment en **...ying**; p.ex. *lie* [lai]: *lying* [ˈlaiiŋ].

Les verbes terminés par **...y** précédé d'une consonne transforment cet **y** en **i** et prennent les terminaisons **...es, ...ed**; devant **...ing, y** reste inchangé; p.ex. *try* [trai]: *he tries* [traiz], *he tried* [traid], mais *trying* [ˈtraiiŋ].

Un **e** muet à la fin d'un verbe tombe devant **...ed** ou **...ing**; p.ex. *loved* [lʌvd], *loving* [ˈlʌviŋ]. Des cas exceptionnels sont *dyeing* [ˈdaiiŋ] de *dye* [dai] et *shoeing* [ˈʃuːiŋ] de *shoe* [ʃuː]. Pour des raisons phonétiques *singe* [sindʒ] a *singeing* [ˈsindʒiŋ] comme participe présent.

Les verbes terminés par une consonne simple précédée d'une seule voyelle accentuée, ou les verbes terminés par **r** simple, précédé d'une seule voyelle longue, redoublent leur consonne finale devant les terminaisons **...ed** et **...ing**; p.ex.

to lob [lɔb]	*lobbed* [lɔbd]	*lobbing* [ˈlɔbiŋ]
to wed [wed]	*wedded* [ˈwedid]	*wedding* [ˈwediŋ]
to beg [beg]	*begged* [begd]	*begging* [ˈbegiŋ]
to step [step]	*stepped* [stept]	*stepping* [ˈstepiŋ]
to quit [kwit]	*quitted* [ˈkwitid]	*quitting* [ˈkwitiŋ]
to compel [kəmˈpel]	*compelled* [kəmˈpeld]	*compelling* [kəmˈpeliŋ]
to bar [bɑː]	*barred* [bɑːd]	*barring* [ˈbɑːriŋ]
to stir [stəː]	*stirred* [stəːd]	*stirring* [ˈstəːriŋ]

Dans les verbes terminés par **...l** ou **...p**, précédé d'une seule voyelle simple, inaccentuée, le redoublement se fait si l'on écrit le mot à l'anglaise, et ne se fait pas généralement si on l'écrit à l'américaine:

to travel [ˈtrævl]	*travelled* [ˈtrævld]	*travelling* [ˈtrævliŋ]
to worship [ˈwəːʃip]	*worshipped* [ˈwəːʃipt]	*worshipping* [ˈwəːʃipiŋ]

Les verbes terminés par **...c** transforment ce **c** en **ck** devant **...ed** et **...ing**; p.ex. *to traffic* [ˈtræfik] *trafficked* [ˈtræfikt] *trafficking* [ˈtræfikiŋ].

Le subjonctif présent a la même forme que l'indicatif, à l'exception de la 3e personne du singulier qui ne prend pas d's. Au prétérit il correspond à l'indicatif.

Les temps composés se forment à l'aide de l'auxiliaire *to have,* plus le participe passé.

Le passif se forme à l'aide de l'auxiliaire *to be,* plus le participe passé.

b) Liste des verbes forts et des verbes faibles irréguliers

La première forme en caractère gras indique le présent (*present*); après le premier tiret, on trouve le passé simple (*preterite*), après le deuxième tiret, le participe passé (*past participle*).

abide - abode - abode
arise - arose - arisen
awake - awoke - awoke, awaked

be (am, is, are) - was (were) - been
bear - bore - borne *porté,* born *né*
beat - beat - beaten, beat
become - became - become
beget - begot - begotten
begin - began - begun
belay - belayed, belaid - belayed, belaid
bend - bent - bent
bereave - bereaved, bereft - bereaved, bereft
beseech - besought - besought
bestead - besteaded - bested, bestead
bestrew - bestrewed - bestrewed, bestrewn
bestride - bestrode - bestridden
bet - bet, betted - bet, betted
bid - bade, bid - bidden, bid
bind - bound - bound
bite - bit - bitten
bleed - bled - bled
blow - blew - blown
break - broke - broken
breed - bred - bred
bring - brought - brought
build - built - built
burn - burnt, burned - burnt, burned
burst - burst - burst
buy - bought - bought

can - could
cast - cast - cast
catch - caught - caught
chide - chid - chid, chidden
choose - chose - chosen
cleave - clove, cleft - cloven, cleft
cling - clung - clung
clothe - clothed, *poét.* clad - clothed, *poét.* clad
come - came - come
cost - cost - cost
creep - crept - crept
cut - cut - cut

dare - dared, durst - dared
deal - dealt - dealt
dig - dug - dug
do - did - done
draw - drew - drawn
dream - dreamt, dreamed - dreamt, dreamed
drink - drank - drunk
drive - drove - driven
dwell - dwelt - dwelt

eat - ate -eaten

fall - fell - fallen
feed - fed - fed
feel - felt - felt
fight - fought - fought
find - found - found
flee - fled - fled
fling - flung - flung
fly - flew - flown
forbear - forbore - forborne
forbid - forbad(e) - forbidden
forget - forgot - forgotten
forgive - forgave - forgiven
forsake - forsook - forsaken
freeze - froze - frozen

geld - gelded, gelt - gelded, gelt
get - got - got
gild - gilded, gilt - gilded, gilt
gird - girded, girt - girded, girt
give - gave - given
go - went - gone
grave - graved - graved, graven
grind - ground - ground
grow - grew - grown

hang - hung, hanged - hung, hanged
have (has) - had - had
hear - heard - heard
heave - heaved, ⚓ hove - heaved, ⚓ hove
hew - hewed - hewed, hewn
hide - hid - hidden, hid
hit - hit - hit
hold - held - held
hurt - hurt - hurt

keep - kept - kept
kneel - knelt, kneeled - knelt, kneeled
knit - knitted, knit - knitted, knit
know - knew - known

lade - laded - laded, laden
lay - laid - laid
lead - led - led
lean - leaned, leant - leaned, leant
leap - leaped, leapt - leaped, leapt
learn - learned, learnt - learned, learnt
leave - left - left
lend - lent - lent
let - let - let
lie - lay - lain
light - lighted, lit - lighted, lit
lose - lost - lost

make - made - made
may - might
mean - meant - meant
meet - met - met
mow - mowed - mowed, mown
must - must

ought

pay - paid - paid
pen - penned, pent - penned, pent
put - put - put

read - read - read
rend - rent - rent
rid - ridded, rid - rid, ridded
ride - rode - ridden
ring - rang - rung
rise - rose - risen
rive - rived - riven
run - ran - run

saw - sawed - sawn, sawed
say - said - said
see - saw - seen
seek - sought - sought
sell - sold - sold
send - sent - sent
set - set - set
sew - sewed - sewed, sewn
shake - shook - shaken
shall - should
shave - shaved - shaved, shaven
shear - sheared - shorn
shed - shed - shed
shine - shone - shone
shoe - shod - shod
shoot - shot - shot
show - showed - shown
shred - shredded - shredded, shred
shrink - sharnk - shrunk
shut - shut - shut
sing - sang - sung
sink - sank - sunk
sit - sat - sat
slay - slew - slain
sleep - slept - slept
slide - slid - slid

sling - slung - slung
slink - slunk - slunk
slit - slit - slit
smell - smelt, smelled - smelt, smelled
smite - smote - smitten
sow - sowed - sown, sowed
speak - spoke - spoken
speed - sped, ⊕ speeded - sped, ⊕ speeded
spell - spelt, spelled - spelt, spelled
spend - spent - spent
spill - spilt, spilled - spilt, spilled
spin - spun, span - spun
spit - spat - spat
split - split - split
spoil - spoiled, spoilt - spoiled, spoilt
spread - spread - spread
spring - sprang - sprung
stand - stood - stood
stave - staved, stove - staved, stove
steal - stole - stolen
stick - stuck - stuck
sting - stung - stung
stink - stunk, stank - stunk
strew - strewed - (have) strewed, (be) strewn
stride - strode - stridden
strike - struck - struck
string - strung - strung
strive - strove - striven
swear - swore - sworn
sweep - swept - swept
swell - swelled - swollen
swim - swam - swum
swing - swung - swung

take - took - taken
teach - taught - taught
tear - tore - torn
tell - told - told
think - thought - thought
thrive - throve - thriven
throw - threw - thrown
thrust - thrust - thrust
tread - trod - trodden

wake - woke, waked - waked, woke(n)
wear - wore - worn
weave - wove - woven
weep - wept - wept
wet - wetted, wet - wetted, wet
will - would
win - won - won
wind - wound - wound
work - worked, *surt.* ⊕ wrought - worked, *surt.* ⊕ wrought
wring - wrung - wrung
write - wrote - written

Temperature Conversion Tables

Tables de conversion des températures

1. FROM −273 °C TO +1000 °C

1. DE −273 °C TO +1000 °C

Celsius °C	Kelvin K	Fahrenheit °F	Réaumur °R
1000	1273	1832	800
950	1223	1742	760
900	1173	1652	720
850	1123	1562	680
800	1073	1472	640
750	1023	1382	600
700	973	1292	560
650	923	1202	520
600	873	1112	480
550	823	1022	440
500	773	932	400
450	723	842	360
400	673	752	320
350	623	662	280
300	573	572	240
250	523	482	200
200	473	392	160
150	423	302	120
100	373	212	80
95	368	203	76
90	363	194	72
85	358	185	68
80	353	176	64
75	348	167	60
70	343	158	56
65	338	149	52
60	333	140	48
55	328	131	44

Celsius °C	Kelvin K	Fahrenheit °F	Réaumur °R
50	323	122	40
45	318	113	36
40	313	104	32
35	308	95	28
30	303	86	24
25	298	77	20
20	293	68	16
15	288	59	12
10	283	50	8
+ 5	278	41	+ 4
0	273.15	32	0
— 5	268	23	— 4
— 10	263	14	— 8
— 15	258	+ 5	— 12
— 17.8	255.4	0	— 14.2
— 20	253	— 4	— 16
— 25	248	— 13	— 20
— 30	243	— 22	— 24
— 35	238	— 31	— 28
— 40	233	— 40	— 32
— 45	228	— 49	— 36
— 50	223	— 58	— 40
— 100	173	— 148	— 80
— 150	123	— 238	— 120
— 200	73	— 328	— 160
— 250	23	— 418	— 200
— 273.15	0	— 459.4	— 218.4

2. CLINICAL THERMOMETER

2. THERMOMÈTRE MÉDICAL

Celsius °C	Fahrenheit °F	Réaumur °R
42.0	107.6	33.6
41.8	107.2	33.4
41.6	106.9	33.3
41.4	106.5	33.1
41.2	106.2	33.0
41.0	105.8	32.8
40.8	105.4	32.6
40.6	105.1	32.5
40.4	104.7	32.3
40.2	104.4	32.2
40.0	104.0	32.0
39.8	103.6	31.8
39.6	103.3	31.7
39.4	102.9	31.5
39.2	102.6	31.4
39.0	102.2	31.2
38.8	101.8	31.0
38.6	101.5	30.9
38.4	101.1	30.7
38.2	100.8	30.6
38.0	100.4	30.4
37.8	100.0	30.2
37.6	99.7	30.1
37.4	99.3	29.9
37.2	99.0	29.8
37.0	98.6	29.6
36.8	98.2	29.4
36.6	97.9	29.3

3. RULES FOR CONVERTING TEMPERATURES
3. FORMULES DE CONVERSION DES TEMPÉRATURES

	Celsius	*Kelvin*
x °C	–	$= x + 273.15$ K
x K	$= x - 273.15$ °C	–
x °F	$= \frac{5}{9}(x - 32)$ °C	$= \frac{5}{9}(x - 32) + 273.15$ K
x °R	$= \frac{5}{4}x$ °C	$= \left(\frac{5}{4}x\right) + 273.15$ K
	Fahrenheit	*Réaumur*
x °C	$= \frac{9}{5}x + 32$ °F	$= \left(\frac{4}{5}x\right)$ °R
x K	$= \frac{9}{5}(x - 273.15) + 32$ °F	$= \frac{4}{5}(x - 273.15)$ °R
x °F	–	$= \frac{4}{9}(x - 32)$ °R
x °R	$= \left(\frac{9}{4}x\right) + 32$ °F	–

Phonetic Alphabets

Codes d'épellation

	Français	Anglais britannique	Anglais américain	International	Aviation civile
A	Anatole	Andrew	Abel	Amsterdam	Alfa
B	Berthe	Benjamin	Baker	Baltimore	Bravo
C	Célestin	Charlie	Charlie	Casablanca	Charlie
D	Désiré	David	Dog	Danemark	Delta
E	Eugène	Edward	Easy	Edison	Echo
É	Émile	—	—	—	—
F	François	Frederick	Fox	Florida	Foxtrot
G	Gaston	George	George	Gallipoli	Golf
H	Henri	Harry	How	Havana	Hotel
I	Irma	Isaac	Item	Italia	India
J	Joseph	Jack	Jig	Jerusalem	Juliett
K	Kléber	King	King	Kilogramme	Kilo
L	Louis	Lucy	Love	Liverpool	Lima
M	Marcel	Mary	Mike	Madagaskar	Mike
N	Nicolas	Nellie	Nan	New York	November
O	Oscar	Oliver	Oboe	Oslo	Oscar
P	Pierre	Peter	Peter	Paris	Papa
Q	Quintal	Queenie	Queen	Québec	Quebec
R	Raoul	Robert	Roger	Roma	Romeo
S	Suzanne	Sugar	Sugar	Santiago	Sierra
T	Thérèse	Tommy	Tare	Tripoli	Tango
U	Ursule	Uncle	Uncle	Upsala	Uniform
V	Victor	Victor	Victor	Valencia	Victor
W	William	William	William	Washington	Whiskey
X	Xavier	Xmas	X	Xanthippe	X-Ray
Y	Yvonne	Yellow	Yoke	Yokohama	Yankee
Z	Zoé	Zebra	Zebra	Zürich	Zulu

Notes

Notes

Notes

Notes

Notes

Notes

Notes

Notes

Notes

Notes

Notes